Verkehrsmittel & -wege

AN- &
WEITERREISE

Flugzeug
Flughäfen

China Williams,
Mark Beales, Tim Bewer, Celeste Brash, Austin Bush,
Alan Murphy, Brandon Presser

Willkommen in
Thailand

Sand zwischen den Zehen

Thailands Strände sind legendär: Palmen neigen sich über perlmuttfarbene Sandstreifen, Korallen blühen im seichten Wasser und überall werden ausgelassene Strandpartys gefeiert. Die Küste ist lang, grüne Inseln erheben sich aus dem azurblauen Meer und zwischen Himmel und Meer thronen beeindruckende Kalksteinformationen. Das tropische Thailand ist ein Paradies für Genussmenschen und Einsiedlertypen gleichermaßen, für Könige wie Bettler. Man kann sich richtig austoben oder auch entspannen, z.B. in der sanften Brandung vor Bang Saphan Yai, beim Tauchen vor Ko Tao, beim Klettern an den Klippen von Krabi, beim Kiteboarden in Hua Hin oder in einem Resort auf Ko Samui, um nur ein paar Paradiese zu nennen.

Heilige Stätten

In dem vom Buddhismus geprägten Land ist das Überirdische, Spirituelle allgegenwärtig: Andachten werden zum bunten Spektakel, glänzende Tempel und goldene Buddhas zieren ländliche Gegenden und Städte, alte Banyanbäume werden feierlich in heilige Tücher gewickelt, Glück verheißende Schreine stehen in einfachen Imbissbuden, aber auch in modernen Einkaufszentren, und mit Girlanden geschmückte Anzeigetafeln sollen Unfälle abwenden. Der ständige Dialog der Thais mit dem

ALAIN EVRARD/LONELY PLANET IMAGES ©

Sind nun die Tempel oder die Strände Thailands attraktiver? Schwere Entscheidung! Das Land ist exotisch, hat eine bunte Kultur und Geschichte sowie Bewohner, die Besuchern gern ein herzliches Lächeln schenken.

(links) Wat Phra That Doi Kong Mu (S. 419), Mae Hong Son.
(unten) Terracotta-Skulpturen, Chiang Mai (S. 256).

FRANK CARTER/LONELY PLANET IMAGES ©

Göttlichen stellt einen Ruhepol im alltäglichen Chaos dar. Auch Besucher können sich in diesen Dialog einklinken, etwa bei einem Meditationsseminar in Chiang Mai oder den religiösen Festen im Nordosten, in den friedlichen Höhlenschreinen in Kanchanaburi und Phetchaburi oder in den Bergtempeln im Norden des Landes.

Reich gedeckter Tisch

Die thailändische Küche macht süchtig! Sie wird überall auf der Welt geliebt und spiegelt elementare Aspekte der thailändischen Kultur wider: Sie ist großzügig, einladend, extrovertiert und nuanciert, erfrischend und unkompliziert. Und am besten schmeckt sie natürlich in ihrer Heimat, denn thailändisches Essen wird traditionell aus frischen, regionalen Zutaten hergestellt. Beliebt sind u.a. aromatisches Zitronengras, brennend scharfe Chilischoten, Meeresfrüchte und knusprig gebratenes Huhn. Dank den tropischen Bedingungen ist die Nationalküche rund um die vier Grundgeschmacksrichtungen – scharf, süß, salzig, sauer – vielfältig und üppig. Natürlich gibt es regionale Unterschiede; so können sich Reisende auf eine kulinarische Odyssee mit Stationen wie Bangkoks Nudelbuden, den Seafood-Pavillons auf Phuket und den birmanischen Marktständen in Mae Hong Son begeben. Ohnehin wird es für Traveller rasch zu einer wichtigen Fertigkeit, sich auf den Märkten zurechtzufinden, wo es überall leckere tropische Früchte gibt.

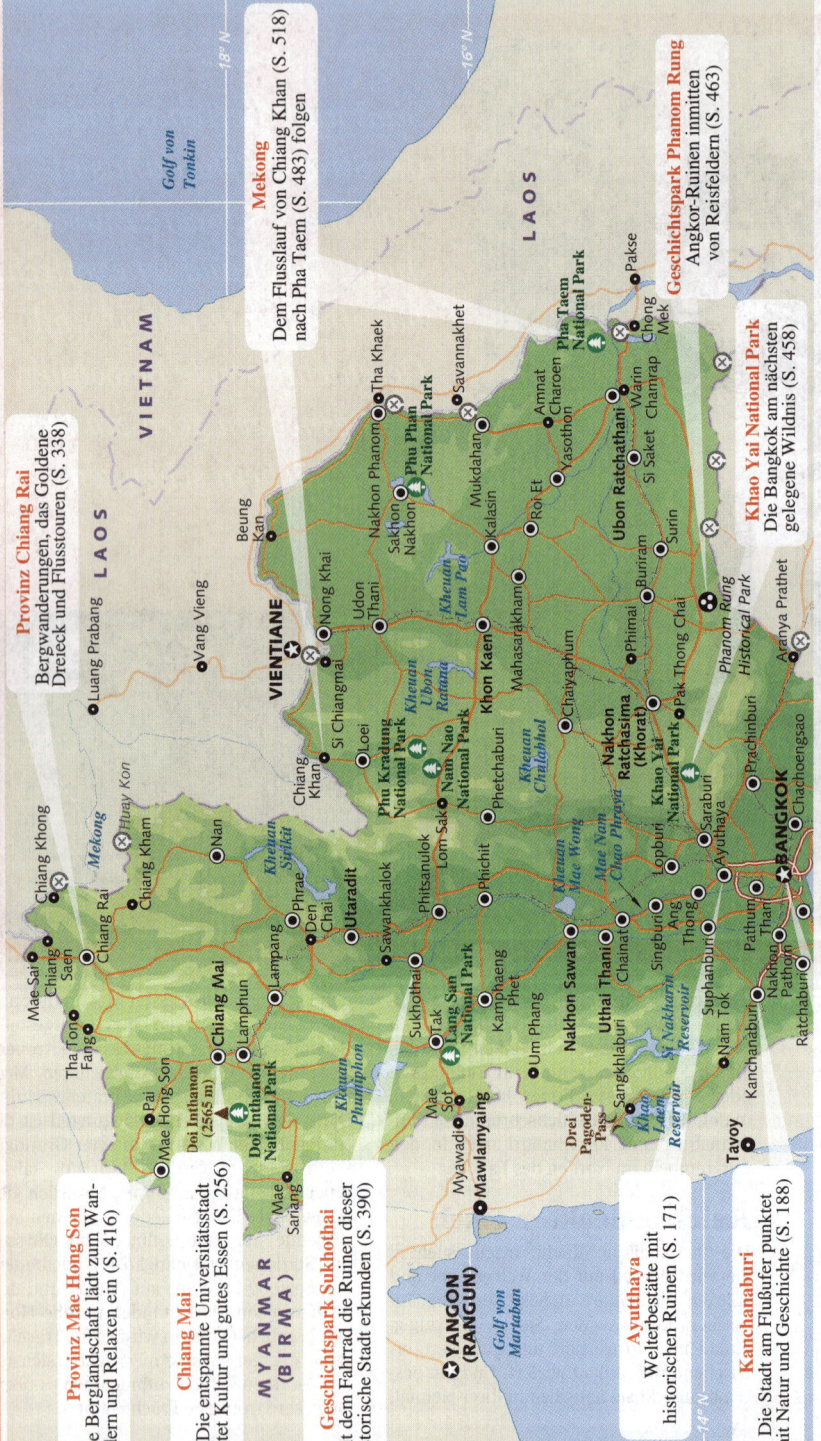

Provinz Mae Hong Son
Die Berglandschaft lädt zum Wandern und Relaxen ein (S. 416)

Chiang Mai
Die entspannte Universitätsstadt bietet Kultur und gutes Essen (S. 256)

Geschichtspark Sukhothai
Mit dem Fahrrad die Ruinen dieser historische Stadt erkunden (S. 390)

Provinz Chiang Rai
Bergwanderungen, das Goldene Dreieck und Flusstouren (S. 338)

Mekong
Dem Flusslauf von Chiang Khan (S. 518) nach Pha Taem (S. 483) folgen

Geschichtspark Phanom Rung
Angkor-Ruinen inmitten von Reisfeldern (S. 463)

Khao Yai National Park
Die Bangkok am nächsten gelegene Wildnis (S. 458)

Ayutthaya
Welterbestätte mit historischen Ruinen (S. 171)

Kanchanaburi
Die Stadt am Flußufer punktet mit Natur und Geschichte (S. 188)

HÖHENSTUFEN

1000 m
500 m
200 m
100 m
0

150 km

VIETNAM

HO-CHI-MINH-STADT (SAIGON)

Mekong

KAMBODSCHA

PHNOM PENH

Angkor Wat

Tonle Sap

SÜDCHINESISCHES MEER

Chanthaburi

Trat

Ko Chang

Ko Kut

Rayong

Ko Samet

Chonburi

Si Racha

Pattaya

Sattahip

GOLF VON THAILAND

Ko Samet
„Bangkoks Strand"
für Sonnenhungrige (S. 222)

Ko Tao
Taucherparadies für
Profis (S. 624)

Ko Pha-Ngan
Ideale Strände zum
Abhängen (S. 609)

Ko Samui
Badeort für
Kurzurlauber (S. 590)

MALAYSIA

Kota Bharu

Samut Sakhon

Phetchaburi

Cha-am

Hua Hin

Prachuap Khiri Khan

Thap Sakae

Bang Saphan

Chumphon

Ko Tao

Ko Pha-Ngan

Ko Samui

Ang Thong Marine
National Park

Nakhon Si
Thammarat

Ranot

Thaleh Luang

Phatthalung

Songkhla

Hat Yai

Pattani

Yala

Narathiwat

Sungai Kolok

Betong

Keroh

Alor Setar

Sadao

Satun

Sungai Petani

Pulau Langkawi

Thaleh Ban
National Park

Ko Tarutao Marine
National Park

Kantang

Trang

Krabi

Thung Song

Surat Thani

Chaiya

Isthmus of Kra

Ranong

Surin Islands

Similan Islands

Phang-Nga

Khao Lak

Khao Sok
National Park

Ko Yai

Ko Phi-Phi

Ko Lanta

Phuket

Samut Songkhram

Kaeng Krachan National Park

ANDAMANENSEE

INDISCHER OZEAN

Bangkok
Mega-Stadt voller Fun (S. 56)

Hua Hin
Geradezu königliche Strände (S. 561)

Khao Sok National Park
Unberührter Dschungel (S. 665)

**Surin & Similan Islands
Marine National Parks**
Berühmte Tauch-Spots
bei den Andamanen (S. 671)

Phuket
International beliebter
Badeort (S. 677)

Ko Lanta
Perfekt für faule
Strandtage (S. 729)

20 TOP
ERLEBNISSE

Bangkok

1 Essen, Shoppen, Spaß, Tempel, Paläste ... Bangkok (S. 56) hat praktisch alles im Programm. Und so ändern sich Besuchspläne oft spontan, wenn für die Hauptstadt nur ein bis zwei Tage bleiben. Heute ist Bangkok sauberer als je zuvor und sich zu orientieren, fällt so einfach wie noch nie. Es fasziniert Besucher mit einem der weltgrößten Märkte, spaßigen Bars, genialem Essen und zahllosen Erkundungsmöglichkeiten. Wer sich neben all dem Vergnügen noch ein wenig weiterbildet (und z. B. Kurse in Thai-Küche oder -Massage belegt), sieht in Bangkok garantiert mehr als nur einen Verkehrsknotenpunkt.
Wat Arun am Fluss Chao Phraya

Ko Tao

2 Als *die* Insel für passionierte Taucher ist Ko Tao (S. 624) der günstigste und entspannteste Ort, wenn man in Thailand Gerätetauchen lernen will. Das Wasser ist warm und ruhig und birgt Naturschönheiten, die man nicht verpassen sollte. Gleich vor der Küste servieren malerische Felshöhlen und sehr fischreiche Korallenriffe einen „Schnorchel-Aperitif". Ko Taos Schönheit erfreut aber auch alle, die nicht abtauchen wollen. Die überschaubare Insel bietet sich an, alle Winkel im Urwald zu erkunden und sich dabei ein sandiges Plätzchen zu suchen.
Ao Chalok, Ko Tao

3

Die Provinz Mae Hong Son

3 Die Provinz im äußersten Nordwesten (S. 416) hat mehr mit dem benachbarten Myanmar (Birma) gemeinsam als irgendeine andere Region in Thailand. Abgeschiedenheit, einschüchternde Berge und einzigartige Kultur und Küche können Mae Hong Son tatsächlich wie ein ganz anderes Land wirken lassen. Und so will denn auch jeder Besucher, den es in die Provinz verschlägt, diese hautnah erkunden – z.B. bei Wanderungen durch die vielen Höhlen der Region, Serpentinenfahrten auf dem Motorrad oder selbstgeführten Treks zwischen Mae La-Na und Soppong.

Gebete zu Poi Sang Long, Mae Hong Son

Ko Pha-Ngan

4 Ko Pha-Ngan (S. 609) ist für ausschweifende Vollmondpartys und Techno-Beats bis in die Puppen berühmt. Es hat sich von einer verschlafenen Boheme-Insel zur Attraktion für Vollgas-Partypilger entwickelt. Die zu Boutique-Unterkünften umgebauten Strandbaracken bieten Komfortfans eine Alternative zu Ko Samui, während an Nord- und Ostküste Hängematten-Asketen der Moderne immer noch genug Platz finden, um zu entfliehen und sich wie (natürlich wohlgenährte) Schiffbrüchige zu fühlen. Und der küstennahe Segelfelsen gehört zu den besten Tauchspots im Golf von Thailand.

Hat Rin

KIMBERLEY COOLE/LONELY PLANET IMAGES ©

5

ERNEST MANEWAL/LONELY PLANET IMAGES ©

6

PAOLO CORDELLI/LONELY PLANET IMAGES ©

Surin & Similan Islands Marine National Park

5 Die Meeresparks (S. 671 & 672) haben Thailand als Reiseziel für Taucher etabliert, das weltweit in der ersten Liga spielt. In Khao Lak starten Trips mit Übernachtungen an Bord, die mehr Zeit für das Beobachten von Mantarochen und Walhaien lassen. Fernab vom Festland sieht man die Sonne im Meer versinken und einem funkelnden Sternenhimmel weichen. Dichter Dschungel und idyllische weiße Strände, eingerahmt von fantastischen Korallenriffen, machen die Inseln auch ohne Druckluftflaschen zur Top-Attraktion.
Similan Islands Marine National Park

Ayutthaya

6 Ayutthaya (S. 171) war einst eine lebendige, glitzernde Hauptstadt mit Hunderten von Tempeln. Seine frühere Pracht lässt sich bei Radtouren durch die gipsverputzten und zum Unesco-Welterbe zählenden Backsteinruinen aber nur noch erahnen. Und dennoch vermitteln sie einen guten Eindruck, wie sich die Metropole zu deren Blütezeit als internationales Handelszentrum präsentiert hat. Am Stadtrand liegen weitere Highlights wie ein Wassertheater, ein großes Kunsthandwerkszentrum oder der wohl eklektischste Königspalast aller Zeiten.
Wat Phra Si Sanphet

Ko Lanta

7 Ko Lanta (S. 729) begeistert Strandfreaks mit ihrem relaxten Inselvibe und jeder Menge traumhaftem Sand. An den Nordstränden haben anschlussfreudige Zeitgenossen in der Ladyboy-Partyszene eine Menge Spaß, während der Süden Liebhaber einsamer Stunden mit schlichten Strandhütten in verschlafener Dorfatmosphäre lockt. Wer aktiv werden möchte, kann u. a. durch eine surreale, zerklüftete Landschaft voller Kalksteinhöhlen wandern oder zu Haien und Rochen hinabtauchen, während Märkte oder das historische Geschäftszentrum Ban Lanta für kulturelle Abwechslung sorgen.
Hat Nui

Geschichtspark Sukhothai

8 Die eindrucksvollste historische Stätte des Königreichs (S. 389) schickt Besucher ca. 800 Jahre in die Vergangenheit zurück. Radtouren durch die Ruinen der früheren Hauptstadt sind ein echter Thailand-Klassiker: Entspannt erkundet man dabei verwitterte Tempel, anmutigen Buddhastatuen oder fischreiche Teiche. Sehenswerte Museen und preiswerte Unterkünfte runden das Paket ab. Trotz seiner Popularität wirkt Sukhothai kaum überfüllt. Im nahe gelegenen, vergleichsweise unbekannten Geschichtspark Si Satchanalai-Chaliang erklimmt man uralte Treppen aber mit etwas Glück ganz allein. Wat Mahathat

Ko Samui

9 Begierig, seine Besucher zu beglücken, ist Ko Samui (S. 590) eine kultivierte Insel für Massentouristen, die einen Strandurlaub planen. Viele reisen mit dem Flieger ohne Umwege direkt an und wieder ab und haben kaum Kontakt zur lokalen Kultur. Auf Chawengs Luxussandstreifen üben sich Sonnenanbeter im Sehen-und-Gesehen-Werden. Einsame Nehrungen erinnern aber immer noch an Samuis alten Spitznamen „Kokosinsel". Und bis heute gibt's auch ruhige, familienfreundliche Buchten. Obendrein vorhanden sind tolle Annehmlichkeiten und eine blühende Wellnessindustrie, die z. B. mit Yoga, Meditation oder Entschlackung das Yin zu Samuis Party-Yang bildet.

Die Provinz Chiang Rai

10 Der Opiumhandel im Goldenen Dreieck liegt lang zurück. Dafür fasziniert Chiang Rai (S. 338) heute mit Spaß im Freien wie Trekkings oder Erkundungstouren auf eigene Faust. Zudem warten hier tolle und einzigartige kulturelle Erfahrungen: vom Besuch eines Akha-Dorfs bis hin zu Übernachtungen im yunnanesisch-chinesischen Dorf Mae Salong. Chiang Rai ist wohl Thailands schönste Provinz zwischen Mekong und Gebirge. Und wer größere Reisepläne hegt, gelangt von hier auch geschickt nach Myanmar (Birma), Laos und China. Wat Rong Khun

Hua Hin

11 Hua Hin (S. 561), der Favorit des Königs, erfreut gleichermaßen Stadt- und Meeresfans. Die Strände sind lang und breit, die Speisen auf den Märkten sensationell. Und das Ganze wird sogar noch mit etwas authentischer Thai-Kultur angereichert. Vergleichsweise einsam sind die ruhigen Strände südlich der Stadt. Ansonsten kann man zu einem Tempel auf einer Landzunge hinaufwandern, sich auf ein Kiteboard wagen und natürlich zu allen Tageszeiten speisen wie Gott in Thailand. Kiteboarder am Strand von Hua Hin

Chiang Mai

12 Inmitten von Bergen blickt Chiang Mai (S. 256) würdevoll zum mächtigen Doi Suthep hinauf, dessen heiliger Schrein still auf einem Waldmeer zu treiben scheint. Die von einem fischreichen Festungsgraben umgebene Altstadt lässt sich am besten mit dem Rad erkunden, durch gewundene Gassen (Sois) geht's an Tempeltürmen und in orangefarbene Gewänder gehüllte Mönchen vorbei. Und wenn die Sonne hinter dem Doi Suthep versinkt, gibt's ein paar der besten birmanischen oder japanischen Gerichte des Nordens. Wat Chiang Man

11

12

Phetchaburi

13 Einen tollen Mix aus Natur und Kultur bietet diese Provinzhauptstadt (S. 553), eine nahe gelegene, ruhige Alternative zu Bangkoks Trubel und eine super Zwischenstation bei der Rückkehr aus dem Süden. Highlights sind z. B. ein alter Hügelpalast, heilige Höhlenschreine und belebte Tempel. Im alten Ladenviertel betreiben viele Thai-Tanten und -Omas noch eigenhändig ihre Geschäfte. Und der nicht weit entfernte Kaeng Krachan National Park ist die Heimat wild lebender Gibbons und exotischer Vögel.
Höhlentempel, Tham Khao Luang

Khao Sok National Park

14 Dichter, dunkler Dschungel säumt das Herz Südthailands. Die langen, anstrengenden Wanderrouten in diesen uralten Regenwäldern (S. 665) erklimmen spektakuläre Kalksteinformationen mit Postkartenaussicht. Unterwegs sollte man sich gut gekleidet vor unfreiwilligen Spenden an Blutegeln schützen. Neben Vögeln und Fledermäusen ist hier mit *Rafflesia kerrii* auch eine der übelriechendsten Blumen der Welt zu Hause. In dem Nationalpark wartet sicher kein Erholungsurlaub, doch wo kann man schon an einem Fluss zelten und dabei der Urwaldsinfonie lauschen? Hütte zwischen den Bäumen

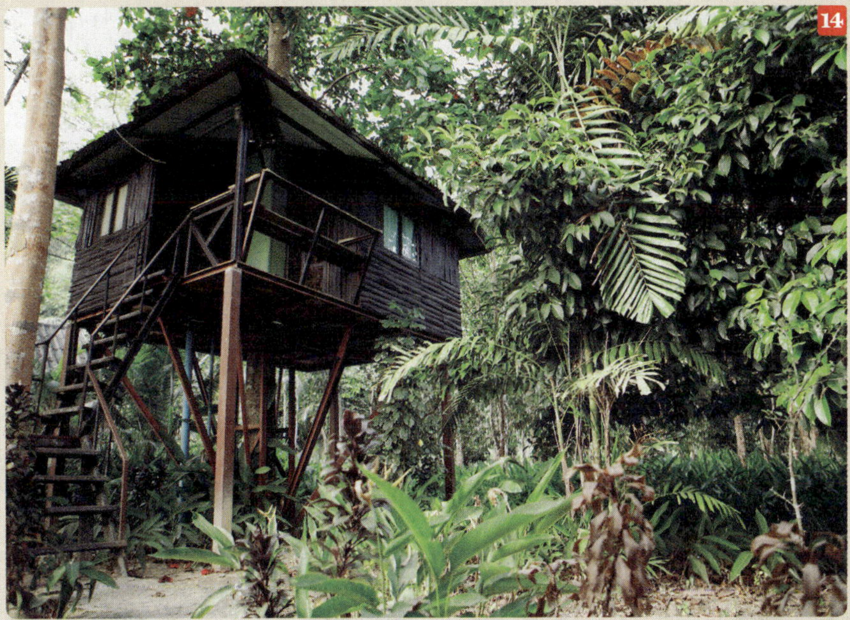

14

15

Kanchanaburi

15 Eine Trekkingtour durch die Wildnis ist der Hauptgrund für Abstecher zur westthailändischen Provinz Kanchanaburi (S. 188), deren Kalksteinberge wie Drachen auf dichte Urwälder herabblicken. Auf der Suche nach scheuen Tigern oder Gibbons passiert man silbern glitzernde Wasserfälle und reißende Flüsse. Übernachtet wird in Privatunterkünften unter indigener Leitung. Nach einer Zeitreise in den Zweiten Weltkrieg – hier steht die berüchtigte Brücke am Kwai – heißt's sich gut festhalten: In Kanchanaburi warten immer mehr Abenteuer wie Seilrutschenflüge, Kajaktrips oder Elefantenausritte. Brücke am Kwai

Geschichtspark Phanom Rung

16 Thailands größten und schönsten Khmer-Ruinen (S. 463) hoch droben auf einem erloschenen Vulkan sind etwas Besonderes. Die Erwartung steigt, während man der Promenade folgt, Treppen erklimmt und Naga-Brücken überquert. Beim Betreten des komplett restaurierten Tempels mit seinen vielen Hindu-Skulpturen scheint für einen Moment alles der Zeit entrückt zu sein. Phanom Rung ist zwar nicht so atemberaubend wie Angkor Wat (Kambodscha), aber dennoch eindrucksvoll und nicht zu ähnlich. Also am besten beides besuchen!

Der Mekong

17 Von den historischen, hölzernen Ladenhäusern Chiang Khans (S. 518) bis hin zu den Wasserfällen des Pha Taem National Park (S. 483) steht Nordthailands herrlicher Mekong-Bogen für einen unvergleichlichen Mix aus Kultur und Schönheit – nicht nur ein Highlight des Isaans, sondern des ganzen Landes. Diese wenig bekannte Ecke bezirzt Besucher mit Fischerdörfern, prähistorischen Felsbildern, heiligen Tempeln, Elefanten und zahllosen weiteren Attraktionen. Den Flusswindungen kann mit dem Klapperbus, in Langschwanzboot oder sogar mit dem Fahrrad folgen.

TOM COCKREM/LONELY PLANET IMAGES ©

DENNIS WALTON/LONELY PLANET IMAGES ©

Phuket

18 Phuket (S. 677) ist eine traumhafte Insel, die locker alle Altersgruppen glücklich macht. Am besten reist man ab Bangkok mit dem Flugzeug an, um die lange Anreise auf dem Landweg zu vermeiden. Fünf-Sterne-Resorts oder künstlerisch angehauchte Boutiquehotels erlauben sorgenfreie Tropenferien, bei denen natürlich herrliche Sandstrände, ausgelassene Partys und alle modernen Extras des 21. Jhs. nicht fehlen dürfen. Tagesausflüge zu Mangrovenwäldern oder Rettungszentren für Affen und ein riesiges Wassersportangebot stellen sicher, dass keine Langeweile aufkommt.

Pool-Panorama, Ko Yao Noi

Khao Yai National Park

19 Von Bangkok aus ist die Unesco-Welterbestätte (S. 458) in wenigen Stunden zu erreichen. Hier leben Elefanten, Affen, Gibbons, Nashornvögel, Pythons, Bären, Millionen von Fledermäusen und auch ein paar Tiger. Um all die Tiere zu sichten, braucht man etwas Glück, doch die Chancen stehen nicht schlecht. Selbst wenn sich keine Großtiere zeigen, wird der Tag sicher einmalig, wenn man an Orchideen, Vögeln und Wasserfällen vorbei durch den Dschungel wandert und Abenteuerluft schnuppert. Fazit: Naturschönheit und gute Erreichbarkeit sind in dieser Kombination kaum zu toppen.

Ko Samet

20 So nahe an Bangkok und so bezaubernd: Wer wenig Zeit hat, für den ist Samet (S. 222) das ideale Strandziel. Der Dschungel verhüllt die Infrastruktur; Sand und Meer sind durch und durch tropisch. Zwischen felsigen Landzungen und herrlichen Buchten säumt ein Plankenpfad die Küste. Touristen können tagsüber Leute beobachten, abends an den beliebten Nordstränden feiern oder an der Südküste ein wohlverdientes Schläfchen halten. Neigt sich dann der Urlaub dem Ende zu, nimmt man fix ein Boot und ist mittags zurück in Bangkok. *Anleger, Ao Cho*

Gut zu wissen

Währung
» Baht (B)

Sprache
» Thai

Reisezeit

Mae Hong Son
Nov.–März

Chiang Mai
Nov.–Feb.

BANGKOK
Nov.–Feb.

Ko Samui
Dez.–Aug.

Phuket
Okt.–April

Tropisches Klima, ganzjährig Regen

Tropisches Klima, Trocken- und Regenzeit

Hauptsaison
(Nov.–März)

» Nach dem Monsun ist es kühl und trocken, die Landschaft ist üppig, die Temperatur angenehm.

» Über Weihnachten und Silvester kommen viele Besucher; Strandorte sind überteuert.

Zwischen-saison (April–Juni, Sept.–Okt.)

» Heiß und trocken (April–Juni), in höheren Lagen angenehmer.

» Leere Strände, kühler Ozean.

» Im September und Oktober bieten sich der Norden und die Golfküste als Ziele an.

Nebensaison
(Juli–Okt.)

» Mosun: Es fallen Schauer, aber auch mehrtägige Regengüsse.

» Manche Inseln sind bei Sturm gesperrt, Fähren verkehren nur eingeschränkt.

» Bei der Reiseplanung ist Flexibilität nötig.

Tagesbudget

Günstig – unter
1500 B

» Zimmer in einer schlichten Pension: 300–800 B/Nacht

» Großartige Märkte und gute Straßenimbisse

» Wenige Drinks

» Mit öffentlichen Verkehrsmitteln die Stadt erkunden

Mittleres Budget
1500–3000 B

» Gehobene Pension oder Mittelklassehotel: 800–1500 B

» Mittags westliches Essen, abends Meeresfrüchte

» Bier am Abend

» Ein Motorrad mieten

Teuer – mehr als
3000 B

» Zimmer in einem Boutiquehotel: 3000 B

» Schickes Abendessen

» Private Touren

» Ein Auto mieten

Geld

» Geldautomaten sind überall zu finden, es wird eine Gebühr in Höhe von 150 B fürs Abheben im Ausland erhoben. Visa und Mastercard werden in den vornehmeren Orten akzeptiert.

Visa

» Bei Anreise per Flugzeug erhält man ein 30-Tage-Visum, wer auf dem Landweg kommt, kriegt ein 15-Tage-Visum; vor der Anreise bekommt man über das thailändische Konsulat ein 60-Tage-Visum.

Handys

» Handys funktionieren in Thailand über ein GSM-Netz mit günstiger Prepaid-SIM-Karte. 3G soll folgen … irgendwann.

Verkehrsmittel & -wege

» Umfangreiches Busnetz, erschwingliche Preise, billige Flugverbindungen, langsame Busfahrten. Autos und Motorräder zu mieten, ist einfach.

Infos im Internet

» **Tourism Authority of Thailand** (TAT; www.tourismthailand.org) Das Nationale Tourismusbüro bietet Infos zu Events.

» **Thaivisa** (www.thaivisa.com) Geführt von Expats.

» **Lonely Planet** (www.lonelyplanet.com/thailand) Infos und Tipps zum Reiseziel.

» **Bangkok Post** (www.bangkokpost.com.) Tägliche News auf Englisch.

» **Thai Language** (www.thai-language.com) Wörterbuch mit Lernhilfe.

» **Thai Travel Blog** (www.thaitravelblogs.com) Reise-Blogs über Thailand.

Wechselkurse

Eurozone	1 €	40 B
	100 B	2,40 €
Schweiz	1 SFr	33 B
	100 B	2,90 SFr

Aktuelle Wechselkurse sind unter www.oanda.com/converter/classic zu finden.

Wichtige Telefonnummern

Landesvorwahl Thailand	☑66
Vorwahl für internationale Gespräche	☑001, 007, 008, 009(verschiedene Dienstanbieter)
Notruf (Feuerwehr, Krankenwagen, Polizei)	☑191
Auslandsgespräche mit Vermittlung	☑100
Touristenpolizei	☑1155

Ankunft am …

» **Suvarnabhumi International Airport**
Flughafenbus Dieser Service wurde eingestellt. Es fahren lokale Busse zum Flughafen, aber der Zug ist die bessere Wahl.
Airport Rail Link Lokaler Service (45 B, 30 Min.) zum Bahnhof Phaya Thai; Expressservice (150 B, 15 Min.) zum Bahnhof Makkasan.
Taxi Mit Taxameter 200–300 B plus 50 B Flughafenzuschlag und Autobahngebühr; die Fahrzeit in die Stadt beträgt rund eine Stunde, je nach Verkehr.

Englisch in Thailand

Keinen Schimmer von Thai? Macht nichts! In den Touristenhochburgen sprechen genug Menschen Englisch. Busfahrer, Verkäufer und Taxifahrer können das aber selten. Wenn es zu Kommunikationsproblemen kommt, finden Thais immer jemanden, der helfen kann. In kleinen Städten mit wenig Touristen sollte man auf Thai zählen und sein Essen bestellen können. Thais sind geduldig (und fühlen sich geehrt), wenn man versucht, ihre Sprache zu sprechen. Die thailändische Schrift macht Westler quasi zu Analphabeten. Straßenschilder gibt's auch auf Englisch, aber völlig ohne Systematik – die verschiedenen Schreibweisen verwirren. Nicht alle Buchstaben werden so ausgesprochen, wie sie geschrieben sind (z. B. „l" am Ende wird „n"gesprochen). Ganz schön anstrengend…

Was gibt's Neues?

Für die neue Ausgabe dieses Thailandführers haben unsere Autoren aufgespürt, was neu ist, aufgemöbelt und umgestaltet wurde und was gerade angesagt ist. Hier gibt's eine Liste der Top-Attraktionen. Aktuelle Bewertungen und Tipps stehen unter lonelyplanet.com/thailand bzw. www.lonelyplanet.de.

Schneller zum Strand

1 Seit Kurzem fahren Verkehrsmittel direkt von Thailands Suvarnabhumi International Airport zu den Stränden von Ko Samet und Chang an der Ostküste. So spart man sich Bangkok und gelangt schneller zum Strand.

Kiteboarden

2 Wenn alle Wassersportarten ein gemeinsames Kind hätten, hieße dies wohl Kiteboarden. Dessen Anhänger nutzen Wind und Wellen an den Hotspots Hua Hin, Pranburi oder Phuket.

Stilvoll schlafen für jedermann

3 In Bangkok gibt's nun hippe Herbergen wie NapPark Hostel und Lub*d, die mit den zweckmäßigen Schlafsälen von früher nichts mehr gemeinsam haben.

Wipfelflüge

4 Warum laufen, wenn man an einer Seilrutsche hoch droben durch den Wald sausen kann? Solche Wipfelparcours florieren inzwischen überall dort, wo Bäume auf Touristen treffen (z. B. auf Ko Tao oder in Sangkhlaburi, Pattaya und Pai).

Extremtauchen

5 Ko Tao ist nicht länger nur etwas für Anfänger: Heute erkunden Taucher dort Unterwasserhöhlen und legen ihre Ausrüstung sogar für Lungen dehnende Apnoe-Abenteuer ab.

Freeclimbing in Krabi

6 Alle kennen Krabi als Thailands Hauptstadt des Sportkletterns. Doch viele wissen nicht, dass Freeclimbing der neueste Trend ist. Bei seilfreien Angriffen auf überhängende Meeresklippen fungiert der Ozean als Sprungtuch.

Hippes Chiang Mai

7 Im altmodisch-charmanten Chiang Mai fungiert die belebte Th Nimmanhaemin als Jungbrunnen. Hier heißt's neue Restaurants wie das Su Casa testen und Leute von den Sitzplätzen der At 9 Bar aus beobachten.

Todschickes Isan

8 Mit V-One (Khorat), Hotel des Artists (Khao Yai) und Glacier Hotel (Khon Kaen) hat der eher traditionelle als trendige Nordosten die stilvolle Welt der Boutiquehotels betreten.

Chefs im Ring: Muay-Thai-Kämpfer

9 Besser als Pfunde zuzulegen ist es, eine drahtige, fiese Kampfmaschine des *moo·ay tai* bzw. muay thai (Thaiboxen) zu werden. Dies ermöglichen neue Trainings- und Fitnesscamps wie der Fairtex Sports Club (Pattaya) oder das Promthep Muay Thai Camp (Phuket).

Günstige Strandresorts

10 Thailands Strandunterkünfte haben sich rasant von Bambushütten zu Luxusvillen gemausert. Wir können die Zeit nicht zurückdrehen, haben aber noch einige Budgetoptionen an teuren Stränden wie Ko Kut, Ko Chang oder Hua Hin auf Lager.

Wie wär's mit ...

Strände

Ob abgeschiedene Bucht oder lang gezogener Küstenabschnitt – Thailands Strände sind echte Schönheiten, die die Konkurrenz locker ausstechen und das begehrte Ziel von Sonnenanbetern aus aller Herren Länder sind. Die Zeiten, als man das Paradies noch ganz für sich hatte, sind vorbei, die Landschaft ist aber immer noch Wahnsinn.

Ko Phi-Phi Die Andamaneninsel ist mit ihren Kalksteinklippen, dem azurblauen Wasser und der feierwütigen Partymeute ein echtes Highlight (S. 721).

Ko Pha-Ngan Der Inbegriff des süßen, unbeschwerten Strandlebens: Zwischen den ausgelassenen Vollmondpartys wird vor allem in der Hängematte gefaulenzt (S. 609).

Hua Hin Stadt trifft Ozean – die richtige Mischung für Leute, die Strand *und* Kultur brauchen (S. 561).

Trang-Inseln Hoch aufragende Kalksteinfelsen, goldener Sand und technofreie Nächte machen diese Inseln zu einem Favoriten bei Familien (S. 740).

Bang Saphan Yai Dieser Ort auf dem Festland hat ein angenehmes 1990er-Flair. Am Strand steht eine Handvoll billiger Hütten (S. 582).

Tauchen & Schnorcheln

Im warmen, klaren Wasser des Golfs von Thailand und der Andamanensee ist eine Unterwasserwelt mit einer unglaublichen Artenvielfalt zu sehen, die Thailand zu einem der besten Tauchspots der Welt macht. Die Andamanensee ist das Topziel schlechthin, der Golf prima für Anfänger.

Meeresparks Surin & Similan Islands Felsige Unterwasserschluchten, harte und weiche Korallen und unzählige Meeresbewohner – einige der besten Tauchgründe der Welt findet man vor diesen Inseln in der Andamanensee. Bootstouren (inkl. Übernachtungen an Bord) starten in Khao Lak (S. 671).

Ko Lanta Ebenfalls beliebt, da in der Nähe der Insel Futterstationen für Mantarochen, Walhaie und andere große Hochseefischarten sind (S. 729).

Ko Tao Thailands unangefochtene „Tauchschulinsel" bietet erschwingliche Kurse, seichtes Wasser und ganzjährig gute Bedingungen. Die Riffe sind ganz nah an der Küste, man kann also gleich nach dem Frühstück schnorcheln gehen (S. 624).

Ko Kradan Ein Paradies für Schnorchler: Hart- und Weichkorallen vor der Haustür (S. 739).

Leckeres Essen

Thailändisches Essen ist fantastisch gewürzt, schnell gemacht und günstig. Straßenstände schießen überall da aus dem Boden, wo Bedarf ist; auf den Nachtmärkten gibt's Abendessen für alle und in den Familienrestaurants bunte Platten nach traditionellen Rezepten.

Currys Thai-Currys sind bunt und feurig-scharf, und Bangkok, der Süden und der Norden des Landes bieten jeweils eigene Versionen dieser Suppe, die satt macht wie eine volle Mahlzeit.

Isan-Küche Das „Triumvirat" aus dem Nordosten – *gài yâhng* (Grill-Huhn), *sôm·đam* (scharfer Salat mit grüner Papaya) und *kôw něe·o* (Klebreis) – hat Fans im ganzen Land.

Meeresfrüchte Gegrillte Garnelen, würziger Tintenfisch, Krebs-Currys, gebratene Muscheln – hm, nichts wie ab an die Küste und probieren!

Obst Auf den Märkten werden Früchte verkauft, aus denen ganze Mahlzeiten zubereitet werden. Auch umherstreifende Händler stellen Früchte in Kästen zur Schau, als wären sie kostbare Juwelen.

Kochkurse In den Kochschulen in Bangkok (S. 102) oder Chiang Mai (S. 279) lernt man viele Tricks und Kniffe.

Wie wär's ... mit einem Sprachkurs, Unterricht in traditioneller Massage oder buddhistischer Meditation in Chiang Mai (S. 279), sodass der Urlaub ein Bildungsurlaub wird?

Kultur: Tempel & Ruinen

Überall in Thailand wurden den Göttern Monumente errichtet, in Form strahlender buddhistischer Tempel oder alter Khmer-Heiligtümer. Viele der Tempel sind eher Museen, in denen religiöse Kunst, die Geschichte oder die regionale Identität im Mittelpunkt stehen.

Bangkok Der Sitz der Monarchie ist zugleich *die* Stätte des Thai-Buddhismus. Die bedeutendste Buddhafigur ist im Wat Phra Kaew zu sehen (S. 61).

Ayutthaya Die Ruinen dieser sagenhaften Stadt sind ein Zeugnis aus der Zeit, in der sich die thailändische Geschichte, Identität und Architektur entwickelten (S. 171).

Sukhothai Ab aufs Rad: Diese Anlage war die Hauptstadt eines der ersten thailändischen Königreiche (S. 389).

Chiang Mai Nordthailand hat seine eigene Geschichte und sein eigenes Kunsterbe. Innerhalb der ummauerten Altstadt Chiang Mais stehen alte Teaktempel, dekoriert mit bimmelnden Glöckchen (S. 256).

Phanom Rung Dieser Außenposten der Khmer, erbaut im Angkor-Stil, wacht seit Jahrhunderten über die umgebende Landschaft (S. 463).

Abenteuer unter freiem Himmel

Vom bergigen Norden bis hin zu den Regenwäldern im Süden hat man Möglichkeiten zu wandern, zu paddeln oder auf einem Elefanten durch tropische Wälder zu reiten. In den Bergen halten die Bewohner der Stammesdörfer beharrlich an ihren Traditionen fest.

Kanchanaburi Gar nicht weit von Bangkok entfernt wird man für ein wenig Aufwand reich entlohnt: mit Wasserfällen, Raften und Elefantenreiten (S. 187).

Kaeng Krachan National Park In dem kaum besuchten Park südlich von Bangkok kann man sich in die unberührte Wildnis schlagen (S. 558).

Khao Yai National Park Elefanten, Affen und Schlangen leben im ältesten Nationalpark Thailands (S. 458).

Mae Hong Son Wandergruppen machen sich auf den Weg ins bergige Grenzgebiet von Thailand und Myanmar (S. 416).

Ko Chang Hier lassen sich die Dschungel-Hügel erkunden, in denen die Guides als Kinder herumgetollt sind (S. 235).

Khao Sok National Park Mit dem Kanu und zu Fuß geht's durch Thailands Regenwälder, in denen hie und da Kalksteinberge aufragen (S. 665).

Feste & Feiern

Thais drehen gern die Anlage auf, werfen den Grill an und machen eine Flasche Bier auf, egal zu welchem Anlass – ob traditionelles Fest, importierter Brauch oder Spontanparty...

Vollmondpartys Die Vollmondpartys auf Ko Pha-Ngan machen Nachteulen aus den Sonnenanbetern. Auch auf den übrigen Inseln finden Mondpartys und andere Events statt.

Musikfestivals Von Jazz bis Rock: Thailand wartet mit einer beeindruckenden Auswahl von Musikfestivals auf. Bei Bangkoks Fat Festival treten Indie-Bands auf, in Hua Hin ist jazzlastig und in Pattaya liegt der Schwerpunkt auf internationalem und asiatischem Rock. Auf Ko Samui legen internationale DJs auf, und in Pai steigen gelegentlich Reggae-Partys.

Obstfestivals In den Provinzstädten werden die jeweils ortstypischen Obstsorten zauberhaft gefeiert. In Chanthaburi sind es z. B. die Mangostanen-, Durian- und Rambutanhaine, in Chiang Rai ist es die Litschi.

Songkran Zum Auftakt des Fests geht man noch respektvoll mit dem Wasser um, doch mancherorts wächst sich das Ganze zu einer Wasserschlacht aus, bei der niemand trocken davonkommt (S. 23).

Monat für Monat

Januar

Das Wetter in Thailand ist trocken und kühl, die Europäer entfliehen dem trostlosen Winterwetter daheim und die Hauptsaison wird eingeläutet.

Chinesisches Neujahrsfest

Thais mit chinesischen Wurzeln feiern das chinesische neue Mondjahr (Termine variieren) mit einer Woche Hausputz und Feuerwerk. Auf Phuket, in Bangkok und Pattaya gibt es große Stadtfeste, aber normalerweise ist das chinesische Neujahr *(drùd jeen)* ein Familienfest.

Februar

In der Hauptsaison strömen die Traveller in Scharen aus ihrer verschneiten Heimat ins sonnig-bunte Thailand.

Makha Bucha

Makha Bucha *(mah·ká bu·schah)* ist einer von drei Feiertagen, die wichtige Augenblicke im Leben Buddhas markieren, und fällt auf den Vollmond des dritten Mondmonats. Er erinnert an Buddhas Predigt vor 1250 Mönchen, die kamen, um ihn zu hören, „ohne herbeigerufen worden zu sein". Makha Bucha ist ein Feiertag, der vor allem mit Tempelbesuchen begangen wird; viele Organisationen und Schulen gehen in großen Gruppen in ihren örtlichen Tempel.

Blumen-Festival

Chiang Mai zeigt sich drei Tage lang in floraler Pracht. Der Höhepunkt des Festivals ist die Parade der mit Blumen geschmückten Festwagen durch die Stadt.

März

Die heiße, trockene Jahreszeit rückt näher, die Strände werden leerer. Die auffrischenden Winde läuten die Drachen- und Kitesurfsaison ein. Außerdem beginnen in Thailand die Semesterferien, die viele Studis zum Sightseeing nutzen.

⭐ Pattaya International Music Festival

Bei diesem kostenlosen Musikevent treten in Pattaya Pop- und Rockbands aus ganz Asien auf und ziehen busseweise Studenten aus Bangkok an.

Drachenfest

Während der windigen Jahreszeit kämpfen bunte Drachen am Himmel über der Sanam Luang in Bangkok und überall im Land um die Lufthoheit.

Goldene Mangosaison

Saftige Mangos haben von März bis Juni Saison und werden vor den Augen der Kunden aufgeschnitten, mit Klebreis in eine Dose gepackt und mit einer süßen Sauce getoppt – Grund genug für einen Besuch im „Sommer".

April

Heißes, trockenes Wetter herrscht; die Tourisaison nähert sich dem Ende – ein letztes Event ist Songkran. Man muss weit im Voraus reservieren, denn an diesem Feiertag ist das ganze Land unterwegs.

Songkran

Thailands traditionelles Neujahrsfest (12.–14.

April) beginnt als sehr respektvolle Angelegenheit und verkommt dann zu einer regelrechten Wasserschlacht. Zu den morgendlichen Tempelbesuchen gehören farbenfrohe Prozessionen mit heiligen Buddha-Bildern, die zeremoniell mit Wasser besprenkelt werden. Jüngere Familienmitglieder erweisen den älteren Respekt, indem sie ihnen ebenfalls Wasser auf die Hände träufeln. Anschließend laden die Thais dann ihre Wasserpistolen und machen sich auf zur Straßenschlacht: Wasser wird von umherstreifende Truppen und aufgerüsteten Pick-ups auf willige und unwillige Ziele geworfen, katapultiert und gesprüht. Chiang Mai und Bangkok sind die Epizentren dieser Schlachten. Beobachter suchen meist Schutz in den Häusern, bis den Kämpfern die Munition ausgeht.

Mai
Kurz vor der Regenzeit bitten die Thais mit diversen Festen um viel Regen und eine reiche Ernte. In dieser unterschätzten Nebensaison sind die Preise niedriger und weniger Touris unterwegs, aber es ist immer noch extrem heiß.

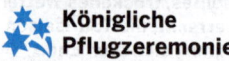

Königliche Pflugzeremonie
Bei dieser königlichen Zeremonie bedient man sich der Astrologie und uralter brahmanischer Rituale, um die Reispflanzsaison einzuläuten. Heilige Ochsen werden vor einen Holzpflug gespannt und durchpflügen die Grünfläche der Sanam Luang in Bangkok.

In den 1960ern ließ der König dieses Ritual wieder aufleben, und inzwischen hat Kronprinz Maha Vajiralongkorn den Vorsitz bei der Zeremonie.

Raketenfest
Im Nordosten, wo der Regen oft spärlich ausfällt, basteln die Dorfbewohner Bambusraketen (*bâng fai*), die in den Himmel geschossen werden und für reichlich Niederschlag sorgen sollen, um den Erfolg der kommenden Reispflanzsaison zu garantieren. Dieses Fest wird in Yasothon, Ubon Ratchathani und Nong Khai gefeiert.

Visakha Bucha
Der Feiertag Visakha Bucha (*wí·săh·kà boo·chah*) fällt auf den 15. Tag des zunehmenden Mondes im sechsten Mondmonat und erinnert an Buddhas Geburt, Erleuchtung und *parinibbana* (Tod). Die Feierlichkeiten finden rund um den Tempel statt.

Juni
In einigen Teilen des Landes erkennt man die Regenzeit nur an einem nachmittäglichen Schauer. Der restliche Tag ist frei für Musik und allgemeine Heiterkeit.

Hua Hin Jazz Festival
Zu dieser musikalischen Hommage an den König, einen Jazz-Saxophonisten und -Komponisten, kommen zahlreiche Jazzbands zur königlichen Residenz.

Phi Ta Khon
Der heilige buddhistische Tag Bun Phra Wet

erlebt im Dörfchen Dan Sai im Nordosten Thailands eine karnevalistische Erneuerung. Gläubige hüllen sich in „Geister"-Kostüme und ziehen Holzphalli schwingend und Reiswhisky trinkend durch die Gassen des Dorfes. Das Fest erinnert an eine buddhistische Legende, nach der der zukünftige Buddha (Prinz Vessantara oder Phra Wet) bei seiner vorletzten Wiedergeburt von einer Geisterschar (*pĕe*, auch *phi*) begrüßt wurde. Termine variieren.

Juli
Mit dem Beginn der Regenzeit bereitet sich die religiöse Gemeinschaft mit Festen auf das buddhistische Fasten vor, eine Zeit der Reflexion und Meditation. Wem Nieselregen nichts ausmacht, der kann jetzt prima aufs Land fahren, wo die Reispflanzung beginnt und die ausgedörrte Landschaft in saftigem Grün leuchtet.

Asahna Bucha
Zum Vollmond des achten Mondmonats erinnert Asahna (auch Asalha geschrieben) Bucha (*ah·săhn·hà bu·schah*) an Buddhas erste Predigt.

Khao Phansaa
Der Tag nach Asahna Bucha kennzeichnet den Beginn der buddhistischen Fastenzeit (der erste Tag des abnehmenden Mondes im achten Mondmonat), in der Männer traditionellerweise Mönche werden und Mönche sich normalerweise eine Zeitlang ins Kloster zurückziehen, um zu studieren und zu meditieren.

(oben) Das Ende der Regenzeit ist die beste Zeit, um die Strände zu erkunden, z. B. die im Meerespark Ko Tarutao
(unten) Klitschnass beim Songkran in Chiang Mai

Während der Khao Phansaa bringen Gläubige Opfer in Form von Kerzen und anderen Gebrauchsgegenständen im Tempel dar und wohnen Ordinationen bei. In Ubon Ratchathani sind die traditionellen Kerzenopfer zu geschnitzten Wachsskulpturen geworden, die bei einer Kerzenparade präsentiert werden.

August

Bedeckter Himmel und tägliche Schauer prägen die Regenzeit. Die Regenfälle verstärken die permanente Luftfeuchtigkeit noch.

✱ Geburtstag der Königin

Der Geburtstag der Königin (12. August) ist ein offizieller Feiertag und der thailändische Muttertag. In Bangkok wird er mit kulturellen Darbietungen entlang der Th Ratchadamnoen und auf der Sanam Luang begangen.

Oktober

Die religiösen Vorbereitungen für das Ende der Regenzeit und der buddhistischen Fastenzeit beginnen. Der Monsun nähert sich (in den meisten Landesteilen) dem Ende.

 Vegetarian Festival

Dieses neuntägige Festival der Fleischesabkehr wird (im neunten Mondmonat) gemäß der chinesisch-buddhistischen Überzeugung gefeiert, dies reinige Körper und Geist. In Städten mit großer thailändischchinesischer Bevölkerung, etwa in Bangkok, Hua Hin, Pattaya, Trang und Krabi, schmücken die vegetarischen Händler ihre Läden mit gelben Fähnchen, und weiß gekleidete Gläubige ziehen sich in Meditationszentren zurück. In Phuket artet das Festival ein wenig aus, wenn sich die Prozessionsteilnehmer völlig in Trance in menschliche Fleischspieße verwandeln.

Ork Phansaa

Das Ende der buddhistischen Fastenzeit (drei Mondmonate nach Khao Phansaa) wird mit der *gà tĭn*-Zeremonie gefeiert, bei der den Mönchen von Gläubigen neue Gewänder überreicht werden. Das ungewöhnliche Naturschauspiel der *naga*-Feuerbälle fällt mit dem Ork Phansaa zusammen. In Mae Hong Son wird das Ende des buddhistischen Fastens mit dem Jong Para Festival im Shan-Stil begangen, bei dem Miniaturburgen auf Holzpfählen in einer Prozession zum Tempel gebracht werden. In Orten an Flüssen oder am Meer wird traditionell mit einem Langbootrennen gefeiert, und das Festival der beleuchteten Boote in Nakhon Phanom lässt diese altmodische Tradition in ganz neuem (elektrischem) Licht erstrahlen.

Tag von König Chulalongkorn

Rama V. wird an seinem Todestag im Königlichen Palast in Dusit die Aufwartung gemacht. Die Anhänger des einstigen Königs pilgern mit Räucherstäbchen und Blumengirlanden in Scharen hierher, um sich würdig zu erweisen (23. Oktober).

November

Die kühle Trockenzeit hat begonnen, und wer früh genug anreist, entgeht den Touristenmassen. Die Strände sind einladend, die Landschaft herrlich grün: perfekt zum Wandern und um sich Wasserfälle anzugucken.

Surin-Elefantenfest

Am dritten Wochenende im November werden die berühmtesten Bewohner der nordöstlichen Provinz Surin mit der größten Elefantenschau Thailands (Elephant Round-Up) gefeiert. Das Fest in Surin beginnt mit einer farbenprächtigen Elefantenparade, die mit einem opulenten Früchtebuffet für die Dickhäuter endet. Außerdem werden Schlachten aus der thailändischen Geschichte nachgespielt, bei denen die Elefanten und ihre Führer in die prächtigen Gewänder der königlichen Armee gekleidet sind.

Loi Krathong.

Eines der beliebtesten Feste Thailands ist Loi Krathong, das am Tag des ersten Vollmonds im zwölften Mondmonat gefeiert wird. Mit diesem Fest danken die Gläubigen der Flussgöttin für die Fruchtbarkeit ihrer Felder und bitten sie um Vergebung für die Verschmutzung der Umwelt durch die Menschen. Kleine, selbst gebastelte Boote, die sogenannten *krathong* oder *grà·tong*, werden auf Gewässern des ganzen Landes ausgesetzt. Die kunstvoll aus Bananenblättern gefalteten Schiffchen werden mit Blumen, Räucherstäbchen, Kerzen

und Münzen verziert. Es heißt, Loi Krathong habe seinen Ursprung in Sukhothai, wo es auch heute noch mit viel Prunk gefeiert wird. In Chiang Mai wird das Fest Yi Peng genannt.

Lopburi Monkey Festival

In der letzten Novemberwoche werden die Makaken der Stadt mit einem eigenen Bankett richtig verwöhnt, während die Verdienste sammelnden Gläubigen das Spektakel fröhlich beobachten.

Dezember

Die Touristenhauptsaison ist zurück: Der Himmel reißt wieder auf, die Strandresorts füllen sich und Ferienstimmung macht sich breit.

Geburtstag des Königs

Dieser offizielle Feiertag zu Ehren des Geburtstags des Königs am 5. Dezember wird mit Paraden und weiteren Verdienste bringenden Huldigungen gefeiert; er ist außerdem der thailändische Vatertag. Die Th Ratchadamnoen Klang in Bangkok wird mit Lichtern und königlichen Insignien geschmückt, und die Menschen tragen rosafarbene Hemden (rosa ist die Farbe der Monarchie).

Chiang Mai Red Cross and Winter Fair

Ein zehntägiges Fest, bei dem in Volksfestatmosphäre Chiang Mais kulturelles Erbe gefeiert wird. Dabei erwarten einen (haufenweise) Essen und traditionelle Darbietungen.

Reise-routen

*Egal ob man nun 6 oder 60
Tage Zeit hat – unsere Routen
können einen ersten Ansatzpunkt
liefern, um das Beste aus dem
Thailandurlaub herauszuholen.
Auf lonelyplanet.com/thorntree
kann man sich zudem beim
Chat mit anderen Travellern
inspirieren lassen.*

2 Wochen
Die Quickie-Variante

❯ Dank günstiger Inlandsflüge kann man sich eine schöne Reiseroute durch Thailand zusammenstellen und in kurzer Zeit eine Menge sehen. Start ist in **Bangkok**, von dort geht's zu den tropischen Strandresorts von **Ko Samui** oder **Phuket**. Diese beiden international beliebten Inseln bieten zahlreiche ruhige Ecken, wenn man sie braucht, und so unterschiedliche Strände, dass für jeden der richtige dabei ist. Wer „sein" Fleckchen gefunden hat, informiert sich am besten direkt über die Preise in den anderen Orten der Insel – der eine oder andere möchte dann gar nicht mehr weiterziehen…

Wer genug hat von Sand und Sonne, setzt sich in den Flieger nach **Chiang Mai** und macht dort einen Kochkurs oder besichtigt Tempel. Die Umgebung lässt sich prima bei Ausflügen auf den zahlreichen Bergstraßen oder bei einer Trekkingtour zu einem Bergstamm kennenlernen. Im **Doi Inthanon National Park** wartet Thailands höchster Gipfel auf Traveller, die ihm ihre Ehrerbietung erweisen.

Am Ende kehrt man braungebrannt, mit einem thailändischen Kochbuch unterm Arm und jeder Menge spannender Reiseerlebnisse fürs Büro im Gepäck nach Bangkok zurück.

1 Monat
Best of Thailand

❱ Nachdem man sich in **Bangkok** ein paar Tage an die Hitze und das Chaos gewöhnt hat, nimmt man den Zug nach Norden und schaut sich **Ayutthaya** an, die alte Hauptstadt des gleichnamigen thailändischen Königreichs. Danach bietet sich ein kurzer Abstecher in die „Affenstadt" **Lopburi** an, bevor man dem „Kulturpfad" weiter gen Norden nach **Sukhothai** folgt. Dort können die verfallenen Ruinen eines der ersten Königreiche des Landes mit dem Rad erkundet werden. Als nächstes stehen die alte Lanna-Architektur, die hippen Cafés und das entspannte Flair von **Chiang Mai** auf dem Programm. Es kann gut und gerne eine Woche dauern, bis man den Wunsch verspürt, weiterzuziehen. Chiang Mai ist von Bergen umgeben. Im Nordwesten lockt die Hippie-Szene von **Pai**; folgt man dem Berggrat an einem nebeligen Morgen nach **Mae Hong Son**, kann man ein Stück Shan-Kultur erleben und sich einer Trekkingtour anschließen. Durch kleine, verstaubte Städtchen geht's zurück nach Chiang Mai.

Jetzt wird es langsam Zeit für den Strand! Deshalb kehrt man nach Bangkok zurück, um von dort aus zu den klassischen Zielen am Golf von Thailand aufzubrechen: **Ko Pha-Ngan** – zum Bräunen und Abfeiern – und **Ko Tao** – zum Tiefseetauchen und Schnorcheln.

Über Land geht's an die andere Küste. Die Andamanensee trumpft mit den berühmten Postkartenmotiven von aus dem Meer aufragenden Kalksteinrücken auf. **Ko Phi-Phi** ist am schönsten, aber auch am teuersten, den ultimativen Strand-Vibe und eine super Taucherszene bietet **Ko Lanta**. Kletterer zieht es vor allem nach **Krabi**. Auf dem Weg zurück gen Norden sollte man sich die Regenwälder des **Khao Sok National Park** ansehen.

Noch einmal passiert man Bangkok, um in den Nordosten zu gelangen, das landwirtschaftliche Zentrum Thailands. Hat man sich durch den Dschungel des **Khao Yai National Park** geschlagen, fährt man nach **Nakhon Ratchasima** (Khorat), Ausgangspunkt für Trips zu den Angkor-Ruinen in **Phimai** und zum Töpferdorf **Dan Kwian**. Der Khmer-Pfad führt gen Osten zum bedeutendsten und eindrucksvollsten Angkor-Tempel Thailands, dem **Phanom Rung**. Ringsum befinden sich ein paar kleinere, abgeschiedenere Tempel. Sie wirken königlich, aber auch ein wenig verloren.

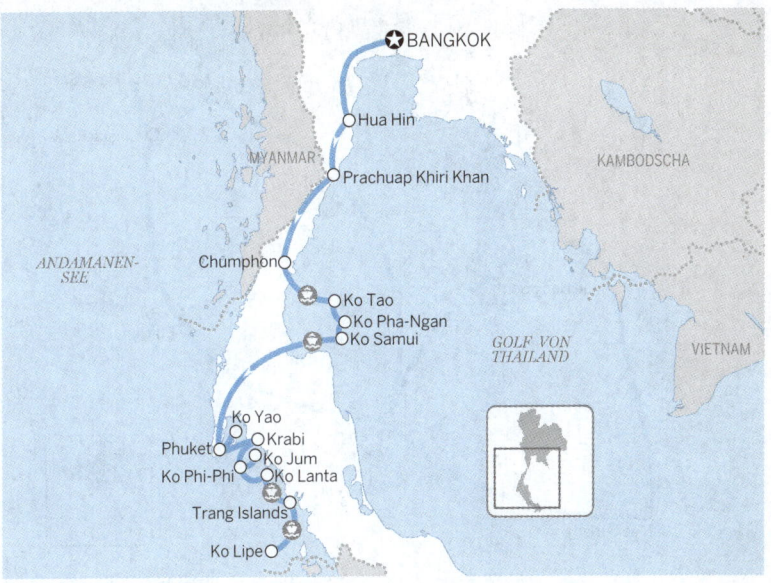

2–3 Wochen
Südliche Inseln & Strände

❭ Soso. Thailandfans daheim erteilen einem gerne den Auftrag, eine laaaange Liste von Stränden abzuarbeiten. Dann darf man sich in der Tat auf einen Strandmarathon der Extraklasse einstellen! Von Bangkok aus geht's erst mal gen Süden nach **Hua Hin**, wo eine charmante Kombination aus breiten Sandstreifen und städtischer Infrastruktur lockt. **Prachuap Khiri Khan** ist ein entspannter Ort am Meer, abgeschirmt von den Touristenmassen. Ab **Chumphon** ist Insel-Hopping angesagt: Vor **Ko Tao** kann man mit den Fischen baden, auf **Ko Pha-Ngan** den Mond anheulen oder auf **Ko Samui** in der Sonne brutzeln.

Als nächstes überquert man die Halbinsel und erkundet **Phuket** oder sucht das entspannte **Ko Yao** auf, um an Kalksteinbergen zu klettern oder auch einfach nur selig grinsend die Landschaft zu bestaunen. Vor **Krabi** ragen spitze Gipfel wie Raketen aus dem Wasser; sie können erklommen oder umpaddelt werden. **Ko Phi-Phi** ist die Partyinsel schlechthin und hübsch noch dazu, während **Ko Lanta** der Inbegriff ruhiger Inselidylle ist. **Ko Jum** bietet jede Menge … nun, Nichts – heutzutage eine echte Rarität!

Die **Trang-Inseln** werden wegen ihrer Karstlandschaften und des himmelblauen Wassers immer beliebter. Jetzt wird die Zeit langsam knapp, aber vielleicht schafft es der eine oder andere noch nach **Ko Lipe**, um ein letztes Mal (Strand-)Party in der Andamanensee zu machen.

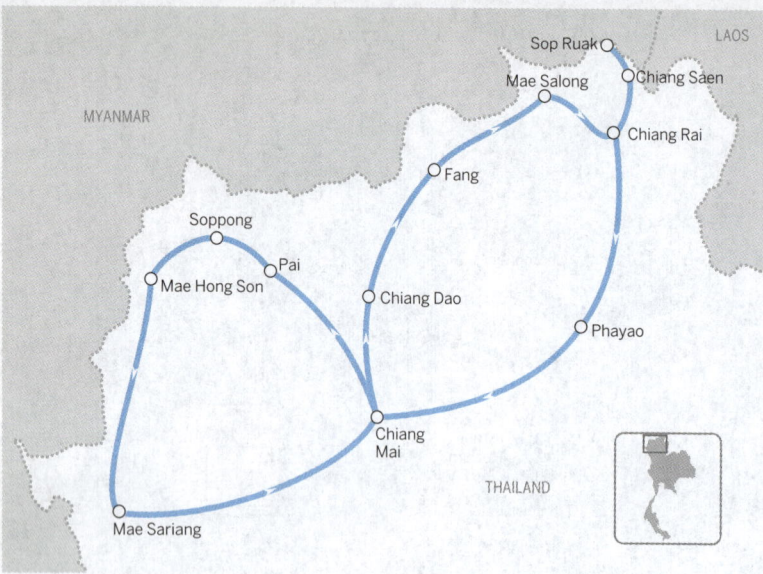

2–3 Wochen
Nordthailand

❯ Bei dieser Tour gilt es, die üppig bewachsenen Berge und die Dörfer ethnischer Minderheiten entlang der Grenze zwischen Thailand, Myanmar und Laos zu erkunden.

Chiang Mai ist eine ideale Basis, wenn man die Kultur des Nordens kennenlernen möchte. Dort werden Meditations-, Sprach- und Massagekurse angeboten. Weiter nordwestlich liegt **Pai**, ein Refugium in den Bergen, das am Tag zum Wandern und am Abend zum Feiern einlädt. **Soppong**, die nächste Station, ist ein Mekka für Caving-Fans. In **Mae Hong Son** erhält man Einblicke in eine abgeschiedene Region, die eigentlich eher nach Myanmar passt. Dann steht **Mae Sariang**, eine kleine Stadt am Fluss, auf dem Programm. Sie ist für nachhaltige Trekkingtouren bekannt.

Als nächstes heißt es in die Zivilisation – nach Chiang Mai – zurückkehren und die Weiterreise nach Chiang Rai planen. In **Chiang Dao** im Norden erwarten einen noch mehr Berge; es ist eine gute Alternative zu Pai. Dann nimmt man das Hintertürchen via **Fang** nach Chiang Rai und arbeitet sich im Zickzackkurs den Berggrat hinauf nach **Mae Salong**, eine yunnanesische Teesiedlung. In **Chiang Rai** angekommen, sollte man bei Angehörigen der Bergvölker übernachten und „kulturschonende" Treks unternehmen, bevor man zu zwei der ehemals berüchtigten Städte des Goldenen Dreiecks, **Chiang Saen** und **Sop Ruak**, aufbricht. Einen Stopp in **Phayao**, einer netten Stadt im Norden, kann man zu einem Tempelbesuch nutzen. Dann ist es Zeit für die Rückkehr nach Chiang Mai.

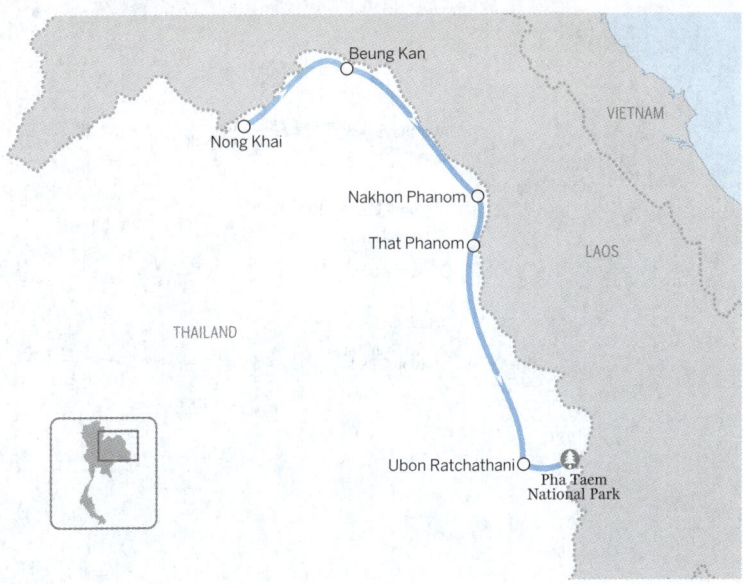

1–2 Wochen
Der Mekong

❯ In Thailands ländlichem Nordosten, der Isaan-Region, gibt's kaum große Attraktionen, aber dafür altmodische Lebensart, entspannte Menschen und interessante Privatunterkünfte zwischen Reisfeldern zum Übernachten und relaxen. Die malerischste Route durch den Isaan führt am Mekong entlang, der Thailand von Laos trennt. Die Bewohner Bangkoks ignorieren die Grenze aber und haben mit den ausländischen Nachbarn mehr gemeinsam als mit ihren Landsleuten.

Die Reise beginnt im charmanten **Nong Khai**, das nur einen Steinwurf von Laos entfernt und ein praktischer Grenzübergang ist. Wem es hier zu hektisch ist, der folgt der Flussstraße in östlicher Richtung nach **Beung Kan**. In der Nähe dieses staubigen Fleckchens steht ein Tempel auf einem steinigen Felsvorsprung. Rundum sind ein paar private Unterkünfte zu finden, die Ausflüge in ein Gebiet anbieten, in dem sich wild lebende Elefanten aufhalten. In der Stadt **Nakhon Phanom** kann man an der malerischen Flusspromenade entlangspazieren, aber zum Übernachten bietet sich eher das winzige Dörfchen **That Phanom** an, das mit einem berühmten Tempel im laotischen Stil aufwartet. Dieser wird jedes Jahr im Januar bzw. Februar zehn Tage lang mit einem lebhaften Festival geehrt.

Um den urbanen Isaan kennenzulernen, fährt man am besten nach **Ubon Ratchathani**, das vom Pha Taem National Park, einigen Stromschnellen und auf Kunsthandwerk spezialisierten Dörfern umgeben ist. Von hier kann man über Pakse nach Laos weiterreisen oder einen Nachtzug nach Bangkok nehmen.

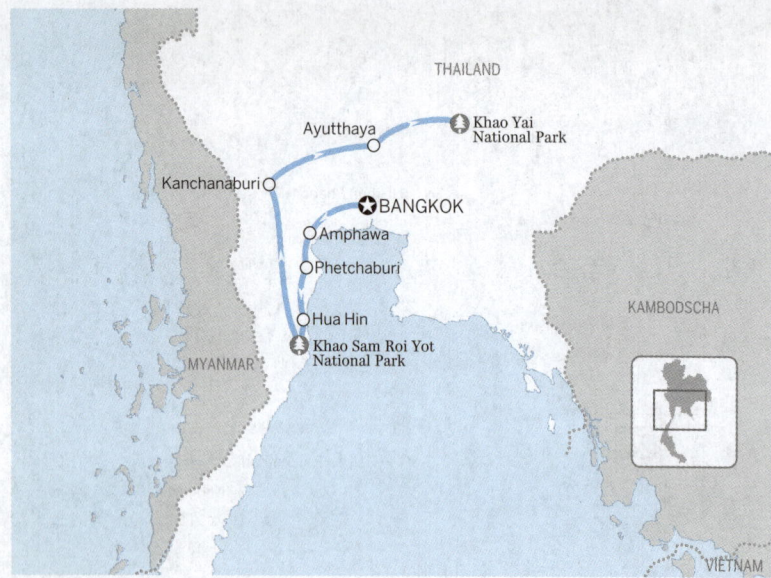

1–2 Wochen
Bangkok & Umgebung

❯ Wer nur wenig Zeit hat bzw. keine Zeit mit langen Fahrten von A nach B verschwenden will, darf sich auf jede Menge Abwechslung in einem Umkreis von 150 km rund um Bangkok freuen. Mit einem Pendlerzug verlässt man Bangkok, um den von Kanälen durchzogenen **Amphawa**-Bezirk mit seinem schwimmenden Markt zu entdecken, der bei einheimischen Feinschmeckern hoch im Kurs steht. Geschichte pur genießen kann man in **Phetchaburi**, fernab der Hektik der Hauptstadt. Einst war dies ein königlicher Rückzugsort mit einem Hügelpalast und faszinierenden Höhlenschreinen. Dann steht eine Verschnaufpause in **Hua Hin** auf dem Programm. Die lange, sandige Küste erstreckt sich gen Süden bis zum **Khao Sam Roi Yot National Park** mit seinen Karstbergen und Mangrovensümpfen.

Das nördlich gelegene **Kanchanaburi** spielte eine kleine, aber gut dokumentierte Rolle während des Zweiten Weltkriegs. Die bewaldeten Berge nordwestlich sind ideal für alle möglichen Outdoor-Aktivitäten. Auf dem Weg in die ehemals prachtvolle frühere Hauptstadt **Ayutthaya** beschreibt man einen Bogen um die aktuelle. Dann nimmt man den Zug in den **Khao Yai National Park**, um einen letzten Vorstoß in die Natur zu wagen, bevor man in den Betondschungel Bangkoks zurückkehrt.

» *(oben) Strandszene, Ko Lipe*
(S. 750)
» *(links) Elefantenreiten,*
Provinz Chiang Mai (S. 254)

Verantwortungs-bewusst reisen

Bloß nicht!

Niemals auf heruntergefallenes Geld treten, denn das Abbild des Königs prangt auf allen Münzen und Geldscheinen.
Niemals über andere Fahrgäste oder deren persönlichen Besitz hinwegsteigen!
Keine Schuhe außen am Rucksack befestigen – sie könnten jemanden streifen!
Kein Abbild des Buddha tätowieren lassen, denn das gilt als Gotteslästerung! Zurzeit wird versucht, ein Verbot durchzusetzen.

Auf jeden Fall!

Eine respektvolle Haltung einnehmen, wenn die Nationalhymne (tgl. 8 & 18 Uhr) erklingt, es sei denn, man befindet sich gerade zu Hause oder in einem Gebäude.
Aufstehen, wenn die Königshymne gespielt wird – im Kino vor jedem Film!
Immer mit einem Lächeln grüßen! Männer verbinden dies noch mit einem *sà·wàt·dee kráp*, Frauen sagen *sà·wàt·dee kâ*.
Ist man bei Thais zu Hause eingeladen, bringt man ein Gastgeschenk mit. Vor Betreten der Wohnung Schuhe ausziehen!
Den Kopf senken, wenn man an Leuten, die reden, oder an einem Mönch vorbeigeht.
Tempel in angemessener Bekleidung besuchen, d. h. Ellbogen und Knöchel bedecken. Immer die Schuhe ausziehen, bevor man ein Gebäude mit Buddha-Abbild betritt.
Die rechte Hand ausstrecken und mit der linken Hand den rechten Ellbogen umfassen gilt als höfliches Verhalten, wenn man einer anderen Person einen Gegenstand überreicht oder etwas entgegennimmt.

Haarsträubende Abenteuer und sensationelle Schnappschüsse sind tolle Erinnerungen an eine Reise. Was jedoch ein Leben lang im Gedächtnis bleibt, sind die Momente, in denen man nicht mehr der fremde Eindringling ist, sondern in Kontakt kommt mit Menschen, die eine andere Sprache sprechen und in einer ganz anderen Kultur leben. Verlässt man die bequemen Touristenwege und wagt sich zu den Menschen in den kleinen Dörfern hinaus, so wird man vom reinen Wirtschaftsfaktor zum geschätzten Gast und vielleicht sogar Freund.

Es gibt viele Möglichkeiten, ein Land respektvoll zu besuchen und kennenzulernen: durch das Erlernen der Sprache und die Beschäftigung mit Sitten und Kultur, durch Freiwilligenarbeit und den Einsatz für benachteiligte Menschen sowie durch die Unterstützung von Unternehmen, die umweltbewusst wirtschaften oder sich für soziale Gerechtigkeit engagieren. Das Kapitel „Bevölkerung & Kultur" (S. 778) vermittelt weitere Einblicke in das reiche, kulturelle Erbe Thailands und gibt Infos zum besseren Verständnis dieser Kultur.

Etikette

Der Monarchie und der Religion (die oft als eng miteinander verbunden gelten) wird in Thailand ein Höchstmaß an Achtung entgegengebracht. Aus Furcht, jemanden zu kränken, oder, schlimmer noch, wegen Majestätsbeleidigung ins Gefängnis zu wandern, vermeiden es die Thais strikt, die königliche Familie zu kritisieren oder zu verunglimpfen. Mit zunehmender Gebrechlichkeit des Königs werden auch immer öfter Ausländer, im Ausland lebende Thais, politische Gegner und Akademiker der Majestätsbeleidigung bezichtigt.

Bilder und Statuen des Buddha gelten als heilig. Daher gehört es sich absolut nicht, vor einer Buddhafigur für ein Foto zu posieren oder gar darauf herumzuklettern, auch nicht in Tempelruinen. Die Thais bezeugen jeder Buddha-Statue, auch wenn sie noch so armselig ist, ihren Respekt mit dem *wâi*-Gruß, bei dem die Hände wie zum Gebet aneinandergelegt werden. Da die Mönche in Askese leben, dürfen sie Frauen weder berühren noch von ihnen berührt werden. Wenn eine Frau einem Mönch etwas geben möchte, stellt sie es in Reichweite des Mönchs ab oder platziert es auf seinem „Empfangstuch". In öffentlichen Verkehrsmitteln sitzen Frauen niemals neben einem Mönch. Sie wechseln auch auf die andere Straßenseite, um jede zufällige Berührung auszuschließen.

Aus religiösen Gründen betrachten die Thais den Kopf als höchsten und heiligsten Teil des menschlichen Körpers, während die Füße als niedrigste und schmutzigste Körperteile gelten. Dabei haben viele „Fußtabus" durchaus einen praktischen Sinn, denn traditionell essen, schlafen und leben die Thais auf dem Fußboden ihrer Wohnungen, in denen so gut wie keine Möbel stehen. Um die Wohnung und den „Esstisch" sauber zu halten, gelten für Füße (und Schuhe) eine Vielzahl von Regeln und Vorschriften.

Wer sich in einem religiösen Gebäude hinsetzt, sollte dies wie die „kleine Meerjungfrau" tun: Die geschlossenen Beine werden so angewinkelt, dass weder die Fußsohlen noch die Zehen auf ein Abbild Buddhas zeigen.

Als Zeichen des Respekts, aber auch aus hygienischen Gründen, werden in Privatwohnungen und Tempeln grundsätzlich keine Schuhe getragen. Wer es wie die Thais machen möchte, schleudert jeden Schuh in einer einzigen, flüssigen Bewegung weg und verwandelt seine Schnürschuhe in praktischere Slipper. Man sollte auch niemals *auf*, sondern immer *über* die Türschwelle treten, denn dort lebt nach allgemeinem Glauben der „Geist" des Hauses. Wenn in Bussen und 3.-Klasse-Zügen die Thais dennoch manchmal die Füße hoch-

legen, ist das zwar nicht die feine englische Art, aber zumindest ziehen sie vorher immer ihre Schuhe aus. Dies gilt auch, wenn sie auf einen Stuhl oder Sitz steigen.

Thais berühren sich auch niemals am Kopf oder wuscheln sich gegenseitig als Zeichen der Zuneigung in den Haaren. Berühren sich junge Leute dennoch gegenseitig am Kopf, so handelt es sich um eine Neckerei oder Stichelei unter Freunden.

Gesellschaftliche Konventionen & Gestik

Der traditionelle thailändische Gruß ist der *wâi*, bei dem die Handflächen wie zum Gebet aneinandergelegt werden. Wie tief man sich dabei verbeugt und wie hoch die Hände gehalten werden, ist abhängig vom Status der Person, die gegrüßt wird. Kinder werden von Erwachsenen nicht mit dem *wâi* gegrüßt, ebensowenig das Servicepersonal, wenn es gerade „im Dienst" ist, wobei dies aber im eigenen Ermessen liegt.

In den traditionelleren Regionen Thailands gelten zwischengeschlechtliche Berührungen, sei es von Liebespärchen oder Freunden, als unschicklich. Selbst Händchenhalten ist außerhalb der großen Städte wie Bangkok völlig undenkbar. Dagegen sind gleichgeschlechtliche Berührungen durchaus üblich: Sie gelten als Zeichen von Freundschaft, nicht von sexueller Anziehung. So wie sich gute Kumpels gegenseitig auf den Rücken klopfen, fassen ältere Thais jüngeren Männern häufig an den Oberschenkel. Thai-Frauen sind besonders liebenswürdig zueinander, sie sitzen oft nah beisammen oder gehen Arm in Arm.

Im Allgemeinen legen die Thais großen Wert auf bescheidene Kleidung, nur bei den Jüngeren ändert sich dies allmählich. Auch am Strand ist angemessene Bekleidung ein Muss. Mit Ausnahme der Großstädter aus Bangkok baden die Thais in voller Montur. Deshalb ist hüllenloses Sonnenbaden und auch „oben ohne" völlig inakzeptabel und mancherorts sogar verboten.

Weitere Infos zum Umgang mit Thais finden sich auf S. 792.

Tourismus

Trotz der allgemein verbreiteten Vorurteile hat der Tourismus im Großen und Ganzen einen positiven Effekt auf die thailändische Wirtschaft, denn er schafft Arbeitsplätze

DIE BESTEN HOMESTAY-PROGRAMME

» Ban Prasat, Nakhon Ratchasima

» Ban Kham Pia, Bueng Kan

» Ban Ta Klang, Surin

» Ban Mae Kampong, Chiang Mai

für junge Leute und sorgt für gute Geschäfte bei den Unternehmern. Doch viele Reisende wollen mehr als nur konsumieren und ihr Geld möglichst dort ausgeben, wo es wirklich gebraucht wird, sei es für wohltätige Zwecke oder für Projekte, die dazu beitragen, die traditionelle Lebensweise der Menschen hier zu erhalten. Mit der Förderung des Kunsthandwerks in den Dörfern und der Homestay-Programme hat sich Thailand überraschend gut an diesen neuen Trend angepasst. Leider sprechen diese Initiativen eher die thailändischen als ausländischen Besucher an. Doch immer öfter stehen diese kleinen Tourismusprojekte auch Ausländern offen, die einen tieferen Einblick in die traditionelle Lebensweise gewinnen wollen.

Homestays bei Familien

Man kann das Land auf eigene Faust bereisen und tief in seine Kultur eintauchen, wenn man im Rahmen eines Homestay-Programms bei einer Thai-Familie unterkommt. Die vor allem bei einheimischen Reisenden sehr beliebten Unterkünfte unterscheiden sich von Pensionen dadurch, dass die Besucher von einer Familie aufgenommen werden, die zumeist in einem der kleinen Dörfer abseits der Touristenzentren lebt. Die Unterkünfte sind sehr einfach: Man schläft in der Regel auf einer Matte oder Faltmatratze, die auf dem Fußboden liegt. Manchmal stellt die Familie dem Gast auch ein eigenes Zimmer zur Verfügung. Im Preis enthalten sind die Unterkunft, die Mahlzeiten mit der Familie und kulturelle Aktivitäten, bei denen man die traditionelle Lebensweise der Region kennenlernt – von der Reisernte bis zur Seidenweberei. Da die Leute oft nur wenig Englisch sprechen, kann man prima sein Thai verbessern.

Trekking zu den Bergvölkern

Obwohl die Bergvölker als ethnische Minderheiten am Rand der thailändischen Gesellschaft stehen, gehören sie zu den größten touristischen Attraktionen des Landes. Viele große und kleine Veranstalter organisieren Trekkingtouren zu ihren Dörfern, um ihre Kultur und Lebensweise vorzustellen. Dabei ist nicht ganz klar, ob diese Trekkingtouren in wirtschaftlicher Hinsicht dazu beitragen, die Armut der Bergvölker zu lindern und damit ihre ethnische Identität zu bewahren. Es besteht aber zumeist Einigkeit darüber, dass ein kleiner Teil des Gewinns aus den Trekkingtouren einzelnen Familien in den Dörfern zugute kommen soll, damit sie dort ein bescheidenes Auskommen haben und nicht in die Städte abwandern. Ein Fremdenführer schätzte einmal, dass die Hälfte des Tourenbudgets für Essen, Unterkunft und Ausrüstung bei den Händlern im Dorf des besuchten Bergvolkes ausgegeben wurde.

Generell werden diese Trekkingtouren heute wesentlich sozialbewusster organisiert als noch vor Jahrzehnten. Die meisten Veranstalter beschränken die Anzahl der jeweiligen Besuche in einem bestimmten Gebiet, um den Einfluss der Fremden auf das tägliche Leben der einfachen Dorfbewohner so gering wie möglich zu halten. Doch die Branche hat noch einen langen Weg vor sich. So sind die Trekking-Unternehmen alle im Besitz von Thais, die wiederum nur Thai-Führer beschäftigen. Angehörige der ethnischen Minderheiten haben praktisch keine Chance auf eine Anstellung, denn ohne thailändischen Personalausweis erhalten sie von der Tourist Authority of Thailand (TAT) keine Lizenz als Tourenführer.

Wanderer sollten sich bewusst sein, dass die ethnischen Minderheiten Thailands ihre eigene kulturelle Identität bewahrt haben und viele ihre animistischen Traditionen mitsamt den sozialen Tabus und Konventionen pflegen. Wer plant, mit einem Tourveranstalter Dörfer der Bergvölker zu besuchen, sollte sich vorher mit dem Reiseleiter darüber unterhalten, welches Verhal-

TOP-ORTE FÜR TREKKING-TOUREN ZU DEN BERGVÖLKERN

» Chiang Mai

» Chiang Rai

» Mae Hong Son

» Mae Sariang

ten angemessen ist und welches nicht. Hier ein paar allgemeine Tipps:

» Bevor man ein Foto von Stammesangehörigen macht, sollte man grundsätzlich deren Zustimmung einholen. Das gilt besonders für private Situationen innerhalb der Wohnungen. In vielen traditionellen Glaubensrichtungen wird das Fotografieren mit Argwohn betrachtet.

» Religiöse Symbole und Rituale verdienen Respekt. Von Totems am Dorfeingang oder anderen heiligen Gegenständen, die an den Bäumen hängen, sollte man die Finger lassen. Bei Zeremonien und dergleichen hat man nichts verloren, solange man nicht ausdrücklich dazu eingeladen wird.

» Besonders Kindern gegenüber sollte man die Bettelkultur gar nicht erst fördern. Wenn man nicht gleichzeitig auch für moderne Zahnbehandlungen sorgen kann, sollte man keine Süßigkeiten verteilen. Stattdessen kann man der Schule vor Ort eine Spende zukommen lassen. Dabei kann der Reiseleiter möglicherweise behilflich sein.

» In der Öffentlichkeit immer auf angemessene Kleidung achten! Beim Aus- oder Umziehen nie vor offenen Fenstern stehen, wo plötzlich Kinder auftauchen könnten.

» Das Flirten mit Stammesangehörigen ist grundsätzlich unangebracht – es sei denn, man will die entsprechende Person heiraten. Mit den Dorfbewohnern niemals Alkohol trinken oder Drogen einnehmen; wenn man betrunken ist, entstehen schneller kulturell bedingte Missverständnisse.

» Die Dorfbewohner immer anlächeln, selbst wenn sie einen anstarren. Am besten fragt man seinen Reiseleiter, wie man in der Stammessprache „Guten Tag" sagt.

» Öffentliche Gefühlsausbrüche unterlassen, denn in manchen traditionellen Systemen betrachtet man das als Beleidigung der Geisterwelt.

» Die Tiere, die im Dorf gehalten werden (selbst die freilaufenden Schweine), sind kein Spielzeug, sondern wertvolle Güter. Auch die Tiere aus dem Dschungel lässt man besser in Ruhe, denn in manchen Glaubensrichtungen gelten sie als Geister, die das Dorf besuchen.

» Keinen Müll hinterlassen!

» Hier gelten dieselben Fußtabus wie in der thailändischen Kultur. Außerdem: Nicht auf die Türschwelle eines Hauses treten, die Füße nicht ans Feuer halten und drinnen prinzipiell keine Schuhe tragen!

Begegnung mit Elefanten

Elefanten wurden in Thailand schon immer wegen ihrer Stärke, Ausdauer und Intelligenz verehrt. Unter Leitung ihrer Mahuts schleppten sie Teakholzstämme aus dem Urwald, transportierten Güter durch unwegsames Gebirge und zogen sogar in den Krieg.

Als dann viele der traditionellen Aufgaben der Elefanten von Maschinen übernommen oder (wie die Holzfällerei im Jahr 1989) gesetzlich verboten wurden, waren die grauen Riesen und ihre Betreuer plötzlich arbeitslos. Einige Mahuts verlegten sich aufs Betteln in den Straßen von Bangkok und anderen Touristenzentren, doch die Regierung ist bestrebt, diese nicht ganz ungefährlichen Aktivitäten mithilfe von Geldstrafen und Alternativprogrammen zu unterbinden.

Doch genau wie die vielen Zuwanderer kommen auch die meisten Elefanten in Thailands boomender Tourismusindustrie unter, wo sie in zirkusähnlichen Shows auftreten oder Touristen als Reittiere dienen. Einige Elefantencamps bieten auch Mahut-Trainingskurse an, während Schutz- und Rettungszentren den Dickhäutern, die nicht mehr arbeiten können und für ihre Besitzer nicht mehr von Nutzen sind, einen angemessenen Lebensabend ermöglichen. Weitere Infos gibt's im Kasten auf S. 38.

In Tierschutzkreisen wird heftig diskutiert, wie Misshandlungen verhindert und anständige Lebensbedingungen für die zahmen Elefanten sichergestellt werden können. Bis es eine echte Alternative gibt, hilft der Tourismus zumindest vorübergehend, das Problem der arbeitslosen Dickhäuter zu lösen. Und gut informierte, verantwortungsbewusste Touristen können dafür sorgen, dass sichere Arbeitsbedingungen für die Elefanten zur Regel werden.

So kann man anhand der folgenden Fragen herausfinden, ob es sich um ein gut geführtes Elefantencamp handelt oder nicht. Im Kapitel „Natur & Umwelt" (S. 820) sind empfehlenswerte Elefantencamps und Zufluchtstätten aufgeführt.

» Gibt es in dem Camp einen Tierarzt? In guten Camps werden die Elefanten ständig medizinisch betreut.

» Auf welche Art beschafft sich das Camp neue Elefanten? Viele der in freier Wildbahn gefangenen Tiere stammen aus dem Grenzgebiet zwischen Thailand und Myanmar.

DAS DILEMMA DER DICKHÄUTER

Das Arbeitsleben eines Elefanten dauert etwa 50 Jahre. Von Kindesbeinen an werden sie von zwei Mahuts, in der Regel Vater und Sohn, ausgebildet, die sich dann um das Tier kümmern, bis es stirbt. Nach thailändischem Recht müssen Arbeitselefanten im Alter von 61 Jahren ausgemustert und in die Freiheit entlassen werden. Oft werden sie 80 Jahre oder noch älter. Der angemessene Unterhalt eines Elefanten kostet im Monat etwa 30 000 B (1000 US$), das entspricht dem Monatsgehalt eines Thai der oberen Mittelschicht.

Angehörige von Elefantenschutzorganisationen sind unterschiedlicher Meinung darüber, wie die etwa 3500 zahmen Elefanten am besten zu behandeln sind. Konkret steht die derzeitige Lösung des Problems der arbeitslosen Elefanten in Form von Elefanten-Trekking und Mahut-Programmen zur Debatte. Manche Aktivisten vertreten die Auffassung, dass Elefanten generell weder gezähmt noch gezüchtet oder geritten werden sollten, da all dies grausam und schmerzvoll für die Tiere sei. Stattdessen sollten die Elefanten entweder in der Wildnis oder in wildnisähnlichen Schutzgebieten leben, was so weit wie möglich ihrer natürlichen Lebensweise entsprechen würde.

Dagegen meinen die Befürworter von Arbeitselefanten, dass ihr Einsatz als Touristenattraktion den Tieren und den sie betreuenden Mahuts, die oft Angehörige eines großen Hüterstammes in Surin sind, einen angemessenen Unterhalt und gute Lebens- und Arbeitsbedingungen sichern, die sie sonst nicht hätten. Viele sind auch der Ansicht, dass es in der Wildnis gar nicht genügend Platz gibt, um die Elefanten zu „befreien". Gäbe es die Elefantencamps nicht, wären die Mahuts und ihre Tiere wieder auf ein Leben als Bettler angewiesen.

Noch komplizierter wird die Sache durch das Freikaufen von Elefanten durch „Zufluchtstätten" und andere Unternehmen, die mit der Tourismusbranche in Verbindung stehen. Die Unternehmer bezeichnen das zwar als „Rettung" der Elefanten, doch der jeweilige Besitzer erhält zumeist eine finanzielle Entschädigung. Nach thailändischem Gesetz dürfen in Gefangenschaft lebende Elefanten ge- und verkauft sowie transportiert werden, solange sie über die erforderlichen Papiere und Genehmigungen verfügen, die beweisen, dass sie auf einer Zuchtfarm und nicht in freier Wildbahn geboren sind. Doch diese Vorschrift kann leicht umgangen werden, denn es ist wesentlich lukrativer, „freie", wilde Elefanten zu fangen und zu verkaufen als sie zu züchten. Die Wilderer sind in der Regel Einheimische, die mit dem „Elefantenauftrieb" vertraut sind, der traditionellen Art, Wildtiere einzufangen. Oder aber die Tiere werden im benachbarten Myanmar gefangen und über die Grenze gebracht.

Seriöse Elefantencamps kennen diese Praktiken und haben verschiedene Möglichkeiten, einen solchen Betrug zu verhindern. So betreibt das Royal Elephant Kraal & Village in Ayutthaya eine erfolgreiche Zucht und beteiligt sich deshalb nicht am Handel mit Elefanten. Die Golden Triangle Asian Elephant Foundation, die zu den beiden Resorts Anantara und Four Season in Sop Ruak gehört, kauft die Elefanten nicht, sondern stellt sie zusammen mit ihren Mahuts als „Arbeitnehmer" ein. Dagegen kauft die Stiftung Wildlife Friends of Thailand in Phetchaburi alte und kranke Elefanten zu Preisen unterhalb des Marktwertes auf, um zu verhindern, dass die Mahuts sich ein in Freiheit geborenes Tier als Ersatz besorgen.

» Wie viele Stunden am Tag arbeiten die Elefanten? Ein flotter, vierstündiger Fußmarsch pro Tag (mit Pausen zum Fressen und Saufen) gilt als angemessenes Training.

» Wie viele Erwachsene reiten auf einem Elefanten? Zusätzlich zu seinem Mahut, der in seinem Nacken sitzt, kann ein Elefant maximal 150 kg auf seinem Rücken tragen. Wird dieses Höchstgewicht von zwei Personen überschritten, sollte man auf einen eigenen Elefanten bestehen.

» Werden die Elefanten an einem schattigen Ort gehalten und haben sie Zugang zu frischem Wasser und einer Futterquelle? Was fressen die Tiere? Eine ausgewogene Ernährung für die großen Dickhäuter besteht aus einer Mischung von Früchten, Gräsern, Bambus- und Ananasschößlingen.

» Haben die Elefanten sichtbare Wunden und Verletzungen? Diese sind oft ein Zeichen von Misshandlung.

Tauchen

Die Beliebtheit der thailändischen Tauch-gründe stellt eine immense Gefahr für die empfindlichen Korallenriffe dar. Um dieses Ökosystem zu schützen und zu bewahren, sollten ein paar Regeln befolgt werden.

» Keine lebenden Meeresorganismen berühren, nicht auf Korallen treten oder Ausrüstungsgegenstände wie Flossen oder Ähnliches über das Riff ziehen. Die Polypen der Korallen können schon bei der sanftesten Berührung zerstört werden.

» Im seichten Wasser des Korallenmeers keinen Sand aufwirbeln, da die empfindlichen Organismen des Riffs daran ersticken können.

» Mit äußerster Vorsicht in Unterwasserhöhlen tauchen, da sich die Luftblasen an der Decke sammeln können. Dadurch werden Organismen, die zuvor im Wasser standen, trockengelegt und sterben ab.

» Bei den von Tauchschulen unterstützten Aktionen zur Säuberung der Korallen mitmachen!

» Die Fische nicht füttern und auch nicht zulassen, dass der Tauchveranstalter Essensreste im Meer entsorgt, denn die Fische werden von dieser Futterquelle abhängig und fressen nicht mehr die Algen von den Korallen, was zu Schäden am Riff führt.

Freiwilligenarbeit

Bei einer Auslandsreise erkennt man das Leid und Elend der Bedürftigen viel deutlicher als im eigenen Land. Genau genommen ist Thailand immer noch ein Entwicklungsland, in dem es kein dichtes soziales Netz gibt und Umweltschutz nicht stattfindet. Dafür gibt's eine Vielzahl von Organisationen, die sich für notleidende Einheimische einsetzen und gerne die Unterstützung von hilfsbereiten Besuchern annehmen.

Humanitäre Arbeit & Unterrichten

Freiwillige können sich in erster Linie auf dem Bildungssektor betätigen. Der zwölfjährige Unterricht an Thailands öffentlichen Schulen ist zwar kostenlos für alle, die sich legal im Land aufhalten. Dies trifft aber weder für einige Stämme der Bergvölker im Norden noch für die Flüchtlinge und Einwanderer aus Myanmar zu, da sie keine thailändischen Ausweispapiere besitzen. Selbst wenn diese Bevölkerungsgruppen

über die erforderlichen Papiere verfügen, können sich die Familien den Schulbesuch aufgrund der damit verbundenen Kosten für Uniform, Bücher und sonstige Materialien oft nicht leisten. Diese zusätzlich anfallenden Kosten sind auch der Grund, warum viele Kinder von ganz legalen, aber armen Thais im Nordosten des Landes keine Chance auf eine Ausbildung haben.

Die Thais freuen sich über jeden, der kostenlosen Unterricht erteilt. Zudem ist der Beruf des Lehrers in Thailand sehr hoch angesehen und verspricht eine dankbare Aufnahme und Unterstützung durch die Gemeinschaft. Wer nicht nur irgendeinen Job im Ausland sucht, sondern sich der kulturellen Herausforderung stellen möchte, sollte in eine ländliche Gegend gehen, wo kaum Englisch gesprochen wird und es nur wenige Ausländer gibt. So lernt man ganz schnell die thailändische Sprache und erfährt viel über eine Lebensweise, die tief in der Vergangenheit verwurzelt ist.

In Nordthailand, insbesondere in Chiang Mai und Chiang Rai, sind eine Vielzahl von Organisationen tätig, die sich für benachteiligte Bergvölker einsetzen. In Chiang Mai, Mae Sot und Sangkhlaburi leben auch größere Gemeinschaften von notleidenden Flüchtlingen und Einwanderern aus Myanmar. Ebenso werden im Nordosten, der landwirtschaftlich wichtigsten Region Thailands, freiwillige Lehrer gebraucht. In den Kapiteln zu den einzelnen Reisezielen sind kleinere Organisationen aufgeführt, die Helfer in Waisenhäuser und Obdachlosenheime vermitteln.

Auf jeden Fall anfragen sollte man bei folgenden Organisationen:

Akha Association for Education and Culture in Thailand (Afect; www.akhathai. org; Chiang Rai) Die vom Volk der Akha geführte, nichtstaatliche Organisation unterhält Schulen und leistet Öffentlichkeitsarbeit in den Dörfern des Nordens.

Andaman Discoveries (☎08 7917 7165; www.andamandiscoveries.com; Phang-Nga) Betreibt im Süden Thailands ein Schul- und Ausbildungszentrum für Einwandererkinder aus Myanmar sowie ein Waisenhaus und eine Schule für behinderte Kinder.

Cultural Canvas Thailand (☎08 6920 2451; www.culturalcanvas.com; Chiang Mai) Vermittelt Freiwilligen im Norden Thailands Jobs in Lern- und Ausbildungseinrichtungen für Einwanderer sowie in künstlerischen und anderen Projekten für mehr soziale Gerechtigkeit.

Dragonfly Volunteer Projects (☎08 7963 0056; http://thai-dragonfly.com; Nakhon Ratchasima) Schult die freiwilligen Helfer erst, bevor sie als Bauarbeiter, Lehrer oder Tierpfleger im ganzen Land eingesetzt werden.

Isara (☎0 4246 0827; www.isara.org; Nong Khai) Vermittelt Englisch- und EDV-Lehrer an wirtschaftlich benachteiligte Schulen in ganz Thailand. Diese Organisation ist eine der wenigen, bei der die Vermittlung der Freiwilligenarbeit einschließlich Unterkunft und einiger Mahlzeiten kostenlos ist.

LemonGrass Volunteering (☎08 1977 5300; www.lemongrass-volunteering.com; Surin) Bringt Lehrer an Schulen und Universitäten rund um Surin (im Nordosten des Landes) unter.

Open Mind Projects (☎0 4241 3578; www. openmindprojects.org; Nong Khai) Bietet Freiwilligen Jobs in der IT-Branche, im Gesundheitswesen, auf dem Bildungssektor und in kommunalen Einrichtungen des Ökotourismus in ganz Thailand.

Redemptorist Foundation (www.fr-ray.org; Pattaya) Kümmert sich mit verschiedenen Bildungs- und Streetwork-Projekten um bedürftige Menschen in Pattaya.

Travel to Teach (☎08 4246 0351; www. travel-to-teach.org; Chiang Mai) Vermittelt Englischlehrer für unterschiedliche Zeiträume an Schulen, Lerncamps und Tempel in Mae Hong Son und Chiang Mai.

Volunthai (www.volunthai.com; Bangkok) Das Familienunternehmen setzt Freiwillige als Lehrer an Schulen auf dem Land ein und bringt sie in Gastfamilien unter.

Arbeit im Tier- & Umweltschutz

Die zunehmende Industrialisierung stellt eine immer größere Bedrohung für Natur und Umwelt sowie den Wildtierbestand in Thailand dar. Die Probleme sind offensichtlich, die Lösungen dafür nicht. Es gibt zwar eine starke Umweltschutzbewegung im Land, doch ziehen verschiedene Einrichtungen oft nicht an einem Strang, sodass die Bewegung nur im kleinen Rahmen funktioniert. Eine Reihe von nichtstaatlichen Organisationen ist vor Ort im Tier- und Umweltschutz tätig: Sie betreiben Auffangstationen und Schutzzentren für Wildtiere, die als Haustiere gehalten wurden, und unterhalten Tierkliniken, die sich um zahme Hunde und Katzen kümmern.

Die folgenden Einrichtungen brauchen immer freiwillige Helfer. Für die harte Arbeit wird man oft mit tollen Begegnungen und Erlebnissen mit den Tieren belohnt.

Elephant Nature Park (☎0 5320 8246; www.elephantnaturepark.org; Mae Taeng) Freut sich über jeden Freiwilligen, vor allem aber über Tierärzte, die sich um die hier lebenden Elefanten kümmern wollen.

Highland Farm Gibbon Sanctuary (☎0 9958 0821; www.highland-farm.org; Mae Sot) Nimmt verwaiste, ausgesetzte und misshandelte Gibbon-Affen auf. Freiwillige müssen einen Monat bleiben und bei der täglichen Arbeit auf der Farm helfen.

Starfish Ventures (☎44 800 1974817; www. starfishvolunteers.com) Bringt freiwillige Helfer in Umwelt- und Tierschutzprojekten sowie als Lehrer in ganz Thailand unter, hauptsächlich aber in Surin.

Wild Animal Rescue Foundation (WARF; www.warthai.org) Unterhält das Gibbon Rehabilitation Centre in Phuket und ein Umweltschulungszentrum an der Andamanenküste in der Provinz Ranong. Die Freiwilligen helfen bei der täglichen Versorgung der Gibbon-Affen, die auf ihre Auswilderung vorbereitet werden, oder zählen und beobachten die Gelege von Meeresschildkröten.

Wildlife Friends of Thailand Rescue Centre (www.wfft.org) Unterhält außerhalb von Phetchaburi eine Auffangstation für Malaienbären, Makaken und Gibbons, um die sich die freiwilligen Helfer kümmern müssen.

Inseln & Strände

Die besten Strände zum Tauchen & Schnorcheln

Ko Tao Die Insel im Golf von Thailand ist *der* Ort, um tauchen zu lernen.
Ko Kradan Das Schnorchelparadies in der Andamanensee ist sehr beliebt.
Khao Lak ist das Tor zu den berühmten Similan- und Surin-Inseln und den Burma Banks.
Ko Lanta Die unterbewerteten Tauchspots in der Andamanensee sind gut zu erreichen.

Die besten Inseln & Strände für Kinder

Dolphin Bay Die ruhige, malerische Bucht ist nicht weit von Bangkok entfernt.
Hua Hin Der internationale Badeort erstreckt sich entlang der Golfküste.
Ko Ngai ist von Korallenriffen umgeben und gehört zu den Trang-Inseln, die in einer tropischen Bucht der Andamanensee liegen.
Ko Lanta Im Sand spielen, im Meer planschen, etwas essen – und dann ein Schläfchen unter Kokospalmen halten.

Die besten Partystrände

Ko Samui Auf zum Trinkgelage in Hat Chaweng!
Ko Phä-Ngan Bei Vollmond erwachen die Party-Werwölfe.
Ko Phi-Phi Die elitäre Schwester der übrigen Partystrände Thailands.

Reiseplanung

Der Monsunregen und die Hochsaison sind die beiden entscheidenden Faktoren, wenn es darum geht, die Reisezeit und die zu besuchenden Inseln und Strände zu wählen. Da die Regenzeit an den jeweiligen Küsten sehr unterschiedlich ausfällt, unterscheiden sich die Mikroklimatas einzelner Regionen deutlich in puncto Niederschlagsmenge und Stärke der saisonalen Regenfälle.

Reisezeit
Die beste Reisezeit

» **März bis April** In der heißen, trockenen Jahreszeit regnet es tagsüber so gut wie nie und die großen Touristenmassen sind größtenteils wieder abgereist.

» **Ende Oktober und November** Die Zwischensaison, die vom Ende der Regenzeit bis zum Ansturm der Weihnachtsurlauber dauert, ist ideal für den Besuch von Ko Chang und den Inseln der Andamanensee. Am Golf von Thailand gibt's von Oktober bis Dezember eine zweite Regenzeit.

Besser nicht

» **Mai bis Oktober** In der Zeit der Monsunregenfälle sind viele Hotels geschlossen und der Fährverkehr muss schon mal wegen der heftigen Stürme eingestellt werden. An der Golfküste ist es von Mai bis Juni eher trocken, erst im Juli beginnt es hier zu regnen – normalerweise.

» **Dezember bis Februar** Die Hauptsaison auf den Inseln und an den Stränden in ganz Thailand! Die Preise schnellen in die Höhe und die Strände sind rappelvoll. Von Oktober bis Dezember gibt's eine zweite Regenzeit an der Golfküste.

Die thailändischen Strände erfüllen alle Klischees eines Tropenparadieses: breite, weiße Sandstreifen unter Palmen, die sich sanft im Wind wiegen, und glasklares Wasser, das in den Farben von Edelsteinen schimmert. Die Badebuchten sind seicht, warm und ruhig und oft von Korallenriffen gesäumt. Kein Wunder, dass Thailand ein Topziel für Taucher und Schnorchler ist!

THAILANDS INSELN & STRÄNDE IM ÜBERBLICK

STRÄNDE	LUXUS & PAUSCHAL	BACK-PACKER	FAMILIEN	GRUPPEN	SCHNORCHELN & TAUCHEN	BESONDERHEITEN
Ko Chang & Ostküste						
Ko Samet	✓	✓	✓	✓		Insel mit schönen Stränden, die leicht von Bangkok aus zu erreichen ist
Ko Chang	✓	✓	✓	✓	✓	Internationale Ferieninsel mit mittelmäßigen Stränden; das Inselinnere ist mit Urwald bedeckt
Ko Wai		✓	✓		✓	Primitives Tagesausflugsziel, abends einsam und verlassen
Ko Mak	✓	✓	✓			Mittelmäßige Strände, tolle Inselstimmung
Ko Kut	✓	✓	✓			Hübsche Insel, die gerade vom Tourismus entdeckt wird, aber immer noch herrlich einsam ist
Hua Hin & nördliche Golfküste						
Hua Hin	✓	✓	✓			Internationaler Ferienort mit guter Anbindung an Bangkok
Pranburi & Umgebung	✓		✓			Ruhig und in der Nähe von Bangkok
Ban Krut			✓			Einfache und bei den Thais sehr beliebte Bucht
Bang Saphan Yai	✓	✓				Preiswerte Strandatmosphäre
Ko Samui & südliche Golfküste						
Ko Samui	✓	✓	✓	✓		Internationales Ferienparadies für gesellige Strandläufer
Ko Pha-Ngan	✓	✓	✓	✓	✓	Partyinsel mit Trinkgelagen am Hat Rin
Ko Tao	✓	✓	✓	✓	✓	Tauchschulen, soweit das Auge reicht
Ang Thong		✓	✓			Ländliche Inseln mit fantastischer Karstlandschaft
Ao Khanom	✓	✓				Ruhig und kaum bekannt
Phuket & Andamanenküste						
Ko Chang (Ranong)		✓	✓		✓	Einfach und ländlich
Ko Phayam		✓	✓			Ruhig und kaum bekannt
Surin- & Similan-Inseln			✓		✓	Tauchtouren mit Übernachtung an Bord
Ko Yao	✓	✓	✓			Schlechte Strände, aber nette Atmosphäre und tolle Landschaft

STRÄNDE	LUXUS & PAUSCHAL	BACK-PACKER	FAMILIEN	GRUPPEN	SCHNOR-CHELN & TAUCHEN	BESONDERHEITEN
Phuket	✓	✓	✓	✓	✓	Internationales Ferienparadies für gesellige Strandläufer
Ao Nang	✓	✓	✓		✓	Touristischer Strand in der Nähe von Railay
Railay	✓	✓	✓			Hochburg der Kletterer
Ko Phi-Phi	✓	✓		✓	✓	Nette Partyinsel
Ko Jum	✓	✓	✓			Mittelmäßiger Strand, nette Inselatmosphäre
Ko Lanta	✓	✓	✓		✓	Mittelmäßiger Strand, nette Inselatmosphäre
Trang Islands	✓	✓	✓		✓	Ko Ngai ist gut geeignet für Familien mit Kindern
Ko Bulon Leh		✓	✓		✓	Schöne Strände, kaum bekannt
Ko Tarutao		✓	✓			Nationalpark im Aufbau
Ko Lipe	✓	✓	✓	✓	✓	Hier ist immer was los. Sehr praktisch für Visaruns
Ko Adang		✓			✓	Sehr beliebt bei Tagesaus-flüglern

Küche & Kultur

Kulinarische Top-Ziele

Bangkok Tolle Garküchen, internationale Küche und Nobelrestaurants
Hua Hin Meeresfrüchte in Fülle und zur Abwechslung Nudeln
Chiang Rai Traditionelle Küche des Nordens
Chiang Mai Essen auf Märkten, Spezialitäten des Nordens, birmanische Küche, Sushi und Salate

Die besten Trekkingtouren zu den Bergvölkern

Chiang Mai Gute Trekkingindustrie, die Ausflüge organisiert
Chiang Rai Durch Trekkingtouren werden Hilfsprojekte für die Bergvölker finanziert.
Mae Hong Son Die Touren führen in abgelegene Gebiete und vermitteln gute Einblicke.
Mae Sariang Die Gegend ist noch abgelegener als Mae Hong Son, entwickelt aber einen verantwortungsbewussten Tourismus.

Die besten Traveller-Treffs

Pai Hippie-Dorf in einem hübschen Bergtal
Prachuap Khiri Khan Ruhiger Küstenort abseits der Touristenströme
Nong Khai Am Mekong River kann man radeln.
Mae Salong Das chinesische Dorf liegt hoch über Bergterrassen, auf denen Tee angebaut wird.

Reiseplanung

Der Monsunregen und die Temperaturen der jeweiligen Jahreszeit sind die beiden entscheidenden Faktoren für die Wahl der Reisezeit. Im größten Teil Thailands gibt's nur eine Regenzeit, auf die ein kühler, trockener „Winter" und danach ein heißer, trockener „Sommer" folgen. In Chiang Mai und dem gesamten Norden ist in den Wintermonaten von November bis Februar Hauptsaison, aber auch während des Songkran-Festes im April sollten Unterkünfte und Transportmittel im Voraus gebucht werden.

Reisezeit
Die beste Reisezeit

» **November bis Februar** Im Winter ist es angenehm kühl, und die Berge im Norden sind noch üppig grün vom Regen der vergangenen Monate. In höheren Regionen kann es nachts noch kalt werden. Dennoch ist dies die beste Zeit zum Wandern, vor allem zu den Wasserfällen.

» **Juni bis Oktober** Die Regenzeit ist nicht gerade die beste Zeit für Trekking-Touren im Norden, aber ideal, um vor allem im Nordosten (wo es deutlich weniger regnet als in den anderen Landesteilen) beim Reispflanzen zuzuschauen.

Ungünstige Zeiten

» **März bis Mai** Im Sommer ist es drückend heiß und trocken, und die Landschaft ist ausgedorrt. Zudem liegt rund um Chiang Mai im Norden ein beißender Rauch in der Luft, weil dann die Felder für die nächste Aussaat abgebrannt werden.

» (oben) Garküche in Bangkok (S. 131)
» (links) Lisu-Frau mit Kind in der Nähe von Pai (S. 425)

TOP-KULTURSTÄDTE

Bangkok Die Stadt ist die erste Adresse für Kulturfreaks, die alles über die thailändische Geschichte erfahren wollen.

Chiang Mai Chiang Mai ist das kulturelle und architektonische Zentrum Nordthailands und beherbergt Unmengen von Tempeln.

Ayutthaya Hier lassen sich die verfallenen Ruinen der einstigen Hauptstadt besichtigen.

Sukhothai Diese gut erhaltene ehemalige Königsstadt muss man einfach auch besuchen, wenn man sich in Ayutthaya auf eine Tour in die Geschichte begibt.

Kanchanaburi Neben Höhlentempeln und malerischer Landschaft sind hier auch Relikte aus dem Zweiten Weltkrieg zu besichtigen.

Ubon Ratchathani Tolle Wanderwege, Tempel und Museen – all das bietet diese hübsche Stadt im Isan.

Auch wenn es kaum Erläuterungen auf Englisch gibt, ist Thailand für alle, die genauer hinschauen, ein einziges Museum. Thailändische Städte sind immer nach dem gleichen Prinzip aufgebaut: Im Mittelpunkt stehen der Tempel und der Markt, denn um sie dreht sich das Alltagsleben. Die vielen Tempel zeigen die künstlerische Entwicklung des Königreichs von der Übernahme des Buddhismus aus Sri Lanka über den militaristischen Stil der Khmer bis zur Entstehung einer typisch thailändischen Kunst.

Auch an den Tagesmärkten lässt sich die jeweilige regionale und kulturelle Zugehörigkeit erkennen. Fester Bestandteil sind die zu Pyramiden aufgeschichteten Früchte sowie das Gemüseangebot. Daneben werden die Spezialitäten der jeweiligen Region und die merkwürdigsten Wildkräuter feilgeboten. Im Süden sind altmodische Kokosnussmühlen ebenso zu finden wie die allgegenwärtigen Zuckerrohrpressen, mit denen die zu ursprünglichste Softdrink der Welt gewonnen wird. Typisch für die Märkte im Norden sind die blau eingefärbten, klebrigen Reisdesserts.

Vom Marktplatz weg führen die Einkaufsstraßen, in denen sich die Geschäfte der sino-thailändischen Familien befinden, die alles verkaufen, was Thais so brauchen. In einigen Städten stehen noch die alten Kaufmannshäuser aus Holz. Die größeren Straßen in den Geschäftsvierteln heißen *soi*, von ihnen zweigen Gassen ab. Diese führen oft direkt in die Wohnzimmer der Familien, die eigentlich Veranden sind.

Ungeachtet dessen hat jede Region ihren eigenen Charakter, der in Sprache und Essen zum Ausdruck kommt und dem bekannten Muster thailändischer Städte eine neue Dimension verleiht. In den Grenzregionen vermischen sich die durch geopolitische Vereinbarungen voneinander getrennten Kulturen zu einzigartigen Gebilden. Die Kulturen des Nordens sind verwandt mit denen der Bergvölker von Myanmar und Laos, die des Nordostens eher mit denen in Laos und Kambodscha. Hinzu kommt noch der Einfluss der chinesischen Einwanderer, der sich in den Chinatowns zeigt. Ist man sich dieser unterschiedlichen Einflüsse bewusst, versteht man die Kultur besser.

Um diese Verschiedenheiten auch in den Städten zu entdecken, genügt es, durch die Straßen zu gehen oder mit öffentlichen Verkehrsmitteln zu Sehenswürdigkeiten zu fahren. Mehr Infos zu den typischen regionalen Gerichten gibt's auf S. 810.

TOP-KUNSTHANDWERKERDÖRFER & -MÄRKTE

Ko Kret Auf der kleinen Insel bei Bangkok wird Keramik im traditionellen Stil der Mon hergestellt.

Hang Dong Dies ist ein Zentrum für Möbel und Einrichtungsgegenstände im Norden Thailands, nicht weit von Chiang Mai entfernt.

Ban Tha Sawang Das berühmte Seidenweberdorf liegt in der Nähe von Surin.

Mae Sot In den Läden und auf den Märkten der Grenzstadt wird birmanisches Kunsthandwerk verkauft.

Nan Hier wird Kleidung, Schmuck und anderes Kunstgewerbe in der Tradition des Nordens produziert und verkauft.

Mit Kindern reisen

Top-Ziele für Kids

Ostküste & Ko Chang

Familien mit Kindern reisen gern nach Ko Chang. Das seichte Wasser ist ideal für Schwimmanfänger und dank des abendlichen Niedrigwassers findet man beim „Schatzsuchen" im Sand die tollsten Dinge. Ältere Kids finden den Dschungel im Inland spannend, aber auch Elefantenritte und Kajaktouren durch die Mangroven. Ko Wai und Ko Kut warten mit klarem Wasser auf.

Golf von Thailand

Traveller aus aller Welt tummeln sich in Hua Hin. An den Sandstränden hat man viel Platz zum Toben, und bei den Hügeltempeln treiben immer ein paar Affen Unfug. In Phetchaburis Höhlentempeln werden häufig Fledermäuse gesichtet. Ban Krut und Bang Saphan Yai sind relax; dort kann man sich schon vorm Frühstück in die Wellen werfen.

Ko Samui & südlicher Golf

Ältere Kinder können auf Ko Tao problemlos schnorcheln gehen. Ko Samui – vor allem die Strände im Norden – sind super für die ganz Kleinen (auch im Kinderwagenalter), Chaweng gefällt den etwas Größeren.

Phuket & die Andamanen

Außer dem Strand hat Phuket noch jede Menge Unterhaltung zu bieten, die Patong-Partyszene sollte man allerdings meiden – logisch! Vor der Küste gibt es mindestens ein Dutzend Inseln, wo man den Nachwuchs unbesorgt planschen lassen kann.

Thailand mit Kindern

Thais lieben alles, was niedlich ist, und exotisch aussehende Kinder von Ausländern stehen auf ihrer „Schnuckelig-Skala" weiter oben als Plüschtiere oder knuddelige Hundchen. Die sonst so zurückhaltenden Thais stürzen sich förmlich auf Kids wie Paparazzi auf Promis.

Babys kommen mit ihrer Star-Rolle erstaunlich gut zurecht und genießen die Aufmerksamkeit, wenn sich wortkarge Taxifahrer plötzlich in nette Onkels verwandeln und Kuckuck spielen wollen (auf Thailändisch *já ăir*). Holt man sich mit einem Baby auf dem Arm an einem Stand etwas zu essen, bieten die Verkäufer häufig an, das Kind zu nehmen, während man isst.

Das Alter, in dem Kinder zu fremdeln beginnen, ist angesichts der Kinderliebe der Thais allerdings ein wenig schwierig. Mein vierjähriger Sohn verbrachte in Thailand eine Menge Zeit hinter meinem Rock, wenn freundliche Thailänderinnen sich zu ihm hinunterbeugten und ihn mit Zuneigung überschütten wollten. Oft musste ich mich regelrecht dazwischenwerfen. Gewöhnlich erklärte ich dann, dass mein Sohn „schüchtern" *(ki aye)* sei, eine höfliche Art, weitere Annäherungsversuche zu unterbinden. Was das Vorschulalter betrifft, in dem Kinder schon mit Unsicherheiten zu kämpfen haben, aber immer noch unverschämt süß sind, empfehlen wir Eltern, besser in touristischen Gegenden zu bleiben, statt in entlegene Regionen vorzudringen, in denen Ausländer generell, aber vor allem ihr

Mit Kindern, vor allem mit Kleinkindern, essen zu gehen, ist ein geradezu befreiendes Erlebnis, weil die Thais so unglaublich kinderlieb sind. Die Kellner werden garantiert nicht nur mit dem Nachwuchs spielen, sondern ihn sogar auf den Arm nehmen wollen. Diese Gelegenheit sollte man als verdiente Pause betrachten – vom kulturellen Mehrwert ganz zu schweigen.

Da die thailändische Küche häufig sehr scharf ist, muss man beim Zusammenstellen „kindersicherer" Gerichte mit Bedacht vorgehen. In den meisten Restaurants hilft das Personal den Eltern gern dabei.

Thailändische Kinder essen gewöhnlich erst im Grundschulalter scharfe Speisen, davor ernähren sie sich anscheinend vor allem von *kôw nĕe·o* (Klebreis) und Süßkram. Ebenfalls bei Kindern beliebt ist Huhn in sämtlichen mild gewürzten Spielarten – *gài yâhng* (gegrillt), *gài tôrt* (gebraten) und *gài pàt mét má·môo·ang* (aus der Pfanne mit Cashew-Nüssen) – sowie *kài jee·o* (thailändisches Omelett). Eine mildere Variante ist *kôw man gài*, Reis mit Hühnchen nach Hainan-Art.

Nachwuchs, im absoluten Rampenlicht stehen würden.

Lesenswert ist der Lonely Planet Band *Travel with Children* mit vielen nützlichen Infos zum Thema, wobei der Fokus auf Reisen in Entwicklungsländer liegt.

Highlights für Kinder

Unter den vielen Attraktionen Thailands stehen die Strände bei Kindern sicherlich ganz oben auf der Liste, da sie häufig an geschützten Buchten mit seichtem Wasser liegen und für Schwimmanfänger geeignet sind. Je weiter südlich man reist, desto klarer wird das Wasser, und von küstennahen Riffen aus wagen sich auch schon mal neugierige Fische bis kurz vor den Strand.

In Thailand werden jede Menge Aktivitäten mit Tieren angeboten, die Haltungsbedingungen und die Behandlung der Tiere sind aber häufig viel schlechter als in westlichen Ländern. Rund um Chiang Mai und Kanchanaburi sind Elefantenritte, Bambus-Rafting und andere Outdoor-Aktivitäten generell tier- und kinderfreundlicher organisiert. Viele Strandresorts wie Phuket und Ko Chang eröffnen die Möglichkeit, Wildtiere und Wasserfälle zu entdecken und Wassersportarten für Kinder ab sechs Jahren auszuüben.

Bangkok ist die ideale Stadt, wenn der Nachwuchs auf Baustellen steht. In der Stadt wimmelt es von Kränen, Pressluft-hämmern und Betonmischern. Ebenfalls beliebt sind der oberirdische Skytrain und die Einkaufszentren mit den langen Rolltreppen (der Hit bei Vorschulkindern). Teenager lassen sich von den Unmengen von Shoppingmöglichkeiten in den Bann

ziehen. Informationen zu für Kinder geeigneten Sehenswürdigkeiten liefert der Kasten auf S. 103.

Wenn man den Zug nehmen muss, findet der Nachwuchs eventuell eine Übernachtfahrt spannend. An Bord kann er herumlaufen, und geschlafen wird in den unteren Betten, sodass man die Bahnhöfe, die man unterwegs passiert, im Blick hat. Für meinen Sohn waren die Schnellboote, mit denen wir uns im Ko-Chang-Archipel fortbewegten, das Highlight unserer fünfwöchigen Reise durch Thailand. Er war auch völlig aus dem Häuschen, wenn es im Hotel zwei Seifenstücke gab, was mich daran erinnerte, dass Kinder manchmal wirklich unglaublich leicht glücklich zu machen sind. Das Moskitonetz, unter dem die Kleinen in Ko Kut schliefen, wurde übrigens schnell „Fledermaushöhle" getauft.

Sogar Tempelbesuche können ein aufregendes Erlebnis für Kinder sein. Wenn es sich um einen Hügeltempel handelt, werden sie beim Hinaufkraxeln überschüssige Energie los, und manchmal begegnet man auf dem Weg ein paar Affen oder kann Höhlenschreine besichtigen. Buddhistische Tempel sind besonders toll für Kinder: Räucherstäbchen brennen, man verneigt sich vor dem Buddha und verreibt Blattgold auf der zentralen Figur. Auch die Kleinsten können aktiv an diesen Ritualen teilnehmen. Darüber hinaus kann man in den meisten Tempeln einen Blick in die Zukunft werfen: Man schüttelt einen Bambusbehälter, bis ein nummeriertes Stöckchen herausfällt. Die Nummer gehört zu einem gedruckten Spruch. Alternativ wirft man eine Spende in einen Topf (manchmal auch in einen Automaten), der zu dem Wochentag gehört, an dem man geboren wurde, und erhält so ein schlaues Sprüchlein.

Kindes stets überragen, weil erschreckend viele Gegenstände auf Stirnhöhe hängen.

Planung & Praktische Informationen

Einrichtungen speziell für kleine Kinder, z. B. Kindersitze für Autos, Hochstühlchen in Restaurants oder Wickelräume in öffentlichen Toiletten, gibt es in Thailand eigentlich nicht. Deshalb müssen Eltern extrem kreativ mit den begrenzten Mitteln umgehen oder dem Beispiel der Thais folgen – was bedeutet, dass man Babys so gut wie pausenlos auf dem Schoß hat.

In den größeren Orten und Städten bekommt man Milchpulver und Windeln in Supermärkten und 7-Eleven-Filialen; die thailändischen Windeln sind aber gewöhnlich kleiner als die europäischen. Wer Größe 3 oder mehr braucht, sollte es bei Tesco Lotus, Big C oder Tops Market versuchen. Wundcremes gibt's in der Apotheke.

Die Kleinen von A nach B zu transportieren kann eine echte Herausforderung sein, da die Bürgersteige häufig keinen Platz für einen sperrigen Kinderwagen bieten. Besser ist da ein kompakter Buggy, mit dem man sowohl am Hydranten als auch an Obstkarren vorbeikommt und der zusammengeklappt auch in ein *túk-túk* passt. Auch ein Babyrucksack kann praktisch sein, aber der eigene Kopf sollte den des

Gesundheit & Sicherheit

Generell müssen sich Eltern nicht allzu viele Sorgen um die Gesundheit ihrer Kinder machen, es ist jedoch nicht verkehrt, sich an ein paar Grundregeln zu halten (regelmäßiges Händewaschen gehört z. B. dazu). Man sollte seinen Kindern eindringlich klar machen, dass sie nicht mit Tieren spielen dürfen, da Tollwut in Thailand keine Seltenheit ist, Hunde eher selten als Haustiere gehalten werden und sich vor allem von Müll ernähren

Mückenstiche verwandeln sich auf Kinderhaut oft in große Quaddeln, aber es gibt verschiedene thailändische Salben, die die Schwellung und den Juckreiz abklingen lassen. Ansonsten sollte man die üblichen Gesundheitsvorkehrungen treffen (s. S. 857).

Stadtkinder werden keine Probleme haben, sich in den thailändischen Ballungsräumen mit dem chaotischen Verkehr und überfüllten Fußwegen zurechtzufinden. Thailändische Städte sind allerdings sehr laut und können bei Kleinkindern zu akuter Reizüberflutung führen. Am besten einigt man sich vor dem ersten Ausflug in den Stadtdschungel mit seinem Kind auf bestimmte Regeln – wenn man nämlich einmal mitten im Trubel und Straßenlärm steckt, wird die Kommunikation schwierig.

Thailand im Überblick

Bangkok

Essen ✓✓✓
Nachtleben ✓✓✓
Shoppen ✓✓✓

Klassisches Siam
Hinter der modernen Fassade der Megacity stehen die farbenprächtigen königlichen Tempel mit ihren Symbolen des Thai-Buddhismus. Die großartigen Tempel, die am Fluss Chao Phraya gebaut wurden, galten nach dem zerstörerischen Krieg gegen Birma als Zeichen der Stärke für das wiederauferstandene Siam. Heute sind die Tempel nationale Pilgerstätten und die größten Darstellungen klassischer Kunst und Architektur im Land.

Mehr ist besser
Die pulsierende Metropole bietet Überfluss in allen Varianten, von den Wol-

kenkratzergebirgen und Luxus-Einkaufsstraßen zu den Verkehrsstaus und den noch spätabends geöffneten Clubs. Zu essen kann man überall finden, auf Schubkarren und in fettverschmierten Wokläden, und überall ist es köstlich. Die kosmopolitische Entwicklung der Stadt zeigt sich an feinen Restaurants und Cafés. Geshoppt wird in modernen Passagen und auf bescheidenen Straßenmärkten, u. a. auf dem Chatuchak-Markt, einer Ansammlung von Zeltständen.

Drink unter Sternen
Der Inbegriff abendlicher Unterhaltung in Bangkok ist immer noch ein Plastiktisch mit beschlagenen Chang-Biergläsern. Aber die nach Höherem strebende Stadt nutzt auch ihre Wolkenkratzer für ein halbes Dutzend Dachbars: Bei einer kühlen Brise werden spritzige Cocktails serviert. Bangkoks Legionen junger und hipper Studenten sind ständig unterwegs und füllen die Clubs und hangargroßen Vergnügungszonen, in denen man isst, trinkt und tanzt.

S. 56

Zentralthailand

Kultur/Geschichte ✓✓✓
Berge ✓✓
Feste ✓

Geschichtsträchtiges
Die fruchtbare Flussebene ist das kulturelle Herz Thailands und der Geburtsort des einstmals mächtigen Königreichs Ayutthaya. Ayutthayas Ruinen sind Weltkulturerbe und Pflicht auf jeder Kulturreise. Das bezaubernde Lopburi und seine alten Ruinen, wo inoffiziell eine Horde Affen das Szepter in der Hand hat, eignen sich für einen Tagesausflug. Das Lichterfest Loi Krathong wird groß im Palast von Bang Pa In gefeiert.

In den Bergen
Die unterworfene Stadt Kanchanaburi spielte im Zweiten Weltkrieg eine merkwürdige Rolle; japanische Streitkräfte zwangen hier alliierte Kriegsgefangene zum Bau der berüchtigten „Todesbahn". Die Stadt ist auch das Tor zu den nebelverhangenen Bergen im Südwesten Thailands, die direkt an die birmanische Grenze führen. Flüsse und Wasserfälle haben ihnen ihre Konturen verliehen. Dies ist eine der wildesten Ecken Thailands.

S. 170

Ko Chang & Ostküste

Strände ✓✓
Tauchen/Schnorcheln ✓
Kleine Städte ✓✓

Eine Inselkette

Das dschungelbedeckte Ko Chang und eine Ansammlung kleinerer Inseln sind in den warmen Gewässern des Golfes die letzten Außenposten Thailands, bevor Kambodscha beginnt. Traveller auf dem Weg an Kambodschas Küste und russische Pauschaltouristen suchen Tropen, Tauchspots und eine tolle Partyszene auf Ko Chang. Weiter draußen punktet das stille Ko Kut mit mariner Einsamkeit, Ko Mak rühmt sich seiner entspannten Inselatmosphäre, und das kleine Ko Wai mit seinem klaren Wasser voller Riffe bietet wunderschöne Ausblicke.

Provinzprominenz

Touristen übersehen die kleinen Städte Chanthaburi und Trat an der Ostküste häufig, Erstere berühmt für einen Edelsteinmarkt, die Zweite eine Transitverbindung nach Ko Chang. Die Provinzstädtchen sind reizvoll wegen ihrer Alltäglichkeit und des Wohlstands der Mittelschicht, die man auf den Inseln nicht findet.

S. 207

Provinz Chiang Mai

Kultur/Geschichte ✓✓✓
Essen ✓✓
Nachtleben ✓✓

Lanna-Kultur

Das bezaubernde Chiang Mai ist ein erfrischender Gegensatz zum chaotischen Bangkok und präsentiert mit seiner alten Festungsstadt stolz die einzigartige Geschichte und Kultur Nordthailands. Kulturfans strömen in Scharen hierher, zum Sightseeing, für Kochkurse, Sprachunterricht und Massagen. Während des Neujahrsfests gerät die Stadt außer Rand und Band. Dass sie auch eine Zukunft hat, zeigen die Studenten, die jenseits der alten Stadttore in angesagten Clubs feiern.

Currys & Nudeln

Der Norden Thailands verfügt über seine eigenen Versionen traditioneller Thaigerichte, die das kühlere Klima und die Nähe zu Birma und der chinesischen Provinz Yunnan widerspiegeln. Die Currys sind rustikal, und in die Pfanne kommt überwiegend Schweinefleisch. Die Restaurantszene ist bodenständig und setzt eher auf besondere Aromen als auf kurzlebige Trends.

S. 254

Nordthailand

Kultur/Geschichte ✓✓✓
Berge ✓✓✓
Essen ✓✓

Alte Königreiche

In alten Zeiten waren rivalisierende Stadtstaaten mit ihren befestigten Mauern und buddhistischen Sandsteinmonumenten in den höher gelegenen Ebenen Nordthailands überall zu finden. Sie stehen für wichtige künstlerische und historische Perioden des Landes. Sukhothai hat von allen am meisten Atmosphäre und lohnt den Umweg auf dem Weg nach Norden nach Chiang Mai.

Frühnebel

Weiter nördlich wird das Gelände rauer, wenn es zum Hochland ansteigt. Vom Wind umwehte Straßen und tolle Ausblicke sind die Highlights der Provinzen Chiang Rai und Mae Hong Son. In den hoch gelegenen Tälern leben Stämme ethnischer Minderheiten, deren traditionelle Praktiken moderne Globetrotter immer noch faszinieren. Die Regionalküche des Nordens ist eine Mischung aus Thai-, Shan- und Yunnangerichten, deren Zutaten auf staubigen Märkten verkauft werden.

S. 322

Nordost-thailand

Kultur/Geschichte ✓✓
Essen ✓✓✓
Feste ✓✓✓

Altertümliches Angkor

Der Nordosten war einst die ferne Grenze des großen Khmer-Reiches, dessen Zentrum im heutigen Kambodscha lag. In der ganzen Gegend wurden Miniaturversionen des fantastischen Angkor Wat gebaut – in vielerlei Hinsicht ist sie immer noch eine Grenze.

Stärke durch Klebreis

Durch den Reisanbau lebt und atmet die Region im landwirtschaftlichen Rhythmus; die Menschen hier sind stolz auf ihr einheimisches Nahrungsmittel. Die Regenzeit läutet die Aussaat der zarten grünen Triebe ein, eine Arbeit, die immer noch von Hand erledigt wird. Besucher finden in der Region Privatunterkünfte mitten zwischen den Reisfeldern, komplett bestückt mit stoischen Wasserbüffeln. Die örtlichen Festivals zeigen eine authentische Kultur aus Volksglauben und traditionellen Tänzen und Musik, wie sie nirgendwo sonst im Land anzutreffen ist.

S. 444

Hua Hin & Südliche Golfregion

Kultur/Geschichte ✓
Strände ✓✓
Kleine Städte ✓✓

Königliche Küste

Die thailändischen Könige flüchteten aus dem stickigen Bangkok in diese Küstengegend. Die heutigen Einwohner Bangkoks treten in ihre Fußstapfen, besuchen in Phetchaburi einen Hügelpalast und Höhlenschreine und fahren weiter nach Hua Hin am Meer mit allen modernen Annehmlichkeiten. Die lange Küste ist nicht annähernd so bevölkert wie die anderen Strandorte Thailands – toll für Flitterwöchner und Familien!

Surf & Turf

Diese Küstenregion verbindet Meer und Stadt auf eine Weise, die Strandliebhaber mit Gespür für die Umgebung sehr anziehend finden. Prachuap Khiri Khan ist eine sanfte Stadt mit atemberaubender Karstlandschaft, während sich Hua Hin und Phetchaburi mit Einkaufsdistrikten voller Atmosphäre hervortun, die typisch für die Küstenstädte Thailands sind, in denen sich chinesische Händler niedergelassen haben.

S. 551

Ko Samui & Südwestliche Golfregion

Strände ✓✓✓
Tauchen/Schnorcheln ✓✓

Taucherparadies

Die drei Samui-Schwesterinseln stehen mit ihren unterschiedlichen Reizen seit Jahrzehnten bei Insel-Hoppern hoch im Kurs. Das warme Wasser und die budgetfreundlichen Preise machen Ko Tao für Tauchanfänger zu einem der schönsten Orte. Und wenn man gleich vor der Küste beim Schnorcheln die Fische beobachten kann, macht das einfach Spaß.

Für Sonnenanbeter

Gleich nebenan liegt Ko Pha-Ngan, bekannt für Vollmondpartys und Strandleben. Die Strohhütten sind verschwunden, aber die Faulenzerstimmung ist geblieben. Inzwischen bietet Samui gehobene Urlaubsorte und ist auf internationale Geschmäcker und Aktivurlauber eingerichtet. Der Ang Thong Nationalpark mit seiner atemberaubenden Sammlung von Kalksteinbergen, die aus der azurblauen See hervorragen, ist ein lohnendes Ziel für einen verträumten Tagesausflug.

S. 587

Phuket & Andamanen- küste

Strände ✓✓✓
Tauchen/
Schnorcheln ✓✓✓

Cousteaus Territorium

Große Fische, unberührte Korallen, klares Wasser – Orte zum Tauchen und Schnorcheln sprenkeln die gesamte Küste, von den weltberühmten Similan und Surin National Marine Parks bis hinunter zur malaysischen Grenze. Da gehört eine Schnorchelausrüstung für spontane Ausflüge ins Tagesgepäck!

Karst-Kathedralen

Die Andamanen sind geprägt von Kalksteingebirgen, die aus dem Wasser ragen. Das Spektakel ist atemberaubend und wird verstärkt durch Sportarten, mit denen man, ausgehend von Krabi und Ko Yao, die Landschaft in einen Spielplatz verwandeln kann.

Einfach nur Phuket

Phuket und seine Strände bieten Komfort für die Massen. Die Urlaubsorte haben unterschiedliche Verwöhnprogramme. Der große Vorteil hier ist der Flughafen, durch den Besucher schnell vom Himmel an die Strände kommen.

S. 656

> Sämtliche Empfehlungen wurden von unseren Autoren getroffen, ihre Favoriten werden jeweils als Erstes aufgeführt.

> Empfehlungen von Lonely Planet:

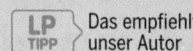 Das empfiehlt unser Autor

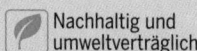 Nachhaltig und umweltverträglich

GRATIS Hier bezahlt man nichts

Alle in diesem Reiseführer vorgestellten Reiseziele listet das Register auf.

Reiseziele

Bangkok

Gut essen

» nahm (S. 133)

» Chinatowns Straßen-
essen (S. 131)

» Food Court des MBK
(S. 132)

» Krua Apsorn (S. 125)

» Kai Thort Jay Kee
(S. 136)

Schön
übernachten

» AriyasomVilla (S. 119)

» Metropolitan (S. 122)

» Siam Heritage (S. 116)

» Siam@Siam (S. 117)

» Lamphu Tree House
(S. 112)

Auf nach Bangkok!

Bangkok, einst Inbegriff für eine betagte asiatische Metropole, hat sich in den letzten Jahren dank einiger Schön-
heitsoperationen zum verjüngten Starlet gewandelt. Seine
Falten sind zwar nicht ganz verschwunden, angesichts
des stetig wachsenden öffentlichen Nahverkehrssystems,
der klimatisierten Mega-Einkaufszentren und der Restaurants, die dem internationalen Vergleich locker standhalten können, fallen sie allerdings kaum auf.

Das heißt aber noch lange nicht, dass es das „echte"
Bangkok nicht mehr gibt. Der Königspalast und der Wat
Phra Kaew strahlen noch immer wie vor 200 Jahren und
der Skytrain (BTS) hat keinerlei Auswirkungen auf die
Shophouses in Banglamphu oder die Kanäle von Thonburi.
Um das heutige Bangkok wirklich zu erleben, muss man
beide Gesichter der Stadt kennenlernen. Die Metro (MRT)
bringt einen ins hektische Chinatown, mit dem *klorng*-
Boot gelangt man ins schicke Einkaufszentrum Central
World, und unterwegs wird man schnell merken: Die alte
Persönlichkeit und das neue Gesicht zusammen machen
Bangkok zu einem echt heißen Feger!

Reisezeit

Laut der UN-Weltorganisation für Meteorologie ist Bangkok eine der heißesten Städte der Welt. Zu allem Überfluss
sind die Temperaturschwankungen auch noch verschwin-
dend gering, sodass die durchschnittlichen Höchsttempe-
raturen zwischen drückenden 32 °C und noch drückende-
ren 34 °C liegen. Die Regenzeit dauert ungefähr von Mai
bis Oktober und beschert der Stadt pro Monat 300 mm
Regen.

Bangkoks einzige echte Verschnaufpause in dieser er-
barmungslosen Hitze und Luftfeuchtigkeit ist der Winter,
der im Dezember und Januar einige relativ gesehen kühle
Wochen mit sich bringt.

Geschichte

Heute ist Bangkok der Regierungssitz und das kulturelle Zentrum Thailands, aber seine Entstehung während einer Zeit des Aufruhrs war ein historisches Wunder. Nach dem Fall von Ayutthaya im Jahr 1767 zerfiel das Königreich in Parteien, die sich gegenseitig militärisch bekämpften. General Taksin gelang es schließlich, das Land wieder zu vereinen. Seinen Stützpunkt verlegte er nach Thonburi am westlichen Ufer des Mae Nam Chao Phraya (Chao Phraya), einen für den Seehandel über den Golf von Thailand günstigen Standort. Taksin war ein militärischer Stratege, aber kein sonderlich beliebter Herrscher. Später wurde er von einem anderen bedeutenden Militärgeneral, Chao Phraya Chakri, abgesetzt. 1782 verlegte dieser die Hauptstadt auf die gegenüberliegende Seite des Flusses an einen besser zu verteidigenden Ort, weil er einen Angriff der Birmanen erwartete. Sein Sohn folgte ihm 1809 in der Herrschaft nach – damit war die heutige Dynastie begründet und Chao Phraya Chakri wurde als Rama I. bezeichnet.

Der König setzte sich zum Ziel, in der neuen Hauptstadt die alte Pracht von Ayutthaya wiederauferstehen zu lassen. Im Sumpfland wurde ein Inselbezirk (Ko Ratanakosin) geschaffen, in dessen Zentrum der Königspalast (Grand Palace) und ein Tempel für den Glück bringenden Smaragd-Buddha (Wat Phra Kaew) steht. Rund um die neue Stadt wurde eine dicke Mauer gezogen, hinter der die Einwohner ideal an die jahreszeitlichen Überschwemmungen angepasst in Pfahlhäusern oder auf Hausbooten lebten.

Als ab dem Ende des 19. Jhs. europäische Geschmacksvorstellungen und Technologien begannen, im Osten Fuß zu fassen, brachen in der Hauptstadt moderne Zeiten an. Unter Rama IV. (König Mongkut) und Rama V. (König Chulalongkorn) erhielt Bangkok seine erste asphaltierte Straße und einen neuen Königsbezirk (Dusit), der nach dem Vorbild europäischer Palastanlagen errichtet wurde.

Bangkok war noch ziemlich mickrig, als amerikanische Soldaten in seinen Go-go-Bars und Bordellen während des Vietnam-

BANGKOK IN ...

... einem Tag

So früh wie möglich aufstehen und direkt in den **Chao Phraya Express** in Richtung Norden zum **Nonthaburi-Markt** steigen. Auf dem Rückweg einfach am Tha Chang aussteigen und die Museen und Tempel des **Ko Ratanakosin** erkunden; dann wartet ein **Mittagessen in Banglamphu**.

Nachdem man sich ein bisschen frisch gemacht hat, eröffnet ein Cocktail bei Sonnenuntergang in einer **Bar über den Dächern der Stadt** einen ganz neuen Blick auf Bangkok. Anschließend ruft ein leckeres Thai-Abendessen im eher gehobenen **nahm**.

... zwei Tagen

Nachdem man mit dem **Skytrain** die verschiedenen **Shoppingmöglichkeiten** abgeklappert und anschließend im **Jim-Thompson-Haus** vorbeigeschaut hat, hat man sich ein **Mittagsbuffet** in einem der Hotels der Stadt redlich verdient. Den restlichen Tag widmet man einer **traditionellen Thai-Massage**. Überschüssige Kalorien schüttelt man sich dann abends bei einem Besuch in einem der Tanzschuppen des **RCA** von den Hüften.

... drei Tagen

Den Tag verbringt man entweder auf dem **Chatuchak-Wochenendmarkt** oder meldet sich, sollte gerade nicht Wochenende sein, bei einer **Kochschule** an. Und da man sich nun an Bangkoks Lärm, Luftverschmutzung und Verkehr gewöhnt hat, ist man am Abend bereit für das **Straßenessen** in Chinatown.

... vier Tagen

Mittlerweile ist es wahrscheinlich Zeit, der Großstadt zu entfliehen. Ein gutes Ausflugsziel ist z. B. **Ko Kret**, eine autofreie Insel nördlich von Bangkok, oder man macht eine Fahrt mit dem Longtail-Boot durch die **Kanäle Thonburis**.

Kaset-Navamin Hwy

Kaset-Navamin Hwy

Th Ngam Wong Wan

Th Phahonyothin

Th Ratchadaphisek

Kasetsart-Universität

Thai-kochschule Baipai

Ⓜ Lat Phrao

Ⓜ Ratchadaphisek

Ⓜ Sutthisan

Ⓜ Huay Khwang

LAT PHRAO

s. Karte Nord-Bangkok: S. 126

Thailand Cultural Centre

HUAY KHWANG

Soi 4

Ⓜ Phra Ram 9

Ⓢ Makkasan (City Air Terminal)

Ⓚ Bangkhen

Viphavadi Rangsit Hwy

Ⓢ

Ⓢ Sanam Pao

Ⓢ Victory Monument

PHAYATHAI

Ⓢ

RATCHATHEWI

s. Karte Ratcha-thewi (S. 101)

Ⓢ Phaya Thai

Expressway (2nd Stage)

Bang Son

Ⓚ

BANG SUE

Ⓚ Bang Sue

Th Sukhothai

SI YAN

Th Ratchawithi

Th Phra Ram V

Th Ratchawithi

BANG SON

BANGPHAT

s. Karte Thewet & Dusit (S. 100)

❶ Chao Phraya Express

NONTHABURI

ⓘ Nonthaburi-Markt

Ko Kret (6 km)

Mae Nam Chao Phraya

Th Charan Sanitwong

s. Karte Ko Ratanakosin, Bang-lamphu & Thonburi (S. 62)

TALING CHAN

ⓘ Taling Chan (schwimmender Markt)

ⓘ Central Pinklao

ⓐ Wat Suwannaram

BANGKOK NOI

BANG KRUAY

Süd-Busbahnhof (2 km)

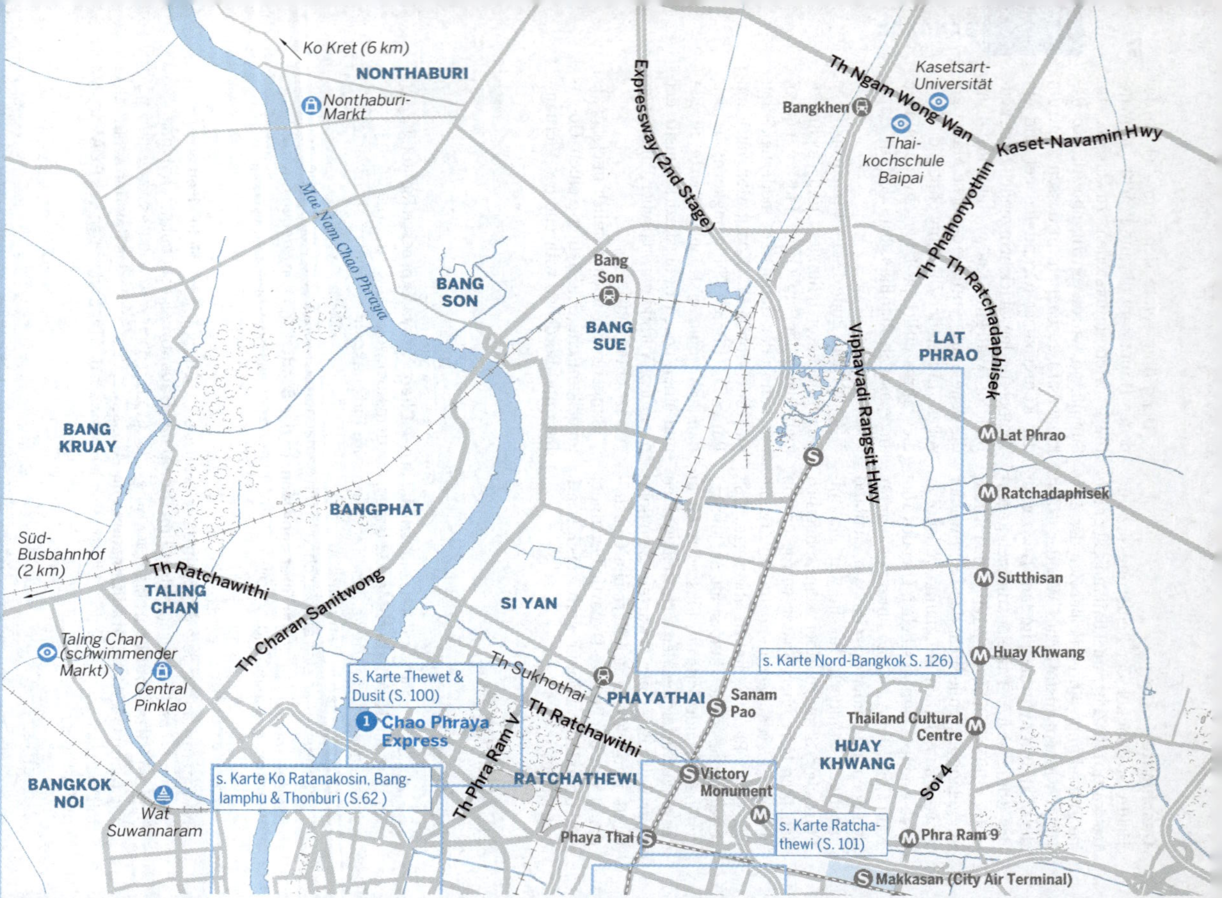

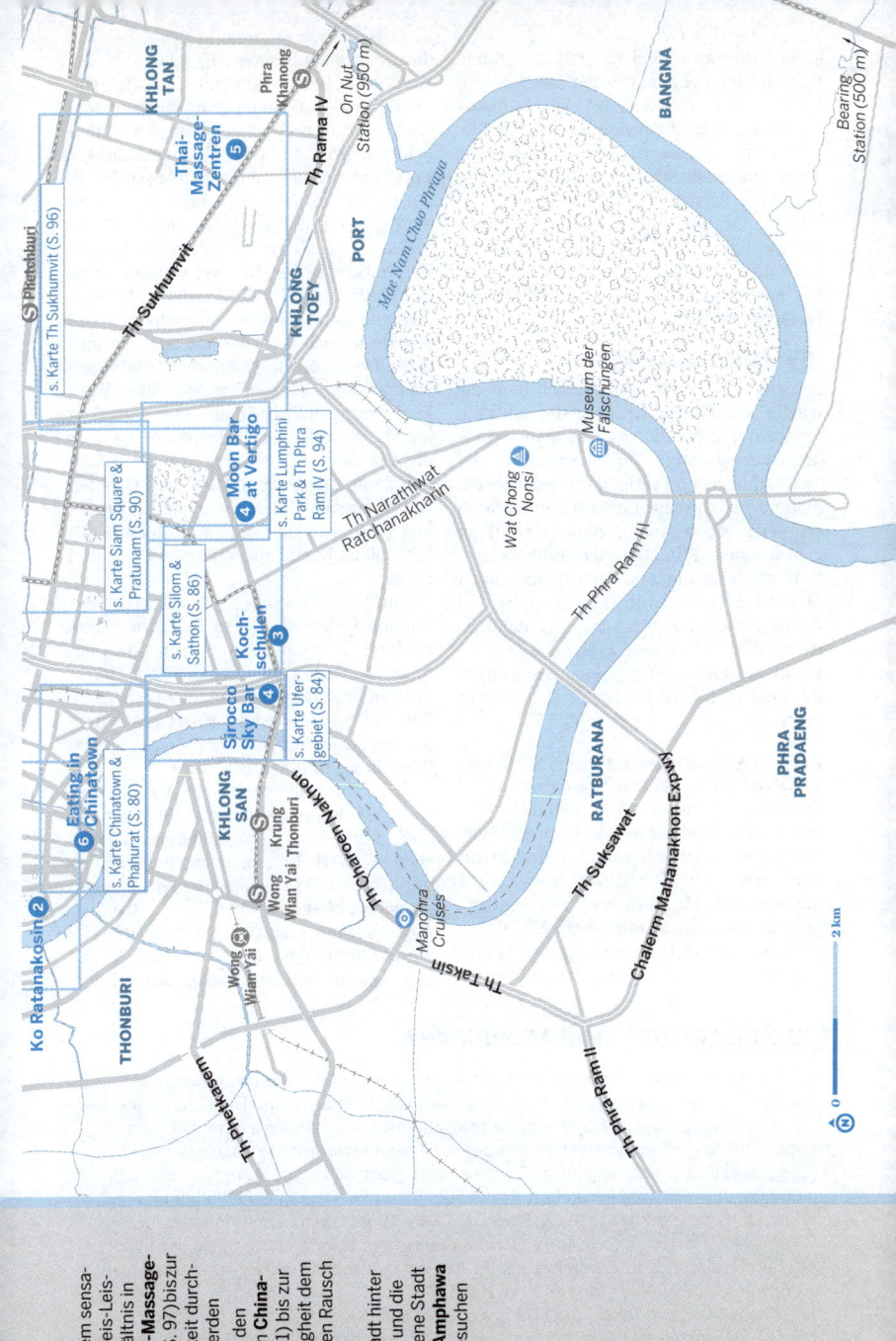

Ko Ratanakosin 2

THONBURI

Wong Wian Yai

Wong Wian Yai

KHLONG SAN

Krung Wian Yai Thonburi

Th Phetkasem

Th Chaoen Nakhon

Manohra Cruises

Th Taksin

6 Eating in Chinatown

s. Karte Chinatown & Phahurat (S. 80)

Sirocco Sky Bar 1

s. Karte Ufergebiet (S. 84)

s. Karte Silom & Sathon (S. 86)

Koch-schulen 3

s. Karte Siam Square & Pratunam (S. 90)

Moon Bar at Vertigo 4

s. Karte Lumphini Park & Th Phra Ram IV (S. 94)

Th Narathiwat Ratchanakharin

Wat Chong Nonsi

PORT

KHLONG TOEY

Th Phra Ram III

Museum der Fälschungen

Mae Nam Chao Phraya

BANGNA

Bearing Station (500 m)

On Nut Station (950 m)

Phra Khanong

Th Rama IV

Th Sukhumvit

s. Karte Th Sukhumvit (S. 96)

Phetchaburi

KHLONG TAN

Thai-Massage-Zentren 5

RATBURANA

Th Suksawat

PHRA PRADAENG

Chalerm Mahanakhon Expwy

Th Phra Ram II

0   2 km

N

5 Zu einem sensationellen Preis-Leistungs-Verhältnis in einem **Thai-Massage-Zentrum** (S. 97) bis zur Glückseligkeit durchgeknetet werden

6 Sich in den Straßen von **Chinatown** (S. 131) bis zur völligen Trägheit dem kulinarischen Rausch hingeben

7 Die Stadt hinter sich lassen und die nahe gelegene Stadt am Kanal, **Amphawa** (S. 165), besuchen

kriegs Ablenkung und Vergnügen suchten. Erst in den Boomjahren der 1980er- und 1990er-Jahre verwandelte sich Bangkok explosionsartig in eine ausgewachsene Metropole mit kolossalen Hochhäusern und einem endlosen Strom aus Beton, der immer mehr Reisfelder und Grünflächen verschlang. Der wirtschaftliche Einbruch 1997 hat die Extravaganz der Stadt vorübergehend gezähmt. Die Folgen sind auch noch heute zu sehen: Überall stehen halbfertige Wolkenkratzer herum.

◉ Sehenswertes

Seit ein paar Jahren erfindet sich Bangkok wieder einmal neu: Mit Projekten wie dem Skytrain und der Metro rückt man endlich dem berüchtigten Verkehrsproblem der Stadt zu Leibe und verleiht ihr nebenbei ein moderneres Gesicht. Einige Teile der Stadt erinnern schon heute, dank unzähliger gigantischer, klimatisierter Einkaufszentren, stark an Singapur, und trotz einiger politischer Unruhen in der letzten Zeit ist die Lage hier zwar hektisch, aber stabil. Es ist wohl nur noch eine Frage der Zeit, bis Bangkok dank seiner Modernisierungen die anderen führenden Hauptstädte Asiens eingeholt hat.

KO RATANAKOSIN, BANGLAMPHU & THONBURI เกาะรัตนโกสินทร์/บางลำพู/ธนบุรี Willkommen in der Wiege Bangkoks! Die weitläufige Stadt, wie wir sie heute kennen, entwickelte sich aus Ko Ratanakosin, einer winzigen künstlichen Insel („Ko"), die entstand, als Ende des 18. Jhs. entlang des Mae Nam Chao Phraya ein Kanal ausgegraben wurde. In dieser Gegend befinden sich die glänzenden Tempel und Paläste,

die die meisten Besucher Bangkoks mit der Stadt assoziieren, und am Flussufer von Ko Ratanakosin findet man mehrere Museen, Märkte und Universitäten. All diese Sehenswürdigkeiten liegen in fußläufiger Entfernung voneinander. Man besucht sie am besten am frühen Morgen, bevor sich die Temperaturen dem Siedepunkt nähern.

Das benachbarte Banglamphu ist ein Extrembeispiel für die zwei verschiedenen Gesichter Bangkoks: Hier findet man neben dem charakteristischen, altmodischen Teil der Stadt auch die Th Khao San, ein aufdringliches, neonbeleuchtetes Erholungszentrum für Backpacker aus aller Welt. Egal welches Extrem man bevorzugt, dem jeweils anderen zu entkommen, ist hier nicht schwer – ein weiterer Grund, weshalb Banglamphu so reizvoll ist. Der Großteil von Bangkoks klassischen Gebäuden ist hier zu finden, und zudem gibt's authentische lokale Küche und Kultur in Hülle und Fülle.

Auf der anderen Seite des Flusses liegt Thonburi, das nach dem Fall Ayutthayas für kurze Zeit Landeshauptstadt war. Heute ist das Gebiet entlang des Flusses leicht mit den Flussfähren der Stadt zu erreichen. Zudem sind die hiesigen Museen und Tempel die perfekte historische Ergänzung zu jenen in Ko Ratanakosin.

Trotz ihres Reichtums an Attraktionen sind Ko Ratanakosin und Banglamphu noch weitgehend vom modernen öffentlichen Nahverkehr abgeschnitten. Die vermutlich beste Möglichkeit, dieses Gebiet zu erreichen, bietet der Chao Phraya River Express. Kommt man vom Siam Square oder aus Sukhumvit, ist das *klorng*-Taxi (*klorng* bzw. *khlong* bedeutet Kanal), das auf dem

---

DIE REISEN DES SMARAGD-BUDDHA

Trotz seiner Größe (gerade einmal 66 cm) und seines eigentlichen Materials (wahrscheinlich eher Jaspis oder Jade als Smaragd) spielt der Smaragd-Buddha (Phra Kaew Morakot) eine wichtige Rolle im Thai-Buddhismus. Tatsächlich war der Smaragd-Buddha nur eine unter vielen anderen Buddha-Figuren ohne illustre Herkunft, bis sie im 15. Jh. in Chiang Rai groß raus kam. Die Statue war ursprünglich mit Stuck überzogen – eine weit verbreitete Praxis zum Schutz wertvoller Buddhafiguren vor Diebstahl. Als sie eines Tages zu Boden fiel, kam ihr grün glänzendes Inneres zum Vorschein. Nach einigen gelungenen Stationen in verschiedenen Tempeln des nördlichen Thailands wurde sie Mitte des 16. Jhs. von laotischen Eindringlichen gestohlen und blieb für 200 Jahre lang in deren Hand.

Thailands König Taksin zog 1778 gegen Laos in den Krieg, eroberte die Statue zurück und brachte sie nach Thonburi. Als die Hauptstadt später nach Bangkok verlegt wurde und General Chakri die Krone übernahm, wurde zu Ehren des Smaragd-Buddhas mit dem Wat Phra Kaew eines der prächtigsten Denkmäler des Landes errichtet.

Khlong Saen Saeb bis in den Osten von Banglamphu verkehrt, eine gute Alternative. Die am nächsten gelegene Haltestelle des Skytrain ist Ratchathewi (Karte S. 90).

Um die Gegend ausführlich zu erkunden, bieten sich die kostenlosen Green Bangkok Bikes (s. Kasten S. 164) an, die an fünf Stationen im ganzen Distrikt kostenlos ausgeliehen werden können.

Ko Ratanakosin

Die größten und buntesten Touristenziele Bangkoks thronen majestätisch auf dieser künstlich geschaffenen Insel. Die Anlegestelle der Flussfähre in Tha Chang ist der beste Zugangspunkt.

Wat Phra Kaew & Großer Palast BUDDHISTISCHER TEMPEL, PALASTANLAGE
(วัดพระแก้ว/พระบรมมหาราชวัง; Karte S. 62; ☏ 02224 1833; Eintritt 350 B; ⏰ 8.30–15.30 Uhr; Bus 508, 512, Fähre Tha Chang) Der Tempel des Smaragd-Buddhas, umgangssprachlich **Wat Phra Kaew** genannt, ist eine riesige, märchenhafte Anlage, in der u.a. die ehemalige Residenz des thailändischen Monarchen, der Große Palast, untergebracht ist.

Das Gelände wurde 1782, im ersten Jahr Bangkoks als Hauptstadt, geweiht und ist heute die größte Touristenattraktion der Stadt und eine Pilgerstätte für ergebene Buddhisten und Nationalisten. Auf 94,5 ha stehen hier mehr als 100 Gebäude, die 200 Jahre königlicher Geschichte und architektonischer Experimente repräsentieren. Der Großteil der Architektur, royal wie sakral, ist im Ratanakosin- (oder „Alten Bangkok"-)Stil erbaut.

Der **Smaragd-Buddha**, untergebracht in einer fantastisch dekorierten *bòht* (Kapelle) und bewacht von zwei Paaren von *yaksha* (mythischen Riesen), ist die Hauptattraktion des Tempels. Er sitzt auf einem erhöhten Altar und ist unter all den goldenen Verzierungen kaum zu erkennen. Die winzige Figur trägt je nach Saison (heiß, kühl oder regnerisch) einen anderen königlichen Umhang, den der König (oder, wie in den letzten Jahren, der Kronprinz) zum Beginn jeder neuen Jahreszeit in einer feierlichen Zeremonie wechselt. Kürzlich restaurierte **buddhistische Wandgemälde** zieren die Mauern der *bòht*, und **Wandgemälde mit Ramakian-Szenen** (der thailändischen Version des indischen Epos *Ramayana*) schmücken die Innenwände der Tempelanlage. Letztere sind einst während der Herrschaft von Rama I.

ⓘ ANGEMESSEN GEKLEIDET?

Die meisten der großen Touristenattraktionen Bangkoks sind heilige Stätten und die Besucher sollten sich dementsprechend verhalten und kleiden. Besonders im Wat Phra Kaew, im Großen Palast und im Dusit-Park wird einem der Zutritt verweigert, wenn man zu viel Haut zeigt. Kurze Hosen, ärmellose T-Shirts, Tops mit Spaghettiträgern, kurze Röcke, Caprihosen – also eigentlich alles, was weniger als Arme (die Schultern zu zeigen ist tabu), Knie und Kopf bedeckt – sind nicht erlaubt. Diese Regeln gelten sowohl für Männer als auch für Frauen, und wer sich nicht daran hält, wird in einen Umkleideraum komplimentiert, in dem man sich einen Sarong ausleihen kann. Erst dann wird einem der Zutritt zum Gelände gewährt.

Im Innengelände sollten Schuhe getragen werden, die die Fersen und Zehen bedecken, auch wenn diese Vorschriften nicht ganz so eifrig durchgesetzt werden. Egal welches Schuhwerk man nun trägt, es sollte immer vor dem Betreten einer wichtigen *bòht* (Kapelle) oder *wí·hăhn* (heilige Halle) ausgezogen werden. Wenn man vor einer Darstellung eines Buddhas sitzt, setzt man sich am besten auf die Füße, um diese nicht in Richtung der verehrten Gestalt zu richten – ein Verhalten, das als höchst beleidigend angesehen wird.

(1782–1809) entstanden und wurden ebenfalls vor Kurzem restauriert. Sie stellen das Epos in voller Länge dar: Die Geschichte beginnt am Nordtor und setzt sich im Uhrzeigersinn über die gesamte Anlage fort.

Von einem Vorraum hier und da einmal abgesehen, nutzt der König die Gebäude des **Großen Palastes** (Phra Borom Maharatchawong) heute nur noch für Zeremonien, etwa am Krönungstag.

Die **Borombhiman-Halle** (Ostende) hat einen französischen Touch und diente ursprünglich Rama VI. als Residenz. Heute werden ausländische Würdenträger für die Dauer ihres Besuchs hier untergebracht. Im April 1981 nutzte General San Chitpatima bei seinem Putschversuch das Gebäude als Hauptquartier. Der Bau im Westen ist die

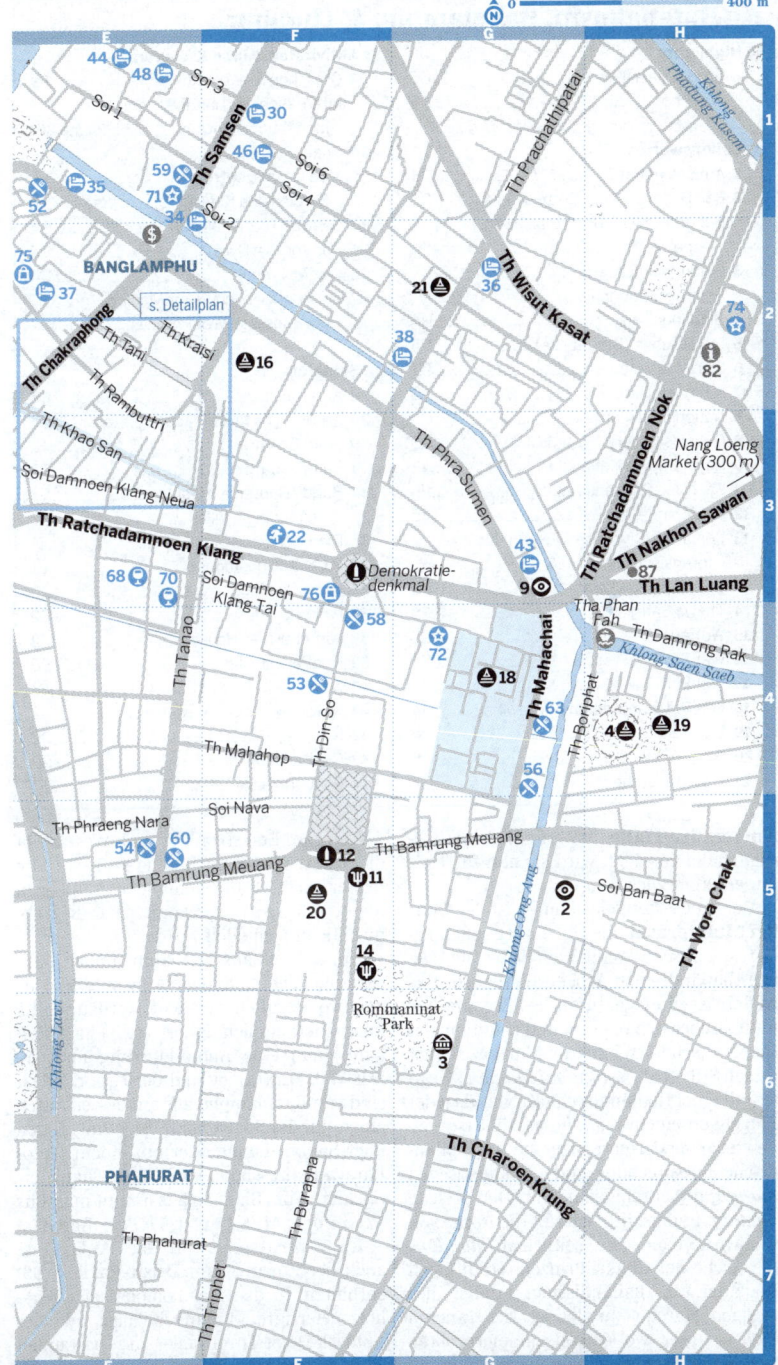

Ko Ratanakosin, Banglamphu & Thonburi

Amarindra-Halle; ursprünglich als Gerichtshalle angelegt, wird sie nun für Krönungszeremonien genutzt.

Der größte der Palastbauten ist der **Chakri Mahaprasat**, die Halle des Großen Palastes. Britische Architekten ließen sie 1882 von thailändischen Arbeitern erbauen. Das Äußere ist eine eigentümliche Mischung aus italienischer Renaissance und traditioneller thailändischer Architektur. Man bezeichnet diesen Stil oft als *fa·ràng sài chá·dah* (Westler mit einer thailändischen Krone), da jeder Flügel von einem *mondòp* gekrönt ist – einer reich verzierten Spitze, die die thailändische Entsprechung eines hinduistischen *mandapa* (Schreins) darstellt. Der höchste *mondòp* in der Mitte enthält die Asche von Chakri-Königen, die seitlichen *mondòps* die Asche der Chakri-Prinzen. Traditionell brachten die thailändischen Könige ihre riesigen Harems im Bereich des Inneren Palasts unter, wo sie von kampferprobten weiblichen Posten bewacht wurden.

Ganz am Ende (von Ost nach West) steht die **Dusit-Halle** im Ratanakosin-Stil, die früher als Ort für königliche Audienzen diente und später zur königlichen Begräbnishalle umgemodelt wurde.

Am Kartenhäuschen können auch Führer angeheuert werden; Angebote, die irgendwo draußen gemacht werden, sollte man aber einfach ignorieren. Für 200 B kann man eine Audio-Führung machen. Der Wat Phra Kaew und der Große Palast sind von Banglamphu aus am besten durch einen kurzen Spaziergang Richtung Süden über Sanam Luang oder mit einem Chao-Phraya-Expressboot nach Tha Chang erreichbar. Vom Siam Sq aus nimmt man Bus 47 (vor dem MBK Center, Th Phra Ram I).

Im Eintrittspreis für die Anlage ist auch der Zugang zum **Dusit-Park** (S. 93) enthalten, in dem der komplett aus Teakholz gefertigte Vimanmek-Palast und der Abhisek-Dusit-Thronsaal zu bestaunen sind.

Wat Pho

BUDDHISTISCHER TEMPEL

(วัดโพธิ์ (วัดพระเชตุพน); Wat Phra Chetuphon; Karte S. 62; ☑ 0 2221 9911; Th Sanam Chai; Eintritt 50 B; ⊕ 8–17 Uhr; Bus 508, 512, Fähre Tha Tien) Hier trifft man etwas weniger Touristen als am Wat Phra Kaew, aber **Wat Pho** ist unser persönlicher Favorit unter Bangkoks größten Tempeln. Die Anlage kann ein paar Superlative für sich verbuchen: den größten liegenden Buddha, Thailands größte Sammlung an Buddhadarstellungen und das älteste Zentrum für öffentliche Bildung im ganzen Königreich.

Der unglaublich eindrucksvolle **Liegende Buddha**, der 46 m lang und 15 m hoch und damit für sein Zuhause beinahe zu groß ist, veranschaulicht Buddhas Übergang ins Nirvana (also seinen Tod). Die Statue wurde mit Gips um einen Backsteinkern herum modelliert und mit Blattgold überzogen. Die Füße schmücken Perlmuttintarsien, die 108 verschiedene, Glück verheißende *lák·sà·nà* (Eigenschaften Buddhas) illustrieren.

Auch die **Buddhabilder** in den anderen vier *wíhăans* (Heiligtümer) sind bewundernswert. Die besonders schönen Buddhas Phra Chinnarat und Phra Chinnachai in der westlichen und südlichen Kapelle stammen beide aus Sukhothai. In den Galerien zwischen den vier Kapellen hängen 394 vergoldete Buddhadarstellungen, von denen viele Merkmale des Ayutthaya- und des Sukhothai-Stils aufweisen. Im Sockel der Haupt-Buddhadarstellung in der *bòht* sind die Überreste von König Rama I. verwahrt.

Der Wat Pho ist auch das nationale Zentrum für die Lehre und Erhaltung der traditionellen Thai-Medizin und Thai-Massagen. Rama III. hatte diese Einrichtung initiiert, als die Tradition vom Aussterben bedroht war. Die berühmte **Massageschule** verfügt über zwei Pavillons auf dem Tempelgelände und zusätzliche Räume in der Trainingseinrichtung außerhalb des

Tempels (S. 97). Bis heute erhalten geblieben sind die Inschriften im Stein der Tempelmauern ganz in der Nähe, die Yoga- und Massagetechniken zeigen und auch heute noch ihren ursprünglichen Zweck als optische Hilfsanweisungen erfüllen.

Das weitläufige Gelände des Wat Pho umfasst 8 ha Land. Die wichtigsten Attraktionen liegen nördlich der Th Chetuphon, die Klosteranlagen südlich.

Amulettmarkt MARKT
(ตลาดพระเครื่องวัดมหาธาตุ; Karte S. 62; Th Maharat; ☉9–17 Uhr; Fähre Tha Chang) Der ebenso bizarre wie faszinierende Markt nimmt beide Gehwege entlang der Th Maharat und der Th Phra Chan in Beschlag und erstreckt sich über ein dichtes Netz überdachter Marktstände in der Nähe von Tha Phra Chan. Man bekommt hier hauptsächlich kleine Talismane, die vor allem bei Sammlern, Mönchen, Taxifahrern und Leuten mit gefährlichen Berufen beliebt sind. Die potenziellen Käufer tragen oft schon zahlreiche Amulette. Man sieht sie feilschen und durch Kataloge blättern, in denen nur Amulette sind, teilweise zu astronomischen Preisen.

Auch hübsche Shophouses finden sich hier, und Familienbetriebe für Kräuterheilmittel wechseln sich ab mit traditionellen Massageläden, vor denen Straßenhändler

---

KUNSTOFFENSIVE

Obwohl Bangkoks hyperurbanes Milieu genau das Richtige für den Kunstbanausen zu sein scheint, der in jedem von uns steckt, hat die Stadt doch eine bedeutende, wenn auch nicht allzu ausgeprägte Kunstszene aufzuweisen. In den letzten Jahren scheint es, als werde jede Woche eine neue Galerie eröffnet. Zudem ist Bangkok Dreh- und Angelpunkt dieser Szene und arbeitet mit aufstrebenden Künstlern aus Ländern wie Myanmar und Kambodscha zusammen. Wer wissen will, was bei seinem Besuch in der Stadt los ist, holt sich ein kostenloses Exemplar der hervorragenden **BAM!** (Bangkok Art Map; www.bangkokartmap.com).

Hier einige der besseren Galerien:

» **100 Tonson Gallery** (Karte S. 90; www.100tonsongallery.com; 100 Soi Tonson, Th Ploenchit; ☉Do–So 11–19 Uhr; Skytrain Chitlom) Eine stimmungsvolle Galerie, in der die Werke von nationalen und internationalen aufstrebenden oder etablierten Malern, Bildhauern und Konzeptkünstlern ausgestellt werden.

» **Bangkok Art and Culture Centre** (BACC; Karte S. 90; www.bacc.or.th; Ecke Th Phayathai & Th Phra Ram 1; ☉Di–So 10–21 Uhr; Skytrain Siam oder National Stadium) Dieser brandneue staatliche Komplex in einem mehrstöckigen Gebäude mitten im Stadtzentrum kombiniert Kunst und Kommerz.

» **H Gallery** (Karte S. 86; www.hgallerybkk.com; 201 Soi 12, Th Sathon; ☉Mi–Sa 10–18 Uhr, Di nach Voranmeldung; Skytrain Surasak) Führende gewerbliche Galerie für aufstrebende nationale Maler abstrakter Kunst.

» **Kathmandu Photo Gallery** (Karte S. 86; www.kathmandu-bkk.com; 87 Th Pan; ☉Di–So 11–19 Uhr; Skytrain Surasak) Bangkoks einzige echte, engagiert Fotogalerie befindet sich in einem restaurierten chinesisch-portugiesischen Shophouse. Die kleine Galerie im Obergeschoss beherbergt Wechselausstellungen einheimischer und internationaler Künstler und Fotografen.

» **Queen's Gallery** (Karte S. 62; www.queengallery.org; 101 Th Ratchadamnoen Klang; Eintritt 30 B; ☉Do–Di 10–19 Uhr; Bus 2, 15, 44, 511, klorng-Taxi bis Tha Phan Fah) Dieses Museum wird mit königlichen Mitteln finanziert und präsentiert auf fünf Etagen wechselnde Ausstellungen moderner und traditionell beeinflusster Kunst.

» **Surapon Gallery** (Karte S. 94; www.rama9art.org/gallery/surapon/index.html; 1. Stock, Tisco Tower, Th Sathon Neua; ☉Di–Sa 11–18 Uhr; Metro Lumphini) Einzigartige zeitgenössische Thai-Kunst.

» **Tang Gallery** (Karte S. 86; UG, Silom Galleria, 919/1 Th Silom; ☉Di–Sa 11–19 Uhr; Skytrain Surasak) Bangkoks wichtigster Veranstaltungsort für moderne Künstler aus China ist mittlerweile auch eine der besten zeitgenössischen Galerien der Stadt. Die Poster am Eingang der Galerie informieren darüber, was gerade zu sehen ist.

gebrauchte Bücher, Kassetten und (klingt komisch, ist aber so) Zahnprothesen anbieten.

Siam-Museum

(สถาบันพิพิธภัณฑ์การเรียนรู้แห่งชาติ; Karte S. 62; www.museumsiam.com; Th Maharat; Eintritt 300 B; ⊙Di–So 10–18 Uhr; Bus 32, 524, Fähre Tha Tien) Dieses tolle Museum bedient sich verschiedener Medien, um die Ursprünge und die Kultur des thailändischen Volkes zu erkunden. Die Ausstellungen in einem Palast aus der Zeit von Rama III. sind äußerst interaktiv, ausgewogen und unterhaltsam gestaltet. Zu den Highlights zählen die informativen und fesselnden Videos, die in jedem Raum gezeigt werden, und ein interaktives Schlachtenspiel über die Ayutthaya-Ära.

Nationalmuseum
MUSEUM

(พิพิธภัณฑสถานแห่งชาติ; Karte S. 62; 4 Th Na Phra That; Eintritt 200 B; ⊙Mi–So 9–15.30 Uhr; Bus 32, 123, 503, Fähre Tha Chang) Das Nationalmuseum von Bangkok wird oft als das größte Museum Südostasiens angepriesen und beherbergt eine eindrucksvolle Sammlung religiöser Skulpturen, die man am besten bei einer der zweimal wöchentlich stattfindenden **Führungen** (⊙Mi & Do 9.30 Uhr) kennenlernt.

Die meisten Gebäude des Museums wurden 1782 als Palast für Prinz Wang Na, Vizekönig von Rama I. erbaut. Rama V. wandelte es 1874 in ein Museum um, das in seiner gegenwärtigen Form drei Dauerausstellungen zeigt, die sich über mehrere Gebäude erstrecken.

Der **Geschichtsflügel** hat sich beeindruckenderweise einer gewissen Mainstream-Ästhetik angenähert, und präsentiert eine prägnante Chronologie von Ereignissen und Figuren aus prähistorischen Zeiten sowie aus der Sukhothai-, Ayutthaya- und Bangkok-Ära. Zu den Highlights zählen eine beschriftete Steinsäule des Königs Ramakamhaeng, die als ältestes Zeugnis thailändischer Schrift gilt, der Thron König Taksins, die Rama V. gewidmete Ausstellung und ein Film über König Prajadhipok mit dem Namen *The Magic Ring*.

Die **Ausstellung über dekorative Kunst und Ethnologie** deckt jede erdenkliche Form des Kunsthandwerks ab: traditionelle Musikinstrumente, Keramik, Kleidung und Textilien, Holzschnitzereien, Insignien und Waffen. Der **Flügel für Archäologie und Kunstgeschichte** zeigt Ausstellungen, die von prähistorischen Zeiten bis zur Bangkok-Epoche reichen.

Neben den großen Ausstellungsräumen gibt es noch die **Buddhaisawan-Kapelle**, in der einige gut erhaltene, originale Wandgemälde und eine der am höchsten verehrten Buddhadarstellungen des Landes, Phra Phut Sihing, zu sehen sind. Die Legende besagt, die Darstellung sei aus Sri Lanka nach Thailand gekommen, Kunsthistoriker gehen aber davon aus, dass sie aus dem Sukhothai des 13. Jhs. stammt.

Lak Meuang (Stadtsäule)
ANIMISTISCHER SCHREIN

(ศาลหลักเมือง; Karte S. 62; Ecke Th Ratchadamnoen Nai & Th Lak Meuang; Eintritt frei; ⊙6.30–18.30 Uhr; Bus 2, 60, 507, Fähre Tha Chang) Die Holzsäule in Phallusform wurde 1782 von Rama I. als spiritueller Grundpfeiler Bangkoks im Rahmen der Gründung der neuen Hauptstadt aufgestellt. Heute ist die Lak Meuang mit schimmerndem Blattgold überzogen und in einem weißen, kreuzförmigen Schrein untergebracht. In animistischer Tradition verkörpert die Säule den Schutzgeist der Stadt (Phra Sayam Thewathirat) und ist zudem praktischer Bezugspunkt der Straßenachsen der Stadt und Messpunkt für Entfernungen zu anderen Städten.

Mit etwas Glück kann man bei einem *lá·kon gâa bon* (in Auftrag gegebener Tanz) zugegen sein: Als Dank für den erfüllten Wunsch eines Gläubigen vollführen prächtig kostümierte Tänzerinnen subtile Bewegungen zu Ehren des Schutzgeistes.

Nationalgalerie
MUSEUM

(พิพิธภัณฑสถานแห่งชาติ หอศิลป์; Karte S. 62; 4 Th Chao Fa; Eintritt 200 B; ⊙Mi–So 9–16 Uhr; Fähre Tha Phra Athit) Die bescheidene Nationalgalerie wird Thailands beeindruckender Tradition der schönen Künste leider nicht einmal ansatzweise gerecht. Die Wände dieses Gebäudes aus der frühen Ratanakosin-Ära schmücken Werke zeitgenössischer Kunst, die meisten von Künstlern, die von der Regierung unterstützt werden. Die Dauerausstellung ist recht veraltet und angestaubt, aber die Wanderausstellungen, die in großen Sälen im hinteren Gebäudeteil zu sehen sind, können manchmal durchaus überzeugen.

BANGLAMPHU

Banglamphus Sehenswürdigkeiten sind zwar nicht ganz so prachtvoll wie die seines Nachbarn, aber dennoch eine Art Fenster zum Bangkok von gestern – eine Stadt, die allmählich zu verschwinden beginnt...

(วัดสระเกศ(ภูเขาทอง); Karte S. 62; ☎ 0 2223 4561; zw.
Th Wora Chak & Th Boriphat; Eintritt zum Goldenen
Berg 10 B; ◷ 8–17 Uhr; Bus 508, 511, klorng-Taxi bis
Tha Phan Fah) Auch wenn man meint, bald keinen *wat* mehr sehen zu können, sollte man
den Spaziergang zum **Wat Saket** dennoch
in Angriff nehmen. Wie alle ehrwürdigen
Gipfel beherrscht auch dieser das Spiel der
optischen Täuschung – er sieht näher aus,
als er ist. Serpentinenartige Stufen schlängeln sich über einen künstlich angelegten
Hügel, auf dem knorrige Bäume Schatten
spenden (an einigen hängen Schilder in englischer Sprache), vorbei an Gräbern und Bildern reicher Wohltäter. Oben wird man mit
einem 360-Grad-Panorama und Bangkok
von seiner fotogensten Seite belohnt.

Als ein großer Stupa, mit dessen Bau
unter Rama III. begonnen wurde, einstürzte, weil der weiche Boden ihn nicht tragen
konnte, schuf man den künstlichen Hügel.
Der so entstandene Dreck-und-Backstein-
Hügel wurde von allerlei Gräsern überwuchert, bis Rama IV. einen kleinen Stupa auf
seinem Gipfel erbaute. Rama V. ergänzte
den Bau später durch eine Buddhareliquie
aus Indien (eine Gabe der britischen Regierung), die er im Stupa aufstellte. Die Be-
tonmauern wurden während des Zweiten
Weltkriegs hinzugefügt, um eine Erosion
zu verhindern. Jedes Jahr findet im November ein großes Festival auf dem Gelände des
Wat Saket statt, bei dem auch eine Prozession zum Goldenen Berg zieht.

Wer aus dem östlichen Teil der Stadt anreist, erreicht den Goldenen Berg über einen
kurzen Spaziergang südlich vom westlichen
klorng-Bootsanleger in Tha Phan Fah.

**Wat Suthat &
Sao Ching-Cha** BUDDHISTISCHER TEMPEL & DENKMAL
(วัดสุทัศน์/เสาชิงช้า; Karte S. 62; ☎ 0 2224 9845; Th
Bamrung Meuang; Eintritt 20 B; ◷ 8.30–21 Uhr;
Bus 10, 12, klorng-Taxi bis Tha Phan Fah). Der
Brahmanismus hat Thailand bereits vor
dem Buddhismus erreicht, und seine Rituale wurden letztlich in die später dominierende Religion integriert. **Wat Suthat** ist
das Hauptkloster der Brahmanenpriester,
die im Mai die königliche Pflugzeremonie
abhalten; er wurde unter Rama I. begonnen, aber erst unter späterer Regentschaft
fertiggestellt. Der Wat Suthat protzt mit
einer *wí·hǎhn* (Halle) mit vergoldeten Buddhadarstellungen aus Bronze – einschließlich Phra Si Sakayamuni, einer der größten

noch erhaltenen Sukhothai-Bronzestatuen
– und unglaublich umfangreichen *jataka*-
Wandgemälden (die Geschichten aus Buddhas früheren Leben zeigen; s. Kasten S. 77).
Der *wat* genießt außerdem den höchsten
königlichen Tempelrang, genannt Rachavoramahavihan; die Asche von Rama VIII.
(Ananda Mahidol, dem verstorbenen älteren Bruder des amtierenden Königs) wird
in der wichtigsten Buddhadarstellung in
der *wí·hǎhn* aufbewahrt.

Die Priester von Wat Suthat führen auch
in zwei in der Nähe gelegenen Hinduschrei-
nen Zeremonien durch: im **Thewa Satha-
an** (Deva Sathan), in dem Bilder von Shiva
und Ganesh zu sehen sind, und im kleineren Vishnu gewidmeten Saan Jao Phitsanu
(Vishnu-Schrein).

Der grazile rote Bogen vor dem Tempel
trägt den Namen **Sao Ching-Cha** (Große
Schaukel); er ist ebenso ein Wahrzeichen
Bangkoks wie der Wat Phra Kaew. An der
Schaukel hielten einst die Brahmanen ein
spektakuläres Fest zu Ehren von Shiva ab,
bei dem die Teilnehmer immer höher und
höher schaukelten, um an einen Beutel voll
Gold zu gelangen, der an einem 15 m hohen
Bambuspfahl hing. Viele kamen bei ihren
Versuchen ums Leben, und so wurde das Ritual während der Herrschaft von Rama VII.
ausgesetzt. 2007 hat man die altersschwa-
che Schaukel zeremoniell durch das heutige
Modell ersetzt, das aus sechs speziell ausge-
wählten Teakholzstämmen aus der Provinz
Phrae in Nordthailand gefertigt wurde.

Der Tempel liegt in Fußentfernung des
klorng-Bootsanlegers in Tha Phan Fah.

Wat Bowonniwet BUDDHISTISCHER TEMPEL
(วัดบวรนิเวศวิหาร; Karte S. 62; Ecke Th Phra Sumen &
Th Tanao; Eintritt frei; ◷ 8–17.30 Uhr; Bus 56, 58,
516, Fähre Tha Phra Athit) Der 1826 gegründete
Wat Bowonniwet ist der wichtigste Tempel der klösterlichen Sekte Thammayut in
Thailand. König Mongkut, der Gründer dieser Minderheitensekte, lebte hier als Mönch
und rief damit eine königliche Tradition ins
Leben – tatsächlich war er sogar mehrere
Jahre Abt des Wat Bowonniwet. König Bhumibol (Rama IX.) und Kronprinz Vajiralongkorn sowie weitere männliche Mitglieder der Königsfamilie waren hier als Mönche auf Zeit ordiniert. In der *ubosot* sind
einige interessante Wandgemälde zu sehen
(s. Kasten S. 77). Da dies ein königlicher Tempel ist, müssen Besucher besonders auf an-

(Fortsetzung auf S. 77)

Thailands Tempel

Religion durchdringt in Thailand alles – von den Seelen der tiefgläubigen Einheimischen bis hinein ins unsichtbare Himmelreich. Heilige Stätten finden sich überall, in ärmlichen und reichen Ecken. Als Mittelpunkt jeder Gemeinde bewahrt der thailändische Tempel (wát) traditionelle Kunst und Architektur – und ist erste Anlaufstelle bei allen Wünschen und Bedürfnissen.

Wat Phra Kaew (S. 61), Bangkok

JOHN ELK III/LONELY PLANET IMAGES ©

Top-Tempel

In Thailands berühmtesten Tempeln verehren Gläubige gleichermaßen die künstlerische Schönheit, heilige Reliquien und den örtlichen Buddha.

JOHN ELK III/LONELY PLANET IMAGES ©

Wat Phra Kaew, Bangkok

1 Thailands heiligster Schrein (S. 61) beherbergt den am stärksten verehrten Buddha des Landes, der die Begeisterung für Monarchie, Nation und Religion bündelt. Der prachtvolle Tempel ist mit Fassaden-Fliesenmosaiken, vergoldeten Türmen und kunstvollen Wandbildern geschmückt.

Wat Phra That Doi Suthep, Chiang Mai

2 Der malerische Tempel auf einem heiligen Berg (S. 274) wird von Thai-Buddhisten wegen seines goldenen *chedi* (Stupa) und der Buddha-Reliquie im Inneren verehrt. Zudem wacht er als Beispiel für Nordthailands Lanna-Architektur über Chiang Mai.

Wat Phra Si Ratana Mahathat, Phitsanulok

3 Thailand schätzt Schönheit. So macht sein prächtiger Sitzender Buddha diesen Tempel (S. 382) zu einem wichtigen Wallfahrtsort: Der Glanz der Figur wird von einem stilisierten Heiligenschein betont.

Wat Pho, Bangkok

4 Als nationales Zentrum der traditionellen Massage ist der Wat Pho (S. 65) ein Erholungsspezialist. Selbst sein Liegender Buddha (46 m lang, 15 m hoch) scheint zu schlummern. Obendrein zieren chinesische Riesenskulpturen den schattigen Komplex.

Wat Phra Si Sanphet, Ayutthaya

5 Trotz der Kriege und des Zahns der Zeit lebt die frühere Hauptstadt Ayutthaya im Wat Phra Si Sanphet (S. 175) fort, der die Schwerkraft besiegt. Highlight ist das schmucke Profil der drei konischen *chedi*-Türme.

Im Uhrzeigersinn von oben links:
1. *Prangs* des Wat Phra Kaew **2.** Wat Phra That Doi Suthep **3.** Sitzender Buddha, Wat Phra Si Ratana Mahathat **4.** Liegender Buddha, Wat Pho

KIMBERLEY COOLE/LONELY PLANET IMAGES ©

2

JERRY ALEXANDER/LONELY PLANET IMAGES ©

3

JERRY ALEXANDER/LONELY PLANET IMAGES ©

Thai-Buddhismus

Der Thai-Buddhismus wird höchst verschieden praktiziert – oft schon morgens, wenn barfüßige Mönche Speisespenden von Gläubigen einsammeln. Das ergreifende Ritual zeugt davon, wie tief die Hingabe der Buddhisten ist. In Wohnhäusern und Firmen finden vor dem Schrein des Schutzgeists Andachten statt. Zum Dank für einen erfolgreichen, stressfreien Tag werden Morgengebete, Räucherstäbchen und sogar Gaumenfreuden dargebracht.

Thailands Tempel sind für alle formalen Aspekte der Religion (Begräbniszeremonien, Meditationskurse, Segnungen) zuständig. Sie vereinen Orthodoxie und Volksglauben, indem sie religiösen Rat mit Glücksritualen kombinieren. Ob Liebeskummer oder Geldprobleme: Bei allen Bedürfnissen suchen Thais zuerst den Tempel auf. In manchen Tempeln gibt's auch Wahrsager.

Als Ziele für Wochenendausflüge erfüllen Tempel auch eine soziale Funktion. Ein Abstecher zu einem berühmten Tempel ist das thailändische Pendant zum Besuch eines westlichen Regionalmuseums. Dem zentralen Buddha wird mit dem Opfern von Lotus, Räucherstäbchen und Blattgoldstückchen Respekt gezollt.

TOP-BÜCHER ZUM THAI-BUDDHISMUS

» **Leises Lächeln: Weisheiten aus Thailand** (Klaus G. Förg, Warawit Kanithasen; 2008)

» **Tempelhüpfen: Mit meiner Tochter auf Abenteuerreise durch Thailand** (Patrice Kragten; 2011)

» **Ein Kunstwerk zur Überwindung des Leides: Über die Bedeutung und museale Präsentation der Skulptur Buddhas aus Sicht thailändischer Mönche** (Julia Peti; 2011)

» **Buddhism Explained** (Laurence-Khantipalo Mills; 1999)

Im Uhrzeigersinn von oben links:
1. Mönche im Wat Phon Chai, Dan Sai (S. 522)
2. Lotus-Opfer, Sukhothai Historical Park (S. 390)
3. Goldene Buddhastatuen im Wat Phra That Doi Suthep (S. 274), Chiang Mai

PAUL DYMOND/LONELY PLANET IMAGES ©

MICHAEL COYNE/LONELY PLANET IMAGES ©

Tempel-Tour
in 10 Tagen

Bei diesem Trip von Bangkok nach Chiang Mai im Norden erleben Tempelfans den thailändischen Buddhismus im Detail.

» Los geht's in **Bangkok** (S. 56), dem Sitz des Thai-Triumvirats: Nation, Monarchie und Religion. Wer nach den berühmten Ufertempeln (Wat Phra Kaew, Pho und Arun) noch nicht genug hat, findet in der Nähe die interessanten Wats Saket und Suthat.

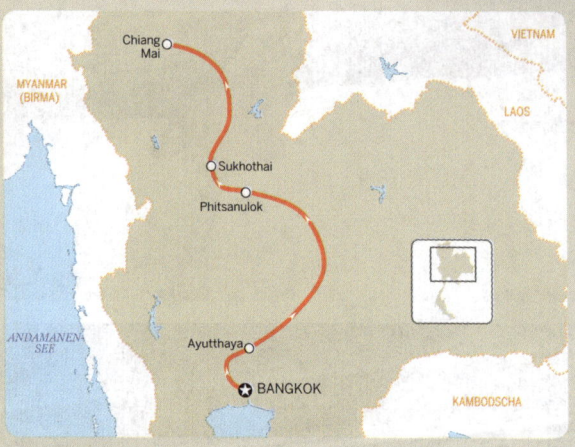

» Es folgt ein Tagesausflug zum früheren Königreich **Ayutthaya** (S. 171) dessen einst vergoldete Schreine vom Zahn der Zeit in gespenstische Ruinen verwandelt wurden. Der Wat Phra Si Sanphet ist hier absolut Pflicht. Am besten die Tempel ganz königlich per Elefantenritt abklappern!

» Nun heißt's eine Zugfahrt nach **Phitsanulok** (S. 382) unternehmen, um dem atemberaubenden Thai-Buddha im Wat Phra Si Ratana Mahathat und dem 700 Jahre alten Buddha im interessanten Wat Ratburana zu huldigen. Wie die Thais stärkt

man sich nach dem Pilgern am besten im berühmten Nudellokal beim Wat Phra Si Ratana Mahathat.

» Mit dem Bus geht's dann nach **Sukhothai** (S. 389), um zwischen den tollen Ruinen des heute verblichenen Reichs zu meditieren, mit dem einst Thailands „goldene Ära" begann. Die Größe der uralten Stadt macht eine Erkundung per Fahrrad ratsam. Dabei nicht die Wats Mahathat und Wat Si Chum verpassen!

» Den Abschluss macht eine Busreise gen Norden: **Chiang Mais** (S. 256) Besucher können in nordthailändischer Architektur schwelgen, die Altstadt erkunden und den Wat Phra Doi Suthep über der Stadt besuchen. Super Ziele im eigentlichen Chiang Mai sind die ehrwürdigen Wats Phra Singh und Wat Chedi Luang.

Im Uhrzeigersinn von oben links und nächste Seite:
1. Wat Phra Kaew, Bangkok **2.** Wat Si Sawai, Sukhothai **3.** Statuenreihe, Wat Mahathat, Sukhothai **4.** Elefantenritt durch Ayutthayas Ruinen **5.** Buddhastatue mit schützenden *naga* (Schlangen) im Wat Phra That Doi Suthep, Chiang Mai **6.** Mönche in Bangkok

2

JEAN-PIERRE LESCOURRET/LONELY PLANET IMAGES ©

3

MARK KIRBY/LONELY PLANET IMAGES ©

5

6

(Fortsetzung von S. 68)

gemessene Kleidung achten – mit kurzen Hosen oder ärmellosem T-Shirt wird einem der Zutritt zu diesem Wat verwehrt.

Wat Ratchanatdaram
Worawihan BUDDHISTISCHER TEMPEL
(วัดราชนัดดารามวรวิหาร; Karte S. 62; Ecke Th Ratchadamnoen Klang & Th Mahachai; Eintritt frei; ☺9–17 Uhr; Bus 2, 15, 44, 511, klorng-Taxi bis Tha Phan Fah) Der Wat Ratchanatdaram, vom Wat Saket aus auf der anderen Seite der Th Mahachai gelegen, stammt aus der Mitte des 19. Jhs. Neben dem metallenen, schlossähnlichen Kloster Loha Prasat beherbergt er auch einen berühmten Markt, auf dem buddhistische *prá pim* (magische

Zauberamulette) in allen Größen, Farben und Formen feilgeboten werden. Auf den Amuletten sind nicht nur Bilder von Buddha, sondern auch von bekannten thailändischen Mönchen und indischen Gottheiten zu sehen. Auch Buddhadarstellungen können hier erstanden werden.

Ban Baht (Dorf der Bettelschalen) VIERTEL
(บ้านบาตร; Karte S. 62; Soi Ban Baht, Th Bamrung Meuang; ☺10–18 Uhr; Bus 8, 37, 47, klorng-Taxi bis Tha Phan Fah) Wenn man gerade über die nachteiligen Auswirkungen des Tourismus meckern will, sollte man diesem Kunsthandwerkerdorf einen Besuch abstatten. Es ist das einzige noch erhaltene Dorf, das Rama I. gegründet hat, um *bàhts* (runde Schalen) herstellen zu lassen, in denen die

TEMPEL VOLLER WANDGEMÄLDE

Aufgrund des relativen Reichtums der Stadt sowie ihrer Rolle als Kunst- und Kulturzentrum des Landes hat man nur die talentiertesten Maler engagiert, um die Wände der verschiedenen hiesigen Tempel zu verzieren. Und so gelten Bangkoks Tempelmalereien als die besten in ganz Thailand. Hier einige besonders außergewöhnliche Werke:

» **Wat Bowonniwet** (s. S. 68) Während der Herrschaft von Rama II. verzierte ein Künstler namens In Kong die Wände dieses Tempels. Die Malereien auf den Vertäfelungen der *ubosot* (Kapelle) zeigen, aus Sicht thailändischer Betrachter, den westlichen Lebensstil zu Beginn des 19. Jh. (möglicherweise dienten hier Bilder aus Zeitschriften als Vorlage).

» **Wat Chong Nonsi** (วัดช่องนนทรี; Karte S. 58; Th Nonsi, abseits Th Phra Ram III; Eintritt frei; ☺8–18 Uhr; Metro Khlong Toei & Weiterfahrt mit dem Taxi) Bangkoks älteste noch erhaltene Tempelmalereien gehen auf die späte Ayutthaya-Ära zurück. Sie sind mittlerweile stark verblasst und teilweise verloren gegangen, die Darstellungen über den Alltag im Land, darunter aus derbe Illustrationen sexueller Praktiken, sind jedoch auf jeden Fall einen Besuch wert.

» **Buddhaisawan-Kapelle** (S. 67) Obwohl der Bau des im Nationalmuseum untergebrachten Tempels 1795 begann, wurden die Malereien vermutlich erst während der Herrschaft von Rama III. (1824–51) fertiggestellt. Die anmutigen Wandgemälde zeigen u. a. die Empfängnis, die Geburt und das frühe Leben Buddhas – häufige Themen für Wandgemälde in thailändischen Tempeln.

» **Wat Suthat** (S. 68) Die Wandgemälde des Wat Suthat beeindrucken durch ihre schiere Größe fast ebenso wie durch ihre außerordentliche Qualität; sie zählen zu den Ehrfurcht einflößendsten des Landes. Auf einer Säule direkt hinter der Buddhastatue finden sich blutrünstige Darstellungen der buddhistischen Hölle.

» **Wat Suwannaram** (วัดสุวรรณาราม; Karte S. 58; 33 Soi 32, Th Charoen Sanitwong, Khlong Bangkok Noi; Eintritt frei; ☺8–18 Uhr; klorng-Taxi ab Tha Chang) Auf den Gemälden dieses Tempels aus der späten Ayutthaya-Ära in Thonburi sind fachmännische und lebhafte Darstellungen von Kampfszenen zu sehen. Auch Ausländer, darunter chinesische und muslimische Krieger, sind abgebildet.

» **Wat Tritosathep** (วัดตรีทศเทพ; Karte S. 62; Th Prachathipatai; Eintritt frei; Bus 12, 19, 56) Obwohl sie noch immer unvollendet sind, zählen Chakrabhand Posayakrits postmoderne Wandgemälde in diesem Tempel in Banglamphu schon jetzt zu den Meisterwerken der thailändisch-buddhistischen Kunst.

Mönche jeden Morgen von gläubigen Buddhisten Essen und Almosen erhalten. Heute stammen die meisten Mönchsschalen aus chinesischer Massenproduktion, doch dank der Touristen bleibt die traditionelle Herstellungstechnik in Ban Baht erhalten.

Etwa ein halbes Dutzend Familien hämmert die Schalen noch immer aus acht einzelnen Stahlteilen zusammen. Die Einzelteile, so sagen sie, repräsentieren die acht Stufen des Dharma, die wiederum für den Edlen Achtfachen Pfad des Buddhismus stehen. Die Teile werden im Holzfeuer erhitzt und unter Zugabe von etwas Kupfer miteinander verschmolzen. Die Schale wird dann poliert und mehrmals schwarz lackiert. So entsteht etwa eine Schale pro Tag. Kauft man sich eine Bettelschale, erklärt der Handwerker auch den Herstellungsprozess und die dafür notwendige Ausrüstung.

Thonburi

Am rechten Ufer des Mae Nam Chao Phraya ist es so ruhig, dass man meinen könnte, dieser Teil gehöre zu einer anderen Provinz – und so ist es auch! Viele Attraktionen gibt es hier nicht, dafür ist *Fàng ton* eine tolle Gegend, um ziellos durch die grünen Straßen zu schlendern.

Wat Arun BUDDHISTISCHER TEMPEL
(วัดอรุณฯ; Karte S. 62; Th Arun Amarin; Eintritt 50 B; ◷8.30–16.30 Uhr; Fähre ab Tha Tien) Der eindrucksvolle Wat Arun nimmt als dritter der heiligen drei Tempel (neben dem Wat Phra Kaew und dem Wat Pho) eine martialische Stellung in der Frühgeschichte Bangkoks ein. Nach dem Fall Ayutthayas übernahm König Taksin hier an einem Schrein (ehemals als Wat Jaeng bekannt) feierlich die Macht und errichtete einen Königspalast und einen Tempel für den Smaragd-Buddha. Der Tempel wurde nach dem indischen Gott der Morgendämmerung (Aruna) benannt und stand für die wortwörtliche und symbolische Gründung eines neuen Ayutthayas.

Sein markantestes Merkmal, den 82 m hohen *prang* (Turm im Khmer-Stil), erhielt der Wat Arun aber erst, als sowohl die Hauptstadt als auch der Smaragd-Buddha nach Bangkok verlegt wurden. Mit dem Bau des Turms wurde in der ersten Hälfte des 19. Jhs. unter Rama II. begonnen, fertiggestellt wurde er erst später unter Rama III. Die kunstvollen **Blumenmosaike** sind von Weitem nicht zu erkennen. Sie sind aus bunten Scherben chinesischen Porzellans gefertigt, eine Technik, die zu Beginn der Ratanakosin-Periode, als chinesische Schiffe im Hafen Bangkoks tonnenweise Ballast in Form von altem Porzellan abluden, die übliche Form der Verzierung von Tempeln war.

Auch ein Blick ins Innere der *bòht* ist durchaus lohnenswert. Die wichtigste Buddhadarstellung hier wurde angeblich von Rama II. persönlich entworfen. Die **Wandmalereien** stammen aus der Zeit von Rama V. Am eindrucksvollsten ist eine Abbildung von Prinz Siddhartha, wie er außerhalb seiner Palastmauern Geburt, Alter, Krankheit und Tod begegnet – eine Erfahrung, die ihn dazu brachte, sein weltliches Leben aufzugeben. Die Asche von Rama II. ist im Fundament der hier vorherrschenden Buddhadarstellung begraben.

Alle paar Minuten legen Fähren von Tha Tien (3,50 B) zum Wat Arun auf der gegenüberliegenden Seite des Flusses ab.

Wer einen Blick auf den Tempel bei Sonnenuntergang erhaschen möchte, findet sich am besten auf der anderen Flussseite an den Lagerhäusern entlang der Th Maharat ein. Auch toll ist der Blick aus dem Amorosa, der Bar auf dem Dach der Arun Residence (S. 137).

Royal Barges National Museum (Nationalmuseum der Königlichen Barkassen) MUSEUM
(พิพิธภัณฑ์เรือพระที่นั่ง; Karte S. 62; Khlong Bangkok Noi; Eintritt 100 B, Erlaubnis zum Fotografieren 100 B; ◷9–17 Uhr; Fähre Tha Saphan Phra Pin Klao) Die königlichen Barkassen sind sehr schmale, aufwendig verzierte Boote, die für zeremonielle Prozessionen auf dem Fluss eingesetzt werden. Diese Tradition reicht zurück bis in die Ayutthaya-Ära, als Reisen (sowohl vom gemeinen Volk als auch von der Königsfamilie) vorrangig per Boot unternommen wurden. Heute findet die königliche Barkassenprozession nur noch unregelmäßig statt, zuletzt im Jahr 2006 zum 60. Thronjubiläum des Königs. Wenn sie gerade nicht im Einsatz sind, kann man die Barkassen in diesem Museum in Thonburi besichtigen.

Das wichtigste aller Boote ist die *Suphannahong*, die persönliche Barkasse des Königs. Sie ist aus einem einzigen Holzstamm gefertigt und der größte Einbaum der Welt. Übersetzt bedeutet ihr Name „Goldener Schwan", weshalb in den Bug ein riesiger Schwanenkopf geschnitzt wurde. Die Buge der weniger bedeutenden Boote sind mit Abbildungen aus der hinduistisch-buddhistischen Mythologie versehen, etwa mit einer *naga* (mythische Seeschlange) oder einer *garuda* (Vishnus Vogelreittier). Alte Fotografien lassen die grandiosen Prozessionen lebendig werden, in denen die größte Barkasse eine Rudermannschaft von 50 Mann benötigte; hinzu kamen sieben Sonnenschirmhalter, zwei Steuermänner, zwei Navigatoren sowie ein Fahnenträger, ein Schlagmann und ein Sänger.

ABSTECHER

BANGKOKS UNGEWÖHNLICHE MUSEEN

Wer dem Anblick ausgestopfter Tiger und Buddhastatuen nichts abgewinnen kann, sollte vielleicht einer dieser ausgefallenen Einrichtungen einen Besuch abstatten.

» **Ancient City** (Muang Boran; Karte S. 166; www.ancientcity.com; 296/1 Th Sukhumvit, Samut Prakan; Erw./Kind 400/200 B; ◷8–17 Uhr) Laut eigenen Angaben das größte Freilichtmuseum der Welt. Auf dem über 80 ha großen Gelände liegen inmitten einer friedlichen Landschaft 109 Miniatur-Nachbauten von zahlreichen bekannten Denkmälern des Königreichs verstreut. Da es hier normalerweise schön ruhig und nie überfüllt ist, kann man die „Stadt" wunderbar mit dem Fahrrad (Leihgebühr 50 B/Tag) erkunden. Ancient City liegt etwas außerhalb von Samut Prakan, das mit dem klimatisierten Bus 511 ab der Skytrain-Station Bearing am Ostende der Th Sukhumvit bequem zu erreichen ist. Am Busbahnhof von Pak Nam angekommen, steigt man in Minibus 36, der am Eingang zu Ancient City vorbeifährt.

» **Volksmuseum Bangkok** (Karte S. 84; 273 Soi 43/Saphan Yao, Th Charoen Krung; Eintritt frei; ◷Mi–So 10–16 Uhr; Fähre Tha Si Phraya) Dieses familiengeführte Museum besteht aus drei Holzhäusern, die einen Einblick in das Leben im Bangkok der 1950er- und 1960er-Jahre bieten. Besonders interessant ist die traditionelle thailändische Küche.

» **Gefängnismuseum** (Karte S. 62; 436 Th Mahachai; Eintritt frei; ◷Mo–Fr 9–16 Uhr; Bus 508, klorng-Taxi bis Tha Phan Fah) Dieses Museum zeigt die Überreste eines ehemaligen Gefängnisses. Hier erfährt man alles über die schmerzvolle Welt der hiesigen Bestrafungskultur. Mit lebensgroßen Modellen werden schreckliche Exekutionen und Bestrafungen nachgestellt, sodass sich die meisten Besucher vornehmen, sich während ihres Aufenthalts im Land gesetzestreu zu verhalten.

» **Museum der Fälschungen** (Karte S. 58; ☎0 2653 5555; www.tillekeandgibbins.com/museum/museum.htm; Tilleke & Gibbins, Supalai Grand Tower, 1011 Th Phra Ram III; Eintritt frei; ◷Mo–Fr 8–17 Uhr, nur nach Vereinbarung; Metro Khlong Toei & Weiterfahrt mit dem Taxi) Diese Privatsammlung stellt alle Fälschungen aus, die die Anwaltskanzlei Tilleke & Gibbins im Laufe der Jahre gesammelt hat. Viele der gefälschten Güter sind direkt neben den Originalen ausgestellt.

» **Songkran-Niyosane-Museum für forensische Medizin & Parasitenmuseum** (Karte S. 62; 2. Stock, Gebäude für Forensische Pathologie, Siriraj Hospital, Th Phrannok, Thonburi; Eintritt 40 B; ◷Mo–Sa 9–16 Uhr; Fähre Tha Wang Lang) Diese blutrünstige Einrichtung zeigt verschiedene Utensilien und Überreste berühmter Morde, u. a. das blutbefleckte T-Shirt eines Opfers, das mit einem Dildo erstochen wurde. Auch das angeschlossene Parasitenmuseum ist einen Besuch wert. Am einfachsten ist das Museum von Tha Chang aus mit der Fähre zum Tha Wang Lang (auf der Seite von Thonburi) zu erreichen. Am Ende des Piers nach rechts zum Siriraj Hospital abbiegen! Von dort ist das Museum ausgeschildert.

» **Thai-Museum der menschlichen Darstellungen** (Karte S. 166; www.rosenini.com/thaihumanimagery/english.htm; Nakhon Chais, Nakhon Pathom; Eintritt 200 B; ◷Mo–Fr 9–17.30, Sa & So 8.30–18 Uhr) Hier sind 120 lebensechte Wachsskulpturen ausgestellt. Es heißt, die Gruppe thailändischer Künstler habe vor Fertigstellung der Skulpturen, die von berühmten buddhistischen Mönchen aus Thailand bis zu Winston Churchill reichen, ihre Modelle zehn Jahre lang studiert. Das Museum befindet sich außerhalb der Stadt bei Kilometer 31 auf der Th Pinklao-Nakhon Chaisi. Jeder Bus oder Minivan, der zwischen Nakhon Pathom und Bangkok verkehrt, kann einen hier absetzen.

BANGKOK

Chinatown & Phahurat

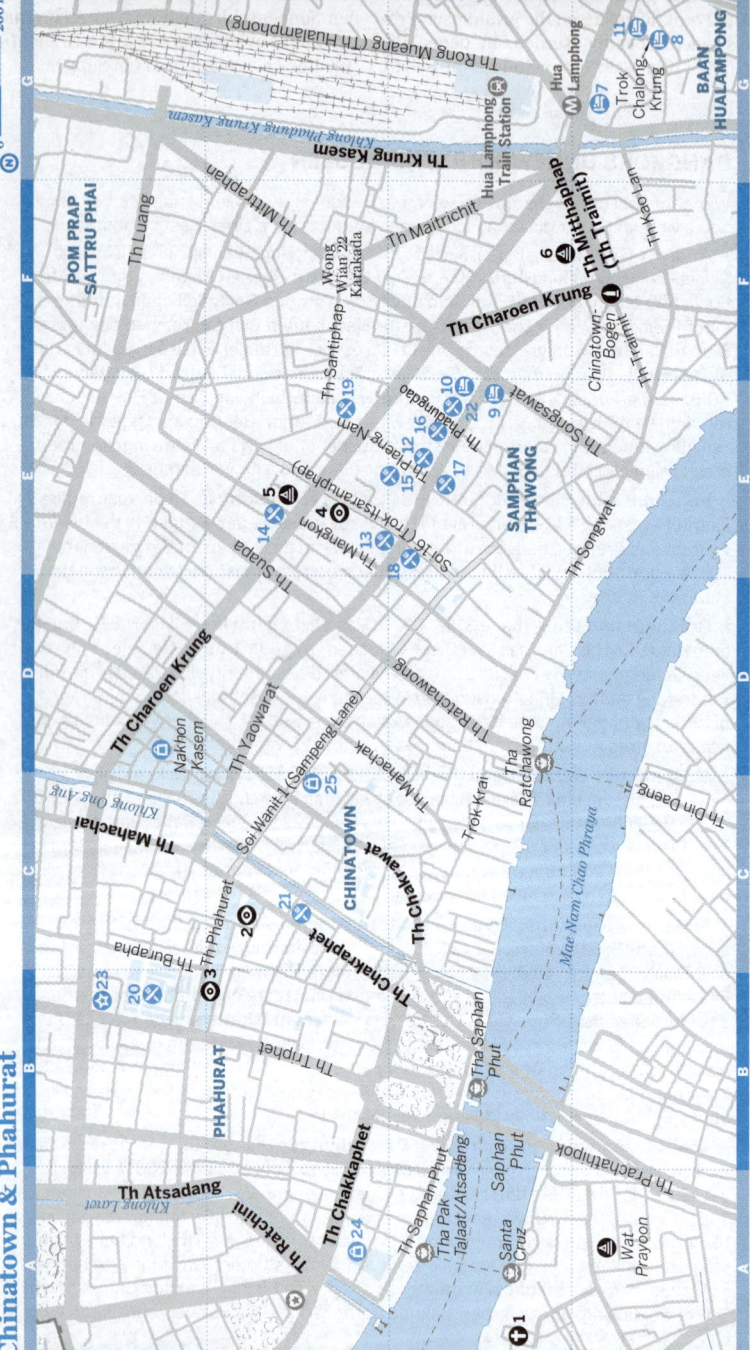

Am bequemsten erreicht man das Museum vom Tha Saphan Phra Pin Klao aus mit dem Taxi (den Fahrer bitten, nach *reu·a prá têe nâng* zu fahren). Alternativ kann man vom Bahnhof Bangkok Noi (mit der Fähre zum Tha Rot Fai fahren) zu Fuß gehen. Dieser Weg ist aber nicht einfach und recht unangenehm und man trifft auf jede Menge unwillkommener Guides, die für ihre Dienste Geld verlangen. Eine weitere Möglichkeit ist ein Ausflug mit dem Longtail-Boot durch Thonburis Kanäle. Auf Wunsch wird am Museum gehalten.

Santa Cruz KATHOLISCHE KIRCHE
(โบสถ์ซางตาครูส; Karte S. 80; Th Kuti Jiin; Eintritt frei; ⊘ Sa & So; Fähre ab Tha Pak Talat/Atsadang) Ein Besuch dieser aus dem Jahr 1913 stammenden katholischen Kirche ist eigentlich nur an Sonntagen interessant. Das umliegende Viertel hingegen war in der Ayutthaya-Ära eine portugiesische Enklave und ist dank der altmodischen Atmosphäre entlang des Flussufers und der portugiesisch inspirierten Kuchen (*kà·nŏm fa·ràng*) eine Erkundung wert.

CHINATOWN & PHAHURAT
เยาวราช (สำเพ็ง)/พาหุรัด
Vielleicht nur noch das Amazonasbecken ist ähnlich stark verästelt wie Bangkoks Chinatown (nach seiner Hauptschlagader Th Yaowarat auch Yaowarat genannt). Anders als die benachbarten Ko Ratanakosin bzw. Banglamphu ist der Höhepunkt hier kein niedlicher Tempel und kein Museum, sondern vielmehr das komplizierte Netz aus winzigen Gassen, überfüllten Märkten und Straßenständen voller Köstlichkeiten. Und im Gegensatz zu anderen Chinatowns weltweit ist die von Bangkok geradezu trotzig unbürgerlich, und sich darin zu verirren, ist vermutlich das Beste, was einem passieren kann.

Das Stadtviertel datiert bis ins Jahr 1782 zurück, als Bangkoks chinesische Bevölkerung – größtenteils Arbeiter, die zum Aufbau der neuen Hauptstadt angeheuert wurden – von der königlichen Regierung aus Ko Ratanakosin hierhin umgesiedelt wurde. Seither hat sich nur wenig verändert, man kann nach wie vor Unterhaltungen in den unterschiedlichsten chinesischen Dialekten lauschen, chinesische Heilkräuter kaufen und chinesische Gerichte kosten, die sonst in Thailand nirgendwo zu bekommen sind. Wer sich besonders fürs Essen interessiert, dem sei der kulinarische Stadtspaziergang (s. S. 131) empfohlen.

Wer nach Chinatown kommt bzw. es verlassen möchte, muss gegen entsetzlichen Verkehr ankämpfen. Die Flussfähre (Haltestelle Tha Ratchawong) ist die einfachste Anreisemöglichkeit, aber seit es die MRT gibt, muss man nur noch einen kurzen Spaziergang von der Haltestelle Hualamphong in Kauf nehmen.

Am Westrand von Chinatown liegt ein kleiner, aber lebhafter indischer Distrikt, allgemein als Phahurat bekannt. Hier werden in Dutzenden von indischen Geschäften alle erdenklichen Arten von Stoffen und Kleidung verkauft.

Wat Traimit BUDDHISTISCHER TEMPEL

(วัดไตรมิตร; Tempel des Goldenen Buddha; Karte S. 80; Ecke Th Yaowarat & Th Charoen Krung; Eintritt 40 B; ⊙Di–So 8–17 Uhr; Metro Hualamphong, Fähre Tha Ratchawong) Besuchermagnet des Wat Traimit ist zweifellos die eindrucksvolle, 3 m hohe und 5,5 t schwere **Buddhastatue aus massivem Gold**, die glänzt wie – nun ja, wie Gold eben. Die im anmutigen Sukhothai-Stil gearbeitete Statue wurde vor etwa 40 Jahren „entdeckt", als sie beim Umzug in ein neues Gebäude innerhalb der Tempelanlage vom Kran fiel und der Gipsmantel, der sie bis dahin verborgen hatte, zersprang. Man vermutet, dass die Umhüllung hinzugefügt wurde, um die Statue vor marodierenden Horden, entweder gegen Ende der Sukhothai-Ära oder später, während der Ayutthaya-Ära, als die Stadt von den Birmanen belagert wurde, zu schützen. Der Tempel selbst soll aus dem frühen 13. Jh. stammen.

Zahlreiche Spenden und ein konstanter Touristenstrom haben dafür gesorgt, dass genügend Geld floss, und so ist die Statue nun in einem nagelneuen vierstöckigen Gebäude aus Marmor untergebracht. Der 2. Stock beherbergt die **Phra-Buddha-Maha-Suwanna-Patimakorn-Ausstellung** (Eintritt 100 B; ⊙Di–So 8–17 Uhr) in der man erfährt, wie die Statue geschaffen und entdeckt wurde und wie sie an ihren aktuellen Aufenthaltsort gelangt ist. Im 3. Stock findet sich das **Yaowarat Chinatown Heritage Center** (Eintritt 100 B; ⊙Di–So 8–17 Uhr), ein kleines aber fesselndes Museum mit Multimedia-Exponaten über die Geschichte von Bangkoks Chinatown und seiner Bewohner.

Talat Mai MARKT

(ตลาดใหม่; Karte S. 80; Soi 16/ Trok Itsaranuphap, Th Yaowarat; Bus 73, 159, 507, Metro Hualamphong, Fähre Tha Ratchawong) Mit fast zwei Jahrhunderten Handelsgeschichte auf dem Buckel ist die Bezeichnung „Neuer Markt" für den Talat Mai eigentlich nicht mehr ganz passend. Im Prinzip besteht der Markt aus einer engen, überdachten Gasse zwischen zwei hohen Gebäuden, und selbst wer sich nicht für

---

BANGKOKS CHINESISCHES GESICHT

Bangkok ist in vielerlei Hinsicht eine ebenso chinesische wie thailändische Stadt. Die Anwesenheit der Chinesen in Bangkok geht schon auf die Zeit vor der Stadtgründung zurück, als Thonburi Si Mahasamut nicht viel mehr als ein chinesischer Handelsaußenposten am Ufer des Chao Phraya war. In den 1780er-Jahren, während des Baus der neuen Hauptstadt unter Rama I., wurden Hokkien-, Teochew- und Hakka-Chinesen als Lastenträger und Arbeiter angeheuert. Die Chinesen, die bereits in diesem Gebiet lebten, wurden in die Bezirke Yaowarat und Sampeng umgesiedelt, die heute als Bangkoks Chinatown bekannt sind.

Während der Herrschaft von König Rama I. erlangten viele Chinesen ein höheres Ansehen und größeren Reichtum. Viele Läden und Gewerbe in Bangkok befanden sich unter ihrer Kontrolle und dank der ausgeweiteten Handelsbeziehungen zu China ging auch die ungeheure Expansion der Marktwirtschaft Thailands auf ihr Konto. Europäische Besucher waren in den 1820er-Jahren überrascht, wie viele chinesische Handelsschiffe auf dem Chao Phraya verkehrten und einige nahmen an, die Chinesen stellten den Großteil der Bevölkerung Bangkoks.

Der neue Wohlstand mancher chinesischer Händlerfamilien führte zur Bildung einer der ersten thailändischen Eliten, die keine direkte Verbindung zum Königshaus hatten. Durch die Annahme offizieller Ämter und königlicher Titel erhöhte sich das Ansehen dieser als *jôw sŏo·a* bekannten „Handelsherren" zudem weiter, und oft boten sie der königlichen Familie auch ihre Töchter als Gegenleistung an. Schätzungen zufolge hat heute etwa die Hälfte aller Einwohner Bangkoks in irgendeiner Form chinesische Wurzeln.

Während der Herrschaft von Rama III. übernahm die thailändische Hauptstadt in den Bereichen Essen, Design, Mode und Literatur viele chinesische Einflüsse. Die chinesische Kultur wurde mehr und mehr allgegenwärtig. Hinzu kam, dass chinesische Männer vermehrt thailändische Frauen heirateten und sich in die nationale Kultur eingliederten. Als Folge dessen war zu Beginn des 20. Jhs. der Unterschied zwischen Chinesen und ihren thailändischen Mitbürgern nur noch relativ gering.

Essen interessiert, wird in der hektischen Atmosphäre, die sich mit ungewohnten Anblicken und exotischen Düften vermischt, ein surreales Sinneserlebnis erfahren.

Im Zentrum des Markts dreht sich alles um Kochzutaten. Der Teil nördlich der Th Charoen Krung (die Soi 21, Th Charoen Krung) ist hingegen für seine Stände mit Räucherstäbchen, aus Papier hergestellten Gegenständen und Naschwerk für feierliche Anlässe bekannt – alles essenzielle Elemente einer traditionellen chinesischen Begräbniszeremonie.

GRATIS Wat Mangkon Kamalawat
CHINESISCHER TEMPEL

(วัดมังกรกมลาวาส; Neng Noi Yee; Karte S. 80; Th Charoen Krung; ⊙9–18 Uhr; Bus 73, 159, 507, Metro Hualamphong, Fähre Tha Ratchawong) Duftwolken und Gesänge bilden die Kulisse dieses Mahayana-Buddhisten-Tempels im chinesischen Stil. Er wurde im Jahr 1871 erbaut und ist das größte und wichtigste religiöse Gebäude in der Gegend. Während des jährlichen Vegetarierfests (s. Kasten S. 130) herrscht hier ein besonders lebendiges religiöses und kulinarisches Treiben.

Phahurat-Markt
MARKT

(ตลาดพาหุรัด; Karte S. 80; Th Phahurat & Th Chakraphet; Bus 82, 169, 507, Fähre Tha Saphan Phut) Hinter dem neuen, deplatzierten Einkaufszentrum India Emporium versteckt sich der Phahurat-Markt, ein endloser Basar, auf dem farbenprächtiger Bollywood-Stoff feilgeboten wird, fotogene Händler *paan* (Betelnüsse zum Kauen) verkaufen und Läden köstliche Süßigkeiten nach nordindischer Art in ihren Auslagen haben.

Gurdwara Siri Guru Singh Sabha
SIKH-TEMPEL

(Karte S. 80; Th Phahurat; ⊙9–17 Uhr) In einer kleinen Gasse abseits der Th Chakraphet befindet sich dieser große Sikh-Tempel, der an das Innere einer Moschee erinnert. Er ist der Verehrung des *Guru Granth Sahib*, einem heiligen Buch der Sikh aus dem 16. Jh. gewidmet, das als „lebendiger" Guru und als letzter der zehn großen Lehrmeister der Religion gilt. Der Tempel soll der zweitgrößte Sikh-Tempel außerhalb Indiens sein. Besucher sind willkommen, müssen aber ihre Schuhe ausziehen.

UFERGEBIET
ข้างแม่น้ำ

Talat Noi
VIERTEL

(ตลาดน้อย; Karte S. 84; Soi Phanurangsi; ⊙9–18 Uhr; Fähre Tha Si Phraya) Vom Fluss und den Straßen Th Songwat, Th Charoen Krung und

Th Yotha eingerahmt, bietet dieses antike Stadtviertel ein faszinierendes Durcheinander aus winzigen Gassen, schmutzigen Werkstätten und traditioneller Architektur. Gegenüber vom River View Guest House steht der **San Jao Sien Khong** (Karte S. 84; Eintritt frei; ⊙6–18 Uhr), einer der ältesten chinesischen Schreine der Stadt. Zudem ist er einer der besten Ort der Stadt, um das jährlich stattfindende Vegetarierfest (s. Kasten S. 130) zu erleben.

SILOM & SATHON
สีลม/สาธร

Im Geschäftsviertel rund um die Th Silom gibt es zwischen den Firmenhotels, Bürotürmen und Restaurants mit hervorragendem Essen und Wein nur wenige Touristenattraktionen. Je näher man dem Fluss kommt, desto mehr verraten die Eindrücke und Düfte, die hier auf einen einstürzen, die muslimischen und indischen Wurzeln der Einwohner dieser Gegend. Folgt man der Th Charoen Krung gen Norden, erreicht man ein Gebiet am Flussufer, das in der Blütezeit der Schifffahrt der Stadt ein internationaler Handelsplatz war.

Der Verkehr in diesem Teil der Stadt ist berühmt-berüchtigt, aber dank des Skytrain, der Metro und des Chao Phraya Express hat sich die Lage etwas entspannt.

M.R.-Kukrit-Pramoj-Haus
MUSEUM

(บ้านหม่อมราชวงศ์คึกฤทธิ์ปราโมช; Karte S. 86; Soi 7/ Phra Phinij, Th Narathiwat Rachananakharin; Erw./Kind 50/20 B; ⊙10–16 Uhr; Skytrain Chong Nonsi) Einst lebte der Schriftsteller und Staatsmann Mom Ratchawong (M.R. ist ein königlicher Ehrentitel) Kukrit Pramoj in diesem bezaubernden, landestypischen Haus, heute ist es der Öffentlichkeit als Museum zugänglich. M.R. Kukrit, der zwar auch in Europa studiert hatte, aber mit Leib und Seele Thailänder war, suchte sich das Beste aus beiden Welten aus: fünf traditionelle Gebäude aus Teakholz, thailändische Kunst, westliche Bücher und jede Menge hitzige Diskussionen. Wer mehr über den ehemaligen Premierminister von Thailand und Autor von über 150 Büchern erfahren möchte, sollte sich einer Führung anschließen.

Queen Saovabha Memorial Institute (Schlangenfarm)
SCHLANGENFARM

(สถานเสาวภา (สวนงู); Karte S. 86; www.saovabha. com; Ecke Th Phra Ram IV & Th Henri Dunant; Erw./Kind 200/50 B; ⊙Mo–Fr 9.30–15.30, Sa & So bis 13 Uhr; Skytrain Sala Daeng, Metro Si Lom) Schlangenfarmen sind oft mehr Kar-

BANGKOK

0   200 m

Mae Nam Chao Phraya

Soi 20

3 ◉

Soi Phanurangsi

2 ◉ **13**

Soi Charoen Phanit

TALAT NOI

Khlong Phadung Krung Kasem

Th Maha Phuttharam

Th Maha Nakhon

7

N4 Marine Department

Kirche des hl. Rosenkranzes ✝

Th Yotha

Th Yotha

Th Yotha

6

River City Complex

Th Si Phraya

Th Mahesak

8

N3 Tha Sri Phraya

4

Soi 30

11

Soi 43 (Soi Saphan Yao)

1

BANGRAK

Mae Nam Chao Phraya

✉

Soi 35

Phayathai – Bangkok Expwy

visit beyond ℹ

9

Th Surawong

5

Soi 36

15

Soi 38

10

17

Th Charoen Krung

N1 Oriental

Soi 40 (Soi Oriental)

Soi 42/1 (Soi Wat Suan Phlu)

Th Silom

16

14

12

Th Krung Thonburi

Saphan Taksin

Saphan Taksin

Ⓢ

Tha Sathon (Central Pier)

Th Sathon Neua (Nord)

Th Sathon Tai (Süd)

nevalsdarbietung als humanitäre Einrichtung, wobei das 1923 gegründete Queen Saovabha Memorial Institute eine echte Ausnahme darstellt. Hier werden aus dem Gift von Schlangen Antiseren hergestellt. Dazu werden die Tiere gemolken und ihr Gift wird Pferden injiziert. Diese wiederum produzieren ein Gegengift, das entnommen, gereinigt und schließlich zur Behandlung von Menschen eingesetzt wird, die von Giftschlangen gebissen wurden.

In den herrlich grünen Außenanlagen wird man ununterbrochen von westlicher Rockmusik beschallt. Hier leben auch einige Schlangen in Käfigen, der Großteil der Attraktionen befindet sich aber im Simaseng-Gebäude, das auf dem hinteren Teil des Geländes steht. Im Erdgeschoss sind dort unterschiedliche Schlangenarten in Terrarien zu sehen. Im Amphitheater außerhalb des Gebäudes gibt es ein regelmäßiges **Schaumelken** (☺Mo–Fr 11 Uhr) und weitere **Vorführungen mit Schlangen** (☺Mo–Fr 14.30, Sa & So 11 Uhr).

Sri-Mahariamman-Tempel HINDU-TEMPEL
(วัดศรีมหาอุมาเทวี (วัดแขกสีลม); Wat Phra Si Maha Umathewi; Karte S. 86; Ecke Th Silom & Th Pan; Eintritt frei; ☺6–20 Uhr; Bus 15, 504, Skytrain Surasak) Dieser Hindu-Tempel sticht selbst unter all den goldenen Wats in Bangkok buchstäblich aus den Häuserreihen hervor. Das Bauwerk wurde in den 1860er-Jahren von tamilischen Einwanderern im Zentrum einer nach wie vor lebendigen ethnischen Enklave errichtete. Seine Fassade ist von ineinandergreifenden Hindu-Gottheiten in bunten Farben geschmückt. In der Mitte des Hauptschreins ist Jao Mae Maha Umathewi (Uma Devi, auch bekannt als Shakti, Shivas Gefährtin) zu sehen, die linke Innenwand ist von Shiva, Vishnu und anderen Hindu-Gottheiten sowie von einigen Buddhas gesäumt. So findet hier jeder Asiate, der nicht gerade muslimischen oder jüdisch-christlichen Glaubens ist, eine Figur, die er anbeten kann.

Thailänder nennen diesen Tempel Wat Khaek. Das Wort *kàak* ist eine umgangssprachliche Bezeichnung für Menschen indischer Abstammung und bedeutet übersetzt „Gast" – ein offensichtlicher Euphemismus für eine Gruppe, die man sich eigentlich nicht als ständige Mitbürger wünscht. Daher mögen die meisten dauerhaft in Thailand lebenden Inder diesen Ausdruck auch nicht.

SIAM SQUARE & PRATUNAM
สยามสแควร์/ประตูน้ำ
Die Hauptattraktion dieses Teils der Stadt ist vor allem kommerzieller Natur, vorrangig in Form von mehrstöckigen Mega-Einkaufszentren. Dennoch gibt es hier auch einiges zu sehen, für das man nicht die Kreditkarte zücken muss. Mit dem Skytrain und den *klorng*-Taxis sind diese Sehenswürdigkeiten ganz einfach zu erreichen.

Erawan-Schrein BRAHMANEN-SCHREIN
(ศาลพระพรหม; San Phra Phrom; Karte S. 90; Ecke Th Ratchadamri & Th Ploenchit; Eintritt frei; ☺6–23 Uhr; Skytrain Chitlom) Der Erawan-Schrein wurde ursprünglich 1956 erbaut und war

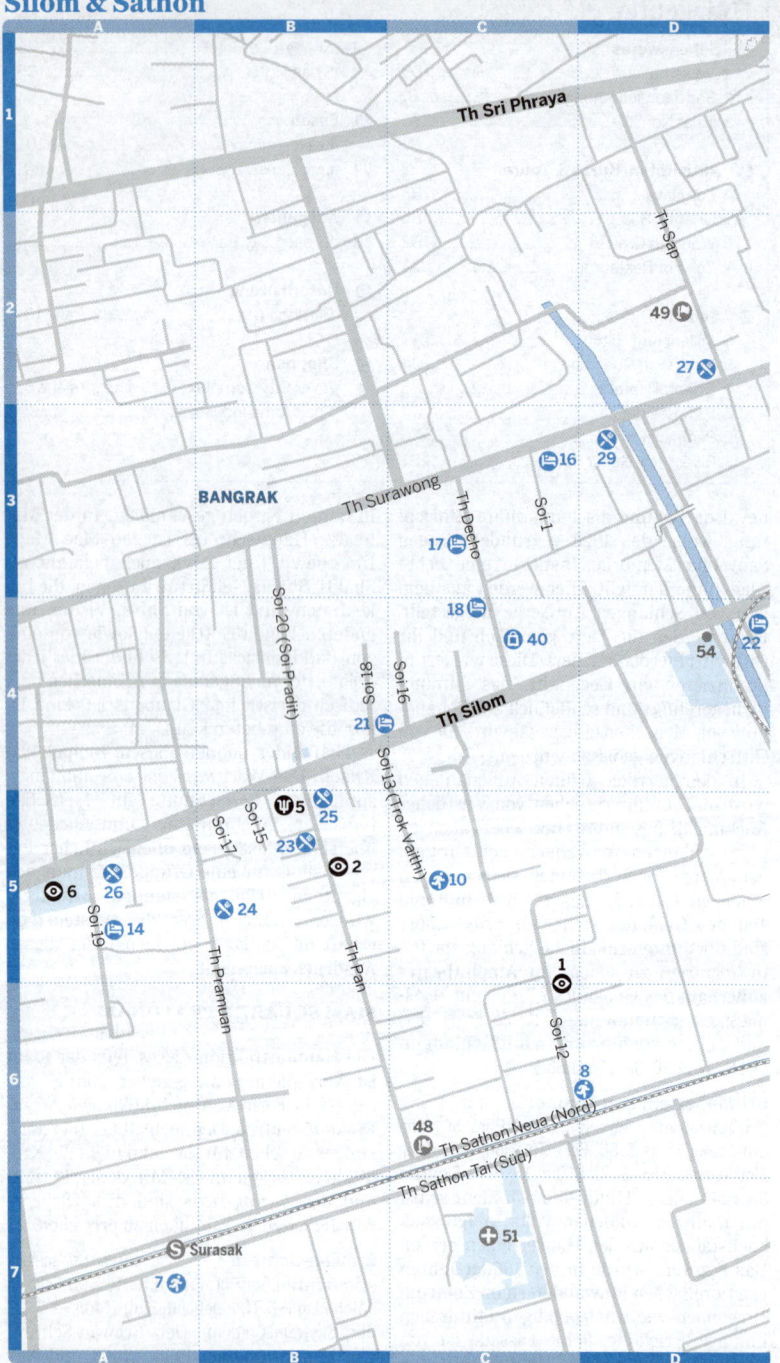

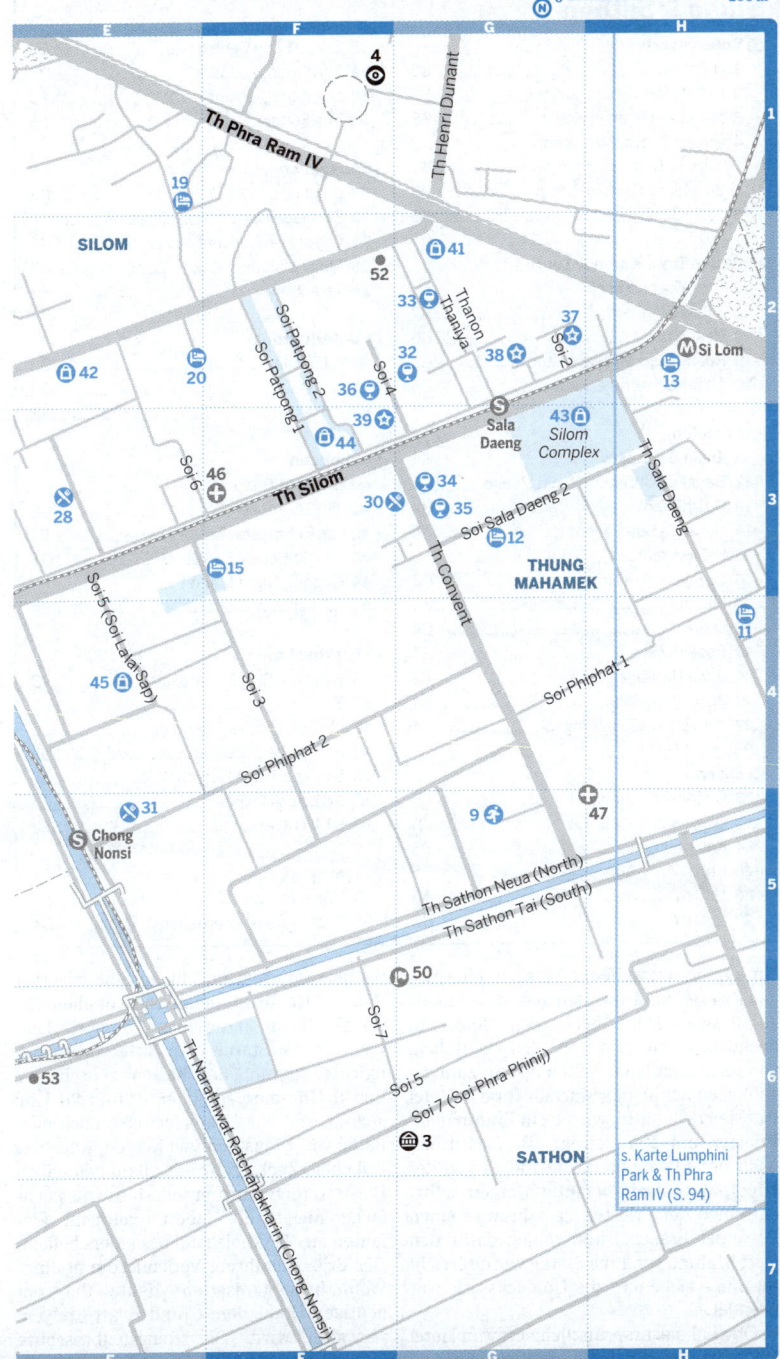

0 — 200 m

Th Phra Ram IV

Th Henri Dunant

4

19

SILOM

52

41

33

Thanon Thaniya

37

32

38

Soi 2

36

Soi 4

Si Lom

13

42

20

Soi Patpong 2

Soi Patpong 1

39

44

Sala Daeng

43

Silom Complex

46

Th Silom

28

Soi 6

30

34

35

Soi Sala Daeng 2

Th Sala Daeng

12

15

Soi 5 (Soi Lalai Sap)

THUNG MAHAMEK

11

45

Soi 3

Th Convent

Soi Phiphat 1

Soi Phiphat 2

31

9

47

Chong Nonsi

Th Sathon Neua (North)

Th Sathon Tai (South)

50

Th Narathiwat Ratchanakharin (Chong Nonsi)

53

Soi 7

Soi 5

Soi 7 (Soi Phra Phinij)

3

SATHON

s. Karte Lumphini Park & Th Phra Ram IV (S. 94)

Silom & Sathon

ein letzter verzweifelter Versuch, eine Unglücksserie rund um den Bau des damals als Erawan Hotel bekannten Hotels zu beenden. Nach mehreren Zwischenfällen, von verletzten Bauarbeiten bis hin zum gesunkenen Schiff, das Marmor für das Hotel transportiert hatte, wurde ein Brahmanen-Priester um Rat gefragt. Da das Hotel nach der Elefanteneskorte Indras aus der Hindu-Mythologie benannt werden sollte, entschied der Priester, dass Erawan einen Passagier brauche, und schlug dafür den Gott Brahma vor. Eine Statue wurde errichtet und – siehe da – die Unglücksserie war beendet.

Obwohl das ursprüngliche Erawan Hotel 1987 abgerissen wurde, steht der Schrein bis heute und ist und bleibt eine wichtige Pilgerstätte für Einheimische, vor allem für solche, die in materiellen Nöten stecken. Wer vor der Statue eine Bitte vorbringen möchte, kommt am besten zwischen 7 und 8 Uhr morgens oder 19 und 20 Uhr abends und hat optimalerweise noch eine Reihe von Utensilien wie Kerzen, Räucherstäbchen, Zuckerrohr oder Bananen dabei. Diese werden dann, mindestens in siebenfacher Menge, als Gabe dargebracht. Elefanten aus Teakholz sind besonders beliebt. Der Erlös aus ihrem Verkauf kommt einer Wohlfahrtsorganisation zugute, die vom heutigen Hotel, dem Grand Hyatt Erawan, verwaltet wird. Die Touristenbroschüre informiert zudem darüber, dass auch ein klassischer thailändischer Tanz bestellt werden kann, der oft als Zeichen des Dankes für einen erfüllten Wunsch aufgeführt wird.

Lingam-Schrein im Nai Lert-Park -
ANIMISTISCHER SCHREIN

(ศาลเจ้าแม่ทับทิม; Saan Jao Mae Thap Thim; Karte S. 90; SwissôtelNaiLertPark, ThWitthayu/Wireless Rd; Eintritt frei; ⊙24 Std.; Skytrain Phloen Chit, klorng-Taxi bis Tha Withayu) Der millionenschwere Geschäftsmann Nai Lert erbaute hier ein Geisterhaus (*san phra phum*) mit Schrein, das von in Gruppen angeordneten, behauenen Steinen, hölzernen Phallussymbolen und einem Banyanbaum umgeben ist. Die Stätte wurde zu Ehren der Göttin Jao Mae Thap Thim errichtet, die in dem alten Baum wohnen soll. Irgendwann bekam eine Frau, die hier eine Opfergabe dargebracht hatte, kurz darauf ein Kind. Seither wird der Schrein von einem regen Strom Gläubiger besucht – meist junge Frauen, die um Fruchtbarkeit bitten. Um hierher zu kommen, folgt man einem kleinen Betonweg, der rechts am Swissôtel vorbeiführt. Dieser windet sich hinunter bis ins Innere des Gebäudes, das gleich neben dem Parkplatz steht. Der Schrein befindet sich am Ende des Gebäudes und direkt am Kanal.

LUMPHINI-PARK & TH PHRA RAM IV
สวนลุมพินี/ถนนพระราม ๔

Die Hauptattraktion in diesem hyperurbanen Teil der Stadt ist paradoxerweise die größte zusammenhängende Grünfläche der Stadt.

Am besten ist der Park mit der Metro zu erreichen. An den Stationen Lumphini, Silom oder Th Phra Ram IV aussteigen.

Lumphini-Park
PARK

(สวนลุมพินี; Karte S. 94; Th Phra Ram IV, zw. Th Withayu/Wireless Rd & Th Ratchadamri; Eintritt frei; ⊙4.30–21 Uhr; Skytrain Sala Daeng, Metro Lumphini oder Si Lom) Um der Stadt zu entfliehen, ohne Bangkok wirklich verlassen zu müssen, ist der Lumphini-Park der beste Ort. Er ist nach Buddhas Geburtsort in Nepal benannt und bietet schattige Pfade, einen großen, künstlich angelegten See

---

NICHT VERSÄUMEN

JIM-THOMPSON-HAUS

Dieses grüne **Anwesen** (Karte S. 90; ☏0 2216 7368; www.jimthompsonhouse.com; 6 Soi Kasem San 2; Erw./Kind 100/50 B; ⊙9–17 Uhr, Besuch nur mit Führung, englisch & französisch, alle 20 Min.; Skytrain National Stadium, Bus 73, 508, klorng-Taxi bis Tha Saphan Hua Chang) war einst das Heim eines amerikanischen Seidenhändlers und Kunstsammlers. Thompson, 1906 in Delaware geboren, arbeitete während des Zweiten Weltkriegs für kurze Zeit für das Office of Strategic Services (den Vorgänger der CIA) in Thailand. Nach dem Krieg ließ er sich in Bangkok nieder, wo er auf die handgemachte Seide seines Nachbarn aufmerksam wurde, und sein Geschäftssinn war geweckt. Er schickte Proben an Modehäuser in Mailand, London und Paris und baute sich allmählich weltweit einen festen Kundenstamm auf.

Neben exquisiter asiatischer Kunst sammelte Thompson auch Teile verschiedener landestypischer Häuser in Zentralthailand, die er 1959 an ihrem heutigen Standort wieder zusammenbauen ließ. Allerdings wurde jede Hauswand mit der Außenseite nach innen eingebaut, sodass das Balkensystem der Wände zu erkennen ist – ein auffälliger Bruch mit der Tradition. Die kleine, aber feine Sammlung asiatischer Kunst und Thompsons persönlicher Besitz sind im Haupthaus zu sehen.

Thompsons Geschichte endet jedoch nicht mit seiner informellen Herrschaft als am besten angepasster Ausländer Bangkoks. Bei einem nachmittäglichen Spaziergang im Jahr 1967 in den Cameron Highlands im Westen Malaysias verschwand Thompson spurlos, im selben Jahr wurde seine Schwester in den USA ermordet. Das lieferte Stoff für die unterschiedlichsten Verschwörungstheorien: Steckten kommunistische Spione dahinter? Oder geschäftliche Rivalen? Oder gar ein Menschen fressender Tiger? Die jüngste Theorie (für die es angeblich sogar handfeste Beweise gibt) besagt, dass Thompson von einem malaysischen Lkw-Fahrer überfahren wurde, der dann seine Leiche versteckte. *Jim Thompson: The Unsolved Mystery* von William Warren ist ein ausgezeichnetes Buch über die Karriere, das Leben in Thailand und das geheimnisvolle Verschwinden des Seidenmagnaten.

BANGKOK

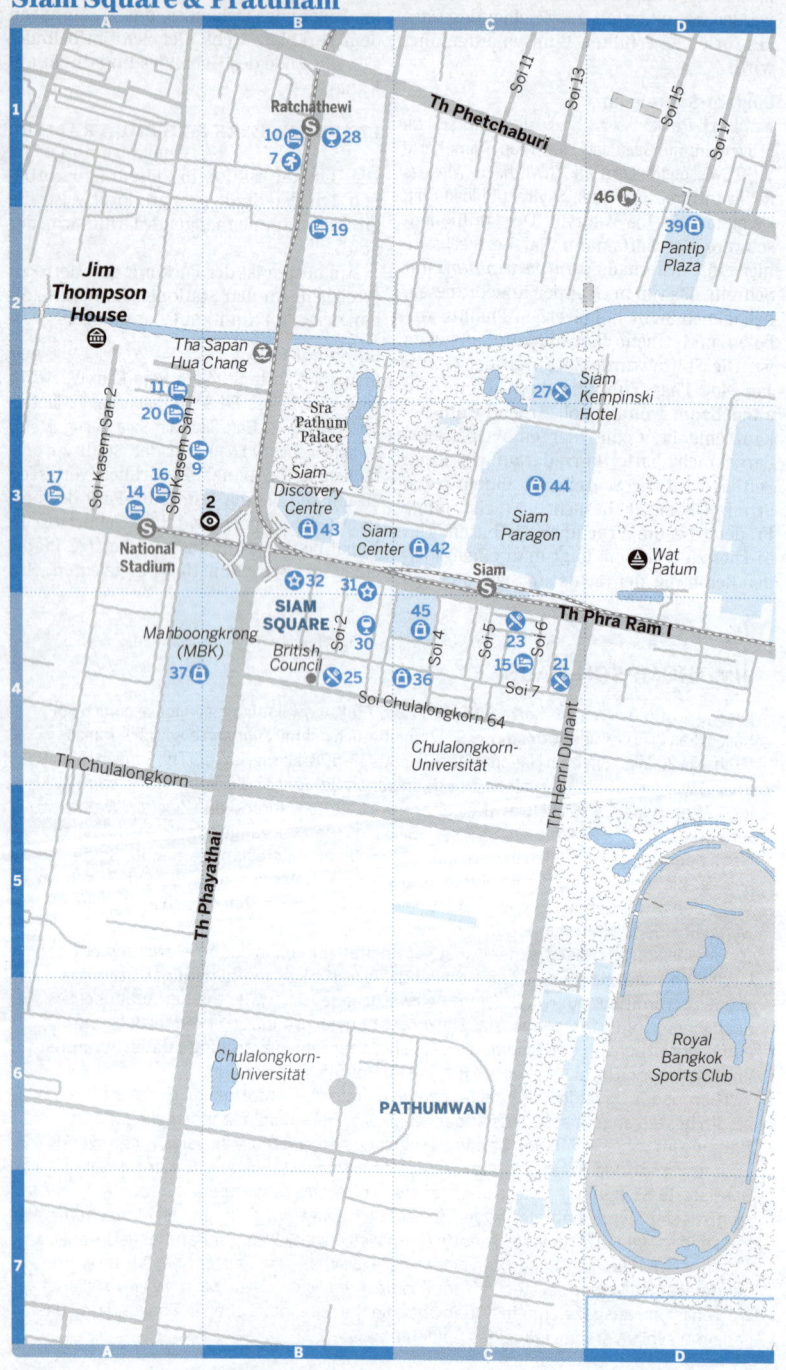

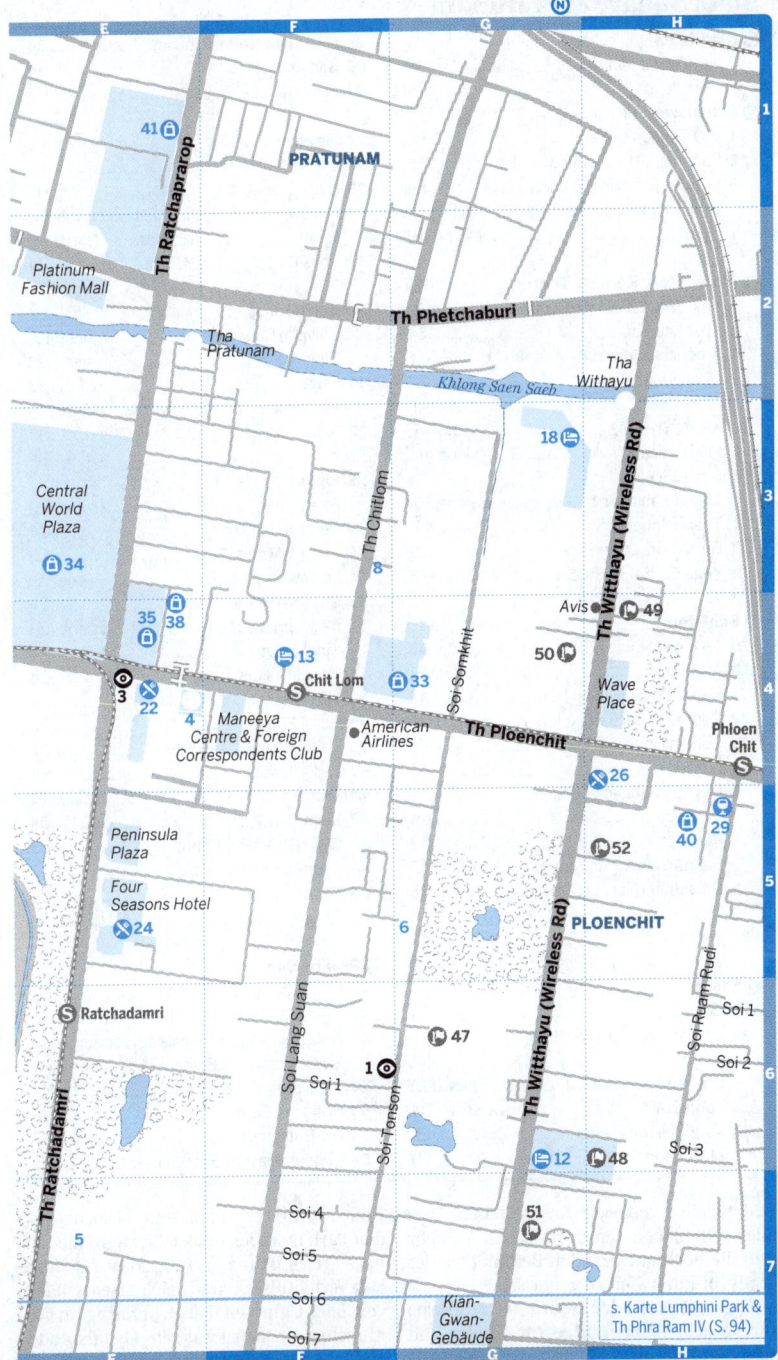

Siam Square & Pratunam

und tadellos gepflegte Rasenflächen. Dies alles hilft dabei, den dröhnenden Verkehr und die hoch aufragenden Betonklötze der Stadt für kurze Zeit zu vergessen.

Hier gibt's **Paddelboote** (40 B/30 Min.) für Verliebte, **Spielplätze** für Kinder und sonntagnachmittags finden Open-Air-

Konzerte statt. Am besten besucht man den Park morgens um 7 Uhr, wenn die Luft noch frisch ist (na ja, zumindest für Bangkok-Verhältnisse) und sich Heerscharen von Thai-Chinesen dem *taijiquan* (Tai Chi) hingeben. In den kühleren Abendstunden erwacht der Park erneut zum Leben, wenn

Aerobic-Fans kollektiv zu Technorhythmen schwitzen. Spät in der Nacht werden die Parkränder zum Straßenstrich mit weiblichen und männlichen Prostituierten.

SUKHUMVIT ศุขุมวิท

In Sukhumvit wird man seine Zeit weniger mit Sightseeing als mit Essen, Trinken und vielleicht Schlafen (hier gibt es eine sehr hohe Konzentration an Hotels) verbringen.

Das beste öffentliche Verkehrsmittel hier ist der Skytrain.

Ban Kamthieng MUSEUM

(บ้านคำเที่ยง; Karte S. 96; Siam Society, 131 Soi Asoke/ Soi 21, Th Sukhumvit; Eintritt Erw./Kind 100/50 B; ⊙ Di–Sa 9–17 Uhr; Skytrain Asok, Metro Sukhumvit) Dieses bezaubernde, in ein Museum umgewandelte traditionelle Holzhaus entführt seine Besucher in ein Dorf des nördlichen Thailands. Zudem erfährt man anhand von verschiedenen Ausstellungen Wissenswertes über Alltagsrituale, Volksglaube und die alltäglichen Hausarbeiten. Das Museum wird von der Siam Society betrieben, mit der es sich auch die Räumlichkeiten teilt. Die Siam Society ist Herausgeber des renommierten *Journal of the Siam Society* und tapferer Hüter der thailändischen Kultur.

Khlong-Toey-Markt LEBENSMITTELMARKT

(ตลาดคลองเตย; Karte S. 96; Ecke Th Ratchadaphisek & Th Phra Ram IV; ⊙ 5–10 Uhr; Metro Khlong Toei) Dieser Großhandelsmarkt ist einer der größten seiner Art in Bangkok und somit unvermeidbar Ursprung vieler Lebensmittel, die man während seines Besuchs hier zu sich nimmt. Am besten schon früh morgens mit einer Kamera im Anschlag anrücken! Einige Ecken des Markts kann man zwar nicht gerade als fotogen bezeichnen, dafür sind die hoch aufgetürmten Durian-Früchte und die fröhlichen Fischverkäufer auf jeden Fall ein tolles Motiv für einen Schnappschuss.

GROSSRAUM BANGKOK

Die Vororte Bangkoks sind flächenmäßig zwar riesig, bieten aber nur äußerst wenige sehenswerte Attraktionen. Am lohnendsten ist ein Besuch in Dusit, dem königlichen Bezirk mit breiten Straßen, Denkmälern und vielen Grünanlagen.

Wat Benchamabophit BUDDHISTISCHER TEMPEL

(วัดเบญจมบพิตร (วัดเบญจฯ); Karte S. 100; Ecke Th Si Ayutthaya & Th Phra Ram V; Eintritt 20 B; ⊙ 8–18 Uhr; Bus 72, 503) Man kennt diesen Tempel aus weißem Carrara-Marmor von der Rück-

seite der 5-Baht-Münze. Der Wat Ben, wie er im Volksmund heißt, wurde im späten 19. Jh. unter Rama V. erbaut. Die große kreuzförmige *bòht* ist ein Paradebeispiel moderner thailändischer Wat-Architektur. Im Fundament der zentralen Buddha-Statue, einer Kopie des Phra Phuttha Chinnarat in Phitsanulok, liegt die Asche von Rama V. begraben. Im Hof hinter der *bòht* sind 53 Buddhabildnisse zu sehen (33 Originale und 20 Kopien), die berühmte Figuren und Stile aus ganz Thailand und anderen buddhistischen Ländern aufgreifen.

Dusit-Palastpark KÖNIGSPALAST

(วังสวนดุสิต; Karte S. 100; angrenzend an Th Ratchawithi, Th U-Thong Nai & Th Ratchasima; Erw./Kind 100/50 B bzw. frei mit dem Grand-Palace-Ticket; ⊙ 9.30–16 Uhr; Bus 18, 28, 515) Nach seiner ersten Europa-Rundreise im Jahr 1897 kehrte König Rama V. (er war der erste thailändische Monarch, der den Kontinent besuchte) mit Visionen von europäischen Schlössern nach Hause. Er machte sich daran, diese Baustile abzuwandeln und sie in einer einzigartigen thailändischen Architektur zum Ausdruck zu bringen, die im heutigen Dusit-Palastpark bewundert werden kann. Der Königspalast, die Thronhalle und die kleineren Paläste für entferntere Familienmitglieder wurden alle aus Ko Ratanakosin, dem antiken Königshof, hierher verlegt. Der aktuelle König hat nun wiederum ein anderes Zuhause, und so wurden die Räumlichkeiten hier in ein Museum umgewandelt und es gibt noch weitere kulturelle Sammlungen zu sehen.

Der **Vimanmaek-Palast** wurde ursprünglich 1868 auf der Insel Ko Sichang errichtet und 1910 an seinen heutigen Standort versetzt. Er umfasst 81 Zimmer, Säle und Vorräume und gilt als das weltweit größte Gebäude aus Goldenem Teakholz. Angeblich wurde bei seinem Bau kein einziger Nagel verwendet. Die Villa war das erste dauerhafte Gebäude auf dem Gelände des Dusit-Palasts und diente Rama V. Anfang des 20. Jhs. als Wohnhaus. Im Inneren der Villa sind verschiedene Gebrauchsgegenstände des Königs und ein wahrer Schatz an frühen Ratanakosin-Kunstobjekten und -Antiquitäten zu sehen. Der Palast kann nur im Rahmen einer (englischsprachigen) Führung besichtigt werden. Diese startet zwischen 9.45 und 15.15 Uhr jede halbe Stunde und dauert etwa eine Stunde.

Ganz in der Nähe gibt's im **Antiken Tuchmuseum** eine wunderschöne Samm-

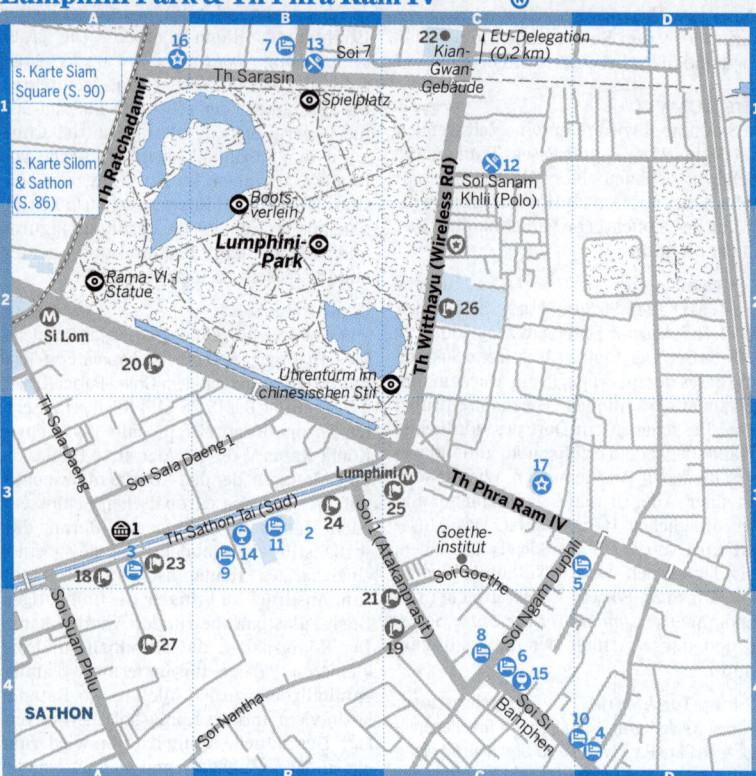

lung traditioneller Seiden- und Baumwollstoffe zu sehen, die Teil der königlichen Tuchsammlung sind.

Die kleinere **Abhisek-Dusit-Thronhalle** wurde 1904 ursprünglich als Thronhalle für Rama V. erbaut. Sie ist ein Beispiel für die filigranere Architektur jener Zeit. Die durch die viktorianische Ära beeinflusste Zuckerbäcker-Architektur und die maurischen Säulenhallen verschmelzen beeindruckend und einzigartig thailändisch. In der Thronhalle selbst ist eine hervorragende Ausstellung mit Handarbeiten aus der Region zu sehen, die von Mitgliedern der Stiftung Promotion of Supplementary Occupations & Related Techniques (SUPPORT) angefertigt wurden; die Organisation wird von Königin Sirikit unterstützt.

In der Nähe des Eingangs an der Th U-Thong Nai stehen zwei große Ställe, in denen einst drei weiße Elefanten untergebracht waren – Albinismus ist Glück verheißend und macht betroffene Tiere automatisch zum Eigentum des Königshauses. Heute ist hier das **Königliche Elefantenmuseum** untergebracht. In einem der Gebäude sind Artefakte und Fotos ausgestellt, die die Bedeutung von Elefanten in der Geschichte Thailands vergegenwärtigen und erklären, nach welchen körperlichen Merkmalen ihr unterschiedlicher Status festgelegt wird. Im zweiten Stall gibt es eine Skulptur eines königlichen Albinoelefanten zu sehen, der heute im Chitlada-Palast, der Wohnstätte des aktuellen Königs, lebt. Thailändische Besucher begegnen der in königliche Gewänder gehüllten Statue fast schon wie einem Schrein.

Da es sich hierbei um ein königliches Anwesen handelt, sollten Besucher lange Hosen (keine Caprihosen) und Oberteile mit Ärmeln tragen.

Rama-V.-Gedenkstätte
DENKMAL

(พระบรมรูปทรงม้า; Karte S. 100; Royal Plaza, Th U-Thong Nai; Bus 18, 28, 515) Die Bronzefigur eines Anführers in Militärkleidung ist vielleicht nicht das, was man sich normalerweise unter einem Schrein vorstellt, die Einwohner Bangkoks scheinen sich aber mit ihrer Art, religiöse Ergebenheit zum Ausdruck zu bringen, recht wohl zu fühlen. Außerdem steht die Figur nicht für irgendeinen vergessenen General, sondern für Rama V. (König Chulalongkorn; 1868–1910), der nach allgemeiner Ansicht Wegbereiter für den Aufbruch in die Moderne war und dem es zu verdanken ist, dass Thailands Unabhängigkeit von den europäischen Kolonialmächten erhalten blieb. Darüber hinaus schaffte er die Sklaverei und die Corvée (die Pflicht jeden Bürgers, auf Befehl für staatliche Arbeiten zur Verfügung zu stehen) ab, weswegen er als Held des gemeinen Volkes gilt. Seine Errungenschaften werden, vor allem von den Angehörigen der Mittelschicht, so hoch angesehen, dass seine Statue zahlreiche Verehrer anzieht (besonders dienstags, da dies der Tag seiner Geburt ist), die Kerzen, Blumen (hauptsächlich rosafarbene Rosen), Räucherstäbchen und Whiskyflaschen als Opfer darbringen. Am 23. Oktober, dem Todestag des Monarchen, ist das Denkmal Schauplatz umfangreicher Feierlichkeiten.

Der neoklassizistische Kuppelbau, der sich hinter der Statue erhebt, ist die **Ananta-Samakhom-Thronhalle** (KarteS. 100; www.artsofthekingdom.com; Th U-Thong Nai; Eintritt 150 B; ☺Di–So 10–18 Uhr), die während der Herrschaft Ramas V. ursprünglich als königliche Empfangshalle in Auftrag gegeben, aber erst 1915, fünf Jahre nach seinem Tod, fertiggestellt wurde. Heute ist in dem Gebäude eine Ausstellung mit dem Namen „Kunstwerke des Königreichs" untergebracht, in der, wie in der Ausstellung in der nahe gelegenen Abhisek-Dusit-Thronhalle, Werke zu sehen sind, die von Königin Sirikits Stiftung hergestellt wurden.

GRATIS **Nationalbibliothek** BIBLIOTHEK, MUSEUM (Karte S. 100; ☏0 2281 5212; Th Samsen; ☺Mo–Fr 9–18.30, Sa & So bis 17 Uhr; Fähre Tha Thewet) Fremdsprachige Bücher gibt's nur wenige, dafür liegt die Stärke der Bibliothek in astrologischen Büchern und Sternkarten. Auch einige Aufzeichnungen des Königs, religiöse Schriften auf Palmblättern und antike Karten sind ganz interessant.

Suan-Phakkad-Palastmuseum MUSEUM (วังสวนผักกาด; Karte S. 101; ☏0 2245 4934; Th Sri Ayutthaya; Eintritt 100 B; ☺9–16 Uhr; Skytrain

Th Sukhumvit

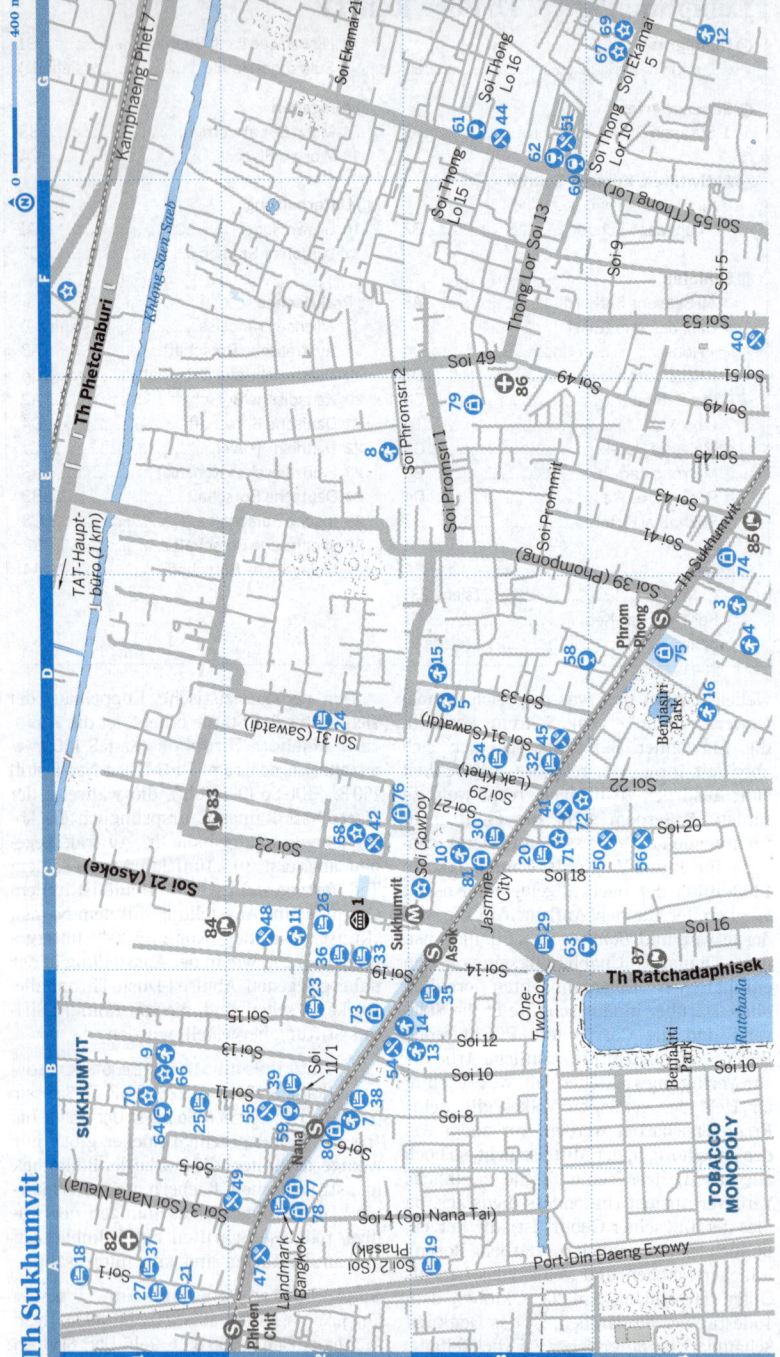

400 m

0

N

SUKHUMVIT

Th Phetchaburi

Th Sukhumvit

Th Ratchadaphisek

TOBACCO
MONOPOLY

Benjakitti
Park

Benjasiri
Park

Phrom
Phong

Soi Cowboy

Jasmine
City

One-
Two-Go

Khlong Saen Saeb

Kamphaeng Phet 7

Soi Ekamai 21

Soi Thong Lo 16

Soi Thong Lo 15

Thong Lor Soi 13

Soi 55 (Thong Lor)

Soi Ekamai

Soi 9

Soi 5

Soi 53

Soi 51

Soi 49

Soi 49

Soi 45

Soi 43

Soi 41

Soi 39 (Phrom Phong)

Soi Prommit

Soi Phromsri 2

Soi Phromsri 1

Soi 33

Soi 31 (Sawatdi)

Soi 31 (Sawatdi)

Soi 29

Soi 27 (Lek Khiet)

Soi 23

Soi 21 (Asoke)

Soi 22

Soi 20

Soi 18

Soi 16

Soi 14

Soi 12

Soi 10

Soi 8

Soi 6

Soi 4 (Soi Nana Tai)

Soi 2 (Soi Phasak)

Soi 15

Soi 13

Soi 11

Soi
11/1

Soi 19

Soi 3 (Soi Nana Neua)

Soi 5

Soi 1

Sukhumvit

Asoke

Nana

Phloen
Chit

Landmark

Bangkok

Port-Din Daeng Expwy

Ratchada

TAT-Haupt-
büro (1 km)

Benjakitti
Park

Phaya Thai) Das oft übersehene Suan Phakkad ist ein echtes Schmuckstück. Die acht traditionellen thailändischen Holzhäuser dienten einst als Residenz der Prinzessin Chumbon von Nakhon Sawan – und waren davor eine Salatfarm. Im Innern der Pfahlbauten sind Kunst, Antiquitäten und weitere Einrichtungsgegenstände ausgestellt. Das sorgsam gepflegte Gelände mit Enten, Schwänen und einem halb abgeschlossenen Garten gleicht einer friedlichen Oase.

Der winzige **Lack-Pavillon** im hinteren Teil des Anwesens stammt aus der Ayutthaya-Ära. In seinem Innern sind mit Blattgold bedeckte *jataka*- und *Ramayana*-Wandbilder sowie Szenen aus dem Alltag jener Zeit zu bestaunen. Das Gebäude war einst Teil einer Klosteranlage am Ufer des Mae Nam Chao Phraya, unmittelbar südlich von Ayutthaya. In den größeren Wohngebäuden im vorderen Teil des Geländes werden buddhistische und hinduistische Kunst im Khmer-Stil, Keramik aus Ban Chiang und eine äußerst interessante Sammlung historischer Buddhas, einschließlich einer wunderschönen Darstellung im späten U-Thong-Stil, ausgestellt.

🏃 Aktivitäten
Traditionelle Massage

Eine gute Massage gehört zum Geburtsrecht eines jeden Bangkokers und ist die reinste Freude für Besucher. Dementsprechend sind Massagesalons auch an jeder Ecke zu finden, jedoch unterscheiden sie sich stark in ihrer Qualität. So kommt es z. B. darauf an, ob eine Massage oder eine „Massage" angeboten wird. Um Letzterem aus dem Weg zu gehen, sollte man sich von den Etablissements, die mit spärlich bekleideten Damen werben, fernhalten.

Wer sich zum ersten Mal in die Hände eines thailändischen Masseurs begibt, sollte sich zunächst von allem freimachen, was er im Voraus darüber gehört hat – viele Besucher finden eine echte Thai-Massage gleichermaßen schmerzhaft und entspannend. Zu einer traditionellen Thai-Massage gehören oft auch heiße Kräuterumschläge (Öl wird typischerweise im Bereich der „sexy" Massagen angewendet).

Health Land SPA, MASSAGE
(www.healthlandspa.com; Thai-Massage 450 B/ 2 Std.) Ekamai (Karte S. 96; ☎0 2392 2233; 96/1 Soi 10, Soi 63/Ekamai, Th Sukhumvit; ⊗9–23 Uhr; Skytrain Ekkamai); Sathon (Karte S. 86; ☎0 2637 8883; 120 Th Sathon Neua; ⊗9–23 Uhr; Skytrain

Th Sukhumvit

Chong Nonsi); Sukhumvit (Karte S. 96; ☎ 0 2261 1110; 55/5 Soi 21/Asoke, Th Sukhumvit; ⊙ 9–24 Uhr; Skytrain Asok, Metro Sukhumvit) Das Konzept aus erschwinglichen Preisen, hervorragend geschultem Personal und einer freundlichen Einrichtung scheint aufzugehen. Health Land hat sich in der ganzen Stadt ein kleines Imperium aufgebaut.

Traditionelle Schule für Massage und Medizin Wat Pho   MASSAGE
(Karte S. 62; ☎ 026223550; Soi Penphat, Th Sanam Chai; Thai-Massage 220 B/Std.; ⊙ 8–18 Uhr; Bus 123, 508, Fähre Tha Tien) Angehende Masseure und Masseurinnen aus ganz Thailand kommen hierher, um sich der besten Ausbildung im ganzen Land zu unterziehen. In der Tempelanlage gibt es auch Massagepavillons (s. S. 65) und man kann Kurse belegen (S. 102).

Asia Herb Association   MASSAGE
(www.asiaherbassociation.com; Thai-Massage 350 B/Std.) Phrom Phong (Karte S. 96; ☎ 0 2260 8864; 33/1 Soi 24, Th Sukhumvit; ⊙ 9–24 Uhr; Skytrain Phrom Phong); Sawastdi (Karte S. 96; ☎ 0 2261 2201; 20/1 Soi 31/Sawatdi, Th Sukhumvit;

⊙ 9–24 Uhr; Skytrain Phrom Phong); Thong Lor (Karte S. 96; ☎ 023923631; 58/19-25 Soi 55/Thong Lor, Th Sukhumvit; ⊙ 9–24 Uhr; Skytrain Thong Lo) Diese Kette in japanischer Hand hat in der Th Sukhumvit gleich mehrere Niederlassungen. Sie ist auf *prà·kóp*-Massagen spezialisiert, bei denen traditionelle thailändische Kräuterumschläge aus 18 verschiedenen Kräutern angewendet werden.

Ruen-Nuad-Massagestudio   MASSAGE
(Karte S. 86; ☎ 0 2632 2662; 42 Th Convent; Thai-Massage 350 B/Std.; ⊙ 10–21 Uhr; Skytrain Sala Daeng, Metro Si Lom) Dieses bezaubernde Massagestudio ist in einem umgebauten Holzhaus untergebracht. Im Gegensatz zu vielen anderen Massagesalons in Bangkok geht es hier weder kitschig noch esoterisch zu. Auch die Preise sind erschwinglich.

In der Th Sukhumvit sind mehrere empfehlenswerte Massagestudios angesiedelt. Dazu gehören:

Coran Boutique Spa   MASSAGE
(Karte S. 96; ☎ 0 2651 1588; www.coranbangkok. com; 27/1-2 Soi 13, Th Sukhumvit; Thai-Massage 400 B/Std.; ⊙ 11–22 Uhr; Skytrain Nana)

Lavana MASSAGE
(Karte S. 96; ☑ 0 2229 4510; www.lavanabangkok.com; 4 Soi 12, Th Sukhumvit; Thai-Massage 450 B/Std.; ⊘9–23 Uhr; Skytrain Asok, Metro Sukhumvit)

Rakuten MASSAGE
(Karte S. 96; ☑ 0 2258 9433; www.rakutenspa.com; 94 Soi 33, Th Sukhumvit; Thai-Massage 250 B/Std.; ⊘12–24 Uhr; Skytrain Phrom Phong)

Baan Dalah MASSAGE
(Karte S. 96; ☑ 0 2653 3358; www.baandalahmindbodyspa.com; 2 Soi 8, Th Sukhumvit; Thai-Massage 350 B/Std.; ⊘10–24 Uhr; Skytrain Nana)

Spas
Wer nicht gerade seinen gesamten Aufenthalt in einer klimatisierten Luftblase verbracht hat (im heutigen Bangkok wäre das kein Problem), der wird früher oder später das Bedürfnis verspüren, die ganzen negativen Auswirkungen der Stadt von sich abzuschütteln. Dies kann in Form einer einfachen Massage geschehen oder aber eine Behandlung mit mehreren Schritten beinhalten, mit einer individuell abgestimmten Auswahl an Aromen und Ölen, einer gan-

zen Horde von geschultem Personal und womöglich sogar mit Akupunkturnadeln. Mittlerweile gibt es in Bangkok unzählige Spas, von denen viele in den Nobelhotels der Stadt untergebracht sind und dementsprechend hohe Preise verlangen. Eine kleine Vorauswahl kann man auf www.spasinbangkok.com treffen oder sich an eine der folgenden Adressen wenden:

Oriental Spa SPA
(Karte S. 84; ☑ 0 2659 9000; www.mandarinoriental.com/bangkok/spa; Oriental Hotel; Spa-Paketangebote ab 2900 B; ⊘9–22 Uhr; hoteleigenes Shuttleboot ab Tha Sathon/Central Pier) Das Oriental Spa gilt als eine der führenden Wellnesseinrichtungen weltweit und setzt auch die Standards für Wellnessbehandlungen im asiatischen Stil. Die Jetlag-Massage ist eine empfehlenswerte Option, allerdings müssen alle Anwendungen vorab gebucht werden.

Thann Sanctuary SPA
(www.thann.info; Wellnessanwendung ab 1400 B) Gaysorn Plaza (Karte S. 90; ☑ 0 2656 1424; 3. Stock, Gaysorn Plaza, Ecke Th Ploenchit & Th Ratchadam-

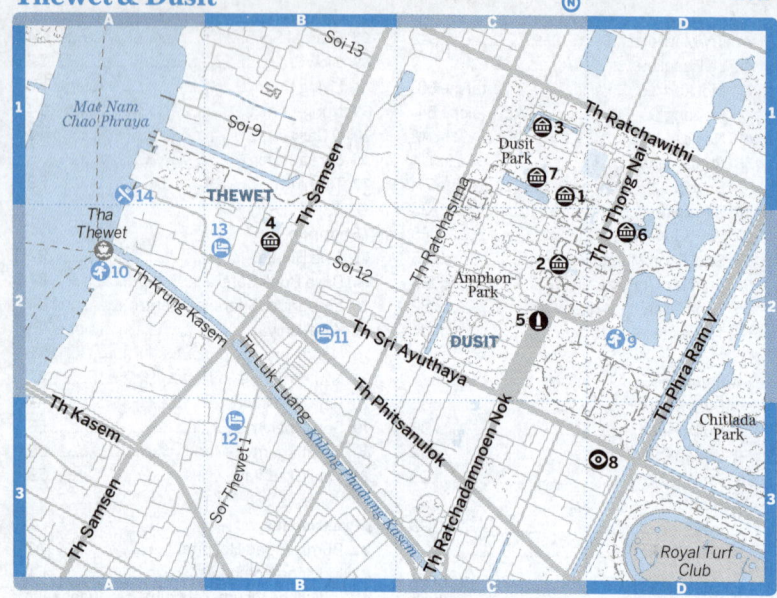

Thewet & Dusit

◎ Sehenswertes
1 Abhisek-Dusit-Thronsaal C1
2 Ananta-Samakhom-Thronsaal C2
3 Dusit-Palastpark C1
4 Nationalbibliothek..................................B2
5 Rama-V.- Gedenkstätte.........................C2
6 Königliches Elefantenmuseum D2
7 Vimanmek-Palast
  aus Teakholz..C1
8 Wat Benchamabophit D3

◎ Aktivitäten, Kurse & Touren
9 Dusit Zoo...D2
10 Tha Thewet A2

🛏 Schlafen
11 Bangkok International Youth
  Hostel..B2
12 Phra-Nakorn Norn-Len..........................B3
  Shanti Lodge ....(siehe 13)
13 Sri Ayuttaya Guest House B2
  Taewez Guesthouse.....................(siehe 13)

◎ Essen
14 Kaloang Home Kitchen A1

ri; ⊙10–22 Uhr; Skytrain Chitlom); Siam Discovery Center (Karte S. 90; ☑ 0 2258 0550; 5. Stock, Siam Discovery Center, Ecke Th Phra Ram I & Th Phayathai; ⊙10–21 Uhr; Skytrain Siam) Diese Spas sind allesamt Ableger einer Marke, die wohlriechende pflanzliche Gesundheitsprodukte herstellt. In dem schummrigen Ambiente wird eine Vielzahl von Behandlungen für Shopping-Geschädigte angeboten.

Spa 1930   SPA
(Karte S. 90; ☑ 0 2254 8606; www.spa1930.com; Soi Tonson, Th Ploenchit; Wellnessanwendung ab 3800 B; ⊙9.30–21.30 Uhr; Skytrain Chitlom) Entspannungssuchenden bleiben hier ein

gekünsteltes Spa-Ambiente mit New-Age-Musik und Dingen, die eher auf eine Dinner-Party gehören, erspart. Das Angebot ist übersichtlich (Gesichts- und Körperpflege und Körpermassagen) und alle Peelingcremes und Massageöle entstammen der traditionellen thailändischen Pflanzenheilkunde.

Divana Massage & Spa   SPA
(Karte S. 96; ☑ 0 2261 6784; www.divanaspa.com; 7 Soi 25, Th Sukhumvit; Wellnessanwendung ab 2500 B; ⊙Mo–Fr 11–23, Sa & So 10–11 Uhr; Skytrain Asok, Metro Sukhumvit) In einem persönlichen, beruhigenden Ambiente in einem

Gartenhaus ist diesem Spa ein einzigartiges, landestypisches Flair erhalten geblieben.

Sport- & Yogaeinrichtungen

Wer sich trotz dieses energieraubenden Klimas noch sportlich betätigen möchte, sollte sich zumindest eine klimatisierte Einrichtung dafür suchen. Die meisten Fitnessstudios und Spitzenklassehotels haben einen Fitnessbereich und einen Pool. In manchen Hotels kann man die Einrichtungen gegen eine Gebühr auch mitbenutzten; die Handhabung ist hier aber je nach Haus unterschiedlich.

Das erstklassige **Clark Hatch Physical Fitness Centers** (www.clarkhatchthailand. com) hat 14 Niederlassungen überall in der Stadt verteilt. Alle haben Hantelbänke, Aerobic-Kurse, einen Pool, Sauna und Massageangebote.

Weitere kommerzielle Fitnessstudios sind u. a. das **California Wow** (www.california wowx.com) mit sieben Niederlassungen und **Fitness First** (www.fitnessfirst.co.th) mit 15 Ablegern.

Hash House Harriers   LAUFSPORT
(www.bangkokhhh.com) Dies ist eine der ältesten Sportgruppen in Bangkok. Die Mitglieder sind stolz auf ihre Liebe zum Laufsport und auf ihre Fähigkeit, einer Dehydrierung mit Unmengen von Bier vorzubeugen. Wem es da in einem der beiden Bereiche an Engagement mangelt, sollte lieber in einem der Stadtparks, z. B. im Lumphini (S. 89), eine lockere Runde drehen.

Yoga Elements Studio   YOGA
(Karte S. 90; ☑ 0 2655 5671; www.yogaelements. com; 23. Stock, 29 Vanissa Bldg, Th Chitlom; Skytrain Chitlom) Der Schwerpunkt liegt auf Vinyasa und die Preise sind sehr attraktiv.

Ratchathewi

Ratchathewi

Absolute Yoga YOGA

(Karte S. 90; ☎0 2252 4400; www.absoluteyoga
bangkok.com; 4. Stock, Amarin Plaza, Th Ploenchit; Skytrain Chitlom) Hier geht's mehr um
Fitness als um Spiritualismus. Es werden
Hot Yoga, Pilates und Vinyasa angeboten.

🎓 Kurse

Bangkoks Lehrplan für die ständige Wei-
terbildung wird von Koch- und Sprachkur-
sen dominiert.

Kochen

Wäre es nicht toll, für seine Freunde zu
Hause ein authentisches Thai-Gericht zaubern zu können? Der Besuch einer thailändischen Kochschule gilt schon fast als Muss
für Bangkok-Reisende – und als ein absoluter Höhepunkt!

Die Kurse unterscheiden sich ziemlich
in Preis und Qualität; ein typischer Halbtageskurs sollte zumindest eine einfache
Einführung in die landestypischen Zutaten
und Gewürze beinhalten, und man sollte
bei den Vorbereitungen und beim Kochen
selbst mit Hand anlegen dürfen. Die meisten Schulen bieten eine wechselnde Auswahl an Gerichten, die sich täglich ändert,
sodass man eine ganze Woche lang Kurse
machen kann, ohne zweimal dasselbe zu
kochen. Viele Unterweisungen schließen
einen Besuch auf dem Markt mit ein, und
bei fast allen erhält man eine Reihe ausge-
druckter Rezepte. Meist endet der Unterricht mit einem gemeinsamen Mittagessen,
das man selbst zubereitet hat.

Khao KOCHKURS

(Karte S. 62; ☎08 9111 0947; www.khaocooking
school.com; D&D Plaza, 68-70 Th Khao San; Kurse
1500 B; ☺9.30–12.30 & 13.30–16.30 Uhr) Obwohl diese neue Kochschule mitten in der
Khao San liegt, wurde sie von einer echten
Autorität auf dem Gebiet der thailändischen Küche gegründet. Es werden Kurse
zu einer breiten Palette authentischer thailändischer Gerichte angeboten. Die Kochschule befindet sich im Hof hinter dem
D&D Inn.

Helping Hands KOCHKURS

(☎08 4901 8717; www.cookingwithpoo.com)
Diese beliebte Kochschule wurde von einer Bewohnerin der Khlong-Toey-Slums
gegründet. Die Kurse werden noch immer
in ihrem Viertel abgehalten und beinhalten
die Zubereitung von vier Gerichten, einen
Besuch auf dem Khlong-Toey-Markt und
den Transport zum und vom Emporium
(S. 148). Unbedingt im Voraus buchen!

Thai-Kochschule Baipai KOCHKURS

(Karte S. 58; ☎0 2561 1404; www.baipai.com;
8/91 Soi 54, Th Ngam Wong Wan; Kurse 1800 B;
☺Di–Sa 9.30–13.30 & 13.30–17.30 Uhr) In einer
hübschen Vorstadtvilla führt ein kleines
Kochteam die Gäste zweimal täglich in die
Kunst der Zubereitung von vier Gerichten
ein. Auf Wunsch kann auch der Transport
hierher organisiert werden.

Thai-Kochschule Blue Elephant KOCHKURS

(Karte S. 86; ☎0 2673 9353; www.blueelephant.
com; 233 Th Sathon Tai; Kurse 2943 B; ☺Mo–Sa
8.45–13 & 13.15–16.30 Uhr; Skytrain Surasak) Der
Blue Elephant ist mit Abstand die stinkvor-
nehmste Thai-Kochschule in Bangkok und
bietet täglich zwei Kurse an. Wer morgens
dabei ist, schaut noch kurz auf dem Markt
vorbei, nachmittags beinhaltet der Kurs
zusätzlich eine ausführliche Einführung in
die Bandbreite der nationalen Zutaten.

Thai-Kochschule Silom KOCHKURS

(Karte S. 86; ☎08 4726 5669; www.bangkokthai
cooking.com; 68 Soi 13/Trok Vaithi, Th Silom; Kurse 1000 B; ☺9.30–13 & 13.40–18 Uhr; Skytrain
Chong Nonsi) Die Ausstattung ist zwar einfach, dafür besucht man in den dreieinhalb
Stunden bei Silom einen lokalen Markt und
erlernt die Zubereitung von gleich sechs
Gerichten. Nirgendwo bekommt man mehr
für seine Baht. Auf Wunsch kann auch der
Transport hierher organisiert werden.

Massage

Traditionelle Schule für Massage
und Medizin Wat Pho THAI-MASSAGE

(Karte S. 62; ☎0 2622 3550; www.watpomassage.
com; 392/25-28 Soi Phen Phat; Unterricht ab
5000 B; ☺8–18 Uhr; Bus 508, 512, Fähre Tha
Tien) Hier gibt's Anfänger- und Fortgeschrittenenkurse in traditioneller Thai-
Massage. In einem Anfängerkurs (30 Std.
auf fünf Tage verteilt) lernt man entweder
Ganzkörper- oder Fußmassagetechniken.
Der Fortgeschrittenenkurs (60 Std.) setzt
die vorherige Teilnahme am Anfängerkurs voraus und vermittelt therapeuti-
sche und Heilmassagetechniken. Weitere
Fortgeschrittenenkurse befassen sich mit
Ölmassagen und Aromatherapien bzw.
Kinder- und Babymassage. Die Schule befindet sich außerhalb der Tempelanlagen in
einem renovierten Shophouse auf der nicht
ausgeschilderten Soi Phen Phat. Nach dem
Coconut Palm Restaurant Ausschau halten!

Meditation

Auch wenn Bangkok teilweise der unbud-
dhistischste Ort der Welt zu sein scheint,

Für die kleinen Besucher der Stadt hält Bangkok nicht gerade viele Attraktionen bereit, die sich an ihren Bedürfnissen orientieren. Dafür gibt es aber viele Bangkoker, die ihnen ihre Aufmerksamkeit schenken möchten. Auf der Website www.bambiweb. org finden sich nützliche Informationen für Eltern in Bangkok.

Eine bunte Auswahl an neuen und alten traditionellen thailändischen Puppen gibt es in der Puppenwerkstatt mit Museum im **Bangkok Doll Factory & Museum** (Karte S. 101; ✆0 2245 3008; 85 Soi Ratchaphataphan/Mo Leng; Eintritt frei; ⊙Mo–Sa 8–17 Uhr; Skytrain Ratchaprarop) zu sehen. Leider ist es nicht gerade einfach zu finden. Am besten nähert man sich seinem Ziel auf der Th Si Ayutthaya in Richtung Osten. Nachdem diese die Th Ratchaprarop kreuzt, fährt man unter der Autobahnunterführung durch und biegt in die Soi rechts neben dem Postamt ein. Jetzt folgt man der kurvigen Straße, bis die ersten Schilder in Sicht kommen.

Im **Children's Discovery Museum** (Karte S. 126; www.bkkchildrenmuseum.com; Queen Sirikit Park, Th Kamphaengphet 4; Erw./Kind 70/50 B; ⊙ Di–Fr 9–17, Sa & So 10–18 Uhr) sind die Lernstationen geschickt als Kinderspiele getarnt. Die meisten der Aktivitäten richten sich an Kinder im Grundschulalter. Im hinteren Teil des Hauptgebäudes gibt's auch einen Spielplatz für Kleinkinder. Zum Zeitpunkt der Recherche war das Museum wegen Renovierungsarbeiten geschlossen; die Wiedereröffnung war für Ende 2011 geplant. Es befindet sich gegenüber vom Chatuchak-Wochenendmarkt.

Das **Siam-Museum** (S. 67) richtet sich zwar nicht explizit an Kinder, hat aber interaktive Ausstellungen, die auch die kleinen Besucher begeistern werden.

Der **Dusit-Zoo** (Karte S. 100; Th Ratchawithi; Erw./Kind 100/50 B; ⊙8–18 Uhr; Bus 18, 28, 515) erstreckt sich über 19 ha und beherbergt über 300 Säugetiere, 200 Reptilien und 800 Vögel, darunter auch relativ seltene einheimische Arten wie Bantengs, Gaure und Seraue, sowie einige Nashörner. Es gibt einige schattige Plätzchen und im Zentrum des Zoos sogar einen See, auf dem man mit dem Paddelboot fahren kann. Zudem gibt's einen kleinen Kinderspielplatz.

Mit der **Siam Ocean World** (Karte S. 90; www.siamoceanworld.co.th; UG, Siam Paragon, Th Phra Ram I; Erw./Kind 900/700 B; ⊙10–21 Uhr; Skytrain Siam) wurde in einem Einkaufszentrum eine riesige Unterwasserwelt erschaffen. Zu bestaunen gibt es ein Unterwasserriff hinter Glas und auch bei der täglichen Fütterung der Pinguine und Haie kann man zusehen.

Der **Lumphini-Park** (S. 89) ist in den kühlen Morgen- und Abendstunden ein perfekter Ort, um Drachen steigen zu lassen (je nach Jahreszeit), sich die Beine zu vertreten und die Lunge mal wieder so richtig durchzupusten. Auf der Schlangenfarm des nahe gelegenen **Queen Saovabha Memorial Institute** (S. 83) können Kinder dabei zusehen, wie sich selbstlose Giftschlangen (nicht ganz freiwillig) ihr Gift spenden, damit mit diesem Antiseren gegen Schlangenbisse hergestellt werden können.

Etwas weiter außerhalb befinden sich die weitläufigen Vergnügungsparks **Siam Park City** (Karte S. 166; 203 Th Suansiam, Khannayao; ✆029197200; www.siamparkcity.com; Th Ratchawithi; Eintritt 100–600 B; ⊙10–18 Uhr) und **Dream World** (Karte S. 166; ✆0 2533 1152; www.dreamworld-th.com; 62 Moo 1, Th Rangsit-Nakornnayok, Patumthani; Eintritt ab 450 B; ⊙10–18 Uhr). Siam Park City bietet über 30 Attraktionen und einen Wasserpark mit dem größten Wellenbad der Welt, während Dream World mit einem „Schneeraum" aufwartet. Beide Parks liegen nördlich von Bangkok und sind ab der Skytrain-Station Mo Chit mit dem Taxi zu erreichen (Karte S. 126).

Am **Tha Thewet** (Karte S. 100; Th Samsen; ⊙7–19 Uhr, Bus 32, 315, Fähre Tha Thewet) kann man gemeinsam mit Mönchsnovizen und anderen Kindern winziges Fischfuttergranulat (das am Pier verkauft wird) in den Fluss werfen und so das schlammige Gewässer aus ein Gewusel aus aufgeregten Fischen verwandeln.

Im **MBK Center** (S. 147) und im **Siam Paragon** (S. 148) gibt es Bowlingbahnen, mit denen die älteren Kinder bei Laune gehalten werden können. Im **Krung Sri IMAX** (Karte S. 90; ✆0 2129 4631; www.imaxthai.com; Siam Paragon, Th Phra Ram I; Tickets 350–450 B; Skytrain Siam) werden sowohl actiongeladene Hollywoodstreifen mit Spezialeffekten als auch Naturfilme gezeigt.

gibt es doch einige Anlaufstellen, wo sich Ausländer in Theravada-buddhistischer Meditation üben können. Hintergrundwissen zum Buddhismus gibt's auf S. 795; zum angemessenen Verhalten in Tempeln s. S. 61 und S. 34. Weiterführende Informationen holt man sich z.B. bei **Dharma Thai** (www.dhammathai.org), das einen kurzen Überblick über einige berühmte Wats und Meditationszentren bietet.

House of Dhamma
MEDITATION

(KarteS. 126; ☑025110439; www.houseofdhamma.com; 26/9 Soi 15, Th Lat Prao; Metro Lat Phrao) Helen Jandamit hat ihr Haus am Stadtrand von Bangkok als Rückzugsort für Meditationssuchende und für *vipassana*-Meditationskurse (zur Entfaltung der Einsicht) geöffnet. Auf der Website erhält man Informationen über aktuell angebotene Workshops. Unbedingt vorab anrufen!

Wat Mahathat
MEDITATION

(Karte S. 62; 3 Th Maharat; Bus 32, 201, 503, Fähre Tha Maharaj oder Tha Chang) In diesem Tempel befinden sich zwei unabhängig voneinander betriebene Meditationszentren. Das **International Buddhist Meditation Center** (☑0 2222 6011; www.centermeditation.org; Section 5, Wat Mahathat; Spenden werden angenommen) bietet täglich um 7, 13 und 18 Uhr Meditationskurse an, die von Phra Suputh auf Englisch gegeben werden und drei Stunden dauern. Das **Meditation Study and Retreat Center** (☑0 223 6878; www.meditation-watmahadhat.com; Wat Mahathat; Spenden werden angenommen) bietet jeden Tag ein straff organisiertes Meditationsprogramm. In beiden Meditationszentren können längere Aufenthalte mit Unterkunft und Essen organisiert werden. Hier wird von den Schülern allerdings erwartet, dass sie sich an strikte Verhaltensregeln halten.

World Fellowship of Buddhists
MEDITATION

(WFB; Karte S. 96; ☑0 2661 1284; www.wfb-hq.org; 616 Benjasiri Park, Soi 24, Th Sukhumvit; ⏰So–Fr 8.30–16 Uhr; Skytrain Phrom Phong) Am ersten Sonntag im Monat werden in diesem Zentrum des Theravada-Buddhismus von 14 bis 17 Uhr Meditationskurse auf Englisch abgehalten. Die Gemeinschaft veranstaltet auch interessante Foren zu Themen des Buddhismus.

Sprache

Union
Language School
THAI-SPRACHUNTERRICHT

(Karte S. 90; ☑0 2214 6033; www.unionlanguageschool.com; 7. Stock, 328 CCT Office Bldg, Th Pha-

yathai; Unterricht ab 7000 B; Skytrain Ratchathewi) Die Kurse gelten allgemein als die besten und strengsten (viele Missionare lernen hier Thai). In Modulen von jeweils vier Wochen werden in 80 Stunden struktur- und kommunikationsorientierte Lehrmethoden ausgewogen kombiniert.

American University Alumni
Language Centre
THAI-SPRACHUNTERRICHT

(AUA; Karte S. 90; ☑0 2252 8398; www.auathai.com; 179 Th Ratchadamri; Unterricht 128 B/Std.; Skytrain Ratchadamri) Dieses altbewährte Institut bietet verschiedene Kurslevel an. Sie können zeitlich flexibel absolviert werden.

Pro Language
THAI-SPRACHUNTERRICHT

(Karte S. 96; ☑0 2250 0072; www.prolanguage.co.th; 10. Stock, Times Square Bldg, 246 Th Sukhumvit; Skytrain Asok, Metro Sukhumvit; Unterricht ab 10000 B) Pro Language ist vor allem bei berufstätigen Expats sehr beliebt. Begonnen wird mit den Grundlagen, dann steigt der Schwierigkeitsgrad bis zum Fortgeschrittenen-Level, wo dann sogar thailändische Literatur auf dem Stundenplan steht.

Siri-Pattana Thai
Language School
THAI-SPRACHUNTERRICHT

(Karte S. 94; ☑0 2677 3150; siri_pattanathai@hotmail.com; YWCA, 13 Th Sathon Tai; Metro Lumphini; Unterricht ab 7500 B) Hier werden Kurse à 30 Stunden angeboten (1–2 Std./Tag) sowie Vorbereitungskurse für das *฿or hòk* (Lehrerexamen).

AAA Thai
Language Center
THAI-SPRACHUNTERRICHT

(Karte S. 90; ☑0 2655 5629; www.aaathai.com; 6. Stock, 29 Vanissa Bldg, Th Chitlom; Skytrain Chitlom) AAA Thai wurde von einer Gruppe aus erfahrenen Thailändischlehrern aus anderen Sprachschulen gegründet, bietet ein hervorragendes Preis-Leistungsverhältnis und hat eine treue Anhängerschaft.

Thai-Boxen

In den letzten fünf Jahren ist das Erlernen von *moo·ay tai* (auch *muay thai* geschrieben) bei Ausländern immer beliebter geworden, und überall im Land stellt man sich auf Englisch sprechende Boxschüler ein. In den folgenden Einrichtungen werden Trainingsprogramme auf Englisch sowohl für Frauen als auch für Männer angeboten. Gegen einen Aufpreis gibt's oft auch noch Unterkunft und Verpflegung dazu. Auf der Website www.muaythai.com finden sich zahlreiche Infos zu Trainingscamps.

Muay Thai Institute THAI-BOXSTUDIO
(Karte S. 166; 📞 0 2992 0096; www.muaythai-ins
titute.net; Rangsit Stadium, 336/932 Th Prachati-
pat, Pathum Thani; Unterricht Level 1 8000 B; Sky-
train Mo Chit & Weiterfahrt mit dem Taxi) Dieses
Boxstudio steht dem angesehenen World
Muay Thai Council nahe. Es bietet einen
Grundlagenkurs bestehend aus drei Box-
Levels an. Auch Trainer, Schiedsrichter und
Kampfrichter werden hier geschult.

Sor Vorapin Gym THAI-BOXSTUDIO
(Karte S. 62; 📞 02 2823551; www.thaiboxings.com;
13 Th Kasab, Th Chakraphong; Unterricht pro Tag/
Monat 500/9000 B; Bus 2, 15, 44, 511, Fähre Tha
Phra Athit) Hier ist man auf die Ausbildung
ausländischer Schüler und Schülerinnen
spezialisiert. Das Studio ist nicht allzu weit
von der Th Khao San entfernt. Ein härteres
Training findet in einem Studio außerhalb
der Stadt statt.

Fairtex Muay Thai THAI-BOXSTUDIO
(außerhalb der Karte S. 166; 📞 0 2755 3329; www.
fairtexbangplee.com; 99/5 Mu 3, Soi Buthamanu-
son, Th Thaeparak, Bangpli, Samut Prakan; Unterricht & Unterkunft ab 1100 B/Tag; Skytrain Chong
Nonsi & Weiterfahrt mit dem Taxi) Ein echter
Langzeit-Favorit südlich von Bangkok.

👉 Geführte Touren

Wer die Stadt mit einem Guide an seiner
Seite erkunden möchte, wendet sich z. B.
an **Tour with Tong** (📞 0 81835 0240; www.
tourwithtong.com; Tagestour ab 1000 B), dessen
Team geführte Touren in und um Bangkok
anbietet. Auch empfehlenswert ist der **Thai
Private Tour Guide** (📞 0 81860 9159; www.
thaitourguide.com; Tagestour ab 2000 B), dessen
Mitarbeiter Chob und Mee gutes Feedback
erhalten.

Infos zu Schwerpunkt-Touren finden sich
auf S. 109.

Bootsfahrten
FLUSS- UND KANALFAHRTEN
Noch heute kann man Bangkoks Vergangenheit als „Venedig des Ostens" erleben,
auch wenn längst motorisierte Fahrzeuge
die Boote verdrängt haben. Entlang des
Flusses und der Kanäle steht eine bunte
Flotte aus Wasserfahrzeugen bereit, von
Kanus bis hin zu Reisbarkassen. In diesem
Teil der Stadt sind viele Wohnhäuser, Geschäfte und Tempel noch immer für das
Leben am Wasser konzipiert und eröffnen
einen faszinierenden Einblick in eine Vergangenheit, in der sich die Thailänder noch
selbst als *jôw nám* (Herren des Wassers)
bezeichnet haben.

Am einfachsten lassen sich die Attraktionen am Fluss mit dem **Chao Phraya
Express** (📞 0 2623 6001; www.chaophraya
expressboat.com; Fahrkarten 9–32 B) erkunden.
Die meisten Boote in Richtung Norden
fahren am Anleger Tha Nonthaburi ab, die
meisten Boote in Richtung Süden am Tha
Sathon (auch Central Pier genannt), in der
Nähe der Skytrain-Station Saphan Taksin.
Einige Boote fahren sogar bis zum Wat Ratchasingkhon im Süden. Nähere Informationen hierzu gibt's auf S. 162.

Wer die Kanäle der Stadt hautnah erleben möchte, kann eines der Longtail-Boote
(Langschwanzboote) chartern. Details hierzu stehen im Kasten auf S. 108.

DINNER-BOOTSFAHRTEN
Perfekt für verliebte Pärchen oder abge-
kämpfte Familien. Man treibt auf dem Mae
Nam Chao Phraya umher und kann in den
blinkenden Lichtern der nächtlichen Stadt
schwelgen, weit weg von Hitze und Lärm.
Die Bootstouren reichen von bodenständig
bis schick, aber das Essen im Allgemeinen
nur von mittelmäßig bis „reden wir nicht
darüber".

Loy Nava DINNER-BOOTSFAHRT
(Karte S. 84; 📞 0 2437 4932; www.loynava.com;
Menü zum Festpreis 1766 B; ⏰ 18–20 & 20.10–
22.10 Uhr) Loy Nova ist seit 1970 im Geschäft
und sehr wahrscheinlich sogar der erste
Anbieter, der Dinner-Bootsfahrten durch
Bangkok im Angebot hatte. Es gibt täglich
zwei Fahrten, die beide am Tha Si Phraya in
der Nähe des River City ablegen. Man kann
auch ein vegetarisches Menü bestellen.

Manohra Cruises DINNER-BOOTSFAHRT
(Karte S. 58; 📞 02 4770770; www.manohracruises.
com; Bangkok Marriott Resort & Spa, Thonburi;
Cocktail-/Dinnerfahrt Erw./Kind 2343/1712 B;
⏰ 19.30–22 Uhr) Dieser Anbieter hat eine
Flotte umgebauter Reisbarkassen aus Teakholz, die majestätisch übers Wasser gleiten.
Abgelegt wird am Marriott Resort, das mit
einem kostenlosen Flussshuttle ab Tha Sathon (nahe der Skytrain-Station Saphan
Taksin; s. Karte S. 84) zu erreichen ist.

Wan Fah Cruises DINNER-BOOTSFAHRT
(Karte S. 84; 📞 02 2228679; www.wanfah.in.th/eng;
Touren 1200 B; ⏰ 19–21 Uhr; Fähre zum Tha Si
Phraya) Eine Fahrt mit Wan Fahs Holzboot
verspricht ein stilvoller Abend mit thailändischer Musik und traditionellen Tanzauf-
führungen zu werden. Zur Wahl stehen
ein Standard- oder ein Seafoodmenü; man
kann sich vom Hotel abholen lassen.

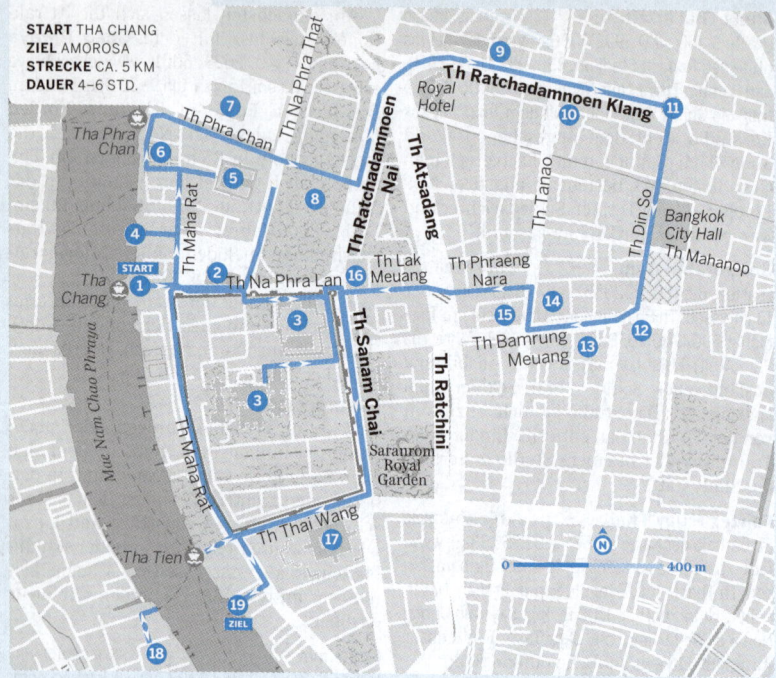

Stadtspaziergang
Das alte Bangkok

❯ Die meisten Sehenswürdigkeiten, die
man in Bangkok auf keinen Fall verpassen darf, befinden sich im ehemaligen
königlichen Distrikt Ko Ratanakosin und
in Banglamphu. Dieser Stadtspaziergang
verbindet die beiden Bezirke und schließt
große und kleinere Attraktionen mit ein. Am
besten startet man ganz früh am Morgen,
um der Hitze und den Menschenmassen
einigermaßen unbeschadet zu entkommen.
Immer daran denken, dass man angemessen gekleidet sein muss (lange Hosen oder
Röcke, T-Shirts mit Ärmeln und geschlossene Schuhe), um in die Tempel zu kommen.
Fremde, die einem Tipps zu Einkaufsmöglichkeiten und Sehenswürdigkeiten anbieten, einfach ignorieren.

Los geht's am ① **Tha Chang**, von wo
aus man der Th Na Phra Lan mit einem
kleinen Umweg über die ② **Silpakorn-Uni-
versität** nach Osten folgt. Thailands führende Kunsthochschule wurde ursprünglich
vom italienischen Künstler Corrado Feroci
als Schule der Schönen Künste errichtet.
Ein alter Palast, der einst für König Rama I.
erbaut wurde, ist ebenfalls Teil des Campus.

Wer den ③ **Wat Phra Kaew** und den **Großen Palast**, zwei der berühmtesten Attraktionen Bangkoks, noch nicht gesehen hat,
geht von hier nach Osten zum Haupttor.

Dann geht's zurück auf die Th Maharat
und von dort weiter nach Norden – ein
wahrer Spießrutenlauf zwischen Läden
mit natürlichen Arzneimitteln und Stra-
ßenverkäufern, die Amulette feilbieten.
Direkt hinter dem von Katzen belagerten
Zeitungsstand (durch seinen Geruch nicht
zu verpassen) nach links in die ④ **Trok Tha
Wang** abbiegen: In dieser schmalen Gasse
findet sich ein scheinbar versteckt gehal-
tenes klassisches Stadtviertel Bangkoks.
Zurück auf der Th Maharat geht es weiter
nach Norden. Zur Rechten liegt der ⑤ **Wat
Mahathat**, eine von Thailands angesehens-
ten buddhistischen Universitäten.

Auf der gegenüberliegenden Straßenseite geht linker Hand die überfüllte Trok Mahathat ab, in der sich der beengte ⑥ **Amulettmarkt** befindet. Wenn man der Gasse
bis zum Fluss folgt, wird deutlich, was für
ein riesiges Geschäft der Amuletthandel
tatsächlich ist.

Geht man am Flussufer entlang weiter in Richtung Norden, werden die Amulette bald von Essensständen abgelöst. Eine Häufung von schwarz-weißen Uniformen deutet darauf hin, dass man sich der ❼ **Thammasat-Universität** nähert, die für ihre rechts- bzw. politikwissenschaftlichen Institute bekannt ist. Auf dem Gelände fanden im Oktober 1976 die blutigen Demonstrationen für mehr Demokratie statt, bei der thailändische Studenten vom Militär getötet und verletzt wurden.

Man verlässt den Campus an der Tha Phra Chan, überquert die Th Maharat und spaziert weiter nach Osten. Auf dem Weg passiert man noch mehr Läden mit traditioneller Thai-Medizin und weitere Amulettverkäufer. Bald ist ❽ **Sanam Luang**, das „Königliche Feld", erreicht. In diesem Park findet einmal jährlich die Königliche Pflugzeremonie statt, in der der König (oder, wie in den letzten Jahren, der Kronprinz) offiziell die Reisanbausaison eröffnet. Zudem werden hier in der entsprechenden Jahreszeit (Mitte Feb.–April) groß angelegte Drachenwettbewerbe veranstaltet.

Dann überquert man die Th Ratchadamnoen Nai und geht nach Norden. Am Royal Hotel nach rechts in die ❾ **Th Ratchadamnoen Klang** abbiegen, Bangkoks Antwort auf die Champs Élysées in Paris. Weiter geht's in Richtung Osten, bis hinter der Kreuzung mit der Th Tanao die ❿ **Gedenkstätte des 14. Oktober** in Sicht kommt. Sie erinnert an die zivilen Demonstranten, die am 14. Oktober 1973 während einer Pro-Demokratie-Kundgebung vom Militär getötet wurden. In der Ferne sind auch die vier Pfeiler des ⓫ **Demokratiedenkmals** zu erkennen, das 1932 zum Gedenken an Thailands Übergang von einer absoluten zu einer konstitutionellen Monarchie errichtet wurde. In den vergangenen Jahrzehnten war es immer wieder Schauplatz von Protesten, vor allem in den Jahren 1973 und 1992.

Nach rechts in die Th Din So abbiegen und in Richtung Süden bis zu den beiden weniger bekannten, aber unverkennbaren Wahrzeichen der Stadt, ⓬ **Wat Suthat und Sao Ching-Cha**, spazieren.

Nun ist es aber höchste Zeit für ein Mittagessen. Zum Glück liegt die Th Tanao, eine der besten kulinarischen Gegenden Bangkoks, nur wenige Häuserblocks östlich von hier. Vorbei an ⓭ **Läden mit religiösen Artikel** geht es entlang der Th Bamrung Meuang zum Boxenstopp im ⓮ **Poj Spa Kar** oder im ⓯ **Chote Chitr**.

Nach der wohlverdienten Stärkung geht es nach links in die Th Phraeng Nara und über den Khlong Lawt. Auf der Th Lak Meuang spaziert man weiter nach Westen, bis die gleichnamige ⓰ **Lak Meuang** erreicht ist, in dem der Schutzgeist Bangkoks zu Hause ist.

Hat man diesem Respekt gezollt, folgt man der Th Sanam Chai in südlicher Richtung. Nach rechts in die Th Thai Wang abbiegen, die einen dann zum Eingang des ⓱ **Wat Pho** bringt. In dem verwinkelten, friedvollen Tempel residiert der gigantische Liegende Buddha.

Wer jetzt noch seine letzten Kräfte aktivieren kann, steigt am angrenzenden Tha Tien in eine Fähre zum ⓲ **Wat Arun**, der vom Baustil der Khmer inspiriert wurde. Anderenfalls beendet man seinen Tag mit ein paar Drinks im ⓳ **Amorosa**, der Bar auf dem Dach der Arun Residence. Ist man rechtzeitig hier, wird man mit einem der schönsten Sonnenuntergänge Bangkoks belohnt.

GANZ SCHÖN WAS LOS AUF DEM KANAL

Wer die berühmten Kanäle der Stadt hautnah erleben möchte, kann am Tha Chang, Tha Tian, Tha Oriental und am Tha Phra Athit eines der zahlreichen Longtail-Boote chartern. Die Preise am Tha Chang sind am höchsten und auch kaum verhandelbar, dafür stehen die Chancen am besten, dass man nicht übers Ohr gehauen wird, Trinkgeld verlangt wird oder sonstige unerwartete Kosten auf einen zukommen.

Bei einem Ausflug erkundet man die Thonburi-Kanäle **Khlong Bangkok Noi** und, weiter im Süden, den **Khlong Bangkok Yai**. Gehalten wird am Royal Barges National Museum, am Wat Arun und an einem Tempel am Flussufer mit Fischfütterung. Längere Ausflüge führen bis auf den **Khlong Mon** zwischen Bangkok Noi und Bangkok Yai, wo die Kanallandschaft typischer ist; so gibt's hier z. B. einige Orchideenfarmen zu sehen. Am Wochenende kann man dem **schwimmenden Markt Taling Chan** einen Besuch abstatten. Man muss aber wissen, dass die am häufigsten angebotene einstündige Tour (1000 B, bis zu 6 Pers.) zum Aussteigen und für die Erkundung dieser Sehenswürdigkeiten zeitlich einfach nicht ausreichend ist. Sinnvoller ist es deshalb, eine eineinhalbstündige Tour (1300 B) oder eine zweistündige Tour (1600 B) zu machen. Die meisten Anbieter haben festgelegte Routen, wer aber ein bestimmtes Ziel im Kopf hat, kann sich auch dorthin schippern lassen.

Eine günstigere Alternative sind die **Longtail-Boote für Pendler** (50 B; 1 Std.; ⊙16–19 Uhr), die auch am Tha Chang ablegen. Allerdings fahren diese Boote immer nur die einfache Strecke und man muss von Bang Yai, am nördlichsten Ende des Khlong Bangkok Noi, selbst sehen, wie man wieder zurückkommt.

Yok Yor Restaurant DINNER-BOOTSFAHRT
(Karte S. 84; ☏ 0 2439 3477; www.yokyor.co.th; Abendessen à la carte, Aufpreis Erw./Kind 140/70 B; ⊙20–22 Uhr; Fähre ab Th Sri Phraya) Dieses langjährige schwimmende Restaurant auf der Thonburi-Seite des Flusses bietet ebenfalls täglich eine Dinnerfahrt sowie verschiedene Boote, die für Privatveranstaltungen gemietet werden können.

BOOTSTOUREN ZUM BANG PA-IN & NACH AYUTTHAYA
Eine Flusskreuzfahrt von Bangkok zu den Ruinen der ehemaligen Hauptstadt Ayutthaya (S. 171) weiter im Norden geht heute zwar etwas schneller als zu Zeiten der Segelschiffe, der Flussromantik tut dies aber keinen Abbruch. Die meisten Touren schließen eine geführte Tour durch die Ruinen Ayutthayas und einen Zwischenstopp am Sommerpalast von Bang Pa In (S. 182) ein. Normalerweise wird die Strecke zwischen Bangkok und Ayutthaya nur in eine Richtung mit dem Boot zurückgelegt, die Hinbzw. Rückfahrt macht man dann mit dem Bus.

Asian Oasis FLUSSKREUZFAHRT
(Karte S. 90; ☏ 026556246; www.asian-oasis.com; 7. Stock, Nai Lert Tower, 2/4 Th Witthayu/Wireless Rd; 2-Tages-Tour 6450–10 450 B, je nach Saison & Richtung) An Bord einer Flotte aus restaurierten Reisbarkassen mit altmodischem Charme und modernen Annehmlichkeiten geht es über den Chao Phraya. Zur Tour

gehören die Fahrt mit dem Boot stromaufbzw. stromabwärts nach/von Ayutthaya und der Bustransfer in die entsprechend andere Richtung.

Manohra Cruises FLUSSKREUZFAHRT
(Karte S. 58; ☏ 024770770; www.manohracruises. com; Bangkok Marriott Resort & Spa, Thonburi; 3-Tages-Tour 69 000 B) Die *Manohra Song* ist das nautische Gegenstück zum *Eastern & Oriental Express*: Die restaurierte Reisbarkasse aus Teakholz ist mit Perserteppichen ausgestattet und hat vier luxuriöse Schlafkojen. Die Fahrt nach Ayutthaya dauert drei Tage und zwei Nächte, und im Preis ist alles enthalten außer Steuern und Service. Die noch luxuriösere *Manohra Dream*, auf der maximal zwei Paare Platz finden, kann man auch für längere Touren mieten.

Fahrrad- & Segway-Touren

Es gibt für Wagemutige ein paar Fahrradtouren in die sehr urbanen Teile der Stadt, doch die meisten haben den nahe gelegenen, herrlich grünen und unbebauten Distrikt Phra Pradaeng (Karte S. 58) im Süden zum Ziel; hier führen schmale Spazierwege kreuz und quer über die Kanäle, die kleine Obstplantagen und einfache Dörfer mit Wasser versorgen.

Wer sich die Sehenswürdigkeiten des alten Bangkok mit einem kostenlosen Leihfahrrad anschauen möchte, findet im Kasten auf S. 164 interessante Informationen.

Grasshopper Adventures FAHRRADTOUREN
(Karte S. 62; ✆0 2280 0832; www.grasshopper adventures.com; 57 Th Ratchadamnoen Klang; Touren ab 750 B; ⊙Mo–Fr 8.30–18.30 Uhr; Bus 2, 15, 44, 511, klorng-Taxi bis Tha Phan Fah) Dieser viel gelobte Anbieter organisiert eine Reihe einzigartiger Fahrradtouren in und um Bangkok, darunter auch eine Nachttour und eine Tour durch die Grünanlagen der Stadt.

ABC Amazing
Bangkok Cyclists FAHRRADTOUREN
(Karte S. 96; ✆0 2665 6364; www.realasia.net; 10/5-7 Soi 26, Th Sukhumvit; Touren ab 1000 B; ⊙Touren starten um 8, 10 und 13 Uhr; Skytrain Phrom Phong) Seit über zehn Jahren zielen die Touren von ABC darauf ab, den Radlern einen Einblick in das „echte" Asien zu ermöglichen. Die Fahrradtouren führen über die erhöhten Wege, die entlang der Kanäle der Stadt verlaufen.

Segway Tour Thailand SEGWAY-TOUREN
(Karte S. 62; ✆0 2221 4525; www.segwaytourthailand.com; Maharaj Pier Building, Tha Maharaj, abseits Th Maharat; Halbtagestouren ab 3500 B; ⊙Di–So 9.30–18.30 Uhr; Bus 32, 201, 503, Fähre Tha Maharaj) Mit dem elektrisch angetriebenen Segway geht's in halb- und ganztägigen Touren durch Bangkok oder andere Orte (z. B. Ayutthaya).

Bangkok Bike Rides FAHRRADTOUREN
(Karte S. 96; ✆0 2712 5305; www.bangkokbikeri des.com; 14/1-B Soi Phromsi 2, abseits Soi 39/ Phrompong, Th Sukhumvit; Touren ab 1000 B; ⊙Di–So 8.30–18.30 Uhr; Skytrain Phrom Phong) Gehört zum Touranbieter Spice Roads und hat unterschiedliche Touren in der Stadt und auf dem Land im Programm.

Stadtspaziergänge & Schwerpunkt-Touren
Obwohl Luftverschmutzung und Hitze nicht gerade zuträgliche Faktoren sind, ist Bangkok ein faszinierendes Ziel für eine Erkundung zu Fuß. Wer lieber einen erfahrenen Guide dabei hat, findet bei **Bangkok Private Tours** (www.bangkokprivatetours. com; ganztägiger Stadtspaziergang 3400 B) individuell abgestimmte Stadttouren. Feinschmecker werden vielleicht das Angebot von **Bangkok Food Tours** (✆08 9126 3657; www.bangkokfoodtours.com; Halbtagestour Erw./Kind 950/750 B) ganz lecker finden, das halbtägige kulinarische Touren durch Bangkoks Stadtviertel Bang Rak im Programm hat.

✺ Feste & Events
Neben den staatlichen Feiertagen (s. S. 828) gibt's in Bangkok auch sonst immer einen Grund zu feiern. Die genauen Termine findet man auf der Website von **TAT** (www.tourismthailand.org) oder beim **Touristeninformationszentrum Bangkok** (www.bangkoktourist.com/index.asp). Die Kulturzentren der Stadt veranstalten außerdem verschiedene internationale Festivals.

Februar & März
Chinesisches Neujahr NEUJAHR
Thai-Chinesen feiern den Beginn des neuen Mondjahres eine Woche lang mit Hausputz, Löwentänzen und Feuerwerken. Die meisten Feierlichkeiten finden in Chinatown statt. Die Termine sind jedes Jahr unterschiedlich.

Drachenflug-Saison DRACHENFLIEGEN
Während der windigen Jahreszeit im März tragen bunte Drachen ihre Kämpfe am Himmel über Sanam Luang und dem Lumphini-Park aus.

April & Mai
Songkran NEUJAHR
Die Feierlichkeiten rund um das thailändische Neujahrsfest Mitte April haben sich zu einer Wasserschlacht verwandelt, in der ausnahmslos alle Teilnehmer (ob gewollt oder nicht) mit Hochleistungs-Wasserpistolen und Wasserbomben beschossen werden. Die heftigsten Schlachten finden auf der Th Khao San statt.

Königliche Pflugzeremonie PFLANZ-ZEREMONIE
Seine Majestät der König (oder, wie in den letzten Jahren, der Kronprinz) eröffnet die Reisanbausaison mit einer Zeremonie auf dem Sanam Luang. Wird im Mai abgehalten, die Termine variieren.

August
Geburtstag der Königin MUTTERTAG
Der Geburtstag der Königin am 12. August wird im ganzen Land als Muttertag gefeiert. In Bangkok konzentrieren sich die Feierlichkeiten auf die Th Ratchadamnoen und den Grand Palace.

September & Oktober
Vegetarierfest KULINARISCHES FEST
Ein zehntägiges chinesisch-buddhistisches Festival mit gelb beflaggten Straßenständen, die fleischlose Köstlichkeiten feilbieten. Die meisten Stände finden sich in Chinatown. Die Termine variieren von Jahr zu Jahr.

Internationales Musik- & Tanzfestival
MUSIK- & TANZFESTIVAL

(www.bangkokfestivals.com) Eine extravagante Kunst- und Kulturveranstaltung, die vom Thailand Cultural Centre finanziell unterstützt wird. Das Festival findet im September oder Oktober statt.

König-Chulalongkorn-Tag
KÖNIGLICHES EVENT

Rama V. wird jedes Jahr an seinem Todestag (23. Okt.) auf der Royal Plaza in Dusit geehrt. Seine Bewunderer strömen scharenweise mit Räucherstäbchen und Blumengirlanden herbei, um ihm zu huldigen.

November

Loi Krathong
VOLLMONDFESTIVAL

Ein wunderschönes Festival, bei dem in der Nacht des ersten Vollmonds kleine Boote aus Bananenblättern auf dem Mae Nam Chao Phraya schwimmen. Sie haben die Form von Lotusblüten und werden mit einer Kerze erleuchtet. Findet Anfang November statt.

Fat Festival
MUSIKFESTIVAL

Jedes Jahr kommen Anfang November bei diesem vom Radiosender FAT 104.5 FM gesponserten Fest die alternativsten der Indie-Bands Bangkoks zusammen.

Bangkok Pride
SCHWULEN- & LESBENSZENE

(www.bangkokpride.org) Die schwulen und lesbischen Gewerbe und Organisationen veranstalten Mitte November dieses einwöchige Festival aus Paraden, Partys und Preisverleihungen.

Bangkok World Film Festival
FILMFESTIVAL

(www.worldfilmbkk.com) Hier sind sowohl einheimische Talente als auch Indie-Filmemacher aus der ganzen Welt auf der großen Leinwand zu sehen. Das Filmfestival findet Mitte November statt.

Dezember

Geburtstag des Königs
FESTIVAL

Der Geburtstag des Monarchen am 5. Dezember wird von seinen Landsleuten mit vielen Paraden und Feuerwerk gefeiert.

🛏 Schlafen

Auf den ersten Blick scheint es ein schier unüberwindliches Hindernis, sich in Bangkok einen Schlafplatz auszusuchen – in wirklich jeder Ecke dieser riesigen Stadt gibt's zahllose Hotels. Was die Entscheidung aber etwas erleichtert, ist das persönliche Budget: Es klärt ganz rasch, in welcher Gegend der Stadt man sich ein

Bett leisten kann. In Banglamphu und im Touristenghetto der Th Khao San liegen die meisten Budgetunterkünfte, aber von dort aus sind die anderen Stadtteile nicht ganz so leicht zu erreichen. Auf dem unteren Teil der Th Sukhumvit findet man ebenfalls günstige Optionen, wenn es einen nicht stört, dass man vielleicht neben Sextouristen und anderen dubiosen Gestalten wohnt. Auch in Chinatown gibt's Hotels für den schmaleren Geldbeutel, die auch noch Anonymität garantieren. Und nicht zuletzt befinden sich ein paar vernünftige Unterkünfte auf dem Soi Ngam Duphli, in der Nähe der Th Sathon.

Wer bereit ist, ein bisschen mehr auszugeben, kann beispielsweise in Bangkoks Zentrum absteigen. Sowohl in der Th Sukhumvit als auch in der Th Silom gibt es jede Menge Mittelklassehotels, die oft nur ein paar Gehminuten vom Skytrain und der Metro entfernt sind, und die Häuser derselben Kategorie auf den Sois gegenüber dem Nationalstadion, in der Nähe des Siam Sq, sind ebenfalls gut und nahe beim Skytrain.

Am oberen Teil der Th Sukhumvit stehen viele Boutique- und teurere Designerhotels. Die berühmtesten luxuriösen Optionen sind fast alle am Flussufer nahe der Th Silom.

Th Khao San & Umgebung

Diamond House
BOUTIQUEHOTEL $$

(Karte S. 62; ☑0 2629 4008; www.thaidiamondhouse.com; 4 Th Samsen; Zi. 2000–2800 B, Suite 3600 B; ❄@🛜; Bus 32, 516, Fähre Tha Phra Athit) Zwar teilt sich dieses exzentrische, flippige Hotel das Gebäude mit einem recht aufdringlichen chinesischen Tempel, es hat aber dennoch seinen eigenen Stil gefunden. Die meisten Zimmer sind im Loftstil eingerichtet: Betten auf erhöhten Plattformen, Buntglas, kräftige dunkle Farben, schicke Möbel. Fenster sind Mangelware und einige der Suiten sind nicht viel größer als die günstigeren Zimmer, aber die Sonnenterrasse auf dem Dach und der Whirlpool (!) draußen entschädigen dafür.

NapPark Hostel
HOSTEL $

(Karte S. 62; ☑0 2282 2324; www.nappark.com; 8 Th Tani; 550–750 B; ❄@🛜; Fähre Tha Phra Athit) Dieses außerordentlich gut gelungene Hostel verfügt über unterschiedlich große Schlafsäle. Der kleinste und teuerste ist mit sechs gondelartigen Betten mit Stromanschluss, Mini-TV, Leselampe und WLAN ausgestattet. Täglich stattfindende kultu-

In Bangkok sind Hotelzimmer in der Regel teurer als anderswo in Thailand. Man muss sich darüber aber nicht allzu sehr ärgern, denn dafür gibt's hier auch eine große Auswahl und zahlreiche Vergünstigungen, sodass die Unterkünfte im Großen und Ganzen ein gutes Preis-Leistungs-Verhältnis bieten. In diesem Buch sind die Zimmer in die folgenden drei Kategorien unterteilt:

» **Budgetunterkünfte** unter 1000 B/Nacht
» **Mittelklassehotels** 1000 bis 3000 B/Nacht
» **Spitzenklassehotels** über 3000 B/Nacht

Die aufgeführten Preise entsprechen den Standardpreisen der Hauptsaison, online kann man aber lohnende Vergünstigungen finden. Näheres zu empfohlenen Websites gibt's im Kasten auf S. 121.

Was bekommt man also für sein Geld? Im Bereich der **Budgetunterkünfte** sind die Tage der 50-Baht-Betten in Banglamphu gezählt, wer aber aufs Geld achten muss, bekommt für 150 bis 200 B immer noch ein von einem Ventilator gekühltes Bett in einem Schlafsaal (oder einem schrankähnlichen Raum) mit Gemeinschaftsbad. Je mehr man zu zahlen bereit ist, desto eher stehen auch ein Handtuch, warmes Wasser und eine Klimaanlage zur Verfügung. Für rund 700 B bieten annehmbare, wenn auch meist unpersönliche Zimmer Privatsphäre und ein eigenes Bad.

Die bunteste Mischung bietet das Segment der **Mittelklassehotels**. Es beginnt bei großartigen Pensionen und fällt dann langsam in eine mittelmäßige Grauzone ab. Ab 1000 B sehen die Hotels alle genauso aus wie die in der Heimat: Liftboy, uniformierte Portiers und eine auf Hochglanz polierte Lobby. Allerdings weiß man nie so ganz genau, was man bekommt. Wer sich eher im unteren Mittelklassebereich aufhalten möchte und nicht allzu viel Wert auf Ästhetik legt, kann schon für 1500 bis 2000 B ein sehr ordentliches Zimmer finden. Wenn das Budget etwas größer ist, lohnt es sich auf jeden Fall, vorab zu buchen, denn die Rabatte bei Onlinebuchung können enorm sein.

Bangkoks wachsende Anzahl an **Spitzenklassehotels** verfügen in der Regel über Annehmlichkeiten wie Pools, Spas, Fitnessstudios, Konferenzräume und überteuerte Internetverbindungen. Die bekannten Ketten bieten in der Regel mehr Platz, während die Boutiquehotels mehr Wert auf das Ambiente legen. Die Zimmerpreise der absoluten Topadressen beginnen bei 10000 B, aber in den meisten luxuriösen Designer- und Boutiquehotels und dem Großteil der internationalen Ketten bewegt man sich zwischen 6000 und 9000 B, abzüglich der möglichen deftigen Online-Rabatte. Aber Achtung: Hotels in dieser Kategorie erheben meist einen Servicezuschlag von 10 % auf die Rechnung, und es kommen noch 7 % Steuern dazu!

relle Aktivitäten, darunter auch Fahrradausflüge und gemeinnützige Tätigkeiten, und einladende Gemeinschaftsbereiche sorgen jedoch dafür, dass man eigentlich keine Gelegenheit hat, diese Annehmlichkeiten zu nutzen.

Buddy Boutique Hotel BOUTIQUEHOTEL **$$$**
(Karte S. 62; ☎026294477; www.buddylodge.com; 256 Th Khao San; Zi. inkl. Frühstück 3500–4500 B; ✳@🅿🛜✱; Bus 2, 15, 44, 511, Fähre Tha Phra Athit) Der gigantische Komplex mit Pool, Fitnessbereich und, nun ja, einer McDonald's Filiale ist den Recherchen zufolge die teuerste Unterkunft auf der Th Khao San. Die Zimmer sind dementsprechend komfortabel, gut ausgestattet und verströmen die Atmosphäre einer tropischen Villa.

Villa Cha-Cha HOTEL **$$**
(Karte S. 62; ☎022801025; www.villachacha.com; 36 Th Tani; Zi. 900–2900 B; ✳@🅿🛜✱; Bus 53, 516, Fähre Tha Phra Athit) Zahlreiche Statuen, faulenzende Hotelgäste, ein großzügiges Restaurant und ein einladender Pool – das ist es, was sich in diesem versteckten, aber beliebten Hotel verbirgt. Bei der Innenausstattung wurden einige unbeholfene Gestaltungsversuche unternommen (z. B. Oben-ohne-Porträts), der eigentliche Reiz geht allerdings von der geselligen Urlaubsatmosphäre aus.

Rikka Inn BUDGETHOTEL **$$**
(Karte S. 62; ☎022827511; www.rikkainn.com; 259 Th Khao San; Zi. 1150–1450 B; ✳@🅿🛜✱; Bus 53, 516, Fähre Tha Phra Athit) Mit seinen en-

gen, aber ansprechenden Zimmern, einem Dachpool und einer zentralen Lage ist das neue Rikka eines von mehreren Hotels mit einem tollen Preis-Leistungs-Verhältnis, die der Th Khao San ein neues Gesicht verleihen.

Lamphu House BUDGETHOTEL $

(Karte S. 62; ✆0 2629 5861; www.lamphuhouse. com; 75-77 Soi Ram Buttri; Zi. 400–980 B; ❄@🖥; Fähre Tha Phra Athit) Versteckt hinter dem Soi Ram Buttri vergisst man schnell, wie nah man sich in diesem ruhigen, gemütlichen Budgethotel der Th Khao San befindet. Die Zimmer sind einfach, aber sauber, und in der untersten Preiskategorie gibt's Ventilatoren und Gemeinschaftsbäder.

Viengtai Hotel HOTEL $$

(Karte S. 62; ✆0 2280 5434; www.viengtai.co.th; 42 Th Rambuttri; Zi. 2200–4000 B, Suite 5200 B; ❄@🖥🏊; Bus 53, 516, Fähre Tha Phra Athit) Lange bevor die Th Khao San „entdeckt" wurde, war dies ein ganz gewöhnliches Hotel im chinesischen Stil in einer ruhigen Gegend. Nun hat es sich mit seinen ordentlichen, aber nicht sonderlich stylishen Zimmern ganz gelassen einen Platz in der Mittelklasse gesichert. Das Frühstück ist im Preis inbegriffen.

Abseits der Th Khao San

LP TIPP Lamphu Tree House BOUTIQUEHOTEL $$

(Karte S. 62; ✆0 2282 0991; www.lamphu treehotel.com; 155 Wanchat Bridge, Th Prachatipatai; Zi. inkl. Frühstück 1500–2100 B; ❄@🖥🏊; Bus 56, 58, 516, klorng-Taxi bis Tha Phah Fah, Fähre Tha Phra Athit) Trotz seines Namens steht dieses attraktive Haus fest auf dem Boden und bietet dazu noch ein hervorragendes Preis-Leistungs-Verhältnis. Die Zimmer sind ansprechend und einladend und Dachbar, Pool, Internet, ein Restaurant und die ruhige Lage am Kanal sorgen dafür, dass man hier nie wieder weg will. Durch das hinzugekommene Gebäude einige Blocks entfernt erhöht sich die Chance, sich durch eine Reservierung eines der heiß begehrten Zimmer sichern zu können.

Arun Residence BOUTIQUEHOTEL $$$

(Karte S. 62; ✆0 2221 9158; www.arunresidence. com; 36-38 Soi Pratu Nok Yung, Th Maharat; Zi. 3500–3800 B, Suite 5500 B; ❄@🖥; Bus 123, 508, Fähre Tha Tien) Dieses mehrstöckige Holzhaus am Fluss liegt strategisch günstig direkt gegenüber dem Wat Arun und sichert sich so eine großartige Aussicht. Es kann aber noch mehr: Den sechs Zimmern gelingt es mühelos, eine gleichzeitig

heimelige und stilvolle Atmosphäre zu versprühen. Einige von ihnen sind groß und erinnern an ein Loft, andere bestehen aus zwei Zimmern (am besten ist die Suite im obersten Stock mit eigenem Balkon). Zum einladenden Gemeinschaftsbereich gehören u.a. eine Bibliothek, eine Dachbar und ein Restaurant. Frühstück inbegriffen.

Praya Palazzo BOUTIQUEHOTEL $$$

(Karte S. 62; ✆0 2883 2998; www.prayapalazzo. com; 757/1 Somdej Prapinklao Soi 2, Thonburi; Zi. 6000–11 900 B, Suite 16 500–26 500 B; ❄🖥; Hotelshuttle ab Tha Phra Athit) Nachdem dieses elegante Herrenhaus aus dem 19. Jh. für fast 30 Jahre lang im Dornröschenschlaf lag, wurde es nun als ansprechendes Boutiquehotel direkt am Fluss wieder erweckt. Die 17 Zimmer können etwas beengt wirken und mit dem Blick auf den Fluss ist es oft nicht weit her. Dafür verleihen die sorgfältige Renovierung, die hübsche antike Einrichtung und das angenehme, ländliche Flair dem Hotel einen authentischen altmodischen Charme. Das Frühstück ist im Preis inbegriffen.

Chakrabongse Villas BOUTIQUEHOTEL $$$

(Karte S. 62; ✆0 2622 3356; www.thaivillas.com; 396/1 Th Maharat; Zi. 5000 B, Suite 10 000–40 000 B; ❄@🖥; Fähre Tha Tien) Das Anwesen von 1908 wurde gelegentlich von Mitgliedern der königlichen Familie bewohnt. Heute ist das Chakrabongse ein einzigartiges Hotel mit drei luxuriösen aber beengten Zimmern und sechs größeren Suiten und Villen. Es gibt einen Pool, einen dschungelartigen Garten und eine etwas erhöhte Terrasse, auf der man ein romantisches Abendessen direkt am Fluss genießen kann. Frühstück inbegriffen.

Fortville Guesthouse BUDGETHOTEL $

(Karte S. 62; ✆0 2282 3932; www.fortvilleguest house.com; 9 Th Phra Sumen; Zi. 650–970 B; Bus 32, 33, 64, 82; ❄@🖥; Fähre Tha Phra Athit) Das Designkonzept dieses einzigartigen neuen Hotels ist schwer zu benennen: Von außen sieht es aus wie eine Mischung aus moderner Kirche und Burg, im Innern finden sich jede Menge Spiegel und industrielle Elemente. Die Zimmer sind auf klassische Weise minimalistisch eingerichtet, wobei die teureren Optionen kleine Extras wie einen Kühlschrank, Balkon und kostenloses WLAN haben.

Navalai River Resort HOTEL $$$

(Karte S. 62; ✆022809955; www.navalai.com; 45/1 Th Phra Athit; Zi. inkl. Frühstück 2900–4800 B;

Bus 32, 33, 64, 82; ❄ @ 🛜 🖥; Fähre Tha Phra Athit) Neueste Topattraktion in der lebhaften Th Phra Athit ist dieses schicke Hotel mit 74 modernen Zimmern, von denen viele einen Ausblick auf den Chao Phraya haben. Es ist durch und durch mit hübschen landestypischen Details versehen, wobei es nicht verwunderlich wäre, wenn man einen Großteil seiner Zeit im Pool auf der Dachterrasse verbringen und den Ausblick genießen würde.

Old Bangkok Inn
BOUTIQUEHOTEL $$$

(Karte S. 62; 📞 0 2629 1787; www.oldbangkokinn. com; 609 Th Phra Sumen; Zi. inkl. Frühstück 3190–6590 B; klorng-Taxi zum Tha Phan Fah; ❄ @ 🛜) Zehn Zimmer hat dieses renovierte antike Shophouse, allesamt dekadent und üppig ausgestattet. Hier paaren sich satte Farben mit massiven Holzmöbeln, in jedem Zimmer steht ein Computer zur persönlichen Nutzung und manche der Bäder liegen halb im Freien. Das perfekte Hotel für die Flitterwochen.

Baan Sabai
BUDGETHOTEL $

(Karte S. 62; 📞 0 2629 1599; baansabai@hotmail. com; 12 Soi Rongmai; EZ 190, Zi. 270–600 B; ❄ @; Bus 53, 516, Fähre Tha Phra Athit) Der Name („gemütliches Haus") ist in diesem weitläufigen alten Gebäude Programm. Es bietet Dutzende schlichter, aber gemütlicher Zimmer in unterschiedlichen Preisklassen. Der altmodische Charme ist förmlich greifbar, besonders unten, in dem einladenden Restaurant mit Barbereich im Freien.

New Siam Riverside
HOTEL $$

(Karte S. 62; 📞 0 2629 3535; www.newsiam.net; 21 Th Phra Athit; Zi. inkl. Frühstück 1390–2990 B; ❄ @ 🖥; Bus 32, 33, 64, 82, Fähre Tha Phra Athit) Das New Siam gehört zu einer Reihe von neuen Hotels in der Th Phra Athit, die von der Lage am Fluss profitieren. Man nächtigt in komfortablen Zimmern mit winzigen Bädern, es sind aber die Extras (Internet, Reisebüro, Restaurant) und die Lage in einer der schöneren Straßen der Stadt, die diese Wahl zu einem klasse Deal machen.

Aurum: The River Place
BOUTIQUEHOTEL $$$

(Karte S. 62; 📞 0 2622 2248; www.aurum-bangkok. com; 394/27-29 Soi Pansook, Th Maharat; Zi. inkl. Frühstück 3950–4900 B; ❄ @ 🛜; Bus 123, 508, Fähre Tha Tien) Die zwölf modernen Zimmer spiegeln nicht gerade das klassisch-europäische Äußere dieses umgebauten Shophouse wider. Trotzdem sind sie komfortabel und gut ausgestattet, und die meisten bieten einen tollen Blick auf den Chao Phraya.

Baan Chantra
BOUTIQUEHOTEL $$

(Karte S. 62; 📞 0 2628 6988; www.baanchantra. com; 120 Th Samsen; Zi. inkl. Frühstück 2400–3500 B; ❄ @ 🛜; Bus 32, 516, Fähre Tha Phra Athit) Ein wunderschönes umgebautes Haus, das sich nichts aus hohen Ansprüchen macht. Anstelle von Modetrends und unnatürlicher Steifheit findet man hier Komfort und jede Menge Platz. Viele der originalen Teakholz-Verzierungen sind noch erhalten und das Luxuszimmer lockt mit einer Sonnenterrasse.

Wild Orchid Villa
BUDGETHOTEL $

(Karte S. 62; 📞 0 2629 4378; www.wildorchidvilla. com; 8 Soi Chana Songkhram; Zi. 280–1800 B; ❄ @ 🛜; Bus 32, 33, 64, 82, Fähre Tha Phra Athit) Unter allen Budget-Zimmern, die sich im Rahmen von Lonely Planet Recherchen schon einer Prüfung unterziehen mussten, gehören die Schnäppchen hier zweifelsfrei zu den winzigsten Zimmern überhaupt. Sie sind aber ausnahmslos sauber und adrett und viel Licht und eine freundliche Atmosphäre runden den Gesamteindruck ab. Die Wild Orchid Villa wird immer beliebter, also am besten schon im Voraus buchen.

Penpark Place
BUDGETHOTEL $–$$

(Karte S. 62; 📞 0 2628 8896; www.penparkplace. com; 22 Soi 3, Th Samsen; Zi. 300–1350 B, Suite 1800 B; ❄ @ 🛜; Bus 53, 516, Fähre Tha Phra Athit) Diese ehemalige Fabrik wurde zu einer Budgetunterkunft mit tollem Preis-Leistungs-Verhältnis umgewandelt. Die Zimmer im ursprünglichen Gebäude bieten nicht viel mehr als ein Bett und einen Ventilator, ein relativ neuer Anbau verfügt aber über eine Handvoll gut ausgestatteter Zimmer im Apartment-Stil und Suiten.

Hier einige weitere Budget- und Mittelklasseoptionen:

Hotel Dé Moc
HOTEL $$

(Karte S. 62; 📞 0 2282 2831; www.hoteldemoc.com; 78 Th Prachathipatai; Zi. inkl. Frühstück 1960–2520 B; ❄ @ 🛜 🖥; Bus 12, 56) Die Zimmer in diesem stilvollen Hotel sind groß, haben hohe Decken und großzügige Fenster, die Einrichtung könnte allerdings eine Rundumerneuerung vertragen. Schöne Extras sind der kostenlose Transport zur Th Khao San und ein kostenloser Fahrradverleih.

Sam Sen Sam
PENSION $

(Karte S. 62; 📞 0 2628 7067; www.samsensam.com; 48 Soi 3, Th Samsen; Zi. 590–2400 B; Fähre zum Tha Phra Athit; ❄ @ 🛜) Diese helle, renovierte Villa gehört zu den heimeligsten Unterkünften der Gegend. Der freundliche Service und die ruhige Lage bringen ihr zudem ein sehr gutes Feedback ein.

Rajata Hotel
BUDGETHOTEL $

(Karte S. 62; ☎026288084; www.rajatahotel.com; 46 Soi 6, Th Samsen; Zi. 650–850 B; ✳@🛜; Bus 53, 516, Fähre Tha Phra Athit) Dieses herrlich altmodische Hotel ist schlicht, aber komfortabel und eine gute Wahl für alle, die zwar nicht auf der Th Khao San übernachten, aber auch nicht zu weit von ihr entfernt sein wollen.

New Merry V Guest House
BUDGETHOTEL $

(Karte S. 62; ☎0 2280 3315; newmerry@gmail. com; 18-20 Th Phra Athit; EZ 150, Zi. 290–700 B; ✳@; Bus 32, 33, 64, 82, Fähre Tha Phra Athit) Noch karger könnten die billigen Zimmer hier fast nicht sein, dafür sind sie makellos sauber und sonnendurchflutet. Manche haben sogar einen gar nicht so schlechten Ausblick.

CHINATOWN & PHAHURAT

Yaowarat, Bangkoks Chinatown, ist nicht gerade der gastfreundlichste Teil der Stadt, wer aber gerne abseits der Massen nächtigt, bleibt hier als Traveller größtenteils unbehelligt. Es gibt eine ganz gute Auswahl an Unterkünften, von denen sich viele in Seitengassen geschäftiger Hauptstraßen befinden. Deshalb sollte man unbedingt erst einmal die Lärmsituation erfassen, bevor man sein Zimmer wählt. Früher glich es einem Alptraum, dieses Viertel erreichen zu wollen, seit die Metro aber am Hualamphong hält, hat sich die Lage deutlich entspannt.

Wer mit dem Zug nach Bangkok kommt und keine Lust hat, sich anderswo eine Bleibe zu suchen, wird in der Nähe des Bahnhofs Hualamphong einige großartige Budgetoptionen finden, beispielsweise **Baan Hualampong** (s. rechte Spalte), **Siam Classic** (Karte S. 80; ☎026396363; www.siamclassic-hostel.com; 336/10 Trok Chalong Krung; Zi. 450–1400 B; ✳@🛜; Metro Hualamphong, Fähre Tha Ratchawong) und **@HuaLamphong** (Karte S. 80; ☎0 2639 1925; www.at-hualamphong.com; 326/1 Th Phra Ram IV; B 200 B, Zi. 690–1000 B; ✳@🛜; Metro Hualamphong, Fähre Tha Ratchawong).

Shanghai Mansion
BOUTIQUEHOTEL $$$

(Karte S. 80; ☎022212121; www.shanghai-inn.com; 479-481 Th Yaowarat; Zi. 2500–3500 B, Suite 4000 B; ✳@🛜; Fähre Tha Ratchawong) Dieses preisgekrönte Boutiquehotel ist mit Abstand die stilvollste Unterkunft in Chinatown (wenn nicht sogar in ganz Bangkok).

Es erinnert mit dem Buntglas, den zahllosen Lampen, kräftigen Farben und seinem ironischem Chinatown-Kitsch unweigerlich an Shanghai um das Jahr 1935. Wer so richtig in die Vollen gehen möchte, lässt sich eines der größeren Zimmer zur Straße hin geben. Sie haben hohe Fenster und sind deshalb heller.

Baan Hualampong
PENSION $

(Karte S. 80; ☎026398054; www.baanhualampong. com; 336/20-21 Trok Chalong Krung; B 250 B, Zi. 290–800 B; ✳@🛜; Metro Hualamphong) Es sind das heimelige Flair und das herzliche, persönliche Personal, das die Gäste begeistert und immer wiederkommen lässt. Die Pension liegt nur einen kurzen Fußweg vom Bahnhof Hualamphong entfernt, bietet eine Küche, Waschmaschinen und große Gemeinschaftsbereiche mit Computern. Das Frühstück ist im Preis inbegriffen.

China Town Hotel
HOTEL $$

(Karte S. 80; ☎0 2225 0204; www.chinatownhotel. co.th; 526 Th Yaowarat; Zi. 880–2500 B; ✳@🛜; Metro Hualamphong, Fähre Tha Ratchawong) Hier steigen besonders chinesische Touristen gerne ab. Die Lobby sieht genau so aus, wie der Name des Hotels vermuten lässt; dieses Design-Konzept sucht man allerdings in den Zimmern vergebens. Das Hotel wurde kürzlich erst umgestaltet und das Preis-Leistungs-Verhältnis ist absolut in Ordnung.

UFERGEBIET

Die Unterkünfte zu beiden Uferseiten des Mae Nam Chao Phraya sind meist entweder Spitzenklassehotels oder einfache Hostels. Etwas dazwischen zu finden, wird schwer.

Oriental Hotel
LUXUSHOTEL $$$

(Karte S. 84; ☎026599000; www.mandarinoriental. com; 48 Soi 40/Oriental, Th Charoen Krung; Zi. 12 799–14 799 B; Suite 23 999–140 999 B; ✳@🛜✈; hoteleigenes Shuttleboot vom Tha Sathon/Central Pier) Zu einem authentischen Bangkok-Erlebnis gehört auch eine Übernachtung in diesem altehrwürdigen Hotel am Flussufer. Die meisten Zimmer sind im modernen und kürzlich erst renovierten New Wing untergebracht, der Garden Wing und der Authors' Wing bieten aber ein großartiges Alte-Welt-Flair. Auch das dienstälteste Spitzenrestaurant der Stadt, Le Normandie (S. 128), ist hier zu Hause, und am anderen Flussufer in Thonburi betreibt das Hotel eines der renommiertesten Spas der Region

Die Geschichte des Oriental Hotel begann im späten 19. Jh., als es noch ein ruppiges Gasthaus für europäische Seefahrer war. Hans Niels Anderson, der Begründer der gewaltigen East Asiatic Company (die zwischen Bangkok und Kopenhagen verkehrte), baute das Hotel um und machte es zu einem wahrhaften Aristokraten-Magneten. Er beauftragte einen italienischen Innenarchitekten mit dem Bau des Seitenflügels, der heute als Authors' Wing (der „Schriftstellerflügel") bekannt ist. Es war damals das aufwendigste säkulare Gebäude der Stadt. Bis dahin waren alle anderen großartigen Bauwerke vom König in Auftrag gegeben worden.

Mit seiner dramatischen Lage am Ufer des Mae Nam Chao Phraya wurde das Hotel für die großen Persönlichkeiten berühmt, die hier abstiegen. Ein polnischer Matrose mit dem Namen Joseph Conrad mietete sich hier 1888 ein, bevor er wieder in See stach. William Somerset Maugham schleppte sich mit einer Malariaerkrankung im fortgeschrittenen Stadium hierher, die er sich während seiner Überlandfahrt von Burma eingefangen hatte. Von Fieber geplagt hörte er, wie der deutsche Hotelmanager mit dem Arzt darüber sprach, dass ein Todesfall im Hotel nicht gut fürs Geschäft wäre. Maughams Genesung und der Abschluss seines Buches *Gentleman in the Parlour: A Record of a Journey from Rangoon to Haiphong* trugen dann aber dazu bei, den literarischen Ruf des Hotels nachhaltig zu stärken. Weitere berühmte Gäste waren Noël Coward, Graham Greene, John le Carré, James Michener, Gore Vidal und Barbara Cartland. Einige zeitgenössische Autoren behaupten sogar, dass ein Aufenthalt im Oriental tatsächlich Schreibblockaden löse.

Um ein wenig vom Flair der alten Bangkoker Seefahrertage in sich aufzunehmen, gönnt man sich einen Cocktail an der Bamboo-Bar oder tut es Noël Coward gleich und prostet von der Terrasse mit Uferblick dem schnell fließenden Fluss zu. Ganz ohne Alkohol kommt der Nachmittagstee in der pompösen viktorianischen Lounge aus, in der Schwarz-Weiß-Fotografien von Rama V. hängen. Um auch in der heutigen, eher zwanglosen Zeit noch aristokratischen Ansprüchen zu genügen, gilt im Hotel eine strikte Kleiderordnung (kurze Hosen, ärmellose T-Shirts oder Sandalen sind tabu).

(S. 99) und eine Kochschule. Das Frühstück ist im Preis inbegriffen. Hintergrundinfos zur Geschichte des Hotels finden sich im Kasten oben.

Shangri-La Hotel LUXUSHOTEL $$$
(Karte S. 84; ☑ 0 2236 7777; www.shangri-la.com; 89 Soi 42/1/Wat Suan Phlu, Th Charoen Krung; Zi. 6800–7700 B, Suite 8500–15 600 B; ✢@☎☂; Skytrain Saphan Taksin) Nach einer kürzlich durchgeführten Verjüngungskur sieht das alteingesessene Shangri-La heute besser aus denn je. Der Preis ist noch relativ großzügig angesetzt, das Frühstück ist darin inbegriffen und die Atmosphäre erinnert ein wenig an ein Urlaubsresort. Zudem gibt es ein großes Angebot an Aktivitäten und Einrichtungen – das Haus ist eine tolle Wahl für Familien.

Swan Hotel HOTEL $$
(Karte S. 84; ☑ 0 2235 9271; www.swanhotelbkk.com; 31 Soi 36, Th Charoen Krung; EZ/DZ inkl. Frühstück 1200/1500 B; ✢@☎☂; Fähre Tha Oriental) Obwohl dieses klassische Hotel relativ groß ist, bewahrt es sich doch ein heimeliges Flair. Es wurde kürzlich erst renoviert und sieht nun besser aus als je zuvor – obwohl die Zimmereinrichtung immer noch den 1970er-Jahren zu entstammen scheint. Der einladende Poolbereich ist ein wenig zeitloser und die gesamte Anlage ist buchstäblich makellos sauber.

Peninsula Hotel LUXUSHOTEL $$$
(Karte S. 84; ☑ 0 2861 2888; www.peninsula.com; abseits Th Charoen Nakhon, Thonburi; Zi. 10 800–15 500 B; Suite 18 800–120 000 B; hoteleigenes Shuttleboot vom Tha Sathon/Central Pier; ✢@☎☂) Auch nach über einem Jahrzehnt in Bangkok scheint das Pen noch immer alles bieten zu können: perfekte Lage (in Thonburi über dem Fluss thronend), perfekter Ruf (bei der Wahl der weltweit besten Luxushotels stets vorne mit dabei) und eines der höchsten Serviceniveaus der Stadt. Wenn Geld keine Rolle spielt, mietet man sich am besten im obersten Stock ein (es gibt insgesamt 38 Etagen). Hier liegt einem Bangkok im wahrsten Sinne des Wortes zu Füßen. Das Frühstück ist im Preis inbegriffen.

Millennium Hilton
HOTEL $$$

(Karte S. 84; ☎ 0 2442 2000; www.bangkok.hilton. com; abseits Th Charoen Nakhorn, Thonburi; Zi. 6200–7800 B, Suite 10 000 B; ✴@🛜✈; hotel-eigenes Shuttleboot ab River City & Tha Sathon/ Central Pier) Schon wenn man die imposante Lobby betritt, erkennt man, dass dies wohl Bangkoks jüngstes und modernstes Hotel am Flussufer ist. Die Zimmer – alle mit großen Fenstern und Flusspanorama – sind dementsprechend mit flippigen Möbeln und Fotos mit landestypischen Motiven ausgestattet. Der gläserne Aufzug und der künstliche Strand sind nur zwei der coolen Extras.

River View Guest House
BUDGETHOTEL $

(Karte S. 84; ☎ 0 2234 5429; www.riverviewbkk. com; 768 Soi Phanurangsi, Th Songwat; Zi. 350–1500 B; ✴🛜; Fähre Marine Department) Nach nunmehr 20 Jahren bekommt dieses hoch aufragende Budgethotel endlich die Ver-jüngungskur, die es dringend nötig hat. Die schon renovierten Zimmer sind groß und modern, die Korridore und die Fassa-de scheinen allerdings in einer Zeitschleife gefangen zu sein. Um hierher zu kommen, biegt man von der Th Si Phraya in Richtung Norden in die Th Charoen Krung ab, dann nach links in die Th Songwat (vor dem Chi-natown-Bogen), und danach nimmt man die zweite Straße rechts, die in die Soi Pha-nurangsi führt. Ab hier ist das Guest House ausgeschildert.

New Road Guesthouse
HOSTEL $

(Karte S. 84; ☎ 0 2630 9371; www.newroadguest house.com; 1216/1 Th Charoen Krung; B Venti-lator/Klimaanlage 160/250 B, Zi. 900–2500 B; ✴@🛜; Fähre Tha Si Phraya) Wer mit knapp bemessenem Budget reist, wird in Bang-kok kaum eine günstigere Bleibe finden als diese sauberen Schlafsäle mit Ventilatoren. Das dazugehörige Reisebüro mit dem Na-men visit beyond (s. S. 157) ist seriös.

P&R Residence
BOUTIQUEHOTEL $$

(Karte S. 84; ☎ 0 2639 6091-93; pandrresidence@ gmail.com; 34 Soi 30, Th Charoen Krung; Zi. 900–1800 B; ✴🛜; Fähre Tha Si Phraya) Chic und Eleganz sucht man im P&R vergebens, dafür sind die Zimmer komfortabel und sauber. Für diese stimmungsvolle Ecke der Stadt ist der Preis außerdem echt fair.

SILOM & SATHON

Das Bankenviertel entlang der Th Silom gehört nicht gerade zu den reizendsten Gegenden der Stadt, es hat aber einige

Ausgehoptionen und eine gute Anbindung an die modernen Stadtteile Bangkoks zu bieten. Rund um die Th Silom wird man nicht viele Budgetunterkünfte finden, in der Th Sala Daeng gibt es aber einige Bouti-quehotels der mittleren Preiskategorie mit gutem Preis-Leistungs-Verhältnis. Auch ei-nige der bekanntesten Luxushotel der Stadt sind hier am Ufer angesiedelt und sind mit den kostenlosen Hotelfähren vom Tha Sa-thon (Central Pier) aus zu erreichen.

Auch in Th Sathon stehen einige Spitzen-klassehotels, denen es aber leider an Flair mangelt. Das Aufregendste dieses Bezirks ist die gleichnamige, weitläufige Straße. Wer nicht umhinkommt, hier zu übernach-ten, findet auf S. 121 noch einige weitere Ho-tels, die rund um den unteren Abschnitt der Th Sathon angesiedelt sind.

Siam Heritage
LP TIPP
BOUTIQUEHOTEL $$$

(Karte S. 86; ☎ 0 2353 6101; www.thesiam heritage.com; 115/1 Th Surawong; Zi. 3000–3500 B, Suite 4500–9000 B; ✴@🛜✈; Skytrain Sala Daeng, Metro Si Lom) Etwas abseits der viel befahrenen Th Surawong versteckt sich dieses stilvolle Boutiquehotel, das ein heimeliges, landestypisches Flair versprüht – vermutlich, weil die Besitzer im selben Gebäude wohnen. Die Zimmer sind in Sei-de und dunklem Holz gehalten und weisen in ihrem Design einige geniale Extras auf, ganz zu schweigen von den gebotenen An-nehmlichkeiten. Auf dem Dach befindet sich ein einladender Garten/Pool/Wellness-bereich, der, ebenso wie der Rest des Ho-tels, von einem tollen und professionellen Team von Angestellten in Schuss gehalten wird. Das Frühstück ist im Preis inbegrif-fen. Äußerst empfehlenswert!

Heritage Baan Silom
BOUTIQUEHOTEL $$

(Karte S. 86; ☎ 0 2236 8388; www.theheritage hotels.com; Einkaufszentrum Baan Silom, 669 Soi 19, Th Silom; Zi. 2100–3400 B; ✴@🛜; Skytrain Surasak) Hinter einer „Lifestyle-Arkade" (also einem Einkaufszentrum) liegt dieses Möchtegern-Luxushotel – eine moderne Version eines englischen Herrenhauses aus der Kolonialzeit. Die hellen, luftigen Zim-mer sind aufmerksam mit hübschen Möbel-stücken aus Holz und Korb eingerichtet. In jedem von ihnen finden sich andere Farb-muster und individuelle Wanddrucke.

La Résidence Hotel
BOUTIQUEHOTEL $$

(Karte S. 86; ☎ 0 2233 3301, www.laresidencebang kok.com; 173/8-9 Th Surawong; Zi. 1200–2200 B, Suite 3200–3700 B; ✴@🛜; Skytrain Chong

Nonsi) Das Boutiquehotel La Résidence verfügt über verspielte, individuell gestaltete Zimmer. Die Standardzimmer sind sehr klein und passenderweise wie Kinderzimmer eingerichtet. Eine Kategorie darüber sind die Zimmer dann schon etwas „erwachsener" und großzügiger, mit tiefroten Wänden und einer Deko aus modernen Thai-Elementen. Das Frühstück ist im Preis inbegriffen.

Baan Saladaeng
BOUTIQUEHOTEL $$

(Karte S. 86; ☎ 0 2636 3038; www.baansaladaeng. com; 69/2 Soi Sala Daeng 2; Zi. inkl. Frühstück 1300–2300 B; ❋ ☷ @ ☎; Skytrain Sala Daeng, Metro Si Lom) Das Baan Saladaeng ist unter einer Handvoll winziger Boutiquehotels entlang der Th Sala Daeng das freundlichste. Das lebendige Grundfarbenschema der Lobby ist auch in den elf Zimmern wiederzufinden. Die Zimmer in den oberen Etagen sind größer und luftiger.

Triple Two Silom
HOTEL $$$

(Karte S. 86; ☎ 0 2627 2222; www.tripletwosilom.com; 222 Th Silom; Zi. 3500–3800 B, Suite 5500 B; ❋ @ ☎; Skytrain Chong Nonsi) Die Zimmer hier erinnern an elegante moderne Büroräume (im positiven Sinn!). Aber keine Angst: Mit den riesigen Bädern und den gemütlichen Betten wird nicht die Arbeit, sondern die Erholung an erster Stelle stehen. Gäste können den Garten auf dem Dach nutzen, für den Pool und das Fitnesscenter müssen sie aber ins Schwesterhotel Narai gleich nebenan gehen. Das Frühstück ist im Preis inbegriffen.

Dusit Thani
LUXUSHOTEL $$$

(Karte S. 86; ☎ 0 2200 9000; www.dusit.com; 946 Th Phra Ram IV; Zi. 7900–10 000 B, Suite 12 500–32 500 B; ❋ @ ☎ ☷; Skytrain Sala Daeng, Metro Si Lom) Dieses altehrwürdige Luxushotel war einst das höchste Gebäude des Landes und beweist heute, wie sehr sich die Dinge in Bangkok geändert haben. Seit Renovierungsarbeiten im Jahr 2010 sehen die Zimmer wenigstens moderner aus als die scheußliche Fassade aus den 1970er-Jahren. Dennoch ist das Hotel mehr wegen seiner praktischen Lage und seines Blicks auf die Stadt als wegen seines Coolnessfaktors erwähnenswert. Das Frühstück ist im Preis mit drin.

Rose Hotel
HOTEL $$$

(Karte S. 86; ☎ 0 2266 8268-72; www.rosehotelbkk. com; 118 Th Surawong; Zi. 3200–3400 B, Suite 4000–4400 B; ❋ @ ☎ ☷; Skytrain Sala Daeng, Metro Si Lom) Trotz der unauffälligen Fassade eines alten Gebäudes aus Zeiten des Vietnamkriegs, ist das Rose mit seiner günstigen Lage, den modernen Zimmern, Pool, Fitnessraum und Sauna ein echt gutes Angebot. Das Frühstück ist im Preis inbegriffen.

HQ Hostel
HOSTEL $

(Karte S. 86; ☎ 0 2233 1598; www.hqhostel.com; 5/3-4 Soi 3, Th Silom; B 380–599 B, Zi. 1300–1700 B; ❋ @ ☎; Skytrain Sala Daeng, Metro Si Lom) Dieses neue Hostel ist eine gelungene Mischung aus schlichten, aber stylishen Zimmern und Schlafsälen und einladenden Gemeinschaftsbereichen. Es liegt mittendrin in Bangkoks Bankenviertel.

Bangkok Christian Guest House
BUDGETHOTEL $$

(Karte S. 86; ☎ 0 2233 2206; www.bcgh.org; 123 Soi Sala Daeng 2; EZ/DZ/3BZ inkl. Frühstück 1100/1540/1980 B; ❋ @ ☎ ☷; Skytrain Sala Daeng, Metro Si Lom) Diese nüchterne Pension ist eine tolle Wahl für Familien, da manche Zimmer bis zu fünf Betten haben und sich im 2. Stock ein Spielbereich für Kinder befindet.

YHA Downtown Bangkok
HOSTEL $

(Karte S. 86; ☎ 0 2266 4443; 395/4 Th Silom; B 299 B, Zi. 699–1129 B; ❋ @ ☎; Skytrain Chong Nonsi) Ein weiteres sauberes und günstig gelegenes Backpacker-Hostel.

SIAM SQUARE & PRATUNAM

Wer nach einer zentral gelegenen Unterkunft sucht, ist nirgendwo besser aufgehoben, als in der Gegend rund um den Siam Square. Hier kreuzen sich die beiden Skytrain-Linien und man ist (je nach Verkehr) nur eine relativ kurze Taxifahrt von Banglamphu entfernt – besser geht's im stetig expandierenden Bangkok nicht.

Wer einen dünnen Geldbeutel hat aber dennoch zentral unterkommen möchte, dem sei die entspannte Backpacker-Kommune entlang der Soi Kasem San 1 (gesprochen „gà·săirm") gegenüber dem Nationalstadion empfohlen.

⌂ LP TIPP Siam@Siam
HOTEL $$$

(Karte S. 90; ☎ 0 2217 3000; www.siamsiam.com; 865 Th Phra Ram I; Zi. inkl. Frühstück 5000–7000 B; ❋ @ ☎ ☷; Skytrain National Stadium) Die Lobby dieses neuen Prachtstücks passt eher in einen Vergnügungspark als in ein Hotel, und genau deshalb ist sie auch so toll. Ein scheinbar willkürlicher Mix aus Farben und Materialien verleiht dem Siam@Siam einen Stil, der am treffendsten als Schrottplatz-Look beschrieben werden kann – im positiven Sinn versteht sich. Auch in den Zimmern sieht es ähnlich aus. Sie liegen zwischen dem 14. und dem 24. Stock und bieten neben einem tollen Blick auf die Stadt auch kostenloses WLAN und Frühstück. Zudem gibt es einen Wellnessbereich, ein Dachrestaurant und einen Pool im 11. Stock.

Lub*d
HOSTEL $

(Karte S. 90; ☎0 2634 7999; www.lubd.com; Th Pha Ram I; B 550 B, Zi. 1350–1800 B; ✳@☎; Skytrain National Stadium) Der Name spielt auf den thailändischen Ausdruck *làp dee* („schlaf gut") an, allerdings wird bei der tollen Atmosphäre in diesem hellen und neuen Backpacker-Hostel manch einer vielleicht lieber die ganze Nacht durchmachen. Es gibt 24 Schlafsäle (darunter auch welche exklusiv für Frauen), die jeweils mit vier Betten ausgestattet sind, und auch einige private Zimmer, sowohl mit als auch ohne Bad. Es gibt einen einladenden Gemeinschaftsbereich mit kostenlosem Internet, Spielen und einer Bar, und auch einige nette Extras wie Waschmaschinen und einen Theaterraum. Wenn hier alles belegt ist, ist vielleicht in der zweiten **Niederlassung** (Karte S. 86; ☎0 2634 7999; www.lubd.com; 4 Th Decho; B 400 B, Zi. 1050–1400 B; ✳@☎; Skytrain Chong Nonsi) gleich abseits der Th Silom noch was frei.

Swissôtel Nai Lert Park
LUXUSHOTEL $$$

(Karte S. 90; ☎0 2253 0123; www.swissotel.com/bangkok-nailertpark; 2 Th Witthayu/Wireless Rd; Zi. 4100–4500 B, Suite 5200–6800 B; ✳@☎☒; Skytrain Phloen Chit, klorng-Taxi bis Tha Withayu) Dieses Hotel hat in seiner 30-jährigen Geschichte schon einige Reinkarnationen durchlaufen. Die aktuellste von ihnen ist echt super, denn die Suiten nehmen das edle Design der Lobby auf, während die günstigeren Zimmer eher konservativ klassisch gehalten und mit viel Holz ausgestattet sind. Abgesehen davon sind aber alle Zimmer riesig und haben Balkone. Frühstück inbegriffen.

Conrad Hotel Bangkok
HOTEL $$$

(Karte S. 90; ☎0 2690 9999; www.conradhotels. com; 87 Th Witthayu/Wireless Rd; Zi. 7298–10 005 B, Suite 14 242–17 185 B; ✳@☎☒; Skytrain Phloen Chit) Als das Conrad 2003 erbaut wurde, war es eines der ersten Hotels in Bangkok, das sich bewusst an ein junges, hippes Publikum wandte. Mittlerweile ist es auf diesem Gebiet längst nicht mehr marktführend, bietet aber immer noch attraktive und komfortable Zimmer. Frühstück inbegriffen.

Reno Hotel
BUDGETHOTEL $$

(Karte S. 90; ☎0 2215 0026; www.renohotel.co.th; 40 Soi Kasem San 1; Zi. inkl. Frühstück 1280–1890 B; Skytrain National Stadium, klorng-Taxi zum Tha Ratchathewi; ✳@☎☒) Den meisten Zimmern, der Lobby und der Fassade sieht man an, dass sie kürzlich renoviert wurden, das Café und der elegante Pool dieses Veteranen aus der Zeit des Vietnamkriegs stecken aber noch immer in der Vergangenheit fest.

Vie
HOTEL $$$

(Karte S. 90; ☎0 2309 3939; www.viehotelbangkok.com; 117/39-40 Th Phayathai; Zi./Suite inkl. Frühstück 4296/5030–12 530 B; Skytrain Ratchathewi; ✳@☎☒) Das Vie schnürt aus seiner günstigen Lage und seiner lockeren Atmosphäre ein ansprechendes Komplettpaket. Der Service bekommt ein gutes Feedback, zum Essen wird der passende Wein gereicht und wer sich etwas mehr Luxus gönnen möchte, bekommt in den Duplex-Suiten viel Platz und einen tollen Blick auf die Stadt.

Asia Hotel
HOTEL $$$

(Karte S. 90; ☎0 2217 0808; www.asiahotel. co.th; 296 Th Phayathai; Zi. 3700–4800 B, Suite 8000–10 000 B; ✳@☎☒; Skytrain Ratchathewi, klorng-Taxi zum Tha Ratchathewi) Nachdem hier kürzlich renoviert wurde, ist dieses besonders bei Reisegruppen beliebte Hotel doch etwas moderner, als die Lobby im Stil der 1970er-Jahre vermuten lässt. Kitsch-Fans müssen sich aber keine Sorgen machen: Das hoteleigene Calypso Cabaret (s. Kasten S. 142) und die allabendliche Elvis-Show sind immer noch am Start. Frühstück inbegriffen.

Golden House
HOTEL $$

(Karte S. 90; ☎0 2252 9535; www.goldenhouses. net; 1025/5-9 Th Ploenchit; Zi. inkl. Frühstück 2000–2300 B; ✳@☎; Skytrain Chitlom) Mit Parkettboden und Einbaumöbeln aus Holz gleichen die 27 Zimmer hier eher modernen thailändischen Apartments als Hotelzimmern. Die Betten sind riesig, neigen aber – ganz wie die in thailändischen Apartments – dazu, durchzuhängen.

Novotel Bangkok on Siam Square
BUSINESSHOTEL $$$

(Karte S. 90; ☎0 2255 6888; www.novotelbkk.com; Soi 6, Siam Sq; Zi. 4049–6403 B, Suite 5449–11 403 B; ✳@☎☒; Skytrain Siam) Egal ob auf

Geschäftsreise oder im Urlaub: Das Novotel Siam, bei dem bald eine Renovierung ansteht, ist günstig gelegen und hat den Skytrain und verschiedene Einkaufsmöglichkeiten ganz in der Nähe. Frühstück inbegriffen.

A-One Inn BUDGETHOTEL $
(Karte S. 90; ☑ 0 2215 3029; www.aoneinn. com; 25/13-15 Soi Kasem San 1; EZ/DZ/3BZ 600/750/950 B; ✳@◉; Skytrain National Stadium, klorng-Taxi zum Tha Ratchathewi) Die Zimmer hier sind eng und einfach, was aber durch eine Vielzahl an Backpacker-Extras (Computer, Gepäckaufbewahrung, kostenloses Eis und Wasser) wieder wettgemacht wird.

Wendy House BUDGETHOTEL $$
(Karte S. 90; ☑ 0 2214 1149; www.wendyguest house.com; 36/2 Soi Kasem San 1; Zi. inkl. Frühstück 900–1200 B; ✳@◉; Skytrain National Stadium, klorng-Taxi zum Tha Ratchathewi) Hat kleine und schlichte Zimmer, die für diese Preiskategorie aber gut ausgestattet sind (TV, Kühlschrank).

Bed & Breakfast Inn BUDGETHOTEL $
(Karte S. 90; ☑ 0 2215 3004; Soi Kasem San 1; Zi. inkl. Frühstück 500–700 B; ✳◉; Skytrain National Stadium, klorng-Taxi zum Tha Ratchathewi) Die labyrinthartige Pension bietet durchschnittliche aber gemütliche Zimmer.

SUKHUMVIT
An der scheinbar endlosen Durchgangsstraße, Bangkoks inoffizieller Internationaler Zone, sind die meisten Unterkünfte der Stadt zu finden. Hier gibt's von allem ein bisschen, vom einen oder anderen Backpacker-Hostel und Schuppen für Sextouristen (vor allem zw. Soi 1 & 4) bis zum Fünf-Sterne-Luxus (erst ab Soi 12).

Da Sukhumvit vor allem Ziel kaufkräftigerer Besucher ist, ist auch der Service für Reisende hier teurer als in Banglamphu. Hübsche Nebeneffekte sind Restaurants mit Küchen aus wirklich jeder Ecke der Welt, zahlreiche Ausgehoptionen und eine gute Anbindung an Skytrain und Metro.

Unterer Abschnitt der Th Sukhumvit

LP TIPP **AriyasomVilla** B&B $$$
(Karte S. 96; ☑ 0 2254 880; www.ariyasom. com; 65 Soi 1, Th Sukhumvit; Zi. inkl. Frühstück 4248–9138 B; ✳@◉✳; Skytrain Phloen Chit) Abgeschirmt von einer „Wand" aus Frangipani liegt am Ende der Soi 1 diese renovierte Villa aus den 1940er-Jahren, die in der Bangkoker Hotelszene eines der am

schlechtesten gehüteten Geheimnisse ist. Wer es schafft, eines der 24 heiß begehrten, großzügigen Zimmer zu reservieren, darf sich auf eine sorgfältig ausgewählte Ausstattung mit dem gewissen raffinierten Thai-Touch und wunderschöne antike Möbel freuen. Es gibt einen Wellnessbereich und einen einladenden tropischen Pool. Das vegetarische Frühstück wird im originalen, atemberaubenden gläsernen Speisesaal der Villa serviert.

Suk 11 BUDGETHOTEL $
(Karte S. 96; ☑ 0 2253 5927; www.suk11.com; 1/33 Soi 11, Th Sukhumvit; EZ/DZ/3BZ inkl. Frühstück ab 535/749/1284 B; ✳@◉; Skytrain Nana) Diese äußerst gut geführte und ebenso beliebte Pension ist eine wahre Oase aus Holz und Pflanzen im Großstadtdschungel der Th Sukhumvit. Die billigeren Zimmer teilen sich ein Gemeinschaftsbad und obwohl die Besitzer es irgendwie geschafft haben, hier fast 100 Zimmer unterzubringen, muss man dennoch mindestens zwei Wochen im Voraus reservieren.

Stable Lodge BUDGETHOTEL $$
(Karte S. 96; ☑ 0 2653 0017; www.stablelodge. com; 39 Soi 8, Th Sukhumvit; Zi. 1495–1695 B; ✳@◉✳; Skytrain Nana) Leider, leider beherrscht der gefakte Tudor-Stil des Restaurants unten nicht auch die Zimmer dieses Hotels – das war aber auch schon der einzige Minuspunkt. Eine kürzliche Renovierung hat den einfachen Zimmern ein bisschen mehr Leben eingehaucht und die großzügigen Balkons bieten nach wie vor einen tollen Blick über die Stadt.

Golden Palace Hotel HOTEL $$
(Karte S. 96; ☑ 0 2252 5115; www.goldenpalace hotel.com; 15 Soi 1, Th Sukhumvit; Zi. 1110–1350 B; ✳@◉✳; Skytrain Phloen Chit) Die unzähligen Spiegel in den Zimmern im Erdgeschoss verraten, dass dies einst ein Stundenhotel war, wer aber ein paar hundert Baht mehr hinlegt, kann in einem schlichten, aber luftigen Zimmer im oberen Stock schlafen. Dank Pool, Café und einem Spa ganz in der Nähe wird's einem hier nie langweilig.

Federal Hotel HOTEL $$
(Karte S. 96; ☑ 0 2253 0175; www.federalbangkok. com; 27 Soi 11, Th Sukhumvit; Zi. inkl. Frühstück 1050–1500 B; ✳◉✳; Skytrain Nana) Die Fassade lässt es nicht erahnen, aber nach über 40 Jahren hat sich der „Club Fed" endlich zu einer Sanierung entschlossen. Die Zimmer im oberen Stockwerk sind komfortabel und fast schon modern, aber denen

im Erdgeschoss sieht man immer noch von Weitem an, dass sie eigentlich von 1967 stammen. Die wahren Attraktionen sind der von Frangipani gesäumte Pool und das Café im amerikanischen Stil, das irgendwo in der Vergangenheit stecken geblieben scheint.

Atlanta
BUDGETHOTEL **$**
(Karte S. 96; ☏0 2252 1650; 78 Soi 2/Phasak, Th Sukhumvit; Zi./Suite inkl. Frühstück ab 535/1820 B; ✳@🛜🏊; Skytrain Phloen Chit) Geradezu provokativ antiquiert und nicht weniger altbacken präsentiert sich dieses langsam verfallende Juwel, das sich seit seinem Bau 1952 nicht groß verändert hat. Die opulente Lobby ist ein krasser Kontrast zu den einfachen Zimmern, der einladende Pool (angeblich der erste Hotelpool des Landes) und das wunderbare Restaurant sind aber Grund genug für einen Aufenthalt hier.

Swiss Park Hotel
HOTEL **$$**
(Karte S. 96; ☏0 2254 0228; 155/23 Soi 11/1, Th Sukhumvit; Zi./Suite ab 1500/2900 B; ✳🛜🏊; Skytrain Nana) Die Zimmer hier sind unspektakulär und bleiben größtenteils nicht in besonderer Erinnerung, die günstige Lage und das freundliche, kompetente Personal machen dieses Hotel allerdings zu einer guten Mittelklasseoption.

Bed Bangkok
HOSTEL **$**
(Karte S. 96; ☏0 2655 7604; www.bedbangkok. com; 11/20 Soi 1, Th Sukhumvit; B/Zi. inkl. Frühstück ab 390/800 B; ✳@🛜; Skytrain Asok, Metro Sukhumvit) Dieses brandneue Hotel schafft es, sich trotz seines industriellen Flairs eine heimelige Atmosphäre zu bewahren. Das freundliche Personal entschädigt für die etwas harten Betten der Schlafsäle.

Soi 1 Guesthouse
HOSTEL **$**
(Karte S. 96; ☏0 2655 0604; www.soi1guest house.com; 220/7 Soi 1, Th Sukhumvit; B 400 B; ✳@🛜; Skytrain Phloen Chit) Dieser schon etwas in die Jahre gekommene Backpacker-Liebling verfügt über vier beengte Schlafsäle und einen geselligen Gemeinschaftsbereich mit Billardtisch, TV und Computern.

Oberer Abschnitt der Th Sukhumvit
Im mittleren Abschnitt der Th Sukhumvit, besonders in der Soi 19, findet sich eine Handvoll günstiger und dennoch ansprechender Mittelklasseoptionen, darunter auch das überraschend elegante **Sacha's Hotel Uno** (Karte S. 96; ☏0 2651 2180; www. sachas.hotel-uno.com; 28/19 Soi 19, Th Sukhum-

vit; Zi. inkl. Frühstück 1800–2500 B; ✳@🛜; Skytrain Asok, Metro Sukhumvit), das **Silq** (Karte S. 96; ☏0 2252 6800; www.silqbkk.com; 54 Soi 19, Th Sukhumvit; Zi. inkl. Frühstück 2654–3560 B; ✳@🛜; Skytrain Asok, Metro Sukhumvit) und das flippige **Fusion Suites** (Karte S. 96; ☏0 2665 2644; www.fusionbangkok.com; 143/61-62 Soi 21/Asoke, Th Sukhumvit; Zi. inkl. Frühstück 2100–2400 B, Suite inkl. Frühstück 3200 B; ✳@🛜; Skytrain Asok, Metro Sukhumvit).

72 Ekamai
BOUTIQUEHOTEL **$$**
(Karte S. 96; ☏02 714 7327; www.72ekamai.com; 72 Soi 63/Ekamai, Th Sukhumvit; Zi. 2100 B, Suite 2500–2850 B; ✳@🛜🏊; Skytrain Ekkamai) Dieses tolle, jung(gebliebene), designorientierte Hotel ist eine prima Wahl. Alles ist in Rot und Schwarz gehalten und an den Wänden hängen Pop-Art-Drucke. Es mag nur eine Sinnestäuschung gewesen sein, aber beim Besuch im Rahmen der Recherche roch es hier wirklich nach Bonbons! Die Junior-Suiten sind riesig und, wie alle Zimmer, gut ausgestattet. Außerdem ist das Ekamai äußerst günstig gelegen. Frühstück inbegriffen.

Eugenia
BOUTIQUEHOTEL **$$$**
(Karte S. 96; ☏0 2259 9017-19; www.theeugenia. com; 267 Soi 31/Sawatdi, Th Sukhumvit; Suite inkl. Frühstück 8107–9911 B; ✳@🛜🏊; Skytrain Phrom Phong & Weiterfahrt mit dem Taxi) Obwohl Thailand nie eine Kolonie war, hatte die Kolonialzeit doch einen deutlichen Einfluss auf das Design dieses charaktervollen Hotels. Mit den antiken Möbeln und den zahlreichen Tierfellen gleicht ein Aufenthalt hier einer Reise ins Myanmar von 1936. Aber keine Sorge, man muss keinen Diener bitten, einem ein Bad einzulassen – moderne Annehmlichkeiten wie ein Flachbild-TV sind vorhanden (die Bäder sind wunderschön und aus Kupfer) und In- und Auslandsgespräche sind kostenlos. Unbedingt nach dem Oldtimer-Flughafentransfer fragen!

Napa Place
B&B **$$**
(Karte S. 96; ☏0 2661 5525; www.napaplace.com; 11/3 Yaek 2, Soi 36, Th Sukhumvit; Zi. 2200–2400 B, Suite 3400 B; ✳@🛜; Skytrain Thong Lo) Das Napa Place versteckt sich in einem für Bangkok typischen Großstadtkomplex, im Innern erwartet einen aber wohl die heimeligste Unterkunft der ganzen Stadt. Die zwölf geräumigen Zimmer sind mit dunklem Holz aus dem ehemaligen Gewerbe der Familie eingerichtet und die leichten braunen Stoffe wurden von einem thailän-

VORAUSPLANUNG ZAHLT SICH AUS

Die in diesem Kapitel aufgeführten Preise entsprechen den Standardpreisen der Hauptsaison, d. h. dem höchsten Preis, den ein Hotel im Allgemeinen für ein Zimmer verlangt. Es gibt aber keinen Grund, wirklich so viel dafür zu bezahlen, besonders dann nicht, wenn man die genauen Daten seines Aufenthalts schon kennt. Wer ein Zimmer online bucht, kann in Bangkoks führenden Hotels mindestens 20 % und oft sogar noch mehr sparen. Entweder reserviert man direkt auf den Websites der Hotels oder auf Seiten wie **Lonely Planets Hotels & Hostels** (hotels.lonelyplanet. com), die neben einem Buchungsservice auch ausführliche Rezensionen von Autoren und Traveller-Feedback bieten.

Es kann sich auch schon lohnen, einfach im Voraus anzurufen und zu reservieren. Manchmal bekommt das Personal eine Provision für Gäste, die ohne Reservierung auftauchen und gibt nur ungern Rabatte. Dem kann man teilweise durch einen einfachen Anruf vorbeugen, bei dem man sich nach dem niedrigsten verfügbaren Preis erkundigt.

dischen Weber von Hand hergestellt. Die Gemeinschaftsbereiche sehen genauso aus, wie das Wohnzimmer zu Hause.

S31 — HOTEL $$$
(Karte S. 96; ☎ 0 2260 1111; www.s31hotel.com; 545 Soi 31, Th Sukhumvit; Zi. 6000 B, Suite 7000–9000 B; ✳ 🛜 🏊; Skytrain Phrom Phong) Die plakativen Muster und Grafiken sowohl innen als auch außen machen das S31 zu einer angenehmen, frischen Wahl. Durch kleine, aber feine Details wie Küchennischen mit großen Kühlschränken, hypergroßen Betten und kostenlosen Kursen (Kochen, Thai-Boxen, Yoga) beweist das Hotel, dass hinter dem ganzen Style auch etwas steckt. Das Frühstück ist im Preis inbegriffen. In der Soi 15 bzw. 33 finden sich zwei weitere Niederlassungen.

Ma Du Zi — BOUTIQUEHOTEL $$$
(Karte S. 96; ☎ 0 2615 6400; www.maduzihotel. com; Ecke Th Ratchadapisek & Soi 16, Th Sukhum-

vit; Zi. 5000–12 000 B, Suite 12 000 B; ✳ @ 🛜; Skytrain Asok, Metro Sukhumvit) Der thailändische Name des Hotels bedeutet soviel wie „einfach mal reinschauen", was angesichts der Tatsache, dass man hier nur mit Reservierung ein Zimmer bekommt und nicht einfach an der Rezeption auftauchen kann, recht unzutreffend gewählt ist. Wer es erst einmal bis hinter das Tor geschafft hat, findet sich in einem ansprechenden, mittelgroßen Hotel in dunklen, eleganten Farben und Designs wieder. Besonders toll sind die riesigen Bäder, die Badewannen mit Türen und die minimalistischen Duschen.

Seven — BOUTIQUEHOTEL $$$
(Karte S. 96; ☎ 0 2662 0951; www.sleepatseven. com; 3/15 Soi 31/Sawatdi, Th Sukhumvit; Zi. inkl. Frühstück 3290–5290 B; ✳ @ 🛜; Skytrain Phrom Phong) Dieses winzige Hotel schafft es, gleichzeitig schick und heimelig, stylish und komfortabel, thailändisch und international zu sein. Jedes der sechs Zimmer ist in einer anderen Farbe gemäß der thailändischen Astrologie gehalten. Zudem gibt es zahlreiche sehr aufmerksame Annehmlichkeiten.

Davis — BOUTIQUEHOTEL $$$
(Karte S. 96; ☎ 0 2260 8000; www.davisbangkok. net; 88 Soi 24, Th Sukhumvit; Zi. 2299–3599 B, Suite 5999–9999 B; ✳ @ 🛜 🏊; Skytrain Phrom Phong) Wenn es schwer fällt, das Designkonzept des Davis zu durchschauen, liegt das wahrscheinlich daran, dass es alle Geschmäcker bedient. Es gibt Zimmer im Stile Chinas, Japans, Myanmars und Balis, außerdem rund um einen Pool zehn Villen im Thai-Stil. Frühstück inbegriffen.

Dream Bangkok — BOUTIQUEHOTEL $$$
(Karte S. 96; ☎ 0 2254 8500; www.dreambkk.com; 10 Soi 15, Th Sukhumvit; Zi. 3500–4000 B, Suite 6500–12 000 B; ✳ @ 🛜 🏊; Skytrain Asok, Metro Sukhumvit) Wer unter einer tollen Inneneinrichtung ausgestopfte Tiger, eine Fülle von Spiegeln und glattes Leder versteht, der wird sich hier wie zu Hause fühlen. Die Standardzimmer sind recht beengt, aber mit jeder Menge skurriler Annehmlichkeiten ausgestattet, z. B. dem blauen Dream-Licht, so etwas wie dem Aushängeschild des Hotels, das beim Einschlafen helfen soll. Das Frühstück ist im Preis inbegriffen.

Sheraton Grande Sukhumvit — BUSINESSHOTEL $$$
(Karte S. 96; ☎ 0 2649 8888; www.luxurycollection.com/bangkok; 250 Th Sukhumvit; Zi. 3500–10 000 B, Suite 16 500–55 000 B; ✳ @ 🛜;

Skytrain Asok, Metro Sukhumvit) Dieses auf Geschäftsreisende ausgerichtete Hotel in guter Lage verfügt mit über die größten Zimmer der Stadt und bietet dazu noch eine großzügige Anzahl an Annehmlichkeiten. Zum Zeitpunkt der Recherche standen Renovierungsarbeiten kurz bevor. Sie sollten dieses sowieso schon sehr gute Hotel inzwischen in ein hervorragendes Hotel verwandelt haben. Das Frühstück ist im Preis inbegriffen.

Baan Sukhumvit B&B $$
(Karte S. 96; ☎ 0 2258 5622; www.baansukhumvit. com; 392/38-39 Soi 20, Th Sukhumvit; Zi. inkl. Frühstück 1430 B; ❄@🛜; Skytrain Asok, Metro Sukhumvit) Eines von drei gleich teuren Hotels in einer kleinen Seitenstraße abseits der Soi 20. Die zwölf Zimmer verströmen ein heimeliges, gemütliches Flair. Ein neueres Tochterhotel steht auf der Soi 18, gleich um die Ecke.

Trotz der allgemein eher hochpreisigen Unterkünfte dieses Teils der Stadt gibt es auch eine ganz gute Auswahl an Backpacker-Hostels:

Nana Chart Hotel HOSTEL $
(Karte S. 96; ☎ 0 2259 6908; www.thailandhostel. com; Ecke Soi 25 & Th Sukhumvit; Zi. 1200–1800 B; ❄@🛜; Skytrain Asok, Metro Sukhumvit) Ein sauberes, relativ neues Hostel mit 68 schlichten, aber absolut ausreichenden Zimmern für den kleinen Geldbeutel. Zudem gibt's hier mit die besten Schlafsäle der Gegend, die sogar eigene Bäder haben. Das Frühstück ist im Preis inbegriffen.

HI-Sukhumvit HOSTEL $
(Karte S. 96; ☎ 0 2391 9338; www.hisukhumvit. com; 23 Soi 18, Th Sukhumvit; B/EZ/DZ/3BZ inkl. Frühstück ab 320/650/900/1200 B; ❄@🛜; Skytrain Thong Lo) In einer ruhigen Wohnstraße liegt, nur einen kurzen Fußweg vom Skytrain entfernt, dieses freundliche Hostel, das mit ordentlichen Schlafsälen und riesigen Bädern punktet.

LUMPHINI-PARK & TH PHRA RAM IV
Die Hippies, die in den 1970er-Jahren durch Asien reisten, legten zum Schlafen ihre Schlaghosen meistens in den Pensionen der Soi Ngam Duphli ab, die sich abseits der Th Phra Ram IV und nicht allzu weit vom Lumphini-Park entfernt befindet. Obwohl das schon einige Jahrzehnte her ist, ist diese Gegend, vor allem die Soi Si Bamphen, noch immer eine gute Adresse für superbillige Unterkünfte, wobei durchaus auch ein

paar höherpreisige Optionen dabei sind. Durch die Metro-Station Lumphini kommt man nun noch einfacher hierher.

LP TIPP Metropolitan HOTEL $$$
(Karte S. 94; ☎ 02 6253333; www.metropolitan.como.bz; 27 Th Sathon Tai, Zi. 4951–5768 B, Suite 6945–21 186 B; ❄@🛜; Metro Lumphini) Die Fassade des ehemaligen YMCA hat sich kaum verändert, ein Blick ins Innere verrät aber, dass es sich hierbei um eines der edelsten Hotels Bangkoks handelt. Hier regiert der urbane Minimalismus – mal abgesehen von der Größe der zweistöckigen Penthouse-Suiten. Das Frühstück, entweder amerikanisch oder „Bio", ist im Preis inbegriffen und das zugehörige Restaurant nahm (S. 133) ist Bangkoks beste thailändische Edeladresse.

LUXX XL BOUTIQUEHOTEL $$
(außerhalb der Karte S. 94; ☎ 0 2684 1111; www. staywithluxx.com; 82/8 Soi Lang Suan; Zi. 2500–7000 B, Suite 13 000–22 000 B; ❄@🛜; Skytrain Ratchadamri) Trotz der eher unauffälligen Lage in einer von Bäumen gesäumten Straße Bangkoks versprüht das Luxx eine minimalistische Coolness, die auch problemlos nach London oder New York passen würde. Es gibt noch eine weitere, etwas günstigere **Niederlassung** (Karte S. 86; ☎ 0 2635 8800; 6/11 Th Decho; Zi./Suite ab 2200/4100 B; ❄@🛜; Skytrain Chong Nonsi) in der Th Decho, abseits der Th Silom. Das Frühstück ist bei beiden Hotels inbegriffen.

Sukhothai Hotel HOTEL $$$
(Karte S. 94; ☎ 0 2344 8888; www.sukhothai.com; 13/3 Th Sathon Tai; Zi. 11 000–14 000 B, Suite 15 000–90 000 B; ❄@🛜; Metro Lumphini) Wie der Name vermuten lässt, sind auf dem Gelände dieses Hotels Ziegelstupas, Innenhöfe und antike Skulpturen zu finden, die eine historische, tempelartige Atmosphäre verströmen. In krassem Kontrast hierzu stehen die kürzlich renovierten Zimmer der Kategorie Superior mit ihren Hightech-TVs, Hightech-Telefonen und, ja, Hightech-Toiletten. Frühstück inbegriffen.

All Seasons Sathorn HOTEL $$
(Karte S. 94; ☎ 0 2343 6333; www.allseasonssathorn.com; 31 Th Sathon Tai; Zi. inkl. Frühstück 1800–2500 B; ❄@🛜; Metro Lumphini) Das ehemalige King's Hotel mitten im Botschaftsviertel wurde als moderne, attraktive Budgetoption wiedergeboren. Das Design aus Grundfarben und gewagten Linienmustern macht den Mangel an natürlichem Licht wieder wett.

Malaysia Hotel BUDGETHOTEL **$**
(Karte S. 94; ☎026797127; www.malaysiahotelbkk.
com; 54 Soi Ngam Duphli; Zi. inkl. Frühstück
698–998 B; ✳@📶🏊; Metro Lumphini) Das
Malaysia war einst Bangkoks bekannteste Budgetunterkunft. Sogar Maureen und
Tony Wheeler kamen hier auf ihrer Lonely
Planet Jungfernreise durch Südostasien
vorbei. Aus zuverlässigen Quellen heißt es,
die beiden übernachten heute woanders
wenn sie in Bangkok sind, für alle anderen ist dieses Hotel nach wie vor eine gute
Wahl, denn die Preise sind gut und die Atmosphäre ist noch genauso wie damals.

Penguin House BUDGETHOTEL **$**
(Karte S. 94; ☎02 2679 9991; www.penguinhouses.
com; 27/23 Soi Si Bamphen; Zi. 800–950 B; ✳📶;
Metro Lumphini) Dieses Hotel mit dem seltsamen Namen bringt eine frische Brise in
diese Gegend mit allerlei müden Oldtimern.
Die hinteren Zimmer sind ruhiger und ein
paar der nach innen gehenden Räume bieten Platz für zwei Paare.

ETZzz Hostel BUDGETHOTEL **$**
(Karte S. 94; ☎02 2286 9424; www.etzhostel.com;
Soi Ngam Duphli; B/Zi. 200/900 B; ✳📶; Metro
Lumphini) Die Zimmer in diesem brandneuen, in einem Shophouse untergebrachten
Hostel sind überteuert, der saubere Schlafsaal, die blitzblanke Ausstattung und die
günstige Lage sind aber ein Pluspunkt.

Ibis Sathon BUDGETHOTEL **$$**
(Karte S. 94; ☎026592888; 29/9 Soi Ngam Duphli;
Zi. inkl. Frühstück 1800 B; ✳@📶🏊; Metro Lump-

FÜR SPÄTANKÖMMLINGE

Auf einem internationalen Flug nach Bangkok, der gegen Mitternacht landen soll,
kann man eine Menge Passagiere sehen, die nervös an ihren Nägel kauen. Gibt's noch
Taxis in die Stadt? Gibt's noch freie Zimmer? Werde ich meine Familie je wiedersehen?
Da ist es doch beruhigend zu wissen, dass so gut wie alle internationalen Flüge erst
spät abends in Bangkok ankommen und dass die Stadt ein äußerst gastfreundlicher
Ort ist. Außerdem wird es nicht nur Taxis, sondern sogar auch einen Express-Zug (s.
S. 160) geben.

Wer noch kein Zimmer hat, hat im unteren Abschnitt der Th Sukhumvit die größten
Chancen, fündig zu werden. Dort befindet man sich gleich an der Autobahn und die
Hotels rund um die Soi Nana, etwa das **Swiss Park** (S. 120) oder das **Federal** (S. 119), sind
es gewohnt, auch mitten in der Nacht noch Gäste zu empfangen, und reißen einem
auch nicht gleich ein Loch in die Reisekasse. Alternativ kann man es natürlich immer
in der Th Khao San versuchen, deren zahlreiche Hotels und Pensionen bis spät nachts
geöffnet haben und hier beinahe ununterbrochen Neuankömmlinge vom Flughafen
hereinschneien.

Wer einen guten Grund hat, sich nicht zu weit vom Flughafen zu entfernen, findet
bei folgenden Anlaufstellen ein äußerst angenehmes Dach über dem Kopf:

Suvarnabhumi International Airport

Die nächstgelegene gute Budgetoption ist **Refill Now!** (s. S. 124).

» **Grand Inn Come Hotel** (☎0 2738 8189-99; www.grandinncome-hotel.com; 99 Moo
6, Th Kingkaew, Bangpli; Zi. inkl. Frühstück ab 1800 B; ✳@📶) Solides Mittelklassehotel,
10 km vom Flughafen entfernt; es gibt ein Flughafenshuttle und eine nicht gerade
sehr lebhafte Karaokebar.

» **All Seasons Bangkok Huamark** (☎0 2308 7888; 5 Soi 15, Th Ramkhamhaeng;
Zi. 1366–2195 B; ✳@📶🏊) Weniger als 20 km westlich des Flughafens liegt dieses
Mittelklassehotel, bei dem man die Wahl unter 268 Zimmern hat.

» **Novotel Suvarnabhumi Airport Hotel** (☎0 2131 1111; www.novotel.com; Zi. inkl.
Frühstück ab 7146 B; ✳@📶) Über 600 Luxuszimmer direkt auf dem Flughafengelände.

Don Muang Airport

» **Amari Airport Hotel** (☎0 2566 1020; www.amari.com; 333 Th Choet Wutthakat; DZ
inkl. Frühstück ab 2001–3350 B; ✳@📶🏊) Direkt gegenüber von Don Muang (Karte
S. 166).

hini) Das Ibis ist u.a. für Geschäftleute gut geeignet und liefert Komfort und Annehmlichkeiten, ohne dafür die sonst üblichen hohen Spesen zu veranschlagen.

Café des Arts Guest House BUDGETHOTEL $

(KarteS. 94; 📞026798438; 27/39 Soi Si Bamphen; Zi. mit Ventilator/Klimaanlage 300/400 B; ❄; Metro Lumphini) In dieser von einem französisch-thailändischen Paar betriebenen Pension sucht man zwar sowohl das Café als auch die Kunst vergebens, dafür gibt's im Erdgeschoss ein Nudelrestaurant und oben acht einfache Zimmer.

GROSSRAUM BANGKOK

Viele der folgenden Hotels sind etwas umständlich zu erreichen. Das bedeutet aber auch, dass sie meist in ruhigeren Gegenden der Stadt zu finden sind und somit perfekt für all diejenigen geeignet sind, die dem ganzen Trubel ganz gern ein wenig entkommen wollen.

Wer in der Nähe von einem der beiden Bangkoker Flughäfen übernachten muss, findet Infos dazu im Kasten auf S. 123.

Phra-Nakorn Norn-Len BOUTIQUEHOTEL $$

(KarteS. 100; 📞026288188; www.phranakorn-norn len.com; 46 Soi Thewet 1, Th Krung Kasem; EZ/DZ inkl. Frühstück ab 1800/2200 B; ❄@🛜; Bus 32, 516, Fähre Tha Thewet) Die weitläufige Gartenanlage um dieses helle und freundliche Hotel lässt das Bangkok von einst wieder lebendig werden. Diese Unterkunft bietet vielleicht nicht unbedingt das beste Preis-Leistungs-Verhältnis, sie ist aber durchaus stimmungsvoll. Die Zimmer sind schlicht, bieten aber eine aufwendige Ausstattung aus Antiquitäten und Wandgemälden. Zudem gibt es WLAN, Massagen und eine endlose Reihe von Möglichkeiten zur friedvollen Entspannung. Das Frühstück kommt direkt aus eigenem biologischem Anbau aus dem Garten auf dem Hoteldach.

Bangkok International Youth Hostel HOSTEL $

(Karte S. 100; 📞0 2282 0950; 25/15 Th Phitsanulok; B 200 B, Zi. 600–900 B; ❄@🛜; Bus 32, 516, Fähre Tha Thewet) Wenn man in der ruhigen Gegend rund um Dusit wohnen möchte, ist dieses kürzlich renovierte Hostel eine der einzigen Optionen. Die Zimmer im Originalgebäude sind billiger, die in den höheren Komplex mit Blick auf die Th Phitsanulok sind zwar neu, aber gleichzeitig auch beengt. Es gibt eine hübsche Dachterrasse und eine Bibliothek mit Reiseliteratur.

Refill Now! HOSTEL $

(📞0 2713 2044; www.refillnow.co.th; 191 Soi Pridi Bhanom Yong 42, Soi 71, Th Sukhumvit, Phra Khanong; B/EZ/DZ 480/928/1215 B; ❄@🛜❄; Skytrain Phra Khanong & Weiterfahrt mit dem Taxi) Das Design des Refill Now! ist eine Mischung aus Habitat-Wohnkatalog und Stanley-Kubrick-Film – da schließt man sogar eine Übernachtung in einem Schlafsaal nicht mehr kategorisch aus. Die makellos weißen Zimmer und Schlafsäle haben neckische Rollos zwischen den einzelnen Doppelstockbetten und es gibt auch Zimmer nur für Frauen. Die Chill-Out-Area ist so cool, dass einem richtig kalt wird, und im oberen Stock befindet sich ein Massagezentrum. Wer mal raus möchte, kann mit dem Tuk-Tuk zu den Skytrain-Stationen Thong Lo oder Phra Khanong fahren (30 B/Pers.).

Mystic Place BOUTIQUEHOTEL $$

(KarteS. 126; 📞022703344; www.mysticplacebkk. com; 224/5-9 Th Pradiphat; Zi. inkl. Frühstück 2250–3250 B; ❄@🛜; Skytrain Saphan Khwai & Weiterfahrt mit dem Taxi) In diesem Hotel finden sich 36 Zimmer, die alle individuell und gleichzeitig verspielt gestaltet sind. In einem der Zimmer steht z. B. ein Stuhl, der mit Stofftieren bezogen ist und die Wände sind mit Graffiti übersät. Das Mystic ist wirklich toll und auch äußerst beliebt, sodass man auf jeden Fall reservieren sollte.

Pullman Bangkok King Power BUSINESSHOTEL $$$

(KarteS. 101; 📞026809999; www.pullmanbangkok kingpower; 8/2 Th Rang Nam; Zi./Suite inkl. Frühstück 3861–4331/6803–7274 B; ❄@🛜❄; Skytrain Victory Monument) Eine großartige Option für alle, die ein Businesshotel bevorzugen, aber nicht unbedingt in der Innenstadt wohnen wollen.

Die Th Si Ayutthaya in Thewet, dem Bezirk nördlich von Banglamphu nahe der Nationalbibliothek, ist eine angenehme Backpacker-Enklave und vor allem bei Familien und Ü-30ern sehr beliebt. Die Gegend ist wunderbar grün, in der Regenzeit drohen hier aber ab und zu Überflutungen.

Sri Ayuttaya Guest House BUDGETHOTEL $

(KarteS. 100; 📞022825942; 23/11 Th Si Ayutthaya, Thewet; Zi. 400–1000 B; ❄@🛜; Bus 32, 516, Fähre Tha Thewet) Das Design aus Holz und Ziegeln ist eine nette Abwechslung zu den üblichen, weniger bodenständigen Looks anderer Pensionen. Auch die Zimmer, die

Hälfte davon mit Gemeinschaftsbad, wirken robust und einladend.

Shanti Lodge
PENSION $
(Karte S. 100; ☑ 0 2281 2497; 37 Th Si Ayutthaya; B 250 B, Zi. 400–1950 B; ❈ @ ☎; Bus 32, 516, Fähre Tha Thewet) Die familiengeführte Pension verströmt eine friedvolle Dharma-Aura. Die Wände in den billigeren Zimmern sind extrem hellhörig, die Auswahl ist aber riesig. Bevor man sich für eines entscheidet, sollte man sich mehrere zeigen lassen.

Taewez Guesthouse
BUDGETHOTEL $
(Karte S. 100; ☑ 0 2280 8856; www.taewez.com; 23/12 Th Si Ayutthaya; Zi. 250–530 B; ❈ @ ☎; Bus 32, 516, Fähre Tha Thewet) Dieser Liebling französischer Reisender bietet ein sehr gutes Preis-Leistungs-Verhältnis. Die billigsten Zimmer sind karg und haben Gemeinschaftsbäder.

Essen

Essen, die absolut sicherste von Bangkoks berüchtigten fleischlichen Freuden, ist in dieser Stadt eine ernste Angelegenheit. Die lokale Küche zieht Besucher aus aller Welt an, aber auch Einheimische aus den entlegensten Teilen der Stadt nehmen für eine Schüssel Nudeln oder einen Teller Reis sogar Verkehr und Überschwemmungen fröhlich in Kauf.

Das Angebot ist riesig, von Ständen, die ihr Geschäft täglich neu aufbauen, bis zu schicken Speisesälen in Fünf-Sterne-Hotels ist alles dabei. Nach unserer Erfahrung findet man das leckerste Essen irgendwo dazwischen: in den familiengeführten Shophouse-Restaurants, die nur eine begrenzte Auswahl von Gerichten servieren.

Auch fremde Einflüsse sind deutlich zu spüren und münden in Kombinationen wie Thai-Chinesisch oder Thai-Muslimisch. Und auch die regionalen Küchen pfeffern Bangkoks Speiseplan. Wer der *gŏo·ay ğĕe·o* (Reisnudeln) und Currys irgendwann müde wird, für den hält Bangkok eine stetig wachsende Auswahl an hochwertigen internationalen Restaurants bereit, von kleinen französischen Restaurants bis zu authentischen japanischen Ramen-Lokalen.

KO RATANAKOSIN, BANGLAMPHU & THONBURI
Obwohl Banglamphu nicht weit vom unechten *pàt tai* und dem laschen *đôm yam* (eine sauer-scharfe Suppe) der Th Khao San entfernt ist, gehört es zu den legendärsten Gegenden der Stadt, um essen zu gehen. Jahrzehntealte Restaurants und sagenhafte Straßenhändler säumen die Straßen in dieser grünen Ecke des alten Bangkoks und man kann problemlos den ganzen Tag damit verbringen, alleine am südlichen Ende der Th Tanao herumzunaschen.

Lokale Speisen sucht man zwar eigentlich besser abseits der Touristenstraßen, dank des ausländischen Einflusses haben sich aber auch in der Th Kao San ein paar tolle thailändische Lokale etabliert.

Der königliche Bezirk Bangkoks hat zwar jede Menge Sehenswürdigkeiten zu bieten, leidet dafür aber an akutem Restaurantmangel – schade eigentlich, bedenkt man, wie toll der Ausblick aus diesen Restaurants wäre.

[LP TIPP] Krua Apsorn
THAILÄNDISCH $$
(Karte S. 62; Th Din So; Hauptgerichte 70–320 B; ⊗ Mo–Sa mittags & abends; ❈; Bus 2, 25, 44, 511, klorng-Taxi zum Tha Phan Fah) Im gemütlichen Speiseraum dieses Restaurants wurde schon für das leibliche Wohl einiger Mitglieder der thailändischen Königsfamilie gesorgt und 2006 wurde es von der *Bangkok Post* zum besten Restaurant Bangkoks gekürt. Nicht entgehen lassen sollte man sich die frittierten Miesmuscheln mit frischen Kräutern, die dekadenten, in gelbem Chiliöl frittierten Krabben, und das tortillaähnliche Krabbenomelett.

Jay Fai
THAILÄNDISCH $$
(Karte S. 62; 327 Th Mahachai; Hauptgerichte 200–250 B; ⊗ 15–2 Uhr; klorng-Taxi zum Tha Phan Fah) Man sieht es seinem völlig schnörkellosen Speiseraum wahrlich nicht an, aber das Jay Fai ist weit und breit dafür bekannt, Bangkoks teuerstes – und wohl auch leckerstes – *pàt kêe mow* („Trunkenbold-Nudeln") zu servieren. Der Preis ist aber angesichts der Mengen an frischen Meeresfrüchten und Jay Fais eigener Art des Bratens, das praktisch ölfreie Endprodukte hervorbringt, durchaus gerechtfertigt.

Poj Spa Kar
THAILÄNDISCH $$
(Karte S. 62; 443 Th Tanao; Hauptgerichte 100–200 B; ⊗ mittags & abends; ❈; Bus 2, 25, 44, 511, klorng-Taxi zum Tha Phan Fah) Der Name dieses angeblich ältesten Restaurants Bangkoks wird *pôht sà·pah kahn* ausgesprochen. Es verlässt sich noch immer auf Rezepte, die ein ehemaliger Koch des Palasts hier eingeführt hat. Unbedingt das einfache, aber leckere Zitronengras-Omelett oder die köstli-

che süß-saure *gaang sôm*, eine traditionelle Suppe aus Zentralthailand, bestellen!

Shoshana
ISRAELISCH **$$**

(Karte S. 62; 88 Th Chakraphong; Hauptgerichte 90–220 B; ☺mittags & abends; ❄; Bus 32, 516, Fähre Tha Phra Athit) Die Preise hier sind seit der Eröffnung 1982 zwar ein kleines bisschen gestiegen, das Shoshana stellt aber noch immer günstige, leckere israelische Gerichte zusammen. Man kann alles Frittierte bestellen – darin sind sie nämlich sehr gut – und sollte dazu unbedingt den Auberginen-Dip probieren.

Nang-Loeng-Markt
THAILÄNDISCH **$**

(außerhalb Karte S. 62; zw. Soi 8-10, Th Nakhon Sawan; ☺Mo–Sa 10–14 Uhr; Bus 72) Dieser stimmungsvolle Markt östlich von Banglamphu, der schon seit 1899 stattfindet, ist vor allem für Thai-Süßigkeiten bekannt, zur Mittagszeit kann man sich aber auch prima an deftigen Gerichten satt essen. Empfehlenswert sind die handgemachten Eiernudeln bei Rung Reuang und die reichhaltigen Curry-Gerichte auf der anderen Seite bei Ratana.

Chote Chitr
THAILÄNDISCH **$$**

(Karte S. 62; 146 Th Phraeng Phuthon; Hauptgerichte 30–200 B; ☺Mo–Sa mittags & abends; Bus 15, klorng-Taxi zum Tha Phan Fah) Dieses Shophouse-Restaurant in dritter Generation hat nur sechs Tische und ist ein echtes kulinarisches Wahrzeichen Bangkoks. Die Küche kann unbeständig sein, aber an guten Tagen sind Gerichte wie *mèe gròrp* (knusprig gebratene Nudeln) und *yam tòoa ploo* (Salat aus Goabohnen) wirklich eine Klasse für sich.

Thip Samai
THAILÄNDISCH **$**

(Karte S. 62; 313 Th Mahachai; Hauptgerichte 25–120 B; ☺17.30–1.30 Uhr, jeden 2. Mi geschl.; klorng-Taxi bis Tha Phan Fah) Hier ist jetzt Starksein angesagt, denn die Wahrheit ist, dass die gebratenen Nudeln, die die Straßenwägen der Th Khao San verkaufen, nichts mit dem echten als *pàt tai* bekannten Gericht zu tun haben. Zum Glück liegt das Thip Samai mit dem Tuk-Tuk nicht einmal fünf Minuten entfernt. Es wird von Einheimischen auch *pàt tai ʼbràdoo pĕe* genannt und serviert das legendärste *pàt tai* der Stadt. Wer mal was anderes probieren möchte, sollte das Ganze im Eimantel oder die gebratene Version mit *man gûng* (ganz dekadent im Krabbenfett gebraten) bestellen!

Khunkung THAILÄNDISCH $$
(Khun Kung Kitchen; Karte S. 62; 77 Th Maharat; Hauptgerichte 75–280 B; ⊙mittags & abends; ❄; Bus 25, 32, 503, 508, Fähre Tha Chang) Das Restaurant der Royal Navy Association ist in einem der wenigen und deshalb begehrten Gebäude an diesem Abschnitt des Chao Phraya zu Hause. Einheimische kommen wegen der Mischung aus günstigen, leckeren Gerichten mit Meeresfrüchten und wegen des tollen Blicks auf den Fluss hierher. Der Eingang befindet sich in der Nähe der Geldautomaten am Tha Chang.

Hemlock THAILÄNDISCH $$
(Karte S. 62; 56 Th Phra Athit; Hauptgerichte 60–220 B; ⊙16–24 Uhr; ❄; Bus 32, 33, 64, 82, Fähre Tha Phra Athit) Die Location in einem gemütlichen Shophouse ist der große Trumpf dieses Restaurants. Auf weißen Tischdecken wird eine hervorragende Einführung in Sachen Thai-Essen präsentiert. Auf der riesigen Speisekarte stehen neben den üblichen Verdächtigen auch einige Gerichte, die man anderswo nur schwer findet, ebenso wie eine große Auswahl an vegetarischen Optionen.

Ann's Sweet GEBÄCK $
(Karte S. 62; 138 Th Phra Athit; Hauptgerichte 75–150 B; ⊙mittags & abends; ❄; Bus 32, 33, 64, 82, Fähre Tha Phra Athit) Die Bangkokerin Ann hat ein Diplom der internationalen Kochschule Cordon Bleu und backt die authentischsten westlichen Kuchen in der ganzen Stadt.

CHINATOWN & PHAHURAT

Zum Stichwort „Chinatown" fällt den meisten Einheimischen sofort Straßenessen ein (die besten Adressen dafür sind im „Kulinarischen Spaziergang" auf S. 131 aufgeführt). Die Gegend ist auch berühmt als Hauptschauplatz des jährlichen Vegetarierfests (s. Kasten S. 130). Little India im Westen des Stadtviertels ist der Textilbezirk von Phahurat und gespickt mit kleinen indischen und nepalesischen Restaurants, die sich an der Soi bei der Th Chakraphet drängen.

Old Siam Plaza THAILÄNDISCH $
(Karte S. 80; EG, Old Siam Plaza, Ecke Th Phahurat & Th Triphet; Hauptgerichte 15–50 B; ⊙9–18.30 Uhr; Fähre Tha Saphan Phut) Wer auf Zucker steht, sollte auf seiner kulinarischen Reise durch Bangkok unbedingt hier einen Stopp einlegen. Das Erdgeschoss dieses Einkaufszentrums ist ein Wunderland traditioneller einheimischer Süßigkeiten und Snacks, bei deren Herstellung man meistens live dabei sein kann.

Royal India NORDINDISCH $$
(Karte S. 80; 392/1 Th Chakraphet; Hauptgerichte 65–250 B; ⊙mittags & abends; Fähre Tha Saphan Phut) Ja, es ist den Lonely Planet Machern bewusst, dass dieser winzige legendäre Laden schon seit der ersten Ausgabe des Reiseführers jedes Mal wieder erwähnt wird, aber er ist nun mal auch nach all den Jahren noch immer das zuverlässigste Lokal in Bangkoks Little India. Probieren sollte man

DAVID THOMPSON: KÜCHENCHEF & BUCHAUTOR

David Thompson ist Chefkoch sowohl der Londoner als auch der Bangkoker Filiale des berühmten Restaurants „nahm". Zudem ist er Bestsellerautor der Bücher *Thai Food* und *Thai Street Food*.

WIE WÜRDEN SIE DAS ESSEN IN BANGKOK BESCHREIBEN?

Das Essen Bangkoks ist schon irgendwie urbaner – der raue und wilde Geschmack der abgelegenen Regionen des Landes wurde herausgefiltert. Der chinesische Einfluss ist enorm, da Bangkok ja einst eine chinesische Stadt war. Hier wurde die Küche der thailändischen Zentralebene, für die Bangkok wie keine andere Stadt steht und die die vier klassischen Geschmacksrichtungen [süß, sauer, salzig und scharf] miteinander vereint, verfeinert.

KÖNNEN SIE UNS EIN PAAR KLASSISCHE BANGKOK-GERICHTE NENNEN?

Ich mag ein paar Gerichte aus Chinatown, sei es nun aus diesem Austern-Restaurant, das ich vergöttere (Nay Mong; S. 131), oder seien es Nudeln mit Fischklößen oder mit Entenbraten. Auch die *boo pàt pŏng gàrèe* (frittierten Krabben mit Currypulver) sind, wenn sie richtig zubereitet sind, einfach, aber verdammt lecker und echt erschwinglich. Und, nun ja, egal wie köstlich das *pàt tai* sein mag, sein Klischee wird es nicht los.

IN WELCHEM VIERTEL GIBT'S DAS BESTE ESSEN?

Das kommt drauf an, worauf ich Lust habe. Sollen es geräucherte Ente oder Nudeln sein, ist Chinatown die beste Adresse. Wer aber echte Thai-Küche probieren möchte, muss auf die Märkte gehen. In Bangkok finden sich immer noch ein paar Überbleibsel der Stadt und der Dörfer, aus denen es sich entwickelt hat. Wer Lust auf muslimische Gerichte hat, ist rund um die Haroon-Moschee, in der Nähe des Oriental Hotel (S. 114), richtig. Portugiesische Kuchen gibt's in Santa Cruz (S. 81). Solche Viertel gibt es also immer noch.

WELCHES IST IHR LIEBLINGSRESTAURANT?

Das ändert sich ständig. Ich mag das Krua Apsorn (S. 125). Es ist lokal, es ist gut, es ist ursprünglich und es ist nicht zu affektiert. Hier wird für Thailänder gekocht, hier arbeiten Thailänder und es ist einfach echt thailändisch.

UND DER BESTE MARKT?

Ganz klar: Or Tor Kor (S. 150). Auch wenn hier jetzt alles keimfrei ist – seine Seele hat der Markt bei seiner Modernisierung nicht verloren. Hier gibt's wirklich tolle Dinge zu kaufen.

WAS RATEN SIE EINEM BANGKOK-NEULING IN SACHEN ESSEN?

Immer nur rein damit! Einfach nicht nachdenken, sondern essen. Die Wahrscheinlichkeit, wirklich krank zu werden ist so gering, man wird es sich aber nie verzeihen, nicht einfach reingehauen zu haben. Am besten isst man dort, wo am meisten los ist. Das hat nämlich seinen Grund. Und so eine kleine Lebensmittelvergiftung verleiht dem Urlaub doch seine Authentizität, oder?

Aus einem Gespräch mit Austin Bush

eine der leckeren Brotsorten oder ein reichhaltiges Curry-Gericht, zum Abschluss gibt es dann noch eine hausgemachte Süßigkeit aus dem Punjab.

UFERGEBIET

Le Normandie FRANZÖSISCH $$$
(KarteS. 84; ☑026599000; www.mandarinoriental. com; 48 Soi Oriental/38, Th Charoen Krung; Hauptgerichte 750–3900 B; ☺Mo-Sa 12–14.30 & 19–23, So 9–23 Uhr; ✵; hoteleigenes Shuttleboot vom Tha Sathon/Central Pier) Wie die Speisekarte schon vermuten lässt – ein ganzer Abschnitt ist ausschließlich Foie-gras-Kreationen gewidmet – kommen hier klassische französische Gerichte auf den Tisch. Im Laufe der Jahre haben schon sage und schreibe 20 Drei-Sterne-Köche ihren Senf dazugegeben. Angemessene Kleidung erforderlich!

SILOM & SATHON

In der Th Silom gibt's ein bisschen von allem, von echten traditionellen Thai-Gerichten bis hin zu den besten internationalen Spitzenrestaurants der Stadt.

D'Sens
FRANZÖSISCH **$$$**

(Karte S. 86; ☑022009000; 22. Stock, Dusit Thani, 946 Th Phra Ram IV; Tagesmenü 1850–3100 B; ⏰11.30–14.30 & 18–22, Sa 18–22 Uhr; ✱; Skytrain Sala Daeng, Metro Si Lom) Das wohl beste *fa·ràng*- (ausländische) Edelrestaurant Bangkoks thront wie ein Flugsicherungstower über dem Dusit Thani Hotel. Es ist ein Projekt der französischen Wunderzwillinge Laurent und Jacques Pourcel, die auch das Sternerestaurant Le Jardin des Sens in Montpellier betreiben. Auf der Speisekarte findet man vor allem traditionelle Gerichte aus Südfrankreich, die größtenteils aus qualitativ hochwertigen, aus Frankreich importieren Zutaten zubereitet werden.

Kalapapruek
THAILÄNDISCH **$$**

(Karte S. 86; 27 Th Pramuan; Hauptgerichte 80–120 B; ⏰Mo–Sa 8–18, So bis 15 Uhr; ✱; Skytrain Surasak) Dieses ehrwürdige Thai-Lokal hat zahlreiche Filialen und Ableger in Einkaufszentren in der ganzen Stadt, am besten ist aber immer noch dieses gewissermaßen versteckte Originallokal. Auf der Speisekarte stehen lokale Thai-Spezialitäten aus nahezu jeder Region des Landes, tägliche Spezialangebote und ab und zu auch Leckereien der Saison.

Scoozi
PIZZA **$$**

(Karte S. 86; 174 Th Surawong; Pizza 100–425 B; ⏰mittags & abends; ✱; Skytrain Sala Daeng, Metro Si Lom) Das Scoozi hat überall in Bangkok mehrere Ableger, hier im Originallokal schmeckt die Holzofenpizza aber irgendwie immer noch am besten. Wer woanders vom Heißhunger gepackt wird, bekommt in der **Filiale** (Karte S. 96; Windsor Hotel, Soi 20, Th Sukhumvit; ✱; Skytrain Asok, Metro Sukhumvit) in der Th Sukhumvit ganz hervorragende Pasteten.

Somboon Seafood
CHINESISCH-THAILÄNDISCH **$$$**

(Karte S. 86; 169/7-11 Th Surawong; Hauptgerichte 120–900 B; ⏰abends; ✱; Skytrain Chong Nonsi) Heilige Fischfabrik: Wenn man über die zahlreichen Treppenstufen hinauf zu seinem freien Tisch steigt, fragt man sich vielleicht, ob bei dieser Quantität die Qualität überhaupt noch stimmen kann. Hat man aber erst einmal Somboons berühmtes Krabben-Curry vor sich, wird man hemmungslos reinhauen. Wer's lieber etwas feiner mag, kann sich an die chirurgische Mission wagen und einen ganzen gegrillten Fisch bestellen.

VEGETARISCH UNTERWEGS IN BANGKOK

Vegetarismus ist unter thailändischen Städtern immer mehr im Kommen, speziell darauf ausgelegte Restaurants sind aber dünn gesät.

Banglamphu hat dank einer Vielzahl an fleischlos lebenden *fa ràng* (Ausländer) die größte Konzentration an vegetarierfreundlichen Restaurants zu bieten. Die meisten davon sind einfache Brutzelbuden, und das, was sie zubereiten, hat verblüffende Ähnlichkeit mit dem, was der Hippie-Mitbewohner früher in der Küche gekocht hat. Empfehlenswert sind **May Kaidee** (Karte S. 62; 33 Th Samsen; Hauptgerichte 50–100 B; ⏰mittags & abends; ✱; Bus 32, 516, Fähre Tha Phra Athit), das neben drei Zweigstellen auch noch einen vegetarischen Thai-Kochkurs anbietet, und das **Ranee's** (Karte S. 62; 77 Trok Mayom; Gerichte 70–320 B; ⏰morgens, mittags & abends; Bus 32, 516, Fähre Tha Phra Athit), auf dessen Speisekarte ein großer Teil den vegetarischen Leckereien gewidmet ist.

Weitere Anlaufstellen in der Stadt, die einen billig und fleischlos glücklich machen, sind z. B. **Baan Suan Pai** (Karte S. 126; Banana Family Park, Th Phahonyothin; Hauptgerichte 15–30 B; ⏰7–15 Uhr; Skytrain Ari), der **Food-Court des MBK** (S. 132), **Chennai Kitchen** (S. 130) und **Arawy** (Karte S. 62; 152 Th Din So, Phra Nakhon; Gerichte 20–30 B; ⏰8–20 Uhr; Bus 10, 12, klorng-Taxi zum Tha Phan Fah). Östlich der Innenstadt serviert das **Anotai** (976/17 Soi Rama 9 Hospital, Rama 9; Gerichte 150–303 B; ⏰Do–Di 10–21 Uhr; ✱; Metro Phra Ram 9 & Weiterfahrt mit dem Taxi) gehobeneres vegetarisches Essen im thailändischen und italienischen Stil.

Während des Vegetarierfests im Oktober ist die ganze Stadt verrückt nach Tofu (s. Kasten S. 130). Stände und Restaurants zeigen anhand von gelben Fahnen, dass sie fleischlose Gerichte anbieten; in Chinatown sind die meisten dieser Stände zu finden.

The Foodie
THAILÄNDISCH **$$**

(Karte S. 86; Soi Phiphat 2; Hauptgerichte 80–150 B; ⊙mittags & abends; ❄; Skytrain Chong Nonsi) Dieses luftige Restaurant im Cafeteria-Stil wartet mit einer Speisekarte mit vielen süd- und zentralthailändischen Gerichten auf, die hier in Bangkok sonst nur schwer zu finden sind. Zu den Highlights gehören das *yam sôm oh* (ein scharfer, süß-saurer Pomelosalat) und das scharfe *prík kǐng bplah dòok foo* (gebratener Katzenfisch in einer knusprigen Currypaste).

Chennai Kitchen
INDISCH **$**

(Karte S. 86; 10 Th Pan; Hauptgerichte 50–150 B; ⊙10–15 & 18–21.30 Uhr; ❄; Skytrain Surasak) Dieses Miniatur-Restaurant serviert mit das beste vegetarische südindische Essen in der Gegend. Die armlangen Dosas (knuspriges Brot aus Südindien) sind immer eine gute Wahl, aber wer sich nicht entscheiden kann, sollte ein Thali bestellen, bei dem man so ziemlich alles bekommt, was die Küche hergibt.

Somtam Convent
THAILÄNDISCH **$**

(Karte S. 86; 2/4-5 Th Convent; Hauptgerichte 20–120 B; ⊙10.30–21 Uhr; Skytrain Sala Daeng, Metro Si Lom) Thailändische Gerichte im nordöstlichen Stil bekommt man normalerweise nur an den Essensständen am Straßenrand, in denen Hygiene ein Fremdwort und eine Speisekarte schlicht nicht vorhanden ist und wo kein Mensch weit und breit Englisch oder sonst eine Fremdsprache spricht. Eine weniger abschreckende Einführung in die Wunderwelt des *lâhp* (Hackfleischsalat), des *sôm đam* (Papayasalat) und anderer Leckereien aus dem Isaan gibt's in diesem beliebten Restaurant.

Soi 10 Food Centres
THAILÄNDISCH **$**

(Karte S. 86; Soi 10, Th Silom; Hauptgerichte 20–60 B; ⊙Mo–Fr mittags; Skytrain Sala Daeng, Metro Si Lom) Diese beiden benachbarten Gebäude hinter der Soi 10 sehen aus wie Hangars und sind in der Mittagspause Lieblingsziel der Büroangestellten dieser Gegend. Das Angebot umfasst südthailändisches *kôw gaang* (verschiedene Currys auf Reis) und so gut wie alle Arten von Thai-Nudeln.

Nadimos
LIBANESISCH **$$**

Karte S. 86; Baan Silom, Ecke Th Silom & Soi 19; Hauptgerichte 70–400 B; ⊙mittags & abends; ❄; Skytrain Surasak, Bus 15, 504) Ein ungezwungener Speisesaal, in dem leckere libanesische Standardgerichte serviert werden. Hinzu kommen auch einige Gerichte, die man so weit von Beirut entfernt nie und nimmer erwarten würde. Auch viele vegetarische Optionen sind erhältlich.

Krua „Aroy-Aroy"
THAILÄNDISCH **$**

(Karte S. 86; Th Pan; Hauptgerichte 30–70 B; ⊙8–20.30 Uhr, am 2. & 4. So im Monat geschl.; Skytrain Surasak) Auch wenn es hier sowohl sehr voll als auch echt heiß werden kann, wird das Krua „Aroy-Aroy" („Köstliche Küche") seinem selbstbewusst gewählten Namen fast immer gerecht. Hier gibt's mit die besten Curry-Gerichte der Stadt und zudem wechselnde Tagesgerichte.

SIAM SQUARE & PRATUNAM

Wer in diesem Teil des Stadtzentrums vom Hunger übermannt wird, der ist zum größten Teil auf die Food-Courts und Kettenrestaurants in den Einkaufszentren angewiesen. Aber auch hier ist man immer noch in Thailand und wenn man es schafft, die

---

WO DIE GELBE FAHNE WEHT

Während des jährlich stattfindenden Vegetarierfests (Sept./Okt.) feiert Bangkoks Chinatown eine Orgie des fleischlosen Genusses. Die Feierlichkeiten konzentrieren sich auf Chinatowns Hauptstraße, die Th Yaowarat, und auf die Gegend Talat Noi (s. S. 83), aber auch im Rest der Stadt zeigen Restaurants und Essensstände anhand von gelben Fahnen, dass sie fleischlose Gerichte anbieten.

Neben den Feiernden chinesischer Abstammung freuen sich auch Thailänder auf die speziellen Gerichte, die es nur während dieses Festes gibt. Die meisten Restaurants legen ihr normales Speiseangebot auf Eis und bereiten stattdessen die üblichen Thai-Gerichte wie *đôm yam* (scharf-saure Suppe) und *gaang kěe·o wǎhn* (grünes Curry) mit einem auf Soja basierenden Fleischersatz zu. Selbst regionale Thai-Spezialitäten werden ohne Fleisch verkauft. Unter den speziellen Festgerichten finden sich gebratene Gerichte mit gelben Hokkien-Nudeln, fleischigen Pilzen und großen Gemüsestücken.

Neben der Fleischabstinenz wird das zehntägige Fest mit besonderen Besuchen in einem Tempel gefeiert, bei denen die Besucher oft weiß gekleidet sein müssen.

In diesem Teil der Stadt regiert das Straßenessen, und viele der besten Küchen Chinatowns haben weder Wände noch Dach – willkommen in der idealen Gegend für einen kulinarischen Spaziergang!

Obwohl viele Verkäufer bis in die frühen Morgenstunden geöffnet haben, sind die beliebtesten Stände oft schnell ausverkauft. Deshalb ist in dieser Gegend zwischen 19 und 21 Uhr die beste Zeit, sich dem Genuss hinzugeben. Montags ist ein denkbar schlechter Tag, um herzukommen, da die meisten Straßenverkäufer dann frei haben. Ein Essen an jedem der hier aufgeführten Stände macht einen normalerweise nicht um mehr als 50 B ärmer. Zu erreichen ist die Gegend mit der Metro bis Hualamphong, gefolgt von einem kurzen Fußmarsch oder einer Taxifahrt.

Der Spaziergang beginnt an der Kreuzung Th Yaowarat und Th Phadungdao, von wo aus man nach Westen geht und rechts in die Th Plaeng Nam abbiegt. Gleich auf der rechten Seite kann man bei **Burapa Birds Nest** (Karte S. 80; Th Plaeng Nam) das für Chinatown äußerst typische Gericht probieren: eine Schwalbennestsuppe. Sie ist aber eigentlich bei allen anderen Anbietern auch lecker. Genau gegenüber des Burapa steht ein Herr mit drei Kohleherden an der Straße. Sein Stand **Khrua Phornlamai** (ครัวพรละมัย; Karte S. 80; Th Plaeng Nam) ist der perfekte Ort für fettige, aber leckere Spezialitäten wie *pàt kêe mow* (gebratene breite Reisnudeln mit Meeresfrüchten, Chili und thailändischem Basilikum).

Weiter geht es in der Th Plaeng Nam und über die Th Charoen Krung, dann geradeaus. Nach etwa 50 m ist auf der rechten Seite das winzige **Nay Mong** (นายหมง; Karte S. 80; 539 Th Phlap Phla Chai) erreicht, das für seine leckeren *hŏy tôrt* (Muscheln oder Austern gebraten mit Ei in einem klebrigen Teig) berühmt ist.

Zurück in der Th Charoen Krung geht man nach rechts. An der Th Mangkorn angekommen biegt man nach rechts ab und sollte dann gleich auf der linken Seite eine wartende Menschenschlange sowie ein paar Leute auf Plastikstühlen mit einem Teller voller Reis und Curry sehen. Dieser Stand, **Jék Pûi** (เจ็กปุ้ย; Karte S. 80; Th Mangkorn), ist für seine Thai-Currys nach chinesischer Art bekannt – und dafür, dass es keine Tische gibt, an denen man sie essen kann.

Wieder nach links in die Th Charoen Krung und solange nach Osten gehen, bis Trok Itsaranuphap (Soi 16) erreicht ist. Diese enge Gasse ist auch als **Talat Mai** (ตลาดใหม่) bekannt und ist in dieser Gegend der berühmteste Handelsplatz. Obwohl man den Markt am besten morgens besucht, kann man auch später (nicht zu spät) noch einen Blick auf die exotischen Zutaten erhaschen, die diesem Viertel sein Gesicht verleihen.

Am Ende der Gasse brät ein Mann mit einem Kochlöffel in der Hand in einem Wok aus Messing Nudeln. Er bereitet **gŏo·ay dĕe·o kôo·a gài** (ก๋วยเตี๋ยวคั่วไก่; Karte S. 80) zu, ein einfaches, aber leckeres Gericht aus gebratenen Reisnudeln mit Hühnchen, Ei und Knoblauchöl.

Wenn man an der Th Yaowarat herauskommt, wartet gleich auf der anderen Straßenseite ein belebter Marktplatz. Der erste Verkäufer auf der rechten Seite betreibt einen der beliebtesten Imbissstände in ganz Bangkok, den **Nay Lék Uan** (นายเล็กอ้วน; Karte S. 80; Soi 11, Th Yaowarat). Hier bekommt man *gŏo·ay jáp nám săi*, eine dickflüssige, gut gepfefferte Brühe mit Nudeln und Schweineinnereien. Es gibt hier noch mehrere andere Stände, die von *pàt tai* bis zu Satay alles verkaufen.

Dann geht's die Th Yaowarat nach Osten hinunter, wo an der Ecke Th Yaowaphanit und Th Yaowarat ein Stand mit gelben Nudeln und gegrilltem Schweinefleisch wartet. Das ist **Mangkorn Khăo** (มังกรขาว; Karte S. 80; Ecke Th Yawarat & Th Yaowaphanit), ein angesehener Verkäufer von *bà·mèe* (Weizennudeln nach chinesischer Art) und Wan Tans.

Wenn man die Th Yaowarat weiter hinuntergeht, erreicht man wieder den Ausgangspunkt. Jetzt müsste in den beiden Lokalen mit Meeresfrüchten, **Lek & Rut** (Karte S. 80; Ecke Th Yaowarat & Th Phadungdao) und **T&K** (Karte S. 80; Ecke Th Yaowarat & Th Phadungdao) schon richtig viel los sein. Man kann hier theoretisch inmitten von Touristen gegrillte Garnelen und gebratenen Reis verdrücken, hat sich an diesem Punkt aber hoffentlich schon mit dem satt gegessen, was Chinatown wirklich zu bieten hat.

ℹ️ RUHETAG

Fans von Straßenessen seien vorgewarnt: Montags haben in Bangkok alle Stände wegen der obligatorischen Straßenreinigung (deren Ergebnis am Dienstagmorgen schon nicht mehr wirklich zu sehen ist) geschlossen. Wer an diesem Tag zufällig in der Stadt ist, sollte aus der Not eine Tugend machen und eines der gehobenen Hotelrestaurants besuchen, die so gut wie nie geschlossen haben.

08/15-Atmosphäre auszublenden, ist das Essen ganz schön gut. Wer auf die Klimaanlage verzichten kann, sollte einem der zahlreichen **Essensstände** (Karte S. 90; zw. Soi 5 & 6, Siam Sq; Gerichte 30–40 B; ⏱7–18 Uhr; Skytrain Siam) am Siam Sq einen Besuch abstatten und sich ein schnelles, landestypisches Mittagessen genehmigen.

LP TIPP **MBK Food Court** THAILÄNDISCH $
(Karte S. 90; 6. Stock, MBK Center, Ecke Th Phra Ram I & Th Phayathai; ⏱10–21 Uhr; ❄; Skytrain National Stadium) Der Großvater aller Food-Courts in Bangkok vereint Dutzende von Händlern, die Essen aus so ziemlich jeder Ecke Thailands und darüber hinaus im Angebot haben. Ein toller Ort, um sich ganz langsam an das thailändische Essen heranzutasten. Zu den besten Anbietern gehören ein hervorragender Stand mit vegetarischen Gerichten (Stand C8) und ein sehr korrekter Stand, der Isaan-Essen verkauft (C22). Um zu bezahlen, muss man erst an einem der Schalter Bargeld gegen eine temporäre Kreditkarte tauschen; dort bekommt man am Ende auch sein Restgeld zurück.

Crystal Jade La Mian Xiao Long Bao CHINESISCH $$
(Karte S. 90; Urban Kitchen, UG, Erawan Bangkok, 494 Th Ploenchit; Gerichte 120–400 B; ⏱mittags & abends; ❄; Skytrain Chitlom) Der Name dieser tollen Singapurer Kette ist ein echter Zungenbrecher. Er ist dem Aushängeschild des Restaurants, den typischen Weizennudeln *(la mian)* und den berühmten gedämpften Shanghaier Teigtaschen *(xiao long pao)* zu verdanken. Wer sich für die handgemachten Nudeln entscheidet, sollte diese vom Personal durchschneiden lassen. Sonst werden die Flecken auf dem T-Shirt den ganzen Tag noch verraten, was es zu essen gab.

Erawan Tea Room THAILÄNDISCH $$
Karte S. 90; 2. Stock Erawan Bangkok, 494 Th Ploenchit; Hauptgerichte 170–450 B; ⏱mittags & abends; ❄; Skytrain Chitlom) Die übergroßen Stühle, das Panoramafenster und eine große Auswahl an heißen Getränken machen dieses Lokal zum besten Ort in Bangkok, um sich mal wieder einer Tageszeitung zu widmen. Die umfangreiche Speisekarte, die vor allem Thai-Gerichte aus der Region im Angebot hat, verleitet dazu, hier noch etwas länger zu verweilen.

Coca Suki THAILÄNDISCH-CHINESISCH $$
(Karte S. 90; 416/3-8 Th Henri Dunant; Hauptgerichte 60–200 B; ⏱11–23 Uhr; ❄; Skytrain Siam) Extrem beliebt bei einheimischen Familien. Die Spezialität ist *sù·gêe*, ein kochender Eintopf aus Brühe, in den man rohe Zutaten tunkt. Coca ist einer der ältesten Anbieter dieses Gerichts; seine Filiale am Siam Square spiegelt die Bemühungen des Unternehmens wider, moderner zu werden.

Sanguan Sri THAILÄNDISCH $
(Karte S. 90; 59/1 Th Witthayu/Wireless Rd; Hauptgerichte 40–150 B; ⏱ Mo–Sa 10–15 Uhr; ❄; Skytrain Ploen Chit) Wer es nicht schafft, an diesem traditionellen Thai-Lokal einfach vorbeizulaufen, schließt sich einfach den hungrigen Büroangestellten der Gegend an. Die englische Speisekarte ist nicht vollständig und so ist es wahrscheinlich die bessere Strategie, einfach auf eines der leckeren Gerichte zu zeigen, die um einen herum verzehrt werden.

New Light Coffee House INTERNATIONAL-THAILÄNDISCH $$
(Karte S. 90; 426/1-4 Siam Sq; Gerichte 60–200 B; ⏱11–14 & 18–22 Uhr; ❄; Skytrain Siam) Ein Besuch in diesem traditionellen Diner verspricht eine Zeitreise ins Bangkok der 1960er-Jahre zu werden. Es ist bei Studenten der nahe gelegenen Chulalongkorn-Universität sehr beliebt. Hier kann man altmodische westliche Gerichte probieren, die alle mit weichen Brötchen und grünem Salat serviert werden. Es gibt auch eine große Auswahl an Thai-Gerichten.

SUKHUMVIT

Auf dieser scheinbar endlos langen Straße kann man schon mal vergessen, dass man sich eigentlich in Thailand befindet. Nahezu jede Landesküche, von koreanisch bis nahöstlich, ist hier mit einem Außenposten vertreten. Im Folgenden sind auch ein paar Thai-Restaurants erwähnt, die meisten anderen einheimischen Essensoptionen hier sind aber nicht gerade der Hit. Wer hierher kommt, sollte sich wirklich den Aromen und Genüssen widmen, die er zu Hause zurückgelassen hat und vermisst.

Unterer Abschnitt der Th Sukhumvit

Nasir al-Masri NAHÖSTLICH $$
(Karte S. 96; 4/6 Soi 3/1, Th Sukhumvit; Hauptgerichte 80–350 B; ⏱24 Std.; ✶; Skytrain Nana) Eines von mehreren Restaurants mit nahöstlicher Küche in der Soi 3/1. Das Nasir al-Masri ist leicht zu erkennen: Vom Boden bis zur Decke ist alles in Edelstahl gehalten – wirklich beeindruckend. Normalerwei-

se kommt man in der nahöstlichen Küche kaum darum herum, Fleisch zu essen. Hier stehen aber auch mehrere köstliche vegetarische Mezze zur Auswahl.

Bed Supperclub INTERNATIONAL $$$
(Karte S. 96; ☎0 2651 3537; 26 Soi 11, Th Sukhumvit; Hauptgerichte 450–990 B, Tagesmenüs 790–1850 B; ⏱Di–Do 19.30–22, Fr & Sa abends 21 Uhr; ✶; Skytrain Nana) In diesem eleganten, futuristischen Ambiente sitzt man nicht an Tischen, sondern auf Betten und wird nicht von Stimmungsmusik berieselt, sondern von zeitgenössischen Aufführun-

GANZ SCHÖN THAI FÜR EINEN AUSLÄNDER

Um das Jahr 2009 beschloss eine Handvoll Ausländer, in Bangkok einige Thai-Restaurants zu eröffnen. Wenn es um ihre Küche geht, erwacht bei Thailändern leicht ein gewisser Beschützerinstinkt. Köche, die sich daran versuchen, müssen sich lokaler und internationaler Kritik stellen – die nicht immer positiv ausfällt (ein thailändischer Restaurantkritiker warf einem sehr bekannten ausländischen Gastronomen sogar vor, sein Restaurant sei ein „Schlag ins Gesicht der Thailänder"). Mittlerweile haben sich die Wogen geglättet, und so seien hier nun einige hervorragende Thai-Restaurants erwähnt.

» **nahm** (Karte S. 94; ☎0 2625 3333; Metropolitan Hotel, 27 Th Sathon Tai; Tagesmenü 1500 B; ⏱abends; ✶; Metro Lumphini) Der australische Koch/Buchautor David Thompson (s. Kasten S. 128) steckt hinter dem wahrscheinlich besten Thai-Restaurant in Bangkok. Seine Inspiration nimmt er vorrangig aus antiken Texten und seine Gerichte reichen von exotisch (würzige Froschschenkel aus der Pfanne mit Chilischoten, Kurkuma, Heiligem Thai-Basilikum und Kreuzkümmel) bis abenteuerlich (schonend gegarter fermentierter Fisch, gehackte Garnelen und Schweinefleisch mit Chilischoten, Thai-Ingwer und grünen Pfefferkörnern). Ein pikanter Geschmack und die kunstvolle Präsentation sind Merkmale, die das nahm einzigartig machen. Wer sich hier auf langweilige, auf Touristen angepasste Thai-Gerichte einstellt, wird leider enttäuscht werden. Reservierung empfohlen!

» **Bo.lan** (Karte S. 96; ☎0 2260 2962; 42 Soi Rongnarong Phichai Songkhram, Soi 26, Th Sukhumvit; Tagesmenü 1500 B; ⏱Di–So abends; Skytrain Phrom Phong) Bo und Dylan (Bo.lan ist ein Wortspiel, das auch „antik" bedeutet) sind zwei ehemalige Chefköche der Londoner Filiale des nahm-Restaurants. Sie haben der Stadt einen weiteren unwiderstehlichen Anreiz verpasst, sich doch einmal ein Essen in einem gehobenen Thai-Restaurant zu genehmigen. Das Paar nähert sich der thailändischen Küche von einem wissenschaftlichen Standpunkt aus und heraus kommen Tagesmenüs der Saison mit Gerichten, die man in der Form sonst wohl nirgends findet.

» **Soul Food Mahanakorn** (Karte S. 96; ☎0 2714 7708; 56/10 Soi 55/Thong Lor, Th Sukhumvit; Hauptgerichte 120–250 B; ⏱abends; ✶; Skytrain Thong Lo) Der Chef dieses gemütlichen Restaurants mit Bar stammt ursprünglich aus Pennsylvania. Serviert werden köstliche aber recht teure ländliche Thai-Gerichte, z. B. *gài tôrt Hat Yai* (Brathähnchen nach südthailändischer Art) oder *gaeng hang lair*, ein Schweinecurry nach nordthailändischer Art. Von den großartigen Cocktails ganz zu schweigen ...

» **Sra Bua** (Karte S. 90; ☎0 2162 9000; Siam Kempinski Hotel, 991/9 Th Rama I; Tagesmenü 2400 B; ⏱Mo–Fr 12–15 & 18–23, Sa & So 18–23 Uhr; ✶; Skytrain Siam) Das Sra Bua wird vom selben thailändisch-dänischen Doppelgespann geführt wie das Sterne-Restaurant Kiin Kiin in Kopenhagen. Dementsprechend wird dem thailändischen Essen hier auch eine internationale Note verpasst, z. B. mit dem gefrorenen roten Curry mit Hummer. Zu finden hinter dem Siam Paragon.

gen unterhalten. Auch das Essen kann mit diesen Attraktionen mithalten und besteht aus einem wechselnden Angebot, das hier selbst als „modern-eklektische Küche" betitelt wird. Unter der Woche gibt's Gerichte à la carte, freitags und samstags wird um Punkt 21 Uhr ein Vier-Gänge-Überraschungsmenü serviert.

Tapas Café
SPANISCH $$

(Karte S. 96; 1/25 Soi 11, Th Sukhumvit; Hauptgerichte 75–750 B; ⏰11–24 Uhr; ❄; Skytrain Nana) Aufregende Tapas, erfrischender Sangria und eine offene, lebhafte Atmosphäre sind Grund genug für einen Besuch im Tapas Café. Wem das nicht reicht, der sollte vor 19 Uhr vorbeischauen, dann gibt's nämlich immer zwei Gerichte oder Drinks zum Preis von einem.

Oberer Abschnitt der Th Sukhumvit
Boon Tong Kiat Singapore Hainanese Chicken Rice
SINGAPURISCH $

(Karte S. 96; 440/5 Soi 55/Thong Lor, Th Sukhumvit; Gerichte 60–150 B; ⏰mittags & abends; ❄; Skytrain Thong Lo) Wer einen Teller des gleichnamigen Gerichts bestellt, wird beeindruckt davon sein, wie schlicht und zugleich komplex ein Essen sein kann. Und wenn man schon mal da ist, wäre es ein Sünde, würde man nicht auch gleich noch *rojak*, den würzig-pikanten Obstsalat probieren, der hier ganz frech einfach „Singapore Som Tam" genannt wird.

Sukhumvit Plaza
KOREANISCH $$$

(Korean Town; Karte S. 96; Ecke Soi 12 & Th Sukhumvit; ⏰mittags & abends; ❄; Skytrain Asok, Metro Sukhumvit) Dieser mehrstöckige Komplex, in der ganzen Stadt als „Korean Town" bekannt, ist Bangkoks beste Adresse für echtes „Seoul-Food". Die koreanischen Expats der Stadt schwören auf **Myeong Ga** (Karte S. 96; ☎0 2229 4658; Hauptgerichte 200–550 B; ⏰abends; ❄) im Erdgeschoss, hier sind aber auch noch etwas günstigere Lokale vertreten.

Le Beaulieu
FRANZÖSISCH $$$

(Karte S. 96; ☎0 2204 2004; 50 Soi 19, Th Sukhumvit; Tagesmenü mittags/abends ab 525/1950 B; ⏰11.30–15 & 18.30–23 Uhr; ❄; Skytrain Asok, Metro Sukhumvit) Dieses winzige Restaurant ist in einem Hotel untergebracht und für viele Bewohner der Stadt die beste Adresse für französische Küche. Auf der Speisekarte stehen Klassiker wie Tatar und Bouillabaisse, aber auch moderne Kreationen wie ein Minuten-Rührei und frischer Seeigel. Gekocht wird mit exklusiven, importier-

ten Zutaten und mit „Royal Projects"-Produkten, die aus Projekten mit Bergvölkern stammen, die vom thailändischen Königshaus unterstützt werden. Reservierung empfohlen!

Bei Otto
DEUTSCH $$$

(Karte S. 96; www.beiotto.com; 1 Soi 20, Th Sukhumvit; Hauptgerichte 220–590 B; ⏰9–24 Uhr; ❄; Skytrain Asok, Metro Sukhumvit) Seit bald 20 Jahren ist das Bei Otto nun schon hier zu Hause. Sein ganzer kulinarischer Stolz sind seine Schweinshaxen, die angeblich die besten der Stadt sein sollen. Hinzu kommen eine gute Auswahl an deutschem Bier und ein angeschlossener Feinkostladen mit himmlischem Brot und echter Wurst. Wer Heimweh hat, sollte also unbedingt hier vorbeischauen.

Serenade
INTERNATIONAL $$$

(Karte S. 96; ☎0 2713 8409; 264/1 Soi 12, Soi 55/ Thong Lor, Th Sukhumvit; Hauptgerichte 145–480 B; ⏰mittags & abends; ❄; Skytrain Thong Lo & Weiterfahrt mit dem Taxi) Die Paradedisziplin dieser sexy neuen Weinbar sind hervorragende Gerichte im Tapas-Stil, z.B. griechische Oliven und frische angeschmorte Sardellen auf Baguette mit geschmolzenem Manchego oder gegrilltes australisches Angusrind aus Weidehaltung mit *jim-jaew*-Sauce.

Bharani
THAILÄNDISCH $

(Sansab Boat Noodle; Karte S. 96; 96/14 Soi 23, Th Sukhumvit; Hauptgerichte 50–200 B; ⏰10–22 Uhr; ❄; Skytrain Asok, Metro Sukhumvit) Dieses gemütliche Thai-Restaurant serviert von allem ein bisschen, von Eintopf aus Ochsenzunge bis hin zu gebratenem Reis mit Garnelenpaste. Die echte Motivation für einen Besuch hier sind aber die deftigen, fleischhaltigen „Boot-Nudeln". Sie verdanken ihren Namen der Tatsache, dass sie früher von den Booten aus verkauft wurden, die die *klorngs* (Kanäle) von Ayutthaya säumten.

Bacco – Osteria da Sergio
ITALIENISCH $$$

(Karte S. 96; 35/1 Soi 53, Th Sukhumvit; Antipasti 100–1200 B, Hauptgerichte 250–850 B; ⏰mittags & abends; ❄; Skytrain Thong Lo) Die etwas kitschige Inneneinrichtung dieser Osteria ist so etwas wie eine Tarnkappe für eines der besseren italienischen Restaurants der Stadt. Es stehen zahllose köstliche Antipasti zur Auswahl, das Aushängeschild des Lokals sind aber die Teigwaren, die, von Pizza bis Piadina (Fladenbrot) ausnahmslos lecker sind.

Duc de Praslin

SCHOKOLADE **$**

(Karte S. 96; EG, RSU Tower, Soi 31/1, Th Sukhumvit; Hauptgerichte 20–120 B; ☺8–21 Uhr; ✾; Skytrain Phrom Phong) Dieser noble Chocolatier mit Café versetzt einen ruckzuck aus dem schweißtreibenden Bangkok mitten hinein ins alte Europa. Außer perfekten Bonbons und gutem Kaffee gibt's auch heißen Kakao, bei dessen Zubereitung man sozusagen live dabei sein kann, wenn sich die Stücke reichhaltiger Schokolade in dampfender Milch auflösen.

Face

INTERNATIONAL **$$$**

(Karte S. 96; ☏0 2713 6048; 29 Soi 38, Th Sukhumvit; Hauptgerichte 310–670 B; ☺mittags & abends; ✾; Skytrain Thong Lo) Dieser hübsche Restaurantkomplex besteht im Endeffekt aus drei sehr guten Restaurants in einem: Lan Na Thai serviert solide gehobene Thai-Gerichte, das Misaki ist für den japanischen Touch zuständig und das Hazara versucht sich in exotisch klingender „nordindischer Grenzküche".

Thonglee

THAILÄNDISCH **$**

(Karte S. 96; Soi 20, Th Sukhumvit; Hauptgerichte 40–100 B; ☺mittags & abends, 3. So im Monat geschl.; Skytrain Asok, Metro Sukhumvit) Eines der wenigen noch verbleibenden familienbetriebenen Thai-Lokale in der Th Sukhumvit. Die winzige Küche zaubert ein paar Gerichte, die man sonst nirgendwo findet, z. B. *mǒo pàt gà·bì* (gebratenes Schweinefleisch mit Krabbenpaste) und *mèe gròrp* (knusprig gebratene süß-saure Nudeln).

Mokkori

JAPANISCH **$**

(Karte S. 96; 8/3 Soi 55/Thong Lor, Th Sukhumvit; Hauptgerichte 70–130 B; ☺mittags & abends; ✾; Skytrain Thong Lo) Wenn man das Restaurant betritt und das Personal alles auf einmal stehen und liegen lässt und anfängt, herumzubrüllen, dann weiß man, dass man an der richtigen Adresse ist. Das winzige Mokkori serviert in einem durch und durch authentischen Ambiente japanische Ramen, und nicht wenige sind der Meinung, dass in ihren Töpfen die beste japanische Nudelsuppe der Stadt blubbert. Neben den Nudeln sollte man aber auch unbedingt den wunderbar einfachen Snack mit Gurkenstücken und scharfem Miso-Dip bestellen.

Soi-38-Nachtmarkt

THAILÄNDISCH-CHINESISCH **$**

(Karte S. 96; Soi 38, Th Sukhumvit; Hauptgerichte 30–60 B; ☺20–3 Uhr; Skytrain Thong Lo) Nach einer durchfeierten Nacht erscheinen einem diese einfachen thailändisch-chinesischen Straßenstände als schillernde Oasen. Kommt man in nüchternem Zustand hier vorbei, hält man sich wohl besser an

---

DIE WELT DER BRUNCHBUFFETS

Der Sonntagsbruch ist für in Bangkok lebende Ausländer mittlerweile eine echte Institution und nahezu jedes große Hotel der Stadt wartet auch an allen anderen Wochentagen mit einem üppigen Buffet auf. Folgende Optionen sorgen für mehr als nur einen vollen Bauch:

Die hoch angesehenen Restaurants im **Four Seasons Hotel** (Karte S. 90; ☏0 2250 1000; 155 Th Ratchadamri; Buffet 2766 B; ☺So 11.30–15 Uhr; ✾; Skytrain Ratchadamri) fahren für ihren üppigen Sonntagsbrunch Warmhaltetische auf. Reservierung erforderlich!

Selbst wer es sich nicht leisten kann, im Oriental Hotel abzusteigen, sollte wenigstens genug beiseite legen, um sich das Meeresfrüchtebuffet im **Lord Jim's** (Karte S. 84; ☏0 2659 9000; 48 Soi Oriental/38, Th Charoen Krung; Buffet 1472–1943 B; ☺Mo–Fr 12–14.30, Sa 11.30–15, So 11–15 Uhr; ✾; Fähre Tha Oriental) direkt am Fluss genehmigen zu können.

Das preisgekrönte Buffet in der US-Kette **JW Marriott** (Karte S. 96; ☏0 2656 7700; EG, JW Marriott Hotel, 4 Soi 2, Th Sukhumvit; Buffet Sa/So 1285/1885 B; ☺Sa & So 11.30–15 Uhr; ✾; Skytrain Nana) ähnelt einem ganzjährigen Erntedankfest. Es gibt auch die Option einer Flatrate für Bier und Wein.

Das **Rang Mahal** (Karte S. 96; ☏0 2261 7100; 26. Stock, Rembrandt Hotel, 19 Soi 20, Th Sukhumvit; Buffet 850 B; ☺So 11–14.30 Uhr; ✾; Skytrain Asok, Metro Sukhumvit) auf dem Dach des Rembrandt Hotels bietet jeden Sonntag ein indisches Buffet mit tollem Ausblick.

Naschkatzen werden das einzigartige, auf Kakao basierende Schokoladenbuffet im **Sukhothai Hotel** (Karte S. 94; ☏0 2344 8888; 13/3 Th Sathon Tai; Buffet 800 B; ☺Fr–So 14–17.30 Uhr; ✾; Metro Lumphini) lieben.

die „berühmten" Verkaufsstände, die sich gleich am Beginn der Straße in einer Gasse auf der rechten Seite befinden.

LUMPHINI PARK & TH PHRA RAM IV

LP TIPP **Kai Thort Jay Kee** THAILÄNDISCH $

(Soi Polo Fried Chicken; Karte S. 94; 137/1-3 Soi Sanam Khlii (Polo), Th Withayu/Wireless Rd; Hauptgerichte 40–280 B; ⊙mittags & abends; 🌐; Metro Lumphini) Auch wenn *sôm·đam,* Klebreis und *lâhp* (ein Hackfleischsalat nach thailändischer Art) den Eindruck vermitteln, man orientiere sich hier an der Küche des nordöstlichen Thailands, stammt der frittierte Vogel, der als Namensgeber für dieses Restaurant diente, eher aus dem Süden. Davon abgesehen ist aber auch er, bedeckt mit einer dicken Schicht aus knusprig-frittiertem Knoblauch, eine typische Bangkok-Erfahrung.

Ngwan Lee
Lang Suan CHINESISCH-THAILÄNDISCH $$

(Karte S. 94; Ecke Soi Lang Suan & Soi Sarasin; Hauptgerichte 50–900 B; ⊙7–3 Uhr; Skytrain Ratchadamri) Diese riesige Speisehalle in zentraler Lage hat bis tief in die Nacht geöffnet, was sie zur perfekten Anlaufstelle nach einem Clubbesuch macht. Hier kann man auch ruhigen Gewissens Gerichte probieren, die man anderswo nie zu bestellen wagen würde, z. B. *jàp chài,* gedämpftes Gemüse nach chinesischer Art, oder das leckere *ừèt đůn,* in chinesischen Gewürzen geschmorte Ente.

Café 1912 FRANZÖSISCH-THAILÄNDISCH $$

(Karte S. 94; Alliance Française, 29 Th Sathon Tai; Gerichte 50–185 B; ⊙Mo–Sa 7–19, So bis 14 Uhr; 🌐; Metro Lumphini) Das Essen in dieser Cafeteria, die zum französischen Kulturzentrum gehört, wird von einer guten lokalen Bäckerei angeliefert. Neben französischen und thailändischen Gerichten gibt es auch Kaffee, himmlische Kuchen und Süßwaren.

GROSSRAUM BANGKOK

Mallika SÜDTHAILÄNDISCH $$

(Karte S. 101; 21/36 Th Rang Nam; Hauptgerichte 70–480 B; ⊙Mo–Sa 10–22 Uhr; 🌐; Skytrain Victory Monument) Authentische Gerichte aus der Region (in diesem Fall aus Südthailand), eine lesbare englische Speisekarte, guter Service und eine saubere Umgebung lassen einen Traum wahr werden. Die Preise sind für einen thailändischen Familienbetrieb etwas hoch, man bekommt dafür aber auch gute Qualität.

Kaloang Home Kitchen THAILÄNDISCH $$

(Karte S. 100; 503-505 Th Samsen; Hauptgerichte 60–170 B; ⊙11–23 Uhr; Bus 32, 516, Fähre Tha Thewet) Hier darf man sich nicht von der abblätternden Farbe und der baufälligen Terrasse abschrecken lassen: Kaloang Home Kitchen ist definitiv anders. Die entspannte Atmosphäre und die mit Meeresfrüchten vollgepackte Speisekarte werden schnell jegliche Ängste, vom Mae Nam Chao Phraya hinweggespült zu werden, zerstreuen. Und bei einem Bier und der angenehmen Brise gerät der furchterregende Bangkoker Verkehr auch schnell in Vergessenheit. Das Restaurant erreicht man, indem man der Th Si Ayutthaya bis zum Fluss folgt.

Phat Thai Ari THAILÄNDISCH $

(kein Schild in lateinischer Schrift; Karte S. 126; 2/1-2 Soi Ari/7, Th Phahonyothin; Hauptgerichte 45–100 B; ⊙11–22 Uhr; Skytrain Ari) Einer der bekannteren Läden für *pàt tai* liegt nur ein paar Häuserblocks von der gleichnamigen Soi entfernt. Unbedingt die innovative nudelfreie Version probieren, in der lange Streifen knusprig grüner Papaya die traditionellen Reisnudeln aus Chanthaburi ersetzen! Das Phat Thai Ari befindet sich in einer engen Soi, die zum nördlich der Skytrain-Station Ari gelegenen Phaholyothin Center führt.

Pathé THAILÄNDISCH $

(Karte S. 126; Ecke Th Lat Phrao & Th Viphawadee; Hauptgerichte 75–160 B; ⊙14–1 Uhr; 🌐; Metro Phahon Yothin) Die thailändische Antwort auf das American Diner der 1950er-Jahre. Dieses beliebte Lokal bietet deftiges Thai-Essen, eine heitere Atmosphäre und eine Jukebox, die zerkratzte Platten spielt. Unbedingt die frittierte Eiscreme probieren!

River Bar Café THAILÄNDISCH $$

(405/1 Soi Chao Phraya, Th Ratchawithi, Thonburi; Hauptgerichte 130–350 B; ⊙17–24 Uhr; 🌐; klorng-Taxi zum Tha Krung Thon Bridge Pier) Das River Bar Café bietet mit seiner bilderbuchmäßigen Lage am Fluss, gutem Essen und Livemusik alles, was ein perfekter Abend in Bangkok haben muss.

🍷 Ausgehen

Einst war Bangkok berühmt-berüchtigt für ein Nachtleben, das keine Tabus kennt. In den letzten Jahren jedoch beschränken strenge Auflagen den Verkauf von Alkohol und es gibt zunehmend konservative Sperrstunden. Trotzdem findet man noch immer eine abwechslungsreiche, spaßige Barszene

Thai-Bier ist in der Regel eher ein Flop. Wenn man also das nächste Mal aufbricht, um die Stadt unsicher zu machen, sollte man es zur Abwechslung mal den Thailändern gleich tun und eine Flasche Whiskey bestellen.

Zuerst muss eine Marke gewählt werden. Wer einen besonders dekadenten Abend plant, für den ist eine Flasche *bláak* (Johnnie Walker Black Label) erste Wahl. Wer nicht gleich die Reisekasse sprengen will, greift zu billigeren Importen wie Red Label oder Benmore. Eine spaßige Nacht zu Tiefstpreisen garantieren einheimische Spirituosen wie 100 Pipers oder Sang Som. Zudem ist es in vielen thailändischen Bars nicht unüblich, seine eigene Flasche mitzubringen; dann wird oft eine kleine Korkgebühr fällig.

Die nächste Entscheidung, die ansteht, ist die der Mischgetränke. Für Whisky wählt man meist mehrere Flaschen Soda und eine oder zwei Flaschen Cola, dazu noch einen Kübel Eis. Die meisten Bedienungen bringen dies ganz selbstverständlich gleich mit an den Tisch.

Das Mischen selbst ist die einfachste Übung und erfordert wenig oder keine Mitwirkung des Gastes. Die geübte Bedienung wird die Gläser mit Eis füllen, dann einen Schuss Whisky und einen Spritzer Soda hinzugeben und zum Schluss das Glas mit Cola auffüllen. Jetzt noch mit der Eiszange einmal kurz umrühren und fertig!

Wer es nicht schafft, die Flasche leer zu trinken, sollte sich schämen, muss sich aber nicht ärgern. Es ist vollkommen normal, sie in der Bar zurückzulassen. Einfach der Bedienung seines Vertrauens Bescheid sagen, damit die Flasche mit Namen und Datum versehen und bis zum nächsten Besuch aufbewahrt wird.

vor, und ein paar Locations schenken sogar nach 1 Uhr noch Alkohol aus.

Wichtig: Rauchen ist bei Veranstaltungen drinnen (und denen, die nur halb draußen stattfinden) seit 2008 verboten! Völlig untypisch für Thailand wird das auch streng durchgesetzt.

KO RATANAKOSIN, BANGLAMPHU & THONBURI

Tagsüber trifft man in der Th Khao San so ziemlich jede Nationalität – aber keine Thailänder. Erst abends wagen sie es, sich ins Getümmel zu stürzen und bescheren dann der Gegend eine völlig neue Atmosphäre. Neben dieser wichtigsten Unterhaltungsmeile ziehen auch die Th Rambuttri und die Th Phra Athit Leute aus der ganzen Stadt und der ganzen Welt an, die auf der Suche nach einem Drink oder einfach nur einem netten Abend sind.

Hippie de Bar BAR
(Karte S. 62; 46 Th Khao San; ⊘18–2 Uhr; Fähre Tha Phra Athit) Das bei Einheimischen sehr beliebte Hippie bietet sowohl drinnen also auch draußen Spaß auf mehreren Ebenen. Es gibt Essen, Billardtische und einen Musikmix, den man sicher nirgendwo sonst in der Stadt zu hören bekommt.

Amorosa BAR
KarteS. 62; www.arunresidence.com; Dachterrasse, Arun Residence, 36-38 Soi Pratu Nok Yung; ⊘18–

23 Uhr; Bus 123, 508, Fähre Tha Tien) Das Amorosa mag vielleicht die einzige Bar in dieser Gegend sein, was sie aber keineswegs zu einer Notlösung macht. Die tolle Lage auf dem Dach bietet einen sensationellen Blick auf den Wat Arun und macht es zu einer von Bangkoks besten Locations für einen Drink am Fluss bei Sonnenuntergang.

Rolling Bar BAR
(KarteS. 62; ThPrachathipatai; ⊘18–24Uhr; klorng-Taxi bis Tha Phan Fah) Mit ihrer ruhigen Lage am Kanal ist diese Bar ein toller Ort, um der Hektik der Th Khao San zu entgehen. Leckere Barsnacks und Livemusik sorgen dafür, dass man sie so schnell auch nicht wieder verlässt.

Taksura BAR
(Karte S. 62; 156/1 Th Tanao; ⊘17–24 Uhr; klorng-Taxi bis Tha Phan Fah) Diese auf den ersten Blick verlassene Villa ist um die 100 Jahre alt und liegt mitten im Herzen des alten Bangkoks. Der Weg dorthin ist nicht ausgeschildert ... was das Ganze, laut der coolen Künstler und Studenten, die das Lokal bevölkern, noch viel besser macht.

Phranakorn Bar BAR
(KarteS. 62; 58/2 Soi Damnoen Klang Tai; ⊘18–24 Uhr; klorng-Taxi bis Tha Phan Fah) Es muss ein wahrer Visionär gewesen sein, der dieses charakterlose, mehrstöckige Gebäude in eine warme und freundliche Location zum

Ausgehen verwandelt hat. Ein Publikum aus Studenten und Künstlern sorgt dafür, dass man sich zwischen der vielseitigen Deko und den wechselnden Galerieausstellungen wie zu Hause fühlt.

Die Klientel von Bars besteht oft entweder nur aus Ausländern oder nur aus Einheimischen, wobei man diesem Trend ja nicht unbedingt folgen muss. Hier ein paar beliebte Optionen:

Center Khao San   BAR
(Karte S. 62; Th Khao San; ☺24 Std.; Fähre Tha Phra Athit) Eine von mehreren Bars, aus denen sich das menschliche Treiben in der Th Khao San aus nächster Nähe beobachten lässt. Im Obergeschoss spielen gegen später Bands.

Mulligans   BAR
(Karte S. 62; 1. Stock, Buddy Lodge, 265 Th Khao San; ☺15–4 Uhr; Fähre Tha Phra Athit; ✱) Eine Art Irish Pub im Kolonialstil; super, wenn es draußen ohne Klimaanlage nicht mehr auszuhalten ist.

Molly Bar   BAR
(Karte S. 62; Th Rambutri; ☺20–1 Uhr; Fähre Tha Phra Athit) Am Wochenende dank der lokalen Bands immer gerammelt voll; unter der

Woche ist's hier ruhiger und es gibt Sitzgelegenheiten im Freien.

Roof Bar   BAR
(Karte S. 62; Th Khao San; ☺17–24 Uhr; Fähre Tha Phra Athit) Obwohl die live gespielte Akustikmusik hier nicht immer der Hit ist, ist die Aussicht von dieser erhöhten Kneipe verlässlich gut.

SILOM & SATHON

Barbican Bar   BAR
(Karte S. 86; 9/4-5 Soi Thaniya, Th Silom; ☺16–1 Uhr; Skytrain Sala Daeng, Metro Si Lom; ✱) In einer Umgebung voller Massagesalons mit jugendlichen Schulballköniginnen, die sich japanischen Geschäftsleuten anbiedern, ist diese Yuppie-Bar von der seriösen Sorte und zählt vor allem Büroangestellte zu seiner Klientel, die eigentlich nur auf einen Happy-Hour-Drink vorbeikommen – und dann doch bis zum Schluss bleiben.

Coyote on Convent   BAR
(Karte S. 86; 1/2 Th Convent, Th Silom; ☺11–24 Uhr; Skytrain Sala Daeng, Metro Si Lom; ✱) Die überteuerte Tex-Mex-Küche hier kann man getrost vergessen, der Besuch lohnt sich aber aufgrund der über 75 verschiedenen Margaritas dennoch. Mittwochs von 18 bis 20 Uhr sowie samstags von 22 Uhr bis Mitternacht

---

WIR FEIERN DIE GANZE NACHT ...

Da die meisten Kneipen und Tanzclubs gegen 1 Uhr schließen, ist „one night in Bangkok", wie Murray Head sie besingt, auch nicht mehr das, was sie einmal war. Zum Glück haben aber ein paar Orte in der Stadt die notwendige „Lizenz" und dürfen bis in die frühen Morgenstunden ausschenken.

Die alteingesessene Backpackerkneipe **Wong's Place** (Karte S. 94; 27/3 Soi Si Bamphen, Th Phra Ram IV; ☺20 Uhr–open end; Metro Lumphini; ✱) abseits der Soi Ngam Duphli ist so lange geöffnet, dass man sich vor Mitternacht hier gar nicht blicken lassen muss.

Das leicht nahöstlich angehauchte **Gazebo** (Karte S. 62; 3. Stock, 44 Th Chakraphong; Fähre Tha Phra Athit) verkörpert die noble Seite der Th-Khao-San-Gegend. Die gehobene Lage im 3. Stock scheint der Bar eine etwas flexiblere Auslegung der strengen Sperrstunde zu ermöglichen.

In der Th Sukhumvit heizen der **Club Insomnia** (Karte S. 96; Soi 12, Th Sukhumvit; Eintritt 200 B; ☺20 Uhr–open end; Skytrain Asok, Metro Sukhumvit) und **Scratch Dog** (Karte S. 96; ☎0 2262 1234; Windsor Suites Hotel, 8-10 Soi 20, Th Sukhumvit; ☺20 Uhr–open end; Skytrain Asok, Metro Sukhumvit) ihren Gästen mit Hip-Hop-Musik und R&B-Rhythmen bis in die frühen Morgenstunden ein.

Für die etwas unkonventionellere Erfahrung bittet man seinen freundlichen Taxifahrer, einen zu einer der folgenden Locations zu bringen: **Shock 39**, **Spicy**, **Spice Club**, **Boss** oder **Bossy**. Diese Nachtclubs mit den kreativen Namen befinden sich alle im Zentrum Bangkoks und haben bis weit nach Sonnenaufgang noch geöffnet. Warum sie hier nicht näher beschrieben sind und auch nicht auf der Karte eingezeichnet sind? Erfahrungen und die Recherche haben gezeigt, dass diese Clubs Teil einer Late-Night-Parallelwelt sind, in der sich einzig und allein Bangkoks Taxifahrer zurechtfinden ...

gibt's für Frauen einen kostenlosen Will-kommensdrink in Form einer Margarita.

Molly Malone's   IRISCHE BAR
(Karte S. 86; 1/5-6 Th Convent, Th Silom; ⊙11–1 Uhr; Skytrain Sala Daeng, Metro Si Lom; ⊛) Seit dem jüngsten Umbau tendiert das alteingeses-sene Lokal gefährlich in Richtung irischen Kitschs, das Publikum ist aber gut drauf und der Service ist freundlich und schnell.

SIAM SQUARE & PRATUNAM

Co-Co Walk   BAR, LIVEMUSIK
(Karte S. 90; 87/70 Th Phayathai; ⊙18–1 Uhr; Sky-train Ratchathewi) Hier findet man in einem

überdachten Komplex ein Sammelsurium an Pubs, Bars und Livemusik und überall wimmelt es von thailändischen Studenten. **The Tube** hat sein Herz in London verlo-ren und spielt sehr Brit-Pop-lastige Musik; im **Chilling House Café** werden Thai-Hits auf der Akustikgitarre live gespielt und es gibt einige Billardtische; am beliebtesten ist aber das **69**, in dem Coverbands west-lichen Rock und aktuelle Charthits spielen.

Hyde & Seek   BAR
(Karte S. 90; EG, Athenee Residence, 65/1 Soi Ruam Rudi; ⊙11–1 Uhr; Skytrain Phloen Chit; ⊛) Dank der köstlichen und sättigenden Barsnacks

SCHWULEN- & LESBENSZENE IN BANGKOK

Bangkok ist so schwul, dass San Francisco daneben wie eine texanische Kleinstadt aussieht. Mit freizügigen Nachtlokalen und jährlich stattfindenden Pride-Events ge-nießt die homosexuelle Community, gemessen an der Haltung im Rest der Region, eine beispiellose Toleranz. Allerdings muss auch erwähnt werden, dass in den letzten Jahren HIV und andere sexuell übertragbare Krankheiten unter schwulen Männern in Bangkok stark angestiegen sind. Wenn man also mitmischt, muss man unbedingt auf Nummer sicher gehen und sich schützen.

Utopia (www.utopia-asia.com) ist eine Website für die südostasiatische Schwulen-Community. Hier werden Veranstaltungsorte in Bangkok aufgelistet, Neuigkeiten bekanntgegeben und verschiedene Sichtweisen dargelegt; zudem wird ein Reise-service angeboten. **Dreaded Ned** (www.dreadedned.com) und **Fridae** (www.fridae.com) haben ebenfalls aktuelle Listings und Infos über Veranstaltungen. Der **Lesbian Guide to Bangkok** (www.bangkoklesbian.com) ist das einzige englischsprachige Angebot aus der Lesbenszene.

Lesben und Schwule sollten Bangkok Mitte November besuchen, denn dann findet das kleine, fröhliche **Pride Festival** (www.bangkokpride.org) statt. Eine Woche lang stehen Abendessen, Bootsfahrten, Clubbing und Wettbewerbe auf dem Programm.

Der **Bed Supperclub** (s. S. 144) veranstaltet die äußerst beliebten „Confidential Sundays", und andere schicke Läden beherbergen die „Circuit Partys", die jeweils ein ganzes Wochenende dauern. Auf **G Circuit** (www.gcircuit.com) findet man heraus, wo und wann die nächste Party steigt.

Die Soi 2 an der Th Silom ist von Tanzclubs wie dem **DJ Station** (Karte S. 86; 8/6-8 Soi 2, Th Silom; ⊙20 Uhr–open end; Skytrain Sala Daeng, Metro Si Lom) gesäumt, dessen Pub-likum eine Mischung aus Thai-Guppies (schwulen Geschäftsleuten), Moneyboys und ein paar Ausländern ist. Nur eine halbe Soi weiter befindet sich das **G.O.D.** (Guys on Display; Karte S. 86; Soi 2/1, Th Silom; Eintritt 280 B; ⊙20 Uhr–open end; Skytrain Sala Daeng, Metro Si Lom), in dem, wie sein Name schon andeutet, Männer auch öfter mal oben ohne tanzen. Gegenüber in der Soi 4 findet man die althergebrachten Bars, in denen man sich noch unterhalten kann, darunter das **Balcony** (Karte S. 86; www.balconypub. com; 86-88 Soi 4, Th Silom; ⊙17.30–1 Uhr; Skytrain Sala Daeng, Metro Si Lom) und das **Tele-phone** (Karte S. 86; 114/11-13 Soi 4, Th Silom; ⊙17–1 Uhr; Skytrain Sala Daeng, Metro Si Lom).

Etwas weiter außerhalb der Stadt ist die Szene dann etwas einheimischer und es ist von Vorteil, wenn man ein bisschen Thailändisch spricht. Einige der Bars entlang der Th Kamphaeng Phet, darunter auch der **Fake Club** (Karte S. 126; Th Kamphaeng Phet, Chatuchak; ⊙21–2 Uhr; Skytrain Mo Chit, Metro Kamphaeng Phet) und **el Ninyo** (Karte S. 126; Th Kamphaeng Phet, Chatuchak; ⊙21–2 Uhr; Skytrain Mo Chit, Metro Kamphaeng Phet), sind am Wochenende für das laute, ausschweifende Verhalten ihrer Gäste bekannt.

Zeta (29/67 Royal City Ave/RCA, abseits Phra Ram IX; Eintritt 100 B; ⊙20–2 Uhr; Metro Phra Ram 9 & Weiterfahrt mit dem Taxi) ist ein entspannter Club für Mädels, in dem jeden Abend eine Band Coverversionen von thailändischen und westlichen Liedern spielt.

und Gerichte nach englischem Vorbild darf sich diese Bar zu Recht selbst als „Gastro-Bar" bezeichnen. Hauptgrund für einen Besuch hier ist jedoch eher die Bar mit der besten Auswahl Bangkoks und einigen der leckersten Cocktails der Stadt.

To-Sit
RESTAURANT-BAR

(Karte S. 90; Soi 3, Siam Sq, Th Phra Ram 1; ☺18–24 Uhr; Skytrain Siam; ❋) Das To-Sit bietet alles, was sich ein thailändischer Student beim Ausgehen wünscht: rührselige Thai-Musik und günstige, scharfe Gerichte.

SUKHUMVIT

WTF
GALERIE, BAR

(Karte S. 96; www.wtfbangkok.com; 7 Soi 51, Th Sukhumvit; ☺Di–So 18–1 Uhr; Skytrain Thong Lo; ❋) Nein, nicht dieses *wtf*. Wonderful Thai Friendship kombiniert eine lauschige Bar mit einer Kunstgalerie und schnürt daraus ein attraktives Paket. Wer hier ein paar der besten Cocktails der Stadt schlürft

und leckere, spanisch angehauchte Snacks genießt, wird sich für den Abend kein weiteres Ziel mehr suchen müssen.

Bangkok Bar
BAR

(Karte S. 96; Soi Ekamai 2, Soi 63/Ekamai, Th Sukhumvit; ☺20–1 Uhr; Skytrain Ekkamai; ❋) In dieser unterhaltsamen Bar, der man jedoch einen erstaunlich unkreativen Namen gegeben hat, tanzt man zusammen mit den einheimischen Indie-Kids. Es gibt Livemusik und das Essen ist so gut, dass sich ein Besuch in der Bangkok Bar schon allein deswegen lohnt. Und wetten, dass man nach zwei Mad Dogs, dem berüchtigten Hausgetränk, nicht mehr geradeaus gehen kann?

Cheap Charlie's
BAR

(Karte S. 96; Soi 11, Th Sukhumvit; ☺Mo–Sa; Skytrain Nana) Hier gibt's nie genügend Sitzplätze, und das Designkonzept lässt sich wohl am treffendsten als „Schrottplatz"-Look beschreiben. Aber an den meisten

DEN STERNEN ZUPROSTEN

Bangkok ist eine der wenigen großen Städte auf der Welt, in der es offenbar niemanden kratzt, wenn man eine Bar oder ein Restaurant auf dem Dach eines Wolkenkratzers eröffnet. Für die Locations mit Restaurantcharakter ist eine Reservierung empfehlenswert, wer Shorts oder Sandalen trägt, wird aber nirgends hineingelassen.

» **Moon Bar at Vertigo** (Karte S. 94; Banyan Tree Hotel, 21/100 Th Sathon Tai; ☺17.30–1 Uhr; Metro Lumphini) Die Moon Bar, die in beunruhigender Höhe auf dem Dach eines Wolkenkratzers mit 61 Stockwerken balanciert, bietet einen Ausblick auf Bangkok aus der Vogelperspektive. Zum Sonnenuntergang kann es hier ganz schön voll werden, also unbedingt ein bisschen früher kommen, um noch einen der besten Plätze zu ergattern!

» **Sirocco Sky Bar** (Karte S. 84; The Dome, 1055 Th Silom; ☺18–1 Uhr; Skytrain Saphan Taksin) Wer die breiten Stufen hinab zur leicht überhängenden Bar dieses Dachrestaurants mit Blick auf den Mae Nam Chao Phraya schreitet, fühlt sich gleich wie eine Hollywood-Diva.

» **Nest** (Karte S. 96; ☏0 2255 0638; www.thenestbangkok.com; 8. Stock, Le Fenix Hotel, 33/33 Soi 11, Th Sukhumvit; ☺17–2 Uhr; Skytrain Nana) Diese Bar auf dem Dach des Le Fenix Hotels ist ein schickes Labyrinth aus geschickt drapierten und versteckten Sofas und einladenden Liegen. Ein DJ sorgt für die Musik, während die interessantesten Kneipenessen-Kreationen Bangkoks das Ganze kulinarisch abrunden.

» **Long Table** (Karte S. 96; ☏0 2302 2557; 25. Stock, 48 Column Building, Soi 16, Th Sukhumvit; ☺17–2 Uhr; Skytrain Asok, Metro Sukhumvit; ❋) Nicht gerade ein Dachrestaurant, aber der Open-Air-Bereich dieses gehobenen thailändischen Bar-Restaurants bietet großartige Ausblicke auf eines der belebtesten zentralen Viertel Bangkoks.

» **RedSky** (Karte S. 90; ☏0 2100 1234; 55. Stock, Centara Grand, Central World Plaza; ☺17–1 Uhr; Skytrain Siam & Chitlom) Bangkoks neuestes Dachrestaurant ist das wahrscheinlich förmlichste von allen und wartet mit einer umfangreichen Martinikarte auf.

» **Roof** (Karte S. 90; 25. Stock, Siam@Siam, 865 Th Phra Ram I; ☺17.30–0.30 Uhr; Skytrain National Stadium) Neben dem Ausblick auf das Zentrum Bangkoks hat das Roof einen eigenen Martini-Sommelier und eine umfassende Wein- und Champagnerkarte zu bieten.

Abenden ist diese Bierkneipe im Freien ein echt toller Treffpunkt für jedermann, vom Pauschaltourist bis zum hier lebenden Englischlehrer.

Iron Fairies
PUB, WEINBAR

(Karte S. 96; www.theironfairies.com; Soi 55/ Thong Lor, Th Sukhumvit; ☺Mo–Sa 17–24 Uhr; Skytrain Thong Lo; ✿) Versucht man einmal, sich eine verlassene, verzaubert anmutende Pariser Fabrik im Jahre 1912 vorzustellen, erhält man einen Eindruck von der Gestaltungsrichtung in dieser beliebten Kneipe und Weinbar. Wenn es einem gelingt, einen der wenigen Sitzplätze zu ergattern, kann man sich den angeblich besten Burger in ganz Bangkok servieren lassen. Ab 21.30 Uhr wird Livemusik gespielt.

Tuba
BAR

(außerhalb der Karte S. 96; 34 Raum 11-12 A, Soi Ekamai 21, Soi Ekamai/63, Th Sukhumvit; Skytrain Ekkamai; ✿) Teils Lagerraum für überalte Antiquitäten, teils freundliche Nachbarschaftskneipe: Dieser skurrilen Bar mangelt es gewiss nicht an Charakter. Am besten gleich eine ganze Flasche bestellen und auf keinen Fall die leckeren Hähnchenflügel verpassen.

Bull's Head
PUB

(Karte S. 96; ☎0 2259 4444; 595/10-11 Soi 33/1, Th Sukhumvit; ☺17–1 Uhr; Skytrain Phrom Phong; ✿) Bangkok hat mehrere Pubs im englischen Stil zu bieten, aber dieses ist vermutlich das authentischste von allen. Management und Personal sind sehr freundlich, und es werden mehr Events und Aktivitäten angeboten als in einem Ferienlager. Hier kann man auch wunderbar neue Leute kennenlernen, vor allem natürlich Briten.

HOBS
PUB

(House of Beers; Karte S. 96; 522/3 Soi Thong Lo 16, Soi 55/Thong Lor, Th Sukhumvit; ☺11–24 Uhr; Skytrain Thong Lo; ✿) Belgisches Bier, das unbestritten beste Gebräu der Welt, gibt es in Bangkok schon seit einer ganzen Weile, aber in dieser neuen Kneipe hat es nun ein ständiges Zuhause gefunden. Zu seinem Bier sollte man sich unbedingt knusprige *frites* bestellen, die hier nach belgischer Art mit Mayonnaise serviert werden.

☆ Unterhaltung

Wer sich in Bangkok langweilt, sollte sich schämen. Ebenso diejenigen, die glauben, dass sich die einzigen Unterhaltungsmöglichkeiten um das Wort „Go-go" drehen. Das Nachtleben von Bangkok ist heutzuta-

ge so vielfältig wie das nahezu jeder anderen modernen Stadt. Und selbst wenn man normalerweise um neun im Bett geht, wird einen Bangkok mit interessanter Unterhaltung nach dem Abendessen davon abhalten. Das Angebot reicht von luxuriösen Kinos bis hin zu traditionellen Kulturveranstaltungen.

Livemusik

Musik gehört beim Ausgehen in Thailand einfach dazu, und fast jede Kneipe, die ihre gesalzenen Erdnüsse wert ist, hat eine Hausband von unterschiedlicher Qualität. Sie spielt meist flotte, gecoverte thailändische Popmusik oder müde internationale Standards (wer die Stadt verlassen hat, ohne einmal eine Liveversion von *Hotel California* gehört zu haben, der ist nicht wirklich in Bangkok gewesen). Aber es gibt immer mehr Lokale, die sich mit eigenartigen und/oder genialen Bands und Auftritten von der Masse abheben.

Brick Bar
BAR, LIVEMUSIK

(Karte S. 62; UG, Buddy Lodge, 265 Th Khao San; ☺20–1 Uhr; Fähre Tha Phra Athit; ✿) In dieser höhlenartigen Bar tritt jeden Abend eine andere Liveband vor fast ausschließlich einheimischem Publikum auf. Am besten sollte man um Mitternacht kommen, einen Tisch direkt neben der Bläserfraktion wählen und zum Klang von Teddy Ska, einem der dynamischsten Liveacts der Stadt, so richtig aufdrehen.

Living Room
HOTELLOUNGE, JAZZ

(Karte S. 96; ☎0 2649 8888; Level I, Sheraton Grande Sukhumvit, 250 Th Sukhumvit; ☺18.30– 24 Uhr; Skytrain Asok, Metro Sukhumvit; ✿) Hier darf man sich nicht von Äußerlichkeiten abschrecken lassen: Diese farblose Hotellounge verwandelt sich jeden Abend in Bangkoks beste Location für live gespielten Jazz. Am besten informiert man sich schon vorab, welcher Saxofon-Meister oder Drummer gerade in der Stadt ist.

Diplomat Bar
HOTELLOUNGE

(Karte S. 90; EG, Conrad Hotel, 87 Th Witthayu/Wireless Rd; ☺18–24 Uhr; Skytrain Phloen Chit; ✿) Dies ist eine der wenigen Hotellounges, die auch von Einheimischen besucht werden. Man kann hier aus einer umfangreichen Karte mit innovativen Martinis wählen und diesen zwischen 18.30 und 24 Uhr zu live gespieltem Jazz schlürfen, der sehr anmutig in Unterhaltungslautstärke gespielt wird.

GÀ·TEU·I·KABARETT

Nicht ganz überraschend ist der neueste Trend unter Bangkok-Touristen, irgendwelchen als Frauen verkleideten Männern beim Vortragen kitschiger Melodien zuzusehen. Sowohl das **Calypso Cabaret** (Karte S. 90; ✆ 0 2653 3960; www.calypsocabaret.com; Asia Hotel, 296 Th Phayathai; Tickets 1200 B; ✆ Shows 20.15 & 21.45 Uhr; Skytrain Ratchathewi) als auch das **Mambo Cabaret** (✆ 0 2294 7381; www.mambocabaret.com; 59/28 Yannawa Tat Mai; Tickets 800–1000 B; ✆ Shows 19.15, 20.30 & 22 Uhr; Skytrain Chong Nonsi & Weiterfahrt mit dem Taxi) veranstalten choreografierte Bühnenshows mit Beinschwung wie am Broadway und Playback gesungenem Pop. Die Typen sind zudem ganz schön gut bestückt ... Das Mambo liegt in der Nähe der Phra Ram III im fernen Süden der Stadt.

Parking Toys LIVEMUSIK
(✆ 0 2907 2228; 17/22 Soi Mayalap, Kaset-Navamin Hwy; ✆ 18–1 Uhr; Skytrain Mo Chit & Weiterfahrt mit dem Taxi; ✱) Dieser Laden, im Grunde genommen ein riesiger Schuppen voller alter Möbel, veranstaltet abwechslungsreiche Gigs mit tollen Bands, von akustischklassischen Ensembles bis zu Electro-Funk-Jam-Gruppen. Um hierher zu kommen, nimmt man von der Skytrain-Station Mo Chit ein Taxi in Richtung Norden bis zur Th Kaset-Navamin. Nach der zweiten Ampel auf dieser Straße nach einem kleinen Heineken-Schild Ausschau halten!

Saxophone Pub & Restaurant LIVEMUSIK
(Karte S. 62; www.saxophonepub.com; 3/8 Th Phayathai; ✆ 18–2 Uhr; Skytrain Victory Monument; ✱) Ein Grundpfeiler des hiesigen Nachtlebens und Bangkoks größte Bühne der Livemusik-Szene. Für ein erstes Date ist es hier zwar ein wenig zu laut, der gute und abwechslungsreiche Sound machen es aber zu einer tollen Location für Musikfans auf Kneipentour.

Ad Here the 13th BAR, LIVEMUSIK
(Karte S. 62; 13 Th Samsen; ✆ 18–24 Uhr; Fähre Tha Phra Athit; ✱) Am Ufer des Khlong Banglamphu findet sich diese Bar, die alles hat, was eine Nachbarschaftskneipe haben sollte: viele Stammgäste, kaltes Bier und herzerwärmende Melodien, die von der meister-

haften Hausband ab 22 Uhr zum Besten gegeben werden. Hier kennt jeder jeden, man kann sich also ruhig unters Volk mischen.

Tawandang German Brewery BAR, RESTAURANT
(Ecke Th Phra Ram III & Th Narathiwat Ratchanakharin; Skytrain Chong Nonsi & Weiterfahrt mit dem Taxi; ✱) In dieser riesigen Halle von der Größe eines Hangars südlich der Innenstadt herrscht das ganze Jahr über Oktoberfeststimmung. Die deutsch-thailändischen Gerichte sind lecker und die hauseigenen Gebräue absolut trinkbar. Die allabendlichen Bühnenvorführungen verleiten unwillkürlich zum Mitsingen. Die Musik beginnt um 20.30 Uhr.

Brown Sugar PUB, LIVEMUSIK
(Karte S. 94; 231/20 Th Sarasin; ✆ 18–24 Uhr; Skytrain Ratchadamri; ✱) Am besten setzt man sich in eine Ecke dieser gemütlichen, labyrinthartigen Kneipe und wippt zum Sound von Zao-za-dung, der neunköpfigen Hausband. Die Tische stehen so nah beieinander, dass man fast nicht anders kann, als sich mit den Nachbarn anzufreunden.

Titanium LIVEMUSIK
(Karte S. 96; 2/30 Soi 22, Th Sukhumvit; ✆ 20–1 Uhr; Skytrain Phrom Phong; ✱) Viele kommen wegen der kühlen Temperaturen und des aromatisierten Wodkas in diese etwas kitschige „Eisbar", eigentlich ist aber schon die nur aus Frauen bestehende Rockband einen Besuch wert.

Raintree PUB, LIVEMUSIK
(Karte S. 62; 116/63-64 Soi Th Rang Nam; ✆ 18–1 Uhr; Skytrain Victory Monument; ✱) Diese stimmungsvolle Kneipe ist eine der letzten Locations der Stadt, in denen man noch „Lieder fürs Leben" zu hören bekommt. Das ist thailändische Volksmusik, deren Wurzeln in den kommunistischen Aufständen der 1960er- und 1970er-Jahre liegen.

Bamboo Bar HOTELLOUNGE, JAZZ
(Karte S. 84; ✆ 0 2236 0400; Oriental Hotel, 48 Soi 40/Oriental, Th Charoen Krung; ✆ 11–1 Uhr; Fähre Tha Oriental; ✱) Die Bamboo Bar im Oriental ist bekannt für ihren Loungejazz, der in einer kolonialzeitlichen Hütte mit Rattan-Deko, breitblättrigen Palmen und trägen Ventilatoren live gespielt wird.

Fat Gut'z LIVEMUSIK
(Karte S. 96; www.fatgutz.com; 264 Soi 12, Soi 55/Thong Lor, Th Sukhumvit; ✆ 18–2 Uhr; Skytrain Thong Lo; ✱) Dieser „Saloon" in der Größe eines Kleiderschranks vereint Livemusik

und, nun ja, Fish & Chips. Trotz (oder gerade wegen) des Dufts von Frittieröl, den man hier manchmal in der Nase hat, scheint das Konzept aufzugehen. Jeden Abend gibt's von 21 bis 24 Uhr live gespielten Blues auf die Ohren.

Rock Pub
PUB, LIVEMUSIK

(Karte S. 90; www.therockpub-bangkok.com; 93/26-28 Th Phayathai; ◷21.30–2 Uhr; Skytrain Ratchathewi; ✳) Wer dachte, dass die Tage des Heavy Metal längst gezählt seien, der darf in dieser höhlenartigen Kneipe eine kleine Zeitreise in die Vergangenheit unternehmen. Hier gehen Poster von Iron Maiden als Innenausstattung durch und schwarze Jeans und lange Haare gehören zur offiziellen Kleiderordnung.

Diskos

Bangkoks Diskotheken sind zum Großteil kurzlebige Einrichtungen und dieser echt tolle Club, den man beim letzten Besuch vor zwei Jahren entdeckt hat, ist heute vermutlich schon wieder Geschichte. Um herauszufinden, was gerade so abgeht, empfehlen sich die Websites von Dude Sweet (www.dudesweet.org), einem Veranstalter von äußerst beliebten monatlich stattfindenden Partys, und von Bangkok Recorder (www.bangkokrecorder.com), das über Themennächte in wechselnden Locations und Gastspiele von Star-DJs informiert.

Weitere Infos bekommt man über das Veranstaltungsmagazin BK (http://bk.asiacity.com/nightlife) oder, für alle, die nicht von der Th Sukhumvit loskommen, auf www.thonglor-ekamai.com, das einen guten Überblick über die Clubs dieser Gegend bietet.

Der Eintritt für Clubs und Diskotheken liegt zwischen 100 und 600 B und meistens ist darin ein Getränk enthalten. Man sollte hier auf keinen Fall vor 23 Uhr auftauchen und auch immer daran denken, den Ausweis mitzubringen. Die meisten Clubs schließen um 2 Uhr. Wer bis in die Puppen feiern möchte, findet Informationen hierzu auf S. 138.

RCA
DISKO

(Royal City Avenue; abseits Th Phra Ram IX; Metro Phra Ram 9 & Weiterfahrt mit dem Taxi) Die RCA ist eine echte Clubmeile. Früher eine Bastion der Teenies, ist diese an Las Vegas erinnernde Straße endlich erwachsen geworden und veranstaltet nun Partys für alle Altersgruppen. Ein Besuch im 808

GANZ GROSSES KINO

Ein Besuch in einem der Lichtspielhäuser Bangkoks ist eine Erfahrung der besonderen Art. Jedes Einkaufszentrum hat sein eigenes Kino, und wohl in kaum einer anderen Stadt der Welt wird man so etwas wie die Gold Class des EGV finden. Dieses Ticket ist nicht nur die Eintrittskarte in einen Saal mit weniger als 50 Sitzen, man bekommt auch Decken, Kissen, Fußwärmer und, natürlich, Essen und Getränke direkt an den Kinosessel serviert. Mit einem Ticket der Emperor Class der Major Cineplex, das gerade einmal so viel kostet wie ein mit Kaugummi verklebter Kinosessel zu Hause, sichert man sich einen Pärchensitz von der Größe eines Sofas. Und wen die Massen im Paragon Cineplex mit seinen 16 Leinwänden und 5000 Sitzplätzen abschrecken, der kann sich immer noch im Enigma anmelden, dessen Kino nur Mitgliedern zugänglich ist.

Wer es etwas persönlicher mag, schaut in den altmodischen und unabhängigen Kinos am Siam Sq, z. B. im Scala (Karte S. 90; ☏0 2251 2861; Siam Sq, Soi 1, Th Phra Ram I; Skytrain Siam) oder im Lido (Karte S. 90; ☏0 2252 6498; Siam Sq, Th Phra Ram I; Skytrain Siam) vorbei. Künstlerischer geht's im House (Karte S. 96; ☏0 2641 5177; www.houserama.com; UMG Bldg, Royal City Ave, nahe Th Petchaburi; Metro Phra Ram 9 & Weiterfahrt mit dem Taxi) auf der RCA oder in den ausländischen Kulturzentren der Stadt zu. Kontaktdaten dieser Zentren finden sich auf S. 156.

In Thailand werden fast alle Filme auch mit englischen Untertiteln ausgestrahlt – auf Movie Seer (www.movieseer.com) kann man sich darüber informieren, wann welche Filme gezeigt werden. Jede Filmvorführung beginnt mit der königlichen Hymne und es wird von jedem Besucher erwartet, dass er sich währenddessen respektvoll von seinem Platz erhebt. Trotz der Hitze und hohen Luftfeuchtigkeit auf den Straßen darf man nicht vergessen, sich einen Pulli einzupacken, da alle Kinos in Bangkok ihre Klimaanlagen bis zum Anschlag aufdrehen. Bei einer Gold-Class-Vorstellung passiert einem so was natürlich nicht.

Club (www.808bangkok.com; Eintritt ab 300 B), **Flix/Slim**, **Route 66** (www.route66club.com; Eintritt frei) oder im **Cosmic Café** (Eintritt frei) verspricht einen tollen Abend.

Tapas Room   DISKO
(Karte S. 86; www.tapasroom.net; 114/17-18 Soi 4, Th Silom; Eintritt 100 B; Skytrain Sala Daeng, Metro Si Lom) Zu essen bekommt man hier zwar nichts, der Name lässt aber auf das spanisch-marokkanisch angehauchte Ambiente dieses Clubs auf mehreren Ebenen schließen. mittwochs bis samstags zieht ein Mix aus DJs und Live-Percussion so viele Leute an, dass man kaum noch umfallen kann.

Ekamai Soi 5   CLUB
(Karte S. 96; Ecke Soi Ekamai 5 & Soi 63/Ekamai, Th Sukhumvit; Skytrain Ekkamai & Weiterfahrt mit dem Taxi) Diese Freiluft-Vergnügungszone ist, zumindest im Moment, der Treffpunkt schlechthin der Jungen und Schönen von Bangkok. Das **Demo** (Eintritt frei), der Inbegriff eines Alpha Clubs, bietet hämmernde Beats und das Flair eines New Yorker Lagerhauses, während **Funky Villa** (Eintritt frei) mit Sitzgelegenheiten im Freien und aktueller Chartsmusik eher das gewisse Chill-out-Flair versprüht. Auch über die Soi Thong Lor 10 zu erreichen.

Glow   CLUB
(Karte S. 96; www.glowbkk.com; 96/4-5 Soi 23, Th Sukhumvit; Eintritt ab 200 B; Skytrain Asok, Metro Sukhumvit) Das Glow ist eine kleine Location mit einem großartigen Ruf. Es hat eine riesige Auswahl an Wodkas zu bieten und bekam kürzlich erst ein verbessertes Soundsystem verpasst. Gespielt wird wirklich alles von Hip Hop bis Elektro.

Nung-Len   CLUB
(Karte S. 96; www.nunglen.net; 217 Soi 63/Ekamai; Eintritt frei; Skytrain Ekkamai & Weiterfahrt mit dem Taxi) Jung, laut, thailändisch: Nung-Len (wörtlich „sitzen und chillen") ist ein unfassbar beliebter Club mit Livemusik und Studenten, die sich hier drängen wie die Sardinen in der Büchse. Zu finden ist er in der beliebten Th Ekamai. Wer nach 22 Uhr hier auftaucht, kommt nicht mehr rein.

Bed Supperclub   CLUB
(Karte S. 96; www.bedsupperclub.com; 26 Soi 11, Th Sukhumvit; Eintritt ab 600 B; Skytrain Nana) Dieser hell erleuchtete Schlauch ist bereits seit einer ganzen Weile buchstäbliches Highlight der Bangkoker Clubszene. Man sollte schon etwas früher kommen und noch das Abendessen mitnehmen (S. 133). Wer nur Tan-

zen im Sinn hat, ist dienstags bei der beliebten Hip-Hop-Nacht genau richtig.

Q Bar   CLUB
(Karte S. 96; www.qbarbangkok.com; 34 Soi 11, Th Sukhumvit; Eintritt ab 700 B; Skytrain Nana) Der Club, der Bangkok 1999 in die Lounge-Szene eingeführt hat, hat bis heute überlebt und ist rege wie eh und je. In einer abgedunkelten Industriehalle legen berühmte und weniger berühmte DJs auf und thailändische Frauen suchen nach ausländischen Opfern. Jede Woche gibt es verschiedene Themenabende.

Club Culture   CLUB
(Karte S. 62; www.club-culture-bkk.com; Eintritt ab 200 B; abseits Th Ratchadamnoen Klang; klorng-Taxi bis Tha Phan Fah) In einem scheinbar verlassenen vierstöckigen Gebäude ist der skurrilste Vertreter der Bangkoker Clubszene untergebracht. Öffnungszeiten und -tage können von Events abhängig sein. Deshalb auf der Website schauen, was gerade geboten wird!

Traditionelle Darstellungskunst

Bangkok, Thailands kulturelle Fundgrube, bietet zahlreiche Gelegenheiten, um Tanz- und Theateraufführungen zu besuchen. Hintergrundinfos über diese althergebrachten Traditionen gibt's auf S. 802 und S. 804.

Chalermkrung Royal Theatre   TRADITIONELLE AUFFÜHRUNG
(Sala Chalerm Krung; Karte S. 80; ☑ 0 2222 0434; www.salachalermkrung.com; Ecke Th Charoen Krung & Th Triphet; Eintrittskarten 800–1200 B; ☺ Showbeginn 19.30 Uhr; Fähre Tha Saphan Phut) Dieses Theater ist in einem thailändischen Art-déco-Gebäude am Rande des Viertels Chinatown-Phahurat untergebracht und ein bemerkenswerter Veranstaltungsort für *kŏhn* (Tanzdrama mit Masken, basierend auf Geschichten aus dem *Ramakian,* der thailändischen Version des *Ramayana*). Bei seiner Eröffnung 1933 war das vom König finanzierte Chalermkrung das größte und modernste Theater Asiens. Heute werden hier jeden Donnerstag und Freitag *kŏhn*-Aufführungen gezeigt, die etwa zwei Stunden (plus Pause) dauern. Das Theater verlangt, dass die Zuschauer respektvoll gekleidet sind – also keine Shorts, Tank Tops oder Sandalen tragen.

Aksra Theatre   PUPPENTHEATER
(Karte S. 62; ☑ 02 677 8888, Durchwahl 5730; www.aksratheatre.com; 3. Stock, King Power Complex,

8/1 Th Rang Nam; Eintrittskarten 400–600 B; ☺Shows Mo–Mi 19.30–20.30 Uhr, Dinner-Shows Do–So 18.30–19 Uhr; Skytrain Victory Monument) Heute wird eine große Anzahl an Vorführungen in diesem modernen Theater abgehalten, das Highlight sind aber die *Ramakian*-Aufführungen, bei denen es neben kniehoher Puppen außerdem noch drei Puppenspielern bedarf, die die „Darsteller" in menschliche Haltungen bringen. Entweder unter der Woche früh kommen, um eine Aufführung im Aksra Theatre zu erleben, oder später kommen, dann erlebt man ein thailändisches Buffet-Dinner inklusive Show.

Nationaltheater   TRADITIONELLE AUFFÜHRUNG
(Karte S. 62; ☑0 2224 1352; 2 Th Rachini; Eintrittskarten 60–100 B; Fähre Tha Chang) Nach schier endlosen Renovierungsarbeiten ist das Nationaltheater nun endlich wieder geöffnet. Am ersten und zweiten Sonntag eines jeden Monats werden jeweils *kŏhn*-Aufführungen gezeigt, am ersten Freitag im Monat gibt es dann *lá·kon*, ein thailändisches Tanzdrama, zu sehen, und am dritten Freitag im Monat sind thailändische Musicals an der Reihe.

Boxen (Moo ay tai)
Das Beste vom Besten in Sachen Thai-Boxen bekommt man in den Boxstadien Bangkoks zu sehen, nämlich im **Lumphini-Stadion** (Sanam Muay Lumphini; Karte S. 94; ☑0 2251 4303; Th Phra Ram IV; Karten 3./2. Klasse/Ring 1000/1500/2000 B; Metro Lumphini) und im **Ratchadamnoen-Stadion** (Sanam Muay Ratchadamnoen; Karte S. 62; ☑0 2281 4205; Th Ratchadamnoen Nok; Karten 3./2. Klasse/Ring 1000/1500/2000 B; Bus 70, 503, 509, klorng Taxi Tha Phan Fah). Die Karten für Ausländer sind nicht gerade günstig und um ein Vielfaches teurer als die für Thais. Um noch eins draufzusetzen, gibt's für die überhöhten Preise keinen besonderen Service oder Sitze, und im Ratchadamnoen-Stadion werden Ausländer manchmal sogar in einen Bereich mit versperrter Sicht gepfercht. Wer bereits mental auf die finanziellen Schläge der Organisatoren vorbereitet ist, kann den eigentlichen Kampf vielleicht dennoch genießen.

Die ganze Woche werden Kämpfe ausgetragen, in beiden Stadien abwechselnd. Die Kämpfe im Ratchadamnoen sind montags, mittwochs, donnerstags und sonntags um 18.30, im Lumphini sind sie dienstags und freitags um 18.30 Uhr und samstags um 17

und 18.30 Uhr. Glaubt man den Fans, finden den besten Kämpfe dienstagabends im Lumphini und donnerstagabends im Ratchadamnoen statt. Es werden acht bis zehn Kämpfe mit jeweils fünf Runden ausgetragen. Die Stadien werden meist erst zu den Hauptkämpfen, die so gegen 20 oder 21 Uhr beginnen, richtig voll.

Vor dem Stadion steht Englisch sprechendes „Personal", das einen praktischerweise bei der Ankunft anspricht. Es gab zwar ein paar Berichte über Abzocke, aber die meisten dieser Leute leiten die Besucher zum Kartenschalter für Ausländer und reichen ihnen eine Übersicht über die Kämpfe; manchmal empfehlen sie einem auch die ihrer Meinung nach besten Kämpfe (z. B. die Weltergewichte zwischen 61,2 kg und 66,7 kg). Man sollte auf jeden Fall die Eintrittskarten am Kartenschalter und nicht bei irgendwelchen Straßenhändlern vor dem Stadion kaufen!

Als Vorbereitung auf den Kampf kann man bei den Restaurants, die das Ratchadamnoen-Stadion umgeben, einen Teller *gài yâhng* (gegrilltes Hühnchen) oder ein anderes Gericht aus dem Nordosten mitnehmen.

🛍 Shoppen

Willkommen auf einem echten Käufermarkt. In Bangkok findet man einen der weltweit größten Freiluftmärkte, zahlreiche riesige Edeleinkaufszentren und Basare, die die Gehwege beinahe jeder Straße verstopfen: Die Stadt beeindruckt einfach jeden mit ihrer unglaublichen Handelsaktivität. Aber trotz dieser scheinbaren Größe und Vielfalt ist Bangkok auf dem Gebiet des Shoppens eigentlich nur in einem Bereich herausragend: billiges Zeug. Die Stadt ist nicht der richtige Ort, um eine neue Nikon SLR oder eine (echte) Fendi-Handtasche zu kaufen; das sollte man sich lieber für die Online-Kaufhäuser zu Hause oder die Sonderangebote in Hongkong aufheben. Keramik, spottbillige T-Shirts, Stoffe, asiatischer Schnickschnack und (falls man mit dem Schuldgefühl leben kann) raubkopierte Software und Musik gehören zu den Dingen, mit denen man sich in Bangkok eindecken kann.

Die Schwierigkeit liegt darin, sich zurechtzufinden, denn das urbane Chaos erschwert die Orientierung. Ein guter Einkaufsbegleiter ist *Nancy Chandler's Map of Bangkok* mit Kommentaren zu den verschiedensten kleinen und versteckten Shoppinggelegenheiten und *dà·làht* (Märkten).

Antiquitäten

Echte thailändische Antiquitäten sind rar und teuer. Die meisten Antiquitätenhändler in Bangkok halten einige wenige authentische Stücke für Sammler bereit und bieten ansonsten jede Menge Pseudo-Kram und traditionell gearbeitete Gegenstände, die wie Antiquitäten aussehen.

River City   ANTIQUITÄTEN-MALL
(Karte S. 84; www.rivercity.co.th; Th Yotha, abseits Th Charoen Krung; ⊙10–22 Uhr; Fähre Tha Si Phraya) Dieses mehrstöckige Einkaufszentrum in der Nähe des Royal Orchid Sheraton Hotel ist Anlaufstelle für allerlei Antikes aus dem alten Asien. Im 3. und 4. Stock finden sich mehrere Läden mit qualitativ hochwertiger Kunst und Antiquitäten. Die Qualität ist zwar sehr gut, dafür sind die Preise aber auch recht stolz, was an dem hohen „reiche-Touristen-Quotienten" hier liegt. Sonntags haben viele der Geschäfte geschlossen.

House of Chao   ANTIQUITÄTEN
(Karte S. 86; 9/1 Th Decho; ⊙9.30–19 Uhr; Skytrain Chong Nonsi) Dieser Laden auf drei Ebenen ist passenderweise in einem antiken Haus untergebracht. Hier gibt's alles für das kolonialzeitliche Herrenhaus, von dem man schon so lange träumt. Besonders interessant sind die verschiedenen verwitterten Türen, Torbögen, Pforten und Gitter, die hinter dem Ausstellungsraum zu finden sind.

Buchläden

Wer auf der Suche nach englischsprachigen Büchern und Zeitschriften ist, der findet in den Filialen von **Bookazine** (www.bookazine.co.th) und **B2S** (www.b2s.co.th), die in fast jedem Einkaufszentrum in Bangkoks Innenstadt vertreten sind, eine ganz gute Auswahl. Fast alle unabhängigen Buchläden der Stadt sind rund um Banglamphu angesiedelt, und die Th Khao San ist so gut wie der einzige Ort der Stadt, an dem man gebrauchte fremdsprachige Bücher findet. Schnäppchen sucht man dort zwar vergebens, die Auswahl ist aber ganz in Ordnung.

Asia Books (Karte S. 96; www.asiabook.com; Soi 15, 221 Th Sukhumvit; ⊙8–21 Uhr; Skytrain Asok, Metro Sukhumvit) Weitere Filialen finden sich im Emporium Shopping Centre

(S. 147) und im Siam Discovery Center (S. 147).

Book Lover (Karte S. 62; Soi Rambuttri; ⊙Di–So 12–22.30 Uhr; Bus 2, 15, 44, 511, Fähre Tha Phra Athit) Secondhand-Buchladen mit großer Auswahl.

Dasa Book Café (Karte S. 96; 710/4 Th Sukhumvit, zw. Soi 26 & 28; ⊙10–20 Uhr; Skytrain Phrom Phong) Secondhand-Buchladen mit Büchern in verschiedenen Sprachen.

Kinokuniya (www.kinokuniya.com) Siam Paragon (Karte S. 90; 3. Stock, Th Phra Ram I; ⊙10–22 Uhr; Skytrain Siam); Emporium (Karte S. 96; 3. Stock, Th Sukhumvit; ⊙10–22 Uhr; Skytrain Phrom Phong) Der größte Buchladen des Landes betreibt zwei Filialen in der Stadt, die beide fremdsprachige Bücher, Zeitschriften und Kinderbücher im Sortiment haben.

Orchid Books (Karte S. 86; www.orchidbooks.com; 4. Stock, Silom Complex, 191 Th Silom; ⊙Di–So 11–19 Uhr; Skytrain Sala Daeng, Metro Si Lom) Bangkoker Verkaufsraum des gleichnamigen Verlags, der vorrangig Bücher mit asiatischem Themenschwerpunkt und auch Drucke von hiesigen Verlagen verkauft.

RimKhobFah Bookstore (Karte S. 62; 78/1 Th Ratchadamnoen Klang; ⊙10–19 Uhr; Bus 2, 15, 44, 511, klorng-Taxi zum Tha Phan Fah) Dieser Laden hat eine kleine Sammlung wissenschaftlicher Veröffentlichungen in englischer Sprache zu thailändischer Kunst und Architektur.

Saraban (Karte S. 62; 106/1 Th Rambuttri; ⊙9.30–22.30 Uhr; Bus 2, 15, 44, 511, Fähre Tha Phra Athit) Große Auswahl an internationalen Zeitschriften und Lonely Planet Reiseführern.

Shaman Bookstore Susie Walking Street (Karte S. 62; Susie Walking St, abseits Th Khao San; ⊙9–23 Uhr); Th Khao San (Karte S. 62; Th Khao San; ⊙9–23 Uhr) Shaman hat nicht nur gleich zwei Filialen in der Th Khao San sondern auch die größte Auswahl an gebrauchten Büchern in der Gegend.

Kaufhäuser & Einkaufszentren

Bangkok selbst mag überfüllt und verschmutzt sein, aber seine Kaufhäuser sind moderne Oasen der Ordnung, geradezu eisig temperiert und sonntagnachmittags von einem Großteil der Einwohner bevölkert, die der Hitze zu entkommen trachten. Nicht von ungefähr haben die BTS-Statio-

Bangkoks Shoppingoptionen können einen schnell überfordern. Der folgende kleine Spickzettel soll dabei helfen, seine Baht effizienter zu verpulvern.

Einkaufszentren

» **Gaysorn Plaza** (S. 148) Toll für hochwertiges Kunsthandwerk und Souvenirs.

» **Siam Center** (s. unten) Eine echte Fundgrube an hiesigen Modelabels.

» **MBK Center** (s. unten) Billige Mobiltelefone und andere Elektronikartikel.

» **Pantip Plaza** (S. 148) Computerzubehör auf mehreren Etagen.

» **Siam Paragon** (S. 148) Luxuslabels von Lamborghini bis Fendi.

» **Siam Discovery Center** (s. unten) Flippige Einrichtungsgegenstände.

Märkte

» **Chatuchak-Wochenendmarkt** (S. 149) Ob Souvenirs oder einen alten Trainingsanzug – hier gibt's wirklich alles.

» **Nonthaburi-Markt** (S. 152) Der malerischste Frischwarenmarkt in der Gegend. Allerdings sollte man schon früh da sein – am besten noch vor 7 Uhr.

» **Pak-Khlong-Markt** (S. 152) Am besten erst bei Dunkelheit kommen und dann die volle Schönheit des Blumenmarkts bei Nacht auf sich wirken lassen.

» **Pratunam-Markt** (S. 153) Günstige Klamotten en masse, häufig für weniger Geld, als man zu Hause für ein Paar Socken bezahlen würde.

» **Talat Rot Fai** (S. 152) Ein riesiger Antiquitätenmarkt.

nen auch schattige überdachte Rollwege, die die Passagiere bis direkt in die nahe gelegenen Geschäfte bringen, ohne dass diese auch nur einen Schritt gehen müssten. Die meisten Einkaufszentren sind von 10 oder 11 bis 21 oder 22 Uhr geöffnet.

Das Angebot der Einkaufszentren ist überraschend gut, aber man sollte keine Schnäppchen erwarten; die meisten Importprodukte kosten mehr als anderswo. Eine Eigenart ist, dass einem die Verkäufer von Regal zu Regal durch den ganzen Laden folgen – dies ist die thailändische Definition von „Service" und kein Hinweis darauf, dass man als Ladendieb verdächtigt wird. Man sollte mit dem Gegenstand, den man kauft, unbedingt zufrieden sein, denn Umtausch ist hier unüblich.

MBK Center   EINKAUFSZENTRUM

(Mahboonkhrong; Karte S. 90; www.mbk-center. co.th/en; Ecke Th Phra Ram I & Th Phayathai; Skytrain National Stadium & Siam) Dieses riesige Einkaufszentrum hat sich zu einer Touristenattraktion an sich entwickelt. Thailändisch hört man hier genauso oft wie jede andere Sprache, und an jedem Wochenende ist im MBK halb Bangkok dabei anzutreffen, wie es eine nicht enden wollende Anzahl an kleinen Ständen und Läden durchkämmt. Nirgendwo sonst gibt es Handys

und Zubehör (4. Stock) sowie Markenimitate (in beinahe jedem Stockwerk) so billig zu kaufen. Zudem ist hier auch einer der besseren Orte, um sich eine Kameraausrüstung (EG und 5. Stock) zuzulegen. Der riesige Food-Court (6. Stock) ist einer der besten der Stadt.

Siam Center &
Siam Discovery Center   EINKAUFSZENTRUM

(Karte S. 90; Ecke Th Phra Ram I & Th Phayathai; Skytrain National Stadium oder Siam) Im Vergleich zum frenetischen MBK gleich auf der anderen Straßenseite herrscht in den stillen Gängen dieser zusammengehörenden beiden Zentren eine fast klösterliche Atmosphäre. Das Siam Discovery Center ist die perfekte Adresse für Einrichtungsgegenstände und widmet seinen gesamten 3. Stock asiatisch-minimalistischen Stilrichtungen und Stoffen in kräftigen Farben. Das **Doi Tung** mit seinem eher urigen Design im thailändischen Stil ist einfach klasse. Das angeschlossene Siam Center war bei seinem Bau 1976 das erste Einkaufszentrum des Landes und wurde kürzlich erst rundumerneuert. Nun erstrahlt es in einem jüngeren, angesagteren Look und konzentriert sich vorrangig auf junge Mode. Im 2. Stock findet man mehrere hiesige Labels wie **anr** oder **senada***.

Siam Paragon
EINKAUFSZENTRUM

(Karte S. 90; Th Phra Ram I; Skytrain Siam) Das größte und glitzerndste der Einkaufszentren in Bangkok ist eigentlich mehr ein städtischer Park. Luxusmarken zu astronomischen Preisen nehmen die meisten Etagen ein, die Mehrheit der Käufer ist aber im Atrium mit dem reflektierenden Wasserbecken oder im Food-Court im Erdgeschoss zu finden. Der 3. Stock beherbergt **Kinokuniya**, den größten englischsprachigen Buchladen Thailands.

Gaysorn Plaza
EINKAUFSZENTRUM

(Karte S. 90; Ecke Th Ploenchit & Th Ratchadamri; Skytrain Chitlom) Gaysorn Plaza, mit seinen sich in die Höhe schraubenden Treppen und den komplett weißen Hallen, ist eine wahre Parade der Haute Couture und beherbergt unter seinem Dach alle beliebte Designer – hier kommt man sich schon fast vor wie in einem Museum. Thailändische Spitzendesigner nehmen die 2. Etage („Thai Fashion Chic") ein, während im obersten Stockwerk ein Bummel durch gehobene Wohnkultur ansteht. Highlight hier sind der vielseitige **D&O Shop**, die duftenden Seifen von **Thann** und die Keramiken im asiatischen Stil bei **Lamont**.

Central World Plaza
EINKAUFSZENTRUM

(Karte S. 90; Ecke Th Ratchadamri & Th Phra Ram I; Skytrain Chitlom). Bangkoks angesagtestes Einkaufszentrum hat während der Unruhen im April 2010 ganz schön gelitten. Der Großteil der Läden hat aber wieder geöffnet, und zum Zeitpunkt der Recherche war der Bau eines Ablegers der Kaufhauskette **Zen** in Planung. Hier findet sich eine extragroße Filiale des Buchladens **B2S**, und man kann Stunden damit verbringen, an den verschiedenen Duftflakons im **Karmakamet** zu schnüffeln.

Emporium
EINKAUFSZENTRUM

(Karte S. 96; 622 Th Sukhumvit, Ecke Soi 24; Skytrain Phrom Phong; ⊘10–22 Uhr) Man wird vielleicht in die Nachtclubs der Schönen und Reichen nicht hineingelassen, dafür kann man in diesem Tempel des Brandaktuellen und des Klassisch-Coolen wunderbar ihre Konsumgewohnheiten beobachten. Für einheimischen Kitsch schaut man bei **Propaganda** vorbei, wo man auch den vom thailändischen Designer Chaiyut Plypetch erdachten Mr P findet, der als anatomisch korrekte Zeichentrickfigur in Lampen und anderen Produkten seinen, ähem, Mann steht.

Pantip Plaza
IT-EINKAUFSZENTRUM

(Karte S. 90; 604 Th Petchaburi; Skytrain Ratchathewi) Nördlich vom Siam Sq liegen diese fünf Etagen voller Computer- und Softwareläden, deren Angebote von „echt" bis „Flohmarkt-Kram" reichen. Viele Einheimische kommen hierher, um raubkopierte Software und Computerzubehör zu kaufen, aber die Menschenmassen und die Schlepper („DVD Sex?!") machen das alles zu einem der anstrengendsten Einkaufserlebnisse der Stadt.

Central Chitlom
KAUFHAUS

(Karte S. 90; www.central.co.th; 1027 Th Ploenchit; Skytrain Chitlom) Das Central gilt, was Qualität und Auswahl angehen, im Allgemeinen als bestes Einkaufszentrum der Stadt. Neben diesem extravaganten Mutterschiff gibt's noch 13 andere Filialen in Bangkok.

Kunsthandwerk & Dekor

Die Touristenmärkte bieten tonnenweise fabrikgefertigte Ware, die entlang den gängigen Touristenrouten überall auftauchen. Die Einkaufszentren verkaufen Produkte von etwas besserer Qualität zu proportional höheren Preisen, aber die besten Stücke bieten noch immer die eigenständigen Läden.

Zweimal im Monat wird in Bangkok eine **Thai-Kunsthandwerksmesse** (Karte S. 96; www.thaicraft.org; 3. Stock, Jasmine City Building, Soi 23, Th Sukhumvit; ⊘9–18 Uhr; Skytrain Asok, Metro Sukhumvit) abgehalten, auf der über 60 thailändische Kunsthandwerker ihre Waren feilbieten.

Thai Home Industries
KUNSTHANDWERK

(Karte S. 84; 35 Soi 40/Oriental, Th Charoen Krung; ⊘Mo–Sa 9–18.30 Uhr; Fähre Tha Oriental) Ein Besuch dieses tempelähnlichen Gebäudes – ein ehemaliges Mönchsquartier – ist wie die Entdeckung eines verlassenen Dachbodens mit asiatischem Beutegut. Trotz des sonderbaren Sortiments (beim letzten Besuch war von elegantem handgefertigten Besteck bis zu hölzernen Modellschiffen alles dabei) und der fehlenden Ordnung macht ein Besuch hier viel mehr Spaß als in den typischen gesichtslosen Kunsthandwerksläden Bangkoks.

Nandakwang
KUNSTHANDWERK

(Karte S. 96; 108/2-3 Soi 23, Th Sukhumvit; ⊘Mo–Sa 9–17, So 10–17 Uhr; Skytrain Asok, Metro Sukhumvit) Der Bangkoker Ableger des Ladens aus Chiang Mai verkauft eine abwechslungsreiche, hübsche Mischung aus Stoff-,

Beim Einkaufen in Bangkok ist meist eine alte Fähigkeit gefragt, die im Westen längst in Vergessenheit geraten ist: das Feilschen. Anders als das, was man täglich in der Th Khao San sehen kann, ist das Feilschen (auf thailändisch *dòr rahkah*) kein kurz angebundener Schlagabtausch aus Zahlen und Feindseligkeiten. Beim Feilschen im thailändischen Stil versuchen stattdessen zwei Leute, meistens ganz freundlich, sich auf einen Preis zu einigen, der für beide fair ist.

Regel Nr. 1 beim Feilschen ist es, eine grobe Vorstellung davon zu haben, was ein Produkt kostet. Am besten fragt man deshalb gleich bei mehreren Händlern nach dem Preis. Wenn man etwas gefunden hat, das man kaufen möchte, ist es eine gute Strategie, am Anfang die Hälfte des geforderten Preises zu bieten und sich dann langsam nach oben zu arbeiten. Wer mehrere Stücke desselben Produkts kauft, hat bessere Chancen, einen niedrigeren Preis zu bekommen. Wenn der Verkäufer gleich dem ersten Preisvorschlag zustimmt, bezahlt man vermutlich zu viel, aber es gehört sich nicht, dann noch weiter zu verhandeln. Allgemein gilt, dass sich ein freundliches und flexibles Auftreten während der Preisfindung meistens zum eigenen Vorteil auswirkt. Zudem sollte man nur zu feilschen beginnen, wenn man den Gegenstand auch wirklich kaufen möchte. Das Wichtigste aber ist: Es gibt keinen Grund, wegen ein paar Baht wütend oder verstimmt zu sein. Nicht einmal die Einheimischen reagieren so, obwohl sie ganz klar weniger Geld haben als die Touristen.

Holz- und Glasprodukten. Die bunten, handbestickten Kissen und Taschen sind besonders interessant. Im 4. Stock des Siam Discovery Center gibt's noch eine Filiale.

Sop Moei Arts   KUNSTHANDWERK
(Karte S. 96; www.sopmoeiarts.com; Soi 49/9, Th Sukhumvit; ⊘So–Fr 9.30–17 Uhr; Skytrain Phrom Phong & Weiterfahrt mit dem Taxi) Im Bangkoker Verkaufsraum dieser gemeinnützigen Organisation gibt es leuchtend bunte Stoffkreationen von Webern des Karen-Stamms in Mae Hong Son in Nordthailand. Zu finden ist er fast am Ende der Soi 49/9 im riesigen Komplex des Racquet Club.

Taekee Taekon   KUNSTHANDWERK
(Karte S. 62; 118 Th Phra Athit; ⊘Mo–Sa 9–18 Uhr; Bus 32, 33, 64, 82, Fähre Tha Phra Athit) Dieser reizende Laden repräsentiert die wichtigsten Seide produzierenden Regionen Thailands und bietet eine wunderschöne Auswahl an Tischläufern und Wandbehängen. Neben Seidenprodukten gibt's auch kleine Exemplare von Seladon-Keramik und eine tolle Auswahl an Postkarten.

Narai Phand   KUNSTHANDWERK
(Karte S. 90; www.naraiphand.com; EG, President Tower, 973 Th Ploenchit; ⊘10–20 Uhr; Skytrain Phloen Chit) Diese von der Regierung geführte, angenehm klimatisierte Einrichtung verkauft Kunsthandwerk in Souvenir-Qualität zu festgelegten Preisen. Hier gibt's nichts, was es nicht auch auf allen touristischen Straßenmärkten gäbe, aber es ist

eine gute Alternative zum Marktbesuch, wenn man nur wenig Zeit oder Angst vor dem Feilschen hat.

Märkte

Obwohl klimatisierte Einkaufszentren die besseren PR-Abteilungen haben, verkörpern die Freiluftmärkte doch das wahre Gesicht des Bangkok-Handels und bieten auch immer die besten Schnäppchen.

UNIVERSALMÄRKTE

Chatuchak-Wochenendmarkt   MARKT
(Talat Nat Jatujak; Lage Karte S. 126, Lageplan S. 151; ⊘Sa & So 9–18 Uhr; Skytrain Mo Chit, Metro Chatuchak Park & Kamphaeng Phet) Der Chatuchak zählt zu den größten Märkten der Welt und scheint alles zu haben, was man käuflich erwerben kann, von gebrauchten altmodischen Sneakern bis zu Babyeichhörnchen. Man sollte für den Besuch einen ganzen Tag einplanen, da es hier viel zu sehen, zu erleben und zu kaufen gibt. Wer den Massen und der Hitze entgehen möchte, kommt am besten schon recht früh – idealerweise zwischen 9 und 10 Uhr.

Bei den **Chatuchak-Parkbüros**, in der Nähe der nördlichen Begrenzung der Markt-Sois 1, 2 und 3, gibt es ein Informationszentrum und eine Bank mit **Geldautomaten** und **Wechselschaltern**. Lagepläne und Toiletten befinden sich überall auf dem Markt.

Unter der Woche gibt's hier morgens ein paar Verkaufsstände und gegenüber der

Südseite des Marktes einen täglichen Gemüse-, Pflanzen- und Blumenmarkt. Ein Teil dieses letztgenannten Marktes ist als **Or-Tor-Kor-Markt** (Karte S. 126; Th Kamphaeng Phet; ☺8–18 Uhr; Metro Kamphaeng Phet 1) bekannt und verkauft fantastisches, riesengroßes Obst und Meeresfrüchte und hat auch einen ziemlich guten Food-Court.

Ist man erst einmal tief ins Innere des Chatuchack vorgedrungen, kommt es einem so vor, als gäbe es hier weder Ordnung noch einen Ausweg. Der Markt ist jedoch in ziemlich schlüssige Abschnitte aufgeteilt. Der Uhrenturm hilft ganz gut bei der Orientierung.

Antiquitäten, Kunsthandwerk & Souvenirs

Abschnitt 1 ist der richtige Ort, um sich mit Buddhastatuen, alten LPs und anderen zufällig entdeckten Antiquitäten einzudecken. Weltlichere Kunst und Kunsthandwerk, z. B. Musikinstrumente und Produkte der Bergvölker, finden sich in Abschnitt 25 und 26. **Baan Sin Thai** (Karte S. 151; Abschnitt 24, Stand 130, Soi 1) verkauft eine Mischung aus *khŏhn*-Masken und altmodischem thailändischem Spielzeug – alles hervorragende Souvenirs. **Kitcharoen Dountri** (Karte S. 151; Abschnitt 8, Stand 464, Soi 15) hat sich auf thailändische Musikinstrumente wie Flöten, Pfeifen, Trommeln spezialisiert und verkauft auch CDs mit klassischer Thai-Musik.

Weitere skurrile Geschenkideen wie täuschend echtes thailändisches Obst und Gemüse aus Plastik und in Originalgröße, gibt's bei **Marché** (Karte S. 151; Abschnitt 17, Stand 254, Soi 1). Das nahe gelegene **Papachu** (Karte S. 151; Abschnitt 17, Stand 23, Soi 1) verkauft dasselbe, allerdings in Miniaturausführung.

Essen & Trinken

Bei akutem Chatuchak-Koller (unleidlichem Verhalten aufgrund von Dehydrierung oder Hunger) schaffen die zahlreichen thailändischen Snacks und Gerichte Abhilfe; zwischen den Abschnitten 6 und 8 finden sich besonders viele Essensstände. Zu den Langzeitfavoriten zählen **Foon Talop** (Karte S. 151; Abschnitt 26, Stand 319, Soi 8), ein unglaublich beliebtes Isaan-Restaurant, **Café Ice** (Karte S. 151; Abschnitt 7, Stand 267, Soi 3), ein Laden, der westlich-thailändische Gerichte anbietet und gutes *pàt tai* und leckere Fruchtshakes zubereitet, und **Saman Islam** (Karte S. 151; Abschnitt 16, Stand 34, Soi 24), ein muslimisch-thailändisches Restaurant, das köstliches Biryani-Hähnchen auftischt.

Wer eine Klimaanlage braucht, kann bei **Toh-Plue** (Karte S. 151; Th Kamphaengphet 2; ☺11–20 Uhr; Metro Kamphaeng Phet; ✱) vorbeischauen und bekommt dort die üblichen Thai-Klassiker. Und wenn der Abend näher rückt, lockt ein Bier bei **Viva's** (Karte S. 151; Abschnitt 26, Stand 149, Soi 6), einer Café-Bar mit Livemusik. Ist es schon dunkel, findet man auf der anderen Straßenseite, Th Kamphaeng Phet 2, einige gemütliche Whiskybars in der Nähe des Fake Club (S. 139).

Haushaltswaren & Dekor

In der nördlichen und nordwestlichen Ecke des Markts, vor allem in den Abschnitten 8 bis 26, findet man größtenteils Haushaltswaren jeder Art, von billigen Plastikeimern zu teuren Woks aus Messing. Hier ist ein besonders guter Ort, um sich mit günstiger thailändischer Keramik einzudecken, von Seladon-Ware bis hin zu traditionellen Schüsseln im Hahnendesign aus Lampang.

N & D Tablewares (Karte S. 151; Abschnitt 25, Stand 185, Soi 4) hat eine riesengroße Auswahl an Edelstahlbesteck und **Tan-Ta-Nod** (Karte S. 151; Abschnitt 22, Stand 061, Soi 5) verkauft Teller, Schüsseln und andere Küchenutensilien, die aus Kokosnuss- und Zuckerpalmen hergestellt werden.

Wer seinem Haushalt etwas mehr Würze verleihen möchte, stattet dem **Spice Boom** (Karte S. 151; Abschnitt 26, Stand 246, Soi 8) einen Besuch ab. Dort gibt's getrocknete Kräuter und Gewürze sowohl zum Verzehr als auch zu Dekozwecken. Weitere Highlights für die feine Nase sind z. B. die handgemachten Seifen, Lotionen, Salze und Peelingcremes bei **D-narn** (Karte S. 151; Abschnitt 19, Stand 204, Soi 1) oder die wohlriechenden Parfums und Ölessenzen von **Karmakamet** (Karte S. 151; Abschnitt 2, Soi 3).

Wer keine Lust auf Verbrauchsgüter hat, findet in Abschnitt 7 eine wahrhafte Open-Air-Galerie. Ein besonders guter Anbieter von Wandgemälden mit Bangkok als Thema ist **Pariwat A-nantachina's** (Karte S. 151; Abschnitt 7, Stand 118, Soi 2). Neue und antike birmanischen Lackwaren gibt's in den Läden des Abschnitts 10, darunter auch der **Tuptim Shop** (Karte S. 151; Abschnitt 10, Laden 261, Soi 19). **Meng** (Karte S. 151; Abschnitt 26, Stand 195, Soi 8) bietet ein verstaubtes Mischmasch aus skurrilen Antiquitäten aus Thailand und Birma.

Haustiere

Mehr Spaß kann ein „Schaufensterbummel" kaum machen: In den Abschnitten 13 und 15 findet man überall süße Hunde- und Katzenbabys, die man streicheln und

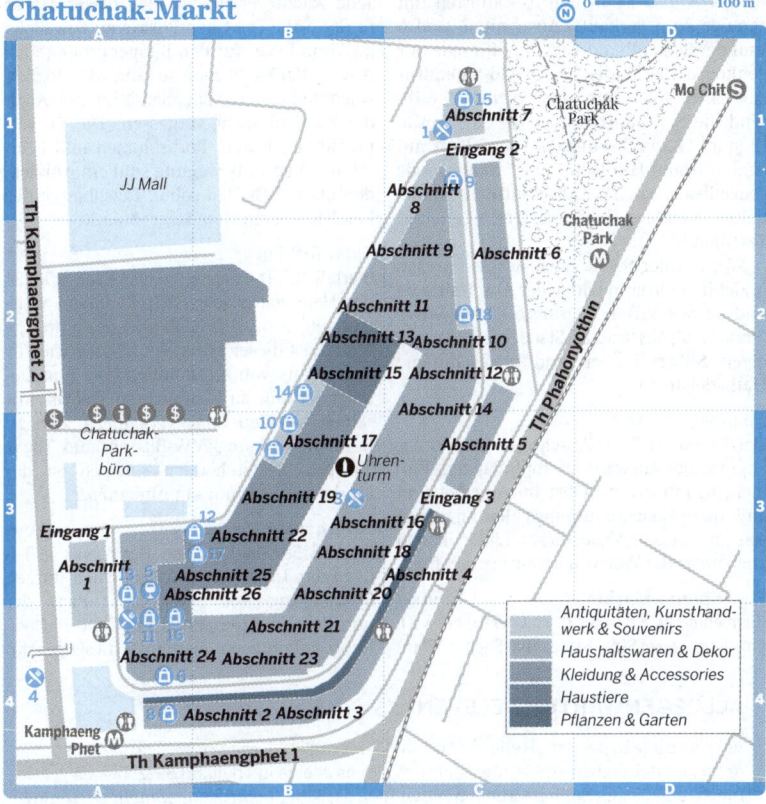

Chatuchak-Markt

knuddeln kann. In der Soi 9 des Abschnitts 15 gibt's mehrere Läden, die sich auf Kleidung für Haustiere spezialisiert haben. Man wird auch schnell bemerken, warum dieser Abschnitt berühmt-berüchtigt für den illegalen Verkauf wilder Tiere ist. Neben zumeist unter Artenschutz stehenden Reptilien- und Amphibienarten werden auch exotischere Kreaturen wie Affen und andere zum Kauf angeboten. Diese Machenschaften sollte man auf gar keinen Fall unterstützen!

Kleidung & Accessoires

Kleidung dominiert einen Großteil des Chatuchak-Markts und wird zwischen Abschnitt 8 und 24 in den Abschnitten mit gerader Zahl verkauft. Abschnitt 5 und 6 sind der Secondhand-Kleidung für jede nur denkbare thailändische Jugend-Subkultur gewidmet – von Punk bis Cowboy –, während die Soi 7 dort, wo sie die Abschnitte 12 und 14 durchschneidet, vor allem auf Underground-Hip-Hop und Skatermode spezialisiert ist. Die Abschnitte 10 und 8 halten Kleidung in Touristengrößen und Textilien bereit.

Wer auf der Suche nach Accessoires ist, findet in mehreren Läden der Abschnitte 24 und 26, wie z.B. bei **Orange Karen Silver** (Karte S. 151; Abschnitt 26, Stand 246, Soi 8), klobigen Silberschmuck und ungeschliffene Halbedelsteine.

Pflanzen & Garten

Der innere Teil der Abschnitte 2 bis 4 hat eine riesige Auswahl an Topfpflanzen, Blumen, Kräutern und Obst im Angebot und außerdem Zubehör, um dies alles angemessen zu pflegen. Viele dieser Läden haben auch unter der Woche nachmittags geöffnet.

Pak-Khlong-Markt MARKT

(Blumenmarkt; Karte S. 80; Th Chakkaphet & Th Atsadang; ☺24 Std.; Fähre Tha Saphan Phut)

Jede Nacht verwandelt sich dieser Markt in der Nähe des Chao Phraya zu Bangkoks größtem Lager für den Blumengroßhandel. Am besten bleibt man so lang wie möglich wach und kommt spät abends hierher. Auch die Kamera nicht vergessen: Die farbenprächtigen Rosen, Lotusblumen und Gänseblümchen in Bewegung sind ein Anblick, den man festhalten sollte. Tagsüber ist der Pak Khlong ein Gemüsegroßmarkt.

Talat Rot Fai MARKT

(Karte S. 126; Th Kamphaeng Phet; ☺Sa & So 18–24 Uhr; Metro Kamphaeng Phet) In einem weitläufigen verlassenen Bahndepot untergebracht, ist dieser Markt vor allem etwas für Retro-Fans, von Antiquitäten über Emailleteller bis hin zu gebrauchten Vespas. Mit seinen mobilen Snackverkäufern, den zu Bars umgebauten VW-Bussen und sogar ein paar feststehenden Kneipen ist der Markt mehr als nur ein Einkaufsziel.

Nonthaburi-Markt MARKT

(Karte S. 58; Tha Nam Non, Nonthaburi; ☺5–8 Uhr; Fähre Tha Nonthaburi) Nur einen kurzen Spaziergang vom Nonthaburi-Pier, der nördlichsten Anlegestelle der Chao-Phraya-Express-Boote, entfernt, liegt dieser Markt,

ALLGEGENWÄRTIG: 7-ELEVEN

Verabredungen der Art „Treffen wir uns am 7-Eleven" sind mit Vorsicht zu genießen, denn laut der Website des Unternehmens gibt es alleine in Thailand 3912 Filialen (und wenn dieses Buch gedruckt wird, werden es sicher noch ein paar mehr sein) – in den gesamten USA sind es gerade einmal doppelt so viel. In Bangkok ist 7-Eleven so allgegenwärtig, dass es nichts Ungewöhnliches ist, wenn sich zwei Geschäfte direkt gegenüber voneinander befinden.

Thailands erster *sewên* (wie es hier genannt wird) wurde 1991 in Patpong eröffnet. Die Marke schlug fast umgehend ein und heute rangiert Thailand im Hinblick auf die Gesamtzahl der Filialen in Asien gleich hinter Japan und Taiwan auf dem dritten Platz. Die unterschiedlichen Läden befinden sich entweder im Besitz des Unternehmens oder werden von privaten Franchisenehmern geführt.

Obwohl sich laut eigenen Angaben in den Läden des Unternehmes über 2000 Produkte finden, spiegeln sich im Angebot eines typischen Bangkoker 7-Eleven nicht die frischen Aromen der Thai-Küche wieder; das Lebensmittelsortiment hier ist sogar eher noch minderwertiger als das seiner Kollegen im Westen. Wie in allen Geschäften des Landes gibt's Alkohol nur von 11 bis 14 und von 17 bis 23 Uhr, und die 7-Eleven-Filialen in der Nähe von Krankenhäusern, Tempeln und Schulen verkaufen überhaupt keinen Alkohol und auch keine Zigaretten (ungesunde Snacks gibt's auch hier).

7-Eleven hat aber auch seine guten Seiten. Im drückend heißen Bangkok ist die große Getränkeauswahl ein echter Lichtblick. Am Serviceschalter kann man bequem fast alle seine Rechnungen begleichen und man bekommt Telefonkarten, Verhütungsmittel und „Literatur" (seltsamerweise aber kaum Zeitungen). Manchmal ist schon die Klimaanlage Grund genug, um hier vorbeizuschauen. Unschlagbar sind jedoch die spottbilligen gekühlten, parfümierten Tücher, mit denen man sich vor der nächsten Verabredung den angesammelten Schmutz und Schweiß aus dem Gesicht wischen kann.

Wer kein Schmuckhändler ist, sollte in Thailand einfach keine ungefassten Edelsteine kaufen – und damit basta! Zahllose Touristen fallen auf diese weit verbreitete und gut durchdachte Masche rein: Ein hilfsbereiter Fremder schleppt sie zu einem Laden, in dem sie dann zum Kauf von einer großen Menge an Steinen überredet werden, die sie in der Heimat angeblich mindestens für das Doppelte weiterverkaufen können. Die Betrugskünstler sind Experten (und Teil eines gut organisierten Kartells). Sie scheinen vertrauensvoll und erzählen den Touristen, dass sie einen Ausländer brauchen, um die komplizierten Ausfuhrbestimmungen zu umgehen. Und hier die Überraschung: Der internationale Edelsteinhandel funktioniert (natürlich) ganz anders und die meisten Touristen bleiben am Ende auf einem Haufen wertloser Glassteine sitzen. Denn wenn sie den Schwindel bemerken, hat der Laden meist geschlossen und seinen Namen geändert und da kann die Polizei dann auch nicht wirklich weiterhelfen.

Wer mehr über dieses Thema erfahren oder einen Betrug melden möchte, kann unter www.2bangkok.com die Rubrik „Gem Scam" aufrufen. Hier wird dem Phänomen seit fünf Jahren nachgegangen. Manchmal kann die Touristenpolizei bei der Aufklärung solcher dubioser Kaufgeschäfte helfen, Wunder sollte man allerdings keine erwarten.

der einer der größten und stimmungsvollsten Obst- und Gemüsemärkte der Gegend ist. Früh herkommen, da die meisten Verkäufer schon um 9 Uhr wieder weg sind.

Pratunam-Markt
MARKT
(Karte S. 90; Ecke Th Petchaburi & Th Ratchaprarop; ◷10–21 Uhr; klorng-Taxi zum Tha Pratunam) Der größte Bekleidungsgroßmarkt der Stadt ist ein enges Gewirr aus Ständen, die sich bis weit in den Block hinein ziehen. Neben billigen T-Shirts und Jeans gibt's hier Koffer, Hygieneartikel in Großpackungen und Souvenirs.

Soi Lalai Sap
STRASSENMARKT
(Karte S. 86; Soi 5/Lalai Sap, Th Silom; ◷8–18 Uhr; Skytrain Chong Nonsi) Auf dieser Straße, die laut ihres Namens das Geld dahinschmelzen lässt, bietet eine Reihe von Verkäufern tagsüber allerlei günstige Klamotten, Uhren und Haushaltswaren. Routinierte Schnäppchenjäger haben verraten, dass hier oft leicht fehlerhafte Markenprodukte aus den Fabriken landen.

Sampeng Lane
MARKT
(Karte S. 80; Soi Wanit 1/Sampeng Lane; Fähre Tha Ratchawong) Dieser Großmarkt verläuft parallel zur Th Yaowarat und bildet die Grenze zwischen den beiden Stadtvierteln Chinatown und Phahurat. Die enge Gasse, die von der Th Ratchawong abzweigt, führt an verschiedenen Warengruppen vorbei: Handtaschen, Haushaltswaren, Haarschmuck, Aufkleber, Fanartikel japanischer Animationsfilme, piepsende Schlüsselketten aus Plastik, ...

TOURISTENMÄRKTE

Die Souvenirverkäufer haben eine erstaunlich feine Nase dafür, was Neuankömmlinge mit nach Hause schleppen wollen. Langzeitfavoriten sind anzügliche T-Shirts, *mŏrn kwăhn* (traditionelle thailändische Kissen in Keilform), CDs und synthetische Sarongs.

Th-Khao-San-Markt
STRASSENMARKT
(Karte S. 62; Th Khao San; ◷11–23 Uhr; Bus 2, 15, 44, 511, Fähre Tha Phra Athit) Diese Straße mit den meisten Pensionen in Banglamphu ist Tag und Nacht ein Einkaufsbasar für echte Baht-Fuchser. Angeboten werden billige T-Shirts, raubkopierte CDs, Holzelefanten, Hanfklamotten, die typisch thailändischen Wickelhosen („Fischerhosen") und anderen Dinge, bei denen Backpacker vor Begeisterung fast ausflippen.

Th-Sukhumvit-Markt
STRASSENMARKT
(Karte S. 96; Th Sukhumvit zw. Soi 2 & 12, 3 & 15; ◷11–23 Uhr; Skytrain Nana) Dieser Markt wird von Taschen- und Uhrenimitaten, stapelweise Porno-DVDs, chinesischen Wurfsternen und anderen fragwürdigen Geschenken für den pubertierenden Bruder zu Hause dominiert. Zielgruppe sind Pauschal- und Sextouristen.

Patpong-Nachtmarkt
STRASSENMARKT
(Karte S. 86; Patpong Soi 1 & 2, Th Silom; ◷19–1 Uhr; Skytrain Sala Daeng, Metro Si Lom) Dieser Markt zieht mehr Menschen an als die Ping-Pong-Shows und unterstreicht mit einer Flut von Fälschungen, vor allem Uhren und Bekleidung, Patpongs Neigung zum Illegalen. Mit

ONE NIGHT IN BANGKOK:
SO SCHNELL BEKOMMT MAN KEINEN ANZUG ...

Viele Bangkok-Touristen glauben, sie könnten sich hier Klamotten nach Maß zum Schnäppchenpreis schneidern lassen. Grundsätzlich ist das natürlich auch tatsächlich möglich. Die Preise hier sind fast immer niedriger als zu Hause, aber beliebte Abzockermethoden, vom kommissionshungrigen Tuk-Tuk-Fahrer bis zu schlechter Verarbeitung und minderwertigen Stoffen, machen das Geschäft mit der Maßschneiderei in Bangkok potenziell zur enttäuschenden Erfahrung und zu einer Fehlinvestition. Um die Chancen auf ein zufriedenstellendes Resultat zu erhöhen, bitte jetzt weiterlesen ...

Die goldene Regel für maßgeschneiderte Kleidung lautet ganz einfach, dass man das bekommt, wofür man bezahlt. Wer einen Anzug, zwei Hosen, zwei Hemden und eine Krawatte in Auftrag gibt, dazu noch einen kostenlosen Seidensarong bekommt und für das Ganze dann gerade mal 169 US$ bezahlt (ein sehr beliebtes Angebot in Bangkok), der darf natürlich auch nicht überrascht sein, wenn das Ergebnis dementsprechend aussieht. Auch wenn ein Angebot auf den ersten Blick verlockend klingen mag, hängt der Preis doch auch stark vom gewählten Stoff ab. Wer seinen eigenen Stoff mitbringt, bekommt zwar nicht unbedingt einen viel günstigeren Preis, dafür aber ganz sicher den Look, den er sich wünscht. Für Seidenstoffe geht man am besten direkt zum Jim-Thompson-Fabrikverkauf (S. 155). Dort bekommt man Qualität zum guten Preis.

Bevor man einen Laden betritt, sollte man so in etwa wissen, was man sucht. Soll's ein Einreiher oder ein Zweireiher sein? Wie viele Knöpfe? Welche Art von Hose? Wer keine Ahnung hat, den wird der Schneider natürlich auch gerne beraten. Alternativ kann man sein Lieblingskleidungsstück von zu Hause mitbringen und es einfach nachmachen lassen.

Wer sich Klamotten schneidern lassen möchte, sollte dazu eine Woche einplanen. Hemden und Hosen können oft schon in 48 Stunden oder weniger mit nur einer Anprobe fertiggestellt werden, aber egal, was der Schneider sagt: Für einen guten Anzug braucht man mehr als eine und nicht selten auch mehr als zwei Anproben. Die meisten seriösen Schneider werden auf zwei bis fünf Anproben bestehen und ein Angebot, einen Schneiderauftrag in weniger als 24 Stunden fertigstellen zu können, ist mit Vorsicht zu genießen.

Einige renommierte Schneider:

» Pinky Tailors   SCHNEIDER
(Karte S. 90; 888/40 Mahatun Plaza Arcade, Th Ploenchit; ⊙Mo–Sa 10–19.30 Uhr; Skytrain Phloen Chit) Mr. Pinkys Spezialität sind seit über 35 Jahren maßgeschneiderte Anzugsjacken. Hinter dem Mahatun-Gebäude.

» Marco Tailors   SCHNEIDER
(Karte S. 90; 430/33 Soi 7, Siam Sq; ⊙Mo–Sa 9–19 Uhr; Skytrain Siam) Dieser alteingesessene und verlässliche Schneider macht ausschließlich Männeranzüge. Es stehen zahlreiche Woll- und Baumwollstoffe in einer Qualität zur Auswahl, die selbst Banker überzeugt.

» Raja's Fashions   SCHNEIDER
(Karte S. 96; 1/6 Soi 4, Th Sukhumvit; ⊙Mo–Sa 10.30–20.30 Uhr; Skytrain Nana) Einer der bekannteren Schneider der Stadt. Das Feedback über ihn variiert, die Mehrzahl der Kunden schwört aber auf den Service und die Qualität.

» Nickermann's   SCHNEIDER
(Karte S. 96; www.nickermanns.net; UG, Landmark Hotel, 138 Th Sukhumvit; ⊙10–21 Uhr; Skytrain Nana) Geschäftsfrauen sind von Nickermann's maßgeschneiderten Hosenanzügen hin und weg: Die Hosen und Jacken passen wie angegossen und sind äußerst vorteilhaft geschnitten. Auch feierliche Ballkleider gehören zur Spezialität dieses Schneiders.

Entschlossenheit feilschen, denn die zuerst genannten Preise sind meist astronomisch hoch!

Mode & Textilien

In den letzten Jahren hat sich Bangkok zu einer modebewussten und zunehmend auch Mode produzierenden Stadt gemausert. Einheimische Designer wie senada*, Fly Now und Tango haben gezeigt, dass die neue Modeszene auf den internationalen Laufstegen locker mithalten kann. Erschwinglichere Outfits werden von den hippen Teenagern der Stadt präsentiert, die in ihrem unverwechselbaren „Bangkok"-Look stolz die verschiedenen Shoppinggegenden unsicher machen.

Siam Square · FREILUFT-EINKAUFSZENTRUM
(Karte S. 90; zw. Th Phra Ram I & Th Phayathai, Skytrain Siam) Dieses Kommerz-Universum besteht aus einem Netzwerk aus etwa 12 Sois, die von modischen, kurzlebigen Boutiquen gesäumt sind – viele von ihnen die ersten Gehversuche junger Designer. Hier kann man prima Designs aufspüren, die mit Sicherheit nirgendwo sonst getragen werden. Zudem ist es der beste Ort für neugierige Besucher, die Bangkoker Teenies einmal in ihrem natürlichen Lebensumfeld zu erleben.

It's Happened to be a Closet · DAMENMODE
(Karte S. 90; 1. Stock, Siam Paragon, Th Phra Ram I; Skytrain Siam) Der Name ist grammatikalisch vielleicht nicht ganz korrekt, dafür kann man sich hier großartig mit vor Ort entworfenen und auch hier produzierten Klamotten eindecken – eine Mischung aus Th Khao San und Siam Paragon. Den Laden gibt's auch in den Einkaufszentren Emporium und Siam Square.

Fly Now · DAMENMODE
(Karte S. 90; www.flynowbangkok.com; 2. Stock, Gaysorn Plaza, Ecke Th Ploenchit & Th Ratchadamri; Skytrain Chitlom) Schon seit Langem ist Fly Now eine der führende Marke unter Bangkoks Eigengewächsen der Fashionszene. Das Label kreiert Damenmode, die bereits bei mehreren internationalen Shows Aufmerksamkeit erregt hat. Filialen finden sich außerdem im Siam Center und im Central World Plaza.

Tango · LEDERWAREN
(Karte S. 90; www.tango.co.th; 2. Stock, Gaysorn Plaza, Ecke Th Ploenchit & Th Ratchadamri; Skytrain Chitlom) Diese lokale Marke hat sich auf abgefahrene Lederwaren spezialisiert, aber unter den verschiedenen Schichten aus bunten Stickereien und klobigen Edelsteinen erkennt man das Ausgangsmaterial oft gar nicht mehr. Auch im Siam Center erhältlich.

Jim Thompson · SEIDE
(Karte S. 86; www.jimpthompson.com; 9 Th Surawong; ⊙9–21 Uhr; Skytrain Sala Daeng, Metro Si Lom) Dieses letzte noch existierende (und gleichzeitig größte) Geschäft des internationalen Förderers von Thai-Seide verkauft farbige Seidentücher, Platzdeckchen, Stolen und Kissen. In derselben Straße befindet sich auch sein Fabrikverkauf (Karte S. 86; 149/4-6 Th Surawong; ⊙9–18 Uhr), in dem ausrangierte Muster zu erheblich vergünstigten Preisen zu haben sind.

ⓘ Praktische Informationen

Gefahren & Ärgernisse

In Bangkok wird einem das Geld viel wahrscheinlicher mit Charme abgenommen als mit Gewalt. Geübte Betrüger nutzen die berühmte thailändische Freundlichkeit und den nicht abreißenden Strom neuer, ahnungsloser Touristen aus. Die touristischen Gebiete der Stadt – Wat Phra Kaew, Wat Pho, Jim-Thompson-Haus, Th Khao San, Erawan-Schrein – sind die beliebtesten Jagdgründe solcher Ganoven. Der beste Schutz ist hier noch immer das Wissen: Bevor man sich ins Getümmel stürzt, sollte man sich erst einmal mit den gängigsten Betrugspraktiken vertraut machen (s. Kasten S. 156).

Wer einem Betrug zum Opfer gefallen ist, kann sich an die Touristenpolizei wenden, die teilweise sehr wirksam gegen „unethische" Geschäftspraktiken und Delikte vorgehen kann. Allgemein sollte man sich bei jedem Geschäft darüber im Klaren sein, dass man keinerlei Kundenschutz genießt und keinerlei Anspruch auf Entschädigung geltend machen kann.

Geld

Die regulären Bankenöffnungszeiten in Bangkok sind meist von 8.30 bis 15.30 Uhr, wobei Filialen in geschäftigen Gegenden und in Einkaufszentren auch länger aufhaben können und Geldautomaten überall in der Stadt zu finden sind. Viele thailändische Banken haben Wechselschalter für Fremdwährungen und in unmittelbarer Nähe vieler Touristengebiete gibt's zudem oft Wechselstuben. Geldscheine von 1000 B sollte man in 7-Eleven-Läden oder an anderen seriösen Orten „anbrechen". Straßenverkäufer und Taxifahrer werden kaum in der Lage sein, einen Schein von 500 B oder größer zu wechseln.

Internetzugang & Telefon

An Internetcafés mangelt es in Bangkok wahrlich nicht, und sie wetteifern auch noch darum, wer die günstigste und schnellste Verbindung anbietet. Die Preise variieren je nach Konkurrenzsituation und Anzahl der Surfer – Banglamphu ist, mit teilweise nur 20 B pro Stunde, billiger als Sukhumvit oder Silom. Viele Internetshops rüsten ihre Rechner mit Skype und Kopfhörern aus, sodass man für Auslandsgespräche nur den Preis der Internetverbindung bezahlt.

Eine praktische Anlaufstelle zum Stillen seiner Kommunikationsbedürfnisse im Zentrum Bangkoks ist der **TrueMove Shop** (Soi 2, Siam Sq; ☻7–22 Uhr; Skytrain Siam). Hier stehen Computer mit schneller Internetverbindung und Skype, man kann Handys und SIM-Karten kaufen und zudem bekommt man Infos über WLAN-Zugangspunkte für Computer und Telefone in der ganzen Stadt.

WLAN, zumeist kostenlos, wird in Bangkok immer allgegenwärtiger und ist mittlerweile in so vielen Geschäften und an so vielen öffentlichen Hotspots verfügbar, dass hier der Platz nicht ausreicht, um sie alle zu nennen. Eine relativ verlässliche Auflistung der WLAN-Hotspots in Bangkok findet man auf www.bkkpages.com (unter „Bangkok Directory") oder auf www.stickmanweekly.com/WiFi/BangkokFree WirelessInternetWiFi.htm.

Kulturzentren

In Bangkok organisieren verschiedene internationale Kulturzentren Veranstaltungen wie Filmfestivals, Lesungen, außerdem Sprachkurse und andere Bildungsangebote.

Alliance Française (Karte S. 94; ✆0 2670 4200; www.alliance-francaise.or.th; 29 Th Sathon Tai; Metro Lumphini) Grünes Gelände mit **Bibliothek** (☻Mo–Fr 10–19, Sa 8.30–17.30, So 10–13 Uhr), **Buchladen** (☻Mo–Sa 9–19 Uhr) und dem **Café 1912** (S. 136).

British Council (Karte S. 90; ✆0 2657 5678; www.britishcouncil.or.th; 254 Soi Chulalongkorn 64, Th Phra Ram I; ☻8.30–19 Uhr; Skytrain Siam)

GÄNGIGE ABZOCKE IN BANGKOK

Am besten führt man sich diese typischen Betrugsmaschen zu Gemüte und schließt sich Lonely Planets Kreuzzug gegen Bangkoks gewiefte Betrugskünstler an. Infos zur berüchtigten Edelsteinabzocke finden sich im Kasten auf S. 153.

» **Heute geschlossen** Einfach jeden „freundlichen" Einheimischen ignorieren, der behauptet, eine Attraktion sei aufgrund eines buddhistischen Feiertags oder wegen Reinigungsarbeiten geschlossen. Dies sind nur Vorwände für einen Ausflug zu einem falschen Edelstein-Verkauf.

» **Tuk-Tuk-Fahrten für 10 B** Wer dieser allgegenwärtigen Abzocke auf den Leim gegangen ist, kann sämtliche Tagespläne vergessen. Diese sogenannten „Touren" lassen alle Sehenswürdigkeiten links liegen und bringen die Passagiere stattdessen zu den windigen Schmuckhändlern und Schneidern, die den Fahrern für die Kundschaft Provisionen bezahlen.

» **Taxifahrt zum Pauschalpreis** Pauschalpreise für Taxifahrten (meist zwischen 100 und 150 B für Ziele innerhalb der Stadt) sollte man generell entschieden ablehnen. Man kann davon ausgehen, dass diese dreimal so hoch sind, wie der eigentliche Preis laut Taxameter. Entfernt man sich zu Fuß ein Stück von den Haupttouristenzentren, stehen die Chancen besser, einen ehrlichen Fahrer zu finden. Sollte ein Fahrer einmal „vergessen" das Taxameter anzustellen, sagt man einfach: „Meter, *kâ/kráp*" (für eine Frau/einen Mann).

» **Touristenbusse in den Süden** Auf der langen Reise in den Süden haben gut organisierte und vernetzte Diebe stundenlang Zeit, das Gepäck zu durchwühlen, Koffer aufzubrechen (und sie dann wieder zu verschließen) und Kreditkarten, Elektronikgeräte und sogar Kosmetikartikel zu stehlen. Diese Masche gibt es schon seit Jahren; ihr kann aber ganz leicht vorgebeugt werden, indem man seine Wertsachen im Handgepäck mit in den Bus nimmt.

» **Freundliche Fremde** Bei elegant gekleideten Herren, die fragen, woher man kommt und wohin man will, ist äußerste Vorsicht geboten. Nach diesem anfänglichen Smalltalk folgt meist der Satz: „Ach, mein Sohn/meine Tochter studiert in (Name der eigenen Heimatstadt)" – diese Männer scheinen ein geradezu enzyklopädisches Wissen über die wichtigsten Universitätsstädte der Welt zu haben. Den Touristenbehörden zufolge ist dieses Verhalten für Thailänder absolut untypisch und man sollte hier äußerst misstrauisch sein.

Foreign Correspondents Club of Thailand
(FCCT; Karte S. 90; ☑0 2652 0580; www.fccthai.
com; Penthouse, Maneeya Center, 518/5 Th
Ploenchit; Skytrain Chitlom)

Goethe-Institut (Karte S. 94; ☑0 2287 0942;
www.goethe.de; 18/1 Soi Goethe, zw. Th Sathon
Tai & Soi Ngam Duphli; ⊗Di–Do 9.30–18, Mi
9.30–15, Sa & So 8–13 Uhr; Metro Lumphini)

Medien

Tageszeitungen sind in den Straßenkiosken
erhältlich. Monatlich erscheinende Zeitschriften
gibt's in den meisten Buchläden.

Bangkok 101 (www.bangkok101.com) Ein
monatlich erscheinender Leitfaden durch
die Stadt, mit Fotostrecken und Berichten zu
Sehenswürdigkeiten, Restaurants und Unter-
haltungsangeboten.

Bangkok Post (www.bangkokpost.net) Die
führende Tageszeitung in englischer Sprache
mit einer Freitags- und Wochenendbeilage über
Events in der Stadt.

BK (http://bk.asia-city.com) Kostenloser,
wöchentlich erscheinender Veranstaltungskalender für die Jungen und Coolen.

CNNGo (www.cnngo/bangkok) Die Bangkok-
Rubrik dieses Online-Veranstaltungskalenders
ist eine gute Informationsquelle für Restaurants und Events.

The Nation (www.nationmultimedia.com) Englischsprachige Tageszeitung mit Wirtschafts-
schwerpunkt.

Medizinische Versorgung

Dank seiner hohen medizinischen Standards
der Krankenhausbehandlung entwickelt sich
Bangkok sehr schnell zu einem beliebten Ziel für
Medizintouristen, die hier zu günstigeren Preisen Zahnbehandlungen, ausgewählte operative
Eingriffe und kosmetische Korrekturen vornehmen lassen. Die Apotheker der Stadt können die
meisten leichteren Beschwerden (für Bangkok
typische Magen-Darm-Infekte, Nasenneben-
höhlen- und Hautinfektionen) diagnostizieren
und behandeln. Folgende Krankenhäuser bieten
einen 24-Stunden-Notfalldienst, die darunter
aufgeführten Nummern sind wichtig, wenn ein
Krankenwagen oder sofortige medizinische Hilfe
benötigt wird. Die meisten dieser Krankenhäuser haben zudem Tageskliniken mit Englisch
sprechendem Personal vor Ort.

Bangkok Christian Hospital (Karte S. 86; ☑0
2235 1000; www.bkkchristianhosp.th.com; 124
Th Silom; Skytrain Sala Daeng, Metro Si Lom)

BNH (Karte S. 86; ☑0 2686 2700; www.bnh
hospital.com; 9 Th Convent, abseits Th Silom;
Skytrain Sala Daeng, Metro Si Lom)

Bumrungrad Hospital (Karte S. 96; ☑0 2667
1000; www.bamrungrad.com; 33 Soi 3/Nana
Neua, Th Sukhumvit; Skytrain Phloen Chit)

Samitivej Hospital (Karte S. 96; ☑0 2711 8000;
www.samitivejhospitals.com; 133 Soi 49, Th
Sukhumvit; Skytrain Phrom Phong & Weiterfahrt mit dem Taxi)

St. Louis Hospital (Karte S. 86; ☑0 2210 9999;
www.saintlouis.or.th; 215 Th Sathon Tai; Skytrain Surasak)

Notfall

Bei medizinischen Notfällen und wenn man
einen Krankenwagen braucht, sollte eines der
oben genannten Krankenhäuser mit Englisch
sprechendem Personal kontaktiert werden.
Polizei und Feuerwehr sind unter folgenden
Rufnummern erreichbar:

Feuerwehr (☑199)

Polizei/Notfall (☑191)

Touristenpolizei (☑1155; ⊗24 Std.) Eine
Englisch sprechende Polizeieinheit, die sich
um Verbrechen kümmert, von denen Touristen
betroffen sind, z. B. die Edelsteinabzocke. Die
Touristenpolizei kann auch bei Sprachproble-
men mit der normalen Polizei vermitteln.

Post

Hauptpost (Karte S. 84; Th Charoen Krung;
⊗Mo–Fr 8–20, Sa & So bis 13 Uhr; Fähre Tha Si
Phraya) In der Nähe der Soi 35; die Postdienste
im Hauptgebäude umfassen Postlagerungen
und Paketservice. Postfilialen überall in der
Stadt bieten ebenfalls Postlagerungen und
Paketdienste an.

Reisebüros

Reisebüros, die Bus- und Flugtickets buchen
können, gibt's in Bangkok en masse. Manche
sind seriös, während andere windige Abzocken
sind, die gefälschte Tickets ausstellen oder
Dienstleistungen versprechen, die dann später
nicht erbracht werden. Bevor man in einem
Reisebüro viel Geld liegen lässt, sollte man sich
unter anderen Reisenden umhören. Bus- und
Zugtickets kauft man am besten direkt an den
Schaltern im (Bus-)Bahnhof.

Hier einige seriöse Anbieter:

Diethelm Travel (Karte S. 94; ☑0 2660 7000;
www.diethelmtravel.com; 14. Stock, Kian Gwan
Bldg II, 140/1 Th Witthayu/Wireless Rd; Skytrain Phloen Chit)

STA Travel (Karte S. 86; ☑0 2236 0262; www.
sta travel.co.th; 14. Stock, Wall Street Tower,
33/70 Th Surawong; ⊗Mo–Fr 9–17, Sa bis 12
Uhr; Skytrain, Metro Si Lom)

visit beyond (Karte S. 84; ☑0 2630 9371; www.
visitbeyond.com; New Road Guest House,
1216/1 Th Charoen Krung; Fähre Tha Oriental;
⊗8–12 & 15–19 Uhr)

Toiletten

Öffentliche Toiletten sind in Bangkok dünn
gesät. Am besten sucht man gleich nach einem

INSIDER-BLOGS

Mehrere Einwohner Bangkoks, sowohl Einheimische als auch Ausländer, haben beschlossen, ihre Erfahrungen mit der ganzen Welt zu teilen, und unterhalten Blogs und Websites über das Leben in Bangkok. Zu den informativeren und unterhaltsameren zählen:

» 2Bangkok (www.2bangkok.com) Newsdetektiv und Geschichtsfan, der die aktuellen und auch schon älteren Schlagzeilen der Stadt thematisiert.

» Austin Bush Food Blog (www.austinbushphotography.com/category/foodblog) Der Blog vom Autor dieses Kapitels konzentriert sich auf Essen und Esskultur in Bangkok und anderswo.

» Global Post (www.globalpost.com/bio/patrick-winn/articles) Patrick Winn, der Südostasienkorrespondent dieses Online-Nachrichtendienstes, lebt in Bangkok und hat eine besondere Vorliebe dafür, die kleinen verrückten Geschichten aufzudecken, die sich hier zutragen.

» Greg To Differ (www.gregtodiffer.com) „Geschichten, Geschwätz und Beobachtungen zum Expat-Dasein in der verrücktesten Stadt Asiens". Bietet auch einen begleitenden Podcast.

» Newley Purnell (www.newley.com) Der in Bangkok lebende US-amerikanische freiberufliche Autor kommentiert wirklich alles, ob Lokalpolitik oder seine aufrichtige Liebe zum pàt gà-prow (einem bestimmten scharfen Pfannengericht).

» Not The Nation (www.notthenation.com) Thailands Antwort auf das Satiremagazin *Titanic*.

» Stickman (www.stickmanbangkok.com) Einst wurde diese Seite mit dem unanständigen Nachtleben Bangkoks in Verbindung gebracht, der Stickman von heute ist allerdings ein eher allgemein gehaltener Blog über das Leben, Arbeiten und Lieben in Bangkok.

Einkaufszentrum, einem Fast-Food-Restaurant oder, im allerbesten Fall, einem Luxushotel. In Einkaufszentren muss man manchmal eine kleine Gebühr (2–5 B) bezahlen, in den neueren gibt es auch Behindertentoiletten. Entgegen den hartnäckigen Gerüchten sind Stehklos in Bangkok auf dem absteigenden Ast.

Touristeninformation

In den offiziellen Touristeninformationen gibt's Karten, Broschüren und Tipps zu Attraktionen und Aktivitäten. Diesen kostenlosen Service darf man nicht mit den lizenzierten Reisebüros verwechseln, die auf Provisionsbasis Touren und Transportmittel buchen. Häufig verwenden Reisebüros in ihren Namen Elemente der offiziellen nationalen Touristenorganisation (Tourism Authority of Thailand; TAT), um die Traveller ganz bewusst zu täuschen.

Touristeninformationszentrum Bangkok (Karte S. 62; 0 2225 7612-4; www.bangkoktourist.com; 17/1 Th Phra Athit; Mo–Fr 8–19, Sa & So 9–17 Uhr; Bus 32, 33, 64, 82, Fähre Tha Phra Athit) Touristeninformation mit Infos über die Stadt. Hier gibt's Karten, Broschüren und Wegbeschreibungen. Die gelben Infostände überall in der Stadt sind mit studentischen Freiwilligen besetzt. In Touristengegenden betreibt dieses Zentrum zudem insgesamt 20

Touristen-Informationsstände (Mo–Sa 9–17 Uhr).

Tourism Authority of Thailand (TAT; 1672; www.tourismthailand.org) Hauptbüro (außerhalb der Karte S. 96; 0 2250 5500; 1600 Th Petchaburi Tat Mai; 8.30–16.30 Uhr; Metro Phetchaburi); Banglamphu (Karte S. 62; 0 2283 1500; Ecke Th Ratchadamnoen Nok & Th Chakrapatdipong; klorng-Taxi Phan Fah; 8.30–16.30 Uhr); Suvarnabhumi International Airport (0 2134 0040; 2. Stock, zw. Gates 2 & 5; 24 Std.).

An- & Weiterreise

Bus

Bangkok ist natürlich das Zentrum für Busverbindungen in jede Ecke des Königreichs. Die Fahrkarten für Langstreckenfahrten zu beliebten Touristenzielen sollte man besser direkt bei den Busgesellschaften in den Busbahnhöfen und nicht über die Reisebüros in den Touristenzentren wie der Th Khao San kaufen. Im Kasten auf S. 156 finden sich verbreitete Abzockmaschen, auf die man beim Reisen von A nach B achten sollte.

BUSBAHNHÖFE Es gibt drei große Busbahnhöfe – zwei davon befinden sich lästig weit vom Stadtzentrum entfernt – und ein Bus-Terminal im Zentrum für öffentliche Verkehrsmittel am Suvarnabhumi Airport, von welchem Busse in andere Provinzen starten. Aus den meisten Teilen Bangkoks sollte man für die Fahrt zu den Busbahnhöfen eine Stunde einplanen.

Ost-Busbahnhof (Ekamai; Karte S. 96; ☑0 2391 2504; Soi Ekamai/40; Th Sukhumvit; Skytrain Ekkamai) Von hier fahren Busse nach Pattaya, Rayong, Chanthaburi und zu anderen Orten im Osten, außer nach Aranya Prathet. Die meisten Leute nennen den Bahnhof *sà·tǎh·nee èk·gà·mai* (Ekkamai-Station). Er befindet sich in der Nähe der Skytrain-Station Ekkamai.

Nord- & Nordost-Busbahnhof (Mo Chit; Karte S. 126; ☑für Busse in den Norden 0 2936 2841, Durchwahl 311/442, für Busse in den Nordosten 0 2936 2852, Durchwahl 611/448; Th Kamphaeng Phet) Dieser hektische, gleich nördlich des Chatuchak-Parks gelegene Busbahnhof wird allgemein auch *kǒn sòng mǒr chít* (Mo-Chit-Station) genannt, darf aber nicht mit der Skytrain-Station Mo Chit verwechselt werden. Von hier fahren Busse zu allen Zielen im Norden und Nordosten. Auch die Busse nach Aranya Prathet (an der kambodschanischen Grenze) fahren von hier und nicht vom Ost-Busbahnhof ab, wie man erwarten würde. Um hierher zu kommen, nimmt man den Skytrain nach Mo Chit oder die Metro zum Chatuchak-Park und steigt in einen Stadtbus (3, 77 oder 509) um. Alternativ nimmt man sich von dort ein Motorradtaxi.

Süd-Busbahnhof (Sai Tai Mai; außerhalb Karte S. 58; ☑0 2435 1199; Th Bromaratchachonanee, Thonburi) Der neue Busbahnhof der Stadt liegt ganz schön weit außerhalb des Stadtzentrums. Allgemein wird er *sǎi dâi mài* genannt und gehört in Thailand zu den angenehmeren und geordneteren Vertretern seiner Art. Er fungiert nicht nur als Ausgangspunkt für alle Busse gen Süden, von hier fahren auch Busse nach Kanchanaburi und in den Westen des Landes ab. Am einfachsten ist es, sich ein Taxi zu nehmen, aber auch die Busse 79, 159, 201 und 516 ab der Th Ratchadamnoen Klang oder Bus 40 ab dem Siegesdenkmal bringen einen hierher.

Suvarnabhumi Zentrum für öffentliche Verkehrsmittel (Karte S. 166; ☑0 2132 1888; Suvarnabhumi Airport) Dieser Busbahnhof liegt 3 km vom Suvarnabhumi International Airport entfernt und bietet relativ regelmäßige Busse in den Osten und den Nordosten des Landes, darunter auch Aranya Prathet (kambodschanische Grenze), Chanthaburi, Ko Chang, Nong Khai (laotische Grenze), Pattaya, Rayong, Trat und Udon Thani. Vom Flughafen bringt einen ein kostenloser Shuttlebus hierher.

Flugzeug

Bangkok hat zwei Flughäfen. Der **Suvarnabhumi International Airport** (Karte S. 166; ☑0 2132 1888; www.bangkokairportonline.com), 30 km

östlich von Bangkoks Stadtzentrum gelegen, nahm im September 2006 mit mehreren Jahren Verzögerung den gewerblichen internationalen und nationalen Flugverkehr auf. Der Name des Flughafens wird *sù·wan·ná·puum* ausgesprochen und seinen Flughafencode (BKK) hat er vom alten Flughafen in Don Muang geerbt. Auf der inoffiziellen Flughafenwebsite findet man praktische Informationen auf Englisch und Angaben zu Landungen und Abflügen in Echtzeit.

Bangkoks ehemaliger Flughafen für internationale und Inlandsflüge, der **Don Muang Airport** (Karte S. 166; ☑0 2535 1111; www.donmuang airportonline.com), befindet sich 25 km nördlich von Bangkoks Stadtzentrum und stellte im September 2006 den gewerblichen Flugverkehr ein. Fünf Monate später musste er teilweise wieder geöffnet werden, um die Kapazitätsüberschreitung des Suvarnabhumi abzufangen. Zum Zeitpunkt der Recherche machten Gerüchte die Runde, der Flughafen stehe unmittelbar vor einer erneuten Schließung, bisher werden über ihn aber noch immer einige Inlandsflüge abgewickelt.

Hotels in der Nähe der beiden Flughäfen finden sich im Kasten auf S. 123; Infos zum Transport zu den Flughäfen s. S. 161.

FLUGGESELLSCHAFTEN Folgende Anbieter haben Inlandsflüge im Programm, ein paar von ihnen fliegen auch internationale Ziele an. Eine Auflistung der internationalen Fluggesellschaften findet sich auf S. 841.

Air Asia (☑landesweit 0 2515 9999; www.airasia.com) Suvarnabhumi International Airport (4. Stock, Suvarnabhumi International Airport); Th Khao San (Karte S. 62; 127 Th Tanao; ⏰11–22 Uhr) Fliegt ab Suvarnabhumi nach Chiang Mai, Chiang Rai, Hat Yai, Krabi, Nakhon Si Thammarat, Narathiwat, Phuket, Ranong, Surat Thani, Ubon Ratchathani und Udon Thani.

Bangkok Airways (☑landesweit 1771; www.bangkokair.com) Hauptbüro (Karte S. 126; 0 2270 6699; 99 Moo 14, Th Viphawadee; ⏰Mo–Fr 8–17.30 Uhr) Suvarnabhumi International Airport (Karte S. 166; ☑02 134 3960; 4. Stock, Suvarnabhumi International Airport) Fliegt ab Suvarnabhumi nach Chiang Mai, Ko Samui, Krabi, Lampang, Phuket, Sukhothai und Trat.

Nok Air (☑landesweites Callcenter 1318; www.nokair.com) Don Muang Airport (1. Stock, Don Muang Airport) Hauptbüro (Karte S. 86; ☑02 627 2000; 17. Stock, Rajanakarn Bldg, 183 Th Sathon; ⏰) Die Tochterfluggesellschaft von Thai Airways fliegt ab Don Muang nach Buriram, Chiang Mai, Hat Yai, Loei, Mae Sot, Nakhom Phanom, Nakhon Si Thammarat, Nan, Narathiwat, Phitsanulok, Phuket, Roi Et, Sakon Nakhon, Surat Thani, Trang, Ubon Ratchathani und Udon Thani.

One-Two-Go (☑landesweit 1126; www.fly orientthai.com) Don Muang Airport (1. Stock,

Don Muang Airport; ☻5–20 Uhr); Hauptbüro (Karte S. 96; ☑0 2229 4260; 18 Th Ratchadaphisek; ☻Mo–Fr 8.30–17.30, Sa bis 12 Uhr) Dies ist der Inlandsableger von Orient Thai. Er fliegt ab Don Muang nach Chiang Mai, Chiang Rai, Hat Yai, Nakhon Si Thammarat, Phuket, Trang und Udon Thani.

Solar Air (☑landesweit 02 535 2455; www.solarair.co.th) Don Muang Airport (1. Stock, Don Muang Airport) Solar Air betreibt Flugzeuge mit 19 Sitzen, die zwischen Don Muang und Chumphon, Hua Hin, Loei, Mae Sot, Phrae Nan und Roi Et verkehren.

Thai Airways International (THAI; ☑landesweit 02 356 1111; www.thaiair.com) Banglamphu (Karte S. 62; ☑0 288 7000; 6 Th Lan Luang; ☻ Mo–Sa 8–17, So 9–13 Uhr); Silom (Karte S. 86; ☑0 2288 7000; 485 Th Silom; ☻Mo–Sa 8–17 Uhr); Suvarnabhumi International Airport (☑02 134 5483; 4. Stock, Suvarnabhumi International Airport) Betreibt Inlandsflüge ab Suvarnabhumi nach Chiang Mai, Chiang Rai, Hat Yai, Khon Kaen, Ko Samui, Krabi, Phuket, Surat Thani, Ubon Ratchathani und Udon Thani.

Minivan

Privat betriebene Minivans, *rót đôo* genannt, sind eine schnelle und recht komfortable Möglichkeit, um von Bangkok in die Nachbarprovinzen zu gelangen. Die größte Minivan-Haltestelle liegt unmittelbar nördlich vom Siegesdenkmal (Karte S. 101). Ab hier werden Aranya Prathet (zur kambodschanischen Grenze; 230 B, 3½ Std., 6–18 Uhr), Lopburi (130 B, 2 Std., 4.30–21 Uhr), Mae Klong (Samut Songkhram – für Amphawa; 70 B, 1 Std., 5.30–21 Uhr), Muak Lek (für Khao Yai; 120 B, 2½ Std., 8–20 Uhr), Nakhon Pathom (60 B, 1 Std., 6–21 Uhr) und der Süd-Busbahnhof (35 B, 1 Std., 6.30–21 Uhr) angefahren.

Unmittelbar östlich des Denkmals fahren Minivans nach Ayutthaya (60 B, 1 Std., 5–20.30 Uhr), Ban Phe (für Ko Samet; 200 B, 2½ Std., 6–21 Uhr), Pattaya (97 B, 2 Std., 6–20 Uhr) und zum Suvarnabhumi International Airport (40 B, 1 Std., 5–10.30 Uhr) ab.

Zug

Hualamphong-Bahnhof (Karte S. 80; ☑0 2220 4334, allg. Informationen & Reservierungen 1690; www.railway.co.th; Th Phra Ram IV; Metro Hualamphong) Hualamphong ist der Ausgangspunkt für die wichtigsten Zugverbindungen in den Süden, Norden, Nordosten und Osten. Infos über Zugklassen und Verbindungen finden sich auf S. 849.

Reservierungen können vor Ort persönlich im Reservierungsbüro vorgenommen werden (einfach den Schildern folgen; 8.30–16 Uhr geöffnet). An den anderen Fahrkartenschaltern werden nur Tickets für denselben Tag und mehrheitlich in der 3. Klasse verkauft. Von 5 bis

8.30 und von 16 bis 23 Uhr kann man auch an den Schaltern 2 bis 11 reservieren. Einen Zugfahrplan erhält man am Informationsschalter. Dem freundlichen „Informations"-Personal, das versucht, alle Neuankömmlinge in ein Reisebüro im Zwischengeschoss zu lotsen, aus dem Weg gehen!

Hualamphong bietet Duschen, eine Poststelle, eine Gepäckaufbewahrung, Cafés und Food-Courts. Um von Sukhumvit zum Bahnhof zu kommen, die Metro bis zur Haltestelle Hualamphong nehmen. Aus dem Westen (Banglamphu, Thewet) nimmt man Bus 53.

Bangkok-Noi-Bahnhof (Karte S. 62; neben dem Siriraj Hospital, Thonburi) Von Bangkok Noi gibt es seltene (und für Ausländer überteuerte) Verbindungen nach Nakhon Pathom, Kanchanaburi und Nam Tok. Der Bahnhof kann mit der Fähre nach Tha Rot Fai erreicht werden. Fahrkarten bekommt man am Bahnhof selbst.

Wong-Wian-Yai-Bahnhof (Karte S. 58) Von diesem winzigen Bahnhof startet die Pendlerlinie Mahachai Shortline nach Samut Sakhon (s. S. 165).

Unterwegs vor Ort

Bangkoks Rushhour-Verkehr ist ein wahrer Albtraum, doch auch zu jeder anderen Tages- und Nachtzeit kann ein Stau aus dem Nichts auftauchen und eine eigentlich kurze Fahrt endlos in die Länge ziehen. Wo möglich, ist der Weg über den Fluss, über den Kanal oder mit dem Skytrain immer die beste Wahl; ansonsten muss man für die meisten Ausflüge mit einer Fahrt von 45 Minuten rechnen.

Auto

Wer nur kurz in der Stadt ist, für den ist Autofahren und Parken eine größere Be- als Entlastung. Wer keine öffentlichen Verkehrsmittel nutzen kann oder will, kann sich über sein Hotel ein Auto mit Fahrer mieten oder einen Taxifahrer anheuern, der vertrauenswürdig scheint. Ein seriöser Anbieter ist **Julie Taxi** (☑08 1846 2014; www.julietaxitour.com), das viele verschiedene Fahrzeuge und einen hervorragenden Service bietet.

Wer trotzdem lieber selbst fährt, kann in der ganzen Stadt Autos und Motorräder mieten, u. a. bei internationalen Ketten wie **Avis** (Karte S. 90; ☑0 2251 2011; www.avisthailand.com; 2/12 Th Withayu/Wireless Rd; ☻8–18 Uhr; Skytrain Phloen Chit), gegenüber der Schweizer Botschaft, oder bei hiesigen Anbietern wie **Thai Rent A Car** (☑0 2318 8888; www.thairentacar.com; 2371 Th Petchaburi; Metro Phetchaburi & Weiterfahrt mit dem Taxi), die beide auch Filialen am bzw. in der Nähe des Suvarnabhumi International Airport haben. Die Preise beginnen bei etwa 1000 B pro Tag, Versicherung exklusive. Für alle Mietautos braucht man einen internationalen Führerschein und seinen Pass.

Bus

Das öffentliche Bussystem der Stadt wird von **Bangkok Mass Transit Authority** (☎184; www.bmta.co.th) betrieben. Die Website ist eine tolle Quelle an Informationen zu allen Busstrecken, das ändert aber nichts daran, dass das Bangkoker Bussystem absolut verwirrend aufgebaut und alles meist nur auf Thailändisch angeschrieben ist. Für alle, die unerschrocken oder knapp bei Kasse sind: Fahrpreise beginnen bei 11 B für klimatisierte Busse bzw. bei 6,50 B für die Fahrt in einem normalen Bus (mit Ventilator). Die kleineren, privat betriebenen grünen Busse kosten 5 B.

Die meisten Linien verkehren zwischen 5 und 22 oder 23 Uhr. Die Nachtbusse beginnen um 3 oder 4 Uhr und stellen den Verkehr dann am Vormittag ein.

Die aktuellste Streckenkarte ist der *Bangkok Bus Guide* von thinknet, der bei Kinokuniya und AsiaBooks (S. 146) erhältlich ist. Folgende Buslinien sind nützlich, wenn man zwischen Banglamphu und der Gegend rund um den Siam Square unterwegs ist:

Bus 15 Von Tha Phra auf der Thonburi-Flussseite nach Sanam Luang (Zugang zum Wat Phra Kaew) mit Stopps am MBK Center (Übergang zum Skytrain) und der Th Ratchadamnoen Klang (Zugang zur Th Khao San).

Bus 47 Vom Khlong Toei Port zum Department of Lands, entlang der Th Phahonyothin in Nord-Bangkok, mit Stopps an der Th Phra Ram IV, am MBK Center, an der Th Ratchadamnoen und an der Sanam Luang.

Vom/zum Flughafen

Zum Zeitpunkt der Recherche waren in Bangkok noch immer zwei Flughäfen in Betrieb; die meisten Flüge werden über den brandneuen Suvarnabhumi abgewickelt, aber manche Inlandslinien starten und landen noch vom alten Don Muang Airport. Wer zwischen den beiden umsteigen muss, sollte dafür *mindestens* eine Stunde einplanen, da die Flughäfen an entgegengesetzten Enden der Stadt liegen. Zwischen 6 und 17 Uhr verbinden Minivans (30–50 B) die beiden Flughäfen miteinander.

SUVARNABHUMI INTERNATIONAL AIRPORT

Die folgenden Transportmittel fahren direkt vom Flughafenterminal aus zu Zielen in der Stadt: Taxis mit Taxameter, Hotellimousinen, der Airport Rail Link, private Fahrzeuge und private Busse. Falls an der Straße keine Taxis mit Taxameter stehen oder die Schlange zu lang ist, kann man den Flughafen-Shuttlebus zum Taxistand am Zentrum für öffentliche Verkehrsmittel nehmen.

Dieses Zentrum liegt 3 km vom Flughafenterminal entfernt und hat einen öffentlichen Busbahnhof, einen Stand für Taxis mit Taxameter und einen Langzeitparkplatz. Ein kostenloser Flughafen-Shuttlebus, mit einer normalen Route

und einer Expressroute, pendelt zwischen dem Zentrum für öffentliche Verkehrsmittel und den Passagierterminals hin und her.

LOKALBUSSE Das Zentrum für öffentliche Verkehrsmittel wird auch von mehreren klimatisierten Lokalbussen bedient. Zu den von Touristen häufig genutzten Linien in Richtung Innenstadt (Fahrkarte ab 25 B) gehören die Busse 551 (Victory Monument), 554 (Don Muang) und 556 (Th Khao San) sowie die Minivan-Linie 552 (zur Skytrain-Station On Nut). Von dort kann man mit anderen öffentlichen Verkehrsmitteln oder mit einem Taxi weiter zu seinem Hotel fahren.

Überlandbusse in Richtung Osten, u. a. auch nach Pattaya, Rayong und Trat, halten am Zentrum für öffentliche Verkehrsmittel, das man vom Flughafen aus mit einem kostenlosen Shuttlebus erreichen kann.

Aus der Stadt kann man mit dem Skytrain bis zur Station On Nut fahren und dann in der Nähe des Markteingangs (gegenüber von Tesco) in den Minivan 522 (25 B, ca. 40 Min., 6–21 Uhr) oder AE3 (150 B) zum Flughafen steigen.

AIRPORT RAIL LINK Mit viel Verspätung nahm diese Hochbahn, die das Zentrum Bangkoks mit dem Suvarnabhumi International Airport verbindet, 2010 endlich ihren Betrieb auf. Es besteht zum einen die Möglichkeit, eine lokale Zugverbindung zu wählen, die an sechs Haltestellen hält, bevor sie an der Station Phaya Thai (Karte S. 101; 30 Min., 45 B) endet und man dann über einen Fußgängerweg die Skytrain-Station Phaya Thai erreicht. Zum anderen gibt es einen Express-Zug, der ohne zu halten zwischen den Stationen Phaya Thai bzw. Makkasan und dem Flughafen (15 Min., 150 B) verkehrt. Makkasan, auch Bangkok City Air Terminal (Karte S. 58) genannt, liegt einen kurzen Fußweg von der Metrostation Phetchaburi entfernt. Wer mindestens drei Stunden vor seinem Abflug hier ankommt, kann auch gleich einchecken (nur Passagiere von Thai Airways und Lufthansa). Beide Zuglinien sind von 6 bis 24 Uhr in Betrieb.

Der Airport Rail Link befindet sich auf der Ebene B1 am Suvarnabhumi Airport.

TAXI Beim Verlassen des Terminals die Schlepper und die gelben Schilder mit der Aufschrift „Official Airport Taxis" (für diese gilt ein Festpreis von 700 B) ignorieren. Stattdessen auf die 1. Ebene gehen und sich dort an der Schlange für ein öffentliches Taxis anstellen. Dort geht es normalerweise recht schnell voran. Die Taxis, die an diesen Schaltern gebucht werden, sollten ihr Taxameter eigentlich immer einschalten. Probiert es der Fahrer dennoch ohne, so muss man ihn mit einem freundlichen aber bestimmten „Meter, please" darauf hinweisen. Die Preise für Taxifahrten mit Taxameter vom Flughafen belaufen sich auf 200 bis 250 B zur Th Sukhumvit, 250 bis 300 B zur Th Khao San und 500 B nach Mo Chit. Die Mautgebühren (25–45 B) und eine offizielle Flughafen-Ausfahrtsgebühr (50 B), die direkt an den Fahrer bezahlt wird, kommen noch hinzu.

DON MUANG AIRPORT

Der Express-Flughafenbus von/nach Don Muang wurde eingestellt.

BUS Der langsame, überfüllte Linienbus 59 hält an der Schnellstraße gegenüber vom Flughafen und fährt weiter nach Banglamphu, vorbei an der Th Khao San und dem Demokratiedenkmal; Gepäck ist nicht erlaubt. Die klimatisierten Busse sind schneller und die Chancen stehen gut, einen Sitzplatz zu ergattern. Nützliche klimatisierte Linien sind:

Bus 510 Victory Monument und Busbahnhof Süd.

Bus 513 Th Sukhumvit und Ost-Busbahnhof.

Bus 29 Nord-Busbahnhof, Victory Monument, Siam Square und Hualamphong-Bahnhof.

TAXI Wie am Suvarnabhumi fahren auch hier öffentliche Taxis vor der Ankunftshalle ab; zum Taxameter-Fahrpreis kommt noch eine Flughafengebühr von 50 B hinzu. Eine Fahrt nach Banglamphu (inkl. Flughafen- und Mautgebühren) kostet um die 400 B. Nach Sukhumvit oder Silom bezahlt man etwas weniger.

ZUG Der Fußgängerweg, der vom Terminal 1 zum Amari Airport Hotel führt, bietet auch Zugang zum Don-Muang-Bahnhof. Ab hier fahren zwischen 4 und 11.30 Uhr alle 60 bis 90 Minuten und zwischen 14 und 21.30 Uhr alle 60 Minuten (3. Klasse 5–10 B, 1 Std.) Züge zum Hualamphong-Bahnhof.

Metro (MRT)

Bangkoks erste U-Bahn-Linie wurde 2004 eröffnet und wird von der **Metropolitan Rapid Transit Authority** (MRTA; ☑ 0 2624 5200; www.mrta.co.th) betrieben. Einheimische nennen die Metro *rót fai fáh dâi din*.

Die 20 km lange blaue Linie verläuft vom Hualamphong-Bahnhof nach Bang Sue und hält an 18 Stationen, darunter vier, die einen Übergang zum Skytrain besteht, und eine mit Anschluss an den Airport Rail Link. Die Fahrt kostet zwischen 16 und 41 B; Fahrkarten für Kinder und Ermäßigungen gibt's an den Schaltern. Die Züge fahren von 6 bis 24 Uhr alle sieben Minuten, zu Stoßzeiten (6–9 und 16.30–19.30 Uhr) sogar mindestens alle fünf Minuten. Der Hauptvorteil für Besucher ist, dass nun der Hualamphong-Bahnhof und Chinatown einerseits und der Chatuchak-Wochenendmarkt und das Busterminal Nord am Bang-Sue-Ende der Stadt andererseits aus dem Hotelviertel Sukhumvit einfach erreicht werden können.

Es gibt ehrgeizige Pläne, die Metro um mehr als das Vierfache ihrer aktuellen Länge bis nach Nord-Bangkok, Samut Prakan und zur Th Ramkhamhaeng auszubauen. Nimmt man allerdings den Airport Rail Link als Maßstab, kann man sich auf eine lange Wartezeit einstellen.

Motorradtaxi

Die frechen, mit Nummern und Westen ausgestatteten Motorradtaxifahrer sind an fast jedem Ende einer langen Straße zu finden und vom Straßenbild des modernen Bangkoks kaum mehr wegzudenken. Eine Fahrt zum Ende *(sùt soy)* oder Anfang (*bàhk soy)* einer durchschnittlichen Soi kostet meist zwischen 10 und 15 B. Die Preise für längere Fahrten sollten vorab ausgehandelt werden und liegen bei 20 bis 100 B.

Gelegentlich bekommt man auf Anfrage einen Helm. Wenn man allerdings bedenkt, wie halsbrecherisch manche Fahrer unterwegs sind, ist eigentlich jeder Körperteil in Gefahr. Vor allem muss man seine Knie anlegen – die Fahrer sind Passagiere mit kürzeren Beinen als denen eines durchschnittlichen Ausländers gewöhnt. Frauen mit Rock sollten sich seitlich setzen und eventuell herunterhängenden Stoff festhalten, damit er nicht in das Rad oder die Kette gerät.

Schiff/Fähre

Öffentliche Boote, einst dominierendes Transportmittel in Bangkok, gibt's noch auf dem gewaltigen Mae Nam Chao Phraya und auf ein paar wenigen *klorngs* innerhalb der Stadt.

FLUSSLINIEN

Chao Phraya Express (☑ 0 2623 6001; www.chaophrayaboat.co.th) Dieses Unternehmen ist mit seinen Booten, die auf dem Mae Nam Chao Phraya zu Zielen südlich und nördlich von Bangkok verkehren, eines der malerischsten (und effizientesten) Verkehrsmittel der Stadt. Die zentrale Anlegestelle ist als Tha Sathon oder Saphan Taksin bekannt und bietet Übergang zur Skytrain-Station Saphan Taksin am Südende der Stadt. Die meisten Besucher fahren eher gen Norden zu den Haltestellen mit einem vorangestellten „N".

Tickets (13–32 B) kauft man normalerweise auf dem Boot, wobei einige der größeren Anlegestellen auch Fahrkartenschalter haben. Egal, wo man sie kauft: Die Fahrkarte muss immer als Beweis dafür aufgehoben werden, dass man bezahlt hat.

Das Unternehmen betreibt Express- (zu erkennen an der orangefarbenen, gelben oder gelb-grünen Flagge), Lokal- (ohne Flagge) und Touristenlinien (größeres Boot). Während der Hauptverkehrszeit gut auf die Farbe der Flagge achten, um nicht in einer Provinz zu landen, in die man gar nicht wollte! Karten mit dem Streckennetz gibt's an einigen der größeren Anlegestellen.

Lokallinie (☑ Mo–Fr 6–8.30 & 15–18 Uhr; 9–13 B) Die Lokallinie (ohne Flagge) fährt alle Anlegestellen zwischen dem Wat Ratchasingkhon im südlichen Zentrum Bangkoks und Nonthaburi im Norden an und hält dabei häufig.

Touristenlinie (☺9.30–15.30 Uhr; 19 B, Tagesticket Kind/Erw. 80/150 B) Das teurere Touristenboot bietet jede Menge Sitzplätze und englischsprachige Kommentare (die allerdings manchmal schwer zu verstehen sind); es fährt vom Tha Sathon zu zehn wichtigen Sightseeing-Piers, der nördlichste davon ist Tha Phra Athit (Banglamphu).

Orangefarbener Express (☺Mo–Fr 5.50–18.40, Sa & So 6–18.40 Uhr; 14 B) Dies ist die meistfrequentierte Linie. Sie pendelt zwischen dem Wat Ratchasingkhon und Nonthaburi hin und her und hat viele Stopps.

Gelber Express (☺Mo–Fr 6.10–8.40 & 15.45–19.30 Uhr; 19–28 B) Die gelbe Expresslinie verkehrt zwischen Ratburana und Nonthaburi und hält an den wichtigsten Anlegestellen.

Gelb-grüner Express (☺Mo–Fr 6.15–8.05 & 16.05–18.05 Uhr; 11–31 B) Dieses Boot fährt nur zur Hauptverkehrszeit und bringt Pendler direkt zum Pakkret-Pier ganz im Norden von Bangkok.

Blauer Express (☺Mo–Fr 7–7.45 & 17.05–18.25 Uhr; 11–32 B) Ein weiteres Boot, das nur zur Hauptverkehrszeit fährt; es bringt Pendler direkt nach Nonthaburi.

Es gibt auch Fluss-Fähren mit flachem Rumpf, die Thonburi und Bangkok miteinander verbinden. Diese Anlegestellen liegen normalerweise neben den Piers des Chao Phraya Express und kosten 3,50 B pro Überfahrt.

KANALLINIEN

Im Laufe der Jahre hat sich die Anzahl an Bootsverbindungen auf den *klorngs* von Bangkok und Thonburi verringert, aufgrund der zunehmenden Verkehrsprobleme kann es aber gut sein, dass diese Wasserwege wiederbelebt werden.

Derzeit fahren Kanaltaxis auf dem Khlong Saen Saeb (Banglamphu bis Ramkhamhaeng), mit denen man einfach von Banglamphu zum Jim-Thompson-Haus, zu den Einkaufszentren am Siam Square (für beides am Tha Hua Chang aussteigen) und zu anderen Zielen weiter östlich in Sukhumvit gelangt – allerdings muss man dafür am Tha Pratunam umsteigen. Diese Boote werden hauptsächlich von Pendlern genutzt und legen nur wenige Sekunden am Pier an – entweder man springt sofort auf oder man bleibt zurück. Eine Fahrkarte kostet zwischen 9 und 21 B; die Boote fahren ungefähr von 6 bis 19 Uhr.

Skytrain (BTS)

Die bequemste Art, sich im „neuen" Bangkok (Silom, Sukhumvit und Siam Square) von A nach B zu bewegen, ist der *rot fai fáh,* BTS oder Skytrain, eine Hochbahn, die über die berüchtigten Staus der Stadt einfach hinweggleitet. Der Skytrain hat die Fortbewegung in den modernen Teilen der Stadt revolutioniert: Fahrten, für die man früher eine Stunde brauchte, dauern nun gerade einmal 15 Minuten. Ein weiterer Vorteil des Skytrain ist der hübsche Blick aus der Vogelperspektive, den man über die Stadt hat. Viele Grünflächen und historische Gebäude sind vom Boden aus gar nicht zu sehen.

Bangkok Mass Transit System (BTS; ☎0 2617 7300; www.bts.co.th) hat bisher zwei Linien, nämlich die Sukhumvit- und die Silomlinie.

Die Sukhumvit-Linie beginnt im Norden der Stadt an der Mo-Chit-Station am Chatuchak-Park, folgt dann der Th Phayathai nach Süden bis zu der Umsteigestation zur Siam-Linie bei Th Phra Ram I, dann dreht sie sich schließlich nach Osten, verläuft entlang der Th Ploenchit und der Th Sukhumvit und endet an der Bearing-Station an der Soi 107, Th Sukhumvit.

ABSTECHER

EINE INSEL MITTEN IN BANGKOK

Ein Halbtagesausflug nach **Ko Kret**, eine autofreie Insel am nördlichen Ende Bangkoks mitten auf dem Mae Nam Chao Phraya, ist Entspannung pur für die angeschlagenen Nerven. Die künstlich angelegte Insel ist das Ergebnis von Ausbaggerarbeiten eines Kanals in einer scharfen Flusskurve. Auf der Insel befindet sich eine von Thailands ältesten Siedlungen des Volks der Mon, das zwischen dem 6. und 10. Jh. n. Chr. herrschende Kultur in Zentralthailand war. Die Mon waren zudem begabte Töpfer und führen die antiken Traditionen handgetöpferter Waren aus einheimischem Ton von der Insel bis heute auf Ko Kret fort.

Wer unter der Woche kommt, ist nicht selten der einzige Besucher. Es gibt ein paar sehenswerte Tempel und einige Essensoptionen, eigentliches Highlight ist es aber, die ländliche Atmosphäre am Flussufer auf sich wirken zu lassen. Am Wochenende wendet sich das Blatt und Ko Kret wird zum beliebten Ausflugsziel der Stadtbevölkerung. Dann gibt es hier auch viel mehr Essen, Getränke und Dinge zu kaufen, was aber eben auch die Massen anlockt.

Am bequemsten kommt man mit dem Bus (33 ab Sanam Luang) oder einem Taxi nach Pak Kret hierher und besteigt dann am Wat Sanam Neua eine Fähre.

Bangkok Smile Bike wurde 2008 ins Leben gerufen und ist ein von der Stadt getragenes Programm, das Besucher dazu animiert, Teile des alten Bangkoks und Thonburi mit dem Fahrrad zu erkunden. Die kleinen grünen Räder können kostenlos ausgeliehen werden. Eine umfassende, recht gut ausgeschilderte Touristenroute führt an allen wichtigen Sehenswürdigkeiten der Gegend vorbei und teilweise auch über grün markierte Radspuren.

Zwischen Ko Ratanakosin und Banglamphu gibt es fünf Stationen, wobei sich als Start- bzw. Endpunkt die südwestliche Ecke von Sanam Luang (Karte S. 62) gegenüber vom Haupteingang des Wat Phra Kaew anbietet. Auf der anderen Flussseite in Thonburi gibt es sechs Stationen und empfohlener Ausgangspunkt ist die Saphan-Phra-Pin-Klao-Brücke; als Ziel peilt man dann am besten Saphan Phut, auch als Memorial Bridge bekannt, an. Die Räder stehen zwischen 10 und 17 Uhr zur Verfügung; um eines auszuleihen, muss man einen Ausweis vorlegen.

Die Silom-Linie beginnt an der Station National Stadium nahe dem Siam Square und biegt kurz darauf abrupt nach Südwesten ab. Dort verläuft sie oberhalb der Th Ratchadamri, dann wieder unten entlang der Th Silom bis zur Th Narathiwat Ratchanakharin und die Th Sathon hinunter, bis sie am Wong Wian Yai in Thonburi auf der anderen Seite des Mae Nam Chao Phraya endet.

Auf beiden Skytrain-Linien verkehren zwischen 6 und 24 Uhr regelmäßig Züge, die Fahrpreise liegen, je nach Ziel, zwischen 15 und 40 B. Die meisten Fahrkartenautomaten nehmen nur 5- und 10-B-Münzen an, Wechselgeld kriegt man am Infoschalter. An den mit Personal besetzten Schaltern bekommt man zudem aufladbare Wertkarten und Broschüren mit Infos zu den verschiedenen Pendler- und Touristenpässen.

Taxi

Táak·see mee·đêu (Taxis mit Taxameter) wurden in Bangkok im Jahr 1993 eingeführt. Seither ist der Grundpreis nur leicht gestiegen und liegt aktuell bei 35 B, was die Frage aufwirft, wie die Fahrer (und es gibt viele von ihnen) überhaupt noch Geld verdienen können. Beim ersten Bangkok-Besuch zögert man vielleicht noch, sie zu nutzen, im Allgemeinen sind die Taxis der Stadt neu und groß und die Fahrer höflich und hilfsbereit, was das Taxi zu einem tollen Fortbewegungsmittel macht. Fahrten zu den meisten Orten im Zentrum Bangkoks kosten zwischen 60 und 80 B, die Autobahnmaut (je nach Ausgangspunkt 20–45 B) muss vom Passagier bezahlt werden.

Taxi Radio (☑1681; www.taxiradio.co.th) und ein weiterer Taxi-Ruf-Service sind rund um die Uhr erreichbar und berechnen zusätzlich zum Fahrpreis laut Taxameter eine Gebühr von 20 B. Außer zu den Stoßzeiten des Pendlerverkehrs, zur Sperrstunde der Bars (1–2 Uhr), bei Regen und wenn die Strecke viel Stau erwarten lässt, gibt es meist genügend freie Taxis.

Im Allgemeinen ist es besser, Taxis heranzuwinken als solche zu nehmen, die bereits an der Straße warten. Letztere weigern sich oft, ihre Taxameter einzuschalten – woraufhin man dann am besten schnurstracks wieder aussteigt.

Tuk-Tuk

Eine Fahrt mit dem dreirädrigen Tuk-Tuk, dem Sinnbild Thailands schlechthin, ist vor allem bei Neuankömmlingen sehr gefragt, allerdings merkt man recht schnell, dass die meisten Ausländer eigentlich zu groß dafür sind und unter dem niedrigen Dach kaum hinausschauen können.

Tuk-Tuk-Fahrer haben außerdem ein Gespür fürs schnelle Geld, wodurch man manchmal nicht dort ankommt, wo man hin wollte, was nicht selten auch noch den Geldbeutel strapaziert. Man sollte sich vor allem vor Fahrern in Acht nehmen, die für 10 oder 20 B eine Sightseeing-Tour anbieten – eine Abzockmasche, bei der man unter Druck gesetzt wird, üb(erteuerte Waren zu kaufen. Eine kurze Tuk-Tuk-Fahrt sollte mindesten 50 B kosten.

RUND UM BANGKOK

Wer mal aus der Hauptstadt raus will, aber nicht viel Zeit hat, für den bietet sich ein Tagesausflug in eine der benachbarten Städte und Provinzen an. Bangkok hat alle provinziellen Reize Thailands vor der Tür: Man muss keine weiten Strecken zurücklegen, um antike religiöse Denkmäler, schwimmende Märkte, architektonische Schätze und entspannte Fischerdörfer zu finden.

Von Bangkok nach Amphawa

Das malerische Kanaldorf Amphawa in Samut Songkhram liegt nur 70 km südwestlich von Bangkok, aber wer es geschickt anstellt, braucht für die Hinfahrt mit Zügen, Booten und einer kurzen Fahrt auf der Ladefläche eines Kleinlasters mehrere Stunden. Warum? Weil die Reise manchmal genauso wichtig ist wie das Ziel.

Das Abenteuer beginnt damit, in Bangkoks Bezirk Thonburi den **Wong-Wian-Yai-Bahnhof** (Karte S. 58; Skytrain Wong Wian Yai) zu finden. Etwas nördlich des Kreisverkehrs (Wong Wian Yai) befindet sich ein durchschnittlicher Lebensmittelmarkt, der als Tarnung für die kahle Endstation dieser Pendlerstrecke, auch als Mahachai Shortline bekannt, dient. In einen der stündlich verkehrenden Züge nach Samut Sakhon steigen (10 B, 1 Std., 5.30–20.10 Uhr) – und los geht's!

Nur 15 Minuten nachdem man den Bahnhof verlassen hat, weicht die dichte Stadt verstreuten Dörfern und man kann kurze Blicke in Häuser, Tempel und Läden werfen, die oft nur wenige Zentimeter von den Gleisen entfernt sind. Etwas weiter säumen Palmen, kleine Reisfelder und Sumpfgebiete mit riesigen Elefantenohren und Blumenrohren die Strecke, die nur kurz von kleinen Provinzbahnhöfen unterbrochen wird. Sobald **Samut Sakhon** erreicht ist, verschwinden die Sumpffarmen rasch. Die geschäftige Hafenstadt, die auch Mahachai genannt wird, ist einige Kilometer vom Golf von Thailand entfernt und das Ende des ersten Bahnstreckenabschnitts.

Nachdem man sich durch einen der hektischsten Frischwarenmärkte des Landes gekämpft hat, gelangt man zu einem riesigen Hafen voller Wasserhyazinthen und hölzernen Fischerbooten. Bis zum 17. Jh. nannte man den Ort wegen der vielen chinesischen Dschunken, die hier anlegten, Tha Jiin (chinesischer Pier).

Das auf Meeresfrüchte spezialisierte **Tarua Restaurant** (kein Schild in lateinischer Schrift; 859 Th Sethakit, Samut Sakhon; Gerichte 60–200 B; ⊘ mittags & abends) nimmt das eindrucksvolle Bootshaus ein und bietet einen Ausblick auf den Hafen und eine Speisekarte auf Englisch. Nun die Fähre nach **Ban Laem** (3–5 B) nehmen!

Wenn man auf der gegenüberliegenden Seite ankommt, steigt man am Pier in ein Motorradtaxi (10 B) und fährt die kurze Strecke zum **Wat Chong Lom**, wo der Zhao-Mae-Kuan-Im-Schrein steht, ein 9 m hoher Brunnen, der die Form der Göttin der Gnade des Mahayana-Buddhismus hat. Gleich neben dem Schrein befindet sich der Bahnhof Tha Chalong in günstiger Lage. Von hier aus fahren um 10.10, 13.30 und 16.40 Uhr Züge zum nächsten Ziel, Samut Songkhram (10 B, 1 Std.).

Man hat **Samut Songkhram** – das auch Mae Klong genannt wird – erreicht, wenn es so aussieht, als sei man mitten in den Markt der Stadt hineingefahren. Der Markt wird tatsächlich direkt auf den Gleisen abgehalten, und die Verkäufer raffen hektisch ihre Waren zusammen, wenn Züge durchkommen.

An der Mündung des Flusses Mae Nam Mae Klong befindet sich die berühmteste Touristenattraktion der Provinz: ein Ufer mit versteinerten Muscheln, das als **Don Hoi Lot** bekannt ist. Man kann es nur während der Trockenzeit sehen, wenn der Fluss seinen niedrigsten Stand erreicht hat (üblicherweise ist das im April und im Mai), aber die meisten Besucher kommen ohnehin hauptsächlich wegen der ganzjährig geöffneten Meeresfrüchterestaurants (mittags und abends geöffnet), die am Rand von Don Hoi Lot errichtet wurden. Hierher gelangt man mit einem *sŏrng·tăa·ou*, das vor dem Somdet-Phra-Phuttalertla-Krankenhaus an der Kreuzung von Th Prasitpattana und Th Tamnimit abfährt. Die Fahrt dauert etwa 15 Minuten (15 B). Wenn es Nachmittag ist und das Wasser hoch genug steht, kann man aber auch ein Boot am Pier vom Mae-Klong-Markt (*tâh dà·làht mâa glorng*) mieten und eine malerische Rundfahrt von etwa 45 Minuten erleben (1000 B).

Für die zehnminütige Fahrt zum eigentlichen Ziel, nach **Amphawa**, ein Boot mieten (800 B) oder in der Nähe des Marktes ein *sŏrng·tăa·ou* (8 B) besteigen!

Amphawa   อัมพวา

Dieses Kanaldorf ist zu einem beliebten Ziel der Städter geworden, die die typische thailändische Szenerie hier lieben. Dieser städtische Zustrom hat zwar ein paar Anzeichen von Gentrifizierung hervorgerufen, aber die Kanäle, die alten Holzbauten, die stimmungsvollen Cafés und der idyllische Wasserverkehr verbreiten noch immer jede Menge Charme. Von Freitag bis Sonntag findet in Amphawa ein schwimmender Markt statt (S. 167). Wer hingegen unter der Woche hierher kommt, der wird wahrscheinlich der einzige Tourist sein, der die ländliche Idylle genießt.

Rund um Bangkok

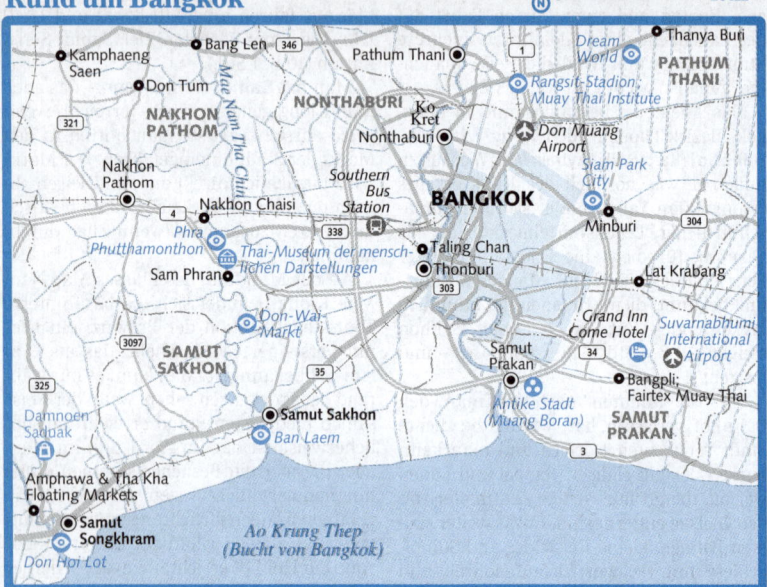

◉ Sehenswertes

Ein paar Schritte von Amphawas zentralem Steg entfernt liegt der **Wat Amphawan Chetiyaram**, ein anmutiger, von vollendeten Wandgemälden geschmückter Tempel, der an der Stelle stehen soll, wo sich einst das Wohnhaus Rama II. befunden hat. Ein kurzer Spaziergang vom Tempel führt zum **King Buddhalertla (Phuttha Loet La) Naphalai Memorial Park** (Eintritt 20 B; ◷8.30–17 Uhr), einem Museum, das in einer Ansammlung traditioneller zentralthailändischer Häuser untergebracht ist. Diese stehen auf 1,5 ha landschaftsgärtnerisch gestaltetem Boden. Das Museum ist Rama II. gewidmet und verfügt über eine Bibliothek mit antiken Büchern aus dem Siam des frühen 19. Jhs.

Nachts gleiten Longtail-Boote durch Amphawas ruhende Gewässer, auf denen man den sternenähnlichen Tanz der *hìng hôy* (Glühwürmchen) beobachten kann, die in der Regenzeit besonders zahlreich sind. Von Freitag bis Sonntag werden von mehreren Piers aus Touren angeboten. Ein Platz im Boot kostet 60 B. An allen anderen Tagen zahlt man 500 B für eine zweistündige Fahrt.

🛏 Schlafen & Essen

Amphawa ist bei Wochenendausflüglern aus Bangkok beliebt und fast jedes zwei-

te Haus scheint als Privatunterkunft für Touristen zu dienen. Angefangen bei kaum mehr als einer Matratze auf dem Boden und einem Moskitonetz bis hin zu gehobenen, pensionsähnlichen Unterkünften. Zimmer mit Ventilator beginnen bei etwa 200 B, Zimmer mit Klimaanlage hingegen, die in vielen Fällen Gemeinschaftsbäder haben, kosten etwa 1000 B und mehr. Unter der Woche sind die Preise dann aber nur halb so hoch.

Wer es lieber etwas privater mag, sollte sich einmieten im **Ploen Amphawa Resort** (☑08 1458 9411; www.ploenamphawa.com; Th Rim Khlong; Zi. inkl. Frühstück 1400–2500 B; ❄🛜), im **ChababaanCham Resort** (☑08 1984 1000; Th Rim Khlong; Zi. inkl. Frühstück 1900–2400 B; ❄🛜), einem reizvollen, aber etwas überteuertem Resort direkt neben dem Kanal, oder im **Baan Ku Pu** (☑0 3472 5920; Th Rim Khlong; DZ 1000 B; ❄), das aus einer Reihe von Holzbungalows besteht.

In Amphawa gibt es einfache Restaurants und einen schlichten Nachtmarkt, der jeden Abend geöffnet hat. Wer am Wochenende hier ist, der sollte sein Essen auf dem unterhaltsamen **schwimmenden Markt Amphawa** (dà·làht nám am·pá·wah; Gerichte 20–40 B; ◷Fr–So 16–21 Uhr) kaufen. Hier werden *pàt tai* und andere Nudelgerichte direkt von den Booten aus serviert.

SCHWIMMENDE MÄRKTE (ตลาดน้ำ)

Die Fotos von Thailands schwimmenden Märkten zeigen Holzkanus, die mit Früchten und Gemüsesorten in allen Farben beladen sind, und in denen Frauen in indigofarbener Kleidung und mit breitkrempigen Strohhüten sitzen. Diese Bilder sind zu einem faszinierenden Symbol für das Königreich geworden. Die Märkte sind auch ein sentimentaler Bestandteil der Geschichte. In den vergangenen 20 Jahren ist Thailand moderner geworden: Kanäle wurden durch Straßen ersetzt und Boote durch Motorräder und Autos. Die schwimmenden Märkte, die einst lebhafte Handelsplätze für Landwirte und ortsansässige Hausfrauen waren, sind größtenteils an Land gekrochen.

Der am meisten beworbene schwimmende Markt ist der **Damnoen Saduak** (Karte S. 166; ⊙Sa & So 7–16 Uhr) 104 km südwestlich von Bangkok und nördlich von Samut Songkhram an der Straße nach Nakhon Pathom. Er ist zwar kaum mehr als ein Souvenirmarkt für Touristen, aber er gehört zu den Märkten, die von Bangkok aus am besten zu erreichen sind. Zudem ist er ideal für alle, die ihre Koffer noch nicht mit Mitbringseln gefüllt haben. Die klimatisierten Busse 78 und 996 fahren direkt vom Süd-Busbahnhof in Thonburi (außerhalb Karte S. 58) nach Damnoen Saduak (80 B, 2 Std., 6–21 Uhr, alle 20 Min.). Die meisten Busse lassen die Touristen direkt an den Piers aussteigen, die die Th Sukhaphiban 1 – die Landverbindung zum schwimmenden Markt – säumen. Der gängige Preis für den Bootsverleih liegt bei etwa 300 B pro Person und Stunde. Ein gelber *sŏrng·tăa·ou* (Pick-up, auch *săwngthăew* oder Songthaeo geschrieben; 5 B) pendelt regelmäßig zwischen dem schwimmenden Markt und der Bushaltestelle im Ort hin und her.

Ein direkterer Nachfahre der ursprünglichen schwimmenden Märkte, der **Taling Chan** (Karte S. 58; ⊙Sa & So 7–16 Uhr) im Westen von Bangkok ist weniger touristisch als der Damnoen Saduak. Von der Zugangsstraße von Khlong Bangkok Noi aus sieht der Taling Chan aus wie jeder andere Frischwarenmarkt mit geschäftigen Obst- und Gemüseverkäufern von nahe gelegenen Bauernhöfen. Die Überraschung erlebt man jedoch am Kanal, wo mehrere schwimmende Docks als formloser Speiseraum dienen. Die Küchen sind Kanus, die an den Docks festgebunden sind. Viele einheimische Familien kommen hierher, um gegrillte Krabben und Nudeln zu schlemmen, die an Bord eines schaukelnden Bootes zubereitet werden. Der Taling Chan befindet sich in Thonburi und ist von jeder Bushaltestelle entlang der Th Ratchadamnoen Klang in Bangkoks Bezirk Banglamphu aus mit dem klimatisierten Bus 79 (16 B, 25 Min.) zu erreichen. An jedem großen Pier in Bangkok kann man auch Longtail-Boote für einen Ausflug nach Taling Chan und zum nahe gelegenen Khlong Chak Phra mieten.

Der **Don-Wai-Markt** (Karte S. 166; Talat Don Wai; ⊙6–18 Uhr) ist eigentlich kein schwimmender Markt. Er befindet sich an einem Flussufer in der Provinz Nakhon Pathom und war ursprünglich, im frühen 20. Jh., ein schwimmender Markt für Grapefruit- und Jackfruchtbauern und -händler. Wie bei vielen touristischen Attraktionen, die auf einheimische Besucher ausgerichtet sind, ist das Essen hier der Hauptmagnet. An Bord von Long-Tail-Booten, die über den Nakhon Chaisi River fahren (60 B, 1 Std.), kann man beispielsweise Früchte, traditionelle Süßigkeiten und *bèt pálóh* (geschmorte Ente mit fünf Gewürzen) verzehren. Am einfachsten ist der Don-Wai-Markt mit dem Minibus (45 B, 35 Min.) zu erreichen, der neben Central Pinklao (Karte S. 58) in Thonburi abfährt.

Der **schwimmende Markt Amphawa** (ตลาดน้ำอัมพวา; *đalat nám ampáwah*; Karte S. 166; ⊙Fr–So 4–21 Uhr), etwa 7 km nordwestlich von Samut Songkhram, ist für die Einwohner Bangkoks ein beliebtes Ziel für Wochenendausflüge. Es gibt noch weitere schwimmende Märkte in der Nähe, die an besonderen Mondtagen morgens stattfinden. Dazu gehört auch der **schwimmende Markt Tha Kha** (Karte S. 166; ⊙2., 7. & 12. Tag zunehmenden & abnehmenden Mondes, Wochenende 7–12 Uhr). Der Tha Kha findet entlang eines offenen, luftigen *klorng* statt, der von Grünpflanzen und alten Holzhäusern gesäumt ist. Die genauen Termine teilt das **Thailändische Fremdenverkehrsbüro** in Amphawa (☏0 3475 2847) mit.

ℹ️ An- & Weiterreise

Auf S. 164 finden sich Informationen zu einer kurzweiligen Reiseroute nach Amphawa. Die gleiche Strecke kann man zwar auch für den Rückweg nehmen, es ist aber sehr viel bequemer, auf einen der häufig verkehrenden Minivans zu springen, die vom Markt in Samut Songkhram (und am Wochenende auch von Amphawa) zum Victory Monument in Bangkoks Bezirk Ratchathewi fahren (70 B, 1 Std., 5.30–20 Uhr). Eine Alternative ist der Bus nach bzw. von Damnoen Saduak, der auf der Schnellstraße nahe Amphawa bis zum Süd-Busbahnhof in Bangkok fährt (80 B, 1 Std.).

Nakhon Pathom นครปฐม

120000 EW.

Nakhon Pathom ist eine typisch zentralthailändische Stadt mit dem Phra Pathom Chedi als sichtbare Rechtfertigung für ihren Anspruch auf den Titel der ältesten Siedlung des Landes. Auch der Name der Stadt, der sich aus der Pali-Bezeichnung „Nagara Pathama" („erste Stadt") ableitet, scheint dieser Prahlerei etwas Legitimität zu verleihen.

Die moderne Stadt ist ziemlich verschlafen, aber an diesem Ort kann man den Alltag der Thailänder auf einfache Art und Weise kennenlernen und seine frisch erworbenen Sprachkenntnisse unter Leuten anwenden, die derartige Bemühungen wirklich zu schätzen wissen.

◉ Sehenswertes

Phra Pathom Chedi BUDDHISTISCHER TEMPEL
(พระปฐมเจดีย์; Eintritt frei) Der Phra Pathom Chedi im Zentrum der Stadt ist mit 127 m eines der höchsten buddhistischen Bauwerke der Welt. Der Originalstupa, der sich unter der riesigen, orangefarbig glasierten Kuppel befindet, wurde im frühen 6. Jh. von den Theravada-Buddhisten aus Dvaravati errichtet (möglicherweise zur selben Zeit wie Myanmars berühmter Shwedagon-Stupa). Aber im frühen 11. Jh. eroberte der Khmer-König Suriyavarman I. von Angkor die Stadt und errichtete einen brahmanischen *prang* (Stupa im Hindi-/Khmer-Stil) über dem Heiligtum. Die Birmanen von Bagan unter König Anawrahta plünderten die Stadt im Jahre 1057 und der *prang* lag in Trümmern, bis ihn Rama IV. (König Mongkut) 1860 restaurieren ließ. Den Tempel am besten am Wochenende besuchen, wenn einheimische Familien herkommen, um ihn zu würdigen!

Auf der Ostseite des Bauwerks, im *bòht,* befindet sich ein **Buddha im Dvaravati-Stil** und in europäischer Haltung, die der eines Buddhas im Wat Phra Meru in Ayutthaya ähnelt. Er könnte möglicherweise sogar von dort stammen.

Interessant sind auch die vielen chinesischen Skulpturen, die in grünlichen Stein gehauen sind und die als Ballast im Boden chinesischer Dschunken des 19. Jhs. nach Thailand kamen. Gegenüber vom *bòht* befindet sich ein **Museum** (Eintritt gegen Spende; ⏱Mi–So 9–16 Uhr) mit interessanten Dvaravati-Skulpturen und jeder Menge altem Krimskrams. Innerhalb des Chedi-Komplexes befindet sich der **Lablae Cave**, ein künstlicher Tunnel, der einen Schrein mit mehreren Buddha-Figuren beherbergt.

Der **wát**, der den Stupa umgibt, genießt den höchsten Tempelrang des Königreichs (Rachavoramahavihan) und ist einer von nur sechs Tempeln in Thailand, denen diese Ehre zuteil wird. Die Asche von König Rama VI. ist im Sockel des Phra Ruang Rochanarit begraben, einem großen, stehenden Buddha aus der Sukhothai-Ära, im nördlichen *wí·hǎhn* des *wát*.

Phutthamonthon BUDDHISTISCHER TEMPEL
(พุทธมณฑล) Südöstlich der Stadt steht der Phutthamonthon, ein stehender Buddha im Sukhothai-Stil, der von Corrado Feroci entworfen wurde. Mit seinen 15,8 m ist er angeblich der größte der Welt. Ihn umgibt ein 400 ha großer landschaftlich gestalteter Park mit Skulpturen, die die wichtigsten Etappen im Leben Buddhas darstellen (z. B. ein 6 m hohes Dharma-Rad, das aus einer einzigen Granitplatte gehauen ist).

Alle Busse, die zwischen Bangkok und Nakhon Pathom verkehren, passieren die Zufahrtsstraße zum Park bei Phra Phutthamonthon Sai 4. Von dort aus kann man in den Park laufen, trampen oder ein *sŏrng·tǎa·ou* anhalten. Von Nakhon Pathom aus kann man auch einen weiß-violetten Salaya-Bus nehmen. Die Haltestelle befindet sich in der Th Tesa gegenüber der Post.

Don-Wai-Market MARKT
(ตลาดดอนหวาย) Er liegt am Ufer des Mae Nam Nakhon Chaisi und ist ein weiteres lohnendes Ziel. Auf S. 167 gibt's Details zur Anreise.

✗ Essen

Nakhon Pathom hat einen tollen Markt entlang der Straße zwischen dem Bahnhof und Phra Pathom Chedi. Sein *kôw lăhm* (Klebreis und Kokosnuss in einem Bambusrohr gedünstet) soll das beste in ganz Thailand sein. In dieser Gegend gibt es viele gute und günstige Essensstände und Restaurants.

ℹ An- & Weiterreise

Nakhon Pathom liegt 64 km westlich von Bangkok. Die Stadt hat keinen zentralen Busbahnhof, aber die meisten Transportmittel kommen in der Nähe des Marktes und des Bahnhofs an und fahren dort auch ab.

Am bequemsten und schnellsten kommt man mit einem *rót đôo* (Sammelkleinbus) vom Siegesdenkmal in Bangkok (60 B; Karte S. 101) nach Nakhon Pathom. Die Busse fahren los, sobald sie voll sind, normalerweise ab 6 bis etwa 18 Uhr.

Außerdem gibt's den ganzen Tag über regelmäßige Zugverbindungen von Bangkoks Hualamphong-Bahnhof in Chinatown (14–60 B, 1 Std.). Nakhon Pathom liegt auch an der Nebenstrecke, die vom Bangkok-Noi-Bahnhof in Thonburi (Karte S. 62) zum Nam-Tok-Bahnhof in Kanchanaburis führt. Allerdings sind die Fahrpreise für Ausländer übermäßig hoch, da die Strecke als „Touristenlinie" gilt.

Zentralthailand

Gut essen

» Blue Rice (S. 196)

» Sai Thong (S. 180)

» Baan Watcharachai
(S. 180)

» Khao Tom Hor (S. 186)

» Jukkru (S. 196)

Schön
übernachten

» Baan Lotus (S. 179)

» Tony's Place (S. 179)

» Noom Guest House
(S. 185)

» Jolly Frog (S. 194)

Auf nach Zentralthailand!

Mit seiner geschichtsträchtigen Vergangenheit und atemberaubenden Landschaften hat Zentralthailand jede Menge zu bieten, von gewaltigen Wasserfällen bis zu alten Tempelruinen. Naturliebhaber locken die von Wolken überzogenen Bergketten, die Thailand von Myanmar (Birma) trennen, und der wilde Dschungel, in dem Tiger, Elefanten und Leoparden leben. Geschichtsinteressierte zieht es nach Ayutthaya nördlich von Bangkok, der früheren Hauptstadt des Königreichs Siam. In der einst prächtigsten Stadt der Welt können Besucher gut erhaltene Ruinen erkunden. Weiter nördlich liegt der winzige Ort Lopburi, wo Affen zwischen Tempeln im Khmerstil herumtollen.

Nordwestlich von Bangkok bietet Kanchanaburi großartige Trekkingmöglichkeiten und Abenteuertouren. Zudem kommen Besucher, um denen zu gedenken, die im Zweiten Weltkrieg beim Bau der „Todesbahn" starben.

In den Bergen im Nordwesten liegen Thong Pha Phum und Sangkhlaburi, sie sind Heimat verschiedener ethnischer Gruppen.

Reisezeit

In Zentralthailand kann man alle drei Jahreszeiten des Landes erleben: Wenn Kanchanaburi in strahlenden Sonnenschein getaucht ist, kann es zur selben Zeit in Sangkhlaburi wie aus Eimern schütten. Zwischen Februar und Juni ist es heiß, von Juni bis Oktober regnerisch und von Oktober bis Januar relativ kühl. Die einzige Konstante ist die Feuchtigkeit.

Wegen der hohen Lage kann es in Sangkhlaburi und den angrenzenden Nationalparks deutlich kühler sein als in anderen Teilen der Region. Ayutthaya und Lopburi liegen in einer weiten offenen Ebene, die die gleiche Menge an Regen und Hitze abbekommt wie Bangkok.

PROVINZ AYUTTHAYA

Ayutthaya

พระนครศรีอยุธยา

137 553 EW.

Ayutthaya war einst eine der lebendigsten und dynamischsten Städte Asiens. Heute geben Tempelruinen faszinierende Einblicke in die prachtvolle Vergangenheit. Die bekanntesten Stätten wurden zum Teil restauriert, sodass sich der Betrachter leicht in frühere Glanzzeiten zurückversetzen kann. Andere Tempel werden noch immer genutzt.

Von 1350 bis 1767 war Ayutthaya die Hauptstadt des Königreichs Siam und galt bei günstigen Winden als bedeutender Handelshafen. Internationale Händler waren von den vielen prachtvollen Tempeln und Palästen voller Schätze tief beeindruckt. In seiner Blütezeit herrschte das Reich über ein Gebiet, das größer war als England und Frankreich zusammen. Ayutthaya hatte 33 Könige in deren insgesamt 417 Jahre langen Amtszeit an über 70 Kriegen beteiligt. Dennoch gelangte Siam dank geschickter Diplomatie nie unter westliche Herrschaft.

Seinen letzten Kampf focht das Reich 1767, als die birmanische Armee in die Stadt einfiel und einen Großteil der Schätze erbeutete. Was blieb, war dem weiteren Verfall ausgesetzt, bis umfassende Restaurierungsmaßnahmen eingeleitet wurden. 1991 ernannte die Unesco Ayutthayas Ruinen zum Weltkulturerbe.

Neben den Tempeln hat Ayutthaya eine wachsende Zahl von Attraktionen zum Thema Erzeugnisse und Kunsthandwerk aus der Gegend zu bieten.

◉ Sehenswertes

Einst standen in Ayutthaya 400 prächtige Tempel. Heute zeugen davon nur noch rund ein Dutzend restaurierter Ruinen im Stadtzentrum sowie mehrere noch funktionierende Tempel. Buddhastatuen ohne Köpfe, verfallene Säulen und baufällige Balustraden erinnern an die einst mächtige Stadt.

Zur besseren Orientierung haben wir die Sehenswürdigkeiten nach ihrer Lage in „Auf der Insel" und „Nicht auf der Insel" unterteilt. Mit dem Fahrrad kommt man leicht von einer Stätte zur nächsten. Zudem lohnt es sich, sich von einem Führer den historischen Kontext erklären zu lassen.

Die meisten Tempel sind zwischen 8 und 16 Uhr geöffnet. Bei den berühmteren Anlagen zahlt man Eintritt. Eine Tageskarte für die meisten Stätten auf der Insel gibt es für 220 B bei den Museen oder Ruinen.

Die Ruinen sind Symbole des Königtums und der Religion. Beides sind wichtige Säulen der thailändischen Gesellschaft, also unbedingt Respekt zeigen (s. S. 34)!

AYUTTHAYA IN ...

... zwei Tagen

Am ersten Tag unternimmt man früh, d. h. vor der Mittagshitze, eine Radtour durch den **Historical Park**. Mittagessen gibt's in **Lung Leks** Nudelimperium, bevor am späten Nachmittag eine Vorstellung des **Ayutthaya Klong Sabua Floating Market and Water Theatre** nördlich der Insel auf dem Programm steht. Am nächsten Tag geht's zu einem kurzen Elefantenritt durch die Ruinen, bevor man schließlich die regionalen Erzeugnisse auf dem **Ayothaya Floating Market** probiert.

... vier Tagen

Zunächst geht's raus aus der Stadt zum **Bang-Pa-In-Palast** und dann zum nahe gelegenen **Bang Sai Arts and Crafts Centre**. Auf dem Rückweg legt man einen Zwischenstopp beim **Wat Phanan Choeng** ein; nicht vergessen, ein paar Fische im Fluss frei zu lassen, das soll Glück bringen!

... einer Woche

In einer Woche kann man in Ruhe die Tempel und das Umland erkunden. Zunächst radelt man zum **Wat Yai Chai Mongkhon**, bummelt dann über die muslimischen Märkte in der Nähe und kehrt schließlich für eine Bootsfahrt bei Sonnenuntergang auf die Insel zurück. Wer noch ein paar Tage mehr Zeit hat, kann im **Ayutthaya Elephant Palace** Einblicke in den Beruf des Elefantenpflegers erhaschen.

Highlights

1 In abgeschiedenen Nationalparks wie dem **Si Nakharin** (S. 201) nach scheuen Tigern, Elefanten und Gibbons Ausschau halten

2 Im **Erawan National Park** (S. 198) die sieben Stufen eines der eindrucksvollsten Wasserfälle Thailands erklimmen

3 Die Tempel und Ruinen in **Ayutthaya** (S. 182) auf dem Rad erkunden

4 In das entspannte Flair von **Sangkhlaburi** (S. 203) eintauchen und die hier lebenden ethnischen Gruppen kennenlernen

5 Die durch die Tempelruinen von **Lopburi** (S. 182) turnenden Affen beobachten

6 In **Kanchanaburi** (S. 188) die Museen zum Zweiten Weltkrieg besuchen und der Vergangenheit gedenken

7 Rund um Sangkhlaburi an Seilrutschen durch die Luft fliegen, auf Elefanten durch den Dschungel reiten, auf Flüssen Kajak fahren und anderen **Abenteuersportarten** (S. 203) nachgehen

TAK

MYANMAR
(BIRMA)

Huay Kha Khaeng

Nam Chou Reservoir

Thung Yai Naresuan Wildlife Sanctuary

Payathonzu
Drei-Pagoden-Pass

Ban Tai

7 **4** **Sangkhlaburi**
Khao Laem National Park

323

Khao Laem Reservoir

Tha Yai

Si Nakharin National Park **1**

Thong Pha Phum

E-Thong

Thong Pha Phum National Park

Si Nakharin Reservoir

Si Sawat

Höllenpass

Sai Yok National Park

Erawan National Park **2**

Mae Nam Khwae

Nam Tok

Sai Yok

Noi

MYANMAR
(BIRMA)

N   0   50 km

Ayuthaya

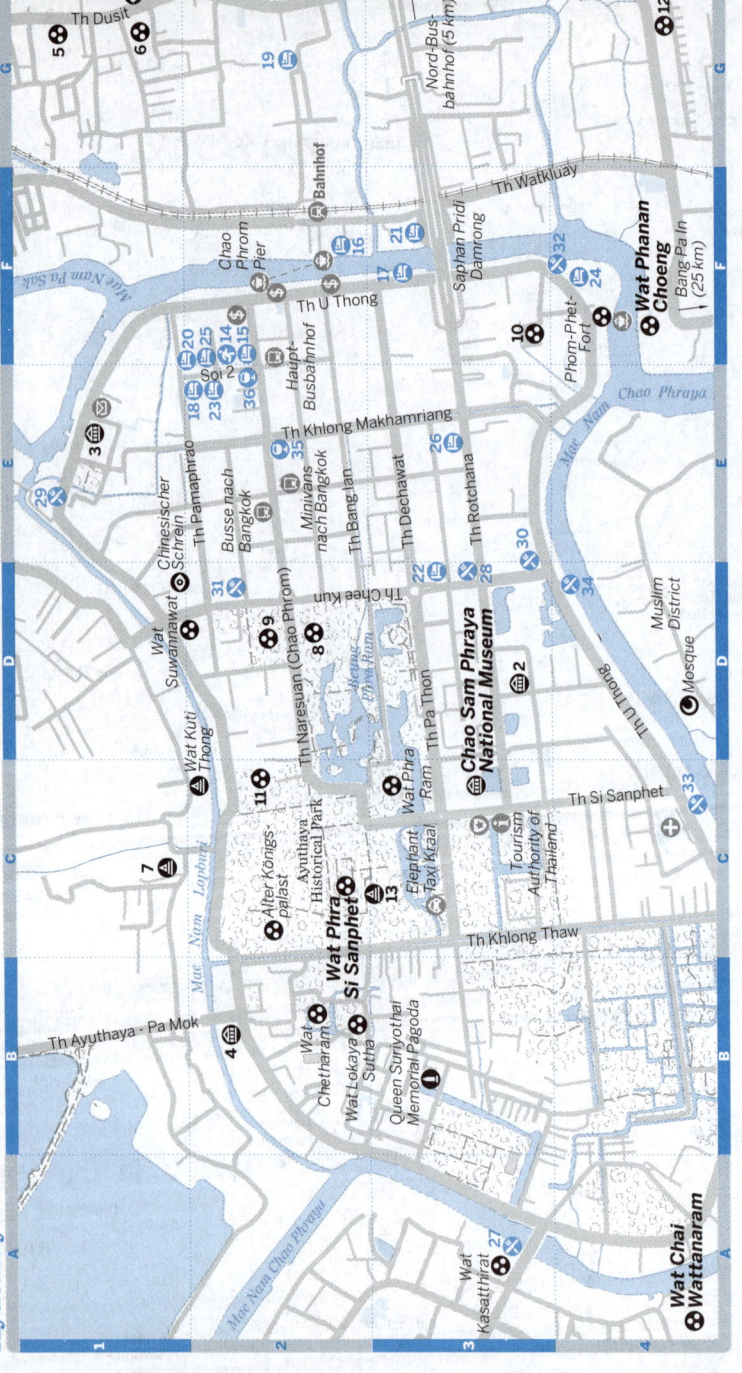

Th Dusit

Mae Nam Pa Sak

Chao Phrom Pier

Th U Thong

Th Khlong Makhamriang

Busse nach Bangkok

Minivans nach Bangkok

Th Pamaphrao

Th Bang Ian

Th Dechawat

Th Rotchana

Th Chee Kun

Th Pa Thon

Chao Sam Phraya National Museum

Wat Phra Ram

Th Si Sanphet

Wat Suwannawat

Chinesischer Schrein

Wat Kuti Thong

Alter Königspalast

Ayuthaya Historical Park

Wat Phra Si Sanphet

Elephant Taxi Kraal

Tourism Authority of Thailand

Th Khlong Thaw

Th Ayuthaya - Pa Mok

Wat Chetharam

Wat Lokaya Sutha

Queen Suriyothai Memorial Pagoda

Mae Nam Lopburi

Wat Kasatthirat

Mae Nam Chao Phraya

Wat Chai Wattanaram

Wat Phanan Choeng

Bang Pa In (25 km)

Phom-Phet Fort

Chao Phraya

Muslim District

Mosque

Th U Thong

Bahnhof

Th Watkluay

Nord-Busbahnhof (5 km)

Saphan Pridi Damrong

Haupt-Busbahnhof

Soi 2

Saphan Chai Rum

Mae Nam Chao Phraya

Naresuan (Chao Phrom)

Th Naresuan

AUF DER INSEL

Diese Sehenswürdigkeiten befinden sich im Zentrum Ayutthayas:

Wat Phra Si Sanphet
LP TIPP TEMPEL

(วัดพระศรีสรรเพชญ์; Eintritt 50 B) Seine drei *chedi* (Stupas) machen den Wat zu einem Wahrzeichen. Der einst größte Tempel der Stadt wurde im späten 14. Jh. errichtet und von mehreren Königen genutzt. Früher gehörte ein 16 m hoher, stehender Buddha (Phra Si Sanphet), der mit 250 kg Gold überzogen war, zur Anlage. Er wurde von birmanischen Eroberern eingeschmolzen.

Chao Sam Phraya National Museum
LP TIPP MUSEUM

(พิพิธภัณฑสถานแห่งชาติเจ้าสามพระยา; Erw./Kind 150 B/frei; ⏰Mi–So 9–16 Uhr) Das größte Museum der Stadt zeigt 2400 Exponate, von einer 2 m großen Bronzebuddhastatue bis zu funkelnden Schätzen aus den Krypten des Wat Phra Mahathat und des Wat Ratburana.

Wihaan Mongkhon Bophit
HISTORISCHES GEBÄUDE

(วิหารมงคลบพิตร) Neben dem Wat Phra Si Sanphet befindet sich diese Tempelhalle, in

der einer der größten Bronzebuddhas Thailands steht. Die 17 m hohe Figur musste aufgrund von Blitzeinschlägen und Bränden mehrfach restauriert werden.

Bei seinem Besuch 1955 spendete der birmanische Premierminister 200 000 B für die Restaurierung des Gebäudes – es war

BESONDERE TÚK-TÚKS

Die túk-túks (ausgesprochen 'ðúk dúk'; Autorikscha) in Ayutthaya unterscheiden sich aufgrund ihrer eigenartigen kuppelförmigen Vorderseite vom klassischen thailändischen Modell. Sie haben eine gewisse Ähnlichkeit mit Darth Vaders berühmter Maske und düsen in allen Formen und Farben in der Stadt herum. Ein altgedienter Fahrer erzählt, dass es diese besonderen Taxis bereits seit über 50 Jahren gibt. Man glaubt, dass die Japaner das Modell erfunden haben, was die geschwungene Front im Samurai-Stil erklären würde.

eine Art Wiedergutmachung für die Plünderungen durch sein Land knapp 200 Jahre zuvor.

Wat Phra Mahathat
TEMPEL

(วัดพระมหาธาตุ; Eintritt 50 B) Hier wartet das meist fotografierte Objekt Ayutthayas, der in das Wurzelgeflecht eines Baumes verwobene Kopf eines Sandstein-Buddhas. Der Wat Phra Mahathat wurde 1374 während der Regentschaft von König Borom Rachathirat I. errichtet und beherbergt einen zentralen *prang* (Turm im Khmer-Stil) und verschiedene Buddhafiguren ohne Köpfe. Wie der Buddha auf den Baum gelangte, kann übrigens niemand mit Sicherheit sagen. Manche glauben, er sei eine Hinterlassenschaft der plündernden Birmanen und dass die Zweige hinterher um ihn gewachsen seien. Andere sind der Meinung, dass Diebe ihn stehlen wollten, dann jedoch wegen seines Gewichts ihr Unterfangen aufgaben.

Wat Ratburana
TEMPEL

(วัดราชบูรณะ; Ratcha-burana; Eintritt 50 B) Der *prang* des Tempels, den kunstvolle Schnitzereien in Form von Lotusblüten und mythischen Figuren schmücken, gehört zu den am besten erhaltenen der Stadt. Die Anlage liegt nördlich vom Wat Phra Mahathat und wurde im 15. Jh. von König Borom Rachathirat II. an der Stelle errichtet, an der seine beiden Brüder eingeäschert worden waren; sie hatten im Kampf um den Thron den Tod gefunden. 1957 überfielen Plünderer die Stätte und stahlen viele Schätze. Einige der Schuldigen konnten gefasst werden. Bei der anschließenden offiziellen Ausgrabung wurden in der Krypta viele seltene Buddhafiguren entdeckt.

Wat Thammikarat
TEMPEL

(วัดธรรมิกราช) Westlich des Wat Ratburana können Besucher wunderbar zwischen den Ruinen dieses Tempels eine Verschnaufpause einlegen. Das auffälligste Merkmal

---

TOP FIVE: HISTORISCHE STÄTTEN IN AYUTTHAYA

» **Wat Phra Si Sanphet** (S. 175)

» **Wat Phanan Choeng** (S. 177)

» **Wat Chai Wattanaram** (S. 177)

» **Wat Yai Chai Mongkhon** (S. 178)

» **Wihaan Mongkhon Bophit** (S. 175)

> ℹ️ Im Wat Phra Si Sanphet, im Wat Phra Mahathat und im Wat Chai Wattanaram gibt es englische Audioguides (150 B). Anhand ausgezeichneter Hintergrundinformationen und lebendiger Details geben sie Besuchern eine genaue Vorstellung von den ehemaligen Bauten.

der Anlage ist ein zentraler *chedi*, der rundum von *singhas* (Löwenfiguren) bewacht wird. Die Einheimischen glauben, dass der Tempel noch aus der Zeit vor der Ayutthaya-Periode stammt, wofür architektonisch betrachtet jedoch nichts spricht.

Wat Suwan Dararam
TEMPEL

(วัดสุวรรณดาราราม) Die Anlage im Südosten der Insel gehört zwar nicht zu den meist besuchten Stätten, ist jedoch mit ihren verschiedenen Architekturstilen dennoch lohnenswert. König Rama I. gestaltete den Außenbereich des *uposatha* im traditionelleren Stil, während Rama III. den Innenbereich ausstatten ließ. Die leicht geschwungene Linienführung am Rand des Tempels und die recht schmucklose Verkleidung sind typisch für die späte Ayutthaya-Periode. Daneben befindet sich ein *wihaan* aus der Zeit Rama IV., dessen Außenseite ein glänzendes Mosaik schmückt.

Ayutthaya Historical Study Centre
MUSEUM

(ศูนย์ศึกษาประวัติศาสตร์อยุธยา; Th Rotchana; Erw./Student 100/50 B; ☉Mo–Fr 9–16.30, Sa & So bis 17 Uhr) Ein eindrucksvolles Diorama der Blütezeit der Stadt zeigt die prachtvolle Vergangenheit Ayutthayas. Außerdem sind in dem offen gestalteten Museum Zeitachsen, Aspekte des traditionellen Dorflebens und Videos zu sehen.

Chantharakasem National Museum
MUSEUM

(พิพิธภัณฑสถานแห่งชาติจันทรเกษม; Th U Thong; Eintritt 100 B; ☉Mi–So 9–16 Uhr) Das Nationalmuseum beherbergt eine Sammlung buddhistischer Kunst, Skulpturen, alter Waffen und kunstvoller Vitrinen. Es befindet sich auf dem Gelände des Wang Chan Kasem (Chan-Kasem-Palast), der 1577 für König Naresuan von dessen Vater errichtet wurde.

Million Toy Museum
SPIELZEUGMUSEUM

(พิพิธภัณฑ์ล้านของเล่นเกริกยุ้นพันธ์; Erw./Kind 50/20 B; ☉tgl. 9–16 Uhr) Godzilla, Zinnsoldaten und ein Superman in Lebensgröße machen das von dem Professor Krirk Yoonpun ge-gründete Museum zu einem faszinierenden Ausflugsziel. Die Sammlung von Spielzeug aus der ganzen Welt umfasst sowohl alte als auch moderne Exponate, zudem sind bud-dhistische Amulette und alte thailändische Währungen zu sehen.

NICHT AUF DER INSEL

An der anderen Seite des Stadtgrabens, der das Zentrum Ayutthayas umgibt, gibt es mehrere bekannte Tempel. Einige der Stätten sind mit dem Rad zu erreichen, für andere braucht man ein Motorrad. Alterna-tiv lassen sich die Sehenswürdigkeiten auf einer abendlichen Bootsfahrt um die Insel erkunden.

LP TIPP **Wat Phanan Choeng** TEMPEL
(วัดพนัญเชิง; Eintritt 20 B) Der betriebsa-me Tempel beherbergt eine der bekanntes-ten Buddhastatuen Ayutthayas. Der 19 m hohe Phra Phanan Choeng entstand 1325 und thront im *wíhaan* (große Halle) zwi-schen 84 000 die Wände säumenden Bud-dha-Abbildungen.

Zur Anlage gehört ein chinesischer Tem-pel, an dem Feuerwerke veranstaltet wer-den. Sie sollen Glück bringen, ebenso wie das Freilassen von Fischen am Fluss, die viele Gläubige dort in Beuteln kaufen.

Der Wat Phanan Choeng liegt südöstlich der Altstadt und ist mit der Fähre (5 B) ab der Anlegestelle nahe der Festung Phom Phet zu erreichen. Das Fahrrad kann man bei der Überfahrt mitnehmen.

LP TIPP **Wat Chai Wattanaram** TEMPEL
(วัดไชยวัฒนาราม; Eintritt 50 B) Noch vor 40 Jahren war dieser Tempel dicht mit Dschungel überwuchert. Heute gehört er wegen seines eindrucksvollen, 35 m hohen *prang* im Khmer-Stil zu den meistfotogra-fierten Ayutthayas. Von dem 1630 von Kö-nig Prasat Thong errichteten Tempel bieten sich tolle Ausblicke auf den Sonnenunter-gang. Die Stätte liegt westlich der Insel und ist mit dem Fahrrad über eine nah gelegene Brücke zu erreichen.

GRATIS **Ayutthaya** MARKT
(ตลาดน้ำอโยธยา; ⊙9–20 Uhr) Der schwimmende Markt ist sowohl bei Thais als auch bei Touristen beliebt und bietet verschiedene Snacks, Kunst und Kleidung feil. Er befindet sich auf Holzplattformen über dem Wasser und ist überdacht, was bei großer Hitze wunderbar Abhilfe schafft. Den ganzen Tag über finden traditionelle Shows statt und es werden Beiboote (20 B)

WELCH EIN ANBLICK!

Schon tagsüber sind die Tempel-ruinen eindrucksvoll, abends ist ihr Anblick jedoch wahrhaft spektakulär. Viele der bedeutendsten Bauten werden nach Sonnenuntergang an-gestrahlt und leuchten in magischem Licht. Der Wat Ratburana, der Wat Chai Wattanaram, der Wat Phra Ram und der Wat Mahathat werden von 19 bis 21 Uhr beleuchtet. Die Anlagen sind dann zwar nachts geschlossen, dafür kann man einen schönen Spa-ziergang unternehmen oder in einem der Restaurants in der Nähe zu Abend essen.

vermietet. Der Markt befindet sich östlich der Altstadt bei der Th Dusit in der Nähe des Wat Kudi Dao.

Ausländisches Viertel HISTORISCHE STÄTTE
(หมู่บ้านชาวต่างประเทศ) Ayutthayas Könige wa-ren brillante Diplomaten. Aufgrund ihres toleranten Verhaltens gegenüber anderen Religionen und Kulturen siedelten sich rund 40 ethnische Gruppen in der Stadt an. Mit den Portugiesen kamen die Gewehre, und dank dieser modernen Waffe konn-ten die Thais 1520 die Birmanen schlagen. Nach dem Sieg erhielten die Portugiesen Land, auf dem sie bauen durften. 1767 brannten die birmanischen Invasionstrup-pen die Siedlung nieder. Erst seit 1985 küm-mert sich eine portugiesische Stiftung um ihre Restaurierung.

In der **Portugiesischen Siedlung** gleich südlich der Insel sind in einer offenen Gru-be die Skelette von 40 portugiesischen Sied-lern zu sehen. Toll ist das ungewöhnliche Geisterhaus mit Abbildern des hl. Joseph und des hl. Paulus. Westlich der Portugie-sischen Siedlung findet im **muslimischen Viertel** mittwochs und samstags ein abend-licher Markt statt. Die Gegend ist hübsch und eignet sich für eine Radtour. Auf dem Weg lohnt ein Besuch des **Wat Phutthaii Sawan** mit einer liegenden Buddhafigur und einem *prang* im Khmer-Stil.

Japanisches Dorf MUSEUM
(หมู่บ้านญี่ปุ่น; Erw./Kind 50/20 B; ⊙8.30–16.30 Uhr) In Ayutthaya siedelten sich rund 1500 Japaner an. Manche kamen als Händler, andere flohen vor der Christenverfolgung in ihrer Heimat im 16. Jh. Im japanischen Dorf, 5 km südlich der Portugiesischen

Siedlung, zeigt eine Videoleinwand in gewaltiger Vergrößerung ein holländisches Ölgemälde, das die Stadt zu ihrer Blütezeit darstellt.

Phu Khao Thong DENKMAL

(เจดีย์ภูเขาทอง) Wer die 79 Stufen des *chedi* bewältigt, wird mit einem tollen Blick auf die Stadt belohnt. Er wurde von den Birmanen in den 15 Jahren ihrer Besatzung errichtet, der Turmaufsatz wurde später von den Thais hinzugefügt. Die Statue auf der Vorderseite ist ein Denkmal für den mächtigen König Naresuan, der hier von einer Armee von Kampfhähnen umgeben ist. Der Legende nach verschaffte sich Naresuan während seiner Zeit als Geisel am birmanischen Hof mit seinen unbesiegbaren Kampfhähnen Respekt. Der Phu Khao Thong befindet sich nordwestlich der Insel.

Wat Na Phra Meru TEMPEL

(วัดหน้าพระเมรุ; Phra Mehn; Eintritt 20 B) Der Tempel gehört zu den wenigen, die der Zerstörung durch die birmanische Armee bei dem Angriff von 1767 entgingen, weil die Birmanen ihn als Hauptquartier nutzten.

Der *wíhaan* beherbergt einen wunderschönen, 1500 Jahre alten grünen Sandsteinbuddha aus Sri Lanka. Die ausgeprägten Gesichtszüge und die zusammengewachsenen Augenbrauen sind typisch für den Stil der Dvaravati-Periode. Im *bòht*, dem zentralen Heiligtum, zeigt eine mit Schnitzereien verzierte Decke die buddhistischen Himmel.

Elefantenkral ELEFANTENGEHEGE

(เพนียดคล้องช้าง) Früher wurden wilde Elefanten eingefangen und in diesem Kral gehalten. Jedes Jahr wählte man unter den Augen des Königs die besten Tiere aus, die als Arbeits- oder Kriegselefanten Dienst tun sollten. Der restaurierte Kral besteht aus 980 Teakholzstämmen und liegt nordöstlich der Insel.

Bahn Thanon Dusit TEMPEL

(บ้านถนนดุสิต) Wer eine beschaulichere Seite der Stadt kennenlernen möchte, radelt durch die ländliche Gegend östlich der Insel. Zum Wat Maheyong kommen Besucher gern am Wochenende, um in den grünen Hof nahe den Tempelruinen zu meditieren. Ein Stück weiter die Straße hinunter stehen der Wat Kudi Dao, von dem die Natur Besitz ergriffen hat, und der aus der frühen Ayutthaya-Periode stammende Wat Ayutthaya; hier findet mittwochabends ein kleiner Markt statt.

Wat Yai Chai Mongkhon TEMPEL

(วัดใหญ่ชัยมงคล; Eintritt 20 B) Ein 7 m langer liegender Buddha ist die Hauptattraktion des Wat Yai Chai Mongkhon. Angeblich bringt es Glück, wenn man es schafft, dass eine Münze zu dessen Füßen haften bleibt. Das Kloster wurde 1357 von König U Thong für Mönche aus Sri Lanka errichtet. Der bauchige *chedi* wurde später zu Ehren des Sieges von König Naresuan über die Birmanen gebaut

🏃 Aktivitäten & Geführte Touren

Auf einer Radtour rund um die Insel lassen sich die Ruinen am besten erkunden. Wer mehr vom ländlichen Umland sehen möchte, kann einen Führer oder eine zweitägige Tour buchen, beispielsweise über Tour With Thai (☎0 3523 1084; www.tourwiththai.com; Th Naresuan).

Bootsfahrten (200 B/Std.) können am Pier in der Nähe des Nachtmarkts oder in Pensionen arrangiert werden. Letztere veranstalten außerdem zweistündige Touren bei Sonnenuntergang durch die Ruinen (200 B), wenn sich genügend Teilnehmer finden.

Wer mehr über die Geschichte Ayutthayas erfahren möchte, kann bei der TAT (S. 181) einen Guide engagieren.

🎉 Feste & Events

Loi Krathong KULTUR

Im November findet im Bang Sai Arts and Crafts Centre das Loi-Krathong-Fest statt. Dann werden Hunderte wunderschöner kleiner Flößchen in Lotusform mit Kerzen und Räucherstäbchen beladen und in den Fluss gesetzt. Ende Januar wird in dem Zentrum außerdem ein Basar abgehalten, auf dem die hauseigenen Werke verkauft werden.

Schwanenbootrennen BOOTSRENNEN

Die Thailand International Swan Boat Races finden jeden September auf dem Mae Nam Chao Phraya am Bang Sai Arts and Crafts Centre statt. Dabei messen sich internationale und einheimische Mannschaften auf Beibooten.

Songkran WASSERFEST

Im Gegensatz zu den wilden Feierlichkeiten in Bangkok oder Chiang Mai stehen bei Ayutthayas Neujahrsfest Opfergaben und die Ehrerweisung gegenüber Älteren im Mittelpunkt. Es findet um den 12. bis 14. April statt.

Elefanten spielten in Thailand eine wichtige Rolle: Sie kämpften in Kriegen, bauten Städte und transportierten Könige. Heute sind es die Dickhäuter, die Hilfe benötigen. Ihr natürlicher Lebensraum wird immer kleiner und viele müssen auf der Straße um Essen betteln. Mittlerweile leben nur noch 4000 zahme und wilde Elefanten in Thailand, Hilfe ist also dringend nötig.

Der **Ayutthaya Elephant Palace** (✆0 8066 87727; www.elephantstay.com) trägt seinen Teil mittels erfolgreicher Aufzuchtprogramme und kurzen Ausritten durch die Ruinen dazu bei. Die gemeinnützige Organisation nimmt sich außerdem kranken oder misshandelten Tieren an, darunter Bullen, die Dorfbewohner getötet haben.

Das Zentrum wurde 1996 von Laithongrien Meepan gegründet, nachdem er seiner Tochter einen Elefanten geschenkt hatte. Die Australierinnen Michelle Reedy, eine frühere Tierpflegerin, und Ewa Nakiewicz betreiben vor Ort ein Elefanten-Homestay-Programm (12000 B für das Minimum von 3 Nächten). Dabei lernen Teilnehmer, wie man auf Elefanten reitet, sie badet und ihr Vertrauen gewinnt.

Die Elefantenhaltung ist nicht billig, denn die Dickhäuter fressen pro Tag bis zu 150 kg Futter. Elefantenausritte und das Homestay-Programm helfen dabei, die Kosten zu decken. Auch die Elefanten steuern ihren Teil bei: Sie betätigen sich mit ihren Rüsseln als Künstler oder spielen in Filmen wie Oliver Stones *Alexander* mit. Zudem werden aus ihrem Dung Papier, Lesezeichen und Fotoalben hergestellt.

Das Zentrum ist keine Touristenattraktion, bei der man einfach mal so vorbeischaut. Wer sich etwas Zeit für die Elefanten nimmt, wird schnell von dem thailändischen Nationaltier fasziniert sein.

🛏 Schlafen

Backpacker finden in der Soi 2, der Th Naresuan, eine Handvoll Pensionen. Mittel- und Spitzenklassenunterkünfte gibt's am etwas hübscheren Flussufer. In der Nebensaison (April–Nov.) werden Rabatte angeboten.

Baan Lotus Guest House `LP TIPP` PENSION $
(✆0 3525 1988; 20 Th Pamaphrao; EZ 200 B, DZ 400–600 B; ✳❄) Das umgebaute Schulhaus aus Teakholz liegt auf einem großen grünen Gelände. Die saubere, kühle Pension bleibt unser Budgetfavorit. Das Personal versprüht genauso viel Charme der alten Schule wie das Gebäude selbst.

Tony's Place `LP TIPP` PENSION $$
(✆035252578;www.tonyplace-ayutthaya. com; 12/18 Soi 2, Th Naresuan; Zi. 200–1200 B; ✳❄) Zur Auswahl stehen einfache Budget-unterkünfte sowie renovierte, recht schicke Zimmer für den größeren Geldbeutel.

Promtong Mansion PENSION $$
(✆0 3524 2459; www.promtong.com; abseits der Th Dechawat; EZ/DZ/3BZ 500/700/1100 B; ✳❄) Die vierstöckige Pension abseits der Hauptstraße punktet mit ihrem ungewohnt enthusiastischen Personal.

Baan Thai House BOUTIQUEHOTEL $$$
(✆0 35245 555; abseits der Th Dusit; Zi. 2100–2800 B; P❄❄✳) Das wunderschöne Boutiquehotel in Inselnähe bietet ein Dutzend makelloser, inmitten grüner Gärten gelegener Villen im Thai-Stil. Ein Túk-túk in die Altstadt kostet 80 B.

PU Inn Ubonpon PENSION $
(✆0 3525 1213; www.puguesthouse.com; 20/1 Soi Thaw Kaw Saw; Zi. 200–900 B; ✳@❄) Das freundliche Personal sorgt für gute Stimmung und hilft bei der Buchung von Touren. Die Zimmer sind hell und sauber.

Chantana Guest House PENSION $
(✆0 3532 3200; chantanahouse@yahoo.com; 12/22 Soi 2, Th Naresuan; Zi. 400–500 B; ✳) Mit seinen hilfsbereiten Angestellten, sauberen Zimmern und Balkonen (gegen einen Aufpreis von 50 B) hebt sich das Chantana von den eher ungepflegten Unterkünften in der Nachbarschaft ab.

Baan Khun Phra PENSION $
(✆0 3524 1978; www.bannkunpra.com; 48/2 Th U Thong; B/DZ 250/600 B; ❄) Das charmante, am Fluss gelegene Teakhaus ist etwa 100 Jahre alt und beherbergt jede Menge Antiquitäten. Wo sonst kann man neben thailändischen Schwertern nächtigen? In den Schlafsälen finden bis zu vier Personen Platz.

Krungsri River Hotel HOTEL $$$
(✆0 3524 4333; www.krungsririver.com; 27/2 Th Rotchana; Zi. 1800–5738 B; ✳@❄✳) Traumhafte Blicke auf den Fluss und schlichte,

aber stilvolle Zimmer machen das Vier-Sterne-Hotel zur besten Adresse der Stadt.

Baan Are Gong
PENSION $

(☎ 0 3523 5592; siriporntan@yahoo.com.sg; abseits der Th Rotchana; EZ 150 B, DZ 350–500 B; ❄ 🛜) In der Soi gegenüber dem Bahnhof betreibt eine herzliche thai-chinesische Familie die in einem 100 Jahre alten Teakhaus untergebrachte Pension. Die Fähre (3 B) zur Insel legt in der Nähe ab.

Wiang Fa Hotel
PENSION $

(☎ 0 3524 3252; 1/8 Th Rotchana; Zi. 500 B; 🅿 ❄ 🛜) Die Zimmer der zweistöckigen Pension sind zwar klein, das machen der Patio, der Kaffee- und Waffelladen und die entspannte Atmosphäre jedoch fast wett.

Ayothaya Hotel
HOTEL $$$

(☎ 0 3523 2855; www.ayothayahotel.com; 12 Soi 2, Th Naresuan; Zi. 650–3800 B; ❄ @ 🛜 🏊) In der Nähe der Ruinen bietet das Hotel freundliches Personal, ein gutes Serviceangebot und lohnenswerte Retro-Zimmer im hinteren Bereich. In der Nebensaison gibt's Rabatte.

River View Place Hotel
HOTEL $$$

(☎ 0 3524 1444; www.riverviewplacehotel.com; 35/5 Th U Thong; Zi. ab 2000 B; ❄ @ 🛜 🏊) Das Hotel wird seinem Namen gerecht und gehört zu den malerischsten Unterkünften auf der Insel. Die Zimmer sind groß und gemütlich.

✖ Essen

Ayutthayas reiches kulturelles Erbe sorgt für ein facettenreiches kulinarisches Angebot, das von süßen orientalischen Snacks bis zu Meeresfrüchten reicht. Westlich geprägte Küche wird in der Soi 2, der Th Naresuan, serviert, ansonsten findet man im südlichen Abschnitt der Th U Thong exzellente Restaurants.

Sai Thong
LP TIPP | THAI $

(Th U Thong; Gerichte 90–150 B; ⏲ 9.30–22 Uhr) 180 verschiedene Speisen, Livemusik und ausgezeichnete Küche machen das Restaurant der alten Schule zur besten kulinarischen Adresse auf der Insel. Neben klassischen Gerichten kommen auch kreative Variationen auf den Tisch, z.B. in Whisky mariniertes Hühnchen.

Baan Watcharachai
LP TIPP | THAI $$

(kein Schild in lateinischer Schrift; abseits der Th Worachate; Gerichte 100–200 B) Neben dem Wat Kasatthirat kann man sich in dem vor Anker liegenden Holzboot *yam*

* blah dùk foo* (Salat mit knusprigem Wels) schmecken lassen.

Hua-Raw-Nachtmarkt
MARKT $

(Th U Thong) Der Nachtmarkt bietet einfache Sitzgelegenheiten am Fluss, Thai-Imbisse und Stände mit orientalischen Gerichten, die an dem grünen Stern und dem Halbmond zu erkennen sind.

Roti-Sai-Mai-Stände
DESSERTS $

(Th U Thong; ⏲ 10–20 Uhr) Ayutthaya ist bekannt für eine orientalische Süßspeise namens *roh-dee săi măi*. Dafür wird geschmolzener Palmzucker in dünne Fäden gezogen, zusammengerollt und in einen *roti* gewickelt. Entsprechende Stände findet man gegenüber vom Ayutthaya Hospital.

Lung Lek
NUDELN $

(kein Schild in lateinischer Schrift; Th Chee Kun; Gerichte 30–40 B; ⏲ 8.30–16 Uhr) Das alteingesessene Restaurant gegenüber dem Wat Ratburana serviert die leckersten Nudeln vor Ort. Die perfekte Adresse für eine Stärkung während einer Tempeltour.

Gahn Gloooy
THAI $

(kein Schild in lateinischer Schrift; Ecke Th Rotchana & Th Chee Kun; Gerichte 120–150 B; ⏲ 17–24 Uhr) In dem Restaurant mit entspannter Atmosphäre sorgen Karaoke-Abende bei den thailändischen Gästen für gute Stimmung.

Tony's Place
WESTLICH $

(Soi 2, Th Naresuan; Gerichte 60–100 B) Vor der Pension desselben Namens lädt das Lokal zu einem Stopp ein. Die einfachen thailändischen, westlichen und vegetarischen Gerichte sind bei Touristen sehr beliebt.

Krua Nai Pan
THAI $$

(kein Schild in lateinischer Schrift; Ecke Th U Thong & Th Chee Kun; Gerichte 80–250 B) In dem stilvollen, holzgetäfelten Restaurant kommt ausgezeichnete nordöstliche Küche auf den Tisch. Spezialität des Hauses ist eine sehr scharfe Suppe.

Pae Krung Gao
THAI $$

(Th U Thong; Gerichte 100–200 B) Das etablierte, am Fluss gelegene Restaurant serviert erstklassige Thai-Küche. Auf der englischen Speisekarte ist die Auswahl kleiner als auf der thailändischen, wer also ein bestimmtes Gericht im Kopf hat, fragt einfach nach.

🍷 Ausgehen & Unterhaltung

Aus Respekt vor den Ruinen ist das Nachtleben auf der Insel eingeschränkt. Die meisten Backpacker amüsieren sich in der Soi 2 (Th Naresuan) und hören sich im Street

Lamp Livemusik an. Junge Thais schlürfen Frucht-Wodka-Getränke im **Spin** (Ecke Th Naresuan & Th Khlong Makhamriang).

Abseits der Insel findet man ein paar Bars bei der Th Rotchana in der Nähe des Nord-Busbahnhofs. Am besten und am wenigsten zwielichtig ist das Khlawng Phleng (kein Schild in lateinischer Schrift) mit Livemusik und geselliger Stimmung.

Ayutthaya Klong Sabua Floating Market and Water Theatre THEATER

(ตลาดน้ำอยุธยาคลองสระบัว; www.ayutthayafloating market.com; Eintritt 99–199 B; ☺Sa & So 10–17.30 Uhr) Im einzigen Wassertheater des Landes scheinen die Darsteller der traditionellen Shows mit dramaturgischen Höhepunkten wie Feuerspucken über die Wasseroberfläche zu gleiten. Täglich finden zwischen 11 und 16.30 Uhr fünf Vorstellungen statt. Nach 14.30 Uhr sind die Tickets, in denen ein Buffet inbegriffen ist, günstiger. Trotz des Namens ist von einem Markt übrigens nicht viel zu sehen. Um hierher zu gelangen, folgt man der am Wat Na Phra Meru vorbeiführenden Straße 2 km lang.

ⓘ Praktische Informationen
Gefahren & Ärgernisse

Die meisten Straßenkreuzungen in Ayutthaya haben keine Ampeln, obwohl sie bitter nötig wären. Es ist also erhöhte Vorsicht angesagt, vor allem für Fahrradfahrer. Zudem gilt Thailands inoffizielle Verkehrsregel: Vorfahrt hat der mit der größeren, schnelleren Karre. Radfahrer sollten Taschen am Körper tragen, da sie im Korb leicht gestohlen werden können.

Nachts streunen herrenlose Hunde durch die Straßen. Am besten vermeidet man Blickkontakt und hält Abstand.

Geld

An der Th Naresuan in der Nähe des Einkaufszentrums Amporn gibt es viele Geldautomaten.
Bank of Ayutthaya (Th U Thong nahe der Th Naresuan)
Kasikorn Bank (Th Naresuan)
Siam City Bank (Th U Thong)
Siam Commercial Bank (Th Naresuan)

Internetzugang

Mehrere Geschäfte in der und rund um die Soi 2 (Th Naresuan) bieten Internetzugang für 30 B pro Stunde.

Medizinische Versorgung

Ayutthaya Hospital (☑Notfall 1669, 0 3532255 570; Ecke Th U Thong & Th Si Sanphet) Mit Notfallzentrum und Englisch sprechenden Ärzten.

Notfall
Touristenpolizei (☑Notfall 1155; Th Si Sanphet)

Post
Hauptpost (Th U Thong; ☺Mo–Fr 8.30–16.30, Sa & So 9–12 Uhr)

Touristeninformation
Tourist Authority of Thailand (TAT; ☑0 3524 6076; 108/22 Th Si Sanphet; ☺8.30–16.30 Uhr) Das TAT-Büro neben der Polizeistation hat eine gute Auswahl an kostenlosen Karten und Broschüren auf Lager.

ⓘ An- & Weiterreise
Bus

Ayutthayas Provinzbusbahnhof befindet sich an der Th Naresuan und ist von den meisten Pensionen zu Fuß zu erreichen. Zu den Zielen gehören:
Bang Pa In (25 B, alle 20 Min.; per sŏrng·tăa·ou)
Lopburi (40 B, 2 Std., alle 45 Min.)
Suphanburi (60 B, 2 Std., alle 30 Min.) Dort gibt es Anschluss nach Kanchanaburi.

Busse und Minivans mit dem Ziel Bangkok fahren von Haltestellen in der Th Naresuan dort folgende Ziele an:
Siegesdenkmal (60 B, 1½ Std., 5.30–19 Uhr stündl.)
Rangsit (40 B, 1 Std., alle 15 Min.)
Nord-Busbahnhof (Mo Chit) (50 B, 1½ Std., alle 20 Min.) Hält auch am Airport Don Muang.
Süd-Busbahnhof (Sai Tai Mai) (70 B, 1 Std., 4.30–19 Uhr alle 30 Min.)

Ab dem Busbahnhof 5 km östlich der Altstadt abseits der Th Rotchana gibt es Verbindungen nach Nordthailand. Ein Túk-túk von hier in die Altstadt kostet 100 B. Zu den Zielen gehören:
Chiang Mai (403–806 B, 9 Std., regelm.)
Nan (386–497 B, 8 Std., 1-mal morgens & 2-mal abends)
Phitsanulok (224–227 B, 5 Std., regelm.)
Sukhothai (255–328 B, 6 Std., alle 2 Std.)

Schiff/Fähre

Mehrere Tourveranstalter bieten Bootsfahrten über den Fluss nach Bangkok (s. S. 105) an.

Zug

Der Bahnhof liegt östlich des Zentrums. Ziele:
Bang Pa In (3 B)
Bangkoks Hua-Lamphong-Bahnhof (normal/Schnellzug/Expresszug 15/20/315 B, 1½ Std., morgens & abends regelm.)
Bangkoks Bang-Sue-Bahnhof (normal/Schnellzug/Expresszug 15/20/315 B, 1½ Std.,

morgens & abends regelm.) In der Nähe der Th Khao San.

Chiang Mai (normal/Schnellzug/Expresszug 586/856/1198 B, 6-mal tgl.)

Khon Kaen (normal/Schnellzug/Expresszug 173/265/375 B, 6 Std., 4-mal tgl.)

Pak Chong (normal/Schnellzug/Expresszug 23/73/130 B, regelm.) Die Haltestelle, die dem Khao Yai National Park am nächsten liegt.

Zum Bahnhof gelangt man mit der Fähre ab dem Zentrum (4 B) oder mit dem *sŏrng·tăa·ou* (50 B).

Unterwegs vor Ort

Samlors (Fahrradrikscha mit drei Rädern; auch *săhm·lór* oder *săamláw*) und Túk-túks sind überall schnell verfügbar. Den Preis unbedingt vorher aushandeln! Eine Fahrt auf die Insel kostet zwischen 30 und 40 B.

Ein Großteil der Ruinen liegt nah beieinander, sodass man umweltfreundlich mit dem Fahrrad fahren oder auf einem Elefanten reiten kann. Pensionen verleihen Räder (30 B) und Motorräder (200 B). Im historischen Park werden kurze Touren auf einem Elefanten (200–500 B) oder in einer Pferdekutsche (300 B) angeboten. Die Elefanten stehen in einem Kral an der Th Pa Thon.

Infos zu Ausflügen mit Longtailbooten rund um die Insel gibt's auf S. 178.

Rund um Ayutthaya

BANG-PA-IN-PALAST บางปะอิน

Thailands facettenreichster **Palast** (Eintritt 100 B; 8–16 Uhr) wartet mit einem faszinierenden Mix an Architekturstilen auf. Er wurde im 17. Jh. erbaut und während der Regentschaft von Rama V. (König Chulalongkorn; 1868–1910) restauriert. Auf den ersten Blick passen die europäischen, chinesischen und thailändischen Gebäude nicht zusammen, sie spiegeln jedoch genau die Einflüsse wider, die Rama V. prägten.

Zu den Highlights gehören ein Nachbau der Tiberbrücke in Rom, der eindrucksvolle **Wehut Chamrun** im chinesischen Stil, das viktorianische Observatorium **Withun Thatsana** und ein thailändischer Pavillon mit einer Statue von Rama V. in einem Teich.

1880 ertrank Königin Sunanta bei einer Fahrt zum Palast. Da es die thailändischen Gesetze jener Zeit den Höflingen verboten, die Königin anzufassen, traute sich niemand, einen Rettungsversuch zu unternehmen. Der tragische Unfall veranlasste König Rama V., das Gesetz zu ändern. Auf dem Palastgelände steht ein Marmorobelisk zum Gedenken an die Königin.

Besucher können mit Golfwagen (400 B/ 1 Std., 100 B für jede weitere Std.) das Gelände selbst erkunden.

Der **Wat Niwet Thamaprawat** an der Rückseite des Parkplatzes am Palast ist der sonderbarste aller Tempel. Er ähnelt einer Kathedrale. Mit seinem gotischen Stil, Glasmalereien und Rittern in Rüstung steht er in deutlichem Kontrast zu den Buddhadarstellungen. Man kann kostenlos mit der von Mönchen betriebenen Seilbahn auf die andere Seite des Gewässers fahren.

Vom Provinzbusbahnhof in der Th Naresuan in Ayutthaya fahren *sŏrng·tăa·ous* (25 B, 1 Std., regelm.) bis zur Haltestelle Bang Pa In. Dort geht's mit dem Motorradtaxi (30 B) weiter zum 4 km entfernten Palast. Man kann von Ayutthaya aus auch mit dem Zug fahren (3. Klasse, 3 B, 30 Min.). Der Bahnhof liegt näher am Palast als die Bushaltestelle; man braucht aber auch hier noch ein Motorradtaxi (20 B) für die letzte Etappe. Eine andere Möglichkeit wäre, sich zurück ein Túk-túk für etwa 40 B zu mieten.

BANG SAI ARTS & CRAFTS CENTRE ศูนย์ศิลปาชีพบางไทร

Das **Bang Sai Arts and Crafts Centre** (9–17 Uhr) liegt 17 km südwestlich vom Palast und hat sich der Bewahrung traditioneller Thai-Kunst verschrieben. Das Zentrum bietet 30 Kurse an, u. a. zu Keramikarbeiten, dem Weben von Seide und der Herstellung von Masken, und wurde 1984 mit Unterstützung von Königin Sirikit gegründet. Das 180 ha große Gelände umfasst den Pavillon **Sala Phra Ming Kwan**, in dem eine große Auswahl an Arbeiten verkauft wird, und ein großartiges Kunsthandwerkerdorf. Ein **Vogelpark** (20 B) und ein **Aquarium** (Erw./Kind 100/50 B) mit dem größten Süßwasserfisch Thailands halten auch den Nachwuchs bei Laune. Der Montag bietet sich übrigens nicht für einen Besuch an, da dann einige Attraktionen geschlossen sind.

Um zum Kunstzentrum zu kommen, fährt man per Zug nach Bang Pa In und nimmt dort ein Motorradtaxi oder *sŏrng·tăa·ou*.

PROVINZ LOPBURI

26 500 EW.

Lopburi ลพบุรี

Das ruhige, hübsche Städtchen Lopburi ist für seine Tempelruinen berühmt und für seine Affen berüchtigt.

⊙ **Highlights**

⊙ **Sehenswertes**

⊕ **Aktivitäten, Kurse & Touren**

⊟ **Schlafen**

⊗ **Essen**

⊕ **Ausgehen**

Lopburi spielte zur Zeit des Dvaravati-, Khmer-, Sukhothai- und Ayutthaya-Reichs eine wichtige Rolle, was sich in den Ruinen der Altstadt widerspiegelt.

Lopburi ist eine der ältesten Städte Thailands und erlangte in der Dvaravati-Epoche (6.–10. Jh.) unter dem Namen Lavo Bedeutung. Vom immensen Einfluss des Khmer-Reichs zeugen noch heute Architektur und Kunstwerke. Während der Ayutthaya-Periode wurde Lopburi zur zweiten Hauptstadt des Reichs, in der viele ausländische Würdenträger zu Gast waren. Dies führte zu einem Aufschwung in den Bereichen Architektur, Astronomie und Literatur.

Heute sind die durch die Gegend tollenden Affen die Herren der Stadt. Die Makaken leben in den Ruinen, allerdings sollte man sich nicht wundern, wenn ein spitzbübisches Gesicht vorm Hotelfenster auftaucht.

Lopburi liegt 150 km nördlich von Bangkok und ist für seine Sonnenblumenfelder, für Kokoscreme und für Rattanmöbel bekannt. Angebaut werden hier hauptsächlich Zuckerrohr und Reis.

⊙ Sehenswertes

Phra Narai Ratchaniwet MUSEUM
LP TIPP (วังนารายณ์ราชนิเวศน์; Eingang an der Th Sorasak; Eintritt 150 B; ⊙Galerie Mi–So 8.30–16 Uhr, Gelände 8–17.30 Uhr) Eine Tour durch Lopburi beginnt man am besten an diesem alten Königspalast. Auf dem Gelände befindet sich das **Museum von Lopburi** (offizieller Name: Somdet Phra Narai National Museum), in dem Exponate zur Geschichte der Gegend zu sehen sind. Das Museum ist auf drei Gebäude aufgeteilt. Im Phiman-Mongkut-Pavillon sind Skulpturen und Kunstwerke aus den Lopburi-, Khmer-, Dvaravati-, U-Thong- und Ayutthaya-Epochen ausgestellt. Die Chantara-Phisan-Thronhalle zeigt Gemälde und Artefakte zum Andenken an König Narai, während das im europäischen Stil errichtete Phra-Pratiab-Gebäude eine kleine Sammlung von traditionellem Kunsthandwerk und Jagdutensilien beinhaltet.

Französische und italienische Ingenieure halfen bei der Gestaltung des Palastes, der zwischen 1665 und 1677 errichtet wurde und in dem ausländische Würdenträger empfangen wurden. Das Haupttor des Palasts, **Pratu Phayakkha**, befindet sich bei der Th Sorasak. Zur Linken sieht man die Überreste eines Trinkwasserspeichers und einer früheren Empfangshalle.

Geht man weiter, trifft man auf die Elefantenställe. Weiter hinten in der Anlage befindet sich die Thronhalle **Suttha Sawan**, in der König Narai starb.

Hier ist eine für alle größeren Ruinen gültige Tageskarte (150 B) erhältlich.

Prang Sam Yot DENKMAL
LP TIPP (ปรางค์สามยอด; Th Wichayen; Eintritt 50 B; ⊙8–18 Uhr) Der Prang Sam Yot ist die bekannteste und am häufigsten fotografierte Sehenswürdigkeit der Stadt. Die drei miteinander verbundenen Türme symbolisierten

ursprünglich die hinduistische Trimurti (Dreieinigkeit) von Shiva, Vishnu und Brahma. Heute enthalten zwei von ihnen zerstörte Buddhabildnisse im Lopburistil. Die Türme sind für Besucher zugänglich und bieten ein wenig Erholung von der Hitze und den Affen.

Junge Guides führen Besucher gegen eine kleine Spende herum. Zwar sind ihre Englischkenntnisse minimal, dafür halten sie mit ihren Schleudern die Affen auf Abstand. Das Monument ist das beste Beispiel der Khmer-Lopburi-Architektur und sieht vor allem nachts toll aus, wenn es angestrahlt wird.

Wat Phra Si Ratana Mahathat TEMPEL

(วัดพระศรีรัตนมหาธาตุ; Th Na Phra Kan; Eintritt 50 B; ⏰7–17 Uhr) Der Khmer-Tempel aus dem 13. Jh. liegt gegenüber vom Bahnhof. Das einst größte Kloster der Stadt wurde aufwendig renoviert und ist ein tolles Fotomotiv. Den zentralen Phra Prang schmückt ein Basrelief, das Szenen aus dem Leben Buddhas zeigt, und auf seinem gewölbten Tor sind Motive im Stil der Lawo-Periode abgebildet. Den nordwestlichen Prang zieren ein Engel im U-Thong-Stil mit ungewöhnlichen länglichen Gesichtern und Heiligenscheinen.

Ban Wichayen HISTORISCHES GEBÄUDE

(บ้านวิชาเยนทร์; Th Wichayen; Eintritt 50 B; ⏰9–16 Uhr) König Narai ließ den thailändisch-europäischen Palast als Residenz für ausländische Botschafter errichten. Sein bekanntester Bewohner war der griechische Diplomat und Kaufmann Constantine Phaulkon. Der Palast liegt nordöstlich des Wat Sao Thong Thong auf der anderen Straßenseite.

Prang Khaek RUINEN

(ปรางค์แขก) Der Turm aus dem 11. Jh. steht auf einem dreieckigen Gelände, das im Norden von der Th Wichayen begrenzt wird, und ist das älteste Monument Lopburis. Der Bau besteht aus Backsteinmauern im Khmer-Stil und war früher wohl ein Tempel für den Hindugott Shiva.

Wat Nakhon Kosa RUINEN

(วัดนครโกษา; Th Na Phra Kan) Direkt am Bahnhof steht der im 12. Jh. errichtete Wat Nakhon Kosa, der ursprünglich wohl ein hinduistischer Schrein war. Der Haupt-*chedi* wurde in der Dvaravati-Periode gebaut, der *wíhaan* später auf Veranlassung von König Narai hinzugefügt. Auf der Rückseite befindet sich eine Sammlung von Buddhafiguren ohne Köpfe.

Wat Sao Thong Thong RUINEN

(วัดเสาธงทอง; Th Wichayen) Der nordwestlich des Palastzentrums gelegene Wat Sao Thong Thong zeichnet sich durch seine ungewöhnlichen gotischen Fenster aus. Diese wurden unter König Narai eingebaut, damit der Tempel als christliche Kapelle genutzt werden konnte.

Wat Khao Wong Kot TEMPEL, HÖHLEN

(วัดเขาวงกต) Beim 30 km westlich von Lopburi gelegenen Wat Khao Wong Kot befindet sich eine riesige Fledermaushöhle. Bei Sonnenuntergang flattern Tausende der Tiere hinaus und gehen auf die nächtliche Jagd. Zu der Höhle führen die 280 Stufen rechts des Tempeleingangs. Um zum Tempel zu gelangen, nimmt man den Zug (6/26 B) von Lopburi in Richtung Norden und steigt am Bahnhof Ban Mee auf ein Motorradtaxi um. Alternativ verkehren jede Stunde Busse (23 B) nach Ban Mee. Der letzte Zug nach Lopburi fährt um 16.45 Uhr und der letzte Bus um 17.30 Uhr; wer die Fledermausschwärme sehen möchte, muss also auf private Transportmittel ausweichen.

Pa Sak Jolasid Dam PICKNICKPLATZ

(เขื่อนป่าสักชลสิทธิ์) Der 4860 m lange Damm mit verschiedenen Getränke- und Essensständen ist ein beliebter Picknickplatz. Besucher können mit Bahnen (25 B) am Ufer des Stausees entlangfahren, zudem gibt es Stellplätze und Bungalows. Busse, die auf der 50 km langen Strecke östlich von Lopburi zum Wang Moung (33 B, 2 Std., alle 30 Min.) verkehren, halten an dem Damm.

🏃 Aktivitäten

Khao Chin Lae FELSKLETTERN

Auf dem 240 m hohen Berg gibt es über 40 Kletterrouten, hier findet also jeder eine passende Strecke. Auf dem Berg angekommen, wird man mit einem tollen Blick auf die berühmten Sonnenblumenfelder Lopburis belohnt (vorausgesetzt man kommt zwischen November und Januar, wenn die Blumen blühen). Wer nur die Sonnenblumen sehen möchte, nimmt in Lopburi den Bus ostwärts nach Khao Noi (15 B) und bittet den Fahrer, am Khao Chin Lae zu halten. Die Felder sind einen kurzen Fußmarsch entfernt und größtenteils kostenlos zugänglich. Der Berg liegt 20 km von Lopburi entfernt.

Weitere Infos zum Khao Chin Lae hält **Nature Adventure** (☎0 3642 7693; www.noomguesthouse.com; 15–17 Th Phraya Kamjat) bereit.

Erwachsene Männer laden ihre Schleudern, alte Frauen bewaffnen sich mit 2 m langen Stöcken und Spielzeugkrokodile wachen über Schaufenster. Willkommen in Lopburi, wo durch diese – recht nutzlosen – Methoden die totale Machtübernahme der berühmten Affen verhindert werden soll.

Tag für Tag haben die Affen ihren großen Auftritt und turnen, kugeln und tollen durch die Stadt. Als Nebendarsteller dienen die Einheimischen, die sich mit allen Mitteln den frechen Tieren zu erwehren suchen.

Bei den Affen handelt es sich um eine Makakenart, die aus dem Stadtbild Lopburis quasi nicht mehr wegzudenken ist. Wer in einem Hotel in der Altstadt übernachtet, wird die Tiere dabei beobachten können, wie sie über Stromkabel huschen, über gewellte Dächer hüpfen oder sich um eine Tomate streiten.

Ihre beliebtesten Jagdgründe sind der **San Phra Kan** (Kala Shrine; Th Wichayen) und der **Prang Sam Yot** (Th Wichayen). Beim Besuch dieser Stätten sollte man Wasserflaschen und alles, was die Affen für Futter halten könnten, in einer Tasche verstauen. Jede sichtbare Flasche halten die Tiere für potenzielle Beute. Es empfiehlt sich außerdem, nur den Fotoapparat und nicht die zugehörige Tasche mitzunehmen.

Auch wenn die Einheimischen den Affen gegenüber wenig Sympathie zu hegen scheinen, tun sie den Tieren nie etwas an, schließlich gebietet der Buddhismus den Schutz aller Lebensformen. Manche sehen in ihnen außerdem Abkömmlinge der Hindugöttin Kala; wer sie verletzt, würde seinem Karma also ernsthafte Schäden zufügen. Affensouvenirs sind fast ebenso allgegenwärtig wie die echten Tiere. Mittlerweile braut das Lopburi Inn Hotel and Resort sogar ein Affenbier.

Damit die Affen die Touristen nicht zu sehr bedrängen, wurde für sie eine Futterstelle aufgestellt: Um 10 und 16 Uhr bekommen sie jeden Tag neben dem San-Phra-Kann-Schrein Obst und Gemüse.

In der Nähe der Affen ist Vorsicht angesagt. Sie sehen zwar niedlich aus, sind jedoch immer noch wilde Tiere. Wo man ein süßes Affenbaby entdeckt, ist immer auch die verteidigungsbereite Mutter nicht weit. Wer daran zweifelt, dass die Affen richtig zubeißen können, muss nur einen Blick auf die Arme der jungen Guides werfen.

✳✳ Feste & Events

König-Narai-Festival
TRADITION

Findet jedes Jahr vom 16. bis 22. Februar am Phra Narai Ratchaniwet statt. Die Einheimischen legen traditionelle Kleider an und halten eine farbenfrohe Parade zum früheren Palast ab. Zu den Highlights zählt eine Aufführung des *lá·kon ling* (ein traditionelles Theaterstück, das von Affen vorgeführt wird).

Affenfestival
AFFEN

Echte Makaken stehen in der letzten Novemberwoche beim Affenfestival im Mittelpunkt. Tausende schauen sich das Affenbankett an.

🛏 Schlafen

In der Altstadt beschränkt sich die Auswahl auf ein paar Budgetzimmer, die nur einen kurzen Fußmarsch von den Ruinen entfernt liegen. Im neueren Teil der Stadt gibt es einige Mittelklasseunterkünfte; bei den meisten halten Stadtbusse in der Nähe, die zu den Sehenswürdigkeiten fahren.

Noom Guest House
LP TIPP
PENSION $

(☏0 3642 7693; www.noomguesthouse.com; Th Phraya Kamjat; Zi. 150–300 B; ❄🛜) Bungalows mit Bambusdächern und Blick auf einen grünen Garten machen die Unterkunft zu einer der netteren Optionen. Die Zimmer im Obergeschoss teilen sich Gemeinschaftsbäder. Wenn hier alles belegt ist, bietet sich eine dazugehörige zweite Pension um die Ecke an.

Nett Hotel
PENSION $

(☏0 3641 1738; netthotel@hotmail.com; 17/1–2 Th Ratchadamnoen; Zi. 300–550 B; ❄🛜) Mit ihren renovierten Zimmern und der zentralen Lage bietet die Pension ein sehr gutes Preis-Leistungs-Verhältnis. Die billigeren Zimmer haben Ventilatoren und Kaltwasserduschen.

Thepthani Hotel
PENSION $

(☏0 3641 1029; Th Phra Narai Maharat; Zi. 400 B; ❄) Die Unterkunft wird vom Institut für Tourismus und Gastgewerbe der Universität Rajabhat betrieben und bietet makellose Zimmer und freundliches Personal. Vor der

Tür halten blaue Busse (10 B), die zur Alt- und Neustadt fahren.

Sri Indra Hotel
PENSION $

(☎ 0 36411261; 3–4 Th Na Phra Kan; Zi. 200–350 B; ❄) Gegenüber vom Bahnhof bietet das Sri Indra Hotel Blicke auf den San Phra Kan, einfache Zimmer und tollen Service. Die billigeren Unterkünfte haben nur Ventilatoren.

Residence 1
HOTEL $$

(☎ 0 3661 3410; Th Kanklorngchonbratahn; Zi. 600–1200 B; ❄🖥🚐) Highlight des Hotels am Stadtrand, ein paar Gehminuten von einer Bushaltestelle entfernt, ist der Pool. Ein paar Zimmer sind sehr dunkel, deswegen sollte man sich welche zeigen lassen.

Lopburi Inn Hotel
HOTEL $$

(☎ 0 3641 2300; www.lopburiinnhotel.com; 28/9 Th Phra Narai Maharat; Zi. 700–950 B; ❄🖥🚐) Gäste, die von Affen nicht genug bekommen können, werden hier von einem 3 m großen Primaten aus Bronze und 30 kleinen Affenstatuen begrüßt. Die Zimmer im Obergeschoss haben riesige Bäder.

Lopburi Inn Resort
RESORT $$

(☎ 0 3642 0777; www.lopburiinnresort.com; 1144 M.3 Th Pahonyohtin, Tambon Tha Sala; Zi. 900–1300 B; ❄🖥🚐) Lopburis schickstes Resort wartet mit einem Pool und einer großzügigen Anlage auf, die Zimmer haben allerdings eine Renovierung nötig. Ein Kleinbus bedient die 5 km lange Strecke in die Altstadt.

✖ Essen & Ausgehen

Auf Lopburis Straßenmärkten lassen sich wunderbar neue Snacks entdecken. Mittwochs findet in der Th Phraya Kamjat einer statt, abends säumen Nudel- und Dessertstände die Th Na Phra Kan.

[LP TIPP] Khao Tom Hor
THAI-CHINESISCH $

(Ecke Th Na Phra Kan & Th Ratchadamnoen; Gerichte 30–80 B) Das betriebsamste Lokal vor Ort serviert exzellente thai-chinesische Gerichte, darunter *salid tôrd* (frittierter Salzfisch) und *pàd gàprow gài* (Hühnchen mit Thai-Basilikum). Der Service ist schnell und effizient.

Teu
THAI $

(kein Schild in lateinischer Schrift; Th Pratoo Chai; Gerichte 40–70 B; ⊙15–0.30 Uhr) Hier kann man gemeinsam mit Einheimischen auf Plastikstühlen und bei einem kühlen Bier fantastisches *gaang ʼbàh néua* (Currygericht) probieren. Sitzmöglichkeiten gibt's gegenüber dem Restaurant auf einer Grasfläche oder im Innenraum neben der chaotischen Küche. Einfach nach einem großen roten Schild Ausschau halten!

Zentraler Markt
MARKT $

(abseits der Th Ratchadamnoen & Th Surasongkhram; ⊙6–17 Uhr) Bei einem Spaziergang

---

ABSTECHER

SEHENSWÜRDIGKEITEN IN SARABURI

Die kleine Provinz **Saraburi** liegt zwischen den bekannteren Nachbarn Ayutthaya und Lopburi und bietet eine Handvoll Attraktionen. Praktischerweise liegen zwei der besten Sehenswürdigkeiten direkt nebeneinander.

Wat Phra Puttachai

An einer der Hangwände dieses Höhlentempels ist ein Umriss zu sehen, der von Buddha stammen soll. Hinter sechs Buddhastatuen gibt es außerdem prähistorische Malereien zu sehen, die 3000 Jahre alt sein sollen. Wer genauer hinguckt, erkennt Hühner und religiöse Motive. Wenn man den Hügel besteigt, wird man mit großartigen Blicken auf die umliegenden Ebenen belohnt. Der Tempel befindet sich an der Rte 3042 5 km vom Hwy 1 entfernt.

Nam Tok Sam Lan National Park

(☎ 0 2562 0760; www.dnp.go.th; Erw./Kind 200/100 B) Der 44 km² große Nationalpark liegt nur 2 km die Straße ab dem Tempel hinunter. Er umfasst eine zentrale Ebene und bietet gute Trekkingmöglichkeiten, zudem kann man mit ein wenig Glück Fasane, Muntjaks, Wildschweine und Schmetterlinge beobachten. Zwar wird der Park seinem Spitznamen „3 Mio. Wasserfälle" nicht ganz gerecht, doch Nam Tok Sam Lan, Nam Tok Rak Sai und Nam Tok Pho Hin Dat in der Nähe des Haupteingangs sind alle einen Besuch wert. Ab dem Hauptbüro werden geführte dreistündige Trekkingtouren angeboten, zudem gibt es Zelte (200–400 B) und Bungalows (600–2400 B).

durch die schmalen Gassen des Marktes gibt es jede Menge zu sehen und zu riechen. Tiefrote Erdbeeren, orangenfarbene Garnelen und silberner Fisch werden neben *kôw dom mùd* (in Kokosblättern gewickelter Reis), *da·go pew·ak* (Taro-Pudding mit Kokosmilch) und *gài tôrt* (Brathähnchen) angeboten. In der Mitte des Marktes verkauft ein Pavillon vegetarische Gerichte.

Thaisawang House   THAI-VIETNAMESISCH $
(Th Sorasak; Gerichte 60–100 B; ⊘8.30–20 Uhr) Gegenüber dem Phra Narai Ratchaniwet kommt eine gute Auswahl an großzügig portionierten thai-vietnamesischen Gerichten auf den Tisch. Sehr beliebt sind die gedämpften Pfannkuchen. Hinter der Theke thront eine Art Schrein mit Actionfiguren.

Noom Guesthouse   BAR
(Th Phraya Kamjat) Eine von mehreren Bars in der Altstadt, in denen sich ortsansässige Ausländer ihr Bier schmecken lassen.

Sahai Phanta   BAR
(Th Sorasak) In der beliebten Bar vom Noom aus um die Ecke spielt oft eine karabao-ähnliche Band. Es gibt kein Schild mit lateinischer Schrift – einfach nach dem riesigen „Benmore"-Banner auf dem Dach Ausschau halten!

Good View   BAR
(Th Naresuan; Gerichte 80–150 B; ⊘17–1 Uhr) Mehrere Ebenen und tolle Meeresfrüchte machen das Good View zu der besten Restaurant-Bar unter freiem Himmel ain der Th Naresuan in der Neustadt.

ℹ Praktische Informationen

In der Altstadt gibt es mehrere Banken, außerdem findet man ein paar neben dem Busbahnhof. In der Th Na Phra Kan reihen sich verschiedene Internetcafés und Läden für Onlinespiele aneinander. Pro Stunde zahlt man rund 15 bis 20 B. Kostenloses WLAN ist in der **Zon Coffee Bar** (Th Naresuan) verfügbar.

Communications Authority of Thailand (CAT; Th Phra Narai Maharat; ⊘8.30–16.30 Uhr)

Muang Narai Hospital (☏0 3661 6300; Th Pahonyothin)

Polizei (☏0 3678 0042) Die Polizeistation liegt 2 km westlich der Altstadt.

Post (Th Phra Narai Maharat)

TAT (☏0 3642 2768-9; Th Phra Narai Maharat; ⊘8.30–16.30 Uhr) Das Büro liegt ganze 5 km östlich der Altstadt in der Th Phra Narai Maharat. Es ist aber definitiv den Weg wert, schließlich liegen hier exzellente kostenlose Stadtpläne aus.

ℹ An- & Weiterreise

Bus & Minivans
Lopburis **Busbahnhof** (Th Naresuan) ist 2 km von der Altstadt entfernt. Zu den Zielen gehören:

Ayutthaya (40 B, 2 Std., alle 30 Min.)

Bangkoks Nord-Busbahnhof (Mo Chit) (80 B, 3 Std., alle 30 Min.)

Khorat (Nakhon Ratchasima) (2./1. Klasse 120/155 B, 3½ Std., stündl.)

Suphanburi (60 B, 3 Std., alle 90 Min.) Umsteigemöglichkeiten nach Kanchanaburi.

Zu Zielen in der Umgebung gehören außerdem Singburi und Ang Thong. Eine Fahrt mit dem Motorradtaxi in die Altstadt kostet 30 B.

Von 3.30 bis 20 Uhr fahren alle 20 Minuten **Minivans** (KO Travel; ☏0 3661 8755) mit Ziel Bangkok in der Th Na Phra Kan ab und halten dort am Siegesdenkmal (110 B). Die Minivans fahren von 5 bis 20 Uhr in der Hauptstadt ab. Für große Taschen ist ein Extraticket fällig.

Zug
Der **Bahnhof** (Th Na Phra Kan) ist von der Altstadt aus zu Fuß zu erreichen. U. a. werden folgende Ziele angefahren:

Ayutthaya (normal/Schnellzug/Expresszug 13/20/336 B, tagsüber regelm.)

Bangkoks Hua-Lamphong-Bahnhof (normal/Schnellzug/Expresszug 28/50/345 B, tagsüber regelm.) Expresszüge benötigen drei Stunden, normale vier. An Bangkoks Bang-Sue-Bahnhof steigt man aus und fährt mit der nahe gelegenen U-Bahn ins Stadtzentrum.

Phitsanulok (normal/Schnellzug/Expresszug 49/99/393 B, regelm.)

Wer nur einen kurzen Zwischenstopp einlegt, kann seine Sachen an der Gepäckaufbewahrung abgeben (10 B/Gepäckstück & Tag).

ℹ Unterwegs vor Ort

Sŏrng·tăa·ous und Stadtbusse fahren über die Th Wichayen und Th Phra Narai Maharat zwischen Alt- und Neustadt (10 B/Pers.). Eine Fahrt mit dem Samlor innerhalb der Altstadt kostet 30 B.

PROVINZ KANCHANABURI

849 361 EW.

Kanchanaburi ist zwar die drittgrößte Provinz Thailands, konnte sich jedoch seine Ursprünglichkeit bewahren.

Die Region zieht mit ihrer zerklüfteten Gebirgskette, die entlang der Grenze zu Myanmar verläuft, tosenden Wasserfällen, Nationalparks und zahlreichen Kristallhöhlen Naturliebhaber an.

Die meisten Besucher verbringen ein paar Tage in der Provinzhauptstadt, besuchen die Gedenkstätten des Zweiten Weltkriegs und campen dann in den Nationalparks im Nordwesten, in denen Tiger, Elefanten und Gibbons leben.

Im äußersten Nordwesten gibt es ein paar abgeschiedene Ortschaften, in denen Angehörige ethnischer Gruppen leben, die vor dem Militärregime in Myanmar fliehen mussten. In diesen verschlafenen, idyllischen Grenzstädten verbringt manch ein Besucher mehr Zeit als geplant.

Kanchanaburi กาญจนบุรี

47147 EW.

Die Provinzstadt Kanchanaburi ist die ideale Ausgangsbasis für Ausflüge in Thailands wilden Westen.

Heute wirkt die Stadt lebendig, Gedenkstätten und Museen zum Zweiten Weltkrieg erinnern aber an die dunkle Vergangenheit. Die japanischen Streitkräfte setzten alliierte Kriegsgefangene und Zwangsarbeiter aus dem Südosten für den Bau einer Bahnlinie nach Myanmar ein. Die erschütternde Geschichte schildert Pierre Boulle in seinem Roman *Die Brücke am Kwai*, der als Vorlage für den Spielfilm von 1957 diente. Die Brücke zählt zu den Hauptattraktionen. Die Straßen im Hotelviertel tragen die Namen der Länder, die in den Konflikt verwickelt waren.

Die Stadt liegt im leicht erhöhten Flusstal des Mae Nam Mae Klong und ist von Tapioka-, Zuckerrohr- und Maisfeldern umgeben. Bangkok liegt nur 130 km entfernt, deswegen gilt die Stadt als beliebtes Ziel für Wochenendausflügler, die allerdings dröhnende Karaokeboote der idyllischen Landschaft vorziehen.

Besucher halten sich vor allem rund um die Th Mae Nam Khwae auf, eine Art Miniversion von Bangkoks Th Khao San. Die Straße liegt zentral einen zehnminütigen Fußmarsch vom Bahnhof entfernt. Die meisten Unterkünfte finden sich am Flussufer oder auf dem Wasser, zudem gibt es ein paar Mittelklassehotels in der Th Saengchuto. Da die Sehenswürdigkeiten zu weit verstreut sind, um sie zu Fuß zu erkunden, benötigt man ein Fahrrad oder Motorrad.

⊙ Sehenswertes

LP TIPP Death Railway Bridge (Brücke am Kwai) HISTORISCHE STÄTTE
(สะพานข้ามแม่น้ำแคว; Th Mae Nam Khwae) Die 300 m lange Bahnbrücke, ein Wahrzeichen

der Stadt, symbolisiert die qualvollen Mühen derer, die sie errichten mussten, und ist die größte Attraktion vor Ort. Vor den Straßenhändlern sollte man sich fernhalten und beim Überqueren der Holz- und Metallbretter Vorsicht walten lassen. Das Mittelstück der Brücke wurde 1945 von den Alliierten zerbombt, sodass heute nur noch die geschwungenen Teile an den beiden Enden der Brücke original sind. Auf der anderen Seite der Brücke angelangt, findet man ein paar Cafés und Grünflächen am Ufer vor.

Das Material für den Bau der Brücke stammte von einer demontierten Brücke auf der Insel Java. Die 1943 fertiggestellte erste Brücke war ganz aus Holz und wurde später durch eine Stahlbrücke ersetzt. Jedes Jahr in der letzten November- und der ersten Dezemberwoche erinnert eine abendliche Lichtshow mit Musik an den Angriff der Alliierten auf die „Todesbahn" 1945. Dann sind Zimmer nur schwer zu bekommen – wer die Show miterleben will, sollte also im Voraus buchen.

Die Brücke führt über den Mae Nam Khwae Yai, der 2,5 km vom Zentrum Kanchanaburis entfernt liegt. Man kann also einfach von der Th Mae Nam Khwae bis hierher laufen oder mit einem *sŏrng·tǎa·ou* (10 B) über die Th Saengchuto Richtung Norden fahren. Ein Mini-Zug fährt regelmäßig vom nahe gelegenen Bahnhof über die Brücke (20 B).

LP TIPP Allied War Cemetery HISTORISCHE STÄTTE
(สุสานทหารพันธมิตรดอนรัก; Th Saengchuto; ⊙8–18 Uhr) Gegenüber dem Thailand-Burma Railway Centre liegt der Allied War Cemetery, der von der War Graves Commission sorgfältig gepflegt wird. Von den 6982 Kriegsgefangenen, die auf dem Friedhof begraben wurden, waren fast die Hälfte Briten; die übrigen stammten überwiegend aus Australien und den Niederlanden. Man schätzt, dass mindestens 100 000 Menschen beim Bau der Eisenbahnlinie starben. Bei den meisten handelte es sich um Zwangsarbeiter aus benachbarten asiatischen Ländern, dennoch hat nicht einer von ihnen ein erkennbares Grab. Wer nach einem bestimmten Grab sucht, findet in dem Büro neben dem Friedhof eine Namensliste der hier Bestatteten und einen Lageplan der Gräber.

LP TIPP Thailand-Burma Railway Centre MUSEUM
(ศูนย์รถไฟไทย - พม่า; www.tbrconline.com; 73 Th Chaokanen; Erw./Kind 100/50 B; ⊙9–17 Uhr)

... zwei Tagen

Viele der Hauptattraktionen liegen wunderbar zentral, so kann man die meisten innerhalb von 48 Stunden besichtigen. Erster Programmpunkt ist das **Thailand-Burma Railway Centre**, danach besucht man den **Allied War Cemetery** auf der anderen Straßenseite. Den Nachmittag verbringt man rund um die **Death Railway Bridge**, bevor die charmante **Heritage Walking Street** im anderen Teil der Stadt zu einem Kaffee und einem Bummel einlädt. Am zweiten Tag geht's mit dem Zug entlang des Death Railway zum **Wasserfall Sai Yok Noi** und ins grüne Umland.

... vier Tagen

Auf dem Programm steht ein Ausflug in den **Erawan National Park** nördlich der Stadt und zum obligatorischen **Höllenpass**.

... einer Woche

In sieben Tagen lassen sich weitere abgeschiedene Ortschaften erkunden, beispielsweise **Sangkhlaburi**, wo Bootsfahrten durch den Morgennebel und Seilrutschen locken. Sehr lohnenswert ist eine Übernachtung in den Baumhäusern im **Thong Pha Phum National Park** in direkter Nachbarschaft zu Nashornvögeln.

Das informative Museum erläutert anhand von Videomaterial, Modellen und detaillierten Infotafeln die Rolle Kanchanaburis im Zweiten Weltkrieg. Neun Galerieräume erzählen von der Geschichte der Bahnlinie, so wird u. a. gezeigt, wie die Gefangenen behandelt wurden und was nach Vollendung der Bauarbeiten geschah. Im Obergeschoss sind Kriegsartefakte, darunter das winzige Schachspiel eines Kriegsgefangenen, und eine ausgezeichnete Sammlung von thematisch passenden Büchern ausgestellt. Ein ergreifendes Video von Überlebenden gibt der Tragödie neben all den Zahlen und Statistiken ein Gesicht.

Jeath War Museum MUSEUM
(พิพิธภัณฑ์สงคราม; Th Wisuttharangsi; Eintritt 30 B; ☺8–17 Uhr) Das kleine Museum ähnelt der Art von Bambushütte (*ata*), in der die Kriegsgefangenen untergebracht waren. Zeitungsausschnitte, Briefe und Kunstwerke säumen die langgezogene Behausung und verdeutlichen die brutalen Strafen, denen die Gefangenen der Japaner ausgesetzt waren. Das Archivmaterial handelt größtenteils vom Chirurgen Sir Edward „Weary" Dunlop, der Hunderten das Leben rettete, weil er verletzte Soldaten operierte und sich für die Verbesserung der hygienischen Bedingungen einsetzte. Das Museum wird von den Mönchen des angrenzenden **Wat Chaichumphon** (Wat Tai) geleitet, das für sich genommen einen Besuch wert ist. Der Name „JEATH" ist ein Akronym und verweist auf die Länder, die mit der Bahnstrecke zu tun hatten: Japan, England, Australien/USA, Thailand und Holland. Das Kriegsmuseum befindet sich am westlichen Ende der Th Wisuttharangsi (Visutrangsi).

Heritage Walking Street HISTORISCHE STRASSE
Im Herzen der Altstadt ist auf über 20 gelben Schildern die Geschichte und Architektur dieser faszinierenden Straße nachzulesen. Für einen Spaziergang sollte man mindestens eine Stunde einplanen. Bemerkenswert sind die unterschiedlichen Gebäude, die u. a. im sino-portugiesischen, thailändischen und chinesischen Stil gebaut wurden. Zu den ehemaligen Bewohnern gehören die Boonpong Sirivejabhand, die Gefangenen im Zweiten Weltkrieg dabei halfen, über Geheimcodes Nachrichten in die Heimat zu schicken. Viele Geschäfte gehen auf das Ende des 19. Jhs. zurück und sind traditionelle Familienunternehmen. Zu sehen ist auch ein ehemaliges Hotel, das in den guten alten Zeiten 1 B pro Nacht verlangte.

Chung Kai Allied War Cemetery HISTORISCHE STÄTTE
(สุสานทหารพันธมิตรช่องไก่) Der Friedhof Chung Kai markiert die Stelle, an der sich im Zweiten Weltkrieg ein großes Kriegsgefangenenlager befand. In der Nähe bauten sich die alliierten Gefangenen ein eigenes Krankenhaus und eine Kirche. Hier fanden 1400 Soldaten des Commonwealth und 300 aus den Niederlanden die letzte Ruhe; ihre Gräber haben kurze bewegende Inschriften.

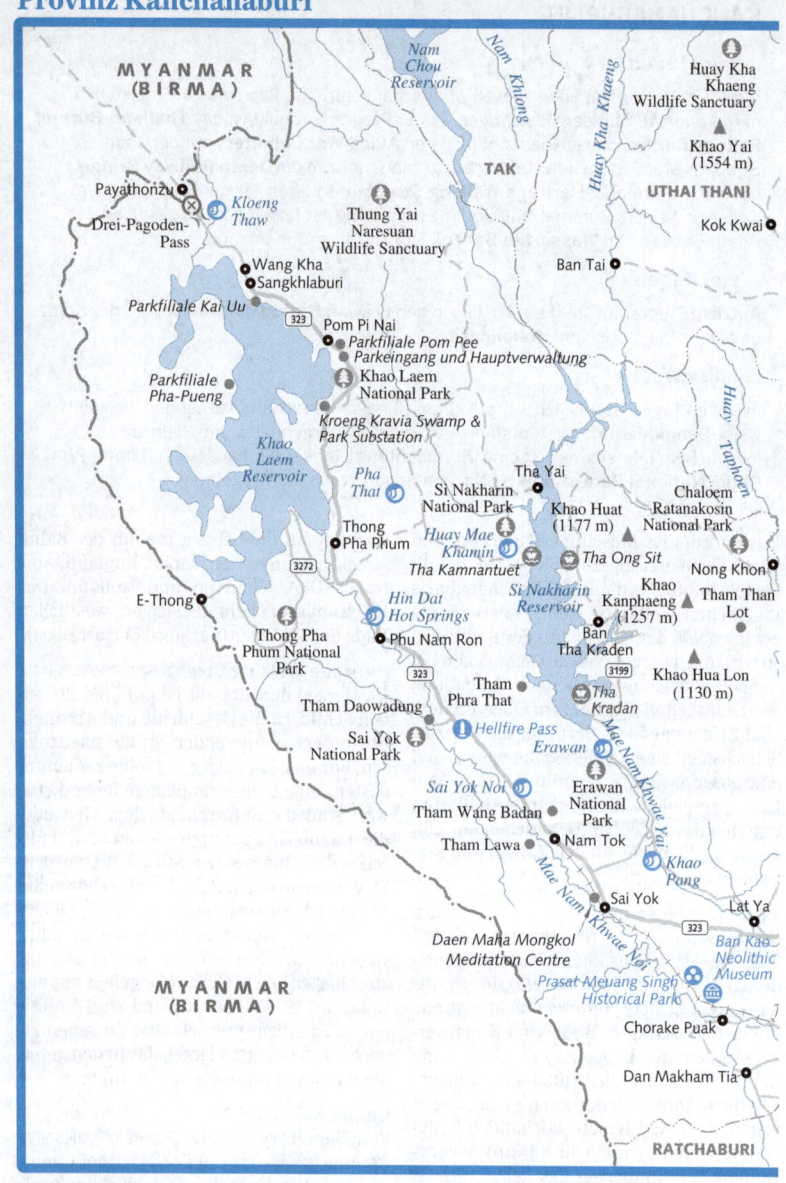

Der Friedhof liegt 4 km südlich vom Zentrum am anderen Ufer des Mae Nam Khwae Noi und ist mit dem Fahrrad zu erreichen.

Lak Meuang
AREAL

(ศาลหลักเมือง; Stadtpfeiler; Th Lak Meuang) Der Stadtpfeiler steht im Zentrum der Altstadt und soll angeblich Geistern Unterschlupf gewähren. Läuft man weiter die Straße entlang, kommt man zu einer Statue von König Rama III. und zur restaurierten Stadtmauer, die ursprünglich mehr als 400 m lang war und sechs Bastionen hatte. Drei Originalkanonen sind noch erhalten.

aufwendig gestaltete Pagode im chinesischen Stil. Im größeren Wat Tham Seua (Tigerhöhlenkloster) direkt nebenan sind verschiedene *chedis* und ein mit einem goldenen Mosaik überzogener 18 m hoher Buddha zu sehen. Vor der Statue stehen auf einem Laufband kleine für Spenden vorgesehene Silberschälchen, die in ein größeres Gefäß gekippt werden. Entweder läuft man nach oben oder nimmt die weniger anstrengende Seilbahn (10 B).

Die Tempel liegen etwa 14 km südlich vom Stadtzentrum. Mit dem Motorrad nimmt man bei Tha Meuang die rechte Abzweigung von der Autobahn, fährt nach rechts über den Kheuan Meuang (Stadtdamm) und auf der anderen Flussseite wieder nach rechts. Radfahrer sollten die Autobahn meiden und die Nebenstraßen am Fluss entlang nehmen: Man fährt einfach entlang der Th Pak Phraek über die Brücke Richtung Wat Tham Mangkon Thong, biegt links ab und folgt der Straße parallel zum Fluss. Nach etwa 14 km tauchen rechterhand oben auf einem Hügel die Pagoden auf. Alle 20 Minuten fährt ein Bus (10 B) vom Busbahnhof in Kanchanaburi nach Ratchaburi. Am Tha Meuang Hospital aussteigen und von dort ein Motorradtaxi (40 B) nehmen!

WWII Museum (Museum über den Zweiten Weltkrieg)

MUSEUM

(พิพิธภัณฑ์สงครามโลกครั้งที่สอง; Eintritt 40 B; ☉8–18 Uhr) Das Museum gehört zu den facettenreichsten und bizarrsten Attraktionen vor Ort. Es beherbergt alles Mögliche, von Kriegsartefakten bis hin zu Gemälden ehemaliger Schönheitsköniginnen.

Das Museum ist auf zwei Gebäude aufgeteilt. Das eine beherbergt eine Ausstellung japanischer Waggons, die zum Transport der Gefangenen dienten, alte Fotos und wenig gelungene Wachsfiguren von Kriegsgefangenen. An den Wänden steht die Geschichte der Region geschrieben, allerdings sind manche Übersetzungen dermaßen schlecht, dass sie unfreiwillig komisch wirken. So steht auf einem Schild über den Bombenangriff der Alliierten: „the bodies lay higgledy-piggledy beneath the bridge" (die Leichen lagen wie Kraut und Rüben unter der Brücke). Auf einem anderen ist zu lesen: „England was pushed into the sea by Dunkirk" (England wurde bei Dünkirchen ins Meer getrieben).

Das größere Gebäude ähnelt einem chinesischen Tempel und ist weitaus opulenter

Wat Tham Seua & Wat Tham Khao Noi

TEMPEL

(วัดถ้ำเสือ /วัดถ้ำเขาน้อย) Die beiden benachbarten Tempel stehen auf einem Hügel und sind wegen ihrer sehr unterschiedlichen Baustile interessant. Der Wat Tham Khao Noi (kleines Hügelhöhlenkloster) hat eine

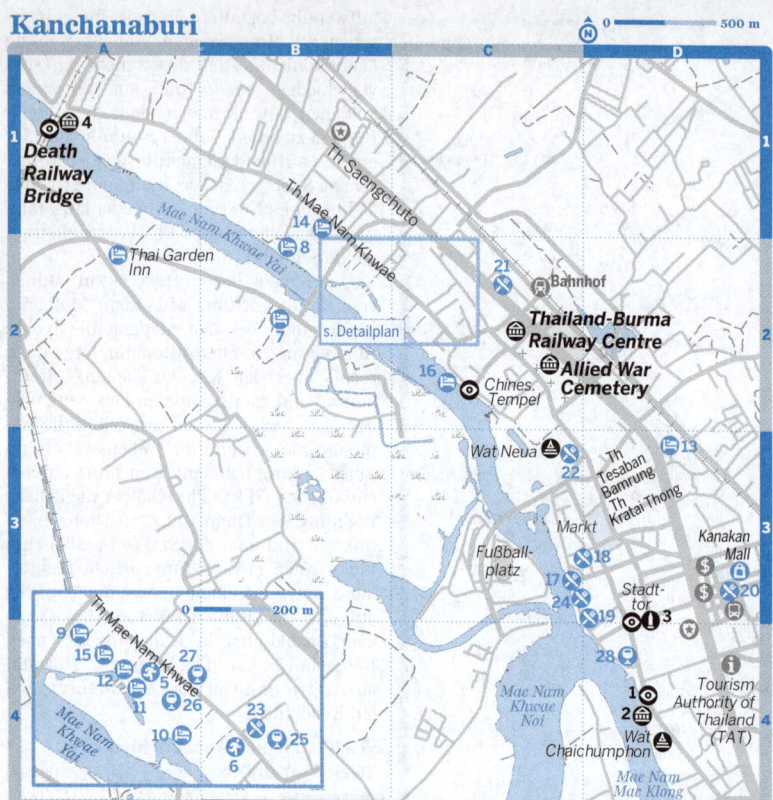

– oder geschmackloser, je nach Sichtweise. Im obersten Stock bieten sich tolle Blicke auf die nahe gelegene Death Railway Bridge, vor allem bei Sonnenuntergang.

Zwischen beiden Gebäuden steht ein pyramidenförmiger Familienschrein, den bunte Schalen schmücken. Das Museum liegt unmittelbar südlich der Death Railway Bridge.

Wat Bahn Tham
TEMPEL

(วัดบ้านถ้ำ) Der Tempel ist für sein Hügelhöhlensystem bekannt, in dem sich dem Volksmund nach viele alte Geheimnisse verbergen. Zu den Höhlen und durch den eindrucksvollen Eingang führt eine Treppe. Eine der fünf Höhlen nahe dem Gipfel beherbergt die Statue eines stehenden Buddhas, die von einem einzigen Sonnenstrahl, der durch die Spitze des Hügels eindringt, beleuchtet wird. Ein Stein in einer der Höhlen soll Bua Khli ähneln, einer arglosen Frau, die vor 400 Jahren von ihrem Ehemann getötet wurde. Der Stein ist bemalt und wird das ganze Jahr über in verschiedene Kleider gehüllt, da ihre Seele angeblich einst hier hauste. Ein weiterer gesperrter Gang führt der Legende nach zu einem Dorf, das von Riesen bewohnt wird.

Um zu dem 15 km südlich der Stadt gelegenen Tempel zu gelangen, überquert man den Kheuan Meuang (Stadtdamm) und läuft auf der anderen Uferseite nach rechts. Nun folgt man der parallel zum Fluss verlaufenden Straße, bis linkerhand der Tempel auftaucht.

Aktivitäten & Kurse
Thailändisch kochen

Apple & Noi's Thai Cooking Course
KOCHKURS

(www.applenoi-kanchanaburi.com; Apple's Retreat, Bahn Tamakahm; Kurs 1250 B) Wer ein *sôm·đam* nicht von einem *đôm yam* unterscheiden kann, der ist bei Khun Noi an der richtigen Adresse. Der eintägige Thai-Kochkurs beginnt auf dem Markt und endet mit einem Fünf-Gänge-Menü.

Kanchanaburi

Trekking & Radfahren

Bei Tourveranstaltern kann man Elefantenritte, Ausflüge zu den schönsten Wasserfällen Thailands und Bambus-Raftingtouren buchen.

Zum Angebot gehören außerdem Radausflüge, Kanufahrten und Trekkingtouren durch den Dschungel mit Übernachtung. Es gilt die Faustregel: je nördlicher, desto abenteuerlicher. Die Straßen in Kanchanaburi sind größtenteils in einem guten Zustand und bestens für Rad- und Motorradtouren geeignet. Querfeldein gelangt man zu wenig besuchten Wasserfällen und Höhlen. Manche Ausflüge beinhalten neben einer Rafting-, Trekking- oder Elefantentour eine Übernachtung in einem Mon- oder Karen-Dorf.

Wem weniger Zeit zur Verfügung steht, der kann mit dem Rad die Landschaft rund um Kanchanaburi erkunden, die wunderbare Panoramablicke bietet. Eine besonders malerische Strecke verläuft direkt hinter den Backpacker-Pensionen. Vom nördlichen Ende der Th Mae Nam Khwae über die Sutjai-Brücke fahren und rechts halten! Man kann auch das Bahn Thamakham und das Bahn Hua Hin erkunden, wo Zitronengras, Mais, Tapioka und Teakbäume wachsen und in der Ferne nebelverhangene Berge eine atemberaubende Kulisse bilden.

Beim Buchen von Pauschaltouren sollte man vorsichtig sein, denn manche Touren werden abgesagt, wenn sich nicht genug Teilnehmer anmelden. Die folgenden Agenturen haben einen guten Ruf:

AS Mixed Travel TREKKING, RADFAHREN
(☑0 3451 2017; www.applenoi-kanchanaburi.com; Apple's Retreat) Das gut organisierte Unternehmen mit fachkundigem Personal bietet u.a. individuelle Touren an, die auf die jeweiligen Interessen und finanziellen Mittel zugeschnitten sind.

Good Times Travel TREKKING, RADFAHREN
(☑0 3462 4441; www.good-times-travel.com; 63/1 Tha Mae Nam Khwae) Alle Standard-Tagesausflüge, Abenteuertrips zu abgelegenen Gebieten und Radtouren.

Kajakfahren

Eine Kajakfahrt ist eine der unterhaltsamsten Arten, die Gegend zu erkunden.

River Kwai Canoe Travel Services KAJAKFAHREN
(☑0 3451 2017; riverkwaicanoe@yahoo.com; Th Mae Nam Khwae) Ein- und zweitägige Fahrten mit Besichtigungen der Hauptattraktionen.

🛏 Schlafen

Die meisten Unterkünfte Kanchanaburis liegen an einem 1 km langen Abschnitt der

Th Mae Nam Khwae. Viele Budgethotels bieten Flussblick – bei manchen handelt es sich um Floßhäuser – und sind in der Nähe der Hauptattraktionen gelegen. Die Luxusresorts findet man auf der anderen Uferseite und außerhalb der Stadt. Im einstigen Backpackerviertel entlang der Soi Th Rong Hip Oi gibt es wegen der lauten vorbeiziehenden Karaokeboote nur noch wenige Optionen. Die nächtlichen Störungen sind jedoch von kurzer Dauer, so lohnen sich die paar guten, günstigen Zimmer durchaus.

Die Mittelklassehotels an der Th Saengchuto sind bei thailändischen Wochenendausflüglern beliebt. Weitere Adressen liefert **Kanchanaburi Info** (www.kanchanaburi-info.com).

LP TIPP Apple's Retreat PENSION $

(☎0 3451 2017; www.applenoi-kanchanaburi.com; 153/4 M.4 Bahn Tamakahm; Zi. 490–690 B; ✹) Das freundliche, sachkundige Personal mit dem nettesten Lächeln der Stadt vermittelt Gästen ein heimeliges Gefühl. Die kompakten, sauberen Zimmer mit Blick auf einen gepflegten Garten haben – dem Umweltschutz zuliebe – weder Fernseher noch Kühlschrank. Nois eintägige Thai-Kochkurse sind beliebt.

LP TIPP Jolly Frog PENSION $

(☎0 3451 4579; 28 Soi China; EZ 70 B, DZ 150–400 B; ✹📶) Die Pension ist beliebt bei Besuchern, die gerade mit dem Bus aus der Th Khao San angekommen sind. Zwar fehlen ein paar Annehmlichkeiten wie profes-

WARUM EINE BRÜCKE ÜBER DEN KHWAE?

Der Bau der heute als „Todesbahn" (Death Railway) bekannten Bahnstrecke war eine erstaunliche Ingenieursleistung. Die Gefangenen und Zwangsarbeiter, die Tag und Nacht schufteten, zahlten dafür jedoch einen sehr hohen Preis: Rund 100 000 starben infolge der unmenschlichen Bedingungen.

Die Bahnlinie wurde während der japanischen Besatzung Thailands im Zweiten Weltkrieg (1942–43) gebaut. Ziel war es, eine Verbindung zwischen Thailand und Birma (Myanmar) durch 415 km unwegsames Gelände zu schaffen. Es sollte eine alternative Versorgungsroute für die japanischen Truppen entstehen, um das Vordringen in andere westasiatische Länder zu erleichtern. Manche hielten das Projekt für undurchführbar, doch der Schienenweg wurde trotz fehlenden Werkzeugs und unter furchtbaren Bedingungen fertiggestellt.

Der Bau der Strecke begann am 16. September 1942 an den Bahnhöfen Thanbyuzayat in Myanmar und Nong Pladuk (Ban Pong) in Thailand. Japanische Ingenieure schätzten, dass es fünf Jahre dauern würde, Thailand über einen Schienenweg mit Birma zu verbinden. Unter dem immensen Druck der japanischen Wächter stellten die Kriegsgefangenen die Bahnstrecke, die eine Spurweite von 1 m hatte, jedoch in nur 16 Monaten fertig. Den Großteil der Arbeit verrichteten sie mit bloßen Händen; mit primitiven Werkzeugen bauten sie Brücken und trugen Berghänge ab.

Je mehr die Japaner auf schnelleres Arbeiten drängten, desto unmenschlicher wurden die Bedingungen. Die mageren Reisrationen waren häufig mit Kerosin verunreinigt, eine Folge der Bombenangriffe der Alliierten auf die Reisfelder. Cholera, Malaria und Ruhr grassierten, und jeder, der zusammenbrach, musste mit drakonischen Strafen durch die japanischen Aufseher rechnen.

Die beiden Strecken trafen schließlich 37 km südlich des Drei-Pagoden-Passes zusammen. Ein japanischer Bordellzug weihte die neue Bahnlinie ein.

Die Brücke über den Kwai in der Nähe von Kanchanaburi, die den Spitznamen „Death Railway Bridge" erhielt, war nur 20 Monate in Betrieb, bevor sie 1945 von den Alliierten zerbombt wurde. Bald diente die Route nicht mehr als Nachschublinie, sondern als Fluchtweg für japanische Truppen. Nach Kriegsende übernahmen die Briten die Kontrolle über den birmanischen Teil der Bahnlinie. Sie zerstörten die letzten 4 km vor dem Drei-Pagoden-Pass, um zu verhindern, dass Karen-Separatisten die Strecke nutzten.

Die Verwaltung des thailändischen Teils übernahm die State Railway of Thailand (SRT). Sie betreibt auch heute noch Züge auf 130 km der ursprünglichen Strecke zwischen Nong Pladuk südlich von Kanchanaburi und Nam Tok. Genauere Infos gibt's auf S. 198.

sionelles Personal und Toiletten mit Wasserspülung, das machen der große Garten und die Auswahl an Zimmern jedoch wieder wett. Pluspunkte gibt's für kostenloses WLAN und das gute Restaurant.

LP TIPP **Sabai@Kan** HOTEL $$
(☏0 3462 5544; www.sabaiatkan.com; 317/4 Th Mae Nam Khwae; Zi. 1300–1600 B; ❄🛜❄) Das zweistöckige Boutiqueresort ist günstig an der Hauptstraße gelegen. Die Zimmer mit Blick auf den Pool sind wunderbar hell.

Pong Phen PENSION $$
(☏0 3451 2981; www.pongphen.com; Th Mae Nam Khwae; Zi. 150–1000 B; ❄🛜❄) Wer einen Pool möchte, für den bietet das Pong Phen das beste Preis-Leistungs-Verhältnis. Die Bandbreite reicht von einfachen Backpackerquartieren bis hin zu geräumigen Zimmern mit Balkon. Im Restaurant kommen anständige westliche und thailändische Gerichte auf den Tisch.

Sam's House PENSION $$
(☏0 3451 5956; www.samsguesthouse.com; Th Mae Nam Khwae; DZ 400–800 B; ❄) Ein Fußweg führt an einem Hyazinthenbeet vorbei zu einfachen, sauberen Zimmern, viele davon mit Balkon. Die Nurdach-Konstruktionen mit Holzmustern sorgen für Atmosphäre.

Blue Star Guest House PENSION $
(☏0 3451 2161; bluestar_guesthouse@yahoo.com; 241 Th Mae Nam Khwae; Zi. 150–650 B; ❄🛜) Mehrere von Bäumen umgebene Holzbungalows geben der Unterkunft ein abgeschiedenes, natürliches Flair. Die teureren Quartiere liegen unten am Flussufer. Die Zimmer sind sehr verschieden, deswegen sollte man sich ein paar zeigen lassen.

U Inchantree Kanchanaburi HOTEL $$$
(☏0 3452 1584; www.ukanchanaburi.com; 443 Th Mae Nam Khwae; Zi. ab 2825 B; ❄🛜❄) Das wunderschöne Boutiqueresort 1 km nördlich der Brücke bietet das perfekte Gesamtpaket. Zu den tollen Extras gehören MP3-Player in jedem Zimmer (die Lieder wählt man im Voraus), ein Infinity Pool, mehrstufige Sitzbereiche am Fluss, ein Fitnessstudio und eine Bibliothek. Der Service ist exzellent und das Dekor der Zimmer greift thematisch die berühmte Brücke in der Nachbarschaft auf.

Bamboo House PENSION $
(☏0 3462 4470; bambooguesthouse@hotmail.com; 3–5 Soi Vietnam, Th Mae Nam Khwae; Zi. 200–500 B; ❄) Wer dem Trubel in der Stadt

KEINE WASSERBÜFFEL 195

Der Film *Die Brücke am Kwai* machte den Fluss berühmt, sorgte aber auch dafür, dass eine ganze Generation seinen Namen falsch ausspricht. Tatsächlich heißt der Fluss Khwae (sprich: Kwäh) und nicht Kwai. Wer das falsch ausspricht, redet von Wasserbüffeln, was die Thais sehr lustig finden.

entfliehen möchte, ist hier genau richtig. Die Quartiere in den Floßbungalows auf dem Fluss liegen inmitten eines weitläufigen Geländes und bieten Traumblicke auf die Death Railway Bridge. Die günstigeren Zimmer haben Gemeinschaftsbäder.

VN Guest House PENSION $
(☏0 3451 4082; www.vnguesthouse.net; 44 Soi Th Rong Hip Oi; Zi. 280–450 B; ❄🛜) Mit seinen großartigen Flussblicken und Floßhäusern ist das beliebte VN immer noch die beste Option in dieser Gegend. Am Wochenende muss man ein paar vorbeifahrende Karaokeboote in Kauf nehmen.

Ploy Guesthouse PENSION $$
(☏0 3451 5804; www.ploygh.com; 79/2 Th Mae Nam Khwae; Zi. 750–1000 B; ❄🛜) Wer es schafft, einen der Rezeptionisten zu erwischen, den erwarten geschmackvolle Zimmer, teils mit Freiluft-Bädern, und eine hübsche Dachterrasse.

Felix River Kwai Resort HOTEL $$$
(☏0 3455 1000; www.felixriverkwai.co.th; 9/1 M.3 Bahn Tamakahm; EZ 4800 B, DZ 5300 B, Suite ab 8700 B; ❄🛜❄) Das renovierte Hotel 2 km westlich der Brücke wirbt mit dem Titel des einzigen Fünf-Sterne-Resorts Kanchanaburis, und das angesichts der Anlagen, der Opulenz und der Eleganz zu Recht. Zweifellos die beste Hotelanlage der Stadt.

Kasem Island Resort HOTEL $$
(☏0 3451 3359, in Bangkok 0 2254 8871; Zi. 1000–1800 B; ❄❄) Das entspannte Resort liegt auf seiner eigenen Insel im Mae Nam Mae Klong. Zur Auswahl stehen verschiedene, etwas in die Jahre gekommene Zimmer mit Holzdekor, Flussblick und eigenen Bädern. Ein kostenloses Shuttle-Boot verkehrt zwischen Insel und Th Chaichumphon.

River Kwai Hotel HOTEL $$$
(☏0 3451 3348; www.riverkwai.co.th; 284/15–16 Th Saengchuto; Zi. 1800 B; ❄🛜❄) Umfassende Renovierungsmaßnahmen hauchten dem

Hotel neues Leben ein. Wer im Zentrum nächtigen möchte, ist in den pastellfarbenen Zimmern richtig. Zudem werden Lift, Fitnessbereich, Spa und „Glitzy", der einzige Nachtclub der Stadt, geboten.

Royal River Kwai Resort & Spa HOTEL **$$$**
(☏0 3465 3342; www.royalriverkwairesort.com; 88 Kanchanaburi-Saiyok Rd; Zi. 1750–3360 B; ❄🅿
🌊) Schöne Zimmer im Thai-Stil, ein riesiges Gelände und ein ebenso riesiger Pool machen das Resort zu einem der besten hier. Im Spa mit Zimmern in Flusslage gehören verschiedene Behandlungen zum Angebot. Die Anlage liegt 4 km nördlich der Stadt.

✕ Essen

In Kanchanaburi gibt es jede Menge Optionen, von Marktsnacks bis hin zu Restaurants am Fluss. In der Th Mae Nam Khwae servieren verschiedene Restaurants Pizza, Burger und Thai-Klassiker. Authentischeres Essen bietet der **Nachtmarkt** (Th Saengchuto; ⊙Do–Di) beim Bahnhof, wo zahlreiche Stände Gebratenes und Mischgetränke verkaufen. Außerdem gibt es ein paar gute **schwimmende Restaurants** (Th Song Khwae), die sich bei koreanischen und thailändischen Pauschaltouristen großer Beliebtheit erfreuen. Der **Markt** (Th Saengchuto) beim Busbahnhof ist für sein exzellentes *hŏy tôrt* (in Eierteig frittierte Muscheln) bekannt.

DER KARAOKE-BLUES

Gerade streckt man entspannt seine Zehen in den kalten Fluss und lauscht den raschelnden Ästen über einem, als plötzlich die Stille von den dröhnenden Beats eines vorbeifahrenden Karaokeboots durchbrochen wird.

Abends, insbesondere am Wochenende, werden Besucher aus Bangkok und vor allem aus Korea in Bussen herangekarrt und auf die Boote verladen. Der Lärm machte die Pensionen entlang der Soi Rong Hip Oi einst unattraktiv, heute gibt es jedoch kaum noch Boote, die die ganze Nacht lang fahren, so ist die Lärmbelästigung nur von kurzer Dauer. Wegen der Brücken kommen die Boote nicht allzu weit, die Pensionen in der Th Mae Nam Khwae bleiben also unbehelligt. Wer mitfahren möchte, kann für 4000 B ein Boot mieten; Essen und Getränke kosten extra.

Blue Rice THAI **$**
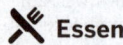
(153/4 M.4 Bahn Tamakahm; Gerichte 50–100 B) Neben Thaiklassikern zaubert Küchenchef Apple geniale kulinarische Kreationen, z.B. das namensgebende Reisgericht und großartiges *yam sôm oh*.

Jukkru THAI **$**
(kein Schild in lateinischer Schrift; Th Song Khwae; Gerichte 60–100 B) Das beliebte Restaurant lockt mit seinen einfachen, aber leckeren Gerichten allabendlich zahlreiche Gäste an. Bemerkenswert ist die Sammlung birmanischer Artefakte und Schreine im hinteren Bereich. Einfach nach den blauen Tischen und Stühlen Ausschau halten!

Sri Rung Rueng THAI, WESTLICH **$**
(Th Mae Nam Khwae; Gerichte 60–150 B) Pasta, Steaks, vegetarische Gerichte und eine neunseitige Getränkekarte – über mangelnde Auswahl kann man sich hier nicht beklagen. Die Thai-Küche ist westlich gefärbt, jedoch frisch und lecker.

Saisowo NUDELN **$**
(kein Schild in lateinischer Schrift; Th Chaokunen; Gerichte 20–25 B; ⊙8–16 Uhr) Das Saisowo erfreut sich bei den Einheimischen so großer Beliebtheit, dass es etwas richtig machen muss. Der alteingesessene Nudelimbiss hält ein paar Überraschungen bereit, u.a. exzellentes *gŏoay dĕeo đôm yam kài kem* (Nudelsuppe mit Salzeiern).

Thai Seri THAI-CHINESISCH **$**
(kein Schild in lateinischer Schrift; Gerichte 80–150 B) Abseits der lauten Karaokeboote serviert das hübsche schwimmende Restaurant Thai-chinesische Küche und ein paar Überraschungen wie ausgezeichnetes *tôrt man ƀlah mèuk* (Tintenfischtörtchen).

🍷 Ausgehen

Die meisten Touristen verbringen die Abende in der Th Mae Nam Khwae. Dort gibt es Bars, teils mit Billardtischen, und auch vermehrt Prostituierte, deren eigentliches Revier jedoch am südlichen Ende liegt. Die Straßenbars bieten Shots mit lokalen Spirituosen für günstige 10 B. Thais bevorzugen die Bars und Clubs in der Th Song Khwae.

Tham Naan BAR
(Th Song Khwae) Die beste Bar der Straße bietet Livemusik und Country-Atmosphäre.

Sugar Member BAR
(Th Mae Nam Khwae) Das hippe, freundliche Personal trinkt mit den Gästen gerne mal die ganze Nacht über Whiskey.

No Name Bar BAR
(Th Mae Nam Khwae) Bei ortsansässigen Ausländern beliebt

Buddha Bar BAR
(Th Mae Nam Khwae) Zieht alternative Backpacker an.

Praktische Informationen

Geld

In der Th Saengchuto in der Nähe des Markts und des Busbahnhofs gibt es mehrere große thailändische Banken.

AS Mixed Travel (☑0 3451 2017; Apple's Retreat) Hier kann man außerhalb der Öffnungszeiten der Banken Geld wechseln.

Bangkok Bank (Th U-Thong) In der Nähe des Markts.

Krung Thai Bank (Th Saengchuto) In der Nähe der Kwai-Brücke.

Thai Military Bank (Th Saengchuto) In der Nähe des Busbahnhofs.

Internetzugang

Internetcafés findet man in der Th Mae Nam Khwae (30 B/Std.).

Medizinische Versorgung

Thanakarn Hospital (☑0 3462 2366, Notfall 0 3462 2811; Th Saengchuto) Das Krankenhaus nahe der Kreuzung mit der Th Chukkadon ist am besten auf Ausländer eingestellt.

Post

Hauptpost (Th Saengchuto; ⊘Mo–Fr 8.30–16.30, Sa & So 9–12 Uhr)

Telefon

Viele private Geschäfte in der Th Mae Nam Khwae bieten Ferngespräche.

Communications Authority of Thailand (CAT; ⊘Mo–Fr 8.30–16.30 Uhr)

Touristeninformation

Tourism Authority of Thailand (TAT; ☑0 3451 2500; Th Saengchuto; ⊘8.30–16.30 Uhr) Hier gibt's kostenlose Stadtpläne und Landkarten.

An- & Weiterreise

Bus

Kanchanaburis Busbahnhof liegt südlich der Stadt in der Th Saengchuto. Zu den Zielen gehören:

Bangkoks Nord-Busbahnhof (Mo Chit) (2./1. Klasse 95/122 B, 2 Std., 6.30–18 Uhr alle 90 Min.) Anschluss zu Zielen in Nordthailand.

Bangkoks Süd-Busbahnhof (Sai Tai Mai) (2./1. Klasse 84/99 B, 2 Std., 4–20 Uhr alle 15 Min.)

Die eigentlich unauffälligen Tapioka-Felder rund um Kanchanaburi wecken bei Besuchern besonderes Interesse. Reiseleiter berichten, dass manche heimlich Blätter abreißen und in ihre Taschen stopfen. Die Guides müssen dann geduldig erklären, dass die Blätter zwar denen der Hanfpflanze ähneln, es sich aber tatsächlich nur um Tapioka handelt.

Ratchaburi (2./1. Klasse 47/65 B, 2 Std., regelm.) Richtung Süden; hier besteht Anschluss zu Bussen nach Hua Hin und Phetchaburi.

Sangkhlaburi (2./1. Klasse 180/192 B, 4 Std., 7.30–16.30 Uhr regelm.)

Suphanburi (47 B, 2 Std., bis 17.30 Uhr alle 20 Min.) Verbindungen nach Ayutthaya und Lopburi.

Ab dem Busbahnhof verkehren auch Kleinbusse, u. a. zu folgenden Zielen:

Bangkoks Soegesdenkmal (110 B, 2 Std., bis 20 Uhr alle 10 Min.) Hält am Süd-Busbahnhof Süd (Sai Tai Mai).

Nord-Busbahnhof (Mo Chit) (120 B, 2 Std., bis 18 Uhr alle 90 Min.)

Srimongkol Transport (☑08 4471 8282, 350 B) hat klimatisierte Busverbindungen nach Rayong mit Stopp in Pattaya im Angebot.

Zug

Kanchanaburis Bahnhof liegt 2 km nordwestlich des Busbahnhofs nahe der Gegend, wo sich viele Pensionen aneinanderreihen. Kanchanaburi befindet sich an der Bahnlinie Bangkok Noi-Nam Tok, zu der auch ein Teil der historischen Todesbahn gehört, die im Zweiten Weltkrieg während der japanischen Besetzung Thailands von Kriegsgefangenen gebaut wurde. Die SRT vermarktet sie als historische Strecke und kassiert deshalb von Ausländern 100 B für eine einfache Fahrt, unabhängig von deren Dauer. Wenn man im Bangkoker Bahnhof Noi, der in Thonburi liegt, einsteigt, dann sind 100 B angemessen, für kurze Strecken in Kanchanaburi ist das jedoch ziemlich teuer. Der historische Teil der Strecke beginnt nördlich von Kanchanaburi mit der Überquerung der Death Railway Bridge und endet am Bahnhof Nam Tokon. Zu den Zielen gehören:

Nam Tok (2 Std., 5.30, 10.30 & 16.19 Uhr) Die Rückfahrt in Nam Tok erfolgt jeweils um 5.20, 12.55 und 15.15 Uhr. Der Wasserfall Sai Yok Noi ist zu Fuß zu erreichen.

Thonburis Bangkok-Noi-Bahnhof (3 Std., 7.19 & 14.44 Uhr) Züge nach Bangkok fahren um 7.44 und 13.55 Uhr.

Die SRT betreibt einen **Touristenzug** (☎ 0 3451 1285), der täglich von Kanchanaburi nach Nam Tok (einfache Strecke 300 B) fährt. Der gleiche Zug befördert Passagiere zum 100-B-Tarif. Wer nur die Death Railway Bridge überqueren möchte, für den bietet sich eine Fahrt mit einem regenbogenfarbenen Minizug an (20 B, 15 Min.; 8–10 & 12– 15 Uhr regelm.).

ℹ Unterwegs vor Ort

Motorrad

Pensionen und Geschäfte entlang der Th Mae Nam Khwae vermieten Motorräder für 150 B am Tag, Fahrräder gibt's für 50 B.

Öffentliche Verkehrsmittel

Eine Fahrt vom Busbahnhof zu den meisten Unterkünften kostet mit dem Samlor 50 B, mit dem Motorradtaxi 30 B. Öffentliche sörng·tăa·ous fahren die Th Saengchuto rauf und runter (10 B/Pers.). Wer in den Stadtteil mit den meisten Gästehäusern möchte, sollte am Friedhof aussteigen. Von den meisten Unterkünften kommt man problemlos zu Fuß zum Bahnhof.

Schiff/Fähre

Eine einfache Fahrt mit der Fähre über den Mae Nam Mae Klong kostet 5 B pro Person. Mit Longtail-Booten kann man einhalbstündige Ausflüge zu verschiedenen Sehenswürdigkeiten am Flussufer unternehmen. Die Preise beginnen bei 800 B, sind aber Verhandlungssache. Die Boote legen am Pier an der Th Chukkadon oder am Jeath War Museum ab.

Rund um Kanchanaburi

Abseits der Provinzstadt erstreckt sich eine schöne, üppige Landschaft. Ein Teil der Highlights lässt sich auf einem Tagesausflug ab Kanchanaburi entdecken, für entlegenere Gegenden ist eine Übernachtung nötig.

Die Wasserfälle im Umland von Kanchanaburi besucht man am besten in der Regenzeit (Juni–Okt. oder Nov. & Dez.), wenn der Wasserstand am höchsten ist.

Im Norden der Provinz liegen die winzigen verschlafenen Ortschaften **Thong Pha Phum** und **Sangkhlaburi**. Wunderbar sind Ausflüge inmitten unberührter Landschaft in die nahe gelegenen Nationalparks. In den Parks können Besucher den Dschungel erkunden, ethnische Gemeinschaften kennenlernen und großartige Wasserfälle und Höhlen besichtigen. Die Reservate gehören zum **Western Forest Complex**, einem der größten Naturschutzgebiete Asiens.

Ausländische Parkbesucher zahlen 200 B Eintritt. Bei den meisten Attraktionen gibt es Bungalows und Campingeinrichtungen,

man sollte allerdings im Voraus buchen (☎ 0 2562 0760; www.dnp.go.th).

In den Parkverwaltungen bekommt man kostenlose Broschüren und Karten, zudem kann man meist Trekking-Führer buchen. Je nach Jahreszeit liegen die Temperaturen zwischen 8 und 45 °C, es gehört also angemessene Kleidung ins Gepäck.

Manche Touranbieter in Kanchanaburi veranstalten geführte Touren durch die Parks mit englischsprachigen Führern.

ERAWAN NATIONAL PARK อุทยานแห่งชาติเอราวัณ

Der majestätische siebenstufige **Wasserfall** im **Erawan National Park** (☎ 0 3457 4222; Eintritt 200 B; ⏱ 8–16, Stufen 1–2 17 Uhr) gehört zu den beliebtesten Thailands. Die oberste Stufe trägt aufgrund ihrer Ähnlichkeit mit dem dreiköpfigen Elefanten aus der Hindu-Mythologie den Namen Erawan. Bis zu den ersten drei Stufen gelangt man problemlos, für die restlichen 1,5 km sind dann gute Wanderschuhe und etwas Ausdauer vonnöten. Besonders eindrucksvoll sind die Stufen zwei und vier, allerdings ist bei einem Bad in den Becken Vorsicht angesagt: Hier sind diebische Affen unterwegs!

Auf dem Gelände des 550 km² großen Parks liegt die Höhle **Tham Phra That** mit ihren verschiedenen Kalksteinformationen. Guides mit Petroleumlampen führen die Besucher durch die dunkle Höhle und zeigen ihnen lichtdurchlässige Felsen, glitzernde Kristalle und Grotten voller Fledermäuse. Für Geologen ist die Höhle wegen der deutlich sichtbaren Verwerfungslinie interessant. Um zu der 12 km nordwestlich des Parkeingangs gelegenen Höhle zu gelangen, benötigt man ein eigenes Fahrzeug oder einen Guide. Alternativ handelt man eine Fahrt dorthin mit den Parkangestellten aus. Die Zugangsstraße ist nicht asphaltiert, zudem muss man einen steilen Anstieg zu Fuß bis zum Höhleneingang bewältigen. Weitere 5 km nordwärts liegt der riesige malerische **Si-Nakharin-Stausee**.

Rund 80 % des Nationalparks Erawan sind Waldgebiet. Auf einem Marsch entlang der drei Naturpfade, die 1 bis 2 km lang sind, sieht man viele verschiedene Baumarten. Von den Campingplätzen und Beobachtungspfaden aus halten Vogelbeobachter nach Nashornvögeln, Spechten und Sittichen Ausschau. In dem Park leben außerdem Tiger, Elefanten, Kobras und Gibbons.

Die **Parkbungalows** (☎ 0 2562 0760; www.dnp.go.th; Bungalows 800–5000 B, Camping 150–300 B) bieten Platz für zwei bis 50 Personen. Wer sein eigenes Zelt mitbringt, zahlt eine Servicegebühr von 30 B.

Busse aus Kanchanaburi halten am Eingang zum Wasserfall Erawan (50 B, 1½ Std., 8–17.20 Uhr stündl.). Der letzte Bus fährt um 16 Uhr zurück. Im Park kann man Fahrräder leihen (20–40 B/Tag).

HELLFIRE PASS MEMORIAL ช่องเขาขาด
Wer verstehen möchte, welche Tragödie mit dem Bau der Bahnlinie zwischen Birma und Thailand im Zweiten Weltkrieg verbunden ist, sollte dieses **Kriegsdenkmal** (www.dva.gov.au/commem/oawg/thailand.htm; Eintritt gegen Spende; ⊘9–16 Uhr) besichtigen. Erst sieht man sich das Museum im obersten Stock an, dann das Aussichtsdeck und schließlich folgt man dem Weg, der entlang des ursprünglichen Schienenbetts verläuft.

Nahe dem Beginn des Weges befindet sich die berüchtigte Schneise **Höllenpass**, von Einheimischen auch Konyu-Schneise genannt. Das Gebiet ist nach der „Speedo"-Bauphase benannt, als 500 Gefangene über drei Monate 16 bis 18 Stunden am Tag schuften mussten. Im Schein der brennenden Fackeln sollen die Schatten der japanischen Aufseher und der ausgemergelten Gefangenen Gestalten aus Dantes *Inferno* geähnelt haben.

Schlechte Hygiene und fehlende medizinische Versorgung sowie brutale Misshandlungen kosteten rund 15 000 alliierten Kriegsgefangenen und zehntausenden südostasiatischen Zwangsarbeitern das Leben.

Zur Zeit der Recherche war etwa ein Drittel der Route gesperrt, sodass die **Pack-of-Cards-Brücke** nicht zugänglich war. Sie verdankt ihren Namen der Tatsache, dass sie dreimal eingestürzt ist.

Es gibt eine Karte der Strecke und einen exzellenten Audioguide. Das Museum liegt 80 km nordwestlich von Kanchanaburi am Hwy 323 und ist mit dem Bus von Sangkhlaburi nach Kanchanaburi zu erreichen (60 B, 1½ Std., regelm.). Der letzte Bus zurück nach Kanchanaburi fährt um 16.45 Uhr.

SAI YOK NATIONAL PARK อุทยานแห่งชาติไทรโยค
Der 500 km² große **Nationalpark** (⊘0 3468 6024; www.dnp.go.th; Eintritt 200 B) wartet mit Kalksteinbergen, Wasserfällen, Höhlen und einigen sehr seltenen Tieren auf.

Der Park ist gut ausgeschildert und kostenlose Broschüren informieren über Wanderwege und darüber, wo man Kanus,

Raftingboote und Fahrräder leihen kann. Es gibt auch einen Radweg zu der Höhle, in der 1973 die Schweinsnasenfledermaus, das kleinste Säugetier der Welt, entdeckt wurde.

Nahe des Besucherzentrums befindet sich der Nam Tok Sai Yok Yai (Wasserfall Sai Yok Yai), der eigentlich mehr ein Bach als ein Wasserfall ist und nahe einer Hängebrücke in den Mae Nam Khwae Noi fließt. Der Park diente als Kulisse für die berühmten Russisch-Roulette-Szenen aus dem Film *Die durch die Hölle gehen* von 1978.

In den Teakwäldern leben u. a. Elefanten, Tiger, Wildschweine, Furchenhornvögel, Gibbons und rote, weiße und blaue Königskrabben, die 1983 hier entdeckt wurden.

Die Forstverwaltung vermietet **Bungalows** (⊘0 2562 0760; Bungalows 800–2100 B) für bis zu sieben Personen. Nahe der Hängebrücke bieten mehrere Floßhäuser, die als Pensionen fungieren, fantastische Ausblicke. Gegen den Hunger helfen schwimmende Restaurants in der Nähe und mehrere Imbissstände am Besucherzentrum.

Rund 18 km südlich vom Sai Yok Noi liegt die 500 m lange **Tham Lawa** (Eintritt 200 B) mit fünf großen Grotten und imposanten Stalaktiten und Stalagmiten. Hierher kommt man am besten mit dem eigenen Fahrzeug. Alternativ fährt man mit dem Zug zum Bahnhof Nam Tok und versucht dort, ein Motorradtaxi zu finden.

Der Parkeingang liegt 100 km nordwestlich von Kanchanaburi und 5 km vom Hwy 323 entfernt. Man kann mit dem Bus von Kanchanaburi Richtung Sangkhlaburi (55 B, 2 Std., regelm.) bis zur Abzweigung fahren und dort ein Motorradtaxi bis zum Parkeingang nehmen. Dem Fahrer sagt man, dass man nach *nám đòk sai yôhk yài* will. Der letzte Bus zurück nach Kanchanaburi kommt um 17.10 Uhr vorbei.

Nahe der Hängebrücke kann man Longtail-Boote (ca. 800 B/Std., Preis Verhandlungssache) für Rundfahrten auf dem Fluss oder zur Höhle **Tham Daowadung** mieten, die man nur mit Führer und Taschenlampe betreten sollte.

WASSERFALL SAI YOK NOI น้ำตกไทรโยคน้อย
Der sanfte Wasserfall, der eher einem Planschbecken ähnelt, ist bei Einheimischen sehr beliebt und befindet sich innerhalb des Parks einen kurzen Fußmarsch von der Hauptstraße entfernt. Am Wochenende strömen thailändische Besucher in Scharen hierher, setzen sich auf Matten, es-

sen *sôm-đam* und klettern über die Felsen. Wer möchte, kann sich bei den Snackläden an der Hauptstraße ein paar Tüten mit frittierten Taro oder Süßkartoffeln holen und sie am Wasserfall verspeisen.

Der Wasserfall liegt 60 km nordwestlich von Kanchanaburi am Hwy 323 und ist mit dem Bus von Kanchanaburi nach Sangkhlaburi (50 B, 1 Std., regelm.) zu erreichen. Man muss nur den Fahrer darum bitten, einen am *nám đòk sai yôhk nóy* abzusetzen. Der letzte Bus fährt um 17.30 Uhr zurück. Der Bahnhof Nam Tok liegt 2 km entfernt (100 B; Abfahrtszeiten s. S. 197).

PRASAT MEUANG SINGH HISTORICAL PARK อุทยานประวัติศาสตร์ปราสาทเมืองสิงห์

In dem **Geschichtspark** (Eintritt 100 B; ⏱8.30–17 Uhr) befinden sich die Reste eines Khmer-Außenpostens aus dem 13. Jh., der wohl einst Umschlagplatz für den Handel am Mae Nam Khwae Noi war. Die restaurierten Ruinen auf 73,6 ha lassen den Architekturstil von Bayon erkennen.

Alle Schreine im Park sind aus Laterit-Ziegeln gefertigt und stehen auf einem weitläufigen Gelände, das von geschichteten Laterit-Festungswällen und Stadtmauern gesäumt ist. Abschnittsweise sind sieben zusätzliche Erdwälle aufgeschichtet worden, die ein Hinweis auf die kosmologische Symbolik der Stadtanlage sind.

Meuang Singh, die Löwenstadt, umfasst zwei Hauptmonumente und zwei Ruinen, von denen nicht mehr als die Grundpfeiler geblieben sind. Der Hauptschrein **Prasat Meuang Singh** steht im Zentrum des Geländes und ist nach Osten gerichtet (der zentralen Ausrichtung der meisten Angkor-Tempel). In den Mauern sind am Schrein befinden sich Tore in die vier Himmelsrichtungen. Die Teiche und Gräben symbolisieren die Kontinente und Ozeane.

Auf der Anlage befindet sich außerdem eine **Grabstätte**. Sie wurde 1986 entdeckt und enthält Skelette und Töpferwaren, die 2000 Jahre alt sein sollen.

Prasat Meuang Singh liegt 40 km westlich von Kanchanaburi und ist am besten mit einem eigenen Fahrzeug zu erreichen. Züge aus Kanchanaburi nach Nam Tok halten am nahe gelegenen Bahnhof Tha Kilen (100 B; Abfahrtszeiten s. S. 197), von dem aus man noch 1 km bis zum Eingang laufen muss. Es empfiehlt sich allerdings nicht, das weitläufige Gelände zu Fuß zu erkunden.

DAEN MAHA MONGKOL MEDITATION CENTRE แดนมหามงคล

Wer sich schon immer nach einem stressfreien Leben ohne Handy, Fernseher und E-Mails gesehnt hat, ist hier genau richtig. Das beliebte **Meditationszentrum** (⏱7–17 Uhr) wurde 1986 gegründet und liegt inmitten einer weitläufigen gepflegten Anlage. Tamara, eine Engländerin, die hier seit mehreren Jahren lebt, bietet zweistündige Meditationskurse an, die um 4 und 18 Uhr stattfinden. Um hierher zu gelangen, überquert man die Teakholzbrücke über den Mae Nam Khwae Noi, wobei man zuerst dem Holzbuddha im Meditationspavillon seine Aufwartung machen sollte. Rund

TIGERSCHUTZ ODER TOURISTENFALLE?

Ursprünglich als Reservat für Tigerbabys gegründet, erinnert der **Tigertempel** heute eher an Disney World. Welcher Tempel hat schon einen riesigen Cartoon-Tiger über dem Eingang und verlangt 600 B Eintritt? Der Besucheransturm reißt dennoch nicht ab; die Vorstellung, sich in einer Schlucht sitzend neben einem angeketteten Tiger fotografieren zu lassen, scheint zu verlocken.

Die Tempelbetreiber werden beschuldigt, den Tieren Betäubungsmittel zu verabreichen, sie zu misshandeln und zu verkaufen, was diese weit von sich weisen.

Das zahme Verhalten der Tiger wird u. a. dadurch erklärt, dass sie direkt vor ihren Auftritten gefüttert und trainiert werden. Zudem seien sie seit der Geburt an Kontakt mit Menschen gewöhnt.

Seit Jahren gibt es Pläne für den Bau eines Tempels und eines Ausbildungszentrums sowie für ein Wiederaufforstungsprogramm, es hapert jedoch an der Umsetzung. Manche Tourveranstalter weigern sich mittlerweile, Teilnehmer zum Tigertempel zu bringen und auch Lonely Planet rät von einem Besuch ab.

Bevor man sich für oder gegen einen Besuch entscheidet, sollte man sich ein wenig informieren. Details über die mutmaßlichen Misshandlungen sind unter www.carefor thewild.org nachzulesen.

300 Menschen leben in dem Zentrum, ein Großteil davon dauerhaft. Die meisten sind Nonnen, es gibt jedoch auch einen separaten Bereich für Männer. Der Besuch des Zentrums und selbst die Übernachtung hier sind kostenlos, doch Spenden sind erwünscht. Tagesbesucher sind willkommen; wer länger bleiben möchte, kann in einfachen Unterkünften nächtigen. Am Eingang werden kostenlos weiße Hemden und Hosen verteilt, die man anziehen sollte.

Das Zentrum liegt an einer Abzweigung des Hwy 323, 12 km vom Tigertempel entfernt, und ist gut ausgeschildert. Wer mit dem Zug fährt, steigt in Maha Mongkol aus.

THONG PHA PHUM
NATIONAL PARK อุทยานแห่งชาติทองผาภูมิ
In dem **Park** (☏0 3453 2114; Distrikt Thong Pha Phum) gibt es den Wasserfall **Jorgrading** und einfache **Unterkünfte** (☏0 2562 0760; www.dnp.go.th; 600–1200 B) in Form von Baumhäusern.

Die 62 km lange Fahrt von Thong Pha Phum zum Park führt über eine kurvenreiche, aber gut ausgebaute und von bewaldeten Hängen gesäumte Straße. Der Wasserfall Jorgrading liegt 5 km vom Eingang entfernt.

Nach weiteren 8 km auf dem Hwy 3272 gelangt man ins Grenzdorf **E-Thong**, wo größtenteils Birmanen wohnen. Es ist zwar noch kein zweites Pai, wird jedoch zunehmend als idyllisches Örtchen geschätzt. Wer im **Nao Prai Homestay** (mrtripop@hotmail.com; Zi. 600–1200 B) übernachtet, sollte nach Khun Tripop fragen, der Englisch spricht und Trekkingtouren organisiert. Geschäftstüchtige Kinder bieten eigene kleine Führungen durch das Dorf, zur alten Pilok-Mine und durchs birmanische Viertel an.

Gelbe *sŏrng·tǎa·ous* (170 B, 1½ Std., 10.30, 11.30 & 12.30 Uhr) fahren von Thong Pha Phums Markt nach E-Thong und um 6.30 und 7.30 Uhr wieder zurück.

KHAO LAEM
NATIONAL PARK อุทยานแห่งชาติเขาแหลม
Mit dem Stausee Khao Laem in der Mitte ist der 1497 km² große **Park** (☏0 3453 2099; Distrikt Phong Pha Phum) besonders malerisch.

Der **Kroeng-Kravia-Sumpf** erfreut sich bei Ornithologen großer Beliebtheit, die hier u.a. asiatische Feenvögel und Grünschnabel-Malkohas beobachten können. Um zum Sumpf zu gelangen, fährt man bis zur Parkfiliale Kroeng Kravia 45 km südlich von Sangkhlaburi.

Über 260 Tierarten wurden im Park gezählt, darunter Gibbons, Rehe und Wild-

MINENGEISTER

Die stillgelegte Pilok-Mine in E-Thong verdankt ihren Namen übersinnlichen Kräften. Als einst eine Malariaepidemie in der Zinn- und Wolframmine ausbrach, starben mehrere Arbeiter. Danach begannen die Dorfbewohner bei der Mine seltsame Erscheinungen zu sehen. Sie glaubten, dass die Geister der Minenarbeiter *(pĕe)* ihnen Streiche *(lok)* spielten und riefen „pilok". Der Name blieb und bezeichnet außerdem den Unterbezirk.

schweine. Der Staudamm ist von Wasserfällen und riesigen Kalksteinbergen umgeben.

Der Wasserfall **Kra Teng Jeng** beginnt 400 m hinter dem Parkeingang. Für den 4 km langen schattigen Weg zum Hauptwasserfall benötigt man einen Führer.

Etwa 1 km nördlich des Parkeingangs befindet sich die **Parkfiliale Pom Pee**. Hier kann man Longtail-Boote mieten, um über den Stausee zu den Parkfilialen Pha Pueng und Kai Uu überzusetzen oder zur Mon-Siedlung Wang Kha (oder Ka) zurückzufahren. Ein Boot für acht Personen kostet ungefähr 2000 B. Pom Pee bietet außerdem einen Zeltplatz und **Bungalows** (☏0 2562 0760; www.dnp.go.th; Zi. ab 900 B), im Hauptpark kann man hingegen nur campen.

Etwa 12 km südlich vom Parkeingang befindet sich der 15 m hohe Wasserfall **Dai Chong Thong**. Die Parkverwaltung ist sich 28 km südlich von Sangkhlaburi. Ab Thong Pha Phum fahren *sŏrng·tǎa·ous* zum Kroeng-Kravia-Sumpf (35 B, 1 Std., alle 45 Min.).

Bei der entspannten fünftägigen Tour mit dem Hausboot **Lake House Adventure** (www.lakehouseadventure.com; Erw./Kind/B 15 900/12000/12900 B) nach Sangkhlaburi gehören Kajakfahrten, Elefantenritte und ein Besuch eines Karen-Dorfs zum Programm.

SI NAKHARIN
NATIONAL PARK อุทยานแห่งชาติศรีนครินทร์
Der siebenstufige Wasserfall **Huay Mae Khamin** in der Nähe des **Parkeingangs** (☏0 3451 6667; Distrikt Si Sawat) gehört zu den schönsten Thailands. Zudem bietet der Park Thermalquellen, Kalksteinhöhlen und eine Wanderroute. Im Herzen des 1500 km² großen Parks liegt der Stausee Si Nakharin, der von Bächen und Nebenflüssen gespeist wird.

Die Zeiten, in denen man eine mühselige Anreise auf unbefestigten Straßen oder in Booten in Kauf nehmen musste, sind vorbei. Heute verbindet eine ausgebaute Straße den Park mit dem **Erawan National Park**, so kann man beide Wasserfälle an einem Tag besuchen. Wer die alte Route vorzieht, nimmt die Autofähre, die zwischen Tha Ong Sit im Osten und Tha Kamnantuet im Westen über den Stausee übersetzt. Sie verkehrt zwischen 6 und 20 Uhr und legt ab, sobald sie voll ist, zudem kann man sie für 300 B pro Fahrzeug chartern. Die Überfahrt dauert 45 Minuten; von Tha Kamnantuet sind es noch 7 km bis zum Parkeingang. Alternativ kann man am Pier in Tha Kradan am Ostufer für rund 1500 B ein Schnellboot mieten.

Vor Ort gibt es Campingmöglichkeiten (0 2562 0760; www.dnp.go.th; Zi. 150–700 B) und Bungalows (900–2700 B).

CHALOEM RATANAKOSIN NATIONAL PARK อุทยานแห่งชาติเฉลิมรัตนโกสินทร์
Der kleinste Park (0 3451 9606; Distrikt Nong Preu) der Gegend ist 59 km² groß. Zu den Highlights gehören die Höhlen Tham Than Lot Noi und Tham Than Lot Yai.

Erstere ist nicht weiter interessant, führt jedoch zu einem hübschen 2,5 km langen Naturpfad. Am Ende des Pfads liegt die Tham Than Lot Yai, eine gewaltige Höhle mit zackenförmigen Stalaktiten.

Vor Ort gibt es Bungalows (0 2562 0760; www.dnp.go.th; Zi. 600–2700 B) und Zelte (250–600 B). Besucher können auch im solarbetriebenen nah gelegenen Khao Lek Homestay (100–300 B) bei einer freundlichen Karen-Familie übernachten. Weitere Infos gibt's bei Touranbietern in Kanchanaburi. Die meisten Besucher kommen mit dem eigenen Fahrzeug über den Hwy 3086.

Thong Pha Phum ทองผาภูมิ
62848 EW.

In der ruhigen, von Bergen umgebenen Stadt Thong Pha Phum geht's beschaulich zu.

Der Ort dient vielen Urlaubern als Zwischenstopp auf dem Weg nach Sangkhlaburi, hat jedoch seinen ganz eigenen Charme und ist leicht zu erkunden, schließlich gibt es nur eine Hauptstraße. Der Mae Nam Khwae Noi fließt östlich der Stadt. Einrich-

---

NATURSCHUTZ IM GROSSEN STIL

Mit 6200 km² sind die Reservate Thung Yai Naresuan Wildlife Sanctuary und Huay Kha Khaeng Wildlife Sanctuary die größten auf dem Festland gelegenen Naturschutzgebiete Südostasiens. Sie wurden 1991 zum Unesco-Weltnaturerbe erklärt und beherbergen eine unglaublich vielfältige Flora und Fauna.

Die Reservate nehmen die nordöstliche Ecke Kanchanaburis ein und erstrecken sich bis in die Nachbarprovinzen. Das Gebiet besteht überwiegend aus gebirgiger Wildnis, in der Flüsse und Bäche durch grasbedecktes Tiefland und Täler fließen.

Bei den Reservaten handelt es sich um Naturschutzgebiete, nicht um Nationalparks, d. h. Besucher benötigen eine Genehmigung. Diese bekommt man beispielsweise über das P Guest House in Sangkhlaburi (s. S. 205).

Die Reservate gehören zu den letzten natürlichen Lebensräumen von rund 700 Tigern, die sich das Gebiet mit 400 Vogel-, 96 Reptilien- und 120 Säugetierarten, darunter Leoparden, Gaure, Bären und ein paar Java-Nashörner, teilen.

Thung Yai Naresuan (großes Feld) verdankt seinen Namen der großen zentralen Grasebene und der Tatsache, dass König Naresuan das Gebiet einst als Armeestützpunkt nutzte. Im Reservat Huay Kha Khaeng gibt es mehr Einrichtungen und auch Campingplätze, wenn auch keine Restaurants und Bungalows. Durch den Park führt der Naturpfad Khao Hin Daeng, der mit dem eigenen Fahrzeug über Uthai Thani zu erreichen ist. Einfach den Hwy 333 und dann den Hwy 3438 entlangfahren!

Im Huay Kha Khaeng gibt es zwei **Campingplätze**, die Cyber Ranger Station und Huay Mae Dee. Die Cyber Ranger Station liegt 7 km von der Parkverwaltung entfernt. Von hier aus kann man Wanderungen zu verschiedenen Wasserfällen und Tälern unternehmen. Die 37 km lange, nicht asphaltierte Straße zum Huay Mae Dee führt an einem Karen-Dorf vorbei durch dichten Wald. An beiden Plätzen kann kam Thai-sprechende Führer buchen. Es gibt zwar Stellplätze (30 B/Zelt), sämtliche Ausrüstung muss allerdings selbst mitgebracht werden.

Die Parkverwaltung ist am besten mit eigenem Fahrzeug zu erreichen. Der nächste Bus- oder Bahnanschluss ist in Lan Sak, 35 km von der Verwaltung entfernt.

tungen gibt es nicht viele, aber immerhin zwei Banken und ein paar Pensionen.

Für ein Frühstück eignet sich der Markt mitten in der Stadt. Dutzende Stände verkaufen frittierte Bananen, süße Snacks und Nudeln. Hinter dem Markt befindet sich das Restaurant **Krua Tom Nam** mit Flussblick. In anderen Lokalen ist der Einfluss Birmas und hier lebender ethnischer Gemeinschaften spürbar; die großen Metalltöpfe voll leckerer Currys sind typisch für die Mon.

Nachts wirft der angestrahlte **Tempel** auf dem Hügel ein tolles Licht über die längst schlafende Stadt. Um zum Tempel zu gelangen, folgt man der Uferstraße in Richtung Hauptstraße, überquert eine Fußgängerbrücke und läuft den Hügel hinauf.

Die Stadt liegt nicht nur nahe Sangkhlaburi, sondern ist auch eine gute Ausgangsbasis für ein wachsendes Angebot an Abenteuersport. Das **Phuiyara Resort** (www.phuiyararesort.com; Zi. 1000–1500 B) bietet Seilrutschen, Seilbrücken, Kletterrouten, Geländewagentouren und Wanderungen. Zudem organisiert es Ausflüge ins Thung Yai Naresuan Wildlife Sanctuary (s. Kasten S. 202).

Südlich von Thong Pha Phum liegen die **Thermalquellen Hin Dat** (Eintritt 50 B; ☉6–22 Uhr). Wem die beiden Thermalbecken nicht entspannend genug sind, der kann sich in einem Pavillon eine Massage gönnen. Die *bòr nám rórn* (Thermalquellen) erreicht man mit dem Bus von Kanchanaburi nach Sangkhlaburi. Einfach bei Km 105 am Hwy 323 aussteigen; von dort ist es noch 1 km bis zu den Quellen.

An derselben Straße wie die Quellen liegt außerdem der **Nam Tok Pha That** (200 B), ein hübscher mehrstufiger Wasserfall, der nur wenig besucht wird.

Der **Kheuan Khao Laem**, vor Ort auch Vachiralongkorn-Staudamm genannt, liegt 9 km nordwestlich der Stadt. Auf dem Gelände gibt's ein paar **Bungalows** (☎0 3459 8030; Zi. 600–800 B; ❄), außerdem Golf- und Tennisplätze und einen Schießstand. Zum Angebot gehört eine Bootsfahrt zum Damm.

In der Stadt selbst bietet das **Som Jainuk Hotel** (☎0 3459 9001; 29/10 Mu 1; Zi. 200–500 B; ❄) einfache Zimmer mit Ventilatoren und Bungalows mit Steinwänden und Balkonen; die freundliche Besitzerin June spricht Englisch und gibt wertvolle Reisetipps. Die Zimmer des **Barn Cha Daan** (☎0 3459 9035; Mu 1; Zi. 450 B; ❄) in der Nähe des Ortseingangs sind auf zwei Stockwerke verteilt und liegen rund um einen Hof voller Bäume.

Klimatisierte Busse fahren gegenüber der Siam City Bank an der Hauptstraße ab. Tickets sind hinten im Restaurant **Krua Ngobah** (☎0 3459 9377) ebenfalls gegenüber der Siam City Bank erhältlich. Zu den Zielen gehören:

Bangkoks Nord-Bahnhof (Mo Chit) (2./1. Klasse 179/227 B, 5 Std., alle 90 Min.) Fahren bis 15.40 Uhr.

Sangkhlaburi (2./1. Klasse 62/79 B, 2 Std., 4-mal tgl.)

Stadtbusse fahren am Markt ab.

ℹ **Unterwegs vor Ort**

Wer sein Verhandlungsgeschick testen möchte, kann am Markt die Motorradtaxifahrer fragen, ob sie einem für rund 300 B pro Tag ihr Motorrad vermieten. Zudem verkehren *sŏrng·tǎa·ous* entlang der Hauptstraße; eine Fahrt innerhalb des Orts kostet rund 10 B.

Sangkhlaburi สังขละบุรี

47147 EW.

Für viele Traveller ist hier Endstation, aber für viele Einwohner steht Sangkhlaburi für einen Neuanfang. Viele sind aus wirtschaftlichen Gründen oder aus Angst vor der Militärdiktatur über die birmanische Grenze hierher geflüchtet. Nur in wenigen Orten Thailands findet sich eine solche ethnische Vielfalt: Birmanen, Karen, Mon, Thais und auch Lao sind hier zu Hause. Daraus ergibt sich eine Mischung aus verschiedenen Kulturen, Religionen und Sprachen.

Sangkhlaburi ist eine abgelegene Stadt mit Blick über den riesigen Kheuan Khao Laem (Khao-Laem-Stausee) und verdankt seine Existenz dem Wasser. Es wurde gegründet, nachdem ein altes Dorf in der Nähe des Zusammenflusses der drei Flüsse, die den Stausee speisen, überflutet wurde.

Mehrere Nichtregierungsorganisationen in der Stadt helfen dabei, das Überleben der verschiedenen Volksgruppen zu sichern und kämpfen für ihre wenigen Rechte. Deshalb werden hier immer freiwillige Mitarbeiter gesucht (s. S. 204).

Am **Mon National Day** in der letzten Juliwoche ist in der Stadt eine Menge los.

◉ **Sehenswertes & Aktivitäten**

Wang Kha MON-SIEDLUNG

(วังกะ) Zu der Mon-Siedlung führt eine wackelige **Holzbrücke** (Saphan Mon), die angeblich längste ihrer Art Thailands. Das Dorf wurde hierher verlegt, nachdem die ursprüngliche Siedlung dem Staudamm weichen musste. Viele Mon sind vor den Konflikten in Birma nach Thailand geflohen und haben Wang Kha nachhaltig geprägt. Die Kinder spielen eine Art Cricket, die Frauen rauchen dicke Stumpen und viele schminken sich der Tradition entsprechend ihr Gesicht weiß.

Am Ende der Brücke bietet das **Dok Bua Homestay** (☏08 6168 6655; Zi. 300–500 B) Floßhäuser und Zimmer. Auf dem **Tagesmarkt** im Dorfzentrum ist immer viel los, während sich im Norden der **Wat Wang Wiwekaram** (Wat Mon) erstreckt, das spirituelle Zentrum der Mon in Thailand. Der Tempel besteht aus zwei 640 m voneinander entfernten Komplexen. Rechts der T-Kreuzung steht ein *wíhaan* mit Stufendach, schweren Holztüren mit Schnitzereien und Marmorgeländern. Links der T-Kreuzung erhebt sich der Chedi Luang Phaw Uttama, der dem Mahabodhi-*chedi* im indischen Bodhgaya nachempfunden ist. Abends wird die mit 6 kg Gold überzogene Kuppel angestrahlt. Nur Männer dürfen die Stufen bis zur Spitze hinaufgehen. Auf demselben Gelände befinden sich außerdem ein recht alter *chedi* und ein Kunsthandwerksmarkt.

Im Tempel lebte der hochverehrte Mönch Luang Phaw Uttama. Er wurde 1910 in Birma geboren, floh 1949 vor dem Bürgerkrieg nach Thailand und wurde eine der wichtigsten Stützen der Mon-Gemeinde. Mit seiner Hilfe wurden die Mon dieses Gebiet zugesprochen, als ihr ursprüngliches Dorf dem Stausee weichen musste. 2006 starb er im Alter von 97 Jahren im Srirat Hospital in Bangkok; seine Krankenhausrechnung beglich die thailändische Königin.

Besonders schön ist eine Fahrt mit dem **Privatboot** (400 B) durch den morgendlichen Nebel auf dem See. Die Route führt unter der Holzbrücke hindurch und an einem alten Mon-Tempel vorbei, der je nach Jahreszeit aus dem Wasser herausragt.

Khao-Laem-Stausee

SEE

(เขื่อนเขาแหลม) Der riesige See entstand nach dem Bau des Vachiralongkorn-Staudamms (vor Ort Khao Laem Dam genannt), der seit 1983 das Wasser des Mae Nam Khwae Noi staut. Das Dorf, das am Zusammenfluss der drei Flüsse Khwae Noi, Ranti und Sangkhalia lag, versank im See. In der Trockenzeit ragt der **Wat Sam Prasop** aus dem Wasser.

Die Morgendämmerung ist geradezu magisch, denn dann umspielen graue und blaue Nebelschwaden und die Geräusche der Natur das Wasser.

Baan Unrak

WAISENHAUS, FREIWILLIGENARBEIT

(บ้านอุ่นรัก; House of Joy; www.baanunrak.org) Das große orangefarbene Gebäude über dem Ort ist das **Baan Unrak** (House of Joy; www.baanunrak.org), das sich um verwaiste oder ausgesetzte Kinder verschiedener ethnischer Gruppen kümmert. Neben dem Kinderheim betreibt die Organisation auch ein Webereizentrum, um Frauen ein Einkommen zu ermöglichen. Außerdem unterstützt sie alleinstehende Mütter und arbeitet mit HIV-Infizierten bzw. Aids-Patienten. Die meisten Kinder im Baan Unrak sind Karen. Die neohumanistische Philosophie des Heims legt Wert auf vegetarische Ernährung, universelle Liebe und Meditation.

Wegen der hohen Flüchtlingszahlen in Sangkhlaburi besteht ein großer Bedarf an solchen Einrichtungen, und freiwillige Mitarbeiter werden immer gebraucht. Das Heim akzeptiert in der Regel nur Helfer, die sich auf mindestens sechs Monate verpflichten, aber Besucher sind jederzeit willkommen. Jeden Mittwoch um 18 Uhr führen die Kinder im Heim Yogaübungen vor.

Hilltribe Learning Centre

SCHULE, FREIWILLIGENARBEIT

(ศูนย์การศึกษาตามอัธยาศัยไทยภูเขา) Das Hilltribe Learning Centre liegt auf einem abgeschiedenen Hügel 10 km südlich von Sangkhlaburi. 1997 ging die buddhistische Nonne Pimjai Maneerat zum Meditieren in den Wald und wurde dort von ethnischen Gemeinschaften gefragt, ob sie sie unterrichten könne. Sie gründete ein Zentrum, das heute eine rudimentäre Schule umfasst, die 70 Kinder besuchen. Der Einzugsbereich ist allerdings noch begrenzt. Die meisten Schüler sind Karen; sie lernen Thai und grundlegende Fähigkeiten. Ohne das Zentrum würden sie keine Bildung erhalten. Die Nonne Pimjai, die die Anlage quasi allein leitet, freut sich über freiwillige Helfer, die unterrichten können oder sie bei den Haus-

---

EINE FRAGE DES GLÜCKS

Auf den Stufen zum **Chedi Luang Phaw Uttama** wartet auf Besucher eine Herausforderung. Auf halbem Weg gibt es eine Stufe mit dem Fußabdruck Buddhas. Daneben liegt eine Menge Münzen. Die Aufgabe ist einfach, die Belohnung groß: Wer es schafft, dass seine Münze auf dem Rand steht, ist für immer von Glück gesegnet.

Die Mon haben eine stolze Geschichte, aber heute sind sie in großer Gefahr, für immer zu verschwinden. Sie haben nicht nur den Theravada-Buddhismus in die Region gebracht, sondern vom 6. bis 11. Jh. auch das Königreich Dvaravati gebildet, das einen großen Teil der zentralen Ebenen von Thailand und Birma einnahm.

Viele Mon sind vor dem Militärregime in Birma nach Thailand geflohen und leben als Flüchtlinge rund um Sangkhlaburi. Knapp 1 Mio. Mon sprechen noch ihre Muttersprache. Sie kämpfen um ihr kulturelles Erbe, ihren Glauben und ihre Unabhängigkeit.

Zwischen den Birmanen und den Mon schwelt ein jahrhundertealter Konflikt. Die Briten nutzten diese Spannungen zwischen den beiden Volksgruppen aus und versprachen den Mon als Gegenleistung für deren Unterstützung bei der Kolonialisierung Birmas Unabhängigkeit. Als Birma 1948 seine Unabhängigkeit erlangte, strebten die Mon ihre Selbstbestimmung an. Doch nachdem ihre Anführer getötet und ihre Dörfer zerstört worden waren, verstummten die laut gewordenen Stimmen schnell wieder. 1974 wurde der teilautonome Mon-Staat geschaffen und 1996 ein Waffenstillstand ausgerufen, aber auch heute kommt es noch zu Zusammenstößen.

Lai Phipit ist Mitte 60 und gehört zu den vielen, die vor der Gewalt in ihrem Land flohen. Er erzählt: „Als ich ein Kind war, kamen Soldaten und befahlen allen Männern und Jungen, Waffen zu tragen, um gegen die Kommunisten zu kämpfen. Wer sich weigerte, wurde erschossen. Meine Familie entschied sich, nach Thailand zu fliehen."

23 800 der 47 000 Bewohner Sangkhlaburis stammen aus ethnischen Gemeinschaften. Thailand toleriert ihre Anwesenheit, tut aber nicht viel mehr. Die Mon bekommen thailändische Ausweise, die ihnen so gut wie keine Rechte verleihen. Reisen dürfen sie nur begrenzt und rund um Sangkhlaburi und den Drei-Pagoden-Pass gibt es Kontrollpunkte. Viele Mon und Karen arbeiten für 150 B oder weniger am Tag. Das liegt unter dem thailändischen Mindestlohn, ist jedoch mehr, als sie in Birma verdienen würden. Sie haben Angst, festgenommen, verschleppt oder überfallen zu werden, weswegen in vielen Gemeinschaften selbst auferlegte Ausgangssperren gelten.

Auch weiterhin werden die Mon in Birma unterdrückt; es gibt viele Berichte über Vergewaltigungen, körperliche Misshandlungen und Verhaftungen. Die Mon haben nur die Wahl zwischen einem Land (Myanmar), in dem sie unterdrückt werden, und einem anderen (Thailand), wo sie wenig Rechte haben. Deswegen besteht die reale Gefahr, dass dieses Volk mit seiner alten Kultur sich schließlich vollständig anpasst und seine stolzen Traditionen für immer verloren gehen.

Ein Mon-Dorf in der Nähe von E-Thong pflegt seine Kultur, indem es **Übernachtungen bei Familien** (450 B) und traditionelle Vorstellungen anbietet. Genaueres gibt's beim **Phuiyara Resort** (☎0 3468 5632).

haltsarbeiten unterstützen. Besonders willkommen sind Englischlehrer.

Es gibt hier einfache Unterkünfte; weitere Infos hält das P Guest House bereit.

🛏 Schlafen

P Guest House   PENSION **$$**
(☎0 3459 5061; www.pguesthouse.com; 8/1 Mu 1; Zi. 250–950 B; ❄) Die Pension mit Englisch sprechendem Personal und Traumaussicht ist beliebt (reservieren!). Die einfachen Zimmer mit Ventilator haben Gemeinschaftsbäder. Die Pension organisiert Ausflüge und verleiht Motorräder, Fahrräder und Kanus.

The Nature Club   ABENTEUERRESORT **$$$**
(☎0 3459 5596; www.thenatureclubresort.com; Zi. 800–2500 B, Zelte 300 B) Das riesige Resort am Stadtrand Sangkhlaburis richtet sich an Abenteuerlustige und Naturliebhaber und bietet Thailands längste Seilrutsche (800 m), Seen und Kajaktouren. Auch Nicht-Gäste können die Aktivitäten buchen.

Ban Thor Phan   KURRESORT **$$$**
(☎0 3459 5018; Zi. 2500–36 000 B; ❄ ❄) Zum gesundheitsfördernden Angebot des großartigen Resorts gehören Kristallbehandlungen, Chlorophyllbäder und Yoga. Die Zimmer sind kühl und entspannend.

Burmese Inn   PENSION **$$**
(☎0 3459 5146; www.sangkhlaburi.com; 52/3 Mu 3; Zi. 400–800 B; ❄) Nach Renovierungsarbeiten sind selbst die billigsten Zimmer mittlerweile recht nett und verfügen über Fernseher und Warmwasser. Im hauseige-

nen Restaurant werden birmanische und thailändische Gerichte serviert.

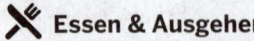 Essen & Ausgehen

Wegen ihrer malerischen Lage am Wasser isst ein Großteil der Besucher in den Pensionen zu Abend. Wie in den meisten thailändischen Orten bietet der Markt aber die größte kulinarische Auswahl. Empfehlenswert sind die leckeren thailändischen und birmanischen Currys (20 B). Das Nachtleben ist auf ein Bier in der jeweiligen Pension oder im Western Bar and Country begrenzt, das außerdem tolle Burger und Thai-Küche auf den Tisch bringt.

Baan Unrak Bakery   BÄCKEREI **$**
(Snacks 25–90 B) Vegetarier werden von dem vegetarischen Café mit seinen leckeren Backwaren begeistert sein. Die Bäckerei gehört zur Baan-Unrak-Kooperative.

Shoppen

Besucher, die an Webarbeiten der Karen interessiert sind, finden in der Baan Unrak Bakery oder im Geschäft vor dem P Guest House schöne Stücke; sie werden von Frauen der Baan-Unrak-Kooperative hergestellt.

Weaving for Women KLEIDUNG, KUNSTHANDWERK (www.weavingforwomen.org) In der Straße, wo das P Guest House steht, verkauft der Laden handgewebte Produkte, die von heimatvertriebenen Mon- und Karen-Frauen, hergestellt werden.

❶ Praktische Informationen

Die Siam Commercial Bank (mit Geldautomat) liegt in der Nähe des Marktes. Internetcafés gibt's ebenfalls in Marktnähe (15–20 B/Std.). Mit dem Telefon vor der Post an der Hauptstraße kann man Auslandsgespräche tätigen.

❶ An- & Weiterreise

Gegenüber dem Markt dient ein Stück Brachland als Busbahnhof. Zu den Zielen gehören:

Kanchanaburi (150 B, 5 Std.) Bus 8203 fährt um 6.40, 8.15, 9.45 und 13.15 Uhr ab und hält in Sai Yok und Kanchanaburi.

Für Verbindungen nach Bangkok wendet man sich an das Buchungsbüro am Markt oder an das Minivan-Büro hinter dem Markt.

Bangkoks Nord-Busbahnhof (Mo Chit) (2./1. Klasse 228/293 B, 7 Std.) Die Busse fahren um 7.30, 9, 10.30 und 14.30 Uhr ab. Der um 14.30 Uhr ist die einzige 1.-Klasse-Verbindung.

Kanchanaburi (175 B, 3½ Std., 6–16 Uhr alle 30 Min.) Kleinbusse halten in Thong Pha Phum (80 B).

Eine Fahrt mit dem Motorradtaxi zu den Pensionen kostet rund 15 B. Sangkhlaburi liegt etwa 230 km von Kanchanaburi und 74 km von Thong Pha Phum entfernt.

Rund um Sangkhlaburi

DREI-PAGODEN-PASS   ด่านเจดีย์สามองค์
Die namensgebenden Pagoden *(prá jair·dee săhm ong)* sind zwar recht unauffällig, dafür ist die Grenzstadt mit ihren starken birmanischen Einflüssen einen Besuch wert.

Jenseits der Grenze liegt die Ortschaft Payathonzu mit **Souvenirmarkt** und ein paar **Teehäusern**. Bevor man sich zur Grenze aufmacht, sollte man sich über die aktuelle Lage informieren, weil die Regierung Myanmars immer wieder wegen Kämpfen zwischen der birmanischen Armee und Aufständischen die Grenze dicht macht. Zur Zeit der Recherche war die Grenze erstmals nach drei Jahren wieder offen, allerdings nur für thailändische Staatsbürger.

Ist die Grenze geschlossen, findet man auf dem **Markt** auf der thailändischen Seite immerhin noch Händler, die birmanischen Whisky, Schmuck, Zigarren und skurrile Arzneimittel, darunter Ziegenköpfe, verkaufen. Am Eingang zu einem Nudelrestaurant befindet sich eine Zeitkapsel, die 1995 von alliierten Kriegsgefangenen anlässlich des 50. Jahrestags der Fertigstellung der „Todesbahn" hier vergraben wurde. Wer zufällig am 20. April 2045 in der Gegend sein sollte, kann miterleben, wie sie geöffnet wird.

Ist die Grenze geöffnet, können sich Ausländer ein nicht verlängerbares Tagesvisum besorgen. Dafür muss man seinen Pass hinterlegen und ein Passbild bei der thailändischen Einreisebehörde abgeben. Bei der Einreisebehörde von Myanmar ist eine Einreisegebühr von 500 B bzw. 10 US$ fällig, zudem werden eine Kopie des Passes (die Seite mit dem Foto) und ein Passbild verlangt. Bei der Rückreise nach Thailand bekommt man den Pass zurück. Die Kopien kann man in einem kleinen Laden in der Nähe der thailändischen Einreisebehörde machen.

Der Pass blickt auf eine Geschichte voller Gewalt zurück und gilt noch heute als bekannte Schmuggelroute für Drogen, Holz, Halbedelsteine und Amphetamine.

Vom Busbahnhof in Sangkhlaburi fahren alle 40 Minuten grüne *sŏrng·tăa·ous* (30 B, 40 Min.) hierher. Die Grenze liegt einen kurzen Fußmarsch von der *sŏrng·tăa·ou*-Haltestelle am Drei-Pagoden-Pass entfernt.

Ko Chang & Ostküste

Inhalt »

Gut essen

» Mum Aroi (S. 218)

» Barrio Bonito (S. 246)

» Cool Corner (S. 234)

» Pan & David Restaurant
(S. 213)

Schön
übernachten

» Birds & Bees Resort
(S. 218)

» Tubtim Resort (S. 225)

» Ban Jaidee Guest House
(S. 233)

» Bang Bao Sea Hut
(S. 244)

» Paradise Cottages
(S. 244)

Auf nach Ko Chang!

Schon lange flüchten die Thais am Wochenende aus ihrer Tretmühle in Bangkok an die Ostküste. So entstanden hier einige der ersten Ferien- und Badeorte des Landes, denen bald weitere folgten, wo immer das Meer an den feinen Sandstrand plätschert. Mit der zunehmenden Industrialisierung Thailands blieben daher nur wenige Strände, die sich in Reichweite der Hauptstadt befinden, so spektakuläre Ausnahmen wie Ko Samet. Die etwas weiter entfernte Insel Ko Chang bietet mit ihren Schwesterinseln noch die beste „Tropenatmosphäre" der Region, ist aber ziemlich überlaufen.

Direkt hinter dem Küstengebirge befindet sich schon Kambodscha, und so erweist sich die Ostküste als angenehmes, kulturelles Bindeglied zwischen den beiden Ländern. Während der Kolonialzeit, als sich der Grenzverlauf ständig änderte, war so ziemlich jede thailändische Stadt auf dem Festland irgendwann einmal von den Franzosen besetzt. Wer in der Gegend unterwegs ist und sich die Zeit nimmt, auch weniger bekannte Orte zu entdecken, wird auf viele Überbleibsel aus dem alten Siam stoßen, leckeres Essen auf den Märkten bekommen und ein von einem gelassenen Wohlstand bestimmtes Alltagsleben vorfinden.

Reisezeit

Die beste Reisezeit für die Ostküste ist am Ende der Regenzeit, also im November, und vor Beginn der Hochsaison (Dez.–März). Dann ist es angenehm kühl, die Landschaft ist üppig grün und die Preise sind angemessen. Während der Ferien über Weihnachten und Neujahr ist auf Ko Chang Hochsaison. Erst im März wird es wieder ruhiger, aber dann beginnt die heiße Trockenzeit.

In der Regenzeit, die von Mai bis Oktober dauert, schließen einige Hotels und Geschäfte auf Ko Chang, auf den Nachbarinseln Ko Wai, Ko Mak und Ko Kut ist alles dicht. Während des Monsuns ist Ko Samet die beste Wahl, da es dort nicht ganz so viel regnet.

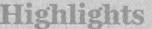

Highlights

1. Die Strände von **Ko Chang** (S. 235) erkunden und durch den Dschungel wandern
2. Sich im kristallklaren Wasser von **Ko Kut** (S. 251) treiben lassen
3. Mit den Fischen in den kleinen Buchten von **Ko Wai** (S. 248) schwimmen
4. Die vielen Buchten der hübschen Insel **Ko Samet** (S. 222) entdecken, die ganz nahe bei Bangkok liegt – und doch Welten entfernt ist
5. Den Juwelenhändlern in der Altstadt von **Chanthaburi** (S. 228) beim Feilschen zuschauen
6. Mit den Einheimischen auf den Tagesmärkten von **Trat** (S. 232) einkaufen
7. Mit einem Zwischenstopp in **Si Racha** (S. 210) und einem Tagesausflug auf **Ko Si Chang** (S. 212) dem Gedränge und Gehetze Bangkoks entkommen
8. In Pattaya das moderne Meisterwerk des **Sanctuary of Truth** (S. 214) als kunstvoll geschnitzten Beweis für die hohe Kunst des Buddhismus und Hinduismus bewundern
9. Die ganze Küste entlang Meeresfrüchte essen – deshalb kommen schließlich auch die Thais her

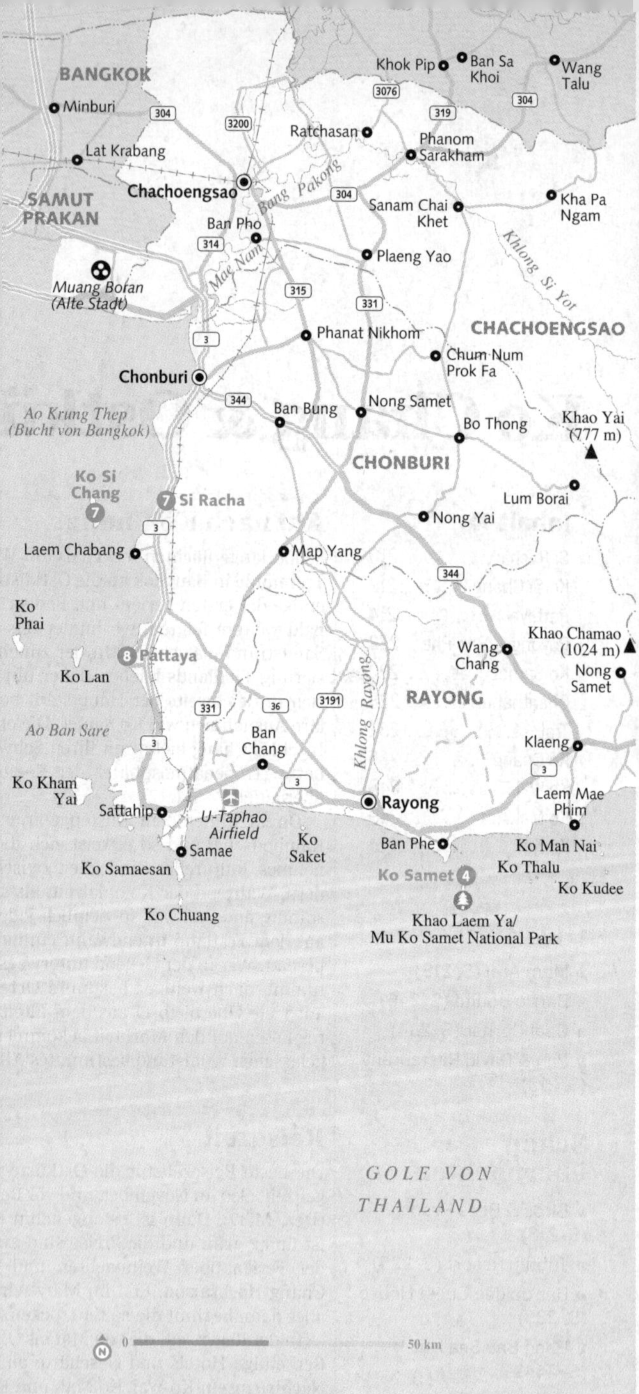

BANGKOK
Minburi
Lat Krabang
SAMUT PRAKAN
Chachoengsao
Bang Pakong
Ban Pho
Mae Nam
Muang Boran (Alte Stadt)
Khok Pip
Ban Sa Khoi
Wang Talu
Ratchasan
Phanom Sarakham
Sanam Chai Khet
Kha Pa Ngam
Plaeng Yao
Khlong Si Yot
CHACHOENGSAO
Phanat Nikhom
Chum Num Prok Fa
Chonburi
Ao Krung Thep (Bucht von Bangkok)
Ban Bung
Nong Samet
Bo Thong
Khao Yai (777 m)
CHONBURI
Ko Si Chang
7 Si Racha
Lum Borai
Nong Yai
Laem Chabang
Map Yang
Ko Phai
8 Pattaya
Ko Lan
Wang Chang
Khao Chamao (1024 m)
Nong Samet
RAYONG
Khlong Rayong
Ao Ban Sare
Ban Chang
Klaeng
Ko Kham Yai
Sattahip
U-Taphao Airfield
Rayong
Laem Mae Phim
Ko Saket
Ban Phe
Ko Man Nai
Samae
Ko Samaesan
Ko Samet 4
Ko Thalu
Ko Kudee
Ko Chuang
Khao Laem Ya/ Mu Ko Samet National Park
GOLF VON THAILAND
304
3200
3076
319
304
304
314
315
331
3
344
3
344
331
36
3191
3
3
3
0
50 km

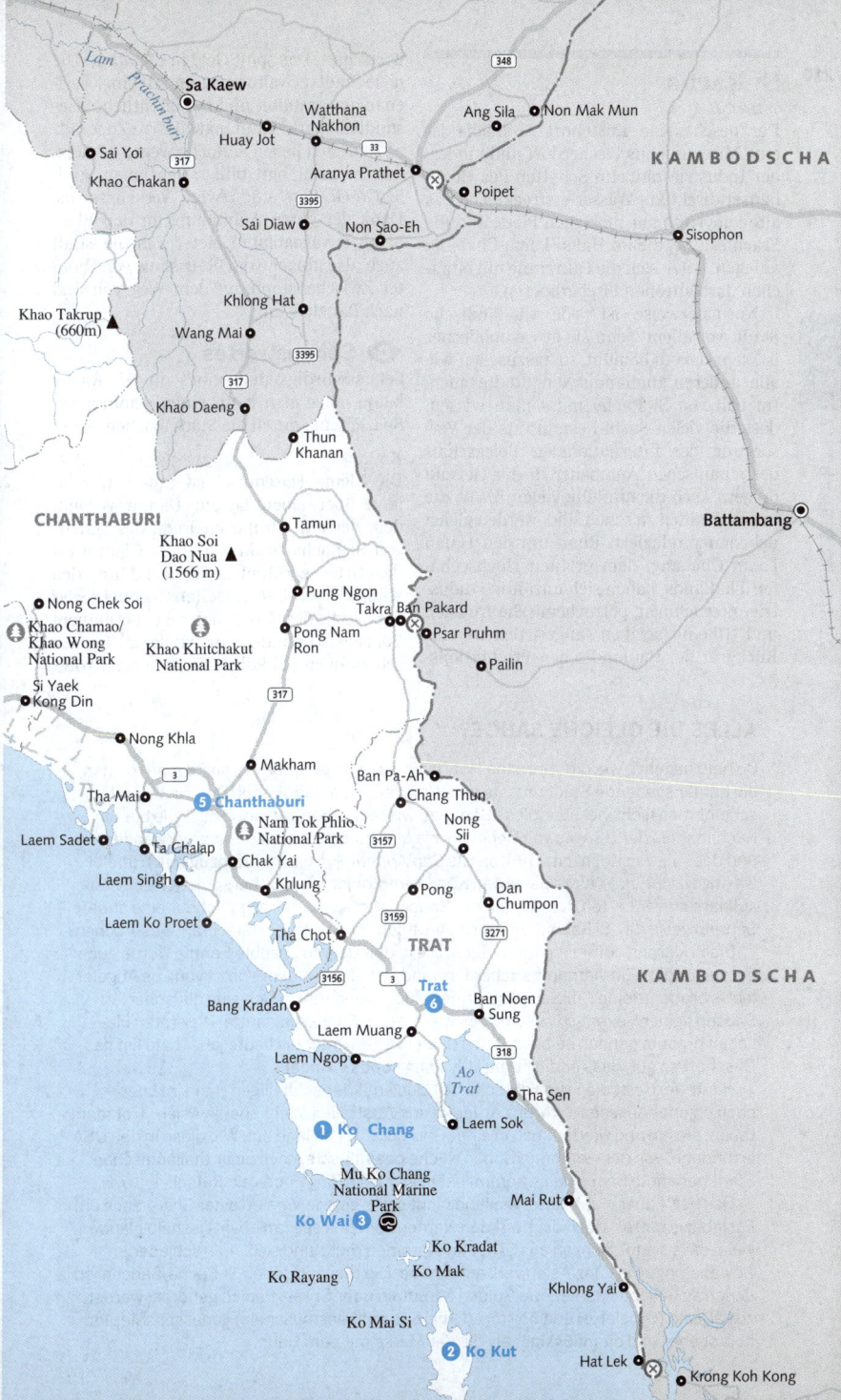

Si Racha

ศรีราชา

68 292 EW.

Der bescheidene Küstenort Si Racha ist eine Mischung aus Fischerdorf und moderner Industriestadt. Im Schatten der Hochhäuser direkt am Wasser erstreckt sich das alte Labyrinth aus morschen Piers, und die Frachtschiffe, die im Hafen Laem Chabang anlegen, teilen sich die Fahrrinne mit einfachen, farbenfrohen Fischerbooten.

Normalerweise ist jede thailändische Stadt, vor allem wenn sie etwas moderner ist, sehr darum bemüht, so auszusehen wie alle anderen thailändischen Städte auch. Im Fall von Si Racha muss man wissen, dass die vielen Sushi-Restaurants der Versorgung der internationalen Belegschaft der japanischen Autobauer in der Gegend dienen. Auch die auffällig vielen BMW, die in den Straßen zu sehen sind, werden gleich nebenan produziert. Rund um den Hafen Laem Chabang, dem größten Hochseehafen Thailands, haben sich unzählige Industrieunternehmen, petrochemische Anlagen und Chemiefabriken angesiedelt – das Rückgrat der thailändischen Produktionswirtschaft. Das spült Geld in die Stadt: Die neue Stadtverwaltung ist im Stil einer Ferienanlage gestaltet und der öffentliche „Gesundheitspark" ist in makellosem Zustand.

Touristen lieben Si Racha wegen all dem, was es nicht hat: billige Pensionen, grelle Go-Go-Bars und ewige Verkehrsstaus. Dank der guten Anbindung an den Flughafen Suvarnabhumi bietet sich die Stadt auch als ruhiger, vom Tourismus verschonter Zwischenstopp auf dem Weg von und nach Bangkok an.

◉ Sehenswertes

Sehenswürdigkeiten gibt's in Si Racha kaum, aber man kann einen gemütlichen Spaziergang durch die Stadt machen.

Ko Loi
INSEL

Die kleine Felseninsel ist mit dem Festland über einen langen Damm verbunden, der am nördlichen Ende des Hafens von Si Racha beginnt und als Glanzstück des Ortes gerühmt wird. Rund um den thailändisch-chinesischen Tempel (◉bei Tageslicht) der Insel herrscht permanent Volksfeststimmung, in riesigen Teichen schwimmen Schildkröten jeglicher Größe,

---

ALLES DIE GLEICHE SAUCE?

So heiß begehrt, wie die „Sriracha Hot Chili Sauce" in den USA ist, sollte man meinen, die namensgebende Stadt müsste eine einzige Saucenfabrik sein. Doch in Si Racha scheint man nicht viel über diese Sauce zu wissen, schon gar nicht, dass die besten Küchenchefs der USA sie von Cocktails bis Marinaden für einfach alles verwenden und dass sie von Kochzeitschriften wie *Bon Appetit* – in einem Atemzug mit Trüffelöl – als unverzichtbare Würze der guten Küche empfohlen wird. Dabei sprechen selbst die kulinarisch Versierten den Namen der Sauce falsch aus: „Sriracha" ist nur eine andere Schreibweise für „Si Racha" und wird „si-rätsch-äh", nicht „sö-rätsch-äh" gesprochen.

Die Erklärung dafür ist ganz einfach: Die in den USA so beliebte Pampe wurde auch dort erfunden. Ein vietnamesischer Einwanderer, der in einem Vorort von Los Angeles lebte, brauchte eine Chilisauce zu seinen Nudeln und rührte sich eine der scharfen Saucen seiner Heimat so zusammen, wie er sie in Erinnerung hatte. Die ersten Flaschen brachte er noch selbst mit dem Lieferwagen unter die Leute, aber bald lief das Geschäft so gut, dass er die Firma Huy Fong Foods gründete.

Heute vertreibt die Firma die scharfe Sauce mit dem auffälligen Hahn im Logo – nach eigener Aussage – in ganz Amerika und Australien, nicht aber in Asien. Trotzdem taucht sie hin und wieder doch in einer Garküche in Thailand auf. Wie diese in den USA erfundene, von der vietnamesischen Küche beeinflusste, nach einer thailändischen Stadt benannte Sauce dahin kommt, ist selbst Huy Fong Foods ein Rätsel.

Das heißt aber nicht, dass Thailand nicht seine eigene Version einer Chili-Sauce auf Essigbasis hätte – doch die trägt den Namen *nám prík sěe rah·chah*. Deshalb glauben viele, dass sie tatsächlich aus Si Racha stammen muss und sich in verschiedenen Abwandlungen in ganz Asien verbreitet habe. Die thailändischen Si-Racha-Saucen, zu denen so beliebte Marken wie Golden Mountain oder Sriraja Panich gehören, werden zu *kài jee·o* (Omelette) und *hǒy tôrt* (Omelette mit Miesmuscheln) gegessen. Sie sind homogener und dünnflüssiger als die der Marke mit dem Hahn.

von winzigen Jungtieren bis zu uralten Senioren. Hier legt auch das Boot zur vorgelagerten Insel Ko Si Chang ab.

Gesundheitspark PARK

Der direkt am Wasser liegende Gesundheitspark ist wohl der am besten gepflegte, städtische Park in ganz Thailand. Die frische Seeluft streicht über einen Spielplatz, ein schattiges Café mit WLAN und einen Joggingpfad. Allabendlich werden jede Menge Aktivitäten geboten.

🛏 Schlafen

Die originellsten (will heißen: einfachsten) Unterkünfte sind die Holzhäuser auf den Piers.

Siriwatana Hotel HOTEL $

(☎0 3831 1037; Soi Siriwatana, Th Jermjompol; Zi. 200 B) Das Holzgebäude steht auf Pfählen hoch über dem Meer. Vom Guckloch der Stehtoilette sieht man direkt aufs Wasser. Schlicht und einfach, aber billig.

Samchai HOTEL $

(☎0 3831 1800; Soi 10, Th Jermjompol; Zi. 300 B) Wer nach einem „Hotel"-Schild Ausschau hält, findet ein weiteres aus Holz gebautes Hotel am Pier, das etwas komfortabler ist. Allerdings kommt man sich ein bißchen vor wie im Fährhafen: Auf kahlen Zementböden winden sich gelbe Linien durch den riesigen Gebäudekomplex.

Seaview Sriracha Hotel HOTEL $$

(☎0 3831 9000; 50-54 Th Jermjompol; Zi. 900–1200 B; ❄@) Große, gemütliche Zimmer, von denen einige auf Meer und Pier hinausgehen. Die Zimmer zur Straße hin können etwas laut sein, aber in Si Racha ist nicht wirklich viel los und die Bürgersteige werden früh hochgeklappt.

🍴 Essen & Ausgehen

Si Racha ist vor allem bekannt für Meeresfrüchte.

Moom Aroy SEAFOOD $$

(kein Schild in lateinischer Schrift; Gerichte 100–350 B; ⏱mittags & abends) „Moom Aroy" heißt übersetzt „köstliche Ecke" – und das trifft voll und ganz zu. Hier kann man am besten in ganz Si Racha die typischen Meeresfrüchte genießen und dabei den Blick über die am Pier zum Trocknen aufgehängten Tintenfische schweifen lassen. Um zu dem Restaurant nördlich der Stadt zu gelangen, geht man am Samitivet Sriracha Hospital links vorbei und hält Ausschau

nach dem Aquarium mit dem 2 m langen Fisch, das vor dem Haus steht.

Bang Saen SEAFOOD $$

(Gerichte 100-250 B; ⏱mittags & abends) Die Thais beurteilen einen Strand nach den Meeresfrüchte-Restaurants, die sich dort befinden. Deshalb ist dieser Badeort, 18 km nördlich der Stadt, bei Wochenendurlaubern aus Bangkok und Studenten aus Si Racha gleichermaßen beliebt. Das Essen und der Ausblick sind wirklich toll, da kann man das Baden getrost vergessen. Der Ort ist nicht mit öffentlichen Verkehrsmitteln zu erreichen.

Ko-Loi-Seafood-Stände
SEAFOOD **$**
(Gerichte 40–160 B; ⊙mittags & abends) Die einfachen Essensstände auf dem Damm, der die Stadt mit der Insel Ko Loi verbindet, haben sich auf frische Meeresfrüchte spezialisiert, die alle sehr gut sind. Speisekarten nur in Thai!

Night Square
MARKT **$**
(Th Jermjompol & Th Si Racha Nakorn; Gerichte ab 50 B; ⊙17 Uhr) Dieser Nachtmarkt ist ziemlich klein, aber es gibt genügend Essensstände, um satt zu werden.

Picha Cake Garden
BÄCKEREI **$**
(Ecke Th Jermjompol & Th Surasak 1; Kaffee 40 B; ⊙morgens, mittags & abends) Leckere Backwaren, guter Kaffee und eine kühlende Klimaanlage machen das blitzblanke Café zum idealen Ort, um sich von dem geschäftigen Treiben in den Straßen von Si Racha zu erholen. Und WLAN gibt's auch.

Asami Sriracha
JAPANISCH **$$**
(Th Jermjompol; Gerichte 150–250 B; ⊙mittags & abends) In dem ganz auf die japanische Gemeinde der Stadt eingerichteten Restaurant gibt's Sushi, Udon-Nudeln und Katsu-Gerichte.

Pop Pub
BAR
(Th Jermjompol; Gerichte 60–220 B; ⊙17–23 Uhr) Zu der Mischung aus Kneipe und Musikclub direkt am Meer würde „Rock Café" besser passen. Das Speiseangebot reicht von salzigen Snacks bis zu vollwertigen Mahlzeiten. Dazu gibt's jede Menge flüssige Nahrung.

ⓘ Praktische Informationen

Krung Thai Bank (Ecke Th Surasak 1 & Th Jermjompol)

Post (Th Jermjompol) Ein paar Blocks nördlich der Krung Thai Bank.

Das **Samitivet Sriracha Hospital** (☏0 3832 4111; Soi 8, Th Jermjompol) gilt als das beste Krankenhaus in Si Racha.

ⓘ Anreise & Unterwegs vor Ort

Si Racha hat keinen Busbahnhof im eigentlichen Sinne, doch Abfahrt und Ankunft der meisten Busse ist in der Th Sukhumvit (Hwy 3). So fahren öffentliche Busse im Stundentakt von einem Büro neben dem Einkaufszentrum TukCom IT Mall in der Th Sukhumvit zu den Busbahnhöfen Ost (Ekamai) (88–155 B, 2 Std.), Nord (Mo Chit) (100 B, 1½ Std.) und Flughafen Suvarnabhumi (100 B, 1 Std.) in Bangkok.

Die Minivans, die vor dem Kaufhaus Robinson in der Th Sukhumvit starten, fahren mehrmals täglich zu den verschiedenen Busbahnhöfen (100–120 B) und dem Siegesdenkmal (100 B) in Bangkok.

Die aus Bangkok kommenden Busse fahren alle weiter nach Pattaya (50 B) und in andere Orte im Osten. Die weißen sŏrng·tăa·ou (kleine Pickup-Laster), die zum Markt in Naklua, nördlich von Pattaya, fahren, starten den ganzen Tag über beim Uhrenturm (25 B, 30 Min.).

Die Büros der privaten Busgesellschaften befinden sich ebenfalls in der Th Sukhumvit und zwar südlich der Kreuzung mit der Th Surasak. Ihre Überlandbusse fahren nach Nong Khai (506 B, 12 Std., tgl. 1 Nachtbus), Khorat (380 B, 5 Std., tgl. 2 Nachtbusse) und Phuket (848–1138 B, tgl. 1 Nachtbus).

Der Zug, der einmal täglich von Bangkok nach Pattaya fährt, hält auch in Si Racha. Abfahrt ist um 6.55 Uhr im Bahnhof Hualamphong, die Rückfahrt von Si Racha ist um 14.50 Uhr (3. Klasse 100 B, 3 Std.). Der Bahnhof von Si Racha befindet sich 3 km landeinwärts.

Eine Fahrt mit dem Tuk-Tuk (motorisierte Rikscha) innerhalb der Stadt kostet zwischen 30 und 40 B.

Ko Si Chang
เกาะสีชัง

5012 EW.

Obwohl Ko Si Chang einst die Sommerresidenz des thailändischen Königshauses war, hat es immer noch die Atmosphäre eines Fischerdorfes und genügend Sehenswürdigkeiten für einen ganzen Tag. Am Wochenende wird die Insel von Thais aus Bangkok gestürmt, die sich mit Meeresfrüchten satt essen, Fotos mit Meereshintergrund schießen und zu den Tempeln der Insel pilgern.

⊙ Sehenswertes

GRATIS Phra-Chudadhut-Palast
HISTORISCHE STÄTTE
(⊙Di–So 9–17 Uhr) Der ehemalige Palast war von König Chulalongkorn (Rama V.) in den Sommermonaten genutzt worden, wurde jedoch aufgegeben, als die Franzosen 1893 die Insel für kurze Zeit besetzten. Der herrliche Hauptthronsaal aus vergoldetem Teakholz, der auch als Vimanmek Teak Mansion oder Wimanmek-Palast bekannt ist, wurde 1910 nach Bangkok gebracht (s. S. 93).

Übriggeblieben sind eher bescheidene Gebäude im viktorianischen Stil, die auf die architektonischen Vorlieben des Königs hinweisen. Im **Ruen Vadhana** und **Ruen Mai Rim Talay** sind historische Erinnerungsstücke an die Aufenthalte des Königs auf der

Insel und Dokumente zu seinen Arbeitsbeschaffungsprogrammen ausgestellt. So hielt er vor der Inselbevölkerung einst einen Vortrag über die Institution des Nachmittagstees in Europa. Weiter oben am Berg steht der **Wat Asadang Khanimit**, in dem sich ein kleiner, geweihter Raum befindet, in dem Rama V. zu meditieren pflegte. Das einzigartige Buddhabildnis im Inneren des Heiligtums wurde vor über 50 Jahren von einem hier lebenden Mönch geschaffen. In der Nähe ragt ein einzelner Felsen auf, der in heilige Gewänder gehüllt ist. Er wird „Glockenfels" genannt, weil er wirklich wie eine Glocke klingt, wenn man ihn anschlägt.

Da die gesamte Anlage in königlichem Besitz ist, darf man sie eigentlich nur in angemessener Bekleidung – Arme und Beine müssen bedeckt sein – besuchen, doch es gibt keinerlei Aufsichtspersonal, das auf die Einhaltung dieser Vorschrift achten könnte. Überhaupt ist das ganze Anwesen in sehr schlechtem Zustand, was umso erstaunlicher ist, als es in unmittelbarer Nähe von Bangkok liegt und an einen allgemein hoch verehrten König erinnert.

Cholatassathan-Museum   AQUARIUM

(Eintritt gegen Spende; ⊗Di–So 9–17 Uhr) Kurz bevor man den Palast erreicht, stößt man auf das Meeresmuseum, in dem sich ein paar Wassertiere tummeln, die mit einer Flut von englischsprachigen Hinweistafeln erläutert werden. Sehenswert ist das Streichelbecken – allerdings nicht wegen der Tiere darin, sondern wegen der Thais drum herum, die darüber diskutieren, welche wohl am besten schmecken. Das Aquarium wird vom Meeresforschungsinstitut der Universität auch zur Korallenforschung genutzt.

San Jao Phaw Khao Yai   TEMPEL

(⊗bei Tageslicht) Der kunstvoll verzierte chinesische Tempel, der noch aus der Zeit stammt, als chinesische Kaufleute in der geschützten Bucht vor Anker gingen, ist die beeindruckendste Sehenswürdigkeit der Insel. Seinetwegen strömen die Festlandchinesen zum chinesischen Neujahrsfest im Februar auf die Insel. Der Tempel mit Höhlenschreinen, verschiedenen Ebenen und einem herrlichen Ausblick liegt östlich der Stadt, auf einem Hügel hoch über dem Meer, wo heute die modernen Barken auf ihre Passagiere warten.

Wat Tham Yai Phrik   TEMPEL

(วัดถ้ำยายปริก; Spenden erwünscht; ⊗Sonnenaufgang–Sonnenuntergang) Das buddhistische Kloster wurde über und um Meditationshöhlen errichtet, die sich im Inneren des zentralen Kalksteingebirges der Insel befinden. Vom *chedi* (Stupa), der sich auf dem Hügel erhebt, hat man einen tollen Ausblick. Aus ganz Thailand kommen Mönche und Nonnen, um die friedliche Ruhe der Höhlen zu nutzen. In der Regel ist immer jemand da, der die Besucher durchs Kloster führt und den Buddhismus erklärt. Möglich sind auch mehrtägige Meditationsaufenthalte.

Hat Tham Phang   STRAND

Am einfach ausgestatteten Strand von Hat Tham Phang („Eingestürzte Höhle") im Südwesten der Insel werden Liegestühle und Sonnenschirme vermietet. Im Meer zu baden ist nicht zu empfehlen, wohl aber ausgiebig in der Sonne.

🏃 Aktivitäten

Einige Einheimische bieten **Schnorchelausflüge** zur Fledermausinsel Koh Khang Khao an, die sich vor der Südspitze von Ko Si Chang befindet. Infos gibt's im Restaurant Pan & David.

Seekajaks können am Hat Tham Phang für 150 B pro Stunde gemietet werden. Eine schöne Paddeltour führt an der Küste entlang nach Koh Khang Khao, wo man auch gut schnorcheln kann.

Si Chang Healing House   MASSAGE

(☑0 3821 6467; 167 Mu 3 Th Makham Thaew; ⊗Do–Di 8–18 Uhr) Die Massagen und Kosmetikbehandlungen (400–800 B) werden in einem Gartenlabyrinth gegenüber dem Restaurant verabreicht.

🍴 Essen

In der Stadt gibt's einige kleine Restaurants, in denen man am besten die einfach zubereiteten Meeresfrüchte isst.

📍 Pan & David Restaurant   INTERNATIONAL $$
LP TIPP

(☑0 3821 6629; 167 Mu 3 Th Makham Thaew; Gerichte 50–260 B; ⊗Mi–Mo morgens, mittags & abends) Mit Hühnchen aus Freilandhaltung, hausgemachtem Eis – besonders lecker: Wal- und Pekannuss! –, frischem Kaffee aus der French Press, einer guten Weinkarte und ausgezeichneter Thai-Küche kann man hier nichts falsch machen. Deshalb ist auch telefonische Reservierung erforderlich! Das Restaurant ist 200 m vom Palast entfernt.

Lek Tha Wang   SEAFOOD $

(Gerichte 60–150 B; ⊗mittags & abends) Das berühmte Restaurant neben dem Eingang zum Palast ist bei den Thais vor allem wegen der Flügelschnecken und sonstigem Schalengetier sehr beliebt, doch es gibt auch *dôm yam gûng* (sauer-scharfe Garnelensuppe) und gebratenen Fisch.

ℹ️ Praktische Informationen

Das einzige Dorf auf der Insel befindet sich auf der dem Festland zugewandten Seite. Dort ist auch die Anlegestelle für die Fähre. Eine holprige Straße führt vom Dorf zu allen Sehenswürdigkeiten der Insel.

Die **Kasikornbank** (99/12 Th Atsadang) hat einen Geldautomaten und tauscht Geld um.

Post (Th Atsadang) In der Nähe des Piers.

www.koh-sichang.com Eine ausgezeichnete Quelle für Infos über die Insel.

ℹ️ Anreise & Unterwegs vor Ort

Zwischen 7 und 20 Uhr legt die Fähre nach Ko Si Chang stündlich am Verbindungssteg nach Ko Loi in Si Racha ab (einfache Strecke 40 B). Abfahrt in Ko Si Chang ist ebenfalls stündlich, allerdings von 6–18 Uhr. Die Fähren legen pünktlich ab!

Die Tuk-Tuks auf Ko Si Chang fahren für 40–60 B überall hin. Eine Rundfahrt um die Insel kostet zwischen 250 und 300 B, meistens ist Handeln angesagt.

Motorräder werden am Pier vermietet.

Pattaya พัทยา

215 888 EW.

Das Synonym für Prostitution schlechthin steht ungerührt zu seiner wichtigsten Einnahmequelle. Die Go-Go-Bars, Massagesalons und Stripteaselokale, die sich in der Innenstadt dicht an dicht aneinanderreihen, lassen Bangkoks Rotlichtviertel dagegen bescheiden und kleinstädtisch erscheinen. Selbst tagsüber legt die Stadt ihr zwielichtiges Image nicht ab, wenn die frisch angekommenen Familien aus Russland und Osteuropa zumindest zahlenmäßig den Dragqueens mit ihren Stilettos Konkurrenz machen. Seit Kurzem haben auch Thais aus Bangkok Pattaya als günstiges Wochenendziel entdeckt. Wenn sie direkt am Wasser, aber im Trockenen, sitzen und essen, freuen sie sich, dass es hier so viel billiger und das Meer so viel klarer ist als in Hua Hin. Bedeutet das etwa, dass aus dem Sündenpfuhl nun ein Sommerferienort für alle wird? Wohl kaum, doch inmitten des Lasters gibt es ein paar Nischen der Anständigkeit (die, abgesehen von ein paar aufrechten Missionaren, kaum jemanden wirklich locken dürften).

Die Stadt erstreckt sich rund um die halbmondförmige Bucht von **Ao Pattaya**, wo in den 1960er-Jahren der erste Ferienort Thailands entstand. In der Umgebung befindet sich heute die Basis der thailändischen Produktionswirtschaft, die die Bucht vom Fischerdorf und Badeort in einen Industriehafen verwandelt hat. Einige Thais aus der Region baden hier immer noch, aber das ist angesichts des stark verschmutzten Wassers nicht zu empfehlen. Viel besser ist es, an der malerischen Uferpromenade im Schatten der Palmen entlang zu spazieren und den Blick aufs Meer zu genießen.

Unverbesserliche Optimisten behaupten, Hat Jomtien im Süden des Stadtzentrums sei ein familienfreundlicher Strand. Tatsächlich gibt es hier nicht ganz so viele Go-go-Bars, aber abgesehen davon wird Jomtien wohl erst in zwanzig Jahren retro sein. Bis dahin wirkt er mit den vielen mittelmäßigen Hotels und Restaurants für Pauschaltouristen einfach nur altmodisch. Nord-Pattaya (Pattaya Neua) dagegen eifert mit modernen Hochhäusern und seriösen Hotels der großen Ketten dem Vorbild Bangkoks nach. Nördlich der Innenstadt befindet sich **Naklua**, das weniger schillernd als Jomtien und damit eher für die alternativen Besucher Pattayas von Interesse ist.

👁 Sehenswertes & Aktivitäten

Sanctuary of Truth   DENKMAL

(ปราสาทสัจธรรม; ☎️ 0 3836 7229; www.sanctuary oftruth.com; 206/2 Th Naklua; Eintritt 500 B; 🕗 8–18 Uhr) Das ganz aus Holz, aber ohne einen einzigen Nagel errichtete Heiligtum der Wahrheit, das zudem einen himmlischen Blick aufs Meer bietet, lässt sich am besten als visionären Lebensraum beschreiben, eine Mischung aus Kunstinstallation, religiösem Schrein und Kulturdenkmal. Das reich verzierte, tempelähnliche Bauwerk wurde vom thailändischen Millionär Lek Viriyaphant entworfen, der sein gesamtes Vermögen für dieses und andere historische Projekte wie etwa das Freilichtmuseum Ancient City bei Bangkok ausgibt, um die alten, traditionellen Bautechniken und Architekturen nicht nur vor dem Verschwinden zu bewahren, sondern sogar zu neuem Leben zu erwecken. In diesem Fall geht es darum, die alte Kunst der Holzbearbeitung ohne moderne Hilfsmittel zu pflegen. Kein Wunder, dass an dem Bauwerk seit 30 Jahren gewerkelt wird und es immer noch nicht fertig ist.

Die vier Flügel des Heiligtums sind jeweils der thailändischen, kambodschanischen (Khmer), chinesischen und indischen religiösen Bilderkunst gewidmet. Jeder Zentimeter des über 100 m hohen Gebäudes ist mit Holzschnitzereien von hinduistischen und buddhistischen Gottheiten bedeckt – die künstlerische Vereinigung jahrhundertealter, religiöser Mythen unter einem einzigen Dach der größeren, spirituellen Erleuchtung. Nicht-Buddhisten werden das Heiligtum eher als lehrreich denn als transzendent empfinden, da ihnen die verwendeten Symbole weitgehend unbekannt sind. Davon abgesehen sind das Gebäude und die Umgebung einfach nur schön und die Architektur sehr beeindruckend.

Eine Besichtigung ist nur im Rahmen von Führungen möglich, die von 8.30 bis 17 Uhr alle 30 Minuten stattfinden. Außerdem werden um 11.30 und 15.30 Uhr thailändische Tänze vorgeführt. Motorradtaxis bringen die Besucher für 50–70 B von Pattaya zum Heiligtum.

Anek Kusala Sala (Viharn Sien)   MUSEUM
(อนุกุศลศาลา (วิหารเซียน); ☎ 0 3823 5250; unweit der Th Sukhumvit; Eintritt 50 B; ⏱ 9–17 Uhr) Das bei Reisegruppen sehr beliebte Museum zeigt mehr als 300 chinesische Kunstwerke, insbesondere Bronze- und Messingstatuen, die sowohl historische Persönlichkeiten als auch buddhistische, konfuzianische und taoistische Gottheiten darstellen. Der große Erfolg des Museums, das der in China aufgewachsene Thai Sa-nga Kulkobkiat zur Förderung der Freundschaft zwischen den beiden Ländern gegründet hat, besteht in der beeindruckenden Sammlung von Kunstwerken, die mit ungewöhnlich vielen Erläuterungen in englischer Sprache versehen sind. Zudem ist ein zweisprachiges Begleitbuch an der Kasse erhältlich.

Im 1. Stock drängen sich chinesische Unsterbliche – von Pangu, dem kosmischen Riesen, bis Guan Yin, der Göttin der Gnade. Auf der Terrasse im 2. Stock stehen die beeindruckenden Stücke der Ausstellung: überlebensgroße Statuen von Shaolin-Mönchen, die in verschiedenen Kampfsporthaltungen verharren. Nebenan befindet sich eine rührende Sammlung von Figuren des täglichen Lebens wie Wahrsager, Schneider oder Schnapsverkäufer, auf die die Besucher Ein-Baht-Münzen legen.

Um zu dem Museum, das sich 16 km südlich des Zentrums von Pattaya befindet, zu gelangen, fährt man auf der Th Suk-

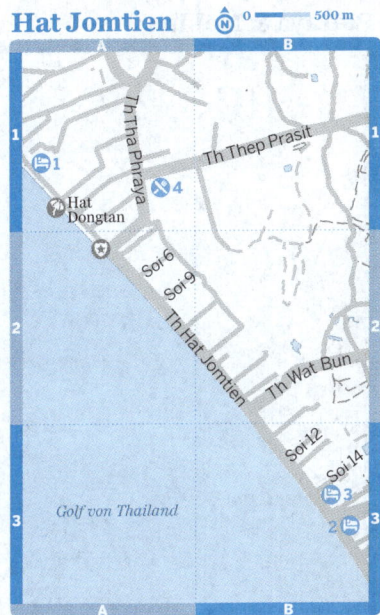

Hat Jomtien

🛏 Schlafen
1 Rabbit Resort A1
2 RS Seaside...B3
3 Summer Beach Inn..............................B3

🍴 Essen
4 Sam's Mexican & American
   Grill.. A1

humvit bis zur Abzweigung zum Wat Yan Sangwararam. *Sŏrng·tăa·ou*, die von Pattaya nach Sattahip (25 B) fahren, lassen die Passagiere an dieser Kreuzung aussteigen. Von dort kann man sich für die restlichen 3 km zum Museum ein Motorradtaxi mieten (50 B). Da es jedoch schwierig ist, später wieder zur Hauptstraße zurückzukommen, sollte man den Fahrer bitten, zu warten, oder gleich mit dem eigenen Fahrzeug anreisen.

Ko Lan   STRAND
(เกาะล้าน) Scharen von Tagesausflüglern strömen auf die kleine Insel, die 7 km vor Pattaya liegt, um Sonne und Strand zu genießen. Am Wochenende schläft das aus Bangkok angereiste Partyvolk seinen Kater im Liegestuhl aus, während das azurblaue Meer von Jetskis, Bananenbooten und anderen Gerätschaften durchpflügt wird. Die Insel verfügt über fünf Strände, die alle gut

Naklua-Markt (50 m);
Sanctuary of Truth (1 km);
Mum Aroi (5 km)

Bangkok Pattaya
Hospital (800 m)

NAKLUA

Th Naklua

Soi 20

Soi 22
Delfinstatue

Dusit
Thani
Resort

Amari Resort

Bus-
bahnhof
(500 m)

Th Pattaya Neua

Central Center
Pattaya & Big C

Soi 2
Soi 1
Soi 2
Soi 3
Soi 4
Soi 5

Soi 6
Soi 6/1

Th Pattaya Sai 4

Soi Phettrakun

Ao Pattaya

Hat
Pattaya

Bangkok
Airways

Tages-
markt

Th Pattaya Sai 3 (Third Rd)

Ko Lan (7 km)

Soi 7
Soi 8
Soi 9

Central Festival
Centre

Th Pattaya Klang

Soi 10
Soi 11
Soi 12

Soi 13

Walking St

Boote nach
Ko Lan

Hat
Cliff

Tha Bali
Hai

Royal
Garden
Plaza

Soi Bua Khao

Soi 16

Th Pattaya Tai
(South Pattaya Rd)

CAT-
Büro

Sor Viking

Th Sukhumvit

Th Pattaya Sai 3

Soi 17

Th Pattaya Tai

Birds &
Bees Resort

Touristen-
polizei

TAT-
Büro

Th Phra Tamnak

Th Thappraya

Bahnhof (500 m);
Flugplatz
U-Taphao (30 km)

mit dem Motorrad zu erreichen und alles andere als einsam sind. Die Boote zur Insel (30 B, 5-mal tgl.) fahren am Bali Hai Pier am südlichen Ende der Walking St in Pattaya ab. Von Ko Lan fährt das letzte Boot um 18 Uhr zurück.

Khao Phra Tamnak AUSSICHTSPUNKT
(เขาพระตำหนัก; Karte S. 216; ☉bei Tageslicht) Ein riesiger, goldener Buddha sitzt auf dem bewaldeten Hügel zwischen Jomtien und Süd-Pattaya (Pattaya Tai) – wie zur Mahnung, dass die Religion noch nicht ganz aus diesem modernen Sodom und Gomorrha verschwunden ist. Die Buddhastatue, die zum Wat Phra Yai gehört, stammt noch aus der Zeit, als Pattaya ein kleines Fischerdorf war. Von diesem luftigen Standort aus kann man sich am ehesten vorstellen, wie es hier ohne Miniröcke und Billigbier gewesen sein muss. Der Weg zum Tempel auf dem Hügel beginnt am südlichen Ende der Walking St und führt an einem kleinen chinesischen Schrein vorbei.

Fairtex Sports Club FITNESSSTUDIO, THAIBOXEN
(Karte S. 216; ☏0 3825 3888; www.fairtex-muay thai.com; 179/185-212 Th Pattaya Neua; Trainingseinheit 800 B) Manager mit Burnout, Freunde des Kampfsports und abenteuerlustige Sportler kommen in das Fitnessstudio im Stil einer Ferienanlage, um *moo·ay tai*

(Thaiboxen; auch *muay thai*) zu lernen und einen schweißtreibenden Urlaub zu verbringen. Zum täglichen Training gehören Beinarbeit, Sparring und Clinching, extremes Fitnesstraining und Bodysculpting. Gelegentlich trifft man auch einen der Stars, denn berühmte, einheimische Thaibox-Champions und internationale Kampfsportler trainieren ebenfalls hier.

Fairtex ist schon seit 40 Jahren im *moo-ay-tai*-Geschäft, aber erst 2005 wurde dieses Sportstudio eröffnet, um Besuchern aus aller Welt, die sich für das Thaiboxen und Fitnesstraining interessieren, eine Übungsstätte im westlichen Stil zu bieten. Es können auch Übernachtungen dazugebucht werden, die Nutzung des Schwimmbads und anderer Sporteinrichtungen sind im Preis enthalten.

Flight of the Gibbon OUTDOORAKTIVITÄT
(☏08 9970 5511; www.treetopasia.com; Tour ab 3000 B) Die Seilrutsche, an der man durchs Blätterdach des Safariparks Khao Kheeo in Chonburi, 50 Minuten entfernt von Pattaya, rauscht, ist insgesamt 3 km lang und hat 26 Plattformen. In der Tagestour sind weitere Aktivitäten wie ein Hindernisrennen durch den Dschungel und ein Besuch des benachbarten Zoos enthalten. Kinder ab einer Körpergröße von 1 m dürfen alleine mit der Seilrutsche fahren, kleinere Kinder nur zusammen mit einem Erwachsenen.

✵ Feste & Events

Pattaya International Music Festival
MUSIK
Mitte März verwandelt sich Pattayas Uferpromenade in einen Konzertsaal unter freiem Himmel, in dem drei Tage lang Livemusik gespielt wird. 2011 begeisterten neben den Lokalmatadoren wie Modern Dog und Tattoo Colour vor allem Bands aus Korea, Japan, Malaysia und Laos.

🛏 Schlafen

Als „alternativer" Tourist, d.h. weder Sexnoch Pauschaltourist, sollte man möglichst nicht im Zentrum von Pattaya unterkommen, sondern sich stattdessen in Naklua, Jomtien oder bestimmten Gegenden von Pattaya Neua umsehen. Selbst wer Pattaya nicht sehen möchte, sollte auf dem Weg zum internationalen Flughafen Suvarnabhumi eine Übernachtung in Erwägung ziehen, denn er ist nur 110 km entfernt und bequem ohne weiteren Zwischenstopp zu erreichen.

RS Seaside
HOTEL $$
(Karte S. 215; ☏0 3823 1867; www.rs-seaside. com; Th Hat Jomtien; Zi. ab 650 B; ❄❄) Mit kleinen Zimmern und nettem Personal am Empfang ist das RS eine günstige Option in dem vom Pauschaltourismus geprägten Teil der Stadt. Im Preis inbegriffen ist ein Frühstück für zwei Personen.

Summer Beach Inn
HOTEL $$
(Karte S. 215; ☏0 3823 1777; Th Hat Jomtien; Zi. 650–1500 B; ❄@) Die sauberen, gemütlichen Zimmer in einem Hochhaus weitab vom sündigen Zentrum sind mit fast allen modernen Annehmlichkeiten ausgestattet.

Rabbit Resort
HOTEL $$$
(Karte S. 215; ☏0 3825 1730; www.rabbitresort. com; Hat Dongtan; Zi. ab 4000 B; ❄@❄) Die wunderschönen Bungalows und Ferienhäuschen der Anlage verstecken sich in einem Wäldchen am Strand zwischen Jom-

THAIBOX-CHAMPION YODSAENKLAI FAIRTEX

Khun Yod ist ein berühmter *moo·ay tai* (Thaiboxer), aber das weiß niemand. Denn er ist bescheiden und gegen Ende seiner Karriere nicht ganz so stämmig wie die muskelbepackten jungen Leute, die ihren Fuß bis zum Kopf ihres Gegners hochschleudern. Yod begann mit dem Thaiboxen, als er acht Jahre alt war, nicht zuletzt, um die Not seiner Familie zu lindern, die als Bauern ums Überleben kämpften. Seinen ersten Kampf, den er bei einem Tempelfest in seiner Heimatprovinz Nong Banglamphu bestritt, verlor er, erhielt aber schon damals den Spitznamen „Computer Wizard" – wegen seines technisch perfekten und systematischen Boxstils. Danach gewann er dreimal im Lumphini-Stadion und kämpfte seitdem auch in internationalen Arenen. Zuletzt gewann er den Titel der WBC Muay Thai Championship im Superweltergewicht. In den letzten beiden Jahren boxte er in insgesamt zwölf Ländern. Da er die thailändische Küche allen anderen, internationalen Spezialitäten vorzieht, hat er immer einen Vorrat an MAMA-Nudeln und einen Reiskocher im Gepäck.

Besuchern in Pattaya empfiehlt Yod, frühmorgens an der Strandpromenade und die Khao Phra Tamnak entlang zu joggen und sich danach eine Portion *sôm·đam lao* (würziger Salat mit grüner Papaya nach laotischer Art) am Stand gegenüber des Gemeindegebäudes zu gönnen. Wie im Thaiboxen üblich, hat Yod den Namen der Boxschule (Fairtex), bei der er trainiert und sich auf seine Wettkämpfe vorbereitet, als Nachnamen angenommen.

tien und Pattaya Tai. Mobiliar und Wandschmuck sind ganz im thailändischen Stil gehalten. In den besonders stilvollen Badezimmern setzen Flusssteine und Granit interessante Akzente. Ein herrlicher Ort weit weg von Pattaya!

Birds & Bees Resort LP TIPP | HOTEL $$$
(☎0 3825 0556; www.cabbagesandcondoms.co.th; Soi 4, Th Phra Tamnak; Zi. ab 4500 B; ❄@⛱) Die Ferienanlage liegt in einem tropischen Garten, durch den sich verschlungene Pfade winden. Überall finden sich nicht ganz ernst gemeinte Kunstwerke. Zwischen den Sträuchern hoppeln Kaninchen, im Swimmingpool planschen die Kinder, bis ihre Haut ganz runzelig ist. Das Hotel, zu dem auch ein halbprivater Strand gehört, legt für eine Unterkunft, die eng verbunden ist mit der PDA, der nichtstaatlichen thailändischen Organisation für Familienplanung und die allgemeine Durchsetzung des Gebrauchs von Kondomen, ein etwas merkwürdiges Gesundheitsbewusstsein an den Tag.

Garden Lodge Hotel HOTEL $$
(Karte S. 216; ☎0 3842 9109; Ecke Soi 20 & Th Naklua; Zi. 950–1450B; ❄⛱) Die erstklassigen Zimmer mit Balkon sind umgeben von einem Landschaftsgarten, in dem es auch einen schattigen Swimmingpool gibt.

Woodlands Resort HOTEL $$$
(Karte S. 216; ☎0 3842 1707; www.woodland-resort.com; Ecke Soi 22, 164/1 Th Naklua; Zi. ab

3700 B; ❄@⛱) Die zurückhaltende, aber professionell geführte Ferienanlage in einem tropischen Park ist überraschend preiswert und hat zwei Pools, von denen der eine einen flachen, strandähnlichen Zugang für kleine Kinder bietet. Die hellen, luftigen Zimmer sind mit Teakmöbeln ausgestattet.

✗ Essen

Pattaya ist eine Touristenstadt und dementsprechend niedrig ist der Standard in den vielen mittelmäßigen, aber überteuerten Restaurants. Die Speisekarten sind meist zweisprachig (Englisch und Russisch).

Mum Aroi LP TIPP | THAI $$
(☎0 3822 3252; 83/4 Soi 4, Th Naklua; Gerichte 180–240 B; ◷abends) Die „köstliche Ecke" ist ein moderner Glas-Beton-Bau, der sich in Naklua direkt am Wasser befindet, dort, wo das ursprüngliche Fischerdorf endet. Tatsächlich liegen ein paar alte Fischerboote verlassen vor der Küste. Eine frische Brise umweht die Gäste, die sich gierig über das fantastische Thai-Essen hermachen. Unbedingt probieren sollte man *sôm·đam ʈoo* (würziger Papaya-Salat mit Krebsfleisch) und *ʈlah mèuk nêung ma-now* (in Limettensaft gedünsteter Tintenfisch). Um herzukommen, muss man einen Baht-Bus chartern (einfache Strecke 100 B).

Central Festival Food Hall & Park INTERNATIONAL $
(Karte S. 216; Th Pattaya Sai 2; Gerichte ab 60 B; ◷mittags & abends) Das nagelneue Einkaufs-

Als natürliches Gegengewicht zum ausschweifenden Lasterleben verfügt Pattaya über ein solides Netzwerk an wohltätigen Organisationen. So hinterließ der amerikanische Priester und Angehörige des Redemptoristen-Ordens Pater Ray Brennan, der 2003 verstarb, ein dauerhaftes, andere inspirierendes Vermächtnis, das heute sechs gemeinnützige Projekte unter dem Dach der Redemptorist Foundation umfasst. Außerdem gründete er die Pattaya Orphanage und die School for the Deaf, die beide heute unter der Leitung der katholischen Diözese stehen. Alle diese Organisationen können nur dank der großzügigen Unterstützung durch Wohltäter und freiwillige Helfer überleben.

Pattaya Orphanage (☑0 3842 3468; www.thepattayaorphanage.org; Th Sukhumvit, Nord-Pattaya) Pater Ray gründete das Waisenhaus in den 1970er-Jahren, als ihm ein Mitglied seiner Gemeinde ein Kind anvertraute, für das es selbst nicht sorgen konnte. Diesem Kind folgten bald weitere, denn es sprach sich schnell herum, dass sich der Priester um die unerwünschten Folgen der Stationierung von US-Soldaten in der Region während des Vietnamkrieges kümmerte. Heute leben in dem Waisenhaus Kinder, die ihre Eltern durch die Plagen der Neuzeit (Armut, Drogensucht, Aids) verloren haben und für die Adoptiveltern gesucht werden. Wer diese Einrichtung unterstützen möchte, kann die Kosten für eine Mahlzeit übernehmen, dringend benötigte Dinge spenden oder sich für einige Zeit als freiwilliger Helfer verpflichten.

Die **Redemptorist Foundation** (volunteer@fr-ray.org) unterhält Schulen für Blinde und Behinderte sowie ein Heim und einen Treffpunkt für Straßenkinder, von denen vermutlich viele in Pattayas Kindersexindustrie arbeiten. Die Stiftung sorgt auch für die Ganztagsbetreuung von Arbeiterkindern, die ansonsten ihre Eltern zu deren gefährlichen Arbeitsplätzen begleiten müssten. Die freiwilligen Helfer, die nach dem Rotationsprinzip in den verschiedenen Einrichtungen eingesetzt werden, unterrichten Englisch, spielen mit den Kindern und leiten Kunstprojekte. Sie sollten sich für mindestens sechs Monate verpflichten. Die Stiftung verschickt auf Anfrage ein Handbuch für Freiwillige, in dem das Bewerbungsverfahren erläutert wird.

Wer keine Zeit für Freiwilligenarbeit hat, sollte zumindest bei **Thais 4 Life** (www. thais4life.com; Soi Yen Sabai Condotel, Th Phra Tamnak; ⊙Mo–Sa 12–18 Uhr) vorbeischauen. Der Erlös dieses karitativen Buchladens wird für die medizinische Behandlung von mittellosen Patienten, die Unterstützung von Waisenhäusern und Stipendien für Schuluniformen verwendet.

zentrum im Stil von Bangkok ist die glanzvollste Umgebung, in der man eine Portion *pàt tai* essen kann.

Sam's Mexican & American Grill
MEXIKANISCH-AMERIKANISCH **$$**

(Karte S. 215; ☑08 6142 8408; 472/9 Th Tha Phraya, Jomtien Plaza; Gerichte 80–200 B; ⊙So geschl.) Im internationalen Speiseangebot Thailands rangiert die mexikanische Küche sicher nicht an erster Stelle, auch wenn hier wie dort Chili und Limetten gleichermaßen beliebt sind. Aber Sam, der aus Los Angeles stammt, ist die rühmliche Ausnahme.

Nang Nual
THAI **$$**

(Karte S. 216; ☑0 3842 8478; Walking St; Gerichte 100–200 B; ⊙mittags & abends) Das berühmteste Meeresfrüchterestaurant Pattayas könnte längst eine typische Touristenfalle sein, doch die Preise sind immer noch günstig und die Gerichte lecker, um nicht zu sa-

gen, spektakulär. Von der Terrasse hat man einen tollen Blick auf die Bucht, und bei der Bestellung muss man nicht mit Händen und Füßen sprechen.

Mae Sai Tong
THAI **$**

(Karte S. 216; Th Pattaya Klang; Gerichte 50 B) Der Essensstand neben dem Tagesmarkt ist berühmt für seine *kôw nĕe·o má·môo·ang* (reife Mango mit Klebreis), die es hier das ganze Jahr über gibt, bei der Konkurrenz aber nur in der heißen Trockenzeit.

Leng Kee
THAI-CHINESISCH **$**

(Karte S. 216; Th Pattaya Klang; Gerichte 50–80 B; ⊙mittags & abends) Genau wie Bangkok und andere Städte an der Küste hat auch Pattaya eine sehr lebendige Chinatown, in der die Familien der zweiten und dritten Generation ihr chinesisches und thailändisches Erbe gekonnt ins Gleichgewicht bringen. Das einfache Restaurant ist das ganze Jahr über beliebt, weil es dort Ente mit Reis zum Mittagessen gibt, aber stadtbekannt ist das rein vegetarische Menü zum chinesischen Neujahrsfest, bei dem auch die goldenen Glücksnudeln nicht fehlen.

La Baguette
BÄCKEREI $
(Karte S. 216; ☑0 3842 1707; 164/1 Th Naklua; Gerichte ab 120 B; ⏱morgens, mittags & abends) In dem schicken Café, das zum Woodlands Resort gehört, gibt's leckere Backwaren, guten Espresso und noch bessere Crêpes. Außerdem steht WLAN zur Verfügung.

Mantra
INTERNATIONAL $$$
(Karte S. 216; ☑0 3842 9591; Th Hat Pattaya; Gerichte 240–800 B; ⏱Mo–Sa abends, So Brunch & Abendessen) Das funktionale, kühle Mantra ist einfach klasse, auch wenn man sich nur einen der edlen Cocktails leisten kann. Die Bar ist mit Rohseide verkleidet, der riesige Speisesaal mit dunklem Holz. Auf der Karte stehen japanische, thailändische und indische Gerichte und zum Brunch am Sonntag kommen sowieso alle.

Ban Amphur
THAI $
(Gerichte ab 100 B; ⏱mittags & abends) Das Fischerdorf, 15 km südlich von Pattaya, ist das kulinarische Eldorado der Thais. Ein halbes Dutzend Seafood-Restaurants drängt sich an der Strandpromenade, manche so groß, dass die Kellner sich mit Walkie-Talkies verständigen. Am besten geht man in eines, das nicht ganz leer, aber auch nicht überfüllt ist, und bestellt die Karte rauf und runter. Öffentliche Verkehrsmittel fahren nicht hierher.

▼ Ausgehen
Neben dem Überangebot an immer gleichen Bierkneipen in Pattaya gibt's noch ein paar wenige Lokale, in denen man ganz ohne nackte Tatsachen etwas trinken kann.

Hopf Brew House
BAR
(Karte S. 216; ☑0 3871 0650; Th Hat Pattaya) Das mit dunklem Holz verkleidete Brauhaus kann schon etwas trübsinnig stimmen, ist aber sehr beliebt bei Biertrinkern im besten Alter. Das Bier ist hausgebraut, die Pizza kommt aus dem Holzofen.

Gulliver's
BAR
(Karte S. 216; ☑0 3871 0641; Th Hat Pattaya) Die neokoloniale Fassade passt so gar nicht zur lässigen Sportsbarstimmung im Inneren.

Green Bottle
BAR
(Karte S. 216; ☑0 3842 9675; 216/6-20 Th Pattaya 2) Billiges Bier und jede Menge Spaß gibt's

in der unauffälligen „Grünen Flasche", in der schon seit 1988 die Gläser gut gefüllt werden.

Unterhaltung
Neben der Sexszene gibt's in Pattaya auch eine jugendfreie Clubszene, die sich rund um die Walking St konzentriert, eine teilweise (straßen)verkehrsberuhigte Zone mit Bars und Clubs für jeden Geschmack.

Lima Lima
NACHTCLUB
(Karte S. 216; Walking St) Internationale DJs legen für ein Publikum aus russischen und westlichen Touristen, Einheimischen und in Thailand lebenden Ausländern auf.

Differ
NACHTCLUB
(Karte S. 216; Soi Phettrakun) Das Motto dieses vor allem bei Wochenendurlaubern aus Bangkok beliebten Tanzclubs lautet „Sei gut drauf, sei anders". Der Club befindet sich gegenüber vom Big C.

Blues Factory
LIVEMUSIK
(Karte S. 216; ☑038300180; www.thebluesfactory pattaya.com; Soi Lucky Star, Walking St) Die beste Adresse in Pattaya für schnörkellose Livemusik.

Tiffany's
THEATER
(Karte S. 216; ☑08 4362 8257; www.tiffany-show. co.th; 464 Th Pattaya 2; Eintritt 500–800 B; ⏱18, 19.30 & 21 Uhr) Mit dem 1974 gegründeten Theater hat Pattaya wahrscheinlich das Travestiekabarett erfunden, ein auf Show getrimmtes Spektakel mit Glitzer, Gloria und viel Gefühl.

ℹ Praktische Informationen
Gefahren & Ärgernisse
In dieser Stadt sind so viele Menschen so stark betrunken, dass nach Einbruch der Dunkelheit mit allen Arten von Vergehen und Körperverletzung (Taschendiebstahl, Schlägereien, Fahrerflucht) zu rechnen ist. Deshalb unbedingt einen klaren Kopf bewahren und jeder brenzligen Situation so schnell wie möglich aus dem Weg gehen!

Geld
Banken und Geldautomaten gibt's überall in der Stadt.

Internetzugang
Internetcafés gibt's in der ganzen Stadt, und die meisten Hotels bieten WLAN oder einen Internet-Terminal.

Medien
Das alle zwei Wochen erscheinende, kostenlose Stadtmagazin *Explore Pattaya*, das über Veranstaltungen und Sehenswürdigkeiten informiert,

enthält auch ein Hotel- und Restaurantverzeichnis. *What's On Pattaya* ist dasselbe in Grün, erscheint aber nur einmal im Monat. *Pattaya Mail* (www.pattayamail.com) ist die englischsprachige Wochenzeitung der Stadt. Pattaya 24 Seven (www.pattaya24seven.com) berichtet online, was in Pattaya los ist.

Medizinische Versorgung

Das **Bangkok Pattaya Hospital** (☎0 3842 9999; www.bph.co.th; 301 Th Sukhumvit, Naklua; ☺24 Std.) bietet erstklassige medizinische Versorgung.

Notfall

Touristenpolizei (☎Notruf 1155) Die Zentrale ist neben dem Büro der Tourism Authority of Thailand in der Th Phra Tamnak, Polizeistände befinden sich am Strand von Pattaya und Jomtien.

Post

Post (Karte S. 216; Soi 13/2, Th Pattaya Sai 2)

Touristeninformation

Tourism Authority of Thailand (TAT; Karte S. 216; ☎0 3842 8750; 609 Th Phra Tamnak; ☺8.30–16.30 Uhr) Das Büro befindet sich an der nordwestlichen Ecke des Parks Rama IX. Das hilfsbereite Personal hält Broschüren und Stadtpläne bereit.

❶ An- & Weiterreise

Bus

Der Busbahnhof von Pattaya ist in der Th Pattaya Neua. Die Busse fahren folgende Ziele an:

Ost-Busbahnhof (Ekamai) in Bangkok (91 B, 1½ Std., regelmäßig von 6–21 Uhr)

Nord-Busbahnhof (Mo Chit) in Bangkok (105 B, 2 Std., regelmäßig von 6–21 Uhr)

Flughafen Suvarnabhumi in Bangkok (124 B, 1½ Std., stündl. von 7–15 Uhr)

Viele 2.-Klasse-Busse aus der Region, die nach Rayong (83 B, 1½ Std.) und Si Racha (65 B, 30 Min.) fahren, machen Station in der Th Sukhumvit (und nicht am Busbahnhof), wo man sie anhalten und zusteigen kann. Nach Si Racha (25 B, 30 Min.) fahren auch die weißen *sŏrng·tăa·ou*, die am Markt in Naklua warten.

Minibusse fahren für gut 250 B nach Ko Chang und Ko Samet. Die Fahrscheine gibt's in den Reisebüros, die auch die Abholung der Fahrgäste organisieren.

Flugzeug

Der internationale Flugplatz U-Taphao von Pattaya liegt 33 km südlich der Stadt. Von dem ehemaligen Militärstützpunkt, auf dem heute ein paar Linien- und vor allem Charterflüge landen, fliegt **Bangkok Airways** (☎0 3841 2382; www.bangkokair.com; 179/85-212 Th

Ein ausgedehntes Netz von Bus- und Minivan-Verbindungen zwischen dem Flughafen Suvarnabhumi und der Ostküste sorgt dafür, dass man sich nach der Ankunft oder vor dem Abflug nicht durch Bangkok quälen muss. Das kommt besonders den Touristen entgegen, die vor dem europäischen Winter flüchten oder ihre Flitterwochen am Strand verbringen wollen. Mit ein bisschen Planung im Voraus ist man ganz schnell im Strandhotel auf Ko Samet. Die hübsche Insel ist die dem Flughafen am nächsten gelegene und ihre Strände im Südosten sind noch einsam genug für Frischvermählte. Am Busbahnhof des Flughafens hängt der Fahrplan der Busse nach Rayong aus, von dort geht's mit einem *sŏrng·tăa·ou* weiter zur Fähre nach Ko Samet.

Pattaya Sai 2) nach Phuket (ab 3000 B) und Ko Samui (3600 B).

Schiff/Fähre

Zwischen Pattaya und Hua Hin gibt es eine neue, schnelle Fährverbindung (Erw./Kind 1500/900 B, 3½ Std.). Die Fähren legen in der Hochsaison dreimal, in der Nebensaison zweimal wöchentlich jeweils um 8.30 Uhr in Pattaya ab und verlassen Hua Hin wieder um 12.30 Uhr desselben Tages. Weitere Infos und Fahrkarten gibt's bei **Thai Living Ferry** (☎0 3836 4515; www.thailivingferry.com).

Zug

Ein Zug pro Tag verkehrt zwischen Pattaya und dem Bahnhof Hualamphong in Bangkok (3. Klasse 31 B, 3¾ Std.). Abfahrt in Bangkok ist um 6.55 Uhr, die Rückfahrt um 14.20 Uhr. Da sich der Fahrplan schnell ändern kann, sollte man sich vor der Abfahrt am **Bahnhof von Pattaya** (☎0 3842 9285), der sich in der Nähe der Th Sukhumvit nördlich der Th Hat Pattaya Neua befindet, über die aktuellen Zeiten informieren.

❶ Unterwegs vor Ort

Die in Pattaya als „Baht-Busse" bezeichneten *sŏrng·tăa·ou* fahren ständig die Hauptstraßen entlang. Einfach einsteigen und beim Aussteigen 10 B bezahlen. Wer die ganze Strecke von Jomtien nach Naklua fahren will, muss evtl. am Delfin-Kreisverkehr in Pattaya Neua umsteigen. Am Kreisverkehr kann man auch in einen Baht-Bus zum Busbahnhof einsteigen. Wer noch weiter fahren will, kann einen ganzen Baht-Bus chartern, aber vorher unbedingt den Preis aushandeln!

Rayong & Ban Phe ระยอง/บ้านเพ

106 737 & 16 717 EW.

Auf dem Weg nach Ko Samet landet man sehr wahrscheinlich in einer dieser beiden Städte, denn Rayong bietet regelmäßige Busverbindungen zu allen möglichen Orten, während in dem kleinen Hafen von Ban Phe die Fähren nach Ko Samet ablegen. Zwischen den beiden Städten verkehren blaue *sŏrng·tăa·ou* (25 B, 45 Min., regelm.).

🛏 Schlafen

Rayong President Hotel   PENSION $
(☎0 3861 1307; Th Sukhumvit, Rayong; Zi. ab 550 B; ❄) Kommt man am Busbahnhof an, muss man die Th Sukhumvit überqueren. Das Hotel befindet sich in der Seitenstraße, die bei der Siam Commercial Bank beginnt. Ausschau nach dem Schild halten!

Christie's Guesthouse   PENSION $
(☎0 3865 1976; Fax 0 3865 2103; 280/92 Soi 1, Ban Phe; Zi. ab 500 B; ❄) In der gemütlichen Pension neben dem Fähranleger gibt's auch etwas zu essen und zu lesen.

ⓘ An- & Weiterreise

Die Busse von und nach Rayong fahren wie folgt:

Ost-Busbahnhof (Ekamai) in Bangkok (127–146 B, 3 Std., 6–21.30 Uhr stündl.)

Nord-Busbahnhof (Mo Chit) in Bangkok (146 B, 4 Std., 6–19 Uhr stündl.)

Süd-Busbahnhof (Sai Tai Mai) in Bangkok (150 B, 5 Std., 5-mal tgl.)

Flughafen Suvarnabhumi in Bangkok (165 B, 2½ Std., 8-mal tgl.)

Chanthaburi (80 B, 2½ Std., regelmäßig)

Ankunft und Abfahrt der Busse zum Ost-Busbahnhof (Ekamai) in Bangkok (157 B, 4 Std., 6–18 Uhr stündl.) ist am Busbahnhof von Ban Phe (in der Nähe von Tha Thetsaban). Von Ban Phe fahren auch regelmäßig Minivans zu folgenden Orten:

Pattaya (250 B, 2 Std., 3-mal tgl.)

Siegesdenkmal in Bangkok (250 B, 4 Std., 7–18 Uhr stündl.)

Laem Ngop (350 B, 4–5 Std., 2-mal tgl.), hier legen die Fähren nach Ko Chang ab.

Infos zu den Fähren von und nach Ko Samet gibt's auf S. 227.

Ko Samet เกาะเสม็ด

Auf der traumhaft schönen Insel Ko Samet befinden sich unzählige kleine Buchten mit feinem Sandstrand und glasklarem, azurblauem Wasser. Allerdings hat man dieses Paradies nie für sich, denn es ist das Ziel der Wochenendurlauber aus Bangkok und Massen von Pauschaltouristen.

Doch trotz dieser Beliebtheit und der Nähe zu Bangkok ist Ko Samet überraschend wenig erschlossen: Das Inselinnere ist von dichtem Dschungel bedeckt, der bis an die niedrigen Hotels heranreicht. Entsprechend der staatlichen Vorschriften sind die meisten Gebäude am Strand hinter die Baumgrenze zurückgesetzt. Es gibt keine Hochhäuser und keine Verkehrsstaus, denn die durch das Landesinnere führende Straße ist immer noch nicht asphaltiert. Von Strand zu Strand gelangt man nur auf die altmodische Art, nämlich zu Fuß durch den Wald entlang der Küste.

◉ Sehenswertes & Aktivitäten

Wandert man auf anderen Inseln von Strand zu Strand, so geht es auf Ko Samet von Bucht zu Bucht. Über felsige Landzungen, durch Wälder voller Zikaden, führt der Fußweg die Küste entlang von einer traumhaften Bucht in die nächste, und die Stimmung wird immer sanfter, je weiter man nach Süden kommt.

Hat Sai Kaew   STRAND
Der als „Diamond Sand" bekannte Hat Sai Kaew ganz im Nordosten ist der größte und weißeste Sandstrand der Insel. Er bietet alles, was von einem erstklassigen Ferienort erwartet wird. Sonnenanbeter, Sarong-Verkäufer, Schnellboote, aus denen Massen von Tagesausflüglern quellen, und jede Menge von Restaurants – nirgendwo sonst kann man so toll Leute beobachten. Und mit Partys und Karaoke bis zum Morgengrauen wird es auch nachts nicht ruhiger.

Am südlichen Ende von Hat Sai Kaew stehen die **Statuen des Prinzen und der Meerjungfrau** aus Sunthorn Phus Epos *Phra Aphaimani,* das Ko Samet einen festen Platz in der thailändischen Literatur gesichert hat. Die Geschichte erzählt die Qualen eines Prinzen, der in ein unterseeisches Königreich verbannt wird, in dem eine liebestolle Riesin herrscht. Deren Statue wiederum steht einsam am Strand von Hat Puak Tian in Phetchaburi. Eine Meerjungfrau hilft dem Prinzen, sich auf Ko Samet zu flüchten. Dort besiegt er die Riesin durch sein Spiel auf einer Zauberflöte.

Ao Hin Khok & Ao Phai   STRÄNDE
Im Vergleich zu ihren nördlichen Nachbarn sind die durch eine felsige Landzunge von-

EINTRITTSGEBÜHR FÜR DEN STRAND

Da Ko Samet als Teil eines Nationalparks unter Naturschutz steht, wird
von den Besuchern bei der Ankunft
eine Eintrittsgebühr (Erw./Kind 200/
100 B) verlangt, die im Büro der Nationalparkverwaltung in Hat Sai Kaew
zu entrichten ist. Die *sŏrng·tăa·ou* vom
Fähranleger halten automatisch am
Tor. Die Eintrittskarte unbedingt für
spätere Kontrollen aufbewahren!

einander getrennten, sagenhaften Buchten
von Ao Hin Khok und Ao Phai noch recht
ruhig. Das Publikum ist hier in der Regel
jünger und stilvoller als die derben Massen
in Hat Sai Kaew und die Partys beginnen
erst am späten Abend. Diese beiden Strände sind die traditionellen Partyorte der
Backpackerszene auf Ko Samet.

Ao Phutsa (Ao Tub Tim)   STRAND
Weiter südlich erstreckt sich der breite,
feinsandige Ao Phutsa (auch Ao Tub Tim
genannt), der besonders beliebt ist bei Ru-
hesuchenden, Familien und Paaren, die
zwar die „Zivilisation", aber keine Anima-
tion brauchen.

Ao Wong Deuan   STRAND
Die lange, halbkreisförmige Bucht ist wie
ihre große Schwester Hat Sai Kaew immer
rappelvoll, hauptsächlich mit Pauschaltouristen.

Ao Thian   STRAND
Der mit großen Felsbrocken durchsetzte
Sandstrand von Ao Thian (oder Candlelight
Beach) ist eine Oase der Ruhe. Er ist einer
der lässigsten, entspanntesten Strände auf
Ko Samet und unter der Woche herrlich
einsam. Am Wochenende fallen Studenten
aus Bangkok ein, die nächtelang mit ihren
Gitarren den Sternen huldigen.

Ao Wai   STRAND
„Ganz am Ende" der Insel befindet sich die
Bucht von Ao Wai. Der schöne Strand ist
weit ab von allem, in Wirklichkeit aber nur
1 km von Ao Thian entfernt.

Ao Prao   STRAND
Ao Prao liegt an der Westküste und ist be-
kannt für seine fantastischen Sonnenun-
tergänge. Leider verschwindet der kleine
Strand unter den riesigen Luxushotels, die
Einsamkeit versprechen (aber nicht bieten).

☞ Geführte Touren

Zusammen mit neun anderen Inseln gehört Ko Samet zum Khao Laem Ya/Mu Ko
Samet National Park. Obwohl auch diese
Inseln touristisch etwas erschlossen sind,
kommen die meisten Besucher nur für einen Tag. **Ko Kudee** bietet einen hübschen
kleinen Sandstrand, klares Wasser zum
Schnorcheln und einen netten Wanderweg.
Auf Ko Man Nai befindet sich mit dem **Rayong Turtle Conservation Centre** ein ge-
schützter Brutplatz für die vom Aussterben
bedrohten Meeresschildkröten, über die
das kleine Besucherzentrum ausführlich
informiert.

Die Veranstalter der Bootsfahrten, die
direkt an den beliebten Stränden zu finden
sind, haben die verschiedensten Touren im
Angebot (ab 1500 B).

🛏 Schlafen

Obwohl immer mehr Hotelanlagen die
einstigen Bungalows ersetzen, sind die Unterkünfte auf Ko Samet noch überraschend
einfach und altmodisch – im Vergleich zu
anderen Ferienorten Thailands. Die Hotelpreise an Wochentagen erscheinen nicht
gerade günstig (ein Zimmer mit Ventilator kostet ab 800 B aufwärts), sind aber
unglaublich attraktiv, wenn man bedenkt,
dass sie an Wochenenden und Feiertagen
gut doppelt so hoch sind!

Eine Warnung für Frühaufsteher: Hat
Sai Kaew, Ao Hin Khok, Ao Phai und Ao
Wong Deuan sind die beliebtesten Strände,
an denen Nacht für Nacht lautstarke Partys
gefeiert werden.

HAT SAI KAEW

Laem Yai Hut Resort   PENSION $
(☎0 3864 4282; Hat Sai Kaew; Zi. 800–1000 B;
❄) Die farbenfrohe Ansammlung verwitterter Hütten steht in einem schattigen
Garten am nördlichen Ende des Strandes. Die entspannte Atmosphäre sorgt für
ein wunderbar alternatives Backpacker-
Universum am Hat Sai Kaew, der sich ansonsten fest in der Hand von Pauschaltouristen befindet.

Saikaew Villa   HOTEL $$
(☎0 3864 4144; Hat Sai Kaew; Zi. 800–2000 B;
❄) Die dem Pier am nächsten gelegene
Unterkunft bietet große und kleine Zim-
mer, mit Ventilator oder mit Klimaanlage,
und das alles in bemühter Ferienclubidylle.
Qualität und Privatsphäre der einzelnen
Zimmer sind sehr unterschiedlich.

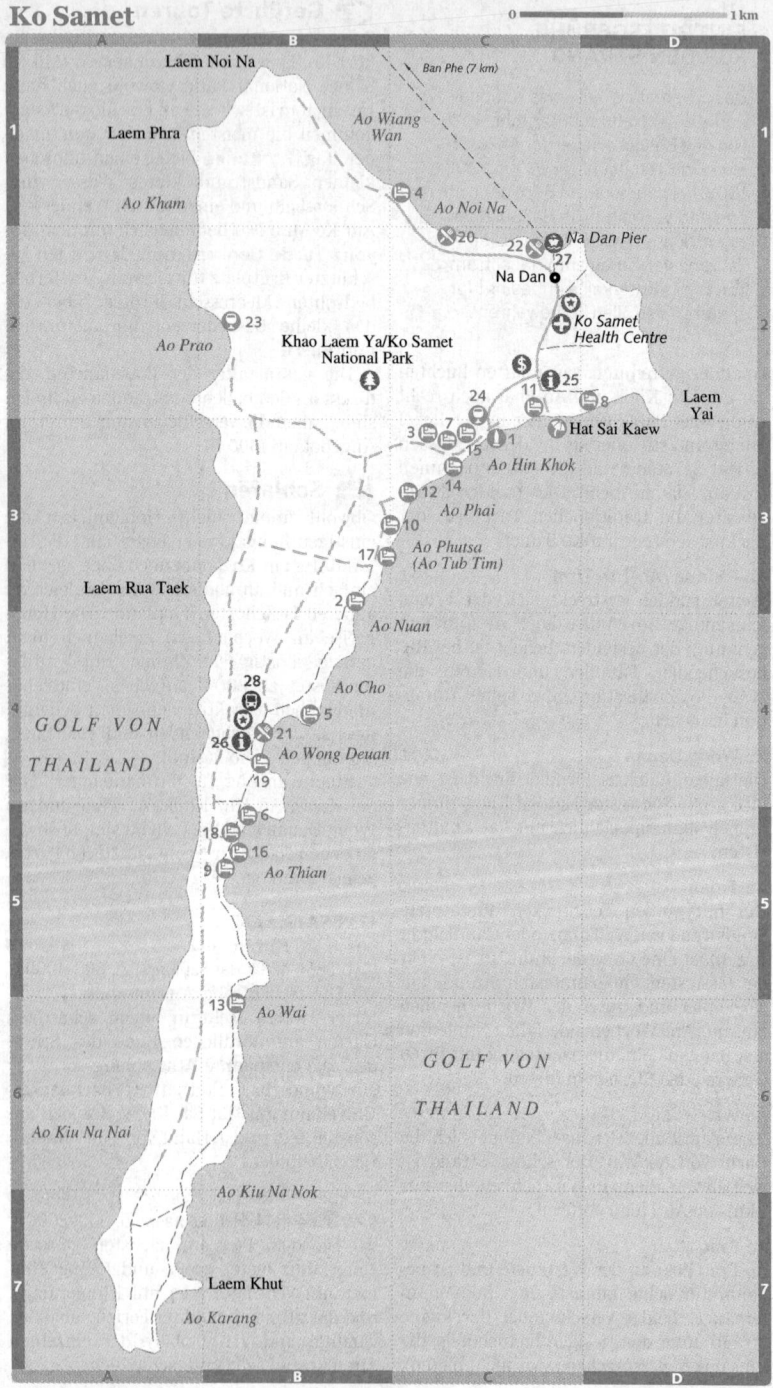

0 ———————— 1 km

KO CHANG & OSTKÜSTE

Laem Noi Na

Laem Phra

Ban Phe (7 km)

Ao Wiang Wan

Ao Kham

Ao Noi Na

4

20

22

27 Na Dan Pier

Na Dan

Ao Prao 23

Khao Laem Ya/Ko Samet National Park

Ko Samet Health Centre

$

11 25

24

Laem Yai

3 7

15 1

8

Hat Sai Kaew

Ao Hin Khok

12 14

Ao Phai

10

17 *Ao Phutsa (Ao Tub Tim)*

Laem Rua Taek

2 *Ao Nuan*

Ao Cho

28

5

26 21

Ao Wong Deuan

19

6

18

16

9 *Ao Thian*

GOLF VON THAILAND

13 *Ao Wai*

GOLF VON THAILAND

Ao Kiu Na Nai

Ao Kiu Na Nok

Laem Khut

Ao Karang

AO HIN KHOK & AO PHAI

Tok's
HOTEL **$$**

(☏0 3864 4072; Ao Hin Khok; Zi. 1500 B; ❄) Schicke Bungalows ziehen sich einen schön gestalteten, mit Blütenpflanzen bewachsenen Hügel hinauf. Das macht die schattige Anlage zu einem ordentlichen Mittelklassehotel.

Jep's Bungalows
PENSION **$$**

(☏0 3864 4112; www.jepbungalow.com; Ao Hin Khok; Zi. 500–1600 B; ❄@) Die Hütten mit Ventilator des guten, alten Jep, die sich über einen bewaldeten Hügel verteilen, sind immer noch so billig wie früher (vor fünf Jahren). Die Zimmer mit Klimaanlage sind auch immer noch die gleichen, nur mit niedrigerer Innentemperatur.

Ao Pai Hut
PENSION **$**

(☏0 3864 4075; Ao Hin Khok; Zi. 600–1000 B; ❄) Genau wie Jep's besteht auch diese Pension aus einfachen Holzhütten, die im Schatten der Bäume stehen.

Silver Sand
HOTEL **$$**

(☏0 3864 4300; www.silversandsamed.com; Ao Phai; Zi. 1500–2200 B; ❄@) Moderne Bungalows mit herrlichen Betten und schickem Bad sorgen für den dringend benötigten Touch von Kultiviertheit im einfachen Ko Samet. Die nächtlichen Aktivitäten in der Bar sind nicht immer ganz jugendfrei und vor allem bei Schwulen sehr beliebt.

Samed Villa
HOTEL **$$**

(☏0 3864 4094; www.samedvilla.com; Ao Phai; Zi. 1800–2500 B; ❄) Aus den hübschen Bungalows, die über viel Komfort verfügen und keinerlei Probleme machen, blickt man aufs Meer hinaus oder in den gepflegten Garten.

AO PHUTSA & AO NUAN

⌇LP TIPP⌇ Tubtim Resort
HOTEL **$$**

(☏0 3864 4025; www.tubtimresort.com; Ao Phutsa; Zi. 800–2500 B; ❄@) Ob Hütte mit Ventilator oder Bungalow mit allem Drum und Dran – das Tubtim hat ein bisschen was von allem. Die teureren Bungalows sind hübsch und elegant, die preiswerten sehr einfach, aber auch nur ein paar Schritte vom gleichen, traumhaften Strand entfernt.

Pudsa Bungalow
PENSION **$$**

(☏0 3864 4030; Ao Phutsa; Zi. 700–1500 B; ❄) Die schöneren Bungalows in Strandnähe sind mit Treibholz „verziert", liegen aber direkt am Hauptweg und damit in Hörweite des nächtlichen Gegröles. Ganz in Ordnung, wenn man selber mitgrölt.

Ao Nuan
PENSION **$$**

(Zi. 700–2000 B) Die ausgefallene Pension, die das Chillen und Relaxen auf Ko Samet erfunden hat, bietet einfache Holzbungalows mitten im Grünen. Wer es schafft, ein Zimmer zu ergattern, kann im lässigen Restaurant abhängen. Telefonische Reser-

FERIENARBEIT

Im Rayong Turtle Conservation Centre sind freiwillige Helfer immer willkommen. Bei den von **Starfish Ventures** (www.starfishventures.co.uk; 4 Wochen inkl. Unterkunft 800 £) vermittelten Arbeitseinsätzen wird die Entwicklung der Schildkröten beobachtet, die Freilassung der Jungtiere ins Meer übernommen und das Projekt den Tagesausflüglern aus Ko Samet erklärt. Untergebracht werden die Helfer in einem Fischerdorf, von wo sie jeden Morgen mit dem Schnellboot zur Arbeit nach Ko Man Mai düsen. Das Ganze ist recht locker – gearbeitet wird an vier Tagen in der Woche jeweils von 8 bis 15 oder 16 Uhr –, sodass genügend Zeit zum Erkunden der schönen Strände in der Nähe bleibt.

vierung ist nicht möglich, also einfach auf gut Glück vorbeikommen! Es ist aber die einzige Unterkunft an dem herrlich abgelegenen Strand.

AO WONG DEUAN & AO THIAN (CANDLELIGHT BEACH)

Die Fähre von Ban Phe nach Ao Wong Deuan (einfache Strecke 50 B) verkehrt regelmäßig, am Wochenende öfter.

Um nach Ao Thian zu kommen, setzt man mit der Fähre nach Ao Wong Deuan über und überquert die Landzunge in Richtung Süden. Von hier führt auch ein kurzer, markierter Weg an die Westküste der Insel. Er beginnt bei den Tonhard Bungalows.

Blue Sky PENSION $
(08 1509 0547; Zi. 600–1200 B;) Eine der wenigen Budgetunterkünfte in Ao Wong Deuan. Die einfachen Bungalows stehen auf einer felsigen Landzunge. Auch wenn Billigpensionen in ihrer Einfachheit toll sein können, gibt's an den anderen Stränden bessere Alternativen für sparsame Reisende.

Candlelight Beach PENSION $
(08 1762 9387; Zi. 700–1200 B;) Die Bungalows aus naturbelassenem Holz, die direkt am Strand stehen, sind mit Ventilator oder Klimaanlage und einer Veranda mit Blick aufs Meer ausgestattet.

Lung Dam Apache PENSION $
(08 1452 9472; Zi. 800–1200 B;) Die einfachen Bungalows mit Klimaanlage stehen direkt auf dem Sandstrand, die ganze An-

sammlung ist Ausdruck der in Thailand gepflegten Ästhetik von wiederverwerteten Materialien.

Tonhard Bungalow PENSION $$
(08 1435 8900; Zi. 700–1500 B;) Die Bungalows in einem kleinen Wäldchen am Strand sind einfach bis weniger einfach. Dafür ist die Umgebung freundlich und entspannt.

Viking Holiday Resort HOTEL $$
(0 3864 4353; www.sametvikingresort.com; Zi. 1200–2000 B;) Das „vornehmste" Hotel von Ao Thian hat nur neun große, gemütliche Zimmer – unbedingt im Voraus buchen!

AO WAI

Die Bucht von Ao Wai ist nur 1 km von Ao Thian entfernt, kann aber auch mit einem in Ban Phe gecharterten Schnellboot angefahren werden.

Samet Ville Resort HOTEL $$$
(0 3865 1682; www.sametvilleresort.com; Zi. inkl. Frühstück 2000–5300 B;) Die einzige Ferienanlage an diesem abgeschiedenen Strand ist bestens geeignet, um ein „Stück vom Himmel" durchs grüne Blätterdach zu erspähen. Die eher bescheidene Anlage ist einen Tick zu schäbig für echte Cluburlauber, aber es gibt ein riesiges Angebot für jeden Geldbeutel und einen genialen Strand.

AO NOI NA

Baan Puu Paan PENSION $$
(0 3864 4095; Zi. 700–1200 B;) Die Pension unter englischer Leitung steht in luftiger Höhe zwischen der Hauptstraße und dem Meer, nordwestlich des Fähranlegers von Na Dan. Wären die Preise höher, könnte es mit seinen hübschen Landhausfarben und den freistehenden Hütten hoch über dem blauen Ozean als Boutiquehotel durchgehen. Am besten ein dickes Buch mitbringen – und mal richtig abschalten. Um herzukommen, braucht man unbedingt ein eigenes Fahrzeug.

✖ Essen & Ausgehen

Zu den meisten Hotels und Pensionen gehört ein Restaurant, dass sich bei Sonnenuntergang in eine Bar verwandelt. Das Essen und der Service hauen einen nicht vom Hocker, aber es gibt praktisch keine Alternative. Auf der Insel besonders beliebt sind Barbecues, die abends am Strand veranstaltet werden. Allerdings sollte man sich nur ein professionell durchgeführtes aussuchen, also eines, bei dem ständig gebrutzelt und serviert wird und die Leute mit essen beschäftigt sind statt sich zu langweilen.

Am Wochenende steppt der Bär auf Ko Samet: Reisegruppen aus der Region üben sich in Karaoke, die Jugend schüttet sich mit Bier zu und tanzt zur Techno-Musik ab. Die Barszene ist abhängig von der Saison, aber in Hat Sai Khao, Ao Hin Khok, Ao Phai und Ao Wong Deuan ist eigentlich immer mächtig was los.

Jep's Restaurant INTERNATIONAL $$
(Ao Hin Khok; Gerichte 60–150 B; ⊘morgens, mittags & abends) In dem hübschen Strandrestaurant unter dem Blätterdach eines ausladenden Baumes, der mit bunten Lichtern geschmückt ist, gibt's von allem und für jeden etwas.

Summer Restaurant INTERNATIONAL $$$
(Baan Puu Paan, Ao Noi Na; Gerichte 250–400 B; ⊘abends) In sommerfrischer Atmosphäre hoch über dem Hafen wird von indischen Chicken Tikka bis zu Cajun-Hühnchen das gesamte kulinarische Spektrum der Weltreisenden angeboten.

Ban Ploy Samed THAI $$$
(☏0 3864 4188; Ao Noi Na; Gerichte 300–600 B; ⊘abends) Erst muss man sich auf einem Boot an einer Seilwinde zu dem schwimmenden Restaurant hinüberziehen lassen, dann kann man die superfrischen Meeresfrüchte oder die im Ganzen gedünsteten Fische genießen.

Rabeang Bar THAI $
(Na Dan; Gerichte 50–100 B; ⊘morgens, mittags & abends) Das Essen in dem Lokal beim Fährhafen, direkt am Wasser, ist so gut und so reichhaltig, dass man glatt vergisst, die Insel zu verlassen.

Naga Bar BAR
(Ao Hin Khok; Getränke ab 60 B) Die Strandbar hat sich auf Trinkspiele spezialisiert: Es werden Münzen geworfen, Boxkämpfe im moo·ay·tai-Ring ausgetragen und Eimer voller Whisky zum Mut-Antrinken ausgeschenkt.

Silver Sand Bar BAR
(Ao Phai; Getränke ab 60 B) In dem beliebten Schwulenlokal geht's nach dem Abendessen mit Cocktails aus dem Eimer und Verrenkungen auf der Tanzfläche weiter (oder eher abwärts?).

Baywatch Bar BAR
(Ao Wong Deuan; Getränke ab 80 B) Verschiedene Sitzgelegengheiten laden zum Relaxen am abendlichen Strand ein, die Cocktails sind stark und jede Menge fröhlicher Menschen unterwegs.

Ao Prao Resort BAR
(Ao Prao; Getränke ab 80 B) Vom hübschen Restaurant der Ferienanlage an der Westküste der Insel hat man einen tollen Blick aufs Meer und die spektakulären Sonnenuntergänge. Um herzukommen, braucht man ein eigenes Fahrzeug.

ℹ Praktische Informationen

Auf Ko Samet gibt's mehrere Geldautomaten, darunter einen beim Fähranleger von Na Dan und in Ao Wong Deuan.

Die Hotels an den verschiedenen Stränden haben zumeist einen Internet-Terminal oder WLAN.

Ko Samet Health Centre (☏0 3861 1123; ⊘Mo-Fr 8.30-21, Sa & So 8.30-16.30 Uhr) An der Hauptstraße zwischen Na Dan und Hat Sai Kaew. Für Notfälle außerhalb der Sprechzeiten sind Handynummern ausgehängt.

Hauptbüro der Nationalparks (zwischen Na Dan & Hat Sai Kaew). Ein weiteres Büro befindet sich am Strand von Ao Wong Deuan.

Polizei (☏1155) An der Hauptstraße zwischen Na Dan und Hat Sai Kaew. Am Strand von Ao Wong Deuan gibt's ebenfalls einen Polizeiposten.

ℹ An- & Weiterreise

Die Fähren nach Ko Samet legen an den Piers von Ban Phe ab, von denen es Dutzende gibt, die von den verschiedenen Fährgesellschaften benutzt werden. Auf Ko Samet aber legen alle am Hauptpier von Na Dan an. Auch die Preise sind bei allen Gesellschaften gleich (einfache Strecke/hin & zurück 50/100 B, 40 Min., 8–16 Uhr stündl.). Ebenso häufig fahren die Boote wieder zurück zum Festland.

Ao Wong Deuan und der Süden der Insel sind auch direkt mit einer Fähre vom Festland aus zu erreichen (einfache Strecke 50 B, 1 Std., 2-mal tgl.).

Beim Kauf der Fahrkarten auf dem Festland werden Touristen gedrängt, doch lieber eine Fahrt mit dem Schnellboot zu buchen (2500 B/Boot). In dem Boot können zehn Passagiere mitfahren (also 250 B/Pers.), aber niemand weiß, wie lange es dauert, bis man diesen Preis bekommt. Es ist aber eine Möglichkeit für alle, die es eilig haben, denn die Boote fahren direkt zum gewünschten Strand.

Die Fahrkartenverkäufer auf dem Festland versuchen, die Touristen zur Vorbuchung der Unterkunft zu überreden, was aber mit einem saftigen (Provisions-)Zuschlag verbunden ist. Am besten ist es, einfach auf die Insel überzusetzen und dort nach einem Zimmer zu suchen.

ℹ️ **Unterwegs vor Ort**

Ko Samet ist klein und lässt sich hervorragend zu Fuß erkunden. Ein Netz von unbefestigten Straßen führt an die Westküste der Insel.

Grüne *sŏrng·tăa·ou* passen die ankommenden Fähren am Anleger ab und bringen ihre Passagiere zu den verschiedenen Stränden (20–80 B, je nach Strand). Finden die Fahrer nicht genügend Passagiere für eine Fahrt, fahren sie entweder nicht los oder verlangen von den Fahrgästen, das ganze Vehikel für 200–500 B zu chartern.

In der Nordhälfte der Insel werden fast überall Motorräder vermietet, die etwa 300 B pro Tag kosten. Die unbefestigten Straßen der Insel sind holprig und gefährlich, und größere Fahrzeuge können riesige Staubwolken aufwirbeln, die einem die Sicht rauben. Vor der endgültigen Entscheidung auf jeden Fall die Bremsen testen und immer langsam durch die Kurven fahren!

Chanthaburi จันทบุรี

99 819 EW.

Chanthaburi liefert den Beweis, dass nicht alles Gold ist, was glänzt. Was hier glitzert, sind Edelsteine, und aus ganz Südostasien, Afrika und vielen anderen Ländern kommen die Händler, um ihre Geschäfte mit Saphiren, Rubinen, Jade und anderen bunten Steinen zu machen. Aufgrund des Edelsteinhandels und der multikulturellen Geschichte (mit französischen, vietnamesischen und chinesischen Einflüssen) ist die „Stadt des Mondes" überraschend vielfältig und facettenreich für eine typisch thailändische Stadt. Die langjährige Zuflucht für Wirtschafts- und Religionsflüchtlinge aus Thailands Nachbarländern ist allemal einen Besuch wert.

In der auch als „Chantaboon Waterfront Community" bekannten Altstadt kann man am besten den Spuren der Einwanderer und der internationalen Einflussnahme auf die Stadt folgen. Im 19. Jh. kamen hier die ersten vietnamesischen Christen an, die vor der religiösen und politischen Verfolgung im damaligen Cochinchina (Südvietnam) geflohen waren. Eine zweite Welle vietnamesischer Flüchtlinge folgte in den 1920er- und 1940er-Jahren aufgrund der französischen Kolonialherrschaft und eine dritte, nachdem 1975 die Kommunisten in Südvietnam an die Macht gekommen waren. Von 1893 bis 1905 war Chanthaburi von Frankreich besetzt, das sich mit dem Königreich Siam über die Grenzen in Indochina stritt.

INSIDERWISSEN

EIN LEBEN FÜR DIE GESCHICHTE

Pratapan Chatmalai ist die Vorsitzende der Chantaboon Waterfront Community Association. Sie wuchs hier auf und erinnert sich gerne an die enge Gemeinschaft, die zwischen den Menschen der verschiedenen Kulturen bestand. Heute setzt sie sich für die Bewahrung der Geschichten und des Charakters dieser Gemeinschaft ein.

Womit beschäftigt sich Ihre Organisation?

Nun, diese Gemeinschaft ist eine „Altenstadt". Die alte Stadt stirbt und die jungen Leute ziehen weg. Ich möchte unsere Kultur für die nächsten Generationen bewahren, damit sie daraus lernen. Und ich versuche, den Menschen in der Gegend zu einem besseren Leben zu verhelfen. Die Menschen sollen in unser Learning House kommen, um etwas über das tägliche Leben in der Vergangenheit zu erfahren.

Welche Sehenswürdigkeiten empfehlen Sie Touristen in der Altstadt?

Hier gibt es einzigartige Zeugnisse der Geschichte und des Lebens in der Vergangenheit. Nehmen Sie nur die Kathedrale, die chinesischen Schreine und die alten Häuser, von denen jedes anders ist. Sie sind eine einzigartige Mischung aus thailändischem, chinesischem und westeuropäischem Stil. Die Restaurants der Stadt bieten Nudeln mit Meeresfrüchten, traditionell hergestellte Eiscreme und Dim-Sum. Wer vom Herumlaufen müde ist, lässt sich in einem der Häuser im alten Thai-Stil massieren.

Was gefällt Ihnen in der Altstadt am besten?

Ich liebe die ganze Altstadt, weil sie ein lebendiges Museum ist und ich darin herumspazieren kann, mich mit den Leuten über die Vergangenheit unterhalten und sie glücklich machen kann.

Ein Gespräch mit China Williams.

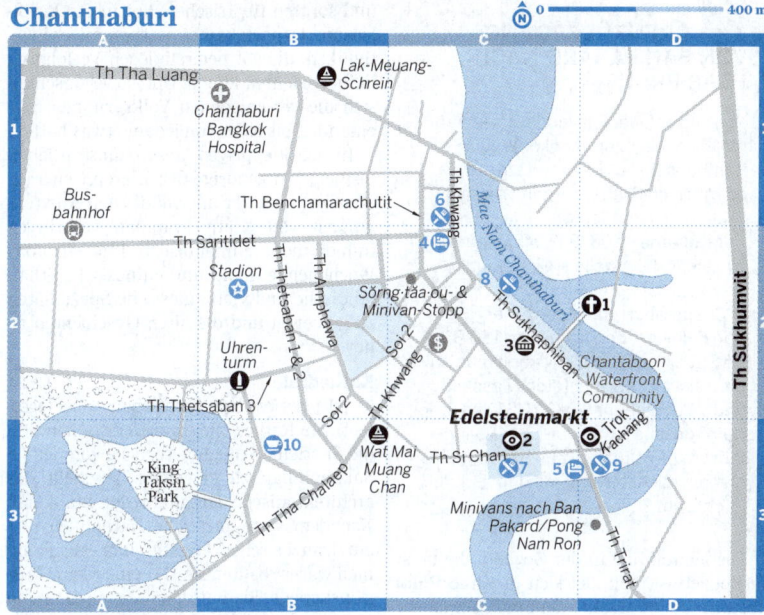

Chanthaburi

◎ Sehenswertes & Aktivitäten

LP TIPP ◎ **Edelsteinmarkt** MARKT

(ตลาดพลอย; Th Si Chan & Trok Kachang; ⏱Fr, Sa & So) Am Wochenende hallen die Straßen und Gassen rund um die Th Si Chan (oder „Gem Road") wider vom Gefeilsche und Gezeter der Käufer und Verkäufer von Edelsteinen. Es geht zu wie auf einem ganz normalen, thailändischen Markt, ungeachtet der Kostbarkeit der angebotenen Ware. Menschen drängen sich um die provisorisch aufgebauten Tische oder untersuchen kleine Häufchen loser Steine direkt auf der ausgestreckten Hand des Händlers. In den offiziellen Edelsteinläden begutachten kompromisslose Prüfer die Ware durch dicke Vergrößerungsgläser und bewerten ihre Qualität und Echtheit. Man erhält ei-

nen faszinierenden Einblick in eine einzigartige, geheime Welt, in der aber nur mitspielen sollte, wer sich wirklich auskennt – alle anderen sollten sich aufs Beobachten beschränken!

Die Edelsteinminen in den Bergen rund um Chanthaburi versorgten einst den königlichen Palast mit kostbaren Saphiren und Rubinen, doch Mitte des 19. Jhs. bauten Händler des (birmanischen) Shan-Volkes die Minen zu kommerziellen Unternehmen aus. Heutzutage sind die in der Region geschürften Edelsteine von zu geringer Qualität für den internationalen Markt, doch die findigen Händler von Chanthaburi besorgen sich auf der ganzen Welt Edel- und Halbedelsteine, um sie hier wieder an ihre Kunden aus aller Welt zu verkaufen.

GRENZÜBERGANG: VON BAN PAKARD NACH PSAR PRUHM

Von dieser Ecke Thailands aus kommt man schneller zum Angkor Wat in Kambodscha als über den stark frequentierten Grenzübergang Aranya Prathet im Nordosten.

Minivans (☎08 1949 0455) fahren von einer Haltestelle am gegenüberliegenden Ufer des River Guest House in Chanthaburi zum Grenzübergang Ban Pakard/Pong Nam Ron (150 B, 1½ Std., 3-mal tgl.). Dort kann man mit den üblichen Formalitäten (Passbild und Visumgebühr von 20 US$) nach Kambodscha einreisen. Über Pailin fährt man ins malerische Battambang und am nächsten Tag mit dem Schiff nach Siem Re.

Die letzte Mine in der Gegend, die noch in Betrieb ist, befindet sich in **Khao Phloi Waen**, 6 km außerhalb der Stadt. Sie ist vor allem für gelbe Saphire bekannt, die die Farbe von Mekong-Whiskey haben.

Chantaboon Waterfront Community
HISTORISCHE STÄTTE

(Th Sukhaphiban) Entlang eines 1 km langen Streifens am Ufer des Mae Nam Chanthaburi stehen alte Holzhäuser, die mit viel Engagement als lebendiges Geschichtsmuseum erhalten und vermarktet werden. Eine stimmungsvolle Wanderung durch Raum und Zeit aus der einzigartigen Perspektive der Thais: Im Mittelpunkt stehen nicht so sehr Fakten und Personen, sondern: Essen.

Im **Learning House** (☎08 1945 5761; ⏰9–17 Uhr) erhalten die Besucher eine lehrreiche Einführung in diese Wohnart und die Gemeinschaft der Bewohner. Im 2. Stock sind historische Fotografien aus dem Alltagsleben der Menschen und Bauzeichnungen der wunderschön geschnitzten Lüftungsgitter der Häuser zu sehen. In diesen einzigartigen Gittern haben die Angehörigen der Gemeinschaft von Einwanderern mit chinesischen Schriftzeichen oder der französischen Lilie ihre Herkunft verewigt.

Die Bauern und Händler, die sich vor etwa 300 Jahren am fruchtbaren Flussufer niederließen, errichteten hier ein Handelszentrum für landwirtschaftliche Erzeugnisse. Später suchten chinesische Händler und Wirtschaftsflüchtlinge hier Zuflucht

und sorgten für frisches Blut in der Bevölkerung. Danach kamen vietnamesische Katholiken, die vor der religiösen Verfolgung in ihrer Heimat flohen. Und so vermischten sich die verschiedenen Volksgruppen miteinander, bis jeder von jedem etwas hatte.

In den klapprigen, alten Häusern leben bis heute Angehörige der älteren Generation, aber dank der unermüdlichen Anstrengungen von Khun Pratapan verbringen immer mehr einheimische Touristen das Wochenende hier, um chinesische, thailändische und vietnamesische Spezialiäten zu genießen und die alten Geschichten zu hören.

Kathedrale
KIRCHE

(Ostufer des Mae Nam Chanthaburi; ⏰bei Tageslicht) Die Kathedrale im französischen Stil, die über eine Fußgängerbrücke von der Th Sukhaphiban zu erreichen ist, stellt das architektonische Highlight der Stadt dar. Nachdem vietnamesische Katholiken und ein französischer Priester hier angekommen waren, bauten sie 1711 eine kleine Missionskapelle. Sie wurde zwischen 1712 und 1906 viermal umgebaut und ist heute das größte Gebäude dieser Art in Thailand.

King Taksin Park
PARK

(สวนสาธารณะสมเด็จพระเจ้าตากสิน; Th Tha Chalaep; ⏰bei Tageslicht) Die größte Oase der Stadt, die von Joggern und picknickenden Familien genutzt wird, ist auch bestens geeignet für einen netten Abendspaziergang.

✨ Feste & Events

Obstfestival
ESSEN

In der ersten Juniwoche bietet das alljährliche Obstfestival reichlich Gelegenheit, die hervorragenden Früchte aus der Region wie Rambutan, Mango und die fürchterlich stinkende Durian zu probieren.

🛌 Schlafen

Die Unterkünfte in Chanthaburi können oft ausgebucht sein, vor allem von Freitag bis Sonntag, wenn die Edelsteinhändler in der Stadt sind. Deshalb sollte man möglichst im Voraus buchen.

River Guest House
HOTEL $

(☎0 3932 8211; 3/5-8 Th Si Chan; Zi. 150–400 B; ❄@) Ein langweiliger Hotelkasten, wie es viele gibt, aber für eine Budgetunterkunft ganz gut. Nette Extras sind der gemütliche Aufenthaltsbereich und das freundliche Personal. Die Zimmer, die nicht zur Schnellstraße hinausgehen, sind ruhiger.

In der Nähe von Chanthaburi gibt's zwei kleine Nationalparks, die sich hervorragend für einen Tagesausflug eignen. Da in beiden Malariagefahr besteht, sind die üblichen Vorsichtsmaßnahmen zu treffen.

Der **Khao Khitchakut National Park** (อุทยานแห่งชาติเขาคิชฌกูฏ; ☑0 3945 2074; Eintritt 200 B; ☺8.30–16.30 Uhr) befindet sich 28 km nordöstlich der Stadt. Hauptattraktion des Parks sind die Wasserfälle von **Nam Tok Krathing**, die aber nur nach der Regenzeit wirklich sehenswert sind.

Den Khao Khitchakut National Park erreicht man mit einem *sŏrng·tǎa·ou*. Sie stehen neben dem Postamt an der Nordseite des Marktes von Chanthaburi (35 B, 45 Min.). Die *sŏrng·tǎa·ou* fahren auf der Rte 3249 bis 1 km vor die Hauptverwaltung des Parks. Von dort aus müssen die Besucher zu Fuß weitergehen. Die Rückfahrt gestaltet sich schwieriger: Entweder man wartet ewig lange oder trampt.

Wesentlich beliebter ist der **Nam Tok Phlio National Park** (อุทยานแห่งชาติน้ำตก พลิ้ว; ☑0 3943 4528; Eintritt 200 B; ☺8.30–16.30 Uhr) am Hwy 3, 14 km südöstlich von Chanthaburi. Ein angenehmer, 1 km langer Naturlehrpfad führt rund um die eher kleinen Wasserfälle. *Sŏrng·tǎa·ou* zum Park fahren an der Nordseite des Marktes von Chanthaburi ab (40 B, 30 Min.). Die Passagiere werden in 1 km Entfernung vom Parkeingang abgesetzt.

In beiden Parks kann man auch übernachten, Buchungen per Internet oder telefonisch bei der **Parkreservierung** (☑0 2562 0760; www.dnp.go.th)!

Kasemsarn Hotel
HOTEL **$$**
(☑0 3931 1100; www.kasemsarnhotel.net; Th Benchamarachutit 98/1; Zi. 1200–1500 B; ❋@) Das Hotel, das gerne von Besuchern aus Bangkok aufgesucht wird, hat große, moderne Zimmer. Unter der Woche gibt's ordentliche Preisnachlässe.

✗ Essen & Ausgehen

Seafood Noodle Shop
THAILÄNDISCH **$**
(Th Sukhaphiban; Gerichte 25–50 B; ☺mittags & abends) Die für Chanthaburi typische Variante des einfachen Reisnudelgerichts wird vor allem in der Altstadt am Fluss angeboten. Außerdem gibt es andere, hausgemachte kleine Gerichte.

Sony Yadaw
INDISCH **$**
(Th Si Chan; Gerichte 30–100 B; ☺morgens, mittags & abends; ✐) Für die vielen Edelsteinhändler aus Südostasien ist das kleine vegetarische Restaurant ihre zweite Heimat.

Chanthorn Phochana
THAI-CHINESISCH **$**
(☑0 3931 2339; 102/5-8 Th Benchamarachutit; Gerichte 30–120 B; ☺morgens, mittags & abends) Zum wunderbaren Angebot an thailändischen und chinesischen Gerichten gehören auch Spezialitäten wie gebratene Papaya und Mangostanwein aus der Region. Lecker sind auch die vietnamesischen Frühlingsrollen und klein geschnittenen Durianfrüchte aus der Region, die besser schmecken als man denkt und, in der Tüte mitgenommen, einen tollen Snack für unterwegs abgeben. Am Wochenende ist es immer rappelvoll.

Muslim Restaurant
THAILÄNDISCH, MUSLIMISCH **$**
(☑08 1353 5174; Ecke Soi 4, Th Si Chan; Gerichte 25–50 B; ☺9.30–21 Uhr) Ob Paratha-Brot, Biryani, Currys oder indischer Tee – in dem winzigen Lokal schmeckt wirklich alles ausgezeichnet.

Coffee Room
CAFÉ **$**
(Th Tha Chalaep; Getränke ab 50 B; ☺morgens & mittags) In das großstädtische Café gegenüber vom King Taksin Park gehen vornehme Händler und Besucher aus Bangkok, um sich nicht mehr wie auf dem Land zu fühlen.

ⓘ Praktische Informationen

Banken mit Wechselstuben und Geldautomaten gibt's überall in der Stadt.

Bank of Ayudhya (Th Khwang)

Chanthaburi Bangkok Hospital (☑0 3935 1467; Th Tha Luang; ☺6–21 Uhr) für Notfälle. Das Krankenhaus gehört zur Bangkok Hospital Group.

ⓘ Anreise & Unterwegs vor Ort

Die Busse zu folgenden Reisezielen fahren alle am Busbahnhof von Chanthaburi ab:

Ost-Busbahnhof (Ekamai) in Bangkok (187 B, 3½ Std., 6–23.30 Uhr stündl.)

Nord-Busbahnhof (Mo Chit) in Bangkok (187B, 4 Std., 2-mal tgl.)

Trat (70 B, 1½ Std., 6.30–23.30 Uhr alle 90 Min.)

Khorat (266 B, 6–18 Uhr stündl.) Das Tor zum Nordosten.

Sa Kaew (106–137 B, 6–22 Uhr stündl.). Hier muss man umsteigen, wenn man zum Grenzübergang Aranya Prathet möchte.

Die Minivans, die an der Haltestelle in der Nähe des Marktes starten, fahren nach Trat (80 B) und Rayong (100 B). Auch wer nach Ko Samet möchte, kann mit einem Minivan direkt nach Ban Phe (120 B) fahren.

Eine Fahrt mit dem Motorradtaxi innerhalb der Stadt kostet 20–30 B.

Trat
ตราด

21590 EW.

Als Hauptdurchgangsort auf dem Weg nach Ko Chang und in die Küstenregion Kambodschas wird dem ländlichen Charme von Trat viel zu wenig Beachtung geschenkt. Dabei besteht das Geschäftsviertel aus hübschen Holzhäusern, in denen oft Pensionen untergebracht sind, und verwinkelten Gassen, in denen sich das typisch thailändische Alltagsleben abspielt: Kinder kurven mit ihren Fahrrädern herum, Hausfrauen erledigen ihre Besorgungen, in kleinen Geschäften werden billige Schmuckstücke und Dinge des täglichen Bedarfs verkauft. Wenn das eigentliche Ziel der Reise noch weit entfernt ist, warum nicht einfach ein bißchen länger bleiben und all die Dinge genießen, die es auf den Inseln nicht gibt? Frisches, günstiges Obst, leckere Nudeln und jede Menge Leute zum Beobachten!

⊙ Sehenswertes

Trat ist berühmt für ein **medizinisches Kräuteröl** (*nám·man lĕu·ang*), das von Arthritis bis Insektenstichen angeblich alles heilen kann und in allen Apotheken des Ortes zu haben ist. Eine Einheimische, Mae Ang-Ki (Somthawin Pasananon), stellt das Wunderöl nach einem geheimen Apothekerrezept her, das in ihrer chinesisch-thailändischen Familie seit Generationen überliefert wird. Es heißt, wer die Stadt ohne ein paar Flaschen *nám·man lĕu·ang* verlässt, war nicht wirklich in Trat.

Ein weiteres blühendes Geschäft in Trat ist die **Produktion essbarer Schwalbennester**. Dafür wurden die oberen Stockwerke eines Kaufmannshauses in der Th Lak Meuang absichtlich in Nistplätze der Salanganen umgewandelt, deren essbare

Provinz Trat

Nester bei den Chinesen als Delikatesse gelten. Essbare Schwalbennester waren früher ziemlich selten (und deshalb natürlich teuer), da sie von speziell ausgebildeten, äußerst waghalsigen Kletterern in schwindelerregender Höhe von der Decke bestimmter Höhlen gepflückt werden mussten. Doch in den 1990er-Jahren schafften es findige Unternehmer, diese Höhlenatmosphäre in mehrstöckigen Geschäftshäusern nachzubauen. Die Idee entwickelte sich zu einem einträglichen Geschäft in ganz Südostasien und vor allem in Trat. Mittlerweile müssen sich allerdings immer mehr Stadtverwaltungen mit dem Problem der Lärmbelästigung durch die geldbringenden Vögel beschäftigen.

Markthalle   MARKT

Auf dem überdachten Markt, der sich östlich der Th Sukhumvit bis zur Th Tat Mai erstreckt, bekommt man einfach alles, auch das, was man beim Packen zu Hause vergessen hat. Ohne es richtig zu merken, befindet man sich plötzlich auf dem **Tagesmarkt**, wo es frisches Obst, Gemüse und Essen zum Mitnehmen gibt.

🛏 Schlafen

In den traditionellen Holzhäusern rund um die Th Thana Charoen sind viele preiswerte Hotels untergebracht. Es ist schwer, mehr

Geld für die Übernachtung auszugeben, selbst wenn man wollte.

Ban Jaidee Guest House PENSION $
(☑0 3952 0678; 6 Th Chaimongkol; Zi. 200 B; 🛜) Die entspannte Pension mit einfachen Zimmern und Gemeinschaftsbädern (Warmwasserduschen) ist in einem traditionellen Holzhaus untergebracht, das in einem wirklich bezaubernden Stadtviertel steht. Die Gemeinschaftsbereiche sind mit Gemälden und Kunstgegenständen geschmückt, die die künstlerisch tätigen Besitzer angefertigt haben. Da die Unterkunft sehr beliebt ist, muss man unbedingt im Voraus buchen.

Residang Guest House PENSION $
(☑0 3953 0103; www.trat-guesthouse.com; 87/1-2 Th Thana Charoen; Zi. 260–600 B; ❄🛜) Betten mit guten Matratzen, Duschen mit Warmwasser und WLAN – was will man mehr? Die Zimmer sind luftig und frisch. Bei den Besitzern ist eine detaillierte Liste mit Infos zu Verkehrsmitteln erhältlich.

Garden Guest House PENSION $
(☑0 3952 1018; 87/1 Th Sukhumvit; Zi. 120–200 B) Ein nettes Großmütterchen führt das mit Blumengirlanden geschmückte Haus, das mit allerlei thailändischem Krimskrams vollgestopft ist. Von den acht Zimmern hat nur eines ein eigenes Bad.

Rimklong HOTEL $$
(☑0 81 861 7181; 194 Th Lak Meuang; Zi. 800 B; ❄) Das erste Boutiquehotel für die espressoschlürfenden Massen in Trat war zum Zeitpunkt der Recherche noch im Bau, sah aber wirklich sehr vielversprechend aus – ausprobieren!

Sawadee PENSION $
(☑0 3951 2392; sawadee trat@yahoo.com; 90 Th Lak Meuang; Zi. 100–300 B) Der einfache Familienbetrieb in einem umgebauten Geschäftshaus hat Zimmer mit Ventilator und Gemeinschaftsbad.

Pop Guest House PENSION $
(☑0 3951 2392; 1/1 Th Thana Charoen; Zi. 150–500 B; ❄@) Es ist sehr wahrscheinlich, dass man in dieser Pension landet, obwohl man das gar nicht wollte, denn die Besitzer sind sehr großzügig mit ihren Provisionszahlungen an Taxifahrer und sehr aggressiv in der Anwerbung von Gästen. Die Zimmer sind tatsächlich sauber und preiswert, aber Idealisten sollten der Konkurrenz den Vorzug geben.

✘ Essen & Ausgehen

In Trat isst man auf dem Markt: Frühstück gibt's am nostalgischen Kaffeestand *gah·faa bohrahn* auf dem Tagesmarkt in der Th Tat Mai, mittags isst man Nudeln in

DER STRANDLUST FRÖNEN

Der Ausläufer der Provinz Trat, der sich im Südosten entlang der kambodschanischen Grenze erstreckt, ist von vielen feinen Sandstränden gesäumt. Sehr gut zu erreichen ist **Hat Mai Rut**, der praktisch auf halber Strecke zwischen Trat und dem Grenzübergang von Hat Lek liegt. Ganz in der Nähe befindet sich ein altes Fischerdorf voller bunter Holzboote, in dem sich seit Generationen ganze Familienunternehmen der Fischerei im kleinen Stil widmen. Das **Mairood Resort** (☎08 414858; www.mairood.resort.com; bei km 53; Zi. 500–1000 B; ❄@✉) wird von einem Englisch sprechenden Thai geführt, der lange in den USA gelebt hat. Nachdem er so lange im Ausland war, kann er seinen Gästen die Eigenarten dieser Gegend bestens erklären. Die hübsche Unterkunft besteht aus einfachen Hütten, die am Meer oder in den Mangroven stehen.

Um nach Hat Mai Rut zu kommen, nimmt man am Busbahnhof von Trat ein Songthaeo, das in Richtung Hat Lek fährt. Das Resort ist 3 km vom Kilometerstein 53 an der Schnellstraße entfernt.

der Markthalle und abends etwas Gebratenes auf dem Nachtmarkt.

LP TIPP · Cool Corner CAFÉ $
(☎08 4159 2030; 49-51 Th Thana Charoen; Gerichte 50–150 B; ⊙morgens, mittags & abends) Der Szenetreffpunkt der kreativen, (einheimischen wie ausländischen) Exilanten, die sich wegen der kleinstädtischen Atmosphäre bei gleichzeitiger Nähe zu Bangkok und dem entspannten Lebensstil in Trat niedergelassen haben, wird von Khun Morn geführt. Sie ist eine neuzeitliche Renaissance-Frau (Schriftstellerin, Künstlerin und Reisenden) aus Bangkok. Das für eine Provinzstadt ungewöhnlich anspruchsvolle Café bietet eine fantastische Stimmung, *phat* (klasse) Musik und superleckere Mango-Lassies.

Kluarimklong Cafe THAI $
(☎0 3952 4919; Ecke Soi Rimklong & Th Thana Charoen; Gerichte 70–90 B; ⊙mittags & abends) Das Café ist eine überzeugende Kombination aus köstlicher Thai-Küche und modernem, klimatisiertem Ambiente. Angesichts der schicken Einrichtung ist das Essen überraschend günstig.

Oscar Bar BAR
(Th Thana Charoen) In dieser Eckkneipe treffen sich Trats Kunsthandwerker und zugewanderte Geschäftsleute, um den Feierabend einzuläuten.

🛍 Shoppen

Tratosphere Books BUCHLADEN
(23 Soi Rimklong; ⊙8–22 Uhr) Hier kann man herrlich nach gebrauchten Büchern und thailändischem Kunsthandwerk stöbern.

Inhaber Serge ist ein begeisterter Kenner und Förderer von Trat und immer gut für ein paar Geheimtipps.

ⓘ Praktische Informationen

Die quer durch die Stadt verlaufende Th Sukhumvit wird oft auch als Th Ratanuson bezeichnet.

Das **Bangkok Trat Hospital** (☎0 3953 2735; Th Sukhumvit; ⊙24 Std.) bietet die beste medizinische Versorgung in der Region. Es befindet sich 400 m nördlich des Stadtzentrums.

Die **Krung Thai Bank** (Th Sukhumvit) hat einen Geldautomaten und tauscht Geld um.

Polizei (☎1155; Ecke Th Santisuk & Th Wiwatthana) Nur einen kurzen Fußmarsch vom Stadtzentrum von Trat entfernt.

Post (Th Tha Reua Jang) Östlich des Geschäftszentrums von Trat.

Im **Sawadee@Cafe Net** (☎0 3952 0075; Th Lak Meuang; 1 B/Min.; ⊙10–22 Uhr) kann man im Internet surfen oder über Skype telefonieren.

Telefonbüro (Th Tha Reua Jang) In der Nähe des Postamtes.

Trat Map (www.Tratmap.com) ist ein Internet-Verzeichnis aller Unternehmen und Sehenswürdigkeiten in Trat.

ⓘ Anreise & Unterwegs vor Ort
Bus & Minivan

Der Busbahnhof von Trat befindet sich außerhalb der Stadt. Die Busse fahren zu folgenden Reisezielen:

Ost-Busbahnhof (Ekamai) in Bangkok (248 B, 4½ Std., 6–23.30 Uhr stündl.)

Nord-Busbahnhof (Mo Chit) in Bangkok (248 B, 5½ Std., 2-mal am Vormittag)

Flughafen Suvarnabhumi in Bangkok (248 B, 4–4½ Std., 5-mal tgl.)

Chanthaburi (70 B, 1½ Std., 6.30–23.30 Uhr alle 90 Min.)

Hat Lek (120–150 B, 1 Std.) Wenn der Bus voll ist, fahren auch Minivans. Vormittags fahren die Busse häufiger.

Es gibt auch viele Alternativen innerhalb von Trat. Die Minivans nach Chanthaburi (80 B), die an der Haltestelle in der Th Sukhumvit nördlich der Markthalle abfahren, starten erst, wenn sie voll sind. **Family Tour** (☎ 08 1996 2216; Th Sukhumvit, Ecke Th Lak Meuang) fährt mit Minivans zum Siegesdenkmal in Bangkok (300 B, 5 Std., stündl. von 8–17 Uhr) und von dort weiter in die Th Khao San (350 B).

Sŏrng·tăa·ou fahren von der Th Sukhumvit in der Nähe des Marktes zum Busbahnhof (20–60 B, je nach Zahl der Passagiere).

Flugzeug

Der Flughafen ist 40 km entfernt von der Stadt, die Fahrt mit dem Taxi von Trat zum Flughafen kostet lächerliche 500 B. **Bangkok Airways** (☎ Flughafen Trat 0 3955 1654-5, in Bangkok 0 2265 5555; www.bangkokair.com) fliegt folgende Ziele an:

Bangkok (einfache Strecke ab 2090 B, 3-mal tgl.)

Ko Samui (einfache Strecke ab 3390 B, 3-mal wöchentl.), über Bangkok.

Phuket (einfache Strecke ab 4090 B, 3-mal wöchentl.), über Bangkok.

Schiff/Fähre

Die Anleger für die Fähren von und nach Ko Chang befinden sich in Laem Ngop, etwa 30 km südwestlich von Trat.

Die drei Piers in Laem Ngop werden von verschiedenen Fährgesellschaften genutzt. Am besten sind die Verbindungen von Koh Chang Ferry (ab Tha Thammachat) und Centrepoint Ferry (ab Tha Centrepoint). Infos zu Preisen und Abfahrtszeiten der Fähren finden sich auf S. 248.

Von einer Haltestelle in der Th Sukhumvit in Trat fahren Sammeltaxis zum Tha Centrepoint in Laem Ngop (50 B/Pers. bei sechs Passagieren, 45 Min.). Am Pier gibt's einen Transfer zum Fähranleger Tha Thammachat, über den man sich beim Kauf des Fahrscheins informieren kann. Oder man chartert ein *sŏrng·tăa·ou* (60 B/Pers. bei 6 Passagieren od. 300 B für das ganze Fahrzeug). Der Charterpreis sollte nicht höher sein als der Preis für die Fahrt vom Busbahnhof in Trat direkt zum Pier.

Vom Ost-Busbahnhof (Ekamai) in Bangkok fährt ein Bus ebenfalls direkt zum Tha Centrepoint (250 B, 5 Std., 3-mal am Vormittag). Unterwegs macht er Station am Busbahnhof des Flughafens Suvarnabhumi und am Busbahnhof in Trat. In umgekehrter Richtung fährt ein Bus zweimal nachmittags in Laem Ngop ab.

Wer ohne Umweg über Ko Chang direkt auf eine der Nachbarinseln Ko Wai, Ko Mak oder Ko Kut will, findet in den entsprechenden Kapiteln Infos zu den Verkehrsverbindungen vom Festland.

Ko Chang เกาะช้าง

7033 EW.

Die malerische „Elefanteninsel", auf der sich steile, mit dichtem Dschungel bedeckte Berge erheben, ist immer noch abgeschieden und ursprünglich rau – auch wenn sie sich allmählich zu einem zweiten Phuket für Pauschaltouristen entwickelt. Die Sandstrände von Ko Chang sind zwar ganz nett, aber auch nicht wirklich spektakulär. Was der Insel an Strand fehlt, macht sie durch die unmögliche Kombination aus gut zugänglicher Wildnis und wilder Partyszene wett. So werden die bequemen Ausflüge in den üppigen Dschungel oder die bunte Korallenwelt unter Wasser bei einer der vielen Partys am Lonely Beach ausgiebig begossen.

Noch vor gut zehn Jahren gab es auf Ko Chang nur stundenweise Strom, es galt als Malariagebiet, hatte nur einige wenige befestigte Straßen und noch weniger motorisierte Fahrzeuge. Obwohl die Insel auch heute noch schwierig zu erreichen ist, reißt der Besucherstrom inzwischen nicht mehr ab. Russische Pauschaltouristen, Backpacker auf der Durchreise nach Kambodscha und strandliebende Pärchen werden über Ko Chang zu den weiter entfernten Inseln des Mu Ko Chang National Marine Park geschleust. Entlang der dicht besiedelten Westküste sind künstliche Mini-Großstädte entstanden, mit deren Lebensstandard die Infrastruktur der Insel nicht Schritt halten kann – ein Problem, mit dem viele thailändische Inseln zu kämpfen haben. Schließlich will die ständig steigende Zahl von Besuchern mit angemessenen sanitären Einrichtungen und alternativen Verkehrsmitteln versorgt sein.

◉ Sehenswertes

Trotz der mit der rasanten Modernisierung verbundenen negativen Begleiterscheinungen bietet die zweitgrößte Insel Thailands immer noch eine herrliche tropische Unterwasserwelt, dichten Dschungel voller wilder Tiere und jede Menge Wassersport-

GRENZÜBERGANG:
VON HAT LEK NACH KRONG KOH KONG

Der nächstgelegene Grenzübergang an der Küste befindet sich zwischen der thailändischen Stadt Hat Lek und der kambodschanischen Stadt Krong Koh Kong. Von hier aus kann man sowohl nach Sihanoukville (über Krong Koh Kong) als auch nach Ko Chang (über Trat) weiterreisen.

Wer Thailand verlassen möchte, steigt am Busbahnhof von Trat in einen Minivan, der nach Hat Lek fährt (120–150 B), und begibt sich zur kambodschanischen Einwanderungsbehörde.

Touristenvisa für Kambodscha werden für 1200 B an der Grenze ausgestellt. Obwohl an anderen Grenzübergängen lediglich 20 US$ zu bezahlen sind, werden hier zudem nur Baht akzeptiert. Wer diesen Sachverhalt in Frage stellt, kann sich auf längere Diskussionen einstellen. Man braucht nur ein Passfoto und sollte sich daher vor den Betrügern in Acht nehmen, die ein ärztliches Attest oder sonstige „medizinische" Dokumente ausstellen wollen.

Von der kambodschanischen Grenze fahren Auto- (10 US$) oder Motorradtaxis (3 US$) nach Koh Kong, wo die Busse nach Sihanoukville (4 Std., 1- bis 2-mal tgl.) und Phnom Penh (5 Std., bis 11.30 Uhr 2- bis 3-mal tgl.) starten. Ein solcher Grenzübertritt kann auch zur Neuausstellung eines Visums für Thailand genutzt werden. Allerdings sind Visa, die an der Landesgrenze ausgestellt werden, nur noch 15 Tage lang gültig. Dieser Grenzübergang schließt um 20 Uhr.

möglichkeiten für sonnenhungrige Bewegungsfanatiker.

WESTKÜSTE

Die breitesten und feinsten Sandstrände von Ko Chang befinden sich an der Westküste, die auch am besten für den Tourismus erschlossen ist. Die Strände sind mit den regelmäßig verkehrenden *sŏrng·tǎa·ou* gut und günstig zu erreichen. Vor allem Kinder sollten immer Badeschuhe tragen, denn viele der Strände sind stellenweise doch recht felsig. Das seichte, ruhige Wasser ist bestens für ungeübte Schwimmer geeignet, kann bei stürmischem Wind und in der Regenzeit (von Mai bis September) aber auch gefährliche Rippströmungen aufweisen!

Hat Sai Khao (White Sand Beach) STRAND

(หาดทรายขาว) Der längste und schönste Sandstrand der Insel ist voller Hotels für Pauschaltouristen und eingefleischte Sonnenanbeter. In der Hauptsaison ist der Strand rappelvoll, nur in der größten Nachmittagshitze entspannt sich die Lage etwas. Wesentlich ruhiger ist es ganz am nördlichen Ende des Strandes, wo sich einen Fußmarsch vom KC Grande Resort entfernt eine bemerkenswert günstige Backpacker-Enklave erhalten hat. Direkt an der Hauptstraße des Strandortes geht es geschäftig, laut und aufdringlich zu, an den Ortsenden ist es noch angenehm ruhig.

Hat Kai Mook (Pearl Beach) STRAND

(หาดไข่มุก) Die „Perlen" des Strandes sind große Kieselsteine, die die Küste bis hin zu einer Landzunge im fischreichen Gewässer säumen. Schwimmen und Sonnenbaden ist nicht so toll, aber man kann gut schnorcheln. Wer stattdessen lieber seine Kehle befeuchten möchte, ist in dem idyllisch gelegenen, stilvollen Restaurant Saffron by the Sea richtig.

Ao Khlong Prao STRAND

(อ่าวคลองพร้าว) Der entspannte Gegenpol zum energiegeladenen Hat Sai Khao ist ein hübscher Sandstrand, der sich zwischen riesigen Felsvorsprüngen erstreckt und von zwei Flussmündungen durchzogen wird. Bei Ebbe stöbern die Muschelsucher im feingerippten Sand nach Tierchen und Schalen, die das Wasser zurückgelassen hat. Die Hauptbeschäftigung am Khlong Prao, der von weitläufigen Luxus-Ferienanlagen beherrscht wird, besteht aber im Faulenzen am Meerwasserpool, denn bei Flut steht der Großteil des Strandes unter Wasser.

Mit einem Mietfahrzeug kann man von diesem Strand aus einige schöne Wasserfälle erreichen. Der größte Wasserfall der Insel ist der **Nam Tok Khlong Plu** (Parkeintritt 200 B; ☉8–17 Uhr), der über drei Stufen in ein schönes Badebecken hinabstürzt. Ein 600 m langer Fußweg führt durch den Dschungel zum Wasserfall, der nach der

Regenzeit und in den frühen Morgenstunden, bevor die Besuchermassen kommen, besonders spektakulär ist.

Hat Kaibae STRAND

(หาดไก่แบ้) Der an den Khlong Prao anschließende Strand ist toll für Familien und Paare über dreißig. Der schmale Sandstreifen erstreckt sich in einer von Inseln gesäumten Bucht, die weit genug von den Hotels der Pauschaltouristen entfernt ist, um sich getrost als Individualreisender fühlen zu können. Man kann mit dem Kajak zum abgelegenen Teil der Insel paddeln oder bei Ebbe am Strand Muscheln suchen.

Lonely Beach STRAND

Hier wird die Nacht zum Tag gemacht: Am etwas schmuddeligen, aber äußerst geselligen Backpackerstrand von Ko Chang schlafen die meisten Sonnenanbeter in Wirklichkeit ihren Rausch von der nächtlichen Party am gar nicht einsamen „Lonely Beach" aus. Die Musik ist laut, der Alkohol fließt in Strömen und das Publikum ist jung und sorglos.

Ban Bang Bao DORF

(บ้านบางเบ้า) Das ehemalige Fischerdorf, das sich fast am südlichen Ende der Straße entlang der Westküste befindet, ist im traditionellen Stil der miteinander verbundenen Bootsanleger gebaut. Die Einwohner haben den Fischfang aber zugunsten des Tourismus aufgegeben und Teile ihrer Häuser als Souvenirläden und Restaurants vermietet. Auch wenn das nicht der traditionellen Erfahrung entspricht, ist diese kommerzielle Ausrichtung äußerst „Thai-like": Wie auf den Märkten des Festlandes wird jedes Fleckchen genutzt, um etwas zu verkaufen. Und ganz am Ende des Piers liegen tatsächlich noch Boote, die die Touristen weit aufs tiefblaue Meer hinausbringen. Die meisten Besucher kommen wegen der leckeren Meeresfrüchte, einige bleiben auch über Nacht – oft genug, weil die Taxis nach Einbruch

DIE ÖKOLOGISCHE SPASSBREMSE: TIERE BITTE NICHT FÜTTERN!

Bei den Bootstouren rund um die Insel beglücken viele Veranstalter ihre Gäste mit einem Stopp vor einer Felsenklippe, damit sie die dort lebenden Affen füttern können. Das scheint ganz unbedenklich und recht unterhaltsam zu sein, hat aber verhängnisvolle Folgen, denn die Affen werden von dieser Futterquelle abhängig. Wenn die Boote aber nicht mehr so häufig kommen, etwa in der Nebensaison, sind jüngere und schwächere Tiere nicht in der Lage, sich selbst zu versorgen.

Gleiches gilt für Tauchgänge und Bootsausflüge, bei denen die Reste des Mittagessens an die Fische verfüttert werden. Oft wird sogar am Bootsanleger Brot allein für diesen Zweck verkauft. Natürlich ist es toll, kleinen Kindern dadurch buntschillernde Fischschwärme zeigen zu können, doch die Kehrseite der Medaille ist die Abwanderung dieser Fische aus dem Korallenriff. Wenn sie am Pier genügend zu fressen bekommen, sind sie nicht mehr gezwungen, die Algen mühsam von den Korallen „abzugrasen". Genau das bewahrt aber die Korallen vor dem Ersticken. Deshalb sind diese Spaßbremsen durchaus berechtigt.

der Dunkelheit seltener fahren und teurer sind.

Khlong Kloi
STRAND

Am östlichen Ende der Bucht von Bang Bao liegt der feine Sandstrand Khlong Kloi, der trotz der vielen Leute und üblichen Annehmlichkeiten (Bier, Obst, Essen, Massage) immer noch wie ein Geheimtipp wirkt. Selbst ein paar Pensionen gibt es bereits, aber öffentliche Verkehrsmittel fahren noch nicht bis hierher.

NÖRDLICHES INLAND

Der überwiegende Teil des gebirgigen Landesinneren von Ko Chang steht als Nationalpark unter Naturschutz. Der dichte Dschungel, in dem unzählige Arten von Tieren leben, ist von silbern schimmernden Wasserfällen durchzogen. Informationen zu geführten Wanderungen stehen auf S. 240.

Ban Kwan Chang
ELEFANTENCAMP

(บ้านควาญช้าง; ☏ 08 1919 3995; changtone@ yahoo.com; ⊙ 8.30–17 Uhr) Mitten im wunderbaren Urwald kommt man den neun hier lebenden Elefanten ganz nahe und kann sie in Ruhe kennenlernen. Die einstündige Führung (900 B) beinhaltet das Füttern, Baden und Reiten eines Elefanten sowie den Transfer von und zum Hotel. Es ist absolut unverzichtbar, Insektenschutzmittel mitzunehmen!

Der Besitzer des Camps, Pittaya Homkrailas, ist ein angesehener Natur- und Tierschützer, der großen Wert darauf legt, die tier- und menschenfreundliche Beziehung zwischen den Elefanten und ihren Mahuts zu bewahren. Darüber hinaus engagiert er sich auch für die Erhaltung der südöstlichen Mangroven von Ao Salak Kok an der Ostküste der Insel.

OSTKÜSTE

Die noch ruhige und unerschlossene Ostküste von Ko Chang besteht zum größten Teil aus sanften Hügeln, die mit Kokosnuss- und anderen Palmen bedeckt sind, sowie bescheidenen Fischerdörfern, die sich dem Tourismusboom der Westküste widersetzt haben. Für die Erkundung dieser einsamen Küste voller malerischer Buchten und Mangrovenwälder ist ein eigenes Fahrzeug erforderlich.

Nam Tok Than Mayom
WASSERFALL

(น้ำตกธารมะยม; Parkeintritt 200 B; ⊙ 8–17 Uhr) Die insgesamt drei Wasserfälle des Flusses Khlong Mayom sind über die Hauptverwaltung des Nationalparks in der Nähe von Tha Than Mayom zu erreichen. Der Blick von oben ist atemberaubend. Ganz in der Nähe sind Inschriftensteine mit den Initialen von Rama V., Rama VI. und Rama VII. zu sehen.

Ao Salak Kok
MANGROVENBUCHT

(อ่าวสลักคอก) Aus Sicht eines Hotelplaners ist dieser dichte Mangrovenwald eine unrentable Einöde. Doch die einheimische Bevölkerung der Fischerdörfer weiß, dass die Schönheit und Rentabilität der Bucht genau auf dieser natürlichen Üppigkeit beruht. Mangroven sind die Kinderstube der Meeresbewohner sowie der hiesigen Vögel und Krustentiere, die hier die nächsten Generationen großziehen.

Dank des naturbelassenen Zustandes ist die Bucht mittlerweile zum Paradebeispiel

ⓘ ALS NATIONALPARK GESCHÜTZT

Weite Teile von Ko Chang sind als Nationalpark ausgewiesen und entsprechend geschützt. Auch wenn sich der Naturschutz etwas nebulös gestaltet, müssen Besucher der Wasserfälle eine Parkeintrittsgebühr von 200 B bezahlen (die in der jeweiligen Beschreibung angegeben und vor Ort zu entrichten ist). Die **Hauptverwaltung des Nationalparks** (☏ 0 3955 5080; Ban Than Mayom; ☺ 8–17 Uhr) befindet sich im Osten der Insel, in der Nähe des Wasserfalls Nam Tok Than Mayom.

Außerdem ist zu beachten, dass Nacktbaden und Oben ohne im Mu Ko Chang National Marine Park gesetzlich verboten sind. Das gilt somit für alle Strände auf Ko Chang, Ko Kut, Ko Mak und allen anderen Inseln.

des Ökotourimus auf Ko Chang geworden. In Zusammenarbeit mit Khun Pittaya vom Elefantencamp Ban Kwan Chang betreiben die Dorfbewohner ein preisgekröntes Projekt zum Schutz der Umwelt und zur Bewahrung der traditionellen Lebensweise. Dafür vermieten sie Kajaks über die Salak Kok Kayak Station und führen das dazu gehörende Restaurant.

Ban Salak Phet DORF

(บ้านสลักเพชร) Das in der südöstlichsten Ecke der Insel liegende Ban Salak Phet ist ein überraschend lebhaftes Thai-Dorf mit Fischern, Kaufleuten und jeder Menge Rad

fahrender Kinder und gähnender Hunde. Und so wie hier hat es vor weniger als einer Generation noch fast überall auf Ko Chang ausgesehen. Direkt außerhalb der geschäftigen Ortsmitte befindet sich die **Ao Salak Phet**, eine herrliche, azurblaue Bucht, die im Schutz von bergigen Inselchen liegt. Die meisten Besucher kommen wegen der Köstlichkeiten in den Meeresfrüchte-Restaurants hierher oder um auf einsamen Nebenstraßen zu einem wunderbar abgeschiedenen Strand zu gelangen.

Nam Tok Khiri Phet WASSERFALL

(น้ำตกคีรีเพชร) Der kleine Wasserfall ist 2 km entfernt von Ban Salak Phet. Nach dem 15-minütigen Fußmarsch von der Straße aus kann man in den kleinen, aber tiefen Badebecken abtauchen. Hier ist in der Regel weniger los als an den größeren Wasserfällen, und er ist gut von Ao Salak Phet aus zu erreichen.

🏃 Aktivitäten

Kajakfahren

Von einem Kajak auf dem Meer aus sieht Ko Chang sehr beeindruckend und majestätisch aus. Auf dem im Allgemeinen sehr ruhigen Wasser kann man gemütlich zu den Inseln vor der Küste paddeln. Viele Hotels vermieten oben offene Kajaks (ab 300 B/Tag), die besonders gut für das Paddeln in Küstennähe und für Fahrer geeignet sind, die sich nicht festlegen wollen.

KayakChang KAJAKFAHREN

(☏ 08 7673 1923; www.kayakchang.com; Amari Emerald Cove Resort, Khlong Prao) An erfahrenere Paddler verleiht KayakChang sehr hochwertige, geschlossene Kajaks (ab 1000 B/Tag), die besser zu manövrieren

KO CHANG IN …

… vier Tagen

Am Strand liegen, sich vom Rücken auf den Bauch drehen und wieder zurück – und das solange, bis man entweder einen Sonnenbrand hat oder es zu langweilig wird. Dann ist es an der Zeit, die sonnenbedingte Benommenheit abzulegen und auf Entdeckungstour zu gehen. Wie wär's mit einer **Tageswanderung** durch den Dschungel oder **Kajakfahren** vor und auf der Insel? Oder man fährt mit dem *sŏrng·tăa·ou* nach **Bang Bao**, isst dort zu Mittag und geht danach Souvenirs kaufen. Am nächsten Tag mietet man sich ein Motorrad und erkundet die **Ostküste**.

… einer Woche

Im **Koh Chang Animal Project** oder **Koh Chang Pony Rehabilitation Project** kann man ein paar Tage lang helfen, die Tiere zu versorgen. Zur Abwechslung kann man sich dann noch die Nachbarinseln **Ko Wai** und **Ko Kut** ansehen.

und schneller sind. Außerdem werden ein- und mehrtägige Touren zu den Inseln des Archipels angeboten.

Salak Kok Kayak Station KAJAKFAHREN
(☎08 1919 3995; Leihkajak 100 B/Std.) Mit der Erkundung der Mangrovensümpfe von Ao Salak Kok im Osten der Insel unterstützt man neben dem Spaß, der das Ganze macht, gleich noch ein preisgekröntes Projekt des Ökotourismus. Die Salak Kok Kayak Station, die die Kajaks an Selbstfahrer vermietet, ist ein Projekt zur Förderung des Tourismus bei gleichzeitiger Erhaltung der traditionellen Lebensweise. Der Kajakverleih ist auch bei der Vermittlung einer Unterkunft bei einer Familie im Dorf (Homestay) und der Organisation von geführten Wanderungen behilflich.

Wandern
Das große Angebot an Trekking-Touren auf Ko Chang ist für Thailand eher ungewöhnlich. Doch die Insel ist mit üppig grünem Urwald gesegnet, der voller Vögel, Affen, Eidechsen und zauberhafter Blumen ist. Dazu kommt eine Handvoll Führer, die Englisch sprechen und diesen Urwald kennen und so lieben, dass sie bereit sind, ihn mit Touristen zu teilen.

So führen Mr. Tan von **Evolution Tour** (☎039557078;www.evolutiontour.com) und Lek von **Jungle Way** (☎08 9247 3161; www.jungleway.com) eintägige Wanderungen (800-1400 B) durch das Khlong Son Valley. Nach der schweißtreibenden Tour werden die Teilnehmer mit einem Bad unterm Wasserfall und einem Besuch des Elefantencamps in Ban Kwan Chang belohnt. Beide organisieren auf Wunsch mehrtägige Touren, Mr. Tan bietet auch familienfreundliche Wanderungen an sowie einen Marsch von Khlong Son in Richtung Westen bis nach Hat Sai Khao.

Koh Chang Trekking WANDERN, VOGELBEOBACHTUNG
(☎08 1588 3324; www.kohchangtrekking.info) Für Vogelbeobachter organisiert Koh Chang Trekking ein- und zweitägige Touren (1000-2000 B) in den Nationalpark sowie Wanderungen auf die zwei felsigen Gipfel des Khao Chom Prasat.

Salak Phet Kayak Station WANDERN
(☎08 7834 9489; ab 1500 B) Die Station bietet eine Tour mit Übernachtung zum höchsten Berg auf Ko Chang an, wo man spektakulä-

re Sonnenauf- und Sonnenuntergänge erleben kann. Auch wenn der Khao Salak Phet mit 744 m nicht gerade überwältigend hoch ist, so bietet sich hier doch eine der wenigen Möglichkeiten Thailands, eine richtige Bergtour inmitten einer Küstenlandschaft zu unternehmen. Geschlafen wird im Zelt oder unter freiem Himmel.

Freiwilligenarbeit
Koh Chang
Animal Project FREIWILLIGENARBEIT
(☎08 9042 2347; www.kohchanganimalproject.org; Ban Khlong Son) Die 2002 von der Amerikanerin Lisa McAlonie gegründete, gemeinnützige Organisation kümmert sich um verletzte, misshandelte und ausgesetzte Tiere. Da in der Station auch die Tiere der Inselbewohner kastriert, sterilisiert und ganz allgemein veterinärmedizinisch versorgt werden, ist Lisa bei allen Haustierbesitzern und von Flöhen geplagten Hunden bestens bekannt. Hilfsbereite Reisende, insbesondere Tierärzte und Tierarzthelferinnen, sind herzlich willkommen, den armen Kreaturen ein paar Streichel- und Versorgungseinheiten zukommen zu lassen. Vorher telefonisch anmelden" Wenn man als Adresse „Ban Lisa" (Lisas Haus) in Khlong Son angibt, wissen die meisten *sŏrng·tăa·ou*-Fahrer Bescheid.

Koh Chang Pony
Rehabilitation Project FREIWILLIGENARBEIT
(☎08 9723 4278; ponyproject.org; Ban Khlong Son) Ein paar Häuser von Ban Lisa entfernt kümmert sich dieses Zentrum um die Rettung und Heilung misshandelter und vernachlässigter Pferde. Die freiwilligen Helfern füttern, pflegen und bewegen die Pferde und Ponys, die sich von ihren Verletzungen erholen oder auf ein neues, liebevolles Zuhause warten.

🐾 Kurse
Es lohnt sich, das Faulenzen für einen Kurs zur Stärkung des Geistes und des Körpers zu unterbrechen. In Khlong Prao gibt's gleich zwei hochangesehene Kochschulen. Bei beiden dauern die Kurse in der Regel vier bis fünf Stunden, beinhalten eine Einkaufstour auf dem Markt und kosten 1200 B pro Person. Man muss im Voraus buchen.

Koh Chang Thai Cookery School KOCHEN
(☎0 3955 7243; Blue Lagoon Bungalows, Khlong Prao) In einer schattigen Küche unter freiem Himmel, direkt neben der Flussmün-

dung, wird geschnippelt, gebraten und frittiert, was das Zeug hält.

KaTi
KOCHEN

(📞0 3955 7252; Hauptstraße, Khlong Prao) In der Kochschule gegenüber dem Tropicana Resort geben Mutter und Tochter alte Familienrezepte preis.

Baan Zen
YOGA, MEDITATION

(📞08 6530 9354; www.baanzen.com; Khlong Prao; Kurse ab 5500 B) Das Meditationszentrum liegt versteckt an einer unbefestigten Straße zwischen dem Noren Resort und Coco Massage in Khlong Prao. In friedlicher und entspannter Atmosphäre finden hier Kurse in Yoga, Reiki und Meditation statt.

Sima Massage
MASSAGE

(📞08 1489 5171; Hauptstraße, Khlong Prao; Massage 250 B/Std.; ◷8–22 Uhr) Der Salon gegenüber vom Tropicana Resort wird von den Einheimischen als bester Massagesa-

---

NICHT VERSÄUMEN

TAUCHEN & SCHNORCHELN

Die Tauchreviere rund um Ko Chang bieten eine Vielfalt an Korallen, Fischen und für Anfänger geeignete seichte Gewässer, die den anderen Tauchgebieten im Golf von Thailand in nichts nachstehen.

Das Unterwassergebirge, das sich vor der südlichen Inselspitze im Meeresnationalpark von Ko Chang erstreckt, ist nach einer 30-minütigen Bootsfahrt erreicht. Zu den beliebtesten Tauchspots gehören **Hin Luk Bat** und **Hin Rap**, felsige, mit Korallen überzogene Abhänge unter Wasser, die zwischen 18 und 20 m tief liegen und ein Paradies für Schwarmfische und einige Schildkrötenarten sind.

Bei Weitem am besten tauchen kann man aber rund um **Ko Rang**. Da die unbewohnte Insel zum Meeresnationalpark gehört, ist die Fischerei hier verboten. Die Sicht ist viel besser als vor Ko Chang und beträgt durchschnittlich zwischen 10 und 20 m. Ein allseits beliebtes Tauchrevier ist **Hin Gadeng**, dessen spektakuläre, mit Korallen bedeckten Felstürme bis zu 28 m weit zu sehen sind. An der Ostküste von Ko Rang liegt **Hin Kuak Maa**, das auch als Drei-Finger-Riff bekannt ist. Das Besondere an diesem Super-Tauchspot ist eine mit Korallen bedeckte Felswand, die von 2 auf 14 m abfällt und ganze Schwärme marinen Lebens anzieht.

Die flacheren Tauchgebiete von **Ko Yak**, **Ko Tong Lang** und **Ko Laun** sind für Anfänger und Fortgeschrittene gleichermaßen geeignet. Vor den kleinen Felseninselchen, die komplett umrundet werden können, wimmelt es nur so von Korallen, Schwarm- und Kugelfischen, Muränen, Barrakudas, Rochen und manchmal sogar Schildkröten.

Beim Schnorcheln rund um das riffgesäumte **Ko Wai** kann man eine große Vielfalt an farbenprächtigen Hart- und Weichkorallen bewundern. Die Insel ist ein beliebtes Tagesausflugsziel, bietet aber auch einfache Unterkünfte – so hat man mehr Zeit am Riff.

Nach Schätzung der Tauchschulen wurden während der weltweiten Korallenbleiche im Jahr 2010 etwa 30 % der Korallenriffe in dieser Gegend zerstört. Daraufhin sperrte die Verwaltung des Meeresnationalparks einige Gebiete um Ko Rang. Die Tauchschulen wissen, wo gerade getaucht werden darf.

In der Regel kosten die Tauchausflügezwischen 2800 und 3500 B. Für den PADI-Open-Water-Tauchschein sind 14 500 B pro Person zu veranschlagen. Seit Kurzem bleiben die Tauchschulen auch während der Regenzeit (von Juni bis September) geöffnet, doch die Sicht und die Wasserverhältnisse können dann ziemlich schlecht sein. Hier zwei empfehlenswerte Tauchschulen:

» **BB Divers**

(📞0 3955 8040; www.bbdivers.com) Die Schule mit Sitz in Bang Bao ist auch an den Stränden von Lonely Beach, Khlong Prao und Hat Sai Khao vertreten.

» **Scuba Zone**

(📞0 3961 9035; www.scuba-kohchang.com) Die Lehrer der Tauchschule in Hat Sai Khao haben einen ausgezeichneten Ruf.

lon der Insel bezeichnet – und das will an einem Ort, wo es mehr Massagesalons als 7-Eleven-Supermärkte gibt, ja wirklich etwas heißen.

Bailan Herbal Sauna
SAUNA

(☎08 6252 4744; Ban Bailan, gegenüber dem Bailan Inn; ☉16–21 Uhr) Ordentlich zu schwitzen könnte auch als kostenlose, unbeabsichtigte Folge der tropischen Hitze erscheinen, aber die Bailan-Sauna südlich des Lonely Beach setzt die altmodische, südostasiatische Tradition der Dorfsauna fort. Die runden Erdhütten inmitten der üppigen Vegetation werden unter Zugabe von gesundheitsfördernden Kräutermixturen beheizt. Außerdem gibt's Massagen, Gesichtsbehandlungen und eine Saftbar zur Abkühlung.

🛌 Schlafen

Der Pauschaltourismus hat die Hotelpreise auf Ko Chang verdorben. Die Preise gingen generell nach oben, die Qualität aber nicht. Das liegt teilweise daran, dass die auf Reisegruppen eingerichteten Hotels garantierte Übernachtungen haben und nicht darauf angewiesen sind, Stammgäste oder Laufkundschaft zufriedenzustellen. Zudem werden die Preise einfach nachgeahmt, so dass preisbewusste Reisende kaum eine freie Auswahl haben.

Während der Regenzeit (von April bis Oktober) fallen die Preise dann deutlich und einige Unterkünfte schließen ganz. In der Hochsaison (von November bis März) sowie am Wochenende und an Feiertagen sollte man im Voraus buchen und im Internet nach Sonderangeboten suchen.

WESTKÜSTE
An der Westküste sind die Unterkünfte am Lonely Beach immer noch am preiswertesten, in Hat Kai Bae herrscht das beste Preis-Leistungs-Verhältnis und in Hat Sai Khao ist alles völlig überteuert.

HAT SAI KHAO
Der schönste Strand der Insel ist zugleich auch der teuerste. Am nördlichen und südlichen Ende gibt's noch ein paar Budget- und Mittelklasse-Unterkünfte, die vielleicht in Betracht kommen, wenn man unbedingt am feinsten Sandstrand sein will. Nördlich des KC Grande Resort existiert auch noch eine tolle Backpacker-Enklave, die aber nur zu Fuß zu erreichen ist. Zwei der Unterkünfte sind hier aufgeführt, aber weiter nördlich gibt's noch mehr.

Am südlichen Ende von Hat Sai Khao gibt's einige preiswerte Budget- und Mittelklasse-Unterkünfte, aber dieser Strandabschnitt ist sehr steinig, und bei Flut ist zudem der Sand weg.

Wer bereit ist, viel Geld auszugeben, sollte das nicht am Hat Sai Khao tun, denn das ist pure Verschwendung.

Independent Bo's
PENSION $

(☎08 5283 5581; Zi. 350–550 B) In der farbenfrohen Anlage, die sich den dicht bewaldeten Hügel hinaufzieht, herrscht immer noch die kreative Hippie-Atmosphäre, für die Ko Chang einst berühmt war. Jeder Bungalow ist auf andere Art abgefahren. Die preiswertesten Zimmer befinden sich ganz weit weg im Dschungel. Hier gilt: „Wer zuerst kommt, mahlt zuerst."

Rock Sand Beach Resort
PENSION $$

(☎08 4781 0550; www.rocksand-resort.com; Zi. 550–2000 B; ❋) Die Anlage, direkt hinter Bo's, ist eine etwas feinere Budgetunterkunft. Es gibt einfache Bungalows mit Ventilator und Gemeinschaftsbad, aber auch teure Zimmer mit Klimaanlage und Blick aufs Meer. Das Restaurant hoch über dem klaren, blauen Meer ist sehr beliebt.

Koh Chang Hut Hotel
HOTEL $$

(☎08 1865 8123; Zi. 600–1500 B; ❋🛜) Das Hotel steht auf den Klippen am südlichen Ende von Hat Sai Khao, direkt neben dem Plaloma Cliff Resort. Obwohl man zu Fuß zum Strand laufen kann, ist es recht preiswert. Es gibt teurere Zimmer, die einen sagenhaften Blick aufs Meer bieten, und billigere, die zur Straße hinausgehen und lauter sind.

Keereeelé
HOTEL $$

(☎0 3955 1285; www.keereeele.com; Zi. 2000 B; ❋🛜❄) Trotz der vielen „e" im Namen ist das neue, mehrstöckige Hotel, das an der dem Strand abgewandten Seite der Straße steht, wirklich gut. Die gemütlichen Zimmer sind modern eingerichtet, einige auch mit Blick auf die grünen Berge im Hintergrund. Zum Strand sind es 300 m, die man, gänzlich unbehelligt vom vorbeirasenden Verkehr, auf sicheren Gehwegen zurücklegen kann.

Sai Khao Inn
PENSION $$

(☎0 3955 1584; www.saikhaoinn.com; Zi. 800–1800 B; ❋) Die Pension, die in einem Garten an der dem Strand abgewandten Seite der Straße steht, bietet von allem etwas: Bungalows, Betonbunker, große Zimmer, ja sogar Zimmer für Taxifahrer (so steht's im Prospekt).

AO KHLONG PRAO

In Ao Khlong Prao überwiegen luxuriöse Ferienanlagen, zwischen denen sich ein paar Budgetunterkünfte verlieren. An der Hauptstraße gibt's eine Handvoll preiswerter Pensionen, die nur einen Katzensprung vom Strand entfernt sind, aber wegen des enormen Verkehrs sehr laut und auch gefährlich sein können.

Blue Lagoon Bungalows　　PENSION **$**
(☏08 6330 0094; Zi. 600–1000 B; ❄) Die äußerst freundliche Anlage, die direkt an der ruhigen Flussmündung steht und von einem Garten umgeben ist, bietet einfache Bungalows aus Holz mit eigener Terrasse. Ein Holzplankenweg führt zum Strand.

Tiger Huts　　PENSION **$**
(☏08 1762 3710; Zi. 600 B) Das einzige, was diese Holzhäuschen von den Hütten der Tagelöhner unterscheidet, ist fließendes Wasser im Haus. Sie sind ebenso wenig bequem wie gastfreundlich, aber die Lage am breitesten und schönsten Teil des Strandes ist toll. Darauf können die benachbarten Resorts ganz schön neidisch sein.

Aana　　HOTEL **$$$**
(☏0 3955 1539; www.aanaresort.com; Zi. ab 7000 B; ❄@≋) Freistehende Villen thronen malerisch über dem Wald und dem Khlong Prao, der Strand ist nur ein paar Paddelschläge entfernt. Die Zimmer sind auf ungezwungene Art romantisch und haben eine Veranda mit toller Aussicht.

Lin Bungalows　　PENSION **$$**
(☏08 4120 1483; Zi. 800–1200 B; ❄) Die in unterschiedlichen Farben gestrichenen Betonbungalows stehen gegenüber dem Blue Lagoon, mit Blick zum Strand.

Baan Rim Nam　　PENSION **$$**
(☏08 7005 8575; www.iamkohchang.com; Zi. ab 1100 B; ❄❋) Die ehemalige Fischerhütte hängt über dem von Mangroven gesäumten Fluss. Kajaks und telefonische Auskünfte gibt's gratis.

Sofia Resort　　PENSION **$$**
(☏0 3955 7314; www.jussinhotel.net; Zi. 900–1200 B; ❄❋≋) Toller Komfort, aber leider an der lauten Hauptstraße und ohne direkten Zugang zum Strand.

Boonya Resort　　PENSION **$**
(☏0 3955 7361; Zi. ab 800 B; ❄❋≋) Die ebenfalls an der Hauptstraße gelegene Herberge

wäre echt toll, würde nicht der Bettenrost aus nackten Federn bestehen.

HAT KAIBAE

Mit Boutiquehotels, einfachen Hütten und Bungalows der mittleren Preisklasse verfügt Hat Kaibae wohl über die größte Vielfalt an Unterkünften auf der Insel. Und der Strand ist ideal für Familien und Luxus-Backpacker.

[LP TIPP] KB Resort　　HOTEL **$$**
(☏0 1862 8103; www.kbresort.com; Zi. 2000–3500 B; ❄@≋) Die zitronengelben Bungalows mit freundlichen Badezimmern stehen am friedlichen Strand. Während die Kleinen die tollsten Burgen im Sand bauen, lauschen die Großen den sanft ans Ufer schlagenden Wellen. Nur die Bungalows mit Ventilator sind überteuert.

Buzza's Bungalows　　PENSION **$**
(☏08 7823 6674; Zi. ab 400 B; ❄@) Die soliden Betonhäuschen mit Veranda stehen einander gegenüber, sodass eine entspannte, dorfähnliche Traveller-Atmosphäre entsteht. Der Weg zum Strand ist kurz und problemlos.

Kaibae Hut Resort　　HOTEL **$$**
(☏0 3955 7142; Zi. 700–2500 B; ❄) Die Anlage, die sich an einem malerischen Strandabschnitt ausbreitet, bietet vernünftige Preise und verschiedene Unterkünfte: von etwas heruntergekommenen Hütten mit Ventilator über schickere Betonhäuschen bis hin zu modernen Zimmern wie im Hotel. Für Kinder gibt's genügend Platz, um sich auszutoben. Im großen Restaurant unter freiem Himmel wird jeden Abend der Grill angeworfen.

Garden Resort　　HOTEL **$$**
(☏0 3955 7260; www.gardenresortkohchang.com; Zi. ab 2500 B; ❄@≋) Die Bungalows mit Panoramafenster stehen an der dem Strand abgewandten Seite der Hauptstraße in einem schattigen Garten, in dem es einen Meerwasserpool gibt. Die Inhaber sind freundlich und auf Kinder eingestellt, da sie selbst ein kleines Kind haben.

GajaPuri Resort & Spa　　HOTEL **$$$**
(☏0 2713 7689; www.gajapuri.com; Zi. ab 6900 B; ❄@≋) Die auf Hochglanz polierten Holzhütten sind typisch thailändisch eingerichtet, sodass man sich wirklich wie in Asien und rundum verwöhnt fühlt. Die übergroßen Betten mit frischer Bettwäsche, mehrere sonnige Terrassen zum Lesen und der schöne Strand sind ein umso größerer Lu-

xus, wenn man das Ganze günstig im Internet gebucht hat.

Porn's Bungalows
PENSION $

(☏08 9251 9233; www.pornsbungalows-koh chang.com; Zi. 800–900 B) In dem schattigen Kokosnusswäldchen am Strand trifft sich die einheimische Rasta-Szene. Die Holzhütten haben Ventilator und Warmwasserdusche. Wer zuerst kommt, mahlt zuerst.

Siam Cottage
PENSION $

(☏08 9153 6664; www.siamcottagekohchang. com; Zi. 500–800 B; ❄) Die klapprigen Holzhütten stehen dicht an dicht im rechten Winkel zum Strand. Privatsphäre gibt's kaum, dafür aber weichen Sand unter den Füßen.

LONELY BEACH

Die Partyhochburg der Backpackerszene ist zugleich der billigste Schlafplatz der Insel – noch, denn die Unterkünfte direkt am Meer werden immer vornehmer und drängen die Pfennigfuchser in den Ort zurück. Wer als Luxus-Backpacker den immer gleichen Ferienanlagen entgehen möchte, hat die Wahl zwischen verschiedenen recht ausgefallenen Herbergen der mittleren Preisklasse. In dieser noch wenig erschlossenen Ecke der Insel reicht der Dschungel bis dicht an die kleine Geschäftsstraße heran.

LP TIPP Paradise Cottages
HOTEL $$

(☏08 5831 4228; www.paradisecottage kohchang.com; Zi. 700–1200 B; ❄🛜) Das sanfte Paradies für Luxus-Backpacker ist Entspannung pur. Die Gäste des Restaurants schaukeln in Hängematten über dem Wasser und genießen mit dem Essen den Blick aufs Meer. Die üblichen Betonhäuschen, die hier stilvoll und funktionell gestaltet sind, stehen zwar direkt am Meer, doch der Strand ist zu schlammig und zu felsig zum Baden.

Oasis Bungalows
PENSION $

(☏08 1721 2547; www.oasis-khochang.com; Zi. ab 350 B; 🛜) Die Oase am Ende einer kleinen Gasse mitten im Ort bietet einfache Bungalows aus Holz, die von einem hübschen Obst- und Blumengarten umgeben sind. Das Restaurant auf dem Hügel, von dem man über die Baumwipfel aufs Meer blickt, ist ein netter Treffpunkt für gesellige Traveller. Um zum Strand zu kommen, muss man durch den Ort und dann die Hauptstraße hinuntergehen. Wenn das Oasis voll ist, finden sich in der kleinen Gasse genügend Alternativen.

Warapura Resort
HOTEL $$

(☏08 3987 4777; www.warapuraresort.com; Zi. 2000–3500 B; ❄@🛜) Die entzückenden Häuschen der schicken und dabei recht preiswerten Anlage verteilen sich zwischen dem Ort und einem Strand mit Mangroven. Der Swimmingpool direkt am Wasser ist ideal für alle, die lieber aufs Meer schauen als darin zu planschen.

Kachapura
PENSION $

(☏08 60500754; www.kachapura.com; Zi. 500–1800 B; ❄🛜) Die bescheidene Schwester vom Warapura ist eine gepflegte, aufmerksame Budgetunterkunft. Durch den schattigen Garten führen Holzplankenwege zu den hübschen und sauberen Bungalows, die einfach und kein bißchen heruntergekommen sind. Die Anlage befindet sich mitten im Ort und hat keinen direkten Zugang zum Strand.

Mangrove
HOTEL $

(☏08 1949 7888; Zi. 1000 B) Das Hotel im Süden des Lonely Beach ist eine echte Öko-Herberge, die sich bemüht, die Umwelt möglichst wenig zu belasten. Die einfachen, aber hübschen Bungalows mit Falttüren, die für viel Aussicht und frische Luft (als natürliches Belüftungssystem) sorgen, ziehen sich den bewaldeten Hügel hinab bis zu einem Privatstrand. Die schicke und gleichzeitig rustikale Atmosphäre ist angenehm persönlich.

BAN BANG BAO

Trotz des enormen Tourismus ist Ban Bang Bao immer noch ein bezaubernder Ort für alle, die statt Strandleben eine malerische Idylle bevorzugen. Die Unterkünfte bestehen hauptsächlich aus umgebauten Pierhäusern direkt am Meer, von denen man bequem die Fähren zu den Inseln erreicht. Dank der ständigen Ankunft und Abfahrt von Tagesausflüglern verkehren die Transportmittel zu den Badestränden tagsüber sehr häufig. Nachtschwärmer müssen entweder ein Motorrad mieten oder irgendwo übernachten, da mit Einbruch der Dunkelheit die *sŏrng·tăa·ou* nur noch selten fahren und sehr teuer sind.

LP TIPP Bang Bao Sea Hut
HOTEL $$

(☏08 1285 0570; Zi. 2500 B; ❄) Die individuellen Bungalows, die am Rand des Piers von Bang Bao stehen, gehören zu den ungewöhnlichsten Unterkünften auf Ko Chang. Jede „Hütte", die wesentlich schicker sind als es sich anhört, hat eine eigene Terrasse, auf der das Frühstück serviert wird, und Fensterläden aus Holz, durch die der frische Seewind streicht.

Bang Bao Cliff Cottage
PENSION $

(☎08 5904 6706; www.cliff-cottage.com; Zi. 350–700 B) Ein paar Dutzend einfache Hütten mit Strohdach, die sich über einen grünen Hügel westlich des Piers verteilen und auf eine kleine, felsige Bucht herabblicken. Die meisten sind mit Meerblick, der teilweise spektakulär ist. Im seichten Wasser lässt es sich herrlich schnorcheln.

Ocean Blue
PENSION $

(☎08 1889 2348; www.oceanbluethailand.com; Zi. 800 B) Die einfachen Zimmer mit Ventilator säumen einen langen, holzvertäfelten Korridor in einem traditionellen Haus auf dem Pier. Die Toiletten sind äußerst primitiv und es gibt nur kaltes Wasser, aber die Zimmer sind sauber und man hört das Rauschen der Wellen unter dem Pier. Das Team, das die Pension führt, ist etwas seltsam, aber witzig.

Nirvana
HOTEL $$$

(☎0 3955 8061; www.nirvanakohchang.com; Zi. 3500–7000 B; ❄ 🛜 ⊛) Das beste Resort auf Ko Chang, das sich auf einer felsigen, mit Dschungel bedeckten Halbinsel verbirgt, ist eine Welt für sich. Hier kann man alles vergessen, auch den Trubel andernorts auf der Insel, und einfach nur den Komfort der individuell eingerichteten Bungalows im balinesischen Stil und den atemberaubenden Blick aufs Meer genießen. Der benachbarte Strand ist sehr idyllisch, aber nicht zum Baden geeignet.

NÖRDLICHES INLAND & OSTKÜSTE
Der Norden und Osten von Ko Chang ist weit weniger erschlossen als die Westküste und deshalb auch wesentlich einsamer. Ein eigenes Fahrzeug ist unabdingbar! Vielleicht sollte man auch in einer Gruppe reisen, um sich nicht ganz so verloren vorzukommen. Natürlich ist es hier dafür ruhig und friedlich.

Jungle Way
PENSION $

(☎08 9247 3161; www.jungleway.com; Khlong Son Valley; Zi. 200–400 B) Zu den wenig beachteten Merkmalen von Ko Chang gehört der Dschungel im Inselinneren und die Englisch sprechenden Tourenführer, die hier aufgewachsen sind. Ein solcher Führer ist Lek, der mit seiner Familie die freundliche Pension leitet, die sich tief im Urwald neben einem murmelnden Bächlein befindet. Die Hütten sind einfach, aber angemessen,

und im hauseigenen Restaurant wird man ordentlich satt. Die Gäste werden am Pier kostenlos abgeholt.

Amber Sands
HOTEL $$

(☎0 3958 6177; www.ambersandsbeachresort. com; Ao Dan Kao; Zi. 2000–2700 B; ❄ @ ⊛) Eingeklemmt zwischen Mangroven und einem ruhigen Strand mit rotem Sand stehen acht gemütliche Bungalows mit Panoramafenster, aus denen sich ein toller Blick aufs Meer bietet. Cheryl und Julian aus Südafrika führen das Hotel professionell und zugleich familiär. Gefühlt liegt das Haus am Ende der Welt, tatsächlich ist es nur 15 Minuten vom Fähranleger entfernt.

The Souk
PENSION $

(☎08 1553 3194; Ao Dan Kao; Zi. 700 B; @) Die flippige Unterkunft direkt neben dem Amber Sands bietet sieben echt coole Bungalows im Stil der Pop-Art, die nur mit Ventilator, dafür aber angenehm günstig sind. Im großstädtisch angehauchten Restaurant auf der Terrasse und in der Cocktailbar gibt's jede Menge Möglichkeiten zum Relaxen. Junge Pärchen und Langzeiturlauber schwärmen von diesem einfachen Prachtstück, das vom Fähranleger aus gut zu erreichen ist.

Salak Phet Homestay
HOMESTAY $

(☎08 1294 1650; Ban Salak Phet; Zi. inkl. Mahlzeiten 300 B) Im Rahmen eines lokalen Ökotourismus-Projektes bietet das Fischerdorf Salak Phet die Unterbringung bei einer Familie in einem der Pierhäuser an. Die schlichte Unterkunft besteht aus einer Schlafmatte, die auf dem Boden eines kleinen Raumes ausgerollt wird, und einem einfachen Gemeinschaftsbad. Gegessen wird mit der Gastfamilie, ein paar Thai-Kenntnisse sind deshalb von Vorteil. Die **Salak Phet Kayak Station** (☎08 7834 9489) ist bei der Buchung des Aufenthalts behilflich.

Treehouse Lodge
PENSION $

(☎08 1847 8215; Hat Yao; Zi. 300 B) Die erste, ursprüngliche Treehouse Lodge am Lonely Beach schuf den Mythos von Ko Chang als entspanntem Paradies und Zufluchtsort. Doch dann kam die Zivilisation und die damaligen Besitzer flüchteten 2009 nach Ko Pha Ngan. Das neue „Baumhaus", das den Namen und den Geist des legendären Vorgängers übernommen hat, wurde ins abgelegene Hat Yao (Long Beach), ganz im Südosten der Insel, verlegt. Die einfachen Hütten mit ebenso einfachem Gemeinschaftsbad verteilen sich auf einem Hügel, der sich über einem weichen Sandstrand erhebt. Die Straße nach Hat Yao ist bis zum Aussichtspunkt gut befestigt, danach aber in sehr schlechtem Zustand, deshalb einen längeren Aufenthalt einplanen! In Trat kann man versuchen, ein Taxi zu bekommen, das die ganze Strecke nach Long Beach übernimmt.

The Spa Koh Chang Resort   HOTEL $$
(☎0 3955 3091; www.thespakohchang.com; Ao Salak Kok; Zi. 1200–3000 B; ✽🌐❄) Das Wellness-Resort in einem üppig grünen Garten inmitten der Mangrovenwälder der Bucht hat sich auf alle bekannten Heilbehandlungen (Yoga, Meditation, Fasten etc.) spezialisiert, die ausgebrannte Manager brauchen. Die elegant eingerichteten Bungalows, die sich den mit Blumen bedeckten Hügel hinaufziehen, sorgen für eine ruhige Auszeit, die ganz der Gesundheit und dem Wohlbefinden gewidmet ist. Kein Zugang zum Strand!

✖ Essen & Ausgehen
Praktisch alle Unterkünfte auf der Insel haben ein eigenes Restaurant, die alle ordentliches, aber kein herausragendes Essen bieten. Überall an den Stränden werden ständig Partys gefeiert, sei es von den gesetzten Älteren in Hat Sai Khao oder von den wilden Jüngeren in Lonely Beach.

WESTKÜSTE

Oodie's Place   INTERNATIONAL $$
(☎0 3955 1193; Hat Sai Khao; Gerichte 150–280 B; ☾mittags & abends) Der einheimische Musiker Oodie ist verantwortlich für diese nette Mischung aus hervorragender französischer Küche, leckeren thailändischen Spezialitäten und Livemusik ab 22 Uhr. Das Restaurant gibt's schon seit einer Ewigkeit, es ist aber immer noch beliebt bei den Ausländern.

Norng Bua   THAI $$
(Hat Sai Khao; Gerichte 80–200 B; ☾morgens, mittags & abends) In diesem beliebten Lokal wird alles schnell und frisch, mit viel Chili und Fischsauce zubereitet (den kulinarischen Göttern sei Dank!).

Invito Al Cibo   ITALIENISCH $$$
(☎0 3955 1326; Koh Chang Hut, Hat Sai Khao; Gerichte 250–550 B; ☾mittags & abends) Das noble Invito gibt's nicht mehr, stattdessen hat der Küchenchef nun dieses Restaurant mit tollem Blick aufs Meer neu eröffnet.

Saffron on the Sea   THAI $$
(☎0 3955 1253; Hat Kai Mook; Gerichte 150–350 B; ☾morgens, mittags & abends) Das Strandrestaurant mit der entspannten, romantischen Atmosphäre gehört zum freundlichen Boutiquehotel eines aus dem hektischen Bangkok geflüchteten Künstlers. Die typisch thailändischen Gerichte werden im Stil von Ko Chang zubereitet und sind eher süß als scharf.

KaTi Culinary   THAI $
(☎08 1903 0408; Khlong Prao; Gerichte 80–150 B; ☾mittags & abends) Das Restaurant ist ebenso beliebt wie die dazugehörende Thai-Kochschule. Neben den typisch thailändischen Gerichten gibt's auch außergewöhnliche Fruchtshakes mit Lychees, Limonen oder Pfefferminze.

Iyara Seafood   SEAFOOD $$
(☎0 3955 1353; Khlong Prao; Gerichte 150–300 B; ☾mittags & abends) Das Iyara ist anders als die für die Insel so typischen Meeresfrüchte-Läden: Nach dem Essen im hübschen Bambus-Pavillon sind die Gäste zu einer Kajakfahrt auf der nahe gelegenen Flussmündung eingeladen.

Nid's Kitchen   THAI $
(Hat Kaibae; Gerichte 30–80 B; ☾mittags & abends) Im schweißtreibenden, kleinen Restaurant nördlich des GajaPuri Resort brutzeln im Wok eines älteren Tantchens die typischen, thailändischen Standardgerichte. Dazu gibt's kühles Bier.

Porn's Bungalows Restaurant   THAI $
(Hat Kaibae; Gerichte 40–150 B; ☾mittags & abends) Das Restaurant im Baumhaus, das zu einer Pension im Rasta-Stil gehört, ist die ultimative Strand-Lounge. Trinken ist hier eindeutig wichtiger als Essen, Kleiderordnung gibt's auch keine.

Barrio Bonito   LP TIPP   MEXIKANISCH $$
(☎08 0092 8208; Lonely Beach; Gerichte 150–250 B; ☾morgens, mittags & abends) Die ganze Insel schwärmt von dem echt guten mexikanischen Essen, das in dem luftigen, hippen Restaurant auf den Tisch kommt. Die französisch-mexikanischen Inhaber sorgen auch für die richtige Atmosphäre und halten sogar ein kleines Schwimmbecken bereit, falls die Salsa-Sauce mal zu scharf ist.

Magic Garden   THAI $
(☎0 3955 8027; Lonely Beach; Gerichte 60–120 B; ☾abends) Der „Zaubergarten" ist die Krönung der besonders vielfältigen Mög-

lichkeiten zum Chillen und Relaxen am Lonely Beach: Man holt sich etwas zum Essen, spült mit ordentlich viel Chang-Bier nach, schaut einen Film und begibt sich dann zum Strand, wo ein DJ auflegt.

Bailan Bay Resort Restaurant THAI $$
(Ao Bailan; Gerichte 150–250 B; ⊙mittags & abends) In dem Restaurant auf einem Hügel südlich von Lonely Beach gibt's würzigen *sôm-đam*-Salat mit toller Aussicht.

Ruan Thai SEAFOOD $$
(Ban Bang Bao; Gerichte 100–300 B; ⊙mittags & abends) Frischer geht's nicht: Bei der Bestellung der Meeresfrüchte schwimmen diese noch im Aquarium am Eingang. Die Portionen sind groß und das hingebungsvolle Personal ist mehr als außergewöhnlich, sie helfen sogar beim Aufbrechen der Garnelen.

Buddha View Restaurant INTERNATIONAL $$
(☑0 3955 8157; Ban Bang Bao; Gerichte 250–350 B; ⊙morgens, mittags & abends) In dem noch neuen, ausgefallenen Restaurant, das direkt am Pier in Bang Bao steht, baumeln die Füße praktisch im Wasser und man hat fast die ganze Bucht im Blick. Zu essen gibt's vor allem Steaks und Pasta, aber natürlich auch Meeresfrüchte à la Thai.

NÖRDLICHES INLAND & OSTKÜSTE
Blues Blues Restaurant THAI $
(☑08 5839 3524; Ban Khlong Son; Gerichte 50–100 B; ⊙mittags & abends) Hinter dem grünen Vorhang aus tropischen Pflanzen verbirgt sich ein künstlerisch angehauchtes Thai-Lokal, das wegen seiner Erfahrung, Effizienz und erfreulicher Preise sehr geschätzt wird. An den Wänden hängen vom Besitzer gemalte zarte Aquarelle. Das Restaurant ist 600 m von der Abzweigung nach Ban Kwan Chang entfernt.

Jungle Way Restaurant THAI $
(☑08 9247 3161; Ban Khlong Son; Gerichte 60–70 B; ⊙morgens, mittags & abends; ☑) Das zur Pension gehörende Restaurant ist bekannt für seine Lage mitten in der Natur und die gute Hausmannskost. In der Zeit, die die (gemächliche) Zubereitung der Speisen in Anspruch nimmt, können die Gäste zu einem Aussichtspunkt hinaufsteigen und von einer Plattform aus die Tiere des Dschungels beobachten.

Paradise Behind
the Sea Restaurant THAI $$
(☑08 1900 2388; Ban Hat Sai Daeng; Gerichte 110–280 B; ⊙morgens, mittags & abends) Wer an der Ostküste unterwegs ist, sollte in dem Restaurant auf den Klippen unbedingt einen Zwischenstopp einlegen, um die Aussicht und das Essen zu genießen. Die Tische biegen sich unter vietnamesischen und thailändischen Spezialitäten, eine frische Brise sorgt für Abkühlung. Auf Thai heißt das Restaurant „Lang Talay".

ℹ Praktische Informationen
Gefahren & Ärgernisse
Auf der Straße zwischen Ban Khlong Son im Norden und Hat Sai Khao sollte man besser nicht fahren, denn sie ist gefährlich steil und hat einige scharfe Haarnadelkurven. Bei Sturm kommen noch schlechte Straßenverhältnisse und Schlammlawinen dazu. Wer mit einem gemieteten Motorrad unterwegs ist, sollte sich auf die Strände an der Westküste beschränken. Besondere Vorsicht ist zwischen Hat Kaibae und Lonely Beach geboten. Motorradfahrer und Sozius sollten auch unbedingt Schutzkleidung tragen, um die Verletzungsgefahr bei einem Unfall zu verringern.

Die Polizei führt regelmäßig Drogenrazzien in den Unterkünften der Insel durch. Wer mit Rauschgift erwischt wird, zahlt hohe Geldstrafen oder landet sogar im Gefängnis.

Vorsichtig sollte man auch bei billigen Fahrscheinen für den Minibus von Siem Reap nach Ko Chang sein, denn in der Regel sind damit betrügerische Provisionszahlungen verbunden, die einen letzendlich viel Zeit und Geld kosten können.

Die Gefahr, in Ko Chang an Malaria zu erkranken, ist eher gering. Daher dürfte der ausgiebige Gebrauch von Insektenabwehrmitteln als angemessene Prophylaxe ausreichen.

Geld
Banken mit Geldautomaten und Wechselstuben gibt's an allen Stränden der Westküste.

Internetzugang
Entlang der Westküste findet man leicht einen Internetzugang und die meisten Pensionen haben kostenloses WLAN.

Medizinische Versorgung
Bang Bao Health Centre (☑0 3955 8088; Ban Bang Bao; ⊙8.30–18 Uhr) Für einfachere Fälle.

Ko Chang Hospital (☑0 3952 1657; Ban Dan Mai) Das staatliche Krankenhaus, das einen guten Ruf und günstige Behandlungspreise hat, befindet sich südlich des Fährenlegers.

Ko Chang International Clinic (☑0 3955 1151; Hat Sai Khao; ⊙24 Std.) Das Krankenhaus, das zur Bangkok Hospital Group gehört, akzeptiert die meisten Reise-Krankenversicherungen, ist aber teuer.

Notfall

Polizei (☎0 3958 6191; Ban Dan Mai)

Touristenpolizei (☎1155) Nördlich von Ban Khlong Prao. Kleinere Polizeiposten gibt's auch in Hat Sai Khao und Hat Kaibae.

Post

Ko Chang Post (☎0 3955 1240; Hat Sai Khao) Ganz am südlichen Ende von Hat Sai Khao.

Touristeninformation

Im kostenlosen Inselmagazin *Koh Chang Guide* (www.whitesandsthailand.com), das praktisch überall auf der Insel erhältlich ist, sind auch praktische Karten der Strände enthalten.

Die alles erschlagende Website *I Am Koh Chang* (www.iamkohchang.com) ist das Steckenpferd eines respektlosen Briten, der seit Langem auf der Insel lebt. Die Rubrik *KC Essentials A–Z* ist vollgepackt mit subjektiven Berichten und Informationen.

 An- & Weiterreise

Ob von Bangkok oder von Kambodscha aus, es dauert einen ganzen Tag, um nach Ko Chang zu kommen.

VOM/ZUM FESTLAND: Die Fähren von und nach Ko Chang legen an verschiedenen Anlegern ab, die sich alle in Laem Ngop, südwestlich von Trat, befinden (ausführliche Infos auf S. 235). Je nachdem, von welchem Pier und mit welcher Fährgesellschaft man übersetzt, legt man auf Ko Chang entweder in Tha Sapparot oder Tha Centrepoint an.

In Tha Sapparot, das den Stränden der Westküste am nächsten gelegen ist, kommen die Autofähren aus Tha Thammachat. Diese Fährverbindung wird von **Koh Chang Ferry** (☎0 3955 5188) betrieben (einfache Strecke 80 B, 30 Min., 6.30–19 Uhr stündl.).

Zum Zeitpunkt der Recherche kämpfte die in Tha Centrepoint ablegende Autofähre der Konkurrenz recht aggressiv um Kunden, in dem sie billigere Tickets, höhere Provisionen und eine Busverbindung zwischen Bangkok und Laem Ngop anbot. Durch die neue Busverbindung fallen zwar einige Transfers weg, doch der Anleger Tha Centrepoint (auf Ko Chang) ist weiter entfernt von den Stränden der Westküste und die Zeitersparnis damit nicht der Rede wert. Diese Route wird von **Centrepoint Ferry** (☎0 3953 8196) bedient (einfache Strecke/hin & zurück 80/100 B, 45 Min., 6–19.30 Uhr stündl.). In der Hochsaison verkehren die Fähren am Wochenende sogar bis 21 Uhr.

Es gibt auch eine neue Busverbindung, mit der man direkt vom Flughafen Suvarnabhumi in Bangkok und mit der Autofähre direkt auf Ko Chang ankommt (308 B, 6 Std.). Auf dem Festland machen die Busse auch Station in Trat und Chanthaburi. Abfahrt am Busbahnhof des Flughafens Suvarnabhumi ist um 7.30 Uhr, auf Ko Chang um 13.30 Uhr. Vom Ankunftsort Khlong Son auf Ko Chang fahren die Busse auch wieder zurück. Eine andere Möglichkeit ist die Fahrt mit einem Minivan, der vom Siegesdenkmal in Bangkok bis nach Tha Sapparot auf Ko Chang fährt (einfache Strecke 300 B, 4 Std., stündl.).

VON/ZU DEN NACHBARINSELN: Die Fähren zu den Nachbarinseln legen in Tha Bang Bao im Süden von Ko Chang ab. Das Schiff von **Bang Bao Boats** (www.bangbaoboat.com), das merkwürdigerweise sowohl als „Express" als auch als „Slow Boat" bezeichnet wird, fährt einmal täglich zu den Inseln Ko Wai, Ko Mak, Ko Kut und wieder zurück. Auf dieser Route fahren auch die schnelleren und häufiger verkehrenden Schnellboote. Zum gemütlichen Schauen und auch bei rauer See ist das „langsame Expressboot" aber die bessere Wahl, denn die Fahrt mit dem Schnellboot gleicht einem Martini von James Bond: geschüttelt, nicht gerührt!

Weitere Infos zu den einzelnen Inseln finden sich in den jeweiligen Abschnitten.

 Unterwegs vor Ort

An den Fähranlegern warten *sŏrng·tăa·ou*, um die ankommenden Passagiere zu den einzelnen Stränden zu kutschieren (Hat Sai Khao 50 B, Khlong Prao 60 B, Lonely Beach 100 B). Im Vergleich zu anderen thailändischen Inseln sind die *sŏrng·tăa·ou*-Fahrer hier fast immer ehrlich und halten sich an die vorgeschriebenen Preise. Dies gilt vor allem tagsüber, wenn die Nachfrage sehr hoch ist. Eine Fahrt zwischen zwei benachbarten Stränden an der Westküste sollte nicht mehr als 40–50 B kosten.

Motorradvermietungen an der Westküste verlangen zwischen 150 und 200 B pro Tag. Die bergigen und kurvigen Straßen auf Ko Chang sind aber recht gefährlich (Infos zur Verkehrssicherheit gibt's auf S. 247), daher unbedingt darauf achten, dass das Motorrad einwandfrei funktioniert.

Ko Wai เกาะหวาย

Die schöne Insel Ko Wai ist winzig klein und recht primitiv, aber mit herrlichen Korallenriffen im glasklaren Wasser gesegnet, das sich bestens zum Schnorcheln eignet. Außerdem bietet sie einen schönen Blick auf Ko Chang. Nachmittags fallen regelmäßig die Tagesausflügler ein, doch abgesehen davon herrscht Ruhe und Frieden.

Die meisten Bungalows sind von Mai bis September geschlossen. Dann ist hier Nebensaison, die See ist rau und Überflutungen sind an der Tagesordnung.

🛏 Schlafen

Ko Wai Paradise PENSION $
(Zi. 300–500 B) Einfache Bungalows aus Holz (teilweise mit gemeinsamem Bad), die direkt am Bilderbuchstrand stehen. In den Korallenriffen vor der Haustür tummeln sich auch die Tagesausflügler.

Good Feeling PENSION $
(☑08 8503 3410; Zi. 300–500 B) Die Holzhütten (teilweise mit gemeinsamem Bad) stehen verstreut auf einer felsigen Landzunge, die mit kleinen, einsamen Sandbuchten durchsetzt ist.

Grandma Hut PENSION $
(☑08 1841 3011; Zi. 250–500 B) Die einfache, abgeschiedene Pension an der felsigen Nordostspitze der Insel wird gerne von den Kapitänen der Schnellboote empfohlen, denn die Bucht von Ao Yai Ma ist ganz in der Nähe.

Ko Wai Pakarang PENSION $$
(☑08 4113 8946; www.kohwaipakarang.com; Zi. 600–2500 B; ❄@) Die Betonbungalows mit Klimaanlage sind wohl das Modernste, was es auf Ko Wai gibt. Also ist es kein Wunder, dass sich hier jede Menge Tagesausflügler tummeln.

ℹ Anreise & Unterwegs vor Ort

Die Fährschiffe lassen ihre Passagiere an dem Anleger aussteigen, der der jeweiligen Unterkunft am nächsten ist. Ansonsten muss man auf einem schmalen Trampelpfad 15 bis 30 Minuten durch den Wald gehen.

Die Fähre von **Bang Bao Boat** (www.bangbaoboat.com) dreht einmal täglich die Runde von Ko Chang nach Ko Kut. Das Boot legt in Ko Chang um 9 Uhr ab und schippert über Ko Wai (einfache Strecke 300 B, 1 Std.) und Ko Mak (einfache Strecke 300 B, 1 Std.) nach Ko Kut (500 B, 3 Std.). Zurück nach Ko Chang geht's um 13 Uhr. Von Ko Wai steuern auch verschiedene Schnellboote folgende Ziele an:

Ko Chang (einfache Strecke 400 B, 15 Min., 2-mal tgl.)

Ko Mak (einfache Strecke 350 B, 30 Min., 2-mal tgl.)

Ko Kut (einfache Strecke 700 B, 1 Std., 2-mal tgl.)

Laem Ngop (450 B, 2–3 Std., 1-mal tgl.)

Ko Mak เกาะหมาก

Die kleine Insel Ko Mak ist nur 16 km² groß. Hier gibt es keine Raser, keine Hotels

AUF DER SUCHE NACH DER RICHTIGEN?

Wer seine Trauminsel noch nicht gefunden hat, sollte es mit Ko Rayang versuchen. Auf der Insel im Privatbesitz gibt es nur eine einzige, kleine Ferienanlage, das **Rayang Island Resort** (☑0 3950 1000; www.rayang-island.com; Zi. 2500–3800 B). Die 15 einfachen Bungalows mit jeweils einem oder zwei Schlafzimmern haben keine Klimaanlage und kein warmes Wasser. Strom steht auch nur begrenzt zur Verfügung, dafür kann man direkt vor der Tür schnorcheln. Wer sich nicht sofort festlegen will, fährt mit dem Schnellboot (170 B) von Tha Makathanee auf Ko Mak her und schaut es sich an.

dicht an dicht, keine lauten Bierkneipen und keine überfüllten Strände. Stattdessen trifft man auf palmengesäumte Buchten, in denen seichte Wellen ans Ufer schlagen, und eine durch und durch entspannte Atmosphäre. Dennoch wird Ko Mak wohl nie ein Super-Urlaubsparadies werden, denn das Inselinnere ist von Kokosnuss- und Kautschukplantagen bedeckt. Außerdem schrecken Berichte über Sandfliegen viele Besucher ab.

In der Hochsaison ist es einfacher, auf die Insel zu kommen und dort zu übernachten. In der Nebensaison, von Mai bis September, stellen viele Boote den Fährverkehr ein und die Bungalowanlagen schließen. Außerdem wird bei den vielen Stürmen jede Menge Unrat an den ungeschützten Stränden im Süden angespült.

🏊 Aktivitäten

Zum Baden und am Strand spazierengehen eignet sich am besten die Bucht **Ao Suan Yai** im Nordwesten der Insel, die einen breiten, halbmondförmigen Sandstrand und glasklares Wasser bietet. Mit dem Fahrrad oder Motorrad ist sie von allen Unterkünften der Insel aus gut zu erreichen. Vor der Küste liegt die Insel **Ko Kham**, die 2008 für angeblich 200 Mio. Baht an eine Privatperson verkauft worden ist. Am Strand des einst beliebten Tagesausflugsziel entsteht nun eine superluxuriöse Ferienanlage.

Die Tauchschule **Koh Mak Divers** (☑08 3297 7723; www.kohmakdivers.com; Tauchgang 2200–3000 B) bietet Tauchgänge im Mu Ko

Chang National Marine Park an, der etwa 45 Minuten entfernt ist.

🛏 Schlafen & Essen

Die meisten preiswerten Pensionen befinden sich in Ao Khao, einem hübschen Sandstrand im Südwesten der Insel, während sich die Ferienanlagen in der malerischeren Bucht Ao Suan Yai ausbreiten.

An der Hauptstraße zwischen dem Monkey Island und dem Makathanee Resort gibt's eine Handvoll gemütlicher Thai-Lokale. Und wer ein bißchen „reisen" will, nutzt ein Abendessen oder einen Sundowner für die Erkundung der verschiedenen Buchten.

Monkey Island   PENSION $$

(☏08 9501 6030; www.monkeyislandkohmak. com; Ao Khao; Zi. 350–3000 B; ❄@) In der Königin der Pensionen gibt's freundliche Lehmziegel oder Holzbungalows, die je nach Ausstattung – Gemeinschafts- oder eigenes Bad, eigene Terrasse etc. – in drei „affigen" Versionen angeboten werden: Pavian, Schimpanse und Gorilla. Allen gemeinsam sind ebenso witzige Details. Das hippe Restaurant bringt ordentliche Thai-Küche ganz entspannt auf den Tisch. In bester thailändischer Tradition werden an der Strandbar jeden Abend ohrenbetäubende Partys gefeiert.

Baan Koh Mak   PENSION $$

(☏08 9895 7592; www.baan-koh-mak.com; Ao Khao; Zi. ab 1200 B; ❄) Die flippig-freundliche Pension mit farbenfroh gestrichenen Wänden und herrlich weichen Matratzen ist eine gute Wahl für Luxus-Backpacker.

Island Huts   PENSION $

(☏08 7139 5537; Ao Khao; Zi. 350–450 B) Die klapprigen Hütten am Strand haben alles, was man braucht: Sand, Bad, Matratze.

Ao Prao Resort   PENSION $$

(☏08 3152 6564; www.aokaoresort.com; Zi. 1200–2500 B; ❄) Die in einer hübschen Biegung der Bucht gelegene Pension bietet ein breites Spektrum an stilvollen und einfachen Bungalows. Wie wär's z. B. mit einem Haus im traditionellen Thai-Stil, mit geschnitzten Holzornamenten und hübschem Balkon? Die Anlage ist ideal für den Familienurlaub, denn der Badestrand ist direkt vor der Haustür, während sich vor der felsigen Landzunge viele Meerestiere tummeln.

Lazy Day Resort   PENSION $$

(☏08 1882 4002; www.kohmaklazyday.com; Zi. 2250–2700 B; ❄) Die Bungalows der professionell geführten Anlage direkt neben dem Ao Kao Resort haben Panoramafenster, aus denen man in den grünen Garten blickt. Im Preis enthalten ist das Frühstück.

Koh Mak Resort   HOTEL $$

(☏0 3950 1013; www.kohmakresort.com; Ao Suan Yai; Zi. 1700–5400 B; ❄❄) Das Hotel bietet nicht gerade das beste Preis-Leistungs-Verhältnis, aber die schönsten Strände der Insel sind kostengünstig zu erreichen.

ℹ Praktische Informationen

Es gibt weder Banken noch Geldautomaten auf der Insel, deshalb muss man genügend Bargeld mitbringen! Die Schnellboote aus Ko Chang legen am Landungssteg des Ko Mak Resort in Ao Suan Yai an. Die Hauptanlegestelle für Frachtschiffe befindet sich in Ao Nid, an der Ostküste der Insel.

Ball's Cafe (☏08 1925 6591; Ao Nid Pier; ⊙9–18 Uhr) Internetcafé, Reisebüro und richtiges Café in einem. Khun Ball ist ein aktiver Förderer der Insel: Er betreibt die Internetseite www.kohmak.com und leitet verschiedene Umweltschutzinitiativen.

Ko Mak Health Centre (☏08 9403 5986; ⊙8.30–16.30 Uhr) Für erste Hilfe bei Notfällen und Krankheiten. Es liegt in der Nähe des Ao-Nid-Piers, an der Straße, die quer durch die Insel führt.

Polizei (☏0 3952 5741) In der Nähe des Krankenhauses.

ℹ Anreise & Unterwegs vor Ort

Auf Ko Mak gibt's mehrere Fähranleger, die von verschiedenen Gesellschaften benutzt werden. Die Besucher müssen sich nicht den Kopf darüber zerbrechen, denn sie werden von den Pensionen und Hotels kostenlos abgeholt und hingebracht.

Die langsame Fähre, die ein paarmal pro Woche von Ko Mak nach Laem Ngop (auf dem Festland; einfache Strecke 200 B, 3 Std., 1-mal morgens) ablegt, fährt an den anderen Wochentagen die umgekehrte Strecke. Da sich die Abfahrtstage und -zeiten ständig ändern, sollte man bei der Agentur nachfragen.

Ao Thai Marine Express (☏08 1863 3525; www.kohkoodspeedboat.com) verkehrt mit Schnellbooten zwischen Ko Mak und Tha Dan Kao auf dem Festland, 5 km östlich von Trat (450 B). Die Abfahrtszeiten richten sich nach der Nachfrage.

Die Fähre von **Bang Bao Boat** (www.bangbao boat.com) dreht einmal täglich die Runde von Ko Chang nach Ko Kut. Das Boot legt in Ko Chang um 9 Uhr ab und schippert über Ko Mak (einfache Strecke 400 B, 1½–2 Std.) weiter nach Ko Kut (einfache Strecke 300 B, 1–2 Std., Abfahrt um 13 Uhr). In entgegengesetzter Richtung geht es zuerst nach Ko Wai (einfache Strecke 300 B, 45 Min.) und dann weiter nach Ko Chang (400 B, 2½ Std.).

Auch verschiedene Schnellboote steuern von Ko Mak aus folgende Ziele an:

Ko Chang (einfache Strecke 550B, 45 Min., 3-mal tgl.)

Ko Kut (einfache Strecke 400 B, 45 Min., 2-mal tgl.)

Laem Ngop (auf dem Festland; einfache Strecke 450 B, 1 Std., 4-mal tgl.)

Ko Wai (einfache Strecke 350 B, 30 Min., 2-mal tgl.)

Einmal auf der Insel angekommen, bewegt man sich mit dem Fahrrad (40 B/Std.) oder mit dem Motorrad (200 B/Tag) weiter.

Ko Kut เกาะกูด

Ko Kut erfüllt alle Klischees eines tropischen Paradieses: sanft geschwungene, feine Sandstrände, glasklares Wasser, mehr Kokosnusspalmen als Häuser und eine Atmosphäre der beschaulichen Abgeschiedenheit, die einen bei der Ankunft sofort umfängt. Irgendeine Art von Nachtleben sucht man ebenso vergebens wie Restaurants, aber genau deshalb kommen immer mehr Besucher.

Ko Kut, die viertgrößte Insel Thailands, ist halb so groß wie Ko Chang. Sie war schon immer die Domäne des gehobenen Pauschaltourismus und der oberen Zehntausend, die die Abgeschiedenheit suchen. Erst vor Kurzem wurde bekannt, dass die Beckhams ein Feriendomizil auf der Insel erworben haben. Und im neuen Luxus-Resort Soneva Kiri der Hotelgruppe Six Senses, das auch mit dem Privatjet angeflogen werden kann, kostet die Übernachtung 2000 US$ aufwärts. Doch gerade wird die Insel etwas egalitärer und auch immer mehr Individualtouristen, insbesondere Familien und Paare, werden sich künftig hier erholen.

🏃 Sehenswertes & Aktivitäten

Strände STRÄNDE

Fantastische Strände mit wundervoll tiefblauem Wasser finden sich an der Westküste der Insel. Einer der besten ist **Hat Khlong Chao**, der es locker mit Hat Chaweng auf Ko Samui aufnehmen kann. Das Wasser ist seicht und absolut ruhig. Der mit Felsbrocken durchsetzte, hübsche Strand von **Ao Noi** fällt steil ab ins Meer, den kon-

tinuierlich heranrollenden Wellen sind nur gute Schwimmer gewachsen. Ein weiterer schöner Sandstrand ist **Ao Prao**. Auf Ko Kut gibt's keine öffentlichen Verkehrsmittel, es werden aber Motorräder vermietet, mit denen man die Strände der Westküste erkunden kann. Das Verkehrsaufkommen ist minimal und die von Khlong Hin im Südwesten nach Ao Noi im Nordosten führende Inselstraße ist durchgehend asphaltiert.

In den ruhigen Felsenbuchten und Mangroven der Flussmündungen kann man herrlich **schnorcheln** und **Kajak fahren**. Die meisten Ferienanlagen halten die dazu nötige Ausrüstung bereit.

Nam Tok Khlong Chao WASSERFALL

Zwei schöne, kurze Wanderungen führen zu den beiden Wasserfällen der Insel. Der größere und bekanntere Nam Tok Khlong Chao ist sehr breit und stürzt malerisch in ein riesiges Becken, in dem, vor allem am Wochenende, die Massen planschen. Ein kurzer Dschungelpfad führt zum Fuß des Wasserfalls hinunter oder man paddelt mit dem Kajak den Khlong Chao hinauf. Weiter nördlich befindet sich der kleinere Wasserfall **Nam Tok Khlong Yai Ki**, der aber ebenfalls ein großes Becken zum Abkühlen bietet.

🛏 Schlafen

In der Nebensaison, von Mai bis September, stellen viele Boote den Fährverkehr ein und die Bungalowanlagen schließen. Während der Hochsaison sind die Ferienanlagen von thailändischen Urlaubern belegt. In dieser Zeit empfiehlt es sich auf jeden Fall, vorher anzurufen. Die meisten Schnellbootfahrer setzen die Gäste dann direkt am Landungssteg ihres Hotels ab.

Am wunderschönen Hat Khlong Chao kann man sparsam leben, wenn man sich in einer der Pensionen im Dorf einmietet, das fünf bis 15 Gehminuten vom Strand entfernt ist. Familien werden die Budget- und Mittelklassehotels in Ao Ngam Kho gefallen. Der Strand ist zwar ein altes Korallenriff und sehr steinig, aber im äußersten Norden der Bucht gibt's einen kleinen, sandigen Abschnitt. Unbedingt Badeschuhe tragen!

Bei Individualreisenden ebenfalls sehr beliebt ist Ao Bang Bao, obwohl der Strand und die Unterkünfte nur mittelmäßig sind.

Wer mit Geld um sich schmeißen will, ist auf Ko Kut genau richtig.

LP TIPP

Bann Makok
HOTEL $$

(☎08 1934 5713; Khlong Yai Ki; Zi. 2500–3000 B; ✦@) Die Schnellbootkapitäne beneiden jeden, den sie in dem in den Mangrovenwäldern versteckten Boutiquehotel absetzen. Das Labyrinth der acht Zimmer, die aus wiederverwertetem Holz gebaut und mit hochwertigen Farben im traditionellen Stil gestrichen wurden, sieht aus wie ein altes Fischerdorf auf dem Pier. In Leseecken und auf den Gemeinschaftsterrassen hat man genug Ruhe, um dem Vogelgezwitscher zu lauschen oder sich in ein Buch zu vertiefen.

Tinkerbell Resort
HOTEL $$$

(☎08 1813 0058; www.tinkerbellresort.com; Hat Khlong Chao; Zi. inkl. Mahlzeiten ab 7900 B; ✦@) Durch die Verwendung natürlicher Materialien zur Gestaltung von meterhohen Bambuszäunen oder strohgedeckten Villen fügt sich die Anlage nahtlos in die Landschaft ein. Die Zimmer sind freundlich, luftig und direkt am schönsten Strand, den man sich vorstellen kann.

Mangrove Bungalows
PENSION $$

(☎08 5279 0278; Ban Khlong Chao; Zi. 600–1200 B; ✦) Die großen Bungalows, die am malerischen, mangrovenbestandenen Ufer des Khlong Chao stehen, haben glänzend polierte Holzfußböden und Warmwasser. Das Restaurant schwebt förmlich über dem Kanal, zum Strand sind es nur zehn Minuten zu Fuß.

Mark House Bungalows
PENSION $$

(☎08 6133 0402; www.markhousebungalow.com; Ban Khlong Chao; Zi. 800–1200 B; ✦) Die Pension in zweiter Reihe hinter den Resorts direkt am Meer ist die dem Strand am nächsten gelegene preiswerte Unterkunft. Die Bungalows stehen entlang des Kanals und die Atmosphäre wirkt etwas verschlafen.

Koh Kood Ngamkho Resort
PENSION $

(☎08 1825 7076; www.kohkood-ngamkho.com; Ao Ngam Kho; Zi. 650 B; @) Die Pension, die von Uncle Joe mit Nichte und Neffe geführt wird, ist eine der besten Budgetunterkünfte in dieser Gegend. Die rustikalen Hütten sind mit neuer Bettwäsche ausgestattet, die Badezimmer witzig gestaltet und die Falttüren am Eingang führen auf einen bewaldeten Hügel hinaus. In dem fantastischen Restaurant gibt's Currys mit frischer Kokosnussmilch und würzige Gerichte aus dem Wok. Zum Zeitpunkt der Recherche versuchte Uncle Joe gerade, das Grundstück zu verkaufen, was ihm hoffentlich nicht gelungen ist.

Dusita
HOTEL $$

(☎08 1523 7369; Ao Ngam Kho; Zi. 700–1200 B; ✦) Die soliden Bungalows verteilen sich über einen weitläufigen, schattigen Garten am Meer, der ideal für Familien ist, deren Kinder viel Auslauf brauchen.

Ao Noi Resort
PENSION $$

(☎0 3952 4979; www.kohkoodaonoi.com; Ao Noi; Zi. 1200–2000B; ✦) Das kleine Feriendorf mit den strohgedeckten Hütten ist ganz ordentlich, aber nichts Besonderes. Als kleine Entschädigung für die glanzlose Unterkunft gibt's einen halbprivaten, palmengesäumten Strand mit kräftigen Wellen. Achtung: Die Bungalows mit Ventilator sind völlig überteuert.

The Beach Natural Resort
HOTEL $$

(☎08 6009 9420; www.thebeachkohood.com; Ao Bang Bao; Zi. inkl. Frühstück 1200–2600 B; ✦@) Die Bungalows stehen in einem schattigen Garten an einem felsigen Abschnitt des Strands und das Personal ist noch freundlicher als sonst in Thailand. Da die Thais das Hotel am Wochenende zu einer Karaoke-Bar umfunktionieren, sollte man möglichst unter der Woche kommen.

Siam Beach
PENSION $

(☎08 4332 0788; Ao Bang Bao; Zi. inkl. Frühstück 1200–2000 B; ✦@) Als Monopolist am feinsandigsten Teil des Strandes muss man sich mit den Bungalows nicht allzu viel Mühe geben. Schließlich ist die Lage 1a.

ℹ Praktische Informationen

Es gibt weder Banken noch Geldautomaten, aber in den großen Resorts kann man auch Geld umtauschen. Ein kleines **Krankenhaus** (☎0 3952 5748; ⊙8.30–16.30 Uhr), das leichtere Notfälle behandeln kann, befindet sich in Ban Khlong Hin Dam im Landesinneren. Die **Polizei** (☎0 3952 5741) ist gleich daneben. Internetzugang ist noch recht selten, doch viele Resorts haben zumindest einen öffentlichen Internet-Terminal.

ℹ Anreise & Unterwegs vor Ort

Auf dem Festland legen die Fähren nach Ko Kut am Pier von Laem Sok ab, 22 km südöstlich von Trat, wo sich auch die nächstgelegene Busstation befindet.

Ninmoungkorn Boat (☎08 6126 7860) fährt mit einem klimatisierten Schiff (einfache Strecke 350 B, 2 Std., 1-mal tgl.) bis nach Ao Salad im Nordosten der Insel. Der Transfer sowohl auf dem Festland als auch auf der Insel (jeweils 45 Min.) ist kostenlos.

Von und nach Laem Sok (einfache Strecke 450–600 B, 1½ Std., 3-mal tgl.) verkehren auch Schnellboote, die die Passagiere am Anleger ihrer jeweiligen Hotels absetzen.

Die Fähre von **Bang Bao Boat** (www.bangbao boat.com) dreht einmal täglich die Runde von Ko Chang, wo sie um 9 Uhr ablegt, nach Ko Kut (einfache Strecke 700 B, 5–6 Std.). In entgegen-gesetzter Richtung geht es zuerst nach Ko Mak (einfache Strecke 300 B, 1–2 Std.) und Ko Wai (einfache Strecke 400 B, 2½ Std.).

Es fahren auch mehrere Schnellboote von Ko Kut nach Ko Chang (einfache Strecke 900 B, 45 Min., 3-mal tgl.), die einen Zwischenstopp auf auf Ko Mak und Ko Wai einlegen.

Einmal auf der Insel angekommen, mietet man sich am besten ein Motorrad (300 B/Tag) oder ein Mountainbike (100–150 B/Tag).

Provinz Chiang Mai

Gut essen

» New Delhi (S. 291)
» Lert Ros (S. 291)
» Palaad Tawanron (S. 296)
» Ai Sushi (S. 297)
» Chiang Dao Nest (S. 314)

Schön übernachten

» Villa Duang Champa (S. 283)
» Mo Rooms (S. 286)
» Riverside House (S. 288)
» Sakulchai (S. 288)
» Chiang Dao Nest (S. 313)

Auf in die Provinz Chiang Mai!

Die Provinz Chiang Mai mit ihren nebelverhangenen Bergen, die mit dichtem, kühlem Urwald bedeckt sind, lockt schon sehr lange Reisende an, die sich für diese südlichen Ausläufer des Himalaja interessieren.

Die Highlights der Region sind das entspannte Chiang Mai mit der von Wassergräben und einer teilweise erhaltenen Stadtmauer umgebenen Altstadt sowie die heiligen, alten Tempel, deren Bau über den Teakhandel finanziert wurde und die deshalb die Verehrung widerspiegeln, welche die Menschen für den Wald empfinden. Traveller kommen hier voll auf ihre Kosten, Partypeople genauso wie Reisende, die ihre Cocktails lieber relaxt an einem Salzwasserpool schlürfen.

Außerhalb der Stadtgrenzen breitet sich eine problemlos zugängliche Landschaft mit zwei von Thailands höchsten Gipfeln aus: dem Doi Inthanon (2565 m) und dem Doi Chiang Dao (2195 m). Die Region verfügt über mehr ursprüngliche Waldfläche als alle anderen Provinzen des Nordens, sodass man hier prima Rad fahren, wandern, auf Elefanten reiten, Vögel beobachten und raften kann – eine echte Alternative zu den dämpfig-heißen Ebenen!

Reisezeit

Die beste Zeit, um in die Provinz Chiang Mai zu reisen, ist die kühle Jahreszeit, also etwa von November bis Februar. Dann sind die Temperaturen eher mild und es regnet nicht so oft. Es kann sogar so frisch werden, dass man nachts und am frühen Morgen eine Jacke braucht, besonders in höheren Lagen.

Während der heißen Jahreszeit von März bis Juni ist in Chiang Mai oft eine regelrechte „Feuerzeit". Dann legt sich eine Dunstglocke über die Stadt: Die Kombination aus Staub und Rauch entsteht beim Abflammen der nahe gelegenen Reisfelder. Im April herzukommen, ist ideal, denn da ist Songkran.

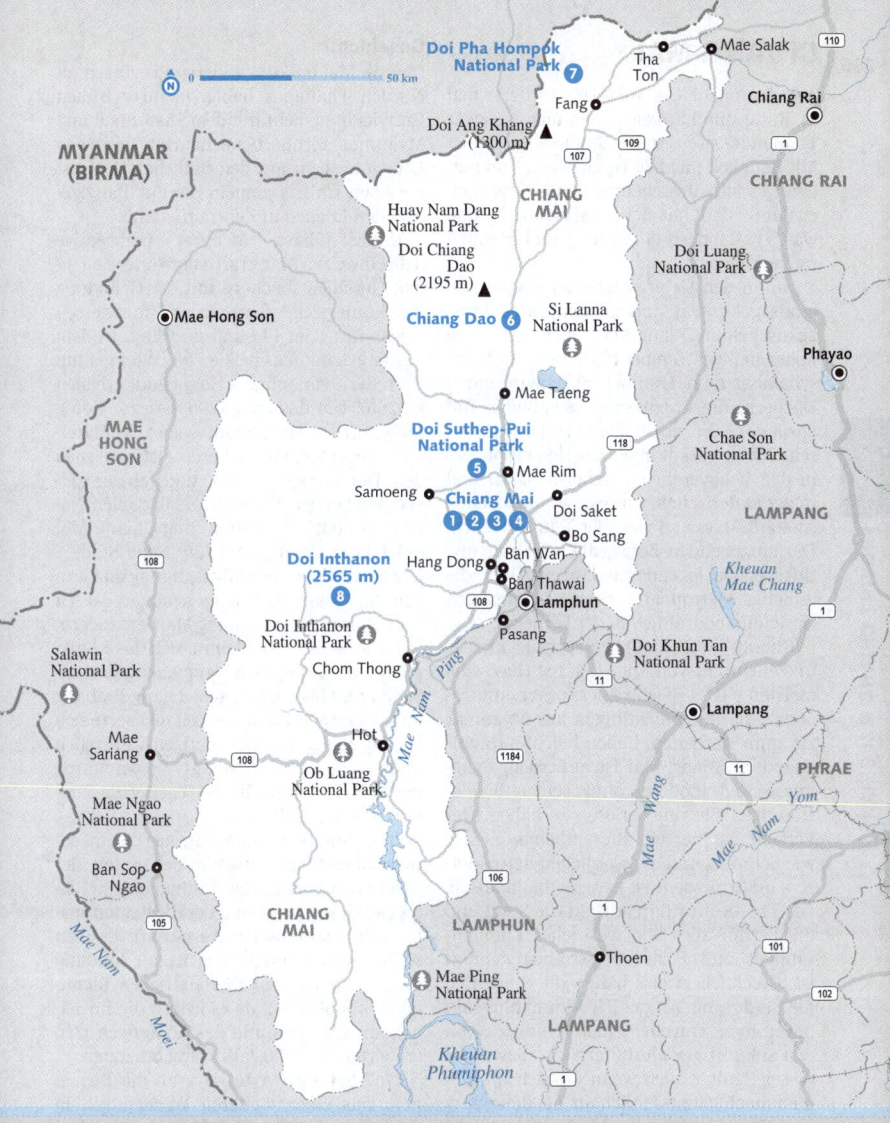

Highlights

❶ Den **Wat Phra Singh** (S. 260) und den **Wat Chedi Luang** (S. 261) bewundern

❷ Auf der **Saturday Walking Street** (S. 268) und der **Sunday Walking Street** (S. 260) einkaufen

❸ Bei einer **Massage** oder in einem **Meditationskurs** (S. 280) entspannen

❹ Eine **Flusskreuzfahrt** (s. Kasten S. 267) machen und dabei die Stelzenhäuser besichtigen

❺ Im kühlen **Doi Suthep-Pui National Park** (S. 274) der Hitze der Stadt entfliehen

❻ Die Höhlen von **Doi Chiang Dao** (S. 312) erkunden und dann essen gehen

❼ Sich in den Thermalquellen des **Doi Pha Hompok National Park** (S. 317) die Haut schrumpelig baden

❽ Den **Doi Inthanon** (S. 320) erklettern und zwischen Koniferen und Rhododendren für ein Foto posieren

Angekommen? O.k., prima, dann erst mal in Ruhe durchatmen – das hier ist zwar Thailands zweitgrößte Stadt, aber sie ist mit Bangkok nicht zu vergleichen. Und nun heißt es sich umschauen, denn diese nonchalante Stadt hat vieles von dem zu bieten, was Thailand so einzigartig und atemberaubend macht.

Im an den Gebirgsausläufern Nordthailands gelegenen und an den Doi Suthep gekuschelten Chiang Mai stehen Hunderte hoher heiliger Tempel mit *chedis* und sich scheinbar zum Himmel aufschwingenden Dächern, die unten sanft gen Boden hin auslaufen. Die noch sichtbare Lan-Na-Geschichte der Stadt offenbart sich besonders in den hochverehrten Gebetshäusern und in der malerischen, von Wasser umgebenen Altstadt, in der so viele der Tempel stehen. Die umgebenden Berge, die mit ihrer mythischen, ja legendären Präsenz über die dunstige Metropole wachen, zeichnen sich riesig und bedrohlich in der Ferne ab.

Chiang Mai wirkt entspannt, kreativ und ehrfurchtsvoll. Die Stadt hat Herz – die meisten NGOs (Nichtregierungsorganisationen), die mit Flüchtlingen aus Myanmar zusammenarbeiten, haben hier ihr Hauptquartier. Chiang Mai ist außerdem dynamisch und modern, ohne seinen bodenständigen Charme verloren zu haben. Der Verkehr ist hier ein Riesenthema, ebenso wie Schmutz und die hässlichen Betonklötze – und trotzdem ist es sehr thailändisch. Die Thai-Kultur durchdringt die Stadt, um die herum alles von westlicher Empfindsamkeit und Fortschrittsstreben geprägt ist. Glücklicherweise halten die Studenten die Stadt jung. An der Th Nimmanhaemin bekommen Traveller einen Eindruck von den zukünftigen Gestaltern und Bewegern dieser Stadt – auch wenn die sich im Moment noch hauptsächlich um die Bewegung und Gestaltung in den lokalen Nachtclubs kümmern, welche diese Gegend zum Hotspot von Chiang Mais Nachtleben machen.

Oh, und dann wäre da noch die Gastro-Szene. In der Stadt gibt es japanische Sushibars, birmanische Currys und Salate sowie natürlich thailändische Küche: Superleckere Straßensnacks findet man genauso vor wie weiße Tischdecken in den Restaurants am Flussufer, die mit edlen Weinen und auf dem Wasser treibenden Kerzen ein luxuriöses Ambiente erzeugen.

Geschichte

Chiang Mai und die anderen Provinzen im Norden Thailands haben in ihrer frühen Entwicklung mehr mit dem Shan-Staat und Myanmar (Birma), benachbarten Teilen von Laos und sogar mit den südlichen Gebirgsregionen Chinas gemein als mit Bangkok und den Ebenen in Zentralthailand.

König Phaya Mengrai (alternative Schreibweise: Mangrai) verewigte sich in den Geschichtsbüchern mit der Gründung des Königreiches Lan Na und mit dessen Ausbreitung im Flusstal des Ping. In dem Tal angekommen, ließ er bei Wiang Kum Kam die – vorläufige – Hauptstadt erbauen (S. 266). Um das Jahr 1296 verlegte König Mengrai die Hauptstadt seines Königreiches an einen idyllischeren Ort zwischen dem Doi Suthep und Ping und gab der vielversprechenden Stadt den klangvollen Namen Nopburi Si Nakhon Ping Chiang Mai (oder kurz Chiang Mai für „Neue Stadt"). Überreste der Originalbefestigungsmauern von 1296 lassen sich noch heute an der Th Kamphaeng Din in Chiang Mai bewundern.

Im 14. und 15. Jh. dehnte sich das Königreich Lan Na bis nach Kamphaeng Phet im Süden und bis ins laotische Luang Prabang im Norden aus. Zu dieser Zeit mauserte sich Chiang Mai zu einem wichtigen kulturellen und religiösen Zentrum; 1477 etwa wurde hier das achte Konzil zum Theravada-Buddhismus abgehalten.

Bald musste sich Lan Na gegen den mächtigen Stadtstaat Ayutthaya behaupten, der sich in den Ebenen Zentralthailands prächtig entwickelt hatte und der die Region später unter siamesischer Herrschaft vereinen sollte – ein wichtiger Schritt zur Findung einer gemeinsamen thailändischen Identität. Schließlich waren es jedoch die Birmanen, die die Stadt und das Königreich 1556 eroberten und 200 Jahre lang besetzten.

1767 fiel auch Ayutthaya an die Birmanen, was einen weiteren Wendepunkt in der Geschichte Chiang Mais einleiten sollte. Die besiegte thailändische Armee schloss sich südlich von Ayutthaya im heutigen Bangkok unter der Führung von Phraya Taksin wieder zusammen und startete einen Feldzug gegen die Truppen der birmanischen Besatzungsmacht. Der Anführer Chao Kavila (bekannt als *jôw meu·ang*) aus dem benachbarten Fürstentum Lampang half dabei, Nordthailand von der „Fremdherrschaft" zu befreien, was schließlich dazu führte, dass Lan Na in das expandierende thailändische Königreich mit Sitz in Bangkok eingegliedert wurde.

Unter Kavila wurde Chiang Mai zu einem wichtigen regionalen Handelszentrum. 1800 ließ er die monumentalen Ziegelsteinmauern rund um Chiang Mais Stadtkern errichten und erweiterte die Stadt in südliche und östliche Richtung, indem er am Ende der heutigen Th Tha Phae (*tha phae* bedeutet „Floßanlegestelle") einen Binnenhafen anlegte. Viele der im Shan- und birmanischen Stil errichteten Tempel wurden von wohlhabenden Teakholzhändlern erbaut, die aus Birma emigriert waren. Es wurden helfende Hände gebraucht, um die vom Krieg zerstörte Stadt wiederaufzubauen, und so wurden viele Arbeiter aus dem Shan-Staat und anderen Regionen nach Chiang Mai verschleppt, wo sie Frondienste zu verrichten hatten.

Eine Reihe von politischen und technologischen Faktoren war schließlich für den endgültigen Untergang des unabhängigen Königreiches Lan Na verantwortlich. Die Regierung in Bangkok erklärte Chiang Mai 1892 während der Expansion ihrer kolonialer Herrschaft in den benachbarten Ländern Birma und Laos zu einer Verwaltungseinheit. Durch die Fertigstellung der nach Chiang Mai führenden Nordbahn 1921 waren der Norden des Landes und Zentralthailand endlich miteinander verbunden. 1927 ritten König Rama VII. und Königin Rambaibani an der Spitze eines 84 Elefanten umfassenden Zuges in die Stadt und waren somit das erste Königspaar der Bangkok-Periode, das den Norden besuchte. 1933 schließlich wurde Chiang Mai offiziell zu einer siamesischen Provinz erklärt.

2001 plante der damalige, aus Chiang Mai stammende Premierminister Thaksin Shinawatra, seine Geburtsstadt zu einem der größten Zentren für Informationstechnologie zu machen, indem er den Flughafen erweitern und neue Autobahnen bauen lassen wollte. Der Niedergang seiner Regierung durch den Militärputsch von 2006, die aktuellen politischen Verwicklungen (wie der Protest der Rothemden in Bangkok und im Norden einschließlich Chiang Mai 2010) und der globale wirtschaftliche Abschwung haben diese Pläne jedoch stark ausgebremst. In der Stadt erwartet man argwöhnisch weitere Proteste, da die Unzufriedenheit über den Sturz von Thaksin und dessen politische Konsequenzen weiter für Unruhe sorgen.

Karten

Eine Ausgabe von Nancy Chandlers *Map of Chiang Mai,* erhältlich in Buchläden, ist eine vernünftige Investition. Sie zeigt die Hauptsehenswürdigkeiten, Einkaufsziele und Kuriositäten, über die man stolpern könnte. Der *Chiang Mai Map'n'Guide* von Groovy Map, den man auch im Buchhandel bekommt, verfügt zusätzlich über die Thai-Schriftzeichen und nennt weitere Adressen für Nachtschwärmer.

◉ Sehenswertes

In Chiang Mai findet man sich problemlos zurecht. Die meisten Traveller übernachten in der Altstadt, die man am besten zu Fuß oder mit dem Rad erkundet. Die berühmtesten Tempel liegen entlang der Th Ratchadamnoen.

Die Altstadt hat vier Tore, die gern als Orientierungspunkte benutzt werden: Das östliche Tor heißt Pratu Tha Phae und

---

SOI BAN HAW

Ein Überbleibsel aus jenen Tagen, als Chiang Mai eine abgelegene Station an der Seidenstraße war, ist die muslimische Gemeinde an der Soi 1 jenseits von Th Chang Khlan, nahe dem Chiang Mai Night Bazar. Die 100 Jahre alte **Matsayit Chiang Mai** (Karte S. 262; Soi 1, Th Charoen Prathet), auch bekannt als Ban-Haw-Moschee, wurde von den *jeen hor* („galoppierenden Chinesen") gegründet, wie die Thais die Karawanenhändler aus Yunnan nannten. Innerhalb der letzten beiden Jahrhundert wuchs die muslimische Gemeinde durch die Zuwanderung von Muslimen aus Yunnan, die vor Unruhen aus dem benachbarten Laos und Myanmar flüchteten.

Es gibt eine Reihe von einfachen Restaurants und Läden, die Thai-Currys auf muslimische Art servieren: *kôw soy* (Curryhuhn mit Nudeln), *kôw mòk gài* (Hühnchen-Biryani) und *néu·a òp hörm* („duftendes" getrocknetes Rindfleisch), eine Spezialität der Yunnan-Muslime. Ein Essensverkäufer, der abends Imbisse anbietet, macht ausgezeichnetes *roh·dee* (indisches Fladenbrot).

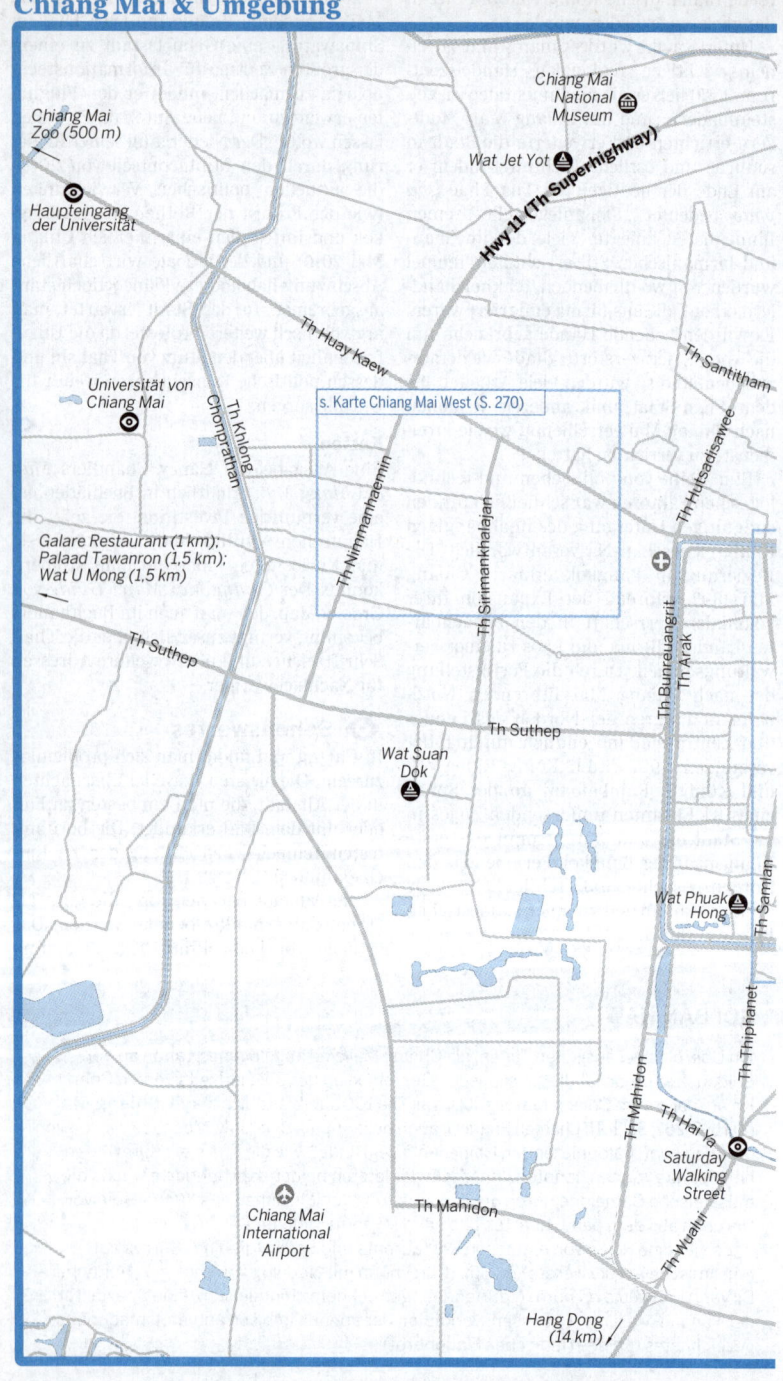

Chiang Mai
Zoo (500 m)

Chiang Mai
National
Museum

Wat Jet Yot

Hwy 11 (Th Superhighway)

Haupteingang
der Universität

Th Huay Kaew

Th Santitham

Th Hutsadisawee

Universität von
Chiang Mai

Th Khlong Chonprathan

s. Karte Chiang Mai West (S. 270)

Th Nimmanhaemin

Th Sirimankhalajan

Galare Restaurant (1 km);
Palaad Tawanron (1,5 km);
Wat U Mong (1,5 km)

Th Suthep

Th Suthep

Th Bunreuangrit

Th Arak

Wat Suan
Dok

Wat Phuak
Hong

Th Samlan

Th Mahidon

Th Thiphanet

Th Hai Ya

Saturday
Walking
Street

Chiang Mai
International
Airport

Th Mahidon

Th Wualai

Hang Dong
(14 km)

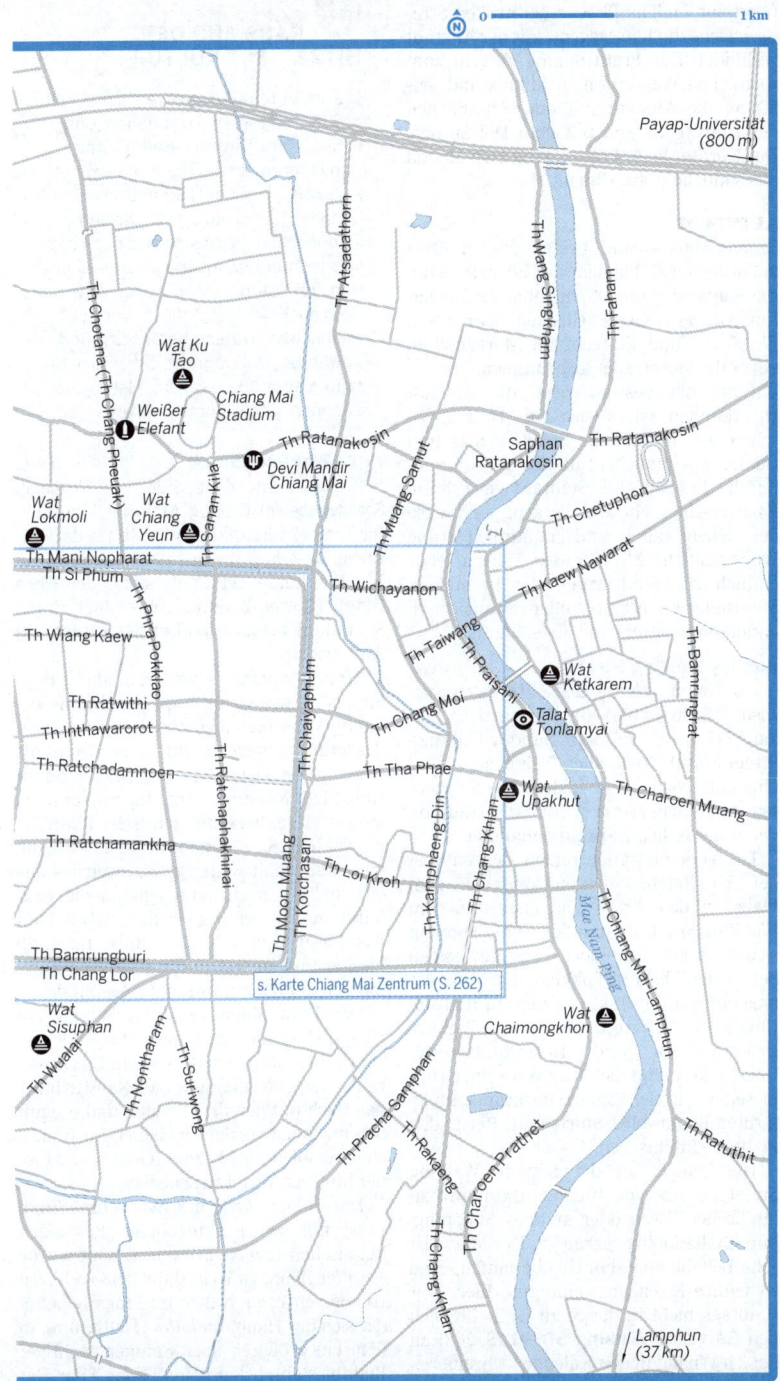

0 _____ 1 km

Payap-Universität
(800 m)

Th Chotana (Th Chang Pheuak)

Wat Ku
Tao

Chiang Mai
Stadium

Weißer
Elefant

Th Atsadathorn

Th Ratanakosin

Saphan
Ratanakosin

Th Ratanakosin

Devi Mandir
Chiang Mai

Th Muang Samut

Th Wang Singkham

Th Faham

Wat
Lokmoli

Wat
Chiang
Yeun

Th Sanam Kila

Th Chetuphon

Th Mani Nopharat

Th Si Phum

Th Wichayanon

Th Kaew Nawarat

Th Wiang Kaew

Th Phra Pokklao

Th Taiwang

Th Prasani

Wat
Ketkarem

Th Bamrungrat

Th Ratwithi

Th Inthawarorot

Th Chaiyaphum

Th Chang Moi

Talat
Tonlamyai

Th Ratchadamnoen

Th Ratchaphakhinai

Th Tha Phae

Th Charoen Muang

Th Ratchamankha

Wat
Upakhut

Th Kamphaeng Din

Th Chang Khlan

Th Moon Muang

Th Kotchasan

Th Loi Kroh

Th Bamrungburi

Th Chang Lor

s. Karte Chiang Mai Zentrum (S. 262)

Th Chiang Mai-Lamphun

Mae Nam Ping

Wat
Sisuphan

Wat
Chaimongkhon

Th Wualai

Th Nontharam

Th Suriwong

Th Pracha Samphan

Th Rakaeng

Th Charoen Prathet

Th Chang Khlan

Th Ratuthit

Lamphun
(37 km)

führt zur Th Tha Phae, einer großen Straße, welche die Flussgegend mit der Altstadt verbindet. Das Pratu Suan Dok geht zum westlichen Wassergraben hinaus und verbindet die Altstadt mit den Grünflächen der Universität und mit dem Doi Suthep. Das Nordtor heißt Pratu Chang Pheuak und das südliche Pratu Chiang Mai.

ALTSTADT
เมืองเก่า

Chiang Mais Altstadt besteht aus nur etwa 2,5 m hohen Gebäuden; am höchsten sind die Stupas der Tempel, die über die Dächer hinausragen. Kleine Glocken schmücken die Simse und klingeln im Morgenwind, bevor die Motorräder losbrummen.

Einer der besten Wege, die Altstadt zu erkunden, ist es, sich aufs Fahrrad zu schwingen und in die Straßen, Sois und Gassen einzutauchen, die kreuz und quer durch diese uralte Stadtanlage führen. Es herrscht viel Verkehr, und viele der Nebenstraßen sind erstaunlich grüne Wohnstraßen. Alle Straßen führen letztendlich zur Stadtmauer, die in einigen Stadtteilen gut erhalten oder restauriert, in anderen verwittert und abgenutzt ist.

Sunday Walking Street
MARKT

(ถนนเดินวันอาทิตย์; Karte S. 262; Th Ratchadamnoen; ☺So 16–24 Uhr) Ein einzigartiges Einkaufserlebnis! Auf dem Sunday-Walking-Street-Markt wird alles Mögliche – und eine gute Portion Provinzkultur – feilgeboten. Außerdem erinnert er an die Tradition der chinesischen Karawanenhändler.

Die Verkaufsstände reihen sich entlang der Th Ratchadamnoen zwischen dem Platz vor dem Pratu Tha Phae und dem Wat Phra Singh aneinander, weitere breiten sich noch ein paar Blocks weit auf beiden Seiten der Th Phra Pokklao aus. Viele der angebotenen Produkte werden in und um Chiang Mai gefertigt, z. B. Baumwollschals, Ledersandalen und Holzschnitzereien. Chiang Mai zeigt sich hier von seiner Hippieseite: mit viel Ethnokrimskrams, ungefärbten Baumwoll-T-Shirts und „Rettet den Planten"-Jutetaschen.

Die Tempel an der Sunday Walking Street beherbergen Imbisse, die nordthailändisches Essen oder anderes Shoppingdurchhaltedoping verkaufen. Der Markt ist sehr beliebt und schnell überlaufen, ergo ist frühes Erscheinen eine gute Idee. Wer sonntags nicht in der Stadt ist, sollte sich den Saturday Walking Street (S. 268) an der Th Wualai in den Kalender schreiben.

🛈 RAUS AUS DER HITZE – MIT KULTUR

Die wáts (Tempel) gehören hier zu den größten Touristenattraktionen, und einige, Phra Singh, Chedi Luang und U Mong, besitzen wundervolle Anlagen, die in der Nachmittagshitze oft schattig und kühl sind. Die Tempel zu besuchen, lohnt sich also nicht nur wegen ihrer historischen, kulturellen und architektonischen Werte, sondern auch, weil sie Zuflucht vor den hektischen, brütend heißen Straßen gewähren. Um während einer Besichtigungstour durch Chiang Mai zu entspannen, gibt's nichts Besseres.

🔲 Wat Phra Singh
LP TIPP
TEMPEL

(วัดพระสิงห์; Karte S. 262; Th Singharat; Spende erbeten) Chiang Mais meistbesuchter Tempel verdankt seinen Ruhm der Tatsache, dass hier die am höchsten verehrte Buddha-Statue der Stadt steht, der Phra Singh (Löwen-Buddha), plus einer guten Sammlung klassischer Lan-Na-Kunst und Architektur.

Trotz der herausragenden Stellung Phra Singhs ist nur wenig über das Bildnis bekannt. Mit seinen menschlichen Zügen und des lotusförmigen Haarknotens wird es als eines der schönsten Beispiele der religiösen Kunst Lan Nas angesehen. Da es aber noch zwei weitere, beinahe identische Bildnisse in Nakhon Si Thammarat und Bangkok gibt, weiß man weder genau, welches das Original ist, noch kann jemand die Herkunft bestimmen. Unberührt davon kam das hiesige Phra-Singh-Bildnis um 1360 hierher und ist fest in die religiösen Zeremonien des Songkran-Fests eingebunden.

Der Phra Singh steht im Wihan Lai Kham, einer kleinen Kapelle am Ende des Tempelbezirks neben dem chedi. Das Äußere der Kapelle zeigt alle Lan-Na-Attribute: das Dach mit den drei Ebenen und die mit Schnitzereien verzierten Giebel. Im Innern sind verspielte lai-krahm (Goldmuster) an der hinteren Wand zu sehen.

Der Haupt-chedi des Wat Phra Singh weist mit seiner oktogonalen Basis den klassischen Lan-Na-Stil auf. Erbaut wurde er unter König Pa Yo im Jahr 1345 zu Ehren von dessen Vater. Näher am Eingang befindet sich der Haupt-wí·hǎhn (Heiligtum), in dem ein größerer, aber weniger wichtiger Buddha steht, bekannt als Thong Thip. Der

Tempel ist mit dem Königshaus verbunden, gekennzeichnet durch den Garuda (königliches Symbol), der vorne am Haupt-*wí·hǎhn* angebracht ist.

Wer gegen 11 Uhr morgens kommt, kann mitunter den Mönchen beim Frühstück auf dem Boden des Tempels zuschauen (wer's mag …). Auf jeden Fall ist das Ganze eine schöne, schattige Tempelanlage, deren Besuch in der Hitze des Tages entspannt und in der nicht mit treffenden Weisheiten wie „Das wahre Böse ist Ignoranz" gespart wird.

Chiang Mai City Arts & Cultural Centre
MUSEUM

(หอศิลปวัฒนธรรมเชียงใหม่; Karte S. 262; ☎0 5321 7793; Th Ratwithi; Erw./Kind 90/40 B; ⊘Di–So 8.30–17 Uhr) Im Chiang Mai City Arts & Cultural Centre können Besucher sich mit den Grundzügen der Geschichte Chiang Mais vertraut machen. Achtung: Sobald man eintritt, wird man in einen Raum gescheucht, um sich den obligatorischen Werbefilm zur Geschichte Chiang Mais anzusehen, bevor man selbst umherwandern darf! Im Erdgeschoss sind ansprechende Ausstellungsstücke zur Kultur und Religion Thailands aufgebaut. Im 1. Stock ist dann Geschichte pur angesagt: Man sieht ein frühes Lan-Na-Dorf, einen Tempel und einen Zug. Von hier oben sieht man auch mehr von diesem postkolonialen Gebäude, das einst die Provinzhalle Chiang Mais war (ursprünglich 1924 erbaut). 1999 wurde für die originalgetreue architektonische Restaurierung der Preis der Royal Society of Siamese Architects verliehen.

Wat Chedi Luang
TEMPEL

(วัดเจดีย์หลวง; Karte S. 262; Th Phra Pokklao; Spende erbeten) Eine andere ehrwürdige Sehenswürdigkeit auf dem Tempelweg ist der Wat Chedi Luang, erbaut um einen teilweise zerstörten *chedi* im Lan-Na-Stil von 1441 herum, von dem angenommen wird, er sei das höchste Gebäude des alten Chiang Mai gewesen. Man erzählt sich, dass er entweder bei einem Erdbeben im 16. Jh. zerstört wurde oder 1775 durch das Kanonenfeuer von König Taksin während der Rückeroberung Chiang Mais von den Birmanen. Der berühmte Phra Kaew (Smaragd-Buddha), heute im Wat Phra Kaew (S. 60) in Bangkok zu sehen, saß hier 1475 in der östlichen Nische. Heute steht hier eine Jadereplik, die vom thailändischen König finanziert und 1995 zum 600. Jubiläum des *chedi* (jedenfalls einigen Zählarten zufolge) und dem 700. Jahrestag der Stadt angefertigt wurde.

Eine Restaurierung des beeindruckenden *chedi* wurde von der Unesco und der japanischen Regierung finanziert. Trotz bester Absichten sind die Restaurationsarbeiten gut zu sehen: In drei der vier Richtungsnischen gibt es neue Säulengänge, *naga*-Wächter und Buddha-Statuen. Auf der Südseite des Monuments kann man fünf Elefantenskulpturen im Giebeldreieck erkennen. Vier sind Zementrestaurationen, nur der ganz rechte Elefant – der ohne Ohren und Rüssel – ist original aus Stein und Putz. Die Restaurationsarbeiten wurden lediglich nicht auf das Helmdachs ausgedehnt, da niemand mit Sicherheit sagen konnte, wie die Originalüberbauung aussah. Egal – ein gemütlicher Spaziergang um die Mauern des *chedi* hat immer noch meditative Wirkung.

Die andere prominente Attraktion des Wat Chedi Luang ist die *làk mew·ang* (Stadtsäule, so etwas wie die Wohnstatt des Gottes, der die Stadt schützt), verwahrt in dem kleinen Gebäude links vom Haupteingang.

Im Haupt-*wí·hǎhn* wird der stehende Buddha gezeigt, auch bekannt als Phra Chao Attarot. Er wird von zwei Jüngern flankiert, die beide berühmt sind für Meditation und Mystizismus.

Wer will, kann sich während seines Aufenthalts hier mit den Mönchen unterhalten (s. Kasten S. 273).

Wat Phan Tao
TEMPEL

(วัดพันเตา; Karte S. 262; Th Phra Pokklao; Spende erbeten) In der Nähe des Wat Chedi Luang beherbergt der Wat Phan Tao einen wunderschönen, alten Teakholz-*wí·hǎhn,* der einst königliche Residenz war und heute einer der unbekannteren Schätze der Stadt ist. Komplett aus geformten Teakholzpanelen, zusammengehalten und getragen von 28 gigantischen Teaksäulen, gibt es *naga*-Ortgänge (ein Ortgang ist die Verbindung der Traufe zum Giebel) mit eingelegten farbigen Spiegelmosaiken. Im Innenraum sind alte Tempelglocken, einige Keramiken, ein paar alte vergoldete Holzbuddhas im nördlichen Stil und alte Schränke gefüllt mit Palmblattmanuskripten ausgestellt. Die Frontblende des Gebäudes trägt ein spiegelndes Mosaik eines Pfaus, der über einem Hund steht und so das astrologische Jahr kennzeichnet, in dem der frühere königliche Bewohner geboren wurde. Das macht diesen Tempel zu einer wichtigen Pilgerstätte für all jene, die im Jahr des Hundes geboren sind.

Chiang Mai Zentrum

Th Mani Nopharat

82

Chang-Pheuak-Busbahnhof (400 m)

Th Si Phum

Pratu Chang Pheuak

110

Wat Hua Khwang

26

76

Wat Lam Chang

Th Wiang Kaew

Th Phra Pokklao

51

Th Ratchaphakhinai

42

92

127

Frauengefängnis

Th Ratwithi

93 Wat Pan Ping

10

116

57

Bezirksstelle

6 2

Wat U Mong Klang Wiang

102

Th Inthawarorot

5

74

91

Wat Duang Di

55

34 Wat Thung Yu

Wat Chai Phra Kiat

68

3

94

66

120

60

21

29

4

Sunday Walking Street

52

Th Ratchadamnoen

108

28

19 137 95

121

Wat Si Koet

24

Wat Phan An

16 7

114

Soi 8

30

83

86

22

Th Ratchamankha

79

43

Soi 5

Wat Phra Jao Mengrai

Soi 7

8

54

Th Samlan

Th Ratchaphakhinai

Pratu Suan Prung

Th Bamrungburi

98

Th Chang Lor

136

Pratu Chiang Mai

Mengrai Kilns (240 m)

Th Wualai

132

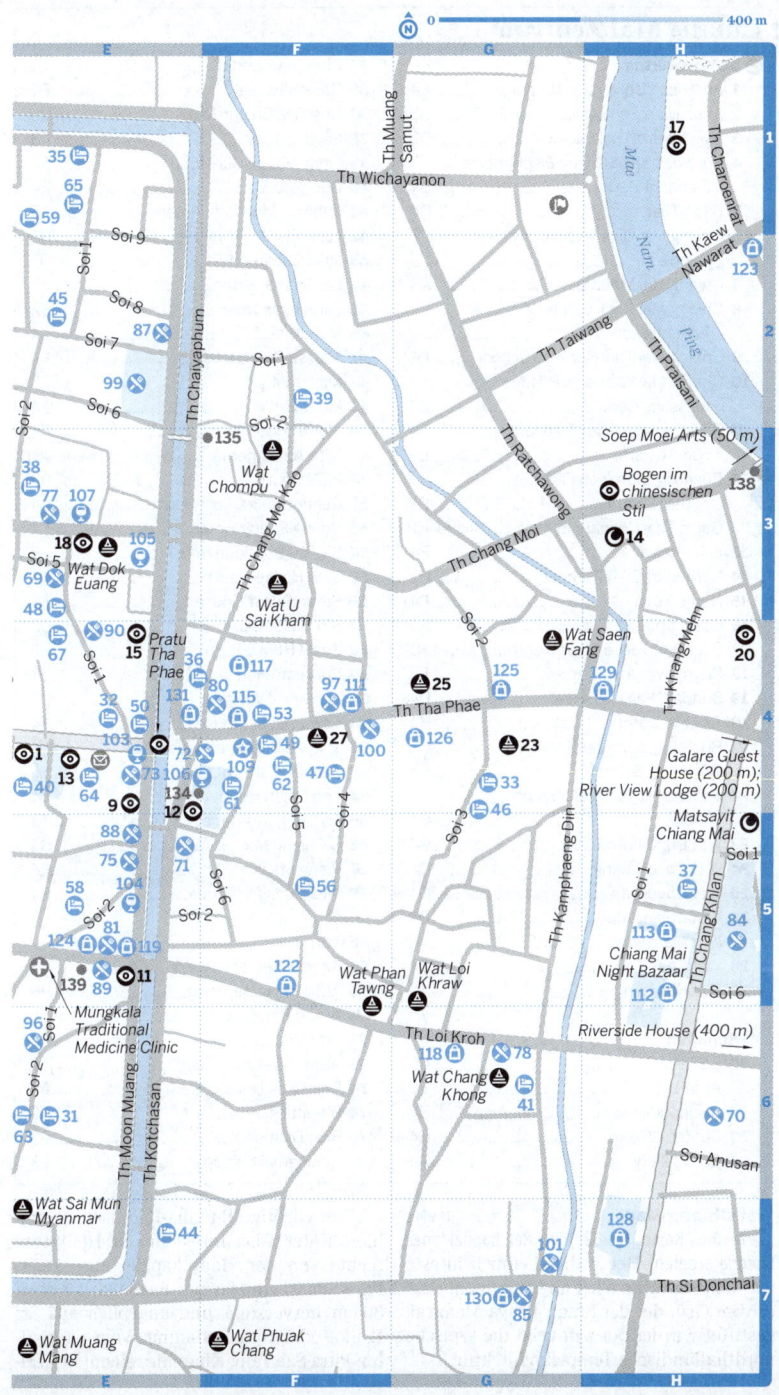

Chiang Mai Zentrum

Wat Chiang Man   TEMPEL

(วัดเชียงมั่น; Karte S. 262; Th Ratchaphakhinai; Spende erbeten) Der wahrscheinlich älteste *wát* der Stadt: Es wird angenommen, dass er vom Gründer der Stadt, Phaya Mengrai, gestiftet wurde. Der *wát* zeigt die typische nordthailändische Tempelarchitektur.

Zwei wichtige Buddha-Bildnisse werden hier hinter Glas im kleineren Heiligtum rechts von der Hauptkapelle ausgestellt. Phra Sila ist ein Marmor-Basrelief, das etwa 30 cm hervorsteht und angeblich aus Sri Lanka oder Indien stammt. Vom namhaften Phra Sae Tang Khamani, einem **kristal-**

lenen sitzenden Buddha wird angenommen, dass er vor etwa 1800 Jahren aus Lavo (Lopburi) hierherkam. Er steht nur 10 cm heraus. Die Kapelle, in der die Bildnisse stehen, ist von 9–17 Uhr geöffnet.

Vor dem *bòht* (Weihehalle) weist eine Steinplatte mit Gravuren aus dem Jahr 1581 die frühesten Belege für die Gründung der Stadt 1296 auf.

Wat Phuak Hong TEMPEL
(วัดพวกหงส์; Karte S. 258; abseits der Th Samlan; Spende erbeten) Dieser Nachbarschafts-*wát* steht hinter dem Suan Buak Hat (Buak-Hat-Park) und birgt den vor Ort verehrten Chedi Si Pheuak. Der *chedi* ist über 100 Jahre alt und zeichnet sich durch den Stil der „gestapelten Kreise" aus, der nur hier und am Wat Ku Tao zu sehen ist und höchst-

wahrscheinlich vom Thai-Lü-*chedi* im Xishuangbanna- (auch Sipsongpanna-)Bezirk von Yunnan, China, beeinflusst wurde.

Anusawari Sam Kasat DENKMAL
(อนุสาวรีย์สามกษัตริย์; Karte S. 262; Th Phra Pokklao) Stolz tragen sie ihre Tracht aus dem 14. Jh., die drei Bronzestatuen des Dreikönigsdenkmals. Es erinnert an die Allianz, die zwischen drei nördlichen thailändisch-laotischen Königen (Phaya Ngam Meuang von Phayao, Phaya Mengrai von Chiang Mai und Phaya Khun Ramkhamhaeng von Sukhothai) durch die Gründung von Chiang Mai geschmiedet wurde. Die Statuen markieren eines der spirituellen Zentren der Stadt und wurden zu einem Schrein für die ansässigen Bewohner, die regelmäßig Opfergaben in Form von Blumen, Weihrauch und Kerzen an die Füße der Bronzestatuen stellen. So bedanken sie sich für die Segnungen durch die mächtigen Geister der drei Könige.

ÖSTLICH DER ALTSTADT & FLUSSUFER
Geht man durch das Pratu Tha Phae, kommt man in ein normales Einkaufsviertel mit zweistöckigen Geschäften und belebten, mehrspurigen Straßen. Südlich des Talat Warorot, an der Th Chang Khlan, befindet sich der Chiang Mai Night Bazaar (s. Kasten S. 303). Der sich durch das Viertel schlängelnde Fluss Mae Nam Ping ist eine weitere Attraktion.

Wat Chetawan, Wat Mahawan & Wat Bupparam TEMPEL
(วัดเชตวัน/วัดมหาวัน/วัดบุปผาราม; Karte S. 262) Diese drei *wáts* an der Th Tha Phae bestechen durch stark verzierte *wí·hǎhns* und *chedis,* die von Shan- und burmesischen Kunsthandwerkern geschaffen wurden. Bezahlt haben dies birmanische Teakhändler, die sich vor einem Jahrhundert oder etwas früher in Chiang Mai niedergelassen haben. Schöne Beweise für diese Einflüsse sind das verschnörkelte Pfauensymbol (ein Sonnensymbol; üblich in der birmanischen und Shan-Tempelarchitektur) und die stehenden Buddhas im Mandalay-Stil in den Wandnischen.

Talat Tonlamyai MARKT
(Karte S. 258; Th Praisani; 24 Std.) Der **Blumenmarkt** der Stadt mit Blick auf den Fluss wird von Einheimischen *gàht dòrk mái* genannt. Die armdicken Bündel von Astern, Rosen und Mädchenauge werden in den kühleren Gegenden des umliegenden Hochlandes gezogen und nachts zum Markt gebracht, um ein Welken durch die Tageshitze zu vermeiden. Arten, die es noch etwas kühler brauchen, z. B. Weiden, werden von Bergbewohnern in höheren Regionen gezüchtet. Und dann gibt es noch üppige tropische Blumen wie Jasmin, Orchideen und Lotusblüten, die in der Hitze gedeihen. Der Blumenmarkt ist immer voll, besonders während Festen wie des Loi Krathong und natürlich des Blumenfests.

Wiang Kum Kam HISTORISCHE RUINE
(เวียงกุมกาม; 8–17 Uhr) Die **freigelegten Ruinen** bieten sich bestens für einen entspannten Ausflug in die Umgebung an. Macht man sich in einem der altmodischen Pferdewagen (200 B) auf den Weg, kann man sich schon während der gemächlichen Fahrt auf einen erholsamen Tag einstellen. Meistens halten die Fahrer ein Schwätzchen mit den Einheimischen, die zwischen den alten Ruinen leben. Die halb vergrabenen Backsteinfundamente erstrecken sich über mehr als 3 km². Rein äußerlich geben die Ruinen nicht allzu viel her, ihre historische Bedeutung und das angrenzende friedliche Dorf machen den Ort jedoch zu einem lohnenden Ausflugsziel.

Wiang Kum Kam war als eine der ersten Siedlungen in der Region Chiang Mai von den Mon als Außenposten des Königreichs Hariphunchai gegründet worden. 1286 wurde der Ort von Phaya Mengrai erobert und diente dann vor dem Bau Chiang Mais zehn Jahre lang als Hauptstadt Lan Nas. Im 16. Jh. kam es zu schweren Überschwemmungen, als sich der Flusslauf des Mae Nam Ping änderte und die Stadt aufgegeben werden musste.

Auf dem Gelände wurden über 1300 beschriftete Steinplatten, Backsteine, Glocken und *chedi* freigelegt. Als wichtigster archäologischer Fund gilt eine vierteilige, mit Inschriften versehene Steintafel, die mittlerweile im Chiang Mai National Museum ausgestellt ist. Die Inschriften stammen aus dem frühen 11. Jh. und beweisen, dass die Thai-Schrift rund 100 Jahre älter ist als König Ramkhamhaengs berühmte Sukhothai-Inschrift von 1293.

Man kann Wiang Kum Kam auch mit einem Leihfahrrad besichtigen. Dazu folgt man zunächst der Th Chiang Mai-Lamphun (Hwy 106) in südöstlicher Richtung. Nach rund 3 km weist dann rechts ein Schild zu den Ruinen. Ab dieser Abzwei-

Der Mae Nam Ping verläuft größtenteils durch ländliches und rustikales Gebiet mit grasbewachsenen Ufern und kleinen Stelzenhäusern darauf. Es gibt verschiedene Tages- und Abendtouren, die den Fluss erkunden.

» Scorpion Tailed River Cruise (Karte S. 262; ☑08 1960 9398; www.scorpiontailed. com; Th Charoenrat; Fahrpreis 500 B) Hier steht die Geschichte des Flusses im Mittelpunkt. Die Firma benutzt traditionelle Boote, bekannt als „Skorpionschwanzboote". Die informativen Touren (5-mal tgl.) dauern 90 Minuten. Abfahrt ist am Wat-Srikhong-Pier nahe Rim Ping Condo. Im firmeneigenen Scorpion Tailed Boat Village wird eine kleine Snackpause eingelegt.

» Mae Ping River Cruise (☑0 5327 4822; www.maepingrivercruise.com; Wat Chaimongkhon, 133 Th Charoen Prathet) Im Angebot sind zweistündige Tagesausflüge (450 B) in überdachten Langbooten. Die Boote halten nach einer Fahrt durch die Landschaft für Obstsnacks an einer kleinen Farm. Zum eineinhalbstündigen Thai Dinner Cruise (550 B) gehört ein festes Menü; los geht's täglich um 19 Uhr. Abfahrt ist am Ufer der Ban Kaew Pension gegenüber. Einfach auf die Schilder achten!

» Riverside Bar & Restaurant (S. 296) Veranstaltet After-Dinner-Touren.

gung sind es noch weitere 2 km. Alternativ kann man für diese Strecke auch ein Túk-Túk oder einen der roten *sŏrng·tăa·ou* für rund 100 B (einfache Strecke) mieten.

Chinatown
HISTORISCHES VIERTEL

Westlich vom Markt an der Th Chang Moi erstreckt sich die kleine Chinatown der Stadt – gut erkennbar durch den auffälligen **Torbogen** im chinesischen Stil und die typischen zweistöckigen **Ladenhäuser**, die Südostasiens Einkaufsviertel prägen. Die meisten Geschäfte sind Familienunternehmen, die massenweise Haushaltswaren oder Gelbgoldschmuck verkaufen. Es gibt auch traditionelle Apotheken, in denen es nach Baumrinde und getrockneten Kräutern duftet. In Chinatown stehen drei chinesische **Tempel** und Clanhäuser, und es wird eine Parade zum chinesischen Neujahr veranstaltet. In der Gegend leben auch einige Sikhs, die Stoffe vom Ballen verkaufen. Sie beten im nahen **Namdhari-Sikh-Tempel** (Karte S. 262; Th Ratchawong), der der Namdhari-Glaubensgemeinschaft der Sikhs zugeordnet ist.

Talat Warorot
MARKT

(ตลาดวโรรส; Karte S. 262; Ecke Th Chang Moi & Th Praisani; ☺6–17 Uhr) Folgt man der Th Chang Moi Richtung Fluss, läuft man direkt in das Gewusel aus Menschen und Marktständen rund um Chiang Mais ältesten und berühmtesten Marktplatz, den Talat Warorot. Im Dialekt der Nordthailänder heißt der Markt *gàht lŏo·ang* („Großer Markt"). Eigentlich besteht der Markt aus zwei mehrstöckigen Gebäuden, aber drum herum ist so viel los, dass man die eigentlichen Grenzen des Marktes nicht mehr wirklich ausmachen kann.

Außerhalb der Markthallen stehen Obst- und Gemüsehändler, die Hochlandware verkaufen, welche von den Menschen Zentralthailands oft als exotisch angesehen wird. Nebenan haben sich die in Bangkok bereits „ausgestorbenen" Vertreter der Zunft der *sǎhm·lór-* (auch: *sǎamláw-*) Fahrer eingerichtet, die schwer bepackte Kunden samt deren Einkäufen nach Hause fahren.

Wer sich durch das dichte Gewühl von Ständen gekämpft hat, kann im eigentlichen Marktgebäude eingelegtes Obst und Gemüse, vorgefertigte Currys und abgepackte *kâap mŏo* (Schweineschwarte) erwerben. Hier bekommt man auch besonders günstig Kleidung, Stoffe und Kochgeschirr sowie Kosmetik und Kunsthandwerk.

Wat Ketkaram
VIERTEL

(แม่ปิง/วัดเกตการาม; Karte S. 258; Th Charoenrat) Chiang Mais verehrter Fluss ist der **Mae Nam Ping** (s. Kasten oben). Eine Gemeinschaft aus chinesischen Händlern und westlichen Missionaren besiedelte das Ostufer direkt gegenüber des Talat Warorot. Heute heißt das Viertel Wat Ket nach dem Spitznamen des nahen Tempels Wat Ketkaram. Der Tempel wurde im 15. Jh. erbaut und beherbergt eine ungewöhnliche Sammlung von kleinen Schätzen, wie man sie auf alten Speichern findet.

Hätte die Th Charoenrat Fußwege, wäre die Gegend wegen ihres altertümlichen

KINDERN HELFEN

Wer etwas Zeit erübrigen, gut mit Kindern umgehen kann und einigen der Benachteiligten der Stadt helfen möchte, kann im **Baan Kingkaew Orphanage** (☏0 5327 5650; www.baan-kingkaew-orphanage.org; 75 Wualai Rd) ein Lächeln auf das Gesicht eines der Kinder zaubern. In dem vor über 40 Jahren gegründeten Zentrum leben heute um die 50 Kids unter zehn Jahren, und obwohl nur qualifizierte Pflegekräfte eingesetzt werden, freut sich die Einrichtung über jeden Freiwilligen. Wer helfen möchte, muss mindestens einen Monat bleiben. Man füllt einen Bewerbungsbogen aus (vor Ort erhältlich) und wird dann noch vom Direktor ausgefragt.

Zu den Pflichten der Helfer gehört die Beschäftigung der Kleinkinder zweimal täglich, morgens und um 15.30 Uhr. Freiwillige helfen auch bei der Wäsche. Das Waisenhaus liegt recht zentral, nahe an der Altstadt und der Saturday Walking Street.

Flairs und ihrer Anziehungskraft auf Touristen definitiv eine Konkurrenz für die Altstadt. Aber ein mörderischer Verkehr beansprucht den wenigen Platz zwischen den Gebäuden. Es ist also besser, das Viertel über die kleinen Sträßchen an der Th Charoenrat und hinter dem Tempel anzugehen.

SÜDLICH DER ALTSTADT

Der südliche Teil der Stadt setzt sich aus kuriosen, alten Vierteln und unpersönlichen modernen Gebäuden zusammen. Die Th Wualai ist bekannt für **Silbergeschäfte**, und die Luft ist erfüllt vom Dröhnen der Hämmer, mit denen Muster in Silberteller (oder immer öfter in Aluminium) geschlagen werden. Tipp: Die Th Wualai lässt sich am besten erkunden, wenn der Saturday-Walking-Street-Markt beginnt und der Verkehr zugunsten der Fußgänger umgeleitet wird.

Saturday Walking Street   MARKT
(ถนนเดินวันเสาร์; Karte S. 258; Th Wualai; ⏱Sa 16–24 Uhr) Die Saturday Walking Street hat einen besseren Ruf bei jenen, die authentisches Kunsthandwerk und wenig Kommerz suchen, als die Sunday Walking Street. Das mag seltsam klingen, da die meisten

Verkäufer beide Märkte gleich beschicken. Aber das atmosphärische, alte Viertel mit seinen Silbergeschäften und all den in Thaiseide gewandeten älteren Damen sorgt für etwas mehr Authentizität. Außerdem geht es hier etwas weniger hektisch zu, was einen Abendspaziergang viel angenehmer macht.

Wat Sisuphan   TEMPEL
(วัดศรีสุพรรณ; Karte S. 262; Soi 2, Th Wualai; Spende erbeten) Dieser *wát* wurde 1502 erbaut, aber von der Originalanlage ist nicht mehr viel übrig, abgesehen von einigen Teaksäulen und Dachbalken im *wí·hǎhn*. Die **Wandgemälde** im Inneren zeigen eine interessante Mischung aus taoistischen, Zen- und Theravada-Buddhismus-Elementen. Die *ubosot* (Kapelle) nebenan ist angeblich die einzige silberne Weihehalle in ganz Thailand (auch wenn eigentlich ein Mix aus Aluminium, reinem Silber und Silberverbindungen benutzt wurde) – und das Resultat der Renovierung ist beeindruckend. Im Tempel werden Gespräche mit den Mönchen und Anleitung zur Meditation (s. Kasten S. 273) angeboten. Wat Sisuphan ist einer der wenigen *wáts* in Chiang Mai, in denen man Ende März dem Poy Luang (auch Poy Sang Long) beiwohnen kann, einem Weihefest, bei dem Jungen nach Shan-Sitte zu buddhistischen Novizen ernannt werden.

WESTLICH DER ALTSTADT

Die Th Nimmanhaemin ist die schickste Flaniermeile der Stadt, eine geschäftige mehrspurige Straße, von der viele Wohnstraßen abzweigen. An Letzteren stehen Gartenhäuser aus den 1970ern, die in stylishe Gewerbegebäude umgewandelt wurden – die meisten davon beherbergen Vergnügungseinrichtungen für Nachtschwärmer.

LP TIPP   **Best Friend Burmese Library**   BIBLIOTHEK
(Karte S. 270; 302/2 Soi 13, Th Nimmanhaemin; ⏱Mo–Sa 11.30–20 Uhr) Dies ist eine gemeinnützige Bibliothek und eine Infoquelle bezüglich Myanmar (Birma), die auch Bücher, Videos und anderes zu Myanmar verkauft. Die Erlöse gehen an Wohlfahrtsorganisationen, die direkt mit myanmarischen Flüchtlingen und Straßenkindern arbeiten.

Wat U Mong   TEMPEL
(วัดอุโมงค์; außerhalb der Karte S. 258; Soi Wat U Mong, Th Khlong Chonprathan; Spende erbeten) Wer noch nie einen **Wald-wát** besucht hat, sollte sich unbedingt diesen hier vorneh-

Wen sieht man eigentlich lächeln, wenn man das „Land des Lächelns" bereist? Thailand ist nicht nur die Heimat vieler verschiedener indigener Gruppen, sondern auch die von ungefähr 3 Mio. Wanderarbeitern aus Nachbarstaaten wie Laos, Kambodscha und insbesondere Myanmar (Birma).

Flüchtlinge aus Myanmar kommen seit den 1980er-Jahren über die Grenze. Sie fliehen wegen des bewaffneten Konflikts zwischen verschiedenen Ethnien und wegen der Verfolgung von Pro-Demokratie-Aktivisten. Acht IDP-Camps (IDP bedeutet Internally Displaced Persons) auf der birmanischen Seite der Grenze bieten ein wenig Sicherheit für 20000 Menschen, und in neun Camps auf der thailändischen Seite finden 100000 Flüchtlinge, die meisten davon Karen, noch etwas mehr Schutz, auch wenn sie hier weniger Rechte haben. Man schätzt, dass in Myanmar immer immer noch 500000 IDPs leben.

Weil es kein Einwanderungsverfahren gibt, leben viele Birmanen in Thailand als nicht dokumentierte Wanderarbeiter und sind ein fester Bestandteil der thailändischen Wirtschaft und Gesellschaft. In den letzten 20 Jahren hat die thailändische Regierung den Einwanderern, die ohne gültige Dokumente ins Land kamen, jährlich die Registrierung für eine zeitlich befristete Arbeitserlaubnis ermöglicht. Gerade strengt die Regierung einen komplizierten Prozess an, in dem die Herkunftsländer verpflichtet werden sollen, die Nationalität der Migranten durch begrenzt gültige Pässe zu bestätigen.

Viele Belegschaften, die oft komplett aus Birmanen bestehen, arbeiten unter schlimmen Bedingungen. Arbeitgeber kümmern sich nicht um Mindestlöhne, weil sie wissen, dass die Arbeiter immense Schwierigkeiten bekämen, sollten sie Entschädigung fordern. Nicht gemeldete Wanderarbeiter leben außerdem in ständiger Angst vor Verhaftung, Internierung und Deportation durch die thailändischen Behörden.

Allein in der Provinz Chiang Mai sollen 150000 bis 200000 Wanderarbeiter leben. Die große Mehrheit sind Shan aus dem Shan-Staat, der an Nordthailand grenzt. Die Shan finden Arbeit in Chiang Mai, sie verdingen sich auf Baustellen für Wohnanlagen, Ferienapartments, Einkaufszentren und Gefängnisse. Wer die selbst gebastelten Hütten betrachtet, die an diesen Baustellen stehen, bekommt eine Ahnung von den Bedingungen, unter denen die Shan hier leben müssen. Wenn eine Baustelle keinerlei Sicherungen hat, fragwürdige Bambusgerüste aufgestellt sind und die Arbeiter barfuß rumlaufen, dann sind dort Wanderarbeiter für weniger als 3 US$ pro Tag beschäftigt. Auch viele Frauen arbeiten mit. In Thailand ist das durchaus üblich.

Frauen finden zudem Arbeit als Hausangestellte in Privathaushalten in Chiang Mai. Ihre Arbeits- und Lebensbedingungen hängen völlig von ihren Arbeitgebern ab. Aber nicht alle sind gewillt, sich ausbeuten und misshandeln zu lassen: Eine clevere junge Dame beobachtete, wie ihr Arbeitgeber, der ihr den Lohn für zwei Jahre schuldete, ständig mit einer Trophäe vor Besuchern angab. Da sie kein Thai lesen konnte, malte sie jedes Zeichen exakt ab und versteckte den Zettel. Eines Tages zeigte sie den Text NGO-Mitarbeitern. Es handelte sich um eine Auszeichnung, die der Clubpräsident erhalten hatte – mit seinem vollständigen Namen. Damit hatte die junge Frau bezüglich des noch ausstehenden Lohnes eine etwas bessere Verhandlungsposition.

Die Orangen- und Litschiplantagen in Fang, Chiang Mais nördlichem Bezirk, bedürfen ebenfalls Wanderarbeiter. Diese leben in kleinen Gemeinschaften in Bambushütten, pflegen die Bäume und pflücken und sortieren die Früchte. Sie arbeiten oft mit gefährlichen Pestiziden – meist ohne Unterweisung oder Schutzkleidung.

Die Wanderarbeiter müssten über ihre Rechte informiert und bei Problemen mit Gesundheit, Bildung und sozialen Bedürfnissen unterstützt werden. Verschiedene NGOs bieten zielgerichtete Unterstützung und/oder führen Anwaltstätigkeiten. Die **MAP Foundation** (www.mapfoundationcm.org) und **Migrants from Mekong Neighbourhood** (MMN; www.mekongmigration.org) sind NGOs mit Sitz in Chiang Mai. Wer Wanderarbeitern helfen möchte oder mehr über diese Themen erfahren will, kann diese Organisationen über ihre Websites kontaktieren.

Reiko Harima – Migrants from Mekong Neighbourhood
Jackie Pollock – MAP Foundation

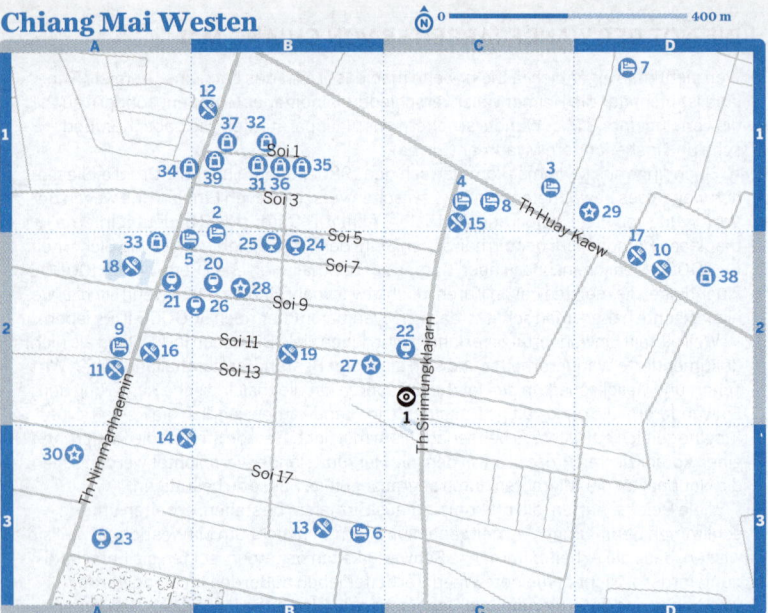

men. Der *wát* ist in abgeschieden waldiger Umgebung gelegen, was als wichtige Voraussetzung für die Meditation in der Wald-*wát*-Tradition angesehen wird. Er ist außerdem berühmt für seine **Tunnel**, erbaut unter der Terrasse des Haupt-*chedi*.

Der Tempel wurde erstmals unter der Herrschaft von Phaya Mengrai im 14. Jh. benutzt. Die Ziegelsteintunnel wurden angeblich von dem mit seherischen Fähigkeiten ausgestatteten Mönch Thera Jan angelegt. Das Kloster wurde später aufgegeben und erst wieder reaktiviert, als ein thailändischer Prinz die Restauration in den späten 1940er-Jahren finanziell unterstützte. Der inzwischen verstorbene Ajan Buddhadasa Bhikkhu, ein bekannter Mönch aus dem südthailändischen Wat Suanmok, entsandte in den 1960ern Mönche, um wieder eine klösterliche Gemeinschaft in Wat U Mong zu bilden.

Ein wunderbar gruseliges Bildnis des fastenden Buddha – mit Rippen, Venen und allem – lässt sich hier ganz oben auf dem Tunnelhügel bewundern, genauso wie ein sehr großer und hochverehrter *chedi*. Auf dem Gelände gibt es außerdem einen künstlichen See, der von *gù·dì* (klösterlichen Hütten) umgeben ist.

Wat U Mong ist über mehrere schmale Wege zugänglich, die von der Th Suthep nahe der Universität von Chiang Mai abgehen. Wenn man an der Uni angekommen ist, muss man auf Schilder achten, die in die richtige Richtung weisen. Ganz wichtig: Es gibt noch einen zweiten Tempel mit dem Namen Wat U Mong in Chiang Mai! Um sicherzugehen, dass man auch im richtigen *wát* landet, sollte man den *sŏrng·tăa·ou-* oder *túk-túk*-Fahrer bitten, einen zum Wat U Mong Thera Jan zu fahren.

Wat Suan Dok
TEMPEL

(วัดสวนดอก; Karte S. 258; Th Suthep; Spende erbeten) Errichtet im Jahr 1373 über einem ehemaligen Blumengarten, ist dieser Tempel architektonisch nicht so interessant wie die in der Altstadt – dafür findet man hier das perfekte Fotomotiv: die Gruppe geweißter *chedis* im Vordergrund, hinter der die blauen Gipfel des Doi Suthep und des Doi Pui aufragen.

Der Wat Suan Dok ist aber auch spirituell mit dem Tempel verbunden, der auf dem Doi Suthep steht: durch eine Glück verheißende Reliquie, die von Phra Sumana Thera nach Chiang Mai gebracht wurde, einem Mönch auf der Durchreise aus Sukhothai. Der Legende nach verdoppelte sich die Reliquie auf wundersame Weise von selbst; ein Teil wurde im großen zentralen *chedi* (jüngst mit Gold verkleidet) aufgestellt, während der zweite Teil als Anlass zur Gründung des Wat Doi Suthep diente. Dieser Haupt-*chedi* ist ein Bilderbuchbeispiel für die Architektur der Lan-Na-Periode, die gerade von Sukhothai beeinflusst zu werden begann. Die anderen *chedis* auf dem Gelände bergen die Asche von mehreren Mitgliedern der königlichen Familie der Lan Na.

Heute beherbergt der Wat Suan Dok eine große Gemeinde von Mönchen und Novizen, von denen viele an der Mahachulalongkorn Buddhist University des Klosters studieren. Fremde kommen hier gerne zu den beliebten Klostergesprächen (s. Kasten S. 273) und den Meditationsexerzitien in englischer Sprache her.

Universität von Chiang Mai UNIVERSITÄT
(มหาวิทยาลัยเชียงใหม่; CMU; Karte S. 258; Th Huay Kaew) Die wichtigste öffentliche Universität wurde 1964 eingerichtet. Der Hauptcampus ist ein 2,9 km² großes Gelände 2 km westlich der Innenstadt, das sich seinen Waldcharakter weitgehend erhalten hat. Architektonisch sind die Campusgebäude rußgeschwärzte Kästen, aber durch die grüne Umgebung entsteht eine fast schon idyllische thailändische Ausgabe von College-Ambiente. Der Campus erschließt sich dem Besucher am einfachsten per Fahrrad. Es gibt überall Radwege und Cafés für eine kurze Rast unterwegs.

Der Campus hat zwei Haupteingänge an der Th Suthep und der Th Huay Kaew. Bei Wegbeschreibungen benutzen Thais oft die Bezeichnungen *lăng mor* (hinter der Uni) für die Th Suthep und *nâh mor* (vor der Uni) für die Th Huay Kaew.

Chiang Mai University Art Museum
(Th Nimmanhaemin; Eintritt frei; ⊙Di–So 9–17 Uhr) Das Museum zeigt wechselnde Ausstellungen zeitgenössischer thailändischer und internationaler Kunst. Werke lokaler Künstler wie Tanakarn Songlin und Tiwawan Srisombat sind das Beste, was man hier zu sehen bekommt: Sie erwecken treffsicher und mit Freude Alltägliches zum Leben. Das ständige Gewechsel mag blöd sein (es gibt keine ständige Sammlung), aber die Arbeiten zeigen jede Menge Kreativität. Die Exponate auf dem Campusgelände stehen dauerhaft da – die krabbenartige Skulptur ist toll, gefertigt aus altem Holz und ros-

tigem Metall. Das Museum befindet sich nahe der Kreuzung von Th Suthep und Th Klorng Chonprathan.

Chiang Mai Zoo ZOO
(สวนสัตว์เเหล่งเพาะพันธุ์ไม้ป่าเขตร้อนเชียงใหม่; außerhalb der Karte S. 258; 📞 0 5322 1179; www.chiangmaizoo.com; 100 Th Huay Kaew; Erw./Kind 100/50 B; 🕐 8–17 Uhr) Am Fuß des Doi Suthep befindet sich der Zoo. Er liegt auf einem üppigen Parkgelände und beherbergt recht viele verschiedene Tiere. Zwei besondere Attraktionen (die Pandas und das Aquarium) kosten extra Eintritt. Das **Aquarium** (Erw./Kind 520/390 B) besitzt den wohl längsten Wasserbeckentunnel Asiens (113 m) und zeigt die thailändische Unterwasserwelt – die der nördlichen Flüsse, die der Mangrovensümpfe und die der Küstenzone des Ozeans. Ein Amazonasbecken gibt es ebenfalls.

Mit Ausnahme des kleinen Elefanten auf dem Gehweg, der die Besucher unterhalten sollte und mit einem Bein angekettet war, sowie einigen Tieren, die manisch in ihren Betonverschlägen im Kreis herumliefen, schienen die meisten Tiere hier gut behandelt zu werden.

Zum Zoo gehört ein Parkhaus, in dem Parken 10 B für Motorräder und 50 B für Autos oder Laster kostet.

Chiang Mai Night Safari ZOO
(เชียงใหม่ไนท์ซาฟารี; 📞 0 5399 9000; www.chiangmainightsafari.com; Rte 121/Th Klorng Chonprathan; 🕐 11–23 Uhr) Diese Attraktion ist zwar auch tagsüber zugänglich, aber so richtig ab geht's hier natürlich erst nachts beim **Predator Prowl** und der **Savannah Safari** (Erw./Kind 500/300 B), wenn offene Bimmelbähnchen die Besucher durch die Parklandschaft schaukeln. Die Bahn mit den englischsprachigen Erläuterungen fährt um 19.45 und 21.30 Uhr ab; die Tour dauert etwa zwei Stunden. Dieser Park unterscheidet sich vom Chiang Mai Zoo dadurch, dass einige Tiere – Gnus, Giraffen, weiße Nashörner und Zebras – frei herumlaufen dürfen und oft bis an die Wagen herankommen. Im Predator-Prowl-Abschnitt werden die Löwen, Tiger, asiatischen Schwarzbären und Krokodile aber durch tiefe Gräben in sicherer Entfernung gehalten.

Tagsüber können Interessierte den **Jaguar Trail** (Erw./Kind 100/50 B) rund um den Schwanensee in Angriff nehmen, einen 1,2 km langen Weg, entlang dem – abgesehen vom Namensgeber der Tour – über 50 verschiedene Tierspezies (vom Kaninchen bis zu Kranichen) die meiste Zeit über nicht eingesperrt sind.

Die Night-Safari-Anlage ist gut 12 km von Chiang Mais Zentrum entfernt; die Fahrt mit einem *sŏrng·tăa·ou* sollte nicht viel mehr als 100 B kosten. Man kann auch bei einem Tourunternehmen buchen, das dann den Hoteltransfer organisiert.

NÖRDLICH DER ALTSTADT

Die Sehenswürdigkeiten nördlich der Altstadt hinter dem Pratu Chang Pheuak (Tor des weißen Elefanten; erinnert an den Elefanten, der die geheiligte Reliquie zum Doi Suthep trug) sind keine ausgesprochenen Touristenmagneten, was einige Traveller wiederum sehr anziehend finden. Die Attraktionen liegen hier zu weit auseinander, um per pedes erkundet werden zu können; man sollte sich eine Transportmöglichkeit organisieren.

Wat Jet Yot TEMPEL
(วัดเจ็ดยอด; Karte S. 258; Th Superhighway) Wahre Tempelfans werden den Wat Jet Yot mögen. Er wurde erbaut, weil man in ihm das achte buddhistische Konzil im Jahr 1477 abhalten wollte – eine bedeutsame Angelegenheit für die Hauptstadt Lan Nas. Im hinteren Teil der Tempelanlage stehen die Ruinen des alten *wí·hăhn,* der eine Replik des Mahabodhi-Tempel in Bodhgaya, Indien, sein sollte, aber die Proportionen stimmen nicht. Einige Gelehrte vermuten, dass die Baupläne für den Tempel von einem kleinen Votivbrett abgeleitet wurden, das den Mahabodhi in einer verzerrten Perspektive zeigte.

Auch wenn viel von den dekorativen Stuckarbeiten verschwunden ist, kann man immer noch die *jèt yôrt* (sieben Turmspitzen) zählen, die die sieben Wochen repräsentieren, die Buddha angeblich nach seiner Erleuchtung in Bodhgaya verbracht haben soll. Vom originalen Stuckrelief sind noch ein paar intakte Bodhisattva- (buddhistische Heilige, normalerweise verbunden mit dem Mahayana-Buddhismus) Darstellungen auf den Außenmauern zu bestaunen.

Wat Chiang Yeun TEMPEL
(วัดเชียงยืน; Karte S. 258; Th Mani Nopharat) Ein weiterer einzigartiger Tempel hier ist der aus dem 16. Jh. stammende Wat Chiang Yeun gleich nordöstlich des Pratu Chang Pheuak. Neben dem großen *chedi* im Stil des Nordens sind die Hauptattraktionen ein altes **birmanisches Tor im Kolonialstil** und der **Pavillon** auf der Ostseite des zum *wát*

gehörenden Schulgeländes. Diese Gegend von Chiang Mai war traditionell von Shan besiedelt, und in den Läden ist das noch spürbar, denn in ihnen werden Shan und birmanischen Tempelbesuchern Produkte wie eingelegte Teeblätter (Thai: *mêe·ang*) und Nudeln nach Shan-Art verkauft.

Wat Ku Tao TEMPEL
(วัดกู่เต้า; Karte S. 258; Soi 6, Th Chang Pheuak) Nördlich des Stadtgrabens steht der Wat Ku Tao von 1613 mit seinem einzigartigen *chedi*, der aussieht wie ein Gebilde aus kleiner werdenden Kreisen. Dieses Tai-Lü-Design ist häufig in Yunnan, China, zu sehen. Angeblich enthält der *chedi* die Asche von Tharawadi Min, einem Sohn des birmanischen Königs Bayinnaung, der zwischen 1578 und 1607 Herrscher über Lan Na war.

Chiang Mai National Museum MUSEUM
(พิพิธภัณฑสถานแห่งชาติเชียงใหม่; Karte S. 258; ☏ 0 5322 1308; www.thailandmuseum.com; abseits der Th Superhighway; Eintritt 100 B; ☺Mi–So 9–16 Uhr) Das vom Kunstinstitut verwaltete und 1973 gegründete Chiang Mai National Museum betätigt sich als Hauptpfleger für Lan-Na-Artefakte und als Kurator für die Geschichte Nordthailands. Dieses Museum ergänzt das städtische Chiang Mai City Arts & Cultural Centre (S. 261) wunderbar, finden sich hier doch viel mehr Artefakte und Kunststücke. Außerdem beschäftigt sich die Ausstellung nicht nur mit Dingen, die innerhalb der Stadtgrenzen gefunden wurden bzw. sich ereigneten. Die am besten kuratierte Abteilung des Museums ist die Sektion zur Lan-Na-Kunst, in der eine Auswahl von Buddha-Bildnissen in allen möglichen Stilformen gezeigt wird und alle verschiedenen Perioden und Einflüsse erklärt werden. Abgesehen von dieser Ausstellung im oberen Stockwerk ist das Museum ein wenig glanzlos, obwohl sich ein Besuch schon lohnt, allein um die eigene Sicht auf die nordthailändische Geschichte auszurichten.

Tribal Museum MUSEUM
(พิพิธภัณฑ์ชาวเขา; ☏0 5321 0872; tribalmuseum chiangmai.com; abseits der Th Chang Pheuak) Das Museum steht an einem See in Suan Ratchamangkhala am Nordrand der Stadt. In dem achteckigen Bau sind Kunsthandwerk, Kostüme, Schmuck, Ornamente, Haushaltsutensilien, landwirtschaftliche Werkzeuge, Musikinstrumente und Zeremoniengegenstände ausgestellt. Zum Zeitpunkt unserer Recherche war das Museum wegen Renovierung geschlossen.

Stausee Huay Teung Thao STAUSEE
(อ่างเก็บน้ำห้วยตึงเฒ่า; Eintritt 20 B; ☺8 Uhr–Sonnenuntergang) Thais lieben es, am Wasser abzuhängen. Dieser schöne Stausee am nordwestlichen Ausläufer des Doi Suthep-Pui National Park ist schnell mehr geworden als nur ein Stück Infrastruktur. Die Ufer sind gesprenkelt mit schwimmenden Bambushütten (10 B/Pers.), in denen sich die Thais treffen, um frittierte Käfer zu essen (ein weitere Freizeitaktivität hier), sich eine Flasche Whisky zu teilen und die Kunst des wohligen Nichtstuns zu perfektionieren. Der See liegt 12 km nordwestlich der Stadt. Mit dem Auto oder Moped erreicht man Huay Teung Thao, indem man 10 km auf der Rte 107 nach Norden fährt

---

MIT MÖNCHEN PLAUDERN

Wer Fragen zum Buddhismus hat, ist in Chiang Mai genau richtig. Die Stadt ist ein toller Ort, um alles über die Lehren und Rituale der Religion zu erfahren, genauso wie über die thailändische Kultur und das Mönchsdasein. Einige Tempel in der Stadt bieten Gespräche mit Mönchen an, bei denen ein ansässiger Mönch oder Novize auf die Fragen von Fremden eingeht. Dieser einfache Austausch gibt ihm die Möglichkeit, sein Englisch zu verbessern, während er Fragen über seine alltäglichen Aufgaben oder zu buddhistischen Lehren beantwortet oder erklärt nur erklärt, wie seine Robe zusammenhält. Besucher sollten sich respektvoll verhalten und sich angemessen kleiden (Schultern und Knie bedeckt). Frauen sollten darauf achten, die Mönche oder ihre Habseligkeiten nicht zu berühren oder ihnen direkt etwas zu reichen.

Der **Wat Suan Dok** (Karte S. 258; www.monkchat.net; Th Suthep; ☺Mo, Mi & Fr 17–19 Uhr) hat einen speziellen Raum, in dem die Klosterschüler Fremden begegnen können. Der Raum befindet sich ca. 100 m vom Haupteingang entfernt.

Der **Wat Chedi Luang** (Karte S. 262; Th Phra Pokklao; ☺Mo–Fr 13–18 Uhr) und der **Wat Sisuphan** (Karte S. 258; 100 Th Wualai; ☺Di, Do & Sa 17.30–19 Uhr) bieten ebenfalls Gesprächsgelegenheiten.

(den Schildern Richtung Mae Rim folgen) und dann 2 km nach Westen, vorbei an einer Armeekaserne.

DOI SUTHEP-PUI

NATIONAL PARK อุทยานแห่งชาติดอยสุเทพ – ปุย Wie ein schützendende Hand scheinen der Doi Suthep (1676 m) und der Doi Pui (1685 m), Chiang Mais heilige Berge, über die Stadt zu wachen. Zusätzlich gewähren sie Zuflucht in ihren Wäldern und bieten frische Bergluft. Die Stadtgründer nutzten die Berge als eine Art heiligen Kompass, der eine Glück verheißende Position anzeigte. Der Suthep ist nach dem Einsiedler Sudeva benannt, der viele Jahre lang an den Berghängen lebte. Hier wurde Chiang Mais heiliger Tempel erbaut, der Wat Phra That Doi Suthep.

Zum Teil liegen die Berge in einem 265 km² großen **Nationalpark** (☎0 5321 0244; Erw./Kind bis 14 Jahre 100/50 B; Auto 30 B; ⏱8 Uhr–Sonnenuntergang), in dem man auf unberührte Natur, Dörfer der Bergvölker und Touristenattraktionen wie dem Wat Phra That Doi Suthep trifft. Trotz der Erschließung der Gegend eignet sich der Park noch immer ausgezeichnet als erholsames Rückzugsgebiet für gestresste Städter. Die meisten Besucher laufen die übliche Route entlang der Hauptstraße ab, besichtigen den Tempel, den Winterpalast und eines der touristischen Hmong-Dörfer – und verpassen dabei die grünen Wälder abseits der Hauptroute.

Die östliche Hangseite des Berges ist fast das ganze Jahr über grün bewachsen und es herrschen kühle Temperaturen. Die schwülwarmen Ebenen am Fuß des Berges gehen in höheren Lagen langsam in kühlere (manchmal sogar kalte), wolkenverhangene Gefilde über; dort sind die Bordsteine mit Moos überzogen, und über die Straße ziehen Nebelschwaden. In den unterschiedlichen Klimazonen sind über 300 Vogelarten und fast 2000 verschiedene Farne und Blütenpflanzen beheimatet. In der Regenzeit gesellen sich zu der Blumenpracht zahllose Schmetterlinge.

Es gibt Wander- und Mountainbikewege, außerdem kann man zelten, Vögel beobachten oder Wasserfälle besichtigen. Einer der imposantesten Wasserfälle ist der **Nam Tok Monthathon** (das Eintrittsgeld für den Park kann u.a. hier entrichtet werden); er liegt 2,5 km abseits der befestigten Straße zum Doi Suthep. Die Becken unter dem Wasserfall sind zwar ganzjährig mit Wasser gefüllt, doch während des oder nach dem alljährlichen Monsunregen eignen sie sich am besten zum Schwimmen. Um zum **Nam Tok Wang Bua Bahn** in der Nähe des Bergfußes zu kommen, muss man keinen Eintritt zahlen. Er ist zwar kein richtiger Wasserfall, sondern eher eine Ansammlung von Stromschnellen, doch die Scharen vergnügter Einheimischer haben dennoch ihren Spaß.

Es gibt kaum Transportmittel und die Wege sind eher dürftig ausgeschildert. Will man mit dem Mountainbike ins Gelände, gibt es spezielle einspurige Wege, die früher von den Bewohnern der Bergdörfer als Jagd- und Transportwege genutzt wurden. Sie sind nie stark befahren – Downhiller kommen auf ihre Kosten. Da die Wege nicht gut ausgeschildert sind, empfiehlt es sich aber, eine geführte Tour zu buchen; weitere Informationen gibt es unter „Aktivitäten" auf S. 276.

Den Eintritt für den Park zahlt man an verschiedenen Wasserfällen. Für die Besichtigung der Attraktionen entlang der Hauptstraße werden vor Ort Extragebühren kassiert.

Zu den **Übernachtungsmöglichkeiten** (www.dnp.go.th; Camping 60–90 B, Bungalow 400–2500 B) im Park zählen hübsche Bungalows, die sich etwa 1 km nördlich des Tempels bei der Parkverwaltung befinden, und der Campingplatz von Doi Pui in der Nähe des Gipfels.

Der Park beginnt etwa 16 km nordwestlich von Chiang Mai. Am besten erreicht man ihn mit einem der *sŏrng·tăa·ou* (Transportfahrzeuge), die am Haupteingang der Universität von Chiang Mai an der Th Huay Kaew abfahren. Eine einfache Fahrt ist ab 40 B zu haben, wobei sich der Preis nach dem genauen Fahrtziel und der Zahl der Passagiere richtet. Alternativ kann man für rund 500 B (hin & zurück) ein *sŏrng·tăa·ou* mieten; ein Mietmotorrad ist allerdings sehr viel günstiger (auf jeden Fall die Reiseversicherung checken!). Die *sŏrng·tăa·ous* fahren auch am Pratu Chang Pheuak und vor dem Chiang Mai Zoo ab. Der 13 km lange Anstieg zum Tempel ist mit dem Fahrrad ebenfalls zu bewältigen (wenn man fit genug ist); in den frühen Morgen- oder späten Abendstunden herrscht am wenigsten Verkehr.

LP TIPP **Wat Phra That Doi Suthep** TEMPEL (วัดพระธาตุดอยสุเทพ; Eintritt 30 B) Wie ein Leuchtfeuer, das beruhigende Lichtsignale zur Stadt tief unten schickt, sitzt der Wat Suthep majestätisch auf dem Gipfel des Doi Suthep. Er ist von Chiang Mai aus gut zu sehen und einer der heiligsten Tempel des Nordens. Thailändische Pilger strömen hierher, um der buddhistischen Reliquie zu huldigen, die in einem Schrein in pittoresken, goldenen *chedi* aufbewahrt wird. Außer genialen Ausblicken über die Stadt – wenn sie einmal nicht wegen Smog oder Wolken kaum sichtbar ist (März–Juni) – hat der Tempel auch eine interessante Sammlung von Lan-Na-Kunst und -Architektur zu bieten.

Der einst im Jahr 1383 unter König Keu Naone errichtete Tempel hat eine fantastisch-mystische Entstehungsgeschichte. Ein Gastmönch aus Sukhothai wies den Lan-Na-König an, den Zwilling einer wundersamen Reliquie (in einem Schrein im Wat Suan Dok) zum Berg zu bringen und einen Tempel zu gründen. Die Reliquie wurde auf dem Rücken eines weißen Elefanten befestigt, der frei umherlaufen durfte, bis er einen Platz „erwählt" hatte, auf dem der *wát* mit dem Schrein gebaut werden sollte. Der Elefant starb und starb an einem Ort auf dem Doi Suthep, 13 km westlich von Chiang Mai, wo der Tempel dann auch im Jahr der Ziege erbaut wurde.

Zu erreichen ist der Tempel durch einen anstrengenden Marsch eine Treppe mit 306 Stufen und einem *naga*-Geländer hinauf, womit Meditation und Herztraining eindrucksvoll in Beziehung gesetzt wären (weniger fitte Traveller nehmen für 20 B die Bahn). Zuerst erreicht man eine Terrasse voller wichtiger Statuen und Schreine, welche die Geschichte des Tempels dokumentieren. In der Nähe eines beschilderten Jackfruchtbaums steht ein Schrein für Sudeva, den Einsiedler, der auf dem Berg lebte, und nebenan ist die Statue des Elefanten zu sehen, der die Reliquie den Berg hinauftrug. Wer dem Weg im Uhrzeigersinn folgt, kommt zu einem Aussichtspunkt und einem kleinen Heiligtum, das dem König gewidmet ist, der den Tempel errichten ließ.

Eine zweite Treppe führt zum Hauptkloster und dem berühmten und oft fotografierten **goldenen Chedi** mit einem fünfstufigen Schirm, errichtet zur Feier der Unabhängigkeit der Stadt von Birma und ihrer Vereinigung mit Thailand. Es ist der *chedi* selbst (und die heilige Buddha-Reliquie im Inneren), der die Gläubigen anzieht, und nicht etwa das hiesige Buddha-Bildnis.

DER LANGE MARSCH

Zu Beginn eines jeden akademischen Jahres im Juli machen die Erstsemester der Universität von Chiang Mai ihre Wanderung zum Wat Suthep. Es ist eine lange Tradition, bei deren Aufrechterhaltung sich die gewundene Bergstraße mit knapp 10 000 aufgeregten Studenten und Lehrern füllt. Der Marsch wird durchgeführt, um die neuen Studenten dem Geist der Stadt, der in den Bergen wohnen soll, vorzustellen und um der ehrwürdigen Buddha-Reliquie im Wat Suthep zu huldigen. Er ist aber auch eine Gelegenheit für die Studenten, sich näher kennenzulernen und Freundschaften zu knüpfen, die manchmal ein Leben lang halten.

Innerhalb des Klostergeländes führt das **International Buddhism Center** eine Vielzahl von religiösen Bindungs- und Förderprogrammen für Besucher durch; mehr Informationen finden sich auf S. 279.

Phra Tamnak Bhu Bhing   TEMPEL
(พระตำหนักภูพิงค์; Bhu Bhing Palace; Eintritt 50 B; ☺8.30–11.30 & 13–15.30 Uhr) 4 km hinter dem Tempel steht der Phra Tamnak Phu Bhing, ein Winterpalast für die königliche Familie, umgeben von Gärten, die für die Öffentlichkeit zugänglich sind. Sollte die königliche Familie anwesend sein, was selten der Fall sein dürfte, ist die Anlage geschlossen. Die Gärten sind auf Kaltwetterpflanzen wie Rosen spezialisiert, die für Thais sehr exotisch wirken. Weit interessanter allerdings ist das **Wasserreservoir**, das durch Fontänen zum Leben erweckt wird. Diese „tanzen" zu Musik, die vom König komponiert wurde. Die **Gärten** *muss* man nicht unbedingt gesehen haben, aber wer Spaziergänge in die Natur am liebsten auf asphaltierten Wegen macht, ist hier sehr gut aufgehoben.

Hmong-Dörfer   KULTUR
หมู่บ้านชาวม้ง
Die Straße, die am Palast vorbeiführt, hat eine Abzweigung nach links, die am Gipfel des Doi Pui endet. Von da aus geht eine Straße ein paar Kilometer weit bis nach **Ban Doi Pui**. Das ist ein Dorf des Bergvolks der Hmong. Dörfliches Leben kann man hier allerdings kaum beobachten, da das Ganze im Grunde nur eine Touristenattraktion ist, ein Markt, auf dem Kunsthand-

werk und Souvenirs der Hmong verkauft werden. Es gibt noch ein winziges **Museum** (Eintritt 10 B), das ein paar Informationen über die Bergvölker und die Opiumherstellung bereithält.

Ein weit interessanteres Hmong-Dorf ist **Ban Kun Chang Kian** nördlich des Doi-Pui-Campingplatzes. Statt hinter dem Palast links abzubiegen, fährt man einfach nach rechts. Die Straße ist bis hinter dem Campingplatz befestigt und wird für die letzten 500 m zu einer holprigen Staubpiste. Wer sich und sein Fahrzeug dieser Strapaze nicht aussetzen will, parkt am besten im Besucherzentrum des Campingplatzes. Wenn man den Rest zu Fuß geht, kann man den Weg über den schönen Bergrücken genießen und sich an den pinkfarben blühenden Bäumen erfreuen (*pá·yah sěua krôhng* genannt). Es gibt ein einfaches, vom Dorf betriebenes Café, das von Kaffeesträuchern umgeben ist, die im Januar geerntet werden.

🏃 Aktivitäten

Die umliegenden Berge, Flüsse und Seitenwege sind wie geschaffen für adrenalinpushende Sportarten, die bereits die althergebrachten Trekkingtouren verdrängen.

Die Landschaft rund um Chiang Mai ist außergewöhnlich gut für Aktivitäten auf zwei Rädern geeignet. Die nächstgelegene Grünfläche ist der Doi Suthep (S. 274), der sich gerade einen Namen als Gelände fürs **Mountainbiken** macht. Für **Motorradfahrer** und Langstrecken-**Radler** ist die Mae-Sa-Samoeng-Schleife (S. 311) der beste und schönste Weg in die Berge.

Chiang Mai ist eines von Thailands berühmtesten Zielen für **Begegnungen mit Elefanten**. Früher waren die meisten Elefantenattraktionen mehr im Bereich Zirkus angesiedelte Nebenveranstaltungen. Doch mittlerweile versucht man, dem thailändischen Wappentier mehr Lebensqualität zu verschaffen, sodass das Ganze eher Richtung Naturschutzgebiete und Mahout-Trainingsschulen geht.

Sportkletterer fahren zum Crazy Horse Buttress, einer beeindruckenden Kulisse aus Kalksteinklippen gleich hinter der Tham Meuang On, nahe Sankamphaeng, 45 km östlich von Chiang Mai. Auch wenn das Panorama nicht so gewaltig ist wie die Meeresklippen von Krabi, lohnen sich die Aufstiege wegen der malerischen Panoramablicke.

Wildwasserraften ist hier ebenfalls möglich. Der Mae Taeng verläuft nördlich von Chiang Mai und bahnt sich seinen Weg durch den Doi Chiang Dao National Park und den Huai Nam Dang National Park. Der Fluss ist für gute neun Monate im Jahr (ungefähr Juli–März) wild und schäumend – eine erstaunlich lange Saison für ein Monsunklima. Die 10 km lange Raftingstrecke bietet einiges, von Schwierigkeitsgrad II bis IV ist alles dabei; sogar einige Grad-V-Stromschnellen sind zu finden. An einer besonders atemberaubenden Stelle hat der Fluss auf 1,5 km ein Gefälle von satten 60 m! Nach heftigem Regen, besonders im September, schwillt der Fluss an, sodass ein Fahrt gefährlich wird. Es ist schon zu tödlichen Unfällen gekommen. Man sollte sich also vor Fahrtantritt unbedingt nach den Sicherheitsvorkehrungen und Trainingsstandards des Tourbetreibers erkundigen (und die eigene Reiseversicherung überprüfen).

🍃 Flight of the Gibbon ZIP-LINE

(☎08 9970 5511; www.treetopasia.com; Mae Kampong; 3-stündige Tour 3000 B) Dieser Abenteuerveranstalter in Chiang Mai betreibt 1300 m über dem Meeresspiegel eine Zipline (Seilrutsche) durch die Baumkronen. Knapp 2 km Seil und 18 Plattformen sind entlang des Bergrückens gespannt bzw. aufgestellt; die Route ahmt jenen Weg nach, den ein Gibbon den Berg hinunter nehmen könnte. Man kann außerdem mountainbiken (5800 B), klettern (6300 B) und raften (6500 B). Zweitageswanderungen (7900 B) einschließlich einer Übernachtung bei einer Gastfamilie in Mae Kampong (s. S. 318), einem ziemlich hoch gelegenen Dorf eine Autostunde östlich von Chiang Mai, sind auch im Angebot.

🍃 Elephant Nature Park ELEFANTENPARK

(Karte S. 262; Buchungsbüro ☎0 5320 8246; www.elephantnaturepark.org; 1 Th Ratchamankha; 1-/2-tägige Tour 2500/5800 B) Khun Lek (Sangduen Chailert) hat mehrere Auszeichnungen für ihr Elefantenasyl im Mae-Taeng-Tal gewonnen, 60 km (1½ Std. Fahrt) von Chiang Mai entfernt. Das bewaldete Areal ist ein Gehege, in dem Elefanten, die aus schlechter Haltung stammen oder nach einem Leben voller schwerer Arbeit hier ihr Gnadenbrot erhalten, halbwild leben können. Besucher können beim Baden der Tiere helfen oder die Herde beobachten, aber es gibt keinerlei Klamauk oder Elefantenreiten. Freiwilligenarbeit ist bis

Tausende Traveller wandern jedes Jahr in den Hügeln Nordthailands und freuen sich auf fantastische Bergpanoramen, Begegnungen mit Bergvölkern und Elefantenreiten. Die meisten kommen in Erwartung eines Indiana-Jones-Abenteuers und fliegen enttäuscht wieder nach Hause: Denn der eigentliche Dschungeltrek dauert noch nicht einmal eine Stunde, die Bergbewohner sind desinteressiert, und die Mitwanderer entpuppen sich als stinklangweilig.

Die meisten Unternehmen, die von Chiang Mai aus arbeiten, bieten die gleiche Art von Tour. Dazu gehören eine einstündige Minibusfahrt nach Mae Taeng oder Mae Wang (je nach Dauer des Trips), eine kurze Wanderung zu einem Elefantencamp, ein einstündiger Ausritt zu einem Wasserfall und eine Übernachtung in einem oder nahe eines Bergvolkdorfes. Der Tag vergeht schnell, und man muss sich von morgens bis abends selbst beschäftigen – ohne die üblichen sozialen Schmiermittel.

Chiang Mai ist nicht der einzige Ausgangspunkt für Trecks zu den Bergvölkern, aber der am besten zugängliche. Die meisten Pensionen fungieren gegen Kommission auch als Buchungsstellen, wodurch wiederum die preiswerten Zimmer subventioniert werden. Tagestouren kosten um die 1000 B, für Mehrtagestouren (3 Tage, 2 Nächte) bezahlt man etwa 1500 B. Beide Preise beinhalten Transport, Führung und Mittagessen sowie bei Übernachttrips noch die Unterkunft (in der Hauptsaison etwas teurer). Veranstalter, deren Touren mehr kosten, bieten auch mehr Qualität – am besten durchfragen!

zu vier Wochen möglich (dazu gehören beispielsweise das Waschen und die Gesunderhaltung der Tiere) – auf der Website steht mehr.

Patara Elephant Farm ELEFANTEN FARM

(☏08 1992 2551; www.pataraelephantfarm.com; Tour 5800 B) Die teurere Alternative ist die Patara Farm: Die Besucher werden hier aktiver ins Geschehen eingebunden, und auch der Fokus ist etwas anders als beim Elephant Nature Park. Das Hauptaugenmerk liegt darauf, mittels Zuchtprogrammen etwas gegen die stetig sinkende Elefantenpopulation in Thailand zu unternehmen und dieses Ziel mit sanftem Tourismus zu verbinden. Die sechs hier lebenden Elefanten werden von den Besuchern jeweils für einen Tag „adoptiert". Die Gäste müssen ihren Schützling füttern und baden, lernen dabei Grundbefehle der Mahut und dürfen schließlich auf dem Elefanten zu einem Wasserfall reiten. Die Touren sind auf sechs Teilnehmer beschränkt, im Preis ist die Anreise ab dem Hotel enthalten. Die Farm liegt südlich von Chiang Mai in der Hang-Dong-Region, die Fahrt dauert etwa 30 Minuten.

Baan Chang Elephant Park ELEFANTENPARK

(☏0 5381 4174; www.baanchangelephantpark. com; Tagestour f. 1–2 Pers. 4200 B) Eine andere gute Alternative, denn hier konzentriert man sich darauf, Wissen über Elefanten

und deren Schutz zu vermitteln – wir haben bisher nur gutes Feedback zu Baan Chang erhalten. Die Touren beinhalten Tierpflege für einen Tag und etwas Unterricht über das Verhalten und den Alltag mit den Tieren (inkl. baden und füttern). Geritten wird ohne Sattel, und das Personal ist strikt dagegen, Elefanten Tricks beizubringen. Das Trainingsprogramm findet in Mae Taeng statt, etwa 50 Minuten nördlich von Chiang Mai.

Chiang Mai Rock Climbing Adventures KLETTERN

(Karte S. 262; ☏08 6911 1470; www.thailandclim bing.com; 55/3 Th Ratchaphakhinai; Kletterkurs 2000–6500 B) Das Unternehmen unterhält viele der Kletterrouten am Crazy Horse Buttress, und der Besitzer veröffentlicht einen Kletterführer für Nordthailand. Wer lieber unter der Erde herumklettert, kann hier auch Höhlenwanderungen buchen. Im Büro an der Th Ratchaphakhinai wird Ausrüstung verkauft und verliehen, und es gibt eine (Kletter-)Partnerbörse und eine Boulder-Wand zum Üben. Es werden Anfängerkurse und Extratrainingseinheiten für Mehrseillängentouren angeboten. Die Trips beinhalten Führer, Ausrüstung, Hoteltransfers und Mittagessen.

Peak KLETTERN

(☏0 5380 0567; www.thepeakadventure.com; Kletterkurs 1800–2500 B) Bietet Anfänger-

Zwar gibt es nur wenige wirklich ausgezeichnete Spas in Chiang Mai, doch übertrifft sich die Stadt in einer anderen Kategorie selbst: in Sachen guter alter Thai-Massage. Das Massagezentrum mag zwar nur aus ein paar Matratzen auf dem Fußboden bestehen, aber die Masseure biegen, strecken und kneten ihre Kunden weich, ganz ohne irgendwelchen New-Age-Firlefanz.

Viele Tempel in der Altstadt haben einen *săh·lah* (oft auch *sala* geschrieben) auf dem Gelände, in dem sie die uralte Tradition des Klosters als Ort des Wissens und der Heilung aufrecht erhalten.

Das **Chiang Mai Women's Prison Massage Centre** (Karte S. 262; 100 Th Ratwithi; Fuß-/traditionelle Massage 150–180 B; ☻8–16.30 Uhr) bietet fantastische Ganzkörper- und Fußmassagen, durchgeführt von den Insassinnen als Teil ihrer Rehabilitationsprogramme. Die Frauen, die im Massagezentrum arbeiten, werden innerhalb der nächsten sechs Monate entlassen. Das hier verdiente Geld steht den Frauen direkt nach ihrer Entlassung zur Verfügung. Andere Rehabilitationsmaßnahmen sind die Ausbildung zur Näh- oder Backlehrerin. Die Resultate dieser Ausbildungen kann man im gleichen Gebäude besichtigen.

Ban Hom Samunphrai (✆0 5381 7362; www.homprang.com; 93/2 Moo 12; Behandlung 500–1300 B) ist ein einzigartiges Stück alter Volkskunde, 9 km von Chiang Mai nahe dem McKean Institut. Maw Hom („Kräuterdoktor") ist eine lizensierte Kräuterheilerin und Massagetherapeutin. Sie betreibt ein traditionelles Kräuterdampfbad, wie es früher in jedem ländlichen Dorf üblich war. Traditionelle Thai-Massage ist ebenfalls im Angebot.

Der **Thai Massage Conservation Club** (Karte S. 262; 99 Th Ratchamankha; Massage 150–250 B) beschäftigt ausschließlich blinde Masseurinnen, da diese sich mehr auf ihren sensiblen Tastsinn verlassen.

Ein Besuch im **Dheva Spa** (✆0 5388 8888; www.mandarinoriental.com/chiangmai/spa/; Mandarin Oriental Dhara Dhevi, 51/4 Th Chiang Mai-San Kamphaeng; Behandlungen ab 3500 B), dem größten Spa in ganz Chiang Mai, ist die billigere Variante, auf das exklusive und großartige Gelände des luxuriösen Mandarin Oriental Dhara Dhevi Resort zu kommen, als eine Übernachtung zu buchen. Die *tok sen*-Massage ist eine alte Lan-Na-Technik, bei der hölzerne Hämmer benutzt werden, um auf die Druckpunkte zu klopfen. Heftig!

Das **Oasis Spa** (Karte S. 262; ✆0 5392 0111; www.chiangmaioasis.com; 4 Th Samlan; Behandlung 1900–6500 B) liegt in einem stillen Garten, den leicht erhöhte Gehwege durchziehen. An ihnen stehen Privathäuser, in denen man sich allein oder zu zweit behandeln lassen kann. Wer schon mal woanders in Thailand in einem Spa war, der wird sich im Oasis wie zu Hause fühlen, denn hier gibt's alle Annehmlichkeiten wie Kittel, Tücher, Massagen und ayurvedische Behandlungen.

---

und Fortgeschrittenenkurse am Crazy Horse Buttress an. Wer will, kann aber auch an einem der softeren Abenteuertrips wie Quadtouren, Wandern, Wildwasserraften oder einem Urwald-Survival-Kochkurs teilnehmen. Besser direkt beim Veranstalter buchen statt über ein Reisebüro!

Siam River Adventures RAFTING (Karte S. 262; ✆089 515 1917; www.siamrivers.com; 17 Th Ratwithi; Touren ab 1800 B) Hat den besten Ruf in Sachen Sicherheit. Die Führer haben alle ein Wildwasserrettungstraining absolviert, und an den gefährlichsten Stellen im Fluss sind zusätzliche Leute mit Rettungsleinen postiert. Die Trips können

mit Elefantentrekking und Dorfübernachtungen kombiniert werden. Kajaktrips sind auch im Angebot.

Chiang Mai Mountain Biking MOUNTAINBIKEN (Karte S. 262; ✆08 1024 7046; www.mountainbikingchiangmai.com; 1 Th Samlan; Touren ab 1450–2700 B) Bietet diverse geführte Mountainbiketouren (auch „Hike & Bike") rund um den Doi Suthep für jedes Level.

Click and Travel RADFAHREN (✆0 5328 1553; www.clickandtravelonline.com; Touren 950–1500 B; ♿) Der Veranstalter ist auf Halb- und Ganztagestouren durch Chiang Mai spezialisiert. Auf zum Kulturtrip auf zwei Rädern (perfekt für Familien)! Man besucht Tempel und andere Attraktionen außerhalb des Stadtzentrums. Der Hoteltransfer ist im Preis mit drin, gebucht wird am besten online oder telefonisch.

700-Year Anniversary Stadium
SCHWIMMEN

(☎0 5311 2301; 185 Th Klorng Chonprathan) Moderner Sportkomplex mit Schwimmbecken im Olympiaformat.

Anantasiri Tennis Courts
TENNIS

(☎0 5322 2210; hinter Th Superhighway; ⏰tgl. 6–20 Uhr) Die beste öffentliche Tennisanlage in Chiang Mai. Gleich hinter dem Superhighway in der Nähe des Chiang Mai National Museum.

Gymkhana Club
SPORTCLUB

(☎0 5324 1035; www.chiengmaigymkhana.com; Th Ratuthit) Frischluftsport und Country Club mit Squash- und Tennisplätzen, Golfplatz und Driving Range. Auch Nichtmitglieder dürfen gegen eine Tagesgebühr hier sporteln. Der Club liegt direkt hinter dem Chiang Mai-Lamphun Rd.

Centre of the Universe
SCHWIMMEN

(www.therealcentreoftheuniverse.com) Chiang Mais einziger Salzwasserswimmingpool; 6 km nördlich des Zentrums.

Namo Yoga
YOGA

(Karte S. 262; ☎0 5332 6648; www.namochiang mai.com; 109/1 Th Moon Muang; Kurse 200 B) Versteckt an einer ruhigen Straße nahe dem Tha Pae Gate bietet das Namo von Montag bis Freitag um 10.30 und 18 Uhr offene Yogakurse. Es gibt auch halbtägige Massage-Workshops.

🐘 Kurse
Buddhistische Meditation

Die folgenden Tempel bieten *vipassana*-Meditationskurse für Besucher an, die des Englischen mächtig sind. Die Teilnehmer sollten sich in schlichtes Weiß kleiden; Klamotten können im Normalfall im Tempel gekauft werden. Dem buddhistischen Konzept folgend sind die Kurse kostenlos, eine Spende wird jedoch gern angenommen. Auf den verschiedenen Websites finden Interessenten Informationen über Termine und die tägliche Routine.

International Buddhism Center
MEDITATION

(IBC; ☎0 5329 5012; www.fivethousandyears.org; Wat Phra That Doi Suthep) Ansässig auf dem Tempelgelände am Doi Suthep. Es werden Anfänger- und Fortgeschrittenenkurse angeboten, die drei bis 21 Tage dauern können.

Northern Insight Meditation Centre
MEDITATION

(☎0 5327 8620; www.watrampoeng.com; Wat Ram Poeng) In dem 4 km südlich von Chiang Mai gelegenen Zentrum werden 26-tägige oder noch längere Intensivkurse veranstaltet. Die Tage beginnen um 4 Uhr morgens, und die Mahlzeiten werden schweigend eingenommen. Der offizielle Name des Wat Ram Poeng ist Wat Tapotaram. Voraussetzungen, um an einem Kurs teilnehmen zu dürfen, sind u.a. eigene weiße Unterwäsche, ein Wecker, ein Reisepass und Passfotos sowie großes Verständnis für die strikten Regeln, die den Aufenthalt hier prägen. Auf der Website steht Näheres.

Wat Sisuphan
MEDITATION

(Karte S. 258; ☎0 5320 0332; 100 Th Wualai) Bietet eine zweistündige Einführung in die Meditation unter Berücksichtigung der vier Positionen Stehen, Gehen, Sitzen und Liegen.

Wat Suan Dok
MEDITATION

(Karte S. 258; ☎0 5380 8411 App. 114; www.monk chat.net; Th Suthep) Wer will, kann sich jede Woche in eine zweitägige Meditationsklausur begeben (jeweils Di & Mi). Am Ende eines jeden Monats wird die Klausur auf vier Tage verlängert (Di–Fr). Die Teilnehmer sollten sich im Voraus registrieren lassen und sich im Wat Suan Dok für den Weitertransport zum Meditationszentrum, 15 km nordöstlich von Chiang Mai, einfinden. Die Anmeldeformulare sind über die Website erhältlich.

Kochen

Kurse in thailändischer Cuisine sind ein weiteres Hauptprodukt der Lern-was-im-Urlaub-Industrie Chiang Mais. Dutzende von Schulen bieten Kochkurse an, im Schnitt für 1000 B pro Tag. Sie finden entweder in der Stadt, z.B. in einem schnuckeligen Haus, oder außerhalb im Garten- oder Bauernhofambiente statt. Die Kurse werden in der Regel vier- bis fünfmal pro Woche veranstaltet, und das Menü kann täglich wechseln. Die Teilnehmer lernen etwas über thailändische Küchenkräuter und Gewürze, besuchen einen lokalen Markt und bereiten ein vorher festgelegtes Essen zu. Natürlich wird das Fabrizierte auch gegessen, und man kriegt ein Rezeptheft mit nach Hause.

Asia Scenic Thai Cooking
KOCHEN

(Karte S. 262; ☎0 5341 8657; www.asiascenic. com; 31 Soi 5, Th Ratchadamnoen) Betrieben von Khun Gayray, die ausgezeichnet Englisch spricht und auch einige Zeit mit dem Rucksack auf Reisen war.

Baan Thai
KOCHEN

(Karte S. 262; ☑0 5335 7339; www.baanthaicookery.com; 11 Soi 5, Th Ratchadamnoen) Betreibt eine Küche in der Stadt. Man kann die Gerichte, die man kochen möchte, selbst wählen. Die meisten Kurse beinhalten einen Gang über einen örtlichen Markt – besonders nützlich zur Identifizierung lokaler Früchte und Gemüsesorten.

Chiang Mai Thai Cookery School
KOCHEN

(Karte S. 262; ☑0 5320 6388; www.thaicookeryschool.com; Buchungsschalter, 47/2 Th Moon Muang) Einer der besten Veranstalter am Platz hält seine Kurse in einer ländlichen Umgebung außerhalb Chiang Mais ab. Die Schule hat sogar eine „Meisterklasse", die ein nordthailändisches Menü zubereitet. Mit einem Teil der Einnahmen wird die Ausbildung benachteiligter Kinder unterstützt.

Gap's Thai Culinary Art School
KOCHEN

(Karte S. 262; ☑0 5327 8140; www.gaps-house.com; 3 Soi 4, Th Ratchadamnoen) Gehört zur Pension Gap's House (wo man auch bucht). Die Kurse werden auf dem Land im Haus des Besitzers abgehalten.

Thai Farm Cooking School
KOCHEN

(Karte S. 262; ☑08 7174 9285; www.thaifarmcooking.com; Buchungsschalter, 2/2 Soi 5, Th Ratchadamnoen) Unterricht auf einem Biohof, 17 km außerhalb von Chiang Mai.

Sprache

Als Universitätsstadt kümmert sich Chiang Mai ständig um Weiterbildungsprogramme in Thai.

American University Alumni
SPRACHE

(AUA; Karte S. 262; ☑0 5327 8407; www.learnthaiinchiangmai.com; 73 Th Ratchadamnoen; Gruppenkurs 4200 B) Veranstaltet sechswöchige Kurse, bei denen sich alles um Aussprache, Smalltalk sowie Lesen und Schreiben von einfachen Texten dreht. Die Kurse sind zweistündig, montags bis freitags. Einzelunterricht ist ebenfalls möglich.

Payap-Universität
SPRACHE

(außerhalb der Karte S. 258; http://ic.payap.ac.th; Kaew Nawarat Campus, Th Kaew Nawarat) Eine private Uni, die von der protestantischen Church of Christ of Thailand gestiftet wurde. Die Kurse in Thai werden durch das **Fremdsprachenzentrum** (☑0 5385

1478 Nebenstelle 475) durchgeführt, das alle Schwierigkeitsstufen berücksichtigt. Es gibt Kursmodule mit 60 bzw. 120 Stunden Länge (8000/20 200 B).

Thaiboxen

Lanna Muay Thai Boxing Camp
BOXEN

(Kiatbusaba; ☑0 5389 2102; www.lannamuaythai.com; 161 Soi Chang Khian, Th Huay Kaew; Gebühr pro Tag/Monat 400/8000 B) Bietet *moo·ay tai-* (Thaiboxen, auch *muay thai* geschrieben) Unterricht für Ausländer und Thais an. Einige Schüler haben schon Stadionwettkämpfe gewonnen, z. B. der berühmte Transvestit Parinya Kiatbusaba. Die Schule ist schwer zu finden; am besten fährt man mit dem Túk-Túk oder *sŏrng·tăa·ou*.

Thaimassage

Die folgenden Programme sind alle staatlich zertifiziert und vermitteln den Schülern das Nötigste, um Thaimassage professionell zu betreiben. Einige der Schulen sind als Weiterbildungsstätten internationaler Organisationen für „Körperarbeit" anerkannt.

Chetawan Thai Traditional Massage School
MASSAGE

(☑0 5341 0360; www.watpomassage.com; 7/1-2 Soi Samud Lanna, Th Pracha Uthit; Basiskurs traditionelle Massage 8500 B) Bangkoks Massageschule Wat Pho eröffnete ihre Chiang-Mai-Filiale außerhalb der Stadt in der Nähe der Universität Rajabhat.

Lek Chaiya
MASSAGE

(Karte S. 262; ☑0 5327 8325; www.nervetouch.com; 27-29 Th Ratchadamnoen; Kurs ab 5000 B, 90 Min. Massage 550 B) Khun Lek lernte *jàp sên* (wörtlich „Nervenberührung"), eine nordthailändische Massagetechnik ähnlich der Akupunktur, von ihrer Mutter und wurde zu einer anerkannten Fachfrau, bevor sie sich zur Ruhe setzte und das Geschäft an ihren Sohn übergab. Die Kurse dauern drei bis fünf Tage und schließen zu etwa 50 % die Inhalte eines klassischen Thaimassagekurses ein; die andere Hälfte ist der Nervenberührungstechnik und den Kräutertherapien gewidmet. Um *jàp sên* kennenzulernen, kann man einfach auf eine Massage vorbeikommen. Massiert ein Assistent, kostet das 550 B, für eine Chefbehandlung durch Leks Sohn Jack zahlt man 950 B.

Old Medicine Hospital
MASSAGE

(OMH; ☑0 5327 5085; www.thaimassageschool.ac.th; 78/1 Soi Siwaka Komarat, Th Wualai; 5-tägiger Kurs 6000 B) Der Lehrplan ist sehr tra-

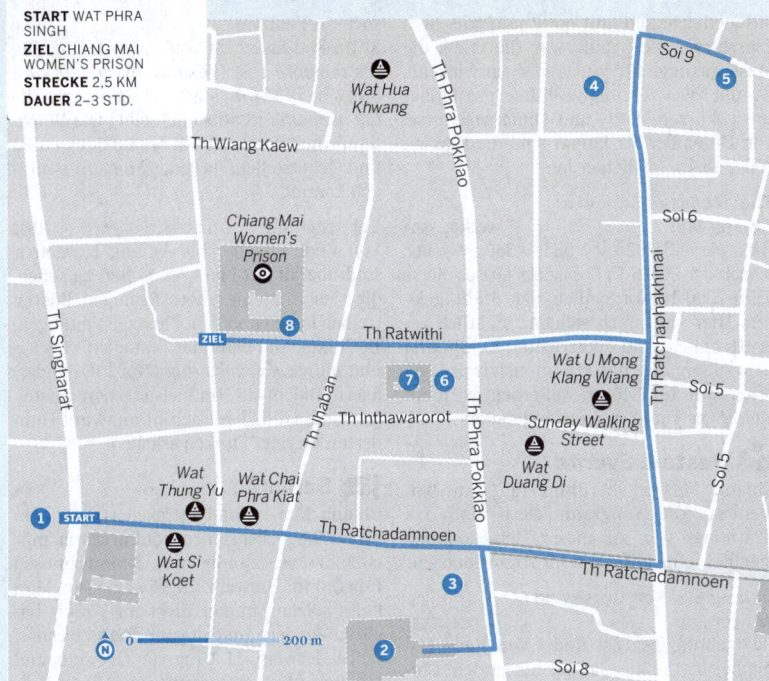

START WAT PHRA SINGH
ZIEL CHIANG MAI WOMEN'S PRISON
STRECKE 2,5 KM
DAUER 2–3 STD.

Stadtspaziergang
Altstadttempel

❯ Kein Chiang-Mai-Trip ist komplett, wenn man sich nicht einen Tag lang durch die wichtigsten Tempel gekämpft hat. Dieser Weg führt zu den berühmtesten Anlagen. Früh starten lohnt sich: Man entgeht der Hitze und sieht den Tempelalltag. Wichtig: angemessen kleiden (Schultern und Knie bedeckt), beim Betreten eines Gebäudes Schuhe ausziehen und sich in der „Meerjungfrauenposition" hinsetzen!

Los geht's mit dem Highlight: ① **Wat Phra Singh** beherbergt das meistgeehrte Buddha-Bildnis der Stadt (Phra Singh) und ist ein tolles Beispiel für Lan-Na-Architektur. Danach die Th Ratchadamnoen entlang schlendern und rechts auf die Th Phra Pokklao abbiegen zum ② **Wat Chedi Luang**. Wer sich fragt, worum es im Buddhismus eigentlich geht, kann sich an der Nordseite des *chedi* mit den Mönchen darüber unterhalten. Anschließend spaziert man zurück zum schönen ③ **Wat Phan Tao**, einem Teaktempel, der eher fotogen als ehrwürdig ist. Wenn es nicht zu heiß ist, kann man noch einen Tempel mitnehmen – von der Th Ratchadamnoen rechts und dann links auf die

Th Ratchaphakhinai abbiegen zum ④ **Wat Chiang Man**, dem ältesten *wát* hier.

Bei so viel Erhabenheit kriegt man Hunger, aber der Weg zu den Reisimbissen ist weit. *Die* Gelegenheit, die Getreideerzeugnisse zu probieren! Läuft man auf der Th Ratchaphakhinai nach Norden und biegt dann rechts auf die Soi 9 ab, kommt man zum ⑤ **Blue Diamond**, einem Laden für alle, die des Reises überdrüssig sind. Gestärkt? Dann geht's auf der Th Ratchaphakhinai nach Süden und rechts in die Th Ratwithi, wo man das ⑥ **Anusawari Sam Kasat** (Monument der drei Könige) betrachten kann, bevor man zum informativen klimatisierten ⑦ **Chiang Mai City Arts & Cultural Centre** weiterzieht.

Auch wenn die Füße schmerzen, sollte man sich die Th Ratwithi entlang zum Chiang Mai Women's Prison schleppen, wo sich das ⑧ **Chiang Mai Women's Prison Massage Centre** befindet. Bloß nicht direkt ins Gefängnis laufen (außer man hat etwas zu beichten…), sondern zu dem Gebäude auf der Südseite der Straße, das mit der Aufschrift „Prison Shop" beschildert ist.

ditionell gehalten (mit nordthailändischem Einschlag). Die Schule war die erste, die Massagekurse für Ausländer entwickelte. Es gibt zwei zehntägige Kurse pro Monat sowie kürzere Fuß- und Ölmassagekurse. Von Dezember bis Januar sind die Klassen voller als im restlichen Jahr.

Thai Massage School of Chiang Mai
MASSAGE, YOGA

(TMC; Karte S. 262; ☏0 5385 4330; www.tmc school.com; 203/6 Th Chiang Mai-Mae Jo; Kurse 6500–7500 B) Nordöstlich der Stadt gelegen. Hier wird nach solidem, staatlich geprüftem Lehrplan unterrichtet. Es gibt drei Grundlehrgänge und ein Intensivtrainingsprogramm für Lehrer. Außerdem wird ein eintägiger Thai-Yogakurs angeboten.

🎇 Feste & Events

Chiang Mai ist berühmt für sein Blumenfest, die Songkran-Feiern und Loi Krathong; wer zu dieser Zeit kommen möchte, sollte alles weit im Voraus buchen.

Chiang Mai Red Cross and Winter Fair
VOLKSFEST

Das zehntägige Fest findet von Ende Dezember bis Anfang Januar hinter dem Chiang Mai City Arts & Cultural Centre statt und verströmt Kirmesatmosphäre. Geboten werden Imbissbuden mit nordthailändischer Küche und Kulturveranstaltungen.

Blumenfest
BLUMEN

Die landwirtschaftliche Leistungsschau (genannt *têt·sà·gahn mái dòrk mái prà·dàp*) findet an drei Tagen Anfang Februar statt und umfasst Blumenausstellungen, kulturelle Veranstaltungen und Schönheitswettbewerbe. Das Highlight des Fests ist die Parade; sie beginnt am Saphan Nawarat, führt über die Th Tha Phae und dann den ganzen Weg bis nach Suan Buak Hat.

Chinesisches Neujahr
NEUJAHR

Chiang Mais Chinatown begrüßt das neue Jahr im Februar mit viel chinesischem Essen und Veranstaltungen.

Songkran
NEUJAHR

Das traditionelle thailändische Neujahr wird in Chiang Mai Mitte April mit viel Enthusiasmus an der Grenze zum Chaos gefeiert. Tausende Feierwütige treffen sich am Wassergraben und bespritzen jeden Passanten (und einander) mit Wasser. Es ist effektiv unmöglich, während dieser fünftägigen Feier trocken zu bleiben.

Intakin-Festival
RELIGION

Mitte Mai findet im Wat Chedi Luang dieses religiöse Fest (bekannt als *ngahn tam bun sǒw in·tá·gin*) statt, bei dem es um die *làk meu·ang* (Stadtsäule) geht. Die Wächtergottheit der Stadt soll besänftigt werden und sicherstellen, dass der Monsun pünktlich kommt.

Loi Krathong
FLUSS

Von Ende Oktober bis Anfang November sind überall am Fluss Menschen zu sehen, die sich in kleinen, lotusförmigen Booten treiben lassen und dem Flussgeist huldigen. In Chiang Mai heißt das Fest auch Yi Peng, und einige *kon meu·ang* (Nordthailänder) feiern, indem sie Himmelslaternen aufsteigen lassen, die den Nachthimmel mit Hunderten feuriger Funken erhellen.

🛏 Schlafen

Chiang Mai ist budgettravellerfreundlich: Eine Menge Pensionen konkurrieren miteinander, was zu niedrigen Zimmerpreisen führt. Ein Hinweis für Sparfüchse: Man kann solche Zimmer nicht im Voraus buchen, sondern muss zum Bettenwechsel (normalerweise 11 Uhr) vor Ort sein und schauen, ob etwas verfügbar ist.

In der Mittel- und Spitzenklassekategorie finden sich viele Konzept- und Boutiquehotels. Es kommen viele Austauschstudenten für längere Aufenthalte nach Chiang Mai, daher bieten viele Häuser Wochen- und Monatsrabatte mit zusätzlichen Gebühren für Strom und Wasser an.

Viele preiswerte und mittelteure Hotels vermieten Fahr- und Motorräder und gewähren Gästen kostenloses WLAN. Einige bieten einen kostenlosen Abholservice vom Bahnhof oder Busbahnhof an, um keinem Fahrer Provision zahlen zu müssen.

Das obere Ende der Preisskala dominieren Businesshotelketten. Die interessanteren Häuser sind die traulichen Boutiquehotels, die meist Lan-Na-Elemente mit modernen Annehmlichkeiten verbinden. Einsam an der Spitze stehen die Resorts, die gerne ganze Dörfer nachahmen, komplett mit Reisfeldern und historischer Architektur.

ALTSTADT

Die meisten Pensionen liegen in den Wohnvierteln hinter der Th Moon Muang, besonders in den Sois 7 und 9. Ein Paar findet man in der südöstlichen Ecke jenseits der Th Ratchamankha und in den Sois mit kleiner Nummer hinter der Th Moon Muang.

LP TIPP **Mini Cost** HOTEL **$**
(Karte S. 262; ✆0 5341 8787; www.mini
costcm.com; 19/4 Soi 1, Th Ratchadamnoen; Zi.
750–1050 B; ❄@) Wir waren beeindruckt:
Apartmentartige, moderne Zimmer mit
Sesseln, sanften Farben und einem Hauch
Thai-Deko sind in dieser Preisklasse sehr
ungewöhnlich für Chiang Mai. Und die
Lage ist auch noch super ruhig; alles in der
Gegend um das Pratu Tha Phae ist leicht
zu erreichen. Ein echtes Schnäppchen: eines der wenigen echten Mittelklassehotels
der Stadt mit Zimmerpreisen (meist) unter
1000 B!

Villa Duang Champa HOTEL **$$**
(Karte S. 262; ✆0 5332 7199; www.duangcham-
pa.com; 82 Th Ratchadamnoen; Zi. 2500 B, Gäs-
tehaus-Zi. 700 B; ❄@) Das Duang Champa
ist ein ausgezeichnetes, kleines Hotel mit
einfachen, hübsch eingerichteten Zimmern
und geschmackvoller, moderner Ausstat-
tung. Gäste sind in einem Haus im Koloni-
alstil untergebracht, das gekennzeichnet ist
durch seine Schlichtheit, Luftigkeit und sei-
ne Fensterläden. Die meisten Zimmer be-
sitzen eine separate Sitzecke, Zimmer Nr. 1
hat sogar eine eigene Loggia mit Lounge-
möbeln – echt schön! Man sollte im Hotel
bleiben, denn die dunklen, beengten Pensi-
onszimmer sind ihren Preis nicht wert.

Gap's House PENSION **$**
(Karte S. 262; ✆0 5327 8140; www.gaps-house.
com; 3 Soi 4, Th Ratchadamnoen; Zi. 500–750 B;
❄@☎) Üppiges Grün windet sich hier um
Lan-Na-Architektur. Holzzimmer im Thai-
stil stehen in einem dichten, urwaldartigen
Garten, und die natürliche Klimaanlage
arbeitet tadellos – hier ist es definitiv küh-
ler als auf der Straße. Einige Zimmer sind
mit Fast-Antiquitäten ausgestattet, riechen
aber ein wenig muffig und haben dünne
Wände. Die billigeren, schlichten Beton-
zimmer sind noch einfacher. Auf keinen
Fall das Mückenschutzmittel vergessen!
Das Gap's ist auch für seine Kochkurse
(S. 280) und das nächtliche vegetarische
Buffet bekannt.

Vieng Mantra HOTEL **$$$**
(Karte S. 262; ✆0 5332 6640; www.viengmantra.
com; 9 Soi 1, Th Ratchadamnoen; Zi. 2000–
4500 B; ❄@☎) Eine Oase in einem luxuriösen Garten an der wuseligen Soi 1.
Gerade, klare Linien und eine Kombination
aus Beton und Holz dominieren das Haus
im Lan-Na-Stil. Die Zimmer liegen um den
Pool im Innenhof herum und besitzen Bal-

kone mit richtig bequemen Polstermöbeln.
Die traumhaften Außenanlagen komplett
mit Bar und Pool will man nie wieder verlassen. Spontanbucher kriegen das Zimmer
schon mal billiger, wenn nichts los ist.

Safe House Court PENSION **$**
(Karte S. 258; ✆0 5341 8955; www.safehouse-
court.com; 178 Th Ratchaphakhinai; Zi. 350–550 B;
❄@☎) Irgendetwas hat dieser Laden, das
ihn aus der Masse der Billigpensionen her-
aushebt. Vielleicht die grüne Lage an einer
Hauptstraße, das ausgezeichnete Essen im
dazugehörenden Restaurant nebenan, das
Art-déco-Feeling oder der freundliche Service? Auf jeden Fall sind die Zimmer hell
und luftig, und die oberen haben kleine
Balkone dicht an den Dächern der umgebenden Tempel. Internet, Kabel-TV und
stets ein Lächeln gehören hier zum Service.

3 Sis HOTEL **$$**
(Karte S. 262; ✆0 5327 3243; www.the3sis.com; 1
Soi 8, Th Phra Pokklao; DZ 1300–1800 B; ❄@☎)
Die geräumigen Zimmer mit doppelt ver-
glasten Fenstern und Blick auf die Straße
(im Vorderbau) sind wahrscheinlich der
beste Deal hier. Doch wer in der „Vacation
Lodge" wohnt, geht auf Holzboden, schläft
zwischen sauberen, weißen Wänden und
genießt die Vorzüge von Kühlschrank und
Kabel-TV. Die Zimmer mit eigenem Bad
sind in Ordnung, man sollte sich aber vom
ordnungsgemäßen Zustand der Dusche
überzeugen. Holz, Wasser und Sitzsäcke be-
grüßen die Besucher im offenen Foyer, das
einen entspannten Vibe hat.

Tamarind Village HOTEL **$$$**
(Karte S. 262; ✆0 5341 8896-9; www.tamarind
village.com; 50/1 Th Ratchadamnoen; Zi. 6000–
18000 B; ❄@☎☒) Das Tamarind dürfte
eines der ersten „Lan-Na-Revival-Hotels"
gewesen sein. Man hat hier die ruhigen
Räume eines Tempels nachempfunden,
indem man auf dem Gelände einer alten
Tamarindenplantage Gebäude mit Galerien
und Hofgärten anlegte. Obwohl es die Größe eines Resorts besitzt, geht es hier recht
traulich zu – perfekt für Traveller, die sich
mal was gönnen möchten! Der mit Bambus
eingefasste Gehweg und die geweißten Gar-
tenmauern halten die lärmige Außenwelt
draußen. Hier finden auch regelmäßig Ausstellungen statt, jüngst eine zum Thema
thailändischer Schmuck.

Nice Apartments PENSION **$**
(Karte S. 262; ✆0 5321 8290; 15 Soi 1, Th Ratchadamnoen; Zi. 320 B; ❄) Dieses altbewährte

Haus ist dank seiner preiswerten, sauberen Zimmer – alle mit Kühlschrank, Klimaanlage und Ventilator – eine gute Wahl in Spitzenaltstadtlage. Der freundliche Service ist ein Pluspunkt. Wer hier unterkommen möchte, muss nach 11 Uhr (Check-out) vorbeikommen und schauen, ob und was frei ist. Auf der Terrasse gibt es kostenlos Tee, Kaffee und Obst.

Wanasit Guesthouse PENSION $

(✆0 5381 4042; 6 Soi 8, Th Ratchamankha; EZ mit Ventilator/Klimaanlage 250/350 B, DZ 300/400 B) In dieser an einer ruhigen Soi gelegenen Pension mag man es eben auch ruhig – wer Party will, muss woanders übernachten. Geboten werden eine Dachterrasse und saubere Zimmer mit guter, wenn auch ein wenig vom Alter gezeichneten Ausstattung. Die Zimmer besitzen sogar eigene Balkone. Der freundliche, sanfte Besitzer hat jede Menge praktische Infos über Chiang Mai parat.

Sa Thu Boutique House HOTEL $$

(Karte S. 262; ✆0 5390 3737; www.sathuboutique.com; 31 Soi Prapokklao, Th Ratchaphakhinai; Superior-/Deluxe-Zi. 1200/1800 B; ☁) Versteckt hinter der geschäftigen Ratchaphakhinai Rd hat dieses Schmuckstück gerade neu eröffnet und neben wunderbarem Design auch eifriges Personal zu bieten. Die Deluxe-Zimmer sind durch die kleinen Terrassen hinter französischen Türen deutlich schöner. Die Möbel sind harmonisch aufs minimalistische Design abgestimmt; die Ausstattung ist abgefahren und lustig. Einziger Wermutstropfen sind die winzigen Bäder. Die Preise, die man vor Ort bekommt, sind oft besser als die auf der Website veröffentlichten.

Julie Guesthouse PENSION $

(Karte S. 262; ✆0 5327 4355; www.julieguesthouse.com; 7 Soi 5, Th Phra Pokklao; B 80 B, Zi. 100–350 B; ☎) Teils Hostel, teils Pension. Das Julie zielt vor allem auf junge Backpacker ab. Das Gartencafé ist immer voller enthusiastischer Thailand-Neulinge, die aufgeregt Tipps und Storys austauschen. Abends lehnt man sich in den Hängematten der überdachten Terrasse zurück. Die Zimmer haben weder Klimaanlagen, noch Kühlschränke oder TV.

Lamchang House PENSION $

(Karte S. 262; ✆0 5321 0586; 24 Soi 7, Th Moon Muang; Zi. 200 B) Eine der günstigsten Unterkünfte Chiang Mais bietet einfache Zimmer mit Ventilator, ein bisschen Thai-Deko und

ein Gemeinschaftsbad. Die Zimmer unten sind zwar etwas dunkel, dafür gibt es einen netten Vorgarten. Angeschlossen ist ein Restaurant.

Smile House 1 PENSION $

(Karte S. 262; ✆0 5320 8661; www.smileguesthouse.com; 5 Soi 2, Th Ratchamankha; Zi. 300–1000 B; ❄☁) Um dieses alte, typisch thailändische Haus herum ist mittlerweile ein kleines Backpacker-Dorf entstanden. Es liegt in einem Winkel der Altstadt an einer ruhigen, kleinen Soi. Wir haben von Travellern über das Smile House nur Gutes gehört – es ist beliebt bei jungen Backpackern, besonders zum Abhängen am Pool mit gut gekühlten Getränken. Die Atmosphäre ist freundlich, und der Besitzer bestätigt, dass dies hier einmal ein Rückzugsort von Khun Sa gewesen ist, dem berüchtigten shan-chinesischen Drogenbaron.

Rachamankha HOTEL $$$

(✆0 5390 4111; www.rachamankha.com; 6 Th Ratchamankha; Zi. ab 6000 B; ❄@☎☁) Das Rachamankha, die Zugabe des Architekten Ong-ard Satrabhandu, der das Tamarind Village entworfen hat, ist einem alten Kloster in Lampang nachempfunden. Obwohl der Ruf des Hauses gut ist, sind die Zimmer nicht gerade opulent, und die Superior-Zimmer sind sogar recht klein. Die Deluxe-Zimmer wurden dafür etwas großzügiger angelegt und besitzen Himmelbetten sowie Bäder, die den Wohnraum locker verdoppeln. Das Beste hier ist aber zweifelsohne die Bibliothek, ein lichtdurchfluteter Raum, der vom Geruch polierten Holzes und muffigen Papiers durchdrungen ist. Die Lage neben dem Pratu Suan Dokr ist spitze.

Siri Guesthouse PENSION $

(Karte S. 262; ✆0 5332 6550; 31/3 Soi 5, Th Moon Muang; Zi. mit Ventilator/Klimaanlage 350/450 B; ❄) Am besten nimmt man eines der oberen Zimmer, da diese mehr Licht und Platz bieten. Die billigeren Varianten im Erdgeschoss sind zwar ebenfalls gut, aber eher schuhkartongroß. Gute, ruhige Altstadtlage. Ein Café gibt's auch.

Thapae Gate Lodge PENSION $

(Karte S. 262; ✆0 5320 7134; www.thapaegatelodge.com; 38/7 Soi 2, Th Moon Muang; Zi. 350–500 B; ❄@) Gegenüber vom All in 1 liegt diese deutsch-thailändische Pension. Die Zimmer sind kompakt, aber gut eingerichtet, und einige (sogar die preiswerteren) haben einen kleinen Balkon. Wer mehr ausgibt, genießt Klimaanlage, TV und zusätzlichen Platz. Die Betten können schon mal ein wenig sehr weich sein.

Awanahouse
PENSION $

(Karte S. 262; ☑0 5341 9005; www.awanahouse. com; 7 Soi 1, Th Ratchadamnoen; Zi. 225–850 B; ❄@❄) Was in einer ruhigen Soi als kleine Pension anfing, ist zu einem mehrstöckigen Apartmentgebäude angewachsen. Das Awana wirkt ein wenig institutionell, verfügt aber über große, helle Zimmer, einige mit Balkon, TV und Kühlschrank. Die billigsten Zimmer haben Ventilator und Gemeinschaftsbad. Je mehr man ausgibt, desto mehr bekommt man: Das betrifft Zimmergröße, Ausblick und Extras wie Klimaanlagen. Das Beste hier ist die Dachterrasse zum Chillen mit Blick auf die nahen Berge.

Rendezvous Guest House
PENSION $

(Karte S. 262; ☑0 5321 3763; 3/1 Soi 5, Th Ratchadamnoen; Zi. 500–900 B; ❄) Die sauberen Zimmer sind unterschiedlich, aber alle modern möbliert. Nur die Bäder könnten mal renoviert werden. Sämtliche Zimmer sind mit TV, Minisafe und Kühlschrank ausgestattet. Die Zugehörigkeit zum Backpacker-Universum wird durch Infos über Taxikosten, Minibusservice (z.B. nach Pai) oder Details zu Visafragen und natürlich vielen anderen Angeboten demonstriert. Einige Zimmer haben kleine Balkone, einfach mal nachfragen!

RCN Court
PENSION $

(Karte S. 262; ☑0 5341 8280-2; www.rcnguest house.com; 35 Soi 7, Th Moon Muang; Zi. mit Ventilator/Klimaanlage 350/550 B; ❄@❄) Diese schlichte Pension ist weithin bekannt für bezahlbare Monatsmieten (ab 6300 B) und die friedliche, zentrale Lage gegenüber einem *wát* und vielen Bäumen. Die Zimmer sind nichts Besonderes, verfügen aber über Kabel-TV und Kühlschrank. Es gibt eine Außenküche für Gäste, eine kleine Veranda und einen Fitnessraum.

Montri Hotel
HOTEL $$

(Karte S. 262; ☑0 5321 1069/70; 2-6 Th Ratchadamnoen; Zi. 2100 B; ❄) Wer Bequemlichkeit sucht, ist hier genau richtig. Die Zimmer sind modern und angenehm groß, in gedeckten Farben gehalten und mit Schranksafe, Minibar und glänzenden Bädern gut ausgestattet. Das hiesige Brix Bar-and-Restaurant ist null authentisch und absolut für Touristen gebaut – aber es gibt immerhin auch nicht vor, etwas anderes zu sein. Die Gerichte wie die Preise sind absolut westlich. Der angrenzende Außenbereich ist ideal für ein Bier nach Vier und zum Leutegucken an dieser belebten Ecke (auch wenn die Lunge das eine oder andere Wölkchen vom gnadenlos vorbeirauschenden Verkehr abbekommt). Es gibt 20 % Rabatt auf den Zimmerpreis wenn man mit Kreditkarte zahlt!

Top North Hotel
HOTEL $$

(Karte S. 262; ☑0 5327 9623; www.topnorthgroup.com; 41 Th Moon Muang; Standard-/Superior-/Deluxe-Zi. 850/1200/1500 B; ❄❄) Das Haus wirkt wie ein Resort und scheint über viel zu viel Platz zu verfügen für diese Altstadtlage. Die Standard- und die Superiorzimmer sind im Altbau untergebracht qualitativ unterschiedlich (insbesondere die Bäder sollte man genauer inspizieren). Die Deluxe-Zimmer im neuen Flügel sind die weitaus bessere Wahl. Der Kracher hier ist allerdings der Salzwasserpool mit Bar.

Buri Gallery
PENSION $$

(Karte S. 262; ☑0 5341 6500; www.burigallery. com; 102 Th Ratchadamnoen; Superior-/Deluxe-Zi. 1000/2000 B; ❄@❄❄) Die Buri Gallery ist ein umgebautes Teakhaus, verziert mit Lan-Na-Kunsthandwerk. Einige der Superior-Zimmer sind ziemlich beengt, schmuddelig und haben komische Größen. Man sollte sich also einige zeigen lassen. Die Wände halten den Lärm übrigens nicht ab. Die Deluxe-Zimmer oben sind ruhiger und haben kleine Terrassen. Die Preise mögen einen Tick zu hoch sein, doch die engagierten Mitarbeiter bieten einen Service auf dem Niveau eines „richtigen" Hotels.

Charcoa House
HOTEL $$

(Karte S. 262; ☑0 5321 2681; www.charcoa.com; 4 Soi 1, Th Si Phum; Zi. 1400–2500 B; ❄@❄) Kleine, aber wunderbar gestaltete Zimmer, die mit ihrem (importierten) Landhausstil samt freigelegten Deckenbalken und weiß gestrichenen Wänden punkten.

U Chiang Mai
HOTEL $$$

(Karte S. 262; ☑0 5332 7000; www.uchiangmai. com; 70 Th Ratchadamnoen; Superior-/Deluxe-Zi. 4800/6000 B; ❄❄❄) Businessfreundliches Hotel mit 24-Stunden-Check-out-Regel: Man geht zur gleichen Zeit, zu der man angekommen ist.

Tri Gong Residence
PENSION $$

(Karte S. 262; ☑0 5321 4754; www.trigong.com; 8 Soi 1, Th Si Phum; Zi. 700–1000 B; ❄@❄) Große Zimmer mit anständigen Möbeln, Kabel-TV und Kühlschrank.

All In 1

PENSION $

(Karte S. 262; 📞 0 5320 7133; www.allin1gh.com; 31 Soi 2, Th Moon Muang; Zi. 400–700 B; ❄️@📶) Saubere Zimmer mit Kabel TV. Die Outdoor-Gartenbar ist ein netter Treffpunkt an der Straße.

Supreme House

PENSION $

(Karte S. 262; 📞0 5322 2480; 44/1 Soi 9, Th Moon Muang; Zi. 150 B) Entspannte Atmosphäre – und bei den Preisen hat man noch genug Kohle übrig, um die nahegelegenen Bars zu stürmen.

Jonadda Guest House

PENSION $

(Karte S. 262; 📞 0 5322 7281; 23/1 Soi 2, Th Ratwithi; Zi. 250-450 B; ❄️) Makellose Standardzimmer.

ÖSTLICH DER ALTSTADT

Der Verkehr ist hier heftiger als in der Altstadt, und das Dröhnen der Motoren lenkt oft von der eigentlich stillen Atmosphäre Chiang Mais ab. Wenn es auch nicht so heimelig ist wie die Altstadt, ist die Th Tha Phae doch mindestens genauso gut gelegen, wenn es um Besichtigungen und das Nachtleben geht, und die ist sogar näher am Nachtbazar. Hotels der großen Ketten mit Businesscentern und Konferenzkapazitäten prägen die Gegend um den Chiang Mai Night Bazaar.

LP TIPP Mo Rooms

HOTEL $$

(Karte S. 262; 📞 0 5328 0789; www.morooms.com; 263/1-2 Th Tha Pae; kleines/mittleres/großes Zi. 2800/3200/3500 B; ❄️@📶) Dieses Designhotel ist absolut einzigartig in Chiang Mai und eine super Wahl, wenn man Kunst mag – „Kunst, in der man leben kann". Die zwölf Zimmer sind individuell mit Motiven der chinesischen Tierkreiszeichen gestaltet. Jedes ist der Inspiration eines lokalen Künstlers zu verdanken, der unter dem jeweiligen Zeichen geboren wurde. Wir fanden das Ratten-, das Ziegen- und das Affenzimmer am tollsten; wer fragt, darf sich ein paar anschauen. Das macht Spaß, man hat eher den Eindruck in einer Galerie zu sein als in einem Hotel. Ja, es ist ein wenig überteuert, aber ist das wirklich wichtig, wenn einem der Hoteldirektor erklärt: „Nicht der Gast sucht sich sein Hotel aus, sondern das Hotel seinen Gast"? Es gibt auch noch eine nette Cocktailbar mit Blick über die Straße vor dem Haus.

LP TIPP Baan Kaew Guest House

PENSION $

(📞0 5327 1606; www.baankaew-guesthouse.com; 142 Th Charoen Prathet; Zi. 800 B; ❄️📶) Wir mögen die Pension. Das zweistöckige Apartmenthaus steht etwas zurückgesetzt von der Straße hinter dem Wohnhaus des Besitzers. Die Zimmer sind standardmäßig ausgestattet (mit Kühlschrank und Kabel-TV), die oberen Quartiere haben kleine Balkone und sind etwas luftiger und heller. Das Ganze ist ein guter Deal, das Haus ist sehr freundlich gestaltet und in einer ruhigen Ecke der Stadt auf einem grünen Fleckchen gelegen. Komfortablerweise befindet es sich auch direkt gegenüber einem Anleger für Flussfahrten und dem eleganten Wat Chaimongkhon (Karte S. 258) direkt am Fluss.

DusitD2 Chiang Mai

HOTEL $$$

(Karte S. 262; 📞 0 5399 9999; www.dusit.com; 100 Th Chang Khlan; Zi. ab 3500 B; ❄️@📶☀️) Entworfen, um zu beeindrucken und zu überwältigen: Das strahlende Weiß und das blendende Orange der Lobby dieses schicken In-Ladens ist schwindelerregend! Die Zimmer sind mit edlen Möbeln und aufmerksamen Details wie Leselampen ausgestattet und strahlen eine Wärme aus, die man bei der modernen Einrichtung nicht erwarten würde. Die Deluxe-Zimmer mit Couch und Kissen entlang der Fensterfront mit Blick auf den Doi Suthep sind sehr hübsch, aber wir empfehlen ein Upgrade auf eine Suite, die eher wie ein Miniapartment wirkt. In dieser überfüllten Stadt kann man nicht anders, als sich angesichts eines begehbaren Kleiderschranks verwöhnt zu fühlen.

Yaang Come Village

BOUTIQUEHOTEL $$$

(📞0 5323 7222; www.yaangcome.com; 90/3 Th Si Donchai; Zi. 5000–10 000 B; ❄️@📶☀️) Clever gemacht – Lan-Na-Remake mal anders: Die Anlage ist eine Hommage an ein Tai-Lue-Dorf und wurde durch die Reisen des Besitzers in die chinesische Provinz Yunnan inspiriert. Die Deluxe-Zimmer sind um einiges besser als die Superior-Varianten, denn sie weisen die richtige Mischung aus Tradition, Luxus und Gemütlichkeit auf. Alle Zimmer sind groß, haben Wandgemälde, schöne Stoffe, Teakmöbel und Balkone mit Sitzkissen und Blick über das „Dorf" – perfekt, um einen Drink zu genießen. Die Preise sind ein wenig zu hoch, aber wer einfach vorbeischaut und nachfragt, kriegt oft größere Rabatte. 300 m westlich des *chedi* an einer Hauptstraße gelegen.

Banthai Village

HOTEL $$$

(Karte S. 262; 📞 0 5325 2789; www.banthaivillage.com; 19 Soi 3, Th Tha Phae; Superior-/

Deluxe-Zi. 3100/4100 B; ✱@🛜🏊) Das Herz des Geschehens in dieser relaxten, einem thailändischen Reisdorf nachempfundenen Boutique-Anlage schlägt an dem langen, schmalen Pool und der dazugehörigen Bar. Mit nur 33 Zimmern trifft die Lodge genau die Mitte zwischen Traulichkeit und Privatsphäre. Die Superior-Zimmer sind kleiner, liegen aber besser in einem Extragebäude mit Gartenblick – die besten sind oben. Die Deluxe-Zimmer sind in einem Terrassenhaus im Lan-Na-Stil mit abgefahrener Ausstattung, riesigen Steinbadewannen und Duschköpfen von der Größe eines Tellers untergebracht. Der Boden ist für Traveller mit Gehbehinderung ein wenig wellig.

Daret's House PENSION $
(Karte S. 262; 📞0 5323 5440; 4/5 Th Chaiyaphum; EZ/DZ 160/220 B) Wegen der großartigen Lage und den vielen einfachen, guten Zimmern seit Langem ein Backpacker-Favorit: Das Daret's sieht aus wie viele andere Backpacker-Quartiere an der Th Khao San. Da dies aber Lan-Na-Land ist, findet man den netten Besitzer Kun Daret oft im Café unten. Der Luxus heißen Wassers wird extra berechnet.

Micasa Guest House PENSION $
(Karte S. 262; 📞0 5320 9127; 2/2 Soi 4, Th Tha Pae; Zi. 300–1000 B; ✱@🛜) Das Management gibt sich die größte Mühe, einen Hauch von Klasse zu erzeugen, sodass das Micasa mit seinem netten Gemeinschaftsbereich, der die Soi mit einbezieht, wie eine Möchtegern-Boutiquepension wirkt. Man kriegt hier leicht gehobenen Standard in preiswerten Zimmern. Zu den Vorteilen zählen kostenloses Internet, ein Büchertausch, Qualitätsmieträder und ein hilfreicher Tourenschalter mit guten Infos rund ums Reisen in Nordthailand.

Roong Ruang Hotel HOTEL $
(Karte S. 262; 📞0 5323 4746; www.roongruang-hotel.com; 398 Th Tha Phae; Zi. 450–900 B; ✱@) Mit einer tollen Lage nahe dem Pratu Tha Phae ist das Roong Ruang ein guter Deal für ein älteres Hotel. Von außen macht es nicht viel her, aber der Innenhof ist vom Straßenlärm abgeschottet. Traveller sollten ein Zimmer im Neubau buchen, die sind geräumiger und haben große Duschen. Die billigeren Zimmer sind prima als Notlösung, aber ein bisschen gefängnismäßig und dunkel.

Tawan Guesthouse PENSION $
(Karte S. 262; 📞0 5320 8077; 4 Soi 6, Th Tha Phae; Zi. 200–300 B) Diese einfache Pension

sticht aus der Masse durch ihren tollen Garten mit Brunnen und Koi-Teichen heraus. Bougainvilleen wachsen darin, genauso wie ein großer, Schatten spendender Baum mit haarähnlichen Ranken. Die Zimmer sind nichts Besonderes: Einige sind in einem alten Holzhaus, andere in einer dünnwandigen Bambushütte untergebracht.

Eagle House PENSION $
(Karte S. 262; 📞0 5387 4126; www.eaglehouse.com; 16 Soi 3; Th Chang Moi Kao; Zi. 150–380 B; ✱) In schattiger Lage gleich außerhalb der Altstadt stehen Gästen hier einfache, saubere, sichere Zimmer mit Ventilator oder Klimaanlage und eigenen Bädern zur Verfügung. Es gibt eine Waschküche, eine Bücherbörse und Schließfächer. Die Besitzer führen auch Ökotouren durch, von denen nur Gutes berichtet wird. Massenweise Infos über Chiang Mai und das Umland gibt's ebenfalls. In der Altstadt ist eine Filiale.

Sarah Guesthouse PENSION $
(Karte S. 262; 📞053208271; http://sarahgh.hypermart.net; 20 Soi 4, Th Tha Phae; EZ 250–400 B, DZ 300–450 B; ✱@🛜) Die Backpacker-Unterkunft ist seit Ewigkeiten im Geschäft. Sie liegt in einem ruhigen Garten und wird von Engländern betrieben. Es gibt zwölf einfache Zimmer mit kantigen Holzmöbeln, großen Bädern und wahlweise Klimaanlage oder Ventilator.

Manathai HOTEL $$$
(Karte S. 262; 📞0 5328 1666; www.manathai.com; 39/9 Soi 3, Th Tha Phae; Zi. ab 3500 B; ✱@🏊) Das Boutiquehotel Manathai verströmt 1001-Nacht-Feeling und verbindet Lan-Na- und koloniale Elemente.

Thapae Boutique House PENSION $$
(Karte S. 262; 📞053284295; www.thapaeboutiquehouse.com; 4 Soi 5, Th Tha Phae; Superior-/Deluxe-Zi. 1000/1200 B; ✱@) Die Superior-Zimmer sind der beste Deal.

Lai-Thai Guesthouse PENSION $
(Karte S. 262; 📞0 5327 1725; www.laithai.com; 111/4-5 Th Kotchasan; Zi. 600–700 B; ✱🛜🏊) Die Zimmer sind gemütlich, wenn auch etwas beengt; alle verfügen über Kabel-TV und Minibar. Die Preise sind in Ordnung, die Lage an einer lärmgeplagten, verkehrsreichen Straße weniger.

Imperial Mae Ping Hotel HOTEL $$
(Karte S. 262; 📞0 5328 3900; www.imperial-hotels.com; 153 Th Si Donchai; Zi. ab 2400 B; ✱@🛜🏊) Die beste Kombination von asiatischen Marotten und zeitgenössischem Stil

findet sich in diesem großen, modernen Hotel in der Nähe des Night Bazaar. Wer sich in ein Superior-Zimmer einmietet, genießt das beste Preis-Leistungs-Verhältnis.

RIVERSIDE

Riverside House   PENSION $
(außerhalb der Karte S. 262; ☑0 5324 1860; www.riversidehousechiangmai.com; 101 Th Chiang Mai-Lamphun; Zi. 500–800 B; ❉@☎) Neben der Tourism Authority of Thailand gelegen, bietet diese freundliche und professionell geführte Pension tolle, günstige Zimmer rund um einen hübschen Garten. Die besten Zimmer sind natürlich auch die teuersten, sie sind den Mehrpreis aber wert. Untergebracht sind sie in einem Neubau am Ende des Grundstücks. Nach vorne raus teilen sich die Gäste einen Balkon, nach hinten raus hat jeder seinen eigenen. Alle Zimmer sind in außerordentlich gutem Zustand, sehr sauber und empfehlenswert.

River View Lodge   HOTEL $$
(außerhalbKarte S. 262; ☑0 5327 1109; www.riverviewlodgch.com; 25 Soi 4, Th Charoen Prathet; Zi. 1500–2200 B; ℙ❉@☎) Die einfachen, geräumigen Zimmer sind etwas zu teuer. Sonst punktet die luftige Lodge am Fluss aber mit Charme und altmodischer Gastfreundschaft. Man bezahlt allerdings auch nicht für ein spektakuläres Zimmer, sondern für das traumhaft ruhige Ambiente des großen und schönen Gartens mit Pool (und Schirmchendrinks) am Ende einer Sackgasse. Für Kurzbesuche durchaus zu empfehlen! Spätestens wenn Rotohrbülbüls (Haarvögel) morgens auf dem Balkon singen, ist man vollkommen verliebt.

Galare Guest House   PENSION $$
(außerhalb der Karte S. 262; ☑0 5381 8887; www.galare.com; 7 Soi 2, Th Charoen Prathet; Zi. 1100 B; ❉ℙ) Wer im direkt neben der River View Lodge gelegenen Galare, einem modernen Haus, übernachtet, genießt vielleicht weniger Ambiente, hat dafür aber nach Begleichen der Rechnung noch etwas mehr Geld in der Tasche. Man kann an Tischen auf dem Rasen direkt am Ufer essen – vor seinem ganz persönlichen Flusspanorama von Chiang Mai. Die Zimmer sind etwas steril und altmodisch, aber sehr sauber und geräumig. Sie öffnen sich zu einer Gemeinschaftsveranda hin.

Baan Orapin   B&B $$
(☑0 5324 3677; www.baanorapin.com; 150 Th Charoenrat; Zi. ab 2100–3400 B; ❉@❉) Der Familienbetrieb in einem stattlichen Teakhaus, das schon seit 1914 im Familienbesitz ist, befindet sich auf einem hübschen Gartengrundstück. Luxuriöse Gästezimmer (insgesamt 15) sind in separaten und modernen Gebäuden untergebracht, die auf dem Gelände verteilt sind. Das B&B ist direkt neben dem Sop Moei Arts.

Hollanda Montri   PENSION $
(☑0 5324 2450; http://hollandamontri.com; 365 Charoenrat Rd; Zi. mit Ventilator/Klimaanlage 450/550 B; ❉) Viele Leser empfehlen diese Pension. Sie liegt ein wenig außerhalb der Stadt, und die Unterbringung ist ziemlich schlicht. Aber die Lage direkt am Fluss ist nett, wenn man das Gewusel der Altstadt mal hinter sich lassen will. Wir wissen nicht ganz genau, warum so viel Bohei um den Laden gemacht wird – vielleicht weil es direkt am Fluss nicht wirklich viele preiswerte Unterkünfte gibt. Die kostenlose Benutzung der Fahrräder ist allerdings toll. Das Haus steht nördlich von Saphan Ratanakosin am Fluss.

WESTLICH DER ALTSTADT
Die Preise sind hier tendenziell etwas höher als in den Backpacker-Gegenden, dafür wohnt man näher an der Universität von Chiang Mai und in der besten Ecke der Stadt, was das Nachtleben anbelangt.

Sakulchai   HOTEL $
(Karte S. 270; ☑0 5321 1982; Soi Plubpueng, Th Huay Kaew; Zi. 450–650 B; ❉☎) Das Sakulchai ist kürzlich erst großräumig renoviert worden und jetzt eines der besten Schnäppchen der Stadt. Gelegen ist es in einer ruhigen Sackgasse, von der aus man die Altstadt und die Th Nimmanhaemin zu Fuß erreichen kann. Die modernen, geräumigen Zimmer bieten viel mehr, als der Preis vermuten lässt – ein echtes Mittelklassehotel zum Budgetpreis. Das Hotel ist bei Thailändern beliebter als bei Fremden; es wird wenig englisch gesprochen.

H   HOTEL $$
(Karte S. 270; ☑0 5322 0444; www.h-designhotel.com; 1 Th Sirimungklajarn; Zi. ab 1590 B; ❉☎) Dieses kubistisch-monolithische Betonhotel ist ein echtes Fundstück. Auch wenn der Name ein wenig einfallslos erscheint und der Laden irgendwo zwischen prätentiös und durchgeknallt rangiert, sollte man sich nicht entmutigen lassen. Die Mitarbeiter überschlagen sich förmlich vor Hilfsbereitschaft, und der Architekt hatte bei seinem

Entwurf Weite im Sinn – viel davon. Die Zimmer sind riesig (selbst die „kleinen") und die Bäder modern und geräumig. Große Fenster lassen viel Licht rein, und die Möbel sind recht minimalistisch gehalten, was den Eindruck von Geräumigkeit noch verstärkt. Die hellen Farben mögen vielleicht ein bisschen zu viel des Guten sein, aber alles in allem ist das H ein beeindruckendes und einzigartiges Hotel für Chiang Mai. Man findet hin, indem man nach dem Mango Chilli Restaurant im Erdgeschoss Ausschau hält.

Sweet Room
PENSION $

(Karte S. 270; ✆0 5321 4668; sweet_room_cafe@hotmail.com; 81 Th Huay Kaew; EZ/DZ 700/1000 B; 🛜) Wirklich *sweet* – und persönlich und einzigartig! Das Gebäude sieht von außen nach nicht viel aus, aber die schmale Fassade verbirgt sechs sehr große und individuell eingerichtete Zimmer. Wenn man bedenkt, dass jeweils zwei Zimmer auf jeder Etage ein Bad haben, ist der Preis schon frech, aber die Zimmer sind super im zeitgenössischen Stil ausgestattet. Und wir wagen zu behaupten, dass ein wenig Verhandlungsgeschick den Preis auch noch senken kann, besonders wenn man länger bleibt. Auf jeden Fall ein Zimmer im hinteren Teil verlangen, um dem Straßenlärm zu entgehen! Den 1. Stock nehmen eine Küche und ein kleiner Wohnbereich ein. Unten gibt es ein tolles kleines Café.

Uniserv-International Center Hostel
HOSTEL $

(✆0 5394 2881; 239 Th Nimmanhaemin; Zi. 600 B; 🛜@) Auf der Suche nach einem Plätzchen in Uni-Nähe? Nun, viel näher als dieses Hostel, das sich den Platz mit dem geschäftigen CMU International Center teilt, geht kaum. Der Zimmerpreis beinhaltet das Frühstück; man kann auch monatsweise mieten. Zur Verfügung stehen große, altmodische Zimmer mit gemütlichen Polstersesseln und modernen Bädern. Wenn möglich, ein Zimmer mit Aussicht nehmen! Das Hostel ist abseits der Th Nimmanhaemin ausgeschildert, direkt nördlich der Th Suthep.

Dome
HOTEL $$

(KarteS. 270; ✆053405400; www.thedomechiang mai.com; 1 Soi Plubpueng, Th Huay Kaew; Standard-/Deluxe-/Suite-Zi. 700/900/1200 B; 🛜🛜) *What you see is what you get:* nämlich eine moderne, komfortable Unterkunft. Die Standardzimmer sind o.k., aber das Upgrade auf

Deluxe lohnt sich wegen des Extraplatzes. Günstigere Wochen- und Monatspreise sind verfügbar. Das Dome ist eine gute Langzeitoption, wenn man für eine Weile in der Gegend bleiben will. Die neue Restaurant-Bar ist eine nette Ergänzung.

Baan Say-La
PENSION $$

(Karte S. 270; ✆08 1930 0187; www.baansay laguesthouse.com; Soi 5, Th Nimmanhaemin; Zi. 500–1500 B; 🛜) In der Altstadt würde solch ein Zimmer mit Gemeinschaftsbad nur die Hälfte kosten, doch dafür wohnt man hier im Nimmanhaemin-Bezirk, der hippsten Ecke von Chiang Mai. Die Zimmer mit Gemeinschaftsbad in dieser Bohemien-Pension sind sehr einfach, haben allerdings Kabel-TV und anständige Bettdecken, wenn die Matratzen auch schon bessere Tage gesehen haben. Andere Zimmer sind mit Himmelbetten und Rattanmöbeln ausgestattet. Schwarzweißfotografien hängen an den Wänden, und in den geräumigen Gemeinschaftsbereichen stehen große Polstersessel.

Miso
PENSION $

(Karte S. 270; ✆0 5389 4989; 9 Soi 7, Th Nimmanhaemin; Zi. ab 500 B) Das Miso ist eigentlich ein koreanisches Restaurant und Reisebüro, vermietet aber auch preiswerte Zimmer im Gebäude drüber. Es ist zugegebenermaßen ein wenig unorganisiert, aber der freundliche Besitzer wird einem wahrscheinlich einen guten Preis für ein anständiges Zimmer machen. Gute Nachrichten, sofern man die geschmacklosen Farben der Bäder erträgt! Alles ist einfach und sauber, und man wird so nah an der Th Nimmanhaemin keine besseren Preise kriegen. Langzeitaufenthalte sind auch möglich.

International Hotel Chiangmai
HOSTEL $

(✆0 5322 1819; www.ymcachiangmai.org; 11 Soi Sermsak, Th Hutsadisawee; Zi. 600–1800 B; 🛜@🛜🛜) Wahrscheinlich ist dies das hässlichste Gebäude in einem Land, in dem die Konkurrenz groß ist! Doch dieser lokale Ableger des YMCA gleicht das durch einige der besten Zimmerangebote mit Blick auf den Doi Suthep spielend aus. Überteuerte Schlafsaalbetten kann man vergessen! Die Atmosphäre ist herzlich und gastfreundlich, es gibt eine große Auswahl von abgewohnten, aber sauberen Standardzimmern, und wer 100 B drauflegt, kriegt im 6. Stock noch einen super Ausblick obendrauf. In einigen Zimmern stehen Ledersessel. Unbedingt die Duschwanne genauer untersuchen! Das Hotel ist zu erreichen, indem man von der Ecke Th Huay Kaew und Th Mani Nopharat auf die Th Hutsadisawee abbiegt. Dann ist es das erste links.

Pann Malee Home PENSION $$
(Karte S. 270; ☎0 5328 9147; www.pannmalee. com; abseits der Soi 17, Th Nimmanhaemin; Zi. 1000–1400 B; ❄) In dem umgebauten Stadt-haus zu wohnen, vermittelt einem das Gefühl, bei jemandem zu Besuch zu sein. Die Zimmer sind alle individuell nach dem ungewöhnlichen Geschmack der Besitzerin eingerichtet und urgemütlich. Anscheinend spiegelt jedes Zimmer die Persönlichkeit ei-nes anderen Familienmitglieds wider. Wie üblich gilt: Ein paar Baht extra sorgen für mehr Raum, weniger Treppen und eine et-was bessere Lage.

Yesterday The Village BOUTIQUEHOTEL $$
(Karte S. 270; ☎0 5321 3809; www.yesterday. co.th; 24 Th Nimmanhaemin; Zi. ab 2000 B; ❄@) Im Yesterday machen Gäste eine kleine Zeitreise in die nicht allzu ferne Vergan-genheit. Die Gemeinschaftsbereiche dieses umgebauten Apartmenthauses sind mit Vintage-Drucken, alten Phonographen und mittlerweile schon als altmodisch zu bezeichnenden Röhrenfernsehern künstle-risch gestaltet. Die Zimmer sind vornehm, die Badeinrichtungen beeindruckend, und die Superior-Zimmer haben Balkone, wenn auch keine Aussicht. Die Deluxe-Zimmer haben mehr Stil und sind insgesamt die bessere Wahl.

SpicyThai Backpackers HOSTEL $
(Karte S. 270; ☎0 5340 0444; www.spicyhostels. com/spicythai-backpackers.html; 4/80 Nantha-wan Village, Th Nimmanhaemin; B 250 B; ❄@) Der Laden hat reine Frauen- und Männer-schlafsäle, untergebracht in der ehemaligen Residenz des Botschafters der USA. Unsere Leser empfehlen das Haus. Zu finden ist es an der Ecke von Th Nimmanhaemin und Th Huay Kaew.

ANDERSWO

Tri Yaan Na Ros BOUTIQUEHOTEL $$$
(☎0 5327 3174; www.triyaannaros.com; 156 Th Wualai; Zi. ab 2500 B; ❄☀) Eine Unterkunft, die sich prima für die Flitterwochen eig-net: Das klitzekleine Boutiquehotel an der Saturday Walking Street ist eine roman-tisch-altmodische Welt in einem kunstvoll restaurierten Haus voller Galerien und enger Flure. Das Innere ist verschachtelt wie ein Kaninchenbau; die Zimmer sind

weiter hinten gelegen, weit weg von der vielbefahrenen Straße und dem ständigen Verkehrslärm. Die Zimmer sind traulich und altmodisch im Lan-Na-Stil gehalten und verfügen über weiche Himmelbetten. Es gibt nur acht Quartiere. Wer quasi im Vorbeigehen bucht, kriegt wahrscheinlich ein paar Hundert Baht Rabatt. Den char-manten Besitzer hat man schnell ins Herz geschlossen.

Viangbua Mansion APARTHOTEL $$
(☎0 5341 1202; www.viangbua.com; 3/1 Soi Vi-angbua, Th Chang Pheuak; Zi./Apt. pro Woche 5600/1400 B; ❄@✆) Dieses mehrstöckige Hotel nördlich des Pratu Chang Pheuak ist für Besichtigungstouren nicht beson-ders gut gelegen, bietet dafür aber viele Annehmlichkeiten für Langzeitgäste – und der Laden hat Stil. Die Zimmer sind mit modernen Möbeln, Kühlschrank, einem kleinen Wohnzimmer und einige sogar mit einer Küche ausgestattet. Es ist möglich, nur eine Nacht zu bleiben.

Four Seasons Chiang Mai RESORT $$$
(☎0 5329 8181; www.fourseasons.com; Th Mae Rim-Samoeng Kao; Zi. ab 18000 B; ❄@✆☀) Chiang Mais erste Adresse unter den Re-sorts wartet mit Gewölbesuiten und -resi-denzen auf, die über das gesamte 8 ha große Gelände verteilt sind. „Gelände" ist hier gleichbedeutend mit schönen Gärten und Reisterrassen, die mithilfe von Wasser-büffeln bearbeitet werden. Das Resort liegt nördlich der Stadt im waldigen Hügelvor-land und bietet alle notwendigen Zerstreu-ungen wie Kochschule, preisgekröntes Spa, Swimmingpool und Tennisplätze.

Mandarin Oriental Dhara Dhevi RESORT $$$
(☎0 5388 8888; www.mandarinoriental.com; 51/4 Th Chiang Mai-San Kamphaeng; Zi. ab 16000 B; ❄@✆☀) Eine Anlage wie ein ei-genes kleines Königreich: Sie präsentiert sich als neu erschaffenes Miniatur-Lan-Na-Dorf mit Gehwegen durch von Mauern umgebene Wohnbereiche inmitten von Reisterrassen. Hier wurde so viel architek-tonische Geschichte reproduziert, dass sich das Resort selbst als kulturelle Attraktion sieht und Gästen geführte Touren über das Gelände anbietet, ebenso wie Hand-werkskunstdemonstrationen. Die Zimmer sind natürlich sehr edel. Auf dem Gelände finden auch viele Hochzeiten statt. Zusätz-lich gibt es einen etwas preiswerteren und weniger imposanten kolonialen Teil. 5 km östlich der Altstadt gelegen.

✗ Essen

Die Restaurantszene in Chiang Mai ist erstaunlich bodenständig und vollwertig. Bescheidene Familienbetriebe und Open-air-Food-Courts dominieren die heißen Ausgeh-Ecken der Stadt. Wenn die Sonne untergeht, öffnen die Imbissbuden (ab 18 Uhr), die alle Arten von leckerem, billigem Essen zum Mitnehmen verkaufen. Man kann sich kaum vertun, aber wer den Empfehlungen der Einheimischen folgen möchte, wählt die Büdchen an der Ecke Th Mani Nopharat und Th Chang Pheuak, wo sich Tische und Stühle entlang der Th Mani Nopharat ausbreiten.

Außerdem gibt es noch haufenweise vegetarische Restaurants, angefangen bei Backpackercafés bis zu Beratungsstellen religiöser Gemeinschaften. Wer will, kann auch die lokalen Märkte und die winzigen Läden erforschen, die *kôw soy* (manchmal auch *khao soi*). Letztere bieten lokale Spezialitäten an, z. B. ein Gericht mit Currynudeln, das seinen Ursprung in der Shan-Yunnan-Region haben soll. Normalerweise wird es mit eingelegtem Gemüse und dicker, roter Chilisauce serviert.

ALTSTADT

Die Einheimischen nehmen sich gern *gàp kôw* (vorgefertigtes Essen mit Reis) von den Abendverkäufern mit, die das Stück der Th Samlan südlich der Th Ratchadamnoen bevölkern.

New Delhi INDISCH $$
(Karte S. 262; Th Ratwithi; Hauptgerichte 100–180 B; ⊘abends) In dem einfachen Lokal werden einige der besten indischen Speisen serviert, die wir in Nordthailand je gegessen haben. Nordindische Küche (nicht nur, aber hauptsächlich) wird hier liebevoll und fachkundig zubereitet. Die lecker gewürzten „Handi"-Gerichte sind unsere Favoriten. Der Service ist katastrophal, aber wenn die genialen Currys erst auf dem Tisch stehen, ist alles vergeben und vergessen.

Pum Pui Italian Restaurant ITALIENISCH $$
(Karte S. 262; ☎0 5327 8209; 24 Soi 2, Th Moon Muang; Gerichte 150–250 B; ⊘mittags & abends) Frische Zutaten und profunde Kenntnisse bezüglich der italienischen Küche stellen sicher, dass das Essen genauso schmeckt wie bei Mamma ... na ja, fast. Das Pum Pui hat einen romantischen Garten, ideal für einen Abend zu zweit bei Kerzenschein. Auf der umfangreichen Karte finden sich Pasta,

Pizza und Risotto und einige gute italienische Getränke, derentwegen man gerne noch ein bisschen sitzen bleibt.

Jerusalem Falafel ORIENTALISCH $$
(Karte S. 262; 35/3 Th Moon Muang; Meze 100 B, Hauptgerichte 220 B, Meze-Teller ab 500 B; ⊘9–23 Uhr) Jaja, noch ein orientalisches Restaurant in einem Backpacker-Viertel ... Aber wir möchten trotzdem ein Loblied auf diesen mittelasiatischen Import singen. Es handelt sich um einen geschäftigen Laden, in dem man sich mit Freunden trifft, um einen gemischten Teller Falafel, Schaschlik, Hummus und Taboulé zu futtern. Joghurt, Feta und Halloumi sind hier übrigens aus eigener Herstellung.

Safe House Court THAI $
(Karte S. 262; 178 Th Ratchaphakhinai; Gerichte 50–80 B; ⊘7–22 Uhr) Finger weg vom westlichen Essen wie den Sandwiches! Die preiswerten und leckeren Thai-Gerichte muss man probiert haben, einschließlich regionalen Spezialitäten, würzigen Salaten und gutem vegetarischem Essen. Das Safe House Court ist ein freundlicher Familienbetrieb in grünem Gartenambiente, ideal um bei einem guten Buch langsam zu genießen (abends schwirren hier aber viele Mücken rum). Die Frucht-Shakes sind total lecker.

Baan Nok Noodle NUDELN $
(Karte S. 262; Th Singharat; Nudeln 25–35 B; ⊘10–18 Uhr, Mi geschl.) Super für einen schnellen Imbiss zwischendurch, vielleicht nach dem Besuch des nahe gelegenen Wat Phra Singh. Verschiedene Sorten von Nudeln werden in scharfer oder klarer Brühe (Schwein) serviert, aber die Spezialität des Hauses ist *tom yum baan nok* mit kleinen Nudeln. Vegetarische Nudelgerichte gibt es auch.

Lert Ros NORDOSTTHAILÄNDISCH $
(Karte S. 262; Soi 1, Th Ratchadamnoen; kleine/große Gerichte 30/50 B; ⊘13–21 Uhr) Ganze Fische braten auf Kochtonnen vor dem Restaurant und machen so auf dieses einfache Thai-Restaurant aufmerksam. Es gibt hauptsächlich verschiedene scharf gewürzte Fleisch- und Reisgerichte, ganze Tilapias (Buntbarsche) und *sôm·dam* (scharfer Papayasalat). Der Laden ist sehr beliebt, also besser für ein sehr frühes oder sehr spätes Abendessen vorbeischauen! Die bebilderte Speisekarte ist sehr hilfreich.

Angel's Secrets VEGETARISCH $
(Karte S. 262; Ecke Soi 1 & 5; Gerichte 60–90 B; ⊘morgens & mittags, Mo geschl.; ☎) Abge-

schirmt von der Straße durch Sträucher und schlicht, aber hübsch möbliert. In diesem Outdoor-Lokal kommt in angenehm traulicher Atmosphäre leckere und frische vegetarische Kost auf den Tisch. Zum Frühstück gibt's diverse gesunde Leckereien wie frische gefüllte Crêpes oder Obstsalat. Der freundliche Service macht gute Laune. Die allermeisten Traveller treibt es wieder hierher…

House
ASIATISCH/FUSION $$$

(Karte S. 262; ☑ 0 5341 9011; 199 Th Moon Muang; Gerichte 200–800 B; ☺18–23 Uhr) Hier kann man sich so richtig verwöhnen lassen. Das House ist in einem Haus aus den 1950er-Jahren untergebracht (es gehörte einst einem birmanischen Prinzen im Exil), das heute mit Kolonialmöbeln ausstaffiert ist. Die Speisekarte könnte man als pan-pazifisch bezeichnen: Beispielsweise wird importiertes Lamm oder Lachs mit einheimischen Gewürzen und Kochtechniken kombiniert. Wer es leichter mag, probiert die marokkanisch angehauchten Tapas an der Außenbar oder in den „Zelten", die draußen aufgestellt sind.

Rachamankha
THAI $$$

(Karte S. 262; ☑ 0 5390 4111; Rachamankha Hotel, 6 Th Ratchamankha; Gerichte 300–1000 B) In dieses hinter dem Wat Phra Singh versteckte und auf dem großen Gelände des gleichnamigen Boutiquehotels gelegene Lokal kommen die meisten Leute nicht nur wegen des Essens, sondern auch wegen des altertümlichen Ambiente und der weißen Tischwäsche. Auf der Karte steht Thailändisches mit Anleihen in Myanmar (Burma), Yunnan und Europa.

Pak Do Restaurant
THAI $

(Karte S. 262; Th Samlan; Gerichte 30–35 B; ☺7 Uhr–früher Nachmittag) Was es aktuell gibt, wird bei diesem Currylokal gegenüber dem Wat Phra Singh morgens in großen Metallschüsseln vor dem Lokal ausgestellt. Am besten muss man es wie die Thais: einfach die Deckel hochheben und reingucken! Wessen Magen morgens schon Reis verträgt, der ist hier genau richtig.

Heuan Phen
NORDTHAILÄNDISCH $

(Karte S. 262; ☑ 0 5327 7103; 112 Th Ratchamankha; Gerichte 50–150 B; ☺mittags & abends) Sehen und gesehen werden: Das gilt in diesem stadtbekannten Restaurant für die nordthailändischen Gerichte genauso wie für die hier tafelnden Feinschmecker und den mit Antiquitäten eingerichteten

Speisesaal. Wer will, kann hier Jackfrüchte mit Würzpaste probieren. Tagsüber wird in der großen Kantine vorne gegessen.

Dada Kafe
SAFTBAR $

(Karte S. 262; Th Ratchamankha; Frühstück 60–80 B; ☺8–22 Uhr) Das Lokal bezeichnet sich selbst als „gesunde Alternative" und ist morgens sehr beliebt. Es gibt schlichte, bequeme Sitzgelegenheiten und eine Karte, auf der frisch zubereitete Sandwiches, Pasta und Thaigerichte stehen. Die Spezialität hier sind aber Säfte – das Dada behauptet, den richtigen Fruchtsaft für viele Beschwerden zu haben, ob es sich nun um Akne, Herzleiden und Bluthochdruck handelt. Egal, ob es stimmt – lecker sind alle.

Nayok Fa
RESTAURANT $

(Karte S. 262; Th Ratchaphakhinai; Gerichte 30–35 B; ☺10–18 Uhr) Hier kann man aus gigantischen Woks futtern wie bei Muttern! Das *pàt see-éw* (kurzgebratene Nudeln mit Rind, Schwein oder Huhn) und das Spanferkel mit Reis sind empfehlenswert.

Fern Forest Cafe
CAFÉ $

(Karte S. 262; 2/2 Soi 4, Th Singharat; Nachtisch 70 B; ☺8.30–20.30 Uhr) Das Café steht tatsächlich inmitten von Farnen – und haufenweise anderem Grünzeug. Dazu kommen die Lage in einer ruhigen Soi, das Plätschern von fließendem Wasser, Sitzkissen und leckerer Nachtisch – was kann da schiefgehen? Richtig gute westliche Desserts (der Karottenkuchen ist super) oder Sandwiches gibt es auch. Wer will, kann sich mit einem Fruchtsaft oder Kaffee raussetzen. Der kühle Garten ist ein ideales Plätzchen, um die (Nach-)Mittagshitze auszusitzen. Vom Anfang der Th Singharat in der Altstadt nach Süden laufen, und bevor man die Th Ratwithi erreicht, kommen links die Hinweisschilder in Sicht.

AUM Vegetarian Food
VEGETARISCH $

(Karte S. 262; 66 Th Moon Muang; Gerichte 50–60 B; ☺8–17 Uhr; ✍) Die vegetarischen Köstlichkeiten des AUM locken gesundheitsbewusste Traveller an. Es gibt Biokaffee aus Laos, Obst der Saison und eine Auswahl von rein vegetarischem thailändischem Frittiertem, Suppen, Salaten und Reisgerichten. Gesessen wird auf Sitzkissen und an niedrigen Tischen. Eine kleinere japanische Karte (mit z. B. süßem Chili-Maki) gibt's auch.

Blue Diamond
BÄCKEREI $

(Karte S. 262; 35/1 Soi 9, Th Moon Muang; Hauptgerichte 50–60 B; ☺Mo-Sa 7–19 Uhr) Allge-

Marktkenner werden Chiang Mais überdachte Lebensmittelzentren, auf denen es von der morgendlichen Nudelmahlzeit über Mittagssnacks bis hin zum Abendessen einfach alles gibt, lieben. Wer seine thailändischen Freunde beeindrucken möchte, sollte eine Tüte *man gâa·ou* mitnehmen. Das ist eine geröstete ahornartige Nuss, die zum Ende der Regenzeit geerntet wird.

Nördlich der Th-Ratwithi-Kreuzung werden auf dem **Talat Somphet** (Karte S. 262; Soi 6, Th Moon Muang; ◷6–18 Uhr) alle Zutaten für ein thailändisches Festessen verkauft, auch Currys zum Mitnehmen, Süßigkeiten und Obst. Viele Kochschulen kaufen hier für ihre Kurse ein. Leider sorgt die Nähe des Marktes zu den touristischen Zentren dafür, dass die Obsthändler ihre Preise deutlich kreativer gestalten.

Frühmorgens fungiert der **Talat Pratu Chiang Mai** (Karte S. 262; Th Bamrungburi; ◷4–12 & 18–24 Uhr) als große Speisekammer, in der Frisches und fertig zubereitetes Essen erhältlich ist. Wer die Mönche unterstützen will, sollte früh kommen und nach einer Frau Ausschau halten, die vorgefertigte Essensspenden verkauft (20 B). Hier wird es gegen Mittag deutlich ruhiger, aber am Abend werden die Gaskocher für den großen beliebten Nachtmarkt auf der anderen Straßenseite wieder angeheizt.

Marktliebhaber werden vom **Talat Thanin** (abseits der Th ChangPheuak; ◷5 Uhr– früher Abend) beeindruckt sein, einem effizienten und sauberen überdachten Markt. Die Fleischer sind praktischerweise in ihrem eigenen glasverkleideten Bereich vom Rest des Marktes abgetrennt, sodass Empfindlichere nicht zufällig darüberstolpern. Die Obst- und Gemüseabteilung ist eine einzige Zurschaustellung tropischen Überflusses. In der Abteilung für Fertiggerichte werden Chiang Mais neueste kulinarische Trends präsentiert. Weiter hinten in der Halle werden Nudeln und Ausgebackenes nach Kundenwunsch zubereitet. Der Markt ist leicht zu finden; die Th Chang Pheuak ist die Hauptstraße nach Norden aus der Stadt hinaus.

Der **Talat Ton Phayom** (Th Suthep) dient als Markt und Souvenirladen für Thais, die aus anderen Provinzen anreisen, zugleich. In der Fertiggerichteabteilung gibt es alle möglichen essbaren Mitbringsel zu bestaunen (z. B. *kâap mŏo* und *sâi òo·a*), die einen Besuch in Chiang Mai erst komplett machen. Da die Studenten der CMU hier die Hauptkundschaft ausmachen, sind die Preise entsprechend niedrig. Der Markt ist gleich hinter der Th Suthep nahe der Ecke Th Khlorng Chonprathan.

mein beliebt, aber nicht ganz so stark frequentiert wie andere Travellerimbisse in der Gegend. Die Zahl derer, die immer wiederkommen, ist der beste Beweis für die Qualität des Essens. Im Blue Diamond wird das Brot frisch gebacken und frischer Kaffee ausgeschenkt. Am besten kommt man zum Frühstück her oder vielleicht auf einen Gemüsesalat zum Mittag (vegetarische Thaiküche ist ganz groß auf der Karte). Tröpfelndes Wasser und ein schattiger Garten sind die Kulisse, vor der der morgendliche Heißhunger gestillt wird.

Bierstube
DEUTSCH **$**
(Karte S. 262; 33/6 Th Moon Muang; Gerichte 60–150 B; ◷morgens, mittags & abends) Dieses gemütliche, wenn auch schon etwas schmuddelige Lokal mit Holzverkleidung ist sozusagen die „Restaurantversion" eines alten Onkels: Der Laden ist schon so lange gut, dass man sein Alter am Hüftumfang der Stammgäste ablesen kann. In Bangkok

würden solche Dinosaurier gemieden, aber hier gehören sie zur erweiterten Familie. Es gibt thailändische und westliche Gerichte. Besonders beliebt für einen Drink am Abend, hat die Bierstube doch ein wenig mehr Klasse als die restlichen Läden hier in der Gegend.

Chiangmai Saloon
INTERNATIONAL, BAR **$$**
(Karte S. 262; 30 Th Ratwithi; Hauptgerichte 120–200 B; ◷morgens, mittags & abends; @) Willkommen im Wilden Westen auf Thai-Art! Sie mag sehr kitschig sein, doch in der netten, alten Kaschemme gibt's jede Menge leckere Imbisskost – australisches Rindfleisch wird hier mit südamerikanischem Know-how zubereitet. Auch wenn Vegetarisches auf der Karte steht, ist das hier ein Laden für Fleischliebhaber. Die Eisendepots werden aufgefüllt! Doch damit nicht genug: Es gibt sogar kostenloses Popcorn, einen Pooltisch und Erdnüsse! Das Original liegt an der Th Loi Kroh.

Pho Vieng Chane
STRASSENSNACKS **$**

(Karte S. 262; Th Ratchadamnoen; Gerichte 30–70 B; ☺mittags & abends) Vietnamesisch zum Mitnehmen gibt's hinter dem Wawee Coffee. Die gedämpften Röllchen und die Nudelsuppen sind zu empfehlen.

Mangsawirat Kangreuanjam
VEGETARISCH **$**

(Karte S. 262; Th Inthawarorot; Gerichte 25–35 B; ☺8–14 Uhr; 🖉) Die Köche bereiten täglich töpfeweise verschiedene 100%ig thailändische vegetarische Gerichte zu.

Juicy 4U
SAFTBAR **$**

(Karte S. 262; 5 Th Ratchamankha; Frühstück 60–80 B, Säfte 50–80 B; ☺8.30–17.30 Uhr) Serviert geniales Katerfrühstück. Leckere vegetarische Sandwiches und Frühstück zum Selbstzusammenstellen.

Coffee Lovers
CAFÉ **$**

(Karte S. 262; 175/1 Th Ratchamankha; Hauptgerichte 40–60 B; ☺7–18 Uhr) Hier weiß man, wie Eier zubereitet werden! Es gibt klasse Frühstück, und die Säfte sind einfach nur toll.

Ginger Kafe
CAFÉ **$$**

(Karte S. 262; 199 Th Moon Muang; Gerichte 100–250 B; ☺10–23 Uhr) Auf dem gleichen Gelände wie das House.

ÖSTLICH DER ALTSTADT

Chiang Mais kleine Chinatown entlang der Th Chang Moi ist einen kulinarischen Besuch wert, besonders am frühen Morgen. An der Th Khang Mehn gibt es *kà·nŏm jeen* und andere Nudelgerichte. Die Gasse neben dem Top-Charoen-Optical-Laden erwacht früh zum Leben – nicht zuletzt dank des beliebten *nám dow·hôo-* (Sojamilch-)Stands, an dem warme Sojamilch mit frittierten chinesischen Krapfen angeboten wird.

🖉 Taste From Heaven
VEGETARISCH **$**

(Karte S. 262; 237-239 Th Tha Phae; Gerichte 60–110 B; ☺mittags & abends; 🖉) Das gute vegetarische Restaurant bereitet hervorragende Currys und Fusion-Gerichte zu, die indische Zutaten enthalten (z. B. vegetarische Samosas). Hier geht es freundlich und ethisch einwandfrei zu – Teile der Einnahmen gehen an den Elephant Nature Park (s. S. 276). Es gibt einen Garten im hinteren Teil, in dem man auch essen kann.

da Stefano
ITALIENISCH **$$**

(Karte S. 262; 🖉 0 5387 4187; 2/1-2 Th Changmoi Kao; Hauptgerichte 180–250 B; ☺11.30–23 Uhr) Dieses schlichte italienische Lokal mit Bildern vom Mittelmeer an den Wänden versteckt sich in einer Soi direkt außerhalb der Altstadt. Es ist eines der besten italienischen Restaurants der Stadt – man kann hier wirklich nichts Falsches bestellen. Wir empfehlen die reichhaltige Lasagne und das noch reichhaltigere Tiramisu.

Aroon Rai
THAI **$**

(Karte S. 262; 45 Th Kotchasan; Hauptgerichte 40–80 B; ☺8–22 Uhr) Das Aroon Rai ist ein einfaches thailändisches Freiluftlokal, dessen Personal behauptet, die besten Currys der Stadt anzubieten. Ja, viel Auswahl gibt's definitiv: Neben den Currys werden Suppen, Nudeln und Reisgerichte kredenzt, sogar Frosch taucht auf der Karte auf. Der Laden ist sehr beliebt bei Thais und Budgettravellern – ein echtes Schnäppchen! Auf dem Weg nach drinnen kann man sich die nordthailändischen Würste und Currytöpfe schon mal anschauen, um sich Appetit zu holen.

Antique House
NORDTHAILÄNDISCH **$$**

(71 Th Charoen Prathet; Gerichte 80–200 B; ☺mittags & abends) Das Antique House ist ein altertümlich hübsches, zweistöckiges Teakhaus mit Garten. Drinnen finden sich Antiquitäten, und abends läuft sanfte Musik. Wer abends herkommt, kann die Magie dieser wunderschönen Kulisse besser genießen. Es gibt ausgezeichnete Fischgerichte (besonders toll: der Tab-Tim-Fisch) sowohl auf chinesische als auch auf thailändische Art. Gäste dürfen sogar selbst an den Grill. Übrigens: Es wird auch *rod duen* (knusprig frittierter Wurm) serviert! Das Lokal ist gleich nördlich der Altstadt, abseits der Th Chang Pheuak.

Whole Earth Restaurant
RESTAURANT **$$**

(Karte S. 262; 88 Th Si Donchai; Gerichte 150–350 B; ☺11–22 Uhr) Das bonbonfarbene Teakhaus schmückt sich mit einem Garten voller Hängeranken, Koi-Teiche und Orchideen, die in den Astgabelungen der Bäume wachsen. Das Whole Earth ist die Art Restaurant, in das Thais gehen, wenn sie jemanden besonders beeindrucken möchten. Die Mitarbeiter behandeln die Gäste wie Könige, und die Gerichte (thailändisch-indisch und vegetarisch) muten exotisch an, ohne zu abgehoben zu sein.

Just Khao Soy
KŌW SOY **$**

(Karte S. 262; 108/2 Th Charoen Prathet; Hauptgerichte 100–150 B, Tapas 50 B; ☺mittags & abends) Das hier ist die Gourmetversion eines *kôw soy*. Die Spezialitäten des Hauses sind Nudelgerichte, die nach Wunsch des Gastes zubereitet und auf einer hölzernen Farbpalette serviert werden. Zuerst wird das Fleisch (oder der vegetarische Hauptbestandteil des Gerichts) ausgesucht – Schwerpunkt auf der Karte sind Freilandhühnchen, die mit Getreide gefüttert wurden –, dann der Schärfegrad, die Art der Nudeln und die Sauce. Und voilà: Eine delikate, herzhafte Suppe ist entstanden! Auch wenn das Essen erstklassig präsentiert wird, ist es ein wenig überteuert. Lan-Na-Kunst dekoriert die Bambuswände.

La-Own
THAI $,
(Th Charoen Prathet; Gerichte 40–80 B; ⊘mittags & abends) Verführerische Düfte wehen von diesem freundlichen Restaurant die Straße hinunter. Der Grill-BBQ vorne sieht oft leer aus – normalerweise ist das ein schlechtes Zeichen. Nicht in diesem Fall! Die Gerichte sind fantasievoll zubereitet, und es gibt viel Seafood und Huhn. Wir mochten den gebratenen Reis mit Meeresfrüchten besonders gern. Auch wenn sich das Lokal als „Grillhähnchenrestaurant" ausgibt, ist die exzellente thailändische Karte viel länger. Der Laden liegt nahe am Fluss an der belebten Th Charoen Prathet, dicht bei der Ecke Th Tha Phae.

Anusan-Nachtmarkt
LEBENSMITTELMARKT $$
(Karte S. 262; Anusan Night Bazaar, Th Chang Khlan; Gerichte 100–350 B; ⊘abends) Dies ist ein brummender Lebensmittelmarkt, bekannt für seine thailändisch-chinesischen Fischrestaurants. Buden umzingeln eine große Ansammlung von Tischen; jedem „Restaurant" steht davon ein Kontingent mit eigenem Kellner zu. In der Nähe liegen noch andere einzelne Restaurants, von denen einige einen eigenen Garnelenteich haben – und die Tierchen dominieren dann die Speisekarte. Die Preise sind höher, als sie sein sollten, aber wenn es etwas zu feiern gibt, tun die Thais es hier und lassen sich daher nicht lumpen. Das **Lena Restaurant** ist einen Besuch wert: 1 kg saftiger gegrillter Garnelen erleichtert den Geldbeutel um 300 B. Der Fisch mit thailändischen Gewürzen und Basilikumblättern ist auch gut.

Tianzi Tea House
GESUND $
(Karte S. 262; Th Kamphaeng Din; Gerichte 60–120 B; ⊘10–22 Uhr) Diese Art Hardcore-Reformkost gibt es normalerweise nur in Hippiehütten mit festgestampftem Boden. Aber das Tianzi hat für die asketischen Gerichte eine ästhetische Umgebung geschaffen. In einem hübschen Freiluft-*săh·lah*, dekoriert mit Blumen und von Sonnenlicht

durchflutet, können Traveller ein Reihe von makrobiotischen und Biogerichten probieren, z. B. Yunnan-Tofukäse.

Ratana's Kitchen
INTERNATIONAL/THAI $
(Karte S. 262; 320-322 Th Tha Phae; Gerichte 30–150 B; ⊘7.30–23.30 Uhr) Auch wenn immer über das kühle Klima Chiang Mais geredet wird – mittags wird es trotzdem ziemlich heiß. Also raus aus der Ofenhitze und rein in Ratana's Kitchen! Der Laden ist nicht gerade eine kulinarische Legende, aber die Preise und die Portionen sind vernünftig, und er ist in der Nähe das Pratu Tha Phae gelegen. Perfekt für ausgelaugte Traveller!

Good Health Store
GESUND $
(Karte S. 262; Th Si Donchai; Frühstücksmenü 75–120 B; ⊘Mo–Sa 7–14 Uhr) Verkauft hauptsächlich chemiefreie Produkte und pflanzliche Heilmittel sowie gesundes Frühstück.

Art Cafe
INTERNATIONAL $$
(Karte S. 262; Ecke Th Tha Phae & Th Kotchasan; Gerichte 80–200 B; ⊘morgens, mittags & abends) Beliebter Treffpunkt direkt hinter dem Tha-Pae-Tor. Man kann thailändisch, italienisch, mexikanisch und amerikanisch essen.

Moxie
INTERNATIONAL/THAI $$$
(Karte S. 262; ☑0 5399 9999; DusitD2 Chiang Mai, 100 Th Chang Khlan; Gerichte 200–450 B; ⊘6.30–22.30 Uhr) Im DusitD2 Hotel; bereitet essbare Skulpturen aus thailändischen, japanischen und italienischen Spezialitäten zu.

AM FLUSS
Hinter Saphan Nakhon Ping kommt die Th Faham, bekannt als Chiang Mais *kôw soy*-Viertel. Hier befinden sich das **Khao Soi Lam Duan** (Th Faham; Gerichte 40–60 B), das auch *kà·nŏm rang pêung* (wörtlich: Bienenstockpastete; eine Waffel mit Kokosgeschmack) serviert, sowie das **Khao Soi Samoe Jai** (Th Faham; Gerichte 30–65 B) und das **Khao Soi Ban Faham** (Th Faham; Gerichte 35–55 B). *Kôw soy*-Liebhaber verbringen manchmal den ganzen Tag damit, überall ein Schüsselchen zu probieren, bis sie ihren Lieblingsladen gefunden haben.

Chedi
THAI/INDISCH $$$
(☑0 5325 3333; 123 Th Charoen Prathet; Hauptgerichte 500–1000 B ⊘abends) Chiang Mais ambitionierteste Hommage an den Modernismus. Das ehemalige britische Konsulat wurde in eine minimalistische Studie auf einem zenartigen Gelände verwandelt. Edle indische Küche ist genauso erhältlich

(Leser empfehlen vor allem das Jinga Masala) wie eine von Chiang Mais wenigen Qualitätsweinkarten. Das Ganze ist schockierend teuer, aber dafür bekommt man einen super Service, weiße Tischwäsche, eine Location am Flussufer und Schwimmkerzen auf dem Wasser. Das ist *der* Laden, um jemanden zu beeindrucken! Wer nur einen Drink in der Bar nimmt, kann die wunderbare Kulisse genießen, ohne einen Kleinkredit aufnehmen zu müssen.

Love at First Bite
BÄCKEREI **$**

(28 Soi 1, Th Chiang Mai-Lamphun; Nachtisch 50–90 B ⊙10.30–18 Uhr, Mo geschl.) Versteckt in einer von Wohnhäusern geprägten Soi am Ostufer des Flusses liegt dieser Laden, in dem sich Thais der Mittelschicht tummeln, die Kuchen lieben. Nicht überrascht sein, wenn Gäste sich vor der Nachtischauslage zu einem Erinnerungsfoto aufstellen! Etwa 500 m nördlich der Touristeninformation.

Riverside Bar & Restaurant
INTERNATIONAL/THAI **$$**

(Th Charoenrat; Gerichte 100–200 B ⊙10–1 Uhr) Diese weitläufige Ansammlung von Holzgebäuden ist seit 20 Jahren das beliebteste Fleckchen am Fluss. Das Essen – thailändisch, westlich und vegetarisch – ist nicht gerade ein Kracher, aber hier herrscht eine absolute Wohlfühlatmosphäre. Die Kundschaft ist ein Mix aus Thais und *fa·ràng*. Man kann drinnen und draußen essen. Der Barbereich ist muffig, abgenutzt und immer ziemlich laut, draußen am Fluss geht es hingegen weitaus ruhiger zu. Einige Stammgäste essen gern auf dem angelegten Schiff zu Abend, bevor die 20-Uhr-Flusstour beginnt. Das Riverside liegt 300 m nördlich von Saphan Nawarat.

Good View
THAI **$$**

(13 Th Charoenrat; Gerichte 100–250 B ⊙10–1 Uhr) Direkt neben dem Riverside. Das Good View wird seinem Namen dank der Freiluftplätze in moderner Umgebung gerecht. Das Erfolgsrezept ist ähnlich dem des Riverside, nur dass auf der Karte mehr Thailändisches steht und die Hintergrundmusik mehrere verschiedene Genres abdeckt. Wer einen Tisch am Ufer ergattert, hat's sogar richtig romantisch.

Mahanaga
INTERNATIONAL/THAI **$$$**

(☏ 0 5326 1112; 431 Th Charoenrat/Faham; Gerichte 30–500 B ⊙17.30–24 Uhr) Die Chiang Maier Filiale eines Fusion-Restaurants aus Bangkok verströmt Romantik pur: Es gibt flackernde Kerzen, traditionell anmutende Gebäude im Lan-Na-Stil und hohe Bäume. Auf der Karte finden sich hauptsächlich thailändische Gerichte nach klassischen Rezepten, die mit hochklassigem importiertem Fleisch zubereitet werden (z. B. gegrilltes australisches Rib-Eye mit scharfer Thai-Sauce). Der Laden liegt an derselben Straße wie das Riverside, etwa 1 km weiter nördlich.

Huan Soontaree
THAI **$**

(☏ 0 5387 2707; 46/2 Th Wang Singkham; Gerichte 120–150 B ⊙16–1 Uhr) Thais, die auf Besuch aus Bangkok in Chiang Mai sind, pilgern zu diesem rustikalen Restaurant am Westufer des Flusses, teilweise wegen des Essens, hauptsächlich aber wegen der Besitzerin, Frau Soontaree Vechanont. Die war in den 1970ern nämlich eine berühmte nordthailändische Sängerin. Sie tritt von Montag bis Samstag zwischen 20.30 und 22 Uhr in ihrem Restaurant auf. Serviert werden dort nordöstliche und zentralthailändische Spezialitäten. Das Lokal liegt am Fluss, etwa 4 km nördlich der Stadt.

WESTLICH DER ALTSTADT

Im Bereich westlich des Wat Suan Dok an der Th Suthep gibt es verschiedene beliebte vegetarische *(ah·hăhn jair-)* Restaurants. Die Th Nimmanhaemin und die sie umgebenden Sois bilden eine sich unglaublich schnell entwickelnde Gegend, in der neue Restaurants und Cafés wie Pilze aus dem Boden schießen. Kulinarische Grenzen werden überwunden – hier gibt es die besten myanmarischen und japanischen Restaurants der Stadt, man kann am Fuß des Doi Suthep genauso mexikanisch wie thailändisch essen, und ein paar teure Cafés, in denen Studenten saubermachen und von einer Zukunft träumen, in der sie sich das alles leisten können, gibt's auch.

Palaad Tawanron
THAI **$$**

LP TIPP (☏ 0 5321 6039; Th Suthep; Gerichte 120–320 B ⊙mittags & abends) Dieses spektakuläre Restaurant liegt in einer kleinen Schlucht mit Wasserfall (in der Regenzeit) nahe dem Doi Suthep. Auf der langen, thailändisch geprägten Speisekarte stehen viel Fisch und Meeresfrüchte wie Schlangenkopf, Süßwassergarnelen und Seebarsch. Es gibt ein großzügiges Freigelände mit Blick über einen kleinen Stausee vorn und Chiang Mai weiter unten. Abends wird das Lokal zu einem fast magischen Ort. Hier ist es viel kühler als in der Stadt. Den Schildern am Ende der Th Suthep folgen!

Khun Churn
VEGETARISCH $

(Karte S. 270; Soi 17, Th Nimmanhaemin; Buffet 100 B ⊙mittags; 📷) Thais lieben Buffets – es ist das *all you can eat*, das für diese Menschen, die Essen so sehr lieben, so attraktiv ist. Und dieses Lokal hier ist zweifelsohne eines der besten in der Gegend. Es gibt eine Unmenge vegetarischer Gerichte und Salate zur Auswahl; einfache Fruchtsäfte sind im Preis inbegriffen. Der schattige Außenbereich verleitet zum Bleiben.

Hong Tauw Inn
THAI $

(Karte S. 270 95/17-18 Nantawan Arcade, Th Nimmanhaemin; Gerichte 70–130 B ⊙11–23 Uhr) Es ist herrlich, durch die Türen dieses altmodischen, traulichen thailändischen Gasthofes zu treten, der mit alten Pendeluhren und Antiquitäten geschmückt ist, um damit den neumodischen Läden zu entfliehen, die es in dieser Gegend zuhauf gibt. Das Hong Tauw ist ein gutes Restaurant, um sich auf ein kulinarisches Abenteuer einzulassen. Die lange Karte schlägt regionale Spezialitäten wie *naem mog sai ou* (scharfe, gegrillte nordthailändische Wurst mit Kräutern) vor. Entspanntes Essen, Bedienungen die Englisch sprechen, anständige Qualität, preiswert – hier können Thailandneulinge eine Menge von ihrer Liste abhaken. Der Gasthof ist bei Thais ebenfalls beliebt, und das Essens ist wirklich würzig. Die *sôm·dam* und die Currys sind spitze.

Su Casa
TAPAS $$

(Karte S. 270; 📷0 5381 0088; 28 Soi 11, Th Nimmanhaemin; Tapas 70–100 B ⊙mittags & abends) Der Küchenchef dieses Laden tanzt mit frischen Waren und importierten Zutaten förmlich Tango – und heraus kommen geniale Tapas und kunstvolle Hauptgerichte, z. B. Babyoktopus in Zitronendressing. Die Chorizo ist hier auch sehr gut. Der Außenbereich ist perfekt für einen lauen Abend. Es gibt kannenweise Margarita!

Ai Sushi
JAPANISCH $

(Karte S. 270; Th Huay Kaew; Gerichte 50–100 B ⊙abends) Dieser hier könnte der beste Japaner in Chiang Mai sein. Später am Abend, wenn die wahren Kenner auftauchen, geht es richtig zur Sache. Man kann die Sushi-Köche von der Bar oder von einem der kleinen Tische drinnen oder draußen direkt an der Huay Kaew Rd beobachten. Das Essen ist frisch und lecker; das *ebi tem maki* (knuspriges Drachensushi mit Garnelen) macht süchtig. Die Lachsgerichte sind auch klasse. Man wird sehr schnell bedient.

Pun Pun
THAI/VEGETARISCH $

(Wat Suan Dok, Th Suthep; Hauptgerichte 30–40 B ⊙morgens & mittags; 📷) In diesem schattigen Imbiss bekommt man vegetarische Thaiküche in Topqualität ohne Schnickschnack. Das Essen ist einfach, würzig und lecker. Es gibt ein exzellentes *sôm·dam*, und die Fruchtshakes sind Weltklasse. Hin kommt man, indem man den Wat Suan Dok von der Th Suthep aus betritt und vorbeiläuft. Das Pun Pun ist auf der rechten Seite hinter dem Büro für die Gespräche mit Mönchen.

🖉 Royal Project Restaurant
NORDTHAILÄNDISCH $$

(Th Huay Kaew; Hauptgerichte 70–300 B ⊙9–18 Uhr) Gediegenes thailändisches Essen kommt in dieser Verkaufsstelle des Royal Project auf die Tische, das verschiedene landwirtschaftliche Initiativen unterstützt. Der Laden ist beliebt bei Thais, die was Besonderes zu feiern haben, Uni-Angestellten und Familien. Ungewöhnlicherweise steht Regenbogenforelle auf einer Karte, die ansonsten strikt nordthailändisch ausgerichtet ist. Einige Gerichte sind sogar nur saisonal verfügbar. Das Restaurant liegt neben dem Huay Kaew Fitness Park und der CM Animal Quarantine Station. Ein erstklassiger Supermarkt, der abgepackten Lachs sowie Obst und Gemüse verkauft, das – wann immer möglich – als Teil des Royal Project biologisch erzeugt wird, gehört auch zum Gelände.

Salsa Kitchen
MEXIKANISCH $$

(Karte S. 270; Th Huay Kaew; Hauptgerichte 130–150 B ⊙11–23 Uhr) Serviert authentisches Essen von südlich des Rio Grande, u.a. Burritos, Enchiladas, Fajitas und Tacos. Unsere Favoriten hier sind die Hühnchen-Quesadillas – Achtung, die Portionen sind gewaltig! Der Laden ist bei Auswanderern beliebt, aber auch Einheimische kommen gelegentlich. Sicher der beste Mexikaner der Stadt und abends oft voll.

Birmanisches Restaurant
BIRMANISCH $

(Karte S. 270; Ecke Th Nimmanhaemin & Soi 14; Gerichte 30 B ⊙mittags & abends) Dieser einfache Gasthof hinter einem anderen Lokal mit Plastikstühlen, das Frittiertes auf dem Gehweg verkauft, bietet sehr preiswert sehr gutes Essen an. Es kommt schnell, rutscht noch schneller, und bei den Preisen kann man auch ein wenig rumprobieren. Der Tamarindenblattsalat (lecker), Curry von Ziegeninnereien oder Fischbällchen vom Wels in Sauce sind einen Versuch wert.

DAS AROMA MYANMARS IN CHIANG MAI

Man muss nicht nach Myanmar (Birma) reisen, um bestimmte Erfahrungen zu machen. Immer mehr Traveller fahren nach Mae Sot, um Nan-Brot und Bohnen zu frühstücken, auf dem Grenzmarkt einzukaufen, sich über die offiziellen und inoffiziellen Grenzübergänge auf und unter der Brücke zu wundern und um durch diese zweisprachige und bikulturelle Stadt zu streifen. Birma kann man aber auch hier in Chiang Mai kennenlernen, z. B. bei einem Besuch der Shan-Tempel **Wat Pa Pao** und **Wat Ku Tao**. Wer Glück hat, erlebt sogar ein farbenfrohes und faszinierendes Poy-Sanlong-Fest (Novizenordination). Der Wat Pa Pao betreibt als Pilotprojekt eine Schule für Shan-Kinder, organisiert vom Bildungsministerium und der Shan-Gemeinde. Oder man besucht den birmanischen Tempel **Wat Sai Moon** am Wassergraben. Um den Geschmack des myanmarischen Essens kennenzulernen, geht man am besten ins **D-Lo Restaurant** (s. unten), und meistens trifft man dort auch eine muntere Schar illustrer Gäste. Ein wenig weiter außerhalb, aber gleichermaßen gut, ist das **Mee Mee Shan Burmese** auf dem Ruamchoke-Markt am Weg nach Mae Joe. Am Freitagmorgen werden auf dem Markt hinter der Chang Klan Soi 1 gegenüber der Moschee birmanische Nudeln (mohinga) und weicher Shan-Tofu sowie eine ganze Menge anderer Spezialitäten verkauft.

Jackie Pollock – MAP Foundation

100% Isan Restaurant — NORDTHAILÄNDISCH $
(Th Huay Kaew; Gerichte 60–200 B ⊘mittags & abends) In dem direkt vor den Toren der CMU gelegenen neonbeleuchteten Laden bekommt man nordöstliche Standardgerichte: *sôm·dam*, *kôw nĕe·o* und *gài yâhng*. Es scheint, als kriege jeder, der aus der Uni kommt, Hunger, sobald er das Geräusch des Mörsers hört, mit dem *sôm·dam* (Salat aus grüner Papaya) zubereitet wird.

Implaphao Restaurant — THAILÄNDISCH $
(Rte 121; Gerichte 700–160 B ⊘11–22.30 Uhr) Am Wasser zu essen, scheint für Thais sehr verführerisch zu sein. Dieses scheunenartige Lokal lockt Hungrige mit *plah pŏw* (gebratener Fisch, gefüllt mit aromatischen Kräutern) und *dôm yam gûng* an. Es ist nicht einfach zu erreichen (10 km südwestl. von Chiang Mai, gegenüber dem Talat Mae Huay), dafür aber ein authentisches Erlebnis.

NinjaRamen & Japanese Food — JAPANISCH $
(Karte S. 270; Th Sirimungklajarn; Hauptgerichte 60–110 B ⊘mittags & abends) Suppen auf Basis von Ramen, z. B. Wan Tan und Ramen mit Schweinefleisch und Sojabohnen, sind einige Beispiele von der umfangreichen Karte dieses ausgezeichneten japanischen Restaurants. Im Angebot sind auch Soba- und Udon-Nudeln und abgefahrene Versionen von Sashimi und Sushi. Hier wird's oft voll, sodass Leute weggeschickt werden müssen – also früh hinkommen!

Galare Restaurant — NORDTHAILÄNDISCH $$
(außerhalb der Karte S. 258; 65 Th Suthep; Gerichte 100–220 B; ⊘10–22 Uhr) In einem Vorort von Chiang Mai, direkt an einem kleinen See und in einem grünen Park mit Blick über die Stadt, befindet sich dieses auf Terrassen angelegte Open-Air-Restaurant. Ein Blumenteppich füllt die Lücken zwischen den hölzernen Picknicktischen. Die Karte ist hauptsächlich nordthailändisch geprägt. Zwar mag das Essen nicht wirklich spektakulär sein, aber man nimmt ohnehin kaum etwas anderes wahr als die ruhige Umgebung. Eine erstklassige Zuflucht vor dem unglaublichen Verkehr der Stadt!

D-Lo — BIRMANISCH $
(Soi abseits der Th Huay Kaew; Hauptgerichte 30–50 B; ⊘mittags & abends) Wenn man den einheimischen Kennern der birmanischen Küche glauben darf, ist hier ein neuer Stern aufgegangen: Authentische Variationen birmanischer Küche wie Currys und Salate stehen auf der kleinen Karte. Unbedingt den Fischbällchensalat oder eines der großartigen Ziegencurrys probieren! Für den aufmerksamen Service und das warme Lächeln wird kein Aufpreis erhoben. Das D-Lo liegt an einer Straße hinter der Th Huay Kaew. Nach dem Schild zum Holiday Garden Hotel Ausschau halten – das Lokal ist auf halber Strecke auf der rechten Seite!

Amazing Sandwich — CAFÉ $
(Karte S. 270; 20/2 Th Huay Kaew; Sandwiches 100 B; ⊘tgl.) Bezeichnet sich selbst als Insel in einem Meer aus Reis und versorgt alle Weizenjunkies der Stadt mit Brot. Vor Kurzem hat der Laden in Richtung Pizza, Hamburger und Frühstück expandiert. Auf

jeden Fall zum Mitnehmen einkaufen, der Speisesaal ist nicht so der Renner.

I-Berry
EIS $

(Karte S. 270; Gasse abseits der Soi 17, Th Nimmanhaemin; Eis ab 60 B) Für diese Filiale einer Bangkoker Eisdiele wurde ein hübsches Holzhaus in einen angesagten Treff verwandelt: Studenten und andere Einheimische pilgern mit Kameras hierher in der Hoffnung, dem prominenten Besitzer, Comedian Udom Taepanich (Spizname „Nose"), über den Weg zu laufen. Wenn er nicht da ist, begnügt sich die Meute mit der großen, gelben Skulptur vor dem Laden, der nachgesagt wird, sie fange das Hauptmerkmal des Stars (seine große Nase) recht gut ein. Das Eis ist recht gut – aber zuzugucken, wie Chiang Mai den Promis huldigt, ist noch viel besser.

Salad Concept
SALAT $

(Karte S. 270; Th Nimmanhaemin; einfache Salate 50 B; ☺mittags & abends; 🛜) Salat-„Baukasten": Es gibt acht verschiedene grüne Salate, fünf optionale Garnierungen und ein Dressing. Einige der Beilagen sind wirklich sehr lecker.

Boat
THAI $

(Th Huay Kaew; Hauptgerichte 30–40 B; ☺morgens, mittags & abends) Bei den Thais beliebt wegen seiner bequemen Stühle und des billigen Essens. Aber das eigentlich Tolle hier ist es, die Leute zu beobachten. Das Boat liegt 300 m nordwestlich der Th Khlorng Chonprathan links der Huay Kaew, wenn man von der Stadt aus Richtung Doi Suthep geht.

Lemontree
THAI $

(Karte S. 270; Th Huay Kaew; Hauptgerichte 40–70 B; ☺11–22 Uhr) Der abgenutzte Speisesaal verrät, dass der Laden schon lange existiert – viele Einheimische essen hier. Es gibt gute Currys, die heiß und schnell serviert werden. Die Portionen sind groß und die Hauptgerichte viel besser als die Vorspeisen.

Smoothie Blues
CAFÉ $

(Karte S. 270; 32 Th Nimmanhaemin; Gerichte 100–150 B; ☺7.30–21 Uhr) Auswandererliebling; bekannt für das Frühstück, Sandwiches, Baguettes und die namensgebenden Getränke.

ANDERSWO
Chiang Mais chinesisches Erbe spiegelt sich in den allgegenwärtigen Schweinefleischgerichten wider, besonders in der nordthailändischen Spezialität *sâi ò·a* (Wurst aus Schweinefleisch). Kenner sagen, eine gute *sâi ò·a* sollte pikant und kräftig mit Zitronengras, Ingwer und Kurkuma gewürzt sein. Mit der Wurstherstellung einen Namen gemacht haben sich das **Mengrai Sai Ua** (Th Chiang Mai-Lamphun) in der Nähe des Holiday Inn am östlichen Flussufer und das **Sai Ua Gao Makham** (Rte 121), ein kleiner Imbissstand auf dem Talat Mae Huay (Mae-Huay-Markt), ein paar Kilometer südlich der Night Safari auf dem Weg nach Hang Dong.

Wrap & Roll
INTERNATIONAL/THAI $$

(88 Soi 2, Th Wualai; Hauptgerichte 60–130 B; ☺mittags & abends) Wer die Saturday Walking Street abcheckt und dabei ein Päuschen benötigt, ist hier genau richtig. Man bekommt kühles Bier, glasweise Wein und eiskaltes Mineralwasser mit frischer Limette. Leckeres Essen wie frische Frühlingsrollen oder gesündere Wraps können an den Tischen draußen genossen werden, während man gleichzeitig ein Auge auf die Vorgänge auf dem Markt hat.

Vegetarian Centre of Chiang Mai
VEGETARISCH $

(14 Th Mahidol; Gerichte 15–30 B; ☺Mo–Fr 6–14 Uhr; 🌱) Gesponsert von der Asoke Foundation, einer asketischen buddhistischen Bewegung, serviert dieses Restaurant kostengünstige vegetarische Cafeteriakost. Etwa 500 m südlich der Altstadt.

Spirit House
INTERNATIONAL/THAI $$

(Soi Viangbua, Th Chang Pheuak; Gerichte 100–200 B; ☺ab 17 Uhr) Manchmal dienen die charmantesten Restaurants nur als Bühnen für exzentrische Persönlichkeiten. Dieser mit Antiquitäten möblierte Gasthof ist der kreative Output des amerikanischen Besitzers, eines Tausendsassas, der in seinem Leben u.a. schon Antiquitätenhändler und Musiker war. Der ehemalige Koch aus New Orleans beschreibt sich selbst als „verrückt nach Essen" und stellt die täglich wechselnde Speisekarte nach den aktuell auf dem Markt erhältlichen Zutaten zusammen. Die grüne Umgebung und das rustikale Flair tragen zum Charme des Spirit House bei. Der Laden liegt gleich hinter der geschäftigen Th Chang Pheuak, nahe dem Markt.

🍷 Ausgehen

Auf S. 296 steht Näheres zum **Riverside**, einer Restaurant-Bar, die sich super für einen Drink direkt am Fluss eignet (besonders schön zu Sonnenuntergang).

Pub KNEIPE

(189 Th Huay Kaew) Untergebracht in einem alten Landhaus im Tudor-Stil, das nach hinten versetzt liegt, beschwört diese ehrwürdige Chiang-Mai-Institution fast authentisch die Atmosphäre eines ländlichen englischen Pubs herauf. Zur Happy-Hour jeden Freitagabend treffen sich hier Auswanderer aller Couleur, die natürlich alle auf dem Rücken eines Elefanten in der Stadt angekommen sind. Das Allerbeste aber ist das eiskalte Tiger-Bier vom Fass. Das Pub liegt einige hundert Meter hinter der Th Nimmanhaemin auf der Westseite der Th Huay Kaew.

Writer's Club & Wine Bar BAR

(Karte S. 262; 141/3 Th Ratchadamnoen) Der von einem ehemaligen Auslandskorrespondenten betriebene bescheidene Traveller-Treff ist bei Auswanderern besonders beliebt und hat eine Reihe guter kalter Biere und Cocktails im Angebot. Es gibt auch englisches Kneipenessen, das hilft, der flüssigen Mahlzeit die Grundlage zu verschaffen.

Archers BAR

(Karte S. 262; 33/4 Th Ratchaphakhinai; 🛜) In diesen relaxten Laden geht man wegen des kalten Biers und zum Leutegucken – und nicht zum Essen. Das Archers eignet sich prima, um sich am späten Nachmittag mit Laptop oder Zeitung (kostenloses WLAN) ein paar Gläschen zu gönnen. Beliebt bei Auswanderern und Reisenden.

Dayli BAR

(Karte S. 270; Soi 11, Th Nimmanhaemin) Diese gigantische Outdoor-Imbiss-Bar ist, frei von der Leber weg gesprochen, etwas schmuddelig. Aber es gibt billiges kaltes Bier, und der Service ist sehr aufmerksam. Die Plastikstühle und Tische am Eingang rechts sind etwas neuer und sauberer – je weiter man nach links abdriftet, desto größer werden die Konflikte mit den eigenen hygienischen Bedürfnissen... Der Laden macht einen klapprigen Eindruck, und die Schatten spendenden Bäume und Palmen verleihen ihm ein gewisses Kitsch-Ambiente. Wir mochten es! Freitag- und samstagabends steppt hier definitiv der Bär.

Rooftop Bar BAR

(Karte S. 262; Th Kotchasan) Diese schmuddelige Backpacker-Bar, angemalt in Rostfarben und mit massenweise Graffiti dekoriert, ist ein schönes Plätzchen zum Partymachen. Die angeschickerten Gäste sitzen auf dem Bambusboden um niedrige Tische herum und bewundern die Aussicht auf das Pratu Tha Phae und den Doi Suthep dahinter – jedenfalls bis getanzt wird ...

UN Irish Pub KNEIPE

(Karte S. 262; 24/1 Th Ratwithi) Die zweistöckige Bar mit Restaurant ist ein Klassiker der Travellerszene Chiang Mais. Besonders beliebt sind das Donnerstagnachtquiz und die Boozy Nights. Es gibt Guinness vom Fass, einen Biergarten und Fernseher. Oft werden Sportereignisse gezeigt, besonders Rugby und Football.

At 9 Bar BAR

(Karte S. 262; Th Nimmanhaemin & Soi 9; ◷18–24 Uhr) Um einen Blick aus der Vogelperspektive auf das Gewimmel auf der Th Nimmanhaemin werfen zu können, geht man in diese Open-Air-Bar im Obergeschoss. Perfekt zum Leutegucken und ein super Plätzchen, um ein Chang vom Fass die Kehle hinunterlaufen zu lassen!

Pinte Blues Pub BAR

(Karte S. 262; 33/6 Th Moon Muang) Diese Location verdient irgendeinen Preis oder eine Auszeichnung dafür, dass sie schon so lange existiert (über 20 Jahre), obwohl es hier nix gibt außer Bier und Espresso, und dafür, dass das Blues-Konzept während der gesamten Zeit durchgehalten wurde. Die Bar ist leicht zu übersehen – am besten lässt man sich von seinen Ohren leiten.

John's Place BAR

(Karte S. 262; Th Moon Muang) Eine weitere Old-School-Location voller Neonlichter und Bierbäuche im Bermudadreieck zwischen Th Ratchamankha und Soi 2. Vom Dach aus kann man sich mit einem Bierchen in der Hand wunderbar den Sonnenuntergang anschauen. Wer sich in die Bar im Erdgeschoss quetscht, kann ein Schwätzchen mit den „Einheimischen" (also den hier lebenden Expats) halten.

Kafe BAR

(Karte S. 262; Th Moon Muang) Ein netter Laden, eingerichtet mit viel Holz und mit ein paar Tischen draußen an der Soi 5 in der Sonne. Er ist oft gerammelt voll mit Einheimischen und Backpackern, wenn alle anderen Kneipen leer sind. Der Grund? Billiges kaltes Bier und effiziente Bedienung!

Mix Bar BAR

(Karte S. 262; DusitD2 Chiang Mai, 100 Th Chang Khlan) Beim abendlichen Stadtbummel Lust auf gehobenere Gastronomie? Dann auf zur schicken Cocktailbar des Hotels DusitD2!

Sie ist ideal, um nach einem Marsch über den Nachtmarkt ein belebendes Elixier zu schlürfen. Am letzten Wochenende des Monats gibt's schwulenfreundliche Partys.

Glass Onion BAR
(Karte S. 270; Rooms Boutique Mall, Th Nimmanhaemin; ☺20 Uhr–open end) Versteckt am hinteren Ende der Fußgängerpassage liegt diese kleine Lounge mit 1960er-Jahre-Mod-Dekor. Während sich die gerade so Volljährigen ihre Trommelfelle in den Clubs der Stadt ruinieren, ist das hier die Domäne der Erwachsenen, die bei Cocktails gepflegt Konversation betreiben. Die Location erfreut sich auch eines schwulenfreundlichen Rufs. Freitags ist Ladies Night, und zwischen 19 und 21 Uhr ist Happy Hour.

Pinocchio's (Karte S. 270; Soi 7, Th Nimmanhaemin) und **Outdoors** (Karte S. 270; Soi 7, Th Nimmanhaemin) sind zwei riesige Open-Air-Bars, in denen es am Wochenende richtig heiß hergeht. Nachmittags ist hier tote Hose, aber wer den Jungen und Schönen beim Spielen zugucken will, sollte mal abends herkommen! Das Pinocchio's ist ein bisschen teurer und zieht vor allem jüngere thailändische Studenten an, während das Publikum im Outdoors gemischter ist und aus Thais, Auswanderern und Travellern besteht. Aber Achtung: Die gigantischen Flachbildschirme in beiden Läden ersticken jeden Anflug von Ambiente im Keim!

Cafés & Teeläden

Das kreative und gesellige Chiang Mai hat bereitwillig das globale Phänomen der Kaffeekultur aufgeschnappt, befeuert von lokalen Ketten und natürlich durch die reich gedeihenden Arabica-Bohnen. Beinahe eine richtige Attraktion ist das Soi Kaafae (Coffee Lane an der Soi 9, Th Nimmanhaemin). Es beherbergt zwei geschäftige Coffee-Shops mit einem grünen Garten dazwischen. Viele Thais sitzen da und malträtieren ihre Laptops. Auf der einen Seite der Straße befindet sich **Wawee Coffee** (Karte S. 270; Soi 9, Th Nimmanhaemin), eine lokale Kette, die mal am Mae Sa Elephant Camp angefangen und jetzt eine Marktdurchdringung auf Starbucks-Level erreicht hat (es gibt noch ein Wawee an der Th Ratchadamnoen in der Altstadt). Gegenüber ist das **94° Coffee** (Karte S. 270; Soi 9, Th Nimmanhaemin).

Black Canyon Coffee CAFÉ
(Karte S. 262; 1-3 Th Ratchadamnoen) Lokale Kette mit vielen Filialen in der Stadt. Eine total angesagte Location, in der sich alles um Sehen und Gesehenwerden dreht, ist direkt vor dem Pratu Tha Phae. Hier ist es immer rappelvoll.

Impresso Espresso Bar CAFÉ
(Karte S. 270; 28/1 Soi 11, Th Nimmanhaemin; Kaffee 50 B) Wer von den großen Ketten genug hat, sollte dieses kleine Juwel aufsuchen. Hier kann man auch prima Leutegucken (drinnen wie draußen). Die Mitarbeiter können mit der Kaffeemaschine umgehen, und die Smoothies, alkoholfreien Cocktails und Tees (z. B. Jasmine Dragon Pearl) sind auch nicht von schlechten Eltern.

Tea House TEESALON
(Karte S. 262; Th Tha Phae; ☺9.30–18 Uhr) Auf den Bergen hier im Norden wächst auch Assamtee, der im viktorianischen Tea House serviert wird, das sich den Platz mit dem Siam Celadon teilt. Eine wunderbare Kulisse für eine gute Tasse Jasmintee und ein Schnittchen!

☆ Unterhaltung

LP TIPP **Sudsanan** LIVEMUSIK
(Karte S. 270; Th Huay Kaew) An einer Auffahrt hinter einer Shell-Tankstelle liegt dieses einladend beleuchtete Haus, das ordentlich Thailand-Flair verströmt. Langhaarige Thais und Ausländer, besonders die Mitarbeiter von lokalen NGOs, kommen her, um sich verschiedene Darbietungen von Samba bis *pleng pêu·a chee·wít* („Lieder fürs Leben") anzusehen. Der Laden hat eine Menge Charme und ist wohl das beste Plätzchen, um lokalen Bands zu lauschen. Bei einigen der vorgetragenen Balladen wird gern hemmungslos geflennt.

Bridge Bar LIVEMUSIK
(Karte S. 270; Soi 11, Th Nimmanhaemin) Die Bar wird als „Chic, Retro and Ready" beworben. Schick? Ähmm, ja ein bisschen. Retro? Nicht wirklich. Ready? Fertig wofür? Wie auch immer: Das Bridge ist eine coole kleine Bar (und eine nette Abwechslung zu den sich ausbreitenden Restaurant-Bars in dieser Gegend), in der an Wochenenden und manchmal auch werktags lokale Bands ihr Bestes geben. Vorsicht, die Musik ist laut! Wer empfindlich ist, sollte Ohrenstöpsel dabeihaben.

North Gate Jazz Co-op JAZZ
(Karte S. 262; Th Si Phum) Der kleine Jazzclub fasst mehr Musiker als Gäste, sowohl einheimische als auch fremde. Viel los ist dienstags, wenn jeder ans Mikro darf.

Riverside Bar & Restaurant
LIVEMUSIK

(9-11 Th Charoenrat) Das am glitzernden Mae Nam Ping gelegene Riverside ist eine der ältesten Musikkneipen von Chiang Mai. Die Coverbands bestehen aus alt gewordenen thailändischen Hippies, die auf der Bühne bei Mitmachliedern aus der „Classic Rock"-Truhe alles geben. Die perfekte Medizin gegen Electronicaitis. Das Essen ist auch gut (s. S. 296).

Inter
LIVEMUSIK

(Karte S. 262; 271 Th Tha Phae) Das Inter ist eine winzige Location in einem Holzhaus, wobei sich die Party oft bis raus auf den Bürgersteig ausbreitet ... Das Fleckchen ist schwer beliebt bei den Travellern und Backpackern, die rund um das Pratu Tha Phae wohnen. Mitunter geht richtig die Post ab. Wer irgendein musisches Talent besitzt, kann oft mitmachen.

Warm-Up
NACHTCLUB

(Karte S. 270; ☑0 5340 0676, 306 253; 40 Th Nimmanhaemin) Der angesagteste Laden der Stadt und ein Dauerliebling der Jungen und Schönen oder schlicht: Chiang Mais beste Disko. DJs lassen im großen Saal Hip-Hop über die Plattenteller sausen. In der Lounge gibt es House auf die Ohren, und im Garten spielen Rock- bzw. Indiebands. Das Publikum macht sich schick: Enge Jeans, Löwenmähne, Glitzerkleidchen und Stilettos sind angesagt. Aber auch berufsjugendliche *fa·ràng* tummeln sich zwischendrin.

Monkey Club
NACHTCLUB

(Karte S. 270; 7 Soi 9, Th Nimmanhaemin) Eine gelungene Verbindung: Abendessen, Tanz und Livemusik von lokalen Schnulzensängern und Bands – und das alles in einem wunderschön beleuchteten tropischen Garten. Damit lockt der Monkey Club das wohlhabende studentische Volk und ein paar Ausländer an, die nach und nach vom Garten in die verglaste, komplett weiße Bar umziehen. Schwer angesagt bei den Jüngeren!

Discovery
NACHTCLUB

(12 Th Huay Kaew) Hier kann man es so richtig krachen lassen und den Einheimischen mit seinen neuesten Moves zeigen, wo der Hammer hängt. Glücklicherweise muss man in dieser Disko nicht hip sein, um Spaß zu haben. Der Laden ist groß, laut und total geschmacklos – perfekt, um sich unter die Massen sich bewegender Körper zu mischen. Das Discovery ist gegenüber dem Kad Suan Kaew.

Bubbles
NACHTCLUB

(Pornping Tower Hotel, Th Charoen Prathet) Ein bisschen heruntergekommen ist das Bubbles schon, es wird aber aus mysteriösen Gründen sowohl von den Nachtschwärmern als auch von den Ravern heiß geliebt. Auf der Tanzfläche läuft alles Mögliche, einschließlich Techno-Trance. Meist proppenvoll mit Touristen!

Thapae Boxing Stadium
BOXEN

(Karte S. 262; ☑08 6187 7655; Th Moon Muang; Standard-/VIP-Karten 400/600 B; ☺an verschiedenen Abenden 21 Uhr) Direkt im Herzen des Backpackerviertels. Das Programm ist auf ausländische Zuschauer ausgerichtet; manchmal gibt's auch Kabarett.

Kawila Boxing Stadium
BOXEN

(abseits der Th Charoen Muang) Ganz in der Nähe des Talat San Pakoy liegt die Box-Loaction, die Einheimische besuchen, wenn sie sich *moo·ay tai* (auch *muay thai* geschrieben) ansehen möchten. Sie hat einen sehr guten Ruf. Leider wurde sie bei einem Brand schwer beschädigt und zum Zeitpunkt der Recherche erst wieder aufgebaut. 2012 soll sie wieder eröffnet werden. Am besten die Einheimischen nach dem Weg fragen!

Chiang Mai University Art & Culture Center
KINO

(Karte S. 258; Faculty of Media Art & Design; Eintritt frei; ☺So 1 Uhr) Sein Bedürfnis nach Kunst kann man am besten bei den wöchentlichen Vorführungen ausländischer Filme im Audimax der Uni stillen. Die Abende stehen meist unter einem bestimmten Thema.

Good View
LIVEMUSIK

(13 Th Charoenrat) Moderne Interpretationen von Coversongs; neben dem Riverside Bar & Restaurant.

Le Brasserie
LIVEMUSIK

(37 Th Charoenrat) Beliebt am späten Abend. Dann treffen sich hier die Anhänger des lokalen Gitarrengottes Took. Rock- und Bluessongs diverser toten Legenden stehen auf dem Programm. 500 m nördlich von Saphan Nawarat, direkt auf dem Fluss.

Gallery
LIVEMUSIK

(27 Th Charoenrat) Von 19 bis 21 Uhr wird hier traditionelle thailändische Musik geboten. Die wunderbar grüne Umgebung am Fluss ergänzt das Ganze toll. Neben La Brasserie.

Major Cineplex
KINO

(Central Airport Plaza, 2 Th Mahidol)

Vista Movie Theatre KINO
(Kad Suan Kaew Shopping Centre, Th Huay Kaew)

 Shoppen

Chiang Mai ist Thailands Kunsthandwerkszentrum und umringt von kleinen Fabrikchen und Werkstätten. Es gibt einige Einkaufsmeilen in der Stadt: den Chiang Mai Night Bazaar östlich der Altstadt, die Saturday Walking Street auf der Th Wualai, die Sunday Walking Street auf der Th Ratchadamnoen und die Th Charoenrat am Fluss, wo hochwertige folkloristische Textilien verkauft werden. In der Th Nimmanhaemin, westlich der Altstadt nahe der Universität von Chiang Mai, gibt es eine Handvoll Boutiquen, die *up to date* sind und von modebewussten Thailänder(innen) heimgesucht werden.

Kunsthandwerksdörfer liegen gleich außerhalb der Stadt im Süden und Osten. Hang Dong (S. 319) ist weithin als Möbelhauptstadt der Region bekannt.

ALTSTADT

Mengrai Kilns TÖPFERWAREN
(außerhalb der Karte S. 262; ☎0 5327 2063; www.mengraikilns.com; 79/2 Th Arak) In der südwestlichen Ecke der Altstadt innerhalb der Wassergrabengrenze. Mengrai Kilns hat sich darauf spezialisiert, die alte thailändische Tradition des Seladon-Töpferns aufrecht zu erhalten.

HQ Paper Maker PAPIER
(Karte S. 262; ☎0 5381 4718; www.hqpapermaker.com; 3/31 Th Samlan; ☻8.30–17.30 Uhr) Ein Papierhändler, der auch handgemachtes Maulbeerpapier *(săh)* verkauft, eine weitere Kunsthandwerksspezialität aus Chiang Mai. Es gibt eine Vielzahl von Farben und Mustern, darunter auch solche mit einem Aufdruck des nordthailändischen Alphabets.

Herb Basics PFLANZLICHE PRODUKTE
(Karte S. 262; ☎0 5323 4585; Th Ratchadamnoen; ☻Mo–Sa 9–18, So 14–21 Uhr) All diese wohlduftenden Produkte – z.B. Kräuterlippenbalsam, Seife und Shampoo – werden in Chiang Mai hergestellt.

Lost Book Shop BÜCHER
(Karte S. 262; 34/3 Th Ratchamankha) Secondhand-Bücher ohne Plastiküberzug (zum besseren Durchblättern). Dem Besitzer gehört auch das Backstreet Books.

On the Road Books BÜCHER
(Karte S. 262; 38/1 Th Ratwithi) Eine Second-Hand-Institution mit einer kleinen Auswahl von hochwertigen Büchern.

ÖSTLICH DER ALTSTADT

Elements GESCHENKE, SCHMUCK
(Red Ruby; Karte S. 262; 400-402 Th Tha Phae) Direkt neben dem Roong Ruang Hotel werden bestickte Taschen, diverse Kollektionen von Modeschmuck und anderer Tand verkauft.

Nova SCHMUCK
(Karte S. 262; www.nova-collection.com; 201 Th Tha Phae; ☻Mo–Sa 10–20, So 12.30–20.30 Uhr) In diesem Studio wird moderner Schmuck hergestellt, z.B. hochwertige Ringe (7000–8000 B), Anhänger und Ohrringe aus Gold, Silber und Edelsteinen. Die Teile können auch nach Kundenwunsch gefertigt werden. Wirklich schick!

PROVINZ CHIANG MAI CHIANG MAI

NACHTSHOPPING

Der **Chiang Mai Night Bazaar** (Karte S. 262; Th Chang Khlan; ☻19–24 Uhr) ist eine der nächtlichen Attraktionen der Stadt, besonders für Familien. Was man heute sieht, steht in der Tradition der Handelskarawanen, die hier auf ihrem Weg zwischen Simao (China) und Mawlamyaing (am Golf von Martaban, Myanmar) Halt machten. Heute werden auf dem Nachtmarkt die üblichen Souvenirs verkauft, genau wie auf Bangkoks Straßenmärkten. Der Tradition folgend formen die Verkäufer eine Gasse auf dem Fußweg der Th Chang Khlan von der Th Tha Phae bis zur Th Loi Kroh. Dazwischen liegen einige reine Marktgebäude: Im **Chiang Mai Night Bazaar Building** finden sich Antiquitäten- und Kunsthandwerksläden. Gegenüber ist der **Galare Night Bazaar**, in dem hochwertige Kleidung und Wohnaccessoires angeboten werden. Hinter der Ansammlung von Läden befindet sich das **Galare Food Centre** (Karte S. 262). Auf dem **Anusan-Markt** geht es weniger beengt zu. Angeboten werden Strickmützen, verzierte Seifen und andere Artikel vom Land. Hinten durch ist noch das **Anusan Food Centre** (S. 295).

Preise und Qualität sind nicht gerade beeindruckend, das Faszinierende sind die Vielzahl und Ballung der Gegenstände und die Geschicklichkeit und Geduld, die man braucht, um sich durchzuwühlen.

Lost Heavens
VOLKSKUNST

(Karte S. 262; 228-234 Th Tha Phae) Dieser Laden ist auf folkloristische Kunst in Museumsqualität spezialisiert, darunter Textilien, Teppiche und Antiquitäten sowie rituelle Artefakte des Volks der Yao (auch bekannt als Mien).

Kesorn
VOLKSKUNST

(Karte S. 262; 154-156 Th Tha Phae) Der Traum eines jeden Sammlers! Hier werden schon seit Ewigkeiten alte Klamotten gehandelt. Die Spezialität des Hauses sind Textilien, Perlen und Handwerkskunst der Bergvölker.

Siam Celadon
KERAMIK

(Karte S. 262; www.siamceladon.com; 158 Th Tha Pae; ☺8–18 Uhr) Das Traditionsunternehmen verkauft feine Seladonware in einem hübschen Teakhaus. Man kann den viktorianischen Bau und seine zierlichen Durchbrucharbeiten bei einer Tasse echten englischen Tees im benachbarten Teesalon Siam Celadon (S. 301) noch viel besser bewundern.

KukWan Gallery
TEXTILIEN, GESCHENKE

(Karte S. 262; 37 Th Loi Kroh) Ein wenig von der Straße entfernt steht dieses charmante Teakhaus, in dem Baumwolle und Seide als Meterware verkauft werden. Hier kann man sich mit Geschenken und Mitbringseln wie Schals und Bett- und Tischwäsche in gedeckten Farben eindecken.

Pantip Plaza
ELEKTRONIK

(Karte S. 262; Th Chang Khlan) Das in der Nähe des Night Bazaar gelegene glitzernde Einkaufszentrum ist eine legitimere Version als sein eher zwielichtiges Gegenstück in Bangkok. Es gibt jede Menge Original-Hardware wie Computer und Kameras – und zwar völlig ohne die sonst üblichen Raubkopienhändler.

Suriwong Book Centre
BÜCHER

(Karte S. 262; 54 Th Si Donchai; ☺8–20 Uhr) Diese Institution in Chiang Mai, die hauptsächlich Zeitschriften und thailändische Titel bevorratet, hat eine kleine, aber feine englische Abteilung mit Sachbüchern über Thailand und ganz Südostasien.

Backstreet Books
BÜCHER

(Karte S. 262; 2/8 Th Chang Moi Kao) In einem weitläufigen Laden neben Gecko Books finden Leseratten eine gut sortierte Krimi- und Thriller-Abteilung vor. Das Sortiment von Karten und Stadtplänen ist auch in Ordnung, auch wenn einige Artikel schon *sehr* alt sind.

Book Zone
BÜCHER

(Karte S. 262; Th Tha Phae) Gleich gegenüber dem Wat Mahawan; neue Reiseführer und Reiseliteratur plus aktuelle Belletristik.

Gecko Books
BÜCHER

(Karte S. 262; 2/6 Th Chang Moi Kao) Es gibt mehrere Filialen in Chiang Mai, z. B. an der Th Ratchamankha und der Th Loi Khro. Verkauft werden neue und gebrauchte Titel in hässlichen Plastikumschlägen.

AM FLUSSUFER

La Luna Gallery
KUNST

(Karte S. 262; ☏0 5330 6678; www.lalunagallery.com; 190 Th Charoenrat) In einer Reihe alter Ladenhäuser am Ostufer des Flusses stellt diese professionelle Galerie eine feine Sammlung von Werken junger südostasiatischer Künstler aus. Viele der Bilder haben sozialkritische Aspekte und geben dem Betrachter einen Überblick über die unterschiedlichsten Kunststile der Region. Die handbemalten Elefantenfiguren (1000 B) geben tolle Mitbringsel ab.

Vila Cini
TEXTILIEN

(☏0 5324 6246; www.vilacini.com; 30-34 Th Charoenrat) Vila Cini verkauft hochwertige handgefertigte Seiden- und Baumwolltextilien. Wundervoll ist auch die Atmosphäre des Ladens: Der ist in einem wundervollen Teakhaus mit Marmorböden und einer schmalen, klapprigen Treppe untergebracht, die zu einem Innenhof mit Galerie führt. Auf der Ostseite der Straße, 400 m nördlich der Saphan Nawarat.

Sop Moei Arts
TEXTILIEN

(Karte S. 262; ☏0 5330 6123; www.sopmoeiarts.com; 150/10 Th Charoenrat) Viele Läden verkaufen Kunsthandwerk der Bergvölker, aber die Mitarbeiter hier haben die Erzeugnisse der Pwo Karen, eines Stammes aus der Provinz Mae Hong Son, modern überarbeitet. Das Resultat sind exquisite Textilien wie Kissenbezüge, Tischdecken und Wandteppiche. Die Chefs des Geschäfts haben von etwa 30 Jahren im Rahmen eines Gesundheitsprogramms begonnen, mit den Dorfbewohnern zusammenzuarbeiten, und schnell erkannt, dass die handwerklichen Traditionen des Webens und Korbflechtens für ein Wirtschaftsentwicklungsprojekt geeignet sind.

Thai Tribal Crafts
VOLKSKUNSTHANDWERK

(☏0 5324 1043; www.ttcrafts.co.th; 208 Th Bamrungrat) Einfach mal die kunstvollen Stickereien der verschiedenen Bergvölker in die-

Chiang Mai ist ein Stück weit so etwas wie Thailands Gewissen, da sich die Stadt wirklich um die bedürftigen Immigranten aus Myanmar (Birma) und die Bewohner der Bergdörfer kümmert, die keinerlei Bürgerrechte und keinen Zugang zu Bildung, gut bezahlten Jobs und medizinischer Versorgung haben. Diese Nähe zur totalen Armut rüttelt selbst den Durchschnittsbürger wach und legt ihm Handeln nahe. Das Resultat sind unzählige Non Governmental Organisations (NGOs), die den Benachteiligten helfen sollen, legitime Einkommensquellen zu finden.

Die **Dor Dek Gallery** (Karte S. 262; ☎08 9859 6683; Th Samlan) verkauft die Ergebnisse von Handwerksprojekten mit Straßenkindern, die von der „Volunteers for Children Development Foundation" angestellt werden. Diese private Organisation betreibt ein Waisenhaus und ein Ausbildungsprogramm für vertriebene Kinder. Die Einkünfte kommen dem Kind und den Ausbildungsfonds zugute und werden außerdem für den Kauf von weiterem Material benutzt. Besonders hübsch sind hier die handgemachten Taschen, Brieftaschen und Geschenke für die lieben Kleinen.

Oder wie wäre es mit einem Novum: einem Geschenk, das man nicht mit nach Hause schleppen muss? Beim **Freedom Wheel Chairs Workshop** (Karte S. 262; ☎0 5321 3941; www.freedomwheelchairs.org; 133/1 Th Ratchaphakhinai) können Traveller einen Rollstuhl kaufen (9500 B), der einer bedürftigen Person gegeben wird, die sich solch eine Ausgabe nicht leisten kann. Eine thailändische Polioüberlebende und ihr Ehemann betreiben diese Werkstatt, kaufen Rollstühle und andere Gehhilfen auf, passen sie individuell an und geben sie an die Bedürftigen weiter.

Vielleicht soll es doch lieber etwas sein, das der sozialen Gerechtigkeit dient? **Adorn with Studio Naenna** (S. 306) ist der städtische Ausstellungsraum eines Webeprojekts von Frauen aus dem Chiang Maier Bezirk Chom Thong, die so ein wirtschaftliches Auskommen haben, ohne dass sie ihre Familien verlassen und in die Stadt ziehen müssen. Außerdem werden traditionelle Webtechniken bewahrt, und man versucht, durch den Gebrauch von natürlichen Fasern und Farben die Umwelt zu schonen.

Andere Kunsthandwerksläden, die Webarbeiten aus Dörfern verkaufen, sind die **KukWan Gallery** (S. 304), **Sop Moei Arts, Thai Tribal Crafts** und das **Hill-Tribe Products Promotion Centre** (s. unten).

sem Laden neben dem McCormick Hospital durchstöbern! Er ist ein Fair-Trade-Laden und liegt gleich an der Ecke Th Bamrungrat und Th Kaew Nawarat.

WESTLICH DER ALTSTADT

Die Th Nimmanhaemin nahe der Universität von Chiang Mai wird oft als der trendige Teil der Stadt bezeichnet. Hier finden sich einige Einkaufszentren voller höchstens schrankgroßer Modeboutiquen und Geschenkläden. Unbedingt gesehen haben muss man die Kunst- und Dekoläden an der Soi 1 hinter der Th Nimmanhaemin. Das dazugehörige Kunst- und Designfest jeden Dezember ist ebenfalls ein Muss.

Elephants   SCHNITZKUNST

(Karte S. 270; 8 Soi 1, Th Nimmanhaemin) Den Laden hat Herr Phet Wiriya gegründet, der eine Leidenschaft für die Kunst der Holzschnitzerei, für Elefanten und für neue Schnitzmethoden hat. Indem er z.B. einheimisches Kassienholz benutzt, das eine

bestimmte Struktur hat, verändert er das Aussehen des Elefanten. Die Resultate können hier bestaunt und gekauft werden.

Hill-Tribe Products Promotion Centre   VOLKSKUNSTHANDWERK

(21/17 Th Suthep) Das vom Königshaus gesponserte Zentrum verkauft handgemachtes Kunsthandwerk der Bergvölker und Souvenirs. Es gibt Stammestracht von sechs verschiedenen Bergvölkern zu kaufen. Alle Einkünfte fließen direkt in Wohlfahrtsprogramme für die Stämme. Gleich neben dem Eingang zum Wat Suan Dok.

Srisanpanmai   SEIDE

(Karte S. 270; 6 Soi 1, Th Nimmanhaemin) Die Auslagen sind förmlich ein Lehrbuch zur Textilkunst des Lan-Na-Volks: Von den kunterbunten Regenbogenmustern aus Myanmar (Birma) bis zum Stil Chiang Mais – das Srisanpanmai hat sich auf Seidenstoffe spezialisiert, die noch auf traditionelle Art hergestellt werden.

Adorn with Studio Naenna
TEXTILIEN

(Karte S. 270; 22 Soi 1, Th Nimmanhaemin) Die ruhigen Farben der Berge waren die Inspiration für diese natürlich gefärbten Seiden- und Baumwollstoffe, Produkte eines dörflichen Webereiprojekts, das von Patricia Cheeseman, einer Autorin und Expertin für thailändisch-laotische Textilien, ins Leben gerufen wurde. Das hier ist das Stadtgeschäft, man kann sich den Produktionsprozess aber auch direkt im Studio anschauen. Das Adorn ist eines der besten Textilgeschäfte in Chiang Mai – die Qualität ist ausgezeichnet. Man muss sich nur kurz umschauen, und schon hat man was gefunden.

Studio Naenna
TEXTILIEN

(www.studio-naenna.com; 138/8 Soi Chang Khian, Th Huay Kaew) Wem die Auslagen bei Adorn with Studio Naenna gefallen haben, der muss einfach in die Stadt und in den Laden dieser Textilkooperative! Sie liegt etwa 1 km nordwestlich der Kreuzung von Th Huay Kaew und Th Khlorng Chonprathan an der Soi Chang Khian.

Shinawatra
SEIDE

(Karte S. 270; www.shinawatrathaisilk.co.th; 18 Th Huay Kaew) Dieser ehrwürdige Familienbetrieb hatte sich bereits weithin einen Namen in der Seidenbranche gemacht, bevor der Neffe des Eigentümers, Thaksin Shinawatra, zum sehr kontrovers diskutierten Premierminister wurde. Die Farben und der Stil der Waren sind für den Geschmack von Ausländern vielleicht ein bisschen altbacken. Andererseits ... wenn man plötzlich zum Bürgermeister von Chiang Mai gewählt wird, könnte man so etwas vielleicht schon gebrauchen.

Koland
KITSCH

(Karte S. 270; Soi 1, Th Nimmanhaemin) Der große Vorsitzende Mao begrüßt die Kunden im angesagtesten Laden des ganzen Blocks, in dem lokal hergestellte Keramik und chinesische Kitschkunst verkauft werden.

Kachama
TEXTILIEN

(Karte S. 270; www.kachama.com; 10 Soi 1, Th Nimmanhaemin) Wer plant, Stoffe aufzuhängen (z. B. an der Wand) statt sie zu tragen, sollte dieses erstklassige Stoffstudio besuchen, in dem die traditionell inspirierten Webwaren des Künstlers präsentiert werden.

Gongdee Gallery
GALERIE

(Karte S. 270; gongdeegallery.com; 30 Soi 1, Th Nimmanhaemin) Die Gongdee Gallery, die über den größten Ausstellungsraum des Viertels verfügt, ist die Haupttalentsschmiede für junge Künstler. Ausgestellt sind Deko-Artikel, Möbel und Gemälde. Beachtlich sind besonders die ikonenartigen Buddhas und die Altäre, die der Chiang Maier Künstler Barinya gestaltet hat.

Aka
MÖBEL

(Karte S. 270; www.aka-aka.com; Soi 1, Th Nimmanhaemin) Eakrit Pradissuwana, ein Designer für thailändische Möbel und dekorative Kunst, hat für die heutigen Asia-Fans einen modernen Look geschaffen: Die Möbel sind schlank und minimalistisch, aber ausgesprochen „östlich" im Charakter.

Chabaa
KLEIDUNG

(Karte S. 270; www.atchabaa.com; Nimman Promenade, 14/32 Th Nimmanhaemin) Wenn das Plattenlabel Putumayo Kleidung machen statt Musik veröffentlichen würde, käme dabei Chabaa heraus. Shoppingfüchse finden hier farbenfrohe, bestickte Tops und Röcke und dazu auffälligen Schmuck im Ethno-Look.

Ginger
KLEIDUNG, ACCESSOIRES

(Karte S. 270; 6/21 Th Nimmanhaemin) Für einen schönen Abend in der Stadt findet man hier schimmernde Kleider, funkelnde Sandaletten, herrlichen Schmuck und bunte Accessoires.

ℹ️ Praktische Informationen
Gefahren & Ärgernisse

Verglichen mit Bangkok ist Chiang Mai der reinste Kindergarten. Die Nötigung durch *sŏrng·tăa·ou*- und Túk-Túk-Fahrer hält sich in Grenzen.

Ein größeres Ärgernis ist der Straßenverkehr, aber wer direkt aus Bangkok kommt, findet ihn vielleicht sogar ganz entspannt, denn er ist bei Weitem nicht so schlimm wie dort. Und auch wenn die Straßen ziemlich voll sind, geht es auf den Hauptverkehrsadern doch meistens ganz gut vorwärts.

Im März und April versteckt sich Chiang Mai in einer Wolke aus Rauch und Staub, die größtenteils von den Bauern verursacht wird, die die Felder in ihrer Nachbarschaft abbrennen.

Viele günstigere Pensionen in Chiang Mai setzen Gäste vor die Tür, wenn diese keine Wandertouren buchen wollen. Die meisten Häuser machen daraus kein Geheimnis und vermieten nicht wandernden Gästen die Zimmer nur für einen kurzen Aufenthalt.

Geld

Alle größeren thailändischen Banken haben mehrere Filialen und Geldautomaten in ganz

Chiang Mai. Viele davon befinden sich an der Th Tha Phae.

Western Union (☑0 5322 4979) Hier kann man selbst Geld anweisen oder empfangen. Schalter gibt es an der Central Airport Plaza, im Kad Suan Kaew Shopping Centre, in der Th Huay Kaew und auch in allen Postämtern.

Infos im Internet

1 Stop Chiang Mai (www.1stopchiangmai.com) Die Website präsentiert die Sehenswürdigkeiten der Stadt mit Schwerpunkt auf Tagestouren und Outdoor-Aktivitäten.

Chiang Mai Sawadee (http://chiangmai.sawa dee.com) Ein nützlicher Führer über Chiang Mai im Web; praktisch vor allem in Sachen Ankunft am Flughafen, Unterkünfte und Karten.

Guidelines (www.guidelineschiangmai.com) Monatliches Advertorial mit anständigen Informationen zur Geschichte des Nordens, das auch als Reiseführer genutzt werden kann.

Internetzugang

Die meisten Pensionen in Chiang Mai bieten kostenlosen Internetzugang an, inklusive WLAN. Zudem gibt es zahlreiche Internetcafés an den Straßen Th Tha Phae, Moon Muang und Ratchamankha.

Medien

Chiangmai Mail (www.chiangmai-mail.com) Wochenzeitung in englischer Sprache mit lokalen und regionalen Nachrichten und Politik.

Citylife (www.chiangmainews.com) Lifestyle-Magazin, das über Restaurants, Bars, lokale Kultur, Politik und Menschen berichtet. Mit Kleinanzeigen.

Irrawaddy News Magazine (www.irrawaddy. org) Eine anerkannte Zeitschrift mit Nachrichten aus Myanmar (Birma), Nordthailand und anderen Teilen von Südostasien.

Medizinische Versorgung

Chiang Mai Ram Hospital (☑0 5322 4880; www.chiangmairam.com; 8 Th Bunreuangrit) Das modernste Krankenhaus der Stadt. Wird von den meisten Ausländern empfohlen.

Lanna Hospital (☑0 5399 9777; www.lanna -hospital.com; Th Superhighway) Eines der besseren Krankenhäuser der Stadt und nicht so teuer wie das Chiang Mai Ram.

Malaria Centre (☑0 5322 1529; 18 Th Bunreuangrit) Blutuntersuchungen auf Malaria.

Mungkala Traditional Medicine Clinic (Karte S. 262; ☑0 5327 8494; 21-27 Th Ratchamankha; ☉9–12.30, 14.30–19 Uhr) Von der Regierung genehmigte Klinik, die mit Akupunktur, Massage und chinesischer Kräutermedizin arbeitet.

McCormick Hospital (☑0 5392 1777; www. mccormick.in.th; 133 Th Kaew Nawarat) Frühe-

res Missionarskrankenhaus. Gut bei kleineren Wehwehchen.

Notfall

Touristenpolizei (☑0 5324 7318, 24-Stunden-Notruf 1155; Th Faham; ☉6–24 Uhr) Die Belegschaft besteht aus freiwilligen Helfern aus diversen Ländern, die eine Vielzahl von Sprachen sprechen. Einige Freiwillige stehen an der Sunday Walking Street. Auf der Ostseite des Flusses, gleich südlich des Superhighway.

Post

Hauptpost (☑0 5324 1070; Th Charoen Muang; ☉Mo–Fr 8.30–16.30, Sa & So 9–12 Uhr) Weitere gut erreichbare Filialen sind in Th Singharat/Samlan, der Th Mahidon am Chiang Mai International Airport, der Th Charoen Prathet, der Th Phra Pokklao, der Th Ratchadamnoen, der Th Chotana und bei der Universität von Chiang Mai. Die Filiale an der Th Ratchadamnoen ist ideal, um Päckchen nach Hause zu schicken – die Angestellten verpacken die Kisten und Päckchen sehr gerne.

Reisebüros

Travel Shoppe (☑0 5387 4280; www.travel -shoppe.com; 2/2 Th Chaiyaphum) Hervorragendes Reisebüro, direkt vor dem Pratu Tha Phae. An Ausländer gewöhnt.

Telefon

Viele Internetcafés bieten Kopfhörer an, so dass die Kunden skypen können. In den Touristenecken von Chiang Mai gibt es auch ein paar Direktwahltelefone und viele Telefonzellen in Läden und Bars in der ganzen Stadt.

Communications Authority of Thailand (CAT; ☑0 5324 1070; Th Charoen Muang; ☉24 Std.) Abgelegen, aber in der Nähe der Hauptpost.

Touristeninformation

Tourism Authority of Thailand (TAT; ☑0 5324 8604; www.tourismthailand.org; Th Chiang Mai-Lamphun; ☉8.30–16.30 Uhr) Die englisch sprechenden Angestellten haben Karten und empfehlen Reiseführer. Das TAT nimmt keine Hotelreservierungen vor. Es befindet sich auf der Saphan Lek auf der Ostseite des Flusses.

An- & Weiterreise

Bus

Chiang Mais Fernbusbahnhof ist auch bekannt als **Arcade Bus Terminal** (Th Kaew Narat) und liegt 3 km von der Altstadt entfernt. Vom Stadtzentrum kostet eine Fahrt mit dem Túk-Túk oder dem *sŏrng·tăa·ou* zwischen 50 und 80 B. Green Bus Thailand ist der größte Anbieter am Arcade Bus Terminal. Die Ticketschalter, an denen man Karten für Pai, Mae Hong Son und Mae Sariang bekommt, sind hinter dem Hauptterminal.

BUSSE AB DEM CHIANG MAI ARCADE BUS TERMINAL

ZIEL	PREIS (B)	DAUER (STD.)	HÄUFIGKEIT
Bangkok	605–810	9½	alle 30 Min. (6.30–21.30 Uhr)
Chiang Khong	215–275	6½	3-mal tgl.
Chiang Rai	135–265	3–4	alle 30 Min. (5.30–17 Uhr)
Chiang Saen	165–220	3½–4	2-mal tgl.
Khon Kaen	505	12	10-mal tgl.
Khorat	560–660	12	11-mal tgl.
Lampang	20–100	2	stündl. (6.30–21.30 Uhr)
Lamphun	35	1	stündl. (6.30–21.30 Uhr)
Mae Hong Son (über Pai)	145–170	7–8	8-mal tgl.
Mae Hong Son (über Mae Sariang)	180–340		6-mal tgl.
Mae Sai	165	5	2-mal tgl.
Mae Sariang	100–200	4–5	6-mal tgl.
Mae Sot	240–310	6–6½	2-mal tgl.
Nan	150–420	6	11-mal tgl.
Pai	75–85	4	12-mal tgl.
Phayao	115–150	2½–3	6-mal tgl.
Phrae	140–280	3½–4	7-mal tgl.
Phitsanulok (2. Klasse)	210–320	5–6	sehr häufig
Sukhothai (2. Klasse)	220	5–6	sehr häufig
Udon Thani (2. Klasse)	410–620	12	4-mal tgl.

Minibusse fahren auch von diesem Bahnhof ab und können schneller am Ziel sein als die großen Busse. Allerdings könnten die Fahrten auch ein bisschen haarsträubender sein …. Zu den Zielen gehören Mae Hong Son (250 B) und Pai (150 B).

Achtung: Die zuverlässigsten Bangkoker Busunternehmen operieren vom Nord- und Nordost-Busbahnhof (Mo Chit) von Bangkok aus! Es ist nicht ratsam, mit einer Busfirma Richtung Norden zu fahren, die von Bangkoks Touristenzentrum, z. B. von der Th Khao San, abfährt. Diese Veranstalter versprechen zu viel und halten zu wenig.

Wer Busreiseziele innerhalb der Provinz Chiang Mai erreichen möchte, nimmt den **Chang-Pheuak-Busbahnhof** (außerhalb der Karte S. 262; Th Chang Pheuak), der sich nördlich der Altstadt befindet. Zu den vom Chang Pheuak Terminal aus angefahrenen Zielen gehören Chiang Dao (40 B, 1½ Std., alle 30 Min.), Chom Thong (34 B, 2 Std., alle 20 Min.), Fang (80 B, 3 Std., alle 30 Min.), Hang Dong (15 B, 30 Min., alle 20 Min.) und Tha Ton (90 B, 5-mal tgl., 4 Std.).

Es gibt auch eine *sŏrng·tăa·ou*-Haltestelle an der Th Praisani zwischen Talat Warorot und Mae Ping, von wo aus man in Nachbarstädte wie Lamphun, Bo Sang, San Kamphaeng und Mae Rim kommt. *Sŏrng·tăa·ou* und Busse stehen auch auf der Ostseite des Flusses in der Nähe der Saphan Lek und machen die Tour nach Lamphun, Lampang und Chiang Rai (über eine ältere und schlechtere Straße).

Flugzeug

Der **Chiang Mai International Airport** (Karte S. 258; www.chiangmaiairportonline.com), der 3 km südlich vom Zentrum der Altstadt liegt, wickelt regelmäßig Flüge ab. Wenn nicht anders vermerkt, benutzen die folgenden Airlines den Suvarnabhumi Airport für Flüge von und nach Bangkok.

Air Asia (☎ 0 2515 9999; www.airasia.com) Fliegt täglich nach Bangkok und Kuala Lumpur.

Bangkok Airways (☎ 0 5328 9338-9; www.bangkokair.com) Fliegt täglich nach Bangkok und weiter nach Samui.

Korean Air (☎ 662-620 6900; www.koreanair.com) Fliegt zwischen Chiang Mai und Seoul zweimal wöchentlich in beide Richtungen. Direkte Flüge.

Lao Airlines (☏0 5322 3401; www.laoairlines. com) Fliegt täglich nach Luang Prabang.

Nok Air (☏1318; www.nokair.com) Fliegt zu Bangkoks Don Muang Airport. Wichtig zu wissen: Nok Air ist eine Tochter von Thai Airways. Fliegt auch von Udon Thani.

Orient Thai Airlines (☏1126; www.flyorient thai.com) Fliegt viermal täglich zu Bangkoks Don Muang Airport und dreimal wöchentlich nach Pai (durchgeführt von Kan Air).

Silk Air (☏0 5390 4985; www.silkair.com) Fliegt dreimal wöchentlich nach Singapur.

Thai Airways International (THAI; ☏0 5321 1044/7; www.thaiair.com) Fliegt mindestens sechsmal täglich nach Bangkok. Fliegt auch viele andere inländische Ziele an, aber nicht alle direkt.

Zug

Chiang Mais **Bahnhof** (außerhalb der Karte S. 258; Th Charoen Muang) liegt etwa 2,5 km östlich der Altstadt. Am Bahnhof gibt es einen Geldautomaten, Schließfächer (20 B/Gepäckstück) und einen Reservierungsschalter am normalen Ticketschalter. Informationen zu Fahrplänen und Preisen gibt es bei **State Railway of Thailand** (☏kostenlose Hotline 1690; www.railway.co.th), oder man holt sich einen Fahrplan am Bahnhof.

Alle Züge Richtung Chiang Mai fahren ab Bangkoks Bahnhof Hua Lamphong. Zum Zeitpunkt der Recherche gab es täglich sechs Verbindungen von Bangkok nach Chiang Mai (und genauso viele in die andere Richtung); die Reise dauerte zwischen 12 und 15 Stunden. In den folgenden Reiseinformationen sind Preise für klimatisierte Waggons extra gekennzeichnet. Wenn nichts dabei steht, heißt das, dass die Sitze in ventilatorgekühlten Abteilen sind.

Schnellzüge verlassen Bangkok um 14.30 Uhr und kommen um 5.10 Uhr am nächsten Tag in Chiang Mai an. Tickets für Sitze in der 2./3. Klasse kosten 391/251 B, solche für untere/obere Kojen in der 2. Klasse 541/491 B.

Schnellzüge, die in Bangkok um 22 Uhr abfahren, kommen in Chiang Mai um 12.45 Uhr des Folgetags an. Tickets kosten 431/291 B für Sitzplätze in der 2./3. Klasse, 541 B für klimatisierte Sitze in der 2. Klasse, 581/531 B für untere/obere Kojen in der 2. Klasse und 821/751 B für untere/obere Kojen in der klimatisierten 2. Klasse.

Sprinter (besonderer Diesel-Express) verlassen Bangkok um 8.30 und 19.20 Uhr; Ankunft in Chiang Mai ist um 20.30 bzw. 7.40 Uhr. Man zahlt 611 B für einen Sitz in der klimatisierten 2. Klasse.

Spezielle Expresszüge fahren um 18 und 19.20 Uhr los und kommen am nächsten Tag um 7.15 bzw. 9.45 Uhr an. Tickets kosten 1253 B für eine Koje in der klimatisierten 1. Klasse und 881/791 B für klimatisierte untere/obere Kojen in der 2. Klasse.

Bei den Zügen von Chiang Mai nach Bangkok gibt es die folgenden Alternativen: Express (Abfahrt 14.50, Ankunft 5.30 Uhr), Special Express (Abfahrt 16.30 & 17.55 Uhr, Ankunft 6.40 & 7 Uhr), Sprinter (Abfahrt 21 & 8.45 Uhr, Ankunft um 9.10 & 20.25 Uhr) und Schnellzug (Abfahrt 6.45, Ankunft 21.10 Uhr).

Kojen sind ohne Reservierung immer schwieriger zu bekommen. Tourgruppen buchen manchmal komplette Waggons, und während der Feiertage sind die zur Verfügung stehenden Plätze noch seltener, z. B. an Songkran (Mitte April), Chulalongkorn Day (Okt.) und zum Chinesischen Neujahr (Ende Feb.–Anfang März). Reservierungsinformationen gibt's auf S. 850.

ℹ Unterwegs vor Ort
Auto & Lastwagen

Mietwagen sind bei Verleihern in der ganzen Stadt erhältlich, vor allem entlang der Th Moon Muang. Auf jeden Fall auf die Versicherung (Haftpflicht) achten, die normalerweise eine Selbstbeteiligung von 5000 B beinhaltet! Das deckt aber eigene Verletzungen und Zahlungen für die medizinische Versorgung von anderen bei einem Verkehrsunfall Verletzten nicht ab. Man sollte sich die Versicherungsbedingungen vorher gut durchlesen, damit klar ist, was abgedeckt ist und was nicht.

Eine der Agenturen mit sehr gutem Ruf ist **North Wheels** (Karte S. 262; ☏0 5387 4478; www.northwheels.com; 70/4-8 Th Chaiyaphum). Deren Autos kann man auch am Hotel abholen bzw. abgeben, und sie bietet einen Rund-um-die-Uhr-Autoservice und eine umfassende Versicherung. Eine weitere Empfehlung ist **Thai Rent a Car** (Petchburee Car Rent; ☏0 5328 1345; www. thairentacar.com; 81/1 Th Arak) in der südwestlichen Ecke der Altstadt.

Die Standardtarife pro Tag: Kleine 1,5-l-Autos wie ein Toyota Yaris oder ein Honda Jazz kosten 900 bis 1300 B. Wochen- und Monatsraten werden ebenfalls angeboten; das Benzin ist im Preis nicht enthalten. Eine Kilometerbegrenzung sollte es nicht geben.

Weitere Autovermietung in der Stadt:

Budget Car Rental (☏0 5320 2871; 201/2 Th Mahidol) Gegenüber der Central Airport Plaza.

Fahrrad

Mit dem Fahrrad kommt man in Chiang Mai gut herum. Klapprige Cruiser-Räder mit einem Gang kann man für etwa 60 B in einigen Pensionen oder bei verschiedenen Läden am östlichen Wassergraben mieten. Man sollte die Räder aufmerksam prüfen, bevor er sie nimmt – vor allem die Bremsen sind wichtig. **Chiang Mai Mountain Biking** (Karte S. 258; ☏0 5381 4207; www.mountainbikingchiangmai.com; 1 Th Samlan) vermietet gut gepflegte Mountainbikes und Stadträder für einen Tag. Hier werden auch

Mountainbiketouren durch die Umgebung angeboten.

Wer ein Fahrrad kaufen möchte oder Reparaturen braucht, ist am besten bei **Cacti Bike** (Karte S. 258; [x]0 5321 2979; 94/1 Th Singharat) aufgehoben, wo man auch gute Räder mieten kann (je nach Fahrradtyp 80–350 B/Tag), angefangen bei einfachen Stadträdern bis zu hochklassigen Mountainbikes mit allen Accessoires. Für die richtig guten Mountainbikes muss man eine Kaution von 250 US$ oder seinen Personalausweis hinterlegen. Eine gut zu erreichende Alternative ist **SM Travel** (Karte S. 262 [x]0 5320 6844; 87 Th Ratchadamnoen), wo man auch Räder leihen kann und wo es ein bisschen billiger ist, was sich aber auch im Zustand der Räder widerspiegelt (Mountainbikes 100–200 B).

Vom/Zum Flughafen

Es gibt nur ein lizensiertes Flughafentaxiunternehmen, das einen Festpreis (150 B) verlangt. Der öffentliche Bus 6 (15 B) fährt vom Flughafen aus zu Zielen im Westen auf der Route zur Universität von Chiang Mai – das ist nicht besonders praktisch, wenn man in der Altstadt wohnt. Manche Pensionen und Hotels bieten auch einen Flughafentransfer an.

Von jedem Ort innerhalb der Stadt aus kann man ein Túk-Túk oder ein rotes *sŏrng·tăa·ou* für etwa 60 bis 80 B zum Flughafen nehmen. Man kommt auf diese Art eigentlich auch vom Flughafen in die Altstadt, aber man muss möglicherweise eine Weile warten, bis eines auftaucht.

Motorrad

Eines der beliebtesten Fortbewegungsmittel in der Stadt ist der Roller bzw. das Motorrad. Anbieter an der Th Moon Muang und auch einige Pensionen vermieten Honda Dreams (100 cm³) mit Fußschaltung für 130 bis 150 B pro Tag (Automatik 200 B); eine Honda oder Yamaha mit 125 cm³ bis 150 cm³ kann man für 250 B pro Tag mieten. Auch 400-cm³- (600–900 B) und 650-cm³-Motorräder (1300 B) sind erhältlich.

Die meisten Agenturen bieten Motorradversicherungen für rund 50 B pro Tag an. Auf jeden Fall nachfragen, was damit abgedeckt ist! Manche Policen beinhalten auch kostenlose Reparaturen, wenn das Motorrad kaputt geht, aber bei einem Unfall werden 1500 B Selbstbeteiligung fällig, und wenn das Motorrad gestohlen wird, muss man 10 000 B selbst blechen.

Wer ein Motorrad für eine Tour durch das Umland von Chiang Mai mietet, sollte sich die Tipps und Routen von **Golden Triangle Rider** (www.gt-rider.com) angucken.

Zu den etablierten und verlässlicheren Anbietern gehören:

Dang Bike Hire (Karte S. 258; [x]0 5327 1524; 23 Th Kotchasan; [⏲]tgl. 9–17 Uhr)

Mr. Mechanic (Karte S. 258; [x]0 5321 4708; www.mr-mechanic1994.com; 4 Soi 5, Th Moon Muang) Es gibt auch noch zwei weitere Filialen in der Altstadt.

Tony's Big Bikes (Karte S. 258; [x]0 5320 7124; 17 Th Ratchamankha) Vermietet gut gepflegte 125-cm³- bis 400-cm³-Motorräder, die alle ein Nummernschild haben. Bietet auch Fahrstunden an, gibt Tipps zu Touren und repariert Motorräder.

Sŏrng·tăa·ou, Túk-Túk & Săhm·lór

Einheimische, die keinen eigenen fahrbaren Untersatz haben, nutzen ein *sŏrng·tăa·ou* (auch *rót daang* genannt) oder ein Túk-Túk.

Ein *sŏrng·tăa·ou* ist ein Sammeltaxi. Man kann solche auf der Straße anhalten und sein Ziel nennen – wenn der Fahrer in die Richtung will, nickt er. Auf dem Weg werden noch weitere Fahrgäste mitgenommen, wenn deren Ziele auf dem Weg oder nahe dran liegen. Kurze Fahrten kosten 20 B pro Person (z. B. von der Altstadt zum Fluss oder von Th Nimmahemin im Westen), längere ab 40 B, abhängig von der Entfernung und dem persönlichen Verhandlungsgeschick. Wer vom Fluss zur Th Nimmahemin fahren will, muss zwischen 30 und 40 B zahlen. Im Großen und Ganzen sollte man aber keine Schwierigkeiten damit haben, dass *sŏrng·tăa·ou*-Fahrer zu gierig werden. Die meisten nennen faire Preise, und es scheint eine Tradition zu sein, dass die Fahrer abends und am Wochenende ihre Ehefrauen vorne mitnehmen, um Gesellschaft zu haben.

Túk-Túks können nur gechartert werden und sind teurer als *sŏrng·tăa·ous*. In den Vergnügungsvierteln bitten die meisten Túk-Túk-Fahrer nachts ganz optimistisch um 100 B.

In Chiang Mai gibt es immer noch einige *săhm·lór* (Fahrradrikschas), die üblicherweise am Talat Warorot stehen. Die Fahrten kosten etwa 20 bis 30 B.

Taxi

Nur selten sieht man ein Taxi mit Taxameter in Chiang Mai, das man auf der Straße anhalten

---

TÚK-TÚK VS. SŎRNG·TĂA·OU

Fahrten mit Túk-Túks sind teurer, und die Fahrer ziehen einen manchmal über den Tisch, aber sie steuern direkt das Ziel an, und die meisten Fahrer sprechen Englisch. *Sŏrng·tăa·ou*-Fahrer nehmen weniger, zocken einen nicht ab (viele Thais nutzen ihre Dienste auch), aber die Sprache kann ein Problem sein, und man fährt nicht unbedingt direkt. Bei der Fahrt mit einem *sŏrng·tăa·ou* kann man super einheimische Thais kennenlernen.

könnte. Ein Anruf bei **Taxi Meter** (⌨ 0 5326 2878; www.taxichiangmai.com) reicht, und schon wird man abgeholt – die meisten Fahrten innerhalb von Chiang Mai kosten nicht mehr als 150 B. Man kann damit auch Touren in und rund um die Stadt organisieren.

NÖRDLICHES CHIANG MAI

Nördlich von Chiang Mai wird die Landschaft bergiger und rauer, je näher man an die Grenze zu Myanmar (Birma) herankommt. Zu den Highlights gehören das wunderschöne Mae-Sa-Tal und die bewaldeten Berggipfel rund um Chiang Dao.

Mae-Sa-Tal & Samoeng
น้ำตกแม่สา/สะเมิง

Eine der am leichtesten zugänglichen Bergstrecken, die Mae-Sa-Samoeng-Schleife, führt von den Betonwüsten der Tiefebene in die Bergwälder nahe der Grenze. Die 100 km lange Route gibt einen tollen Tagestrip ab, wenn man ein eigenes Transportmittel hat, oder einen netten Ausflug aufs Land mit Übernachtung in Samoeng. **Golden Triangle Rider** (www.gt-rider.com) hat eine genaue Karte von der Gegend.

Nördlich von Chiang Mai fährt man auf der Rte 107 (Th Chang Pheuak) Richtung Mae Rim, dann links auf die Rte 1096. Die Straße wird immer holpriger, aber für Unterhaltung sorgen diverse Attraktionen an der Strecke: Orchideenfarmen, Schmetterlingsparks, Schlangenfarmen usw. Überall finden sich zudem Geländewagen- und -buggyverleihe.

Nur 6 km von der Mae-Rim-Abzweigung entfernt befindet sich der **Nam Tok Mae Sa** (Erw./Kind 100/50 B, Auto 30 B), der Teil des Doi Suthep-Pui National Parks ist. Die Gegend um die Fälle ist ein malerisches Plätzchen für ein Picknick oder für einen kleinen Waldspaziergang. Auch die Einheimischen kommen am Wochenende gerne hierher. Die Wasserfälle sind eher eine Aneinanderreihung von Becken und eignen sich hervorragend, um sich während der warmen Jahreszeit (März–Juni) abzukühlen. Am besten kommt man morgens und reserviert sich eines.

Hinter der Zufahrt zum Wasserfall beginnt die Straße anzusteigen und sich zu winden. Nicht weit hinter dem Elefanten-

camp liegen die **Queen Sirikit Botanic Gardens** (⌨ 0 5384 1000; www.qsbg.org; Rte 1096; Erw./Kind 30/10 B; ⏲ 8.30–17 Uhr), ein gepflegtes, 227 ha großes Gelände, auf dem die unterschiedlichsten exotischen und einheimischen Pflanzen zur Konservierung und für Studien gedeihen. Der beste Teil der Kollektion ist der Glashauskomplex, der sich in der Nähe eines Berggipfels befindet. Schon auf der Fahrt zum Glashaus hat man wunderbare Ausblicke, und oben finden sich noch mehr Highlights: die Wasserlilien- und Seerosensammlung mit einigen außergewöhnlich vielblättrigen Exemplaren und wunderschöne Blumen mit zwei- und sogar dreilagigen Blütenblättern. Auch ein riesiges **tropisches Regenwaldtreibhaus**, komplett mit Wasserfall, gibt es. Dort kann man auf einer erhöhten Plattform herumlaufen und aus der Vogelperspektive auf den Wald hinunter gucken. Mit dem Bus (30 B) oder dem eigenen Auto (100 B) kommt man auf der gesamten Anlage herum. Motorräder sind in den Gärten nicht erlaubt.

Gegenüber dem botanischen Garten auf einem Hügel befindet sich das **Botanic Resort** ([⌨ 0 5381 8628; www.botanicresort.org; Rte 1096; Zi. 1500–4800 B; ✳✎). Hier sind viel frische Bergluft, Aussicht und Entspannung in ziemlich luxuriösen Zimmern garantiert.

Hinter dem botanischen Garten steigt die Straße an und führt ins fruchtbare Mae-Sa-Tal, einst ein hoch gelegenes Becken, in dem Schlafmohn angebaut wurde. Mittlerweile haben die Bergvolkbauern des Tals ihre **Terrassenfelder** neu mit Paprika, Kohl, Blumen und Früchten bepflanzt – die Produkte werden dann unter dem Label Doi Kham an die königlichen Landwirtschaftsprojekte verkauft. Das Hmong-Dorf **Nong Hoi** liegt etwa 1200 m über dem Meeresspiegel und ist über die Abzweigung im Dorf Pong Yeang erreichbar.

An der westlichen Ecke des Tals liegt das **Proud Phu Fah** (⌨ 0 5387 9389; www.proudphufah.com; Km 17, Rte 1096; Zi. 4500–7000 B; ✳@☎✎), ein kleines Boutiquehotel mit urgemütlichen Villen, in denen man den Eindruck hat, man schliefe direkt unterm Sternenzelt. Jede Villa hat auch einen Terrassenbereich direkt am Wasser. Im Open-Air-Restaurant genießt man gesundes thailändisches Essen (Gerichte 100–150 B) bei einem Panoramablick auf das Tal.

Hinter dem Proud Phu Fah verläuft die Straße um einen Bergkamm herum, steigt an und fällt wieder ab, bis die Nadelbaumzone erreicht ist. Dahinter faltet sich die Landschaft zu Bergen auf. Schließlich schlängelt sich die Straße hinunter nach **Samoeng**. Wer in dem hübschen Dorf übernachten möchte, könnte dies im einfachen, etwas schäbigen **Samoeng Resort** (☏ 0 5348 7074; Rte 6033; Zi. 400–500 B; ✸) tun, das nicht wirklich ein Resort ist, sondern eher eine Ansammlung von akzeptablen Betonbungalows zwischen Büschen, etwa 2,5 km außerhalb des Dorfes. Man erreicht es über die Rte 1349 von Samoeng aus (im Dorf nach rechts abbiegen).

① An- & Weiterreise

Nur ein Teil der Route ist mit öffentlichen Verkehrsmitteln erreichbar. *Sŏrng·tăa·ous* fahren vom Chang-Pheuak-Busbahnhof in Chiang Mai nach Samoeng (70 B, 2¾ Std., 2-mal tgl. morgens). In Samoeng halten die Fahrzeuge in der Nähe des Marktes, gegenüber vom hiesigen Krankenhaus.

Chiang Dao   เชียงดาว

Inmitten von üppigem Urwald klebt Chiang Dao an den Kalksteinklippen eines mächtigen *doi* (Berg), ein sehr beliebter Zufluchtsort abseits der dämpfigen städtischen Ebenen um Chiang Mai. Er zieht Familien und Reisende um die 30 an, die gern gut essen, sich entspannen und in ländlicher Umgebung unterwegs sein wollen – und daraus schlagen die hiesigen Pensionen Kapital. Die Hauptattraktion dieser Gegend ist der **Doi Chiang Dao**, bekanntermaßen Thailands höchster Kalksteinberg. Es handelt sich um einen dicht bewaldeten Gipfel mit einem heiligen **Höhlenschrein**, der in der Basis eingegraben, und vielen Wanderwegen, die bei Vogelkundlern und Wanderern sehr beliebt sind.

Der Ort Chiang Dao ist nicht viel mehr als eine staubige Kreuzung, an der ein bunter **Dienstagmorgenmarkt** (⊘7–12 Uhr) stattfindet, auf dem die Bergvölker ihre Waren verkaufen. Der schönere Teil des Ortes liegt 5 km westlich an der Straße nach Tham Chiang Dao (Chiang Dao Cave). Das Dorf und die Pensionen kleben direkt am Berg.

Von der Hauptkreuzung in Chiang Dao aus können Traveller, die mit dem eigenen Fahrzeug unterwegs sind, Richtung Osten zu Lahu-, Lisu- und Akha-Dörfern fahren, die sich alle in einem Umkreis von 15 km

befinden. Etwa 13,5 km östlich der Rte 107 liegt das Lisu-Dorf Lisu Huay Ko, in dem es eine einfache Unterkunft gibt. Wer über kein eigenes Transportmittel verfügt, kann über die Pensionen in Chiang Dao eine **Wanderung zu den Bergvölkern** arrangieren.

⊙ Sehenswertes

Bei einigen Pensionen kann man Mountainbikes für 100 B pro Tag leihen – kein toller Deal, aber immer noch besser als zu Fuß zu gehen.

Tham Chiang Dao   HÖHLEN

(ถ้ำเชียงดาว; Eintritt 20 B) Vor der Mittagshitze flüchtet man sich am besten an den kühlsten Ort in der Gegend, in die **Chiang-Dao-Höhlen**, die angeblich 10 bis 14 km ins Innere des Doi Chiang Dao reichen sollen. Es gibt vier öffentlich zugängliche Höhlen, die alle miteinander verbunden sind. Tham Phra Non (360 m) ist die erste Höhle; sie ist elektrisch beleuchtet und kann auf eigene Faust erkundet werden. In ihr befinden sich mehrere religiöse Schreine, die ein typisches Merkmal thailändischer Höhlen darstellen und als heilige Meditationsorte genutzt werden. Außerdem sind surreale Stalaktitenformationen zu bewundern, die an ein Dalí-Gemälde erinnern.

Für die Besichtigung der anderen Höhlen – Tham Mah (735 m), Tham Kaew (474 m) und Tham Nam (660 m) – kann man für Gruppen von maximal fünf Personen einen Guide mit Gaslampen anheuern. Die Touren kosten 100 B und werden von Dorfbewohnerinnen geleitet, von denen man die Namen der verschiedenen Felsformationen erfährt.

Einer Legende zufolge war die Höhlenanlage mehr als 1000 Jahre lang die Behausung eines weisen *rüsĭi* (Eremiten). Er soll mit der Götterwelt so vertraut gewesen sein, dass er einige *thewádaas* (die buddhistische Version von Engeln) dazu bewegen konnte, sieben magische Wunder in den Höhlen zu schaffen: einen Strom, der dem Fuß einer goldenen Buddhastatue entspringt, einen Lagerraum mit heiligen Textilien, einen mystischen See, eine Stadt der *nagas*, einen heiligen unsterblichen Elefanten und das Grabmal des Eremiten. Die fantastischen Wunder sollen sich tief im Inneren des Berges verbergen, jenseits der erschlossenen Höhlen.

Vor den Höhlen befinden sich eine Tempelanlage und ein Bach mit gewaltigen

Karpfen und Welsen, die man füttern darf (was einer kleinen Spende gleichkommt). An den Verkaufsständen am Parkplatz kann man Heilmittel aus Wurzeln und Kräutern aus den umliegenden Wäldern kaufen.

Doi Chiang Dao
BERG
(คอยเชียงคาว) Der 2195 m hohe Doi Chiang Dao, auch Doi Luang genannt, gehört zum Doi Chiang Dao National Park. Der Gipfel ist in einer zweitägigen Wanderung zu erreichen und bietet ein spektakuläres Panorama. Der südliche Teil des Berges soll zu den Gebieten weltweit gehören, in denen man am besten Riesenkleiber und Burmafasane beobachten kann. Vogelbeobachtungstouren und Wanderungen mit Übernachtung werden von lokalen Pensionen organisiert.

Wer auf eigene Faust die Gegend erkunden möchte, folgt der Straße zu den Höhlen bis zu ihrem Ende, wo sich das **Samnak Song Tham Pha Plong** (Klosterzentrum Tham Pha Plong) befindet, ein Meditationsrefugium für buddhistische Mönche. Eine lange, steile Treppe führt den Berg hinauf zu einem großen, von Wäldern und Kalksteinfelsen umgebenen *chedi*.

🛏 Schlafen
Viele der Pensionen liegen verstreut entlang der Straße nach Tham Chiang Dao. Von den meisten aus sieht man den Berg; einige haben Gärten voller Schmetterlinge.

Chiang Dao Nest
BUNGALOWS $$
(☑08 6017 1985; http://nest.chiangdao.com; Zi. 550–1600 B; @🛜🏊) Einfache, bezahlbare A-förmige Bungalows, bei denen Wert aufs Wesentliche gelegt wurde – auf bequeme Betten, Privatsphäre und makellose Einrichtung. Jene, die dem Restaurant am nächsten sind, bieten von ihren wackeligen Terrassen aus einen tollen Blick. Bei den weiter entfernten Bungalows ist die Sicht eingeschränkt, dafür bieten sie mehr Traulichkeit und liegen in einem hübschen Garten. Es gibt einen gesondert gelegenen Pool im Wald vor einem wunderbaren Bergpanorama. Hier fühlt man sich so richtig wohl, was wohl nicht zuletzt den freundlichen Besitzern und Angestellten zu verdanken ist – die immer wiederkehrenden Stammgäste (vor allem Expats, die sonst in Chiang Mai leben) sind der lebende Beweis. Und trotzdem: Die Unterkünfte sind eigentlich nur das Beiwerk für ein sensationelles Restaurant.

Malee's Nature Lovers Bungalows
BUNGALOWS $$
(☑08 1961 8387; www.maleenature.com; Zi. 650–1150 B; @) Das Malee's verströmt – im Gegensatz zum Nest nebenan mit seinem Backpacker-Publikum – eher einen rustikaleren Vibe. Die günstigeren Bungalows sind sehr einfach, haben aber hohe Decken, Ventilatoren und anständige Bäder. Die etwas teureren „Honeymoon Bungalows" sind super, sie besitzen ebenfalls hohe Decken, einen Kühlschrank und haben eine komplett umlaufende Veranda. Außerdem befinden sie sich hoch über dem Boden – herrlich luftig! Traveller werden mit vielen Infos dazu versorgt, was man rund um Chiang Dao unternehmen kann. Über die öffentlichen Verkehrsmittel weiß man hier auch Bescheid.

Chiang Dao Rainbow
BUNGALOWS $$
(☑08 4803 8116; kleiner/großer Bungalow 650/750 B, Zi. 380 B) Die beiden renovierten Teak-Bungalows sind ziemlich groß, haben die typischen knarrenden Böden, Himmelbetten und Fenster mit Fensterläden, aus denen man über die Reisfelder und in die Berge blicken kann. Es gibt auch günstigere Zimmer im Haus nach hinten raus. Traveller werden mit Infos versorgt, was man rund um Chiang Dao unternehmen kann, z. B. die Dörfer der Bergvölker oder die Wasserfälle besuchen. Die Anlage ist etwas schwierig zu finden: nach der Abzweigung Ausschau halten! Sie liegt nicht weit von der Stelle entfernt, wo die Umgehungsstraße auf die Rte 107 trifft (fast gegenüber dem Aurora Resort an der Umgehungsstraße). Es gibt ein kleines Schild und viele Banner auf Thai.

Nature Guest House
BUNGALOWS $
(☑08 9955 9074; Zi. 550 B; @🛜) Näher an der Stadt als die anderen Pensionen liegt diese ruhige Anlage. Vom hübschen Garten aus hat man Bergblick. Die A-förmigen Bungalows aus Stein und Holz mit Terrasse sind schlicht, aber schick. Eine sehr ruhige Option! Motorräder und Mountainbikes auszuleihen, ist möglich.

Hobby Hut
BUNGALOWS $
(☑08 0034 4153; Zi. 250 B) Diese einfachen Hütten sind *die* Backpacker-Location in Chiang Dao. Die Anlage bewirbt sich selbst als einfache Unterkunft auf einer thailändischen Farm. Auch das typische, hausgemachte Essen, das Traveller zusammen mit der Familie einnehmen, wird angepriesen.

Gäste wohnen in sehr einfachen Holzhütten, die auf Stelzen stehen, um möglichst luftig zu sein. Es gibt ein Gemeinschaftsbad. Nette Unterkunft mit Fahrradverleih (80 B/Tag)!

Chiang Dao Nest 2   BUNGALOWS $$
(☎0 5345 6242; nest.chiangdao.com; Zi. 500–950 B; @) Hier kommt man her, wenn das Chiang Dao Nest voll ist. Etwa 600 m hinter der Abzweigung zur Höhle auf der linken Straßenseite.

Chiang Dao Hut   BUNGALOWS $
(☎0 5345 6384; www.chiangdaohut.com; Zi. 500 B) Dieses Fleckchen in der Nähe des Chiang Dao Nest 2 ist irgendwie niedlich. Es gibt nur drei Hütten, alle groß, sauber und mit Ventilatoren, heißem Wasser und TV.

✕ Essen

In Chiang Dao gibt es dank des benachbarten königlichen Anbauprojekts eine herrliche Auswahl von Produkten direkt vom Bauernhof – die meisten wurden ohne Chemie erzeugt.

Täglich findet an der Hauptstraße durch Chiang Dao ein **Markt** statt. Der **Dienstagmorgenmarkt** ist am vielfältigsten; dann bieten die Bergbauern ihre Waren feil.

LP TIPP **Chiang Dao Nest**   INTERNATIONAL $$$
(☎0 6017 1985; Gerichte 300–500 B; ☺morgens, mittags & abends) Das Restaurant des Nest serviert gehobene europäische Fusion-Küche in einem ruhigen Garten. Wicha, die Besitzerin und Köchin, hat ihr Handwerk in England gelernt und kreiert die Speisekarte stets passend zur Jahreszeit und den einheimischen Waren. Gerichte wie das doppelt gebackene Käsesoufflee mit Spinatcreme und angeröstetem Salat oder auch gebackener Maracuja-Käsekuchen krönen die Karte. Das Essen ist nicht billig, hat aber definitiv den Wow-Faktor!

**Chiang Dao
Rainbow**   THAILÄNDISCH/MEDITERRAN $$
(☎08 4803 8116; Menü 250 B) Dieses wärmstens empfohlene Restaurant hat zwei Speisekarten – eine nordthailändisch, eine griechisch-mediterran. Man kann à la carte oder ein Menü essen. Es gibt auch viel Vegetarisches.

ℹ An- & Weiterreise

Chiang Dao liegt 72 km nördlich von Chiang Mai an der Rte 107. Busse nach Chiang Dao (40 B,

1½ Std., regelm.) starten am Chang-Pheuak-Bahnhof in Chiang Mai. Die Busse kommen am Busbahnhof von Chiang Dao an, von wo aus man per *sŏrng·tăa·ou* zu seiner Pension kommt. Die meisten Fahrer verlangen 150 B, wenn sie Fahrgäste zu Pensionen an der Höhlenstraße bringen. Busse fahren auch nach Fang (60 B). In den meisten Unterkünften kann man Mountainbikes leihen, und manchmal werden auch Motorroller und Autos vermittelt. Oder man mietet sich ein *sŏrng·tăa·ou* für etwa 1000 B pro Tag, das einen in der Gegend herumfährt.

Doi Ang Khang   ดอยอ่างขาง

Willkommen in Thailands „Kleiner Schweiz", so genannt wegen des kühlen Klimas und des Bergpanoramas! Die Fahrt hinauf in die nördlichste Ecke der Provinz lohnt sich, wenn man der sengenden Hitze 1300 m tiefer im Flachland entkommen möchte. Hier oben werden viele Arten von Blumen, Obst und Gemüse aus gemäßigten Zonen angebaut, die in Thailand als sehr exotisch gelten und als Ersatz für das hier einst kultivierte Opium eingeführt wurden. Doch die meisten Thais zieht es hierher, weil sie Winter erleben wollen. Sie kommen vor allem im Januar, wenn hier stellenweise Eis zu finden ist oder vielleicht sogar ein Flöckchen Schnee. Und endlich haben sie mal die Gelegenheit, sich in eine dicke Jacke zu hüllen und ein Mütze aufzusetzen. Doi Ang Khang grenzt an Myanmar (Birma), und fast erscheint es, als können man über die Grenze bis in das Nachbarland hinübersehen.

Die Tourism Authority of Thailand in Chiang Mai hat eine einfache Karte von Doi Ang Khang, auf der Fahrradrouten und die Wanderwege zu den Bergdörfern eingezeichnet sind. Von Letzteren nehmen viele an den königlichen Anbauprojekten teil. Eine weitere Informationsquelle über Doi Ang Khang ist das Angkhang Nature Resort, über das sich Radtouren, Maultierritte und Wanderungen zu den Bergdörfern arrangieren lassen.

Der übliche Weg auf den Gipfel führt über die Rte 1249 (von dieser Straße hat man eine tolle Aussicht – aber bitte schön auf die Strecke achten, denn es gibt hier auch viele ziemlich steile Haarnadelkurven!). Eine Route, auf der man beim Fahren besser gucken kann, ist die Rte 1178, die sich entlang eines Abhangs zu den westlichen Ausläufern des Bergs windet. Das Dorf **Ban Luang** ist ein interessanter

Zwischenstopp, um ein bisschen Yunnan-Atmosphäre zu schnuppern. 19 km südlich der Abzweigung zum Park von der Rte 107 führt ein 12 km langer Umweg nach Westen, wo man **Ban Mai Nong Bua** besuchen kann, ein Kuomintang-Dorf (KMT) mit altmodischem Yunnan-Charme.

Nahe dem Gipfel des Doi Ang Khang und dem Yunnan-Dorf **Ban Khum** ist die **Royal Agricultural Station** (www.angkhang.com; Eintritt 50 B) zu finden, wo Obstplantagen und andere Pflanzen (z. B. ein Bonsaigarten) zu besichtigen sind. Im Restaurant bekommen Traveller thailändische Standards; es gibt mehrere Übernachtungsmöglichkeiten.

In der Nähe des Eingangs zur Station bietet das **Angkhang Nature Resort** (☑ 0 5345 0110; www.oamhotels.com/angkhang; Zi. ab 2500 B; @ ❄) als Unterkünfte große Bungalows an, die an einem Abhang hinter dem Hauptgebäude stehen. Sie sind recht schick, eher wie Hotelzimmer gestaltet und ziemlich groß. Das beste daran sind die kleinen, hölzernen Terrassen, von denen aus man einen tollen Blick in den Garten hat. Im Resort selbst gibt es Steinkamine in der Lobby, um die Hüttenatmosphäre komplett zu machen. Das Lodge-Personal kann diverse Outdoor-Aktivitäten organisieren – in der Lobby hängt eine Karte mit allem, was so möglich ist. Im Restaurant auf dem Gelände wird ausschließlich mit einheimischen Bioprodukten gekocht.

Am Fuß des Abhangs gibt es einige Open-Air-Restaurants, die Gerichte mit Schwerpunkt auf thailändischer und Yunnan-muslimischer Küche servieren.

❶ An- & Weiterreise

Der Doi Ang Khang ist etwa 25 km von der Kreuzung der Rte 107 und 1249 entfernt. Von dieser Abzweigung sind es noch weitere 13 km bis Fang. Es ist möglich, mit öffentlichen Verkehrsmitteln herzukommen, aber es ist dann schwierig, einzelne Punkte am Berg zu erreichen. Ab dem Chang-Pheuak-Bahnhof in Chiang Mai fährt ein Bus Richtung Fang (90 B, 3 Std., alle 30 Min.). Am besten sagt man dem Fahrer Bescheid, dass man an der Rte-1249-Abzweigung aussteigen möchte. Von dort aus kann man ein *sŏrng·tǎa·ou* nach Ban Khum (Festpreis 1500 B) nehmen, das in der Nähe des Gipfels liegt.

Fang & Tha Ton   ฝาง/ท่าตอน

Für die meisten Traveller ist Fang nur ein weiterer Punkt auf dem Weg nach Tha Ton, der Startstelle für Flusstouren nach Chiang Rai. Wer länger in dieser großen, geschäftigen Stadt hängenbleibt, sollte in die ruhigeren Nebenstraßen gehen, wo in Holzhäusern kleine Läden untergebracht sind, und den **Wat Jong Paen** (in der Nähe des New Wiang Kaew Hotels) im Shan- bzw. Birmastil mit dem beeindruckenden mehrstufigen *wí·hǎhn* besichtigen. Die Stadt Fang wurde ursprünglich im 13. Jh. von Phaya Mengrai gegründet. Der Ort selbst diente aber schon mindestens 1000 Jahre vorher als Haltepunkt für die *jeen hor*-Karawanen. Durch die Nähe zu Myanmar (Birma) sind die umliegenden Viertel zu einem Schmuggelweg für *yah bâh* (Methamphetamine) geworden.

Entlang der Hauptstraße in Fang gibt es Banken zum Geldwechseln sowie Geldautomaten.

Tha Ton ist eine kleine Siedlung am Ufer einer hübschen Biegung des Flusses Mae Nam Kok. Am Wasser finden sich ein paar Restaurants. Außerdem legen hier die Boote für die Flusstouren nach Chiang Rai ab.

In Tha Ton gibt es ein **Büro der Touristenpolizei** (☑1155) in der Nähe der Brücke auf der Seite, auf der die Boote ablegen.

◉ Sehenswertes & Aktivitäten

Wat Tha Ton   TEMPEL
(☑0 5345 9309; www.wat-thaton.org) Dieser Tempel in Tha Ton wurde an eine Seite eines bewaldeten Hügels gebaut. Es gibt neun verschiedene Ebenen, die mit Schreinen, Buddha-Statuen und einem *chedi* geschmückt sind. Von jeder Ebene aus kann man einen unglaublichen Blick auf das umliegende Tal Richtung Myanmar und über die Ebenen von Tha Ton. Von der Basis bis zur neunten Ebene sind es gut 3 km oder 30 Minuten zu Fuß. Der kurze Weg zum ersten Level bringt einen zur Statue von Kuan Yin, der chinesischen Göttin des Mitgefühls. Der Mönch, der für den internationalen Austausch zuständig ist, hat hier sein Büro. Es gibt auch ein Naturmedizinzentrum für traditionelle Massage und Akupunktur sowie öffentliche Saunen.

Einheimischendörfer   STAMMESDÖRFER
Im Umkreis von 20 km um Fang und Tha Ton kann man Einheimischendörfer besuchen, die von De'ang (einem Karen-Stamm, der vor rund 16 Jahren aus Myanmar kam), Schwarzen Lahu, Akha und Yunnan bewohnt werden. Man erreicht die Dörfer zu Fuß, per Mountainbike oder Motorrad.

Wanderungen und Raftingtouren lassen sich über alle Pensionen und Hotels in Tha Ton arrangieren.

Bootstouren nach Chiang Rai BOOTSFAHRT

(☏0 5305 3727; Fahrpreis 350 B; ⏰Abfahrt 12.30 Uhr) Von Tha Ton aus kann man eine halbtägige Tour mit einem Longtail-Boot nach Chiang Rai machen. Die normalen Passagierboote nehmen bis zu zwölf Personen mit. Solche Trips sind ziemlich touristisch: Sämtliche Passagiere sind Touristen, und in den Dörfern entlang der Strecke werden Cola und Souvenirs verkauft. Die beste Zeit zum Mitfahren ist zum Ende der Regenzeit im November, wenn der Wasserstand hoch ist. Die Reisezeit den Fluss hinunter ist abhängig vom Zustand des Flusses und dem Können des Kapitäns und beträgt zwischen drei und fünf Stunden. Man kann die Bootstour auch in einem Tag von Chiang Mai aus machen, wenn man nach der Ankunft sofort den Bus aus Chiang Rai zurück nimmt, aber es ist besser, in Tha Ton zu übernachten, damit es nicht zu stressig wird.

Einige Traveller fahren in zwei oder drei Etappen mit dem Boot nach Chaing Rai. Sie legen erst in **Mae Salak** (90 B), einem großen Lahu-Dorf, und dann in **Ban Ruammit** (300 B), einem Karen-Dorf, einen Halt ein. Beide Dörfer sind stark besucht, aber den Massen kann man ausweichen, indem man sich von hier aus einer **Bergdorfwanderung** zu anderen Shan-, Thai- und Bergvolkdörfern anschließt. Auch längere Trecks nach Wawi sind möglich. Wawi ist eine multiethnische Gemeinde, in der *jeen hor,* Lahu, Lisu, Akha, Shan, Karen, Mien und Thais leben. In der Gegend um Wawi gibt es Dutzende Bergvolkdörfer, darunter die größte Akha-Gemeinde (Saen Charoen) und die älteste Lisu-Siedlung (Doi Chang) Thailands. Eine weitere Alternative ist es, südlich von Mae Salak den ganzen Weg zur Stadt Mae Suay zu wandern, von wo aus man einen Bus weiter nach Chiang Rai oder zurück nach Chiang Mai nehmen kann.

Die Tour ist (sehr viel langsamer) auch flussaufwärts von Chiang Rai aus möglich – trotz der Stromschnellen. Die Boote lassen sich ebenfalls buchen (2200 B, 6 Pers.).

🛏 Schlafen

Die meisten Besucher bevorzugen eine Übernachtung in Tha Ton.

Apple Resort PENSION $$

LP TIPP

(☏0 5337 3144; Gartenbungalow mit Ventilator/Klimaanlage 350/500 B, Flussbungalow 1000/1200 B; ❄) Neu eröffnet und direkt am Fluss gegenüber vom Bootsableger (auf der anderen Seite). Das Apple Resort ist ein nettes Plätzchen mit schick dekorierten Bungalows am Fluss, die luftig, hell und edel sind und alle herrliche Terrassen nach vorne raus zum Fluss haben. Die Gartenbungalows sind ihren Preis wert und ziemlich geräumig. Der einzige Nachteil sind die ziemlich kleinen Doppelbetten. Die Badezimmer mit separatem Duschbereich auf allen Zimmern sind hervorragend. Frühstück ist inklusive.

Old Tree's House HOTEL $$

(☏08 5722 9002; www.oldtreeshouse.net; Bungalows 1200–1400 B; ❄🛜🏊) Am Ende einer steilen Auffahrt an einem Hügel liegt diese Unterkunft. Die luxuriösen Bungalows in schönem Gartenambiente sind echte Schnäppchen. Das Ganze ist ein geschickt designtes Mini-Resort mit viel Schnickschnack und sogar einer Plattform hoch oben in einem Baum, von wo aus man die Aussicht genießen kann, während man das Poolwasser auf der Haut trocknen lässt. Man verzichtet hier zwar auf Flusspanorama, doch das wird durch die spektakuläre Aussicht auf die Berge von Myanmar mehr als ausgeglichen. Im Preis inbegriffen sind der Inhalt der gut bestückten Minibar und Frühstück. Das Old Tree liegt 400 m hinter Tha Ton und ist an der Straße ausgeschildert.

Thaton Garden Riverside PENSION $

(☏0 5345 9286; Zi. 300–600 B) Neben dem Thaton Chalet an der Brücke gelegen. Das hier mag nicht der freundlichste Laden vor Ort sein, hat aber die günstigsten Zimmer mit Klimaanlage und Ventilator. Der Aufschlag für die Klimaanlage lohnt sich, denn man bekommt zusätzlich noch eine Terrasse zum Fluss raus für sein Geld. Liegt günstig in der Nähe des Stadtzentrums.

Garden Home HOTEL $$

(☏0 5337 3015; Zi. 600–1800 B) Ein ruhiges Haus am Fluss, etwa 150 m von der Brücke entfernt, mit strohgedeckten Bungalows zwischen Litschibäumen und Bougainvilleen. Es gibt auch ein paar Steinbungalows sowie drei größere, luxuriösere Bungalows am Fluss mit herrlichen Terrassen, TV und Kühlschrank. Von der Brücke aus geht es am Schild zum Thaton River View Hotel nach links.

Thaton River View HOTEL $$

(☏0 5337 3173; thatonriverview@hotmail.com; Zi. 1700 B; ❄) Hier zahlt man wirklich nur

PROBLEME EINFACH WEGWASCHEN

Im **Doi Pha Hompok National Park** (⌨0 5345 3517; Erw./Kind 200/100 B) gibt es etwa 10 km westlich von Fang in Ban Meuang Chom eine Anlage mit Thermalquellen (*bòr nám rórn*; auf Nordthailändisch *bor náam hórn*). Sie befindet sich in der Nähe der Agricultural Station an der Rte 107, am Ende der Rte 5054 (der Park wird auch Doi Fang oder Mae Fang National Park genannt). Oben auf dem Berg liegen die Durchschnittstemperaturen im Winter bei lausigen 2 °C, im Sommer bei 14 °C. Zwischen November und Februar klettert die Quecksilbersäule auf 14 bis 19 °C.

Die zwischen verstreuten Felsblöcken gelegenen etwa 40 Quellen sind wirklich malerisch. Wer früh am Morgen kommt, noch vor den Tourbussen, erlebt dieses Fleckchen Erde auch sehr ruhig. Die Wassertemperatur liegt zwischen 50 °C und 87 °C: Eier kochen ist ein beliebter Zeitvertreib der thailändischen Besucher.

Nach einem Spaziergang auf einem der vielen Wege zwischen den Flüsschen und Öffnungen, aus denen Dampf (manchmal 30 m hoch) und kochendes Wasser in die Luft schießen, kann man sich selbst in das Geblubber gleiten lassen. Schließlich soll das Wasser heilende Wirkung haben. Ein Bad in einem öffentlichen Becken kostet nur 20 B ohne Zeitlimit, man kann die Finger also ruhig schrumpelig werden lassen. Wer es etwas privater mag, zahlt 50 B für ein eigenes Becken.

Unterkünfte (Zelt f. 3/6/8 Pers. 225/450/600 B, 4-/6-/10-Pers.-Bungalow 600/1000/2000 B) werden durch die Parkverwaltung vermittelt. Schlafsäcke, Kissen, Decken, etc. für Camper sind ebenfalls erhältlich.

für die Lage und nicht für das bisschen Komfort: Von den Bungalows aus kann man durch das Dickicht den Fluss sehen, und zwischen den Häuschen winden sich hölzerne Stege, an denen Frangipanibäume stehen. Die Zimmer sind sehr einfach, aber immerhin sauber und annehmbar. Auf einer der Gemeinschaftsterrassen zu sitzen, von denen aus man beinahe ins Wasser fällt, ist ein echter Traum, vor allem am Abend mit einem kalten Drink in der Hand! Wer eine ruhige, gemütliche Unterkunft sucht, von der aus er ein paar Tage auf den Fluss gucken kann, der ist hier richtig.

Thaton Chalet
HOTEL **$$$**

(⌨0 5337 3155/7; www.thatonchalet.com; Zi. 1400–2200 B; ✳) Dieses vierstöckige Hotel neben der Brücke heißt zwar „Chalet", doch die Zimmer erinnern eher an ein Hotel – an diesem Haus ist einfach nichts Rustikales. Die Deluxe-Zimmer mit den Bambussesseln besitzen riesige Balkone zum Fluss hinaus und sind sehr geräumig. Es hapert aber an den Badezimmern, die wirklich mal renoviert werden könnten. Man sollte versuchen, eines der Deluxe-Zimmer an einer Ecke zu bekommen, denn sie haben Fenster von Wand zu Wand mit einem herrlichen Blick auf den Fluss und darüber hinaus.

Areeya Phuree
HOTEL **$$**

(⌨0 5305 3658; http://areeyaphuree.com; Zi. 1000 B, Hostel-B 225 B; ✳) Auf der Bootsanlegerseite, aber ein Stück flussabwärts. Diese weitläufige Anlage hat gerade den Besitzer gewechselt, und grundlegende Renovierungen waren in Gang, als wir vorbeikamen. Wir haben hübsche Zimmer gesehen, die ein bisschen dunkel waren, aber „Gartenbäder" hatten (mit Pflanzen und überwiegend aus Stein). Es gibt auch einen hostelartigen Bereich mit Gemeinschaftsschlafsälen. Das Hotel liegt wunderschön ruhig am Fluss, nicht weit von der Stadt entfernt.

🍴 Essen

An den Imbissständen an der Hauptstraße in Fang kann man sehr gut essen. Es gibt auch einige wenige Restaurants, die Yunnan-Spezialitäten wie *kôw soy*, *man·toh* (gedämpfte Brötchen; *mantou* auf Mandarin) und *kôw mòk gài*, dazu *gǒo·ay děe·o* (Reisnudeln) und andere Standards auf die Tische bringen.

In Tha Ton liegen die meisten guten Restaurants am Fluss. Es gibt ein paar einfache **Thai-China-Restaurants** (Gerichte 25–35 B) am Bootsanleger.

Chankasen
THAI **$**

(209 Rimnumkok, Tha Ton; Hauptgerichte 60–80 B; ☺morgens, mittags & abends) Das Essen in diesem netten, geschäftstüchtigen Laden ist gut, aber der eigentliche Gästemagnet ist, dass man direkt am Fluss sitzen kann. Liegt günstig gleich am Bootsanleger.

Sunshine Cafe CAFÉ $

(Tha Ton; Frühstück 70 B; ⊘morgens & mittags)
Hier bekommen Traveller morgens einen
frisch aufgebrühten Kaffee (30 B). Angeboten wird zudem eine große Auswahl von
leckeren westlichen Frühstückszutaten,
darunter Müsli, frisches Obst und Joghurt.
Liegt an der Hauptstraße, direkt vor der
Brücke.

❶ An- & Weiterreise

Bus & sŏrng·tǎa·ou

Busse nach Fang (90 B, 3 Std., alle 30 Min.) starten am Chang-Pheuak-Busbahnhof in Chiang
Mai. Klimatisierte Minivans fahren nach Fang
(150 B, 3 Std., alle 30 Min.) und starten hinter
dem Chang-Pheuak-Busbahnhof an der Ecke Soi
Sanan Kila.

Von Fang aus sind es etwa 23 km nach Tha Ton
(30 B). Gelbe *sŏrng·tǎa·ou* beginnen die 40-mi-
nütige Tour am Markt zwischen 5.30 und 17 Uhr.

Der Fluss ist nicht die einzige Möglichkeit, zu
den Orten nördlich von Tha Ton zu kommen.
Gelbe *sŏrng·tǎa·ou* fahren von der Nordseite
des Flusses in Tha Ton nach Mae Salong (70 B,
1½ Std., morgens).

Will man direkt nach Mai Sai (80–90 B) oder
Chiang Rai (100–110 B), nimmt man den Nach-
mittagsbus an der Brücke.

Wer Richtung Westen in die Provinz Mae Hong
Son unterwegs ist, muss nicht den ganzen Weg
nach Süden bis nach Chiang Mai runter, bevor
er irgendwie weiterkommt. Bei Mae Malai,
der Kreuzung von Rte 107 (Chiang Mai–Fang-
Fernstraße) und Rte 1095, kann man für 70 B
einen Bus nach Pai nehmen. Kommt man aus
Pai, muss man unbedingt an dieser Kreuzung
aussteigen, um den Bus Richtung Norden nach
Fang zu kriegen.

Motorrad

Motorradfahrer können von Tha Ton nach Doi
Mae Salong (48 km nordöstl.) über eine geteer-
te, aber manchmal tückische Bergstraße fahren.
An der Strecke gibt es ein paar Lisu- und Akha-
Dörfer. Die 27 km zwischen den Dörfern Muang
Ngam und Doi Mae Salong sind sehr steil und
kurvig – aufpassen, vor allem in der Regenzeit!
Wenn die Bedingungen gut sind, ist die Strecke
in 90 Minuten zu schaffen.

SÜDLICHES CHIANG MAI

Unmittelbar südlich von Chiang Mai liegt
das Ping-Tal. Auf dem fruchtbaren Farm-
land hier sind u.a. ein paar sehenswerte
Handwerksdörfer angelegt worden. Weiter im Südwesten befindet sich Thailands
höchster Gipfel, der Doi Inthanon.

Bo Sang & San Kamphaeng บ่อสร้าง/สันกำแพง

Südöstlich von Chiang Mai liegt Bo Sang,
das im ganzen Land als das „Schirmdorf"
bekannt ist. Das Ganze ist eigentlich ein
einziger Touristenmarkt mit lauter Hand-
werksläden, in denen bemalte Schirme (die
oft anderswo produziert wurden), Fächer,
Silberwaren, Statuen, Seladon-Töpferwaren
und Lackarbeiten verkauft werden. Man
findet vieles davon auch auf dem Chiang
Mai Night Bazaar, aber hier gibt es die Sachen geballter und in größerer Auswahl.

Ende Januar findet das **Bo Sang Um-
brella Festival** *(têt·sà·gahn rôm)* statt. Es
wird mit einer bunten Regenschirmprozes-
sion am Tag und einer Laternenprozession
bei Nacht begangen. Das mag sich sehr touristisch anhören, aber eigentlich ist dieses
Fest original thailändisch. Ein Highlight
sind die vielen nordthailändischen Musik-
gruppen, die vor den Schaufenstern an der
Hauptstraße von Bo Sang spielen.

Weiter die Rte 1006 runter ist **San Kamphaeng**, das für seine Baumwoll- und Sei-
denwebereien bekannt ist. Die Hauptstraße
ist voller Stoffläden, und die tatsächlichen
Webarbeiten werden in den kleinen Fabriken in den Seitenstraßen gemacht. Wer
mag, darf ein bisschen zugucken.

❶ An- & Weiterreise

Weiße *sŏrng·tǎa·ou* von Chiang Mai nach Bo
Sang (20 B) und San Kamphaeng (20 B) fahren regelmäßig den ganzen Tag über an der
sŏrng·tǎa·ou-Haltestelle an der Th Praisani ab, in
der Nähe des Talat Warorot. Bo Sang liegt 10 km
von Chiang Mai und 14 km von San Kamphaeng
entfernt.

Mae Kampong แม่กำปอง

Wenn man auf der Rte 1317 an Reisfeldern
und Kuhweiden in Richtung Mae On durch
das Ping-Tal rollt, wird die Straße immer
schmaler und steigt an bis in die bewaldeten Hügel von Mae Kampong. In dieses
Gebiet kommen Traveller wegen seiner interessanten Kombination aus Natur und
kulturellen Aktivitäten – für einen Tag oder
auch über Nacht. Die meisten Besucher
lernen es im Rahmen einer Tagestour mit
Flight of the Gibbon (S. 276), einer Zipline-
Baumwipfeltour, kennen.

Auf 1300 m liegt **Ban Mae Kampong**, ein
Thai-Dorf, in dem *mêeang* (Teeblätter, die

anschließend eingelegt werden) angebaut wird, das nordthailändische Gegenstück zur Betelnuss. Die meisten Dorfbewohner verdienen ihren Lebensunterhalt mit diesem Anbau und gehen raus in die Wälder, um ihre Teeblätter einzusammeln. Früh am Morgen stoppen die Pflücker am örtlichen Tempel, wo der Mönch ein stärkendes Gebräu aus Heilkräutern vorbereitet hat.

Das Dorf selbst, ein Gewirr aus Hütten, die an einem steilen Abhang kleben, scheint der Schwerkraft zu trotzen. Blumen wiegen sich in der kühlen Brise, und die Urwaldinsekten zirpen um die Wette. Mehrere Familien nehmen an einem **Übernachtungsprogramm** (☎0 5331 5111, 08 9559 4797; pro Pers. 1/2 Nächte 550/900 B) teil, d.h. sie bieten Gästen eine einfache Unterkunft samt drei Mahlzeiten an.

Die schmale Straße durch das Dorf führt über den Gipfel hinweg und windet sich dann hinunter in den **Chae Son National Park**, wo sich Wasserfälle und Thermalquellen finden.

Wen die Einsamkeit in der Natur reizt, der sollte in einer der Hütten südlich des Dorfes absteigen. Das Gelände der **Tharnthong Lodge** (☎08 6420 5354; www. tharnthonglodges.com; Zi. 1200–4000 B) wird durch einen Fluss voller Kieselsteine geteilt. Eine Holzbrücke führt zu den sechs Hütten. Wer kein Bett braucht, kann das Restaurant besuchen, um dort die bezahlbaren thailändischen Gerichte zu genießen (Gerichte 80–160 B).

Alternativ kann man es bei **Baan Chom Nok Chom Mai** (☎08 9559 9371; Zi. 600 B), einem einfachen Haus mit sehr guten Zimmern, versuchen.

Mae Kampong liegt 48 km östlich von Chiang Mai und kann über die Rte 1317 Richtung San Kamphaeng erreicht werden. An der T-Kreuzung in Ban Huay Kaew fährt man rechts in Richtung der Schilder nach Ban Mae Kampong.

Hang Dong, Ban Wan & Ban Thawai   หางดง/บ้านวัน/บ้านถวาย

Nur 15 km südlich von Chiang Mai liegt eine echte „Möbelmeile": Dort haben sich Geschäfte und Werkstätten auf Dekoratives, Holzschnitzereien, Antiquitäten und moderne Möbel spezialisiert.

Die Läden entlang der Rte 108 in Hang Dong kann man unmöglich zu Fuß abklappern, und selbst mit dem Auto ist es

ziemlich anstrengend. Nördlich vom Zentrum von Hang Dong, beim Amarin Place, ist **Siam Lanna Art** (☎0 5382 3419; Rte 108; ⊖So geschl.), ein exzentrischer Laden für Schnickschnack-Fans. Uns wurde gesagt, es wäre ein toller Shop zum Stöbern, aber es sei nicht möglich, dort etwas zu kaufen, da niemand die Preise kenne.

Eine größere Ansammlung von Läden findet sich in Ban Wan an der Th Thakhilek, der ersten Straße links hinter dem Talat Hang Dong. Einige Geschäfte in der Nähe der Kreuzung verkaufen Nachbauten von Antiquitäten mit neuem Holz. Früher verwendeten sie weggeworfenes Teakholz, aber das gibt es mittlerweile nicht mehr. Die Straße weiter runter liegt **Chili Antiques & Arts** (☎08 9952 7898; chiliantiques. com; 125 Th Thakhilek), ein riesiger Ausstellungsraum mit bronzenen und hölzernen Buddhas, Skulpturen, Holzschnitzereien und schöner Deko. Auf der anderen Straße ist **Piak Antiques** (☎0 5344 1157; www.piak antique.com; Th Thakhilek), wo es aufgearbeitete klobige Holzmöbel gibt. **Crossroads Asia** (☎0 5343 4650; Chaiyo Plaza, 214/7 Th Thakhilek) verkauft Ethno-Kunst und Antiquitäten aus ganz Asien. Unsere Favoriten sind die Kupferlaternen und die Stammesmasken aus dem 1. Stock. Mit Volkskunst, Bronzestatuen und der Buddha-Sammlung gibt sich **World Port Services** (☎0 5343 4200; Th Thakhilek) ein bisschen schräger als die anderen. Wer nach einem Mitbringsel für die Kids sucht, schaut bei **Kala Design** (☎08 1034 5495; Th Thakhilek) rein. Der Laden ist etwas kommerzieller, aber es gibt hier ein paar wunderschöne Tierbilder aus Holz. Die Eulen mit den großen Augen sind hinreißend.

Weiter geht's rechts auf der Straße Richtung **Ban Thawai Tourism Village**. Dort gibt es einen fußgängerfreundlichen Markt mit aneinandergereihten Shops auf 3 km Länge. Diese verkaufen alle Arten von Wohnungseinrichtung. Hinter Zone 5 befindet sich die Werkstatt von Sriboonmuang – das ist ein Beispiel dafür, was Ban Thawai ursprünglich berühmt gemacht hat. In den überdachten Hütten der Werkstatt schleifen und polieren die Arbeiter ganze Armeen von kleinen Holzelefanten, Spielzeugpferden und Puppen.

Wer eine Pause von all der Einkauferei braucht, der geht ins **Pana Botanicals** (www.panabotanicals.com; Th Thakhilek; Gerichte 80–90 B), wo man in einem schönen Holzhaus draußen auf der Terrasse sitzen und mit Blick auf den Garten einen Pfefferminztee oder Eiskaffee nippen kann. Die Alternative ist das lecker zubereitete thailändische Essen. Hinterher nimmt man ein paar biologisch und vor Ort produzierte Badeprodukte mit.

Viele der Shops hier verkaufen sowohl an Geschäfts- als auch an Privatkunden; eine Lieferung kann arrangiert werden.

Es ist empfehlenswert, mit einem eigenen Fahrzeug zu kommen, aber man kann auch ein *sŏrng·tăa·ou* vom Pratu Chiang Mai nach Hang Dong (20 B) und Ban Thawai (30 B) nehmen.

Doi Inthanon National Park
อุทยานแห่งชาติดอยอินทนนท์

Thailands höchster Gipfel ist der Doi Inthanon (oft abgekürzt als Doi In), der sich 2565 m über den Meeresspiegel erhebt. Das ist eine beeindruckende Höhe für einen Berg in Thailand, aber dann doch deutlich weniger als bei seinen Cousins im Himalaja ... Im 1000 km² großen **Nationalpark** (☎ 0 5328 6730; Erw./Kind 200/100 B, Auto/Motorrad 30/20 B; ☺8 Uhr–Sonnenuntergang), der den Berg umgibt, befinden sich Wanderwege, Wasserfälle und zwei riesige Stupas, die zu Ehren von König und Königin errichtet wurden. Der Park ist von Chiang Mai aus ein beliebtes Ziel für einen Tagesausflug – für Touristen wie Einheimische –, vor allem

während der Neujahrsferien, wenn man hier das ganz seltene Phänomen „Frost" beobachten kann.

Es gibt acht Wasserfälle, die vom Berg hinunterstürzen. Der **Nam Tok Mae Klang** (bei Km 8) ist der größte und am einfachsten erreichbare. Der **Nam Tok Wachiratan** (bei Km 20,8) ist ein weiteres beliebtes Ziel. An der Basis stehen Imbissverkäufer, und das Wasser schäumt kräftig, wenn es 50 m in die Tiefe stürzt. Wer selbst in die Fluten möchte, der sollte das Abseilen von den Klippen ausprobieren (S. 277). Der **Nam Tok Siriphum** (bei Km 30) wirkt vom Aussichtspunkt in Ban Mong Khun Klang, einem Hmong-Dorf, wie ein Fluss aus Silber. Im Februar bauen die Dorfbewohner Holzautos und rasen damit einen steilen Hügel hinunter. Entlang der Straße bis zum Gipfel sind terrassierte Reisfelder und Gewächshäuser zu sehen, die von Angehörigen der Hmong und Karen genutzt werden.

Etwa 3 km vor dem Gipfel des Doi Inthanon liegen bei Km 41–42 der **Phra Mahathat Naphamethanidon** und der **Nophamethanidon** (Eintritt für beide 40 B), zwei *chedis,* die von der Royal Thai Air Force gebaut wurden, um an den jeweils 60. Geburtstag des Königs und der Königin in den Jahren 1989 und 1992 zu erinnern. Unten in dem achteckigen *chedi* ist eine Halle mit einem steinernen Buddha-Bildnis.

Das Besondere an diesem Park ist, dass man hier in Höhenlagen aufsteigen und sich Flora und Fauna der kühleren Kli-

SAN PA THONG
สันป่าตอง

Fährt man auf der Rte 108 gen Süden bis zum Rand von San Pa Thong, erreicht man das **Kaomai Lanna Resort** (☎ 0 5383 4470; www.kaomailanna.com; Km 29, Th Chiang Mai-Hot; Zi. 2400–3500 B; ❄ ☀) – das ist schon fast allein Grund genug, so weit zu reisen. Für das Resort wurden viele der verlassenen Tabaktrockenhütten in gemütliche Unterkünfte inmitten eines üppigen Gartens verwandelt. Die von Pflanzen überwucherten Wege und das Efeu, das an den Gebäuden wächst, tragen zum Charme der Anlage bei. Dies ist quasi die thailändische Version eines englischen Cottages. Die netten Zimmer sind mit Futons und Holzböden ausgestattet. Das Yogastudio, das Spa und der Pool sorgen dafür, dass man hier ein paar erholsame Tage verbringen kann.

Dies war einst eine von vielen nordthailändischen Tabakfarmen, die den internationalen Zigarettenmarkt beliefert haben, bevor China die hiesigen Bauern aus dem Geschäft verdrängt hat. Das Resortpersonal kann auch Touren zu den benachbarten **Handwerksdörfern** arrangieren (die wirklich Dörfer sind und keine Souveniermärkte). Auch wenn man hier nicht übernachtet, bekommt man im Open-Air-Restaurant hervorragendes thailändisches Essen.

Wer hier übernachten möchte, sollte ein eigenes Fahrzeug haben – egal, ob man damit nach Chiang Mai oder raus nach Doi Inthanon fahren möchte.

mazone ansehen kann. Die Kühle ist eine echte Abwechslung zur flirrenden Hitze der Ebenen! Den Thais macht es Spaß, Mützen und Jacken anzuziehen und zwischen Nadelgehölz und Rhododendren für Fotos zu posieren. Kurz vor dem Gipfel gibt es einen *chedi* der einem der letzten Lan-Na-Könige (Inthawichayanon) gewidmet ist. Von hier aus kommt man nach einem netten Spaziergang durch den dichten, kühlen Wald zu einem Café, dem obligatorischen Souvenirladen und zum Anfangspunkt des **Ang-Ka-Naturpfads**, eines 360 m langen Wegs über eine Plattform durch ein moosiges Moor. Eine Wanderung auf dem Naturpfad durch den Wald ist ein bezauberndes Erlebnis (wenn nicht zu viele Menschen da sind).

Der Blick vom Doi Inthanon ist während der Trockenzeit von November bis Februar am besten. Aber man sollte auf dem Gipfel nicht zu viel erwarten, denn die meiste Zeit des Jahres ist er von Nebel verhüllt, der durch das Aufsteigen der warmen Luft von unten entsteht – eine ganz eigenartige Atmosphäre! Je weiter man nach oben steigt, desto kühler wird die Luft, also besser eine Jacke oder einen Pullover mitnehmen! Die Ausblicke auf dem Weg zum Gipfel sind viel besser.

Der Park ist eines der empfehlenswertesten Ziele in Südostasien für Naturliebhaber und Vogelbeobachter. In den nebelverhangenen oberen Abschnitten gedeihen üppige Orchideen, Flechten, Moose und Epiphyten, und außerdem gibt es hier mehr als 400 **Vogelarten**, mehr als in jedem anderen Lebensraum in Thailand. Die meisten Vogelspezies des Parks findet man in Höhen zwischen 1500 und 2000 m; die Hauptsaison zur Vogelbeobachtung ist von Februar bis April. Die besten Stellen sind die *beung* (Moore) in der Nähe des Gipfels. Auf dem Berg leben auch Assam-Makaken, Brillenlanguren und diverse andere seltene und nicht ganz so seltene Affen und Gibbons sowie die häufiger vorkommende Indische Zibetkatze, Muntjaks und das Riesengleithörnchen – alles in allem um die 75 Säugetierarten.

🛏 Schlafen & Essen

Als **Unterkünfte** (Reservierungen ☑08 8587 5680; www.dnp.go.th) stehen Gästen im Park gemütliche Bungalows (ab 1000 B) in der Nähe des Infozentrums zur Verfügung (die schönsten bieten Ausblick aufs Wasser), und bei Km 31 gibt es ein **Restaurant**

(Hauptgerichte 30–80 B), das anständige thailändische Hauptgerichte serviert, aber eigentlich für Busreisende gedacht ist. Campen kann man vor dem Infozentrum (Stellplatz 60–90 B) oder am Nam Tok Mae Pan.

Außerhalb des Parks gibt es einige Übernachtungsmöglichkeiten an der Rte 1009, die alle nicht herausragend, aber für ein, zwei Nächte schon o. k. sind.

Touch Star Resort BUNGALOWS $$$
(☑0 5303 3594; www.touchstarresort.com; Bungalow 1600–2200 B; ❄) Ein wenig mehr Komfort und Luxus bieten diese ziemlich kleinen und innen spartanischen Bungalows. Außen rum verläuft eine hübsche, kleine Veranda mit Blick über den weitläufigen Garten, der das Highlight dieser Anlage ist. Das Resort liegt an der kleinen Straße, die von der Rte 1009 abgeht, direkt vor der Einfahrt zum Park und ist gut ausgeschildert. Auf dem Gelände gibt es ein gutes Restaurant, das thailändische Standards serviert.

Ratchaphruek Hotel HOTEL $
(☑0 5334 1901; www.ratchaphruekhotel.com; Superior-/Deluxe-Zi. 550/650 B; ❄🛜) In der Nähe der Abzweigung von der Rte 108. Zweckmäßige Zimmer, komfortabel und ohne Schnickschnack. Achtung: Karaokebar auf dem Gelände!

Little Home Inthanon Resort BUNGALOWS $
(☑0 5303 3555; www.littlehomeinthanonresort. com; Bungalow mit Ventilator/Klimaanlage 400/600 B; ❄) Diese schachtelartigen Bungalows sind ihren Preis wert, wenn auch ein bisschen dunkel im Inneren. Man kann sein Auto direkt davor parken, wie bei einem Motel.

ℹ An- & Weiterreise

Die meisten Traveller kommen mit dem eigenem Fahrzeug oder im Rahmen einer Tour von Chiang Mai hierher, aber man kann den Park auch mit öffentlichen Verkehrsmitteln erreichen. Die Busse fahren ab dem Chang-Pheuak-Bahnhof, gelbe *sŏrng·tăa·ou* verkehren ab dem Pratu Chiang Mai Richtung Chom Thong (70 B), das 58 km von Chiang Mai entfernt und die dem Park nächste Stadt ist. Einige Busse halten am Parkeingang bei Nam Tok Mae Klang, einige fahren Richtung Hot und setzen einen in Chom Thong ab.

Von Chom Thong aus verkehren regelmäßig *sŏrng·tăa·ou* zum Parkeingang in Nam Tok Mae Klang (30 B), etwa 8 km nördlich. *Sŏrng·tăa·ou* ab der Abzweigung nach Mae Klang, direkt vor den Parktoren Richtung Gipfel des Doi Inthanon (90 B) starten bis zum späten Nachmittag fast jede Stunde.

Nordthailand

Gut essen

» Laap Khom Huay Pu
(S. 433)
» Lung Eed Locol Food
(S. 344)
» Ban Mai (S. 386)
» Sue Hai (S. 350)

Schön übernachten

» Fern Resort (S. 420)
» Boklua View (S. 381)
» Riverside Guesthouse
(S. 442)
» Pukha Nanfa Hotel
(S. 377)

Auf nach Nordthailand!

Nordthailands Ruf als „Bergland" dürfte bei den Bewohnern der Alpen oder Nepals eher ein mitleidiges Schmunzeln hervorrufen. In den fruchtbaren Tälern zwischen den gepriesenen Hügeln lag aber immerhin die Wiege von vielem, was die thailändische Kultur ausmacht. Obwohl die Berge also nicht gerade imposant sind, waren sie doch von großer, folgenreicher Bedeutung.

Und so sind diese alten ehrwürdigen Hügel das ideale Reiseziel für ein einmaliges Thailand-Erlebnis. Man kann in Phrae einen buddhistischen Tempel erkunden, im ländlichen Sukhothai bei einer Gastfamilie wohnen oder auf dem Abendmarkt in Lampang Gerichte probieren – die kulturellen Attraktionen Nordthailands sind in der Regel nicht spektakulär, aber äußerst lohnend. Und wer seinen Urlaub aktiver verbringen will, braucht auch nicht zu klagen. Die zerklüftete Topografie sorgt für ausreichend Abwechslung. Man kann sich beispielsweise in Nan Raftingtrips anschließen, in Phitsanulok einen Nationalpark besuchen oder eine interessante Straßentour nach Phayao unternehmen.

Beste Reisezeit

Nordthailand besucht man am besten im Winter (Nov.–Jan.), wenn die Tagestemperaturen im Hochland auf angenehme 20 °C bis 23 °C steigen, nachts in einigen Lagen aber auf Gefrierpunktnähe fallen.

Zwischen März und Mai, in der heißesten Zeit des Jahres, klettern die Temperaturen bis auf fast 40 °C und der Rauch der Brandrodungen kann die Luft vernebeln. Falls man auch etwas wandern will, sollte man die Regenzeit (Juni–Okt.) auf alle Fälle meiden.

Geschichte

Die Geschichte Nordthailands ist von der wechselnden Vormachtstellung verschiedener selbstständiger Fürstentümer geprägt. Einer der wichtigsten frühen kulturellen Einflüsse im Norden ging vom Mon-Königreich in Hariphunchai (heute Lamphun) aus, das vom späten 8. bis ins 13. Jh. das Sagen hatte. Einen ganz eigenen Charakter besitzt die Hariphunchai-Kunst mit ihren Buddhadarstellungen; viele gute Beispiele finden sich im Hariphunchai-Nationalmuseum in Lamphun.

Die Thais, die wahrscheinlich etwa seit dem 7. Jh. aus China einwanderten, vereinten im 13. Jh. mehrere Fürstentümer unter sich – es entstand Sukhothai, das den Mon schließlich Hariphunchai entriss. 1238 erklärte sich Sukhothai zu einem unabhängigen Königreich, das unter seinem ersten König Si Intharathit schnell seine Einflusssphäre ausweitete. Aus diesem Grund – und auch weil das Königreich die moderne thailändische Kunst und Kultur stark prägte – gilt Sukhothai als das erste wirkliche Thai-Königreich. Im Jahr 1296 gründete König Mengrai die Stadt Chiang Mai, nachdem er Hariphunchai unterworfen hatte.

Später wurde Chiang Mai, das im 14. und 15. Jh. eine Allianz mit Sukhothai bildete, ein Teil des größeren Königreichs Lan Na Thai (Land der Millionen Reisfelder), kurz Lanna. Dieses Reich erstreckte sich im Süden bis nach Kamphaeng Phet, im Norden bis nach Luang Prabang in Laos. Das goldene Zeitalter Lannas war das 15. Jh. Für eine kurze Zeit wurde die Hauptstadt von Sukhothai nach Phitsanulok (1448–1486) verlegt und Chiang Mai wurde ein wichtiges religiöses und kulturelles Zentrum. Doch im 16. Jh. schwand die Macht vieler Thai-Allianzen. Die Schwäche machten sich die Birmanen zu Nutze, die Chiang Mai im Jahr 1556 eroberten und danach Lanna zwei Jahrhunderte lang beherrschten. Erst nachdem die Birmanen 1767 Ayutthaya erobert hatten, gruppierten sich die Thais neu und eroberten 1774 unter König Kawila Chiang Mai zurück, während die Birmanen in den Norden zurückgedrängt wurden.

Im späten 19. Jh. unternahm König Rama V. von Bangkok Anstrengungen, die Nordregion mit dem Kern Thailands zu verbinden, um so die koloniale Bedrohung abzuwehren. Die Fertigstellung der nördlichen Bahnlinie nach Chiang Mai im Jahr 1921 stärkte diese Verbindungen, sodass die Nordprovinzen schließlich im frühen 20. Jh. mit dem Königreich Siam verschmolzen.

NORDTHAILÄNDISCH

Früher reagierten die Menschen in Nordthailand oft beleidigt, wenn Außenstehende versuchten, sie auf *găm méuang* anzusprechen. Dieses Verhalten ging jedoch mit der Zeit zurück, da die Zentralthailänder ihre Landsleute aus dem Norden als Hinterwäldler ansahen und sich über ihre Sprache lustig machten. Heute sind die meisten Nordthais stolz auf ihre Sprache und es gab sogar eine beliebte, in Bangkok produzierte Fernsehserie, in der viele Figuren den nördlichen Dialekt sprachen.

Hier ein kleiner Sprachführer für alle, die versuchen möchten, die Einheimischen mit ein paar Brocken ihrer Sprache für sich zu gewinnen:

» *Ôo găm méuang bòr jâhng*	Ich kann kein Nordthailändisch.
» *A yăng gór ?*	Was haben Sie gesagt?
» *An née tôw dai?*	Wie viel kostet das?
» *Mee kôw nêung bòr?*	Haben Sie Klebereis?
» *Lám đáa đáa*	köstlich
» *Mâan lâ*	ja/stimmt
» *Bòr mâan*	nein
» *Sow*	20
» *Gàht*	Markt
» *Jôw*	(Eine von Frauen benutzte Höflichkeitsform, entspricht dem zentralthailändischen *ka*)
» *bàht só! Nôrng née ngáhm kànàht!*	Sie sind wirklich pfiffig!

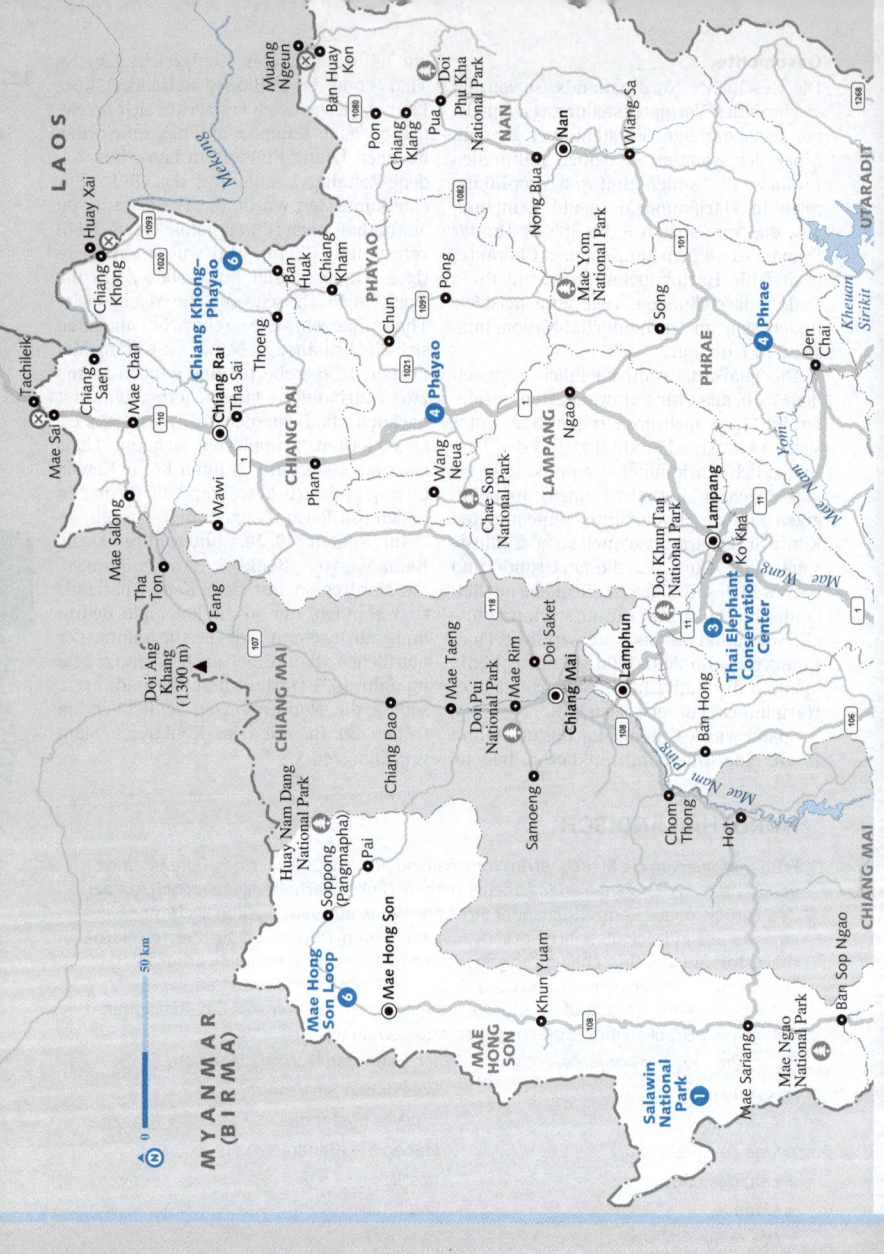

Highlights

1 Einen der vielen und abwechslungs-reichen Nationalparks erkunden, z. B. den historischen **Phu Hin Rong Kla Nationalpark** (S. 387) in Phitsanulok oder den zerklüfteten **Salawin National Park** (S. 443) in Mae Hong Song

2 In Um Phang wandern und raften – die Straße endet am **Nam Tok Thilawsu** (S. 411), Thailands größtem und schönsten Wasserfall

3 Sich in Lampangs **Thai Elephant Conservation Center** (S. 336) als Mahut versuchen

---

LAOS

MYANMAR (BIRMA)

0 — 50 km

Mekong

Muang Ngeun

Huay Xai
Chiang Khong
Ban Huay Kon
Pon
Chiang Klang
Pua Doi Phu Kha National Park
1080

Tha Ton
Mae Sai
Tachileik
Chiang Saen
Mae Chan
Chiang Rai
Tha Sai
Thoeng
Ban Huak
Chiang Kham
NAN
Nan
Wiang Sa
1268

Doi Ang Khang (1300 m)
Fang
Wawi
CHIANG RAI
Phan
PHAYAO
Chun
Pong
1091
1082
Nong Bua
Mae Yom National Park
Song
1093
1020
110
1
1021

Chiang Khong–Phayao 6

4 Phayao

UTARADIT

Mae Salong

Chiang Dao
Mae Taeng
Doi Pui National Park
Mae Rim
Doi Saket
118
Wang Neua
Chae Son National Park
Ngao
LAMPANG
PHRAE
Den Chai
4 Phrae
Kheuan Sirikit
101

107
CHIANG MAI
Chiang Mai
Lamphun
108
Ban Hong
Doi Khun Tan National Park
Lampang
Ko Kha
11
Thai Elephant Conservation Center 3
106

Huay Nam Dang National Park
Soppong (Pangmapha)
Pai
Samoeng
Chom Thong
Hot
Mae Nam Ping
Mae Nam Wang
1

Mae Hong Son Loop 6
Mae Hong Son

Khun Yuam
108

MAE HONG SON
Mae Sariang
Mae Ngao National Park
Ban Sop Ngao
CHIANG MAI

Salawin National Park 1

Mae Nam Yom

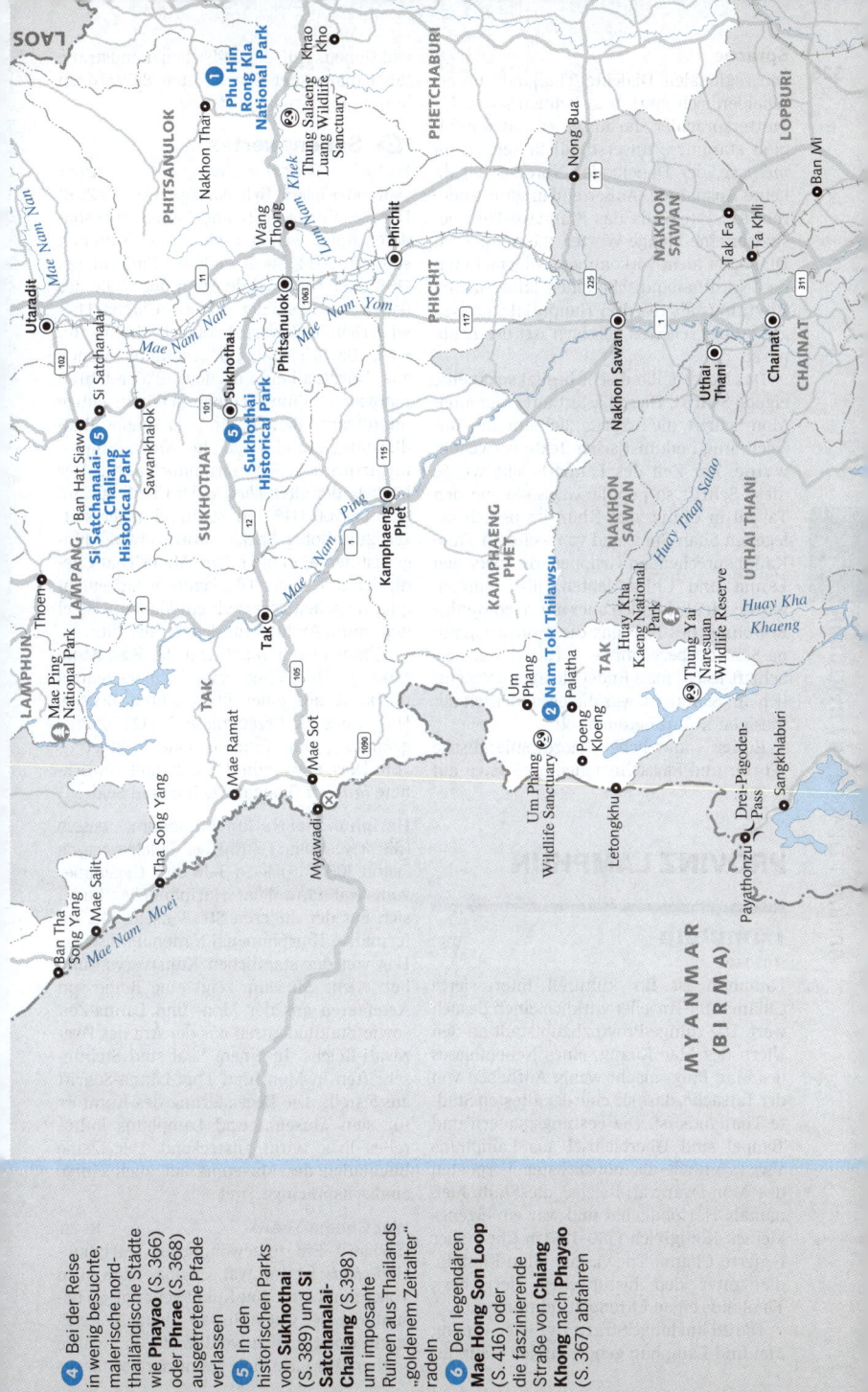

LAOS

1 Phu Hin
Rong Kla
National Park

Khao
Kho

PHETCHABURI

Nakhon Thai

Thung Salaeng
Luang Wildlife
Sanctuary

Wang
Thong

PHITSANULOK

Lam Nam Khek

Nong Bua

11

Ban Mi

LOPBURI

Mae Nam Nan

Utaradit

102

Si Satchanalai

Ban Hat Siaw

5

LAMPANG

Sawankhalok

**Si Satchanalai-
Challang
Historical Park**

Mae Nam Nan

101

Sukhothai

5

Phichit

Phichit

1065

Phitsanulok

Mae Nam Yom

PHICHIT

117

Nakhon Sawan

1

Tak Fa

Ta Khli

**NAKHON
SAWAN**

225

311

Uthai
Thani

Chainat

CHAINAT

5 **Sukhothai
Historical Park**

115

LAMPHUN

Thoen

Mae Ping
National Park

1

Kamphaeng
Phet

12

SUKHOTHAI

Mae Nam Ping

**KAMPHAENG
PHET**

**NAKHON
SAWAN**

Huay Thap Salao

UTHAI THANI

**Huay Kha
Khaeng**

Tak

TAK

105

1

Um
Phang

Palatha

2 **Nam Tok Thilawsu**

Huay Kha
Kaeng National
Park

TAK

Thung Yai
Naresuan
Wildlife Reserve

Mae Ramat

Mae Sot

1090

Poeng
Kloeng

Tha Song Yang

Um Phang
Wildlife Sanctuary

Ban Tha
Song Yang

Mae Salit

Myawadi

Mae Nam Moei

Letongkhu

Drei-Pagoden-
Pass

Sangkhlaburi

**M Y A N M A R
(B I R M A)**

Payathonzu

Sprache

Die regionalen Dialekte Thailands unterscheiden sich stark und können sogar für Muttersprachler, die aus einer anderen Region stammen, unverständlich sein. *Gām méuang*, der Dialekt des Nordens, ist da keine Ausnahme. Außer einem ganz anderen Tonsystem als das Standard-Thai besitzt er eine Menge Wörter, die in anderen Dialekten nicht vorkommen. Allgemein hat das Nordthailändische einen langsameren Rhythmus als die drei Hauptdialekte, was gut zu der relaxten, lässigen Art der Leute passt.

Das Nordthailändische besitzt sogar eine eigene Schrift. Diese basiert auf einer alten Mon-Schrift, die ursprünglich nur zur Aufzeichnung buddhistischer Texte verwendet wurde. Zur Zeit des Lanna-Reichs wurde diese Schrift so populär, dass sie von den Tai Lü in China, den Khün im östlich gelegenen Shan-Staat und von weiteren Thai-Kadai sprechenden Gruppen, die zwischen Lanna und China lebten, übernommen wurde. Heute können aber nur noch wenige Bewohner des Nordens diese oft als „Lanna-Schrift" bezeichnete nordthailändische Schrift lesen, man findet sie aber gelegentlich auf Schildern, was die Besonderheit der hiesigen Kultur betonen soll.

Einige nützliche nordthailändische Wörter und Floskeln stehen im Kasten auf S. 323.

PROVINZ LAMPHUN

Lamphun ลำพูน

14 000 EW.

Lamphun ist für kulturell interessierte Chiang-Mai-Traveller wirklich einen Besuch wert. Die ruhige Provinzhauptstadt an den Ufern des Mae Kuang, eines Nebenflusses des Mae Ping, macht wenig Aufheben von der Tatsache, dass sie eine der ältesten Städte Thailands ist. Die Festungsmauern und Tempel sind Überbleibsel aus Lamphuns Vergangenheit als nördlichster Vorposten des Mon-Dvaravati-Reichs; die Stadt hieß damals Hariphunchai und war ein eigenes kleines Königreich (750–1281 n.Chr.). Hier regierte Chama Thewi, eine Mon-Königin, die unter den historischen Herrschern Thailands einen Ehrenplatz einnimmt.

Die 26 km lange Straße zwischen Chiang Mai und Lamphun gehört zu den Hauptattraktionen. Auf der hübschen Landstraße fährt man unter dem dichten Blätterdach hoher Flügelfruchtgewächse.

◉ Sehenswertes

Wat Phra That Hariphunchai TEMPEL

(วัดพระธาตุหริภุญชัย; Th Inthayongyot; Eintritt 20 B) Der buddhistische Tempel hat einen besonderen Rang, weil er noch aus der Mon-Zeit stammt. 1044 (nach anderen Datierungen 1108 oder 1157) wurde er an der Stelle des früheren Palasts der Königin Chama Thewi errichtet. Er verfiel vor sich hin, bis ihn Khru Ba Srivichai, ein berühmter Mönch aus Nordthailand, in den 1930er-Jahren renovierte. Zum Tempel gehören einige interessante Bauten, ein paar schöne Buddhastatuen und zwei alte *chedi* (Stupas) im ursprünglichen Hariphunchai-Stil. Der höchste der alten *chedis,* der Chedi Suwan, stammt von 1418 und ist ein schmaler, spitzer, 21 m hoher Backsteinturm. Etwas jünger ist der 46 m hohe Phra Maha That Chedi, der mit seiner Glockenform auf einem quadratischen Sockel als ein Musterbeispiel der Lanna-Architektur des 15. Jhs. gilt.

Hinter dem Tempel liegt der **Kad Khua Moong Tha Sing**, ein kleiner Souvenirmarkt auf einer überdachten Brücke. Hier gibt's die Erzeugnisse des OTOP-Programms („One Tambon, One Product" – „Ein Dorf, ein Produkt"), darunter getrocknete *lam yai* (Longanfrüchte) und Seide.

Hariphunchai National Museum MUSEUM

(พิพิธภัณฑสถานแห่งชาติหริภุญไชย; Th Inthayongyot; Eintritt 100 B; ◉Mi–So 9–16 Uhr) Gegenüber vom Wat Phra That Hariphunchai findet sich auf der anderen Straßenseite das informative Hariphunchai National Museum. Das von der staatlichen Kunstverwaltung betriebene Museum zeigt eine Reihe von Artefakten aus der Mon- und Lanna-Zeit sowie Buddhafiguren aus der Ära des Dvaravati-Reichs. In einem Saal sind Steininschriften in Mon- und Thai-Lanna-Schrift ausgestellt. Die Begeisterung des Kurators für sein Museum und Lamphuns kulturelles Erbe wirkt ansteckend. Der kleine Buchladen des Museums hat auch einige englischsprachige Titel.

Wat Chama Thewi TEMPEL

(วัดจามเทวี) Ein ungewöhnlicher Hariphunchai-*chedi* ist im Wat Chama Thewi (im Volksmund kurz Wat Kukut genannt) zu bestaunen. Der Chedi Suwan Chang Kot entstand ursprünglich wohl im 13. Jh., wurde seither aber viele Male restauriert, sodass er heute eine Mischung verschiedener Architekturstile präsentiert, auch wenn er weithin als eines der jüngsten Beispiele der Dvaravati-Architektur gilt. Jede Seite des *chedi* ist mit fünf Reihen von je drei Buddhafiguren geschmückt, die nach oben hin kleiner werden. Die stehenden Buddhas sind zwar relativ neu, aber im Dvaravati-Stil gehalten.

ANREISE IN DEN NORDEN

Auto & Motorrad

Auto- und Motorradvermietungen gibt es in den meisten städtischen Zentren. Motorradfahren macht Spaß und lernt sich schnell.

Aus dem Grund wird es auch immer beliebter, Thailand vom Sattel eines gemieteten Motorrads aus zu erkunden. Der Straßenverkehr in Thailand birgt zwar so seine Risiken in sich, dafür hat die Fahrt mit dem Motorrad den Vorteil, dass man das Land im selbst gewählten Tempo erkunden und jederzeit die ausgetretenen Pfade verlassen kann.

Wenn man nicht gerade Geländefahrten unternehmen oder während der Regenzeit auf unbefestigten Pisten unterwegs sein will, braucht man schwere geländegängige Maschinen, wie sie in Chiang Mai vermietet werden, eigentlich nicht. Die Motorroller mit 110 bis 150 cm^3 und Automatikgetriebe, die man überall in Thailand findet, sind für die meisten Straßen schnell und stark genug. Wenn man auf Langstreckenfahrten eine größere und bequemere Maschine haben möchte, bietet sich die Honda Phantom mit 200 cm^3 an, ein Motorrad vom Chopper-Typ, das bis 2010 in Thailand produziert wurde.

Die Preise in Chiang Mai liegen zwischen ungefähr 150 B pro Tag für eine 125er Honda Wave/Dream und 1200 B pro Tag für eine Honda CB1000. Allgemeine Informationen zum Mieten von Fahrzeugen und Sicherheitshinweise stehen auf S. 844.

Eine guter Einstieg für angehende Motorradfahrer in Nordthailand ist die 100 km lange Samoeng-Schleife, die in einem halben Tag zu bewältigen ist. Die Strecke verläuft nördlich von Chiang Mai über die Rtes 107, 1096 und 1269 und führt durch eine schöne Landschaft; in den Kurven bekommt man eine Vorstellung davon, womit man bei längeren Touren durch den Norden rechnen muss. Die 470 km lange Chiang-Rai-Schleife, die auf den Rtes 107, 1089 und 118 durch die malerischen Ortschaften Fang und Tha Ton führt, ist eine beliebte Tour, die man auch mit einem Aufenthalt in Chiang Rai unterbrechen kann. Die klassische Tour im Norden ist die Mae-Hong-Son-Schleife (s. Kasten S. 417): Die 950 km lange Fahrt beginnt in Chiang Mai und führt über die 1864 Kurven der Rte 1095 mit möglichen Übernachtungen in Pai, Mae Hong Son und Mae Sariang, ehe man über die Rte 108 nach Chiang Mai zurückkehrt. Eine weniger bekannte, aber ebenso unterhaltsame Fahrt führt über die Rtes 1155 und 1093 von Chiang Khong in der Provinz Chiang Rai in die wenig besuchte Stadt Phayao – bei diesem Tagesausflug kommt man durch eine der spektakulärsten Gebirgslandschaften Thailands.

Die beste Infoquelle über Motorradtouren in Nordthailand ist **Golden Triangle Rider** (GT Rider; www.gt-rider.com); die Website-Betreiber geben auch eine Reihe von großartigen Tourenkarten heraus. Auf der Website stehen jede Menge nützliche Infos, z. B. über das Mieten von Motorrädern (mit Listen empfehlenswerter Vermieter in Chiang Mai und Chiang Rai) und zu Motorradversicherungen. Außerdem findet man hier Tourvorschläge mit Karten und ein interaktives Forum.

Öffentliche Verkehrsmittel

Am bequemsten kommt man mit dem Zug in den Norden, wenngleich es dort nur eine Bahnlinie gibt und die Reise vergleichsweise lange dauert. Wer es eiliger hat, findet heute in fast jeder nordthailändischen Provinzhauptstadt einen Flughafen vor. Fast die gesamte Region ist durch Busse oder Kleinbusse erschlossen; eine Ausnahme bilden die Gemeinden an der Grenze zu Myanmar (Birma), wo das *sŏrng·tǎa·ou* (Kleintransporter, auch *săwngthǎew oder songthaeo* geschrieben) das typische Verkehrsmittel ist.

Der Tempel ist ungefähr 1,5 km vom Wat Phra That Hariphunchai entfernt; vom Museum aus kann man mit einem Motorrad-Taxi (20 B) hinfahren.

Feste & Events

Songkran
NEUJAHR

Beim Songkran (Mitte April) geht es hier gemütlicher und traditioneller zu als in Chiang Mai – wer es nicht so nass und derb mag, schaut sich das Fest besser in Lamphun an.

Lam Yai Festival
LONGAN-FEST

In der zweiten Augustwoche steht Lamphun ganz im Zeichen der Longan-Frucht, des wichtigsten landwirtschaftlichen Erzeugnisses der Gegend. Beim Fest sieht man über und über mit Früchten geschmückte Festwagen. Und natürlich wird auch eine Miss Lam Yai gewählt.

🛏 Schlafen & Essen

Da Lamphun so nahe bei Chiang Mai liegt, wird man hier kaum übernachten. Wenn es aber klemmt, empfiehlt sich das sehr kompetente **Lamphun Will** (☑ 0 5353 4865; Th Chama Thewi; Zi. 1200–1750 B; ❄🛜🛉) gegenüber vom Wat Chama Thewi.

Reis- und Nudelläden
NUDELN $

(Th Inthayongyot) Eine Reihe ordentlicher Nudelläden findet man an der Hauptstraße südlich des Wat Phra That.

❶ An- & Weiterreise

Blaue *sŏrng·tǎa·ou* und weiße Busse fahren von Chiang Mai aus nach Lamphun (20 B, alle 30 Min.). Sie starten an einer Haltestelle in der Th Praisani vor dem Talat Warorot und an einer weiteren östlich des Flusses an der Th Chiang Mai-Lamphun, gleich südlich des Büros der Tourist Authority of Thailand (TAT). Auch am Busbahnhof Chang Pheuak in Chiang Mai hat man Anschluss. Busse und *sŏrng·tǎa·ou* können einen in Lamphun in der Th Inthayongyot an der Haltestelle vor dem Nationalmuseum und dem Wat Phra That Hariphunchai absetzen.

Von der Haltestelle vor dem Nationalmuseum und vom städtischen Busbahnhof an der Th Sanam lila Minibusse (20 B, 6–17 Uhr alle 20 Min.) und blaue *sŏrng·tǎa·ou* (15 B) zurück nach Chiang Mai.

Rund um Lamphun

DOI KHUN TAN
NATIONAL PARK
อุทยานแห่งชาติดอยขุนตาล

Dieser 225 km² große **Park** (☑ 0 5354 6335; Eintritt 200 B) liegt im Bergland zwischen den Provinzen Lamphun und Lampang. Er erstreckt sich vom mit Bambuswald bedeckten Tiefland auf 350 m über dem Meeresspiegel bis hinauf zum mit Kiefern bewachsenen Gipfel des Doi Khun Tan in 1363 m Höhe. Wildblumen, darunter Orchideen, Ingwer und Lilien, wachsen hier in Hülle und Fülle. Bei der Parkverwaltung gibt es Karten, auf denen die gut markierten Wege verzeichnet sind. Kurze Wanderstrecken rund um die Verwaltungszentrale sind darunter, aber auch lange Wege zu den vier Berggipfeln; eine Strecke führt sogar nach **Nam Tok Tat Moei** (hin & zurück 7 km). Durch die Berge führt Thailands längster Eisenbahntunnel (1352 m). Tausende Arbeiter aus Laos schufteten hier sechs Jahre lang, bevor der Tunnel 1921 in Betrieb genommen wurde – mehrere Arbeiter sollen Tigern zum Opfer gefallen sein.

Bungalows (☑ 0 2562 0760; www.dnp.go.th; Bungalow 1500–2700 B) und ein Restaurant finden sich nahe der Parkverwaltung. An Wochenenden in der kühlen Jahreszeit ist der Park sehr gut besucht.

Der Haupteingang zum Park liegt direkt beim Bahnhof Khun Tan. Abfahrtzeiten und Fahrpreise bei der **State Railway of Thailand** (☑ landesweite Rufnummer 1690; www.railway.co.th) telefonisch erfragen oder auf die Website schauen. Am Bahnhof angekommen, überquert man die Gleise und läuft über den steilen, markierten Weg 1,3 km bis zur Parkverwaltung. Wer mit dem Auto anreist, folgt der Autobahn von Chiang Mai nach Lampang bis zur Ausfahrt Mae Tha; von dort sind es 18 km über eine ausgeschilderte, steile und unbefestigte Straße.

ÜBERNACHTUNGSPREISE IN NORDTHAILAND

In diesem Reiseführer werden die Normalpreise der Hauptsaison angegeben. Weitere Informationen zu den darin verwendeten Unterkunftskategorien finden sich im Kasten auf S. 111.

» **Budgetunterkünfte** weniger als 600 B

» **Mittelklassehotels** 600–1500 B

» **Spitzenklassehotels** mehr als 1500 B

PROVINZ LAMPANG

Lampang   ลำปาง

59 000 EW.

Schwerfällige Elefanten, elegante Villen früherer Holzbarone, eindrucksvolle Tempel aus der Lanna-Ära, viele davon aus Holz – Lampang scheint auf freundliche Art alle Klischees über Nordthailand zu bestätigen. Trotzdem wirkt die Stadt „unentdeckter" als so mancher stärker auf Touristen eingestellte Ort im Norden, weil nur wenige Besucher den Weg hierher finden.

Geschichte

Zwar wurde die Provinz Lampang bereits während der Dvaravati-Periode im 7. Jh. besiedelt, Legenden berichten jedoch davon, dass die Stadt Lampang vom Sohn der Hariphunchai-Königin Chama Thewi gegründet wurde. Diese spielt eine wichtige Rolle in der Geschichte des Hariphunchai-Königreichs (8.–13. Jh.).

Wie Chiang Mai, Phrae und andere ältere Städte des Nordens wurde auch das moderne Lampang als Rechteck angelegt, mit einer Stadtmauer umgeben und entlang eines Flusses (hier den Mae Wang) gebaut. Am Ende des 19. und zu Beginn des 20. Jhs. war Lampang zusammen mit dem nahe gelegenen Phrae ein wichtiger Umschlagplatz für den nationalen und internationalen Handel mit Teakholz. Eine große britische Holzgesellschaft engagierte birmanische Vorarbeiter, die mit der Teakholzindustrie Birmas vertraut waren. Diese sollten birmanische und thailändische Holzfäller aus der Gegend ausbilden. Zusammen mit unabhängigen birmanischen Teakhändlern, die ebenfalls in Lampang ihren Geschäften nachgingen, sponserten diese gut bezahlten Vorarbeiter in der Stadt den Bau von mehr als einem Dutzend Tempeln. In einigen der beeindruckendsten Wats Lampangs lebt das Erbe dieser Handwerker bis heute fort.

◉ Sehenswertes

Wat Phra Kaew Don Tao   TEMPEL

(วัดพระแก้วดอนเต้า; Eintritt 20B; ⊙6–18 Uhr) Zwischen 1436 und 1468 beherbergte dieser **Wat** den Smaragdbuddha. Dieser war insgesamt in vier Wats in Nordthailand untergebracht, ehe er nach Bangkok in den Wat Phra Kaew kam. Der Haupt-*chedi* zeigt Hariphunchai-Einfluss, während der *mon-dòp* (kleiner, quadratischer Schrein mit spitz zulaufendem Dach) daneben erst aus dem Jahr 1909 stammt. Der *mon-dòp* ist mit Glasmosaiken im typisch birmanischen Stil verziert und birgt ein Buddhabild im Mandalay-Stil. Eine Ausstellung von Lanna-Artefakten, vor allem religiöse Utensilien und Holzarbeiten, kann im Museum des Wats, dem **Lanna-Museum** (Eintritt gegen Spende; ⊙7–18 Uhr), bestaunt werden.

Neben dem Tempelkomplex steht der hübsche, 1809 errichtete **Wat Suchadaram**, der nach Mae Suchada benannt ist, der zentralen Figur einer lokalen Legende.

Wat Pongsanuk Tai   TEMPEL

(วัดปงสนุกใต้; Th Pongsnook; Eintritt frei; ⊙5.30–20.30 Uhr) Obwohl er bei einer kürzlichen Renovierung viel von seinem ursprünglichen Charakter verloren hat, ist der *mon-dòp* im Wat Pongsanuk immer noch eines der wenigen verbliebenen hiesigen Beispiele für die alte Tempelarchitektur im Lanna-Stil, die an den Seiten offene Holzgebäude bevorzugte. Der mit Schnitzereien verzierte Holzdurchgang am Eingang zur Nordtreppe vermittelt einen Eindruck davon, wie der Tempel früher aussah.

EIN HOCH AUF DIE MELONE

Der kleine Wat Suchadaram beim Wat Phra Kaew Don Tao soll an der Stelle stehen, wo sich einst das Melonenfeld *(dorn dôw)* von Mae (Mutter) Suchada befand, einer frommen Frau aus der Gegend. Während einer Hungersnot soll ein Mönch die Frau um eine Gabe gebeten haben und erhielt von ihr eine Melone von ungewöhnlicher Form. Beim Öffnen der Melone entdeckte der Mönch einen großen grünen Edelstein und schuf aus diesem mit Mae Suchadas Hilfe und dem Beistand des Gottes Indra ein Buddhabild.

Die Dorfbewohner argwöhnten, Mae Suchada hätte ein zu enges Verhältnis zu dem Mönch und köpften sie in einer Lynchaktion. Als sie später ihr Verbrechen einsahen (denn die Untat verursachte eine erneute Hungersnot), errichteten sie zu Ehren der Frau einen Tempel. Das smaragdene Buddhabild befindet sich heute im Wat Phra That Lampang Luang.

Lampang

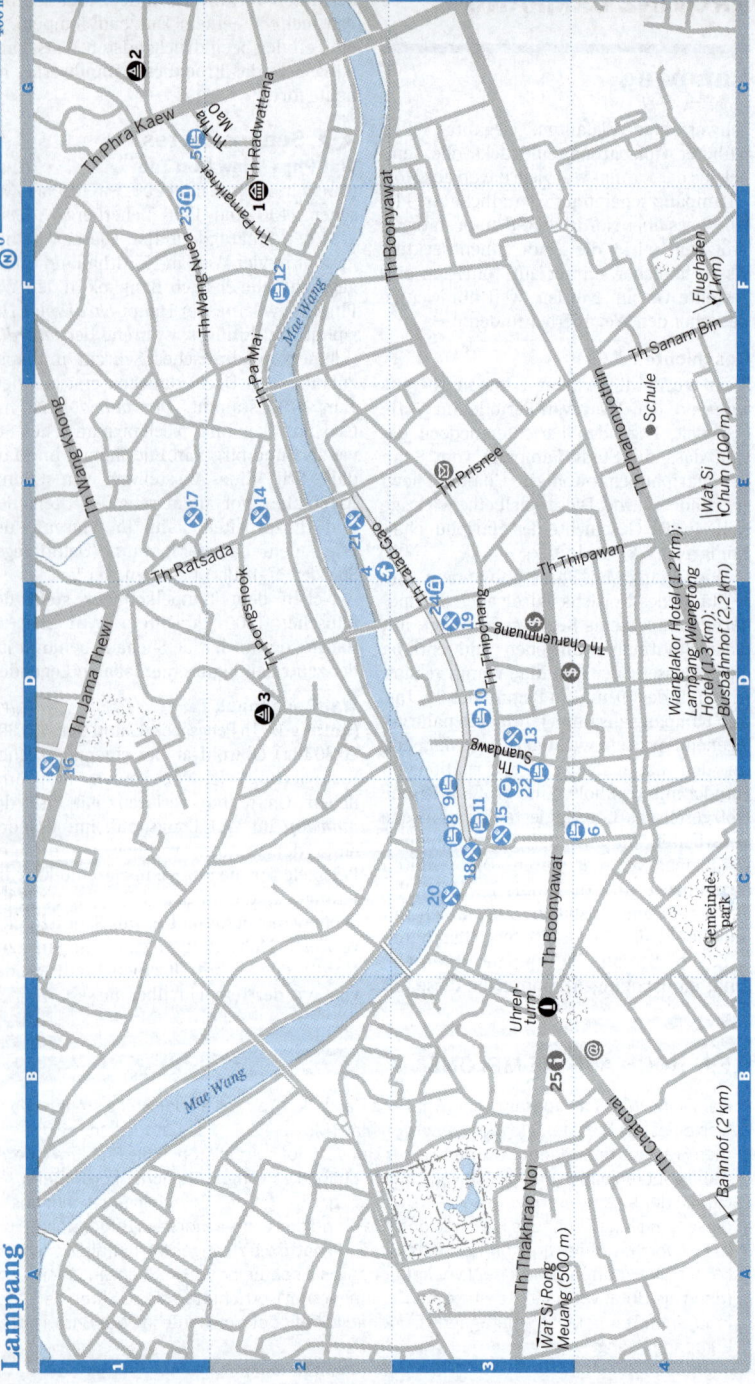

Lampang

In einer Reihe musealer Räume auf dem Tempelgelände sind Artefakte aus der Gegend ausgestellt, englischsprachige Erklärungen sind aber kaum vorhanden.

Baan Sao Nak
MUSEUM

(บ้านเสานัก; 85 Th Radwattana; Eintritt 50 B; ⊙10–17 Uhr) Das auf 116 quadratischen Teakpfeilern ruhende riesige Teakhaus im alten Wiang-Neua-Bezirk (Nordstadt) wurde 1895 im traditionellen Lanna-Stil errichtet und war die Residenz der örtlichen *kun·yĭng* („Herrin"); heute dient es als Museum. Das gesamte Gebäude ist mit birmanischen und thailändischen Antiquitäten möbliert, das wirklich Sehenswerte sind aber das Haus und sein gepflegter Park.

Wat Chedi Sao
TEMPEL

(วัดเจดีย์ซาว; Eintritt frei; Th Pratuma) Der rund 6 km nördlich der Stadt gelegene, über die Th Pamaikhet zu erreichende Tempel ist nach den *sao* (nordthailändisch für „20") geweißten *chedis* im Lanna-Stil auf seinem Gelände benannt. Doch der eigentliche Schatz des Wats ist eine aus dem 15. Jh. stammende Statue des sitzenden Buddha aus Massivgold. Diese ist in einem **Pavillon** (⊙8–17 Uhr) ausgestellt, der über einem rechteckigen Teich errichtet wurde. Im Kopf der Statue soll ein Knochensplitter vom Schädel des Buddha, in seiner Brust ein goldenes Palmblatt mit einer alten Inschrift in Pali verborgen sein; Frisur und

Gewand des Bildnisses sind mit kostbaren Edelsteinen besetzt. Angeblich hat ein Bauer die Figur 1983 bei den nahe gelegenen Ruinen des Wat Khu Kao gefunden. Die Mönche des Wat Chedi Sao stellen Kräuterarzneien her und verkaufen sie: Das beliebte *yah mòrng* ähnelt dem bekannten Tigerbalsam.

Wat Si Rong Meuang & Wat Si Chum
TEMPEL

(วัดศรีรองเมือง/วัดศรีชุม) Der Wat Si Rong Meuang (an der Th Thakhrao Noi) und der Wat Si Chum (an der Th Thipawan) wurden beide im späten 19. Jh. von birmanischen Kunsthandwerkern erbaut. Die Tempelgebäude zeigen den birmanischen „Stufenstil" mit Zinndächern und aufwendigen Schnitzgiebeln.

🏃 Aktivitäten

Pferdekarren
GEFÜHRTE TOUR

Lampang ist in ganz Thailand als Meuang Rot Mah, die „Pferdekarrenstadt", bekannt. Tatsächlich ist sie die einzige thailändische Stadt, in der es noch Pferdekarren gibt – allerdings befördern die heute nur noch Touristen. Die grellbunten, mit Nylonblüten geschmückten Wagen, die von Fahrern mit Stetsons gelenkt werden, sind unübersehbar. Eine 15-minütige Fahrt durch die Stadt kostet 150 B; für eine halbstündige Fahrt am Ufer des Mae Wang wird man 200 B los. Bei der einstündigen Tour für 300 B wird am Wat Phra Kaew Don Tao und am Wat Si Rong Meuang Halt gemacht. Pferdekarren finden sich in der Nähe der größeren Hotels sowie unmittelbar östlich des Marktes in der Th Boonyawat.

Samakhom Samunphrai
Phak Neua
MASSAGE

(Keine Ausschilderung in lateinischen Buchstaben; ☎08 9758 2396; 149 Th Pratuma; Massage 300 B/Std., Sauna 150 B; ⊙8–19.30 Uhr) Der rustikale Laden (Zugang über die Th Pamaikhet) befindet sich im Stadtviertel Wiang Neua neben dem Wat Hua Khuang und hat traditionelle nordthailändische Massagen und Kräutersaunas im Angebot. Die Fahrt mit dem Motorradtaxi hierher kostet rund 20 B.

Thai-Massage
MASSAGE

(Th Talad Gao; ⊙8–21 Uhr) Mehrere Läden am östlichen Ende der Th Talad Gao bieten Thai-Massagen für ca. 150 B pro Stunde an.

🛏 Schlafen

LP TIPP Riverside Guest House
PENSION $$

(☎0 5422 7005; www.theriverside-lampang.com; 286 Th Talad Gao; Zi. 350–900 B, Suite 1800 B; ❄🛜) Der Komplex aus aufgemöbelten, mit Grün umgebenen Holzhäusern ist die bei Weitem angenehmste Unterkunft in Lampang und fällt preislich immer noch in den Budgetbereich. Am besten nimmt man eines der beiden Zimmer im Obergeschoss des Haupthauses, die große Balkone mit Blick auf den Mae Wang haben; ebenfalls empfehlenswert ist die riesige Zwei-Zimmer-Suite. Draußen gibt's viele Tische im Schatten, an denen man essen oder sich unterhalten kann. Zu den Einrichtungen für Traveller gehört auch ein Motorradverleih.

Wienglakor Hotel
HOTEL $$$

(☎0 5431 6430-5; www.wienglakor.com; 138/35 Th Phahonyothin; Zi. mit Frühstück 1000–1700 B, Suite mit Frühstück 3000 B; ❄@🛜) Für alle, die feudaler wohnen wollen, ist dieses Hotel die beste Alternative in Lampang. Die Lobby ist geschmackvoll mit Teakholz und nordthailändischen Tempelmotiven dekoriert. Und diese Gestaltung setzt sich auch in den Zimmern fort. In den Deluxe-Zimmern gibt's einen zusätzlichen Sitzbereich und einen Wandschrank. Schön ist der Essbereich draußen am Karpfenteich.

Pin Hotel
HOTEL $$

(☎0 5422 1509; 8 Th Suandawg; Zi. mit Frühstück 600–900 B, Suite mit Frühstück 1300–1800 B;

❄@🛜) Die makellosen, geräumigen und ruhig gelegenen Zimmer bieten Kabelfernsehen, Minibar und große Bäder. Im ansässigen Reisebüro kann man In- und Auslandsflüge buchen. Eine ausgezeichnete Wahl im mittleren Preissegment.

R-Lampang
PENSION $

(☎0 5422 5278; www.r-lampang.com; Th Talad Gao; Zi. 350–1000 B; ❄🛜) Als niedlich lässt sich die Ästhetik dieser beiden Holzhäuser am Mae Nam Wang beschreiben. Die Korridore sind bunt angestrichen und mit Teddybären dekoriert. Die Zimmer mit Klimaanlage sind geräumig, die mit Ventilator ziemlich klein. Die Budgetzimmer teilen sich das Bad. Im angeschlossenen Laden erhält man kleine Gerichte, Getränke und Souvenirs.

Akhamsiri Home
HOTEL $

(☎0 5422 8791; www.akhamsirihome.com; 54/1 Th Pahmaikhet; Zi. 450 B; ❄@🛜) „Mittelklasse-Qualität zu Budgetpreisen", so könnte dieses Hotel für sich werben. Die großen, kühlen Zimmer befinden sich in einem sauberen Wohnkomplex und haben Fernseher, Kühlschrank sowie Zugang zu einem Garten oder Balkon. Es gibt ein Café sowie einen Fahrrad- und Motorradverleih.

Lampang Wiengtong Hotel
HOTEL $$

(☎0 5422 5801/2; www.lampangwiengthonghotel.com; 138/109 Th Phahonyothin; Zi. mit Frühstück 700–1500 B, Suite mit Frühstück 2500–3200 B; ❄@🛜🏊) Lampangs größtes Hotel prahlt mit einigen der größten Zimmer, die wir je gesehen haben. Die Budgetzimmer sind dafür winzig und überraschen mit den kleinsten Badewannen außerhalb von Tokio.

Asia Lampang Hotel
HOTEL $$

(☎0 5422 7844; www.asialampang.com; 229 Th Boonyawat; Zi. mit Frühstück 550–850 B; ❄@🛜) Die billigeren Zimmer im Erdgeschoss sind kahl und ziemlich dunkel, aber für einen kleinen Aufpreis gibt's ein paar Stockwerke höher richtig ordentliche, holzgetäfelte Zimmer.

Ton Nam Guest House
PENSION $

(☎0 5422 1175; wannaka_123@hotmail.com; 175/2 Th Talad Gao; Zi. 500 B; ❄@) In dem alten gemütlichen Holzhaus gibt es vier nette Zimmer, alle mit Klimaanlage und eigenem Bad.

Tip Inn Guest House
PENSION $

(☎0 5422 1821; 143 Th Talad Gao; Zi. mit Ventilator/Klimaanlage 450/350 B; ❄🛜) Das Tip

Inn ist eine gemütliche Alternative zu den entsetzlich unansehnlichen Budgethotels der Stadt. Zudem ist es die einzige Herberge, die mitten an der historischen Th Talad Gao liegt.

TT&T Back Packers
Guesthouse
PENSION **$**

(☎0 5422 1303; 82 Th Pa Mai; Zi. 200–400 B; ❄@) Hier gibt's nur Zimmer mit Gemeinschaftsbädern, aber dafür entschädigen die Lage am Fluss und großzügig bemessene Bereiche zum Chillen.

✕ Essen

Für eine vergleichsweise kleine Stadt hat Lampang eine recht große Auswahl an Restaurants, die nordthailändische und westliche Küche oder ein Zwischending davon bieten.

Wer gerne an Imbissständen unter Einheimischen isst oder sich selbst versorgen möchte, sollte Lampangs **Abendmarkt** (Th Ratsada; ◷16–20 Uhr) besuchen, wo täglich Körbe mit Klebreis und Dutzende Beilagen zum Dippen bereitstehen.

Aroy One Baht
THAI **$**

(Ecke Th Suandawg & Th Thipchang; Hauptgerichte 15–40 B; ◷16–24 Uhr) An manchen Abenden wirkt es, als hätte sich ganz Lampang in diesem großen Holzhaus versammelt, was nur zu verständlich ist: Das Essen ist köstlich und extrem günstig, die Bedienung blitzschnell und das Ambiente in dem Holzhaus mit Balkon und Garten einfach klasse.

Papong
NORDTHAILÄNDISCH **$**

(125 Th Talad Gao; Hauptgerichte 30–40 B; ◷mittags & abends) Man sollte unbedingt in diesem beliebten Treff der Einheimischen vorbeischauen, wo es *kà·nŏm jeen* (frische Reisnudeln mit verschiedenen Currys) gibt. Der Laden ist nicht zu verfehlen – einfach nach einer Reihe blubbernder Currys in Tontöpfen Ausschau halten. Um zu bestellen, deutet man einfach auf das, was einem zusagt. Oma Pongs Spezialität ist *kà·nŏm jeen nám ngée·o*, eine köstliche nordthailändische Suppe mit Schweinefleisch und Tomaten.

Riverside Bar &
Restaurant
INTERNATIONAL, THAI **$$**

(328 Th Thipchang; Hauptgerichte 80–210 B; ◷mittags & abends) Diese Holzbaracke, die so aussieht, als würde sie jeden Augenblick in den Mae Wang stürzen, ist bei durchreisenden wie ortsansässigen Ausländern ex-

trem beliebt. Livemusik, die gut bestückte Bar und die große Auswahl von regionalen und westlichen Gerichten wirken als Publikumsmagneten. Am besten kommt man dienstags, donnerstags, samstags oder sonntags, wenn es abends hausgemachte Pizza gibt.

Khawng Kin Ban Haw
NORDTHAILÄNDISCH **$$**

(Keine Ausschilderung in lateinischen Buchstaben; 72 Th Jama Thewi; Hauptgerichte 50–110 B; ◷mittags & abends) Einen Abstecher wert ist dieses Lokal, das unmittelbar außerhalb des Stadtzentrums liegt. Bei Einheimischen ist es besonders abends sehr beliebt, wenn die Flasche Whisky als typische „Beilage" auf dem Tisch steht. Hier kann man gut typisch nordthailändische Gerichte wie *gaang kaa gòp* (eine Froschsuppe mit vielen Kräutern) oder *lâhp kôo·a* (*lâhp* mit Gewürzen der Region in der Pfanne gebraten) probieren.

Grandma's Café
THAI **$**

(361 Th Thipchang; Hauptgerichte 30–70 B; ◷10–18 Uhr) Die alten Teakholzstühle und Spitzengardinen sind das einzige, was in diesem schiefergrau-minimalistischen, trendigen Kaffeehaus großmütterlich wirkt. Man bekommt guten Kaffee und Reisgerichte, die kaum einmal die 50-B-Grenze überspringen.

Krua 312
THAI **$**

(Th Thipchang; Hauptgerichte 45–80 B; ◷mittags & abends) Das winzige, einfache Restaurant ist in einem charmanten Ladenhaus aus Holz untergebracht, die Wände sind mit Schwarzweißfotos von Lampang und dem König dekoriert. Auf der Speisekarte stehen Curry-, Nudel- und Reisgerichte, die auch Ausländern munden.

Vegetarian Food
VEGETARISCH, THAI **$**

(Th Talad Gao; Hauptgerichte 25–35 B; ◷Mo–Sa 8–18 Uhr; ✍) Das in einem Ladenhaus un-

SPEZIALITÄTEN AUS DEM NORDEN

Ähnlich wie bei der Sprache gibt es auch beim Essen in Thailand von Provinz zu Provinz kleine Unterschiede. Die Küche der thailändischen Nordprovinzen ist da keine Ausnahme: Sie spiegeln das relativ kühle, von ausgeprägten Jahreszeiten bestimmte Klima und die Vorliebe für Schweinefleisch, Gemüse und Frittiertes aller Art wider. Traditionell essen die Nordthailänder fast ausschließlich *kôw nĕe·o*, den Klebreis, der im hiesigen Dialekt *kôw nĕung* heißt. Kokosmilch spielt in der nordthailändischen Küche kaum eine Rolle. Überhaupt ist diese Küche wohl diejenige Thailands, die Gewürze am sparsamsten verwendet und sich oft mit den bitteren oder bitter-scharfen Aromen der Speisen begnügt.

Leider ist es außerhalb von Chiang Mai und den anderen großen Städten Nordthailands oft gar nicht so einfach, authentische regionale Gerichte zu bekommen. Nur wenige Restaurants servieren nordthailändische Gerichte; die meisten authentischen Gerichte bekommt man an Take-away-Ständen. Wenn man aber mal ein Restaurant findet, das regionale Kost anbietet, sollte man u. a. folgende Gerichte probieren:

» *Gaang hang·lair* – dieses reichhaltige Schweinefleischcurry ist birmanischen Ursprungs (*hang* ist eine Verballhornung des birmanischen Wortes *hin* für Curry) und wird häufig bei Festen und Zeremonien zubereitet.

» *Kâap mŏo* – frittierte Schweineschwarte ist eine übliche – durchaus leckere – Beilage in Nordthailand.

» *Kôw gân jîn* – Reis mit Blut, gedämpft in einem Bananenblatt und serviert mit Knoblauchöl.

» *Kôw soy* – dieses beliebte Nudelcurry ist wahrscheinlich birmanischen Ursprungs und wurde von durchreisenden chinesischen Händlern nach Nordthailand gebracht.

tergebrachte Restaurant bietet eine große Auswahl vegetarischer Gerichte auf thailändische Art.

Ausgehen

Das Nachtleben Lampangs konzentriert sich in dem Abschnitt der Th Thipchang um das Riverside Bar & Restaurant. Hier gibt's ein paar freundliche Freiluftrestaurants und Kneipen wie das **Relax Bar & Restaurant** (Th Thipchang; ⊘18–24 Uhr) und das seltsam benannte **Gibbon** (Th Thipchang; ⊘19–24 Uhr).

Shoppen

Straßenmarkt   MARKT

Vielleicht möchte Lampang dem Erfolg der Straßenmärkte von Chiang Mai nacheifern, auf jeden Fall aber hat die Stadt nun ihren eigenen, und zwar in der charmanten Th Talad Gao (auch als Kat Korng Ta bekannt) mit ihren alten Ladenhäusern im englischen, chinesischen und birmanischen Stil. Samstags und sonntags wird die Straße von 16 bis 22 Uhr für den Verkehr gesperrt, und Souvenir-, Kunsthandwerks- und Imbissstände bieten ihre Waren feil. Eine ähnliche **Kulturstraße** gibt's sonntags von 6 bis 9 und freitags von 18 bis 21 Uhr in der Th Wang Nuea.

 Praktische Informationen

In der Th Boonyawat finden sich viele Banken mit Geldautomaten, u. a. die Siam City Bank und die Krung Thai Bank.

M@cnet (Th Chatchai; 15 B/Std.; ⊘9–22 Uhr) Internetzugang.

Post (Th Prisnee; ⊘Mo–Fr 8.30–16.30, Sa 9–12 Uhr)

Sanuksabai (8 Th Suandawg; ⊘Mo–Sa 8–17 Uhr) In dem Reisebüro neben dem Pin Hotel kann man Flugtickets buchen und sich damit die umständliche Fahrt zum Flughafen sparen.

Tourism Authority of Thailand (TAT; ☏landesweite Rufnummer 1672, Lampang 0 5423 7229; Th Thakhrao Noi; ⊘Mo–Sa 10–16 Uhr) Die hilfreichen Angestellten haben neben einer ordentlichen Karte der Gegend auch detaillierte Infos zu den Sehenswürdigkeiten und Aktivitäten vor Ort auf Lager.

 An- & Weiterreise

Bus

Lampangs Busbahnhof liegt fast 2 km vom Stadtzentrum entfernt an der Kreuzung des Asia 1 Hwy und der Th Chantarasurin; die Fahrt dorthin mit einem Sammel-*sŏrng·tăa·ou* kostet 20 B. Auch Kleinbusse fahren von hier, u. a. nach Phrae (85 B, 2 Std., 7–16.30 Uhr häufig).

» *Kà·nŏm jeen nám ngée·o* – frische Reisnudeln, die wie Spaghetti mit einer Sauce aus Schweinefleisch und Tomaten serviert werden.

» *Lâhp kôo·a* – wörtlich „gebratenes *lâhp*"; hierbei wird der berühmte thailändische Hackfleisch-„Salat" mit einer Mischung aus bitteren bzw.scharfen getrockneten Gewürzen und Kräutern gebraten.

» *Lôo* – rohes Blut mit einer Currypaste über frittierten Innereien und knusprigen Nudeln; das mit großer Sicherheit gewöhnungsbedürftigste aller nordthailändischen Gerichte.

» *Năam* – vergorenes rohes Schweinefleisch; eine säuerliche Delikatesse, die viel besser schmeckt, als man erwarten würde.

» *Nám prík nùm* – grüne Paprika, Schalotten und Knoblauch werden gebraten und dann zu einem Mus zerstampft, das mit Klebreis, kurz gebratenem Gemüse und frittierter Schweineschwarte gereicht wird.

» *Nám prík òrng* – ein Chili-Dip der Shan aus Tomaten und Schweinehackfleisch; nordthailändische Bolognese, wenn man so will.

» *Sâi òo·a* – gebratene Schweinefleischwürstchen mit vielen frischen Kräutern.

» *Đam sôm oh* – in der nordthailändischen Variante des *sôm·đam* werden die grünen Papayas durch Pomelos ersetzt.

» *Đôm yam* – in der nordthailändischen Version des beliebten thailändischen Gerichts kommen die gleichen bitteren und scharfen Gewürze zum Einsatz wie beim *lâhp kôo·a*.

ZIEL	PREIS (B)	DAUER (STD.)	HÄUFIG-KEIT
Bangkok	347–625	9	häufig zw. 7.30–11.30 & 18.30–21 Uhr
Chiang Mai	67–134	2	8–20.30 Uhr, stündl.
Chiang Rai	143	3½	15.30, 18.30 & 21.30 Uhr
Mae Sot	181–232	4	9–24 Uhr, stündl.
Nan	150–300	4	9–24 Uhr, stündl.
Phitsanulok	193	4½	5–19 Uhr, stündl.
Phrae	78–157	2	9–24 Uhr, stündl.
Sukhothai	162	3½	5–19 Uhr, stündl.

Flugzeug

Lampangs Flughafen liegt ungefähr 1,5 km außerhalb des Stadtzentrums am östlichen Ende des Asia 1 Hwy. Die Fahrt mit dem *sŏrng·tăa·ou* vom Flughafen in die Innenstadt kostet 50 B.

Bangkok Airways (☑landesweite Rufnummer 1771, Lampang 0 5482 1522; www.bangkokair. com; Flughafen Lampang) fliegt von Lampang zum Suvarnabhumi International Airport in Bangkok (2405 B, 1 Std., tgl.) sowie nach Sukhothai (1915 B, 30 Min., tgl.).

Zug

Lampangs historischer **Bahnhof** (☑0 5421 7024; Th Phahonyothin) stammt von 1916 und ist von den meisten Unterkünften einen ordentlichen Fußmarsch entfernt. Züge fahren u. a. nach Bangkok (256–1272 B, 12 Std., 6-mal tgl.) und Chiang Mai (23–50 B, 3 Std., 6-mal tgl.). Abfahrtzeiten und die Preise zu anderen Zielen kann man bei der **State Railway of Thailand** (☑landesweite Rufnummer 1690; www.railway. co.th) telefonisch erfragen oder auf der Website ermitteln.

Rund um Lampang

WAT PHRA THAT LAMPANG LUANG

วัดพระธาตุลำปางหลวง

Zu diesem uralten buddhistischen Tempelkomplex gehören mehrere interessante religiöse Bauten, darunter der wohl schönste Lanna-Tempel Nordthailands, der offene **Wíhaan Luang**. Der eindrucksvolle *wíhaan* (eine große, gewöhnlich für Laien geöffnete Halle in einem Thai-Tempel) stammt von 1476 und gilt als das älteste noch erhaltene Holzgebäude in Thailand. Mächtige Teakholzpfeiler tragen das dreistufige Holzdach. Aus dem frühen 19. Jh. stammende *Jataka*-Wandmalereien (Szenen aus den früheren Leben des Buddha) schmücken die Holztafeln an der Innenseite des oberen Umgangs des *wíhaan*. Ein riesiger, vergoldeter *mon·dòp* im hinteren Teil des *wíhaan* enthält ein Bildnis Buddhas, das 1563 gegossen wurde.

Der kleine und schlichte **Wíhaan Ton Kaew** nördlich vom Haupt-*wíhaan* wurde 1476 erbaut, der 45 m hohe *chedi* im Lanna-Stil hinter dem Haupt-*wíhaan* stammt von 1449 und wurde 1496 ausgebaut.

Der *wíhaan* nördlich des *chedi,* der **Wíhaan Nam Taem**, wurde im frühen 16. Jh. errichtet und zeigt erstaunlicherweise immer noch Spuren der ursprünglichen Wandmalereien, die damit zu den ältesten im Land gehören.

Das älteste Gebäude im Komplex ist der aus dem 13. Jh. stammende **Wíhaan Phra Phut**, der südlich des Haupt-*chedi* steht.

Leider ist es nur Männern erlaubt, das mit der Camera obscura erzeugte Abbild des *wíhaan* und des *chedi* im **Haw Phra Phutthabaht**, einem kleinen weißen Gebäude hinter dem *chedi,* zu betrachten. Das Bild wird (auf dem Kopf stehend) durch ein kleines Loch auf ein weißes Tuch projiziert; selbst die Farben der Gebäude sind genau zu erkennen.

Auf dem Gesims über dem Eingang zu dem Tempelkomplex beeindruckt ein Drachenrelief – derartige Reliefs waren einst in nordthailändischen Tempeln üblich, finden sich heute aber nur noch selten. Das Eingangstor stammt angeblich aus dem 15. Jh.

Im Arboretum vor den südlichen Toren des Wats befinden sich jetzt drei sehenswerte **Museen**. Eines zeigt hauptsächlich zeremonielle Gegenstände und einige Buddhafiguren. Ein anderes, Haus des Smaragdbuddhas genannt, stellt Münzen, Banknoten, Buddhafiguren, silberne Betelnuss-Kästchen, Lackschnitzereien und andere völkerkundliche Artefakte aus, außerdem drei kleine, reich vergoldete Buddhas, die auf einem Altar hinter einer großen, mit Ornamenten verzierten Silberschale stehen. Das dritte kleine, aber feine Museum hat Regale voller Buddhafiguren, Lackschnitzereien, Manuskripte und Kera-miken, die sowohl auf Thai als auch Englisch beschriftet sind.

Der Wat Phra That Lampang Luang liegt 18 km südwestlich von Lampang in Ko Kha. Mit öffentlichen Verkehrsmitteln erreicht man ihn von Lampang aus, indem man auf der Th Rawp Wiang ein *sŏrng·tăa·ou* (20 B) in Fahrtrichtung Osten anhält und dann vom *sŏrng·tăa·ou*-Halt in Ko Kha die restlichen 3 km bis zum Tempel mit dem Motorradtaxi (40 B) zurücklegt. Ein *sŏrng·tăa·ou* von Lampang's Busbahnhof kostet pro Fahrt 350 B.

Mit dem Auto oder Fahrrad geht es von Lampang über den Asia 1 Hwy Richtung Süden bis zur Ausfahrt Ko Kha, danach folgt man der Straße über eine Brücke und hält sich rechts. Nun 3 km der Ausschilderung folgen und über eine weitere Brücke fahren, dann kommt der Tempel zur Linken in Sicht.

THAI ELEPHANT CONSERVATION CENTER & UMGEBUNG ศูนย์อนุรักษ์ช้างไทย

Im Amphoe Hang Chat, 33 km von Lampang entfernt, setzt sich das **Elephant Centre** (TECC; ☏ 0 5424 7876; www.thailand

ABSTECHER

WAT LAI HIN วัดไหล่หิน

Wenn man den Wat Phra That Lampang Luang besichtigt und über ein eigenes Verkehrsmittel verfügt, lohnt sich auch ein Besuch des ebenfalls in der Nähe von Ko Kha gelegenen, schönen **Wat Lai Hin** (Eintritt frei). Der von Künstlern aus Chiang Tung in Myanmar errichtete winzige Tempel ist einer der typischsten Lanna-Tempel in der Gegend. Er beeinflusste den Entwurf des Mandarin Oriental Dhara Dhevi Hotel in Chiang Mai und auch die Kulissenbauer für den thailändischen Kassenhit *Suriyothai* (2001) holten sich hier Inspirationen. Auf dem Gelände befindet sich ein interessantes **Folklorekunstmuseum,** das die Mönche einem auf Wunsch zeigen.

Von Ko Kha aus nimmt man die Straße zum Wat Phra That Lampang Luang. Ungefähr 1 km davor zweigt eine Straße ab, über die man den Wat Lai Hin nach rund 6 km erreicht.

elephant.org; Erw./Kind inkl. Shuttlebus 80/40 B; ☺Elefantenbad 9.45 & 13.15 Uhr, Vorführungen 10, 11 & 13.30 Uhr) für den Indischen Elefanten im Ökotourismus ein, pflegt kranke Elefanten aus ganz Thailand und gewährt ihnen medizinische Versorgung. Weitere Infos über das Los der thailändischen Elefanten stehen auf S. 38.

Die Elefantenshow in diesem 122 ha großen Zentrum ist weniger touristisch und informativer als die meisten anderen. Zwar gibt es hier auch das übliche Bildermalen und Spielen auf Mega-Xylofonen, vor allem aber erfährt man, wie Arbeitselefanten Baumstämme bugsieren. Außerdem gibt es eine Ausstellung zur Geschichte und Domestikation der Elefanten, eine Kunstgalerie zum Thema Dickhäuter, einen Elefantenfriedhof und – natürlich – **Elefantenausritte** (50/400/800 B für 10/30/60 Min., ☺8–15.30 Uhr) durch den umliegenden Wald.

Wer sich näher mit den Dickhäutern befassen will, kann an der **Mahut-Schule** (☎0 5424 7875; www.thailandelephant.org; 3500/5800/8500/20 000/35 000/100 000 B für 1/2/3/6/10/30 Tage) TECC-Trainingsprogramme absolvieren. Sie dauern von einem Tag bis zu einem Monat und vermitteln Kenntnisse, die ein *kwahn cháhng* (Elefantenpfleger) oder Mahut braucht. Bei dem beliebten Tageskurs erlernt man ein paar einfache Kommandos zum Führen eines Elefanten, experimentiert mit Dungpapier, unternimmt einen Elefantenausritt in den Dschungel und besichtigt das Elefantenhospital. Der schon anspruchsvollere Dreitageskurs mit Quartieren in Privatunterkünften schließt alle Mahlzeiten, eine Übernachtung in einem gut ausgestatteten Holz- und Bambusbungalow und eine weitere in einem Dschungelcamp ein. Dieser Kurs vermittelt eine allgemeine Einführung in die Pflege und in das Arbeiten mit Elefanten.

Übernachten kann man zum einen in Privatunterkünften, mit denen ein ganzer Haufen Aktivitäten verbunden ist. Dabei quartiert man sich gemeinsam mit Mahuts in einfachen Hütten ein. Wer das nicht will, für den könnten die Bungalows im zum Center gehörigen **Chang Thai Resort** (☎08 618 1545; Bungalow mit 1/2 Schlafzi. 1000/1500 B) das Richtige sein. Außerdem stehen auf dem Gelände des Zentrums drei Restaurants zur Verfügung.

Alle Einkünfte aus den Eintrittsgeldern und dem Souvenirverkauf gehen an das Elefantenhospital vor Ort, in dem alte, ausgesetzte und kranke Elefanten aus ganz Thailand gepflegt werden; außerdem werden mit den Mitteln verschiedene Forschungs- und Aufzuchtprogramme zur Erhaltung der thailändischen Elefanten unterstützt.

In der Nähe findet sich auch das (nicht zum TECC gehörende) **FAE-Elefantenhospital** (Friends of the Asian Elephant; ☎08 1914 6113; www.elephant-soraida.com; ☺ 8–17 Uhr), das behauptet, weltweit das erste seiner Art zu sein. Zwar sind Besucher willkommen und man kümmert sich auch um sie, es handelt sich aber um eine tierärztliche Einrichtung – geführte Touren oder etwa gar Elefantenkunststückchen darf man hier nicht erwarten. Spenden sind hoch willkommen. Im Juni 2008 feierte das Zentrum einen weiteren Premierenerfolg: Erstmals wurde einem verstümmelten Elefanten erfolgreich eine Beinprothese angepasst.

Beide Einrichtungen sind vom Hauptbusbahnhof in Lampang aus mit den Bussen oder *sŏrng·tăa·ou* (26 B, 40 Min.) erreichbar, die nach Chiang Mai unterwegs sind. Wenn man dem Fahrer vorher Bescheid sagt, wohin man möchte, dann setzt er einen bei Kilometer 37 ab. Das Zentrum liegt 1,5 km abseits der Fernstraße, Shuttlebusse bringen Besucher hin. Alternativ chartert man am Busbahnhof von Lampang ein blaues *sŏrng·tăa·ou* für 600 B.

Wer mit eigenem Gefährt unterwegs ist, kann auf dem Weg zum Elefantencamp am 25 km von Lampang entfernten **Thung-Kwian-Markt** pausieren. Er ist bei den Thais sehr beliebt und bietet sich dazu an, einen Crashkurs in nordthailändischem Essen und Kunsthandwerk einzuschieben. Hier gibt's alles: von *rót dòo·an* (frittierte Würmer, eine nordthailändische Spezialität) bis zu den auffälligen Schalen in Hahnform aus Lampang.

PROVINZ CHIANG RAI

Chiang Rai, Thailands nördlichste Provinz, hat von allem etwas zu bieten: Während die Berge im äußersten Osten zu den spektakulärsten des Landes gehören, ähneln die tief gelegenen Flussebenen des Mekong im Nordosten denen, die man viel weiter südlich in Isan vorfindet. Ferner grenzt die Provinz an Myanmar und Laos, über das man relativ leicht nach China kommt.

Was die Einwohner betrifft, gehört Chiang Rai zu den ethnisch vielfältigsten thailändischen Provinzen. Es gibt hier eine beträchtliche Minderheit von Hügelvölkern, Shan und anderen Tai-Völkern sowie, in neuester Zeit, ziemlich viele Zugewanderte aus China.

Chiang Rai เชียงราย

62 000 EW.

In der Provinz Chiang Rai gibt es so viele Attraktionen, dass ihre Hauptstadt oft übersehen wird. Wer sich die Zeit nimmt, wird entdecken, dass Chiang Rai eine zwar kleine, aber hübsche Stadt mit entspannter Atmosphäre, ordentlichen Unterkünften und ein paar guten Restaurants ist. Sie ist außerdem der logische Ausgangspunkt für Exkursionen in die abgelegeneren Ecken der Provinz.

Phaya Mengrai gründete Chiang Rai im Jahr 1262 als eine Stadt des laotisch-thailändischen Lanna-Reichs. Erst 1786 wurde Chiang Rai dem Königreich Siam zugeschlagen; 1910 erhielt es den Status einer Provinz.

◉ Sehenswertes

Oub Kham Museum MUSEUM

(พิพิธภัณฑ์อูบคำ; www.oubkhammuseum.com; 81/1 Military Front Rd; Erw./Kind 300/200 B; ⊘8–18 Uhr) Das private Museum zeigt eine eindrucksvolle Sammlung von Gegenständen aus praktisch jeder Ecke des früheren Lanna-Reichs. Manche davon sind wirklich einzigartig. Sie reichen von einem Vorkostelöffel aus Affenknochen, den die Könige Lannas benutzten, bis zu einem bemerkenswerten geschnitzten Thron aus Chiang Tung in Myanmar. Besichtigen kann man das Museum nur im Rahmen einer (englischsprachigen) Führung. Dabei geht man auch durch eine vergoldete, künstliche Höhle, in der mehrere Buddhastatuen im Licht von Discoleuchten und künstlichen Fackeln stehen. Auch das gesamte Gelände ist ausgesprochen kitschig: Es gibt u. a. die riesige, vergoldete Statue eines *naga*, eines mythischen Schlangenwesens mit magischen Kräften, und unzählige Wasserfälle und Springbrunnen. Der Besuch ist ein gleichermaßen lehrreiches wie bizarres Erlebnis.

Das Oub Kham Museum liegt 2 km außerhalb des Stadtzentrums und ist etwas schwierig zu finden; Túk-túks (ausgesprochen *dúk dúk*) bringen einen für rund 50 B ans Ziel.

Hilltribe Museum & Education Center MUSEUM

(พิพิธภัณฑ์และศูนย์การศึกษาชาวเขา; www.pdacr.org; 3. Stock, 620/25 Th Thanalai; Eintritt 50 B; ⊘Mo–Fr 9–18, Sa & So 10–18 Uhr) Dieses Museum und Kunsthandwerkszentrum sollte man besuchen, ehe man eine Trekkingtour zu den Bergvölkern unternimmt. Das Zentrum, das von der gemeinnützigen Population & Community Development Association (PDA) betrieben wird, macht zwar optisch wenig her, bietet aber jede Menge Informationen über die verschiedenen Ethnien in Thailand und alles, was mit ihnen zusammenhängt. Zu Beginn des Besuchs gibt's eine 20-minütige Diashow über die thailändischen Hügelvölker; die Ausstellung zeigt typische Kleidungsstücke von sechs wichtigen Völkern, Beispiele für die Bambusnutzung, handwerkliche Geräte der Völker und weitere anthropologische Objekte. Der Kurator des Museums ist leidenschaftlich bei der Sache und erzählt einem gern etwas über die verschiedenen Hügelvölker, ihre Geschichte, neue Entwicklungen und die Gemeinschaftsprojekte, die das Museum finanziell unterstützt. Die PDA veranstaltet auch sehr empfehlenswerte Trekking-Touren.

Wat Phra Kaew TEMPEL

(วัดพระแก้ว; Eintritt frei) Der ehrwürdigste buddhistische Tempel der Stadt hieß im örtlichen Dialekt ursprünglich Wat Pa Yia (Bambuswaldkloster). Der Legende zufolge traf 1434 ein Blitz den achteckigen *chedi* des Tempels, der in sich zusammenfiel und den Phra Kaew Morakot (Smaragdbuddha; tatsächlich ist er aus Jade) freigab. Nach einer langen Reise – inklusive eines langen Zwischenstopps in Vientiane (Laos; s. Kasten S. 60) – ruht dieser nationale Talisman heute in einem großen Tempel in Bangkok, der ebenfalls seinen Namen trägt.

1990 beauftragte Chiang Rai einen chinesischen Künstler, eine neue Skulptur aus kanadischem Jade anzufertigen. Sie bekam den Namen Phra Yok Chiang Rai (Chiang-Rai-Jadebuddha) und ist ganz bewusst keine exakte Kopie des Phra Kaew Morakot in Bangkok. Sie hat einen Sockeldurchmesser von 48,3 cm und ist mit 65,9 cm Höhe nur 0,1 cm kleiner als das Original. Die Statue ist im eindrucksvollen Haw Phra Yoke untergebracht, dessen Wände mit wunderschönen, modernen Wandmalereien dekoriert sind. Einige von ihnen zeigen die Reise des originalen Phra Kaew Morakot, andere die feierliche Zeremonie, die man abhielt, als die neue Statue in Chiang Rai ankam.

Die Hauptgebetshalle ist eine mittelgroße, gut erhaltene Holzkonstruktion. Der *chedi* dahinter stammt aus dem späten 14. Jh. und ist typisch für den Lanna-Stil. Das angrenzende, zweistöckige Holzgebäude ist ein **Museum** (Eintritt frei; ☺9–17 Uhr), in dem diverse Lanna-Artefakte ausgestellt sind.

Tham Tu Pu & Buddhahöhle TEMPEL
(ถ้ำตุ๊ปุ๊/ถ้ำพระ) Wenn man der Th Winitchaikul über die Brücke auf die Nordseite des Mae Nam Kok folgt, gelangt man zur Abzweigung nach Tham Tu Pu und zur Buddhahöhle. Zunächst geht es 1 km die Straße entlang, dann auf dem abzweigenden unbefestigten Weg 200 m bis zum Fuß einer Kalksteinklippe, wo eine steile Stufenfolge zur Hauptkammer mit einer staubigen Buddhastatue hinaufführt – das ist Tham Tu Pu. Fährt man auf derselben Straße noch 3 km weiter, erreicht man die Buddhahöhle, eine Höhle am Mae Nam Kok, in der sich ein winziger, aber regelmäßig benutzter buddhistischer Tempel befindet. Hier leben ein einsamer Mönch und mehrere Katzen. Der Tempel gehörte zu den Orten, die König Rama V. zu Beginn des 20. Jhs. bei einer Reise in diese Region seines Reiches besuchte.

Beide Attraktionen sind für sich allein genommen nicht furchtbar überwältigend. Aber die Landschaft ist wunderschön, sodass der Abstecher sich für eine gemütliche Fahrradtour anbietet. Fahrräder leihen kann man bei Fat Free.

Wat Phra Singh TEMPEL
(วัดพระสิงห์; Th Singhaclai; Eintritt frei) Dieser Tempel wurde im späten 14. Jh. unter der Regentschaft von Chiang Rais König Mahaphrom errichtet und beherbergt die Kopie eines weiteren berühmten Buddhabilds. Es ist ein Schwestertempel von Chiang Mais Wat Phra Singh; seine Originalgebäude haben niedrige, geschwungene Holzdächer im typischen nordthailändischen Stil. Die eindrucksvollen Holztore wurden angeblich von Künstlern aus der Gegend mit Schnitzereien verziert. Im Haupt-*wí·hǎhn* befindet sich eine Kopie des Phra-Singh-Buddhas aus Chiang Mai.

Wat Jet Yot TEMPEL
(วัดเจ็ดยอด; Th Jet Yod; Eintritt frei) Der siebentürmige *chedi* im Wat Jet Yot ähnelt dem gleichnamigen in Chiang Mai, hat aber keine Stuckverzierung. Von größerem ästhetischen Interesse ist die Holzdecke der vorderen Veranda des Haupt-*wí·hǎhn*, an der eine für Thailand einzigartige astrologische Malerei zu sehen ist.

Wat Klang Wiang TEMPEL
(วัดกลางเวียง; Ecke Th Ratanaket & Th Utarakit; Eintritt frei) Dieser buddhistische Tempel wirkt völlig modern, reicht aber in seinen Ursprüngen mindestens 500 Jahre zurück. Bei umfassenden Umgestaltungen in den frühen 1990er-Jahren hat man mehreren Bauten einen einheitlichen „modernen Lanna-Stil" verpasst, aber das elegante *hǒr drai* (Handschriftendepot) scheint sein ursprüngliches Aussehen bewahrt zu haben.

Wat Phra That Doi Chom Thong TEMPEL
(วัดพระธาตุดอยจอมทอง; Eintritt frei) Der auf dem Hügel thronende Wat Phra That Doi Chom Thong gibt den Blick auf den Fluss frei, von dem manchmal eine kühle Brise herüberweht. Der *chedi* im Lanna-Stil entstand wahrscheinlich zwischen dem 14. und 16. Jh. und könnte in seinem Innern einen älteren *chedi* der Mon verbergen. König Mengrai, der Gründer von Chiang Rai, legte die Stätte für seine künftige Stadt von diesem Gipfel aus fest. Der Tempel liegt gleich westlich der Stadt an der Th Kraisorasit.

🏃 Aktivitäten
Wandern
Fast alle Pensionen und Hotels in Chiang Rai bieten Trekking-Touren an, vor allem in die Gebiete von Doi Tung, Doi Mae Salong und Chiang Khong. Viele der ortsansässigen Reisebüros fungieren lediglich als Makler für Führer, die direkt für eine der Pensionen arbeiten. Daher kann es billiger sein, die Tour direkt über eine Pension zu buchen. Wie überall in Nordthailand liefern die durch die TAT lizenzierten Tourguides in den meisten Fällen die beste Qualität.

Die Preise für die Touren hängen von der Dauer, der Teilnehmerzahl und der Art der Aktivitäten ab. Bei den unten aufgelisteten Anbietern zahlt man für einen Trek mit zwei Übernachtungen bei zwei Teilnehmern pro Person zwischen 2500 und 4300 B. Normalerweise ist das der Komplettpreis, also inklusive der Kosten für Übernachtung, Transport und Verpflegung.

Hinweise zu Verhaltensregeln und Tabus, die beim Besuch von Dörfern der Hügelvölker zu beachten sind, finden sich auf S. 36.

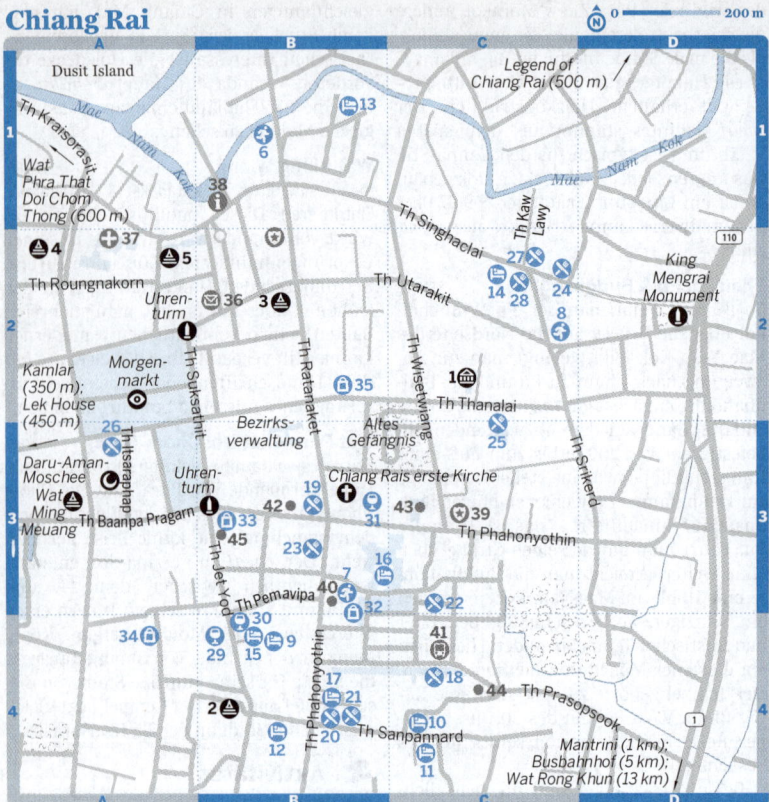

Die folgenden Agenturen stehen im Ruf, ihre Trekking- und Kulturtouren verantwortungsvoll durchzuführen; in einigen Fällen fließen die Gewinne aus den Touren direkt in gemeindliche Entwicklungsprojekte ein.

Mirror Foundation
WANDERN

(📞0 5373 7616; www.themirrorfoundation.org; 106 Moo 1, Ban Huay Khom, Tambon Mae Yao) Die Preise sind zwar etwas höher als bei anderen Veranstaltern, dafür unterstützt man aber auch die Ausbildung der Guides, wenn man Touren bei dieser gemeinnützigen NGO bucht. Im Angebot sind ein- bis dreitägige Treks, bei denen man die Akha-, Karen- und Lahu-Dörfer in Mae Yao nördlich von Chiang Rai besucht.

PDA Tours & Travel
WANDERN

(📞0 5374 0088; www.pda.or.th/chiangrai/pack age_tour.htm; 3. Stock, 620/25 Th Thanalai, Hilltribe Museum & Education Center; ⏰Mo–Fr 9–18, Sa & So 10–18 Uhr) Die NGO veranstaltet ein-

bis dreitägige Treks; die Gewinne fließen in Gemeindeprojekte wie die AIDS-Prävention, in mobile Kliniken, in Ausbildungsstipendien und in den Aufbau dorfeigener Sparkassen.

Akha Hill House
WANDERN

(📞08 9997 5505; www.akhahill.com; Akha Hill House) Der Anbieter veranstaltet ein- bis siebentägige Treks, die mit einer Fahrt flussaufwärts in einem Langschwanzboot beginnen. Danach geht es zu Fuß zum und in die Umgebung des gesellschaftseigenen Akha Hill House, das ungefähr 23 km von Chiang Rai auf einer Höhe von 1500 m liegt. Eine Teil der Gewinne aus den Pensionen und den angebotenen Aktivitäten fließen in den Unterhalt einer örtlichen Schule. Im Akha Hill House nachfragen.

Dragon Sabaii Tours
WANDERN

(📞08 548 0884; www.thailandhilltribeholidays. com; Mae Sariang) Das im südlichen Mae Hong Son ansässige Unternehmen veran-

Chiang Rai

Sehenswertes
1 Hilltribe Museum & Education Center C2
2 Wat Jet Yot B4
3 Wat Klang Wiang B2
4 Wat Phra Kaew A2
5 Wat Phra Singh A2

Aktivitäten, Kurse & Touren
6 Akha Hill House B1
7 Eagle Adventure B3
8 Jao Nang Studio C2
PDA Tours & Travel ..... (siehe 1)

Schlafen
9 Baan Bua Guest House B4
10 Baan Warabordee C4
11 Diamond Park Inn C4
12 Jansom House B4
13 Jitaree Guest House B1
14 Moon & Sun Hotel C2
15 Orchids Guest House B4
16 The North B3
17 Wiang Inn B4

Essen
18 BaanChivitMai Bakery C4
19 Doi Chaang B3
20 Muang Thong B4
21 Nam Ngiaw Paa Nuan B4
22 Nachtmarkt C3
23 Old Dutch B3
24 Pangkhon Coffee C2
25 Phu-Lae C3
26 Rosprasoet A3
27 Somkhuan Khao Soi C2
28 Wawee Coffee C2

Ausgehen
29 Cat Bar B4
30 Easy House B4
31 Golden Triangle Inn B3

Shoppen
32 Centre Point Night Bazaar B3
33 Fair-Trade-Laden B3
34 Orn's Bookshop A4
35 Straßenmarkt B2

Praktisches
36 Hauptpost B2
37 Overbrook Hospital A2
38 Büro der Tourism Authority of Thailand (TAT) B1
39 Touristenpolizei C3

Transport
40 Air Agent B3
Budget Rent-A-Car ..... (siehe 31)
41 Busbahnhof C4
42 Fat Free B3
43 North Wheels C3
44 Sombat Tour C4
45 ST Motorcycle B3

staltet auf Nachfrage auch verantwortungsbewusste Treks und geführte Touren in der Provinz Chiang Rai. Einzelheiten finden sich auf der Website.

Eagle Adventure WANDERN
(08 7265 0527; www.thaieagletour.com; City Home, Th Phahonyothin) Der in Chiang Rai ansässige Veranstalter bietet die übliche Palette an Treks und geführten Touren.

Smiling Albino WANDERN, RADFAHREN
(www.smilingalbino.com) Das lange bestehende Unternehmen veranstaltet diverse Touren in der Provinz Chiang Rai, von denen die meisten Wanderungen, Rad- und Motorradausflüge einschließen.

Noch mehr Aktivitäten

Suwannee KOCHKURS
(08 4740 7119; www.chiangraicookingclass.com; Kurs 950 B; 9.30–14 Uhr) Suwannee veranstaltet fast ganztägige Kochkurse, die einen Besuch auf dem örtlichen Markt und die Zubereitung von vier Gerichten umfassen. Suwanees Haus liegt ungefähr 3 km außerhalb des Stadtzentrums, sie holt einen aber von den meisten zentral gelegenen Hotels und Pensionen auch ab.

Boomerang Adventure Park KLETTERN
(08 4173 2757; www.thailandrocks.com; Klettern halber/ganzer Tag 500/900 B; 10–19 Uhr) Das Outdoor-Zentrum bietet neben Klettermöglichkeiten auch Seilrutschen, Discgolf und selbst geführte Wanderungen. An Werktagen vorher anrufen, um sicherzustellen, dass auch wirklich jemand vor Ort ist. Der Park befindet sich 3 km außerhalb von Chiang Rai zwischen Tam Tu Pu und der Buddhahöhle.

Kamlar KRÄUTERSAUNA
(Th Thanalai; Kräutersauna 100 B/30 Min., Thai-Massage 150 B/Std.; Mo–Sa 9–18, So 13–18 Uhr) In diesem Holzhaus werden tra-

ditionelle thailändische Kräutersaunas und Thai-Massagen angeboten. Das Kamlar liegt nahe der Kreuzung der Th Thanalai mit der Th Baanpa Pragarn.

Jao Nang Studio

(645/7 Th Utarakit; ⊙10–19 Uhr) Sich wie ein Angehöriger der Lanna-Herrscherfamilie ausstaffieren und so für die Nachwelt festhalten lassen? Für thailändische Besucher von Chiang Mai und Chiang Rai ist das ein Muss. Im Laden stehen eine große Menge an Kostümen und Kulissen zur Auswahl.

🛏 Schlafen

Chiang Rai hat eine gute Auswahl an Unterkünften. Da die Preise in den letzten Jahren offenkundig kaum gestiegen sind, herrscht in der Stadt ein gutes Preis-Leistungs-Verhältnis. Die meisten Unterkünfte konzentrieren sich im Zentrum um die Th Jet Yod sowie hinter der Th Phahonyothin.

Legend of Chiang Rai
HOTEL $$$

(☎0 5391 0400; www.thelegend-chiangrai.com; 124/15 Moo 21, Th Kohloy; Zi. 3900–5900 B, Villa 8100 B; ✳@🛰🏊) Das Resort der gehobenen Preisklasse mutet an wie ein traditionelles Lanna-Dorf und macht sich als eines der wenigen Hotels vor Ort die Lage am Fluss zunutze. Die Zimmer geben sich schlicht und romantisch und sind mit beruhigend cremefarbenen Rattanmöbeln ausgestattet. Alle Zimmer haben nette Sitzbereiche im Freien, Milchglas, das die Privatsphäre der Besucher schützt, und ein schickes, mit Regendusche ausgestattetes Bad, in dem man sich wie nirgends im Freien vorkommt. Die Villen besitzen sogar einen eigenen, kleinen Pool. Das Sahnehäubchen sind ein Infinity-Pool am Flussufer und ein Spa. Das Resort liegt ungefähr 500 m nördlich der Th Singhaclai.

Ben Guesthouse
HOTEL $$

(☎0 5371 6775; www.benguesthousechiangrai.com; 351/10 Soi 4, Th Sankhongnoi; Zi. 250–850 B, Suite 1500–3000 B; ✳@🛰🏊) Der nichtssagende Name und die Entfernung zum Stadtzentrum sprechen nicht gerade für diese Unterkunft. Wenn einem das aber nichts ausmacht, erweist sich das Ben als eine der besten Budgetoptionen im Norden. In der absolut makellosen Anlage gibt es alles: preiswerte Zimmer mit Ventilator, riesige Suiten, ja sogar ein ganzes Haus (12 000 B). Sie liegt 1,2 km vom Stadtzentrum entfernt, am Ende der Soi 4 an der Th Sankhongnoi (die Straße heißt an der Kreu-

zung mit der Th Phahonyothin Th Sathanpayabarn); die Fahrt dorthin mit einem Túk-túk kostet 60 B.

Baan Warabordee
HOTEL $$

(☎0 5375 4488; baanwarabordee@hotmail.com; 59/1 Th Sanpannard; Zi. 600–800 B; ✳@🛰) Eine moderne dreistöckige Thai-Villa wurde in ein hübsches kleines Hotel umgewandelt. In der Einrichtung der coolen Zimmer dominieren dunkles Holz und helle Stoffe. Die Betreiber sind freundlich und geben einem gern Auskunft zur Gegend.

Jansom House
HOTEL $

(☎0 5371 4552; 897/2 Th Jet Yod; Zi. mit Frühstück 450–500 B; ✳@🛰) In dem dreistöckigen Hotel übernachtet man in pieksauberen, geräumigen Zimmern, die sich um einen kleinen, begrünten Hof verteilen. Extras sind bei diesem Preis eigentlich nicht zu erwarten, aber erstaunlicherweise punkten alle Zimmer mit Kabelfernsehen, gut geschnittenen Bädern und gefliesten Böden. Ein super Angebot!

Moon & Sun Hotel
HOTEL $$

(☎0 5371 9279; www.moonandsun-hotel.com; 632 Th Singhaclai; Zi. 500–800 B, Suite 1100 B; ✳🛰) Das helle und makellos saubere kleine Hotel bietet große, moderne Zimmer. Einige sind mit Himmelbetten und alle mit Schreibtisch, Kabelfernsehen und Kühlschrank ausgestattet. Die Suiten verfügen über einen separaten, geräumigen Sitzbereich.

Mantrini
HOTEL $$$

(☎0 5360 1555; www.mantrini.com; 292 Moo 13, Robwiang am Superhighway; Zi. mit Frühstück 2650–3190 B, Suite mit Frühstück 9600 B; ✳@🛰🏊) Das Hotel ist die richtige Wahl, wenn einem Design über alles geht. Ein Highlight sind die beiden „Sweet Rooms", die sich pseudoviktorianisch geben und in puncto Deko so unterschiedliche Elemente wie eine afrikanische Maske und ein Schaukelpferd unter einen Hut bringen. Das Hotel liegt ungefähr 1 km außerhalb des Stadtzentrums nahe der Central Plaza, es gibt aber einen Shuttleservice in die Innenstadt.

Diamond Park Inn
HOTEL $$

(☎0 5375 4960; www.diamondparkinn.com; 74/6 Moo 18, Th Sanpannard; Zi. mit Frühstück 1100 B, Suite mit Frühstück 1400–1500 B; ✳@🛰) Sieht man mal über die aggressive Reklame hinweg („In Chiang Rai unbedingt im Diamond Park Inn übernachten!"), ist diese neue Hotel tatsächlich eine tolle Mittelklasseoption. Die Zimmer sind groß, schön und mit modernen Möbeln ausgestattet, die Betten stehen auf Podesten. Die teureren Zimmer bieten Badewannen und große Balkone und sind so groß, dass sie fast ein bisschen leer wirken.

Le Meridien Chiang Rai Resort   HOTEL $$$
(☎0 5360 3333; www.lemeridien.com; 221/2 Moo 20, Th Kwaewai; Zi. 7500–8000 B, Suite 15500–22250 B; ❄@🏊🛜) Chiang Rais neueste Luxusherberge steht ungefähr 2 km außerhalb des Stadtzentrums an einem schönen Abschnitt des Flusses Mae Nam Kok. Die Zimmer sind riesig und in Grau-, Weiß- und Schwarzschattierungen gehalten. Auf dem Gelände gibt's zwei Restaurants und einen Infinity Pool zusätzlich zu den Extras, die man bei einem Hotel dieser Preisklasse erwarten darf.

Golden Triangle Inn   HOTEL $$
(☎0 5371 1339; www.goldentriangleinn.com; 590 Th Phahonyothin; EZ/DZ mit Frühstück 700/800 B; ❄🛜) Das Haus ähnelt einer großen thailändischen Wohnung (inklusive der damit verbundenen gelegentlichen Unordnung). Die 31 Zimmer haben Fliesen- oder Holzböden und Holzmöbel. Zur Anlage gehören ein Restaurant, eine Budget-Autovermietung und ein effizientes Reisebüro. Da das Haus beliebt ist, empfiehlt es sich, vorab zu reservieren.

Wiang Inn   HOTEL $$$
(☎0 5371 1533; www.wianginn.com; 893 Th Phahonyothin; Zi. mit Frühstück 2826–3226 B, Suite mit Frühstück 7062–11 770 B; ❄@🛜🏊) Die große, moderne Lobby stimmt die Gäste auf das zentral gelegene Geschäftshotel ein. Obwohl das Hotel schon mehr als 30 Jahre auf dem Buckel hat, wirken die Zimmer gepflegt und sind dezent landestypisch dekoriert.

Lek House   HOTEL $
(☎0 5371 1550; lekhousehotel@live.co.uk; Ecke Th Ratyotha & Th Baanpa Pragarn; Zi. mit Frühstück 350–550 B, Suite mit Frühstück 1350 B; ❄@🛜🏊) In dem lila Komplex gibt es ein paar kleine, aber attraktive Zimmer mit Klimaanlage, allerdings sind die Trennwände zwischen den Bädern ziemlich dünn. Die Zimmer mit Ventilator sind viel schlichter. Alle Gäste können den einladenden Pool nutzen. Das Lek House befindet sich nahe der Kreuzung der Th Baanpa Pragarn mit der Th Ratyotha (der Verlängerung der Th Thanalai).

The North   HOTEL $
(☎0 5371 9873; www.thenorth.co.th; 612/100-101 Sirikon Market; Zi. mit Ventilator/Klimaanlage 350/450 B; ❄@🛜) Das nur einige Schritte vom Busbahnhof entfernte Hotel verleiht dem tristen Marktareal etwas Farbe. Die 18 Zimmer verbinden modernes mit thailändischem Design, die teureren öffnen sich zu einladenden Bereichen zum Ausspannen.

Baan Bua Guest House   HOTEL $
(☎0 5371 8880; www.baanbuaguesthouse.com; 879/2 Th Jet Yod; Zi. 300–500 B; ❄@🛜) Das ruhige Gästehaus verfügt über 17 hellgrüne Zimmer rund um einen einladenden Garten. Die Zimmer sind einfach, aber sauber und gemütlich.

Orchids Guest House   HOTEL $
(☎0 5371 8361; www.orchidsguesthouse.com; 1012/3 Th Jet Yod; Zi. 400 B; ❄@🛜) Die blitzblanken Zimmer in einem Wohnkomplex sind eine gute Budgetoption. Zu den Extras gehören Internet und der Transport zum Flughafen (250 B).

Baan Rub Aroon Guesthouse   PENSION $$
(☎0 5371 1827; www.baanrubaroon.net; 893 Th Ngam Meuang; B 300 B, Zi. 550–850 B; ❄@🛜) Die Zimmer in der hübschen Villa sind zwar nicht so schön, wie die Fassade verspricht, und es gibt auch nur Gemeinschaftsbäder. Wer aber nicht mehr und nicht weniger als eine ruhige und gemütliche Bleibe sucht, ist hier genau richtig.

Buffalo Hill Guesthouse   HOTEL $$
(Pankled Villa; ☎0 5371 7552; www.pankledvilla.com; Th Prachasanti; Bungalows mit Frühstück 600–700 B; ❄🛜) Wem das Leben in Chiang Rai zu hektisch ist, der kann sich zu diesen rustikalen Bungalows in waldiger Umgebung aufmachen. Sie befindet sich ungefähr 1 km die Th Prachasanti hinunter am südlichen Ende der Th Phahonyothin.

Jitaree Guest House   HOTEL $
(☎0 5371 9348; Soi Flat Tamruat; Zi. 200 B; 🛜) In dem apartmentartigen Komplex gibt es kühle Zimmer mit Ventilator. Das Jitaree liegt in der winzigen Backpacker-Enklave abseits der Th Singhaclai nahe der neuen Brücke.

✖ Essen

Auf dem Abendmarkt gibt es eine ordentliche Auswahl an Imbissständen mit Snacks und Gerichten von frittierten Wan Tan bis zu frischem Fisch. Man wählt ein Gericht und setzt sich dann an einen der Tische in der Nähe. Es gibt aber am Abendmarkt auch mehrere Restaurants in der Th Phahonyothin und drum herum.

LP TIPP **Lung Eed**
Locol Food NORDTHAILÄNDISCH $
(Th Watpranorn; Hauptgerichte 30–60 B; ⊙Mo-Sa 11.45–21 Uhr) Wer wie die Einheimischen speisen möchte, ist in dieser rustikalen Hütte, die köstliches nordthailändisches Essen auf den Tisch bringt, genau richtig. An der Wand hängt auch eine englischsprachige Speisekarte. Auf keinen Fall sollte man sich das leckere *lâhp gài* entgehen lassen: Hähnchenhackfleisch mit Kräutern, gekrönt von knusprig frittierten Schalotten und Knoblauch. Das Restaurant befindet sich in der Th Watpranorn nahe der Kreuzung mit dem Superhighway.

Nam Ngiaw
Paa Nuan VIETNAMESISCH-THAI $
(Vietnamesisches Restaurant; Th Sanpannard; Hauptgerichte 10–100 B; ⊙9–17 Uhr) Das etwas versteckt liegende Lokal serviert eine einmalige Mischung aus vietnamesischen und nordthailändischen Gerichten. Das schmackhafte Essen, der freundliche Service und das angenehme, scheunenartige Ambiente lassen einen nur bedauern, dass der Laden nicht auch abends geöffnet hat.

Paa Suk NORDTHAILÄNDISCH $
(Keine Ausschilderung in lateinischen Buchstaben; Th Sankhongnoi; Hauptgerichte 10–25 B; ⊙Mo-Sa 8–15 Uhr) Die Spezialität dieses sehr beliebten, in der dritten Generation von der gleichen Familie geführten Restaurants ist *kà·nŏm jeen nám ngée·o*, eine für die Gegend typische dünne Suppe aus Schweine- oder Rindfleisch und Tomaten, die über frische Reisnudeln gegossen wird. Das Lokal liegt zwischen Soi 4 und Soi 5 der Th Sankhongnoi (diese heißt Th Sathanpayabarn an der Kreuzung mit der Th Phahonyothin); man erkennt es an dem gelben Schild.

Phu-Lae NORDTHAILÄNDISCH $$
(673/1 Th Thanalai; Hauptgerichte 80–320 B; ⊙mittags & abends; ❋) Das klimatisierte Restaurant ist wegen seiner schmackhaften, aber leicht aufgepeppten nordthailändischen Gerichte unter thailändischen Touristen extrem beliebt. Zu den empfehlenswerten Gerichten aus der Region gehören *gaang hang·lair*, Schweinebauch mit einem gehaltvollen Curry auf birmanische Art, und *sâi òo·a*, mit Kräutern gewürzte Würstchen.

Old Dutch NIEDERLÄNDISCH, INTERNATIONAL $$
(541 Th Phahonyothin; Hauptgerichte 150–300 B; ❋) Das gemütliche, ausländerfreundliche Restaurant ist eine gute Wahl, wenn man keinen Reis mehr sehen kann. Es gibt hier eine Auswahl gut zubereiteter niederländischer und westlicher Gerichte, außerdem eine angeschlossene, gute Bäckerei.

Somkhuan Khao Soi NORDTHAILÄNDISCH $
(Keine Ausschilderung in lateinischen Buchstaben; Th Singhaclai; Hauptgerichte 25 B; ⊙Mo–Fr 8–15 Uhr) Der freundliche Herr Somkhuan verkauft an einem einfachen Straßenstand unter zwei riesigen Bäumen *kôw soy*, ein nordthailändisches Currygericht mit Nudeln.

Muang Thong CHINESISCH-THAI $
(Ecke Th Sanpannard & Th Phahonyothin; Hauptgerichte 20–90 B; ⊙24 Std.) Thais und Traveller schlagen gleichermaßen gern bei diesem lange bestehenden Open-Air-Lokal zu, wo es die übliche Palette an schmackhaften, salzigen und würzigen chinesisch-thailändischen Gerichten gibt.

Rosprasoet MUSLIMISCH-THAI $
(Th Itsaraphap; Hauptgerichte 25–50 B; ⊙7–20 Uhr) Dieses thailändisch-muslimische Restaurant neben der Moschee in der Th Itsaraphap serviert köstliche Gerichte der thailändischen Muslime, darunter *kôw mòk gài*, die thailändische Version von Hähnchen-Biryani.

 Ausgehen & Unterhaltung

Die Th Jet Yot ist Chiang Rais Barmeile. Zu den besten Lokalen gehören die **Cat Bar** (1013/1 Th Jet Yod; ⊙17–1 Uhr), wo es einen Billardtisch und Livemusik gibt, und **Easy House** (Ecke Th Jet Yod & Th Pemavipat; ⊙11–24 Uhr) mit einem gemütlichen Open-Air-Ambiente.

🔒 **Shoppen**

Walking Street MARKT
(Th Thanalai; ⊙Sa 16–22 Uhr) Wenn man an einem Samstagabend vor Ort ist, sollte man sich diesen Straßenmarkt nicht entgehen lassen. Hier werden unter freiem Himmel alle möglichen für Chiang Rai typischen Dinge angeboten, von Kunsthandwerk bis zu typischen Speisen. Der Markt erstreckt sich über die Th Thanalai vom Hilltribe Museum bis zum Morgenmarkt.

Fair-Trade-Laden KUNSTHANDWERK
(www.ttcrafts.co.th; 528/8 Th Baanpa Pragarn; ⊙Mo-Sa 9–17 Uhr) In diesem Laden gibt's bunte Kleidung der Hügelvölker und aller-

Für eine so kleine Stadt besitzt Chiang Rai eine ganze Menge sehr guter Cafés in westlichem Stil. Das liegt hauptsächlich daran, dass in den abgelegenen Ecken der Provinz viele der besten Kaffeebohnen Thailands angebaut werden. Zu den interessanteren Lokalen gehören:

BaanChivitMai Bakery (www.baanchivitmai.com; Th Prasopsook; ⊙Mo–Sa 7–21 Uhr; ✱@⊛) Neben sehr gut zubereitetem regionalen Kaffee können sich Leckermäuler in dieser beliebten Bäckerei erstaunlich authentische Süßwaren nach schwedischer Art gönnen. Die Einnahmen gehen an BaanChivitMai, eine Organisation, die Wohnheime und Erziehungsprojekte für vernachlässigte, verwaiste oder HIV-infizierte Kinder betreibt.

Doi Chaang (542/2 Th Ratanaket; ⊙7–23 Uhr; ✱@⊛) Doi Chaang ist die führende Kaffeemarke aus Chiang Rai, die selbst in Kanada und Europa vertrieben wird.

Wawee Coffee (Ecke Th Singhaclai & Th Srikerd; ⊙7–21 Uhr; ✱@⊛) Eine weitere bekannte Adresse: Das große, moderne Café serviert kreative Kaffeegetränke aus regionalen Bohnen.

Pangkhon Coffee (Th Singhaclai; ⊙7–19 Uhr; ⊛) Die winzige Kaffeestube serviert Kaffee aus regionalem Anbau.

lei Krimskrams. Die Erlöse fließen in verschiedene Entwicklungsprojekte.

Nachtmarkt   MARKT
(⊙18–23 Uhr) Chiang Rais Abendmarkt findet neben dem Busbahnhof hinter der Th Phahonyothin statt. Dieser Markt ist zwar viel kleiner als der in Chiang Mai, bietet aber dennoch ein gutes Kunsthandwerks-Sortiment.

Orn's Bookshop   BUCHLADEN
(abseits der Soi 1, Th Jet Yod; ⊙8–20 Uhr) Erstklassiges Büchersortiment in zahlreichen Sprachen.

ⓘ Praktische Informationen

Geld

Viele Banken mit Wechselschalter und Geldautomaten finden sich in der Th Phahonyothin und der Th Thanalai.

Internetzugang

Internetzugang findet man in der ganzen Stadt problemlos; eine Stunde Surfen kostet um die 30 B. Besonders groß ist das Angebot in der Gegend um den Abendmarkt. In den meisten Internetcafés besteht auch die Möglichkeit, günstige Auslandsgespräche zu führen.

Easy Fly (Th Phahonyothin; ⊙8.30–21 Uhr) In diesem Laden gegenüber dem Wiang Inn stehen mehrere Computer zur Verfügung.

Medizinische Versorgung

Overbrook Hospital (☑0 5371 1366; www. overbrookhospital.com; Th Singhaclai) In diesem modernen Hospital versteht man Englisch.

Notfall

Touristenpolizei (☑landesweite Rufnummer 1155, Chiang Rai 0 5374 0249; Th Phahonyothin; ⊙24 Std.) Auf der rund um die Uhr besetzten Wache versteht man Englisch.

Post

Hauptpost (Th Utarakit; ⊙Mo–Fr 8.30–16.30, Sa & So 9–12 Uhr) Südlich des Wat Phra Singh.

Touristeninformation

Tourism Authority of Thailand (TAT; ☑landesweite Rufnummer 1672, Chiang Rai 0 5374 4674; tatchrai@tat.or.th; Th Singhaclai; ⊙8.30–16.30 Uhr) Zwar spricht man hier kaum Englisch, aber das Personal tut bei der Beratung sein Bestes. Außerdem gibt's eine kleine Auswahl an Karten und Broschüren.

ⓘ An- & Weiterreise

Flugzeug

Der **Chiang Rai Airport** (☑0 5379 8000) liegt ungefähr 8 km nördlich der Stadt. Die Taxifahrt vom Flughafen in die Stadt kostet 200 B. Zum Flughafen raus kann man für ca. 250 B ein Taxi oder Túk-túk nehmen. Im Terminal sind Restaurants, eine Wechselstube, ein Postamt und mehrere Schalter von Autovermietungen untergebracht.

Im Ort kann man bei **Air Agent** (☑0 5374 0445; 869/18 Th Phahonyothin; ⊙8–22 Uhr) vorab Inlands- und Auslandsflüge buchen.

One-Two-Go (Orient Thai; ☑landesweite Rufnummer 1126; www.flyorientthai.com; Chiang Rai Airport) fliegt zu **Bangkoks Don Muang Airport** (1550 B, 1¼ Std., 2-mal tgl.).

BUSSE & KLEINBUSSE IN CHIANG RAI

Busse zu Zielen innerhalb der Provinz Chiang Rai sowie langsame Busse (mit Ventilator) nach Chiang Mai, Lampang, Nan und Phayao fahren am Busbahnhof im Stadtzentrum ab.

Sombat Tour (☎0 5371 4971; Th Prasopsook; ☺6–19 Uhr) hat ein Büro gegenüber dem Busbahnhof für den provinzübergreifenden Verkehr, nach Bangkok gibt's dort allerdings nur VIP-Busse. Alle übrigen Busse nach Bangkok starten am Neuen Busbahnhof.

ZIEL	PREIS (B)	DAUER (STD.)	HÄUFIGKEIT
Ban Huay Khrai (zum Doi Tung)	23	½	6–20 Uhr, alle 20 Min.
Ban Pasang (zum Doi Mae Salong)	20	½	6–16 Uhr, alle 20 Min.
Chiang Khong	65	2½	5.20–17.45 Uhr, stündl.
Chiang Mai	142	7	6.30–12 Uhr, alle 45 Min.
Chiang Saen	32	1½	6.20–18.30 Uhr, alle 20 Min.
Lampang	102	5	6.30–12 Uhr, alle 45 Min.
Mae Sai	39	1½	6–20 Uhr, alle 20 Min.
Nan	164	6	9.30 Uhr
Phayao	44	2	9.30–15.10 Uhr, alle 30 Min.

Wenn man über die Provinz Chiang Rai hinausfahren will (oder es eilig hat), muss man vom **Neuen Busbahnhof** (☎0 5377 3989) aus losfahren, der sich 5 km südlich der Stadt am Hwy 1 befindet. Von 5 bis 21 Uhr pendeln *sŏrng·tăa·ou* zwischen den beiden Busbahnhöfen (10 B, 20 Min.). Vom Neuen Busbahnhof fahren auch Kleinbusse, u. a. nach Phayao (68 B, 1½ Std., 6–19.30 Uhr alle 45 Min.) und Phrae (150 B, 4 Std., 6–17 Uhr alle 45 Min.).

ZIEL	PREIS (B)	DAUER (STD.)	HÄUFIGKEIT
Bangkok	448–716	11–12	7–11.30 & 18.30–21 Uhr, stündl.
Chiang Mai	142–263	3–7	6.30–17.45 Uhr, stündl.
Kamphaeng Phet	280	7	7, 8.30, 13 Uhr
Khon Kaen	316–553	11–12	9, 10.15, 14–21 Uhr, alle 2 Std.
Nakhon Ratchasima (Khorat)	473–710	12–13	6.15, 11.30, 13.30, 15.30, 17, 19 Uhr
Lampang	102–286	4–5	6–15.45 Uhr, stündl.
Mae Sai	26–84	1–1½	6–18 Uhr, alle 15 Min.
Mae Sot	354–455	12	7.45, 8.15 Uhr
Phayao	44–141	1½–2	6–19. 30 Uhr, stündl.
Phrae	148–244	4	6–19. 30 Uhr, stündl.
Phitsanulok	249–374	6–7	6–19. 30 Uhr, stündl.
Sukhothai	223–244	8	7.30, 8.30, 10.30, 14.30 Uhr

Die Fluggesellschaften **Air Asia** (☎landesweite Rufnummer 02 515 9999, Chiang Rai 0 5379 3543; www.airasia.com; Chiang Rai Airport) und **THAI** (☎landesweite Rufnummer 02 356 1111; www.thaiair.com; Stadtzentrum ☎0 5371 1179; 870 Th Phahonyothin; ☺Mo–Fr 8–17 Uhr; Airport ☎0 5379 8202; ☺8–20 Uhr) bieten Flüge zum **Suvarnabhumi International Airport in Bangkok** (2164–3120 B, 1¼ Std., 6-mal tgl.) an.

Kan Air (☎landesweite Rufnummer 02 551 6111, Chiang Rai 0 5379 3339; www.kanairlines.

com; Chiang Rai Airport) fliegt nach **Chiang Mai** (1399 B, 40 Min., 2-mal tgl.).

Schiff/Fähre

Chiang Rai ist von Tha Ton (s. S. 315) aus auch über den Mae Nam Kok mit dem Schiff zu erreichen.

Schiffe flussaufwärts legen am **CR Pier** (☑0 5375 0009) 2 km nordwestlich der Stadt ab; zu erreichen ist er über die Th Kraisorasit. Passagierschiffe starten täglich um 10.30 Uhr und halten in Ban Ruammit (80 B, 1 Std.) und Tha Ton (350 B, 4 Std.). Am Pier kann man auch individuell Boote chartern; dann kostet die Fahrt nach Ban Ruammit 700 B und nach Tha Ton 3800 B.

Die Fahrt mit dem Túk-túk zum CR Pier sollte um die 50 B kosten.

Unterwegs vor Ort

Eine Fahrt mit dem Túk-túk innerhalb des Zentrums von Chiang Rai sollte um die 40 B kosten. Die Fahrt mit einem Sammel-*sŏrng-tăa-ou* kostet 20 B pro Person.

Leihfahrräder vermittelt **Fat Free** (☑0 5375 2532; 542/2 Th Baanpa Pragarn; 80–450 B/Tag; ☺8.30–18 Uhr). **ST Motorcycle** (☑0 5371 3652; 1025/34-35 Th Jet Yod; 150–1000 B/Tag; ☺8–20 Uhr) vermietet Motorräder, die gut in Schuss sind. Auch viele Pensionen leihen Fahrräder und Motorräder aus.

Folgende Autovermieter haben Büros in Chiang Rai:

Avis Rent-A-Car (☑0 5379 3827; www.avis thailand.com; Chiang Rai Airport; ☺8–18 Uhr)

Budget Rent-A-Car (☑0 5374 0442/3; www. budget.co.th; 590 Th Phahonyothin; ☺8–18 Uhr) Im Golden Triangle Inn.

National Car Rental (☑0 5379 3683; Chiang Rai Airport; ☺8–18 Uhr)

North Wheels (☑0 5374 0585; www.north wheels.com; 591 Th Phahonyothin; ☺8–18 Uhr)

Thai Rent A Car (☑0 5379 3393; www.thai rentacar.com; Chiang Rai Airport; ☺7–18 Uhr)

Rund um Chiang Rai

WAT RONG KHUN วัดร่องขุ่น

Etwa 13 km südlich von Chiang Rai befindet sich der ungewöhnliche und vielbesuchte **Wat Rong Khun** („Weißer Wat"; freier Eintritt). Während die meisten Tempel auf eine jahrhundertelange Geschichte zurückblicken, hat man mit dem Bau dieses Wats erst 1997 begonnen. Architekt ist der berühmte, vom Maler zum Architekten konvertierte thailändische Künstler Chalermchai Kositpipat.

Aus der Entfernung wirkt der Tempel, als bestünde er aus glitzerndem Porzellan.

Bei näherem Hinschauen entdeckt man, dass der Effekt durch eine Kombination aus weißer Tünche und Spiegelstückchen erzielt wird. Man betritt den heiligen Bereich des Wats über eine Brücke in Form ausgestreckter Arme (als Sinnbild des Verlangens). Im Tempel selber sind nicht die üblichen Szenen aus dem Leben Buddhas zu sehen, sondern Bilder aus der Gegenwart, die das *samsara* (den Kreislauf des Leidens und der Wiedergeburten) darstellen sollen. Szenen wie das Flugzeug, das in die Twin Towers rast, oder (seltsamerweise) Keanu Reeves als Neo aus dem Film *The Matrix* dominieren die eine bereits vollendete Wand dieses Werks, das noch in Arbeit ist. Wer mag, kann sich in der angrenzenden Galerie Reproduktionen von Chalermchai Kositpipats stark dem New Age verpflichteten Werken kaufen.

Zum Tempel kommt man mit einem der Linienbusse von Chiang Rai nach Chiang Mai oder Phayao: den Fahrer bitten, einen am Wat Rong Khun (20 B) aussteigen zu lassen.

Mae Salong (Santikhiri)

แม่สลอง (สันติคีรี)

20 000 EW.

Um ein bisschen China zu schnuppern, ohne die Grenze überqueren zu müssen, bietet sich dieses stimmungsvolle Dorf in den Hügeln hinter Chiang Rai an. Heute wird Mae Salong zwar viel besucht, aber seine Lage in den Hügeln, die chinesischen Einwohner, die vielen Bergvölker und Teeplantagen ringsum machen den Ort trotzdem zu einem einmaligen Ziel, das in vielem an eine Kleinstadt in der südchinesischen Provinz Yunnan erinnert. Hier kann man gut ein paar Tage ausspannen, zumal die Umgebung zu Erkundungstouren verlockt.

◉ Sehenswertes

Märkte

Ein kleiner, aber interessanter **Morgenmarkt** wird zwischen 6 und 8 Uhr an der T-Kreuzung nahe dem Shin Sane Guest House abgehalten. Der Markt lockt neben den Einwohnern des Ortes viele Angehörige der Hügelvölker aus den umliegenden Distrikten an. Ein **ganztägiger Markt** befindet sich am südlichen Ende des Dorfs. Hier verkaufen Händler Kunsthandwerk der Hügelvölker, außerdem gibt es Teeläden und ein paar einfache Restaurants.

Tempel

Um den großartigen Ausblick vom **Wat Santikhiri** zu genießen, muss man den Markt überqueren und die 718 Stufen hinaufsteigen (oder das Auto nehmen). Der Wat folgt der Mahayana-Tradition des Buddhismus und ist im chinesischen Stil erbaut.

Hinter dem Khumnaiphol Resort und ein Stück weiter den Hügel hinauf befindet sich ein **Aussichtspunkt** mit einigen Teeläden und dem **Grabmal** eines berühmten Generals der Kuomintang (KMT). Manchmal wird die Anlage von einem Soldaten bewacht, der Besuchern (allerdings nur auf Thai oder Yunnan-Chinesisch) einiges über die Geschichte der nationalchinesischen Exilanten in der Region berichten kann. Südlich der Abzweigung zum Grabmal steht das **Chinese Martyr's Memorial Museum**, ein prachtvolles Gebäude im chinesischen Stil, das mehr Gedenkstätte als Museum ist.

🏃 Aktivitäten

Wandern

Im Shin Sane Guest House und im Little Home Guesthouse sind kostenlose Karten erhältlich, die mehr oder weniger genau den Weg zu den Dörfern der Akha, Lisu, Mien, Lahu und Shan in diesem Gebiet beschreiben. Die nahe gelegenen Dörfer der Akha und Lisu sind zu Fuß in weniger als einem halben Tag zu erreichen.

Die besten Wanderstrecken finden sich nördlich von Mae Salong zwischen Ban Thoet Thai und der Grenze zu Myanmar. Vor dem Aufbruch in diese Richtung sollte man aber zuerst Infos über die aktuelle politische Lage einholen: Gelegentlich geraten in diesem Gebiet Truppen der Shan und der Wa aneinander, die um die Kontrolle dieses Teils der Grenzregion zwischen Thailand und Myanmar ringen. Durch mehrere Dörfer verläuft zudem eine Schmuggelroute, über die ständig Crystal und in geringerem Ausmaß auch Heroin über die Grenze kommt.

Das Shin Sane Guest House veranstaltet vierstündige **Ausritte** zu vier nahe gelegenen Dörfern (500 B, 3–4 Std.).

🛏 Schlafen

Seit die Straße von Mae Salong nach Tha Ton eröffnet wurde, übernachten weniger Traveller in Mae Salong. Das Überangebot von Unterkünften sorgt für Verhandlungsspielraum, was die Preise angeht, allerdings nicht in der Hauptsaison (Nov.–Jan.).

IM ORT

Alle Unterkünfte liegen an oder rund um die Hauptstraße.

Little Home Guesthouse
PENSION $$

(☎0 5376 5389; www.maesalonglittlehome.com; Zi./Bungalows 300/800 B; @🛜) In dem hübschen Holzhaus nahe der Markt-Kreuzung gibt es ein paar einfache, aber gemütliche Zimmer und außerdem hinter dem Haus große, ordentliche Bungalows. In dem angeschlossenen Restaurant wird regionales Essen serviert. Der Besitzer ist sehr freundlich und hat eine der genaueren Karten von diesem Gebiet erstellt.

Baan Hom Muen Li
HOTEL $$

(Boutique Hotel; ☎08 4045 8031; osmanhouse@hotmail.com; Zi. mit Frühstück 1000–1500 B) Mitten im Ort liegt gegenüber dem Sweet Maesalong dieses neue Hotel mit fünf Zimmern, die geschmackvoll im klassischen und modernen chinesischen Stil gehalten sind. Man sollte ein Zimmer im Obergeschoss nehmen; aus den großen Fenstern hat man einen Ausblick auf die umliegenden Teeplantagen.

Saeng Aroon Hotel
HOTEL $

(☎0 5376 5029; Zi. 300 B; ❄@) Neben dem gleichnamigen Teeladen befindet sich dieses neue Hotel, das freundliches Personal und geräumige, geflieste Zimmer mit tollem Ausblick in die Hügel hat. Die billigeren Zimmer teilen sich blitzblanke Badezimmer mit Warmwasseranschluss.

Shin Sane Guest House
HOTEL $

(☎0 5376 5026; www.maesalong-shinsane. blogspot.com; Zi. 50–100 B, Bungalows 200–

EINE HEIMAT IN DER FREMDE

Ursprünglich wurde Mae Salong vom 93. Regiment der Kuomintang (KMT) besiedelt, das nach dem Sieg der Kommunisten im chinesischen Bürgerkrieg 1949 nach Myanmar geflohen war. Als die Abtrünnigen 1961 gezwungen waren, Myanmar zu verlassen, weil die Regierung in Rangun (Yangon) ihnen den Aufenthalt im Norden Myanmars nicht länger gestattete, zogen die ehemaligen Soldaten in Ponykarawanen mit ihren Familien nach Nordthailand, siedelten sich in den Bergdörfern an und bauten eine Gesellschaft auf, die jener glich, die sie in Yunnan verlassen hatten.

Nachdem die thailändische Regierung den KMT-Anhängern in den 1960er-Jahren den Flüchtlingsstatus gewährt hatte, bemühte man sich, die KMT-Chinesen aus Yunnan und ihre Familien in die thailändische Nation zu integrieren. Das war allerdings bis in die späten 1980er Jahre nicht von allzu viel Erfolg gekrönt. Viele der ehemaligen KMT-Mitglieder blieben in den Opiumhandel des Goldenen Dreiecks verwickelt, und zwar in einer Dreierpartnerschaft mit dem Opiumkönig Khun Sa und der Shan United Army (SUA). Das raue, bergige Gelände, in das keine befestigten Straßen führten, hatte zur Folge, dass die Außenwelt von den Vorgängen in Mae Salong weitgehend abgeschnitten war. So konnten die Flüchtlinge aus Yunnan die Versuche der thailändischen Regierung, den Opiumhandel zu unterbinden und die Region zu befrieden, schlichtweg ignorieren.

Der berüchtigte Khun Sa hatte sein Hauptquartier im nahe gelegenen Ban Hin Taek (heute Ban Thoet Thai), bis er in den frühen 1980er-Jahren von der thailändischen Armee endlich in die Flucht geschlagen wurde. Khun Sas Rückzug nach Myanmar erschien der hiesigen Bevölkerung als ein Zeichen des Wandels, und der thailändische Staat konnte endlich Fortschritte bei der Befriedung von Mae Salong und den umliegenden Gebieten verzeichnen.

Weil die Gegend ihren Ruf als Dorado des Opiumschmuggels verlieren sollte, wurde das Dorf offiziell von Mae Salong in Santikhiri (Friedenshügel) umbenannt. Bis in die 1980er-Jahre schleppten Packpferde Lasten den Berg hinauf nach Mae Salong, heute ist die 36 km lange Straße nach Pasang asphaltiert und stark frequentiert. Doch trotz aller infrastrukturellen Fortschritte unterscheidet sich der Ort immer noch vom restlichen Thailand. Noch immer ist das Yunnan-Chinesische die Verkehrssprache, die Einwohner sehen lieber das chinesische als das thailändische Fernsehen und es gibt hier mehr chinesische als thailändische Restaurants.

Im Versuch, dem Opiumhandel und dem neueren Schmuggel von *yah bâh* (Meth bzw. Crystal) den Nährboden zu entziehen, hat die thailändische Regierung Programme initiiert, die die Bergvölker ermutigen sollen, Tee, Kaffee und Getreide anzubauen und Obstplantagen anzulegen.

300 B; @🛜) Die Zimmer in Mae Salongs erstem Hotel sind kahl, aber geräumig und teilen sich die Bäder. Die Bungalows sind mit eigenem Bad und Kabelfernsehen weitaus komfortabler. Das Hotel liegt in der Nähe der Kreuzung, an der der Morgenmarkt stattfindet.

AUSSERHALB DES ORTES

Phu Chaisai Resort & Spa HOTEL $$$
(📞0 5391 0500; www.phu-chaisai.com; Zi. mit Frühstück 4000–11720 B; ✳@🛜🏊) Das Resort befindet sich ca. 7 km von Pasang entfernt auf einer einsamen, mit Bambus bewachsenen Hügelspitze und ist eine außergewöhnliche Unterkunft in der Gegend. In den rustikalen, aus Lehmziegeln und Bambus errichteten Doppelbungalows gibt es passenderweise keine Fernseher, dafür aber einen hinreißenden Ausblick auf die umliegenden Berge. Darüber hinaus bietet das Resort vielfältige Aktivitäten, darunter Wellness-Behandlungen, Massagen, Yoga, Tageswanderungen und Möglichkeiten zum Schwimmen – Langeweile wird also kaum aufkommen.

Maesalong Mountain Home HOTEL $$$
(📞08 4611 9508; www.maesalongmountainhome. com; Bungalows 800–2500 B; 🛜) Das an einer unbefestigten Straße 1 km östlich vom Stadtzentrum gelegene Boutiquehotel (nach dem orangefarbenen Schild Ausschau halten) ist eine großartige Alternative, wenn man über ein eigenes Auto verfügt. Die neun Bungalows stehen mitten auf einem bewirtschafteten Gehöft. Sie sind hell und luftig, haben tolle Balkone und große Badezimmer. Ein weiterer Pluspunkt ist die Lage in der Nähe einer Teeplantage. Dort stehen Löwenfiguren und eine gigantische Teetasse herum – ein bizarres und spaßiges Fotomotiv.

Maesalong Flower Hills Resort HOTEL $$$
(📞0 5376 5496; www.maesalongflowerhills.com; Zi. mit Frühstück 1800 B, Bungalows mit Frühstück 2300–7000 B; ✳🛜🏊) Das Resort 2 km östlich vom Ortszentrum huldigt einer Landschaftsgestaltung, bei der die Blütenpracht im Mittelpunkt steht, und ist daher gar nicht zu übersehen. Es gibt hier eine Auswahl an Zimmern und Bungalows. Die größeren Bungalows und der riesige Pool machen die Anlage zu einer idealen Alternative für Familien.

✕ Essen

Mit einem typisch chinesischen Frühstück aus *ʾbah·tôrng·gŏh* (chinesischen Donuts)

und heißer Sojamilch auf dem Morgenmarkt startet man gut in den Tag.

Tatsächlich kommen viele thailändische Touristen nur nach Mae Salong, um Yunnan-Gerichte wie *màn·tŏh* (dampfgegarte chinesische Brötchen) mit geschmorter Schweinehaxe und eingelegtem Gemüse oder geschmortes Seidenhuhn mit chinesischen Kräutern zu essen. Hausgemachte Eiernudeln sind eine weitere Spezialität in Mae Salong, sie werden mit einer Brühe aus Schweinefleisch und einer scharfen Chilipaste serviert. Das Gericht gibt's in mehreren Restaurants vor Ort.

Viele Teehäuser verkaufen Tee aus der Region (meist Ulong und Jasmintee) und bieten gratis Kostproben an.

Sue Hai `LP TIPP` CHINESISCH $
(Hauptgerichte 60–150 B; ⏲7–21 Uhr) Der sehr einfache, familiengeführte Teeladen mit angeschlossenem Yunnan-Restaurant hat eine englischsprachige Karte, auf der regionale Spezialitäten stehen, u. a. gebratene Pilze aus der Region mit Sojasauce oder köstliches luftgetrocknetes Schweinefleisch mit frischer Paprika. Außerdem gibt's auch leckere und sättigende Gerichte mit hausgemachten Nudeln. Der Laden liegt grob in der Ortsmitte.

Nong Im Phochana CHINESISCH $
(Hauptgerichte 60–150 B; ⏲mittags & abends) Das direkt gegenüber dem Khumnaiphol Resort am südlichen Ortsrand gelegene Freiluftrestaurant legt den Schwerpunkt auf Gerichte mit Gemüse aus der Region.

Sweet Maesalong CAFÉ $
(Hauptgerichte 45–185 B; ⏲8.30–18 Uhr) Wer mehr Koffein braucht, als die Teeblätter hergeben, findet in diesem gemütlichen, modernen Café eine große Auswahl an Kaffeespezialitäten aus regionalem Anbau. Es gibt auch überraschend aufwendige Backwaren und Gerichte. Das Sweet Maesalong liegt grob in der Ortsmitte.

Mae Salong Villa CHINESISCH $
(Hauptgerichte 60–150 B; ⏲mittags & abends) Mit Gerichten wie über Teeblättern geräucherter Ente soll das Restaurant in diesem Hotel östlich vom Ortszentrum die authentischste Yunnan-Küche bieten.

ℹ Praktische Informationen

In der Thai Military Bank gegenüber dem Khumnaiphol Resort am südlichen Ortsrand gibt es einen Geldautomaten. Gleich nebenan befindet sich ein **Internetcafé** (20 B/Std.; ⏲9–23 Uhr).

ℹ️ An- & Weiterreise

Mae Salong ist auf zwei Routen erreichbar. Die ältere Rte 1130 führt von Ban Pasang aus westwärts zum Ort. Die neuere Rte 1234 führt aus Richtung Süden heran, sodass man von Chiang Mai aus eine unkompliziertere Zufahrt hat. Die ältere Straße ist landschaftlich definitiv reizvoller.

Wer mit dem Bus nach Mae Salong fahren will, nimmt in Chiang Rai einen Bus Richtung Mae Sai bis Ban Pasang (20 B, 30 Min., 6–16 Uhr, alle 20 Min.). Von dort fahren blaue *sŏrng·tăa·ou* den Berg hinauf nach Mae Salong (60 B, 1 Std., 7–17 Uhr.) Nach Ban Pasang nimmt man eines der *sŏrng·tăa·ou*, die in der Nähe des 7-Eleven parken. Nach etwa 17 Uhr fahren keine regulären *sŏrng·tăa·ou* mehr, man kann aber in beide Richtungen eines für rund 500 B chartern.

Mae Salong ist über die Straße auch von Tha Ton (s. S. 315) aus erreichbar. Gelbe *sŏrng·tăa·ou* Richtung Tha Ton halten in der Nähe des Little Home Guesthouse (60 B, 1 Std., 8.20, 10.20, 12.20 & 13.50 Uhr).

Mae Sai   แม่สาย

22 000 EW.

Auf den ersten Blick scheint Mae Sai, Thailands nördlichste Stadt, kaum mehr zu sein als ein großer Markt unter freiem Himmel. Doch die Stadt ist auch ein guter Ausgangspunkt, um das Goldene Dreieck, den Doi Tung und Mae Salong sowie – wegen der Nähe zu Myanmar – auch die Randgebiete des Shan-Staats zu erkunden.

Gelegentlich führen Kämpfe innerhalb Myanmars oder Streitigkeiten zwischen den Regierungen Thailands und Myanmars zu einer zeitweiligen Schließung der Grenze. Es empfiehlt sich also, Erkundigungen über die aktuelle Lage einzuholen, ehe man sich zu einer Fahrt nach Mae Sai entschließt.

👁 Sehenswertes & Aktivitäten

Wat Phra That Doi Wao   TEMPEL
(วัดพระธาตุดอยเวา) Einen großartigen Ausblick über Mae Sai und hinüber nach Myanmar hat man, wenn man nahe der Grenze westlich der Hauptstraße die Stufen auf den Hügel zum Wat Phra That Doi Wao hinaufsteigt. Dieser Wat wurde angeblich zum Andenken an ein paar tausend birmanische Soldaten errichtet, die hier 1965 bei Kämpfen gegen KMT-Verbände fielen. (In der Stadt kursieren verschiedene Versionen, auch eine, in der die KMT-Soldaten die Helden sind.)

🛏 Schlafen

Khanthongkham Hotel   HOTEL $$
(☏0 5373 4222; www.kthotel.com; 7 Th Phahonyothin; Zi. 800–950 B, Suite 1300–1650 B; ❄@🛜) Das Hotel hat sehr große Zimmer, die geschmackvoll mit hellem Holz und braunem Stoff dekoriert sind. Ganz besonders groß sind die Suiten. Wie alle anderen Zimmer auch sind sie mit Flachbildfernsehern und benutzerfreundlichen Bädern ausgestattet. Ein Minuspunkt: Viele Zimmer haben keine Fenster.

Maesai Guest House   HOTEL $
(☏0 5373 2021; 688 Th Wiengpangkam; Bungalows Zi. 200–600 B; 🛜) Am Ende der schmalen Gasse hinter dem Mai Sai Riverside Resort findet sich diese Anlage mit Nurdach-Bungalows. Die Unterkünfte reichen von einfachen Zimmern mit kalten Gemeinschaftsduschen bis hin zu Bungalows am Fluss mit Terrasse und eigenem Bad. Das Uferrestaurant vor Ort serviert thailändische und westliche Gerichte.

Maekhong Delta Boutique Hotel   HOTEL $$$
(☏0 5364 2517; www.maekhonghtel.com; 230/5-6 Th Phahonyothin; Zi. mit Frühstück 1200–3500 B; ❄@🛜) Schon ein sonderbarer Name, wenn man bedenkt, dass das Mekong-Delta ganz fern im Süden Vietnams liegt. Und noch sonderbarer ist es, dass die hiesigen Zimmer etwas an eine Skilodge erinnern. Auf jeden Fall aber sind sie heimelig und komfortabel; der einzige Haken ist, dass das Hotel fast 4 km vom Stadtzentrum entfernt ist.

Wang Thong Hotel   HOTEL $$$
(☏0 5373 3389-95; www.wangthong-maesai.com; 299 Th Phahonyothin; Zi./Suite mit Frühstück 900/2500 B; ❄@🛜🏊) Das neunstöckige Wang Thong ist ein komfortables Businesshotel in bequemer Nähe zum Grenzübergang. Die Zimmer sind nichts Besonderes, aber geräumig. Im Hotel gibt's außerdem eine Kneipe, eine Disco und ein beliebtes Restaurant. In der Nebensaison sind Preisnachlässe drin.

Piyaporn Place Hotel   HOTEL $$
(☏0 5373 4511-3; www.piyaporn-place.com; 77/1 Th Phahonyothin; Zi./Suite mit Frühstück 800/1800 B; ❄@🛜) An der Hauptstraße auf Höhe der Soi 7 steht das siebenstöckige Businesshotel mit gutem Preis-Leistungs-Verhältnis. Die großen, modernen Zimmer verfügen über Holzböden, kleine Sofas und

Mae Sai

Mae Sai

die üblichen Vier- bzw. Fünf-Sterne-Extras wie Bad, Kabelfernsehen und Minibar.

afterglow HOTEL **$$**
(☏0 5373 4188; www.afterglowhostel.com; 139/5 Th Phahonyothin; Zi. 690–990 B; ☀☎) Die Unterkunft bezeichnet sich als Hostel, allerdings waren bei unserem Besuch die Schlafsäle noch nicht fertiggestellt. Angesichts des Cafés im Erdgeschoss und der minimalistisch anmutenden Zimmer ist es jedenfalls die wohl hippste Unterkunft in Mae Sai. Sie befindet sich ungefähr 4 km von der Grenze entfernt und liegt gegenüber vom Maekhong Delta Boutique Hotel.

Top North Hotel HOTEL **$**
(☎0 5373 1955; topnorth_hotel@hotmail.com;
306 Th Phahonyothin; Zi. 400–700 B; ✳@🛜) In
kurzer Gehentfernung zur Brücke nach Myanmar liegt das ältere Hotel mit geräumigen
Zimmern und nettem Personal. Man sollte
ein Zimmer nach hinten hinaus nehmen,
um vom Straßenlärm verschont zu werden.

GRENZÜBERGÄNGE: VON MAE SAI NACH TACHILEIK

Mae Sai liegt gegenüber der birmanischen Ortschaft Tachileik und ist ein offizieller Grenzübergang für ausländische Touristen. Doch wie bei allen Grenzübergängen nach Myanmar gibt es mehrere Hindernisse zu beachten. Die folgenden Informationen können sich jederzeit ändern, daher sollte man unbedingt die Lage checken, ehe man sich auf den Weg macht!

Generell kann man die Grenze nach Tachileik für einen Tagesaufenthalt problemlos überqueren; etwas komplizierter ist es, ein zwei Wochen gültiges Visum mit einer Aufenthaltsbewilligung für Kengtung zu erhalten, einen ruhigen, aber interessanten Vorposten der Tai-Kultur 160 km nördlich von Tachileik.

Die thailändische Einreisestelle befindet sich direkt vor der Brücke und ist offiziell von 7 bis 18.30 Uhr geöffnet. Nach den üblichen Formalitäten geht man über die Brücke und zahlt bei der Einreisebehörde Myanmars eine Gebühr von 500 B. Hier wird ein Passfoto für einen befristet gültigen Ausweis gemacht, mit dem man sich an diesem Tag in der Stadt bewegen kann; der Pass wird bei der Einreisebehörde solange einbehalten. Bei der Wiedereinreise nach Thailand stellt die thailändische Einreisebehörde ein neues, 15 Tage gültiges Visum aus (s. S. 839).

In **Tachileik** kann man wenig tun außer shoppen und birmanisch essen. Die Preise sind ungefähr die gleichen wie auf der thailändischen Seite; überall werden Baht akzeptiert. Es gibt einen interessanten Morgenmarkt und es kann Spaß machen, in den Teeläden herumzustöbern.

Wer länger bleiben oder Kengtung besuchen will, begibt sich gleich zur Touristeninformation neben der Einreisebehörde. Dort braucht man drei Fotos. Für 10 US$ und 50 B wird eine 14 Tage gültige Identitätskarte ausgestellt, der Pass verbleibt an der Grenze. Für die Dauer des Aufenthalts muss man einen Führer engagieren. Die Führer kosten 1000 B pro Tag (wovon 400 B an die staatliche Reiseagentur Myanmar Travels & Tours fließen); wenn man sich nicht vorab einen in Kengtung ansässigen Guide organisiert hat, der einen an der Grenze erwartet, wird einem von MTT ein Guide zugewiesen. Traveller müssen auch die Kosten von Verpflegung und Unterkunft des Führers tragen. Zu den empfohlenen, in Kengtung ansässigen Führern zählen **Sai Leng** (☎+95 9490 31470; sairoctor.htunleng@gmail.com), **Freddie** (Sai Yot; ☎+95 9490 31934; yotkham@gmail.com) und **Paul** (Sai Lon; ☎+95 9490 30464, +95 842 2812).

Kengtung, das von den Thailändern Chiang Tung genannt und von den Birmanen in der Regel Kyaingtong geschrieben wird, ist eine verschlafene Stadt, aber die historische Hauptstadt der Khün-Kultur des Shan-Staats. Die Khün sprechen eine nordwestliche Taisprache, die mit Shan und Tai Lü verwandt ist, und verwenden eine Schrift, die der antiken Lanna-Schrift ähnelt. Die Stadt wurde um einen kleinen See herum gebaut, ist mit in die Jahre gekommenen **buddhistischen Tempeln** und verfallenen britischen **Kolonialbauten** gesprenkelt, viel malerischer als Tachileik und überhaupt eine der interessantesten Städte im gesamten Shan-Staat von Myanmar.

Zu den Unterkünften zählen das **Princess Hotel** (☎+95 842 1319; kengtung@mail4u.com.mm; EZ/DZ 30/50 US$; ✳) und das günstige, aber unpraktisch gelegene **Harry's Trekking House** (☎+95 842 1418; 132 Mai Yang Rd; Zi. 7–20 US$).

Tachileiks staubiger Busbahnhof liegt 2 km von der Grenze entfernt. Die Fahrt von der Grenze zum Busbahnhof kostet 10 B im *sŏrng·tăa·ou* oder 40 B mit einem Motorradtaxi. Von dort fahren Busse nach Kengtung (10 000 Kyat, 5 Std., 8 & 12 Uhr). Eine Taxifahrt nach Kengtung kostet rund 2500 B. In einem Sammeltaxi zahlt man 15 000 Kyat auf einem Vorder- bzw. 10 000 Kyat auf einem hinteren Sitzplatz; es fährt erst los, wenn alle Plätze besetzt sind.

Weitere Infos zu Kengtung findet man im Lonely-Planet-Führer *Myanmar (Burma)*.

Yeesun Guesthouse
HOTEL $

(📞0 5373 3455; www.yeesunguesthouse.com; 816/13 Th Sailomjoy; Zi. 400 B; ❄️📶) Das von einer Familie geführte, vierstöckige Hotel hat für den Preis sehr gute, wenn auch etwas langweilige Zimmer mit guten Möbeln und bequemen Betten.

S-House Hotel
HOTEL $

(📞0 5373 3811; www.s-house-hotel-maesai.com; 384 Th Sailomjoy; Zi. mit Ventilator/Klimaanlage 500/600 B; ❄️) Am Ende des überdachten Teils der Th Sailomjoy steht abseits vom Grenzübergang das Hotel mit geräumigen Zimmern und Balkonen mit Ausblick in die Hügel.

Maesai Hotel
HOTEL $

(📞0 5373 1462; 125/5 Th Phahonyothin; Zi. mit Ventilator/Klimaanlage 250/450 B) Untergebracht in einem grünen Gebäude gleich hinter der Th Phahonyothin. Die Zimmer mit Ventilator sind ein gutes Angebot, die Betten stehen erhöht auf einem Betonsockel. Die teureren Zimmer mit Klimaanlage haben nur wackelige Betten und billige Möblierung.

Little Bear
HOTEL $

(📞0 5364 0933; an der Soi 6, Th Phahonyothin; Zi. 280–480 B; ❄️@📶) Das Hotel hat einfache, aber ordentliche Zimmer und eine angeschlossene Bar/Kaffeestube.

✖ Essen

Täglich gibt es einen großen **Abendmarkt** (🕐17–23 Uhr) in der Th Phahonyothin. Tagsüber findet man **Snack- & Getränkeverkäufer** (Th Phahonyothin) vor der Polizeiwache.

Bismillah
Halal Food
MUSLIMISCH-THAI $

(Soi 4, Th Phahonyothin; Hauptgerichte 25–40 B; 🕐6–18 Uhr) Das von birmanischen Muslimen geführte winzige Restaurant bereitet ein ausgezeichnetes Biryani und praktisch alle nur denkbaren muslimischen Gerichte von Roti bis Samosa zu.

Sukhothai Cuisine
NUDELN $

(399/9 Th Sailomjoy; Hauptgerichte 30–40 B; 🕐7–16 Uhr) Das Freiluftrestaurant serviert neben den Sukhothai-Nudeln auch Satay und ein paar andere einfache Gerichte. Eine Speisekarte zeigt in Bildern die Nudelvielfalt, die es hier gibt. Die Malereien an der Wand stammen von der Tochter des Betreibers.

Ying Ping Yunnan Restaurant
CHINESISCH $$

(Soi 6, Th Phahonyothin; Hauptgerichte 100–350 B; 🕐11–22 Uhr; ❄️) Für einen besonderen Abend bietet sich dieses chinesische Restaurant an. Auf der Karte steht eine Vielzahl exotischer Gerichte, die man anderswo nicht findet. Es gibt aber auch eine bescheidene Nudelsuppe auf Yunnan-Art.

Kik Kok Restaurant
THAI $

(Th Phahonyothin; Hauptgerichte 30–120 B; 🕐6–20 Uhr; ✏️) Dieses Restaurant hat eine große Auswahl thailändischer Gerichte, darunter auch mehrere vegetarische. Es gibt auch eine englischsprachige Speisekarte.

🛍 Shoppen

Der Handel ist in Mae Sai allgegenwärtig, allerdings ist der größte Teil des Angebots für Traveller aus dem Westen nicht von Interesse. Eine Ausnahme sind Edelsteine. Selbst noch aus dem fernen Chanthaburi kommen Händler, um auf dem kleinen Edelsteinmarkt gegenüber der Polizeiwache ihre Waren anzubieten. Bei einem Bummel durch die Soi 4 sieht man mehrere Edelsteinhändler, die sorgsam am Straßenrand unter freiem Himmel Hunderte von winzigen Halbedelsteinen zählen.

ℹ Praktische Informationen

In der Nähe der Grenze gibt's mehrere Banken mit Geldautomaten.

Einreisebehörde Hauptstelle (📞0 5373 1008; Rte 110; 🕐Mo–Fr 8.30–16.30 Uhr); Grenzübergang (🕐7–18.30 Uhr) Die Hauptstelle befindet sich ungefähr 3 km von der Grenze entfernt nahe der Soi 17, die Filiale an der Grenze am Eingang zur Grenzbrücke.

Internetcafé (40 B/Std.) Neben dem Parkplatz hinter dem Wang Thong Hotel.

Overbrook Clinic (📞0 5373 4422; 20/7 Th Phahonyothin; 🕐8–17 Uhr) Die kleine Klinik an der Hauptstraße steht in Verbindung mit dem modernen Krankenhaus in Chiang Rai; die Ärzte sprechen auch Englisch.

Touristenpolizei (📞115) Zu finden in dem Kiosk vor der Einreisebehörde am Grenzübergang.

ℹ An- & Weiterreise

An der Hauptstraße, der Th Phahonyothin, steht auf Höhe der Soi 8 ein Bushaltestellen-Schild. Von hier aus fahren *sŏrng·tăa·ou* nach Sop Ruak (45 B, 8–13 Uhr alle 40 Min.) und weiter bis Chiang Saen (50 B). *Sŏrng·tăa·ou* nach Ban Huay Khrai (zum Doi Tung) stehen an der Soi 10 (25 B, 6.30–17 Uhr).

Mae Sais staatlicher **Busbahnhof** (📞0 5371 1224; Rte 110) liegt 1,5 km von der Grenze entfernt. Von dort nimmt man entweder ein

Sammel-*sŏrng·tăa·ou* (15 B) von der Kreuzung der Th Phahonyothin mit der Soi 2 oder ein Motorradtaxi (40 B) von dem Stand an der Kreuzung der Th Phahonyothin mit der Soi 4. Wenn man nach Bangkok möchte, kann man sich den Weg zum Busbahnhof sparen und sein Ticket bei **Chok-Roong Tawee Tour** (keine Ausschilderung in lateinischen Buchstaben; ☑ 5364 0123; nahe der Kreuzung Th Phahonyothin & Soi 9; ☺ 8–17.30 Uhr) gleich neben dem Motorradgeschäft kaufen.

Reiseziele ab Mae Sai:

Bangkok (483–966 B, 13 Std., 16–17.45 Uhr häufig)

Chiang Mai (165–320 B, 5 Std., 6.45–15.30 Uhr, 5-mal tgl.)

Chiang Rai (39 B, 1½ Std., 5.45–20 Uhr, alle 20 Min.)

Fang (81 B, 3 Std., 7 Uhr)

Mae Sot (388–499 B, 12 Std., 6.15 & 6.45 Uhr)

Nakhon Ratchasima (Khorat) (507– 760 B, 15 Std., 6-mal tgl.)

Tha Ton (61 B, 2 Std., 7 Uhr)

 Unterwegs vor Ort

Eine Fahrt im Ort mit einem Sammel-*sŏrng·tăa·ou* kostet 15 B, mit einem Motorradtaxi zwischen 20 B und 40 B.

Mietmotorräder gibt's bei **Pornchai** (☑ 0 5373 1136; 4/7 Th Phahonyothin; 250–300 B/Tag; ☺ 8–17 Uhr) und **Toom Motorbike** (☑ 08 2106 8131; Th Sailomjoy; 200 B/Tag; ☺ 9–17 Uhr).

Rund um Mae Sai

DOI TUNG & UMGEBUNG   ดอยตุง

Von der Rte 110 zweigt ungefähr auf halber Strecke zwischen Mae Chan und Mae Sai in westlicher Richtung eine Straße zum Doi Tung ab. Der Name bedeutet „Flaggengipfel", abgeleitet vom nordthailändischen Wort für Flagge *(dung)*. König Achutarat von Chiang Saen befahl, von dem Gipfel eine große Flagge herabsegeln zu lassen, um die Stelle zu markieren, auf der dann zwei *chedis* errichtet wurden. Das geschah im Jahr 911; die *chedis* stehen noch heute und sind eine Pilgerstätte für thailändische, Shan- und chinesische Buddhisten.

Doch die Hauptattraktion beim Doi Tung ist die Anreise. Der „leichte" Weg führt über die Rte 1149, die bis zum Gipfel des Doi Tung größtenteils asphaltiert ist. Doch Vorsicht: Die Straße ist kurvenreich, schmal und steil, darum das Tempo drosseln, wenn man mit Auto oder Motorrad unterwegs ist!

◉ **Sehenswertes**

Doi Tung Royal Villa   HISTORISCHES GEBÄUDE
(☑ 0 5376 7011; www.doitung.org; Eintritt 70 B) In der Überzeugung, die örtlichen Hügelvölker würden sich durch die Anwesenheit eines Mitglieds der Königsfamilie so geehrt fühlen, dass sie auf den Opiumanbau verzichten, ließ die verstorbene Königinmutter die Doi Tung Royal Villa bauen. Der Sommerpalast steht an den Hängen des Doi Tung nahe dem Stausee Pa Kluay, der heute der Öffentlichkeit als Museum zugänglich ist. Auf königliche Initiative wurden auch neue Anbaumethoden gelehrt, um der Brandrodung Herr zu werden. An die Stelle von Opium sind jetzt Produkte wie Kaffee, Macadamianüsse und verschiedene Früchte getreten. Der Rest des Geländes, darunter der **Mae Fah Luang Garden** und das **Mae Fah Luang Arboretum** (Eintritt 70 B; ☺ 7–17 Uhr), ist ebenfalls öffentlich zugänglich. Außerdem gibt's hier oben ein Spitzenklassehotel, ein Restaurant, einen Kaffeeausschank sowie einen Laden mit Kunsthandwerk aus der Region. In der Nähe des Parkplatzes findet sich der **Doi Tung Bazaar**, ein kleiner Freiluftmarkt, auf dem regionale landwirtschaftliche Erzeugnisse, zubereitete Speisen und Kunsthandwerk der Bergstämme feilgeboten werden. Der gesamte Komplex ist bei Busreisegruppen sehr beliebt.

Wat Phra That Doi Tung   TEMPEL
Der Wat Phra That Doi Tung auf dem Gipfel in 1800 m Höhe wurde um die Zwillings-*chedis* im Lanna-Stil herum errichtet. Zu Beginn des vorigen Jahrhunderts wurden die *chedis* von dem für seine kühnen Bauvorhaben berühmten Mönch Khruba Siwichai aus Chiang Mai renoviert. Die Pilger schlagen wie überall an die Tempelglocken, um so religiöse Verdienste zu erwerben. Obwohl der Wat eigentlich nicht besonders eindrucksvoll ist, lohnt sich der Trip wegen seiner Lage im Wald. Von einer ummauerten Ecke des Tempels aus hat man einen überirdischen Blick auf die gewundene Straße, die man gerade heraufgekommen ist. Ein Wanderweg neben dem Wat führt zu einer Quelle, auf anderen kurzen Wanderwegen kann man die Umgebung erkunden.

Etwas unterhalb des Gipfels liegt der kleinere **Wat Noi Doi Tung**, wo Händler Speisen und Getränke verkaufen.

🛏 **Schlafen & Essen**

Wer hier die Nacht verbringen will, findet im **Ban Ton Nam 31** (☑ 0 5376 7003; www.doi

tung.org; Doi Tung Development Project, Mae Fah Luang District; Zi. mit Frühstück 2500–3000 B; ❇️🛜 46 komfortable Zimmer in den früheren Wohnräumen der Bediensteten der Königinmutter. Die teueren Zimmer haben den schöneren Ausblick. In dem **Selbstbedienungsrestaurant** (Gerichte 80–250 B; ⏲️7–21 Uhr) kann man sich mit Gerichten aus regionalen Erzeugnissen den Bauch vollschlagen, außerdem gibt's ein Café.

ℹ️ An- & Weiterreise

Sŏrng·tăa·ou fahren von Mae Sai nach Ban Huay Khrai (25 B), wo der Weg zum Doi Tung abzweigt. Von dort fahren *sŏrng·tăa·ou* zum Berg (60 B, 1 Std.).

Wer einen eigenen fahrbaren Untersatz hat, kann die 24 km lange befestigte Straße, die Rte 1149, zwischen dem Doi Tung und Mae Sai nehmen, die allerdings sehr eng ist. Von der Doi Tung Royal Villa folgt man einfach der Ausschilderung zum Wat Phra That Doi Tung. Die Straße verläuft hinter den Kalksteinbergen, die man vielleicht von der Rte 10 aus gesehen haben könnte, direkt an der Grenze zwischen Thailand und Myanmar und endet an der Soi 7 in Mae Sai. Unterwegs passiert man mindestens drei Militärkontrollen – es ist daher unerlässlich, einen Ausweis oder Pass dabeizuhaben.

Wenn man von Mae Sai aus eine ganze Schleife fahren möchte, nimmt man die Rte 110 südlich von Mae Sai und dann die Rte 1149 hinauf zum Doi Tung. Nachdem man sich auf dem Gipfel umgesehen hat, kehrt man auf dem zuvor erwähnten Weg nach Mae Sai zurück. Dabei fährt man die meiste Zeit bergab.

Von Mae Salong aus führt die Rte 1334 von steilen Hügeln in ein üppig grünes Tal hinab, ehe sie wieder ansteigt und auf die Rte 1149 zum Doi Tung trifft. Die Straße ist durchgehend asphaltiert und in gutem Zustand, aber an manchen Stellen sehr steil und außerdem kurvenreich.

Chiang Saen เชียงแสน

11 000 EW.

Chiang Saen ist der Inbegriff eines verschlafenen Städtchens am Fluss, war aber einst die Stätte eines Thai-Königreichs, dessen Ursprünge im 7. Jh. liegen sollen. Die Überbleibsel dieses Reichs sind in der modernen Stadt verteilt – zu den noch erhaltenen Relikten zählen mehrere *chedis*, Buddhabildnisse, *wí·haan*-Säulen und Teile der Stadtbefestigung aus gestampftem Lehm. Später war Chiang Saen locker mit anderen nordthailändischen Königreichen verbunden, im 18. Jh. auch mit Myanmar, und wurde erst in den 1880er-Jahren ein Teil Siams.

Heutzutage gehen riesige Flusskähne mit Früchten, Maschinenteilen und allen möglichen Importgütern aus China in Chiang Saen vor Anker und sorgen so dafür, dass die alte Handelsroute zwischen China und Siam aktiv bleibt. Trotz dieser Handelsaktivitäten und der Kommerzialisierung des nahe gelegenen Sop Ruak hat sich die Stadt im letzten Jahrzehnt nicht großartig verändert und ist deswegen auch ein angenehmerer Aufenthaltsort als Sop Ruak.

Nur Einheimische dürfen über den Mekong hinüber in die laotische Grenzstadt Ton Pheung. Ausländer, die bereits im Besitz eines chinesischen Visums sind, können allerdings die Stadt als Ausgangspunkt für eine Flussfahrt nach Jinghong in der chinesischen Provinz Yunnan nutzen.

👁️ Sehenswertes & Aktivitäten

Wat Phra That Pha Ngao TEMPEL

(วัดพระธาตุผาเงา; Eintritt frei) 3 km südlich der Stadt befindet sich im Dorf Sop Kham dieser buddhistische Tempelkomplex mit einer großen Gebetshalle, die errichtet wurde, um eine teilweise freigelegte Statue aus der Chiang-Saen-Ära zu schützen. Die Wände des Backsteingebäudes zieren Stuckreliefs, deren Anstrich den Eindruck erweckt, als seien sie aus poliertem Holz oder Kupfer. Außerdem gibt es ein wunderschönes, goldfarbenes Handschriftendepot (*hŏr drai*) aus Teakholz. Eine steile Straße führt hinauf zu einer Tempelpagode auf einer Hügelspitze, von der aus man einen weiten Blick auf die Gegend und den Mae Nam Khong hat.

Wat Chedi Luang TEMPEL

(วัดเจดีย์หลวง; Eintritt frei) Östlich hinter dem Museum befinden sich die Ruinen des Wat Chedi Luang, zu denen ein 18 m hoher, achteckiger *chedi* im klassischen Chiang-Saen- oder Lanna-Stil gehört. Die Archäologen streiten sich noch über die genaue Entstehungszeit, sind sich aber einig, dass er zwischen dem 12. und 14. Jh. erbaut worden sein muss.

Wat Pa Sak TEMPEL

(วัดป่าสัก; Eintritt frei) Ungefähr 200 m von der **Pratu Chiang Saen** (dem historischen Haupttor zum Westteil der Stadt) stehen die Überreste des Wat Pa Sak. Die Ruinen der sieben Monumente sind zu einem **historischen Park** (Eintritt 50 B) zusammengefasst. Der immer noch mit schönen Stuckreliefs geschmückte Haupt-*chedi* aus der Mitte des 14. Jh. weist Elemente der Stile von Hariphunchai und Sukhothai auf, mög-

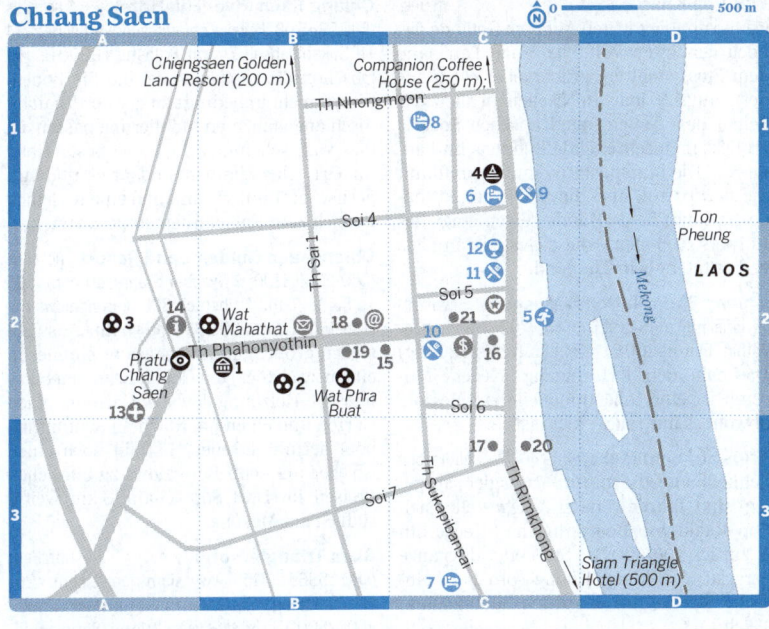

Chiang Saen

◉ Sehenswertes
1 Chiang Saen National Museum B2
2 Wat Chedi Luang B2
3 Wat Pa Sak A2
4 Wat Pha Khao Pan C1

✈ Aktivitäten, Kurse & Touren
5 Boote nach Sop Ruak & Chiang
 Khong C2

🛏 Schlafen
6 Chiang Saen Guest House C1
7 Chiang Saen River Hill Hotel C3
8 Sa Nae Charn Guest House C1

✖ Essen
9 Abendliche Essensverkäufer C1
10 Essendstände C2
11 Kiaw Siang Hai C2

◎ Ausgehen
12 2 be 1 .... C2

ℹ Praktisches
13 Chiang Saen Hospital A2
14 Touristeninformation A2

ℹ Transport
15 Angpao Chiangsaen Tour B2
16 Bushaltestelle C2
17 Chiang Saen Tour and Travel C3
18 Motorradverleih B2
19 Sombat Tour B2
20 Sŏrng·tăa·ou nach Chiang Khong C3
21 Sŏrng·tăa·ou nach Sop Ruak &
 Mae Sai C2

licherweise auch einen Einfluss der historischen Königsstadt Bagan.

Wat Phra That Chom Kitti & Wat Chom Chang
TEMPEL

(วัดพระธาตุจอมกิตติ; Eintritt frei) Die Überreste des Wat Phra That Chom Kitti und des Wat Chom Chang stehen rund 2,5 km nördlich des Wat Pa Sak auf einer Hügelspitze. Der runde *chedi* des Wat Phra That Chom Kitti soll noch vor der Gründung des Königreichs errichtet worden sein. Der kleinere *chedi* darunter gehört zum Wat Chom Chang. Viel zu sehen gibt es bei diesen *chedi* nicht, aber es bietet sich ein guter Ausblick auf Chiang Saen und den Fluss.

Wat Pha Khao Pan TEMPEL

(วัดผาขาวปาน; Eintritt frei) Auf dem Gelände des noch genutzten Wat Pha Khao Pan nahe dem Fluss steht ein prachtvoller *chedi* aus der Lanna-Periode. In Nischen an allen vier Seiten des großen, quadratischen Sockels erblickt man schreitende Buddhas im Lanna-Stil. Die Buddhastatue im Osten nimmt die *mudra* ein, also die um Regen bittende Haltung: Beide Hände zeigen längs des Körpers zu Boden – diese Geste ist in Laos verbreiteter als in Thailand.

Chiang Saen National Museum MUSEUM

(พิพิธภัณฑสถานแห่งชาติเชียงแสน; 702 Th Phahonyothin; Eintritt 100 B; ⊙Mi–So 8.30–16.30 Uhr) Das nahe dem Ortseingang gelegene Museum ist eine tolle Infoquelle zur Region, obwohl es nur relativ klein ist.

Trips auf dem Mekong BOOTSTOUR

Schnellboote, die für fünf Passagiere ausgelegt sind, fahren von der Anlegestelle nach Sop Ruak (pro Boot einfache Strecke/hin & zurück 500/600 B, 1 Std.) oder die ganze Strecke bis Chiang Khong (pro Boot einfache Strecke/hin & zurück 2000/2500 B, 1½ Std.).

Man kann auch mit einem Passagierschiff bis nach Jinghong in der chinesischen Provinz Yunnan fahren. Einzelheiten dazu stehen im Kasten auf S. 360.

🛌 Schlafen

Chiang Saen fehlt es an guten Unterkünften, ganz besonders im gehobenen Preissegment. Traveller, die mehr Service und einen höheren Standard genießen möchten, sollten besser im nahe gelegenen Sop Ruak übernachten.

Viang Yonok HOTEL $$$

(☏0 5365 0444; www.viangyonok.com; Chiang-Saen-See; Bungalows mit Frühstück 2000–2400 B; ❄@🖵🛜🏊) Der Schwerpunkt in dieser gepflegten Anlage aus sieben Bungalows liegt auf Aktivitäten – wem ein Swimmingpool, ein Kraftraum, Fahrräder, Kajaks und die Möglichkeit zur Vogelbeobachtung nicht ausreichen, der ist wohl ohnehin kaum zufriedenzustellen. Die einzigen Schwachpunkte, die wir feststellten, sind die langweiligen Möbel und die Entfernung zum Ort. Das Viang Yonok liegt ungefähr 5 km westlich von Chiang Saen an der Straße Richtung Mae Chan. Die Ausschilderung zum Hotel ist unübersichtlich: die Ausfahrt nehmen, die ungefähr 1 km hinter der Esso-Tankstelle folgt.

Chiang Saen River Hill Hotel HOTEL $$

(☏0 5365 0826; www.chiangsaenriverhill.net; 714 Th Sukapibansai; Zi. mit Frühstück 1200 B; ❄) Obschon die rosa Fassade und die Bodenfliesen nicht unbedingt zu der nordthailändisch angehauchten Möblierung passen, ist dies wahrscheinlich doch das beste Hotel im Ort. Die Zimmer sind groß und mit Fernseher, Kühlschrank und einem kleinen Bereich zum Entspannen ausgestattet.

Chiengsaen Golden Land Resort HOTEL $$

(☏0 5365 1100; www.chengsanresort.com; 663 Th Sai 1; Zi. mit Frühstück 800 B, Bungalows mit Frühstück 1200–2000 B; ❄🛜🏊) Zur Auswahl stehen große, gut ausgestattete Zimmer in einem zweistöckigen Gebäude und mehrere hübsche Holzbungalows, die sich um einen Garten und einen überdachten Swimmingpool herum verteilen. Es gibt noch einen Ableger mit zehn Bungalows zu ähnlichen Preisen im Dorf Sop Kham, 3 km weiter südlich am Mekong.

Siam Triangle Hotel HOTEL $$$

(☏0 5365 1115; www.siamtriangle.com; 267 Th Rimkhong; Zi./Suite mit Frühstück 2500–4500/8000 B; ❄@🛜🏊) Chiang Saens neuestes und größtes Hotel ist zwar langweilig, aber die riesigen Suiten, zu denen als Extras Whirlpools mit Blick auf den Fluss, Laptops und ein kostenloser Wäscheservice gehören, bieten ein wirklich gutes Preis-Leistungs-Verhältnis. Das Hotel liegt gleich außerhalb von Chiang Saen, ungefähr 500 m südlich der alten Stadtmauer.

Chiang Saen Guest House HOTEL $

(☏0 5365 0196; 45/2 Th Rimkhong; Zi. 150–650 B, Bungalows 200 B; ❄🛜) Eine seit Langem bestehende Unterkunft in bequemer Lage gegenüber vom Fluss und von den Imbissständen, die abends aufgebaut werden. Man übernachtet in einfachen, aber preislich fair bemessenen Zimmern und Nurdach-Bungalows. Man befindet sich praktischerweise in Gehentfernung sowohl zum Fluss als auch zum „Zentrum" von Chiang Saen.

Sa Nae Charn Guest House HOTEL $

(☏0 5365 1138; 641 Th Nhongmoon; Zi. 200–500 B; ❄) Das von einem älteren Herrn aus Singapur geführte Haus bietet einfache, aber billige Zimmer; die teureren haben Extras wie Fernseher und Klimaanlage.

🍴 Essen & Ausgehen

Billige Reis- und Nudelgerichte bekommt man an den Imbissständen auf dem Markt an der Uferstraße bzw. in dessen Nähe sowie unweit der Bushaltestelle an der Hauptstraße, die von der Fernstraße aus durch den Ort führt. Die Stände an der Haltestelle werden abends aufgeschlagen und bleiben bis gegen Mitternacht geöffnet.

Jinda's Kitchen
NORDTHAILÄNDISCH **$**

(Rte 1290; Hauptgerichte 20–130 B; ⊙8–16 Uhr) Das gemütliche Restaurant am Straßenrand serviert seit mehr als 50 Jahren regionale Speisen wie die berühmten nordthailändischen Nudelgerichte *kôw soy* und *kà·nŏm jeen nám ngèe·o*. Auf der englischsprachigen Karte stehen außerdem auch Currys und hausgemachte Würstchen. Jinda's Kitchen liegt ungefähr auf halber Strecke zwischen Chiang Saen und Sop Ruak.

Kiaw Siang Hai
CHINESISCH **$$**

(Keine Ausschilderung in lateinischen Buchstaben; 44 Th Rimkhong; Hauptgerichte 50–200 B; ⊙8–20 Uhr) Dieses authentisch chinesische Restaurant wird von den Arbeitern der chinesischen Schiffe besucht, die in Chiang Saen anlegen, und bereitet neben Nudel- und Wan-Tan-Gerichten noch eine ganze Menge anderer Speisen zu. Empfehlenswert sind der würzige gebratene Tofu nach Szechuan-Art oder auch die chinesischen Kräutersuppen. Das Restaurant ist leicht an den riesigen Keramiktöpfen zu erkennen, die vor der Tür stehen.

Abendliche Essensverkäufer
THAI **$**

(Th Rimkhong; Hauptgerichte 30–60 B; ⊙16–23 Uhr) In der Trockenzeit verkaufen diese Stände Duftreis, grünen Papaya-Salat, gebratenes Huhn, getrockneten Tintenfisch und andere Snacks. Die Kundschaft besteht vor allem aus Leuten, die auf Matten am Ufer vor dem Chiang Saen Guest House den Abend genießen. Zu den regionalen Spezialitäten gehören in Bambusblättern gegrillter Fisch oder Hähnchen mit Duftreis und *sôm·đam* (grünem Papaya-Salat).

2 be 1
BAR

(Th Rimkhong; ⊙18–1 Uhr) Die schrille Bar am Fluss hat drinnen und draußen Sitzplätze, dazu bunte Lampen; gespielt wird House.

❶ Praktische Informationen

Chiang Saen Hospital (☎0 5377 7017-7035) Das staatliche Krankenhaus liegt gleich südlich vom Wat Pa Sak. Das Personal spricht allerdings nur ein paar Brocken Englisch.

Companion Coffee House (Th Rimkhong; ⊙8–19 Uhr; 🔊) In diesem Café gibt's auch

einen Computer und WLAN. Es befindet sich nördlich vom Ort nahe der Soi 2.

Internetzugang (Th Phahonyothin; 20 B/Std.; ⊙10–20 Uhr) Es gibt zwei Internetcafés, die einander genau gegenüberliegen; sie befinden sich einen Block östlich vom Wat Chedi Luang.

Post (Th Phahonyothin) Schräg gegenüber dem Wat Chedi Luang.

Siam Commercial Bank (Th Phahonyothin) Die Bank mit Geldautomat und Wechselschalter liegt an der Hauptstraße, die von der Fernstraße zum Mekong führt.

Touristeninformation (☎0 5377 7084; Th Phahonyothin; ⊙8.30–16.30 Uhr) Zeigt ein gutes Reliefmodell der Gegend mit den wichtigsten Ruinenstätten und Fotos der diversen *chedis* vor, während und nach ihrer Restaurierung.

❶ An- & Weiterreise

Von 7.20 Uhr bis 12 Uhr warten an einem Stand am östlichen Ende der Th Phahonyothin blaue *sŏrng·tăa·ou* auf Fahrgäste nach Sop Ruak (20 B) und Mae Sai (50 B). Die grünen *sŏrng·tăa·ou* nach Chiang Khong (100 B, 7.30–12 Uhr) parken an einem Stand in der Th Rimkhong, südlich der am Flussufer gelegenen Einreisestelle. Nach 12 Uhr kann man nur noch das gesamte Fahrzeug chartern; das kostet zwischen 800 und 1000 B.

Chiang Saen hat keinen richtigen Busbahnhof, es gibt nur eine überdachte Haltestelle am östlichen Ende der Th Phahonyothin, an der Passagiere ein- und aussteigen können. Von dieser Haltestelle fahren Busse nach Chiang Rai (37 B, 1½ Std., 5.30–17 Uhr, häufig) und nach Chiang Mai (2. Klasse mit Klimaanlage/1. Klasse 165/212 B, 5 Std., 7.15 & 9 Uhr).

Der tägliche VIP-Bus von **Sombat Tour** (☎08 1595 4616; Th Phahonyothin) nach Bangkok (920 B, 12 Std., 17 Uhr) bietet nur ungefähr zwölf Sitzplätze. Er fährt vor dem kleinen Büro neben der Krung Thai Bank ab.

❶ Unterwegs vor Ort

Eine kurze Fahrt mit dem Motorradtaxi oder dem *săhm·lór* durch die Stadt kostet 20 B. Die Fahrzeuge warten in der Nähe und gegenüber der Bushaltestelle.

Die Gegend um Chiang Saen lässt sich gut auf zwei Rädern erkunden. Mountainbikes und Motorräder kann man sich bei einem **Motorradverleiher** (☎08 9429 5798; 247/1 Th Phahonyothin; ⊙9–17 Uhr) und bei **Angpao Chiangsaen Tour** (☎0 5365 0143; www.angpao chiangsaentour.com; Th Phahonyothin; ⊙9–20 Uhr) organisieren. Der Tourveranstalter kann einem auch ein Fahrzeug mit Fahrer vermitteln und bietet einen bunten Strauß an Touren in die Umgebung an.

Rund um Chiang Saen

SOP RUAK   สบรวก

Myanmar, Thailand und Laos treffen in Sop Ruak aufeinander, beim offiziellen „Mittelpunkt" des Goldenen Dreiecks am Zusammenfluss von Nam Ruak und Mekong.

Historisch bezieht sich der Begriff Goldenes Dreieck" auf eine viel größere geografische Region, die sich über die Tausende von Quadratkilometern nach Myanmar, Laos und Thailand hinein erstreckt und in der der Opiumhandel florierte. Clevere Hoteliers und Tourveranstalter haben aus dem Namen Kapital geschlagen und das nette, kleine Dorf Sop Ruak zum „Goldenen Dreieck" erklärt, um Phantasien von illegalen Abenteuern, exotischen Grenzregionen und Opiumkarawanen wachzurufen.

Aber das gehört der Vergangenheit an: Die einzige Karawane, die es hier zu sehen gibt, ist die der großen Reisebusse mit Pauschaltouristen. Opium gibt's heute nur in Museen und sogar die einst schöne Landschaft ist mittlerweile von Geldautomaten und unzähligen Ständen mit Touristenkram und durch lautes Marktgeschrei aus den verschiedenen Tempeln verschandelt.

Auf der Habenseite stehen die beiden Opiummuseen, das House of Opium (s. rechte Spalte) und die Hall of Opium (s. S. 409); außerdem kann man mit einem Bootsausflug eine vergnügte Stunde zubringen. Aber eigentlich bleiben die meisten Traveller hier nur, wenn sie schon ein Zimmer in einem der herausragenden Luxushotels in dem Gebiet gebucht haben.

⊙ **Sehenswertes & Aktivitäten**

Hall of Opium   MUSEUM

(หอฝิ่น; Eintritt 200 B; ⊙Di–So 8.30–16 Uhr) 1 km nördlich von Sop Ruak hat die Mah Fah Luang Foundation auf einem rund 40 ha großen Gelände gegenüber vom Anantara Golden Triangle Resort & Spa die 5600 m² große Hall of Opium geschaffen. Diese eindrucksvolle Einrichtung möchte die weltweit führende Ausstellungs- und Forschungsstätte zum Thema Rauschmittelgebrauch in aller Welt werden. Eine Multimedia-Ausstellung beschreibt die faszinierende Geschichte des Opiums und zeigt die Auswirkungen des Opiummissbrauchs auf Individuum und Gesellschaft. Die Präsentation ist ausgewogen und sehenswert.

House of Opium   MUSEUM

(บ้านฝิ่น; www.houseofopium.com; Eintritt 50 B; ⊙7–19 Uhr) Das kleine Museum mit historischen Artefakten zum Opiumanbau lohnt einen Besuch. Ausgestellt sind neben Fotos und Landkarten mit englischer Beschriftung all die Utensilien, die man zum Anbau, zur Ernte, zum Genuss und zum Vertrieb des Harzes des Schlafmohns (*Papaver somniferum*) braucht, darunter Pfeifen, Gewichte und Waagen. Das Museum liegt am südöstlichen Ende von Sop Ruak, praktisch dem Phra Chiang Saen Si Phaendin gegenüber.

Phra Chiang Saen Si Phaendin   DENKMAL

(พระเชียงแสนสี่แผ่นดิน; Eintritt frei; ⊙7–21 Uhr) Die erste Sehenswürdigkeit, die in Sop Ruak auffällt, ist der Phra Chiang Saen Si Phaendin, eine gigantische Buddhastatue, die

---

MIT DEM BOOT NACH JINGHONG

Früher konnte man mit Lastkähnen von Chiang Saen nach Jinghong in China fahren. Heute ist dies nur noch mit dem Passagierboot von **Maekhong Delta Travel** (☏0 5364 2517; www.maekhongtravel.com; Maekhong Delta Boutique Hotel, 230/5-6 Th Phahonyothin, Mae Sai; einfache Strecke 820 ¥/3500 B; ⊙9–17 Uhr) in Mae Sai erlaubt.

Bei günstigen Bedingungen dauert die Fahrt von Chiang Saen nach Jinghong 15 Stunden. In den trockneren Monaten (in der Regel von März bis Mai) fahren die Boote nicht, weil Felsen und Untiefen die Fahrt behindern. Üblicherweise legen die Boote montags, mittwochs und freitags um 5 Uhr in Chiang Saen ab; diese Termine sind aber nicht in Stein gemeißelt, weshalb man sich unbedingt telefonisch informieren sollte, ehe man seine Pläne macht.

Um diese Fahrt zu unternehmen, braucht man vorab ein Einreisevisum der VR China – mehrere Gasthäuser vor Ort können das für einen arrangieren, schneller geht das allerdings in Chiang Mai oder Bangkok. Hat man sein Visum, können die meisten Pensionen und Hotels vor Ort Tickets beschaffen, man kann sie aber auch bei **Chiang Saen Tour and Travel** (☏0 5377 7051; chiangsaen2004@yahoo.com; 64 Th Rimkhong; ⊙8–18 Uhr) buchen.

von einer thailändisch-chinesischen Stiftung finanziert wurde. Die Statue thront auf einer bootsartigen Plattform; Besucher werden verführt, ihre Münzspenden von einer erhöhten Plattform hinter der Statue herunterrollen zu lassen.

Wat Prathat Pukhao TEMPEL
(วัดพระธาตุภูเขา; Eintritt frei) Neben dem House of Opium führen einige Stufen zum buddhistischen Wat Prathat Pukhao hinauf. Von dort hat man den besten Blick auf die Stelle im Mekong, wo Laos, Myanmar und Thailand aufeinandertreffen.

Bootsfahrten auf dem Mekong BOOTSFAHRT
(400 B/Std. bei max. 5 Pers. pro Boot) Mehrere Veranstalter im Ort und an den verschiedenen Anlegestellen bieten Bootsfahrten mit Langschwanzbooten an. Die Touren umfassen in der Regel die Umrundung einer großen Insel und die Fahrt flussaufwärts, um einen Blick auf das Kasinohotel in Myanmar zu werfen.

Auch in einem laotischen Dorf auf der großen Flussinsel **Don Sao**, ungefähr auf halber Strecke zwischen Sop Ruak und Chiang Saen gelegen, kann ein Zwischenstopp eingelegt werden. Die laotische Einreisebehörde lässt Tagesbesucher bereitwillig auch ohne ein Visum und gegen eine Einreisegebühr von 20 B auf die Insel. Viel zu sehen gibt es allerdings nicht: Auf der Post kann man Briefe und Postkarten mit dem Stempel der Demokratischen Volksrepublik Laos verschicken, ein paar Läden verkaufen T-Shirts und laotisches Kunsthandwerk und im Sala Beer Lao kann man Bier und Snacks aus Laos probieren.

🛏 Schlafen & Essen
Der einzige Grund, in oder im Umland von Sop Ruak zu übernachten, sind ein paar der besten Unterkünfte der gehobenen Klasse in Nordthailand. Budgettraveller sind in Chiang Saen besser aufgehoben. Es gibt mehrere touristische Restaurants am Mekong.

Four Seasons Tented Camp HOTEL $$$
(📞0 5391 0200; www.fourseasons.com; Mindestaufenthalt 3 Tage 225450–255450 B; ✳@🛜🏊) Dieses von Safaris inspirierte „Zeltlager"-Resort gehört zu den einzigartigsten Wohnerlebnissen in Thailand – wenn es denn die Zeit- und Budgetplanung nicht sprengt. Es befindet sich an einem abgeschiedenen Stück des Uferdschungels außerhalb von Sop Ruak; eine kurze Bootsfahrt ist nötig,

um den ausgedehnten Komplex mit den 15 an einem Hang gelegenen Zelten zu erreichen. Die Zelte sind luxuriös und mit Gegenständen ausgestattet, die an kolonialzeitliche Safaris erinnern. Dazu gehört vor allem die unglaublich einladende Badewanne aus Kupfer und Harz. Fernseher oder iPod-Anschlüsse gibt es nicht, die Gäste sollen die natürliche Landschaft auf sich wirken lassen (Tipp: Zelt 15 hat Ausblick auf eine Elefantenbadestelle). Sie können sich dem täglichen Angebot von Aktivitäten widmen, das von der Ausbildung zum Mahut bis zu Wellnessanwendungen reicht. Der Mindestaufenthalt beträgt drei Tage; im Preis ist alles enthalten – von der Abholung vom Flughafen bis hin zu sämtlichem Essen und den Getränken.

Anantara Golden Triangle Resort & Spa HOTEL $$$
(📞0 5378 4084; www.anantara.com; Zi./Suite mit Frühstück 16500/18000 B; ✳@🛜🏊) Das preisgekrönte Resort nimmt ein großes, wunderschön gestaltetes Gelände direkt gegenüber der Hall of Opium ein. Die Zimmer verbinden thailändische und internationale Gestaltungsmotive und haben Balkone mit Blick auf den Mekong. Ein Wellenbad, Squash- und Tennisplätze, eine Sporthalle, eine Sauna und ein Spa runden das Luxusangebot ab. Zu den besonderen Attraktionen zählen das King's-Cup-Elefantenpolo-Turnier und ein- bis dreitägige Ausbildungskurse zum Mahut.

ℹ An- & Weiterreise
Häufig fahren *sŏrng·tăa·ou* nach Chiang Saen (20 B, 7–12 Uhr, alle 20 Min.) und Mae Sai (45 B, 8–13 Uhr, alle 40 Min.), die man einfach auf der Hauptstraße heranwinkt. Aber auch die 9 km lange Fahrradfahrt von Chiang Saen nach Sop Ruak ist nicht anstrengend.

Chiang Khong เชียงของ
12000 EW.
Abgelegener, aber lebendiger als der Nachbarort Chiang Saen ist Chiang Khong. Die Kleinstadt war ein wichtiger Markt für die Hügelvölker in der Region und für den Handel mit dem Norden von Laos. Einst gehörte sie zu Juon, einem kleinen *meuang* (Stadtstaat), der im Jahr 701 von König Mahathai gegründet wurde. Im Verlauf der Jahrhunderte war Juon erst Chiang Rai, dann Chiang Saen und schließlich Nan tributpflichtig, ehe es schließlich in den 1880er-Jahren von Siam einverleibt wur-

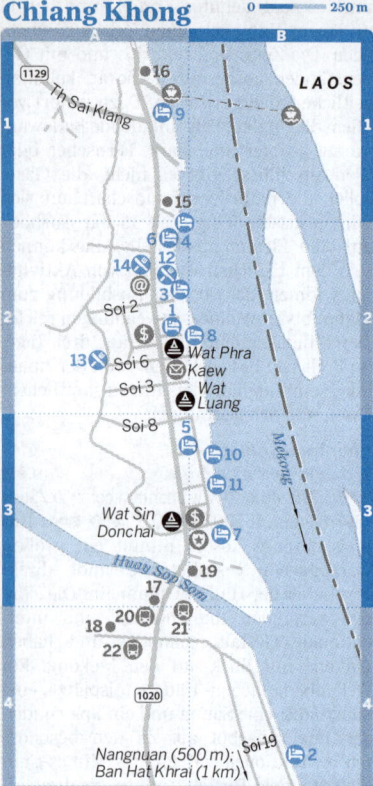

Chiang Khong

🛏 Schlafen

1	Baan-Fai Guest House	A2
2	Baanrimtaling	B4
3	Ban Tammila	A2
4	Boom House	A2
5	Chiang Khong Green Inn	A3
6	Chiang Khong Teak Garden Hotel	A2
7	Chiangkhong River View Hotel	B3
8	Namkhong Riverside Hotel	B2
9	Portside Hotel	A1
10	PP Home	B3
11	Rimnaum Guest House	B3

✖ Essen

12	Bamboo Mexican House	A2
13	Khao Soi Pa Orn	A2
14	Lomtawan	A2
	Rim Nam	(siehe 11)

ℹ Praktisches

15	Easy Trip	A1
16	Einreisebehörde	A1
17	Markt	A3
18	Markt	A4
19	Markt	B3

ℹ Transport

20	Busse nach Bangkok	A4
21	Busse nach Chiang Mai & Chiang Rai	A4
22	Sŏrng•tǎa•ou nach Chiang Saen	A4

de. Das Territorium von Chiang Khong erstreckte sich bis zur chinesischen Provinz Yunnan, 1893 annektierten aber die Franzosen einen großen Teil des Nordufers des Mekong und gliederten das Gebiet in Französisch-Indochina ein.

Heute ist das Uferstädtchen bei Travellern als Zugang nach Laos beliebt (s. Kasten S. 365). Von Huay Xai auf der anderen Seite des Mekong gelangt man in einer zweitägigen, gemütlichen Bootsfahrt nach Luang Prabang. Und wer noch weiter möchte, erreicht von Huay Xai aus nach einer achtstündigen Busfahrt Boten, einen offiziellen Grenzübergang nach China.

🛏 Schlafen

Die meisten Unterkünfte in Chiang Khong sind auf Budgettraveller ausgerichtet.

Rai Saeng Arun
HOTEL $$$
(📞 0 5391 8255; www.raisaengarun.com; 2 Moo 3, Ban Phakub; Bungalows mit Frühstück 3000–

3750 B; ❄🛜) Diese Ferienanlage, die 22 km von Chiang Khong an der nach Chiang Saen führenden Rte 4007 gelegen ist, umfasst vierzehn Bungalows in schöner, natürlicher Umgebung. Einige stehen an einem Hang, andere in der Nähe von mit Bewässerungsgräben eingefassten Reisfeldern und drei direkt am Ufer des Mekong. Alle sind stilvoll und komfortabel. Sie besitzen Balkone und Freiluftduschen und sind untereinander durch über Reisfelder führende Laufstege verbunden. Vom Restaurant aus hat man einen Ausblick auf den Mekong. Die Küche nutzt die Gemüse und Kräuter der Biofarm des Resorts. In der Nebensaison lassen sich beträchtliche Preisnachlässe herausschlagen.

Baanrimtaling
PENSION $
(📞 0 5379 1613; maleewan_th@yahoo.com; 99/2 Moo 3; B 100–120 B, Zi. 150–450 B; @🛜) Die Zimmer sind für diese Preisklasse ziemlich durchschnittlich und die Lage ist auch nicht gerade ideal, aber die heimelige At-

mosphäre und der freundliche Service können schon dafür sorgen, dass man vielleicht etwas länger bleibt als geplant. Der großartige Blick auf den Fluss ist ein zusätzlicher Bonus. Auch Extras wie kostenloses WLAN, kostenlose Fahrräder, der kostenlose Transport zum Pier und Thai-Kochkurse sind nicht zu verachten.

Namkhong Riverside Hotel HOTEL $$
(☎0 5379 1796; www.namkhongriverside.com; 174-176 Th Sai Klang; Zi. mit Frühstück 800–1200 B; ✳@🛜) Das moderne, dreistöckige Hotel bietet viele saubere, ordentliche Zimmer, von denen die meisten private Balkone mit Blick auf den Fluss haben. Die billigeren Zimmer liegen im Erdgeschoss; in allen machen sich die nächtlichen Karaoke-Partys störend bemerkbar.

Portside Hotel HOTEL $
(☎0 5365 5238; portsidehotel@hotmail.com; 546 Th Sai Klang; Zi. mit Ventilator/Klimaanlage 300/500 B; ✳@🛜) Das Hotel mit gutem Preis-Leistungs-Verhältnis bietet auf zwei Stockwerken ordentliche, aber leicht beengte Zimmer. Ausblick auf den Fluss gibt es nicht, dafür entschädigt jedoch die Gemeinschaftsterrasse auf dem Dach.

Chiang Khong Green Inn HOTEL $
(☎0 5379 1009; www.chiangkhong-greeninn.com; 89/4 Th Sai Klang; Zi. mit Ventilator/Klimaanlage 200/580 B; ✳@🛜) Die günstigeren Zimmer in dieser neuen Backpackerherberge sind winzig und haben Gemeinschaftsbäder, die Zimmer mit Klimaanlage sind groß und haben Fernseher. Für alle Gäste gibt's kostenlos Computer- und WLAN-Zugang.

Chiang Khong Teak Garden Hotel HOTEL $$$
(☎0 5379 2008; www.chiangkhongteakgarden.com; 666 Th Sai Klang; Zi. 1500–1800 B; ✳@🛜) Die neuen Duplex-Bungalows in Chiang Khongs neuester, teuerster Unterkunft sind gut ausgestattet und gemütlich, wenn auch nicht gerade stimmungsvoll. Der Preisunterschied bemisst sich danach, ob man einen Ausblick auf den Garten oder auf den Fluss hat.

PP Home PENSION $
(Baan Pak Pon; ☎0 5365 5092; baanpakpon@hot mail.co.th; Zi. 350–600 B; ✳@🛜) Eine der wenigen Unterkünfte, die noch Einheimischen gehören: Das hübsche Holzhaus hat große, holzgetäfelte Zimmer, jeweils mit eigenem Balkon und Blick auf den Fluss. Ein paar neue Zimmer befinden sich in dem angrenzenden Betongebäude.

Chiangkhong River View Hotel HOTEL $
(☎0 5379 1375; www.chiangkhong.com/riverview hotel.htm; 141 Moo 12; Zi. 500 B; ✳🛜) Das große Gebäude am Südende des Orts besitzt mehrere praktisch identische, sehr kleine Zimmer mit Klimaanlage, Fernseher und Kühlschrank. Das Haus gehört Einheimischen und hat ein gutes Preis-Leistungs-Verhältnis.

Rimnaum Guest House HOTEL $
(☎0 5365 5680; suti_ja@hotmail.com; 166 Moo 12; Zi. mit Ventilator/Klimaanlage 350/500 B; ✳🛜) Dieses Hotel am Ufer hat 20 gleichförmige, aber geräumige und saubere Zimmer.

Baan-Fai Guest House PENSION $
(☎0 5379 1394; 108 Th Sai Klang; Zi. 100–200 B; 🛜) Die Zimmer in einem hübschen thailändischen Wohnhaus aus Holz werden den Erwartungen, die die Fassade weckt, nicht ganz gerecht, sind aber sauber. Eine durchaus akzeptable Option, wenn man knapp bei Kasse ist.

Ban Tammila HOTEL $
(☎0 5379 1234; baantammila@hotmail.com; 113 Th Sai Klang; Zi. & Bungalows 350–650 B; ✳🛜) Das Äußere wirkt zwar ein bisschen ramponiert, doch die stilvollen Zimmer und Bungalows sind hübsch und in warmen Farben gehalten.

Boom House HOTEL $
(☎0 5365 5136; www.boomhouseresort.com; 406/1 Th Sai Klang; B 100 B, Zi. 250–400 B; ✳🛜) Das mehrstöckige Haus hat eine Menge einfacher, aber sauberer Zimmer. Die teureren verfügen über Klimaanlage, Fernseher und Kühlschrank.

✗ Essen & Ausgehen

Khao Soi Pa Orn NORDTHAILÄNDISCH $
(Keine Ausschilderung in lateinischen Buchstaben; Soi 6; Hauptgerichte 15–30 B; ⏱8–16 Uhr) Auch wer glaubt, *kôw soy*, die berühmte Curry-Nudelsuppe des Nordens zu kennen, wird überrascht sein, denn hier in Chiang Khong verzichtet man auf die Kokosmilch und verwendet stattdessen eine dicke Paste aus Schweinehack und Tomaten. Es gibt kein Ladenschild mit westlicher Beschriftung; der Laden befindet sich an dem riesigen Autobahnpfeiler am östlichen Ende der Soi 6.

Nangnuan THAI $$
(Ban Hat Khrai; Hauptgerichte 30–150 B; ⏱8–21 Uhr) Die Speisekarte prahlt damit, das Re-

DER MEKONG-RIESENWELS

Der Abschnitt des Mekong um Chiang Khong ist ein wichtiger Lebensraum für den *blah bèuk* (Mekong-Riesenwels, unter Ichthyologen *Pangasianodon gigas*), den vielleicht größten Süßwasserfisch der Welt. Ein *blah bèuk* ist nach mindestens sechs, vielleicht auch erst nach zwölf Jahren – so genau weiß das niemand – voll ausgewachsen; dann ist er zwischen 2 und 3 m lang und bringt bis zu 300 kg auf die Waage. Ausgewachsene Tiere findet man nur in bestimmten Abschnitten des Mekong. Sie sollen in Nordchina, in der Provinz Qinghai – hier entspringt der Mekong – geboren werden und dann den ganzen Weg bis zum mittleren Lauf des Mekong schwimmen, wo sie den größten Teil ihres Erwachsenenlebens verbringen.

In Thailand und Laos ist ihr mildes Fleisch eine begehrte Delikatesse. Die Fische werden zwischen Ende April und Juni gefangen, wenn der Fluss nur 3 bis 4 m tief ist und die Welse flussaufwärts ziehen. Ban Hat Khrai, 1,5 km von Chiang Khong entfernt, ist als eine der wenigen Stellen bekannt, wo man immer noch gelegentlich *blah bèuk* fangen kann. Bevor sie ihre Netze auswerfen, feiern die thailändischen und laotischen Fischer jedes Jahr eine besondere Zeremonie, um sich Chao Mae Pla Beuk, die Göttin der Riesenwelse, gnädig zu stimmen. Bei der Zeremonie werden auf den Fischerbooten u. a. Hühner geopfert. Nach den Feierlichkeiten losen die Fischer aus, wer zuerst die Netze auswerfen darf. Danach wechseln sie sich beim Fischen ab.

In den letzten Jahren wurden in einer typischen Saison nur ein paar Welse gefangen (in manchen Jahren auch gar keine). Die Gilde der Welsjäger besteht nur aus Leuten, die in Ban Hat Khrai geboren sind. Die Fischer verkaufen das Fleisch vor Ort für 500 B pro Kilogramm oder mehr; in Bangkok kann ein einzelner Fisch bis zu 100 000 B kosten. Das meiste Welsfleisch landet in Bangkok, weil die Restaurants in Huay Xai und Chiang Khong bei solchen Preisen nicht mithalten können.

Obwohl der *blah bèuk* auf der Roten Liste der bedrohten Arten (CITES) steht, wird darüber gestritten, wie bedroht er eigentlich ist. Angesichts der Gefahr, dass der Riesenwels ausstirbt, hat die Fischereibehörde Thailands schon 1983 ein Programm gestartet, bei dem die Welse in Gefangenschaft gezüchtet werden. Wenn ein Weibchen gefangen wurde, hielt man es am Leben, bis ein männliches Tier ins Netz ging. Dann wurden die Eier durch Massieren der Eierstöcke entfernt und in einen Behälter gegeben. Vom Männchen wurde Samen entnommen, mit dem man die Eier in dem Behälter befruchtete. Das Programm war nicht sehr erfolgreich, bis 2001 rund 70 000 Jungfische überlebten. Die Fische wurden an Fischereizentren im Land verteilt, von denen einige bescheidene Erfolge bei der Aufzucht der Welse erzielten, vor allem in Fischteichen in der zentralthailändischen Provinz Suphanburi. Deswegen findet man *blah bèuk* heute wieder landesweit auf den Speisekarten.

Im Augenblick stellen elf Staudämme, die am Mekong gebaut werden sollen und den Zug der Fische verhindern würden, für das Überleben des Mekong-Riesenwelses in Freiheit die größten Gefahren dar. Überdies ist geplant, die Stromschnellen im chinesischen Teil des Mekong zu beseitigen, wodurch wertvolle Laichgründe für die Fische verloren gingen.

staurant liege an den „besten Laichgründen des Riesenwelses", doch nicht nur die Lage ist toll, auch das Essen schmeckt. Süßwasserfische aus dem Mekong spielen die Hauptrolle. Sie werden auf verschiedene Art zubereitet, die die ausführliche englischsprachige Karte erläutert.

Bamboo Mexican House INTERNATIONAL **$**
(Th Sai Klang; Hauptgerichte 30–180 B; ☻7–20 Uhr) Die ehemalige Verwalterin eines nicht mehr existierenden Gasthauses ist jetzt die Köchin in diesem winzigen Restaurant

mit Bäckerei. Mexikanisch kochen lernte sie von ihren US-amerikanischen und mexikanischen Gästen. Wie mexikanisch die Küche wirklich ist, können wir nicht beurteilen, weil wir bei den köstlichen selbst gebackenen Broten und Kuchen hängen geblieben sind. Das Lokal macht früh auf und kann auch Lunchpakete für die Bootsfahrt nach Luang Prabang liefern.

Rim Nam THAI **$$**
(Hauptgerichte 30–120 B; ☻11–21 Uhr) Das schlichte Restaurant mit Blick auf den Me-

kong und Plätzen drinnen und draußen gehört zum Rimnaum Guest House. Die zweisprachige Karte ist viel kürzer als die thailändische; *yam* (würzige Salate) sind die Spezialität des Hauses, die Küche ist aber bei Weitem nicht darauf beschränkt.

Lomtawan
THAI **$$**

(354 Th Sai Klang; Hauptgerichte 60–180 B; ⊘mittags & abends) Wer auch mal auf den Blick auf den Fluss verzichten kann, für den ist das gemütliche, von Kerzen beleuchtete Wohnzimmer eine prima Alternative. Die englischsprachige Karte ist umfangreich; auf ihr stehen so wagemutige Gerichte wie grünes Curry mit Lachs. Später am Abend wird die Musik aus der Konserve von Livemusik abgelöst und das Restaurant verwandelt sich in eine heimelige Bar.

ⓘ Praktische Informationen

Ein paar Banken haben Filialen mit Geldautomaten und Devisenschaltern in der Stadt.

Easy Trip (🖉0 5365 5174, 0 86997 7246; www. discoverylaos.com; Th Sai Klang; ⊘9–19 Uhr) Der professionelle Reiseveranstalter organisiert Boots- und Bustouren nach Laos sowie Minibusse nach Chiang Mai (250 B) und Pai (450 B). Auch Flüge innerhalb Thailands und nach Laos können hier gebucht werden. Viele Herbergen in Chiang Khong bieten ähnliche Dienstleistungen an.

Internet (Th Sai Klang; 30 B/Std.; ⊘10–22 Uhr) An der Hauptstraße schräg gegenüber vom Bamboo Mexican House.

ⓘ An- & Weiterreise

Chiang Khong hat keinen eigentlichen Busbahnhof: Die Busse laden ihre Passagiere an verschiedenen Punkten in der Nähe des Markts südlich vom Ortszentrum aus und ein. Man sollte mindestens 30 Minuten vor Abfahrt an der Haltestelle sein oder sein Ticket vorab am Schalter oder bei Easy Trip kaufen. In der Gegend fahren auch *sŏrng·tăa·ou* nach Chiang Saen ab (100 B, 7.30–12 Uhr, häufig).

Bangkok (493–888 B, 14 Std., 15.05–16.10 Uhr, häufig)

Chiang Mai (211–272 B, 2½ Std., 4.30–15.45 Uhr, alle 30 Min.)

Chiang Rai (65 B, 2½ Std., 4.30–15.45 Uhr, alle 30 Min.)

GRENZÜBERGANG: VON CHIANG KHONG NACH HUAY XAI

Langschwanzboote nach Huay Xai in Laos (30 B) legen zwischen 8 und 18 Uhr häufig vom Tha Reua Bak ab, einem Pier am nördlichen Ende von Chiang Khong. Ein paar Mal täglich (außer sonntags) setzt auch eine Autofähre (Motorrad/Auto 500/1000 B; Fahrt um 17 Uhr 1500 B) von der thailändischen Einreisestelle zur Anlegestelle der langsamen Boote in Huay Xai über.

Ausländer können bei der Ankunft in Huay Xai ein 30 Tage gültiges laotisches Visum kaufen (30–42 US$, je nach Staatsangehörigkeit). Nach 16 Uhr und an Wochenenden wird ein Aufpreis von 1 US$ erhoben. Wer kein Passbild dabeihat, muss eine Gebühr von 40 B zusätzlich zahlen. Bei der Rückkehr erteilt die thailändische Einreisebehörde ein neues, 15 Tage gültiges Visum (s. S. 839).

Auf der laotischen Seite kann man die Reise auf der Straße nach Luang Nam Tha und Udomxai oder per Boot den Mekong hinunter nach Luang Prabang fortsetzen. Dreimal wöchentlich fliegt außerdem **Lao Airlines** (🖉+856 211 026, +856 211 494; www. laoairlines.com) von Huay Xai in die laotische Hauptstadt Vientiane (94 US$).

Wenn man die Zeit hat, sollte man gemütlich mit dem täglich fahrenden langsamen Boot (900 B, 10 Uhr) nach Luang Prabang schippern. Die Reise dauert zwei Tage, übernachtet wird in dem Dorf Pak Beng. Die lärmenden Schnellboote (1450 B, 6–7 Std.), die von Huay Xai nach Luang Prabang pflügen, sollte man meiden, da diese schon in üble Unfällen verwickelt waren. Die Schiffstickets über ein Reisebüro wie Easy Trip (S. 365) zu buchen, kostet etwas mehr. Dafür aber reservieren die Büros einem das Ticket und organisieren den Transport vom Gasthaus und über den Mekong. Ein Lunchpaket für die Bootsfahrt ist ebenfalls im Preis enthalten.

Wenn man bereits ein Visum für China besitzt, ist es inzwischen auch möglich, von Chiang Khong aus mehr oder weniger direkt nach China zu reisen. Nachdem man bei der Ankunft in Huay Xai ein 30 Tage gültiges laotisches Visum erhalten hat, nimmt man einfach einen der Busse, die direkt nach Mengla (110 000 ₭, 8 Std., tgl. 8.30 Uhr) im autonomen Bezirk Xishuangbanna oder über die laotische Grenzstadt Boten nach Jinghong (150 000 ₭, 10 Std., Di, Do & Sa 7.30 Uhr) fahren.

Phayao (111–142 B, 3 Std., 4.30–15.45 Uhr, alle 30 Min.)

 Unterwegs vor Ort

Ein *sähm·lór* vom Busbahnhof nach Tha Reua Bak, wo sich der Grenzübergang nach Laos befindet, kostet 30 B.

PROVINZ PHAYAO

Phayao พะเยา

20 000 EW.

Nur wenige Menschen kennen diese ruhige, aber hübsche Kleinstadt im Norden, auch vielen Thais sagt sie nichts. Die übereifrigen Texter einer Werbebroschüre wollten dem wohl etwas entgegensetzen und nannten Phayao „das Wien Südostasiens". Das ist zwar ein bisschen übertrieben, aber Phayao ist zweifellos eine der hübscheren Ortschaften in Nordthailand. Durch ihre Lage am Kwan Phayao, einem ausgedehnten Feuchtgebiet, wirkt die Stadt naturnah, was man von den meisten anderen thailändischen Städten nun wirklich nicht behaupten kann. Die baumgesäumten Straßen, Tempel und alten Holzhäuser der „Innenstadt" von Phayao wecken Erinnerungen an das alte Thailand.

Die wenig besuchte Kleinstadt ist der perfekte Ort, um auf dem Weg nach oder von Chiang Rai einen Zwischenstopp einzulegen oder um hier die vorgeschlagene Autotour ab Chiang Khong ausklingen zu lassen.

◉ Sehenswertes & Aktivitäten

Kwan Phayao FEUCHTGEBIET

(กว๊านพะเยา) Dieses große Gewässer ist der größte Sumpf in Nordthailand und ein Symbol für Phayao. Der Sumpf ist zwar natürlichen Ursprungs, aber der Wasserspiegel wird künstlich reguliert, weil das Feuchtgebiet sonst außerhalb der Regenzeit austrocknen würde. Der inmitten von Bergen gelegene Sumpf ist weit malerischer, als man erwarten würde – hier kann man herrliche Sonnenuntergänge erleben. Abends sieht man Rudermannschaften auf der Wasserfläche trainieren und von der Anlegestelle am südlichen Ende der Th Chai Kwan werden **Bootsfahrten** (20 B) zu den Überresten des **Wat Tiloke Aram** unternommen, eines 500 Jahre alten, in den Fluten versunkenen Tempels. Es gibt ehr-geizige Pläne, den Tempel wieder aufzubauen, der nur eines von vielen Heiligtümern ist, die im Kwan Phayao in den Fluten verschwanden. Neben verlorenen buddhistischen Artefakten gibt es in den Gewässern mindestens 50 endemische Fischarten. In einem kleinen **Fischzuchtgebiet** kann man für 5 B die Fische füttern.

Wat Sri Khom Kham TEMPEL

(วัดศรีโคมคำ) Phayaos wichtigster Tempel soll aus dem Jahr 1491 stammen, doch das heute sichtbare Gebäude wurde erst 1923 vollendet. Die riesige Gebetshalle beherbergt den Phra Jao Ton Luang, die mit 18 m Höhe größte Buddhastatue des Landes aus der Chiang-Saen-Ära. Einer Legende zufolge soll die Errichtung dieser Statue mehr als 30 Jahre in Anspruch genommen haben. Das Bildnis ist zwar nicht das schönste oder am besten proportionierte Buddhabild in Thailand, aber doch eindrucksvoll. Die Ordinationshalle liegt erhöht über dem Kwan Phayao und ist mit anmutigen modernen Wandmalereien geschmückt. Ebenfalls auf dem Gelände des Wat befindet sich ein buddhistischer Skulpturenpark, in dem schreckliche überlebensgroße Darstellungen der buddhistischen Hölle zu sehen sind.

Gleich neben dem Tempel befindet sich die **Phayao Cultural Exhibition Hall** (Th Phahonyothin; Eintritt 40 B; ⊗8.30–16.30 Uhr), die mit Artefakten und jeder Menge Infos zur örtlichen Geschichte und Kultur (auch auf Englisch) vollgestopft ist. Zu den Highlights gehören eine einzigartige „schwarze" Buddhastatue und zwei sich umschlingende versteinerte Krabben, die als „Wonder Lover" bezeichnet werden. Der Tempel und das Museum sind ungefähr 2 km vom nördlichen Ende der Th Chaykawan entfernt.

Wat Li TEMPEL

(วัดลี) Gleich hinter der Rte 1 gegenüber dem Abzweig nach Phayao findet sich der Wat Li mit einem kleinen **Museum** (Eintritt gegen Spende; ⊗9–15 Uhr). Hier sind einige Stücke zu sehen, die noch aus der Zeit vor der Chiang-Saen-Ära stammen.

Wat Phra That Jom Thong TEMPEL

(วัดพระธาตุจอมทอง) Der hübsche *chedi* steht 3 km vom Stadtzentrum entfernt auf einer bewaldeten Hügelspitze.

🛏 Schlafen

Huean Phak Jum Jai PENSION **$**

(☏0 548 2659; 37/5-6 Th Phrasart; Zi. 600 B; ❋🛜) Von den paar hotelartigen Unterkünf-

DER LANGE WEG NACH PHAYAO

Wenn man in Chiang Khong mit einem eigenen Fahrzeug unterwegs ist, bietet sich Gelegenheit zu einem ausgezeichneten Abstecher. Rte 1155 und Rte 1093 gehören zu den spektakulärsten Landstraßen Thailands. Der Weg führt an steilen Gebirgshängen direkt an der thailändisch-laotischen Grenze entlang; unterwegs kommt man an Wasserfällen und Nationalparks vorbei und bekommt eine tolle Aussicht geboten. Wenn man ein Ziel ansteuern möchte, kann man bis nach Phayao fahren. In der wenig besuchten Provinz und dem gleichnamigen Ort gibt's ordentliche Unterkünfte und gutes Essen.

Von Chiang Khong führt der Trip auf der Rte 1020 geradewegs nach Süden und folgt der Ausschilderung zum **Phu Chi Fa**, einem Nationalpark nahe der laotischen Grenze. Für thailändische Verhältnisse ist die Ausschilderung überraschend klar; eine gute Hilfe ist die Karte *Golden Triangle* von Golden Triangle Rider.

In dem hoch in den Bergen gelegenen Dorf Doi Pha Tang kann man einen kurzen Abstecher zum **Pratu Siam** in 1653 m Höhe machen, einem der eindrucksvollsten Aussichtspunkte in Thailand. Man findet hier einfache Unterkünfte und Verpflegung vor.

Die Rte 1093 verengt sich und wird deutlich einsamer, je mehr man sich Phu Chi Fa nähert, einer Bergspitze, von der aus man einen weiten Blick hinüber nach Laos hat. Es gibt mehrere Routen zum Gipfel, die beliebteste führt über Ban Rom Fah Thai. Es gibt mehrere Unterkünfte und einige einfache Restaurants zu beiden Seiten des Phu Chi Fa.

Nachdem man am Phu Chi Fa vorbei ist, bleibt man auf der Rte 1093 und folgt der Ausschilderung nach **Ban Huak**. Das malerische Dorf in der Provinz Phayao liegt 2 km von der Grenze zu Laos entfernt. Hier gibt es am 10. und 30. jeden Monats einen Grenzmarkt und außerdem Privatunterkünfte. In der Nähe befindet sich der einmalige **Nam Tok Phu Sang,** ein Wasserfall mit heißem Thermalwasser.

Von Ban Huak folgt man der Ausschilderung nach Chiang Kham, nimmt dann die Rte 1021 nach Chun, von wo aus es direkt (über Dok Kham Tai) nach Phayao geht, das selber ein lohnendes Ziel ist.

Wenn man die ganze Strecke auf einmal fahren will, braucht man mindestens sechs Stunden einschließlich Zwischenstopps zum Fotografieren, für einen Kaffee und eine Mahlzeit.

---

ten nahe dem Kwan Phayao, die sich als Homestays bezeichnen, ist diese eine der nettesten. Die Zimmer sind geräumig, sauber und mit hübschem Holz ausgekleidet. Auf dem Schild steht: „Home Stay & Guest House". Es liegt gleich hinter der Th Chaykawan, in kurzer Gehentfernung vom Ufer.

Gateway Hotel HOTEL $$$
(☎0 5441 1333; 7/36 Soi 2, Th Pratu Khlong; Zi. mit Frühstück 1000–1200 B, Suite mit Frühstück 2500 B; ❄@🛜🏊) Auch wenn das Hotel das teuerste in der Stadt ist, wirken die Zimmer etwas verwohnt. In den oberen Stockwerken trösten die „Seeblick"-Zimmer mit einem großartigen Ausblick auf den Kwan Phayao darüber hinweg. Das Hotel liegt gleich neben dem Busbahnhof.

Tharn Thong Hotel HOTEL $
(☎0 5443 1302; 56-59 Th Donsanam; DZ 170–300 B; ❄🛜) Im Hauptgebäude gibt's kahle Zimmer mit Ventilator, in dem Komplex

dahinter komfortablere Zimmer mit Klimaanlage. Das Hotel befindet sich in der Nähe der städtischen Polizeiwache.

Wattana Hotel HOTEL $
(☎0 5443 1203; 69 Th Donsanam; Zi. mit Ventilator/Klimaanlage 150/280 B; ❄) Das neben dem Tharn Thong stehende Wattana hat fast das gleiche Angebot, nur dass die Zimmer nicht ganz so sauber sind wie im Nachbarhotel.

🍴 Essen & Ausgehen

Für eine so kleine Stadt hat Phayao ein erstaunliches Restaurant- und Verpflegungsangebot – viele Lokale sind zudem richtig gut. Tagsüber verkaufen Dutzende von Ständen am nördlichen Ende der Th Chaykawan ein recht ähnliches Angebot von gebratenem Fisch und grünem Papaya-Salat. Der Kaat Boran, ein Abendmarkt, auf dem hauptsächlich Essen verkauft wird, findet täglich von 18 bis 22 Uhr rund um das König-Ngam-Muang-Denkmal statt. Ebenfalls jeden Abend schlägt auch an der Nordseite der Th Rob Wiang ein weiterer großer **Abendmarkt** (Th Rob Wiang) die Stände auf.

Dutzende von Restaurants säumen das Ufer des Kwan Phayao von der Th Thakawan bis hinunter zum öffentlichen Park.

Chue Chan THAI $$
(Th Chaykawan; Gerichte 80–240 B; ⊘mittags & abends; ❄) Experten für thailändische Küche rühmen vor allem dieses Restaurant. Auf der langen Speisekarte (mit Abbildungen und englischer Beschriftung) stehen auch Gerichte, die man anderswo nicht findet, beispielsweise gefüllte Schweinehaxe oder süßsaurer Fisch mit Eiern. Dieses Restaurant ist im höchsten Gebäude in der geschäftigen Restaurantmeile der Th Chaykawan untergebracht.

Khao Soi Saeng Phian NORDTHAILÄNDISCH $
(Keine Ausschilderung in lateinischen Buchstaben; Th Thakawan; Gerichte 25–40 B; ⊘9–15 Uhr) In diesem von einer Familie geführten Restaurant einen Block abseits vom Ufer bekommt man eines der besseren *kôw soy* in dieser Ecke Nordthailands. *Kà·nŏm jeen nám ngée·o* und diverse andere Nudelgerichte gibt's auch. Fans nordthailändischer Nudelgerichte dürfen sich freuen: Mindestens vier weitere Läden im Umkreis eines Blocks rund um die Kreuzung Th Thakawan/Th Rajchawong bieten ähnliche Speisen an.

ℹ **Praktische Informationen**

An der Th Donsanam unweit des Morgenmarkts der Stadt gibt's mehrere Banken, von denen viele auch Geldautomaten und einen Wechselschalter haben.

Internet@Cafe (Th Pratu Khlong; 20 B/Std.; ⊘10–22 Uhr) Weitere Internetcafés befinden sich in der Th Donsanam.

Post (Th Donsanam; ⊘Mo–Fr 8.30–16.30, Sa & So 9–12 Uhr)

ℹ **An- & Weiterreise**

Phayaos Busbahnhof befindet sich am nördlichen Ende der Th Chaykawan. Seine gute Auslastung verdankt er der Lage der Stadt an der wichtigsten Nord-Süd-Autobahn. Deswegen kann man nach Bangkok einen der rund 40 Busse nehmen, die von Orten weiter im Norden in Richtung Hauptstadt hier durchkommen.

Zwischen 7 und 19 Uhr fahren mehr oder weniger stündlich Kleinbusse nach Chiang Rai (62 B, 1 Std.) und Phrae (98 B, 2 Std.).

Von Phayao fahren Busse u. a. nach:

Bangkok (400–801 B, 11 Std., 8.45–9.30 & 19.45–20 Uhr, häufig)

Chiang Mai (115–230 B, 3 Std., 7.30–17.30 Uhr, stündl.)

Chiang Rai (62– 99 B, 2 Std., 7–17 Uhr, alle 40 Min.)

Nan (123 B, 4 Std., 13.30 Uhr)

PROVINZ PHRAE

Phrae ist eine ländliche, gebirgige Provinz, bei der man vor allem an Teakholz denkt. Trotz des landesweiten Verbots der Abholzung ist von den Teakwäldern nicht mehr viel übrig – und dieser Rest ist gefährdet.

Phrae แพร่
18 000 EW.

Bei einem Spaziergang in der Altstadt von Phrae verblüfft die Ähnlichkeit mit der historischen Stadt Luang Prabang in Laos: Viel Grün, traditionelle Holzgebäude und malerische Tempel prägen das Bild, und man sieht viele buddhistische Mönche auf den Straßen. Die Einwohner der Stadt zählen zu den freundlichsten Menschen in ganz Thailand. Nicht zuletzt wegen seiner Lage am Ufer des Mae Nam Yom und seines alten Befestigungswalls wird Phrae gern mit Chiang Mai verglichen. Trotzdem kommen nach Phrae nur wenige Besucher – gerade deshalb ist es für alle ein super Ziel, die nicht mehr brauchen als ein paar kleinere Sehenswürdigkeiten, gutes landestypisches Essen und nette Gesellschaft.

◉ **Sehenswertes**

Wat Luang TEMPEL
(วัดหลวง) Der älteste Wat in Phrae stammt wahrscheinlich aus der Gründungszeit der Stadt im 12. oder 13. Jh. **Phra That Luang Chang Kham**, der große achteckige *chedi* im Lanna-Stil, ruht auf einem quadratischen Fundament und wird auf allen vier Seiten von Elefantenstatuen getragen. So wie es auch andernorts in Phrae und Nan zu sehen ist, wird der *chedi* zuweilen mit Tai-Lü-Stoffen umhüllt.

Die Veranda des Haupt-*wí·haan* ist im klassischen Luang-Prabang/Lan-Xang-Stil erbaut, wurde aber leider mit Laterit, rotem Verwitterungsboden, ummauert. Gegenüber der Vorderseite des *wí·haan* befindet sich das **Pratu Khong**, ein Teil des ursprünglichen Stadttors. Es wird jedoch nicht mehr als Tor genutzt, sondern beherbergt die Statue des Chao Pu, eines frühen Lanna-Herrschers.

Auf dem Tempelgelände befindet sich ein Museum, das Tempelantiquitäten, Keramiken und religiöse Kunst aus den Perioden der Lanna, Nan, Bago und Mon zeigt. Besonders erhaben ist der sitzende Buddha im zweiten Stock, der im 16. Jh. in Phrae angefertigt worden ist. Es sind auch einige Fotos aus dem 19. Jh. ausgestellt; was sie zeigen, wird auf Schildern in englischer Sprache kurz erläutert. Abgebildet sind beispielsweise Szenen von grausamen Enthauptungen. Normalerweise ist das Museum nur an Wochenenden geöffnet, doch die Mönche

DER TANZENDE TIGER

Die Kaeng Sua Ten (Stromschnellen des tanzenden Tigers) sind eine Reihe von Felsvorsprüngen im Lauf des Mae Nam Yom im Bezirk Song der Provinz Phrae. Sie liegen im Mae Yom National Park und sind wild und schön, aber auch Gegenstand eines seit Längerem bestehenden Umweltkonflikts in Thailand.

Seit den frühen 1980er-Jahren hat die thailändische Regierung wiederholt angekündigt, bei Kaeng Sua Ten einen Damm am Mae Nam Yom zu errichten. Die Bewohner des Dorfs Tambon Sa-lab, der nächstgelegenen Siedlung am Kaeng Sua Ten, haben sich diesen Plänen lautstark und gelegentlich auch gewalttätig in den Weg gestellt. Sie argumentieren, der Staudamm zerstöre ihre traditionelle Lebensweise unwiderbringlich. Ungefähr 2700 Familien verlören ihre Wohnstätten und 3200 ha Land würden überflutet, darunter Gebiete mit den letzten in Thailand verbliebenen natürlichen Vorkommen von Gold-Teakbäumen.

Viele Menschen anderswo in Phrae und ganz Nordthailand erhoffen sich hingegen von einem Staudamm, dass die häufigen Überflutungen durch den Mae Yom in der Regenzeit eingedämmt werden könnten und während der häufigen Dürren Wasser zur Verfügung gestellt werden könnte. Die Politiker in Bangkok behaupten, der Staudamm liefere dem Land zusätzliche Energie und den Bauern der Provinzen südlich von Phrae Wasser. Seit mehreren Jahrzehnten steht der Bau von Staudämmen zudem auf der Agenda des Königs, der damit die Entwicklung der ländlichen Gebiete voranbringen will. Noch 1995 hat sich der König öffentlich für die Errichtung dieses Staudamms ausgesprochen.

Vonseiten der Regierung wurden abwechselnd der Strombedarf und die Bewässerung als Begründung des Projekts angeführt, je nachdem, welches Argument gerade öffentlichkeitswirksamer war. Einmal hat die Weltbank die Finanzierung des Projekts schon mit der Erklärung abgelehnt, die Bewertung der Umweltschäden seitens der Regierung sei unzureichend. Viele Staudammgegner verweisen auch darauf, dass der Standort genau auf einer geologischen Verwerfungslinie liege.

Im Jahr 2008 brachte Ministerpräsident Samak Sundaravej den Plan wieder auf die politische Tagesordnung. Angesprochen auf die Befürchtungen hinsichtlich der Umweltauswirkungen des Staudamms, erklärte Samak, es gebe dort keine Teakbäume, sondern nur „drei blöde Pfauen". Der Politiker gab diese Bemerkungen ausgerechnet am Weltumwelttag von sich und behauptete auch gleich noch, der Staudamm reduziere die Auswirkungen der globalen Erwärmung. Die Dörfler in Sa-lab reagierten empört. Sie verbrannten ein Bild des Premiers und „weihten" mehrere Gold-Teakbäume in der Nähe von Kaeng Sua Ten, indem sie sie in orangefarbene Mönchsgewänder wickelten – eine Form des Umweltprotetsts, der die Bäume „heiligen" und ihre Abholzung zu einem religiösen Frevel machen soll.

2010 war wieder einmal davon die Rede, die Pläne aufzugreifen, derzeit aber liegen sie auf Eis, was freilich der politischen Instabilität und nicht einer politischen Neuorientierung geschuldet ist. Die Pläne, einen Damm bei den Kaeng Sua Ten zu bauen, haben auf jeden Fall bei vielen Zweifel an den Entwicklungskonzepten für Thailand geweckt. Das Staudammprojekt jedenfalls ist ein Beispiel für den Gegensatz zwischen den armen Thais der ländlichen Gebiete, die bei der Entwicklung ihrer Gebiete kaum ein Wort mitzureden haben, und der oft autoritär auftretenden thailändischen Zentralregierung in Bangkok. Das letzte Wort dürfte noch nicht gesprochen sein.

machen auf Wunsch unter der Woche auch mal eine Ausnahme.

Vongburi House — MUSEUM

(บ้านวงศ์บุรี; 50 Th Kham Leu; Eintritt 30 B; ⊕9–17 Uhr) Das zweistöckige Teakholzhaus des letzten Fürsten von Phrae beherbergt heute ein privates Museum. Das Gebäude wurde zwischen 1897 und 1907 für Luang Phong-phibun und seine Frau Chao Sunantha er-richtet, die damals eine profitable Teakholz-konzession in der Stadt besaßen. Die kunst-vollen Schnitzereien an Giebeln, Traufen, Balkonen und Tür- und Fensterstürzen sind noch gut erhalten. In vielen der 20 Zimmer des Hauses sind Teakholzantiquitäten aus dem späten 19. Jh. ausgestellt, ferner auch Dokumente (darunter Sklavereikonzessio-nen aus dem frühen 20. Jh.), Fotos und an-dere Artefakte aus der vergangenen Ära der Teakholzdynastie. Die meisten Exponate sind auch auf Englisch beschriftet.

Wat Phra Non — TEMPEL

(วัดพระนอน) Westlich des Wat Luang steht ein weiterer, 300 Jahre alter Wat. Seinen Namen hat er von der hoch verehrten liegen-den Buddhastatue *(prá norn)* im Inneren. Der *bòht* (zentraler Andachtsraum) wurde vor rund 200 Jahren gebaut. Der Wat zeich-net sich durch ein eindrucksvolles Dach, einen separaten, zweigeteilten Portikus und eine vergoldete, mit Ramayana-Szenen ge-schmückte Schnitzfassade aus. Der *wí·hǎhn* hinter dem *bòht* beherbergt das Buddhabild-nis, das mit Perlen und Metallplättchen verzierte Tai-Lü-Stoffe eingehüllt ist.

Wat Jom Sawan — TEMPEL

(วัดจอมสวรรค์) Der Tempel außerhalb der Alt-stadt an der Th Ban Mai wurde von ortsan-sässigen Shan Ende des 19. und Anfang des 20. Jhs. errichtet und vereint birmanische und Shan-Einflüsse. Ein angrenzender, kupferbekrönter *chedi* hat große Teile sei-nes Stucks eingebüßt, sodass das kunstvol-le Ziegelmauerwerk frei liegt. Seit der kürz-lichen Renovierung ist der Wat Jom Sawan mehr ein Museum als ein für religiöse Zwe-cke genutzter Tempel.

Wat Phra Baht Ming Meuang — TEMPEL

(วัดพระบาทหมิ่งเมือง) Gegenüber der Post in der Altstadt liegt der Wat Phra Baht Ming Meuang, der zwei früher getrennte Tempel-gelände vereint (in einem befindet sich ein gelegentlich geöffnetes **Museum**). Er be-herbergt eine buddhistische Schule, einen alten *chedi*, einen ungewöhnlichen, acht-eckigen Trommelturm aus Teakholz sowie

Baan Pratubjai — MUSEUM

(บ้านประทับใจ; Eintritt 40 B; ⊕8–17 Uhr) Am Stadtrand steht das Baan Pratubjai (Ein-drucksvolles Haus), ein großes Teak-holzhaus im nordthailändischen Stil, für dessen Bau mehr als 130 über 300 Jahre alte Teakstämme verwendet wurden. Das Holz wurde aus neun alten Landhäusern entnommen. Nach einer Bauzeit von vier Jahren wurde das Haus 1985 seiner Be-stimmung übergeben. Die Innenpfeiler sind aufwendig mit Schnitzereien geschmückt. Im Gebäude verkaufen Händler Souvenirs und die Dekoration ist ziemlich kitschig – so „eindrucksvoll", wie der Name verheißt, ist die Sache also nicht.

Das Baan Pratubjai ist etwas schwie-rig zu finden: Am besten geht man durch das Westtor der früheren Stadtmauer und folgt der Ausschilderung; nach der Schule rechts abbiegen. Die Fahrt hierher mit dem *sǎhm·lór* kostet rund 60 B.

🏃 Aktivitäten
Wandern & Raften

Phrae hat ein großes Outdoor-Angebot, vor allem rund um den Mae Yom National Park und die Kaeng Sua Ten.

Phrae Adventure — WANDERN

(✆08 1033 9317; wa_divers@hotmail.com; 1000 B pro Tag & Pers.; min. 2 Pers.; ⊕8–20 Uhr) Wa und sein Team veranstalten ein- bis sie-bentägige Trekkingtouren durch den Mae Yom National Park in Phrae sowie Rafting-Touren in Nan.

🛌 Schlafen

Phoomthai Garden — HOTEL $$

(✆0 5462 7359; www.phoomthaitravel.com; 31 Th Sasiboot; Zi. mit Frühstück 900–1500 B, Bungalows mit Frühstück 1500 B; ❄@🞉) Obwohl ein gu-tes Stück von der Altstadt entfernt, ist dieses Boutiquehotel insgesamt die beste Option vor Ort. Die Zimmer sind modern und kom-fortabel und haben einen Balkon mit Aus-blick auf den hübschen Hotelgarten. Es gibt sogar ein paar Holzbungalows mit großen Badezimmern und einladenden Badewan-nen. Das Hotel liegt ungefähr 300 m südlich der alten Stadtmauern an der Th Sasiboot.

Bua Khao — HOTEL $

(✆0 5451 1372; 8 Soi 1, Th Charoen Meuang; Zi. 350–600 B; ❄🞉) Versteckt gleich hinter der Hauptstraße bietet dieses Monstrum aus

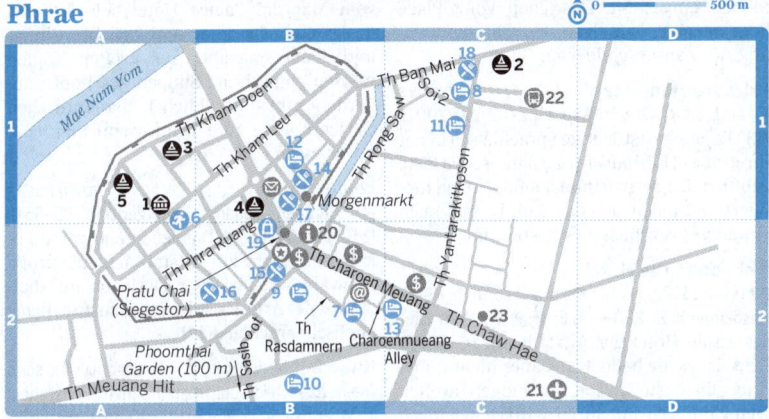

Phrae

Teakholz überwiegend kleine Zimmer, aber auch viel Ambiente. Der Service ist prima und es gibt einen einladenden Gemeinschaftsbereich mit noch mehr Holzverzierungen im Erdgeschoss.

Paradorn Hotel
HOTEL $$
(☏0 5451 1177; www.phraeparadorn.ob.tc; 177 Th Yantarakitkoson; Zi. mit Frühstück 360–650 B, Suite mit Frühstück 800 B; ✳@🛜) Die wahrscheinlich beste Budgetunterkunft der Stadt erkennt man sofort an ihrer Fassade im birmanischen Stil. Die Zimmer mit Ventilator haben eigene Balkone. Ein einfaches Frühstück ist im Preis inbegriffen. Das Hotelgelände liegt zu beiden Seiten der Th Yantarakitkoson. Es gibt hier auch ein Museum zur Free-Thai-Bewegung.

Maeyom Palace Hotel
HOTEL $$$
(☏0 5452 1028-34; wccphrae@hotmail.com; 181/6 Th Yantarakitkoson; Zi. mit Frühstück 1600–2000 B, Suite mit Frühstück 3500–4000 B; ✳@🛜≋) Phraes Spitzenklasseoption gegenüber dem Busbahnhof bietet alle modernen Annehmlichkeiten: Zimmer mit Teppichen, Kabelfernsehen, Sofa und Minibar und dazu den einzigen Hotelpool der Stadt. In der Nebensaison sind Rabatte von bis zu 30 % üblich.

Thep Vong Place
HOTEL $
(☏0 5452 1985; www.thepvongplace.com; 346/2 Th Charoen Meuang; Zi. 350–500 B; ✳@🛜) Die großen Zimmer sind mit entsprechend großen Fernsehern und Kühlschränken ausgestattet; in die teureren sind noch mehr

Möbel reingestellt. Das Thep Vong Place liegt an einer winzigen, als Charoenmeuang Alley ausgeschilderten Gasse.

Priwan's Homestay
PENSION $
(☏08 1764 8447; 1 Th Weera; EZ/DZ 150/200 B; @) Die geschäftstüchtige Sprachlehrerin hat ihr großes Holzhaus für ausländische Gäste geöffnet. Die sechs Zimmer sind einfach möbliert und teilen sich das Bad. Es gibt auch ein großes vegetarisches Restaurant.

Nakhon Phrae Hotel
HOTEL $
(☏0 5451 1122; nkphrae@phrae.ksc.co.th; 69 Th Rasdamnern; Zi. 290–400 B; ✳@🛜) Weil dieses große Hotel der Altstadt am nächsten liegt, ist es die beliebteste, aber nicht unbedingt die beste Option für Budgettraveller. Den Zimmern mit ihren winzigen Bädern sieht man deutlich ihr Alter an, aber immerhin sind sie recht sauber und bequem.

Nakhon Phrae Tower
HOTEL $$
(☏0 5452 1321; nakornphrae@yahoo.com; 3 Th Meuang Hit; Zi. mit Frühstück 550–650 B, Suite mit Frühstück 1800–2500 B; ✳@🛜) Das große Businesshotel, ein Ableger des Nakhon Phrae, liegt etwas weiter von der Altstadt weg.

✕ Essen & Ausgehen

Ein kleiner, aber unterhaltsamer Nachtmarkt wird jeden Abend vor der Kreuzung am Pratu Chai (Siegestor) abgehalten. Der Verkäufer vor dem chinesischen Schrein hat leckere *sôm·dam* und winzige, aber köstliche Portionen *kà·nŏm jeen nám ngée·o* im Sortiment. Außerdem kann man sich mit *kôw sôm* stärken, einem nordthailändischen Gericht mit Reis und Tomaten.

An der Rte 1022 auf dem Weg zum Wat Phra That Cho Hae gibt's mehrere Restaurants, die lokale Gerichte auftischen.

Pan Jai
NORDTHAILÄNDISCH $
(Keine Ausschilderung in lateinischen Buchstaben; 2 Th Weera; Hauptgerichte 20–40 B; ⊙7–16 Uhr) Das Open-Air-Lokal hat alles, was zu einem guten Restaurant gehört: köstliche regionale Gerichte, eine attraktive Lage, guten Service und kleine Preise. Die Spezialität sind *kà·nŏm jeen*, frische Reisnudeln mit verschiedenen Currys und Kräutern, es gibt aber auch Nudelsuppen, Reisgerichte und mehr. Alle Speisen sind ausgestellt – man muss nur auf das deuten, was man möchte.

Sod Cheon
CHINESISCH-THAI $
(Th Yantarakitkoson; Hauptgerichte 30–90 B; ⊙11–4 Uhr) An der Kreuzung 50 m nördlich

vom Maeyom Palace Hotel befindet sich dieses einfache, aber sehr beliebte China- und Thairestaurant. Aus großen Töpfen werden chinesische Suppen geschöpft, außerdem gibt's die üblichen thailändischen Gerichte. Eine gute Wahl, wenn man spät etwas essen will.

Loving Hut
VEGETARISCH $
(Th Charoen Meuang; Hauptgerichte 25–55 B; ⊙10–20.30 Uhr; ☏) Das leuchtend gelbe Lokal am Eingang zur Altstadt hat eine große Auswahl vegetarischer Gerichte auf thailändische Art. Es gibt eine ausführliche, englischsprachige Karte.

Khao Soi Nok Noy
NORDTHAILÄNDISCH $
(Keine Ausschilderung in lateinischen Buchstaben; Th Weera; Gerichte 25–55 B; ⊙10–15 Uhr) In diesem Gartenrestaurant gibt einfach nur *kôw soy* – mit Hühnchen, Rind- oder Schweinefleisch.

🛍 Shoppen

Phrae ist bekannt für das unverwechselbare *sêua môr hôrm*, das mit Indigo gefärbte Bauernhemd, das man überall in Nordthailand sieht. Der Stoff wird in Ban Thung Hong hergestellt, unmittelbar vor den Toren der Stadt.

Maw Hawm Anian
KLEIDUNG
(Keine Ausschilderung in lateinischen Buchstaben; 36 Th Charoen Meuang; ⊙7–20.30 Uhr) Eine gute Adresse, um *môr hôrm* zu kaufen, ist dieser Laden ungefähr 60 m hinter dem südöstlichen Altstadttor (Pratu Chai).

ℹ Praktische Informationen

Government Savings Bank (Th Rong Saw; ⊙Mo–Fr 8.30–15.30 Uhr) Der Geldautomat befindet sich neben der Polizeiwache.

Krung Thai Bank (Th Charoen Meuang; ⊙Mo–Fr 8.30–15.30 Uhr) Mit Devisenschalter und Geldautomat.

Internetcafé (Soi 1, Th Charoen Meuang; 15 B/Std.; ⊙10–22 Uhr) Zugleich Online-Spiele-Laden. Er befindet sich in derselben Gasse wie das Hotel Bua Khao.

Nok Bin (24 Th Wichairacha; ⊙10–18 Uhr) Khun Kung, eine Journalistin aus dem Ort, und ihr Mann haben ein nettes Café eröffnet, das zugleich als Infozentrum für Besucher dient. Das Paar gibt eine Karte von Phrae für Touristen heraus, die regelmäßig aktualisiert wird, und organisiert auch Leihfahrräder und -motorräder.

Phrae Hospital (☏0 5452 2444) Gleich östlich der Th Chaw Hae, südöstlich der Stadt.

Post (Th Charoen Meuang; ☺Mo–Fr 8.30–16.30, Sa 9–12 Uhr)

ℹ An- & Weiterreise

Bus & Kleinbus

Anders als in den meisten thailändischen Städten liegt Phraes Busbahnhof bequem in Gehentfernung von einigen Unterkünften. Kleinbusse fahren häufig nach Lampang (85 B, 2 Std., 7–17 Uhr) und Nan (78 B, 2 Std., 6–18.15 Uhr).

Busse verbinden Phrae u. a. mit:

Bangkok (318–636 B, 8 Std., 9.15–12 & 18.30–22.30 Uhr, häufig)

Chiang Mai (137–274 B, 4 Std., 6–17 Uhr, stündl.)

Chiang Rai (114–320 B, 4 Std., 7–16 Uhr, häufig)

Lampang (76–157 B, 2 Std., 6–17 Uhr, stündl.)

Mae Sai (152–349 B, 5 Std., 7–16 Uhr, häufig)

Nan (58–162 B, 2 Std., 7–20.30 Uhr, stündl.)

Phayao (70–196 B, 2 Std., 7–16 Uhr, häufig)

Flugzeug

Solar Air (☎landesweite Rufnummer 02 535 2455; www.solarair.co.th; Phrae airport) fliegt montags und freitags nach Bangkok (Don Muang Airport) und sonntags und freitags von Bangkok nach Phrae (2790 B, 1½ Std.).

Zug

Der Bahnhof **Den Chai** (☎0 5461 3260) liegt 23 km außerhalb von Phrae. Zwischen 6 und 17.30 Uhr pendeln zahlreiche blaue *sŏrng·tăa·ou* zwischen Phraes Busbahnhof und dem Bahnhof (40 B).

Züge fahren u. a. nach Bangkok (155–1291 B, 9–11 Std., 8-mal tgl.) und Chiang Mai (72–549 B, 4–6 Std., 7-mal tgl.). Auskünfte zu anderen Zielen gibt's telefonisch bei der **State Railway of Thailand** (☎landesweite Rufnummer 1690; www.railway.co.th) sowie auf deren Website.

ℹ Unterwegs vor Ort

Ein *săhm·lór* für eine Fahrt in der Altstadt kostet 30 B. Motorradtaxis warten am Busbahnhof; eine Fahrt von dort zum Pratu Chai sollte rund 40 B kosten.

Rund um Phrae

WAT PHRA THAT CHO HAE   วัดพระธาตุช่อแฮ

Auf einem Hügel ungefähr 9 km südöstlich der Stadt steht abseits der Rte 1022 dieser **Wat** (Eintritt frei), der für seinen 33 m hohen, vergoldeten *chedi* berühmt ist. Cho Hae ist die Bezeichnung für den Stoff, den die Gläubigen um den *chedi* wickeln – eine Art

Satin, der wohl ursprünglich aus Xishuangbanna (Sipsongpanna, „12 000 Reisfelder") in China stammt. Wie der Wat Doi Suthep in Chiang Mai ist auch dieser Wat eine wichtige Pilgerstätte für die Thais im Norden. Geschichtete *naga*-Stufen führen zum Tempelkomplex hinauf.

Der *bòt* ist ziemlich geschmacklos mit einer vergoldeten Holzdecke, Rokokopfeilern und Lotusknospen-Wandmosaiken dekoriert. Dem Buddhabildnis **Phra Jao Than Jai**, das dem Phra Chinnarat in Phitsanulok ähnelt, bringen Frauen mit Kinderwunsch Opfergaben dar.

Das Bild, das sich einem auf dem Weg zum Wat bietet, ist malerisch. Eine Menge Restaurants, die örtliche Gerichte auftischen, gibt es auch.

Zwischen 6 und 16.30 Uhr fahren *sŏrng·tăa·ou* von Phrae nach Phra That Cho Hae (20 B); Abfahrt ist nahe dem Talat Phrae Preeda an der Th Chaw Hae. Außerhalb dieser Zeiten kann man ein *sŏrng·tăa·ou* für diese Fahrt chartern (400 B).

PHAE MEUANG PHI   แพะเมืองผี

Der Name **Phae Meuang Phi** (Eintritt frei), „Geisterland", bezieht sich auf die merkwürdige geologische Formation, die ungefähr 18 km nordöstlich von Phrae nahe der Rte 101 zu sehen ist. Die Erosion hat bizarre Säulen aus Erde und Fels geschaffen, die riesigen Pilzen gleichen. Das Gebiet ist zu einem Provinzpark erklärt worden; einige Wanderwege und Aussichtspunkte wurden erst vor Kurzem angelegt. Im Park gibt es Picknickpavillons und Verkäufer, die in der Nähe des Eingangs *gài yâhng* (gegrilltes, gewürztes Huhn), *sôm·đam* und Duftreis anbieten.

Mit öffentlichen Verkehrsmitteln zum Phae Meuang Phi zu kommen, ist etwas kompliziert: Für rund 600 B kann man ein *sŏrng·tăa·ou* chartern; alternativ kann Khun Kung vom Nok Bin (S. 372) weiterhelfen.

PROVINZ NAN

Ganz oben im nordöstlichen Winkel Thailands liegt die abgelegene Provinz Nan. Wegen ihrer herrlichen Natur ist sie einen Besuch wert. Interessant ist auch die ethnische Zusammensetzung der hiesigen Bevölkerung, die sich von der in den anderen Nordprovinzen deutlich unterscheidet.

Außerhalb des Tals des Mae Nam Nan bilden die Mien das zahlenmäßig größte Bergvolk, gefolgt von den Hmong. In ganz Nan verstreut leben noch vier weniger bekannte Volksgruppen, die man außerhalb dieser Provinz kaum findet: die Tai Lü, die Mrabri, die Htin und die Khamu.

Traveller können inzwischen über das Dorf Ban Huay Kon, 140 km nördlich von Nan, nach Laos einreisen (s. S. 348).

Nan
นาน

20 000 EW.

Wegen seiner abgeschiedenen Lage ist Nan kein Ziel, über das man zufällig stolpert. Die größtenteils langweilige Innenstadt ist auch nichts, worüber man begeistert Postkarten nach Hause schreibt. Aber wer sich die Zeit für einen Abstecher genommen hat, wird mit einer vielfältigen Stadtgeschichte und jeder Menge Kultur belohnt. Viele der Bewohner Nans sind Tai Lü, Nachfahren von Einwanderern aus Xishuangbanna im Süden Chinas. Dieses kulturelle Erbe zeigt sich in der Kunst und Architektur der Stadt, besonders in ihren schönen Tempeln. Die Reste der alten Stadtmauer und mehrere alte Wats künden hingegen vom früheren Einfluss Lannas.

Geschichte

Jahrhundertelang war Nan ein isoliertes, unabhängiges Königreich mit wenigen Verbindungen zur übrigen Welt. Viele Funde weisen auf eine prähistorische Siedlung hin, doch erst als sich Mitte des 14. Jhs. mehrere kleine *meuang* zu Nanthaburi zusammenschlossen, wurde die Stadt eine ernstzunehmende Macht. Gegen Ende des 14. Jhs. wurde Nan zu einem der neun nordthailändisch-laotischen Fürstentümer, aus denen Lan Na Thai, das Lanna-Reich, bestand. Im 15. Jh. blühte die Stadt unter dem Namen Chiang Klang (mittlere Stadt) auf, der ihre Lage mitten zwischen Chiang Mai (neue Stadt) und Chiang Thong (goldene Stadt, das heutige Luang Prabang) bezeichnete. 1558 bemächtigten sich die Birmanen des Königreichs und verschleppten viele Bewohner als Sklaven nach Birma. Bis Westthailand den Birmanen wieder abgerungen werden konnte (1786), war die Stadt fast menschenleer. Dann erlangte die hiesige Dynastie wieder die volle Herrschaft über die Stadt, die halbautonom blieb, bis sie sich schließlich 1931 endgültig, wenn auch widerwillig Bangkok unterwarf.

⊙ Sehenswertes

Wat Phumin
TEMPEL

(วัดภูมินทร์; Eintritt frei) Nans berühmtester buddhistischer Tempel ist bekannt für seine feinen Wandmalereien, die im späten 19. Jh. von dem Tai-Lü-Künstler Thit Buaphan geschaffen wurden. Über die historische Bedeutung der Wandmalereien informiert der Kasten auf S. 375.

Von außen hat der Tempel die Form eines kreuzförmigen *bôht*. Er wurde 1596 erbaut und unter der Herrschaft von Chao Anantavorapitthidet (1867–1874) restauriert. Der *bôht* ist ein Beispiel für die Architektur der Tai Lü. Der aufwendige, vierseitige Altar in der Mitte des *bôht* ist an jeder Seite mit einem sitzenden Buddha im Sukhothai-Stil geschmückt. Die Figuren nehmen die Pose *mahn wí·chai* („Sieg über Mara") ein, bei der eine Hand den Boden berührt, und blicken dabei geradeaus.

Nan National Museum
MUSEUM

(พิพิธภัณฑสถานแห่งชาติน่าน; Th Pha Kong; Eintritt 100 B; ⊙9–16 Uhr) Das 1973 eröffnete **Museum** ist im 1903 erbauten Palast der letzten beiden Feudalfürsten von Nan untergebracht. Seine Ausstellungsstücke und Sammlungen machen es zu einem der besseren Provinzmuseen Thailands; die meisten Exponate sind auch in englischer Sprache beschriftet.

Im Erdgeschoss sind Exponate zu den verschiedenen ethnischen Gruppen zu sehen, die in der Provinz leben. Ausgestellt sind u. a. Silberarbeiten, Textilien, traditionelle Gegenstände und Stammestrachten. Der zweite Stock widmet sich der Geschichte Nans, archäologischen Funden, der regionalen Architektur, königlichen Insignien, Waffen, Keramiken und der religiösen Kunst. Die Buddhasammlung umfasst einige seltene Exemplare im Lanna-Stil, ferner einige im „langohrigen" regionalen Stil. Im zweiten Stock zeigt das Museum auch einen seltenen „schwarzen" Elefantenstoßzahn, den angeblich der Khün-Herrscher von Chiang Tung (Kengtung) vor über 300 Jahren dem Fürsten von Nan geschenkt hat.

Wat Phra That Chae Haeng
TEMPEL

(วัดพระธาตุแช่แห้ง; Eintritt frei) 2 km hinter der Brücke über den Mae Nam Nan liegt südlich der Stadt dieser 1355 erbaute, heiligste buddhistische Tempel der Provinz Nan. Er befindet sich auf einer quadratischen Einfriedung auf dem Gipfel eines Hügels, von wo aus man Nan und das Tal überblickt. Der

Der Wat Phumin ist die Sixtinische Kapelle Nordthailands: Die Motive der Wandmalerei findet man heute überall – auf Schnickschnack vom Nachtmarkt in Chiang Mai genauso wie auf Postkarten, die in Bangkok verkauft werden. Die Szenen mögen glücklich wirken, die Zeit, in der die Malereien entstanden, war es nicht – Nan verlor damals seine Stellung als ein autonomes Königreich. So findet man in den Szenen denn auch hintergründige politische und soziale Kommentare, was sonst in der religiösen Kunst Thailands selten ist.

Die Wandmalereien wurden von Jao Suliyaphong in Auftrag gegeben, dem letzten König von Nan. Sie illustrieren u. a. die *Khaddhana Jataka,* eine relativ unbekannte Geschichte aus einem früheren Leben des Buddha, die nach Aussage des Thai-Historikers David K. Wyatt (in seinem tollen Buch *Reading Thai Murals*) nirgendwo sonst in der buddhistischen Welt dargestellt worden ist. Die Geschichte auf der linken Seite der nördlichen Tempelwand zeigt eine Waise, die ihre Eltern sucht. Nach Wyatts Ansicht wurde diese bestimmte Erzählung als eine Metapher für das Königreich Nan ausgewählt, das ebenfalls von einer Reihe von „Eltern", den Thai-Königreichen von Sukhothai, Chiang Mai und Ayutthaya, verlassen worden war. Ungefähr in der Zeit, als die Wandmalereien entstanden, wurde Nan von König Rama V. vollständig in das Königreich Siam eingegliedert bzw. ein großer Teil seines Territoriums an Frankreich abgetreten. Die Unzufriedenheit mit dieser Entscheidung verdeutlicht eine Szene auf der Westwand. Hier versuchen zwei Affenmännchen, miteinander zu kopulieren; der Hintergrund ähnelt – laut Wyatt nicht zufällig – der französischen Trikolore.

Die Wandmalereien sind aber auch allein schon wegen ihrer Schönheit bemerkenswert, die umso erstaunlicher ist, wenn man sich dessen bewusst wird, mit welch eingeschränkter Farbpalette der Künstler Thit Buaphan auskommen musste. Die Malereien faszinieren auch durch ihre realitätsnahe Darstellung des alltäglichen Lebens in Nan am Ende des 19. Jhs. Bei der Darstellung von drei Angehörigen eines Hügelvolks an der Westwand sind Details wiedergegeben wie der riesige Kropf des Mannes und der bellende Hund, der andeutet, dass diese Menschen Fremde sind. Vielfach sieht man Männer mit Frauenschals, häufig beim Verrichten traditioneller Frauenarbeiten; diese Bilder gehören zu den frühesten Darstellungen von *gà·teu·i* (Transsexuellen). Seine Visitenkarte hat der Künstler auf der Westwand hinterlassen, wo man ihn mit einer Frau schäkern sieht. Wenn man bedenkt, dass Thit Buaphan mehr als 20 Jahre brauchte, um die Malereien zu vollenden, wird ihm diese kleine Freiheit wohl zu gestatten sein.

bòt zeigt Tai-Lü-Einfluss, sein dreistufiges Dach besitzt geschnitzte Traufen und über den Türen befinden sich Drachenreliefs. Ein vergoldeter Lanna-*chedi* befindet sich auf einem großen Platz neben dem *bòt* – wenn man gegen später herkommt, glüht das Gebäude regelrecht in der Abendsonne.

Wat Phra That Chang Kham   TEMPEL

(วัดพระธาตุช้างค้ำ; Eintritt frei; Th Mahayot) Die Entstehungszeit des nach dem Wat Phra That Chae Haeng zweitwichtigsten **Tempels** der Stadt ist unbekannt. Sein 1458 wieder aufgebauter Haupt-*wí·hähn* enthält einen riesigen sitzenden Buddha und verblasste Wandbilder, die teilweise schon restauriert sind. Mitte des 20. Jhs. ließ angeblich ein Mönch die Bilder immer wieder übertünchen, weil er dachte, sie lenkten die Gläubigen von seiner Predigt ab!

Im *wí·hähn* befinden sich auch einige Schriftrollen aus der Lanna-Periode (in Lanna-Schrift), die nicht nur die üblichen buddhistischen Inhalte verewigen, sondern auch über die Geschichte, das Rechtswesen und die Astrologie ihrer Zeit Auskunft geben. Seitlich davon steht ein *tam·mâht* (ein *dhamma*-Sitz, der von Mönchen beim Unterricht verwendet wurde).

Der *chedi* hinter dem *wí·hähn* stammt aus dem 14. Jh., vielleicht der Entstehungszeit des Tempels. Wie die Stupas in Sukhothai und Si Satchanalai wird auch dieser von Elefantenstatuen getragen.

Neben dem *chedi* steht ein kleiner, unscheinbarer *bòt* aus derselben Zeit. Der Abt des Wat Chang Kham weiß eine interessante Geschichte über den *bòt* und das Buddhabildnis zu erzählen, das einst darin enthal-

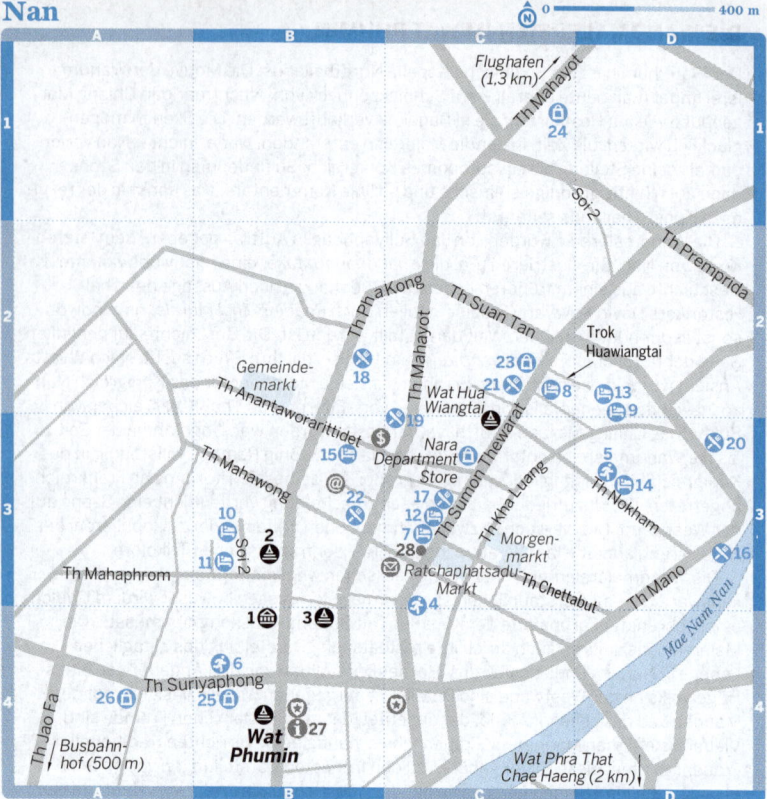

ten war. Demnach wollte 1955 der Historiker A. B. Griswold den 145 cm großen Buddha kaufen. Der schreitende Buddha schien eine plumpe Gipsfigur im Sukhothai-Stil zu sein. Nachdem Griswold dem Abt 25 000 B geboten hatte, begann er mit dem Abtransport des Buddhas – dabei bröckelte jedoch der Gips ab und offenbarte einen darunter liegenden, echten Sukhothai-Buddha aus purem Gold. Unnötig zu sagen, dass der Abt den Buddha – sehr zum Leidwesen Griswolds – nicht mehr gehen ließ. Vermutete Griswold, was sich unter dem Gips verbarg? Der Abt will es nicht verraten. Die Statue wird heute in einem Glasabteil im *hŏr đrai* (Tripitaka-Bibliothek), dem größten dieser Art in ganz Thailand, aufbewahrt; dieser befindet sich neben dem *wí·hăhn*.

Wat Hua Khuang
TEMPEL
(วัดหัวข่วง; Eintritt frei) Der Tempel schräg gegenüber vom Wat Phra That Chang Kham hat einen markanten *chedi* im Lanna-/Lan-

Xang-Stil mit vier Buddha-Nischen, einem schönen hölzernen *hŏr đrai* und einen bemerkenswerten *bòht* mit einer beschnitzten Holzveranda im Luang-Prabang-Stil. Im Innern sind eine geschnitzte Holzdecke und ein großer *naga*-Altar zu bewundern. Das Gründungsdatum des Tempels ist zwar nicht bekannt, doch dem Stil nach ist er einer der ältesten Wats der Stadt.

🏃 Aktivitäten
Wandern & Raften

Nan hat nichts, das mit der organisierten Trekking-Maschinerie in Chiang Rai oder Chiang Mai vergleichbar wäre. Die meisten Besucher, vor allem auch die Thais, bewegen sich hier lieber auf dem Wasser als zu Fuß. Wildwasser-Rafting auf dem Mae Nam Wa im nördlichen Nan ist nur bei hohem Wasserstand möglich (Sept.–Dez.); die besten Bedingungen herrschen angeblich zu Beginn der Regenzeit. Die Stromschnellen reichen von Klasse I bis IV; auf der

Fahrt geht's durch unberührten Dschungel und an abgelegenen Dörfern vorbei.

Nan Adventure Tour   RAFTEN
(📞08 6701 4777; Th Nokham; 2 Tage & 1 Übernachtung 3500 B/Pers., 3 Tage & 2 Übernachtungen ab 4500 B/Pers.) Der umgängliche Herr Boy veranstaltet zwei- bis dreitägige Rafting- und/oder Kajaktouren. Im Preis ist alles inklusive.

Nan Touring   RAFTEN
(📞08 1961 7711; www.nantouring.com; Th Suriyaphong; 3 Tage & 2 Übernachtungen 5500 B/Pers.) Dieser Veranstalter bietet eine Vielzahl von Raftingtouren für Gruppen ab mindestens fünf Personen an.

Noch mehr Aktivitäten

Nan Seeing Tour   RADFAHREN, TOUR
(📞0 81472 4131; www.nanseeingtour.com; Nan Coffee, Th Sumon Thewarat; mind. 4 Pers., 2 Tage & 1 Übernachtung 1850 B/Pers., 3 Tage & 2 Übernachtungen 3850 B/Pers.) Dieser von Einheimischen geführte Newcomer veranstaltet Touren auf zwei Rädern in und um Nan. Bei der dreitägigen Tour fährt man zunächst mit dem Mountainbike durch die Stadt Nan und später mit Dirt-Bikes durch ländliches Gebiet. Im Preis ist alles inbegriffen, das Nan Coffee dient als Büro des Veranstalters.

Fhu Travel   WANDERN
(📞0 5471 0636, 08 1287 7209; www.fhutravel.com; 453/4 Th Sumon Thewarat; min. 2 Pers., „leichte" Tageswanderung 1600 B/Pers., 2 Tage & 1 Übernachtung 2800 B/Pers., 3 Tage & 2 Übernachtungen 3700 B/Pers.) Der Veranstalter bietet Trekking-Touren zu Dörfern der Mabri, Hmong, Mien, Tai Lü und Htin an und kann auch Elefanten-Treks, Rafting- und Kajaktrips und Stadtführungen arrangieren. Das Unternehmen ist schon über 20 Jahre aktiv.

🛏 **Schlafen**

LP TIPP **Pukha Nanfa Hotel**   HOTEL $$$
(📞0 5477 1111; www.pukhananfahotel.com; 369 Th Sumon Thewarat; Zi. 2500–4600 B; ❄@🛜) Seit dem Besitzerwechsel vor Kurzem ist aus dem früher uninteressanten Nan Fah Hotel ein bezauberndes Boutiquehotel geworden. Die Zimmer sind gemütlich; altes Holz, regionale Stoffe und kunsthandwerkliche Arbeiten verleihen ihnen Klasse. Die Bilder und alten Reklametafeln sorgen für zusätzlichen nostalgischen Charme. Die größten Vorteile sind aber die günstige Lage und das fähige Personal.

Fah Place   HOTEL $
(📞0 5471 0222; 237/8 Th Sumon Thewarat; Zi. 400–500 B; ❄🛜) Das neue, von einer Familie

geführte Hotel ist das beste Schnäppchen vor Ort, wenn nicht sogar in diesem Teil von Nordthailand. In riesigen Zimmern stehen attraktive Teakmöbel und jene prallen, einladenden Betten, die man normalerweise nur in Hotels findet, die den zehnfachen Preis verlangen. Auch die Bäder sind so groß, dass man sich in ihnen verlieren kann, und wie die Zimmer schön gefliest. Die gleichen Betreiber führen auch das vergleichbare **Sukkasem Hotel** (☑0 5471 0222; 119-121 Th Anantaworarittidet; Zi. 400–800 B; ✳☎).

Nan Guest House
HOTEL $

(☑08 1288 8484; 57/15 Th Mahaphrom; Zi. 250–400 B; ✳@☎) In einem ruhigen Wohnviertel unweit der meisten berühmten Tempel von Nan bietet die alteingesessene, gepflegte Unterkunft pieksaubere, geräumige Zimmer, von denen die Hälfte eigene Bäder mit Warmwasser hat. Das nahe gelegene Café der gleichen Betreiber bietet u.a. hausgemachte Backwaren. Das Nan Guest House befindet sich am Ende der Soi 2 gleich hinter der Th Mahaphrom.

Srinual Lodge
HOTEL $$

(Keine Ausschilderung in lateinischen Buchstaben; ☑0 5471 0174; 40 Th Nokham; Zi./Suite 400/1300 B; ✳☎) Das Backsteingebäude hat 25 Zimmer, die mit Holzbalken, Bambus und folkloristischen Stoffen einen rustikalen Eindruck erwecken sollen. Die Zimmer sind jedoch durchaus bequem und das Haus liegt dem Mae Nam Nan am nächsten.

Nan Boutique Hotel
HOTEL $$$

(☑0 5477 5532; www.nanboutiquehotel.com; Th Kha Luang; Zi. 1400–2800 B; ✳☎) Die superordentliche, vorstädtisch wirkende Anlage strahlt zwar nicht so viel Atmosphäre aus wie manch andere Unterkunft in Nan, das macht sie aber mit Zimmern wett, die zu den modernsten und am besten ausgestatteten vor Ort gehören.

Dhevaraj Hotel
HOTEL $$

(☑0 5471 0078; www.dhevarajhotel.com; 466 Th Sumon Thewarat; Zi. mit Frühstück 900–1500 B; Suite mit Frühstück 3500 B; ✳@☎☀) Nicht alle Zimmer entsprechen qualitativ dem, was das nostalgisch wirkende, aber saubere Äußere verspricht: Einige der billigeren Zimmer wirken etwas verwohnt und muffig. Das Preis-Leistungs-Verhältnis ist aber durchaus o.k. und das Hotel praktisch gelegen.

Phai Lueng Guest House
HOTEL $

(☑08 1594 2062; Th Mahaphrom; Zi. 250–550 B; ✳☎) Die Zimmer in diesem alten Holzhaus sind ziemlich kahl, dafür aber findet man hier viel nostalgisches Ambiente. Das Hotel ist ideal für alle, denen Atmosphäre wichtiger ist als Komfort.

Amazing Guest House
PENSION $

(☑0 5471 0893; 23/7 Th Rat Amnuay/Suntisuk; Zi. 150–450 B; ✳☎) Die Zimmer im Hauptgebäude haben Holzböden, saubere Betten und warme Gemeinschaftsduschen. Zu den Zimmern im hinteren Anbau gehören eigene Badezimmer. Das Amazing liegt ungefähr 1 km nördlich der Stadt. Zunächst nimmt man die Th Mahayot nach Norden, biegt dann links in die Th Prempracharat und dann noch einmal links in die Th Rat Amnuay ein, die auch als Th Suntisuk bezeichnet wird.

SP Guest House
HOTEL $$

(☑0 5477 4897; www.fornan.com/spguest house.html; Trok Huawiangtai; Zi. 400–700 B; ✳☎) Diese Unterkunft wirkt anheimelnd. Die 14 überwiegend geräumigen Zimmer sind mit billigen, aber bunten Möbeln ausgestattet.

Numchock Guest House
PENSION $

(☑08 1998 1855; 37 Th Rat Amnuay/Suntisuk; Zi. mit Ventilator/Klimaanlage 200/350 B; ✳☎) Gegenüber dem Amazing Guest House hat eine andere einheimische Familie einen Teil ihres sauberen Wohnkomplexes in eine einladende Pension verwandelt.

✗ Essen & Ausgehen

Obwohl sonst in jeder Hinsicht charmant, gehört Nan in puncto Restaurants zu den langweiligsten Orten in Nordthailand.

Auf dem **Abendmarkt** (Th Pha Kong; ☺17–23 Uhr) gibt's ein paar gute Imbissstände.

Pu Som Restaurant
NORDTHAILÄNDISCH $

(Keine Ausschilderung in lateinischen Buchstaben; 203/1 Th Mano; Hauptgerichte 30–70 B; ☺mittags & abends) Eine texanische Scheune am falschen Ort: Das beliebte Restaurant ist mit Cowboyhüten, Rinderschädeln, Pistolenhalftern und unzähligen Fotos des Marlboro-Mannes dekoriert. Passenderweise steht Rindfleisch hier im Zentrum des Angebots. Das gibt's ortstypisch als *lâhp* oder als *néu·a nêung,* gedämpft über Kräutern und serviert mit einem unglaublich köstlichen Galgant-Dip.

Yota Vegetarian Restaurant
VEGETARISCH-THAI $

(Th Mahawong; Hauptgerichte 10–35 B; ☺7–15 Uhr; ☑) Das Lokal wird von der wohl freundlichsten Frau in Nan geführt, die keinen hungrig ziehen lässt, und ist wahrscheinlich das beste Angebot in Nan. Der Laden ist sehr beliebt; wenn das Essen alle ist, wird geschlossen.

Som Tam Thawt
THAI $
(Keine Ausschilderung in lateinischen Buchstaben; Th Sumon Thewarat; Hauptgerichte 15–30 B; ☺10–21 Uhr) Das winzige Restaurant ist bekannt für sein *sôm·đam tôrt*, frittiertes *sôm·đam*, einen gleichermaßen knusprigen wie sättigenden Snack. Es gibt hier auch großartige Frucht-Smoothies und andere einfache Gerichte.

Goodview Nan
THAI $
(203/1 Th Mano; Gerichte 35–150 B; ☺11–24 Uhr) Als eines der wenigen Restaurants vor Ort, die sich den Ausblick auf den Mae Nam Nan zunutze machen, ist das Lokal für ein abendliches Date genauso geeignet wie als Uferkneipe. Die Speisekarte gibt's auch auf Englisch. Abends spielt Livemusik.

Pizza Da Dario
ITALIENISCH-THAI $
(Th Mahayot; Pizza 100–160 B; ☺mittags & abends; ❄) Das italienische Restaurant serviert Pizza und Pasta und andere westliche und thailändische Gerichte.

Nan Coffee
CAFÉ $
(Th Sumon Thewarat; Kaffee 25–35 B; ☺7.30–19 Uhr) Das praktisch gelegene Café serviert guten Kaffee und kleine Gerichte. Auch ein paar Souvenirs werden zum Kauf angeboten. Das Lokal ist das inoffizielle Hauptquartier von Nan Seeing Tour.

🛍 Shoppen

Nan ist einer der besten Orte in Nordthailand, wenn es um Souvenirs geht. Zu den guten Angeboten zählen vor Ort hergestellte Textilien, insbesondere Tai-Lü-Webarbeiten. Typische Tai-Lü-Stoffe zeigen rote und schwarze Blumenmuster oder geometrische und Tiermotive auf weißem Baumwolluntergrund. Besonders beliebt ist das Muster *lai nám lǎi* (strömendes Wasser), dessen Stufen Bäche, Flüsse und Wasserfälle symbolisieren. Die Applikationen der örtlichen Hmong und die Stickereien der Mien sind ebenfalls von ausgezeichneter Qualität. Und auch die aus Gräsern und Bambus geflochtenen Körbe und Matten der Htin lohnen einen Blick.

Kad-Nan
MARKT
(www.kad-nan.com; Th Mahayot; ☺10–22 Uhr) Dieser Markt unter freiem Himmel ist Nans Antwort auf Bangkoks Wochenmarkt

Chatuchak. Hier findet man Läden, die Schnickschnack, Kunsthandwerk oder Kleidung verkaufen, ferner Restaurants (sogar ein griechisches), Kaffeestuben und Bars. Der Markt ist offiziell ab 10 Uhr geöffnet, am besten kommt man aber abends, wenn auch wirklich die meisten Läden und Restaurants geöffnet sind und dank Livemusik eine Jahrmarktsatmosphäre herrscht.

Amnouy Porn & Jangtrakoon
KUNSTHANDWERK
(Th Sumon Thewarat; ☺8–19 Uhr) Die nebeneinander liegenden Läden verkaufen regionale Waren, vor allem Textilien und Kleidung.

OTOP
KUNSTHANDWERK
(Th Suriyaphong; ☺8–19 Uhr) Im Verkaufsraum dieser staatlich subventionierten Entwicklungsinitiative findet man alles von ortstypischen Snacks bis zu Silberwaren.

Peera
TEXTILIEN
(26 Th Suriyaphong; ☺8–19 Uhr) Einen kurzen Spaziergang vom Wat Phumin entfernt, bietet das Peera hochwertige Textilien aus der Region an, vor allem Röcke und Blusen.

Nan Silver
SILBERWAREN
(430/1 Th Sumon Thewarat; ☺7.30–19 Uhr) Der kleine Laden hat Klasse. Große Auswahl vor Ort entworfener und produzierter Silberwaren.

ℹ Praktische Informationen

Hauptpost (Th Mahawong; ☺Mo–Fr 8.30–16.30, Sa & So 9–12 Uhr) Im Zentrum der Stadt.

Kan Internet (Th Mahayot; 15 B/Std.; ☺9–22 Uhr) Weitere Internetcafés gibt's überall im Ort; sie verlangen fürs Surfen rund 20 B pro Stunde.

Phunan Holiday (✆0 5477 2018; 494 Th Sumon Thewarat; ☺Mo–Sa 9–18.30 Uhr) Das freundliche Reisebüro kann u. a. Flugtickets besorgen, Trekkingtouren arrangieren und einen Mietwagen samt Fahrer vermitteln.

Siam Commercial Bank (Th Anantaworaritidet) Geldautomat und Devisenschalter. Nahe dem Pukha Nanfa Hotel gibt's viele Geldautomaten.

Touristeninformation (✆0 5475 1169; Th Pha Kong; ☺8.30–16.30 Uhr) Die hilfreiche Anlaufstelle verbirgt sich hinter Straßenhändlern und Kaffeestuben gegenüber vom Wat Phumin.

ℹ An- & Weiterreise
Bus

Alle Busse, Kleinbusse und *sŏrng·tǎa·ou* fahren in Nan vom Busbahnhof am südwestlichen Ende der Stadt ab. Eine Fahrt mit dem Motorradtaxi vom Busbahnhof ins Zentrum kostet 25 B.

Wer zum Bahnhof Den Chai in Phrae will, steigt einfach in einen der Busse nach Chiang Mai oder Bangkok.

Bangkok (424–773 B, 10–11 Std., 8–10 & 18.10–19.45 Uhr, häufig)

Chiang Mai (223–412 B, 5 Std., 7.30–22.30 Uhr, häufig)

Chiang Rai (176 B, 5 Std., 9 Uhr)

Lampang (120 B, 4 Std., 7.30–22.30 Uhr, häufig)

Phayao (123 B, 3 Std., 13.30 Uhr)

Phrae (85 B, 2 Std., 7.30–22.30 Uhr, häufig)

Flugzeug

Die Taxifahrt vom Flughafen in die Stadt kostet rund 100 B pro Person; empfehlenswert ist **Herr Klay** (☑08 6188 0079).

Nok Air (☑landesweite Rufnummer 1318, Nan 0 5477 1308; www.nokair.co.th; Nan Airport) und **Solar Air** (☑landesweite Rufnummer 02 535 2455; www.solarair.co.th; Nan Airport) fliegen von Nan zum Flughafen **Don Muang in Bangkok** (1690 B, 80 Min., 1- bis 2-mal tgl.).

Kan Air (☑landesweite Rufnummer 02 551 6111, Nan 0 5477 1308; www.kanairlines.com; Nan Airport) und **Nok Mini** (☑landesweite Rufnummer 0 5328 0444; www.nokmini.com; Nan Airport) fliegen nach **Chiang Mai** (990 B, 45 Min., 2-mal tgl.).

ⓘ Unterwegs vor Ort

Mit einem *săhm·lór* durch die Stadt zu kutschen, kostet 20 bis 30 B.

Mehrere Unternehmen, darunter das Amazing Guest House, das Fah Place, der **Oversea Shop** (☑0 5471 0258; 488 Th Sumon Thewarat; Fahrrad 80 B/Tag, Motorrad 200 B/Tag; ☺8.30–17.30 Uhr) und das Nan Guest House verleihen Fahrräder für rund 50 B pro Tag und Motorräder für 180 bis 300 B pro Tag.

Rund um Nan

THAM PHAH TUP
FOREST RESERVE   ถ้ำผาตูบ

Dieses **Kalksteinhöhlensystem** ungefähr 10 km nördlich von Nan ist Teil eines relativ neuen Wildreservats. 17 Höhlen sind bekannt, von denen neun über angelegte, aber nicht markierte Wege zu erreichen sind.

Von Nan aus nimmt man am Busbahnhof einen Bus oder ein *sŏrng·tăa·ou* Richtung Pua oder Thung Chang und steigt an der Abzweigung zu den Höhlen aus (30 B).

NAN RIVERSIDE GALLERY   หอศิลป์ริมน่าน

20 km nördlich von Nan an der Rte 1080 zeigt diese private **Kunstgalerie** (www.nan artgallery.com; km 20, Rte 1080; Eintritt 20 B;

☺Do–Di 9–17 Uhr) in einem friedvollen Ambiente zeitgenössische Kunst. 2004 von dem Künstler Winai Prabipoo aus Nan gegründet, beherbergt sie in einem zweistöckigen Gebäude unten die interessanteren Wechselausstellungen mit Skulpturen, Keramiken und Zeichnungen und oben ein Dauerausstellung mit Gemälden, die hauptsächlich von den Wandmalereien im Wat Phumin inspiriert zu sein scheinen. Bei dem auffälligen Gebäude handelt es sich um eine lichtdurchströmte umgebaute Reisscheune mit einem pfeilförmigen Türmchen. Der Museumsshop ist auch zugleich ein Café mit Tischen direkt am Ufer des Mae Nam Nan. Der schön gepflegte Park lädt zu einem kleinen Spaziergang ein. Von Nan aus fährt man mit einem Bus Richtung Norden oder einem *sŏrng·tăa·ou* (30 B) bis zur Galerie.

WAT NONG BUA   วัดหนองบัว

Das nette, schmucke Tai-Lü-Dorf Nang Bua nahe der Ortschaft Tha Wang Pha liegt etwa 30 km nördlich von Nan und ist für den **Wat Nong Bua** (Eintritt frei) im Lü-Stil bekannt. Mit dem typischen zweistufigen Dach und dem mit Schnitzereien verzierten Holztor ist der *wí·hăhn* zwar schlicht, aber eindrucksvoll. Sehenswert sind auch die geschnitzten *naga*-Köpfe an den Ecken des Dachs. Im *wí·hăhn* sind einige tolle *jataka*-Wandmalereien zu besichtigen, die von Thit Buaphan stammen sollen, dem Künstler, der auch den Wat Phumin ausmalte. Jeder Besucher sollte eine Spende für den Unterhalt des Tempels und seine Restaurierung am Altar abgeben.

Direkt hinter dem Wat steht ein typisches Tai-Lü-Haus, in dem Weberinnen arbeiten. Hier kann man schöne vor Ort hergestellte Textilien erstehen.

Man klettert am Busbahnhof in Nan in einen Bus Richtung Norden oder nimmt ein *sŏrng·tăa·ou* (35 B) Richtung Tha Wang Pha und steigt bei Samyaek Longbom, einer Dreiwegekreuzung vor Tha Wang Pha, aus. Zu Fuß geht's nach Westen über eine Brücke über den Mae Nam Nan und dann nach links. Diesem Weg über eine weitere Brücke folgen; dahinter liegt der Wat Nong Bua zur Rechten. Von der Fernstraße aus sind es 3 km bis zum Wat.

DOI PHU KHA
NATIONAL PARK   อุทยานแห่งชาติดอยภูคา

Den Mittelpunkt dieses **Nationalparks** (☑0 5470 1000; Eintritt 200 B) bildet der

Das 140 km nördlich von Nan gelegene Ban Huay Kon ist ein sehr ruhiges Bergdorf nahe der laotischen Grenze. Samstagmorgens findet hier ein unterhaltsamer **Grenzmarkt** statt, die meisten Besucher kommen jedoch her, weil das Dorf seit Kurzem ein internationaler Grenzübergang nach Laos ist – von hier aus sind es nur 35 km bis zur laotischen Stadt Hongsa, 152 km bis nach Luang Prabang (oder 90 km mit dem Boot), 295 km bis zur chinesischen Stadt Mengla und 406 km bis nach Dien Bien Phu in Vietnam.

Nach dem Passieren der **thailändischen Einreisebehörde** (☏0 5469 3530; ☺8–17 Uhr) kaufen Ausländer ein 30 Tage gültiges Visum für Laos, das je nach Staatsangehörigkeit zwischen 30 und 42 US$ kostet. An Wochenenden und nach 16 Uhr wird ein Aufpreis von 1 US$ oder 50 B verlangt. Danach geht es 2,5 km weiter in das laotische Dorf Muang Ngeun, wo man im **Phouxay Guesthouse** (☏020-214 2826; Nan-Hongsa Rd; Zi. 50 000 ₭) übernachten kann. Will man weiter, führt der Weg zum winzigen **„Autobahnhof"** (☏020-245 0145, 020-244 4130) neben dem Markt, von dem aus zwischen 14 und 16 Uhr *sŏrng·tăa·ou* nach Hongsa (40 000 ₭, 1½ Std.) und gegen 7.30 und 14 Uhr nach Pak Kaen (35 000 ₭, 1 Std.) fahren. Die Busse kommen so an, dass man in die langsamen Mekong-Boote nach Huay Xai bzw. Pak Beng umsteigen kann.

Nach Ban Huay Kon kommen täglich drei Kleinbusse (100 B, 3 Std.) aus Den Chai in Phrae, die gegen 5, 8 und 9 Uhr in Nan Station machen. Die einzige andere Option ist die Busfahrt von Nan nach Pon (105 B, 2½ Std., 6–18 Uhr, alle 30 Min.). In Pon muss man dann einen der beiden *sŏrng·tăa·ou* nehmen, die täglich die letzten 30 km nach Ban Huay Kon (100 B, 1 Std., 9.30 & 12 Uhr) fahren. Die Kleinbusse in umgekehrter Richtung fahren um 10, 13 und 14.30 Uhr in Ban Huay Kon ab.

Zwischen Ban Huay Kon und der Grenze gibt's einfache Unterkünfte in Bungalows. Einzelheiten erfährt man im Dorf.

2000 m hohe Doi Phu Kha, der höchste Berg hier, der im Amphoe Pua und im Amphoe Bo Kleua im Nordosten der Provinz Nan aufragt (rund 75 km von Nan entfernt). Im Park und seiner Umgebung gibt es mehrere **Dörfer** der Htin, Mien, Hmong und Tai Lü, außerdem eine Reihe von **Höhlen** und **Wasserfällen** sowie unendlich viele **Wanderwege** durch den Wald. Bei der Parkverwaltung ist eine einfache Wanderkarte erhältlich und man kann einen ortskundigen Führer für eine kurze Wanderung oder längere Ausflüge engagieren. Auch Raftingtouren auf dem Nam Wa werden angeboten. In der kühleren Jahreszeit ist es hier häufig kalt und in der Regenzeit sehr feucht.

Im Park stehen diverse **Bungalows** (☏0 2562 0760; www.dnp.go.th; 300–2500 B/2–7 Pers.), in der Nähe gibt's auch ein Restaurant und einen einfachen Laden.

Wer den Nationalpark mit öffentlichen Verkehrsmitteln erreichen will, muss nördlich von Nan einen Bus oder ein *sŏrng·tăa·ou* nach Pua (50 B) nehmen, dort am 7-Eleven aussteigen und die Straße überqueren, um eines der drei täglichen *sŏrng·tăa·ou* (50 B, 30 Min., 7.30, 9.30 & 11.30 Uhr) zu erwischen.

BAN BO LUANG บ้านบ่อหลวง

Ban Bo Luang (auch bekannt als Ban Bo Kleua, das Salzquellendorf) ist ein malerisches Dorf der Htin südöstlich des Doi Phu Kha National Park. Die Menschen hier leben von der Salzgewinnung aus den örtlichen Salzquellen. Die wichtigsten Salzquellen der Gemeinde sind leicht zu finden, sie liegen fast in der Dorfmitte.

Wenn man mit einem eigenen Transportmittel unterwegs ist, eignet sich das Dorf gut als Ausgangspunkt, um die nahegelegenen Nationalparks Doi Phu Kha und **Khun Nan** (☏08 4483 7240; Eintritt frei) zu erkunden. Letzterer liegt einige Kilometer nördlich von Ban Bo Luang. Von seinem Besucherzentrum führt ein 2 km langer Weg zu einem Aussichtspunkt, von dem aus man einen Blick auf die Dörfer der Gegend und hinüber nach Laos hat.

In Ban Bor Luang gibt es auch einige Unterkünfte. Die beste, das **Boklua View** (☏08 1809 6392; www.bokluaview.com; Ban Bo Luang; Zi. & Bungalow mit Frühstück 1850 B; ✳@🅿🛜❄), ist eine schöne und gut geführte Anlage an einem Hügelhang, von dem aus man einen Ausblick auf das Dorf und den Nam Mang hat. Das Resort hat seinen eigenen Garten und serviert gutes Essen (unbedingt Chefkoch Touns frittiertes Hühnchen mit nordthailändischen Gewürzen probieren!). Wenn das Boklua View belegt oder einem zu teuer ist, kann man unten am Hügel im **Oon Ai Mang** (keine Ausschilderung in lateinischen Buchstaben; ☏08 1374 7994; Ban Bo Luang; Bungalow mit Frühstück 500–650 B) übernachten. Hier gibt es am Ufer des Nam Mang sehr einfache Zelte und Bambusbungalows mit Gemeinschaftsbad. Einige ähnliche, als „Homestays"bezeichnete Anlagen gibt es auch außerhalb der Stadt.

In Ban Bo Luang servieren ein paar kleine Restaurants einfache Gerichte.

Um Ban Bo Luang mit öffentlichen Verkehrsmitteln zu erreichen, muss man zuerst nördlich von Nan einen Bus oder ein *sŏrng·tǎa·ou* nach Pua (50 B) nehmen, dort am 7-Eleven aussteigen, die Straße überqueren und ein *sŏrng·tǎa·ou* nehmen, das im Dorf seine Endstation hat (80 B, 1 Std., 7.30, 9.30 & 11.30 Uhr).

PROVINZ PHITSANULOK

Phitsanulok พิษณุโลก

84 000 EW.

Nach Phitsanulok kommen relativ wenige Besucher auf eigene Faust, dafür aber umso mehr Pauschaltouristen – die Stadt ist ein günstiger Ausgangspunkt, um die historischen Sehenswürdigkeiten von Sukhothai, Si Satchanalai und Kamphaeng Phet zu besuchen. Da große Teile der Stadt 1957 durch eine Feuersbrunst zerstört wurden, ist Phitsanuloks Architektur ziemlich langweilig. Allerdings besitzt die muntere, sympathische Stadt einige interessante Stätten und Museen, allen voran den Wat Phra Si Ratana Mahathat, in dem sich eine der am höchsten verehrten Buddhafiguren des ganzen Landes befindet.

Wer auf eigene Faust losziehen will, kann die Stadt als Basislager für einen Besuch der nahe gelegenen Nationalparks und Naturschutzgebiete von Thung Salaeng Luang und von Phu Hin Rong Kla, dem früheren strategischen Hauptquartier der Kommunistischen Partei Thailands (KPT), nutzen.

◉ Sehenswertes

Wat Phra Si Ratana Mahathat TEMPEL
(วัดพระศรีรัตนมหาธาตุ; Eintritt frei; ◷6–21 Uhr) Der vollständige Name dieses Tempels lautet Wat Phra Si Ratana Mahathat, aber die Einheimischen nennen ihn meistens nur kurz Wat Phra Si oder Wat Yai. Der Haupt-*wí·hǎhn* wirkt von außen klein, er beherbergt aber den Phra Phuttha Chinnarat, eine der am höchsten verehrten und häufigsten kopierten Buddhafiguren Thailands – nur dem Smaragdbuddha im Wat Phra Kaew in Bangkok kommt noch ein höherer Stellenwert zu als dieser berühmten Bronzestatue.

Es heißt, der Bau dieses Wat sei 1357 unter der Regentschaft von König Li Thai in Auftrag gegeben worden. Als der Wat fertiggestellt war, wollte Li Thai drei prächtige Bronzebuddhas in seinem Inneren sehen. Deshalb ließ er namhafte Bildhauer aus Si Satchanalai, Chiang Saen und Hariphunchai (Lamphun) sowie fünf brahmanische Priester kommen. Die ersten beiden Bronzegüsse klappten auf Anhieb, für den dritten – die herrlichste der drei Statuen – benötigte man aber drei Anläufe. Ein weiß gewandeter Weiser, der – so die Legende – aus dem Nichts erschienen sei, habe bei diesem entscheidenden Guss geholfen, um im nächsten Augenblick wieder zu verschwinden. Das Bild erhielt den Namen Chinnarat-Buddha (Siegreicher König) und wurde zum Prunkstück des *wí·hǎhn*. Die anderen beiden Statuen, Phra Chinnasi und Phra Si Satsada, brachte man später nach Bangkok in den Wat Bowonniwet, den königlichen Tempel.

Der Phra Phuttha Chinnarat ist im späten Sukhothai-Stil gehalten. Einzigartig aber ist der flammenartige Heiligenschein um Kopf und Brustkorb, der unten zu beiden Seiten der Statue in drachenähnliche Schlangenköpfe ausläuft. Der Kopf dieses Buddha ist etwas breiter als im Sukhothai-Stil eigentlich üblich: Dadurch wirkt die Statue ganz besonders majestätisch.

Ein Heiligtum an der einen Seite wurde in ein **Museum** (◷Mi–So 9–17.30 Uhr; Eintritt frei) umgewandelt, in dem uralte Buddhafiguren, Keramiken und weitere historische Artefakte ausgestellt sind.

Obwohl der Tempel so heilig ist, fordern ohne Unterlass laute Lautsprecherdurchsagen zum Spenden auf. Auch thailändische Musiker, eine Reihe von Händlern, die von Kräutern bis zu Lotterielosen alles mögliche verhökern, mehrere Geldautomaten und Hunderte von Besuchern erzeugen eine hektische Atmosphäre. Man sollte früh kommen (am besten vor 7 Uhr), wenn

VOLKSKUNSTMUSEUM, GIESSEREI & VOGELGARTEN

Als ehemaliger Militärkartograf, Gießer von Buddhafiguren, Vogelliebhaber und landesweit anerkannter Brauchtumsexperte bündelte der pensionierte Oberfeldwebel Thawee Buranakhet seine diversen Interessen und beruflichen Erfahrungen, um in Phitsanulok drei sehr sehenswerte Attraktionen zu schaffen.

Das **Sergeant Major Thawee Folk Museum** (26/43 Th Wisut Kasat; Erw./Kind 50/20 B; ☺8.30–16.30 Uhr) zeigt eine bemerkenswerte Sammlung von Werkzeugen, Textilien und Fotos aus der Provinz Phitsanulok. Das faszinierende Museum verteilt sich auf fünf traditionelle, thailändische Bauten mit gepflegten Gärten. Alle Exponate sind auch in englischer Sprache mit informativen und lesenswerten Beschreibungen versehen. Wer sich für Kochkunst interessiert, findet hier den Nachbau einer traditionellen thailändischen Küche und eine Ausstellung, die verschiedene Fallen zum Fangen von Wild zeigt. Männlichen Besuchern werden sich beim Anblick der Darstellung einer traditionellen Bullenkastration, einer Prozedur, die ohne scharfe Werkzeuge vor sich geht, die Nackenhaare sträuben.

Auf der anderen Straßenseite befindet sich eine kleine **Gießerei von Buddhafiguren** (Eintritt frei; ☺8–17 Uhr), die ebenfalls Dr. Thawee gehört. Hier werden Bronzebuddhas aller Größen gegossen. Besucher können bei der Arbeit zuschauen und in einer detaillierten Fotoausstellung einiges über das Wachsausschmelzverfahren lernen. Bei manchen größeren Stücken dauert es über ein Jahr, sie fertigzustellen. In dem kleinen Geschenkeladen vor Ort kann man Bronzebuddhas in verschiedenen Größen kaufen.

Neben der Bronzegießerei gibt es Kampfhähne zu sehen. Die Tiere werden hier gezüchtet und ins ganze Land verkauft. (Der offizielle englische Name für diesen Teil der Einrichtung lautet: „The Centre of Conservative Folk Cock".)

Angeschlossen an die Gießerei ist Dr. Thawees jüngstes Projekt: **Garden Birds of Thailand** (Erw./Kind 50/20 B; ☺8.30–17 Uhr). In den Volieren leben in Thailand heimische Vögel, darunter auch einige bedrohte Arten wie die hübsche, rosabrüstige Jamu-Fruchttaube oder der prähistorisch aussehende Schildschnabel. Leider sind die meisten Käfige ziemlich klein und vermitteln keinen Eindruck vom natürlichen Lebensraum der Tiere.

Die Museen liegen südlich von Phitsanulok an der Th Wisut Kasat; die Fahrt mit dem Túk-túk dorthin sollte ungefähr 60 B kosten.

man in Ruhe meditieren oder auch nur Fotos machen möchte. Und grundsätzlich immer in angemessener Kleidung erscheinen – also keine Shorts oder ärmellose Oberteile tragen!

In der Nähe des Wat Yai steht auf derselben Uferseite ein weiterer Tempel aus dieser Epoche: der **Wat Nang Phaya**.

Wat Ratburana
TEMPEL

(วัดราชบูรณะ; Eintritt frei; ☺6–20.30 Uhr) Auf der anderen Straßenseite gegenüber vom Wat Phra Si Ratana Mahathat steht der Wat Ratburana, der weniger Besucher anzieht, aber in mancher Hinsicht sogar interessanter ist als sein berühmter Nachbar. Neben einem *wí·hǎhn* mit einem 700 Jahre alten vergoldeten Buddha, einer *ùbohsòt*-Kapelle mit schönen Wandmalereien, die aus der Mitte des 19. Jhs. stammen, und zwei *hǒr ḏrai* birgt die Tempelanlage auch ein paar merkwürdige Sehenswürdigkei-

ten, die einen faszinierenden Einblick in die Glaubenspraktiken des thailändischen Buddhismus vermitteln: Da ist zunächst unübersehbar ein mit Girlanden geschmücktes großes Holzboot. Mit ihm reiste König Rama V. einst zu einem offiziellen Besuch in Phitsanulok an. Heute glaubt man, das Boot erfülle all jenen ihre Wünsche, die ein Opfer darbringen und dann drei- oder neunmal unter der gesamten Länge des Bootsrumpfs durchkriechen. Neben dem *wí·hǎhn* steht ein heiliger Baum mit Leitern zu beiden Seiten. Gläubige klettern hinauf, hinterlassen eine Opfergabe, läuten eine Glocke und klettern wieder runter. Diese Aktion wird wiederum insgesamt drei- oder neunmal durchgeführt. Direkt neben dem Baum hängt ein riesiger Gong, der einen einmaligen summenden Ton von sich gibt, wenn er richtig gerieben wird. Neben jeder dieser heiligen Einrichtungen steht ein Wächter, der nicht nur die

Opfergaben wie Münzen, Weihrauch und Blumen einsammelt, sondern Besuchern auch genaue Anweisungen gibt, wie jedes Ritual auszuführen ist, wie oft etwas wiederholt, was geopfert und welches Gebet vorgetragen werden muss.

🏃 Aktivitäten

Phae Hatha Thai Massage   MASSAGE
(Th Wangchan; Massage mit Ventilator/Klimaanlage pro Std. 150/180 B; ⊘10–21 Uhr) Dieses Thai-Massage-Zentrum auf einem schwimmenden Floß verspricht Entspannung in einer ganz neuen Form.

🛏 Schlafen

Lithai Guest House   HOTEL $
(☑0 5521 9626; 73/105 Th Phayalithai; Zi. mit Frühstück 250–460 B; ❄@🛜) Das Haus ist so sauber, dass es glänzt. Die rund 60 lichtdurchfluteten Zimmer verströmen nicht viel Atmosphäre, sind aber in dieser Kategorie ein prima Angebot. Die meisten haben große eigene Bäder mit warmem Wasser, außerdem Kabelfernsehen, viele Möbel und einen Kühlschrank. Im Preis inbegriffen sind das Frühstück und in Flaschen abgefülltes Trinkwasser. Im Haus gibt es ein Büro für Flugbuchungen, eine Kaffeestube und ein Restaurant.

Golden Grand Hotel   HOTEL $$
(☑0 5521 0234; www.goldengrandhotel.com; 66 Th Thammabucha; Zi. mit Frühstück 690–850 B; ❄@🛜) Minzgrün ist schon lange aus der Mode, aber das ist auch schon das Einzige, was es am Golden Grand zu bemängeln gibt. Die Zimmer wirken so gepflegt, dass man glauben könnte, man wäre der erste, der hier nächtigt. Das Personal ist freundlich und der Ausblick auf die Stadt von den oberen Stockwerken aus einfach fantastisch.

Yodia Heritage Hotel   HOTEL $$$
(☑08 1613 8496; www.yodiaheritage.com; 89/1 Th Phuttha Bucha; Zi. mit Frühstück 2950 B, Suite mit Frühstück 4200–8900 B; ❄@🖾) Das neue Boutiquehotel ist die Krönung der Spitzenklassenunterkünfte in Phitsanulok. Es liegt an einem ruhigen Abschnitt des Mae Nam Nan. Die Suiten sind riesig und haben entsprechend große Badewannen und einen halb-privaten Swimmingpool.

Rattana View Hotel   HOTEL $$
(☑0 5522 1999; 847 Th Mitraphap; Zi. mit Frühstück 450–1400 B; ❄🛜🖾) Das Hotel ein Block östlich vom Hauptbusbahnhof ist eine prima Alternative. Die hübschen Zimmer wirken frisch und sauber und haben große Balkone. Im Erdgeschoss gibt's ein Restaurant und im Amway Building direkt vor dem Hotel ein Spa.

Kraisaeng Place   HOTEL $
(☑0 5521 0509; 45 Th Thammabucha; Zi. 350–450 B; ❄🛜) Das Haus wirkt eher wie ein kleines Apartmentgebäude als wie ein Hotel. Die gut ausgestatteten Zimmer bieten ein gutes Preis-Leistungs-Verhältnis. Am besten sind die riesigen Doppelzimmer mit zusätzlichem Sitzbereich – sie kosten nur wenig mehr. Störend ist allerdings der heftige Straßenlärm.

Grand Riverside Hotel   HOTEL $$$
(☑0 5524 8333; www.tgrhotel.com; Ecke Th Naresuan & Th Wangchan; Zi. mit Frühstück 1600–1800 B, Suite mit Frühstück 3000 B; ❄@🛜) Das Hochhaushotel am Westufer des Mae Nam Nan bietet alle Annehmlichkeiten, die man von einem relativ neuen Geschäftshotel der Spitzenklasse erwarten darf. Die Deluxe-Zimmer haben Flussblick und einen zusätzlichen Sitzbereich.

🍴 Essen

Phitsanulok nimmt sein kulinarisches Angebot ernst. Die Stadt ist geradezu versessen auf Abendmärkte – es gibt nicht weniger als drei an verschiedenen Stellen der Stadt. Auf dem bekanntesten **Nachtmarkt** (Hauptgerichte 40–80 B; ⊘17–3 Uhr) Phitsanuloks wird hauptsächlich Kleidung angeboten, aber ein paar Restaurants am Ufer sind auf *pàk bûng loy fáh* (wörtlich: „morgens durch die Luft segelnde Weinrebe") spezialisiert: Der Koch brät eine Ladung *pàk bûng* im Wok an und wirft sie dann durch die Luft einem wartenden Kellner zu, der sie mit einem Teller auffängt. Mit etwas Glück erlebt man, wie eine Touri-Gruppe versucht, das fliegende Gemüse aufzufangen und alles mit *pàk bûng* einsaut. Ein weiterer **Nachtmarkt** (Hauptgerichte 20–40 B; ⊘17–24 Uhr) findet sich zu beiden Seiten der Th Phra Ong Dam nördlich der Th Authong, ein dritter, sehr gut besuchter **Nachtmarkt** (Hauptgerichte 20–60 B; ⊘16–20 Uhr) hat sein Quartier gleich südlich vom Bahnhof. Hier gibt es hauptsächlich Essen zum Mitnehmen, darunter *kôw něe·o hòr*, kleine Bananenblätter, gefüllt mit Klebreis und verschiedenen Beilagen; zwei einander gegenüberliegende Stände nahe dem Eingang zum Markt in der Th Ekathotsarot bieten dieses Gericht an.

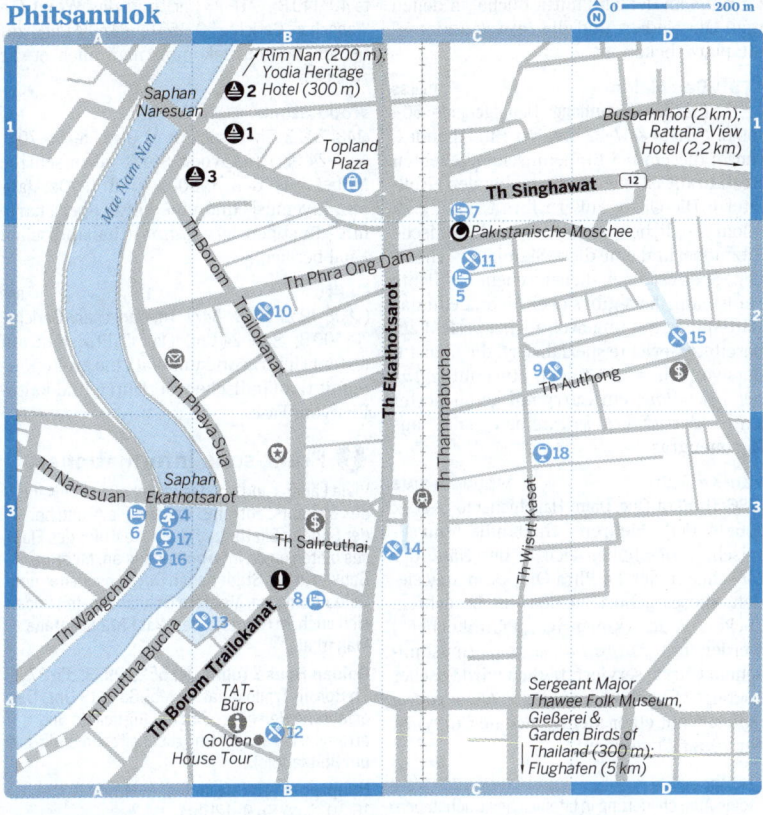

0 — 200 m

Rim Nan (200 m);
Yodia Heritage Hotel (300 m)

Saphan Naresuan

Topland Plaza

Busbahnhof (2 km);
Rattana View Hotel (2,2 km)

Th Singhawat

Pakistanische Moschee

Th Phra Ong Dam

Th Ekathotsarot

Mae Nam Nan

Th Borom Trailokanat

Th Phaya Sua

Th Naresuan

Th Thammabucha

Th Authong

Saphan Ekathotsarot

Th Salreuthai

Th Wisut Kasat

Th Wangchan

Th Phuttha Bucha

Th Borom Trailokanat

TAT-Büro

Golden House Tour

Sergeant Major Thawee Folk Museum, Gießerei & Garden Birds of Thailand (300 m); Flughafen (5 km)

NORDTHAILAND PHITSANULOK

Phitsanulok

Ein weiteres, für Phitsanulok typisches Gericht ist *gŏoay·dĕe·o hôy kăh* (wörtlich: „Baumelnde-Beine-Nudeln"). Der komische Name kommt von der Art und Weise, wie die Kunden am Ufer sitzen und die Beine baumeln lassen. Das **Rim Nan** (keine Ausschilderung in lateinischen Buchstaben; 5/4 Th Phaya Sua; Hauptgerichte 20–35 B; ◷9–16 Uhr) nördlich vom Wat Phra Si Ratana Mahathat ist eines von ein paar ganz ähnlichen Restaurants an der Th Phutta Bucha, in denen man die Nudeln und die „etwas anderen" Sitzplätze bekommt.

 Ban Mai THAI $$
(93/30 Th Authong; Hauptgerichte 60–150 B; ☉11–14 & 17–22 Uhr; ✳) Ein Abendessen in diesem bei Einheimischen beliebten Restaurant ist wie ein Essen bei den Großeltern: Die Gäste äußern ihre Meinung zu allem Möglichen, es gibt viele altmodische Sitzmöbel und eine dicke Siamkatze scheint den Speisesaal zu beherrschen. Schlichte Hausmannskost gibt's aber nicht, denn das Ban Mai ist auf ungewöhnliche, perfekt zubereitete Gerichte spezialisiert, die man anderswo nicht leicht findet, etwa auf *gaang pèt b̀èt yâhng,* ein Curry mit geräucherter Ente, oder *yam dà·krái,* einen „Salat" aus Zitronengras.

Fah-Ke-Rah MUSLIMISCH-THAI $
(786 Th Phra Ong Dam; Hauptgerichte 5–20 B; ☉6–14 Uhr) Mehrere thailändisch-muslimische Cafés haben sich in der Nähe der Moschee in der Th Phra Ong Dam angesiedelt; dieses gehört zu den gut besuchten. Dicke *roh·dee* (knusprige „Pfannkuchen") werden mit *gaang mát·sà·màn* (muslimischem Curry) serviert, täglich wird frischer Joghurt zubereitet und das *roh·dee gaang* (*roh·dee* mit einer kleinen Schale Curry) ist für 20 B fast geschenkt.

Daeng VIETNAMESISCH-THAI $
(keine Ausschilderung in lateinischen Buchstaben; Th Borom Trailokanat; Gerichte 40–120 B; ☉mittags & abends; ✳) Gegenüber vom Pailyn Hotel befindet sich dieser kleine Laden mit dem Schild „Food & Drink". Er gehört zu einer beliebten Restaurantkette aus Nong Khai, die thailändisch-vietnamesische Gerichte serviert. Auf jeden Fall die Spezialität des Hauses bestellen: *năam neu·ang,* gebratene Schweinefleischbällchen mit frischen Kräutern in Reispapier.

Jaroen Tham VEGETARISCH-THAI $
(Vegetarian Food; Th Sithamatraipidok; Gerichte 15–20 B; ☉8–15 Uhr; ✎) Das einfache Restaurant gleich beim TAT-Büro um die Ecke serviert eine Reihe vegetarischer Gerichte mit ungeschältem braunen Reis.

🍸 Ausgehen & Unterhaltung

Ein paar schwimmende Kneipen finden sich an dem Abschnitt der Th Wangchan direkt vor dem Grand Riverside Hotel, darunter das **Sabai Boat** (keine Ausschilderung in lateinischen Buchstaben; Th Wangchan; Gerich-

te 40–140 B; ☉11–23 Uhr) und das **Wow!** (Th Wangchan; Gerichte 50–150 B; ☉17–24 Uhr); auf beiden Booten bekommt man auch etwas zu essen.

Wood Stock BAR
(148/22-23 Th Wisut Kasat; Gerichte 35–70 B; ☉17–24 Uhr) Im Wood Stock gibt's schrille Möbel aus den 1960er- und 1970er-Jahren, Livemusik und eine kurze Speisekarte mit günstigen *gàp glâam* (thailändischen Knabbereien).

Calito BAR
(☎08 1953 2629; 84/1 Th Wangchan; Gerichte 70–100 B; ☉18–24 Uhr) Das Calito steht auf festem Untergrund und hat eine große Karte mit thailändischen Gerichten und kaltes Bier vom Fass.

ℹ️ Praktische Informationen

Viele Läden rund um den Bahnhof, in der Nähe des Einkaufszentrums Topland Plaza und bei der Saphan Ekathotsarot am Westufer des Flusses bieten einen Internetzugang an. Mehrere Banken in der Stadt haben Devisenschalter und Geldautomaten. Mehrere Geldautomaten finden sich auch im Komplex des Wat Phra Si Ratana Mahathat.

Golden House Tour (☎0 5525 9973; 55/37-38 Th Borom Trailokanat; ☉Mo–Sa 7–19 Uhr) Das erfahrene Reisebüro bucht Flugtickets und arrangiert Transportmöglichkeiten in und rund um Phitsanulok.

Hauptpost (Th Phaya Sua; ☉Mo–Fr 8.30–16.30, Sa & So 9–12Uhr)

Krung Thai Bank (35 Th Naresuan; ☉bis 20 Uhr) Hat einen nach Geschäftsschluss geöffneten Devisenschalter.

Tourism Authority of Thailand (TAT; ☎landesweite Rufnummer 1672, Phitsanulok 0 5525 2742; tatphlok@tat.or.th; 209/7-8 Th Borom Trailokanat; ☉8.30–16.30 Uhr) Das Büro abseits der Th Borom Trailokanat hat hilfsbereites Personal, das einem kostenlose Stadtpläne und ein Faltblatt mit Stadtspaziergängen aushändigt.

Touristenpolizei (☎1155; Th Ekathotsarot)

ℹ️ An- & Weiterreise
Flugzeug
Phitsanuloks **Flughafen** (☎0 5530 1002) liegt 5 km südlich der Stadt. Golden House Tour hat am Flughafen eine Infotafel zu seinem Kleinbus-Service zwischen Flughafen und den Hotels (200 B/Pers.). Die Fahrt mit dem Túk-túk von der Stadt zum Flughafen kostet 150 B.

Nok Air (☎landesweite Rufnummer 1318; www.nokair.co.th; Phitsanulok Airport) fliegt

Phitsanulok ist ein Knotenpunkt mehrerer Buslinien und bietet deshalb gute Verbindungen. Phitsanuloks **Busbahnhof** (📞0 5521 2090) liegt 2 km östlich der Stadt am Hwy 12. Vom Busbahnhof fahren auch Kleinbusse, darunter häufig nach Mae Sot (163 B, 4 Std., 7–14.30 Uhr).

ZIEL	PREIS (B)	DAUER (STD.)	HÄUFIGKEIT
Bangkok	224–380	5	7.20–24 Uhr, stündl.
Chiang Rai	249–320	5	8–24 Uhr, stündl.
Mae Sai	280–456	6	5.30–24 Uhr, stündl.
Nan	238	6	24 & 2 Uhr
Phrae	150	4	24 & 2 Uhr
Mae Sot	210	5	1 & 3 Uhr
Chiang Mai	211–317	6	8–24 Uhr, stündl.
Lampang	155–265	4	8–24 Uhr, stündl.
Sukhothai	28–50	1	5.40–18 Uhr, stündl.
Kamphaeng Phet	53–74	3	5–18 Uhr, stündl.

zum Flughafen Don Muang in Bangkok (1290 B, 50 Min., 2-mal tgl.).

Zug

Phitsanuloks Bahnhof liegt in Gehentfernung von vielen Unterkünften und besitzt eine Gepäckaufbewahrung. Der Bahnhof ist ein größerer Knotenpunkt: Praktisch alle Züge in Richtung Norden oder Süden halten hier. Züge fahren u. a. nach Bangkok (80–1164 B, 5–7 Std., 11-mal tgl.) und Chiang Mai (143–1145 B, 7–9 Std., 6-mal tgl.). Die aktuellen Fahrpläne und Preise kann man vorab telefonisch bei der **State Railway of Thailand** (📞kostenlose 24-Std.-Hotline 1690; www.railway.co.th) erfragen oder auf deren Website in Erfahrung bringen.

Unterwegs vor Ort

Stadtfahrten mit an Darth Vader erinnernden *săhm·lórs* gibt's ab ca. 60 B. Vor dem Bahnhof hängt ein Schild mit den Túk-túk-Preisen zu den verschiedenen Zielen in der Stadt.

Budget (📞0 5530 1020; www.budget.co.th) hat ein Büro am Flughafen; Mietwagen bekommt man ab 1500 B pro Tag.

Rund um Phitsanulok

PHU HIN RONG KLA
NATIONAL PARK อุทยานแห่งชาติภูหินร่องกล้า
Der Berg **Phu Hin Rong Kla** (📞0 5523 3527; Eintritt 200B; ⏰8.30-17 Uhr) war zwischen 1967 und 1982 strategisches Hauptquartier der Kommunistischen Partei Thailands (KPT) und ihres bewaffneten Arms, der Volksbefreiungsarmee Thailands (People's Liberation Army of Thailand, PLAT). Der abgelegene, leicht zu verteidigende Gipfel war wie gemacht für die Rebellen. In der nur 300 km entfernten chinesischen Provinz Yunnan wurden die Kader der KPT in revolutionärer Taktik geschult. 1979 fand das jedoch ein Ende, nachdem sich die chinesischen mit den vietnamesischen Kommunisten überworfen hatten und die KPT auf die Seite Vietnams gewechselt war.

Beinahe 20 Jahre lang galt das Gebiet um Phu Hin Rong Kla als Schlachtfeld zwischen Regierungs- und kommunistischen Truppen. 1972 startete die thailändische Regierung eine Großoffensive gegen die PLAT, mit der sie vergeblich versuchte, diese vom Berg zu fegen. Das Lager der KPT am Phu Hin Rong Kla wurde besonders aktiv, als die thailändische Armee im Oktober 1976 Hunderte von Studenten während des Arbeiter-Studenten-Aufstands in Bangkok tötete. Viele Studenten flohen daraufhin, schlossen sich der KPT an und gründeten ein Krankenhaus und eine Schule für politische und militärische Taktik. Nachdem die PLAT bis 1978 auf 4000 Mitglieder angewachsen war, startete die thailändische Armee 1980 und 1981 einen neuen Angriff. Und diesmal gelang es ihr, der KPT Gebiete abzuringen. Doch der entscheidende Schlag gegen die KPT erfolgte erst 1982, als die Regierung allen Studenten eine Amnestie anbot, die sich nach 1976 den Kommunisten angeschlossen hatten. Dass die Studenten ihr den Rücken kehrten, brach der Bewegung, die mittlerweile dringend auf frische Kräfte angewiesen war, das Rückgrat. Ein letzter militärischer Vorstoß Ende 1982 zwang die PLAT zur Kapitulation. Zwei Jahre später wurde der Phu Hin Rong Kla zum Nationalpark erklärt.

◉ Sehenswertes & Aktivitäten

Der 307 km² große Park umfasst zerklüftete Berge und Wälder voller Felsen und Wildblumen. Die Parkverwaltung befindet sich auf ungefähr 1000 m Höhe, weshalb man auch in der heißen Jahreszeit immer auf eine kühle Brise hoffen darf. Die Hauptattraktionen sind nicht allzu weit von der Hauptstraße entfernt. Zu ihnen gehören u. a. die Reste der KPT-Festung – eine einfache Versammlungshalle, die Schule für politische und militärische Taktik – und das Verwaltungsgebäude der KPT. Gegenüber der Schule steht ein Wasserrad, das Exilstudenten der Ingenieurwissenschaften entworfen haben.

An den Wochenenden und an Feiertagen ist am Phu Hin Rong Kla ganz schön viel los; man legt seinen Besuch deshalb besser mitten in die Woche.

Pha Chu Thong   HISTORISCHE STÄTTE

Ein 1 km langer Weg führt zum Pha Chu Thong (Felsen der gehissten Flagge, manchmal auch: Felsen der roten Fahne), auf dem die Kommunisten nach militärischen Erfolgen die rote Fahne hissten. In dieser Gegend befinden sich auch ein **Luftschutzbunker**, ein **Aussichtsposten** und die Überreste des **KPT-Hauptquartiers**

ABSTECHER

DIE GRÜNE ROUTE

Die Rte 12 zwischen Phitsanulok und Lom Sak ist als die „Grüne Route" bekannt. Sie verläuft längs des malerischen, von Stromschnellen unterbrochenen Laufs des Lam Nam Khek. Abseits der Straße liegen Wasserfälle, Resorts und die Nationalparks Phu Hin Rong Kla und Thung Salaeng Luang.

Im TAT-Büro in Phitsanulok erhält man eine Karte mit den Attraktionen an dem 130 km langen Straßenabschnitt. Die ersten beiden Wasserfälle, **Nam Tok Sakhunothayan** (bei Km 33) und **Kaeng Song** (bei Km 45), die an Wochenenden überlaufen sein können, sollte man auslassen. Beim dritten, **Kaeng Sopha** (bei Km 72), handelt es sich genau genommen um ein größeres Areal mit kleineren Fällen und Stromschnellen. Man kann zwischen den verschiedenen Felsformationen herumwandern – abhängig von den Regenfällen gibt es mal mehr, mal weniger Felsbrocken zu sehen. Bei ausreichendem Wasserstand (in der Regel zw. Sept. & Nov.) können alle Resorts in dieser Gegend **Raftingausflüge** auf dem Lam Nam Khek organisieren.

Weiter östlich liegt an der Straße der 1262 km² große **Thung Salaeng Luang National Park** (☑ 0 5526 8019; Eintritt 200 B; ☺ 8–17 Uhr), eines der größten und wichtigsten Wildreservate Thailands. Der Eingang befindet sich bei Kilometer 80; hier bekommt man in der Parkverwaltung Auskünfte zu Wanderwegen und Unterkünften.

Wer mit einem eigenen fahrbaren Untersatz unterwegs ist, kann bei Kilometer 100 nach Süden auf die Rte 2196 abbiegen und nach **Khao Kho** (Khow Khor) fahren, eine weitere Bergstellung der KPT in den 1970er-Jahren.

Nach dem Khao-Kho-Abstecher kehrt man entweder auf die Straße von Phitsanulok nach Lom Sak zurück oder wechselt von der Rte 2196 auf die Rte 2258, bis diese an der Rte 203 endet. Auf dieser kann man dann entweder weiter nordwärts nach Lom Sak oder südwärts nach Phetchabun fahren.

An vielen Abschnitten der Grünen Route gibt's Unterkünfte im Resort-Stil. Budgetunterkünfte ballen sich nahe Kaeng Song (rund um Km 45) und in den verschiedenen **Nationalparks** (☑ 0 2562 0760; www.dnp.go.th; Stellplatz 30 B, Zelt für 2–8 Pers. 150–600 B, Bungalows 300–5000 B). Mehrere Restaurants finden sich an den Ufern des Nam Khek, in den meisten genießt man eine schöne Aussicht und eine kühle Brise.

Um unabhängig zu sein, unternimmt man die Fahrt am besten mit einem eigenen Fahrzeug. Die Busfahrt von Phitsanulok nach Lom Sak kostet für die einfache Strecke 50 B in einem normalen und 70 B in einem klimatisierten Bus. Tagsüber kann man Busse heranwinken, um die Fahrt fortzusetzen; nach 16 Uhr gestaltet sich das allerdings deutlich schwieriger.

– bevor die thailändischen Behörden eine Straße bauen ließen, war dieser Teil des Areals so gut wie nicht zu erreichen. Die Gebäude im Park bestehen aus Holz und Bambus und haben weder Kanalisation noch Strom – das zeigt, wie primitiv die Lebensbedingungen waren.

Das kleine **Museum** in der Parkverwaltung zeigt Relikte aus den Tagen der KPT, allerdings gibt's es kaum englischsprachige Erläuterungen. Am Ende der Straße in den Park liegt ein kleines **Dorf der weißen Hmong**.

Wanderwege
WANDERN

Wer sich nicht so sehr für die Geschichte des Phu Hin Rong Kla interessiert, erkundet die **Wasserfälle, Wanderwege** und **reizvollen Aussichtspunkte**. Es gibt auch einige interessante Felsformationen: die **Lan Hin Pum** genannten Felsvorsprünge und das **Lan Hin Taek** genannte Gebiet mit tiefen Felsspalten, in denen sich die Truppen der PLAT bei Luftangriffen verschanzten. Im **Besucherzentrum** (◷8.30–16.30 Uhr) erhält man Geländepläne.

🛏 Schlafen & Essen

Golden House Tour, in der Nähe des TAT-Büros in Phitsanulok, kann bei der Buchung von Unterkünften helfen.

Thailand's Royal Forest Department
CAMPING $$

(📱0 2562 0760; www.dnp.go.th; Zelt für 2–8 Pers. 150–600 B, Bungalows 300–2100 B) Die in drei verschiedenen Zonen des Parks stehenden Bungalows für drei bis 15 Personen müssen vorab bei der Forstverwaltung gebucht werden. Man kann auch sein Zelt aufschlagen, eines mieten und einen Schlafsack entleihen (60 B). In der Nähe des Campingplatzes und der Bungalows gibt es Restaurants und Garküchen. Am besten sind die Duang Jai Cafeteria – empfehlenswert ist das berühmte Karotten-*sôm·đam* – und das Rang Thong.

ℹ An- & Weiterreise

Die Parkverwaltung befindet sich ungefähr 125 km von Phitsanulok entfernt. Um hinzukommen, steigt man in einen der frühen Busse nach Nakhon Thai (46–97 B, 2 Std., 5–18 Uhr, stündl.). Dort kann man in der Nähe des Markts ein *sŏrng·tǎa·ou* zum Park chartern (800 B). Ab Phitsanulok verlangt Golden House Tour 1700 B für ein Auto mit Fahrer, Benzin nicht inbegriffen. Reizvoll ist eine Tour mit dem Motorrad, weil die Strecke nicht stark befahren ist. Allerdings braucht man eine leistungsfähige Maschine, um die Hügel auf dem Weg zum Phu Hin Rong Kla zu bezwingen.

PROVINZ SUKHOTHAI

Sukhothai
สุโขทัย
37 000 EW.

Von der Mitte des 13. bis ins späte 14. Jh. blühte das Königreich von Sukhothai (Wachsendes Glück) auf. Diese Epoche wird oft als das „Goldene Zeitalter" der Thai-Kultur bezeichnet – die religiöse Kunst und Architektur dieser Zeit verkörpern den klassischen Stil Thailands. Die *meuang gòw* (Altstadt) von Sukothai umfasst ein 45 km² großes Gebiet mit teilweise wiederaufgebauten Ruinen, das zu den am stärksten besuchten antiken Stätten in Thailand gehört.

Die Marktstadt Neu-Sukhothai, 12 km östlich des Geschichtsparks am Mae Nam Yom gelegen, ist nicht besonders interessant. Es herrscht hier jedoch eine freundliche und entspannte Atmosphäre. Und wegen der guten Verkehrsverbindungen und der attraktiven Unterkünfte ist die Stadt ein guter Ausgangspunkt, um die Ruinen der Altstadt zu besichtigen.

Geschichte

Sukhothai gilt als die erste Hauptstadt Siams, auch wenn das so nicht ganz stimmt (s. Kasten unten). Bis 1238 war das Gebiet Teil eines Khmer-Reichs, dann verbündeten

DAS ERSTE THAI-REICH?

Die Gründung von Sukhothai im Jahr 1238 wird oft als die Gründung des ersten Thai-Königreichs bezeichnet. Aber das Königreich von Chiang Saen wurde bereits rund 500 Jahre früher gegründet und zur Zeit der Entstehung von Sukhothai gab es andere Thai-Königreiche, z. B. die Reiche von Lanna und Phayao. Der starke Einfluss, den Sukhothai auf die Kunst, Sprache, Literatur und Religion der modernen thailändischen Gesellschaft hatte, und natürlich auch die immense Größe des Reichs während seiner Blütezeit im frühen 13. Jh., haben sicher dazu begetragen, dass sich diese bequeme, aber eigentlich falsche Ansicht verbreiten konnte.

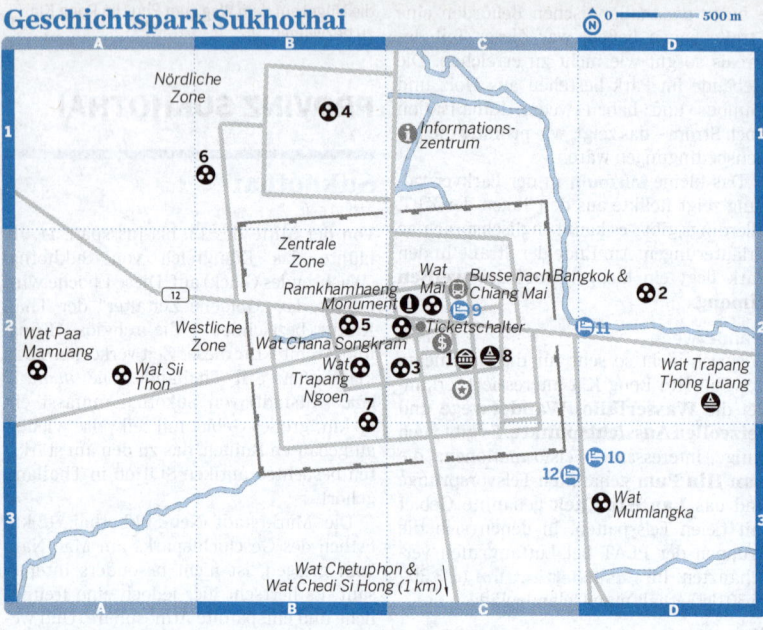

Geschichtspark Sukhothai

sich die beiden Thai-Herrscher Pho Khun Pha Muang und Pho Khun Bang Klang Hao und schufen ein neues Thai-Königreich.

Die Sukhothai-Dynastie herrschte 200 Jahre lang und brachte neun Könige hervor. Der berühmteste war König Ramkhamhaeng, der von 1275 bis 1317 herrschte. Ihm wird die Entwicklung der ersten thailändischen Schrift zugeschrieben, seine Inschriften gelten als die erste thailändische Literatur überhaupt. Unter Ramkhamhaeng breitete sich das Königreich aus und umfasste am Ende ein Gebiet, das größer war als das heutige Thailand. Doch 1438, wenige Monarchen später, fiel Sukothai an Ayutthaya.

◉ Sehenswertes
GESCHICHTSPARK
SUKHOTHAI อุทยานประวัติศาสตร์สุโขทัย

Die Ruinen von Sukhothai gehören zu den eindrucksvollsten Weltkulturerbestätten Thailands. Im Park befinden sich innerhalb der alten Stadtmauern die Überreste von 21 historischen Stätten und vier große Teiche, weitere 70 Stätten liegen in einem Umkreis von 5 km.

Typisch für die Architektur der Tempel von Sukhothai ist der klassische Lotusknospen-*chedi* mit der konischen Spitze über einem quadratischen Gebäude, das auf einem dreischichtigen Sockel ruht. Einige Stätten zeigen aber auch andere Architekturstile, die in dieser Epoche eingeführt und adaptiert wurden – z. B. den glockenförmigen singhalesischen und den zweistufigen Srivijaya-*chedi*.

Der Park ist zwar sehr gut besucht, aber auch sehr weitläufig, sodass man ihn normalerweise relativ ungestört erkunden kann. Einige der eindrucksvollsten Ruinen liegen außerhalb der Stadtmauern – man braucht also schon ein Fahrrad oder Motorrad, wenn man sich alles gründlich anschauen will.

Die Ruinen sind in fünf Zonen eingeteilt. Für die zentrale, nördliche und östliche gilt jeweils ein gesonderter Eintrittspreis von 100 B.

Zentrale Zone

In der wichtigsten **Zone** (Karte S. 390; Eintritt 100 B plus 10/30/50 B pro Fahrrad/Motorrad/Auto; ⊙ 6.30–20 Uhr) stehen viele besonders gut erhaltene, eindrucksvolle Ruinen. Am Ticketschalter kann man einen Audioguide ausleihen, der auch auf Englisch erhältlich ist (150 B).

Wat Mahathat   TEMPEL

(วัดมหาธาตุ; Karte S. 390) Sukhothais größter Wat stammt aus dem 13. Jh. Er ist von Ziegelmauern (206 x 200 m) und einem Wassergraben umgeben, der den äußeren Rand des Universums und den kosmischen Ozean darstellen soll. Die *chedis* weisen das berühmte Lotusknospenmotiv auf und zwischen den zerstörten Säulen des alten *wi·hǎhn* thronen immer noch einige stattliche Buddhastatuen. Innerhalb der Klostermauern stehen nicht weniger als 198 *chedis*. Viele halten diese Ruinen, innerhalb derer es wahrhaftig viel zu entdecken gibt, für das geistige und administrative Zentrum der alten Stadt.

Ramkhamhaeng National Museum   MUSEUM

(พิพิธภัณฑสถานแห่งชาติรามคำแหง; Karte S. 390; ☑ 0 5561 2167; Eintritt 150 B; ⊙ 9–16 Uhr) Ein guter Startpunkt für die Besichtigung der historischen Ruinen des Parks ist das Ramkhamhaeng National Museum. Inmitten einer eindrucksvollen Sammlung von Artefakten aus Sukhothai kann hier auch eine Replik der berühmten Ramkhamhaeng-Inschrift studiert werden, eines der wohl ältesten Beispiele für die thailändische Schrift.

Wat Si Sawai   TEMPEL

(วัดศรีสวาย; Karte S. 390) Gleich südlich des Wat Mahathat befindet sich dieser buddhis-tische Schrein aus dem 12. und 13. Jh. Er wurde ursprünglich von den Khmer als Hindutempel errichtet und besteht aus drei Türmen im Khmer-Stil und einem malerischen Wassergraben.

Wat Sa Si   TEMPEL

(วัดสระศรี; Karte S. 390) Der Wat Sa Si, auch bekannt als „Kloster des heiligen Teichs", steht auf einer Insel westlich des Bronzedenkmals von König Ramkhamhaeng (dem dritten König Sukhothais). Es ist ein einfacher Wat im klassischen Sukhothai-Stil mit einem großen Buddha, einem *chedi* und den Säulen des zerstörten *wi·hǎhn*.

Wat Trapang Thong   TEMPEL

(วัดตระพังทอง; Karte S. 390) Dieser kleine, immer noch bewohnte Wat neben dem Museum zeichnet sich durch seine wunderbaren Stuckreliefs aus. Ein großer Teich mit Lotusblüten umgibt den Wat, der über einen Brückensteg zugänglich ist. Dieses Reservoir, der Originalschauplatz des thailändischen Festes Loi Krathong, versorgt die Gemeinde Sukhothai mit dem Großteil des benötigten Wassers.

Nördliche Zone

Diese **Zone** (Karte S. 390; Eintritt 100 B plus 10/30/50 B pro Fahrrad/Motorrad/Auto; ⊙ 7.30–17.30 Uhr) befindet sich 500 m nördlich der alten Stadtmauern und ist leicht mit dem Fahrrad zu erreichen.

Wat Si Chum   TEMPEL

(วัดศรีชุม; Karte S. 390) Dieser Wat nordwestlich der Altstadt besitzt einen eindrucksvollen *mondòp* (Mandapa, Versammlungshalle) mit einem 15 m hohen, sitzenden Buddha aus Ziegeln und Stuck. Die eleganten, zugespitzten Finger des Buddhas sind ein beliebtes Fotomotiv. Archäologen mutmaßen, dass das Bildnis der in der berühmten Ramkhamhaeng-Inschrift erwähnte Phra Atchana ist. Ein nach oben führender Durchgang in der Mauer des *mondòp* wurde gesperrt, ein Blick auf die *jataka*-Inschriften an der Tunneldecke bleibt einem daher verwehrt.

Wat Phra Phai Luang   TEMPEL

(วัดพระพายหลวง; Karte S. 390) Dieser Wat liegt etwas isoliert außerhalb der Stadtmauern in der nördlichen Zone. Seine drei Türme im Khmer-Stil aus dem 12. Jh. sind größer als die des Wat Si Sawai. Möglicherweise lag hier das Zentrum Sukhothais unter der bis 1238 andauernden Herrschaft der Khmer aus Angkor.

Westliche Zone

Die größte **Zone** (Karte S. 390; Eintritt 100 B plus 10/30/50 B pro Fahrrad/Motorrad/Auto; ☉ 7.30–17.30 Uhr) Sukhothais liegt am nächsten Punkt 2 km westlich der alten Stadtmauern. Neben dem Wat Saphan Hin findet man mehrere, weitgehend zerfallene Ruinen vor. Zur Erkundung dieser Zone benötigt man ein Fahrrad oder Motorrad.

Wat Saphan Hin   TEMPEL

(วัดสะพานหิน; Karte S. 390) Dieser Wat steht auf einem Hügelkamm, der die Ebene um 200 m überragt. Sein Name bedeutet „Steinbrücke" in Anspielung auf den Pfad und die Stufen aus Schiefer, die zu dem Tempel hinaufführen und noch erhalten sind. Die Stätte befindet sich 3 km westlich der früheren Stadtmauer. Von oben hat man einen guten Blick auf die Ruinen Sukhothais im Südosten und die Berge im Norden und Süden.

Von der Tempelanlage sind nur ein paar *chedi* und die Ruine des *wi·hǎhn* erhalten, die aus zwei Reihen von Lateritsäulen um einen 12,5 m hohen, auf einem Backsteinsockel stehenden Buddha besteht.

Weitere Stätten

Ein paar weitere sehenswerte Stätten liegen gleich außerhalb der stärker frequentierten Zonen, für die man Eintritt bezahlen muss.

Wat Chang Lom   TEMPELE

(วัดช้างล้อม; Karte S. 390) Der Wat Chang Lom (wörtlich: das von Elefanten umringte Kloster) liegt ungefähr 1 km östlich des Haupteingangs zum Park am Hwy 12 in der östlichen Zone. Der große, glockenförmige *chedi* wird von 36 Elefantenfiguren getragen, die aus seinen Sockelmauern herausschauen.

Wat Chetupon   TEMPEL

(วัดเชตุพน; außerhalb der Karte S. 390) Dieser 1,4 km südlich der Stadtmauern gelegene Tempel besaß einst einen vierseitigen *mon·dòp*, der auf jeder Seite einen Buddha in einer der vier klassischen Stellungen – sitzend, zurückgelehnt, stehend und gehend – zeigte. Die anmutigen Umrisse des gehenden Buddhas sind noch erkennbar.

Wat Chedi Si Hong   TEMPEL

(วัดเจดีย์สี่ห้อง; außerhalb der Karte S. 390) Im Haupt-*chedi* dieses Wats direkt gegenüber vom Wat Chetupon sind noch große Teile der originalen Stuckreliefs mit lebensechten Darstellungen von Elefanten, Löwen und Menschen erhalten.

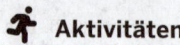

Aktivitäten

Cycling Sukhothai   RADTOUR

(außerhalb der Karte S. 395; ☏ 0 5561 2519; www.cycling-sukhothai.com; halber/ganzer Tag 600/750 B, Fahrt in den Sonnenuntergang 300 B) Der seit fast 20 Jahren in Sukhothai ansässige Belgier Ronny Hanquart ist ein begeisterter Radsportler, der viele witzige und lehrreiche Radtouren durch die Gegend anbietet. Die Touren sind thematisch ausgerichtet; es gibt beispielsweise die „Dharma & Karma Tour" mit einem Abstecher zum bizarren **Wat Tawet**, in der Statuen die buddhistische Hölle versinnbildlichen, oder die „Historical Park Tour", bei der man auch weniger besuchte Wats und Dörfer ansteuert. Auch individuelle zusammengestellte Ausflüge lassen sich vereinbaren.

Ronny ist in der Nähe des Sabaidee House zu finden; Kunden werden auf Wunsch auch kostenlos abgeholt.

Feste & Events

Loi Krathong   TRADITIONELLES FEST

Alljährlich wird an fünf Tagen im November dieses Fest im historischen Sukhothai gefeiert; und die Thailänder begehen es hier besonders gern. Besucher dürfen sich auf zauberhafte schwimmende Lichter, Feuerwerk, Volkstanzaufführungen und eine Sound-&-Light-Show freuen.

Schlafen

Die meisten Unterkünfte gibt es immer noch in Neu-Sukhothai; hier gibt es im Budgetsektor einige, die mit das beste Preis-Leistungs-Verhältnis in Nordthailand aufweisen. Saubere, freundliche Hotels und Pensionen sind massenhaft vorhanden. Viele Anlagen haben attraktive Bungalows, holen Gäste kostenlos vom Busbahnhof ab und bieten ihnen ohne Aufpreis WLAN-Zugang und Leihfahrräder an.

Immer mehr Unterkünfte entstehen in Parknähe, vor allem solche der Mittel- und Spitzenklasse. Während des Loi-Krathong-Fests schießen die Preise in die Höhe.

NEU-SUKHOTHAI

LP TIPP **Ruean Thai Hotel**   HOTEL $$$
(Karte S. 395; ☏ 0 5561 2444; www.rueanthaihotel.com; 181/20 Soi Pracha Ruammit; Zi. 1200–3600 B; ✳@🛜❄) Auf den ersten Blick könnte man diesen auffälligen Komplex für einen Tempel oder ein Museum halten. Die Zimmer im Obergeschoss wirken sehr thailändisch; mit ihren alten Teakmöbeln ver-

strömen sie viel Atmosphäre. Die Zimmer am Pool sind etwas moderner; hinten gibt es noch ein Betongebäude mit einfachen, klimatisierten Zimmern. Der Service ist freundlich und effektiv. Kostenloser Abholservice vom Busbahnhof.

At Home Sukhothai
HOTEL $$
(Karte S. 395; ☑0 5561 0172; www.athome sukhothai.com; 184/1 Th Vichien Chamnong; Zi. mit Frühstück 400–800 B; ✿@🖥) Das hübsche Gebäude, in dem der Betreiber seine Kindheit verbrachte, hat schon 50 Jahre auf dem Buckel, nach kürzlichen Renovierungsarbeiten wirkt es jedoch wie neu. Die Original-Holzmöbel und die neuen passen wunderbar zusammen. In den einfachen, aber komfortablen Zimmern fühlt man sich wirklich wie zu Hause. Im hinteren Bereich findet man einen Lotusteich, alles andere, vom Essen bis zur Thai-Massage, bekommt man im vorderen.

Lotus Village
HOTEL $$$
(Karte S. 395; ☑0 5562 1484; www.lotus-village. com; 170 Th Ratchathani; Zi. & Bungalows mit Frühstück 720–2850 B; ✿@🖥) „Dorf" ist der passende Name für diese friedliche Anlage mit erhöht stehenden Holzbungalows. In einem attraktiven Holzgebäude stehen außerdem noch kleinere Zimmer zur Verfügung. Die gesamte Anlage ist in einem birmanisch-indischen Stilmix gestaltet. Das Wellnesscenter vor Ort bietet verschiedene Anwendungen an.

Sila Resort
HOTEL $$
(Karte S. 395; ☑0 5562 0344; www.sila-resort@ hotmail.com; 3/49 Th Kuhasuwan; Zi. 400 B, Bungalows 500–1000 B; ✿@🖥) Diese dorfartige Anlage mit gemütlichen Holzbungalows, zu einem Resort passenden Nurdach-Häusern, sauberen Zimmern, einer Thai-Villa und einem Restaurant erinnert irgendwie an Disneyland. Und wie bei Disneyland gibt's ein lustiges, buntes Drumherum als Komplettpaket. Leider aber liegt diese Bleibe ein ganz schönes Stück vom Zentrum Neu-Sukhothais entfernt.

Ananda
HOTEL $$$
(außerhalb der Karte S. 395; ☑0 5562 2428-30; www.anandasukhothai.com; 10 Moo 4, Th Muang-kao; Zi. mit Frühstück 2600–3300 B, Suite mit Frühstück 5500 B; ✿@🖥) Die Bezeichnung „Museum Gallery Hotel" mag zwar Zweifel wecken, was Gäste hier eigentlich erwartet, doch das architektonisch auffällige Hotel ist wirklich gelungen. Es erinnert an eine Vorstadtkirche mit Sukhothai-Einflüssen;

NICHT VERSÄUMEN

393

SANGKALOK MUSEUM

Das kleine, aber informative **Museum** (außerhalb der Karte S. 395; ☑055614333; 203/2 Mu 3, Th Muangkao; Erw./Kind 100/50 B; ⊘8–17 Uhr) gibt eine ausgezeichnete Einführung zum berühmtesten und in alle Himmelsrichtungen exportierten Erzeugnis des antiken Sukhothai: der Keramik. Zu sehen sind eine eindrucksvolle Sammlung originaler, 700 Jahre alter thailändischer Töpferwaren, die in der Gegend gefunden wurden, ferner auch einige importierte Stücke aus Vietnam, Myanmar und China. Im zweiten Stock folgen Werke aus Ton, die keine Gebrauchsgegenstände sind, sondern reine Kunstwerke sind, darunter einige schöne und seltene Keramikbuddhas.

die 32 Zimmer sind mit dunklem Holz und erdfarbener Seide edel eingerichtet; ein Spa und ein Antiquitätenladen runden das Ganze ab. Das Ananda liegt rund 2 km außerhalb des Stadtzentrums gleich neben dem Sangkhalok Museum.

Ban Thai
HOTEL $
(Karte S. 395; ☑0 5561 0163; banthai_guest house@yahoo.com; 38 Th Prawet Nakhon; Zi. mit Gemeinschaftsbad 200 B, Bungalows 300–500 B; ✿@🖥) Rund um einen einladenden Garten verteilen sich Zimmer und winzige Bungalows. An sich sind die Zimmer nicht bemerkenswert, doch die Kombination aus freundlicher Atmosphäre und niedrigen Preisen sorgt dafür, dass diese Unterkunft im Budgetsektor zu den sehr beliebten Optionen zählt.

Sabaidee House
HOTEL $
(außerhalb der Karte S. 395; ☑0 5561 6303; www. sabaideehouse.com; 81/7 Moo 1, Tambol Bank-louy; Zi. 200–600 B; ✿@🖥) Die nette Pension, die früher eine Privatunterkunft war, hat sich dem Trend vieler Budgetunterkünfte in Sukhothai angeschlossen und bietet nun fünf attraktive Bungalows an. Billigere Zimmer gibt es immer noch im Haupthaus. Außerdem sammeln Extras wie kostenlose Leihräder und die gleichfalls kostenlose Abholung vom Busbahnhof Pluspunkte. Das Sabaidee liegt 1,5 km westlich des Mae Nam Yom in einer Nebenstraße, rund 200 m vor der Kreuzung mit der Rte 101 – einfach nach dem Schild schauen.

INSIDERWISSEN

RONNY HANQUART, MANAGER VON CYCLING SUKHOTHAI

Schönste Tempel

Zwei Tempel, die man sich unbedingt anschauen muss, sind der Wat Mahathat (S. 391) und der Wat Si Chum (S. 391) mit der majestätischen Buddhastatue.

Interessantestes Museum

Wenn man den Geschichtspark Si Satchanalai (S. 398) besuchte, sollte man sich unbedingt die freigelegten Brennöfen am Fluss Yom (S. 399) anschauen.

Beste Besuchszeit

Frühmorgens ist es kühler und der Besucherandrang geringer. Nach einer Siesta unter einem der großen Bäume im Park kann man sich dann bis zum Abend weiter umschauen. In der Monsunzeit (Mai–Okt.) ist Sukhothai grün, in der kühlen Jahreszeit (Dez.–Feb.) hat es hier wirklich angenehm kühle Temperaturen.

Bester Ort, um den Massen zu entkommen

Die westliche Zone (S. 392) ist ziemlich groß und in eine schöne Naturlandschaft eingebettet. Wenige Touristen verirren sich dorthin.

Schönster Sonnenuntergang

Der Wat Sa Si (S. 391) in der zentralen Zone ist ein herrlicher Ort, um den Sonnenuntergang zu genießen.

Geheimtipp

Der Wat Tawet, wo buddhistische und hinduistische Lehren in einer Ausstellung von rund 200 Statuen veranschaulicht werden, ist interessant für Leute, die Kunst und Kitsch zu schätzen wissen.

Beste andere Aktivität

Da empfiehlt sich eine Radtour ins Umland, zu Reisfeldern und kleinen Dörfern – schlicht und einfach schön.

Baan Georges Hotel HOTEL $$
(Karte S. 395; ☏08 6100 7651; www.baan-georges.com; 28/54 Soi Chaiwannasut; Zi. mit Frühstück 700–1500 B; ✳@✿☇) Die Betreiber des Poo Restaurant haben ihre neue, dreistöckige Villa für Gäste geöffnet. Die Zimmer sind groß und mit Fernseher, Kühlschrank, Klimaanlage und High-Tech-Badezimmern ausgestattet. Zu den Highlights zählen die Familienzimmer mit Stockbetten, der Pool sowie Speisesaal und Küche unter freiem Himmel auf dem Dach.

TR Room & Bungalow HOTEL $
(Karte S. 395; ☏0 5561 1663; www.sukhothaibudgetguesthouse.com; 27/5 Th Prawet Nakhon; Zi. 250–400 B, Bungalows 400 B; ✳@☇) Die Zimmer hier sind einfach, aber pieksauber. Wer mehr Platz benötigt, findet hinten fünf geräumige Bungalows. Richtig einladend ist die gemütliche Terrasse. Kurz: eine ausgezeichnete Budgetoption.

4T Guesthouse HOTEL $$
(Karte S. 395; ☏0 5561 4679; www.4tguesthouse.ob.tc; 122 Soi Mae Ramphan; Zi. 300–400 B, Bun-galows 600–900 B; ✳@✿☇) In dieser weitläufigen, resortartigen Pension herrscht peinliche Ordnung. Die bunte Palette an Bungalows und geräumigen Zimmern deckt praktisch alle Preisklassen ab. Ein weiterer Pluspunkt ist der Swimmingpool.

Hung Jeng PENSION $
(Karte S. 395; ☏0 5561 0585; hangjeng@hotmail.com; 44/10 Th Prawet Nakhon; Zi. 150–350 B; ✳@☇) Auf dem Schild über der Tür steht „Welcome with open arms" – und man gewinnt den Eindruck, dass das ernst gemeint ist. Eine ausgesprochen nette Familie bietet hier in einem großen, stimmungsvollen Haus Zimmer mit Gemeinschaftsbädern und Balkon an.

Sukhothai Guest House HOTEL $$
(Karte S. 395; ☏0 5561 0453; www.sukhothaiguesthouse.com; 68 Th Vichien Chamnong; Zi. 450–750 B; ✳@☇) Die seit Langem bestehende Herberge hat zwölf Bungalows mit Terrassen, die in einem schattigen Garten stehen. Der Gemeinschaftsbereich ist ein wahres Sammelsurium an Schnickschnack.

Neu-Sukhothai

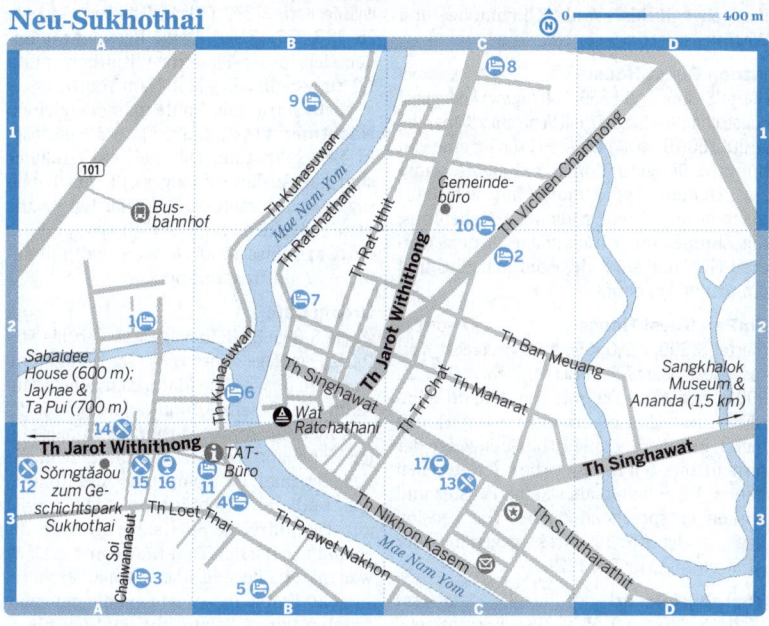

Neu-Sukhothai

Die Betreiber sind freundlich und veranstalten auch Touren.

J&J Guesthouse — HOTEL $
(☎0 5562 0095; www.jjguest-house.com; 12 Th Kuhasuwan; Bungalows mit Ventilator/Klimaanlage 500/600 B; ❋@♠) Die acht Bungalows stehen in einem gepflegten Garten am Fluss. Sie sind neu, kühl und recht geräumig.

GESCHICHTSPARK SUKHOTHAI
Orchid Hibiscus Guest House — HOTEL $$
(Karte S. 390; ☎0 5563 3284; orchid_hibiscus_guest_house@ XE"hotmai"hotmail.com; 407/2 Rte 1272; Zi./Bungalows 900/1300 B; ❋@♠❅) Die Zimmer und Bungalows verteilen sich über ein ruhiges, gepflegtes Gelände, in dessen Mitte sich ein Swimmingpool befindet. Die Zimmer sind heiter, makellos und voller hübscher Details und Gestaltungsakzente. Als Extra gibt's ein „amazing Breakfast". Die Pension liegt an der Rte 1272 rund 500 m von der Rte 12 entfernt – die Ausfahrt zwischen Kilometer 48 und 49 ist die richtige.

Thai Thai — HOTEL $$
(Karte S. 390; ☎08 4932 1006; thai_thai_guest house@hotmail.com; Rte 1272; Bungalows mit Frühstück 1000–1200 B; ❋@♠) Gleich neben dem Orchid Hibiscus stehen die zehn Holzbungalows des Thai Thai in einem hübschen Garten. Die Bungalows sind mit

Fernseher, Kühlschrank, Klimaanlage und Warmwasser ausgestattet.

Vitoon Guest House
PENSION $

(Karte S. 390; ☏ 0 5569 7045; www.vitoonguest house.com; 49 Moo 3; Zi. mit Ventilator/Klimaanlage 300/600 B; ❄ @) Dieses Haus ist eine von nur zwei Budgetoptionen in Gehentfernung zur Altstadt. Die Zimmer mit Ventilator machen aus ihrem Alter kein Geheimnis, die Zimmer mit Klimaanlage in dem neueren Gebäude sind hingegen makellos und ein prima Angebot.

PinPao Guest House
HOTEL $$

(Karte S. 390; ☏ 0 5563 3284; orchid_hibis cus_guest_house@hotmail.com; Hwy 12; Zi. 900 B; ❄ @ ☂ ☒) Die mit dem Orchid Hibiscus Guest House verbundene Unterkunft bietet in einem großen Gebäude zehn der farbenfrohesten Zimmer, die wir je gesehen haben. Viele haben aber keine Fenster und wirken entsprechend düster. Die Pension liegt an der Rte 12, direkt gegenüber der Abzweigung zur Rte 1272.

Tharaburi Resort
HOTEL $$$

(Karte S. 390; ☏ 0 5569 7132; www.tharaburi resort.com; 321/3 Moo 3, Rte 1272; Zi. mit Frühstück 1200–4200 B, Suite 5000–6500 B; ❄ @ ☂ ☒) Das etwas überteuerte Boutiquehotel bietet in den drei Hauptgebäuden 20 individuell gestaltete Zimmer und Suiten. Einige sind mit guten Antiquitäten, opulenter Seide und Sinn für Details als Themenzimmer (marokkanisch, japanisch, chinesisch) eingerichtet. Die billigeren Zimmer sind einfacher, aber in den Suiten fühlt man sich wie in einer kleinen Wohnung. Außerdem gibt es zwei Stockwerke umfassende Familienzimmer.

Old City Guest House
HOTEL $

(Karte S. 390; ☏ 0 5569 7515; 28/7 Moo 3; Zi. 150–700 B; ❄ ☂) In dem großen Komplex gibt es eine Menge Zimmer in diversen Stilen und Preisklassen. Die meisten haben Fernseher und Klimaanlage. Man sollte sich ein paar zeigen lassen, ehe man sich entscheidet.

✗ Essen & Ausgehen

Sukhothais kulinarisches Markenzeichen ist *gŏo·ay dĕe·o sù·kŏh·tai*, „Nudeln auf Sukhothai-Art" in einer süßlichen Brühe mit verschiedenen Sorten Schweinefleisch, zermahlenen Erdnüssen und grünen Bohnen in dünnen Streifen. Das Gericht bekommt man im **Jayhae** (außerhalb der Karte S. 395; Th Jarot Withithong; Gerichte 25–40 B; ☾7–16 Uhr) und gleich gegenüber im **Ta Pui** (außer-

halb der Karte S. 395; Th Jarot Withithong; Gerichte 25–35 B; ☾7–15 Uhr). Beide Restaurants finden sich in der Th Jarot Withithong rund 1,3 km westlich des Mae Nam Yom.

Nicht versäumen sollte man den kleinen **Nachtmarkt** (Karte S. 395; Th Jarot Withithong) in Neu-Sukhothai. Die meisten Verkäufer sind auf Ausländer eingestellt und haben sogar zweisprachige Speisekarten. Nahe dem Ticketkiosk im Geschichtspark gibt es ein paar Imbissstände (Karte S. 390) und einfache Freiluftrestaurants.

Dream Café
THAI $

(Karte S. 395; 86/1 Th Singhawat; Gerichte 80–150 B; ☾mittags & abends; ❄) Im Dream Café zu essen, ist wie eine Mahlzeit in einem Museum oder einem Antiquitätengeschäft. Es gibt hier ein Sammelsurium geschmackvoller Möbel und jede Menge Schnickschnack, das Personal ist kompetent und freundlich, und – am wichtigsten – das Essen ist gut. Die hilfreiche Speiskarte erläutert die Grundbegriffe der Thai-Küche und erklärt, was man da bestellt und wie man es zu essen hat. Empfehlenswert sind die gut zubereiteten *yam* („Salate" thailändischer Art) sowie die Gerichte mit Süßwasserfischen, die im Ort die Spezialität sind.

Chula
THAI $

(Karte S. 395; Th Jarot Withithong; Gerichte 30–90 B; ☾mittags & abends) Das bei Einheimischen beliebte Lokal hat den Charme eines Flugzeughangars, das Essen aber ist verlässlich gut. Man entscheidet sich entweder für ein fertig zubereitetes Gericht oder lässt sich eines aus den frischen Zutaten zubereiten, die vorne ausliegen und dann vor den Augen des Gastes gebraten werden.

Poo Restaurant
INTERNATIONAL, THAI $

(Karte S. 395; 24/3 Th Jarot Withithong; Gerichte 30–150 B) Das Restaurant hat einen komischen Namen und wirkt schlicht, bietet aber eine überraschende Auswahl an Frühstücksgerichten, herzhaften Sandwichs, belgischen Bieren und sogar ein paar Thai-Gerichte.

Coffee Cup
INTERNATIONAL, THAI $

(Karte S. 390; Moo 3, Old Sukhothai; Gerichte 30–150 B; ☾7–22 Uhr) Wenn man in der Altstadt wohnt oder ein Frühaufsteher ist, sollte man hier frühstücken: Der Kaffee ist stark und das Brot frisch.

Chopper Bar
BAR

(Karte S. 395; Th Prawet Nakhon; ☾17–0.30 Uhr) Traveller und Einheimische versammeln sich in dieser Bar unweit des kleinen Hotelviertels von Sukhothai, um zu essen, sich einen Kater einzufangen, Livemusik zu hören und zu flirten.

Terrace & Trees
BAR

(Karte S. 395; Th Singhawat; ☺17–0.30 Uhr) In der Restaurantbar hinter dem Sawasdipong Hotel spielen Bands unterschiedlicher Qualität. Das Terrace & Trees gehört zu den angesagteren Locations für einen Drink – oder auch zwei.

❶ Praktische Informationen

Banken mit Geldautomaten sind über das gesamte Zentrum von Neu-Sukhothai verstreut, sie häufen sich im Gebiet westlich des Mae Nam Yom. Ein paar gibt es inzwischen auch in Alt-Sukhothai. Ein Rechner mit Internetzugang ist in Neu-Sukhothai leicht zu finden, auch viele Pensionen bieten diesen Service.

Polizei (☎0 5561 1010) In New Sukhothai.

Post (Th Nikhon Kasem, Neu-Sukhothai; ☺Mo–Fr 8.30–12 & 13–16.30, Sa & So 9–12 Uhr)

Sukhothai Hospital (☎0 5561 0280; Th Jarot Withithong, Neu-Sukhothai)

Tourism Authority of Thailand (TAT; ☎landesweite Rufnummer 1672, Sukhothai 0 5561 6228; Th Jarot Withithong; ☺8.30–16.30 Uhr) Das neue Büro nahe der Brücke in Neu-Sukhothai hat eine recht gute Auswahl an Karten und Broschüren.

Touristenpolizei (Geschichtspark Sukhothai) Im Notfall 1155 anrufen oder die Wache der Touristenpolizei gegenüber dem Ramkhamhaeng National Museum aufsuchen.

❶ An- & Weiterreise
Flugzeug

Sukhothais Flughafen liegt an der Rte 1195 und ist von der Stadt 27 km und von Sawankhalok rund 11 km entfernt. Zwischen dem Flughafen und Neu-Sukhothai verkehrt ein Kleinbus (180 B). **Bangkok Airways** (☎landesweite Rufnummer 1771, Sukhothai 0 5564 7224; www.bangkokair.com; Sukhothai Airport) fliegt zum Suvarnabhumi International Airport in Bangkok (3480 B, 80 Min., 2-mal tgl.) und nach Lampang (2115 B, 30 Min., tgl.).

❶ Unterwegs vor Ort

Eine *sǎhm·lór*-Fahrt in Neu-Sukhothai sollte nicht mehr als 40 B kosten. *Sǒrng·tǎa·ou* fahren häufig zwischen Neu-Sukhothai und dem Ge-

BUSSE & KLEINBUSSE AB SUKHOTHAI

Sukhothais **Busbahnhof** (☎0 5561 4529; Rte 101) liegt fast 1 km nordwestlich vom Stadtzentrum. Die vielen Busse, die Richtung Süden nach Bangkok fahren, halten auch in Phitsanulok, Kamphaeng Phet und Ayutthaya. Viele Busse fahren auch nordwärts nach Chiang Mai mit Zwischenhalt in Lampang.

Kleinbusse fahren nach Mae Sot (130 B, 3 Std., 9.15–16.15 Uhr, alle 2 Std.), *sǒrng·tǎa·ou* nach Kamphaeng Phet (39 B, 2 Std., tagsüber häufig).

Wenn man zum Busbahnhof will, ohne sich von gierigen Túk-túk-Fahrern abzocken zu lassen, steigt man einfach in das *sǒrng·tǎa·ou* zum Geschichtspark Sukhothai, das unterwegs am Busbahnhof hält (20 B, 10 Min., 6–17.30 Uhr). Wenn man in der Nähe des Geschichtsparks wohnt, ist es eine Alternative, an der Haltestelle in der Nähe des Vitoon Guesthouse die Busse nach Bangkok (262–380 B, 6 Std., 9 & 20.20 Uhr) oder Chiang Mai (300 B, 5 Std., 7.30–20.30 Uhr, häufig) zu nehmen.

ZIEL	PREIS (B)	DAUER (STD.)	HÄUFIGKEIT
Bangkok	255–380	6–7	7.50–23 Uhr, alle 30 Min.
Chiang Mai	218	6	7.15–16.30 Uhr, alle 30 Min.
Chiang Rai	249	9	6.40, 9 & 11.30 Uhr
Kamphaeng Phet	55–70	1½	7.50–23 Uhr
Khon Kaen	234	7	8.30–16 Uhr
Lampang	162	3	7.15–16.30 Uhr, alle 30 Min.
Nan	185	4	15 & 16 Uhr
Phitsanulok	28–39	1	6–18 Uhr, alle 30 Min.
Sawankhalok	19–27	1	6–18 Uhr, stündl.
Si Satchanalai	46	1½	11 Uhr

schichtspark Sukhothai (20 B, 30 Min., 6–17.30 Uhr) hin und her, sie starten in der Th Jarot Withithong nahe dem Poo Restaurant und halten unterwegs am Busbahnhof von Sukhothai.

Der Transport vom Busbahnhof ins Zentrum von Neu-Sukhothai kostet 60 B in einem gecharterten Auto, mit einem Motorradtaxi 40 B. Nach Alt-Sukhothai kostet die Fahrt mit einem *sŏrng·tăa·ou* 180 B, mit einem Motorradtaxi 150 B.

Im Geschichtspark kommt man am besten mit dem Fahrrad herum. Die Läden vor dem Parkeingang verleihen Räder für 30 B pro Tag. Eine Straßenbahn kurvt durch die zentrale Zone des Parks (80 B, 1 Std., 8–17 Uhr); Erläuterungen gibt's dabei aber nur auf Thailändisch.

Motorräder können im Poo Restaurant und bei fast allen Pensionen in Neu-Sukhothai gemietet werden (ab 250 B/24 Std.).

Rund um Sukhothai

GESCHICHTSPARK SI SATCHANALAI-CHALIANG
อุทยานประวัติศาสตร์ศรีสัชนาลัย

Diesen Teil der Stätten von Sukhothai sollte man keinesfalls auslassen. Wer über Vorstellungskraft verfügt und einen Sinn für Abenteuer hat, wird diese schlichtere Ansammlung eindrucksvoller Ruinen lieben.

Die aus dem 13. bis 15. Jh. stammenden Ruinen der alten Städte Si Satchanalai und Chaliang liegen eingebettet zwischen Hügeln 50 km nördlich von Sukhothai. Im Stil gleichen sie den Ruinen im Geschichtspark von Sukhothai, die Umgebung ist hier allerdings friedlicher. Der Park umfasst rund 720 ha und ist von einem 12 m breiten Graben umgeben. Chaliang, 1 km südöstlich von Si Satchanalai, ist die ältere der beiden Städte. Sie wurde schon im 11. Jh. gegründet, ihre beiden Tempel stammen aber aus dem 14. Jh.

Die nahe gelegenen Städte Ban Hat Siaw und Sawankhalok sind die wichtigsten Versorgungszentren für die Gegend.

Si Satchanalai
In dieser **Zone** (Eintritt 100 B plus 50 B/Auto; 8–16.30 Uhr) stehen die meisten Ruinen.

EIN SCHNÄPPCHEN

Für die Gebühr von 220 B erhält man Zugang zu Si Satchanalai, zum Wat Chao Chan (in Chaliang) und zum Si Satchanalai Centre for Study & Preservation of Sangkalok Kilns.

Das **Informationszentrum** des Parks (8.30–17 Uhr) verteilt kostenlose Lagepläne und zeigt eine kleine Ausstellung zur Geschichte des Orts und zu seinen Sehenswürdigkeiten. In der Nähe des Eingangstors werden Fahrräder vermietet (20 B).

Wat Chang Lom   TEMPEL
(วัดช้างล้อม) Dieser schöne Tempel war das Zentrum der alten Stadt Si Satchanalai. Elefantenfiguren umgeben den glockenförmigen *chedi*, der besser erhalten ist als sein Gegenstück in Sukhothai. Einer Inschrift zufolge wurde der Tempel zwischen 1285 und 1291 von König Ramkhamhaeng erbaut.

Wat Khao Phanom Phloeng   TEMPEL
(วัดเขาพนมเพลิง) Auf dem Hügel mit Blick auf den Wat Chang Lom finden sich die Reste des Wat Khao Phanom Phloeng. Erhalten sind u.a. ein *chedi*, ein großer sitzender Buddha und Steinsäulen, die einst das Dach des *wí·hăhn* trugen. Von dem Hügel aus kann man die Anlage dieser einst großen Stadt prima erkennen. Auf dem etwas höheren Hügel westlich des Phanom Phloeng ragt ein großer *chedi* im Sukhothai-Stil in die Höhe – die einzigen Überreste des Wat Khao Suwan Khiri.

Wat Chedi Jet Thaew   TEMPEL
(วัดเจดีย์เจ็ดแถว) Neben dem Wat Chang Lom liegt die Ruine des Wat Chedi Jet Thaew. Hier stehen sieben Reihen von *chedis*; der größte davon ist die Kopie eines *chedis* des Wat Mahathat in Sukhothai. Der *wí·hăhn* aus Ziegel und Mörtel ist ebenfalls sehenswert: Seine Gitterfenster wurden anscheinend aus gedrechseltem Holz gefertigt – eine alte indische Technik, die man in ganz Südostasien antrifft. Auf dem Dach drängen sich ein *chedi* und ein *prasat*, ein kleines, reich verziertes, kreuzförmiges Gebilde mit nadelförmigem Turm.

Wat Nang Phaya   TEMPEL
(วัดนางพญา) Dieser *chedi* im singhalesischen Stil, südlich des Wat Chedi Jet Thaew gelegen, stammt aus dem 15. oder 16. Jh. und ist folglich etwas jünger als die anderen Ruinen von Si Satchanalai. Die Stuckreliefs an dem großen, mittlerweile von einem Blechdach geschützten Laterit-*wí·hăhn* vor dem *chedi* stammen aus der Ayutthaya-Periode, in der Si Satchanalai als Sawankhalok bekannt war. Die Goldschmieden in der Umgebung fertigen noch immer *nahng pá·yah* an, ein Muster, das diesen Reliefs nachempfunden ist.

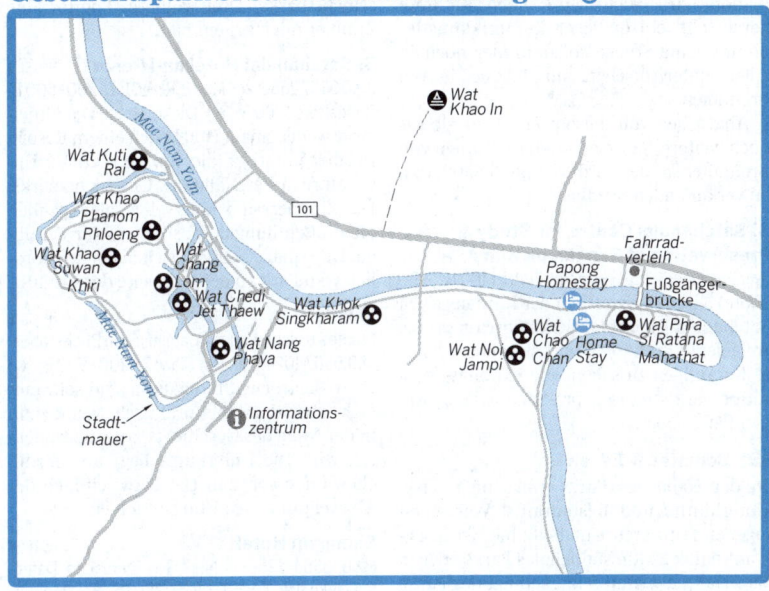

Chaliang

Zu dieser älteren **Stätte** (Karte S. 399), die eine kurze Fahrradfahrt von Si Satchanalai entfernt ist, gehören zwei sehenswerte Tempel. Am Wat Chao Chan wird nicht immer Eintritt verlangt.

Wat Phra Si Ratana Mahathat · TEMPEL

(วัดพระศรีรัตนมหาธาตุ; Eintritt 20 B; ⊘8–17 Uhr) Diese Ruinen bestehen aus einem großen Laterit-*chedi* aus den Jahren 1448 bis 1488, der zwischen zwei *wí·hǎhns* steht. Einer der *wí·hǎhns* wartet mit einem großen, sitzenden Buddha im Sukhothai-Stil, einem kleineren, stehenden Buddha und einem Basrelief des berühmten schreitenden Buddhas auf, der so typisch für den fließenden, scheinbar „knochenlosen" Sukhothai-Stil ist. Der andere *wí·hǎhn* enthält einige weniger bedeutende Bildnisse.

Wat Chao Chan · TEMPEL

(วัดเจ้าจันทร์; Eintritt 100 B; ⊘8–17 Uhr) Die Ruinen dieses Wats liegen etwa 500 m westlich des Wat Phra Si Ratana Mahathat. Die Hauptattraktion hier ist ein großer Turm im Khmer-Stil (ähnlich den späteren Türmen von Lopburi), der wahrscheinlich aus der Regierungszeit des Khmer-Königs Jayavarman VII. (1181–1217) stammt. Der Turm wurde restauriert und befindet sich in recht gutem Zustand. Der dachlose *wí·hǎhn* zur

Rechten beherbergt die Umrisse eines großen, stehenden Laterit-Buddhas, den Sonne und Witterung fast vollständig zerbröselt haben.

Die Öfen von Sawankhalok

Einst säumten in der Gegend um Si Satchanalai mehr als 200 riesige **Keramikbrennöfen** (Eintritt frei) die Ufer des Mae Nam Yom. In China – dem größten Importeur thailändischer Töpferwaren in der Sukhothai- und Ayutthaya-Periode – wurden die Töpferwaren „Sangkalok" genannt, eine

ABSTECHER

SAWANWORANAYOK NATIONAL MUSEUM

Im Ort Sawankhalok zeigt das, staatlich subventionierte **Museum** (☑0 5564 1571; 69 Th Phracharat, Sawankhalok; Eintritt 50 B; ⊘9–16 Uhr) eine eindrucksvolle Sammlung von Artefakten aus dem 12. bis 15. Jh. Im Erdgeschoss sind Keramiken aus der Region ausgestellt, im Obergeschoss wunderschöne Buddhastatuen der Sukhothai-Ära aus Stein und Bronze. Es liegt am westlichen Flussufer nahe dem Wat Sawankhalam.

Verballhornung von Sawankhalok. In der Region wird auch heute noch Keramik hergestellt, ein örtlicher Keramikkünstler brennt seine Stücke sogar immer noch in einem unterirdischen, mit Holz befeuerten Brennofen.

Abgesehen von diesem Zentrum gibt es noch weitere, kaum erkennbare Ruinen von Brennöfen an der nördlich von Si Satchanalai verlaufenden Straße.

Si Satchanalai Centre for Study & Preservation of Sangkalok Kilns   MUSEUM
(ศูนย์ศึกษาและอนุรักษ์เตาสังคโลก; Eintritt 100 B; ⊙9– 16 Uhr) 5 km nordwestlich der Ruinen von Si Satchanalai sind in diesem Zentrum große, freigelegte Brennöfen und viele konservierte Keramiken zu sehen. Die Exponate sind interessant, englischsprachige Erläuterungen fehlen aber.

🛏 Schlafen & Essen
In der Nähe des Parks gibt's nicht viele Unterkünfte und Restaurants. Wer einen eigenen fahrbaren Untersatz hat, ist in Sawankhalok 20 km südlich des Parks oder in Ban Hat Siaw rund 9 km südlich des Parks besser aufgehoben.

Sukhothai Heritage Resort   HOTEL $$$
(☎0 5564 7564; www.sukhothaiheritage.com; 999 Moo 2, Sukhothai Airport; Zi. mit Frühstück 4000–5900 B; Suite mit Frühstück 11600 B; ❄@🖥🏊) Die nobelste Anlage in der Gegend gehört Bangkok Airways und liegt nahe dem Flughafen fast 32 km vom Geschichtspark Si Satchanalai entfernt. Niedrige Backsteinbauten und Häuser mit Spitzdächern verteilen sich um einlullende Lotosteiche und gipfeln in einem tempelartigen Ambiente – wenn man so will, eine Fortsetzung des Geschichtsparks. Die Zimmer mit großen Flachbildfernsehern und modernen Möbeln holen einen aber wieder schnell in die Gegenwart zurück.

Home Stay   PENSION $
(☎08 1935 2835; Zi. & Bungalow 500 B; Chaliang; ❄🖥🏊) Nur eine Gehminute vom Wat Phra Si Ratana Mahathat in Chaliang entfernt. Im Angebot sind drei saubere und komfortable Zimmer mit Gemeinschaftsbad in einem großen Haus und ein Bungalow am Pool. Zu essen gibt's allerdings nichts – man muss sich, am besten noch vor 18 Uhr, in der Nähe des Parkeingangs versorgen.

Papong Homestay   PENSION $
(☎0 5563 1557, 08 7313 4782; Zi. 500 B; Chaliang; ❄) Eine weitere, von Einheimischen betriebene Unterkunft in der Nähe des Geschichtsparks. Drei saubere, komfortable Zimmer mit eigenem Bad.

Si Satchanalai Hotel and Resort   HOTEL $
(☎0 5567 2666; 247 Moo 2, Rte 101; Zi. 200–500 B, Bungalows 1200 B; ❄) Diese Herberge ähnelt zwar weder einem Hotel noch einem Resort, ist aber praktisch die einzige reguläre Unterkunft in der Nähe des Geschichtsparks. Die Zimmer sind langweilig, aber sauber, die großen Bungalows sind was für Familien. Die Anlage befindet sich fast 6 km nördlich vom Park an der Westseite der Rte 101.

Mukda   HOTEL $
(Keine Ausschilderung in lateinischen Buchstaben; ☎0 5567 1024; Ban Hat Siaw; Zi. 200–500 B; ❄) Die rosafarbenen Bungalows sind sehr einfach, aber durchaus praktisch, wenn man in der Nähe des Geschichtsparks übernachten will. Die Unterkunft liegt am nördlichen Ende von Ban Hat Siaw; einfach der Abzweigung nach Utaradit folgen.

Saengsin Hotel   HOTEL $
(☎0 5564 1259/1424; 2 Th Thetsaban Damri, Sawankhalok 3; EZ/DZ 220/360 B; ❄) Das alteingesessene Hotel liegt 1 km südlich des Bahnhofs an der Hauptstraße, die durch Sawankhalok verläuft. Es hat saubere, komfortable Zimmer und einen Kaffeeausschank. An der Hauptstraße gibt's noch ein paar mehr Unterkünfte.

ℹ An- & Weiterreise
BUS

Der Geschichtspark Si Satchanalai-Chaliang liegt abseits der Rte 101 zwischen Sawankhalok und Ban Hat Siaw. Aus Neu-Sukhothai nimmt man den Bus nach Si Satchanalai (46 B, 1½ Std., 11 Uhr) oder einen der drei Busse nach Chiang Rai (46 B, 6.40, 9 & 11.30 Uhr) und lässt sich an der *meuang gòw* (Altstadt) absetzen. Der letzte Bus zurück nach Neu-Sukhothai fährt um 16.30 Uhr ab.

Aus Sawankhalok kommend, kann man vom Busbahnhof an der Straße des Orts praktisch jeden Bus nehmen (24–50 B, 7–17 Uhr, häufig).

ZUG

Sawankhaloks alter Bahnhof ist eine der Sehenswürdigkeiten des Orts. König Rama VI. ließ extra eine 60 km lange Bahnstrecke von Ban Dara, einer kleinen Ortschaft an der Hauptbahnstrecke nach Norden, nach Sawankhalok bauen, um die Ruinen besuchen zu können. Erstaunlicherweise gibt's heute einen täglich verkehrenden Spezialexpress von Bangkok nach Sawankhalok (482 B, 7 Std., 10.50 Uhr). Der Zug fährt um 19.40 Uhr nach Bangkok zurück, wo er um 3.30 Uhr ankommt. Man kann diesen Zug auch nur

bis Phitsanulok (328 B, 3½ Std., 17.55 Uhr) nehmen. Der Zug ist ein „Sprinter", d. h. er hat nur
2.-Klasse-Wagen mit Klimaanlage und keinen
Schlafwagen. Im Fahrpreis sind Abendessen und
Frühstück enthalten.

ⓘ Unterwegs vor Ort

Leihfahrräder (20 B/Tag) gibt's bei einem Laden
am Tor zum Wat Phra Si Ratana Mahathat und
bei diversen Anbietern in der Nähe der Imbissstände am Eingang zum Geschichtspark.

PROVINZ KAMPHAENG PHET

Kamphaeng Phet   กำแพงเพชร

30 000 EW.

Kamphaeng Phet liegt auf halbem Wege
zwischen Bangkok und Chiang Mai. Der
Name der einstmals befestigten Stadt bedeutet wörtlich „Diamantenmauer" in Anspielung auf die Stärke ihrer Mauern. Diese
waren auch notwendig, galt die Stadt doch
als wichtiger strategischer Punkt in der
Verteidigungslinie des Sukhothai- und später des Ayutthaya-Königreichs gegen Angriffe aus Birma oder Lanna. Teile der Mauern sind heute noch zu sehen, wie auch die
eindrucksvollen Ruinen mehrerer religiöser Gebäude. Die moderne Stadt erstreckt
sich an einem seichten Abschnitt des Mae
Nam Ping und gehört zu den schöneren
Provinzhauptstädten Thailands.

◉ Sehenswertes

Geschichtspark
Kamphaeng Phet   HISTORISCHER PARK
(อุทยานประวัติศาสตร์กำแพงเพชร; ☏0 5571 1921;
Eintritt 100–150 B plus 20/50 B pro Motorrad/
Auto 20/50B; ⊙8–17 Uhr) Dieser Park gehört
zum Unesco-Welterbe. Die hiesigen Ruinen
stammen aus dem 14. Jh., entstanden also
ungefähr zur gleichen Zeit wie die bekannteren Bauten des Königreichs Sukhothai.
An den buddhistischen Stätten Kamphaeng Phets wurde aber noch fast 200 Jahre
lang bis in die Ayutthaya-Periode hinein
weitergebaut, sodass sie gleichermaßen
vom Sukhothai- und vom Ayutthaya-Stil
geprägt sind – ein Mix, der nirgendwo sonst
in Thailand zu finden ist.

Der Park ist in zwei Zonen unterteilt,
das Kombiticket (150 B) gilt für beide. Die
Altstadt (Eintritt 100 B) ist von einer Mauer
umgeben (dem „Diamantentor") und wur-
de früher von Mönchen der Sekte *gamava-
si* („Leben in der Gemeinschaft") bewohnt.
Dieses Gebiet wird vom **Wat Phra Kaew**
beherrscht, der neben dem heute zur Ruine
zerfallenen Königspalast steht. Die Anlagen
sind bei Weitem nicht so gut restauriert wie
in Sukhothai, dafür sind sie kleiner, intimer
und weniger stark besucht. Durch die Ver-
witterung haben die Buddhafiguren eine
schlanke, poröse Gestalt angenommen,
die manche Besucher an Plastiken Alber-
to Giacomettis erinnern. Ungefähr 100 m
südöstlich des Wat Phra Kaew befindet sich
der **Wat Phra That**, der sich durch einen
großen, von Säulen umgebenen *chedi* mit
rundem Sockel auszeichnet.

Die meisten Ruinen von Kamphaeng
Phet liegen rund 1,5 km nördlich der Stadtmauern in einem Gebiet, in dem früher die
Mönche der Sekte der *arani* („Leben im
Wald") wohnten (Eintritt 100 B). Das in der
Altstadt gekaufte Kombiticket besitzt auch
hier Gültigkeit. Am Eingang gibt es ein ausgezeichnetes **Besucherzentrum** (⊙8.30–
16.30 Uhr). In dieser Zone gibt es mehr als 40

ABSTECHER

BAN NA TON CHAN

Ban Na Ton Chan, ein malerisches Dorf im ländlichen Sukhothai, hat ein interessantes
und preisgekröntes **Homestay-Programm** (☏08 9885 1639; http://homestaynatonchan.
blogspot.com; 350 B/Pers.) aufgelegt. Fast 20 Haushalte sind beteiligt. Im Preis inbegriffen sind Frühstück und Abendessen; zu Mittag kann man *kôw bóep* probieren, ein
regionales Nudelgericht. Außerdem besteht die Möglichkeit, bei den Tätigkeiten der
Dorfbewohner – z. B. Kochen, Weben oder das Herstellen von Möbeln – mitzumachen.
Die Einheimischen zeigen bereitwillig ihre Wohnungen und geben gern ihr Wissen
weiter, allerdings ist es mit ihren Englischkenntnissen nicht weit her.

Das Dorf liegt 15 km östlich der Rte 101 an einer ausgeschilderten Nebenstraße
nördlich von Ban Hat Siaw. Ein Motorradtaxi vom Stand nahe dem 7-Eleven in Ban Hat
Siaw bringt einen für 150 B hin, ein *sǎhm·lór* kostet 350 B.

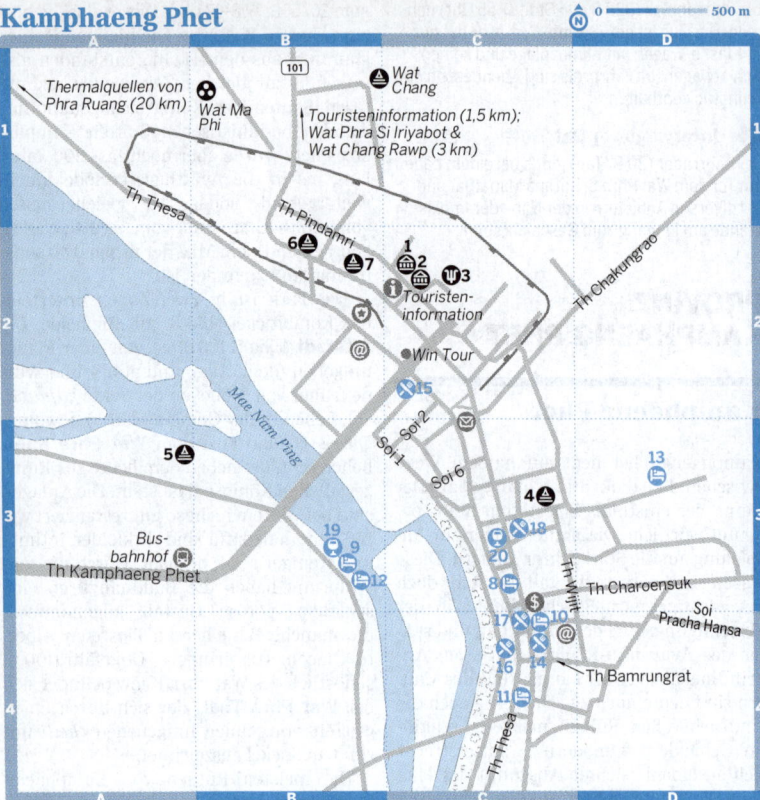

Tempelanlagen, darunter den **Wat Phra Si Iriyabot** mit den im klassischen Sukothai-Stil gearbeiteten Überresten verwitterter stehender, sitzender, gehender und sich zurücklehnender Buddhafiguren.

Nordwestlich davon befindet sich der **Wat Chang Rawp** („von Elefanten umringter Tempel"), der genau das ist, was der Name verheißt: ein Tempel mit einer von Elefantenfiguren bekrönten Mauer. In derselben Gegend finden sich noch mehrere andere Tempelruinen, von denen man heute meist nicht mehr sieht als niedrige Backsteinfundamente mit dem einen oder anderen verwitterten Buddhabild.

Wat Phra Borommathat　　　TEMPEL

(วัดพระบรมธาตุ; Eintritt frei) Jenseits des Mae Nam Ping liegen die vernachlässigten Ruinen des Wat Phra Borommathat in einem Gebiet, das schon lange vor der Blütezeit von Kamphaeng Phet besiedelt war. Die noch sichtbaren Überreste stammen allerdings aus der postklassischen Sukothai-Periode. Der Tempelkomplex hat einige kleine und einen großen *chedi* aus der späten Sukhothai-Periode, der heute von einem Schirmdach im birmanischen Stil bekrönt ist – eine Zutat des frühen 20. Jhs.

Kamphaeng Phet National Museum　　　MUSEUM

(พิพิธภัณฑสถานแห่งชาติกำแพงเพชร; ☎0 5571 1570; Th Pindamri; Eintritt 100 B; ◷Mi–So 9–12 & 13–16 Uhr) Im Nationalmuseum findet man unten den üblichen Überblick über die thailändischen Kunstepochen. Im Obergeschoss werden Artefakte aus der Gegend von Kamphaeng Phet gezeigt, darunter eine gewaltige Shiva-Statue, die größte hinduistische Bronzeplastik in Thailand. Das Bildwerk stand früher im nahegelegenen **San Phra Isuan** (Shiva-Schrein). 1886 stahl ein Tourist Kopf und Hände des Götterbilds (sie wurden später zurückgegeben). Im Schrein steht heute eine Replik.

Thermalquellen von Phra Ruang

THERMALQUELLEN

(บ่อน้ำร้อนพระร่วง; Eintritt 30 B; ⊙8.30–18 Uhr) 20 km außerhalb von Kamphaeng Phet befinden sich natürliche Thermalquellen an der Straße nach Sukhothai, die gewissermaßen die thailändische Version eines ländlichen Thermalbads sind. Dem warmen Wasser werden Heilkräfte zugeschrieben; es wird in einzelne Bäder geleitet (50 B), außerdem gibt es ein Außenbecken zum Wassertreten und mehrere Einrichtungen, die traditionelle thailändische Massagen anbieten. Öffentliche Transportmittel zu den Thermalquellen gibt es nicht, aber im Three J Guest House lässt sich ein Transport organisieren.

Kamphaeng Phet Regional Museum

MUSEUM

(พิพิธภัณฑ์เฉลิมพระเกียรติกำแพงเพชร; ✆0 5572 2341; Th Pindamri; Eintritt 10 B; ⊙9–16 Uhr) Das Regionalmuseum besteht aus einer Reihe aufgestelzter Holzgebäude im Thai-Stil inmitten einer landschaftlich schön gestalteten Anlage. In den drei Hauptgebäuden des Museums finden sich Ausstellungen zur Geschichte und Vorgeschichte sowie zu den verschiedenen ethnischen Gruppen in der Provinz.

Wat Khu Yang

TEMPEL

(วัดคูยาง; Eintritt frei) In dem buddhistischen Tempel gibt es einen schönen *hŏr drai* aus Holz, der aus dem 19. Jh. stammt.

🛏 Schlafen

Three J Guest House

PENSION $$

(✆0 5571 3129; www.threejguesthouse.com; 79 Th Rachavitee; Zi. 250–700 B; ❇@🖥) In der hübschen Gartenanlage stehen einige Bungalows, der Betreiber ist sehr gastfreundlich und nett. Wege führen zu den sauberen Blockhütten mit Terrassen. Die billigsten Bungalows teilen sich das saubere Bad, die teureren haben eine Klimaanlage. Man bekommt hier jede Menge Infos zur Gegend, man kann Fahrräder und Motorräder leihen und das auf dem Land in der Nähe des Klong Wang Chao gelegene Resort des Betreibers besuchen.

Chakungrao Riverview

HOTEL $$$

(✆0 5571 4900-8; www.chankungraoriverview.com; 149 Th Thesa; Zi. mit Frühstück 1000–1300 B, Suite mit Frühstück 5000 B; ❇@🖥) Die schickste Unterkunft von Kamphaeng Phet bietet hinter einer unscheinbaren Fassade einige hübsche Zimmer, die geschmackvoll in dunkelgrünen Farbtönen und mit dunklem Holz gestaltet sind und Balkone mit Blick auf den Fluss oder die Stadt haben. Die Suiten sind sehr groß – und man kann einen beträchtlichen Rabatt aushandeln.

Navarat

HOTEL $$

(✆0 5571 1211; 2 Soi Prapan; Zi. 700–1100 B; ❇🖥) Das aus den 1970er-Jahren stammende Navarat wurde kürzlich renoviert; dabei wurden einige, aber nicht alle Zeichen für das wahre Alter des Hotels beseitigt. Die „neuen" Zimmer sind ein wenig überteuert, aber sauber und gemütlich. Manche haben auch eine schöne Aussicht.

Ko Chokchai Hotel

HOTEL $

(Keine Ausschilderung in lateinischen Buchstaben; ✆0 5571 1531; 19-43 Soi 8, Th Ratchadamnoen 1; Zi. 260–320 B; ❇@🖥) Die recht kleinen, aber ordentlichen Zimmer in diesem schachtelartigen Gebäude sind eine gute Budgetoption. In diesem Haus steigen gern thailändische Geschäftsreisende ab; es liegt bequem im Zentrum der Neustadt.

Bei Nakhon Chum am Ostufer des Mae Nam Ping gibt es mehrere „Uferresorts":

Grand View Resort
HOTEL $$$
(Keine Ausschilderung in lateinischen Buchstaben; ☑0 5572 1104; www.grandviewresortkpp.com; 34/4 Moo 2, Nakhon Chum; Zi. mit Frühstück 290–5000 B; ✽🕿) Bei der Anfahrt das erste Resort auf der linken Seite. In puncto Qualität und Preis ist es mit den meisten anderen vergleichbar.

Techno River Resort
HOTEL $$$
(Keine Ausschilderung in lateinischen Buchstaben; ☑0 5579 9800; 27/27 Moo 2, Nakhon Chum; Zi. mit Frühstück 450–2500 B; ✽🕿) Das schickste Resort dieser Anlagen. Es verfügt über eine Menge sauberer, aber im Allgemeinen einfallslos gestalteter Zimmer.

✖ Essen & Ausgehen

Kamphaeng Phet ist definitiv kein Feinschmeckermekka, aber ein paar einigermaßen interessante Angebote gibt es doch. In der Nähe des Flusses direkt nördlich vom Navarat Hotel findet täglich ein gut besuchter Nachtmarkt statt.

⬛ LP TIPP ⬛ Bamee Chakangrao
THAI $
(Keine Ausschilderung in lateinischen Buchstaben; Th Ratchadamnoen; Gerichte 25–30 B; ⊘8.30–15 Uhr) Dünne Nudeln aus Weizen und Eiern *(bà·mèe)* sind eine Spezialität von Kamphaeng Phet; dies berühmte Restaurant ist eines der besten Lokale, um sie zu probieren. Die Nudeln werden hinter dem Restaurant täglich frisch zubereitet. Außerdem gibt's hier auch Schweinefleisch-Satay.

Kamphaeng Phet Phochana
THAI $
(Keine Ausschilderung in lateinischen Buchstaben; Gerichte 25–50 B; ⊘6–1 Uhr) Dieses beliebte Lokal serviert praktisch alle typischen Thai-Gerichte von *pàt tai* bis zu *kôw man gài* (Hühnchen mit Reis auf Hainan-Art). Hier kann man auch *chôw góoay,* Grasgelee, probieren, ein Produkt, das in Kamphaeng Phet hergestellt wird. Ein Ladenschild in westlicher Schrift gibt es nicht; der Laden beim Kreisverkehr ist an der regenbogenfarbenen Fassade zu erkennen.

Piggy
THAI $
(keine Ausschilderung in lateinischen Buchstaben; Th Ratchadamnoen; 70 B/Pers.; ⊘abends) *Môo*

gà·tá, Schweinefleisch, das über einem Feuertopf gegart wird, gehört zu den Favoriten in diesem Landesteil. Man wählt seine Zutaten am Buffet aus, gart sein Fleisch und gibt Gemüse und die anderen Zutaten in die Brühe. Das Piggy hat kein Ladenschild mit westlicher Schrift; es liegt an der Straßenecke und meistens sieht man schon mehrere Gäste, die Fleisch garen und essen.

Phayao Bakery
INTERNATIONAL, THAI $
(Th Thesa; Gerichte 45–120 B; ✽) Nicht von den dunkel getönten Scheiben irritieren lassen: Drinnen finden Gäste neben gutem Kaffee, diversen Backwaren und Eiscreme eine entspannte, familienfreundliche Atmosphäre. Und dank der Klimaanlage kann man hier prima der Hitze entkommen.

Mae Ping Riverside
RESTAURANT, BAR
(Keine Ausschilderung in lateinischen Buchstaben; 50/1 Moo 2, Nakhon Chum; Gerichte 40–120 B; ⊘mittags & abends) Hier gibt's ordentliches Essen, Bier vom Fass, Livemusik und eine kühle Brise vom Fluss. Das Mae Ping Riverside ist eines der ersten Lokale in der Straße, die parallel zum Fluss verläuft.

Rong Tiam
BAR
(Keine Ausschilderung in lateinischen Buchstaben; Soi 9, Th Thesa 1; ⊘17–1 Uhr) Die freundliche Kneipe in einem umgebauten alten Ladenhaus hat Snacks, Bier und ab 20.30 Uhr Livemusik zu bieten.

❶ Praktische Informationen

Die meisten größeren Banken haben Filialen mit Geldautomaten in den Hauptstraßen nahe dem Fluss und an der Th Charoensuk. An der Th Thesa und der Th Ratchadamnoen gibt es ein paar Internetcafés.

Hauptpost (Th Thesa) Gleich südlich der Altstadt.

Polizei (☑0 5571 1199, Notfall 1155)

Touristeninformation (⊘8–16.30 Uhr) Die Touristeninformation gegenüber dem Nationalmuseum hat einige Karten und Broschüren. Eine zweite widmet sich stärker den historischen Attraktionen und befindet sich bei der Ruinengruppe nördlich der Stadtmauer.

❶ An- & Weiterreise

Der **Busbahnhof** (☑0 5579 9844) liegt ungefähr 1 km westlich des Mae Nam Ping. Von ihm fahren auch Kleinbusse nach Mae Sot (140 B, 2½ Std., 8–18 Uhr, häufig) und *sŏrng·tăa·ou* nach Sukhothai (39 B, 2 Std., 13–20 Uhr, stündl.). Wer aus Sukhothai oder Phitsanulok kommend in der Altstadt oder am Kreisverkehr in der Th

Thesa aussteigt, spart sich die Fahrt mit dem *sŏrng·tǎa·ou* vom Busbahnhof in die Stadt. In der Nähe des Kreisverkehrs kann man bei **Win Tour** (✆0 5571 3971; Th Kamphaeng Phet) vorab Bustickets nach Bangkok buchen und hier auch in den Bus einsteigen.

ZIEL	PREIS (B)	DAUER (STD.)	HÄUFIG-KEIT
Bangkok	210–315	5	11.30–1 Uhr
Chiang Rai	280	9	11.30–1.30 Uhr
Chiang Mai	268–313	5	12–1 Uhr
Mae Hong Son	468–838	11	20, 22, 23 & 24 Uhr
Sukhothai	70	1	13–20 Uhr, stündl.
Phitsanu-lok	56–78	2½	5–18 Uhr, stündl.
Phrae	78–157	2	9–24 Uhr, stündl.
Sukhothai	162	3½	5–19 Uhr, stündl.

ⓘ Unterwegs vor Ort

Die preisgünstigste Art, um vom Busbahnhof in die Stadt zu kommen, sind die roten *sŏrng·tǎa·ou* (15 B/Pers.), die bis zum Kreisverkehr jenseits des Flusses fahren. Von dort bringt einen ein *sǎhm·lór* für 20 B bis 30 B zu jedem Ziel in der Stadt. Die Fahrt mit dem Motorradtaxi vom Busbahnhof zu den meisten Hotels in der Innenstadt kostet 40 B.

Um die Gebiete außerhalb der Altstadt zu erkunden, lohnt es sich, ein Fahrrad oder Motorrad zu leihen – beides gibt's im Three J Guest House (Fahrrad/Motorrad pro Tag 50/200 B).

PROVINZ TAK

Die urtümliche Provinz Tak hat wegen ihrer Nähe zu Myanmar eine komplizierte Geschichte und einen einmaligen kulturellen Mix.

Der Großteil der Provinz ist bewaldet und bergig und damit ideal zum Wandern. Im Westen und im Norden finden sich Siedlungen der Hmong, Musoe (Lahu), Lisu sowie der Weißen und der Roten Karen. In den 1970er-Jahren war die Region eine Brutstätte für kommunistische Guerillaaktivitäten. Seit den 1980er-Jahren beteiligt sich ein früherer Führer der KPT am Bau

von Resorthotels. Der größte Teil von Tak ist für Besucher zugänglich, doch wirkt die Region immer noch rau und unberührt.

Besonders der Westen Taks steht unter starkem kulturellen Einfluss der Karen und der Birmanen und unterscheidet sich deshalb seit jeher deutlich von den anderen Teilen Thailands. In den Distrikten an der Grenze zu Myanmar – Mae Ramat, Tha Song Yang und Mae Sot – gibt es viele Flüchtlingslager, eine Folge der Gefechte zwischen der Karen National Union (KNU) und birmanischen Regierungstruppen.

Mae Sot แม่สอด

120 569 EW.

Obgleich Mae Sot abgelegen und relativ klein ist, gehört es zu den kulturell vielfältigsten Städten Thailands. In den Straßen herrscht ein bunter ethnischer Mix: Birmanen in ihren *longyi* (Sarongs), Hmong- und Karen-Frauen in den traditionellen Kostümen der Bergstämme, bärtige Muslime, thailändische Armeekommandos und ausländische Mitarbeiter von NGOs prägen das Stadtbild. Man hört hier mehr Birmanisch und die Sprache der Karen als Thai, die Ladenschilder in den Straßen sind mit thailändischen, birmanischen und chinesischen Schriftzeichen beschrieben und die Tempelarchitektur in Mae Sot wirkt überwiegend birmanisch geprägt. Mae Sot hat sich zudem zum wichtigsten Jade- und Edelsteinzentrum an der Grenze gemausert; der Handel liegt überwiegend in den Händen chinesischer und indischer Einwanderer aus Myanmar.

Auch wenn es in Mae Sot nicht viele echte Sehenswürdigkeiten gibt und es die meisten Traveller eigentlich nur wegen einer Visaverlängerung hierher verschlägt, bleiben viele doch länger als geplant. Der brummende Markt, mehrere gute Restaurants und das unterhaltsame Nachtleben sind daran nicht ganz unschuldig.

◉ Sehenswertes & Aktivitäten

Grenzmarkt & Myawadi MARKT
(ตลาดริมน้ำเมย/เมียวดี) Es gibt einen großen überdachten Markt auf der thailändischen Seite des Mae Nam Moei, auf der legal Alltagsgegenstände aus Myanmar und billige chinesische Elektrogeräte verkauft werden.

Die meisten Leute kommen allerdings nach Mae Sot, um nach Myawadi in Myanmar (Birma) einzureisen – sofern die Gren-

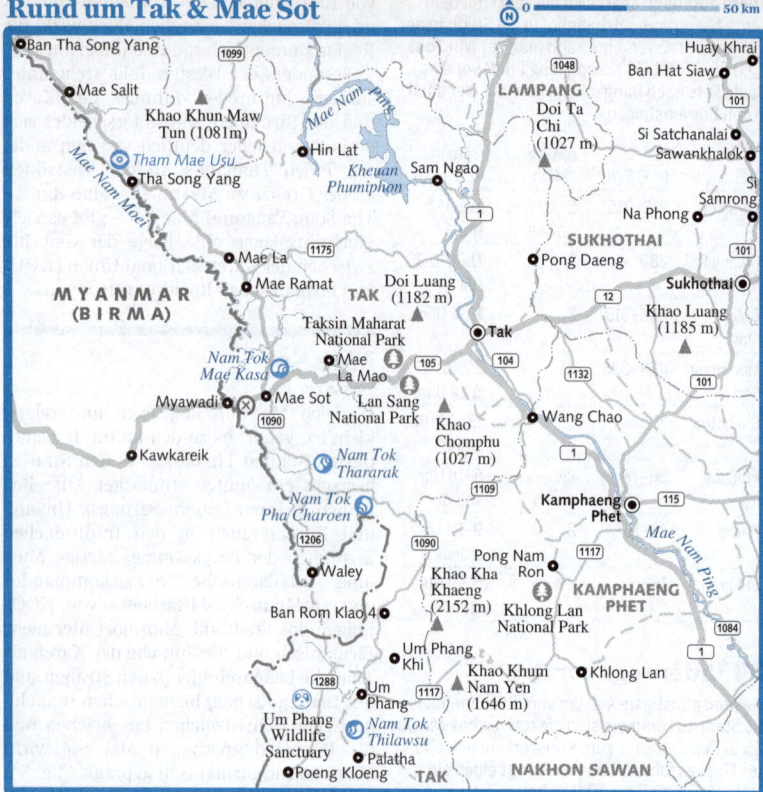

zeüberhauptgeöffnetist(S. 410).*Sŏrng·tăa·ou*
fahren regelmäßig bis zur Grenze (20 B,
6.30–17.30 Uhr), die 5 km westlich von Mae
Sot liegt; „Rim Moei" (Ufer des Moei) genügt als Zielangabe. Das letzte *sŏrng·tăa·ou*
ab Rim Moei zurück nach Mae Sot startet
um 17.30 Uhr.

Kräutersauna
SAUNA

(Eintritt 20 B; ☉15–19 Uhr) Im Wat Mani gibt
es eine Kräutresauna mit getrennten Bereichen für Männer und Frauen. Die Sauna
liegt im hinteren Bereich des Klostergeländes, noch hinter den *gù·dì* (Mönchszellen).

Kochkurs
KOCHKURS

(☏0 5554 6584; borderlineshop@yahoo.com;
674/14 Th Intharakhiri; Kurs 1000 B; ☉Di–So
8.30–12 & 13–16 Uhr) Bei dem Kurs im Borderline Shop wird die Zubereitung von
Shan-, birmanischen und Karen-Gerichten
gelehrt. Er umfasst einen Einkaufsbummel
auf dem Markt, die Zubereitung von Speisen und Getränken sowie ein Kochbuch.

Die Ergebnisse des Kochkurses werden
anschließend gemeinsam in dem angrenzenden Café verspeist. Je größer die Gruppe
ist, umso geringer wird der Preis für die
Teilnehmenden.

✲✲ Feste & Events

Thai-Box-Wettkampf
THAI-BOXEN

Meistens im April treten thailändische
und birmanische Boxer gegeneinander an.
Die Kämpfe im traditionellen Stil finden
irgendwo außerhalb der Stadt in einem
kreisrunden Ring statt und gehen über
fünf Runden; die ersten vier dauern drei
Minuten, die letzte hat kein Zeitlimit. Mit
ihren mit Hanfstoff umwickelten Fäusten
schlagen die Boxer aufeinander ein, bis einer blutet oder k. o. geht. Wo der jährliche
Schlagabtausch stattfindet, ändert sich;
wer es wissen will, muss herumfragen.

Thailändisch-birmanische
Edelsteinmesse
EDELSTEINMESSE

Die Messe findet im April statt.

🛏 Schlafen

Viele Unterkünfte in Mae Sot gehören zur Budgetkategorie und sind auf Mitarbeiter von Nicht-Regierungs-Organisationen (NGO) eingestellt, die länger bleiben.

Ban Thai Guest House
HOTEL $$

(📞0 5553 1590; banthai_mth@hotmail.com; 740 Th Intharakhiri; Zi. 250–800 B; ❄@🛜) Der kleine Komplex aus fünf umgebauten Thai-Häusern in einer von Hibiskus gesäumten Gasse bietet geräumige, sehr stilvolle Zimmer mit viel Holz, Möbeln im Thai-Stil, Sitzkissen und thailändischen Textilien. In den Gemeinschaftsbereichen gibt es Kabelfernsehen, DVD-Player und WLAN. Fahrräder und Motorräder werden verliehen, zudem gibt's einen Wäscheservice. Die Unterkunft ist bei länger bleibenden Mitarbeitern von NGOs sehr beliebt, es empfiehlt sich deshalb, vorab zu reservieren.

Rujira
HOTEL $$

(📞0 5554 4969; rujira_tom@hotmail.com; 3/18 Th Buakjoon; Zi. mit Frühstück 350–1000 B; ❄@🛜) Die großartige Unterkunft hat geräumige, apartmentartige Zimmer mit einem anheimelnden Flair. Auch die Gemeinschaftsbereiche sind schön: Es gibt viele schattige Sitzbereiche draußen, ein Restaurant und einen schicken Kaffeeausschank. Der einzige Nachteil ist der lange Fußweg zum Stadtzentrum.

Irawadee Resort
HOTEL $$$

(📞0 5553 5430; www.irawadee.com; 758/1-2 Th Intharakhiri; Zi./Suite mit Frühstück 850/1800 B; ❄🛜) Die Zimmer in dem neuen Backsteinmonstrum sind so gestaltet, dass man nicht recht weiß, ob das birmanisch oder altchinesisch wirken soll. Die Badezimmer sind geräumig und haben Duschen im Freiem. Die ganze Anlage ist grell und kitschig, aber lustig und komfortabel.

Bai Fern Guesthouse
HOTEL $

(📞0 5553 1349; www.bai-fern.com; 660 Th Intharakhiri; Zi. 150–300 B; ❄@) Das große Haus steht nicht direkt an der Straße. Die Zimmer sind schlicht, aber ordentlich und haben gut ausgestattete Gemeinschaftsbäder. Der Service ist sehr freundlich. Im Gemeinschaftsbereich können Gäste eine Küche, einen Kühlschrank und WLAN nutzen.

Poon Na Gunn Hotel
HOTEL $$

(📞0 5553 4732; www.poonnagunn.com; 10/3 Th Intharakhiri; Zi. mit Frühstück 780–975 B; ❄🛜) Eines der Hotels, das man gern überall hätte: Die Zimmer sind groß, neu, geschmack-

voll dekoriert und nett möbliert; eine kleine Veranda kommt noch hinzu. Das Hotel liegt ungefähr 2 km östlich der Stadt.

DK Mae Sot Hotel
HOTEL $

(📞0 5554 2648; 298/2 Th Intharakhiri; Zi. mit Ventilator oder Klimaanlage 250–450 B; ❄🛜) Würden die Betten, Handtücher und Bettlaken hier durch neue ersetzt, wäre das Haus eine fantastische Budgetoption. So können die großen Zimmer in dem dreistöckigen Hotel nur als durchschnittlich bezeichnet werden, aber das Haus hat immerhin eine praktische Lage.

Ban Pruk Sa Guesthouse
PENSION $

(📞0 5553 2656; www.banpruksa.com; 740 Th Intharakhiri; Zi. 200–500 B; ❄🛜) In der ordentlichen Villa gegenüber dem Ban Thai Guest House gibt's ein paar schlichte, aber geräumige und komfortable Zimmer.

Phan Nu House
HOTEL $

(📞08 1972 4467; 563/3 Th Intharakhiri; Zi. 250–500 B; ❄🛜) Die Herberge bietet 19 große Zimmer auf einem Gelände gleich abseits der Straße. Die meisten sind mit Klimaanlage, Fernseher, Kühlschrank und warmem Wasser ausgestattet und damit ein günstiges Angebot.

Green Guest House
HOTEL $

(📞0 5553 3207; krit.sana@hotmail.com; 406/8 Neben-soi abseits der Th Intharakhiri; B 100 B, Zi. 170–250 B) Eine Lehrerin und ihr Mann betreiben die ruhige Herberge. Das Haus hat eine Reihe recht großer Zimmer mit Fernsehern und guten Möbeln. Eine tolle, zentral gelegene Option mit schönem Garten.

🍴 Essen

Mae Sot ist eine Art kulinarisches Babel – hier ist eine so große gastronomische Vielfalt vertreten wie in kaum einer anderen thailändischen Stadt. Toll frühstücken kann man in der Gegend unmittelbar südlich der Moschee, wo mehrere gut besuchte muslimische Restaurants süßen Tee, Roti and *nanbya,* Brot aus dem Tandoor, servieren. Auf dem munteren Tagesmarkt gibt's birmanische Gerichte wie *mohinga,* das inoffizielle Nationalgericht Myanmars, oder birmanische Currys mit Reis. Auf Mae Sots Nachtmarkt kriegt man hingegen hauptsächlich thailändische und chinesische Gerichte.

Khao-Mao Khao-Fang
THAI $$

(Keine Ausschilderung in lateinischen Buchstaben; 📞0 5553 2483; 382 Moo 5, Mae Pa; Hauptgerich-

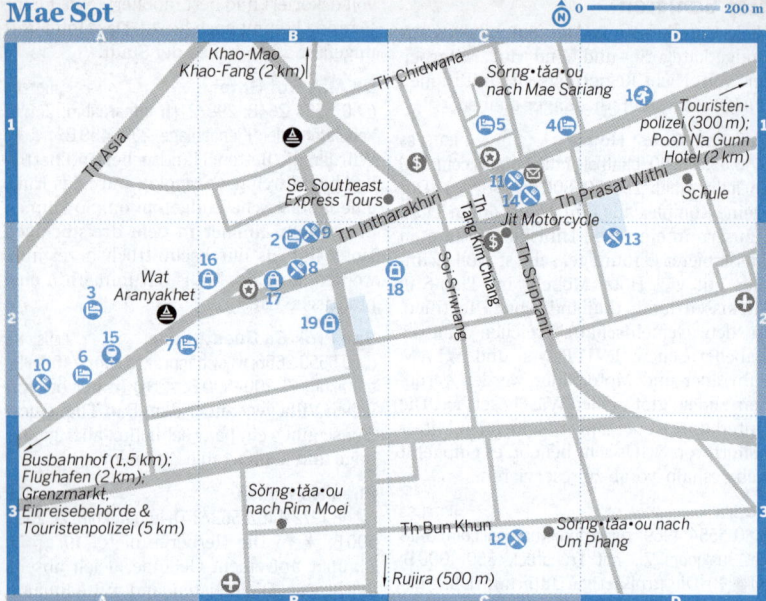

Khao-Mao
Khao-Fang (2 km)

Th Chidwana

Sŏrng•tǎa•ou
nach Mae Sariang

Touristen-
polizei (300 m);
Poon Na Gunn
Hotel (2 km)

Th Asia

Se. Southeast
Express Tours

Th Intharakhiri

Th Prasat Withi

Schule

Jit Motorcycle

Wat
Aranyakhet

Th Kim Chiang

Th Sriphanit

Soi Sriwiang

Busbahnhof (1,5 km);
Flughafen (2 km);
Grenzmarkt;
Einreisebehörde &
Touristenpolizei (5 km)

Sŏrng•tǎa•ou
nach Rim Moei

Th Bun Khun

Sŏrng•tǎa•ou nach
Um Phang

Rujira (500 m)

---

te 80–220 B; ☺mittags & abends) Hier speist man wie bei einem luxuriösen Dinner im Urwald: Das von einem thailändischen Botaniker gestaltete Lokal ersetzt Kandelaber durch Weinranken, Orchideen und viel fließendes Wasser. Auf den Tisch kommen interessante Thai-Gerichte mit Zutaten wie Fisch aus dem Mae Nam Moei und Kräutern und Gemüsen aus der Region. Probieren sollte man einen der köstlichen *yams* (würzige Salate auf thailändische Art) mit Zutaten wie weißem Kurkuma oder Pilzen aus der Gegend. Das Restaurant liegt nördlich der Stadt an der Straße nach Mae Ramat zwischen Kilometer 1 und 2.

Lucky Tea Garden BIRMANISCH $
(Th Bun Khun; Hauptgerichte 10–50 B; ☺5.30–21 Uhr) Wer ein authentisches birmanisches Teelokal kennenlernen möchte, ohne nach Myawadi zu fahren, kann in diesem freundlichen Café einkehren und süßen Tee, herzhaften Snacks und – natürlich – schlechte birmanische Popmusik genießen. Hungrige können sich hier an den stadtweit besten Biryanis laben.

Phat Thai Mae Sot THAI $
(Keine Ausschilderung in lateinischen Buchstaben; Th Prasat Withi; Hauptgerichte 25–45 B; ☺12–21 Uhr) Das gemütliche Lokal serviert *pàt tai* mit ortstypischem Einschlag, nämlich mit

Schweinekruste und gebratenem Schweinefleisch. Der Laden ist etwas schwierig zu finden: In dem Holzhaus mit den altmodischen Reklametafeln ist man richtig.

Casa Mia INTERNATIONAL, THAI $$
(Th Don Kaew; Hauptgerichte 30–180 B; ☺7.30–22 Uhr) Versteckt in einer Seitenstraße serviert dieses einfache Restaurant hausgemachte Pasta zu Minipreisen. Und die Nudeln schmecken auch richtig gut. Daneben gibt's thailändische und birmanische Gerichte sowie ein paar ausgefallene Desserts, z.B. leckeren Banoffee Pie (mit Banane, Sahne und Toffee).

Aiya BIRMANISCH-THAI $
(533 Th Intharakhiri; Gerichte 40–90 B; ☺Di–So mittags & abends; 🖉) Gegenüber dem Bai Fern Guest House. Das einfache Restaurant serviert gutes birmanisches Essen; der Schwerpunkt liegt auf vegetarischen Gerichten.

Khrua Canadian INTERNATIONAL, THAI $$
(3 Th Sriphanit; Gerichte 40–280 B; ☺7–22 Uhr; 🛜) Hier kann man mal vergessen, dass man in Asien ist: Der Kanadier Dave braut seinen eigenen Kaffee und serviert hausgemachte Bagels, Delikatesssandwichs mit Fleisch und Käse und eine ganze Palette an Frühstücksgerichten. Die Portionen sind

groß, das Angebot ist abwechslungsreich. Und wenn man sich dann noch daran erinnert, dass man sich ja in Thailand befindet, kriegt man hier auch Infos zur Region.

Bai Fern INTERNATIONAL, THAI **$$**
(☎0 5553 3343; Th Intharakhiri; Gerichte 45–300 B; ☺8–22 Uhr) Das gemütliche, mit Holzmöbeln eingerichtete Bai Fern hat eine nette Atmosphäre und ist den ganzen Tag über ein beliebter Treff.

🍷 Ausgehen & Unterhaltung

Mae Sot hat ein munteres Nachtleben; vor allem an den Wochenenden steppt der Bär. Ein paar Freiluftbars liegen in dem Abschnitt der Th Intharakhiri westlich des Wat Aranyakhet.

Mali Bar BAR
(Th Intharakhiri; ☺18–24 Uhr) Die recht düstere Bar hat birmanisches Personal und viele Mitarbeiter von Nicht-Regierungs-Organisationen als Publikum. Es gibt einen Billardtisch, im Hintergrund dudelt Weltmusik.

Water Bar BAR
(Th Intharakhiri; ☺17–24 Uhr) In dieser Bars, verkehren hauptsächlich Thais und es gibt Tische im Freien, Bier vom Fass, Snacks und eine Großleinwand für Sportübertragungen.

🔒 Shoppen

Mae Sot ist am bekanntesten für seinen Edelsteinhandel. Die Stadt ist der wichtigste Umschlagplatz für Jade und Edelsteine an der Grenze. Es macht Spaß, in den glitzernden Schätzen in den Läden und an den Ständen entlang der Th Prasat Withi gleich

östlich vom Markt zu wühlen. Wer etwas kaufen will, sollte knallhart feilschen.

Gemeindemarkt MARKT
Mae Sots Gemeindemarkt gehört zu den größten und belebtesten in ganz Thailand. Neben den üblichen thailändischen Gemüsen und Textilien sind hier haufenweise exotische Waren aus Myanmar zu finden, darunter birmanische Bücher, *thanaka*-Stäbchen (daraus wird das gelbe Pulver gemacht, das sich hier die meisten Leute ins Gesicht schmieren), Beutel mit eingelegten Teeblättern, bizarre Kosmetik von jenseits der Grenze und Samtpantoffeln aus Mandalay. Anders als bei den meisten thailändischen Märkten üblich, muss man hier nicht schon morgens um 6 Uhr anrücken. Und prima birmanisch essen kann man hier auch.

Borderline Shop KUNSTHANDWERK
(www.borderlinecollective.org; 674/14 Th Intharakhiri; ☺Di–Sa 10–18, So 14–18 Uhr) Der Laden verkauft Kunsthandwerk, das von Flüchtlingsfrauen hergestellt wird. Die Gewinne gehen an eine Fraueninitiative und an eine Stiftung, die Kindern hilft. Die Galerie im Obergeschoss verkauft Gemälde. Im Haus wird außerdem ein Kochkurs (S. 406) abgehalten und es gibt draußen einen **Teegarten** (☺Di–So 9–18 Uhr).

Fair-Trade-Laden KUNSTHANDWERK
(www.weave-women.org; 656 Th Intharakhiri; ☺Mo–Sa 9–17 Uhr) Eine von drei Filialen in Nordthailand: Dieses Geschäft ist auf farbenfrohe Kleidungsstücke spezialisiert, die von Flüchtlingsfrauen aus Birma in Handarbeit hergestellt werden.

❶ Praktische Informationen

Mehrere Banken im Zentrum verfügen über Geldautomaten. Viele Internetcafés sind im Zentrum von Mae Sot nicht vorhanden, es gibt aber ein paar an der Th Intharakhiri westlich von Se. Southeast Express Tours. Eine offizielle Touristeninformation hat Mae Sot nicht, Infos zur Region bekommt man aber im Restaurant Khrua Canadian (S. 408).

Einreisebehörde (☏0 5556 3000; ⊙Mo–Fr 8.30–12 & 13–16.30 Uhr) Das Büro neben der Freundschaftsbrücke nimmt Visaverlängerungen vor.

Touristenpolizei (☏1155; 738/1 Th Intharakhiri) Hat ein Büro östlich vom Stadtzentrum sowie ein weiteres am Markt bei der Freundschaftsbrücke.

❶ An- & Weiterreise
Bus & Kleinbus

Alle Fernverkehrsbusse nutzen den Busbahnhof, der sich 1,5 km westlich der Stadt an der Th Intharakhiri befindet. Hier fahren auch die Kleinbusse nach Phitsanulok (157 B, 4 Std., 7–14 Uhr, häufig) und Sukhothai (125 B, 3 Std., 7–14 Uhr, häufig) los.

Busse fahren von Mae Sot u. a. nach:

Bangkok (307– 613 B, 8 Std., 8–21.45 Uhr, häufig)

Chiang Mai (253–326 B, 6 Std., 6 & 8 Uhr)

Chiang Rai (379–488 B, 10 Std., 6 & 8 Uhr)

Lampang (193–248 B, 4 Std., 6 & 8 Uhr)

Mae Sai (416–535 B, 12 Std., 6 & 8 Uhr)

Flugzeug

Mae Sots winziger Flughafen liegt rund 2 km außerhalb der Stadt an der Straße, die zur Freundschaftsbrücke führt. Die Fahrt mit dem Motorradtaxi zum Flughafen kostet 40 B. Die Fluglinien haben dort ihre Büros, Tickets bekommt man aber auch in den Reisebüros in der Stadt, z. B. bei **Se. Southeast Express Tours** (522/3 Th Intharakhiri).

Angeflogene Ziele:

Nok Air (☏landesweite Rufnummer 1318, Mae Sot 0 5556 3883; www.nokair.co.th; Mae Sot Airport) und **Solar Air** (☏0 5556 3608; www. solarair.co.th; Mae Sot Airport) fliegen zum **Don Muang Airport** in Bangkok (1890–2690 B, 90 Min., 2-mal tgl.).

Kan Air (☏landesweite Rufnummer 02 551 6111, Mae Sot 08 1585 4489; www.kanairlines.

GRENZÜBERGANG: VON MAE SOT NACH MYAWADI

Bei Mae Sot gibt es – wenn die Lage ruhig ist – einen offiziellen Grenzübergang nach Myanmar. Aber wie an allen Landgrenzübergängen Myanmars ist die Lage brisant; während unseres Besuchs war die Grenze gerade wegen Kämpfen zwischen der birmanischen Armee und der Splittergruppe der Democratic Karen Buddhist Army (DKBA) auf unabsehbare Zeit geschlossen. Aber auch wenn die Grenze geöffnet ist, darf man sich in Myanmar nur einige wenige Tage in einem genau eingegrenzten Gebiet aufhalten. Reisende müssen ihren Pass an der Grenze abgeben und über den gleichen Übergang ausreisen, über den sie eingereist sind.

Falls die Grenze inzwischen wieder passiert werden kann, geht man zunächst zur **thailändichen Einreisebehörde** (☏0 5556 3000; ⊙6.30–18.30 Uhr) an der Freundschaftsbrücke. Nach wenigen Minuten ist der notwendige Papierkram erledigt, um Thailand offiziell zu verlassen, und der Weg nach Myanmar über die 420 m lange, mit Bögen versehene Freundschaftsbrücke frei.

Auf der anderen Seite der Brücke befindet sich die **Einreisebehörde Myanmars**. Hier erhält man für 10 US$ oder 500 B ein Tagesvisum und hinterlegt seinen Pass als Pfand. Dann kann man den Tag in Myawadi verbringen, muss aber bis 17.30 Uhr Myanmar-Zeit – diese hinkt eine halbe Stunde der thailändischen hinterher – seinen Pass abgeholt und die birmanische Einreisestelle passiert haben. Bei der Rückkehr nach Thailand stellt die thailändische Einreisebehörde an der Brücke ein neues, 15 Tage gültiges Touristenvisum aus (S. 839).

Myawadi ist eine ziemlich typische birmanische Stadt mit ein paar Klöstern, Schulen und Geschäften. Der bedeutendste Tempel ist der **Shwe Muay Wan**; der traditionelle glockenförmige *chedi* ist mit mehreren Kilo Gold überzogen und mit mehr als 1600 Edel- und Halbedelsteinen besetzt. Ein weiterer wichtiger buddhistischer Tempel ist der **Myikyaungon** (auf Thai „Wat Don Jarakhe"), der nach seinem krokodilförmigen Altarraum benannt ist. An der Südseite der Stadt sind die Reste der 1000 Jahre alten Stadtmauer Myawadis zu sehen, die vermutlich von den ursprünglich in dieser Gegend ansässigen Mon aus Erde errichtet wurde.

com; Mae Sot Airport) fliegt nach **Chiang Mai** (1899 B, 50 Min., 3-mal wöchentl.).

Sörng·tăa·ou

Sörng·tăa·ou fahren an verschiedenen Stellen in der Stadt ab. Die orangefarbenen *sörng·tăa·ou* nach Mae Sariang (200 B, 6 Std., 6.20–12.20 Uhr, 6 Fahrten) nutzen den alten Busbahnhof nahe dem Stadtzentrum, die blauen *sörng·tăa·ou* nach Um Phang (120 B, 4 Std., 6.30–15.30 Uhr, stündl.) starten vor einem Büro in der Th Bun Khun. In derselben Straße fahren etwas weiter westlich die *sörng·tăa·ou* nach Rim Moei (20 B, 15 Min., 6–17.30 Uhr, häufig) los.

ⓘ Unterwegs vor Ort

Der größte Teil von Mae Sot lässt sich gut zu Fuß erkunden. Motorradtaxis und *sähm·lór* verlangen für eine Fahrt in der Stadt 20 B.

Mehrere Tourismusunternehmen vor Ort, darunter das Bai Fern Restaurant, verleihen Fahrzeuge. Motorräder bekommt man im Ban Thai Guest House, im Ban Pruk Sa Guesthouse und im Bai Fern Restaurant. Fahrräder verleiht Borderline (mitsamt einer Tourempfehlung).

Jit Motorcycle (☏0 5553 2099; 127/4-6 Th Prasat Withi; Motorrad 150 B/Tag; ◷8–17 Uhr) Motorradverleih.

Von Mae Sot nach Um Phang

Die Rte 1090 führt südlich von Mae Sot in das 150 km entfernte Um Phang. Diese Strecke wurde früher Todeshighway genannt, da Guerillagruppen den Ausbau des Highways bekämpften. Seit den 1980er-Jahren hat sich zwar einiges geändert, doch Bremsversagen und tückische Kurven kosten auf dieser steilen Serpentinenstraße, die sich durch eine fantastische Berglandschaft schlängelt, noch immer viele Menschenleben.

Entlang der Strecke führen kurze Wanderwege zu den beiden Wasserfällen **Nam Tok Thararak** (26 km von Mae Sot) und **Nam Tok Pha Charoen** (41 km von Mae Sot). Die raue Oberfläche des Kalksteinfelsen, über die der Nam Tok Thararak fließt, erleichtert das Klettern. Unterdessen ist das Gelände in eine Art Park verwandelt worden: Bänke mitten im Wasserfall sorgen für Abkühlung, es gibt Plumsklos und am Wochenende Imbissstände.

Gleich hinter Ban Rom Klao 4 – ungefähr auf halber Strecke zwischen Mae Sot und Um Phang – liegt ein großes Dorf namens Um Piam, in dem birmanische und Karen-Flüchtlingen leben. Rund 20 000 Menschen,

die aus Lagern in der Gegend von Rim Moei umgesiedelt wurden, haben hier ein neues Zuhause gefunden. Außerdem gibt es in der Gegend mehrere Dörfer der Hmong.

Zwischen Mae Sot und Um Phang verkehren *sörng·tăa·ou* (120 B, 4 Std., häufig).

Um Phang & Umgebung ·อุ้มผาง·

Um Phang, am Zusammenfluss von Mae Nam Klong und Huay Um Phang, ist ein zersiedeltes Dorf, in dem vorwiegend Karen leben. In vielen der in dieser Gegend noch recht archaischen Karen-Dörfer sind Elefanten kein ungewöhnlicher Anblick, besonders in **Palatha**, einem traditionellen Karen-Dorf 25 km südlich von Um Phang. Auf den Veranden der Häuser in diesem Dorf sieht man daher viele *yaeng* (Elefantensattel) und anderes Sattel- und Zaumzeug zur Bändigung der grauen Riesen.

Südlich von Um Phang liegt das **Um Phang Wildlife Sanctuary**, das zum Weltnaturerbe der Unseco gehört. Ganz in der Nähe befindet sich der größte Wasserfall Thailands.

◉ Sehenswertes

Nam Tok Thilawsu WASSERFALL
(น้ำตกทีลอซู) Dieser Wasserfall ist mit 200 m Höhe und – in der Regenzeit – einer Breite von bis zu 400 m der größte Thailands. Die Thais, die in dieser Hinsicht keinen Spaß verstehen, betrachten den Nam Tok Thilawsu als den schönsten Wasserfall in ihrem Land. Hinter dem Wasserfall befinden sich eine flache Höhle und mehrere Becken, in denen man baden kann. Die beste Zeit für einen Besuch ist nach der Regenzeit (Nov. & Dez.), wenn die 200 m hohen und 400 m breiten Kalksteinfelsen am Mae Nam Klong vom Wasser überströmt sind und sich der Nam Tok Thilawsu von seiner besten Seite zeigt.

Die meisten Leute besuchen den Wasserfall im Rahmen einer organisierten Tour, man kann aber auch auf eigene Faust herkommen. Ist man mit dem eigenen Auto unterwegs, fährt man unmittelbar nördlich von Um Phang auf die Rte 1167 ab. Nach 12 km biegt man am Polizeikontrollpunkt links in die Rte 1288 ein. Nun geht's 6 km weiter bis zur Kontrollstelle des Reservats, an der man das Eintrittsgeld bezahlt. Danach sind es noch 30 km über eine schlechte Straße bis zum Sitz der Parkverwaltung.

Wer kein eigenes Auto hat, bucht irgendwo in Um Phang einen Truck (hin & zurück 1800–2500 B). Alternativ nimmt man ein *sŏrng·tǎa·ou* Richtung Poeng Kloeng bis zum Kontrollpunkt des Reservats (30 B, 6.30–15.30 Uhr, stündl.) und organisiert seine Weiterfahrt von dort. Allerdings stehen da nicht immer Trucks bereit.

Um Phang
Wildlife Sanctuary   NATURSCHUTZGEBIET

(เขตรักษาพันธุ์สัตว์ป่าอุ้มผาง; ☎ 0 5557 7318; Eintritt 200 B) Der Wasserfall Nam Tok Thilawsu befindet sich in der Nähe der Verwaltung des Um Phang Wildlife Sanctuary, die ungefähr 50 km von Um Phang entfernt ist (in Richtung Sangkhlaburi in der Provinz Kanchanaburi). Der 2 km lange Weg von der Verwaltung bis zum Wasserfall ist als Naturlehrpfad mit guten Erläuterungstafeln ausgebaut. Rund um den Wasserfall erstreckt sich zu beiden Seiten des Flusses der dichteste Urwald Thailands; die Wandermöglichkeiten in der Gegend sind absolut einmalig. In dem Wald soll es mehr als 1300 Palmenarten geben und auch Riesenbambus und Würgefeigen sind hier zu finden.

Das Um Phang Wildlife Sanctuary steht in räumlicher Verbindung mit dem Thung Yai Naresuan National Park, dem Huay Kha Kaeng Wildlife Sanctuary (einer weiteren Unesco-Weltnaturerbestätte) und den Nationalparks Khlong Lan und Mae Wong. Insgesamt ist dieses Gebiet Thailands größter geschlossener Lebensraum für Wildtiere und zugleich einer der größten unberührten Wälder Südostasiens.

Bei der Parkverwaltung kann das ganze Jahr über **gezeltet** (50–100 B) werden, allerdings sollte man zwischen November und Januar, wenn der Wasserfall ein besonders beliebtes Reiseziel der Thais ist, besser vorab reservieren. Generell erhält man nur während dieser Zeit bei der Parkverwaltung auch Verpflegung, ansonsten muss man sich sein Essen selber mitbringen.

Tham Ta Khu Bi   HÖHLE

(ถ้ำตะโค๊ะบิ) Von Ban Mae Klong Mai, das von Um Phang aus wenige Kilometer nördlich an der Fernstraße Richtung Mae Sot liegt, führt die Rte 1167 in südwestlicher Richtung an der thailändisch-myanmarischen Grenze entlang. Am Weg liegt das ausgedehnte Höhlensystem **Tham Ta Khu Bi**, was in der Sprache der Karen „flache Mango" heißen soll. Führer gibt's hier nicht; man braucht eine Taschenlampe.

Poeng Kloeng   DORF

(บ้านเปิงเคลิ่ง) Nach 12 km biegt man links in die Rte 1288 ab, die einen zum Kontrollpunkt des Um Phang Wildlife Sanctuary bringt. Dahinter wird die Straße schlechter, setzt sich aber mehr als 70 km fort und endet in Poeng Kloeng, einem Handelsdorf der Karen, Birmanen, Indo-Birmanen, Talaku und Thais, in dem es mehr Büffelkarren als Motorräder gibt. Allein die malerische Lage des Dörfchens inmitten spitzer Felsen und Gipfel lohnt den Abstecher, selbst wenn man nicht weiter will. Von der *sŏrng·tǎa·ou*-Haltestelle in Um Phang fahren Fahrzeuge nach Poeng Kloeng (100 B, 2½ Std., 6.30–15.30 Uhr, stündl.).

Letongkhu & Sangkhlaburi   DÖRFER

(เลตองคุ) Von Poeng Kloeng führt eine rund 12 km lange, holperige Piste, die nur in der Trockenzeit mit einem Jeep befahrbar ist, in das Dorf Letongkhu. Dieses liegt nahe der Grenze zu Myanmar am Ufer des Mae Nam Suriya bzw. am Fuß des Bergs Sam Rom. Zwar sprechen die meisten Einwohner Karen, hängen aber den vorliegenden spärlichen anthropologischen Informationen nach überwiegend der Lagu- oder Talaku-Sekte an, deren Buddhismus mit schamanistischen und animistischen Elementen durchsetzt ist. Letongkhu ist eines von nur sechs Dörfern dieser Glaubensrichtung in Thailand; angeblich soll es noch rund 30 weitere in Myanmar geben. Jedes Dorf hat einen geistlichen und weltlichen Führer. Dieser *pu chaik* (die Thais nennen ihn *reu·sěe*, „Seher" oder „Weiser") trägt seine langen Haare normalerweise zu einem Knoten geschlungen und ist je nach Untersekte in weiße, gelbe oder braune Gewänder gehüllt.

Da evangelikale christliche Missionare sich der Gegend angenommen und versucht haben, die Talaku zu bekehren, sind die meisten Einheimischen Fremden gegenüber misstrauisch eingestellt. Wer das Dorf besucht, sollte darauf achten, keine Gebäude oder Einrichtungen ohne Erlaubnis oder Einladung zu betreten und nicht ungefragt zu fotografieren. Wer die Dorfbewohner respektvoll behandelt, sollte keine Probleme bekommen.

Sangkhlaburi liegt 90 km bzw. einen vier- bis fünftägigen Marsch von Poeng Kloeng entfernt. Die Straße nach Sangkhlaburi hat mehrere Abzweigungen; die Hauptstrecke führt ein Stück durch Myanmar, ehe sie wieder nach Thailand zurückkehrt.

Um Phang

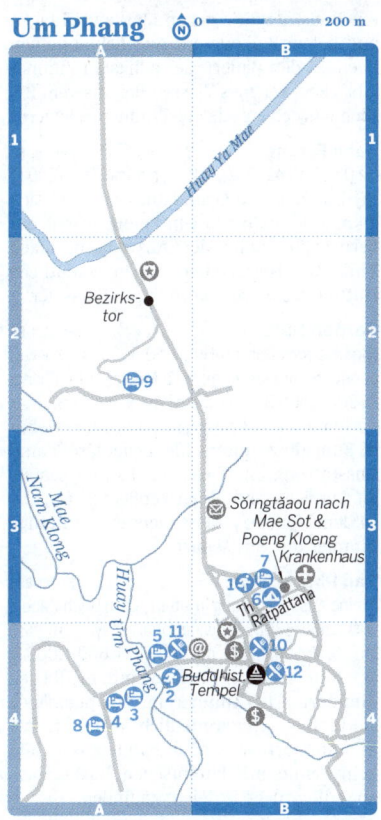

Die unten aufgeführten Veranstalter verfügen über englischsprachige Guides.

Eine typische dreitägige Tour mit zwei Übernachtungen umfasst Raften und Wandern, eine beliebte zusätzliche Wahloption sind Ausritte auf Elefanten. Die meisten Touren führen zum Nam Tok Thilawsu und darüber hinaus. Auch längere oder kürzere Touren oder Touren zu anderen Zielen in der Gegend lassen sich vereinbaren.

Die Raftingtouren reichen von eintägigen Exkursionen auf dem Mae Klong zwischen Um Phang und dem Nam Tok Thilawsu bis zu dreitägigen Touren von Palatha bis zum Nam Tok Thi Lo Re. Die meisten Raftingtouren sind nur zwischen November und Februar möglich.

Um Phang Khi ist ein „neues" Raftinggebiet nordöstlich von Um Phang. Offiziell gibt es hier zum Höhepunkt der Regenzeit 47 – einige Raftinganbieter behaupten gar 67 – Stromschnellen der Klassen III (mittelschwer) und IV (schwierig). Die Raftingsaison von Um Phang Khi ist kurz (Aug.–Okt.), da der Wasserstand während der übrigen Monate nicht hoch genug ist.

Es gelten Pauschalpreise, alles inklusive. Eine dreitägige Rafting- und Trekkingtour (für 2 od. mehr Pers.) gibt's ab ca. 4000 B pro Person. Teurer wird's durch Elefantenausritte und weitere Extras.

Trekker Hill   WANDERN, RAFTEN
(☏ 0 5556 1090; 620 Th Pravitpaiwan, Um Phang) Der empfehlenswerte Veranstalter hat die

---

Vorsicht: Diese Grenzregion ist ein heikles Gebiet, in der das reelle Risiko besteht, sich zu verirren, zu verletzen oder zu erkranken! Südlich von Um Phang sollte man deswegen keinesfalls ohne einen Führer unterwegs sein. Wer Thailändisch spricht, könnte in Poeng Kloeng einen Führer in diese Region engagieren. Ansonsten arrangieren ein paar Reiseveranstalter in Um Phang derartige Trips bei vorheriger Anmeldung. Die beste Zeit für diese Reise sind die Monate Oktober bis Januar.

Aktivitäten
Wandern & Raften
Praktisch jede Pension in Um Phang kann in der Gegend Kombinationen aus Wander- und Raftingtouren arrangieren. Da in Um Phang aber hauptsächlich thailändische Touristen unterwegs sind, haben nur ein paar Guides auch Erfahrung im Umgang mit ausländischen Travellern. Die meisten sprechen dementsprechend kaum Englisch.

meisten Englisch sprechenden Führer und bietet diverse ein- bis viertägige Treks an.

BC Adventure Tour
WANDERN, RAFTEN
(☏0 5556 1020; www.boonchuaytour.com) Hat ein ähnliches Angebot von Wander- und Raftingtouren und Führer, die den Umgang mit ausländischen Travellern gewohnt sind.

Napha Tour
WANDERN, RAFTEN
(☏0 5556 1287; Th Pravitpaiwan, Um Phang) Der Veranstalter bietet eine Vielzahl von Touren und hat Englisch sprechende Führer.

Tu Ka Su Cottage
WANDERN, RAFTEN
(☏0 5556 1295; www.tukasu.net; 40 Moo 6, Um Phang) Wenn die oben genannten Veranstalter nicht zur Verfügung stehen, kann einem dieses Resort dabei helfen, Englisch sprechende Führer aufzutreiben.

Weera Tour
WANDERN, RAFTEN
(Keine Ausschilderung in lateinischen Buchstaben; ☏0 5556 1368) Der gleich neben der Hauptstraße ansässige Veranstalter organisiert ausgezeichnete Touren, hat allerdings nur wenige Englisch sprechende Guides.

🛏 Schlafen

Die meisten Herbergen in Um Phang sind auf große thailändische Reisegruppen eingestellt, ausländischen Individualreisenden begegnet man daher leicht irritiert. Entsprechend sind auch viele der Zimmer vor Ort auf vier oder mehr Personen zugeschnitten. Singles oder Paare können deshalb niedrigere Preise aushandeln, vor allem während der Regenzeit klappt das gut.

Tu Ka Su Cottage
HOTEL $$$
(☏0 5556 1295; www.tukasu.net; 40 Moo 6, Um Phang; Zi. mit Frühstück 600–2000 B; ❋@🖥) Die Anlage ist die sauberste und gepflegteste Unterkunft in Um Phang. Die attraktiven Mehrzimmer-Cottages aus Stein und Backstein stehen in einem Garten voller Blumen und exotischer Früchte. Alle Bäder haben warme Duschen mit Outdoor-Feeling. Auch die günstigeren Bungalows sind groß und komfortabel und bieten ein erstklassiges Preis-Leistungs-Verhältnis. Der Betreiber hat eine große Menge Infos über die Gegend in petto. In der Anlage gibt's überall kostenlos WLAN.

Umphang Country Huts
HOTEL $$$
(Keine Ausschilderung in lateinischen Buchstaben; ☏0 5556 1079; www.umphangcountryhut.com; Zi. 500–2500 B) Abseits der Straße 2 km vor Um Phang stehen diese Hütten auf einem bewaldeten Hügel. Einige der Zimmer der mittle-

ren Preiskategorie gehen über zwei Etagen und haben Balkone mit Ausblick auf einen Bach. In den Bädern der billigsten Zimmer gibt's kein warmes Wasser. Bei unserem Besuch wurden gerade alle Zimmer renoviert.

Baan Farang
HOTEL $$
(☏08 3388 4223; Zi. mit Frühstück 700–1200 B; 🖥) Das hübsche Grundstück befindet sich 3 km außerhalb von Um Phang abseits der Fernstraße, nahe der Abzweigung nach Thilawsu. Hier stehen sieben gemütliche Hütten, die teureren direkt am Flussufer.

Garden Huts
HOTEL $$
(Boonyaporn Garden Hut; ☏0 5556 1093; www.boonyapornresort.com; 8/1 Moo 6, Um Phang; Zi. 200–1500 B) Diese Anlage wird von einer netten älteren Frau verwaltet. Man wohnt in Bungalows unterschiedlicher Größe und Ausstattung am Flussufer. Es gibt schöne Sitzbereiche und einen gepflegten Garten. In dem Neubau gibt es mehrere geräumige Zimmer mit Fernsehern.

Ban Phurkchaya
HOTEL $$$
(Keine Ausschilderung in lateinischen Buchstaben; ☏0 5556 1308; www.banphurkchaya.com; 186 Moo 6, Um Phang; Zi. mit Frühstück 600–2000 B; ❋) Eine niedliche Anlage mit niedlichen Zimmern. Die Zimmer im Hauptgebäude sind etwas weniger niedlich, aber so sauber und komfortabel wie alle anderen. Es gibt kein Schild mit lateinischen Buchstaben, aber die Anlage ist leicht zu finden.

Phudoi Camp Site & Resort
HOTEL $
(☏0 5556 1049; www.phudoi.com; 637 Th Pravitpaiwan, Um Phang; Zelt 150 B, Bungalow mit Ventilator/Klimaanlage 400/500 B; ❋@) Das Phudoi ist vor allem auf Reisegruppen eingestellt, die reserviert haben. Die Bungalows im Blockhausstil stehen auf einem gepflegten Grundstück am Hang nahe dem Dorfzentrum; sie sind geräumig und haben Veranden. Außerdem gibt es ein Campinggelände und ein Restaurant gleichen Namens.

Trekker Hill
HOTEL $
(☏0 5556 1090; 620 Th Pravitpaiwan; B/Zi. 100/300 B; 🖥) Hier kann man landen, obwohl man gar nicht hin wollte: Uns wurde zugetragen, dass manchmal *sŏrng·tăa·ou*-Fahrer eine Provision bekommen, wenn sie Fahrgäste hier absetzen. Trotzdem sind die an einem steilen Hang stehenden Hütten eine gute Wahl. Die Zimmer haben warmes Wasser und Ausblick auf das Tal und Um Phang. Das Restaurant serviert drei Mahlzeiten pro Tag und hat Satellitenfernsehen.

Ban Suansak Resort HOTEL $

(📞08 9839 5308; Zi. 300–500 B) Gleich au
ßerhalb der Stadt an der Straße nach Palatha. Das „Resort" hat 13 Zimmer in einem
neuen, zweistöckigen Gebäude sowie drei
Bungalows für drei bis zehn Personen. Die
Betten sind ein bisschen dürftig, aber die
Anlage ist sehr sauber und verfügt über ein
eigenes Restaurant.

 **Essen**

In Um Phang gibt's mehrere sehr schlichte
Restaurants, Morgen- und Abendmärkte
sowie ein paar kleine Läden.

Khrua Ton Makham THAI $

(Keine Ausschilderung in lateinischen Buchstaben;
Hauptgerichte 30–70 B; ⊙mittags & abends) Das
rustikale Restaurant hat eine kurze englische und eine viel ausführlichere thailändische Karte. Es befindet sich unter einem
großen Tamarindenbaum („Ton Makham")
direkt neben dem Internetcafé.

Phudoi Restaurant THAI $$

(Hauptgerichte 40–170 B; ⊙8–22 Uhr) Wenn
es geöffnet ist, serviert dieses Restaurant
ordentliches Essen. Es gibt eine zweisprachige Speisekarte. Nach 21 Uhr ist es oft
das einzige Lokal, wo man noch etwas zu
beißen bekommt.

Bankrusun CAFÉ $

(Hauptgerichte 20–35 B; ⊙6.30–20.30 Uhr) Der
von einem thailändischen Musiker betriebene Souvenirladen mit Café braut einen
guten Kaffee und hat Getränke und einfache Frühstücksgerichte.

❶ Praktische Informationen

Mittlerweile gibt's zwei Geldautomaten in Um
Phang, es empfiehlt sich aber immer noch, Bargeld mitzubringen. **Internetzugang** (15 B/Std.;
⊙Mo–Fr 16–21, Sa & So 7–21 Uhr) gibt's in einem
großen Café auf dem Weg nach Ban Palatha.

❶ An- & Weiterreise

Sörng·tǎa·ou fahren häufig von Um Phang nach
Mae Sot (120 B, 4 Std., 6.30–13.30 Uhr, stündl.);
sie starten an einer Haltestelle am oberen Ende
der Th Ratpattana.

Von Mae Sot nach Mae Sariang

Die Rte 105 verläuft von Mae Sot aus nordwärts entlang der Grenze zu Myanmar bis
nach Mae Sariang (226 km) in der Provinz

Mae Hong Son. Die kurvenreiche, geteerte Straße führt durch die kleinen Dörfer
Mae Ramat, **Mae Sarit**, **Ban Tha Song
Yang** und **Ban Sop Ngao** (Mae Ngao). In
den dichten Wäldern in diesen Teilen der
Provinz finden sich noch vereinzelte Teakbaumbestände und die in der Gegend ansässigen Karen verwenden gelegentlich
noch Arbeitselefanten.

Der **Nam Tok Mae Kasa** zwischen Kilometer 13 und 14 ist ein sehenswerter
Wasserfall mit einer Höhle. In dem nahe
gelegenen Dorf Mae Kasa gibt es eine Thermalquelle.

In Mae Ramat sollte man sich den **Wat
Don Kaew** hinter der Bezirksverwaltung
anschauen. In ihm befindet sich ein großer
Marmorbuddha im Mandalay-Stil.

Nach ein paar Straßensperren kommt
man bei Kilometer 58 durch das riesige
Flüchtlingsdorf **Mae La,** in dem schätzungsweise 60 000 birmanische Flüchtlinge
leben. Das Dorf ist wenigstens 3 km lang;
zum Durchfahren braucht man ein paar
Minuten und begreift dabei, was für ein
großes Flüchtlingsproblem Thailand hat.

Bei Kilometer 94, in der Nähe von Ban
Tha Song Yang (es gibt noch ein Dorf gleichen Namens weiter nördlich), befinden
sich die ausgedehnten Kalksteinhöhlen von
Tham Mae Usu. Von der Straße aus führt
ein 2 km langer Fußmarsch zur Tham Mae
Usu. Achtung: In der Regenzeit verschließt
der Fluss, der durch die Höhle fließt, ihren
Eingang!

Schließlich ist bei **Ban Tha Song Yang**
das nördliche Ende der Provinz Tak erreicht. Das Karen-Dorf liegt wunderschön
am Rand von Kalksteinklippen am Ufer
des Mae Nam Moei. Es ist die letzte größere Siedlung in Tak, ehe es bergauf in den
dichten, bergigen Dschungel des Mae Ngao
National Park in Mae Hong Son geht.

Ban Sop Ngao, wenig mehr als ein Ein
Straßen-Dorf mit dem Sitz der Parkverwaltung, ist die erste Ortschaft, durch die man
in der Provinz Mae Hong Son fährt. Von
dort sind es weitere 40 km bis nach Mae
Sariang, wo Verpflegung und Unterkünfte
zur Verfügung stehen.

🛏 Schlafen & Essen

Allzu viele Unterkünfte und Restaurants
gibt es an dieser Strecke nicht. Das praktischste Basislager ist Tha Song Yang (die
Ortschaft bei Kilometer 90 – nicht das Dorf
gleichen Namens am Nordrand der Provinz

Tak); dort gibt es ein paar Restaurants. Auch in Mae Sarit, etwas weiter nördlich, findet man einfache Unterkünfte und Verpflegung.

Thasongyang Hill Resort HOTEL $$
(☑08 5558 9088; www.thasongyanghill.9nha.com; bei Km 85, Rte 105, Ban Tha Song Yang; Zi. 200–800 B; ❄🐾🛜) Die Anlage nördlich von Tha Song Yang bietet große moderne Zimmer in einem lang gestreckten Gebäude und schöne Bungalows in einem mit Blumen bepflanzten Garten. Es gibt noch ein paar ähnliche Hotels in der Gegend, dieses aber ist das hübscheste von allen.

Per-pron Resort HOTEL $
(☑08 1774 5624; 110 Moo 2, Mae Salit; Bungalows 300–350 B) Gleich südlich von Mae Salit stehen ein paar rustikale Bungalows mit Ausblick auf den Mae Nam Moei.

 An- & Weiterreise

Sŏrng·tǎa·ou nach Mae Sariang (200 B, 6 Std., 6.20–12.20 Uhr, 6-mal) fahren in Mae Sot vom alten Busbahnhof in der Nähe des Ortszentrums.

PROVINZ MAE HONG SON

Die abgelegenste Provinz Thailands ist nur über unglaublich kurvenreiche Gebirgsstraßen oder mit einem der gelegentlichen Flüge in die Provinzhauptstadt zu erreichen. Zwar hat es in den letzten zehn Jahren so etwas wie einen Mini-Touristenboom gegeben und im Gebiet um die Hauptstadt sind viele Resorts entstanden, aber nur wenige Besucher kommen weiter als bis Pai.

Mae Hong Son แม่ฮ่องสอน

6000 EW.

Abgelegen mitten in den Berge – Mae Hong Son entspricht genau den Vorstellungen, die sich viele Traveller von einer typisch nordthailändischen Stadt machen. Der spürbare birmanische Einfluss stört das Bild genauso wenig wie der raue Charakter der Grenzstadt, denn schließlich bleibt man hier von Túk-túks und Schleppern weitgehend verschont. Das bedeutet aber nicht, dass Mae Hong Son ein völlig unerschlossenes Städtchen wäre: Reisegruppen kommen schon seit Jahren hierher. Das große Angebot von Aktivitäten – von Bäderanwendungen bis zu Trekkingtouren – sorgt

dafür, dass Traveller mit einmaligen Erlebnissen rechnen dürfen.

Die Monate November bis März eignen sich am besten für einen Besuch in Mae Hong Son – dann zeigt sich das Städtchen von seiner schönsten Seite. Während der Regenzeit (Juni–Okt.) ist das Reisen in den abgelegeneren Teile der Provinz beschwerlich, weil nur wenige Straßen geteert sind. Im Sommer liegt der Rauch, der durch die Brandrodung entsteht, über dem Mae-Pai-Tal. Wer im Winter kommt, muss auf ausgesprochen kalte Nächte vorbereitet sein: Man sollte zumindest einen dicken Pullover und warme Socken für die Morgen- und Abendstunden dabeihaben, außerdem einen Schlafsack oder mehrere Decken.

Geschichte

Mae Hong Son war die längste Zeit seiner kurzen Existenz von Thailand geografisch, politisch und kulturell getrennt. Die Stadt wurde im frühen 19. Jh. als ein Ausbildungslager für Elefanten gegründet und blieb lange Zeit wenig mehr, bis 1856 wegen der Kämpfe in Birma Tausende von Shan in die Region strömten. Später blühte Mae Hong Son als Zentrum der Holzwirtschaft und blieb ein unabhängiges Königreich, das König Rama V. schließlich 1900 mit dem Königreich Siam vereinte.

⊙ Sehenswertes

Angesichts der bunten Farben, weißen Stupas und glänzenden Zinkverzierungen der Tempel Mae Hong Sons, die im birmanischen und im Shan-Stil errichtet wurden, kann man sich schon fragen, in welchem Land man sich hier eigentlich befindet.

Wat Jong Kham & Wat Jong Klang TEMPEL
(วัดจองคำ/วัดจองกลาง; Eintritt frei) Der Wat Jong Kham wurde vor fast 200 Jahren von den Thai Yai (oder Shan) erbaut, die ungefähr die Hälfte der Einwohner der Provinz Mae Hong Son stellen. Im Wat Jong Klang sind 100 Jahre alte *jataka*-Glasmalereien zu sehen. Im **Museum** (Eintritt gegen Spende; ⊙8–18 Uhr) zeigen 150 Jahre alte Holzfigürchen aus Mandalay die unangenehmeren Aspekte des buddhistischen Lebensrads. Mehrere Bereiche im Wat Jong Klang sind für Frauen tabu – in buddhistischen Tempeln der Shan bzw. Birmanen ist dies nichts Ungewöhnliches.

Die Tempel werden nachts angestrahlt und spiegeln sich im Nong Jong Kham – für Traveller ein beliebtes Fotomotiv.

Wat Hua Wiang TEMPEL

(วัดหัวเวียง; Th Phanit Wattana; Eintritt frei) Dieser Wat östlich der Th Khunlum Praphat ist wegen seines *bòht* mit dem kunstvoll gestuften Holzdach und eines berühmten Bronzebuddhas aus Mandalay sehenswert.

Noch mehr Tempel TEMPEL

Weitere interessante Tempel sind der **Wat Kam Kor** (Eintritt frei) mit dem einmaligen überdachten Weg und der **Wat Phra Non** (Eintritt frei), in dem der größte liegende Buddha der Stadt zu bewundern ist.

🏃 Aktivitäten

Wandern & Raften

Weil Mae Hong Son am Rand der von Dschungel bedeckten Berge liegt, eignet es sich wunderbar als Ausgangspunkt für Trekkingtouren ins Hinterland. Wandern ist hier keine Freizeitindustrie wie anderswo: Traveller, die bereit sind, sich die Stiefel schmutzig zu machen, finden hier relativ unberührte Natur und abgelegene Dörfer. Trekkingtouren lassen sich mit mehreren Pensionen und Veranstaltern vereinbaren.

Fahrten mit Langschwanzbooten auf dem nahen Mae Pai werden immer beliebter. Angeboten werden sie von den Gästehäusern und Agenturen, die Treks im Umland von Mae Hong Son organisieren. Die meisten Raftingtouren beginnen in **Tha Pong Daeng**, 4 km südwestlich von Mae Hong Son. Die Boote fahren zunächst 15 km stromabwärts bis zum „Langhals"-Dorf **Huay Pu Keng**, dann folgt ein Aufenthalt in der 20 km von der Anlegestelle entfernten Grenzstadt **Ban Nam Phiang Din**, ehe es zurückgeht. Die Fahrt nach Ban Nam Phiang Din dauert ungefähr eineinhalb Stunden und kostet 1000 B pro Boot bei maximal acht Passagieren je Boot.

Mehrtägige Touren in Gruppen von zwei Personen gibt es ab 1000 B pro Person und Tag. Wie in Thailand üblich, sinkt der Tagespreis mit der Zahl der Teilnehmer und der Länge der Wanderung.

Nature Walks WANDERN

(☏ 0 5361 1040, 08 9552 6899; www.trekkingthailand.com; natural_walks@yahoo.com) Trekkingtouren kosten hier zwar mehr als anderswo, doch John, der aus Mae Hong Son stammt, ist auch der beste Guide vor Ort. Im Angebot sind eintägige Wanderungen durch die Natur bis hin zu mehrtägigen Treks quer durch die Provinz. John organisiert auch maßgeschneiderte Touren in die Natur, so z.B. zwischen März und Mai eine Orchideentour. Er hat kein Büro, man kann nur per E-Mail oder Telefon mit ihm Kontakt aufnehmen.

ABSTECHER

DIE MAE-HONG-SON-SCHLEIFE

Eine der beliebtesten Motorradtouren in Nordthailand ist der Rundkurs, der in Chiang Mai beginnt, der Länge nach durch die Provinz Mae Hong Son und dann in einer Schleife wieder zurück in die Stadt führt – der gesamte Trip umfasst nahezu 1000 km.

Die eigentliche Mae-Hong-Son-Schleife beginnt 34 km nördlich von Chiang Mai, wenn man in die Rte 1095 einbiegt und sich in die erste von 1864 Kurven lehnt. Es geht langsam voran, und der Anstieg beginnt fast sofort. Glücklicherweise gibt es unterwegs viele Übernachtungsmöglichkeiten – häufig liegen die Orte mit guten Unterkünften und Restaurants weniger als 70 km voneinander entfernt, sodass Motorradfahrer ausreichend Gelegenheit haben, die steif gewordenen Beine zu entspannen. Zu den guten Übernachtungsoptionen zählen Pai, das 130 km von Chiang Mai entfernt ist, das 40 km weiter gelegene Soppong und das noch einmal 65 km weiter entfernte Mae Hong So.

Hat man Khun Yuam, 70 km südlich von Mae Hong Son erreicht, muss man sich entscheiden, ob man die Rte 1263 nach Mae Chaem nimmt und dann über den Doi Inthanon, Thailands höchsten Gipfel, nach Chiang Mai zurückkehrt oder aber die Fahrt weiter nach Süden bis Mae Sariang fortsetzt, um über Hot auf der Rte 108 bis nach Chiang Mai zu brausen. Auf dieser Strecke sind die Abschnitte zwischen den Ortschaften dann größer, deshalb sollte man besser mit einer stärkeren und bequemeren Maschine unterwegs sein.

Ein ausgezeichneter Wegbegleiter ist die *Mae Hong Son Loop Guide Map* von Golden Triangle Rider, die in den meisten Buchläden von Chiang Mai vorrätig ist. Die Karte zeigt die genauen Entfernungen zwischen den Ortschaften, weist auf mögliche Abstecher hin und bietet auch sonst hilfreiche Infos.

Friend Tour

WANDERN

(☎0 5361 1647; PA Motorbike, 21 Th Pradit Jong Kham; ⏰7.30–19.30 Uhr) Der empfehlenswerte Veranstalter mit Sitz im PA Motorbike hat fast 20 Jahre Erfahrung. Im Programm sind Trekkingtouren, Elefantenausritte, Raftingtouren und Tagesausflüge.

Long Time Tours

WANDERN

(☎08 9838 6865; 21 Th Pradit Jong Kham; ⏰8–17 Uhr) Auch dieser Veranstalter bietet vor Ort viele Touren an.

Nam Rin Tour

WANDERN

(☎0 5361 4454; 21 Th Pradit Jong Kham) Mr. Dam verspricht in seiner Reklame „Bad sleep, bad jokes" – seine Trekkingtouren bekommen aber gute Kritiken.

Schlammbad

Pooklon Country Club

SPA

(☎08 6198 0722; Ban Mae Sanga; ⏰8–18.30 Uhr) Diese Anlage, die sich selbst als „Country Club" bezeichnet, wird als Thailands einziges Bad angepriesen, in dem Schlammpackungen zur Anwendung kommen. Die Quelle wurde 1995 von einem Geologenteam entdeckt. Vor der Anwendung (z.B. Gesichtspackung 60 B) wird der Schlamm pasteurisiert und mit Kräutern versetzt. Es gibt Thermalbäder (60 B), an den Wochenenden auch Massagen (200 B/Std.).

Pooklon liegt 16 km nördlich von Mae Hong Son im Bezirk Mok Champae. Wer kein eigenes Fahrzeug hat, kann mit dem täglich verkehrenden *sŏrng·tăa·ou* nach Mae Aw hinfahren, muss dann aber schauen, wie er wieder zurückkommt.

👉 Geführte Touren

Rosegarden Tours

TOUR

(☎0 5361 1681; www.rosegarden-tours.com; 86/4 Th Khunlum Praphat; Tour ab 600 B) Der Schwerpunkt dieses Veranstalters mit englisch- und französischsprachigen Führern liegt auf Kultur- und Sightseeing-Touren.

Tour Merng Tai

TOUR

(☎0 5361 1979; www.tourmerngtai.com; 89 Th Khunlum Praphat; Tour mit Kleinbus 1800 B/Tag) Der Veranstalter führt hauptsächlich von der Stadt aus Touren mit Kleinbussen und Radtouren durch, organisiert aber auch Trekkingausflüge.

🎉 Feste & Events

Poi Sang Long Festival

ORDINATIONSZEREMONIE

Die Wats Jong Klang und Jong Kham stehen im Mittelpunkt dieses Fests im März, bei

Provinz Mae Hong Son

dem Shan-Jungen in einer Zeremonie namens *boòat lôok gâaou* zu Novizen ordiniert werden. Nach dem Brauch der Shan tragen die Jungen dabei keine einfachen weißen Gewänder, sondern reich verzierte Kostüme, Kopfschmuck aus Blumen und Schminke.

Jong Para

BUDDHISTISCHES FEST

Das wichtige lokale Fest wird im Oktober gegen Ende der buddhistischen Regenklausur gefeiert – drei Tage vor Vollmond im elften Mondmonat (das genaue Datum variiert dementsprechend von Jahr zu Jahr). Zu Beginn des Fests bringen einheimische Shan den Mönchen in einer Prozession, bei der auf Stangen montierte Palastmodelle getragen werden, Opfergaben in die Tempel. Ein wichtiger Bestandteil des Fests sind die Volkstheater- und Tanzvorführungen auf dem Gelände der Wats – einige davon bekommt man nur in Nordwestthailand zu sehen.

Loi Krathong

TRADITIONELLES FEST

An diesem nationalen Feiertag im November, bei dem normalerweise *grà·tong* (kleine Lotusflöße) auf den nächstgelegenen Teich, See oder Fluss gesetzt werden, lassen die Einwohner von Mae Hong Son auf dem Doi Kong Mu Ballons, sogenannte *grà·tong sà·wăn* (Himmels-*grà·tong*) in den Himmel aufsteigen.

🛏 Schlafen

Mae Hong Son hat generell einen Mangel an inspirierenden Unterkünften, es gibt aber ein paar akzeptable Mittelklassehotels. Da die Stadt ein Touristenziel ist, fluktuieren die Preise je nach Saison; außerhalb der Hochsaison (Nov.–Jan.) kann man durchaus Rabatte aushandeln.

IM ORT

Baiyoke Chalet Hotel HOTEL $$$

(📞0 5361 3132; trv1864@hotmail.com; 90 Th Khunlum Praphat; Zi. mit Frühstück 1280–1800 B; ❄@🛜) Das Hotel hat eine praktische Lage und komfortable Unterkünfte. Wie die Lobby sind auch die Zimmer geschmackvoll in Hartholz mit ortstypischen Details ausgestaltet. Im Restaurant und Lounge im Erdgeschoss kann es recht laut zugehen, weshalb ein Zimmer abseits der Straße oder in einem der oberen Stockwerke sicher die bessere Wahl ist. Außerhalb der Saison gibt's 50% Rabatt.

Residence@MaeHongSon HOTEL $$

(📞0 5361 4100; www.theresidence-mhs.com; 41/4 Th Ni-wet Pi-sarn; Zi. 900–1400 B; ❄@🛜) Zu den neueren Unterkünften gehört dieses hübsche gelbe Gebäude mit elf einladenden Zimmern. Teakmöbel gibt's in Hülle und Fülle; viele Fenster lassen eine Menge Tageslicht herein. Alle Gäste dürfen die sonnige Dachterrasse nutzen. Der freundliche Betreiber spricht Englisch und verleiht kostenlos Fahrräder.

Romtai HOTEL $$$

(📞0 5361 2437; www.maehongson-romtai.com; Th Chamnansathit; Zi. 600–1200 B, Bungalows 1500–1700 B; ❄🛜) Versteckt hinter den Tempeln am See und einem kahl wirkenden Empfangsbereich bietet diese Anlage eine große Vielfalt an Unterkünften, von geräumigen, sauberen Zimmern bis hin zu Bungalows mit Ausblick in einen üppigen Garten mit Fischteichen.

Jongkham Place PENSION $$$

(📞0 5361 4294; 4/2 Th Udom Chao Ni-Thet;Bbungalows/Suite 800/2000B; ❄🛜) In diesem Familienbetrieb am See wohnen Gäste in vier attraktiven Holzbungalows und zwei penthouseartigen Suiten. Alle Unterkünfte haben Fernseher, Kühlschrank und Klimaanlage.

Mountain Inn & Resort HOTEL $$$

(📞0 5361 1802; www.mhsmountaininn.com; 112/2 Th Khunlum Praphat; Zi. mit Frühstück 1500–2800 B, Suite mit Frühstück 4500 B; ❄🛜)

Das Hotel hat saubere, gemütliche Zimmer mit hübscher Thai-Deko. Im Hof befindet sich ein hübscher Garten mit kleinen Teichen, Bänken und Sonnenschirmen. Die Standardzimmer, die eine Terrasse mit Ausblick in den Garten haben, bieten im Vergleich zu jenen der Luxusklasse ein besseres Preis-Leistungs-Verhältnis.

Coffee Morning HOTEL $

(📞0 5361 2234; 78 Th Singhanat Bamrung; Zi. 300–500 B; @🛜) In diesem alten Holzhaus findet man neben einem attraktiven Café mit Buchladen auch vier einfache, aber gemütliche Zimmer. Da sie kein eigenes Bad haben, sind die Preise in der Hauptsaison nicht gerade als Schnäppchen zu bezeichnen, kostenloses Internet und die nette Café-Atmosphäre machen das aber einigermaßen wett.

Palm House HOTEL $

(📞0 5361 4022; 22/1 Th Chamnansathit; Zi. 350–600 B; ❄🛜) In dem zweistöckigen Zementbau gibt es mehrere langweilige, aber saubere Zimmer mit Fernseher, Warmwasser und Ventilator oder Klimaanlage. Der hilfreiche Betreiber spricht Englisch und kann – wenn er nicht gerade ein Nickerchen macht – Transportmittel arrangieren.

Friend House HOTEL $

(📞0 5362 0119; 20 Th Pradit Jong Kham; Zi. 150–400 B; 🛜) Hier gibt's ultraschlichte Zimmer mit Gemeinschaftsbad und Warmwasser

NICHT VERSÄUMEN

WAT PHRA THAT DOI KONG MU

Auf dem Doi Kong Mu, dem 1500 m hohen Hügel westlich der Stadt, steht dieser von den Shan errichtete **Wat** (วัดพระธาตุดอยกองมู; Eintritt frei), der auch als Wat Plai Doi bekannt ist. Der Blick auf das Nebelmeer, das sich jeden Morgen unten im Tal sammelt, ist beeindruckend – später dann bietet sich eine wunderschöne Aussicht auf die Stadt und die umliegenden Täler. In zwei, 1860 und 1874 errichteten Shan-*chedis* ruht die Asche von Mönchen aus dem Shan-Staat in Myanmar. An der Rückseite des Wats ragt ein großer, schlanker, stehender Buddha in die Höhe; von hier aus hat man eine gute Aussicht auf die Landschaft westlich des Felsgrats.

Mae Hong Son

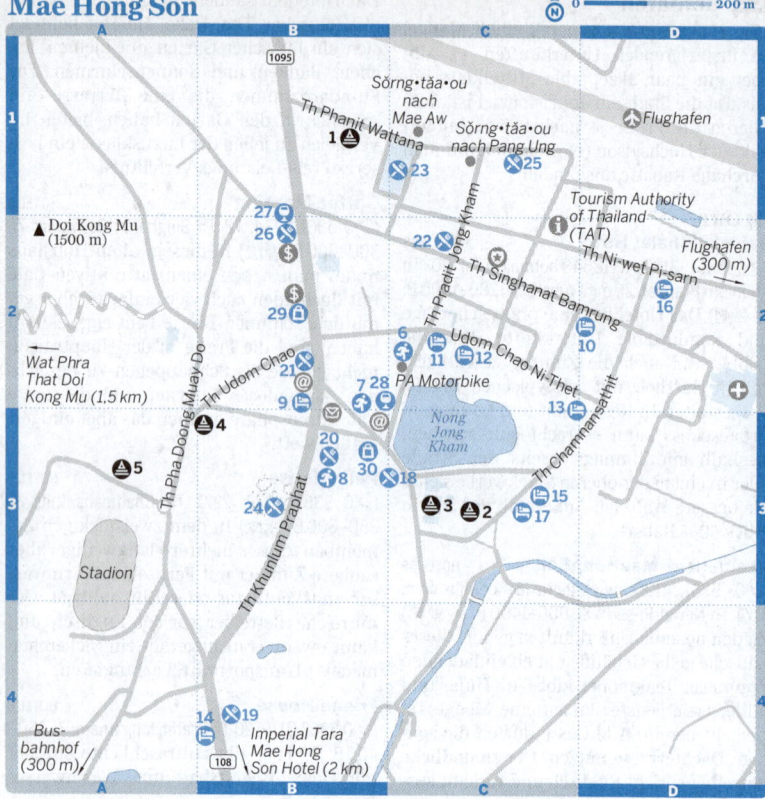

und größere mit eigenem Bad. Alle sind pieksauber.

Jongkam G.H.
PENSION $

(☎08 1594 5323; 7 Udom Chao Ni-Thet; Zi. 200–400 B) Die Zimmer in einem Garten am See haben Matratzen auf dem Boden und einen Ventilator an der Decke.

AUSSERHALB DES ORTES

Südwestlich der Stadt liegen am Fluss, ein paar Kilometer in Richtung Ban Huay Deua und Ban Tha Pong Daeng, ein paar „Resorts“, was in Thailand nur bedeutet, dass die Unterkunft in einer ländlichen oder halbländlichen Umgebung steht. In der Nebensaison sind Rabatte von bis zu 40 % üblich; Rabatte für Online-Bucher gibt's das ganze Jahr.

Fern Resort
HOTEL $$$
LP TIPP

(☎0 5368 6110; www.fernresort.info; 64 Moo 10, Tambon Pha Bong; Bungalows mit Frühstück 2500–3500 B; ❄@🛜🏊) Das schon lan-

ge existierende, umweltfreundliche Resort gehört zu den angenehmeren Unterkünften in Nordthailand. Die 40 Holzbungalows im Shan-Stil stehen zwischen terrassierten Reisfeldern und Bächen, die Innenräume sind stilvoll dekoriert. In der Nähe führen Naturpfade in den angrenzenden Mae Surin National Park. Zur Unterstützung eines von der Gemeinde getragenen Tourismus stammen die meisten Angestellten aus den Dörfern der Umgebung. Das Resort liegt 7 km südlich der Stadt. Gäste können sich kostenlos vom Flughafen oder Busbahnhof abholen lassen, außerdem fahren regelmäßig Shuttles von hier zur Stadt – los geht's am Fern Restaurant.

Sang Tong Huts
HOTEL $$$

(☎0 5362 1680; www.sangtonghuts.com; Th Makhasanti; Bungalows 800–3000 B; @🛜🏊) Diese beliebte Bungalowanlage in einem Waldgebiet außerhalb der Stadt gehört zu den Unterkünften, die etwas mehr Atmosphäre bieten. Es gibt eine große Auswahl unterschiedlicher Bungalows, die aber alle geräumig und gut gestaltet sind. Die leckeren Backwaren und der Pool entschädigen für die Entfernung zum Stadtzentrum. Die Anlage ist bei Gästen beliebt, die immer mal wieder nach Mae Hong Son kommen, deswegen besser vorab reservieren. Die Anlage befindet sich rund 1 km nordöstlich der Th Khunlum Praphat, gleich abseits der Th Makhasanti – wenn man Richtung Pai fährt, einfach links an der nördlichsten Ampel im Ort abbiegen und der Ausschilderung folgen.

Imperial Tara Mae Hong Son Hotel HOTEL $$$
(☏0 5368 4444-9; www.imperialhotels.com/tara maehongson; 149 Moo 8; Zi. mit Frühstück 2200–2800 B, Suite mit Frühstück 2900–5400 B; ❄@🛜) Die geschmackvoll eingerichteten Zimmer in dem exklusiven 104-Betten-Hotel haben allesamt Holzdielen. Die Terrassen mit Fenstertüren sind eine willkommene Abwechslung zu den üblichen Businesshotels. Zu den Einrichtungen gehören eine Sauna, ein Swimmingpool und ein Fitnesscenter. Das Hotel steht ungefähr 2 km südlich der Stadt.

Pana Huts HOTEL $$
(☏0 5361 4331; www.panahuts.com; 293/9 Moo 11, Th Makhasanti; Zi. & Bungalows 700–800 B;

🛜) Die sechs etwas überteuerten Bambushütten stehen in einem Waldgebiet außerhalb der Stadt und bieten Badezimmer mit warmem Wasser und Terrassen. Der Gemeinschaftsbereich gibt sich mit seinem Dach aus Teakblättern, Holzbänken und der umschlossenen Feuerstelle für kühle Nächte angemessen rustikal. Die Anlage befindet sich rund 1 km nordöstlich der Th Khunlum Praphat, gleich abseits der Th Makhasanti – wenn man Richtung Pai fährt, einfach links an der nördlichsten Ampel im Ort abbiegen und der Ausschilderung folgen.

✗ Essen & Ausgehen

Mae Hong Sons Morgenmarkt ist ein faszinierender Ort und ideal zum Frühstücken. Mehrere Stände am nördlichen Ende des Markts servieren ungewöhnliche Gerichte wie *tòo·a òon*, ein birmanisches Nudelgericht mit dickem Kichererbsenbrei und gebratenem Gemüse, Kichererbsenküchlein und Tofu. Andere Stände im gleichen Abschnitt verkaufen eine örtliche Version von *kà·nŏm jeen nám ngée·o*, oft zusammen mit *kahng pòrng*, einem kleinen Shan-Gericht aus zerstampftem, gebratenem Gemüse.

In der Stadt gibt's außerdem zwei tolle Nachtmärkte. Der in der Nähe des Flughafens bietet überwiegend nordthailändische Gerichte zum Mitnehmen, der am südlichen Ende der Th Khunlum Praphat hat typische Thai-Kost.

Ban Phleng
NORDTHAILÄNDISCH **$**

(Keine Ausschilderung in lateinischen Buchstaben; 108 Th Khunlum Praphat; Hauptgerichte 45–100 B; ⏱Mo-Sa mittags & abends) Das beliebte Freiluftrestaurant tischt ein paar sehr schmackhafte lokale Gerichte auf – am besten hält man sich an die, die auf der englischsprachigen Karte als „Maehongson style" bezeichnet sind. Das Ban Phleng liegt gleich südlich vom Ort – erkennbar an den weißen Fahnen zu beiden Seiten der Straße.

Namenloses Restaurant
THAI **$$**

(Th Khunlum Praphat; Hauptgerichte 30–170 B; ⏱mittags & abends) Das Lokal hat wirklich keinen Namen (hat was mit der Steuer zu tun). Namen kann man nicht essen, die schmackhaften, zentralthailändischen Gerichten aber schon. Es gibt eine knappe englischsprachige Karte. Alternativ wählt man einfach aus den vorne ausliegenden frischen Gemüsesorten aus.

Mae Si Bua
NORDTHAILÄNDISCH **$**

(51 Th Singhanat Bamrung; Hauptgerichte 20–30 B; ⏱mittags) Oma Bua bereitet täglich mehr als ein Dutzend verschiedener Shan-Currys, Suppen und Dips zu. Empfehlenswert ist das köstliche *gaang hang·lair*, ein unglaublich reichhaltiges Curry mit Schweinebauch, das geschmacklich ein wenig an amerikanische Barbecuesaucen erinnert.

Fern Restaurant
INTERNATIONAL, THAI **$$**

(Th Khunlum Praphat; Hauptgerichte 70–180 B; ⏱10.30–22 Uhr) Das Fern ist wahrscheinlich Mae Hong Sons schickstes Restaurant, aber es handelt sich eben um Mae Hong Son. Der Service ist jedenfalls professionell, das Essen gut. Auf der umfangreichen Karte stehen Thai-Gerichte, örtliche Spezialitäten und sogar ein paar europäische Gerichte. An manchen Abenden gibt es live gespielte Loungemusik.

La Tasca
ITALIENISCH **$$**

(Th Khunlum Praphat; Hauptgerichte 89–209 B; ⏱mittags & abends) Das gemütliche Lokal serviert schon seit Urzeiten Pasta, Pizza und Calzone. Es ist eines der wenigen Restaurants vor Ort, wo man einigermaßen authentische westliche Gerichte bekommt.

Baan Tua Lek
CAFÉ **$**

(51 Th Singhanat Bamrung; Hauptgerichte 20–30 B; ⏱7–21 Uhr; ✳🍴🍴) Das winzige, moderne Café bietet guten Kaffee und ein paar Süßspeisen und Kuchen.

Crossroads
BAR

(61 Th Khunlum Praphat; ⏱8–1 Uhr) Das freundliche Barrestaurant ist in jeder Hinsicht eine Kreuzung: Es liegt an einer der wichtigsten Straßenkreuzungen in Mae Hong Son und das Publikum reicht von Backpacker-Greenhorns bis zu wettergegerbten Einheimischen. Und außerdem gibt's hier Steaks.

Sunflower Café
BAR

(Th Pradit Jong Kham; ⏱7–24 Uhr) In diesem Lokal im Freien gibt's Bier vom Fass, Loungemusik live und einen schönen Blick auf den See. Das Sunflower serviert auch Mahlzeiten (35–180 B) und veranstaltet Touren.

🛍 Shoppen

Von Oktober bis Februar verwandelt sich der Weg um den See um Jong Kham abends in einen munteren **Markt** (⏱17–22 Uhr).

Ein paar gut bestückte Souvenirläden finden sich nahe dem südlichen Ende der Th Khunlum Praphat, darunter das **Manerat** (80 Th Khunlum Praphat; ⏱8–21 Uhr) mit einer großen Auswahl an birmanischer und Shan-Kleidung sowie birmanischen Lackschachteln.

ℹ Praktische Informationen

Die meisten Banken am Südende der Th Khunlum Praphat haben Geldautomaten. Devisen tauschen kann man u. a. bei der Bangkok Bank und der Kasikornbank.

Ein paar Internetshops liegen rund um das südliche Ende der Th Khunlum Praphat.

Hauptpost (Th Khunlum Praphat; ⏱Mo–Fr 8.30–16.30 Uhr)

Mae Hong Son Internet (88 Th Khunlum Praphat; 30 B/Std.; ⏱8.30–23 Uhr)

Srisangwal Hospital (📞0 5361 1378; Th Singhanat Bamrung) Rundumversorgung inklusive Notfallstation.

Tourism Authority of Thailand (TAT; 📞landesweite Rufnummer 1672, Mae Hong Son 0 5361 2982; www.travelmaehongson.org; Th Ni-wet Pi-sarn; ⏱8.30–16.30 Uhr) Hier erhält man ein paar Broschüren und Landkarten.

Touristenpolizei (📞landesweite Rufnummer 1155, Mae Hong Son 0 5361 1812; Th Singhanat Bamrung; ⏱8.30–16.30 Uhr)

ℹ An- & Weiterreise
Bus

Mae Hong Sons Busbahnhof liegt 1 km südlich der Stadt. Die Busse von **Prempracha Tour** (📞0 5368 4100) sind innerhalb der Provinz unterwegs, **Sombat Tour** (☏0 5361 3211) verbindet Mae Hong Son mit Bangkok.

Busse fahren von Mae Hong Son u. a. nach:

Bangkok (718–838 B, 15 Std., 14–16 Uhr, 3-mal tgl.)

Chiang Mai (nördliche Route, 127 B, 8 Std., 8.30 & 12.30 Uhr)

Chiang Mai (südliche Route, 178 B, 9 Std., 6–21 Uhr, häufig)

Khun Yuam (50 B, 2 Std., 6–21 Uhr, häufig)

Mae Sariang (95 B, 4 Std., 6–21 Uhr, häufig)

Pai (70 B, 4½ Std., 8.30 & 12.30 Uhr)

Soppong (40 B, 2 Std., 6–21 Uhr, häufig)

Flugzeug

Vielen Travellern ist die Zeit, die sie bei einem Flug von Chiang Mai nach Mae Hong Son gegenüber einer Busfahrt sparen, die zusätzliche Ausgabe wert. **Kan Air** (☏landesweite Rufnummer 02 551 6111, Mae Hong Son 0 5361 3188; www.kanairlines.com; Mae Hong Son Airport) und **Nok Air** (☏landesweite Rufnummer 1318, Mae Hong Son 0 5361 2057; www.nokair.co.th; Mae Hong Son Airport) fliegen die Strecke viermal täglich (1590–1890 B, 35 Min.).

Ein Túk-túk vom Flugplatz in die Stadt kostet rund 80 B.

Kleinbus

Kleinbusse mit Klimaanlage sind ein beliebtes Transportmittel in der Provinz. Sie fahren ebenfalls am Busbahnhof ab.

Chiang Mai (250 B, 6 Std., 7–15 Uhr, stündl.)

Pai (150 B, 2½ Std., 7–14 Uhr, stündl.)

Soppong (150 B, 1½ Std., 7–16 Uhr, stündl.)

ⓘ Unterwegs vor Ort

Das Zentrum von Mae Hong Son lässt sich leicht zu Fuß erkunden. Der Ort ist einer der wenigen in Thailand, in dem nicht an jeder Ecke ein Motorradtaxi steht. Einige trifft man aber in der Nähe des Eingangs zum Morgenmarkt an. Stadtfahrten kosten 20 bis 30 B, zum Doi Kong Mu verlangen die Fahrer 100 B inklusive Rückfahrt. Im Ort gibt's außerdem ein paar Túk-túks. Die meisten warten an der Bushaltestelle. Mit ihnen kostet eine Fahrt in der Stadt 40 B, vom/zum Flughafen oder Busbahnhof 80 B.

Da die meisten Attraktionen von Mae Hong Son außerhalb der Ortschaft liegen, lohnt es sich, ein Motorrad oder Fahrrad zu mieten.

PA Motorbike (☏0 5361 1647; 21 Th Pradit Jong Kham; ☺7.30–19.30 Uhr) Gegenüber dem Friend House; vermietet Motorräder (250 B/Tag) und Trucks (1500–2500 B/Tag).

PJ (☏08 4372 6967; Th Khunlum Praphat; ☺8–19.30 Uhr) Leihmotorräder für 150 B pro Tag).

Titan (Th Khunlum Praphat; ☺10–22 Uhr) Verleiht Mountainbikes (80 B/Tag) von guter Qualität.

Rund um Mae Hong Son

THERMALQUELLEN VON PHA BONG บ่อน้ำร้อนผาบ่อง

Im Shan-Dorf Pha Bong 11 km südlich der Hauptstadt liegt der öffentliche Park mit **Thermalquellen** (Bad/Baderaum 50/400 B; ☺8 Uhr–Sonnenuntergang). Man kann hier einfach baden oder sich einen Baderaum mieten, außerdem werden Massagen (150 B/Std.) angeboten. Die Quellen sind mit jedem Bus Richtung Süden erreichbar.

THAM PLA FOREST PARK อุทยานแห่งชาติถ้ำปลา

(Erw./Kind 100/50 B; ☺6–18 Uhr) Das Zentrum dieses **Parks**, der 16 km nördlich von Mae Hong Son liegt, bildet die Tham Pla (Fischhöhle). In der Wasserhöhle leben Hunderte Bachkarpfen einer Art, die bis zu 1 m lang wird und nur in den Provinzen Mae Hong Son, Ranong, Chiang Mai, Rayong, Chanthaburi und Kanchanaburi vorkommt. Die Fische ernähren sich von Gemüse und Insekten, die Einheimischen halten sie aber für Vegetarier und füttern sie deshalb nur mit Obst und Gemüse (gibt's am Parkeingang zu kaufen).

Ein 450 m langer Weg führt vom Parkeingang zu einer Hängebrücke, die einen kleinen Fluss überspannt, und weiter zur Höhle. In der Nähe sieht man die **Statue** des Hindu-Weisen Nara, der die heiligen Fische vor Gefahr schützen soll. Manch Besucher vermisst vielleicht ein richtiges Highlight, der Park an sich ist jedoch idyllisch und schattig. Verpflegung und Picknicktische gibt's auch.

Die Busse nach Pai fahren am Park vorbei, ein Mietmotorrad ist aber die bessere Alternative.

DIE DÖRFER DER „LANGHALS"-PADAUNG หมู่บ้านกะเหรี่ยงคอยาว

Diese Dörfer sind Mae Hong Sons bekannteste — und umstrittenste — Touristenattraktion. Der Spitzname „Langhals" bezieht sich auf eine Tradition, die bei einige Frauen der Kayan – oder Padaung, wie die Shan sagen – gepflegt wird: Sie tragen schwere Messingspiralen um den Hals, die auf das Schlüsselbein und den Brustkorb drücken, weshalb der Hals unnatürlich lang aussieht. Ein weit verbreiteter Irrglaube ist, dass der Hals der Frauen abknicken und sie ersticken würden, wenn sie die Spiralen ablegten. In Wirklichkeit legen die Frauen die Spiralen ohne jede Probleme ab und an und es gibt auch keinen Beweis, dass die Halsdeformation ihre Gesundheit beeinträchtigt.

Niemand weiß, wie dieser Brauch zustande gekommen ist. Einer Theorie zufolge sollten die Spiralen die Frauen für Männer anderer Stämme unattraktiv machen, nach einer anderen sollten sie Tiger daran hindern, sie am Hals zu packen und fortzuschleppen. Wahrscheinlich aber handelt es sich einfach nur um ein Modeaccessoire. Bis vor kurzem war der Brauch schon so gut wie verschwunden, hat aber durch Touristen-Bahts und wohl auch durch örtliche Autoritäten, die von den Padaung-Frauen profitieren wollen, neuen Auftrieb erhalten.

Die Dörfer stehen heute auf dem Programm vieler Tourveranstalter und sind ein wichtiger Touristenmagnet von Mae Hong Son geworden. Viele bezeichnen die Dörfer – nicht ganz unberechtigt – als Menschenzoos, uns erinnern sie aber mehr an einen bizarren Markt auf dem Land, nehmen die Frauen doch das meiste Geld mit dem Verkauf von kitschigen Souvenirs und Getränken ein. Die Padaung, mit denen wir gesprochen haben, behaupten, sie seien mit ihrer derzeitigen Situation ganz zufrieden, wenngleich die Staatenlosigkeit, die sie mit allen anderen Flüchtlingen aus Myanmar teilen, sicher kein beneidenswerter Zustand ist – die Bauern, die sich einst selbst versorgten, sind heute auf den Tourismus und die Hilfe Dritter angewiesen. Unter www.globalpost.com/dispatch/thailand/110128/thailand-tourism-burma-refugee-chiang-mai ist eine Reportage des Journalisten Patrick Winn über diese Dörfer zu sehen.

Alle Reiseagenturen in Mae Hong Son bieten Touren zu den drei Padaung-Siedlungen an. Die am meisten beworbene ist das 7 km von Mae Hong Son entfernte Dorf **Huai Seua Thao**. Abgelegener, aber definitiv ebenso vom Tourismus erschlossen ist **Kayan Tayar** nahe dem Shan-Dorf Ban Nai Soi, 35 km nordwestlich von Mae Hong Son. In beiden Siedlungen wird für Ausländer ein Eintrittsgeld von 250 B pro Person fällig. Eine weitere „Langhals"-Siedlung befindet sich in **Huay Pu Keng**; ein Besuch dort ist Bestandteil der Touren mit Langschwanzbooten, die am Tha Pong Daeng starten.

MAE AW & UMGEBUNG

Ein lohnender Tagesausflug führt von der Provinzhauptstadt nach Mae Aw, einem malerischen chinesischen Außenposten direkt an der Grenze zu Myanmar, 43 km nördlich von Mae Hong Son.

Die reizvolle Straße nach Mae Aw führt zunächst durch hübsche Uferdörfer der Shan wie **Mok Champae** und dann nach einem überraschenden Anstieg in kurvenreicher Fahrt durch eine eindrucksvolle Berglandschaft. Nette Zwischenstopps sind der **Pha-Sua-Wasserfall**, ungefähr 5 km den Berg hinauf, oder der **Pang Tong-Sommerpalast**, eine wenig benutzte Königsresidenz ein paar Kilometer hinter dem Wasserfall.

Bei Ban Na Pa Paek gibt's Gelegenheit zu einem interessanten Abstecher – dort links abbiegen und 6 km bis zu dem Shan-Dorf **Ban Ruam Thai** weiterfahren. In dem Ort gibt es mehrere einfache Unterkünfte und Restaurants. Die Straße endet 500 m weiter bei **Pang Ung**, einem friedlichen, von Kiefern umgebenen Gebirgsstausee, der für thailändische Tagesausflügler so etwas wie die thailändische Schweiz ist.

Dann geht's auf der gleichen Strecke nach Ban Na Pa Paek zurück. Von dort sind es noch weitere 6 km nach Norden durch Hügel mit Tee- und Kaffeeplantagen, bis man Mae Aw erreicht hat. Der moderne thailändische Name der Ortschaft lautet Ban Rak Thai (Dorf der Thai-Freunde). Der Ort wurde von Kuomingtang-Kämpfern aus Yunnan gegründet, die 1949 vor den siegreichen Kommunisten geflohen waren. Mae Aw befindet sich am Rand eines großen Stausees. Die Gesichter der Einwohner und die Schilder wirken sehr chinesisch. Der Haupterwerbszweig ist inzwischen der Teeanbau. In zahlreichen Lokalen kann man den Tee aus der Region probieren, außerdem servieren mehrere Restaurants Gerichte aus Yunnan.

Eine kurze, unbefestigte Straße führt bis zum Grenzübergang. Es wird dringend davon abgeraten, in dieser Gegend auf eigene Faust unterwegs zu sein, da hier eine Drogenschmuggelroute verläuft!

🛏 Schlafen & Essen

Ban Din Guest House HOTEL $$

(☎08 4854 9397; Mae Aw/Ban Rak Thai; Zi. 300–750 B) Die Herberge und ein paar ähnliche rund um den Stausee von Mae Aw bieten Übernachtungsmöglichkeiten in schlichten Lehmziegelbungalows an.

Guest House and Home Stay
PENSION $$

(☎0 5307 0589, 08 3571 6668; Ban Ruam Thai; Zi. 400–1500 B) Beim ältesten Gästehaus in Ban Ruam Thai (es gibt inzwischen zahlreiche „Homestays", die Unterkunft für 200 bis 400 B anbieten) können Gäste in mehreren einfachen Bambushütten übernachten, die inmitten von Kaffee- und Teesträuchern und Obstbäumen an einem Hang stehen. Selbst wer hier nicht wohnt, sollte auf einen Kaffee vorbeischauen: Der Betreiber hat eine Leidenschaft für Kaffee; es gibt sogar eine Röststube, wo Besucher selber Bohnen rösten und mahlen können.

Gee Lee Restaurant
CHINESISCH $$

(Keine Ausschilderung in lateinischen Buchstaben; Mae Aw/Ban Rak Thai; Hauptgerichte 40–250 B; ⏱8–19 Uhr) Das Gee Lee war eines der ersten Lokale, in denen Besuchern die ortstypischen chinesischen Gerichte auf Yunnan-Art serviert wurden. Geschmorte Schweinehaxen mit gebratenem Gemüse sind die Spezialität. Das Restaurant liegt an einer Ecke des Sees, direkt vor der Kreuzung, von der aus man zum Ortskern kommt.

❶ An- & Weiterreise

Täglich fahren drei *sŏrng·tăa·ou* vom städtischen Markt in Mae Hong Son Richtung Mae Aw: Zwei davon fahren nur bis Ban Ruam Thai (70 B, 1 Std., 9 & 15 Uhr), das dritte fährt weiter bis Mae Aw (80 B, 1 Std., 14 Uhr). Die *sŏrng·tăa·ou* starten erst, wenn alle Plätze belegt sind, was manchmal erst Stunden nach der regulären Abfahrtszeit der Fall ist. Es ist daher ratsam, eine Gruppe zusammenzutrommeln und gemeinsam ein Fahrzeug zu chartern; die *sŏrng·tăa·ou*-Fahrer, die wir ansprachen, nannten 1000 B als Preis für die Fahrt zu einem der beiden Ziele. Jeder Tourveranstalter in Mae Hong Son organisiert für rund 1500 B ein Fahrzeug.

Die Strecke bietet sich aber auch für eine wunderbare Motorradtour an. Dabei unbedingt genügend Sprit mitnehmen: Die einzige Tankstelle unterwegs befindet sich in Ban Na Pa Paek, am Ende eines sehr langen Anstiegs!

Pai
ปาย

2000 EW.

Wer lange genug in Nordthailand ist, dem wird gewiss zu Ohren kommen, dass Pai die Khao San Rd des Nordens sei. Nun ist letzteres zwar eine Straße, aber davon abgesehen ähnelt der kleine Ort tatsächlich einer Travellerinsel ohne Strand. Es scheint mittlerweile mehr Pensionen als Privathäuser

in der „Downtown" zu geben, überall hat man Internetanschluss und nachts gibt's Livemusik und Partys.

Im Gegensatz zu den Inseln ist Pai (das sich mehr wie „bei" ausspricht) jedoch nicht nur bei Ausländern, sondern auch bei Thais beliebt. In der Spitzensaison im Winter (Dez.–Jan.) drängen sich Tausende Thais aus Bangkok in der Stadt – in manchen Gegenden hat man eher das Gefühl, sich auf dem Chatuchak-Markt als in einer abgelegenen Talsiedlung in Mae Hong Son zu befinden. In dieser Zeit sind Verkehrsstaus keine Seltenheit und die Unterkünfte so knapp, dass viele in Zelten übernachten müssen.

Trotz alledem hat der Andrang dem Ort mit seiner Bilderbuchlage in einem Gebirgstal noch nichts anhaben können. Neben der Hauptstraße gibt es viele ruhige Unterkünfte, eine ganze Menge naturnaher, relaxter Aktivitäten halten die Besucher bei Laune, es existiert eine muntere Kunst- und Musikszene und in den Tempeln, den ruhigen Seitenstraßen und auf dem unterhaltsamen Nachmittagsmarkt sind noch die Wurzeln des Orts in der Shan-Kultur zu spüren.

◉ Sehenswertes

Viele der Sehenswürdigkeiten Pais liegen unmittelbar außerhalb des Ortszentrums und in den umliegenden Gebieten.

Buddhistische Tempel

Wat Phra That Mae Yen
TEMPEL

(วัดพระธาตุแม่เย็น) Von dem Tempel oben auf einem Hügel bietet sich ein schöner Ausblick ins Tal. Von der Hauptkreuzung geht es 1 km nach Osten; über einen Bach und durch ein Dorf gelangt man zum Fuß der Treppe (353 Stufen), die zum Gipfel führt. Man kann aber auch die 400 m lange, befestigte Straße zum Gipfel nehmen.

Wat Nam Hoo
TEMPEL

(วัดน้ำฮู) Der Wat Nam Hoo liegt ungefähr 2 km außerhalb von Pai und beherbergt eine heilige Buddhafigur, aus deren Kopf einst heiliges Wasser ausgetreten sein soll. Diese Stätte ist bei thailändischen Besuchern beliebt; auf dem Gelände wird auch ein kleiner Markt abgehalten.

Wasserfälle

Rund um Pai gibt's ein paar Wasserfälle, die vor allem nach der Regenzeit (Okt.–Anfang Dez.) einen Besuch lohnen. Der nächstgelegene und meistbesuchte ist der **Nam Tok Mo Paeng** mit seinen natürlichen

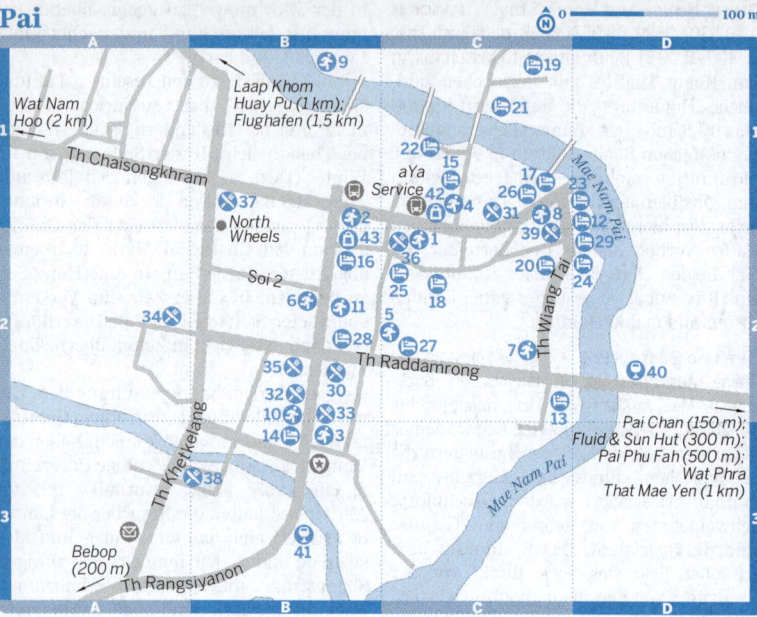

Pai

Aktivitäten, Kurse & Touren

1 Back Trax C2
2 Duang Trekking B1
3 Mam Yoga House B3
4 Pai Adventure C1
5 Pai Cookery School C2
6 Pai Kayak B2
7 Pai Traditional Thai Massage C2
8 Pai Zip Line C1
9 Rose Gym B1
   Taste of Pai ....(siehe 1)
10 Thai Adventure Rafting B2
11 Thom's Pai Elephant Camp B2

Schlafen

12 Baan Pai Village D1
13 Baan Tawan Guest House C2
14 Blue Lagoon Hotel B3
15 Breeze of Pai Guesthouse C1
16 Charlie's House B2
17 Hotel des Artists C1
18 Mr Jan's Guest House C2
19 Pai Country Hut C1
20 Pai Fah C2
21 Pai Nai Fun C1
22 Pai River Villa C1
23 Pai RiverCorner D1
24 Pai Vimaan Resort D2
25 Pravee's House C2

26 Rim Pai Cottage C1
27 Tayai's House C2
28 TTK B2
29 Villa De Pai D2

Essen

30 Amido's Pizza Garden B2
31 Big's Little Cafe C1
32 Burger House B2
33 Charlie & Lek Health
   Restaurant B2
34 Abendmarkt A2
   Good Life ....(siehe 39)
35 Je-In Pai B2
   Khanom Jeen Nang Yong .... (siehe 4)
36 Mama Falafel C2
37 Nong Beer B1
38 Saengthongaram-Markt B3
   TTK ....(siehe 28)
39 Witching Well C2

Ausgehen

40 Don't Cry D2
41 Ting Tong B3

Shoppen

42 Siam Books C1
43 Straßenmarkt B2

Badeteichen. Der Wasserfall ist über die Straße, die auch zum Wat Nam Hoo führt, von Pai insgesamt 8 km entfernt – zu Fuß ist das eine ganz schön lange Strecke, aber mit dem Fahrrad oder Motorrad lässt sie sich prima bewältigen. Ungefähr ähnlich weit von Pai entfernt, aber in der exakt entgegengesetzten Richtung befindet sich abseits der Straße nach Chiang Mai der **Nam Tok Pembok**. Am weitesten entfernt ist der **Nam Tok Mae Yen**. Er befindet sich an der unbefestigten Straße, die unmittelbar vor der Abzweigung zum Fluid östlich aus Pai herausführt – der Marsch dorthin dauert mehrere Stunden.

Mehrere Pensionen und aYa Service verleihen Motorräder und Fahrräder.

Noch mehr Sehenswertes

Ban Santichon   DORF
(บ้านสันติชน) Ein kleiner Markt, köstliche Yunnan-Gerichte, Teeverkostungen, Ponyausritte und ein Quartier in yunnanesischen **Lehmziegelhütten** (☎08 1024 3982; Bungalows 1000–1500 B) – das ca. 4 km von Pai entfernte KMT-Dorf Ban Santichon wirkt wie ein chinesischer Themenpark.

Thermalquellen
von Tha Pai   THERMALQUELLEN
(บ่อน้ำร้อนท่าปาย; Erw./Kind 200/100 B; ☺6–19 Uhr) 7 km südöstlich von Pai liegen die Thermalquellen auf der anderen Seite des Mae Nam Pai inmitten eines gepflegten Parks, 1 km abseits der Zufahrtsstraße. Durch den Park fließt ein hübscher Bach, der sich hie und da mit dem Wasser der heißen Quellen vermischt und angenehme Badestellen bildet. Das Wasser speist auch ein paar Thermalbäder in der Nähe; Details s. rechts.

Pai-Canyon   SCHLUCHT
(เหวปาย) 8 km außerhalb von Pai führt an der Straße nach Chiang Mai eine gepflasterte Treppe hinauf zu einem Aussichtspunkt hoch über den Felsklippen und dem Tal von Pai. Über einen unbefestigten Pfad kann man in die Schlucht hinabsteigen. Da es hier keinen Schatten gibt, sollte man den Weg morgens oder am Nachmittag in Angriff nehmen.

Memorial Bridge   WAHRZEICHEN
(สะพานประวัติศาสตร์ท่าปาย) Ausländer sehen hier nur eine altmodische Brücke, für Tausende thailändische Touristen, die hier in der Hochsaison einen Stopp einlegen, ist sie aber ein unverzichtbares Fotomotiv auf der Fahrt durch die „762 Kurven" nach Pai. Die

Brücke befindet sich 9 km außerhalb von Pai und wurde im Zweiten Weltkrieg von japanischen Soldaten gebaut. Weitere wichtige Fotomotive rund um Pai sind das riesige Schild des Coffee in Love rund 3 km südlich von Pai und der niedliche Laden, der an der Th Chaisongkhram T-Shirts verkauft.

🏃 Aktivitäten
Massage & Heilbäder

Viele Einrichtungen vor Ort bieten traditionelle Thai-Massagen für rund 150 B die Stunde an. Wer Interesse an Reiki, Kristall-Akupunktur, Reflexzonentherapie und weiteren Heilverfahren hat, wird ebenfalls fündig: einfach nach den Schildern schauen oder in dem monatlich erscheinenden *Pai Events Planner* blättern.

Pai Traditional Thai Massage   MASSAGE
(PTTM; ☎0 5369 9121; www.pttm1989.com; 68/3 Soi 1, Th Wiang Tai; Massage 180/270/350 B pro 1/1½/2 Std., Sauna 80 B, 3-tägiger Massagekurs 2500 B; ☺9–21 Uhr) Die alteingesessene Einrichtung gehört Einheimischen und hat sehr gute nordthailändische Massagen im Angebot. In der Sauna (nur in der kühlen Jahreszeit) kann man sich von *sà·mŭn·prai* (Heilkräutern) verwöhnen lassen. Die dreitägigen Massagekurse beginnen jeweils montags und freitags und nehmen täglich drei Stunden in Anspruch. Das freundliche Ehepaar, das die Massagen und die Kurse durchführt, ist zertifiziert und hat seine Ausbildung im Old Medicine Hospital in Chiang Mai absolviert.

Ein paar einheimische Anbieter in der Nähe der Thermalquellen von Tha Pai setzen auf die heilende Kraft des Wassers.

Pai Hotsprings Spa Resort   SPA
(☎0 5306 5748; www.paihotspringsresort.com; 84-84/1 Moo 2, Ban Mae Hi; 1-stündige Massage 300 B, Thermalbad 100 B; ☺7–22 Uhr) Das Resorthotel bietet Thermalbäder und Massagen an.

Aroma Pai Spa   SPA
(☎0 5306 5745; www.aromapaispa.com; 110 Moo 2, Ban Mae Hi; Thermalbad 50 B, Anwendungen ab 850 B; ☺7–21 Uhr) Bäder in Einzelräumen und einem Gemeinschaftsbecken plus diverse Anwendungen.

Spa Exotic   SPA
(☎0 5306 5722; www.spaexotic.com; 86 Moo 2, Ban Mae Hi; ☺7–19 Uhr) Das Spa Exotic, gleich neben dem Aroma gelegen, geht noch einen Schritt weiter und leitet das warme Wasser

in seine Bungalow-Bäder. Wer hier nicht wohnt, zahlt für ein Bad 80 B.

Raften & Kajakfahren

In der feuchten Jahreszeit (ungefähr Juni–Feb.) gehören auch Rafting und – etwas weniger – Kajakfahren auf dem Mae Nam Pai zu den beliebten Aktivitäten. Der beliebteste Trip führt von Pai nach Mae Hong Son. Dabei meistert man – abhängig davon, wieviel Wasser der Fluss führt – Stromschnellen der Klassen I bis V. In den Preisen ist alles (Rafting- und Campingausrüstung, wasserdichte Taschen & Versicherung) inbegriffen; sie liegen zwischen 1200 und 1500 B pro Person für einen Tagestrip und zwischen 1800 und 2500 B pro Person für eine zweitägige Tour. Zu den Veranstaltern zählen:

Pai Adventure   RAFTEN
(☑0 5369 9385; www.thailandpai.net; Th Chaisongkhram) Die einen bis drei Tage dauernden Wildwassertouren dieses empfehlenswerten Veranstalters lassen sich mit Wandertouren und anderen Aktivitäten kombinieren. Auf Anfrage gibt's auch Überlebenstraining im Dschungel.

Thai Adventure Rafting   RAFTEN
(☑0 5369 9111; www.thairafting.com; Th Chaisongkhram) Der französische Anbieter veranstaltet ein- und zweitägige Touren. Während der Raftingtour werden auch ein Wasserfall, ein fossiles Riff und Thermalquellen besucht; übernachtet wird in dem permanenten Camp des Veranstalters am Fluss. Thai Adventure hat zwei Büros an der Th Chaisongkhram.

Back-Trax   RAFTEN
(☑0 5369 9739; backtraxinpai@yahoo.com; Th Chaisongkhram) Das Unternehmen hat mehr als zehn Jahre Erfahrung. Angeboten werden mehrtägige Rafting-Ausflüge, Tubing und natürlich auch Reiki-Kurse.

Pai Kayak   KAJAKFAHREN
(☑0 5306 4426; www.paikayak.com; Pai Let's Go Tour, Th Rangsiyanon) In der feuchten Jahreszeit veranstaltet dieser Anbieter zweimal täglich zweistündige Paddelausflüge auf dem Mae Nam Pai (10 & 15 Uhr).

Wandern

Geführte Wandertouren für Gruppen von zwei und mehr Personen kosten mit allem Drum und Dran zwischen 700 und 1000 B pro Person und Tag. Die meisten Touren führen zu den Lisu-, Lahu- und Karendör-

fern im benachbarten Soppong und dessen Umgebung. Treks kann man bei Reiseagenturen in den Gasthäusern, z. B. beim alteingesessenen **Duang Trekking** (☑0 5369 9101; http://sites.google.com/site/lungtangtrekking/; Duang Guest House, Th Chaisongkhram), oder bei speziellen Anbietern buchen. Dazu gehören auch alle erwähnten Rafting-Anbieter.

Noch mehr Aktivitäten

Fluid   SPORTANLAGE
(Ban Mae Yen; Eintritt 60 B; ⊗9–18.30 Uhr) Der Komplex aus Schwimmbad und Sporthalle liegt gleich außerhalb der Stadt, schräg gegenüber der Sun Hut. In der kalten Jahreszeit gibt's auch ein Kräuterdampfbad (80 B/Std.).

Pai Zip Line   SEILRUTSCHE
(☑0 5404 9010; Th Chaisongkhram; 800 B; ⊗8–18 Uhr) Als neue Attraktion gibt's 7 km außerhalb von Pai in der Nähe des Pembok-Wasserfalls eine Seilrutsche über dem Blätterdach des Waldes. Der ganze Spaß dauert ungefähr zwei Stunden und endet mit einem Bad unter dem Wasserfall.

Thom's Pai
Elephant Camp   ELEFANTENAUSRITT
(☑0 5369 9286; www.thomelephant.com; Th Rangsiyanon; Ausritt 500–1500 B/Pers.) Das etablierteste Unternehmen in diesem Bereich hat ein Büro in der Stadt. Man kann auf dem bloßen Rücken des Tieres sitzen oder in einem Sitz, bei einigen Reitausflügen gehört ein Bad mit den Elefanten dazu – eine sehr spaßige Sache, auf den schwankenden grauen Riesen im Fluss zu planschen. Mit zum Paket gehört auch ein anschließendes Bad in Wannen, die mit Thermalwasser gefüllt werden.

🎓 Kurse

Unterricht in Thai-Massage bietet Pai Traditional Thai Massage an, thailändische Kochkurse gibt's auch im Hotel Sipsongpanna.

Pai Cookery School   THAI-KOCHKURS
(☑08 1706 3799; Soi Wanchaloem; Kurs 600–1000 B; ⊗11–13 & 14–18.30 Uhr) Dieser Anbieter mit zehnjähriger Erfahrung veranstaltet diverse Kurse, in denen man drei bis sechs Gerichte zubereitet. Bei den Kursen werden normalerweise auch auf dem Markt die Zutaten gekauft. Interessenten müssen sich einen Tag im Voraus anmelden.

Taste of Pai   THAI-KOCHKURS
(☑0 5369 9453; Th Chaisongkhram; Kurs 700 B; ⊗9–15.30 Uhr) Der neue Anbieter veranstal-

Im September 2005 wurde Pai von einer Reihe von Erdrutschen und Überflutungen verwüstet, die ganze Ferienanlagen wegrissen und die Brücken der Stadt zerstörten. Es schien, als sei in einigen wenigen Tagen die touristische Infrastruktur der Ortschaft, die seit den 1980er-Jahren stetig gewachsen war, stark in Mitleidenschaft gezogen, ja vielleicht auf immer vernichtet worden.

Doch Pai brauchte nicht lange, um sich zu erholen. Schon im nächsten Jahr besuchten schätzungsweise rund 368 000 Touristen Pai, darunter viele Ausländer, die wegen der billigen Unterkünfte und des Rufs der Stadt kamen, ein friedlicher, naturnaher Erholungsort zu sein. Dennoch waren es 2006 erstmals mehr thailändische als ausländische Besucher – die Thais wurden vor allem von den thailändischen Liebesfilmen *Rak Jang* und *Happy Birthday* angelockt, die beide in Pai gedreht wurden.

Trotz seiner enormen Popularität ist Pai im Großen und Ganzen ein positives Beispiel für die touristische Entwicklung in Thailand geblieben. Im Gegensatz zu anderen Reisezielen im Land haben in Pai die Einheimischen einen entscheidenden Einfluss auf die Entwicklung ihrer Stadt behalten. Natur und Kultur zu schützen, ist seit Langem ein wichtiger Aspekt des Tourismus in Pai. Die Stadt ist ihren ländlichen Wurzeln treu geblieben. Sie sind die Grundlage für die lebendige Kunst- und Musikszene vor Ort, die die meisten Besucher begeistert.

Der Tourismus hat Wohlstand in die einst abgelegene bäuerliche Siedlung gebracht. Gute Grundstücke in der Stadt erzielen einen Preis von bis zu 16 US$ pro Quadratmeter. Viele Einheimische arbeiten heute in Jobs im Tourismus oder bessern ihr Einkommen mit dem Verkauf von Kunsthandwerk auf. Die Infrastruktur – vor allem die Straßen – wurde ausgebaut, und 2007 nahm der Zivilflughafen von Pai seinen Betrieb auf. Generell stehen die Einwohner dem Tourismus und den damit verbundenen Einkünften positiv gegenüber.

Andererseits aber hat der große Besucherstrom nach Pai auch einige neue Probleme geschaffen. Die Stadt bekommt Schwierigkeiten mit der Müll- und Abwasserentsorgung. Die Einheimischen klagen, dass ihnen die ständige Livemusik und der Partylärm den Schlafen rauben. Partydrogen sind weit verbreitet. Und zu allem Überfluss hat auch die Polizei der Stadt im Umgang mit dem Tourismus und den Touristen negative Schlagzeilen produziert. So ging sie gegen angeblich illegale Tanzveranstaltungen in den Bars der Stadt scharf vor; trauriger und kontrovers diskutierter Höhepunkt war Anfang 2008 der Tod eines kanadischen Touristen, der von einem Polizisten erschossen wurde .

In gewisser Hinsicht war die Flutkatastrophe von 2005 ein Weckruf für die Einwohner von Pai. Die Sperrstunde in den Bars der Stadt wird seitdem strikt durchgesetzt, die Aufbereitung des Abwassers soll vorgeschrieben werden und eine neue Müllkippe ist im Gespräch. Wenn aber Pai weiterhin so populär bleibt, muss sich erst noch herausstellen, ob es der Stadt gelingt, an einer nachhaltigen Entwicklung festzuhalten, durch die sie zu einem so attraktiven Reiseziel wurde.

tet Thai-Kochkurse, die fast einen ganzen Tag dauern. Nach dem Besuch auf dem Gemüsemarkt werden sechs Gerichte zubereitet.

Rose Gym THAI-BOXEN
(☏08 7855 6433; www.muaythaibox.com; Ban Mae Hi; Unterricht halber/ganzer Tag 250/400 B; ⏱8–10 & 16–18 Uhr) Lektionen in Muay Thai, gleich gegenüber vom Nam Pai.

Mam Yoga House YOGA
(☏08 9954 4981; www.mamyoga.paiexplorer.com; Th Rangsiyanon; 1-tägiger Kurs ab 200 B;

⏱10–12 & 15–17 Uhr) Gleich nördlich der Polizeiwache; im Angebot sind Hatha-Yoga-Kurse und Kurse in Kleingruppen.

S Wirasut THAI-BOXEN
(☏08 0678 5269; Unterricht 400 B; ⏱8–12 & 14–17 Uhr) Chalee und Kot erteilen Muay-Thai-Unterricht in der rustikalen Sporthalle, die rund 1 km außerhalb der Stadt an dem Abzweig unmittelbar vor dem Fluid steht.

🛏 Schlafen

In den paar Jahren nach unserem letzten Besuch in Pai ist die Zahl der Unterkünfte in die Höhe geschossen. Inzwischen soll es – so hat man uns gesagt – mehr als 500 Hotels, Pensionen und Resorts geben. Im „Zentrum" von Pai ist von dieser Veränderung wenig zu spüren, wohl aber in einem Umkreis von 3 km um die Stadt, wo viele neue Resorts entstanden sind. Wenn in der Spitzensaison die thailändischen Touristen herbeiströmen (Dez.–Jan.), ist jedoch trotz des riesigen Angebots manchmal kaum ein Zimmer zu bekommen und man muss eventuell auf Zelte ausweichen (ca.100 B).

Die Preise in Pai schwanken stark: Fast alle Mittelklasse- und Spitzenklassehotels senken außerhalb der Saison ihre Preise, mitunter um bis zu 60%.

IN DER STADT

In Pai gab es früher außerordentlich preisgünstige Unterkünfte; damals bekam man einen Bungalow am Ufer schon für 50 B. Doch die Flut von 2005 hat die meisten wirklich günstigen Herbergen weggespült, die dann durch Anlagen der gehobenen oder mittleren Kategorie ersetzt wurden. Es gibt aber noch ein paar günstige Unterkünfte gleich außerhalb des Zentrums. Dort sollte man sich einquartieren, wenn man in Pai in ländlicher Idylle wohnen möchte.

Rim Pai Cottage — HOTEL $$$
(📞 0 5369 9133; www.rimpaicottage.com; Th Chaisongkhram; Bungalow mit Frühstück 1300–5000 B; ✱🛜) Die gemütlichen Bungalows liegen an einem abgeschiedenen, herrlich bewaldeten Abschnitt des Nam Pai. In den Zimmern schaffen Moskitonetze und thailändische Deko-Elemente ein romantisches Flair. Die offenen Badezimmer sind besonders nett. Man findet am Ufer zahllose nette Plätzchen zum Entspannen, überhaupt wirkt die ganze Anlage wie ein idyllisches Dorf. Außerhalb der Saison senkt das Rim Pai die Preise massiv – ein ausgezeichnetes Schnäppchen.

Baan Pai Village — HOTEL $$
(📞 0 5369 8152; www.baanpaivillage.com; Th Wiang Tai; Bungalow mit Frühstück 500–1500 B; ✱@🛜) In der gepflegten Anlage stehen Holzbungalows an sich schlängelnden Wegen. Die nicht allzu geräumigen Häuschen haben vom Boden bis zur Decke reichende Schiebetüren, große, recht luxuriöse Badezimmer, Rattanmatten und Sitzkissen zum Entspannen sowie großzügig bemessene Terrassen, auf denen man den Garten genießen kann. Es gibt überdies noch mehre-

re billigere, aber auch einfachere Bambushütten.

Hotel des Artists — HOTEL $$$
(📞 0 5369 9539; www.hotelartists.com; Th Chaisongkhram; Zi. mit Frühstück 3600–4000 B; ✱🛜) Es hat Jahre gedauert, aber schließlich hat jemand das Potenzial dieses wunderschönen Holzhauses im Shan-Stil entdeckt. Die 14 etwas beengten Zimmer verbinden asiatische und europäische Gestaltungselemente auf geschmackvolle Art. Die Doppelbetten stehen erhöht. Alle Zimmer haben Balkone, die Zimmer mit Flussblick sind teurer.

Pai River Villa — HOTEL $$$
(📞 0 5369 9796; www.wangchangpuek.com; Zi. mit Frühstück 1000 B, Bungalow mit Frühstück 1200-2500B; ✱🛜) Die Bungalows am Fluss in dieser Anlage gehören zu den schöneren der mittleren Kategorie in Pai. Die Bungalows mit Klimaanlage sind geräumig und ansprechend, sie haben große Balkone, auf denen man prima am Ufer entspannen und in die Berge schauen kann. Viel kleiner sind die Häuschen mit Ventilator. Daneben steht noch ein Haus mit elf Zimmern.

Pai RiverCorner — HOTEL $$$
(📞 0 5369 9049; www.pairivercorner.com; Th Chaisongkhram; Zi. mit Frühstück 3270–6540 B; ✱@🛜⛱) Die neun Zimmer prunken mit schönen thailändischen Möbeln, wundervollen Farben und vielen luxuriösen Details – sie sind definitiv die Bleibe für Designfans. Alle Zimmer haben Balkone zum Ufer, einige auch Lounges und Wellnessbäder.

Pai Vimaan Resort — HOTEL $$$
(📞 0 5369 9403; www.paivimaan.com; Th Wiang Tai; Zi. mit Frühstück 3500–4500 B, Bungalow mit Frühstück 8000 B; ✱🛜) Das Highlight sind die fünf riesigen, mit Klimaanlage, Fernseher und weiteren modernen Bequemlichkeiten ausgestatteten Zeltbungalows am Flussufer – Camping in einer neuen Dimension. Die dreistöckigen Bungalows in der Anlage sind hell und luftig; von den Zimmern im zweiten Stock hat man einen tollen Blick auf den Fluss. Schließlich gibt es auch noch Zimmer im aus Holz errichteten Haupthaus.

Baan Tawan Guest House — HOTEL $$
(📞 0 5369 8116; www.pai-baantawan.com; 117 Moo 4, Th Wiang Tai; Zi. mit Frühstück 1000–3000 B, Bungalow mit Frühstück 1800–3000 B; ✱@🛜) Die älteren, charmanteren und teureren zweistöckigen Bungalows am Ufer, die aus

recycletem Teakholz gebaut wurden, sind das Highlight, die Zimmer in dem großen zweistöckigen Gebäude geräumig.

Breeze of Pai Guesthouse
HOTEL $$

(☎08 1998 4597; helendavis2@yahoo.co.uk; Soi Wat Pa Kham; Zi. 400 B, Bungalow mit Ventilator/Klimaanlage 500/800 B; ❄️🛜) Die gepflegte Anlage in der Nähe des Flusses bietet neun attraktive, geräumige Zimmer und sechs große Nurdachbungalows. Man wohnt nahe dem Geschehen, bleibt aber vom Lärm verschont. Der freundliche britische Betreiber hat viele Infos über den Ort auf Lager.

Pai Country Hut
HOTEL $

(☎08 4046 4458; Ban Mae Hi; Bungalow mit Frühstück 500 B; 🛜) Die Bambushütten sind schlicht, aber ordentlich und haben Badezimmer und einladende Hängematten. Die Anlage befindet sich zwar nicht direkt am Fluss, ist aber die ansprechendste von mehreren ähnlichen in dieser Gegend.

Pai Nai Fun
HOTEL $$$

(☎08 9123 5042; www.painaifun.com; Ban Mae Hi; Bungalow mit Frühstück 600–2200 B; ❄️🛜) Diese Anlage jenseits des Flusses bietet Unterkünfte verschiedener Art, von Nurdachhütten bis zu Lehmziegelbungalows. Neu ist sie nicht, aber ruhiger als die Konkurrenz im Stadtzentrum. Fahrräder werden kostenlos ausgeliehen.

Blue Lagoon Hotel
HOTEL $$$

(☎0 5369 9998; www.paibluelagoon.com; Th Rangsiyanon; Zi. 1000–1800 B; ❄️🛜🏊) Das zweistöckige Hotel mit dem Pool und den tropischen Pflanzen mutet suburban an – man fühlt sich eher an Las Vegas als an Pai erinnert. Auch große Zimmer für Familien sind im Angebot.

Pai Fah
HOTEL $$$

(☎0 5306 4446; www.paifahhotel.com; Th Wiang Tai; Zi. mit Ventilator/Klimaanlage 1500/1800–2500 B; ❄️@🛜) Das Hotel, das sich als „Boutiquehaus" bezeichnet, bietet nahe dem Zentrum des Geschehens einfache, aber helle und saubere Zimmer in einer zweistöckigen Villa.

Villa De Pai
HOTEL $$$

(☎0 5369 9109; 87/1 Th Wiang Tai; Bungalow mit Frühstück 1400–3000 B; 🛜) Die Bungalows sind etwas in die Jahre gekommen, aber sauber und haben eine gute Lage am Fluss.

TTK
PENSION $

(☎0 5369 8093; 8/10 Th Raddamrong, auch Ratchadamnoen; Zi. 400–600 B; ❄️🛜) Die Zimmer dieser Herberge hinter dem gleichnamigen israelischen Restaurant verzichten auf Designerchic, sind aber piekssauber und günstig gelegen.

Tayai's House
PENSION $

(☎0 5369 9579; abseits der Th Raddamrong; Zi. 400–600 B; ❄️) Die einfachen, aber sauberen Zimmer mit Ventilator oder Klimaanlage stehen in einer grünen Anlage unweit der Hauptstraße.

Pravee's House
HOTEL $

(☎0 5369 9368; Soi Wanchaloem; Zi. mit Ventilator/Klimaanlage 500/600 B; ❄️🛜) Die Zimmer in dieser Gartenanlage sind nicht so schön, wie das Äußere verspricht, aber durchaus akzeptabel, wenn nichts anderes frei ist.

Charlie's House
PENSION $

(☎0 5369 9039; Th Rangsiyanon; Zi. 200–600 B; ❄️) Die alteingesessene, von Einheimischen geführte Unterkunft bietet diverse Zimmer in einem vorstädtischen Wohnkomplex.

Mr Jan's Guest House
PENSION $$$

(☎0 5369 9554; Soi Wanchaloem 18; Zi. 300–2000 B; 🛜) Die Zimmer dieses Gästehauses liegen rund um einen Heilkräutergarten, sind aber teilweise sehr einfach und ziemlich dunkel. Es wird von einem Einheimischen betrieben.

AUSSERHALB DER STADT

Wer ein eigenes Fahrzeug hat, kann außerhalb des Zentrums von Pai aus so vielen Unterkünften wählen, dass wir sie hier gar nicht alle auflisten können. Die allermeisten sind auf thailändische Touristen und nicht auf Ausländer ausgerichtet. Überwiegend handelt es sich um Anlagen der mittleren und gehobenen Preiskategorie mit Bungalows, die über eine Klimaanlage verfügen.

Bulunburi
HOTEL $$$

(☎0 5369 8302; www.bulunburi.com; 28 Moo 5 Ban Pong; Bungalow mit Frühstück 1350–3300 B; ❄️@) Die verführerisch idyllische Lage in einem kleinen Tal mit Reisfeldern und Bächen ist genauso verlockend wie die attraktive Unterkunft. Das auffälligste Gebäude ist eine kegelförmige, nach oben offene Lobby mit hübschen Wandmalereien und einer Feuerstelle in der Mitte. In fast allen Bungalows setzt sich das durch die Lobby vorgegebene geschmackvolle Gestaltungsthema fort. Die Unterkünfte sind groß, gut ausgestattet und stilvoll. Das Hotel liegt rund 2,5 km außerhalb des Zentrums an der Straße nach Mae Hong Son – die gut ausgeschilderte Abzweigung befindet sich rund 1 km hinter Pai.

Bueng Pai Resort
RESORTHOTEL $$$

(☎08 9265 4768; www.paifarm.com; 185 Moo 5 Ban Mae Hi; Bungalow 400–1800 B; ⎙⛱) Die zwölf schlichten Bungalows, in denen sich Yogafans und Angelsportler tummeln, liegen praktisch und attraktiv zwischen einer bewirtschafteten Farm und einem Fischteich. In der Hochsaison servieren Run und Orn auch Gerichte, bei denen sie ihr selbst angebautes Biogemüse als Zutaten verwenden. Angelausrüstung kann man das ganze Jahr über ausleihen. Das Resort liegt 2,5 km außerhalb von Pai abseits der Straße, die zu den Thermalquellen von Tha Pai führt – der Ausschilderung folgen.

Pairadise
HOTEL $$

(☎0 5369 8065; www.pairadise.com; 98 Moo 1 Ban Mae Hi; Bungalow 800–1500 B; ⎙⛱) Das auf einem Hügelkamm gleich außerhalb der Ortschaft gelegene, ordentliche Resort ist bei Yoga- und Meditationsfans aus dem Westen beliebt. Von hier oben hat man einen tollen Blick über das Pai-Tal. Die Bungalows sind stilvoll und geräumig und mit vergoldeten Lotus-Wandmalereien verziert, zudem haben sie schöne, rustikale Badezimmer und Terrassen mit Hängematten. Sie stehen alle um einen, von einem Wasserfall gespeisten Teich, in dem man baden kann. Das Hotel liegt fast 1 km östlich von Pai – nach dem Schild gleich hinter der Brücke Ausschau halten.

Sipsongpanna
HOTEL $$$

(☎0 5369 8259, 08 1881 7631; 60 Moo 5, Ban Juang, Wiang Neua; Bungalow mit Frühstück 1000–2500 B; ⏚⛱) In der munteren Anlage herrscht ein entspanntes Flair, das authentisch und nicht aufgesetzt wirkt. Die Lehmziegelbungalows am Ufer sind rustikal und ein bisschen skurril. Sie sind in bunten Farben gehalten, die Betten stehen erhöht, und die verglasten Schiebetüren öffnen sich zu großen Balkonen. Es gibt auch noch ein paar originale Holzbungalows, die aber nach und nach ersetzt werden. Vor Ort gibt es ein vegetarisches Café; es werden Kochkurse (thailändisch-vegetarisch) angeboten. Das Hotel liegt abseits der Straße nach Mae Hong Son, rund 2,5 km vom Ortszentrum entfernt; die gut ausgeschilderte Abzweigung befindet sich rund 1 km außerhalb von Pai.

Phu Pai
HOTEL $$$

(☎0 5306 5111; www.phupai.com; 93 Moo 1, Mae Na Theung; Bungalow mit Frühstück 3500–7500 B; ⎙⏚⛱⛵) Die als „Art Resort" bezeichnete Anlage besteht aus solide gebauten, schönen Luxusbungalows im ortstypischen Stil. Das Highlight ist die wunderschöne Aussicht: Die meisten Bungalows stehen direkt an den Reisfeldern und vom Infinity-Pool aus genießt man den weiten Blick über das Pai-Tal. Das Hotel liegt abseits der Straße nach Mae Hong Son, rund 4 km vom Ortszentrum entfernt; die gut ausgeschilderte Abzweigung befindet sich gleich hinter dem Rollfeld des Flughafens, ca. 1,3 km außerhalb von Pai.

Pai Chan
HOTEL $$$

(☎08 1180 3064; www.paichan.com; 191 Moo 1 Ban Mae Hi; Bungalow mit Frühstück 600–2000 B; ⏚⛵) Vom Parkplatz aus wirkt die Anlage nicht besonders eindrucksvoll, bei näherem Hinsehen entdeckt man aber die schönen, bequemen und stabil errichteten Holzbungalows, die alle große Balkone mit Blick auf Reisfelder oder einen einladenden Pool haben. Die Anlage befindet sich 300 m östlich von Pai abseits der Straße zu den Thermalquellen von Tha Pai; direkt hinter der Brücke nach dem Schild Ausschau halten.

Sun Hut
HOTEL $$$

(☎0 5369 9730; www.thesunhut.com; 28/1 Ban Mae Yen; Bungalow mit Frühstück 900–1900 B; ⏚) Durch die alteingesessene, rustikale und dschungelartig wirkende Anlage plätschert ein Bach – sie gehört zu den interessantesten Unterkünften in dieser Gegend. Die Bungalows haben ausreichend Abstand zueinander, die teureren sind mit Veranden ausgestattet und versprühen viel Charme. Der Service ist höflich und freundlich, es gibt einen Biogarten, ein vegetarisches Restaurant sowie einen attraktiven Gemeinschaftsbereich voller Hängematten und dösender Gäste. Die Unterkunft befindet sich 300 m östlich des Mae Nam Pai an der Straße, die zu den Thermalquellen von Tha Pai führt.

PuraVida
HOTEL $$$

(☎08 9635 7556; www.puravidapai.com; 65 Moo 3 Wiang Nua; Bungalow 1600 B; ⎙⏚) Ein freundliches niederländisch-thailändisches Ehepaar betreibt die Anlage mit acht niedlichen Bungalows, die auf einem gepflegten Hang im ruhigen Viertel Wiang Nua stehen. Der „Flitterwochen"-Bungalow steht etwas abgelegener. Alle Zimmer sind mit

Klimaanlage, Fernseher, Kühlschrank und Warmwasser ausgestattet. Das Hotel liegt abseits der Straße nach Mae Hong Son rund 4 km vom Ortszentrum entfernt; die gut ausgeschilderte Abzweigung befindet sich rund 1 km außerhalb von Pai.

Lychee Garden Bungalow
PENSION $$

(☎08 5471 9220; 159 Moo 2 Wiang Nua; Bungalow 500–1500 B; ✸🛜) Die vier Bungalows stehen in einem üppigen Garten im Schatten von Litschibäumen. Sie sind sicher nicht die luxuriösesten Unterkünfte in der Gegend, dafür aber sauber und mit guten Betten, Fernseher, Klimaanlage und Warmwasser ausgestattet. Bei dem israelisch-thailändischen Ehepaar, das die Anlage betreibt, fühlt man sich gleich heimisch. Das Hotel liegt abseits der Straße nach Mae Hong Son, rund 2,5 km vom Ortszentrum entfernt; die gut ausgeschilderte Abzweigung befindet sich rund 1 km außerhalb von Pai.

Amy's Earth House
PENSION $

(☎08 6190 2394; www.amyshouse.net; Ban Mae Khong; Bungalow 600 B; 🛜) Im Amy's behauptet man, es sei die erste Unterkunft aus Lehmziegeln in Pai gewesen. Die Lehmziegelbungalows sind einfach, aber geräumig und haben Duschen im Freien. Sie stehen an einem landschaftlich gestalteten Hang mit Blick über das Tal. Das Hotel liegt abseits der Straße nach Mae Hong Son, ungefähr 3,5 km vom Ortszentrum entfernt; die gut ausgeschilderte Abzweigung befindet sich direkt hinter dem Rollfeld des Flughafens, rund 1,3 km außerhalb von Pai.

Pai Treehouse
HOTEL $$$

(☎08 1911 3640; www.paitreehouse.com; 90 Moo 2 Mae Hi; Bungalow mit Frühstück 1200–12 000 B; ✸@🛜) Die an einem riesigen alten Baum klebenden Bungalows sind ein Kindertraum. Doch auch wenn es nicht gelingt, eines der drei immer begehrten Baumhäuser zu ergattern, gibt es hier noch einige andere schöne Bungalows, davon viele in der Nähe des Flusses. Auf dem weitläufigen Gelände leben Elefanten, und auf dem Mae Nam Pai schwimmen Flöße – kurz: Es herrscht eine familienfreundliche Atmosphäre. Das Resort liegt 6 km von Pai entfernt, kurz vor den Thermalquellen von Tha Pai.

Pai Phu Fah
HOTEL $$$

(☎08 1906 2718; www.paiphufah.com; 178/1 Moo 1 Ban Mae Hi; Zi. & Bungalow 900–1900 B; 🛜) Hier gibt's eine gute Auswahl an Zimmern und Bungalows, die fast alle ein gutes Preis-Leistungs-Verhältnis haben. Die Anlage

steht ungefähr 500 m östlich des Mae Nam Pai an der Straße zu den Thermalquellen von Thai Pai; von der Th Raddamrong sind es 7 km in östlicher Richtung.

✖ Essen

Auf den ersten Blick hat Pai für einen so kleinen Ort eine eindrucksvolle Auswahl an Restaurants. Nach ein paar Mahlzeiten wird allerdings klar, dass die Qualität generell ziemlich mittelmäßig ist. Selbst die Thai-Gerichte sind recht langweilig, am Besten isst man hier seltsamerweise chinesisch und israelisch. Außerhalb der Saison (ca. Nov.–Feb.) ist die Lage noch trauriger, haben doch dann viele der besseren Restaurants geschlossen. Die hier aufgelisteten Optionen sollten aber ganzjährig geöffnet sein.

Tagsüber bekommt man Essen zum Mitnehmen auf dem **Saengthongaram-Markt** (Th Khetkelang). Leckere lokale Take-Aways gibt's auf dem **Abendmarkt** (gàht láang; Th Ratchadamnoen), der jeden Nachmittag zwischen 15 Uhr und Sonnenuntergang stattfindet. Später am Abend stehen in der Saison in der Th Chaisongkhram und der Th Rangsiyanon Stände und umgebaute VW-Busse, an denen alle möglichen Gerichte und Getränke verkauft werden.

LP TIPP Laap Khom Huay Pu
NORDTHAILÄNDISCH $

(Keine Ausschilderung in lateinischen Buchstaben; Ban Huay Pu; Hauptgerichte 35–60 B; ⏰9–22 Uhr) In dem Restaurant ist man vor Rastalocken und Tofu-Freaks sicher – hier steht Fleisch auf der Karte. Die wärmstens empfohlene Hausspezialität ist *làhp kôo a*, Hackfleisch (vom Rind oder Schwein) mit Kräutern und Gewürzen aus der Region. Mit dem Körbchen Duftreis, einem Teller bitterer Kräuter und einem kalten Singha ist dieses Gericht das beste, das Pai zu bieten hat. Das Restaurant liegt an der Straße nach Mae Hong Son, ungefähr 1 km nördlich vom Ort, direkt hinter der Abzweigung zum Sipsongpanna.

Yunnanesisches Restaurant
CHINESISCH $$

(Keine Ausschilderung in lateinischen Buchstaben; Ban Santichon; Hauptgerichte 25–200 B; ⏰8–20 Uhr) Das Freiluftrestaurant in dem chinesischen Dorf Ban Santichon tischt traditionelle Gerichte der yunnanesischen Einwohner des Ortes auf. Typisch sind z.B. *màntŏ* (gedämpfte Brötchen); sie werden hier knusprig gebraten und mit einer Schweinehaxe serviert, die mit chinesischen Kräutern gedämpft wird. Mehrere Gerichte werden aus Zutaten aus der Region zubereitet, aber auch Exotisches wie Seidenhühner bekommt man hier. Immer empfehlenswert sind die hausgemachten Nudeln, die mit Schweinehackfleisch, Knoblauch und Sesam gereicht werden. Das Restaurant befindet sich in dem offenen Lehmziegelgebäude hinter dem großen Felsen in Ban Santichon, ungefähr 4 km westlich von Pai.

Mama Falafel ISRAELISCH $
(Soi Wanchaloem; Menü 80-90B; ⊙11–20 Uhr) Seit 2002 serviert die freundliche, aus Pai stammende Betreiberin leckere Falafel, Hummus, Schnitzel und weitere typisch jüdisch-israelische Gerichte. Die Menüs sind üppig und lecker. Freitags und samstags gibt es Hamin, den jüdischen Eintopf, und dazu Challa-Brot.

Khanom Jeen Nang Yong THAI $
(Keine Ausschilderung in lateinischen Buchstaben; Th Chaisongkhram; Hauptgerichte 20 B; ⊙mittags & abends) Die Spezialität des Hauses sind *kà·nŏm jeen:* dünne Reisnudeln mit einer curryartigen Brühe. Besonders reichhaltig und würzig ist das *kà·nŏm jeen nám ngée·o*, das mit gebratener Schweinekruste besonders lecker schmeckt. Um die Namen der Gerichte braucht man sich nicht groß kümmern – man deutet einfach auf den Tontopf, dessen Inhalt einen am meisten anspricht. Das Restaurant befindet sich in dem Gebäude, in dem auch Pai Adventure zu finden ist.

Burger House AMERIKANISCH $$
(Th Rangsiyanon; Hauptgerichte 80–210 B; ⊙9–20.30 Uhr) Wer Appetit auf einen dicken, saftigen Burger hat, sollte hierher kommen. Super ist der extradicke Barbarian Burger mit 220 g Fleisch, zwei Lagen Käse und Spezialsauce. Und wer sich morgens richtig stärken will, greift zum Truck Driver Special, mit dem man dann wahrscheinlich den ganzen Morgen beschäftigt sein dürfte.

Je-In Pai VEGETARISCH $
(Ausschl. veg. Kost; Th Raddamrong; Hauptgerichte 40–80 B; ⊙10–20 Uhr; ⊙) Gegenüber der Distriktverwaltung serviert das einfache Freiluftlokal schmackhafte und günstige vegane und vegetarische Thai-Gerichte. Mittags wählt man aus den vorne aufgebauten Metallbehältern. Es gibt auch gute Fruchtsäfte und Sojamilchshakes.

Nong Beer THAI $
(Ecke Th Khetkalang & Th Chaisongkhram; Hauptgerichte 30–60 B; ⊙10–20 Uhr) Die Atmosphäre in diesem sehr beliebten Lokal ähnelt einer Cafeteria: Man kauft Essensmarken und muss sich selbst alles holen. Dafür gibt es hier aber günstige und authentische Thai-Gerichte von *kôw soy* bis zu Currys mit Reis. Der Laden bleibt offen, bis alles aufgegessen ist – meist ungefähr bis 20 Uhr.

Big's Little Cafe INTERNATIONAL $
(Th Chaisongkhram; Hauptgerichte 55–100 B) Im Big bekommt man westliche Gerichte, meist mit englischem Einschlag, von Schinkensandwichs bis zu Burgern, außerdem Frühstücksgerichte und schmackhafte hausgemachte Würstchen.

Witching Well INTERNATIONAL $
(Th Wiang Tai; Gerichte 40–80 B) Das von Ausländern geführte Lokal ist die erste Adresse für authentische Sandwichs, Pasta, Gebäck und Kuchen. Hier gibt's auch das beste Frühstück in ganz Pai.

TTK ISRAELISCH $
(The Thai Kebab; Th Raddamrong; Gerichte 40–150 B; ⊙8.30–20.30 Uhr; ⊙) Auf der umfangreichen Karte stehen neben typischen und ausgefalleneren israelischen Gerichten auch thailändisch-vegetarische und Frühstücksgerichte.

Good Life INTERNATIONAL $
(Th Wiang Tai; Gerichte 60–140 B; ⊙⊙) In dem beliebten Café dienen Weizengras und gebrauchte Bücher als Deko. Neben Tee, Kaffee, Säften und anderen leckeren Getränken bekommt man auch Frühstück und vegetarische Thai-Gerichte.

Amido's Pizza Garden PIZZA $$
(Th Raddamrong; Pizza 150–340 B; ⊙abends) Bedenkt man, wie weit Pai von Neapel entfernt ist, kann man gegen die hiesige Pizza wirklich nichts sagen.

Charlie & Lek
Health Restaurant THAI $
(Th Rangsiyanon; Hauptgerichte 30–140 B; ⊙11–14 & 18–21 Uhr) Das beliebte Lokal serviert zentralthailändische Gerichte, die sich an westlichen Gaumen orientieren und moderat gewürzt sind. Großes Angebote für Vegetarier.

Ausgehen & Unterhaltung

In Pais Zentrum gibt's mehr Bars, als hier aufgezählt werden könnten. Da die Szene in ständiger Bewegung ist, würden vermutlich schon bei Drucklegung viele durch andere ersetzt worden sein. Unten sind daher ein paar der schon länger bestehenden Bars genannt, die sich außerhalb des Ortszentrums befinden.

Zur allgemeinen Orientierung: Die meisten Open-Air-Cocktailbars, oft rund um einen VW-Bus, finden sich an der Th Chaisongkhram, die meisten Bars und entspannten Reggae-Kneipen in der Th Wiang Tai. Die „Gasthaus"-Restaurantbars mit unterschiedlicher Musikberieselung konzentrieren sich in der Th Rangsiyanon und ein paar Bars mit Livemusik haben ihren Sitz am östlichen Ende der Th Raddamrong.

Bebop
LIVEMUSIK

(Th Rangsiyanon; ☺18–1 Uhr) Dieser legendäre Kasten ist bei Travellern beliebt, abends ab etwa 21 Uhr spielen Bands Blues, R&B und Rock.

Ting Tong
BAR

(Th Rangsiyanon; ☺19–1 Uhr) In dem ausgedehnten Komplex gibt's Bambus- und Betontanzflächen, abgeschottete Tische und hohe Bäume. Er gehört zu den größeren Bars vor Ort. Häufig (aber nicht immer) wird Reggae und Dub aufgelegt, gelegentlich gibt es auch Livemusik.

Don't Cry
BAR

(Th Raddamrong; ☺18 Uhr–open end) Gleich jenseits des Flusses befindet sich diese Reggaebar, die an Ko Phangan erinnert. Der Laden ist total relaxt und geöffnet (wenn auch leise), bis sich auch der letzte Gast dazu bequemt, nach Hause zu wanken.

 Shoppen

In der Saison (Nov.–Feb.) verwandeln sich die Th Chaisongkhram und die Th Rangsiyanon abends zur lebhaften Fußgängerzone. Am westlichen Ende der erstgenannten Straße gibt's viele Läden mit Pai-Kitsch, der auf thailändische Touristen ausgerichtet ist.

Siam Books
BUCHLADEN

(☑0 5369 9075; Th Chaisongkhram) Hat das größte Sortiment neuer und gebrauchter Bücher vor Ort.

 Praktische Informationen

Überall in der Stadt gibt es Internetcafés, ganz besonders viele am westlichen Ende der Th Raddamrong (20–30 B/Std.).

Mehrere Wechselstuben und Geldautomaten finden sich in der Th Rangsiyanon und der Th Chaisongkhram.

Pai Explorer (www.paiexplorer.com) ist der kostenlose englischsprachige Stadtplan. Der *Pai*

Events Planner (PEP) ist ein überall vor Ort erhältlicher kostenloser, monatlich erscheinender Stadtplan mit Infos zu Kulturereignissen, Reisezielen und Neueröffnungen von Restaurants und Bars.

 An- & Weiterreise

Bus

Von Pais winzigem Busbahnhof aus fahren normale Busse (mit Ventilator) und (mit Propangas betriebene) Kleinbusse nach Chiang Mai und zu Zielen in der Provinz Mae Hong Son.

Chiang Mai (72–150 B, 3–4 Std., 8–16 Uhr, häufig)

Mae Hong Son (70 B, 4½ Std., 11 & 13 Uhr)

Soppong (40 B, 1½ Std., 11 & 13 Uhr)

Flugzeug

Pais Flughafen liegt rund 1,5 km nördlich der Stadt an der Rte 1095. **Kan Air** (☑landesweite Rufnummer 02 551 6111, Pai 0 5369 9955; www.kanairlines.com; Pai Airport) fliegt täglich nach Chiang Mai (1890 B, 25 Min.).

Kleinbus

Die Kleinbusse starten ebenfalls an Pais Busbahnhof. Tickets kann man auch bei **aYa Service** (☑0 5369 9940; www.ayaservice.com; 22/1 Moo 3 Th Chaisongkhram) buchen. Das Unternehmen fährt stündlich mit klimatisierten Kleinbussen nach Chiang Mai (150 B, 3 Std., 8–16 Uhr, häufig), außerdem verbindet es Pai mit Chiang Rai (550 B, 5 Std, 5.30 Uhr), Mae Sai (850 B, 6 Std, 5.30 Uhr) und Chiang Khong (650 B, 7 Std., 20 Uhr).

Chiang Mai (150 B, 3 Std., 7–16.30 Uhr, stündl.)

Mae Hong Son (150 B, 2½ Std., 8.30–17.30 Uhr, stündl.)

Soppong (100 B, 1 Std., 8.30–17.30 Uhr, stündl.)

 Unterwegs vor Ort

Der größte Teil Pais lässt sich zu Fuß erkunden. Motorradtaxis warten am Taxistand gegenüber vom Busbahnhof. Die Fahrpreise liegen bei 100 B nach Ban Santichon und 120 B zum Nam Tok Mo Paeng.

Für Ausflüge in die Umgebung kann man an mehreren Stellen im Ort Fahrräder und Motorräder mieten.

aYa Service (☑0 5369 9940; www.ayaservice.com; Th Chaisongkhram; Fahrrad/Motorrad pro 24 Std. 80–700 B) Der große Anbieter hat mehr als 100 Bikes. In unmittelbarer Nähe gibt's noch ein paar weitere Läden.

North Wheels (www.northwheels.com; Th Khetkelang; Motorrad/Auto pro 24 Std. 150/1500 B; ☺7–20 Uhr)

Soppong སབ་ཡ་ཡ

Soppong, das gelgentlich nach dem gesamten Distrikt auch Pangmapha genannt wird, ist ein kleines Marktdorf, ein paar Stunden nordwestlich von Pai und ungefähr 70 km von Mae Hong Son entfernt. Im Ort selbst gibt es nicht viel zu sehen, die Umgebung ist jedoch von dichten Wäldern, rauschenden Strömen und spektakulären Kalksteinvorsprüngen geprägt. Vor allem aber ist die Region die beste Adresse in Thailand für Höhlenwanderungen. Die ausführlichsten Infos über Höhlenwanderungen und Trekkingtouren erhält man vom Besitzer der Cave Lodge (S. 438) bei der nahe gelegenen Tham Lot, die von allen Höhlen in der Umgebung die am leichtesten zugängliche ist.

Außerdem gibt es hier noch mehrere Dörfer der Shan, Lisu, Karen und Lahu, die man bequem zu Fuß erreichen kann.

Wer dienstagvormittags im Ort ist, sollte den rustikalen **Markt** besuchen.

🏃 Aktivitäten
Wandern & Raften

Nahe der Tham Lot kann man in der Cave Lodge, 9 km von Soppong entfernt, erfahrene einheimische Führer anheuern. Tolle Kajak-, Trekking- und Höhlentouren lassen sich hier ebenfalls arrangieren.

Poodoi Namfaa
Tour & Trekking WANDERN, RAFTEN

(📞08 4372 5295) Der neue Veranstalter hat alle möglichen Outdoor-Aktivitäten im Programm und beschäftigt Angehörige der hier ansässigen Musoe, Lisu und Karen als Führer. Im Vordergrund stehen zweitägige Raftingtouren auf dem Nam Khong und dem Nam Pai (1500 B/Pers., Min. 4 Pers., alles inkl.). Zweitägige Trekkingtouren gibt's ab 800 B pro Nase (min. 2 Pers.). Das Büro liegt am westlichen Ortsrand.

🛏 Schlafen & Essen

Alle Unterkünfte sind deutlich durch Hinweisschilder gekennzeichnet, die meisten liegen an der Hauptstraße von Soppong. Praktisch jede Herberge hat ein Restaurant, ansonsten aber ist die Restaurantauswahl eher dürftig.

LP TIPP Soppong River Inn HOTEL $$

(📞0 5361 7107; www.soppong.com; Bungalow 300 B, Zi. 700–1500 B; ✳@🛜) Mit neun Zimmern in einem großen Gebäude am Ufer und einer Handvoll frei stehender Bungalows ist diese Herberge die attraktivste in Soppong. Die Unterkünfte liegen in einem üppigen Garten mit gewundenen Pfaden; sie haben viel Atmosphäre und sind alle ein wenig anders eingerichtet; das River Rim Cottage mit dem eigenen Balkon direkt über dem Fluss ist besonders empfehlenswert. Das Soppong River Inn befindet sich am westlichen Ortsrand in Gehentfernung vom Busbahnhof.

Little Eden Guesthouse HOTEL $$$

(📞0 5361 7054; www.littleeden-guesthouse. com; Zi. & Bungalow 450–2000 B; ✳@🛜) Die fünf Nurdachbungalows rund um einen hübschen, von Gras umgebenen Pool sind gepflegt und haben warme Duschen. Inzwischen sollte auch das neue Gebäude mit vier weiteren Zimmern fertiggestellt sein. Das eigentlich Besondere sind die schönen, zweistöckigen „Häuser". Sie sind perfekt geeignet für Familien oder Gruppen, stilvoll dekoriert und haben Wohnzimmer, lauschige Winkel und Ecken sowie mit Hängematten ausgestattete Terrassen.

Baan Café HOTEL $$

(📞0 5361 7081; khunjui@yahoo.com; Zi./Bungalow 600/1200 B) Unweit der Brücke liegt rund 750 m westlich von Soppongs Bushaltestelle diese Anlage mit makellosen Zimmern und hausgroßen Bungalows in einer Parkanlage am Nam Lang. Die Bungalows haben Kamine und Balkone mit Blick auf den Fluss und sind ein echtes Schnäppchen. Das Baan Café ist zugleich eines der besseren Restaurants im Ort und serviert Kaffee aus regionalem Anbau.

Rock HOTEL $$$

(📞0 5361 7134; www.therockresort.com; Zi. & Bungalow mit Frühstück 1500–5000 B; ✳🛜) Die Anlage befindet sich rund 1,5 km westlich vom Ort und ist leicht zu finden. Die neuen Bungalows verteilen sich über ein gepflegtes Grundstück am Ufer, das von einigen Felsformationen gesprenkelt ist. Die Zimmer sind mit Fernseher, Kühlschrank und Klimaanlage ausgestattet. Eine Hängebrücke verbindet das Grundstück mit dem angrenzenden Blumengarten. Das Hotel ist auf thailändische Touristen ausgerichtet – man könnte Schwierigkeiten haben, sich auf Englisch zu verständigen.

Lemon Hill Guest House PENSION $$

(📞0 5361 7039, 0 5361 7213; Zi. & Bungalow 300–1500 B; ✳🛜) Wegen der Lage gegenüber vom Busbahnhof ist diese Unterkunft wohl die beliebteste vor Ort, dabei gibt es durchaus schönere. Angeboten werden diverse Zimmer und Bungalows: Man sollte sich erst ein paar anschauen, bevor man seine Wahl trifft.

Rim Doi
HOTEL **$**

(☏08 8413 9964; Zi. & Bungalow 200–650 B) Gäste finden in dieser Unterkunft an der Straße zur Tham Lot, etwa 2 km außerhalb von Soppong, an einem grasbewachsenen Hang Bambushütten und etwas solider gebaute Behausungen. Die Zimmer sind groß und komfortabel möbliert.

Northern Hill Guest House
HOTEL **$$**

(☏0 5361 7081; khunjui@yahoo.com; Zi. & Bungalow 800–1500 B) Diese Anlage bietet mehrere recht kleine, aber ordentliche Bungalows, die auf einem Hügel oberhalb von Soppong stehen. In einigen Zimmern gibt's Fernseher und Kühlschrank. Das Northern Hill

liegt am östlichen Ende der Ortschaft, gegenüber der Abzweigung zur Tham Lot.

Baanlek Guest House
PENSION **$**

(☏08 9485 7596; Zi. 250 B; 🛜) Die zwei sehr einfachen Zimmer befinden sich in einem kleinen Haus am östlichen Ortsrand von Soppong. Die Besitzerin veranstaltet auf ihrem Bauernhof auch **Kochkurse** (www.flying turtlecooking.com; halber/ganzer Tag 700/900 B).

Baankeawmora
THAI **$**

(Gerichte 40–160 B; ⏱8–18 Uhr) In dem hübschen Holzhaus an der Straße zur Tham Lot gibt's gutes Essen und richtigen Kaffee. Man kann hier auch ein frühes Frühstück oder ein spätes Abendessen im Voraus bestellen.

Praktische Informationen

Soppongs Polizeiwache befindet sich 1,5 km westlich der Ortschaft. Dort steht auch der einzige Geldautomat.

DIE HÖHLEN VON PANGMAPHA

Das 900 km² große Gebiet des Distrikts Pangmapha ist bekannt für seine vielen Höhlensysteme, von denen bislang mehr als 200 entdeckt wurden. Neben der Tham Lot (S. 438) ist die Tham Nam Lang, 20 km nordwestlich von Soppong in der Nähe von Ban Nam Khong gelegen, eine der berühmtesten. Sie ist 8,5 km lang und soll in puncto Volumen einer der größten Höhlenzüge weltweit sein.

Viele der Höhlen sind eigentlich unterirdische Flussläufe, einige sogar mit Wasserfällen, Seen und „Stränden". Und mit außergewöhnlichen Tieren: *Cryptotora thamicola*, ein augenloser, nur in stockdunklen Höhlen lebender Fisch, der die Wasserfälle hinaufklettern kann und eine eigene Gattung bildet, kommt weltweit nur in zwei Höhlen vor. Beide liegen im thailändischen Pangmapha. In anderen Höhlen gibt es aufgrund toxischer Gase oder wegen Sauerstoffmangels hingegen wenig oder gar kein Leben.

In mehr als 85 der 200 Kalksteinhöhlen des Distrikts stehen uralte Särge, die aus ganzen Teakholzstämmen gefertigt wurden. Die bis zu 9 m langen Särge ruhen meist auf Holzgerüsten in den Höhlen. Mittels der Radiokarbonmethode ließ sich ein Alter von 1200 bis 2200 Jahren ermitteln. Die Sargenden sind oft mit Schnitzereien verziert; thailändische Archäologen haben wenigstens 50 verschiedene Muster feststellen können. Tonscherben, die in den Sarghöhlen gefunden wurden, sind im Nature Education Centre (S. 438) der Tham Lot ausgestellt.

Die hiesigen Shan nennen diese Begräbnishöhlen *tâm pěe* (Geisterhöhlen) oder *tâm pěe maan* (Sarghöhlen). Noch immer rätseln die Forscher, wie die Särge hergestellt hat und warum sie in die Höhlen gebracht wurden. Immerhin lässt sich aus der Tatsache, dass sich in den meisten Höhlen weniger als zehn Särge befinden, die Vermutung herleiten, dass nur bestimmte Personen das Recht auf eine so aufwendige Bestattung hatten. Ähnliche Särge wurden in Karstregionen westlich von Bangkok und auch auf Borneo, in China und auf den Philippinen gefunden. Mehr Särge aus jener Epoche als in Pangmapha findet man jedoch nirgendwo.

Am leichtesten zu besichtigen sind die Sarghöhlen gleich hinter dem Pangmapha Hospital, 2 km westlich von Soppong, sowie die Sarghöhlen in der 9 km von Soppong entfernten Tham Lot. Mehrere Sarghöhlen, die Wissenschaftler derzeit untersuchen, sind für die Öffentlichkeit gesperrt; John Spies von der Cave Lodge (S. 438) dürfte jedoch wissen, welche Höhlen gerade erkundet werden können. Sein Buch *Wild Times* ist ein großartiger Begleiter auf Höhlenwanderungen.

ⓘ Anreise & Unterwegs vor Ort

Motorradtaxis, die an der Bushaltestelle in Soppong warten, bringen ihre Kunden für 80 B pro Person zur Tham Lot oder zur Cave Lodge; mit privaten Kleintransportern kostet die Fahrt 300 B für bis zu 6 Personen.

Die Busse und Kleinbusse halten in der Nähe des Markts.

Bus

Chiang Mai (95 B, & Std., 10.30 & 14.30 Uhr)

Mae Hong Son (40 B, 2 Std., 12.30 & 14.30 Uhr)

Pai (40 B, 1½ Std., 10.30 & 14.30 Uhr)

Kleinbus

Chiang Mai (250 B, 5 Std., 8.30–17.30 Uhr, stündl.)

Mae Hong Son (150 B, 1½ Std., 9.30–18.30 Uhr, stündl.)

Pai (100 B, 1 Std., 8.30–17.30 Uhr, stündl.)

Rund um Soppong

THAM LOT ถ้ำลอด

Rund 9 km nördlich von Soppong liegt die Tham Lot (mit langem o, auch bekannt als *tâm nám lôrt*). Durch die große Kalksteinhöhle mit eindrucksvollen Stalagmiten und Sargnischen (s. Kasten S. 437) fließt ein breiter Fluss. Zusammen mit der Tham Nam Lang weiter westlich gehört sie zu den größten bekannten Höhlen in Thailand. Die Gesamtlänge der Höhle beträgt 1600 m; der Teil, durch den sich der Wasserlauf schlängelt, ist 600 m lang.

Beim **Nature Education Centre** (⏱8–17.30 Uhr) am Eingang bekommen Besucher eine Gaslaterne ausgehändigt und müssen einen Führer engagieren (150 B für max. 4 Pers.); die Höhle darf nicht auf eigene Faust erkundet werden. Die Tham Lot ist ein gutes Beispiel für einen gemeindebasierten Tourismus – alle Höhlenführer stammen aus umliegenden Shan-Dörfern.

Das Höhlensystem besteht aus der Haupthöhle und drei über Leitern zugängliche Nebenhöhlen: die Säulenhöhle, die Puppenhöhle und die Sarghöhle. Um alles zu besichtigen, benötigt man rund zwei Stunden. Je nach Jahreszeit braucht man für einige Passagen oder auch für die gesamte Strecke ein Bambusboot. Abhängig vom Wasserstand können zwischen August und Oktober Teile der Höhle gesperrt sein.

Vom Eingang bis zum Ausgang kostet die Bootsfahrt (max. 4 Erw.) inklusive Besichtigung der Säulen-, Puppen- und Sarg-

höhle 400 B mit Rückfahrt, 300 B ohne. Wer sich nur für die Hinfahrt entscheidet, legt den Rückweg außerhalb der Höhle zu Fuß zurück (20 Min.). Dies ist aber nur in der Trockenzeit möglich; dann kann man möglicherweise auch bis zur Puppenhöhle waten und von dort ein Boot bis zum Ausgang nehmen (hin & zurück/einfache Strecke 300/200 B). Wer bei Sonnenuntergang am Höhlenausgang ist, kann erleben, wie Hunderttausende Mauersegler zu ihren Schlafplätze in die Tham Lot fliegen.

🛏 Schlafen & Essen

Mehrere **Freiluftrestaurants** (Gerichte 15–40 B; ⏱9–18 Uhr) vor dem Eingang zum Tham-Lot-Park bieten einfache thailändische Kost an.

Cave Lodge HOTEL $$$

(☏053617203; www.cavelodge.com; B 90–120 B, Zi. 250 B, Bungalow 300–2000 B) Die seit 1986 bestehende Anlage gehört zu den legendären Übernachtungsmöglichkeiten in Nordthailand (und war wohl die erste Unterkunft in Mae Hong Son). Geführt wird es von John Spies, dem inoffiziellen Experten für die ganze Gegend. Die 19 Zimmer sind zwar einfach, aber einzigartig und sehr verschieden. Sie liegen wundervoll an einem bewaldeten Hang über dem Nam Lang. An Freizeitunternehmungen in der Natur herrscht kein Mangel: Höhlenwanderungen, Kajaktouren, geführte Wanderungen und Trekkingtrips auf eigene Faust (gute Karten sind vorhanden) stehen zur Wahl. Man kann aber auch einfach in dem schönen Gemeinschaftsbereich abhängen; die traditionelle Shan-Kräutersauna ist ebenfalls ein Erlebnis. In den alten Öfen werden frisches Brot und andere leckere Speisen zubereitet. Die Tham Lot liegt in Gehweite.

MAE LA-NA แมะละนา

Das in einem unglaublich malerischen Gebirgstal 6 km abseits der Rte 1095 gelegene, winzige Shan-Dorf wirkt weltentrückt. Die berühmteste Attraktion vor Ort ist die **Tham Mae La-Na**, eine 12 km lange Höhle, durch die ein Bach fließt. Zwar bieten Guides aus der Umgebung Führungen durch die Höhle an, aber wirklich auf Touristen eingestellt ist man hier nicht – Besucher könnten fragile Höhlenformationen zerstören und den Lebensraum der empfindlichen Höhlenfische schwer beeinträchtigen. Man besichtigt also besser die nahe gelegenen Höhlen **Tham Pakarang** (Korallenhöhle) und **Tham Phet** (Diamantenhöhle), in denen es interessante Wandformationen zu sehen gibt. Führer (100 B) kann man tagsüber in der *săh·lah* (offenen, überdachten Versammlungshalle) sowie im Hauptladen des Dorfs engagieren. Manche Höhlen sind eventuell in der Regenzeit nicht zugänglich.

Mae La-Na ist auch ein guter Ausgangspunkt für interessante **Wanderungen**. Viele der schönsten Landschaften von Mae Hong Son liegen im Bereich einer Tageswanderung, zudem gibt es in der Nähe mehrere Dörfer der Roten und Schwarzen Lahu. Man kann auch eine 20 km lange, halbe Schleife von Mae La-Na über die Tham Lot und Soppong abwandern. Khun Ampha im Maelana Garden Home hat eine einfache, kostenlose Karte und gibt Travellern Tipps. Erfahrene Motorradfahrer können die Strecke auch mit einem robusten Geländebike bewältigen – aber nicht allein und nicht während der Regenzeit!

Der Abzweig nach Mae La-Na liegt 13 km westlich von Soppong. Die Fahrt mit einem Motorradtaxi von Soppong aus kostet 200 B. Auf dem Weg kommt man an Jabo vorbei, einem Dorf der Schwarzen Lahu, wo es ebenfalls eine Sarghöhle gibt.

🛏 Schlafen & Essen

Ein Dutzend Familien haben sich in Mae La-Na zu einem **Homestay-Programm** (pro Übernachtung 100 B/Pers.) zusammengeschlossen; die Einnahmen fließen in einen Gemeindefonds. Mahlzeiten kosten 70 B pro Person. Infos gibt's in dem sporadisch geöffneten Holzhaus am Ortseingang.

Maelana Garden Home HOTEL $
(☎08 1706 6021; Zi. & Bungalow 200–500 B) Am Ortsrand auf dem Weg zur Tham Mae La-Na steht dieser schöne, bauernhofartige Komplex aus zwei Holzhäusern und einigen A-förmigen Bambusbungalows. Die Zimmer sind einfach, aber sauber und gemütlich. Es gibt authentische Shan-Gerichte (100 B/Pers.). Die Besitzerin spricht etwas Englisch und ist eine gute Infoquelle. Vorher anrufen – eine Abholung lässt sich vereinbaren (von der Rte 1095 100 B, aus Soppong 400 B) – oder im Dorfladen bzw. an der Tankstelle nach Khun Ampha fragen.

Khun Yuam ขุนยวม

7000 EW.
Ungefähr auf halber Strecke zwischen Mae Sariang und Mae Hong Son – alle Busse

Richtung Norden machen hier eine Pause – liegt das ruhige Bergstädtchen Khun Yuam, das eine nette Abwechselung zu den umliegenden, stärker besuchten Zielen ist. Hier gibt es einige Unterkünfte und ein paar interessante Sehenswürdigkeiten.

◎ Sehenswertes

Thai-Japan
Friendship Memorial Hall MUSEUM
(Eintritt 50 B; ⊗8–16 Uhr) Am nördlichen Ende der Stadt verraten verrostete Militärlaster, dass sich hier die Thai-Japan Friendship Memorial Hall befindet. Während unseres Besuchs wurde das Museum gerade renoviert. Waffen, militärisches Gerät, persönliche Gegenstände und faszinierende Schwarzweißfotos erinnern an die Zeit, als die Japaner in den letzten Wochen des Krieges gegen Birma Khun Yuam besetzt hielten. Nach Kriegsende blieben einige japanische Soldaten im Ort und heirateten hier. Der letzte der Japaner, die sich damals in der Gegend angesiedelt hatten, starb im Jahr 2000.

Wat To Phae TEMPEL
Etwa 6 km westlich von Khun Yuam liegt an einem Bach der stimmungsvolle Wat To Phae, in dem es einen *chedi* im Mon-Stil und einen prima erhaltenen *wí·hăhn* im birmanischen Stil zu bestaunen gibt. Hinter den Vorhängen des Hauptaltars im *wí·hăhn* versteckt sich auf der einen Seite ein 150 Jahre alter *kalaga*, ein bestickter und paillettenbesetzter Wandbehang, der eine Szene aus dem *Vessantara Jataka* darstellt. Die Einheimischen glauben, dass man durch seinen bloßen Anblick religiöse Verdienste erwirbt.

Ban Mae U Khaw DORF
An den Hängen des Doi Mae U Khaw liegt das Hmong-Dorf **Ban Mae U Khaw**; es ist 25 km von Khun Yuam entfernt und über die Rte 1263 zu erreichen. Wenn Ende November die *dòrk booa torng,* die Mexikanische Sonnenblumen, blühen, verwandelt sich das Gebiet in ein einziges Blütenmeer. Die Thais sind so begeistert von dem malerischen Anblick, dass in dieser Zeit alle Unterkünfte ausgebucht sind. Nach weiteren 25 km auf derselben Straße erreicht man den 100 m hohen **Nam Tok Mae Surin** (Eintritt 200 B; im Mae Surin National Park), den angeblich höchsten Wasserfall Thailands.

🛏 Schlafen & Essen

Im Shan-Dorf Ban To Phae gibt's einige Privatunterkünfte.

Ban Farang HOTEL **$$**

(☎0 5362 2086; janny5alisa@hotmail.com; 499 Th Ratburana; B mit Frühstück 150 B, Zi. mit Frühstück 700–800 B, Bungalow mit Frühstück 800–1600 B; ✳) Diese Anlage liegt abseits der Hauptstraße im Norden des Ortes (nach den Schildern in der Nähe der Bushaltestelle Ausschau halten). Die ordentlichen Bungalows stehen an einem bewaldeten Hang. Die billigeren mit Ventilator sind einfach und dunkel, haben aber eine Terrasse, die teureren punkten mit einer Klimaanlage, Kühlschrank, Kabel-TV und einer Terrasse. Gäste können sich eine Kräutermassage verpassen lassen. Das Restaurant ist ganz ordentlich.

Mithkhoonyoum Hotel HOTEL **$$**

(☎0 5369 1057; 61 Rte 108; Zi. 150–1000 B; ✳) Das Hotel an der Hauptstraße durch das Ortszentrum hat einfache, saubere Zimmer mit eigenem Bad.

In Khun Yuam gibt es ein paar einfache Reis- und Nudellokale im Osten des Orts sowie am südlichen Stadtrand an der Rte 108. Die meisten schließen schon um 17 oder 18 Uhr.

❶ Praktische Informationen

An der Hauptstraße gibt's mehrere Banken mit Geldautomaten.

❶ An- & Weiterreise

Die Busse, die zwischen Mae Sariang und Mae Hong Song fahren, halten regelmäßig in Khun Yuam. Der Busbahnhof liegt gleich nördlich der Stadt.

Chiang Mai (145–258 B, 7–8 Std., 6.30–22.30 Uhr, häufig)

Mae Hong Son (50–80 B, 1½–2 Std., 3–17.30 Uhr, 5-mal tgl.)

Mae Sariang (60–100 B, 3–4 Std., 6.30–22.30 Uhr, häufig)

Mae Sariang แม่สะเรียง

20 000 EW.

Das wenig besuchte Mac Sariang hat eine attraktive Uferlage und wird als Ausgangspunkt für Trekkingtouren langsam immer beliebter. Außerdem versteht es sich gut, den nachhaltigen Tourismus zu fördern. Es gibt mehrere Siedlungen der Hügelvölker in der Gegend, vor allem rund um Mae La Noi, das 30 km nördlich der Stadt liegt. Die Region südlich von Mae Sariang ist überwiegend hügeliges Dschungelgebiet; es umfasst die beiden Nationalparks Salawin und Mae Ngao.

◉ Sehenswertes

Wat Jong Sung &
Wat Si Bunruang TEMPEL

(วัดจองสูง/วัดศรีบุญเรือง) Wenn genügend Zeit ist, sollte man unbedingt den Wat Jong Sung und den Wat Si Bunruang besuchen, zwei Shan-birmanische Tempel, die nebeneinander abseits der Hauptstraße von Mae Sariang stehen. Der 1896 errichtete Wat Jong Sung, der interessantere der beiden Tempel, hat schlanke *chedis* im Shan-Stil und Klostergebäude aus Holz.

✦ Aktivitäten

Wandern & Raften

Rund um Mae Sariang warten einige der besten Trekkingrouten und Tourangebote Thailands. Das liegt nicht nur an der natürlichen Schönheit und kulturellen Vielfalt der Gegend, sondern auch daran, dass hier eine neue Generation von verantwortungsbewussten Tourveranstaltern am Werk ist, die auf einen nachhaltigen, gemeindeorientierten Tourismus setzt. Die im Folgenden genannten Preise beziehen sich auf Gruppen von mindestens zwei Personen.

Dragon Sabaii Tours WANDERN

(☎08 5548 0884; www.thailandhilltribeholidays. com; Th Mongkolchai; 1-tägige Tour für max. 4 Pers. 2500 B) Im Vordergrund stehen die Umwelt und die Kultur vor allem des Gebiets von Mae La Noi nördlich von Mae Sariang. Der Newcomer hat unterschiedliche Touren im Programm, die einen echten Einblick in das Leben und die Traditionen der Hügelvölker geben. Man besucht die Dörfer der Hügelvölker, ohne dabei ein Fremdkörper zu sein, kann aber auch Privatunterkünfte mit Freiwilligenarbeit buchen, bei denen man mit Angehörigen dieser Völker gemeinsam kocht oder auf den Feldern arbeitet. Alle Angebote sind so gestaltet, dass auch die Gemeinden vor Ort davon profitieren.

Mae Sariang Tours WANDERN, RAFTEN

(☎08 2032 4790, 08 8404 8402; www.mae sariangtravel.multiply.com; 1-/2-/3-tägiger Trek pro Pers. 1600/2200/2600 B zzgl. Auslagen, min. 2 Pers.) Der Mae Sariang Man, wie sich der Besitzer dieses Unternehmens gerne nennt, ist ein erfahrener Trekker, der umweltbewusste und gemeindeorientierte Trekking- und Raftingtouren in den Dschungeln und Nationalparks rund um seine Geburtsstadt

Mae Sariang

◉ Sehenswertes
1 Wat Jong Sung B1
2 Wat Si Bunruang B1

❂ Aktivitäten, Kurse & Touren
3 Dragon Sabaii Tours B1
4 Mae Sariang Tours B1
5 Salawin Tour & Trekking B1

🛏 Schlafen
6 Huean Kham Khong B1
7 Mitaree Guesthouse & Garden
   House Resort D1
8 Mitaree Hotel B1
9 Northwest Guest House B1
   River Bank Guest House .... (siehe 5)
10 Riverhouse Hotel B1

11 Riverhouse Resort B1
12 Riverside Guesthouse B1

✖ Essen
13 Ban Rao B1
14 Coriander in Redwood B1
15 Inthira Restaurant B2
16 Kai Yang Rai Khwan A2
17 Leelawadee B2
18 Sawadee Restaurant & Bar B1

❂ Transport
19 Busbahnhof B1
20 Fahrrad- & Motorradverleih B1
21 Sombat Tour B1
22 Sörng•tǎa•ou nach Mae Sam Laep B2

veranstaltet. Damit keine Zweifel aufkommen, die Gemeinden könnten das ihnen zustehende Geld nicht erhalten: Besucher können die Auslagen (abgesehen vom Lohn für den Guide) auch gleich bei den Dorfbewohnern bezahlen. Im Northwest Guest House kann man mit dem Veranstalter Kontakt aufnehmen.

Salawin Tour & Trekking WANDERN, RAFTEN
(☑08 1024 6146; Th Laeng Phanit; pro Pers. & Tag 800 B) Herr Salawin und seine Brüder führen schon seit vielen Jahren Tourgruppen durch die Gegend. Zu den Touren gehören normalerweise Elefantenausritte, Raftings und Wanderungen. Zum Zeitpunkt unserer Recherche war Herr Salawin im River Bank Guest House zu finden, hatte aber die Absicht, mit seinem Geschäft nach nebenan

in das River View Guesthouse umzuziehen, das bald eröffnet werden soll.

🛏 Schlafen

Riverhouse Hotel HOTEL $$
(☑0 5362 1201; www.riverhousehotels.com; 77 Th Laeng Phanit; Zi. mit Frühstück 750–1300 B; ❄@☎) Mit seiner Kombination aus nostalgisch wirkendem Teakholz und modischer Deko ist das Uferhotel das beste Haus in der Stadt. Die Zimmer mit Klimaanlage im zweiten Stock haben große Veranden mit Ausblick auf den Fluss und Fenster vom Boden bis zur Decke.

River Bank Guest House HOTEL $$
(☑0 5368 2787; Th Laeng Phanit; Zi. 600–800 B; ❄☎) Die lichtdurchfluteten Zimmer in dem hübschen Haus am Flussufer sind mit Hart-

holz verkleidet. Es lohnt sich, 200 B mehr für ein Zimmer im Obergeschoss zu berappen, denn die billigeren Zimmer wirken winzig und haben lächerlich kleine Fernseher.

Northwest Guest House
HOTEL $

(☎08 9700 9928; www.northwestgh.blogspot. com; 81 Th Laeng Phanit; Zi. 250–450 B; ✳@ 🖤) Die Zimmer in diesem gemütlichen Holzhaus sind einfach (mit Matratzen auf dem Fußboden), bekommen aber Tageslicht ab und sind von passabler Größe. Außerdem bietet die Herberge eine ganze Reihe von Dienstleistungen an, von einem Motorradverleih bis zu einem Fisch-Spa (!).

Mitaree Guesthouse & Garden House Resort
HOTEL $$

(☎0 5368 1109; www.mitareehotel.com; 24 Th Wiang Mai; Zi. 150–1200 B; ✳🖤) Die Anlage in der Nähe der Post wird von denselben Betreibern geführt wie das Mitaree Hotel. Gäste finden hier ganz nette Zimmer; die teureren haben Warmwasser, Klimaanlage und Kabelfernsehen.

Huean Kham Khong
HOTEL $$

(Keine Ausschilderung in lateinischen Buchstaben; ☎0 5368 2416; Th Laeng Phanit; Bungalow 800 B; ✳🖤) Die fünf hübschen Bungalows wirken komfortabel und sind mit Fernseher, Kühlschrank und Klimaanlage ausgestattet. Das Grundstück, auf dem sie stehen, ist allerdings nicht wirklich ansprechend.

Riverhouse Resort
HOTEL $$$

(☎0 5368 3066; www.riverhousehotels.com; Th Laeng Phanit; Zi. mit Frühstück 1800–2800 B; ✳@🖤) Praktisch gleich neben dem Riverhouse Hotel managen dessen Betreiber auch diese Anlage, die nicht so charmant ist wie der Nachbar. Am besten verlangt man ein Zimmer mit Blick auf den Fluss (die mit Blick auf die Stadt kosten genauso viel).

Mitaree Hotel
HOTEL $

(☎0 5368 1110; www.mitareehotel.com; 256 Moo 2, Th Mae Sariang; Zi. 250–500 B; ✳) Mae Sariangs älteste Unterkunft bietet in einem alten, aus Holz errichteten Flügel Zimmer mit Ventilator, in einem neuen Zimmer mit Klimaanlage und warmen Duschen.

Riverside Guesthouse
HOTEL $

(☎0 5368 1188; 85/1 Th Laeng Phanit; Zi. 200–550 B; ✳) Die Lage am Ufer des Nam Yuam ist klasse, aber die Qualität von Zimmern und Service hat in den letzten Jahren nachgelassen, sodass das Haus heute nur noch eine nicht weiter erwähnenswerte Budgetunterkunft ist.

✗ Essen & Ausgehen

Inthira Restaurant
THAI $

(Th Wiang Mai; Hauptgerichte 30–150 B; ⊙8–22 Uhr) Das wahrscheinlich beste Restaurant der Stadt hat eine große Auswahl an Gerichten mit einzigartigen Zutaten, Shiitake-Pilzen aus der Region und Fisch aus dem Mae Nam Moei. Alles schmeckt, die Preise sind günstig, und das Ambiente ist gemütlich und zwanglos.

Kai Yang Rai Khwan
THAI $$

(Hauptgerichte 30–180 B; ⊙mittags) In dem einfachen Lokal am Fuß der Brücke gibt's die typischen Isan-Gerichte: gegrilltes Hähnchen, Papaya-Salat und Duftreis.

Leelawadee
THAI $

(Ecke Th Wiang Mai & Th Mae Sariang; Hauptgerichte 40–180 B; ⊙7–21 Uhr; 🖤) Das gemütliche, freundliche Lokal hat eine englischsprachige Karte mit Hauptgerichten und kleinen Gerichten, richtigen Kaffee und kostenlosen WLAN-Zugang.

Sawadee Restaurant & Bar
THAI $

(Th Laeng Phanit; Hauptgerichte 40–150 B; ⊙8–24 Uhr; 🖤🖊) Dieses Lokal hat etwas von einer Strandbar: Man kann wunderbar bei einem Bier entspannen und auf das Wasser schauen (auch wenn es nur der Mae Nam Yuam ist). Auf der langen Speisekarte finden sich auch etliche Angebote für Vegetarier.

Ban Rao
THAI $

(Th Laeng Phanit; Hauptgerichte 30–140 B; ⊙ abends) Ein authentisches, aber nicht zu scharfes Abendessen serviert dieses gemütliche Restaurant am Fluss. Auf der englischsprachigen Karte steht so ziemlich alles, von den üblichen Currys bis zum exotischeren *yam sôm oh,* einem Pomelo-Salat auf thailändische Art.

Coriander in Redwood
INTERNATIONAL, THAI $$

(Th Laeng Phanit; Gerichte 50–180 B; ⊙ Mo–Sa abends) Das schickste Restaurant der Stadt residiert in einem schönen Holzgebäude und macht viel Wirbel um seine Steaks. Besser beraten ist man aber mit den thailändischen Gerichten, etwa den verschiedenen *nám prík* (Chili-Dips). Zur Abkühlung am Nachmittag bieten sich Eiscreme und Eiskaffee an.

Praktische Informationen

In Mae Sariang finden sich mehrere Banken mit Geldautomaten. **Internetzugang** (Th Laeng

Phanit; 20 B/Std.; ⊙10–21 Uhr) gibt's neben dem Riverhouse Hotel.

ℹ️ Anreise & Unterwegs vor Ort

Prempracha Tour (📱 0 5368 1347), mit Sitz am Busbahnhof, betreibt Busse zwischen Mae Sariang und Mae Hong Song. Ebenfalls vom Busbahnhof fahren *sŏrng·tăa·ou* nach Mae Sot (200 B, 6 Std., 6.30–12.30 Uhr, häufig); sie starten, wenn alle Plätze besetzt sind.

Sombat Tour (📱 0 5368 1532; Th Mae Sariang) hat sein Büro gleich nördlich vom Busbahnhof und fährt mit Bussen nach Bangkok.

Ein **Laden** (📱 08 1181 3695; ⊙8–17 Uhr) in der Nähe der Th Laeng Phanit sowie das Northwest Guest House verleihen Motorräder und Fahrräder.

Stadtfahrten mit einem Motorradtaxi kosten 20 B.

Busse fahren von Mae Sariang nach:

Bangkok (444–571 B, 13 Std., 16–19.30 Uhr, 4-mal tgl.)

Chiang Mai (95–171 B, 4–5 Std., 7–15 Uhr, 5-mal tgl.)

Khun Yuam (60–100 B, 2–3 Std., 7–1 Uhr, 6-mal tgl.)

Mae Hong Son (95–171 B, 3–4 Std., 7–1 Uhr, 6-mal tgl.)

Rund um Mae Sariang

SALAWIN NATIONAL PARK & MAE SAM LAEP

อุทยานแห่งชาติสาละวิน/เเม่สามเเลบ

Der **Nationalpark**(📱 0 5307 1429; Eintritt 200 B) schützt ein 722 km² großes Gebiet, das sich über die Bezirke Mae Sariang und Sop Moei erstreckt. Er ist dicht bewaldet:

Teakbäume, asiatische Rothölzer und Kirschbäume prägen das Bild, u.a. steht hier der zweitgrößte Teakbaum Thailands. Es gibt zahlreiche Wanderwege und man kann per Boot auf dem Mae Nam Salawin bis zur Außenstation des Parks bei Tha Ta Fang fahren.

Die Parkverwaltung befindet sich 6 km von Mae Sariang entfernt. Hier stehen Bungalows (300–1200 B), die über das **Royal Forest Department** (📱 0 2562 0760; www.dnp.go.th) gebucht werden können.

Das Handelsdorf **Mae Sam Laep** liegt am Fluss innerhalb des Parks, fast am Ende der kurvenreichen, 50 km langen Straße, die in Mae Sariang beginnt. Der Ort, in dem Flüchtlinge aus Birma (größtenteils Muslime) leben, wirkt wie eine Grenzstadt und ist ein Ausgangspunkt für Bootsfahrten auf dem Mae Nam Salawin. Die Touren führen durch unberührten Dschungel und vorbei an zauberhaften Felsformationen. Gelegentlich schippert man nach Myanmar hinüber.

Am Pier in Mae Sam Laep kann man Richtung Süden Boote nach Sop Moei (1500 B, 1½ Std.) chartern, das 25 km von Mae Sam Laep entfernt ist. Richtung Norden gehen Boote zur Außenstation des Salawin National Park bei Tha Ta Fang (1200 B, 1 Std.), 18 km nördlich von Mae Sam Laep. Es verkehren auch Passagierboote, dies allerdings nur selten. Außerdem muss man Thai können, um überhaupt zu erfahren, wohin die Reise geht.

Die *sŏrng·tăa·ou* von Mae Sariang nach Mae Sam Laep (70 B, 1½ Std., 6.30–15.30 Uhr, häufig) starten an der Th Laeng Phanit in der Nähe des Morgenmarkts.

Nordostthailand

Gut essen

» Bao Phradit (S. 541)

» Turm-Rom (S. 491)

» Nagarina (S. 510)

Schön
übernachten

» Ban Kham Pia (S. 526)

» Mut Mee Garden (S. 508)

» Poonsawasdi Hotel
(S. 520)

» Kirimaya (S. 459)

Auf nach Nordostthailand!

Der Nordosten Thailands ist für die meisten Reisenden vergessenes Hinterland. Die Isaan (*i-săhn*) genannte Region lässt ahnen, wie Thailand früher war: Reisfelder, so weit das Auge reicht, Wasserbüffel, die durch Schlammlöcher waten, Seidenweber, die zu Hause am Webstuhl sitzen und Rikschafahrer, die kräftig in die Pedale treten, um ihre Fahrgäste durch die Straßen zu kutschieren. Wer ein Faible für Authentizität hat, wird hier sicher zufrieden sein.

Schon nach kurzer Zeit in der riesigen Region entdeckt man große Unterschiede (aber auch viele Ähnlichkeiten) zum restlichen Thailand: Sprache, Essen und Kultur sind eher laotisch als thailändisch geprägt – mit etlichen vietnamesischen und kambodschanischen Zutaten.

Ein längerer Aufenthalt in der Region lohnt sich allemal, denn hier gibt es einige der besten historischen Stätten, Nationalparks und Feste Thailands. Sicher, touristisch ist die Region ziemlich unerschlossen (Englisch spricht kaum jemand), aber die fantastischen Sehenswürdigkeiten und die Begegnungen und Erlebnisse hier machen den Besuch zum Highlight der Thailand-Reise.

Reisezeit

Nur 1% aller ausländischen Besucher verirrt sich in den Isaan. Man braucht sich also nicht den Kopf zu zerbrechen, ob gerade Haupt- oder Nebensaison ist. Die relativ kühle Trockenzeit (Nov.–Feb.) eignet sich am besten für einen Besuch, und wer kann, sollte sich im November unbedingt den Elefantenauftrieb in Surin anschauen. Am Ende der heißen Trockenzeit (März–Mai) mit Temperaturen von über 40 °C lassen überall in der Region die Menschen in den Städtchen und Dörfern, vor allem aber in Yasothon, riesige selbstgebastelte Raketen aufsteigen, um damit um Regen zu bitten.

Am schönsten ist der Isaan in der Regenzeit (Juni–Okt.), wenn die Wälder und Reisfelder saftig-grün sind und die Wasserfälle wild tosen. Dann ziehen Horden von thailändischen Touristen nach Dan Sai zum Phi-Ta-Khon-Fest (Juni) und nach Ubon Ratchathani zum Kerzen-Umzug (Juli).

Geschichte

Die Siedlungsgeschichte dieser rätselhaften Region reicht rund 5600 Jahre zurück. Damals gab es in Ban Chiang eine hochentwickelte Kultur, die schon ca. 2100 v.Chr. Bronzewerkzeuge zur Feldbestellung besaß. Die Ban-Chiang-Kultur war zwar sehr fortgeschritten, aber die meiste Zeit war die Khorat-Hochebene, die sich über den Isaan erstreckt, nur dünn besiedelt, weil sie nicht sehr fruchtbar, dafür aber oft von Dürren geplagt ist. Hier entwickelte sich nie ein Großreich; die Region stand praktisch immer unter der Herrschaft angrenzender Imperien.

Der Name Isaan leitet sich von Isanapura ab (dem heutigen Sambor Prei Kuk), das im 7. Jh. die Hauptstadt des Königreichs Chenla war. Zu jener Zeit gehörte auch das heutige Nordostthailand zu dem Königreich, und noch immer wird „Isaan" zur Bezeichnung der Region *(pâhk i-săhn)*, der Menschen *(kon i-săhn)* und der Küche *(ah·hăhn i-săhn)* im Nordosten verwendet.

Archäologische Zeugnisse beweisen, dass die Dvaravati hier herrschten. Danach fielen im 9. Jh. die Khmer hier ein und setzten sich 500 Jahre lang fest. Nachdem das Reich der Khmer zerfallen war, stand der Isaan in Abhängigkeit der Königreiche Lan Chang und Siam, blieb aber überwiegend autonom. Als die Franzosen die Grenzen ihrer Kolonie Laos absteckten, musste auch Thailand seine eigenen Grenzen im Nordosten festlegen. Langsam aber sicher wurde so der Isaan von Thailand geschluckt.

Der Nordosten, lange Thailands ärmste Region, wurde bald zur Brutstätte des Kommunismus. Ho Chi Minh verbrachte hier ein paar Jahre, um die Menschen zum Kommunismus zu bekehren, und in den 1940er-Jahren flohen einige Parteiführer der Kommunistischen Partei Indochinas aus Laos hierher und halfen Thailands Kommunisten auf die Sprünge. Von den 1960er-Jahren bis zur Amnestie von 1982 trieben Guerillas im Isaan ihr Unwesen.

DIE KÜCHE DES ISAAN

Isaans kulinarische Kreationen sind ein Mix aus laotischer und thailändischer Küche mit regionalen Zutaten. Die heilige Dreifaltigkeit der nordöstlichen Küche – *gài yâhng* (gegrilltes Huhn), *sôm·dam* (scharfer Papaya-Salat) und *kôw něe·o* (Klebreis) – ist ein fester Bestandteil der Kultur. Ebenso essentiell sind Chili und scharfe Paprika, die in fast jedes Essen gehören, insbesondere in *lâhp* (scharfer Fleischsalat). Außenstehende – das schließt auch die meisten anderen Thailänder ein – sind keine Fans von *blah ráh* (eine vergorene Fischsauce, die aussieht wie verrotteter Schlamm), aber im Isaan halten es die Menschen *(kon i-săhn)* für den Inbegriff guten Kochens.

Fisch beherrscht die Speisekarten im Isaan. Zu den beliebtesten Arten gehören *blah dùk* (Wels), *blah chôrn* (gestreifter Schlangenkopffisch) und *blah boo* (Sandgrundel), die vorrangig im Mekong und anderen großen Flüssen gefangen werden. Die Fische, die sich die Einheimischen selber fangen, sind meist sehr klein (oft so klein, dass sie mit Gräten und Kopf gegessen werden), weil sie wie Krebse, Frösche und Aale aus Bächen und Reisfeldern geholt werden. Der berühmteste Fisch des Nordostens ist der *blah bèuk* (Mekong-Riesenwels) – er wird aber nur selten gegessen, weil er so teuer ist. Die Fischzucht bringt ihn jedoch langsam wieder zurück auf die Speisekarte.

Ausländer und Thais aus anderen Landesteilen denken bei der Isaan-Küche vor allem an Insekten. Noch in den 1970er-Jahren bestand der Speiseplan einer Durchschnittsfamilie zu einem großen Teil aus Insekten. Das änderte sich, als die Regierung die Hühner- und Schweinezucht förderte und dadurch die Preise dieser jetzt so beliebten Fleischsorten fielen. Insekten sind aber noch immer als Snacks und Zutat für Chilisaucen sehr beliebt. Die purpurfarbenen Lichter in der Landschaft sind Köder für riesige Wasserkäfer, die neben Grillen, Heuschrecken, Zikaden, *nörn mái pài* (Bambuswürmern) und anderen Insekten auf den meisten Nachtmärkten verkauft werden. Die Nachfrage ist sogar noch immer so groß, dass sie teilweise aus Kambodscha importiert werden. Seidenraupen, die es in Thailand im Überfluss gibt, werden in kochendes Wasser geworfen, wo sich die Seidenfäden vom Kokon trennen. Danach landen die Raupen direkt im Mund. Wenn sie lange genug im Wasser bleiben, bis sie außen richtig knusprig sind, erlebt man eine wahre Geschmacksexplosion. Beim Besuch eines Seidenweberdorfes einfach selbst probieren – dann weiß man, was gemeint ist.

Highlights

1 Die atemberaubende Landschaft des **Pha Taem National Park** (S. 483) entdecken

2 Beim **Raketenfest** (S. 508) Riesenspaß haben

3 Im **Khao Yai National Park** (S. 458) nach Elefanten, Tigern, Pythons, Affen und anderen Tieren Ausschau halten

4 Im **Phanom Rung Historical Park** (S. 463) und in **Phimai** (S. 455) angesichts der restaurierten Tempelanlagen aus der Angkor-Zeit in die Vergangenheit reisen

5 Die steilen Wege zum **Wat Phu Tok** (S. 526) oben auf dem Berg hinaufkraxeln

6 Eine Fahrt auf dem **Mekong** (S. 518) unternehmen

7 In **Ban Ta Klang** (S. 469) sich mit Elefanten anfreunden

8 Mit den Einheimischen *sôm·dam* (scharfen Papaya-Salat) essen und *lôw kŏw* (weißen Schnaps) trinken

9 Sich vom surreal anmutenden **Wat Pa Non Sawan** (S. 548) verzaubern lassen

SÜDCHINESISCHES MEER

VIETNAM

LAOS

KAMBODSCHA

⊗ Paksan
⊚ Bueng Kan
5 Wat Phu Tok
222
⊚⊗ ● Ban Kham Pia
Phu Wua
Wildlife Reserve
⊗ Phon
Charoen
● Ban Phaeng
212
0 ⊗N ━━━━━ 50 km

Wanon
Niwat
● Ban Chaiburi/
Mae Nam Song Si
**NAKHON
PHANOM**
⊗ Phang Khon
⊕⊗ Nakhon ● ⊗ Tha Khaek
Phanom
22
**SAKON
NAKHON**
⊞ Sakon
Nakhon
Renu
Nakhon
212 13
Kut Bak
223
⊗ **6 Mekong**
Phu Phan
National Park
That
Phanom
Talat Klang
Huay
Huat
National Park
Dong Sang
213 Kaw
Somdet
MUKDAHAN
212
9
KALASIN
Nong Sung ⊗ Mukdahan ⊗● ⊗ Savannakhet
Phon Thong
Phra Maha
▲ Chedi Chai
Mongkhon
● Phu Pha Thoep
National Park
⊕ Roi Et
Selaphum
AMNAT CHAROEN
Loeng Nok Tha
13
Khemmarat
9 Wat Pa
Non Sawan
ROI ET
YASOTHON
212 202
Lakhon
Pheng
Suwannaphum
202 Yasothon ● Pha Tiu
▲ Ban Si Than
Amnat Charoen
214
Phra That
Kong Khao Noi
Phana
Sam Phan Bok
Ku Phra Koh Na
23
Khuang
Nai
**Pha Taem
National Park 1**
⊕ Rasi
Salai
**Ubon
Ratchathani**
Khong
Jiam
Kaeng Tanna National Park
Warin ●
Chamrap
Phibun
Mangsahan
⊗ Vangto
● Si Saket
Chom Phra
✿ Prasat
Sikhoraphum
**Kheuan
Sirinthon**
Chong
Mek
Ban Janrom
SI SAKET
Det Udom ⊗
SURIN
Sangkha
24
Buntharik ⊗
**UBON
RATCHATHANI**
Kantharalak
Khao Phra ● **RATCHATHANI**
National
Park
Phu Chong Nayoi
National Park
Kap Choeng
Chong ⊗
Sa-Ngam
Chong
Chom
Phnom
Bach
(581 m) ⊕ ✿ Khao Phra
Wihan
⊗ Chong
⊗ Chom
Ban ⊗
Kruat
⊗ Prasat
O-Smach Ta Meuan
Lahan Sai
Choam
BURIRAM
Phu Khok Yai
(753 m) ▲
Amphil
⊗ Bara Nae
Mekong

Doch die diversen Aufstände nahmen ab, als die thailändische Regierung mit beachtlicher Hilfe (und Geldern) der USA begann, in die Entwicklung der Region zu investieren, wodurch die Wirtschaft angekurbelt und die Chancen der Bevölkerung verbessert wurden. Trotz des anhaltenden Aufstiegs liegt das Pro-Kopf-Einkommen im Isaan aber noch immer bei einem Drittel des Landesdurchschnitts.

Sprache & Kultur

Der Isaan ist ein Schmelztiegel aus thailändischen, laotischen und kambodschanischen Einflüssen. Das Isaan, das hier gebräuchlicher ist als die Landessprache Thailändisch, ähnelt sehr stark dem Laotischen. Tatsächlich leben im Isaan wohl mehr Menschen laotischer Abstammung als in Laos. In vielen Dörfern im äußersten Süden ist immer noch Kambodschanisch die Muttersprache.

Im restlichen Thailand sind die hier lebenden Menschen für ihre Freundlichkeit, ihren Fleiß und ihren ausgeprägten Sinn für Humor bekannt: Wer die Radiosender durchprobiert, hört garantiert Moderatoren, die über ihre eigenen Witze lachen. Respekt und Gastfreundschaft sind ein Eckpfeiler im Alltag des Isaan, und die meisten Dorf- und Stadtbewohner sind stolz darauf, zuerst an andere als an sich selbst zu denken. Das beste Essen bekommen normalerweise Mönche und Gäste, und wenn man von Dorfbewohnern in ihr Haus eingeladen wird, werden diese vermutlich eines ihrer Hühner schlachten (Vegetarier sollten sich frühzeitig zu erkennen geben). Die Leute im Isaan sind weit weniger konservativ als die meisten anderen Thailänder, aber weil nur selten Besucher hier vorbeikommen, ziehen kurze Hosen und Spaghettiträger mehr Blicke auf sich als anderswo im Land.

Dies ist zwar die bei Weitem ärmste Region Thailands, aber Umfragen zufolge sind die Menschen im Nordosten am glücklichsten. (Das ist zur Zeit wahrscheinlich anders, denn während der politischen Umbrüche der letzten Zeit haben die Politiker, die von der Mehrheit der Einwohner im Nordosten unterstützt werden, den Kürzeren gezogen.) Die wichtigsten Gründe für die Zufriedenheit sind der starke Gemeinschaftssinn und enge Familienbande. Hinzu kommt, dass die Menschen sich hier nicht über ihren Besitz definieren. In den Dörfern kann man beim besten Willen kaum erkennen, wer reich und wer arm ist, und ein großes

Haus oder schicke Kleidung beeindrucken niemanden. Allerdings bleibt der Einfluss der modernen Kultur auf die Jugend auch hier nicht ohne Folgen. Große Auswirkungen hat auch die Tatsache, dass viele Männer aus westlichen Ländern in Thailand auf Brautschau sind, sodass auch im Isaan viele Dorffrauen und ihre Familien die Hoffnung hegen, mit einem ausländischen Ehemann einen guten Fang zu landen.

Die Musik der Region hat ihre Wurzeln in einer unverwechselbaren Volksmusiktradition, in der Musikinstrumente wie das *kaan* (ein aus Schilfrohr hergestelltes Instrument mit zwei langen Reihen aus Bambuspfeifen und einem Resonanzkörper aus Hartholz), das *bohng-lahng* (eine Art Xylofon) und das *pin* (eine kleine, dreisaitige Laute) zum Einsatz kommen. Die beliebteste Liedform ist *lôok tûng* (wörtl.: „Kinder der Felder"), die weitaus rhythmischer als die klassischen Musikstile Zentralthailands ist. Weit verbreitet ist die moderne Form *mŏ lam*, bei der auch große Shows im Las-Vegas-Stil mit Showgirls und albernen Comedy-Programmen dazugehören.

Die beste thailändische Seide stammt aus dem Nordosten. Die Baumwollstoffe aus der Region sind ebenfalls sehr begehrt, auch wenn sie in den Läden nicht so oft verkauft werden. Bei der Herstellung kommt vor allem das *mât-mèe*-Verfahren (s. Kasten S. 495) zum Einsatz, bei dem die Fäden vor dem Weben eingefärbt werden. Die meisten großen Läden haben auch ein paar mit Pflanzenfarben eingefärbte Stoffe auf Lager – eine alte Technik, die im ganzen Isaan wiederbelebt wurde. Die Stoffe bekommt man in den Weberdörfern mitunter 20 bis 30 % günstiger (weniger gängige Muster sind sogar 50 % günstiger) als in den Läden in Bangkok. Klebreis-Körbe sind ebenfalls gute Souvenirs – erhältlich auf jedem Markt.

PROVINZ NAKHON RATCHASIMA

Wenn man nur einen einzigen Tag für die Erkundung Thailands zur Verfügung hätte, dann sollte man diesen in der größten thailändischen Provinz verbringen. Die meisten Besucher kommen nach Khorat (der ursprüngliche und noch immer geläufigste Name der Provinz), um den Dschungel von Khao Yai zu erkunden. Der älteste Nationalpark Thailands gehört seit Neuestem zum

Unesco-Weltnaturerbe. Weil er so ungeheuerlich groß und trotzdem leicht zugänglich ist, kann man hier Tiere so gut beobachten wie sonst fast nirgendwo in Thailand.

Der Khao Yai ist zwar eindeutig das touristische Highlight der Provinz, aber auch Seide und Ruinen locken die Besucher. Modeinteressierte sollten die Geschäfte in Pak Thong Chai, der Heimat der Seidenweberei, abklappern, und Geschichtsfans können bei den restaurierten Ruinen von Phimai einen Einblick in die Blütezeit der Angkor-Periode erhaschen.

Die Stadt Khorat selbst hat als Reiseziel nur wenig zu bieten. Aber mit seiner guten Auswahl an Hotels und Restaurants ist sie eine gute Basis für die Isaan-Rundreise.

Nakhon Ratchasima (Khorat)

นครราชสีมา (โคราช)

215 000 EW.

Khorat ist nicht gerade reizvoll, und nur Besucher mit einer rosaroten Brille zücken ihre Kamera, wenn sie in diesem schnoddrigen Tor zum Nordosten aus dem Bus steigen. Die Gäste empfängt der typische Trubel einer aufstrebenden Stadt mit wachsendem Wohlstand. Der einstige Charme des historischen Khorat ist überwiegend im zähen Einheitsbrei urbaner Entwicklung untergegangen.

Das heutige Khorat erschließt sich einem nur langsam. Es hat einen ausgeprägten Sinn für die regionale Identität – die Leute sehen sich hier nicht als *kon i-sähn*, sondern als *kon koh-râht*. Am authentischsten sind seine ruhigeren Ecken, z. B. das östliche Viertel am historischen Festungsgraben, wo der Alltag noch seinen eigenen, vom Tourismus unberührten Gang geht.

⊙ Sehenswertes & Aktivitäten

Thao Suranari Monument DENKMAL

(อนุสาวรีย์ท้าวสุรนารี; Th Rajadamnern) Thao Suranari, liebevoll auch Ya Mo (Großmutter Mo) genannt, gilt in dieser Region als eine Art Wonderwomen. Sie war während der Herrschaft von Rama III. die Frau des Vizegouverneurs der Stadt und wurde zur Heldin, als sie 1826 erfolgreich eine Häftlingsrevolte organisierte, nachdem Chao Anou von Vientiane im Zuge seines Aufstands gegen Siam die Stadt Khorat erobert hatte. Sie soll, so die Legende, die Frauen davon überzeugt haben, die laotischen Soldaten zu verführen, damit die thailändischen Män-

ner dann in einem Überraschungsangriff die Soldaten zurückschlagen und ihre Stadt retten konnten.

Ihre Heldentaten sind wahrscheinlich ziemlich übertrieben oder gar nur erfunden (einige angesehene Gelehrte behaupten sogar, sie hätte nie existiert), um mithilfe der Legende bei den Einwohnern laotischer Abstammung in der Region eine Art thailändische Identität zu schaffen. Den Einheimischen und thailändischen Besuchern ist das jedoch egal: Sie verehren sie zutiefst und strömen in Scharen zu ihrem Denkmal, um Weihrauch zu verbrennen und Blumen und Essen als Opfergaben zu hinterlassen. Jene, deren Gebete erhört wurden, heuern Sänger an, die auf kleinen Bühnen das *pleng koh·râht* (das traditionelle Volkslied von Khorat) darbieten.

Das fotogen gelegene Denkmal steht vor dem **Chumphon-Tor**, dem einzigen im Original erhaltenen Stadttor (die anderen drei wurden erst vor Kurzem wiederaufgebaut). Das Tor gehörte zu den 1656 auf Anordnung des Ayuthaya-Königs Narai von französischen Ingenieuren errichteten Stadtmauern. Das kleine weiße Gebäude nördlich des Tors, das an die alten Festungsmauern erinnert, ist die **Suranari-Halle** (Th Chumphon; Eintritt frei; ⊙ Di–So 9–18 Uhr), ein Museum mit einem interessanten Diorama und einem noch interessanteren Relief der berühmten Schlacht.

Wat Salaloi TEMPEL

(วัดศาลาลอย; Soi 1, Th Thaosura; ⊙ tagsüber) Der interessanteste Tempel der Stadt wurde vermutlich 1827 von Thao Suranari und ihrem Mann erbaut. Die Hälfte ihrer Asche wurde hier in einem kleinen Stupa beigesetzt (die andere Hälfte befindet sich in ihrem Denkmal). Man kann also auch hier Sängergruppen anheuern, die für ihr Seelenheil ein Ständchen geben. Eine kleine Statue der Heldin sitzt betend in dem Teich vor dem preisgekrönten *bòht* (Kapelle) des Tempels. Der 1967 erbaute *bòht* erinnert an eine chinesische Dschunke und ist mit mehreren ungewöhnlichen Buddha-Abbildungen verziert. So hat er auf einem neun Gesichter; ein anderes großes, blendend weißes Bild zeigt ihn, wie er den Ozean besänftigt. Wie viele andere Gebäude ist der Tempel mit Dan-Kwian-Keramik dekoriert (s. S. 454).

Wat Phayap TEMPEL

(วัดพายัพ; Th Polsaen; ⊙ tagsüber) Als der Abt des Wat Phayap erfuhr, dass eine wunderschöne Höhle in der Provinz Saraburi durch

Nakhon Ratchasima (Khorat)

500 m

N

Th Thaosura Soi 1
Th Thaosura
Th Phonlan
Pratu Phonan
Bus nach Dan Kwian
Th Phonlan
7

Th Suranari
Mae Nam Mun
v-One (1 km)
Th Phonsaen
Th Yommarat
Th Kudan
13
18
Wat Boon
Bus nach Dan Kwian

Pratu Phonsaen
Th Chang Phuak
Th Prajak
Th Assadang
17
2
6
Lak Meuang (Stadtpfeiler)
19
Th Chainarong
Pratu Chainarong

Chang-Prueak-Schrein
Th Manat
8
Th Chomphon
20
Th Mahat Thai
Th San Prasit
Th Kamhaeng Songkhram
Th Ratchanikun

Th Polsean
Th Chakkri
Wat Bueng
Th Wacharasrit
Chum Thang

14
Th Chumphon
5
3
4
1
Th Rajadamnern
Vatmung Soi 2
15
12
16
Mae-Girmhaeng-Markt

Terminal 2 (700 m);
Touristenpolizei (800 m);
U-Bar (2 km)
Th Buring
Kleinbusse nach Pak Chong
Terminal 1
9
Th Buarong

Mall (1 km);
Bangkok Hospital (1.6 km)
Hwy 2
Th Mittaphap
Th Buring
11
Chinesischer Tempel
Th Yotha
Th Jomsurangyat

10
Th Suranaree
Th Jant
Th Phoklang
Bahnhof Khorat (1 km)

Sprengungen für einen Steinbruch zerstört werden sollte, rettete er einige Teile aus ihr. Mit den Stalaktiten, Stalagmiten und anderen unglaublichen Felsformationen schmückte er einen Raum unterhalb seiner Residenz und schuf so einen einzigartigen Schrein. Steine wurden fortan zum vorherrschenden Gestaltungselement des Tempels und werden nun auch in der gesamten Anlage zur Dekoration verwendet.

Wat Phra Narai Maharat TEMPEL
(วัดพระนารายณ์มหาราช; Th Chomphon; ⊙tagsüber) Der große Tempel ist wegen seiner drei heiligen Sandsteinskulpturen aus der Khmer-Zeit interessant. Phra Narai (Vishnu) ist die heiligste Figur, die hier freigelegt wurde. Wer sie sehen möchte, folgt den mit roten Pfeilen versehenen Schildern zurück in Richtung des speziellen **Naranya-Tempels** (⊙9–20 Uhr) in der südöstlichen Ecke der Anlage. Der *bòht* des Tempels befindet sich auf einer Insel; im Teich leben riesige Warane.

Maha Viravong National Museum MUSEUM
(พิพิธภัณฑสถานแห่งชาติมหาวีรวงศ์; Th Rajadamnern; Eintritt 50 B; ⊙Mi–So 9–16 Uhr) Die Sammlung des kaum besuchten Museums ist zwar sehr klein, aber hervorragend. Zu sehen sind uralte Töpferwaren (unbedingt auch einen Blick in die hinteren Bereiche werfen!) und eine Reihe Buddha-Figuren aus verschiedenen Epochen von der Dvaravati- bis zur Rattanakosin-Zeit.

✨ Feste & Events
Khorat explodiert förmlich beim **Thao-Suranari-Fest**, das die namensgebende Heldin feiert. Das Fest wird jedes Jahr vom 23. März bis 3. April mit Umzügen, Theateraufführungen und anderen Events auf der Rajadamnern Rd begangen.

🛏 Schlafen

Sansabai House HOTEL $
(☎0 4425 5144; www.sansabai-korat.com; 335 Th Suranaree; Zi. 270–600 B; ❈🅰🛜) Wer die einladende Lobby betritt, hält die angeschlagenen Preise vielleicht für ein Lockangebot. Doch weit gefehlt: Alle Zimmer sind hell und fröhlich und bieten gute Matratzen, Minikühlschränke und kleine Balkone.

Thai Inter Hotel HOTEL $$
(☎0 4424 7700; www.thaiinterhotel.com; 344/2 Th Yommarat; Zi. 650–750 B; ❈@🛜) Das kleine Hotel versucht, mittels seines Stilmixes hip zu sein – und schafft das auch ganz gut. Die Lobby wirkt heimelig, und die Zimmer sind gemütlich. Das Hotel hat eine gute (wenn auch nicht wirklich ruhige) Lage in der Nähe vieler guter Restaurants und Bars.

Assadang Hotel HOTEL $
(☎0 4424 2514; 315 Th Assadang; Zi. 400–500 B; ❈🛜) Es lässt sich nicht leugnen: Dieses Hotel ist ein alter Betonklotz mit kleinen Zimmern. Allerdings sorgen der zweifarbige Anstrich und die verschiedenen kleinen Dekoelemente (ganz zu schweigen vom Gepäckaufzug) für eine nette Abwechslung. Außerdem ist der Inhaber sehr freundlich.

V-One HOTEL $$$
(☎0 4434 2444; www.v-onehotelkorat.com; Th Chang Phuak; Zi. mit Frühstück 800–6780 B; ❈@ 🛜🏊) Das selbsternannte „Trendy &

Boutique Hotel" präsentiert einen knalligen Farben- und Stilmix, der das Dreisternehotel ein wenig wie ein Kinderzimmer aussehen lässt. Aber in dem Versuch, anders als alle anderen zu sein (will wirklich jemand ein Zimmer rund ums Thema Britney Spears haben?), verdient das Hotel die Note 1. Alle Zimmer haben einen Safe und andere kleine Annehmlichkeiten.

Rachaphruk Grand Hotel
HOTEL $$

(☎0 4426 1222; www.rachaphruk.com; Th Mittaphap; Zi. mit Frühstück 1200–1500 B, Suite 4500 B; ✳@🛜🏊) Das Attribut „Grand" ist etwas zu dick aufgetragen, aber dieser zehnstöckige Turm im Zentrum ist nach all den Jahren immer noch ein ordentliches Spitzenklassehotel. Die neuen Möbel von der letzten Renovierung betonen eher noch das Alter des Hotels, statt es zu kaschieren. Es gibt hier ein Fitnesscenter mit einer Sauna, drei Restaurants und viele andere Unterhaltungsoptionen. Außerdem hat man einen freien Blick auf die ganze Stadt.

Sima Thani
HOTEL $$$

(☎0 4421 3100; www.simathani.com; Th Mittaphap; Zi. mit Frühstück 1650–2925 B, Suite 4680–17 550 B; ✳@🛜🏊) Wenn das V-One vom Stil her nicht ganz das Richtige ist, kann man es mal in diesem Hotel westlich vom Zentrum probieren, das eher Luxus auf herkömmliche Art bietet.

Chaophaya Inn
HOTEL $$

(☎0 4426 0555; www.chaophayainn.com, thailändisch; Th Jomsurangyat; Zi. 500–1000 B; ✳@🛜) Das zentral gelegene Hotel mit vernünftigen Preisen ist insgesamt recht durchschnittlich, hat aber genügend Charakter, um das Gefängniszellenflair zu übertünchen, das so viele Mittelklassehotels im Isaan ziert.

Doctor's House
GASTFAMILIE $

(☎08 5632 3396; 78 Soi 4, Th Seup Siri; Zi. 200–350 B; ✳) Die fünf Gästezimmer mit Gemeinschaftsbad in dem alten Holzhaus sind einfach, aber sauber. In der Gegend gibt es viele Bars und Restaurants, aber wegen der Sperrstunde um 22 Uhr wird man sie kaum gebührend erkunden können. Gäste können hier auch Fahrräder (50 B) und Motorräder (200 B) mieten. Die Zufahrt über die kleine Straße vor den Bahngleisen ist ausgeschildert.

Sri Ratna Hotel
HOTEL $

(keine Ausschilderung in lateinischen Buchstaben; ☎0 4424 3116; 7 Th Suranaree; Zi. 180–300 B; ✳) Das Sri Ratna ist nicht so heimelig, liegt aber toll zentral. Es hat zwar das Flair einer Irrenanstalt, aber die Inhaber führen es mit Sorgfalt und der Effizienz eines Viersterneresorts.

🍴 Essen

🅛🅟 TIPP Rabieng-Pa
THAILÄNDISCH $$

(284 Th Yommarat; Gerichte 60–330 B; ⏰abends) Dies ist nicht nur das grünste Restaurant der Stadt, sondern auch das unaufdringlichste in diesem Abschnitt der Th Yommarat. Man hat den Eindruck, in einem echten Wald zu speisen. Aber nicht nur die Atmosphäre, sondern auch das Essen ist hervorragend, und dank der bebilderten Speisekarte kann man bei der Bestellung nichts falsch machen.

Wawee Coffee
CAFÉ $

(285 Th Mahat Thai; Espresso 45 B; ⏰morgens, mittags & abends; 🛜) Aus diesem Kaffeehaus kann man sich kaum losreißen: Vom Café Latte bis zum Brownie und von der Musik bis zum Dekor ist alles fast perfekt.

Wat-Boon-Nachtmarkt
THAILÄNDISCH $

(Th Chomphon; ⏰17.30–22 Uhr) Der Nachtmarkt ist perfekt für eine kulinarische Erkundungstour geeignet.

Pidaso
ITALIENISCH $$

(☎0 4424 6700; Th Mittaphap; Gerichte 120–1800 B; ⏰mittags & abends; 🛜) Wer Eleganz und gutes Essen will, ist in dem trendigen Restaurant mit offener Küche genau richtig. Vorausgesetzt, man findet den richtigen Weg. Es befindet sich 800 m nördlich des Sima Thani Hotel.

Ming Ter
VEGAN $

(Th Rajadamnern; Gerichte 30–80 B; ⏰früh & mittags; 🍴) Die Speisekarte des heimeligen Vegetarierlokals ist nur auf Thailändisch, aber weil es mit Fleischersatz zubereitete thailändische und chinesische Klassiker

---

NICHT VERSÄUMEN

PÀT MÈE KOH·RÂHT

Eine Spezialität, die man unbedingt probieren muss, ist *pàt mèe koh·râht*. Es ähnelt *pát tai*, ist aber geschmacksintensiver und wird mit einer regionalen Art von Reisnudeln (*mèe koh·râht*) zubereitet. Das Gericht ist in der Provinz Khorat weit verbreitet, sonst aber kaum zu finden.

anbietet, kann man seine Lieblingsspeisen bestellen und wird vermutlich auch verstanden. Man kann aber auch einfach auf etwas in der Buffet-Theke zeigen.

Cabbages & Condoms THAILÄNDISCH $

(Th Seup Siri; Gerichte 35–200 B; ☺mittags & abends; ☛) Das beliebte Lokal bietet eine Terrasse unter einem Blätterdach und eine Weinkarte (eine Rarität im Isaan). Viele Zeitungsausschnitte preisen die Arbeit der gemeinnützigen Population & Community Development Association, an die alle Einnahmen gehen. Gleich hinter den Bahngleisen.

Gai Yang Saang Thai NORDOSTTHAILÄNDISCH $

(keine Ausschilderung in lateinischen Buchstaben; Th Rajadamnern; 1 ganzes Freiland-Hähnchen 150 B; ☺morgens, mittags & abends) Serviert seit mehr als 40 Jahren die besten *gài yâhng* (Grillhähnchen) in Khorat.

Big Chili INTERNATIONAL, THAILÄNDISCH $$

(158/8 Th Chakkri; Gerichte 80–480 B; ☺abends; ☎) Das von Thailändern betriebene Restaurant bietet seinen überwiegend thailändischen Gästen eine große Auswahl an internationalen Speisen (Lachs-Sashimi, Lammkarree, Spinat-Lasagne, Chili Dogs, Caesar Salad und sogar mexikanisch anmutende Gerichte wie frittierte Burritos).

Anego JAPANISCH $$$

(62/1 Th Jomsurangyat; Gerichte 30–600 B; ☺abends) Beliebtes kleines Restaurant mit einer umfangreichen Speisekarte, aus der man unter unzähligen japanischen Gerichten und ein paar Seiten mit italienischer Pasta wählen kann.

🍸 Ausgehen & Unterhaltung

Khorat hat jede Menge guter Bars. Streifzüge durch die Bars empfehlen sich an der Kreuzung Th Yommarat und Th Kudan, an der Th Mahat Thai westlich der Th Manat bis östlich der Th Chainarong sowie in der Gegend Th Seup Siri bis Soi 3.

Auf den Tanzflächen der **Bar Nana** (Th Mittaphap) am Rachaphruk Grand Hotel und der 2,5 km nördlich vom Zentrum gelegenen **U-Bar** (Hwy 2) tummeln sich Studenten. Die Party beginnt gegen 22 Uhr und geht bis 2 Uhr.

Etwa einmal pro Woche gibt es im **Sima Thani Hotel** (☎0 4421 3100; Th Mittaphap) für Reisegruppen Shows mit *ʉohng·lahng* (Isaan-Musik) und Tanz, die öffentlich zugänglich sind.

Das Kino in der **Mall** (☎0 4428 8288; Th Mittaphap) zeigt ein paar Hollywoodstreifen mit englischen Untertiteln. Es gibt hier auch einen Mini-Aquapark.

🛍 Shoppen

Khorat-Nachtbasar BEKLEIDUNG

(Th Manat; ☺17–22 Uhr) Auch wenn dieser Nachtmarkt, auf dem vor allem Bekleidung verkauft wird, mit dem in Chiang Mai keinesfalls mithalten kann, lockt er doch viele junge Leute an und lohnt sich für einen kurzweiligen Bummel.

Mall EINKAUFSZENTRUM

(Th Mittaphap) Dies ist das größte und schickste Kaufhaus im Isaan. Es gibt hier auch eine kleine Filiale von Asia Books.

ℹ Praktische Informationen

Geld

Klang Plaza 2 (Th Jomsurangyat) In dem Einkaufszentrum gibt es eine Filiale der Bangkok Bank (wechselt nur Bargeld), die täglich bis 20 Uhr geöffnet ist, und im fünften Stock einen AEON-Geldautomaten.

Mall (Th Mittaphap) Die hiesigen Banken haben längere Öffnungszeiten. Außerdem gibt's hier noch einen AEON-Geldautomaten.

Internetzugang

Wer zwei oder drei Blöcke weit läuft, stößt mit Sicherheit auf ein Internetcafé. Wie die meisten anderen auch ist das **Plearnta** (Th Rajadamnern; 15 B/Std.; ☺10–24 Uhr) sehr lange geöffnet.

Notfall & Medizinische Versorgung

Bangkok Hospital (☎0 4442 9999; Th Mittaphap)

Touristenpolizei (☎0 4434 1777; Hwy 2) Gegenüber vom Busbahnhof Terminal 2.

Post

Post (Th Jomsurangyat; ☺Mo–Fr 8.30–22.30, Sa 9–12 & 16–22.30, So & Feiertage 16–22.30 Uhr) Hat ein Briefmarkenmuseum.

Touristeninformation

Einreisebehörde (☎0 4437 5138; ☺Mo–Fr 8.30–16 Uhr) Befindet sich im *têt·sà·bahn* (Rathaus) in Dan Kwian.

Tourism Authority of Thailand (TAT; ☎ 0 4421 3666; tatsima@tat.or.th; Th Mittaphap; ☺8.30–16.30 Uhr) Neben dem Sima Thani Hotel. Umfasst die Provinzen Khorat und Chaiyaphum.

ℹ An- & Weiterreise

Bus

Khorat hat zwei Busbahnhöfe: **Terminal 1** (☎ 0 4424 2899; Th Burin) im Zentrum bedient Bangkok und die Ortschaften in der Provinz

BUSSE VOM TERMINAL 2

ZIEL	PREIS (B)	DAUER (STD.)
Aranya Prathet	190	4
(Rong-Kluea-Markt)	190	4
Chaiyaphum	78–101	2½
Chiang Mai	435–653	12–13
Khon Kaen	118–230	3
Loei	263	6
Nang Rong	66–85	2
Nong Khai	210–420	6
Surin	90–157	4
Trat	324	8
Ubon Ratchathani	203–330	5–6
Vientiane (Visum vor Abfahrt notwendig)	320	6½

Khorat. Die Busse zu anderen Zielen und weitere nach Bangkok starten am **Terminal 2** (☑0 4425 6006; Hwy 2) nördlich der Innenstadt. Auf einen Bus nach Bangkok (154–250 B, 3 Std.) wartet man nie lange, weil die meisten Busse aus dem Isaan auf ihrem Weg in die Hauptstadt durch Khorat fahren.

Außerdem fahren Kleinbusse von/nach Ayuthaya (132 B, 4 Std., jede halbe Std.) und Lopburi (120 B, 3½ Std., stündl.) vom Terminal 2 und nach Pak Chong (60 B, 1 Std., alle 20 Min.) von einer Haltestelle an der Straße ganz in der Nähe von Terminal 1.

Zug

Durch den **Bahnhof Khorat** (☑0 4424 2044) fahren zwar sehr viele Züge, aber der Bus ist fast immer schneller und preiswerter. Es gibt täglich 14 Züge über Ayuthaya von/nach Bangkok (3. Kl. 100 B, 2. Kl. mit Ventilator/Klimaanlage 243/325 B, 1. Kl. Schlafwagen B. oben/unten 810/1010 B, meistens 6 Std.). Sieben Züge fahren nach Ubon Ratchathani (3. Kl. 168 B, 2. Kl. mit Ventilator/Klimaanlage 243/423 B, 5–6 Std.) und drei nach Nong Khai (3. Kl. 214 B, 2. Kl. mit Klimaanlage 368 B, 5½ Std.).

ℹ Unterwegs vor Ort

Durch die ganze Stadt fahren *sŏrng·tăa·ou* (8 B) auf festgelegten Strecken, aber selbst die Einheimischen finden sich nur schwer in dem verwirrenden System aus Zahlen und Farben zurecht. Die meisten fahren an der Kreuzung Th Suranaree und Th Rajadamnern vorbei. Also einfach dorthin gehen und herumfragen; irgendjemand wird schon helfen können. Das gelbe *sŏrng·tăa·ou* 1 mit den weiß-grünen Streifen fährt auf der Suranaree Richtung Westen und hält am Bahnhof und in der Nähe des Doctor's House (nach *tà·nŏn sèup sì rì* fragen) sowie der Touristeninformation, während das rote *sŏrng·tăa·ou* 12 an der Mall vorbeifährt. Das weiße *sŏrng·tăa·ou* 15 mit violetten Streifen und das blau-weiße *sŏrng·tăa·ou* 7 fahren nach Norden entlang der Rajadamnern zum Terminal 2 *(bor kŏr sŏr sŏrng)* – in beide kann man auch an der Th Mittaphap zusteigen.

Innerhalb der Stadt kostet ein Túk-Túk zwischen 30 und 70 B. Weniger zahlt man für ein Motorradtaxi oder ein *săhm·lór* (auch *săamláw*). Die **Taxis** (☑0 4492 8678; Grundgebühr 30 B, Bestellgebühr 20 B) sind mit Taxametern ausgestattet, scheinen aber immer voll zu sein, wenn sie auf der Straße an einem vorbeifahren.

Korat Car Rental (☑08 1877 3198; www. koratcarrental.com) ist ein lokales Unternehmen mit ausgezeichnetem Ruf. Das **Sima Thani Hotel** (S. 452) vermittelt Autos mit Fahrern, die etwas Englisch sprechen (1500 B/Tag). Die Läden an der Th Suranaree nahe dem Terminal 1 vermieten Motorräder.

Rund um Nakhon Ratchasima

DAN KWIAN ด่านเกวียน

Selbst wenn man sich nicht für Keramik interessiert, sollte man Dan Kwian besuchen. In diesem Dorf, nicht weit von Khorat entfernt, werden seit Jahrhunderten Töpferwaren hergestellt, die für ihre raue Struktur und ihre rostrote Farbe bekannt sind. Einzig das in dieser Region gewonnene Kaolin erzeugt diesen Farbton. Das meiste, was heute hergestellt und verkauft wird, ist billiger Deko-Kram (überwiegend aus Gips), aber es gibt auch ein paar hübsche moderne Tonwaren sowie gegossene Repliken antiker Khmer-Skulpturen. Südlich der unzähligen Läden, die die Straße säumen, findet man im Dorf selber (an der Schule links abbiegen) noch ein paar Familien, die mit den alten Methoden ihre Produkte herstellen, auch wenn die Formen modern sind.

Ursprünglich war der Ort ein Zwischenstopp für Händler, die mit ihren Ochsenkarren zu den Märkten im alten Khorat fuhren (*dàhn gweean* bedeutet „Ochsenkarren-Checkpoint"). Das klapprige private **Kwian-Museum** zeigt eine Reihe alter Ochsenkarren aus dem Isaan sowie ein paar landwirtschaftliche Geräte und Beispiele traditioneller Tonwaren. Der Inhaber ist zwar verstorben, aber wenn das Tor offen ist, kann man sich hier umschauen.

Busse nach Dan Kwian (14 B, 30 Min.) gibt's in Khorat in der Nähe des Südtors, am Osttor und am Terminal 2.

PAK THONG CHAI ปักธงชัย

Nachdem Jim Thompson (s. Kasten S. 89) begann, hier Seide einzukaufen, entwickelte sich das Amphoe Pak Thong Chai zu einem der berühmtesten Seidenweberzentren Thailands. Heute gibt es in dem Distrikt fast ein Dutzend Seidenfabriken, und in den Dörfern arbeiten Tausende von Familien zu Hause an ihren Webstühlen. Pak Thong Chai ist bekannt dafür, sich bei den Stoffmustern immer nach dem neuesten Trend zu richten, aber in ein paar Läden bekommt man auch traditionelle Stoffe wie *mát·mèe*, die aus anderen Provinzen stammen.

Pak Thong Chai ist eine relativ große Stadt und daher nicht annähernd so interessant wie andere Seidenzentren im Isaan, z. B. Chonnabot (S. 494) oder Ban Tha Sawang (s. Kasten S. 470). Trotzdem lohnt **Macchada** (☻8.30–17.30 Uhr) am südlichen Stadtrand einen Besuch, weil man hier den Webern bei der Arbeit zusehen kann. An der Hauptstraße ist groß das Silk Cultural Centre ausgeschildert, aber das ist seit Jahren geschlossen.

Pak Thong Chai liegt 30 km südlich von Khorat an der Rte 304. Vom Terminal 1 fahren jede halbe Stunde Busse (30 B, 1 Std.) hierher.

BAN PRASAT บ้านปราสาท

Vor rund 3000 Jahren entwickelte sich bei Ban Prasat am Ufer des Than Prasat eine primitive Ackerbaukultur, die 1500 Jahre überdauerte. Die Menschen bauten Reis an,

domestizierten Tiere, stellten farbige Töpferwaren her, webten Stoffe und schmiedeten später auch Werkzeuge aus Bronze. Die Geheimnisse dieser frühen Zivilisation kamen 1991 bei umfangreichen archäologischen Ausgrabungen ans Licht.

In drei **Ausgrabungsstätten** (Eintritt frei), die sich mitten im Dorf befinden, können nen Skelette (überwiegend Repliken) und Töpferwaren direkt am Fundort besichtigt werden. Das kleine, aber gute **Museum** (Eintritt frei; ☻8–16.30 Uhr) beherbergt noch weitere interessante Funde und veranschaulicht, wie das Leben in dem Dorf damals und heute aussah bzw. aussieht. Südlich des Museums gibt es noch eine Familie, die zu Hause der **Seidenweberei** nachgeht und dazu auch ihre eigenen Würmer züchtet und selber die Seidenfäden spinnt. Besucher dürfen gern mal vorbeischauen.

Viele Familien (ein paar davon sprechen auch Englisch) beteiligen sich an dem preisgekrönten **Gastfamilien-Programm** (☏08 1725 0791; inkl. 2 Mahlzeiten 400 B/Pers.). Sie nehmen Besucher in ihren Häusern auf und lassen sie an ihrem Tagewerk wie Korbflechten und Ackerbau teilhaben. Mindestens einen Tag im Voraus reservieren.

Ban Prasat liegt 45 km nordöstlich von Khorat abseits des Hwy 2. Die Busse (28–35 B, 45 Min.) Richtung Phimai setzen einen an der Hauptstraße ab. Von dort bringen einen Motorradtaxis mit Beiwagen zu allen Stätten (50 B/Pers. inkl. Wartezeit während des Sightseeings).

Phimai พิมาย

Mitten in der ansonsten langweiligen Kleinstadt Phimai steht eine der am besten erhaltenen Tempelanlagen aus der Khmer-Zeit in Thailand. Prasat Phimai, das stark an Angkor Wat in Kambodscha erinnert, lag einst an einer wichtigen Handelsroute zwischen der Khmer-Hauptstadt Angkor und den nördlichen Gebieten des Königreichs. Phimai ist im Rahmen eines Tagesausflugs leicht von Khorat aus zu erreichen. Wer es lieber ruhiger mag, kann aber auch hier absteigen und stattdessen eine Tagestour nach Khorat machen.

⊙ Sehenswertes

Geschichtspark Phimai HISTORISCHE STÄTTE (อุทยานประวัติศาสตร์พิมาย; ☏0 4447 1568; Th Anantajinda; Eintritt 100 B; ☻7.30–18 Uhr) Dieser Hindu-Mahayana-Buddhistentempel strahlt eine Würde aus, die er nicht nur seiner Grö-ße verdankt. Der Khmer-König Jayavarman V. (968–1001) begann im späten 10. Jh. mit dem Bau der Tempelanlage, die von seinem Nachfolger König Suriyavarman I. (1002–1049) vollendet wurde. Der Prasat Phimai wurde sorgfältig vom Fine Arts Department restauriert und ist eines der vollständigsten Baudenkmäler der Region. Vielleicht ist es Wunschdenken, aber das **Besucherzentrum** (8.30–16.30 Uhr) vermittelt den Eindruck, dass der Prasat Phimai Vorlage für das viel größere Angkor Wat gewesen sei.

Man betritt die Anlage über die kreuzför-mige **Naga-Brücke**, die symbolisch für den Weg von der Erde in den Himmel steht, und dann durch das Südtor (was ungewöhnlich ist, weil die meisten Khmer-Tempel nach Osten ausgerichtet sind) der Außenmauer, die ein Gebiet von 565 m auf 1030 m um-schließt. Ein erhöhter Gang, der früher von einem Ziegeldach bedeckt wurde, führt in das innere Heiligtum und zum 28 m hohen **Hauptschrein** aus weißem Sandstein, der mit Reliefs buddhistischer und hinduisti-scher Gottheiten bedeckt ist. In der Mitte des **Brahmathat Prang** (vor dem Haupt-schrein) steht eine Replik der Steinskulp-tur von Angkor-König Jayavarman VII. im Schneidersitz, der in dieser Haltung fast aussieht wie ein sitzender Buddha. Das Ori-ginal befindet sich im Nationalmuseum.

Die kostenlose Broschüre bietet einen guten Überblick über den Komplex. Man kann auch an einer Führung (manche Führer sprechen Englisch) teilnehmen; der Preis ist Verhandlungssache.

Nationalmuseum Phimai   MUSEUM

(พิพิธภัณฑสถานแห่งชาติพิมาย; Th Tha Songkhran; Eintritt 100 B; Mi–So 9–16 Uhr) Das Mu-seum steht am Ufer des Sa Kwan, einem Wasserbecken der Khmer aus dem 12. Jh., und beherbergt eine schöne Sammlung von Khmer-Skulpturen aus dem Prasat Phimai, darunter viele herrliche Türstürze, und weiteren Ruinenstätten aus dem un-

Phimai

teren Isaan. Es gibt auch ein paar bemerkenswerte schwarze Phimai-Töpferwaren (500 v.Chr.–500 n.Chr.) und sogar noch ältere Keramik aus dem nahen Ban Prasat.

Sai Ngam PARK

(ไทรงาม; ⊙tagsüber) Etwas östlich der Stadt findet man Thailands größten und ältesten Banyan-Feigenbaum, der mindestens 350 Jahre alt ist und sich auf einer Insel mitten in einem großen Stausee ausbreitet. Durch die vielen miteinander verbundenen Äste und knorrigen Stämmen wirkt der „Wundervolle Banyan" wie ein kleiner Wald.

Noch mehr historische Stätten

Meru Bhramathat (Th Buchayan) ist ein aus der späten Ayutthaya-Ära (18. Jh.) stammender Backstein-*chedi*. Sein Name geht auf eine Sage zurück, derzufolge an dieser Stelle König Bhramathat eingeäschert wurde.

Drei Stadttore stehen noch: Das **Pratu Chai** (Siegestor) an der Straße nach Angkor ist am besten erhalten. Der Erdhügel neben dem Tor gibt einen Eindruck davon, wie die Festungswälle, die einst die ganze Stadt umschlossen, ausgesehen haben. Diese Mauern wurden im 13. Jh. errichtet wie auch das heute als **Kuti Rusi** (Eremitenherberge) bekannte Areal, das aber wahrscheinlich ein von Jayavarman VII. errichtetes Hospital gewesen ist. Ebenfalls aus dieser Zeit stammt der **Tha Nang Sa Phom** (⊙tagsüber), eine Rampe aus Laterit, die sich heute auf dem Gelände des Fine Arts Departments befindet (hinter dem Tor gleich rechts).

✨ Feste & Events

Beim **Phimai-Fest** Mitte November lebt die Geschichte der Stadt mit kulturellen Darbietungen, Sound-&-Lightshows und Drachenbootrennen auf. Eine kleinere Version der Lichtshow gibt es von Oktober bis April immer am letzten Samstag des Monats.

🛌 Schlafen

Old Phimai Guesthouse PENSION $

(☑08 0159 5363; www.phimaigh.com; Th Chomsudasadet; B 100 B, EZ 170 B, DZ 200–370 B; ❋🖥) Das knarrende Holzhaus liegt versteckt in einer kleinen Soi und zieht viele Backpacker an, die sich hier wie zuhause fühlen. Die freundlichen Gastgeber können einem alles über Phimai erzählen und veranstalten auch preisgünstige Tagesausflüge nach Phanom Rung.

Phimai Paradise HOTEL $

(☑0 4428 7565; www.phimaiparadise.com, thailändisch; Th Samairujee; Zi. 400–600 B; ❋@🖥) Der recht neue Turm ist nicht gerade schick, hat aber die besten Zimmer in der Stadt.

Khru Pom Guesthouse PENSION $

(☑0 4447 1541; Th Anantajinda; Zi. 350–400 B; ❋@🖥) Die ruhige, makellose kleine Pension auf der hinteren Seite eines Blocks begeistert nicht gerade, enttäuscht aber auch nicht.

🍴 Essen

Die Straßenimbisse neben dem Sai Ngam versorgen die Leute zum Frühstück und Mittagessen mit einfachen thailändischen und Isaan-Gerichten wie *pàt pímai,* das dasselbe wie *pàt mèe koh râht* (s. Kasten S. 452) ist, außer dass es mit weicheren, handgemachten Nudeln zubereitet wird. Es steht auch auf den Speisekarten der meisten Restaurants in der Stadt.

Rabiang Mai THAILÄNDISCH $

(Th Samairujee; Gerichte 40–200 B; ⊙mittags & abends) Das relativ schicke Lokal ist vergleichsweise teuer, aber das Essen (vor allem thailändische, ein paar Isaan- und *fa·ràng* – westliche – Optionen) ist ganz gut.

Nachtbasar THAILÄNDISCH $

(Th Anantajinda; ⊙16–21 Uhr) Ein kleiner Markt, der aber eine große Auswahl bietet.

Phimai

❶ An- & Weiterreise

Phimai hat zwar einen Busbahnhof, aber dorthin braucht man gar nicht zu gehen, denn alle Busse auf dem Weg in die Stadt und heraus fahren am Pratu Chai, dem Uhrenturm, und dem Museum vorbei.

Vom Terminal 2 in Khorat fährt bis 22 Uhr jede halbe Stunde ein Bus nach Phimai (36–50 B, 1¼ Std.). Wer nach Norden will, steigt an der Hauptstraße in den Bus von Khorat nach Ban Talat Kae (10–13 B, 15 Min.) und sucht sich dort einen Anschluss.

❶ Unterwegs vor Ort

Phimai ist nicht allzu groß, sodass man es zu Fuß gut erkunden kann, aber wer mehr von der Stadt und ihrer näheren Umgebung (z. B. Sai Ngam) sehen will, sollte sich im **Boonsiri Guesthouse** (Th Chomsudasadet; 20/60 B pro Std./Tag) ein Fahrrad leihen.

Khao Yai National Park

อุทยานแห่งชาติเขาใหญ่

Weit oben auf der Liste der bedeutendsten Nationalparks der Welt steht der **Khao Yai** (☏08 6092 6529; Eintritt 400 B), Thailands ältestes und meistbesuchtes Schutzgebiet. Auf einer Fläche von 2168 km² beheimatet er einen der größten unberührten Monsunwälder des asiatischen Festlands – Grund genug für die Unesco, ihn (als Teil des Dong-Phayayen–Khao-Yai-Waldes) zum Weltnaturerbe zu erklären. Das zumeist Englisch sprechende Personal des **Besucherzentrums** (☺8–20 Uhr) ist sehr hilfsbereit.

Der 1351 m hohe Gipfel des Khao Rom ist die höchste Stelle des Parks, der fünf Vegetationszonen beherbergt: immergrünen Regenwald (100–400 m), halb-immergrünen Regenwald (400–900 m), Laubwald (an den Nordhängen auf 400–600 m), immergrünen Bergwald (über 1000 m) und schließlich Savanne und aufgeforsteten Wald in den Gebieten, in denen vor der Einrichtung des Nationalparks Land- und Holzwirtschaft betrieben wurde.

Etwa 200 wilde Elefanten stampfen durch den Park; daneben leben hier weitere Säugetiere wie Tiger, Leoparden, Bären, Gaure, Muntjaks, Otter, Krokodile verschiedene Gibbon- und Makakenarten sowie einige ziemlich große Pythons. Der Khao Yai ist auch die Heimat für Thailands größte Nashornvogel-Population, darunter der Doppelhornvogel (*nók gòk* oder *nók ka-haang*), der Furchenhornvogel (*nók grahm cháang;* wörtlich „Elefantenstoßzahnvo-

gel"), der Malabarhornvogel (*nók kàak*) und der Braunhornvogel (*nók ngêuak sěe nám taan).* Auf der Vogelliste des Parks findet man 315 Arten.

Khao Yai hat zwei Eingänge: Der nördliche Eingang in Richtung Provinz Nakhon Ratchasima ist aber bei weitem voller, wobei die meisten Reisenden durch die Stadt Pak Chong einreisen; der Südeingang, der sich in der Provinz Prachinburi (weitere Infos s. Kasten S. 460) befindet, liegt zwar näher an Bangkok, wird aber nicht so stark frequentiert.

❿ Sehenswertes & Aktivitäten

An der Straße durch den Park gibt es viele **Aussichtspunkte** und **Salzlecksteine** (die frühmorgens und abends oft Elefanten herbeilocken). Im Khao Yai kann man auch viele Wasserfälle entdecken: Am leichtesten erreichbar ist der kleine **Nam Tok Kong Kaew** direkt hinter dem Besucherzentrum. Der größte ist der **Nam Tok Haew Narok** im äußersten Süden des Parks (vom Parkplatz 800 m zu Fuß), bei dem das Wasser über drei Stufen insgesamt 150 m in die Tiefe stürzt. Den Preis für den schönsten Wasserfall erhält aber ist der 25 m hohe **Nam Tok Haew Suwat**, der auch eine Hauptrolle in Danny Boyles Film *The Beach* spielte. Er führt das ganze Jahr über Wasser, und man kann in dem Becken am Fuß des Wasserfalls baden. Mit dem Auto ist der Haew Suwat leicht zu erreichen, und es führen auch ein paar Wanderwege dorthin, darunter der 8 km lange, ziemlich anspruchsvolle Kong Kaew-Haew Suwat Trail (auch Trail 1 genannt), der hinter dem Besucherzentrum beginnt. Mit etwas Glück sichtet man unterwegs Gibbons und Nashornvögel und vielleicht sogar Elefanten (auf den Straßen stehen die Chancen, Elefanten zu sehen, aber besser).

Der **Aussichtspunkt Nong Phak Chi** blickt auf einen kleinen See und einen Salzleckstein und ist eine der besten Stellen im Park, um Tiere zu beobachten. Wenn man irgendwo einen Tiger sichten könnte, dann nur hier – aber dazu braucht man ganz, ganz viel Glück (das ist wie ein Sechser im Lotto). Der kürzeste Weg (1 km) zum Turm beginnt bei Kilometer 35 und führt über eine breite, gut instandgehaltene Strecke. Wer gleich noch eine Wandertour machen will, hat die Wahl zwischen dem 5,4 km langen Weg vom Besucherzentrum und dem 3 km langen Weg von Kilometer 33.

Letzterer ist am besten, wenn man unterwegs Tiere sehen möchte, und nach Meinung mancher ist er auch der beste Wanderweg zum Beobachten von Vögeln im Khao Yai. In den frühen Morgenstunden sieht man vom **Aussichtsturm Mo Sing To** am Besucherzentrum aus oft Rehe.

Für die hier beschriebenen Wanderungen ist zwar nicht unbedingt ein Führer nötig, aber die Parkverwaltung empfiehlt, trotzdem einen anzuheuern, weil die Wege (mit Ausnahme der kurzen Strecke nach Nong Phak Chi) kaum frequentiert oder nicht gut markiert sind. So manche Traveller haben sich hier schon verlaufen und mussten die Nacht im Wald verbringen. Über das Besucherzentrum kann man einen der Parkranger als Führer engagieren (Preis Verhandlungssache). Sie können einen auch bei längeren Wanderungen querfeldein begleiten (je nach Verhandlung rund 1000 B/ Tag). Bei allen Wanderungen sollte man Wanderschuhe und lange Hosen tragen. In der Regenzeit gibt es viele Blutegel – Mückenschutzmittel helfen, sie fernzuhalten.

Geführte Touren

Die meisten Hotels und Resorts rund um den Khao Yai organisieren **Touren durch den Park**. Dies ist eine tolle Art und Weise, den Park zu besuchen, denn die Führer zeigen einem Lebewesen, die man sonst nie entdecken würde. Der typische Tagesausflug (1300–2100 B/Pers.) beinhaltet ein paar einfache Wanderungen zur Tierobachtung und den Besuch des Wasserfalls Haew Suwat. Mittagessen, Snacks, Trinkwasser und in der Regenzeit auch „Blutegelsocken" (Stulpen) sind ebenfalls inbegriffen, der Parkeintritt aber nicht immer – ein Preisvergleich lohnt sich also. Bei den halbtägigen Ausflügen (300–500 B) bleibt man normalerweise außerhalb des Parks und besucht eine Höhle, schwimmt in einer Quelle und beobachtet seltene Faltlippenfledermäuse, die zu Millionen (oder auch nur zu Tausenden) in einer Berghöhle von der Decke hängen. Es gibt auch Touren speziell zur Vogelbeobachtung, zum Campen, zum Trekken usw. Das Greenleaf Guesthouse (S. 459) und die Khaoyai Garden Lodge (S. 461) bekommen für ihre Touren immer viel Lob. Das neu eröffnete **Bobby's Jungle Tours** (☏ 0 4432 8177; www.bobbysjungletourskhaoyai.com) soll ebenfalls gute Führer haben, und die Touren enden erst spätabends, sodass die Chancen, an der Parkstraße Elefanten zu sehen, viel

besser sind. Der Park selbst bietet einstündige **Abendsafaris** (☏ 08 1063 9241; 50 B/ Pers.; ⏱ 19 & 20 Uhr) an, bei denen man mit Scheinwerfern Ausschau nach Tieren hält. Manchmal sind aber so viele Fahrzeuge gleichzeitig unterwegs, dass das Erlebnis gänzlich ruiniert wird.

🛏 Schlafen

Es gibt mindestens 100 Unterkünfte an der Th Thanarat (Rte 2090), der Straße zum Park. Noch viel mehr findet man in dem nicht so angenehmen Ort Pak Chong unweit des Parkeingangs. Die Budget- und manche Mittelklasseunterkünfte bieten kostenlosen Transport zum/vom Ort, normalerweise aber nur, wenn man auch eine Tour bei ihnen bucht. Alle außer den Billigabsteigen bieten werktags und in der Nebensaison (April–Okt.) Rabatte von 10 bis 30%.

Am besten übernachtet man natürlich im Park selbst. Es gibt **Campingplätze** (mit eigenem Zelt 30 B/Pers., Zelt 2–6 Pers. 150– 400 B) und einige **Zimmer und Bungalows** (☏ 0 2562 0760; www.dnp.go.th/parkreserve; 2–8 Pers. 800–3500 B) überall im Park, oft recht weit entfernt vom Besucherzentrum.

LP TIPP **Greenleaf Guesthouse** PENSION $
(☏ 0 4436 5073; www.greenleaftour.com; Th Thanarat, km 7,5; Zi. 200–300 B; ☎) Der alteingesessene Familienbetrieb bietet im hinteren Teil des Hauses (hinter den leicht chaotischen Gemeinschaftsbereichen) erstaunlich gute Zimmer mit eigenem Bad (nur Kaltwasser). In der Hauptsaison könnte man abgewiesen werden, wenn man nicht auch gleich noch eine Tour bucht.

LP TIPP **Kirimaya** HOTEL $$$
(☏ 0 4442 6000; www.kirimaya.com; Rte 3052; Zi. mit Frühstück 10530–11700 B, Suite 20475–23400 B, Poolvilla 25895 B, Zeltvilla 38610 B; ❄@ 🛜 🏊) Dieses Luxusresort-Spa beeindruckt schon auf den ersten Blick. Hinter den Eingangstüren aus massivem Holz wird man von einem hoch aufragenden Restaurant auf Pfählen und anderen Gebäuden in thailändisch-balinesischem Stilmix empfangen, die vor einer Bergkulisse über einem mit Lotus und Schilfgras bewachsenen Teich thronen. Die stilvollen Zimmer bieten viele kleine luxuriöse Details. Auch wenn man den von Jack Nicklaus höchstpersönlich entworfenen Golfplatz nicht nutzt, ist das nur 7 km östlich vom Parkeingang gelegene Hotel zweifellos etwas ganz Besonderes. Immer nach Rabatten fragen; manchmal gibt's Sonderangebote, bei denen man

KHAO YAI DURCH DIE HINTERTÜR

Der Khao Yai verläuft als breites Band durch die Provinzen Nakhon Nayok und Prachinburi. Der für seine Wasserfälle und die guten Raftingmöglichkeiten bekannte Nationalpark wird fast ausschließlich nur von Einheimischen und am Wochenende von Bangkokern besucht. Unter der Woche ist er nahezu menschenleer.

Sehenswertes & Aktivitäten

Die Fahrt durch den südlichen Abschnitt des Khao Yai ist genauso schön wie durch den beliebteren nördlichen Abschnitt, aber es gibt hier mehr Tiere, vor allem Elefanten, die abends an der Straße entlangtrotten. Außerdem kann man die Tour durch den Südteil des Khao Yai mit einem Abstecher nach Kambodscha verbinden. Die **Palm Garden Lodge** (☏08 9989 4470) liegt in der Provinz Prachinburi, nur 12 km vom Parkeingang entfernt. Die hier angebotenen Tagesausflüge in den **Park** (bei 4 Pers. 1300 B/Pers.) sind im Großen und Ganzen die gleichen wie die Touren der in Pak Chong ansässigen Unternehmen – allerdings mit drei Unterschieden: Es gibt Touren zum Wasserfall Haew Narok (Juni–Nov., wenn er Wasser führt), man kann eine Nachtsafari machen, bevor man den Park verlässt, und Klin ist eine der wenigen weiblichen Tour-Guides im Khao Yai.

Das ebenfalls in Prachinburi, nahe dem Parkeingang gelegene **Dasada** (☏0 3723 9800; www.dasada-happiness.com; Rte 3077, km 8) zieht Pflanzen für den Verkauf in Bangkok heran und veranstaltet einmal im Monat in seinem riesigen Gewächshaus **Blumenschauen** (200 B).

Die meisten Besucher der Region zieht es in die Provinz Nakhon Nayok, wo sich der größte und bekannteste Wasserfall der Gegend befindet: Am **Nam Tok Sarika** (Rte 3050; Eintritt 200 B; ⊙8–17 Uhr) stürzt das Wasser vom Rand des Gebirges in neun Stufen 200 m in die Tiefe. Hübsch (und nicht so maßlos überteuert wie der Sarika) ist auch der **Nam Tok Nang Rong** (Rte 3049; 50 B/Auto, 10 B/Pers.; ⊙8–17 Uhr). An beiden Wasserfällen gibt s Restaurants, Picknickbereiche und Badestellen. Beide führen das ganze Jahr über Wasser; die beste Besuchszeit ist aber zwischen Mai und November. In der Nähe des Wasserfalls Nang Rong befindet sich der **Khun-Dan-Pra-Kann-Chon-Damm** (Ta-Dan-Damm), von dem aus man einen schönen Blick auf die nebelverhangenen Berge hat. An den Wochenenden fahren offene Aussichtsbusse die Leute über den Damm (20 B).

Mehrere Unternehmen, darunter auch das alteingesessene **Sarika Adventure Point** (☏08 1251 8317; www.sarikaadventurepoint.com, thailändisch; Rte 3049, km 8), veranstalten vergnügliche Rafting- und Kajaktrips auf dem Fluss Nakhon Nayok (in der Regenzeit soll es sogar Stromschnellen der Klasse III geben). Der Standardtrip (350 B/Pers.) ist 7 km lang und dauert 1½ Stunden, und man hat auch die Option, bis zur Able-

ein normales Zimmer für 4475 B und eine Poolvilla für 7450 B bekommt.

Jungle House
HOTEL $$
(☏0 4429 7183; www.junglehousehotel.com; Th Thanarat, km 19,5; Zi. 800–2200 B; ❄⊛) Die langweiligen Zimmer hauen einen nicht vom Hocker, aber von dem eigenen kleinen wild wuchernden Wald bis zu den vielen Reptilien hat das Hotel eine Dschungelatmosphäre. Man kann hier sogar auf Elefanten reiten (30 Min. 300 B).

Hotel des Artists
HOTEL $$$
(☏0 4429 7444; www.hotelartists.com; Th Thanarat, km 17; Zi. mit Frühstück 3500 B; ❄@⊛⊛) Das geschmackvolle Hotel bricht mit der üblichen Khao-Yai-Norm und punktet eher mit seinem französisch-kolonialen Chic als

mit Naturverbundenheit – obwohl einen der prächtige Blick auf die Berge nach hinten hinaus nie vergessen lässt, wo man ist.

Juldis
HOTEL $$$
(☏0 4429 7272; www.juldiskhaoyai.com; Th Thanarat, km 17; Zi. mit Frühstück 1430–4800 B, Bungalow 6000 B; ❄@⊛⊛) Das erste Luxushotel von Khao Yai geht mit der Zeit, und auch wenn die Zimmer ziemlich einfach sind, bieten sie für die Region ein tolles Preis-Leistungs-Verhältnis. Das Juldis hat auch Tennisplätze, ein Wellnesscenter und einen hübschen Garten.

Phuwanalee
HOTEL $$$
(☏0 4429 7111; www.phuwanalee.com; 700 m abseits der Th Thanarat, km 14; Zelt 4600 B, Zi. 4800–6800 B, Villa 18000 B; ❄⊛⊛) Die tolle

gestelle mit dem Mountainbike die Landstraßen entlangzufahren (600 B/Pers.). Echte Abenteurer können sich zum Abseilen (2300 B inkl. Parkgebühr) am Wasserfall Than Rattana mitnehmen lassen, wo es vier Klippen hinab geht.

Schlafen

In dem in Nakhon Nayok liegenden Gebiet gibt's ein paar Nobelresorts, aber die Unterkünfte beschränken sich überwiegend auf familienbetriebene zweckmäßige Bungalows. Zu den komfortableren gehört **Phuiyara** (☏08 7059 5115; www.phuiyara.com, thailändisch; Zi. 1350–2600 B, FZ 3200–5600 B; ❉@🖥), östlich des Damms, mit 30 großen Bungalows in einem Garten voller Bäume und Bäche. Werktags gibt's 25 % Rabatt, und man wird kostenlos an der Bushaltestelle abgeholt (anrufen oder den blauen Schildern mit Elefantenköpfen folgen).

Rund um den Parkeingang gibt es noch immer nur wenige Unterkünfte. Unser Favorit ist die alteingesessene **Palm Garden Lodge** (☏08 9989 4470; www.palmgalo.com; Zi. 400–650 B, Bungalow 1200 B; ❉@🖥), 10 km östlich vom Parktor in Ban Khon Kwang. Die sehr entspannende, einladende Lodge hat einen ruhigen Garten und anheimelnde Zimmer, die teilweise mit Ventilator, teilweise mit Klimaanlage ausgestattet sind. Man kann auch Motorräder (250 B/Tag) mieten und Touren buchen. Nicht vergessen, auch das hiesige Haustier, einen Leguan, zu begrüßen.

An- & Weiterreise

Ohne Auto hierher zu gelangen, ist kein Problem, aber hier herumzukommen, ist quasi unmöglich, wenn man nicht gerade trampt – und das ist nicht so einfach, vor allem nicht in der Woche.

Vom Siegesdenkmal in Bangkok fahren Kleinbusse zum Staudamm (100 B, 2½–3 Std., alle 20 Min.), und für weitere 10 bzw. 50 B bringt einen der Fahrer auch zum Wasserfall Nang Rong bzw. Sarika. Auf jeden Fall sollte man eine Telefonnummer dabeihaben, um sich abholen zu lassen, wenn man aus dem Bus gestiegen ist.

Alle Kleinbusse nach Kabinburi und manche nach Aranya Prathet fahren durch Ban Khon Kwang (100 B, 2 Std., alle 40 Min.) und setzen einen 50 m von der Palm Garden Lodge entfernt ab. Die Preise und Abfahrtszeiten von/nach Aranya Prathet sind die gleichen. Die Busse zwischen Aranya Prathet und dem Busbahnhof Nordost in Bangkok fahren ebenfalls durch Ban Khon Kwang. Es gibt auch fünf Züge pro Tag (26–115 B, 3 Std.) vom Bangkoker Bahnhof Hua Lamphong nach Prachinburi, von wo aus man für 150 B mit dem Túk-Túk zur Palm Garden Lodge kommt.

Lage mitten in einem Garten und die Option, im Safarizelt mit allen modernen Annehmlichkeiten wie in den normalen Zimmern zu übernachten, machen das Hotel zu einer guten, wenn auch teuren Unterkunft.

Khaoyai Garden Lodge HOTEL $
(☏0 4436 5178; www.khaoyaigardenlodgekm7. com; Th Thanarat, km 7; Zi. 250–2500 B, FZ 3000 B; ❉@🖥🏊) Das freundliche, familienbetriebene Hotel bietet in einem hübschen Garten eine Reihe verschiedener Zimmer (die billigsten wirken steril und teilen sich das Bad). Die Lodge ist etwas abgewohnt, bietet aber ein gutes Preis-Leistungs-Verhältnis. Die Restaurant-Lounge im vorderen Bereich ist ideal, um sich unter die anderen Gäste zu mischen.

 Essen

Alle im vorhergehenden Abschnitt genannten Unterkünfte servieren auch gutes Essen, und es gibt noch viel mehr Restaurants an der Th Thanarat. Im Park selbst findet man ebenfalls an allen zentralen Orten Restaurants, darunter am Besucherzentrum, an den Campingplätzen und an manchen Wasserfällen – aber selbst die an den Campingplätzen schließen gegen 18 Uhr; also im Voraus planen.

Hi Pakchong CAFÉ $
(Th Trakmayon; Espresso 25 B; ☺morgens, mittags & abends; 🖥) Wer aus irgendeinem Grund in Pak Chong Zeit verbringen muss, findet östlich vom Bahnhof dieses freundliche, mit Antiquitäten gefüllte Café.

Das Gebiet rund um Pak Chong ist ein beliebtes Ausflugsziel der Bangkoker und vielen von ihnen geht es dabei nicht um den Nationalpark. Die Straßen aus dem Norden zum Khao Yai säumen Schießstände, Maisverkaufsstände, Shoppingzentren und andere Touristenfallen für Familien, die hier das ganze Wochenende verbringen, ohne auch nur einen Gedanken an die Natur zu verschwenden.

Das bei Weitem beliebteste Ziel ist die **Farm Chokchai** (✆0 4432 8386; www. farmchokchai.com; Mittaphap Hwy, km 159; ⏰9–19 Uhr), eine Molkerei, die auf 3200 ha Cowboykitsch bietet. Zum wachsenden Imperium gehören schon ein Eiscafé, ein Steakhaus, ein Souvenirladen und ein Safari-Zeltlager (werktags/Wochenende ab 2665/3200 B pro Erw.). Bei den 2½-stündigen **Führungen** (250 B/Pers.; ⏰Di–Fr 10 & 14, Sa & So 9–15.40 Uhr alle 20 Min., Reservierung erforderlich) besucht man die Molkerei, den Streichelzoo und eine Cowboyshow.

Thailand spielt eine Vorreiterrolle bei den neuen Weinregionen. Mit mehr als einem Dutzend Weingütern hat sich die Gegend rund um den Khao Yai National Park zum Zentrum dieser immer wichtiger werdenden Branche entwickelt. Zwei der Marktführer – **PB Valley** (✆0 3622 6416; www.khaoyaiwinery.com; ⏰So–Do 8.30–20, Fr & Sa bis 22 Uhr), das seine erste Weinflasche 1998 verkorkte, und **GranMonte** (✆0 3622 7334; www.granmonte.com; ⏰9–21 Uhr), das drei Jahre später ins Spiel kam – haben ihr Weingut an der Straße zwischen Pansuk und Kudkla, der Direktverbindung von Bangkok zum Khao Yai (Ausfahrt bei km 144). Beide liegen idyllisch (22,5 bzw. 16 km vom Parkeingang entfernt) und bieten Führungen (vorab buchen), Verkostungen, Luxusunterkünfte und erstklassige Restaurants.

Der **Life Park** (Th Thanarat, km 19,5; 160–640 B/Aktivität; ⏰9–18 Uhr) im Greenery Resort ist der größte Abenteuerpark von Khao Yai. Es gibt Gokarts, Kletterwände, Paintball, Bungeejumping u. v. m.

ℹ An- & Weiterreise

Sŏrng·tăa·ou bewältigen die 30 km lange Strecke von Pak Chong über die Th Thanarat bis zum Nordeingang des Parks (40 B, 45 Min., 6–17 Uhr jede halbe Std.). Abfahrt ist vor dem 7-Eleven-Laden in der Nähe der Hirschstatue (die wie eine Giraffe aussieht). Bis zum Besucherzentrum sind es weitere 14 km – und die Wachleute weisen die Fahrer gerne an, die Leute bis dorthin zu fahren. Manche verdienen sich auch nebenbei noch etwas, indem sie Motorräder vermieten (500 B/Tag).

An der Hauptstraße in Pak Chong gibt es mehrere Motorradverleiher (300 B/24 Std.), darunter **Petch Motor** (✆08 1718 2400; 361/3 Th Mittaphap, an der Th Tesabarn 13), etwas westlich der Hirschstatue (nach den Diamanten Ausschau halten), und **Tawiyon** (keine Ausschilderung in lateinischen Buchstaben; ✆ 0 4431 1485; 734/1-4 Th Mittaphap, an der Th Tesabarn 20), etwas weiter östlich (erkennbar am Honda-Schild). Sonntags haben beide kürzere Öffnungszeiten.

Alle Busse der 2. Klasse zwischen Bangkok (108–139 B, 2½ Std.) und Khorat (60–74 B, 1 Std.) halten in Pak Chong. Der Busbahnhof für die meisten Busse von und nach Bangkok liegt westlich der Ampel an der Th Thesabarn 8. Die meisten Busse nach Khorat (und zu allen anderen Zielen im Norden und Süden) halten etwa 500 m östlich der Hirschstatue nahe *dà·l àht kàak*. Die Busse der 1. Klasse zu beiden Städten fahren gegenüber der Hirschstatue auf der anderen Seite der Autobahn ab.

Inzwischen fahren auch Kleinbusse von der Ampel zum Siegesdenkmal in Bangkok (160 B, 2½ Std., stündl.) und vom *dà·l àht kàak* nach Khorat (60 B, 1 Std., alle 20 Min.). Man kann auch gegenüber vom *dà·l àht kàak* in die von Khorat kommenden Kleinbusse nach Ayutthaya (90 B, 2½ Std.) und Lopburi (70 B, 2 Std.) einsteigen; sie halten aber nur, wenn es noch freie Sitzplätze gibt.

Nach Pak Chong kommt man auch mit dem Zug aus Bangkok und Khorat, aber mit dem Bus oder Kleinbus geht's viel schneller. Andererseits gibt es von Ayutthaya keinen direkten Bus, sodass der Zug (3. Kl. 53 B, 2. Kl. mit Ventilator/Klimaanlage 83/173 B, 2–3 Std., 13-mal tgl.) eine gute Option ist.

PROVINZ BURIRAM

Eine Erkundung der Stadt Buriram lohnt sich eigentlich nicht. Auch wenn Meuang Buriram die Provinzhauptstadt ist, noch über die Hälfte ihres alten Festungsgrabens verfügt und zudem die einzige größere Stadt in der ganzen Provinz ist, lässt sie sich touristisch nur schwer vermarkten. Die Provinz Buriram ist ein geschichtsträchtiger Ort mit jeder Menge Tradition, und mehr als 50 der insgesamt 259 Khmer-Ruinen Thailands liegen hier.

Das absolute Highlight ist Phanom Rung, eine wundervoll restaurierte Anlage, die auf dem Krater eines erloschenen Vulkans steht. Sie ist das spektakulärste Monument der Angkor in Thailand und beeindruckt auch diejenigen noch, die bereits Angkor Wat in Kambodscha gesehen haben.

Nang Rong นางรอง
20 300 EW.

Die Stadt Nang Rong ist noch öder als das 45 km weiter nördlich gelegene Buriram, eignet sich aber dank des vielfältigen Angebots an Hotels und Dienstleistungen hervorragend als Ausgangspunkt, z. B. für einen Besuch von Phanom Rung.

🛏 Schlafen & Essen

P California Inter Hostel PENSION $
LP TIPP (☎08 1808 3347; www.pcalifornianang rong.webs.com; Th Sangkakrit; Zi. 250–700 B; ❋ @🤶) Die tolle Unterkunft im Ostteil der Stadt bietet helle, hübsch dekorierte, gute Zimmer aller Preisklassen. Khun Wicha, der auch Englisch spricht und eine Fundgrube an Infos über die Gegend ist, verleiht auch Fahrräder und Motorräder (200 B/Tag) und veranstaltet Touren. Ein Motorradtaxi vom Busbahnhof kostet etwa 40 B.

Honey Inn PENSION $
(☎0 4462 2825; www.honeyinn.com; 8/1 Soi Si Kun; Zi. 250–350 B; ❋ @🤶) Die alteingesessene Pension, 1 km vom Busbahnhof entfernt, ist nicht mehr so heimelig wie früher, aber dank des neuen Anstrichs immer noch eine gute Wahl. Es gibt hier auch einen Motorradverleih und Touren. Vom Busbahnhof läuft man nach Norden, überquert die Hauptstraße und geht dann Richtung Osten, bis man das Schild sieht.

Cabbages & Condoms HOTEL $$
(☎0 4465 7145; Hwy 24; Zi. 240–1500 B; ❋ @) Das von der Population & Community Development Association betriebene Resort liegt in einem Garten und ist von mehreren kleinen Seen umgeben. Die preiswertesten Zimmer (mit Gemeinschaftsbad) sind etwas in die Jahre gekommen; in der höheren Preisklasse bekommt man geräumige Zimmer mit Steinböden, die einen angenehmen

Aufenthalt garantieren. Das Restaurant ist ausgezeichnet. Auf dem Gelände befindet sich eine Bekleidungs- und Schuhfabrik; sie wurde gegründet, um die Arbeit von der Stadt ins Dorf zu holen. Das Resort liegt 6,5 km westlich der Stadt.

Phob Suk THAILÄNDISCH $$
(Hwy 24; Gerichte 50–360 B; ⏱morgens, mittags & abends; 🤶) Die großartige Speisekarte in dem bekannten Lokal in der Nähe des Busbahnhofs präsentiert den typischen Mix aus thailändischer, chinesischer und Isaan-Küche. Wir empfehlen aber das in der ganzen Stadt berühmte *kǎh mǒo* (Schweinebraten).

🛈 An- & Weiterreise

Der **Busbahnhof** (☎0 4463 1517) von Nang Rong befindet sich im Westteil der Stadt. Nähere Infos gibt's auf S. 465.

Geschichtspark Phanom Rung อุทยานประวัติศาสตร์เขาพนมรุ้ง

Der Tempelbezirk **Phanom Rung** (Phnom Rung; ☎0 4478 2715; Eintritt 100 B, Fahrrad/Motorrad/Auto 10/20/50 B; ⏱6–18 Uhr) ist das größte und am besten restaurierte Khmer-Denkmal in Thailand. Seine Lage ist einfach unverwunderbar: Das Heiligtum thront 200 m über den Reisfeldern auf dem Gipfel eines erloschenen Vulkans (der Name ist abgeleitet von den Khmer-Wörtern für „großer Berg"). Von dort oben ist im Südosten deutlich das Dongrek-Gebirge an der kambodschanischen Grenze zu erkennen.

Der Tempel wurde zwischen dem 10. und dem 13. Jh. erbaut, der größte Teil während der Herrschaft von König Suriyavarman II. (reg. 1113–1150), als die Angkor-Architektur auf ihrem Höhepunkt war. Die Anlage ist nach Osten ausgerichtet, und viermal im Jahr scheint die Sonne durch alle 15 Eingänge des Heiligtums. Dieses besondere Schauspiel der perfekten Sonnenkonstellation ist vom 3. bis 5. April und vom 8. bis 10. September bei Sonnenaufgang sowie vom 5. bis 7. März und vom 5. bis 7. Okto-

KOMBI-TICKET

Mit dem Kombiticket für 150 B kann man Phanom Rung und Muang Tam mit einer Ermäßigung von 50 B besuchen.

VISHNU & DER KING OF POP

Die berühmteste Skulptur in Phanom Rung ist der **Narai-Bandhomsindhu-Türsturz**, ein Relief mit dem Abbild des liegenden Vishnu (auf Thailändisch „Phra Narai") aus dem hinduistischen Schöpfungsmythos. Aus seinem Nabel wächst ein Lotus, der sich zu mehreren Blüten verzweigt. Auf einer dieser Blüten sitzt der Schöpfergott Brahma. Vishnu ruht auf dem Milchozean der Ewigkeit, der hier durch eine *naga* dargestellt ist, und an seiner Seite befinden sich die Köpfe von Kala, dem Gott der Zeit und des Todes. Den Türsturz findet man über dem Osttor (dem Haupteingang) unterhalb des Shiva-Nataraja-Reliefs.

Dieses Relief ist zweifellos das schönste hier, aber es wurde aus einem anderen Grund weltberühmt. Ursache war ein 25 Jahre währender Krimi, eine Art Kampf zwischen David und Goliath. Die Geschichte begann 1965, als man entdeckte, dass der Türsturz gestohlen worden war (vermutlich war das schon ein paar Jahre früher geschehen, aber bis dahin hatte es niemand bemerkt). 1972 tauchte der Türsturz in einer Ausstellung des Art Institute of Chicago auf, und Thailand bestand auf der Rückgabe des Diebesguts. Die thailändische Rockband Carabao (S. 803), Superstars in ihrem Land, schrieb einen Song darüber mit dem Titel „Thaplang" (Türsturz), in dem die Zeile vorkommt: „Behaltet Euren Michael Jackson, aber gebt uns unseren Phra Narai zurück". 1988 kam der Phra Narai schließlich wieder nach Hause.

ber bei Sonnenuntergang zu bewundern (in Schaltjahren jeweils einen Tag früher). Zu diesen Zeiten ist der Park länger geöffnet, und während dieser Tage im April feiern die Einheimischen das **Phanom-Rung-Fest** mit uralten Brahmanen-Zeremonien und modernen Sound- und Lightshows. In dieser Zeit darf man hier auch campen.

Unterhalb des Hauptheiligtums befindet sich hinter der langen Reihe von Souvenirläden das **Informationszentrum** (⊗9–16.30 Uhr) mit Artefakten, die hier gefunden wurden, und einer Ausstellung über den Bau und die 17 Jahre lange Restaurierung der Anlage. Man bekommt hier eine kostenlose Informationsbroschüre und kann einen Führer (kostenlos, aber Trinkgeld wird erwartet) engagieren. Wer keine Lust hat, den Hang hinaufzuklettern, kann bis zum oberen Parkplatz fahren; allerdings ist dort die Broschüre nicht immer erhältlich.

Architektur

Ein bemerkenswerter Aspekt von Phanom Rung ist die **Promenade** zum Haupttor, die am besten erhaltene ihrer Art in Thailand. Sie beginnt an einem Abhang 400 m östlich des Hauptturmes und führt über drei **Terrassen** zu einer kreuzförmigen Plattform, auf dem wohl einst ein Holzpavillon stand. Rechts davon steht die steinerne **Rohng Chang Pheuak** („Halle des Weißen Elefanten"), in der die Königsfamilie vor Betreten der Tempelanlage rituell gewaschen und angekleidet wurde. Wahrscheinlich wurden

hier auch Blumengirlanden als Opfergaben im Tempel angeboten. Hinter der Plattform erstreckt sich eine 160 m lange, mit Laterit- und Sandsteinblöcken gepflasterte Promenade, die Sandsteinsäulen mit Kapitellen in Form von Lotusknospen, vermutlich aus der frühen Angkor-Zeit (1100–1180), säumen; sie endet an der ersten und größten von drei **Naga-Brücken**. Diese wird von 16 fünfköpfigen *nagas* bewacht, die im klassischen Angkor-Stil gehalten sind.

Hinter der Brücke führt eine **Treppe** hinauf zur prachtvollen Ostgalerie, die an das Hauptheiligtum anschließt. Der zentrale **ᵇrah·sàht** hat auf allen vier Seiten eine Galerie; der Eingang zu jeder dieser Galerien ist eine kleinere Version des Hauptturms. Die **Galerien** haben geschwungene Dächer und Fenster mit Scheinbalustraden. Im Inneren des Tempels verdienen die Galerien – hier vor allem die Türstürze der Säulengänge – und die **Gopura** besondere Beachtung. Die Handwerkskunst stellt einen Höhepunkt im Schaffen der Khmer dar und steht der des kambodschanischen Angkor Wat in nichts nach.

Skulpturen

Der Phanom-Rung-Komplex ist als hinduistisches Monument für Shiva erbaut worden. In den Stürzen und Giebeldreiecken, die über den Türen zu den Hauptmonumenten angebracht sind, ferner an verschiedenen anderen bedeutenden Stellen an der Außenseite des Parks kann man hervorragende Skulpturen der beiden Gottheiten Shaiva und Vaishnava bewundern. In der östlichen Säulenhalle des **mon·dòp** ist ein Nataraja (Tanzender Shiva) im späten Baphuon- oder frühen Angkor-Stil, auf dem Südeingang Überreste von Shiva und Uma auf ihrem Reitbullen Nandi zu sehen. Den Mittelpunkt des *bràh·sàht* bildet ein Shiva-Lingam (Phallus).

ℹ An- & Weiterreise

Es scheint schwierig zu sein, ohne eigenes Auto nach Phanom Rung zu gelangen, ist es aber nicht. Mit einem *sŏrng·tăa·ou* (20 B, 30 Min., jede halbe Std.) vom alten Markt (*nâh dà·làht go/uw*) am östlichen Stadtrand oder mit einem Bus Richtung Chanthaburi vom Busbahnhof gelangt man bis nach Ban Ta Pek, wo es Motorradtaxis gibt, die einen nach Phanom Rung fahren (200 B inkl. Wartezeit). Wer in Ban Ta Pek ein *sŏrng·tăa·ou* chartert, muss heftige 800 B berappen.

Wer weiter nach Ubon Ratchathani (125 B, 5 Std., stündl.), Surin (60–70 B, 2 Std., jede halbe Std.), Khorat (66–85 B, 2 Std., stündl.), Pak Chong (104–140 B, 2½ Std., stündl.) oder Bangkok (Gitjagaan Tours; 275 B, 5 Std., stündl.) fahren will oder von dort kommt, kann in Ban Tako aussteigen, eine gut ausgeschilderte Abzweigung rund 14 km östlich von Nang Rong, und dort auf einen Bus oder *sŏrng·tăa·ou* aus Nang Rong warten. Natürlich kann man auch ein Motorradtaxi (hin & zurück 300 B) bis nach Phanom Rung nehmen.

Die ganztägige Standardtour (4 Pers. 2340 B) des P California Inter Hostel (S. 463) ist eine gute Option, weil man nicht nur Phanom Rung, Muang Tam und den Wat Khao Angkhan besucht, sondern auch ein Seidenweberdorf.

Rund um Phanom Rung

PRASAT MUANG TAM ปราสาทเมืองต่ำ

Vom Phanom Rung lohnt sich der Abstecher zum nur 8 km weiter nordwestlich gelegenen **Prasat Muang Tam** (Eintritt 100 B; ⊗6–18 Uhr). Der restaurierte Tempel stammt aus dem späten 10. oder dem frühen 11. Jh. und wurde von König Jayavarman V. in Auftrag gegeben. In Bezug auf Größe, Atmosphäre und die Qualität der Restaurierung ist die „Unterstadt" nach Phanom Rung und Phimai die interessanteste Khmer-Tempelanlage im Isaan (die vierte im Bunde ist der Khao Phra Wihan).

Die ganze Anlage (früher ein Schrein Shivas) ist von Lateritmauern umgeben. Im Inneren befinden sich fünf *prangs* und vier Wasserbecken voller Lotusblumen, die jeweils von einer seltsamen fünfköpfigen

naga bewacht werden. Der Haupt-*prang* konnte nicht wiederaufgebaut werden, und die anderen, ebenfalls aus Ziegeln erbauten Türme, sind nicht annähernd so hoch und beeindruckend wie der Sandstein-*prang* in Phanom Rung. Aber auch hier finden sich ein paar herrliche Türstürze; einer zeigt Shiva und seine Gemahlin Uma auf dem heiligen Stier Nandi. Wie im Angkor Wat steht der *prang* für die fünf Gipfel des Berges Meru, den Sitz der Hindu-Götter, und der Barai Muang Tam (ein 510 m auf 1090 m großes Wasserbecken auf der gegenüberliegenden Straßenseite) für den umliegenden Ozean.

Am besten beginnt man den Rundgang in dem kleinen **Informationszentrum** (Eintritt frei; ⊗8–16.30 Uhr). Dort gibt es auch Infos zum **Gastfamilien-Programm** (☏08 1068 6898; mit 2 Mahlzeiten 300 B/Pers.) im Dorf. Übernachten kann man auch in dem etwas teureren **Tanyaporn Homestay** (☏08 7431 3741; B./Zi. 150/500 B; ✴) südwestlich der Ruinen.

Ein Abstecher von Phanom Rung nach Muang Tam kostet mit dem Motorradtaxi etwa 150 B extra.

NOCH MEHR KHMER-RUINEN

Wer sich an Ruinen von Khmer-Tempeln noch immer nicht sattgesehen hat, findet in der Gegend um Phanom Rung eine Vielzahl weniger bekannter Anlagen, die zusammen einen Eindruck von der großen Bedeutung vermitteln, welche die Region im Khmer-Reich einst hatte. Zwar sind die Tempel selbst für Geschichtsfans nicht sonderlich interessant, doch eine Fahrt durch dieses riesige Reisanbaugebiet gewährt einen tiefen Einblick in das Leben auf dem Lande – garantiert eine Erleuchtung! Leider sind viele Straßen in grauenvollem Zustand. Der Eintritt in die im Folgenden angeführten, tagsüber geöffneten Anlagen, die vom Fine Arts Department restauriert oder bis zu einem gewissen Grad stabilisiert wurden, ist kostenlos.

Kuti Reusi Nong Bua Rai liegt direkt unterhalb von Phanom Rung, und **Kuti Reusi Khok Meuang** befindet sich gleich nordwestlich von Prasat Muang Tam. Wer in diese Richtung fährt, sollte einen kurzen Blick darauf werfen.

Von **Prasat Khao Plaibat** ist nicht mehr viel übrig, doch der Weg dorthin ist abenteuerlich, und man wird mit tollen Aussichten auf den Phanom Rung und das Dongrek-Gebirge an der kambodschanischen

NORDOSTTHAILAND PROVINZEN SURIN & SI SAKET

Grenze belohnt. Der nur selten genutzte Weg beginnt am Wat Khao Plaibat, 3 km von Prasat Muang Tam entfernt. Man geht um das Tor neben der riesigen Buddhafigur herum, biegt an der *gù·dì* (Mönchsbehausung) rechts ab und schlüpft durch den Stacheldrahtzaun. Von hier aus nimmt man den Weg nach rechts, dann leicht links den Hügel hinauf und folgt den orangenen Bändern, die an den Bäumen hängen. Der Aufstieg auf den Hügel dauert normalerweise keine halbe Stunde – wenn man nicht vom Weg abkommt (was aber sehr wahrscheinlich der Fall sein wird).

Im **Prasat Khok Ngio**, der 3 km vor Pakham liegt, gibt es ein kleines Museum mit alten Töpfen und Buddhaabbildungen, die rund um den Tempel gefunden wurden. Es ist als einzige Anlage mit öffentlichen Verkehrsmitteln von Nang Rong erreichbar. Die nach Süden fahrenden Busse und *sŏrng·tăa·ou* halten bei Bedarf am Tempel.

Archäologen gehen davon aus, dass die für den Bau dieser Monumente verwendeten Steine größtenteils aus dem weitläufigen **Lan Hin Dtat Ban Kruat** (Ban-Kruat-Steinbruch) stammen, der eher wegen seiner Schönheit interessant ist als wegen seiner Geschichte. Während den Regenzeit sollte man am großen Stein am Eingang Halt machen und dem merkwürdigen Echo-Effekt lauschen, der von dem kleinen Wasserfall herrührt.

Ganz in der Nähe von Ban Kruat befinden sich die Brennöfen **Tao Sawai** und **Tao Nai Chian**, die zwischen dem 10. und dem 12. Jh. fast das ganze Khmer-Reich mit Keramikwaren versorgten. Heute sind sie kaum mehr als zwei überdachte Dreckhaufen.

Schließlich bietet sich noch ein Besuch des **Prasat Ta Meuan** (S. 470) in der Provinz Surin an. Phanom Rung liegt 55 km entfernt.

WAT KHAO ANGKHAN   วัดเขาอังคาร

Obwohl die Dvaravati-Grenzsteine aus dem 8. oder 9. Jh. dem friedvollen **Tempel** (☺ bei Tageslicht), der auf einem erloschenen Vulkan steht, ein hohes Alter bescheinigen, ist es seine moderne Bauweise, die den Wat Khao Angkhan so interessant macht. Der *bòht* und einige weitere Prachtbauten wurden erst 1982 in einem ungewöhnlichen Neo-Khmer-Stil errichtet. Die *jataka*-Malereien im *bòht* haben birmanische Künstler geschaffen (die Bildunterschriften sind in englischer Sprache). Der Wat beherbergt auch eine Pagode im chinesischen Stil und einen 29 m langen liegenden Buddha. Man hat einen fantastischen Blick auf die Berge.

Der Tempel ist sowohl von Nang Rong als auch von Phanom Rung 20 km entfernt. Es gibt keine öffentlichen Verkehrsmittel. Der Weg hin ist recht gut ausgeschildert, aber wer mit dem Auto fährt, sollte an manchen Kreuzungen nach dem Weg fragen. Ein Motorradtaxi kostet von Ban Ta Pek aus etwa 200 B, von Nang Rong aus 300 B.

PROVINZEN SURIN & SI SAKET

Die Provinzen Surin und Si Saket sind übersät mit Khmer-Ruinen aus der Angkor-Ära. Die meisten sind eher bescheiden, aber wer sich für Geschichte interessiert, für den lohnt sich ein Besuch. Andererseits ist der

Prasat Ta Meuan sehr eindrucksvoll, und der Khao Phra Wihan gehört zu den besten Sehenswürdigkeiten des Nordostens, auch wenn Kambodscha sich weigert, ihn zu renovieren. Der Einfluss der Khmer auf die Region beschränkt sich nicht nur auf die Vergangenheit, sondern ist auch gegenwärtig noch vorhanden. Mehr als ein Drittel der Bevölkerung in diesen zwei eng miteinander verbundenen Provinzen sind ethnische Khmer, und in vielen Dörfern ist Kambodschanisch die meist verwendete Sprache.

Abgesehen von den Tempeln findet man in der Provinz Surin auch noch das Elefantendorf Ban Ta Klang und ein paar berühmte Kunsthandwerkszentren. In Si Saket wiederum stehen zwei der ungewöhnlichsten Tempel Thailands. Die Hauptstädte sind nicht sonderlich interessant. Surin allerdings ist als Basislager ganz passabel.

Surin สุรินทร์

41 200 EW.

Surin macht nicht viel von sich reden, aber im November beim jährlichen Elefantenauftrieb explodiert das Leben in der Provinzhauptstadt, wenn eine riesige Elefantenmeute durch die Stadt trampelt. So viele herausgeputzte Dickhäuter auf einmal hat man bis dahin sicher noch nie gesehen!

◉ Sehenswertes & Aktivitäten

Elefantenauftrieb in Surin FEST
(Eintritt ab 80 B) Surins berühmtes Fest dauert zehn Tage lang, aber die großen Menschenmassen kommen erst am letzten Wochenende zur Hauptveranstaltung: Dann zeigen 300 Elefanten, was sie draufhaben, und stellen Schlachtszenen nach. Das Beste an dem Fest ist wohl das Elefantenbuffet am Freitag vor der großen Show. Mit einem VIP-Sitzplatz (500–1000 B) ist man nicht nur ganz nah am Ort des Geschehens, sondern bekommt auch einen englischen Kommentar und eine Schattengarantie.

Surin-Nationalmuseum MUSEUM
(พิพิธภัณฑสถานแห่งชาติสุรินทร์; ✆0 4451 3358; Th Surin-Prasat; Eintritt frei; ◷Mi–So 9–16 Uhr) Die Ausstellung in dem gut geführten Museum konzentriert sich auf die Khmer-Ruinen der Provinz und die drei in Surin lebenden Volksgruppen: Lao, Khmer und Suai, die berühmten Elefantenführer der Region. Das Museum befindet sich 4 km südlich der Stadt an der Rte 214; erreichbar mit dem rosafarbenen *sŏrng·tăa·ou* 1 (10 B) vom

Busbahnhof oder vom Uhrenturm am Obst- und Gemüsemarkt *(dà·l àht sót)* aus. Es heißt, dass in naher Zukunft ein Eintrittspreis von 100 B eingeführt werden soll.

Queen Sirikit Sericulture Center SEIDE
(ศูนย์หม่อนไหมเฉลิมพระเกียรติสมเด็จพระนางเจ้าสิริกิติ์ พระบรมราชินีนาถ (สุรินทร์); Rte 226; Eintritt frei; ◷Mo–Fr 8–16.30 Uhr) In diesem 4 km westlich der Stadt gelegenen Forschungszentrum kann man den Prozess der Seidenherstellung beobachten – von der Larve bis zum Webstuhl.

San Lak Meuang SCHREIN
(ศาลหลักเมือง; Th Lak Meuang) Surins prächtiger neuer Stadtsäulenschrein gleich westlich der Th Thansarn ist ein im Khmer-Stil erbauter *prang*, auf dessen Vorderseite eine Nachbildung des berühmten Narai-Bandhomsindhu-Türsturzes (s. Kasten S. 464) von Phanom Rung prunkt.

LemonGrass FREIWILLIGENARBEIT
(✆08 1977 5300; www.lemongrass-volunteering.com) Das gut laufende Unternehmen mit Sitz in Surin vermittelt Englischlehrer (für Kinder, Erwachsene und Mönche) und Freiwilligenjobs in der Kinderbetreuung. Das in Bangkok ansässige Starfish Ventures (S. 40) leitet ebenfalls diverse Hilfsprojekte in Surin.

☞ Geführte Touren

Saren Travel (✆0 4452 0174; 202/1-4 Th Thesaban 2; ◷Mo–Sa 8.30–17 Uhr) bietet geführte Touren (ab 1500 B/Tag) in der Provinz Surin. Selbst wenn man für einen englischsprachigen Führer extra zahlen muss, sind die Touren äußerst preiswert.

Die Touren des Pirom-Aree's House (s. unten) sind sehr teuer, aber auch gut.

🛏 Schlafen

Während des Elefantenauftriebs schnellen die Preise in die Höhe, und die Hotels sind schnell ausgebucht. Daher so früh wie möglich buchen.

Maneerote Hotel HOTEL $$
(✆0 4453 9477; www.maneerotehotel.com; Soi Poi Tunggor, Th Krungsri Nai; Zi. 400–450 B; ✽@⊛) Das Hotel westlich des Markts toppt in Sachen Preis-Leistungs-Verhältnis alle anderen – auch wenn es etwas abgelegen ist.

Pirom-Aree's House PENSION $
(✆0 4451 5140; Soi Arunee, Th Thungpo; EZ/DZ 120/200 B) Die alteingesessene, beliebte Budgetunterkunft, 1 km westlich der Stadt,

hat eine nicht gerade bequeme, aber ruhige Lage. Die einfachen Holzzimmer teilen sich das Bad, und es gibt einen schattigen Garten mit Blick auf ein Reisfeld. Aree kocht richtig gut, und Pirom ist eine der besten Infoquellen über die Region. Die Fahrt mit dem Túk-Túk vom Bahnhof kostet 50 B.

Kritsada Grand Palace
HOTEL $

(☏0 4471 3997; Th Suriyarart; Zi. 400–450 B; ✳@✿) Der blendend weiße Turm in einer ruhigen Seitenstraße hinter der *săh-lah glahng* (Provinzverwaltung) ist schwer zu finden, bietet dafür aber eine ruhige Lage im Zentrum. Die Zimmer sind eher einfach, aber preisgünstig.

Surin Majestic Hotel
HOTEL $$

(☏0 4471 3980; Th Jitrbumrung; Zi. 900–1200 B; Suite 1800–4500 B; ✳@✿✹) Surins beste Zimmer findet man neben dem Busbahnhof mitten in der Stadt. Die Zimmer sind nichts Besonderes, aber sehr gut für den Preis. Das Hotel hat außerdem viele Extras, z.B. ein Fitnesscenter.

Sang Thong Hotel
HOTEL $

(☏0 4451 2099; 279-281 Th Tanasan; Zi. 100–500 B; ✳) Das Sang Thong ist zwar eine ganz normale alternde Billigabsteige, wird aber von einer Armee aufmerksamer Angestellten mit der Präzision eines Uhrwerks geführt. Vom Bahnhof ist es nur ein kurzer Spaziergang Richtung Süden, gleich hinter dem Springbrunnen.

Ban Donmai
HOTEL $

(keine Ausschilderung in lateinischen Buchstaben; ☏08 9948 4181; Rte 226; Zi. 300–500 B; ✳) Das „Baumhaus", 3 km von der Innen-

---

> ## GRENZÜBERGANG: VON CHONG CHOM NACH O SMACH
>
> Wegen des Kasinos fahren jede Menge Minibusse (60 B, 1½ Std., alle 20 Min.) vom Busbahnhof Surin zum kambodschanischen Grenzübergang (6–18 Uhr) in Chong Chom. Visa bekommt man vor Ort (s. S. 843). Auf kambodschanischer Seite gibt's allerdings kaum Transportmöglichkeiten. Für die vierstündige Fahrt nach Siem Reap zahlt man für den Sitzplatz in einem Auto 500 B, aber wer nach 9 Uhr hier ankommt, wird vermutlich keine Mitfahrer finden und muss die 2500 B alleine berappen.

---

stadt entfernt gleich an der Autobahn, ist eine Mischung aus *Gilligans Insel* und dem schmuddeligen Keller der Großeltern. Wem das gefällt, der wird das Hotel lieben. Die reizenden Inhaber Boonyai und Nan sehen es lieber, wenn mindestens ein Tag im Voraus gebucht wird. Dafür holen sie auch die Gäste bei ihrer Ankunft kostenlos aus der Stadt ab.

✗ Essen & Ausgehen

Nachtmarkt
THAILÄNDISCH $

(Th Krungsri Nai; ⊙17–22 Uhr) Dieser gute Nachtmarkt, der einen Block südlich des Springbrunnens zu finden ist, bietet eine große Auswahl ausgezeichneter Thai- und Isaan-Gerichte, darunter natürlich auch gebratene Insekten.

Tang Lak
THAILÄNDISCH $

(Th Sirirat; Gerichte 49–219 B; ⊙mittags & abends; ✿) Das nette, kleine Lokal ist sowohl bei den Thailändern als auch bei den *fa·ràng* beliebt. Der Mix aus furnierten Möbeln und echten Antiquitäten sorgt für eine schön gemütliche Atmosphäre. Aber nicht nur das Ambiente ist prima, sondern auch das Essen. Das Lokal befindet sich nördlich des Thong Tarin Hotel am Ende der Straße.

Kit Teung
CAFÉ $

(keine Ausschilderung in lateinischen Buchstaben; Th Sanit Nikomrut; Espresso 40 B; ⊙morgens, mittags & abends; ✿) Das helle, moderne Café, gleich südöstlich vom Bahnhof, hat mit den besten Kaffee der Stadt, aber mit der tollen Auswahl an thailändischen Kuchen und Keksen übertrifft es sich selbst.

Petmanee 2
NORDOSTTHAILÄNDISCH $

(keine Ausschilderung in lateinischen Buchstaben; Th Murasart; Gerichte 20–80 B; ⊙morgens & mittags) Das einfache Lokal südlich des Ruampaet Hospital am Wat Salaloi (auf den Hähnchengrill davor achten) ist Surins berühmtester Laden für *sôm·đam* und *gài yâhng*. Auch der *súp nòr mái* (Bambussprossensalat) ist gut. Englisch sucht man hier vergebens (weder auf der Karte noch bei den Angestellten), aber das Essen ist so gut, dass es sich lohnt, sich durch die Bestellung zu stottern.

Starbeam
INTERNATIONAL, THAILÄNDISCH $$

(Th Surin Packdee; Gerichte 80–255 B; ⊙Mi-Mo morgens, mittags & abends; ✿) Das Lokal nördlich des Busbahnhofs ist einer der vielen Treffs der ortsansässigen Ausländer. Auf der umfangreichen Speisekarte stehen

auch Pizza, Frühstücks-Burrito und Grill-
käse (fast so gut wie zu Hause).

Larn Chang THAILÄNDISCH **$**
(199 Th Siphathai Saman; Gerichte 45–220 B;
☺abends) Serviert in einem alten Holzhaus
leckere und günstige Thai- und Isaan-Gerichte. Man speist mit Blick auf einen noch
bestehenden Abschnitt des alten Stadtgrabens, der wegen der allabendlich hier lust-
wandelnden Pärchen „Liebespark" (Sŭan
Rak) genannt wird. Das Essen und die Lage
sind prächtig, besonders bei Sonnenuntergang. Es ist ein längerer Spaziergang vom
Zentrum Richtung Süden zu dem auf der
Ostseite des Parks gelegenen Lokal.

Surin Chai Kit THAILÄNDISCH **$**
(keine Ausschilderung in lateinischen Buchstaben;
297 Th Tanasan; Gerichte 25–55 B; ☺früh & mittags) Das schlichte Lokal gleich rechts vom
Sang Thong Hotel tischt leckeres Frühstück
mit Spiegeleiern auf. Die Inhaber haben ein
herzliches Dauergrinsen im Gesicht und
statten die *fa·ràng*-Gäste mit einem praktischen Stadtplan aus.

Surins Nachtleben spielt sich rund um das
Thong Tarin Hotel östlich vom Busbahnhof
ab.

❶ Praktische Informationen

OTOP (Th Jitrbumrung; ☺8–17.30 Uhr) Der
Laden gegenüber der Provinzverwaltung hat
die größte Auswahl an Kunsthandwerk und eine
Touristeninformation mit allem Wissenswerten
zur Stadt.
Ruampaet Hospital (☎0 4451 3192; Th
Thesaban 1)
Surin Plaza Mall (Th Thesaban 1) Hier gibt's
mehrere Banken, die abends und am Wochenende geöffnet sind. Das Einkaufszentrum liegt
einen Block westlich vom Springbrunnen.
Tourism Authority of Thailand (TAT; ☎
0 4451 4447; tatsurin@tat.or.th; Th Thesaban 1;
☺8.30–16.30 Uhr) Gegenüber vom Ruampaet Hospital.

❶ An- & Weiterreise

Bus
Zwischen dem **Busbahnhof** (☎0 4451 1756; Th
Jitrbumrung) in Surin und Bangkok (250–320 B,
7 Std.) fahren häufig Busse. Busse der VIP-Klasse
nach Bangkok bieten **Nakhonchai Air** (☎0 4459
5151; 372 B, 6-mal tgl.) und **999 VIP** (☎0 4451
5344; 496 B, 21 Uhr). Es gibt auch Busse nach
Ubon Ratchathani (105–200 B, 3 Std., tagsüber
unregelmäßig), Roi Et (91 B, 2½ Std., stündl.),
Khorat (90–157 B, 4 Std., jede halbe Std.) und

Aranya Prathet (137–176 B, 6 Std., 3-mal tgl.).
Nach Si Saket (70 B, 1½ Std., alle halbe Std.)
kommt man am besten mit Kleinbussen.

Zug
Der **Bahnhof Surin** (☎0 4451 1295) liegt an der
Strecke zwischen Bangkok (3. Kl. 73 B, 2. Kl. mit
Ventilator/Klimaanlage 279/389 B, 1. Kl. Schlafwagen B oben/unten 946/1146 B, 7–9 Std.,
10-mal tgl.) und Ubon Ratchathani (3. Kl. 81 B,
2. Kl. mit Ventilator/Klimaanlage 122/150 B,
2–5 Std., 7-mal tgl.).

❶ Unterwegs vor Ort

Surin ist für Traveller sehr bequem, denn man
findet quasi alles, was man braucht, innerhalb
weniger Blocks rund um Busbahnhof und Bahnhof. Wer nicht laufen will, kann für eine kleine
Spritztour durch das Zentrum ein Túk-Túk (rund
40 B) oder eines der vielen preiswerteren Velotaxis nehmen.

Das Pirom-Aree's House und Saren Travel
vermieten Autos.

Rund um Surin

BAN TA KLANG บ้านตากลาง
Wer nicht gerade während der großen Festivitäten hier ist, kann die Elefanten von
Surin auch im **Elephant Study Centre** (☎
0 4414 5050; Eintritt 100 B; ☺8.30–16.30 Uhr)
im Suai-Dorf Ban Ta Klang sehen, wo Menschen und Dickhäuter Seit an Seit leben.
Die Hauptattraktion hier ist die einstündige **Talentshow** (☺10 & 14 Uhr), bei der die
grauen Riesen malen, Basketball spielen
und noch viele andere Kunststücke zeigen.
Nach der Nachmittagsvorführung kann
man die Stars der Show beim Bad im 2 km
entfernten Fluss beobachten. Es gibt auch
ein kleines **Museum** über die Elefanten und
die Elefantenausbildung, ein **Gastfamilien-
Programm** (200 B/Pers.), und man kann
auch auf **Elefanten reiten** (200 B/20 Min.).
Am Visakha-Bucha-Tag (normalerweise im
Mai) feiern alle Suai-Dörfer in der Gegend
mit einem **Umzug bunt bemalter Elefanten** die Ordination der Mönchsnovizen.

Im Rahmen des **Surin Projects** (☎08
4482 1210; www.surinproject.org; 12 000 B) kann
man einige Zeit mit den Elefanten von Ban
Ta Klang verbringen. Der sechstägige Aufenthalt wird von der Elephant Nature Foundation organisiert, die mit ihrer Arbeit die
Lebensbedingungen der Elefanten verbessern und den Besitzern ein geregeltes Einkommen verschaffen will, damit diese nicht
mehr auf der Straße betteln müssen. Man

arbeitet u. a. mit den Mahouts zusammen, kümmert sich um die Elefanten und baut Gehege für sie (damit sie nicht angekettet werden müssen). Wenn Platz ist, kann man auch nur einen Tag hier arbeiten (1000 B).

Vom Busbahnhof Surin fahren *sŏrng·tăa·ou* (50 B, 2 Std., stündl.) hierher; der letzte zurück startet um 16 Uhr. Wer mit dem Auto kommt, fährt 40 km die Rte 214 nach Norden und folgt dann den Schildern mit den Elefanten – weitere 22 km entlang der Rte 3027.

KUNSTHANDWERKERDÖRFER

Nicht weit von Surin entfernt gibt es viele Seidenweberdörfer. Die besonderen Stoffe der Provinz – vor allem *pâh hohl* (ähnlich wie *mát·mèe*) – lassen Khmer-Einflüsse erkennen. Für ihre Herstellung werden häufig nur Naturfarben verwendet. Die Seidenstoffe aus Surin sind in anderen Teilen Thailands nur schwer erhältlich. Hier vor Ort bekommt man sie oft um die 30 % billiger.

Das berühmteste Seidenweberzentrum ist **Ban Tha Sawang**.

Die benachbarten Dörfer **Ban Khwao Sinarin** und **Ban Chok** liegen 18 km nördlich von Surin (über die Rte 214 und die Rte 3036) und sind für ihre Seiden- bzw. Silberprodukte bekannt, obwohl man heute beides in beiden Dörfern bekommt. Zu den Besonderheiten gehört die Brokatseide *yók dòrk*, die zwar viel einfacher ist als die von Ban Tha Sawang, trotzdem aber noch einen Webstuhl mit 45 Fußpedalen erfordert. Bei Khun Manee, dem Besitzer des **Phra Dab Suk** (☏ 08 9865 8720) an der Hauptstraße, kann man zusehen, wie Seide gewebt wird (Preis Verhandlungssache); ihm ist es lieber, wenn die Besucher sich vorher anmelden. Zu den herausragenden Silberwaren gehört das *'brà keuam*, eine Silberkette im kambodschanischen Stil, die vor vielen Jahrhunderten die Vorfahren der Einwohner von Ban Chok mit nach Thailand brachten. Die **Ban Choke Silverware Handicraft Group** (Glùm Hát·tà·gaam Krêung Ngern Bâhn Chôhk; ☏ 08 1309 4352), südlich der Polizeiwache abseits der Hauptstraße, stellt einzigartigen Silberschmuck her. Die großen, blauen *sŏrng·tăa·ou* nach Ban Khwao Sinarin (25 B, 1½ Std., stündl.) halten an einer namenlosen kleinen Straße zwischen dem Springbrunnen und dem Bahnhof – nach den Osram-Schildern Ausschau halten.

Die Einwohner von **Ban Buthom** (14 km außerhalb von Surin an der Rte 226 Richtung Sikhoraphum) flechten robuste, unbehandelte Rattankörbe. Die flachen passen in jeden Rucksack.

PRASAT TA MEUAN   ปราสาทตาเมือน

Die stimmungsvollsten Khmer-Ruinen in der Provinz Surin sind drei Stätten an der kambodschanischen Grenze, die unter dem Namen **Prasat Ta Meuan** (Eintritt frei; ☺ bei Tageslicht) zusammengefasst werden und an der alten Route zwischen Angkor Wat und Phimai liegen.

Die erste Anlage, der eigentliche **Prasat Ta Meuan**, wurde zur Zeit Jayavarman VII. (1181–1210) als Raststätte für Pilger erbaut. Es ist ein recht kleiner Tempel mit einem aus Laterit-Steinblöcken bestehenden Heiligtum, das mit zwei Türen und zehn Fenstern ausgestattet ist. Nur ein Sandstein-Türsturz ist noch erhalten.

Nur 300 m weiter südlich befindet sich der etwas größere und ebenfalls von Jayavarman VII. erbaute **Prasat Ta Meuan Toht**, der als Andachtsstätte eines Hospitals diente. Die Ruinen umfassen eine *gopura,* einen *mon·dòp* und einen Haupt-*prang*, die von einer Lateritmauer umgeben sind.

Knapp 1 km weiter findet man neben dem Armeestützpunkt am Ende der Straße den größten der drei Tempel, den **Prasat Ta Meuan Thom**. Der Shiva-Schrein ist fast zwei Jahrhunderte älter als die anderen. Trotz der etwas willkürlichen Restaurierung lohnt sich die teils beschwerliche Anreise hier am ehesten. Die drei *prangs* und eine große Halle wurden aus Sandsteinblöcken auf einem Lateritfundament errichtet. Innerhalb der Mauer stehen noch einige kleinere Gebäude. Der Haupt-*prang* ist reich mit Reliefs verziert; die schönsten wurden aber von den Roten Khmer, die das Gebiet in den 1980er-Jahren besetzt hatten, entfernt und an skrupellose thailändische Händler verkauft. Eine Treppe auf der Südseite der Anlage führt hinunter auf kambodschanisches Gebiet. In dem dichten Dschungel rund um die Anlage gibt es noch immer Landminen und nicht detonierte Handgranaten – auf die „Danger"-Schilder achten!

Die Anlagen beginnen 10,3 km südlich von Ban Ta Miang (an der Rte 224, 23 km östlich von Ban Kruat) und sind über eine kurvige Straße zu erreichen, auf der mehr Kühe als Autos unterwegs sind. Man braucht ein eigenes Fahrzeug, und der Besuch von Phanom Rung (S. 463) aus ist genauso bequem wie von Surin aus. Von Zeit zu Zeit wird die Gegend wegen Grenzstreitig-

Chansoma (☉8–17 Uhr) hat aus dem Nest Ban Tha Sawang eines der bekanntesten Seidenweberdörfer Thailands gemacht. Die Seidenmanufaktur fertigt wertvolle Brokatstoffe *(pâh yók torng)*, in die echte Silber- und Goldfäden eingewoben werden. Fast noch eindrucksvoller als die Stoffe ist aber ihr Herstellungsprozess. Vier (manchmal fünf) Frauen arbeiten gleichzeitig an einem Webstuhl, und eine weitere sitzt auf dem Boden unter ihnen; zusammen arbeiten sie an mehr als 1000 Litzen. Kein Wunder also, dass sie gerade einmal ein paar Zentimeter am Tag schaffen.

Viele der fertigen Stoffe sind für den königlichen Hof bestimmt, aber wer es sich leisten kann, 30 000 B pro Meter zu zahlen, bekommt hier einen nach Kundenwünschen hergestellten Stoff. Rund um Chansoma gibt's einige andere Läden, die konventionellere Seidenstoffe an die vielen thailändischen Touristen verkaufen. Das Dorf befindet sich 8 km westlich von Surin an der Rte 4026. Auf eigene Faust ist es aber nicht so leicht zu finden, denn Schilder auf Englisch findet man nur sporadisch. Regelmäßig fahren *sŏrng·tăa·ou* (15 B, 20 Min.) vom Markt in Surin; ein Túk-Túk kostet zwischen 150 und 200 B.

keiten gesperrt – bevor man also hier rausfährt, sollte man die Lage checken.

NOCH MEHR KHMER-TEMPELRUINEN

Im Süden der Provinz Surin gibt's mehrere unbedeutendere Khmer-Ruinen. Der aus dem 11. Jh. stammende **Prasat Ban Phluang** (Eintritt 50 B; ☉7–18 Uhr) liegt 33 km südlich von Surin. Es handelt sich um einen einzigen Sandstein-*prang* ohne Spitze. Der Besuch lohnt sich aber wegen der wunderschönen Reliefs, u.a. eines am Türsturz über dem Eingang, das den Hindu-Gott Indra auf seinem Elefanten Airavata (auf Thailändisch Erawan) zeigt. Die Ruine liegt 600 m abseits der Rte 214; die Ausfahrt befindet sich 2,5 km südlich des Hwy 24. Alle Fahrzeuge Richtung Kap Choeng oder zur Grenze können einen in der Nähe absetzen (25 B, 30 Min.).

Der **Prasat Sikhoraphum** (Eintritt 50 B; ☉7.30–18 Uhr), 30 km nordöstlich der Stadt, ist größer. Der lohnende Khmer-Tempel wurde im 12. Jh. erbaut und hat fünf Backstein-*prangs*, von denen zwei noch ihre Spitze haben, darunter auch der 32 m hohe Hauptturm. Es ist nur noch ein Türsturz erhalten, aber der ist ein Knaller: Das Relief zeigt den tanzenden, zehnarmigen Shiva und ist noch in einem nahezu makellosen Zustand – eines der schönsten Fundstücke der Khmer-Kunst. Darunter befinden sich die zwei einzigen Apsara-Reliefs (göttliche Tänzerinnen) in Thailand. Während des Elefantenauftriebs findet hier eine Sound- und Lightshow statt. Von Surin aus fahren Busse (25–30 B, 1 Std., stündl.) und Züge (7–50 B, 30 Min.).

Wer mit dem Auto nach Sikhoraphum fährt, sollte einen Abstecher zum 400 m von der Rte 226 entfernten **Prasat Muang Thi** (Eintritt frei; ☉tagsüber) machen. Die drei noch erhaltenen Backstein-*prangs* sind in schrecklicher Verfassung (einer sieht aus, als könnte er gleich einstürzen), aber sie sind so klein, dass sie richtig niedlich wirken.

Der **Prasat Phumpon** (Eintritt frei; ☉tagsüber) ist ein Vishnu-Schrein, der noch vor der Angkor-Zeit entstand. Er stammt aus dem 7. oder 8. Jh. und ist damit der älteste Khmer-*brah·sàht* in Thailand. Das ist aber auch das einzig Bemerkenswerte an dem enttäuschend unscheinbaren Backstein-*prang*. Er befindet sich 9 km südlich vom Hwy 24 im Amphoe Sangkha; an der Straßengabelung nach rechts durchs Dorf fahren.

Si Saket
ศรีสะเกษ

42 800 EW.

Im langweiligen Si Saket gibt's nicht viel zu tun, aber wer zum Khao Phra Wihan fährt, kommt vermutlich hier durch. Mittelpunkt der Stadt ist der Bahnhof. Der Busbahnhof liegt ca. 2 km südlich an der Th Kuang Heng; das Geschäftsviertel liegt dazwischen.

Die Angestellten der **Touristeninformation** (☎0 4561 1283; Ecke Th Lak Muang & Th Thepa; ☉Mo–Fr 8.30–16.30 Uhr) schwärmen von ihrer Provinz, auch wenn es da nicht viel zu bewerben gibt.

⦿ Sehenswertes

Tak Khun Ampai Panich HISTORISCHES GEBÄUDE (บ้านขุนอำไพพาณิชย์; Th Ubon; ☉9–19 Uhr) Die wichtigste Sehenswürdigkeit der Stadt ist dieses restaurierte Ladenhaus, das 1925 mit Holz und Stuck im chinesischen Stil erbaut wurde. Heute ist hier ein OTOP-Laden untergebracht, der Seide und Kunsthandwerk aus der Region verkauft. Im Obergeschoss befindet sich ein kleines **Museum** (Eintritt frei; ⊘9–15 Uhr) mit ein paar Antiquitäten. Zehn Gehminuten südöstlich vom Bahnhof.

Sisaket Aquarium
AQUARIUM

(ศูนย์แสดงพันธุ์สัตว์น้ำเทศบาลเมืองศรีสะเกษ; Bypass Rd; Eintritt 30 B; ⊘Di–So 10–16 Uhr) Das neue Aquarium ist der ganze Stolz von Si Saket. Es gibt Süßwasser- und Meeresfische aus ganz Thailand und zwei Unterwassertunnel.

Schlafen & Essen

Wer knausrig ist, findet nördlich vom Bahnhof mehrere Absteigen, aber außer dem Preis gibt's nichts, was für sie spricht.

Boonsiri Boutique Hotel
HOTEL $

(☑08 1958 9915; www.boonsiriboutiquehotel.com, thailändisch; Th Wichit Nakorn; Zi. mit Frühstück 480–560 B; ✵⭑) Eines der vielen glänzenden neuen Hotels in Si Saket, aber das einzige im Zentrum. Es liegt östlich des Bahnhofs und ist unverkennbar mit seinem rosafarbenen Puppenstubenflair in der Lobby. Die Zimmer sind geschmackvoller.

Nachtmarkt
THAILÄNDISCH $

(Th Ratchakan Rotfai 3; ⊘16–23 Uhr) In dem großen Markt südlich des Bahnhofs gibt's eine Menge kulinarischer Köstlichkeiten.

ⓘ An- & Weiterreise

Vom **Busbahnhof Si Saket** (☑0 4561 2500) fahren oft Busse nach Bangkok (310–394 B, 8½ Std.), darunter die VIP-Busse von **Nakhonchai Air** (☑0 4561 3191) um 9.15, 21.15 und 21.30 Uhr (470 B). Es gibt zwei Unternehmen, die von ihren Büros an der Th Si Saket, gleich nördlich des Bahnhofs, morgens und abends Busse auf die Reise schicken. Nach Ubon Ratchathani (50 B, 1 Std., stündl.) und Surin (70 B, 1½ Std., alle 30 Min.) nimmt man besser einen Kleinbus als einen Bus.

Am **Bahnhof Si Saket** (☑0 4561 1525) starten täglich acht Züge nach Bangkok (3. Kl. 237 B, 2. Kl. Ventilator/Klimaanlage 311/461 B, 1. Kl. Schlafwagen B oben/1146 B, 8–11 Std.) und sieben nach Ubon Ratchathani (3. Kl. 13 B, 2. Kl. Ventilator/Klimaanlage 29/50 B, 1 Std.).

Rund um Si Saket

KHAO PHRA WIHAN
NATIONAL PARK
อุทยานแห่งชาติเขาพระวิหาร

Die wichtigste Sehenswürdigkeit des 130 km² großen **Nationalparks** (☑0 4581 8021; Eintritt 200 B, Fahrrad/Motorrad/Auto 10/20/30 B) ist der **Khao Phra Wihan** (auf Khmer: Preah Vihear), eines der bedeutenden Monumente der Angkor-Zeit in der Region. Eigentlich befindet sich die Anlage bereits auf kambodschanischem Boden, wird aber meistens von Thailand aus besucht. Die große Tempelanlage thront 500 m über dem Flachland von Kambodscha und gefährlich nah am Rand einer Felswand im Dongrek-Gebirge und bietet einen atemberaubenden Blick auf Ruinen und eine traumhafte Landschaft. Der Weg zum Tempel führt über eine Reihe steiler, mit *nagas* besetzter Stufen.

Aufgrund einer schlecht gezeichneten französischen Landkarte (die jahrzehntelang von Thailand nicht in Frage gestellt wurde) erhoben beide Länder Anspruch auf den Tempel. Schließlich sprach der Internationale Gerichtshof 1962 den Tempel Kambodscha zu. Thailands verletzter Stolz ist nie verheilt. Als Kambodscha im Juni 2008 bei der Unesco den Weltkulturerbe-Status für den Komplex beantragte, entflammte zwischen beiden Ländern ein Grenzstreit um die 4,6 km² große Fläche vor dem Tempel. Seither kam es immer wieder zu Zusammenstößen der Armeen beider Staaten, die auch Menschenleben kosteten. Bei Thailands ultra-nationalistischen „Gelbhemden" ist das Thema inzwischen zu einer Cause célèbre geworden. Die Lage hat sich noch immer nicht entspannt, weshalb der Park derzeit geschlossen ist.

Bis man den Tempel wieder besichtigen kann, wird es vermutlich noch ein paar Jahre dauern (früher kassierten die Kambodschaner 200 B Eintritt und die Thais 5 B für den Grenzübergang), aber es könnte auch sein, dass der Park früher wieder geöffnet wird. Sehr schön ist der Felsen **Pha Mo-E-Daeng**, der einen herrlichen Blick auf

---

GRENZÜBERGANG: VON CHONG SA-NGAM NACH CHOAM

Obwohl die Straße nach Siem Reap in ausgezeichnetem Zustand ist, wird dieser Grenzübergang zwischen Thailand und Kambodscha von Touristen nur wenig genutzt, weil es nicht für die ganze Strecke öffentliche Verkehrsmittel gibt. Hier sind auch Visa erhältlich (Details s. S. 843).

den Tempel gewährt und mit dem ältesten Flachrelief Thailands verziert ist. Das mehr als 1000 Jahre alte Relief zeigt drei Figuren, die unter einem grob herausgemeißelten Schwein (welches Vishnu sein könnte) sitzen. Die Identität der Figuren gibt Archäologen und Kunsthistorikern gleichermaßen Rätsel auf. Obwohl sie prinzipiell wie Götter, Engel oder Könige wirken, entspricht ihre Ikonographie keiner der bekannten Figuren der Thai-, Mon- oder Khmer-Mythologie. In der Nähe findet man den Wasserfall **Nam Tok Khun Sri**, der nur von Juni bis Oktober Wasser führt und sich über eine Höhle von der Größe eines Orchestergrabens ergießt.

Achtung: In der Gegend gibt es Landminen, die teilweise während der letzten Grenzstreitigkeiten ausgelegt wurden, teilweise aber auch noch aus der Zeit der Roten Khmer stammen! Deshalb unbedingt alle Totenkopfschilder beachten und immer auf den Wegen bleiben!

🛏 Schlafen

Im Park gibt's vier **Bungalows** (📞0 2562 0760; www.dnp.go.th/parkreserve; 6 Pers. 1000–2000 B; ❄) und einen **Campingplatz** (mit eigenem Zelt 30 B/Pers., Zelt 2–10 Pers. 150–600 B). Kantharalak ist der am nächsten gelegene Ort mit Übernachtungsmöglichkeiten; dort findet man mehrere einfache, aber ordentliche Unterkünfte, darunter das **SB Hotel** (📞0 4566 3103; Th Anan Ta Pak Dee; Zi. 250–500 B; ❄@🖐) mitten im Ort.

ℹ An- & Weiterreise

Zuerst fährt man mit dem Bus von Si Saket (45 B, 1¾ Std., jede halbe Std.) oder Ubon Ratchathani (50 B, 1½ Std., jede halbe Std.) nach Kantharalak (Busse nach Kantharalak gibt's auch aus den Ortschaften im Westen entlang des Hwy 24) und nimmt von dort ein *sŏrng·tǎa·ou* nach Phum Saron (35 B, 40 Min., jede halbe Std.). In Phum Saron muss man bis zum Park ein Motorradtaxi anheuern (hin & zurück rund 200 B inkl. ein paar Std. Wartezeit). Ein Truck kostet mindestens das Doppelte.

NOCH MEHR KHMER-RUINEN

Der **Prasat Sa Kamphaeng Yai** (Eintritt frei; ☺bei Tageslicht) liegt 30 km westlich von Si Saket im Amphoe Uthumphon Phisai (zu erreichen über die Rte 226). Erbaut als Shiva-Schrein, besitzt er vier *prangs* aus dem 11. Jh. und zwei *wí-hǎhns*. Den *prangs* – auch dem ursprünglich aus Sandstein erbauten, später aber mit Backsteinen restaurierten Hauptturm – fehlen die Spitzen,

aber mehrere Türstürze und andere Reliefs im Baphuon-Stil sind noch erhalten. Hinter den modernen Tempelbauten stehen ein paar amüsante Statuen, die zeigen, welche Strafen man für diverse Missetaten im Leben in der buddhistischen Version der Hölle zu erwarten hat. Wer z. B. die Eltern schlägt, wird riesige Hände bekommen. Die Busse aus Si Saket (20 B, 30 Min.) und Surin (55 B, 1½ Std.) können einen in der Nähe absetzen.

Richtung Kamphaeng Yai, 8 km westlich von Si Saket, steht an der Nordseite der Hauptstraße ein Tempel ohne englischsprachiges Schild. Dort findet man den noch bescheideneren und vollkommen schmucklosen **Prasat Sa Kamphaeng Noi** (Eintritt frei; ☺bei Tageslicht). Wie viele andere Khmer-Ruinen in der Gegend wurde er vom Angkor-König Jayavarman VII. als Hospital erbaut.

TEMPEL

Der offizielle Name des Tempels lautet zwar Wat Pa Maha Chedi Kaeo, doch mittlerweile nennen ihn alle nur **Wat Lan Khuat** (☺bei Tageslicht), „Tempel der Millionen Flaschen". 1982 träumte der Abt des Tempels von einem *brah·sàht* im Himmel, der vollständig aus Diamanten und Edelsteinen bestand. Er deutete den Traum als Symbol dafür, dass man dem Leben einen klaren Sinn geben müsse. Er entschloss sich, seinen Traum, so gut es auf Erden eben ging, umzusetzen und bedeckte fast alle Oberflächen aller Gebäude seines Tempels mit Glasflaschen. Das Projekt, so glaubte er, würde in vielerlei Hinsicht von Nutzen sein: Es würde die Zusammenarbeit mit der Gemeinde festigen, auch jüngere Leute zum Tempel locken und nicht zuletzt eine Menge Geld für Wandfarbe sparen. Je genauer man sich umsieht, umso passender erscheint einem der Name. Der Abt ging sogar noch einen Schritt weiter und nutzte Kronkorken für einen großen Teil der Verzierung. Das Kunstwerk ist in Khun Han, 11 km südlich des Hwy 24 entlang der Rte 2111 zu besichtigen; am Kreisverkehr im Ortszentrum nach Westen abbiegen.

Auch der **Wat Phra That Rueang Rong** (☺bei Tageslicht) ist ungewöhnlich. Einer der vorherigen Äbte beklagte den Verlust alter Brauchtümer und baute daraufhin einen *bòht*, der aussehen sollte wie ein von zwei riesigen Bullen gezogener Ochsenkarren. Er errichtete zudem ein **Museum** (Eintritt frei; ☺7.30–17.30 Uhr), das alte Werkzeuge, Musikinstrumente und andere Gegenstände der vier in der Provinz ansässigen Volksgruppen

(Lao, Khmer, Suai und Yer) zeigt. Die Betonstatuen von Menschen und überdimensional großen Tieren auf dem Anwesen geben Lektionen fürs Leben. Der Wát liegt 7 km nördlich vom Ort; die *sŏrng·tăa·ou* 2 (10 B, 20 Min.) vor dem Bahnhof fahren hierher.

PROVINZ UBON RATCHATHANI

Die in ganz Thailand für ihre Waldtempel bekannte, abwechslungsreiche Provinz liegt im von Dschungel bedeckten Länderdreieck Thailand–Laos–Kambodscha. Um das touristische Image aufzubessern, verpasste die nationale Tourismusbehörde (TAT) den südlichen Teilen der Region den Titel „Smaragddreieck", der einerseits die herrlich grünen Landschaften betonen und anderseits eine Parallele zum „Goldenen Dreieck" in Thailands Norden ziehen soll. Obwohl die Region dem rüstigen Wanderer viel zu bieten hat, blieb die erhoffte Besucherwelle aus.

Die Nationalparks Phu Chong Nayoi und Pha Taem gehören zu den abgelegensten im Land. Ubon ist eine der nettesten Städte der Region.

Ubon Ratchathani อุบลราชธานี

115 000 EW.

Wer den unvermeidlichen Stau auf den Zufahrtsstraßen überstanden hat, dem zeigt sich die „Königliche Stadt der Lotusblüte" von ihrer schöneren Seite. An den Mae Nam Mun, den zweitgrößten Fluss Thailands, schmiegt sich das historische Zentrum, in dem es so träge zugeht wie sonst kaum in den großen Ballungszentren der Region. Es gibt hier so viele interessante Tempel, dass selbst Tempelmuffel begeistert sein werden. Nur wenige Städte in Thailand belohnen zielloses Umherstreunen so reich wie Ubon.

Ubon kam im Vietnamkrieg als Stützpunkt der US-Luftwaffe zu Wohlstand und hat sich inzwischen zu einem Zentrum der Finanzwirtschaft, der Bildung und der Landwirtschaft gemausert. Und der nahe Grenzübergang zwischen Thailand und Laos in Chong Mek sorgt für einen kleinen, aber steten Zustrom an Travellern.

⊙ Sehenswertes & Aktivitäten

Wat Thung Si Meuang   TEMPEL
(วัดทุ่งศรีเมือง; Th Luang; ⊙bei Tageslicht) Der unter der Herrschaft von Rama III. (1824–

1851) erbaute Tempel beherbergt eine in ausgezeichnetem Zustand erhaltene klassische *hŏr đrai* (Tripitaka-Halle). Wie viele andere *hŏr đrai* steht auch diese zum Schutz der kostbaren Schriften (auf Palmenblättern) vor Termiten auf hohen, angeschrägten Stelzen mitten in einem Teich. Sie steht offen, sodass man einen Blick ins Innere werfen kann. Die 200 Jahre alten Wandmalereien in dem kleinen *bòht* neben der *hŏr đrai* zeigen das Leben zu jener Zeit.

Ubon-Ratchathani-National-museum   MUSEUM
(พิพิธภัณฑสถานแห่งชาติอุบลราชธานี; Th Kheuan Thani; Eintritt 100 B; ⊙Mi–So 9–16 Uhr) Dieses informative Museum ist im ehemaligen Rathaus untergebracht. Es zeigt viele Exponate – von Grenzsteinen zur Markierung des heiligen Bezirks buddhistischer Tempel aus der Dvaravati-Zeit bis zu einer 2500 Jahre alten Dong-Son-Bronzetrommel und in Ubon gefertigte Textilien sowie Utensilien rund ums Betelnusskauen. Wertvollster Besitz des Museums ist eine Ardhanarisvara-Statue aus dem 9. Jh., die die Verschmelzung Shivas mit seiner Gemahlin Uma zu einem einzigen Wesen verkörpert. Von diesen Figuren wurden nur zwei in Thailand gefunden.

Wat Si Ubon Rattanaram   TEMPEL
(วัดศรีอุบลรัตนาราม; Th Uparat; ⊙bei Tageslicht) Der *bòht* in dem wichtigen Tempel ähnelt dem Wat Benchamabophit in Bangkok, aber die meisten Besucher kommen wegen dem 7 cm großen Topas-Buddha im Inneren. Der Phra Kaew Butsarakham, wie er genannt wird, ist eines der heiligsten Besitztümer der Stadt und soll anlässlich der Gründung Ubons aus Vientiane hergebracht worden sein. Er steht hinter Glas hoch oben an der Rückwand des Heiligtums. Mit bloßem Auge erkennt man ihn kaum; deshalb am besten ein Fernglas mitbringen. Die Figur vor dem größten Buddha ist eine Nachbildung.

In dem Tempel wurde eine schöne alte *săh·lah* aus Holz in ein **Museum** (Eintritt frei; ⊙9–16 Uhr) für religiöse Objekte verwandelt. Das Highlight ist die Sammlung von *đôo prá đrai'b̀idòk* aus dem 18. Jh., wunderschönen Kisten zur Aufbewahrung von Palmblatthandschriften. Wer etwas Thai versteht, kann sich erklären lassen, wie die Verzierungen aus echtem Gold angebracht wurden.

Wat Ban Na Meuang   TEMPEL
(วัดบ้านนาเมือง; ⊙bei Tageslicht) Der auch Wat Sa Prasan Suk genannte Tempel unterschei-

det sich in vielerlei Hinsicht von allen anderen. Am Auffälligsten ist der *bòht* auf einem Boot, einer mit Keramik verkleideten Nachbildung der königlichen Barke *Suphannahong* von König Rama IX., auf der auch die Skulpturen der kompletten Crew zu finden sind. Der *wí·hǎhn* hat ebenfalls einen Sockel in Form eines Bootes. Dieses ähnelt aber der zweitwichtigsten königlichen Barke *Anantanagaraj* und steht mitten in einem echten Teich. Das alles sind nicht nur künstlerische Bestleistungen; das Wasser symbolisiert menschliche Begierden, und die Boote versinnbildlichen, dass man sie beherrschen kann.

Der Auftraggeber dieser Schöpfungen, Luang Pu Boon Mi, starb 2001. Sein Leichnam (er soll erst nach der Fertigstellung des Museums eingeäschert werden) ruht in der *sǎh·lah* neben dem bootsförmigen *bòht*.

Der Eingang zum Tempel wird von einer riesigen Statue des Airavata (Thailändisch Erawan) bewacht, dem dreiköpfigen Reitelefanten des Hindu-Gottes Indra. Der Tempel liegt etwa 4 km nordwestlich vom Ort und 1 km abseits der Ringstraße. *Sǒrng·tǎa·ou* der Linie 8 fahren hier vorbei, aber man muss dem Fahrer sagen, dass man aussteigen will.

Wat Phra That Nong Bua   TEMPEL

(วัดพระธาตุหนองบัว; Th Thammawithi; ☺bei Tageslicht) Der reich verzierte 55 m hohe *chedi* in diesem Tempel erinnert entfernt an den Mahabodhi-Stupa im indischen Bodhgaya. Dies ist der einzige viereckige Stupa in der Provinz Ubon – abgesehen von dem noch älteren Stupa, über den dieser gebaut wurde (während der Öffnungszeiten 8–18 Uhr kann man drinnen das Original besichtigen) und den ähnlichen, aber kleineren Stupas an der Außenseite. Manche der *jataka*-Reliefs an der Außenseite sind ziemlich eindrucksvoll. In den zwei Gruppen von je vier Nischen zu allen Seiten des *chedi* stehen Buddha-Figuren in der stilisierten Gupta- oder Dvaravati-Pose. Der Tempel befindet sich am Stadtrand und ist mit einem *sǒrng·tǎa·ou* der Linie 10 zu erreichen.

GRATIS Kunst- & Kulturzentrum Ubon Ratchathani   MUSEUM

(ศูนย์ศิลปวัฒนธรรมกาญจนาภิเษกฯ; Th Jaeng Sanit; ☺Mo–Sa 8.30–16.30 Uhr) Der Turm der Rajabhat Universität ist im Isaan-Stil gehalten, wirkt aber beeindruckend modern. Das Museum im Erdgeschoss wirkt beliebiger als die Sammlung des Nationalmuseums. Es gibt aber ein paar interessante Ausstellungsstücke, insbesondere zu Häusern und zum Kunsthandwerk. Außerdem sind jede Menge Wachsfiguren zu sehen.

Wat Jaeng   TEMPEL

(วัดแจ้ง; Th Nakhonban; ☺bei Tageslicht) Dieser Tempel wurde etwa zur selben Zeit wie die Stadt gegründet. Ihn schmückt ein kunstvoller *bòht* im Lan-Chang-Stil von 1887 mit großen Traufenkonsolen in *naga*-Gestalt an den Seiten und Krokodilen auf den Brüstungen. Über der Holzfassade thront Airavata mit zwei mythischen Löwen. Ein Markt lockt mittwochs viele Leute hierher.

Thung Si Meuang   PARK

(ทุ่งศรีเมือง) Im Zentrum des Stadtparks steht die riesige Betonplastik eines **Kerzenfest-Umzugswagens** (s. unten). Der bescheidene Backsteinobelisk in der Nordostecke ist ein **Ehrenmal**. Erbaut wurde es von ehemaligen alliierten Kriegsgefangenen (die im Zweiten Weltkrieg von den Japanern, die Thailand besetzt hatten, als Zwangsarbeiter hergebracht worden waren) als Dank an die thailändische Bevölkerung, die ihnen im Gefangenenlager heimlich half. Der **Stadtsäulenschrein** (San Lak Meuang) liegt im Süden.

Wat Supatanaram   TEMPEL

(วัดสุปัฏนาราม; Th Supat; ☺bei Tageslicht) Der kurz auch nur Wat Supat genannte Tempel am Fluss hat einen einzigartigen *bòht*. Er wurde zwischen 1920 und 1936 erbaut und besitzt ein thailändisches Dach, europäische Bögen und einen Khmer-Sockel. Anders als alle anderen Tempelbauten in der Region besteht er komplett aus Stein. Die Holzglocke vor dem Tempel ist angeblich die größte der Welt.

Ko Hat Wat Tai   STRAND

(เกาะหาดวัดใต้) In der heißen Trockenzeit (Feb.–Mai) strömen die Familien zum Picknicken auf diese Insel im Mae Nam Mun, deren Strände dann breiter werden. Eine behelfsmäßige Bambusbrücke verbindet die Insel mit dem nördlichen Ufer, und auf dem Fluss gehen schwimmende Restaurants ihrem Geschäft nach.

✴ Feste & Events

Ubons berühmtes **Kerzenfest** (Kabuan Hae Tian) entstand unter der Herrschaft von König Rama V., nachdem der damalige Gouverneur das jährliche Raketenfest der Stadt für zu gefährlich erklärte. Aus den einst schlichten Basteleien sind heute riesige, (manchmal auch mithilfe von Sty-

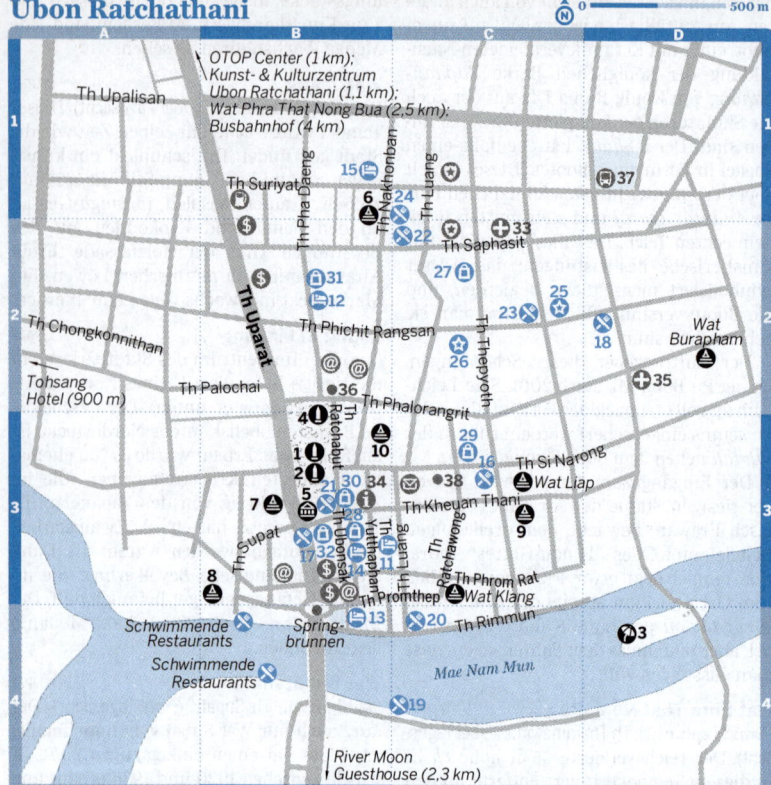

ropor) aufwändig gearbeitete Wachsfiguren geworden. Der Umzug ist Teil des Khao Phansaa, eines buddhistischen Feiertags, der den Beginn der Regenzeitklausur (buddhistischen Fastenzeit) im Juli markiert.

Preisgekrönte Wachsfiguren werden nach dem Umzug eine Woche lang an der Th Si Narong neben dem Thung Si Meuang ausgestellt, und die meisten sind auch danach noch mindestens drei Monate lang bis zum Ende der Regenzeitklausur (Ork Phansaa) in den Tempeln der Stadt zu sehen. Spätestens einen Monat vor dem Umzug beginnen die Leute in den Tempeln mit dem Bau der Festzugswagen. Das Fest ist bei thailändischen Touristen sehr beliebt, und die Hotels überall in der Stadt sind schon weit im Voraus ausgebucht.

🛏 Schlafen

Sri Isan Hotel   HOTEL **$**
(☎0 4526 1011; www.sriisanhotel.com; Th Ratchabut; Zi. 380–800 B; ❄@�) Das Ho-

tel ist die Ausnahme unter den durchweg langweiligen Budgethotels im Isaan: Durch das Atrium flutet Sonnenlicht herein und lässt die freundliche Lobby hell erstrahlen. Die Zimmer sind zwar klein, und die Klimaanlage braucht recht lang, um sie zu kühlen, aber selbst die billigsten haben so viel Charme, dass man darüber hinwegsehen kann – bei dem Preis sind sie ohnehin unschlagbar. Man kann sich auch vom Bahnhof bzw. Flughafen (je 50 B) oder vom Busbahnhof (100 B) abholen lassen.

Sunee Grand Hotel   HOTEL **$$$**
(☎0 4535 2900; www.suneegrandhotel.com; Th Chayangkun; Zi. mit Frühstück 1600–3000 B, Suite 4250–12500 B; ❄@�❄) Das atemberaubende Sunee Grand ist eines der wenigen Hotels im Isaan, das sich auch in Bangkok halten könnte, ist dabei aber viel preisgünstiger als die Kollegen in der Hauptstadt. Von den stilvollen Lichtanlagen bis zum superschnellen Service erfüllt das Hotel alle

Ubon Ratchathani

Erwartungen. Es gibt hier auch ein großes Business Center, einen Klavierspieler in der Lobby und nebenan ein Einkaufszentrum mit einem kleinen Aquapark auf dem Dach.

Phadang Mansion   HOTEL $
(☎0 4525 4600; 126 Th Pha Daeng; Zi. 500 B; ❄@⊙) An den Wänden des Hotels hängen so viele Kopien klassischer Gemälde, dass es fast schon als Kunstgalerie durchgehen könnte. Das ist vielleicht zu hoch gegriffen, aber eine nette Note hat das Hotel allemal. Die Zimmer sind kastenförmig, aber gut und haben einen kleinen Balkon.

Tohsang Hotel   HOTEL $$
(☎0 4524 5531; www.tohsang.com; Th Palochai; Zi. mit Frühstück 1200–1800 B, Suite 4000 B; ❄@⊙) Der geschmackvollen Einrichtung hier gelingt es fast, das Alter des Hotels zu kaschieren. Die Lobby ist richtig elegant, die Zimmer aber sind gerade so komfortabel, wie sie es bei dem Preis auch sein sollten. Bei der Ankunft wird man kostenlos abgeholt.

Thongcome Mansion   HOTEL $
(☎08 1579 3629; Th Suriyat; Zi. 350 B; ❄⊙) Der kleine Familienbetrieb bietet ein paar der schicksten Zimmer von Ubon in dieser Preisklasse. Und weil es sich um ein neues Gebäude handelt, leidet es auch nicht unter den Macken älterer Anwesen.

Srikamol Hotel   HOTEL $
(☎0 4524 6088; 26 Th Ubonsak; Zi. 400 B; ❄) Vom Kronleuchter in der Lobby bis zu den holzgetäfelten Türen findet man hier überall noch Spuren aus der Zeit, als das Srikamol noch eines der besten Hotels in Ubon war. Auch wenn dies lange her ist und es hier auch nicht besser ist als in den andern, neueren Hotels derselben Preisklasse, werden Liebhaber der alten Schule das Hotel mögen.

River Moon Guesthouse   PENSION $
(☎0 4528 6093; 21 Th Sisaket 2; Zi. 150–200 B; @⊙) Das klapprige alte Haus bietet Travellern etwas nicht ganz Alltägliches. Die rustikalen Zimmer mit Gemeinschaftsbad sind 500 m vom Bahnhof entfernt in den alten Bahnarbeiterunterkünften untergebracht.

TEMPEL IM DISTRIKT WARIN CHAMRAP

Der berühmte Mönch und Meditationslehrer Luang Pu Cha Suphattho (einst Schüler von Luang Pu Man) hat sich in dieser Gegend mit seiner einfachen, direkten Lehrmethode einen Namen gemacht. Er gründete die folgenden zwei bekannten Waldklöster und noch viele andere weltweit.

Der friedliche **Wat Nong Pa Phong** (☉bei Tageslicht) ist für ruhige Disziplin und den aus Arbeit und Meditation bestehenden Alltag bekannt. Hier leben auch Menschen aus dem westlichen Ausland, die Thai sprechen. Der Wát besitzt einen goldenen *chedi*, in dem Luang Pu Chas Überreste bestattet sind, und ein dreistöckiges **Museum** (Eintritt frei; ☉8–16.30 Uhr) mit diversen Ausstellungsstücken von Luang Pus weltlichen Besitztümern bis zu uralten Artefakten und Münzen und Geldscheinen aus aller Welt. Der Tempel liegt etwa 10 km hinter dem Fluss. Das *sŏrng·tǎa·ou* der Linie 3 hält 2 km vom Tempel entfernt; für die letzte Strecke kann man sich ein Motorradtaxi (20 B) nehmen – falls man eines findet.

Speziell für Nicht-Thais wurde 1975 ein auf westliche Ausländer ausgerichteter Wát eröffnet: Im **Wat Pa Nanachat** (www.watpahnanachat.org; ☉bei Tageslicht) wird hauptsächlich Englisch gesprochen. Es gibt hier nicht wirklich viel zu sehen, aber Besucher dürfen gern mal reinschauen. An den meisten Tagen steht nach dem Essen um 8 Uhr ein alter Mönch für Fragen zur Verfügung, und bis 11 Uhr trifft man immer jemanden an. Wer schon Erfahrung im Meditieren hat, kann sich schriftlich um einen Aufenthalt bewerben (an: Guest Monk, Wat Pa Nanachat, Ban Bung Wai, Amphoe Warin Chamrap, Ubon Ratchathani 34310). Die Klosterregeln – nur eine Mahlzeit am Tag, Aufstehen um 3 Uhr und bei Männern Kopfrasur nach drei Tagen – gelten auch für Gäste. Mit einem *sŏrng·tǎa·ou* vom Warin-Markt oder irgendeinem Bus aus Si Saket kommt man hierher; abgesetzt wird man an der Rte 226, rund 500 m vom Eingang entfernt. Der Wát liegt im Wald hinter den Reisfeldern.

New Nakornluang Hotel HOTEL $
(☎0 4525 4768; 84-88 Th Yutthaphan; Zi. 170–350 B; ❄) Anders als das River Moon, das zwar abgenutzt ist, aber Charakter hat, ist dieses Hotel einfach nur alt. Aber wer möglichst wenig Geld ausgeben und trotzdem im Zentrum wohnen will, findet hier billige, recht saubere Zimmer mit Ventilator.

🍴 Essen

Jumpa-Hom LP TIPP THAILÄNDISCH $$
(Th Phichit Rangsan; Gerichte 55–1500 B; ☉abends; 🕿) Dies ist eines der hübschesten und besten Restaurants in Isaan. Es bietet eine sehr große Auswahl köstlicher Gerichte, darunter auch ein paar ungewöhnliche. Man speist auf einer schönen, mit Pflanzen und Wasserspielen geschmückten Holzterrasse oder im klimatisierten Speiseraum, in dem man auf Stühlen oder auf Kissen auf dem Boden sitzen kann.

Rung Roj LP TIPP THAILÄNDISCH $
(keine Ausschilderung in lateinischen Buchstaben; 122 Th Nakhonban; Gerichte 30–165 B; ☉mittags & abends; 🕿) Das Lokal ist eine Institution in Ubon. Der Service lässt zwar zu wünschen übrig, aber das macht das ausgezeichnete Essen, für das nur die allerfrischesten Zutaten verwendet werden, wieder wett. Die angerichteten Teller sehen aus wie aus einem Hochglanzmagazin. Das Restaurant erkennt man an dem großen Schild, auf dem Teller, Gabel und Löffel abgebildet sind.

Nachtmarkt THAILÄNDISCH $
(Th Kheuan Thani; ☉16–24 Uhr) In den letzten Jahren hat sich der Nachtmarkt in Ubons Zentrum zu einer ausgezeichneten Adresse fürs Abendessen gemausert.

Porntip Gai Yang Wat Jaeng NORDOSTTHAILÄNDISCH $
(keine Ausschilderung in lateinischen Buchstaben; Th Saphasit; Gerichte 20–130 B; ☉morgens, mittags & abends) In dem einfachen Lokal sieht es aus, als ob ein Tornado hindurchgefegt sei, aber die Köche erzeugen in ihrer Küche einen ganz eigenen Sturm. Viele Leute halten das Lokal für das beste in Sachen *gài yâhng, sôm·đam*, Würstchen und anderer Gerichte der typischen Isaan-Küche.

Risotto ITALIENISCH $$
(Th Phichit Rangsan; Gerichte 100–300 B; ☉mittags & abends) Der Speiseraum wirkt zwar nicht ganz italienisch, aber der Küche gelingt es, einen Hauch von *la dolce vita* auf den Tisch zu zaubern. Auf der Karte stehen

alle möglichen Pastagerichte, zudem Lachssteak und eine der besten Pizzen im Isaan.

Krua Ruen Pae
THAILÄNDISCH $

(keine Ausschilderung in lateinischen Buchstaben; Gerichte 40–300 B; ⊙mittags & abends) Eines von mehreren schwimmenden Restaurants auf dem Mae Nam Mun. Es bietet in einer entspannten Atmosphäre leckere Thai- und Isaan-Gerichte. Köstlich ist das *dôm kàh gài* (Hühnchen mit Galgant in Kokosmilch). Wer mit dem Auto kommt, nimmt die Ausfahrt nach Westen und fährt dann unter der Brücke durch.

Moon Lover
CAFÉ $

(Th Rimmun; ⊙Di–So morgens, mittags & abends) In dem hübschen kleinen Café kann man bei Jazz nicht nur Kaffee, Smoothies und Waffeln, sondern auch den Blick auf den Fluss genießen.

U-Bake
BÄCKEREI $

(Th Phichit Rangsan; Schokoladenkuchen 55 B; ⊙mittags & abends) Es gibt viele gute Bäckereien in der Stadt, aber nur diese liegt im selben Gebäude wie das hübsche Restaurant Jumpa-Hom.

Boon Niyon Uthayan
VEGETARISCH $

(Th Si Narong; 10–20 B/Teller; ⊙Di–So morgens & mittags; 🖉) Das Restaurant wird von der asketischen Santi-Asoke-Gruppe (eine Sekte des Theravada-Buddhismus) betrieben und bietet unter einem riesigen Dach ein beeindruckendes vegetarisches Buffet. Die meisten Zutaten stammen aus biologischem Anbau außerhalb der Stadt.

Chiokee
THAILÄNDISCH $

(307-317 Th Kheuan Thani; Gerichte 35–120 B; ⊙morgens, mittags & abends) Das klassische Frühstückscafé hat eine treue Kundschaft aus älteren Leuten, die bei Congee und Tee Zeitung lesen.

🍸 Ausgehen & Unterhaltung

U-Bar
NACHTCLUB

(Th Phichit Rangsan) Andere Clubs kommen und gehen, aber die U-Bar gehört nach wie vor zu den angesagtesten Locations für Studenten – nicht zuletzt, weil hier oft die besten Bangkoker Bands gastieren. Probieren sollte man den Blue Kamikaze, der aus einer etwas unheimlich aussehenden, schmierigen Maschine hinter der Bar gezapft wird.

e-Ba
NACHTCLUB

(Th Phichit Rangsan) Der Club ist neuer und größer als die U-Bar (aber genauso energiegeladen) und lockt ein älteres Publikum an.

Kunst- & Kulturzentrum Ubon Ratchathani
KULTURZENTRUM

(📞0 4535 2000; Th Jaeng Sanit) Hier finden manchmal Vorführungen mit Musik und Tanz des Isaan statt.

🛍 Shoppen

Der Isaan mag das Land der Seide sein, aber in Ubon dreht sich alles um Baumwolle. In den Läden gibt's jede Menge mit Naturfarben behandelte, handgewebte Baumwollstoffe, -kleidung, und -taschen. Zuerst sollte man bei **Camp Fai Ubon** (189 Th Thepyoth) vorbeischauen, das als Peaceland ausgeschildert ist. **Grass-Root** (87 Th Yutthaphan) ist kleiner, aber ebenfalls gut. Auch wenn das **Maybe** (124 Th Si Narong; ⊙8–19 Uhr) nicht nur mit Pflanzenfarben behandelte Baumwollstoffe führt, findet man hier die größte Auswahl an Bekleidung.

🏆LP TIPP Rawang Thang
KUNSTHANDWERK

(Th Kheuan Thani; ⊙9–21 Uhr) In diesem Laden gibt es auch Ubon-Baumwolle, darüber hinaus aber noch witzige, abgedrehte T-Shirts, Kissen, Postkarten, Bilderrahmen und jede Menge Schnickschnack. Viele der Dinge haben die Besitzer, ein freundliches Ehepaar, selber hergestellt oder entworfen; sie wissen auch alles über Ubon.

Ban Khampun
KUNSTHANDWERK

(124 Th Pha Daeng) Ubons berühmte Seidenweber stellen ausgezeichnete Stoffe in verschiedenen Mustern und Stilen her, die man anderswo nicht findet. Der Inhaber veranstaltet während des Kerzenfests zwei Tage lang sein eigenes kleines Kulturevent in seinem prächtigen Haus/Atelier/Museum, das gleich außerhalb der Stadt liegt.

Punchard
KUNSTHANDWERK

(156 Th Pha Daeng; ⊙10–21 Uhr) Es ist hier sehr teuer, aber der Laden verfügt über das umfangreichste Sortiment an kunsthandwerklichen Erzeugnissen in Ubon. Die **Filiale in der Th Ratchabut** (⊙9–20 Uhr) verkauft überwiegend Wohnungsdeko.

OTOP Center
KUNSTHANDWERK

(Th Jaeng Sanit) Kunsthandwerksladen mit großer Auswahl.

ℹ Praktische Informationen
Geld

Ying Charoen Park (Th Ratchathani) In dem Einkaufszentrum gegenüber der Rajabhat Universität gibt es Banken, die auch abends und am Wochenende geöffnet sind und der Innenstadt am nächsten liegen.

City Mall (Th Chayangkun) Vor dem Sunee Grand Hotel. Hier gibt's auch einen AEON-Geldautomaten.

Internetzugang

Internetcafés sind in Ubon nicht schwer zu finden. **29 Internet** (Th Nakhonban; 12 B/Std.; 🕓24 Std.) und **25 Hours** (Th Pha Daeng; 15 B/Std.; 🕓24 Std.) sind rund um die Uhr geöffnet.

Notfall & Medizinische Versorgung

Touristenpolizei (🖉0 4524 5505; Th Suriyat). **Ubonrak Thonburi Hospital** (🖉0 4526 0285; Th Phalorangrit) Notfallambulanz, die rund um die Uhr geöffnet ist.

Post

Post (Th Luang; 🕓Mo–Fr 8.30–16.30, Sa, So & Feiertage 9–12 Uhr)

Touristeninformation

Tourism Authority of Thailand (TAT; 🖉0 4524 3770; tatubon@tat.or.th; Th Kheuan Thani; 🕓8.30–16.30 Uhr) Hat hilfsbereite Angestellte.

ℹ️ An- & Weiterreise

Bus

Ubons **Busbahnhof** (🖉0 4531 6085) liegt nördlich der Stadt. Zum Zentrum kommt man mit den *sŏrng·tǎa·ou* der Linien 2, 3 und 10. Von Ubon fahren morgens sowie abends häufig und mittags weniger oft Busse nach Bangkok (385–473 B, 8½–10 Std.). Die besten VIP-Busse bieten **999 VIP** (🖉0 4531 4299) um 18.30 Uhr (730 B) und **Nakhonchai Air** (🖉0 4526 9777) um 10.15 und 21.45 Uhr (552 B). Einen Bus über die Grenze nach Pakse in Laos (200 B, 3 Std.) gibt es um 9.30 und 15.30 Uhr. Nach Si Saket (50 B, 1 Std., stündl.) kommt man am besten mit Kleinbussen.

ZIEL	PREIS (B)	DAUER (STD.)
Chiang Mai	590–893	17
Khon Kaen	216–252	4½
Khorat	203–330	5–6
Mukdahan	75–135	3½
Rayong	427–641	13
Roi Et	108–139	3
Sakon Nakhon	117–211	5
Surin	105–200	3
Yasothon	66–85	1½

Flugzeug

Air Asia (🖉0 2515 9999; www.airasia.com) und **THAI** (🖉0 4531 3340; www.thaiairways.com) fliegen jeweils zweimal am Tag zum Bangkoker Flughafen Suvarnaphumi. Ein einfacher Flug kostet bei Air Asia gerade mal 1350 B, bei THAI

mindestens 1000 B mehr. Air Asia fliegt auch dreimal pro Woche nach Phuket (nur 1450 B). **Nok Air** (🖉0 2900 9955; www.nokair.com) bietet täglich drei Flüge zum Bangkoker Flughafen Don Muang (ab 1300 B).

Viele Reisebüros, darunter **Sakda Travel World** (🖉0 4525 4333; www.sakdatour.com; Th Phalorangrit), verkaufen Flugtickets.

Zug

Der **Bahnhof** (🖉0 4532 1588) befindet sich in Warin Chamrap, von Ubon mit einem *sŏrng·tǎa·ou* der Linie 2 erreichbar. Es gibt einen Nachtexpress von/nach Bangkok (2. Kl. Ventilator/Klimaanlage 371/551 B, 1. Kl. Schlafwagen B. oben/unten 1080/1280 B). Die anderen sechs Züge brauchen 10–12 Stunden bis zu ihrem Ziel, mit Ausnahme der Expresszüge um 5.45 Uhr (ab Bangkok) und um 14.50 Uhr (ab Ubon), mit denen die Fahrt 8½ Stunden dauert. Alle Züge halten auch in Si Saket, Surin und Khorat.

ℹ️ Unterwegs vor Ort

Überall in der Stadt verkehren nummerierte *sŏrng·tǎa·ou* (10 B). Auf dem kostenlosen Stadtplan der TAT sind die einzelnen Linien verzeichnet; die meisten fahren am TAT-Büro vorbei. Eine Fahrt mit dem Túk-Túk im Zentrum kostet 30–40 B. In Ubon gibt's auch ein paar **Taxis mit Taxameter** (🖉08 9421 6040; Grundgebühr 35 B, Bestellgebühr 15 B); sie stehen am Busbahnhof. Am Flughafen gibt es zwei Autovermieter; eine Fahrt irgendwohin in die Stadt kostet 80 B.

Chow Watana (🖉08 1967 9796) Vermietet Autos mit Fahrer (ab 1300 B/Tag).

Ubon Rental Cycle (🖉0 4524 4708; 115 Th Si Narong) Hat ein paar Fahrräder (100 B/Tag). Falls das Büro geschlossen ist, einfach im Haus nebenan fragen.

Rund um die Provinz Ubon Ratchathani

BAN PA-AO   บ้านปะอาว

Ban Pa-ao ist ein Seidenweberdorf, aber besser für seine Messing- und Bronzegegenstände bekannt, die im Wachsausschmelzverfahren hergestellt werden. Dies ist der einzige Ort in Thailand, wo der gesamte Herstellungsprozess noch manuell durchgeführt wird. Im **Soon Thorng Leuang Ban Pa-Ao** (🕓8–17 Uhr) am anderen Ende des Dorfes kann man zusehen, wie Glocken und Schüsseln gefertigt werden. Auf dem Weg in die Stadt gibt es auch ein Seidenweberzentrum. Bei unserem letzten Besuch wurde der Dorftempel gerade um ein prächtiges neues Museum erweitert, das Artefakte aus Farmen und Häusern zeigen wird.

Das **Gastfamilien-Programm** (☑08 1076 1249; mit Frühstück 250 B/Pers.) in Ban Pa-Ao bietet Gästen die Möglichkeit, sich im Seidenweben und in der Bronzeherstellung zu versuchen. Die Gastgeber sprechen aber kaum Englisch.

Ban Pa-Ao liegt 3,5 km abseits des Hwy 23. Die Busse von/nach Yasothon fahren an der Ausfahrt vorbei (20 B, 20 Min.); von dort aus kann man ein Motorradtaxi (rund 20 B) nehmen.

PHIBUN MANGSAHAN   พิบูลมังสาหาร

Thais halten oft im staubigen Phibun Mangsahan, um die Stromschnellen **Kaeng Sapheu** zu sehen, die sich gleich stromabwärts hinter der Brücke über den Mae Nam Mun befinden. Die felsigen Inselchen lassen die „Python-Stromschnellen" zwischen Februar und Mai anwachsen, aber der schattige Park ist auch zu anderen Zeiten im Jahr sehr angenehm. Es gibt hier einen chinesischen Tempel, mehrere einfache Restaurants (die meisten servieren frittierte Froschhaut, *năng gòp tôrt*) und zahllose Souvenirläden. Viele Fischer arbeiten hier und bieten Bootstouren in kleinen Langschwanzbooten, u. a. zu einem Inseltempel (500 B/2 Std.). Wem ein größeres Boot (500 B/Std.) für bis zu 20 Personen lieber ist, der kann sich ans Restaurant „*đăaw*" wenden.

Der *bòht* im **Wat Phu Khao Kaew** (☺bei Tageslicht) im Westteil des Orts wirkt untypisch künstlerisch. Von außen ist er mit Fliesen bedeckt, und drinnen sind die Wände oben mit Reliefs von bedeutenden Stupas aus ganz Thailand verziert. Davor steht ein im ungewöhnlichen Stil gehaltener *yák* (Tempelwächter) Wache.

Die Dörfer auf der anderen Seite der Brücke Richtung Khong Jiam sind für ihre geschmiedeten Eisen- und Bronzegongs bekannt, die in Tempeln und bei klassischer thailändischer Musik verwendet werden. In vielen Werkstätten am Straßenrand kann man den Gongmachern dabei zusehen, wie sie auf die flachen Metallscheiben einhämmern und sie auf rustikalen Feuerstellen erwärmen. Kleine Gongs bekommt man ab 500 B, die 2 m großen Monster können aber schon mal 200 000 B kosten. Hier gibt's auch Leute, die Trommeln und Becken herstellen.

Visaverlängerungen erhält man in der **Einreisebehörde** (☑0 4544 1108; ☺Mo–Fr 8.30–12, 13–16.30 Uhr) von Phibun Mangsahan, 1 km südlich der Brücke auf dem Weg nach Chong Mek.

🛏 Schlafen & Essen

Im Ortszentrum, auf halbem Weg zwischen Bushaltestelle und Brücke, befindet sich das freundliche **Phiboonkit Hotel** (☑0 4544 1201; chompoonuch@hotmail.com; Th Phiboon; Zi. 200–300 B; ✷), eine durchschnittliche, leicht chaotische Budgetunterkunft.

Das **Phiboon Cafe** (Th Luang; ☺morgens & mittags) ist ein klappriger Laden direkt an der Brücke, der mit seinen *sah·lah·bow* (chinesischen Brötchen, je 5 B) Phibun berühmt gemacht hat. Zahllose Geschäfte an der Hauptstraße sind auf den Erfolgszug aufgesprungen.

ℹ An- & Weiterreise

Von Phibuns Busbahnhof hinter dem Markt fahren Busse zum Busbahnhof Ubon (35 B, 1 Std., alle 20 Min.) mit Halt am Warin-Markt am anderen Flussufer (wo man aber eventuell keinen Sitzplatz mehr bekommt) und *sŏrng·tăa·ou* nach Chong Mek (40 B, 1 Std., alle 20 Min.). Es gibt auch *sŏrng·tăa·ou* (40 B, 1½ Std., jede halbe Std.) nach Talat Ban Du (Ban-Du-Markt) nahe dem Zentrum von Ubon und zum Khong-Jiam-Park (40 B, 1 Std., 4-mal vormittags) in der Nähe der Brücke.

KAENG TANA NATIONAL PARK   อุทยานแห่งชาติแก่งตะนะ

Fährt man 5 km vor Khong Jiam über den Pak-Mun-Damm, gelangt man zum kleinen **Kaeng Tana National Park** (☑0 4540 6888; Eintritt 100 B). Der Mae Nam Mun umrundet hier zunächst die dicht bewaldete Don Tana (Insel Tana), die über eine kleine Hängebrücke mit dem Festland verbunden ist, und sprudelt dann über die wunderschönen gleichnamigen Stromschnellen, vorbei an ein paar malerischen Felsen. In der Regenzeit liegen die Stromschnellen unter Wasser; am Ende der Trockenzeit treten ähnlich wie in Sam Phan Bok (s. Kasten S. 483) die natürlich entstandenen Aushöhlungen im Fels hervor. Hinter den Stromschnellen und dem **Besucherzentrum** (☺8–18 Uhr) findet man ein paar gute kleine Wanderwege zu anderen Wasserfällen und Aussichtspunkten. Der 1,5 km lange Gipfelweg zum Aussichtspunkt **Lan Pha Phueng** ist besonders malerisch. Der breite, wunderschöne Wasserfall **Nam Tok Tad Ton** ist nur 300 m von der aus Süden in den Park führenden Straße entfernt.

Es gibt hier einen **Campingplatz** (mit eigenem Zelt 30 B/Pers., Zelt 4/8 Pers. 150/225 B) und vier **Bungalows** (☑0 2562 0760; www.dnp.go.th/parkreserve; 6/10 Pers. 1000/2000 B). Das einfache Restaurant ist nur tagsüber geöffnet.

Auf dem Landweg ist der Park nur 14 km von Khong Jiam entfernt. Es gibt aber keine öffentlichen Verkehrsmittel dorthin. Man kann aber mit einem Boot flussaufwärts fahren und sich im Park absetzen lassen (800 B). Die Boote warten ein paar Stunden, damit man sich im Park umsehen kann, und bringen einen dann zurück.

KHONG JIAM โขงเจียม

Khong Jiam liegt auf einer malerischen Halbinsel am Zusammenfluss des Mekong mit dem Mae Nam Mun, den die Thais wegen des farblich unterschiedlichen Wassers **Mae Nam Song Si** (Zweifarbenfluss) nennen. In der Regenzeit ist das Farbenspiel vom Ufer aus zu sehen (im April, kurz vor Beginn der Regenzeit, kann man sogar bis zu der Stelle laufen), aber im restlichen Jahr muss man mit einem Boot hinausfahren. Zur Auswahl stehen große Boote für bis zu zehn Personen mit einem Sonnenschutzdach (350 B) und kleine für zwei oder drei Personen (200 B). Die größeren können einen auch bis zum Kaeng Tana National Park (800 B) oder zu anderen Stellen am Mekong bringen.

Oberhalb der Stadt thront der **Wat Tham Khu Ha Sawan** (☉bei Tageslicht). Schon der atemberaubende Blick von oben lohnt den Abstecher. Aber der weithin bekannte Tempel bietet darüber hinaus auch einen einzigartigen neuneckigen *chedi,* einen blendend weißen *bòht* und einen eindrucksvollen Orchideengarten. Außerdem ist hier auf einem prächtigen Altar in einem gläsernen Sarg der einbalsamierte Körper des verstorbenen Abts Luang Pu Kam aufgebahrt.

Seit 2005 werden auch in Khong Jiam *naga*-Feuerbälle (s. Kasten S. 509) gesichtet.

🛏 Schlafen & Essen

Nach Khong Jiam verirren sich nicht viele *fa·ràngs,* aber weil der Ort bei Thailändern beliebt ist, gibt's hier jede Menge Unterkünfte. Mehrere einfache Restaurants findet man nahe dem Mae Nam Song Si, darunter auch zwei teure schwimmende Restaurants auf dem Mekong.

Tohsang Khongjiam Resort HOTEL $$$
(☎0 4535 1174; www.tohsang.com; Zi. mit Frühstück 2355–3885 B, Villa 3530–7060 B, Sedhapura-Poolvilla 12500–14500 B; ✳@🅢🏊) Das pompöse und glanzvolle große Wellness-Resort wirkt in diesem ländlichen Gebiet etwas deplatziert, doch die prächtige Anlage bietet dafür alles, was man von einem

Nobelhotel erwartet – und das zu fairen Preisen. Die Zimmer im dritten Stock bieten die beste Aussicht. Es gibt hier auch ein gutes Restaurant, ein Spa und einen Fahrrad- und Kajakverleih. Das Resort liegt 3,5 km außerhalb der Stadt am Südufer des Flusses.

Banpak Mongkhon HOTEL $
(☎0 4535 1352; www.mongkhon.com, thailändisch; Th Kaewpradit; Zi. 250–800 B, FZ 2500 B; ✳@🅢) Von den einfachen Zimmern mit Ventilator bis zu den vier hübschen Holzhütten auf Stelzen bietet das Hotel nahe der Hauptstraße viel Charakter und freundliche Inhaber. Gute Wahl für jedes Budget.

Apple Guesthouse PENSION $
(☎0 4535 1160; Th Kaewpradit; Zi. 200–300 B; ✳) Das erst kürzlich aus dem Boden gestampfte Apple hinter einem Gemischtwarenladen bietet Holzhäuser mit Betonzimmern darunter. Dies ist die billigste Unterkunft im Ort und bei dem Preis auch akzeptabel.

Khong Jiam Homestay GASTFAMILIE $
(☎08 7448 9399; Zi. 500 B) Die einfachen Holzhütten mit Matratzen am Boden befinden sich auf einem Waldstück direkt neben dem Tohsang Resort und sind der Inbegriff von Yin und Yang. Hier gibt's keine Verpflegung, aber man kann an einer offenen Feuerstelle selber kochen oder nebenan im Tohsang essen. Oft ist hier nur wenig los, außer es kommen Reisegruppen aus Bangkok. Bei der Ankunft im Ort anrufen, damit man abgeholt wird.

Baansuan Rimnam Resort HOTEL $$$
(☎08 9792 1204; Th Rimmoon; Zi. mit Frühstück 800–1000 B; ✳) Das ruhige, schattige Hotel liegt direkt am Mae Nam Mun. Die teuersten Bungalows haben Terrassen mit Blick durch eine Baumreihe aufs Wasser. Um hierher zu gelangen, an der Schule unmittelbar vor dem Tempel rechts abbiegen.

ℹ An- & Weiterreise

Alle öffentlichen Verkehrsmittel halten an der Ortseinfahrt an der großen Kreuzung. Der einzige Direktbus nach Ubon (77 B, 2½ Std.) fährt um 6 Uhr ab und kommt um 14.30 Uhr nach Khong Jiam zurück. Man kann auch einen der vier morgendlichen *sŏrng·tăa·ou* nach Phibun Mangsahan (40 B, 1 Std.) nehmen und von dort aus weiterfahren. Busse nach Bangkok (400–500 B) gibt's um 7.30 Uhr (2. Kl.) und um 16.30 Uhr (1. Kl.).

Das Apple Guesthouse verleiht Fahrräder (100 B/Tag) und Motorräder (300 B/Tag); das Banpak Mongkok verleiht ebenfalls Motorräder (200 B/Tag).

SAM PHAN BOK

Beim Besuch von Sam Phan Bok (3000 Löcher) fühlt man sich wie auf einem anderen Planeten. Jahrtausendelang hat die Erosion diese schmale, felsige Biegung des Mekong in einen Schweizer Käse verwandelt und so den erstaunlichsten Teil des Mekong-Ufers geschaffen. Während der Regenzeit bedeckt der Fluss die Stelle, aber wenn sie frei liegt (normalerweise Dez.–Mai), kann man sie stundenlang erkunden. Selbst in den Monaten dazwischen, wenn sie nur teilweise zu sehen ist, lohnt sich der Trip hierher, um sie vom Felsen herab zu betrachten. Auch die Bootsfahrt über Sam Phan Bok hinaus ist lohnenswert. Es gibt hier keinen Schatten; am besten kommt man also frühmorgens oder am späten Nachmittag.

Die Stelle liegt gleich nördlich vom Pha Taem National Park, in der Nähe des Dorfes Ban Song Khon. Öffentliche Verkehrsmittel dorthin oder auch nur in die Nähe gibt es nicht. Man kann dort campen, und ein paar Leute vermieten auch Zelte. Die nächste Unterkunft befindet sich im Dorf mit Blick auf den Hat Salung, einen hübschen Fluss. Das **Song Khon Resort** (☎08 7256 1696; www.songkhonresort.com, thailändisch; Zi. 500–700 B) hat ordentliche Zimmer und eine tolle Lage. An Wochenenden und zu Feiertagen während der Sam-Phan-Bok-Saison unbedingt vorab buchen!

PHA TAEM NATIONAL PARK อุทยานแห่งชาติผาแต้ม

Von Khong Jiam den Mekong hinauf befindet sich eine große Klippe, die Pha Taem genannt wird und das Herzstück des wenig bekannten **Pha Taem National Park** (☎0 4531 8026; Eintritt 200 B) bildet. Von dort oben hat man einen herrlichen Blick auf den Fluss bis nach Laos und erlebt den Sonnenaufgang in Thailand als erster. Ein Wanderweg führt die Klippen hinunter zu prähistorischen Felsmalereien, die mindestens 3000 Jahre alt sind. Dargestellt sind u.a. *ƀlah bèuk* (Mekong-Riesenwelse), Elefanten, Handabdrücke, Fischreusen (die so ähnlich aussehen wie die großen, die heute noch verwendet werden) und geometrische Muster. Von der zweiten Aussichtsplattform aus hat man die schönste Aussicht. Das **Besucherzentrum** (⌚7.30 Uhr–Sonnenuntergang) auf dem Felsen zeigt Exponate zu den Malereien und zur örtlichen Natur.

Nördlich des Felsens befindet sich der 25 m hohe Wasserfall **Nam Tok Soi Sawan**, der von Juni bis Dezember Wasser führt. Vom Besucherzentrum fährt man 19 km und geht die letzten 500 m zu Fuß. Man kann aber auch (in Begleitung eines Rangers) eine 15 km lange Wanderung über die Klippe bis dorthin machen. In der Nähe des Wasserfalls findet man das laut Parkprospekt **größte Blumenfeld Thailands** (Blütezeit Nov.–Feb.).

In der Nordhälfte des Parks gibt es noch mehr Wasserfälle, antike Kunst und wundervolle Ausblicke. Auf dem Felsen **Pa Cha Na Dai** geht die Sonne in Thailand als erstes auf (Pha Taem ist eine Minute später dran). Durch ein Loch, das sich in dem überhängenden Felsen gebildet hat, stürzt der herrliche **Nam Tok Saeng Chan** in die Tiefe. Überall in dem 340 km² großen Park findet man teilweise zu seltsamen Formen erodierte Felsen, darunter auch die vier pilzförmigen Felsformationen **Sao Chaliang**, die denen im Phu Pha Thoep National Park in Mukdahan ähneln.

In Pha Taem gibt es **Campingplätze** (mit eigenem Zelt 30 B/Pers., Zelt 2/6 Pers. 125/300 B), **Hütten** (4 Pers. 300 B) und fünf **Bungalows** (☎0 2562 0760; www.dnp.go.th/parkreserve; Bungalow 6 Pers. Ventilator 1200 B, 5 Pers. Klimaanlage 2000 B; ❄). Am Besucherzentrum findet man Straßenhändler, die bis Sonnenuntergang Snacks und Fastfood verkaufen.

Pha Taem liegt über die Rte 2112 18 km von Khong Jiam entfernt. Öffentliche Verkehrsmittel gibt es keine; am besten mietet man sich in Khong Jiam ein Motorrad (ab 200 B).

CHONG MEK ช่องเม็ก

Südlich von Khong Jiam, am Ende der Rte 217, liegt die kleine Grenzstadt Chong Mek. Die Eröffnung der Brücke in Mukdahan hat den Verkehr auf dieser Strecke erheblich reduziert. Dadurch gingen dem Chong-Mek-Markt, der bei thailändischen Touristen sehr beliebt war, viele Kunden verloren. Wer spätabends hier hängenbleibt, findet nördlich des Markts mehrere preiswerte Gästehäuser.

An der Straße zur Grenze befindet sich der kleine Busbahnhof. Von dort fahren *sŏrng·tăa·ou* nach Phibun (40 B, 1 Std., alle 20 Min.), Kleinbusse nach Ubon (100 B,

GRENZÜBERGANG: VON CHONG MEK NACH VANGTAO

Der Grenzübertritt ist größtenteils unproblematisch. Ein Visum bekommt man vor Ort, und die Busse warten, bis die Passagiere ihren Papierkram (s. S. 843) erledigt haben. Die laotischen Grenzposten verlangen manchmal eine „Stempelgebühr", bestehen aber normalerweise nicht darauf. Pakse liegt nur rund 45 Minuten entfernt; wer nicht mit einem Direktbus gekommen ist, kann hier leicht eine Mitfahrgelegenheit finden.

1¼ Std., jede halbe Std.) und Busse nach Bangkok (392–544 B, 10 Std., 5-mal tgl.). Zwischen Chong Mek und Khong Jiam verkehren keine öffentlichen Verkehrsmittel; entweder fährt man über Phibun oder nimmt sich ein Motorradtaxi bzw. ein Túk-Túk (200/350 B).

PHU CHONG NAYOI NATIONAL PARK
อุทยานแห่งชาติภูจองนายอย

Im Herzen des „Smaragddreiecks" liegt der wenig bekannte **Phu Chong Nayoi National Park** (☎0 4541 1515; Eintritt 200 B). Dies ist eine der urtümlichsten Ecken Thailands mit einem der gesündesten Wälder. Hier leben Elefanten, Tiger, Malaienbären, Muntjaks, Gibbons, Malaien-Hornvögel und die vom Aussterben bedrohten Malaienenten.

Die wichtigste Sehenswürdigkeit des Parks ist der Wasserfall **Nam Tok Huay Luang**, der in zwei parallelen Strömen über eine Klippe 40 m in die Tiefe stürzt. Ein kleiner Pfad führt hinauf. Über 274 Stufen gelangt man nach unten zum Schwimmbecken, das allerdings im März austrocknet. Die Ranger veranstalten für Besucher gern kleine Trips auf einem Bambusfloß (200–300 B) oberhalb des Wasserfalls; allerdings ist der Wasserstand von Februar bis April zu niedrig und in der Regenzeit möglicherweise zu hoch. Am anderen Ende des 687 km² großen Parks hat man vom Gipfel des **Phu Hin Drang** einen tollen Blick auf die umliegende Landschaft – fast wie der Blick von der Klippe Pha Taem (S. 483), nur dass man unten im Tal statt des Mekongs den Dschungel sieht. Vom Haupteingang zum Park fährt man 50 km; die restlichen 5 km geht man zu Fuß oder fährt auf einem Traktor mit.

Sterngucker sollten unbedingt die Nacht hier verbringen. Es gibt drei **Bungalows** (☎0 2562 0760; www.dnp.go.th/parkreserve; Bungalows 4/6 Pers. 600/1200 B) und einen **Campingplatz** (mit eigenem Zelt 30 B/Pers., Zelt 6 Pers. 300 B). Snacks und Getränke bekommt man tagsüber, und es gibt auch ein paar Restaurants, die an Wochenenden und Feiertagen geöffnet sind – aber auch nur tagsüber.

Von Ubon aus nimmt man einen der vier Morgenbusse nach Na Chaluai (70 B, 3 Std.); von dort geht's mit dem Túk-Túk 20 km weiter bis in den Park (400 B). Man kann auch vor Na Chaluai in Ban Gang Reuang, 5 km vom Park entfernt, aussteigen und von dort trampen, aber in der Gegend fahren nur wenig Autos.

PROVINZ CHAIYAPHUM

In Chaiyaphum trifft man eher auf einen Tiger als auf einen ausländischen Besucher – und hier leben nicht gerade besonders viele der Großkatzen. Geografisch gesehen liegt die Provinz zwar mitten in Thailand, tatsächlich aber handelt es sich um eine sehr abgelegene Region, die selbst für Thais geheimnisvoll und nur für ihre Siam-Tulpen (Dok Krachiao) bekannt ist, die zwischen Juni und August in hellem lila und rosa in den Parks überall in der Provinz blühen. Verlockend für Traveller sind vor allem Ruhe und Frieden und die Möglichkeit, abseits ausgetretener Pfade herumzustromern.

Chaiyaphum
ชัยภูมิ

55 500 EW.

Chaiyaphum wirkt wie eine Stadt mitten im Nirgendwo und ist nur in den seltensten Fällen das eigentliche Reiseziel von Travellern. Die meisten Besucher nutzen Chaiyaphum nur als Ausgangspunkt zur Erkundung von Sehenswürdigkeiten in der Umgebung. Modefreunde zieht es sicher ins westlich gelegene Seidenweberdorf Ban Khwao und Naturliebhaber in die Berge. Es gibt mehrere Nationalparks in der Provinz; am einfachsten zu erreichen ist der Tat Ton National Park.

◉ Sehenswertes

Chaiyaphum hat nur eine bescheidene Zahl an Attraktionen zu bieten.

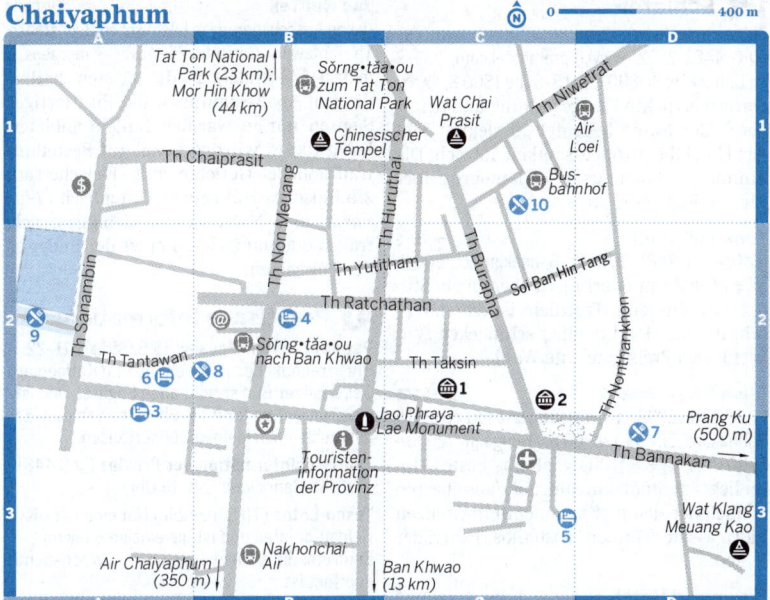

Gleich östlich der Stadt steht der kleine **Prang Ku** im Khmer-Stil, der unter dem letzten Angkor-König Jayavarman VII. (1181–1219) als Andachtsstätte eines Hospitals auf der Strecke zwischen der Angkor-Hauptstadt in Kambodscha und Prasat Singh in der Provinz Kanchanaburi erbaut wurde. Die Buddha-Figur im *ku* (Stupa) stammt angeblich aus der Dvaravati-Zeit (6.–10. Jh.).

Die 1950 für den Gouverneur erbaute Villa beherbergt heute nach der Renovierung das Museum **Tamnak Keeow** (Grüner Saal; Th Burapha; Eintritt frei; ⏰9–16 Uhr) mit einer langweiligen Sammlung an Töpferwaren, *mát-mèe*-Kleidung und Fotos vom Besuch König Ramas IX. (1955). Den Wachposten fragen, wo der Mann mit dem Schlüssel zu finden ist. In der Nähe zeigt das **Kulturzentrum Chaiyaphum** (Th Bannakan; Eintritt frei; ⏰Mo–Sa 8–16 Uhr) nachgebaute traditionelle Wohnstätten. Der Schlüssel ist in dem Raum über der Treppe erhältlich.

🎊 Feste & Events

Gleich zweimal im Jahr feiern die Bewohner Chaiyaphums ein neuntägiges Fest zu Ehren von Jao Pho Phraya Lae. Der laotische Hofbeamte sorgte im 18. Jh. für die Besiedelung des Gebiets. Als Chao Anou von Vientiane dem mächtigeren (und schließlich auch siegreichen) Siam Anfang des 19. Jhs. den Krieg erklärte, wechselte Jao die Seiten und schloss sich Bangkok an.

Das **Jao-Pho-Phraya-Lae-Fest** beginnt am 12. Januar, seinem Todestag, und konzentriert sich rund um seine Statue am Stadteingang. Die **Jao-Pho-Phraya-Lae-Opferzeremonie** findet im April oder Mai zur selben Zeit wie das Bun Duean Hok (ein Isaan-Fest) an dem 3 km südwestlich vom Zentrum am See gelegenen Schrein statt, der an der Stelle errichtet wurde, wo Jao getötet wurde. Bei beiden Events gibt's auch einen Elefantenumzug.

Chaiyaphum

🛏 Schlafen

Deeprom Hotel
HOTEL $$

(☎0 4482 2222; www.d-promhotel.com; 339/9 Th Bannakan; Zi. 800–900 B, Suite 1800 B; ❄🛜) Durch verrückte Farbgestaltung und Angeberei (der Name bedeutet „perfekt") zieht das Hotel die Aufmerksamkeit auf sich. Die Zimmer sind nicht ganz so glamourös, aber für den Preis fair.

Tonkoon Hotel
HOTEL $

(☎0 4481 7881; 379 Th Bannakan; Zi. 500 B; ❄🛜) Die Zimmer erinnern eher an ein Studentenwohnheim. Trotzdem ist das durchschnittliche Hotel in einer schmucken „Villa" für den Preis eine gute Wahl.

Siam River Resort
HOTEL $$$

(☎0 4481 1999; www.siamriverresort.com; Th Bannakan; Zi. 990–2900 B, Bungalow 2900–5500 B; ❄@🛜≋) Chaiyaphums bestes Hotel liegt im Stadtzentrum, aber abseits vom Trubel (der sich hier ja ohnehin in Grenzen hält). Gäste können kostenlos Fahrräder leihen.

Ratanasiri Hotel
HOTEL $

(☎0 4482 1258; 667/19 Th Non Meuang; Zi. 200–500 B; ❄🛜) Der schmucklose Gigant ist eine gute Wahl für Sparfüchse. Wer aber etwas in der oberen Preisklasse buchen will, sollte lieber ins Tonkoon gehen, denn die Zimmer im Ratanasiri sind gerade so gut, wie es die Preise zulassen. Das Lächeln der Angestellten macht die fehlende Atmosphäre wieder wett. In der Lobby gibt's WLAN.

🍴 Essen

Chaiyaphums Spezialität ist *mahm* (säuerliche Würstchen aus Rindfleisch und Leber), ein gewöhnungsbedürftiges Gericht, das nicht auf vielen Speisekarten steht.

Nachtbasar
THAILÄNDISCH $

(⏱16–23 Uhr) Der Straßenmarkt westlich der Innenstadt hat in Sachen Essen Besseres zu bieten als der Nachtmarkt am Busbahnhof.

Chorragah Lahp Gory
NORDOSTTHAILÄNDISCH $

(keine Ausschilderung in lateinischen Buchstaben; 299/21 Th Bannakan; Gerichte 20–80 B; ⏱morgens, mittags & abends) Betonböden, Wellblechdach und Gerichte wie aus alten Zeiten, z. B. das gleichnamige *gôry* (extrablutiges rohes Rindfleisch mit Zitrone, Chili und Fischsauce) – das schlichte Isaan-Lokal versetzt seine Gäste zurück aufs Land. Die teilweise bebilderte Speisekarte hilft einem über sprachliche Grenzen hinweg.

Jae Hai Tek
VEGAN $

(keine Ausschilderung in lateinischen Buchstaben; Th Tantawan; Gerichte 25–40B; ⏱morgens & mittags;) Anders als die meisten thailändischen *jae*-Restaurants, die ihre fertigen Speisen nur in warmen Buffets anbieten, kocht dieses winzige Lokal auf Bestellung traditionelle Gerichte mit Fleischersatz, z.B. falsches Hühnchen, Tintenfisch (*'blah mèuk*) usw. Nach seinem Lieblingsgericht fragen oder einfach auf eines der Bilder an der Tür zeigen.

ℹ Praktische Informationen

Pat Pat (Th Non Meuang; 15 B/Std.; ⏱11–22 Uhr) Freundliches Internetcafé und Kaffeehaus. Der Besitzer Bun spricht auch Englisch und ist eine Fundgrube für Infos über Chaiyaphum. Es gibt auch einen kleinen Büchertausch.

Touristeninformation der Provinz (☎0 4481 1376; Th Bannakan; ⏱8–16 Uhr)

Tesco-Lotus (Th Sanambin) Hat einen AEON-Geldautomaten und ist die einzige Bank im Zentrum, die auch abends und am Wochenende geöffnet ist.

ℹ An- & Weiterreise

Von Chaiyaphums **Busbahnhof** (☎0 4481 1344) fahren Busse nach Khon Kaen (58–81 B, 2½ Std., stündl.) und Khorat (78–101 B, 2½ Std., jede halbe Std.). Es gibt auch ein paar Busse nach Bangkok (196–252 B, 5 Std.). Die meisten Leute nutzen nach Bangkok aber die Busverbindungen von **Air Chaiyaphum** (☎0 4481 1556) und **Air Loei** (☎0 4481 1446), die eigene Terminals haben (1. Kl. 252 B, VIP-Kl. 294 B). Air Loei hat auch einen Mitternachtsbus der VIP-Klasse (392 B).

Nakhonchai Air (☎0 4481 2522) betreibt sechs Busse zwischen Ubon Ratchathani (234–347 B, 7 Std., 22.40–4.40 Uhr) und Chiang Mai (370–716 B, 11 Std., 19.10–1.10 Uhr), ebenfalls vom eigenen Terminal aus. Der Kartenschalter befindet sich hinter dem orangefarbenen Tor.

ℹ Unterwegs vor Ort

Ein Túk-Túk innerhalb der Stadt sollte nicht mehr als 30 B kosten.

Rund um Chaiyaphum

BAN KHWAO
บ้านเขว้า

 Die meisten Besucher von Chaiyaphum machen auch einen Abstecher in das Seidenweberdorf Ban Khwao, 13 km südwestlich an der Rte 225, wo viele Läden Stoffe und Bekleidung verkaufen. Der Ort ist bekannt für seine *mát-mèe*-Stoffe (s. Kasten S. 495) und die günstigen Preise, weil die Stoffe

Mor Hin Khow (☏0 4481 0903; Eintritt frei) ist der populärste Teil des Phu Laenkha National Park. Der Name bedeutet auf Isaan „Hügel mit weißen Felsen", wird aber „offiziell" als „Stonehenge von Thailand" bezeichnet, um den Tourismus anzukurbeln. Dabei erinnern die fünf aufgereihten Natursteinsäulen, die sich kegelförmig nach oben breiter werdend 15 m in die Höhe erheben, in keinster Weise an ihren Namensvetter. Zwischen ihnen und dem **Pha Hua Nak** (Felsen mit Naga-Kopf), der 2,5 km weiter den Berg hinauf liegt und perfekt dazu geeignet ist, den Sonnenuntergang zu beobachten, befinden sich drei weitere Felder mit weniger dramatischen, trotzdem merkwürdig geformten Felsen und ein Aussichtsturm. Eine hübsche, friedliche Gegend, die sich zu erkunden lohnt, und unter der Woche wird man vermutlich weit und breit keinen anderen Menschen treffen.

Am kleinen Besucherzentrum kann man kostenlos **campen** (Zelt 2/4 Pers. 100/200 B); Essen sollte man selbst mitbringen, weil die Restaurants hier an Wochenenden und Feiertagen nicht durchgehend geöffnet sind.

Die Gegend liegt 21 km nordwestlich vom Tat Ton National Park an einer gut ausgeschilderten Straße. Öffentliche Verkehrsmittel dorthin gibt's nicht.

dünner sind. Gewebt werden sie inzwischen überwiegend in anderen Dörfern, aber auch hier haben einige Familien noch einen Webstuhl im Haus stehen. Eigentlich dreht sich aber heute hier alles um Stickerei, und viele der hiesigen Frauen sitzen öfter an der Nähmaschine als am Webstuhl. Das **Zentrum für Seidenherstellung** (keine Ausschilderung in lateinischen Buchstaben; Eintritt frei; ☻8.30–16.30 Uhr) am Markt zeigt eine kleine Ausstellung über *mát·mèe,* bietet aber keine Führungen mehr an.

Die *sŏrng·tǎa·ou* nach Ban Khwao (20 B, 30 Min., alle 20 Min.) stehen in der Nähe des Pat Pat Internetcafés in Chaiyaphum.

TAT TON NATIONAL PARK อุทยานแห่งชาติตาดโตน
Der 218 km² große **Tat Ton National Park** (☏0 4485 3333; Eintritt 200 B) ist ein malerisches Fleckchen am Rand der Laenkha-Bergkette, 23 km nördlich der Stadt. Der Park ist vor allem für seinen fotogenen gleichnamigen Wasserfall bekannt, der zwar nur 6 m hoch ist, aber während der Regenzeit (Mai–Okt.) bis zu 50 m breit wird. Manche Leute finden ihn zwischen Januar und April schöner, weil das Wasser dann klarer ist. Der kleinere Wasserfall **Tat Fah** ist rund 20 km vom Tat Ton entfernt und dient während der Regenzeit auch als 20 m lange Wasserrutsche.

Im Park gibt es **Campingplätze** (mit eigenem Zelt 30 B/Pers., Zelt 2/6 Pers. 280/660 B) und wunderschön am Ufer gelegene **Bungalows** (☏0 2562 0760; www.dnp.go.th/park reserve; 2–14 Pers. 600–3500 B) sowie ein paar einfache Restaurants.

Sŏrng·tǎa·ou (35 B, 1 Std.) von Chaiyaphum fahren am Parkeingang vorbei (von dort läuft man 1,5 km bergauf bis zum Wasserfall). Morgens fahren sie oft, aber nach 9.30 Uhr weniger und nach 13 Uhr manchmal gar nicht. Meist geht es also schneller, wenn man auf dem Rückweg trampt.

PROVINZ KHON KAEN

Die Provinz Khon Kaen, für Besucher aus Nordthailand das Tor zum Isaan, ist ein interessanter Mix aus Alt und Neu. Das Leben auf dem Land ist noch immer von Landwirtschaft und Textilherstellung geprägt, während die ständig wachsende moderne Hauptstadt gewaltig boomt.

Khon Kaen ขอนแก่น
145 300 EW.
Als Standort der größten Universität im Nordosten und als bedeutendes Wirtschafts- und Finanzzentrum ist Khon Kaen jugendlich, gebildet und immer in Bewegung. Es würde zwar eher auf der Liste der Orte, in denen es sich am besten leben lässt, passen als auf die Reiseziellliste von Travellern, bietet aber genügend interessante Sehenswürdigkeiten und gute Einrichtungen für einen Kurzaufenthalt.

Khon Kaen hat mit aller Kraft den wirtschaftlichen Aufschwung im Isaan vorangetrieben, was zu einem recht hohen Verkehrsaufkommen und jeder Menge nichtssagender Betonbauten überall in der Stadt

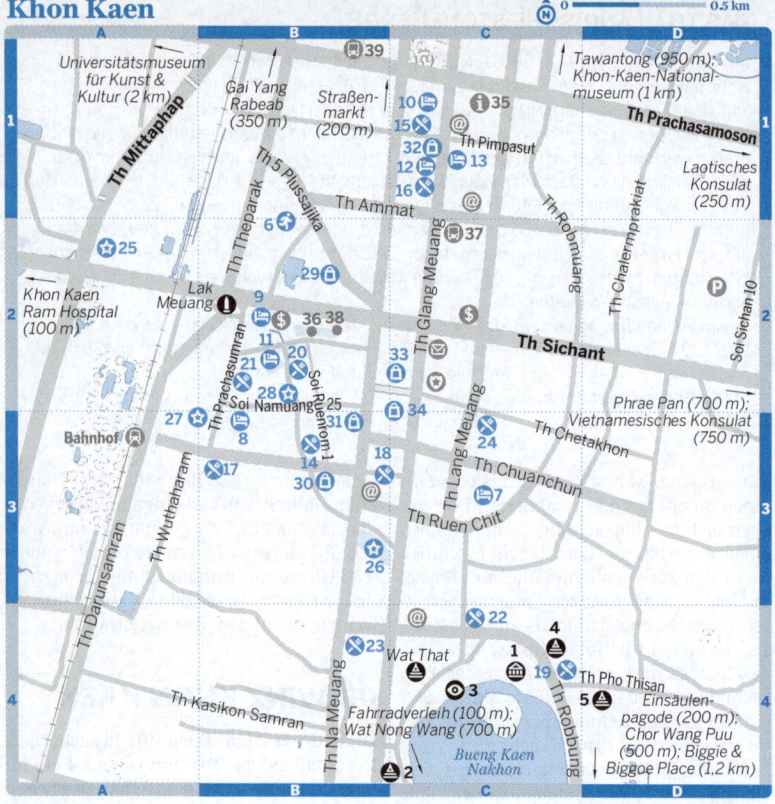

Khon Kaen

N 0 ———————— 0,5 km

NORDOSTTHAILAND PROVINZ KHON KAEN

Universitätsmuseum
für Kunst &
Kultur (2 km)

Gai Yang
Rabeab
(350 m)

Straßen-
markt
(200 m)

Tawantong (950 m);
Khon-Kaen-National-
museum (1 km)

Th Prachasamoson

Th Pimpasut

Th Ammat

Laotisches
Konsulat
(250 m)

Th Mittaphap

Th 5 Plussalika

Th Theparak

Th Glang Meuang

Th Robmuang

Th Chalermprakiat

Khon Kaen
Ram Hospital
(100 m)

Lak
Meuang

Th Prachasuman

Th Sichant

Soi Sichan 10

Bahnhof

Soi Ruenrom 1

Soi Namuang 25

Phrae Pan (700 m);
Vietnamesisches Konsulat
(750 m)

Th Chetakhon

Th Wuttharam

Th Lang Meuang

Th Chuanchun

Th Darunsamran

Th Ruen Chit

Th Kasikon Samran

Th Na Meuang

Wat That

Th Pho Thisan

Einsäulen-
pagode (200 m);
Chor Wang Puu
(500 m); Biggie &
Biggoe Place (1,2 km)

Th Robbung

Fahrradverleih (100 m);
Wat Nong Wang (700 m)

Bueng Kaen
Nakhon

---

geführt hat. Damit es aber keine Missverständnisse gibt: Der Charme des Isaan ist
auch hier noch zu finden – man muss nur
vielleicht etwas länger nach ihm suchen.

◎ Sehenswertes

BUENG KAEN NAKHON บึงแก่นนคร
Der 100 ha große See ist der schönste Ort
in der Stadt und lädt zu einem entspannten
Bummel ein. Die Wege an seinem Ufer ver-
binden den See mit ein paar interessanten
Orten. Einen Fahrradverleih findet man am
Markt und am Westufer gegenüber vom
Wat Klang Muang Kao; letzterer hat auch
Tandems und Tripletts (20 B/Std. & Sitz).

Wat Nong Wang TEMPEL
(วัดหนองแวง; Th Robbung; ◎bei Tageslicht) Am
Südende des Sees steht der **Phra Mahathat
Kaen Nakhon** (◎8–18 Uhr). Der atemberau-
bende Stupa im Herzen des bedeutenden
Tempels ist die größte Sehenswürdigkeit in
Khon Kaen. Hier findet man ein paar auf-

schlussreiche Wandmalereien zur Kultur
des Isaan. Es gibt auch einige historische
Ausstellungsstücke, darunter eine Sammlung seltener Buddha-Bilder im 4. Stock,
und eine Aussichtsterrasse im 9. Stock.

Mahesak-Schrein SCHREIN
(ศาลเจ้าพ่อมเหศักดิ์; Th Robbung) Der moderne
prang im Khmer-Stil ist dem Hindu-Gott
Indra geweiht. Nachts wirkt er fast unheimlich.

Rim-Bueng-Kaen-Nakhon-Markt MARKT
(ตลาดริมบึงแก่นนคร; Th Robbung; ◎16–22 Uhr)
Auf dem vergnügten kleinen Markt im
Schatten des hohen *bòht* und des *chedi* des
Wat That gibt's Imbissbuden, Shopping-
stände und Buden, an denen man Tonwa-
ren bemalen kann. Tagsüber kann man hier
Tretboote (30 B/halbe Std.) ausleihen.

Khon-Kaen-Stadtmuseum MUSEUM
(โฮงมูนมังเมืองขอนแก่น; Th Robbung; Eintritt 90 B;
◎Mo–Sa 9–17 Uhr) Das ausgesprochen gute

Khon Kaen

Hong-Moon-Mung-Museum im Amphitheater bietet mit seinen Dioramen und Ausstellungen, die bis in die Kreidezeit zurückreichen, eine gute Einführung in die Isaan-Region.

San Jao Bueng Tao Gong Ma   TEMPEL
(ศาลเจ้าปึงเถ่ากงม่า; Th Robbung) Der größte und schönste chinesische Tempel von Khon Kaen wird manchmal auch San Jao Bueng Kaen Nakhon genannt. Im Park auf der anderen Straßenseite steht eine große Statue von Guan-Im (der chinesischen Göttin der Barmherzigkeit).

Wat Pho Ban Nontan   TEMPEL
(วัดโพธิ์บ้านนนทัน; Th Phot Thisan; ◷bei Tageslicht) Dieser friedvolle Tempel, der älter als die Stadt ist und einen in Thailand einzigartigen *săh·lah* hat, liegt auf einem Grundstück voller Bäume in unmittelbarer Nähe zum See. Das Erdgeschoss zieren kunstvoll gemeißelte Bäume, Tiere und Dorfszenen, die alte Sprichwörter des Isaan darstellen.

Einsäulenpagode   SCHREIN
(ศาลเจ้าเสาเดียว; Th Robbung) Diese Replik des berühmten Tempels in Hanoi wurde von den zahlreich in Khon Kaen lebenden Vietnamesen erbaut. Ein guter Ort, um den Sonnenuntergang zu beobachten.

ANDERSWO IN KHON KAEN
Khon-Kaen-Nationalmuseum   MUSEUM
(พิพิธภัณฑสถานแห่งชาติขอนแก่น; Th Lang Sunratchakan; Eintritt 100 B; ◷Mi–So 9–16 Uhr) Die interessante Sammlung enthält Artefakte von prähistorischen Zeiten bis zur Gegenwart. Zu den Highlights zählen Tonwaren aus Ban Chiang und ein Dvaravati-*săir·mah* (Tempel-Grenzstein), der zeigt, wie Prinzessin Pimpa mit ihren Haaren Buddhas Füße säubert. Die Exponate aus Haushalt und Landwirtschaft geben einen Eindruck davon, was man auf dem Land zu sehen bekommt.

Wat Tham Uthayan   TEMPEL
(วัดธรรมอุทยาน; Th Mittaphap; ◷tagsüber) Der friedliche Tempel, 10 km nördlich der

Stadt, beherbergt in seiner riesigen Anlage viele schöne Monumente, darunter auch eine 23 m hohe weiße schreitende Buddha-Figur. Inzwischen hat sich der Tempel zu einem bekannten Meditationszentrum gemausert, weil hier nicht eine bestimmte Methode gelehrt wird, sondern Luang Po Gluai die Leute dazu ermutigt, ihren eigenen Weg zum inneren Frieden zu finden. Hierher gelangt man mit dem *Sŏrng·tăa·ou* der Linie 4 (15 B) von der Th Na Muang oder der Th Prachasamoson.

Universitätsmuseum
für Kunst & Kultur
MUSEUM

(หอศิลป์วัฒนธรรม มหาวิทยาลัยขอนแก่น; Eintritt frei; ⏰10–19 Uhr) Der Schwerpunkt der kulturellen Präsentation der Khon-Kaen-Universität ist diese zweistöckige Kunstgalerie, die jeden Monat Installationen von Studenten sowie Arbeiten professioneller Künstler zeigt. Das **Museum für Bildung** (Eintritt frei; ⏰8.30–16.30 Uhr) im oberen und hinteren Teil bietet einen kleinen Einblick in die Kultur des Isaan – aber nur, wenn man Thailändisch versteht.

🏃 Aktivitäten

Es gibt zwei Tourveranstalter in Khon Kaen, die Stadtrundfahrten und Ausflüge in ganz Isaan anbieten.

Khon Kaen Education & Travel
Programs
GEFÜHRTE TOUREN

(☑08 3359 9115; www.tourisaan.com) Bietet ein paar Freizeitaktivitäten für Traveller. Manche Ausflüge beinhalten auch einen ruhigen Kajaktrip auf dem Nam Phong in der Nähe des Ubonrat-Damms.

Veena Spa
MASSAGEKURS

(☑08 9711 8331; veenasspa@gmail.com; Soi Supatheera) Bringt einem auf Englisch bei, wie man Thai-Massagen macht.

🎎 Feste & Events

Die **Seidenmesse** und das **Phuk-Siaw-Fest** finden an zwölf Tagen Ende November gleichzeitig statt. Rund um das *săh·lah glahng* feiern die Einheimischen die Tradition des *pòok sèe·o*, ein Freundschaftsritual, bei dem man sich gegenseitig heilige Bändchen (*fâi pòok kăan*) ums Handgelenk bindet. Es ist mehr als nur ein symbolischer Akt, denn die Freunde erlangen mit der Zeremonie einen Status, der dem von Geschwistern gleicht. Außerdem gibt's einen Umzug, Isaan-Musik und jede Menge Gelegenheiten zum Shoppen.

🛌 Schlafen

Piman Garden
HOTEL $$

(☑0 4333 4111; Th Glang Meuang; Zi. 850–1250 B, Suite 1450–1650 B; ❄@🛜) Das von einem kleinen Garten umgebene Piman etwas abseits der Straße bietet trotz seiner Lage im Zentrum Ruhe und Privatsphäre. Alle Zimmer sind mit Safe und Kühlschrank ausgestattet; die meisten haben auch einen Balkon oder eine Terrasse. Trotz der kürzlichen Preiserhöhung immer noch eine gute Wahl.

Glacier Hotel
HOTEL $$$

(☑0 4333 4999; www.glacier-hotel.com; Soi Na Muang 25; EZ mit Frühstück 1800–2100 B, DZ mit Frühstück 2050–2350 B; ❄@🛜❄) Das trendige Boutiquehotel hat die Form eines riesigen Eiswürfels und hält sich auch in seiner Farbgestaltung strikt an Weiß und Blau. Es nimmt sein „cooles Image" etwas zu ernst, ist sonst aber durch und durch reizend und nett. Alle Zimmer bieten individuelle Details und all die modernen Annehmlichkeiten, die man in dieser Preisklasse erwarten darf.

Charoenchit House
HOTEL $

(☑0 4322 7300; www.chousekhonkaen.com; Th Chuanchun; Zi. 400–600 B; ❄@🛜) Von außen sehen die beiden blendend weißen Türme nördlich des Sees nicht vielversprechend aus, aber alle Zimmer – sowohl die einfachen zu 400 B als auch die hübsch gestalteten für 600 B – bieten ein gutes Preis-Leistungs-Verhältnis.

KK Centrum
HOTEL $$

(☑08 1574 0507; www.kk-centrum.com; 33/17-18 Soi Supatheera; Zi. mit Frühstück 650–850 B; ❄🛜) Was wie ein normales kleines Thai-Hotel aussieht, übertrifft sich selber mit seinen Details. Alle Zimmer sind mit hochwertigem Mobiliar ausgestattet, und der aufmerksame Besitzer, der auch hier wohnt, nimmt seinen Job sehr ernst. Es ist schön ruhig hier, weil das Hotel im Hinterhaus liegt.

Saen Samran Hotel
HOTEL $

(☑0 4323 9611; 55-59 Th Glang Meuang; EZ/DZ 200/250 B; @🛜) Das älteste Hotel der Stadt ist zugleich das charismatischste. Das holzgetäfelte obere Stockwerk zeugt noch vom Glanz vergangener Zeiten. Die Zimmer sind zwar etwas abgewohnt, aber sauber. Der Inhaber hat jede Menge Tipps und Infos zu Khon Kaen auf Lager.

Pullman Raja Orchid
HOTEL $$$

(☑0 4332 2155; www.pullmanhotels.com; abseits der Th Prachasumran; Zi. mit Frühstück

2725–2950 B, Suite 3450–5450 B; ✱@🛜🏊) Die bewundernswerte Lobby ist nur der Auftakt in diesem Hotel, das zu den besten im Isaan gehört. Das Accor-Hotel mitten in der Stadt bietet internationalen Standard, gut ausgestattete Zimmer und reichlich Extras, darunter Luxusspa, Fitnesscenter und Kleinbrauerei. Auf jeden Fall sollte man die 225 B für eines der kürzlich renovierten Zimmer der Superior-Klasse mit besserer Aussicht drauflegen.

Roma Hotel HOTEL $
(📱0 4333 4444; Th Glang Meuang; Zi. 230–1000 B; ✱🛜) Die einfache, aber effektive Renovierung hat aus dem deprimierenden alten Gebäude eine freundliche Unterkunft gemacht. Die preiswerteren Zimmer bieten jetzt ein tolles Preis-Leistungs-Verhältnis. Die 100 B teureren Boutique-Zimmer sind zwar bunter, aber weniger geschmackvoll, sodass man in der Preisklasse anderswo besser aufgehoben ist.

Grand Leo Hotel HOTEL $
(📱0 4332 7745; 62-62/1 Th Sichant; Zi. 350–450 B; ✱) Das eintönige Hotel liegt gleich um die Ecke von Khon Kaens Barviertel. Funktionale, wenn auch etwas schäbige Absteige.

Biggie & Biggoe Place HOTEL $$
(📱0 4332 2999; Th Robbung; Zi. 650–800 B; ✱🛜) Wer in Khon Kaen lieber relaxen als einen draufmachen will, der ist mit diesem Hotel am See am besten bedient. Die Zimmer sind eher langweilig, aber durchaus nicht schlecht.

✖️ Essen & Ausgehen

Khon Kaen hat einen guten **Nachtmarkt** (Th Reunrom; ⊘17–24 Uhr), und der östlichste Block des Straßenmarkts (S. 492) ist ein fantastisches Ziel für Schlemmer. Es gibt auch Imbisse auf dem Rim-Bueng-Kaen-Nakhon-Markt (S. 488), aber die Leute kommen eher wegen der tollen Atmosphäre als wegen dem Essen her. Gutes, preisgünstiges Essen bekommt man auch an den **Ständen** (Th Glang Meuang; ⊘mittags & abends) zwischen der Th Ammat und dem Roma Hotel.

LP TIPP Turm-Rom THAILÄNDISCH $
(Th Chetakhon; Gerichte 39–139 B; ⊘ abends) Die Kombination aus einer der besten Küchen in der Stadt und dem ruhigen, überdachten Garten machen das tolle Lokal zum perfekten Ziel, wenn man auswärts essen möchte. Das *hòr mòk tá·lair* (Meeres-

früchte-Curry in Kokosmilch) ist besonders gut, aber auch wenn wir etwas anderes bestellten, bekamen wir nie etwas Schlechtes.

LP TIPP Dee Dee THAILÄNDISCH $
(Soi Khlong Nam; Gerichte 30–80 B; ⊘mittags) Sieht aus wie ein gewöhnliches Lokal, aber der Koch Khun Jaang vollbringt wahre Wunder am Wok in Form außergewöhnlicher Speisen. Unbedingt das *bàt mèe pát tim* (gebratene Eiernudeln mit roter Currypaste) probieren!

Chor Wang Puu THAILÄNDISCH $$
(keine Ausschilderung in lateinischen Buchstaben; Th Robbung; Gerichte 80–350 B; ⊘abends) Mit seinen holz- und strohgedeckten Sitzbereichen an einem großen Teich erinnert der „Krabbenpalast" vage an ein Fischerdorf. Natürlich nimmt Fisch einen großen Teil der Speisekarte mit thailändischen, chinesischen und Isaan-Gerichten ein. Abends ist es hier wunderschön, und man kann vielleicht sogar weit hinter dem See die Sonne untergehen sehen.

Slove U CAFÉ $
(Th Sri Nual; grüner Tee mit Milch 40 B; ⊘mittags & abends; 🛜) Weil Khon Kaen eine junge Stadt ist, haben sich hier viele gute Cafés angesiedelt. Eines unserer liebsten ist dieses freundliche, wenn auch winzige Café, das hübsch mit Schnickschnack übersät ist.

Hom Krun THAILÄNDISCH $
(Th Reunrom; Gerichte 45–199 B; ⊘mittags & abends) Tagsüber ein Café, abends eine Bar. Die relaxte Atmosphäre und die schattige Terrasse machen das Hom Krun zu einem unserer Lieblingsorte hier.

Gai Yang Rabeab NORDOSTTHAILÄNDISCH $
(keine Ausschilderung in lateinischen Buchstaben; Th Theparak; Gerichte 30–160 B; ⊘mittags) Die meisten Thais sind davon überzeugt, dass in der Provinz Khon Kaen das beste *gài yâhng* gemacht wird, und dieses einfache Lokal, das sich voll und ganz auf Isaan-Speisen konzentriert, gilt diesbezüglich als das beste in der Stadt, denn sowohl der Inhaber als auch die Hähnchen kommen aus Khao Suan Kwang, der *gài-yâhng*-Hauptstadt der Provinz.

Tawantong VEGAN $
(Th Lang Sunratchakan; Gerichte 25–35 B; ⊘morgens & mittags; 🍴) Das große Buffetlokal mit gesundem vegetarischen Essen liegt gegenüber vom Nationalmuseum. Das Essen ist so gut, dass auch viele Fleischesser zu den regelmäßigen Gästen gehören.

Plapanoy
NORDOSTTHAILÄNDISCH $

(keine Ausschilderung in lateinischen Buchstaben; Th Robbung; Gerichte 30–250 B; ☺mittags & abends) Wenn die Einheimischen Gäste von außerhalb haben, bringen sie sie in dieses große Freiluftlokal nahe Bueng Kaen Nakhon. Hier gibt es echte Isaan-Gerichte; die Spezialität ist Fisch.

Restaurant Didine
INTERNATIONAL $$

(Th Prachasumran; Gerichte 45–355 B; ☺abends) Der französische Koch und Inhaber fährt in seinem Restaurant mondäne *fa-ràng*-Gerichte auf, die man in Khon Kaen nicht erwarten würde, z. B. Nördlichen Schnapper mit Safran. Seine italienischen Kreationen enttäuschen aber.

Pomodoro
ITALIENISCH $$

(Soi Khlong Nam; Gerichte 140–320 B; ☺abends; ☎) Der uneingeschränkt beste Italiener in der Stadt.

Pavilion Café
INTERNATIONAL $$$

(Th Prachasumran; Frühstück/Mittag-/Abendessen 400/460/660 B; ☺morgens, mittags & abends) Das Hauptrestaurant des Pullman Hotel hat ein ausgezeichnetes internationales Buffet. Ein ähnliches, aber kleineres Buffet zum halben Preis bietet das nahe gelegene Kosa Hotel.

First Choice
INTERNATIONAL-THAILÄNDISCH $

(Th Pimpasan; Gerichte 40–250 B; ☺morgens, mittags & abends; ☎♪) Das First Choice ist das, was in Khon Kaen einem Backpackerhostel am nächsten kommt. Es serviert thailändische und ausländische Gasthaus-Standardgerichte – allerdings mit dem Unterschied, dass das Thai-Essen nicht schlecht ist. Die schmucklosen Zimmer oben (150–200 B) sind aus gutem Grund so preiswert.

Tasty Chocolat
CAFÉ $

(☎0 08 9572 7997; Th Nikorn Samrann; ☺mittags & abends; ☎) Isaans ganz eigenes Edelschokoladengeschäft.

☆ Unterhaltung

Rad
NACHTCLUB

(Th Prachasumran) Der ausgelassene, vielseitige Club mit Livemusik, DJs, Karaoke, Tänzerinnen und einem Freiluftrestaurant ist der feste Anker des Nachtlebens im Zentrum von Khon Kaen.

U-Bar
NACHTCLUB

(Soi Khlong Nam) Die U-Bar ist fast ausschließlich eine Domäne von Studenten der Khon-Kaen-Universität. Sie ist zwar kleiner als das Rad, aber genauso laut und voll.

Central Plaza
KINO

(Th Sichant) Im schicksten Einkaufszentrum von Khon Kaen gibt's ein Kino, das Filme auf Englisch zeigt, und eine Bowlingbahn.

Shoppen

Khon Kaen ist der beste Ort, um Kunsthandwerk aus dem Isaan zu kaufen.

LP TIPP Straßenmarkt
MARKT

(Th Na Soon Ratchakan; ☺Sa 18–23 Uhr) Ganz im Geiste der Straßenmärkte von Chiang Mai gibt's hier Hunderte von Verkäufern, darunter viele Studenten, die handgefertigte Handtaschen, T-Shirts, Postkarten, Bilderrahmen und dergleichen verkaufen – fast nichts davon ist teurer als 150 B. Tänzer, Musikanten und Straßenkünstler bauen sich an günstigen Ecken auf.

Prathammakant
KUNSTHANDWERK

(Th Reunrom; ☺9–19.30 Uhr) Hier gibt's die bei Weitem größte und beste Auswahl an Kunsthandwerk, darunter auch unzählige Seidenstoffe. Der bekannte Laden ist perfekt, weil man hier alles bekommt.

Phrae Pan
KUNSTHANDWERK

(131/193 Th Chatapadung) Der abgelegene Laden (in der Nähe des vietnamesischen Konsulats) wird vom Handicraft Center for Northeastern Women's Development betrieben und hat eine tolle Auswahl an natürlich gefärbten, handgewebten Seiden- und Baumwollstoffen aus den umliegenden Dörfern.

The Souvenir
ESSEN

(46/3 Th Glang Meuang; ☺7–20 Uhr) Kaum ein thailändischer Besucher verlässt Khon Kaen, ohne sich die Taschen mit regionalen Produkten vollgestopft zu haben: Besonders beliebt sind *gun chee·ang* (rote Schweinewürstchen), eine weitere Spezialität sind *kà·nŏm tùa* (Süßwaren mit Erdnüssen) und *kà·nŏm tan·yá·pêut* (Süßwaren aus Samen). Den Betrieb gibt's schon fast seit einem Jahrhundert. Kostproben sind gratis.

Sueb San
KUNSTHANDWERK

(keine Ausschilderung in lateinischen Buchstaben; 16 Th Glang Meuang; ☺Mo–Sa 8–18.30 Uhr) Der Laden ist nicht so abgelegen wie das Phrae Phan und hat mit Naturfarben behandelte Stoffe sowie ungewöhnliche handgemachte Souvenirs auf Lager.

Rin Thai Silk
KUNSTHANDWERK

(412 Th Na Meuang) Viele Einheimische, vor allem Bräute, schauen sich hier nach erstklassiger Seide um.

Talat Bobae & Talat Banglamphu MÄRKTE
(Th Glang Meuang) Es gibt hier kaum etwas, das als Souvenir durchgehen könnte, aber die beiden nebeneinanderliegenden Märkte bieten frisches Essen, Haushaltsgegenstände und Secondhand-Klamotten und eignen sich gut zum Stöbern.

International Books, Travel and More
BÜCHER
(Soi 4, Th Sichant; ⊙Mo–Sa 9–18 Uhr) Hier gibt's Bücher aus zweiter Hand.

ⓘ Praktische Informationen

Geld
In den drei größten Einkaufszentren von Khon Kaen, **Central Plaza** (Th Sichant), **TukCom** (Th Sichant) und **Fairy Plaza** (Th Na Meuang), gibt es Banken, die auch abends und an den Wochenenden geöffnet sind. Im Central und um Fairy finden sich auch AEON-Geldautomaten.

Internetzugang
In Khon Kaen ein Internetcafé zu finden, ist nicht besonders schwer. Für Nachtschwärmer ist das **S-Force** (Th Na Meuang; 17 B/Std.; ⊙24 Std.) das Richtige.

Konsulate
Laos (☏0 4324 2857; Th Prachasamoson; ⊙Mo–Fr 8–12 & 13–16 Uhr) Ein Visum bekommt man in 15 bis 30 Minuten. Zahlen kann man nur in Baht, und das zu einem schlechten Wechselkurs. Es ist also besser, wenn man sein Visum an der Grenze in Dollar bezahlt.

Vietnam (☏0 4324 2190; www.vietnamconsulate-khonkaen.org/en; 65/6 Th Chatapadung; ⊙Mo–Fr 9–11.30 & 14–16.30 Uhr) Man beantragt morgens das Visum und bekommt es am Nachmittag.

Notfall & Medizinische Versorgung
Khon Kaen Ram Hospital (☏0 4333 3800; Th Sichant) Rund um die Uhr geöffnete Notfallambulanz.

Touristenpolizei (☏0 4322 6195; Th Mittaphap) Südlich der Stadt direkt neben dem HomePro.

Post
Hauptpost (Th Glang Meuang; ⊙Mo–Fr 8.30–16.30, Sa, So & Feiertage 9–12 Uhr) Hat ein kleines Briefmarkenmuseum.

Reisebüros
Très Bien Travel (☏0 4332 2155; Pullman Raja Orchid, abseits der Th Prachasumran; ⊙Mo–Fr 8.30–17.30, Sa bis 14 Uhr)

Touristeninformation
Einreisebehörde (☏0 4346 5242; Hwy 2; ⊙Mo–Fr 8.30–12 & 13–16.30 Uhr) Nördlich der Stadt nahe dem Eingang der Khon-Kaen-Universität.

Tourism Authority of Thailand (TAT; ☏0 4324 4498; tatkhkn@tat.or.th; Th Prachasamoson; ⊙8.30–16.30 Uhr) Hat Stadtpläne und gibt auch Infos über die umliegenden Provinzen.

ⓘ An- & Weiterreise

Bus
Khon Kaen ist ein geschäftiger Verkehrsknotenpunkt. Von hier aus gibt es Direktbusse zu fast allen Städten im Isaan und darüber hinaus. An der Ringstraße südlich der Stadt wurde ein neuer Busbahnhof für klimatisierte Busse gebaut, aber er wird wohl noch nicht so bald in Betrieb gehen. Derzeit nutzen die Busse die zentral und günstig gelegenen beiden Busbahnhöfe, den **Busbahnhof für normale Busse** (☏0 4333 3388; Th Prachasamoson) und den **Busbahnhof für klimatisierte Busse** (☏0 4023 9910; Th Glang Meuang). Eigentlich müsste letzterer „Busbahnhof für Busse der 1. und der VIP-Klasse" heißen, denn die klimatisierten Busse der 2. Klasse (und selbst manche der 1. Kl.) nutzen den Bahnhof für normale Busse. Die besten VIP-Busse nach Bangkok (512 B) bieten **Nakhonchai Air** (☏0 2936 0009) um 11.15, 23.15 und 23.20 Uhr sowie **999 VIP** (☏0 4323 7300) um 23 Uhr. Wer am Busbahnhof für klimatisierte Busse eine Fahrkarte nach Vientiane (180 B, 4 Std., 7.45–15.15 Uhr) kaufen will, muss das Einreisevisum für Laos bereits haben.

BUSSE VOM BUSBAHNHOF FÜR NORMALE BUSSE

ZIEL	PREIS (B)	DAUER (STD.)
Chaiyaphum	58–81	2½
Khorat	118	3
Loei	129	3½
Mukdahan	155	4½
Nakhon Phanom	221	5
Nong Khai	110	3½
Phitsanulok	202–223	6
Roi Et	73–94	2½
Udon Thani	76	2

BUSSE VOM BUSBAHNHOF FÜR KLIMATISIERTE BUSSE

ZIEL	PREIS (B)	DAUER (STD.)
Bangkok	329–512	6–7
Chiang Mai	437–504	12
Khorat	118–230	3
Nakhon Phanom	221	5
Mukdahan	187	4
Nong Khai	139	3½
Phitsanulok	290	6

ZIEL	PREIS (B)	DAUER (STD.)
Busbahnhof Suvarn-abhumi (Flughafen)	335	6½
Ubon Ratchathani	216–252	4½
Udon Thani	101	2

Flugzeug

THAI (☑ 0 4322 7701; www.thaiairways.com; Pullman Raja Orchid, abseits der Th Prachasumran; ⏲ Mo–Fr 8–17 Uhr) hat täglich drei Flüge zwischen Bangkok und Khon Kaen (einfache Strecke 2600 B).

Mehrere Hotels, darunter das Pullman und das Piman Garden, setzen bei allen am Flughafen Khon Kaen ankommenden Flügen Shuttles (70 B) ein, die man auch benutzen kann, wenn man nicht Gast des Hotels ist.

Zug

Zwischen Bangkok und dem **Bahnhof Khon Kaen** (☑ 0 4322 1112) gibt es einen Express am Morgen und zwei am frühen Abend (2. Kl. mit Klimaanlage 399 B, 1. Kl. Schlafwagen B. oben/unten 968/1168 B, 8 Std.) sowie einen preisgünstigeren Schnellzug am Abend. Nach Udon Thani (3. Kl. 25 B, 2. Kl. mit Klimaanlage 117 B, 1½–2 Std.) fahren am Nachmittag und frühen Morgen vier Züge; nur die Morgenzüge fahren weiter bis nach Nong Khai.

ℹ Unterwegs vor Ort

Sŏrng·tăa·ou (9 B) verkehren regelmäßig auf festen Routen überall in der Stadt. Die praktischsten sind die Linie 8, die zum Wat Nong Wang und nach Nordwesten bis zur Universität fährt, die Linie 10, die am laotischen Konsulat und in der Nähe des vietnamesischen Konsulats (150 m nördlich der Ampel, östlich des Khon Kaen Hospital) vorbeifährt, die Linie 11, die am Bahnhof vorbeifährt, und die orangene Linie 21, die einen bis zum Nationalmuseum bringt. All diese Linien halten auch am Busbahnhof für klimatisierte Busse an der Th Glang Meung.

Für individuelle Fahrten gibt es Túk-Túks – die teuerste Methode um herumzukommen (kurze Strecke 40–60 B). Die meisten Leute nutzen sie trotzdem, weil man **Taxis mit Taxameter** (☑ 0 4346 5777, 0 4334 2800; Grundgebühr 30 B, Bestellgebühr 20 B) an der Straße nur selten bekommt, wenn man eines bestellt, lange darauf warten muss. So ziemlich die einzigen Orte, wo man ein wartendes Taxi oder ein Motorradtaxi (innerhalb der Stadt 20–30 B) findet, ist an den Busbahnhöfen und am Einkaufszentrum Central Plaza.

Es gibt viele Autovermieter rund um das Einkaufszentrum TukCom; **Narujee** (☑ 0 4322 4220; Soi Kosa) ist eine verlässliche Wahl (Auto mit Fahrer ab 1200 B).

Rund um Khon Kaen

CHONNABOT
ชนบท

Der kleine Ort 55 km südwestlich von Khon Kaen ist eines der erfolgreichsten Seidenweberdörfer Thailands und berühmt für seine erstklassigen *mát-mèe*-Stoffe. Das **Sala Mai Thai** (keine Ausschilderung in lateinischen Buchstaben; ☑ 0 4328 6160; Eintritt frei; ⏲ Do–Di 9–17 Uhr) ist ein Museum für Seidenweberei auf dem Campus des Khon Kaen Industrial & Community Education College. Dort kann man alles über die Herstellung von Seide erfahren und darf sogar selbst an den Webstuhl. Hinten findet man eine Ausstellungshalle mit Holzapparaturen zum Spinnen, Knüpfen, Färben und Weben von Seide, mit denen die Leute in Dörfern per Hand gearbeitet haben, sowie große Maschinen, die in Fabriken zum Einsatz kamen. In einem Raum im Obergeschoss sieht man traditionelle *mát-mèe*-Muster und ein paar Nachbauten typischer Isaan-Häuser mit diversen traditionellen Haushaltsgegenständen. Das Museum liegt 1 km westlich der Stadt an der Fernstraße.

Der Pavillon verkauft zwar ebenfalls Seidenstoffe, aber die meisten Leute decken sich in den vielen Läden an der Th Sriboonruang ein, die auch **Seidenstraße** genannt wird. Manche von ihnen führen auch schöne Baumwollstoffe aus dem nahe gelegenen Dorf Ban Lawaan. Außerhalb des Zentrums, vor allem im Norden nahe dem Tempel und der Schule, sieht man oft Frauen am Webstuhl in ihren Häusern. Sie haben selten etwas dagegen, wenn man ein bisschen zusieht.

Vom Busbahnhof für normale Busse fahren Busse Richtung Nakhon Sawan, die einen in Chonnabot (39 B, 1 Std., 6-mal tgl.) absetzen. Man kann auch den Bus

DER ORCHIDEENPARK

Wer irgendwann zwischen Ende Dezember und Anfang Februar Chonnabot besucht, sollte sich auch die Zeit für einen Abstecher zum 11 km westlich gelegenen **Wat Pa Mancha Khiri** (⏲ bei Tageslicht) nehmen. Je nach Wetterlage füllen dann Tausende von Rhynchostylis-Orchideen (auch Chang Kra genannt) die Tempelanlage. Im hiesigen TAT-Büro (S. 453) kennt man die exakten Daten.

Das zunehmende Interesse von Thais und Ausländern verhalf der fast schon in Vergessenheit geratenen traditionellen *mát·mèe*-Technik aus dem Isaan zu einem enormen Aufschwung. Heute ist sie eine der bekanntesten Webtechniken Thailands. Ähnlich wie beim indonesischen *ikat* werden beim *mát·mèe* die einzelnen Stränge im Schnurbatikverfahren vor dem Einfärben zusammengebunden (*mát* bedeutet „binden" und *mèe* „Stränge"), sodass sich beim Weben geometrische Muster ergeben, die sich ständig wiederholen und ineinander verlaufen.

Am Anfang spannen die Weberinnen den Faden – Seide oder Baumwolle – fest über einen Holzrahmen, der genauso breit sein muss, wie der fertige Stoff später sein soll. Je nachdem, wie das Muster später aussehen soll, binden die meist ohne Vorlage arbeitenden Weberinnen die einzelnen Fäden mit Plastikstreifen (früher wurde dazu die Rinde von Bananenstauden verwendet) zu Strängen zusammen. Der Rahmen wird dann in Farbe getaucht (heute kommen meist chemische Farben zum Einsatz, aber z. B. aus Blumen oder Baumrinde gewonnene Naturfarben werden wieder gefragter). Dabei nehmen die freiliegenden Fäden Farbe auf, die umwickelten Stränge nicht. Das Einwickeln und Einfärben wird solange wiederholt, bis sich beim Weben das komplizierte Muster ergeben kann. Je mehr man über die aufwändige Technik erfährt, desto besser versteht man, wie faszinierend es ist, dass das fertige Produkt schließlich so wunderbar aussieht.

Bei den meisten Mustern, die von Generation zu Generation (von den Müttern zu den Töchtern) weitergegeben werden, handelt es sich um abstrakte Darstellungen von Dingen in der Natur, z. B. von Bäumen oder Vögeln. Mittlerweile entwerfen aber immer mehr Designer in Zusammenarbeit mit mehreren Weberinnen moderne Muster, die wesentlich höhere Preise erzielen.

(30–40 B, 1 Std., jede halbe Std.) oder Zug (9 B, 30 Min.) nach Ban Phai nehmen und dort in einen Bus nach Chonnabot (15 B, 20 Min., stündl.) umsteigen.

PRASAT PUAY NOI   ปราสาทเปือยน้อย
Der aus dem 12. Jh. stammende **Prasat Puay Noi** (Eintritt frei; ☉bei Tageslicht) ist die größte und interessanteste Khmer-Ruine im nördlichen Isaan, auch wenn sie sich noch nicht einmal mit einigen weniger bekannten Ruinen weiter südlich messen kann. Von ihren Ausmaßen ist die Tempelanlage vergleichbar mit dem Prasat Muang Tam in Buriram, ist aber nicht so prächtig wie dieser. Der nach Osten hin ausgerichtete Tempel beinhaltet in seinem Zentrum ein großes Heiligtum aus Sandstein, das von drei teilweise eingefallenen *prangs* überragt wird und von Lateritmauern umgeben ist. Einige ausgezeichnete Reliefs (darunter Shiva auf seinem Bullen Nandi) finden sich noch auf dem Sockel der Hinterwand der „Bibliothek" und einige fast lebensechte *nagas* an der Ecke des Haupttors.

Von Khon Kaen kommt man mit öffentlichen Verkehrsmitteln hierher: Man nimmt den Bus (30–40 B, jede halbe Std.) oder den Zug (9 B, 30 Min., 7.55 oder 8.39 Uhr) nach Ban Phai und von dort ein *sŏrng·tăa·ou*

nach Puay Noi (35 B, 1 Std.). Der letzte *sŏrng·tăa·ou* zurück nach Ban Phai fährt um 14 Uhr. Mit eigenem Fahrzeug fährt man von Khon Kaen 40 km nach Süden auf dem Hwy 2 bis Ban Phai und dann auf dem Hwy 23 (Ausschilderung nach Borabu) 11 km nach Osten bis zur Ausfahrt auf die Rte 2301. Über diese und die Rte 2297 geht es insgesamt 24 km nach Südosten durch ländliches Gebiet bis nach Ban Puay Noi.

PHU WIANG NATIONAL PARK   อุทยานแห่งชาติภูเวียง
Bergarbeiter einer Uranmine entdeckten 1976 in dieser Region die riesige Kniescheibe eines Dinosauriers, und bei den daraufhin eingeleiteten Grabungen fanden Paläontologen tatsächlich das 15 m lange Fossil eines Pflanzenfressers, der nach Prinzessin Sirindhorn *Phuwianggosaurus sirindhornae* genannt wurde. Das Dino-Fieber brach aus (was auch die vielen Dinofiguren in Khon Kaen erklärt), und nachdem noch weitere Funde gemacht wurden, erklärte man das Gebiet zum **Phu Wiang National Park** (☎ 0 4335 8073; Eintritt 200 B).

An einer der eingezäunten **Ausgrabungsstätten** (☉8.30–16.30 Uhr) ist das unvollständige Skelett eines *Siamotyrannus isanensis* zu sehen, eines frühen

Vorfahrens des *Tyrannosaurus rex*. Vom Besucherzentrum und den Parkplätzen in der Nähe führen Wege dorthin. Wer weiter in den Park vordringen will (am besten mit Geländewagen oder Mountainbike), findet Fußabdrücke von Dinosauriern, Wasserfälle und einen tollen Aussichtspunkt.

Das **Phu-Wiang-Museum** (☏0 4343 8204; ☺Di–So 9–17 Uhr; Eintritt frei), 5 km vor dem Park, zeigt paläontologische und geologische Funde sowie lebensgroße Modelle der Dinosaurierarten, die einst in diesem Gebiet lebten. Kinder sind davon begeistert. Das gilt auch für die gigantischen fotogenen Dinosaurier-Statuen im nahen **Si Wiang Dinosaur Park**. Wiang Kao, der Distrikt in dem hufeisenförmigen Gebirge, in dem der Park liegt, ist ein Obstanbaugebiet. Die Gegend lässt sich prima mit dem Auto erkunden und bietet einen Einblick in das traditionelle Leben auf dem Lande.

Im Park gibt's einen **Bungalow** (☏0 2562 0760; www.dnp.go.th/parkreserve; Bungalow 1200 B) für zwölf Personen und einen **Campingplatz** (mit eigenem Zelt 30 B/Pers., Zelt 4/6 Pers. 400/600 B). Tagsüber bekommt man einfaches Essen.

Der Parkeingang liegt 90 km westlich von Khon Kaen. Busse vom Busbahnhof für normale Busse in Khon Kaen fahren nach Phu Wiang (40–50 B, 1½ Std., jede halbe Std.), wo man für die restlichen 19 km bis zum Park ein Túk-Túk (hin & zurück 400 B) oder ein Motorradtaxi (200 B) nehmen kann. Wer nur für die Hinfahrt bezahlt, riskiert, keine Rückfahrmöglichkeit zu finden.

NAM NAO NATIONAL PARK อุทยานแห่งชาติน้ำหนาว

Der **Nam Nao National Park** (☏0 5681 0724; Eintritt 200 B) ist eines der kostbarsten Naturschutzgebiete Thailands. Auf einer Fläche von fast 1000 km² erstreckt es sich gleich hinter der Provinz Khon Kaen über das Phetchabun-Gebirge in den Provinzen Chaiyaphum und Phetchabun. Obwohl der Park abgelegen ist (hier hatte sich die thailändische Volksbefreiungsarmee bis in die frühen 1980er-Jahre festgesetzt), ist der Park über den Hwy 12 gut zu erreichen.

Bei einer Durchschnittshöhe von 800 m ist es im Park das ganze Jahr über recht kühl (*ám nŏw* bedeutet „das Wasser fühlt sich kalt an"); im Dezember und Januar gibt es manchmal sogar Frost. Hier entspringen drei Flüsse: der Chi, der Saphung und der Phrom. Hier gibt es Laub- und Nadelwälder und einige große Bambushaine.

Das 1560 km² große **Phu Khiaw Wildlife Sanctuary** grenzt direkt an den Park, sodass es hier besonders viele Tiere gibt, die aber wesentlich scheuer sind als die im nahen Phu Kradueng National Park, weshalb man sie viel seltener zu sehen bekommt. Wer Glück hat, erspäht vielleicht Elefanten, Malaienbären, Bantengs (Wildrinder), Goldschakale, Muntjaks, Gibbons, Schuppentiere oder Gleithörnchen. Es gibt sogar ein paar wenige Tiger. Zudem bevölkern mehr als 200 Vogelarten den Wald, darunter Papageien und Nashornvögel.

Vom Besucherzentrum ausgehend, durchzieht ein beachtliches System von **Wanderwegen** den Park, die zu mehreren malerischen Aussichtspunkten führen. Der **Wasserfall Haewsai** befindet sich 17 km östlich vom Besucherzentrum. Die besten **Aussichtspunkte** zum Beobachten des Sonnenaufgangs und des Morgennebels bzw. des Sonnenuntergangs liegen 5 km bzw. 11 km weiter westlich.

Neben dem Besucherzentrum gibt es **Stellplätze** (mit eigenem Zelt 30 B/Pers., Zelt 2–6 Pers. 100–300 B), ein paar **Bungalows** (☏0 2562 0760; www.dnp.go.th/parkreserve; Bungalow 4–12 Pers. 1000–4000 B) und einfache Restaurants.

Regelmäßig fahren Busse zwischen Khon Kaen (115 B, 2½ Std., stündl.) und Phitsanulok durch den Park. Das Besucherzentrum liegt 1,5 km von der Fernstraße entfernt.

KOBRADORF BAN KHOK SA-NGA หมู่บ้านงูจงอางบ้านโคกสง่า

Im selbsternannten „Königskobra-Dorf" Ban Khok Sa-Nga dreht sich alles um die giftigen Reptilien. Die Einwohner züchten Hunderte davon, und die meisten Familien halten ein paar in Kisten unter ihren Häusern.

Alles begann damit, dass Ken Yongla, ein Reisender in Heilkräutern, Schlangen vorführte, um Kunden anzulocken. Sein Plan ging auf, und seitdem werden hier Schlangen gezüchtet und dressiert. Heute veranstaltet der King Cobra Club of Thailand **Schlangenshows** (Spende erbeten; ☺8.30–17 Uhr), bei denen die Dompteure die Schlangen und damit das Schicksal herausfordern – sie verlieren immer wieder, wie die vielen fehlenden Finger beweisen. Im Dorf werden auch noch immer Heilkräuter verkauft.

Das Dorf liegt 50 km nordöstlich von Khon Kaen, zu erreichen über den Hwy 2 und die Rte 2039. Im Busbahnhof für normale Busse in Khon Kaen nimmt man einen

Bus Richtung Kranuan und lässt sich an der Abzweigung nach Ban Khok Sa-Nga (30 B, 1 Std., jede halbe Std.) absetzen, wo es mit einem Túk-Túk (20 B/Pers.) weitergeht.

Mit dem Auto von Khon Kaen sollte man über die Landstraße fahren, die am **Phra That Kham Kaen** (Reliquienschrein aus Tamarinden-Hartholz) vorbeiführt, einem verehrten *chedi* im Dorf Ban Kham.

PROVINZ UDON THANI

Udon Thani   อุดรธานี

227 200 EW.

Udon Thani steht mit einem Bein an der Fernstraße und mit dem anderen in unwegsamem Gelände. Der Vietnamkrieg bescherte der Stadt durch einen US-Luftwaffenstützpunkt in der Nähe einen rasanten Aufschwung. In der Folge wurde sie zum wichtigsten Transport- und Wirtschaftszentrum der Region. Heute muss man lange suchen, um hinter der Betonfassade des Wohlstands Spuren der Vergangenheit zu finden. Nur wenige ausländische Traveller verirren sich nach Udon, das sich vor allem dadurch auszeichnet, der größten Ausländergemeinde des Isaan jede Menge westliche Essgelegenheiten und Einrichtungen zu bieten, damit sie nicht allzu großes Heimweh haben.

◉ Sehenswertes

Udorn Sunshine Nursery   GARTEN

(สวนกล้วยไม้หอมอุดรซันไฌน์; 127 Th Udorn-Nong Samrong; ◷8–17 Uhr) Schon mal eine Pflanze tanzen gesehen? Hier ist das möglich! Berühmt wurde die gleich nordwestlich der Stadt gelegene Udorn Sunshine Nursery, weil es ihr als erster gelang, aus Orchideen ein Parfum zu gewinnen. Mittlerweile züchtet die Gärtnerei eine Hybridpflanze, *Codariocalyx motorius ohashi leguminosae*, die zu Musik tatsächlich „tanzt". Die ausgewachsene Pflanze hat lange, ovale sowie kleinere, ähnlich geformte Blätter. Wenn man mit einer hohen Stimme spricht oder singt (oder besser noch Saxophon oder Violine spielt), wiegen sich ein paar der kleineren Blätter vor und zurück. Das ist kein Trick – wir haben es mit eigenen Augen gesehen! Doch sollte man eher einen gemütlichen Walzer als eine feurige Salsa erwarten. Die Pflanzen sind in der kühlen Jahreszeit (Nov.–Feb.) am aktivsten, und zwar morgens zwischen 7 und 9.30 Uhr sowie nachmittags zwischen 16.30 und 18.30 Uhr.

Die Pflanzen sind unverkäuflich. Aber Besucher können einen aus der Pflanze gewonnenen „Udorn Dancing Tea" sowie die bekannteren Orchideen und Parfums von Miss Udorn Sunshine erwerben. Das neueste Produkt der Gärtnerei ist das aus braunen Baumwanzen hergestellte Parfum „Udorn Toob Moob Maeng Kaeng".

Mit dem Auto fährt man über die Rte 2024, ordnet sich unter dem Schild Ban Nongsamrong ein und folgt nach 150 m der Ausschilderung „Udorn Sunshine Fragrant Orchid". Der *sŏrng·tăa·ou* der Linie 16 (am besten steigt man an der Th Prajak vor dem Central Plaza ein) bringt einen am nächsten heran, aber auch die Linie 6 und der „gelbe Bus" fährt in die Nähe. Ein Túk-Túk vom Stadtzentrum kostet rund 80 B.

GRATIS Udon-Thani-Provinz-museum   MUSEUM

(พิพิธภัณฑ์เมืองอุดรธานี; Th Phosri; ◷Mo–Fr 8.30–16.30, Sa & So 8–16 Uhr) Das in den 1920er-Jahren im Kolonialstil erbaute Gebäude war früher eine Mädchenschule und beherbergt heute dieses Museum mit einer interessanten, umfangreichen Sammlung von geologischen Funden bis Kunsthandwerk.

Nong Prajak Park   PARK

(หนองประจักษ์) In den späten Nachmittagsstunden beginnt der beliebteste Park Udons aufzuleben. Vom Fischefüttern bis zum Radfahren kann man hier viel tun. Einen Fahrradverleih gibt's am Nordostufer (Fahrrad/Tandem/Triplett 20/40/50 B pro Std.). Am meisten los ist an der Th Thesa, denn von diesem Ufer aus lässt sich prima der Sonnenuntergang beobachten. Es gibt Dutzende von Masseuren, die so gegen 14 Uhr hier auftauchen, und zwei Stunden später öffnen die Töpferateliers ihre Türen, in denen man selbst auch mal den Pinsel schwingen kann. Restaurants sind den ganzen Tag geöffnet.

Sanjao Pu-Ya   TEMPEL

(ศาลเจ้าปู่ย่า; Th Nittayo; ◷bei Tageslicht) Der große, bunte chinesische Tempel am Südufer des Nong Bua zeugt von dem Reichtum der hiesigen thailändisch-chinesischen Händler. Der **Pu-Ya-Schrein** im Zentrum beherbergt kleine Bilder der chinesischen Götter Pu (Großvater) und Ya (Großmutter).

GRATIS Ho Chi Minh Educational & Tourism Historical Site   MUSEUM

(แหล่งศึกษาและท่องเที่ยวเชิงประวัติศาสตร์ (โฮจีมินห์); ☏08 7437 7852; ◷8–17 Uhr) 1928 und 1929

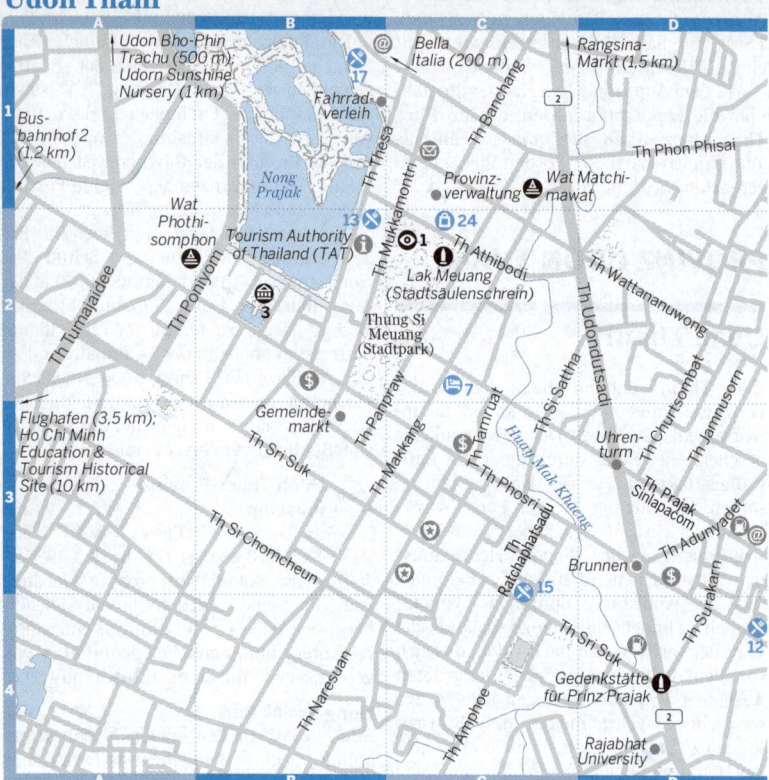

Karte:

Udon Bho-Phin Trachu (500 m); Udorn Sunshine Nursery (1 km)

Bella Italia (200 m)

Rangsina-Markt (1,5 km)

Busbahnhof 2 (1,2 km)

Th Thesa

Th Banchang

Th Phon Phisai

Fahrradverleih

Nong Prajak

Th Mukkamontri

Provinz-verwaltung

Wat Matchimawat

Wat Phothisomphon

Th Poniyon

Tourism Authority of Thailand (TAT)

13

1

24

Th Athibodi

Lak Meuang (Stadtsäulenschrein)

Th Wattananuwong

Th Turnajaidee

3

Thung Si Meuang (Stadtpark)

Th Udondutsadi

Flughafen (3,5 km); Ho Chi Minh Education & Tourism Historical Site (10 km)

Gemeinde-markt

Th Panprw

7

Th Sri Suk

Th Makkang

Th Tamruat

Huai Mak Khaeng

Th Sri Sattha

Uhren-turm

Th Churtsombat

Th Jammusorn

Th Si Chomcheun

Th Phosri

Th Ratchaphatsadu

Brunnen

Th Prajak Sinlapacom

Th Adunyadet

Th Surakarn

15

Th Naresuan

Th Amphoe

Th Sri Suk

12

Gedenkstätte für Prinz Prajak

2

Rajabhat University

---

nutzte Ho Chi Minh den Dschungel rund um das Dorf Hong Hang als eines seiner Basislager, um die große vietnamesische Gemeinde im Isaan für den Widerstand gegen die französische Besetzung Vietnams zu gewinnen und Soldaten auszubilden. Aus Stolz erbaute die hiesige vietnamesische Gemeinde kürzlich eine Replik der strohgedeckten Lehmhütte und ein großes Museum. Beide Gebäude waren bei unserem Besuch nahezu leer, aber bald sollen auch die Exponate folgen. Infos zum aktuellen Stand gibt's in der Touristeninformation. *Bâhn lung hoh* (Onkel Hos Haus), wie die Einheimischen es nennen, liegt 10 km von Udon entfernt. Mit dem *sŏrng·tăa·ou* 14 (13 B, 20 Min.) fährt man auf der Th Mukkamontri nach Süden bis zur Kreuzung und folgt die letzten 750 m der Ausschilderung.

Feste & Events

In den ersten 15 Tagen im Dezember feiert Udon die **Thung Si Meuang Fair** mit Isaan-

typischen Darbietungen und den üblichen Möglichkeiten zum Shoppen und Essen. Für die ersten zehn Tage werden die Statuen Pu und Ya aus dem Tempel Sanjao Pu-Ya in einen temporären Tempel im Stadtpark gebracht. Der Umzug am ersten und am zehnten Tag wird von großen Prozessionen mit einem 99 m langen Drachen begleitet. Auch am fünften Tag findet ein Drachentanz statt.

Schlafen

Much-che Manta   HOTEL **$$**

LP TIPP

(☎0 4224 5222; www.much-chemanta. com; 209-211 Th Makkang; Zi. mit Frühstück 850–1500 B, Suite 5000 B; ❄@🕏❄) Ein hübsches Boutiquehotel, das angesichts des Preises das bekanntere Prajaktra übertrifft, mit dem es zwangsläufig verglichen wird. Die kreative Beleuchtung, das viele echte Holz und die Farbakzente schaffen ein einzigartiges Design, und in dem hübschen Restaurant im hinteren Bereich steht u.a. auch Holzofenpizza auf der internationalen Speisekarte.

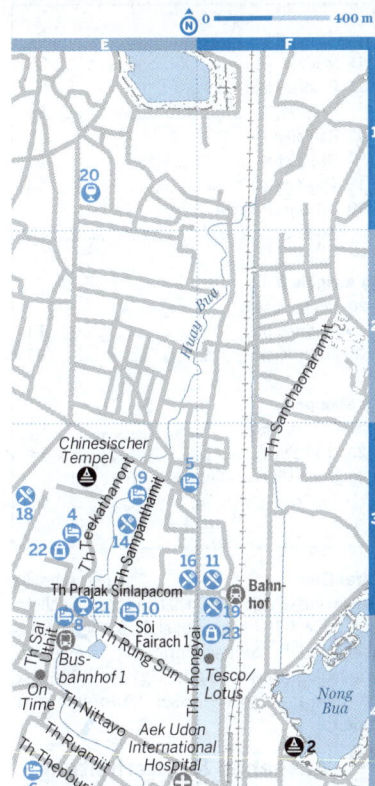

Centara
HOTEL $$$

(☎ 0 4234 3555; www.centarahotelsresorts.com; Th Teekathanont; Zi./Suite ab 2000/5000 B; ❄@🛜🏊) Das Flaggschiff unter den Hotels in Udon, das ehemalige Charoensri Grand, wurde sechs Monate lang gründlich renoviert, damit es sich an der Spitze halten kann. Die Zimmer sind etwas klein, aber ansonsten ausgezeichnet. Das Hotel bietet außerdem die ganze Palette an erstklassigen Einrichtungen (u.a. Sauna, Spa und Fitnesscenter).

Top Mansion
HOTEL $

(☎ 0 4234 5015; topmansion@yahoo.com; 35/3 Th Sampanthamit; Zi. 370 B; ❄@🛜) Das eindrucksvolle, makellose Hotel verdient Aufmerksamkeit, auch wenn es an der „Soi Falang" liegt.

Lotus Condotel
HOTEL $

(☎ 0 4234 07777; 43/4 Th Thepburi; Zi. 279–329 B; ❄🛜) Das Hotel sieht von außen wie ein Getreidesilo und in den Fluren wie ein Krankenhaus aus, aber es geht ja um die Zimmer – und die sind groß, sauber und haben den richtigen Preis. Aber das Beste ist die Lage in einem Viertel voller Studenten.

✘ Essen

Die Menschen in Udon schätzen ihre **Nachtmärkte** (Th Prajak; ◷16–23 Uhr). Die drei nebeneinanderliegenden Märkte vor dem Bahnhof (Centre Point, Precha und UD Basar) bieten eine eindrucksvolle Auswahl an Lebensmitteln und einen großen Biergarten.

Rabiang Phatchanee
THAILÄNDISCH $

(Th Suppakitchanya; Gerichte 50–250 B; ◷mittags & abends) Das Lokal am Ostufer des Sees serviert alle üblichen Thai-Gerichte, aber auch viele, die man bis dahin sicher noch nie probiert hat, z.B. Fischmagensalat. Man isst auf der schattigen Terrasse oder in den klimatisierten Räumen.

Bella Italia
INTERNATIONAL, THAILÄNDISCH $$

(70/4 Th Suppakitchanya; Gerichte 60–600 B; ◷abends; 🛜) Das Restaurant mit italienischem Besitzer am Nong-Prajak-See ist so italienisch, wie es im Isaan möglich ist. Die Speisekarte bietet aber auch eine internationale Auswahl, z.B. grüne Currys oder Lachs mit Salsa.

Maeya
THAILÄNDISCH $

(keine Ausschilderung in lateinischen Buchstaben; 79 Th Ratchaphatsadu; Gerichte 45–270 B; ◷mittags & abends) Das labyrinthartige Maeya

P & Mo Guesthouse
PENSION $

(☎ 08 4031 8337; arnudechbks@yahoo.co.th; 39 Th Rung Sun; Zi. 300–400 B; ❄@🛜) Die Zimmer sind einfach, aber in der freundlichen Pension bekommt man in Udon das meiste für sein Geld. Abgesehen von der Bushaltestelle vor dem Haus ist es hier relativ ruhig.

Udon Backpackers
PENSION $

(☎ 08 9620 8684; www.udonbackpacker.com; 299/5 Soi Fairach 1; 170 B/Pers.; 🛜) Die einfachen, sauberen Zimmer (meist nur mit Kaltwasserdusche) sind nichts Besonderes, aber sie sind um Vieles besser als in anderen Unterkünften derselben Preisklasse. Außerdem wird man von dem freundlichen Eigentümer Sammie herzlich empfangen.

City Lodge
HOTEL $

(☎ 0 4222 4439; 83/14-15 Th Wattananuwong; Zi. 500–600 B; ❄@🛜) Die farbenfrohen Zimmer in dem Hotel eines britischen Inhabers werden durch die Korbmöbel noch attraktiver.

Udon Thani

ist zu einem Viertel Thai-Restaurant und zu drei Vierteln englischer Tearoom. Die Kellner tragen Abendgarderobe, und die Speisekarte reicht vom Schinkensandwich bis zum Wildschwein mit roter Currysauce. Die englische Übersetzung der Karte gibt einige Rätsel auf, ist aber dennoch hilfreich.

The Zirocco   THAILÄNDISCH **$$**

(38/2 Th Adunyadet; Gerichte 59–259 B; ⊘ abends) In die Freiluftkneipe im Thai-Stil kommen die Leute mit Freunden, um zu essen, zu trinken und noch mehr zu essen. Wer einen heiteren Abend mit tollem Essen in ungezwungenem Ambiente erleben will, ist hier genau richtig. Die Speisekarte bietet keine englische Übersetzung, aber einige Angestellten verstehen ein paar Bocken.

Gib Shop   SAFTBAR **$**

(Th Thesa; ab 15 B; ⊘morgens, mittags & abends) Saft ist nicht gleich Saft – und das merkt man spätestens in dem Lokal am See. Das Obst und Gemüse für die Säfte kommt überwiegend aus biologischem Anbau, und man kann auch auf den Zuckerzusatz verzichten.

Irish Clock   INTERNATIONAL **$$**

(19/5-6 Th Sampanthamit; Gerichte 50–420 B; ⊘morgens, mittags & abends; 📶) Der holzgetäfelte Guinness-Pub ist eine Insel des Stils in einem Meer von Anmachschuppen. Auf der Karte findet man thailändische, westliche und indische Gerichte.

Chai Dun   THAILÄNDISCH **$**

(keine Ausschilderung in lateinischen Buchstaben; 539/14 Th Phosri; Buffet 60 B; ⊘mittags & abends) Die Menschenmassen beweisen, wie lecker (und preisgünstig) das Buffet ist, bei dem man so viel essen kann, wie man möchte.

🍷 Ausgehen & Unterhaltung

Die Nachtmärkte bieten viel Abwechslung. Man kann hier nicht nur essen, sondern auch Klamotten kaufen, Karaoke singen, Snooker spielen, sich ein Tatoo verpassen oder sich die Zukunft weissagen lassen. An manchen Wochenenden kann man auf großen Leinwänden Fußballspiele verfolgen oder Livebands lauschen.

Das Central Plaza (S. 501) zeigt manche Filme im O-Ton Englisch und hat auch eine Bowlingbahn.

Von allen Ortschaften im Isaan ist in Udon der Sextourismus am stärksten verbreitet und auch am unverhohlensten. Abends ist die Gegend rund um die „Soi Falang" (Th Sampanthamit) ziemlich schmierig. Trotzdem sind die meisten Leute, die nachts durch die Bars ziehen, nicht auf der Suche nach anderweitigen Aktivitäten.

Der **Bookhouse & Coffee Shop** (Soi 8, Th Adunyadet; ⊘9–21 Uhr) ist Udons bester Buchladen und einer der besten im Isaan. **Fuzzy Ken's** (302/10 Th Prajak; ⊘Mo–Sa 10–23 Uhr) hat eine kleinere Auswahl, aber eine bessere Lage. Beide Läden fungieren auch als *fa-ràng*-Treffs und bieten Essen und Getränke an.

Shoppen

Udon Bho-Phin Trachu KUNSTHANDWERK
(keine Ausschilderung in lateinischen Buchstaben; Th Poniyom; ☺7–18.30 Uhr) In dem großen Laden nordwestlich des Nong-Prajak-Sees findet man eine tolle Auswahl an Seide und Baumwolle, darunter auch ein paar mit Pflanzenfarben gefärbte Stoffe. Nach dem Schild mit dem Holzdach Ausschau halten.

Udon-City-Straßenmarkt MARKT
(Th Athibodi; ☺Fr & Sa 17–22 Uhr) Mit nur einer Handvoll Straßenhändlern, die handgefertigte Produkte verkaufen, kann sich die Fußgängerzone in Udons Stadtzentrum nicht mit den Märkten von Chiang Mai und Khon Kaen vergleichen. Aber auch wenn er nicht an seine Vorbilder herankommt, bietet dieser Straßenmarkt doch eine lustige, jugendliche Atmosphäre.

Die **Central Plaza** (Th Prajak; ☺Mo–Fr 11–21, Sa & So 10–21 Uhr) ist das größte Einkaufszentrum in Udon. Mehr Spaß verspricht aber ein Bummel durch die Open-Air-Mall **UD Town** (Th Thongyai; ☺11–22 Uhr).

❶ Praktische Informationen

Geld

Im **Central Plaza** (Th Prajak) und im **Tesco/Lotus** (UD Town) gibt es Banken, die bis spätabends und am Wochenende geöffnet sind. Im Tesco/Lotus gibt's auch einen AEON-Geldautomaten.

Notfall & Medizinische Versorgung

Aek Udon International Hospital (☏0 4234 2555; 555/5 Th Phosri) Notfallambulanz rund um die Uhr.

Touristenpolizei (☏0 4221 1291; Th Naresuan)

Post

Post (Th Wattananuwong; ☺Mo–Fr 8.30–16.30, Sa, So & Feiertage 9–12 Uhr)

Touristeninformation

Tourism Authority of Thailand (TAT; ☏0 4232 5406; tatudon@tat.or.th; Th Thesa; ☺8.30–16.30 Uhr) Hat Infos über die Provinzen Udon Thani, Nong Khai und Bueng Kan.

Udon Thani Map (www.udonmap.com) Der Stadtplan und der dazugehörige Reiseführer *Udon Thani Guide* sind ausgezeichnete Infoquellen. Kostenfrei erhältlich in allen touristischen Unternehmen.

❶ An- & Weiterreise

Bus

Busse zu den meisten Reisezielen, einschließlich Bangkok (321–412 B, 8–9 Std., jede halbe Std.), starten in der Innenstadt am **Busbahnhof 1** (☏0 4222 2916; Th Sai Uthit). **Chan Tour** (☏0 4234 3403; 550 B; 8-mal tgl.) und **999 VIP** (☏0 4222 1489; 641 B; 21 Uhr) bieten VIP-Busse nach Bangkok. Weitere Ziele sind Khorat (181–248 B, 4½ Std., jede halbe Std.), Sakon Nakhon (100–130 B, 3½ Std., jede halbe Std.), Khon Kaen (76–101 B, 2 Std., jede halbe Std.), Bueng Kan (150 B, 4½ Std., 12 tgl.), Pattaya (365–585 B, 11 Std., 10-mal tgl.), der Flughafen Suvarnabhumi (418 B, 8 Std., 21 Uhr) und Vientiane (80 B, 2 Std., 6-mal tgl.; Visum für Laos vorher besorgen).

Vom **Busbahnhof 2** (☏0 4221 4914) an der Ringstraße westlich der Stadt starten ebenfalls Busse zu vielen der oben genannten Ziele. Darüber hinaus fahren hier alle Busse zu Zielen im Westen ab, z. B. Loei (66–92 B, 3 Std., jede halbe Std.), Phitsanulok (212–275 B, 7 Std., 9-mal tgl.) und Chiang Mai (409–613 B, 12 Std., 6-mal tgl.).

Busse nach Nong Khai (35–47 B, 1 Std.) gibt es von beiden Busbahnhöfen, am häufigsten aber am Rangsina-Markt. Aus anderen Städten kommende Busse setzen die Fahrgäste manchmal hier ab, nachdem sie einen kurzen Stopp am Busbahnhof 1 eingelegt haben.

Flugzeug

THAI (☏0 2288 7000; www.thaiairways.com) und **Air Asia** (☏0 2515 9999; www.airasia.com) haben Flüge zwischen Udon Thani und dem Bangkoker Flughafen Suvarnaphumi im Angebot; **Nok Air** (☏0 2900 9955; www.nokair.com) nutzt den Bangkoker Flughafen Don Muang. Die regelmäßigen Sonderangebote von Air Asia und Nok Air halten die Preise bei rund 1500 B. Air Asia bietet täglich auch einen Direktflug nach Phuket (1600 B), und Nok Air fliegt täglich nach Chiang Mai (2500 B).

Flugtickets bekommt man bei **On Time** (☏0 4224 7792; 539/72 Th Sai Uthit; ☺Mo–Sa 8–17, So bis 14 Uhr), einem von mehreren Reisebüros in der Gegend.

Zug

Von Bangkok (2. Kl. mit Klimaanlage 479 B, 1. Kl. Schlafwagen B oben/unten 1077/1277 B; 10–11 Std.) gibt es zum **Bahnhof Udon Thani** (☏0 4222 2061) nachmittags zwei Expresszüge und einen am Morgen. Jeden Morgen fahren drei Züge nach Nong Khai (3. Kl. 11 B, 2. Kl. Ventilator/Klimaanlage 55/85 B, rund 1 Std.).

❶ Unterwegs vor Ort

Sŏrng-tăa-ou (10 B) verkehren regelmäßig auf festgelegten Routen überall in der Stadt. Die

Linie 6 (weiß) ist sehr praktisch, weil sie die Th Udondutsadi entlang, am Rangsina-Markt vorbei bis zum Busbahnhof 2 fährt. Es gibt auch zwei Stadtbusse (10 B). Der weiße Bus folgt der Th Udondutsadi, der gelbe fährt von der Th Phosri nach Nittayo und verbindet die beiden Busbahnhöfe miteinander. Alle Bus- und *sŏrng·tǎa·ou*-Linien sind auf dem kostenlosen Stadtplan von Udon Thani eingezeichnet.

An der Straße kann man nur selten ein **Taxi mit Taxameter** (☎ 0 4234 3239; Grundgebühr 30 B, Bestellgebühr 30 B) heranwinken, aber vor dem Busbahnhof 1 findet man immer welche. Túk-Túks hingegen (die hier „Skylab" genannt werden) gibt's scheinbar überall. Eine Fahrt vom Central Plaza zum Nong Prajak Park kostet normalerweise 80 B. In Udon gibt's auch noch Velotaxis, die billiger sind.

Viele Hotels holen ihre Gäste kostenlos vom Flughafen ab. Ansonsten kommt man mit einem Kleinbus (100 B/Pers.) in die Innenstadt. Es gibt viele Autoverleiher rund um das Central Plaza, z. B. **Fuzzy Ken's** (☎ 08 6011 4627; 302/10 Th Prajak).

Rund um Udon Thani

BAN CHIANG   บ้านเชียง

Die Region war früher ein wichtiges Zentrum der uralten Ban-Chiang-Kultur, einer auf Ackerbau basierenden Zivilisation, die jahrtausendelang im Nordosten Thailands existierte. Archäologische Ausgrabungen förderten einen Schatz an Artefakten zutage, die bis etwa 3600 v. Chr. zurückreichen. Damit war die vorherrschende Meinung widerlegt, dass Südostasien im Vergleich zu China und Indien zu jener Zeit kulturell zurückgeblieben war.

Die heute bedeutendste archäologische Stätte Südostasiens wurde 1966 rein zufällig entdeckt. Bei einer Wanderung durch die Gegend stolperte der Harvard-Student Stephen Young und fand direkt unter seiner Nase den Rand eines vergrabenen Tongefäßes. Als er sich umsah, entdeckte er weitere Stücke und vermutete, auf eine Begräbnisstätte gestoßen zu sein – er sollte Recht behalten. Bald darauf begann man mit gezielten Ausgrabungen und förderte über eine Million Tonscherben und Dutzende menschliche Skelette zutage. Die heute für ihre Spiralornamente bekannten ockerfarbenen Töpferwaren (entstanden zwischen 300 v. Chr. und 200 n. Chr.) sind nur eine von vielen Formen, die die Menschen hier im Lauf der Zeit geschaffen haben. Wissenschaftler fanden hier auch die bis dahin ältesten Belege für die Herstellung von Werkzeugen aus Metall in der Region – die Menschen begannen hier schon ungefähr um 2000 v. Chr. mit der Bronzeverarbeitung. Das Gebiet wurde 1992 von der Unesco zur Welterbestätte erklärt.

◉ Sehenswertes

Die Landschaft rund um Ban Chiang lässt sich prima mit dem Fahrrad erkunden, zumal es hier keine Hügel und keinen Verkehr, dafür aber jede Menge ruhige Farmen und Dörfer gibt. Im Sunrise Guesthouse am See bekommt man eine Landkarte, die zwar etwas veraltet, aber trotzdem ganz hilfreich ist.

Ban-Chiang-Nationalmuseum   MUSEUM
(Eintritt 150 B; ◷ Di–So 8.30–16.30 Uhr) Das ausgezeichnete Museum zeigt Unmengen an Tonwaren aus allen Ban-Chiang-Perioden sowie unzählige Metallobjekte wie Speerspitzen, Sicheln, Angelhaken, Schöpfkellen und Halsringe. Die (englisch beschilderten) Exponate gewähren einen hervorragenden Einblick in die ferne Vergangenheit der Region und in die Enträtselung ihrer prähistorischen Geheimnisse. Versteckt im hinteren Bereich gibt es einen Raum, der sich der Kultur der Tai Phuan widmet. Dieses Volk siedelte sich etwa vor 200 Jahren hier an und gründete den Ort. Am 1 km östlich gelegenen Wat Pho Si Nai findet man eine im Originalzustand belassene **freigelegte Begräbnisstätte** (◷ 8.30–18 Uhr) mit 52 einzelnen Gräbern, die aus der Zeit um 300 v. Chr. stammen. Hier sieht man, wie die Verstorbenen mit Töpferwaren als Grabbeigaben beigesetzt wurden; tote Kinder legte man sogar in die Tonkrüge hinein.

Phuan Thai House   WAHRZEICHEN
Rund 300 m südwestlich der Begräbnisstätte (den Schildern mit der Aufschrift „Phuan House which the King and Queen visited in 1972" folgen) befindet sich dieses traditionelle Isaan-Haus, das als Sehenswürdigkeit angepriesen wird. Allerdings sind die bewohnten Häuser, die man beim Bummel durchs Dorf sieht, noch interessanter.

Wat Pa Lelai   TEMPEL
(◷ bei Tageslicht) Wer etwas gänzlich anderes sehen will, sollte diesen Wát besuchen, der 500 m nördlich der Begräbnisstätte über eine kleine Brücke zu erreichen ist. Die erstaunlichen, kindlich anmutenden Wandmalereien im hinteren zweistöckigen Gebäude sind aufschlussreich und unterhaltsam zugleich.

Der Ort lebt immer noch vor allem vom Reisanbau, doch das Souvenirgeschäft kommt gleich danach. Manche der Stücke werden in der Gegend hergestellt, darunter die Tonwaren im Ban-Chiang-Stil. Wenn man die Straße vor dem Museum entlanggeht, findet man ein paar touristische **Töpferateliers**. Eine Straße westlich vom Museum stößt man auf eine große, interessante **Weberinnen-Genossenschaft**, die u.a. *mát-mèe-* und Indigo-Baumwollstoffe herstellt. Die Frauenkooperative hat auch ein paar Klebereis-Flechtkörbe auf Lager, die aber meistens aus dem östlich von Ban Chiang gelegenen Dorf **Ban Dong Yen** kommen. Wer uralte Töpfertechniken im Einsatz sehen will, sollte **Ban Kham Or** einen Besuch abstatten. Das liegt bequem auf dem Weg aus der Stadt heraus direkt an der Fernstraße. Die Fahrt mit dem Túk-Túk kostet genauso viel wie die Fahrt von Ban Nong Mek nach Ban Chiang. Der Besuch bei der Fahrt in die Stadt empfiehlt sich nicht, weil man dann lange auf eine Mitfahrgelegenheit nach Ban Chiang warten muss.

🛏 Schlafen & Essen

Lakeside Sunrise Guesthouse   PENSION $
(☎0 4220 8167; banmai167@hotmail.com; Zi. 250 B; @) In idyllischer Lage mitten in der Landschaft und trotzdem in Gehweite zum Museum befindet sich dieses alte Holzhaus, das schon Grund genug ist für eine Übernachtung im Ort. Die einfachen Zimmer teilen sich eine geräumige Veranda und die Badezimmer im Erdgeschoss. Der fröhliche Inhaber spricht gut Englisch und verleiht Fahrräder (50 B/Tag) sowie Motorräder (250 B/Tag).

Es gibt mehrere Restaurants an der Straße vor dem Museum; eines davon ist auch abends geöffnet.

ℹ An- & Weiterreise

Von Udon Thani nimmt man den Bus Richtung Sakon Nakhon oder Nakhon Phanom und steigt in Ban Nong Mek (40 B, 45 Min.) aus, wo man für die letzten 8 km nach Ban Chiang ein Túk-Túk (60 B/Pers.) bekommt.

KUMPHAWAPI   กุมภวาปี

Wie Lopburi, nur in klein, ist dieses ansonsten ganz normale Städtchen, 50 km südöstlich von Udon, von unzähligen Affen bevölkert, die hier Seit an Seit mit den Menschen leben. Die Affen leben eigentlich im Stadtpark im Zentrum, gehen aber auch oft auf Streifzug und klettern auf den Häusern herum. Wer genug von den Affen hat, kann einen Bummel nach Osten zum Nong-Han-See machen, der voller Lotusblüten und Fischerboote ist.

Von Udons Busbahnhof 1 fahren Busse nach Wangsammo, die in Kumphawapi (22–31 B, 1 Std., alle 45 Min.) halten.

BAN NA KHA   บ้านนาข่า

Das Dorf Ban Na Kha war einst ein bekanntes Webereizentrum für *kít*-Baumwolle (*kít* ist ein Brokatstoff mit engmaschigen Rautenmustern); heute ist es eines der besten Ziele in Thailand zum Shoppen von Stoffen. Im Zentrum gibt's einen überdachten Markt mit einem Dutzend Läden, die eine große Auswahl an Seiden- und Baumwollstoffen aus Thailand und Laos anbieten. Außer in den großen Läden an der Fernstraße sind die meisten Stoffe handgemacht. **Maa Bah Pah Fai** (🕓6.30–18 Uhr), gegenüber dem Tempeleingang, hat eine so gute Auswahl wie alle anderen, darunter auch ein paar *kít*-Stoffe, die ein Jahrhundert alt sind.

Bevor man wieder abfährt, sollte man noch einen Blick auf den **Wat Na Ka Taewee** (🕓bei Tageslicht) werfen. Der Tempel wurde von einem Wandermönch gegründet: Er hatte ein Loch entdeckt, aus dem er das Geräusch und den Rauch einer *naga* vernahm. Daraufhin verschloss er das Loch mit einem Felsbrocken und baute direkt davor einen kleinen *bòht*. Töpferwaren, goldene Buddhas und menschliche Skelette, die bei verschiedenen Baumaßnahmen am Tempel ausgegraben wurden, sind hier zu sehen.

Der weiße Bus von Udon fährt zu dem 16 km nördlich von Udon gelegenen Dorf.

GESCHICHTSPARK PHU PHRABAT   อุทยานประวัติศาสตร์ภูพระบาท

Um den **Phu Phrabat** (☎0 4225 1350; Eintritt 100 B; 🕓8–16.30 Uhr) mit seinen bizarren Felsformationen ranken sich unzählige Legenden. Der Park ist eines der Highlights im Isaan. Irgendwann während der Dvaravati-Ära, etwa um das Jahr 1000, bauten die Menschen hier hinduistische und buddhistische Schreine in die mit vielen spitzen Felsen, gigantischen Felsblöcken und unglaublich symmetrischen Brocken übersäte Gegend. Die prähistorischen Malereien an mehreren Felsvorsprüngen, die man am besten an den nebeneinanderliegenden **Tham Woau** und **Thom Khon** sehen kann, beweisen, dass diese Stätte schon mindestens 1500 Jahre früher als heilig verehrt wurde. Eine Kletterpartie über diese Felsformationen zum **Pha Sa Dej** am Rand des Steilhangs wird mit einer dramatischen Aussicht auf die Farmen und den dahinterliegenden Wald belohnt. Es gibt ein ganzes Netz an Wanderwegen, die sich durch all diese Stätten schlängeln, sodass man sie bei einer entspannten Wanderung in zwei Stunden abklappern kann – aber es lohnt sich, hier auch mehr Zeit zu verbringen. Es gibt noch einen hübschen, abgelegeneren Rundweg im Norden, aber er ist nicht besonders gut markiert, sodass man sich leicht verlaufen kann.

Viele der Felsformationen werden in einer Sage über einen König (Phaya Kong Phan), seine wunderschöne Tochter (Nang U-sa), einen Einsiedler (Ruesi Chanta) und einen liebeskranken Prinzen (Tao Baros) aus einem anderen Königreich erwähnt. Am meisten beeindruckt der **Hor Nang U-sa**, ein Felsen mit der Form eines auf dem Schaft stehenden Stiefels, in den ein Schrein hineingebaut wurde. In diesen „Turm" soll die schöne Prinzessin von ihrem übervorsichtigen Vater eingesperrt worden sein. Viele der Felsformationen sind mit Schildern versehen, auf denen auf Thai und Englisch ihre Namen nach der Legende angegeben sind. Eine Kurzform der Legende kann man im Museum nachlesen; Gäste des Mut Mee Garden Guesthouse in Nong Khai (S. 508) erfahren die ganze Geschichte.

Gleich am Eingang befindet sich der **Wat Phra Phutthabaht Bua Bok**, dessen gleichnamiger *chedi* im laotischen Stil einen Fußabdruck Buddhas birgt. Es gibt noch ein paar andere Tempelgebäude, die sich stilistisch nicht von den anderen im Park abheben.

Es gibt **Stellplätze** (mit eigenem Zelt 20 B, Zelt 2/8 Pers. 50/200 B) und drei hübsche **Bungalows** (2/4/6 Pers. 300/600/1000 B) mit steinharten Matratzen.

ⓘ An- & Weiterreise

Der Park liegt 65 km von Udon Thani und Nong Khai entfernt bei Ban Pheu und kann von beiden Städten aus im Rahmen eines Tagesausflugs besucht werden. Die *sŏrng·tǎa·ou* vom Busbahnhof in Nong Khai nach Ban Pheu (50 B, 1½ Std.) fahren über Tha Bo. Die Fahrzeuge vom Rangsina-Markt in Udon fahren über Ban Pheu hinaus nach Ban Tiu (37 B, 1 Std.), dem Dorf am Fuß des Hügels. Dort kann man für die letzten 5 km bergauf ein Motorradtaxi (50 B) nehmen. Wer es eilig hat, kann in Ban Pheu ein Túk-Túk (hin & zurück 200–300 B) oder ein Motorradtaxi (für die Hälfte des Preises) chartern – manche Leute werden einem erzählen, dass es in Ban Pheu keine Motorradtaxis gäbe, aber ein paar sind doch zu finden.

Wer mit öffentlichen Verkehrsmitteln unterwegs ist, sollte vom Park gegen 15 Uhr nach Nong Khai bzw. gegen 16 Uhr nach Udon aufbrechen.

WAT PHO CHAI SRI วัดโพธิ์ชัยศรี

Mit seinen bunt bemalten Plastiken, die noch bizarrer sind als die im Sala Kaew Ku in Nong Khai, ist dieser **Wát** (◷bei Tageslicht) der perfekte Abstecher auf einem Trip zum Geschichtspark Phu Phrabat und lohnt allein schon den Besuch. Die lebensgroßen Figuren auf dem gesamten Tempelgelände sind Darstellungen aus der Kultur und den Sagen des Isaan und demonstrieren, welche Strafen die Bösen in der buddhistischen Version der Hölle erwarten.

Der Tempel beherbergt auch ein sehr heiliges Buddha-Bild, das 1200 Jahre alt ist: **Luang Po Naak**. Es zeigt Buddha mit einer siebenköpfigen *naga*, die ihm Schatten spendet und den Einheimischen zufolge für viele Wunder verantwortlich ist.

Der auch Wat Ban Waeng genannte Tempel liegt etwa 5 km außerhalb von Ban Pheu. Für ein Túk-Túk zahlt man hin und zurück nicht mehr als 100 B inklusive Wartezeit.

PROVINZ NONG KHAI

Manche Orte beschenkt die Glücksfee mit einer herrlichen Lage. Und die faszinierend schöne Provinz Nong Khai an einem schmalen Abschnitt des Mekong wurde von ihr reichlich bedacht. Auf dem Weg von oder nach Vientiane in Laos liegt gleich auf der anderen Seite der Freundschaftsbrücke über den Fluss die Stadt Nong Khai, eines der beliebtesten Ziele im Nordosten Thailands. Doch schon lange vor dem Bau der Brücke war der surrealistische Skulpturenpark Sala Kaew Ku ein Muss für alle Besucher der Region. Und die Ortschaften und Tempel am Ufer des Mekong westlich der Hauptstadt überzeugen Traveller, einen Gang runterzuschalten.

Nong Khai หนองคาย

61500 EW.

Als wichtige Zwischenstation für alle, die aus Vientiane kommen, profitiert Nong Khai vom ständigen Strom der Traveller. Deshalb sind eine Vielzahl ausgezeichneter

Dieser **Skulpturenpark** (Eintritt 20 B; ☺8–18 Uhr) ist eine surreale Reise in die Gedankenwelt eines mystischen Schamanen und eine der rätselhaftesten Sehenswürdigkeiten Thailands. Der 1996 verstorbene Luang Pu Boun Leua Sourirat hat 20 Jahre lang an den seltsamen, gigantischen Skulpturen gearbeitet, die übersät sind mit hinduistischer und buddhistischer Metaphorik.

Nach eigenen Angaben fiel der gebürtige Laote Luang Pu als Kind in ein Loch, in dem der Asket Kaewkoo lebte. Dieser weihte ihn in die mannigfaltigen Geheimnisse der Unterwelt ein und brachte ihn auf den Weg, ein brahmanischer Yogi-Priester und Schamane zu werden. Luang Pu entwickelte seine ganz eigene Mischung aus hinduistischer und buddhistischer Philosophie, Mythologie und Ikonografie und fand in dieser Region auf beiden Seiten des Mekong eine große Anhängerschaft. Ursprünglich startete er sein Projekt auf der laotischen Seite des Flusses, wo er bis zur kommunistischen Machtübernahme in Laos (1975) gelebt hatte.

Der Park ist ein Sammelsurium von großen, bizarren Zementskulpturen, die Buddha, Shiva, Vishnu und andere göttliche (und weltliche) Wesen darstellen sollen. Luang Pu ließ sie nach seinen Vorstellungen von Arbeitern anfertigen. Manche der Skulpturen sind recht amüsant. Kinder begeistert vor allem der Elefant, der gelassen durch ein Rudel menschenähnlicher Hunde stampft (dies soll verdeutlichen, dass man sich nicht stören lassen soll, wenn andere über einen lästern). Die höchste Skulptur ist ein 25 m großer Buddha, der auf einer zusammengerollten *naga* unter einem Baldachin von mehreren Schlangenköpfen sitzt. Interessant ist auch das Rad des Lebens, das man durch ein riesiges Maul betritt. Luang Pus Philosophie ist hier in einem einzigen, etwas verblüffenden Bild zusammengefasst. Eine Erklärung findet man auf der Rückseite des praktischen Plans, der im Mut Mee Garden Guesthouse erhältlich ist.

In dem Hauptschrein, der fast ebenso bizarr ist wie die Skulpturen, findet man unzählige Buddha-Bilder aller Art und Herkunft (die Kunsthistoriker garantiert verwirren), Fotos von Luang Pu aus verschiedenen Zeiten seines Lebens und Luang Pus Leichnam unter einer Glaskuppel umgeben von Blinklichtern.

Alle Busse Richtung Osten fahren an der Straße zum Sala Kaew Ku (auch Wat Kaek genannt) vorbei (10 B). Der Park liegt ungefähr fünf Gehminuten von der Fernstraße entfernt. Ein Túk-Túk kostet hin und zurück 100 bis 150 B (inkl. 1 Std. Wartezeit). Man kann auch mit dem Fahrrad dorthin fahren (30 Min.). Die malerische Strecke ist auf der Karte des Mut Mee eingezeichnet.

Unterkünfte und Restaurants aus dem Boden geschossen. So ist die Stadt heute die einzige im Isaan mit einer komplett entwickelten, wenn auch bescheidenen Backpackerszene. Doch Nong Khai verdankt seine Popularität nicht nur der Nähe zu Laos und den Unmengen an Bananenpfannkuchen. Viele, die eigentlich nur kurz übernachten wollten, sind schon dem Zauber der rosafarbenen Sonnenuntergänge und dem gemächlichen Lebensrhythmus verfallen und länger geblieben.

Geschichte

Aufgrund seiner Lage erfüllt Nong Khai zugleich eine historische und eine ganz reale Brückenfunktion zwischen Thailand und Laos. Früher gehörte Nong Khai zum Königreich von Vientiane (Viang Chan), das ständig zwischen Unabhängigkeit und Tributpflicht an Lan Chang und Siam schwankte. 1827 ermächtigte Rama III. den thailändischen Fürsten Thao Suwothamma mit der Gründung von Mueang Nong Khai an der Stelle der heutigen Stadt. Der Fürst wählte diesen Ort, da die umliegenden Sümpfe *(nong)* die Verteidigung der Stadt erleichterten.

Die Gegend wurde im späten 19. Jh. mehrfach von Yunnan-Plünderern (*jeen hor*) angegriffen. Das Prap-Haw-Denkmal (*Ъràhp hor* bedeutet „Sieg über die Ho") vor der damaligen Provinzverwaltung erinnert an die Opfer während der Invasionen von 1874, 1885 und 1886.

Im Jahre 1891, unter der Herrschaft von Rama V., wurde Nong Khai zur Hauptstadt des *monthon* Lao Phuan, eines frühen Satellitenstaats im Isaan, zu dem auch die

Nong Khai Zentrum

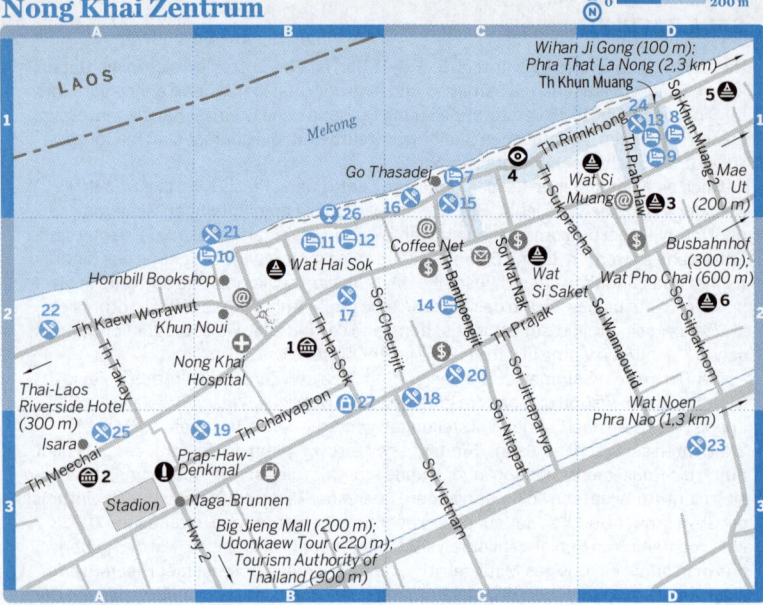

Nong Khai Zentrum

heutigen Provinzen Udon, Loei, Khon Kaen, Sakon Nakhon, Nakhon Phanom und Nong Khai sowie Vientiane gehörten. Als aber die Franzosen 1893 den Westen Laos' von Thailand abspalteten und forderten, dass im Abstand von 25 km zur Grenze keine thailändischen Soldaten stationiert sein dürften, wurde die Hauptstadt nach Udon Thani verlegt – und aus Nong Khai wurde tiefste Provinz.

Genau 101 Jahre später läutete die Eröffnung der 30 Mio. US$ teuren, 1174 m langen Freundschaftsbrücke zwischen Thailand und Laos (Saphan Mittaphap Thai-Lao) eine neue Ära ein, in der sich Nong Khai zu einem regionalen Handelszentrum und

Verkehrsknotenpunkt entwickelte. Seitdem wächst die Skyline der Stadt kontinuierlich weiter gen Himmel.

◉ Sehenswertes

Tha-Sadet-Markt
<small>MARKT</small>

(ตลาดท่าเสด็จ; Th Rimkhong; ⊘8.30–18 Uhr) Die beliebteste Sehenswürdigkeit hier ist dieser überdachte Markt, in dem alle gern einen Bummel machen. Hier gibt's die übliche Mischung aus Kleidung, Elektroartikeln, Essen und Schnickschnack aller Art – meist Importware aus Laos und China. Man findet aber auch ein paar Stände mit hochwertigem Angebot. Hinter dem Markt gibt's ein paar schwimmende Restaurants und die Möglichkeit, Bootsausflüge zu unternehmen.

Wat Pho Chai
<small>TEMPEL</small>

(วัดโพธิ์ชัย; Th Phochai; ⊘5–18 Uhr) Im Zentrum von Nong Khais heiligstem Tempel sitzt der Luang Po Phra Sai, eine große, über und über mit Gold, Bronze und Edelsteinen bedeckte Buddha-Statue aus der Lan-Chang-Ära. Der Kopf der Figur besteht aus purem Gold, der Körper aus Bronze, und der *ùt·sà·nít* (flammenförmiges Kopfornament) ist mit Rubinen besetzt. Wegen einer großen Zahl zweifelhafter Wunder, die sich hier zugetragen haben sollen, ist dieser königliche Tempel für die meisten thailändischen Besucher ein fester Punkt auf der Liste der Sehenswürdigkeiten.

Der Luang Po Phra Sai war eine von drei sich ähnelnden Statuen, die für die Töchter des laotischen Königs Setthathirat angefertigt wurden. Sie gelangten als Kriegsbeute nach Thailand, als König Rama I. 1778 Vientiane plünderte. Die Wandmalereien stellen die Reise der Statuen durch das Innere von Laos bis an den Mekong dar, wo sie auf Flöße verladen wurden. Bei einem Sturm versank eine der Statuen in den Fluten und ruht noch heute am Grund des Mekong. Sie wurde niemals geborgen, weil ein Mönch im Tempel erklärte, die *nagas* wollten sie behalten. Die dritte Statue, der Phra Soem, befindet sich im Wat Patum Wanaram neben dem Siam Paragon in Bangkok. Der Phra Sai sollte die andere Statue eigentlich begleiten, aber – die Wandmalereien zeigen es – der Wagen, auf dem er transportiert wurde, brach zusammen, was als Zeichen dafür gedeutet wurde, dass dieser Buddha in Nong Khai bleiben wollte.

Nong-Khai-Aquarium
<small>AQUARIUM</small>

(พิพิธภัณฑ์สัตว์น้ำจังหวัดหนองคาย; Eintritt 100 B; ⊘Di–So 9–16.30 Uhr) In dem großen grünen Gebäude werden Süßwasser- und Meeresfische aus Thailand und den umliegenden Gewässern gezeigt. Das Highlight ist der Mekong-Riesenwels im „Riesenbecken". Ein Besuch macht Spaß, auch wenn das Aquarium weit außerhalb der Stadt auf dem Campus der Khon-Kaen-Universität steht und keine öffentlichen Verkehrsmittel hinfahren.

Village Vocational Training Center
<small>KUNSTWERKSTATT</small>

(ศูนย์ฝึกอบรมอาชีพชนบทหนองคาย; ⊘Mo–Sa 8–17 Uhr) Die von den Good Shepherd Sisters betriebene Werkstatt 7 km südlich der Stadt (den Hwy 2 nehmen und gleich nach km 2 nach Osten abbiegen) bietet Einheimischen eine Ausbildungs- und Arbeitsmöglichkeit. Hier kann man zuschauen, wie *mát·mèe*-Stoffe entstehen; außerdem gibt's eine Töpferwerkstatt und eine Pilzzucht.

Wat Noen Phra Nao
<small>TEMPEL</small>

(วัดเนินพระเนาวนาราม; ⊘bei Tageslicht) Das Waldkloster im Süden der Stadt ist ein angesehenes Zentrum für *vipassana*- (Einsichts-) Meditation auf einem schönen, von Bäumen beschatteten Gelände. Es bietet Menschen, auch aus dem Westen, Zuflucht bei persönlichen Krisen – sofern sie sich ernsthaft auf Meditation einlassen wollen. Die extrem aufwändig verzierten Gebäude, z. B. der an das Rokoko erinnernde Glockenturm, stehen im Gegensatz zu der sonst asketischen Ästhetik der Waldklöster. Auf dem Gelände gibt es viele vietnamesische und chinesische Gräber, und manche Statuen würden auch in Sala Kaew Ku nicht auffallen. Der Tempel liegt an einer (nicht ausgeschilderten) Nebenstraße der Rte 212, 1,5 km östlich des Grand Princess Hotel; an der Gärtnerei nach Süden abbiegen.

Phra That Klang Nam
<small>STUPA</small>

(พระธาตุกลางน้ำ; Th Rimkhong) Das „Heilige Reliquiar in der Mitte des Flusses" (manchmal auch Phra That Nong Khai genannt) ist die Ruine eines *chedi* laotischen Stils, die versunken in der Mitte des Mekong liegt und nur in der Trockenzeit, wenn der Wasserstand auf rund 13 m gefallen ist, sichtbar wird. Der *chedi* wurde in der Mitte des 18. Jhs., als der Mekong wieder einmal seinen Lauf änderte, von den Fluten geschluckt und brach dann 1847 zusammen. Wenn der Wasserstand es zulässt, wird die Ruine mit bunten Fahnen geschmückt. Der Phra That La Nong, der an Land errichtete Nachbau, wird nachts angestrahlt.

DER MEKONG EXPLORER

Mekong River Cruises (www.cruise mekong.com) bietet mit der prächtigen *Mekong Explorer* eine neue Option zur Erkundung des Mekong im Isaan. Die eine Woche dauernden Fahrten zwischen Nong Khai und Mukdahan finden von November bis März statt. Man genießt die Landschaft von Deckstühlen aus, hinzu kommen lohnende Landausflüge z. B. ins thailändische That Phanom oder laotische Tha Khaek.

Weitere Tempel

Wat Lam Duan   TEMPEL
(Th Rimkhong; ☉bei Tageslicht) Dieser Wát ist in der Skyline der Stadt leicht zu erkennen, weil eine riesige Buddha-Figur auf seinem *bòht* sitzt. Man kann hinaufsteigen (ohne Schuhe!) und mit dem Buddha über den Mekong schauen.

Wat Tung Sawang   TEMPEL
(Soi Silpakhom; ☉bei Tageslicht) Der hiesige *bòht* ist zwar einer der kleinsten der Stadt, aber dank der künstlerischen Qualität der Dekoration auch einer der feinsten. Neun Skulpturen himmlischer Wesen sitzen vor ihm auf fantasievollen Sockeln.

Wihan Ji Gong   TEMPEL
(Th Rimkhong) Der neueste chinesische Tempel der Stadt ist Ji Gong geweiht, einem exzentrischen, viel trinkenden chinesischen Mönch (er wird meist mit einer Weinflasche in der Hand dargestellt) – er wird heute als Gottheit verehrt, die Menschen in Not heilt und Kranke heilt. Der auch Sanjao Tek-Ka-Ji genannte Tempel hat einen auffälligen achteckigen Turm mit kreativen, schwarzweißen Wandmalereien.

Der schöne **Sanjao Pu-Ya** (Th Prab-Haw; ☉bei Tageslicht) ist ein typischerer chinesischer Tempel.

Museen

GRATIS Governor's Mansion Museum   MUSEUM
(Th Meechai; ☉8.30–18 Uhr) Das renovierte Herrenhaus, das 1929 im französischen Kolonialstil errichtet wurde, wirkt von außen eindrucksvoller als von innen. Bei Nacht wird es schön angestrahlt.

Nong Khai Museum   MUSEUM
(Th Meechai; ☉Mo–Fr 9–16 Uhr) Das kleine Museum im ehemaligen Rathaus zeigt we-nig mehr als alte Fotos. Da diese aber einigermaßen englisch beschriftet sind. lohnt es sich, hier ein paar Minuten zuzubringen, zumal die Eintrittspreis angemessen niedrig ist.

Freiwilligenarbeit

Die in ganz Thailand tätigen Organisationen Isara (S. 40) und Open Mind Projects (S. 40) haben ihren Sitz in Nong Khai und bieten hier viele Stellen für Freiwillige. Wer sich nicht längerfristig verpflichten will, kann einfach in den Büros von Isara vorbeischauen, um kurzfristig auszuhelfen.

✻ Feste & Events

Während des Songkran (S. 23) wird die kostbare Buddha-Statue Luang Pu Phra Sai vom Wat Pho Chai (S. 507) in einem Umzug durch die Stadt getragen.

Wie viele andere Städte im Nordosten feiert auch Nong Khai ein **Raketenfest** (Bun Bâng Fai), das am Visakha-Puja-Tag (S. 24) Ende Mai/Anfang Juni stattfindet, sich aber nicht mit dem Fest in Yasothon messen kann (s. S. 544).

Am Ende der buddhistischen Fastenzeit (Ork Phansaa) Ende Oktober/Anfang November gibt es **Langbootrennen** auf dem Mekong. Diese fallen mit dem Oktober-Vollmond zusammen, an dem sich auch **Naga-Feuerbälle** beobachten lassen.

Besonders amüsant ist das **chinesische Drachenfest** in Nong Khai, das Ende Oktober und Anfang November zehn Tage lang mit Drachentänzern, Akrobaten, chinesischer Oper und jeder Menge Knallkörpern gefeiert wird.

Mit dem **Anu-Sahwaree-Fest** (5.–15. März), dem größten Straßenfest der Stadt, wird das siegreiche Ende der Ho-Kriege gefeiert.

🛏 Schlafen

Nong Khais Budgetunterkünfte sind vollständig auf den nicht abreißenden Strom von Backpackern auf ihrem Weg über die Grenze ausgerichtet und gehören zu den besten im Isaan.

LP TIPP Mut Mee Garden Guesthouse   PENSION $
(☎0 4246 0717; www.mutmee.com; Soi Mutmee; Zi. 150–1200 B; ❋🛜) An einem verschlafenen Abschnitt des Mekong liegt der Oldtimer unter den Budgethotels von Nong Khai. An den meisten Abenden ist der berauschend entspannende Garten des Mut Mee voller

Eine Massenhysterie? Methangas? Betrunkene laotische Soldaten? Gewitzte Mönche? Oder doch der feurige Atem der heiligen *nagas*, schlangenähnlicher Wesen, die im Volksglauben alle Wasserwege Südostasiens bevölkern? Für viele Laoten und Thais, die am Mekong leben, ist das jedenfalls keine Glaubensfrage. Seit 1983 (oder schon immer, je nachdem, wen man fragt) ist die Sichtung der *bâng fai pá yah nâhk* (frei übersetzt „*naga*-Feuerbälle") ein jährlich wiederkehrendes Ereignis am Mekong. Irgendwann am frühen Abend gegen Ende der buddhistischen Regenklausur (Okt.), das mit dem 15. Tag des zunehmenden Monds im 11. Mondmonat zusammenfällt, schießen kleine, rötliche Feuerbälle aus dem Mekong und steigen etwa 100 m hoch in die Luft, ehe sie spurlos verschwinden. Die meisten behaupten, die *naga*-Feuerbälle seien völlig geräuschlos, andere wollen ein Zischen gehört haben, wenn man der Stelle nahe ist, wo die Bälle aus dem Wasser kommen. Die Menschen zu beiden Seiten des Mekong sehen das Ereignis als ein Zeichen dafür, dass die im Fluss wohnende *naga* das Ende der Fastenzeit feiert.

Die Frage ist natürlich, was sich tatsächlich hinter diesen Feuerbällen verbirgt. Da gibt es viele Theorien. So behauptete eine Reportage im thailändischen Fernsehen, dass laotische Soldaten auf der anderen Seite des Flusses gefeiert und dabei in die Luft geschossen hätten. Interessanterweise hagelte es deswegen Proteste von beiden Seiten des Flusses. Einige meinen, unter dem Schlamm am Grund des Flusses bilde sich eine Mischung aus Methan- und Phosphangasen, die genau in dieser Jahreszeit eine kritische Temperatur erreiche und dann freigesetzt werde. Viele gehen davon aus, ein paar gewitzte Mönche hätten einen Weg gefunden, ein „Wunder" zu veranstalten. Diese Annahme bildete auch die Prämisse der 2002 veröffentlichten Filmkomödie *Sìp Hâh Kâm Deuan Sìp èt* (15. Tag des zunehmenden Monds im 11. Mondmonat), die mit englischen Untertiteln unter dem Titel *Mekhong Full Moon Party* vertrieben wurde.

Naga-Feuerbälle sind in der Provinz Nong Khai zu einem guten Geschäft geworden. Neugierige Thais aus dem ganzen Land versammeln sich an verschiedenen Stellen an den Ufern des Mekong zu dem jährlichen Event. Ins kleine Phon Phisai, den Ort der Feuerball-Sichtungen, strömen rund 40000 Besucher. Sonderbusse (30 B) fahren zur Stadt Nong Khai und zurück. Mehrere Hotels bieten eigene Busse an, in denen ein Sitzplatz garantiert ist. Das Boot des Mut Mee Garden Guesthouse schippert hin und zurück (mit Mittag- & Abendessen 2600 B).

Wer nicht mit der richtigen Einstellung herkommt, wird vielleicht enttäuscht sein. Das echte Happening besteht nicht darin, auf ein paar kleine Lichter zu warten, die aus dem Fluss kommen, sondern die Thais zu beobachten, die auf die kleinen Lichter warten. Und auch wenn die *naga* mal ihren Jahresgruß nicht am richtigen Tag absendet (manchmal erscheinen die Lichter mit einem Tag Verspätung, weil man nie genau berechnen kann, wann Vollmond ist) und man einen Tag zu früh mit Warten beschäftigt ist, ist man doch um eine interessante Erfahrung reicher.

Traveller. Es gibt hier eine große Auswahl von Zimmern (die preiswertesten teilen sich das Bad, die teuersten haben einen herrlichen Balkon), die rund um das strohgedeckte Restaurant angeordnet sind. Der Inhaber Julian begeistert auch mit seinen Vorträgen zu örtlichen Legenden und seiner Leidenschaft für alles, was mit dem Isaan zu tun hat. Weil hier niemand dazu gedrängt wird, sein Zimmer freizugeben (Gäste bleiben häufig länger als geplant), werden pro Tag nur ein paar Reservierungen angenommen. Vor der Pension gibt es auch noch ein Yogastudio.

Ruan Thai Guesthouse PENSION $
(📞0 4241 2519; 1126/2 Th Rimkhong; Zi. 200–400 B, FZ 1200 B; ❄@🛜) Die hübsche Pension, früher kaum mehr als ein kleines Privathaus, ist im Zuge des Touristenbooms immer mehr gewachsen und prunkt heute mit einer guten Auswahl erstklassiger Zimmer von einfachen Standardzimmern mit Gemeinschaftsbad bis zu einem Familienzimmer in einer kleinen Holzhütte. Nimmt man noch den mit Blumen übersäten Garten und die freundliche Atmosphäre mit hinzu, wird klar, dass diese Unterkunft ein echter Treffer ist.

Jumemalee Guesthouse
PENSION $

(☎08 5010 2540; 419/1 Th Khun Muang; EZ 200–300 B, DZ 300–400 B, 4BZ 700 B; ❄🛜) Das auf zwei alte Holzhäuser verteilte Jumemalee ist nicht ganz so hübsch wie das benachbarte E-San, aber anheimelnder. Außerdem haben alle Zimmer hier ihr eigenes Bad, und Gäste können die Fahrräder kostenlos nutzen. Mit dem Pensionsbetrieb entspricht die Familie dem Wunsch der Eltern, die verfügten, dass das Haus niemals verkauft werden soll.

E-San Guesthouse
PENSION $

(☎08 6242 1860; 538 Th Khun Muang; Zi. 250–450 B; ❄🛜) Die sehr stimmungsvolle Pension ist gleich beim Fluss in einem kleinen, wunderschön restaurierten Holzhaus untergebracht. Die preiswertesten Zimmer teilen sich das Bad. Es gibt auch Zimmer in einem neuen Gebäude. Gäste können die Fahrräder kostenlos benutzen.

Baan Mae Rim Nam
HOTEL $$

(☎0 4242 0256; www.baanmaerimnam.com; Mekong Promenade; Zi. 500–700 B; ❄🛜) Ein neues Hotel direkt am Fluss. Das hellgelbe Gebäude bietet großartige Zimmer mit Balkon und Blick auf den Fluss. Die Zimmer nach hinten hinaus für 500 B sind allerdings weniger einladend.

Khiangkhong Guesthouse
HOTEL $

(☎0 4242 2870; 541 Th Rimkhong; Zi. 300–400 B; ❄@🛜) Der Betonturm ist ein Zwischending zwischen Pension und Hotel. Von der Terrasse im dritten Stock (und von manchen Zimmern aus) kann man den Fluss sehen.

Sawasdee Guesthouse
PENSION $

(☎0 4241 2502; www.sawasdeeguesthouse.com; 402 Th Meechai; EZ 160 B, DZ 200–450 B; ❄@🛜) Würde man Hotels nur nach ihrem Äußeren bewerten, wäre dieses charismatische Gästehaus in einem alten franko-chinesischen Ladenhaus nicht zu toppen. Aber den ordentlichen Zimmern (die mit Ventilatoren teilen sich das Bad) fehlt das schöne altmodische Flair, das die Fassade und die Lobby ziert. Man wird hier aber trotzdem gut schlafen, denn man bettet sich in einem kleinen Stück lebendiger Geschichte. Der Inhaber ist ein echt schräger Typ.

Budsabong Fine Resort
HOTEL $$$

(☎08 1666 5111; www.budsabongfineresort.com; Th Donsawan-Wattad; Zi. mit Frühstück 1600–1800 B, Suite 3800–4400 B; ❄🛜🏊) Von außen entfacht das blendend weiße Hotel keine Liebe auf den ersten Blick, aber drinnen findet man große, schöne und gut ausgestattete Zimmer (viele auch mit Terrasse), die direkt zum riesigen Pool führen. Das Resort liegt außerhalb der Stadt hinter dem Sala Kaew Ku.

Thai Nongkhai Guesthouse
PENSION $

(☎0 4241 3155; www.thainongkhai.com; 1169 Th Banthoengjit; Zi. 450–550 B, ❄@🛜) Die sieben Zimmer und Bungalows sind recht langweilig, aber super sauber. Dank der Lage im Hinterhof ist es hier sehr ruhig.

Rimkhong Guesthouse
PENSION $

(☎08 1814 5811; 815 Th Rimkhong; EZ/DZ 150/220 B) Einfache Pension mit spärlich eingerichteten Zimmern, die sich das Bad teilen. Die Besitzer sorgen für ein gemächliches Tempo und für friedliche Ruhe im grünen Innenhof.

Thai-Laos Riverside Hotel
HOTEL $$

(☎0 4246 0263; www.thailaoshotel.com, thailändisch; 51 Th Kaew Worawut; Zi. mit Frühstück 700–900 B; ❄🛜) Das bei Reisegruppen beliebte Hotel schert sich nicht viel um die Instandhaltung des Hauses. Aber einen schöneren Blick auf den Fluss findet man nirgends. Und wer auf schäbige Hotelbars steht, findet hier gleich drei davon.

✗ Essen

🔲LP TIPP Nagarina
THAILÄNDISCH $

(☎0 4241 2211; Th Rimkhong; Gerichte 40–250 B; ⏲mittags & abends; 🛜🅿) Wie bei fast allen auf *fa·ràngs* ausgerichteten Gästehäusern in Thailand sind die thailändischen Gerichte auch im Mut Mee Garden Guesthouse geschmacklich angepasst und daher nicht zu empfehlen; die westlichen Frühstücksgerichte sind hingegen durchaus schmackhaft. Freunde echter thailändischer Küche halten sich deshalb am besten an dieses schwimmende Restaurant, das auf Fisch spezialisiert ist – oft kommen hier Spezies aus dem Mekong auf den Teller, die man anderswo kaum bekommt. Häufig werden Bootstouren bei Sonnenuntergang (100 B) veranstaltet; los geht's gegen 17 Uhr.

🔲LP TIPP Dee Dee Pohchanah
THAILÄNDISCH $

(keine Ausschilderung in lateinischen Buchstaben; Th Prajak; Gerichte 40–230 B; ⏲mittags & abends) Wie gut das Dee Dee ist? Da braucht man sich nur den Andrang anzusehen, von dem man sich aber nicht abschrecken lassen darf. Das schlichte Restaurant ist zwar jeden Abend voll, aber eine so gut geölte Maschine, dass man nie lang warten muss. Es ist bis gegen 2 Uhr geöffnet.

Darika Bakery
THAILÄNDISCH $
(668 Th Meechai; Gerichte 30–70 B; ⊙morgens & mittags) Der spartanische Laden, in dem auch Englisch gesprochen wird, versorgt Frühaufsteher ab 5 Uhr mit herzhaftem Frühstück aus Toast und Eiern, mit Bananenpfannkuchen, Baguette-Sandwichs und vielem mehr.

Daeng Namnuang
VIETNAMESISCH $
(Th Rimkhong; Gerichte 45–180 B; ⊙morgens, mittags & abends; ☎) Das große Restaurant am Fluss ist im Isaan zu einer Institution geworden, und die Massen strömen von auswärts hierher, um ganze Kofferräume und Reisetaschen mit *năam neu·ang* (Frühlingsrollen mit Schweinefleisch) zu füllen. Es gibt auch eine Filiale am Flughafen von Udon Thani.

Mae Ut
VIETNAMESISCH $
(keine Ausschilderung in lateinischen Buchstaben; ☏0 4246 1204; Th Meechai; Gerichte 30–40 B; ⊙mittags & abends) Während das Daeng Namnuang fast wie eine Fabrik wirkt, erinnert dieses kleine Lokal eher an Omas Küche. Hier gibt es nur vier Gerichte, darunter frittierte Frühlingsrollen und *khâ o gee·ab ʰbahk mŏr* (frische Nudeln mit Schweinefleisch). Zu erkennen ist es an dem orangefarbenen Gebäude und den Tischen unter einer blauen Markise. Große Englischkenntnisse darf man hier nicht erwarten.

Café Thasadej
INTERNATIONAL $$
(387/3 Th Bunterngjit; Gerichte 60–375 B; ⊙morgens, mittags & abends) Eleganz ist in Nong Khai Mangelware, aber dieses kleine Restaurant hat viel davon. Sowohl die Speise- als auch die Spirituosenkarte – letztere gehört zu den besten vor Ort – geben sich international. Gyros, Wiener Schnitzel, Fish & Chips, Lasagne, Thunfischsalat und Räucherlachs gehören hier zu den beliebtesten Angeboten.

Nung-Len Coffee Bar
INTERNATIONAL, THAILÄNDISCH $
(1801/2 Th Kaew Worawut; Gerichte 30–180 B; ⊙Mo-Sa morgens, mittags & abends) Das kleine Café mit einem immer lächelnden Besitzer hat guten Kaffee, Säfte und ein buntes Sammelsurium an thailändischen und *fa·ràng-Gerichten* – ja sogar ein paar Kombinationen aus beidem wie gebratene Spaghetti mit Chili und Hühnchen.

Saap Lah
NORDOSTTHAILÄNDISCH $
(keine Ausschilderung in lateinischen Buchstaben; 897/2 Th Meechai; Gerichte 25–60 B; ⊙morgens, mittags & abends) Das einfache Lokal bietet seinen Gästen ausgezeichnetes *gài yâhng, sôm·đam* und andere Isaan-Gerichte.

Mariam Restaurant
INDISCH $
(850/5 Th Prajak; Gerichte 30–80 B; ⊙morgens, mittags & abends; ⚲) Dieses muslimische Restaurant tischt indische (d. h. eigentlich pakistanische) und südthailändische Gerichte auf. Für 120 B gibt's drei Gerichte, zwei Roti und ein Getränk.

Food-Court beim Krankenhaus
THAILÄNDISCH $
(keine Ausschilderung in lateinischen Buchstaben; Th Meechai; ⊙morgens & mittags) Ein Dutzend Köche bereiten hier die üblichen Gerichte zu.

Paradise View
THAILÄNDISCH $$
(Rte 212; Gerichte 65–290 B; ⊙abends) In dem Freiluftrestaurant auf der Dachterrasse des Grand Paradise Hotel kann man Isaan-Gerichte (aber auch thailändische oder chinesische) essen und dabei den Ausblick auf fast die gesamte Stadt genießen.

Roti Naihua
THAILÄNDISCH $
(429/6 Th Rimkhong; Roti 20–60 B; ⊙mittags & abends; ⚲) Ein Roti-Center mit einer großen Auswahl an Füllungen (von Blaubeermarmelade über Cashewkerne bis zu Thunfisch) und Showboat-Personal.

🍷 Ausgehen

Gaia
BAR
(Th Rimkhong; ⊙Di geschl.) Das entspannte Lokal am Mekong wird vor allem von Gästen des Mut Mee und ortsansässigen *fa·ràngs* besucht. Sie finden hier eine tolle Getränkekarte, eine traumhafte Atmosphäre und manchmal Livemusik. Oft finden Wohltätigkeitsveranstaltungen zugunsten örtlicher gemeinnütziger Projekte statt.

Warm Up
BAR
(Th Rimkhong) Die kleine, bei Thais und Travellern beliebte Bar überragt im wörtlichen und übertragenen Sinne die anderen Bars an diesem Ende der Th Rimkhong. Man schaut auf den Fluss und kann kostenlos Poolbillard spielen.

Wer ganz ins thailändische Nachtleben eintauchen will, folgt der sich an den Mekong schmiegenden Th Rimkhong über den Tha-Sadet-Markt hinaus nach Osten. Bei der Annäherung an den Phra That La Nong kommt man an einer Reihe von Restaurants und Bars vorbei, die Abendessen und Drinks servieren. Manche wirken sehr bodenständig, andere modisch. Auch ein paar Bars, die ortsansässigen Ausländern gehören, gibt es hier.

 Shoppen

Village Weaver Handicrafts KUNSTHANDWERK
(1020 Th Prajak) Der Laden verkauft hochwertige handgewebte Stoffe und Kleidung (Konfektionsware und Bestellungen) und unterstützt damit Entwicklungsprojekte in der Region um Nong Khai. Die hiesigen *mát-mèe*-Baumwollstoffe sind von besonders guter Qualität.

Hornbill Books BÜCHER
(Soi Mut Mee; ◷Mo–Sa 10–19 Uhr) Kauft, verkauft und tauscht englischsprachige Bücher. Bietet auch Internetzugang.

 Praktische Informationen
Geld

Big Jieng Mall (Hwy 2) Hier gibt's mehrere Banken, die auch am Abend und an den Wochenenden offen sind, und einen AEON-Geldautomaten.

Internetzugang

Coffee Net (Th Bunterngjit; 30 B/Std.; ◷10–21 Uhr) Während man surft, bekommt man kostenlos Kaffee und Tee.

SC Net (187 Soi Lang Wat Hai Sok; 15 B/Std.; ◷10–22 Uhr)

Medizinische Versorgung

Nong Khai Hospital (☑0 4241 1504; Th Meechai)

Post

Hauptpost (Th Meechai; ◷Mo–Fr 8.30–18, Sa, So & Feiertage 9–17 Uhr)

Reisebüros

Go Thasadej (☑08 1592 0164; www.gothasa dej.com; Mekong Promenade; ◷Mo–Sa 10–20 Uhr) Eines der verlässlichsten Allround-Reisebüros in Thailand.

Touristeninformation

Einreisebehörde (☑0 4242 3963; ◷Mo–Fr 8.30–12 & 13–16.30 Uhr) Südlich der Freundschaftsbrücke. Hier kann man sein thailändisches Visum verlängern lassen.

Tourism Authority of Thailand (TAT; ☑0 4242 1326; Hwy 2; ◷8.30–16.30 Uhr) Unpraktisch außerhalb der Stadt gelegen.

An- & Weiterreise
Bus

Nong Khais **Busbahnhof** (☑0 4241 1612) liegt gleich abseits der Th Prajak, ungefähr 1,5 km entfernt von den meisten Unterkünften am Fluss. Am häufigsten fahren Busse nach Udon Thani (35–47 B, 1 Std., jede halbe Std.). Es gibt außerdem auch noch Busse nach Khon Kaen (110–139 B, 3½ Std., stündl.) und Nakhon Phanom (210 B, 6½ Std., bis 12.30 Uhr 6-mal tgl.). Wer Richtung Westen den Mekong entlang reisen möchte, findet fünf Busse nach Pak Chom, von denen der um 7.30 Uhr bis nach Loei (130 B, 6½ Std.) fährt. Nach Chiang Mai muss man im Busbahnhof 2 in Udon (*bor-kör-sör mài*) umsteigen.

Die Busse nach Bangkok (350–450 B, 10–11 Std.) sind am späten Nachmittag und frühen Abend häufig unterwegs, tagsüber fahren weniger. VIP-Busse nach Bangkok bieten **Chan Tour** (☑0 4246 0205; 600 B; ◷ 10.15, 19.30, 20.45 Uhr) und **999 VIP** (☑0 4241 2679; 700 B; ◷ 20 Uhr). Ein Bus fährt direkt zum Busbahnhof des Flughafens Suvarnabhumi (454 B, 9 Std., 20 Uhr).

GRENZÜBERGANG: VON NONG KHAI NACH VIENTIANE

Wer kein laotisches Visum hat, nimmt ein Túk-Túk (vom Busbahnhof höchstens 100 B/2 Pers.) zur **Grenze** (◷6.30–22 Uhr), wo man den thailändischen Ausreisestempel erhält. Von dort bringen regelmäßig Minibusse (20 B) die Passagiere über die Brücke zur manchmal gut besuchten, aber nie verstopften laotischen Einreisestelle, wo man ein 30 Tage gültiges Visum (Details s. S. 843) erhält. (Wenn man nicht gerade in einer großen Gruppe unterwegs ist, gibt es keinen Grund, die Dienste der Visa-Servicebüros in der Stadt in Anspruch zu nehmen.) Von dort sind es etwa 20 km nach Vientiane. Viele Busse, Túk-Túks und Taxis stehen bereit.

Wer schon ein Visum für Laos hat, kann einen der sechs Direktbusse nutzen, die täglich von Nong Khais Busbahnhof nach Vientiane (55 B, 1 Std.) fahren. Direktbusse in die laotische Hauptstadt fahren auch ab Udon Thani, Khon Kaen und Nakhon Ratchasima.

Man kann auch mit dem Zug nach Laos fahren, allerdings nicht nach Vientiane. Die 15-minütige Fahrt (20–30 B, Abfahrt 9 & 14.45 Uhr) endet am Bahnhof Thanaleng (oder Dongphasay) gleich hinter der Brücke; von dort muss man auf eigene Faust in den Ort kommen. An den beiden Grenzbahnhöfen gibt es Büros der Einreisebehörden.

Flugzeug

Der nächste Flughafen liegt 55 km südlich in Udon Thani. Das Reisebüro **Udonkaew Tour** (✆0 4241 1530; Th Pranang Cholpratan; ⊗8.30–17.30 Uhr) betreibt Kleinbusse (150 B/Pers.) vom/zum Flughafen. Bei der Fahrt in die Stadt setzen sie einen entweder am entsprechenden Hotel oder der Brücke ab. Bei der Fahrt zum Flughafen muss man alleine bis zu dem Büro des Anbieters kommen. Es empfiehlt sich, sein Ticket vorab zu kaufen. Ein eigener Fahrer zum Flughafen kostet bei den meisten Reisebüros 700 B.

Zug

Zwei Expresszüge, einer morgens, der andere nachmittags, fahren zwischen Bangkok (2. Kl. Klimaanlage 498 B, 1. Kl. Schlafwagen B. oben/unten 1117/1317 B, 11–12 Std.) und dem **Bahnhof Nong Khai** (✆0 4241 1592), der 2 km westlich der Innenstadt liegt. Abends fährt noch ein billigerer Schnellzug ab Bangkok.

❶ Unterwegs vor Ort

Wegen des geringen Verkehrsaufkommens in der Stadt und wegen der Nähe zum Land eignet sich Nong Khai hervorragend zum Radfahren. Viele Pensionen stellen ihren Gästen kostenlos Fahrräder zur Verfügung. Wer eines mieten muss, findet bei **Khun Noui** (✆08 1975 4863; Th Kaew Worawut; ⊗8–17 Uhr) an der Straße gegenüber dem Eingang des Mut Mee verlässliche Fahrräder (30 B/Tag) und Motorräder (200 B).

Die Fahrt mit dem Túk-Túk aus der Gegend um das Mut Mee bis zum Busbahnhof oder bis zur Brücke sollte zwischen 30 und 40 B kosten.

Westlich von Nong Khai

Die Menschen im Westen Nong Khais scheinen vom **Heckenschnitt** besessen zu sein: Entlang der Rte 211 sieht man Hecken und Büsche, die von ambitionierten Gärtnern in alle möglichen Formen gepresst wurden – von Elefanten bis hin zu Boxkämpfen ist alles Erdenkliche dargestellt. Die Uferstraße (Th Kaew Worawut) ist umgeben von Schwemmlandebenen, auf denen Tabak, Tomaten und Chilischoten angebaut werden. Sie ist die Alternativroute für die erste Etappe in Richtung Westen; Fahrradfahrer sollten aber bedenken, dass diese Straße keinen Randstreifen hat.

Die Touristeninformation in Nong Khai hat Infos zu den Gastfamilien-Programmen (300–500 B inkl. Mahlzeiten) in den Dörfern am Weg; im Büro kann man den Besuch vorab arrangieren.

WAT PHRA THAT BANG PHUAN   วัดพระธาตุบังพวน

Der **Wat Phra That Bang Phuan** (⊗bei Tageslicht) ist eine der heiligsten Stätten der Region: Die Einheimischen glauben, dass sein schöner *chedi* 29 Buddha-Reliquien enthält. Niemand weiß genau, wann hier der erste Stupa errichtet wurde. Aber nachdem König Setthathirat von Lan Chang 1560 die Hauptstadt seines Königreichs von Luang Prabang nach Vientiane verlegt hatte, ließ er überall im Reich prächtige Tempel errichten. Damals wurde hier ein neuer Stupa über einen älteren gebaut. Starke Regenfälle untergruben seine Fundamente, und 1970 stürzte er ein. In den Jahren 1976 und 1977 wurde er wiederaufgebaut. Der heutige Tempel ist 34 m hoch und steht auf einem Sockel mit einer Fläche von 17 m²; drum herum stehen viele unverputzte *chedis*, die der Anlage ein antikes Flair verleihen. Und dieses Flair, nicht der Hauptstupa, macht den Ausflug wirklich lohnend.

Der Tempel steht 22 km von Nong Khai entfernt an der Rte 211. Die Busse Richtung Pak Chom bringen einen her (20 B, 45 Min.).

THA BO   ท่าบ่อ
16 000 EW.

Das wohlhabende Tha Bo ist das wichtigste Handelszentrum zwischen Nong Khai und Loei. Der überdachte Markt kann die Stände nicht fassen, die mit Lebensmitteln aus der Region voll beladen sind und auch die umliegenden Straßen einnehmen. Viele Vietnamesen leben im Ort, sie haben sich auf die Nudelherstellung spezialisiert. Im Westen der Stadt sieht man Berge von *sên lék* (kleinen Reisnudeln), die in der Sonne trocknen. Zwischen 5 und 10 Uhr kann man an der Arbeitern in den Fabriken bei der Vorbereitung der Nudeln zuschauen; ab ungefähr 14 Uhr werden sie dann in reiner Handarbeit zugeschnitten.

Früher trockneten draußen auf den Bambusgestellen vorwiegend Teigtaschen für Frühlingsrollen, aber da sich Nudeln leichter herstellen und verkaufen lassen, haben die Leute sich umgestellt. Heute ist das 10 km flussaufwärts, kurz vor Si Chiangmai gelegene Ban Hua Sai das regionale Zentrum der Frühlingsrollenproduktion.

Tha Bo wird meist im Rahmen eines Tagesausflugs besucht, aber es gibt ein paar preiswerte Gästehäuser, in denen man übernachten kann.

Die gelben Busse fahren über die malerische Uferstraße regelmäßig zwischen Nong

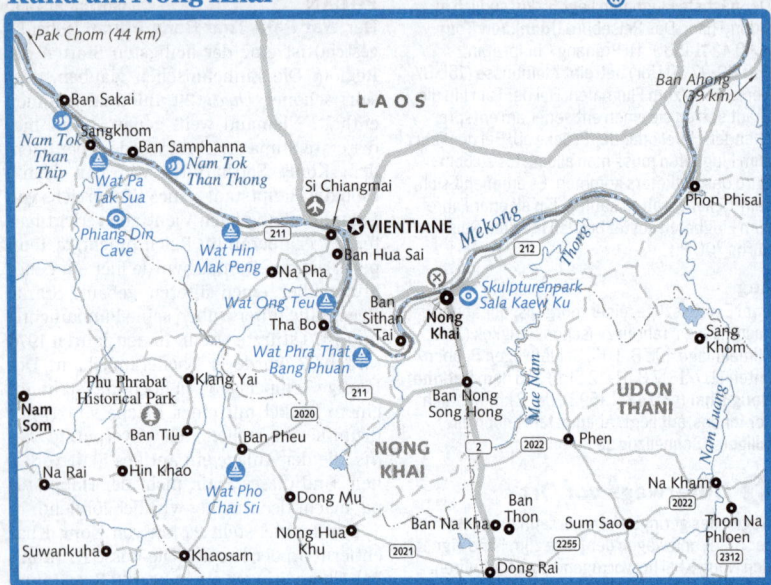

Khai und Tha Bo (27 B, 1 Std., jede halbe Std.). In Nong Khai halten sie am Busbahnhof und in der Th Meechai nahe beim Krankenhaus.

WAT HIN MAK PENG
วัดหินหมากเป้ง

Der große **Waldtempel** (☺6–19 Uhr) thront auf einer Klippe über einem malerischen Abschnitt des Mekong. Der friedliche Tempel ist hochangesehen, weil die Thais immer noch den ersten Abt Luang Pu Thet verehren. Er hat das Kloster gegründet und soll später Erleuchtung erlangt haben. Auf dem Gelände befinden sich ihm zu Ehren mehrere Denkmäler, darunter ein glitzernder *chedi*, der neben einer lebensgroßen Porträtstatue aus Wachs seine wenigen irdischen Besitztümer birgt. Gäste müssen sich angemessen kleiden: Kurze Hosen und ärmellose Tops sind verpönt.

Der Tempel liegt auf halbem Weg zwischen Si Chiangmai und Sangkhom. Die Busse von Nong Khai nach Sangkhom (50 B, 2¼ Std.) fahren am Eingang vorbei; von dort ist es noch ein ziemlich weiter Weg zu den Gebäuden.

SANGKHOM
สังคม

Der kleine Ort Sangkhom liegt gegenüber der laotischen Insel Don Klang Khong und bietet sich für alle, die zwischen Nong Khai und Loei dem Lauf des Mekong folgen, als kurzer Zwischenstopp an. Die meiste Zeit genießen die Besucher hier den schönen Blick auf den Mekong und die Berglandschaft. Es gibt aber auch einige wundervolle Sehenswürdigkeiten im Ort und in seiner Umgebung.

Aus den Hügeln blickt der im Wald gelegene **Wat Pa Tak Sua** (☺bei Tageslicht) auf das Städtchen hinab. Er ist zwar nur 2 km Luftlinie entfernt, aber entlang der Straße sind es 19 km – die Abzweigung gegenüber dem Nam Tok Than Thong nehmen. Von diesem Wát aus hat man den schönsten Blick auf den Mekong. Der Sonnenuntergang ist einfach herrlich, und in der kalten Jahreszeit sieht man frühmorgens den Nebel im Tal wabern. Der Pfad, den die Mönche jeden Morgen hinaufsteigen, beginnt östlich der Stadt unmittelbar vor km 81. Man nimmt die Soi 5, geht am letzten Haus vorbei und dann nach rechts, vorbei an Mango- und Papayabäumen.

Rund 14 km hinter der Straße zum Tempel befindet sich die interessante Höhle **Phiang Din** (Eintritt gegen Spende; ☺6–18 Uhr), in der nach Überzeugung mancher Einheimischer ein *naga*-König hausen soll. Wer Thailändisch spricht, kann hier fantasievolle Geschichten zu hören bekommen. Guides führen Gäste mit Lampen eine kürzere (30 Min.) und mit starken Taschenlampen eine längere (2 Std.) Strecke durch die Höhle. Bei beiden Führungen muss man einige kurze Abschnitte durch Wasser laufen und kann keine Schuhe tragen.

Der dreistufige **Nam Tok Than Thip** (Eintritt frei; ☺bei Tageslicht) 13 km westlich von Sangkhom (2 km abseits der Rte 211) ist der größte Wasserfall in der Region. Die unterste Stufe hat eine Fallhöhe von 30 m, die mittlere, gut über Treppen erreichbare, eine Fallhöhe von 100 m. Die oberste Stufe, die 70 m in die Tiefe stürzt, ist im Walddickicht kaum zu erkennen. Breiter, aber nicht so hoch ist der Wasserfall **Nam Tok Than Thong** (Eintritt frei; ☺bei Tageslicht) 11 km östlich von Sangkhom. Ein kurzer Naturlehrpfad führt hinunter zum Mekong. Der Than Thong ist leichter zugänglich als der Than Thip, kann deshalb aber an Wochenenden und Feiertagen ziemlich überlaufen sein. Beide Wasserefälle trocknen ab Februar aus.

🛏 Schlafen & Essen

Bouy Guesthouse PENSION $
LP TIPP (☎0 4244 1065; Rte 211; Zi. 200–280 B; @) Sangkhoms altehrwürdige Lodge besteht, wie der stets gut gelaunte Bouy erklärt, zwar nur aus ein paar „schlichten Hütten" (und die preiswerteren teilen sich die Badezimmer), doch die Unterkunft ist aus gutem Grund so beliebt. Die Holzterrassen mit Hängematten und die Lage am Fluss, gleich westlich vom Ort, sorgen für Entspannung pur. Man kann Fahrräder (50 B) und Motorräder (200 B) ausleihen und sich Flussfahrten anschließen.

Poopae Ruenmaithai HOTEL $$
(☎0 4244 1088; Rte 211; Zi. 500–1500 B; ❋@) Die hübsche Anlage mit hölzernen Stegen und dekorativem Mauerwerk nutzt den tollen Blick auf den Fluss nicht optimal. Wer einen gewissen Komfort erwartet, wird aber definitiv zufrieden sein. Die preiswertesten Zimmer haben, bis auf eines, Gemeinschaftsbäder und sind nichts für Menschen mit Klaustrophobie, aber die meisten Leute werden in ihnen noch aufrecht stehen können. Das Restaurant ist gut, und es gibt einen Whirlpool für vier Personen (200 B/halber Tag). Das Hotel liegt 1,5 km östlich vom Ortszentrum.

Sangkhom Away CAFÉ $
(Rte 211; ☺morgens & mittags) Ein nettes kleines Lokal im Herzen der Stadt.

ℹ An- & Weiterreise

Von Nong Khai fahren täglich fünf klapprige Busse (mit Ventilator) nach Sangkhom (55 B, 3 Std.); der früheste fährt weiter bis Loei (70 B, 3½ Std.).

PROVINZ LOEI

Loei (wörtl. „bis zum Äußersten") erstreckt sich von der verschlafenen Biegung des Mekong bei Chiang Khan Richtung Süden bis zur gewaltigen Hochebene des Phu Kradueng National Park. Die vielfältige, schöne Provinz ist vom Massentourismus noch unberührt, obwohl sie eine Menge zu bieten hat. Der abgelegenste Teil Thailands ist Loei nicht, aber in den ruhigen Nationalparks und Naturschutzgebieten der Region (von denen es weit mehr gibt, als hier genannt werden können) findet man wunderbare Ruhe und Abgeschiedenheit. Und wer zur rechten Zeit kommt, kann den Ruf der Natur mit dem Trubel des ausgelassenen Phi-Ta-Khon-Fests in Dan Sai verbinden.

Das Gelände ist bergig, und die Temperaturen schwanken von einem Extrem ins andere: In der warmen Jahreszeit wird es hier heißer und in den kühlen kälter als irgendwo sonst in Thailand. Loei ist eine von wenigen thailändischen Provinzen, in denen die Temperatur unter den Gefrierpunkt fallen kann, worauf die Reiseprospekte gerne hinweisen. Im Dezember und Januar färben sich in höheren Lagen die Blätter in der kalten Luft rot und gelb, z. B. rund um den Phu Kradueng und den Phu Reua.

Loei เลย

33 000 EW.
Wer nach einem Aufenthalt im idyllischen Hinterland in die Hauptstadt kommt, wird hier lediglich daran erinnert, dass Betonklötze und Verkehrsstaus eine Realität sind. Die Stadt Loei ist zwar gar nicht übel, aber selbst die thailändische Tourismusbehörde gibt zu, dass sie „wenig zu bieten hat, was für Reisende von Interesse ist".

⊙ Sehenswertes

Loeis Museen lohnen die Anreise nicht wirklich, wer aber nicht nach Dan Sai kommt, kann sich im **Loei Museum** (Th Charoenrat; Eintritt frei; ☺8.30–16.30 Uhr) über dem TAT-Büro Masken und Fotos vom Phi-Ta-Khon-Fest anschauen; außerdem sind hier noch Töpferwaren und weitere Artefakte ausgestellt. Auch dem **Loei-Kultur-**

zentrum (Rte 201; Eintritt frei; ☺8.30–16 Uhr), 5 km nördlich der Stadt auf dem Gelände der Rajabhat-Universität, kann man einen Besuch abstatten.

🛏 Schlafen

Sugar Guesthouse
PENSION $

(☏08 9711 1975; www.sugarguesthouse.blog. com; Soi 2, 4/1 Th Wisut Titep; Zi. 180–380 B; ✱@☎) Eine der preiswertesten Pensionen und zugleich die freundlichste Unterkunft vor Ort: Die Zimmer mit Ventilator teilen sich ein Bad. Der englisch sprechende Besitzer organisiert Ausflüge in die Provinz zu vernünftigen Preisen und vermietet Fahr- (50 B) und Motorräder (250 B). Vorsicht, bissiger Hund!

King Hotel
HOTEL $$

(☏0 4281 1701; 11/8-12 Th Chumsai; Zi. 500–1500 B; ✱☎) Wirklich königlich? Das zwar nicht gerade, aber seit einer gründlichen Renovierung sind die schlichten Zimmer hübsch und stilvoll und versprechen einen

angenehmen Aufenthalt. Das Restaurant ist gut und man kann kostenlos Fahrräder ausleihen.

Phutawan Mansion
HOTEL $

(☏0 4283 2983; http://phutawan-loei.com, auf Thailändisch; Th Nok Kaew; Zi. 350–650 B; ✱☎) Das farbenfrohe, kürzlich erbaute Hotel ist schlicht, bietet aber gute Zimmer (mit Kühlschrank und hochwertigen Matratzen) in ruhiger, praktischer Lage.

Loei Palace Hotel
HOTEL $$$

(☏0 4281 5668; 167/4 Th Charoenrat; Zi. 1200–2500 B, Suite 3500 B; ✱@☎✱) Loeis Vorzeigehotel erinnert an eine Hochzeitstorte. Das Personal ist hilfsbereit, es gibt viele moderne Einrichtungen, und da meist viele Zimmer leer stehen, sind auch Rabatte drin. WLAN-Zugang gibt's nur in den ersten beiden Etagen. Die Wasserstandsmarkierung und Fotos neben der Rezeption verraten, was die Stadt während des Hochwassers vom September 2002 durchmachen musste.

Provinz Loei

Loei

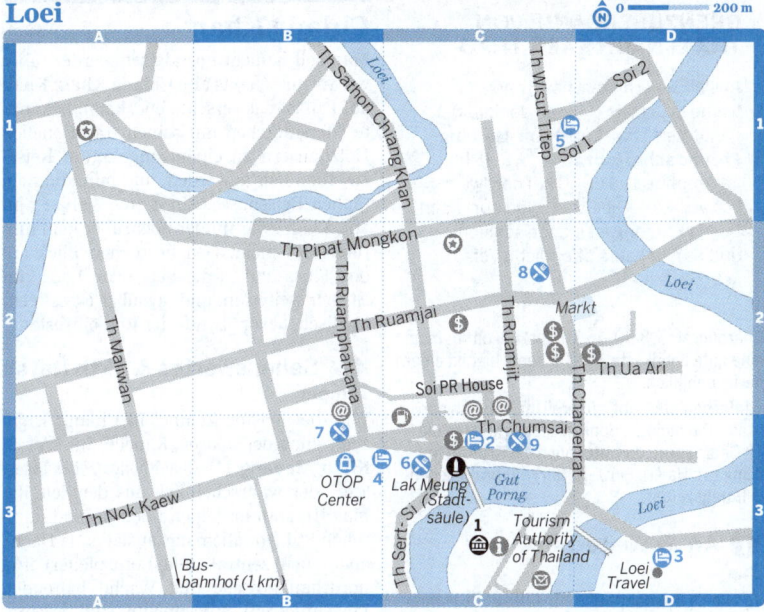

Loei

◎ Sehenswertes
1 Loei Museum C3

🛏 Schlafen
2 King Hotel C3
3 Loei Palace Hotel D3
4 Phutawan Mansion B3

5 Sugar Guesthouse.................................. C1

✖ Essen
6 Baan Yai..C3
7 Ban Thai..B3
8 Krua Nid..C2
9 Nachtmarkt...C3

🍴 Essen

Baan Yai   NORDOSTTHAILÄNDISCH **$**
(keine Ausschilderung in lateinischen Buchstaben; Th Sert-Si; Gerichte 25–150 B; ☺mittags & abends) In dem großen Gartenlokal mit bunt zusammengewürfelten Stühlen und Tischen gibt's echte Isaan-Gerichte – ganze Abschnitte der Speisekarte (nicht auf Englisch) sind Ameiseneiern, Insekten und Fröschen gewidmet. Angeboten wird auch *dtòhng mŏo* (Schweinefleisch in einer Sauer-Scharf-Sauce), ein örtliche Spezialität, die anderswo kaum zu finden ist. Abends werden die Gäste des Baan Yai mit Filmen, Fußballübertragungen oder Livemusik unterhalten.

Nachtmarkt   NORDOSTTHAILÄNDISCH **$**
(Th Ruamjit; ☺16–23 Uhr) Loeis Nachtmarkt ist so, wie solche Märkte eben sind. Auf alle Fälle kann man hier prima essen.

Krua Nid   THAILÄNDISCH **$**
(keine Ausschilderung in lateinischen Buchstaben; 58 Th Charoenrat; Gerichte 25–40 B; ☺morgens, mittags & abends) In dem einfachen Lokal mit großem Glastresen werden *hòr mòk* (in Bananenblättern gedämpftes, Soufflé-ähnliches Curry) und andere zentralthailändische Gerichte serviert. Zu erkennen ist das Krua Nid an der weißen Markise.

Ban Thai   INTERNATIONAL **$$**
(22/58-60 Th Nok Kaew; Gerichte 49–370 B; ☺mittags & abends) Mr. Chris, wie alle dieses Restaurant nennen, ist die erste Adresse für *fa·ràngs* mit kulinarischem Heimweh. Auf der Karte stehen hauptsächlich deutsche und italienische Gerichte.

ℹ Praktische Informationen

Im Büro der **Tourism Authority of Thailand** (TAT; ☏0 4281 2812; tatloei@tat.or.th; Th

GRENZÜBERGANG: VON THA LI NACH KAEN THAO

Ausländer erhalten inzwischen laotische Visa (s. S. 843) an der kaum genutzten **Thai-Lao-Nam-Heuang-Freundschaftsbrücke** (☺8–18 Uhr) im Amphoe Tha Li, 60 km nordwestlich von Loei. Die Straße von dort nach Luang Prabang ist jedoch schlecht, und es gibt kaum öffentliche Verkehrsmittel.

Charoenrat; ☺8.30–16.30 Uhr) bekommt man eine gute Landkarte. Das Personal hier ist einem gerne behilflich.

Internetcafés gibt's überall im Zentrum der Stadt. Die meisten Banken liegen rund um die Th Charoenrat, darunter auch die **Krung Thai Bank** (Th Ua Ari; ☺10–18 Uhr) mit praktischen Öffnungszeiten.

❶ An- & Weiterreise

Bus

Von Loeis **Busbahnhof** (☏0 4283 3586) fahren am häufigsten Busse nach Udon Thani (66–92 B, 3 Std., jede halbe Std.). Außerdem gibt es auch Busse nach Khon Kaen (129 B, 3½ Std., jede halbe Std.), Khorat (263 B, 6 Std., stündl.), Phitsanulok (139–178 B, 4 Std., 5-mal tgl.) und Chiang Mai (409–526 B, 10 Std., 6-mal tgl.). Der einzige Bus, nach Nong Khai (130 B, 6½ Std.) fährt, startet um 6 Uhr. Es lohnt sich, diesen Bus zu nehmen, weil er die malerische Strecke am Ufer des Mekong entlang nimmt. Schneller am Ziel ist man allerdings, wenn man in Udon Thani umsteigt.

Busse nach Bangkok (321–412 B, 11 Std.) fahren tagsüber stündlich und am frühen Abend alle 20 Minuten. **Air Muang Loei** (☏0 4283 2042; ☺Abfahrt 20.30 Uhr) und **999 VIP** (☏0 4281 1706; ☺Abfahrt 21 Uhr) schicken auch VIP-Busse (640 B) auf die Strecke.

Flugzeug

Solar Air (☏0 2535 2455; www.solarair.co.th) und **Nok Air** (☏0 2900 9955; www.nokair.com) fliegen von Loei zum Bangkoker Flughafen Don Muang (ab 1700 B). Flugtickets bekommt man bei **Loei Travel** (☏0 4283 0741; www.loeitravel.com) im Loei Palace Hotel.

❶ Unterwegs vor Ort

Sŏrng·tǎa·ou (10 B) fahren vom Busbahnhof aus durch die Stadt. Man kann auch für etwa 30 B ein Túk-Túk nehmen. Der Shuttle vom Flughafen in die Innenstadt kostet 200 B. Fahrräder vermietet das Loei Palace Hotel (halber/ganzer Tag 50/80 B).

Chiang Khan เชียงคาน

Man soll ja nicht nostalgisch werden, aber wir vermissen das alte Chiang Khan. Knall auf Fall ist das verschlafene, kaum bekannte Uferstädtchen mit seinen traditionellen Holzhäusern zu einem angesagten Reiseziel für Thais geworden, und nun kommen täglich Reisebusse. Ein nettes Ziel ist Chiang Khan zwar immer noch, aber kein hinreißendes mehr. Den herrlichen Blick auf den Fluss und in die Berge von Laos gibt es aber weiterhin, und tagsüber ist es recht idyllisch, bevor abends der Run einsetzt.

⦿ Sehenswertes & Aktivitäten

Tempel

Wie die meisten Tempel in Chiang Khan zeigt auch der *ubosot* (Kapelle) im **Wat Si Khun Meuang** (Th Chai Khong; ☺bei Tageslicht), der wahrscheinlich aus der Zeit Ramas III. stammt, einen überwiegend laotischen Stil (vor allem das ausladende Dach), aber auch zentral- (die Lotuspfeiler) und nordthailändische (die Wache haltenden Löwenfiguren) Stilelemente sind erkennbar. Vor ihm befindet sich eine prachtvolle Wandmalerei, und auf dem Gelände gibt's viele kunstvoll zurechtgestutzte Sträucher.

Der **Wat Mahathat** (Th Chiang Khan; ☺bei Tageslicht) im Stadtzentrum ist Chiang Khans ältester Tempel. Ein neues Dach bekrönt die alten Mauern des 1654 erbauten *bòht*, dessen originale Fassadenmalerei stark verblasst ist.

Rund 2 km vor dem Kaeng Khut Khu steht der verfallene **Wat Tha Khaek** (☺bei Tageslicht), ein 700 Jahre alter Waldtempel mit drei 300 Jahre alten Steinbuddhas. Sie stehen auf einem Sims über einem größeren, modernen Buddha im noch immer unvollendeten *bòht* des Wát.

Kaeng Khut Khu

Die berühmte Biegung des Mekong vor der prachtvollen Bergkulisse ist in ganz Thailand bekannt. Im umliegenden Park verkauft eine ganze Armada von Straßenhändlern die örtliche Spezialität *má·prów gàaw*, eine Süßigkeit aus Kokosmilch. Hier kann man auch *gûng-tôrt-grôrp* (knusprig frittierte Shrimps), die ein wenig wie Frisbees aussehen, und *gûng đên* („tanzende Shrimps") essen. Letzteres sind kleine Schalen mit lebenden Garnelen. Die Stelle liegt 5 km stromabwärts der Stadt; die Fahrt mit dem Túk-Túk kostet 50 B pro Person.

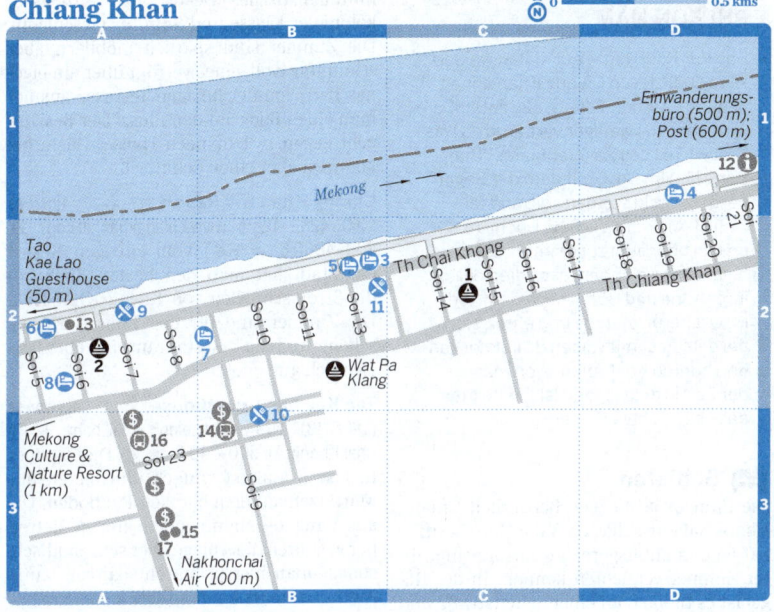

Chiang Khan

Bootsausflüge & Geführte Touren

Die meisten Unterkünfte organisieren Bootsausflüge nach Kaeng Khut Khu oder in die weitere Umgebung. Wegen der schönen Gebirgslandschaft sind längere Touren sehr lohnend. Die Preise hängen vom Benzinpreis ab, für eine typische 1½-stündige Tour in einem Boot, das zehn Personen fasst, zahlt man zwischen 800 und 1000 B.

Kajakfahrten auf dem Fluss (1500 B/ Pers., mind. 4 Pers.) veranstaltet das **Mekong Culture & Nature Resort** (☎0 4282 1457), 1 km stromaufwärts der Stadt.

Huan Mai Sri Chiang Khan Homestay

(☎0 4282 1825; www.huanmaisrichiangkhan. ob.tc, thailändisch; 145 Th Chai Khong) bietet eine morgendliche Tour (Start 5 Uhr; 100 B/ Pers.), bei der man den Sonnenaufgang (und in der kalten Jahreszeit vielleicht auch das Nebelmeer) vom Gipfel des nahen **Phu Thok** aus bewundern kann.

Fahrräder kann man für 50 B und Motorräder für 200 bis 250 B pro Tag mieten. Die meisten Unterkünfte stellen ihren Gästen auch kostenlose Leihfahrräder zur Verfügung.

PHI KON NAM

Das Phi-Kon-Nam-Fest in Ban Na Sao 7 km südlich von Chiang Khan ähnelt demPhi-Ta-Khon-Fest(S. 522)inDanSai, wird aber viel weniger vermarktet. Das Fest ist Teil des Raketenfestes (Bun Bâng Fai) im Dorf, mit dem der Regen herbeigelockt werden soll, und fällt zeitlich mit dem Visakha Bucha (S. 24) im Mai oder Juni zusammen. Die Einheimischen glauben, dass die Seelen ihrer Kühe und Büffel nach dem Tod im Ort herumziehen, und ehren sie bei dem Fest mit wilden Büffelmasken und bunten Kostümen. Wen man zu der Zeit in der Gegend ist, sollte man das Fest nicht verpassen.

🛏 Schlafen

Die immens gestiegene Beliebtheit Chiang Khans hat zur Folge, dass die Hotelbesitzer auf eine qualitätsgerechte Auspreisung ihrer Zimmer verzichten können. In der Regel ist es billiger, an einer Seitenstraße und nicht an der Uferstraße zu wohnen, und die meisten Unterkünfte der gehobenen Kategorie gewähren werktags Rabatt. Bei Unterkünften in historischen Häusern sind Gemeinschaftsbäder (wenn nicht anders angegeben) und dünne Wände die Regel.

LP TIPP **Poonsawasdi Hotel** HOTEL $$

(☎08 0400 8777; www.poonsawasdi.com, thailändisch; Soi 9; Zi. 800 B; ✳🛜) Das älteste Hotel Chiang Khans wurde mit buntem Holz und antiken Möbeln kreativ aufgemotzt. Anders als in den meisten älteren Holzhäusern vor Ort findet man hier nicht nur in der Lobby, sondern auch in den Zimmern historischen Charme.

LP TIPP **Chiang Khan Guesthouse** PENSION $$

(☎0 4282 1691; www.thailandunplugged.com; 282 Th Chai Khong; EZ/DZ/3BZ 300/450/600 B; 🛜) Diese Unterkunft im traditionellen Stil hat knarrende Dielen, ein Blechdach und eine Terrasse, die wirklich nahe am Ufer liegt. Bei der Besitzerin Pim fühlt man sich gleich wie zu Hause. Sie kann auch *ǯohng-lahng*-Vorführungen (2500 B) arrangieren. Die Darsteller sind örtliche Studenten, die die Einnahmen in ihre Ausbildung stecken.

Loogmai Guesthouse PENSION $

(☎08 6234 0011; 112 Th Chai Khong; Zi. 450–550 B) Die alte Villa verbindet modernes minimalistisches Dekor mit französisch-kolonialer Klasse und Sinn für Geschichte. Die Zimmer sind spärlich möbliert, aber stimmungsvoll, eines verfügt über ein eigenes Bad. Von der luftigen Terrasse aus hat man einen Blick auf den Fluss. Der Besitzer geht gegen 18 Uhr nach Hause, Gäste bekommen aber einen Schlüssel.

Chiang Khan Hill Resort HOTEL $$

(☎0 4282 1285; www.chiangkhanhill.com; Zi. 800–4000 B; ✳🛜🏊) Vom einzigen Resort der Stadt hat man den besten Blick auf die Stromschnellen von Kaeng Khut Khu. Die Zimmer sind für den Preis durchaus schön, und das Restaurant ist ebenfalls ziemlich gut.

Tao Kae Lao Guesthouse PENSION $$

(☎08 1311 9754; taokaelao@gmail.com; 92 Th Chai Khong; Zi. 600–700 B; ✳🛜) Die Zimmer hier sind äußerst einfach und bieten nur Matratzen auf dem blanken Fußboden. Die aus Bangkok stammenden jungen Betreiber gestalten die Anlage aber sehr modisch, sodass man hier prima entspannen kann. Zwei Zimmer haben Flussblick.

Chiangkhan Riverview Guesthouse PENSION $

(☎08 0741 8055; www.chiangkhan.741.com; 277 Th Chai Khong; Zi. 300–600 B; ✳🛜) Die Unterkunft mit der größten Vielfalt vor Ort: In dieser Herberge am Ufer gibt es Zimmer mit Ventilator und mit Klimaanlage, mit eigenem oder mit Gemeinschaftsbad und Bauten älteren und jüngeren Datums. Einige Zimmer bieten einen Blick auf den Fluss. Die Terrasse ist sehr einladend.

Ban Sangthong PENSION $

(☎0 4282 1305; 162 Th Chai Khong; EZ/DZ 200/400 B; @🛜) Die etwas chaotische kleine Pension ist vollgestopft mit Kunstwerken des Betreibers und hat die preiswertesten Zimmer am Fluss und eine hübsche kleine Terrasse.

Torng Sai Homestay PENSION $

(keine Ausschilderung in lateinischen Buchstaben; ☎08 6227 2667; 129/3 Soi 6; EZ/DZ/3BZ 200/300/450 B) Dieses alte Ladenhaus aus Holz wurde nicht so aufgemöbelt wie die Häuser am Ufer. Mehr als eine Matratze auf dem Boden, einen Ventilator an der Decke und einen freundlichen Empfang darf man hier nicht erwarten. Wenn die Besitzer nicht da sind, sind sie wahrscheinlich im Tempel. Einfach anrufen, und sie kommen schnell rüber.

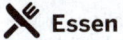 Essen

Ban-Jerd-Loei THAILÄNDISCH $

(187/1 Th Chai Khong; Gerichte 35–150 B; ⊘mittags & abends) Die Spezialität dieses Restaurants, das sich hinter einem Friseurladen versteckt, ist Fisch aus dem Mekong. Besonders zu empfehlen ist der „gebratene Flussfisch mit schwarzem Pfeffer"; aber auch die anderen thailändischen Gerichte sind gut.

Sum-Ran-Na CAFÉ $

(165 Th Chai Khong; ⊘morgens, mittags & abends;) In dem niedlichen kleinen Eckcafé gibt es für Gäste kostenloses WLAN und Computer.

Städtischer Markt MARKT $

(⊘morgens & abends) Der Markt ist zwar klein, aber wirklich gut.

❶ Praktische Informationen

Es gibt immer noch keine Banken mit Devisenschalter, aber immerhin mehrere Geldautomaten. Im Ort gibt's auch einige Internetcafés, besser checkt man seine E-Mails aber im Sum-Ran-Na (s. oben).

Einreisebüro (☑0 4282 1911; Soi 26, Th Chai Khong at; ⊘Mo–Fr 8.30–16.30 Uhr) Nimmt Visaverlängerungen vor.

Touristeninformation Chiang Khan (Soi 21, Th Chai Khong) Die Touristeninformation ist mal zu, mal geöffnet.

❶ An- & Weiterreise

Die sŏrng·tăa·ou nach Loei (35 B, 1¼ Std.) fahren frühmorgens ungefähr viertelstündlich von einer Haltestelle an der Rte 201 ab. Danach starten sie immer dann, wenn genug Passagiere zusammengekommen sind. Die Busse (34 B, 45 Min., 8-mal tgl.) benutzen den Busbahnhof von **Nakhonchai Air** (☑0 4282 1905) 300 m weiter südlich. Die Busse fahren über Loei hinaus weiter nach Chaiyaphum (212 B, 5 Std.) und Khorat (297 B, 7 Std.).

Drei Unternehmen fahren direkt nach Bangkok (10 Std.), die Abfahrt ist am Büro des jeweiligen Unternehmens: **Air Muang Loei** (☑08 9842 1524; alte Shell-Tankstelle, Rte 201) fährt um 8 und 18.30 Uhr (479 B), **999 VIP** (☑0 4282 1002; Soi 9) um 9, 18, 19 und 19.30 Uhr (347–694 B) und **Phu Kradung Tours** (☑08 7856 5149; Rte 201) um 18.30 Uhr (347 B).

Eine direkte Verbindung nach Nong Khai gibt es nicht. Am schnellsten kommt man über Loei und Udon Thani hin, schöner ist jedoch die Fahrt über die malerische Uferstraße. Dazu fährt man mit dem sŏrng·tăa·ou Richtung Loei nach Süden bis Ban Tad (20 B, 30 Min.) und steigt dort in den Bus nach Nong Khai, der um 6 Uhr abfährt. Ansonsten kann man sich noch mit einem ge-

charterten Auto nach Pak Chom (rund 600 B) bringen lassen, wo um 10, 13 und 15 Uhr Busse nach Nong Khai starten.

Wer Richtung Westen unterwegs ist und ein eigenes Fahrzeug hat, kann die selten benutzten Nebenstraßen am Mae Nam Heuang nehmen, über die man schließlich nach Dan Sai gelangt.

Phu Reua National Park

อุทยานแห่งชาติภูเรือ

Phu Reua bedeutet „Schiffsberg"; der Name bezieht sich auf einen Felsen, der aus einem Berggipfel ragt und in seiner Form an eine chinesische Dschunke erinnert. Mit nur 121 km² gehört der **Phu Reua National Park** (☑0 4280 7624; Eintritt 200 B) nicht zu den imposantesten Naturparks in Thailand, aber der Ausblick von dem 1365 m hohen Gipfel auf die umgebende Landschaft ist traumhaft. Man erreicht den Gipfel mit dem Sŏrng·tăa·ou oder über einen 1 km langen Fußweg. Wer einen etwas längeren Weg hinauf einschlagen will, wandert zunächst über den leichten, 2,5 km langen Weg bis zum 30 m hohen **Nam Tok Huai Phai**, dem wohl schönsten Wasserfall im Park, und geht dann geradeaus weiter.

Im Park gibt es zwei Campingplätze. Der obere ist behelfsmäßig und bietet nur wenig Einrichtungen, aber immerhin sind die **Stellplätze** (mit eigenem Zelt 30 B/Pers., Zelt 150–450 B) und die primitiven **Zimmer** (500–700 B; Duschwasser in Eimern) dem Gipfel sehr nahe und so kann man prima den Sonnenauf- oder -untergang erleben. Warmwasser, durchgängig Strom und WLAN-Zugang bietet der schönere untere **Campingplatz** (Stellplatz mit eigenem Zelt 30 B/Pers., Zelt 2/4 Pers. 270/540 B), wo es auch sechs komfortable **Bungalows** (☑0 2562 0760; www.dnp.go.th/parkreserve; 4/6 Pers. 2000/3000 B) mit TV und Kühlschrank gibt. Unterhalb des Parks befinden sich viele kleine Resorts, die preiswerter sind. Die Restaurants auf den Campingplätzen sind nur von September bis Februar geöffnet, und in der restlichen Zeit nur gelegentlich an Wochenenden oder Feiertagen. Im Dezember und Januar fallen die Temperaturen nachts unter den Gefrierpunkt, also warme Kleidung mitbringen.

Der Park liegt 50 km westlich von Loei an der Rte 203. Busse, die aus der Stadt nach Westen fahren, können einen in der Ortschaft Phu Reua (50–60 B, 1½ Std.) absetzen. Von dort aus muss man zum Park

DER GARTEN ISAANS

Die Region Phu Reua ist für den Blumenanbau bekannt; wegen der Farbenpracht am Straßenrand gehört der Autobahnabschnitt zwischen Loei und Dan Sai zu den malerischsten Strecken in Thailand. In dem kühlen, trockenen Klima können die Bauern eine Reihe von Produkten anbauen, die sonst im Isaan seltener sind, z. B. Erdbeeren, Kaffee (die wachsende Kette Coffee Bun hat hier ihren Sitz und verwendet für ihre Mischung auch aus Loei stammende Bohnen), Macadamianüsse, Petunien und Persimonen.

Ein Ziel, das die meisten Traveller mit eigenem Fahrzeug ansteuern, ist das **Chateau de Loei** (www.chateau deloei.com; Rte 203 bei km 60; ⏱8–17 Uhr), das 1995 den ersten in Thailand produzierten Wein auf den Markt brachte. Verglichen mit den schönen, gut geführten Weingütern rund um Khao Yai ist es nur ein kleiner Betrieb, aber Besucher können die Weine und Brandys gleich hinten in dem als Hauptgebäude dienenden Zweckbau verkosten.

laufen oder einen Truck chartern (rund 500 B), wobei man vielleicht ein paar Stunden warten muss. Der Gipfel ist 8 km von der Autobahn entfernt.

Dan Sai ค่านซาย

362 Tage im Jahr ist Dan Sai ein langweiliges kleines Städtchen, ein totes Nest an der Grenze, in dem sich das Leben rund um den kleinen Markt und die staubige Hauptstraße abspielt. An den restlichen drei Tagen verwandelt sich Dan Sai in den Schauplatz eines der muntersten, lautesten Feste im ganzen Land.

Im vierten Mondmonat feiert Dan Sai das **Phi-Ta-Khon-Fest** (auch Bun Phra Wet genannt). Dieses Fest verbindet das Bun Bâng Fai (Raketenfest) mit dem Phra-Wet-Fest, bei dem die Zuhörer Geschichten aus früheren Leben des Buddha (*Mahavessantara Jataka*) lauschen, was die Chance erhöhen soll, zu Lebzeiten des nächsten Buddha wiedergeboren zu werden. Die seltsame Mischung aus feuchtfröhlicher Karnevals-

stimmung und gruseliger Halloween-Maskerade ist ein Muss für alle, die sich kopfüber in das Leben im Isaan stürzen wollen.

Die Ursprünge des Phi-Ta-Khon-Fests liegen im Dunkeln. Einige seiner Aspekte scheinen mit Geisterkulten der Thaivölker, vielleicht der Thai Dam, zusammenzuhängen. Dafür spricht, dass der genaue Termin (meist irgendwann im Juni) von den einheimischen Medium Jao Phaw Kuan festgelegt wird, über den sich der Schutzgott der Stadt offenbart. Am ersten Tag vollzieht Jao Phaw Kuan ein Opfer, um Phra Upakud in die Stadt zu bitten (einen erleuchteten Mönch mit übernatürlichen Kräften, der sich in einen weißen Marmorblock verwandelte, um ewig auf dem Grund des Mae Nam Man zu leben). Dann legen die Einwohner wilde Kostüme und Masken an und tanzen, angefeuert von *lôw kŏw* (weißem Schnaps) und ausgelassenen Flirts, zügellos zwei Tage durch, bis sie am Abend die Raketen starten lassen und in den Tempel strömen, um die ganze Nacht lang bis in den dritten Tag hinein den Predigten zu lauschen.

◉ Sehenswertes & Aktivitäten

Phi Ta Kon Museum GRATIS MUSEUM
(พิพิธภัณฑ์ผีตาโขน; Th Kaew Asa; ⏱9–17 Uhr) Der Wat Phon Chai, der Tempel hinter dem großen weißen Tor, spielt eine wichtige Rolle beim Phi-Ta-Khon-Fest und ist deshalb der angemessene Ort für dieses Museum. Zu sehen sind Festkostüme, eine Ausstellung über die Anfertigung der Masken und ein Video der Festlichkeiten.

Wat Neramit Wiphatsana TEMPEL
(วัดเนรมิตวิปัสสนา; ⏱bei Tageslicht) Das auf einem bewaldeten Hügel erbaute prächtige Meditationskloster (das fast aussieht wie ein Resort mit buddhistischer Deko) blickt hinunter auf den Phra That Si Songrak. Die Gebäude des Wáts bestehen aus unverputztem Laterit. Der berühmte thailändische Wandmaler Pramote Sriphrom verbrachte Jahre damit, die Innenwände des massiven *bòht*, in dem sich eine Kopie des Chinnarat-Buddha aus dem Wat Phra Si Ratana Mahathat in Phitsanulok (s. S. 382) befindet, mit Szenen aus den *jataka* zu schmücken. Der Wát ist Luang Pu Mahaphan geweiht, einem verstorbenen, hochverehrten Mönch aus der Gegend.

Phra That Si Songrak STUPA
(พระธาตุศรีสองรัก; Rte 2113; ⏱7–17 Uhr) Dieser Stupa ist der meistverehrte in der Provinz Loei. Der 20 m hohe, weiße *chedi* laotischen

„Schöner Felsengarten" ist ein passender Name für diese versteckte Oase mit erstaunlich geformten, erodierten Kalksteinvorsprüngen. Die Thais kennen das Naturwunder jedoch als **Kunming Meuang Thai** (สวนหินผางาม; 100 B/Gruppe; ⊙8.30–17.30 Uhr). „Thailands Kunming", so benannt wegen der Ähnlichkeit zum steinernen Wald im chinesischen Kunming. Die meisten Besucher unternehmen nur eine kurze Treckerfahrt (einfache Strecke 10 B/Pers.) hinauf zu dem leicht zu erreichenden Aussichtspunkt und schauen sich kurz um. Am besten aber wandert man mit einem Führer über die labyrinthischen Wege zurück. Zuweilen ist der Weg etwas schwierig, weil man sich bücken muss, um durch einige Durchgänge zu kommen, aber das sorgt nur für etwas zusätzliches Abenteuer. Für den Rückmarsch sollte man eine Stunde einplanen. Die Stätte befindet sich 20 km südwestlich von Nong Hin. Öffentliche Transportmittel hierher gibt es nicht, und eine Möglichkeit zum Trampen wird man auch kaum finden.

Stils wurde 1560–1563 als Zeichen des gegen die vordringenden Birmanen abgeschlossenen Bündnisses zwischen dem laotischen Königreich von Viang Chan (Vientiane) und dem Thai-Königreich Ayutthaya an der damaligen thailändisch-laotischen Grenze errichtet. In einem Pavillon vor dem *chedi* steht eine uralte Kiste, die einen noch älteren, rund 76 cm hohen Steinbuddha beherbergen soll. Obwohl die Bezeichnung „Phra That" auf Buddha-Reliquien hinweist, gibt es in diesem Tempel keine. Wer den *chedi* hinaufsteigt, darf keine Schuhe, keinen Hut und keine rote Kleidung tragen und weder Essen noch einen geöffneten Regen- oder Sonnenschirm bei sich haben. Unten befindet sich ein bescheidenes **Museum** (Eintritt frei; ⊙9–16 Uhr) mit allerlei Gegenständen, die von Einheimischen gespendet wurden.

🛏 Schlafen & Essen

Gastfamilien-Programm　　GASTFAMILIE $
(☎08 9077 2080; B/2BZ/3BZ 150/400/550 B) Einige Dörfer gleich vor der Stadt betreiben seit vielen Jahren ein erfolgreiches Gastfamilien-Programm, und die teilnehmenden Familien sind in die *fa·ràngs* ganz vernarrt (Mahlzeiten 70 B). Wenn sie nicht gerade arbeiten müssen – die meisten Englisch sprechenden Gastgeber sind Lehrer – beziehen sie die Gäste in ihre Alltagsaktivitäten ein. Kawinthip Hattakham (s. rechte Spalte) kann alles arrangieren.

Phunacome　　HOTEL $$$
(☎0 4289 2005; www.phunacomeresort.com; Rte 2013; Zi. 3500–4900 B; ❄@🛜🏊) Das Luxusresort nutzt seine Lage auf dem Land geschickt aus. Die Küche verwendet Bio-Reis und Gemüse aus eigenem Anbau, und man stellt hier sogar umweltschonende Seifen und Reinigungsmittel her. Das Hotel hat

zwei Arten von Unterkünften, die an den Teichen stehen: Standard-Hotelzimmer und ein paar coole Holzhütten mit Strohdach im Isaan-Stil. Beide Optionen sind schick und schön und bieten einen tollen Ausblick. In der Lobby gibt's eine Bibliothek, einen Massageservice und ein Restaurant mit thailändischer und westlicher Küche. Der Büffel ist das Maskottchen der Anlage, und drei Wasserbüffel leben tatsächlich auf dem Gelände.

Ban Sabaaidee 2　　HOTEL $
(☎08 0748 1555; Rte 2013; Zi. 300 B; ❄🛜) Das farbenfrohe kleine Hotel, 2 km östlich der Th-Kaew-Asa-Kreuzung, hat durchschnittliche, aber akzeptable Zimmer.

Dansai Resort Hotel　　HOTEL $
(☎0 4289 2281; Rte 2013; Zi. 300–500 B; ❄@🛜) Dan Sais am zentralsten gelegene Ferienanlage wurde kräftig ausgebaut und bietet nun neben Zimmern mit Ventilator und Kaltwasser, die schon bessere Tage gesehen haben, auch große und neue Cottages.

Im Un　　THAILÄNDISCH $
(keine Ausschilderung in lateinischen Buchstaben; Rte 2013; Gerichte 60–150 B; ⊙morgens, mittags & abends) Unter einem Strohdach im Garten werden typische Thai-Gerichte und Isaan-Spezialitäten wie *gaang ʔàh* (Dschungelcurry) und *lâhp hèt* (*lâhp* mit Pilzen) serviert. Das Lokal liegt am Stadtrand, 900 m östlich der Th-Kaew-Asa-Kreuzung.

Nachtmarkt　　THAILÄNDISCH $
(Th Kaew Asa; ⊙16.30–21.30 Uhr) An der Hauptstraße gegenüber dem städtischen Markt.

🛍 Shoppen

Kawinthip Hattakham　　SOUVENIRS
(กวินทิพย์หัตถกรรม; 75 Th Kaew Asa; ⊙8–19 Uhr) Der Laden verkauft authentische Phi-Ta-

Khon-Masken und andere Souvenirs, die mit dem Fest zu tun haben. Es macht Spaß, hier herumzustöbern. Man bekommt hier auch Kaffee und kann Fahrräder mieten (100 B/Tag).

Praktische Informationen

Die Hauptstraße durch den Ort ist die Th Kaew Asa. An ihrem nördlichen Ende, in der Nähe vom städtischen Markt, befinden sich die **Bibliothek** (⊙Mo–Fr 8.30–16.30 Uhr) mit kostenlosem Internetzugang und einer Ausstellung zum Fest sowie das **Rathaus** (*têt·sà·bahn;* ☎0 4289 1231; www.tessabandansai.com; ⊙Mo–Fr 8.30–16.30 Uhr), in dem Englisch sprechende Angestellte gern Fragen von Besuchern beantworten. Die **Krung Thai Bank** (Rte 2013; ⊙Mo–Fr 8.30–16.30 Uhr) am Highway wechselt Bargeld und löst Reiseschecks ein.

An- & Weiterreise

In Dan Sai halten alle paar Stunden an der Kreuzung der Th Kaew Asa und der Rte 2013 Busse auf der Fahrt zwischen Loei (60 B, 1½ Std.) und Phitsanulok (94 B, 3 Std.).

Kunstzentrum Sirindhorn   ศูนย์ศิลป์สิรินธร

 Das **Kunstzentrum Sirindhorn** (Rte 210; ⊙8–18 Uhr) befindet sich in Wang Saphung, 23 km südlich von Loei. Es wurde zu Ehren von Sangkom Thongmee geschaffen, einem berühmten, mittlerweile pensionierten Lehrer an der benachbarten Schule, dessen Schüler – meistens Bauernkinder – mit ihren Arbeiten Tausende von Preisen gewannen. Hier sind immer Werke von Schülern (und manchmal auch von professionellen Künstlern) zu sehen, die häufig auch gekauft werden können. Vor dem Gebäude befindet sich ein netter Skulpturengarten.

Tham Erawan   ถ้ำเอราวัณ

Hoch am Hang eines schönen Kalksteinbergs liegt der **Tham Erawan** (⊙7–18.30 Uhr), ein großer Höhlenschrein mit einem kolossalen sitzenden Buddha. Der Buddha thront über den hügeligen Ebenen und ist schon aus mehreren Kilometern Entfernung zu sehen. Zur Statue führt eine gewundene Treppe mit 600 Stufen hinauf. Die Aussicht ist herrlich, vor allem bei Sonnenuntergang. Über weitere Stufen geht man, einer Lichterkette folgend, durch die riesige

Kammer und gelangt auf der anderen Seite des Bergs wieder ins Freie. Unbedingt darauf achten, die Höhle zu verlassen, bevor das Licht abgeschaltet wird!

Der Tempel liegt an der Rte 210, gleich hinter der Grenze zur Provinz Nong Bualamphu. Die Busse aus Loei (25–35 B, 1¼ Std., jede halbe Std.) Richtung Udon Thani setzen einen 2,5 km entfernt davon ab. Die Fahrt von der Haltestelle zum Tempel mit einem Motorradtaxi kostet 30 B.

Phu Kradueng National Park   อุทยานแห่งชาติภูกระดึง

Überragt von dem Gipfel, der ihm den Namen gab, umfasst der **Phu Kradueng National Park** (☎0 4287 1333; Eintritt 400 B; ⊙Weg zum Gipfel Okt.–Mai 7–14 Uhr) ein Hochplateau voller Felsen, Wasserfälle und Wanderwege. Thailands zweiter Nationalpark liegt in einer Höhe von bis zu 1316 m. In seinen höchsten Lagen ist es immer kühl (durchschnittliche Jahrestemperatur 20°C) und die Flora eine Mischung aus Kiefernwald und Savanne. Viele Waldtiere, darunter Elefanten, Goldschakale, Kragenbären, Sambarhirsche, Seraue und Weißhandgibbons, leben in dem 348 km² großen Park.

Am Fuß des Berges steht ein kleines Besucherzentrum, alles weitere findet sich oben. Der Hauptweg auf den Phu Kradueng ist 5,5 km lang; man braucht drei bis vier Stunden, um hinaufzuklettern. Der Marsch ist anstrengend, aber wenn der Weg trocken ist, nicht besonders schwierig, da an den meisten steilen Abschnitten Stufen angebracht wurden. Im Abstand von ungefähr 1 km sind an der landschaftlich schönen Strecke Rastplätze mit Imbissständen eingerichtet. Oben auf dem Plateau sind es dann noch weitere 3 km bis zu dem Hauptbesucherzentrum. Träger transportieren das Gepäck der Besucher an Bambusstangen befestigt nach oben (15 B/kg).

Der 5,5 km lange Weg, auf dem man in einem bewaldeten Tal an sechs Wasserfällen vorbeikommt, ist das Highlight hier oben; sogar noch nach November, wenn die Fälle weitgehend ausgetrocknet sind. Über den Berg verstreut gibt es auch viele **Aussichtspunkte**, von denen aus man den Sonnenauf- oder -untergang genießen kann.

Für viele thailändische Oberschüler ist es ein Initiationsritus, die Nacht auf dem Phu Kradueng zu verbringen. Entsprechend voll wird es im Park während der Schulferien (insbesondere Weihnachten–Neujahr & März–Mai). In der Regenzeit (Juni–Sept.) ist der Park geschlossen, weil der Weg zum Gipfel dann zu gefährlich ist.

🛏 Schlafen & Essen

Auf dem Berg gibt's 5000 **Stellplätze** (mit eigenem Zelt 30 B/Pers., Zelt 3/6 Pers. 225/450 B), eine Reihe großer **Bungalows** (✆0 2562 0760; www.dnp.go.th/parkreserve; Bungalow 900–3600 B) und viele Freiluftlokale mit dem üblichen kurz angebratenen Essen. Wer spät kommt, kann am Fuß des Berges auf Campingplätzen oder in Bungalows übernachten; einige Resorts befinden sich vor dem Parkeingang.

ℹ An- & Weiterreise

Die Busse, die zwischen Loei (50 B, 1½ Std.) und Khon Kaen (75 B, 2 Std.) unterwegs sind, halten in der Ortschaft Phu Kradueng. Von dort bringen *sŏrng·tăa·ou* (20 B/Pers., gechartertes Fahrzeug 200 B) die Besucher zum 10 km entfernten Fuß des Berges.

PROVINZ BUENG KAN

Thailands jüngste Provinz wurde im Jahr 2011 von Nong Khai abgetrennt. Man findet hier einsame und oft schöne Landstriche. Die meisten Traveller, die am Mekong entlang reisen, wenden sich hinter Nong Khai nach Westen, es ist aber durchaus eine gute Idee, nach Osten zu ziehen, denn dort erwarten einen einer der hinreißendsten Tempel des ganzen Landes und die besten Gastfamilien-Programme.

Bueng Kan บึงกาฬ

Das kleine Bueng Kan wächst schnell. Das hat aber nichts mit dem neuen Hauptstadtstatus zu tun, sondern mit der Kautschukindustrie (Kautschukplantagen nehmen 40 % der Provinz ein). Vor Ort sehenswert ist einzig der **thailändisch-laotische Markt,** der am Dienstag- und Freitagvormittag am Mekong stattfindet. Einige der Produkte, z.B. die Kräuter und Pilze, die laotische Händler hier feilbieten, stammen aus dem Wald. Während der Trockenzeit ist der Blick auf den Fluss interessant – das Wasser weicht dann weit von Bueng Kan zurück, und der Fluss wird so schmal wie kaum irgendwo sonst an der thailändisch-laotischen Grenze.

GRENZÜBERGANG: VON BUENG KAN NACH PAKSAN

Wer bereits ein laotisches Visum (s. S. 843) hat, kann von Bueng Kan nach Paksan übersetzen, was aber nur selten geschieht. Die Überfahrt kostet 60 B pro Person, die Boote legen ab, wenn acht Passagiere zusammengekommen sind.

Die meisten Traveller kommen nur, um Anschluss zum Wat Phu Tok zu bekommen. Wer übernachten will, für den ist das zum Mekong blickende **Maenam Hotel** (✆0 4249 1051; 107 Th Chansin; Zi. 350–400 B; ❄@🛜) das Haus mit der besten Lage in der Stadt. Das Haus könnte mal renoviert werden – einige Zimmer sind besser als andere, man sollte sich also erst ein paar anschauen –, aber die Zimmer sind groß und bieten viele kleine Extras. Bei unserem letzten Besuch wurden gerade an der Hauptstraße ein paar schickere Hotels hochgezogen. Fast alle Restaurants an der Th Chansin stellen Tische raus auf die Uferpromenade, aber man wird dort stark von Insekten geplagt.

Die Busse nach Nong Khai (100 B, 2½ Std., 6-mal tgl.), Nakhon Phanom (130 B, 3 Std., 6-mal tgl.) und Udon Thani (150 B, 4½ Std., 12-mal tgl.) warten in der Nähe des alten Uhrenturms.

Ban Ahong บ้านอาฮง

Ban Ahong ist ein hübsches Dorf am Fluss 20 km vor Bueng Kan. Der **Wat Ahong Silawat** (☉bei Tageslicht) im Osten des Dorfs wurde zwischen rötlich schimmernden Felsen an einer Flußbiegung errichtet, die wegen der starken, von Juni bis September auftretenden Strudel *Sàdeu Námkong* („Nabel des Mekong") genannt wird. Von dem Gebäude südlich des *bòht* blickt eine 7 m hohe Kopie des Chinnarat-Buddhas aus Phitsanulok über den Mekong, und in dem Fischteich leben Mekong-Riesenwelse (*Ъlah bèuk*), die sich allerdings nur selten blicken lassen.

Angeblich soll der Fluss hier besonders tief sein, und Legenden zufolge hausen in Unterwasserhöhlen *nagas*. Von hier stammten auch die ersten Berichte über *bâng fai pá yah nâhk* (*naga*-Feuerbälle; s. Kasten S. 509), und nur hier treten sie auch in anderen Farben als Rot auf.

Das **Ahong Maekhong View Hotel** (☑08 6227 0465; Zi. 500–800 B; ✺) steht am Fluss auf dem Tempelgelände (alle Einnahmen gehen an den Tempel). Es lebt hauptsächlich von Reisegruppen, sodass es entweder ausgebucht ist oder man fast allein hier nächtigt. Die 15 großen Zimmer sind gut ausgestattet und haben einen Balkon. Dank ihrer beschaulichen Lage ist die Unterkunft wunderschön. Der Abt, dem daran gelegen ist, dass die Atmosphäre ruhig und friedlich bleibt, hat Fernseher in den Zimmern verboten. Andere Übernachtungsmöglichkeiten bietet das **Gastfamilien-Programm** des Dorfes (☑08 0755 0661; 200 B/Pers., Mahlzeiten 100 B), allerdings sprechen die beteiligten Familien kaum etwas Englisch.

Die Busse, die zwischen Nong Khai (100 B, 2½ Std., 6-mal tgl.) und Bueng Kan fahren, können einen am Tempel absetzen.

Wat Phu Tok วัดภูทอก

Mit seinem Netz an verwitterten Treppen und Laufgängen in, auf und rund um einen riesigen Sandsteinfelsen ist der **Wat Phu Tok** (Einsamer Bergtempel; ◔6–17 Uhr, 10.–16. April geschl.) eines der Wunderwerke der Region. Die halsbrecherischen Wege, von denen man einen fabelhaften Ausblick ins Umland hat, führen an Schreinen und *gùdì* vorbei, die verstreut um den Berg auf Klippen und in Höhlen liegen. Eine letzte Kletterpartie über Wurzeln und Felsbrocken bringt einen zum Wäldchen auf dem Gipfel, der als siebtes Stockwerk der Anlage gilt. Wenn man sich beeilt und alle Abkürzungen nutzt, kann man in rund einer Stunde oben und wieder unten sein, aber wozu? Man sollte diesen Aufstieg wirklich lieber genießen. Wegen der ruhigen Abgeschiedenheit kommen Mönche und *mâa chee* (Nonnen) aus ganz Thailand hierher, um zu meditieren. Besucher sollten sich bei ihrer Erkundungstour ruhig und respektvoll verhalten.

Der Waldtempel war das Reich des berühmten Meditationsmeisters Luang Pu Juan, eines Schülers von Luang Pu Man (s. S. 534). Er starb 1980 bei einem Flugzeugabsturz zusammen mit anderen hochverehrten Waldmönchen, als sie zu den Geburtstagsfeierlichkeiten von Königin Sirikit nach Bangkok reisten. Luang Pu Juans Besitztümer und einige Knochensplitter befinden sich in dem außen mit fantastischen Skulpturen geschmückten Marmor-*chedi*,

der unter dem Berg in einem prächtigen Garten steht.

Besucher, die die Mönche mit einigen Kenntnissen über Meditation und Buddhismus beeindrucken, können unten am Berg in den nach Geschlechtern getrennten Schlafsälen übernachten.

❶ An- & Weiterreise

In Bueng Kan können Besucher Túk-Túks für die Fahrt zum Wat Phu Tok anheuern (hin & zurück 800 B inkl. einige Std. Wartezeit). Günstiger wird's, wenn man mit dem Bus von Bueng Kan nach Ban Siwilai (20 B, 45 Min.) fährt und erst dort ein Túk-Túk nimmt (300–400 B). Wer einen frühen Bus nach Bueng Kan erwischt, kann den Wat Phu Tok auch im Rahmen eines Tagesausflugs von Nong Khai aus besuchen. Man braucht aber nicht unbedingt nach Nong Khai zurückzufahren, denn in Siwilai fahren auch Busse nach Udon Thani (140 B, 4 Std.).

Auto- oder Radfahrer fahren 27 km über Bueng Kan hinaus bis nach Chaiyapon, biegen dann rechts auf die Rte 3024 ab und folgen der Ausschilderung zu den Wasserfällen Chet Si und Tham Phra. (Diese liegen im Naturschutzgebiet Phu Wua, das nicht nur wegen der Fälle, die nur von Mitte Mai bis Ende Dezember Wasser führen, sondern auch wegen der seltsamen Felsformationen einen Abstecher lohnt.) Nach 17,5 km rechts abbiegen und noch 4 km weiterfahren.

Ban Kham Pia บ้านขามเปี้ย

In den Dörfern des Isaan gibt's überall Gastfamilien-Programme, die Travellern die Möglichkeit bieten, komplett ins ländliche Leben einzutauchen – die meisten sind allerdings auf thailändische Reisegruppen abgestimmt. Wegen der Unterstützung durch Open Mind Projects (S. 40) und dank des Englisch sprechenden Dorfvorstehers Khun Bunleud weiß **Ban Kham Pia** (☑0 4241 3578, 08 7861 0601; www.thailand wildelephanttrekking.com; Zi. 200 B) jedoch, wie man *faràngs* willkommen heißt (Mahlzeiten 50–90 B).

Ein weiterer Riesenvorteil eines Aufenthalts ist, dass das 186 km² große **Phu Wua Wildlife Reserve** vom Dorf aus zu Fuß zu erreichen ist – man kann also sein Reiseerlebnis um ein paar wundervolle Wanderungen (inkl. Übernachtung in einer Höhle) erweitern. Im Wald gibt's viele Wasserfälle und rund drei Dutzend Elefanten. Bei Tageswanderungen vom Dorf aus erblickt man sie während der Regenzeit manchmal; bei einer Wanderung mit Übernachtung in einem „Baumhaus" (nichts für schwache Nerven) ist zwischen Januar und April eine Sichtung so gut wie sicher. Die „Baumhäuser" stehen nämlich inmitten einer Waldlichtung, zu der Mönche Zuckerrohr bringen, um die Dickhäuter davon abzuhalten, die Felder zu plündern. Die Stelle ist etwa eine Fahrstunde vom Dorf entfernt. Der übliche Preis für einen Führer durch das Dorf und seine Umgebung beträgt 300 B pro Tag, Motorräder kann man für 200 B pro Tag mieten.

Ban Kham Pia liegt 190 km östlich von Nong Khai. Die Busse, die zwischen Nong Khai (140 B, 3½ Std.) und Nakhon Phanom (130 B, 3 Std.) fahren, setzen einen im 3 km entfernten Ban Don Chik ab.

PROVINZ NAKHON PHANOM

Laotische und vietnamesische Einflüsse prägen Nakhon Phanom, die mit hochverehrten Tempeln übersäte Provinz am Mekong. Obwohl fast alle Menschen, die man auf den Feldern arbeiten sieht, echte Thailänder sind, tragen viele kegelförmige vietnamesische Strohhüte. Unbedingt sehenswerte Attraktionen sind hier zwar selten, aber man findet jede Menge schöne Flusslandschaften und eine Reihe interessanter historischer Stätten. Das Highlight ist der kolossale Wat Phra That Phanom, ein bezaubernder Talisman der Isaan-Kultur.

Nakhon Phanom นครพนม

31700 EW.

Nakhon Phanom bedeutet „Stadt der Berge", aber die sanft gewellten Zuckerhutgipfel liegen allesamt jenseits des Flusses drüben in Laos – Besucher können sie also bewundern, aber nicht in ihnen herumklettern. Der Anblick ist auf jeden Fall toll, vor allem bei einem nebligen Sonnenaufgang. Nichts kommt in dieser friedlichen, sauberen und stolzen Stadt an die ferne Hügelkette heran, aber wer den weiten Weg auf sich genommen hat, findet hier doch viel zu sehen und zu tun. Die meisten thailändischen Besucher schauen sich in den Läden nahe dem Pier nach Silberarbeiten um.

Nakhon Phanoms Tempel wurden in einem ganz besonderen Stil gebaut. Im Lan-Chang-Reich war die Stadt ein bedeutendes Zentrum, und später entsandten die thailändischen Könige ihre besten Künstler hierher, um neue Gebäude zu errichten. Und schließlich machte sich dann über den Mekong hinweg noch ein starker französischer Einfluss geltend.

⊙ Sehenswertes & Aktivitäten

Ban Na Chok   HISTORISCHE STÄTTE
(บ้านนาจอก) Die vietnamesische Gemeinde in Ban Na Chok rund 3,5 km westlich der Stadt hat **Uncle Ho's House** (✆0 4252 2430; Eintritt 50 B; ⊙bei Tageslicht) restauriert – das einfache Holzhaus, in dem Ho Chi Minh von 1928 bis 1929 lebte und den Widerstand gegen die französischen Kolonialherren plante. Ein paar weitere Ausstellungsstücke zu Ho Chi Minh, von denen einige auch englisch beschriftet sind, sind etwas weiter nordwestlich im **Gemeindezentrum** (✆08 0315 4630; Eintritt frei; ⊙8–17 Uhr) zu sehen. Hier wird auch alljährlich am 19. Mai der Gebrutstag des ersten Präsidenten Vietnams gefeiert.

Wat Okat   TEMPEL
(วัดโอกาส; Th Sunthon Wijit; ⊙bei Tageslicht) Der Wat Okat ist älter als die Stadt. Auf dem höchsten Piedestal in seinem *wihǎhn* stehen die Phra Taew und Phra Tiam, zwei mit Gold überzogene heilige Buddha-Figuren aus Holz. Die rechte Figur, der Phra Tiam, ist aber eine Replik – das Original wurde 2010 gestohlen, was der Stadt einen Schock versetzte. Sehr interessant ist das wundervolle Wandbild, das die Anreise der beiden Buddha-Figuren aus Laos über den Mekong darstellt und eine Art Suchbild ist – man versuche, die Backpacker zu entdecken.

Wat Si Thep   TEMPEL
(วัดศรีเทพประดิษฐาราม; Th Si Thep; ⊙bei Tageslicht) Der *bòht* dieses Tempels hat viel Atmosphäre. Er ist von Engelsstatuen (*têp*) umgeben, und an seiner Rückwand steht ein farbenfrohes Triptychon. Die Wandmalereien im Inneren zeigen oben Szenen aus den *jataka* und unten die Könige der Chakri-Dynastie. Die Restaurierung der 1921 im französischen Kolonialstil errichteten Abtresidenz wurde mit einem Preis ausgezeichnet.

GRATIS **Former Governor's Residence Museum**   MUSEUM
(จวนผู้ว่าราชการจังหวัดนครพนม (หลังเก่า); Th Sunthon Wijit; ⊙Mi–So 10–18 Uhr) Das Museum zeigt in dem wunderschön restaurierten Landhaus von 1925 Fotos des alten Nakhon Phanom (viele auch mit englischsprachiger Erläuterung), während hinter dem Haus Exponate

Nakhon Phanom Hospital (800 m); Mae Nam Song Si (45 km)

Post (300 m); Tourism Authority of Thailand (600 m); Ginlom Chomwiew (1,3 km); Former Governor's Residence Museum (1,4 km); Nakhon Phanom Design Center Hostel (1,7 km)

Koo Yong Long

Uhrenturm

Passagierfähre

Th Bamrung Meuang · Th Fuang Nakhon · Th Aphiban Bancha · Th Rahsadornutit · Th Thamrong Prasit · Th Sunthon Wijit

Busbahnhof (500 m)

Soi Supahp · *Soi Wattanautis* · *Sŏrng•tăa•ou nach That Phanom und Na Kae* · *Bovorn Travel* · *Einreisebüro*

Th Nittayo · *Th Sri Chiang Mai* · *Th Posri*

Wat Maha That (1 km); Viewkong Hotel (1,5 km); Hat Sai Thong (1,6 km); Touristenpolizei (1,9 km); Nakhon Phamom Riverview Hotel (2 km)

Nakhon Phanom

zur Prozession der erleuchteten Boote (s. unten) zu sehen sind. Falls man Fragen zu Nakhon Phanom hat, sollte man hier oder abends im Restaurant Luk Tan Kontakt mit Bai-Tong aufnehmen.

Sonnenuntergangsfahrt   BOOTSTOUR
(50 B/Pers.) Die Stadt bietet einstündige Bootsfahrten auf dem Mekong mit der *Thesaban 1* an, die gegenüber dem Indochi-na-Markt anlegt. An Bord gibt's Snacks und natürlich Karaoke.

Mekong Underwater World   AQUARIUM
(สถานที่จัดแสดงโลกของปลาแม่น้ำโขง; Rte 2033; Eintritt 30 B; ⊙ Mo–Fr 9.30–16, Sa & So 9–16 Uhr) Wer Fische mag, wird dieses Aquarium lieben, in dem Fische aus dem Mekong leben, darunter auch *ɓlah bèuk* (Mekong-Riesenwelse). Das Aquarium liegt 6 km westlich

der Stadt am Hwy 22. Die *sŏrng·tǎa·ou* nach Na Kae (20 B, 15 Min.) kommen hier vorbei.

Wat Maha That
TEMPEL
(วัดมหาธาตุ; Th Sunthon Wijit; ☉bei Tageslicht) Der hiesige 24 m hohe, weiß-goldene *chedi* Phra That Nakhon ähnelt dem älteren in That Phanom (s. S. 531).

Chom Khong Park
PARK
(สวนชมโขง; Th Ratchathan; Eintritt frei; ☉5–20 Uhr) Dieser Park war früher ein Gefängnis, und in einigen alten Zellen sitzen Gefangenenfiguren. Die Besucher können auch die Wachttürme besteigen.

Hat Sai Thong
STRAND
(หาดทรายทอง) Von Februar bis April liegt nahe dem Viewkong Hotel eine Sandbank frei, die Werbestrategen als Golden Sand Beach anpreisen. So toll ist das Baden hier nicht, aber man kann die Fischer beobachten.

✨ Feste & Events
Nakhon Phanom ist bekannt für seine **Prozession der erleuchteten Boote** (Lái Reua Fai), die moderne Version des alten Brauchs, beim **Ork Phansaa** (dem Ende der buddhistischen Fastenzeit) Flöße mit Lebensmitteln, Blumen und Kerzen als Opfergaben für die *naga* auf den Mekong zu setzen. Heute sieht man riesige Bambusflöße, die bis zu 10 000 handgefertigte Laternen fassen, und dank einiger Gestalter auch animierte Szenen. Eine Woche lang gibt es Bootsrennen, Musikwettbewerbe und andere Festivitäten, aber die Boote werden erst in der Vollmondnacht zu Wasser gelassen. An diesem Morgen führen Angehörige der Phu Tai vor dem That Phanom (S. 531) ihren „Pfauentanz" auf.

🛏 Schlafen

Windsor Hotel
HOTEL $
(☎0 4251 1946; 272 Th Bamrung Meuang; Zi. 250–400 B; ✳@📶) Das in einem erdrückenden Betonklotz untergebrachte Windsor ist supersauber, und wenn man über seine vielen Jahrzehnte hinwegsieht, erweist es sich als eine gute Wahl. Auch in den Räumen im ersten Stock hat man noch WLAN-Zugang und vom Dach aus einen schönen Blick in die Berge.

Nakhon Phanom Design Center Hostel
HOSTEL $
(NDC; ☎08 5668 1780; Th Goobahtwai; B. mit Frühstück & Fahrrad 350 B; ✳📶) Ein örtlicher Architekt hat sein altes Ladenhaus nahe

dem Mekong in ein Büro mit Café und Hostel umgewandelt. Im Haus gibt's gerade mal zwei Zimmer und vier Betten, aber jede Menge Flair.

iHotel
HOTEL $$
(☎0 4254 3355; Th That Phanom; Zi. 590–1000 B; ✳@📶) Das stylische „i" steht für gute Matratzen, „Powerduschen", einen Garten hinter dem Haus und aufmerksames Personal. Der Nachteil ist die Lage 5 km südlich der Stadt.

Viewkong Hotel
HOTEL $$
(☎0 4251 3564; www.viewkonghotel.com; Th Sunthon Wijit; Zi. 550–900 B, Suite 2500 B; ✳@📶) Das ehemals beste Hotel der Stadt hat weniger Pfiff und ist abgenutzter als der derzeitige Spitzenreiter (das Nakhon Phanom Riverview), dafür ist es preiswerter und wirkt weniger kühl. Es bietet eine hübsche Terrasse am Fluss und es gibt Karaoke, Massagen und all die anderen Dinge, auf die thailändische Reisende nicht verzichten wollen. Die Zimmer mit Flussblick kosten etwas mehr, aber die Ausgabe lohnt sich.

Nakhon Phanom Riverview Hotel
HOTEL $$
(☎0 4252 2333; www.nakhonphanomriverview hotel.com; Th That Phanom; Zi. 1050–1680 B, Suite 3150–10 500 B; ✳@📶❄) Zwar zeigt auch dieses Hotel langsam Altersspuren, und der WLAN-Empfang beschränkt sich auf die Lobby, aber es gibt Zimmer mit Blick auf den Fluss und einen hübschen Swimmingpool. Gelegentlich fallen die Preise auf bis zu 600 B.

SP Residence
HOTEL $
(☎0 4251 3500; 193/1 Th Nittayo; Zi. 450–800 B; ✳@) Schlicht, aber modern: Die Zimmer sind weniger wohnheimmäßig, als die Fassade und die Korridore befürchten lassen.

Grand Hotel
HOTEL $
(☎0 4251 3788; 210 Th Si Thep; Zi. 200–390 B; ✳) „Grand" ist dieses Hotel ganz eindeutig nicht, und die Menagerie an Tierfiguren in der Lobby kann nicht darüber hinwegtäuschen, wie alt und spartanisch das Haus ist. Andererseits ist es recht sauber und für den geforderten Preis auch durchaus gut. In den preiswertesten Zimmern im vierten Stock haben die Gäste Warmwasser und einen Blick in die Berge.

🍴 Essen
Nach dem Abendessen lohnt sich ein Besuch in den entspannten, hübschen Bars in

den historischen Ladenhäusern im Umfeld des Uhrenturms.

Indochina-Markt THAILÄNDISCH $
(Th Sunthon Wijit; ☺morgens, mittags & abends) Auf dem Balkon vor dem Food-Court gibt es hervorragende Plätze mit einem herrlichen Ausblick in die Berge.

Ginlom Chomwiew THAILÄNDISCH $
(keine Ausschilderung in lateinischen Buchstaben; Th Sunthon Wijit; Gerichte 50–240 B; ☺abends) Der Name des Gartenlokals gegenüber des Flusses bedeutet „Entspannen und die Aussicht genießen!", und damit ist eigentlich alles gesagt. Beim Essen sollte man's machen wie die meisten Einheimischen und einen Fisch aus dem Mekong wählen; empfehlenswert ist z. B. *Ƀlàh johk sǎhm rót* (Flussbarbe mit drei Gewürzen).

Luk Tan INTERNATIONAL, THAILÄNDISCH $
(83 Th Bamrung Meuang; Gerichte 29–240 B; ☺Di–So mittags & abends) Das schrullige kleine Lokal serviert Steaks auf thailändische Art, typische *fa-ràng*-Gerichte wie Pizza und mit den besten Kartoffelbrei, den man in Thailand bekommt.

Nachtmarkt THAILÄNDISCH $
(Th Fuang Nakhon; ☺16–21 Uhr) Der Markt ist groß und vielfältig, bietet aber kaum Plätze zum Hinsetzen.

Good Morning Vietnamese & Coffee VIETNAMESISCH $
(165 Th Thamrong Prasit; Gerichte 30–100 B; ☺ morgens, mittags & abends) Das kleine Ecklokal wurde mit bunten Farben und einem Kaffeeausschank modernisiert, serviert aber immer noch, wie seit vier Generationen, die alten Gerichte nach Familienrezept wie *nǎam neu ang* (Frühlingsrollen mit

Schweinefleisch, die man selbst zusammenrollt) und scharfe thailändische Salate.

Baa Nang NORDOSTTHAILÄNDISCH $
(kein Schild; Th Aphiban Bancha; Gerichte 30–150 B; ☺morgens & mittags) Der einfache Schuppen mit Wellblechdach gegenüber der Anuban-Nakhon-Phanom-Schule lockt die Massen mit *gài yâhng, sôm·dam* und anderen bodenständigen Isaan-Gerichten.

ℹ Praktische Informationen

Bangkok Bank (Tesco-Lotus, Th Nittayo; ☺10–20 Uhr) Tauscht nur Bargeld, hat aber lange Öffnungszeiten.

Crab Technology (Th Si Thep; Internet 15 B/Std.; ☺8–22 Uhr)

Einreisebüro (☏0 4251 1235; Th Sunthon Wijit; ☺Mo–Fr 8.30–12 & 13–16.30 Uhr) Verlängert Visa.

Tourism Authority of Thailand (TAT; ☏ 0 4251 3490; tatphnom@tat.or.th; Th Sunthon Wijit; ☺8.30–16.30 Uhr) Hat Infos über die Provinzen Nakhon Phanom, Sakon Nakhon und Mukdahan.

ℹ An- & Weiterreise
Bus

Nakhon Phanoms **Busbahnhof** (☏0 4251 3444; Th Fuang Nakhon) liegt westlich vom Zentrum. Von ihm aus fahren Busse nach Nong Khai (210 B, 6½ Std., 6-mal tgl.), nach Udon Thani (155–195 B, 4–5 Std., alle 45 Min. bis 15.50 Uhr) über Sakon Nakhon (65–85 B, 1½ Std.) sowie nach Ubon Ratchathani (116–209 B, 4½ Std., 9-mal tgl.) über Mukdahan (52–88 B, 2½ Std.) und That Phanom (27–47 B, 1 Std.). Die meisten Busse nach Bangkok (450–592 B, 11–12 Std.) starten zwischen 7 und 8 Uhr sowie zwischen 16.30 und 19 Uhr. Die Fahrt mit dem VIP-Bus von **999 VIP** (☏0 4251 1403) kostet 823 B.

DER ZWEIFARBENFLUSS แม่น้ำสองสี

Wer auf der Rte 212 unterwegs ist, sollte einen kurzen Stopp in **Mae Nam Song Si**, 45 km von Nakhon Phanom entfernt, einlegen. Hier trifft der schlammig braune Mekong auf das grünlich schimmernde Wasser des Mae Nam Songkhram. Vor allem bei Wind oder Regen sind die beiden Wasserströme deutlich voneinander abgesetzt. Man sollte sich nicht von Einheimischen verwirren lassen, die erzählen, eine solche Stelle gäbe es in Nakhon Phanom nicht, sondern man werde das wohl mit dem Mae Nam Song Si (S. 482) in Ubon Ratchathani durcheinanderbringen. Enfach an dem Schild mit der Aufschrift „The Bi-Coloured River" abbiegen. Diese Einmündungsstelle im Norden mag zwar weniger bekannt sein, aber eindrucksvoll ist sie allemal.

Suan Ahahn Paknam (keine Ausschilderung in lateinischen Buchstaben; ☏08 1974 4227; Gerichte 30–290 B; ☺mittags & abends) ist ein tolles kleines Restaurant auf einer wackeligen Holzterrasse direkt an der Einmündungsstelle. Ein paar Türen weiter hat die gleiche Besitzerfamilie eine funkelnagelneue **Pension** (Zi. 400 B; ❉ @) eröffnet.

Die sŏrng·tăa·ou nach That Phanom (35 B, 90 Min., bis 15.30 Uhr alle 15 Min.) parken in der Nähe der Kasikornbank.

Flugzeug

Nok Air (☑0 2900 9955; www.nokair.com) fliegt täglich vom/zum Bangkoker Flughafen Don Muang (einfache Strecke 2600 B). Tickets bekommt man in den Reisebüros, z. B. bei **Bovorn Travel** (☑0 4251 2494; Th Nittayo; ⊘Mo–Fr 8–16.30, Sa & So 8–13 Uhr). Der Airportshuttle (120 B/Pers.) setzt seine Passagiere an allen Hotels in der Stadt ab.

Unterwegs vor Ort

Túk-Túk-Fahrer verlangen für eine Fahrt vom Busbahnhof zu den meisten Stellen in der Stadt 20 bis 30 B pro Person und für die Fahrt nach Ban Na Chok und zurück 200 B.

Wegen des geringen Fahrzeugverkehrs eignet sich Nakhon Phanom prima zum Radfahren. Fahrräder vermietet **Koo Yong Long** (☑0 4251 1118; 363 Th Sunthon Wijit; 10/70 B pro Std./ Tag; ⊘8–17 Uhr).

Renu Nakhon   เรณูนคร

Renu Nakhon ist eine für Baumwollweberei bekannte Siedlung der Phu Tai, aber in dem Ort arbeitet heute kaum noch jemand am Webstuhl. Wer sehen möchte, wie die Stoffe gewebt werden, besucht besser ein nahegelegenes Dorf. Die fertigen Produkte und außerdem Seide und Baumwolle aus anderen thailändischen Provinzen und aus Laos werden auf dem großen **Kunsthandwerksmarkt** auf dem Gelände des **Wat Phra That Renu Nakhon** (⊘bei Tageslicht) sowie in einer Reihe von Läden rundherum angeboten. Der 35 m hohe *tâht* des Tempels erinnert stark an den älteren *chedi* in That Phanom und gilt als sehr heilig. Für Reisegruppen werden manchmal Aufführungen von Phu-Tai-Volkstänzen auf der Bühne vor dem Markt arrangiert.

Die Abzweigung nach Renu Nakhon liegt 8 km nördlich von That Phanom, und dann gibt's noch eine zweite 7 km weiter westlich an der Rte 2031. Öffentliche Verkehrsmittel zum Ort gibt es nicht. Túk-Túk-Fahrer in That Phanom fordern für die Fahrt hin und zurück mit etwas Aufenthalt zum Bewundern des *tâht* und für eine kleine Shoppingtour 300 B (200 B für eine Einzelperson), aber wie viel es genau kostet, hängt vom eigenen Feilschtalent ab. Sich bis zur Abzweigung durchzuschlagen und dort ein Túk-Túk zu nehmen, könnte etwas billiger sein.

> ### GRENZÜBERGANG: VON NAKHON PHANOM NACH THA KHAEK
>
> Die **Thailändisch-laotische Freundschaftsbrücke 3** nördlich der Stadt sollte zum Zeitpunkt der Recherche in nächster Zeit eröffnet werden. Passagierfähren sollen auch weiterhin Nakhon Phanom mit Tha Khaek in Laos verbinden, werden dann aber nur noch für Einheimische im kleinen Grenzverkehr vorgesehen sein. Busse nach Tha Khaek (70 B) fahren zwischen 7 und 18 Uhr, alle Einreiseformalitäten werden während der Überfahrt auf der Brücke erledigt.

That Phanom   ธาตุพนม

Der Turm des kolossalen *chedi* im Wat Phra That Phanom ragt hoch über die kleine, friedliche Stadt hinaus. Er gehört zu den bedeutendsten Symbolen der Region und ist ein Wahrzeichen der Isaan-Identität. Damit verglichen ist das Städtchen, das sich in eine neuere und eine ältere Hälfte direkt am Fluss teilt, herzlich uninteressant.

◉ Sehenswertes

Wat Phra That Phanom   TEMPEL
(วัดพระธาตุพนม; Th Chayangkun; ⊘5–20 Uhr) Der Tempel ist imposant und wunderschön – auch wer von Tempeln die Nase voll hat, wird von ihm beeindruckt sein. In seinem Zentrum steht ein *tâht*, wie es seinesgleichen im heutigen Laos keinen einzigen mehr gibt und der von Buddhisten aus beiden Ländern sehr verehrt wird. Viele Menschen glauben, es brächte Wohlstand und Glück, wenn man ihn siebenmal aufsucht. Deswegen ist er gewissermaßen eine Pilgerstätte.

Der *tâht* ist 53,6 m hoch, und die fünfstufige, mit Edelsteinen verzierte, 16 kg schwere Goldspitze fügt noch einmal 4 m hinzu. Viele Thailänder schenken der Legende Glauben, dass Buddha selbst nach Thailand kam und verfügte, dass ein Stück seines Brustbeins als Reliquie in einem an eben dieser Stelle zu erbauenden *chedi* aufbewahrt werden sollte – und so geschah es dann auch, im Jahr 535 v. Chr., acht Jahre nach seinem Tod. Historiker datieren den ersten Bau, einen kurzen Stupa (in einem Teich vor dem Tempel steht eine Rekon-

That Phanom

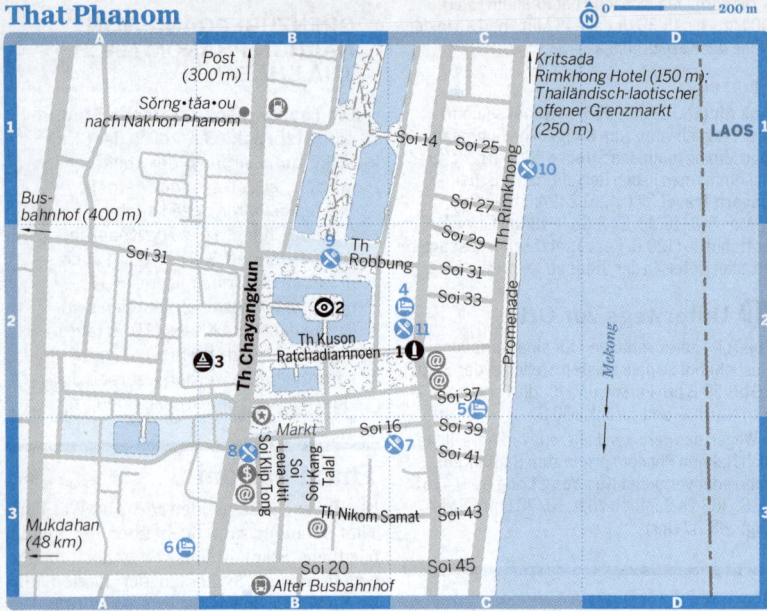

That Phanom

struktion), auf ungefähr das 9. Jh. n. Chr., und seit damals wurde er vielfach umgebaut. 1690 wurde der Turm auf 47 m aufgestockt – Nachahmungen dieses *tâht* findet man überall im Isaan. Der Turm wurde in seinem heutigen Aussehen ursprünglich 1941 errichtet, stürzte aber während schwerer Regenfälle 1975 ein und wurde 1978 wieder aufgebaut.

Hinter dem Kloster, das den Reliquienturm umgibt, befindet sich ein schattiger kleiner Park mit einer riesigen Trommel. Im Norden steht ein 30 m langes, 100 Jahre altes Langboot, das aus einem einzigen Baumstamm herausgeschnitten wurde. Das nahe gelegene **Museum** (Eintritt frei; ⊙8.30–16 Uhr) erzählt die Legende des *tâht* (nicht die wirkliche Geschichte) und präsentiert außerdem ein Sammelsurium u.a. an Töp-

ferwaren, Gongs und Gedenkmünzen US-amerikanischer Präsidenten.

Th Kuson Ratchadagon HISTORISCHE STÄTTE
(ถนนกุศลรัชดากร) An der Straße vor dem Phra That Phanom ragt ein **Triumphbogen** empor, der eine symbolische Verbindung zwischen dem *tâht* und dem Mekong herstellen soll. Die Gebäude im französischen Indochina-Kolonialstil zwischen dem Bogen und dem Fluss erinnern an das alte Saigon. Einige Inneneinrichtungen sind wirklich museumswürdig. In ein paar Läden bekommt man vietnamesisches Essen.

Thailändisch-laotischer offener Grenzmarkt MARKT
(ตลาดชายแดนไทย-ลาว; ⊙Mo & Do 7–14 Uhr) Hunderte Lao setzen über den Fluss, um auf diesem zweimal wöchentlich stattfinden-

den Markt zu kaufen und zu verkaufen. Angeboten wird überwiegend dasselbe wie auf anderen thailändischen Märkten, aber ein paar laotische Händler verkaufen vor dem Tempel auch Wurzeln, Honig, Hölzer und andere Produkte des Waldes.

✨ Feste & Events

Während des **That-Phanom-Fests** Ende Januar oder Anfang Februar strömen Besucher aus ganz Thailand und Laos herbei, um dem *tâht* zu huldigen. Dann füllen sich die Straßen mit Marktständen, viele Spitzenensembles treten mit *mŏr-lam*-Darbietungen auf, und die Stadt steht neun Tage lang Kopf.

🛏 Schlafen

Während des That-Phanom-Fests steigen die Preise, und die Zimmer sind weit im Voraus ausgebucht. Das neue Hotel, das zum Zeitpunkt der Recherche gerade an der Uferpromenade errichtet wurde, sieht vielversprechend aus.

Kritsada Rimkhong Hotel   HOTEL $
(📞08 1262 4111; www.ksdrimkhong-resort.com; 90 Th Rimkhong; Zi. 350–500 B; ❄@🛜) Die Zimmer rangieren zwischen einfach und sehr hübsch, aber alle sind komfortabel. Im Restaurant wird Bio-Gemüse verwendet, das unten am Flussufer angebaut wird. Falls der freundliche, Englisch sprechende Besitzer gerade da ist, wenn man anruft, holt er Gäste gern kostenlos vom Busbahnhof ab.

Thatphanom Place   HOTEL $$
(📞0 4253 2148; thatphanomplace@gmail.com; Th Chayangkun; Zi. 590 B; ❄🛜) Das nette, 2010 eröffnete Hotel hat die besten Zimmer der Stadt, die alle individuell gestaltet sind. Schade nur, dass es nicht nahe dem Fluss, sondern nahe an der Hauptstraße steht.

Saengthong Rimkhong Hotel   HOTEL $
(📞0 4254 1397; 507 Th Rimkhong; Zi. 300–600 B; ❄🛜) Das Hotel ist so la la: Es hat schlichte ältere Zimmer – bei dem Preis sollte es eigentlich Warmwasserduschen geben, aber Fehlanzeige – und ordentliche neuere. Insgesamt versetzt es einen nicht in Begeisterung, ist aber auch nicht deprimierend.

Chaivon Hotel   HOTEL $
(📞0 4254 1391; 38 Th Phanom Phanarak; Zi. 200–300 B; ❄) Das grüne Holzhaus ist wirklich schäbig und bestimmt nicht das Richtige für alle Traveller. Wer aber mal für eine Nacht in die alten Zeiten abtauchen will, findet vielleicht Geschmack daran.

🍴 Essen & Ausgehen

That Phanoms **Nachtmarkt** (🕑16–22 Uhr) bietet eine große kulinarische Vielfalt, aber kaum Plätze zum Hinsetzen. Bei Einbruch der Dunkelheit öffnen auch nördlich der Promenade viele kleine **Uferrestaurants** (Th Rimkhong), die auf Stelzen stehen und mit vielen bunten Lichterketten geschmückt sind. Der Hauptunterschied zwischen ihnen besteht in der Größe der Karaoke-Anlage; also einfach umschauen und reingehen, wo es einem gefällt.

Krua Kitty   THAILÄNDISCH $$
(419 Soi 16; Gerichte 40–350 B; 🕑abends) Fast schick ist dieses vorne offene Restaurant, in dem die Honoratioren der Stadt verkehren. Cover von Klassikalben hängen an der Wand, auf der großen Karte sind einige Gerichte auch in englischer Sprache angegeben.

Baan 117   CAFÉ $
(117 Soi 16; Bio-Kaffee 40 B; 🕑morgens, mittags & abends) Ein freundliches Betreiberpaar, zwanglose Gemütlichkeit und guter Kaffee machen dieses Café vor Ort zur ersten Adresse für Koffeinfans.

That's Good   THAILÄNDISCH $
(37 Th Phanom Phanarak; Gerichte 50–100 B; 🕑abends) Diese Bar mutet wie ein Kaffeehaus an und erinnert an Omas Wohnstube. Für die Verhältnisse in That Phanom ist sie ziemlich hip. Eine richtige Speisekarte gibt es nicht, aber thailändische Salate und gebratene Snacks sind zu haben.

ℹ An- & Weiterreise

Von That Phanoms neuem Busbahnhof, der unpraktisch westlich der Stadt liegt (eine Túk-Túk-Fahrt bis zum Fluss sollte etwa 30 B kosten) fahren Busse nach Ubon Ratchathani (95–167 B, 4½ Std., stündl.) über Mukdahan (26–45 B, 1 Std.), nach Udon Thani (102–184 B, 4 Std., 5-mal tgl.) über Sakon Nakhon (35–65 B, 1¼ Std., 10-mal tgl.) sowie nach Nakhon Phanom (27–47 B, 1 Std., 5-mal tgl.). Nach Nakhon Phanom kann man auch eines der häufig verkehrenden *sŏrng·tăa·ou* (35 B, 90 Min., bis 15.30 Uhr alle 15 Min.) nehmen, die nördlich vom *tâht* parken. Nach Bangkok (400–801 B, 10–11 Std.) fahren morgens ein paar Busse, aber die meisten zwischen 17 und 19 Uhr; ein Unternehmen, das nach Bangkok fährt, nutzt immer noch den alten Busbahnhof im Ort.

Im Ort gibt es ein Einreisebüro, aber es fertigt nur laotische Einreisende an den Markttagen ab. Ausländer können in diesem Ort nicht über den Fluss nach Laos übersetzen.

PROVINZ SAKON NAKHON

Viele berühmte Waldtempel liegen versteckt tief in den Phu-Phan-Bergen, einer Gebirgskette, die sich durch die ganze Provinz Sakon Nakhon zieht. Zu den berühmtesten Söhnen Sakon Nakhons gehören mehrere hochverehrte Mönche der thailändischen Geschichte, z.B. Luang Pu (Ajahn) Man Bhuridatto, der zwar in Ubon Ratchathani geboren wurde, aber hier starb, und sein Schüler Luang Pu (Ajahn) Fan Ajaro. Beide waren asketische *tú-dong*-Mönche, die hohe Stufen in der *vipassana*-Meditation erreichten und die von vielen Thailändern für *arahants* (vollständig erleuchtete Wesen) gehalten werden.

Sakon Nakhon   สกลนคร

68 000 EW.

Das prosaische Sakon Nakhon ist in erster Linie ein Agrarzentrum, und in der Th Ratpattana gibt's jede Menge Läden, die landwirtschaftliche Geräte verkaufen. Das Stadtzentrum ist wie üblich ein Betondschungel, aber am Rand der Stadt finden sich auch ruhige Viertel mit alten Holzhäusern. Dort liegen auch die Hauptsehenswürdigkeiten der Stadt.

⊙ Sehenswertes

Wat Pa Sutthawat   TEMPEL

(วัดป่าสุทธาวาส; ⊙bei Tageslicht) Die Anlage **Wat Pa Sutthawat** am Südwestrand der Stadt ist in erster Linie das Grabmal für zwei der bekanntesten Mönche Thailands. Besonders berühmt ist Luang Pu (Ajahn) Man Bhuridatto, der Mitbegründer des Tempels, der vor seinem Tod 1949 hier lebte, wenn auch nur noch für kurze Zeit. Die letzte Ruhestätte der sterblichen Überreste von Ajahn Man, das **Ajahn-Man-Museum**, erinnert mit seinen Bögen und Buntglasfenstern an eine moderne christliche Kirche. Hinten steht auf einem Podest eine Bronzestatue von Ajahn Man, während Reliquien seiner Überreste nach der Einäscherung vorn in einem Glaskasten ausgestellt sind.

Luang Pu (Ajahn) Lui Chanthasaro, der 1989 starb, war einer der berühmtesten Schüler von Ajahn Man. König Rama IX. entwarf den *chedi*, in dem das **Ajahn-Lui-Museum** untergebracht ist. Man kann Ajahn Lui dort als lebensechte Wachsfigur sehen.

Beide Museen zeigen die weltlichen Besitztümer der Mönche sowie Fotos und präsentieren ihre Biografien. Die Ausstellungsstücke über Ajahn Man sind auf Englisch beschriftet und vermitteln einen guten Eindruck vom Leben der Mönche.

Wat Phra That Choeng Chum   TEMPEL

(วัดพระธาตุเชิงชุม; Th Reuang Sawat; ⊙bei Tageslicht) Das auffälligste Wahrzeichen des Wat Phra That Choeng Chum ist der 24 m hohe *chedi* im laotischen Stil, der im 17. Jh. über einem kleineren Khmer-*prang* aus dem 11. Jh. errichtet wurde und heute von einer Spitze aus massivem Gold gekrönt wird. Der Name bedeutet „Stupa des Tempels der Zusammenkunft der Fußspuren", weil er über Fußspuren Buddhas errichtet wurde, die nach dem Glauben vieler Thais von vier Inkarnationen des Buddha hinterlassen wurden. *Lôok ní·mít* (an Kanonenkugeln erinnernde Markierungssteine für den Ordinationsbezirk, die unter den üblichen Grenzsteinen vergraben werden, die die meisten *bòhts* umgeben) sind hinten aufgereiht.

Auf dem Gelände befinden sich außerdem ein *bòht* aus der Lan-Chang-Ära, eine riesige Holzglocke sowie ein achteckiger *hŏr đrai,* in dem heute ein kleines **Museum** untergebracht ist: Wer hineinschauen möchte, kann sich von einem Mönch den Schlüssel geben lassen. Der Aufsatz auf dem Westtor erinnert an die Wachsburgen, die für das Ork Phansaa (s. S. 536) geschnitzt werden.

Wat Phra That Narai Cheng Weng   TEMPEL

(วัดพระธาตุนารายณ์แจงแวง) Rund 5 km westlich der Stadt befindet sich in Ban That der Phra That Nawaeng (eine Zusammenziehung der Wörter Narai Cheng Weng), ein aus dem 10. bis 11. Jh. stammender *prang* der Khmer im frühen Bapuan-Stil. Der größte Teil der Spitze des fünfstöckigen Sandstein-*prangs*, der ursprünglich zu einem hinduistischen Komplex der Khmer gehörte, existiert nicht mehr, aber mehrere Türstürze sind erhalten, so einer mit einem liegenden Vishnu über dem nördlichen und einer mit einem tanzenden Shiva über dem östlichen Portikus. Der Tempel ist weder besonders eindrucksvoll noch besonders schön, sondern einfach nur die besterhaltene Ruine aus der Khmer-Zeit in der ganzen Provinz.

In der Nähe des Markts oder an der Th Ratpattana (Richtung Norden) kann man einen *sŏrng·tăa·ou* der Linie 3 (10 B) neh-

Phya Khom war der Herrscher der Stadt Ekthita. Er hatte eine Tochter namens Nang Ai, deren Schönheit in allen Herren Länder berühmt war. Prinz Phadaeng aus Phaphong traf sich heimlich mit Nang Ai, und sie verliebten sich unsterblich ineinander. Sie verbrachten eine Nacht zusammen und gelobten, bald den rechtmäßigen Bund der Ehe einzugehen.

Im sechsten Monat des Mondjahrs veranstaltete Phya Khom einen Raketenwettbewerb und lud die Menschen aus den umliegenden Ländern zur Teilnahme ein. Wessen Rakete am höchsten stiege, sollte reich mit Geschenken belohnt werden und die Hand seiner Tochter erhalten. Prinz Phadaeng war nicht eingeladen. Er nahm trotzdem mit einer großen Rakete teil, denn er wusste, dass er gewinnen musste, um Nang Ai heiraten zu können. Aber beim Wettbewerb versagte die Zündung seiner Rakete genauso wie die Phya Khoms. Wütend brach Phya Khom sein Versprechen und gab dem Sieger nichts; Phadaeng kehrte tief enttäuscht in seine Stadt zurück.

Bei dem Wettbewerb war auch der *naga*-Prinz Phangkhi, der Sohn des Suttho Naga, der über das unterirdische Reich Muang Badan herrschte, verkleidet zugegen. Er sah die schöne Nang Ai und verliebte sich in sie.

Nach seiner Heimkehr konnte er weder essen noch schlafen und kehrte, gegen die Einwände seines Vaters, noch einmal in die Stadt zurück, diesmal in der Gestalt eines weißen Eichhörnchens. Er verbarg sich in einem Baum vor dem Fenster von Nang Ais Zimmer. Als Nang Ai das weiße Eichhörnchen erblickte, wollte sie es unbedingt haben und befahl einem Soldaten, es einzufangen. Das gelang dem Soldaten aber nicht, und schließlich tötete er es mit einem vergifteten Pfeil. Der sterbende Phangkhi sprach: „Möge mein Fleisch wohlschmeckend sein und genug, um alle Menschen in der Stadt zu sättigen." Sein Wunsch erfüllte sich, und alle Stadtbewohner bekamen etwas von seinem Fleisch mit Ausnahme der Witwen, die kein Amt innehatten.

Phangkhis Gefolgsleute, die seinen Tod mitangesehen hatten, kehrten nach Muang Badan zurück und überbrachten Suttho Naga die schlimmen Neuigkeiten. Der Nagakönig war so erbost, dass er Zehntausende Soldaten zusammenrief, um Phya Khoms Stadt zu zerstören. Alsdann marschierten sie gegen Ekthita.

Unterdessen hatte sich Phadaengs Liebeskummer so gesteigert, dass es ihn nicht mehr in seiner Stadt hielt. So ritt er zurück zu Nang Ai, die ihn herzlich empfing und ihm etwas Eichhörnchenfleisch anbot. Phadaeng weigerte sich, davon zu essen, und erklärte Nang Ai, dass das Eichhörnchen der verkleidete Phangkhi gewesen sei; jeder, der von seinem Fleisch äße, müsste sterben und seine Stadt werde zerstört werden.

Bei Einbruch der Nacht erreichte Suttho Nagas Armee Ekthita. Sie griffen die Stadt an und die Zerstörung war so groß, dass ihre Grundmauern einzustürzen begannen. Phadaeng befahl Nang Ai, die Ringe, den Gong und die Trommel der Stadt an sich zu nehmen, dann entflohen sie auf seinem Pferd. Als Suttho Naga erfuhr, dass Nang Ai geflohen war, machte er sich an die Verfolgung. Überall, wo er vorbeikam, brach die Erde ein. Da Nang Ai glaubte, dass Suttho Naga hinter den Ringen, dem Gong und der Trommel her war, warf sie sie fort, aber der *naga* verfolgte sie weiterhin. Als das Pferd schließlich müde wurde, holte Suttho Naga sie ein, packte Nang Ai mit seinem Schwanz und schleppte sie hinunter nach Muang Badan.

Im Verlauf der Schlacht war das ganze Gebiet eingesunken und füllte sich anschließend mit einem riesigen See, dem Nong Han. Nur den Witwen, die kein Eichhörnchenfleisch gegessen hatten, überlebten. Das Land, auf dem ihre Häuser standen, war nicht eingesunken und bildete nun die kleine Insel, die seither Don Hang Mai (Witweninsel) genannt wird.

Phadaeng kehrte nach Phaphong zurück, konnte den Verlust Nang Ais aber nicht ertragen. Er zog es vor, zu sterben, um weiter für sie zu kämpfen. Nach seinem Tod führte er eine Geisterarmee gegen die *nagas* in Muang Badan. Der Kampf dauerte so lange, dass sich schließlich der Gott Indra erbarmte, herniederkam und die Schlacht beendete. Und seit damals wartet Nang Ai auf Indras Entscheidung, wen sie heiraten soll.

NORDOSTTHAILAND PROVINZ SAKON NAKHON

men und damit bis in die Nähe des Markts von Ban That fahren. Von dort sind es noch 500 m zu Fuß Richtung Süden.

Nong Han

(หนองหาร) Im Osten und Norden grenzt die Stadt an den 123 km² großen Nong Han, den größten natürlichen See im Isaan, der bei den Thais wegen der ihn umrankenden Legende (s. Kasten S. 535) bekannt ist. Fischer, deren Boote gleich östlich vom Srinakarin Park liegen, nehmen einen gern auf eine Bootstour mit, bei der man auch den verlassenen Tempel auf der **Ko Don Sawan** (Paradiesinsel), der größten Insel im See, besucht. Für die Bootsfahrt zahlt man rund 800 B. Man sollte es den Fischern nicht nachmachen, im See zu schwimmen, denn er ist voller Leberegel, die eine sehr unangenehme Infektion (Opisthorchiasis) verursachen können.

In der nahegelegenen Fischzuchtstation gibt's ein **Aquarium** (Th Sai Sawang; Eintritt frei; ⏰9–15 Uhr) mit Fischen aus dem See, dem Mekong und dem Mae Nam Songkhram.

⭐ Feste & Events

Ork Phansaa, das Ende der buddhistischen Fastenzeit (Ende Okt. oder Anfang Nov.), wird in Sakon ausgelassen gefeiert. Das Hauptevent ist ein Umzug mit **Wachsburgen**, die anschließend auf dem Ming-Meuang-Feld ausgestellt werden. Danach sind sie rund einen Monat in den verschiedenen Tempeln der Stadt zu sehen.

🛏 Schlafen

Dusit Hotel HOTEL $
(☎0 4271 1198; www.dusitsakhon.com, thailändisch; Th Yuwaphattana; Zi. 400–710 B, Suite 1900 B; ❄@🤖) Das gründlich renovierte alte Hotel hat die schönste Lobby und das netteste Personal vor Ort. Die teureren Zimmer bieten ein stimmungsvolleres Ambiente, aber in allen Kategorien ist das

Preis-Leistungs-Verhältnis gut. Gut ist auch das Restaurant. Der Besitzer Fiat ist eine hervorragende Informationsquelle.

LP Mansion
HOTEL **$**

(keine Ausschilderung in lateinischen Buchstaben; ☑0 04271 5356; Th Prem Prida; Zi. 250–400 B; ❄@🛜) Das LP ist preiswert, aber nicht knauserig. Selbst in den billigsten Zimmern gibt's einen Minikühlschrank, kostenlosen Kaffee und Oreo-Kekse. In der zugehörigen älteren Unterkunft um die Ecke gibt's Zimmer schon ab 200 B.

NH The Elegant Hotel
HOTEL **$$**

(☑0 42713338; Th Robmuang; EZ/DZ 650/700 B; ❄@🛜) Das Hotel ist eher modisch als elegant, aber darauf kommt es nicht an. Entscheidend ist, dass die gut ausgestatteten Zimmer für ihren Preis einfach unschlagbar sind, denn in dem sind Frühstück *und* Abendessen enthalten. Der größte Nachteil ist die Lage abseits vom Zentrum.

U-Hotel
HOTEL **$$**

(☑0 4274 3033; Hwy 22; Zi. 690–1590 B; ❄@🛜) Cleveres Design und subtile künstlerische Details machen dieses neue (2010 eröffnete) Hotel zu einer überlegenswerten Alternative – vorausgesetzt man hat ein eigenes Fahrzeug. Das Hotel liegt nämlich 5 km außerhalb der Stadt, gegenüber der Rajabhat-Universität, an der Straße nach Udon Thani.

MJ The Majestic Hotel
HOTEL **$$**

(☑0 4273 3771; Th Khu Meuang; Zi. 800–1440 B, Suite 3440 B; ❄@🛜) Die preiswertesten Zimmer in Sakons teuerstem Hotel sind größer als die im Dusit und im Elegant, aber nicht besser. Der Aufenthalt lohnt sich aber, wenn man auf das komplette abendliche Unterhaltungsprogramm (Cocktail-

lounge, Massagesalon, Snookertisch, Karaoke) Wert legt, das jene ruhigeren Häuser nicht bieten.

✗ Essen & Ausgehen

Auf der **Night Plaza** (Th Khu Meuang; ◷16–21 Uhr), Sakons größtem Nachtmarkt, gibt's ein ausgezeichnetes Speiseangebot, aber alles wird gleich zum Mitnehmen eingepackt. Eine weit bessere Option ist deshalb der kleinere Nachtmarkt **11 Brothers & Sisters** (keine Ausschilderung in lateinischen Buchstaben; Th Sukkasem; ◷16–21 Uhr), dessen Standinhaber (inzwischen mehr als die elf Geschwister, die zuerst hier verkauften) alle miteinander verwandt sind.

◳ Prachachuen
THAILÄNDISCH **$**

(382 Th Makkhalai; Gerichte 60–230 B; ◷abends) Das hübsche, jugendliche Lokal in dem alten Holzhaus ist eines der trendigsten Restaurants von Sakon. Was aber nicht heißt, dass das Essen beiläufig behandelt wird: Ob gebratener Reis oder *ɓlah chôrn sá·mǔn·prai* (Schlangenkopffisch mit Kräutern, Mango und Chilisauce), alles schmeckt köstlich.

Mit Auppatam
THAILÄNDISCH **$**

(keine Ausschilderung in lateinischen Buchstaben; 37 Th Sukkasem; Gerichte 30–180 B; ◷morgens, mittags & abends) Das traditionelle Lokal ist vor allem zum Frühstücken beliebt (dann gibt's tolle Omeletts), aber es hat auch viele Currys, Steaks und mehr im Angebot. Das Essen ist so gut, dass 2008 sogar Prinzessin Sirindhorn vorbeischaute. Leider spricht hier aber niemand Englisch.

Saban Ngaa
NORDOSTTHAILÄNDISCH **$**

(☑Th Ratpattana; Gerichte 30–150 B; ◷mittags & abends) Das Lokal ist für seine Isaan-Gerichte bekannt, serviert aber auch thailändische und chinesische Gerichte. Hier kann man Ortstypisches wie *gaang wǎi* (Rattan-Curry) testen, und Vegetarier haben die seltene Chance, mal *lâhp wún sên* (scharfe Mungbohnen-Nudeln) zu probieren. Das Ambiente ist zwar scheußlich, aber das Essen prima.

Green Corner INTERNATIONAL, THAILÄNDISCH $$
(⏏Th Ratpattana; Gerichte 45–420 B; ☺morgens, mittags & abends) Die erste Adresse für *fa-ràng*-Speisen hat auch thailändische und Isaan-Gerichte im Angebot. Viele der letzteren, beispielsweise gebratene Zikaden und Ameiseneieromelett, stehen aber nicht mehr auf der englischsprachigen Karte.

Coffee.com CAFÉ $
(Th Prem Prida; Espresso 35 B; ☺Mo–Sa mittags & abends) Ein nettes kleines Kaffeehaus.

🛍 Shoppen

Mann Craft (1576 Th Sukkasem) verkauft schöne, mit natürlichen Materialien wie Indigo eingefärbte Stoffe und Kleidungsstücke. Natürlich eingefärbte Stoffe bekommt man auch im **OTOP Center** (Th Sukkasem; ☺8.30–17 Uhr), außerdem Wein aus Bingaybeeren und schwarzem Ingwer.

ℹ Praktische Informationen

Die meisten Banken befinden sich an der Th Sukkasem und der Th Ratpattana. Die Filialen der Bangkok Bank in den Einkaufszentren **Big C** (Th Jai Phasuk) und **Tesco-Lotus** (Th Makkhalai) sind täglich von 10 bis 20 Uhr geöffnet, wechseln aber nur Bargeld. Gegenüber vom Big C steht ein AEON-Geldautomat.

Einreisebüro (⏏0 4271 5219; Th Jai Phasuk; ☺Mo–Fr 8.30–12 & 13–16.30 Uhr) Verlängert Visa.

ℹ An- & Weiterreise
Bus

Von Sakons zentral gelegenem **Busbahnhof** (Th Ratpattana) verkehren Busse nach Ubon Ratchathani (117–211 B, 5 Std., 9-mal tgl.), That Phanom (35–63 B, 1¼ Std., stündl.), Nakhon Phanom (65–85 B, 1½ Std., jede halbe Std.), Udon Thani (100–130 B, 3½ Std., je halbe Std.), Khon Kaen (155 B, 4 Std., 5-mal tgl.) und Bangkok (360–463 B, 11 Std., Fahrten nur morgens & am frühen Nachmittag).

Busse nach Udon Thani (102 B, jede halbe Std.) und Khon Kaen (155 B, 5-mal tgl.) fahren auch von der Esso-Tankstelle nördlich des Busbahnhofs ab.

Die VIP-Busse nach Bangkok (720 B, 19.30 & 19.45 Uhr) von **999 VIP** (⏏0 4271 2860) fahren an einer Haltestelle in der Th Reuang Sawat (gegenüber der Sakon-Nakhon-Pattana-Supsa-Schule) südlich der Stadt ab; Fahrkarten bekommt man auch im Büro des Unternehmens in der Th Sukkasem.

Flugzeug

Nok Air (⏏0 2900 9955; www.nokair.com) fliegt zweimal täglich vom/zum Bangkoker Flughafen Don Muang (einfache Strecke 2600 B). **Phu Sakon** (⏏0 4271 2259; 332/3 Th Sukkasem; ☺Mo–Sa 8.30–17 Uhr) verkauft Flugtickets. Der Shuttle vom Flughafen zur Stadt kostet 150 B pro Person.

Phu-Phan-Berge

Südlich von Sakon Nakhon führt der Hwy 213 in Richtung Kalasin über die Phu-Phan-Berge, eine Gebirgskette, an deren Hängen sich einige interessante Stätten befinden. Da die Busse nach Kalasin, Mahasarakham und Khon Kaen über diese Fernstraße fahren, sind die Berge leicht zu erreichen. Zwischen Talat Klang Dong Sang Kaw und Somdet führt die Straße überwiegend durch geschlossenen Wald und ist sehr schön.

PHU-PHAN-RAJANIWET-PALAST พระตำหนักภูพานราชนิเวศน์
Das Gelände der **königlichen Residenz im Isaan** (⏏0 4271 1550; Eintritt frei; ☺8–16 Uhr), 14 km südlich von Sakon Nakhon, ist für Besucher geöffnet, wenn der Palast nicht gerade genutzt wird. Verglichen mit anderen Palästen handelt es sich um eine recht bescheidene Residenz, aber die Gartenanlagen sind friedlich und wunderschön. Der Hauptpark ist nur Fußgängern zugänglich, mit Autos kann man aber zum Elefantengehege fahren. Kurze Hosen, Miniröcke und freizügige Tops sind nicht gestattet. Die Busfahrt hierher kostet 20 B und dauert 20 Minuten.

PHU PHAN NATIONAL PARK อุทยานแห่งชาติภูพาน
Dieser **Nationalpark** (⏏08 1263 5029; Eintritt frei) ist vergleichsweise wenig erschlossen und abgelegen – kein Wunder, dass im Zweiten Weltkrieg die Widerstandskämpfer der Seri Thai und in den 1970er-Jahren die kommunistischen Guerillas der Volksbefreiungsarmee das Gebiet als Rückzugsraum nutzten. Die ersteren verwendeten die Höhle **Tham Seri Thai** als Waffen- und

Vorratslager. In dem 664 km² großen Park leben Muntjaks, Warane, Plumploris, viele Affen und einige wenige Elefanten.

Für Besucher sind zwei Bereiche des Parks besonders interessant: Nahe dem Besucherzentrum hat man eine schöne Aussicht von der Felsklippe **Nang Mern**. Wer möchte, kann auch noch 1,5 km weiter zum Plateau von **Lan Sao Aee** hinunterklettern, wo der Sonnenuntergang sogar noch eindrucksvoller ist. Der aus vier kleinen Wasserfällen bestehende **Nam Tok Kam Hom** befindet sich 8,5 km nördlich vom Besucherzentrum an einer ziemlich wilden Straßenbiegung, der **Khong-Ping-Ngu-Kurve**, an der Thailands größter Kilometerstein steht. Wasser führen die Fälle nur von August bis Oktober. Zwischen diesen beiden Bereichen liegt, fernab von der Straße, die selten besuchte natürliche Felsbrücke **Tang Pee Parn**.

An Unterkünften gibt es u.a. **Stellplätze** (mit eigenem Zelt 30 B/Pers., Zelt 2/6 Pers. 150/225 B) und **Bungalows** (⏺0 2562 0760; www.dnp.go.th/parkreserve; Bungalow 500–2000 B; ❄) für bis zu 6 Personen.

Die Busfahrt zum Besucherzentrum kostet 25 B und dauert 45 Minuten.

TALAT KLANG DONG SANG KAW ตลาดกลางดงสร้างคอ

Auf dem 25 km hinter dem Besucherzentrum des Nationalparks gelegenen Markt **Klang Dong Sang Kaw** erhält man Zimtäpfel und weitere Produkte, die von den umliegenden Farmen stammen. Vor allem aber ist der Markt für Waldprodukte wie Honig, Insekten, Vogelnester (als Glücksbringer) und Pilze bekannt. Man bekommt auch vor Ort destillierten Whiskey und Bingaybeerenwein.

PROVINZ MUKDAHAN

Mukdahan มุกดาหาร
34 300 EW.

Das an den Ufern des Mekong, direkt gegenüber der laotischen Stadt Savannakhet gelegene Mukdahan gehört zu den uninteressanteren Städten der Region. Die Eröffnung der thailändisch-laotischen Freundschaftsbrücke 2 im Dezember 2006 festigte Mukdahans Stellung als regionales Handelszentrum, weil sie eine Straßenverbindung zwischen Thailand und Vietnam her-

stellte und damit der Wirtschaft Auftrieb gab. Aber besonders viel hat sich dadurch in der Stadt nicht geändert.

⊙ Sehenswertes

Talat Indojin MARKT
(Indochina-Markt; ⏱8–18 Uhr) Abgesehen von der Brücke ist Mukdahan vor allem für seinen Markt am Flussufer bekannt, der sich auf und unter der Promenade erstreckt. Die meisten thailändischen Reisegruppen auf dem Weg nach Laos und Vietnam halten hier, um billiges Essen, Kleidung, diversen Krimskrams aus China und Vietnam sowie Seiden- und Baumwollstoffe aus dem Isaan zu kaufen.

Hor Kaew Mukdahan MUSEUM
(หอแก้วมุกดาหาร; Th Samut Sakdarak; Eintritt 20 B; ⏱8–18 Uhr) Eines der deplatziertesten Wahrzeichen Thailands ist dieser 65 m hohe Turm, der anlässlich des 50. Thronjubiläums von König Rama IX. errichtet wurde. In dem neuneckigen Sockel befindet sich ein interessantes Museum mit (auch englisch erläuterten) Exponaten zu den acht ethnischen Gruppen der Provinz. Eine tolle Aussicht und einige weitere historische Artefakte bietet der Panoramasaal („The 360° of Pleasure in Mukdahan by the Mekong") im 50. Stock. In der Kugel auf der Spitze sitzt eine hier sehr verehrte Buddhafigur, die aus massivem Silber bestehen soll.

Phu Manorom AUSSICHTSPUNKT
(ภูมโนรมย์; ⏱6–19 Uhr) Einen ungestörteren Blick auf Laos und den Mekong hat man von diesem weiter südlich gelegenen Berg. Hier gibt's einen netten Garten und einen kleinen Tempel. Die Touristeninformation preist den Ort als schöne Stelle an, von der aus man den Sonnenaufgang beobachten kann. Trotzdem wird man wahrscheinlich hier nur in Gesellschaft der Mönche sein.

Wat Si Mongkhon Tai TEMPEL
(วัดศรีมงคลใต้; Th Samran Chaikhongthi; ⏱bei Tageslicht) Glaubt man einer der vielen Legenden, die sich um den Tempel ranken, ist die 2 m hohe Buddhafigur Phra Chao Ong Luang älter als die Stadt und bei ihrer Erbauung zum Vorschein gekommen. Das mit Keramik verzierte Nordtor des Tempels wurde 1954 als Geste der Freundschaft von der großen vietnamesischen Gemeinde in der Stadt erbaut.

Wat Yod Kaeo Sivichai TEMPEL
(วัดยอดแก้วศรีวิชัย; Th Samran Chaikhongthi; ⏱bei Tageslicht) Dieser Tempel zeichnet sich

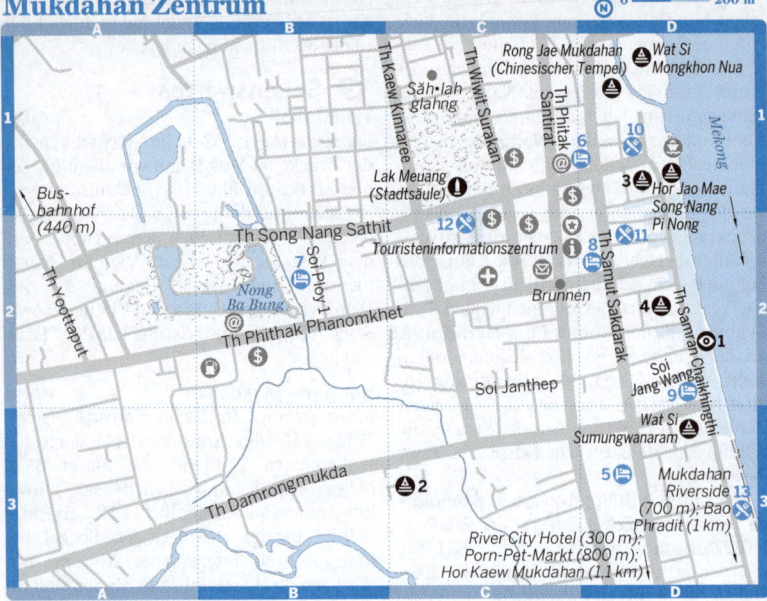

durch einen riesigen Buddha in einem verglasten *wí hăhn* und durch nicht nur einen, sondern gleich zwei kleine *chedis* aus, die dem Phra That Phanom nachgebildet sind.

Wat Pa Silawiwet   TEMPEL
(วัดป่าศิลาวิเวก; Th Damrongmukda; ⊙ bei Tageslicht) Dieser Waldtempel am Stadtrand ist nicht wegen irgendwelcher religiösen Zeugnisse sehenswert, sondern weil hier rund 100 Mönche leben.

✹ Feste & Events
Bei dem einwöchigen **Mukdahan Thai Tribal Festival**, das im Januar auf dem Feld vor der *săh·lah glahng* stattfindet, gibt es Tänze und Kulturevents der acht ethnischen Gruppen Mukdahans.

🛏 Schlafen
Das Riverside Hotel, das während unseres letzten Besuchs noch im Bau war, lohnt einen Blick – allein schon wegen der Lage am Ufer nördlich des Wat Sumungwararam.

Ban Rim Suan   HOTEL **$**
(keine Ausschilderung in lateinischen Buchstaben; ☏ 0 4263 2980; Th Samut Sakdarak; Zi. 330 B; ❀ @ ⚹) Schön ist das Hotel nicht, aber die Besitzer haben sich alle Mühe gegeben, es aufzuhübschen und so zum besten Budgetangebot in der Stadt gemacht – deswegen ist es am frühen Nachmittag auch meist schon ausgebucht. Das Hotel liegt etwas südlich vom Zentrum und damit in günstiger Nähe zu den Restaurants und Kneipen am Ufer.

Submukda Grand Hotel HOTEL $

(☎0 4263 3444; 72 Th Samut Sakdarak; Zi. 400–500 B; ❄️📶) Das zur gleichen Zeit wie die Brücke errichtete Hochhaus verliert allmählich an Glanz, ist aber immer noch eine gute Wahl. Von den Balkonen in den oberen Stockwerken kann man zudem ein Stück vom Fluss sehen.

Huanum Hotel HOTEL $

(☎0 4261 1137; Th Samut Sakdarak; Zi. 150–350 B; ❄️@📶) Das freundliche alte Hotel wurde kürzlich renoviert und ist seither bei den meisten Backpackern die erste Wahl. Die preiswertesten Zimmer haben nur Kaltwasserduschen.

Ploy Palace Hotel HOTEL $$

(☎0 4263 1111; www.ploypalace.com; Soi Ploy 1; Zi. 1050–1800 B, Suite 5500 B; ❄️@📶🏊) Die Zimmer in dieser gehobenen Unterkunft sind alt, werden aber langsam nach und nach renoviert – man sollte sich also erst ein paar ansehen. Aus dem üblichen Rahmen fallen die Zimmer im 8. und 9. Stock, vor deren Fenstern Bienenstöcke hängen.

River City Hotel HOTEL $$

(☎0 4261 5444; www.rivermuk.com; Th Samut Sakdarak; Zi. mit Frühstück ab 750 B; ❄️@📶🏊) Der im Bau befindliche neue Turm will das Ploy Palace als bestes Hotel der Stadt entthronen.

✖️ Essen

Die meisten Restaurants im Zentrum schließen früh, aber bei vielen an der Th Phitak Phanomkhet brutzelt es in den Woks bis spät in die Nacht.

[LP TIPP] Bao Phradit NORDOSTTHAILÄNDISCH $

(keine Ausschilderung in lateinischen Buchstaben; Th Samran Chaikhongthi; Gerichte 30–200 B; ☺morgens, mittags & abends; 📶) Das Restaurant liegt ein gutes Stück südlich vom Zentrum, bietet aber authentische Isaan-Gerichte wie *pàt pètmu/uu ʾbah* (gebratenes Wildschwein mit Gewürzen) und *gaang wǎi* (Rattan-Curry). Gegessen wird auf einer friedlichen Terrasse am Flussufer. Die englische Speisekarte gibt manches Rätsel auf (*yam,* ein scharfer Salat thailändischer Art, wird mit *review* übersetzt) – andererseits ist es recht selten, dass derartige Restaurants überhaupt eine englische Karte haben.

[LP TIPP] Wine Wild Why? THAILÄNDISCH $

(Th Samran Chaikhongthi; Gerichte 40–150 B; ☺mittags & abends) Das entspannte Restaurant in einem stimmungsvol-len Holzhaus am Fluss bietet jede Menge Ambiente und köstliche Thai- und Isaan-Gerichte, auch wenn die Weinkarte der Vergangenheit angehört. Die aus Bangkok stammenden Betreiber sind umgänglich und charmant.

Nachtmarkt THAILÄNDISCH-VIETNAMESISCH $

(Th Song Nang Sathit; ☺16–21 Uhr) Auf Mukdahans Nachtmarkt gibt's alle typischen Thai- und Isaan-Gerichte, aber die Besonderheit dieses Marktes sind die vietnamesischen Stände. Ein paar davon bieten *bǎhn dah* an (die Verkäufer nennen das „vietnamesische Pizza"): weiche Nudeln, Schweinefleisch, Frühlingszwiebeln und manchmal ein Ei auf einem knusprigen Cracker.

Goodmook* INTERNATIONAL-THAILÄNDISCH $

(414/1 Th Song Nang Sathit; Gerichte 60–380 B; ☺Di–So morgens, mittags & abends; 📶) Der fröhliche Laden hat alles, was ein Traveller-Café braucht: eine Mischung aus thailändischen und westlichen Gerichten (von *dôm yam* bis T-Bone-Steak), kostenloses WLAN, Kunst an den Wänden – bloß die vielen Traveller fehlen. Wer allerdings etwas länger als nur zum Umsteigen in Mukdahan bleibt, schaut hier mit Sicherheit irgendwann einmal rein.

Mukdahan Riverside THAILÄNDISCH $

(103/4 Th Samran Chaikhongthi; Gerichte 45–180 B; ☺mittags & abends; 📶) Das schon lange existierende, beliebte Lokal bietet eine tolle Aussicht von der Gartenterrasse und überwiegend thailändische Gerichte (darunter natürlich Fisch aus dem Mekong, über die niemand ein böses Wort verliert.

Kufad VIETNAMESISCH $

(keine Ausschilderung in lateinischen Buchstaben; 36-37 Th Samut Sakdarak; Gerichte 30–130 B; ☺morgens & mittags) Das einfache vietnamesische Café ist zu Recht beliebt und eine gute Wahl fürs Frühstück. Dank der bebilderten Speisekarte fällt die Bestellung leicht, doch lässt sie einen hinsichtlich der Preise im Unklaren.

ℹ️ Praktische Informationen

Huanam Hotel (Th Samut Sakdarak; 20 B/Std.; ☺6–23 Uhr) Der angenehmste Ort, um seine E-Mails zu checken.

Krung Thai Bank (Th Song Nong Satit; ☺10–19 Uhr) Die einzige Bank im Zentrum mit längeren Öffnungszeiten.

Touristeninformationszentrum (☎0 4261 2992; Th Phitak Phanomkhet; ☺Mo–Fr 9–16.30

Uhr) Im städtischen Tourismuskomplex gibt's auch noch einen thailändischen Massagesalon und einen Kunsthandwerksladen.

An- & Weiterreise

Mukdahans **Busbahnhof** (📞0 4263 0486) liegt an der Rte 212 westlich der Stadt. Aus dem Zentrum erreicht man ihn mit den gelben *sŏrng·tǎa·ou* (10 B, 6–17 Uhr), die auf der Th Phitak Phanomkhet nach Westen fahren. Vom Busbahnhof fahren Busse nach Nakhon Phanom (52–88 B, 2½ Std., jede halbe Std.) über That Phanom (26–45 B, 1 Std.), nach Khon Kaen (155–187 B, 4½ Std., jede halbe Std.), Ubon Ratchathani (75–135 B, 3½ Std., jede halbe Std.) und Yasothon (76–97 B, 2 Std., 8-mal tgl.). Nach Yasothon fahren auch Kleinbusse (76 B, 2 Std., jede halbe Std.). Tagsüber gibt's ein paar Busse nach Bangkok (390–502 B, 10 Std.); die meisten fahren aber zwischen 17 und 20 Uhr, darunter die Busse von **999 VIP** (📞0 4261 1478) um 8, 20 und 20.15 Uhr (670 B).

Mit dem Auto kommt man über die Rte 212 in rund drei Stunden nach Ubon Ratchathani, wenn man aber einen ganzen Tag investieren kann, sollte man den Abstecher über die Nebenstraßen am Mekong machen, die durch schöne ländliche Gebiete führen.

Unterwegs vor Ort

Taxi Mukdahan (📞0 4261 3666; ⏰6–24 Uhr) verlangt 50 B für die ersten 10 km und bei längeren Fahrten 10 B pro Kilometer.

Das Huanam Hotel und das Restaurant Goodmook* vermieten Fahrräder für 100 B pro Tag.

Rund um Mukdahan

PHU PHA THOEP NATIONAL PARK
อุทยานแห่งชาติภูผาเทิบ

Mit nur 48 km² ist der hügelige **Phu Pha Thoep National Park** (📞0 4260 1753; Eintritt 100 B) sehr klein, bietet aber viele schöne Sehenswürdigkeiten, von denen die großen, pilzförmigen Felsformationen am bekanntesten sind. Die wichtigsten Felsgruppen befinden sich direkt hinter dem Besucherzentrum; um sie herum stehen von Oktober bis Dezember die Wildblumen in Blüte. Abgesehen von den seltsam geformten Felsen gibt's mehrere Aussichtspunkte auf Felsspitzen, von denen aus man wenig mehr als Wald erblickt. Beliebt ist auch der **Nam Tok Phu Tham Phra**, ein malerischer Wasserfall (nur Mai–Nov.) mit einer Grotte am oberen Ende, in der Hunderte kleine Buddhafiguren stehen. Die gut markierten Wege führen in wenigen Stunden an all diesen Sehenswürdigkeiten vorbei. Zur **Tham Fa Mue Daeng**, einer Höhle mit 5000 Jahre alten Malereien, muss man vom Hauptbereich des Parks erst 8 km fahren und dann noch 1,5 km wandern.

Im Park gibt es **Stellplätze** (mit eigenem Zelt 30 B/Pers., Zelt 4/6 Pers. 300/600 B) und einen **Bungalow** (📞0 2562 0760; www.dnp.go.th/parkreserve; Bungalow 1800 B) mit drei Schlafzimmern.

Der Park liegt 15 km südlich von Mukdahan und ist über die Rte 2034 zu erreichen. Die vom Porn-Pet-Markt, 300 m nördlich vom Hor Kaew Mukdahan fahrenden *sŏrng·tǎa·ou* (20 B, 30 Min., jede halbe Std.) nach Don Tan kommen an der Ausfahrt zum Park vorbei. Die letzten 1,3 km zum Besucherzentrum zu trampen, ist nicht schwierig, man kann aber auch den *sŏrng·tǎa·ou*-Fahrer bitten, von seiner Strecke abzuweichen und einen direkt hinzubringen; die meisten werden das für 40 B pro Person gern tun. Bis 16 Uhr sollte man wieder an der Ausfahrt sein, um noch ein *sŏrng·tǎa·ou* zurück in die Stadt zu erwischen.

NÖRDLICH VON MUKDAHAN
Wer Richtung Norden am Mekong entlangfährt, bekommt einen hübschen Einblick ins traditionelle thailändische Leben; mit dem Fahrrad ist diese Strecke ein fantastischer Ausflug. Man kann hier nicht einer einzigen Straße folgen (weshalb die folgenden Entfernungsangaben zur Näherungswerte sind), und die alten Dorfstraßen bringen einen immer wieder einmal zur neuen Fernstraße. Man braucht aber nur jedesmal links abzubiegen, um zum Fluss zurückzukehren.

Verlässt man die Stadt über die Samranchaikong Rd, fährt man 6,5 km lang zunächst an einer langen Reihe von Fischfarmen vorbei, bevor man unter die 1,6 km lange **thailändisch-laotische Freundschaftsbrücke 2** gelangt. Sie überquert den Mekong an der breitesten Stelle seines Verlaufs an der thailändischen Grenze und ist daher 400 m länger als die Freundschaftsbrücke 1 in Nong Khai.

Direkt vor dem Wat Baan Sai Yai, 2,5 km nach der Brücke, trifft man auf eine **Affenhorde**, die an der Straße ihr Revier hat.

Nach etwa 9 km, dort wo der grünlich schimmernde Mae Nam Chanot in den schlammbraunen Mekong einmündet (hier laden die Fischer ihre Reusen aus), kommt man zum **Wat Mano Phirom** (☉bei Tageslicht), einem der ältesten Tempel in der Provinz Mukdahan. Der ursprüngliche *bòht*, der heute ein *wí hăhn* ist, wurde 1756 im Lan-Chang-Stil erbaut und hat eine mit aufwändigen Schnitzereien bedeckte Holzfassade und große, bemalte Traufstützen. Drinnen gibt es viele uralte Buddhadarstellungen, wenn auch der Elefantenstoßzahn, in den acht Buddhas geschnitzt sind, gestohlen wurde. (Der Diebstahl von Buddha-Figuren ist ein wachsendes Problem in Thailand.) Die Touristeninformation preist den **Hat Mano Pirom** an, den Strand, der sich während der Trockenzeit bildet. Neuerdings kann man in einem Unterstand mit Strohdach direkt am Fluss essen.

Der **Wat Srimahapo** (☉bei Tageslicht), manchmal Wat Pho Si genannt, liegt weitere 4,5 km nördlich in Ban Wan Yai. Von außen wirkt der winzige, 1916 erbaute *bòht* uninteressant, doch innen sind kunstvoll geschnitzte Balken, die das Zinndach stützen, und interessante naive Wandmalereien zu bewundern. Das Wohnhaus der Mönche präsentiert sich im französischen Kolonialstil.

Nach weiteren 7,5 km erreicht man die moderne gläserne **Kirche Unser Lieben Frau der Märtyrer Thailands** (☉8–17 Uhr, Messe So 7 Uhr), die von den Einheimischen auch Wat Song Khon genannt und fälschlich oft als größte Kirche Südostasiens bezeichnet wird. Sie wurde 1995 zum Andenken an sieben thailändische Katholiken erbaut, die 1940 von Polizisten getötet wurden, weil sie ihrem Glauben nicht abschwören wollten. Im hinteren Teil der Kirche werden Wachsfiguren der Märtyrer und ihre Asche unter Glas aufbewahrt.

3,5 km hinter der Kirche liegt **Kaeng Kabao**, ein felsiger Strand mit Inselchen, der nur in der Trockenzeit frei liegt. Ein paar Restaurants auf und am Fluss laden zur Rast ein, bevor es zurück nach Mukdahan oder 17 km weiter bis nach That Phanom geht.

AMPHOE NONG SUNG อำเภอหนองสูง

Wer eine wenig bekannte Kultur kennenlernen oder einfach nur ins Dorfleben eintauchen will, ist im Distrikt Nong Sung im äußersten Westen Mukdahans richtig. In der Provinz Mukdahan leben viele Phu Tai. Von allen Minderheiten des Isaan haben sie ihre kulturellen Traditionen am stärksten bewahrt. Die meisten Dorfbewohner tragen bei Festen und Beerdigungen immer noch traditionelle Kleidung, genau wie die Kinder donnerstags in der Schule. Hier ist Phu Tai die vorherrschende Sprache, sodass man Schwierigkeiten hat, selbst wenn man fließend Thai oder Isaan spricht.

Ein paar Ortschaften, darunter das Weberdorf Ban Phu, 6 km südlich von Nong Sung an der Rte 2370, bieten **Gastfamilien-Programme** (☎08 5003 7894; inkl. Mahlzeiten 600 B/Pers.) an, bei denen Besucher am Dorfleben teilnehmen können, allerdings spricht kaum jemand Englisch.

Das **Thai House-Isaan** (☎08 7065 4635; www.thaihouse-isaan.com; Zi. mit Frühstück 700–1500 B; ❄@❄), das ein freundlicher Australier betreibt, ist hier die einfachere Möglichkeit. Diese Unterkunft befindet sich 15 km westlich von Nong Sung an der Rte 2042. Hier werden Tagestouren in die Region organisiert (ab 900 B/Pers., mind. 2 Pers.), und wer die Gegend lieber auf eigene Faust erkunden möchte, kann ein Fahrrad (120 B/Tag) oder ein Motorrad (200 B/Tag) mieten. Die Zimmer sind komfortabel und gut ausgestattet, vor allem das „Chalet" im Thai-Stil. Die Speisekarte mit Gerichten vorwiegend aus Bio-Zutaten bietet thailändische und westliche Speisen. Wer will, kann bei Noi in der Küche zuschauen und Kochunterricht nehmen. Tagesbesucher sind willkommen.

Die Busse, die zwischen Mukdahan und Khon Kaen unterwegs sind, können einen in Ban Kham Pok (ab Mukdahan 50 B, 70 Min., jede halbe Std.) absetzen.

PROVINZEN YASOTHON & ROI ET

Yasothon und Roi Et, zwei der ländlichsten Provinzen Thailands, haben eiligen Travellern wenig zu bieten, offenbaren jedoch eine Seite des Landes, die selbst unter den Thais kaum jemandem bekannt ist.

Wer tiefer in die Kultur des Isaan eintauchen will, kann einen Blick auf den Phra That Kong Khao Noi werfen und in Ban Si Than in der Provinz Yasothon einige Kissen kaufen. Die Stadt Yasothon sammelt all ihren Schwung für das jährliche Raketenfest, eine der drei wichtigsten kulturellen Traditionen des Isaan. Die Provinz Roi Et, deren Hauptstadt weit schöner als Yasothon ist, bietet ein paar riesige ungewöhnliche Sehenswürdigkeiten, darunter einen der merkwürdigsten Tempel Thailands.

Yasothon   ยโสธร

23 000 EW.

Yasothon hat außer dem Raketenfest Mitte Mai nur wenig zu bieten, und wirkt ganz bestimmt nicht wie eine Hauptstadt – ja kaum wie eine Stadt.

⊙ Sehenswertes

Yasothon hat zwei nette kleine Attraktionen, die für sich genommen zwar keinen Abstecher lohnen, die man sich aber ansehen sollte, wenn man in der Gegend ist.

Der Herzstück des Viertels **Ban Singha Tha**, das 300 m abseits der Hauptstraße westlich der Kasikornbank liegt, ist eine Fundgrube für klassische Ladenhäuser im französisch-indochinesischen Stil, von denen viele liebenswerte künstlerische Details besitzen, die vom früheren Wohlstand der Stadt zeugen. Sie wurden vor fast einem Jahrhundert von vietnamesischen Handwerkern für chinesische Kaufleute am damaligen Hafen von Yasothon erbaut. Mittlerweile ist ihr historischer Wert erkannt worden, und die Restaurierungsarbeiten haben begonnen.

Das Kernstück des **Wat Mahathat** (Th Wariratchadet; ⊙bei Tageslicht) ist ein hochverehrter *chedi* laotischen Stils, der aus dem Jahr 695 stammen und Reliquien von Phra Anan (Ananda), Buddhas persönlichem Begleiter, bergen soll. Viel interessanter ist jedoch der prächtige kleine *hŏr drai* (die Bibliothek zur Bewahrung buddhistischer Tripitaka-Schriften). Er stammt aus den 1830er-Jahren und wurde 2008 restauriert. Das Gebäude steht auf Stelzen inmitten eines Teichs, um die heiligen Schriften vor Termiten zu schützen. Wer hineinschauen möchte, bittet einen Mönch, die Schlüssel zu holen.

✸✸ Feste & Events

Überall im Isaan finden im Mai und Juni **Raketenfeste** (Bun Bâng Fai) statt, um Phaya Thaen, dem vorbuddhistischen Regengott, anzudeuten, dass es an der Zeit wäre, Regen zu schicken. Nirgendwo aber wird dieses Fest so ausgiebig gefeiert wie in Yasothon, wo die größten Raketen 3 m lang und, nach Angaben der Raketenbauer, mit 500 kg Schießpulver geladen sind. Bei dem dreitägigen Fest, das am zweiten Maiwochenende stattfindet, gibt es Volkstänze, Umzüge, Raketenwettbewerbe und eine ausgelassene, trunkene Feststimmung.

⌆ Schlafen

Green Park   HOTEL $$
(☏0 4571 4700; Th Wariratchadet; Zi. mit Frühstück 600–800 B; FZ 1500–2500 B; ✳@🖳🛜) Dieses Hotel hat zwar nicht den Glanz des JP Emerald, aber aus unserer Sicht ist dieses viel neuere Haus die beste Unterkunft in Yasothon. Gäste können das angrenzende Fitnesscenter kostenlos nutzen. Das Hotel befindet sich 1 km östlich vom Zentrum an der Straße nach Mukdahan.

Baan Singha Tha Homestay   GASTFAMILIE $
(☏08 2482 6084; Zi. 300 B/Pers.) Fünf Familien im historischen Viertel Ban Singha Tha bieten inzwischen Unterkunft in ihren Wohnhäusern an.

JP Emerald Hotel   HOTEL $$
(☏0 4572 4848; www.jpemeraldhotel.com; Th Prapa; Zi. 450 B, mit Frühstück 600–1650 B; ✳@🛜) Yasothons einziges Dreisternehotel mit vollem Service hat Zimmer, die einen nicht begeistern werden, obwohl sie durchaus gepflegt sind. Abends sorgen Snooker, Gogo-Tänzerinnen und eine Disco für Stimmung. Das Hotel befindet sich an dem Roi Et zugewandten Ende der Stadt.

In Town Hotel   HOTEL $
(keine Ausschilderung in lateinischen Buchstaben; ☏0 4571 3007; 614 Th Jangsanit; Zi. 220–380 B; ✳🛜) Dieses Hotel an der Hauptstraße liegt so weit südlich, dass es seinen Namen nicht verdient, aber es ist weitaus besser als die durchschnittlichen Budgetoptionen in Yasothon. Das Warotohn gleich nebenan ist sogar noch billiger.

Yasothon Orchid Garden   HOTEL $
(keine Ausschilderung in lateinischen Buchstaben; ☏0 4572 1000; www.orchid-garden-hotel.com; Th Prachasamphan; Zi. 400–450 B; ✳@🛜) Dieses Hotel im Stadtzentrum ist eine schlichte,

aber akzeptable Budgetherberge mit großen Zimmern.

 Essen

Rim Chi Riverside
THAILÄNDISCH **$**
(keine Ausschilderung in lateinischen Buchstaben; Gerichte 30–250 B; ☺mittags & abends) Hier kann man großartige Isaan- und Thai-Küche sowie den idyllischen Blick auf den Fluss Chi von der baumgeschmückten Terrasse oder von einem Floß mit Strohdach aus genießen. Englisch spricht hier niemand, aber bei der Bestellung kann man mit *sôm·đam* oder *Ьlah chôrn lui sŏo·an* (gebratenem Gestreiften Schlangenkopffisch) nichts falsch machen. Das Lokal befindet sich 900 m westlich der Krung Thai Bank.

Nachtmarkt
THAILÄNDISCH **$**
(Th Wariratchadet; ☺16–24 Uhr) Auf dem Nachtmarkt östlich des Wat Mahathat kann man Yasothons berühmtes Dessert *kà·nom wăhn lôrt chôrng* (Reisnudeln mit Pandanblättern in Kokosmilch) probieren.

ℹ️ An- & Weiterreise

Yasothons **Busbahnhof** (☎0 4571 4500) liegt nördlich der Stadt an der Umgehungsstraße. Ein Motorradtaxi ins Zentrum kostet 50 B. Busse fahren u. a. nach Ubon Ratchathani (66–85 B, 1½ Std., jede halbe Std.), Khorat (158–205 B, 4 Std., jede halbe Std.) und Khon Kaen (113–146 B, 3½ Std., jede halbe Std.) über Roi Et (48–61 B, 1 Std.). Nach Mukdahan (76 B, 2 Std., jede halbe Std.) kommt man am besten mit dem Kleinbus. Die Busse nach Bangkok (320–385 B, 8–9 Std.) fahren tagsüber ungefähr stündlich, die meisten gibt es aber zwischen 19 und 22 Uhr. Der VIP-Bus von **999 VIP** (☎0 4571 2965) nach Bangkok (599 B, 20.30 Uhr) hält beim Uhrenturm am Büro des Unternehmens im Zentrum.

Rund um Yasothon

PHRA THAT KONG KHAO NOI
พระธาตุก่องข้าวน้อย

Eine ziemlich düstere Sage rankt sich um den **Stupa des kleinen Reiskorbs** (☺bei Tageslicht), einen aus der späten Ayutthaya-Zeit stammenden *chedi* aus Backstein und Stuck, der sich 5 km außerhalb der Stadt in Richtung Ubon Ratchathani befindet. Nach einer Legende – die Schulkindern als Beispiel vorgehalten wird, warum es wichtig ist, seine Gefühle im Zaum zu behalten – ermordete ein junger, ausgehungerter Bauer, der den ganzen Vormittag auf dem Feld in der Sonne geschuftet hatte, seine Mutter, weil sie sich mit dem Mittagessen verspätet und nur ein kleines Körbchen Klebreis mitgebracht hatte. Über dem Leichnam seiner Mutter verzehrte er das Essen und stellte fest, dass in dem kleinen Körbchen mehr Reis war, als er essen konnte. Um seine Missetat zu sühnen, erbaute er den *chedi*.

Vielleicht war's aber auch ganz anders: Eine andere Legende besagt nämlich, dass der *chedi* von Reisenden erbaut wurde, die Gold und Edelsteine für den Bau des Phra That Phanom spenden wollten. In Ban Tat Thong erfuhren sie, dass sie zu spät kamen, und so erbauten sie daher diesen *chedi*. Einige Einheimische kombinieren beide Legenden und erzählen, der reuige Sohn hätte den *chedi* aus eigenen Mitteln allein nicht bauen können und sich daher mit den Pilgern dafür zusammengetan.

Um die ganze Sache noch komplizierter zu machen: Viele Leute in Yasothon behaupten, der echte Stupa des kleinen Reiskörbchens befände sich ein Stück weiter nördlich im Dorf Ban Sadao (7 km östlich von Yasothon an der Rte 202) hinten im **Wat Tung Sadoa**. Von diesem Stupa ist nur noch der Sockel vorhanden. Als das Gebäude kurz nach dem Tod des reuigen Sohns einstürzte, errichteten Anwohner neben ihm einen zweiten kleinen *chedi*. Als wir einen Mönch fragten, warum die thailändischen Touristen den anderen *chedi* besuchen würden, meinte er nur: *„Gahn meuang"* (Das ist Politik).

BAN SI THAN
บ้านศรีฐาน

Die Einwohner von Ban Si Than können sich selbst nachts nicht von ihrer Arbeit lösen – kein Wunder, es handelt sich um ein Kissenmacherdorf. Überall in diesem (und den meisten umliegenden Dörfern) sieht man Leute *mŏrn kít* (Kissen mit dem rautenförmigen *kít*-Muster) nähen, stopfen und verkaufen. Am berühmtesten sind die dreieckigen Kissen, die beim Sitzen auf dem Boden als Armstütze verwendet werden. Die meisten Ausländer fragen, wenn sie eines haben wollen, nach *mŏrn kwăhn* (Axtkissen), aber das ist ein veraltetes Wort, das die meisten Thais nicht mehr kennen. Die gebräuchliche Bezeichnung heißt heute *mŏrn săhm lĕeam* (Dreieck-Kissen). Ohne maschinell gefertigte Stoffe könnten die Dorfbewohner die Nachfrage nicht befriedigen, doch das Nähen und Stopfen sind größtenteils noch Handarbeit. Die Kissen kosten hier viel weniger als anderswo in

Thailand, und fast nur hier bekommt man auch Kissenbezüge ohne Füllung (*yang mâi sài nûn*; wörtlich „kein Kapok drin"), die als Souvenirs wesentlich leichter nach Hause transportiert werden können.

Affen kann man bei **Don Ling**, 4 km außerhalb der Stadt bei Ban Tao Hi sehen – Einheimische nach dem Weg fragen.

In Ban Si Than gibt's ein **Gastfamilien-Programm** (☏08 7258 1991; 100 B/ Pers., Mahlzeiten 50 B). Um zu dem Dorf zu kommen, geht es von Yasothon aus zuerst 20 km auf der Rte 202 bis Ban Nikom und dann 2,5 km nach Süden. Alle Busse Richtung Amnat Charoen setzen einen an der Kreuzung ab (20–25 B, 45 Min.), von wo ein Motorradtaxi einen für 20 B in den Ort bringt.

Roi Et
ร้อยเอ็ด

36 000 EW.

Roi Et ist seit mindestens 2800 Jahren bewohnt und damit eine der ältesten Städte im Isaan. Der Legende zufolge hatte es einmal elf Stadttore, und in der alten Schrift schrieb man „11" als „10 plus 1". Diese Schreibung führte zum Namen der Stadt, der „einhunderteins" bedeutet.

Außer langen Abschnitten der alten Stadtmauer ist im 21. Jh. nicht mehr viel von Roi Ets langer Geschichte zu sehen. Dennoch hat sich die Stadt einen gewissen Charme und eine besondere Identität bewahrt. Sie ist sicher nicht verschlafen, folgt aber offenbar irgendwie dem schreitenden Buddha auf der Insel im zentralen städtischen See und hat ihren ganz eigenen Rhythmus.

⊙ Sehenswertes

Wat Burapha
TEMPEL

(วัดบูรพา; Th Phadung Phanit; ◷bei Tageslicht) Der riesige stehende Buddha, der die schmächtige Skyline von Roi Et überragt, ist der **Phra Phuttha Ratana Mongkon Mahamuni** (oder kurz Luang Po Yai). Obwohl von geringem künstlerischen Wert, ist er die Haupsehenswürdigkeit des Tempels und definitiv auch nicht zu übersehen: Von Kopf bis Fuß misst er 59,2 m und vom Boden bis zur Spitze des *ùt·sà·nít* sogar stolze 67,8 m.

Roi-Et-Nationalmuseum
MUSEUM

(พิพิธภัณฑสถานแห่งชาติร้อยเอ็ด; Th Ploenjit; Eintritt 100 B; ◷Mi–So 9–16 Uhr) Das interessante Museum zeigt antike Artefakte und Expo-

nate zur Kultur des Isaan. Der dritte Stock ist der Seidenweberei gewidmet, u.a. werden hier die Pflanzen vorgestellt, aus denen natürliche Farbstoffe gewonnen werden.

Bueng Phlan Chai
PARK

(บึงพลาญชัย) Wanderwege ziehen sich kreuz und quer über die schöne, schattige Insel im Bueng Phlan Chai und locken Liebespärchen, Studenten, Jogger und Picknickfreunde an. Die bekannte **Statue des schreitenden Buddha** steht an der Nord-, die **lak meuang** (Stadtsäule) an der Südseite des Sees.

Wat Neua
TEMPEL

(วัดเหนือ; Th Phadung Phanit; ◷bei Tageslicht) Der Tempel im Norden der Stadt hat ein ruhiges Umfeld. Er ist bekannt für seinen 1200 Jahre alten Backstein-*chedi* aus der Dvaravati-Ära, der eine für Thailand ungewöhnliche viereckige Glockenform aufweist. Ebenfalls im Zentralbereich stehen ein paar alte *săir·mah* der Davaravati-Ära und ein riesiger Bodhibaum.

GRATIS Roi-Et-Aquarium
AQUARIUM

(สถานแสดงพันธุ์สัตว์น้ำเทศบาลเมืองร้อยเอ็ด; Th Sunthornthep; ◷Mi–So 8.30–16.30 Uhr) Das kleine Aquarium mit Unterwassertunnel beherbergt Fische aus dem ganzen Isaan.

🛏 Schlafen

Phetcharat Garden Hotel
HOTEL $$

(☏0 4351 9000; www.petcharatgardenhotel.com; Th Chotchaplayuk; Zi. mit Frühstück 540–700 B, Suite 1740 B; ✴🐾🗐) Für das schicke westöstliche Dekor in der offenen Lobby und den riesigen Pool hätte das schöne Hotel einen Preis verdient. Die preiswerteren Zimmer sind weniger charmant, und überall zeigen sich Spuren der Abnutzung, aber trotzdem bietet das Phetcharat Garden immer noch ein ausgezeichnetes Preis-Leistungs-Verhältnis.

Rohmintanin Park
HOTEL $

(☏0 4351 6111; Th Robmuang; Zi. mit Frühstück 450–650 B, Suite 1200 B; ✴@🗐) Wirklich schick kann man dieses Hotel zwar nicht nennen, aber kleine Deko-Details sorgen doch dafür, dass sich jene Anstaltsatmosphäre nicht einstellt, die bei Hotels dieser Preisklasse so verbreitet ist.

Saithip Hotel
HOTEL $

(keine Ausschilderung in lateinischen Buchstaben; ☏0 4351 1742; Th Suriyadet Bamrung; Zi. 240–320 B; ✴🗐) Der Architekt hat zwar die Fassade ein bisschen dekoriert, und einige

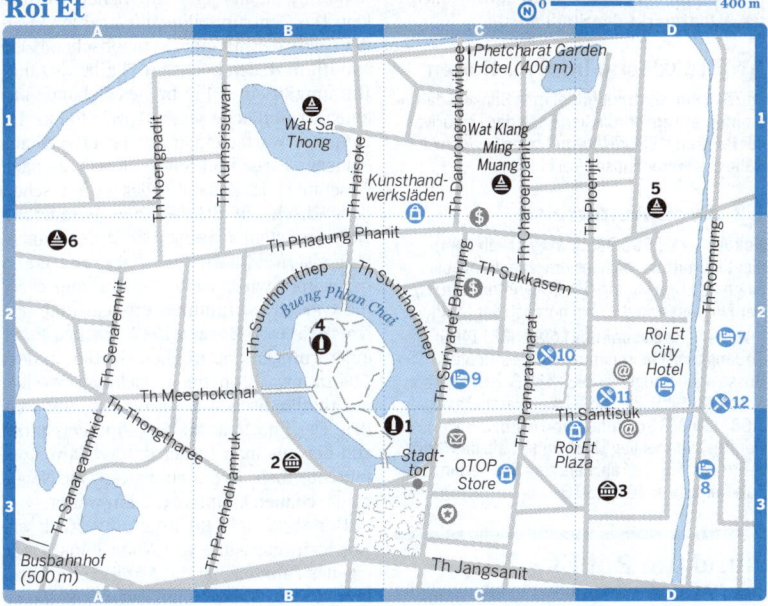

Roi Et

◉ Sehenswertes

Zimmer haben Sitztoiletten, aber davon abgesehen handelt es sich um eine durchschnittliche Billigherberge mit Kaltwasser.

Poon Petch Sportclub   HOTEL **$**
(keine Ausschilderung in lateinischen Buchstaben; ☎ 0 4351 6391; Th Robmuang; Zi. 300–350 B; ❄) Von außen wirkt das Haus trostlos, aber die Zimmer sind besser als zu erwarten und bieten Kühlschrank und Balkon.

✖ Essen & Ausgehen

Roi Ets Amüsierviertel, in dem es mehrere große Biergärten gibt, erstreckt sich an der Th Chotchaplayuk zwischen dem Kanal und dem Phetcharat Garden Hotel. Weitere entspannte Bars finden sich an der Westseite des Sees.

White Elephant   INTERNATIONAL, THAILÄNDISCH **$**
(Th Robmuang; Gerichte 60–390 B; ⊘abends) Das Kneipenrestaurant gegenüber vom alten Stadtgraben hat eine umfangreiche thailändische Karte, aber die Spezialitäten des Hauses und sein Besitzer sind deutsch.

Richi India Food   INDISCH **$**
(37/1 Th Santisuk; Gerichte 50–250 B; ⊘mittags & abends; 🛜📶) Das farbenfrohe Lokal erinnert mehr an einen Friseursalon als an ein Restaurant, und das Essen haut einen nicht gerade vom Hocker, aber da indische Küche im Isaan selten ist, freut man sich trotzdem darüber.

Nachtmarkt   THAILÄNDISCH **$**
(⊘15.30–23 Uhr) Unter dem großen Dach befindet sich tagsüber der städtische Markt

von Roi Et, der später dann zum wichtigsten Nachtmarkt der Stadt wird.

ℹ️ Praktische Informationen

Im Zentrum verstreut findet man Banken, darunter mehrere am nördlichen Ende der Th Suriyadet Bamrung. Einige Internetcafés liegen in der Nähe des Warenhauses Roi Et Plaza.

ℹ️ An- & Weiterreise

Nok Air (✆0 2900 9955; www.nokair.com) fliegt vormittags täglich vom/zum Bangkoker Flughafen Don Muang (Preis ab unter 2000 B). Der Flughafen liegt 13 km nördlich der Stadt.

Von Roi Ets **Busbahnhof** (✆0 4351 1466; Th Jangsanit) fahren mindestens stündlich Busse nach Bangkok (293–585 B, 8 Std.), Khon Kaen (73–94 B, 2½ Std.), Ubon Ratchathani (108–139 B, 3 Std.) und Surin (91 B, 2½ Std.). Der Busbahnhof liegt 1 km außerhalb des Stadtzentrums. Für die Fahrt bis zum See verlangen Túk-Túk-Fahrer 40 bis 50 B.

Rund um Roi Et

WAT PA NON SAWAN   วัดป่าโนนสวรรค์
Verglichen mit dem Wat Pa Non Sawan (Eintritt frei; ⊙bei Tageslicht) wirkt der Sala Kaew Ku (S. 505) wie eine Schöpfung von Thomas Kinkade. In dem Wát stehen Hunderte farbenfroher Plastiken, die teilweise wirklich erstaunlich, teilweise aber ziemlich abgedreht sind. Riesige Drachen, Schildkröten, die die Pfoten zum Wai-Gruß zusammenlegen, Hindu-Gottheiten, schauerliche Höllenszenen, ein einsamer Eisbär – das alles bringt einen zum Nachdenken und zum Lachen – und genau das ist auch beabsichtigt. Dass bei vielen Plastiken Gefäße auftauchen, hat seinen Grund darin, dass sich der Tempel in einer Töpfereiregion befindet. Dass zu all dem Bollywood-Schlager aus den Lautsprechern plärren, ist absolut angemessen.

Unbedingt auch dem achtzigjährigen Abt, der die Anlage ins Leben gerufen hat, ein sà·wà·di entbieten; er lebt im Erdgeschoss des Turms – im Maul Hanumans – und begrüßt Besucher gerne.

Der Tempel liegt 30 km östlich von Roi Et. Busse können einen in Thung Khao Luang (25 B, 30 Min.) absetzen. Das letzte Stück von dort (8 km) kostet mit einem Motorradtaxi 60 B.

PHRA MAHA CHEDI CHAI MONGKHON   พระมหาเจดีย์ชัยมงคล
Der noch lange nicht fertige Phra Maha Chedi Chai Mongkhon (Eintritt frei; ⊙6.30–

18 Uhr) ist bereits jetzt eine Sehenswürdigkeit. Das Zentrum bildet ein strahlend weißer chedi, der mit einer symbolischen Höhe von 101 m zu den höchsten Thailands zählt. Ihn umgibt ein 101 m breites Gebäude mit einer Grundfläche von 101 râi (16 ha). Im Innern erwartet einen ein Feuerwerk aus goldener Farbe und Spiegelfliesen. Je nach Geschmack ist das entweder wunderschön oder Kitsch, auf alle Fälle aber wunderbar. Der chedi steht auf einem Berg, der manchmal als Buddhistischer Park des Isaan bezeichnet wird. Weitere 8 km vom chedi die Waldstraße hinunter erreicht man den Northeastern Botany in Literature Park, einen ruhigen botanischen Garten, in dem Pflanzen wachsen, die in wichtigen Werken der thailändischen Literatur genannt werden. Der Pha Mok Mi Wai, eine Felsspitze, von der aus man in der kühlen Jahreszeit morgens meist in das eindrucksvolle Nebelmeer schauen kann, folgt 2 km weiter.

Der chedi steht 80 km nordwestlich von Roi Et in der Nähe von Nong Phok. Ohne eigenes Fahrzeug ist die Anreise eine Qual. Von Roi Et nimmt man ein sŏrng·tăa·ou nach Phon Thong (40 B, 1 Std., jede halbe Std.), dort einen der Busse, die von Khon Kaen nach Amnat Charoen fahren, und steigt am ʈrà·doo kong (Kong-Tor) in Ban Tha Saat (25 B, 30 Min., stündl.) aus. Von dort sind es dann noch weitere 5 km hügelauf. Normalerweise kann man die Strecke auch trampen.

KU PHRA KOH NA   กู่พระโกนา
50 km südöstlich von Roi Et liegen die Ruinen des Ku Phra Koh Na (Eintritt frei; ⊙bei Tageslicht), eines hinduistischen Schreins der Khmer aus dem 11. Jh. Der Tempel gehört zu den weniger bedeutenden Khmer-Zeugnissen. Er wurde im Baphuon-Stil erbaut und besteht aus drei nach Osten gerichteten Backstein-prangs auf einem Sandsteinsockel und ist von einer Mauer aus Sandsteinplatten umgeben, die einst vier Tore hatte. Der mittlere prang wurde 1928 neu verputzt und mit Buddha-Nischen versehen. Vor dem zugehörigen Schrein über einem Fußabdruck Buddhas stehen vier originale naga-Skulpturen. Die beiden anderen prangs wurden originalgetreu restauriert, sehen aber aus, als könnten sie jeden Augenblick einstürzen. Den Türsturz über dem Haupttor des nördlichen prangs ziert ein liegender Phra Narai (Vishnu), während der Sturz über der nördlichen, falschen Tür des anderen prang Kali darstellt.

Die Ruinen selbst sind weder besonders eindrucksvoll noch gut restauriert; interessant ist allerdings, wie sie in einen modernen Tempel einbezogen wurden. Wen das alles nicht interessiert, der kann sich immer noch an den Hunderten von Affen auf dem Gelände ergötzen.

Die Busse, die von Roi Et nach Surin fahren, können einen am Wat Ku (40 B, 1 Std.) absetzen, wie er vor Ort genannt wird. Er befindet sich 6 km südlich von Suwannaphum an der Rte 214.

PROVINZ SA KAEW

Die selten besuchte Provinz Sa Kaew ist weder kulturell noch geografisch ein Teil des Isaan, unterscheidet sich aber auch merklich von den nahen Küstenprovinzen und wirkt wie ein vergessenes Land. Viele kleine Khmer-Ruinen liegen verstreut in der dünn besiedelten Landschaft, aber da Angkor Wat lockt, lohnt keine wirklich die Zeit und die Anreise.

Aranya Prathet อรัญประเทศ

15 800 EW.

Die Grenzstadt Aranya Prathet (oder Aran) ist bei den Thais vor allem für Schmuggel und Glücksspiel bekannt (die Casinos liegen jenseits der Grenze in Poipet). Für Traveller ist die Stadt der wichtigste Grenzübergang für Touren nach Angkor Wat; die meisten lassen hier nur ihren Pass abstempeln und reisen weiter. Für eine Grenzstadt ist der Ort aber gar nicht so übel.

Bleibt etwas Zeit, lohnt ein Bummel über den **Talat Rong Kluea** (☺8–20 Uhr). Angeboten wird hauptsächlich Billigkram und chinesisches Zeug – wer eine Sonnenbrille aus zweiter Hand oder ein Converse-Imitat sucht, ist hier richtig. Aber wirklich interessant ist auf diesem Grenzmarkt nicht die Ware, sondern die Karawane der kambodschanischen Händler mit ihren riesigen Schubkarren. Der Markt ist so riesig, dass viele Thais, die hier einkaufen, sich als erstes mal ein Fahrrad (20 B/Tag) oder Motorrad (100 B/3 Std.) mieten.

🛏 Schlafen & Essen

Es gibt auch Hotels an der Grenze, aber in der Stadt wohnt es sich wesentlich schöner.

Indochina Hotel HOTEL $$
(☏0 3723 2588; www.indochina-hotel.net; Th Thanavithee; Zi. mit Frühstück 900–1280 B; ✺🛜🏊) Das ruhige Hotel nördlich der Stadt liegt rund um einen von Palmen gesäumten Swimmingpool und ist besser, als man es in Aran erwarten würde. Die Zimmer mit Blick auf den Pool sind den Aufpreis von 140 B wert.

Mob Coffee HOTEL $
(☏0 3723 1839; Zi. 380 B; ✺🛜) Die hellen, sauberen Zimmern in diesem kleinen Hotel im Busbahnhof haben ein sehr gutes Preis-Leistungs-Verhältnis. Vom Busbahnhof aus fährt nicht viel, man braucht also keine Lärmbelästigung zu befürchten.

Market Motel HOTEL $
(☏0 3723 2302; www.aranyaprathethotel.com; 105/30-32 Th Ratuthit; Zi. 250–700 B; ✺@🛜🏊) Die Zimmer sind nicht so gut wie im Mob,

---

GRENZÜBERGANG: VON ARANYA PRATHET NACH POIPET

Die kambodschanische Grenze ist täglich von 7 bis 20 Uhr geöffnet. Es gibt viele Schlepper, die einen dazu bringen wollen, das kambodschanische Visum über sie zu beschaffen, aber egal, was sie einem erzählen, es gibt keinen Grund, sich ein Visum beim Kambodschanischen Konsulat oder sonstwo zu besorgen – das kostet nur mehr und dauert länger. Vor der thailändischen Grenzkontrolle sollte man niemandem seinen Pass zeigen und auch kein Geld wechseln, sondern schnurstracks zur Grenze eilen.

Nachdem man den thailändischen Ausreisestempel hat, folgt man der Schlange zur kambodschanischen Einreisestelle. Falls man noch kein Visum hat (Details zu den Visa s. S. 843), nach dem Schild „Visa on Arrival" Ausschau halten. Werktags kann vormittags alles in 10 bis 20 Minuten erledigt sein, doch nach 12 Uhr kann es durchaus auch länger als eine Stunde dauern. An Wochenenden und Feiertagen, wenn viele Thais in die Casinos strömen und ausländische Arbeitskräfte zwecks Visaverlängerung nach Thailand aus- und einreisen, wird's ebenfalls hektisch.

Von der Grenze weiter nach Siem Reap nimmt man am besten ein Taxi. Weitere Infos gibt's im Lonely Planet Band *Kambodscha*.

aber das Flair ist viel besser, und es gibt einen Swimmingpool.

Ein kleiner **Nachtmarkt** (☺16–2 Uhr) findet gleich östlich vom Market Motel rund um das kleine Wasserbecken statt.

ℹ Anreise & Unterwegs vor Ort

Die Busse von den Busbahnhöfen „Mo Chit" (207 B, 4½ Std.), „Ekamai" (200 B, 4 Std.) und dem Flughafen Suvarnaphumi (187 B, 3 Std.) in Bangkok sowie die Kleinbusse, die am Bangkoker Siegesdenkmal starten (230 B, 4 Std., jede halbe Std.), fahren alle direkt zur Grenze; man braucht also in Aranya Prathet nicht Station zu machen. Angeblich soll sogar eine Direktverbindung bis nach Siem Reap eingerichtet werden, aber so schnell dürfte das nicht passieren.

Täglich fahren zwei Züge vom (5.55 & 13.05 Uhr) und zum (6.40 & 13.55 Uhr) Bangkoker Bahnhof Hua Lamphong nach/aus Aranya Prathet. Vom Bahnhof bringen einen *sŏrng·tăa·ou* (15 B), Motorradtaxis (60 B) oder Túk-Túks (80 B) die letzten 6 km zur Grenze.

Die Nonstop-Bustouren, die an der Khao San Rd und anderswo in Thailand angeboten werden, scheinen billig und bequem, aber heißen aus gutem Grund „Nepperbusse". Wer sich drauf einlässt, wird bedrängt und abgezockt. Die saftigen Einzelheiten kann man bei **Tales of Asia** (www.talesofasia.com/cambodia-overland.htm) nachlesen.

Vom Busbahnhof in Aran fahren Busse u. a. nach Chantaburi (150 B, 4 Std., stündl.) und Khorat (190 B, 4 Std., 6-mal tgl.); die Busse nach Surin (137–176 B, 6 Std., 3-mal tgl.) fahren von einer Haltestelle weiter im Norden.

Sa Kaew
สระแก้ว

Die Provinzhauptstadt ist nicht viel mehr als ein ausgeufertes Dorf, in dem es nichts gibt, was einen Stopp nahelegen könnte. Ein paar wenig bekannte Parks jenseits der Stadt sind aber für unermüdliche Traveller durchaus lohnend.

Der **Khao Chakan** ist ein einsamer, 240 m hoher Hügel mit Höhlen, auf dem eine Horde gieriger Affen haust, die den Besuchern folgen, um ihnen Futter zu entlocken. Eine der Höhlen, die man über eine lange Treppe erreicht, führt wie ein riesiges Schlüsselloch durch den Hügel. In anderen hausen Fledermäuse, die bei Einbruch der Dunkelheit in nicht enden wollenden Schwärmen ausfliegen. Der Hügel liegt 17 km südlich der Stadt an der Rte 317. Glücklicherweise kommen nachts Busse vorbei, sodass man problemlos nach Sa Kaew (20 B, 30 Min., stündl.) zurückfahren kann; um sicher zu sein, nicht stehen gelassen zu werden, sollte man ins Dorf laufen und dort und nicht am Parkeingang auf den Bus warten.

Längs der südlichen Steilkante des Khorat-Plateaus verläuft der **Pang Sida National Park** (☏0 3724 3775; Eintritt 200 B), der für seine Wasserfälle und Schmetterlinge bekannt ist. Beispiele für beides findet man beim Besucherzentrum 27 km nördlich von Sa Kaew. Die Wasserfälle sind zwischen August und Oktober am schönsten. Die Schmetterlingspracht ist das ganze Jahr über eindrucksvoll, ganz besonders viele gibt es zwischen Mai und Juli.

Im Park gibt's **Stellplätze** (mit eigenem Zelt 30 B/Pers., Zelt 2 Pers. 200 B) und **Bungalows** (☏0 2562 0760; www.dnp.go.th/parkreserve; Bungalow 600–1200 B; ❄). Morgens fahren *sŏrng·tăa·ou* vom Markt in Sa Kaew, die einen am Besucherzentrum (40 B, 1 Std.) absetzen können; nach 10 Uhr fahren aber keine mehr. Die Fahrt mit dem Motorrad hin und zurück kostet zwischen rund 300 B (Kurzbesuch) und 1000 B (ganzer Tag).

Wer in Sa Kaew übernachten will, findet im scheußlichen Gebäude des **Travel Hotel** (keine Ausschilderung in lateinischen Buchstaben; ☏0 3724 1024; Th Suwannasorn; Zi. 380–550 B; ❄☎) annehmbare Zimmer in idealer Lage.

Infos zu Verkehrsverbindungen findet man in der linken Spalte. Praktisch alle Fahrzeuge, die dort starten, fahren auf dem Weg nach Bangkok über Sa Kaew, die Fahrzeit von hier ist rund 45 Minuten kürzer und der Preis um 20 % geringer.

Hua Hin & die südliche Golfregion

Gut essen

» Rang Yen Garden,
Cha-am (S. 560)

» Nachtmarkt, Hua Hin
(S. 566)

» Sang Thai Restaurant,
Hua Hin (S. 570)

» Rim Lom, Prachuap Khiri
Khan (S. 581)

Schön übernachten

» Baan Bayan, Hua Hin
(S. 569)

» Away Hua Hin, Pranburi
(S. 574)

» Brassiere Beach, Pran-
buri (S. 574)

» Proud Thai Beach Resort,
Ban Krut (S. 582)

Auf nach Hua Hin & in die südliche Golfregion!

Die obere südliche Golfregion ist als „Königsküste" bekannt und schon seit Langem der bevorzugte Rückzugsort
der Monarchie und der Elite Bangkoks. Seit Rama IV. hat
hier noch jeder König ein angenehmes Fleckchen gefunden, an dem er sich einen royalen Zufluchtsort bauen konnte. Heute strömen einheimische Touristen an die Küste, die
nach ein wenig Entspannung suchen und den verehrten
Königen huldigen, deren Sommerpaläste nun auch für die
Öffentlichkeit zugänglich sind. Nur selten gehen Kultur
und Küste so sehr Hand in Hand wie hier.

Die Gegend ist, wenn man so will, Thailands touristi-
sches Surf-and-Turf-Ziel Nummer eins und vereint historische Stätten mit den Annehmlichkeiten eines Lebens in der
Provinz, Urwald-Parks und an langen Sandstränden – und
all das in unmittelbarer Pendlerentfernung zu Bangkok. Die
Tatsache, dass sich die meisten Backpacker die strapaziöse
Reise zu den weiter südlich gelegenen, verbauten Samui-
Inseln antun, ist und bleibt für alle, die schon einmal ki-
lometerweit an Hua Hins weißen Puderstränden entlangs-
paziert sind, ein großes Rätsel. Der einzige Schwachpunkt
ist, dass die Gegend nicht sonderlich viele Riffe zu bieten
hat und man kaum oder gar nicht tauchen und schnorcheln
kann, und das Wasser ist eher atlantikgrau als tropenblau.

Reisezeit

Die beste Reisezeit ist während der heißen Trockenzeit
(Feb.–Juni). Von Juli bis Oktober (Südwestmonsun) und
Oktober bis Januar (Nordostmonsun) gibt's gelegentlich
etwas Regen und starke Winde, aber für gewöhnlich bleibt
es in der Region während der Monsunzeit dank einer geografischen Anomalie trockener als im Rest des Landes.

In stürmischen Hochzeiten werden Stechquallen oft
sehr nahe ans Ufer getragen und machen das Schwimmen
gefährlich. Thais schützen sich, indem sie vollständig bekleidet baden gehen.

Highlights

① Den Hügelpalast und die unterirdischen Höhlen in **Phetchaburi** (S. 553) erkunden

② Den langen, goldgelben Küstenstreifen von **Hua Hin**(S. 561)entlangspazieren und die Kitesurfer beobachten, die über die Wellen hüpfen

③ Auf dem **Nachtmarkt** (S. 570) in Hua Hin essen und einkaufen (und dann noch mal was essen)

④ Tief in den **Kaeng Krachan Nationalpark**(S. 558)entfliehen und Gibbons und wilde Elefanten beobachten

⑤ In der **Delfinbucht** (S. 574) die Kinder den ganzen Tag in ihren Badesachen toben lassen

⑥ Die beliebte Pilgerfahrt in den **Khao Sam Roi Yot Nationalpark** (S. 575) unternehmen und den erleuchteten Höhlenschrein von Tham Phraya Nakhon bewundern

⑦ Eine Motorradfahrt zwischen kurvenreichen Buchten und Kalksteingipfeln in **Prachuap Khiri Khan** (S. 577) erleben

⑧ Im entspannten **Hat Bang Saphan Yai** (S. 582) herrlich faul am Strand liegen

Phetchaburi (Phetburi)

เพชรบุรี

46 600 EW.

Phetchaburi liegt nur einen Katzensprung von Bangkok entfernt und gehört auf jede kulturell wertvolle Reiseliste. Die Stadt kann mit ähnlichen Tempeln und Palästen aufwarten wie Ayutthaya, während vor ihren Toren – wie in Kanchanaburi – Urwälder und Höhlenschreine locken. Aber im Gegensatz zu den beiden anderen bietet sie auch einen direkten Zugang zur Küste. Sie versprüht ein angenehm provinzielles Flair, dank ihrer geschäftigen Märkte, der alten Ladenlokale aus Teakholz und den Besuchergruppen thailändischer Studenten, die auch mal den Mut aufbringen, mit den wenigen Fremden zu plaudern, die sich in die Stadt verirren.

Historisch gesehen ist Phetchaburi ein wichtiger Punkt auf der Zeitlinie jener Königreiche, die Südostasien einst beherrschten. Während des 11. Jhs. siedelte sich das Reich der Khmer hier an, auch wenn ihre Herrschaft nur relativ kurz währte. Als die Macht der Khmer allmählich schwand, entwickelte sich Phetchaburi während der Herrschaft des Sukhothai- bzw. Ayutthaya-Reiches, die ihren Sitz beide in Thailand hatten, zu einer strategisch wichtigen königlichen Festung. Solange das Ayutthaya-Reich stabil blieb, blühte die obere Halbinsel förmlich auf, und Phetchaburi gedieh im 17. Jh. zu einem wichtigen Handelsposten zwischen Birma und Ayutthaya. Die Stadt wird oft als „lebendes Ayutthaya" bezeichnet, da zahlreiche Relikte, die in der Hauptstadt dieses einstigen Königreiches zerstört wurden, hier noch erhalten sind.

◉ Sehenswertes & Aktivitäten

Für eine so kleine Stadt hat Phetchaburi eine recht ansehnliche Auswahl historischer Tempel zu bieten, die auch thailändische Touristen den ganzen Tag über beschäftigen. Die bemerkenswertesten sind unten mit aufgelistet.

Phra Nakhon Khiri
Historical Park
HISTORISCHE STÄTTE

(อุทยานประวัติศาสตร์พระนครคีรี; ☎0 3240 1006; Eintritt 150 B; ◷8.30–17 Uhr) Dieser historische Nationalpark liegt majestätisch auf dem Khao Wang (Palasthügel) und blickt mit gedämpfter Opulenz über die Stadt. Rama IV. (König Mongkut) erbaute den Palast und die umliegenden Tempel im Jahr 1859 und nutzte ihn als Rückzugsort, wenn er Bangkok entfliehen wollte. Der Standort auf dem Hügel erlaubte es dem König, seinem Interesse für Astrologie und Sternenbeobachtung nachzugehen.

Der Palast wurde in einer Mischung europäischer und chinesischer Stile errichtet, und jede der luftigen Hallen ist mit königlichen Besitztümern eingerichtet. Von hier aus führen gepflasterte Spazierwege über den bewaldeten Hügel zu drei Gipfeln, die jeweils von einem Chedi gekrönt werden. Der weiße Turm des **Phra That Chom Phet**, der sich in den Himmel bohrt, ist auch von der Stadt unten zu erkennen.

Die Stätte hat zwei Eingänge. Der Vordereingang liegt gegenüber der Th Ratwithi und ist über einen anstrengenden Fußweg zu erreichen, der durch eine Bande unberechenbarer Affen führt. Der Hintereingang liegt auf der gegenüberliegenden Seite des Hügels und wird von einer **Seilbahn** (einfache Strecke Erw./Kind 40 B/frei; ◷8.30–17.30 Uhr) angefahren, die den Hügel hinauf und hinunterruckelt. Der Ort ist ein beliebtes Ziel für Schulausflüge, und man wird schnell zu einer ebenso großen Fotoattraktion wie die historischen Gebäude.

Ein **montäglicher Nachtmarkt** säumt mit den üblichen Essens- und Klamottenständen die Straßen vor dem Khao Wang.

Wat Mahathat Worawihan
TEMPEL

(วัดมหาธาตุวรวิหาร; Th Damnoen Krasem) Der zentral gelegene, leuchtend weiße Wat Mahathat ist ein wunderbares Beispiel für einen Alltagstempel, in dem ebenso reges Treiben herrscht wie in dem Geschäftsbezirk, der ihn umgibt. Sein Paradestück ist ein fünfstöckiger *prang* (Stupa) im Khmer-Stil, der mit Stuckreliefs verziert ist, eine Spezialität der lokalen Künstler in Phetchaburi. Im Inneren des größten *wí·hǎhn* (Schreinsaal oder Heiligtum) sind zeitgenössische Wandmalereien zu sehen, ein weiteres Beispiel für die grandiose Tempelkunst in der Provinz. Die lebendige Atmosphäre des Tempels wird durch die stete rhythmische Untermalung durch traditionelle Musiker und Tänzer, die ihre Verdienste bringenden Künste darbieten, noch verstärkt.

Nach dem Besuch im Tempel kann man der Th Suwanmunee durch den Stadtteil mit den alten Teakholzhäusern folgen, in dem Läden religiösen Krimskrams verkaufen und der Geruch von Räucherstäbchen in der Luft liegt.

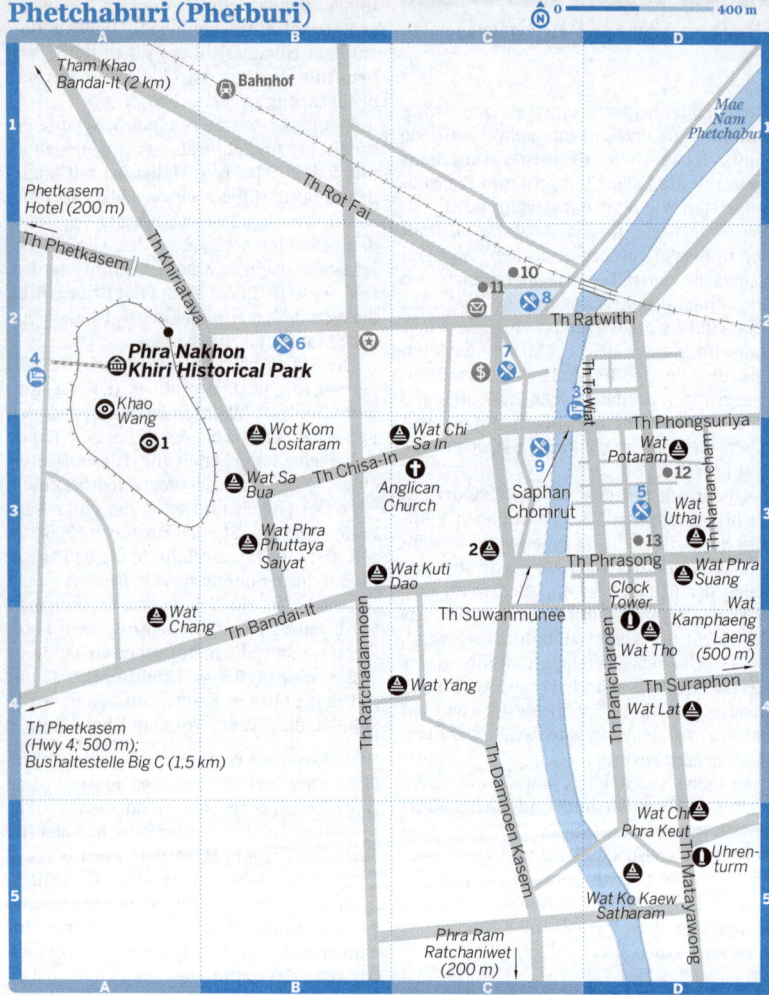

Wat Kamphaeng Laeng

TEMPEL

(วัดกำแพงแลง; Th Phokarang) Vor der Zeit, als Siam zum unabhängigen Staat wurde, erstreckte sich das Königreich Angkor (Khmer) vom heutigen Kambodscha bis zur Malaiischen Halbinsel. Um ihre Grenzeroberungen zu kennzeichnen, bauten die Khmer aufwendig verzierte Tempel in einem sehr charakteristischen Stil, der in der Geschichte Thailands immer wieder kopiert wurde. Dieses Khmer-Überbleibsel stammt vermutlich aus dem 12. Jh. und war ursprünglich hinduistisch, bevor die Region zum Buddhismus übertrat. Eines der Heiligtümer ist noch intakt und wird von zwei kleineren Schreinen und verfallenden Sandsteinmauern gesäumt. Auch wenn der Bau vielleicht nicht unbedingt ein Paradebeispiel der Khmer-Architektur ist, ist er ein friedlicher Ort, an dem man ein paar sehr kunstvolle Fotos machen kann.

Tham Khao Luang

HÖHLE

(ถ้ำเขาหลวง; ⊙8–18 Uhr) 4 km nördlich der Stadt befindet sich die Tham Khao Luang, eine dramatische Felsenkammer voller Tropfsteine, die zu Thailands eindrucksvollsten Höhlenschreinen zählt und einer der Lieblingsorte von Rama IV. war. Die Höhle ist über eine steile Treppe zu erreichen. Ihre zentrale Buddha-Figur erstrahlt oft in himmlischen Glanz, wenn das Sonnenlicht durch die herzförmige Deckenöffnung fällt. Am gegenüberliegenden Ende der Kammer befinden sich mehrere sitzende Buddhas, die eine Reihe gleicher Schatten auf die Wellen der Höhlenwand zeichnen.

Laut Fremdenführern ließ Rama IV. das Steintor, das die Hauptkammer von einer zweiten Kammer trennt, aus Sicherheitsgründen für ein Paar errichten, das einst in dieser Höhle lebte. Die liegende Figur in der dritten Kammer soll den Kreislauf von Leben und Tod darstellen, hat hier selbst jedoch keine sehr friedliche Ruhestätte gefunden, da Räuber sie auf der Suche nach verborgenen Schätzen größtenteils zerstörten. Noch tiefer im Inneren der Höhle ist angeblich eine Felsformation zu sehen, die aussieht wie Jesus am Kreuz, auch wenn wir ihn mit unseren fantasielosen Augen nicht erkennen konnten (Thais haben allerdings auch eine besonders rege Fantasie, wenn es darum geht, vertraute Formen in Stalaktiten in Höhlen zu erkennen).

Rund um den Eingang zur Höhle trifft man auf dreiste Affen, die um Almosen betteln. In der Nähe des Parkplatzes kann man einen der Führer anheuern, die allerdings nicht immer sehr mitteilsam sind, was ihren Preis angeht (normalerweise 100 B/Pers.).

Den Transport aus der Stadt hierher muss man vorab buchen (hin & zurück ca. 150 B).

Tham Khao Bandai-It   HÖHLE
(ถ้ำเขาบันไดอิฐ; Spende erwünscht; ☺9–16 Uhr) Dieses Hügelkloster liegt 2 km westlich der Stadt und erstreckt sich über mehrere große Höhlen, die zu einfachen Buddha-

Schreinen und Meditationskammern für Eremiten umgebaut wurden. Englisch sprechende Führer (Trinkgeld erwünscht!) weisen Touristen den Weg durch die Höhlen, hauptsächlich als Sicherheitsmaßnahme wegen der Affen. In einer der Höhlen haust eine stattliche Fledermauspopulation, und die Führer weisen darauf hin, nicht mit offenem Mund nach oben zu schauen (auch ein guter Rat fürs tägliche Leben).

Phra Ram Ratchaniwet   HISTORISCHE STÄTTE
(พระรามราชนิเวศน์; Ban-Peun-Palast; ☎0 3242 8083; Eintritt 50 B; ☺Mo–Fr 8–16 Uhr) 1 km südlich der Stadt steht dieses unglaubliche Art-déco-Gebäude, das im Jahr 1910 auf Geheiß von Rama V. als Sommerpalast erbaut wurde; er starb jedoch kurz nach Baubeginn. Der Palast wurde von deutschen Architekten entworfen, die die Gelegenheit nutzten, die zeitgenössischen Innovationen

> ⓘ **SEHENSWÜRDIGKEITEN IN PHETCHABURI**
>
> Einige der besten Sehenswürdigkeiten befinden sich außerhalb der Stadt, aber durch die Entfernung sollte man sich nicht abschrecken lassen. Man kann sich beispielsweise ein Songthaeo (*sŏrng·tăa·ou*; Pick-Up für Passagiertransport) für einen Tag mieten (normalerweise um 400 B) und sämtliche Highlights abklappern. **Rabieng Rim Nam** (☎0 3242 5707; 1 Th Chisa-In; 950 B/Pers. bei 4 Pers.), eine Pension mit Restaurant, bietet auch Tagestouren mit einem englisch sprechenden Führer an.

ihrer Baukunst und ihres Innendesigns zu präsentieren. Der Bau ist typisch für das frühe 20. Jh., eine Zeit, in der die Thailänder ihre Leidenschaft für Gebäude im europäischen Stil in dem Versuch auslebten, mit der „modernen" Architektur ihrer kolonisierten Nachbarn mitzuhalten.

Das Äußere des zweistöckigen Palastes ist nicht sonderlich aufregend, aber im Inneren warten großzügige, sonnendurchflutete Zimmer, die mit exquisiten Fliesen, Buntglas, Parkettböden und jeder Menge gusseiserner Details ausgestattet sind. Über die doppelte Wendeltreppe könnte man jede Debütantin perfekt in die Gesellschaft einführen, und das persönliche Badezimmer des Königs war zu seiner Zeit hochmodern.

Hat Puak Tian STRAND

(หาดปึกเตียน) Einheimische kommen am Wochenende an diesen 20 km südöstlich von Phetchaburi gelegenen, dunklen Sandstrand, um Meeresfrüchte zu genießen und sich in der Brandung zu tummeln. Eine etwas bescheidenere Anziehungskraft übt dabei auch die literarische Rolle aus, die der Strand im thailändischen Gedichtepos *Phra Aphaimani* von Sunthorn Phu spielt. Am Ufer steht die teilweise versunkene Statue einer riesigen Frau mit ausgestreckten Händen und verzweifelter Miene. Sie stellt eine Figur aus dem Gedicht dar, die sich als wunderschöne Verführerin verkleidet, um die Liebe des Helden zu gewinnen und ihn an diesem Strand einzusperren. Er erkennt ihren Verrat (und ihre wahre Hässlichkeit) jedoch und entkommt mithilfe einer Meerjungfrau nach Ko Samet (zu einem noch schöneren Strand – hätte für unseren Helden also nicht besser laufen können).

Wer den Strand besuchen möchte, braucht einen fahrbaren Untersatz.

🎉 Feste & Events

Phra Nakhon Khiri Fair KULTUR

Die Feierlichkeiten Anfang April finden rund um den Khao Wang statt und dauern neun Tage lang. Der Phra Nakhon Khiri wird mit Lichtern geschmückt, und es gibt traditionelle Tanzvorführungen, Kunsthandwerks- und Essensstände und einen Schönheitswettbewerb.

🛏 Schlafen

Phetchaburi mangelt es definitiv an Unterkünften, besonders in der Budgetkategorie, da die meisten die Stadt nur auf einem Ta-

gesausflug von Hua Hin oder Cha-am aus besuchen. Wirklich schade, dass es hier nicht mehr Pensionen gibt, denn die Stadt ist wirklich der ideale Ort für Kulturtouristen, die von Bangkok die Nase voll haben.

Sun Hotel HOTEL $$

(☏0 3240 0000; www.sunhotelthailand.com; 43/33 Soi Phetkasem; Zi. 800–1500 B; ❄@🛜) Das Sun Hotel steht gegenüber dem Hintereingang zum Phra Nakhon Khiri und ist das beste in einer ganzen Reihe uninspirierter Häuser. Es bietet große, komfortable Zimmer mit funktionellen Bädern und professionellem Personal. Unten lockt ein nettes Café, und Internet und WLAN gibt's gegen Gebühr.

Jomklow Hotel HOTEL $

(☏0 3242 5398; 1 Th Te Wiat; Zi. 180 B) Die sehr, sehr schlichten, zellenartigen Zimmer dieses mehrstöckigen Hotels müssten dringend mal renoviert werden.

Phetkasem Hotel HOTEL $

(☏0 3242 5581; 86/1 Th Phetkasem; Zi. 200–400 B; ❄) Das Phetkasem ist ein weiterer Kandidat für eine Rundumerneuerung: Die Zimmer sind heruntergekommen und die Möbel teilweise kaputt, aber zumindest hat man ein Dach über dem Kopf.

Essen

Phetchaburi ist von Palmzuckerplantagen umgeben und für seine thailändischen Süßigkeiten bekannt, etwa *kà·nŏm môr gaang* (Eiercreme) oder diverse „goldene" Desserts, die aus Eigelb gemacht werden und glückverheißend sind. In den nahen Obstplantagen wachsen erfrischend aromatische *chom·pôo Phet* (Phetchaburi-Rosenapfel), Ananas und goldene Bananen.

Tagesmarkt MARKT $

Der Tagesmarkt nördlich des Uhrenturms ist ein prima Ort, um Leute zu beobachten und um seine Nase in alles Mögliche reinzustecken. Die Essensstände verkaufen die üblichen Nudelgerichte sowie diverse Spezialitäten, etwa *kà·nŏm jeen tôrt man* (dünne Nudeln mit gebratener, scharfer Fischfrikadelle) oder *kôw châa pét·bù·ree* (nasser, kalter Reis, serviert mit süßen Beilagen), einer der Favoriten während der heißen Jahreszeit.

Rabieng Rim Nam INTERNATIONAL $

(☏0 3242 5707; 1 Th Chisa-In; Gerichte 40–180 B; ⊙morgens, mittags & abends) Dieses Restaurant am Flussufer serviert sensationelles

Essen und dazu jede Menge für Touristen interessante Informationen auf Englisch – eine echte Rarität in der Stadt – und obendrein organisiert es auch noch Touren. Leider ist die angeschlossene Pension einfach schon zu heruntergekommen, um sie empfehlen zu können.

Khon Toy Restaurant THAILÄNDISCH $

(Soi hinter dem Sun Hotel; Gerichte ab 35 B; ☺mittags & abends) Dieses Freiluft-Restaurant ist durch eine herrlich grüne Schutzmauer von der Straße abgeschirmt. Im Inneren befindet sich eine einfache, aber sehr geschäftige Küche, die abends sehr effizient Essen zum Mitnehmen zaubert, alles flott gebraten und lecker.

Jek Meng THAILÄNDISCH $

(85 Th Ratwithi; Gerichte 50–80 B; ☺mittags & abends) Serviert üppige Schüsseln mit kochend heißen Nudeln und gebratenem Reis. Nach den schwarz-weiß karierten Tischtüchern Ausschau halten!

Na & Nan THAILÄNDISCH $

(Th Damnoen Kasem; Gerichte 40–60 B; ☺mittags & abends) Noch ein freundliches Nudelhaus in einer ganzen Reihe entspannter Restaurants im Stadtzentrum. Das *gŏo·ay đĕe·o gài* (Hühnchen mit Nudeln) wird „Southern Style" zubereitet und mit einer kompletten Hühnerkeule serviert.

ℹ Praktische Informationen

In der Stadt gibt's keine offizielle Touristeninformation, aber Rabieng Rim Nam ist sowohl für Infos rund um Phetchaburi als auch den Kaeng Krachan Nationalpark eine hervorragende Quelle. Das Sun Hotel bietet WLAN und eine Internetstation (100 B/Std.).

Hauptpost (Ecke Th Ratwithi & Th Damnoen Kasem)

Polizei (☎0 3242 5500; Th Ratwithi) Nahe der Kreuzung mit der Th Ratchadamnoen.

Siam Commercial Bank (2 Th Damnoen Kasem) Auch andere Banken in der Nähe wechseln Geld und haben einen Geldautomaten.

Telefonshop (Ecke Th Ratwithi & Th Damnoen Kasem; ☺7–22 Uhr) Oben im Postamt.

ℹ An- & Weiterreise

Die Haltestelle für Busse nach Bangkok befindet sich neben dem Nachtmarkt; die Busse fahren vom/zum Südbahnhof Sai Tai Mai in Bangkok (120 B, 2 Std.; vormittags stündl.). Auf der anderen Straßenseite befindet sich eine Minivan-Haltestelle mit Verbindungen zum Siegesdenkmal (80 B) und zum Südbahnhof (100 B) in Bangkok.

Nahverkehrsbusse nach Cha-am (40 B) und Hua Hin (50 B) halten in der Nähe der Th Matayawong in der Stadt.

Die meisten klimatisierten Busse und Minivans nach Süden halten außerhalb der Stadt entlang der Th Phetkasem vor dem großen Kaufhaus Big C. Sie fahren u. a. nach Cha-am (50 B, 40 Min., häufig) und Hua Hin (50 B, 2 Std.). Motorradtaxis stehen bereit und bringen ihre Passagiere für ca. 50 B in die Stadt.

Außerdem stehen häufig Zugverbindungen zum/vom Bahnhof Hua Lamphong in Bangkok zur Verfügung. Die Preise variieren je nach Zug und Klasse (3. Klasse 84–144 B, 2. Klasse 188–358 B, 3 Std.).

ℹ Unterwegs vor Ort

Motorradtaxis fahren für 40 bis 50 B sämtliche Ziele in der Stadt an; ein *sŏrng·tăa·ou* kostet etwa dasselbe. Vom Bahnhof sind es ungefähr 20 Fußminuten (1 km) bis ins Stadtzentrum.

Rabieng Rim Nam (S. 556) verleiht Fahrräder (120 B/Tag) und Motoräder (250 B/Tag).

Cha-am ชะอำ

72341 EW.

Am Wochenende und an offiziellen Feiertagen ist Cha-am ein beliebter Zufluchtsort für Mittelklassefamilien und Studenten aus Bangkok. In Neonfarben bemalte Busse (*chor ching cha* genannt) karren junge Feriengäste an, die sich meist schon im Partymodus befinden und von dröhnender Technomusik angeheizt werden. Sie feiern eine grandiose Strandparty in bester Thai-Tradition, inklusive Ess- und Trinkmarathon rund um die von Schirmen beschatteten Strandmöbel. Fürs Unterhaltungsprogramm sorgen die Bananenboote, die immer wieder hin und her rasen und ihre Passagiere schließlich mit einem finalen, abrupten Wendemanöver ins Meer befördern, dem in der Regel lautes Klatschen und Kichern von den Zuschauerrängen am Strand folgt.

Nach Cha-am verirren sich nur selten Fremde, normalerweise ältere Europäer, die lieber hier als im teureren Hua Hin überwintern. An den Strand wiederum verirren sich noch seltener Badeklamotten, da die meisten Thais es vorziehen, vollständig bekleidet im Meer zu baden. Dies hier ist sicher nicht der richtige Ort, um haufenweise junge Backpacker zu treffen, und er ist auch nicht die ideale Wahl für Familien mit kleinen Kindern, da die Kleinen die paparazzimäßigen Thais im Ferienmodus

Wenn der frühe Morgennebel sanft über dem Blätterdach des Waldes schwebt, erwacht man zur unheimlichen Symphonie der Gibbon-Schreie und kann anschließend durch den herrlich grünen Dschungel wandern und Elefantenherden und andere Wildtiere an ihren gemeinschaftlichen Wasserlöchern beobachten – oder seine Klamotten beim Aufstieg zum höchsten Gipfel des Parks komplett durchschwitzen. Mit 3000 km² ist dies Thailands größter **Nationalpark** (☑0 3245 9293; www.dnp.go.th; Eintritt 200 B; ◷Besucherzentrum 8.30–16.30 Uhr). Er liegt zwar in überraschender Nähe zur Zivilisation, schützt jedoch eine undurchdringlich wirre Wildnis, in die sich nur wenige Touristen wagen. Dank zweier Flüsse (Mae Nam Phetchaburi und Mae Nam Pranburi), eines großen Sees und reichlich Niederschlag bleibt der Park das ganze Jahr über grün. Hier leben unzählige Tiere, darunter auch wilde Elefanten, Hirsche, Gibbons, Brillenlanguren und Wildrinder.

Darüber hinaus ist der Park ökologisch gesehen eine interessante Schnittfläche: Er stellt den südlichsten Lebensraum der nördlichen Vogelarten bzw. den nördlichsten Lebensraum der südlichen Arten dar. Hier leben etwa 400 Spezies, darunter auch Nashornvögel, Fasanen und andere Bodenbewohner.

Aktivitäten

Wandern ist die beste Möglichkeit, den Park zu erkunden. Die meisten Wege sind ausgeschildert und zweigen von der Hauptstraße ab. Der Weg zum **Nam Tok Tho Thip** beginnt an der 36-km-Marke und führt über 4 km zu einem 18-Stufen-Wasserfall. Der Gipfel des **Phanoen Thung** ist der höchste Punkt des Parks und über eine 6 km lange Wanderung zu besteigen, die an der 27-km-Marke beginnt. Während der Regenzeit (Aug.–Okt.) sind ein paar der Wege gesperrt, auch der zum Phanoen Thung.

Die Zwillings-Wasserfälle **Pa La-U Yai** und **Pa La-U Noi** im südlichen Teil des Parks sind auch bei Tagesausflüglern auf Minivan-Tour aus Hua Hin beliebt. In Hua Hin kann man sich außerdem einer Mountainbike-Tour durch den Park anschließen.

Die touristische Infrastruktur in Kaeng Krachan ist relativ begrenzt, und die Straßen können ziemlich holprig sein. Die Parkranger helfen bei der Organisation einer Leihausrüstung zum Campen, Essen oder Transport. Am Wochenende und an Feiertagen kann es ziemlich voll werden, aber an Werktagen ist der Park oft menschenleer. Die beste Zeit für einen Besuch ist von November bis April. **Rabieng Rim Nam** (☑0 3242 5707; 1 Th

vielleicht ein bisschen Furcht einflößend finden könnten. Für alle anderen ist Chaams breiter Sandstrand aber einfach herrlich: Das Wasser ist graublau, sauber und ruhig, man kann wunderbar Leute gucken und die Preise gehören zu den niedrigsten entlang der Küste.

✯✰ Feste & Events

Krabben-Festival ESSEN
Im Februar feiert Cha-am eine seiner Meeresdelikatessen: die Blaukrabbe. Essenstände, Konzerte und jede Menge Neon verwandeln den Strand dann in eine echte Partyzone.

Gin Hoy, Do Nok, Tuk Meuk ESSEN
Bei diesem Festival im September kann man wirklich alles erleben. Übersetzt heißt es „Iss Schalentiere, beobachte Vögel, fang Tintenfische" – ein treffender Titel, der

Cha-ams Attraktionen und Fischfangtraditionen vereint. Hauptsächlich ist das Fest jedoch kulinarisch und wartet mit einer Vielzahl von Schalentieren auf, aber man kann auch an einer Vogelbeobachtungsaktion in einem der nahen Schutzgebiete oder an einer Tintenfischfangvorführung teilnehmen.

🛏 Schlafen

In Cha-am gibt's zwei einfache Unterkunftstypen: Hotels im Apartmentstil entlang der Strandstraße (Th Ruamjit) und die teureren „Condotel"-Alternativen (Wohnungen mit Küche, die über ein Mietprogramm buchbar sind). Wer an Werktagen absteigt, kann mit einem Rabatt auf die angegebenen Preise rechnen.

Das Nordende des Strands (als Long Beach bekannt) lockt mit einem breiteren, helleren Sandstreifen. Hier sind die meisten

Chisa-In, Phetchaburi; ab 1950 B/Pers. bei 4 Pers.) organisiert Wander- und Vogelbeobachtungstouren, die von Tagesausflügen bis zu mehrtägigen Trips reichen, falls man keine Lust hat, sich selbst um die Logistik zu kümmern.

Schlafen & Essen

Im Park gibt's viele **Bungalows** (📞0 2562 0760; www.dnp.go.th/parkreserve; Bungalow ab 1200 B). Die meisten liegen in der Nähe des Stausees und sind für vier bis sechs Personen geeignet. Die Häuser sind schlicht eingerichtet, haben aber Ventilator und Kühlschrank. Es gibt auch einige **Campingplätze** (60–90 B/Pers.), darunter ein besonders hübscher mit viel Gras nahe beim Stausee am Besucherzentrum und ein einfaches Restaurant. Zelte können beim Besucherzentrum ausgeliehen werden.

Auf der Straße zum Parkeingang gibt's einige einfache Unterkünfte und Bungalows. Ca. 3,5 km vor dem Besucherzentrum stehen die **A&B Bungalows** (📞08 9891 2328; Zi./ Bungalow 700 B) in schöner Umgebung. Hier übernachten Vogelbeobachter gern. Das gute Restaurant versorgt die Gäste auf Wunsch auch mit einem Lunchpaket.

An- & Weiterreise

Kaeng Krachan liegt etwa 52 km südwestlich von Phetchaburi, und der südliche Rand des Parks 35 km von Hua Hin. Wer ein eigenes Auto hat, fährt auf dem Hwy 4 von Phetchaburi aus 20 km Richtung Süden bis nach Tha Yang. Jetzt rechts (nach Westen) abbiegen und weitere 38 km fahren, um das Besucherzentrum zu erreichen. Auch wer aus südlicher Richtung aus Hua Hin kommt, folgt von Tha Yang aus derselben Zufahrtsstraße.

Alternativ ist der Park von Phetchaburi aus auch mit dem **Minivan** (📞08 9231 5810; einfache Strecke 100 B) zu erreichen. Die Fahrten folgen allerdings keinem festen Fahrplan, deshalb bittet man am besten im Hotel, die Tour zu organisieren. Wahlweise kann man sich in Phetchaburi (in der Nähe der Turmuhr) auch ein *sŏrng·tǎa·ou* (Pick-Ups; 80 B, 1½ Std., 6–14 Uhr) ins Dorf Ban Kaeng Krachan schnappen, das 4 km vor dem Park liegt. Vom Dorf aus bestehen Transportmöglichkeiten zum Park. Oder man chartert sich ein eigenes *sŏrng·tǎa·ou* direkt zum Park, aber dann muss man darauf gefasst sein, kräftig feilschen zu müssen.

Minivan-Touren werden auch von Hua Hin aus angeboten.

---

ausländischen Touristen zu finden, während man am Südende eher Thais trifft. Die Th Narathip teilt den Strand in Nord und Süd, und die Soi entlang der Strandstraße (Th Ruamjit) sind von dieser Kreuzung aus in beide Richtungen jeweils aufsteigend durchnummeriert.

Charlie House PENSION $$
(📞0 3243 3799; 241/60-61, Soi 1 North, Th Ruamjit; Zi. 650–800 B; 🌀🛜) Dieses freundliche Haus lockt mit einer hellgrünen Lobby und farbenfrohen Zimmern, in die man nach einem langen Tag Leute beobachten gerne zurückkehrt. Nicht zu verwechseln mit dem institutionellen Charlie Place oder Charlie TV in derselben Soi.

Cha-am Mathong Guesthouse PENSION $$
(📞08 1550 2947; www.chaammathongcom; Ecke Th Ruamjit & Soi 3 South; Zi. 600–800 B; 🌀) Sauber und praktisch, mit allen modernen Annehmlichkeiten: Das Mathong gewinnt zwar keine Preise für Hilfsbereitschaft, aber man bekommt für seine Baht trotzdem eine Menge geboten.

Dee Lek PENSION $$
(📞0 3247 0396; www.deelek.com; 225/30-33 Soi Long Beach, Th Ruamjit; Zi. 1200–1500 B; 🌀🛜) Das Dek Lek ist bei Skandinaviern beliebt und bietet geräumige Zimmer mit großzügigen Bädern und Polstermöbeln im europäischen Stil.

Casa Papaya HOTEL $$$
(📞0 3247 0678; www.casapapayathai.com; 810/4 Th Phetkasem; Zi. 3000–5000 B; 🌀🛏) Dieses skurrile Haus steht direkt am Strand zwischen Cha-am und Hua Hin und gewinnt mit seiner heimeligen, gastfreundlichen Atmosphäre pausenlos neue Fans. Die Strandbungalows mit Meeresblick haben eine Dachterrasse, auf der man den Sonnen-

Auch wenn wir uns mit unserem modernen Empfinden gegen zirkusartige Tierattraktionen sträuben, tragen viele wohlmeinende Tierfreunde, die neugierig auf Thailands fabelhafte Tierwelt mit Elefanten, Affen und Tigern sind, unwissentlich zum Erhalt einer Industrie bei, die kaum reguliert wird und äußerst ausbeuterisch ist. Die Tiere werden oft illegal wild gefangen und verletzt, um sie weniger gefährlich zu machen (Tigern werden häufig Klauen und Zähne entfernt). Nicht selten werden sie als Haustiere angeschafft und später vernachlässigt, völlig unwürdig gehalten oder wieder ausgesetzt, wenn sie zu krank oder gebrechlich sind, um zu arbeiten.

Die Wildlife Friends Foundation Thailand betreibt ein **Wildtier-Schutzzentrum** (✆0 3245 8135; www.wfft.org; Wat Khao Luk Chang, 35 km nordwestlich von Cha-am), das misshandelte und ausgesetzte Tiere aufnimmt und versorgt. Die meisten dieser Tiere sind Wildtiere, die aufgrund von Verletzungen oder mangelnden Überlebensfähigkeiten nicht zurück in die Wildnis können. Das Zentrum kümmert sich um 400 Tiere, darunter Bären, Tiger, Gibbons, Makaken, Loris und Vögel. Dem Zentrum ist ein Elefantenschutzprogramm angeschlossen, das Tiere kauft und geschützt unterbringt, die als Straßenbettler missbraucht wurden.

Außerdem bietet das Zentrum eine **Tour hinter die Kulissen** (5000 B für 6 Pers.) an, auf der die Tiere und ihre Rettungsgeschichte vorgestellt werden. Die Tour umfasst auch einen Besuch bei den Elefanten (Ritte werden nicht angeboten) sowie den Hoteltransfer von Hua Hin oder Cha-am.

Wer nach einer intimeren Begegnung mit den Tieren sucht, kann als Freiwilliger im Zentrum arbeiten. An einem gewöhnlichen Tag darf man dann beispielsweise Obst und Gemüse schneiden, um die Malaienbären zu füttern, Gehege säubern und mit der täglichen Mahlzeit zur Gibbon-Insel hinausrudern. Freiwillige werden gebeten, mindestens zwei Wochen zu bleiben und sechs ganze Tage pro Woche zu arbeiten (normalerweise 6.30–18.30 Uhr). Preise und weitere Einzelheiten gibt's direkt beim Zentrum oder auf der **Freiwilligen-Website** (www.wildlifevolunteer.org).

schein (oder das Mondlicht) genießen kann, und drinnen warten französische Betten und Bäder in herrlich mutigen Farben.

✖ Essen

Vom Liegestuhl aus kann man sich einen der Händler heranwinken, die gegrillte und gebratene Meeresfrüchte verkaufen, oder man bestellt in einem der Strandrestaurants à la carte. Am Nordrand des Strands findet man am Angelpier Meeresfrüchterestaurants mit vernünftigen Preisen.

Rang Yen Garden THAILÄNDISCH $
LP TIPP
(✆0 3247 1267; 259/40 Th Ruamjit; Gerichte 60–180 B; ☺Nov.–April mittags & abends) Dieses herrlich grüne Gartenrestaurant ist ein gemütlich-freundliches Plätzchen. Hier fühlt man sich nach einem Tag, an dem man sich die ganze Zeit wie ein Fremder vorkam, fast wie zu Hause. Es serviert thailändische Lieblingsgerichte und ist nur während der Hauptsaison geöffnet.

Bella Pizza ITALIENISCH $$
(Soi Bus Station, Th Ruamjit; Gerichte 150–200 B; ☺mittags & abends) In der Stadt gibt's genügend Ausländer, um eine Pizzeria am Leben zu erhalten, und diese hier macht wirklich alle glücklich. Außerdem ist die Hintergrundgeschichte wunderbar skurril und international: Der thailändische Besitzer hat in Schweden mal in einer Pizzeria gearbeitet.

Poom Restaurant SEAFOOD $$
(✆0 3247 1036; 274/1 Th Ruamjit; Gerichte 120–250 B; ☺mittags & abends) Es ist etwas teurer als andere Strandrestaurants in der Nähe, aber die frischen Meeresfrüchte, die unter mächtigen Zuckerpalmen serviert werden, sind ihr Geld allemal wert. Anscheinend ist dies auch das Restaurant der Wahl für Thais auf Wochenendurlaub – immer ein gutes Zeichen!

Pla Too Restaurant SEAFOOD $$
(✆032 508175; Gerichte 150–250 B; ☺mittags & abends) Dank der herrlichen Gerüche aus der Küche kriegt man schon Hunger, wenn man nur über den Parkplatz dieses weitläufigen Strandrestaurants geht, das bei Thais und Ausländern gleichermaßen beliebt ist. Es befindet sich in der Nähe des Courtyard Marriott zwischen Cha-am und Hua Hin.

Praktische Informationen

Der Phetkasem Hwy verläuft durch Cha-ams geschäftiges Stadtzentrum, das etwa 1 km vom Strand entfernt liegt. Im Zentrum befinden sich auch die Hauptbushaltestelle, diverse Banken, die Hauptpost, ein Freiluftmarkt und der Bahnhof.

Entlang der Th Ruamjit gibt's jede Menge Banken mit Geldautomaten, die auch Geld wechseln.

Only Chaam (www.onlychaam.com) ist ein Online-Blog und eine Website für alle, die Cha-am besuchen wollen.

Communications Authority of Thailand (CAT; Th Narathip) Für internationale Telefongespräche.

Post (Th Ruamjit) Am Hauptstrand.

Tourism Authority of Thailand (TAT; ☑ 0 3247 1005; tatphet@tat.or.th; 500/51 Th Phetkasem; ⏱8.30–16.30 Uhr) Am Phetkasem Hwy, 500 m südlich der Stadt. Das Personal spricht gut englisch.

An- & Weiterreise

Busse halten am Phetkasem Hwy in der Nähe des 7-Eleven-Ladens an der Kreuzung zur Th Narathip. Ziele der häufigen Busverbindungen nach/von Cha-am sind u. a.:

Südbahnhof Bangkok (Sai Tai Mai) (150 B, 3 Std.)

Phetchaburi (50 B, 40 Min.)

Hua Hin (50 B, 30 Min.).

Minivans zu Bangkoks Siegesdenkmal (160 B, 2 ½ Std., 7–17.30 Uhr stündl.) fahren an der Soi-Bushaltestelle zwischen der Th Ruamjit und Th Chao Lay ab. Außerdem verkehren Minivans nach Hua Han (120 B) und Phetchaburi (100 B). Ein privates Taxi nach Hua Hin kostet etwa 500 B.

Der **Bahnhof** (Th Narathip) liegt westlich des Phetkasem Hwy. Von Bangkoks Hua-Lamphong-Station verkehren täglich fünf Züge nach Cha-am (40–150 B, 4 Std.), die nach Hua Hin weiterfahren. Cha-am ist auf den Fahrplänen nur auf Thailändisch als „Ban Cha-am" aufgeführt.

Unterwegs vor Ort

Vom Stadtzentrum zum Strand ist es nur eine kurze Fahrt mit dem Motorrad (30 B) oder *sŏrng·tǎa·ou* (40 B). Einige Fahrer versuchen, ihre Passagiere nicht zu den gewünschten Hotels, sondern zu anderen hinauszufahren, die ihnen eine Provision bezahlen.

Entlang der Th Ruamjit kann man sich für 300 B pro Tag ein Motorrad ausleihen. Praktische Fahrräder sind überall für 20 B pro Stunde oder 100 B pro Tag zu finden und eine prima Möglichkeit, die Gegend zu erkunden.

Hua Hin

หัวหิน

98 896 EW.

Thailands allererstes Strandresort ist keine von Palmen gesäumte, einsame Insel – und gerade deshalb vielleicht umso schöner. Stattdessen bietet es eine erfrischende Mischung aus Stadt und Meer mit kosmopolitischem Ambiente, lebhaften Märkten, leckeren Straßensnacks, langen, breiten Stränden und einer perfekt funktionierenden Stadtverwaltung (will sagen: Hier strömen keine faulig riechenden Rinnsale über den Strand wie in gewissen anderen Orten).

Hua Hins aristokratische Wurzeln reichen bis in die 1920er-Jahre zurück, als Rama VI. (König Vajiravudh) und Rama VII. (König Prajadhipok) hier Sommerresidenzen erbauten, um Bangkoks erdrückendem Klima zu entkommen. Die berühmtere der beiden ist der **Phra Ratchawang Klai Kangwon** („Palast fern aller Sorgen") 3 km

nördlich der Stadt, der auch heute noch als königliche Residenz dient und einen so poetischen Namen hat, dass die Thais ihn sich oft als Slogan für die ganze Stadt ausleihen. Die Unterstützung durch Rama VII. und der Bau der Süd-Eisenbahn machten die Stadt auch zu dem Ort schlechthin für den restlichen Thai-Adel, der sich am Meeresufer eigene Sommerresidenzen errichtete.

In den 1980er-Jahren renovierte die Luxushotelgruppe Sofitel die Grande Dame unter den städtischen Hotels, die schon bald Touristen aus Übersee anlockte. Heute haben alle internationalen Hotelketten Häuser in Hua Hin, und immer mehr Auswanderer setzen sich in den nahen Wohnanlagen und Apartments zur Ruhe. Thais aus Bangkoks Mittelklasse und High Society strömen am Wochenende in die Stadt und verwandeln sie an manchen Ecken in regelrechte Doppelgänger der oberen Sukhumvit.

Hier fließt eine Menge Geld, und leider lassen sich viele Backpacker mit eher klei-

nem Budget davon abschrecken. Hua Hin ist eine lebendige thailändische Stadt: Meeresfrüchte sind reichlich und erschwinglich, der öffentliche Nahverkehr bietet eine günstige Möglichkeit zum Strandhopping, und im Vergleich zu den südlichen Inseln kostet es entschieden weniger Zeit und Mühe (und Geld), von Bangkok hierherzukommen. Also ab nach Hua Hin an den Strand!

Sehenswertes

Die Stadt bietet unzählige Strände, einer breiter und länger als der andere. Das Baden ist sicher, und Hua Hin erfreut sich seit jeher des vielleicht trockensten Wetters der Halbinsel. Bei stürmischem Wetter sollte man allerdings immer ein wachsames Auge auf Quallen haben.

STADTGEBIET HUA HIN เมืองหัวหิน
Die Stadt Hua Hin ist ein ehemaliges Fischerdorf und hat sich dieses Erbe in einem

Hua Hin

von schmalen Soi durchzogenen Einkaufsviertel erhalten, in dem alte Teakholzhäuser stehen, Pierhäuschen zu Restaurants oder Pensionen umgebaut wurden und ein geschäftiger Angelpier lockt, der auch heute noch genutzt wird. Südlich des Hafens befindet sich eine felsige Landzunge, die die Inspiration des Namens „Hua Hin" war, der „Steinerner Kopf" bedeutet. Im kommerziellen Herz der Stadt warten lebhafte Märkte und sämtliche moderne Notwendigkeiten, die man vergessen hat, einzupacken.

Hat Hua Hin   STRAND
(หาดหัวหิน; öffentlicher Zugang über das Ostende der Th Damnoen Kasem) Viel Lärm um nichts – diesen Eindruck gewinnt mancher Besucher, der sich den Strand von Hua Hin vom öffentlichen Haupteingang aus betrachtet. Der erste Blick fällt auf einen netten, aber nicht gerade atemberaubenden Sandstreifen, der von runden, glatten Felsen durchzogen ist und an das Sofitel-Resort grenzt, das beinahe die Flutmarke küsst. Aber lassen Sie sich nicht abschrecken – dies ist der perfekte Ort zum Leute beobachten. Thai-

ländische Touristen kommen hierher, um ihre Freunde dabei zu fotografieren, wie sie bis zu den Knöcheln ins Meer waten, und jedem, der nur mal kurz stehen bleibt, wird ein Ponyritt angeboten.

Wer allerdings lieber schwimmen und sonnenbaden möchte, sollte sich ein Stück weiter nach Süden begeben, wo der 5 km lange Strand sich bis zu einer Landzunge erstreckt, die ein Buddha ziert (Khao Takiab). Der Sand des breiten, langen Strandes ist ein wunderbar feines, weißes Pulver, und das graugrüne Meer ist herrlich ruhig. Statt Kokospalmen säumen die Türme des Resorts das Innere des Strandes, aber auch sie stören auf einem langen Strandspaziergang nicht weiter. Die Zufahrtsstraßen führen zur Th Phetkasem, wo man sich eines der grünen *sŏrng·tăa·ou* zurück in die Stadt schnappen kan

Bahnhof Hua Hin   HISTORISCHE STÄTTE
(สถานีรถไฟหัวหิน; Th Liab Tang Rot Fai) Ein legendäres Beispiel lokaler Architektur: Der rot-weiße Pavillon, der neben dem Bahnhof von Hua Hin steht, diente während der

Herrschaft von Rama VI. als königlicher Warteraum. Die Eisenbahn war es auch, die es Hua Hin ermöglichte, sich zu einem Ferienziel für die in Bangkok lebenden Monarchen und die gesamte Elite der Stadt zu entwickeln. Im frühen 20. Jh. war die vierstündige Fahrt zwischen Hua Hin und Bangkok eine wahre Transportrevolution – schließlich war dies lange bevor mit Energy-Drinks vollgepumpte Minivan-Fahrer über die Bildfläche rasten.

NÖRDLICH VON HUA HIN

Die Sommerresidenzen der königlichen Familie und des niederen Adels säumen die Küste, wenn man von Hua Hins Angelpier in nördlicher Richtung nach Cha-am reist.

Hat Hua Hin Neua — STRAND

(หาดหัวหินเหนือ; Strand im nördlichen Hua Hin; öffentlicher Zugang zweigt von der Th Naebkehardt ab) Dieses Ende der Küste ist von eleganten, aber bescheidenen thailändisch-viktorianischen Anwesen mit großen Gärten gesäumt, die vom Meer inspirierte Namen wie „Dem Haus des Meeres lauschen" tragen. Der momentane Palast der Monarchie liegt 3 km nördlich der Stadt, aber Besucher sind nur auf dem **Gelände** (⏲5.30–7.30 & 16–19 Uhr; Ausweis erforderlich) zugelassen. Am Wochenende ist die Th Naebkehardt der bevorzugte Zufluchtsort der Bangkok-Thais, von denen einige ihren Sommer noch immer in den altmodischen Residenzen verbringen, während andere nur ein Abendessen in jenen Häusern genießen, die zu Restaurants umgebaut wurden.

GRATIS Plearn Wan — GEBÄUDE

(เพลินวาน; ☎0 3252 0311; www.plearnwan.com; Th Phetkasem zw. Soi 38 & 40) Eher Kunstinstallation als kommerzielles Unternehmen – das Plearn Wan ist ein Retro-Dorf mit stilisierten Versionen altmodischer Läden, die einst die thailändisch-chinesischen Viertel von Bangkok und Hua Hin füllten. Es gibt eine Apotheke, die all die Wurzeln, Pulver und anderen Mixturen verkauft (oder vielmehr ausstellt), die thailändische Großmütter einst benutzten, sowie einen auf Schnulzen der 1950er und 60er spezialisierten Plattenladen und weitere, längst überholte Geschäfte und Attraktionen aus der Zeit vor den 7-Eleven-Shops. Müsste man hier Eintritt bezahlen, wäre es die reinste Touristenfalle, aber die meisten Besucher schlendern nur durch die Gassen und machen Fotos, ohne Impulskäufe zu tätigen. Wer dieses kleine Stück Nostalgie trotzdem unterstützen möchte, kann sich in einem der Retro-Souvenirshops oder Süßigkeitenläden etwas kaufen.

Phra Ratchaniwet Mrigadayavan — HISTORISCHE STÄTTE

(พระราชนิเวศน์มฤคทายวัน; ☎0 3250 8443; Eintritt 30 B; ⏲9–16.30 Uhr) 10 km nördlich von Hua Hin liegt dieser Sommerpalast in luftiger Lage am Meer. Er wurde 1923 während der Herrschaft von Rama VI. (König Vajiravudh) als gesundheitsfördernder Rückzugsort für den König erbaut, der an rheumatischer Arthritis litt. Der italienische Architekt des Hofes entwarf den Palast so, dass er eine maximale Luftzirkulation erlaubt und der grandiose Meeresblick perfekt zur Geltung kommt. Das Ergebnis ist eine Reihe miteinander verbundener Teakholzhäuser mit hohen Fenstern inklusive Fensterläden und wunderschön gemusterten Laubsägearbeiten, die auf Stelzen erbaut wurden und eine schattige Promenade durch das Erdgeschoss bilden. Alles ist funktional und elegant, aber nicht übermäßig opulent. Der Palast liegt inmitten wunderschöner **Gärten** mit statuenhaften Bäumen, die teilweise beinahe 100 Jahre alt sind. Die Klänge eines traditionellen Thai-Orchesters tragen den Besucher in längst vergangene Zeiten zurück.

Der Palast befindet sich auf dem Gelände des Camp Rama VI., eines Militärstützpunktes, deshalb muss man am Tor einchecken. Am einfachsten erreicht man den Palast mit privaten Transportmitteln, aber man kann von Hua Hin aus auch den Bus nach Cha-am nehmen und den Fahrer bitten, an der Abzweigung zum Palast aussteigen zu dürfen. Oft warten auch Motorradtaxis, die einen die letzten 2 km fahren.

VON HUA HIN INS LANDESINNERE

Baan Silapin — KUNSTGALERIE

(บ้านศิลปิน; ☎032534830; www.huahinartistvillage.com; Th Hua Hin-Pa Lu-U; ⏲Di–So 10–17 Uhr) Ein Maler aus der Gegend, Tawee Kase-ngam, gründete diese Künstlerkolonie in einem schattigen Wäldchen, 4 km westlich der Th Phetkasem. Die Galerien und Atelierräume zeigen die Werke von 21 Künstlern, von denen viele Bangkoks hektischer Kunstwelt entflohen sind, um sich in die entspanntere Atmosphäre Hua Hins mit seiner wunderschönen Berg- und Meereslandschaft zurückzuziehen. Die äußeren Lehmhütten schützen die verspielten Skulpturen von Nai Dee und Mae A-Ngoon.

Unser Allgemeinwissen sagt uns, dass köstliche Weintrauben nicht neben Kokospalmen wachsen. Durch Fortschritte in der Pflanzenforschung und eine globale Lust auf Wein hat sich dies jedoch geändert und einem geografischen Experiment die Türen geöffnet, das sich „New Latitude Wines" nennt und dessen Weine aus Trauben gekeltert werden, die außerhalb der traditionellen Zonen zwischen dem 30. und 50. Breitengrad wachsen.

Die größte Herausforderung der New Latitudes („Neue Breitengrade") ist es, das bevorzugte Klima der Weintrauben so genau wie möglich nachzuahmen. Die Winzer müssen etwa eine falsche Ruhe- oder Winterzeit während der Beschneidungsphase erzeugen, die Bewässerung regulieren und Gräser in Mischkultur pflanzen, um Bodenverluste während der Regenzeit zu verhindern. Wer sich mit Weinanbau in der Alten Welt auskennt, wird einen Schock erleiden, wenn er all die Anbauregeln sieht, die thailändische Weingüter erfolgreich brechen.

Weinexperten haben bislang zwar noch keinen New-Latitude-Wein gekrönt, der die großen Altmeister überflügelt hätte, aber sie füllen definitiv eine lokale Nische. Die Siam Winery, das Mutterunternehmen des Hua Hin Hills Vineyard (s. S. 565), hat es sich zum Ziel gesetzt, Weine zu produzieren, die mit den komplexen Aromen des thailändischen Essens harmonieren. Auf dem Weingut werden u. a. Columbard-, Chenin-Blanc-, Muscat-, Shiraz- und Sangiovese-Reben angebaut, und normalerweise passen die erfrischenden Weißweine mit Zitrusnote am besten zum Geschmacksfeuerwerk der meisten thailändischen Gerichte.

Das heiße Klima beeinflusst nicht selten den Gaumen des Weintrinkers. Die dünneren Weine, die in Thailand produziert werden, entfalten hier oft eine befriedigendere Wirkung als die kräftig-schweren Roten, die besser zu einem kühlen Frühlingstag passen. Rotwein in Thailand zu trinken war schon immer eine Herausforderung, da die Hitze eher ledrige Geschmacksnoten sofort in Essig verwandelt. Um dem Tropen-Faktor entgegenzuwirken, muss man einfach noch eine Weinregel brechen und die Rotweine in den Kühlschrank legen, um die „Keller"-Temperaturen möglichst gut zu imitieren.

Khun Nang, ein ebenso kompetenter wie charismatischer Lehrer, gibt dienstags und donnerstags **Kunstkurse** (9.30–11.30 Uhr; 300/200 B Erw./Kind) für Erwachsene, samstags für Kinder.

Hua Hin Hills Vineyard WEINGUT
(ไร่องุ่นหัวหินฮิลล์ วินยาร์ด; ☑08 1701 8874; www.huahinhillsvineyard.com; Th Hua Hin-Pa Lu-U; ◷10–18 Uhr) Dieses Weingut ist Teil der „New Latitudes"-Bewegung (s. Kasten oben) und liegt idyllisch in einem malerischen Gebirgstal, 45 km westlich von Hua Hin. Auf dem lehmigen Sand- und Schieferboden gedeihen verschiedene Rhône-Trauben, die zu Weinen der hauseigenen Marke Monsoon Valley verarbeitet werden.

Man kann den ganzen Tag hier verbringen und auf einer **Tour durch das Weingut** (frei; ◷13 Uhr & 16 Uhr) alles über den Weinanbau in tropischem Klima lernen, an einer **Weinverkostung** (290 B für 3 Proben) teilnehmen oder im pittoresken **Sala Wine Bar & Bistro** (Gerichte 200–500 B) etwas essen. Außerdem gibt's eine Pétanque-Bahn,

Mountainbike-Wege und Elefantenritte für weinlose Aktivitäten.

Ein Weingut-Shuttle fährt um 10.30 und 15 Uhr am angeschlossenen **Laden des Hua Hin Hills Wine Cellar** (☑0 3252 6 351, Market Village, Th Phetkasem, South Hua Hin) ab und kehrt um 13.30 bzw. 18 Uhr wieder zurück; die Fahrt kostet hin und zurück 200 B.

KHAO TAKIAB เขาตะเกียบ
7 km südlich von Hua Hin bewacht der Monumental Chopstick Mountain, den ein gigantischer stehender Buddha ziert, das südliche Ende des Strandes. Auf dem Gipfel des 272 m hohen Berges warten neben einem thailändisch-chinesischen Tempel (**Wat Khao Lat**) auch zahlreiche Affen, denen nicht zu trauen ist – aber die Aussicht ist spektakulär. Auf der Südseite des Khao Takiab befindet sich der **Suan Son Pradipath** (Meeresspinien-Garten), ein matschiger Strand, der von der Armee instandgehalten wird und bei Thais auf Wochenendausflug beliebt ist. Grüne *sŏrng·tăa·ou* fahren von Hua Hin bis zum Dorf Khao Takiab, das mit

unzähligen schlichten thailändischen Restaurants aufwartet.

Der neue, stilvolle **Zikadenmarkt** (Th Phetkasem; ☺Fr & Sa 16–23, So 16–22 Uhr) ist ein Freiluftmarkt, der hauptsächlich zum Essen und Einkaufen einlädt, freitagabends jedoch richtig aufblüht, wenn Livebands die Bühne einnehmen und die Atmosphäre mit einem Mal ganz entspannt und künstlerisch wird. Man kann am Nachtmarkt in Hua Hin in ein grünes *sŏrng·tăa·ou* (20 B; 6–21 Uhr) steigen; wer sich ein Tuk-Tuk mietet, bezahlt für die einfache Fahrt 150 B.

🏃 Aktivitäten

Zahlreiche Reisebüros in der Stadt bieten Tagesausflüge zu den nahen Nationalparks an. Wer nicht in einer Gruppe reist, muss vielleicht warten, bis sich genügend Teilnehmer für den Ausflug der Wahl eingefunden haben.

Hua Hin Adventure Tour (☎0 3253 0314; www.huahinadventuretour.com; Th Naebkehardt) organisiert eher aktivere Touren, u.a. Kajakausflüge im Khao Sam Roi Yot Nationalpark und Mountainbike-Touren im Kaeng Krachan Nationalpark.

Kitesurfen

Die fliegenden (an einem Waveboard befestigten) Drachen, die durch die Wattewolken über den Himmel segeln, machen Hua Hins Strand nur umso schöner. Dank seiner langen, beständigen Windsaison ist Hua Hin der perfekte Ort zum Kitesurfen. Von Oktober bis Dezember wehen die Winde aus Nordost, von Januar bis März aus Südost. 2010 durfte Hua Hin die Weltmeisterschaft im Kitesurfen austragen.

Kiteboarding Asia   KITESURFEN
(☎08 8230 0016; www.kiteboardingasia.com; South Hua Hin; Anfängerkurse 11 000 B) Dieses zehn Jahre alte Unternehmen unterhält vier Strandläden, die Leihausrüstung und Unterricht anbieten. Beim dreitägigen Einführungskurs lernen Anfänger die körperlichen Grundlagen des Sports kennen. Die Lehrer empfehlen Neulingen, den Kurs dann zu belegen, wenn der Wind aus Südost bläst (Jan.–März) und das Meer weniger bewegt ist.

Golf

Hua Hin ist das Zuhause des ersten Golfplatzes des Landes und noch immer ein beliebtes Ziel für internationale und thailändische Golffreunde.

Hua Hin Golf Centre   GOLF
(☎0 3253 0476; www.huahingolf.com; Th Selakam; ☺12–22 Uhr) Das freundliche Personal dieses Profi-Ladens informiert seine Kunden über die erschwinglichsten, am besten instandgehaltenen Golfplätze, auf denen keine Affen versuchen, mit den Bällen abzuhauen. Das Unternehmen organisiert außerdem Golftouren und hat Leihausrüstung.

Black Mountain Golf Course   GOLF
(☎0 3261 8666; www.bmghuahin.com; Green-Gebühren 2500 B) Der neueste Golfplatz der Stadt ist momentan jedermanns Favorit. Der 18-Loch-Kurs liegt 10 km westlich von Hua Hin und wurde förmlich aus dem Urwald und einer alten Ananasplantage herausgeschnitzt, wobei einige natürliche Bachläufe erhalten blieben, die nun als Wasserhindernisse dienen. 2009 und 2010 fand die Asian PGA Tour hier statt.

Radfahren

Radfahren ist eine ebenso idyllische wie erschwingliche Möglichkeit, die Attraktionen rund um Hua Hin zu erkunden, besonders, weil es einfach lächerlich teuer ist, sich für dieselbe Tour ein Taxi zu mieten. Von den geschäftigen Hauptschlagadern sollte man sich nicht abschrecken lassen – es gibt jede Menge ruhigere Nebenstraßen, auf denen man die Landschaft wunderbar genießen kann.

Hua Hin Bike Tours   RADFAHREN
(☎08 1173 4469; www.huahinbiketours.com; 4/34 Soi Hua Hin 96/1, Th Phetkasem, South Hua Hin; Touren 1500–2500 B) Dieses Fahrradunternehmen wird von einem Ehepaar (s. Kasten S. 567) geführt, das Halbtags-, Ganztags- und mehrtägige Touren zu einer Reihe von Attraktionen in und um Hua Hin anbietet. Man kann zum **Hua Hin Hills Vineyard** (S. 565) radeln und sich anschließend eine wohlverdiente Erfrischung gönnen, den kleinen Küstenstraßen südlich von Hua Hin folgen oder durch die Kalksteinlandschaft des **Khao Sam Roi Yot Nationalpark** (S. 575) fahren. Die beiden verleihen außerdem erstklassige Fahrräder (500 B/Tag) für unabhängige Radler und geben zahlreiche Tipps zu verschiedenen Routen. Darüber hinaus organisiert das Paar überall in Thailand Langstrecken-Radtouren zu wohltätigen Zwecken oder für Firmenausflüge. Weitere Informationen gibt's beim Mutterunternehmen **Tour de Asia** (www.tourdeasa.org).

SIRANEE (GAE) MEESITH, MITEIGENTÜMER VON HUA HIN BIKE TOURS

Ich stamme aus einem sehr kleinen Dorf, das von nichts als Reisfarmen und Wasserbüffeln umgeben ist. Manchmal ist es ein bisschen langweilig, aber Bangkok, wo ich zur Uni gegangen bin, ist wirklich extrem. Hua Hin liegt irgendwo dazwischen. Es ist eine entspannte kleine Stadt, aber man kann trotzdem etwas unternehmen: an den Strand gehen, in die Berge fahren, Höhlen erkunden oder andere Sachen machen (Rad fahren, Kitesurfen oder im Meer schwimmen). Außerdem kann man prima einkaufen, und es gibt viele Bäckereien, Cafés und tolle Meeresfrüchterestaurants.

BESTER STRAND

Der Strand von Hua Hin mit seinem weißen Sand ist vom Hilton Hotel nach Süden den ganzen Weg bis Khao Takiap wirklich wunderschön.

BESTE FAHRRADROUTE

Ich fahre gerne außerhalb von Hua Hins Stadtzentrum Rad, da gibt es so viele kleine Straßen und Feldwege. Man kann Strände besuchen, zu einem Aussichtspunkt in den Bergen radeln und saubere Luft und Sonne tanken. Mit dem Auto sieht man das alles nicht, und außerdem hält Radfahren fit und ist umweltfreundlich – so helfe ich, Hua Hin so schön und sauber zu halten.

BELIEBTESTE UNTERNEHMUNG BEI BESUCHERN

Die Tham Phraya Nakhon ist eine unglaubliche Höhle im Khao Sam Roi Yot Nationalpark, in deren Inneren ein typisch thailändischer Pavillon mit einer Statue von Rama V. steht. Drei thailändische Könige haben diese Höhle besucht, und zwei haben sogar auf der Felswand unterschrieben. Die Fahrt zur Höhle ist an sich schon ein Erlebnis, weil sie sich ja in einem Berg befindet und man 430 m lang einen Dschungelpfad hinaufwandern muss, den man von einem nahen Strand per Boot erreicht. Alternativ kann man aber auch über einen kleinen Berg wandern. Ganz in der Nähe gibt's außerdem günstige, ausgezeichnete thailändische Meeresfrüchterestaurants.

GEHEIMES FLECKCHEN

Eighteen Below Ice Cream (Th Naebkehardt, Nord-Hua-Hin) wird von einem jungen Pärchen geführt: Sie stammt aus Thailand und war früher Schauspielerin, und er ist ein belgischer Konditor, der sensationelle Eiscreme und grandioses Gebäck zaubert. Anfangs haben sie ihre Waren nur an die besseren Hotels in Hua Hin verkauft, aber irgendwann haben sie beschlossen, ihr Haus in ein hübsches Gartencafé zu verwandeln. Viele Thais aus Bangkok kommen am Wochenende hierher, aber die meisten Ausländer haben keine Ahnung, dass es diesen Ort überhaupt gibt.

🐪 Kurse

Buchabun Art & Crafts Collection KOCHEN (☑08 1572 3805; www.thai-cookingcourse.com; 22 Th Dechanuchit; Kurse 1500 B) Aufstrebende Chefköche sollten sich hier für einen Halbtageskurs zur thailändischen Küche anmelden, der auch einen Besuch auf dem Markt und ein Rezeptbuch beinhaltet. Er findet nur statt, wenn sich genügend Interessenten finden.

⚽ Feste & Events

King's Cup Elephant Polo Tournament ELEFANTENRENNEN Polo à la Thailand: Bei diesem alljährlichen Turnier, das im September auf dem malerischen Gelände des Anantara Hua Hin Resorts stattfindet, sitzen die Spieler auf Elefanten statt auf Pferden. Es ist vielleicht nicht so temporeich wie sein britischer Cousin, aber es ist ein Charity-Event, bei dem Geld für Elefantenschutzprojekte gesammelt wird.

Hua Hin Jazz Fest JAZZ Zu Ehren des persönlichen Interesses, das auch der König für dieses Genre hegt, trägt die Stadt der königlichen Zufluchtsorte auch dieses alljährliche Jazzfestival aus, bei dem thailändische und internationale Künstler auftreten. Alle Veranstaltungen sind kostenlos, und normalerweise findet es im Juni statt.

Fringe Festival
THEATER

Dieses Festival der modernen Künste wird vom Patravadi Theatre organisiert, einem renommierten Avantgarde-Haus in Bangkok, und findet in seinem Schwester-Theater statt, dem **Vic Hua Hin** (⌁0 3282 7814; www.vichuahin.com; 62/70 Soi Hua Na Nong Khae, Süd-Hua-Hin). Es dauert von Januar bis März und bietet Tanz, Musik und komödiantische Darbietungen lokaler und internationaler Künstler sowie die Früchte multinationaler Zusammenarbeit.

🛏 Schlafen

Die meisten Budget- und Mittelklasseoptionen befinden sich in der Stadt in mehrstöckigen Gebäuden im alten Einkaufsviertel. Die Umgebung ist stimmungsvoll und lockt mit günstigem, leckerem Essen in unmittelbarer Nähe, aber wer an den Strand will, muss „pendeln" – entweder zu Fuß zum Nordstrand (am besten bei Ebbe) oder mit dem *sŏrng·tăa·ou* zu seinem Südende.

Die Spitzenklasseoptionen sind die Strand-Resorts, die sich südlich des Sofitel erstrecken. Alle internationalen Ketten haben einen Standort in Hua Hin, aber wir haben nur die einzigartigen, lokalen Häuser aufgelistet, die eine etwas intimere Atmosphäre bieten.

Stadtgebiet Hua Hin

Pattana Guest House
PENSION $

(⌁0 3251 3393; 52 Th Naresdamri; Zi. 350–550 B; ❄) Dieses einfache Teakholzhaus mit einem hübschen Garten voller kleiner Leseecken liegt ein wenig versteckt in einer Soi. Die Zimmer sind klein und schlicht, aber angemessen, und die Familie, die es führt, ist freundlich und außerdem sehr künstlerisch veranlagt.

Tong-Mee House
PENSION $

(⌁0 3253 0725; 1 Soi Raumpown, Th Naebkehardt; Zi. 450–550 B; ❄@) Versteckt in einer ruhigen Soi in einer Wohngegend liegt diese nette Pension, die das beste Preis-Leistungs-Verhältnis der Stadt bietet. Die Zimmer sind klein, aber ordentlich und haben einen Balkon.

Supasuda Guest House
PENSION $

(⌁0 3251 3618; www.spghouse.com; 1/8 Th Chomsin; Zi. 800–1000 B; ❄🛜) Große Zimmer mit heißen Duschen und Wandgemälden von Meerjungfrauen. Die teureren bieten eine Veranda, bekommen aber auch etwas Straßenlärm ab. Alle Gäste dürfen die Gemeinschaftsterrasse benutzen.

Ban Somboon
PENSION $

(⌁0 3251 1538; 13/4 Soi Hua Hin 63, Th Phetkasem; Zi. 950–1200 B; ❄) Familienfotos an den Wänden und ein netter kleiner Garten – hier kommt man sich vor, als sei man im Haus seiner thailändischen Lieblingstante abgestiegen. Die Pension liegt in einer sehr ruhigen, zentralen Soi mit weiteren preiswerten Unterkünften.

Baan Tawee Suk
PENSION $

(⌁0 89459 2618; 43/8 Th Poonsuk; Zi. 800 B; ❄🛜) Diese neue, mehrstöckige Pension ist frisch und sauber und bietet alle modernen Annehmlichkeiten. Die Zimmer sind ein bisschen eng, deshalb sollte man das ganz große Gepäck lieber zuhause lassen.

Sirima
PENSION $

(⌁0 3251 1060; Th Naresdamri; Zi. 550 B; ❄) Das Sirima ist die beste der altmodischen Pensionen am Pier und lockt mit einer hübschen Fassade mit Buntglas und poliertem Holz. Ein langer Flur führt zu einer Gemeinschaftsterrasse mit Blick aufs Wasser. Die Zimmerqualität variiert, aber die mit Fliesenboden sind besser.

My Place Hua Hin
HOTEL $$

(⌁0 32514 1112; www.myplacehuahin.com; 17 Th Amnuaysin, Th Phetkasem; Zi. 1850–2200 B; ❄🛜) Ein kleines, gut geführtes Hotel im Herzen der Stadt – es mag vielleicht eher gewöhnlich klingen, aber das My Place hält eindeutig mehr, als es verspricht.

Euro-Hua Hin City Hotel YHA
HOSTEL $

(⌁0 3251 3130; 5/15 Th Sasong; Zi. 250–800 B; ❄) Wie jedes andere große Hostel versprüht auch dieses ein gleichermaßen gemütliches und institutionelles Flair. Alle Zimmer haben eine Klimaanlage, sogar die etwas vollgestopften Schlafsäle. Einzel- und Doppelzimmer gibt's auch, und Frühstück ist immer inklusive. Die Preise steigen um 550 B, wenn man keinen HI-Ausweis hat.

Baan Chalelarn Hotel
HOTEL $$

(⌁0 3253 1288; www.chalelarnhuahin.com; 11 Th Chomsin; Zi. 1200–1300 B; ❄@) Das Chalelarn hat eine wunderschöne Lobby mit Holzboden, und die großen Zimmer sind mit französischen Betten ausgestattet. Außerdem werden die Gäste mit einer eigenen Veranda und Frühstück verwöhnt.

Araya Residence
HOTEL $$

(⌁0 3253 1130; www.araya-residence.com; 15/1 Th Chomsin; Zi. 1500–2000 B; ❄@) In diesem pseudo-hippen Hotel werden Holz und Beton kombiniert und schaffen ein rustikales, aber trotzdem modernes Ambiente. Die Zimmer sind großzügig und gemütlich, auch wenn das Haus an den Ecken schon ein wenig abgeschabt ist.

Ebenfalls empfehlenswert:

Fat Cat Guesthouse PENSION $
(☎08 6206 2455; 8/3 Th Naresdamri; Zi. 300–900 B; ✳) Die Zimmer mit Ventilator sind in einem separaten Gebäude in einer Soi in einer Wohngegend untergebracht, und ein paar bieten einen fantastischen Ausblick auf die Stadt.

Fulay Guesthouse PENSION $
(☎0 3251 3145; www.fulayhuahin.net; 110/1 Th Naresdamri; Zi. 430–980 B; ✳📶) Eine Pier-Pension im alten Stil, mit guten Betten, relativ neuen Badezimmern und blühenden Blumen in den Gemeinschaftsräumen.

Baan Oum-or Hotel HOTEL $$
(☎0 3251 5151; 77/18-19 Soi 63, Th Phetkasem; Zi. 1000–1500 B; ✳) Die Zimmer sind groß und hell, und da es nur sieben davon gibt, sollte man weit im Voraus buchen.

All Nations Guest House PENSION $
(☎0 3251 2747; 10-10/1 Th Dechanuchit; Zi. 500–800 B; ✳) Etwas schäbige Zimmer, aber der Preis ist sehr anständig, und der Lärmschutz absolut ausreichend.

Strandunterkünfte

🔲LP TIPP Baan Bayan HOTEL $$$
(☎0 3253 3540; www.baanbayan.com; 119 Th Phetkasem, Süd-Hua-Hin; Zi. 4000–11 000 B; ✳📶) Das Baan Bayan ist ein Strandhaus im Kolonialstil. Es wurde Anfang des 20. Jhs. erbaut und ist heute das perfekte Ziel für alle, die nach Luxus suchen, aber auf die übertriebene Opulenz eines großen Resorts getrost verzichten können. Die luftigen Zimmer haben hohe Decken und sind in wunderbar entspannendem Buttergelb gestrichen. Das Personal ist sehr aufmerksam, und die Lage direkt am Strand der Hammer.

Green Gallery Bed & Breakfast HOTEL $$
(☎0 3253 0487; www.greenhuahin.com; 3/1 Soi Hua Hin 51, Th Naebkehardt, Nord-Hua-Hin; Zi. 1200 B; ✳📶) Dieses kleine Hotel in einem umgebauten Strandhaus im Kolonialstil ist einfach zuckersüß. Die individuell gestalteten Zimmer spiegeln eine künstlerische Hipness wider, die typisch für den urbanen thailändischen Stil ist. Und man ist nur einen kurzen Spaziergang vom nördlichen Hua-Hin-Strand entfernt.

Rahmahyah Hotel PENSION $$
(☎0 3253 2106; 113/10 Soi Hua Hin 67, Th Phetkasem, Süd-Hua-Hin; Zi. ab 1000 B; ✳📶📶) Gegenüber vom Marktdorf auf der anderen Straßenseite, 1 km südlich der Stadt, befindet sich eine kleine Enklave mit Pensionen, die versteckt zwischen den Luxusresorts liegen und Zugang zum Strand bieten. Das Rahmahyah ist das Beste von allen und bietet professionelles Personal und saubere, praktische Zimmer. Die vorderen Zimmer bekommen allerdings eine Menge Lärm vom nahen Highway ab.

Baan Laksasubha HOTEL $$$
(☎032514525; www.baanlaksasubha.com; Th 53/7 Naresdamri; Zi. 4200–7900 B; ✳📶📶) Dieses kleine, aber feine Resort, das von einem Aristokraten aus Bangkok geführt wird, liegt neben dem Sofitel und hat sich auf familienfreundliche Hütten spezialisiert. Die Einrichtung ist so schlicht und zurückgenommen, dass sie schon beinahe kahl wirkt. Gartenpfade schlängeln sich am Pool vorbei zum Strand, und es gibt ein Kinderzimmer mit Spielsachen und Büchern. Die Taxifahrer verstehen einen besser, wenn man es „baan lak-su-pah" ausspricht.

Veranda Lodge HOTEL $$$
(☎032533678; 113 Soi Hua Hin 67, Th Phetkasem, Süd-Hua-Hin; www.verandalodge.com; Zi. 3000–5000 B; ✳📶📶) Strandlage ohne Höchstpreise: Dieses Spitzenklassehotel bietet diverse Optionen, vom modernen Hotelzimmer bis zum luxuriösen Gartenbungalow.

Sofitel Centara
Grand Resort and Villas HOTEL $$$
(☎0 3251 2021; www.sofitel.com; 1 Th Damnoen Kasem; Zi. ab 5500 B; ✳@📶) Das historische Railway Hotel, Hua Hins erstes Strandhotel, wurde renoviert, um modernen Strandurlaubern eine weitläufige Anlage, ein Spa und Sporteinrichtungen sowie koloniale oder Neue-Welt-Zimmer zu bieten.

Anantara Resort & Spa HOTEL $$$
(☎0 3252 0205; www.huahin.anantara.com; Zi. ab 7500 B; Th Phetkasem; ✳📶📶) Dieses autarke Resort liegt 4,5 km nördlich von Hua Hin und will mit seinem Design die Atmosphäre eines traditionellen Thai-Dorfes in entspanntem, aber luxuriösem Ambiente wecken. Das experimentelle Resort bietet Spa, Wassersport und kulturelle Aktivitäten.

Chiva-Som
International Health Resort HOTEL $$$
(☎0 3253 6536; www.chivasom.com; 74/4 Th Phetkasem, Süd-Hua-Hin; 3-Nächte-Paket ab

68 310 B; ✸✸) Wenn ein gewöhnlicher Kurztrip nicht reicht, ist das Chiva-Som genau das Richtige für überarbeitete, gestresste (und vielleicht auch überbezahlte) Geschäftsleute und Berühmtheiten. Zu den Dienstleistungen rund um Gesundheit und Wellness gehören auch eine Ernährungsberatung, Yoga- und Fitnesskurse, Massagen jeder Art und sogar Entgiftungsprogramme.

✕ Essen

Nachtmarkt
SEAFOOD $

(Th Dechanuchit zw. Th Phetkasem & Th Sasong; Gerichte ab 60 B; ☉17–24 Uhr) Hua Hins Nachtmarkt ist eine Attraktion, die dem Strand ernsthaft Konkurrenz macht und auf der Favoritenliste der Einheimischen in Sachen „Essen" ganz oben steht. Stachelige Hummer und Riesengarnelen in Tonnen von Eis locken vor allem Gäste mit lockerem Geldbeutel an, aber die Pfannengerichte, die die einfachen Stände verkaufen, sind mindestens genauso lecker. Versuchen sollte man *pàt pŏng gà·rèe ̄boo* (Krabbencurry), *gûng tôrt* (gebratene Shrimps) oder *hŏy tôrt* (Omelette mit gebratenen Muscheln). Zwischendurch geht man Thailands liebster Verdauungsaktivität nach: Shopping.

Sang Thai Restaurant
THAILÄNDISCH $

(Th Naresdamri; Gerichte 120–350 B; ☉mittags & abends) Das Sang Thai ist nur eines von vielen beliebten Restaurants am Pier, das die tolle Aussicht perfekt ausnutzt und auf ganzen gedünsteten Fisch spezialisiert ist, der noch zischend heiß am Tisch eintrifft.

Jek Pia Coffeeshop
SEAFOOD $

(51/6 Th Dechanuchit; Gerichte 80–160 B; ☉mittags & abends) Mehr als nur ein Coffeeshop: Dieses 50 Jahre alte Restaurant ist ein weiteres kulinarisches Highlight, das sich auf eine breite Vielfalt gebratener Meeresfrüchte spezialisiert hat. Wenn es so voll ist, dass man keinen Platz mehr bekommt, kann man im Sukiyaki-Restaurant etwas weiter südlich in der Th Naebkehardt von derselben Karte bestellen.

Hua Hin Koti
SEAFOOD $$

(⌨0 3251 1252; 16/1 Th Dechanuchit; Gerichte 80–250 B; ☉mittags & abends) Dieses thailändisch-chinesische Restaurant gegenüber vom Nachtmarkt ist ein Stern am nationalen Gourmethimmel. Thais stehen auf die gebratenen Krebsfleischbällchen, während Ausländer vor allem das *dôm yam gûng* (Krabbensuppe mit Zitronengras) begeistert. Und einfach alle lieben den scharfen Meeresfrüchtesalat *(yam tá-lair)* und den frittierten Fisch mit Ingwer.

Imbissstände in der Th Chomsin
THAILÄNDISCH $

(Ecke Th Chomsin & Th Naebkhardt; Gerichte ab 30 B; ☉mittags & abends) Wer zu 100% authentisch essen möchte, sollte die Imbissstände ausprobieren, die sich an dieser Ecke der Stadt aneinander reihen. Vor allem in der Mittagspause kommen die Leute hierher. Das Ambiente ist eher bescheiden, aber Thais sind beim Essen stets sehr penibel und benutzen auch hier lieber eine Gabel (oder ihre Finger mit ein bisschen *kôw nĕe·o*), um das Fleisch von den Knochen ihres *gài tôrt* (gebratenes Hühnchen) zu entfernen, anstatt ihre Zähne direkt ins Fleisch zu graben.

Sofitel Cafe & Tea Corner
CAFÉ $$

(1 Th Damnoen Kasem; Gerichte 80–150 B; ☉morgens & mittags) Es ist üblich, das Grand Hotel einer Stadt mit einem Teehaus zu ehren, und das Sofitel wird dieser Tradition mit diesem eleganten Teehaus gerecht, das im ehemaligen Railway Hotel untergebracht ist. Das Café ist von klassischer Musik erfüllt und wird von einer Meeresbrise gekühlt – der perfekte Ort, um in Ruhe die Zeitung durchzublättern und mit aristokratischer Haltung das stimulierende Heißgetränk zu genießen. Außerdem gibt's ein paar historische Fotos und Erinnerungsstücke zu sehen, denen das Café wohl auch die ungewöhnliche Bezeichnung „Museum" verdankt. Der wahre Anziehungspunkt ist jedoch der Formschnittgarten des Hotels, in dem riesige, zu Elefanten, Giraffen oder Gänsen geschnittene Büsche zu bestaunen sind.

Chatchai-Markt
THAILÄNDISCH $

(Th Phetkasem; ☉tagsüber; Gerichte ab 30 B) Der Tagesmarkt der Stadt ist in einem historischen Gebäude aus dem Jahr 1926 zuhause, das zu Ehren Ramas VII. mit einem Dach mit sieben Traufen ausgestattet wurde. Hier sind die üblichen Marktsnacks zu finden: Morgens verkaufen die Händler *̄bah·tôrng·gŏh* (chinesisches frittiertes Gebäck) und *gah·faa boh·rahn* (altmodisch gebrauter Kaffee mit süßer Kondensmilch), und den ganzen Tag über werden Nudeln mit frischen Wontons und die komplette Palette frischer Tropenfrüchte angeboten.

World News Coffee
CAFÉ $

(130/2 Th Naresdamri; Gerichte 70–150 B; ☉morgens, mittags & abends; @) Im Stil eines Star-

Am Wochenende ist in Hua Hin noch ein ganz anderes Gezeitenphänomen zu beobachten: Geschäftsleute aus Bangkok überfluten die Stadt, füllen die Hotels und Restaurants der Th Naebkehardt, strömen über den Nachtmarkt und sorgen dafür, dass die Nachtclubs beinahe überlaufen. Am Sonntag verstopfen sie dann wieder sämtliche Straßen nach Norden und folgen dem Ruf der bevorstehenden Arbeitswoche.

Sie sind derartig präsent, dass man schon bald den unwiderstehlichen Drang verspürt, sich ihnen anzuschließen – dank diverser Beiträge über Restaurants im thailändischen Fernsehen oder in kulinarischen Magazinen tummeln sie sich ohnehin alle in denselben Läden. Also einfach die Designersonnenbrille aufsetzen und sich mit ausgefahrenen Ellenbogen den Weg zu einem Tisch in einem der beliebtesten Restaurants in Nord-Hua-Hin bahnen:

Sôm·đam Stand
IMBISSSTAND

(Th Naebkehardt; Gerichte 50–80 B; ☻mittags) Gegenüber vom Iammeuang Hotel steht ein *sôm-đam*-Stand, der an einem Wochenende problemlos die landesweite Produktion grüner Papayas verwertet. Wir haben es noch nicht mal geschafft, uns einen Platz zu erkämpfen, bevor sie zugemacht haben.

Eighteen Below Ice Cream
EISCREME

(Th Naebkehardt; Gerichte 160 B; Mi geschl.) Am Ende der Straße hinter dem Baan Talay Chine Hotel verkauft dieser von einem Profikoch geführte Laden Gourmet-Eiscreme und ist auf kräftig-cremige Sorten spezialisiert.

Baan Itsara
SEAFOOD

(Th Naebkehardt; Gerichte ab 160 B; ☻mittags & abends) Unserer Meinung nach ist das Baan Itsara überteuert, aber es ist und bleibt der Laden, um zu sehen und gesehen zu werden. Es serviert „internationale" Versionen thailändischer Gerichte, etwa Tintenfisch mit Basilikum und Pinienkernen, also eher mit einer Art Pesto als in der traditionell scharfen, thailändischen Zubereitung.

Jae Siam
NUDELN

(Th Naebkehardt; Gerichte 30–50 B; ☻mittags & abends) Wer den Überblick über die Wochentage verloren hat, kann einen Abstecher zu diesem Open-Air-Nudelrestaurant neben dem Evergreen Hotel machen, in dem es an Werktagen von Beamten aus Hua Hin, am Wochenende von Bangkok-Thais wimmelt. Der Laden ist für sein *gŏo·ay đĕe·o mŏo đun* (Nudeleintopf mit Schweinefleisch) und sein *gŏo·ay đĕe·o gài đun* (Nudeleintopf mit Hühnchen) berühmt.

buck-Cafés werden hier Gebäck und jede Menge Kaffeespezialitäten serviert. Für 50 B pro Stunde kann man im Internet surfen, oder man blättert gemütlich zum ersten Kaffee des Tages in den ausliegenden Zeitschriften und Zeitungen.

🍷 Ausgehen & Unterhaltung

Das Nachtleben von Hua Hin steckt noch immer in den 90ern fest: jede Menge Sport- und Hostessen-Bars – und manchmal erkennt man kaum den Unterschied. Der stete Ansturm von Bangkok-Thais am Wochenende hat jedoch für ein bisschen mehr Niveau gesorgt. Abgesehen von den Bars kann man sich aber auch gut auf dem Zikadenmarkt in Khao Takiab (s. S. 565) amüsieren.

No Name Bar
BAR

(Th Naresdamri) Auf den Klippen hinter dem chinesischen Schrein auf der felsigen Landzunge befindet sich dieses Bar-Restaurant, in dem man nicht nur alkoholische Getränke, sondern auch den Blick aufs Meer genießen kann.

Hua Hin Brewing Company
BAR

(33 Th Naresdamri) Auch wenn hier inzwischen kein Bier mehr gebraut wird, ist die großzügige Terrasse ein prima Ort, um die auf der Th Naresdamri vorbeiziehende Parade zu beobachten.

Mai Tai Cocktail & Beer Garden
BAR

(33/12 Th Naresdamri) In dieser fröhlichen Freiluft-Bar, die wie fürs Leutegucken und Biertrinken geschaffen ist, sind die Preise noch auf dem Niveau der Rezessionsära.

O'Neill's Irish Pub
BAR

(5 Th Phunsuk) Dafür, dass der Pub so weit vom Blarney Stone entfernt ist, ist er ziemlich authentisch. Das O'Neill's serviert billige Bierspezialitäten vom Fass und Livesport auf mehreren Fernsehern.

El Murphy's Mexican Grill & Steakhouse
BAR

(25 Soi Selakam, Th Phunsuk) Jede Sportbar hat ihren eigenen internationalen Clou, und in diesem gemütlichen Exemplar finden Mexiko und Irland zueinander. Hier kann man ein kühles Dunkles genießen, der Liveband lauschen und sich unter die ungewöhnliche Gästeschar aus Touristen und Auswandern mischen.

Music Room
LIVEMUSIK

(Soi Hua Hin 32, Th Phetkasem, Nord-Hua-Hin) Der Laden Nummer eins für Thais auf Wochenendbesuch: Im Music Room gibt's Livebands aller vorstellbaren Genres, bunte Themenpartys und eine Ansammlung lokaler Prominenz.

❶ Praktische Informationen

Geld

In der Th Naresdamri gibt's Wechselstuben und Geldautomaten, in der Th Phetkasem Banken.

Infos im Internet

Tourism Hua Hin (www.tourismhuahin.com) Oberflächlicher Rechercheeinstieg mit guten Basisinformationen über die Gegend.

Hua Hin Observer (www.observergroup.net) Von Auswanderern herausgegebene Zeitschrift, die online erhältlich ist.

Internetzugang

Internetzugang gibt's in Pensionen und Cafés überall in Hua Hin.

Medizinische Versorgung

Hospital San Paolo (🖉0 3253 2576; 222 Th Phetkasem) Gleich südlich der Stadt; mit Notaufnahme.

Bangkok Hospital Hua Hin (🖉0 3261 6800; www.bangkokhospital.com/huahin; Th Phetkasem zw. Soi Hua Hin 94 & 106;) Der letzte Außenposten dieser Kette von Luxuskrankenhäusern; in Süd-Hua-Hin.

Notfall

Touristenpolizei (🖉0 3251 5995; Th Damnoen Kasem)

Post & Telefon

Hauptpost (Th Damnoen Kasem) Hier ist auch das CAT-Büro für internationale Gespräche.

Reisebüros

Tuk Tours (🖉0 3251 4281; www.tuktours.com; 33/5 Th Phunsuk) Hilfsbereit, ohne Druck auszuüben: Das Personal hilft bei der Buchung von Aktivitäten und Transport in ganz Thailand.

Touristeninformation

TAT-Büro (🖉0 3251 3885; 39/4 Th Phetkasem; ⏱8.30–16.30 Uhr) Das Personal spricht englisch und ist sehr hilfsbereit; das Büro liegt nördlich der Stadt in der Nähe der Soi Hua Hin 70.

Municipal Tourist Information Office (🖉0 3251 1047; Ecke Th Phetkasem & Th Damnoen Kasem; ⏱Mo–Fr 8.30–16.30 Uhr) Hält Karten und Informationen zu Hua Hin bereit. In der Nähe des Uhrenturms ist eine weitere Filiale (🖉0 3252 2797; Th Naebkehardt; Mo–Fr 9–19.30, Sa & So 9.30–17 Uhr).

❶ An- & Weiterreise

Bus

Hua Hins Überland-**Busbahnhof** (Th Phetkasem zw. Soi Hua Hin 94 & 98) befindet sich südlich der Stadt und bietet Verbindungen zu den folgenden Zielen an:

Chiang Mai (785 B, 12 Std., 3-mal tgl.)

Prachuap Khiri Khan (65 B, 1½ Std.)

Phuket (856 B, 9 Std., 1 pro Nacht)

Surat Thani (480 B, 7 Std., 2-mal tgl.)

Ubon Ratchathani (1200 B, 13 Std., 1-mal tgl.)

Busse nach Bangkok (160 B, 3 Std., 8–21 Uhr alle 2 Std.) fahren auch vor dem **Büro** (Th Sasong) eines der Busunternehmen in der Nähe des Nachtmarktes ab.

Normale Busse fahren am **Busbahnhof** (Ecke Th Phetkasem & Th Chomsin) nördlich des Marktes ab und steuern u. a. **Cha-am** (50 B, 30 Min.) und **Phetchaburi** (50 B, 1½ Std.) an.

Lomprayah (🖉0 3253 3739; Th Narasdamri) bietet eine Bus-Boot-Verbindung von Hua Hin nach Ko Tao an (1000 B, 8½ Std., je eine Abfahrt morgens und nachts).

Flugzeug

Der **Flughafen** (www.huahinairport.com) liegt 6 km nördlich der Stadt, aber es gibt nur zwei Charterverbindungen mit **Nok Mini** (🖉0 2641 4190; www.nokmini.com).

Minivan

Minivans zum Busbahnhof Sai Tai Mai in Bangkok (Südbahnhof) und zum Siegesdenkmal (180 B, 3 Std., 4– Uhr bis 20 Uhr alle 30 Min.) fahren vor einem der Büros in der Th Naebkehardt ab. Eine Direktverbindung zum Siegesdenkmal startet vor einem Büro an der Ecke Th Phetkasem und Th Chomsin.

Zug

Es bestehen häufige Verbindungen zum/vom Hua-Lamphong-Bahnhof in Bangkok (2. Klasse 212–302 B, 3. Klasse 94–154 B, 4 Std.) und zu anderen Stationen entlang der südlichen Eisenbahnlinie.

ⓘ Unterwegs vor Ort

Grüne *sŏrng·tăa·ou* fahren an der Ecke Th Sasong & Th Dechanuchit in der Nähe des Nachtmarkts ab und dann entlang der Th Phetkasem nach Khao Takiab (20 B). Busse nach Pranburi fahren von derselben Haltestelle ab.

Die Preise für Tuk-Tuks in Hua Hin sind eine Frechheit, beginnen bei astronomischen 100 B und lassen sich nur selten herunterhandeln. Motorradtaxis sind für kurze Strecken preislich viel vernünftiger (40–50 B).

In einigen Läden in der Th Damnoen Kasem kann man sich auch ein Motorrad ausleihen (250–500 B/Tag). **Thai Rent A Car** (📞 0 2737 8888; www.thairentacar.com) ist eine professionelle Leihwagenfirma mit anständigen Preisen, ihr Fuhrpark ist top in Schuss, und sie liefern ihre Kunden direkt am Hotel ab.

Von Hua Hin nach Pranburi

Südlich von Hua Hin befindet sich eine Reihe von Stränden, die von dramatischen Landzungen umrahmt werden und sich wunderbar für einen Tagesausflug anbieten, wenn einem Hua Hin mal ein wenig zu urban wird.

HAT KHAO TAO หาดเขาเต่า
13 km südlich von Hua Hin erstreckt sich in südlicher Richtung über mehrere Kilometer ein beinahe menschenleerer Strand von Khao Takiab bis nach Khao Tao („Schildkrötenberg"). Die Zivilisation ist hier herrlich weit entfernt: Es gibt keine Hochhäuser, keine Liegestühle, keine Sarong-Verkäufer und kein Pferdereiten.

Auf dem Berg steht ein weitläufiger Tempel, der fast jeder erdenklichen Gottheit gewidmet ist: Buddha, Khun Yin (chinesische Göttin des Mitgefühls), Vishnu und sogar den thailändischen Königen. Wenn man dem Weg zum Meer folgt, kann man zu dem Buddha auf dem Hügel hinaufwandern.

Von Hua Hin aus gelangt man mit einem Bus Richtung Pranburi hierher und bittet den Busfahrer, an der Abzweigung nach Khao Tao aussteigen zu dürfen (20 B), man kann aber auch mit einem Motorradtaxi

zum Tempel fahren (20 B). Der Weg zurück zum Highway kann ein bisschen schwieriger werden, da die Transportmöglichkeiten relativ begrenzt sind. Man kann natürlich einfach zu Fuß gehen oder per Anhalter fahren – normalerweise kommen genügend Leute zum bzw. vom Tempel.

HAT SAI NOI หาดทรายน้อย
20 km südlich von Hua Hin fällt die malerische Bucht Hat Sai Noi steil ins Meer und bietet eine der seltenen Möglichkeiten, im tiefen Wasser zu schwimmen. Rundum muss man auf keinerlei Annehmlichkeiten verzichten: Es gibt einfache Meeresfrüchterestaurants und sogar ein paar kleine Pensionen. Wer echte Abgeschiedenheit sucht, sollte die Bucht an einem Werktag besuchen. Der Strand liegt südlich von Khao Tao an einer hübschen Straße, die an einem Reservoir vorbeiführt und von Bougainvilleas und Kalksteinklippen gesäumt ist. Wer hierher möchte, kann derselben Route folgen wie nach Khao Tao, muss dem Motorradtaxifahrer aber sagen, dass er nach Hat Sai Noi (60 B) gebracht werden möchte. Der Transport zurück zum Highway könnte sich schwierig gestalten, aber man kann in einem der Restaurants um Hilfe bitten.

Pranburi & Umgebung

75571 EW.

Wenn man dem Highway von Hua Hin in südlicher Richtung folgt, erreicht man den ländlichen „Vorort" Pranburi, der sich unter den Bangkok-Thais inzwischen zum trendigen Küstenort schlechthin entwickelt hat. Manche gehen sogar noch weiter und nennen es die „thailändische Riviera". Vor Ort sind das Fischerdorf und die nahen Strände allerdings noch unter einem bescheideneren Namen bekannt: **Pak Nam Pran** („Flussmündung des Pranburi") beschreibt allein deren geografische Lage.

Eine Küstenstraße trennt eine Reihe kleiner, villenartiger Resorts vom Strand, und mit jeder Regenzeit nimmt das Meer mehr Sand mit sich, als ihm eigentlich zusteht, sodass an einigen Teilen der Küste bereits Schutzbarrieren errichtet werden mussten. Da die meisten Gäste hier Thais sind, ist der schwindende Strand eher von geringer Bedeutung – die meisten Inlandstouristen kommen ohnehin nur hierher, um den Blick aufs Meer und die Spezialität des Dorfes zu genießen: getrockneten Tintenfisch. Am Morgen legen die Tintenfischboote am Fluss an, laden ihren Fang des Tages aus und lassen ihn in der Sonne trocknen. Das Ganze ist eine ziemlich übel riechende, aber hochinteressante Angelegenheit, und die großen Trockengestelle ziehen sich durch die ganze Stadt.

An den Fluss grenzt ein mächtiger Mangrovenwald, der unter dem Schutz des **Pranburi Forest Park** (☏0 3262 1608; Eintritt frei) steht. Man kann auf einem Holzsteg durch den Park wandern und die Mangroven aus der Perspektive eines Schlammbewohners erkunden, und außerdem gibt's einen von Pinien gesäumten Strand und Unterkünfte. Darüber hinaus bietet der Park Bootstouren auf dem Fluss und den kleinen Kanälen an.

Entlang der Küstenstraße kann man einen netten Ausflug nach **Khao Kalok** („Totenkopfberg") machen, einer mächtigen Landzunge, auf deren Südseite eine wunderschöne, geschützte Bucht liegt. Dieser Südstrand ist herrlich weit und sandig und meilenweit vom Trubel in Hua Hin und Pak Nam Pran entfernt, aber am Wochenende kann er ziemlich voll werden. Entlang des Strandstreifens reihen sich ganz entspannt mehrere abgeschiedene Boutiqueresorts aneinander, die der perfekte Ort für Flitterwöchner oder andere Gäste sind, die einfach mal „alles hinter sich lassen wollen", ohne zu sehr in die Ferne schweifen zu müssen.

Die nächste Bucht in südlicher Richtung wird oft **Delfinbucht** genannt, da sie zwischen Februar und Mai gerne von Flaschennasendelfinen und Indischen Schweinswalen besucht wird. Malerisch liegen perfekt geformte, mit Urwald bedeckte Inseln vor der Küste, und der Strand ist wunderbar weit und leer. Die Gegend ist bei Familien beliebt, da die Resorts hier recht preiswert sind, nicht viel Verkehr herrscht und praktisch kein Nachtleben existiert. Außerdem ist man nur ein paar Kilometer vom Eingang zum Khao Sam Roi Yot National Park (nähere Informationen s. S. 575) entfernt.

🛏 Schlafen & Essen

Die meisten Unterkünfte hier fallen in die untere und gehobene Spitzenklasse, aber nicht alle Strandresorts sind ihr Geld auch wirklich wert, deshalb sollte man sich genau überlegen, ob man in einem Hotel absteigt, das hier nicht aufgeführt ist. Nun, da das gesagt ist: In der Gegend stehen ein paar der besten Boutiquestrandresorts in ganz Thailand, und wer sich dort grenzenlos verwöhnen lässt, hat sein Geld gut angelegt.

LP TIPP **Away Hua Hin** HOTEL $$$
(☏0891446833; www.away-huahin.com; südlich von Khao Kalok; Zi. ab 5000 B; ✳✉🛜) Ein wunderbar unprätentiöses Boutiqueresort: Das Away hat sieben antike Teakholzhäuser in diesem herrlichen Küstenparadies wiederaufgebaut – viele von ihnen aus dem Norden Thailands – und mit großen, gemütlichen Betten und stilvollen Bädern ausgestattet. Die freundlichen Besitzer, eine thailändisch-australische Familie, schaffen eine heimelige Atmosphäre, in der das Frühstück an einem Gemeinschaftstisch im „großen" Haus eingenommen wird – hier findet man ganz schnell neue Freunde aus aller Welt. Ein paar der Villen sind sehr intim und privat, andere sind auch für Familien geeignet.

La a natu Bed & Bakery HOTEL $$$
(☏0 3268 9941; www.laanatu.com; südlich von Khao Kalok; Zi. ab 5000 B; ✳🛜) In der Welt der Boutiquehotels ist es gerade der letzte Schrei, bescheidene thailändische Reisdörfer in Luxusunterkünfte zu verwandeln, aber dem La a natu gelingt dies mit ein wenig mehr Stil als den meisten anderen. Die strohgedeckten Villen scheinen auf ihren Stelzen aus den Reisfeldern zu wachsen, haben modern abgerundete Ecken und ein verspieltes Design à la Familie Feuerstein. Alle Villen bieten sehr viel Privatsphäre, und die ebenerdigen Wohnräume und oft steilen, leiterartigen Treppen, die zum Schlafbereich führen, erinnern an eine traditionelle, rustikale Lebensweise. Und dann wäre da natürlich noch der halbprivate Strand direkt vor der Tür.

Dolphin Bay Resort HOTEL $$
(☏0 3255 9333; www.dolphinbayresort.com; Delfinbucht; Zi. ab 1500 B; ✳@✉) Dieses Resort, das die Delfinbucht als familienfreundliches Ziel etabliert hat, bietet ein entspanntes Ferienlager-Ambiente mit einer Auswahl standardmäßiger, preiswert-funktioneller Bungalows und Apartments. Die Anlage ist so groß, dass Kinder sich hier sicher frei bewegen können, und es gibt zwei große Pools und einen netten Sandstrand gleich auf der anderen Straßenseite. Die Kids werden sie lieben!

Brassiere Beach HOTEL $$$
(☏0 3263 0555; www.brassierebeach.com; Dolphin Bay; Zi. ab 5000 B; ✳) Diese neun Stuckvillen an der Grenze zum Khao Sam Roi Yot National Park bieten eine wunderbare Mischung aus Intimität und Persönlichkeit

und liegen direkt an einem abgeschiedenen Strand, 100 m von der nächsten Asphaltstraße entfernt. Die Zimmer sind unaufdringlich im mexikanischen Stil eingerichtet, einige verfügen über Dachterrassen, die meisten über Freiluft-Duschen. Das Brassiere Beach hat jede Unterstützung verdient.

Khao Kalok Restaurant
THAILÄNDISCH $
(Gerichte 60–150 B; ⊘mittags & abends) Dieses Freiluft-Restaurant am südlichen Fuß des Berges bietet einen perfekten Ausblick auf die vertäuten Fischerboote. Das Essen ist einfach köstlich, z.B. *gaang kĕe·o wăhn* (grünes Curry), *ʰlah mèuk gà·prow* (gebratener Tintenfisch mit Basilikum) oder das übliche *pàt pàk roo·am* (gebratenes Gemüse), und wird ganz entspannt serviert.

Ebenfalls empfehlenswert:

Pranburi Forest Park
CAMPING $
(☑0 32621608, Pak Nam Pran; Stellplatz & Leihausrüstung 300 B) Der Forest Park ist ein beliebter Ort für „Ersti"-Partys und bietet einen schattigen Strandcampingplatz, schlichte Bungalows (1000/2000 B für 6/12 Pers.) und ein Restaurant. Feuer machen ist nicht erlaubt!

Pineapple Resort
PENSION $
(☑0 81933 9930; Pak Nam Pran; Zi. 500–600 B; ✳) Die schlichten Betonbungalows des Pineapple sind zwar schon ein wenig abgeschabt, aber sie sind nur 50 m vom Strand entfernt und eine günstigere Alternative im Land des Luxus.

Palm Beach Pranburi
HOTEL $$
(☑0 3263 1966; www.palmbeachpranburi.com; Pak Nam Pran; Zi. ab 1500 B; ✳☀) Eine solide Mittelklasseoption, umgeben von Nachbarn, die sich für „Boutique" halten.

The Beach House
PENSION $
(☑08 7164 6307; Pak Nam Pran; Zi. 500–800 B; ✳☎) Diese Pension ist eine der günstigsten Alternativen rundum und richtet sich vor allem an junge Kitesurfer, die ihr Geld lieber in ihren Sport als in ihre Unterkunft stecken.

ⓘ Anreise & Unterwegs vor Ort

Pranburi liegt 35 km südlich von Hua Hin und ist von dessen Nachtmarkt aus mit einem gewöhnlichen Bus (20 B) zu erreichen. Man steigt am Highway aus und kann sich dort ein *sŏrng·tăa·ou* nach Pak Nam Pran schnappen. Außerdem besteht von Bangkoks Siegesdenkmal eine Minivan-Verbindung nach Pranburi (180 B). Wer in die Delfinbucht möchte (manchmal auch Khao Sam Roi Yot Beach genannt), muss mit dem Fahrer einen zusätzlichen Fahrpreis aushandeln (normalerweise 100 B).

Alle, die die Gegend richtig erkunden möchten, müssen sich ein Motorrad ausleihen, da der öffentliche Nahverkehr hier keine Option ist.

Khao Sam Roi Yot National Park

อุทยานแห่งชาติเขาสามร้อยยอด

Mächtige Kalksteinfelsen ragen wie steinerne Puzzleteile in der Landschaft dieses 98 km² **Parks** (☑0 3282 1568; Erw./Kind 200/100 B) in die Höhe, dessen Name „300 Berggipfel" bedeutet. Hier können Outdoor-Begeisterte und Vogelbeobachter wunderschöne Höhlen, Strände und Küstensumpfgebiete erkunden. Dank seiner Nähe zu Hua Hin ist der Park auch ein beliebtes Ziel bei Tagesausflüglern und umfasst sowohl öffentliche Schutzgebiete als auch private Krabbenfarmen – man sollte also keine abgeschiedene, unberührte Gegend erwarten.

Rama IV. und eine riesige Entourage thailändischer und europäischer Gäste kamen am 18. August 1868 hierher, um eine totale Sonnenfinsternis zu bestaunen (die der Monarch angeblich höchstpersönlich vorhergesagt hatte) und sich ein Festmahl munden zu lassen, das ein französischer Spitzenkoch zubereitet hatte. Zwei Monate später starb der König an Malaria, die er sich hier durch Moskitostiche eingefangen hatte. Heute ist das Malariarisiko im Park ziemlich gering, aber die Moskitos können eine echte Plage sein.

Das **Khao Daeng Visitors Centre** am Südende des Parks ist die größte touristische Informationsquelle, und die Ranger sprechen auch Englisch. Karten werden am Eingangstor verteilt.

Verschiedene Reisebüros in Hua Hin bieten Tagesausflüge an, und **Hua Hin Bike Tours** (☑08 1173 4469; www.huahinbiketours.com; Touren 1500–2500 B) organisiert Rad- und Wandertouren.

⊙ Sehenswertes & Aktivitäten

Die folgenden Attraktionen sind in geografischer Reihenfolge von Nord nach Süd aufgelistet, da die Karten, die an den Kontrollstationen im Park verteilt werden, oft nur auf Thailändisch sind.

VOGELPARADIES

Da sich die ostasiatische und die australische Zugvogelroute im Khao Sam Roi Yot National Park kreuzen, wurden dort bereits 300 Zug- sowie dauerhaft im Park lebende Vogelarten gezählt, darunter auch Chinadommeln, Zimtdommeln, Purpurhühner, Wasserrallen, Zimtsumpfhühner, Hindublatthühnchen, Graureiher, Buntstörche, Pfeifgänse, Schelladler und Schwarzkopfibisse. Thung Sam Roi Yot ist einer von nur zwei Orten in Thailand, in dem der Purpurreiher brütet.

Wasservögel sind in der kalten Jahreszeit am häufigsten zu beobachten, und November bis März sind die besten Monate, wenn man sie sehen möchte. Die Vögel kommen teilweise von sehr weit her, sogar aus Sibirien, China und Nordeuropa, um hier zu überwintern. Die üblichen Plätze für Vogelbeobachter sind das Mangrove Centre, Khlong Khao Daeng und auch ein paar der Strände.

Thai Birding (www.thaibirding.com) hält ausführlichere Informationen zu den Vogelarten im Park bereit und erklärt, wo man sie beobachten kann.

Tham Kaew
HÖHLE

(ถ้ำแก้ว) Tham Kaew umfasst eine Reihe unterirdischer Kammern und schmaler Passagen, die nur über einen steilen, 128 m langen Klettersteig über die Berge zu erreichen und bei Tagesausflüglern nicht allzu beliebt sind. Die Tropfsteine und Kalksteinfelsen sind von unzähligen Kalzitkristallen durchzogen und glitzern wunderschön (daher auch der Name „Edelsteinhöhle"). Am Häuschen am Eingang zum Wanderweg kann man sich eine Lampe ausleihen, aber man sollte beim Aufstieg sehr vorsichtig sein, da der Pfad manchmal rutschig und recht gefährlich ist.

Tham Phraya Nakhon & Hat Laem Sala
HÖHLE

(ถ้ำพระยานคร/หาดแหลมศาลา) Die beliebteste Attraktion des Parks ist diese von vielen verehrte Höhle, die eine königliche *săh·lah* („Versammlungshalle", oft auch *sala* geschrieben) beherbergt, die 1890 für Rama V. erbaut wurde und oft in herrliche Sonnenstrahlen getaucht wird.

Die Höhle ist vom malerischen **Hat Laem Sala**, einem auf drei Seiten von Kalksteinhügeln und Kasuarinen flankierten Sandstrand, über einen Wanderweg zu erreichen. Der Strand bietet außerdem ein kleines Besucherzentrum, ein Restaurant, Bungalows und Zeltplätze. Die Höhle ist 450 m lang, steil, felsig und manchmal ziemlich rutschig, man sollte also lieber keine Ballerinaschläppchen tragen. Vor Ort findet man zwei große Kammern mit Kratern vor – die Versammlungshalle ist die zweite der beiden.

Wer Laem Sala besuchen möchte, muss auf alternative Transportmöglichkeiten zurückgreifen, da keine Straße zum Strand führt. Der Strand ist von Bang Pu, das an der Abzweigung von Tham Kaew auf der Strandseite liegt, mit dem Boot zu erreichen (hin & zurück 300 B). Alternativ kann man von Bang Pu aus auch dem steilen Fußweg folgen und in 20 Minuten zum Strand wandern.

Tham Sai
HÖHLE

(ถ้ำไทร) Die Höhle liegt am Ende eines 280 m langen Hügelwanderwegs und umfasst eine einzelne große Kammer voller Stalaktiten und Stalagmiten. Im Inneren muss man auf steil abfallende, rutschige Felsen achtgeben. Normalerweise wagen sich nur besonders Abenteuerlustige an diese Höhle. In der Nähe des Eingangs verleihen die Dorfbewohner Lampen. Die Höhle liegt gleich nördlich vom Hat Sam Phraya.

Hat Sam Phraya
STRAND

(หาดสามพระยา) Dieser schattige, von Kasuarinen gesäumte Strand ist 1 km lang und bietet sich für einen netten Badestopp nach einer schweißtreibenden Wanderung an. Es gibt ein Restaurant und Toiletten.

Khao Daeng
WANDERN

(เขาแดง) Die Abzweigung zu diesem Wanderweg schlängelt sich durch mächtige Berge, die eine lohnende Wanderung versprechen. Der 30-minütige Stufenpfad, der zum Gipfel des Khao Daeng führt, bietet ein spektakuläres Panorama mit Kalksteinklippen und einer rauen Küstenlinie.

Khlong Khao Daeng
VOGELBEOBACHTUNG

(คลองเขาแดง) Morgens oder nachmittags kann man in Wat Khao Daeng ein Boot für eine Rundfahrt (400 B, 45 Min.) über den Kanal mieten. Bevor man aufbricht, sollte man sich ein bisschen mit dem Führer unterhalten, um zu sehen, wie gut er Englisch spricht. Bessere Führer kennen auch die englischen Namen gemeiner Wasservögel und zeigen sie ihren Passagieren.

Mangrove Walk NATURLEHRPFAD

Am Südende des Parks führt hinter dem Besucherzentrum ein Holzsteg durch den Mangrovensumpf, der zur Beobachtung von Vögeln und Krebsen beliebt ist. Man kann im Zentrum einen der Führer anheuern, die aber nicht alle gleich gut Englisch sprechen, sodass der passende nicht immer verfügbar ist.

Thung Sam Roi Yot VOGELBEOBACHTUNG

(ทุ่งสามร้อยยอด) Der größte Süßwassersumpf des Landes wird als nationales Kulturgut betrachtet und stellt einen wichtigen Lebensraum für Sing- und Wasservögel, Amphibien und andere in Feuchtgebieten lebende Tierarten dar. Er befindet sich in der Westecke des Parks und ist vom Hwy 4 (Th Phetkasem) auf Höhe der Kilometermarke 275,6 erreichbar. Die Quittung für die Eintrittsgebühr sollte man gut aufbewahren, damit man nicht noch mal bezahlen muss.

🛏 Schlafen & Essen

Die **Nationalparkbehörde** (☑0 2562 0760; www.dnp.go.th/parkreserve; Stellplatz 60–90 B, Bungalows 1200–1400 B) vermietet am Hat Laem Sala und am Besucherzentrum Bungalows (für bis zu 6 Pers.); es ist eine Reservierung erforderlich! In der Nähe des Khao-Daeng-Aussichtspunkts, am Hat Laem Sala oder am Hat Sam Phraya kann man auf einem Campingplatz ein Zelt aufschlagen,

und an alle drei Orte bieten auch einfache Restaurants.

In der Delfinbucht, die 4 km vom Park entfernt liegt, warten private Resorts; Näheres gibt's unter „Pranburi & Umgebung" (S. 573).

ℹ An- & Weiterreise

Der Park liegt 40 km südlich von Hua Hin und ist mit dem Fahrrad am besten zu erreichen. Es gibt zwei Haupteingänge: Die Abzweigung für den Nordeingang befindet sich an der 256-km-Marke am Hwy 4 (Th Phetkasem), der Südeingang in der Nähe der 286,5-km-Marke.

Wer keinen eigenen fahrbaren Untersatz hat und sich von Hua Hin aus keiner Tour anschließen möchte, kann am Siegesdenkmal in Bangkok in einen Minivan nach Pranburi (180 B) steigen und sich dann ein Motorrad für eine unabhängige Tour durch den Park leihen. Man kann aber auch mit dem Minivan-Fahrer aushandeln, dass man bis zum Parkeingang gefahren wird, aber dann hat man innerhalb des Parks kein Transportmittel.

Prachuap Khiri Khan

ประจวบคีรีขันธ์

86 870 EW.

Prachuap Khiri Khan ist ein verschlafenes Küstenstädtchen, in dem man das Gefühl bekommt, endlich in Südthailand angekommen zu sein. Hier geht alles herrlich entspannt zu, muslimische Kopftücher sind absolut üblich, und die weite Bucht leuchtet in wunderbar tropischem Blau, das nur von

---

ABSTECHER

WO DIE ELEFANTEN WOHNEN

Möchten Sie mal eine wilde Elefantenherde sehen, die ein abendliches Bad genießt, und dabei nur von den Geräuschen des Dschungels umgeben sein? Obwohl das urbanisierte Thailand von einer derart unberührten Natur meilenweit entfernt zu sein scheint, lebt im **Kuiburi National Park** (☑0 3264 6292; Hwy 3217; Erw./Kind 200/100 B) südwestlich des Khao Sam Roi Yot National Park die größte wilde Elefantenherde des Landes (geschätzt etwa 140 Tiere). Der Park stellt eine wichtige Verbindung ihres Lebensraums zwischen dem Grenzgebiet zum rauen Myanmar (Burma) und dem Kaeng Krachan National Park dar, mit denen er eine der größten intakten Waldflächen in Südostasien bildet. Oft findet man die Herden badend am Wasserloch in der Nähe der Pa-Yang-Station, die mit Aussichtsplattformen zur Wildtierbeobachtung ausgestattet ist.

Die Trekking- und Elefantenbeobachtungstouren werden von Englisch sprechenden Führern geleitet, und den Transport kann man über das Hauptbüro des Parks organisieren.

Bei Vorabreservierung stehen auch Übernachtungen in Bungalow-**Unterkünften** (www.dnp.th.go/parkreserve; Bungalows 1800 B) zur Verfügung.

Prachuap Khiri Khan

◎ **Highlights**
Khao Chong Krajok B1

◎ **Sehenswertes**
1 Wochenend-Fußgängerzone
Markt B2

🛏 **Schlafen**
2 Maggie's Homestay B3
3 Prachuap Beach Hotel B3
4 Yuttichai Hotel................................ A2

✖ **Essen**
5 Tagesmarkt...................................... B3
6 Ma Prow B3
7 Muslimischer Hähnchenstand A3
8 Nachtmarkt A2
9 Ning's Guesthouse Restaurant B3
10 Phloen Samut B3
11 Suan Krua B3

ℹ **Transport**
12 klimatisierte Busse nach Hua Hin,
Cha-am, Phetchaburi &
Bangkok A2
13 Minivans nach Ban Krut, Bang
Saphan Yai & Chumphon................. A2
14 Minivans nach Hua Hin &
Bangkok A2

schaukelnden Fischerbooten durchbrochen wird. Normalerweise muss man bis zu den südlichen Andamanen reisen, um auf die gleichen wabenförmigen Kalksteinberge zu treffen, die Prachuaps malerische Buchten zieren. Alles in allem findet man hier von allen schönen Dingen ein bisschen – hübsche Küstenlandschaften und eine entspannt-provinzielle Lebensweise.

In den letzten Jahren sind immer mehr Auswanderer vom überbauten Samui-Archipel nach Prachuap übergesiedelt und haben all die touristischen Annehmlichkeiten mitgebracht, die die Stadt zuvor vermissen ließ. Heute ist es hier zwar entschieden weniger einsam, aber dafür auch viel angenehmer. Zu den bescheidenen Attraktionen gehören der Aufstieg zu einem Hügeltempel, eine entspannte Motorradfahrt zu einem der ausgezeichneten Strände nördlich und südlich der Stadt und der Genuss der vielleicht frischesten (und günstigsten) Meeresfrüchte in ganz Thailand.

Prachuap Khiri Khan, genauer gesagt Ao Manao, war einer der sieben Orte entlang der Golfküste, an denen japanische Truppen am 8. Dezember 1941 bei ihrer Invasion Thailands landeten. Mehrere Straßennamen überall in der Stadt erinnern heute an die Gefechte, die daraufhin folgten: Phithak Chat („Das Heimatland verteidigen"),

Salachip („Leben opfern") und Suseuk („Schlachten schlagen").

◎ **Sehenswertes & Aktivitäten**

Khao Chong Krajok AUSSICHTSPUNKT
(เขาช่องกระจก) Am Nordrand der Stadt erhält der Khao Chong Krajok („Spiegeltunnelberg", so genannt aufgrund des Lochs im Berg, in dem sich scheinbar der Himmel widerspiegelt) eine alte Prachuap-Tradition aufrecht: zum Gipfel klettern, ungezogenen Affen ausweichen und die tiefe Aussicht auf die schnörkelige Küste genießen. Eine lange Treppe, die dank der recht wilden Affenbande ziemlich verschmutzt ist, führt auf den Gipfel zu einem **Tempel** hinauf, der von Rama VI. erbaut wurde. Von hier bietet sich ein herrlicher Ausblick auf die Stadt, die Bucht und sogar bis zur nur 11 km entfernten Grenze zu Myanmar. Keine Lebensmittel, Getränke oder Plastiktüten mitbringen, da die Affen diese für einen echten Schatz halten, den es sich zu klauen lohnt.

Ao Prachuap BUCHT
(อ่าวประจวบ) Das Aushängeschild der Stadt ist Ao Prachuap (Prachuap-Bucht), eine

elegant gebogene Bucht, die von einer Uferpromenade gesäumt wird. In den kühlen Morgen- und Abendstunden laufen, schlendern oder spazieren die Einheimischen am Ozean entlang und genießen die frische Brise und das Rauschen des Meeres. Freitag- und samstagabends findet auf der Esplanade ein **Nachtmarkt** (Th Chai Thaleh; ☺ab 17 Uhr) statt, auf dem Essen, Souvenirs und Klamotten verkauft werden.

Nördlich von Khao Chong Krajok, gleich hinter der Brücke, erstreckt sich die friedliche Bucht bis zu einer zerklüfteten Bergspitze; hier geht es etwas entspannter zu als in ihrem städtischen Gegenstück. Der Sandstrand ist wirklich schön, aber aufgrund des vorbeiziehenden Verkehrs muss man auf Privatsphäre eher verzichten. Trotzdem ist die Bucht bei Thais auf Wochenendausflug sehr beliebt, da es hier keine Schutzbarrieren gibt und sie sich prima zum Faulenzen am Strand eignet. Am äußersten Nordende befindet sich ein traditionelles Fischerdorf, in dem bunte Trawler im Wasser schaukeln – man sieht sofort, dass die Menschen hier für ihr relativ einfaches Leben hart arbeiten müssen.

Wat Ao Noi
TEMPEL

(วัดอ่าวน้อย) Wenn man von Ao Prachuap der Küstenstraße über 8 km Richtung Norden durch das Fischerdorf und die blumenreichen Gassen folgt, erreicht man diesen wunderschönen Teakholz-**Tempel**, der sich über zwei Buchten erstreckt (Ao Noi und Ao Khan Kradai). Im Hintergrund posieren äußerst fotogene Kalksteinberge, während ein sehr dramatischer, neunköpfiger Naga das Äußere des Tempels beschützt. Im Inneren sind einzigartige Flachrelief-Wandmalereien zu sehen, die die *jataka*-Geschichten (Buddhas vorherige Leben) darstellen.

Auf der Tempelanlage wachsen verschiedene Obstbäume (Jackfrucht, Granatapfel, Mango und Rosenäpfel), und in einem Lotusteich tummeln sich gefräßige Fische, die nur darauf warten, von Verdienste sammelnden Gläubigen gefüttert werden. Der unangenehme Geruch, der ganz in der Nähe in der Luft liegt, verrät, dass im Tempel Salanganen gezüchtet werden, deren essbare Nester sehr lukrativ an die Industrie verkauft werden. Man sollte auf keinen Fall versuchen, ein Nest oder Eier zu klauen, denn sowohl Bußgelder als auch die anderen Strafen (fünf Jahre Gefängnis und 500 000 B) sind alles andere als ein Spaß.

Ein zerklüfteter Kalksteinberg (Khao Khan Kradai) schützt den Tempel vor der Küste und lockt mit einer vor Ort sehr berühmten Höhle, die als **Tham Phra Nawn** („Höhle des schlafenden Buddhas") bekannt ist. Sie ist über einen Betonpfad zu erreichen, der über und um den Hügel herumführt und einen wunderschönen Ausblick auf Ao Khan Kradai und die Hügel dahinter bietet. Hier ist es herrlich ruhig, und der bewaldete Berg ist mit blühenden Kakteen übersät, die sich an die rauen Felsen klammern. Im Inneren der Höhle führt eine kleine Kammer zu einer größeren, in der sich auch der namensgebende liegende Buddha befindet. Wer eine Fackel (oder eine Taschenlampe) hat, kann sich auch in eine weitere, noch größere Kammer vorwagen, in der Buddha-Abbildungen zu sehen sind.

Ao Manao
SCHWIMMEN

(อ่าวมะนาว) Am Wochenende zieht es die Einheimischen nach Ao Manao, eine von Inseln umringte Bucht mit sauberem Sandstrand, 4 km südlich der Stadt. Sie liegt in Abschnitt 5 eines thailändischen Luftwaffenstützpunkts, und der Strand wird vom Militär jede Woche generalstabsmäßig gereinigt. Ansonsten finden sich hier die üblichen Strandannehmlichkeiten: ein Restaurant und Liegestühle, Sonnenschirme und Schwimmreifen zum Ausleihen. Unterwegs zum Strand kommt man an Thailands Spitzenpiloten vorbei, die auf dem nahen Golfplatz und der Driving Range entspannen. Von der Stadt aus betritt man den Stützpunkt am Eingang auf der Th Suseuk, und manchmal muss man seinen Ausweis vorzeigen. Der Strand schließt um 20 Uhr.

🛏 Schlafen

Am Meer findet man immer ein gemütliches Plätzchen, an dem man absteigen kann, da auch viele Wohnhäuser in Strandnähe Zimmer vermieten. Am besten fährt man einfach mal die Th Chai Thaleh entlang und schaut sich um, wo „Zimmer frei"-Schilder hängen. In den letzten Jahren sind in Prachuap sogar ein paar ausgewachsene Pensionen auf der Bildfläche erschienen.

IN DER STADT
Maggie's Homestay
PENSION $

(☎08 7597 9720; 5 Soi Tampramuk; Zi. 150–600 B; ✳ @) Die reizende Besitzerin Maggie sorgt in altmodischer Backpacker-Tradition für ihre bunte Gästeschar, die sich bei ihr wie zuhause fühlt. Die einfachen Zimmer

ABSTECHER: GRENZMARKT DAN SINGKHON

Nur 12 km südwestlich von Prachuap Khiri Khan liegt die birmanische Grenzstadt Dan Singkhon. Einst ein strategischer Militärposten, findet in Dan Singkhon heute ein lebendiger Grenzmarkt statt, der bei den Einheimischen für seine vielen Schnäppchen geschätzt wird.

Am Samstagmorgen tauchen bei Sonnenaufgang Birmanen in der Kurve gleich hinter dem Grenzposten auf und schieben turmhoch mit dem üblichen Schnickschnack, Marktwaren und Pflanzen beladene Handkarren. Touristen sind oft starr vor Staunen, was so alles in einen Koffer passt, aber Einheimische und Auswanderer machen oft Shopping-Abstecher hierher und decken sich mit Orchideen, der Spezialität des Marktes, oder Hartholzmöbeln ein. Auch wenn man nur zum Bummeln herkommt, kann man das festliche Flair des Marktes mit seiner dröhnenden Musik, den bunten Sonnenschirmen, die den Straßenrand säumen, und den strohgedeckten „Verkaufshütten" unter Palmen genießen. Man sollte aber lange vor 12 Uhr kommen, wenn man den Markt ausführlich erkunden möchte, da er schon mittags wieder schließt.

Wer von Prachuap Khiri Khan mit einem eigenen Fahrzeug nach Dan Singkhon fahren möchte, folgt dem Hwy 4 in Richtung Süden. Nach ein paar Kilometern sieht man einen Wegweiser nach Dan Singkhon; von hier geht's dann über 15 km nach Westen, bis man die Grenze erreicht.

sind in einem umgebauten Haus mit schattigem Garten untergebracht und teilen sich eine Gemeinschaftsküche.

Yuttichai Hotel — PENSION $

(☏0 3261 1055; 115 Th Kong Kiat; Zi. 160–400 B; ❄@) Das Yuttichai ist eine der ersten Pensionen in Prachuap und bietet einfache Budgetzimmer (mit kalten Duschen) ganz in der Nähe des Bahnhofs. Die billigsten Zimmer teilen sich ein Gemeinschaftsbad. Wer nicht hier absteigt, sollte zumindest ihrem altmodischen thailändisch-chinesischen Café einen Besuch abstatten, das bei den „Männern in Braun" (Polizei) sehr beliebt ist.

Sun Beach Guesthouse — PENSION $$

(☏0 3260 4770; www.sunbeach-guesthouse. com; 160 Th Chai Thaleh; Zi. 700–1000 B; ❄❄❄) Das Sun Beach ist ein hervorragendes Mittelklassehaus und verbindet die Annehmlichkeiten eines Hotels mit der Gastfreundschaft einer Pension. Sein neoklassischer Stil und die leuchtend gelben Farben lassen alles noch mehr aufleben, und die Zimmer sind supersauber und haben je eine große Veranda.

Prachuap Beach Hotel — HOTEL $$

(☏0 3260 1288; 123 Th Suseuk; Zi. 650–1100 B; ❄❄) Leuchtend weiße Bettwäsche und bunte Akzente an den Wänden verleihen diesem mehrstöckigen Haus ein wenig mehr Flair. Auf der einen Seite bietet sich ein grandioser Blick aufs Meer, auf der anderen eine schöne, wenn auch nicht unbedingt atemberaubende Aussicht auf die Berge.

AUSSERHALB DER STADT

[LP TIPP] Aow Noi Sea View — HOTEL $$

(☏0 3260 4440; www.aownoiseaview. com; Ao Noi; Zi. 600–800 B; ❄) Dieses dreistöckige Hotel nördlich der Stadt ist Prachuaps bestes Haus am Meer. Der hübsche Strand Ao Noi liegt direkt vor der Tür, und die Gäste können die Meeresbrise und Zimmer mit großen Badezimmern und heimeligem Ambiente genießen, während die Bettwäsche draußen auf der Leine trocknet.

Happy Inn — PENSION $

(☏0 3260 2082; 149-151 Th Suanson; Zi. 250–500 B) 1 km nördlich der Stadt stehen sich diese einfachen Bungalows (mit kalten Duschen) entlang einer mit Ziegeln gepflasterten kleinen Straße gegenüber, die direkt neben einem hübsch bewaldeten Kanal endet. Hier ist man direkt gegenüber von Ao Prachuaps Strand, und das Personal ist ungemein reizend und spricht zurückhaltend leise.

Golden Beach Hotel — HOTEL $$

(☏0 3260 1626; www.goldenbeachprachuap. com; 113-115 Th Suanson; Zi. 500–1200 B; ❄❄) Das Golden Beach in der Nähe des Happy Inn ist eine gemütliche Mittelklasseoption direkt gegenüber von Ao Prachuaps Strand. Einige Zimmer haben großzügige Panoramafenster, sodass man beinahe glauben könnte, dass man mit den Meeresbewohnern schläft.

🍴 Essen

Die Restaurants in Prachuap sind günstig und lecker, und in den kleinen Lokalen entlang der Th Chai Thaleh gibt's immer öfter auch westliches Essen. Nirgends bekommt man Ananas von den umliegenden Obstplantagen so frisch wie auf dem **Tagesmarkt** (Th Maitri Ngam; ⏱tagsüber), und man kann die Verkäufer auch bitten, sie gleich aufzuschneiden. Auf der anderen Straßenseite steht ein **muslimischer Hähnchenstand** (Th Maitri Ngam; Gerichte 40–60 B; ⏱Abendessen), der vielleicht die knusprigsten Brathähnchen des ganzen Landes brutzelt. Der **Nachtmarkt** (Th Kong Kiat; ⏱17–21 Uhr) ist relativ klein und bietet die üblichen Stände mit Pfannengerichten.

LP TIPP **Rim Lom** SEAFOOD $$
(5 Th Suanson; Gerichte 120–220 B; ⏱mittags & abends) Wir träumen heute noch von diesem Essen, das wir an einem strahlenden Sonnentag, umgeben von Beamten in der Mittagspause, genießen durften. Das *pàt pŏng gà·rèe 'boo* (Krabbencurry) wird mit dicken Stücken süßen Krabbenfleisches serviert, und das *yam ta·lair* (Meeresfrüchtesalat) ist scharf und rund im Geschmack und enthält alle erdenklichen Meeresfrüchte.

Phloen Samut MEERESFRÜCHTE $$
(44 Th Chai Thaleh; Gerichte 80–200 B; ⏱mittags & abends) In praktischer Stadtlage ist das Phloen Samut eines von mehreren Meeresfrüchterestaurants entlang der Promenade, auch wenn die Einheimischen monieren, dass das Essen ein bisschen besser sein könnte.

Ma Prow INTERNATIONAL $$
(48 Th Chai Thaleh; Gerichte 80–200 B; ⏱mittags & abends) Das Ma Prow ist ein luftiger Holzpavillon direkt gegenüber vom Strand und serviert ein ausgezeichnetes *'blah săm·lee dàat dee·o* (eine lokale Spezialität mit ganzem, sonnengetrocknetem *cotton fish*, der frittiert und mit Mangosalat serviert wird). Der Tamarinden-Fisch ist ein weiteres Lieblingsgericht von Einheimischen und Touristen gleichermaßen.

Ning's Guesthouse Restaurant
INTERNATIONAL $
(Th Chai Thaleh; Gerichte 40–120 B; ⏱morgens, mittags & abends) Das Ning präsentiert sich im verspielten Rasta-Ambiente, ist immer früh auf und serviert schon westliches Frühstück, wenn alle anderen noch schlafen. Gekocht wird aber den ganzen Tag über.

Suan Krua VEGETARISCH $
(Soi Tampramuk; Gerichte 30–60 B; ⏱mittags) Neben dem Maggie's Homestay serviert dieses Restaurant nur für kurze, aber rasante Zeit vegetarische Gerichte, bevor es bis zum nächsten Tag wieder schließt. Unbedingt zügig und sehr hungrig hierherkommen!

ℹ️ Praktische Informationen

Bangkok Bank (Ecke Th Maitri Ngam & Th Sarachip)

Polizei (Th Kong Kiat) Gleich westlich der Th Sarachip.

Post (Ecke Th Maitri Ngam & Th Suseuk)

Thai Farmers Bank (Th Phitak Chat) Gleich nördlich der Th Maitri Ngam.

Touristeninformation (📷0 3261 1491; Th Chai Thaleh; ⏱8.30–16.30 Uhr) Am Nordrand der Stadt; das Personal spricht Englisch und ist sehr hilfsbereit.

ℹ️ An- & Weiterreise

Es fahren stündlich klimatisierte Busse von der Th Phitak Chat zu den folgenden Zielen:

Bangkok (170 B, 5 Std.)

Cha-am (100 B, 2 Std.)

Hua Hin (100 B, 1½ Std.)

Phetchaburi (140 B, 3 Std.)

Minivans fahren von der Ecke Th Thetsaban Bamrung und Th Phitak Chat zu den folgenden Orten:

Bangkok (250 B)

Ban Krut (70 B, 1 Std.)

Bang Saphan Yai (80 B, 1½ Std.)

Chumphon (180 B, 3½ Std.)

Hua Hin (80 B)

Langstreckenbusse in südliche Ziele (z. B. Phuket und Krabi) halten am neuen Busbahnhof 2 km nordwestlich der Stadt am größten Highway; Motorradtaxis fahren für 40 bis 50 B dorthin.

Der Bahnhof befindet sich in der Th Maharat; es werden häufig Verbindungen nach Bangkok angeboten (1. Klasse 768 B, 2. Klasse 210–425 B, 3. Klasse 168 B, 6 Std.).

ℹ️ Unterwegs vor Ort

Prachuap ist so klein, dass man es bequem zu Fuß erkunden kann, aber für 20 bis 30 B kann man auch mit dem Motorradtaxi durch die Stadt fahren. Wer weiter entfernt liegende Ziele, etwa Ao Noi oder Ao Manao, besuchen möchte, muss mit 100 bis 150 B rechnen.

Oder man leiht sich für 250 B pro Tag ein Motorrad aus. Die Straßen in der Gegend sind wirklich gut, und man kann auf diese Art wunderbar die umliegenden Strände erkunden.

Ban Krut & Bang Saphan Yai บ้านกรูด/บางสะพานใหญ่

4275 / 68344 EW.

Diese wunderschönen, entspannten Strände liegen zwar in unmittelbarer Nähe zur Zivilisation (80 km bzw. 100 km südlich von Prachuap Khiri Khan), sind aber trotzdem unglaublich idyllisch – eine echte Überraschung. Sanft legt sich die Abenddämmerung über die Kokospalmen, und das kristallklare, blaue Meer brandet sachte gegen die lange, sandige Küste. Keine Hochhäuser, keine Nachtclubs und kein vorbeirasender Verkehr, der einen vom Ferienprogramm abhalten könnte: Hier kann man in aller Ruhe lesen, schwimmen, essen und Rad fahren.

Auch wenn beide Strände angenehm unaufgeregt sind, sind sie bei den Thais durchaus bekannt, und besonders in Ban Krut fallen oft ganze Busladungen und Familien auf Wochenendurlaub ein. Unter der Woche teilt man sich die Strände jedoch höchstens mal mit ein paar Langschwanzbooten.

Auf den Websites **Ban Krut Info** (www.bankrutinfo.com) und **Bang Saphan Guide** (www.bangsaphanguide.com) gibt's weitere Informationen rund um die Gegend.

Ban Krut wird vor einem mit einem Tempel gekrönten Landzunge in zwei Strände geteilt. Im Norden liegt, abgeschieden und sehr privat, **Hat Sai Kaew**; hier warten nur ein paar Resorts im umliegenden, dichten Dschungel. Im Süden bietet **Hat Ban Krut** eine Strandstraße mit einer Reihe von Resorts und Restaurants im Bungalow-Stil auf der landzugewandten Seite der Straße. Beide Strände locken mit goldgelbem Sand und klarem, ruhigem Wasser, aber Hat Ban Krut ist ein bisschen geselliger und man ist auch ohne eigenes Fahrzeug etwas mobiler.

Bang Saphan Yai, 20 km südlich von Ban Krut, trifft das berühmte thailändische Strandklischee perfekt: So sah Thailand vor 15 Jahren aus, bevor Poolvillen und Pauschaltouristen die faulen Strandhippies vertrieben. Sobald man es sich in einer der einfachen Strandhütten gemütlich gemacht hat, braucht man vermutlich die ganze Zeit über keine Schuhe mehr, und die Tage werden nur so dahinschmelzen. Vor den Inseln vor der Küste, z.B. **Ko Thalu** und **Ko Sing**, kann man von Ende Januar bis Mitte Mai prima schnorcheln und tauchen.

🛏 Schlafen & Essen

Ban Krut

Es dürfte nicht leicht sein, hier eine Budgetoption zu finden, aber wer nicht am Wochenende anreist, sollte sich einen Rabatt sichern können. In Hat Ban Krut kann man sich Fahrräder (100 B/Tag) und Motorräder (300 B/Tag) ausleihen, wenn man in der Stadt etwas zu erledigen hat, und die meisten Unterkünfte organisieren Schnorchelausflüge zu den nahen Inseln. Wer in Hat Sai Kaew absteigt, braucht allerdings private Transportmöglichkeiten.

LP TIPP **Proud Thai Beach Resort** PENSION $$
(☏08 9682 4484; www.proudthairesort.com; Hat Ban Krut; Zi. 700–1200 B; ❄) Die guten Bungalows in einem vor Blumen überquellenden Garten haben je eine eigene Veranda, und der morgendliche Kaffee wird vom freundlichen Besitzer serviert.

NaNa Chart Baan Kruit HOTEL $$
(☏0 3269 5525; www.thailandbeach.com; Hat Sai Kaew; B 490 B, Zi. 800–2600 B; ❄ 🖥) Technisch gesehen ist das NaNa Chart ein Hostel, aber mit seinen vielfältigen Bungalows an einem kaum besuchten Strand kann es auch als Resort bezeichnet werden. Die billigsten Holzhütten teilen sich Gemeinschaftsbäder, aber die etwas edleren am Wasser bieten fast alle modernen Annehmlichkeiten. Das Resort richtet sich an größere Gruppen – mit Gesellschaft ist also zu rechnen. Hostelmitglieder (200 B für eine dreijährige Mitgliedschaft) bekommen Rabatt.

Bayview Beach Resort HOTEL $$$
(☏0 3269 5566; www.bayviewbeachresort.com; Hat Sai Keaw; Zi. 1700–4800 B; ❄ 🖥) Eine tolle Wahl für Familien – das Bayview bietet hübsche Bungalows mit großer Veranda inmitten einer schattigen Anlage. Es gibt einen Pool am Strand, ein kinderfreundliches Planschbecken und einen kleinen Spielplatz. Außerdem bietet das Resort Konferenzräume für Gruppen und Kongresse an.

Kasama's Pizza PIZZERIA $$
(Hat Ban Krut; Gerichte ab 150 B; ⊘mittags & abends) Dieses Freiluft-Lokal in der Nähe der Hauptstraße ist ein Favorit der Auswanderer und serviert höchst lobenswerte New-York-Style-Pizzas in Kokospalmenumgebung.

Bang Saphan Yai

Der Strand liegt 6 km südlich der Stadt Bang Saphan Yai. Die Unterkünfte sind eine Mischung aus teureren Poolvillen südlich der Why Not Bar und einfacheren Strandhütten im Norden.

Roytawan
PENSION $

(Zi. ab 300 B, 🐕) Dieses einfache Haus direkt am Strand wird von einer ganz bezaubernden einheimischen Familie geführt. Die Bungalows sind eher schlicht, aber der ortsansässige Hahn schläft freundlicherweise bis zur Morgendämmerung. Das Restaurant ist auch phänomenal. Wer von hier aus weiter nach Norden reist, findet dort ganz ähnliche Unterkünfte.

Patty Hut
PENSION $

(📞08 6171 1907; Zi. 300–700 B; ✳) Das eher ausgeflippte Haus hinter dem Coral Hotel liegt 300 m vom Strand entfernt und besteht aus einer Ansammlung von Holzbungalows, die von schlicht bis schlichter reichen.

Suan Luang Resort
PENSION $

(📞0 3281 7031; www.suanluang.com; Bungalows 480–680 B; ✳) Das Suan Luang ist die professionellste Pension der Gegend. Sie wird von einer freundlichen Familie geführt und bietet Holzbungalows rund um einen Innengarten, aber man ist 700 m vom Strand entfernt. Das ausgezeichnete Restaurant serviert thailändische und französische Küche, und außerdem sind Ausflüge zu den Wasserfällen und Parks im Angebot.

Coral Hotel
HOTEL $$

(📞0 3281 7121; www.coral-hotel.com; Zi. 1525–5580 B; ✳@⛱) Dieses teurere Hotel liegt direkt am Strand und bietet alle Annehmlichkeiten eines Resorts, auch organisierte Tauch- und Schnorcheltouren. Die Zimmer sind die hohen Preise zwar nicht unbedingt wert, aber die Konkurrenz in dieser Kategorie ist eben recht mager.

ℹ Anreise & Unterwegs vor Ort

Da der öffentliche Nahverkehr in dieser Gegend eher begrenzt oder nicht existent ist, sollte man sich vergewissern, dass man auch wirklich in einen Bus steigt, der in der Stadt hält und nicht am Highway, da dieser in unpraktischer und teurer Entfernung zu den Stränden liegt. Wenn man den Transport bucht, sollte man Bang Saphan Yai nicht mit Bang Saphan Noi verwechseln – das ist ein Fischerdorf 15 km weiter südlich.

Vom Südbahnhof (Sai Tai Mai) in Bangkok fahren Busse nach Ban Krut (275 B, Abfahrt 12.30 Uhr, 6 Std.) und Bang Saphan Yai (275 B, stündl., 6 Std.); in Bangkok ist **Bangsaphan Tour** (📞08 7829 7752) eine gute Wahl.

Von Prachuap Khiri Khan fahren oft Minivans nach Ban Krut (70 B) und Bang Saphan Yai (80 B).

Viele erfahrene Besucher reisen wegen der kürzeren Entfernung zu den Stränden lieber mit dem Zug an. Täglich werden mehrere Verbindungen angeboten, aber der Schnellzug (Spezialexpress Nr. 43) ist eine der, nun, schnellsten. Er fährt um 8 Uhr an der Hua-Lamphong-Station in Bangkok ab und erreicht Ban Krut (445 B) um 12.45 Uhr, Bang Saphan Yai (450 B) um 13 Uhr. Alternativ kann man mit dem Nachmittagszug nach Chumphon fahren und hat noch jede Menge Zeit, die Fähre nach Ko Tao zu erwischen.

Ein Motorradtaxi aus der Stadt zu den Stränden sollte zwischen 40 und 70 B kosten. Der Rücktransport in die Stadt oder für die Weiterreise kann vom Hotel oder der Pension arrangiert werden.

Chumphon
ชุมพร

55835 EW.

Chumphon ist ein Transitort, durch den Reisende auf dem Weg von oder nach Ko Tao oder Ranong oder Phuket im Westen strömen.

Auch wenn es hier nicht allzu viel zu tun gibt, während man wartet, eignen sich die umliegenden Strände wunderbar, wenn man mal für ein paar Tage vom Backpacker-Zug springen möchte. **Hat Thung Wua Laen** (15 km nördlich der Stadt) ist ein hübscher Strand, der mit dem öffentlichen Nahverkehr gut an Chumphon angeschlossen ist und Touristen jede Menge Annehmlichkeiten bietet.

Für einen Verkehrsknotenpunkt ist Chumphon allerdings überraschend schlecht organisiert. Man muss sich auf Reisebüros (S. 586) verlassen, wenn man Tickets buchen oder einen Fahrplan möchte oder der Suche nach der richtigen Bushaltestelle ist – glücklicherweise sind die Reisebüros in Chumphon aber eine sehr engagierte Truppe.

✯ Feste & Events

Chumphon Marine Festival
KULTUR

Von Mitte März bis Ende April finden am Hat Thung Wua Laen verschiedene Events statt, die von Ausstellungen mit Volkskunst über Schattentheater bis hin zu jeder Menge Essen einiges bieten.

Traditionelles Bootsrennen Chumphon
KULTUR

Um das Ende der buddhistischen Fastenzeit im Oktober (Ork Phansaa) zu feiern, treten bei diesem traditionellen Rennen Langschwanzboote auf dem Mae Nam Lang Suan (Fluss Lang Suan), 60 km südlich von

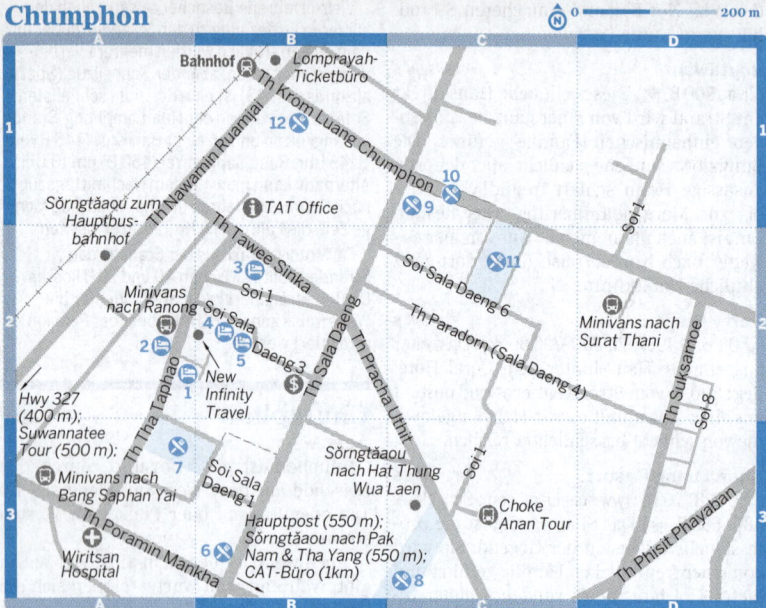

Chumphon

🛏 Schlafen

1 Chumphon Gardens Hotel A2
2 Farang Bar A2
3 Morakot Hotel B2
4 San Tavee New Rest House B2
5 Suda Guest House B2

✖ Essen

6 Ban Yang Na B3

7 Tagesmarkt A3
8 Tagesmarkt C3
9 Fame Restaurant C1
   Khanom Jeen Restaurant .... (siehe 9)
10 Nachtmarkt C1
11 Ocean Shopping Mall C2
12 Papa Seafood B1

Chumphon, gegeneinander an. Während des Festivals finden auch andere Verdienste bringende Aktivitäten statt.

🛏 Schlafen

Da die meisten Übernachtungsgäste in Chumphon Backpacker sind, fallen auch die Unterkünfte in diese Preiskategorie.

In der Stadt

LP TIPP Suda Guest House PENSION $
(☎ 0 7750 4366; 8 Soi Bangkok Bank; Zi. 230–500 B; ✳) Suda, die freundliche, Englisch sprechende Besitzerin, hält in ihren sechs makellosen Zimmern mit Holzboden und einigen netten Details, die man zu diesem Preis nicht unbedingt erwarten würde, durchweg ihren Standard. Sehr beliebt, also lieber vorher anrufen!

San Tavee New Rest House PENSION $
(☎ 0 7750 2147; 4 Soi Bangkok Bank; Zi. 200–300 B) Wenn das Suda's zwei Türen weiter schon voll ist, kann man es mal bei den vier Zimmern hier probieren. Sie sind klein, aber sauber, haben Ventilatoren und teilen sich ein Gemeinschaftsbad.

Farang Bar PENSION $
(☎ 0 7750 1003; 69/36 Th Tha Taphao; Zi. 150–300 B; @) Das Farang Bar ist ein Hafen für Backpacker, bietet heruntergekommene Zimmer neben einer Bar (was sonst?) und richtet sich hauptsächlich an Gäste, die mit Bussen von der Th Khao San in Bangkok hierhergebracht werden. Die „Miet-duschen" (20 B) sind mit runden Kieseln verziert und versprühen ein unerwartetes (und unbeabsichtigtes, da sind wir ganz si-

cher) Spa-Flair. Das Restaurant kann man sich allerdings getrost sparen.

Morakot Hotel
HOTEL $$

(☎0 7750 2999; 102-112 Th Tawee Sinka; Zi. 800–950 B; ✳) Dieses mehrstöckige, hellgrüne Gebäude kam kürzlich in den Genuss einer Aufwertung und hat sich in eine solide Mittelklassewahl für VIPs aus der Provinz verwandelt.

Chumphon Gardens Hotel
HOTEL $

(☎0 7750 6888; 66/1 Th Tha Taphao; Zi. 500 B; ✳) Die großzügigen Zimmer mit Kabelfernsehen bieten eine tolle Abwechslung, während man abhängt und wartet.

Außerhalb der Stadt

Chumphon Cabana Resort & Diving Centre
HOTEL $$$

(☎0 7756 0245; www.cabana.co.th; Hat Thung Wua Laen; Zi. 1800–2700 B; ✳ ✳) Auch wenn die Zimmer mal eine Schönheitskur vertragen könnten, hat sich das Chumphon Cabana wirklich ins Zeug gelegt, was die Verbesserung seines Umweltprofils betrifft. Inspiriert von der Rede des Königs zum Thema „Umweltschutz und Nachhaltigkeit", hat der Besitzer einen Blick in die Vergangenheit geworfen, um zu lernen, wie ein grünes Resort aussehen müsste, und es entsprechend neu gestaltet. Die Anlage versorgt sich nun mit Reisfeldern, Hydrokulturgärten und einer Hühnerfarm selbst. Abwasser wird in den Hyazinthenteichen recycelt, und inzwischen gilt das Resort für andere schon als nachahmenswertes Beispiel.

Wer nicht hier absteigt, sollte sich zumindest eines der köstlichen Gerichte aus eigenem Anbau im **Rabieng Talay** gönnen, dem resorteigenen Restaurant.

View Resort
BUNGALOWS

(Hat Thung Wua Laen, Zi. 650–1000 B; ✳) Die netteste in einer Reihe von Optionen mit einfachen Bungalows am Hat Thung Wua Laen.

MT Resort
HOTEL $$

(☎0 7755 8153; www.mtresort-chumphon.com; Hat Tummakam Noi; Zi. 950–1500 B; ✳) Dieses freundliche Haus an einem ruhigen Strand neben dem Lomprayah-Fähranleger ist eine gute Wahl, wenn man seine Reise vor oder nach Ko Tao mal kurz unterbrechen möchte. Es stehen kostenlos Kajaks zur Verfügung, mit denen man die Inseln vor der Küste und die Mangroven im nahen Mu Ko Chumphon National Park erkunden kann. Den Transfer kann man von Chumphon aus telefonisch organisieren.

✗ Essen & Ausgehen

Chumphons **Nachtmarkt** (Th Krom Luang Chumphon) ist ausgezeichnet, bietet eine große kulinarische Vielfalt und eignet sich prima zum Leute beobachten. Es gibt auch zwei **Tagesmärkte** (Th Tha Taphao & Th Pracha Uthit).

Khanom Jeen Restaurant
THAILÄNDISCH $

(Th Sala Daeng; Gerichte 60 B; ⏰morgens & mittags) Dieses kleine Lokal neben dem Fame Restaurant ist dank seines scharfen *kà·nŏm jeen* (Reisnudeln mit würziger Fischsauce) eine echte lokale Berühmtheit. Mit Indischem Basilikum, Gurkenscheiben und eingelegtem Gemüse kann man die Gerichte ganz nach dem persönlichen Geschmack verfeinern.

Ban Yang Na
CAFÉ $

(Th Sala Daeng; Gerichte ab 40 B; ⏰morgens & mittags; ✳) Dieses Café mit Klimaanlage ist ein netter Rückzugsort, wenn die Hitze zu groß wird oder man einen Koffeinschub braucht oder sich mit leckerem Gebäck verwöhnen möchte.

Papa Seafood
SEAFOOD $$

(2-2/1 Th Krom Luang Chumphon; Gerichte 80–200 B; ⏰mittags & abends) Das Essen (selbstredend hauptsächlich Meeresfrüchte) ist gut, aber nicht außergewöhnlich, aber der Laden ist bei den Einheimischen trotzdem beliebt. Gleich neben dem Papa 2000, wo man das Abendessen wieder abtanzen kann.

Fame Restaurant
INTERNATIONAL $

(188/20 Th Sala Daeng; Gerichte 80–220 B; ⏰morgens, mittags & abends) Das Fame ist bei *farang* (Ausländern) beliebt und bietet von allem ein bisschen: Es serviert westliches Frühstück und thailändische Pfannengerichte, bucht Fährtickets, und gegen Bezahlung kann man auch mal duschen. Es öffnet schon vor Sonnenaufgang und schließt erst spätnachts wieder.

Ocean Shopping Mall
INTERNATIONAL $$

(abseits Th Sala Daeng; Gerichte 150–250 B; ⏰mittags & abends) Chumphons Einkaufszentrum ist zwar kein kulinarisches Highlight, aber es hat eine Klimaanlage und praktische Kettenrestaurants, in denen man bei einem längeren Shoppingaufenthalt einen Happen essen kann.

ℹ Praktische Informationen

Entlang der Th Sala Daeng gibt's mehrere Banken, die Geld wechseln und über einen Geldautomaten verfügen.

Bangkok Bank (Th Sala Daeng) Mit Geldautomat.

CAT-Büro (Th Poramin Mankha) 1 km östlich vom Postamt.

Hauptpost (Th Poramin Mankha) im Südostteil der Stadt.

New Infinity Travel (0 7757 0176; 68/2 Th Tha Taphao; ⊙8–22 Uhr; @) Ein tolles Reisebüro mit kompetentem, freundlichem Personal. Außerdem kann man hier Taschenbücher ausleihen und eines der vier Zimmer mieten.

TAT (⊘0 7750 1831; 111/11-12 Th Tawee Sinkha; ⊙9–16.30 Uhr) Hält Karten und Broschüren bereit, ist in Sachen Transportinfos aber nicht immer auf dem neuesten Stand.

Wiratsin Hospital (⊘0 7750 3238; Th Poramin Mankha) Privatkrankenhaus, auch für Notfälle.

ℹ An & Weiterreise

Bus

Der Hauptbusbahnhof befindet sich am Highway, unpraktische 16 km außerhalb von Chumphon. Man kann sich auf der Th Nawamin Ruamjai ein *sŏrng·tăa·ou* (50 B) schnappen, um dorthin zu kommen. Wer nachts zum/vom Bahnhof gefahren werden möchte, muss mit den Taxifahrern feilschen, aber ganz egal, was sie sagen, es sollte nicht mehr kosten als 200 B.

In der Stadt gibt's mehrere Bushaltestellen, sodass man sich eine Fahrt hinaus zum Busbahnhof oft sparen kann. **Choke Anan Tour** (⊘0 7751 1757; Soi abseits der Th Pracha Uthit) im Stadtzentrum bietet täglich Verbindungen zu den folgenden Zielen:

Bangkok Südbahnhof (Sai Tai Mai) (375 B bis 550 B, acht Stunden, fünf täglich)

Hat Yai (370 B; 7 Std.; 4-mal tgl.)

Phuket (320 B; 3½ Std.; 4-mal tgl.)

Ranong (320 B; 2 Std.; 4-mal tgl.)

Suwannatee Tour (⊘0 7750 4901), 700 m südöstlich der Bahnhofstraße, fährt folgende Ziele an:

Bangkok Südbahnhof (Sai Tai Mai) (270 B bis 405 B, VIP-Busse 2. Klasse, 3-mal tgl.)

Cha-am (175 B)

Hua Hin (170 B)

Phetchaburi (205 B)

Prachuap Khiri Khan (120 B)

Minivan-Anbieter gibt's zuhauf; sie fahren an ihren jeweiligen Büros überall in der Stadt ab (s. Karte Chumphon):

Surat Thani (170 B, 3 Std., stündl.) Fährt in einer namenlosen Soi in der Th Krom Luang Chumphon ab; die Soi befindet sich östlich eines Optikers.

Bang Saphan Yai (120 B, 2 Std., 2-mal am Nachmittag) Fährt in der Th Poramin Mankha in der Nähe des Krankenhauses ab.

Ranong (120 B, 2½ Std., 7–15 Uhr stündl.) Fährt in der Th Tha Taphao ab und kommt an der Bushaltestelle Ranong (in der Stadt) an.

Flugzeug

Solar Air (⊘0 7755 8212; www.solarair.co.th) fliegt nach Bangkok (1 Std.; 1-mal tgl., 2900 B).

Schiff/Fähre

Wer nach Ko Tao (S. 624) möchte, kann auf verschiedene Arten per Boot anreisen, aber die meisten legen morgens oder nachts ab. Die Ticketpreise schließen den Transfer zum Pier größtenteils mit ein. Wer ein Kombiticket kauft, sollte sichergehen, dass er tatsächlich eine Fahrkarte für Bus und Boot hat.

Langsames Boot (250 B, 6 Std., 0 Uhr) – die billigste, langsamste und idyllischste Option: Die Passagiere betten sich auf dem Deck des Fischerbootes zur Nacht und über ihnen funkeln die Sterne. Dieses Boot fährt nicht bei rauer See oder unfreundlichem Wetter.

Autofähre (350 B, 6 Std., Mo–So 23 Uhr) – eine etwas komfortablere Fahrt mit Übernachtung in Stockbetten oder auf Matratzen.

Songserm-Expressboot (450 B, 3 Std., 7 Uhr) – schnellere Morgenverbindung ab Tha Talaysub, 10 km außerhalb der Stadt.

Lomprayah-Katamaran (600 B, 1¾ Std., 7 & 13 Uhr) – eine beliebte Bus-Boot-Kombination, Abfahrt ist in Tha Tummakam, 25 km außerhalb der Stadt. Das Ticketbüro befindet sich neben dem Bahnhof Chumphon.

Zug

Es gibt häufig Verbindungen nach/von Bangkok (2. Klasse 292 B bis 382 B, 3. Klasse 235 B, 7½ Std.); Übernachtverbindungen mit Schlafwagen kosten zwischen 440 und 770 B.

Schnell- und Expresszüge Richtung Süden – die einzigen Züge mit 1. und 2. Klasse – sind weniger häufig und zwischen November und Februar von Chumphon aus oft schwer zu buchen.

ℹ Unterwegs vor Ort

Sŏrng·tăa·ou und Motorradtaxis kosten innerhalb der Stadt 40 bzw. 20 B pro Fahrt. *Sŏrng·tăa·ou* zum Hat Thung Wua Laen kosten 30 B.

Bei Reisebüros und in Pensionen kann man sich für 200 bis 250 B pro Tag Motorräder ausleihen, und Leihwagen kosten über Reisebüros etwa 1500 B pro Tag.

Ko Samui & die südwestliche Golfregion

Gut essen

» Dining On The Rocks
(S. 602)
» Five Islands (S. 606)
» The Whitening (S. 635)

Schön übernachten

» Six Senses Samui (S. 598)
» Anantara Bo Phut (S. 599)
» L'Hacienda (S. 599)
» Sarikantang (S. 614)
» The Sanctuary (S. 619)

Auf nach Ko Samui & in die südwestliche Golfregion!

Im südwestlichen Golf liegt Thailands ultimatives Inseltrio: Ko Samui, Ko Pha-Ngan und Ko Tao. Diese spektakuläre Familie lockt jedes Jahr Millionen Touristen mit weichem Pulversand und smaragdfarbenem Wasser. Als ältester Bruder hat Ko Samui eine geschäftsmäßige Einstellung zum Urlaub. Zur Schweizer Präzision seiner Luxusresorts gehören uniformierte Angestellte, die Gästen alle Wünsche erfüllen. Mit wirren Dreadlocks und einem Faible für Partys bis zum frühen Morgen relaxt das mittlere Kind Ko Pha-Ngan gern lässig in der Hängematte. Das temperamentvolle Nesthäkchen Ko Tao beweist dagegen jede Menge Mumm bei adrenalintreibenden Aktivitäten (z.B. Tauchen und Schnorcheln auf Weltklasse-Niveau).

Wer auf eine etwas einsamere Alternative aus ist, findet gleich jenseits der drei Inselbrüder einen schmalen Archipel aus winzigen Eilanden: Ein himmlischer Mix aus Grün- und Blautönen beschert Besuchern des Ang Thong Marine National Park ein paar der schönsten Postkartenansichten des ganzen Königreichs.

Reisezeit

Nach dem Monsun scheint von Februar bis April durchgängig die Sonne. Die Zeit zwischen Juni und August fällt praktischerweise auf die Sommerferien der Nordhalbkugel. Mit relativ kurzen, schwachen Regenperioden zählen diese Monate zu den einladendsten der Region.

Von Oktober bis Dezember trommeln sintflutartige Monsunregenfälle wie nervöse Finger auf die heißen Blechdächer. Dann fallen die Zimmerpreise stark, um ein paar optimistische Strandgänger anzulocken.

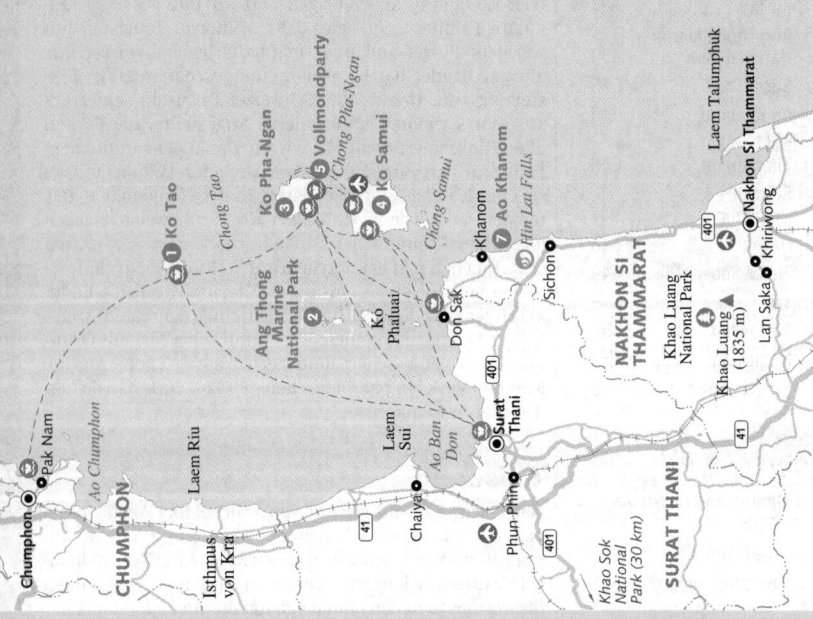

Highlights

❶ Nemo im kunterbunten Königreich vor der Küste von **Ko Tao** (S. 624) finden

❷ An den versteckten, hellgelben Stränden des **Ang Thong Marine National Park** (S. 639) im unberührten Sand versinken

❸ An einem abgeschiedenen Strand auf **Ko Pha-Ngan** (S. 609) eine Baumwoll-Hängematte aufspannen und die Zehen in die gekräuselten Wellen stecken

❹ Bei einer Fünfsterne-Massage auf **Ko Samui** (S. 590) wie ein Kätzchen schnurren

❺ Bei **Vollmondpartys** in Hat Rin (Ko Pha-Ngan; s. Kasten

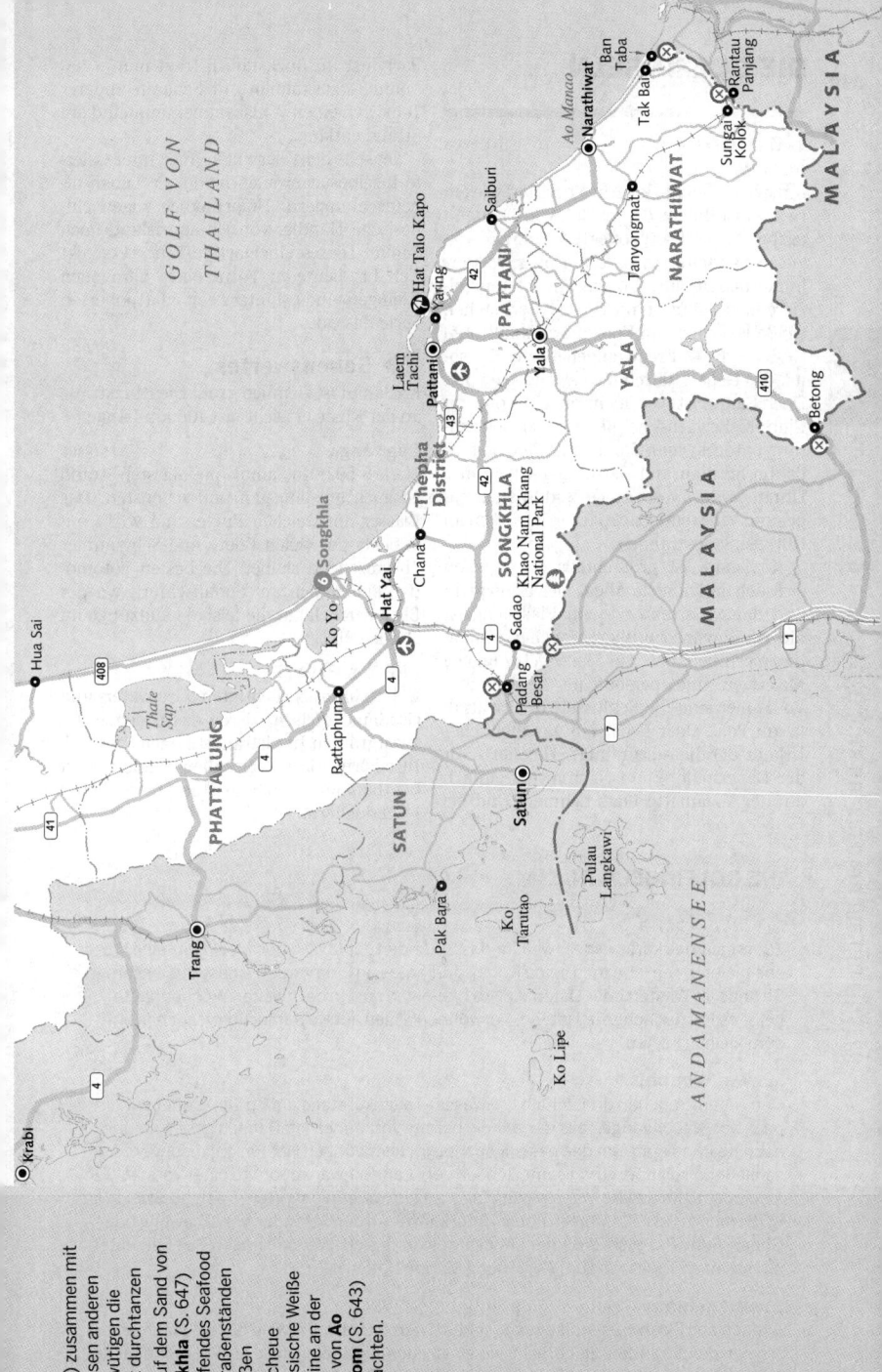

S. 611) zusammen mit zahllosen anderen Feierwütigen die Nacht durchtanzen

6 Auf dem Sand von **Songkhla** (S. 647) dampfendes Seafood an Straßenständen genießen

7 Scheue Chinesische Weiße Delphine an der Küste von **Ao Khanom** (S. 643) beobachten.

Ko Samui เกาะสมุย

40 230 EW.

Auf den ersten Blick wirkt Ko Samui wie ein riesiger Golfplatz, der im Golf von Thailand treibt: Das perfekt gepflegte Grün wird von vielen Sandbunkern und ein paar Wasserhindernissen durchzogen. An herumstolzierenden Männern mittleren Alters stehen weiße Poloshirts im Kontrast zu knallroten Gesichtern, während angeheuertes Personal das Gepäck durch die Gegend schleppt. Doch Samui ist weit mehr als ein Country-Club für Erwachsene: Bei näherer Betrachtung entdeckt man dampfende Imbissstände am Straßenrand, Jetsetter-Partys um 2 Uhr morgens, verborgene Buddhistentempel und verstreute Backpacker-Baracken an ruhigen Sandstränden.

Ko Samui ist größtenteils die Art von Ort, der individuelle Abenteuer ermöglicht und danach strebt, wie ein Flaschengeist die Ferienwünsche aller Besucher ultimativ zu erfüllen. Lust auf Meerblick, tägliche Massagen und persönliche Bedienstete? Voilà, hier sind die Schlüssel zur Privatvilla am Pool. Oder lieber ein ganzheitlicher Urlaub, der die Aura reinigt? Hex hex – vor der Darmspülung am Nachmittag einfach auf der Yogamatte Platz nehmen. Und bei Partylust im Rockstarstil trägt man – kabumm – zusammen mit Scharen anderer Touristen einen Whiskeyeimer taumelnd am Strand entlang.

Jenseits der Feierwut können interessierte Inselbesucher auch ins lokale Leben hineinschnuppern: Ursprünglich zogen chinesische Händler von Hainan Island nach Samui. Dieses einzigartige Erbe versteckt sich bis heute in Form einer blühenden Kleingemeinde hinter der glattpolierten Ferienfassade.

◉ Sehenswertes

Ko Samui ist ziemlich groß: Die Ringstraße an der Küste erreicht fast 100 km Länge.

Chaweng STRAND

(Karte S. 592) Ko Samuis populärster Strand ist auch am längsten und schönsten. Das Wasser am weichen Pulversand wirkt angesichts der vielen Boote und Schwimmer überraschend sauber. Die besten Fotomotive bieten sich am Südabschnitt, wo der Blick herrlich auf die felsige Landzunge im Norden fällt.

Hin-Ta & Hin-Yai AREAL

Die berühmt-berüchtigten „Großvater- und Großmutterfelsen" zieren das Südende des zweitgrößten Inselstrands namens **Lamai.** Ihre Form, die an Genitalien erinnert sorgt bei thailändischen Touristen für fröhliches Dauerkichern.

DIE GOLFINSELN IN …

… einer Woche

Zuerst einmal: kurz weinen, weil für das Erkunden der idyllischen Inseln nur eine Woche bleibt. Dann lebe man seine Robinson-Fantasien ultimativ an einem der einsamen Strände im Westen oder Osten von Ko Pha-Ngan aus. In der zweiten Wochenhälfte heißt es Partymachen in Hat Rin, Verwöhnenlassen auf Ko Samui oder Tauchen auf dem kleinen Ko Tao.

… zwei Wochen

Den Anfang machen dreieinhalb Freiwasser-Tauchkurstage auf Ko Tao – oder ein paar Spaßtauchgänge, falls der Schein bereits vorhanden ist. Danach geht's hinüber nach Ko Pha-Ngan, um den geselligen Vibe im feierwütigen Hat Rin aufzusaugen. Anschließend schippert man samt Gepäck per „Langschwanzboot" zu einer versteckten Inselbucht, um den Körper ein paar Tage lang in Ruhe zu entgiften. Nächste Station ist Ko Samui: In Bo Phut warten noble Unterkünfte, an den Stränden von Chaweng oder Choeng Mon Exzesse, die einem Rockstar würdig sind. Wer dann noch Zeit hat, unternimmt einen Tagestrip zum Ang Thong Marine National Park.

… einem Monat

Einfach den Zweiwochenplan relaxter absolvieren und dabei viele faule Zusatz-Lesetage an den Stränden aller drei Inseln einstreuen. Und keinesfalls die Vollmondparty verpassen, die am Sunrise Beach von Hat Rin (Ko Pha-Ngan) steigt.

0 — 5 km

Ko Pha-Ngan (25 km)
Ko Pha-Ngan (15 km); Ko Tao (62 km)
Wat Na Phalan
Ao Bang Po
Laem Na Phra Lan
Ko Som
Ao Samrong
Wat Plai Laem
Ban Bang Po
Ban Tai
Laem Sai
Wat Phra Yai
Hat Choeng Mon
Laem Yai
Hat Mae Nam
Ban Mae Nam
Ko Fan Yai
Hat Ang Thong
Hat Bo Phut
Ban Bo Phut
Big Buddha Beach
Hyperbaric Chamber
▲(467 m)
Flughafen
Na Thon
Bandon International Hospital
Ko Matlang
Surat Thani (76 km)
Tourist Police
Ban Lipa Yai
Immigration Office
Samui International Hospital
Chaweng See
Samui Hospital
Wat Hin Lat
Nam Tok Hin Lat
▲(465 m)
Hat Chaweng
Ang Thong Marine National Park (31 km)
Ban Lipa Noi
Khao Pom (630 m)
Hat Chaweng Noi
Ban Saket
Khao Phlu (565 m)
Coral Cove
Laem Chon Khram
Ao Thong Yang
Nam Tok Na Muang
Ban Lamai
Ao Thong Ta Khian
Don Sak (30 km); Khanom (35 km)
Thong Yang
Nam Tok Wang Saotong
Laem Nan
Ao Taling Ngam
Ban Thurian
Ban Taling Ngam
Hat Lamai
Khao Khwang ▲ (410 m)
Wat Khunaram
Ban Hua Thanon
Wat Samret
Ao Phangkka
Ban Bang Kao
Khao Thaleh
Samui Aquarium & Tiger Zoo
Ban Phang Ka
Ban Thong Krut
Hat Na Thian
Laem Hin Khom
Ao Thong Krut
Wat Laem Saw
Ao Bang Kao
Laem Set
GOLF VON THAILAND
GOLF VON THAILAND
Laem Saw
Ko Taen
Ko Mat Sum (2 km)

Hua Thanon
STADTVIERTEL

Gleich hinter Lamai beheimatet Hua Thanon eine lebendige muslimische Gemeinde. Die hochbugigen Fischerboote am hiesigen Hafen bilden eine veritable Galerie aus komplexen Formen.

Bo Phut
STADTVIERTEL

(Karte S. 594) Die **nördlichen Strände** sind nicht so eindrucksvoll wie ihre östlichen Pendants und haben vergleichsweise gröberen Sand. Allerdings punkten sie mit entspannter Atmosphäre und super Aussicht auf Ko Pha-Ngan. Bo Phut zeichnet sich durch sein charmantes Fisherman's Village aus, dessen schmale chinesische Geschäftshäuser zu trendigen Resorts und Boutique-Hotels umgebaut wurden.

Nam Tok Na Muang
WASSERFALL

(Karte S. 591) Samuis größter, malerischster und vergleichsweise etwas weniger stark besuchter Wasserfall (30 m) liegt ca. 12 km von Na Thon entfernt in der Inselmitte.

Über himmlisch violette Felsen stürzt er stufenweise in einen tollen Naturpool mit Bademöglichkeiten hinab. In der Nähe bzw. gleich nördlich der Ringstraße warten bei Hua Thanon zwei weitere Wasserfälle: der kleinere **Na Muang 2** und der hohe **Nam Tok Wang Saotong** (Karte S. 591), zu dem eine kürzlich verbesserte Straße führt.

Wat Hin Lat
TEMPEL

(Karte S. 591; ☎ 0 7742 3146) Nahe den gleichnamigen Wasserfällen im Westen Samuis veranstaltet der Meditationstempel täglich *Vipassana*-Kurse.

Nam Tok Hin Lat
WASSERFALL

(Karte S. 591) Ein Abstecher zu diesem Wasserfall bei Na Thon lohnt sich, wenn man vor der Bootspassage zum Festland einen Nachmittag totschlagen muss. Nach der leicht anstrengenden Wanderung über Felsen und Bäche sollten sich Besucher mit einem Bad im Naturpool am Fuß der Fälle belohnen – und nach dem buddhistischen

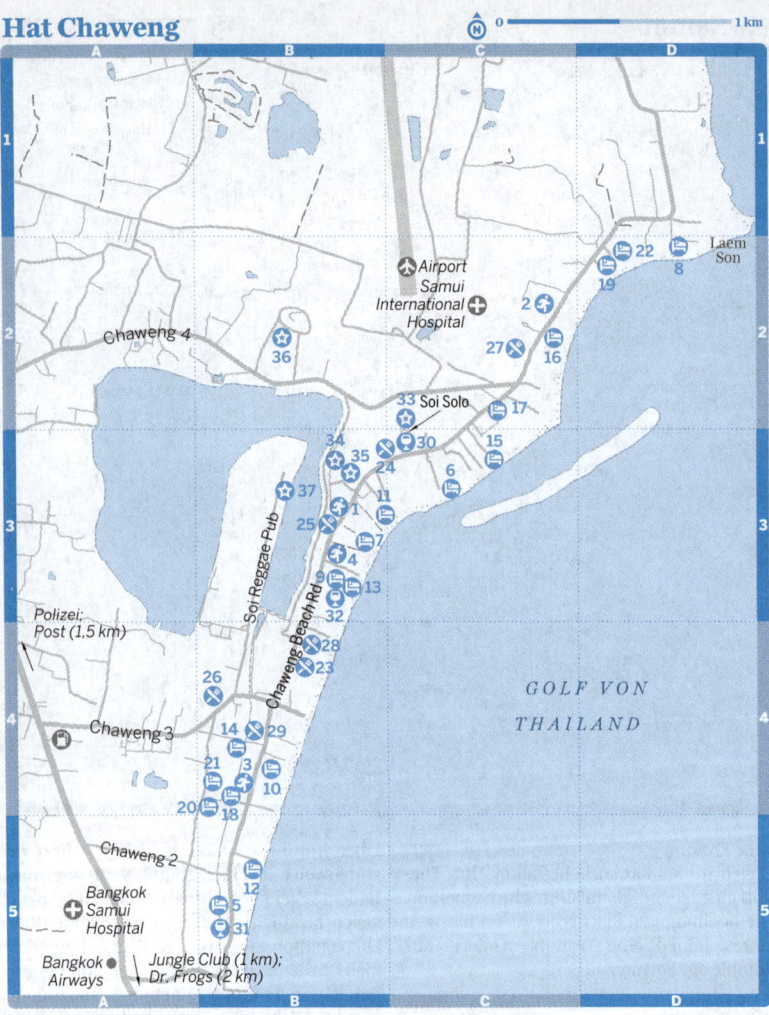

Tempel Ausschau halten, der Schilder mit spirituellen Sprüchen zu Erleuchtung oder moralischer Orientierung aufstellt. Stabiles Schuhwerk ist ratsam.

Wat Laem Saw
TEMPEL

(Karte S. 591) Toll für Tempelfans: Am Südende Samuis steht nahe Ban Phang Ka der Wat Laem Saw mit einer alten und intensiv verehrten Stupa im Srivijaya-Stil.

Wat Phra Yai
TEMPEL

(Tempel des Großen Buddha; Karte S. 591) Der Wat Phra Yai steht auf einer kleinen Felsinsel, die ein Damm mit Samuis Nordende verbindet. Dort sitzt ein 15 m hoher, Buddha seit 1972 in der Mara-Position. Gegen Meer und Tropenhimmel gibt er eine reizvolle Silhouette ab. Zum neuen, nahegelegenen Tempel **Wat Plai Laem** (Karte S. 591) gehört ein Riesenbuddha mit 18 Armen.

Wat Khunaram
TEMPEL

(Karte S. 591) Mehrere Tempel beherbergen Mumien frommer Mönche – so auch der Wak Khunaram südlich der Rte 4169 zwischen Th Ban Thurian und Th Ban Hua. Seit seinem Tod vor über 20 Jahren sitzt der hiesige Mönch (Luang Phaw Daeng) konserviert in Meditationshaltung und trägt dabei eine Sonnenbrille.

Wat Samret   TEMPEL

(Karte S. 591) Im Wat Samret nahe der Th Ban Hua sitzt ein typischer Mandalay-Buddha aus massivem Marmor. In Indien und Nordthailand ist dies häufiger zu sehen, im Süden vergleichsweise seltener.

🏃 Aktivitäten

Spas & Yoga

Dank der starken Konkurrenz in Samuis Fünfsterne-Hotelsektor sind die örtlichen Wellnesstempel vom Feinsten. Für spitzenmäßiges Verwöhnen empfehlen wir das Spa vom Anantara Bo Phut oder das Hideaway Spa im Six Senses Samui. Als ältestes Gesundheitszentrum der Insel ist das Spa Resort in Lamai bis heute für effektives „Durchputzen" durch Fasten bekannt.

Yoga Thailand   YOGA & SPA

(☑0 7792 0090; www.yoga-thailand.com; Phang Ka; Aufenthalt ab 680 €; ❄@⌂) In versteckter Lage an der Südküste läuten hier hochmoderne Einrichtungen und ein engagiertes Trainerteam eine neue Ära des therapeutischen Urlaubs ein. Die Unterkünfte sind weiter oben an der Straße in einem behaglichen Apartmentblock untergebracht. Die Yogastudios, Wellnesszentren und das lebhafte Café befinden sich direkt am Ufer.

Tamarind Retreat   THAI-MASSAGE

(☑0 7723 0571; www.tamarindretreat.com) Weitab vom Strand verbirgt sich das Tamarind in einer ruhigen Kokosplantage. Die wenigen Villen und Massagestudios sind perfekt in die Natur integriert: Teilweise zieren Granitbrocken die Wände und Fußböden, während anderswo Privatteiche oder kreative Freiluftbäder vorhanden sind.

Health Oasis Resort   YOGA & SPA

(☑0 7742 0124; www.healthoasisresort.com) Wer Aura oder Darm „reinigen" lassen möchte, ist bei diesem New-Age-Hit an der richtigen Adresse. Zur Auswahl stehen diverse Pauschalangebote mit Gesundheitsprogrammen von Meditation bis hin zum Fasten. Die modernen Bungalows bekommen viel Sonne ab. Natürlich gibt's auch ein vegetarisches Hausrestaurant.

Absolute Sanctuary   YOGA & SPA

(☑0 7760 1190; www.absoluteyogasamui.com) Das freundliche Yogastudio von früher ist

Bo Phut

heute ein florierender Wellnesskomplex mit vielen Unterkünften und allen möglichen Entspannungs- bzw. Entschlackungsprogrammen.

Tauchen

Ernsthafte Taucher sollten für die Dauer ihres Unterwasser-Abenteuers direkt auf Ko Tao wohnen. Wer wenig Zeit hat und Samui nicht verlassen will, gelangt mit vielen Anbietern zu denselben Tauchspots (natürlich zu höheren Preisen). Am besten wählt man eine Firma, die selbst ein Boot besitzt oder chartert. Das ist zwar etwas teurer, aber im Nachhinein lohnenswert: Veranstalter ohne eigene Boote bringen Taucher oft per Passagier-Katamaran nach Ko Tao, wo dann ein zweiter Kahn zur Tauchstelle startet. Bei diesen recht unpersönlichen, mühsamen Trips gibt's auch nichts zu essen.

Auf Ko Samui sind Qualifizierungskurse oft doppelt so teuer wie auf Ko Tao – größtenteils wegen zusätzlicher Spritkosten, da das winzige Tao deutlich näher an den bevorzugten Tauchspots liegt. Neben dem Tauchschein (16 000–22 000 B) gibt's Tagestrips, die je nach Lage der Tauchstelle zwischen 3200 und 6200 B kosten.

Ko Samuis Überdruckkammer befindet sich am Big Buddha Beach (Hat Bang Rak).

100 Degrees East TAUCHEN
(✆0 7742 5936; www.100degreeseast.com; Bang Rak) Höchst empfehlenswert.

Diversity TAUCHEN
(Karte S. 592; ✆0 7741 3196; www.diversity.nl; Hat Chaweng) Im Amari Hotel.

Samui Planet Scuba TAUCHEN
(SIDS; Karte S. 592; ✆0 7723 1606; samuiplanet scuba@planetscuba.net; Hat Chaweng)

Noch mehr Aktivitäten

Blue Stars KAJAKFAHREN, SCHNORCHELN
(Karte S. 592; ✆0 7741 3231; www.bluestars.info; geführte Touren 2600 B) Für Schnorchel- und Kajakbegeisterte empfehlen sich Tagesausflüge zum herrlichen Ang Thong Marine Park. Blue Stars (ansässig in Hat Chaweng auf Ko Samui) veranstaltet dort geführte Seekajaktrips.

Fußball-Golf SPORT

(☎08 9771 7498; ☺9–18.30 Uhr) Auch für Kinder ein toller Spaß: Beim seltsamen „Fußball-Golf" (Par 66) in Choeng Mon „puttet" man Fußbälle in Löcher mit Mülltonnendurchmesser. Bei jedem Spiel (300 B) gibt's gratis ein alkoholfreies Getränk.

Namuang Safari Park THEMENPARK

(☎0 7742 4098) Der Themenpark nahe den Na-Muang-Wasserfällen bietet jede Menge Safari- und Pauschalangebote. Die verschieden langen Abenteuertouren (ab 900 B) umfassen z. B. Elefantenritte, Affenshows, Geländewagenfahrten oder sogar spannendes Gummibaummelken auf Kautschukplantagen. Abholen und -setzen am Hotel ist stets im Preis enthalten.

Samui Aquarium & Tiger Zoo THEMENPARK

(Karte S. 591; ☎0 7742 4017; Erw./Kind 750/450 B; ☺9–18 Uhr) Tiger (Show um 14.30 Uhr), eine große Vogelvoliere, Seelöwen (Show um 13.30 Uhr) und Aquarien mit den üblichen Arten bieten hier eine nette Abwechslung für Kinder. Manche Käfige und Becken wirken jedoch ziemlich heruntergekommen. Der Eintritt beinhaltet das Benutzen des großen Park-Pools.

🎓 Kurse

Samui Institute of
Thai Culinary Arts KOCHKURS

(SITCA; Karte S. 592; ☎0 7741 3434; www.sitca. net; Hat Chaweng) Wer einen Thai-Kochkurs in Erwägung zieht, sollte das SITCA besuchen. Neben täglichen Kochkursen gibt's hier auch Unterricht in der königlichen Thai-Kunst, komplexe Blumenmuster aus Obst und Gemüse zu schnitzen. Die Mittagskurse starten um 11 Uhr, die fürs Abendessen um 16 Uhr. Beide dauern drei Stunden und kosten jeweils 1950 B (inkl. drei oder mehr Gerichte). Sie beinhalten auch super Infos zur Beschaffung von Zutaten in der eigenen Heimat. Natürlich vertilgt man dann die Früchte seiner Arbeit und kann dazu sogar eine weitere Person einladen. Das Üben zu Hause erleichtern kostenlose DVDs mit Thai-Kochvorführungen.

🛏 Schlafen

„Standard", „Deluxe", „Standard Deluxe", „Deluxe Superior", „Superior Standard" – was bedeutet das alles? Samuis verwirrende Hotelbegriffe sind so schwer zu entziffern wie eine uralte Maya-Sprache. Das Unterkunftsangebot der Insel ist überwältigend. Zusätzlich zu unseren Lieblingsadressen (s. unten) gibt's noch zahllose weitere Optionen.

Lust, viel Geld auszugeben? Hier herrscht definitiv kein Mangel an Spitzenklasseresorts mit extravaganten Bungalows, charmanten Spas, privaten Infinity Pools und erstklassigen Restaurants. Bo Phuts reizvolle Boutique-Adressen an der nördlichen Inselküste sind die perfekte Wahl für Traveller, die den Mittelklassebereich bevorzugen. Backpacker haben es dagegen etwas schwerer. An allen Inselständen finden sich aber ein paar vereinzelte Budgetquartiere.

Privatvillen sind seit ein paar Jahren recht beliebt; diesbezügliche Vermieterfirmen inserieren oft in den verschiedenen Touristenbroschüren der Insel.

Die Sortierung dieses langen Abschnitts beginnt mit Chaweng und Lamai an der populären Ostküste. Gegen den Uhrzeigersinn werden danach Optionen an kleineren Stränden rund um Samui beschrieben.

CHAWENG

🔲 Jungle Club BUNGALOWS $$
LP TIPP
(außerhalb der Karte S. 592; ☎08 1894 2327; www.jungleclubsamui.com; Bungalow 800–4500 B; ✱@🛜☷) Für die gefährliche Anfahrt über eine steile Rutschpiste wird man vollständig durch die unglaubliche Aussicht am oberen Ende belohnt. Das einsame Bergrefugium ist bei Einheimischen und Touristen gleichermaßen sehr beliebt. In relaxter, naturnaher Atmosphäre entspannen Gäste am herrlichen Infinity Pool oder machen ein Freiluft-Nickerchen in einem schilfgedeckten *săh·lah* (Aussprache oft *sala,* wörtl. Bedeutung „Saal"; offener Pavillon). Wer seinen kostbaren Dschungelurlaub nicht im Ganzkörpergips verbringen möchte, sollte unbedingt vorab einen Shuttle per Telefon anfordern. Alternativ fahren auch Taxis hierher (ab Hauptstraße/ Chawengs Zentrum 50/100 B).

🔲 Library RESORT $$$
LP TIPP
(Karte S. 592; ☎0 7742 2767; www.thelibrary.name; Zi. ab 13 300 B; ✱@🛜☷) Diese Fata Morgana in funkelndem Weiß ist fast schon zu cool und heißt ironischerweise The Library (Die Bibliothek). Schwarze Elemente und geschlitzte Jalousien setzen Akzente, während in jeder „Seite" (engl. page; hiesige Zimmerbezeichnung) ein futuristischer iMac steht. Abgesehen davon mögen wir vor allem die einfarbigen, großen Wandinstallationen, die abends hell leuchten und

sich farblich an die eigene Stimmung anpassen lassen. Lebensgroße Statuen stellen Lesende dar. Bei akuter Bücherlust bietet die Hausbibliothek eine tolle Auswahl an farbenfrohen Werken zu Kunst und Design. Pflicht ist der rechteckige Riesenpool: Seine Fliesen in intensiven Rottönen lassen ein „Blutbad" plötzlich verlockend erscheinen.

Tango Beach Resort RESORT $$
(Karte S. 592; ☑0 7742 2470; www.tangobeach samui.com; Zi. 1600–4600 B; ✳@🛜🏊) Die Bungalows des tollen Mittelklasseresorts säumen einen Plankenpfad aus Teakholz, der sich vom Strand wegschlängelt.

Centara Grand RESORT $$$
(Karte S. 592; ☑0 7723 0500; www.centralhotels resorts.com; Zi. 8900–19 500 B; ✳@🛜🏊) Das gepflegte Riesengelände voller Palmen liegt mitten in Chaweng. Allerdings ist es so groß, dass Gäste problemlos dem Straßenlärm entkommen. Die Zimmer in einem hotelartigen Gebäude sind auffallend westlich gestaltet bzw. dekoriert. Eltern können ins Spa oder in eins der vier Restaurants flüchten, während der Nachwuchs von hauseigenen Kinderbetreuern in einer weitläufigen Poollandschaft beaufsichtigt wird.

Baan Chaweng Beach Resort RESORT $$$
(Karte S. 592; ☑0 7742 2403; www.baanchaweng beachresort.com; Bungalow 3500–7000 B; ✳@🛜🏊) Diese Neueröffnung mit relativ niedrigen Preisen ist super für alle, die bezahlbaren Spitzenklasse-Luxus suchen. Die Teakholzmöbel der tadellosen Zimmer in verschiedenen Pfirsich- und Birnentönen wirken gleichzeitig modern und traditionell.

Muang Kulay Pan Hotel RESORT $$$
(Karte S. 592; ☑0 7723 0849-51; www.kulaypan. com; Zi. 4200–15 000 B; ✳@🛜🏊) Das auffällige Architektur- bzw. Designkonzept kombiniert Zen und Thai. Allerdings wirkt das Dekor irgendwie willkürlich. Die gezielte Vernachlässigung des küstenseitigen Geländes trägt zusätzlich zum chaotischen Ambiente des einzigartigen Resorts bei

Baan Haad Ngam RESORT $$$
(Karte S. 592; ☑0 7723 1500; www.baanhaadn gam.com; Bungalow 6400–14 000 B; ✳@🛜🏊) Das dynamische Resort meidet teilweise den üblichen Mix aus Teakholz und Brauntönen: Das interessante Fassadengrün erinnert an radioaktive Sellerie. Frech, elegant und bei entsprechend großem Geldbeutel eine super Wahl.

Pandora Boutique Hotel RESORT $$
(Karte S. 592; ☑0 7741 3801; www.pandorasamui.com; Zi. 2700–4900 B; ✳🛜🏊) Das so bezaubernde wie erinnerungswürdige Pandora scheint einem Comicbuch entsprungen zu sein – vielleicht *Den Abenteuern von Tim und Struppi: Das Geheimnis überraschend günstiger Unterkunft in Chaweng?* Die Zimmer sind mit fröhlichen Pastelltönen, Holzzierleisten und ein paar Steinelementen gestaltet.

Kirikayan Boutique Resort RESORT $$$
(☑0 7733 2299; www.kirikayan.com; Zi. ab 5295 B; ✳@🛜🏊) Das Farbkonzept dieser hippen Option an Chawengs südlichem Sandstrand kombiniert schlichtes Weiß, schreiendes Rot und lackiertes Teakholz. Vorbei an dicken Palmenstämmen und himmelhohen Bäumen geht's zur erholsamen Poolterrasse im Hinterbereich.

Ark Bar RESORT $$
(Karte S. 592; ☑0 7742 2047; www.ark-bar.com; Bungalow 1500 B; ✳🛜🏊) In der „Archenbar" sind alle Arten zweimal vertreten: Feierwütige, relaxte Hippies, Teenager, Mittvierziger und sogar Kanadier. Kürzlich hat das Resort damit begonnen, mit luxuriöseren Quartieren einen Gang höher zu schalten.

Chaweng Garden Beach RESORT $$
(Karte S. 592; ☑0 7796 0394; www.chaweng garden.com; Zi. ab 1850–8500 B; ✳@🛜🏊) Der populäre „Flashpacker"-Großkomplex hat viele verschiedene Zimmer und besonders freundlich lächelndes Personal.

Nora Chaweng HOTEL $$
(Karte S. 592; ☑0 7791 3666; www.norachaweng hotel.com; Zi. ab 2100 B; ✳@🛜🏊) Das relativ neue Hotel im betriebsamen Chaweng liegt nicht direkt am Strand, wartet aber mit eleganten Zimmern, einladendem Pool und erholsamem Spa-Studio auf.

Loft Samui HOSTEL $
(Karte S. 592; ☑0 7741 3420; www.theloftsamui. com; Zi. ab 590 B; ✳@🛜) Auch diese Budgetoption in Chaweng ist recht neu und macht es ehemals angesagten Adressen wie dem Wave nicht gerade leicht. Die günstigen Zimmer im Lehmziegel-Stil punkten mit schrägen Details und cleveren Einbauelementen. Bei israelischen Touristen sind sie scheinbar recht beliebt.

Akwa PENSION $
(Karte S. 592; ☑08 4660 0551; www.akwaguest house.com; Zi. ab 700 B; ✳@🛜) Die charmante Pension im B&B-Stil hat ein paar funky

Zimmer mit fröhlicher Farbgestaltung. Sie empfängt Gäste mit Comicmotiven, Teddybären auf allen Betten und unkonventionellen Bücherregalen voller DVDs.

Queen Boutique Resort
HOTEL $
(Karte S. 592; ☑ 0 7741 3148; queensamui@yahoo. com; Zi. ab 800–1200 B; ✴@🛜) Hier gibt's vergleichsweise unfreundliches Personal und schicke Quartiere zu Backpacker-Preisen. Unbedingt ein Zimmer mit Fliesenboden nehmen: Die Varianten mit abgenutztem Linoleumbelag sind weniger attraktiv.

Baan Samui
RESORT $$$
(Karte S. 592; ☑ 0 7723 0965; www.see2sea.com; Zi. ab 8240 B; ✴@🛜⛱) Die Gruppe bunter Wohneinheiten am Strand steht in starkem Kontrast zum nüchternen Library nebenan. Wenn Familie Feuerstein eine Ferienranch hätte, würde die wohl genau so aussehen.

Samui Hostel
HOSTEL $
(Karte S. 592; ☑ 08 9874 3737; B 180 B; ✴@) Die überraschend gut gepflegten Schlafsäle hinter der nichtssagenden Vorderfassade sind super für Alleinreisende mit kleinem Geldbeutel. Paare sollten jedoch wissen, dass sich in Chaweng auch private Doppelzimmer für ca. 400 B auftreiben lassen.

P. Chaweng
HOTEL $
(Karte S. 592; ☑ 0 7723 0684; Zi. 400–600 B, Suite 1000 B; ✴@) Weinranken bedecken dieses Budgethotel, das Strandnähe nicht einmal vorgaukelt. Die Holzmöbel in den rosa gefliesten, geräumigen und blitzsauberen Zimmern haben teilweise ein paar Macken. Am besten kein Quartier direkt an der Straße wählen: Diebe könnten potentiell etwas zu leicht durch offene Fenster einsteigen.

LAMAI

LP TIPP — Rocky Resort
RESORT $$$
(☑ 0 7741 8367; www.rockyresort.com; Hua Thanon; Zi. 4890–17 000 B; ✴🛜⛱) Unser örtlicher Favorit liegt in Wirklichkeit gleich südlich von Lamai und hat in ruhigeren Monaten niedrige Preise. Das Rocky findet die richtige Balance zwischen Nobelambiente und geselliger Atmosphäre. An Meerblick herrscht kein Mangel; alle Zimmer haben schönes Mobiliar mit Thai-Touch, das moderne Einflüsse perfekt integriert. Der Pool wurde in ein Felsensemble gehauen, das den Steinstrand imitiert – daher der Name.

Banyan Tree Koh Samui
RESORT $$$
(☑ 0 7791 5333; www.banyantree.com/en/ samui/overview; Villa ab 23 000 B; ✴@🛜⛱) Phukets nobelste Adresse betreibt ein Schwesterresort an Lamais abgeschiedenem Nordstrand. Diese weitläufige Ode an Luxus ohne Limits nimmt eine ganze Bucht in Beschlag. Dort überragen Dutzende Villen auf spinnenbeinartigen Stelzen die Vegetation, während Jetsetter in Golfkarts zwischen zahllosen Restaurants und einem Monsterspa (mit erholsamem Regenwaldsimulator!) übers Gelände flitzen.

Samui Jasmine Resort
RESORT $$$
(☑ 0 7723 2446; 131/8 Moo 3; Zi & Bungalow 3800–5000 B; ✴🛜⛱) In der Mitte von Lamais Strand bietet das angenehme Samui Jasmine ein super Preis-Leistungs-Verhältnis. Zu empfehlen sind die günstigeren Zimmer, die meist mit toller Aussicht auf den Ozean und den kristallklaren Pool punkten. Das Designkonzept umfasst viel lackiertes Teakholz und verspielte Accessoires wie Lavendelkissen.

Spa Resort
BUNGALOWS $$
(☑ 0 7723 0855; www.spasamui.com; Lamai North; Bungalow 800–2800 B; ✴🛜) Das gesundheitsorientierte Spa offeriert alle möglichen Therapieprogramme (z. B. Darmspülungen, Massagen, Yoga, Hypnose, entgiftende Wasseranwendungen), die auch Nichtgäste nutzen können. Dabei scheint es niemanden zu kümmern, dass die Unterkünfte für Lamai-Verhältnisse günstig sind. Die Bäder lassen etwas zu wünschen übrig. Doch wer braucht bei einwöchigem Fasten schon eine Toilette? Da die Zimmer meist schnell ausgebucht sind, ist rechtzeitige Reservierung per E-Mail ratsam.

iBed
HOSTEL $
(☑ 0 7745 8760; www.ibedsamui.com; B/EZ 550/1100 B) Das schickste Hostel der Insel (wenn nicht gar des ganzen Landes) bietet alle Extras einer von Apple gesponserten Raumstation: Einzelfernseher für alle Betten, sanfte Farben, strahlend weiße Bettwäsche und jede Menge polierten Beton. In betriebsameren Monaten sorgen die breiten Veranden, der große Gemeinschaftsbereich und die moderne Küche für Geselligkeit.

Lamai Wanta
RESORT $$
(☑ 0 7742 4550, 0 7742 4218; www.lamaiwanta. com; Zi. & Bungalow 1954–4800 B; ✴@🛜⛱) Mit beige- und blaufarbenen Fliesen à la Musterbuch wirkt der Poolbereich etwas retro. Die modernen Motelzimmer und Bungalows dahinter sind jedoch frisch in Weiß gestrichen. Die minimalistische Inneneinrichtung ist fast schon spartanisch. Das

Resort liegt in Richtung von Lamais Südende; das kleine Schild steht am Ende einer schmalen, strandseitigen Nebenstraße.

Amarina Residence
PENSION $

(www.amarinaresidence.com; Zi. 900–1200 B) Verglichen mit den meisten Eingangsbereichen in den Tropen ist die Lobby ungewöhnlich dunkel. Dennoch sind die Obergeschosszimmer mit geschmackvollen Leichtholzmöbeln sehr sonnig.

Beer's House
BUNGALOWS $

(0 7723 0467; 161/4 Moo 4 Lamai North; Bungalow 200–550 B) Die schattigen Minibungalows reihen sich im Sand. Manche Hütten teilen sich Gemeinschaftstoiletten, während viel Platz zum Aufspannen faulheitsfördernder Hängematten vorhanden ist.

New Hut
BUNGALOWS $

(0 7723 0437; newhut@hotmail.com; Lamai North; Hütte 200–500 B) Budget-Bleiben am Strand sind selten. Die hier hat winzige, aber charmante Hütten in Dreiecksform.

NÖRDLICHE STRÄNDE
An Ko Samuis Nordstränden ist das Unterkunftsangebot am größten. Choeng Mon hat eins der opulentesten Resorts der Welt, während Mae Nam und Bang Po ihre Backpacker-Wurzeln trotz neuer Nobelherbergen bewahren. Bo Phut in der Mitte ist der strahlende Stern an Samuis Strandhimmel.

Choeng Mon

LP TIPP Six Senses Samui
RESORT $$$

(0 7724 5678; www.sixsenses.com/hideaway-samui/index.php; Bungalow ab 18 000 B; ✳@☎☲) Bei diesem versteckten Bambusparadies entlang eines schroffen Kaps lohnt es sich, einmal im Leben so richtig Geld auszugeben. Es definiert den Begriff „barfüßige Eleganz" exakt mit der perfekten Balance zwischen Opulenz und rustikalem Charme. Die Villen haben größtenteils tolle Tauchbecken aus Beton und bieten einen Traumblick auf die ruhige Bucht darunter. Die halboffenen Luxusbäder geben einem „Royal Flush" (Pokerbegriff; etwa „königlicher Guss") eine ganz neue Bedeutung. In beigefarbenen Golfkarts pendeln Gäste zwischen ihren verborgenen Bungalows und großartigen Einrichtungen wie dem Weltklasse-Spa oder den beiden Spitzenrestaurants.

Tongsai Bay
RESORT $$$

(0 7724 5480-5500; www.tongsaibay.co.th; Suite 11000–30 000 B; ✳☎☲) Für Verwöhnen mit allem Drum und Dran empfiehlt sich dieses abgeschiedene Luxusjuwel. Auf dem weitläufigen, tadellos gepflegten Hügelgelände wirkt seine Bungalowgruppe eher wie ein kleines Dorf. In Golfkarts flitzen Gäste über das riesige Gelände zum Abendessen oder zu verschiedenen Aktivitäten (z. B. Massagen). Die ultra mondänen, zweigeschossigen Suiten punkten allesamt mit eigenen Erholungsbereichen (inkl. Ruhebetten), tollem Romantikdekor, super Aussicht, großen Terrassen und, wie sich herausstellen wird, einfallsreich platzierten Badewannen. Zu den Einrichtungen zählen ein Tennisplatz, ein Süßigkeiten-Shop, mehrere Restaurants, das obligatorische Spa, Salz- und Süßwasserpools.

Sala Samui
RESORT $$$

(0 7724 5888; www.salasamui.com; Bungalow 360–1100 US$; ✳☎@☎☲) Achtung Geschäftssinn: Das Sala Samui schreibt seine Preise in US-Dollar und nicht in Baht aus! Sind die hohen Preise gerechtfertigt? Definitiv. Das Designkonzept ist unzweifelhaft exquisit. Überall regieren majestätisches Weiß und lackiertes Teakholz, während raffinierte türkisblaue Farbakzente die privaten Tauchbecken aller Villen prägen.

Imperial Boat House Beach Resort
RESORT $$$

(0 7742 5041-52; www.imperialhotels.com; Hat Choeng Mon; Zi. 4000–5500 B, Suite in Boot 6000–6700 B; ✳☎☲) Das mondäne Refugium besitzt ein dreistöckiges Hotel und mehrere freistehende Bungalows aus echten Teakholz-Reisbarken, deren Bugbereiche zu großartigen Veranden umgebaut wurden. Kanonen aus oxidiertem Kupfer blasen Wasserstrahlen in den bootsförmigen Pool.

Ô Soleil
BUNGALOWS $

(0 7742 5232; Zi. & Bungalow ab 400 B; ✳) Als eins von Samuis günstigeren Strandhotels vermietet das alte Ô Soleil eine Reihe von Bungalows und halb freistehenden Wohneinheiten, die sich vom Sand aus landeinwärts erstreckt. Hier geht's sehr zwanglos zu – darum unbedingt alle Wertsachen sicher verstauen!

Big Buddha Beach (Bang Rak)
Der Spitzname dieser Ecke rührt von dem goldenen Riesenbuddha her, der über das nahegelegene Beinahe-Inselchen Ko Fan wacht. Die Nähe zum Flughafen bedeutet niedrigere Resortpreise.

Samui Mermaid
RESORT $

(📞0 7742 7547; www.samui-mermaid.info; Zi. 400–2500 B; 🌼@🛜🏊) Mit zwei großen Pools, zwei tollen Restaurants, vielen Strandkörben und Kabelfernsehen in allen Zimmern kommt diese tolle Budgetoption wie ein vollwertiges Resort rüber. Die Landebahn des Insel-Airports liegt nur wenige Kilometer entfernt und lässt Gäste gelegentlich unter Lärm leiden. Dafür entschädigen jedoch kostenlose Flughafenshuttles.

Shambala
BUNGALOWS $

(📞0 7742 5330; www.samui-shambala.com; Bungalow 600–1000 B; 🌼🛜) Während umliegende Unterkünfte auf betuchte Touristen abzielen, ist das Shambala unter englischer Leitung eine entspannte Backpacker-Bastion mit subtilem Hippievibe. Hier gibt's helle, geräumige Bungalows, eine tolle Sonnenterrasse aus Holz und Gemeinschaftsbereiche mit vielen Sitzkissen. Das gleichermaßen fröhliche Personal erteilt Reisetipps.

Ocean 11
PENSION $$

(📞0 7741 7118; www.o11s.com; Bungalow 1900–3200 B; 🌼🛜) Die tollen Mittelklasse-Apartments an einem relativ ruhigen Sandstreifen sind echte Schnäppchen: Sie bieten ein kleines Stück Luxus zu erschwinglichen Preisen. Die entspannte Atmosphäre und das Dekor im mediterranen Cottage-Stil haben so gut wie nichts mit dem namengebenden Film am Hut.

Bo Phut

Bo Phut hat zwar keinen atemberaubenden Strand, aber die energetischsten Unterkünfte der ganzen Insel. Eine Reihe belebter Boutique-Cottages beginnt mitten im chaotischen Fisherman's Village und setzt sich weiter draußen entlang des Sands fort.

🄻🄿 TIPP Anantara
RESORT $$$

(Karte S. 594; 📞0 7742 8300; www.anantara.com; Zi. 4000–18 000 B; 🌼@🛜🏊) Der Eingang erinnert an eine prächtige Sänfte und entspricht jeglicher Vorstellung von einem entlegenen Königreich im Orient: Die Rauchschwaden niedriger, ruhig brennender Fackeln umhüllen dort wie leichter Nebel die darüber befindlichen Wedel hoher Fächerpalmen. Auf dem vegetationsreichen Gelände schneiden überall Ton- und Kupferstatuen von Dschungelwesen ihre Grimassen. Gäste trinken z. B. wild gewachsenen Tee in einer Freiluftpagode, schwimmen im lagunenartigen Infinity Pool oder genießen entspannende Wellnessanwen-

dungen. Ein neue Reihe weiß verputzter, aneinander angrenzender Villen macht das Resort nunmehr noch opulenter.

🄻🄿 TIPP L'Hacienda
PENSION $$

(Karte S. 594; 📞0 7724 5943; www.samui-hacienda.com; Zi. 1400–3500 B; 🌼🛜🏊) Mit polierten Terrakottafliesen und runden Torbögen erinnert der Eingang an eine spanische Missionsstation. Ähnliches Dekor prägt die acht attraktiven Zimmer mit vielen individuellen Elementen (z. B. Kieselwände in den Bädern, durchscheinende Bambuslampen). Die charmante Überraschung auf dem Dach begeistert bestimmt nicht nur uns.

Zazen
RESORT $$$

(Karte S. 594; 📞0 7742 5085; www.samuizazen.com; Zi. 6010–17 200 B; 🌼@🛜🏊) Die einstmals einfache Herberge ist heute Samuis boutiquemäßigstes Boutique-Resort: Jeder Zentimeter des charmanten Refugiums wurde umsichtig und kreativ gestaltet. Eine Mauer mit scharlachroten Akzenten, Göttinnen aus Terrakotta, ein Schuss Feng Shui und jede Menge guter Geschmack kombinieren hier „asiatischen Minimalismus mit modernem Rokoko". Sanft beschattet von Sonnenschirmen aus Segeltuch relaxen Gäste auf bequemen Liegestühlen am Pool. Achtung: Ohne rechtzeitige Reservierung muss man allerdings sehr tief in die Tasche greifen!

Lodge
HOTEL $$

(Karte S. 594; 📞0 7742 5337; www.apartmentsamui.com; Zi. 1400–2500 B; 🌼🛜🏊) Noch eine tolle Option in Bo Phut: Mit hellen Wänden und freiliegenden Deckenbalken aus dunklem Holz wirkt das Lodge wie eine kolonialzeitliche Jagdhütte. Alle Zimmer haben üppige Wandbehänge und jeweils einen Privatbalkon mit Strandblick. Ganz oben gibt's sehr geräumige „Pent-Huts". Da das Hotel immer ausgebucht zu sein scheint, ist Reservierung ein Muss.

Ibis Bo Phut
HOTEL $$

(Karte S. 594; 📞0 7791 4800; www.ibishotel.com/thailand; Zi. ab 1600 B; 🌼@🛜🏊) Da das größte Inselresort gerade erst eröffnet wurde, hängt in den funkelnden, einwandfreien Zimmern quasi noch der Neuwagengeruch. Die Kinderstockbetten und das grasbewachsene Gelände (ideal für eine Runde Räuber und Gendarm) sind sehr familienfreundlich. Wer eine Bleibe mit zumindest leichtem Thai-Touch sucht, sollte sich woanders umschauen.

B1 Villa Spa APARTMENTS **$$$**
(Karte S. 594; ☏ 0 7742 7268; www.b1villa.com; Suite 2800–7000 B; ✳❄☎❄) Diese gasthofartige Option am Strand des Fisherman's Village ist erfrischend charaktervoll. Alle Zimmer punkten mit individueller Wandkunst und tragen spezielle Spitznamen: Die Quartiere im zweiten Stock sind nach den Sternen des Oriongürtels benannt. Oh, und „sei eins" (B1 bzw. „be one") bedeutet natürlich „sei eins mit Dir selbst" – alles klar?

Khuntai PENSION **$**
(Karte S. 594; ☏ 0 7724 5118; Zi. 400–850 B; ✳) Einen Block vom Strand entfernt steht die orangefarbene, wenig elegante Pension am Rand des Fisherman's Village. Die Quartiere im zweiten Stock haben Sitzbereiche im Freien und bekommen viel Nachmittagssonne ab. Anständige Zimmer auf Samui gibt's wohl kaum günstiger.

Mae Nam & Bang Po

W Retreat Koh Samui RESORT **$$$**
(☏ 0 7791 5999; www.starwoodhotels.com/ whotels; Zi. ab 23 000 B; ✳❄@❄☎❄) Ein juwelenbesetztes „W" begrüßt Gäste, die die kurvige Straße zur Lobby hinauffahren – und bei Ankunft sofort völlig fasziniert über die glitzernden Infinity Pools hinweg in den endlosen Horizont hineinstarren. Der hauseigene „W-Glamour" prägt das ganze Resort. Dieses ist neu und gibt sein Bestes, um urbane Atmosphäre mit Tropenidylle zu mischen. Es wird wohl noch eine Weile brauchen, bis hier alles reibungslos läuft. Solange empfehlen wir den Sonntagsbrunch (2500 B) oder Sundowner in der Woo Bar.

Napasai By Orient Express RESORT **$$$**
(☏ 0 7742 9200; www.napasai.com; Zi. ab 9200 B; ✳❄@❄☎❄) Ein wunderschön gestaltetes Gelände heißt müde Touristen willkommen, die bei der Anreise grasende Wasserbüffel und Gärtner in cremefarbenen Tropenhüten passieren. Über das weitläufige Grundstück verteilen sich zahlreiche Villen, deren traditionelles Thai-Dekor von aufwändig geschnitzten Holzornamenten bis hin zu Bändern aus einheimischer Seide reicht.

Maenam Resort BUNGALOWS **$$**
(☏ 0 7742 5116; www.maenamresort.com; Bungalow 1400–3000 B; ✳❄@❄☎) Mit Palmrinde verkleidete Bungalows durchziehen hier in mehreren Reihen einen dschungelartigen Privatgarten. Sie sind mit einem Mix aus Korb- und Holzmöbeln eingerichtet.

Der Preis variiert je nach Entfernung zum Strand. Die Suiten sind echte Schnäppchen für Familien.

Harry's BUNGALOWS **$$**
(☏ 0 7742 5447; www.harrys-samui.com; Bungalow 1200–3000 B; ✳❄☎) Neuankömmlinge scheinen ein heiliges Tempelgelände zu betreten: Poliertes Teakholz dominiert die ganze Lobby, während sich klassische Spitzdächer gen Himmel recken. Die versteckten Betonbungalows in einem grünen Garten werden der architektonischen Pracht des Vorderbereichs nicht gerecht, sind aber nichtsdestotrotz reizend und komfortabel.

Coco Palm Resort BUNGALOWS **$$**
(☏ 0 7742 5095; Bungalow 1200 B; ✳❄☎) Die Bungalows vom Coco Palm bestehen aus Tonnen von Rattan. Herzstück ist ein rechteckiger Strandpool. Die resortartige Atmosphäre rechtfertigt den Preis.

Shangrilah BUNGALOWS **$**
(☏ 0 7742 5189; Bungalow 300–2000 B; ✳) Ein echtes Backpacker-Paradies: Die hiesigen Hütten zählen zu den günstigsten der Gegend und sind anständig in Schuss.

WESTKÜSTE

Samuis Westküste wird vor allem von thailändischen Touristen besucht. Sie hat nicht gerade die malerischsten Strände, ist aber eine willkommene, ruhige Alternative zum Trubel im Osten.

InterContinental Samui Baan Taling Ngam Resort RESORT **$$$**
(☏ 0 7742 9100; www.ichotelsgroup.com/inter continental; Zi. ab 6300 B; ✳❄@❄☎❄) Anders als die meisten Fünfsterneoptionen der Insel ist das Baan Taling Ngam traditionell thailändisch gestaltet. Gäste genießen einen tadellosen Service und luxuriös ausgestattete Zimmer mit individuell angefertigten Möbeln im Thai-Stil. Ein hauseigener Shuttleservice verbindet das Resort mit dem Flughafen, dem Fährenanleger und dem Strand, der ein Stück weit entfernt liegt.

Am Samui BUNGALOWS **$$**
(☏ 0 7723 5165; www.amsamuiresort.com; Bungalow ab 1100 B; ✳❄☎) Man vergesse seine Bescheidenheit, schiebe die Vorhänge weit auseinander und lasse Sonne plus Meerblick durch durchgängige Fenster herein. Freiluftrestaurant und Pool verbreiten zwanglose Behaglichkeit, die durch einladende Verandamöbel noch weiter gesteigert wird.

SÜDKÜSTE

Felsige Landzungen und kleinere Sandbuchten säumen Samuis Südküste. Die folgenden Optionen sind jeden Baht wert und
zählen zu unseren Favoriten auf der ganzen
Insel.

Easy Time
BUNGALOWS $$

(☏0 7792 0110; www.easytimesamui.com; Phang
Ka; Zi. ab 1950 B; ✳@🛜🏊) Super erholsam:
In sicherer Entfernung zu den Touristen-
scharen umgibt dieses kleine, versteckte
Refugium einen ruhigen Pool im Inselinne-
ren. Die Doppelhaus-Villen und das schicke
Restaurant verbreiten eine elegante und
dabei sehr angenehm bodenständige Atmo-
sphäre.

Elements
RESORT $$$

(☏0 7791 4678; www.elements-koh-samui.com;
Phang Ka; Zi. 5540–21 500 B; ✳@🛜🏊) Als erfrischend andere Variante einer modernen
Boutique-Bleibe nimmt das Elements einen
einsamen, palmgesäumten Sandstrand in
Beschlag. Die Gebäude mit den Zimmern
ähneln Apartmenthäusern, deren Gestaltung jeweils thailändische und westliche
Elemente attraktiv kombiniert. Vorbei an
versteckten Villen führt ein Pfad hinunter
zum feuerrot gestrichenen Restaurant mit
Loungebereich am Meer.

✖ Essen

Obwohl schon die Unterkunftswahl
schwerfällt, hat die Insel vergleichsweise
noch mehr Restaurants. Vom Grillhuhn bis
zum Beluga-Kaviar stellt Samui sein allum-
fassendes Angebot stolz zur Schau.

Der Festlandseinfluss äußert sich in
zahlreichen Garküchen, die *kôw gaang*
(Reis und Curry) verkaufen – zumeist einfache Holzbuden mit südthailändischen
Currygerichten in großen Metalltöpfen.
Thailändische Motorradfahrer suchen sich
dort ihr Mittagessen aus, indem sie einfach
die Deckel abheben und jeweils den kunterbunten Inhalt mustern. Gute *kôw-gaang*-
Garküchen säumen z. B. die ganze Ring Rd
(Rte 4169) und sind schon um 13 Uhr ausverkauft. So deutet jede Ansammlung von
einheimischen Motorrädern in der Regel
auf Leckeres hin.

Nobellokale sind noch zahlreicher vertreten. Obwohl Samuis schicke Gastroszene
vor italienischen Adressen strotzt, findet
man problemlos Menüs aus allen Ländern.
Top Gehälter und gutes Wetter locken
Weltklasse-Küchenchefs regelmäßig auf die
Insel.

CHAWENG

Am „Strip" servieren Dutzende Restaurants
eine Mischung aus einheimischen Gerichten, internationaler Küche und fettigem
Fastfood. Das beste Ambiente herrscht abseits der Straße am Strand, wo Bungalow-
Betreiber oft Tische auf den Sand stellen
und abends funkelnde Lichterketten an-
werfen.

LP TIPP | Samui Institute of Thai Culinary Arts
THAI $$$

(SITCA; Karte S. 592; ☏0 7741 3434; Kochkurs
1950 B; ⊘Mo–Sa mittags & abends) Selbst ge-
kocht schmecken traditionelle Thai-Gerich-
te noch besser!

Laem Din Market
MARKT $

(Karte S. 592; Gerichte ab 30 B; ⊘4–18, Nacht-
markt 18–2 Uhr) Die vielen Stände des be-
lebten Tagesmarkts bieten neben frischem
Obst, Gemüse und Fleisch auch einheimi-
sche Fertiggerichte an. Besucher können
z. B. ein Kilo süßer grüner Orangen kaufen
oder nach den Zutaten des am Vorabend
genossenen Currys stöbern. Abends emp-
fiehlt sich der benachbarte Nachtmarkt für
schmackhaftes Grillhuhn und Currys im
südthailändischen Stil.

Gringo's Cantina
MEXIKANISCH $$

(Karte S. 592; Gerichte 140–280 B; ⊘abends)
Hier werden Tex-Mex-Klassiker mit einem
Krug Sangria oder Frozen Margarita hin-
untergespült. Die *chimichangas* haben uns
vor allem wegen ihres Namens gefallen.
Wer sich nicht nach Mexiko begeben möchte, bestellt Burger, Pizza oder Vegetarisches.

Page
ASIATISCH, FUSION $$$

(Karte S. 592; Gerichte 180–850 B; ⊘morgens,
mittags & abends) Wenn das ultra elegante
Library unerschwinglich ist, heißt's zu-
mindest in dessen Strandrestaurant spei-
sen. Beim Vertilgen des (natürlich) teuren
Essens werden Gäste von Strandfreaks
beobachtet, die feststellen wollen, ob sie
Jetsetter oder Filmstars vor sich haben.
Beim etwas zwangloseren und günstigeren
Mittagessen verpasst man die abendlichen
Designer-Lichteffekte.

Prego
ITALIENISCH $$$

(Karte S. 592; www.prego-samui.com; Hauptgerichte 200–700 B; ⊘abends) Der fesche, stilvolle Gastrotempel kredenzt italienische
Spitzenküche in einem fast ganz offenen,
modern-geometrischen Speiseraum aus
kaltem Marmor. Tische können für 19 und
21 Uhr reserviert werden.

Dr. Frogs
STEAK $$$

(außerhalb der Karte S. 592; Hauptgerichte 380–790 B; ☾mittags & abends) Ganz oben auf einer felsigen Landspitze kombiniert das Dr. Frogs einen unglaublichen Meerblick mit leckeren Gerichten aus aller Welt (vor allem italienische und thailändische Klassiker). Freundliche Eigentümer, super Steaks und klasse Krebsküchlein setzen den Laden fast an die Spitze unserer Gastro-Hitparade.

Betelnut@Buri Rasa
ASIATISCH, FUSION $$$

(Karte S. 592; Hauptgerichte 600–800 B; ☾abends) Fusionküche ist eventuell verwirrend und oft enttäuschend. Nicht so im Betelnut: Chefkoch Jeffrey Lords wuchs in den USA auf und wurde in Europa ausgebildet. Am allerwichtigsten ist jedoch, dass er einige Zeit in der Wiege allen guten Essens (San Francisco) verbracht hat. Sein Menü ist ein pan-pazifischer Mix aus Currys, Seafood-Suppen, Papaya und Pancetta.

Zico's
BRASILIANISCH $$$

(Karte S. 592; Menü 790 B; ☾abends) Nichts für Vegetarier: Die palastartige *churrascaria* feiert einen wahren *Carne*-val in Form eines brasilianischen Fleischfestes (All-You-Can-Eat), bei dem auch flotte Tänzerinnen in bunten Federkostümen auftreten.

Khaosan Restaurant & Bakery
INTERNATIONAL $

(Karte S. 592; Gerichte ab 60 B; ☾morgens, mittags & abends) Das Menü reicht von Filet Mignon bis hin zu Pfannkuchen und ist bei Sparfüchsen stets beliebt. Nach dem Essen kann man hier noch abhängen und neu angelaufene Filme auf dem Großbildfernseher gucken. Der Name „Khaosan" ist hier Programm.

Wave Samui
INTERNATIONAL $

(Karte S. 592; Gerichte ab 60 B; ☾morgens, mittags & abends) Alle sagen, dass Samui immer nobler wird. Trotzdem sind hier altmodische Billiglokale wie dieser Universalmix aus Pension, Bar und Restaurant mittags nach wie vor am vollsten. Neben anständigem Essen zu anständigen Preisen tragen auch die Hausbibliothek und die stets beliebte Happy Hour (15–19 Uhr) zum Traveller-Ambiente bei.

LAMAI

Als Samuis Strand mit den zweithöchsten Besucherzahlen hat Lamai im Vergleich zum benachbarten Chaweng überraschend wenige gute Restaurants. Im Tesco Lotus kann man sich prima mit Snacks für ein Strandpicknick eindecken. Touristen essen aber meist in ihrer jeweiligen Unterkunft.

Rocky's
INTERNATIONAL $$$

(Gerichte 300–800 B; ☾mittags & abends) Das bei weitem beste Lokal in Lamai gehört zum gleichnamigen, gleich südlich gelegenen Resort. Bei Umrechnung des Baht in die eigene Währung entpuppen sich die Gourmetgerichte als spottbillig. Zu empfehlen ist die Rinderlende mit Blauschimmelkäse, die den Gaumen quasi auf Parisurlaub schickt. Beim speziellen Thailand-Abend am Dienstag gibt's ein vorbereitetes Menü mit einheimischen Köstlichkeiten.

Lamai Day Market
MARKT $

(Gerichte ab 30 B; ☾6–20 Uhr) Lamais stark belebter Markt ist das thailändische Pendant zu einem Lebensmittelladen. Neben einer Tankstelle gibt's hier z.B. Grundnahrungsmittel und Essen zum Mitnehmen. Im überdachten Bereich können Besucher frisches Obst kaufen oder Händler beobachten, die Kokosmark zur Herstellung von Kokosmilch pürieren. Tipp: Den Eisverkäufer mit dem selbstgemachten Kokoseis suchen!

Hua Thanon Market
MARKT $

(Gerichte ab 30 B; ☾6–18 Uhr) Wer sich dem Rhythmus dieses Dorfmarkts gleich südlich von Lamai hingibt, späht in Südthailands Küchenwelt hinein: Händler verscheuchen Fliegen von frisch geschlachtetem Fleisch, während Hausfrauen ihre Gemüsebündel und Babys zusammen in Transportkörben an Motorrädern unterbringen. Die Marktstraße führt zu einer Reihe muslimischer Garküchen, die Schmackhaftes wie Hühnchen-Biryani, pikante Currys oder Röstreis mit Kokosmark, Bohnensprossen, Zitronengras und getrockneten Garnelen anbieten.

NÖRDLICHE STRÄNDE

Ein paar der besten Restaurants liegen an Samuis Nordküste. Die Boutique-Yuppiehotels des unkonventionellen Bo Phut werden angemessen durch einige trendige Lokale ergänzt.

Choeng Mon & Großer-Buddha-Strand (Bang Rak)

 **Dining On The Rocks**
ASIATISCH, FUSION $$$

(☎0 7724 5678; reservations-samui@sixsenses.com; Choeng Mon; Menüs ab 2200 B; ☾abends) Hoch über dem Golf wartet Samuis ultimative Ess-Erfahrung auf neun ausladenden Veranden aus verwittertem Bambus und

Teakholz, die zum abgeschiedenen Six Senses Samui gehören. Nach Sonnenuntergang (und einem Glas Wein) scheint man hier speisender Holzbarkenpassagier auf einem funkelnden Sternenmeer zu sein. Alle Gerichte des sechsgängigen Festpreismenüs werden von kreativen Köchen ersonnen, die regelmäßig mit Aroma, Konsistenz und Temperatur experimentieren. Ganz besondere Ereignisse bedingen rechtzeitige Reservierung, wenn sie am Flitterwöchnertisch (Nr. 99) auf einer Privatterrasse gefeiert werden sollen.

BBC
INTERNATIONAL **$$**

(Big Buddha Beach; Gerichte 60–200 B; ☺morgens, mittags & abends) Nein, der Laden hat nichts mit der britischen Fernsehserie *Dr. Who* zu tun – BBC steht für Big Buddha Café. Viele ortsansässige Auswanderer genießen hier ein umfangreiches internationales Menü und den super Meerblick von der Veranda.

Antica Locanda
ITALIENISCH **$$**

(www.anticasamui.com; Gerichte 170–280 B; ☺abends) Die freundliche Trattoria mit geprägten weißen Tischtüchern lagert italienischen Wein in Schatullen. Am besten die *vongole alla marinara* (Venusmuscheln in Weißwein) probieren und nicht vergessen, die appetitliche Tageskarte durchzulesen.

Wer in Bang Rak auf eine Fähre wartet, kann bei Bedarf hier einkehren:

Catcantoo
BARBECUE **$$**

(http://catcantoo.net; Hauptgerichte 90–350 B; ☺morgens, mittags & abends) Morgens: spottbilliges Frühstück (99 B). Mittags: saftiger Rippenspeer. Später: eine Runde Poolbillard.

Pae Chuan Chim
THAI **$**

(Hauptgerichte 30–40 B; ☺morgens & mittags) In dem Freiluft-Nudellokal ohne jegliche nennenswerte Atmosphäre legen viele Einheimische eine stärkende Mittagspause ein. Nebenan steht Samuis Überdruckkammer.

Bo Phut

Shack Bar & Grill
STEAK **$$$**

(Karte S. 594; www.theshackgrillsamui.com; Hauptgerichte 480–780 B; ☺abends) Das Shack hat zweifellos Samuis beste Steaks: Es taucht erlesenes australisches Importfleisch in einen ganzen Regenbogen von leckeren Saucen, deren Aromenspektrum von Rotwein bis Blauschimmelkäse reicht. Separees und Jazz aus der Stereoanlage

sorgen für eine sehr westliche Atmosphäre. Dennoch lassen Gäste aller Art hier gern viel Geld liegen.

Zazen
ASIATISCH, FUSION **$$$**

(Karte S. 594; Gerichte 550–850 B, Tagesmenü ab 1300 B; ☺mittags & abends) Der Küchenchef beschreibt sein Essen als „Bio-Orgasmus". Dies wird durch die raumfüllenden Genusslaute freudig erregter Esser definitiv bestätigt. Meerblick, sanfte Musik und schummeriges Kerzenlicht tragen zum Romantikambiente bei. Reservierung ist ratsam.

Starfish & Coffee
THAI **$$**

(Karte S. 594; Hauptgerichte 130–180 B; ☺morgens, mittags & abends) Das wimpelgeschmückte Restaurant ist wohl nach dem gleichnamigen Song von Prince benannt: Trotz vieler Kaffeevarianten stand Starfish (Seestern) nirgendwo auf der Karte. Abends gibt's thailändische Standardgerichte zum Sonnenuntergangsblick auf das zerklüftete Ko Pha-Ngan.

Villa Bianca
ITLAIENISCH **$$**

(Karte S. 594; Gerichte ab 200 B; ☺mittags & abends) Als weiterer toller Inselitaliener gleicht das Villa Bianca einem Meer aus steifen weißen Tischtüchern und geflochtenen Clubsesseln. Wer hätte gedacht, dass Korbmöbel so sexy sein können?

Karma Sutra
INTERNATIONAL **$$**

(Karte S. 594; Hauptgerichte 130–260 B; ☺morgens, mittags & abends) Dieser charmante Schleier aus Violetttönen und Kissen wabert mitten in Bo Phuts Fisherman's Village. Die internationalen und thailändischen Gerichte stehen auf bunten Kreidetafeln. Das Lokal ist auch eine Kleiderboutique.

Mae Nam & Bang Po

Angela's Bakery
BÄCKEREI, INTERNATIONAL **$$**

(Mae Nam; Gerichte 80–200 B; ☺morgens & mittags) Durch einen Vorhang aus Hängepflanzen geht's hinein in diese heißgeliebte Bäckerei, die nach frischem Brot und Gastlichkeit riecht. Die Sandwiches und Kuchen haben schon viele westliche Auswanderer vor Langeweile im Land des Reises bewahrt.

Bang Po Seafood
SEAFOOD **$$**

(Bang Po; Gerichte ab 100 B; ☺abends) Ein Test für die Geschmacksnerven: Das Bang Po Seafood zählt zu den ganz wenigen Inselrestaurants mit Ko-Samui-Traditionskost. Deren Zutaten scheinen zufällig im örtlichen Ozean gesammelt zu werden. So be-

POPS LEBEN ALS TRANSSEXUELLER

Der 45-jährige Pop ist ein Transsexueller (*gà·teu·i* auf Thai, engl. meist ladyboy). Vor allem Touristen reden und diskutieren viel über Thailands Transsexuelle. Obwohl das buddhistische Thailand weithin tolerant ist, herrscht hier verborgene Homophobie. So haben *gà·teu·i* teilweise große Probleme und nur in der Unterhaltungs- oder Sexindustrie eine Chance zum Geldverdienen. Bei einem Tag mit Pop erhielten wir Insiderinfos zum realen Leben von Thailands „drittem Geschlecht", das so oft für Gesprächsstoff sorgt.

Lass uns mit einer Frage beginnen, die viele Thailand-Touristen beschäftigt: warum leben hier scheinbar so viele *ga·teu·i*?

Nun, da könnte man mich auch fragen, warum ich transsexuell bin! Ich weiß es nicht. Ich habe nicht um diese Gefühle gebeten. In meinen Augen ist es wichtiger, zu verstehen, warum so viele Ladyboys im Kabarett- oder Sexsektor arbeiten. Allerdings möchte ich zuerst festhalten, dass *gà·teu·i* die flapsige Bezeichnung für eine „Person mit zwei Geschlechtern" ist. Der Begriff *pôo yĭng kâhm pêt* ist generell höflicher. Zudem bezieht sich *gà·teu·i* nur auf Menschen, die noch männliche Körperteile haben, sich aber wie Frauen anziehen. Somit bin ich theoretisch kein *gà·teu·i* mehr.

Weil wir uns in Touristenhochburgen aufhalten, glauben die meisten Besucher, dass es in Thailand zahllose Transsexuelle gibt. Wie manche Frauen wollen einige Ladyboys wirklich im Kabarett tanzen – die meisten aber nicht. Diese mies bezahlten Jobs sind für Transsexuelle die einzigen Verdienstmöglichkeiten. Obwohl das auf der Bühne so erscheinen mag, führen wir kein „Hollywoodleben". Die meisten Ladyboys haben keine Chance auf einen gesellschaftlich respektierten Job. Wir dürfen nicht Arzt oder Psychologe werden. Die meisten Firmen stellen keine *gà·teu·i* ein, weil sie ihr Image nicht damit in Verbindung bringen wollen. Da sie oft keine angesehene Arbeit bekommen, brechen viele Ladyboys in jungen Jahren die Schule ab. Neuerdings klafft dadurch eine riesige Bildungslücke in unserer Szene. Transsexuelle arbeiten in der Sexindustrie, weil sie ansonsten keine Möglichkeit haben, viel Geld zu verdienen. Ich fühle mich wie ein Bürger zweiter Klasse: Wir dürfen weder Herren- noch Damentoiletten benutzen! Bei meinem alten Job musste ich über 14 Treppenfluchten zur speziellen Transsexuellen-Toilette hinaufsteigen! Nach dem thailändischen Gesetz muss bei mir in Ausweispapieren und Reisepass stets ein „M" für „männlich" stehen" – Frauen werden hier als Personen definiert, die Kinder gebären können. Ich kann das Land nur schwer verlassen, weil ich wie eine Frau aussehe, laut Reisepass aber „männlich" bin. Da letzterer dann gefälscht erscheint, werde ich niemals durch die Sicherheitskontrollen kommen.

Seit wann ist dir deine Transsexualität bewusst?

Etwa mit sechs Jahren bemerkte ich meine Andersartigkeit. Ich wollte mich immer wie meine Schwester anziehen und wurde sauer, wenn mich meine Eltern in Jungenkleider steckten. Ich fühlte mich darin unwohl, in den Klamotten meiner Schwester dagegen gut.

Wie kann man auf der Strasse den Unterschied zwischen Ladyboy und Frau feststellen?

Das ist teilweise sehr schwer ... manchmal sind Ladyboys attraktiver als echte Frauen! Abgesehen vom Blick in den Ausweis gibt's keine effektive Standardmethode. Inzwischen beginnen die Ärzte damit, die Operationen wirklich zu perfektionieren. Die Umwandlung ist teuer – meine hat 150 000 B gekostet! Auf den „Schnitt im Schritt" folgten Brustimplantate. Dann wurden mein Adamsapfel entfernt und meine Nase korrigiert – meine alte Nase mochte ich sowieso nicht. Ansonsten sind z. B. auch Hüftimplantate aus Silikon, Kieferverschmälerungen, das Glätten der Wangenknochen oder Korrekturen für ein runderes Kinn möglich. Bevor sich jemand operieren lassen kann, muss immer eine psychologische Bewertung erfolgen. Meine Umwandlung war extrem schmerzhaft. Nach einer stationären Woche im Krankenhaus brauchte ich ca. zwei Monate, um mich vollständig zu erholen. Bei jüngeren Patienten geht das meist schneller – ich war damals etwa 40 Jahre alt.

Warum hast du dich nicht schon früher operieren lassen? Wie hast du die Umwandlung bewältigt?

Ich habe mich nicht früher „verändert", weil ich meinen Job nicht aufgeben wollte. Ich wusste, dass ich nach der OP kündigen musste. Ich war Software-Dozent an einer Universität. Universitätsdozenten dürfen nicht transsexuell sein. Zudem ließ ich mich erst nach dem Tod meines Vaters operieren, damit meine Familie mit der Umwandlung besser klar kommen konnte.

Im Gegensatz zur Ansicht mancher Touristen will keine Familie wirklich ein transsexuelles Kind – auch, wenn sonst nur Söhne da sind. Manche meiner engen Freunde reden nicht mehr mit ihren Familien. Meine Mutter war immer sehr trostreich. Einen Monat vor meiner OP sagte sie mir: „Du wirst immer mein Kind sein, aber verleugne nie Deine Identität – akzeptiere, wer Du bist." Meine beiden Adoptivsöhne sind nun schon recht groß. Nach der OP kauften sie mir reizenderweise Mutter- statt Vatertagsgeschenke. Mein Vater war dagegen nie eine große Stütze. Als er mitbekam, dass ich mit Männern schlief, trainierte er ... hmm ... sozusagen Thaiboxen [*moo·ay thai* bzw. *muay thai*] mit mir.

Wie hast du dich gefühlt, als du nach der Operation aufgewacht bist? Wie läuft dein Leben seitdem?

Ich bin mit einem großen Lächeln aufgewacht. Das Leben ist toll. Ich bin glücklich, dass Außen nun Innen entspricht – ich muss nicht mehr traurig sein, wenn ich mich im Spiegel sehe! Nach der OP war es sehr schwer, Arbeit zu finden. In meinen Lebenslauf schrieb ich „operative Geschlechtsumwandlung", um Überraschungen beim Vorstellungsgespräch zu vermeiden. Es gab jedoch keinerlei Feedback. Halt, eine Firma hat mich tatsächlich zum Vorstellungsgespräch eingeladen. Allerdings wurden mir dabei nur unangemessene Fragen zu meinem Privatleben gestellt. Das war sehr entmutigend. Schließlich habe ich ein schwulenfreundliches Unternehmen gefunden, bei dem ich heute als Softwarespezialist im Hotelbereich arbeite. So unterweise ich nun landesweit Rezeptionspersonal im richtigen Umgang mit dem Computersystem des jeweiligen Hotels. Ich liebe meinen Job.

Nun, da die OP lange hinter mir liegt, muss ich bis zu meinem Tod regelmäßig weibliche Hormone einnehmen – genauer gesagt zwei Tabletten pro Woche. Manche von Mann zu Frau Umgewandelte bekommen einmal pro Monat eine Injektion (ich persönlich hasse Spritzen). Gelegentlich haben die Medikamente zunächst heftige Nebenwirkungen. Einige meiner Freunde bekamen viele Pickel und nahmen stark zu. Manchmal dauert es eine Weile, bis man die richtige Hormondosis gefunden hat. Abgesehen davon ist eine gewisse ... Pflege ... vonnöten, damit meine neuen Körperteile richtig funktionieren. Lass es mich so ausdrücken: Wenn man sich Ohrlöcher stechen lässt, aber nicht regelmäßig Ohrringe trägt ... nun gut ... Jedenfalls hat mich meine Tante in den USA gefragt, ob ich nicht auch dorthin auswandern möchte. Aber ich bin glücklich in Thailand. Obwohl Transsexuelle hier kaum Rechte haben, glaube ich nicht, dass es anderswo deutlich besser aussieht.

Zu guter Letzt: was hälst du für das grösste Vorurteil gegenüber *gà·teu·i* in Thailand?

Das ist leicht zu beantworten. Das größte Vorurteil lautet, dass wir alle promiskuitive Huren und Lügner sind. Wie alle Menschen suchen wir nur nach Liebe. Viele Ladyboys führen ihr Umfeld tatsächlich hinters Licht – aber nur, weil sie befürchten, wegen ihrer wahren Identität abgelehnt zu werden. Zudem sagen viele von uns nicht die Wahrheit, weil sie unbedingt echte Frauen sein wollen, aber niemals sein werden. Weil ich das weiß, verheimliche ich nichts – ich fühle mich wohl mit meiner Identität. Ich wünschte, das wäre bei jedermann so.

Das Interview führte Brandon Presser.

inhalten die Gerichte z.B. rohe Seeigeleier, Baby-Tintenfische, Meerwasser, Kokosmilch und einheimische Gelbwurz.

WESTKÜSTE

An der ruhigen Westküste gibt's ein paar von Samuis besten Meeresfrüchten. Vor der Fährpassage lohnt es sich, einige Snacks auf Na Thons riesigem **Tagesmarkt** an der Th Thawi Ratchaphakdi zu kaufen.

LP TIPP Five Islands
SEAFOOD $$$

(www.thefiveislands.com; Taling Ngam; Gerichte 150–500 B, geführte Touren 3000–6500 B; ⊘mittags & abends) Das Five Islands definiert den Begriff Erlebnisgastronomie mit Samuis einzigartigstem Speise-Spaß: Vor dem Essen geht's mit einem traditionellen Langschwanzboot hinaus zu den faszinierenden Five Sister Islands im türkisfarbenen Meer. Dort erfährt man etwas über die uralte und unbekannte Kunst der Vogelnesternte. Die Nester sind Basis einer Suppe, die in China als Delikatesse gilt. Das lebensgefährliche Einsammeln wird fürstlich entlohnt – Hongkonger Restaurants bezahlen für 1 kg Vogelnester normalerweise 100 000 B (jawoll, das sind fünf Nullen). Die Mittagsfahrt startet um ca. 10 Uhr, der Abendtrip etwa um 15 Uhr. Tour und Essen können auch separat genossen werden.

About Art & Craft Café
VEGETARISCH $$

(Na Thon; Gerichte 80–180 B; ⊘morgens & mittags) Diese künstlerische Oase im hektischen Na Thon serviert gesunde Gerichte plus klasse Kaffee. Und – wie der Name verkündet – Kunsthandwerk, das von der Eigentümerin und deren Bekannten hergestellt wird. Das relaxte, freundliche Café ist auch ein Treffpunkt von Samuis schrumpfender Boheme- und Künstlergemeinde.

🍸 Ausgehen & Unterhaltung

Das lärmige Chaweng ist zweifellos die größte Partyhochburg der Insel. Dahinter rangieren Lamai und Bo Phut. Das übrige Samui ist allgemein recht ruhig, da sich das Ausgehen dort normalerweise auf die Hausbars der Resorts beschränkt.

CHAWENG & LAMAI

Feiern in Chaweng ist ein Kinderspiel. Die meisten Nightspots haben bis 2 Uhr geöffnet; ein paar Läden pulsieren auch bis zum frühen Morgen. An der Soi Green Mango gibt's massenhaft Bars mit weiblichem Publikum. An Soi Colibri und Reggae Pub geht's ebenfalls wild zu.

Beach Republic
LOUNGE

(www.beachrepublic.com; 176/34 Moo 4 Hat Lamai) Das Beach Republic wäre der perfekte Drehort für eine Folge von MTV Spring Break. Hierfür sorgen ein einladendes Planschbecken, bequeme Loungesessel, eine ellenlange Cocktailkarte und breite, schilfgedeckte Sonnendächer.

Q-Bar
LOUNGE

(Karte S. 592; www.qbarsamui.com; Hat Chaweng) Zwischen den Palmen am Chaweng-See wirkt die Q-Bar wie ein kleines Stück Nachtleben à la Bangkok. Die Lounge im Obergeschoss öffnet kurz vor Sonnenuntergang. Sie lockt Cocktailfans mit anspruchsvollen Getränken und attraktiver Aussicht auf Chawengs Süden – Berge, Meer und Himmel. Ab 22 Uhr lassen sich die Nachtschwärmer dann von den DJs der darunterliegenden Disko mit Techno verzücken. Ein Taxi zur Q-Bar kostet 200 bis 300 B.

Ark Bar
BAR

(Karte S. 592; www.ark-bar.com; Hat Chaweng) Die angesagteste Location für eine Samui-Sause am Mittwochabend: Eine kunterbunte Bar mit vielen Papierlaternen schenkt Drinks aus, während Gäste auf über den Strand verteilten pyramidenförmigen Sitzkissen abhängen. Die Party startet in der Regel um ca. 16 Uhr.

Christy's Cabaret
KABARETT

(Karte S. 592; Hat Chaweng) Der schrille Laden veranstaltet jeden Abend um 23 Uhr eine Kabarettshow mit *gà·teu·i* bzw. *kàthoey* (Transsexuellen), die Zuschauer beider Geschlechter anzieht. Vor dem Eingang werben weitere „Ladyboys" um Besucher.

Good Karma
BAR

(Karte S. 592; Hat Chaweng) Die ganztägig geöffnete Nobellounge lockt die hippe „Hi-So" (Thailands High Society) mit überdachten Ruhebetten und einem versteckten Teich.

Bar Solo
BAR

(Karte S. 592; Hat Chaweng) Urbanes Ambiente und kubisches Edeldekor setzen hier den zukünftigen Standard für Chawengs Freiluft-Bierbars. Das gilt auch für die Cocktailkarte, die wohl nichts für urlaubende Landeier ist. Die abendlichen Getränkespecials animieren Gäste zum Vorglühen vor einer lange Partynacht an der Soi Solo oder Green Mango.

Tropical Murphy's
IRISCHE BAR

(Karte S. 592; Hat Chaweng) Auf der Karte (Hauptgerichte 50–300 B) stehen z.B. Fish

& Chips, Lammkoteletts, irischer Eintopf oder Auflauf mit Rindfleisch und Nieren. Wenn abends die Livemusik loslegt, verwandelt sich der populäre *fa-ràng*- bzw. Ausländertreff in Samuis beliebteste irische Bar – davon hat die Insel durchaus ein paar.

Green Mango BAR

(Karte S. 592; Hat Chaweng) Samuis beliebteste Schluckspecht-Hochburg ist sehr groß, sehr laut und sehr faràng – und so beliebt, dass eine ganze Nebenstraße danach benannt wurde. Drinnen schwelgen schwitzende Massen in strahlenden Lichtern zu teuren Drinks und Dancemusik.

Reggae Pub BAR

(Karte S. 592; Hat Chaweng) Die Freiluft-Tanzfläche der mächtigen, zweistöckigen Fun-Festung mit langen Bars wird von ausländischen DJs beschallt. Das Ganze ist gleichzeitig ein Bob-Marley-Schrein mit Pooltischen und Livemusikbühne.

Mint BAR

(Karte S. 592; Hat Chaweng) Die Szene an der Green Mango Soi ist zu unterhaltsam, um die Massen an normalen Abenden in dieser stilvollen Bar zu halten. Allerdings bringt das Mint berühmte DJs dazu, in außergewöhnlichen Nächten eine Runde auf Samui aufzulegen. Die Szeneführer der Insel informieren über Sonderveranstaltungen.

NÖRDLICHE & WESTLICHE STRÄNDE

Woo Bar LOUNGE

(Mae Nam) Die charakteristische Lobbybar vom W Retreat gibt dem Wort „schick" eine neue Bedeutung. Hierfür sorgen Sitzkisseninseln mitten in einem großen Infinity Pool am Rand des endlosen Horizonts. Zweifellos Samuis bester Ort für einen Sundowner.

Nikki Beach LOUNGE

(www.nikkibeach.com/kohsamui; Lipa Noi) Das gefeierte Luxuslabel hat seinen internationalen *Chic* an Ko Samuis abgeschiedene Westküste gebracht. So ist hier mit allem zu rechnen, was auch elegante Adressen in St. Barts oder St. Tropez ausmacht: Spitzenküche, schickes Dekor und gackernde Jetsetter. Brunch- und Dinnerspecials mit verschiedenen Mottos locken ganzwöchig viele Gäste an. Quartiere in feschen Bungalows sind ebenfalls vorhanden.

Pier LOUNGE

(Karte S. 594; Bo Phut) Der glänzende schwarze Kasten sticht aus Bo Phuts schmalen chinesischen Wohnhäusern hervor. Als hippste Adresse im Fisherman's Village punktet er mit mehreren Terrassenebenen, einer belebten Bar und vielen breiten Sofas, auf denen man abhängen und klapprige Fischerboote beim Einlaufen in den Hafen beobachten kann.

Gecko Village DISKO

(Karte S. 594; Bo Phut) Fans halten dieses Strandresort mit Bar für das Original in Sachen Elektrobeats. Das Gecko Village hat seine Connections nach London genutzt, um internationale DJs auf das paradiesische Samui zu locken. Dank großer Namen an den Plattentellern sind die Neujahrs- und Sonntagspartys heute legendär.

Billabong Surf Club BAR

(Karte S. 594; Bo Phut) Im Billabong dreht sich alles um Australian Football, das hier im Fernsehen läuft. Zudem zieren viele Erinnerungsstücke aus Down Under die Wände. Bei super Aussicht auf Ko Pha-Ngan spülen Gäste herzhafte Spareribs und Koteletts mit Fassbier hinunter.

ℹ Praktische Informationen

Einwanderungs- & Visumsstellen

Ko Samuis **Einwanderungsbüro** (Karte S. 591; ✆0 7742 1069; ◷Mo–Fr 8.30–12 & 13–16.30 Uhr) liegt ca. 2 km südlich von Na Thon. Seine Beamten tendieren dazu, Visa (für Details s. S. 839) eher minimal als maximal zu verlängern. Zum Recherchezeitpunkt wurde hier Dutzenden Touristen nach ermüdender Endloswarterei eine Visumverlängerung knapp und ohne bestimmte Begründung verweigert. An besonders schlechten Tagen kann das Prozedere den ganzen Nachmittag dauern.

Gefahren & Ärgernisse

Wie auf Phuket ist die Zahl der Verkehrstoten auch auf Samui ziemlich hoch. Dies liegt größtenteils an den vielen touristischen Motorradmietern, die den Mix aus kurvigen Straßen, tropischen Wolkenbrüchen und chaotischem Verkehr tragisch unterschätzen. Wer sich für ein Leihmotorrad entscheidet, sollte unbedingt einen Schutzhelm mit Plastikvisier tragen (ggf. nachfragen). Achtung: Berichten zufolge bezeichnen manche Verleiher sogar unversehrt zurückgegebene Bikes fälschlich als beschädigt, um Kunden hohe Geldsummen abzupressen!

Strandhändler werden staatlich erfasst und müssen theoretisch nummerierte Jacken tragen. Bei illegaler Dauerbelästigung durch Hausierern sollte man sich an die Behörden wenden.

Geld

An der Ost- und Nordküste sowie in Na Thon lässt sich Geld problemlos umtauschen. Viele

Banken und Wechselstuben haben dort jeweils täglich geöffnet, während man alle paar Hundert Meter einen Geldautomaten findet. Im Gegensatz zum benachbarten Ko Tao sollten auf Samui eigentlich keine Kreditkartengebühren anfallen.

Internetzugang

Auf ganz Samui findet man zahllose Einrichtungen mit Internetzugang (1–2 B/Min.) – selbst an weniger beliebten Stränden. Es lohnt sich, nach Restaurants mit Gratis-WLAN Ausschau zu halten. Die meisten Unterkünfte bieten ebenfalls WLAN an; Spitzenklassehotels berechnen dies ironischerweise separat.

Medien, Karten & Stadtpläne

Die Siam Map Company gibt vierteljährlich Broschüren (z. B. *Spa Guide, Dining Guide*) und jährlich ein Verzeichnis heraus, das Tausende Firmen und Hotels auf Samui auflistet. Ihre tolle, kostenlose *Siam Map Company Samui Guide Map* bekommt man leicht auf der ganzen Insel. Ebenfalls empfehlenswert ist der Prospekt *Samui Navigator*. Die kleinformatige Broschüre **Essential** (www.essential-samui) bewirbt gezielt Samuis vielfältige Aktivitäten. Der zeitschriftenähnliche *Samui Guide* nennt vor allem Restaurants und Attraktionen.

Medizinische Versorgung

Die vier privaten Inselkliniken liegen alle nahe Chawengs Tesco-Lotus-Supermarkt an der Ostküste, wo sich die meisten Touristen tummeln. Das staatliche Krankenhaus in Na Thon ist seit ein paar Jahren deutlich besser, lässt aber immer noch leicht zu wünschen übrig: Seine Finanzierung basiert auf Samuis offizieller Einwohnerzahl, welche die vielen illegalen Arbeiter aus Myanmar nicht erfasst.

Bandon International Hospital (Karte S. 594; ☏0 7742 5840, Notruf 0 7742 5748)

Bangkok Samui Hospital (Karte S. 592; ☏0 7742 9500, Notruf 0 7742 9555) Beste Option bei fast allen Gesundheitsproblemen.

Hyperbaric Chamber (Karte S. 591; ☏0 7742 7427; Großer-Buddha-Strand) Samuis Spezialisten für Tauchmedizin.

Samui International Hospital (Karte S. 592; ☏0 7742 2272; www.sih.co.th; Hat Chaweng) Rettungsdienst rund um die Uhr und Annahme von Kreditkarten; liegt nahe dem Amari Resort in Chaweng.

Notfall

Touristenpolizei (Karte S. 591; ☏0 7742 1281, Notruf 1155) Südlich von Na Thon stationiert.

Post

In mehreren Inselecken gibt's privat geführte Postfilialen, die jeweils eine kleine Bearbeitungsgebühr verlangen. Fast alle Unterkünfte verschicken frankierte und abgestempelte Post für Gäste.

Hauptpost (Karte S. 591; Na Thon) Nahe dem TAT-Büro und nicht immer zuverlässig.

Touristeninformation

Essential (www.essential-samui) Kleinformatige Broschüre, die gezielt Samuis vielfältige Aktivitäten bewirbt.

Samui Guide (www.samuiguide.com) Dieser Führer erinnert eher an eine Zeitschrift und nennt vor allem Restaurants und Attraktionen.

Samui Navigator (www.samuinavigator.com) Ebenfalls lohnenswerter Prospekt.

Siam Map Company (www.siammap.com) Gibt vierteljährlich Broschüren (z. B. zu Restaurants, Spas) und jährlich ein Verzeichnis heraus, das Tausende Firmen und Hotels auf Samui auflistet. Die tolle, kostenlose *Siam Map Company Samui Guide Map* ist problemlos auf der ganzen Insel erhältlich.

TAT-Büro (Karte S. 591; ☏0 7742 0504; Na Thon; ☺8.30–16.30 Uhr) Das freundliche, hilfreiche Büro an Na Thons Nordende verteilt viele praktische Broschüren und Karten. Örtliche Reisebüros erteilen jedoch ähnliche Infos.

An- & Weiterreise

Bus & Zug

Kombinierte Bus- und Schiffsreisen nach Samui sind praktischer als Trips mit Zug und Fähre, da dann das Umsteigen in Phun Phin wegfällt. Vor allem nachts erweisen sich Züge aber als deutlich komfortabler und geräumiger. Wer die Bahn bevorzugt, kann in Chumphon für das letzte Stück in den Lomprayah-Katamaran umsteigen.

Flugzeug

Der Inselflughafen liegt nahe dem Big Buddha Beach im Nordosten. **Bangkok Airways** (www.bangkokair.com) verbindet Samui ca. alle 30 Minuten mit Bangkok (Suvarnabhumi Airport; 50 Min.) und fliegt von hier aus auch direkt nach Phuket, Pattaya, Chiang Mai, Singapore oder Hongkong. Mit **Firefly** (www.fireflyz.com.my) geht's von Samui nonstop zum Flughafen Subang in Kuala Lumpur.

Bangkok Airways (Karte S. 592; ☏0 7742 0512-9) ist in Chaweng und am **Flughafen** (☏0 7742 5011) vertreten. Der erste und letzte Flug des Tages (6 bzw. 22 Uhr) kostet jeweils am wenigsten.

In der Hauptsaison heißt's möglichst rechtzeitig reservieren, da Flüge nach Samui dann oft ausgebucht sind. Falls letzteres der Fall ist, kann man theoretisch ab Bangkok nach Surat Thani fliegen und dort eine kurze Fahrt mit der Fähre zur Insel nutzen. Im Vergleich zu Direktflügen nach Samui sind Flüge nach Surat Thani generell günstiger, aber wesentlich stressiger.

Schiff/Fähre

Auf dem Festland fungieren Ao Ban Don, Don Sak, Khanom und Tha Thong (zentrales Surat Thani) als Haupthäfen in Richtung Samui. Tha Thong und Don Sak werden am häufigsten genutzt. Auf Samui legen die meisten Fähren in Na Thon, Mae Nam und Big Buddha an bzw. ab. Schnellfährentickets beinhalten oft Gratis-shuttles per Wassertaxi.

Zu den regelmäßigen Schiffsverbindungen zwischen Samui und Surat Thani zählt z. B. die beliebte Seatran-Fähre (alle 60 Min.). Je nach Schiffstyp dauert die Fahrt eine bis fünf Stunden. Gegen geringen Aufpreis bieten einige dieser Passagen auch Anschluss zum Bahnhof Phun Phin. Das langsame Nachtboot nach Samui verlässt das zentrale Surat Thani jeden Abend um 23 Uhr und erreicht Na Thon um ca. 5 Uhr (Rückfahrt 21 Uhr, Ankunft ca. 3 Uhr). Achtung: An Bord immer gut aufs Gepäck aufpassen!

Ab Na Thon, Mae Nam oder Big Buddha schippern pro Tag fast ein Dutzend Kähne von Samui nach Ko Pha-Ngan (20–60 Min). Boote ab Big Buddha fahren nach Hat Rin, alle anderen nach Thong Sala. An denselben Samui-Piers besteht auch Verbindung nach Ko Tao (1¼–2½ Std., ca. 6-mal tgl.).

ⓘ Unterwegs vor Ort

Motorrad Fast alle Inselresorts vermieten Motorräder und Drahtesel. Bei längerer Mietdauer sollte man versuchen, den gängigen Tagestarif (200 B) zu drücken.

Sörng·tăa·ou *Sörng·tăa·ou* verkehren tagsüber regelmäßig. Da die Fahrtpreise saisonal schwanken und zudem von den Chauffeuren gern künstlich erhöht werden, ist es ratsam, Dritte nach den aktuellen Standardtarifen zu fragen. Von Strand zu Strand geht's für ca. 50 B, über die halbe Insel für maximal 100 B. Fünf Minuten per Motorradtaxi kosten etwa 20 B.

Taxi Samuis zahllose Taxis machen einen effektiven Überblick recht schwer. Die früher extrem schwankenden Fahrtpreise auf den Inseln sind heute stärker standardisiert, im Vergleich zu Bangkok aber immer noch maßlos überzogen. Taxis zum Flughafen kosten üblicherweise ca. 500 B. Manche Reisebüros in Chaweng organisieren günstigere Minibusse.

Ko Pha-Ngan เกาะพะงัน
11 000 EW.

In der Familie der südlichen Golfinseln liegt Ko Pha-Ngan zwischen seinen Brüdern im kristallklaren Meer: Während der ältere Bruder Ko Samui nach geschäftlichem Erfolg strebt, begeistert sich mit dem kleinen Ko Tao der jüngere Bruder mutig fürs Tauchen. Als entspanntes Mittelkind

ist Ko Pha-Ngan ein Strandfreak mit verfilzten Dreadlocks, der ein chinesisches Glückssymbol als Tätowierung trägt und gern nächtelang Bikini-Poolpartys besucht.

Besucher dieses entspannten Paradieses schätzen seit vielen Jahren vor allem das malerische Kap Hat Rin. Lange bevor sich zahlreiche Traveller wegen Alex Garlands Buch *Der Strand* einen Rucksack umschnallten, stiegen am Sunrise Beach bereits die ersten der legendären Vollmondpartys. Bis heute strömen Tausende Touristen auf die Insel, um auf dem Sand endlos zu Trance abzutanzen – angeheizt von Adrenalin und anderen Substanzen ...

Doch wie alle schulbuchgeplagten Teenager kann sich dieses ängstliche Eiland nicht entscheiden, was es später einmal werden will. Soll der Partycharakter bleiben – oder werden die atemberaubenden, einsamen Nordstrände schließlich aus Hat Rins Schatten treten?

Während Pha-Ngans Faulenzerruf und -atmosphäre zweifellos noch lange vorherrschen werden, bewegt sich die Insel heimlich in Richtung Luxus: Jedes Jahr weichen schäbige alte Schuppen feschen, modernen Domizilen. Am Sunrise Beach von Hat Rin lassen sich Zimmer unter 1000 B nur sehr schwer auftreiben. Als Festeinträge im Insellexikon werden die Begriffe „privater Infinity Pool" und „persönlicher Butler" schon bald „gib mal den Joint rüber" oder „bitte noch einen Eimer Whisky" ersetzen. Doch noch besteht kein Grund zur Sorge – der mächtige Inseldschungel wirkt weiterhin unentdeckt. Bislang gibt's auch noch genug abgeschiedene Buchten, an denen man von der Hängematte aus die einlaufende Flut beobachten kann.

◉ Sehenswertes

Wer genug vom Sonnenbaden hat, kann auf dieser großen Urwaldinsel viele natürliche Attraktionen erkunden. Dazu gehören z. B. Berge, Wasserfälle und – am allerwichtigsten – ein paar der spektakulärsten Strände Thailands.

Strände & Wasserfälle

Vier der zahlreichen Wasserfälle im Inselinneren stürzen ganzjährig zu Tal.

Nam Tok Than Sadet   WASSERFALL

Hier sind die königlichen Wappen von Rama V., VII. und IX. in Felsbrocken eingemeißelt. König Rama V. liebte diesen versteckten Ort so sehr, dass er zwischen

Map of Ko Pha-Ngan with labels:

Sail Rock (14 km)

Ao Hat Thong Lang · Ko Ma · Hat Thong Lang · Hat Khom · Laem Kung Yai · GOLF VON THAILAND

Ao Mae Hat · Ban Mae Hat · Ao Chalok Lam · Hat Khuat · Ban Fai Mai · Hat Thong Nai Pan Noi

Ao Hat Salad · Hat Salad · Nam Tok Wang Sai · Ban Chalok Lam · Khao Kin Non (440 m) · Ao Thong Nai Pan Noi

Hat Yao · Ban Wang Ta Khian · Khao Ra (625 m) · Nam Tok Than Prawet · Ao Thong Nai Pan-Yai · Ban Thong Nai Pan · Hat Thong Nai Pan Yai · Ko Kong

Hat Chaophao · Hat Son · Laem Son · Sri Thanu · Ban Si Thanu · Khao Ta Luang (476 m) · (378 m)

Ban Hin Kong · (498 m) · Ban Thong Nang · Ao Thong Reng

Ao Hin Kong · Ban Wok Tum · Ban Madeua Wan · Nam Tok Than Sadet · Ban Nam Tok

Ko Tao (58 km) · Ao Wok Tum · Ko Pha-Ngan Hospital · Nam Tok Phaeng · Nam Tok Than Prapet

Wat Phu Khao Noi · Wat Khao Tham · (525 m)

Ao Nai-Wok · Ban Nok · Hat Yao

Ko Tae Nai · Thong Sala · Wat Pho · Laem Klang

Pier · Ko Tae Nok · Ao Bang Charu · Ao Bang Tai · Ban Tai · Ban Khai · Pang Bon · Hat Thian · Hat Yuan

Ao Ban Khai · Hin Lor · Ao Hin Lor · Hat Rin Nok

Na Thon Ko Samui (34 km); Surat Thani (110 km) · Bang Rak (15 km); Bo Phut (Ko Samui, 15 km) · Hat Rin Nai · Laem Hat Rin

0 – 4 km

1888 und 1909 über ein Dutzend Mal an ihn zurückkehrte. Das Flusswasser des Khlong Than Sadet gilt heute als heilig und wird für königliche Zeremonien verwendet. Nahe der Ostküste schlängelt sich auch die Kaskadenreihe **Than Prawet** über ca. 2 km landeinwärts.

Nam Tok Phaeng   WASSERFALL

Der Nam Tok Phaeng in der Inselmitte steht unter Nationalparkschutz. Nach der kurzen, aber heftigen Wanderung ist dieser Wasserfall eine angenehme Belohnung. Abenteuerlustige sollten anschließend mit dem **Khao Ra** (625 m) den höchsten Inselberg besteigen. Wer scharfe Augen hat, wird unterwegs wildlebende Krokodile, Affen, Schlangen, Hirsche und Wildschweine erspähen. Vom spektakulären **Aussichtspunkt** auf dem Gipfel schweift der Blick an klaren Tagen bis hinüber nach Ko Tao. Da man sich bei dieser relativ leichten Wanderung sehr schnell verirren kann, ist es äußerst ratsam, einen Führer in Ban Madeua Wan nahe den Wasserfällen zu engagieren. Die lokalen Guides sprechen meist nur Thai und kennzeichnen ihre Wohnhäuser mit primitiven Schildern. Wenn sie zu Hause sind, führen sie einen für 500 B zum Gipfel.

Hat Khuat   STRAND

Der Hat Khuat alias Bottle Beach ist ein beliebter Klassiker. Viele Besucher verbringen an diesem Strand einen relaxten Bade- und Schnorcheltag. Manche übernachten auch in einer der diversen Bungalowanlagen am Strand. Vergleichsweise einsamer sind abgeschiedene Ostküstenstrände wie **Than Sadet, Hat Yuan, Hat Thian** oder die winzige **Ao Thong Reng**. Für weitere zauberhafte Strände empfiehlt sich ein Tagestrip zum herrlichen **Ang Thong Marine National Park** (S. 639).

Wát

Ko Pha-Ngan hat 20 wát, die größtenteils tagsüber geöffnet sind. Vor jedem Tempel-

Niemand weiß mehr genau, wann oder wie diese verrückten Partys ihren Anfang nahmen. Viele glauben, dass sie 1987 oder 1988 mit einem privaten „Abschiedsfest" begannen. Aber das ist inzwischen alles egal. Heute treffen sich jeden Monat Tausende auf dem petroleumgetränkten Sand des Sunrise Beach, um endlos zu Trance zu tanzen. Während der Hauptsaison kommen dabei teilweise unglaubliche 40 000 Feierwütige zusammen, in der Nachsaison immer noch beachtliche 5000 Party-Pilger.

Keine Panik, wenn der eigene Trip nicht auf Vollmond fällt, aber trotzdem Lust zum Beschmieren mit Leuchtfarbe besteht: Geschäftstüchtige Einheimische sorgen für viele andere gute Gründe, kräftig zu feiern. Dazu gehören z. B. die Black-Moon-Partys in Ban Khai, die Half-Moon-Partys in Ban Tai oder die Moonset-Partys in Hat Chaophao.

Manchen Kritikern zufolge verliert das Ganze allmählich seinen Sorglos-Charakter – insbesondere seit die Inselregierung versucht, 100 B Eintritt pro Partybesucher zu kassieren. Doch trotz der entmutigenden Ideen geldgieriger Einheimischer steht die Vollmondnacht immer noch für ultimatives Feiern, sofern man die inoffiziellen Zehn Gebote für Vollmondpartys befolgt:

» Du sollst spätestens drei Tage vorher nach Hat Rin kommen, um Dir Deine Unterkunft während der Backpacker-Invasion vor Vollmond (s. S. 614) zu sichern.

» Du sollst die Partytermine sorgsam checken, da diese manchmal auf buddhistische Feiertage fallen und dann verlegt werden.

» Du sollt vor allem in Billig-Bungalows Deine Wertsachen immer sicher verstauen.

» Du sollst Dir vor dem Feiern lecker Gebratenes im Chicken Corner genehmigen.

» Du sollst beim Partymachen auf dem Sand stabile und geschlossene Schuhe tragen, wenn Du keine Tetanusspritze möchtest.

» Du sollst Dich mit verschlungenen Mustern aus leuchtender Bodypainting-Farbe bedecken.

» Du sollst vom Magic Mountain oder Rock aus herrlich auf die Heiden hinunterblicken.

» Du sollst weder irgendwelche Drogen nehmen noch betrunken im Meer schwimmen.

» Du sollst Dich nur in mindestens zweiköpfigen Gruppen tummeln – vor allem wenn Du eine Frau bist und nach der Party zur Unterkunft zurückkehrst.

» Du sollst bis Sonnenaufgang feiern und jede Menge Spaß haben.

besuch bitte die Strandklamotten unbedingt gegen angemessene Kleidung austauschen!

Ältester Tempel der Insel ist der **Wat Phu Khao Noi** nahe dem Krankenhaus in Thong Sala. Während Touristen den ganzen Tag über hineinkommen, sind die Mönche nur morgens anwesend. Zum **Wat Pho** bei Ban Tai ghört eine **Kräutersauna** (Eintritt 50 B; ⊙ 15–18 Uhr) mit Zitronengrasaroma. Der **chinesische Tempel** soll Besuchern Glück bringen. Er wurde vor ca. 20 Jahren errichtet, nachdem einer Frau an dieser Stelle der chinesische Buddha erschienen war und ihr aufgetragen hatte, der Insel eine Lichtquelle zu bescheren. Ebenfalls bei Ban Tai leben buddhistische Nonnen im **Wat Khao Tham** hoch droben auf einem Hügel. Die

Pinnwand dieses Tempels informiert über Meditationskurse unter Leitung eines amerikanisch-australischen Paares. Wer vorab mehr erfahren möchte, schreibt an den Wat Khao Tham, PO Box 8, Ko Pha-Ngan, Surat Thani 84280.

🏃 Aktivitäten
Tauchen & Schnorcheln

Der dynamische Tauchkoloss Ko Tao liegt nur ein paar Kilometer entfernt. So erfreut sich Ko Pha-Ngan einer deutlich ruhigeren und entspannteren Taucherszene, die sich eher auf Unterwasserspaß als auf Zertifikate konzentriert. Seit einer kürzlichen Preissenkung konkurrieren die örtlichen Tarife für Open Water Tauchscheine mit denen des benachbarten Ko Tao. Zudem sind die

Gruppen auf Ko Pha-Ngan meist kleiner, da generell weniger Taucher hierherkommen.

Wie die anderen Inseln des Samui-Archipels wird auch Pha-Ngan von mehreren kleinen Riffen umgeben. Beliebtester Schnorchelspot ist ganz klar das nordwestlich gelegene Eiland Ko Ma, das eine charmante Sandbank mit Ko Pha-Ngan verbindet. Auf der östlichen Inselseite gibt's zudem einige interessante Felsriffe.

Für Taucher besonders interessant ist Ko Pha-Ngans Nähe zum mächtigen Segelfelsen (Hin Bai) ca. 14 km weiter nördlich: Am besten Tauchspot im Golf von Thailand tummeln sich zahlreiche Walhaie. Zwischen 10 und 30 m Tiefe offenbart sich eine riesige Vielfalt von Korallen und großen Tropenfischen. Hinzu kommt ein vertikal durchschwimmbarer Felsschacht namens „Chimney" (Kamin).

Ko Taos Tauchanbieter besuchen gelegentlich den Segelfelsen. Allerdings liegt ihr Schwerpunkt häufiger auf anfängerfreundlichen Flachriffen und den haiverseuchten Gewässern beim Chumphon-Felsen. Die beliebtesten Optionen ab Ko Pha-Ngan sind Tagestouren, die den Chumphon-Felsen, den Segelfelsen und einen weiteren lokalen Top-Tauchspot (s. Kasten S. 627) besuchen. Diese Ausflüge über drei Stationen (3650–3800 B) beinhalten ein komplettes Mittagessen. Segelfelsen-Trips mit zwei Tauchgängen kosten 2350 bis 2500 B.

Es folgen Pha-Ngans größte Tauchanbieter mit gutem Ruf.

Reefers   TAUCHEN

(☏08 6471 4045; www.reefersdiving.com) Zählt zu den neueren Veranstaltern der Insel und ist in Shiralea (S. 617) ansässig. Eigentümer Vic und seine Tauchlehrer sind entspannte Profis. Empfehlenswert.

Lotus Diving   TAUCHEN

(☏0 7737 4142; www.lotusdiving.net) Diesem Tauchzentrum mit spitzenmäßigen Lehrern gehören gleich zwei wunderschöne Boote – und damit zwei mehr als den meisten anderen Anbietern auf Ko Pha-Ngan. Trips beim Firmenbüro in Chalok Lam oder beim Backpackers Information Centre (S. 623) buchen. Empfehlenswert.

Haad Yao Divers   TAUCHEN

(☏08 6279 3085; www.haadyaodivers.com) Dieser Tauchveranstalter (gegr. 1997) hat sich seinen soliden Ruf mit Sicherheit und Kundenservice nach europäischem Standard erarbeitet.

Noch mehr Aktivitäten

Tagesausflüge mit Wandern und Schnorcheln im Ang Thong Marine National Park (S. 639) starten meist auf Ko Samui. Neuerdings bringen die ersten Veranstalter Touristen aber auch ab Ko Pha-Ngan dorthin. Details zu Bootsausflügen erfragt man am besten bei der eigenen Unterkunft, da sich die Anbieterlandschaft wegen schwankender Benzinpreise oft verändert.

Viele größeren Unterkünfte organisieren Wassersportgeräte wie Jetskis oder Kajaks. Das freundliche Personal vom Backpackers Information Centre (S. 623) hilft bei jeglichen Wassersport-Bedürfnissen.

Wake Up   WAKEBOARDEN

(☏08 7283 6755; www.wakeupwakeboarding. com; ☺Jan.–Okt.) In seiner kleinen Wassersportschule in Chalok Lam gibt Jamie sein unendliches Wakeboarding-Wissen an eifrige Anfänger weiter. Eine Viertelstunde Fliegen kostet 1500 B (30 Min. 2500 B) – angesichts des Einzelunterrichts ein super Preis-Leistungs-Verhältnis. Kiteboarden, Wakeskaten, Wasserskilaufen und eintägige Inselumrundungen (2000 B/Pers., mind. 6 Pers.) sind ebenfalls im Angebot.

Eco Nature Tour   GEFÜHRTE TOUR

(☏08 4850 6273) Diese äußerst beliebte Firma veranstaltet eintägige „Best-of"-Inseltouren (1500 B, ca. 9–15 Uhr) mit Elefantenreiten und Schnorcheln, die auch einen chinesischen Tempel, einen tollen Aussichtspunkt und den Phang-Wasserfall besuchen. Buchungen sind beim Firmenbüro in Thong Sala oder beim Backpackers Information Centre möglich. Der ähnliche Trip von Pha-Ngan Safari (☏0 7737 4159, 08 1895 3783) kostet 1900 B.

🛏 Schlafen

Ko Pha-Ngans legendäre, entspannte Partygeschichte hat seinen Ruf als die Hochburg des schlichten Backpacker-Lifestyles gefestigt. Seit Kurzem scheint die Insel allerdings langsam auch Touristen mit größerem Geldbeutel ins Visier zu nehmen. Viele Stützen der lokalen Hotelbranche haben ihre Bambushütten abgerissen, um mit neueren und schickeren Quartieren auf die stetig wachsende Schar der „Flashpacker" abzuzielen.

In anderen Inselecken werden gerade Grundstücke für Fünfsterne-Resorts à la Samui erschlossen. Backpacker brauchen jedoch keine Angst haben: Bis zum endgül-

Hat Rin

Hat Rin

tigen Aussterben der Robinson-Lebensart werden hier noch viele Jahre vergehen. So können Feierwütige aktuell aus drei unterschiedlichen Unterkunftsarten auswählen: Billige Baracken, trendige Mittelklasseoptionen und extrem teure Luxusadressen.

Verglichen mit der übrigen Insel verzeichnet Hat Rin riesige Besucherzahlen:

Die legendären Partys locken Scharen von Touristen auf diese malerische Halbinsel. Obwohl die meisten Nachtschwärmer tagsüber zu schlafen scheinen, wirkt die Landschaft auch trotz weggeworfener Bierflaschen auf dem Sand weiterhin recht idyllisch. Die allabendlichen Feuerspiele an der Drop-In Bar lassen den Südteil des Sunrise

Beach so langsam nach Petroleum riechen. Somit eignet sich der ruhigere Nordabschnitt natürlich am besten zum Sonnenbaden.

Pha-Ngan bedient auch die Subkultur der Einsamkeitsfans, die nach menschenleeren Stränden suchen. An Nord- und Ostküste gibt's genau das: Zufluchtsorte.

Die folgenden Unterkunftsverzeichnisse sind in fünf Bereiche gegliedert. Von Hat Rin aus geht's im Uhrzeigersinn nacheinander an Süd- und Westküste entlang. Dann folgen die nördlichen Strände und schließlich die ruhige Ostküste.

HAT RIN

Die schmale Halbinsel Hat Rin hat drei separate Strände. Der Hat Rin Nok (Sunrise Beach) ist das Epizentrum der Vollmond-Feierei. Der weniger eindrucksvolle Sandstreifen des Hat Rin Nai (Sunset Beach) erstreckt sich auf der gegenüberliegenden Seite des kleinen Kaps. Der kleinere Hat Seekantang bzw. Leela gleich südlich des Hat Rin Nai bietet etwas mehr Privatsphäre. Als landeinwärts gelegene Verbindung zwischen den drei Stränden fungiert Ban Hat Rin (Hat-Rin-Stadt), eine kleine Ansammlung von Restaurants und Bars.

Selbstverständlich sind die aufgeführten Preise während der Vollmondzeit bedeutungslos. Zudem bestehen die Bungalow-Betreiber dann auf Mindestübernachtungen (ca. 4–5). Wer erst am Party- oder Vortag eintrifft, sollte sein Quartier unbedingt rechtzeitig gebucht haben. Andernfalls heißt's wahrscheinlich am Strand schlafen (dürfte wohl sowieso der Fall sein). Vollmondfans können auch auf Samui übernachten und stündlich mit einem Schnellboot (ab 550 B) zur Party fahren.

⭐ LP TIPP Sarikantang — RESORT $$$
(Karte S. 613; ☏0 7737 5055; www.sarikantang.com; Hat Seekantang; Bungalow 1400–6200 B; ❄️🛜) Es ist unnötig, die Aussprache des Resortnamens zu lange zu üben – „Himmel" reicht völlig. Zwischen wehenden Palmen und bröckelnden, geflügelten Statuetten verteilen sich hier cremefarbene Hütten mit Pfosten bzw. Türrahmen aus Teakholz. Die Einrichtung wirkt jeweils wie ein Musterfoto in einer Zeitschrift für Innenarchitektur.

Pha-Ngan Bayshore Resort — RESORT $$
(Karte S. 613; ☏0 7737 5227; www.phanganbayshore.com; Hat Rin Nok; Zi. 1700–3200 B; ❄️@🛜☒) Seit der dringend nötigen Reno-

vierung (2009) zielt das hotelartige Resort primär auf die stetig wachsende Schar von Flashpackern in Hat Rin ab. Weiter Strandblick und ein Riesenpool machen es zu einer der Topadressen am Sunrise Beach.

Seaview Sunrise — BUNGALOWS $
(Karte S. 613; www.seaviewsunrise.com; Hat Rin Nok; Zi. 500–800 B; ❄️🛜) In puncto Budget-Bleiben ist dies die einzige anständige Option für Vollmondfans, die möglichst nahe am Meer übernachten wollen. Die polierte Holzeinrichtung der soliden, vollkommen zweckmäßigen Hütten zeigt mancherorts die neonfarbigen Spuren bereits entschwundener Partygeister. Am besten einen Bungalow abseits des kleinen Kanals nehmen, um den Moskitos zu entgehen.

Palita Lodge — BUNGALOWS $$
(Karte S. 613; ☏0 7737 5172; www.palitalodge.com; Hat Rin Nok; Bungalow 1800–5900 B; ❄️🛜☒) Diese Ode an die Endlosparty am Sunrise Beach liegt mitten im Herzen der Action. Auf einem schmalen, buschbewachsenen Sandstreifen drängen sich hier schicke, geräumige Betonbungalows mit Holzakzenten und modernen Designelementen. Für die Vollmondzeit muss Wochen im Voraus reserviert werden.

Delight — PENSION $
(Karte S. 613; ☏0 7737 5527; www.delightresort.com; Ban Hat Rin; Zi. 700–2200 B; ❄️🛜☒) Hinter dem knallgelben Kodak-Schild in Hat Rins Zentrum verbergen sich hier ein paar der besten örtlichen Quartiere. Die blitzsauberen Hotelzimmer mit raffinierten Designelementen (z. B. Pfauen in Wandbildform) sind zwischen einem einladenden Pool und einem idyllischen Seerosenteich.

Cocohut Village — RESORT $$$
(Karte S. 613; ☏0 7737 5368; www.cocohut.com; Hat Seekantang; Bungalow 2800–12 000 B; ❄️@🛜☒) Das äußerst gesellige Resort ist der inoffizielle Treffpunkt für israelische Urlauber – und tatsächlich so belebt, dass Gäste eventuell vergessen, dass sie gleich oberhalb vom Sunrise-Strandtrubel wohnen. Die teuersten Optionen (z. B. Strandbungalows, Klippenvillen) zählen zu Hat Rins besten Unterkünften.

Tommy Resort — RESORT $$
(Karte S. 613; ☏0 7737 5215; www.phangantommyresort.com; Hat Rin Nok; Zi. 1490–8000 B; ❄️@☒) Diese trendige Adresse im Herzen Hat Rins repräsentiert eine super Balance zwischen Boutique-Chic und heiterem

Backpackertreff. Dazu trägt auch das rechteckige Schwimmbecken bei: Alle anderen künstlichen Wasserspeicher der Insel scheinen aus der nierenförmigen Poolfabrik zu stammen.

Sea Breeze Bungalow BUNGALOWS $$

(Karte S. 613; 0 7737 5162; Ban Hat Rin; Bungalow 500–8000 B; ✹⛵) Wir stimmen unseren zufriedenen Lesern zu: Das Labyrinth aus abgeschiedenen Hügelhütten mit Hängematten ist ein perfektes Refugium für Traveller aller Art. Mehrere Bungalows auf hohen Stelzen punkten mit super Aussicht auf Hat Rin und das Meer.

Lighthouse Bungalows BUNGALOWS $

(außerhalb der Karte S. 613; 0 7737 5075; www.lighthousebungalows.com; Hat Seekantang; Bungalow 300–1200 B) Am äußersten Rand von Hat Rin versteckt sich diese unauffällige Gruppe schlichter Hütten zwischen hohen Palmen auf abschüssigem Gelände. Um das abgeschiedene Resort zu erreichen, durch die Leela Beach Bungalows marschieren (Zwischenstopp unnötig) und der Holzpromenade folgen, die nach links bzw. Südosten um die gischtumtosten Klippen herumführt.

Coral Bungalows RESORT $

(Karte S. 613; 0 7737 5023; www.coralhaadrin.com; Hat Rin Nai; Bungalow 500–1000 B; ✹@⛵) Als angesagteste Location für angeheiterte Feiersüchtige hat dieses Party-Paradies seine Flagge fest im „Backpackerland" aufgestellt. Tagsüber wird hier die Sonne auf Strandliegen angebetet. Abends mutiert das Coral dann wie ein Vampir zu einer fiesen Poolparty-Maschine, die mit übertrieben vielen Wodka-Red-Bulls läuft.

Same Same PENSION $

(Karte S. 613; 0 7737 5200; www.same-same.com; Ban Hat Rin; Zi. 500–800 B; ✹🛜) Während des Vollmond-Wahnsinns steht das Same Same bei Skandinaviern bis heute sehr hoch im Kurs. Ansonsten ist es nur noch ein schwacher Schatten seiner selbst – vor allem in den ruhigeren Perioden des Monats.

Paradise Bungalows BUNGALOWS $

(Karte S. 613; 0 7737 5244; Hat Rin Nok; Bungalow 300–1200 B; ✹) Seit hier die weltbekannte Vollmondparty erfunden wurde, lebt die gammlige Bungalowgruppe von ihrer diesbezüglichen Berühmtheit. So strömen die Backpacker aus Nostalgiegründen weiterhin ins Paradise. Seit die Eigentümerfamilie mehrere separate „Kleinresorts" betreibt, gleicht aber das Gelände allmählich einer Müllhalde. Ein verlorenes Paradies.

An der Sunset Rd liegen:

Neptune's Villa RESORT $$

(Karte S. 613; 0 7737 5251; http://neptunesvilla.net; Hat Rin Nai; Zi. ab 2000 B; ✹) Alter Traveller-Favorit, der ständig erweitert wird; verschiedene Unterkunftstypen in diversen motelartigen Wohneinheiten.

Rin Beach Resort RESORT $$

(Karte S. 613; 0 7737 5112; www.rinbeachresort.com; Hat Rin Nai; Bungalow 1200–10000 B; ✹🛜⛵) Wasserstrahlen aus riesigen Amphoren begrüßen müde Touristen beim Heruntertaumeln von der hölzernen Fähre. Die hellen, luftigen Hütten punkten mit dunklen Kirschholzakzenten und bunten Sutra-Bildern.

Friendly Resort RESORT $$

(Karte S. 613; 0 7737 5167; friendly_resort@hotmail.com; Hat Rin Nai; Zi. ab 1000 B; ✹🛜⛵) Mit Blick auf den Pier verteilt sich hier ein chaotisches Unterkunftsangebot rund um einen kleinen, zentralen Pool.

Blue Marine BUNGALOWS $

(Karte S. 613; 0 7737 5079; www.bluemarinephangan.com; Hat Rin Nai; Bungalow 600–1200 B; ✹🛜) Saubere Betonbungalows mit schimmernden blauen Fliesendächern.

SÜDLICHE STRÄNDE

Die Unterkünfte an Ko Pha-Ngans Südküste haben das beste Preis-Leistungs-Verhältnis. Die südlichen Strände bieten einen weiten Panoramablick auf die Inseln des Ang Thong Marine National Park. Allerdings ist das Wasser hier nicht so postkartenähnlich türkisfarben, wie man es vielleicht erwartet. Ab Thong Salas Hafen folgt dieser Abschnitt der Küste in Richtung Hat Rin.

Ban Tai

Vor allem in der Nachsaison ist das Wasser bei Ban Tai flach und trübe. Verglichen mit anderen Inselteilen sind die Unterkünfte aber recht preisgünstig. Zudem liegt Hat Rin nicht allzu weit entfernt.

Coco Garden BUNGALOWS $

LP TIPP

(0 7737 7721, 08 6073 1147; www.cocogardens.com; Bungalow 450–1250 B; ✹🛜) Die beste Budgetunterkunft der Südküste übertrumpft die nahegelegenen Resorts mit funkelnden, fast keimfrei sauberen Bungalows auf einem gut gepflegten Gelände.

B52 BUNGALOWS $$

(www.b52-beach-resort-phangan.info; Bungalow 1650–4000 B; ❋🌐➚🗕) Die Bungalowanlage im Thai-Stil lässt Gäste jeweils ihren ganz persönlichen Love Shack finden. Sie wartet z. B. mit vielen Strohdächern, polierten Betonfußböden und rustikalen Elementen aus tropischen Baumstämmen auf.

Milky Bay Resort RESORT $$$

(📞0 7723 8566; http://milkybaythailand.com; Bungalow 2300–13 200 B; ❋@➚🗕) Über das ganze Grundstück schlängeln sich milchig weiße Mauern, deren Verzierungen aus großen schwarzen Steinen an Kuhflecken erinnern. Wie Relings mit Rindertouch führen sie von den luftigen, strohgedeckten Bungalows zum Meer.

Ban Khai

Wie in Ban Tai sind die Strände nicht gerade atemberaubend. Dafür gibt's günstige Unterkünfte und eine wunderschöne Aussicht auf den fernen Ang Thong Marine National Park.

Boom's Café Bungalows BUNGALOWS $

(📞0 7723 8318; www.boomscafe.com; Bungalow 400–1000 B; ❋) Nahe Hat Rin wähnen sich Touristen hier am äußersten Ostrand von Ban Khai wie bei ihrer thailändischen Familie, die sie bislang noch nicht kannten. Die Eigentümer kümmern sich liebevoll um ihr sandiges Gelände und ihre glücklichen Gäste. Da die gekräuselte Brandung fast bis an die Türschwelle rollt, stört das Fehlen eines Pools scheinbar niemand.

Mac Bay BUNGALOWS $

(📞0 7723 8443; Bungalow 500–1500 B; ❋🗕) Die hiesige Black-Moon-Party gibt Ko Phangan einen weiteren guten Grund zum Durchdrehen. An diesem sandigen Stück Ban Khai sind selbst die günstigeren Bungalows blitzsauber. Zur Bierzeit heißt's ein schattiges Plätzchen auf dem Sand suchen und zugucken, wie die Sonne formlose Schatten über den fernen Inseln des Ang Thong Marine Park tanzen lässt.

Morning Star BUNGALOWS $$

(📞0 7737 7756; www.morningstar-resort. info; Bungalow 1600–5390 B; ❋➚🗕) Die Dschungelhütten aus Holz und Beton wirken innen jeweils tadellos. Manche Zimmer haben bemerkenswert prächtige Kommoden und Waschtische, andere raffinierte Elemente aus dunklem Holz. Ein Dutzend weißer Holzliegestühle umringt den reizvollen Pool in Form einer Kidneybohne.

WESTLICHE STRÄNDE

Die beiden neuen Asphaltstraßen zwischen Thong Sala und Chalok Lam haben sehr zur Erschließung der Westküste beigetragen. Die Atmosphäre ist ein angenehmer Mix zwischen Hat Rins Geselligkeit und der ruhigen Abgeschiedenheit der Ostküste. Allerdings sind einige der westlichen Strände vor allem in Richtung Süden nicht so malerisch wie andere Inselbereiche.

Von Ao Nai Wok nach Si Thanu

Nahe Thong Sala wechseln sich die Resorts dieses windigen Küstenstreifens mit rauen Mangrovenhainen ab. Für den Mangel an tollen Stränden entschädigen die niedrigen Preise und erinnerungswürdigen Sonnenuntergänge.

🔲 LP TIPP **Chills Resort** RESORT $$

(📞08 9875 2100; www.chillsresort.com; Ao Srithanu; Zi. ab 1200 B; ❋➚🗕) Das Chills säumt eine herrliche Reihe einsamer, einzeln stehender Felsen. Die entzückend einfachen, aber modernen Zimmer mit friedvollem Meerblick bekommen jede Menge Sonnenlicht und Seeluft ab. Der natürliche Felsenpool am Rand der Brandung eignet sich perfekt für Nachmittagscocktails, während man den Sonnenuntergang genießt.

🔲 LP TIPP **Shambhala Bungalow Village** BUNGALOWS $

(📞08 9875 2100; www.shambhala-phangan. com; Ao Nai Wok; Bungalow 600–1200 B; ❋➚) Statt alte Strandbungalows einfach abzureißen, haben die Eigentümer ihr Hüttenensemble reizend restauriert und überall mit einer persönlichen Note versehen. Dies macht das Shambhala nicht nur zu einer unvergesslichen, sondern auch sehr komfortablen Budgetoption – inklusive frischer Bettwäsche, Holzschnitzereien, kunstvoller Beleuchtung und fescher Bäder.

Loy Fa BUNGALOWS $

(📞0 7737 7319; loyfabungalow@yahoo.com; Ao Srithanu; Bungalow 300–800 B; ❋) Freundliches thailändisches Personal (spricht Französisch), charmante Gärten und solide Hütten mit weitem Meerblick bescheren dem Loy Fa begeisterte Kritiken. Die modernen Bungalows an der Flanke des Kaps erstrecken sich bis hinunter zu einem einsam ruhigen Streifen aus aschfarbenem Sand.

Grand Sea Resort RESORT $$

(📞0 7737 7777; www.grandsearesort.com; Ao Nai Wok; Bungalow 1200–3000 B; ❋➚🗕) Wirkt wie eine thailändische Geisterhausgruppe aus Holz und ist eine gute Wahl für alle, die etwas Sand in der Nähe von Thong Sala suchen.

Hat Chaophao

Wie Hat Yao weiter oben an der Küste wird dieser bogenförmige Strand von diversen Bungalowanlagen gesäumt. Weiter südlich gibt's einen Binnensee und einen 7-Eleven, der den Mitternachtshunger stillt.

Sunset Cove BUNGALOWS $$
(✆0 7734 9211; www.thaisunsetcove.com; Bungalow 1200–3580 B; ❅@🛜🏊) Die baumbestandene Bungalowgruppe ist von einer gewissen Zen-Symmetrie geprägt. Hohe Bambusstauden verteilen sich hier gleichmäßig zwischen gepflasterten Wegen, die sich an Niederholz und Felsbrocken vorbeiwinden. Besonders elegant sind die Strandhäuser mit fassförmigen Badewannen und geschlitzten Läden an rechteckigen Fenstern.

Pha-Ngan Paragon BUNGALOWS $$$
(✆08 4728 6064; www.phanganparagon.com; Bungalow 2250–13100 B; ❅@🛜🏊) Dieses Mini-Refugium mit sieben Zimmern kombiniert Dekor- bzw. Stilelemente der alten Völker Kambodschas, Indiens und Thailands, ohne moderne Annehmlichkeiten zu vernachlässigen. Das „königliche Schlafgemach" muss gesondert erwähnt werden: Sein Himmelbett wurde anscheinend aus Kaschmir importiert.

Hat Yao & Hat Son

Als einer der betriebsameren Westküstenstrände wartet Hat Yao mit einem Badestrand, vielen Resorts und ein paar extra Einrichtungen (z. B. Geldautomaten, Gemischtwarenläden) auf.

Shiralea BUNGALOWS $
(✆08 0719 9256; www.shiralea.com; Hat Yao; Bungalow 500 B; ❅🛜🏊) Obwohl diese Ansammlung recht neu wirkender Bungalows nicht direkt am Strand steht (ca. 100 m entfernt), findet man auf der ganzen Insel wohl nur schwer ein besseres Preis-Leistungs-Verhältnis. Der hier ansässige Tauchanbieter Reefers veranstaltet Weltklasse-Unterwassertrips direkt vor der Haustür. Nicht vergessen, den Eigentümer nach der Herkunft des Namens „Shiralea" zu fragen – die Antwort ist ganz bestimmt eine echte Überraschung!

Haad Yao Bay View Resort RESORT $$$
(✆0 7734 9193; www.haadyao-bayviewresort.com; Hat Yao; Zi. & Bungalow 1500–7000 B;

❅@🛜🏊) Seit der Renovierung (2008) sieht die gemischte Gruppe von Bungalows und hotelartigen Unterkünften auf Hat Yoas nördlicher Landzunge bis heute wie eine funkelnde, tropische Fata Morgana aus. Am türkisfarbenen Riesenpool lungern verschieden stark bekleidete Urlauber herum, die sich sonnen oder ein Nickerchen machen. Andere machen es sich in ihren Privatsuiten mit polierten Hartholzböden und Ruhebetten aus Korbmaterial gemütlich.

Haad Son Resort RESORT $$
(✆0 7734 9104; www.haadson.info; Hat Son; Bungalow 1000–8000 B; ❅@🛜🏊) In dem riesigen Resort bedeutet der Begriff „Komplex" zweierlei: Wer sein Zimmer jemals wiederfinden will, hinterlässt auf den verschlungenen Wegen am besten eine Spur aus Brotkrumen. Da die vornehmsten Quartiere ihr Geld nicht wert sind, empfehlen sich die Budget-Varianten – zwar einfach, aber mit Zugang zu allen Resorteinrichtungen.

Tantawan Bungalows BUNGALOWS $
(✆0 7734 9108; www.tantawanbungalow.com; Hat Son; Bungalow 450–550 B; 🏊) Zwischen Dschungelpflanzen versteckt sich dieses charmante Teakholznest mit vielen klirrenden Kronleuchtern, die aus pfirsichfarbenen Korallen und Muschelschalen in Khakitönen bestehen. Gäste können im trapezförmigen Pool schwimmen oder den Sonnenuntergang auf ihren kleinen Bambusveranden genießen. Unbedingt das gute Hausrestaurant besuchen: Auf einem Meer von geometrisch gestalteten Kissen vertilgen Gäste dort ein paar von Pha-Ngans besten Gerichten mit thailändischem und französischem Touch.

High Life BUNGALOWS $
(✆0 7734 9114; www.highlifebungalow.com; Hat Yao; Bungalow 500–2000 B; ❅🛜🏊) Wir wissen nicht, was auffälliger ist: der spektakuläre Meerblick vom Infinity Pool oder die unverhohlene Doppeldeutigkeit des Resortnamens. Gemäß letzterem stehen die 25 Bungalows verschiedener Form und Größe zwischen Palmen auf einem großen Granitfelsen, der sich hoch über dem himmelblauen Meer erhebt. Separate Reservierungsgebühr (200 B).

Haad Yao See Through Boutique Resort HOTEL $$
(✆0 7734 9315; www.haadyao.net; Hat Yao; Zi. ab 1750 B; ❅🛜) Als ein Stück von Hat Yaos Strand unter Brüdern aufgeteilt wurde, wurde das „durchsichtige" Hotel auf einem

schmalen Geländestreifen eröffnet. Die Zimmer sind mit einer lebendigen Palette aus Gelb-, Grün- und Rottönen dekoriert. Von außen erinnert der imposante, polierte Betonblock aber eher an eine Baustelle als an Boutique-Chic.

Hat Salad

Als unser bevorzugter Westküstenstrand besitzt Hat Salad viele hochwertige Unterkünfte, die sich entlang des einladenden Sandes verteilen.

Cookies Salad — RESORT $$
(☎0 7734 9125, 08 3181 7125; www.cookies-phangan.com; Bungalow 1500–3000 B; ❄) Das Resort mit dem appetitlichen Namen hat leckere Bungalows im balinesischen Stil, die kreisförmig einen zweistufigen Fliesenpool in Blautönen umgeben. Fransige Strohdächer und dichte Tropenvegetation verleihen dem Gelände eine gewisse rustikale Qualität. Auf umfassenden Komfort muss man dennoch nicht verzichten.

Green Papaya — BUNGALOWS $$$
(☎0 7737 4182; www.greenpapayaresort.com; Bungalow 3600–8500 B; ❄@✿❄) An Hat Salads reizendem Strand sind die Bungalows aus poliertem Holz ganz klar etwas Besonderes – aber allerdings auch heftig teuer.

Salad Hut — BUNGALOWS $$
(☎0 7734 9246; www.saladhut.com; Bungalow 1400–4000 B; ❄@✿❄) Die kleine Bungalowgruppe in Thai-Stil ist vollkommen bodenständig, teilt sich aber einen Strand mit deutlich gehobeneren Optionen. In nächster Nähe bricht sich die Brandung vor einem sanften Sonnenuntergang, den Gäste von ihrer lackierten Teakholzveranda aus beobachten können.

Salad Beach Resort — BUNGALOWS $$
(☎0 7734 9149; www.phangan-saladbeachresort.com; Bungalow 1900–4900 B; ❄@✿❄) Das Rundumservice-Refugium an Salads Sand hat ein Zimmerdekor mit ungewöhnlicher Farbgestaltung. Vor allem rund um den Pool wirkt das Gelände aber dezent und geschmackvoll.

Ao Mae Hat

Die nordwestliche Inselspitze punktet mit traumhaftem Meerblick. Eine herrliche Sandbank verbindet das kleine Ko Ma mit Pha-Ngan.

Royal Orchid — BUNGALOWS $
(☎0 7737 4182; royal_orchid_maehaad@hotmail.com; Bungalow 300–800 B; ❄@) Die fe-

schen Backpacker-Bungalows säumen den schmalen Gartenpfad wie ein Reißverschluss. Von den meisten blickt man über den ruhigen Strand und die idyllische Sandbank, die hinüber zu Ko Ma führt.

NÖRDLICHE STRÄNDE

Einige einsame Superstrände plus wilder Urwald machen die dramatische Nordküste zwischen Chalok Lam und Thong Nai Pan zum malerischsten Gestade der Insel.

Chalok Lam (Chaloklum) & Hat Khom

Das beengte Fischerdorf bei Chalok Lam gleicht keinem anderen Ort auf Ko Pha-Ngan. Die Ansammlung von Teakholzschuppen und -hütten erinnert einen fühlbar daran, dass die weit reichende Hand der Globalisierung manche Ecken der Welt noch nicht berührt hat. Von hier aus fahren *sŏrng·tăa·ou* nach Thong Sala (ca. 100 B/Pers.). Eine unbefestigte Piste führt von Chalok Lam nach Hat Khom. Auch Wassertaxis (50–100 B) stehen zur Verfügung.

Malibu — BUNGALOWS $
(☎0 7737 4013; Chalok Lam; Bungalow 300–1300 B; ❄) Der zwanglose Vibe am großen Hinterstrand jenseits der Lagunenbrücke unterscheidet das Malibu von Chalok Lams anderen Budget-Bungalowanlagen. Gäste aller Art zieht es zur Barhütte auf einer privaten Sandbank. Die günstigsten Hütten machen einen leicht rustikalen Eindruck. Die neuen Rundbauten im Bungalowstil sind jedoch überteuert.

Mandalai — HOTEL $$$
(☎0 7737 4316; www.mymandalai.com; Chalok Lam; Zi. 2750–5600 B; ❄@❄) Wie ein aschweißer Riad aus einem fernen arabischen Land überragt das kleine Boutique-Hotel ruhig die umliegende Elendssiedlung aus Fischerhütten. Dank durchgehender Fenster fällt der Blick auf die mandarinenfarbenen Fischerboote in der Bucht. Im Innenhof versteckt sich ein kleines Planschbecken.

Bottle Beach (Hat Khuat)

Die abgeschiedene Düne hat heute einen Ruf als ruhiges Refugium und ist dementsprechend beliebt. In der Hauptsaison machen oft schnell ausgebuchte Unterkünfte ein frühes Erscheinen ratsam. Ab Chalok Lam schippern Longtail-Wassertaxis hierher (50–120 B; je nach Passagierzahl).

Bottle Beach II — BUNGALOWS $
(☎0 7744 5156; Bungalow 350–500 B) Am äußersten Ostzipfel des Strands können Pfen-

nigfuchser hier ihre Robinson-Fantasien ausleben.

Smile
BUNGALOWS **$**

(☏08 1956 3133; smilebeach@hotmail.com; Bungalow 400–700 B) In der äußersten Westecke des Strands ziehen sich diese Holzhütten einen bewaldeten Hang hinauf. Die zweistöckigen Bungalows (700 B) sind unsere Favoriten.

Thong Nai Pan

Die beiden Buchtbögen bei Thong Nai Pan erinnern etwas an Gesäßbacken: Direkt über der Südhälfte namens Ao Thong Nai Pan Yai (*yai* bedeutet „groß") erstreckt sich Ao Thong Nai Pan Noi (*noi* heißt „klein"). Diese Strände werden seit den letzten Jahren immer populärer. So reißt man hier Bambus-Bungalows ab, um Platz für aufwändige Resorts zu schaffen.

Anantara Rasananda
RESORT **$$$**

(☏0 7723 9555; www.rasananda.com; Villa ab 5000 B; ❄@⑤⋈) Dieser Versuch in Richtung Fünfsterne-Luxus repräsentiert Ko Pha-Ngans Zukunft. Die Doppelhausvillen des weitläufigen Strandgrundstücks haben eigene Tauchbecken. Es herrscht ein cleverer Mix aus modernen und traditionellen *säh-lah*-Stilelementen. Der Wechsel im Management bedeutet, dass diese Luxusbastion nicht so schnell das Feld räumen will.

Dolphin
BUNGALOWS **$**

(Bungalow 500–1400 B; ❄⑤) In dem versteckten Refugium können Yuppies rustikal, aber stilvoll urlauben. Müslifreaks werden den entspannten Charme aufsaugen. Ruhige Nachmittage verbringt man hier liegend auf den bequemen Kissen kleiner Pagoden, die sich überall im Urwald verbergen. Keine Reservierungsmöglichkeit.

Longtail Beach Resort
BUNGALOWS **$**

(☏0 7744 5018; www.longtailbeachresort.com; Bungalow 390–1150 B; ❄⑤) Als eine der letzten übriggebliebenen Strandbungalow-Anlagen in dieser Ecke erobert das Longtail die Gästeherzen ohne Probleme. Seine charmanten, strohgedeckten Bambus-Bleiben lassen Backpacker in Pha-Ngans Vergangenheit hineinschnuppern.

ÖSTLICHE STRÄNDE

Robinson Crusoe, erblasse vor Neid! Die Ostküste ist der ultimative Einsiedlertreff. Um diese Strände zu erreichen, muss man meistens ein Boot mieten. In Thong Sala und Hat Rin gibt es Wassertaxis.

Mai Pen Rai
BUNGALOWS **$**

(☏0 7744 5090; www.thansadet.com; Bungalow 600 B; @) *Mai pen rai* ist das thailändische Pendant zu „Don't worry, be happy" – nicht sonderlich überraschend, da diese Bucht ausschließlich für zufriedene Gesichter sorgt. Die Bungalows haben strohgedeckte Giebeldächer. Auf der benachbarten Landzunge mischen sie sich mit denen vom Plaa.

Treehouse
BUNGALOWS **$**

(treehouse.kp@googlemail.com; Bungalow ab 200 B) Der legendäre Backpackertreff von Ko Chang (des großen Ko Chang) hat kürzlich eine Filiale an Thong Rengs abgeschiedenem Strand eröffnet. Wer den fröhlichen Plastikblumen ab Than Sadet folgt, erreicht die spartanischen, knallbunten Quartiere.

Hat Thian

▣ᴸᴾ TIPP The Sanctuary
BUNGALOWS **$$**

(☏08 1271 3614; www.thesanctuarythailand.com; B 200 B, Bungalow 450–5450 B) Wer nach Alex Garlands sagenhaftem Strand sucht, hat ihn hier fast gefunden. Die freundliche Entspannungs-Enklave ist ein einladender Zufluchtsort mit tollen Quartieren. Gleichzeitig bietet sie als ganzheitliches Therapiezentrum z. B. Yoga oder Entschlackungskuren an. Unterkünfte verteilen sich über das Gelände und sind perfekt an die umliegende Natur angepasst. Da dauert die Namaste-Begrüßung wohl ewig.

Beam Bungalows
BUNGALOWS **$**

(☏0 7927 2854; Bungalow 300–700 B) Abseits vom Strand verstecken sich die charmanten Holzhütten hinter einem Kokoshain. Vor den Türen baumeln Hängematten, während der Blick durch große Fenster auf Bucht, Meer und wehende Palmen fällt.

Hat Yuan

Hat Yuan mit seinen wenigen Bungalowanlagen ist recht abgeschieden. Keinerlei Straßen verbinden den kleinen Strand mit Hat Rin weiter unten an der Küste.

Barcelona
BUNGALOWS **$**

(☏0 7737 5113; Bungalow 300–700 B) Die soliden Holzhütten auf Stelzen gibt's in zwei Farbtönen: Naturholz oder Cremeweiß. Sie liegen hinter einem Palmengarten auf einem Hang und punkten mit guter Aussicht sowie fröhlichem Personal.

✖ Essen

Ko Pha-Ngan ist keine kulinarische Hochburg – vor allem, weil die meisten Touristen schnell den faulen Lebensstil adaptieren und bequem in ihren Unterkünften essen. Für abenteuerlustige Gaumen empfiehlt sich Thong Sala als kommerzielles Zentrum der einheimischen Inselbewohner.

HAT RIN

Der brummende Ort hat Pha-Ngans größte Ansammlung von Restaurants und Bars. Die meisten davon sind aber ziemlich mies. Die berühmt-berüchtigte Chicken Corner ist eine beliebte Kreuzung, an der man Klassiker wie **Mr. K. Thai Food** (Karte S. 613; Ban Hat Rin; Gerichte 30–80 B) oder **Mama Schnitzel** (Karte S. 613; Ban Hat Rin; Gerichte 40–100 B) findet. Die stillen garantiert jeden Hunger – sei es mittags oder um Mitternacht.

Lazy House INTERNATIONAL $$
(Karte S. 613; Hat Rin Nai; Gerichte 90–270 B; ⊘mittags & abends) Früher war dies das Heim des Eigentümers. Dessen Essen mochte jedermann so sehr, dass er beschloss, hier ein Restaurant mit Abhängmöglichkeit einzurichten. Heute zählt das Lazy House locker zu Hat Rins besten Optionen, um bei leckerem Shepherd's Pie vor einem Film herumzulümmeln.

Little Home THAI $
(Karte S. 613; Ban Hat Rin; Hauptgerichte ab 40 B; ⊘morgens, mittags & abends) Das Little Home hat keinerlei Designästhetik, lockt aber die Massen mit günstiger, pikanter Thai-Kost. Auf Stühlen aus dünnem Plastik wird letztere eifrig an Holztischen vertilgt.

Monna Lisa ITALIENISCH $$
(Karte S. 613; Hat Rin Nai; Pizza & Pasta ab 200 B; ⊘morgens, mittags & abends) Hat Rins beste Pizzeria ist noch relativ neu und wird von einem Team freundlicher Italiener geleitet. Wie die hausgemachte Trüffelpasta hat uns die Pizza mit Pilzen und Schinken quasi aus den Socken gehauen.

Nic's INTERNATIONAL $$
(Karte S. 613; Ban Hat Rin; Hauptgerichte 80–280 B; ⊘abends) Diese verwirrende Landschaft aus poliertem Beton und bunten Kissen liegt hinter Hat Rins See. Jeden Abend gibt's hier schmackhafte Pizzen und Tapas. Während der Happy Hour (18–20 Uhr) empfiehlt sich ein Singha.

Lucky Crab SEAFOOD $$
(Karte S. 613; Hat Rin Nai; Gerichte 100–400 B; ⊘mittags & abends) Hat Rins bestes Seafood-Lokal präsentiert allabendlich frisch gefangenes, eisgekühltes Meeresgetier auf Miniaturen von Longtail-Booten. Wer seine Wahl getroffen hat, schnappt sich einen Innentisch zwischen den baumelnden Pflanzen und charmanten Steinelementen.

Om Ganesh INDISCH $$
(Karte S. 613; Hat Rin Nai; Gerichte 70–190 B; ⊘morgens, mittags & abends) Im Om Ganesh meditiert man über Currys, Biryani-Reis, Roti, Lassis oder Platten mit mehreren Gerichten (ab 350 B). Ortsansässige Auswanderer witzeln jedoch, dass alles gleich schmeckt.

Same Same Burger BURGER $$
(Karte S. 613; www.same-same.com; Hat Rin Nai; Burger 180–230 B; ⊘mittags & abends) Der hellrote Burgerladen steht unter derselben Leitung wie das gleichnamige Backpacker-Quartier und ist dasselbe wie ein McDonald's (nur teurer).

SÜDLICHE STRÄNDE

Am Samstagabend (16–22 Uhr) wird eine Nebenstraße in Thong Salas Osten zur **Einkaufsmeile** in Form einer belebten Fußgängerzone. Dort verkaufen hauptsächlich Einheimische ihre Waren an andere Inselbewohner. Das große Angebot reicht von Bekleidung bis hin zu Lebensmitteln. Unbedingt bei Lang Tang das rote Schweinefleisch mit Sauce (40 B) probieren, das in Glasvitrinen neben einem großen englischsprachigen Schild mit Aufschrift „Numpanich" zu finden ist.

Nachtmarkt MARKT $
(Thong Sala; Gerichte 25–180 B; ⊘abends) Als berauschender Mix aus Küchendampf und essenden Einheimischen ist Thong Salas Nachtmarkt ein Muss für alle, die einen günstigen Imbiss mit einem Schuss Lokalkultur suchen. Beste Option für billiges Essen ist der Stand mit dem großen weißen Transparent in der äußersten rechten Marktecke. Der Händler nebenan serviert leckere Seafood-Platten (z. B. Red Snapper auf einem Bett aus dicken Nudeln). Zwecks Nachtisch herrscht kein Mangel an Bananenpfannkuchen und Fruchtshakes.

Kaito JAPANISCH $$
(Thong Sala; Gerichte ab 130 B; ⊘Do–Mo abends) Spezialität des Hauses sind echte Importe aus Japan. Gäste schlürfen Asahi-Bier zu pikantem Seetang-Salat und *tonkatsu* (Schweineschnitzel). Oben warten gemütliche Sitzkissen, während *Mangas* und japa-

nische Taschenbuchromane den Hauptsitzbereich flankieren.

Mason's Arms
BRITISCH **$$**
(Thong Sala; Hauptgerichte 160–350 B; ⊘mittags & abends) Plötzlich ragt ein mächtiger Bau aus den wehenden Palmen: ein Pfarrhaus im Tudor-Stil, das von Stratford-upon-Avon direkt in den diesigen Dschungel verpflanzt wurde. Das lodgeartige Lokal ist nur eine Blutwurst von einer offiziellen britischen Kolonie entfernt. Einheimische schätzen die Fish&Chips.

Pizza Chiara
ITALIENISCH **$$**
(Thong Sala; Pizzen 180–320 B; ⊘mittags & abends) Die typischen karierten Tischdecken bestätigen, was der Name verheißt: Hier dreht sich alles um leckeres italienisches Essen. Zu empfehlen ist die Pizza Cecco mit einem üppigen Belag aus Parmaschinken, Salami, Pilzen und Käse.

Ando Loco
MEXIKANISCH **$**
(Ban Tai; Hauptgerichte ab 59 B; ⊘abends) Kitschiger Nippes (z.B. Kakteen aus Pappmaché) lässt den mexikanischen Freilufttreff wie eine Szene aus einem alten Hanna-Barbera-Cartoon wirken. So kippe man einen XL-Margarita und beweise sein Können auf dem Beachvolleyballfeld. Während der Nachsaison (ca. Sept.–Dez.) geschlossen.

ANDERE STRÄNDE

LP TIPP Sanctuary
GESUNDES ESSEN **$$**
(Hat Thian; Hauptgerichte ab 130 B) Gäste sollten ihr Wissen über Biokost vergessen: Das Restaurant vom Sanctuary beweist, dass Gesundes auch schmecken kann. Die Menüparade reicht von indischen Pakoras bis zu knusprigen Frühlingsrollen aus Vietnam. Die Endlos-Playlist im Hintergrund ist zweifellos die beste auf ganz Pha-Ngan. Unbedingt alles mit einem Glas hellgrünem Weizengrassaft hinunterspülen. Lecker!

Cucina Italiana
ITALIENISCH **$$**
(Jenny's; Chalok Lam; Pizzen 180 B; ⊘abends) Das Cucina Italiana hat praktisch einen Fanclub auf der Insel. Der freundliche italienische Küchenchef bereitet seine Gerichte mit viel Leidenschaft zu. Donnerstags und samstags sind die Beläge der Holzofenpizzen für nur 180 B frei wählbar.

Peppercorn
STEAK **$$**
(www.peppercornphangan.com; Sri Thanu; Hauptgerichte 160–400 B; ⊘Mo–Sa 14–22 Uhr) Weinbergschnecken und saftige Steaks in einer klapprigen Dschungelhütte? Und ob!

Letztere versteckt sich abseits vom Meer im Busch. Das sollte Feinschmecker aber nicht davon abhalten, eine der besten örtlichen, internationalen Spitzenküchen zu testen.

Cookies Salad
THAI **$$**
(Hat Salad; Hauptgerichte ab 100 B; ⊘morgens, mittags & abends) Bei Aufenthalten an der Westküste lohnt sich der Besuch dieses zwanglosen Klippenrestaurants auf Hat Salads Südseite. Die tolle Auswahl an thailändischen Köstlichkeiten (Pflicht: der Penang-Curry) wird durch einzigartige Shakes (z.B. mit viel Nutella) ergänzt. Kekssalat steht leider nicht auf der Karte.

🍺 Ausgehen & Unterhaltung
Jeden Monat huldigen Partypilger in der Vollmondnacht den Vergnügungsgöttern mit tranceartigen Tänzen, wildem Geschrei und fluoreszierender Bodypainting-Farbe. Am berühmt-berüchtigten Sunrise Beach (Hat Rin Nok) feiern Eimertrinker und Feuerschwenker, bis es wieder hell wird.

Wer's etwas entspannter mag, findet rund um die ganze Insel ein paar andere erwähnenswerte Möglichkeiten.

HAT RIN
Als pulsierendes Herz des legendären Vollmondspaßes ist Hat Rin auch ohne Mondphaseneinfluss recht stark besucht. Wenn gerade kein Mond den Himmel erhellt, strömt das Feiervolk zu anderen Stellen auf der südlichen Inselseite (für Details s. Kasten S. 611). Die folgenden Party-Locations säumen Hat Rins berühmt-berüchtigten Sunrise Beach von Süden nach Norden.

Rock
BAR, DISKO
(Karte S. 613) Super Blick auf die Party von einer erhöhten Terrasse am äußersten Südzipfel des Strands.

Club Paradise
BAR, DISKO
(Karte S. 613) Genießt seinen Promistatus als Geburtsort des *Vollmondwahnsinns*.

Drop-In Bar
BAR, DISKO
(Karte S. 613) Dieser Tanzschuppen spielt alle Charthits, die wir alle heimlich lieben. Die anderen Abende des Jahres sind gleichermaßen wild.

Zoom/Vinyl
BAR, DISKO
(Karte S. 613) Megalaute Trance-Disko.

Cactus Bar
BAR, DISKO
(Karte S. 613) Gesunder Mix aus Oldschool-Sounds, Hip-Hop und R&B in der Mitte des Hat Rin Nok.

Sunrise
BAR, DISKO

(Karte S. 613) Neuere Strandlocation, deren Graffitimauern von Trance-Beats erschüttert werden.

Tommy
BAR, DISKO

(Karte S. 613) Eine von Hat Rins größten Clubs lockt die Massen mit Schwarzlicht, dröhnender Trance-Musik und Drinks, die von einer großen, schiffsförmigen Bar ausgeschenkt werden

Mellow Mountain
BAR, DISKO

(Karte S. 613) Besuchern wird schnell klar, warum der Laden auch „Mushy Mountain" (durchgeknallter Berg) genannt wird. Von dem abgefahrenen Abhängtreff am Nordrand des Hat Rin Nok hat man einen Spitzenblick auf den Trubel darunter.

NOCH MEHR STRÄNDE

Eagle Pub
BAR

(Hat Yao) Am Südende von Hat Yao wurde diese Barbude direkt in eine Felswand gebaut. Sie trägt überall die neonfarbigen Spuren von praktisch fast allen, die nach zu vielen *Caipirinhas* auf den hellgrünen Verandamöbeln kollabiert sind.

Jam
BAR

(Hin Wong; www.thejamphangan.com) Besucher des netten Westküsten-Nightspots machen selbst Musik. Samstags ist Open-Mic-Abend. An den anderen Wochentagen kann man meistens ein paar Einheimischen lauschen, die auf ihren Gitarren jammen.

Pirates Bar
BAR

(Hat Chaophao) Dieser schrullige Trinkschuppen zwischen den Klippen ist der Nachbau eines Piratenschiffs. Wer bei Flut auf dem Deck sitzt und schon ein paar Drinks intus hat, wähnt sich fast auf hoher See. Drei Tage vor Hat Rins Vollmondspaß veranstalten die Betreiber jeweils die gut besuchten Moon-Set-Partys.

Sheesha Bar
BAR

(Chalok Lam) Als Gegenpol zum lässigen Hat Rin tauscht die Sheesha Bar die Eimer voller Samsung (alkoholisches Mixgetränk) gegen Designerdrinks. Die reizvolle Kombination aus beigefarbenem Sandstein und horizontalen Mahagonileisten passt perfekt zum arabesken Mandalai Hotel gegenüber, das derselben Familie gehört.

Flip Flop Pharmacy
BAR

(Thong Nai Pan) Die Freiluftbar auf dem Sand von Thong Nai Pan ist der bevorzugte Abhängtreff in dieser Ecke.

Amsterdam
BAR

(Ao Plaay Laem) Nahe Hat Chaophao an der Westküste treffen sich hier Einheimische und Touristen von der ganzen Insel, die nach einem entspannten Plätzchen zum Beobachten des Sonnenuntergangs suchen.

❶ Praktische Informationen
Gefahren & Ärgernisse

Ko Pha-Ngan liefert eventuell ein paar der schönsten Urlaubserinnerungen – vorausgesetzt, man berücksichtigt folgende Aspekte, die einem das Erleben dieser heißblütigen Insel ansonsten kräftig verderben können.

DROGEN Beim Entspannen am Strand taucht plötzlich ein Einheimischer auf und bietet einem lokal angebautes Marihuana zum Kampfpreis an. Man sagt „nein, danke" – wohl wissend, dass Thailand den Drogenbesitz streng bestraft. Der Dealer senkt seinen Preis jedoch immer weiter und offeriert einem das Kraut quasi gratis. Zu schön, um wahr zu sein? Offensichtlich. Sobald man am Joint zieht, wird man vom Verkäufer an die Polizei verraten und muss im örtlichen Gefängnis eine extrem hohe Geldstrafe berappen. So oder so ähnlich geschieht dies auf Ko Pha-Ngan die ganze Zeit – daher am besten die Finger ganz von jeglichen Drogen lassen!

Ebenfalls wichtig: Die eigene Reiseversicherung kommt nicht für Verletzungen oder medizinische Behandlungen in Verbindung mit illegalen Betäubungsmitteln auf. Drogen lassen zweifellos Leute durchdrehen: Wir haben aus erster Hand von Partygängern gehört, die länger ins Delirium fielen. Zu Vollmond ist das psychiatrische Krankenhaus Suan Saranrom (Garten der Freuden) in Surat Thani extra stark besetzt, um all die *fa·ràng* zu behandeln, die wegen Magic Mushrooms, LSD oder anderen massenhaft erhältlichen Halluzinogenen ausflippen.

FRAUEN UNTERWEGS Weibliche Reisende sollten beim Feiern auf der Insel besonders vorsichtig sein. Vielen Berichten zufolge kam es hier schon oft zu Vergewaltigungen unter Alkohol- oder Drogeneinfluss. Dies beschränkt sich keinesfalls nur auf die Vollmondpartys! Ebenso beängstigend ist das skrupellose Verhalten mancher örtlicher Motorradtaxifahrer: Weibliche Passagiere haben schon mehrmals grapschende Chauffeure angezeigt; zudem existieren sogar Berichte über schwere sexuelle Angriffe.

MOTORRAD Ko Pha-Ngan verzeichnet mehr Motorradunfälle als Verletzungen, die von der Ausgelassenheit bei Vollmond herrühren. Trotz ein paar asphaltierter Routen ist das Straßennetz der Insel heute immer noch größtenteils ein Labyrinth aus ausgefahrenen, unbefestigten Schotter- oder Schlammpisten. Pha-Ngan ist zudem sehr hügelig; selbst seine befestigten Strecken sind oft zu schwierig für unerfahrene Biker. Ein Paradebeispiel hierfür ist die *sehr* steile Straße nach Hat Rin. Inzwischen patrouilliert ein spezieller Rettungsdienst für verletzte Motorradfahrer über die Insel.

Geld

Als Ko Pha-Ngans „Finanzhauptstadt" hat Thong Sala neben vielen Banken und Wechselstuben auch diverse Western-Union-Büros. In Hat Rin gibt's zahlreiche Geldautomaten und ein paar Bankfilialen am Pier. Geldautomaten findet man auch in Hat Yao, Chaloklum und Thong Nai Pan.

Infos im Internet

Backpackers Thailand (www.backpackers thailand.com) Von Unterkunftsbuchungen bis hin zu den Terminen der Vollmondpartys gibt's hier alles Wissenswerte zu Ko Pha-Ngan – ergänzt durch zahllose Infos zu ganz Thailand.

Internetzugang

Obwohl Hat Rin und Thong Sala die Hauptzentren der Internet-Aktivität sind, geht's heute an allen erschlossenen Stränden ins Netz. Die Minute kostet allgemein 2 B, wobei das Minimum 10 bis 20 B beträgt. Rabatt gibt's ab einer Stunde Nutzung am Stück. Wenn eine Einrichtung 1 B pro Internetminute verlangt, ist die Verbindung normalerweise extrem langsam.

Medizinische Versorgung

Die medizinische Versorgung auf Ko Pha-Ngan kann leicht mangelhaft sein: Es ist mit unterqualifizierten Ärzten und schwankenden Preisen zu rechnen. Viele Kliniken verlangen vor Behandlungen eine Aufnahmegebühr von 3000 B. Bei ernsten medizinischen Problemen empfiehlt sich das nahegelegene Ko Samui.

Ko Pha-Ngan Hospital (Karte S. 610; ☑0 7737 7034; Thong Sala; ☺24 Std.) Liegt ca. 2,5 km nördlich von Thong Sala; Rettungsdienst rund um die Uhr.

Notfall

Hauptpolizeiwache (Karte S. 610; ☑0 7737 7114, 191) Im Gegensatz zur Polizeistation nahe Hat Rins Schule nimmt die Hauptwache ca. 2 km nördlich von Thong Sala auch Anzeigen bzw. Berichte auf, für die örtliche Beamte wohl schon 200 B verlangt haben. Auf keinen Fall bezahlen – dies ist offiziell gratis! Wichtig: Verhaftete haben das Recht auf einen Anruf bei ihrer eigenen Botschaft! Der angebotene „Dolmetscher" muss nicht akzeptiert werden.

Post

Hauptpost (Karte S. 613; ☺Mo–Fr 8.30–16.30, Sa 9–12 Uhr) In Thong Sala; direkt neben Hat Rins Pier steht eine kleinere Filiale.

Touristeninformation

Die staatliche Tourist Authority of Thailand (TAT) ist auf Ko Pha-Ngan nicht vertreten. So bleiben für Touristeninfos nur Prospekte und örtliche Reisebüros. Letztere konzentrieren sich auf den Bereich von Hat Rin und Thong Sala. Obwohl die Agenturen pro Geschäftsvorgang eine kleine Provision verlangen, halten brancheninterne Absprachen die Preise relativ stabil und gleich hoch. Wer viel Geld ausgeben will, sollte sich ein vertrauenswürdiges Reisebüro suchen: Abzocke beim Buchen ist auch auf Pha-Ngan Realität – vor allem, weil es auf der Insel keinerlei Touristenpolizei gibt.

Mehrere Mini-Magazine informieren ebenfalls umfassend über lokale Unterkünfte, Restaurants, Aktivitäten und Vollmondpartys. Unser Favorit ist die **Phangan Info** (www.phangan.info).

Backpackers Information Centre (Karte S. 613; ☑0 7737 5535; www.backpackersthailand.com; Hat Rin) Dieses Reisebüro unter der Leitung von Auswanderern betreibt auch den benachbarten Tauchshop Crystal Dive. Es ist Pflicht für Traveller, die hochwertige geführte Touren (z. B. Tauchtrips, Dschungelsafaris, Bootsfahrten mit Übernachtung an Bord) und Verkehrsmittel buchen möchten. Nicht nur Backpacker schonen hier rundum ihre Nerven: Für den Fall beliebiger Probleme bekommen Kunden die Handynummer der Eigentümer.

Wäscherei

Bei vollmondbedingter Leuchtfarbe auf den Kleidern ist der Weg zur Wäscherei unnötig – das Zeug geht nie wieder raus. Leser können uns glauben: Wir haben es selbst ausprobiert. Für alle anderen Waschbedürfnisse gibt's zahllose Adressen, die Touristenklamotten gerne für ca. 40 B pro Kilo reinigen. Ein Schnellservice sollte höchstens 60 B pro Kilo kosten.

An- & Weiterreise

Wie immer können sich die Preise und Abfahrtszeiten der Fähren jederzeit ändern. Von Oktober bis Dezember fallen Passagen öfters wegen zu starkem Seegang aus.

Bangkok, Hua Hin & Chumphon

Die Anbieter Lomprayah und Seatran Discovery offerieren kombinierte Pauschalreisen (Bus und Boot) ab Bangkok, die über Hua Hin und Chumphon führen. Ebenfalls recht stressfrei und etwa gleich teuer ist es, per Zug von Bangkok nach Chumphon zu fahren und dort eine Fähre zu nehmen. Im Liegewagen bietet die Bahn auch vergleichsweise mehr Komfort. Eine weitere und etwas günstigere Alternative ist der staatliche Bus nach Bangkok. Zusatzinfos zu Trips über Chumphon stehen auf S. 586.

Ko Samui

Ab Thong Sala oder Hat Rin auf Ko Pha-Ngan schippern täglich ca. zwölf Boote (7–18 Uhr, einfache Strecke 20–60 Min.) nach Ko Samui.

Die *Haad Rin Queen* pendelt zwischen Hat Rin und Samuis Big Buddha Beach.

Ko Tao

Von Thong Sala auf Ko Pha-Ngan geht's mit Lomprayah-Fähren nach Ko Tao (8.30 & 13 Uhr, Ankunft 9.45 & 14.15 Uhr). Seatran sticht täglich um 8.30 und 14 Uhr ab Thong Sala in See. Dorthin fahren Taxis, die eine Stunde vor dem Ablegen in Hat Rin starten. Die günstigere, aber langsamere Songserm-Fähre verlässt Ko Pha-Ngan um 12.30 Uhr, braucht aber zwei Stunden.

Surat Thani & Andamanenküste

Alle Reisebüros verkaufen Kombitickets für Bus und Fähre. Nach Nennung des gewünschten Ziels buchen sie Verkehrsmittel für die erforderlichen Etappen. Die meisten Traveller teilen sich die Kosten und reisen daher über Surat Thani an. Songserm, Seatran und die Raja-Autofähre verbinden Thong Sala auf Ko Pha-Ngan etwa sechsmal täglich mit Krabi (7–20 Uhr). Je nach Wetter legt allabendlich ein Nachtboot (23 Uhr) in Surat ab. Boote in Gegenrichtung verlassen Ko Pha-Ngan um 22 Uhr. **Backpackers Thailand** (www.backpackersthailand.com) informiert detaillierter über die Abfahrtszeiten von Fähren zu weiteren Zielen auf den Andamanen.

ⓘ Unterwegs vor Ort

Motorrad Mietmotorräder (150–250 B/Tag) gibt's auf der ganzen Insel. Bitte immer einen Schutzhelm tragen: Die hiesige Helmpflicht wird von der örtlichen Polizei allmählich durchgesetzt. Für das Befahren unbefestigter Pisten muss das Leihbike unbedingt einer Honda MTX 125 entsprechen – Motorroller mit Direktantrieb können da nicht mithalten. Sofern die eigene Fitness nicht zum Antreten gegen Lance Armstrong reicht, machen Leihfahrräder keinen Sinn.

Sörng·tǎa·ou Auf den Hauptstraßen der Insel sind Pickup-Trucks und *sörng·tǎa·ou* unterwegs. Nach Sonnenuntergang verdoppeln sich die Fahrtpreise. Zwecks Verlassen der Insel sollte man bei der eigenen Unterkunft nach kostenlosen oder ermäßigten Shuttles fragen. Trips von Thong Sala nach Hat Rin kosten 100 B; weiter entfernte Strände sind mit ca. 150 B teurer.

Wassertaxi Ab Thong Sala, Chalok Lam und Hat Rin steuern Longtail-Boote diverse entlegene Ziele wie Hat Khuat (Bottle Beach) oder Ao Thong Nai Pan an. Kurztrips sind überall ab 50 B möglich, längere Fahrten kosten bis zu 300 B. Private Charterboote schippern ebenfalls von Strand zu Strand (ca. 150 B/15 Min.).

Ko Tao เกาะเต่า
1382 EW.

Zuerst kam Ko Samui, dann Ko Pha-Ngan. Nunmehr grassiert auch der Ko-Tao-Kult („Ko-Taoismus"?) an Thailands kristallklaren Golfküstengewässern. Heute genießen hier Tausende Besucher das türkisfarbene Wasser im offenen Meer und entscheiden sich recht oft auch fürs Übernachten. Das Geheimnis von Ko Taos unstrittigem Reiz? Ganz einfach: Das winzige Eiland ist nur 21 km² groß, kombiniert aber gewieft diverse Attraktionen. Es bietet etwas für jedermann – und das nicht zu knapp. Auf Spielwiesen aus verworrenen, neonfarbigen Korallen tummeln sich Tauchfans mit Haien und Rochen. Im feuchten Küstendschungel können Wanderer und Einsiedler selbst eine Episode aus *Lost* erleben. Wer genug vom Robinson-Crusoe-Leben hat, feiert in der pulsierenden Barszene wild bis zum Morgengrauen.

Viele Jahre sind vergangen, seit die ersten Backpacker überall auf der buschbewachsenen Insel ihre Fahnen im Namen anständiger Budgetreisender gehisst haben (hallo Pizzerias und Transvestitenshows!). Doch keine Panik: Es bleibt immer noch viel Zeit, um sich dem Stamm anzuschließen. So werden noch mehrere Jahre vergehen, bis Resortkonzerne die restlichen rustikalen Inselhütten abreißen und Besucher eher über Aktienkurse als über die Unterwasserwelt beim letzten Tauchtrip diskutieren.

🏃 Aktivitäten
Apnoetauchen

In den letzten Jahren hat Apnoe- bzw. Freitauchen schnell an Popularität gewonnen. Statt technischer Tauchausrüstung verwendet diese Art der Unterwassererkundung verschiedene Methoden des Atemanhaltens, die auf der Insel nunmehr von mehreren kleinen Schulen unterrichtet werden. Das empfehlenswerte, kompetente Team von **Apnea Total** (Karte S. 628; ☑08 7183 2321; www.apnea-total.com; Sairee Beach) hat mehrere Auszeichnungen im Freitauchsektor gewonnen und dazu ein besonderes Talent, Anfängern den Einstieg in diesen spektakulären Sport zu erleichtern. Mit einem Schüler-Lehrer-Verhältnis von 3:1 garantiert die Firma zudem jede Menge Sicherheit. Ebenfalls besonders erwähnenswert ist **Blue Immersion** (Karte S. 628; ☑08 7682 1886; www.blue-immersion.com; Sairee Beach) unter Leitung des freundlichen Akim. Der Kampfsport- und Freitauchprofi zählt weltweit zu den ersten Menschen, die ohne Atemgerät über 100 m Tiefe erreicht haben. Auch die örtlichen Freitauchpreise sind standardisiert. Zweieinhalbtägige SSI-Anfängerkurse kosten 5500 B.

Gerätetauchen

Wer noch nie zuvor getaucht ist, kann auf Ko Tao *ideal* seine diesbezügliche Jungfräulichkeit verlieren: Nirgendwo sonst auf der Welt werden so viele Tauchscheine ausgestellt. Die flachen Inselbuchten eignen sich perfekt für Anfänger bzw. allererste Sporttauchschritte. An Land warten über 40 Tauchzentren nur darauf, Kunden auszurüsten und ihnen das grundsätzliche Basiswissen bei dreieinhalbtägigen Freiwasserkursen beizubringen. Hausaufgaben in den Ferien sind natürlich nervig. Dank der starken Konkurrenz unter den Dutzenden von Tauchschulen gibt's jedoch super Service zu unschlagbar niedrigen Preisen.

Somit überrascht es nicht, dass dieser Unterwasserspielplatz heute bei Einsteigern außergewöhnlich beliebt ist. Die kristallklaren Gewässer mit vielen farbenfrohen Riffen sind warm wie eine Badewanne. Die besten Tauchstellen sind Felsspitzen, die maximal 20 km von Ko Tao entfernt aus dem offenen Meer ragen (s. Kasten S. 627). Erfahrene Tauchfans bevorzugen aber fast immer die Spitzenspots der Andamanenküste. Die lokale Unterwassergemeinschaft aus Zackenbarschen, Muränen, Barrakudas, Stachelrochen, Riffhaien, Fledermaus-, Wimpel-, Kaiser-, Riesen-Drücker- und Clownfischen (Nemos) wird auch regelmäßig von gigantischen Walhaien besucht.

An Mae Hats Pier versuchen viele Schlepper, Neuankömmlinge mittels der Versprechung „persönlicher Sonderpreise" zum Aufenthalt in bestimmten Tauchresorts zu überreden. Einige sprechen Touristen schon während der Bootsfahrt zur Insel an. Angesichts der vielen örtlichen Optionen kennt man am besten vorab die Namen einiger Tauchzentren bzw. -schulen mit gutem Ruf. Wer genügend Zeit hat, sollte vor dem Wahrnehmen jeglicher Tauchangebote zunächst etwas auf der Insel relaxen. Dabei entsteht zweifellos Bekanntschaft mit Tauchfans und -lehrern, die Hinweise und Empfehlungen geben. Nicht vergessen: Vor allem bei Anfängern hängt ein erfolgreiches Taucherlebnis vor allem von der Sympathie für den Lehrer ab! Ebenfalls wichtig sind Faktoren wie z.B. Gruppengröße, Tauchspot- und Ausrüstungszustand.

Da der Großteil von Ko Taos Tauchpreisen gewissermaßen standardisiert ist, erübrigt sich die zeitfressende Suche nach dem besten Sonderangebot. Ein **PADI-Open Water Schein** (www.padi.com) kostet 9800 B. Die Variante von **SSI** (www.ssithailand. com) ist etwas günstiger (9000 B), da die Kosten für Unterrichtsmaterialien wegfallen. Im Angebot sind auch Open Water Scheine für Fortgeschrittene (8500 B), Lebensrettungskurse (9500 B), Tauchmeister-Lehrgänge (nur 25000 B) und Spaßtauchen (ca. 1000 B/Tauchgang, zehn Tauchgänge pauschal ca. 7000 B). Die genannten Preise beinhalten jeweils die ganze Tauchausrüstung, die Bootsmiete, den Tauchlehrer bzw. -führer und Snacks. Selbst mitgebrachte Ausrüstung bringt in der Regel Rabatt. Vorsicht vor Tauchzentren mit allzu starken Ermäßigungen: Sicherheit ist oberstes Gebot und bei Anbietern mit ungewöhnlich attraktiven Preisen wahrscheinlich durch zu viele Abstriche gefährdet!

Die meisten Tauchschulen organisieren günstige oder sogar kostenlose Unterkünfte. Teilnehmer von Anfängerkursen wohnen fast immer gratis in Zimmern mit Ventilatorkühlung.

Während der Spitzenzeiten (Dez.–Jan., Juni–Aug.) ist mit hohen Besucherzahlen und ausgebuchten Betten zu rechnen. Auch nach der Vollmondparty auf dem benachbarten Ko Pha-Ngan strömen jeden Monat

Ko Tao

N · 0 ―――――― 1 km

Chumphon Pinnacle (13 km)
Green Rock
Mango Bay
Ao Mamuang
Light House Point
Ko Nang Yuan
Japanese Garden
Ao Kluay Theuan
Ao Tha Then
▲ (379 m)
▲ (210 m)
White Rock
Ao Hin Wong
Sairee Beach
Sairee Village
Chumphon (75 km)
Ao Mae
▲ (310 m)
Ao Mao
King Rama V Boulder
Hat Ao Mae
▲ Khao Mae Hat (310 m)
Ao Tanot
Ban Mae Hat
Ko Pha-Ngan (46 km); Ko Samui (80 km); Surat Thani (106 km)
▲ (190 m)
Hat Sai Nuan
Ban Chalok
Ban Kao
Ao Leuk
Hat Sai Daeng
Shark Island
Ao Chalok Ban Kao
Ao Thian Ok
Sail Rock (16 km)
GOLF VON THAILAND

TAUCHPROFI WERDEN

Fast die älteste Geschichte der Welt: „Ich bin als Urlauber nach Ko Tao gekommen und sechs Monate später immer noch hier!" Die magisch-magnetische Inselenergie nimmt scheinbar jedermann gefangen. Eventuelle Lust zum Umbuchen des eigenen Rückflugs sollte einen somit nicht überraschen.

Wer Freude am Robinson-Lifestyle hat, kann dem Ko-Tao-Motto „Zero to Hero" folgen: Seit ein paar Jahren bieten clevere Tauchveranstalter spezielle Pauschalkurse an, die Anfänger in ein paar Monaten zu Profis machen. Teilnehmer absolvieren insgesamt vier Zertifikatsstufen, machen ein „Tauchmeister-Praktikum" an der jeweiligen Schule und nehmen dann die Lehrerausbildung in Angriff. Bis auf die Unterkunft beinhaltet der Preis (ca. 80 000 B) alles Notwendige für eine erfolgreiche Fischwerdung.

unzählige Möchtegern-Taucher hierher. Wichtig: Bei geplanter „Tauchentgiftung" nach einer Vollmondfete heißt's Fährtickets spätestens drei Tage vor dem abendlichen Partystart kaufen, da die Boote dann schnell ausgebucht sind. Die folgenden Tauchschulen zählen zu den besten der Insel und tragen alle dazu bei, Ko Taos Naturbelassenheit möglichst zu erhalten.

Ban's Diving School
TAUCHEN

(Karte S. 628; ☑0 7745 6466; www.amazing kohtao.com; Sairee Beach) Diese gut geschmierte Tauchmaschine ist gnadenlos auf Expansionskurs und stellt jedes Jahr weltweit die meisten Zertifikate aus. Seit der Renovierung (2009) herrscht hier Fünfsterne-Atmosphäre. Obwohl die Gruppen beim Theorieunterricht groß sind, ist die individuelle Betreuung im Wasser gut. Dank Lehrern aus allen möglichen Ländern kann man das Tauchen in seiner eigenen Muttersprache lernen. Das dazugehörige Resort (S. 631) ist bei Partyfans ziemlich beliebt.

Big Blue Diving
TAUCHEN

(Karte S. 628; ☑0 7745 6415, 0 7745 6772; www. bigbluediving.com; Sairee Beach) Bei der Tauchschulensuche würde Goldlöckchen wohl Big Blue wählen. Die mittelgroße Firma (nicht zu groß, nicht zu klein) wird für Geselligkeit bei zuverlässig hohem Servicestandard geschätzt. Im hauseigenen Resort (S. 631) kommen Taucher aller Art spottbillig unter.

Buddha View
TAUCHEN

(☑0 7745 6074; www.buddhaview-diving.com; Chalok Ban Kao) Dieser weitere Großanbieter auf Ko Tao offeriert alle Standardzertifikate und Spezialkurse im technischen Tauchen (jenseits der üblichen Grenzen freizeitlicher Unterwassererkundung). Kunden wohnen vergünstigt im freundlichen Resort (S. 633).

Crystal Dive
TAUCHEN

(Karte S. 628; ☑0 7745 6107; www.crystaldive. com; Mae Hat) Die Meryl Streep der Tauchanbieter gewinnt jedes Jahr alle Preise für die beste Leistung. Crystal Dive zählt zwar zu den größten Tauchschulen der Insel (und der Welt), sorgt aber mit spitzenmäßigen Lehrern und gutem Unterricht für recht persönliche Atmosphäre. Mehrsprachiges Personal, klimatisierte Unterrichtsräume und zwei hauseigene Pools runden das Paket ab. Äußerst empfehlenswert.

New Heaven
TAUCHEN

(☑0 7745 6587; www.newheavendiveschool.com; Chalok Ban Kao) Die Eigentümer der kleinen Tauchfirma verbringen viel Zeit damit, die natürliche Schönheit von Ko Taos Unterwasserlandschaft zu erhalten. So kontrollieren sie regelmäßig die Riffe und tragen aktiv zu deren Erholung bei. Das übliche Spektrum von Kursen und Spaßtauchgängen wird durch CPAD-Spezialzertifikate für Forschungstaucher ergänzt.

Scuba Junction
TAUCHEN

(Karte S. 628; ☑0 7745 6164; www.scuba-junc tion.com; Sairee Beach) Ein fesches neues Schaufenster und aufgeschlossene Lehrer locken hier Touristen an, die ein intimeres Taucherlebnis suchen. Scuba Junction garantiert maximal vierköpfige Gruppen.

Schnorcheln

Schnorcheln ist eine beliebte Alternative zum Sporttauchen. Arrogante Gerätetaucher werden einem allerdings sagen, dass sie Schnorchel statt Atemflasche quasi für Sprühkäse statt Camembert halten. Eigene Schnorchelabenteuer sind leicht organisierbar: Kleine Bungalowanlagen an den Ostküstenbuchten verleihen Ausrüstung für 100 bis 200 B pro Tag.

Auf Ko Tao ziehen die meisten Schnorchelfans ohne Führer los. So schwimmen sie selbst zu vorgelagerten Buchten oder fahren mit gemieteten Longtail-Booten weiter raus. Alternativ können bei allen örtlichen Reisebüros geführte Touren gebucht werden, die verschiedenen Schnorchelspots rund um die Insel abklappern (500–700 B, meist inkl. Aurüstung, Mittagessen und Führer bzw. Bootskapitän). **Laem Thian** wird für seine kleinen Haie geschätzt. Bei **Shark Island** tummeln sich viele Fische, aber ironischerweise keine Haie. **Hin Wong** ist für kristallklares Wasser bekannt, während der **Light House Point** im Norden mit einem verwirrenden Reichtum an farbenprächtigen Seeanemonen aufwartet. Tauchschulenboote nehmen Schnorchler in der Regel zu vergleichbaren Preisen mit. Hinweis: Das Schnorcheln lohnt sich nur an flacheren Stellen (z. B. Japanese Gardens),

die generell nachmittags von den verschiedenen Tauchbooten angefahren werden.

Technisches Tauchen & Höhlentauchen

Mit **Tech Thailand** (www.techthailand.com) können erfahrene Taucher und Hardcore-Jacques-Cousteaus ihre Unterwasserausflüge aufs nächste Level heben, indem sie sich im technischen Tauchen alias „Tec-Diving" versuchen. Laut PADI bedeutet dies „Tauchen jenseits von konventionellem, kommerziellem Freizeit- oder Spaßtauchen" und „geht über die Grenzen des normalen Sporttauchens hinaus". Technisches Tauchen erkundet Tiefen ab 40 m und erfordert mehrere Dekompressionsstufen. Bei einem einzigen Tauchgang kommen oft verschiedene Atemgasgemische zum Einsatz.

Vor mehreren Jahren ließ das alte Firmenboot namens MS *Trident* die Tauchergemeinde aufhorchen, indem es erfolgreich Dutzende bislang unentdeckter Wracks im

TAUCHSPOTS IM ÜBERBLICK

Generell sind Tauchspots nicht frei wählbar: Je nach Wetter- und Wasserbedingungen sucht jede Schule täglich verschiedene Stellen aus. Tiefere Reviere wie der Chumphon-Felsen werden normalerweise morgens besucht. Bootstrips am Nachmittag klappern flachere Spots wie die Japanese Gardens ab. Kürzlich sind zwei große Schiffe gezielt vor der Küste versenkt worden, um zwei neue Möglichkeiten zum Wracktauchen zu schaffen. Wer auf eine erbauliche Walhaisuche am Segelfelsen hofft, sollte eine der täglichen Tauchtouren ab Ko Pha-Ngan wahrnehmen.

» **Chumphon Pinnacle** (Chumphon-Felsen; max. Tiefe 36 m) Die vier miteinander verbundenen Meeresfelsen liegen 13 km westlich von Ko Tao. Hier warten bunte Seeanemonen und große Schulen von Dickkopf-Stachelmakrelen, Thunfischen oder mächtigen Grauen Riffhaien. Auch Walhaie schauen ab und zu vorbei.

» **Green Rock** (Grüner Felsen; max. Tiefe 25 m) Fitnessfördernder Unterwasserdschungel mit Gruben, Höhlen und kleinen Kaminen, der für Rochen, Zackenbarsche und Drückerfische bekannt ist. Super zum Nachttauchen.

» **Japanese Gardens** (Japanische Gärten; max. Tiefe 12 m) Dieser entspannte Spot zwischen Ko Tao und Ko Nang Yuan ist ideal für Anfänger. Die sehen viele farbenfrohe Korallen und oft auch Schildkröten, Stachelrochen oder Kugelfische.

» **Mango Bay** (Mango-Bucht; max. Tiefe 16 m) Eventuell die Stelle, an der Atemflaschen-Anfänger erstmals ihr Können zwischen trägen Rifffischen auf dem sandigen Meeresboden trainieren.

» **Sail Rock** (Segelfelsen; max. Tiefe 34 m) Ist am besten ab Ko Pha-Ngan erreichbar und hat einen mächtigen Felskamin mit vertikal durchschwimmbarer Passage. Taucher sehen große Freiwasserfische (z. B. Barrakudas, Königsmakrelen) und genießen eine von Südostasiens besten Möglichkeiten zur Walhaibeobachtung.

» **Southwest Pinnacle** (Südwestlicher Felsen; max. Tiefe 33 m) An der kleinen Felsengruppe tummeln sich Riesenzackenbarsche, Barrakudas und manchmal auch Wal- oder Leopardenhaie.

» **White Rock** (Weißer Felsen; max. Tiefe 29 m) Beheimatet farbenfrohe Korallen, Kaiserfische, Clownfische und revierverteidigende Drückerfische; ebenfalls spitze zum Nachttauchen.

Mae Hat & Sairee Beach

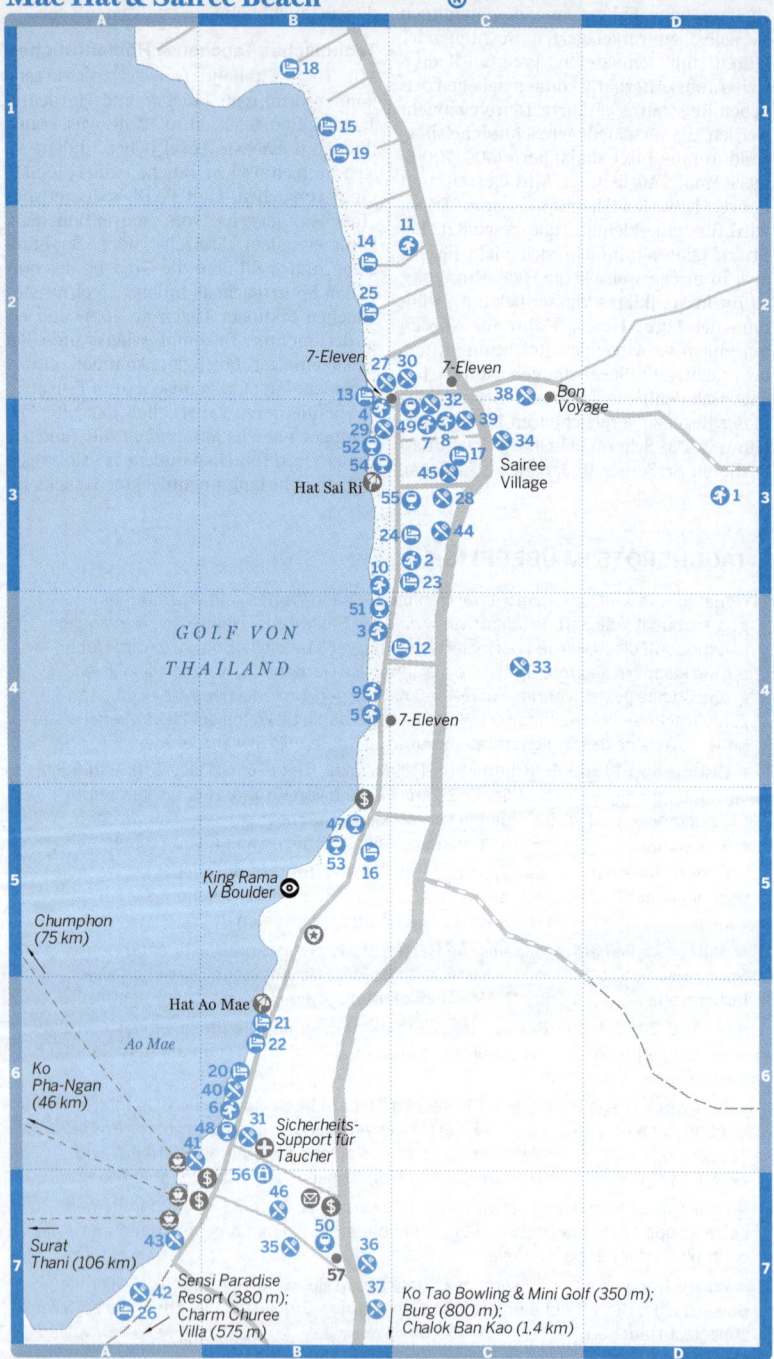

N 0 —————————————— 0,5 km

7-Eleven

7-Eleven

Bon Voyage

Sairee Village

Hat Sai Ri

GOLF VON THAILAND

7-Eleven

King Rama V Boulder

Chumphon (75 km)

Ao Mae

Ko Pha-Ngan (46 km)

Hat Ao Mae

Sicherheits-Support für Taucher

Surat Thani (106 km)

Sensi Paradise Resort (380 m); Charm Churee Villa (575 m)

Ko Tao Bowling & Mini Golf (350 m); Burg (800 m); Chalok Ban Kao (1,4 km)

Golf von Thailand lokalisierte. Berühmtester Fund war dabei die USS *Lagarto,* die als US-Marineschiff im Zweiten Weltkrieg sank. Der Golf ist seit langer Zeit eine wichtige Handelsroute. So werden hier von alten chinesischen Keramiktransportern bis hin zu japanischen *marus* (Handelsschiffen) ständig neue Wracks entdeckt. 2011 versenkte man die *Trident* gezielt vor Ko Tao, um ein künstliches Riff zu schaffen. Wegen falsch berechneter Sprengsätze liegt sie für Anfänger aber etwas zu tief.

Neuerdings ist Höhlentauchen auf Ko Tao schwer angesagt. Die abgebrühtesten Gerätetauchfreaks stehen Schlange, um die halbtägige Fahrt zum Khao Sok National Park (S. 665) zu absolvieren. Der Hauptsee des Parks beherbergt eine verblüffende Un-

terwasserwelt mit vielen versteckten Grotten, Kalksteinfelsen und lauernden Welsen. In bestimmten Bereichen nähern sich Taucher gefluteten Dörfern, die einst dem Staudammbau zum Opfer fielen. Die meisten Höhlentauchtrips verlassen Koa Tao mit dem Nachmittagsboot und kehren am nächsten Tag wieder mit diesem zurück. Übernachtet wird im oder in der Nähe des Parks.

Buddha View (S. 626) gibt samstags eine Gratiseinführung in die Welt des technischen Tauchens. An jedem „Wreck Wednesday" („Wrack-Mittwoch") geht's mit Tech Thailand ins Wasser. Wer kein Kunde von Buddha View oder Master Divers ist, kann sich mithilfe der eigenen Tauchschule problemlos orientieren.

Unterwasserfotos & -videos

Falls die Geldbörse bereits vor PADI-Scheinen platzt, sorgen geliehene Unterwasserkameras oder Kurse im Unterwasserfilmen für Abwechslung. Viele Tauchschulen lassen Open Water Prüfungen von Videoprofis aufnehmen. Wer daran Interesse hat, kann nach einem erfolgreich abgeschlossenen Videopraktikum potentiell ein paar Mäuse hinzuverdienen. Über den eigenen Tauchveranstalter lassen sich alle der sechs örtlichen Videoteams kontaktieren. Mit **ACE Marine Images** (Karte S. 628; ☎0 7745 7054; www.acemarineimages.com; Sairee Beach) empfehlen wir eins von Thailands führenden Studios für Unterwasser-Videografie. Der interaktive Kurs (30 000 B) beinhaltet acht Tauchgänge, ein gesondertes Zertifikat und Einzelunterricht im Schneideraum. Die Videografielehrgänge bzw. -praktika von **Deep Down Productions** (☎08 7133 4102; www.deepdown-productions.com) und **Oceans Below** (☎08 6060 1863; www.oceansbelow.net) sind etwas günstiger.

Noch mehr Aktivitäten

LP TIPP **Flying Trapeze Adventures** ARTISTIK (FTA; Karte S. 628; ☎08 0696 9269; www.flyingtrapezeadventures.com; Sairee Beach; ☺16–20, Kurse 16, 17 & 18 Uhr) Einstündige Gruppenkurse in Trapezartistik (950 B) offenbaren, ob man in engen rosa Strumpfhosen wirklich heiß aussieht. Dank der superfreundlichen Leiterin Gemma und ihren biegsamen Assistenten mutieren Teilnehmer (Mindestalter sechs Jahre) nach maximal vier Sprüngen vom Zirkusneuling zum Profi-Überflieger. Telefonische Buchung ist am besten. Alternativ taucht man einfach bei einer der allabendlichen Vorführungen (19.30 Uhr) auf.

Goodtime Adventures GEFÜHRTE TOUR (Karte S. 628; ☎08 7275 3604; www.gtadventures.com; Sairee Beach; ☺12 Uhr–open end) Obwohl sich die meisten Aktivitäten auf Ko Tao ums Meer drehen, bringen die freundlichen Mitarbeiter von Goodtime Adventures das Adrenalin mit vielen Optionen auf festem Boden in Wallung. Kunden durchwandern z. B. den Urwald im Inselinneren, schwingen bei Klettertouren mit Abseilen (ab 2000 B) von Felsen zu Felsen oder testen nachmittags ihren Mut beim Klippenspringen. Im Angebot sind auch offiziell anerkannte Motorbootführerscheine. Zum Recherchezeitpunkt richtete die Firma gerade einen abgefahrenen Seilbrückenparcours auf den benachbarten Ko Nang Yuan ein. Ihr Büro am Sand von Sairee fungiert gleichzeitig als sympathisches Café, das verschiedene Snacks (darunter Dip- bzw. Beutelkaffee!) aus aller Welt serviert.

Shambhala YOGA (Karte S. 628; ☎08 4440 6755; Sairee Beach) Ko Taos einziges Vollzeit-Yogastudio belegt einen schönen hölzernen *săh·lah* auf dem bewaldeten Gelände des Blue Wind (Sairee Beach; S. 631). Der dynamische Yogi Kester leitet die zweistündigen Kurse (300 B).

Ko Tao Bowling & Mini Golf

BOWLING, MINIGOLF (außerhalb der Karte S. 628; ☎0 7745 6316; ☺12–24 Uhr) An der Hauptstraße zwischen Mae Hat und Chalok Ban Kao findet man hier mehrere selbstgezimmerte Bowlingbahnen (Spiele 300 B/Std.), deren Kegel nach jedem Frame neu vom Personal aufgestellt werden. Nutzer des auffällig gestalteten Minigolfplatzes mit 18 Löchern schlagen ihren Ball z. B. durch Stonehenge oder über die Golden Gate Bridge.

🛏 Schlafen

Wenn bei einem Inselbesuch auch Tauchen geplant ist, rundet der jeweilige Tauchveranstalter sein Angebot wahrscheinlich mit kostenlosen oder vergünstigten Übernachtungen ab. Manche Tauchschulen haben hauseigene Quartiere, andere kooperieren mit Bungalowbetreibern in der Nähe. Wichtig: Unterkunftsrabatte in Verbindung mit Tauchen gelten nur an den eigentlichen Unterwassertagen! Wenn also z. B. bei Pauschaloptionen mit zehn Tauchgängen mittendrin ein Pausentag eingelegt wird, gibt's an diesem keine Ermäßigung aufs Zimmer. Ebenfalls wichtig ist genügend ruhiger Schlaf vor dem Tauchen. Somit heißt's, all die „tollen Übernachtungsschnäppchen" vor dem Buchen genau prüfen: Manchmal fehlt nur eine Kakerlake und die Hütte wäre zum Abriss freigegeben.

Parallel haben viele Unterkünfte gar nichts mit Ko Taos Taucherszene zu tun. Die tollen Refugien an den abgeschiedenen Ostbuchten sind immer noch super für echtes Erholen, aufgrund der miesen Inselstraßen und fehlenden Infrastruktur aber teilweise nur schwer erreichbar. Gäste können daher oft vorher anrufen und sich am Mae-Hat-Pier abholen lassen.

Achtung: Ko Tao ist nicht Ko Samui – Spitzenservice und perfekten Fünfsterne-Standard sucht man hier vergebens … noch.

SAIREE BEACH

Als längster Inselstrand ist Sairee mit Tauchanbietern, Bungalowanlagen, Reisebüros, Mini-Supermärkten und Internetcafés auch am stärksten erschlossen. Die schmale „Yellow Brick Road" säumt die gesamte Länge des riesigen Sandstreifens – Vorsicht vor Motorrädern!

Blue Wind
BUNGALOWS $

(Karte S. 628; ☑0 7745 6116; bluewind_wa@ yahoo.com; Bungalow 300–1000 B; ❋🛜) Inmitten einer Gruppe toller Unterkünfte bietet das versteckte Blue Wind willkommene Erholung vom energetischen Tauchresort-Trubel am Sairee Beach. Solide Bambushütten säumen einen unbefestigten Pfad hinter der Strandbäckerei. Große, gefliese Bungalows mit Klimaanlage, Fernsehen und Warmwasserduschen inklusive.

Ban's Diving Resort
RESORT $$

(Karte S. 628; ☑0 7745 6466; www.amazing kohtao.com; Zi. 500–2500 B; ❋@🛜♒) Das große, hochwertige Unterkunftsspektrum des tauchverrückten Party-Palastes reicht von einfachen Backpacker-Quartieren bis hin zu schicken Villen am Hang. Nach dem Tauchen entspannen Gäste am hervorragenden Hausstrand oder an einem der beiden Pools, die sich im Urwaldstreifen zwischen den beiden motelartigen Gebäuden verbergen. Abends werden gleichermaßen „buckets" und internationale Küche in der Resortbar namens Fish Bowl konsumiert.

Place
VILLEN $$$

(www.theplacekohtao.com; Villa 4000–7000 B) Flitterwöchner werden diese einzigartige Option lieben: Zwei private Luxusvillen zwischen üppig bewachsenen Hügeln bieten einen Ausblick auf das darunterliegende Meer. Ein privates Tauchbecken gehört zum Standard. Auf Wunsch verköstigt ein persönlicher Chefkochservice all jene, die nicht zum Essen nach Sairee hinunterlaufen und stattdessen lieber in ihrem Liebesnest verweilen möchten.

Koh Tao Cabana
BUNGALOWS $$$

(Karte S. 628; ☑0 7745 6250; www.kohtaoca bana.com; Bungalow 2600–11800 B; ❋@🛜♒) Die hölzernen Villen und gewellten weißen Lehmziegelhütten der herrlichen Anlage stehen direkt an einem felsigen Strand. Fröhlicher Nippes ziert die bunten Bungalows: In den dachlosen Bädern werden Duschende von neckisch grinsenden Steingnomen begrüßt. Die neu errichteten Privatvillen zählen zu den gehobeneren Inselunterkünften. Im Vergleich zu Ko Samuis Fünfsternemonstern wirken sie jedoch etwas rustikal.

Big Blue Resort
BUNGALOWS $

(Karte S. 628; ☑0 7745 6050; www.bigbluediving. com; Zi. 400–1000 B; ❋@) Ein Tauchresort mit Sommerlager-Vibe: Der Tag steht im Zeichen von Tauchkursen, während abends gemeinsam gegessen und Feuerjongleuren zugeschaut wird. Die einfachen Bungalows mit Ventilatoren und die klimatisierten Zimmer im Motelstil bieten gleichermaßen kaum Aussicht. Doch wer hat schon Zeit zum Relaxen, wenn's da draußen einen Ozean zu erkunden gilt?

Sairee Cottage
BUNGALOWS $$

(Karte S. 628; ☑0 7745 6126; saireecottage@hot mail.com; Bungalow 400–1500 B; ❋) Mit ihrem Anstrich in verschiedenen Fuchsientönen sind die klimatisierten Bungalows kaum zu übersehen. Die niedrigen Preise bedeuten wenig freie Zimmer. Wer eine der Backsteinhütten am grasbewachsenen Hügel ergattern will, sollte daher früh erscheinen.

Bow Thong
BUNGALOWS $

(Karte S. 628; ☑0 7745 6266; Bungalow ab 600 B; ❋🛜♒) Die komfortable Bungalowanlage am ruhigeren Nordabschnitt des seidenweichen Sairee-Sandstrands empfiehlt sich, wenn man kein Tauchschüler ist und nahe am Meer wohnen möchte.

Sunset Buri Resort
BUNGALOWS $$

(Karte S. 628; ☑0 7745 6266; Bungalow 700–2500 B; ❋@🛜♒) Wunderschöne weiße Bungalows mit Riesenfenstern und auffälligen, tempelartigen Dächern säumen einen langen Pfad in Richtung Strand. Der nierenförmige Pool ist so schwer gefragt wie die großen Strandliegen auf dem ganzen Gelände.

Koh Tao Coral Grand Resort
BUNGALOWS $$$

(Karte S. 628; ☑0 7745 6431; www.kohtaocoral. com; Bungalow 3350–6950 B; ❋🛜♒) Mit seinen vielen rosafarbenen Fassaden wirkt das familienfreundliche Resort etwas wie Barbies Thai-Traumstrandhaus. Die Hütteneinrichtung in fröhlichen Primärfarben wird jeweils von freiliegenden Balkenkonstruktionen flankiert. Lackierte dunkle Zierleisten und mit Blattgold überzogene Kunstwerke verleihen den teureren Quartieren dagegen eine typischere Thai-Atmosphäre.

Seashell Resort
BUNGALOWS $$

(Karte S. 628; ☑0 7745 6299; www.seashell-re sort.com; Bungalow 450–3800 B; ❋🛜) Einige der Bungalows haben Veranden mit Meerblick (selten in Sairee); andere stehen in einem gepflegten Garten mit bunten Blüten und dünnen Palmenstämmen. Unterwassersportler und Nichttaucher sind gleichermaßen willkommen.

In Touch Resort
BUNGALOWS $$

(Karte S. 628; ☎0 7745 6514; Bungalow 500–1200 B; ✳✦) Einige der klimatisierten und rund geschnittenen Zimmer haben eine Art Höhlendesign, das bis auf die Duschschläuche (wurden nicht durch Elefantenrüssel ersetzt) stark an *Familie Feuerstein* erinnert. Die älteren Bungalows bestehen aus Bambus und dunklem Holz.

Koh Tao Backpackers
HOSTEL $

(Karte S. 628; ☎08 8447 7921; www.kohtaobackpackers.com; B 300 B; ✳✦) Spartanische Stockbetten für echte Geizhälse.

MAE HAT
Alle Fähren legen am Pier des belebten Dorfs Mae Hat an. Unterkünfte gibt's hier überall. Die charmanteren Optionen säumen jedoch den Sandstrand in beiden Richtungen.

Nördlich des Piers

Regal Resort
RESORT $$

(Karte S. 628; ☎0 7745 6007; www.kohtaoregal.com; Zi. 1500–4900 B; ✳@✦✈) Etwas abseits vom Pier steht die strahlend weiße Heimat der attraktivsten Inselpools stolz am Sand von Mae Hat. Eine anständige Option für alle, die eine Klimaanlage und Meerblick vom Balkon wollen.

Crystal Dive Resort
BUNGALOWS $$

(Karte S. 628; ☎0 7745 6107; www.crystaldive.com; Bungalow 800–1500 B; ✳✈) Die Bungalows und motelartigen Zimmer sind für Taucher reserviert – Kursteilnehmer erhalten kräftige Rabatte. Gäste können ein Bad im Pool nehmen, wenn dieser nicht vor blasenerzeugenden Tauchanfängern platzt.

Montra Resort & Spa
RESORT $$$

(Karte S. 628; ☎0 7745 7057; www.kohtaomontra.com; Zi. 4000–12 800 B; ✳@✦✈) Quasi direkt an Mae Hats Pier wartet dieses neuere Luxusresort mit allen modernen Schikanen auf. Im Vergleich zur schlichten Bungalowgruppe nebenan sieht das Hotelgebäude ziemlich imposant aus.

Mr. J. Bungalow
BUNGALOWS $

(Karte S. 628; ☎0 7745 6066; Bungalow 250–1000 B) Obwohl uns der Eigentümer 50 B für seine Visitenkarte abknöpfen wollte,

halten wir die ordentlich gepflegte Bungalowanlage für sehr empfehlenswert. Der schrullige Mr. J. verstrickt Gäste in einem philosophischen Netz. Wer ein paar besonders schräge Hypothesen hören möchte, sollte ihn auf die Wiedergeburt ansprechen.

Südlich des Piers

Charm Churee Villa
RESORT $$$

(außerhalb der Karte S. 628; ☎0 7745 6393; www.charmchureevilla.com; Bungalow 3700–18 700 B; ✳@✈) Diese versteckten Luxusvillen unter himmelhohen Palmen stehen für fernöstliche Verwöhnkultur in voller Pracht: Orientalische Halbgötter mit Blattgoldbezug nehmen hier arabeske Positionen ein; ihre Juwelenaugen sind in Zen-artiger Trance erstarrt. Direkt in die palmenbewachsene Steilwand wurden Treppen geschlagen, die sich zu verstreuten Teakholzhütten auf grauen Felsen hinunterwinden. Die Villen punkten mit charmantem, ungehindertem Blick auf die indigofarbene Brandung.

Sensi Paradise Resort
RESORT $$$

(außerhalb der Karte S. 628; ☎0 7745 6244; www.sensiparadise.com; Bungalow 2100–700 B; ✳✦✈) Für „natürlichen Chic" gibt's hier zu viele Geckos in den Bädern. Gäste, die auf Natur stehen, werden sich jedoch darüber freuen, dass die rustikalen Hütten auch irgendwie luxuriös sind. Freundliche Hausverwalter und mehrere luftige *săh·lah* aus Teakholz sorgen für zusätzlichen Charme.

Utopia Suites
APARTMENTS $$

(Karte S. 628; ☎0 7745 6729; Zi./Suite ab 600/2000 B, Monatsmiete ab 20 000 B) Perfekt für Familien und kleine Reisegruppen: Von den Strandapartments ist's nur ein Katzensprung bis zum Pier des Fischerdorfs. Nach Rabatten für längere Aufenthalte fragen!

Die folgenden Optionen liegen weiter südlich und sind schnell per Wassertaxi erreichbar:

Sai Thong Resort
BUNGALOWS $$

(☎0 7745 6868; Hat Sai Nuan; Bungalow 400–900 B; ✳) Sobald der Mae-Hat-Trubel entlang der südwestlichen Inselküste nachlässt, taucht das Sai Thong am sandigen Hat Sai Nuan auf. Seine Bungalows aus verschiedenen Flecht- und Holzelementen haben Veranden mit bunten Hängematten, von denen man auf viele Palmen blickt. Gäste und Einheimische tummeln sich gleichermaßen gern auf der erholsamen Sonnenterrasse des Restaurants.

Tao Thong Villa
BUNGALOWS **$**

(☎0 7745 6078; Ao Sai Nuan; Bungalow ab 500 B) Die unkonventionellen, spartanischen Bungalows mit Bombenaussicht sind sehr beliebt bei Langzeittouristen, die Ruhe und Frieden schätzen. Etwa auf halber Strecke zwischen Mae Hat und Chalok Ban Kao stehen sie beiderseits von zwei Ministränden auf einer felsigen Landzunge.

CHALOK BAN KAO

Ao Chalok liegt ca. 1,7 km südlich von Mae Hat und hat das drittgrößte Unterkunftsangebot der Insel. Im Verhältnis erscheint der Betrieb aber manchmal weitaus stärker, da der Strand verglichen mit Sairee und Mae Hat deutlich kleiner ist. Wegen oft schlammigem Niedrigwasser lässt die eigentliche Strandqualität zu wünschen übrig.

Ko Tao Resort
RESORT **$$$**

(☎0 7745 6133; www.kotaoresort.com; Zi. & Bungalow ab 2500 B; ❄@🛜🏊) Der Eingang versetzt einen zurück in eine Zeit (die 1970er-Jahre?), in der Architektur nicht immer ein Synonym für Geschmack war. Das Innere ist aber durch und durch modern, während alle Einrichtungen einem waschechten Resort entsprechen. Die durchweg prima ausgestatteten Zimmer verteilen sich auf „Poolbereich" und „Paradieszone". Zudem gibt's ausleihbare Wassersportausrüstung und mehrere Bars, die auf fruchtige Cocktails spezialisiert sind. Der neu eröffnete „Chalok Harbour" ist ein weiteres Restaurant mit noch mehr Sitzliegen an einer breiten Promenade.

Chintakiri Resort
RESORT **$$$**

(☎0 7745 6133; www.chintakiri.com; Zi. & Bungalow 2900–4000 B; ❄@🏊) Hoch über Chalok Ban Kaos Golfgewässern zeugt das Chintakiri als einer der neueren Luxuszugänge Ko Taos von dessen heimlichem Weg in Richtung Spitzenklasse. Die Zimmer im landeinwärts gelegenen Dschungel vereinen fesche weiße Wände mit Einrichtungselementen aus lackiertem Holz.

Buddha View Dive Resort
BUNGALOWS **$$**

(☎0 7745 6074; www.buddhaview-diving.com; Zi. 300–1500 B; ❄) Wie die anderen großen Tauchanbieter der Insel offeriert das Buddha View seinen Unterwassersportlern vergünstigte, hauseigene Unterkünfte in sehr geselliger Atmosphäre. Interessant für längere Aufenthalte sind die einfachen Quartiere des gegenüberliegenden „Taucherdorfs" (ab ca. 4000 B/Monat).

New Heaven Resort
BUNGALOWS **$$**

(☎0 7745 6422; newheavenresort@yahoo.co.th; Zi. & Bungalow 1200–3900 B) Gleich hinter dem Chaos von Chalok Ban Kao kleben hier farbenfrohe Hütten über unglaublich klarem Wasser. Die Aussicht beim steilen Abstieg über die verwinkelten Treppen in der buschbestandenen Felswand scheint direkt aus dem *National Geographic* zu stammen.

Freedom Beach
BUNGALOWS **$**

(☎0 7745 6596; Bungalow 400–1500 B; ❄) An einem abgeschiedenen Privatstrand am Ostende von Ao Chalok scheint hier klassische Backpacker-Atmosphäre zu herrschen. Dennoch gibt's verschiedene Quartiere für jeden kleineren Geldbeutel: Die Reihe der Bungalows reicht von Holzbaracken bis hin zu solideren Hütten mit Klimaanlage. Sie verbindet die luftige Bar am Meer mit dem Hausrestaurant auf den Klippen.

Viewpoint Resort
BUNGALOWS **$$**

(☎0 7745 6666; www.kohtaoviewpoint.com; Bungalow 800–1300 B) Angeblich hat ein angesagter Architekt aus Bangkok diese freundliche, familiengeführte Option am Ende der Zivilisation entworfen. Die spartanischen, aber luftigen, gut gepflegten Hütten warten teilweise mit Meerblick auf. Andere stehen in einem ruhigen Hanggarten.

Auch einen Blick wert:

Tropicana
PENSION **$**

(☎0 7745 6167; www.koh-tao-tropicana-resort. com; Zi. ab 400 B) Die niedrigen Hoteleinheiten verteilen sich über ein Gartengelände, durch dessen Farnwedel und stachelige Palmen der Blick flüchtig aufs Meer fällt.

JP Resort
PENSION **$**

(☎0 7745 6099; Zi. ab 400 B) Die farbenfrohen, sauberen Quartiere im Motelstil stehen gegenüber vom Strand auf einem kleinen Dschungelgelände.

ÖSTLICHE STRÄNDE

Die ruhige Ostküste ist zweifellos eine der besten regionalen Ecken zum Ausleben paradiesischer Inselphantasien. Nur zehn Minuten von allen modernen Unterkunftsextras entfernt, warten hier ruhige Strände mit herrlicher Aussicht. Das folgende Unterkunftsverzeichnis ist in Nord-Süd-Richtung sortiert.

Hin Wong

An dieser Stelle gibt's statt Sandstränden eine Felsküste mit kristallklarem Wasser.

Achtung: Obwohl die Straße nach Hin Wong teilweise befestigt ist, können einen unerwartete Sandgruben und steile Anstiege aus dem Motorradsattel werfen!

Hin Wong Bungalows
BUNGALOWS **$**

(☑0 7745 6006; Bungalow ab 300 B) Die attraktiven Holzhütten auf einem großen Grundstück mit naturbelassener Tropenvegetation erinnern etwas an *Gilligans Insel* (ohne schwerreiche Gestrandete). Vor dem lebhaften Restaurant ragt ein primitiver Bootssteg ins Meer, auf dem man die Beine baumeln lassen und schwarze Sardinenschwärme im Wasser beobachten kann.

View Rock
BUNGALOWS **$**

(☑0 7745 6548/9; viewrock@hotmail.com; Bungalow 300–400 B) Der Name ist exakt Programm: Aussicht und Felsen. Die Gruppe verschiedener Holzhütten wirkt wie ein abgeschiedenes Fischerdorf, das zwischen steilen Klippen mit super Buchtblick steht. Neuankömmlinge fahren über die unbefestigte Straße nach Hin Wong hinunter und dann anhand der Schilder nördlich an den Hin Wong Bungalows vorbei.

Tanote Bay (Ao Tanot)

Die Tanote Bay ist stärker besucht als manch andere Ostküstenbuchten, aber dennoch recht ruhig und malerisch. Als einzige Bucht an der Ostküste hat sie einen anständigen Straßenanschluss. Zwischen Tanote Bay und Mae Hat pendeln vergünstigte Taxis (ca. 100 B), deren Abfahrtszeiten beim eigenen Resort erfragt werden sollten.

Poseidon
BUNGALOWS **$**

(☑0 7745 6735; poseidonkohtao@hotmail.com; Bungalow ab 300 B) Ein Dutzend einfacher, aber annehmbarer Hütten in Strandnähe bewahrt hier die Tradition der Budget-Bambusbungalows.

Family Tanote
BUNGALOWS **$$**

(☑0 7745 6757; Bungalow 700–3500 B) Wie der Name vermuten lässt, wird die Bungalowgruppe an einem Hang von einer einheimischen Familie geführt, die Einsamkeitsfans stolz in komfortablen Quartieren unterbringt. Gäste können direkt vor der Haustür mit den Fischen schnorcheln oder zum Restaurant hinaufsteigen, um ein leckeres Essen bei Buchtblick zu genießen.

Ao Leuk & Ao Thian Ok

Jamahkiri Resort & Spa
RESORT **$$$**

(☑0 7745 6400; www.jamahkiri.com; Bungalow 6900–13 900 B) Das auffällige Dekor des weiß verputzten Resorts konzentriert sich gezielt auf Stammessymbolik: Zwischen geschwungenen Mosaikmustern verteilen sich viele fratzenartige Holzmasken, mehrarmige Statuen und Fruchtbarkeitsgöttinnen aus Stein. Wilde Affenschreie in der Ferne betonen das allumfassende Dschungelthema genauso wie die strohgedeckten Dächer oder die Abendgesellschaften mit Tiki-Fackeln. Die scheinbar unendliche Anzahl von Steintreppen nervt eventuell – glücklicherweise gehört Ko Taos luxuriösestes Spa zum Haus.

KO NANG YUAN

Das malerische Ko Nang Yuan gleich vor Ko Taos Küste erreicht man leicht mit dem Lomprayah-Katamaran oder mit Wassertaxis ab Mae Hat bzw. Sairee.

Ko Nangyuan Dive Resort
BUNGALOWS **$$$**

(☑0 7745 6088; www.nangyuan.com; Bungalow 1200–9000 B; ❋⊛) Obwohl die obligatorische Insel-Zugangssteuer (100 B) und die 100 B pro einfache Wassertaxistrecke eventuell leicht abschrecken, ist das Nangyuan Dive Resort eine charmante Ausnahme. Seine solide Bungalowreihe aus Holz und Aluminium schlängelt sich quer über drei Inseln mit jeweils reishutartiger Kegelform, die über eine idyllische Sandbank miteinander verbunden sind. Zum Resort gehört auch das beste, aber wiederum einzige Restaurant vor Ort.

✖ Essen

Angesichts des riesigen Samui am Horizont ist es kaum zu glauben, dass das malerische kleine Ko Tao selbst eine ernstzunehmende Gastroszene hat. Die meisten Resorts und Tauchanbieter betreiben eigene Restaurants, während sich eigenständige Lokale am Sairee Beach und in Mae Hat mit Lichtgeschwindigkeit vermehren. Die mannigfaltige Tauchergemeinde hat ein breites internationales Menüspektrum (z. B. mexikanisch, französisch, indisch, italienisch, japanisch) hervorgebracht. Keine Überraschung: Während der Suche nach Ko Taos leckerstem Thai-Essen fanden wir unsere lokalen Lieblingsgerichte bei kleinen, namenlosen Straßenrestaurants.

SAIREE BEACH

Darawan
INTERNATIONAL **$$**

(Karte S. 628; Hauptgerichte 160–400 B; ◷mittags & abends) Als Ko Taos neueste Adresse für Dinner-Dates wirkt das mondäne Darawan wie ein Spitzenlokal, das von den vornehmen Samui-Stränden in der Nähe hierher versetzt wurde. Der mächtige Freiluftbalkon über den Bäumen im Hinterbereich des weitläufigen Resorts Ban's punktet mit super Blick auf den Sonnenuntergang (Tipp: um ca. 18 Uhr erscheinen). Designerlampen, tüchtige Kellner und leckere „Wagyu"-Burger runden das Paket ab.

Barracuda Restaurant
& Bar
ASIATISCH, FUSION **$$**

(Karte S. 628; Hauptgerichte 180–380 B; ☺abends) Dieser tolle Neuzugang zu Ko Taos ständig wachsender Gastroszene bietet eine kultivierte Auswahl an Meeresfrüchten und Gourmet-Häppchen. Als meisterhafter Chefkoch mit jahrelanger Erfahrung bemüht sich der Eigentümer wirklich, für seine beliebten Fusiongerichte nur einheimische Zutaten zu verwenden. Die Seafood-Platte (395 B) ist ein Schnäppchen. Gäste sollten ihr Mahl mit einem Mojito hinunterspülen und dann dem Lebensgefährten des Besitzers bei einem Auftritt im benachbarten Transsexuellen-Kabarett zuschauen.

ZanziBar
SANDWICHES **$**

(Karte S. 628; Sandwiches 90–140 B; ☺morgens, mittags & abends) Ko Taos Außenposten der Yuppie-Sandwichkultur platziert einen üppigen Mix aus unaussprechlichen Belägen zwischen zwei Scheiben Vollkornbrot.

Blue Wind Bakery
INTERNATIONAL **$**

(Karte S. 628; Hauptgerichte 50–120 B; ☺morgens, mittags & abends) Dieser Strandschuppen serviert thailändische Standardgerichte, westliche Süßigkeiten und frische Fruchtsäfte. Fürs Abhängen auf den ramponierten Dreieckskissen empfehlen sich Fruchtshakes und Blätterteiggebäck.

Chopper's Bar & Grill
INTERNATIONAL **$$**

(Karte S. 628; Gerichte 60–200 B; ☺morgens, mittags & abends) Der zweistöckige Taucher- und Traveller-Treff ist so populär, dass er mittlerweile als lokales Wahrzeichen gilt. Gäste können ihren Bierbauch bei Livemusik erweitern, Billard spielen und Sport auf Großbildfernsehern oder Filme im Nebenraum schauen. Besonders beliebt ist der Freitagabend mit Doubletime-Drinks und Essen zum halben Preis. Dabei wechselt sich der Torjubel mit Schilderungen von Tiersichtungen während des Tauchtags ab.

Kanya
THAI **$**

(Karte S. 628; Hauptgerichte 60–130 B; ☺morgens, mittags & abends) Im Hinterbereich des Sairee Village versteckt sich das Kanya an der Straße nach Hin Wong. An vier Tischen gibt's hier verschiedene Gerichte aus aller Welt. Wer vom Angebot an köstlichen Thai-Klassikern (z. B. göttliches *ɗôm yam ʔlaĥ*) abschweift, verpasst jedoch etwas.

Café Corner
CAFÉ **$$**

(Karte S. 628; Snacks & Hauptgerichte 30–120 B; ☺morgens & mittags) Super Räumlichkeiten, modernes Mobiliar und leckerer Eiskaffee haben das Café Corner in den letzten Jahren zu einer Institution in Sairee gemacht. Um 17 Uhr kann man sich mit zwei leckeren Brotlaiben zum selben Preis fürs kommende Frühstück eindecken. Der Rest an Backwaren wird zu Sonnenuntergang entsorgt.

Big Blue East
THAI, INTERNATIONAL **$$**

(Karte S. 628; Gerichte 70–250 B; ☺morgens, mittags & abends) Etwa 2 m von der donnernden Brandung entfernt kredenzt das belebte Restaurant vom Big Blue Resort neben diversen Thai-Gerichten auch Internationales (z. B. schmackhafte Pizzen mit eigener Note). Zu Sonnenuntergang füllt sich der Laden mit Tauchern, die vor dem Großbildfernseher über die gefilmten Unterwasserpatzer des Tages lachen.

Ally the Pancake Man
CRÊPES **$**

(Karte S. 628; Crêpes 20–40 B; ☺mittags & abends) Vor dem 7-Eleven neben dem Big Blue Resort wirbelt „Ally, der Pfannkuchenmann" beim Zubereiten seiner leckeren Snacks wie ein italienischer Pizzabäcker herum. Besonders beliebt ist die Variante „Banane-Nutella".

Krua Thai
THAI **$**

(Karte S. 628; Gerichte 50–120 B; ☺mittags & abends) Das Krua Thai hinter schmucker Fassade wird von Touristen geschätzt, die „faráng-Schärfe" der „Thai-Schärfe" vorziehen. In diesem Sinne gibt's hier eine große Auswahl an beliebten Klassikern.

El Gringo
MEXIKANISCH **$$**

(Karte S. 628; Gerichte 80–150 B; ☺morgens, mittags & abends) Wie wenn Thailand nicht schon genug Spitznamen für hellhäutige Ausländer hätte: Der selbsternannte „funky Mexikaner" mit Lieferservice serviert seine Pseudo-Burritos in Sairee Beach und Mae Hat.

MAE HAT

LP
TIPP
Whitening
INTERNATIONAL **$$**

(Karte S. 628; Gerichte 160–300 B; ☺ abends) Obwohl das Strandlokal tagsüber wie ein vergessener Treibholzstapel wirkt, rangiert es irgendwo zwischen Restaurant und schicker Strandbar. Feinschmecker werden die deliziösen Abwandlungen einheimischer und internationaler Gerichte mögen – Bierfreaks dagegen die Strandatmosphäre mit sanfter Loungemusik in weiß verputztem Gemäuer. Mit den nackten Füßen im Sand wird hier zwischen baumelnden weißen Lichterketten gespeist. Alles in allem die beste örtliche Option, um besondere Anlässe vergleichsweise günstig per Abendessen zu feiern.

Café del Sol
INTERNATIONAL $$

(Karte S. 628; Gerichte 70–320 B; ☺morgens, mittags & abends; @☎) In unmittelbarer Piernähe befriedigt unsere bevorzugte Ko-Tao-Frühstücksadresse selbst anspruchsvollste Gaumen mit einer Auswahl an „Weltküche". Empfehlenswert ist z. B. das „Frühstück Del Sol" mit leckerem Obstsalat, Joghurt, Kaffee und köstlichem Spinatomelett. Mittags und abends reicht das Menüspektrum von herzhaften Hamburgern mit Paprika bis hin zur hausgemachten Pasta. Die meisten Preise sind jedoch ziemlich überzogen.

Zest Coffee Lounge
CAFÉ $

(Karte S. 628; Gerichte 70–190 B; ☺morgens, mittags; ☎) Das Zest paart Straßencafé-Flair mit dem besten Kaffee der Insel. So lässt es Faulenzer ihre Ciabatta-Sandwiches oder klebrigen Süßigkeiten mit cremiger Latte Macchiato hinunterspülen. Wir finden diesen Laden besser als die Filiale in Sairee.

Safety Stop Pub
INTERNATIONAL $

(Karte S. 628; Hauptgerichte 60–250 B; ☺morgens, mittags & abends; ☎) Das Barrestaurant am Pier erinnert an einen tropischen Biergarten und ist ein Zufluchtsort für heimwehkranke Briten. Sonntags können sich Gäste den Bauch endlos mit gegrillten Köstlichkeiten vollschlagen. Überrraschenderweise ist das Thai-Essen auch nicht übel!

Pranee's Kitchen
THAI $

(Karte S. 628; Gerichte 50–120 B; ☺morgens, mittags & abends; ☎) Dieser alte Mae-Hat-Klassiker tischt thailändische Leckereien (z. B. leckere Currys) in einem Freiluftpavillon mit Holztischen, Sitzkissen und Fernsehern auf. Jeden Abend um 18 Uhr laufen englische Filme mit urkomischen Untertiteln.

Food Centre
THAI $

(Karte S. 628; Hauptgerichte ab 30 B; ☺morgens, mittags & abends) Die schlichten Imbissbuden aus Blech sind inzwischen als Food Centre bekannt. Ihre dichten Rauchschwaden locken Einheimische zur Mittagszeit auf den Betonparkplatz neben Mae Hats Tankstelle. Hier gibt's einen von Ko Taos besten Papaya-Salaten.

Greasy Spoon
FRÜHSTÜCK $

(Karte S. 628; englisches Frühstück 120 B; ☺morgens & mittags) Getreu seinem Namen serviert der komplett charakterlose „Fettlöffel" morgens diverse appetitliche Cholesterinbomben: Eier, Würstchen, Schmorgemüse und Pommes (Spezialität des Hauses) lassen jeden Briten Freudentränen weinen.

Tattoo Bar & Restaurant
BURGER $$

(Karte S. 628; Hauptgerichte 150 B) Nur 30 m südlich vom Whitening am Rand des Fischerdorfs steht das zwanglose Tattoo mit gemütlichem Fernsehbereich. Den Hunger stillen z. B. australische Monsterburger, hausgemachte Fleischpasteten und Würstchen im Teigmantel.

Farango's
PIZZA $$

(Karte S. 628; Gerichte 80–230 B; ☺mittags & abends) Ko Taos ältestes *faràng*-Restaurant tischt leckere Pizzen und andere italienische Klassiker auf. Es hat einen kostenlosen Lieferservice und betreibt eine Filiale am Rand des Sairee Village.

CHALOK BAN KAO

Long Pae
STEAK $$$

(Hauptgerichte 100–430 B; ☺abends) Abseits und unbeachtet vom Großteil des örtlichen Touristentrubels steht „Onkel Pae" auf einem ungepflegten, hügeligen Dschungelgrundstück, von dem man einen Ausblick aufs freie Meer hat. Spezialität des Hauses sind Steaks, die halbwegs zu den üppigen Vorspeisen aus ganz Asien passen.

New Heaven Restaurant
INTERNATIONAL $$

(Hauptgerichte 60–350 B; ☺mittags & abends) Highlight ist die Traumaussicht auf Shark Bay (Ao Thian Ok) unter dem idyllischen Nachmittagsmond: Das türkisfarbene Wasser ist so klar, dass Gäste das geschwungene Riff leicht von ihrem darüberliegenden Platz aus erkennen können. Das größtenteils internationale Menü landet auf niedrigen Tischen, unter denen Kissen liegen, die zu einem Nickerchen einladen.

Koppee
CAFÉ $$

(Hauptgerichte 60–180 B; ☺morgens, mittags & abends) Das weiß verputzte Koppee imitiert ein paar der schickeren Cafés in Mae Hat und Sairee. Auf der appetitlichen internationalen Karte stehen z.B. verschiedenste hausgemachte Desserts.

🍷 Ausgehen & Unterhaltung

Nach dem Tauchen vertreibt man sich die Zeit auf Ko Tao bevorzugt mit Trinken. Diesbezügliche Möglichkeiten sind hier definitiv reichlich vorhanden. Mit **Fish Bowl** (Karte S. 628), **Crystal Bar** (Karte S. 628) und **Buddha On The Beach** (in Chalok Bak Kao) betreiben die drei größten Tauchzentren der Insel jeweils brummende Hausbars, die gleichermaßen viele Touristen und Auswanderer anziehen. An diversen Bäumen und Mauern entlang der westlichen Inselküste (Tipp: die beiden 7-Elevens in Sairee checken) informieren Flyer über anstehende Partys. Zudem heißt's nach Postern Ausschau halten, die für „Dschungelpartys" auf unscheinbaren, dicht bewachsenen Grundstücken in der Inselmitte werben.

Zusätzlich zu den folgenden Optionen locken auch bereits beschriebene Adressen (s. S. 634; z.B. Choppers oder Safety Stop Pub) mit tollem Après-Tauch-Abhängen und wohlverdientem Bier.

Achtung: Bitte grundsätzlich nie unter Alkoholeinfluss tauchen!

Castle · DISKO
(außerhalb der Karte S. 628; www.thecastle kohtao.com; Mae Hat) An der Hauptstraße zwischen Mae Hat und Chalok Ban Kao hat sich das Castle schnell als Ko Taos beliebteste Location für Partys etabliert. Deren drei locken jeden Monat verschiedene einheimische und internationale DJs hierher.

Fizz · BAR
(Karte S. 628; Sairee Beach) Auf Liegekissen im XXL-Format werden Designercocktails zum Soundtrack von Moby, Enya und hypnotischem Brandungsrauschen geschlürft.

Lotus Bar · BAR
(Karte S. 628; Sairee Beach) Im faktischen Latenight-Abhängspot an Sairees Nordende wirbeln muskulöse Feuerjongleure brennende Fackelstäbe durch die Luft. Die Drinks sind so groß, dass ein Rettungsschwimmer anwesend sein sollte.

Dragon Bar · LOUNGE
(Karte S. 628; Mae Hat) Etwas für Fans von topmodernem Nobelambiente: Schummerlicht und angesagtes Retro-Styling à la „sozialistischer Chic" prägen die ganze Bar. In stimmungsvoller, erholsamer Atmosphäre gibt's hier angeblich die besten Cocktails der Insel.

Office Bar · BAR
(Karte S. 628; Sairee Beach) Der sechseckige Schuppen lockt Stammgäste mit Grungemusik, klapprigen Holzstühlen und Graffitis, die stolz „No Lady Gaga, and no Black Eyed F*^#*# Peas" propagieren.

Diza · BAR
(Karte S. 628; Sairee Beach) Das Diza war früher eine schäbige Baracke, die raubkopierte DVDs an der Kreuzung im Sairee Village verkaufte und dabei laute Musik laufen ließ. Heute ist es ein zwangloser Treff mit Plastikstühlen, auf denen Einheimische ihr Bier schlürfen und Leute beobachten.

Am Südende des Sairee Beach beglücken **AC Party Pub** (Karte S. 628), **In Touch** (Karte S. 628) und **Maya Bar** (Karte S. 628) die Nachtschwärmer abwechselnd während der ganzen Woche.

🛍 Shoppen

Verglichen mit zu Hause sind die meisten Waren vor Ort recht günstig. Tauchausrüstung stellt jedoch eine große Ausnahme dar: Auf Ko Tao blättert man westliche Preise plus Versandkosten hin – und obendrein pro Artikel eine Provision, die auch bei „Ermäßigungen" greift. Somit kaufen Taucher am besten schon in der Heimat oder übers Internet ein.

Wer das Meersalz nur schwer aus der Frisur bekommt, kann bei **Avalon** (Karte S. 628; Mae Hat; ⏱Mo–Sa 10–19 Uhr) umweltfreundliche Haar- und Körperpflegeprodukte aus einheimischer Produktion erwerben.

ℹ Praktische Informationen

Die überall erhältliche Broschüre *Koh Tao Info* nennt zahllose örtliche Unterkünfte und Firmen. Zudem beleuchtet sie Geschichte, Kultur und Gesellschaft der Insel.

Gefahren & Ärgernisse

Nichts ist ärgerlicher, als sich kollektiv für einen Tauchkurs anzumelden und dann wegen eines Motorradunfalls mit Knieverletzung zwangsweise auszufallen. Bis auf die Hauptstrecke zwischen Sairee Beach und Chalok Ban Kao ist Ko Tao sind die Inselstraßen durchweg furchtbar. Während ein Mietmoped allgemein sehr praktisch ist, sollte man das Fahren allerdings unbedingt woanders lernen: Ko Tao strotzt vor steilen Hügeln und Schotterpisten mit versteckten Sandgruben. Achtung: Es kommt vor, dass betrügerische Verleiher selbst unversehrt zurückgegebene Bikes fälschlich als beschädigt bezeichnen, um Kunden hohe Geldsummen abzupressen!

TAUCHERSPRACHE ZU LANDE

Dank des ständigen Stroms von internationalen Besuchern wird Englisch praktisch auf ganz Ko Tao gesprochen. Nichtsdestotrotz verwenden die Bewohner dieser tauchverrückten Insel regelmäßig Handzeichen der Tauchersprache in alltäglichen Gesprächen – vor allem in den Bars.

Ein paar Gebärden für den Anfang:

» **Ich bin o. k.** Mit geballter Faust zweimal auf den eigenen Kopf tippen

» **Cool** Zeigefinger- und Daumenspitze zu einem „O" zusammenführen

» **Ich bin fertig/bereit zum Aufbruch** Hand wie bei einem Karate-Handkantenschlag versteifen und senkrecht in Halsrichtung schnell vor- und zurück bewegen

Zudem besteht ein ernsthaftes Risiko durch das Dengue-Fieber bzw. eine ähnliche, etwas weniger gefährliche Krankheit. Die stark besuchten Touristenzonen und die kleine Inselfläche können die Ausbreitung dieser Viren beschleunigen.

Geld

Die Geldautomaten der örtlichen 7-Elevens stehen rund um die Uhr zur Verfügung. Weitere Geräte gibt's rund um Mae Hats Fähranleger. An letzterem findet man auch einen Geldwechselschalter – ebenso nahe dem Choppers in Sairee. In der Nähe von Mae Hats Post säumen mehrere Bankfilialen (Öffnungszeiten werktags meist 9–16 Uhr) die Inselhauptstraße am äußersten Ortsrand. Fast alle Tauchschulen akzeptieren Kreditkarten, wobei allerdings üblicherweise 3 bis 4 % Bearbeitungsgebühr anfallen.

Infos im Internet

Koh Tao Online (www.kohtaoonline.com) Online-Version der praktischen Broschüre *Koh Tao Info*.

Internetzugang

Beim Internetzugang (allg. 2 B/Min., mind. 20 B) gibt's oft Ermäßigung ab einer Stunde Dauernutzung. Wenn Internetcafés zu Reisebüros gehören, blockieren sie jedoch mitunter bestimmte nützliche Tourismus-Websites. Die größeren Tauchschulen der Insel haben normalerweise WLAN für Traveller mit eigenen Laptops.

Medizinische Versorgung

Vor der Erkundung des Meeres müssen alle Taucher einen medizinischen Haftungsverzicht unterschreiben. Bei jeglichen gesundheitlichen Beeinträchtigungen der Tauchtauglichkeit (z. B. auch durch leichtes Asthma) ist eine Unbedenklichkeitsbescheinigung eines örtlichen Arztes erforderlich. Bei Unsicherheit bezüglich der Tauchtauglichkeit geht man am besten bereits in der Heimat zum Doktor: Die Insel hat keine offiziellen Krankenhäuser und nur eine begrenzte Anzahl an qualifizierten Profi-Medizinern. Zudem sollte die eigene Reiseversicherung unbedingt das Sporttauchen abdecken. Lokale „Arztbesuche" (stark relativiert!) kosten jeweils 300 B. Im Bereich von Mae Hat und Sairee können diverse Kliniken und Mini-Krankenhäuser terminfrei aufgesucht werden. Bei allen ernsthaften Gesundheitsproblemen ist eine Behandlung auf Ko Samui höchst ratsam. Taucher lassen sich gute medizinische Versorgungsoptionen am besten von ihrem jeweiligen Ausrüster empfehlen.

Diver Safety Support (Karte S. 628; ☑08 1083 0533; kohtao@sssnetwork.com; Mae Hat; ⏱Bereitschaft 24 Std.) Notfallevakuierungen und saisonaler Betrieb der Überdruckkammer.

Notfall

Polizeiwache (Karte S. 628; ☑0 7745 6631) Zwischen Mae Hat und Sairee Beach am ausgefahrenen Abschnitt der Strandstraße.

Post

Post (Karte S. 628; ☑0 7745 6170; ⏱Mo–Fr 9–17, Sa 9–12 Uhr) An der Kreuzung zwischen Ko Taos innerer Inselhauptstraße und Mae Hats „Gefällstrecke" (10–15 Gehmin. ab dem Pier).

Touristeninformation

Die staatliche TAT ist auf Ko Tao nicht vertreten. Verkehrsmittel und Unterkünfte lassen sich bei den meisten Tauchshops oder jedem der vielen Reisebüros buchen. Solche Dienstleistungen sind immer mit einer kleinen Provision verbunden.

Bon Voyage (Sairee Beach) An der Straße zwischen Sairee Beach und Hin Wong betreibt die freundliche Ms. Jai (auf Ko Tao geboren) ihr Reisebüro – super, um Verkehrsverbindungen zu buchen und den eigenen Blog in kühl klimatisierter Umgebung zu aktualisieren.

ℹ️ An- & Weiterreise

Wie immer können sich Preise und Abfahrtszeiten spontan ändern. Zwischen Oktober und Dezember fallen Schiffspassagen mitunter wegen zu schwerem Seegang aus. Wer bei rauem Wasser schnell seekrank wird, sollte statt eines Lomprayah-Katamarans die Seatran-Fähre nehmen – diese durchpflügt die Wellen direkt, während die Katamarane auf ihnen tanzen. Achtung: Wenn man nach der Vollmondparty von Ko Pha-Ngan nach Ko Tao schippern möchte, heißt's Bootstickets unbedingt *mehrere* Tage im Voraus kaufen!

Bangkok, Hua Hin & Chumphon

Als Lomprayahs neuer Flugdienst pendelt **Solar Air** (www.lomprayah.com) zwischen Bangkok (Flughafen Don Muang) und Chumphon (Mo–Sa, 1-mal tgl.), wo bei Ankunft nahtlos Anschluss zum Katamaran nach Ko Tao besteht.

In Bangkok und Südthailand verkaufen Reisebüros überall Pauschaltrips (Bus plus Fähre) ab der Hauptstadt. In Chumphon geht's vom Bus aufs Schiff. Gen Bangkok können Passagiere optional in Hua Hin von Bord gehen (Preis entspricht der Route Ko Tao–Bangkok).

Bei angepeilten Nachtfahrten sind die Liegewagen der Bahn deutlich bequemer als Busse. So kann man z. B. per Boot nach Chumphon schippern und ab dessen Zentrum einen Zug hinauf nach Bangkok nehmen (oder zu einem beliebigen Ziel an der oberen südlichen Golfküste). In Gegenrichtung ist eine ähnliche Reiseplanung möglich.

Von Ko Tao aus fahren der Hochgeschwindigkeits-Katamaran (10.15 & 14.45 Uhr, 1½ Std.), die Seatran-Fähre (16 Uhr, 2 Std.) und ein Songserm-Schnellboot (14.30 Uhr, 3 Std.) nach Chumphon. Bei starkem Seegang können manche Passagen ausfallen.

Das Nachtboot ab Chumphon (Abfahrt 24 Uhr) erreicht Ko Tao frühmorgens und kehrt um 23 Uhr von dort zurück.

Ko Pha-Ngan

Der Lomprayah-Katamaran verbindet Ko Tao zweimal täglich mit Ko Pha-Ngan (Abfahrt 9.30 & 15 Uhr, Ankunft ca. 10.50 & 16.10 Uhr). Die Seatran Discovery Ferry verkehrt identisch. Das Songserm-Schnellboot startet täglich um 10 Uhr und erreicht Ko Pan-Ngan um 11.30 Uhr. Abholen am Hotel ist jeweils im Ticketpreis enthalten.

Ko Samui

Der Lomprayah-Katamaran verbindet Ko Tao zweimal täglich mit Ko Samui (Abfahrt 9.30 & 15 Uhr, Ankunft ca. 11.30 & 16.40 Uhr). Die Seatran Discovery Ferry verkehrt identisch. Das Songserm-Schnellboot startet täglich um 10 Uhr und erreicht Samui um 12.45 Uhr. Abholen am Hotel ist jeweils im Ticketpreis enthalten.

Surat Thani & Andamanenküste

Wer in Richtung Andamanenküste keinen Zwischenstopp auf Ko Pha-Ngan oder Samui einlegen möchte, kann zwei verschiedene Routen nehmen. Die erste und beliebtere führt über Surat Thani: Dabei geht's per Boot (Umsteigefaule wählen das Songserm-Schnellboot oder die Nachtfähre) nach Surat, wo bereits Anschlussbusse warten. Das Nachtboot verlässt Ko Tao um 20.30 Uhr. Busse zum Songserm-Schnellboot starten täglich um 8 Uhr in Surat Thani (Ankunft 14.30 Uhr). In Gegenrichtung legt man um 10 Uhr von Ko Tao ab und kommt um 16.30 Uhr in Surat Thani an.

Zweite Möglichkeit: Eine Fähre nach Chumphon auf dem Festland nehmen und dort zu Bussen oder Zügen umsteigen, die weiter südlich gelegene Provinzen bedienen.

ⓘ Unterwegs vor Ort

Motorrad Bei Fahrten abseits der gut befestigten Hauptstraßen sind Leihmotorräder eine gefährliche Sache (s. „Gefahren & Ärgernisse", S. 637). Der Tagespreis (Motorroller/größere Maschine ab 150/350 B) sinkt bei Wochen- bzw. Monatsmiete. **Lederhosenbikes** (Karte S. 628; ☑ 08 1752 8994; www.lederhosenbikes.com; Mae Hat; ◷ Mo–Sa 8.30–18 Uhr) ist eine ganz gute Adresse. Achtung: Aus Sicherheitsgründen bitte niemals Quads (alias All Terrain Vehicles; ATVs) oder Jetskis ausleihen!

Sŏrng·tǎa·ou An Mae Hats Pier warten viele *sŏrng·tǎa·ou*, Pickup-Trucks und Motorräder auf ankommende Fährpassagiere. Nach Sairee Beach oder Chalok Ban Kao bezahlen Einzelpersonen 100 B. Bei mindestens zweiköpfigen Gruppen werden 50 B pro Nase fällig. Trips von Sairee nach Chalok Ban Kao kosten 80 B pro Gruppenpassagier oder 150 B pro Einzelperson. Diese Preise sind kaum verhandelbar. Wer nicht 200 bis 300 B extra hinblättern will, muss warten, bis alle Taxiplätze belegt sind. Fahrten zur Ostküste sind doppelt so teuer. Zudem erhöhen die Chauffeure ihre Tarife, wenn Regen das Meistern der Inselstraßen erschwert. Bei bereits erfolgter Unterkunftswahl ist es sehr ratsam, rechtzeitig per Telefon einen Shuttle zu arrangieren. Viele Tauchschulen bieten ebenfalls kostenloses Abholen bzw. Hinbringen an.

Wassertaxi Wassertaxis starten in Mae Hat, Chalok Ban Kao und nahe der Vibe Bar am Nordabschnitt des Sairee Beach. Bootsfahrten nach Ko Nang Yuan kosten mindestens 100 B. Je nach Passagierzahl lassen sich Longtail-Boote für ca. 1500 B pro Tag chartern.

Ang Thong Marine National Park
อุทยานแห่งชาติหมู่เกาะอ่างทอง

Die rund 40 schroffen Dschungelinseln des Ang Thong Marine National Park verteilen sich wie ein zerrissenes Smaragdhalsband übers himmelblaue Meer: Jedes einzelne Eiland ist ein unberührtes Königreich mit steilen Kalksteinklippen, versteckten Lagunen und perfekten, pfirsichfarbenen Sandstränden. Diese traumhaften Inselchen inspirierten Alex Garland zu seinem Kultbuch *Der Strand*, das von Backpackern im Drogenrausch handelt.

Dieses Naturschutzgebiet in himmlischen Grün- und Blautönen besucht man am besten im Februar, März oder April. Wegen des starken Seegangs zur Monsunzeit ist der Park im November und Dezember fast immer geschlossen.

Sehenswertes

Alle geführten Touren machen Station an der Parkverwaltung auf **Ko Wua Talap**, der größten Insel des Archipels. Deren **Aussichtspunkt** bietet eventuell den atemberaubendsten Panoramablick Thailands: Von ganz oben schaut man weit über die schroffen Nachbarinseln, die in faszinierenden Formationen aus dem ruhigen, türkisfarbenen Wasser ragen. Der Aufstieg über den steilen Pfad zum Aussichtspunkt (450 m) dauert ca. eine Stunde. Wanderer sollten feste Schuhe tragen und sich auf den scharfkantigen Kalksteinfelsen angemessen langsam bewegen. Ein zweiter Pfad führt zur **Tham Bua Bok,** einer Höhle mit lotusförmigen Stalagmiten und -titen.

Das **Smaragdmeer** auf **Ko Mae Ko** wird auch Inneres Meer genannt und ist ein weiteres beliebtes Ziel. Dieser beeindruckend große See (250 x 350 m) in der Inselmitte hat himmlisch minzfarbenes Wasser. Besucher dürfen ihn bewundern, aber nicht hineinsteigen: Er ist für den unreinen menschlichen Körper absolut tabu. In nächster Nähe geht's über mehrere Treppenfluchten hinauf zu einem zweiten spektakulären **Aussichtspunkt**.

Je nach saisonalem Wasserstand und Wetter sind auf **Ko Samsao** oder **Ko Tai Plao** natürliche Steinbögen erkennbar. Wegen der recht geringen Meerestiefe (max. 10 m) rund um die Inselkette sind hier große Korallenriffe nur in ein paar geschützten Ecken auf der südwestlichen und nordöstlichen Seite entstanden. Nahe Ko Tai Plao und Samsao gibt's ein flaches Korallenriff mit ordentlichen, aber keinesfalls hervorragenden Schnorchelmöglichkeiten. An mehreren Stellen können Tauchanfänger flache Höhlen erkunden und bunte Korallengärten, Schildkröten oder Nattern-Plattschwänze (eine hochgiftige Seeschlangenart) bewundern. Pulvrig weiche Sandstrände säumen **Ko Tai Plao, Wuakantang** und **Hintap**.

Geführte Touren

Am besten erlebt man Ang Thong bei einer der vielen geführten Touren ab Ko Samui oder Pha-Ngan. Der Preis beinhaltet normalerweise Mittagessen, Schnorchelausrüstung, Hotelshuttles und einen (hoffentlich!) kompetenten Guide. Luxusresorts haben oft Privatboote für Gäste-Gruppenausflüge. Manche Mittelklasse- und Budget-Bleiben betreiben ebenfalls eigene Boote. Falls nicht, stellen sie stressfrei den Kontakt zu normalen Tourveranstaltern her. Tauchzentren auf Ko Samui und Pha-Ngan veranstalten Sporttauchtrips zum Park. Allerdings sind Ang Thongs Tauchspots nicht in die Kategorie weltklasse fallen wie die rund um Ko Tao und Pha-Ngan.

Ständig schwankende Benzinpreise lassen Tourfirmen oft so schnell wieder schließen, wie sie neu eröffnet haben – daher am besten bei der eigenen Unterkunft nach einem aktuellen Verzeichnis fragen.

Schlafen

Ang Thong hat keinerlei Resorts. Nichtsdestotrotz betreibt der Nationalpark auf Ko Wua Talap fünf Bungalows für jeweils zwei bis acht Personen. An bestimmten ausgewiesenen Stellen darf auch gezeltet werden. Bei den **National Parks Services** (☎0 7728 6025; www.dnp.go.th; Bungalow 500–1400 B) kann man im Voraus reservieren. Ebenfalls mögliche Online-Buchungen bedingen eine Anzahlung innerhalb von zwei Tagen nach Reservierung.

Anreise & Unterwegs vor Ort

Der Park ist am besten per privatem Tagestrip ab Ko Samui oder Pha-Ngan (28 bzw. 32 km entfernt) erreichbar. Die Inseln liegen zwischen Samui und dem Hauptanleger in Don Sak. Sie werden jedoch nicht von Fähren angesteuert.

Der offizielle Parkeintritt (Erw./Kind 400/200 B) sollte eigentlich stets im Tourpreis enthalten sein (ggf. beim Anbieter nachfragen). Private Charterboote sind eine weitere Option, aufgrund der hohen Benzinpreise aber ziemlich teuer.

DIE PROVINZ SURAT THANI

Surat Thani อำเภอเมืองสุราษฎร์ธานี
128990 EW.

Surat Thani („Stadt der guten Menschen") war womöglich einst die Hauptstadt des uralten Srivijaya-Reichs. Heute ist es ein geschäftiger Verkehrsknotenpunkt, über den alle Arten von Fracht und Passagieren ins ganze Land gelangen. Auf ihrem Weg zu den verdientermaßen beliebten Inseln Ko Samui, Pha-Ngan und Ko Tao machen Traveller hier kaum länger Station.

🛏 Schlafen

Für komfortables Übernachten in Surat verlasse man das schmutzige Zentrum und nehme ein *sŏrng·tăa·ou* in Richtung des Bezirks Phang-Nga. Wer dem Fahrer beim Einsteigen das Ziel „Tesco-Lotus" nennt, wird 2 bis 3 km außerhalb der Stadt an einem großen, kastenförmigen Einkaufszentrum abgesetzt. In dessen Umkreis stehen ein paar Hotels mit vernünftigen Preisen und erfrischend modernen Extras.

Innenstadtoptionen sind vergleichsweise günstiger, vermieten ihre Zimmer aber oft auf „Stundenbasis". So kann das Kommen und Gehen anderer Gäste für gewissen Lärm sorgen. Traveller mit sehr kleinem Geldbeutel sollten Surat schnurstracks durchqueren und die Nachtfähre zum jeweiligen Inselziel besteigen.

100 Islands Resort & Spa   RESORT $
(☑0 7720 1150; www.roikoh.com; 19/6 Moo 3, Bypass Rd; Zi. 590–1200 B; ❄@🛜🏊) Gegenüber vom vorstädtischen Tesco-Lotus wohnt man hier so gut, wie es in Thailand für unter 600 B eben möglich ist. Der Teakholz-Palast wirkt am Highway recht deplatziert. Im Inneren umgeben jedoch tadellose Zimmer einen überwucherten Garten mit lagunenartigem Pool.

Wangtai Hotel   HOTEL $$
(☑0 7728 3020; www.wangtaisurat.com; 1 Th Talad Mai; Zi. 790–2000 B; ❄@🛜🏊) Gegenüber vom TAT-Büro am anderen Flussufer gibt das Wangtai sein Bestes, um die Atmosphäre eines Businesshotels zu schaffen. In der großen Lobby wuseln höfliche Rezeptionisten und smokingtragende Pagen herum. Die langweilig möblierten Zimmer im Obergeschoss bieten einen guten Blick auf die Stadt.

🍴 Essen

Bei Hunger empfehlen sich gebackene, gedünstete oder sautierte Köstlichkeiten auf dem **Nachtmarkt** (Sarn Chao Ma; Th Ton Pho). Weitere Imbissstände öffnen abends nahe den Ablegestellen der täglichen Nachtboote zu den Inseln. Hinzu kommen ein Meeresfrüchte-Markt in Pak Nam Tapi und ein nachmittäglicher **Sonntagsmarkt** (⏱16–21 Uhr) nahe dem TAT-Büro. In der Nähe des innerstädtischen Busbahnhofs verkaufen viele Imbissstände tagsüber *kôw gài òp* (mariniertes Brathuhn auf Reis).

Crossroads Restaurant   INTERNATIONAL $$
(Bypass Rd; Gerichte 50–200 B; ⏱mittags & abends) Südwestlich von Surat wird hier gegenüber des Einkaufszentrums Tesco-Lotus ein beschaulicher bluesartiger Vibe durch Schummerlicht und Livemusik verstärkt. Unbedingt die Austern probieren: Surat Thani ist für Monster-Mollusken zu unschlagbaren Preisen berühmt.

ℹ Praktische Informationen

Im Stadtzentrum findet man Bankfilialen an praktisch allen Ecken der Th Na Meuang. Bei Übernachtung nahe der „Vororte" empfehlen sich die Geldautomaten im Tesco-Lotus.

Boss Computer (20 B/Std.; ⏱9–24 Uhr) Surats günstigsten Internetverbindungen; nahe der Post.

Post (☑0 7727 2013, 0 7728 1966; Th Talat Mai; ⏱Mo–Fr 8.30–16.30, Sa 8.30–12.30 Uhr) Liegt gegenüber des Wat Thammabucha und beherbergt das örtliche Handwerks-Kaufhaus von One Tambon One Product (OTOP).

Siam City Bank (Th Chonkasem) Mit Western-Union-Büro.

Taksin Hospital (☑0 7727 3239; Th Talat Mai) Das professionellste der drei lokalen Krankenhäuser steht gleich hinter dem Talat-Mai-Markt im Nordosten des Innenstadt.

TAT-Büro (☑0 7728 8817; tatsurat@samart. co.th; 5 Th Talat Mai; ⏱8.30–16.30 Uhr) Verteilt südwestlich der Stadt nützliche Broschüren und Karten; das freundliche Personal spricht sehr gut Englisch.

ℹ An- & Weiterreise

Für Trips nach Ko Pha-Ngan bzw. Ko Tao ab Bangkok oder Hua Hin gilt allgemein: Bahnfahrten oder Kombi-Pauschalreisen per Bus und Boot führen besser über Chumphon als über Surat – so geht's schneller und vergleichsweise komfortabler ans Ziel. Gen bzw. ab Ko Samui reisen die allermeisten Touristen schnurstracks durch. Bei Bedarf an Reisebürodiensten empfehlen sich die verlässlichen Optionen **Holiday Travel** (Th Na Meuang) und **Pranthip Co** (Th Talat Mai), deren Personal jeweils Englisch spricht.

Bus & Minivan

Der Süden lässt sich am praktischsten mit den Bussen und Minivans erkunden, die an zwei lokalen Haupthaltestellen namens Talat Kaset 1 und Talat Kaset 2 abfahren. Auf der Nordseite der Th Talat Mai (Surats Hauptstraße) befindet sich Talat Kaset 1 mit schnellen Verbindungen nach Nakhon. Zudem ist dort mit Pranthip Co.

eines der vertrauenswürdigeren örtlichen Reisebüros ansässig. Auch Busse nach Phun Phin starten am Talat Kaset 1. Auf der Südseite der Th Talat Mai geht's vom Talat Kaset 2 regelmäßig nach Hat Yai sowie per Minibus nach Nakhon, Trang, Khanom oder Krabi. Hinzu kommen Busse zur Andamanenküste (7–15.30 Uhr, stündl.), die normalerweise nach Phuket fahren und Besucher des Khao Sok National Park unterwegs in Takua Pa absetzen. Der „neue" Busbahnhof ist nunmehr ein paar Jahre alt, wird aber von Einheimischen immer noch so genannt. Er liegt 7 km südlich der Stadt in Richtung Phun Phin und ist für Verbindungen nach bzw. ab Bangkok zuständig.

Flugzeug
Nach Surat Thani sind Flüge ab Bangkok günstiger als nach Samui. Allerdings dauert die Reise vom Flughafen zu den Golfinseln recht lang. Konkret: Wer ab letzteren nach Bangkok zurückfliegen will, muss seinen Strandbungalow wohl am Vorabend verlassen und in Surat übernachten – nicht gerade ideal. Bei geplantem Fliegen ab Surat empfehlen sich die täglichen Bangkok-Shuttles von **Thai Airways International** (THAI; ☏ 0 7727 2610; 3/27-28 Th Karunarat).

Schiff/Fähre
In der Hauptsaison kann man normalerweise ab dem Bahnhof Phun Phin (14 km westlich von Surat) direkt per Bus-Boot-Kombi nach Ko Samui oder Ko Pha-Ngan reisen. Dies ist nicht teurer als in Surat Thani gebuchte Tickets und kann viel Wartezeit sparen. Zudem verbinden mehrere Fähr- und Schnellbootfirmen Surat Thani mit Ko Tao, Pha-Ngan oder Samui. Die meisten Boote (z. B. von Raja oder Seatran) starten ca. eine

Surat Thani

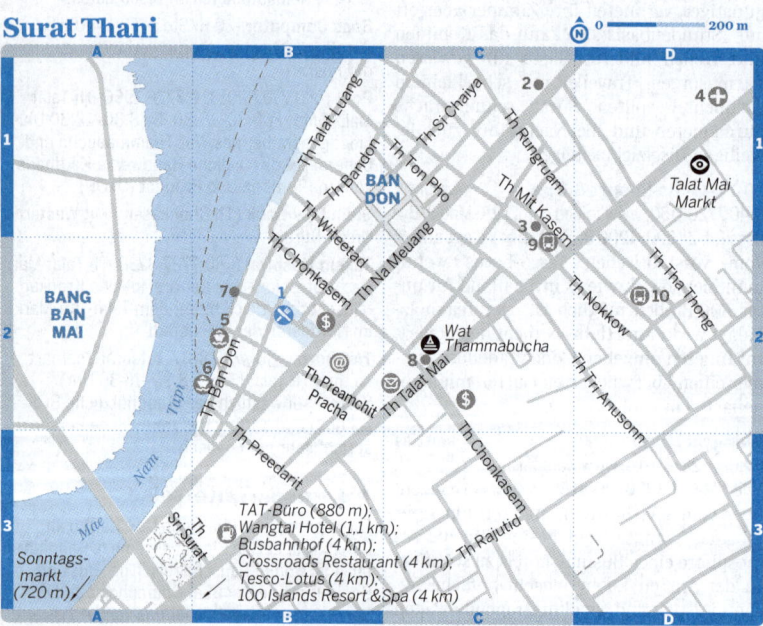

Surat Thani

Busstunde von Surat entfernt in Don Sak. Der Preis des Fährtickets beinhaltet dabei auch den Bustrip. Songserm bricht dagegen in Surats Zentrum auf. Achtung: Vor allem bei einem straffen Zeitplan kann Raja für viel Frust sorgen! Bei Bootsfahrten nach Ko Samui oder Ko Pha-Ngan (idealerweise ca. 90 Min. bzw. 2½ Std.) drosseln die Raja-Kapitäne ihre Maschinen oft auf halbe Kraft, wodurch die Fahrt bis zu fünf Stunden dauern kann.

Von Surats Zentrum aus schippern jeden Abend Fähren nach Ko Tao (8 Std., Abfahrt 22 Uhr), Ko Pha-Ngan (7 Std., 22 Uhr) und Ko Samui (6 Std., 23 Uhr). Da dies Frachter und keine Luxusliner sind, heißt's Essen plus Getränke selbst mitbringen und stets gut aufs Gepäck aufpassen.

Zug

Rund 14 km westlich von Surat kommen Zugpassagiere in der schmutzigen Kleinstadt Phun Phin an. Dort brechen Busse nach Phuket, Phang-Nga und Krabi auf. Manche davon halten weiter westlich im Verkehrsknotenpunkt Takua Pa, der auch das Tor zum Khao Sok National Park ist. Obwohl in Surat häufiger Anschluss besteht, lohnt sich vorab ein Blick auf den Phun-Phin-Fahrplan: Mit etwas Glück kann man sich eine lahme Fahrt von Stadt zu Stadt ersparen.

Tagsüber empfehlen sich Express-Bahnwaggons, während Nachtfahrten am besten im klimatisierten Liegewagen erfolgen. Züge mit ungeradzahligen Nummern rollen ab Bangkok nach Süden (geradzahlige Nummern in die Gegenrichtung). Auf dem Weg hinauf zur Hauptstadt halten Züge ab Surat in Chumphon und Hua Hin. In Gegenrichtung gehen die Stationen Trang, Hat Yai und Sungai Kolok dem Grenzübertritt voraus. Der Bahnhof Phun Phin hat eine Gepäckaufbewahrung (geöffnet 24 Std., ca. 20 B/Tag) und ein Reservierungsbüro (tgl. 6–18 Uhr), das irgendwann zwischen 11 und 13.30 Uhr willkürlich eine einstündige Mittagspause einlegt.

ℹ️ Unterwegs vor Ort

Klimatisierte Vans zu bzw. ab Surat Thanis Flughafen (ca. 70 B/Pers.) bringen Passagiere direkt zum Hotel.

Innerhalb der Stadt sind *sŏrng·tǎa·ou* (10–30 B; Zentrum–Tesco-Lotus 15 B) und *sǎhm·lór* alias *sǎamláw* (Motorradrikschas; 20–40 B) unterwegs.

Ventilatorgekühlte Busse der Firma Orange fahren alle zehn Minuten vom Bahnhof Phun Phin nach Surat Thani (15 B, 25 Min.). Diese Strecke wird auch von günstigen normalen Taxis (200 B/Auto, max. 4 Pers.) und Sammeltaxis (100 B/Pers.) bedient. Weitere Taxipreise hängen gleich nördlich vom Bahnhof an der metallenen Fußgängerbrücke aus.

Ao Khanom   อ่าวขนอม

Auf halber Strecke zwischen Surat Thani und Nakhon Si Thammarat liegt das kleine Ao Khanom ruhig am blauen Wasser des Golfs. Diese unberührte Region – schlicht Khanom genannt – wird von den vielen Besuchern der nahegelegenen Dschungelinseln übersehen. Somit ist sie ein lohnenswertes Ziel für alle, die ruhige Strandatmosphäre ohne störenden Kommerz suchen.

◉ Sehenswertes

Khanoms einzigartigste Attraktion sind **Chinesische Weiße Delphine** – eine seltene Albino-Art mit verblüffender Rosafärbung. In der Morgen- und Abenddämmerung sind die Tiere regelmäßig vor der alten Fähranlegestelle oder dem Kraftwerkskai zu sehen.

In der Gegend gibt's auch **Wasserfälle**, **Höhlen** und weitere geologische Naturattraktionen. Der größte Wasserfall namens **Samet Chun** punktet mit lauwarmen Abkühlpools und klasse Küstenblick. Um ihn zu erreichen, zunächst von Ban Khanom aus nach Süden marschieren, am blauen Samet-Chun-Schild nach links halten und der Straße ca. 2 km weit bis zu einem kleinen Bach folgen – diesen überqueren, die nächste Abzweigung zur Rechten nehmen und auf der unbefestigten Piste bergauf laufen. Wenn man weiteren 15 Gehminuten das Rauschen des Wasserfalls zu hören ist, heißt's auf den kleinen Zugangspfad zur Rechten achten. Die malerischen **Hin-Lat-Fälle** südlich von Nai Phlao sind am kleinsten, aber am einfachsten erreichbar. Dort gibt es auch Naturpools zum Baden und Abkühlen. Außerdem finden sich dort mehrere schattige Hütten.

An der Hauptstraße (Hwy 4014) zwischen Khanom und Don Sak liegen zudem zwei herrliche Höhlen: Eine Lichterreihe geleitet Besucher der **Khao Wang Thong** durch ein Labyrinth aus Hallen und schmalen Durchgängen. Ein Metalltor verschließt den Eingang; wer hineinmöchte, holt sich beim Haus am Hügelfuß den Schlüssel gegen eine kleine Spende. Vom Hwy 4014 zweigt außerdem rechts die Rd 4142 zur **Khao-Krot-Höhle** mit zwei großen Hallen ab. Dort ist allerdings eine Taschenlampe vonnöten.

Für einen Postkartenblick auf die sanft gewellte Küstenlinie empfiehlt sich der **Berg Dat Fa**, der ca. 5 km westlich des Meeres am Hwy 4014 emporragt. An seinen meist menschenleeren Hängen kann man leicht eine Pause einlegen und ein paar Fotos knipsen.

🛏 Schlafen & Essen

Seit ein paar Jahren wird darüber diskutiert, durch die weitere Erschließung von Khanoms Stränden eine entspanntere Alternative zu den nahegelegenen Inseln zu schaffen. Während die Region noch weit von einem Boom entfernt ist, sind umfassende Baumaßnahmen geplant. Eine kürzliche Steigerung der Ölförderung im nahen Golf macht Khanom in den Augen der Entwickler nun als potentielles Ferienziel für die Arbeiter aus der Umgebung interessant.

Angesichts des ausreichenden Unterkunftsangebots ist Reservierung kein Muss. Vielmehr sollte man vor der konkreten Entscheidung ein paar Optionen besichtigen: Ein Großteil der Resorts verzeichnet nur sehr wenige Gäste. Der Dauerleerstand sorgt z. B. dafür, dass die Toiletten nicht regelmäßig durchgespült werden und manche Quartiere unangenehm feucht wirken – der gnadenlose Dschungel fordert sie sozusagen zurück. So ignoriert man am besten die großen Hotels und hält sich an Strandbungalows.

Für günstiges Essen empfiehlt sich der **Kho Khao Beach** am Ende der Rd 4232. Ein qualmendes Durcheinander an Grillständen serviert dort leckere Klassiker wie *mŏo nám đòk* (pikanter Schweinefleischsalat) oder *sôm đam* (scharfer Salat aus grünen Papayas). Weiter landeinwärts gibt's Mittwochs- und Sonntagsmärkte nahe der Polizeiwache.

Racha Kiri RESORT $$$
(☎0 7530 0245; www.rachakiri.com; Bungalow 3500–12500 B; ✱🎧❄) Khanoms Nobelrefugium hat einige geräumige Villen. Die niedrigen Gästezahlen aufgrund der hohen Preise sind eventuell ganz angenehm. Allerdings riecht das Resort nach totem Kapital, wenn es nicht als Feriendomizil für Firmenangehörige genutzt wird.

Talkoo Beach Resort BUNGALOWS $$
(☎0 7552 8397; Bungalow 1470 B; ✱❄) Beste Übernachtungsmöglichkeit im Umkreis und sehr charmant: Hier stehen Dutzende von schicken, weißen Hütten mit abgefahrenen Einrichtungselementen (z. B. Spülbecken aus ausgehöhlten Baumstämmen).

Suchada Villa BUNGALOWS $
(☎0 7552 8459; Bungalow 800 B; ✱) Direkt an der Hauptstraße sticht diese farbenfrohe Bungalowgruppe ins Auge. Die reizenden, sauberen Zimmer punkten mit schrägen Designer-Details wie Vorhängen aus Muschelketten vor den Badtüren.

ℹ Praktische Informationen

Polizeiwache und Krankenhaus liegen gleich südlich von Ban Khanom am Anfang der Abzweigung zum Kho Khao Beach. Im Ortszentrum gibt's einen 7-Eleven mit Geldautomat.

ℹ An- & Weiterreise

Zwischen Surat Thani und Nakhon halten Busse auf Wunsch an der Abzweigung nach Khanom, wo Motorradtaxis (70 B) für das letzte Stück stehen. Sonst fahren Sammeltaxis vom Stand in Nakhon Si Thammarat nach Khanom (85 B).

Von Khanom aus geht's z. B. per Motorradtaxi hinaus zu den Stränden (60 B). Von den drei separaten Bushaltestellen im Umkreis liegen die beim Obstmarkt bzw. Krankenhaus am nächsten zum Strand – einfach beim Fahrer um Absetzen bitten.

ABSTECHER

WÁT SUAN MOKHAPHALARAM

Rund 7 km außerhalb von Chaiya liegt der **Wát Suan Mokkhaphalaram** (Wát Suanmokkh; www.suanmokkh.org) im dichten Wald. Der „Garten der Befreiung" veranstaltet z. B. zehntägige Programme, deren Preis (2000 B) Kost, Logis und Unterricht beinhaltet. Allerdings kostet letzterer theoretisch nichts. Am Ersten des Monats beginnen jeweils englischsprachige Klausuren unter Leitung des International Dhamma Hermitage, für die man sich am Nachmittag des Vortags anmelden muss. Die philosophischen Lehren des Tempels wurden von Ajan Buddhadasa Bhikkhu (angeblich Thailands berühmtester Mönch) begründet. Ihre ökumenische Ausrichtung vereint christliche, taoistische und Zen-Elemente mit traditionellen Theravada-Konzepten.

Anreisedetails gibt's im Internet unter www.suanmokkh-idh.org/idh-travel.html.

Nakhon Si Thammarat

อำเภอเมืองนครศรีธรรมราช

117100 EW.

Das belebte Nakhon Si Thammarat (meist kurz „Nakhon" genannt) verdient nicht gerade einen Schönheitspreis. Trotzdem werden Besucher der historischen Stadt ein besonderes Kulturerlebnis zwischen ein paar der wichtigsten wát des Königreichs genießen.

Vor vielen hundert Jahren war die Überlandroute zwischen den Häfen Trang (Westen) und Nakhon (Osten) eine von Thailands Haupthandelsverbindungen zur übrigen Welt. Vom einstigen Zustrom kosmopolitischen Dünkels zeugen bis heute lokale Rezepte, Tempel und Museen.

◎ Sehenswertes

Nakhons Geschäftsleben (Hotels, Banken, Restaurants) konzentriert sich größtenteils auf die nördliche Innenstadt. Südlich vom Uhrenturm liegt das historische Viertel mit dem stark besuchten Wat Mahathat. Auf der Hauptdurchgangsstraße (Th Ratchadamnoen) sind in beiden Richtungen viele günstige *sŏrng·tăa·ou* unterwegs.

Wat Phra Mahathat Woramahawihaan   TEMPEL

(Th Si Thamasok) Der Wat Phra Mahathat Woramahawihaan (kurz „Mahathat") ist Südthailands bedeutendster Tempel. Auf dem Gelände stehen 77 *chedi* (Stupas) und eine imposante, 77 m hohe *chedi* mit Goldspitze. Der Legende zufolge brachten Königin Hem Chala und Prinz Thanakuman vor über 1000 Jahren kostbare Reliquien nach Nakhon, wo sie eine kleine Pagode zum Schutz der Kleinode bauten. Seitdem ist der Tempel zu einer weitläufigen Anlage angewachsen, auf der sich täglich Menschenmassen zum Kauf der Jatukham-Amulette (S. 646) einfinden. Nicht das nette Keramikmuseum im Inneren verpassen!

Schattenspielfiguren   MUSEUM

(Th Si Thamasok Soi 3) Traditionell existieren zwei Arten einheimischer Schattenspielfiguren: *Năng dà·lung* sind knapp 1 m groß und haben bewegliche Teile bzw. Gliedmaßen (darunter auch Genitalien), die den fast lebensgroßen *năng yài* fehlen. Beide Varianten werden aus Kuhhaut geschnitten. Das Personal des kleinen Museums in Suchart Subsins Schattenspielfigurenhaus demonstriert auf Wunsch den aufwändigen Herstellungsprozess. Gegen eine Gebühr gibt's kurze Vorstellungen für Besucher.

Nationalmuseum   MUSEUM

(Th Ratchadamnoen; Eintritt 30 B; ◎Mi–So 9–16 Uhr) Als das Königreich Tampaling bzw. Tambralinga mit Kaufleuten aus Indian, Arabien, Dvaravati und Champa handelte, wurde die Region um Nakhon zum Schmelztiegel des Kunsthandwerks. Relikte aus dieser Zeit gibt es hinter der verwahrlosten Fassade des Nationalmuseums.

🛌 Schlafen & Essen

Nakhon eignet sich prima, um Essen mit typisch südthailändischem Touch zu probieren. Abends verkaufen muslimische Imbissstände leckeres Roti, *kôw mòk gài* (Hühnchen-Biryani) und *má·dà·bà* (*murdabag;* indische Pfannkuchen mit Füllung aus Gemüse oder Hühnerfleisch). Mehrere appetitliche Adressen finden sich im Bereich des Bovorn-Basars an der Th Ratchadamnoen.

Nakorn Garden Inn   PENSION $

(☑0 7532 3777; 1/4 Th Pak Nakhon; Zi. 445 B; 🖳) Die motelartige Pension ist eine angenehme Alternative zum üblichen Betonbunker. Die identischen Wohneinheiten mit Fernseher, Kühlschrank und freiliegenden, dunkelroten Backsteinwänden liegen rund um einen sandigen Garten. Idealerweise ergattert man in Quartier, das viel Sonnenlicht abbekommt.

Twin Lotus Hotel   HOTEL $$

(☑0 7532 3777; www.twinlotushotel.net; 97/8 Th Phattanakan Khukhwang; Zi. 1400–1600 B; 🖳🛜🖳) Obwohl sich sein Alter langsam zeigt, ist das Twin Lotus immer noch eine nette Option für alle, die sich in Nakhon etwas verwöhnen lassen wollen. Der sechzehnstöckige Riese steht ein paar Kilometer südlich vom Stadtzentrum.

Khrua Nakhon   THAI $$

(Bovorn Bazaar; Gerichte 60–200 B; ◎morgens & mittags) Das Lokal mit einer weiteren Filiale in der Robinson Ocean Mall serviert eine super Auswahl an traditioneller Nakhon-Küche. Empfehlenswert sind z.B. der *kôw yam* (südthailändischer Reissalat) oder die Gemeinschaftsplatte mit fünf verschiedenen Curry-Varianten (darunter eine ungenießbar scharfe Fischsauce).

Rock 99   INTERNATIONAL $

(1180/807 Bavorn Bazaar; Gerichte 40–130 B; ◎abends) Von Tacosalaten bis hin zu Pizzen tisch Nakhons beliebtester *fa-ràng*-Treff ein gutes Angebot an internationalen Gerichten auf. Das Thai-Essen ist jedoch keine gute Wahl. Am Mittwoch-, Freitag- und Samstagabend gibt's Livemusik. Freundliche Auswanderer sind aber fast immer zugegen.

Praktische Informationen

Am nördlichen Ende der Innenstadt säumen Bankfilialen und Geldautomaten die Th Ratchadamnoen. Im dritten Stock des Einkaufszentrums Robinson Ocean befindet sich ein Buchladen mit englischsprachigen Titeln.

Bovorn Bazaar (Th Ratchadamnoen) Einkaufszentrum mit einigen Internetcafés.

Polizeiwache (☎1155; Th Ratchadamnoen) Gegenüber der Post.

Post (Th Ratchadamnoen; ⏱8.30–16.30 Uhr)

TAT-Büro (☎0 7534 6515) Ist am Nordrand des Sanam Na Meuang (Stadtparks) in einem historischen Haus von 1926 untergebracht und verteilt ein paar nützliche englischsprachige Broschüren. Das örtliche OTOP-Handwerkshaus steht nur einen Block entfernt auf der westlichen Parkseite.

An- & Weiterreise

Bus Busse ab Bangkok (ca. 7-mal tgl.) starten entweder zwischen 6 und 8 oder zwischen 17.30 und 22 Uhr. Während normale Busse nach Bangkok am Busbahnhof abfahren, brechen ein paar Privatfirmen an ihren Buchungs- bzw. Ticketbüros an der Th Jamroenwithi auf. Die Reise dauert zwölf Stunden.

Wer Nakhon per Minivan verlassen möchte, sollte nach kleinen Schaltern an den Innenstadtstraßen Ausschau halten: In deren Nähe findet man eine Ansammlung von Minivans und wartenden Passagieren. Am besten fragt man direkt vor Ort nach, da je nach Ziel ein anderer Abfahrtspunkt gilt. Minivans nach Krabi und Don Sak warten auf einem Fleck – daher gut darauf achten, nicht falsch einzusteigen. Die Haltestellen verteilen sich entlang von Th Jamroenwithi, Wakhit und Yommarat.

Flugzeug Neben Thai Airways fliegen auch kleinere Gesellschaften wie Nok Air, Air Asia oder Orient Thai Airlines jeden Tag von Bangkok nach Nakhon (1 Std., ca. 6-mal tgl.).

Zug Über Hua Hin, Chumphon und Surat Thani rollen täglich zwei Nachtzüge von Bangkok nach Nakhon (17.35 & 19.15 Uhr, jeweils 12 Std.). Anschließend fahren sie weiter nach Hat Yai und Sungai Kolok.

Unterwegs vor Ort

Sŏrng·tăa·ou (10 B, abends etwas mehr) verkehren in Nord-Süd-Richtung entlang von Th Ratchadamnoen und Si Thammasok. Fahrten mit Motorradtaxis kosten mindestens 20 B (bis zu 50 B bei längeren Strecken).

JATUKHAM RAMMATHEP

Nach etwa einem Tag hat man in Thailand wohl schon jemanden gesehen, der ein Jatukham Rammathep um den Hals trägt – diese runden Amulette sind hier allgegenwärtig.

Das Jatukham Rammathep soll Glück bringen und seinen Träger vor allem Unheil beschützen. Die Herkunft seines Namens ist bislang unbekannt. Nach einer populären Theorie waren Jatukham und Rammathep die Decknamen zweier Srivajaya-Prinzen, die vor ca. 1000 Jahren Reliquien unter dem Wat Phra Mahathat in Nakhon vergruben.

Ein berühmt-berüchtigter Kriminalpolizist aus Thailand trug das kostbare Symbol zuerst. Er glaubte fest daran, dass die Schutzgeister ihm bei der Aufklärung eines besonders verzwickten Mordfalls geholfen hatten – und versuchte, das Amulett populär zu machen. Bis zu seinem Tod (2006) war das Ganze aber kein kommerzieller Erfolg. Zusammen mit Tausenden besuchte der Kronprinz das Begräbnis des Beamten. Daraufhin startete das Jatukham Rammathep durch.

Der Mahathat-Tempel verteilt die Talismane. Dies beschert Südthailand seit ein paar Jahren einen gewissen Wirtschaftsboom: Das erste Amulett fand 1987 für 39 B einen Käufer. Heute werden 100 Mio. B pro *Woche* mit den Glücksbringern verdient. Die Gier nach den runden Symbolen ist nunmehr so stark gestiegen, dass auf dem Tempelgelände bereits eine Frau während eines groß beworbenen Sonderverkaufs zu Tode gequetscht wurde – sie hatte einen Talisman nicht getragen.

Über Nakhons Hauptstraßen rollen täglich Lastwagen, die mit dröhnender Musik von neuen Lieferungen künden. Das wiederholte Hämmern der Beats lockert allmählich den Boden unter dem Tempel, wodurch sich der Hauptturm des Wat Mahathat wie in einer ironischen Metapher geneigt hat.

DIE PROVINZ SONGKHLA

Trotz der Postleitzahl 90210 ist Songkhla bestimmt nicht Beverly Hills! Als Hauptgeschäftszentren der Provinz leiden Hat Yai und Songkhla normalerweise nicht unter den politischen Unruhen, die weiter südlich gelegene Städte plagen. Wer hier unerschrocken über lokale Märkte bummelt, muslimisch-thailändische Fusionküche genießt oder an windigen Stränden relaxt, kann andere Touristen an einer Hand abzählen.

Songkhla & Umgebung
สงขลา

90 780 EW.

Die „große Stadt an zwei Meeren" bietet perfekte Fotomotive. Dennoch verzeichnet Songkhla nur wenige ausländische Besucher: Im Vergleich zu weiter südlich gelegenen Provinzen ist es bislang vom Terrorismus muslimischer Separatisten verschont geblieben, bekommt aber dieselbe schlechte Presse. Wie schade – denn dies ist die einzige Stadt, in der Traveller die typische Atmosphäre von Thailands tiefem, größtenteils muslimischem Süden sicher genießen können.

An nahezu jeder Ecke reflektieren Architektur und Küche den lokalen Bevölkerungsmix aus Thailändern, Chinesen und Malaien.

◉ Sehenswertes

Nationalmuseum MUSEUM
(พิพิธภัณฑสถานแห่งชาติสงขลา; Th Wichianchom; Eintritt 150 B; ☺Mi–So 9–16 Uhr, öffentl. Feiertage geschl.) Das bei weitem schmuckste **Nationalmuseum** Thailands belegt ein Gebäude im chinesischen Stil, das ursprünglich 1878 als Residenz eines Würdenträgers errichtet wurde. Es zeigt Stücke aus allen thailändischen Kunstperioden (vor allem der Srivijaya-Zeit). Zu sehen gibt's auch thailändische und chinesische Keramikwaren sowie prächtige chinesische Möbel, die einst örtlichen Aristokraten aus dem Reich der Mitte gehörten.

Hat Samila STRAND
(หาดสมิหลา) Wer mit Museen weniger anfangen kann, sollte gleich den Strand besuchen. Die Einheimischen gehen heute sorgsamer mit dem Streifen weißen Sands am **Hat Samila** um, und man kann hier ganz gut spazieren gehen oder – was sehr beliebt ist – einen

Drachen steigen lassen. Eine **Seejungfrauenskulptur** aus Bronze, die Wasser aus ihrem langen Haar drückt, soll Mae Thorani (die hinduistisch-buddhistische Erdgöttin) ehren. Sie sitzt am nördlichen Ende des Strandes oben auf einem Felsen. Die Einheimischen behandeln die Figur wie ein Heiligtum, indem sie bunten Stoff um ihre Taille binden und ihre Brust reiben, was Glück bringen soll. Ganz in der Nähe findet man die **Katzen- und Rattenskulpturen**, so genannt nach den Katzen- und Ratteninseln (Ko Yo und Ko Losin). Die Fragmente einer in Einzelteile zerlegten Drachenfigur sind über die ganze Stadt verteilt. Der **Nag Head** (Drachenkopf), der Wasser ins Meer schüttet, soll Wohlstand und frisches Wasser bringen – bei den Einheimischen ein beliebter Treffpunkt.

Ko Yo INSEL
(เกาะยอ) Diese Insel in der Mitte des Thale Sap ist ein beliebtes Ziel für Tagesausflüge ab Songkhla und über Brücken mit dem Festland verbunden. Die Stoffe und vorgefertigten Kleidungsstücke ihrer berühmten Baumwoll-Weberindustrie sind auf einem Straßenmarkt zu super Preisen erhältlich.

Inselbesucher sollten keinesfalls den **Wat Phrahorn Laemphor** mit seinem liegenden Riesenbuddha verpassen. Pflicht ist auch das **Thaksin-Folkloremuseum** (☏0 7459 1618; Eintritt 100 B; ☺8.30–16.30 Uhr), das die Regionalkultur aktiv bewirbt und bewahrt. Seine Pavillons sind Nachbauten südthailändischer Häuser, in denen Folklorekunst, Kunsthandwerk und traditionelle Haushaltsgeräte warten.

Bei Trips mit Kindern empfehlen sich z.B.:

Songkhla-Zoo ZOO
(สวนสัตว์สงขลา; Khao Rup Chang; Erw./Kind 30/5 B; ☺9–18 Uhr) Spaßiges Schmusen mit Babytigern.

Songkhla-Aquarium AQUARIUM
(สงขลาอะควาเรี่ยม; www.songkhlaaquarium.com; Erw./Kind 150/80 B; ☺Mi–Mo 9–17 Uhr) Schicke neue Attraktion, die z.B. Clownfische beherbergt

🛏 Schlafen & Essen

Verglichen mit anderen Gegenden am Golf sind Songkhlas Hotels meist günstiger. So kann man sich die jeweils nächsthöhere Unterkunftskategorie relativ gut leisten.

Die beste Adresse für qualitativ hochwertige Meeresfrüchte ist die Straße vor dem BP Samila Beach Hotel bzw. vor allem das Restaurant am dortigen Kreisverkehr.

KHAO LUANG NATIONAL PARK

Der **Khao Luang National Park** (อุทยานแห่งชาติเขาหลวง; ☑0 7530 9644-7; Erw./Kind 400/200 B) rund um den gleichnamigen Gipfel (1835 m) ist für schöne Berg- bzw. Waldwanderpfade, Wasserfälle, Obstgärten und kühle Bäche bekannt. Der mächtige Gebirgszug mit naturbelassenen Wäldern erreicht bis zu 1800 m Höhe. Als ideales Speisungsgebiet für Bäche und Flüsse hat er auch eindrucksvolle Wasserfälle. Zudem leben hier zahllose verschiedene Vögel – super für alle angehenden Ornithologen. Pflanzenfans kommen ebenfalls auf ihre Kosten: Die über 300 Orchideenarten des Parks sind teilweise endemisch.

Die **Nationalpark-Bungalows** (600–1000 B/Übern., max. 6–12 Pers.) werden durch offizielle **Campingmöglichkeiten** entlang des Gipfelpfads ergänzt. Zwecks Anreise geht's von Nakhon aus per *sŏrng·tǎa·ou* (ca. 25 B) zum Dorf Khiriwong am Fuß des Khao Luang. Der Parkeingang und die Büros des Royal Forest Department liegen 33 km von Nakhon entfernt an der Rte 4015. Auf den 2,5 km bis zur Parkverwaltung erklimmt diese asphaltierte Straße fast 400 Höhenmeter. Der Parkplatz liegt weitere 450 m höher.

Wer am liebsten Marktkost futtert, findet ganzwöchig Straßenstände. Sonntags empfiehlt sich der Markt am Pavilion Hotel. Der Abendmarkt (Mo–Mi) in der Nähe von Fischfabrik und Busbahnhof hat bis ca. 21 Uhr geöffnet. Am Freitagmorgen gibt's einen weiteren Markt am Rathaus.

BP Samila Beach Hotel   HOTEL $$

(☑0 7444 0222; www.bphotelsgroup.com; 8 Th Ratchadamnoen; Zi. 1680–2500 B; ❄@☀) Als ein Wahrzeichen des malerischen Songkhla bietet das vornehmste Hotel der Stadt ein ziemlich gutes Preis-Leistungs-Verhältnis: Für dieselben Extras wird man auf den Inseln fast das Doppelte los. Direkt am Strand gibt's hier große Zimmer mit Kühlschrank, Satellitenfernsehen und Meer- oder Bergblick (gleichermaßen super).

Green World Palace Hotel   HOTEL $$

(☑0 7443 7900-8; 99 Th Samakisukson; Zi. 1000–1200 B; ❄@☀) Das Green World bestätigt die Behauptung von Auswanderern, dass Übernachten in Songkhla billig ist. Dieses Hotel besitzt Kronleuchter, eine Lobby mit Wendeltreppe und im fünften Stock einen Pool mit Aussicht. Die tadellosen Zimmer punkten mit modernen Annehmlichkeiten einer doppelt so teuren Bleibe.

Khao Noy   CURRYS $

(☑0 7431 1805; 14/22 Th Wichianchom; Gerichte 30–50 B; ⏱Do–Di morgens & mittags) Songkhlas gepriesenste *ráhn kôw gaang* (Curry-Garküche) serviert eine tolle Auswahl an Currys, Suppen, Pfannengerichten und Salaten im original südthailändischen Stil. Die Vitrine mit diversen Warmhaltebehältern aus Edelstahl steht gleich südlich vom himmelblauen Chokdee Inn.

❶ Praktische Informationen

Banken gibt's in der ganzen Stadt.

Indonesisches Konsulat (☑0 7431 1544; Th Sadao)

Malaysisches Konsulat (☑0 7431 1062; 4 Th Sukhum)

Polizeiwache (☑0 7432 1868; Th Laeng Phra Ram) Nördlich vom Stadtzentrum.

Post (Th Wichianchom) Gegenüber vom Markt; oben sind Auslandstelefonate möglich.

❶ Anreise & Unterwegs vor Ort

Bus Der staatliche Busbahnhof liegt ein paar Hundert Meter südlich vom Viva Hotel. Über Chumphon, Nakhon Si Thammarat, Surat Thani und andere Stationen rollen 2.-Klasse-Busse nach Bangkok (3-mal tgl.). An der Th Ramwithi starten Busse und Minivans nach Hat Yai (ca. 40 Min.) sowie *sŏrng·tǎa·ou* in Richtung Ko Yo.

Zug Um die meisten Fernziele im Süden zu erreichen, muss man sich nach Hat Yai begeben: Züge fahren heute nicht mehr durch Songkhla.

Hat Yai   หาดใหญ่

157 400 EW.

Willkommen in Thailands ländlicher Version des Großstadtlebens: Die belebteste Stadt der Provinz Songkhla ist seit langem ein beliebtes Wochenend-Bordellziel malaysischer Männer. Inzwischen begrüßt Hat Yai freudig die Globalisierung: Über die Stadt verteilen sich Einkaufszentren nach westlichem Vorbild, die einheimischen Teenagern Bummelmöglichkeiten bieten und Frauen mittleren Alters zum Ausdauertraining in Fitnessstudios animieren.

Die meisten Touristen sehen die funkelnden Ladenlichter der Stadt nur vom Zugfenster aus, während sie verschiedene Ziele auf der Halbinsel abklappern. Wer sich aber für eine Erkundung entscheidet, wird z. B. mit super Lokalküche (hier gibt's Hunderte Restaurants, Lust auf DVDs?) belohnt. Hinzu kommt eine Barszene, die gemütliche Kneipen mit pulsierenden Diskos kombiniert.

🛏 Schlafen & Essen

In Laufentfernung zum Bahnhof liegen Dutzende Hotels. Als inoffizielle Hauptstadt der südthailändischen Küche wartet Hat Yai mit muslimischer Kost (Roti, Currys), Chinesischem (Dim Sum, Nudeln) und frischem thailändischem Seafood von der Golf- oder Andamanenküste auf. Zwischen Niphat Uthit 1 und 2 beginnt mit dem Tamrab Muslim eine muslimische Restaurantmeile an der Th Niyomrat, wo man täglich von ca. 7 bis 21 Uhr günstiges Essen (20–60 B) in zwangloser Atmosphäre bekommt.

Auf dem **Nachtmarkt** (Th Montri 1) warten zahllose einheimische Gerichte. Mehrere Stände servieren dort z. B. gegrillte Meeresfrüchte oder frittiertes Huhn mit *kà·nŏm jeen* (frische Reisnudeln plus Curry) im berühmten Hat-Yai-Stil.

Regency Hotel   HOTEL $$
(☎0 7435 3333-47; www.theregencyhatyai.com; 23 Th Prachathipat; Zi. 798–5680 B; ❄@☀) Das wunderschöne Hotel empfängt Gäste mit dem altmodischen, prächtigen Charme, der heutzutage so selten ist. Die kleineren und günstigeren Zimmer im alten Flügel haben attraktive Holzmöbel, während der neuere Bereich mit herrlicher Aussicht punktet.

Sor Hueng 3   THAI $
(☎08 1896 3455; 79/16 Th Thamnoonvithi; Gerichte 30–120 B; ⊙abends) Diese beliebte Lokal-Legende mit Filialen in der ganzen Stadt kredenzt Köstlichkeiten im thailändisch-chinesischen und südthailändischen Stil. Einfach etwas appetitlich Aussehendes wählen oder eins der frisch gebrutzelten Wok-Gerichte von der Karte bestellen.

❶ Praktische Informationen

Einwanderungsbüro (Th Phetkasem) Visumverlängerungen nahe der Eisenbahnbrücke.

TAT-Büro (tatsgkhla@tat.or.th; 1/1 Soi 2, Th Niphat Uthit 3) Das hilfsbereite Personal erteilt Regionalinfos in gutem Englisch.

Touristenpolizei (Th Niphat Uthit 3; ⊙24 Std.) Nahe dem TAT-Büro.

❶ An- & Weiterreise

Bus
Busse zu anderen Provinzen und Minivans in Richtung Süden starten größtenteils 2 km südöstlich vom Stadtzentrum am Busbahnhof. Die meisten Minivans gen Norden fahren nunmehr 4 km westlich der Stadt an der Talat Kaset ab. Vom Zentrum aus ist dieses Terminal per Túk-Túk (60 B) erreichbar. Busse verbinden Hat Yai mit fast allen Orten in Südthailand.

Prasert Tour (Th Niphat Uthit 1) schickt Minibusse nach Surat Thani (4½ Std., 9–17 Uhr). Auch **Cathay Tour** (93/1 Th Niphat Uthit 2) organisiert Minivans zu vielen Zielen im Süden.

Flugzeug
Thai Airways International (THAI; 182 Th Niphat Uthit 1) pendelt achtmal täglich zwischen Hat Yai und Bangkok.

Fast alle Billigfluglinien offerieren heute Verbindungen nach und ab Bangkok:

Air Asia (www.airasia.com) Fliegt jeden Tag von Hat Yai nach Bangkok und Kuala Lumpur.

Nok Air (www.nokair.com) Bedient täglich die Route Hat Yai–Bangkok (Don Muang Airport).

Zug
Per Nachtzug besteht Verbindung nach bzw. ab Bangkok (4-mal tgl., mind. 16 Std.). Weitere Züge fahren entlang der Ostküste nach Sungai Kolok (7-mal tgl.) oder westwärts nach Butterworth und Padang Besar in Malaysia (2-mal tgl.).

Der Bahnhof hat ein Reservierungsbüro und eine Gepäckaufbewahrung (geöffnet jeweils tgl. 7–17 Uhr).

❶ Unterwegs vor Ort

Flughafentaxis (☎0 7423 8452; 182 Th Niphat Uthit 1) rollen viermal täglich zum Flughafen (80 B/Pers., 6.45, 9.30, 13.45 & 18 Uhr). Dorthin geht's auch per Privattaxi (280 B).

Sŏrng·tǎa·ou verkehren entlang der Th Phetkasem (10 B/Pers.). Stadtfahrten mit Autorikschas und Motorradtaxis kosten 20 bis 40 B pro Nase.

TIEFER SÜDEN

Yala   ยะลา
65 000 EW.

Das von Land umgebene Yala unterscheidet sich recht deutlich von seinen Nachbarstädten. Die breiten Boulevards und das gleichmäßige Straßenraster wirken sehr westlich – insbesondere, weil dies vor allem eine Universitätsstadt ist.

Yalas Hauptattraktion liegt 8 km weiter westlich an der Straße nach Hat Yai (Rte 409): Der **Wat Kuha Pi Muk** (alias Wat Na Tham oder Vorderer Höhlentempel) aus der Srivijaya-Zeit beherbergt einen liegenden Buddha von 757 n.Chr. und zählt zu Südthailands bedeutendsten Pilgerstätten. Die Statue eines Riesen bewacht den Eingang. Dahinter fällt das Sonnenlicht durch kleine, natürliche Öffnungen im Höhlendach auf uralte buddhistische Malereien.

Erholung vom wát-Bewundern verspricht Thailands größter Briefkasten, der seit 1924 in der Ortschaft Betong steht. Letzterer fungiert auch als legaler, aber unpraktischer Grenzübergang zu Malaysia. Diesbezügliche Details liefern das **Einwanderungsbüro** (☏0 7323 1292) in Yala und der Kasten auf S. 655.

🛏 Schlafen & Essen

Mangels Tourismus sind bequeme Betten hier ein Schnäppchen.

Chang Lee Hotel   HOTEL $
(☏0 7324 4600; www.yalasirichot.4t.com; 318 Th Sirirot; EZ & DZ 400–460 B; ❄) Die vornehmen Zimmer in 15 Gehminuten Entfernung zum Bahnhof zielen auf Geschäftsreisende ab. Die Hoteleinrichtungen umfassen z.B. ein Café und eine Karaoke-Disko.

Obwohl es im Landesinneren liegt, hat Yala ein paar super Seafood-Restaurants – eine ganze Gruppe gibt's im Bereich von Th Pitipakdee und Sribumrung. In Bahnhofsnähe findet man viele Reis- und Nudelstände.

ℹ Anreise & Unterwegs vor Ort

Busse nach Hat Yai (150 B, 2½ Std.) stoppen mehrmals täglich vor dem Büro von Prudential T. S. Life an der Th Sirirot. Gegenüber liegt die Haltestelle für andere Kurz- und Mittelstreckenbusse in Richtung Norden. Von Yalas Bahnhof fahren Züge nach Bangkok (193–1675 B, 18–22 Std., 4-mal tgl.) und Sungai Kolok (41–917 B, 2–3 Std., 7-mal tgl.).

Pattani   ปัตตานี

118 000 EW.
Pattani hat sich nie ganz an die thailändische Herrschaft gewöhnt – wie ein rebellisches Kind, das nie mit seiner Stiefmutter klarkommt. Die Stadt war einst Zentrum eines großen muslimischen Fürstentums, das auch die Nachbarprovinzen Yala und Narathiwat umfasste. Obwohl die heutige politische Lage die regionale Entwicklung beeinträchtigt hat, verzeichnet Pattani eine 500-jährige Historie des Handelns mit den berühmt-berüchtigtsten Imperialmächten der Welt: Portugal gründete hier 1516 einen Handelsposten; die Japaner trafen 1605, die Holländer 1609 ein. Drei Jahre später ließen dann auch die Briten ihre kolonialen Muskeln spielen.

Doch trotz faszinierender Stadtgeschichte bietet Pattani außer dem Zugang zu ein paar guten Regionalstränden nicht viel Interessantes. Leider macht der anhaltende Aufstand (s. Kasten S. 652) den Großteil dieser sandigen Ziele für Individualtouristen sehr gefährlich.

◉ Sehenswertes

Der Mae Nam Pattani (Pattani-Fluss) trennt den älteren Stadtteil im Osten vom neueren im Westen. An der Th Ruedi sehen Besucher die architektonischen Reste des alten Pattani bzw. den chinesisch-portugiesischen Baustil, der in diesem Teil Südthailands früher sehr weit verbreitet war. Die Th Arnoaru säumen mehrere uralte, aber recht gut erhaltene Wohnhäuser im chinesischen Stil.

Thailands zweitgrößte Moschee namens **Matsayit Klang** (Th Naklua Yarang) ist wohl immer noch die bedeutendste islamische Andachtsstätte im tiefen Süden. Der traditionelle, grün schimmernde Bau stammt aus den 1960er-Jahren.

Wären da nicht die politischen Unruhen in der Region, könnte Pattani eines der besseren Reiseziele in Südthailand sein. Leider kann ein Großteil der Region derzeit nicht gefahrlos bereist werden, während es eben auch viele hübsche Strände weiter im Norden gibt, die absolut sicher sind.

Die Einheimischen gehen gern zum **Laem Tachi**, einem sandigen Kap, das hinter dem nördlichen Ende der Ao Pattani hervorspringt. Man kann es mit dem Boot-Taxi vom Pier in Pattani erreichen. Der **Hat Talo Kapo** 14 km östlich von Pattani nahe Yaring Amphoe ist ein anderer toller Platz. Der **Bezirk Tepha** 35 km nordwestlich von Pattani befindet sich genau genommen schon in der Provinz Songkhla; hier finden sich die am besten entwickelten Strände in der Region. Es gibt dort einige leicht in die Jahre gekommene Resorts, die vor allem auf thailändische Gäste aus der Mittelschicht ausgerichtet sind. Am **Hat Soi Sawan** unweit der Grenze zwischen Songkhla und Pattani stehen einfache Strandrestaurants, die als Familienbetriebe geführt werden und bei Wochenendausflüglern beliebt sind. Um nach Thepha zu kommen, einfach in Pattani in irgendeinen Bus steigen, der Richtung Songkhla fährt (oder umgekehrt); man muss dem Busfahrer nur den Namen des Resorts sagen, zu dem man will; er wird einen dann an der Straße herauslassen, sodass man nur noch den kurzen Weg zum Strand gehen muss.

🛏 Schlafen & Essen
STADTGEBIET PATTANI

CS Pattani Hotel · HOTEL **$$**
(☎0 7333 5093; www.cspattanihotel.com; 299 Moo 4, Th Nong Jik; inkl. Frühstück Zi. 1000–1500 B; Suite 2500–3500 B; ✳@🛜🏊) Wer schon in Pattani übernachtet, kann dies auch angenehm tun. Rund 2 km westlich vom Stadtzentrum gibt's hier z. B. eine kolonialzeitliche Lobby, zwei Pools, ein super Restaurant und eine Sauna mit Dampfbad.

Palace Hotel · HOTEL **$**
(☎0 7334 9171; 10–12 Pipit Soi Talattewiwat 2; Zi. 200–700 B; ✳) Trotz Lage an einer schäbigen Nebenstraße sind die Zimmer hübsch und komfortabel – vor allem die klimatisierten Varianten in den unteren Stockwerken.

Satay Jao Kao · MUSLIMISCH, THAI **$**
(37/20 Th Udomwithi; Gerichte 20–30 B; ⏲10–18 Uhr) Dieses renommierte Restaurant serviert Reiswürfel und süße Dipsauce zu Rindfleisch-Satay nach einheimischem Rezept. Einige weitere Lokale an der Th Udomwithi stehen bei Pattanis muslimischen Gourmets sehr hoch im Kurs.

BEZIRK THEPHA

Sakom Cabana · RESORT **$$**
(☎0 7431 8065; 136 Moo 4, Tambon Sakom; Zi. 600–800 B; ✳) Das einfache, saubere Resort in ca. 40 km Entfernung zu Pattani besitzt mehrere attraktive Doppelhaus-Bungalows aus Holz. Bis zum Strand sind's nur wenige Gehminuten.

ℹ Praktische Informationen

Nahe der Kreuzung mit der Th Naklua Yarang säumen mehrere Banken das südöstliche Ende der Th Pipit.

Internetcafé (Ecke Th Peeda Talattewiwat 2 & Th Pipit; 20 B/Std.) In der Nähe des Palace Hotel.

Pattani Hospital (☎0 7332 3411-14; Th Nong Jik)

Polizeiwache (☎0 7334 9018; Th Pattani Phirom)

ℹ Anreise & Unterwegs vor Ort

Als beliebtestes Regionalverkehrsmittel fahren Minivans tagsüber regelmäßig nach Hat Yai (100 B, 1½ Std.), Narathiwat (100 B, 2 Std.), Songkhla (90 B, 1½ Std.) und Sungai Kolok (130 B, 2½ Std.). In der ganzen Stadt starten sie an verschiedenen Ständen, nach denen man sich am besten bei der eigenen Unterkunft erkundigt. Busse nach Bangkok (594–1187 B, 15–16 Std.) brechen am Busbahnhof nahe dem CS Pattani Hotel auf. Für 10 B pro Person bedienen örtliche Taxis das ganze Stadtgebiet.

Narathiwat · นราธิวาส
109 000 EW.

Narathiwat am Ufer des Flusses Bang Nara ist wahrscheinlich Thailands größte muslimische Metropole. Manche der chinesisch-portugiesischen Ufergebäude sind über 100 Jahre alt. Direkt am Stadtrand beginnen einige nette Strände. Leider hat der Terrorismus in diesem Landesteil (s. Kasten S. 652) den schwachen Regionaltourismus von einst so gut wie erstickt. Bitte vor Trips nach Narathiwat unbedingt sorgfältig die aktuelle Sicherheitslage checken!

◉ Sehenswertes

In Richtung Südende der Th Pichitbamrung steht mit der **Matsayit Klang** eine hölzerne Moschee im Stil Sumatras. Vor über 100 Jahren soll sie von einem Prinzen des früheren Königreichs Pattani erbaut worden sein.

Nur 2 km nördlich vom Stadtzentrum erstreckt sich der 5 km lange **Hat Narathat** hinter hohen Kiefern. Dieser Sandstrand dient den Einheimischen als veritabler öffentlicher Park. Von der Innenstadt aus ist er problemlos per pedes oder *săhm·lór* erreichbar.

Die **Ao Manao** 5 km südlich der Stadt war einst ein beliebtes Ziel zum Sonnenbaden am Strand. Heute tummeln sich dort zunehmend einheimische Angler.

In Richtung Südwesten passiert die Straße zum Bahnhof Tanyongmat nach 6 km den **Wat Khao Kong** mit Südthailands

TERROR IM TIEFEN SÜDEN

Hintergrund *Patrick Winn*

Thailands südlichste Grenze ist üppig grün und von Gewalt geprägt. Obwohl die drei Provinzen des tiefen Südens vor mehr als 100 Jahren vom Königreich Siam erobert wurden, fordern regionale Aufständische immer noch ihre Unabhängigkeit.

Die bewaffneten Separatisten träumen von der Rückgewinnung „Patanis". Dieses muslimische Sultanat von der Größe Katars verschwand lange vor der Geburt der heutigen Aufständischen. Wie ein Großteil der malaysisch-indonesischen Inseln übernahm die Region im 13. Jh. muslimisches Gedankengut von arabischen Händlern. Das Königreich existierte rund 500 Jahre lang, bis es 1902 vom buddhistischen Siam erobert und in drei Provinzen (Yala, Narathiwat, Pattani und Teile des benachbarten Satun) aufgeteilt wurde.

Doch der tiefe Süden hat sich niemals wirklich an Thailand angepasst. Nach relativer Ruhe in den 1980er- und 1990er-Jahren tobt der gewalttätige Unabhängigkeitskampf heute heftiger denn je.

2004 erlebte er eine Renaissance: Seit damals sind 4600 Menschen ums Leben gekommen. Trotz geheimer Friedensverhandlungen zwischen Separatisten und Königlich-Thailändischer Armee glauben nur wenige daran, dass der unterschwellige Bürgerkrieg bald endet.

Die Terror-Taktik bei den täglichen Morden entspricht der im Irak oder in Pakistan: Immer wieder werden Mönche und Kinder geköpft. Als angebliche Triebfedern der kulturellen Angleichung werden Lehrer auf dem Weg zum Morgenunterricht erschossen. Kautschukbauern sterben unter Salven aus AK-47-Sturmgewehren, nur weil sie sich gut mit ihren buddhistischen Nachbarn verstehen.

Zudem gehen die Separatisten immer raffinierter und intelligenter vor. Früher bestanden ihre Bomben am Straßenrand aus Tupperware, C-4-Sprengstoff und rostigen Nägeln. Inzwischen haben sie schrittweise zu Fernzündern und komplexeren Angriffen gewechselt. Dabei sterben zuerst unglückliche Zivilisten – danach die angerückten Entschärfungsexperten durch in der Nähe platzierte Zweitbomben.

Was treibt Aufständische zu solch extremen Taten? Ihren eigenen Aussagen zufolge müssen sich die Separatisten der „siamesischen Ungläubigen" erwehren, die ihnen ihre buddhistische Kultur aufzwingen. Bereits 1939 schloss der thailändische Staat die regionalen Islamschulen und verbot die koranischen Scharia-Gesetze. In allen Behörden wurde der lokale Yawi-Dialekt untersagt.

Einheimische beschweren sich bis heute über demütigende Behördenbesuche, bei denen fremde Beamte nicht die örtliche Sprache sprechen. Obendrein beschränkt die Armee die Rechte Inhaftierter über die Durchsetzung des „Ausnahmezustands" und vor allem des Kriegsrechts. Muslimische Gruppen beklagen, dass Männer fälschlich beschuldigt werden und nie wieder nach Hause kommen. Von Armeeoffizieren und Polizeichefs bis hin zu Bürgermeistern werden Machtpositionen normalerweise von thailändischen Buddhisten und nicht von einheimischen Muslimen bekleidet.

2004 sorgten zudem zwei Armeeskandale für verstärkte Verachtung des thailändischen Staats: Im Ort Tak Bai (Narathiwat) erstickten rund 80 muslimische Demonstranten eingesperrt im drückend heißen Frachtraum eines Lastwagens. Obendrein stürmten Soldaten die Krue-Sae-Moschee in Pattani und erschossen 30 mutmaßliche Aufständische, die mit Messern und einer einzigen Pistole bewaffnet waren. Die Armee bezeichnet beide Vorfälle beharrlich als unbeabsichtigt.

Das vielleicht einzigartigste Merkmal der Separatisten ist extrem effektive Geheimhaltung. Thailändischen Soldaten zufolge gleicht der Kampf gegen die Aufständischen einem Krieg gegen Geister. In den Augen eines Experten unterhalten die selbsternannten „Patani-Mudschaheddin" ein dezentralisiertes Netzwerk, dessen Einzelzellen eigenständig von Dörfern aus operieren.

Die verschiedenen Widerstandsgruppen haben gemeinsame Ideale, aber keinen gemeinsamen Führer. Nach variierenden Schätzungen kontrollieren die unterschiedlichen Netzwerke insgesamt ca. 8000 Kämpfer. Diese stellen das Schweigen über den Ruhm und bekennen sich im Gegensatz zu El-Kaida oder den Taliban nur selten zu ihren Anschlägen.

Als Kommunikationsmittel verstreuen die Terroristen bevorzugt Flugblätter rund um die Leichen ihrer Opfer. Typisch sind z. B. gedruckte Tiraden wie „Paart Gewalt mit Brutalität. Attackiert die buddhistischen Thais. Wir wissen, dass die buddhistischen Thais die Gewalt verachten und den Frieden lieben. Wenn die buddhistischen Thais nicht mehr standhalten können, werden sie kapitulieren."

Wie beabsichtigt haben die Morde eine buddhistische Massenflucht ausgelöst. In Teilen der sogenannten „roten Zone" der Armee sind staatlich kontrollierte Einrichtungen (z. B. Schulen oder sogar Postrouten) äußerst dünn gesät. Ohne Soldaten mit M-16-Gewehren an ihrer Seite wagen sich Mönche nicht ans Almosensammeln. Manchen Experten zufolge wurden bereits bis zu 25 % aller Dörfer im tiefen Süden zeitweise faktisch von Rebellen kontrolliert.

Der Hauptgrund für das geringe internationale Interesse an dem Konflikt liegt wohl darin, dass sich die Aufständischen bemerkenswerterweise weigern, Anschläge außerhalb des tiefen Südens zu verüben. Schließlich liegen im größeren Umkreis potentielle Ziele, bei denen sich ein Angriff tief in die Psyche Thailands und der Touristen einbrennen würde.

Bislang haben die Separatisten jedoch Krabis Backpackerstrände, Phukets Resorts und selbst Thailands Regierungssitz Bangkok in Ruhe gelassen. Zugleich scheinen sie an einer Kooperation mit El-Kaida oder anderen islamischen Terrorgruppen (z. B. in Pakistan, Indonesien) nicht interessiert zu sein.

Ein hochrangiges Mitglied der ältesten Rebellengruppe namens Patani United Liberation Organization hat betont, dass die Bewegung niemals um Hilfe von außen bitten wird. Obwohl er damit nur für eine von mehreren Splittergruppen spricht, behauptet der Rebellenführer, dass westliche Besucher an den unberührten Stränden des postrevolutionären Patani herzlich willkommen sein werden.

Momentan hat die Gewalt den regionalen Tourismus jedoch erstickt. Selbst wenn die Separatisten ausschließlich thailändische Buddhisten und muslimische Kollaborateure verletzen wollen: Bomben auf Marktplätzen töten willkürlich. Zudem wurden bereits Hotels angegriffen, die vornehm genug für Touristen sind – denn dort steigen auch gern hohe Armeeoffiziere ab.

Die einzigen regelmäßigen Besucher sind malaysische Männer, die wegen Alkohol und Prostituierten nach Norden reisen. Angesichts von Bombenanschlägen vor zweifelhaften Nachtclubs gehen sie dabei aber ein ausgesprochenes Risiko ein.

Doch egal wieviel Blut die „Patani-Mudschaheddin" zukünftig noch vergießen: Ihr erklärtes Ziel – einen unabhängigen islamischen Staat – werden sie höchstwahrscheinlich nicht erreichen.

Für die meisten Thais ist der tiefe Süden ein anderer Planet. Nichtsdestotrotz hat die schulische Eintrichterung eines starken Nationalismus landesweit eine Bevölkerung geschaffen, die keinerlei Gebietsverluste akzeptiert. Eine Autoritätsperson, die das Abgeben thailändischen Bodens befürworten würde, beginge daher wohl politischen Selbstmord. Obwohl Bangkoks Presse die täglichen Morde im Detail schildert, ist der Aufstand für viele Wähler nur Nebensache – sie sind überzeugt, dass der Terror niemals über den tiefen Süden hinausreichen wird.

Eine realistischere, aber noch ferne Hoffnung für die Aufständischen und deren Sympatisanten ist eine Autonomie anstelle des thailändischen Rückzugs. Seit Ende der 2000er-Jahre haben thailändische Militärvertreter sporadisch mit Separatisten im Exil gesprochen. Allerdings wird der Glaube der Armee erschüttert, wenn Rebellenführer ihre Autorität über Waffenruhen beweisen wollen, die Aufständische vor Ort ignorieren.

So bleibt die Frage: Wie verhandelt man mit einem dezentralen Netzwerk?

Patrick Winn ist Südostasien-Korrespondent der Auslandsnachrichtenagentur Global Post

Gefahr für Touristen?

Obwohl die Region besucht werden kann, hat die Gewalt den Tourismus im tiefen Süden so stark lahmgelegt, dass die touristische Infrastruktur (Hotels, Restaurants, Verkehrsmittel, Aktivitäten) minimal ist. Wegen des Terrorrisikos muss vom Erkunden der größtenteils unberührten und menschenleeren Regionalstrände – meist wohl potentieller Besuchsgrund Nummer Eins – generell abgeraten werden.

Bis heute sind Touristen noch nicht angegriffen worden. Der chaotische Charakter des Aufstands macht es jedoch schwer, die zukünftige Entwicklung der Situation vorrauszusagen. Und Bomben töten willkürlich! Vor geplanten Abstechern in die Region raten die Behörden dazu, die aktuelle Lage vor Ort bei Touristenpolizei oder TAT zu erfragen. Allerdings ist dann mit pessimistischem Geschwafel zu rechnen. Allgemein sollten frühmorgendliche und spätabendliche Reisen durch Pattani oder Narathiwat unbedingt vermieden werden. Sehr gefährlich sind auch Individualtrips per Leihmotorrad. In Stadtgebieten verweilt man am besten nicht lange neben abgestellten Motorrädern, da diese schon mehrfach mit ferngezündeten Bomben versehen waren.

Austin Bush, Autor des Abschnitts „Der tiefe Süden"

größtem sitzendem Buddha. Die Stahlbeton-Statue (17 m lang, 24 m hoch) hat eine Haut aus winzigen goldfarbenen Mosaikfliesen, die magisch in der Sonne glitzern.

🛏 Schlafen & Essen

Die meisten örtlichen Unterkünfte findet man im Bereich der Th Puphapugdee entlang des Flusses Bang Nara.

Tanyong Hotel　HOTEL $$
(☎0 7351 1477; 16/1 Th Sophaphisai; Zi. inkl. Frühstück 900–1700 B; ✳🛜) Vor ein paar Jahrzehnten war das Tanyong zweifellos Narathiwats nobelstes Hotel. Der Zahn der Zeit hat es zu einer günstig gelegenen und anständigen, aber leicht überteuerten Option gemacht.

Ocean Blue Mansion　HOTEL $
(☎0 7351 1109; 297 Th Puphapugdee; Zi. 350–1500 B; ✳) Das Apartmenthotel ist die einzige Unterkunft der Stadt, die sich den Blick aufs Flussufer wirklich zunutze macht. Die Zimmer sind jeweils mit Kabelfernsehen und großem Kühlschrank ausgestattet.

Jay Sani　MUSLIMISCH-THAI $
(50/1 Th Sophaphisai; Gerichte 30–60 B) Hierher kommen Einheimische für thailändisch-muslimische Spitzenküche. Egal, auf welches appetitliche Curry- oder Wok-Gericht die Wahl auch fällt: unbedingt die herrliche Rindfleischsuppe probieren!

Ang Mo　CHINESISCH-THAI $
(Ecke Th Puphapugdee & Th Chamroonnara; Gerichte 30–80 B; ⏱mittags & abends) Dieses gute, günstige und extrem populäre China-

restaurant hat sogar schon Leute wie Mitglieder der thailändischen Königsfamilie verköstigt.

ℹ Praktische Informationen

Das ungünstig gelegene Büro der **Tourism Authority of Thailand** (TAT; ☎landesweite Hotline 1672, in Narathiwat 0 7352 2411) findet man ein paar Kilometer südlich der Stadt gleich hinter der Brücke an der Straße nach Tak Bai.

ℹ Anreise & Unterwegs vor Ort

Air Asia (☎landesweite Hotline 02 515 9999; www.airasia.com; Flughafen Narathiwat) und **Nok Air** (☎landesweite Hotline 1318; www.nokair.co.th; Flughafen Narathiwat) fliegen jeweils einmal täglich nach bzw. ab Bangkok (ab 1790 B, 90 Min.).

Klimatisierte Busse nach Bangkok und Phuket sowie die meisten Minivans starten am **Busbahnhof** (☎0 7351 1552), der 2 km südlich der Stadt an der Th Rangae Munka liegt. Aus Richtung Sungai Kolok kommende Busse nach Phuket (530 B, 12 Std.) halten täglich um 7, 9 und 18.30 Uhr in Narathiwat. Von hier aus setzen sie ihren Weg über Pattani, Hat Yai, Songkhla, Trang, Krabi und Phang-Nga fort. Tagsüber rollen auch mehrere Busse nach Bangkok (669–1296 B, 15 Std.).

Minivans nach Hat Yai (150 B, 3 Std.), Pattani (100 B, 2 Std.), Songkhla (150 B, 2 Std.), Sungai Kolok (70 B, 1 Std.) und Yala (100 B, 1½ Std.) brechen allgemein stündlich zwischen 5 und 17 Uhr auf.

Narathiwat ist klein genug für eine Erkundung zu Fuß. Alternativ bedienen Motorradtaxis das Stadtgebiet für nur 20 B.

Sungai Kolok สุไหงโกลก

70 000 EW.

Obwohl Narathiwat die Provinzhauptstadt ist, wirkt es im Vergleich zu seiner älteren und frecheren Schwester Sungai Kolok wie ein Weichei. Die seelenlose Grenzstadt ist das wichtigste südliche Küstentor zwischen Malaysia und Thailand. Größte örtliche Wirtschaftsfaktoren sind der grenzüberschreitende Handel und männliche Wochenendtouristen aus Malaysia, die hier oft nach Sex suchen. An der Soi Phuthon und der kleinen Meile hinter dem Marina Hotel erwachen jeden Abend brummende Bars zum Leben, die Pattaya oder Patong vergleichsweise lahm erscheinen lassen.

🛏 Schlafen & Essen

Wer in Sungai Kolok übernachten muss, kann zwischen vielen Hotels wählen. Die meisten davon vermieten ihre Zimmer „stundenweise".

Trotz Kulturmix und Schwerpunkt auf Tourismus ist Sungai Kolok leider kein gutes Gastroziel. In der Mitte des kleinen Nachtmarkts neben dem Einwanderungsbüro verkauft ein Stand mit chinesischer Beschilderung gutes und günstiges Essen.

Genting Hotel HOTEL $$
(✐0 7361 3231; 250 Th Asia 18; Zi. 620–720 B, Suite 1520 B; ❋❖❀❀) Mit Kneipe und Karaoke-Lounge zielt das Genting auf Tagungsteilnehmer ab. Es liegt abseits der schäbigeren Ecken und hat ein paar gute, nur leicht abgenutzte Mittelklassezimmer.

Merlin Hotel HOTEL $
(✐0 7361 8111; 68 Th Charoenkhet; Zi. 480–700 B; ❋) Die Lobby täuscht: In günstigen Zimmern mit Aussicht wohnt es sich hier sehr schlicht, aber dennoch gut.

ℹ Praktische Informationen

Zusätzlich zu dem an der Grenze gibt's ein **Einwanderungsbüro** (✐0 7361 1231; Th Charoenkhet; ⊘Mo–Fr 8.30–16.30 Uhr) gegenüber vom Merlin Hotel. An der Grenze steht eine Wache der Touristenpolizei. In der Stadt findet man neben vielen Bankfilialen mit Geldautomaten auch Wechselstuben, die parallel zum Grenzübergang geöffnet haben.

CS Internet (Th Asia 18; 20 B/Std.; ⊘10–21 Uhr) Gegenüber vom Genting Hotel.

ℹ An- & Weiterreise

Bus & Minivan
Vom **Fernbusbahnhof** (✐0 7361 2045) östlich der Innenstadt fahren täglich drei klimatisierte Busse nach Bangkok (720–1400 B, 21–22 Uhr, 18 Std.). Frühmorgens rollen zwei Busse über Krabi (460 B) nach Phuket (580 B). Minivans nach Narathiwat (80 B, 1 Std.) starten immer zur halben Stunde gegenüber vom Bahnhof. Gegenüber vom Genting Hotel geht's tagsüber alle 60 Minuten per Minivan nach Pattani (130 B, 2½ Std.), Yala (90 B) und Hat Yai (180 B, 4 Std.).

Zug
Zweimal täglich besteht Bahnverbindung zwischen Sungai Kolok und Bangkok (200–1753 B, 11.30 & 14.20 Uhr, ca. 20 Std.). Regionalzüge fahren von hier aus auch nach Surat Thani, Nakhon Si Thammarat und Hat Yai. Die **State Railway of Thailand** (✐landesweite Hotline 1690; www.railway.co.th) informiert telefonisch oder online über weitere Ziele (inkl. Abfahrtszeiten und Preise).

ℹ Unterwegs vor Ort

Motorradtaxis flitzen durch die ganze Stadt und von deren Zentrum zur Grenze (ca. 30 B).

GRENZÜBERGANG VON SUNGAI KOLOK NACH RANTAU PANJANG

Die thailändisch-malaysische **Grenze** (⊘5–21 Uhr) liegt ca. 1 km von Sungai Koloks Innenstadt bzw. Bahnhof entfernt. Nach dem Erledigen der Formalitäten geht's über die Brücke zum malaysischen Grenzposten und dann zu einem inoffiziellen Verkehrszentrum. Dort starten Sammeltaxis nach Kota Bharu (ca. 8 MYR/Pers. bzw. 80 B/Pers., ganzes Fahrzeug ca. 40 MYR, ca. 40 Min.). Auch Busse (4,50 MYR, ca. 1 Std.) steuern die Hauptstadt des malaysischen Bundesstaats Kelantan an.

Mit dem sogenannten „Dschungelzug" lässt sich die Reise nach Süden weiter fortsetzen. Nächstgelegener Bahnhof ist jedoch Pasir Mas an der Taxi- bzw. Busroute nach Kota Bharu.

Tak Bai (ebenfalls in Narathiwat) und das weiter südlich gelegene Betong (Provinz Yala) sind ebenfalls legale Übergangspunkte für ausländische Touristen. Viele Verkehrsmittel und infrastrukturelle Einrichtungen machen Sungai Kolok–Rantau Panjang jedoch zum praktischsten Grenzübergang der Region.

Phuket & Andamanenküste

Gut essen

» Trangs Nachtmarkt (S. 737)

» Rum Jungle (S. 691)

» Ka Jok See (S. 687)

» Tatonka (S. 705)

Schön übernachten

» Six Senses Hideaway (S. 676)

» Mom Tri's Villa Royale (S. 692)

» Indigo Pearl (S. 707)

» Sukorn Beach Bungalows (S. 744)

Auf nach Phuket & an die Andamanenküste!

Thailands Andamanenküste mit dem türkisfarbenen Wasser ist eine Region, in die man, wenn man sie auf Fotos sieht, sofort reisen und für immer bleiben möchte. Ein Leben lang in Flip-Flops... Und ausnahmsweise übertrifft die Schönheit der Gegend sogar noch den Hype, der darum gemacht wird. Weiße Strände, hohe, zerklüftete Kalksteinfelsen, leuchtend bunte Korallen und Hunderte von Inseln mit dichtem Urwald – all dies entdeckt man zwischen Myanmar und Malaysia. Fotos allein reichen nicht. Die unbeschreiblichen Blau- und Grüntöne muss man einfach mit eigenen Augen gesehen haben, man muss die sanfte Feuchtigkeit auf der Haut und den weichsten Sand der Welt zwischen den Zehen gespürt haben! Und das geht nur vor Ort.

Aber die Sache hat einen Haken: Die Andamanen sind kein Geheimtipp mehr, an den Stränden tummeln sich immer mehr Backpacker und Pauschaltouristen. Protzige Resorts verdrängen die Bambushütten, und das echte Thailand gibt's nur noch im Hinterland. Dennoch: Wer genau hinschaut, kann das Ziel seiner Träume noch immer finden.

Reisezeit

Von Mai bis Oktober ist Regenzeit. Dann ist das Meer sehr unruhig, viele Resorts haben geschlossen, andere bieten ihre Zimmer zu Dumpingpreisen an. Ende September oder im Oktober findet das Vegetarian Festival statt: Man sieht Gläubige mit durchbohrten Wangen, Feuerwerk und kann hervorragend vegetarisch essen.

In der Hauptsaison im Dezember und Januar tummeln sich hier die Touristen. Die Preise steigen, und Unterkünfte und Verkehrsmittel müssen im Voraus gebucht werden.

PROVINZ RANONG

Das erste Teilchen des Provinz-Puzzles an der Andamanenküste ist die am dünnsten besiedelte Region Thailands und zugleich die regenreichste – es regnet bis zu acht Monate im Jahr. Folglich sind Ranongs Wälder saftig grün – aber in Küstennähe ist es sumpfig und es gibt kaum Festlandstrände.

Ranong   ระนอง

24 500 EW.

Der Grenzort Ranong am Ostufer der trüben, teebraunen Mündung des Flusses Sompaen ist nur eine kurze Bootsfahrt – oder ein Bad in schmutzigem Wasser – von Myanmar entfernt. Diese Grenzstadt par excellence (schäbig, ungebändigt, leicht zwielichtig) besitzt eine große birmanische Bevölkerung (die Männer erkennt man an den traditionellen *longyis*, den birmani-schen Sarongs), ein paar Thermalquellen und einige umwerfende Imbissbuden.

Früher kamen Traveller nur im Rahmen einer Visumstour hierher (an der Grenze erteilte Visa sind nur zwei Wochen gültig), heute passieren unzählige Touristen auf dem Weg nach Ko Phayam die Stadt. Immer mehr Tauchveranstalter bieten Live-aboard-Touren zu den Surin- und Similan-Inseln und den Burma Banks an – das verleiht dem Ort einen Hauch von Internationalität.

◉ Sehenswertes & Aktivitäten

Ranong fehlt es am Flair eines typischen Badeorts. Wer will, kann aber das Wasser der ehrwürdigen **Thermalquelle Rakswa-rin** (Th Petchkasem; Eintritt frei; ☺8–17 Uhr), 2 km östlich der Stadt, testen. In den Wasserbecken im Freien könnte man Eier hart kochen (65°C), außerdem soll das Quellwasser heilig sein und Heilkräfte besitzen.

GRENZÜBERGANG: VISA VERLÄNGERN IN VICTORIA POINT

Der staubige, heruntergekommene Hafen am Südzipfel des Festlands von Myanmar wurde von den Briten auf den Namen Victoria Point getauft, wird von den Thais aber Ko Song (Zweite Insel) genannt. Die birmanische Bezeichnung Kawthoung ist höchstwahrscheinlich eine Abwandlung des thailändischen Namens. Die meisten Traveller kommen hierher, um ihr Visum zu verlängern, aber auch ein Tagesausflug lohnt sich.

Am einfachsten verlängert man sein Visum bei einem der „Visa-Runs" (ab 1000 B/Pers. inkl. Gebühren), die die Reisebüros in Ranong anbieten, z.B. Pon's (S. 661). Es ist auch leicht, das Visum auf eigene Faust verlängern zu lassen.

Wenn die Grenze zwischen Thailand und Myanmar offen ist, starten die Boote nach Kawthoung am Anleger an der Saphan Plaa (Pla-Brücke) ca. 5 km außerhalb des Zentrums. Man fährt mit einem *sŏrng·tăa·ou* (kleiner Pick-up, auch *săwngthăew* geschrieben) der Linie 2 von Ranong (20 B) zum Anleger. Dort wird man von den Skipper eines Longtail-Boots erst zum Einwanderungsschalter und dann weiter zum Boot geführt (pro Pers. einfache Strecke/hin & zurück 100/200 B). Bei den Preisverhandlungen unbedingt nachfragen, ob der Preis pro Person oder pro Fahrt bzw. für die einfache Strecke oder Hin- und Rückfahrt gilt! Am Checkpoint muss man den Beamten sagen, dass man nur ein Tagesausflügler ist – in diesem Fall ist eine Gebühr von 10 US$ zu zahlen (es muss ein funkelnagelneuer Schein sein) – wer keinen hat, bekommt ihn für ca. 500 B von den Schleppern am Hafen). Die „Helfer" in Myanmar sind etwas lästig, sie bieten so ziemlich alles an: vom Tragen des Rucksacks bis hin zum Einsammeln der Formulare. Dafür wollen sie dann natürlich entsprechend kräftig bezahlt werden.

Man kann in einem der schäbigen, teuren Hotels in Victoria Point übernachten, aber in der Stadt geht es rau zu, und alleinreisende Frauen werden sich nicht sicher fühlen. Wer ein gültiges Myanmar-Visum hat, kann bis zu 28 Tage im Land bleiben.

Wer nur sein thailändisches Visum verlängern lassen will, wird für das ganze Prozedere mindestens zwei Stunden benötigen. Achtung: Die Uhren müssen in Myanmar 30 Minuten zurückgestellt werden. Es ist schon vorgekommen, dass Besucher den myanmarischen Kontrollpunkt rechtzeitig passierten, dann aber feststellen mussten, dass das **thailändische Einwanderungsbüro** (☺8.30–16.30 Uhr) geschlossen ist. Bei der Ausreise aus Thailand unbedingt die Öffnungszeiten checken – wer keinen Einreisestempel bekommt, muss am nächsten Tag noch einmal nach Myanmar fahren!

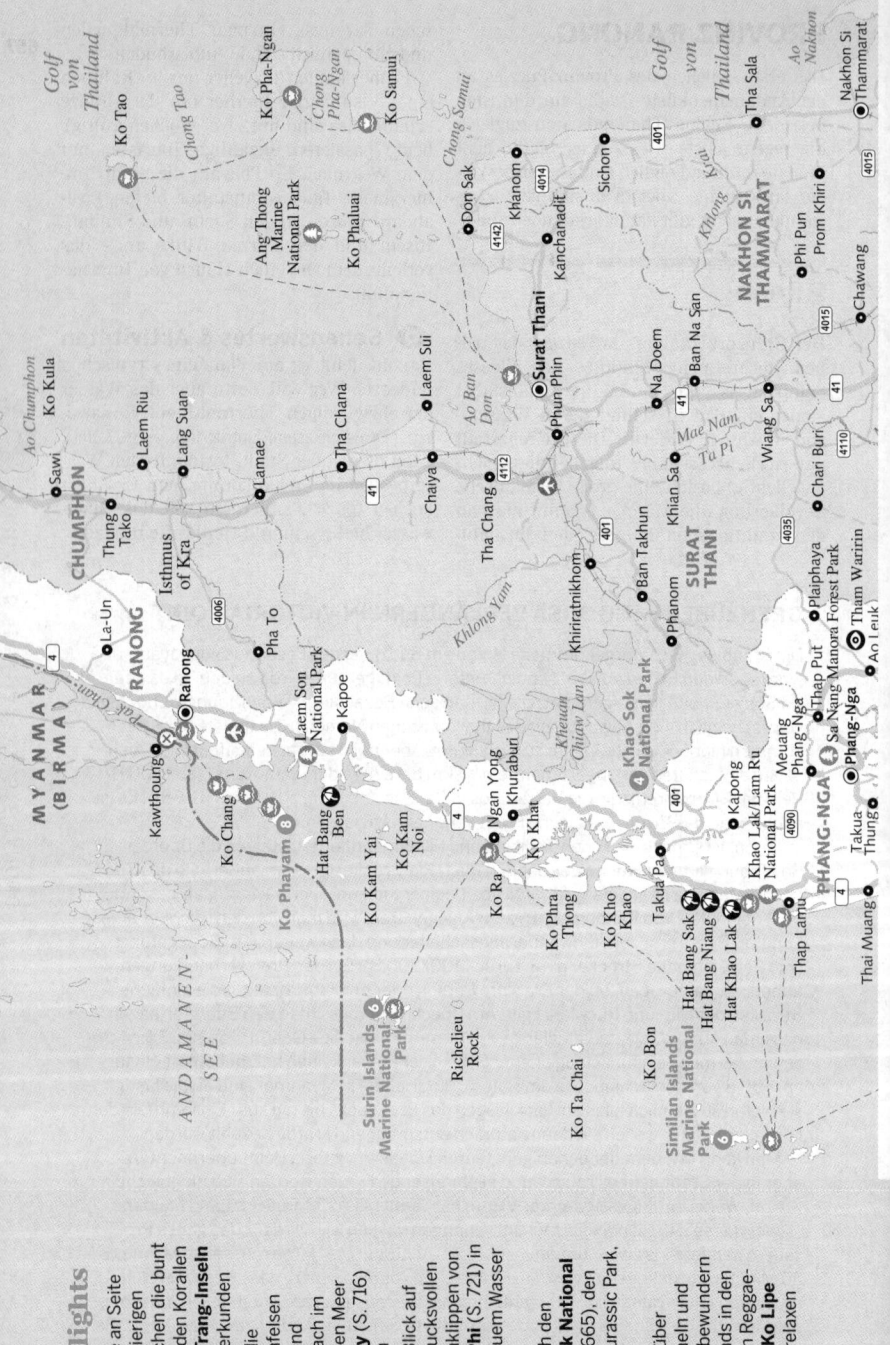

Highlights

1 Seite an Seite mit neugierigen Kugelfischen die bunt leuchtenden Korallen vor den **Trang-Inseln** (S. 740) erkunden

2 Auf die Kalksteinfelsen kraxeln und sich danach im jadegrünen Meer bei **Railay** (S. 716) abkühlen

3 Mit Blick auf die eindrucksvollen Kalksteinklippen von **Ko Phi-Phi** (S. 721) in türkisblauem Wasser baden

4 Durch den **Khao Sok National Park** (S. 665), den echten Jurassic Park, wandern

5 Tagsüber schnorcheln und Korallen bewundern und abends in den einfachen Reggae-Bars auf **Ko Lipe** (S. 750) relaxen

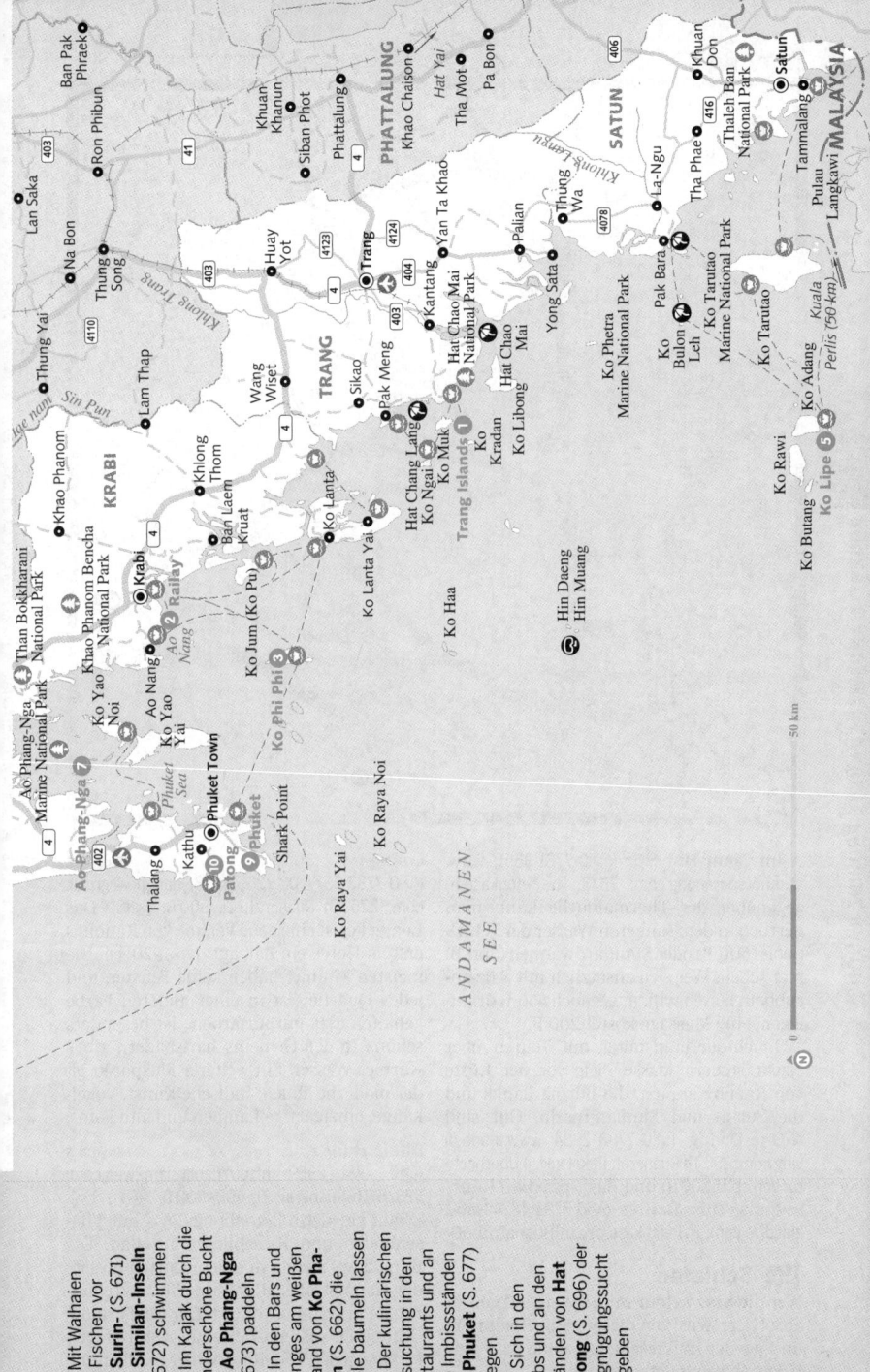

6 Mit Walhaien und Fischen vor den **Surin-** (S. 671) und **Similan-Inseln** (S. 672) schwimmen

7 Im Kajak durch die wunderschöne Bucht von **Ao Phang-Nga** (S. 673) paddeln

8 In den Bars und Lounges am weißen Strand von **Ko Phayam** (S. 662) die Seele baumeln lassen

9 Der kulinarischen Versuchung in den Restaurants und an den Imbissständen auf **Phuket** (S. 677) erliegen

10 Sich in den Clubs und an den Stränden von **Hat Patong** (S. 696) der Vergnügungssucht hingeben

ANDAMANEN-SEE

50 km

0

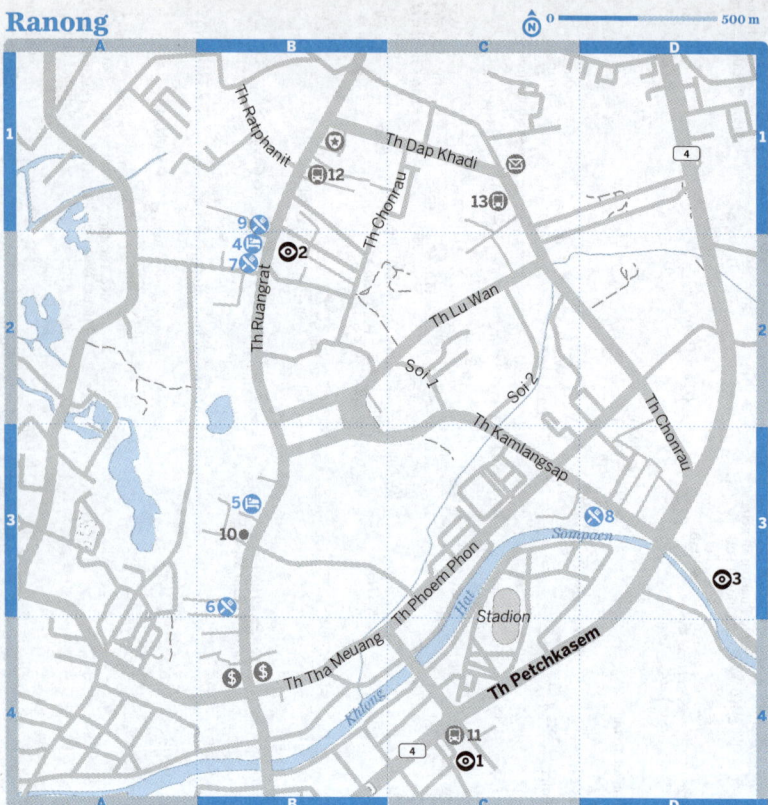

Im **Siam Hot Spa** (☎0 7781 3551; www. siamhotsparanong.com; 73/3 Th Petchkasem) gegenüber der Thermalquelle kann man herrlich in dem sauberen Wasser der Whirlpools (600 B) oder Standardwannen (300 B) planschen. Wer sich zusätzlich mit Salz abrubbeln lassen will, muss noch 550 B drauflegen, eine Massage kostet 200 B.

Tauchtourveranstalter mit Touren über Nacht steuern klasse Ziele vor der Küste von Ranong an, u.a. die Burma Banks und die Surin- und Similan-Inseln. Gut sind **A-One-Diving** (☎0 7783 2984; www.a-one-diving.com; 256 Th Ruangrat; Paket inkl. 4 Übernachtungen ab 15 900 B) und das **Andaman International Dive Center** (☎0 7783 4824; www. aidcdive.com; Th Petchkasem) am Busbahnhof.

🛏 Schlafen

Wer die Visumstour mithilfe einer Agentur absolviert, wird von dieser in die Stadt rein- und wieder rausgeschleust, ohne dass eine Übernachtung notwendig ist.

Luang Poj PENSION **$**
(☎0 7783 3377, 08 7266 6333; luangpoj@gmail. com; 225 Th Ruangrat; Zi. 500 B; ❉🖥) Das Luang Poj ist eine neue Version von Ranongs erstem Hotel: ein Bau aus den 1920ern. Die meisten Zimmer haben keine Fenster, und jedes Quartier ist in einer anderen Farbe gehalten (das purpurfarbene ist besonders schön). In den Gemeinschaftsbädern gibt's warmes Wasser. Ein weiterer Pluspunkt ist der moderne Touch: indische Kunst, Vogelkäfige, einzigartige Lampen und alte Fotos.

Dhala House PENSION **$**
(☎0 7781 2959; http://dahla.siam2web.com; 323/5 Th Ruangrat; Zi. 400–500 B; ❉🖥) Das Dhala hat nette Betonbungalows mit Fliesenböden und Kieselfliesen im Bad. Die Bungalows stehen in einem Garten abseits der Hauptstraße. Hier herrscht die freundlichste Stimmung vor Ort. Der Chef ermöglicht einen späten Check-out, wenn Traveller wegen des Visa-Runs in der Stadt sind.

Sehenswertes

1 Andaman International Dive
Center..C4
2 A-One Diving..B2
3 Mineral-Thermalquellen.......................D3
Siam Hot Spa...............................(siehe 3)

 Schlafen

4 Dhala House B2
5 Luang Poj B3

 Essen

6 Tagesmarkt...B3

7 Jammy Bar B2
8 Nachtmarkt..D3
9 Sophon's Hideaway B1

 Praktisches

10 Pon's Place..B3

 Transport

11 Busbahnhof...C4
12 Minivans nach Chumphon.....................B1
13 Minivans nach Surat Thani...................C1

Essen & Ausgehen

Ranong hat eine lebendige, junge Nightlife-
Szene. Karaoke ist sehr beliebt.

In der Th Kamlangsap in der Nähe des
Hwy 4 gibt es einen **Nachtmarkt**, auf dem
man für wenig Bares köstliches thailändisches Essen bekommt. Der **Tagesmarkt** in
der Th Ruangrat hat preiswerte thailändische und birmanische Speisen im Angebot.

Jammy Bar THAI, INTERNATIONAL $$
(Th Ruangrat; Gerichte ab 69 B; 📶) Das halb
drinnen, halb draußen gelegene Lokal mit
leichtem Bali-Flair ist das schönste in Ra-
nong und bietet super Speisen: Die Thai-
Gerichte sind köstlich, und auch die ande-
ren, z. B. gegrilltes Straußenfleisch (229 B)
oder Rindfleisch (129 B), können sich sehen
lassen. An den Wochenenden gibt's abends
Livemusik.

Sophon's Hideaway THAI, INTERNATIONAL $$
(📞0 7783 2730; Th Ruangrat; Hauptgerichte
80–250 B; 🕙10–24 Uhr; 📶) In dem Lieblings-
lokal der hiesigen Expats ist wirklich alles
Wichtige vorhanden: Internetzugang, Billardtisch, Pizzaofen, Bar mit Alkohollizenz,
Wasserspiele und jede Menge Rattanmöbel.

**PON'S PLACE: RANONGS
TOURISMUSEXPERTE**

Pon's Place (📞08 1597 4549; www.pon
place-ranong.com; Th Ruangrat; 🕙7.30–24
Uhr) ist das Fleckchen in Ranong, wo
Traveller wirklich alles kriegen, vom
westlichen Frühstück (ab 40 B) bis zu
Ranong-Air-Tickets. Pon ist ein netter
Typ, der sein Tourismus-Imperium
locker per Telefon managt. Wer Hilfe
braucht, ist hier goldrichtig.

Praktische Informationen

Internet gibt's für 20 B pro Stunde in der Th Ruangrat, Geldautomaten stehen an der Kreuzung
der Th Tha Meuang und der Th Ruangrat.

Hauptpost (Th Chonrau; 🕙Mo–Fr 9–16, Sa
9–12 Uhr)

An- & Weiterreise

Bus

Der Busbahnhof befindet sich an der Th Petchkasem, 1 km außerhalb der Stadt. Einige Busse
in Richtung Bangkok halten aber auch am Haupt-
marktplatz. Die *Sŏrng·tăa·ous* der Linie 2 (blau)
fahren am Busbahnhof vorbei. Verbindungen:

ZIEL	PREIS	DAUER
Bangkok	240–680 B	10 Std.
Chumphon	100 B	3 Std.
Hat Yai	410 B	5 Std.
Khao Lak	150 B	3½ Std.
Krabi	200–300 B	6 Std.
Phang-Nga	150 B	5 Std.
Phuket	240 B	5–6 Std.
Surat Thani	100–180 B	4–5 Std.

Minibusse fahren nach Surat Thani (250 B,
3½ Std., 4-mal tgl.) und Chumphon (120 B, 3 Std.,
von 6–17 Uhr stündl.); Abfahrtsorte s. Karte.

Flugzeug

Ranong Air (📞0 7783 2222; www.ranongair.
com) fliegt viermal pro Woche nach Bangkok
(einfache Strecke 2800 B), Phuket (einfache
Strecke 2300 B) und Hat Yai (einfache Strecke
2800 B). Plätze in einem Flieger kann man bei
Pon's Place buchen.

Unterwegs vor Ort

Motorradtaxis bringen einen für 20 B zu fast
allen Orten in der Stadt. Eine Fahrt zu den Hotels

in der Th Petchkasem kostet 25 B; wer zum Pier will, an dem die Schiffe nach Ko Chang, Ko Phayam und Myanmar ablegen, zahlt 50 B. Pon's Place kann beim Mieten von Motorrädern und Autos helfen und bietet für 50 B einen Shuttledienst vom Büro zum Fähranleger an.

Ko Chang เกาะช้าง

Wer eigentlich zur großen Ko Chang wollte, ist hier falsch. Wer aber den Koffer voller Romane hat und einen ruhigen Streifen Sand sucht, um sie zu lesen, ist genau richtig! Anders als auf den meisten Andamaneninseln heißt es auf Ko Chang *back to the roots* – es gibt keine Geldautomaten, Internet (2 B/Min.) nur im Cashew Resort an der Ao Yai, und die Leute hier haben keine Eile, weitere Entwicklungen einzuführen.

Wer seine Bücher durch hat, kann seine Zeit damit verbringen, das winzige Hauptdorf – es Hauptstadt zu nennen, wäre wahrlich übertrieben – zu erkunden oder auf einem der Trampelpfade umherzuwandern. Mit etwas Glück sieht man einen Seeadler, Andamanenmilane oder Nashornvögel, die hier allesamt nisten, über den Mangroven dahingleiten.

Bungalowbetreiber können Bootsausflüge nach Ko Phayam (s. unten) und zu anderen nahe gelegenen Inseln für etwa 200 B pro Person (inkl. Mittagessen) in einer Gruppen von sechs oder mehr Leuten organisieren. Tauchtrips sind ebenfalls möglich. **Aladdin Dive Cruise** (☏0 7782 0472; www.aladdindivecruise.de) auf Ko Chang veranstaltet PADI-Kurse und bietet eine Reihe von Tauchsafaris inklusive Übernachtung an Bord an.

🛌 Schlafen & Essen

An der Ao Yai ist der Hauptstrand, hier befinden sich auch die meisten Unterkünfte. Weitere Übernachtungsmöglichkeiten verstecken sich weiter im Süden an der Ao Tadaeng, von wo aus man über einen kurzen Wanderweg Ao Yai gut zur Fuß erreichen kann. An den Stränden im Norden und ganz unten im Süden der Insel kann man in aller Abgeschiedenheit übernachten. Alle Unterkünfte haben Restaurants, in denen auch Gäste, die nicht im jeweiligen Hotel wohnen, gern gesehen sind.

Crocodile Rock PENSION $
(☏08 0533 4138; tonn1970@yahoo.com; Ao Yai; Bungalow 250–450 B) Die traumhaften Bambusbungalows am Südzipfel der Ao Yai

scheinen über der Landzunge zu schweben und bieten durch grünes Blattwerk einen umwerfenden Blick auf die Bucht. Aus der Küche kommen selbst gemachte Joghurts, Brote, Kekse, leckere Meeresfrüchte und viele vegetarische Gerichte. Guter Espresso.

Sawasdee PENSION $
(☏08 6906 0900, 08 1803 0946; www.sawasdeekohchang.com; Ao Yai; Bungalow 350–600 B) Die A-förmigen Bungalows aus Holz haben Entlüftungsvorrichtungen, sodass es darin angenehm kühl ist. Die tiefer liegenden Bäder sind in leuchtenden Farben gestrichen und auf den Terrassen baumeln Hängematten.

Sunset Bungalows PENSION $
(☏08 4339 5224, 08 0693 8577; Ao Yai; Bungalow 250–400 B) Die niedlichen Holzbungalows mit Bambusterrassen und Bädern im Thai-Stil stehen zwischen Bäumen am besten Strandabschnitt der Ao Yai.

Mama's PENSION $
(☏0 7782 0180, 08 0530 7066; mamasbungalows@yahoo.com; Ao Tadaeng; Hütte 250–300 B) Das Mama's ist eine der drei guten Optionen an der Ao Tadaeng. Es versteckt sich in einer netten Ecke auf einem Hügel voller Hibiskuspflanzen.

ℹ️ An- & Weiterreise

Vom Zentrum Ranongs aus kommt man mit einem *sŏrng·tăa·ou* (25 B) oder mit einem der von den meisten Pensionen angebotenen Shuttlebusse (50 B) zum Saphan Plaa. Dort starten von Mitte Oktober bis Mai täglich drei Longtail-Boote (150 B) und zwei Schnellboote (350 B). Alle Boote halten an den Stränden an der Westküste der Insel.

Ein Taxiboot, das Ko Chang mit Ko Phayam verbindet, startet wochentags nur am Koh Chang Resort (Ao Yai). Das Boot (einfache Strecke 150 B/Pers., 1 Std.) verlässt Ko Chang um 10 Uhr und ist um 16 Uhr wieder zurück.

Ko Phayam เกาะพยาม

Die kleine Ko Phayam mit ihren unzähligen Stränden gehört offiziell zum Laem Son National Park (S. 664). Die Bewohner der Insel bemühen sich zwar, im Tourismusstrom mitzuschwimmen, schaffen es aber trotzdem, die Seele des Eilands zu bewahren. An den spektakulären Stränden stehen vereinzelt Strandbungalows aus Holz; das bewaldete Inselinnere kann nur mit ein paar rudimentär geteerten Motorradwegen

Ko Phayam hat viele kleine Strände. Die meisten Traveller tummeln sich an den folgenden beiden Abschnitten sandiger Glückseligkeit:

» Ao Khao Kwai (Büffelbucht) ist eine golden-weiße Bucht mit dicht bewachsenen Klippen und einem Felsenriff vor der Küste – zweifellos das umwerfendste Plätzchen auf der Insel. Hier kann man in Gesellschaft einiger Hippies und gelegentlich auch deutscher Pauschaltouristen seine Sehnsucht nach Ruhe und Frieden befriedigen. Ein toller Badestrand – aber nur bei Flut, denn bei Ebbe gibt's am südlichen Ende ziemlich viel Schlick!

» Ao Yai ist ein langer, breiter, ruhiger und dennoch geselliger Strand, der von Langzeit-Backpackern genauso gern besucht wird wie von flippigen Pärchen, jungen Familien und Ruheständlern. In der Nebensaison gibt's hier gute Wellen, die man mit Boogieboards und Surfboards zu reiten versuchen kann. Die erforderliche Ausrüstung bekommt man bei den Pensionen am Strand. Ansonsten kann man hier gut schwimmen und schnorcheln (aber bitte nicht zu viel erwarten!). Der beste Schnorchel-Spot ist vor **Leam Rung**, Ao Yais nördlichstem Zipfel.

aufwarten. Wer die Augen aufhält, wird Wildschweine, Affen, Schlangen, Seeadler, Tukane und Nashornvögel entdecken. Auf der Insel gibt es ein „Dorf" mit dem Hauptanleger und einem majestätischen goldenen Buddha im **Wat Phayam**. Traveller finden hier alles was sie brauchen. Besonders toll ist im Besuch während eines Festivals (z. B. dem Cashew Festival im April), denn dann kann man erleben, wie sehr die Menschen hier noch mit ihrer Heimat verbunden sind.

Der Hauptnachteil von Ko Phayam ist, dass die Schnorchelmöglichkeiten hier nicht gerade umwerfend sind. Aber da die Surin-Inseln nicht allzu weit weg sind, kann man an einer Über-Nacht-Tauchtour teilnehmen oder sich im Schnellboot rüberbringen lassen. Infos über Tauchausflüge und PADI-Kurse gibt's bei **Phayam Divers** (☏08 6995 2598; www.phayamlodge.com; Ao Yai).

🛏 Schlafen & Essen

Strom gibt's oft nur von Sonnenuntergang bis 22 oder 23 Uhr. Die meisten Unterkünfte sind das ganze Jahr über geöffnet. Die zu den Hotels gehörenden Restaurants, in denen auch Nichtgäste gern gesehen sind, servieren leckere thailändische Gerichte. Jeder Strandabschnitt hat seine eigene kleine Strandbar, die nicht selten einem Haufen Treibgut ähnelt.

LP TIPP **PP Land** HOTEL **$**
(☏08 1678 4310; www.payamppland beach.com; Ao Hin-Khow; Bungalow 650 B) Umwerfende Öko-Lodge mit Wind- und Solaranlage nördlich des Anlegers an der wenig besuchten Windseite der Insel. Von der Terrasse der schicken Bungalows hat man einen tollen Blick aufs Meer. Die Inhaber haben einen Biogarten angelegt, stellen ihr eigenes Biowaschmittel her und bereiten ihr Abwasser mit einem spitzenmäßigen Grauwassersystem auf.

Chomjan Resort HOTEL **$**
(☏08 5678 4166; www.chomjanresort.com; Ao Khao Kwai; Bungalow 500–800 B) Eine der komfortabelsten Unterkünfte an diesem Strand. Die sauberen Betonbungalows stehen zwischen alten Bäumen an einem Hang mit Blick aufs Meer. Sie haben Terrassen mit Liegestühlen und Bäder, die nach oben offen sind. Aus der Küche des Restaurants kommen hervorragende thailändische Gerichte.

Starlight Bungalows PENSION **$**
(☏08 1978 5301; http://sites.google.com/site/ starlightbungalows/; Ao Khao Kwai; Bungalow 500–650 B) Diese Pension unter amerikanisch-thailändischer Leitung verfügt über geräumige, hohe Holzhütten und kleine Bambushütten weiter hinten zwischen Bäumen. Die Stimmung ist hier genauso gut wie das Essen. Pom, der Koch, heimst bei regionalen Kochwettbewerben regelmäßig Preise ein.

Bamboo Bungalows PENSION **$$**
(☏0 7782 0012; www.bamboo-bungalows.com; Bungalow 550–1500 B; ❄🐾) Sehr beliebte, gesellige Anlage direkt am Wasser. Sie verfügt über einen üppig grünen Garten, ein Restaurant, eine Lounge mit Hängematten und coole Holzschaukeln. Das Angebot reicht von einfachen Bambushütten bis hin zu relativ luxuriösen Cottages mit Spitz-

dach, gefliesten Fußböden, Deckenventilatoren und Outdoor-Duschen.

Mr. Gao HOTEL $

(☎0 7787 0222; www.mr-gao-phayam.com; Ao Khao Kwai; Bungalow ab 250 B; 🖥️) Die lackierten Holz- und Bambusbungalows sind die Richtige für Reisende, die Spaß an Aktivitäten haben, denn es gibt einen Kajakverleih und Strom rund um die Uhr. Der Inhaber organisiert den Transport und mehrtägige Trips zu den Surin-Inseln (s. S. 671).

Aow Yai Bungalows PENSION $

(☎0 7787 0216, 08 9819 8782; Bungalow 300–600 B) Hier begann alles: Die ersten strohgedeckten Bambusbungalows wurden Ende der 1980er-Jahre gebaut. Zur Auswahl stehen kleine Holz- und Bambusbungalows im Palmenhain und größere Varianten direkt am Wasser am Südende der Ao Yai.

🛈 Anreise & Unterwegs vor Ort

Täglich um 9 und um 14 Uhr fahren Boote von Ranongs Saphan Plaa zum Hauptanleger von Ko Phayam (150 B, 1½–2 Std.). Schnellboote (350 B, 45 Min.) legen um 10 und um 14.30 Uhr ab. Von Ko Phayam geht's um 9 und um 13 Uhr zurück nach Ranong. Eine Fahrt mit dem Longtail-Boot nach Ko Chang kostet 1200 B. Es gibt auch ein Bootstaxi (150 B, 1 Std.), das aber nur wochentags um 16 Uhr am Hauptpier abfährt.

Ein Motorradtaxi vom Anleger zu den Hauptstränden kostet je nach Ziel 50 bis 80 B pro Person und Strecke. Motor- und Fahrräder kann man im Dorf und in größeren Resorts ausleihen.

Laem Son National Park อุทยานแห่งชาติแหลมสน

Der 315 km² große **Nationalpark** (☎0 7786 1431; www.dnp.go.th; Erw./Kind 200/100 B)

schließt etwa 100 km der Küstenlinie an der Andamanensee – und damit den längsten geschützten Küstenabschnitt des Landes – sowie mehr als 20 Inseln ein. Der Großteil der Küste besteht aus Mangrovensümpfen, in denen zahlreiche Vogel-, Fisch-, Hirsch- und Affenarten leben. Am Hat Praphat nisten Meeresschildkröten.

Der am einfachsten erreichbare Strand ist der traumhafte, 3 km lange, weiße **Hat Bang Ben**. Hier befindet sich die Hauptverwaltung des Parks. Im Süden ragen Halbinseln wie Finger ins Meer. Ihre einsamen Buchten sind nur mit einem Longtail-Boot zu erreichen. An allen Stränden soll das Baden das ganze Jahr über sicher sein. Vom Hat Bang Ben aus sieht man mehrere Inseln, u.a. die nahe gelegenen Eilande Ko Kam Yai, Ko Kam Noi, Mu Ko Yipun, Ko Khang Khao und im Norden Ko Phayam. Das Parkpersonal organisiert für 1500 bis 1800 B (je nach Ziel) Bootstouren zu jeder dieser Inseln. An der Andamanenküste gibt's wohl keinen schöneren Ort als diesen für ein Picknick bei Sonnenuntergang.

🛌 Schlafen & Essen

Die im Folgenden genannten Unterkünfte befinden sich am Hat Bang Ben. **Campen** (80 B/Pers.) ist überall zwischen den Kasuarinen erlaubt (bezahlen muss man beim Parkbüro am Eingang); man kann sich für 150 B pro Nacht auch ein Zelt leihen.

Wasana Resort PENSION $

(☎0 7786 1434; Bungalow 400–750 B; ❄️🛜) Das Wasana ist ein Familienbetrieb mit gemütlichen Bungalows, die sich um ein farbenfrohes Restaurant herum verteilen. Die Besitzer, ein niederländisch-thailändisches Paar, haben jede Menge tolle Ideen für die Erkundung von Laem Son (nach der genia-

---

ANDAMAN DISCOVERIES

Andaman Discoveries (☎08 7917 7165; www.andamandiscoveries.com; Khuraburi), früher als Northern Andaman Tsunami Relief bekannt, veranstaltet tolle ein- bis siebentägige Touren, u. a. nach Ban Talae Nok, das ein altes, von Tropenwald und Mangroven umgebenes Fischerdorf ist. Es liegt bei Km 6 an der Straße an einem einsamen Strand. Hier gibt's eine hitverdächtige Privatunterkunft, wo kulturelle und kunsthandwerkliche Aktivitäten sowie Angel- und Schnorchelausflüge zu unbewohnten Inseln angeboten werden. Auch ein Abstecher nach Laem Son mit seinen netten Bewohnern, die Besuchern gern ihr Kunsthandwerk und ihre nachhaltige Landwirtschaft erklären, lohnt sich.

Andaman Discoveries leitet auch Gemeindehilfsprojekte: ein Lernzentrum für Kinder von birmanischen Fremdarbeitern, ein Waisenhaus außerhalb von Khao Lak und eine Schule für behinderte Kinder in Phuket. Freiwillige Helfer sind gern gesehen. Für welchen Job man sich auch entscheidet – er wird eine unvergessliche Erfahrung.

len 10 km langen Wanderung um die Landzunge fragen!) und bieten Tagesausflüge zu den Inseln an.

National Park Bungalows BUNGALOWS $$

(✆0 2562 0760; reserve@dnp.go.th; Bungalow mit Ventilator 1200 B, Haus mit Klimaanlage 1600 B; ❄) Hier können Gäste zwischen einfachen Bungalows mit Ventilator und größeren Häusern mit Klimaanlage wählen. Das dazugehörige Restaurant bereitet täglich drei Gerichte zur Auswahl zu.

ℹ An- & Weiterreise

Der Laem Son National Park liegt ca. 58 km südlich von Ranong – die Straße zweigt vom Hwy 4 (Petchkasem Hwy) zwischen Kilometer 657 und Kilometer 658 ab. Busse, die von Ranong in Richtung Süden fahren, können einen hier absetzen (nach Hat Bang Ben fragen). Hat man die Fernstraße verlassen, muss man einen Pick-up anhalten, der in Richtung Park fährt. Vielleicht wird man nicht ganz bis zum Parkeingang mitgenommen – der ist 10 km vom Hwy 4 entfernt.

Boote von den verschiedenen Inseln können am Besucherzentrum des Parks gechartert werden; der Preis beträgt normalerweise zwischen 1200 und 1500 B pro Tag.

PROVINZ PHANG-NGA

Wunden brauchen lange, um zu verheilen – doch die Provinz Phang-Nga ist eindeutig auf dem Weg der Besserung. Auch wenn noch immer Geschichten über den verheerenden Tsunami im Jahr 2004 erzählt werden, ist der Blick doch nach vorne gerichtet, und Hot Spots wie Khao Lak gehören wieder zu den Backpacker-Zielen an der gut frequentierten Route.

Von November bis April ist das Wasser sehr klar, die Sonne scheint und strahlend weiße Strände locken. In der Regenzeit sind aber viele Einrichtungen geschlossen und die Gegend wirkt ein bisschen gespenstisch.

Ko Phra Thong & Ko Ra
เกาะพระทอง/เกาะระ

Es heißt, dass hier vor Jahrhunderten Piraten landeten und einen goldenen Buddha im Sand von Ko Phra Thong vergruben – daher der Name „Goldene Buddha-Insel". Die Statue wurde nie gefunden. Dennoch hat Ko Phra Thong einige Schätze zu bieten: endlose Sandstrände, Mangroven, unzählige Vögel und seltene Orchideen.

Ganz in der Nähe liegt die noch ruhigere, von Mangroven umgebene Insel Ko Ra mit ihren goldenen Stränden. Diese kleine Insel, die im Grunde ein mit Urwald bewachsener Berg ist, beherbergt eine beeindruckende Vielfalt an wilden Tieren (u.a. Bengalkatzen, Gleitflieger, Schuppentiere und Plumploris). Die hier lebenden Fischer sind ausgesprochen freundliche Menschen.

Die Bewohner von Tung Dap am Südende der Ko Phra Thong möchten keine Touristen in ihrem Dorf haben. Dies sollte man unbedingt respektieren.

🛏 Schlafen

LP TIPP **Golden Buddha Beach Resort** BUNGALOWS $$$

(✆08 1892 2208; www.goldenbuddharesort.com; Bungalow 3100–14 000 B) Das nobelste Resort der Gegend ist bei Yogafreaks auf der Suche nach Spiritualität äußerst beliebt. Hier übernachtet man mitten in der Natur in schicken Holzhäusern, die für Kurzaufenthalte, aber auch langfristig gemietet werden können. Ein Tauchzentrum fehlt natürlich ebenfalls nicht.

🌿 Ko Ra Eco-Resort BUNGALOWS $$

(✆08 98675288, 08 52805507; www.thaieco lodge.com; Bungalow 1100–1900 B) Die Bungalows verstecken sich an einem kleinen Privatstrand zwischen Bäumen. Die neuen Besitzer legen Wert auf Aktivitäten und bieten Allerlei an – von Meditationskursen über spektakuläre Wanderungen bis hin zu Tauch- und Schnorchelausflügen, u.a. zu den relativ nahe gelegenen Surin-Inseln.

ℹ An- & Weiterreise

Es gibt keine regelmäßige Bootsverbindung nach Ko Phra Thong oder Ko Ra. Man kann theoretisch ein Longtail-Boot am Pier in Kuraburi chartern (einfache Strecke ca. 1500 B), leider sind die Bootsmänner aber schwer zu finden. Es ist daher besser und billiger, vorher beim Resort anzurufen und die Überfahrt zu arrangieren.

Khao Sok National Park
อุทยานแห่งชาติเขาสก

Wenn nach zu vielen faulen Strandtagen die Beinmuskeln langsam verkümmern, kann man den außergewöhnlichen Khao Sok National Park im Inselinneren erkunden. Dieser Urwald – übrigens der feuchteste Ort in ganz Thailand – soll mehr als 160 Mio. Jahre alt sein, somit ist er der älteste Regenwald auf unserem Planeten.

Es gibt grandiose Kalksteinformationen und Wasserfälle, die durch den dichten, feuchten Urwald in die Tiefe plätschern. Zahlreiche Wege schlängeln sich durch den ruhigen Park, von denen aus Besucher eine aufregende Vielfalt von einheimischen Tieren erspähen können.

Die beste Reisezeit ist die Trockenzeit zwischen Dezember und April. In der Regenzeit von Juni bis Oktober können die Wege extrem rutschig sein und plötzlich auftretende Überschwemmungen sind keine Seltenheit – dann muss man sich vor gierigen Blutegeln in Acht nehmen. Andererseits verlassen die Tiere in den Regenmonaten aber ihre Verstecke, sodass man die vielfältige Fauna des Park besser bewundern kann.

Sehenswertes & Aktivitäten

Khao Soks riesiges Gelände ist eines der letzten intakten Habitate für **große Säugetiere**. In den feuchteren Monaten lassen sich hier Bären, Wildschweine, Gaure, Tapire, Gibbons, Hirsche, wild lebende Elefanten und manchmal sogar Tiger blicken. Zudem gibt es mehr als 300 Vogelarten, 38 Fledermausarten und eine der größten Blumen der Welt, die seltene *Rafflesia kerrii*. Diese **Riesenblumen** mit einem Durchmesser von bis zu 80 cm findet man in Thailand nur im Khao Sok National Park.

Der See **Chiaw Lan** wurde 1982 durch den riesigen Ratchaprapha-Damm (auch Kheuan Ratchaprapha oder Chiaw Lan) aus Schieferlehm geschaffen. Er befindet sich etwa eine Autostunde (65 km) östlich vom Besucherzentrum. Die Kalksteinformationen, die aus dem See herausragen, sind bis zu 960 m hoch, mehr als dreimal so hoch wie die Formationen in der Gegend um Phang-Nga.

In der Höhle **Tham Nam Thalu** verstecken sich wundervolle Kalksteinformationen und unterirdische Flüsse, während in der **Tham Si Ru** vier Gänge aufeinander zulaufen, die zwischen 1975 und 1982 von kommunistischen Rebellen als Versteck genutzt wurden. Die Höhlen erreicht man zu Fuß vom südwestlichen Ufer des Sees aus. Außerdem kann man bei den einheimischen Fischern Boote mieten, um die Buchten, Kanäle und Höhlen am Seeufer zu erkunden.

Elefantentrekking, Kajak- und Raftingtouren sind beliebte Aktivitäten im Park. Man kann auch ausgezeichnet wandern oder an Parktouren teilnehmen, die von

TOUREN DURCH DEN KHAO SOK NATIONAL PARK

Geführte Touren im Khao Sok sind bis zu 50 % billiger, wenn sie direkt in einer der Pensionen oder Reisebüros in der Nähe des Parks gebucht werden. Touren, die beispielsweise in Phuket oder Khao Lak gebucht werden, beinhalten die teure Fahrt zum Park und die Provision für den Reiseleiter.

den Besitzern der Pensionen in dieser Gegend organisiert werden. Mehrere Wanderwege, die man auf eigene Faust in Angriff nehmen kann, beginnen am Besucherzentrum und führen u.a. zu den Wasserfällen **Sip-Et Chan** (4 km), **Than Sawan** (9 km) und **Than Kloy** (9 km). Im Parkbüro sind kostenlose Wanderkarten erhältlich.

Schlafen & Essen

Die Straße, die in den Park führt, ist gesäumt von einfachen, netten Pensionen, die alle Parktouren und Führer anbieten. Einige Unterkünfte liegen auch etwas abseits der Straße. Hier kommt man mit Minibussen schnell voran. Empfehlenswert sind zweitägige Ausflüge (2500 B/Pers.) zum Chiaw Lan, im Rahmen derer man in schwimmenden Hütten auf dem See übernachtet und viele Kanu- und Wandertouren unternehmen kann.

Die meisten Pensionen besitzen Restaurants (auch für Nichtgäste). Außerdem gibt's ein paar Lokale an der Straße.

Art's Riverview Jungle Lodge PENSION $$
(☑08 6470 3234; http://krabidir.com/artsriver viewlodge; Bungalow 650 B) Die netteste Unterkunft in Khao Sok liegt mitten im Urwald an einem Fluss mit einem von Kalksteinklippen umrahmten Schwimmbecken. Affen fehlen hier natürlich auch nicht. Gäste wohnen in einfachen, großen Holzbungalows mit Blick auf den Fluss.

Morning Mist Resort HOTEL $$
(☑08 9971 8794; www.khaosokmorningmistre sort.com; Bungalow 650–1000 B; ☀) Eine der angenehmsten Unterkünfte. Die sauberen, gefliesten Bungalows mit Ventilator haben Balkone und die meisten auch einen schönen Blick auf den Fluss.

Jungle Huts PENSION $
(☑0 7739 5160; www.khao-sok-junglehuts.com; Hütte 300–1200 B) Die einfachen Hütten

mit dem guten Preis-Leistungs-Verhältnis stehen zwischen Obstbäumen ganz in der Nähe eines Flusses oder hoch oben auf Stelzen. Wer von einer Hütte zur nächsten laufen will, sollte deshalb besser schwindelfrei sein...

Tree Tops River Huts PENSION **$$**
(☑08 7283 2133; www.treetopsriverhuts.com; Bungalow 540–1900 B; ✱) Die rustikalen, allerdings schon in die Jahre gekommenen Baumbungalows auf Stelzen stehen direkt am Parkeingang und gewähren einen tollen Blick auf den Fluss.

❶ Praktische Informationen

Parkbüro (☑0 7739 5025; www.khaosok.com; Parkeintritt 200 B) und Besucherzentrum liegen 1,8 km abseits der Rte 401, etwa auf Höhe von Km 109.

Vor dem Morning Mist Mini-Mart gibt's einen Geldautomaten, ins Internet kommt man in der Nähe des Parkeingangs (2 B/Min.).

❶ Anreise & Unterwegs vor Ort

Vom Park aus fahren täglich Minibusse nach Surat Thani (250 B, 1 Std.), Krabi (300 B, 2 Std.) und in einige andere Orte. Man kann auch in Surat einen Bus in Richtung Takua Pa oder an der Andamanenküste einen Bus nach Surat Thani nehmen. Die Busfahrer setzen Fahrgäste an der Fernstraße (Rte 401) ab. Von dort sind es noch 1,8 km bis zum Besucherzentrum. Wenn die Schlepper der Pensionen nicht da sind, muss man zu der Unterkunft seiner Wahl laufen (50 m–2 km).

Den Chiaw-Lan-See erkunden Traveller am besten auf eigene Faust in einem der Longtail-Boote, die sich am Damm chartern lassen (2000 B/Tag).

Khao Lak & Umgebung
เขาหลัก

Hat Khao Lak ist ein Strand für Traveller, die von dem Glitzer und Glamour in den größeren Badeorten auf Phuket nichts wissen wollen, aber auch nicht auf den Komfort, die Shoppingmöglichkeiten und viele weitere Annehmlichkeiten verzichten möchten. Diese Gegend mit der angenehmen Brandung und den langen, goldenen Sandstränden vor bewaldeten Hügeln ist der ideale Ausgangspunkt für Tagesausflüge zu den Similan- und Surin-Inseln, zu den Nationalparks Khao Sok und Khao Lak/Lam Ru und selbst nach Phuket. Es gibt kein zentraleres Fleckchen für alle, die diese Region Thailands über und unter Wasser kennenlernen möchten.

Etwa 2,5 km nördlich vom Hat Khao Lak befindet sich der noch ruhigere **Hat Bang Niang** mit schmaleren, noch weniger besuchten traumhaften Strandabschnitten. Khao Lak selbst (von den Einheimischen auch Khao Lak Town genannt) – ein Gewimmel aus Restaurants, Touristenmärkten und preiswerten Hotels an einer Aschestraße – ist zwar nichts Besonderes, aber einfach praktisch.

◉ Sehenswertes
Khao Lak/Lam Ru National Park
NATIONALPARK
(☑0 7642 0243; www.dnp.go.th; Erw./Kind 100/50 B; ⊗8–16.30 Uhr) Das Gebiet direkt südlich vom Hat Khao Lak wurde in den 125 km² großen **Khao Lak/Lam Ru National Park** integriert, dessen Landschaft von

---

TSUNAMI-FRÜHWARNSYSTEM

Am Morgen des 26. Dezember 2004 löste ein Erdbeben vor der Küste der indonesischen Insel Sumatra eine enorme Flutwelle aus, die fast die ganze thailändische Andamanenküste in Mitleidenschaft zog, etwa 8000 Menschen das Leben kostete und Schäden in Millionenhöhe verursachte. Da Thailand auf eine solche Katastrophe kaum vorbereitet war, wurde 2005 offiziell ein nationales Katastrophenwarnsystem eingeweiht. Das in Bangkok ansässige Zentrum erklärt, dass nun eine Tsunami-Warnung innerhalb von 30 Minuten nach Feststellung eines Bebens durch die existierenden internationalen Systeme erfolgen kann.

Es ist geplant, dass die Öffentlichkeit bei einem weiteren Tsunami über das landesweite Rundfunknetz, den Royal Thai Army Radio and Television Channel 5, das staatliche Fernsehen und per SMS gewarnt wird. Für Menschen, die der thailändischen Sprache nicht mächtig sind, hat das Zentrum an stark gefährdeten Küstenabschnitten Warntürme installiert, die einen Tsunami in mehreren Sprachen und durch ein Blinklicht ankündigen. Ein **Call-Centre** (☑1860) beantwortet Fragen der Bevölkerung und gibt Tipps in Sachen möglicher oder kurz bevorstehender Katastrophen.

herrlichen Klippen, 1000 m hohen Gipfeln, Stränden, Flussmündungen, bewaldeten Tälern und Mangroven geprägt ist. Zu den tierischen Bewohnern gehören Nashornvögel, Drongos, Tapire, Gibbons, Affen und Asiatische Schwarzbären. Das Besucherzentrum am Hwy 4 zwischen Km 56 und 57 hat ein sehr schönes Restaurant im Freien an einem schattigen Hang mit Blick aufs Meer. Vom Restaurant aus kann man den recht einfachen, 3 km langen Rundwanderweg in Angriff nehmen, der am Kap und an dem oft menschenleeren Strand Hat Lek vorbeiführt.

Khlong Thap Liang   NATURSCHUTZGEBIET
Geführte Wanderungen entlang der Küste oder landeinwärts und Ausflüge in Longtail-Booten, bei denen man sich die landschaftlich schöne Mündung **Khlong Thap Liang** hinaufbewegt, können von vielen Reisebüros in der Stadt organisiert werden. Bei diesen Flussfahrten kann man die in den Mangroven lebenden Javaneraffen beobachten.

Zwischen Khao Lak und Bang Sak gibt's ein Netz sandiger **Strandwege**, von denen einige zu einsamen Stränden führen. Ob zu Fuß oder mit einem gemieteten Motorrad – es macht auf jeden Fall Spaß, sie zu erkunden. Die meisten Hotels in Khao Lek Town vermieten Motorräder für 250 B pro Tag.

Boat 813   DENKMAL
Dieses Boot, das fast 1 km im Landesinneren steht, soll an die Kraft des Tsunami am zweiten Weihnachtstag des Jahres 2004 erinnern. Auch nach fast zehn Jahren ist es noch immer das bedeutendste Denkmal in dieser Region. In der Nähe gibt es einen Infostand, an dem die Katastrophe chronologisch beschrieben ist (englisch und thailändisch). Die Fahrt im *sǒrng·tǎa·ou* von Khao Lak hierher kostet 50 B.

🏃 Aktivitäten
Tauchen & Schnorcheln
Eintägige Tauch- und Schnorchelausflüge zu den Similan- und Surin-Inseln sind schon sehr beliebt, aber die Touren mit Übernachtung sind unschlagbar. Da die Inseln etwa 60 km vom Festland entfernt sind (ca. 3 Std. Bootsfahrt), sind Letztere relaxter, und man kann die Inseln ohne die Tagesausflügler genießen. Alle Tauchshops bieten solche Touren an. Zwei-/dreitägige Pauschaltrips kosten ab ca. 10 000/19 000 B, für Tagesausflüge muss man zwischen 4900 und 6500 B hinblättern.

Khao Lak

Khao Lak

Bei den mehrtägigen Trips wird man von der Sonne wachgeküsst und gleitet bis zu viermal am Tag in die Fluten der Andamanensee. Die hiesigen Tauchgründe zählen zu Recht zu den Top Ten weltweit. In der Gegend um die Similan- und Surin-Inseln wurde zwar kürzlich eine großflächige Korallenbleiche (S. 671) festgestellt, aber dennoch ist der **Richelieu Rock** noch immer die *crème de la crème* der Region. **Ko**

Bon und **Ko Ta Chai** sind zwei weitere gute Spots, denn hier tummeln sich riesige Mantarochen.

Obwohl die Tauchshops ihr Hauptaugenmerk auf Taucher richten, können auch Schnorchler mit auf ausgewählte Tauchausflüge oder Über-Nacht-Touren gehen (ca. 40 % Rabatt). Die Veranstalter in der Stadt bieten zudem noch günstigere Schnorchelausflüge zu den Similan-Inseln für ca. 2700 B an. PADI-Open-Water-Kurse kosten je nach Tauchspot zwischen 10 000 und 18 000 B. Ein eintägiger „Schnuppertauchausflug" zu den Similan-Inseln kostet etwa 6000 bis 6500 B.

Die folgenden Tauchshops sind sehr zu empfehlen:

LP TIPP Wicked Diving TAUCHEN

(☏ 0 7648 5868; www.wickeddiving.com) Ein außergewöhnlich gut geführter und umweltbewusster Anbieter von Tauch- und Schnorcheltouren mit Übernachtung. Zu dem großen Angebot an Über-Nacht-Touren gehören Naturschutztrips wie Whale Sharks & Mantas, Turtle & Reefs und Sharks & Rays, die in Zusammenarbeit mit **Ecocean** (www.whaleshark.org) durchgeführt werden. PADI-Kurse werden ebenfalls veranstaltet.

Similan Diving Safaris TAUCHEN

(☏ 0 7648 5470; www.similan-diving-safaris.com) Das Highlight hier ist der erstklassige viertägige Über-Nacht-Ausflug (alles inklusive 18 800 B), der von Stammkunden immer wieder gebucht wird. Erfahrenes Personal und leckeres Essen sind das i-Tüpfelchen. In puncto mehrtägige Trips wird hier das beste Preis-Leistungs-Verhältnis geboten. Es sind auch Tagesausflüge im Programm.

Big Blue TAUCHEN

(☏ 0 7648 5544; www.bigbluekhaolak.com) Big Blue befindet sich in japanisch-schwedischer Hand. Die Schnellboot- und Über-Nacht-Touren sowie die Tauchlehrer gehören zu den besten in Khao Lak.

Sea Dragon Diver Centre TAUCHEN

(☏ 0 7648 5614; www.iq-dive.com) (☏ 0 7648 5420; www.seadragondivecenter.com; Th Phetkasem) Eines der älteren Unternehmen in Khao Lak. Sea Dragon hat über die Jahre hohe Standards eingehalten.

🛏 Schlafen

An die billigsten Unterkünfte kommen Traveller über das Sea Dragon Diver Center (s. oben). Dort dann einfach nach den Betten (180 B) im Schlafsaal von Tiffy's Café fragen!

🏨 Sarojin HOTEL $$$

(☏ 0 7642 7900-4; www.sarojin.com; Hat Pakarang; Zi. 12 500–22 250 B; ✳@📶🏊) Stilmäßig mischen sich bei diesem ruhigen Refugium 15 km nördlich von Khao Lak japanische Nüchternheit und modernes thailändisches Dekor. Der Service in diesem so eleganten wie traulichen Resort ist hervorragend. Das Spa mit der ausgesprochen privaten Atmosphäre (Behandlungen ab 2300 B) und dem schönen Blick auf Kokoshaine versteckt sich am Rand eines Mangrovenwalds – es gehört zu den besten an der Andamanenküste. Besonders schön ist der Pool mit den stylishen Hütten, die über dem kristallblauen Wasser zu schweben scheinen. Am Ufer des Takuapa River werden Kochkurse angeboten – beim Schnippeln der Zutaten kann man vorbeiziehende Wasserbüffel beobachten. Kinder sind hier nicht willkommen.

LP TIPP Nangthong Beach Resort HOTEL $$

(☏ 0 7648 5911; www.nangthong2.com; Zi. 2000–2200 B, Bungalow 2500–3000 B; ✳@📶🏊👪) Die beste Unterkunft direkt in Khao Lak hat große, gepflegte Zimmer und noch größere Bungalows mit gefliesten Fußböden und dunklen Holzmöbeln. Es gibt hier einen blühenden Garten und den besten Strand der Stadt; auch der Service ist umwerfend.

La Flora Resort HOTEL $$$

(☏ 0 7642 8000; www.lafloraresort.com; Zi. 5700–7700 B, Villa 9000–10 500 B; ✳@📶🏊👪) Dieses Resort am traumhaften Hat Bang Niang ist allererste Sahne: Es ist elegant und hat eine äußerst erholsame Atmosphäre. Die großen, modernen, hüttenartigen Villen haben direkten Zugang zu den Infinity-Pools am Meer. Im Zentrum des Geschehens gibt es auch noch einen kinderfreundlichen Pool. Die Zimmer sind mit Marmorfußböden, Keramikwaschbecken, moderner Kunst, mp3-Docking-Stations und Duftzerstäubern ausgestattet.

Le Meridian HOTEL $$$

(☏ 0 7642 7500; www.lemeridian.com; Hat Bang Sak; Zi. ab 5220 B, Villa ab 11 200 B; ✳@📶🏊) Das Vier-Sterne-Mega-Resort mit 243 Zimmern und 20 Villen ist die einzige Unterkunft am Hat Bang Sak, 20 km nördlich von Khao Lak. Es hat nicht ganz den Boutique-Touch und den Fünf-Sterne-Service des Sarojin, ist dafür aber auch etwas billiger und weitläufiger, denn die Anlage erstreckt sich von der Fernstraße bis zum Meer.

Nangthong Bay Resort
HOTEL **$$**

(☎0 7648 5088; www.nangthong.com; Zi. 200–3000 B; ✹◎🎧🐾🅿) Bevor sich die Schwesteranlage (das Nangthong Beach Resort) in die Hotelkette einreihte, war dieses Resort die beste Mittelklasseoption am Strand. Die Zimmer wirken mit ihrer minimalistischen Schwarz-Weiß-Deko eher schick als spartanisch. Die günstigeren Zimmer liegen nicht direkt am Strand, haben aber ein fantastisches Preis-Leistungs-Verhältnis. Viel Grün und ausgezeichneter Service!

Greenbeach
HOTEL **$$**

(☎0 7648 5845; greenbeach_th@yahoo.com; Bungalow 1300–2300 B; ✹🅿) Die Anlage mit der familiären Atmosphäre steht an einem traumhaften Strandabschnitt in Khao Lak inmitten eines schönen Gartens. Die Holzbungalows haben Glastüren, Klimaanlagen und Ventilatoren sowie schattige Terrassen mit hohen, alten Banyan-Bäumen davor. Selbst vom billigsten Zimmer aus kann man den Blick aufs Meer genießen.

Fasai House
PENSION **$**

(☎0 7648 5867; Zi. 500–700 B; ✹◎) Die beste Budgetunterkunft in Khao Lak hat tadellose Zimmer im Motelstil und lächelndes Personal, das so schüchtern kichert wie Geishas.

Khao Lak/Lam Ru National Park Bungalows
BUNGALOWS **$**

(☎0 2562 0760; reserve@dnp.go.th; Bungalow 800–2000 B) Im Nationalpark gibt es ein paar Bungalows mit vier und sechs Betten. Sie sind einfach, aber die Lage ist nach einem Öko-Ausflug perfekt.

Khaolak Banana Bungalows
BUNGALOWS **$**

(☎0 7648 5889; www.khaolakbanana.com; Zi. 500–1200 B; ✹🌊) Die bezaubernden kleinen Bungalows haben mit Wirbeln bemalte Zementfußböden und sonnendurchflutete Indoor-Outdoor-Bäder. Ein weiteres Plus ist der niedliche Pool mit Sonnenliegen.

Walker's Inn
PENSION **$**

(☎0 7648 5668; Th Petchkasem; Zi. 400–750 B; ✹🎧) Die alternden großen, einfachen, gefliesten Zimmer mit Klimaanlage und Warmwasserduschen liegen über einer Kneipe. Freundlich und bei Backpackern beliebt.

✗ Essen & Ausgehen

Kulinarische Highlights sind hier nicht zu erwarten, doch es gibt schon ein paar beliebte Fleckchen, an denen sich Traveller versammeln, um einander die Geschichten des Tages zu erzählen. Taucher, die frühmorgens los wollen, werden Schwierigkeiten haben, vor 8.30 Uhr ein Lokal zu finden, in dem sie einen Happen essen können.

LP TIPP Mama's Restaurant
RESTAURANT **$$**

(Th Petchkasem; Gerichte 60–300 B) Niemand, aber auch wirklich niemand bereitet Meeresfrüchte besser zu als Mama. Ihr Restaurant befindet sich gegenüber vom Boat 813. Die Fischfrikadellen sind himmlisch, genauso wie der sautierte Barrakuda mit gelbem Curry.

Phu Khao Lak
RESTAURANT **$$**

(Th Petchkasem; Gerichte 80–240 B; ◷morgens, mittags & abends) Dieses Restaurant mit seinen weißen, bis auf den Boden reichenden Tischdecken am Südende von Khao Lak kann man kaum verfehlen. Und das sollte man auch nicht, denn hier gibt's eine enorm lange Speisekarte voller westlicher und thailändischer Speisen. Jedes Gericht wird ausführlich beschrieben und ist perfekt zubereitet.

Pinocchio
RESTAURANT **$$$**

(☎0 7644 3079; 67/61 Th Hat Bang Niang, Hat Bang Niang; Hauptgerichte 240–480 B) In diesem schönen Gartenlokal speist man bei Kerzenschein. Die Pizza kommt aus dem riesigen Steinofen, es gibt importierte Weine und Käsesorten, wunderbares Sauerteigbrot, traumhafte Pizzas, selbst gemachte Pasta und Eiscreme.

Happy Snapper
BAR

(Th Petchkasem) In dieser Bar mit einer Weltkarte an der Decke und einem Lebensbaum an der Wand gibt's gute alkoholische Getränke und in der Hauptsaison an sechs Abenden pro Woche Livemusik. Der Besitzer ist auch gleichzeitig der Bandleader, eine in Bangkok geborene Basslegende.

ℹ Praktische Informationen

Bei Tauchunfällen sollte man den Notruf der **SSS Ambulance** (☎08 1081 9444) wählen, die Verletzte schnell zur Behandlung nach Phuket bringt. Die Ambulanz hilft auch bei Auto- oder Motorradunfällen. In Bang Niang gibt's eine Krankenschwester, die sich um Tauchverletzungen kümmert.

Es gibt unzählige Reisebüros, die sich weit verstreut auf die Gegend verteilen. Das beste darunter ist **Khao Lak Land Discoveries** (☎0 7648 5411; www.khaolaklanddiscovery.com; Th Phetkasem).

ⓘ An- & Weiterreise

Alle Busse, die den Hwy 4 zwischen Takua Pa (50 B, 45 Min.) und Phuket (100 B, 2 Std.) entlangfahren, halten am Hat Khao Lak, wenn man den Fahrer darum bittet.

Khao Lak Discoveries fährt stündlich mit Minibussen zum Phuket International Airport (600 B, 1 Std. 15 Min.). Alternativ nimmt man ein Taxi (1200 B) zum Flughafen oder sagt dem Fahrer eines Busses nach Phuket, dass man am „Airport" aussteigen möchte. Man wird dann an der Kreuzung abgesetzt, von der aus man mit einem Motorradtaxi zum Flughafen kommt (100 B, 10 Min.).

Surin Islands Marine National Park อุทยานแห่งชาติหมู่เกาะสุรินทร์

Die fünf schönen Inseln, aus denen dieser **Nationalpark** (www.dnp.go.th; Eintritt 400 B; ⊙Mitte Nov.–Mitte Mai) besteht, liegen etwa 60 km vor der Küste, gerade einmal 5 km von der Meeresgrenze zwischen Thailand und Myanmar entfernt. Intakter Regenwald, kleine, geschützte Buchten mit weißem Strand und felsige Landzungen im Ozean kennzeichnen diese Granitinseln. Glasklares Wasser und eine Unterwassersichtweite von oft bis zu 35 m laden zum Erkunden der fantastischen maritimen Fauna ein. Die geschützten Gewässer der Inseln locken auch *chow lairs* (auch *chao leh*) – Seenomaden – an, die in der Regenzeit von Mai bis November in einem Dorf an der Küste leben. Hier werden sie nach dem einheimischen Wort *oken* (Salzwasser) als Moken bezeichnet.

Ko Surin Nuea (im Norden) und Ko Surin Tai (im Süden) sind die zwei größten Inseln. Die Parkverwaltung und alle Einrichtungen für Besucher befinden sich an der Ao Chong Khad auf Ko Surin Nuea nahe dem Anlegesteg. Khuraburi ist das Tor zum Park. Der Pier liegt etwa 9 km nördlich der Stadt, ebenso die **Nationalparkverwaltung** (✆0 7649 1378; ⊙8–17 Uhr) auf dem Festland, deren hilfsbereites Personal gute Infos und Karten bereithält.

◉ Sehenswertes & Aktivitäten

Mehrere Veranstalter bieten Tagestouren von Khao Lak und Khuruburi (2900 B inkl. Essen & Unterkunft im Park) zum Park an. In puncto Sicherheit, Service und Leistung ist **Greenview** (✆0 7640 1400; Khuraburi-Pier) der beste Veranstalter. In den Büros, die Tauchausflüge nach Hat Khao Lak (S. 668),

Phuket (S. 678) und Ranong (S. 660) im Programm haben, kann man auch gut Über-Nacht-Tauchtrips buchen. Der Transport vom Buchungsort ist immer im Preis enthalten.

Tauchen & Schnorcheln

Zu den Tauchgründen im Park gehören u.a. die **Ko Surin Tai** und der **HQ Channel** zwischen den beiden Hauptinseln. **Richelieu Rock** (ein Felsen im Meer, 14 km südöstlich) gehört eigentlich ebenfalls zum Park und ist eines der besten, wenn nicht *das* beste Tauchgebiet vor der Andamanenküste. Im März und April kann man hier manchmal Walhaie beobachten. Im Park selbst gibt es keine Tauchanbieter. Tauchtouren (4-tägige Über-Nacht-Ausflüge kosten ca. 20 000 B) müssen auf dem Festland gebucht werden; mehr Tauchinfos gibt's unter An- & Weiterreise (S. 672), Khao Lak (S. 678) und Ranong (S. 660).

Schnorcheln ist inzwischen nicht mehr ganz so toll wie früher, da in der letzten Zeit eine Steinkorallenbleiche festgestellt wurde. Aber man kann noch immer reichlich Fische und Weichkorallen bewundern. Zweistündige Schnorchelausflüge (80 B/Pers., Ausrüstung 150 B/Tag) beginnen täglich um 9 und um 14 Uhr an der Parkverwaltung. An diesen Touren nehmen hauptsächlich Thais teil, die bekleidet ins Wasser springen. Ruhiger und gelassener geht es zu, wenn man sich im Nationalpark ein Longtail-Boot mietet (halber Tag 1000 B). Noch besser ist es, wenn man sich in **Ban Moken** (Moken Village) direkt an die Moken selbst wendet. Die schönsten Weichkorallen gedeihen in der **Ao Mae Yai**, einer riesigen Bucht der nördlichen Insel unweit von Chong Khod. Der beste Riffabschnitt befindet sich zwischen den weißen Bojen vor dem nördlichen Teil der Halbinsel. Vor der winzigen **Ko Pajumba** tummeln sich massenhaft Fische, aber die Korallen sind hier nicht in allzu gutem Zustand. In der **Ao Suthep** vor der südlichen Insel finden sich schwarmweise bunt schillernde Fische und flache, blaue Löcher mit milchigem Grund.

Tiere, Pflanzen & Wandern

Rund um die Gebäude der Parkverwaltung kann man in den Ausläufern des Waldes nach Javaneraffen und 57 einheimischen Vogelarten Ausschau halten, u.a. nach der sagenhaften Nikobarentaube, die nur an der Andamanensee vorkommt. An der Küste sieht man wahrscheinlich Brahminenweihe in die Lüfte steigen und Riffreiher auf den Felsen sitzen. Hier sind zwölf Fledermausarten zu Hause, am auffälligsten sind die in den Bäumen lebenden Flughunde.

Ein anspruchsvoller **Wanderweg** schlängelt sich 2 km an der Küste entlang und durch den Wald zurück zum Strand an der **Ao Mai Ngam**, wo man campen kann und Essbares bekommt. Bei Ebbe kann man leicht an der Küste von einem zum nächsten Campingplatz laufen.

Dorfbesichtigung

In **Ban Moken** an der Ao Bon auf der Südinsel freut man sich über Besucher. Nach dem Tsunami ließen die Moken sich in dieser geschützten Bucht nieder, wo jedes Jahr im April eine große Zeremonie zu Ehren der Vorfahren (Loi Reua) stattfindet. Im Nationalpark wird eine geführte **Moken Village Tour** (300 B/Pers.) angeboten, bei der man durch das Dorf spaziert. Wer den 800 m langen **Chok-Madah-Weg** in Angriff nehmen möchte, sollte vorher die Dorfbewohner um Erlaubnis bitten. Der Weg führt über dicht bewachsene Hügel zu einem leeren Strand. Die geführten Touren beginnen um 9.15 Uhr und müssen einen Tag im Voraus gebucht werden. Man kann auch von der Parkverwaltung die Fahrt zum Dorf organisieren lassen (100 B/Pers.). Wenn man das Dorf besichtigt, sollte man Bargeld bei sich haben und Kunsthandwerksgegenstände kaufen, denn damit hilft man den Dorfbewohnern. Bei der Parkverwaltung steht außerdem eine Kiste für Kleiderspenden. Genau das Richtige, um das Reisegepäck etwas zu reduzieren!

🛏 Schlafen & Essen

Die Unterkünfte im Park sind schlicht und gut, da die Strände auf der Insel aber kurz und schmal sind, bekommt man schnell den Eindruck, dass bei voller Belegung (ca. 300 Pers.) hier alles überfüllt ist. Übernachtungen im Park können online unter www.dnp.go.th oder im **Nationalparkbüro** (📞0 7649 1378; ⏰8–17 Uhr) auf dem Festland in Khuraburi gebucht werden. Die Gäste sind größtenteils Thais, wodurch hier eine lebendige Urlaubsstimmung herrscht. Campen kann man an der Ao Chong Klod und der Ao Mae Ngam. Die Ao Chong Klod hat den spektakuläreren Strand, aber dafür findet man an der Ao Mae Ngam auch noch kurzfristig einen Platz; außerdem urlaubt man hier einsamer, was sich mit dem wei-

ßen Sand irgendwie wilder anfühlt. Bungalows gibt es an der Ao Mae Ngam nicht.

Die **Bungalows** (2000 B) haben Holzfußböden, eigene Terrassen, Terrakotta-Bäder und Ventilatoren. Entweder man mietet sich ein **Zelt** (2/4 Pers. 300/450 B, Bettwäsche 60 B/Pers.) oder baut sein eigenes auf (80 B/Nacht). Bis etwa 22 Uhr liefert ein Generator Strom.

Ein **Parkrestaurant** (Gerichte ab 80 B, Menüs 170–200 B) serviert einfache thailändische Gerichte.

ℹ An- & Weiterreise

Tourveranstalter betreiben Schnellboote (hin & zurück 1600 B, einfache Strecke 1 Std.). Diese legen gegen 9 Uhr ab; offene Tickets werden akzeptiert. Ein großes Boot liegt seit zwei mehr als Jahren im Hafenbecken und nimmt demnächst vielleicht seinen Dienst wieder auf; die Fahrten wären dann günstiger.

Similan Islands Marine National Park อุทยานแห่งชาติหมู่เกาะสิมิลัน

Der traumhafte **Similan Islands Marine National Park** (www.dnp.go.th; Eintritt 400 B; ⏰Nov.–Mai), der bei Tauchern auf der ganzen Welt bekannt ist, liegt 60 km vor der Küste. Die ebenen Granitinseln sind unter Wasser genauso beeindruckend wie darüber. Sie sind mit Regenwald bewachsen und werden von weißen Sandstränden und Korallenriffen eingefasst. Leider sind in letzter Zeit viele Steinkorallen der Korallenbleiche zum Opfer gefallen. Die Weichkorallen und die Fauna sind aber noch intakt, sodass der Nationalpark noch immer ein wunderbarer Tauchspot ist.

Auf zwei der neun Inseln, Insel 4 (Ko Miang) und Insel 8 (Ko Similan), gibt es Ranger-Stationen und Unterkünfte; die Parkverwaltung und die meisten Veranstalter sind auf Insel 4. „Similan" leitet sich vom malaysischen Wort *sembilan* ab, das „neun" bedeutet – und obwohl jede Insel einen eigenen Namen hat, werden sie meist mit ihrer Zahl bezeichnet. Vor Kurzem wurde der Park erweitert und umfasst jetzt auch Ko Bon und Ko Tachai. Hier hat die Korallenbleiche noch nicht um sich gegriffen, sodass die Tauch- und Schnorchelmöglichkeiten in dieser Gegend noch bestens sind.

Hat Khao Lak ist das Sprungbrett zum Park. Der Pier befindet sich in Thap Lamu, ca. 10 km südlich der Stadt.

⊙ Sehenswertes & Aktivitäten

Tauchen & Schnorcheln

Mit Tiefen zwischen zwei und 30 m sind die Tauchgründe um die Similans für Anfänger und Profis geeignet. Bei **Ko Payu** (Insel 7) gibt es Felsriffe und beim **Hin Pousar** (Elefantenkopf) Durchbrüche. Auch tummeln sich hier allerlei Meerestiere, von winzigen Röhrenwürmern und Weichkorallen bis hin zu Schwarmfischen und Walhaien. Tauchspots befinden sich vor jeder der sechs Inseln nördlich von Ko Miang. Der südliche Teil des Parks (Inseln 1, 2 und 3) ist für Taucher gesperrt, denn hier nisten Schildkröten. Im Nationalpark selbst gibt's keine Angebote für Taucher, Interessierte müssen also an einer Tauchtour teilnehmen. Tauchshops in Hat Khao Lak (S. 668) und Phuket (S. 678) buchen mehrtägige Trips (3 Tage inkl. Übernachtung an Bord ab ca. 14 500 B).

Die zum Schnorcheln erforderliche Ausrüstung kann man sich bei der Parkverwaltung (100 B/Tag) leihen. Im Rahmen von Tagestouren wird meist an drei oder vier verschiedenen Spots Station gemacht. Viele Touranbieter in Hat Khao Lak organisieren reine Schnorchelausflüge (Tagesausflug 3000 B, mit Übernachtung 5000 B).

Tiere, Pflanzen & Wandern

Im Wald rund um die Parkverwaltung auf Ko Miang (Insel 4) gibt's ein paar Wanderwege und eine tolle Tierwelt. U. a. lässt sich die Nikobarentaube mit ihren grau-grünen Kopffedern oft blicken; sie lebt ausschließlich an der Andamanensee und ist eine von 39 Vogelarten im Park. Außerdem sind regelmäßig Landkrebse mit haarigen Beinen und Flughunde zu sehen.

Der von Infotafeln gesäumte schmale **Beach Track** führt 400 m zu einer kleinen, zum Schnorcheln geeigneten Bucht. Von ihm zweigt der **Viewpoint Trail** ab. Nachdem man rund 500 m steil bergauf geklettert ist, hat man von oben einen schönen Panoramablick. Der Weg zum **Sunset Point** führt 500 m durch einen Wald zu einer glatten Granitplattform, die – natürlich – gen Westen blickt.

Auf Ko Similan (Insel 8) gibt es einen 2,5 km langen Wanderweg zu einem **Aussichtspunkt** und einen kürzeren, steilen Weg vom Hauptstrand zum Gipfel von **Sail Rock** (auch bekannt als Balance Rock).

🛏 Schlafen & Essen

Im Park gibt's Unterkünfte für jeden Geldbeutel. Buchen kann man online unter

www.dnp.go.th oder im **Nationalparkbüro** (📞 0 7645 3272) auf dem Festland in Hat Khao Lak. Die Reisebüros in Hat Khao Lak organisieren ebenfalls Übernachtungen und mehrtägige Ausflüge mit Transport, Essen und Unterkunft im Park. Das ist kaum teurer, als wenn man sich auf eigene Faust auf den Weg macht.

Auf Ko Miang gibt's **Bungalows** (Zi. 2000 B; ❄) mit Meerblick und Balkon, zwei dunkle **Langhäuser** (Zi. 1000 B) mit fünf ventilatorgekühlten Holz-Bambus-Zimmern und **Zelte** (2/4 Pers. 300/450 B). Strom steht Gästen von 18 bis 6 Uhr zur Verfügung.

Zelte stehen auch auf Ko Similan bereit. Auf den Inseln kann man aber auch sein eigenes **Zelt** (80 B/Nacht) aufbauen.

Das **Restaurant** (Gerichte 100–150 B) in der Nähe der Parkverwaltung serviert einfache Thaigerichte.

ℹ An- & Weiterreise

Zum Park fahren keine öffentlichen Verkehrsmittel. Theoretisch können Individualreisende bei Schnorcheltouranbietern in Hat Khao Lak die Fahrt im Schnellboot buchen (hin & zurück 1700 B, einfache Strecke 1½ Std.). Die meisten Anbieter wollen aber, dass ihre Kunden an einem Schnorchelausflug teilnehmen und sind von solchen Geschäften eher abgeneigt.

Die Agenturen in Khao Lak (S. 669) und Phuket (S. 721) organisieren Tages- und Über-Nacht-Touren (ab etwa 3000/5000 B) sowie mehrtägige Tauchtrips (3 Tage inkl. Übernachtung an Bord ab ca. 15 000 B) – diese Summen müsste man auch hinlegen, wenn man versuchte, aus eigener Kraft auf die Inseln zu kommen. Wer will, kann probieren, sich an einen Tauchausflug dranzuhängen und den Ausflug ohne Tauchausrüstung zu zahlen – das machen die Anbieter aber nur dann mit, wenn ihre Boote relativ leer sind.

Phang-Nga (Stadt) & Ao Phang-Nga
พังงา/อ่าวพังงา

9700 EW.

Die Ao Phang-Nga verfügt mit dem türkisfarbenen Wasser, aus dem schroffe Kalksteinfelsen in den Himmel ragen, mit den strahlend weißen Stränden und den verfallenden Fischerdörfern über eine der spektakulärsten Szenerien der ganzen Region. Wen wundert es da, dass sich Scaramanga, der Erzfeind von James Bond *(Der Mann mit dem goldenen Colt),* genau hier zwischen den hohen Klippen und den Mauerschwalbennestern versteckte? Polizeilich gesuchte Mörder, die die Welt beherrschen wollen, sind hier heutzutage aber an der falschen Adresse, denn so ziemlich das ganze Jahr über tummeln sich hier jede Menge Touristen in Motorbooten und Meerkajaks. Ein großer Teil der Bucht und des Küstenstreifens wurde jetzt in den Ao Phang-Nga Marine National Park (S. 674) integriert.

◉ Sehenswertes & Aktivitäten

Phang-Nga ist eine verwahrloste Stadt vor einer traumhaften Kulisse aus Kalksteinklippen. Hier gibt es weder viel zu sehen noch zu unternehmen, es sei denn, man ist während des alljährlich stattfindenden **Vegetarier-Festivals** (s. Kasten S. 687) Ende September oder Oktober hier.

Bootsfahrten

Etwa 8,5 km südlich des Stadtzentrums liegt Tha Dan. Hier kann man sich Boote ausleihen, um halb versunkene **Höhlen**, seltsam geformte Inseln und das muslimische Pfahldorf **Ko Panyi** zu besichtigen. Außerdem werden geführte Touren zur überlaufenen **Ko Phing Kan** („James-Bond-Insel"; s. S. 675) und zum **Ao Phang-Nga Marine National Park** (2- bis 3-stündige Touren 500 B/Pers.) angeboten; weitere Infos s. S. 675. In Takua Thung, einem weiteren Hafenareal ca. 10 km westlich von Tha Dan, kann man Privatboote mieten, und zwar zu ähnlichen Preisen, wie man für die Touren blecht. Auch das Parkbüro im Ao Phang-Nga Marine National Park (S. 674) bietet geführte Bootstouren an.

Auch wenn man lange mit den Bootseignern herumdiskutieren muss, lohnt es sich doch, einer selbst ausgesuchten Route zu folgen. Einfacher (und billiger) dürfte es allerdings sein, eine organisierte Tour in einem der Reisebüros in der Stadt zu buchen. **Sayan Tours** (☎0 7643 0348; www.sayantour. com) bietet nun schon seit vielen Jahren geführte Touren zur Ao Phang-Nga an und erhält von Travellern gute Kritiken. Halbtages-/Tagestouren kosten ab 700/1000 B pro Person, sie führen u. a. zur **Tham Lawt** (Große Wasserhöhle), zur Ko Phing Kan und zur Ko Panyi. Wer noch 300 B drauflegt, kann ein wenig mit dem Kajak rumpaddeln. Es werden auch **Flussrafting-Ausflüge** (1600 B/Pers.) zum Son-Pat-Wasserfall, 25 km südlich von Phang-Nga, und geführte Touren in die Umgebung, z. B. in den **Sa Nang Manora Forest Park**, angeboten.

🛏 Schlafen & Essen

Gute Unterkünfte sind in Phang-Nga rar – die meisten Traveller besuchen die Stadt nur im Rahmen eines Tagesausflugs. Mehrere Imbissstände an der Hauptstraße verkaufen leckere *kà·nŏm jeen* (dünne Weizennudeln) mit Hähnchencurry, *nám yah* (scharfem Fischcurry) oder *nám prík* (scharfer Sauce). Markt ist jeden Morgen von 5 bis 10 Uhr, dienstags, mittwochs und donnerstags gibt's auch einen kleinen Nachtmarkt direkt südlich der Soi Lohakit.

Phang-Nga Inn HOTEL $$
(☎0 7641 1963; 2/2 Soi Lohakit, Phang-Nga; Zi. 400–1500 B; ❄) Umgebaute Villa mit mächtigen Holztreppen, Schränken mit Lamellentüren und einem ruhigen Garten. Das Haus ist gut ausgestattet; es gibt ein kleines Restaurant und freundliches Personal.

Phang-Nga Guest House PENSION $
(☎0 7641 1358; Th Petchkasem, Phang-Nga; Zi. 250–380 B; ❄) Die sauberen, kirschrot gefliesten Zimmer in dem ansonsten trostlosen Stadtzentrum sind o. k.

ℹ An- & Weiterreise

Phang-Ngas Busbahnhof befindet sich in der Nähe der Hauptstraße in der Soi Bamrung Rat. Zwischen Bangkok und Phang-Nga verkehren Busse der VIP-Klasse (912 B, 12 Std., 1-mal tgl.), der 1. Klasse (552 B, 12–13 Std., 2-mal tgl.) und der 2. Klasse (441 B, 12 Std., 3- bis 4-mal tgl.).

Es gibt außerdem folgende Busverbindungen:

ZIEL	PREIS	HÄUFIG-KEIT	DAUER
Hat Yai	300 B	2-mal tgl.	6 Std.
Krabi	74 B	regelm.	1½ Std.
Phuket	85 B	regelm.	1½ Std.
Ranong	170 B	4-mal tgl.	5 Std.
Surat Thani	150 B	regelm.	3 Std.
Trang	240 B	regelm.	3½ Std.

Rund um Phang-Nga

AO PHANG-NGA MARINE NATIONAL PARK

อุทยานแห่งชาติอ่าวพังงา

Der 1981 gegründete, 400 km² große **Ao Phang-Nga Marine National Park** (☎0 7641 1136; www.dnp.go.th; Eintritt 200 B; ☺8–16 Uhr) ist für seine charakteristische Karstlandschaft bekannt. Es gibt mehr als 40 Inseln mit steilwandigen Klippen und

Ao Phang Nga

Noi oder Ko Yao Yai aus) hierher kommt oder abends etwas länger bleibt, kann den Strand, das Meer und die Karstlandschaft in aller Ruhe genießen. Am besten erkundet man den Park im Kajak.

⊙ Sehenswertes & Aktivitäten

John Gray's Seacanoe SEEKAJAKFAHREN
(☎0 7622 6077; www.johngray-seacanoe.com) John Gray war der erste Kajakanbieter in der Bucht und ist noch immer der umweltfreundlichste. Er fordert die hiesigen Park-Ranger und ihre Vorgesetzten in Bangkok immer wieder auf, die *hôrngs* stärker zu schützen. Auf dem von ihm angebotenen Tagesausflug **Hong By Starlight** (3950 B/Pers.) geht man den Massen aus dem Weg, paddelt bei Sonnenuntergang und erfährt vieles über Ao Phang-Ngas berühmte Bio-Lumineszenz nach Eintritt der Dunkelheit. Näheres dazu steht auf S. 678.

Ko Nok & Ko Klui INSELN
Diese beiden Inseln genau zwischen Phuket und Krabi werden im Rahmen von geführten Touren nicht besucht, sodass man sie meist für sich allein hat. Von **Ko Klui**, der großen Insel nördlich von Ko Yao Noi, kommt man bei Ebbe in eine riesige *hôrng,* die von einigen **Blue Room** genannt wird. Außerdem gibt's hier unberührte weiße Sandstrände mit vielen Nashornvögeln und Affen.

Ko Phing Kan (James-Bond-Insel) INSEL
Das Touristenhighlight im Park ist die sogenannte „James-Bond-Insel", die von den Thais **Ko Phing Kan** (Insel, die sich an sich selbst anlehnt) genannt wird. Sie erlangte als Drehort des Films *Der Mann mit dem goldenen Colt* Berühmtheit. Heute wird die Insel von Händlern bevölkert, die Korallen und Muscheln verhökern, die sie lieber hätten im Meer lassen sollen.

Höhlen, die bei Ebbe zugänglich sind und in versteckte *hôrngs* (von dicken Felswänden umgebene Lagunen) führen. Die Bucht selbst besteht aus schmalen und breiteren Gezeitenkanälen, u.a. Khlong Ko Phanyi, Khlong Phang-Nga, Khlong Bang Toi und Khlong Bo Saen. Diese Kanäle fließen in Nord-Süd-Richtung durch riesige Mangrovenwälder und werden heute von Fischern und Inselbewohnern als Wasserautobahnen benutzt. Die Wälder sind die größten ursprünglichen Mangrovenwälder Thailands.

In der Hauptsaison ist die Bucht manchmal völlig überfüllt mit Pauschaltouristen. Wer aber früh morgens (von Ko Yao

TIERE IM AO PANG-NGA NATIONAL PARK

Auf den Kalksteinfelsen fühlen sich viele Reptilien wohl, u.a. Bengalwarane, Echsen, gestreifte Seeschlangen, Hundskopfnattern, Mangrovenvipern und Malaiische Vipern. Es lohnt sich auch, nach dem Bindenwaran *(Varanus salvator)* Ausschau zu halten. Wenn er in den Mangrovensümpfen herumschwimmt, sieht er aus wie ein Krokodil; er wird bis 2,2 m lang.

Zu den Amphibien im Ao Phang-Nga National Park gehören See-, Busch- und Mangrovenfrösche. Könige der Lüfte sind Schildhornvögel (mit einer Körperlänge von bis zu 127 cm die größte von zwölf Nashornvogelarten in Thailand), Weißnestsalangane *(Aerodramus fuciphagus)*, Weißbauch-Seeadler, Fischadler und Riffreiher.

In den Mangrovenwäldern und auf den größeren Inseln leben über 200 verschiedene Säugetierarten, u.a. Weißhandgibbons, Seraue, Brillenlanguren und Javaneraffen.

ℹ️ Anreise & Unterwegs vor Ort

Wer ein eigenes Auto hat, fährt vom Zentrum Phang-Ngas auf dem Hwy 4 etwa 6 km in Richtung Süden, biegt dann links auf die Rte 4144 (nach Tha Dan) ab und erreicht nach 2,6 km die Parkverwaltung. Wer kein Fahrzeug hat, muss ein *sörng·tǎa·ou* nach Tha Dan (30 B) nehmen.

Im Parkbüro kann man Boote (1500 B, max. 4 Pers.) für dreistündige Inseltouren mieten.

Ko Yao   เกาะยาว

Ko Yao Yai und **Ko Yao Noi** sind dank der Berge, der unberührten Küste, der vielen Vögel und der freundlichen muslimischen Fischer relaxte Orte, um die wunderschöne Landschaft von Ao Phang-Nga zu genießen. Die Inseln gehören eigentlich zum Ao Phang-Nga National Park (S. 674), sind aber von Phuket aus einfacher zu erreichen.

Auf beiden Inseln bitte unbedingt die muslimische Kultur respektieren und abseits der Strände angemessene Kleidung tragen!

◎ Sehenswertes & Aktivitäten

Die Ko-Yao-Inseln sind recht winzig. Ko Yao Noi ist dichter besiedelt als ihre Nachbarin. Die Bewohner leben hier vom Fischfang, Kokosnussanbau und Tourismus. Die Buchten an der Ostküste werden bei Ebbe zu Schlickwatt, aber die Strände sind auch dann fantastisch.

Ko Yao Yai ist weit weniger entwickelt als Ko Yao Noi und somit ein noch einsamerer Rückzugsort. Die Dorfbewohner sind noch immer angenehm überrascht, wenn sie Traveller auf gemieteten Fahr- oder Motorrädern vorbeifahren sehen.

Klettern

Mountain Shop Adventures (☎08 9971 0380, 08 4841 1540; www.themountainshop.org; Tha Khao) hat ganztägige Klettertouren rund um Ko Yao Noi ab 2500 B sowie Angel-, Schnorchel- und Kajakausflüge im Programm. Auf Ko Yao Noi gibt es mehr als 150 Kletterrouten, die Mark, der Veranstalter, fast alle selbst ausprobiert hat. Bei vielen Touren muss man mit dem Boot zu den entlegenen Kalksteinwänden fahren. Es werden Touren für Anfänger und Fortgeschrittene angeboten.

Radfahren

Wer die Insel erkunden will und keinen eigenen Drahtesel hat, kann sich in den meisten Pensionen ein Mountainbike (200 B/Tag) ausleihen oder von Phuket aus an einer von **Amazing Bike Tours** (☎08 7263 2031; www.amazingbiketoursthailand.com; Tagesausflug 2900 B) angebotenen Tour teilnehmen. Wer findet, dass es zum Radeln viel zu heiß ist, kann bei **Eco Island Vehicles** (☎08 6476 1143; Ko Yao Noi) ein umweltfreundliches E-Bike (220 B/Tag) mieten – man wird von seinem Hotel auf Ko Yao Noi abgeholt. Im Verleih gibt's auch Mountainbikes (200 B).

Tauchen & Schnorcheln

Halbtägige Drei-Insel-Schnorcheltouren (1700 B, max. 6 Teilnehmer) durch die Ao Phang-Nga können von jeder Pension organisiert werden. Man kann natürlich auch die Kapitäne der Longtail-Boote am Strand ansprechen. **Koh Yao Diver** (☎08789 575 517; http://kohyaodiver.com) veranstaltet Tauchtrips von beiden Inseln aus.

🛏️ Schlafen & Essen

LP TIPP · **Six Senses Hideaway**   HOTEL $$$
(☎0 7641 8500; www.sixsenses.com/hideaway-yaonoi; Ko Yao Noi; Zi. 32000–400000 B; ❄️@🏊) Diese mondäne Fünf-Sterne-Unterkunft enttäuscht bestimmt niemanden: Die Anlage an einem Berghang besteht aus 56 Villen mit Pools (und umwerfendem Spa) und ist einem alten *chow-lair*-Dorf nachempfunden. Der Blick auf die Kalksteinformationen in der Ferne ist einfach umwerfend, die Thai-Küche betörend und das Bestreben nach Nachhaltigkeit – verglichen mit anderen Fünf-Sterne-Ketten – einzigartig.

Elixir   HOTEL $$$
(☎08 7808 3838; www.elixirresort.com; Ko Yao Yai; Bungalow 8000–25500 B; ❄️@🏊) Das erste der beiden Vier-Sterne-Resorts auf Ko Yao Yai hat geschmackvolle, am Strand und am Hang stehende Spitzdachvillen im typischen Thai-Stil. Sie besitzen dunkle Holzfußböden, hohe Decken, Indoor- und Outdoor-Duschen und Keramikwaschbecken. An dem Privatstrand gibt's einen Pool, ein Tauchzentrum und Massage-Pagoden. Von hier aus sieht man die spektakulären Sonnenuntergänge über Phuket.

Koyao Island Resort   HOTEL $$$
(☎0 1606 1517; www.koyao.com; Ko Yao Noi; Villa 7000–13200 B; ❄️@🏊) Von den luftigen, strohgedeckten Bungalows genießt man einen schönen Blick über den Palmengarten und den Infinity-Pool bis hin zu einem schmalen, weißen Strand. Uns gefiel besonders die elegante, fast schon safarimäßige

Atmosphäre in den Villen mit ihren ventilatorgekühlten Patios und den halb drinnen, halb draußen gelegenen Bädern.

Thiwson Beach Resort
PENSION $$

(☎08 1737 4420; www.thiwsonbeach.com; Ko Yao Yai; Bungalow 800–3000 B; ❀🏠) Dies ist schlicht und einfach die sauberste und netteste Bungalowanlage auf Ko Yao Yai. Die guten Holzbungalows mit glänzenden Fußböden, Außenbädern und großen Patios stehen am besten Strandabschnitt der Insel. Die Bungalows direkt vorn am Strand sind die größten, und die Zimmer mit Ventilator bieten ein fantastisches Preis-Leistungs-Verhältnis.

Lom Lea
PENSION $$

(☎0 7659 7486; www.lomlae.com; Ko Yao Noi; Bungalow 2000–5500 B; 🏠) Die schicken Holzbungalows harmonieren perfekt mit der sie umgebenden Natur. Sie stehen an einem atemberaubenden, einsamen Strandabschnitt mit Blick auf die für Phang-Nga typischen Karstinseln. Es gibt ein Tauchzentrum, ein gutes Restaurant, und es werden viele Aktivitäten angeboten.

Paradise Hotel
HOTEL $$$

(☎08 1892 4878; www.theparadise.biz; Ko Yao Noi; Zi. ab 7500 B; ❀) Diese Unterkunft versteckt sich in einer nur mit einem Longtail-Boot oder über eine kurvige Sandpiste erreichbaren Privatbucht im Norden der Insel. Außergewöhnlich schöne und abgeschiedene Lage!

Sabai Corner Bungalows
PENSION $

(☎0 7659 7497; www.sabaicornerbungalows. com; Ko Yao Noi; Bungalow 500–2000 B) Die geschmackvollen Holz- und Bambusbungalows stehen auf einer felsigen Landzunge und bieten einen grandiosen Blick.

❶ Praktische Informationen

In **Ta Khai**, der größten Siedlung auf Ko Yao Noi, gibt es einen 7-Eleven mit Geldautomat. Ein weiterer Geldautomat befindet sich bei der Government Savings Bank.

Auf Ko Yai Yai steht der einzige Geldautomat weit draußen in der Nähe des Klong-Hia-Piers – also besser viel Bargeld mitbringen!

❶ An- & Weiterreise

Von Phuket

Zwischen 7.30 und 17.40 Uhr fahren von Tha Bano Rong, nördlich der Stadt Phuket, jede Stunde Longtail-Boote (150 B, 20 Min.) und täglich drei Schnellboote (200 B, 20 Min.) nach Ko Yao Noi.

Nach Ko Yao Yai kommt man mit einem Schnellboot und einer Fähre, die beide in Tha Rasada in der Nähe von Phuket (Stadt) ablegen. Die Fähren starten um 8.30, 10.30 und um 14 Uhr (1 Std., 100 B). Die Schnellboote (30 Min., 150 B) fahren um 16 und 17 Uhr ab. Freitags gilt wegen der Gebete ein anderer Fahrplan.

Von Krabi

Vom Tha-Len-Pier in Krabi fahren täglich vier „Express"-Boote (450 B, 1½ Std.) und zwei Schnellboote (600 B, 45 Min.) zu den Anlegern Tha Manok und Tha Khao auf Ko Yao Noi.

Von Phang-Nga

Von Tha Sapan Yao in Phang-Nga fährt um 7.30 Uhr eine Fähre nach Ko Yao Noi und weiter nach Ko Yao Yai (200 B, 2 Std.) – eine tolle und preiswerte Bootsfahrt durch die Ao Phang-Nga. Zurück geht's von Ko Yao Noin um 13 Uhr.

❶ Unterwegs vor Ort

Um von Ko Yao Noi nach Ko Yao Yai zu gelangen, nimmt man von Tha Manok ein Shuttleboot (100–150 B, 15 Min.) nach Tha Klong Hia. Auf den Inseln fährt man für 150 B pro Fahrt mit einem *túk-túk* (ausgesprochen ‚ďuk ďúk'; motorisierte Rikscha) oder leiht sich in einer der Pensionen ein Motorrad für ca. 250 B pro Tag. Die Fahrt vom Anleger zu den Resorts mit dem *túk-túk* kostet zwischen 70 und 100 B.

INSEL PHUKET
ภูเก็ต

83 800 EW.

Die Provinz Phuket ist die Großmutter unter Thailands Strandurlaubszielen. Die riesige Insel ist *der* Ort an der Andamanenküste, wenn man auf Tropical-Feeling pur steht.

Über die Insel Phuket kursierten lange diverse Missverständnisse. Erstens: Das „Ph" wird nicht wie „F" gesprochen. Folglich sind auch keine peinlichen Situationen beim Aussprechen des Namens in Gegenwart von Muttersprachlern des Englischen zu befürchten! Zweitens: Phuket wirkt überhaupt nicht wie eine Insel. Sie ist so riesig (die größte des Landes), dass man selten das Gefühl hat, von Wasser umgeben zu sein. Und das ist wahrscheinlich auch der Grund, warum das Wörtchen „Ko" (Insel) in ihrem Namen fehlt. Die von schlauen Marketingexperten „Perle der Andamanen" getaufte Insel ist Thailands ureigene Verkörperung der Idee vom Spaß in der Sonne.

Patong, die „Stadt der Sünde", ist Phukets größter Ort und hat den überlaufensten Strand. Hier schlafen dickliche Sonnenanbeter ihren Rausch aus und Gogo-Girls spielen Pingpong... ohne Schläger... Aber letztendlich überstrahlt Phukets Hang zum Luxus bei Weitem alle anderen Stereotype der Insel. Der Jetset strömt hierher, um sich bei noblen Spa-Behandlungen mit den Fäusten bearbeiten zu lassen und in einem der topaktuellen Nachtclubs Cocktails zu schlürfen. Man muss aber nicht geerbt haben, um Phukets trendige To-do-Liste abzuarbeiten. Was immer das Herz begehrt, Phuket bietet es – ob Tiefseetauchen, Nobelrestaurants oder strahlend weiße Strände, die für Schmöker und Strandlaken wie gemacht sind.

🏃 Aktivitäten

Tauchen & Schnorcheln

Von Phuket aus kann man fantastische Tauchausflüge unternehmen. Die viel gelobten Similan-Inseln liegen im Norden; Ko Phi-Phi (S. 721) und Ko Lanta (S. 729) im Süden sind von Dutzenden von Tauchspots umringt. Aber natürlich muss man für die Trips von Phuket zu diesen Traumzielen etwas mehr bezahlen, da die Treibstoffkosten höher sind als von näher gelegenen Ausgangspunkten. Die meisten Anbieter auf Phuket bringen die Taucher zu annehmbaren Tauchspots südlich der Insel, z. B. zur Ko Raya Noi oder zur Ko Raya Yai (auch Ko Racha Noi und Ko Racha Yai genannt) – diese erreichen aber auf dem Wow-o-Meter niedrige Werte. Das Riff vor der Südspitze von Raya Noi eignet sich besonders gut für erfahrene Taucher. Man kann recht tief tauchen und an Felsbrocken haftende Weichkorallen und viele Fischarten bewundern. Selbst Manta- und Marmorrochen werden hier oft gesichtet, und mit etwas Glück sieht man sogar einen Walhai.

Auf den ersten Blick könnte man meinen, es gäbe Hunderte von Tauch-Shops, aber die meisten sind in Wirklichkeit nur Buchungsagenturen. Seriöse Unternehmen haben eigene Boote, alle anderen vermitteln nur. Wer Zweifel hat, sollte unbedingt nachfragen.

Ein typischer Tagesausflug mit zwei Tauchgängen (inkl. Ausrüstung) in der Umgebung kostet ca. 3500 B. Wer nicht tauchen (sondern nur schnorcheln) will, bekommt oft einen dicken Rabatt. Dreitägige PADI-Open-Water-Kurse mit Zertifikat kosten etwa 15 000 B (Ausrüstung inkl.).

Die besten Schnorchelgebiete befinden sich an Phukets Westküste, insbesondere

rund um die felsigen Landzungen zwischen den Stränden. Brille, Schnorchel und Flossen kann man sich für ca. 250 B pro Tag leihen. Genau wie Taucher finden auch Schnorchler die besten Gebiete mit fantastischer Sicht und bunter Unterwasserfauna vor kleinen Inseln wie Ko Raya Yai und Ko Raya Noi.

Wie überall in der Andamanensee sind die besten Monate zum Tauchen die von Dezember bis Mai. Dann ist das Wetter gut und das Meer klar und ruhig.

Empfehlenswerte Tauch- und Schnorchelveranstalter auf Phuket sind u. a. **Sea Fun Divers** in Patong (S. 696) und in Kata (s. Karte S. 694), **Oi's Longtail** (S. 706) in Hat Nai Yang und **Dive Asia** in Hat Karon (S. 691).

Auch bei **Offspray Leisure** (☏08 1894 1274; www.offsprayleisure.com; 43/87 Chalong Plaza, Chalong; Tauchtrips ab 2950 B) sollte man sich erkundigen. Dieser Tauch- und Schnorchelveranstalter hat sich auf trauliche Trips in kleinen Gruppen zu den Riffen rund um Ko Phi-Phi spezialisiert.

Seekajakfahren

Mehrere Unternehmen mit Sitz in Phuket bieten Kanutouren durch die malerische Ao Phang-Nga (s. S. 674) an. Mit den Kajaks kann man Höhlen erkunden, die halb unter Wasser liegen und für Longtail-Boote nicht zugänglich sind. Ein Tag Paddeln kostet ab 3950 B pro Person inklusive Verpflegung, Ausrüstung und Transfer. Viele Anbieter organisieren auch dreitägige (ab 13 700 B/ Pers.) und sechstägige (ab 27 100 B/Pers.) Kajak-Camping-Touren (alles inkl.).

Ein seriöses, umweltfreundliches Unternehmen ist **John Gray's Seacanoe** (S. 684). Ein weiterer beliebter Anbieter, der sich auf kleine Gruppen spezialisiert hat, ist **Paddle Asia** (☏0 7621 6145; www.paddleasia. com; 9/71 Moo 3, Th Rasdanusorn, Ban Kuku). Im Angebot sind hier mehrtägige Trips in ganz normalen, klassischen Kajaks – nicht in aufblasbaren oder Sit-on-Top-Kajaks – zur Ao Phang-Nga und zum Khao Sok National Park.

Surfen

Phukets Surfparadies ist noch ein recht gut gehütetes Geheimnis. Sobald der Monsun um die Mitte des Jahres zunimmt, bildet das spiegelglatte Wasser ordentliche Walzen. Die besten Wellen gibt's zwischen Juni und September, dann finden in Kata und Kalim auch die jährlichen Wettkämp-

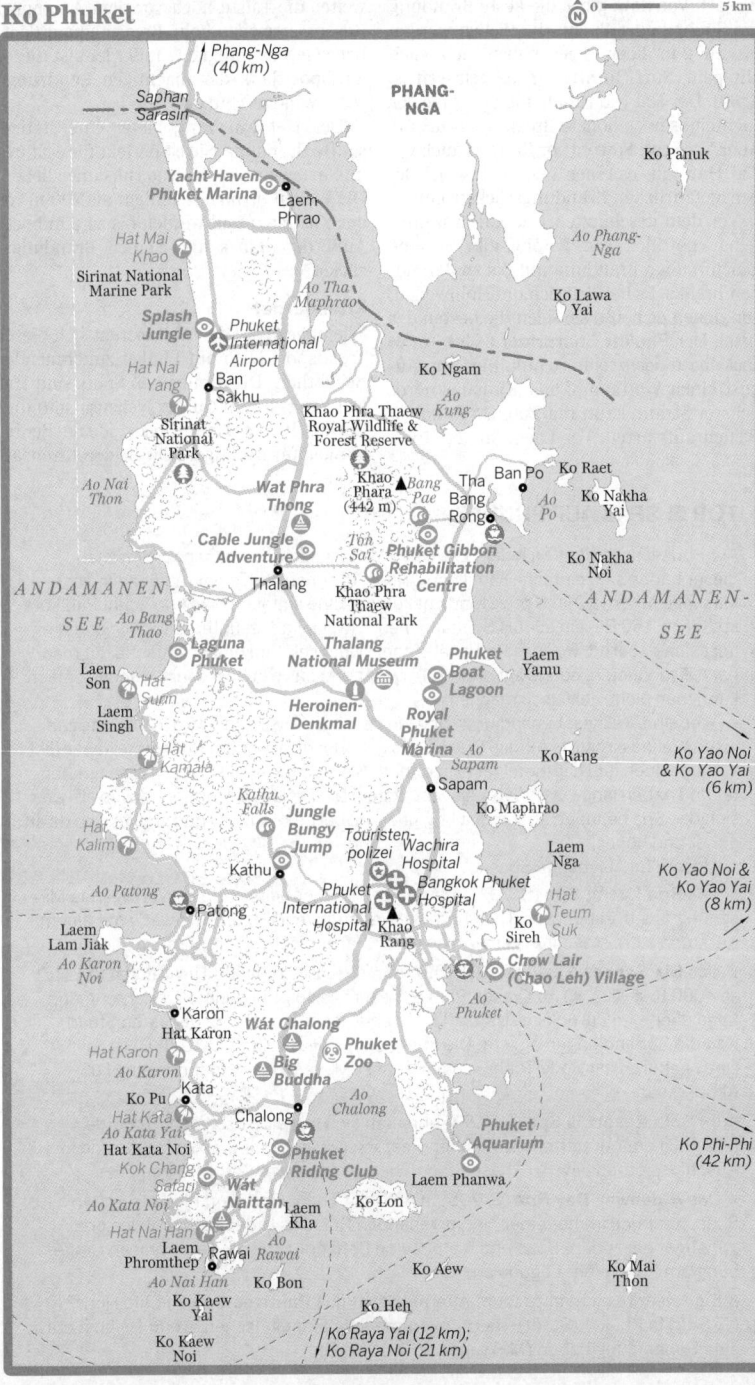

N   0 ━━━━━ 5 km

PHUKET & ANDAMANENKÜSTE

Phang-Nga
(40 km)

Saphan
Sarasin

PHANG-
NGA

Ko Panuk

Yacht Haven
Phuket Marina

Laem
Phrao

Hat Mai
Khao

Ao Phang-
Nga

Sirinat National
Marine Park

Ao Tha
Maphrao

Ko Lawa
Yai

Splash
Jungle

Phuket
International
Airport

Hat Nai
Yang

Ban
Sakhu

Ko Ngam

Ao
Kung

Sirinat
National
Park

Khao Phra Thaew
Royal Wildlife &
Forest Reserve

Ko Raet

Ao Nai
Thon

Wat Phra
Thong

Khao
Phara
(442 m)

Bang
Pae

Tha
Bang
Rong

Ban Po

Ao
Po

Ko Nakha
Yai

Cable Jungle
Adventure

Thalang

Ton
Sai

Phuket Gibbon
Rehabilitation
Centre

Ko Nakha
Noi

ANDAMANEN-
SEE

Ao Bang
Thao

Laguna
Phuket

Khao Phra
Thaew
National Park

ANDAMANEN-
SEE

Laem
Son

Hat
Surin

Thalang
National Museum

Phuket
Boat
Lagoon

Laem
Yamu

Laem
Singh

Heroinen-
Denkmal

Royal
Phuket
Marina

Hat
Kamala

Ao
Sapam

Ko Rang

Ko Yao Noi
& Ko Yao Yai
(6 km)

Hat
Kalim

Kathu
Falls

Jungle
Bungy
Jump

Sapam

Ko Maphrao

Laem
Nga

Ko Yao Noi &
Ko Yao Yai
(8 km)

Ao Patong

Kathu

Touristen-
polizei

Wachira
Hospital

Hat
Teum
Suk

Laem
Lam Jiak

Patong

Phuket
International
Hospital

Bangkok Phuket
Hospital

Khao
Rang

Ko
Sireh

Ao Karon
Noi

Chow Lair
(Chao Leh) Village

Karon

Wát Chalong

Ao
Phuket

Hat Karon

Ao Karon

Hat Karon

Phuket
Zoo

Ko Pu

Kata

Big
Buddha

Chalong

Ao
Chalong

Hat Kata

Ao Kata Yai

Hat Kata Noi

Phuket
Aquarium

Ko Phi-Phi
(42 km)

Kok Chang
Safari

Phuket
Riding Club

Ao Kata Noi

Wát
Naithon

Laem
Kha

Laem Phanwa

Hat Nai Han

Ko Lon

Laem
Phromthep

Rawai

Ao
Rawai

Ko Aew

Ko Mai
Thon

Ao Nai Han

Ko Bon

Ko Kaew
Yai

Ko Heh

Ko Kaew
Noi

Ko Raya Yai (12 km);
Ko Raya Noi (21 km)

fe statt. Vor Kata gibt's die beste Brandung am Südende der Bucht, die Wellen werden bis zu 2 m hoch. Hier haben sich auch ein paar Surf-Outfitter niedergelassen, s. S. 691. Der Hat Nai Han hat in der Nähe des Jachtclubs noch höhere Breaks (bis zu 3 m). Aber Vorsicht: Sowohl vor Kata als auch vor Nai Han gibt es einen heimtückischen, lebensgefährlichen Brandungsrückstrom!

Vor dem geschützten Hat Kalim unmittelbar nördlich von Patong gibt es eine gleichmäßige Brandung mit bis zu 3 m hohen Breaks. Es handelt sich um Hohlwellen, von denen es heißt, sie seien die besten der Insel. Der **Phuket Boardriders Club** (www. phuketboardriders.com) richtet hier im August einen Wettkampf aus. Kamalas nördlichster Strand kann mit guten, 3 m hohen Wellen aufwarten. Vor Laem Singh, etwas weiter die Küste hoch vor dem Amanpuri Resort, erreichen hohe Breaks eine ordentliche Geschwindigkeit, außerdem ist dieser Surfspot dank der mächtigen Landzunge recht windgeschützt.

Der Hat Nai Yang bietet eine stetige, sanfte Brandung. Sie ist perfekt für erfahrene Surfer, die es etwas geruhsamer lieben. Die Wellen türmen sich mehr als 200 m vor der Küste auf und werden bis zu 3 m hoch. Außerdem gibt's hier keinen Brandungsrückstrom.

Kiteboarden

Wie überall auf der Welt erfreut sich dieser Trendsport auch auf Phuket zunehmender Beliebtheit. Die drei besten Spots sind Hat Nai Yang, Karon (in der Nebensaison) und Rawai (in der Hauptsaison ideale Bedingungen für Anfänger). Die beiden Kiteboar-

---

TOP 5: SPAS AUF PHUKET

Auf Phuket scheint es an jeder Ecke einen Massagesalon zu geben. Die meisten dieser Läden sind einfache Familienbetriebe, in denen man eine traditionelle Thai-Massage für etwa 250 B pro Stunde bekommt; eine einfache Maniküre samt Pediküre kostet ca. 150 B – ein echtes Schnäppchen. Die Qualität ist unterschiedlich und ändert sich dauernd, weil das Personal ständig wechselt. Am besten entscheidet man nach Bauchgefühl oder fragt andere Traveller und das Hotelpersonal. Aber eigentlich kann man nicht viel falsch machen.

Wer eine Wellnessbehandlung nach Weststandard wünscht, wird in Phukets zahllosen Wellnessresorts fündig. Diese Spas gehören oft zu einem Nobelhotel (aber fast alle sind auch für Nichthotelgäste geöffnet). Sie sind todschick, zenmäßig eingerichtet und haben lange Listen von Anwendungen. Die Preise hängen sehr davon ab, wo sich das Spa befindet, aber meist beginnen sie bei etwa 1000 B und steigen von da an höher und höher.

Unsere fünf Lieblings-Spas:

» Das **Bua Luang Spa** (S. 707) im Anantara Phuket bietet eine hervorragende Mischung aus traditionellen Thai- und Ayurveda-Anwendungen. Wie wär's mit einem Kurkuma-Körperpeeling, gefolgt von einer thailändischen Kräutermassage?

» Das **Six Senses Spa** (☏ 0 7638 1010; www.sixsenses.com; 100 Th Viset, Hat Rawai; Zi. ab 4000 B; ✻@☎✖) im Evason Phuket Resort verfolgt in puncto Einrichtung und Lage eher eine Zurück-zur-Natur-Philosophie, ist aber auf dem neuesten Stand, was die Behandlungen angeht. Die Energising Journey (3 Std., 7600 B) ist toll: Dazu gehören ein Body-Toner, eine Energiser-Massage und am Ende eine Fuß-Akupressur.

» Im **Sala Resort & Spa** (S. 707) kann man sich in weiße asiatische Tonerde (2000 B) oder entgiftend wirkenden Seetang (2500 B) einwickeln lassen und im Anschluss daran eine Tri Phase Stone Therapy Massage (2900 B) genießen.

» Das **Hideaway Day Spa** (S. 705) in Ao Bang Thao, eines von Phukets ersten Spas, hat noch immer einen hervorragenden Ruf. Das Hideaway ist etwas preisgünstiger als andere Spas und bietet seine Behandlungen in einer ruhigen Umgebung am Rand einer Lagune an.

» Eine weitere nicht allzu teure Alternative ist das **Raintree Spa** im Sino House (S. 686) in Phuket (Stadt). Hierher kommen die Einheimischen, wenn sie Lust auf eine Behandlung haben (Massagen 500–1000 B).

ding-Anbieter auf Phuket (s. S. 706) sind Mitglied der International Kiteboarding Organization (PADI fürs Kiteboarden).

Jachtsport

Phuket gehört zu den Zielen in Südostasien, die besonders gern von Jachtfans angesteuert werden. Vor der Küste liegen die unterschiedlichsten Wasserfahrzeuge vor Anker – von 80 Jahre alten Holzschaluppen bis hin zu High-Tech-Motorjachten.

An einigen Orten gibt es jachthafenähnliche Anlagen mit ganzjährig nutzbaren Liegeplätzen.

Phuket Boat Lagoon   JACHTHAFEN
(☏0 7623 9055; Fax 0 7623 9056) Dieser Hafen befindet sich an der Ao Sapam, etwa 10 km nördlich von Phuket (Stadt) an der Ostküste. Der durch eine Mole geschützte Jachthafen mit Gezeitenkanälen bietet Liegeplätze an Pontons mit Strom und Wasser, 60- und 120-Tonnen-Hebekräne, Bootsstellflächen, ein Resort, Waschmaschinen, ein Café, Benzin sowie Reparatur- und Wartungsdienste.

Royal Phuket Marina   JACHTHAFEN
(☏0 7637 9397; www.royalphuketmarina.com) Die 25 Mio. US$ teure Royal Phuket Marina befindet sich direkt südlich der Phuket Boat Lagoon. Hier ist Luxus angesagt: schicke, neue Stadthäuser, vornehme Restaurants und ein Tagungszentrum mit Blick auf 190 Liegeplätze.

Yacht Haven Phuket Marina   JACHTHAFEN
(☏0 7620 6704; www.yacht-haven-phuket.com) Der Yacht Haven am Laem Phrao an der nordöstlichen Spitze von Phuket hat Platz für 130 Boote. Die Hafeneinfahrt ist auch für Boote mit großem Tiefgang passierbar. Außerdem gibt's ein malerisches Restaurant. Es können hier auch Wartungsarbeiten an Jachten ausgeführt werden.

Die Hafenformalitäten sind ziemlich kompliziert. Der Hafenmeister kümmert sich (natürlich gegen einen kleinen Obolus) um den Papierkram, wenn man ihm die Ankunft im Voraus mitteilt. Wer sich ein Boot ohne Skipper chartern will, sollte in der Hauptsaison mit mindestens 17000 B pro Tag rechnen.

Weitere Infos über Jachtcharter (mit und ohne Skipper) gibt's bei:

Asia Marine (www.asia-marine.net; Yacht Haven Phuket Marina)

Tawan Cruises (☏08 8194 3234; www.tawan cruises.com)

Wer einen erschwinglicheren Segeltörn machen will, sollte sich an **Phuket Sail Tours** (☏08 7897 0492; www.phuketsailtours.com; Ao Por) wenden. Die Tagestrips durch die Ao Phang-Nga (3000 B alles inkl.) sind äußerst empfehlenswert.

Reiten

Reiten kann man in Rawai (S. 690).

 Kurse

Thai-Kochkurse werden angeboten in Kata (S. 692), Phuket-Stadt (S. 685), Ko Sireh (S. 689) und Patong (S. 696).

Geführte Touren

Es ist nicht allzu schwer, geführte Touren auf Elefanten oder in Jeeps durchs Inselinnere zu finden, aber die Tier- und Umweltschützer sind da ganz sicher nicht begeistert. Also warum nicht einfach mal radeln gehen? **Amazing Bike Tours** (☏0 7628 3436; www.amazingbiketoursthailand.asia; 32/4 Moo 9, Th Chaofa, Chalong; Tagesausflug ab 1600 B), Phukets bester Newcomer in puncto Abenteuertouren, veranstaltet halbtägige Radtouren in kleinen Gruppen durch das Khao Phra Thaew Royal Wildlife & Forest Reserve und bietet fantastische Tagesausflüge nach Ko Yao Noi und zu den umwerfenden Stränden und Wasserfällen von Thai Muang in der nicht allzu weit entfernten Provinz Phang-Nga an.

Phuket mit Kindern

Kinder werden sich auf Phuket bestimmt nicht langweilen. Abgesehen von der schäbigen Seite Phukets, die sich durch das Sex-Business in Patong zeigt (man muss ja mit den Kleinen nicht dorthin gehen, obwohl das merkwürdigerweise viele Leute tun), ist der Rest der Insel ziemlich jugendfrei.

Elefantentreks kommen bei Kids immer gut an. Die besten Anbieter gibt's an der Straße Kata–Hat Nai Han. Das **Phuket Aquarium** (S. 690) und ein Besuch des winzigen **Phuket Gibbon Rehabilitation Centre** (S. 708) sind fantastische Tiererfahrungen, die mit Sicherheit Spaß machen.

Ein Erlebnis für die ganze Familie ist **Phuket Fantasea** (S. 701), ein ziemlich teures Spektakel mit Tieren, Kostümen, Liedern, Spezialeffekten, Feuerwerk und einem miesen Abendessen.

Der **Dino Park** (S. 694) in Karon hat ein Höhlenlabyrinth, Lagunen und Dino-Statuen zu bieten. Hier können die Kleinen auch Minigolf spielen.

Der größte Wasserpark in Thailand ist der **Splash Jungle** (Karte S. 679; ☎0 7637 2111; www.splashjunglewaterpark.com; Mai Khao; Erw./Kind 5–12 Jahre/Kind unter 5 Jahren 1500/750 B/frei). Vorhanden sind ein Wellenpool, ein Spielpool mit Wasserwippen und Wasserkanonen, zwölf sehr coole Wasserrutschen für jedes Alter, eine Sauna und eine Bar für Mama und Papa. Im Eintrittspreis ist der Transfer enthalten. Man wird vom Resort abgeholt.

Freiwilligenarbeit

Die **Soi Dog Foundation** (☎08 7050 8688; www.soidog.org) ist eine gut organisierte Stiftung, die sich die Sterilisation und Betreuung von streunenden Hunden zum Ziel gesetzt hat. Es werden Freiwillige gebraucht, die die Hunde füttern, aber es hilft auch, wenn man Geld für die Projekte spendet. Aktuelles und Details sind auf der Website zu finden.

ℹ Praktische Informationen

Gefahren & Ärgernisse

Während des Monsuns von Mai bis Oktober ist es wegen der enormen Wellen und starken Unterströmungen zu gefährlich zum Schwimmen. Dutzende Urlauber ertrinken jedes Jahr an Phukets Stränden, besonders in Laem Singh, Kamala und Karon. Rote Flaggen warnen Badende vor starken Strömungen und Springfluten.

Im Wasser sollte man unbedingt auf Jet-Skis achten. Jet-Skis wurden zwar 1997 durch den Gouverneur von Phuket verboten, aber mit der Durchsetzung des Verbots ist das so eine Sache.

Mit einem Motorrad durch die Gegend zu fahren, ist ein sehr riskantes Unterfangen. Jedes Jahr werden auf Phukets Straßen Tausende Menschen verletzt oder getötet. Wer nicht auf das Cruisen verzichten will, sollte Erfahrung haben und immer einen Helm tragen.

In letzter Zeit hat auch die Zahl der nächtlichen Messerstechereien und Überfälle auf Motorradfahrer auf der Straße von Patong nach Hat Karon und auf der Strecke zwischen Kata und der Gegend um Rawai–Hat Nai Han zugenommen. Es gab in der Vergangenheit auch einige sexuelle Übergriffe auf Frauen. Frauen sollten sich zweimal überlegen, ob sie sich an einsamen Stränden allein oben ohne in die Sonne legen (das ist in Thailand eigentlich sowieso tabu). Auch ist es gefährlich, frühmorgens oder spätabends allein am Strand zu joggen.

Infos im Internet

Jamie's Phuket (www.jamie-monk.com) Ein witziger Insider-Blog von einem in Phuket lebenden Expat mit tollen Fotos und Tipps.

One Stop Phuket (www.1stopphuket.com) Nutzerfreundlicher Reiseführer mit Tipps zu Buchungen übers Internet.

Phuket Dot Com (www.phuket.com) Anspruchsvolle, umfangreiche Sammlung nützlicher Informationen, u. a. zu Unterkünften.

Medizinische Versorgung

Die Krankenhäuser sind mit modernen Geräten, Notaufnahmen und Ambulanzen ausgestattet.

DIE MOO-AY-TAI-EXPLOSION IN PHUKET *ADAM SKOLNICK*

Infolge zunehmender Verbreitung und Beliebtheit der Mixed Martial Arts in den letzten Jahren haben am Strand von Phuket mehrere *moo•ay tai*-Schulen (auch *muay thai;* Thaiboxen) eröffnet, in denen sich Athleten und Athletinnen aus aller Welt ausbilden lassen können. Gemäß dem ursprünglichen *moo•ay tai*-Konzept leben die Kämpfer zusammen mit erfahrenen *moo•ay tai*-Profis in Camps.

Die ganze Sache kam durch Pricha „Tuk" Chokkuea und sein Sportstudio **Rawai Muay Thai** (☎08 1476 9377; www.rawaimuaythai.com; 43/42 Moo 7, Th Sai Yuan) ins Rollen. Er und sein Ex-Geschäftspartner Danny Avison, ein Triathlet aus Phuket, beschlossen, Touristen im Thaiboxen zu unterrichten, um an Geld für die Ausbildung von finanziell schwachen Nachwuchstalenten zu kommen, sodass diese für das Training nicht allzu tief in ihre Tasche greifen müssen – ein traditionelles *moo•ay tai*-Geschäftsmodell. Jahrelang war sein Studio das einzige in der Gegend, aber jetzt gibt's allein in Rawai mehr als ein halbes Dutzend Boxstudios.

Das beste neue Studio ist Avisons **Promthep Muay Thai Camp** (☎08 5786 2414; www.promthepmuaythai.com; 91 Moo 6, Soi Yanui). Neben der Kampfausbildung bietet Avison noch unzählige Sportprogramme an, u. a. ein Training für alle, die abspecken wollen. Aber Achtung: Wo auch immer man in den Ring steigt – die Kämpfe sind keine zahmen Showveranstaltungen für westliche Weicheier. Schwitzen, zurückzucken, kämpfen und bluten ist angesagt. Wer wirklich gut drauf ist, gewinnt vielleicht einen Kampf im Scheinwerferlicht des Bang-la-Stadions!

Die beiden folgenden Kliniken in der Nähe der Stadt Phuket haben Überdruckkammern:

Bangkok Phuket Hospital (Karte S. 679; ✆0 7625 4425; www.phukethospital.com; Th Yongyok Uthit) Angeblich der Favorit der Einheimischen.

Phuket International Hospital (Karte S. 679; ✆0 7624 9400; www.phuketinternationalhos pital.com; Th Chalermprakiat) Ärzte aus aller Welt halten dieses Krankenhaus für das beste auf der Insel.

Touristeninformation

Die wöchentlich erscheinende englischsprachige *Phuket Gazette* informiert über Aktivitäten, Events, Restaurants und Veranstaltungen sowie über die neuesten Skandale auf der Insel. Online abzurufen unter www.phuketgazette.net.

❶ An- & Weiterreise

Fähre & Schnellboot

Tha Rasada, nördlich von Phuket (Stadt), ist die Hauptanlegestelle für Boote zur Ko Phi Phi (weitere Infos s. S. 727) mit Anschluss nach Krabi, Ko Lanta, zu den Trang-Inseln, nach Ko Lipe und sogar zur Langkawi-Insel in Malaysia (wo es weitere Fährverbindungen nach Penang gibt).

Eine schnellere Verbindung nach Krabi und Ao Nang über Ko Yao bieten die Boote, die nördlich von Tha Rasada in Tha Bang Bong ablegen; Details s. S. 727.

Flugzeug

Der **Phuket International Airport** (✆0 7632 7230) befindet sich 30 km nordwestlich der Stadt Phuket. Die Fahrt von hier zu den Stränden im Süden dauert etwa 45 bis 60 Minuten.

Regionale Fluggesellschaften sind:

Air Asia (www.airasia.com) Viele Verbindungen nach Phuket. Neben täglich mehreren Flügen nach Bangkok (ca. 1480 B) gibt es auch Direktflüge nach Hongkong (5000 B), Chiang Mai (1600 B), Singapur (1400 B), Bali (2730 B) und zu weiteren Zielen.

Bangkok Airways (außerhalb der Karte S. 685; ✆0 7622 5033; www.bangkokair.com; 58/2-3 Th Yaowarat) Fliegt täglich nach Ko Samui (2380 B), Bangkok (1725 B) und in andere Städte.

Nok Air (www.nokair.com) Verkehrt zwischen Phuket und Bangkok.

THAI (Karte S. 685; ✆0 7621 1195; www.thaiair ways.com; 78/1 Th Ranong, Phuket Stadt) Hat etwa sieben Flüge täglich nach Bangkok (ab ca. 3000 B) mit Anschluss an nationale und internationale Flüge.

Auch die folgenden internationalen Fluggesellschaften fliegen nach Phuket und haben Büros in Phuket (Stadt):

Dragonair (Karte S. 685; ✆0 7621 5734; Th Phang-Nga, Phuket-Stadt).

Korean Airlines (✆0 7621 6675; 1/8-9 Th Thungkha, Phuket-Stadt).

Malaysia Airlines (außerhalb der Karte S. 685; ✆0 7621 6675; 1/8-9 Th Thungkha, Phuket-Stadt).

Silk Air (Karte S. 685; ✆0 7621 3891; www. silkair.com; 183/103 Th Phang-Nga, Phuket-Stadt).

Minibus

Alle Reisebüros auf der Insel verkaufen Fahrkarten für klimatisierte Minibusse (inkl. einer Fährüberfahrt) nach Ko Samui und Ko Pha-Ngan. Klimatisierte Minibusse fahren nach Krabi, Ranong, Trang, Surat Thani und in zahlreiche andere Orte. Die Preise sind ein wenig höher als die der Busse, die alle in Phuket Stadt anhalten (s. S. 689).

❶ Unterwegs vor Ort

Die öffentlichen Verkehrsmittel auf Phuket sind ein Albtraum. Es bleibt Travellern also nichts anderes übrig, als in ihren Resorts zu bleiben, sich ein Auto oder Motorrad (was recht gefährlich ist) zu mieten oder in ein überteuertes privates „Taxi" oder ein *túk-túk* zu steigen. Es gibt auch *sŏrng·tǎa·ous*, die von Phuket-Stadt zu den Stränden fahren. Wer aber von einem Strand zum nächsten will (z. B. vom Hat Surin zum Hat Patong), muss oft über Phuket-Stadt fahren, was Stunden dauern kann.

Näheres hierzu gibt's auch in den Abschnitten zu den einzelnen Orten, und zwar unter „Unterwegs vor Ort" – „Taxi & *sŏrng·tǎa·ou*".

Phuket (Stadt)

94 325 EW

Lange vor der Ankunft von T-Shirts und Flip-Flops war Phuket eine Insel der Gummibäume, Zinnminen und geldgierigen Händler. Die Stadt Phuket zog Unternehmer aus fernen Gegenden wie der Arabischen Halbinsel, China, Indien und Portugal an. Sie entwickelte sich zu einem bunten Schmelztiegel der Kulturen, der durch provisorische Kompromisse und Kooperation zusammengehalten wurde. Heute ist die Stadt ein Beweis für das historische Seele der Insel. Die Straßen mit der sino-portugiesischen Architektur sind gesäumt von schicken Coffeeshops, Galerien, wunderschönen, preiswerten Restaurants und hippen, kleinen Pensionen. Schaut man in die Gassen, entdeckt man in Weihrauchschwaden gehüllte chinesisch-taoistische Schreine.

Aber die Stadt ist nicht nur ein kulturelles Archiv vergangener Zeiten. Überall in der wieder aufstrebenden Altstadt sprießen moderne Kunstgalerien, Musikclubs und Restaurants aus dem Boden und locken hippe Ausländer und Thais an. Und auch die Investoren haben begriffen, dass nicht nur schöne Strände und Go-go-Bars Besucher anziehen, sondern auch Kultur. Alte Laden- und Wohnhäuser, die früher keiner haben wollte, werden aufgekauft und restauriert. Das Ergebnis heißt Gentrifizierung.

Traveller mit schmalem Geldbeutel sind in Phuket-Stadt am besten aufgehoben. Von hier kommt man mit einem der regelmäßig verkehrenden *sŏrng·tǎa·ous* gut an Phukets Strände. Die Fahrt dauert zwischen 30 Minuten und eineinhalb Stunden. Weitere Details s. S. 689.

👁 Sehenswertes

Sino-portugiesische Architektur
HISTORISCHE ARCHITEKTUR

Bei einem Spaziergang durch die Straßen Thalang, Dibuk, Yaowarat, Ranong, Phang-Nga, Rasada und Krabi kann man einen Blick auf einige der schönsten Gebäude werfen. Die Soi Romanee an der Th Thalang ist eine der stimmungsvollsten Straßen der Stadt. Die schönsten Gebäude sind die **Standard Chartered Bank** (Th Phang-Nga), Thailands älteste ausländische Bank, das **THAI-Büro** (Th Ranong) und das **alte Postgebäude**, in dem heute **Phukets Briefmarkenmuseum** (Th Montri; Eintritt frei; 🕙9.30–17.30 Uhr) untergebracht ist. Die am besten restaurierten Wohnhäuser stehen in der Th Dibuk und der Th Thalang. Das fabelhafte **Phra Phitak Chyn Pracha Mansion** (9 Th Krabi) wurde restauriert und ist jetzt ein teures Restaurant der Blue-Elephant-Kette und beherbergt auch eine Kochschule.

Schrein des heiteren Lichts
SCHREIN

(ศาลเจ้าแสงธรรม; Saan Jao Sang Tham; 🕙8.30–12 & 13.30–17.30 Uhr) Es gibt mehrere chinesische Tempel, die der Gegend einen Farbtupfer verleihen, aber der Schrein des heiteren Lichts sticht aus der Masse hervor. Er versteckt sich am Ende einer 50 m langen Gasse in der Nähe der Bangkok Bank of Commerce in der Th Phang-Nga. An den Wänden sind taoistische Radierungen zu bewundern; die gewölbte Decke ist von Weihrauchschwaden verfärbt. Frische Blumen und flackernde Kerzen hauchen dem Altar Leben ein. Der Schrein soll Mitte der 1880er-Jahre von einer einheimischen Familie errichtet worden sein.

Khao Rang
AUSSICHTSSPUNKT

(เขารัง; Phuket Hill; außerhalb der Karte S. 685) Wer sich die Stadt aus der Vogelperspektive anschauen will, sollte auf den schönen Khao Rang nordwestlich des Stadtzentrums kraxeln. Am besten unternimmt man diesen Ausflug an einem Werktag, denn dann ist es auf dem Gipfel relativ ruhig. Achtung: Die Rudel knurrender Hunde nicht aus den Augen lassen!

Phuket Thaihua Museum
MUSEUM

(พิพิธภัณฑ์ภูเก็ตไทยหัว; 28 Th Krabi; Eintritt 200 B; 🕙9–17 Uhr) Das schöne, in einem sino-portugiesischen Haus untergebrachte Museum zeigt Fotos und Exponate über Phukets Geschichte. Die Fotos im letzten Raum zeigen lokale Speisen. Wer davon hungrig wird, findet auf einer Liste die zu den Fotos gehörenden Imbissbuden samt Adresse.

🏃 Aktivitäten & Kurse

LP TIPP John Gray's Seacanoe
SEEKAJAKFAHREN

(außerhalb der Karte S. 685; ☎0 7625 4505-7; www.johngray-seacanoe.com; 124 Soi 1, Th Yaowarat) Phukets ältester, noch immer seriösester und bei Weitem umweltfreundlichster Anbieter von Kajaktouren. Und wie bei guten Markenzeichen in Thailand üblich, wurden auch der Name „Seacanoe" und die Seacanoe-Touren oft kopiert. John Gray ist im Norden von Phuket-Stadt.

ℹ **TAXIS MIT TAXAMETERN**

Wer Phukets „Taxi-Mafia" (eine Organisation überteuerter Privattaxis – sie sind oft das einzige Transportmittel, um von Strand A zu Strand B zu kommen) entkommen will, sollte sich die Telefonnummer des Fahrers eines Taxis mit Taxameter besorgen und während des ganzen Phuket-Aufenthalts nur mit diesem Taxi fahren. Am einfachsten lässt sich das gleich nach der Ankunft am Flughafen (nur dort stehen Taxis mit Taxameter) organisieren, indem man die Telefonnummer des Fahrers notiert. Wenn man aus der Ankunftshalle rauskommt, geht man nach rechts und steht nach etwa 50 m vor den Taxis mit Taxameter.

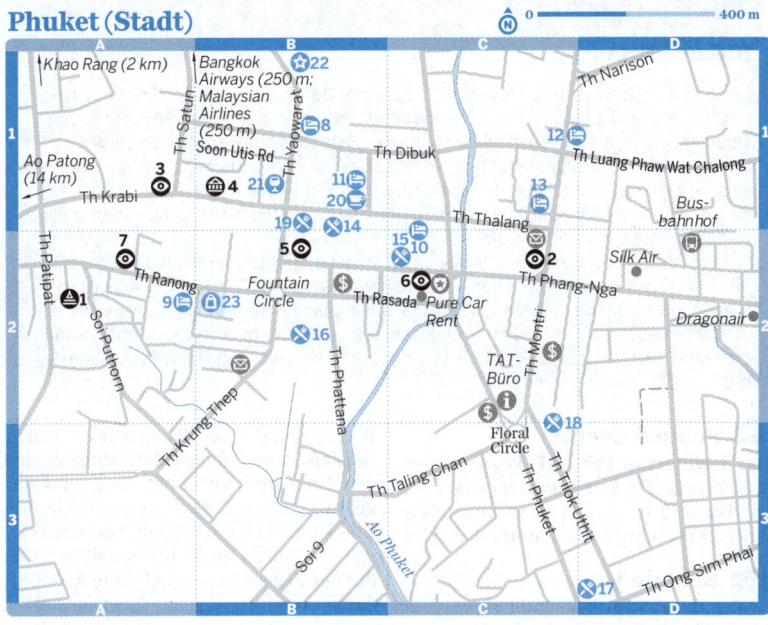

PHUKET & ANDAMANENKÜSTE PHUKET (STADT)

Phuket (Stadt)

◉ Sehenswertes
1 Jui-Tui-Tempel.................................A2
2 Altes Postgebäude............................C2
3 Phra Phitak Chyn Pracha
   Mansion.....................................A1
   Briefmarkenmuseum Phuket.......(siehe 2)
4 Phuket Thaihua Museum.....................B1
5 Schrein des heiteren Lichts.................B2
6 Standard Chartered Bank C2
7 THAI-Büro.....................................A2
   The Raintree Spa ....(siehe 12)

◉ Aktivitäten, Kurse & Touren
   Blue Elephant Restaurant &
   Kochschule.......................(siehe 3)

◉ Schlafen
8 Casa 104 ....B1
9 Chinotel A2
10 D's Corner & Guesthouse C2
11 Phuket 346 ....B1

12 Sino House C1
13 Sleep Sheep Phuket Hostel C1

◉ Essen
14 China Inn.....................................B1
15 Cook..C2
16 Ka Jok See B2
17 La Gaetana D3
18 Uptown Restaurant...........................C3
19 Wilai B1

◉ Ausgehen
20 Bo(ok)hemian B1
21 Saneha..B1

◉ Unterhaltung
22 Timber Hut B1

◉ Shoppen
23 Tagesmarkt...................................B2

Blue Elephant Restaurant & Kochschule KOCHSCHULE (☎0 7635 4355; www.blueelephant.com; 96 Th Krabi, Phuket Town; halber Tag Unterricht 2800 B) Phukets neueste Kochschule befindet sich im umwerfend gut restaurierten **Phra**

Phitak Chyn Pracha Mansion (s. S. 684), einem Herrenhaus aus 1903 im sino-portugiesischen Stil. Es gibt mehrere Angebote – von kurzen Gruppenkursen bis hin zu fünftägigem Privatunterricht (78 000 B). Zu den Morgenkursen gehört ein Marktbesuch.

BIG BUDDHA

Der **Big Buddha** (พระใหญ่; Karte S. 679) auf einer Bergkuppe nordwestlich von Chalong ist beinahe auf der halben Insel zu sehen – er bietet den besten Blick auf Phuket. Oben angekommen, sollte man dem goldenen Schrein seine Ehrerbietung erweisen und dann die Stufen zum prächtigen Plateau des Big Buddha hochgehen, um einen Blick auf die Bucht von Kata, den schimmernden Strand von Karon und – auf der anderen Seite – auf den ruhigen Hafen von Chalong zu werfen. Von hier oben sehen die Kanalinseln wie Kieselsteine aus.

Man kann die Aussicht natürlich auch für ein paar Minuten vernachlässigen und den einheimischen Handwerkern dabei zusehen, wie sie ihrem 60 Mio. B teuren, in myanmarischen Alabaster gekleideten Buddha den letzten Schliff verpassen. In den letzten 20 Jahren wurde auf Phuket ohne Ende gebaut – es bedeutet also eine Menge, wenn die Einheimischen das Big-Buddha-Projekt als Phukets wichtigstes Bauvorhaben der letzten 100 Jahre bezeichnen.

✦✦ Feste & Events

Das **Vegetarian Festival** (Vegetarierfest; s. S. 687) ist Phukets bedeutendstes Festival. Das TAT-Büro in Phuket veröffentlicht einen praktischen Veranstaltungskalender.

🛏 Schlafen

In den unzähligen Budgetunterkünften in Phuket kann man sein müdes Haupt am preiswertesten betten. Mittel- und Spitzenklassehotels finden sich an den Stränden.

Sino House HOTEL $$
(📞0 7623 2494; www.sinohousephuket.com; 1 Th Montri; Zi. 2000–2500 B; ❄@) In dieser beeindruckenden Unterkunft in der Altstadt trifft Shanghai-Stil auf *Mad-Men*-Schick. Es gibt große, modern eingerichtete Zimmer mit von Hand angefertigten Keramikwaschbecken und Eckwannen in den Bädern. Zum Hotel gehört das **Raintree Spa** (s. S. 680). Auch Dauergäste sind gern gesehen (18 000 B/Monat).

Phuket 346 PENSION $$
(📞08 7281 1898; www.phuket346.com; 15 Soi Romanee; Zi. 1300 B; ❄) Das romantische, alte Ladenhaus in der netten Soi Romanee wurde exquisit restauriert und sieht jetzt aus wie eine gemütliche Kunstgalerie. Jeweils eine Wand in den ansonsten weiß tapezierten Zimmern ist in kräftigen Farben gestrichen. Moderne Kunst fehlt in den Zimmern natürlich auch nicht. Außerdem gibt's einen Fischteich und ein Straßencafé mit Jazz-Beschallung.

Casa 104 PENSION $$
(📞0 7622 1268; 104 Th Yaowarat; Zi. ab 1000 B; ❄🌐) Umwerfend renoviertes, 100 Jahre altes Ladenhaus mit einer besonderen Lobby-Bar: burgunderrote Wände, Kronleuchter, Bambus- und Pfauenfedergestecke, aus den Lautsprechern klingt Swing aus der guten alten Zeit… Die fensterlosen Zimmer sind karger eingerichtet, aber dennoch elegant. Sie haben weiße Betonfußböden, Bäder mit Regenbrausen und echte Art-déco-Armaturen.

Chinotel HOTEL $$
(📞0 7621 4455; www.chinotelphuket.com; 133-135 Th Ranong; Zi. 1380–1780 B; ❄@🌐) Supergemütliche, saubere, neue, kleine Zimmer mit Stil: ein paar Ziegel hier, etwas Bambus dort und ab und zu eine bunt gestrichene Wand. Ein wahres Juwel mit TV, Kühlschrank und Warmwasser aus der Leitung in guter Lage!

Sleep Sheep Phuket Hostel HOSTEL $
(📞0 7621 6464; www.sleepsheepphuket.com; 243-245 Soi Dtac Shop; Zi. 650 B; ❄@🌐) Die relativ moderne Unterkunft in einer Gasse in unmittelbarer Nähe der Th Thalang hat große, in bunten Farben gehaltene Zimmer mit Warmwasser und außergewöhnlich freundliches Personal. Hier duftet es irgendwie immer nach frisch gewaschener Wäsche.

D's Corner & Guesthouse PENSION $
(📞08 3590 4828; 132 Th Thalang; Zi. 380–700 B; ❄@) Die geräumige Pension mit den riesigen, luftigen, sauberen Zimmern versteckt sich am Ende eines ungewöhnlichen Ganges. Die Begrüßung könnte zwar netter sein, trotzdem ist diese Unterkunft ihr Geld unbedingt wert. Auf den kostenlosen Frühstückstoast kann man gut und gerne verzichten, stattdessen sollte man lieber in das malaysische Café nebenan gehen.

Essen

In Phuket gibt's gutes Essen – und das auch noch sehr viel billiger als am Strand!

LP TIPP **Ka Jok See** THAI, INTERNATIONAL **$$$**
(☎0 7621 7903; kajoksee@hotmail.com; 26 Th Takua Pa; Gerichte 180–480 B; ⊙Di–So abends) Das stimmungsvolle, kleine Lokal trieft nur so vor Phuket-Charme und platzt vor Schmuck und Nippes des Besitzers fast aus allen Nähten. Geboten werden super Essen, erstklassige Musik und – wenn man Glück hat – sogar sensationelles Kabarett.

La Gaetana INTERNATIONAL **$$$**
(☎0 7625 0523; 352 Th Phuket; Gerichte 200–450 B; ⊙Mo, Di & Fr mittags, Di–So abends) Das unwiderstehlich anheimelnde Restaurant

PHUKET & ANDAMANENKÜSTE PHUKET (STADT)

VEGETARIERFEST

Ohrenbetäubender, maschinengewehrartiger Lärm erfüllt die Straßen, die von grau-braunem Rauch geschwängerte Luft ist zum Schneiden dick, und Männer und Frauen tummeln sich in den Straßen der Stadt. Ihre Wangen sind durchbohrt von Spießen und Messern oder – noch erschreckender – von Lampenständern und Ästen. Einigen fließt Blut übers Gesicht, andere haben von Peitschenhieben offene Wunden auf dem Rücken. Aber keine Angst, das ist kein Krieg, sondern das **Vegetarian Festival**, eines der wichtigsten Feste auf Phuket. Ort des Geschehens ist Phuket-Stadt.

Mit dem Fest, das in den ersten neun Tagen des neunten Mondmonats des chinesi-schen Kalenders (Ende Sept./Okt.) stattfindet, wird der Beginn des taoistischen Fas-tenmonats gefeiert, in dem gläubige Chinesen auf Fleisch verzichten. Für Außenste-hende sind die Prozessionen am interessantesten: Festwagen mit in Trachten geklei-deten Kindern, Ladyboys (gà·teu·i oder kàthoey) und Scharen von Fahnen tragenden, bunt gekleideten Jugendlichen und Männer und Frauen, die sich selbst kasteien. Die Besitzer der Läden an den Hauptstraßen Phukets stellen vor ihren Geschäften Altäre auf und bieten den neun obersten Göttern, die bei dem Fest angerufen werden, neun Tassen Tee, Räucherstäbchen, Obst, Feuerwerkskörper, Kerzen und Blumen dar.

Diejenigen, die als Medium fungieren, versinnbildlichen die neun Gottheiten wäh-rend des Fests auf der Erde, indem sie sich in Trance versetzen, ihre Wangen mit den unterschiedlichsten Gegenständen durchbohren, ihre Zungen ansägen oder sich selbst mit dornenbesetzten Metallbällen geißeln. Ungeachtet der Art der Selbstkastei-ung ziehen diese religiösen Medien (vorwiegend Männer) durch die Straßen, halten an den Altären vor den Geschäften an und nehmen das angebotene Obst mit. Sie trinken auch eine der neun Tassen Tee, schnappen sich ein paar Blumen, die sie in ihre Leibrie-men stopfen, oder zünden Feuerwerkskörper an. Aus Respekt vor den Medien, die vor-übergehend den Status von Gottheiten haben, begrüßen die Ladenbesitzer und ihre Familien sie mit der wâi-Geste. „Surreal" und „überwältigend" ist noch untertrieben!

In Phuket (Stadt) findet das Fest in fünf chinesischen Tempeln statt. Der **Jui-Tui-Tempel** in der Th Ranong ist der bedeutendste, gefolgt von den Tempeln **Bang Niew** und **Sui Boon Tong**. Auch in den Tempeln in nahen Städten wie **Kathu** (wo das Fest zuerst gefeiert wurde) und **Ban Tha Reua** finden Feierlichkeiten statt. Wer früh genug am Startpunkt der Prozession ist, kann zusehen, wie Latexhandschuhe tragende Leu-te den Gläubigen die Wangen durchstoßen. Vorsicht: Das ist nichts für Zartbesaitete! In den Tempeln finden während des Festes unterschiedliche Zeremonien statt, u. a. wird über glühende Kohlen gelaufen oder es werden Messerleitern erklommen. Zu dem Fest gehören aber auch Imbissbuden, die preiswerte Speisen anbieten. Und man hat hier die einmalige Gelegenheit, mit Einheimischen ins Gespräch zu kommen.

Das **TAT-Büro** (S. 688) veröffentlicht jedes Jahr einen Veranstaltungskalender. Das Fest findet auch in Trang, Krabi und anderen Städten in Südthailand statt.

Seltsamerweise gibt es keine Belege für diese Art von Aktivitäten in Zusammen-hang mit der taoistischen Fastenzeit in China. Hier lebende Chinesen sagen, dass das Fest von einer Theatergruppe aus China inszeniert wurde, die vor ca. 150 Jahren in Kathu Station gemacht hat. Es heißt, dass die Truppe ernsthaft krank wurde, da die Mitglieder die neun Götter des Taoismus nicht gnädig gestimmt hatten. Während ihrer neuntägigen Buße kasteiten sie sich, meditierten und aßen kein Fleisch.

Weitere Details unter www.phuketvegetarian.com.

mit nur fünf Tischen hat schwarze Beton-fußböden, farbenfrohe Wände und eine offene Küche im Hof. Auf die Tische kommen erstklassige italienische Speisen wie Entenbrust-Carpaccio und Ossobucco.

LP TIPP **Cook** ITALIENISCH, THAI $
(☎ 0 7625 8375; 101 Th Phang-Nga; Gerichte 60–120 B) Der thailändische Besitzer und Küchenchef kochte früher in einem Megaresort italienische Gerichte. Das brachte ihn auf die Idee, dieses Café mit den fast schon lachhaft niedrigen Preisen in der Altstadt zu eröffnen und zwei Kulturen miteinander zu vermischen. Das Ergebnis ist die sensationelle Pizza mit grünem Curry und Hähnchen oder die mit Schweinefleisch, Curry und Kokosmilch – göttlich.

China Inn THAI, FUSION $$
(Th Thalang; Gerichte 80–250 B) In diesem Ladenhaus aus der Zeit der Jahrhundertwende treffen Biobewegung und Phuket-Küche zusammen. Angeboten werden rotes Curry mit Krabben, zahlreiche Veggie-Gerichte, selbst gemachter Joghurt und Obst-smoothies mit Biohonig. Außerdem gibt's noch eine Galerie mit Stoffen, Schnitzereien und Kleidung aus Myanmar und Laos.

Uptown Restaurant THAI $
(Th Tilok Uthit; Gerichte 30–60 B; ⊙10–21 Uhr) Das klassische Café im chinesischen Stil macht auf den ersten Blick vielleicht nicht viel her, wenn man aber genauer hinschaut, entdeckt man auf den Fotos thailändische Promis, die hier Station gemacht haben, um die spektakulären Nudeln zu verputzen.

Wilai THAI $
(14 Th Thalang; Gerichte ab 65 B; ⊙morgens & mittags) Im Wilai gibt's Soul-Food à la Phuket, z. B. *pàt tai* mit dem gewissen Etwas und leckere *mèe sua*, gedünstete Nudeln mit Ei, Gemüse, Shrimps, Seebarschstückchen und Tintenfisch. Dazu sollte man sich einen frischen Chrysanthemensaft genehmigen.

♟ Ausgehen & Unterhaltung

Hier kann man feiern wie die Einheimischen. Die Bars schließen erst spät in der Nacht und werden fast ausschließlich von Thais und hier lebenden Ausländern besucht – quasi touristenfreie Zone!

Timber Hut CLUB
(☎ 0 7621 1839; 118/1 Th Yaowarat; Eintritt frei; ⊙18–2 Uhr) In diesem alten Clubhaus treffen sich Thais und hier lebende Ausländer seit fast 20 Jahren. Auf zwei Stockwerken

versammeln sie sich an langen Holztischen, lehnen an dicken Holzsäulen, trinken Whiskey und wiegen sich im Takt der Live-Musik. Hier wird von Hardrock über Funk bis zu Hip-Hop so ziemlich alles gespielt.

Saneha BAR
(☎ 08 1892 1001; Th Yaowarat; ⊙18 Uhr–open end) Edle, aber witzig unkonventionelle Bar mit Muschelkronleuchtern. In den vielen dunklen Ecken kann man ein Gläschen oder einen Snack genießen, flirten und den gefühlvollen Songs der Schnulzensänger auf der Bühne lauschen.

Bo(ok)hemian CAFÉ
(☎ 0 7625 2854; 61 Th Thalang; ⊙9–22 Uhr; ☎) In jeder Stadt sollte es ein derart cooles Café geben: Die offene Gestaltung über zwei Ebenen strahlt Gemütlichkeit und Modernität aus. Hier gibt's WLAN, gebrauchte Bücher, erstklassigen Kaffee und Tee sowie verdammt leckeren Schokoladenkuchen.

🛍 Shoppen

Überall in der Altstadt gibt es Schickimicki-Boutiquen mit Schmuck, Damenklamotten, Stoffen und Souvenirs. Ein paar nette Galerien verstecken sich hauptsächlich in den charmanten chinesischen Ladenhäusern in der Th Yaowarat.

Tagesmarkt MARKT
(Th Ranong) Auf diesem Markt in der Nähe des Zentrums trieben früher schon Piraten, Inder, Chinesen, Malaien und Europäer Handel. Hier werden jetzt zwar hauptsächlich Lebensmittel verkauft, aber man findet auch Textilien aus Südostasien.

❶ Praktische Informationen

In der Gegend um die Th Phuket, Th Ranong, Th Montri und Th Phang-Nga gibt's zahlreiche Internetcafés und Geldautomaten.

Hauptpost (Th Montri; ⊙Mo–Fr 8.30–16, Sa 9–12 Uhr)

Polizei (☎191, 0 7622 3555; Ecke Th Phang-Nga & Th Phuket)

TAT-Büro (☎ 0 7621 2213; www.tat.or.th; 73-75 Th Phuket; ⊙8.30–16.30 Uhr) Hier bekommt man Karten, Infobroschüren, eine Liste mit den Standardpreisen der *sŏrng·tăa·ous* zu den verschiedenen Stränden und den empfohlenen Preisen für Mietwagen.

❶ Anreise & Unterwegs vor Ort
Auto

Preiswerte Autovermieter gibt's in der Th Rasada in der Nähe von **Pure Car Rent** (☎ 0 7621

1002; www.purecarrent.com; 75 Th Rasada).
Dieser Vermieter ist eine gute Wahl: Suzuki-Jeeps kosten hier ca. 1200 B pro Tag (inkl. Versicherung). In der Nebensaison können die Preise bis auf 750 B fallen. Wer ein Auto für eine Woche oder länger mietet, müsste einen Rabatt aushandeln können.

Die Preise der einheimischen Vermieter sind immer niedriger als die der internationalen Firmen, wenn man aber im Voraus bucht, kann man auch bei den bekannten Autovermietern ein Schnäppchen machen.

Bus

Der **Busbahnhof** (📞 0 7621 1977) befindet sich direkt östlich des Stadtzentrums. Von hier sind viele Hotels gut zu Fuß zu erreichen. Die Busse fahren u. a. die folgenden Ziele an:

ZIEL	BUSTYP	PREIS	DAUER
Bangkok	2. Klasse	487 B	15 Std.
	klimatisiert	626 B	13–14 Std.
	VIP	974 B	13 Std.
Hat Yai	klimatisiert	556 B	6–7 Std.
Ko Sa-mui	klimatisiert	430 B	8 Std. (Bus/Boot)
Krabi	normal	95 B	4 Std.
	klimatisiert	145 B	3½ Std.
Phang-Nga	normal	120 B	2½ Std.
Ranong	normal	209 B	6 Std.
	klimatisiert	270 B	5 Std.
Surat Thani	normal	195 B	6 Std.
	klimatisiert	240 B	5 Std.
Trang	klimatisiert	240 B	5 Std.

Vom/Zum Flughafen

Egal was einem die Schlepper und Taxifahrer am Flughafen weismachen wollen, es gibt sie wirklich, die orangefarbenen **staatlichen Flughafenbusse** (www.airportbusphuket.com; Ticket 85 B). Sie verkehren zwischen 6 und 19 Uhr stündlich zwischen dem Flughafen und der Stadt Phuket via Heroinen-Denkmal. Außerdem kommt man für 150 B pro Person auch mit einem der Minibusse vom Flughafen in die Stadt. Die Fahrt an die Strände in Patong, Kata und Karon kostet 180 B, es müssen aber genügend Fahrgäste da sein. Für Privatwagen vom Flughafen nach Phuket-Stadt muss man 500 B hinblättern, für Fahrten vom Flughafen an die Strände 700 bis 1000 B. Taxifahrten in einem Wagen mit Taxameter zu jedem Punkt auf der Insel sollten (inkl. Flughafensteuer) nicht mehr als 550 B kosten.

Motorrad

In der Th Rasada nahe dem Pure Car Rent und an verschiedenen Stellen am Strand können Traveller Motorräder mieten. Sie kosten je nach Saison ungefähr zwischen 200 und 300 B pro Tag. Größere Maschinen (über 125 ccm) bekommt man in Patong, Kata, Rawai und Karon.

Sŏrng·tăa·ou & Túk-túk

Große *sŏrng·tăa·ous* fahren regelmäßig von der Th Ranong in der Nähe des Tagesmarkts zu den verschiedenen Stränden (25–40 B/Pers.). Details stehen in den Abschnitten zu den jeweiligen Zielorten. Die Fahrzeuge verkehren zwischen 7 und 17 Uhr; zu anderen Zeiten muss man ein *túk-túk* nehmen, um an die Strände zu kommen. Nach Patong zahlt man 500 B, nach Karon und Kata 500 B, nach Rawai 340 bis 400 B und nach Kamala 600 B. Hier ist Feilschen angesagt. Man sollte sich nicht erzählen lassen, dass die Touristeninformation 5 km weit weg ist, dass man nur per Taxi an den Strand kommt, oder gar dass man ein Taxi braucht, um vom Busbahnhof ins Stadtzentrum zu kommen (der Busbahnhof ist mehr oder weniger im Stadtzentrum). Für eine Fahrt durch die Stadt sollten *túk túk*-Fahrer nicht mehr als 100 bis 200 B nehmen.

Motorradtaxis kosten in der Stadt 30 B.

Ko Sireh
เกาะสิเหร่

Diese winzige Insel 4 km östlich der Bezirkshauptstadt ist durch eine Brücke mit dem Festland verbunden. Bekannt geworden ist das Eiland durch sein *chow lair*-Dorf (auch *chao leh*) und einen liegenden Buddha im **Wat Sireh**.

Die größte *chow lair*-Siedlung Thailands ist nicht viel mehr als ein von Armut geprägter Haufen Blechhütten auf Stelzen mit einem Seafood-Restaurant. Die Urak Lawoi, die sesshafteste der drei *chow lair*-Gruppen, leben nur zwischen dem Mergui-Archipel und dem Tarutao-Langkawi-Archipel und sprechen eine kreolisierte Mischung aus Malaysisch und Mon-Khmer.

Die einzige Straße auf der Insel führt vorbei an ein paar Wohnhäusern, Garnelenfarmen, unzähligen Kautschukplantagen und einem unberührten Waldstück. An der Ostküste gibt es den öffentlichen Strand **Hat Teum Suk** und die großartige Kochschule **Phuket Thai Cookery School** (📞0 7625 2354; www.phuketthaicookeryschool. com; Ko Sireh; Kurse ab 2500 B/Tag; ⏰8.30–17 Uhr). In dieser stark frequentierten Kochschule an einem ruhigen Uferabschnitt an der Ostküste von Ko Sireh wird man mit den aromatischen thailändischen Gewürzen bekannt gemacht. Die Kurse dauern bis zu sechs Stunden. Die Schüler werden von den Hotels abgeholt. Zum Unterricht gehören ein Marktbesuch und ein Kochbuch.

Laem Phanwa เเหลมพันวา

Laem Phanwa ist ein traumhaftes, bewaldetes, längliches Kap südlich von Phuket. Das **Phuket Aquarium** (Karte S. 679; ☎0 7639 1126; www.phuketaquarium.org; Erw./Kind 100/50 B; ☺8.30–16.30 Uhr) an der Spitze des Kaps beherbergt eine bunte Schar tropischer Fische und anderer Meereslebewesen. Bei einem Spaziergang durch einen Tunnel kann man die Unterwasserfauna erkunden.

Die raueren Strände und Buchten werden durch felsige Landzungen und Mangroven geschützt. Die kurvenreiche Küstenstraße ist reinste Magie. Wer es nicht schafft, sich loszureißen, kann im neu renovierten **Cape Panwa Hotel** (☎0 7639 1123; www.capepanwa.com; 27 Moo 8, Th Sakdidej; Zi. ab 6100 B; ✳🌐✉🅿), einem familienfreundlichen Vier-Sterne-Haus an einem einsamen, 400 m langen, weißen Sandstrand, übernachten.

Beim Essen in den **Seafood-Restaurants** am Ufer des Kaps Laem Phanwa kann man wunderbar die Seele baumeln lassen und die vorbeiziehenden Ruder- und Fischerboote beobachten.

Das Kap erreicht man, indem man auf der Rte 4021 in Richtung Süden fährt und dann gleich hinter Phuket-Stadt in die Rte 4023 abbiegt.

Rawai ราไวย์

Rawai ist gerade total angesagt. Und genau deshalb wimmelt es an der sich schnell entwickelnden Südküste der Insel Phuket nur so von Ruheständlern, Thais und ausländischen Unternehmern. Auch viele Dienstleistungsfirmen haben sich mittlerweile hier angesiedelt.

Die Gegend ist nicht nur von ihren Stränden geprägt, sondern auch durch üppig grüne Hügel, die steil in die Andamanensee abfallen und Phukets südlichsten Punkt, **Laem Promthep**, bilden. Stichstraßen führen in kleine Ortschaften, die nur durch ein paar Straßen miteinander verbunden sind. Obwohl dieses Fleckchen Erde immer beliebter wird, ist man hier auch heute noch – vor allem am Strand – der Natur relativ nahe.

◉ Sehenswertes & Aktivitäten

Der sichelförmige **Hat Nai Han** mit seinem weißen Sand, den Kasuarinen, den in den Wellen schaukelnden Jachten, dem Wat Nai Han und den guten Surf-Breaks während der Monsunzeit ist der beste Strand der Gegend. Es gibt aber auch noch kleinere, versteckte Strände, die genauso malerisch sind. Dem **Hat Rawai** allerdings geht die Schönheit des Hat Nai Han ab. Er ist ein felsiger Hafen für Longtail- und Schnellboote – perfekt geeignet, wenn man eine Imbissbude aufmachen möchte. Von denen gibt es schon eine ganze Menge. Sie gehören Einheimischen und bieten alle leckere gegrillte Meeresfrüchte an.

Rawai ist auch ein gutes Fleckchen, um Kiteboarden zu lernen (s. S. 706).

Vom Hat Rawai kann man mit Longtail- und Schnellbooten zu den Schnorchelspots vor den ruhigen Inseln Ko Bon (Longtail-/Schnellboot 800/2000 B), Coral Island (1200/3000 B) und Ko Kai (4000/8000 B) fahren. Das Maximum sind sechs Fahrgäste.

Der **Phuket Riding Club** (☎0 7628 8213; www.phuketridingclub.com; 95 Th Viset, Rawai) bietet einstündige (800 B/Pers.) und zweistündige (1500 B/Pers.) Ausritte in den Urwald rund um Rawai und an die nahe gelegenen Strände an.

In Rawai können Interessierte auch *moo•ay tai* (auch *muay Thai*) lernen (s. S. 682).

🛏 Schlafen

Alle Unterkünfte am schönen Hat Nai Han sind über eine schmale, holprige Asphaltstraße, die am Parkplatz des Phuket Yacht Club beginnt (man darf an dem Wachtposten vorbeifahren), zu erreichen. Wer kein Auto hat, kann in Rawai für 500 B ein Longtail-Boot nehmen.

Vijitt HOTEL $$$
(☎0 7636 3600; www.vijittresort.com; 16 Moo 2, Th Viset, Hat Nai Han; Villa ab 7800 B; ✳) In der wohl elegantesten Unterkunft der Gegend stehen Gästen Deluxe-Villen mit Kalksteinfußböden, großen Badewannen, Außenduschen und Terrassen mit traumhaftem Blick aufs Meer zur Verfügung. Von dem umwerfenden Infinity Pool mit dem schwarzen Boden hat man einen tollen Blick auf den Friendship Beach.

Ao Sane Bungalows HOTEL $
(☎0 7628 8306, 08 1326 1687; 11/2 Moo 1, Th Viset, Hat Nai Han; Bungalow 600–850 B; ✳) Die

klapprigen Holzbungalows mit Kaltwasserduschen und Ventilator stehen an einem einsamen Strand mit unbezahlbarem Blick auf die Ao Sane und die Ao Nai Han. Es gibt ein Restaurant am Strand und ein Tauchzentrum. Die Atmosphäre ist gediegen hippiemäßig.

Royal Phuket Yacht Club HOTEL $$$

(☎0 7638 0200; www.royalphuketyachtclub.com; 23/3 Moo 1, Th Viset, Hat Nai Han; Zi. ab 6800 B; ❄@☒) Diese Unterkunft mit einem Touch der Eleganz aus der guten alten Zeit, der grandiosen Lobby-Bar und den surrenden Ventilatoren ist noch immer das Ziel vieler Jachtbesitzer aus fernen Ländern. Die Zimmer mit den großen Terrassen, von denen man einen umwerfenden Blick auf die Bucht hat, bieten jeden nur erdenklichen Komfort. Wenn man sich den Nebensaisonrabatt erschnorrt, ist das Preis-Leistungs-Verhältnis wirklich super.

✗ Essen & Ausgehen

Abgesehen von den im Folgenden aufgeführten Restaurants gibt's an der Straße am Nordende von Hat Rawai Dutzende guter **Seafood-Grills**, in denen der Fang des Tages zubereitet wird.

LP TIPP **Rum Jungle** RESTAURANT $$$

(☎0 7638 8153; 69/8 Th Sai Yuan; Gerichte 300–500 B; ☺abends, So geschl.) Das beste Restaurant der Gegend – und eines der besten Restaurants auf Phuket – befindet sich in Familienhand. In der Küche wirbelt ein genialer Australier um die Töpfe herum. Die Hüfte vom Neuseeland-Lamm ist göttlich, ebenso sind es die gedünsteten Venusmuscheln und die Pastasaucen. Alles – auch der Pampero on the Rocks – wird unter einem Strohdach bei ausgezeichneter Weltmusik serviert.

Nikita's BAR

(☎0 7628 8703; Hat Rawai; ☺11 Uhr–open end) Das Nikita's an Phukets Südküste ist ein nettes Lokal im Freien mit Blick aufs Wasser, in dem man relaxt Kaffee, grünen Tee, Shakes und Cocktails schlürfen kann. Wer Hunger hat, kann sich im dazugehörigen Restaurant Baan Rimlay eine Pizza aus dem Holzkohlenofen für 200 B bestellen.

ⓘ An- & Weiterreise

Rawai liegt ca. 18 km südlich von Phuket-Stadt. Von Phukets Fountain Circle an der Th Ranong fahren *sŏrng·tăa·ou* (30 B) hierher – einige, aber nicht alle fahren auch weiter bis zum Hat

Nai Han, also besser vorher fragen! Die *túk-túk*-Fahrt von Rawai nach Nai Han erleichtert die Reisekasse um 200 B.

Mit Taxis (eigentlich Privatwagen) kommt man von Rawai und Hat Nai Harn zum Flughafen (700 B), nach Patong (500 B) und nach Phuket-Stadt (500 B).

Hat Kata หาดกะตะ

Kata lockt mit seinen Shoppingmöglichkeiten und dem belebten Strand Urlauber an, die von dem zwielichtigen Trubel in Patong weiter oben an der Küste nichts wissen wollen. Es gibt vielleicht nicht gerade einsame Strandabschnitte, dafür aber jede Menge zu tun und viele lässige Leute, mit denen man ein Bierchen zischen kann.

Hier herrschen in der Zwischensaison und in der Regenzeit prima Surfbedingungen. Es gibt traumhafte Spas, in denen man sich verwöhnen lassen kann, und fantastisches Essen. Eine felsige Landzunge trennt den Strand in zwei Abschnitte, die von Phukets „Straße der Millionäre" miteinander verbunden werden. Hat Kata Yai ist der nördliche Teil, der abgeschiedenere Hat Kata Noi der südliche. An beiden gibt es jede Menge goldgelben Sand und entspannte Sonnenanbeter.

Die Haupteinkaufsstraße Th Thai Na verläuft senkrecht zur Küste. Hier befinden sich die meisten Restaurants und Geschäfte sowie auch einige preiswertere Unterkünfte.

◉ Sehenswertes & Aktivitäten

Gute Schwimmer können die kleine Insel **Ko Pu** durchs Wasser erreichen. Unterwegs kommt man an schönen Korallenriffen vorbei. Aber Vorsicht vor dem Brandungsrückstrom! Auf die roten Flaggen achten und nicht durch die Brecher tauchen! **Dive Asia** (☎0 7633 0598; www.diveasia.com; 24 Th Karon, Kata) ist ein guter Tauchveranstalter. Eine zweite Filiale gibt es in der Nähe vom Karon Beach (623 Th Karon).

Sowohl Hat Kata Yai als auch Hat Kata Noi bieten von April bis November gute **Surfwellen**. Bretter kosten pro Stunde zwischen 100 und 150 B oder pro Tag zwischen 300 und 600 B. Gut sind:

Phuket Surf (☎08 7889 7308, 08 1684 8902; www.phuketsurf.com) An der südlichen Bucht von Hat Kata Yai gibt's die besten Breaks. Surfunterricht kostet hier ab 1500 B pro halbem Tag, für die Bretter zahlt man 100/300 B pro Stunde/Tag. Weitere Infos zu den Surfspots finden sich auf der Website.

Phuket Surfing (✆ 0 7628 4183; www.phuketsurfing.com) Dieser Anbieter ist direkt vor dem Phuket Surf in dem gleichen Gebäude wie Nautilus Dive ansässig und vermietet Bretter für 100 bis 150 B die Stunde.

Wer nach einer Alternative zu dem Trubel à la St. Tropez am Hat Kata Noi sucht, sollte, kurz bevor die Hauptstraße nach Karon ansteigt, in Richtung Westen (links) abbiegen. Man passiert dann ein paar Thai-Lokale und erreicht schließlich den schönen, einsamen Strandabschnitt am felsigen Nordzipfel (d.h. Hat Kata Yai), wo die Longtail-Boote im Wasser schaukeln. Dort kann man sich Strandstühle, Sonnenschirme und Schnorchelausrüstung leihen. Für kalte Getränke ist ebenfalls gesorgt.

🛶 Kurse

Kata Hot Yoga YOGA
(✆ 0 7660 5950; www.katahotyoga.com; 217 Th Khoktanod; 420 B/Sitzung) Lust auf noch mehr Schwitzen? Dann könnte eine der dreimal täglich stattfindenden Sitzungen genau das Richtige sein.

Mom Tri's Cooking Class KOCHEN
(✆ 0 7633 0015; www.boathousephuket.com; 2/2 Th Kata (Patak West), Hat Kata; pro Pers. Tag/Wochenende 2200/3500 B) Fantastischer Wochenendkochkurs unter der Leitung des namhaften Chefkochs Rattana.

🛏 Schlafen

Die im Folgenden genannten Durchschnittspreise beziehen sich auf die Hauptsaison (Mai–Okt.). Wie in Patong wird es auch hier immer schwerer, in der Hauptsaison eine Unterkunft für unter 1000 B zu finden. Wenn nur noch wenige Touristen hier sind, fallen die Preise stark.

Die besten Unterkünfte befinden sich in der Th Kata (alias New Road).

LP TIPP **Mom Tri's Villa Royale** HOTEL $$$
(✆ 0 7633 3568; www.villaroyalephuket.com; Suite inkl. Frühstück ab 12 500 B; ❋ @ ☎ ⛱) Die Villa Royale versteckt sich in einem abgelegenen Winkel von Kata Noi und hat einen großartigen Ausblick zu bieten. In dem romantischen Haus mit dem fabelhaften Restaurant werden wunderschöne Zimmer vermietet, die aus einem Hochglanzmaga-

zin stammen könnten. Zu den angebotenen Freizeitoptionen zählen das **Spa Royale** und ein Salzwasserpool – eine gezähmte Version des echten Meeres, das nur wenige Schritte entfernt ist.

Sawasdee Village HOTEL $$$
(✆ 0 7633 0979; www.phuketsawasdee.com; 38 Th Ked Kwan; Bungalow 6500–8500 B; ❋ @ ☎ ⛱) Kompaktes Boutiqueresort im klassischen Thaistil mit viel üppigem Grün. Die verschnörkelten Spitzdachbungalows mit Holzfußböden und unverkleideten Deckenbalken stehen mitten in einem üppigen tropischen Garten mit Wasserfällen und Kanälen, in denen sich *kois* (Karpfen) tummeln. Buddhistische Kunstinstallationen und ein Spa fehlen natürlich auch nicht. Alles in allem eine einzigartige und gastliche Unterkunft.

Caffe@Caffe PENSION $$
(✆ 0 7628 4005; www.caffeatcaffe.com; 100/60-61 Th Kata; Zi. 1800 B; ❋ ☎) Gemütliche, hippe Unterkunft mit gefliesten Zimmern, goldfarbenen Tapeten und weiß gestrichenen Wänden, gestreiften Tagesdecken, Mini-Balkonen, Kühlschränken und TV. Im Erdgeschoss des dreistöckigen Hauses befindet sich ein modernes Café.

Mom Tri's Boathouse HOTEL $$$
(✆ 0 7633 0015; www.boathousephuket.com; 2/2 Th Kata (Patak West); Zi. 9600–25 000 B; ❋ ☎ ⛱) Für Politiker, Popstars, Künstler und berühmte Schriftsteller gibt es auf Phuket keine schönere Alternative zu diesem gemütlichen Boutiquehotel. Einige der tollen, geräumigen Zimmer haben große, luftige Veranden. Manche Gäste meinen, das Boathouse sei etwas altmodisch, aber eigentlich bestreitet auch niemand, dass man hier in erster Linie wegen des Essens übernachtet. Das Restaurant Boathouse Wine & Grill (S. 693) ist eines der besten der Insel.

Honey Resort HOTEL $$
(✆ 0 7633 0938; www.honeyresort.com; 100/69 Th Kata; Zi. 3400–3900 B; ❋ ☎) Geräumige, neue Zimmer mit (geschmackvollen!) Holzpaneelen, Sitzbänken, Einbauschränken, Schreibtischen, Bädern und Waschtischen aus Marmor. Natürlich gibt es kostenloses WLAN und Flachbild-TVs. Einige Werbeangebote sind schon fast lächerlich günstig und selbst die Standardpreise sind klasse.

Katathani Resort & Spa HOTEL $$$
(✆ 0 7633 0124; www.katathani.com; 14 Th Kata Noi; Zi. ab 7800 B; ❋ ☎ ⛱) Das schicke Spa-

Resort nimmt einen ziemlich großen Teil des relativ ruhigen Hat Kata Noi ein und bietet das Übliche in eleganter Umgebung: ein Spa, einige Pools und viel Platz. In der Nebensaison gibt's oft tolle Angebote.

Sugar Palm Resort
HOTEL $$

(☑0 7628 4404; www.sugarpalmphuket.com; 20/10 Th Kata; Zi. inkl. Frühstück 3700–5200 B; ✳@🛜🏊) Das Resort im Miami-trifft-Thailand-Stil brüstet sich damit, eine „schicke, entspannte Welt" zu sein. Die gemütlichen, in Weiß, Schwarz und Lavendel gehaltenen Zimmer haben ein außergewöhnlich gutes Preis-Leistungs-Verhältnis. Sie sind alle um einen u-förmigen Pool mit schwarzem Boden angeordnet. Das Hotel steht in Katas lebendiger Shopping- und Restaurantstraße und ist einen Block vom Strand entfernt.

Fantasy Hill Bungalow
HOTEL $

(☑0 7633 0106; fantasyhill@hotmail.com; 8/1 Th Patak; Zi. mit Ventilator/Klimaanlage 450/800 B; ✳) Die älteren, aber gepflegten Bungalows in einem üppig grünen Garten sind ihr Geld unbedingt wert: Sie sind ruhig, aber dennoch zentral gelegen und werden von supernettem Personal gepflegt. Man sollte versuchen, ein Eckzimmer mit Klimaanlage und tollem Blick zu bekommen.

🍴 Essen

Es gibt erstaunlich gutes Essen in Kata, das aber auch seinen Preis hat. Wer nicht so tief in die Tasche greifen will, sollte die Lokale in der Th Thai Na aufsuchen oder in die günstigeren Seafood-Restaurants in der Th Kata (Patak West) in Küstennähe gehen.

Boathouse Wine & Grill
MEDITERRAN $$$

(☑0 7633 0015; www.boathousephuket.com; 2/2 Th Kata (Patak West); Hauptgerichte 450–950 B; ☻morgens, mittags & abends) Der perfekte Ort, um sein wählerisches Date zu begeistern: Auch die einheimischen Feinschmecker treffen sich hier immer wieder. Die Atmosphäre ist vielleicht ein wenig spießig, aber dafür ist das Boathouse halt *das* Restaurant in Phuket. Die mediterrane Fusion-Küche ist sagenhaft, die Weinkarte endlos und der Blick aufs Meer grandios.

LP TIPP Capannina
ITALIENISCH $$

(☑0 7628 4318; capannina@fastmail. fm; 30/9 Moo 2, Th Kata; Hauptgerichte 200–700 B) Hier wird alles – von der Pasta bis zu den Saucen – frisch zubereitet, und das schmeckt man. Die Ravioli und Gnocchi sind unvergesslich, das Risotto ist wärmstens zu empfehlen und auch die Pizzas,

Calzones und Mailänder Kalbsschnitzel schmecken lecker. In der Hauptsaison wird's hier voll, da sollte man reservieren.

Oasis
FUSION $$$

(☑0 7633 3423; Th Kotanod; Gerichte 350–600 B) Zwei Restaurants in einem: oben eine asiatische Fusion-Tapas-Bar mit Livejazz, unten ein gutes Restaurant, in dem man im Kerzenschein auf der Terrasse frisches Barrakuda-Filet mit sonnengetrockneten Kräutern verspeist und dabei die Papierlaternen beobachtet, wie sie in den Bäumen schaukeln.

Thai Kitchen
THAI $

(Th Thai Na; Gerichte 80 B; ☻morgens, mittags & abends) Die Faustregel lautet: Wenn ein einfaches Straßencafé voller Thais ist, muss das Essen umwerfend sein. Die Gerichte mit grünem Curry (Achtung: Da läuft die Nase!) und die Glasnudeln sind hervorragend. Das Lokal ist nur ein paar Schritte von der, ähm, „Pussy Bar" entfernt.

🍷 Ausgehen

Das Nachtleben in Kata ist recht locker.

Ska Bar
BAR

(☻open end) Unsere Lieblingsbar versteckt sich an Katas südlichster Bucht in den Felsen und scheint mit dem Stamm eines schönen, alten Banyanbaums verschlungen zu sein. Hier kann man ganz wunderbar einen Sundowner am Meer genießen. Die thailändischen Barkeeper tragen zu dem lässigen Rasta-Vibe bei. Unterm Dach schaukeln Bojen, Papierlaternen und die Flaggen von zehn Ländern im Wind.

Ratri Jazztaurant
BAR

(☑0 7633 3538; Kata Hill; ☻18–24 Uhr) Auf der Terrasse die Seele baumeln lassen, dem Livejazz lauschen, den Sonnenuntergang bewundern und Thai-Essen genießen (Gerichte 145–345 B) – *das* nennt man Urlaub!

ℹ️ Praktische Informationen

Geldautomaten gibt's an Katas Hauptstraße en masse.

Post (☻Mo–Fr 9–16.30, Sa 9–12 Uhr) An der Rte 4028, am Ende der Th Thai Na.

ℹ️ Anreise & Unterwegs vor Ort

Sŏrng·tăa·ous fahren zwischen 7 und 17 Uhr regelmäßig vom Tagesmarkt an der Th Ranong in Phuket nach Kata und Karon (25 B/Pers.) Die Haupthaltestelle der *sŏrng·tăa·ous* in Kata ist vor dem Kata Beach Resort.

Taxis fahren von Kata nach Phuket-Stadt (600 B), Patong (600 B) und Karon (200 B).
Leihmotorräder kriegt man fast überall (300 B/Tag).

Hat Karon & Hat Kata

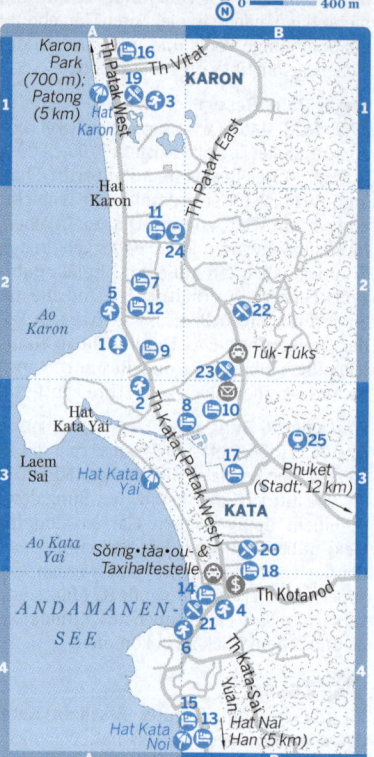

Hat Karon หาดกะรน

Karon ist ein Mittelding zwischen Patong und Kata: Einerseits geht es entspannt und ein klein wenig glamourös zu, andererseits gibt es auch ein paar leicht schäbige, anrüchige Ecken. Es existieren zwei Megaresorts, und jede Menge Pauschaltouristen kommen hierher, doch man hat noch immer mehr Platz am Strand als die Urlauber in Patong oder Kata. Je weiter man nach Norden kommt, desto schicker und schöner wird der Strand. Am tollsten ist es am nördlichsten Zipfel, wo das Wasser glasklar und türkisfarben ist. Hin kommt man über eine holprige Straße, die Verkaufsstände und Imbissbuden säumen.

In den Straßen und auf den Plätzen von Karon finden sich eine bunte Mischung guter Lokale – einige davon mit recht skandinavischem Ambiente –, sowie billige Gogo-Bars, T-Shirt-Verkäufer und der hübsche **Karon Park** mit seinem künstlich angelegten See vor einem Berg. Und davor liegt ein schöner Strand.

Jurassic Park trifft im **Dino Park** (☑0 7633 0625; www.dinopark.com; Th Patak West, Karon; Erw./Kind 240/180 B; ⊙10–24 Uhr) auf Minigolf. Dieser skurrile Park am Südzipfel des Hat Karon beherbergt ein Höhlenlabyrinth, grüne Gärten, Dino-Statuen und natürlich Putting-Greens für Golfer.

🛏 Schlafen

Mövenpick   HOTEL $$$
(☑0 7639 6139; www.moevenpick-hotels.com; 509 Th Kata (Patak West); Zi. ab 5900 B; Villa ab 7000 B; ❋🛜⛱) Hier wohnen Gäste in lauschigen Villen mit eigenem Pool und Außendusche oder in ultramodernen Hotelzimmern mit Fenstern vom Boden bis zur Decke. Außer mit seiner tollen Lage gegenüber einem schönen Strand punktet das Mövenpick mit einem großen Pool mit Schwimmbar, einem Spa und einem Freiluft-Restaurant mit Bar.

Karon Beach Resort   HOTEL $$$
(☑0 763 3006; www.katagroup.com; 51 Th Kata (Patak West); Zi. ab 7500 B; ❋🛜⛱) Das Resort am Südende des Hat Karon hat durchaus elegante Features zu bieten: von buddhistischen Skulpturen in den nach Jasmin

duftenden Fluren bis hin zu Stuck an den Decken, Holzmöbeln, Keramikfliesen und kuscheligen Tagesdecken in den Zimmern. Und die Balkone mit dem fantastischen Blick aufs Meer erst…

In On The Beach   HOTEL $$
(☑0 7639 8220; www.karon-inonthebeach.com; 695-697 Moo 1, Th Patak; Zi. ab 3500 B; ❋@🛜⛱) Nette, geschmackvolle Unterkunft am Karon Park in grandioser Lage. Die Zimmer mit Marmorfußböden, WLAN, Klimaanlage und Deckenventilatoren bieten einen tollen Blick aufs Wasser. Außerdem lädt ein hufeisenförmiger Pool zum Schwimmen ein. In der Nebensaison gibt's einen dicken Rabatt, dann ist dieses Hotel die perfekte Bleibe für Surfer.

Andaman Seaview Hotel   HOTEL $$$
(☑0 7639 8111; www.andamanphuket.com; 1 Soi Karon, Th Kata (Patak West); Zi. ab 4800 B; ❋🛜⛱🛗) Das Design mit der himmelblau-weißen Fassade und dem Marmorfußbo-

PHUKET & ANDAMANENKÜSTE HAT KARON

den mit Schachbrettmuster in der Lobby erinnert an Cape Cod. Es herrscht überall eine familiäre Atmosphäre. Die Zimmer im Americana-Stil der Jahrhundertwende sind mit Marmortischen, antiquierten Deckenventilatoren, Art-déco-artigen Badezimmerfliesen und weißen Schränken mit Lamellentüren ausgestattet. Es gibt ein blubberndes Kinderbecken und einen Pool für die Großen.

Kangaroo Guesthouse PENSION $
(☎0 7639 6517; 269/6-9 Karon Plaza; Zi. 800 B; ❄🛜) Einfache, aber sehr saubere, hell geflieste Zimmer mit Warmwasser, Klimaanlage, einer niedlichen Essecke und Balkon mit Blick auf eine schmale, leicht zwielichtige *soi*.

✖ Essen & Ausgehen

Es gibt ein paar günstige Thai- und Seafood-Lokale am Kreisverkehr am Nordende des Hat Kata (sowie auch einige überdachte Seafood-Restaurants am Strand 100 m weiter nördlich) und eine ähnliche Ansammlung an der Hauptstraße in der Nähe des Südzipfels des Hat Karon.

LP TIPP **Pad Thai Shop** THAI $
(Th Patak East; Gerichte 40 B; ☺morgens, mittags & abends) Dieser tolle Imbiss befindet sich an der belebten Hauptstraße hinter Karon, direkt nördlich der geschmacklosen Ping Pong Bar. Hier gibt's leckeren, sättigenden Hühnereintopf (der allein schon eine Erwähnung in einem Reiseführer wert wäre) und das beste *pàt tai* der Welt: würzig und süß, vollgestopft mit Garnelen, Tofu, Ei und Erdnüssen und in ein frisches Bananenblatt gewickelt – unglaublich gut. Gegen 19 Uhr ist hier Zapfenstreich.

Bai Toey THAI $$
(☎08 1691 6202; Soi Old Phuket; Gerichte 200–250 B) Reizendes Thai-Bistro mit Tischen auf der schattigen Veranda und im Innenraum. Hier kommen traditionelle Curry-, Pfannen- und Nudelgerichte aus der Küche. Unbedingt probieren sollte man das auf Thai-Art gegrillte Rindfleisch. Das in Scheiben geschnittene und mit Austernsauce bestrichene Filet wird mit Klebreis (200 B) serviert.

Nakannoi BAR
(☎08 7898 5450; Karon Plaza; ☺17–1 Uhr) Ein unkonventionelles Plätzchen mit künstlerischem Touch: Originalgemälde hängen an den Wänden, überall stehen und liegen Fundstücke herum (u.a. alte Motor- und Fahrräder), und es gibt eine Betoninselbar und eine Bühne, auf der der Inhaber fast jeden Abend nach 20 Uhr mit seinen Kumpels eine Jamsession veranstaltet.

ℹ An- & Weiterreise

Wie man Karon erreicht, steht unter „Anreise & Unterwegs vor Ort" auf S. 694.

Hat Patong

หาดป่าตอง

Sonnenhungrige Skandinavier in schlecht gefälschten Marken-T-Shirts, strandverliebte Wellenreiter, die völlige Missachtung aller Erschließungspläne und die Fähigkeit, aus der Midlife-Crisis eine ganze Industrie zu entwickeln (sorry, Viagra, aber Patong war vor dir da!), lassen Patong auf eine wilde Art und Weise unfreiwillig komisch wirken.

Beton und Silikon, Moral und Transvestismus – Patong ist offen für alles. Wer den entsprechenden Preis zahlt, kann haben, was immer er will: vom „Venti latte" von Starbucks bis zur, ähm, Begleitung für einen Abend. Diese Beschreibung trifft zwar auch auf ein Dutzend anderer Orte zu, aber Patong versucht nicht zu verbergen, was es ist. Patong ist, wie es eben ist. Und das ist in gewisser Hinsicht erfrischend.

Das heißt natürlich nicht, dass man Patong mögen wird. Aber wenn man den breiten, weißen Sandstrand und die sichelförmige Bucht erblickt, versteht man vielleicht, wie der Ort sich so entwickeln konnte. Mittlerweile hat Patong mehr von einer Stadt als Phuket – es ist der Hotspot der Insel.

Tauchmöglichkeiten und Spas gibt es wie Sand am Meer, und gute Restaurants, Fischgrills am Straßenrand, Tunten-Kabarett, Thaiboxevents, verstaubte Antiquitätenläden und eines der coolsten Einkaufszentren ganz Asiens sind auch vorhanden.

🏃 Aktivitäten & Kurse

Sea Fun Divers TAUCHEN
(☎0 7634 0480; www.seafundivers.com; 29 Soi Karon Nui, Patong) Hervorragender und sehr professioneller Anbieter von Tauchausflügen mit extrem hohem Standard und einwandfreiem Service. Ein Büro befindet sich im Resort Le Meridien in Patong und ein zweites im Katathani Resort.

Pum Thai Cooking School KOCHEN
(☎0 7634 6269; www.pumthaifoodchain.com; 204/32 Tha Rat Uthit, Hat Patong) Diese Restaurantkette (drei Restaurants in Thailand und zwei in Frankreich) bietet täglich mehrere ein- bis sechsstündige Kurse (4650 B/Pers.) an. Die längeren Kurse beginnen mit einem Spaziergang über den Markt und enden mit einem Essen.

🛏 Schlafen

Es ist nicht ganz einfach, zwischen November und April (auf diese Zeit beziehen sich auch die hier genannten Preise) in Patong eine Unterkunft für unter 1000 B zu finden. In den restlichen Monaten fallen die Tarife um 40 bis 60%.

BYD Lofts HOTEL **$$$**
(☎0 7634 3024; www.bydlofts.com; 5/28 Th Rat Uthit; Apt. 4900–11 500 B; ❄@🅿🛜🏊) Wer mehr Wert auf Stil und Komfort legt als auf direkten Strandzugang (das Hotel ist einen einminütigen Spaziergang vom Strand entfernt), ist hier richtig. Die Apartments sind schick in Weiß gehalten (Böden, Wände, Vorhänge); die klaren Linien sind ein toller Gegensatz zu Patongs zwielichtigen Straßen. Es gibt ein Spa, einen Pool auf der Dachterrasse und ein super Restaurant.

LP TIPP Burasari HOTEL **$$$**
(☎0 7629 2929; www.burasari.com; 18/110 Th Ruamchai; Zi. 2700–9300 B; ❄🛜🏊)

SCHWULEN- & LESBENSZENE AUF PHUKET

Obwohl es auch in Bangkok und Pattaya große Schwulenfestivals gibt, so wird doch das **Phuket Gay Pride Festival** von vielen als bestes Fest in ganz Thailand, vielleicht sogar in ganz Südostasien angesehen. Es findet meist irgendwann zwischen Februar und April statt, dann wird die Insel – und vor allem Patong – von (vorwiegend männlichen) Feierwütigen aus der ganzen Welt geradezu überrannt.

Die Hauptevents des viertägigen Partymarathons sind ein riesiges Beachvolleyballturnier und – wie könnte es anders sein – die Grand Parade in den Straßen von Patong mit Festwagen, jubelnden Menschen und wunderschönen Kostümen. In den letzten Jahren gab es im Rahmen des Festivals auch Veranstaltungen, bei denen sich Menschen gegen Kinderprostitution, Drogenmissbrauch und für mehr HIV-Bewusstsein engagierten.

Im restlichen Jahr ist auf Phuket vor allem in den Straßen zwischen dem Royal Paradise Hotel und der Th Rat Uthit in Patong was los (Tipp: die **Boat Bar**; S. 700).

Aktuelles über geplante Festivals und weitere Infos über die Szene im Allgemeinen bekommt man unter www.gaypatong.com.

Ein hübsches Labyrinth aus Swimmingpools und Wasserfällen, Säulen, Lounges und Bars mit vielen weichen Sitzgelegenheiten. Die Zimmer sind eher schlicht, aber dennoch schick und mit Flachbild-TV, französischen Doppelbetten und viel Bambus eingerichtet. Im **Naughty-Radish-Café** werden umwerfende Salate nach Kundenwunsch (ab 180 B) und die besten Smoothies (120 B) ganz Phukets serviert.

LP TIPP Baipho, Baithong & Sala Dee
PENSION **$$**

(☏0 7629 2074, 0 7629 2738; www.baipho.com, www.baithong.com, www.saladee.com; 205/12-13 & 205/14-15 Th Rat Uthit 200 Pee; Zi. 1800–3300 B; ✷☎) Diese drei künstlerisch angehauchten Pensionen sind alle in derselben kleinen *soi* gelegen und werden vom selben freundlichen, gut organisierten Management geleitet. In den Zimmern und Gemeinschaftsbereichen hängen Abbildungen von Buddha, und Zen-Deko vermischt sich mit moderner Kunst und urbanem Ambiente. Die schwach beleuchteten, gemütlichen Zimmer sind alle unterschiedlich – am besten vor dem Einchecken ein paar zeigen lassen! **The Lounge** unten im Baithong serviert Cocktails und sehr gute italienische und thailändische Gerichte sowie Gourmetsnacks. Die Gäste können den Pool des hässlichen Montana Grand Phuket nebenan benutzen.

La Flora
HOTEL **$$$**

(☏0 7634 4241; www.laflorapatong.com; 39 Th Thawiwong; Zi. ab 9500 B; ✷☎≋) Klare Linien und minimalistisches Dekor: Die großen Zimmer sind mit Holzmöbeln, Flachbild-TV und DVD, Badewannen bzw. Duschen ausgestattet. Die Minibar enthält kostenlose Softdrinks, und einen langen Pool gibt's auch.

Newspaper
HOTEL **$$**

(☏0 7634 6276; www.newspaperphuket.com; 125/4-5 Th Paradise; Zi. 2500–5000 B; ✷☎) Diese Unterkunft gehört zu Patongs klassischen Unterkünften und ist sicher das stylishste und eleganteste Drei-Sterne-Hotel in diesem schwulenfreundlichen Block mit Bars und Cafés. Die Zimmer haben toll gefliese Böden, Leselampen neben den Betten, dunkle Holzmöbel und schön geschmückte Wände. Wer hier übernachten will, sollte rechtzeitig buchen.

The Belle Resort
HOTEL **$$**

(☏0 7629 2782; www.thebelleresort.com; 104/31-33 Soi Prisanee; Zi. ab 1800 B; ✷☎≋) Einfaches, aber edles Zen-Design, Zimmer mit

sanfter Beleuchtung und Holzfußböden, viel Glas und weiche Betten machen diese Unterkunft zu einer guten Wahl. Das Hotel steht zwar in einer ruhigen Straße mit italienischen Restaurants in der Nähe des Strands, aber man ist doch mitten drin im Geschehen.

Baan Pronphateep
HOTEL **$$**

(☏0 7634 3037; baanpronphateep.com; 168/1 Th Thawiwong; Zi. 1600–2100 B; ✷☎) Dieses ruhige, einfache Drei-Sterne-Hotel steht an einer abgelegenen, kleinen *soi* im Schatten eines Banyanbaums. Die geräumigen Zimmer besitzen große Kühlschränke und eine eigene Terrasse.

Casa Jip
PENSION **$**

(☏0 7634 3019; www.casajip.com; 207/10 Th Rat Uthit Zi. ab 700 B; ✷) Dieses Haus unter italienischer Leitung und mit gutem Preis-Leistungs-Verhältnis bietet sehr große, wenn auch einfache Zimmer mit bequemen Betten und ein wenig thailändischer Deko. Es gibt Kabel-TV und sogar einen Frühstückszimmerservice.

Patong Backpacker Hostel
HOSTEL **$**

(☏0 7625 6680; www.phuketbackpacker.com; 167 Th Ranong; B 300–450 B, Zi. 1200 B; ✷☎) Tolle Location in Strandnähe. Der Betreiber gibt Tipps, wo man in der Stadt am besten und am billigsten essen kann. Die Bettenpreise in den Schlafsälen richten sich nach der Anzahl der Betten in dem Raum (3–10). Die Schlafsäle ganz oben sind am hellsten, die unten haben dafür ein eigenes Bad. Das überteuerte Zimmer lohnt sich nicht.

Bliss
HOTEL **$$$**

(☏0 7629 2098; www.theblissphuket.com; 40 Th Thawiwong; Suite ab 15000 B; ✷☎≋) Elegantes Suiten-Resort: Die Quartiere sind 90 m² groß und haben ein Wohnzimmer und ein Schlafzimmer mit Holzboden. Zwei Flachbild-TVs, ein rechteckiger Pool, ein Jacuzzi und viele blühende Blumen auf der Terrasse vervollständigen das Ganze. Die Nebensaisonpreise sind ganz interessant.

Impiana Phuket Cabana
HOTEL **$$$**

(☏0 7634 0138; www.impiana.com; 41 Th Thawiwong; Zi. ab 7000 B; ✷☎≋) Das Impiana belegt unbestritten den besten Strandabschnitt. Die schicken Zimmer mit allem nur erdenklichen Komfort befinden sich praktisch mitten im Geschehen.

Merrison Inn
HOTEL **$$**

(☏0 7634 0383; www.merrisoninn.com; 5/35 Th Hat Patong; Zi. 1300 B; ✷☎) Glänzend ge-

0 — 200 m

Hat Kalim (2 km);
Hat Kamala (5 km);
Lim's (1,3 km)

ANDAMANEN-
SEE

Th Phra Bara m

Phuket
(Stadt: 10 km)

Th Kalim Beach

Th Chaloem Phra Kiat

Th Rat Uthit

Th Phisit Karani

Th Hat Patong

Hat
Patong

Th Sawatdirak

Big Bike
Company

Th Paradise

Ao Patong

Th Thawiwong

Air Asia

Th Bangla

Soi Prisanee

Soi Wattana

Soi Kepsap

Busse nach
Phuket

Bangkok
International
Hospital

Th Ruamchai

Th Phisit Karani

Budget

Bliss (25 m);
La Gritta (400 m)
Sea Fun Divers (2 km)

Phuket Simon
Cabaret (300 m);
Karon (5 km);
Kata (8 km)

Meh U-bon
Market (100 m)

schliffene Betonfußböden, Terrazzo in den Bädern, an der Wand befestigte LCD-TVs, französische Doppelbetten, asiatischer Kitsch und einiges mehr machen diese Unterkunft zu einer guten Wahl.

Yorkshire Hotel HOTEL $$
(✆0 7634 0904; www.theyorkshirehotel.com; 169/16 Soi Saen Sabai; Zi. 1800–2300 B; ✳@🛜) So thailändisch wie Yorkshirepudding. Hier herrscht eine gemütliche B&B-Atmosphäre. Makellose Zimmer.

✗ Essen

In Patong gibt's Unmengen Restaurants – der Trick ist, die an den Geschmack der Touristen angepassten thailändischen und schlecht zubereiteten westlichen Gerichte, die an den meisten Hauptgeschäftsstraßen angeboten werden, zu meiden. Die besten Restaurants liegen alle in dem kleinen Straßenwirrwarr über den Klippen am Nordrand der Stadt.

Abends erscheinen in der ganzen Stadt Seafood- und Nudelbuden wie aus dem Nichts, vor allem in den Straßen um die Th Bangla. Auch der **Patong Food Park** (Th Rat Uthit; ⊙16–24 Uhr) hat nach Sonnenuntergang einiges zu bieten.

Baan Rim Pa THAI $$$
(✆0 7634 4079; Th Kalim Beach; Gerichte 215–475 B) In dieser Institution gibt's als Beilage zu den hervorragenden thailändischen Gerichten eine spektakuläre Aussicht. Hoher Standard, entsprechende Preise, Romantik, Kerzenlicht und Klaviermusik – was will man mehr? Unbedingt im Voraus buchen und auf jeden Fall in gebügeltem Hemd kommen!

Lim's THAI $$$
(✆0 7634 4834; 28 Th Phrabaramee, Soi 7; Gerichte 300–600 B; ⊙18–24 Uhr) Das Lim's befindet sich 500 m nördlich (bergauf) von der Küstenstraße nach Kamala. Aus der Küche dieses modernen Restaurants mit Lounge kommen hochpreisige thailändische Gerichte. Promis, die sich ein paar Tage auf Phuket aufhalten, kommen mindestens einmal hierher.

Mengrai Seafood SEAFOOD $$
(Soi Tun; Gerichte 120–300 B) In dem tollen Food-Court in einer stickigen, dunklen *soi*, die von der Th Bangla abgeht, werden frisch zubereitete lokale Leckereien serviert. Die Stände am Ende der *soi* haben täglich andere Currys, auf die die hier lebenden Ausländer schwören. Das Restaurant hat sich auf (sehr) frischen Fisch, Garnelen und Muscheln spezialisiert.

Chicken Rice Briley THAI $
(Patong Food Park, Th Rat Uthit; Gerichte 35–45 B; ⊙morgens & mittags) Der einzige Imbiss im

Patong Food Park, der auch tagsüber für das leibliche Wohl sorgt. Es gibt gedämpfte Hühnerbrust auf einem Reisbett mit einer Schale Hühnerbrühe, in der Fleisch- und Knochenstückchen schwimmen, gebratenes Schweinefleisch und fantastische Chilisauce. Hier drängen sich immer viele Einheimische.

Ninth Floor
INTERNATIONAL **$$$**

(☏0 7634 4311; 47 Th Rat Uthit; Hauptgerichte 290–1990 B; ☺abends) Um einen Eindruck davon zu bekommen, wie riesig Patong inzwischen geworden ist, muss man nur in den 9. Stock des Sky Inn Condotel fahren. Von hier oben kann man das Lichtermeer durch Schiebetüren bewundern, die vom Boden bis zu Decke gehen. Dies ist das am höchsten gelegene Open-Air-Restaurant der Insel, und die perfekt zubereiteten Steaks und Chops machen es zu einer Institution in Patong.

♟ Ausgehen

Einige Besucher sind der Meinung, dass die Barszene in Patong einem selbst den Appetit auf *pàt tai* verdirbt. Wer aber Lust auf ein Bierchen, blinkende Neonreklame und kurze Röcke hat, wird sich hier wohlfühlen.

Die Th Bangla ist Patongs Bier- und Go-go-Girl-Mekka. Hier sind diverse Shows mit den üblichen sich drehenden und windenden Thai-Girls und rotgesichtigen Westlern zu sehen. Die Musik ist laut (meist Techno), Kleidung ist so gut wie nicht existent und die Deko besteht aus diversen Phallussymbolen. Aber abgesehen davon herrscht hier eine eher karnevalistische Atmosphäre. Es sind auch viele Touristinnen zu sehen, die sich ihren Weg durch die Menschenmassen zu den Bars bahnen.

Two Black Sheep
KNEIPE

(☏0895 921 735; www.twoblacksheep.net; 172 Th Rat Uthit; ☺11–2 Uhr) Diese Old-School-Kneipe gehört einem lustigen Aussie-Paar (er ist Musiker, sie ist Köchin) und ist ein echter Glücksstreffer. Es gibt gutes Essen und jeden Abend Livemusik. Von 20 bis 22 Uhr spielt eine Acoustic-Combo. Danach kommt Chilli Jam, die Band des Hauses, auf die Bühne und rockt bis zur letzten Bestellung. Leichte Mädchen kommen hier nicht rein, so bleibt alles jugendfrei.

JP's Restaurant & Bar
BAR

(☏0 7634 3024; www.bydlofts.com; 5/28 Th Hat Patong; ☺10.30–23.30 Uhr) Diese hippe Lounge mit einem Innen- und einem Außenbereich sorgt für etwas Stil und Schwung in Patong. Es gibt eine Bar, Sofanischen im Freien, eine Happy Hour (mit gratis Tapas) ab 22 Uhr und einmal pro Woche eine DJ-Party.

La Gritta
BAR

(☏0 7634 0106; www.amari.com; 2 Th Meunngern; ☺10.30–23.30 Uhr) Das spektakuläre Restaurant im Südwesten der Stadt passt nicht so richtig in die alten Gemäuer dieses einst großartigen Anwesens, aber wen stört das schon? Nischen auf verschiedenen Ebenen, große, sanft beleuchtete Sitzecken und eine Terrasse über den Felsen an der Küste – es gibt keinen besseren Ort für einen Sundowner.

Monte's
BAR

(Th Phisit Karani; ☺11–24 Uhr) *Das* hier ist eine tropische Kneipe: mit Strohdach, einem Tresen aus Naturholz, Dutzenden Orchideen und einer Leinwand für Ballspiele. Die Kneipenhocker kommen vor allem freitags hierher, um Monte's berühmte, auf belgische Art zubereitete Muscheln zu verputzen. An den Wochenenden wird der Grill angeworfen.

Boat Bar
SCHWULENBAR

(☏0 7634 2206; www.boatbar.com; 125/20 Th Rat Uthit) In Phukets erster Schwulenbar und bis heute einziger Schwulendisko trifft sich ein munteres, vorwiegend schwules Völkchen. Man sollte möglichst vor Mitternacht, also vor Beginn des Kabaretts, hier aufgeschlagen sein.

☆ Unterhaltung

Kabarett und Thaiboxen sind hier eine Art Spezialität.

Phuket Simon Cabaret
KABARETT

(☏0 7634 2011; www.phuket-simoncabaret.com; Th Sirirach; Eintritt 700–800 B; ☺Vorstellungen tgl. 19.30 & 21.30 Uhr) Das Cabaret liegt 300 m südlich der Stadt und zeigt unterhaltsame Travestieshows. Das Theater mit seinen 600 Plätzen ist großartig, die Kostüme sind prachtvoll und die Ladyboys (*gà·teu·i*) überzeugend. Das Haus ist oft ausgebucht – vorher reservieren!

Sound Phuket
CLUB

(☏0 7636 6163; www.soundphuket.com; Jung-Ceylon-Komplex, Unit 2303, 193 Th Rat Uthit; Eintrittspreis variiert; ☺22–4 Uhr) Wenn international bekannte DJs nach Phuket kommen, treten sie im Allgemeinen in Patongs rundem, futuristischem, heißestem (und am wenigsten anrüchigem) Nachtclub auf. Für Gigs von Top-DJs muss man bis zu 300 B Eintritt zahlen.

Rock City
CLUB

(Th Rat Uthit; www.rockcityphuket.com; ⊙21 Uhr–open end) Und los geht's! Die dunkle Rockhöhle setzt auf den Ruhm von AC/DC, Metallica und Guns N' Roses. Auf der International Rock City Party (1000 B), die dienstags, freitags und sonntags stattfindet, wird hauptsächlich Musik von den Red Hot Chili Peppers, den Rolling Stones, U2 und Bon Jovi gespielt. Vor 23 Uhr sind Cocktails und Bier umsonst, also früh hingehen und abrocken!

Bangla Boxing Stadium
THAIBOXEN

(✆ 0 7282 2348; Th Phisit Karani; Eintritt 1000–1500 B; ⊙Di, Mi, Fr & So 21–23.30 Uhr) Alter Name, neues Stadion, gleiches Programm: eine Runde *moo·ay tai* (Thaiboxen) nach der anderen.

Jung Ceylon
KINO

(Th Rat Uthit) In den schönen Kinos im Shoppingcenter flimmern neue Hollywoodproduktionen über die Leinwand.

ℹ️ Praktische Informationen
Internetcafés und Banken mit Geldautomaten und Geldwechselschaltern gibt's überall in der Stadt.

Post (Th Thawiwong; ⊙Mo–Fr 9–16.30, Sa 9–12 Uhr)

Touristenpolizei (✆1699; Ecke Th Thawiwong & Th Bangla)

ℹ️ Anreise & Unterwegs vor Ort
Air Asia (✆0 7634 1792; www.airasia.com; 39 Th Thawiwong; ⊙9–21 Uhr) hat eine Niederlassung in der Stadt.

Eine *túk-túk*-Fahrt kostet in Patong zwischen 50 und 100 B. Es gibt mehrere Motorrad-(125 ccm) und Jeepvermieter. **Big Bike Company** (✆0 7634 5100; 106 Th Rat Uthit) verleiht gute Motorräder (500–1000 B/Tag). Unbedingt daran denken, dass in Patong absolute Helmpflicht herrscht! Straßensperren und Kontrollpunkte tauchen oft einfach aus dem Nichts auf. **Budget** (✆0 7629 2389; 44 Th Thawiwong; ⊙9–16 Uhr) hat ein Büro im Patong Merlin Hotel.

Sŏrng·tăa·ous von Phuket-Stadt nach Patong starten in der Th Ranong in der Nähe vom Tagesmarkt und dem Fountain Circle. Die Fahrt kostet 25 B. Nach Geschäftsschluss muss man 500 B hinblättern. Dann warten die *sŏrng·tăa·ous* am Südende des Strands von Patong auf Fahrgäste und setzen sie dort auch wieder ab. Von dort kann man sich dann ein Motorradtaxi (20–30 B/Fahrt)

nehmen, ein *túk-túk* (Preise variieren stark) anhalten oder laufen, bis die Füße brennen.

Hat Kamala
หาดกมลา

Das ruhige und doch anregende Kamala ist ein relaxtes Zwischending zwischen Hat Karon und Hat Surin. Die wunderschöne, stille Bucht mit dem türkisgrünen Wasser und der stetigen Brandung zieht partywütige Langzeitgäste, skandinavische Familien und junge Pärchen an. Palmen und Kiefern schmücken das grüne, felsige Nordende, wo das Wasser smaragdfarben schimmert und zum Schnorcheln rund um das Riff einlädt. Die Resorts stehen an den Klippen im Süden oberhalb der Sammelstelle der Longtail-Boote. Hinter dem Strand erstreckt sich eine üppig grüne Hügellandschaft – man kann nur hoffen, dass sie für alle Zeiten so erhalten bleibt! Dies ist der einzige Strand auf Phuket mit einer von so vielen Restaurants, Resorts und Geschäften gesäumten Promenade. Am besten lässt man das Motorrad stehen und stürzt sich in Kamalas Glückseligkeit.

◉ Sehenswertes & Aktivitäten
Einheimische Strandexperten sind der Meinung, dass **Laem Singh** direkt nördlich von Kamala eines der besten Kaps der ganzen Insel ist. Es liegt zwischen zwei Klippen und hat keine Straßenzufahrt. Man muss also sein Auto oben auf der Landzunge abstellen und einen schmalen Weg hinunterkraxeln. Alternativ kommt man von Hat Kamala aus auch mit einem Longtail-Boot (1000 B) dorthin. Aber Achtung, hier es ist oft rappelvoll!

Phuket Fantasea
THEATER **$$**

(✆0 7638 5000; www.phuket-fantasea.com; Eintritt mit/ohne Abendessen 1900/1500 B; ⊙Fr–Mi 18–22.30 Uhr) Dieser 60 Mio. US$ teure „kulturelle Themenpark" befindet sich direkt östlich des Hat Kamala. Trotz dieser Benennung gibt's hier keinerlei Fahrgeschäfte, sondern eine wirklich magische Show. Dabei werden die Farben und die Pracht der traditionellen thailändischen Tänze mit hochmoderner Licht- und Soundtechnik kombiniert, die jeder Las-Vegas-Show Konkurrenz machen könnte (ganze 30 Elefanten sind mit von der Partie). Das Ganze findet auf einer Bühne statt, die von dem Nachbau eines Khmer-Tempels in Originalgröße dominiert wird. Vor allem Kids werden von dem Spektakel beeindruckt sein;

Erwachsene könnten es eine Spur zu kitschig finden. Kameras sind hier verboten.

🛏 Schlafen & Essen

Layalina Hotel
HOTEL **$$$**

(📞 0 7638 5942; www.layalinahotel.com; Zi. inkl. Frühstück 5500–7700 B; ❄@🛜🏊) In dem kleinen Boutiquehotel kommen Gäste in Maisonette-Suiten mit sehr privaten Dachterrassen unter, die perfekt sind, um romantische Sonnenuntergänge über dem weißen Sand und dem blauen Meer zu genießen. Die Deko ist schlicht, thai-betont und schick, es gibt flauschige, weiße Tagesdecken und Möbel aus honigfarbenem

Holz. Im Zimmerpreis enthalten ist eine einstündige Massage für Pärchen im dazugehörigen Spa. Der Pool ist leider superklein – aber das türkisfarbene Meer ist ja nur ein paar Schritte entfernt.

Cape Sienna Hotel
HOTEL **$$$**

(📞 0 7633 7300; www.capesienna.com; Zi. 8500–10 130B, Bungalow 4350–5600 B; ❄@🛜🏊) Von der Lobby dieses schicken, romantischen Hotels auf der Landzunge im Süden hat man einen fantastischen Blick auf die blaue Bucht. Die modernen, sauberen Zimmer haben klare Linien und bieten alle

Nördliche Strände

Annehmlichkeiten. Kinder sind in diesem Haus nicht erwünscht.

Clear House HOTEL **$$**
(✆0 7638 5401; www.clearhousephuket.com; Zi. 1300 B; ❄🏠) Hier mischen sich leicht schäbiger Schick und ein Touch Modernität: Die ansonsten weiß getünchten Zimmer haben eine pinkfarbene Wand, vornehme Tagesdecken, Flachbild-TVs, WLAN und riesige Bäder. Hier muss man sich einfach wohlfühlen.

Rockfish FUSION **$$**
(✆0 7627 9732; 33/6 Th Kamala Beach; Gerichte 150–1000 B; ☉morgens, mittags & abends) Kamalas bestes Restaurant befindet sich hoch über der Flussmündung mit den dümpelnden Longtail-Booten und bietet seinen Gästen eine tolle Aussicht auf den Strand, die Bucht und die Berge. Aus der Küche kommen Köstlichkeiten wie geschmorte Entenbrust mit Kohl und in Schinken eingewickelte Jakobsmuscheln.

ℹ An- & Weiterreise

Ein reguläres *sŏrng·tăa·ou* von Kamala nach Patong kostet 50 B pro Person, abends muss man dafür 250 B hinblättern.

Hat Surin หาดสุรินทร์

Hat Surin ist wie der hippe Teenager damals in der Schule, der alles hatte: Stil, Seele, Witz, Natürlichkeit und reiche Eltern. Also genau der Ort, der Lust auf Urlaub (und Reisen) macht! Die Traveller kommen schon allein wegen der breiten, hellen Strände, des Wassers, das am Ufer türkis und am Horizont dunkelblau schimmert, und der beiden üppig grünen Landzungen.

Aber daneben gibt es auch noch umwerfende Galerien, Fünf-Sterne-Resorts mit Spas und erstklassige Restaurants direkt am Strand! Es ist also nicht verwunderlich, wenn man sich nach dem Schwimmen, Sonnenbaden, einem Grillfisch und diversen Cocktails in den schicken Beach-Clubs in diesen Ort verliebt…

🛌 Schlafen

In Hat Surin gibt es einige der edelsten Resorts der Insel, Traveller mit kleinem Budget finden hier jedoch nur schwer eine günstige Bleibe. Phukets exklusivstes Hotel (und Star-Magnet Nummer eins) ist das durch und durch luxuriöse **Amanpuri Resort** (✆0 7632 4333; www.amanresorts.com; Villa 925–8050 US$; ❄@❄).

LP TIPP The Surin Phuket HOTEL **$$$**
(✆0 7662 1579; www.thesurinphuket.com; Zi. 17000–58000 B; ❄🏠❄) Jedes Hotel, das an einem so atemberaubenden Privatstrand liegt, *muss* auf unserer Tipp-Liste stehen. Die mit viel Holz ausgestatteten, luxuriösen Bungalows des Surin (ehemals „Chedi"), die sich an einem Abhang in dichtem Urwald verstecken, verstärken die Garten-Eden-Atmosphäre noch. Wer in der Anlage herumlaufen möchte, muss gut in Form sein, denn es kann ein ganz schöner Marsch bergauf und über Holzstege sein, bis zum eigenen Bungalow zu kommen. Mitte 2011 wurde das Hotel renoviert, es wird also bei Erscheinen dieses Führers wahrscheinlich noch viel schöner sein als hier beschrieben.

LP TIPP Twin Palms RESORT **$$$**
(✆0 7631 6500; www.twinpalms-phuket.com; Zi. 6100–38800 B; ❄@❄) Das Twin

---

Nördliche Strände

Palms ist die Audrey Hepburn unter Phukets Hotels – es ist klassisch, aber zeitgemäß. Weite ist das dominierende Raumgefühl. Rund um die minimalistischen Designerpools stehen Frangipanibäume mit zarten, weißen Blüten. Selbst die einfachsten Zimmer sind supergroß, haben gigantische Badezimmer sowie extrem bequeme Betten und strahlen absolute Ruhe aus. Zum Strand sind es auch nur ein paar Minuten. Auf Phuket lebende Ausländer treffen sich hier gern sonntags zum beliebtesten **Brunch** auf der Insel (12–14 Uhr; Buffet 1300 B).

Benyada Lodge
HOTEL **$$**

(☑0 7627 1261; www.benyadalodge-phuket.com; Zi. 2800–3500 B; ✳@🛜❄) Schicke, moderne Zimmer mit schwarzen Lamellentürschränken, terrakottafarben geflieste Bäder und Loungeecken mit pastellfarbenen Seidenkissen sind die Markenzeichen dieser Unterkunft mit erstklassigem Service. Den Sonnenuntergang kann man am Pool oder an der Bar auf der Dachterrasse oder an dem Strand genießen, der in wenigen Minuten zu Fuß zu erreichen ist.

Capri Hotel
HOTEL **$$**

(☑0 7627 0597; www.phukethotelcapri.com; Zi. 900–1500 B; ✳🛜) Hier geht's italienisch zu – es gibt viele Säulen, und in den Bädern der niedlichen, hellen Zimmer sind Torbögen im mediterranen Stil an die Wand gemalt. Die besten Zimmer haben pinkfarben gestrichene gusseiserne Balkone mit Blick auf eine nicht sehr europäische, dafür aber ruhige Straße. Genau wie das italienische Bistro im Erdgeschoss bietet diese Unterkunft ein fantastisches Preis-Leistungs-Verhältnis.

✕ Essen & Ausgehen

In und um Surin gibt es viele ausgezeichnete Restaurants. Preiswerte, leckere Meeresfrüchte bekommt man in den zahlreichen witzigen Lokalen an der Küste.

Taste
FUSION **$$**

(☑08 7886 6401; Tapas 160–225 B) Der beste Newcomer mit urbaner Surfer-Atmosphäre am Strand. Die großen Salatportionen, das perfekt gebratene Filet mignon und die vielen thailändisch-mediterranen Vor- und Hauptspeisen können im Speisesaal oder aber im Freien verputzt werden. Der Service ist hier einfach nur perfekt. Außerdem gibt's eine tolle Galerie, in der tibetischer, nepalesischer und thailändi-

scher Schmuck sowie Kunstwerke verkauft werden.

Catch
FUSION **$$$**

(☑0 7631 6500; Hauptgerichte 250–450 B) Im Trägerkleidchen oder Leinenanzug fühlt man sich in diesem Lokal im Cabana-Stil direkt am Strand pudelwohl. Es gehört zum Twin Palms und bietet in puncto Ambiente und Speisen dieselbe erstklassige Qualität wie das Hotel.

Stereo Lab
BAR, CLUB

(☑08 9218 0162; www.stereolabphuket.com; Hat Surin; ⊙11–2 Uhr) Alles in einem: Bar, Dancefloor und Traumausblick aufs Meer. Manchmal legen in dieser Location international bekannte DJs auf.

❶ Praktische Informationen

Einen Geldautomaten gibt's an der Surin Plaza direkt östlich des Strands an der Rte 4025. In den meisten Hotels kommt man für 1 B pro Minute ins Internet.

❶ An- & Weiterreise

Ein reguläres *sŏrng·tăa·ou* von der Th Ranong in Phuket (Stadt) zum Hat Surin kostet 35 B pro Person. Für *túk·túks* oder private *sŏrng·tăa·ous* muss man 450 B hinblättern.

Mietwagen bekommt man für 1400 B pro Tag bei **Andaman Car Rental** (☑0 7662 1600; www.andamancarrent.com; ⊙9–21 Uhr) gegenüber vom Eingang des Twin Palms.

Ao Bang Thao

Ao Bang Thao, diese traumhafte, 8 km lange Sichel mit weißem Sand, die fast genauso groß, aber noch schöner ist als die Patong-Bucht, hat mehrere Gesichter. An der Südhälfte stehen ein paar Drei-Sterne-Bungalowresorts. Weiter im Hinterland befindet sich ein altes Fischerdorf mit Kanälen, an denen sich langsam, aber sicher einige Villen breit machen. Achtung: Nicht erschrecken beim Anblick der Wasserbüffel, die nur 100 m neben der Riesenbaustelle grasen!

Den Mittelpunkt bildet der etwas merkwürdig anmutende Laguna-Phuket-Komplex – ein Komplex aus fünf Vier- und Fünf-Sterne-Resorts, einem in die Jahre gekommenen Shoppingcenter an einem künstlich angelegten See, auf dem Shuttleboote mit Touristen herumschippern, und einem befestigten Naturwanderweg. Im Norden hat sich aber Mutter Natur wieder durchgesetzt. Hier gibt's einen einsamen weißen Strandabschnitt, der in tropisches Blau übergeht – ganz ohne Trubel und genau auf die Art und Weise friedlich, die man vor Augen hatte, als man diese Reise gebucht hat.

Das **Hideaway Day Spa** (✆08 1750 0026; www.phuket-hideaway.com; 382/33 Th Srisoontorn, Chergtalay) genießt einen ausgezeichneten Ruf. Es bietet Thai-Massagen, eine Sauna und Ganzkörperschlammpackungen in ruhiger Umgebung am Ende der Lagune. Eine Behandlung kostet mindestens 1500 B. Im Angebot ist auch ein hauseigenes Sortiment von Wellnessprodukten.

🛏 Schlafen

Laguna Phuket besteht aus fünf Luxusresorts, einem 18-Loch-Golfplatz und 30 Restaurants. Gäste eines Resorts können auch die Restaurants und Freizeiteinrichtungen der anderen Resorts benutzen. Zwischen den Hotels verkehren regelmäßig Shuttlebusse und Pontonboote (durch die miteinander verbundenen Lagunen).

LP TIPP **Banyan Tree Phuket** HOTEL $$$
(✆0 7632 4374; www.banyantree.com; Villa ab 25000 B; ✳@🛜🏊) Das Banyan Tree Phuket (auf dem Gelände von Laguna Phuket), eines von Phukets schönsten Hotels und das erste, das Bungalows mit eigenem Pool hatte, ist eine Oase des ruhigen, dezenten Luxus. Untergebracht ist man in Villen. Wer hier wohnt, muss unbedingt das Wellness-Zentrum besuchen.

Angsana Laguna Phuket HOTEL $$$
(www.angsana.com; Preise s. Website; ✳@🛜 🏊👪) Das zum Laguna-Phuket-Komplex gehörende Sheraton Grande Laguna wurde zum Zeitpunkt unserer Recherche gerade renoviert und sollte im Dezember 2011 seine Tore unter dem neuen Namen Angsana Laguna Phuket wieder geöffnet haben. Das gigantische Hotel wird aktiven Urlaubern gefallen. Es gibt einen riesigen, 323 m langen Pool, Wassersportangebote und mehr als 400 Zimmer.

Andaman Bangtao Bay Resort HOTEL $$$
(✆07627 0246; www.andamanbangtaobayresort. com; Bungalow 3900–5900 B; ✳🏊👪) Alle Bungalows dieser hübschen, kleinen Anlage, die Sommercampatmosphäre verströmt, bieten Meerblick. Die Einrichtung ist sehr thailändisch: Holzschnitte zieren die Wände und Kokosnüsse hängen von den Dachtraufen. Für den Preis könnte man aber ein bisschen mehr Luxus erwarten.

🍴 Essen

Auch außerhalb des Laguna-Komplexes gibt es gute Restaurants. Südlich vom Banyan Tree Phuket befinden sich einige Strandcafés, in denen leckere Meeresfrüchte serviert werden.

LP TIPP **Tatonka** INTERNATIONAL $$$
(✆0 7632 4349; Th Srisoonthorn; Gerichte 250–300 B; ⏱Do–Di abends) Hier liegen die Wurzeln der „Globetrotter Cuisine": Diese wurde vom Besitzer und Koch Harold Schwarz entwickelt. Dazu nahm er frische Produkte aus der Region und kombinierte sie mit Kochtechniken, die er in Europa, Colorado und Hawaii gelernt hatte. Zu der vielfältigen Auswahl im Tapas-Stil gehören kreativ zubereitete vegetarische und Seafood-Gerichte und Ausgefallenes wie Pizza mit Pekingente (220 B). Ein Probiermenü (750 B/Pers., min. 2 Pers.) ist auch erhältlich – da kann man von allem ein bisschen kosten. In der Hauptsaison ist eine Reservierung empfehlenswert.

Siam Supper Club INTERNATIONAL $$$
(✆0 7627 0936; Hat Bang Thao; Gerichte 180–450 B) Eine der hippsten Locations auf Phuket. Hierher kommen „Berühmt-Berüchtigte", um einen Cocktail zu schlürfen, Jazz zu hören und ein ausgezeichnetes Mahl zu verputzen. Auf der Speisekarte steht vorwiegend Westliches; darunter sind leckere Pizza, Meeresfrüchte-*cioppino* und herzhafte Hauptgerichte wie Kalbsfilet mit Waldpilzen auf Trüffelpüree. Unbedingt den Käsekuchen probieren – der ist himmlisch!

Babylon Beach Club ITALIENISCH, THAI $$$
(✆08 1970 5302; Hat Bang Thao; Gerichte 120–850 B; 👪) Der schicke, weiß getünchte Babylon Beach Club am Meer ist nur über eine Schotterstraße zu erreichen. Das neue italienische Management lässt mittags lässiges „Strandessen" wie Burger und Salate zubereiten. Abends wird's dann mit Garnelen und Spargelrisotto etwas gediegener.

Tawai THAI $$$
(✆0 7632 5381; Moo 1, Laguna Resort Entrance; Hauptgerichte 180–300 B) Diese Perle von einem thailändischen Restaurant ist in einem tollen Haus untergebracht, das mit traditioneller Kunst geschmückt ist. Aus der Küche kommen Klassiker wie gebratene Ente mit Curry und Schweine-*lâhp*. Für Gäste aus den Laguna-Hotels gibt's einen kostenlosen Shuttleservice.

Chaba
THAI **$$$**

(☏0 7627 1580; Moo 1, Laguna Resort Entrance; Gerichte 400–800 B) Gehobene Thai-Küche, die an der Lagune direkt vor den Toren zum Laguna-Komplex serviert wird. Einfach auf das zeigen, was man und wie man es haben will – gedämpft, gegrillt oder gebraten!

ℹ️ An- & Weiterreise

Ein *sŏrng·tǎa·ou* von Ao Bang Thao zur Th Ranong in Phuket-Stadt kostet 25 B pro Person, ein *túk-túk* 700 B.

Sirinat National Park
อุทยานแห่งชาติสิรินาถ

Der **Sirinat National Park** (☏0 7632 8226; www.dnp.go.th; Eintritt 200 B; ☺8–17 Uhr) besteht aus den Stränden Nai Thon, Nai Yang und Mai Khao sowie dem früheren Nai Yang National Park und dem Naturschutzgebiet Mai Khao. Er umfasst 22 km^2 Küstengebiet und 68 km^2 Meer.

Das Gebiet ist eine höchstens 15-minütige Autofahrt vom Phuket International Airport entfernt und eignet sich somit gut als ersten Stopp auf der Insel.

◉ Sehenswertes & Aktivitäten

Hat Nai Thon ist ein wunderschön geformter, goldener Sandstrand abseits des Trubels von Phuket. Man kann hier gut baden, außer wenn der Monsun das Land im Griff hat. Es gibt auch ein paar Korallen in der Nähe der Landzungen an beiden Enden der Bucht.

Der **Hat Nai Yang** liegt im Schutz eines Riffs, das bis 20 m unter die Wasseroberfläche reicht, und sich somit in der Trockenzeit gut zum Schnorcheln und während des Monsuns hervorragend zum Surfen eignet. Das südliche Ende der Schotterstraße ist mit unzähligen Seafood-Restaurants, Strandbars und merkwürdigerweise Schneidereien gesäumt – hier geht es überall erfrischend unkompliziert zu.

Oi's Longtail (☏08 1978 5728; 66 Moo 3, Hat Nai Yang; geführte Touren 1600 B), ansässig beim Restaurant Bank gegenüber vom Hafen für Longtail-Boote, hat sich auf zweistündige Schnorchelausflüge zu den Riffen rund um Ko Waeo spezialisiert.

Hat Nai Yang eignet sich perfekt zum Kiteboarden. Zwei gute Anbieter sind:

Kiteboarding Asia
KITEBOARDEN

(☏08 1591 4594; www.kiteboardingasia.com; Kurse ab 4000 B) Die Hauptniederlassung

befindet sich zwar am Hat Nai Yang, aber am Südende des Hat Karon (s. Karte S. 694) gibt's auch eine Bude, die in der Nebensaison geöffnet ist. Unterricht wird auch an Rawais Friendship Beach angeboten.

Kite Zone
KITEBOARDEN

(☏0833 952 005; www.kitesurfingphuket.com; Anfängerkurse ab 1100 B) Die neuere, hippere der beiden Schulen hat Büros in Nai Yang und Rawai und eine riesige Niederlassung am Friendship Beach. Hier gibt's Kurse von einer Stunde bis zu fünf Tagen Dauer.

Etwa 5 km nördlich von Hat Nai Yang ist der **Hat Mai Khao**, Phukets längster Strand. Zwischen November und Februar legen Meeresschildkröten hier ihre Eier. Achtung: Fast das ganze Jahr über gibt's hier eine starke Strömung! Außer an den Wochenenden und in den Ferien hat man dieses Fleckchen Erde fast ganz für sich allein.

🛏️ Schlafen & Essen

HAT NAI THON
หาดในทอน

Naithonburi
HOTEL **$$$**

(☏0 7620 5500; www.naithonburi.com; Moo 4, Th Hat Nai Thon; Zi. 3500–4500 B) Es mag ein Megaresort mit 222 Zimmern sein, es wirkt aber nur selten überfüllt. Die geräumigen Zimmer haben Terrakottafußböden, Betten mit thailändischer Seide und Balkone. An dem enormen Pool reihen sich Sofas und Sonnenliegen aneinander. Das **Chao Lay Bistro** (Hauptgerichte ab 180 B) ist eines der Besten in Nai Thon.

Naithon Beach Resort
HOTEL **$$$**

(☏0 7620 5379; www.phuket-naithon.com; 23/31 Moo 4, Th Hat Nai Thon; Cottage 3300 B; ☺Nov.–Mai; ❄️) Das auch unter dem Namen Woody's Paradise bekannte Resort versteckt sich am Südende des Hat Nai Thon und ist nur zehn Schritte vom Strand entfernt. Die Bäder in den kleinen, schön gestalteten Holzhütten sind mit vielen Schieferelementen geschmückt.

HAT NAI YANG &
HAT MAI KHAO
หาดในยาง/หาดไม้ขาว

Anantara Phuket
HOTEL **$$$**

(☏0 7633 6100; www.phuket.anantara.com; 888 Moo 3, Tumbon Mai Khao; Villa ab 35 000 B; ❄️🐾🛜🏊) Phukets neueste, nur aus Villen mit eigenen Pools bestehende Unterkunft befindet sich an einer schönen Lagune voller Lotusblüten. Die luxuriösen, klassisch thailändischen Villen haben über alte Holzstege, die sich durch Palmenhaine schlängeln, Zugang zur Lobby, zu den Bars, Restaurants und zum Strand. Zur Anlage gehören außerdem das **Bua Luang Spa** (s. S. 680) und das **Sea Fire Salt Restaurant**, in dem man auch als Nichthotelgast ein romantisches Abendessen einnehmen kann.

LP TIPP **Indigo Pearl** HOTEL **$$$**
(☎0 7632 7006; www.indigo-pearl.com; Zi. 6800–26250 B; ✳@🛜🏊) Das einzigartigste und angesagteste von Phukets Spitzenklasseresorts hat sich in puncto Design von der Zinnbergbautradition der Insel inspirieren lassen. So seltsam es klingt: Durch den Mix aus Industriellem und tropischem Luxus ist dies eine wunderschöne, relaxte Unterkunft geworden. Metallteile, z.B. Schraubzwingen, Waagen und andere Bergbaugeräte wurden in kleinen Details wiederverwertet – selbst die Toilettenpapierhalter sind aus übergroßen Bolzen hergestellt und die Loungebereiche sind in indigoblaues Licht getaucht. Der an eine Oase mit einem großen Wasserfall erinnernde Pool befindet sich inmitten eines modern angelegten, üppig grünen Gartens.

Sala Resort & Spa HOTEL **$$$**
(☎0 7633 8888; www.salaphuket.com; 333 Moo 3, Tambon Maikhao; Zi. ab 11 550 B, Villa ab 15 750 B; ✳@🛜🏊) Dieses superstylishe Boutiquehotel mixt sino-portugiesischen Stil und Art déco mit einem modernen Touch. Selbst die Zimmer im 2. Stock haben Außenbäder. Der Infinity-Pool aus schwarzem Granit am Strand ist ein Traum. Die bequemen Sofas im Barbereich sind im Kreis angeordnet. In dieser Unterkunft fühlt sich jeder Traveller wie ein Promi. Wellnessangebote gibt's natürlich auch.

Nai Yang Beach Resort HOTEL **$$**
(☎0 7632 8300; www.naiyangbeachresort.com; 65/23-24 Th Hat Nai Yang; Zi. ab 3600 B; ✳@🛜🍴) Das saubere, betriebsame Mittelklassehotel dominiert den von Kasuarinen gesäumten Hat Nai Yang. Die günstigsten Zimmer sind mit Ventilatoren ausgestattet, die teureren schick im thailändischen Stil dekoriert.

JW Marriott Phuket Resort & Spa HOTEL **$$$**
(☎0 7633 8000; www.marriott.com; Zi. ab 6800 B; ✳@🛜🏊🍴) Die Anlage ist so groß, dass auf dem Gelände mit den Swimmingpools und Seerosenteichen ein kostenloser Shuttlebus herumfährt und die Gäste zum goldenen Strand bringt. Nachts brennen überall Fackeln. Die eleganten Zimmer haben große Bäder, Hartholzfußböden und Meerblick.

Sirinat National Park CAMPING, BUNGALOWS **$–$$**
(☎0 7632 7152; reserve@dnp.go.th; Stellplatz 30 B, Bungalow 1000–2000 B) Bei der Parkverwaltung gibt es Zeltstellplätze (das eigene Zelt nicht vergessen!) und große Betonbungalows an einem traumhaft schattigen Abschnitt mit weißem Sand. Wer nicht online gebucht hat, kann beim Besucherzentrum telefonisch einchecken.

Rimlay Bungalows PENSION **$**
(☎08 9646 0239; andaman-car@hotmail.com; 90 Moo 5 Nai Yang; Bungalow 500 B, Zi. 800–1800 B) Die über zwei Anlagen verteilten Bambusbungalows sind winzig und einfach, und die mit Ventilator oder Klimaanlage ausgestatteten Zimmer sind gefliest, haben Bäder mit Warmwasser und ein fantastisches Preis-Leistungs-Verhältnis.

ℹ An- & Weiterreise

Vom Flughafen kostet eine Taxifahrt ca. 200 B. Regulär verkehrende *sŏrng·tăa·ous* gibt's nicht. Von Phuket-Stadt muss man für eine Fahrt mit dem *túk-túk* etwa 800 B hinblättern.

Khao Phra Taew Royal Wildlife & Forest Reserve อุทยานสัตว์ป่าเขาพระแทว

Phuket bietet aber auch noch mehr als „nur" Sand und Meer. Dieser Park im nördlichen Teil der Insel ist ein 23 km² großes Schutzgebiet mit unberührtem Regenwald (immergrüner Monsunwald). Es gibt ein paar schöne Wanderwege über die Hügel und fotogene Wasserfälle wie den **Nam Tok Ton Sai** und den **Nam Tok Bang Pae**. Die Wasserfälle sind in der Regenzeit von Juni bis November am beeindruckendsten. Der höchste Punkt im Park ist der **Khao Phara** (442 m). Seinem königlichen Status verdankt das Gebiet einen weitaus besseren Schutz, als ihn die meisten anderen Nationalparks in Thailand genießen.

In der Mitte des 20. Jhs. entdeckte ein deutscher Botaniker im Khao Phra Taew eine seltene und einzigartige Palmenart. Die fächerförmige Pflanze namens Weiße Elefantenpalme oder *langkow*-Palme wird 3 bis 5 m hoch und wächst nur hier und im Khao Sok National Park (S. 665).

Heutzutage beschränken sich die hier lebenden Säugetiere auf Menschen, Schweine, Affen, träge Loris, Languren, Zibetkatzen, Flughunde, Eichhörnchen, Hirschferkel und andere kleinere Tiere. Vorsicht vor den Kobras und Wildschweinen!

Falls gewünscht, führen einen die Park-Ranger gegen Bezahlung (der Preis ist Verhandlungssache) durch den Park.

Phuket Gibbon Rehabilitation Centre
TIERHEIM

(Karte S. 679; ☑0 7626 0492; www.gibbon-project.org; Spende erbeten; ⊙9–16 Uhr) Das winzige Reservat in der Nähe von Nam Tok Bang Pae ist für die Öffentlichkeit zugänglich. Das ausschließlich aus Spenden (die Pflege eines Gibbons kostet 1500 B pro Jahr) finanzierte Zentrum nimmt Gibbons auf, die in Gefangenschaft gehalten wurden. Man hofft, die Tiere später wieder auswildern zu können. Die freiwilligen Helfer im Zentrum vermitteln den Besuchern alle wichtigen Infos über ihre Arbeit mit den Gibbons, reinigen die Käfige und verfolgen die Spuren der ausgewilderten Tiere.

Cable Jungle Adventure Phuket
ZIP-LINE

(☑08 1977 4904; 232/17 Moo 8, Th Bansuanneramit; 1950 B/Pers.; ⊙9–18 Uhr) Adrenalinschub gefällig? Dieses Gewirr aus acht Zip-Lines zwischen Klippen und uralten Bäumen versteckt sich in den Hügeln. Die Seilrutschen sind zwischen 6 und 23 m über dem Boden gespannt, die längste ist 100 m lang. Unbedingt feste, geschlossene Schuhe anziehen!

Von Phuket-Stadt aus erreicht man Khao Phra Taew mit dem Auto über die Th Thepkasatri in Richtung Norden – nach ca. 20 km kommt man nach Thalang. Hier biegt man an der Kreuzung rechts nach Nam Tok Ton Sai ab und ist nach weiteren 3 km am Ziel. Einige Reisebüros bieten Tagesausflüge in den Park an.

Thalang Distrikt
อำเภอถลาง

Mehrere Hundert Meter nordöstlich des bekannten **Heroinen-Denkmal** im Thalang Distrikt an der Rte 4027 und ca. 11 km nordwestlich von Phuket-Stadt befindet sich das **Thalang National Museum** (Karte S. 679; ☑0 7631 1426; Eintritt 30 B; ⊙8.30–16 Uhr). Es beherbergt fünf Ausstellungsräume, die Themen wie die Geschichte von Thalang-Phuket und die Kolonialisierung der Andamanenküste beleuchten. Außerdem erfährt man viel über die verschiedenen Ethnien in Südthailand. Auch die Legende der „beiden

Heldinnen" (für die ganz in der Nähe das Heroinen-Denkmal errichtet wurde) wird im Detail erzählt. Sie sollen im 18. Jh. eine birmanische Invasion niedergeschlagen haben, indem sie die Inselfrauen überzeugen konnten, sich als Männer zu verkleiden. Hauptmagnet des Museums ist die eindrucksvolle, 2,3 m große Vishnu-Statue aus dem 9. Jh., die Anfang des 20. Jhs. in Takua Pa gefunden wurde.

Phukets „Tempel des Goldenen Buddha", der **Wat Phra Thong** (Karte S. 679; Eintritt gegen Spende; ⊙Sonnenaufgang–Sonnenuntergang), befindet sich ebenfalls im Thalang Distrikt, ca. 5 km nördlich der Kreuzung bei der Stadt Thalang. Die Statue befindet sich zur Hälfte unter der Erde, sodass nur der Kopf und die Schultern sichtbar sind. Der Legende nach erkrankten all diejenigen oder hatten einen schweren Unfall, die an den Ausgrabungsarbeiten beteiligt waren. Der Tempel wird besonders von Thai-Chinesen verehrt, von denen viele glauben, die Statue stamme aus China. Während des chinesischen Neujahrsfests finden sich hier viele Pilger aus Phang-Nga, Takua Pa und Krabi ein.

PROVINZ KRABI

Wenn Traveller von der wundervollen Andamanenküste erzählen, sprechen sie vermutlich von Krabi. Das Markenzeichen der Provinz sind die Karstformationen, die sich wie eine riesige Kalksteinfestung an der Küste entlang erstrecken. Bergsteiger werden in Railay (auch: Rai Leh) ein Paradies vorfinden. Wer Ruhe sucht, sollte sich dagegen nach Ko Lanta, Ko Phi-Phi oder zu einer der anderen 150 Inseln aufmachen, die vor den strahlend weißen Stränden liegen.

Krabi
กระบี่

27 500 EW.

Krabi liegt majestätisch inmitten von faszinierend geformten Karststrukturen aus Kalkstein, die aus den Mangroven herausragen. In der kompakten, lebendigen Stadt selbst wird man wahrscheinlich fast von den Unmengen Pensionen und Reisebüros erschlagen. Restaurants im westlichen Stil und Souvenirläden, die Nippes verkaufen, sind buchstäblich allgegenwärtig. Wer etwas länger in Krabi verweilt, wird feststellen, dass es zwischen all dem Touristenkram aber auch ein echt provinzielles Leben in der Stadt gibt.

Die Th Utarakit ist die Hauptstraße, die in die Stadt hinein- und auch herausführt. Die meisten interessanten Orte befinden sich an der von ihr abzweigenden *soi*.

◎ Sehenswertes & Aktivitäten

Wat Tham Seua TEMPEL
(วัดถ้ำเสือ) Der Wat Tham Seua (Tigerhöhlentempel) ist ein großer Hügel- und Höhlentempelkomplex 8 km nordwestlich von Krabi, den man prima im Rahmen eines Tagesausflugs von der Stadt Krabi aus besichtigen kann. Die besten Teile der Anlage kann man erkunden, wenn man dem Rundweg

durch ein kleines bewaldetes Tal hinter der Erhöhung folgt, wo sich der *bòht* (Hauptaltarraum) befindet. Mehrere Kalksteinhöhlen beherbergen Buddha-Abbildungen und -statuen sowie Altäre. Ganze Truppen von Affen tummeln sich auf den Bäumen. In der Nähe des Parkeingangs führen 1237 entsetzlich steile Stufen hinauf zu einem 600 m hohen Karstgipfel. Wer die Strapazen auf sich genommen hat, wird mit dem Anblick einer Buddhastatue, eines vergoldeten Stupas und mit einer spektakulären Aussicht belohnt. Motorradtaxis oder *túktúks* von Krabi zum Wát kosten pro Strecke 100 B; ein *sŏrng·tăa·ou* von der Th Utarakit schlägt mit 50 B zu Buche. Eine große Bitte:

Krabi

Wer den Wát besichtigen will, sollte ordentlich gekleidet sein (also den Körper von den Schultern bis zu den Knien bedeckt halten).

Sea Kayak Krabi KAJAKFAHREN

(☏0 7563 0270; www.seakayak-krabi.com; 40 Th Ruen Rudee) Dieser Anbieter hat eine große Auswahl von Seekajaktouren im Programm, u. a. zur Ao Thalane (halber/ganzer Tag 900/1500 B) mit ihren hoch aufragenden Klippen, zur für ihre smaragdgrüne Lagune berühmten Ko Hong (ganzer Tag 1800 B) und zum Ban Bho Tho (ganzer Tag 1700 B), wo es Meereshöhlen mit 2000 bis 3000 Jahre alten Höhlenmalereien gibt. In den genannten Preisen sind Führer, Mittagessen, Obst und Trinkwasser enthalten.

👉 Geführte Touren

Mehrere Veranstalter bieten Tagesausflüge nach Khlong Thom an, das ca. 45 km südöstlich von Krabi am Hwy 4 liegt. Dabei wird an Thermalquellen und Süßwasserbecken Halt gemacht. Der Preis liegt bei 1000 bis 1200 B und schließt Transport, Mittagessen und Getränke ein. Badesachen und Wanderschuhe nicht vergessen! Darüber hinaus sind noch weitere Dschungeltouren im Angebot.

🛏 Schlafen

Überall in Krabi gibt's gute Pensionen. Luxus findet man an der nahe gelegenen Ao Nang. In der Nebensaison fallen die Preise für Zimmer in einer Pension bis auf 150 B.

LP TIPP Pak-up Hostel HOSTEL $

(☏0 5611 955; www.pakuphostel.com; 87 Th Utarakit; B 180–200 B, DZ 600 B; ❄🛜) In dem schicken Hostel übernachten Gäste in supertollen Zehnbettschlafsälen mit großen, in die Wand gebauten Kojen. Zu jedem Bett gehört ein verschließbarer Schrank. Es gibt große, moderne Gemeinschaftsbäder mit Kaltwasserduschen und ein paar wenigen Warmwasserduschen. Zum Hostel gehören zwei Bars (eine mit allabendlicher Livemusik), in denen eine jugendliche, hippe Clubatmosphäre herrscht.

LP TIPP Chan Cha Lay PENSION $

(☏0 7562 0952; www.chanchalay.com; 55 Th Utarakit; Zi. 400–700 B, Zi. ohne Bad 250 B; ❄) Die in mediterranem Blau gehaltenen Zimmer mit eigenen Bädern sind total schick und gemütlich. Die Quartiere mit Gemeinschaftsbad und Ventilator sind einfach, aber picobello und mit guten Betten mit harten Matratzen ausgestattet.

K Guesthouse PENSION $

(☏0 7562 3166; Kguesthouse@yahoo.com; 15-25 Th Chao Fan; Zi. 150–600 B; ❄@🛜) Die schmucken Holzzimmer im Wild-West-Look säumen die Veranda im zweiten Stock und bieten einen netten Blick auf die Straße. Kuhköpfe schmücken die Wände unten im Café, wo man schnell mit anderen Travellern in Kontakt kommt.

🍴 Essen & Ausgehen

LP TIPP Nachtmarkt THAI $

(Th Khong Kha; Gerichte 20–50 B) Der Markt in der Nähe des Khong-Kha-Piers ist eine der besten Adressen, wenn der kleine Hunger kommt. Die Speisekarten sind zwar auf Englisch verfasst, aber die Gerichte durchaus authentisch. Im Angebot sind u.a. Papayasalat, gebratene Nudeln, *dôm yam gûng* (Suppe mit Garnelen und Zitronengras) und süße, milchige thailändische Nachspeisen.

Tagesmarkt THAI $

(Th Sukhon; Gerichte 20–60 B) Dieser Markt ist noch thailändischer als der Nachtmarkt. Neben den Ständen mit tropischen Früchten köcheln Currygerichte, auf den Banketttischen dampfen Nudeln mit gebratenem Tintenfisch, gedünstetes Rindfleisch, russische Eier, gebratener Fisch und Mais – eine zweifellos gewagte Mischung. Obwohl dieser Markt Tagesmarkt heißt, ist er auch an den meisten Abenden geöffnet.

Cucina Italiana Viva ITALIENISCH $$

(☏0 7563 0517; 29 Th Phruksauthit; Pizza 200–260 B) Hier bekommt man leckere, knusprige Pizza mit Käse und Belag nach Wahl sowie Calzones, italienischen Wein, Eis und Kaffee. Es gibt sogar einen Bringservice.

ℹ Praktische Informationen

Fähren nach Ko Phi-Phi und Ko Lanta starten am Passagierschiffanleger am Khlong Chilat, ca. 4 km südwestlich der Stadt. Krabis Busbahnhof liegt nördlich des Zentrums bei Talat Kao, in der Nähe der Th Utarakit-Kreuzung. Der Flughafen befindet sich 17 km nordöstlich.

In viele Pensionen und Restaurants in Krabi kommt man für 40 bis 60 B pro Stunde ins Internet. Es gibt viele Banken und Geldautomaten.

Einreisebehörde (☏0 7561 1350; Th Chamai Anuson; ⊙Mo-Fr 8.30–16 Uhr) Bearbeitet Visaverlängerungen.

Krabi Hospital (☏0 7561 1210; Th Utarakit) Etwa 1 km nördlich der Stadt.

Post (Th Utarakit) Direkt südlich der Abzweigung zum Khong-Kha-Pier.

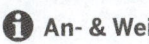 **An- & Weiterreise**

Bus

Der **Busbahnhof von Krabi** (0 7561 1804; Ecke Th Utarakit & Hwy 4) befindet sich im nahen Talat Kao, etwa 4 km nördlich von Krabi. Klimatisierte staatliche Busse starten um 7, 16 und 17.30 Uhr nach Bangkok (720 B, 12 Std.). Täglich um 17.30 Uhr fährt auch ein VIP-Bus mit 24 Plätzen nach Bangkok (1100 B). An Bangkoks südlichem Busbahnhof starten die Busse um 7.30 Uhr und zwischen 19 und 20 Uhr. Klimatisierte staatliche Busse fahren regelmäßig von Talat Kao nach Hat Yai (170 B, 3 Std.), Phuket (145 B, 3½ Std.), Surat Thani (140 B, 2½ Std.) und Trang (90 B, 2 Std.).

Flugzeug

Die meisten Inlandfluglinien bieten Flüge zwischen Bangkok und dem Krabi International Airport an (einfache Strecke ca. 4400 B, 1¼ Std.). **Bangkok Air** (www.bangkokair.com) fliegt für etwa 3800 B einmal täglich nach Ko Samui.

Minivan

Minivans bucht man in den Reisebüros in der Stadt. Die Preise können sehr unterschiedlich sein. Am besten sieht und hört man sich etwas um. Minivans fahren nach Ao Leuk (80 B, 1 Std.), zum Hat Yai (350 B, 3 Std.), zur Ko Lanta (350 B, 1½ Std.) und nach Phuket (350 B, 3 Std.). Los geht's, wenn die Minivans voll sind.

Schiff/Fähre

Die Schiffe nach Ko Phi-Phi und Ko Lanta legen am Passagierpier in Khlong Chilat ca. 4 km südwestlich von Krabi ab. Wer seine Fahrkarte in einem Reisebüro kauft, wird gratis hingebracht.

Das größte Fährunternehmen ist **PP Family Co** (0 7561 2463; www.phiphifamily.com; Th Khong Kha). Es hat einen Fahrkartenschalter in der Stadt direkt neben dem Pier. In der Hauptsaison fahren um 9, 10.30, 13.30 und um 15 Uhr Boote nach Ko Phi-Phi (300 B, 1½ Std.), in der Nebensaison fahren nur zwei Boote pro Tag.

Von November bis Mai fährt täglich nur ein Boot vom Khlon-Chilat-Pier in Krabi nach Ko Lanta (350 B, 2 Std.), los geht's um 11.30 Uhr. Sie legen auf Wunsch auch an der Ko Jum (1 Std.) einen Stopp ein, von wo Longtail-Boote zum Ufer schippern (man muss allerdings den vollen Preis von 350 B zahlen). In der Regenzeit kommt man mit einem der häufig verkehrenden, klimatisierten Vans (300 B, 2½ Std.) zur Ko Lanta. Die Vans fahren übrigens auch in der Hauptsaison.

Wer nach Railay will, nimmt zwischen 7.45 und 18 Uhr an Krabis Khong-Kha-Pier ein Longtail-Boot zum Hat Rai Leh Ost (150 B, 45 Min.). Der Bootsführer fährt erst los, wenn er zehn Fahrgäste an Bord hat. Wer vorher starten möchte, kann für 1500 B auch das ganze Boot mieten.

Die schnellste Verbindung nach Phuket oder zu den Ko-Yao-Inseln sind Direktboote, die am Pier in der Ao Nang (s. S. 711) ablegen. Zwischen den beiden Piers verkehren *sŏrng·tǎa·ous* für 50 B, eine Taxifahrt kostet 300 bis 400 B.

Sŏrng·tǎa·ou

Sŏrng·tǎa·ous fahren vom Busbahnhof ins Zentrum von Krabi und weiter zum Hat Nopphrat Thara (40 B), zur Ao Nang (60 B) und zum Muschelfriedhof an der Ao Nam Mao (80 B). Sie verkehren von 6 bis 18.30 Uhr. In der Hauptsaison fahren sie öfter und länger, d. h. bis 22 Uhr (Aufpreis 10 B). Von der Ecke Th Phattana und Th Phruksauthit fahren *sŏrng·tǎa·ous* häufig zur Ao Luk (80 B, 1 Std.). Das letzte *sŏrng·tǎa·ou* macht sich um ca. 15 Uhr auf den Weg.

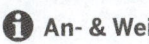 **Unterwegs vor Ort**

Das Stadtzentrum von Krabi lässt sich leicht zu Fuß erkunden, aber der Busbahnhof und der Flughafen liegen weit außerhalb des Zentrums. Ein Taxi vom Flughafen in die Stadt kostet 400 B. In die entgegengesetzte Richtung kosten Taxifahrten 350 B und Motorradtaxifahrten 300 B. Die Reisebüros in der Stadt können Plätze im Flughafenbus für 120 B reservieren. *Sŏrng·tǎa·ous* zwischen dem Busbahnhof und dem Stadtzentrum von Krabi kosten 40 B.

Auto & Motorrad

Wer die Gegend rund um Krabi erkunden will, sollte ein Fahrzeug mieten. Die meisten Reisebüros und Pensionen in der Stadt vermieten Yamahas für ca. 200 B pro Tag. **Yellow House** (0 7562 2809; Th Chao Fah) verfügt über eine ganze Flotte glänzender Yamahas und sorgt auch für Helme. Bei ein paar Reisebüros an der Th Utarakit bekommt man für 1200 bis 1800 B kleine Jeeps.

Ao Nang
อ่าวนาง

12 400 EW.

O.k., Neuland betritt man hier zwar nicht gerade, aber auch Ao Nang hat nette Seiten. Es ist ein Strandort, der sich unverhohlen hauptsächlich dem Tourismus widmet. Schuld daran sind die goldenen Strände, die von Landzungen aus Kalkstein eingerahmt sind. In der Trockenzeit schimmert das Meer in wunderschönen Türkistönen, in der Regenzeit ist das aufgewühlte Wasser über den seichten Stellen kaffeebraun. Wer in dieser Zeit kristallklares Wasser haben will, bucht einfach einen Ausflug zu den umliegenden Inseln, die den Horizont sprenkeln.

Ao Nang ist kompakt, man findet sich leicht zurecht. Durch die wachsende Anzahl vieler interessanter Mittelklassehotels ist nicht nur der Standard der Unterkünfte sehr hoch, es sind auch erhebliche Preisnachlässe möglich. Hier wohnt man nicht ganz so günstig (und authentisch) wie in Krabi, dafür aber sauberer – und sonniger ist es auch. Man bekommt zudem mehr fürs Geld als in Phuket. Ao Nang hat jede Menge zu bieten (Mangroventouren, Schnorcheltrips) – der Flughafen von Krabi ist nur eine 40-minütige Autofahrt entfernt und Railay ist mit dem Longtail-Boot in nur 20 Minuten zu erreichen. Kein Wunder, dass dieser Strand bei Travellern immer beliebter wird!

👁 Sehenswertes

Muschelfriedhof   NATURSCHUTZGEBIET
(สุสานหอย; Eintritt 50 B; ⏱8.30–16.30 Uhr) 9 km östlich von Ao Nang am Westrand der Ao Nam Mao befindet sich der **Muschelfriedhof**, der auch als Gastropod Fossil oder Su-San Hoi bekannt ist. Hier kann man riesige Platten bewundern, die von Millionen winziger, 75 Mio. Jahre alter fossiler Muscheln gebildet wurden. Es gibt ein kleines **Besucherzentrum** (Eintritt 50 B; ⏱8.30–16.30 Uhr), das geologische Erläuterungen bietet, und zahlreiche Stände, die Snacks verkaufen. Von Ao Nang kostet die Fahrt im *sŏrng·tăa·ou* 30 B.

🏃 Aktivitäten

Ao Nang bietet jede Menge Aktivitäten. Kinder unter zwölf Jahren kriegen normalerweise 50% Rabatt.

Kajakfahren

Mehrere Veranstalter organisieren Kajaktouren zu den Mangrovenwäldern und den Inseln rund um Ao Nang. Zu den beliebtesten Zielen gehören die malerische Lagune von Ko Hong (1500–1800 B), wo es Seeschwalbennester gibt (die als Zutat für Vogelnestsuppe sehr gefragt sind), die hohen Klippen und die Mangrovenwälder mit ihrer reichen Fauna in Ao Thalane (halber/ganzer Tag 500/800 B) sowie die Meereshöhlen und die 2000 bis 3000 Jahre alten Malereien in Ban Bho Tho (halber/ganzer Tag 700/900 B). Die Preise für die Touren können leicht variieren, beinhalten aber immer Mittagessen, Früchte, Trinkwasser, Seekajaks und Führer.

Tauchen & Schnorcheln

In Ao Nang gibt's zahlreiche Tauchschulen, die Tauchausflüge u.a. zur Ko Si, Ko Ha, Yava Bon und Yava Son anbieten. Zwei Tauchgänge kosten ca. 3200 B. Zu den einzigartigen Tauchgebieten zählt die Ko Mae Urai mit zwei unterseeischen Tunneln, die mit Weich- und Steinkorallen bewachsen sind. Andere Tauchausflüge führen zu entfernteren Tauchspots wie zum King Cruiser (3 Tauchgänge 4700 B) und nach Ko Phi-Phi (2 Tauchgänge 3900 B). Ein PADI-Open-Water-Kurs kostet 14900 bis 16000 B. Seriöse Tauchschulen sind z.B. **Ao Nang Divers** (☏0 7563 7244; www.aonang-divers.com) und das **Poseidon Dive Center** (☏0 7563

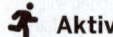
ABSTECHER

KHAO PHANOM BENCHA NATIONAL PARK

Dieser 50 km² große **Park** (อุทยานแห่งชาติเขาพนมเบญจา; ☏0 7566 0716; Erw./Kind unter 14 Jahren 200/100 B) schützt einen herrlichen Urwald auf dem Rücken des 1350 m hohen Khao Phanom Bencha 20 km nördlich von Krabi. Es gibt viele gut beschilderte Wanderwege zu malerischen Wasserfällen, z.B. zu den elfstufigen **Huay-To-Fällen**, die nur 500 m von der Hauptverwaltung des Parks entfernt sind. Ganz in der Nähe und fast ebenso atemberaubend sind die Huay-Sadeh-Fälle und die Khlong-Haeng-Fälle. Auf dem Weg in den Park lässt sich die **Tham Pheung** besichtigen, eine fantastische Höhle mit schimmernden Stalaktiten und Stalagmiten aus Mineralgestein. Die vielen Wege, die sich durch den Park winden, bieten ausgezeichnete Wandermöglichkeiten.

Viele Vogelfans kommen hierher, um Weißkopfnashornvögel, Schildschnäbel, Argusfasane und die extrem seltenen Goldkehlpittas zu beobachten. Führer braucht man nicht wirklich, denn die Wege sind gut beschildert. Wer aber einen Führer anheuert, bekommt wahrscheinlich mehr Tiere zu Gesicht und einen besseren Einblick.

Zum Park fahren keine öffentlichen Verkehrsmittel; mit einem Mietmotorrad kann man den Park von Krabi aus aber prima im Rahmen eines Tagesausflugs besuchen. Einfach an der Abzweigung vom Hwy 4 den Schildern folgen. Das Motorrad kann man gut bei der Parkverwaltung abstellen. Alternativ kommt man auch mit einem *túk-túk* zum Park (hin & zurück ca. 600 B).

7263; www.poseidon-diving.com). Die meisten Tauchschulen können in der Gegend auch Schnorchelausflüge organisieren.

Radfahren

Eine „Tour de Krabi" kann man bei **Krabi Eco Cycle** (0 7563 7250; www.krabieco cycle.com; 41/2 Muu 5; Halb-/Ganztagestour 800/1700 B) buchen. Die empfehlenswerte, 15,5 km lange Tagestour führt zu Kautschukplantagen, in kleine Dörfer und zu Thermalquellen. Am Ende kann man sich dann im Emerald Pool – der Name passt übrigens perfekt – abkühlen. Mittagessen gibt's auf allen Touren, außer auf den halbtätigen Radtouren.

🍃 Kurse

Krabi Thai Cookery School KOCHSCHULE (0 7569 5133; www.thaicookeryschool.net; 269 Moo 2, Ao Nang, Rte 4204) Diese Schule, die etwa 10 km von Ao Nang entfernt zwischen dem Wat Sai Thai und Ao Nam Mao liegt, bietet eintägige Thai-Kochkurse ab 1000 B an. Im Preis ist die Abholung enthalten.

☞ Geführte Touren

In jedem Reisebüro, das diese Bezeichnung verdient, kann man eine der beliebten Vier- oder Fünf-Insel-Touren buchen (ca. 2200 B). Der **Ao Nang Long-tail Boat Service** (0 7569 5313; www.aonangboatco-op. com) bietet Boote für bis zu sechs Personen nach Hong Island (2500 B) und Bamboo Island (3800 B) an und natürlich auch die normale Fünf-Insel-Tour. Man kann auch Halbtagestrips zur Poda Island und zu den Chicken Islands (1700 B, 4 Std.) für bis zu vier Personen buchen.

Einige Veranstalter organisieren Touren nach **Khlong Thom**, im Rahmen derer man Süßwasserpools, Thermalquellen und das **Wat Khlong Thom Museum** besucht. Erwachsene zahlen 1200 B, Kinder 900 B. Außerdem gibt es sogenannte „Mystery Tours" zu Schlangenfarmen, Dörfern, kristallklaren Seen und Kautschuk-, Ananas-, Bananen- und Papayaplantagen. Die Touren kosten um die 900/450 B pro Erwachsenem/Kind. Tourveranstalter organisieren auch Ausflüge rund um die Ao Phang-Nga und zu etlichen dubiosen Tiershows.

Tagesausflüge mit der **Ao Nang Princess** (Erw./Kind 1400/1000 B) nach Ko Phi-Phi sind ebenfalls im Angebot. Das Boot legt um 9 Uhr am Verwaltungsgebäude des Hat Noppharat Thara National Parks ab und macht Abstecher nach Bamboo Island, Phi-

Phi Don und Phi-Phi Leh. Der Transport von Ao Nang nach Hat Noppharat Thara ist im Preis enthalten.

🛏 Schlafen

In allen Hotels fallen die Preise in der Nebensaison um 50%. An der Hauptstraße, ca. 3 km vom Strand entfernt, gibt's einige Unterkünfte für unter 1000 B.

Golden Beach Resort HOTEL $$$ (0 7563 7870-74; www.goldenbeach-resort. com; Zi. 3900–6100 B, Bungalow 5100–8100 B; ❄☀) Dieses weitläufige, schlichte Resort dominiert die südlichsten 400 m der Ao Nang und somit den besten Strandabschnitt. Es besteht aus großen Hotelblocks und stilvollen, weiß verputzten Bungalows mit viel Holz, die in einem gepflegten Garten um einen großen Pool angeordnet sind. Die Anlage ist nicht wirklich hip, aber man fühlt sich hier wohl. Auf der Website gibt's manchmal spezielle Angebote.

Somkiet Buri Resort HOTEL $$ (0 7563 7320; www.somkietburi.com; Zi. 1710–6200 B; ❄🛜☀) Diese Anlage inspiriert zu spontanen Yogaposen... Das üppig bewachsene Dschungelareal ist übersät mit Farnen und Orchideen. Gäste laufen auf Holzstegen zwischen Teichen und Bächen hindurch zu den 26 großen, kreativ eingerichteten Zimmern. Mitten auf dem Gelände befindet sich ein toller Swimmingpool. Die Balkone der Zimmer sind entweder zum Pool oder zu einem friedlichen Teich hin ausgerichtet. Der Service ist erstklassig.

Red Ginger Chic Resort HOTEL $$$ (0 7563 7777; www.redgingerkrabi.com; 88 Moo 3; Zi. 6300–10 900 B; ❄🛜☀) Moderne, bunte, schön gefliese Anlage mit großen Papierlaternen und einer Lobby-Bar mit viel Milchglas. Die geräumigen, eleganten Zimmer sind mit schicken Möbeln eingerichtet und haben geräumige Balkone mit Blick über den großen Pool. In der Nebensaison können die Preise um bis zu 50% fallen.

Ao Nang Cliff Resort HOTEL $$$ (0 7562 6888; www.aonangcliffbeach.com; Zi. 4500–7500 B; ❄🛜☀) Abgesenkte Schlafbereiche in den Zimmern, Liegen, Daunendecken und Regenduschköpfe gefällig? Die am besten gelegenen Zimmer bieten einen tollen Blick auf die Klippe und das Meer. Der Pool vor der Lobby ist einfach umwerfend. In der Nebensaison kann man hier schon für 2500 B in den Genuss eines Zimmers kommen.

Verandah
HOTEL $$

(☎0 7563 7454; www.theverandahaonang.com; Zi. inkl. Frühstück 1700–2300 B; ✳@) Unterkunft mit gutem Preis-Leistungs-Verhältnis in zentraler Lage. Die einfachen, geräumigen Zimmer sind picobello. Sie verfügen über gefliestе Fußböden, einen kleinen Kühlschrank, Warmwasser, Satelliten-TV und einen Safe. Im Zimmerpreis ist das Frühstück enthalten. Die Gäste dürfen den Pool des benachbarten Peace Laguna Resorts benutzen.

Apasari
HOTEL $$

(☎0 7563 7188; www.apasari.com; Zi. 1800–5800 B; ✳@🛜🏊) Eines der wenigen schicken, neuen Mittelklassehotels an Ao Nangs neuestem Boulevard. Die Zimmer sind mit fantastisch gefliesten Fußböden, Einbauschränken, Schreibtischen, Flachbildfernsehern und Balkonen mit Blick auf den langen, rechteckigen Pool ausgestattet. In der Nebensaison ist das Preis-Leistungs-Verhältnis außerordentlich gut.

Dream Garden
HOTEL $

(☎0 7563 7338; Zi. 950–1200 B; ✳@) Zuerst durchquert man ein schäbiges Reisebüro, läuft an einem schicken, nach Zitronengras duftenden Spa vorbei und erreicht schließlich einen zweistöckigen Kasten mit einfachen, aber sauberen, großen, gefliesten Zimmern, die über Warmwasser, Holzmöbel und kleine Terrassen verfügen.

Phra Nang Inn
HOTEL $$$

(☎0 7563 7130; www.phrananghotels.com; Zi. inkl. Frühstück 4000–9000 B; ✳@🏊) Dieses Hotel wirkt wie eine künstlerische Explosion – überall rustikales Kokosholz, leuchtendes Orange und Purpurrot sowie fein gearbeitete thailändische Fliesen. Es gibt zwei Pools. Ein zweiter, ähnlich gestalteter Ableger befindet sich vom Original aus gesehen auf der anderen Straßenseite.

J Hotel
HOTEL $

(☎0 7563 7878; j_hotelo@hotmail.com; Zi. ab 800 B; ✳@) Das J Hotel ist eine gute Bleibe für Backpacker. Man wohnt in großen, hellen Zimmern mit neu gefliesten Böden, Einbauschränken, Schreibtischen und Satelliten-TV. Einige Zimmer riechen allerdings etwas muffig. Also vor dem Einchecken mal reinschnuppern!

Bernie's Place
HOTEL $

(☎0 7563 7093; Zi. 300–700 B; ✳) Das Personal wirkt, als schlafwandle es, aber die Zimmer sind groß und hell, besitzen Ventilatoren an den Decken und von der Gemeinschaftsveranda hat man einen schönen Blick aufs Meer. In der dunklen Bar im Erdgeschoss gibt's ein proteinlastiges Buffet, an dem man sich zum Backpacker-Preis (all you can eat 250 B) bedienen kann.

🍴 Essen

In Ao Nang gibt's unzählige mittelmäßige Restaurants, die überteuerte italienische, skandinavische, indische, thailändische Speisen und Fast Food anbieten. Superpreiswerte Gerichte gibt's abends an ein paar Imbissständen an der Straße nach Krabi (in der Nähe vom McDonald's). Im Angebot sind roti (Pfannkuchen), gài tôrt (Brathähnchen), Hamburger usw. 100 m weiter in der gleichen Straße (auf der gegenüberliegenden Seite) bekommt man in mehreren Bambushütten preiswerte, schmackhafte Thai-Gerichte.

LP TIPP Soi Sunset
SEAFOOD $$

(☎0 7569 5260; Soi Sunset; Gerichte 60–400 B; ⏱mittags & abends) An dieser schmalen Fußgängerzone am westlichen Ende des Strands liegen mehrere romantische Seafood-Restaurants mit Traumblick aufs Meer und die vorgelagerten Inseln. Bei allen stehen mit Eis gefüllte Modellboote am Eingang, in denen der Fang des Tages präsentiert wird. Das Personal fordert die Vorbeischlendernden lächelnd auf, einzutreten und Platz zu nehmen. Das Krua Ao Nang am Ende der Straße ist eines der besten (und beliebtesten) Restaurants.

Jeanette's Restaurant
SCHWEDISCH, THAI $$

(☎08 9474 6178; www.jeanettekrabi.com; Gerichte 120–450 B; ⏱morgens, mittags & abends) Dank der Bänke, der Tintenkleckskunst an den Wänden und der Speisekarte mit traditionellen Thaigerichten und schwedischen Leckereien (Apfelkuchen – das klingt doch gut, oder?) ist dieses Lokal extrem beliebt.

🍷 Ausgehen & Unterhaltung

Lust auf einen Drink? In Ao Nang mangelt es nicht an Bars.

Aonang Krabi Muay Thai Stadium
THAIBOXEN

(☎0 7562 1042; Eintritt 800 B, Platz am Ring 1200 B) Wer die Strandbars und Videofilme auf der Amüsiermeile leid ist, kann sich hier an zwei Tagen in der Woche ab 20.45 Uhr (genaue Termine in einem der Reisebüros checken) wilde muay thai-Wettkämpfe (Thaiboxen) ansehen. Ein kostenloses *sŏrng·tăa·ou* fährt vor den Kämpfen die Amüsiermeile in Ao Nang entlang und sammelt Interessierte ein.

Last Café
CAFÉ, BAR

(☺11–19 Uhr) Dieses Strandcafé am südlichsten Zipfel des Hat Ao Nang hat kaltes Bier, eine frische Brise und viel Natur zu bieten.

Amy's Bar
BAR

(☺11–2 Uhr) Das Amy's punktet mit blumigem Retro-Hippie-Design, Flachbildschirmen, auf denen Fußball flimmert, Billardtischen und den obligatorischen Damen. Es ist eine von vielen Kneipen an der Straße, die im rechten Winkel zu den Klippen verläuft.

❶ Praktische Informationen

Alle Informationsbüros, so auch das **Ao Nang Visitor Center** (✆0 7562 8221) auf der Amüsiermeile, sind private Reisebüros, in denen man Ferngespräche führen kann und für ca. 1 B pro Minute ins Internet kommt.

Mehrere Banken an der Hauptstraße haben Geldautomaten und Wechselschalter (10–20 Uhr).

❶ Anreise & Unterwegs vor Ort
Auto, Bus & Minivan

Sŏrng·tăa·ous nach/von Krabi (50 B, 20 Min.) stehen am Busbahnhof (zum Fahrpreis kommt ein Aufschlag von 10 B dazu). Sie fahren über die Th Maharat, den Khong-Kha-Pier in Krabi und weiter zum Hat Noppharat Thara, zur Ao Nang und bis zum Muschelfriedhof. Die Fahrt von Ao Nang zum Hat Noppharat Thara oder zum Muschelfriedhof kostet 20 B.

Die Flughafenbusse nach und von Ao Nang kosten 80 bis 100 B, sie fahren den ganzen Tag über. Privattaxis vom Flughafen schlagen mit ca. 800 B zu Buche. Minibusse steuern alle Ziele im Süden inklusive Phuket (350–400 B, 3–4 Std.), Pak Bara (300 B, 3½ Std.) und Ko Lanta (400 B, 2 Std.) an.

Überall an der Hauptstraße kann man sich für 150 bis 200 B kleine Motorräder ausleihen. Für ein Auto von Budget Car Hire muss man ca. 1600 B hinblättern.

Schiff/Fähre

Die Boote vom **Ao Nang Long-tail Boat Service** (✆0 7569 5313; www.aonangboatco-op.com) schippern nach Railay zum Hat Rai Leh West. Zwischen 7.30 und 18 Uhr kostet die Fahrt 80 B pro Person, zwischen 18 und 6 Uhr zahlt man sogar 150 B. Die Fahrt dauert 15 Minuten und die Boote fahren los, wenn mindestens sechs Fahrgäste an Bord sind. Wer früher los will, muss das ganze Boot bezahlen, d. h. den Preis für sechs Personen.

Fähren und Schnellboote starten vom Pier am Hat Noppharat Thara (s. S. 727) nach Ko Phi Phi, Ko Lanta, Phuket und zu den Ko-Yao-Inseln.

Rund um Ao Nang

HAT NOPPHARAT THARA
หาดนพรัตน์ธารา

Nördlich von Ao Nang ist der goldene Strand noch naturbelassener. Er schlängelt sich 4 km um die Landzunge bis zur Lagune am Hat Noppharat Thara National Park. Hier, am Büro der Parkverwaltung, dümpeln Longtail-, Fischer- und Schnellboote im Wasser. Die Kulisse bilden tolle Kalksteinformationen. Das kleine **Besucherzentrum** informiert auf Thai und Englisch über Korallenriffe und Mangrovenökologie.

Einige der hiesigen Resorts werben fälschlicherweise damit, zentral an der Ao Nang zu liegen. Wer das Kleingedruckte nicht genau liest, findet sich am Ende hier draußen wieder (was vielleicht aber nicht das Schlechteste ist).

🛏 Schlafen

Sala Talay Resort & Spa
HOTEL $$$

(✆0 7581 0888; www.salatalay.com; Zi. 10 000–29 000 B; ❄@❄) Die Zimmer in diesem wunderschönen, neuen Hotel aus Gussbeton, Holz und Stein besitzen glänzende, geschliffene Betonfußböden, -wände und -waschtische, DVD-Player und Flachbildfernseher. Die Online-Preise sind deutlich niedriger als die hier für die Nebensaison angegebenen Standardpreise.

Sabai Resort
HOTEL $$

(✆0 7563 7791; www.sabairesort.com; Bungalow 1300–2200 B; ❄@❄) Eine besser geführte Bungalowanlage gibt es in dieser Gegend nicht. Die Häuschen haben Ziegeldächer und sind mit Ventilatoren und kieselsteingepflasterten Veranden ausgestattet, von denen man Ausblick auf den von Palmen gesäumten Pool und den Garten hat.

Government Bungalows
BUNGALOWS $

(✆0 7563 7200; Bungalow 800–1000 B) Die Holzbungalows mit Ventilator gegenüber vom Strand sind einfach, aber gepflegt und haben einen Superpreis, auch in der Hauptsaison. Also unbedingt rechtzeitig buchen. Einchecken muss man bei dem Hauptbüro des Nationalparks in der Nähe des Hafens.

Rund um die Parkhauptverwaltung servieren mehrere **Restaurants** Snacks wie Brathähnchen und Papayasalat.

ℹ️ **An- & Weiterreise**

Zwischen Krabi und Ao Nang verkehrende *sŏrng·tăa·ous* halten am Hat Noppharat Thara; der Fahrpreis beträgt 40 B ab Krabi bzw. 10 B ab Ao Nang. Von November bis Mai fährt die *Ao Nang Princess* zwischen der Hauptverwaltung des Hat Noppharat Thara National Park und Ko Phi-Phi (400 B, 2 Std.) hin und her. Das Boot legt um 9 Uhr am Pier im Nationalpark ab und ist um 15.30 Uhr von Ko Phi-Phi zurück. Am Hat Rai Leh West in Railay legt es einen Zwischenstopp ein. Mit diesem Boot sind auch Tagestouren nach Ko Phi-Phi möglich. In der Hauptsaison geht außerdem ein Direktboot nach Phuket. Es fährt am selben Pier um 15.30 Uhr (450 B) ab. Das Direktboot nach Ko Lanta startet um 10.30 Uhr (450 B).

Eine schnellere Alternative nach Phuket ist das Schnellboot *Green Planet* (950 B, 1¼ Std.), das via Ko Yao Noi und Koh Yao Yai (beide Ziele 450 B, 45 Min.) zum Bang-Rong-Pier nördlich von Phuket Stadt fährt. Das Boot legt um 11 und 16 Uhr am Hat Noppharat Thara ab; der Transport zur Unterkunft in Phuket ist im Preis enthalten.

Railay ไร่เล

Die märchenhaften Kalksteinklippen Krabis sind bei Railay (auch: Rai Leh) am spektakulärsten – die ultimative Hochburg für Kletterer! Zwischen den Felsen finden sich paradiesisch ruhige Strandabschnitte. Und obwohl Railey vom chaotischen Touristengewimmel in Ao Nang nur einen Katzensprung entfernt ist, herrscht hier eine unglaublich lässige Atmosphäre – der reinste Rasta-Thai-Himmel.

👁 Sehenswertes

Am Ostende des Hat Phra Nang liegt die **Tham Phra Nang** (Prinzessinnenhöhle), eine bedeutende Andachtsstätte der einheimischen Fischer. Der Legende nach sank bei einem Sturm 300 v. Chr. eine königliche Barke. An Bord befand sich eine indische Prinzessin. Der Geist der ertrunkenen Prinzessin suchte sich die Höhle aus, um darin zu wohnen, und er versprach all jenen die Gunst der Prinzessin, die ihr hier Respekt zollen. Einheimische Fischer – Muslime und Buddhisten gleichermaßen – stellen in der Höhle geschnitzte Holzphalli auf und hoffen, dass der Geist ihnen einen guten Fang beschert.

Auf halber Strecke vom Hat Rai Leh Ost zum Hat Phra Nang führt ein primitiver Weg hinauf zur vom Dschungel umgebenen Felswand und zur versteckten Lagune **Sa Phra Nang** (See der Heiligen Prinzessin). Die Aussicht von der nahe gelegenen Felsspitze über die Halbinsel ist atemberaubend. Aber eine Warnung ist nötig: Die Wanderung dorthin ist sehr anstrengend und führt über einige Abschnitte, die für alle mit Höhenangst mit sehr viel Stress verbunden sind!

Oberhalb vom Hat Railay Ost befindet sich eine weitere große Höhle, die **Tham Phra Nang Nai** (Innere Prinzessinnenhöhle; Erw./Kind 40/20 B; ⊙5–20 Uhr) heißt, aber auch als Diamantenhöhle bekannt ist. Ein Holzsteg führt an einer Reihe von Kavernen mit wunderschönen Kalksteinformationen vorbei. Durch die sich ändernden Witterungsverhältnisse ist aber kein Wasser mehr vorhanden – und ohne Wasser bleiben die Leuchteffekte, denen die Höhle ihren Namen verdankt, aus. Aber auch unter „monochromen" Bedingungen lohnt sich der Spaziergang hierher.

🏃 Aktivitäten

Klettern

Wegen der fast 500 geschraubten Routen aller Schwierigkeitsgrade und einer unvergleichlichen Aussicht von den Klippen ist es keine Überraschung, dass Railay zu den besten Kletterrevieren der Welt gehört. Man könnte Monate mit Kletter- und Erkundungstouren zubringen – und das tun hier auch viele Leute. Der neueste Hit ist „Deep Water Soloing", das ist wie Freeclimbing, bloß über tiefem Wasser – wenn man abstürzt, wird man nass. Selbst wagemutige Anfänger können das probieren.

Die meisten Kletterer beginnen ihren Aufstieg an der **Muay Thai Wall** und der **One, Two, Three Wall** am Südende des Hat Rai Leh Ost. Dort gibt es mindestens 40 Routen der Schwierigkeitsgrade 4b bis 8b (französisches System). Die mächtige **Thaiwand Wall** am Südende des Hat Rai Leh West ist eine Kalksteinwand mit überaus anspruchsvollen Kletterrouten.

Weitere gute Klettermöglichkeiten bieten: **Hidden World** (klassische Routen für fortgeschrittene Kletterer), **Wee's Present Wall** (ein wenig bekanntes 7c+-Juwel), **Diamond Cave** (beliebt bei Anfängern und Fortgeschrittenen) und **Ao Nang Tower** (eine Kletterwand, an der Dreipunkthalterung erforderlich ist und die man nur mit einem Longtail-Boot erreicht).

Der gängige Preis für Kletterkurse liegt zwischen 800 und 1000 B für einen Halbtageskurs und zwischen 1500 und 2000 B für einen Ganztagskurs. Dreitägige Kurse (6000 B) beinhalten auch das Vorstiegklettern, bei dem man sich beim Aufstieg mit Karabinern an Haken in der Felswand sichert. Erfahrene Kletterer können sich in jeder Kletterschule die erforderliche Ausrüstung für 800/1300 B pro halben/ganzen Tag ausleihen. Die Standardausrüstung besteht aus einem 60 m langen Seil, zwei Klettergurten und Kletterschuhen. Wer plant, im Urlaub zu klettern, sollte seine eigene Ausrüstung von zu Hause mitbringen: viele Bandschlingen und Express-Sets, Magnesia (schweißnasse Handflächen sind in den Tropen nicht zu vermeiden) und eine kleine Sammlung von Klemmkeilen und Friends, um sich auf weniger guten Routen besser absichern zu können. Wer einzelne Teile seiner Ausrüstung zu Hause vergessen hat, kann bei einigen Kletterschulen Markenartikel nachkaufen. Man bekommt aber eventuell nicht genau das, was man braucht oder nicht die richtige Größe. Eine gewebte Rattanmatte (vor Ort für 100 bis 150 B erhältlich) schützt die Ausrüstung vor Sand.

Zahlreiche vor Ort veröffentlichte Bücher beschreiben die Kletterrouten in der Region ausführlich. *Rock Climbing in Thailand* (40 US$) von Elke Schmitz und Wee Changrua ist immer der vollständigste Führer. Empfehlenswerte Kletterausrüster sind:

Highland Rock Climbing KLETTERAUSRÜSTUNG (☑08 0693 0374; chaow_9@yahoo.com; Hat Rai Leh East) Der Inhaber ist genau der richtige Partner für Klettermaxe.

Hot Rock KLETTERAUSRÜSTUNG (☑0 7562 1771; www.railayadventure.com; Hat Rai Leh West) Guter Ruf. Der Besitzer ist so etwas wie eine Kletterlegende in Railay.

King Climbers KLETTERAUSRÜSTUNG (☑0 7563 7125; www.railay.com; Hat Rai Leh East) Eine der größten, ältesten und renommiertesten Schulen.

Wee's Climbing School KLETTERAUSRÜSTUNG (☑08 1149 9745; www.basecamptonsai.com; Hat Ton Sai) Der wohl professionellste Ausrüster der Region.

Wassersport & und mehr

Mehrere **Tauchveranstalter** in Railay bieten Touren zur Ko Poda und zu anderen Tauchspots an. Zwei Tauchgänge an abgelegeneren Inseln kosten um die 2000 B, drei- oder viertägige PADI-Open-Water-Kurse gibt's für 12 000 B.

Ganztägige **Schnorchelausflüge** zu mehreren Inseln wie Ko Poda, Chicken Island usw. können über jedes Resort für ca. 1800 B (max. 6 Pers.) organisiert werden. Am Hat Railay West kann man auch Longtail-Boote (halber/ganzer Tag 1700/2200 B) chartern. Wer einfach nur vor Railay schnorcheln will, kann sich in den meisten Resorts für je 100 bis 150 B Brille und Flossen ausleihen.

Das **Flame Tree Restaurant** (Hat Rai Leh West) verleiht **Seekajaks** für 200 B pro Stunde oder 800 B pro Tag. Ausflüge zu einsamen Inseln mit Übernachtung kann man mit den hiesigen Bootsbesitzern arrangieren. Campingausrüstung und Verpflegung müssen dann selbst mitgebracht werden.

Die **Railay Thai Cookery School** (Rai Leh Headlands; ☑08 4096 4994; Kurse 1200 B) befindet sich direkt unterhalb des Restaurants des Railay Phutawan Resort und bietet täglich um 8.30 und um 14.30 Uhr fünfstündige Kurse in netter Umgebung (teilweise im Freien) an.

🛏 Schlafen & Essen
HAT RAI LEH WEST

Railay West ist schön und Bauunternehmer wissen das – also gibt's hier nur Mittel- und Spitzenklasseresorts. In der Nebensaison fallen die Preise um bis zu 30 %. Alle Restaurants in den Resorts sind anständig.

Railay Bay Resort & Spa HOTEL $$$ (☑0 7562 2570-2; www.railaybayresort.com; Bungalow 3700–17 800 B; ❄@☎) Der wie eine Amöbe geformte Pool grenzt an ein wunderschönes Stückchen Strand, man kann also prima zwischen Salz- und Süßwasser hin und her wechseln. Die hübsch bepflanzte Anlage mit den eleganten Bungalows, die große Fenster, weiße Wände und rustikale Holzterrassen haben, erstreckt sich über die Halbinsel bis zum Hat Railay Ost. Die Bungalows auf der Ostseite sind älter, haben dunkel getönte Fenster und sind die günstigsten Optionen.

Sand Sea Resort HOTEL $$ (☑0 7562 2608; www.krabisandsea.com; Bungalow 1950–5950 B; ❄@☎) Das preiswerteste Resort an diesem Strand kann so ziemlich mit allem aufwarten: ältliche Bungalows mit Ventilator genauso wie frisch renovierte Cottages mit allen nur erdenklichen Annehmlichkeiten. Es gibt einen friedlichen Pool im Grünen mit Blick auf Karstformationen. Fast so toll wie der Traumstrand vor dem Resort!

Railay

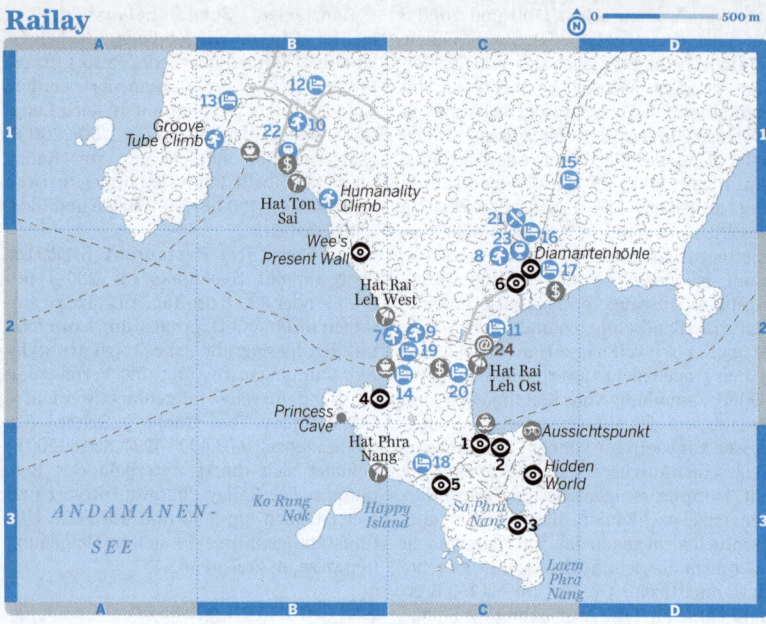

Railay

⦿ Sehenswertes

1 Muay Thai Wall C3
2 One,Two,Three Wall C3
3 Sa Phra Nang C3
4 Thaiwand Wall B2
5 Tham Phra Nang C3
6 Tham Phra Nang Nai C2

⊕ Aktivitäten, Kurse & Touren

7 Flame Tree Restaurant C2
8 Highland Rock Climbing C2
9 Hot Rock C2
  King Climbers .... (siehe 24)
  Railay Thai Cookery School ...... (siehe 21)
10 Wee's Climbing School B1

🛌 Schlafen

11 Anyavee C2
12 Countryside Resort B1
  Mountain View Resort .... (siehe 13)
13 Paasook B1

14 Railay Bay Resort & Spa C2
15 Railay Cabana C1
16 Railay Phutawan Resort C2
17 Rapala Rockwood Resort C2
18 Rayavadee C3
19 Sand Sea Resort C2
20 Sunrise Tropical Resort C2

⊗ Essen

21 Railay Phutawan Resort
  Restaurant C1

⊙ Ausgehen

22 Chillout Bar B1
  Highland Rock Climbing .... (siehe 8)
23 Ya-ya Bar C2

ⓘ Praktisches

  Geldautomat .... (siehe 7)
  Krankenhaus .... (siehe 14)
24 Phra Nang Tours & Travel C2

HAT RAI LEH OST

Sunrise Tropical Resort HOTEL $$

(✆0 7562 2599; www.sunrisetropical.com; Bungalow inkl. Frühstück 2500–5750 B; ❄@🖥🛆) Die Bungalows können mit den besseren am Hat Railay West mithalten, kosten aber weniger. Einen besseren Deal gibt's in Rai-

lay kaum. Die Bungalows haben Hartholzfußböden, Möbel im Thai-Stil, schicke, hell gefliste Bäder und Balkone oder Terrassen.

Anyavee HOTEL $$

(✆0 7581 9437; www.anyavee.com; Bungalow 2800–7000 B; ❄@🛆) Das nette Resort hat mehr Stil als die meisten Unterkünfte an diesem Strand. Die Häuschen haben viele Fenster – hell, aber der Privatsphäre nicht gerade förderlich. Sie sind mit crème- und beigefarben karierten Tagesdecken und viel Hartholz ländlich schick eingerichtet.

Rapala Rockwood Resort HOTEL **$**
(☏08 4191 5326; Bungalow 500–750 B) Die maroden Bambusbungalows sind mit Veranda, Bad, Moskitonetz und Ventilator ausgestattet. Tolle, luftige Lage auf einem Hügel mit Blick auf das Meer (und die Nachbarn). In dem dazugehörigen Restaurant voller Kissen kommen thailändische und indische Gerichte auf den Tisch.

RAILAY HEADLANDS

LP TIPP **Railay Phutawan Resort** HOTEL **$$**
(☏08 4060 0550, 0 7581 9478; www. phuritvalleyresort.com; Bungalow 1140–1940 B,

Zi. 1640 B; @✳) Die besten Optionen sind hier die supergeräumigen, glänzenden Betonbungalows mit blassgelben Wänden, großen Bädern mit Regenduschköpfen und allen Annehmlichkeiten eines Spitzenklasseresorts. Die gefliesten Zimmer in dem Wohnblock sind nicht ganz so luxuriös; die gemütlichen Bungalows mit Ventilator und Bambusdecken sind etwas muffig, haben aber ein gutes Preis-Leistungs-Verhältnis.

Railay Cabana PENSION **$**
(☏0 7562 1733, 08 4057 7167; Bungalow 350–600 B) Diese Unterkunft ist super gelegen: hoch oben auf den Hügeln einer Senke in den Karstklippen – ein tropisches Hippie-Refugium in den Bergen! Die einfachen, sauberen Bungalows mit Bambusdach stehen mitten in Mango-, Mangostanen-, Bananen- und Guavenhainen. Hier hört man nur Vogelgezwitscher und Kindergelächter.

PHUKET & ANDAMANENKÜSTE RAILAY

WO ÜBERNACHTEN?

In der Gegend um Railay gibt es vier Strände. Wer will, kann aber auch auf der Landzunge übernachten. Spaziergänge von je nur fünf Minuten liegen zwischen Hat Rai Leh Ost, Hat Rai Leh West, Hat Phra Nang und den Headlands. Hat Ton Sai ist etwas abgelegener, sodass man ein Longtail-Boot (50 B) nehmen oder ca. 20 Minuten über Felsen zum Hat Railay West kraxeln muss.

» Der **Hat Rai Leh Ost** ist der am stärksten erschlossene Strand. Die flache, schlammige Bucht wird von Mangrovenwäldern gesäumt und lädt nicht gerade zum Baden ein. Der Strand ist dicht bebaut mit Hotels und Pensionen, aber die Landzungen und Kalksteinformationen sind einfach grandios.

» Der **Hat Rai Leh West** ist ein fast makelloses weißes Wunder und auch das beste Fleckchen, um zu schwimmen, sich nachmittags ein aufgezeichnetes Fußballspiel anzuschauen oder den Sonnenuntergang zu genießen. Hier finden sich geschmackvoll eingerichtete Mittelklasseresorts. Mit Longtail-Booten kommt man schnell ins nahe gelegene Ao Nang und wieder zurück.

» Der sichelförmige **Hat Phra Nang** ist höchstwahrscheinlich einer der schönsten Strände unseres Planeten. Er hat hellgoldenen Sand und wird von hoch aufragenden Kalksteinklippen mit Höhlen eingerahmt. Die in der Ferne aus dem himmelblauen Wasser schauenden Kalksteininselchen heißen Chicken Island (Ko Hua Khwan) und Poda Island. An diesem Strand gibt es nur das Rayavadee, das exklusivste Resort der Halbinsel. Aber das Badelaken kann hier jeder ausbreiten.

» Der **Hat Ton Sai** ist ein Paradies für Kletterfreaks. Der Strand ist nicht spektakulär, aber angesichts der vielen guten Klettermöglichkeiten ist das den meisten Leuten egal. Die Bars und Bungalows verstecken sich im Dschungel hinter dem Strand. Hier herrscht eine relaxte, spaßbetonte Atmosphäre.

» Die **Railay Headlands** sind den Meeresbrisen ausgesetzt, und da die Erschließung hier erst vor Kurzem begonnen hat, fühlt man sich zwischen Plantagen, Urwald und sehr freundlichen Einheimischen noch wie ein Pionier. Die Headlands sind vom Hat Rai Leh West und Ost 500 m entfernt. Vom Hat Rai Leh West folgt man der „Walking Street", biegt nach links in einen Schotterweg ab und geht dann den Schildern zur Ya-Ya Bar nach. Vom Hat Rai Leh Ost kommend biegt man nach rechts in die betonierte Straße ein, die über den Strand vom Diamond Cave Restaurant zu erreichen ist.

Railay Phutawan Resort
LP TIPP Restaurant   THAI, WESTLICH

(Gerichte 80–180 B; ☺morgens, mittags & abends) In dieses Restaurant im Dschungel zwischen den Karstklippen sollte man tagsüber gehen, um den tollen Blick so richtig genießen zu können. Die schönsten Plätze sind die in den schattigen Nischen am Waldrand.

HAT PHRA NANG   หาดถ้ำพระนาง

LP TIPP **Rayavadee**   HOTEL $$$

(☏0 7562 0740-3; www.rayavadee.com; Gartenhaus 22300–39900 B, Villa 72000–128000 B; ❄☎≋) Das weitläufige, exklusive Resort mit unzähligen Banyan-Bäumen und blühenden Blumen erkundet man am besten in einem der Golfbuggys. Die zweistöckigen Gartenhäuser, die wegen ihrer Dächer von außen an Pilze erinnern, sind mit Antiquitäten und allen modernen Annehmlichkeiten ausgestattet – je nach Kategorie mit privatem Whirlpool, Swimmingpool oder Butler. Es gibt zwei Restaurants am Hat Phra Nang (eines befindet sich zur Hälfte in einer beleuchteten Höhle), in denen auch Gäste, die nicht im Hotel wohnen, gern gesehen sind. Die thailändischen und mediterranen Gerichte sind teuer, aber himmlisch.

HAT TON SAI   หาดต้นไทร
Countryside Resort   HOTEL $

(☏08 5473 9648; countryside-resort.com; Hütte 850 B; ❄@☎) Resort unter britischer Leitung. Gäste wohnen in hübschen Solarhütten mit hohen Decken, Spitzengardinen und Deckenventilatoren. Die Hütten in der obersten Reihe bieten einen schönen Blick auf die Karstformationen. Und dann ist da noch Ollie, das Maskottchen mit dem Ewok-Gesicht, in den sich alle Gäste verlieben …

Paasook   HOTEL $

(☏08 9645 3013; Bungalow 300–800 B) Mit Sicherheit die stilvollste Budgetunterkunft am Ton Sai: Holzbungalows mit großen Panoramafenstern und Betonfußboden. Hier gibt's einen üppigen Garten, freundliches Personal und ein rustikales, schickes Restaurant im Freien – perfekt für heiße Abende.

Mountain View Resort   HOTEL $$

(☏0 7562 2610-3; Bungalow 1300–1900 B; ❄) Helle, freundliche, blitzsaubere Zimmer mit mintgrün gestrichenen Wänden, gefliestem Fußboden und schneeweißen Bettlaken. Einige Zimmer riechen leicht muffig, also vorm Einchecken die Nase reinstecken!

♡ Ausgehen

Am Strand gibt's ein paar Stellen, an denen man relaxen und einen Drink (oder auch mehrere) nehmen kann.

Chillout Bar   BAR $

(Hat Ton Sai) Diese Bar befindet sich direkt am Strand und erstreckt sich über mehrere Ebenen. Wenn bekannte thailändische oder internationale Bands in der Stadt sind, dann treten sie hier auf. Ansonsten ist sie das ideale Fleckchen, um ein kühles Bier zu genießen.

Highland Rock Climbing   CAFÉ $

(☏08 0693 0374; Railay Headlands) Diese mit Treibholz und Orchideen übersäte Location ist teils Kletterschule, teils Café. Chaow, der Betreiber, kauft die Kaffeebohnen von nachhaltig betriebenen Farmen in Chiang Rai und serviert den besten Kaffee auf der ganzen Halbinsel.

Ya-ya Bar   BAR $

(Railay Headlands) Die Wahnsinnskulisse der Ya-ya Bar bildet eine gewaltige Kletterwand. Bob Marley ist allgegenwärtig. Die Mojitos (160 B) werden großzügig ausgeschenkt. Außerdem gibt's einen Boxring und auf Wunsch auch Unterricht im Thaiboxen (500 B/Std.).

❶ Praktische Informationen

Am Hat Rai Leh Ost gibt es zwei Geldautomaten, am Hat Ton Sai nur einen in der Nähe des Ton Sai Bay Resorts. Einige der größeren Resorts wechseln Bargeld und lösen Reiseschecks ein.

Wer sich beim Klettern eine kleinere Verletzung zugezogen hat, dem kann in dem kleinen **Krankenhaus** im Railay Bay Resort geholfen werden.

An verschiedenen Stellen kommt man über WLAN ins Internet. Wer keinen eigenen Computer hat, kann bei **Phra Nang Tours & Travel** (Internet 1 B/Min.) am Oststrand sein Glück versuchen.

❶ Anreise & Unterwegs vor Ort

Longtail-Boote nach Railay starten am Khong-Kha-Pier in Krabi und am Ufer der Ao Nang und Ao Nam Mao. Die Boote von Krabi zum Hat Rai Leh Ost fahren zwischen 7.45 und 18 Uhr alle eineinhalb Stunden oder wenn sechs bis zehn Fahrgäste zusammenkommen (150 B, 45 Min.). Das ganze Boot zu chartern, kostet 1500 B.

Boote von Ao Nang zum Hat Rai Leh West oder Hat Ton Sai kosten zwischen 7.30 und 18 Uhr 80 B (15 Min.), zu anderen Zeiten 150 B; los geht's erst, wenn sechs bis acht Fahrgäste an Bord sind. Privatboote kosten 800 B. Bei extrem hohem Seegang bleiben die Boote von Ao Nang und Krabi im Hafen. Aber meist gibt es noch die Möglichkeit, vom Hat Rai Leh Ost zur Ao Nam Mao (100 B, 15 Min.) zu fahren, von wo aus man mit einem *sŏrng·tǎa·ou* nach Krabi oder Ao Nang kommt.

Von Oktober bis Mai fährt die *Ao Nang Princess* vom Hauptbüro des Hat Noppharat Thara National Park nach Ko Phi-Phi und legt am Hat Rai Leh West einen Zwischenstopp ein. Gegen 9.15 Uhr fahren Longtail-Boote vom Sand Sea Resort in Hat Rai Leh West hinaus zur Princess. Die Fahrt von Railay nach Ko Phi-Phi kostet 350 B.

Ko Phi-Phi Don เกาะพีพีดอน

Zu viel Schönheit kann auch eine Last sein. Genau wie Marilyn Monroe wurde auch Phi-Phi Don ihr fantastischer Anblick zum Verhängnis. Jeder möchte einen Blick erhaschen. Wie in Hollywood mag es hier vielleicht nicht zugehen, aber Phi-Phi Don ist dennoch Thailands Shangri-La: ein vergnügungsbetontes Paradies, in dem Traveller in azurblauem Wasser herumtollen und Fotos von den zwischen schroffen Felsen schaukelnden Longtail-Booten machen. Es ist kein Wunder, dass Phi-Phi mit seinen traumhaft geschwungenen, goldgelben Stränden und dem üppigen Urwald das beliebteste Ziel an der Andamanenküste ist. Und wie jeder gute Star kann diese Insel die Nächte durchfeiern und am nächsten Morgen trotzdem umwerfend aussehen! Aber: Leider hält nichts und niemand dieses glamouröse Tempo aus, und wenn dem nicht bald ein Riegel vorgeschoben wird, ist Phi-Phis ökologischer Untergang in nicht mehr allzu weiter Ferne.

Ko Phi-Phi Don besteht eigentlich aus zwei durch einen schmalen Isthmus miteinander verbundenen Inseln. Der Isthmus wird von der atemberaubenden **Ao Ton Sai** und der **Ao Lo Dalam** flankiert. Die Boote liegen an dem großen Betonpier der Ao Ton Sai. Ein schmaler Pfad, an dem sich Touranbieter, Bungalows, Restaurants, Bars und Souvenirläden aneinanderreihen, führt am Strand in Richtung Osten bis zum **Hat Hin Khom**. Das Netz kleiner Straßen in der Mitte der Sandbank beinhaltet ebenfalls diverse Einrichtungen und ist als **Tonsai Village** (oder Touristendorf) bekannt. Der zum Baden einladende **Hat Yao** (Langer Strand) liegt in Richtung Süden und hat einige der schönsten Korallen von Phi-Phi Don zu bieten. Die schönen, ruhigen und langen Buchten **Hat Laem Thong** und **Ao Lo Ba-**

kao im Osten sind den Gästen zahlreicher Spitzenklasseresorts vorbehalten. Einige einfache, günstige Bungalowanlagen gibt's an den kleineren Stränden **Hat Phak Nam** und **Hat Rantee**.

◉ Sehenswertes & Aktivitäten

Den anstrengenden und schweißtreibenden Aufstieg zum **Aussichtspunkt** von Phi-Phi auf sich zu nehmen, lohnt sich. Der Pfad den Berg hinauf beginnt in der Nähe des Veranstalters Spider Monkey und windet sich die steile Klippe hinauf. Die meisten Traveller werden danach eine kurze Verschnaufpause brauchen (Wasser nicht vergessen!). Aber wenn man einmal oben ist, hat man eine Bilderbuchblick auf die Zwillingsbuchten, die Karstformationen und das ruhige Ko Phi-Phi Leh in der Ferne.

Tauchen

Das kristallklare Wasser der Andamanensee und jede Menge Meereslebewesen sind die perfekten Rahmenbedingungen für erstklassige Taucherlebnisse. Zu den beliebten Tauchspots gehören das **Wrack der King Cruiser**, das nur 12 m unter der Wasseroberfläche liegt, das **Anemonenriff** mit seinen Steinkorallen und Clownfischen, die unter Wasser gelegene Felsspitze **Hin Bida**, die Schildkröten und Hochseefische anzieht, und die **Ko Bida Nok**, die mit ihrem berühmten Karstmassiv Leopardenhaie anlockt. Ein Ausflug von Ko Phi-Phi zu den etwa 70 km südlich gelegenen Riffen Hin Daeng und Hin Muang (S. 731) ist eine teure Angelegenheit – es ist günstiger, sich in Ko Lanta einer Tauchergruppe anzuschließen.

Ein Open-Water-PADI-Kurs kostet ca. 12.900 B, für einen Standardtrip mit zwei Tauchgängen zahlt man ab 3200 B. Für Ausflüge nach Hin Daeng/Hin Muang muss man 5500 B hinblättern. Empfohlene Tauchunternehmen sind:

Adventure Club TAUCHEN
(Karte S. 724; ☑ 08 1970 0314; www.phi-phi-adventures.com) Unser Favorit vor Ort hat eine tolle Auswahl von auf Bildung und Ökologie ausgerichteten Tauch-, Wander- und Schnorcheltouren. Für die beliebten Haibeobachtungsschnorcheltrips, bei denen man garantiert mit mindestens einem Riffhai herumtollt, muss man um 6 Uhr aus den Federn – aber es lohnt sich!

Blue View Divers TAUCHEN
(Karte S. 722; ☑ 0 7581 9395; www.blueviewdivers.com) Dieser Veranstalter legt seinen

Ko Phi-Phi Don

Schwerpunkt auf Gemeindearbeit und Aufräumaktionen am Strand (bei der letzten Aktion wurden 700 t Müll entsorgt). Er ist auch der einzige, der Tauchausflüge im Longtail-Boot anbietet.

Schnorcheln

Ein beliebter Schnorchelspot ist die **Ko Mai Phai** (Bambusinsel) 5 km nördlich von Phi Don, wo sich an einer flachen Stelle kleine Haie tummeln. Schnorchelausflüge kosten zwischen 600 und 2400 B, je nachdem, ob man sich für ein Longtail- oder ein Motorboot entscheidet. Wunderbar Schnorcheln kann man auch entlang der Ostküste von **Ko Nok** in der Nähe von Ao Ton Sai und an der Ostküste von **Ko Nai**. Wer auf eigene Faust los möchte, kann sich in den meisten

Bungalowanlagen und Resorts Schnorchel, Brille und Flossen für 150 bis 200 B pro Tag ausleihen.

Klettern

Klar, auf Ko Phi-Phi gibt's gute Kalksteinklippen zum Klettern, und der Blick von oben ist spektakulär. Die wichtigsten Kletterreviere sind der **Ton Sai Tower** am Westrand der Ao Ton Sai und der **Hin Taak**, der eine kurze Fahrt mit dem Longtail-Boot um die Bucht erfordert. Es gibt ein paar gute Klettershops auf der Insel. Die meisten verlangen um die 1000 B für einen halben und 1500 bis 2000 B für einen ganzen Klettertag einschließlich Einführung und Ausrüstung. **Spider Monkey** (Karte S. 724; 0 7581 9384; www.spidermonkeyclimbing. com) steht unter der Leitung von Soley, einem der beeindruckendsten Kletterer auf Phi-Phi. **Cat's Climbing Shop** (Karte S. 724; 08 1787 5101; www.catclimbingshop.com) im Touristendorf gehört zu den größeren Anbietern. Sicherheit und Service werden bei Cat's großgeschrieben.

Kurse

Fans der thailändischen Küche können an der empfehlenswerten **Pum Restaurant & Cooking School** (Karte S. 724; 08 1521 8904; www.pumthaifoodchain.com; Kurs 450–4650 B) im Touristendorf Kurse belegen. Die Schüler lernen, einige der ausgezeichneten Gerichte zuzubereiten, die im Restaurant serviert werden, und bekommen ein tolles Kochbuch für zu Hause.

Geführte Touren

Seit Leo in Alex Garlands *The Beach* hier einen Joint geraucht hat, ist Ko Phi-Phi Leh (s. S. 727) zu einer Art Pilgerstätte geworden. Neben Touren in Longtail-Booten zu dieser Insel und zur Ko Mai Phai (Bambusinsel) organisieren die Reisebüros auch Sonnenuntergangstouren zur Affenbucht und zum Strand von Wang Long (600 B). Empfehlenswert sind die Touren des Adventure Club (s. S. 731).

Schlafen

Es war noch nie einfach, auf dieser beliebten Insel eine Unterkunft zu finden, und besonders schwer ist es in der Hauptsaison. Auf Neuankömmlinge warten ganze Schwärme von Schleppern. Die nerven zwar, können aber nützlich sein.

Wenn man schläft oder vorhat wegzugehen, sollte man unbedingt die Tür verriegeln und alle Fenster schließen. Einbrüche sind hier keine Seltenheit.

TONSAI VILLAGE   บ้านต้นไทร
Auf dem flachen, wie eine Sanduhr geformten Stück Land zwischen der Ao Ton Sai und der Ao Lo Dalam reiht sich Unterkunft an Unterkunft.

LP TIPP > **Mama Beach Residence**   HOTEL $$
(Karte S. 722; 08 8443 1363, 0 7560 1365; www.mama-beach.com; Zi. 2500–3800 B; @) Diese bei französischen Travellern beliebte Unterkunft ist ein ungewöhnlich schicker Hotelblock am besten Abschnitt der Ao Ton Sai. Die modern eingerichteten Zimmer haben weiß gefliste Fußböden sowie Terrassen mit Seeblick und Liegestühlen aus Holz. In den Bädern gibt's Steinwaschbecken und mit Muschelschalen verzierte Duschen. An mehreren Abenden in der Woche werden um 18 Uhr Yogakurse am Strand angeboten (1¼ Std., 400 B).

PP Viewpoint Resort   HOTEL $$
(Karte S. 722; 0 7560 1200, 0 7561 8111; www. phiphiviewpoint.com; Bungalow 1700–3500 B;) Die Holzbungalows am nordöstlichen Ende der Ao Lo Dalam stehen hoch oben auf Stelzen und können mit einem traumhaften Blick aufwarten. Es gibt einen kleinen Pool, der in das darunter liegende Meer überzugehen scheint, und einen Glasturm mit Rundumsicht, in dem man sich mit einer Thai-Massage verwöhnen lassen kann. Da der Partylärm von der Ao Dalam hier oben zu hören ist, sollte man Ohrstöpsel mitbringen.

Chunut House   PENSION $$
(Karte S. 724; 0 7560 1227; www.phiphichunut house.com; Bungalow 2500–3500 B;) Erfrischend friedliche Unterkunft an einem ruhigen Weg abseits des Trubels im Touristendorf. Die geräumigen Holz- und Bambushütten mit sauberen, gefliesten Bädern besitzen viel natürlichem Charme.

The White   PENSION $$
(Karte S. 724; 0 7560 1300; www.whitephiphi. com; Zi. 1500–1800 B; @) Das White ist vor allem auf „Flashpacker" ausgerichtet und hat zwei gemütliche und überraschend ruhige Niederlassungen in Tonsai Village, wobei das White 2 mit den Dachsuiten mit Terrasse die bessere Option ist. Die blitzsauberen Zimmer mit TV und Safe sind ganz in Weiß gehalten (logisch), die Bäder sind schwarz-weiß gefliest und werden mit Warmwasser versorgt.

Tonsai Village

◎ Sehenswertes
1 Uphill Cottage.................................D1

✿ Aktivitäten, Kurse & Touren
2 Adventure Club B2
3 Cat's Climbing Shop B2
4 Pum Restaurant & Cooking
   School...B2
5 Spider Monkey B1

🛏 Schlafen
6 Chunut House C2
7 Oasis Guesthouse.......................C3
8 Rock Backpacker C1
9 The White.....................................B1

✖ Essen
10 Garlic Restaurant B1
11 Le Grand Bleu A2
12 Local Food Market......................B1
13 Papaya B2
14 Unni's B2

🍸 Ausgehen
15 Breakers B2

✪ Unterhaltung
16 Reggae Bar..................................B2
17 Slinky Bar B1

Uphill Cottage
PENSION $

(Karte S. 722; ☏ 0 7560 1124, 08 6553 2316; www.
phiphiuphillcottage.com; Zi. 700–1500 B; ❄🖧) Einfache, große, saubere Zimmer, in denen man den Lärm von der Partymeile kaum hört. Die Unterkunft liegt auf einem Hügel nahe dem Weg zum Aussichtspunkt. Die Zimmer haben Terrassen mit Blick auf den Ort, ein Zipfel Meer ist auch zu sehen.

Oasis Guesthouse
PENSION $

(Karte S. 724; ☏ 0 7560 1207; Zi. 900 B; ❄) Der Marsch auf der Seitenstraße östlich des Dorfzentrums hier hinauf lohnt sich unbedingt. Die niedliche Pension mit Fensterläden aus Holz steht zwischen Bäumen. Der Besitzer ist manchmal etwas mürrisch, aber die Zimmer haben gerade einen neuen Anstrich bekommen und blitzeblanke Bäder. Quartiere werden nach dem Motto „Wer zuerst kommt, mahlt zuerst" vergeben.

Rock Backpacker
HOSTEL $

(Karte S. 724; ☏ 08 1607 3897; B 300 B, Zi. 400–600 B) Ordentliches Hostel auf dem Dorfhügel mit sauberen Schlafsälen, winzigen

Zimmern und einem einladenden Restaurant mit Bar. Das Haus ist an den unzähligen Graffiti zu erkennen.

HAT HIN KHOM หาดหินคม

Die kleinen, weißen Sandstrände in den Felsnischen sind relativ ruhig. Sie sind einen etwa 15-minütigen Fußmarsch von dem Trubel am Hat Yao und an der Ao Ton Sai entfernt.

Viking Natures Resort HOTEL **$$**
(Karte S. 722; ☑ 08 3649 9492; www.vikingna turesresort.com; Bungalow 1000–6500 B; 🛜) O.k., es ist eine abgefahrene Anlage, aber die Bungalows aus Holz, Stroh und Bambus sind total fantasievoll und stylish eingerichtet – geprägt von viel Treibholz, Muschelmobiles und Hängematten. Zusätzlich bieten sie einen tollen Blick auf Ko Phi-Phi Leh. Alle Bungalows sind mit Moskitonetzen und Balkonen ausgestattet, die billigeren Zimmer haben kein eigenes Bad.

HAT YAO หาดยาว

Der Hat Yao ist von Tonsai über den Hat Him Khom in ca. 30 Minuten zu Fuß zu erreichen. Wem das zu viel ist, der kann am Ton-Sai-Pier auch in ein Longtail-Boot klettern und sich herschippern lassen (100–150 B). Der lange, weiße Strand eignet sich perfekt zum Baden und lohnt den Spaziergang unbedingt. Man darf allerdings nicht erwarten, den Strand für sich allein zu haben, denn er ist bei Familien und Volleyballspielern ziemlich beliebt.

Phi-Phi Hill Resort PENSION **$$**
(Karte S. 722; ☑ 0 7561 8203; www.phiphihill.com; Bungalow 700–2000 B; 🌀🜨) Dieses einfache Resort hoch oben inmitten einer sehr ruhigen Obstplantage erstreckt sich über die Südspitze der Insel, sodass man auf der einen Seite den Sonnenaufgang und auf der anderen den Sonnenuntergang bewundern kann. Am tollsten sind die großen, sauberen Holzbungalows mit Ventilator und Kaltwasser. Sie stehen an der Seite, auf der die Sonne untergeht. Von Mai bis Oktober geschlossen.

Beach Resort HOTEL **$$$**
(Karte S. 722; ☑ 0 7561 8268; phiphithebeach. com; Bungalow 3450–5350 B; 🌀🜨) Ein ständig wachsendes Resort mit einem winzigen Pool und einer schicken Bar. Auf der Anlage wimmelt es nur so von Pauschaltouristen, die Komfort suchen (und ihn auch finden). Die eleganten Teak-Bungalows im Thai-Stil

stehen an einem üppig grünen Abhang und gewähren einen umwerfenden Blick auf Ko Phi-Phi Leh.

HAT RANTEE & AO TOH KO

An diesen abgelegenen Stränden mit dem grau-goldenen Sand kann man gut Schnorcheln, und auch die Übernachtungen sind hier noch erschwinglich. Zu erreichen sind sie vom Anleger in der Ao Ton Sai im Longtail-Boot (300 B – aber die meisten Resorts holen ihre Gäste kostenlos ab, die Fahrt zurück kostet dann 150 B) oder zu Fuß. Der anstrengende Marsch, der den Aussichtspunkt einschließt, dauert 45 Minuten.

Toh Ko Beach Resort PENSION **$$**
(Karte S. 722; ☑ 08 1537 0528; www.tohkobeach resort.com; Bungalow 1000–2800 B; 🜨🛜) Dieses Resort mit Sommercamp-Charakter steht allein an der weißen, lieblichen Ao

---

ⓘ WO (HALBWEGS) RUHIG ÜBERNACHTEN?

Die Lärmbelästigung auf Phi-Phi ist ein echtes Problem, am schlimmsten ist es zwischen Ao Ton Sai und Ao Dalam – aber auch am Hat Hin Khom kann man in den frühen Abendstunden nicht mit Ruhe rechnen. Zum Zeitpunkt der Recherchen mussten die Bars in Ao Dalam um 2 Uhr und die in Ton Sai um 1.30 Uhr schließen. Das wurde auch mehr oder weniger eingehalten, hindert aber angetrunkene Nachtschwärmer nicht daran, weiter Lärm zu machen (das Zuknallen von Türen scheint ein beliebter nächtlicher Zeitvertreib zu sein).

Die ruhigsten Unterkünfte finden müde Traveller:

» an Phi-Phis Ostküste

» an der Nebenstraße, die das südöstliche Ende der Ao Ton Sai mit der Ao Lo Dalam verbindet (und am Chunut House vorbeiführt)

» auf dem Hügel in der Nähe der Straße, die zum Aussichtspunkt führt

» am westlichsten Zipfel der Ao Ton Sai

» am Hat Yao

Mitzufeiern scheint allerdings die beste Lösung zu sein.

Toh Ko. Die einfachen Holz- und Bambus-bungalows mit Ventilator, Steinbädern und Moskitonetzen schmiegen sich an einen Hügel.

Rantee Hut
PENSION $

(Karte S.722; ☎08 9741 4846; Bungalow 700–1000 B) Die einfache Rantee Hut mit Meerblick zeichnet sich durch ihr tolles Restaurant mit Sitzkissen und sanfter Reggae-Musik aus.

HAT PHAK NAM & AO LO BAKAO

Der Hat Phak Nam ist ein traumhafter weißer Sandstrand an jener Bucht, an der sich auch ein kleines Fischerdorf befindet. Hin kommt man in Longtail-Booten von der Ao Ton Sai für ca. 500 B (die Fahrt zurück im Sammeltaxiboot kostet 150 B) oder zu Fuß über den Aussichtspunkt – Letzteres ist aber ein schweißtreibendes Unterfangen, das eine Stunde dauert.

Der schöne, von Palmen gesäumte und von spektakulären Hügeln umgebene Sandstreifen an der Ao Lo Bakao gehört zu den lieblichsten auf Phi-Phi. In einiger Ferne kann man im glitzernden Wasser die Bambus- und die Moskitoinsel erspähen. Für die Gäste des Phi-Phi Island Village wird der Transport organisiert. Wer auf eigene Faust von der Ao Ton Sai anreist, muss 800 B zahlen.

⌐LP TIPP⌐ Relax Beach Resort
HOTEL $$

(Karte S.722; ☎08 1083 0194, 08 9475 6536; www.phiphirelaxresort.com; Bungalow 1400–4400 B; ✳@✉) Vorhanden sind 47 schlichte, aber hübsche Bungalows im Thai-Stil mit Holzfußböden und zweistufigen Terrassen mit Sitzkissen. Die neusten Häuser haben Bäder mit Mosaikfliesen. Die Anlage steht mitten in üppigem Urwald; es gibt ein gutes Restaurant und eine schicke Bar. Das charmante Personal behandelt Gäste wie Familienangehörige.

Phi-Phi Island Village
HOTEL $$$

(Karte S.722; ☎0 7636 3700; www.ppisland.com; Bungalow 7200–21500 B; ✳🛜✉) Die Anlage ist wirklich ein Dorf für sich: Die 100 Bungalows nehmen fast die ganze Strandfront ein, nur ein paar einsame Palmen wiegen sich dazwischen im Wind. An Service-Einrichtungen ist alles dabei: Familienfreundliches und Lässiges genauso wie Optionen für ein romantisches Abendessen und Wellnessbehandlungen. Wer sich den vornehmen Luxus leisten kann, verbringt hier mit Sicherheit eine tolle Zeit.

HAT LAEM THONG
หาดแหลมทอง

Am Nordrand des langen, weißen Sandstrands liegt eine kleine, zugemüllte chow-lair-(Seenomaden-)Siedlung. Die Unterkünfte hier sind zwar wirklich teuer, aber voll ist der Strand trotzdem, und die Hotels stehen dicht an dicht. Eine Fahrt im Longtail-Boot ab der Ao Ton Sai kostet 800 B. Das Personal der Unterkünfte organisiert auf Wunsch auch den Transport.

Holiday Inn Phi-Phi Island
HOTEL $$$

(Karte S.722; ☎0 7562 7300; www.phiphi.holiday inn.com; Bungalow 8297–10400 B; ✳🛜✉) Ein Holiday Inn wie er im Buche steht – gemütliche, weiße Bungalows mit viel dunklem Schick und aktiven Menschen am Pool. Das Restaurant hat eine fantastische Terrasse mit tollem Blick aufs Meer.

Zeavola
HOTEL $$$

(Karte S.722; ☎0 7562 7000; www.zeavola.com; Bungalow 9900–26900 B; ✳@🛜✉) Von Hibiskusblüten gesäumte Wege führen zu den herrlichen Teak-Bungalows mit der unverkennbar asiatischen Indoor-Outdoor-Raumaufteilung. Jede Villa hat Glaswände an drei Seiten (ferngesteuerte Bambusfensterläden sorgen für Privatsphäre), schöne, an den 1940er-Jahren orientierte Armaturen, Antiquitäten und eine Terrasse. Unvergleichlicher Service gibt's selbstverständlich auch dazu.

Essen

Die meisten Resorts, Hotels und Bungalowanlagen haben ihre eigenen Restaurants. An der Ao Ton Sai gibt's einige erschwingliche Restaurants, *haute cuisine* darf man hier aber nicht erwarten.

Local Food Market
THAI $

(Karte S.724; Ao Ton Sai; ⊙morgens, mittags & abends) Das günstigste und authentischste Essen bekommt man auf dem Markt. An dem schmalsten Abschnitt des Isthmus drängen sich ein paar Imbissstände, an denen Leckereien wie *pàt tai,* gebratener Reis, *sôm·dam* (würziger Salat aus grüner Papaya) und geräucherter Wels zubereitet werden.

Le Grand Bleu
FUSION $$$

(Karte S.724; ☎08 1979 9739; Hauptgerichte 195–695 B; ⊙mittags & abends) In diesem reizenden Holzhaus am Hauptpier kommt Thailändisches mit europäischem Touch aus der Küche. Die Weine stammen aus Frankreich und Australien. Je nach Vorliebe des Gastes wird die Ente mit Basilikum im Wok oder im Ofen gebraten und dann mit Mango karamellisiert.

Unni's
WESTLICH $$
(Karte S. 724; Hauptgerichte ca. 120 B; ☺morgens, mittags & abends) Hierher kommt man am besten mittags und schwelgt in selbst gemachten Bagels mit Räucherlachs, Hackbällchen und, und, und. Im Angebot sind auch knackige Salate, Mexikanisches, Tapas, Cocktails und vieles mehr.

Garlic Restaurant
THAI $
(Karte S. 724; ☎08 3502 1426; Gerichte 45–95 B; ☺morgens, mittags & abends) Fröhliches Lokal mit vielen glücklichen Travellern, die hier super leckere, nicht allzu scharfe Thaigerichte verputzen.

Papaya
THAI $
(Karte S. 724; ☎08 7280 1719; Ton Sai Village; Gerichte 80–300 B) Hier kommen preiswerte, schmackhafte, würzige Thai-Gerichte in großen Portionen aus der Küche. An allen Speisen ist Basilikum und Chili, es gibt viele verschiedene Currys und natürlich auch *dŏm yam*.

🍷 Ausgehen & Unterhaltung
Auf Phi-Phi ist das Nachtleben chaotisch. Billiger Whiskey mit Red Bull und klebrigsüße Cocktails werden eimerweise getrunken und sorgen für wirklich grässliche Kater. Wer in Hörweite des Getümmels wohnt, dem bleibt eigentlich nichts anderes übrig als mitzumachen.

🏷 LP TIPP Sunflower Bar
BAR
(Karte S. 722; Ao Lo Dalam) Dieses geradezu verfallene Gebäude aus Treibholz ist noch immer die chilligste Bar auf Phi-Phi. Nach dem Tsunami hat der Betreiber sie aus Altholz wieder aufgebaut. Die Sitze aus Longtail-Booten sind nach seinen vier Liebsten benannt, die er in den Fluten verloren hat.

Reggae Bar
BAR
(Karte S. 724; Touristendorf) Wer nicht miterlebt hat, wie sich Touristen im Thaiboxring dieser chaotischen Bar verprügeln, hat keine Ahnung vom hiesigen Nachtleben. Beide Kandidaten bekommen kübelweise Alkohol gegen die Schmerzen.

Slinky Bar
CLUB
(Karte S. 724; Ao Lo Dalam) Zum Zeitpunkt der Recherchen war dieser Club *die* Tanzlocation am Strand. Geboten werden die übliche Feuer-Show und eimerweise süßer Alk. Die Gäste tanzen wild im Sand.

Breakers
BAR
(Karte S. 724; Ton Sai Village; ☺11–2 Uhr; ☎) In dieser Sportsbar, in der man gut Leute beobachten und essen kann, flimmert Fußball über den Fernseher. Die Burger (200–240 B) und Steaks sind umwerfend und die Vorspeisenplatte mit Hühnerflügeln reicht für eine ganze Fußballmannschaft.

ℹ Praktische Informationen
Im Touristendorf gibt's überall Geldautomaten und Internet-Cafés (2 B/Min.). An den entlegenen Stränden im Osten sucht man solche Einrichtungen aber vergeblich. WLAN, alte und neue Bücher sowie recht anständigen Espresso (50 B) kriegt man im **D's Bookshop** (Karte S. 724; ☺7–22 Uhr).

ℹ An- & Weiterreise
Boote verbinden Ko Phi-Phi mit Krabi, Phuket, Ao Nang, Railay und Ko Lanta. Die meisten liegen in der Ao Ton Sai, obwohl ein paar aus Phuket auch den abgelegenen Pier im Norden bei Laem Thong benutzen. Die Phuket- und Krabi-Boote verkehren das ganze Jahr über, die nach Ko Lanta und Ao Nang fahren nur in der Hauptsaison von Oktober bis April.

In Krabi starten die Boote nach Ko Phi-Phi (300 B, 1½ Std.) um 9 und 15.30 Uhr, in Ao Nang (350 B, 1½ Std., 1-mal tgl.) um 15.30 Uhr. In Phuket legen die Boote um 9, 14.30 und 15 Uhr ab und kehren von Ko Phi-Phi um 9, 13.30 und 15 Uhr (400 B, 1¾–2 Std.) zurück. Boote zur Ko Lanta fahren in der Hauptsaison um 11.30 und 14 Uhr ab, von Ko Lanta zurück geht's um 8 und 13 Uhr (300 B, 1½ Std.). Nach Railay (350 B, 1¼ Std.) kommt man mit der Fähre, die nach Ao Nang schippert.

ℹ Unterwegs vor Ort
Auf Phi-Phi Don gibt's keine Straßen, also ist man meist zu Fuß unterwegs. An der Ao Ton Sai warten Longtail-Boote auf Gäste, die an abgelegene Orte auf Ko Phi-Phi Don und Ko Phi-Phi Leh wollen.

Longtail-Boote fahren vom Pier in der Ao Ton Sai zum Hat Yao (100–150 B), nach Laem Thong (800 B), zum Hat Rantee (500 B) und zur Wikingerhöhle (auf Ko Phi-Phi Leh; 500 B). Ein Schnellboot kostet für sechs Stunden 6500 B, ein Longtail-Boot für drei Stunden 1200 B oder 2500 B für den ganzen Tag.

Ko Phi-Phi Leh
เกาะพีพีเล

Die schroffe Ko Phi-Phi Leh ist die kleinere der beiden Phi-Phi-Inseln und rundum durch hoch aufragende Klippen geschützt. Das kristallklare Wasser mit den vielen

Korallenriffen und Meereslebewesen lockt jeden Tag unzählige Schnorchler an. Im Inselinneren verbergen sich zwei herrliche Lagunen – **Pilah** an der Ostküste und **Ao Maya** im Westen. 1999 bildete Ao Maya die Kulisse für den Film *The Beach* nach dem gleichnamigen Roman von Alex Garland. (Es herrscht Uneinigkeit, ob das nun gut oder schlecht war, denn die Filmleute haben die Insel ziemlich demoliert.)

An der Nordostspitze der Insel befindet sich die **Wikingerhöhle** (Tham Phaya Naak), die für Schwalbennestsammler in gutes Revier ist. Geschickte Sammler klettern die Bambusgerüste hinauf und sammeln die Nester ein. Bevor sie wieder hinuntersteigen, beten sie und opfern den Höhlengeistern Tabak, Weihrauch und Alkohol. Ihren irreführenden Spitznamen hat die Höhle wegen der 400 Jahre alten Zeichnungen erhalten, die von chinesischen Fischern gemalt wurden.

Auf Phi-Phi Leh gibt's keine Hotels. Die meisten Besucher kommen von Phi-Phi Don im Rahmen der einer der extrem beliebten Tagestouren hierher. Die Touren dauern etwa einen halben Tag und beinhalten Schnorchelstopps an verschiedenen Punkten rund um die Insel und Abstecher zur Wikingerhöhle und zur Ao Maya. Trips mit dem Longtail-Boot kosten 800 B, mit dem Motorboot ca. 2400 B. Bei der Ankunft muss man außerdem 400 B Eintritt in den Nationalpark bezahlen.

Maya Bay Camping (☏08 6944 1623; www.mayabaycamping.com; 2100 B/Pers.) bietet Touren mit Übernachtung auf Phi-Phi Leh an. Die Trips beinhalten Kajakfahrten, Schnorcheln, Mittag- und Abendessen sowie Schlafsäcke für eine Nacht draußen.

Ko Jum & Ko Si Boya เกาะจำ (ปุ)/เกาะศรีบอยา

Als wären sie Lantas kleine Brüder, warten Ko Jum (der hügelige Nordteil wird Ko Pu genannt) und Ko Si Boya begierig darauf, dass Traveller auch ihre weißen Strände entdecken. Die Inseln strahlen eine relaxte Atmosphäre aus. Besucher können durch nette muslimische Fischerdörfer bummeln oder ihre Urlaubsnachmittage mit wohligem Nichtstun verbringen.

🛏 Schlafen & Essen

Weil es nicht allzu viele Transportmöglichkeiten gibt, müssen die meisten Resorts zwischen Juni und Oktober schließen. Zu sehr vielen der Unterkünfte gehört ein Restaurant.

LP TIPP **Koh Jum Beach Villas** VILLAS $$$
(☏08 6184 0505; www.kohjumbeachvillas.com; Hat Yao; Villa 6000–16 000 B; 🛜🅟) Die geräumigen Holzhäuser mit Terrasse und weichen Sitzecken stehen an einem wunderschönen, grünen Teil des Hat Yao. Die Häuser gehören Privatleuten und werden tageweise vermietet. Die Eigentümergemeinschaft ist stets bemüht, alles so umweltfreundlich und sozialverträglich wie nur möglich zu machen.

Oon Lee Bungalows PENSION $–$$
(☏08 7200 8053; www.koh-jum-resort.com; Bungalow 500–3800 B) Das Resort im Robinson-Crusoe-Stil wird von einer französisch-thailändischen Familie betrieben. Es versteckt sich an einem einsamen, weißen Strand des Ko-Pu-Teils von Ko Jum. Die Holzbungalows auf Stelzen stehen in einem schattigen Garten. Es werden zahlreiche Aktivitäten angeboten, u.a. fantastische Wandertouren. Die Fusion-Küche, die im Restaurant serviert wird, ist der pure Wahnsinn.

Woodland Lodge PENSION $
(☏08 1893 5330; www.woodland-koh-jum.com; Hat Yao; Bungalow 800–1000 B) Hier übernachtet man in geschmackvollen, sauberen Hütten mit glänzenden Holzfußböden und Veranden. Die außergewöhnlich freundlichen britisch-thailändischen Besitzer organisieren auf Wunsch Boots- und Angelausflüge. In dem ausgezeichneten Restaurant kommt man schnell mit den anderen Gästen ins Gespräch.

Siboya Resort HOTEL $
(☏0 7561 8026, 08 1979 3344; www.siboyabungalows.com; Bungalow 200–1200 B; @🛜) O.k., Ko Siboyas Strand ist nicht spektakulär, aber in den Mangroven tummeln sich jede Menge Tiere, und die Holzbungalows sind groß und geschmackvoll eingerichtet. Kein Wunder, dass hier dauerlächelnde Europäer und Kanadier um die 50 rumhängen, als wäre dies die klimakterische Version von Alex Garlands *Der Strand* …

ℹ An- & Weiterreise

Von Dezember bis April kann man sich von den Booten, die zwischen Krabi und Ko Lanta hin- und herfahren, auf Ko Jum (400 B, 1 Std.) absetzen lassen. Im November und Mai legt nur das Morgenboot hier einen Zwischenstopp ein. Man erreicht Ko Si Boya auch mit dem 15-Uhr-

Boot (100 B) von Ban Laem Kruat aus. Dieses Dorf liegt etwa 30 km südöstlich von Krabi am Ende der Rte 4036. Den ganzen Tag über starten Boote zur Ko Si Boya in Laem Hin (50 B) nördlich von Ban Laem Kruat.

Ko Lanta เกาะลันตา

20 000 EW.

Lang, schlank und blond – das ist Krabis sexy Beach-Babe Ko Lanta. Die größte der mehr als 50 Inseln des hiesigen Archipels ist ein relaxtes Paradies. Mit ihren vielen pfirsichfarbenen Stränden an der Westküste – einer schöner als der andere – ist sie ein tolles Plätzchen für Budgettraveller jeder Art. An den Stränden im Norden ist etwas mehr los, aber je weiter man nach Süden kommt, desto entspannter wird es.

Verglichen mit den Karstformationen auf den Nachbarinseln ist die Landschaft von Ko Lanta relativ flach. Deshalb kann man die Insel gut mit dem Motorrad erkunden (fürs Fahrrad sind die Strecken bei der Hitze zu lang). Im Rahmen einer schnellen Rundfahrt lernt man einen bunten Schmelztiegel der Kulturen kennen – Stände, an denen Brathähnchen verkauft werden, stehen neben schlanken Minaretten, windschiefe *chow-lair*-Dörfer kleben an den Seiten der Insel, und kleine thailändische Wats verstecken sich im grün-braunen Gewirr der knorrigen Mangroven.

Ko Lanta hieß eigentlich Ko Lanta Yai. Der Archipel, zu dem sie gehört, wird durch den Ko Lanta Marine National Park geschützt. Fast alle Boote legen in Ban Sala Dan an, einer staubigen Stadt mit nur zwei Straßen an der Nordspitze der Insel.

◉ Sehenswertes

Ban Ko Lanta (Altstadt) STADT

Auf halber Strecke an der Ostküste liegt Ban Ko Lanta (Altstadt von Lanta). Diese war ursprünglich der Hafen und das Handelszentrum der Insel. Für die arabischen und chinesischen Handelsschiffe, die zwischen Phuket, Penang und Singapur hin- und herfuhren, war sie ein sicherer Hafen.

Einige der schönen, gepflegten Holzhäuser und Läden auf Stelzen sind über 100 Jahre alt. Die Restaurants am Pier bieten den Fang des Tages samt herrlichem Blick aufs Meer an. Sonntagnachmittags wird ein kleiner Markt abgehalten. Wer auf der Suche nach einem handgearbeiteten, strapazierfähigen, schönen Ledergegenstand ist, wird bei **Lanta Leather** (✆08 5046 6410;

◔8–20 Uhr) fündig; Qualitätshängematten gibt's im **Hammock House** (✆0 4847 2012; www.jumbohammock.com; ◔10–17 Uhr), wo man auch ein Exemplar der hervorragenden *Lanta Biker's Map* mit vielen Streckenempfehlungen abseits der ausgetretenen Pfade bekommt.

Wer sich kulturell bilden möchte, sollte in Richtung Süden fahren und das **Chao Leh Museum** (Ban Sanghka-U) besuchen. Hier gibt es traditionell hergestellte Bambushütten, schöne Ölgemälde und Exponate, anhand derer die Mythen, die Musik und die Zeremonien der *chow lair* erklärt werden. Wer das Museum sucht, muss nach dem Hausboot Ausschau halten, das gegenüber dem Meer aus den Hügeln herausragt.

Ko Lanta Marine National Park NATIONALPARK

(อุทยานแห่งชาติเกาะลันตา; (Erw./Kind 400/200 B) 1990 wurden 15 Inseln der Ko-Lanta-Gruppe, u.a. die Südspitze von Ko Lanta Yai, zu Bestandteilen dieses **Meeresparks** erklärt. Der Park ist ständig gefährdet, in den Sog der unaufhaltsamen Erschließung an der Westküste von Ko Lanta Yai zu geraten. Den anderen Inseln des Parks ist es etwas besser ergangen – die halbmondförmige Bucht vor der Felsenküste, die schönen Korallenriffe und der glitzernde Sandstrand von **Ko Rok Nai** sind noch immer traumhaft. Hier und auf der nahen Insel **Ko Haa** ist Zelten nur mit Genehmigung der Parkverwaltung erlaubt. Auf der Ostseite von Ko Lanta Yai liegt **Ko Talabeng** mit spektakulären Kalksteinhöhlen, die man auf Kajaktouren bestaunen kann. Für den Besuch jeder dieser Inseln erhebt die Parkverwaltung eine Gebühr.

Die **Nationalparkverwaltung** befindet sich am Laem Tanod, der südlichen Spitze von Ko Lanta Yai. Sie ist über eine steile, unbefestigte 7 km lange Straße vom Hat Nui aus zu erreichen (*túk-túks* fahren den Weg). Es gibt ein paar einfache Wanderwege und einen malerischen **Leuchtturm**; in der Nebensaison kann man hier Longtail-Boote für Inselausflüge mieten.

Tham Khao Maikaeo HÖHLE

(ถ้ำเขาไม้แก้ว) Dieser Komplex aus Dschungelhöhlen und Tunneln wurde von den Monsunregen geschaffen, die über Jahrmillionen Ritzen und Spalten in den Kalkstein gefräst haben. Die feuchten Kammern mit den Stalaktiten und Stalagmiten sind teilweise so groß wie Kathedralen. Es gibt kleine Gänge, durch die man sich auf allen

Ko Lanta

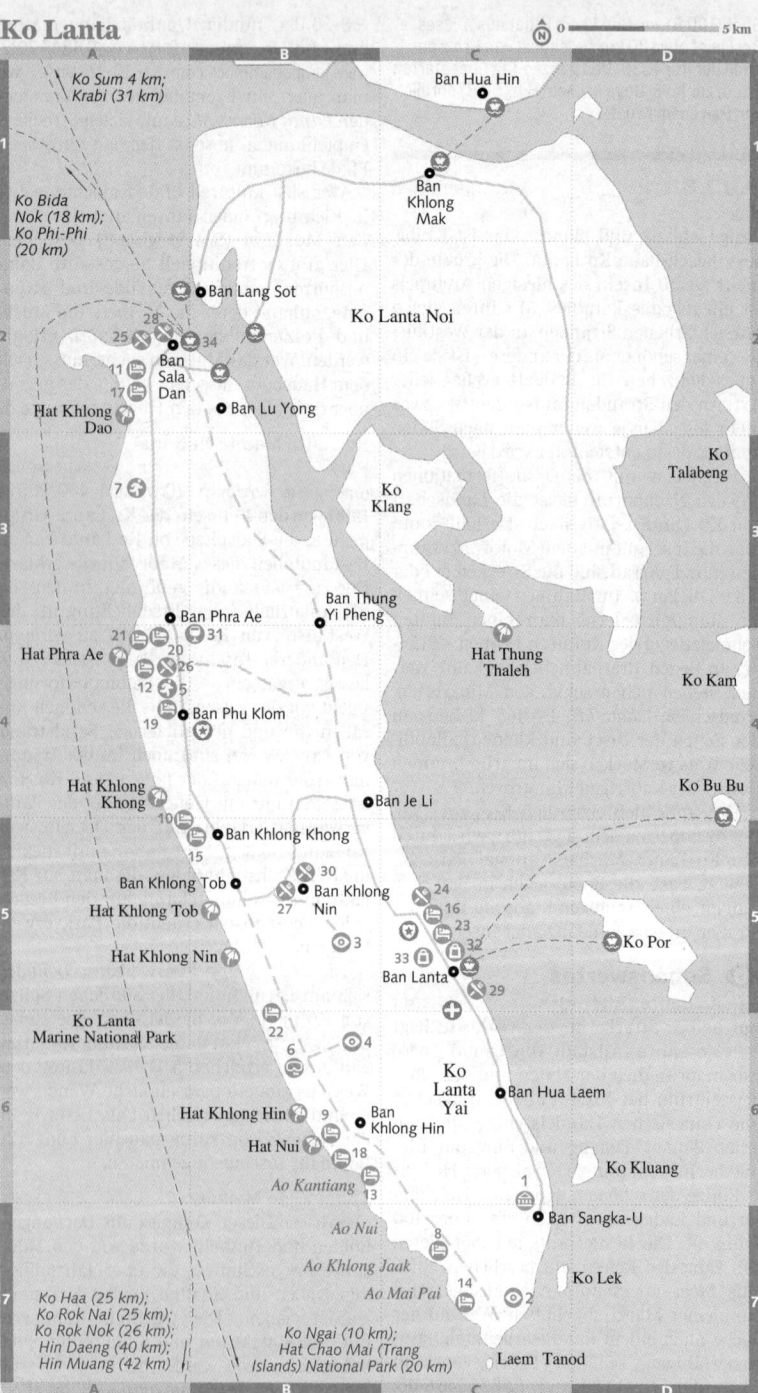

N 0 _____ 5 km

Ban Hua Hin

Ban Khlong Mak

Ko Sum 4 km;
Krabi (31 km)

Ko Bida
Nok (18 km);
Ko Phi-Phi
(20 km)

Ban Lang Sot

Ko Lanta Noi

28
25   34
11   Ban
17   Sala
     Dan

Hat Khlong
Dao

Ban Lu Yong

Ko
Talabeng

7

Ko
Klang

Ban Thung
Yi Pheng

Ban Phra Ae

21   20
12   26
     5
19

Hat Phra Ae

Hat Thung
Thaleh

Ko Kam

Ban Phu Klom

31

Hat Khlong
Khong

Ban Je Li

Ko Bu Bu

10
15   Ban Khlong Khong

Ban Khlong Tob

30
27   Ban Khlong
     Nin

24
16
23
32

Hat Khlong Tob

33   29
     Ban Lanta

Ko Por

Hat Khlong Nin

3

Ko Lanta
Marine National Park

22
6   4

Ko
Lanta
Yai

Ban Hua Laem

Hat Khlong Hin   9
             Ban
Hat Nui   Khlong Hin

Ko Kluang

18
13

Ao Kantiang

1

Ban Sangka-U

Ao Nui

8

Ko Lek

Ao Khlong Jaak

14   2

Ao Mai Pai

Laem Tanod

Ko Haa (25 km);
Ko Rok Nai (25 km);
Ko Rok Nok (26 km);
Hin Daeng (40 km);
Hin Muang (42 km)

Ko Ngai (10 km);
Hat Chao Mai (Trang
Islands) National Park (20 km)

Vieren zwängen muss, außerdem ein unterirdisches Wasserbecken, in dem man ein eiskaltes Bad nehmen kann. Vernünftiges Schuhwerk ist extrem wichtig – und hinterher ist man über und über voll Schlamm.

Zur Tham Khao Maikaeo kommt man im Rahmen einer geführten Dschungeltrekkingtour. Eine einheimische Familie bietet Trekkingtouren zu den Höhlen (mit Taschenlampen) für etwa 200 B an. Am besten erreicht man die Höhle mit einem gemieteten Motorrad. Die meisten Resorts können auch den Transport zum Höhlenkomplex organisieren.

In der nahe gelegenen **Tham Seua** (Tigerhöhle) gibt es ebenfalls interessante Tunnel zu erkunden. Man erreicht die Höhle über einen separaten Trekkingweg. Er zweigt von der unbefestigten Straße ab, die zum Verwaltungsgebäude des Marine National Park führt. Außerdem führen Elefantentreks von Hat Nui hierher.

🏃 Aktivitäten
Tauchen & Schnorcheln
Einige der besten Tauchspots Thailands sind nur einen Katzensprung von Ko Lanta entfernt. Am besten taucht man bei den Unterwasserriffen **Hin Muang** und **Hin Daeng**, die man im Schnellboot in nur 45 Minuten erreicht. Diese Weltklassespots haben mitten im Meer einzelne Korallenausläufer. Sie dienen als Futterstellen für große Fische wie Haie, Thunfische und Mantarochen. Hin Daeng wird von vielen als zweitbester Tauchspot Thailands nach dem Richelieu Rock in der Nähe der Grenze zu Myanmar (S. 721) angesehen. Die Spots rund um die **Ko Haa** bieten konstant gute Sicht in einer Tiefe zwischen 18 und 34 m, jede Menge Meeresflora und -fauna und eine Höhle, die als „Kathedrale" bekannt ist. Es werden auch Touren zum Wrack der King Cruiser, zum Anemonenriff und zur Ko Phi-Phi angeboten.

Touren nach Hin Daeng/Hin Muang kosten ca. 5000 bis 6000 B, für Trips zur Ko Haa muss man etwa 3500 bis 4500 B hinlegen. PADI-Open-Water-Kurse schlagen mit rund 14 000 bis 17 000 B zu Buche.

Zahlreiche Touranbieter in den Haupttouristengebieten organisieren auch Schnorcheltrips zur Ko Rok Nok, Ko Phi-Phi und anderen Inseln in der Nähe.

PHUKET & ANDAMANENKÜSTE KO LANTA

Scubafish
TAUCHEN

(☎0 7566 5095; www.scuba-fish.com) Dieses Tauchunternehmen gehört zu den besten auf der Insel und hat seinen Sitz im Baan Laanta Resort (S. 734) an der Ao Kantiang. Im Narima Resort gibt's einen kleinen Ableger. Anders als die großen und unpersönlichen Anbieter in Ban Sala Dan hat Scubafish persönliche und auf die Kunden zugeschnittene Programme, u.a. das Liquid-Lense-Programm für Unterwasserfotografen. Die Dreitagesangebote (9975 B) sind recht beliebt.

Weitere zuverlässige Tauchunternehmen sind:

Blue Planet Divers
TAUCHEN

(☎0 7566 2724; www.blueplanetdivers.net; Ban Sala Dan) Die einzige Schule, die sich auf Unterricht im Freitauchen spezialisiert hat.

Lanta Diver
TAUCHEN

(☎0 7568 4208; www.lantadiver.com; Ban Sala Dan)

Dive & Relax
TAUCHEN

(☎08 4842 2191; www.diveandrelax.com; Hat Phra Ae) Im Lanta Castaway Beach Resort.

🍴 Kurse

Time for Lime
KOCHEN

(☎0 7568 4590; www.timeforlime.net) Diese Schule hat am Hat Khlong Dao eine riesige Profiküche mit jeder Menge Platz. Angeboten werden Kochkurse mit einer etwas aufregenderen Auswahl von Gerichten als bei den meisten anderen Kochschulen in Thailand. Für einen fünfstündigen Kurs bezahlt man 1800 B, wer mehr als einen Kurs belegt, bekommt einen fetten Nachlass. Die Gewinne gehen an Lanta Animal Welfare (s. S. 733).

🛏 Schlafen

Auf Ko Lanta gibt's viele lange Strände, die von Unterkünften gesäumt sind. Einige Resorts sind in der Nebensaison von Mai bis Oktober geschlossen, andere senken die Zimmerpreise um 50 % und mehr. Die Resorts haben meistens ein eigenes Restaurant und können Schnorcheltouren, Massagen, geführte Touren und Motorräder organisieren.

HAT KHLONG DAO
หาดคลองดาว

Dieser umwerfende, 2 km lange weiße Sandstrand ohne Felsen eignet sich perfekt zum baden. Leider sammelt sich hier aber beim Tidenwechsel Müll an. Die Einheimischen sagen verächtlich, dass der aus Phi-Phi rüberkommt.

🔷 LP TIPP Costa Lanta
HOTEL $$$

(☎0 7566 8168; www.costalanta.com; Zi. ab 6200 B; ✳@🛜🏊) Die unglaublichen Zen-Unterkünfte verstecken sich in einem Garten mit Kokospalmen und Gezeitenkanälen am Nordende des Hat Khlong Dao. Hier ist alles – von den Fußböden über die Wände bis zu den Waschbecken – aus abgeschliffenem und anschließend poliertem Beton. Die großen Türen der Hütten öffnen sich zu beiden Seiten, sodass wirklich viel Luft in den Raum gelangt. Das Restaurant ist genauso umwerfend wie der schwarze Pool am Rand des Strandes. Bei Buchung über die Website des Hotels gibt's einen Rabatt. Die Nebensaisonpreise sind eine Wucht.

Maya Beach Resort
HOTEL $$$

(☎0 7568 4267; mayalanta.com; Zi. 4300 B; ✳@🛜🏊) Am besten ignoriert man einfach, dass dieses zweistöckige Hotel ein Best-Western-Haus ist, denn es hat schöne, große Zimmer im Ikea-Schick. Auf der Terrasse finden sich Lamellengitter, im Sand buddhistische Schreine, und es gibt einen Pool, der mit dem Meer zu verschmelzen scheint.

HAT PHRA AE
หาดพระแอ

Der Strand des Hat Phra Ae (Langer Strand) ist nur mittelmäßig, aber die Stimmung ist super. Ein großes Travellerdorf ist hier entstanden, und es gibt jede Menge auf *fa·ràng* eingestellte Restaurants, Strandbars, Internetcafés und Touranbieter.

Relax Bay
HOTEL $$

(☎0 7568 4194; www.relaxbay.com; Bungalow 1200–2500 B; ✳🛜) Die schöne Anlage wird von Franzosen geführt und erstreckt sich über eine mit Bäumen bewachsene Landzunge in der Nähe eines kleinen Strandes. Die Holzbungalows auf Stelzen haben große Terrassen. Wer sich etwas Besonderes gönnen will, kann in einem Luxuszelt mit Meerblick übernachten, das auf einer auf Felsen befestigten Holzplattform steht.

Sanctuary
PENSION $

(☎08 1891 3055; sanctuary_93@yahoo.com; Bungalow 600–1200 B) Das einst einzige Resort auf Phra Ae ist noch immer eine tolle Übernachtungsoption. Es gibt künstlerisch gestaltete Bungalows aus Holz und Stroh, viel Rasen und eine hippiemäßig lässige, freundliche Atmosphäre. Im Restaurant wird neben den thailändischen Standardgerichten auch indisches und vegetarisches

JUNIE KOVACS & LANTA ANIMAL WELFARE

Lanta Animal Welfare rettet Tiere, führt Sterilisierungs- und Impfkampagnen durch und möchte die Öffentlichkeit sensibilisieren und informieren.

WARUM GIBT ES SO VIELE STREUNER?

Viele Pensionen schaffen sich für die Touristensaison Welpen oder Kätzchen an, denn die Gäste mögen diese Tierchen. Ist die Saison dann vorbei, werden die Tiere am Straßenrand ausgesetzt.

WIE KANN MAN HELFEN?

Es werden immer freiwillige Helfer benötigt, die Hunde ausführen, bei Spendensammlungen helfen, unentgeltlich arbeitende Tierärzte unterstützen, Streuner aufsammeln usw. Wenn sich jemand in eines der Tiere verliebt, erledigen wir den Papierkram, damit das Herrchen seinen Freund mit nach Hause nehmen kann. Auch Soi Dog (s. S. 682) auf Phuket ist eine super Einrichtung, in der Traveller etwas tun können – die winzigste Kleinigkeit hilft. Da wir keinerlei Unterstützung von der Regierung bekommen, freuen wir uns auch sehr über Spenden.

Recherchiert von Celeste Brash

Essen angeboten. Yogaunterricht kann man hier ebenfalls nehmen.

Hutyee Boat — PENSION $
(08 3633 9723; Bungalow 350–400 B) Ein verstecktes Hippieparadies mitten in einem Wald aus Palmen und Bambus. Die großen, soliden Bungalows haben gefliese Bäder und kleine Kühlschränke. Die Anlage befindet sich hinter den Nautalus Bungalows.

Somewhere Else — PENSION $
(08 1536 0858; Bungalow 400–1000 B;) Große achteckige Bambushütten schmücken eine schattige Wiese direkt an einem belebten, schönen Strandabschnitt.

HAT KHLONG KHONG — หาดคลองโขง
An diesem Traum von einem Strand mit strohgedeckten Hütten und Rasta-Bars kann man wunderbar Beachvolleyball spielen, Vollmondpartys feiern und manchmal auch den berühmt-berüchtigten Pilz-Shake (auf eigene Verantwortung) kosten. Hier sind die Unterkünfte noch immer recht preiswert. An dem Strand, der in beide Richtungen endlos zu sein scheint, tummeln sich Traveller jeden Alters.

LP TIPP — Bee Bee Bungalows — PENSION $
(08 1537 9932; www.beebeebungalows; Bungalow 400–800 B;) Das ist auf jeden Fall die beste Budgetoption auf der Insel. Das superfreundliche Personal kümmert sich um ein Dutzend fantasievoll eingerichteter Bambushütten. Jede Hütte ist anders, einige recken sich sogar auf Stelzen bis in die Baumkronen. Im zugehörigen Restaurant gibt's eine Bibliothek, die abgegriffene Taschenbücher führt – damit man sich nicht langweilt, während man auf die köstlichen thailändischen Gerichte wartet.

Lanta Darawadee — HOTEL $$
(0 7566 7094; www.lantadarawadee.com; Bungalow inkl. Frühstück 1000–1600 B;) Wer den Hat Khlong Khong genießen will, aber nicht auf klimatisierte Zimmer verzichten kann, ist in diesem Hotel direkt am Strand genau richtig. Es ist etwas langweilig, aber die neuen, sauberen Zimmer sind mit guten Betten, Terrassen, kleinen Kühlschränken und TV ausgestattet. Das Wasser wird über eine Solaranlage erwärmt. Das Frühstück ist im Zimmerpreis enthalten.

HAT KHLONG NIN — หาดคลองนิน
Hinter dem Hat Khlong Tob teilt sich die nach Süden führende Hauptstraße: Links kommt die Straße Richtung Inland, die an der Ostküste endet, rechts führt die Landstraße 14 km an der Küste entlang bis zur Spitze von Ko Lanta. Der erste Strand hier ist der wunderschöne, weiße Hat Khlong Nin. Es gibt viele kleine, preiswerte Pensionen am Nordende des Strandes. Meistens gehört auch ein Restaurant dazu. Wer will, kann sich hier absetzen lassen und sich dann in aller Ruhe eine Bleibe suchen.

Sri Lanta — HOTEL $$
(0 7566 2688; www.srilanta.com; Cottage ab 3000 B;) Dieses schicke Resort am südlichsten Teil des Strandes besteht aus minimalistischen, naturnahen Holzvillen, die sich über einen wilden, üppig grünen

Garten vom Strand bis auf den Hügel verteilen. In dem stilvollen Bereich am Strand gibt's ein Restaurant, einen Infinity-Pool und Massagepavillons. Das Resort gibt sich umweltbewusst und verwendet biologisch abbaubare Produkte. Es wird versucht, wenig Energie zu verbrauchen und so wenig Abfall wie möglich zu erzeugen.

AO KANTIANG อ่าวกันเตียง

Der großartige Strand vor der Bergkulisse ist gleichzeitig ein autarkes Dörfchen mit kleinen Geschäften, Internetcafés, Motorradverleih und Restaurants. Obwohl viele Segel- und Motorboote in der Bucht vor Anker liegen, ist ein Großteil des Strandes noch nicht erschlossen. Ao Kantiang liegt fernab von allem, und wer einmal hier angekommen ist, wird höchstwahrscheinlich nicht wieder weg wollen.

LP TIPP **Phra Nang Lanta** HOTEL $$$

(☎0 7566 5025; lanta@vacationvillage. co.th; Wohnstudio 6000 B; ✴@🛜🌐) Die traumhaften Wohnstudios aus Lehm und Beton im mexikanischen Stil sind riesig und scheinen einem Hochglanzmagazin für Architektur entsprungen zu sein. Die Innenräume zeigen klare Linien, viel Hartholz und viel Weiß mit bunten Akzenten. Draußen ranken Blumen und Blätter über Sonnendächer aus Bambus. Vom Pool und vom großartigen Restaurant mit Bar hat man eine tolle Aussicht auf den wunderschönen Strand.

Baan Laanta Resort & Spa HOTEL $$$

(☎0 7566 5091; www.baanlaanta.com; Bungalow ab 3500 B; ✴@🛜) Zwischen hölzernen Bungalows und rund um einen Pool erstreckt sich ein hübsch gestaltetes Gelände bis zu einem weißen Sandstrand. Das Prunkstück in den Zimmern ist ein futonartiges Bett auf einem Holzpodest, über dem ein hauchzartes Moskitonetz hängt.

Kantiang Bay View Resort HOTEL $-$$

(☎0 7566 5049; kantiang bay.net; Bungalow 500–2000 B; ✴@) Hier kann man zwischen billigen, wackligen, nicht wirklich sauberen Bungalows aus Holz und Bambus und teureren Zimmern mit bonbonfarbenen Fliesen und Minikühlschrank wählen. In dem Lehm-Bambus-Restaurant gibt's einfache, fa·ràng-verträgliche Thaigerichte.

AO KHLONG JAAK & LAEM TANOD อ่าวคลองจาก/แหลมโตนด

Der Traumstrand an der Ao Khlong Jaak heißt nach dem Wasserfall im Inselinneren.

LP TIPP **La Laanta** HOTEL $$$

(☎0 7566 5066; www.lalaanta.com; Bungalow 2800–6200 B; ✴@🛜🌐📶) Eleganz vom Feinsten: Besitzer und Betreiber dieser wohl tollsten Unterkunft der ganzen Insel ist ein junges, nettes thailändisch-vietnamesisches Paar (beide sprechen Englisch). Die strohgedeckten Bungalows haben glänzende Betonfußböden, die Matratzen sind in Podeste integriert, es gibt viele Blumenmotive und Terrassen mit Blick auf den Strand, der in einen felsigen Abschnitt mit Fischerbooten übergeht. Das Resort ist über eine Schotterstraße zu erreichen. Dichter am Meerespark kann man nicht übernachten.

Andalanta Resort HOTEL $$$

(☎0 7566 5018; www.andalanta.com; Bungalow 2600–6900 B; ✴@🛜) Hier sind moderne, klimatisierte Bungalows (manche mit ausgebautem Dachboden) und einfache Bungalows mit Ventilator zu finden, die alle zum Meer hin ausgerichtet sind. Der Garten ist ein Augenschmaus, es gibt ein verlockendes Restaurant und der Wasserfall ist nur einen 30- bis 40-minütigen Spaziergang entfernt.

Mu Ko Lanta Marine National Park Headquarters CAMPING $

(☎in Bangkok 0 2561 4292; mit eigenem Zelt 30 B/Pers., Leihzelt 300–400 B) Der abgelegene Campingplatz der Nationalparkverwaltung mitten im Dschungel ist wunderbar ruhig und unberührt. Es gibt Toiletten und fließendes Wasser, Verpflegung muss man aber mitbringen. Campinggenehmigungen für Ko Rok und Ko Haa sind hier ebenfalls erhältlich. Der Eintritt in den Nationalpark (s. S. 729) kommt zum Übernachtungspreis hinzu. Die Straße zur Hauptverwaltung des Meeresparks durchquert einen *klong* (Kanal), der in der Regenzeit recht tief sein kann.

BAN KO LANTA บ้านเกาะลันตา

In Lantas oft vergessener, wunderschöner Altstadt gibt es eine Handvoll Unterkünfte.

Mango House PENSION $$

(☎0 7569 7181; www.mangohouses.com; Suite 2000–2500 B; ⊙Okt.–April) Die 100 Jahre alten chinesischen Teak-Häuser und früheren Opiumhöhlen stehen auf Pfählen im Hafengebiet. Die abgenutzten Originalholzfußböden in den hohen, großen Zimmern mit Satelliten-TV, DVD-Spieler und Deckenventilator sind noch gut in Schuss. Aus der Küche des Restaurants mit Seemanns-Look kommen pfiffige thailändische und westliche Gerichte.

Sriraya
PENSION $

(☎0 7569 7045; Zi. mit Gemeinschaftsbad 500 B) Hier übernachtet man in einem einfachen, aber wunderschön restaurierten chinesischen Ladenhaus mit dicken Holzbalken an den Decken. Die Wände sind schwarz, die Bettenlaken weiß. Wer das Zimmer mit Balkon zur Straße ergattert, hat einen tollen Blick auf das wuselige Altstadtzentrum.

 Essen

In Ban Sala Dan gibt es viele Restaurants und kleine Supermärkte. Ein Muss sind die Seafoodrestaurants im Nordteil des Ortes. Die frisch an Land gebrachten Meeresfrüchte werden nach Gewicht verkauft (die Zubereitung ist im Preis enthalten) und auf Veranden oberhalb des Wassere verputzt.

Beautiful Restaurant
SEAFOOD $$

(☎0 7569 7062; Ban Ko Lanta; Hauptgerichte 100–200 B) Das beste Meeresfrüchterestaurant in der Altstadt. Die Tische stehen an vier Piers, die ins Meer hineinragen. Der frische Fisch ist hervorragend zubereitet.

Lanta Seafood
SEAFOOD $$

(☎0 7566 8411; Ban Sala Dan) Hier bezahlt man das Seafood nach Gewicht. Empfehlenswert ist *blah tôrt kà mîn* – weißer Schnapper wird mit frisch gemahlenem Kurkuma und Knoblauch eingerieben und dann frittiert.

Red Snapper
FUSION $$

(☎0 7885 6965; Tapas/Hauptgerichte ab 70/235 B; ⊙abends) Von Holländern betriebenes Tapas-Restaurant in Ao Phra Ae. In dem romantischen Garten wird u.a. eine sehr empfehlenswerte Entenbrust mit Shiitake-Pilzen serviert.

Ausgehen & Unterhaltung

Wer dröhnend-laute Diskotheken liebt, ist hier auf der falschen Insel. Wer aber lässige Bars mit Musik bis spät in die Nacht toll findet, der mache sich auf zur Ao Phra Ae. Dort gibt es jede Menge netter Locations wie das **Opium**, die **Earth Bar** und das **Reggae House**.

ℹ Praktische Informationen

In Ban Sala Dan gibt's Internetcafés (1 B/Min.), Reisebüros, Tauchshops und Motorradvermieter. An der Westküste befinden sich fünf 7-Elevens, die alle über einen Geldautomaten verfügen.

 ABSTECHER

KO LANTAS MÄRKTE

» Ban Sala Dan: sonntags tagsüber

» Altstadt: sonntagabends, montagmorgens

» Ban Je Li: dienstags/mittwochs

» Nahe Ban Khlong Nin: samstags

Ko Lanta Hospital (☎0 7569 7085) 1 km südlich von Ban Ko Lanta (Altstadt).

Polizei (☎0 7569 7017) Nördlich von Ban Ko Lanta.

ℹ An- & Weiterreise

Die meisten Traveller kommen mit dem Boot oder im klimatisierten Minivan nach Ko Lanta. Wer auf eigene Faust anreist, muss eine der häufig zwischen Ban Hua Hin und Ban Khlong Mak (Ko Lanta Noi) verkehrenden **Autofähren** (Motorrad 20 B, Auto/Jeep 75/150 B; ⊙7–20 Uhr) nehmen und von dort nach Ko Lanta Yai weiterfahren.

Minivan

Minivans fahren das ganze Jahr über. Sie sind die beste Option, um vom Festland nach Ko Lanta zu kommen, und fahren jeden Tag zwischen 7 und 15.30 Uhr stündlich zum Flughafen von Krabi (280 B, 1½ Std.) und nach Krabi selbst (Stadt; 250 B, 1½ Std.). In Krabi starten die Minivans stündlich zwischen 8 und 16 Uhr.

Minivans nach Phuket (350 B, 4 Std.) verlassen Ko Lanta ungefähr alle zwei Stunden, in der Hauptsaison auch öfter. Es fahren auch täglich mehrere klimatisierte Minivans nach Trang (250 B, 2½ Std.), Khao Lak (650 B, 6 Std.), Ko Samui (650 B inkl. Bootsticket) und zu weiteren beliebten Orten.

Schiff/Fähre

In Ban Sala Dan gibt es zwei Anleger. Der für Fußgänger ist etwa 300 m von der Haupteinkaufsstraße entfernt. Die Autofähren starten von einem zweiten Anleger, der mehrere Kilometer weiter östlich liegt.

Es gibt eine Personenfähre, die von Krabis Khlong-Chilat-Pier zur Ko Lanta fährt. Los geht's in Ko Lanta um 8 Uhr (400 B, 2 Std.), von Krabi zurück um 11 Uhr. Auf Ko Jum (voller Fahrpreis, 400 B) wird ein Zwischenstopp eingelegt.

Die Boote zwischen Ko Lanta und Ko Phi-Phi fahren theoretisch das ganze Jahr, praktisch aber nur, wenn genügend Fahrgäste da sind, was in der Nebensaison nicht immer der Fall ist. Die Fähren verlassen Ko Lanta meist um 8 und um 13 Uhr (300 B, 1½ Std.); in Gegenrichtung starten sie in Ko Phi-Phi um 11.30 und um 14 Uhr. Dann kann man in eine Fähre nach Phuket umsteigen.

Etwa vom 21. Oktober bis Mai kann man an einer Vier-Insel-Schnorcheltour zu den Trang-Inseln teilnehmen und sich dann samt Gepäck auf einer der Inseln absetzen lassen (350 B) – Badesachen nicht vergessen! Die Boote steuern Ko Ngai (2 Std.), Ko Muk (3 Std.) und Ko Kradan (4 Std.) an.

Es fahren auch einige Schnellboote von Ko Lanta zu den Trang-Inseln. Am schnellsten ist die des **Satun-Pak Bara Speedboat Club** (☑0 7475 0389, 08 2433 0114; www.tarutao lipeisland.com). Stopps sind Ko Ngai (650 B, 30 Min.), Ko Muk (900 B, 1 Std.), Ko Bulon Leh (1600 B, 2 Std.) und Ko Lipe (1900 B, 3 Std.).

Tigerline (☑08 1092 8800; www.tigerline travel.com), eine Hochgeschwindigkeitsfähre, verkehrt zwischen Ban Sala Dan auf Ko Lanta und Ko Lipe (1400 B, 4 Std.) mit Zwischenstopps in Ko Ngai (500 B, 30 Min.), Ko Kradan (750 B, 1½ Std.) und Ko Muk (750 B, 2 Std.). Abgelegt wird um 13 Uhr. Am nächsten Tag startet dann dasselbe Boot um 9 Uhr in Ko Lipe und ist nach 12 Uhr wieder in Ban Sala Dan.

ℹ Unterwegs vor Ort

Die meisten Resorts schicken Fahrzeuge zu den Fähren – die Fahrt zum Resort ist kostenlos. Wer zurück zur Fähre will, muss mit einem Fahrpreis zwischen 80 und 250 B rechnen. Alternativ kann man auch ein Motorradtaxi nehmen. Die stehen gegenüber vom 7-Eleven in Ban Sala Dan; Fahrten kosten je nach Entfernung zwischen 50 und 250 B.

Leihmotorräder (250 B/Tag) kriegt man fast überall auf der Insel. Leider bekommt man aber nur selten einen Helm, und eine Versicherung gibt's auch nicht. Also auf den holprigen Straßen besonders vorsichtig fahren!

Es ist auch möglich, für ca. 1600 B pro Tag einen kleinen Jeep mit Versicherung zu mieten.

PROVINZ TRANG

Mit den zerklüfteten, urwaldbewachsenen Karstformationen und den einsamen Inselchen im kristallklaren Wasser ist Trang eine Art „Krabi Light". Doch mittlerweile entdecken immer mehr Traveller den Charme der Provinz – die Region erlebt einen Touristenboom wie das benachbarte Krabi vor einigen Jahren. Die Highlights sind die sagenumwobenen Trang-Inseln.

Trang   ตรัง
64 700 EW.

Die meisten Reisenden nehmen Trang nur als Sprungbrett zu den nahen Inseln mit.

Wer sich aber für Kultur, thailändisches Essen oder Märkte interessiert, sollte hier einen oder gar zwei Tage einplanen. In dieser Stadt findet man sich schnell zurecht. Tagsüber vergisst man auf den sogenannten Wet Markets (Märkte, auf denen viel Wasser benutzt wird, zum Putzen wie auch zum Frischhalten der meist leicht verderblichen Waren) schnell die Zeit. Abends bummelt man an den Ständen der Straßenhändler vorbei oder genießt einen Kaffee in einem der chinesischen Kaffeehäuser, die bis spät in die Nacht geöffnet sind. Und fast immer kann man hier auf irgendeinem Fest Lokalkolorit schnuppern.

Die meisten für Touristen wichtigen Einrichtungen befinden sich an der Hauptstraße Th Praram VI zwischen Uhrturm und Bahnhof.

⊙ Sehenswertes

Trang ist eher Geschäftszentrum als Urlaubsort. Zum **Wat Tantayaphirom** (Th Tha Klang) gehört ein riesiger, weißer *chedi* (Stupa), in dem ein Fußabdruck Buddhas verehrt wird. Der chinesische **Meunram-Tempel** liegt zwischen Soi 1 und Soi 3; sind manchmal Aufführungen von südthailändischem Schattentheater zu sehen. Auch ein Bummel über die großen **Wet Markets und normalen Märkte** in der Th Ratchadamnoen und der Th Sathani lohnt sich.

🏃 Aktivitäten & Geführte Touren

Die Touranbieter rund um den Bahnhof und in der Th Praram VI bieten verschiedene Trips durch die Provinz Trang an. **Bootstouren** in den Hat Chao Mai National Park und zu den Trang-Inseln kosten ab 750 B zuzüglich Eintritt in den Nationalpark. Es sind auch **Seekajaktouren** zu den schönen Mangrovenwäldern bei Tham Chao Mai im Angebot (650 B). **Schnorcheltrips** in privaten Longtail-Booten zur Ko Rok (3500 B, max. 4 Pers.) und zu den **Höhlen und Wasserfällen** in Privatwagen (1800 B, max. 3 Pers.) können ebenfalls von den meisten Anbietern arrangiert werden.

Wer Kultur schnuppern möchte, kann einen Tag lang in den Khao-Banthat-Bergen **wandern** und Dörfer des Bergstamms Sa Kai besuchen (2500 B, max. 2 Pers.).

🛏 Schlafen & Essen

Trang ist berühmt für sein *mŏo yâhng* (knusprig gegrilltes Schweinefleisch) und

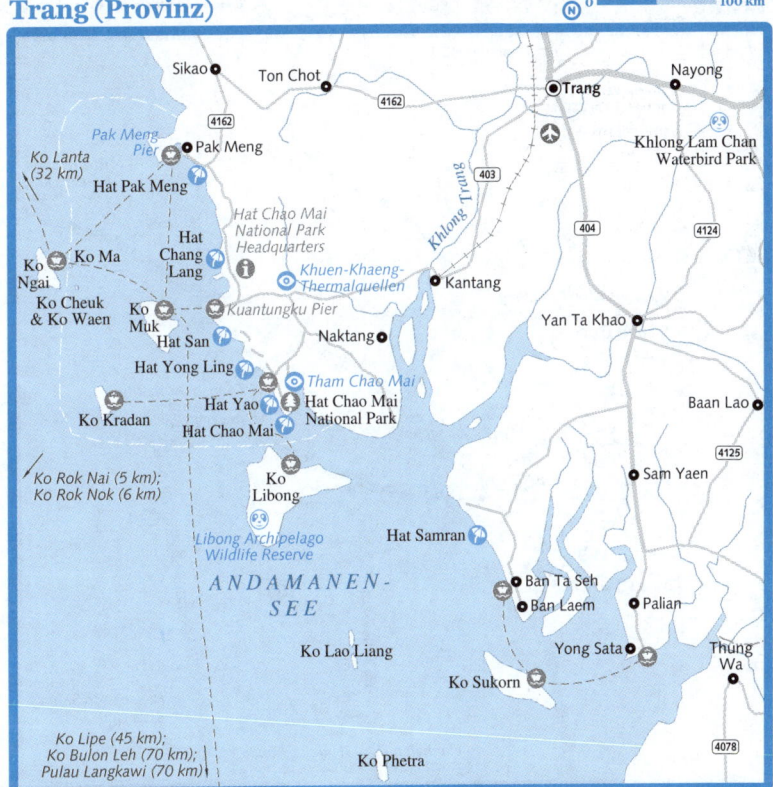

die *ráhn go-ʾíi* (Kaffeehäuser), in denen echter Filterkaffee ausgeschenkt wird. *Mŏo yâhng* bekommt man vormittags in einigen Kaffeehäusern oder auf dem Wet Market in der Th Ratchadamnoen, wo man das Fleisch nach Gewicht bezahlt. Um einen echten Eindruck vom Leben in dieser Stadt zu kriegen, sollte man frühmorgens in einen Dim-Sum-Laden und spätabends in ein Kaffeehaus in der Th Ratsada gehen.

Sri Trang Hotel
HOTEL **$**

(☑ 0 7521 8122; www.sritrang.com; 22-26 Th Praram VI; Zi. 450–690 B; ❄ 🛜) In diesem renovierten, 60 Jahre alten Gebäude mit den hohen Decken, der schönen Holztreppe und vielen Farbtupfern kann man zwischen Zimmern mit Klimaanlage oder mit Ventilator wählen. WLAN gibt's im ganzen Haus. In der Café-Bar unten kann man prima relaxen.

Rua Rasada Hotel
HOTEL **$$$**

(☑ 0 7521 4230; www.ruarasadahotel.com; 188 Th Pattalung; Zi. inkl. Frühstück ab 2700 B; ❄ 🛜 💦)

Trangs edelste Unterkunft ist eine zehnminütige *túk-túk*-Fahrt (25 B) vom Bahnhof entfernt. Die vorherrschenden Farben in den schick gefliesten Zimmern sind blau, mauve und grau. Die Betten sind ausgesprochen bequem. Robinson's Shopping Mall und Cinema City sind von hier in fünf Minuten zu Fuß zu erreichen.

Koh Teng Hotel
HOTEL **$**

(☑ 0 7521 8148; 77-79 Th Praram VI; Zi. 180–380 B; ❄) Das Koh Teng ist zweifellos die kultigste Backpacker-Unterkunft in Trang. Wer hier absteigt, muss allerdings über Abenteurergeist verfügen, denn den großen, leicht schäbigen Zimmern mit Fenster fehlt es an Charme.

⏺ LP TIPP Nachtmarkt
MARKT **$**

(zw. Th Praram VI & Th Ratchadamnoen; Gerichte ca. 30 B; ☉ abends) Auf dem besten Nachtmarkt an der Andamanenküste bekommt man leckere Currys, Brathähnchen und gebratenen Fisch, *pàt tai* sowie einige

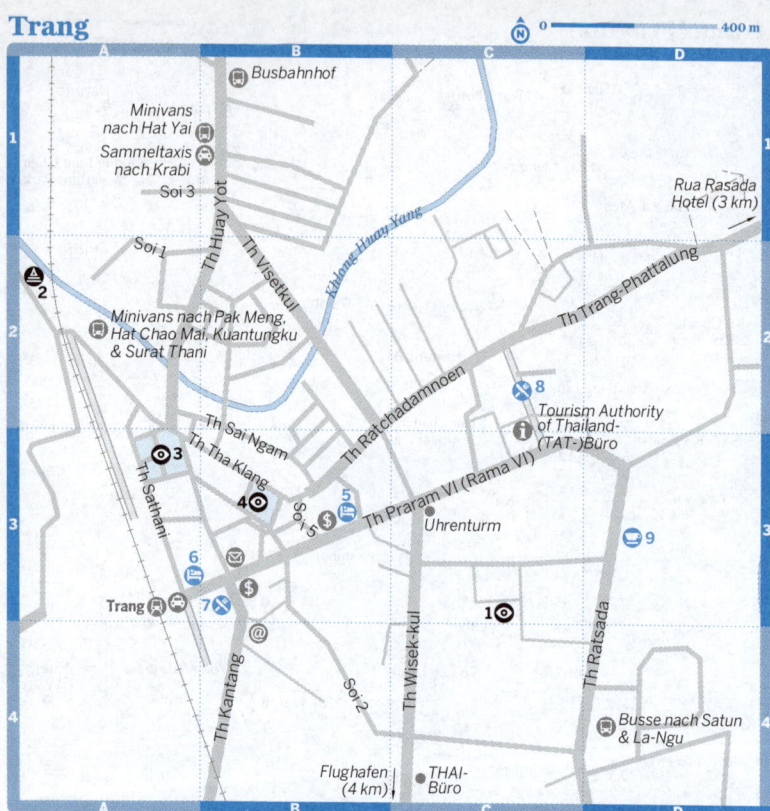

0 — 400 m

thailändische Desserts. Freitag- und samstagabends wird vor dem Bahnhof noch ein zweiter Nachtmarkt abgehalten.

Asia Ocha
THAI **$**

(Th Kantang; Gerichte ab 30 B; ☺morgens, mittags & abends) Das Asia Ocha, das es schon seit Mitte der 1940er gibt, wird fast nur von thailändischen Gästen besucht, die es sich an alten Marmortischen gemütlich machen und Filterkaffee schlürfen. Auch das Essen ist lecker, vor allem die gebratene Ente.

🛈 Praktische Informationen

In der Th Praram VI gibt's mehrere Internetcafés und Banken mit Geldautomaten und Wechselschaltern.

My Friend (📞0 7522 5984; 25/17-20 Th Sathani; 30 B/Std.) Das beste Internetcafé der Stadt hat rund um die Uhr geöffnet.

Post (Ecke Th Praram VI & Th Kantang) Verkauft auch CAT-Karten für Telefonate ins Ausland.

🛈 An- & Weiterreise

Bus

Busse starten am **Busbahnhof** (Th Huay Yot) von Trang. Eine Fahrt in einem klimatisierten Bus von Trang nach Bangkok kostet zwischen 600 und 680 B (12 Std., morgens & nachmittags). Komfortabler sind die VIP-Busse mit nur 24 Sitzplätzen, die um 17 und 17.30 Uhr (1050 B) abfahren. In Bangkok starten die VIP-Busse und die klimatisierten Busse zwischen 18.30 und 19 Uhr.

Weitere Verbindungen:

Hat Yai (110 B, 3 Std., regelm.)

Krabi (115 B, 2 Std., regelm.)

Phang-Nga (180 B, 3½ Std., stündl.)

Phuket (240 B, 5 Std., stündl.)

Satun (120 B, 3 Std., regelm.)

Flugzeug

Nok Air (www.nokair.com) und **Orient Thai Airways** (www.orient-thai.com) bieten täglich Flüge von Bangkok (Don Muang Airport) nach Trang (einfache Strecke ca. 1500 B) an.

Trang

Der Flughafen liegt 4 km südlich von Trang. Minivans warten auf die Ankunft der Flüge und nehmen 60 B für die Fahrt in die Stadt. In der umgekehrten Richtung kostet eine Taxi- oder túk-túk-Fahrt 80 bis 100 B.

Minivan & Sammeltaxi

Vans fahren stündlich nach Surat Thani (180 B, 2½ Std.), wo Anschluss nach Ko Samui und Ko Pha-Ngan besteht. Sie starten von einem **Depot** (Th Tha Klang) an der Th Tha Klang unmittelbar vor dem Bahnübergang aus. Täglich fahren mehrere klimatisierte Minivans von Trang nach Ko Lanta (250 B, 2½ Std.), los geht's bei den Reisebüros gegenüber vom Bahnhof. Die Sammeltaxis nach Krabi (180 B, 2 Std.) und die klimatisierten Minivans nach Hat Yai (160 B, 2 Std.) fahren an den Büros direkt westlich von Trangs Busbahnhof los.

Der öffentliche Nahverkehr wird hauptsächlich mit klimatisierten Minivans bestritten, seltener mit *sŏrng·tăa·ous*. Am Depot in der Th Tha Klang starten regelmäßig Minivans nach Pak Meng (70 B, 45 Min.), Hat Chao Mai (80 B, 1 Std.) und Kuantungku (100 B, 1 Std.), wo die Reise dann im Boot weitergeht.

Zug

Es fahren nur zwei Züge von Bangkok nach Trang: Der Expresszug 83 und der Schnellzug 167, die beide nachmittags am Bahnhof Hua Lamphong in Bangkok losfahren und am nächsten Morgen in Trang ankommen.

In Trang fahren die Züge am frühen und späten Nachmittag ab. Der Fahrpreis beträgt ca. 1480/831 B im klimatisierten Schlafwagen der 1./2. Klasse und 285 B in der 3. Klasse.

ℹ Unterwegs vor Ort

Túk-túks stehen in der Nähe des Bahnhofs. Fahrten innerhalb der Stadt kosten etwa 30 B oder

250 B pro Stunde. Motorradtaxifahrer verlangen die gleichen Preise.

Motorräder kann man in Reisebüros für ca. 200 B pro Tag mieten. Die meisten Büros können auch Mietwagen für rund 1400 B pro Tag organisieren.

Strände von Trang

Hier ragen Kalksteinformationen aus den dampfenden, mit Palmen übersäten Tälern und aus dem unruhigen Meer. Trangs Strände dienen hauptsächlich als Ausgangspunkte, um auf die Inseln zu kommen. Wer aber etwas Zeit hat, sollte hier einen Zwischenstopp einlegen und die Landschaft genießen.

HAT PAK MENG & HAT CHANG LANG หาดปากเมง/หาดฉางลาง

Hat Pak Meng liegt 39 km westlich von Trang im Bezirk Sikao und ist das wichtigste Sprungbrett nach Ko Ngai. Die Küste ist recht rau, und obwohl der Strand etwas ungepflegt ist, so ist die Kulisse doch spektakulär – die Karstformationen stehen denen von Railay und Phi-Phi in nichts nach. Der Hauptanleger befindet sich am Nordende des Strands. Wo die Rte 4162 auf die Küste trifft, gibt's mehrere Seafood-Restaurants mit Liegestühlen unter Kasuarinen.

Touranbieter am Anleger organisieren ganztägige Bootstouren nach Ko Muk, Ko Cheuk, Ko Ma und Ko Kradan für 900 bis 1000 B pro Person (min. 3 Pers.) inklusive Mittagessen und Getränken. Es gibt auch ganztägige Schnorcheltouren nach Ko Ngai (750 B) und Ko Rok (1200–1400 B zzgl. Nationalparkeintritt). Brille, Schnorchel und Flossen kann man sich am Anleger für je 50 B leihen.

Der Hat Chang Lang ist vom Hat Pak Meng aus gesehen der nächste Strand in Richtung Süden. Auch er ist von Kasuarinen gesäumt. Am südlichen Ende des Hat Chang Lang, wo die Küstenstraße ins Landesinnere abbiegt, befindet sich die Hauptverwaltung des Hat Chao Mai National Park (✏0 7521 3260; Erw./Kind unter 14 Jahren 200/100 B; ⏰6–18 Uhr).

Der 231 km² große Park erstreckt sich an der Küste entlang vom Hat Pak Meng bis nach Laem Chao Mai und umfasst die Inseln Ko Muk, Ko Kradan und Ko Cheuk sowie eine Reihe kleinerer Inselchen. In verschiedenen Teilen des Parks können Besucher die gefährdeten Dugongs und seltenen Riesenstörche erspähen, aber auch weniger seltene Tiere wie Seeotter, Makaken, Languren, Wildschweine, Schuppentiere, kleine Reiher, Riffreiher, Weißbauchseeadler und Warane.

Von Ko Muk und Ko Kradan kommt man im Rahmen von geführten Touren und mit Longtail-Booten in den Park.

🛏 Schlafen

Anantara Sikao HOTEL $$$
(📞0 7520 5888; www.sikao.anantara.com; Zi. 5400–15400 B; ❄🌐🏊) Das Anantara am Nordende des Hat Chang Leng mit seiner mondänen aber dennoch angenehmen Atmosphäre wurde aufgepeppt (es war früher ein Amari Resort). Die Deluxe-Zimmer mit Meerblick haben Holzfußböden, Schreibtische, Flachbildfernseher und einen sagenhaften Blick auf die für Pak Meng so typischen Karstformationen. In der Lobby stehen beeindruckende Holzsäulen und balinesische Holzmöbel. Der Blick vom Restaurant Acqua ist einfach grandios. Mit einem kostenlosen Shuttle kommt man in den nur für Hotelgäste bestimmten Beachclub auf der verführerischen Ko Kradan.

National Park Headquarters CAMPING, HÜTTEN $
(📞0 7521 3260; www.dnp.go.th/index_eng.asp; Campen frei, Leihzelt 300 B, Hütte 800–1000 B) In den einfachen Hütten mit Ventilator können bis zu sechs Personen übernachten. Wer will, darf auch unter Kasuarinen zelten. Außerdem gibt's hier ein Restaurant und einen kleinen Laden.

ℹ An- & Weiterreise

In Pak Meng starten täglich um 10 Uhr mehrere Boote zur Ko Ngai (400 B), von Ko Ngai treffen sie um 9 Uhr ein. Die Miete für ein Longtail-Boot beträgt 1200 B.

Von der Th Kha Klang in Trang fahren regelmäßig klimatisierte Minivans nach Hat Pak Meng (80 B, 45 Min.) und Chao Mai (100 B, 1 Std.) – oder man nimmt in Trang für ca. 800 B ein Taxi.

Die Hauptverwaltung des Chao Mai National Park ist etwa 1 km von dieser Straße entfernt; hin kommt man über einen gut ausgeschilderten Weg.

HAT YAO หาดยาว

Das heruntergekommene Fischerdörfchen liegt gleich südlich des Hat Yong Ling. Hat Yao ist eingezwängt zwischen dem Meer und beeindruckenden Kalksteinklippen und liegt an der Mündung eines Meeresarms voller Mangroven. Die felsige Landzunge am Südrand des Hat Yao ist mit Höhlen durchsetzt, und direkt vor der Küste rund um die Inseln kann man gut schnorcheln. Der schönste Strand der Gegend ist der winzige **Hat Apo**, der sich in den Klippen versteckt. **Tham Chao Mai** ist eine große Höhle voller kristallklarer Kaskaden und beeindruckender Stalaktiten und Stalagmiten, die man vom Boot aus bewundern kann.

Direkt südlich der Landzunge befindet sich der Yao-Pier, von hier geht es zur Ko Libong. Die Tigerline-Schiffe, die zwischen Ko Lipe und Ko Lanta verkehren, legen hier an.

🛏 Schlafen & Essen

🌿**Haad Yao Nature Resort** (📞08 1894 6936; www.trangsea.com; Zi. 500–1200 B, Bungalow 800 B; ❄@) am Hafen wird von den enthusiastischen Naturforschern der Lifelong Learning Foundation, einer ökologisch-pädagogischen NGO, geführt. Im Programm ist eine Vielzahl von Ökotouren in die Gegend um Hat Yao. Die geräumigen Cottages haben große Terrassen, TV und DVD-Spieler. Außerdem gibt es noch einfachere motelartige Zimmer und ein paar Bungalows auf Stelzen im Wasser.

Am Strand nördlich der Kalksteinlandzunge befinden sich ein paar Meeresfrüchterestaurants, die preiswerte thailändische Gerichte verkaufen. Auch am Hafen gibt's einige gute Restaurants.

ℹ Anreise & Unterwegs vor Ort

Vom Hat Yao kommt man mit einem regulären Longtail-Boot zur Ko Libong (50 B, 20 Min.); es ist auch möglich, ein Longtail-Boot nach Ko Libong (800 B, 20 Min.) oder Ko Muk (1500 B, 1 Std.) zu mieten. Am Pier stehen *sŏrng·tǎa·ous* nach Trang (70 B, 1 Std.). Sie warten auf die Ankunft der Boote und fahren los, sobald sie voll sind. Die Hochgeschwindigkeitsfähre von **Tigerline** (📞08 1092 8800; www.tigerlinetravel.com) legt auf dem Weg von Lanta (750 B, 2½ Std.) nach Lipe (750 B, 2½ Std.) mittags in Hat Yao an.

Trang-Inseln

Die legendären Trang-Inseln sind die letzten größeren Exemplare der charakteristischen Kalksteinformationen an der Andamanenküste, danach liegen die Felsen nur noch wie schlafende Riesen unter der Wasseroberfläche. Die atemberaubenden Inselparadiese wirken geheimnisvoll und sind Gegenstand hiesiger Legenden. *Chow lair* ziehen hier umher, und die Riffe schimmern in vielen Farben.

KO NGAI เกาะไหง (ไท)

Der lange, goldgelbe, vom Wind gepeitschte Strand an der bebauten Ostküste von Ko Ngai (oft auch Ko Hai genannt) geht sanft in das blaue Meer über und ist so ideal für Kinder. Vorgelagert ist ein Riff, an dem man wunderbar schnorcheln kann. Korallen und glasklares Wasser umgeben die bewaldete Insel – der reinste Wahnsinn! Auf der Insel gibt's keine einheimische Bevölkerung. Stattdessen ist sie fest in der Hand einiger schicker Resorts. Es gibt zwei Tauchzentren (Tauchgänge ab 1500 B). Brillen, Schnorchel und Flossen kann man in den Resorts für jeweils 60 B mieten, Seekajaks bekommt man für ca. 150 B pro Stunde. Es werden auch halbtägige Schnorcheltouren zu den nahen Inseln angeboten (850 B/Pers.). In den großen Resorts kommt man für 100 bis 150 B pro Stunde ins Internet – allerdings im Schneckentempo.

Auch wenn Ko Ngai eigentlich zur Provinz Krabi gehört, erreicht man die Insel am einfachsten von Pak Meng aus.

🛏 Schlafen

Die meisten Unterkünfte sind eindeutig der Mittelklasse zuzuordnen. Sie verfügen über Restaurants und haben eine rund um die Uhr funktionierende Stromversorgung. Der Bootsanleger befindet sich beim Koh Ngai Resort. Wenn man im Voraus bucht, organisieren die Resorts an den anderen Stränden den Transport.

Coco Cottages HOTEL $$
(📞08 1693 6457, 08 9724 9225; www.coco-cottage.com; Bungalow 1650–4700 B; ❄🛜) Die Anlage hält, was der Name verspricht: Sie besteht aus exquisiten Cottages aus Kokosholz mit Strohdächern und Lampen aus Kokosnüssen. Unbedingt einen der Bungalows mit Ventilator und Meerblick nehmen!

Ko Hai Seafood PENSION $$
(📞08 1367 8497; Zi. 1200 B; ❄@🛜) Die soliden Bambus-Bungalows sind bestimmt die charmantesten Budgetunterkünfte am Strand. Die Betreiber sind nett, lustig und relaxt und servieren ihren Gästen einige der besten Speisen auf der Insel.

Ko Hai Camping CAMPING $
(📞08 1970 9804; seamoth2004&yahoo.com; Zelt 600 B) Die großen, sauberen Hauszelte mit Ventilator stehen direkt am Strand und haben Gemeinschaftsbäder. Tu, der freundliche Chef, leitet auch das benachbarte Sea Moth Dive Center.

ℹ An- & Weiterreise

Ko Ngai Villa schickt täglich um 10 Uhr ein Boot vom Hat Pak Meng nach Ko Ngai (400 B, 1½ Std.), das gegen 9 Uhr von Ko Ngai zurückgekehrt war (400 B, 1½ Std.). Wer will, kann für 1200 B von Pak Meng, Ko Muk (1200 B) und Ko Kradan (1500 B) aus auch privat ein Longtail-Boot mieten.

In der Hauptsaison verkehrt die Hochgeschwindigkeitsfähre von **Tigerline** (📞08 1092 8800; www.tigerlinetravel.com) zwischen Ban Sala Dan (750 B, 30 Min.) auf Ko Lanta und Ko Lipe (1400 B, 4 Std.) und legt am Pier der nahen Insel Ko Muk einen Zwischenstopp ein. **Satun Pakbara Speedboat Club** (📞0 7475 0389, 08 2433 0114; www.tarutaolipeisland.com) ist eine direktere und bequemere Option, nach Ko Lanta (650 B, 30 Min.) zu kommen. Man kann für 2000 B auch ein Longtail-Boot nach Lanta mieten.

KO MUK เกาะมุก

Die Ankunft auf Ko Muk ist unvergesslich, egal ob man an dem weißen Puderzuckerstrand **Hat Sivalai** oder an dem spektakulären **Hat Faràng** (alias Hat Sai Yao oder auch Charlie's Beach) anlegt, wo sich das jadefarbene Wasser an einen perfekten Strand schmiegt. Leider sind die Unterkünfte hier nicht so dolle. In Speedos gekleidete Pauschaltouristen tummeln sich am Strand, und die Schnellboote, die von Ko Lanta rüberkommen, spucken immer noch weitere aus. Aber die Sonnenuntergänge an der Westküste sind und bleiben ein Traum. Es ist zwar einfach, von hier auf die anderen Inseln in der Provinz zu gelangen, aber Ko Muks Topografie sorgt wahrscheinlich dafür, dass man bleiben will...

Am Hat Faràng ist am meisten los – hier amüsieren sich Traveller und Pauschaltouristen, wenn auch eher ruhig als wild. Hat Sivalai und Hat Lodung sind nur einen kurzen Fußweg vom Hauptanleger entfernt. Wenn man am Pier mit dem Gesicht zum Meer steht, befindet sich der schlichte Hat Lodung links hinter einem _chow lair_-Pfahldorf und einigen Mangroven. Auf der rechten Seite umrahmt der schöne Hat Sivilai die Halbinsel.

👁 Sehenswertes & Aktivitäten

Vor der Küste kann man prima schnorcheln. Die Hauptattraktion des Archipels ist die **Tham Morakot** (Smaragdhöhle). Sie liegt versteckt am Nordende der Insel. Die Höhle, in der Piraten früher ihre Schätze versteckt haben sollen, besteht aus einem Kalksteintunnel, der 80 m zu einer mintgrünen Lagune führt. Hier schwimmt man teilweise in absoluter Dunkelheit durch und erreicht schließlich einen kleinen, versteckten weißen Sandstrand. Er ist von hohen Kalksteinklippen umgeben, die einen Kamin bilden, durch den gegen Mittag ein Lichtstrahl hereinfällt. Die Höhle steht bei den meisten Touren auf dem Programm und ist in der Hauptsaison folglich total überfüllt. Wer will, kann sich ein Kajak (pro Std./Tag 150/500 B) oder ein Longtail-Boot (300 B) mieten, und die Höhle frühmorgens oder am späten Nachmittag erkunden. Dabei unbedingt auf die Gezeiten achten, bei Flut kommt man nicht rein!

Zwischen Ko Muk und Ko Ngai liegen die kleinen Karstinselchen **Ko Cheuk** und **Ko Waen**. Hier kann man prima schnorcheln, und es gibt kleine Sandstrände.

Der Tauchshop **Princess Divers** (☏08 6270 9174) hat sein Büro im Charlie Beach Resort, die unabhängigen **Chill Out Divers** sind direkt hinter dem Charlie Beach Resort zu finden. Beide Veranstalter sind empfehlenswert und haben ein/zwei Tauchgänge für 1800/2600 B und PADI-Kurse ab 10900 B im Programm. Chill Out Divers veranstaltet **Yogakurse** (250–400 B) am Strand.

Das Koh Muk Nature Resort vermietet **Mountainbikes** (150 B/Tag) mit Landkarten für Inseltouren auf eigene Faust.

🛏 Schlafen

Sivalai
HOTEL $$$

(☏08 9723 3355; www.komooksivalai.com; Hat Sivalai; Bungalow inkl. Frühstück 5000–8000 B; ❄) Diese Unterkunft auf der Halbinsel in Speerform mit weißem Sandstrand und Karstinseln vor der Küste ist wirklich atemberaubend. Die eleganten Cottages mit Strohdächern haben rundherum fast nur Glastüren, sodass man tolle Ausblicke hat, so viele man will.

Pawapi Resort
PENSION $$

(☏08 9669 1980; www.pawapi.com; Hat Sivalai; Bungalow inkl. Frühstück 2600 B) Die vornehmen Bambusbungalows stehen auf ca. 1,5 m hohen Stelzen. Es kommt also von allen Seiten eine leichte Brise hinein. Außerdem kommt man hier in den Genuss eines umwerfenden 180°-Blicks.

Charlie Beach Resort
HOTEL $$

(☏0 7520 3281/3; www.kohmook.com; Hat Faràng; Bungalow 1200–3100 B; ❄@) Das große Resort am Strand bietet eine Reihe verschiedener Bungalows, von einfachen Strandhütten bis hin zu Drei-Sterne-Cottages mit Klimaanlage. Die Unterkünfte erreicht man über Sandwege. Das Restaurant zu besuchen, lohnt sich nicht.

Sawasdee Resort
PENSION $

(☏08 1508 0432; www.kohmook-sawadeeresort. com; Hat Faràng; Bungalow 800 B) Die unscheinbaren Holzbungalows mit Terrasse stehen am schattigen Nordzipfel des Hat Faràng. Hier bezahlt man für die traumhafte Lage.

Ko Mook Garden Resort
PENSION $

(☏08 1748 384, 08 1798 7805; Hat Lodung; Bungalow 300 B, Zi. 500 B) Die Holzzimmer sind groß, die Bambusbungalows hingegen klein und einfach. Wer hier wohnt, lebt bei einer einheimischen Familie, die ihre Gäste zum

AUSSERGEWÖHNLICHE KAUTSCHUKBÄUME

Wer schon immer wissen wollte, wie die Elastizität in den Gummi kommt, wird hier schlauer: Anders als Geld wächst Elastizität auf Bäumen! Überall in der Trang-Region und vor allem auf den Inseln vor der Küste stößt man auf Kautschukplantagen.

Gummibäume produzieren eine milchige Flüssigkeit, die als Latex bekannt ist und in Gefäßen an den Bäumen gesammelt wird. Die Bäume werden „angezapft", d. h. die Rinde wird in einem bestimmten Winkel schräg zu den Latex-Gefäßen angeritzt (Latex ist aber nicht der Saft des Baumes!). Der Latex tröpfelt den Baum hinunter und wird in einer kleinen Tasse gesammelt. Jeden Tag wird die Baumrinde an einer anderen Stelle eingeritzt. Bäume mit Sammelbehältern kann man in der ganzen Region entdecken.

Der Latex von mehreren Bäumen wird dann gesammelt, in flache Pfannen gegossen und mit Ameisensäure, einem Gerinnungsmittel, gemischt. Nach ein paar Stunden werden die noch feuchten Kautschukplatten ausgedrückt und dann zum Trocknen aufgehängt. Überall wo es Gummibäume gibt, sieht man auch diese großen, gelblichen „Pfannkuchen", die an Bambusstangen hängen. Die klebrigen Ovale werden dann in Aufbereitungsanlagen gebracht, wo sie zu Gummi verarbeitet werden, wie wir ihn kennen.

Schnorcheln fährt, ihnen Fahrräder ausleiht und detaillierte Karten gibt, auf denen alle Geheimtipps der Insel verzeichnet sind.

ℹ️ An- & Weiterreise

Die Boote zur Ko Muk legen am Pier von Kuantungku ab. Es fahren täglich vier Boote – um 8, 10, 12 und 15 Uhr (100–300 B, 30 Min.) geht's in die eine Richtung und jeweils eine Stunde später wieder zurück. Die Fähre am frühen Morgen ist die billigste. Minibusse nach/von Trang (200 B, 1 Std.) parken am Pier. Ein Longtail-Boot von Kuantungku zur Ko Muk (600 B, 30 Min.) und von der Ko Muk nach Pak Meng oder Hat Yao kostet ca. 1200 B (45 Min.–1 Std.).

Überfahrten in Longtail-Booten zur Ko Kradan (600 B, 30 Min.) und zur Ko Ngai (1000 B, 1 Std.) lassen sich am Pier, am Rubber Tree Bungalow oder im Ko Yao Restaurant am Hat Faràng organisieren.

Von November bis Mai ist Ko Muk einer der Stopps der Schnellboote, die von der Ko Lanta zur Ko Lipe fahren. Details s. S. 753.

KO KRADAN   เกาะกระดาน

Kradan hat schmale, weiß schimmernde Strände, badewannenwarmes Wasser und einen schönen Blick auf Kalksteinformationen zu bieten. Direkt vor der Südküste gibt's unberührte Stein- und Weichkorallen. Im Inselinneren befindet sich ein kleiner, aber üppig grüner Dschungel. Die Erschließung geht mit Riesenschritten voran. Es gibt viele Unterkünfte auf Kradan, die bis auf einige wenige Ausnahmen alle überteuert sind und keinerlei Seele haben.

Internetanschluss und Boottickets gibt's im Kradan Beach Resort. Zu dieser Anlage gehört die größte Ansammlung mittelmäßiger Bungalows am Hauptstrand.

🛏️ Schlafen

Seven Seas Resort   HOTEL **$$$**
(☑08 2490 2442; www.sevenseasresorts.com; Zi. 6600–7600 B, Bungalow 11750–15600 B; ✳️@🛜🏊) Dieses kleine Luxusresort hat ultraschicke Zimmer mit riesigen Betten, in denen vier Leute Platz hätten. Sonnenanbeter werden den Sandstreifen mit Baumwollhängematten zwischen den Mangroven lieben. Das flotte Restaurant am samtschwarzen Infinity-Pool serviert sowohl leckeres westliches Essen als auch exzellente Currys auf südthailändische Art. Insgesamt ist hier alles etwas teuer, aber das supernette Personal macht das mehr als wett.

Paradise Lost   PENSION **$–$$**
(☑08 9587 2409; www.kokradan.wordpress. com; B 250 B, Bungalow 900–1600 B, mit Ge-

---

EIN SCHÖNER TAG FÜR EINE NASSE HOCHZEIT

Jedes Jahr am Valentinstag findet auf Ko Kradan eine eher ungewöhnliche Hochzeitszeremonie statt. Etwa 35 Brautpaare schwimmen an diesem Tag in Tauchausrüstung hinab zu einem Unterwasseraltar inmitten der Korallenriffe – hier geben sie sich vor dem Bezirksbeamten von Trang das Ja-Wort. Wie genau die Paare schaffen, unter Wasser „Ja, ich will" zu sagen, ist bisher zwar unbekannt, aber die Zeremonie hat es als größte Unterwasserhochzeit der Welt ins *Guinnessbuch der Rekorde* geschafft. Vor und nach der Trauung paradieren die Paare mit einer Motorbootflotte vor der Küste auf und ab. All jene, die glauben, dass ihr großer Tag unter Wasser stattfinden sollte, finden unter www.trangonline. com/underwaterwedding ausführliche Informationen.

---

meinschaftsbad 700 B) Diese Unterkunft war eine der ersten, die auf Kradan errichtet wurden, und gehört noch immer zu den besten. Die angesagte Bungalow-Anlage im Inselinneren steht unter amerikanischer Leitung. Man erreicht von hier gut die einsameren Strände der Insel. Die kleinen Bambushütten haben einfache Holzfußböden und Gemeinschaftsbäder, die größeren Holzbungalows eigene Bäder und die Schlafsäle eine offene Veranda. Bessere Küche (Gerichte 120–1800 B) als hier findet man wohl auf der ganzen Insel nicht.

ℹ️ An- & Weiterreise

Es fahren täglich um 9 und 12 Uhr Boote nach Kuantungku, im Fahrpreis enthalten ist die Weiterfahrt im Minibus nach Trang (450 B). Die einfache Fahrt im Longtail-Boot ab Kuantungku kostet ca. 800 B (45 Min.–1 Std.). Man kann auch Boote von Kradan zu anderen Inseln des Archipels chartern.

Tigerline (☑08 1092 8800; www.tigerline travel.com) verkehrt zwischen Kradan und Ko Lanta (750 B, 1½ Std.) und Hat Yao (750 B, 1 Std.). **Patpailin Ferry** fährt zur Ko Muk und Ko Ngai (beide 500 B) und weiter zur Ko Lanta.

KO LIBONG   เกาะลิบง

Thais glauben, dass man, wenn man die Tränen eines Dugongs als Parfüm benutzt, seinen Seelenverwandten magisch anzieht. Vielleicht kommen deshalb einige Traveller auf Trangs größte Insel, die weniger stark besucht ist als ihre Nachbarinnen. Denn Ko Libong ist eher für Seegrasgründe bekannt (den Lebensraum der seltenen Dugongs) als für ihre Strände. Auf der Insel lebt eine kleine muslimische Fischergemeinde. Außerdem gibt's an der einsamen Westküste ein paar Resorts.

An der Ostküste von Ko Libong wird bei Laem **Ju Hoi** ein großes Gebiet mit Mangroven von dem Thai Botanical Department als **Libong Archipelago Wildlife Reserve** (✆0 7525 1932) geschützt. Die mit Gras bewachsenen Meeresrinnen gehören zu den letzten Lebensräumen der Dugongs in Thailand. Etwa 40 von ihnen weiden das Seegras ab, das in der Bucht wächst. Die Nature Resorts am Hat Yao (S. 740) und hier auf Ko Libong (das Reservat ist nicht weit vom Libong Beach Resort entfernt) bieten Dugongbeobachtungsausflüge an. Die Touren im Seekajak werden von erfahrenen Naturkennern geführt und kosten ca. 1000 B. In den meisten Resorts kann man Seekajaks für 200 B die Stunde mieten.

🛏 Schlafen

Libong Beach Resort HOTEL **$**
(✆0 7522 5205; www.libongbeachresort.com; Bungalow 500–800 B; ❄@) Diese Unterkunft ist die einzige, die das ganze Jahr geöffnet ist. In der Nebensaison sind die Zimmerpreise erheblich niedriger. Es gibt mehrere Optionen: von langweiligen, recht großen Hütten hinter einem schmutzigen Fluss bis hin zu sehr gemütlichen, schicken Holzchalets mit Strohdach. Das Resortpersonal bietet auch jede Menge Ausflüge an. Motorradverleih (300 B) und Internetzugang (100 B/Std.) gibt's ebenfalls. In der Hauptsaison öffnet hier sogar ein Tauchzentrum (2 Tauchgänge 3500 B) seine Pforten.

❶ An- & Weiterreise

Longtail-Boote nach Ban Ma Phrao an der Ostküste von Ko Libong legen tagsüber regelmäßig am Hat Yao (20 Min., 50 B/Pers.) ab. Der Anleger für Longtail-Boote am Hat Yao befindet sich direkt westlich des neueren Yao-Piers. Auf Ko Libong fahren Motorradtaxis für 100 B hinüber zu den Resorts an der Westküste. Ein Longtail-Boot direkt zu einem der Resorts zu chartern, kostet pro einfache Strecke 800 B.

KO LAO LIANG เกาะเหลาเลียง

Ko Lao Liang besteht eigentlich aus zwei direkt nebeneinander liegenden Inseln: Auf Ko Laoliang Nong, der kleineren der beiden Inseln, gibt es ein Resort und auf der größeren Ko Laoliang Pi ein kleines Fischerdorf. Die Inseln mit den senkrechten Karstformationen, den schmalen, weißen Sandstränden, dem glasklaren Wasser und den vielen Korallen in Küstennähe sind wahrhaft atemberaubend.

Die einzige Übernachtungsmöglichkeit ist das **Laoliang Island Resort** (✆08 4304 4077; www.laoliangresort.com; 1500 B/Pers.). Hier schlafen Gäste in gemütlichen Zelten, die mit Matratzen und Ventilatoren ausgestattet sind. Es werden jede Menge Aktivitäten angeboten, u.a. schnorcheln, klettern und Seekajak fahren. Abends öffnet eine kleine Bar, und im Restaurant landen regelmäßig Meeresfrüchte auf dem Grill. Irgendwie erinnert das Ganze an ein Sommercamp für Erwachsene (in dem sich aber auch Kids wohlfühlen). In den Übernachtungspreisen sind Mahlzeiten, Schnorchelausrüstung und die Seekajakmiete enthalten.

Die Boote von **Tigerline** (✆08 1092 8800; www.tigerlinetravel.com) stoppen direkt vor Ko Lao Liang zwischen Ko Lanta (1400 B, 2½ Std.) und Ko Lipe (750 B, 2½ Std.).

KO SUKORN เกาะสุกร

Sukorn ist ein Paradies mit tiefgoldenen Stränden, hellgrünem Meer, Landzungen mit dunklen Felsen und Pfahlbauten, in denen ca. 2800 muslimische Fischer leben. Ihre Reis- und Wassermelonenfelder sowie die Kautschukplantagen kann man rechts und links der schmalen Asphaltstraßen bewundern. Wer mit dem Fahrrad unterwegs ist, kann wunderbar zwischen Feldern mit Wasserbüffeln hindurch und durch in Pastellfarben gehaltene Dörfer radeln. Die Dorfbewohner freuen sich hier noch wirklich über Besucher. Und nach all den Erlebnissen ist der Schlaf in den ruhigen Nächten tief und gesund. Auf Sukorn herrscht eine sagenhafte Stille; ihre Authentizität ist wie Balsam für erschöpfte Gemüter.

Die Insel mit ihren paar Hügeln, dem atemberaubenden Panorama, den schattigen Bereichen und all den Gelegenheiten, Einheimische zu treffen, sollte man mit einem Leihfahrrad (150 B) erkunden. Den Körper zu bedecken, wenn man den Strand verlässt, ist ein absolutes Muss – dies ist eine muslimische Insel.

🛏 Schlafen

Sukorn Beach Bungalows HOTEL **$$**
LP TIPP (✆0 7520 7707, 08 1647 5550; www.sukorn-island-trang.com; Bungalow 1000–2500 B;

MU KO PHETRA MARINE NATIONAL PARK อุทยานแห่งชาติหมู่เกาะเภตรา

Obwohl der benachbarte Ko Tarutao Marine National Park bekannter ist, erwartet Besucher auch im **Mu Ko Phetra Marine National Park** (☎ 0 7478 1582; Erw./Kind 400/200 B) eine atemberaubende Inselgruppe. Zu ihr gehören Ko Khao Yai, Ko Lao Liang (S. 744), Ko Bulon Leh (s. S. 746) und 19 weitere grüne Kalksteintürme. Die größte Insel ist **Ko Khao Yai**; sie besitzt mehrere Traumstrände, an denen man wunderbar schwimmen, schnorcheln und campen kann. Außerdem gibt's hier eine Felsformation, die einem gotischen Schloss ähnelt.

Die Parkverwaltung östlich von Pak Bara hat ein kleines Besucherzentrum und ein Restaurant „über dem Wasser" sowie einen Naturwanderweg durch den Wald. Es gibt eine Unterkunft (Zi. 600 B, Bungalows für 3–9 Pers. 800–1500 B), und mit Genehmigung darf man auch auf einer der vielen unbewohnten Inseln des geschützen Gebiets zelten. Eintritt für den Marine National Park muss man nur bezahlen, wenn man die vorgelagerten Inseln besuchen möchte.

✱☎) Dies ist die am professionellsten geführte Unterkunft auf der Insel. Die Bungalows aus Beton und Holz mit den gemütlichen Veranden stehen an einem langen Badestrand. Sie sind perfekt – Sonnenuntergänge wie aus dem Bilderbuch sind garantiert. Die freundlichen holländisch-thailändischen Besitzer haben Unmengen Infos, können ausgezeichnete Island-Hopping-Ausflüge organisieren und bieten geführte Sukorn-Touren (350 B/Pers.) an. Und nicht zu vergessen: Besseres Essen (Hauptgerichte 180–300 B) als hier bekommt man auf keiner anderen Trang-Insel.

Sukorn Cabana HOTEL **$$**
(☎ 08 9724 2326; www.sukorncabana.com; Bungalow 800–1300 B; ✱@) Die an einem Abhang liegende, schön gestaltete Anlage mit Papayabäumen, Frangipani und Bougainvilleen bietet große, saubere Bungalows mit Strohdach, viel glänzendem Holz und tollen Veranden. Von dem Traumstrand hat man einen umwerfenden Blick auf Ko Phetra.

ℹ An- & Weiterreise

Am einfachsten kommt man nach Sukorn, indem man für 1750 B pro Person das Resort seiner Wahl beauftragt, den Transport ab Trang zu organisieren. Billiger ist es allerdings, mit einem *sörng·tǎa·ou* von Trang nach Yan Ta Khao (40 Min., 60 B) und weiter nach Ban Ta Seh (45 Min., 40 B) zu fahren, wo Longtail-Boote (50 B) vom Pier ablegen, wenn sie voll sind.

Es ist auch möglich, ein Privattaxi oder ein *sörng·tǎa·ou* von Trang nach Ban Ta Seh (800 B) zu mieten und von dort in einem Longtail-Boot nach Ban Saimai (200 B) zu schippern, also zum Hauptort auf Ko Sukorn. Die Resorts sind einen 20-minütigen Fußmarsch entfernt. Von Ban Saimai kostet die Fahrt mit einem Motorradtaxi

50 B. Alternativ fahren Longtail-Boote direkt zu den Strandresorts (750 B).

Von Ko Sukorn aus kommt man in einem Longtail-Boot zur Ko Lao Liang (1750 B), wo man Anschluss hat an die Hochgeschwindigkeitsfähre von **Tigerline** (☎ 08 1092 8800; www.tiger linetravel.com) hat, die Lanta mit Lipe verbindet und alle dazwischen liegenden Inseln ansteuert, u. a. Ko Kradan, Ko Ngai und Ko Muk (1400 B).

PROVINZ SATUN

Bis vor Kurzem fristete Satun ein Schattendasein. Das hat sich jetzt aber infolge der zunehmenden Beliebtheit der weißen Sandstrände auf Ko Lipe – dem früheren Backpacker-Geheimtipp – geändert. Besucher auf dem Weg gen Norden zur Ko Lanta oder gen Süden zur Pulau Langkawi lassen diese Provinz meist links liegen; höchstens Ko Lipe wird besucht. Doch so verpasst man die schönen Strände und Meereshöhlen auf Ko Tarutao, die schroffen Wege und schnurartigen Wasserfälle auf Ko Adang und die ländliche Schönheit von Ko Bulon Leh.

Pak Bara ปากบารา

Das Fischerörtchen Pak Bara ist das Sprungbrett für den Besuch der Inseln in den Meeresnationalparks Ko Phetra und Ko Tarutao. In dem ruhigen Städtchen gibt es ein paar einfache Unterkünfte und leckeres Seafood. Ein wirklicher Grund länger hierzubleiben, existiert aber nicht, es sei denn, man kommt nach dem Ablegen der Boote an.

Die Hauptstraße von La-Ngu endet am Pier, wo es mehrere Reisebüros, Internetcafés, preiswerte Restaurants und Läden mit

Strandartikeln gibt. Direkt hinter dem Pier wurde ein riesiges neues Besucherzentrum (☎0 7478 3485) für den Ko Tarutao Marine National Park errichtet (zum Zeitpunkt der Recherchen war es noch nicht ganz fertig), in dem Traveller Unterkünfte buchen können und Campinggenehmigungen bekommen. Die Reisebüros organisieren geführte Touren in den Nationalpark.

Traveller, die die ruhigeren Inseln im Ko Tarutao National Park besuchen möchten, sollten bei der **Hauptverwaltung des Parks** (☎0 7478 3485) direkt hinter dem Pier vorbeischauen, wo sich Quartiere buchen lassen und Campinggenehmigungen erteilt werden. In den Reisebüros am Pier bekommt man Tickets für Fahrten zu allen möglichen Orten, viele haben auch eintägige Kajak- und Schnorchelausflüge (ab 1500 B) im Programm.

Wer im Ort hängenbleibt, kann u.a. im **Best House Resort** (☎0 7578 3058; Bungalow 600 B; ✹) übernachten, das dem Pier am nächsten ist. Wer auf das Schnellboot zu einer der Inseln wartet, kann sich die Zeit in einem der muslimischen Restaurants am Pier vertreiben – das beste ist das neben Andrew Tour. Neben Adang Seatours an der Hauptstraße ist ein Geldautomat.

❶ An- & Weiterreise

Zwischen 7 und 16 Uhr fahren stündlich Busse von Hat Yai zum Pier in Pak Bara (90 B, 2½ Std.). Wenn man von Satun kommt, kann man einen normalen Bus in Richtung Trang nehmen und in La-Ngu (60 B, 30 Min.) aussteigen. Von dort geht es im *sŏrng·tǎa·ou* weiter nach Pak Bara (20 B, 15 Min.).

Klimatisierte Minivans fahren von den Reisebüros in der Nähe des Piers in Pak Bara stündlich nach Hat Yai (150 B, 2 Std.). Es gibt auch Minivans nach Trang (200 B, 1½ Std.), wo man u.a. Anschluss nach Krabi (450 B, 4 Std.) und Phuket (650 B, 6 Std.) hat.

Vom 21. Oktober bis Ende Mai fahren mehrere Schnellboote zur Ao Pante Malacca auf Ko Tarutao und weiter zur Ko Lipe. Los geht's in Pak Bara um 10, 11 und 12.30 Uhr (hin & zurück 1200 B, 1½ Std.); die Boote in die entgegengesetzte Richtung starten in Ko Lipe um 9.30, 10, 12.30 und 13.30 Uhr. Nach dem 16. November halten diese Boote auch auf Ko Adang (gleicher Preis). Die Boote nach Ko Bulon Leh legen um 12.30 Uhr ab, kommen eine Stunde später dort an (hin & zurück 800 B) und schippern weiter nach Ko Lipe. Wenn man das Boot nach Bulon verpasst, kann man auch einen Fischer samt seinem Longtail-Boot anheuern (1500–2000 B, 1½ Std.). In der Regenzeit hängt die Überfahrt nach Ko Lipe von den Witterungsbedingungen und der Nachfrage ab. Im Allgemeinen fahren drei Boote pro Woche.

Ko Bulon Leh   เกาะบุโหลนเล

Zwischen den Trang-Inseln und dem Ko Tarutao Marine Park befindet sich Ko Bulon Leh (auch Bulon genannt). Die Insel ist umgeben von kristallklarem Wasser und hat feine Sandstrände. Sie ist bereits so weit touristisch erschlossen, dass ausreichend Komfort zu finden ist, andererseits aber noch nicht so populär, dass man um sein Fleckchen Sand kämpfen müsste – super Balance!

Der wunderschöne **Strand** erstreckt sich ab dem Bulone Resort an der Ostküste und rund um das Kap im Nordosten. Bulons wilde Schönheit ist über die **Ao Panka Yai** an der Südküste zugänglich. In dem blauen Wasser gedeihen unzählige Korallenriffe: Rund um die Landzunge im Westen kann man wunderbar schnorcheln. Wenn man den Wegen durch den Dschungel und die Kautschukplantagen folgt, erreicht man die **Ao Muang** (Mangobucht) mit ihrer *chow lair*-Siedlung. Die Bewohner leben vom Tintenfischfang. Die **Ao Panka Noi** ist über einen Weg zu erreichen, der vom Viewpoint Resort hinunter führt. Hier befinden sich ein weiteres Fischerdorf und ein Strand mit feinem Kies, an dem Longtail-Boote liegen. Ein paar einfache Restaurants, von denen man einen wunderschönen Blick auf den Karst hat, existieren auch.

Im Bulone Resort kommt man ins Internet (3 B/Min.) und kann die Akkus von Laptops (50 B) und Digitalkameras (10 B) aufladen.

🛏 Schlafen & Essen

In der Regenzeit sind die meisten Unterkünfte geschlossen (Mai–Okt.). Es gibt einige Restaurants und ein kleines Geschäft in dem muslimischen Dorf nahe dem Bulon Viewpoint.

Marina Resort   HOTEL **$**
(☎08 1598 2420, 08 5078 1552; Bungalow 500–1000 B) Es ist schwer, sich in den klapprigen, strohgedeckten Holzhütten mit Terrassen auf Stelzen, Dielenfußboden und hohen Decken nicht wohlzufühlen. Aus der Küche des dazugehörigen Restaurants kommen schmackhafte Gerichte, die man auf der mit Sitzkissen bestückten Terrasse verputzen kann.

Bulone Resort
HOTEL $$

(☎08 6960 0468; www.bulone-resort.com; Bungalow 1250–1650 B) Die niedlichen Holzbungalows am Nordostkap liegen an zwei herrlichen, weißen Strandabschnitten. In die Hütten mit den französischen Doppelbetten mit Eisengestell dringt stets eine frische Meeresbrise.

Chaolae Homestay
PENSION $

(Bungalow 300 B) Die klassischen Bungalows mit glänzenden Innenräumen, Strohdächern und Bädern mit poliertem Betonfußboden (und Hocktoilette) weisen ein fantastisches Preis-Leistungs-Verhältnis auf. In der von einer liebenswerten *chow lair*-Familie geführten Unterkunft herrscht himmlische Ruhe, und die Schnorchelspots vor der Ao Panka Yai sind auch nicht weit entfernt.

ℹ An- & Weiterreise

Bei entsprechender Nachfrage startet das Boot in Pak Bara täglich um 12.30 Uhr zur Ko Bulon Leh (400 B). Das Longtail-Boot vom Schiff an den Strand kostet 50 B – wer sich nicht allzu sehr abrackern will, sollte darum bitten, an dem Strand in unmittelbarer Nähe des Resorts seiner Wahl abgesetzt zu werden. In die entgegengesetzte Richtung geht's gegen 9 Uhr, die Boote liegen in der Bucht vor dem Pansand Resort. Für 1500 bis 2000 B kann man in Pak Bara auch ein Longtail-Boot mieten.

Von November bis Mai fahren täglich zwei Schnellboote (600 B, 1 Std.) von Ko Bulon Leh zur Ko Lipe im Ko Tarutao Marine National Park. Boote, die aus Ko Lanta kommen und an den Trang-Inseln Zwischenstopps einlegen, starten um 13 und 15 Uhr vor dem Pansand Resort.

Ko Tarutao Marine National Park
อุทยานแห่งชาติหมู่เกาะตะรุเตา

Bei jedem Geheimtipp ist es nur eine Frage der Zeit, bis ihn jeder kennt. Der atemberaubende Meerespark wurde bekannt, als der Produzent von *Survivor,* einer populären amerikanischen Reality-Show, ihn als Schauplatz für die fünfte Folge der Fernsehserie wählte. Zum Glück haben die strengen thailändischen Gesetze den **Ko Tarutao Marine National Park** (☎0 7478 1285; Erw./Kind 400/200 B; ☉Nov.–Mitte Mai) vor der Ausbeutung im Namen des Tourismus bewahrt – der Meerespark ist noch immer einer der schönsten und unberührtesten Regionen Thailands.

Zu dem großen Archipel gehören unzählige Korallenriffe und 51 Inseln mit gut erhaltenem, kaum berührtem Regenwald. Darin wimmelt es nur so von Südlichen Brillenlanguren, Javaneraffen, Hirschferkeln, Wildschweinen, Seeottern, Fischkatzen, Bindenwaranen, Baumpythons, Nashornvögeln und Eisvögeln.

In der Nebensaison (Mai–Okt.) fahren so gut wie keine Boote mehr und der Park ist geschlossen.

KO TARUTAO
เกาะตะรุเตา

Der Großteil der 152 km² großen Fläche von Ko Tarutao ist mit dichtem, altem Urwald überwuchert; der höchste Punkt des Parks liegt auf 713 m. Mangrovensümpfe und beeindruckende Kalksteinklippen umgeben fast die ganze Insel, nur an der Westküste erstrecken sich ruhige, weiße Sandstrände.

Tarutao hat eine unschöne Geschichte, die teilweise erklärt, warum die Insel so urwüchsig ist. Zwischen 1938 und 1948 waren hier mehr als 3000 thailändische Verbrecher und politische Gefangene inhaftiert. Darunter befanden sich auch interessante Persönlichkeiten wie So Setabutra, der während seiner Gefangenschaft auf der Insel das erste Thai-Englisch-Wörterbuch verfasste. Im Zweiten Weltkrieg wurden die Nahrungsmittel knapp, und Hunderte von Gefangenen starben an Malaria. Die Gefangenen und ihre Wächter meuterten und betätigten sich in der nahen Straße von Malakka als Piraten, bis britische Truppen dem Ganzen 1944 ein Ende setzten.

Im Ao Pante Malacca Information Centre gibt's Internetzugang (80 B/Std.) und WLAN (50 B/Std.).

◉ Sehenswertes & Aktivitäten

Die überwucherten Ruinen des Lagers für die politischen Gefangenen können an der **Ao Taloh Udang** im Südosten der Insel besichtigt werden. Man erreicht sie über einen langen, zugewachsenen Weg. Das Lager für normale Gefangene befand sich an der Ostküste an der **Ao Taloh Waw**, wo heute die großen Boote von Satuns Tammalang-Pier anlegen.

Nahe der Parkverwaltung an der Ao Pante Malacca führt ein steiler Weg durch den Dschungel zur **Toe-Boo-Klippe**, einer dramatischen Felsformation, die einen tollen Blick auf Ko Adang und die umliegenden Inseln gewährt.

An der Ao Pante Malacca gibt es einen reizenden alabasterweißen Strand mit

Ko Tarutao Marine National Park & Umgebung

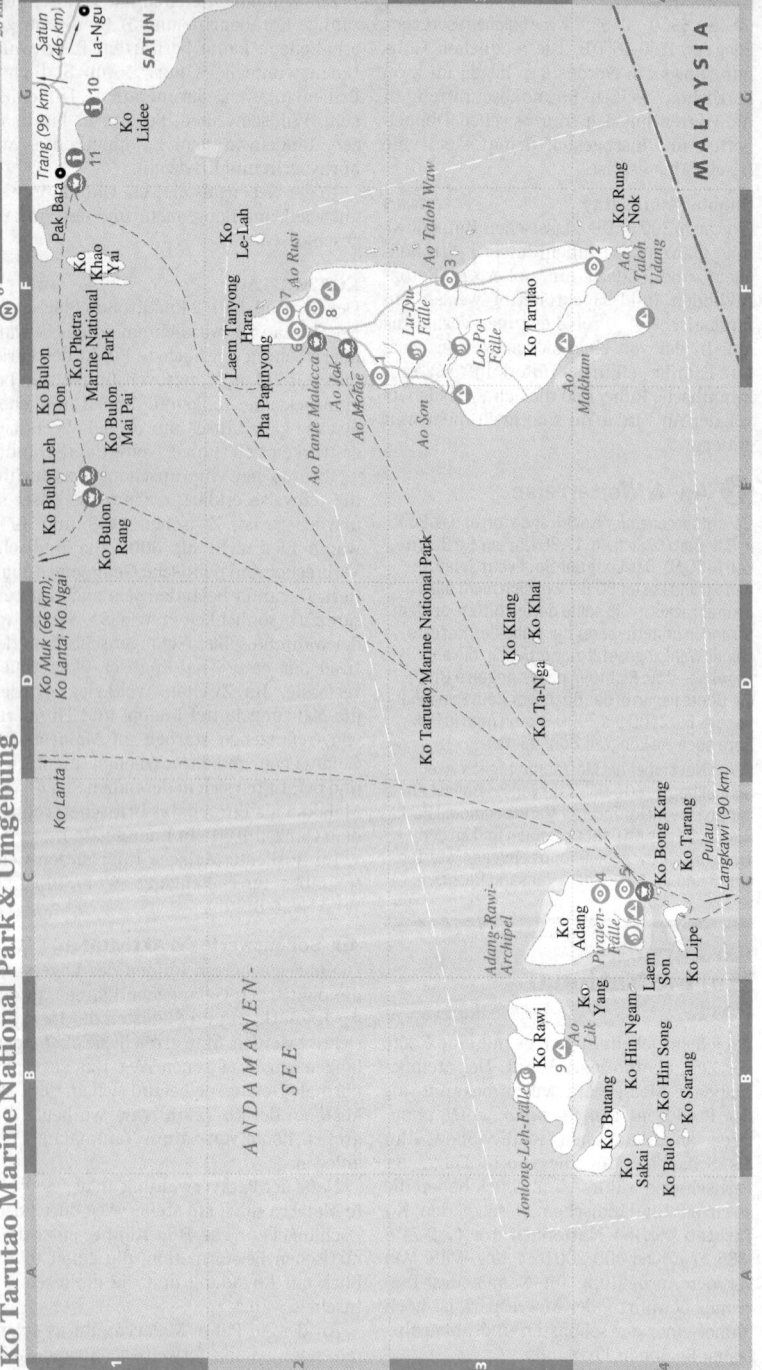

N↑ 0 ─── 20 km

SATUN

Satun (46 km); La-Ngu

Trang (99 km); Pak Bara

Ko Lidee

MALAYSIA

Ko Bulon Don
Ko Bulon Leh
Ko Bulon Mai Pai
Ko Bulon Rang

Ko Phetra Marine National Park

Ko Khao Yai

Laem Tanyong Hara
Pha Papinyong

Ko Le-Lah
Ao Rusi
Ao Taloh Waw

Ao Taloh Udang
Ko Rung Nok

Ko Tarutao

La-Du-Fälle
Lo-Po-Fälle

Ao Pante Malacca
Ao Jak
Ao Molae
Ao Son
Ao Makham

Ko Muk (66 km); Ko Lanta; Ko Ngai

Ko Lanta

Ko Tarutao Marine National Park

Ko Klang
Ko Khai
Ko Ta-Nga

Ko Bong Kang
Ko Tarang
Pulau Langkawi (90 km)

ANDAMANEN-SEE

Adang-Rawi-Archipel

Ko Adang
Piraten-Fälle
Laem Son
Ko Lipe

Ko Rawi
Ao Lik Yang
Ko Butang
Ko Sakai
Ko Bulo
Ko Hin Ngam
Ko Hin Song
Ko Sarang

Jonlong-Leh-Fälle

Schatten spendenden Schraubenbäumen und Kasuarinen. Folgt man dem großen Bach ins Inselinnere, erreicht man die **Tham Jara-Khe** (Krokodilhöhle), in der früher gefährliche Salzwasserkrokodile lebten. Bei Ebbe ist die Höhle etwa 1 km weit schiffbar; sie kann mit Longtail-Booten vom Anleger in der Ao Pante Malacca aus besucht werden.

Direkt südlich der Ao Pante Malacca befinden sich die **Ao Jak** mit einem weiteren schönen Sandstrand und die **Ao Molae**, die ebenfalls einen feinsandigen Strand sowie eine Rangerstation mit Bungalows und einen Campingplatz vorweisen kann. Südlich der Ao Pante erreicht man nach einer 30-minütigen Bootsfahrt oder einem 8 km langen Fußmarsch die **Ao Son**, eine abgelegene Sandbucht, an der zwischen September und April Schildkröten ihre Eier ablegen. Campen ist möglich, es gibt aber keinerlei Einrichtungen. An der Ao Son lässt es sich gut schnorcheln, ebenso an der **Ao Makham** weiter südlich. Von der kleinen Rangerstation an der Ao Son kann man landeinwärts zu den **Lu-Du-Fällen** (ca. 1½ Std.) und den **Lo-Po-Fällen** (ca. 2½ Std.) wandern.

🛏 Schlafen & Essen

Die Unterkünfte an der Ao Pante Malacca und der Ao Molae sind von Mitte November bis Mitte Mai geöffnet. Die größte Auswahl – in praktischer Nähe zu allen wichtigen Einrichtungen – haben Reisende an der Ao Pante Malacca, wo ihnen **Bungalows** (800–1000 B), einfache **Zimmer** für bis zu vier Personen **in Langhäusern** (550 B) mit

Gemeinschaftsbad sowie **Campingplätze** (mit/ohne Leihzelt 375/150 B) zur Verfügung stehen. An der Ao Molae wohnt es sich ruhiger, einsamer und ganz ohne Frage netter. Direkt am Strand stehen ziemlich schicke **Duplexhütten** mit einem oder zwei Zimmern (Zi. 600–1000 B). Die Unterkünfte können bei der **Parkverwaltung** (📞0 7478 3485) in Pak Bara gebucht werden.

Campen (Stellplatz mit/ohne Leihzelt 255/30 B) unter Kasuarinen ist an der Ao Molae und der Ao Taloh Waw erlaubt; Toiletten und Duschanlagen sind vorhanden. Auch an den wilden Stränden von Ao Son, Ao Makham und Ao Taloh Udang kann man zelten, ist aber vollkommen auf sich allein gestellt. Aufgepasst: Die hier lebenden Affen haben es sich zur Gewohnheit gemacht, in die Zelte einzubrechen und alles zu fressen oder zu zerstören, was sie darin finden – also immer alles gut verschließen!

An der Ao Pante Malacca und der Ao Molae gibt's **Imbisse** (Gerichte 40–120 B; ⏱7–14 & 17–21 Uhr), in denen recht gutes, schmackhaftes Essen zubereitet wird. Bier bekommt man allerdings nur bei dem an der Ao Molae.

ℹ Anreise & Unterwegs vor Ort

Die Boote von Pak Bara zur Ko Lipe legen in Ko Tarutao einen Zwischenhalt ein; nähere Infos s. S. 746.

Mit ihrem schiffbaren Fluss und ihren langen, asphaltierten Straßen ist die Insel geradezu prädestiniert, mit einem Kajak (pro Std./Tag 100/300 B), einem Mountainbike (50/200 B) oder – wenn es zu heiß ist – im Mietwagen (600 B/Tag) erkundet zu werden. Longtail-Boote können für Ausflüge zur Ao Taloh Udang (2000 B), zur Ao Taloh Wow (1500 B) und zur

Tham Jara-Khe oder Ao Son für je ca. 800 B gemietet werden.

Wer an der Ao Molae übernachtet, kann beim Anleger in der Ao Pante Malacca in ein Fahrzeug vom Park (60 B/Pers.) steigen.

KO LIPE   เกาะหลีเป๊ะ

Ko Lipe ist, was die ungeregelte Erschließung thailändischer Inseln betrifft, *das* Beispiel der letzten zehn Jahre. Noch vor ein paar Jahren wurden die beiden breiten, weißen Sandstrände, die durch mit Urwald bewachsene Hügel getrennt sind, und die wunderschönen, geschützten Korallenriffe in Steinwurfentfernung als Geheimtipp gehandelt. Aber bald waren sie das nicht mehr, jeder wusste Bescheid – und schon kamen die Planierraupen. Die größten Verlierer waren die 700 Bewohner einer *chow lair*-Gemeinde, die Land an einen thailändischen Bauunternehmer verkauften.

Aber trotz dieses Umbruchs hat Ko Lipe noch viel Liebenswertes zu bieten. Der schöne, weiße, sichelförmige **Hat Pattaya** an der Südküste kann in der Hauptsaison mit einigen tollen Strandbars, leckeren Meeresfrüchten und Partystimmung aufwarten. Der traumhafte, windumtoste **Sunrise Beach** im Norden bietet einen spektakulären Blick auf die Ko Adang. Ein Nachteil an diesen beiden belebten Stränden sind die vielen Longtail-Boote, die Badenden auf die Pelle rücken. Am **Sunset Beach** mit seinem goldenen Sand, den sanft geschwungenen, üppig grünen Hügeln und der ruhigen Bucht an der Straße von Adang herrscht noch ein ganz anderes Feeling. Hier zeigt sich Ko Lipe von ihrer wilden Seite. Und dazwischen breiten sich Cafés, Reisebüros, Geschäfte und Salons aus, und immer mehr Resorts sind das ganze Jahr über geöffnet.

KO LIPES VERWANDLUNG *ADAM SKOLNICK*

Richtig ernsthaft veränderte sich Ko Lipe um das Jahr 2005 herum, als der quer über die Insel führende Sandweg asphaltiert wurde. Aber der Grundstein der Verwandlung wurde schon vor mehr als zehn Jahren gelegt, als Ko Kyiet, der Bauunternehmer, der auch für die Entwicklung Phi-Phis verantwortlich ist, mit den hiesigen *chow lair*-Familien (Seenomaden) Kontakt aufnahm und mit ihnen über das Land ihrer Vorfahren verhandelte. Es wurden Vereinbarungen getroffen, die niemals eingehalten wurden. Dann trat der in Satun geborene Ko Pi Tong auf den Plan, der laut Kun Pooh von Pooh's Bar und Pooh's Bungalows (einem von Ko Lipes alteingesessenen Tourismusbossen) sein Geld mit dem ökologisch fragwürdigen, aber lukrativen Geschäft des Sammelns von Schwalbennestern gemacht hat.

„Pi Tong ist wie Robin Hood", sagt Pooh. „Er bezahlte, was Kyiet den Einheimischen schuldete – plus Zinsen". Tong ging zurück zu den *chow lair*-Familien, von denen die meisten keine ordentlichen Papiere für ihr Land hatten, und bot ihnen Pauschalbeträge in bar an. Die Familien nahmen das an, was im Grunde bedeutet, dass der ganze Vorgang im Prinzip legal war und dass sie in ihrer eigenen Misere zumindest teilweise schuld sind – aber so einfach ist die Sache nicht.

Als Kyiet die ersten Verträge aushandelte, ließ er den *chow lair* einen Teil ihres Landes. Aber Tong kaufte fast alles. Kun Pan, einer der Ältesten, der jetzt in dem neuen *chow lair*-Dorf am Hang über dem Sunset Beach wohnt, erklärt die Situation so:

„Früher gehörte uns die ganze Insel, wir lebten alle am Strand", sagt Pan, ein Fischer mit silbergrauen Haaren, dessen ledeme Haut tiefe Falten durchziehen. „Mein Bruder und ich, wir wollten nicht verkaufen. Die Polizei kam und nahm uns mit nach Satun. Sie sagten, wir hätten keine Landrechte."

Pooh bestreitet Pans Behauptungen. Er deutet an, dass der Seemann verwirrt sei, da „Tong [die Einheimischen] auf dem Land, das er ihnen vor Jahren abgekauft hatte, leben lässt." Tong hat sie vor noch nicht allzu langer Zeit gewaltsam vertrieben.

Laut Pooh verkauft Tong jetzt das Land für ein Vielfaches. Klar, Tong hat Geschäfte, Jobs, Infrastruktur und Wohlstand in diese einst völlig isolierte Gegend Südthailands gebracht. Und einige *chow lair*-Familien haben ja auch ausgeharrt, ihr Land behalten und selbst erfolgreiche Unternehmen auf die Beine gestellt, z. B. das Daya Resort. Diese Tatsache scheint Pans Geschichte zu widersprechen. Aber dennoch ist es überall ziemlich offensichtlich, dass die große Mehrheit der *chow lair* leer ausgegangen ist und auch nicht von dem jetzigen Wohlstand profitiert.

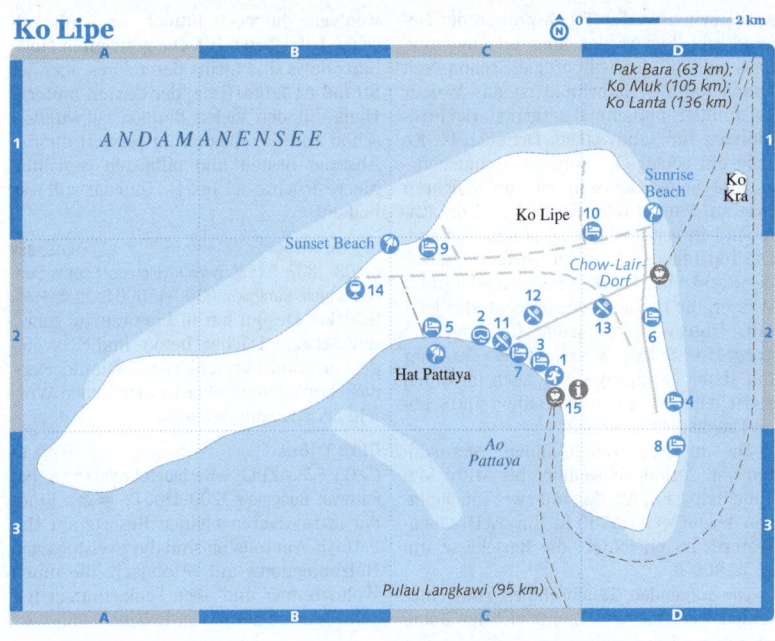

Ko Lipe

Aktivitäten, Kurse & Touren
Forra Diving ....(siehe 7)
Forra Diving ....(siehe 6)
1 Islander Sea Sports C2
2 Ocean Pro C2

Schlafen
3 Blue Tribes...C2
4 Castaway Resort...................................D2
5 Daya Resort C2
6 Forra Dive..D2
7 Forra Dive2 ....C2
8 Idyllic Resort..D3
9 Porn Resort...C2
10 South Sea D1

Essen
11 Nong Bank Restaurant C2
12 Pee Pee Bakery.....................................C2
13 Pooh's Bar D2

Ausgehen
14 Mia Luna B2

Praktisches
15 Bundhaya Resort...................................C2
Einwanderungsbehörde............. (siehe 15)

Transport
Speedboat-Büro........................(siehe 15)

Noch gibt es auf der Insel keine Geld-automaten, einige der größeren Resorts lösen aber Reiseschecks ein, tauschen Bargeld oder geben Vorschüsse auf Kreditkarten – all das natürlich gegen eine kräftige Gebühr. Ins Internet (3 B/Min.) kommt man an mehreren Stellen an der Straße, die die Insel überquert, und an ein paar Stellen hinter dem Sunrise Beach (2 B/Min.).

Aktivitäten
Vor der Südküste und rund um **Ko Kra**, die kleine Insel vor dem Sunrise Beach, gibt es viele gute Korallenriffe. Die meisten Resorts verleihen Brillen, Schnorchel und Flossen für je 50 B. Sie können auch Schnorchelausflüge in Longtail-Booten mit vier Schnorchelstopps u.a. vor Ko Adang für 1500 B organisieren. Am besten erkundet man den Archipel mit einem *chow lair*-Skipper. **Islander Sea Sports** (☎08 7294 9770; pro Std./Tag 100/600 B) verleiht am Hat Pattaya funkelnagelneue Kajaks.

Taucher, die besonders für Ko Lipe schwärmen, werden sagen, dass es Dutzende sehenswerter Tauchspots in der Gegend gibt. Sie werden aber verschweigen, dass man mit der Sicht oft ganz schön Pech haben kann – manchmal ist das Wasser kristallklar, manchmal sorgen starke Strömungen für Sandwolken. Dennoch ist Ko Lipe ein cooler Ort zum Gerätetauchen – es gibt keine Heerscharen von Tauchern (wie auf Phuket oder Ko Tao) und die Riffe sind in vergleichsweise gutem Zustand. Die Top-Tauchspots in der Gegend sind u. a. der **Eight Mile Rock**, eine Felsnadel unter Wasser, die große Fische anlockt, das jetzt mit Unterwasserpflanzen überwucherte **Yong-Hua-Schiffswrack** und **Ko Bu Tang** mit seiner „Stingray City". Auch im Kanal zwischen Ko Adang und Ko Rawi sind schöne Tauchspots zu finden.

Die meisten Tauchschulen veranstalten von Anfang November bis Mitte Mai Tauchtrips. Ein Ausflug mit zwei Tauchgängen kostet etwa 2700 B. Ein PADI-Open-Water-Kurs erleichtert die Reisekasse um ca. 12 800 B.

Die folgenden Tauchschulen sind empfehlenswert, sie setzen eher richtige Boote als Longtail-Boote ein:

Forra Diving TAUCHEN
(☎08 4407 5691; www.forradiving.com) Freundliche, von Franzosen betriebene Schule mit Büros am Sunrise Beach und am Pattaya Beach.

Ocean Pro TAUCHEN
(☎08 9733 8068; www.oceanprodivers.net) Professionelles, sachkundiges Personal, mit dem alles reibungslos läuft.

🛏 **Schlafen**

Die meisten, aber nicht alle Resorts auf Ko Lipe haben von Mai bis Oktober geschlossen. In dieser Zeit fahren auch die Boote seltener.

LP TIPP **Castaway Resort** HOTEL **$$$**
(☎08 3138 7472; www.castaway-resorts.com; Sunrise Beach; Bungalow 3500–5000 B; @🖥) Die geräumigen Holzbungalows mit Hängematten auf den Terrassen, unzähligen Kissen, Ventilatoren und schicken Moderne-trifft-Natur-Bädern sind die besten, die Lipe zu bieten hat. Das Castaway ist auch eine der umweltfreundlichsten Unterkünfte – warmes Wasser und Licht werden mit Sonnenenergie erzeugt.

LP TIPP **Daya Resort** HOTEL **$**
(☎0 7472 8030; Hat Pattaya; Bungalow 500–1000 B) Diese Unterkunft ist eine der wenigen, die noch immer von Einheimischen betrieben wird. Die gestreiften Holzbungalows sind nichts Besonderes, aber der Strand ist fantastisch, der Garten hinterm Haus mit den vielen Blumen ist wunderschön und das Restaurant serviert die mit Abstand besten und billigsten gegrillten Meeresfrüchte der Insel … Und das will was heißen!

Idyllic Resort HOTEL **$$$**
(☎08 1802 5453; www.idyllicresort.com; Sunrise Beach; Bungalow 6300–15 000 B; 🌀@🖥🏊) Schickes Design hat in Lipe Einzug gehalten: Schräge Dächer, Beton- und Glaswände, Flachbild-TVs, schicke Schwimmdecks – das Ganze ähnelt eher futuristischen Würfeln als Strandbungalows.

Blue Tribes HOTEL **$$**
(☎08 6285 2153; www.bluetribeslipe.com; Hat Pattaya; Bungalow 1200–1700 B; 🌀@) Eines der attraktiveren kleinen Resorts am Hat Pattaya. Am tollsten sind die zweistöckigen Holzbungalows mit Strohdach, die unten Wohnzimmer und oben Schlafzimmer mit Schiebetüren zum Meer haben.

Forra Dive HOTEL **$$**
(☎08 0545 5012; www.forradiving.com; Sunrise Beach; Bungalow 800–1000 B) Vor dem Forra flattern 17 Fahnen im Wind. Die Bambusbungalows und Lofts erinnern irgendwie ein bisschen an ein Piratencamp. Die besten Unterkünfte sind groß und besitzen Bäder, die halb drinnen, halb draußen liegen, sowie Hängematten auf den Terrassen. Wer mit Forra Dive taucht, bekommt auf die Unterkunft einen Rabatt von 25 %. Forra Dive 2 am Hat Pattaya hat ähnliche Bungalows.

South Sea PENSION **$**
(☎08 0544 0063, 08 1678 9903; Sunset Beach; Bungalow 350 B) Die landeinwärts vom Sunset Beach gelegene Unterkunft bietet Bambushütten mit schmalen Isomatten und Bädern im Thaistil. Überall schaukeln Blumen-Muschel-Mobiles im Wind.

Porn Resort HOTEL **$**
(☎08 9464 5765; Sunset Beach; Bungalow 500–750 B) Die heruntergekommenen rustikalen Bungalows mit den harten Betten sind die einzige Übernachtungsmöglichkeit am nicht ganz perfekten, aber goldenen und zum Schwimmen geeigneten Sunset Beach. Eine bessere Terrasse direkt am Strand hat man auf Ko Lipe wohl bei keiner Unterkunft.

✕ Essen & Ausgehen

In den Resorts am Hat Pattaya kommt jeden Abend frisches Seafood auf den Grill. Die zweifellos besten Meeresfrüchte gibt's beim Daya Resort (S. 752). In der Walking Street befinden sich preiswerte Roti-Stände und kleine thailändische Cafés.

An allen Stränden wurden Rasta-Bars aus Treibholz errichtet. Wenigstens etwas, das noch so ist wie früher!

Nong Bank Restaurant RESTAURANT $$

(Hat Pattaya; Gerichte 80–120 B; ⊘morgens, mittags & abends) Hier kann man sich seinen Fisch aussuchen, der dann nach Wunsch zubereitet wird. Auch das Krebsfleisch mit gelbem Curry (120 B) ist traumhaft. Es gibt etwa ein halbes Dutzend Tische, die unter einem Baum am weißen Sandstrand angeordnet sind.

Pooh's Bar RESTAURANT, BAR $

(☑0 7472 8019; www.poohlipe.com) Die große Anlage mit Bungalows, einem Tauchshop und mehreren Restaurants war eine der ersten auf Ko Lipe. Vor allem in der Nebensaison hängen hier gern die auf der Insel lebenden Ausländer rum. Abends flimmern Filme über die große Leinwand.

Pee Pee Bakery BÄCKEREI $

(Hat Pattaya; Gerichte ab 80 B; ⊘morgens, mittags & abends) Hier bekommt man das beste Frühstück auf Ko Lipe: selbst gebackenes Brot und Backwaren sowie ein echt amerikanisches Frühstück für 240 B. Der Ort eignet sich auch ganz wunderbar zum Leutegucken!

Mia Luna BAR

(Hat Pattaya) Piratenbar mit bunt bemalten Bojen, Sitzen aus Treibholz und Hängematten. Die Bar liegt einsam an einem kleinen weißen Strandabschnitt in der Nähe vom Bila Beach. Vom Hat Pattaya ist es ein kurzer Spaziergang über den Hügel.

➊ An- & Weiterreise

Vom 21. Oktober bis Ende Mai fahren mehrere Schnellboote um 9.30, 11, 12.30 und 14 Uhr von Pak Bara (s. S. 745) über Ko Tarutao oder Ko Bulon Leh nach Ko Lipe (550–650 B, 1½ Std.); in die Gegenrichtung starten die Boote um 9.30, 10, 12.30 und 13.30 Uhr. In der Nebensaison fahren sie je nach Witterungsverhältnissen – im Allgemeinen gibt's aber drei Direktboote pro Woche. Ein Privatboot von Pak Bara zur Ko Lipe schlägt mit ganzen 4000 B pro Strecke zu Buche.

Die Hochgeschwindigkeitsboote von **Tigerline** (☑08 1092 8800; www.tigerlinetravel.com) sind am preiswertesten. Sie fahren über Ko Muk (1400 B, 3½ Std.), Ko Kradan (1400 B, 4 Std.) und Ko Ngai (1400 B, 4½ Std.) zur Ko Lanta (1500 B, 5½ Std.). Los geht's um 9.30 Uhr am Pattaya Beach auf Ko Lipe.

Die bequemeren Schnellboote vom **Satun-Pak Bara Speedboat Club** (☑0 7475 0389, 08 2433 0114; www.tarutaolipeisland.com) schippern täglich um 9 Uhr von Ko Lipe nach Ko Lanta (1900 B, 3 Std.) mit Zwischenstopps bei Ko Bulon Leh (600 B, 1 Std.), Ko Muk (1400 B, 2 Std.) und Ko Ngai (1600 B, 2½ Std.). Das gleiche Boot macht sich um 13 Uhr in Ko Lanta auf den Weg zurück.

Egal welches Boot man letztendlich nimmt – man muss am Schwimmsteg in ein Longtail-Boot (50 B/Pers.) umsteigen, um zur Bucht zu kommen.

Ko Adang & Ko Rawi เกาะอาดัง/เกาะราวี

Ko Adang, die Insel direkt nördlich von Ko Lipe, präsentiert sich mit dunklen, dicht bewaldeten Hügeln, weißen Sandstränden und gesunden Korallenriffen. Viele geführte Touren legen hier einen Schnorchelstopp ein. Im Inselinneren gibt es ein paar kurze Wege durch den Dschungel zu schönen Wasserfällen wie den **Piraten-Fällen,** von denen gesagt wird, dass sie früher als Frischwasserquelle für Piraten dienten. Von der **Chado-Klippe** oberhalb des Hauptstrands, an dem Suppenschildkröten zwischen September und Dezember ihre Eier legen, hat man einen tollen Blick.

Ko Rawi, diese lange, felsige Ellipse mit dichtem Dschungel, liegt 11 km westlich von Ko Adang. Zu bieten hat sie erstklassige Strände und große Korallenriffe vor der Küste. Mit Genehmigung der National-

---

GRENZÜBERGANG: VON KO LIPE ZUR PULAU LANGKAWI

Beide Schnellbootunternehmen auf Ko Lipe bieten täglich Fahrten zur Pulau Langkawi (1200 B, 1 Std.) in Malaysia an; los geht's um 7.30, 10.30 und um 16 Uhr. Man muss unbedingt rechtzeitig beim Einwanderungsbüro am Bundhaya Resort sein, damit man seinen Ausreisestempel bekommt. In Pulau Langkawi starten die Boote in die Gegenrichtung zurück nach Ko Lipe um 7.30, 9.30 und 14.30 Uhr (malaysische Zeit).

parkverwaltung ist Campen an der Ao Lik erlaubt. Exzellente Schnorchelspots gibt's auch im Norden der **Ko Yang** und vor der winzigen **Ko Hin Ngam**, wo es große Riesenmuschelfelder, Anemonen und Strände mit gestreiften Kieseln gibt. Die Steine sollen mit einem Fluch belegt sein – es heißt, dass jeder, der einen Stein wegnimmt, so lange Pech haben wird, bis der Stein wieder an seinen Ursprungsort zurückgebracht wurde. Selbst bei einem nur kurzen Stopp auf der Insel muss man Eintritt in den Park bezahlen (Erw./Kind 200/100 B).

Die Unterkünfte auf Ko Adang befinden sich in der Nähe der Rangerstation bei Laem Son. Es gibt neue, schöne **Bungalows** (3–9 Pers. 600–1800 B), schmuddelige **Langhäuser** (3 BZ 300 B) mit Bad und **Campingmöglichkeiten** (Stellplatz 30 B/Pers., mit Leihzelt 250 B). In einem kleinen Lokal wird gutes thailändisches Essen zubereitet.

Longtail-Boote fahren von der Ko Lipe zur Ko Adang und zur Ko Rawi (50 B/Pers.). Eventuell muss man etwas handeln.

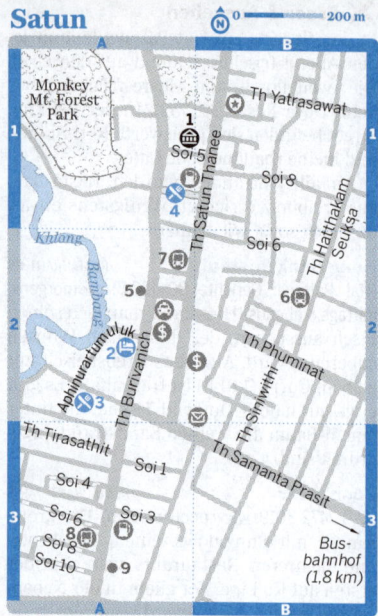

Satun

สตูล

33 400 EW.

Satun liegt abgelegen in einem dampfenden Dschungeltal inmitten von Kalksteinformationen an einem trüben Fluss. Traveller passieren die entspannte Küstenstadt meist nur im Rahmen von sogenannten Visa-Runs.

GRENZÜBERGANG: VON SATUN NACH KUALA PERLIS ODER PULAU LANGKAWI

Boote nach Malaysia starten vom Tammalang-Pier, 7 km südlich von Satun. Große Longtail-Boote fahren täglich um 9.30 und 16.30 Uhr nach Kuala Perlis in Malaysia (einfache Strecke 300 B, 1 Std.). Von Malaysia aus kostet die Fahrt 30 RM.

Boote nach Pulau Langkawi in Malaysia legen täglich um 9.30, 13.30 und 16 Uhr am Tammalang-Pier ab (300 B, 1½ Std.). Von Pulau Langkawi zurück geht's um 8.30, 12.30 und 15 Uhr, die Fahrt kostet 27 RM. Achtung: Zwischen Malaysia und Thailand gibt's einen Zeitunterschied von einer Stunde!

☉ Sehenswertes

Das ausgezeichnete **Ku Den Museum** (Satun National Museum; Soi 5, Th Satun Thanee; Eintritt 20 B; ☉ Mi–So 8.30–16.30 Uhr) ist in einem reizenden alten, chinesisch-portugiesischen Herrenhaus untergebracht, das ursprünglich erbaut wurde, um während eines geplanten Besuchs als Unterkunft für König Rama V. zu dienen. Als der König dann aber nicht kam, schnappte sich der Gouverneur das Haus. Das Gebäude wurde liebevoll restauriert. Es sind Dioramen und Erklärungen vom Band zu sehen, die alle Aspekte muslimischen Alltagslebens im Süden zeigen.

🛏 Schlafen & Essen

Sinkiat Thani Hotel HOTEL **$**
(☑ 0 7472 1055; www.sinkiathotel.thport.com; 50 Th Burivanich; Zi. 680 B; ☀ @) Das in die Jahre gekommene Hochhaus in zentraler Lage ist ein wenig abgetakelt, aber doch sauber. Von den oberen Etagen aus hat man einen umwerfenden Blick auf die Stadt und den Dschungel. Das On's Restaurant befindet sich übrigens direkt nebenan.

On's THAI, WESTLICH **$**
(☑ 0 7473 0469, 08 1097 9783; 48 Th Burivanich; Gerichte 80–150 B; ☉ 8 Uhr–open end; @ ☎) Das On's mit den Bambustischen, Sarong-Tischdecken, der schönen Veranda vorm Haus

Satun

und den leckeren thailändischen und westlichen Speisen ist *die* In-Location in Satun (auch bei Jachtbesitzern äußerst beliebt).

Snacks aus der chinesischen und muslimischen Küche bekommt man in der Th Burivanich und der Th Samanta Prasit. Unbedingt an den chinesischen Imbissständen das „rote Schweinefleisch" mit Reis oder das auf südliche Art zubereitete Roti probieren, das es in den meisten muslimischen Restaurants gibt (je ca. 50 B). Satuns beliebter **Nachtmarkt** (bei der Th Satun Thanee) erwacht um etwa 17 Uhr zum Leben; dort gibt's fantastische Thai-Currys.

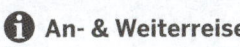
Bus

Busse fahren am **Busbahnhof** (Th Samanta Prasit) 2 km östlich des Stadtzentrums ab. Klimatisierte Busse nach Bangkok (800–1200 B, 14 Std.) starten um 7, 7.30, 15 und 16 Uhr. Klimatisierte Busse nach Trang (110 B, 1½ Std.) fahren hingegen stündlich. Es gibt ein paar Busse pro Tag nach Krabi (220 B, 4 Std.) und Phuket (360 B, 7 Std.). Die Busse nach Hat Yai (70 B, 2 Std.) und die nicht klimatisierten Lokalbusse nach Trang (90 B, 2 Std.) halten an der Th Satun Thanee und lassen Fahrgäste ein- und aussteigen.

Minivan & Sammeltaxi

Minivans fahren regelmäßig zum Bahnhof in Hat Yai (80 B, 1 Std.), sie starten am Depot südlich des Wat Chanathipchaloem in der Th Sulakanukoon. Manchmal fahren auch Minivans nach Trang, die Busse verkehren aber häufiger. Wenn man mit dem Boot am Tammalang-Pier ankommt, warten klimatisierte Minivans auf Fahrgäste. Die Minivans bringen sie direkt nach Hat Yai und zum Flughafen von Hat Yai (90 B).

Schiff/Fähre

In der Hauptsaison wird täglich um 11.30 Uhr eine Verbindung nach Ko Lipe (650 B, 1½ Std.; Dez.–Mai) angeboten. Tickets bekommt man am Pier, 7 km südlich der Stadt, oder im On's (S. 754).

 Unterwegs vor Ort

Fahrten mit den kleinen orangefarbenen *sŏrng•tǎa•ous* zum Tammalang-Pier (zu den Booten nach Malaysia) kosten 40 B und starten 40 Minuten, bevor die Fähre abfährt, beim 7-Eleven in der Th Sulakanukoon. Motorradtaxifahrer nehmen für die gleiche Strecke 60 B.

Thailand verstehen

Einwohner pro km²

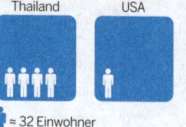

Thailand USA Deutschland

≈ 32 Einwohner

Thailand aktuell

Politische Stabilität?

Auf den Putsch 2006 folgte eine fünfjährige Phase politischer Instabilität, doch 2011 erreichte Thailand mit den nationalen Wahlen einen politischen Höhepunkt. Die Partei des vertriebenen Premierministers Thaksin Shinawatra, Puea Thai, gewann eindeutig die Mehrheit der Sitze im Parlament, und die Schwester Shinawatras, Yingluck Shinawatra, die neu auf der politischen Bühne ist, wurde die neue Premierministerin. Sie ist die erste Frau an der Spitze der thailändischen Regierung. Zum fünften Mal konnte eine von Thaksin unterstützte Partei die Wahlen klar für sich entscheiden. Das Volk hat gesprochen, und bislang haben weder die Opposition noch das Militär versucht, sich zu widersetzen.

Die ersten Tage im Amt brachte die Premierministerin damit zu, Wahlversprechen einzulösen. Sie erhöhte z. B. den nationalen Mindestlohn auf 300 B pro Tag (30 % mehr als zuvor), reichte der Monarchie und dem Militär symbolisch die Hand und gelobte, sich für die nationale Versöhnung einzusetzen. Zwei Schlüsselpositionen im Kabinett – das Sicherheits- und das Verteidigungsressort – besetzte sie mit Kandidaten, denen zugetraut wird, die Kluft zwischen Politik und Militär zu überwinden.

Die nächste Frage ist, ob oder wann Yingluck ihren Bruder Thaksin begnadigt, damit er aus dem Exil zurückkehren kann. Bis 2012 soll er keine politischen Aktivitäten ausüben dürfen. Außerdem entzieht er sich einer zweijährigen Haftstrafe. Thaksin verkündete öffentlich, dass er nicht nach Thailand zurückkehren möchte – dieses Statement gab er in Japan ab, wo er anscheinend in diplomatischer Mission war. Während der Wahlkampagne sprach Thaksin von seiner Schwester als seinem „Klon". In einem Artikel in der *Asia Time* (25. August 2011) wurde die Regierung als ein Familienbetrieb beschrieben, in dem Yingluck als Aushängeschild (bzw. Strohmann) dient und Thaksin die Geschäfte führt.

Etikette

» Vorm Betreten eines Wohnhauses oder Tempels Schuhe aus! Achtung: Die Füße gelten als schmutziges Körperteil.

» Nicht die Monarchie kritisieren!

» Lächeln wirkt entspannend.

» Nicht diskutieren oder wütend werden – das beschämt!

» Bei der Hymne aufstehen und zuhören (außer in einem Wohnhaus oder im Privaten).

» Konservativ kleiden (keine nackten Ellbogen und Knöchel!), wenn man Tempel oder Bauten betritt, die mit dem Königshaus in Verbindung stehen.

Top-Filme

Uncle Boonmee erinnert sich an seine früheren Leben (ApichatTop pong Weerasethakul; 2010) Gewann die Goldene Palme in Cannes 2010.
Bangkok Traffic Love Story (Adisorn Tresirikasem; 2009) Romantik-Komödie mit politi-

Religionen
(% der Bevölkerung)

Gäbe es nur 100 Thailänder, wären ...

95
Buddhisten

5
Muslime

1
Christen

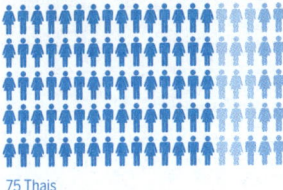

75 Thais
14 Chinesen
11 Angehörige anderer Nationen

Insgesamt scheinen die politischen Unruhen der vergangenen Jahre die Thais ermüdet und das sonst so harmonische Sozialgefüge – die meisten fühlen sich ihren Landsleuten verbunden und lehnen Gewalt ab – aus der Balance gebracht zu haben. Vor allem die Hauptstadtbewohner sind die Staus und Straßensperrungen leid, die mit der großzügig ausgelebten Versammlungsfreiheit einhergehen.

Während der Krise 2010 konzentrierte sich die westliche Presse vor allem auf die soziale Kluft, die sich in den politischen Lagern auszudrücken schien: dem Proletariat (für Thaksin), den „Rothemden", auf der einen und den Aristokraten (gegen Thaksin), den „Gelbhemden", auf der anderen Seite. Thailändische Intellektuelle halten diese Darstellung für zu simpel, denn es gibt auch „farblose" Thais, die mit beiden Seiten sympathisieren. Sie stimmen z.B. mit den Rothemden insofern überein, dass die Demokratie wiederhergestellt werden muss und dass Militär und Königshof sich nicht in die Politik einmischen sollten, gleichzeitig ist ihnen die uneingeschränkte Loyalität gegenüber Thaksin suspekt.

Mehr Infos zur politischen Situation im Süden s. Kasten S. 652.

» Bevölkerung:
66,7 Mio.

» BIP:
580,3 Mrd. US$

» BIP pro Kopf:
8700 US$

» Arbeitslosigkeit: 1,2 %

» Bildungsetat:
4,1 % des BIP

Ein in die Jahre gekommener König

Thais reden selten offen darüber, dass sie sich Sorgen um ihren geliebten König machen: Bhumibol Adulyadej (Rama IX.) ist jenseits der 80, kein anderer König weltweit ist länger im Amt als er, und wird von seinen Untertanen nicht nur respektiert, sondern angebetet. Doch mit seiner Gesundheit verblasst auch sein Einfluss innerhalb der Gesellschaft. Er ist schon seit fast zwei Jahren im Krankenhaus, und seine öffentlichen Auftritte sind so selten, dass sie in den Nachrichten Topmeldungen sind.

Während seiner aktiven Zeit galt König Bhumibol als stabilisierendes Moment in Krisenzeiten, bei den jüngsten Ereignissen hat er diese Rol-

scher Botschaft zum öffentlichen Nahverkehr.
Agrarian Utopia (Uruphong Raksasad; 2009) Über den Alltag und die finanzielle Misere der Bauern im Norden.
White Buffalo (Shinoret Khamwandee; 2011) Ein Mann

kehrt in sein Isaan-Dorf zurück und muss feststellen, dass alle Einwohnerinnen Männer aus dem Westen lieben.

Top-Bücher

Typisch Thai (Philip Cornwell-Smith) Bunte Fotos und Essays über die Eigenheiten Thailands.
Chronicle of Thailand (William Warren) Chronik der letzten 50 Jahre.

le jedoch nicht wahrgenommen. Auslöser für die Tumulte waren u.a. das Machtvakuum, das nach dem Tod des Monarchen entstehen wird, sowie die Versuche des damaligen Premierministers Thaksin, seine Macht zu konsolidieren. Seit Anfang 2006 ist Gelb, die „Geburtstagsfarbe" des Königs, die Farbe der monarchietreuen Anti-Thaksin-Fraktion.

Thais, die ihre Liebe zum König ausdrücken wollen, ohne dass damit eine politische Botschaft einhergeht, tragen mittlerweile rosafarbene Shirts. Bei seinem letzten öffentlichen Auftritt hatte auch der König höchstpersönlich ein Hemd dieser Farbe an.

Der Verlust des Königs wird das Land in tiefe Trauer stürzen: Er ist seit mehr als 60 Jahren im Amt und prägte während dieser Zeit das Bild des modernen thailändischen Mannes (gebildet, familienbezogen, menschenfreundlich, stilvoll). Sein Sohn, Kronprinz Vajiralongkorn, ist sein rechtmäßiger Nachfolger und hat bereits viele königliche Pflichten übernommen, doch die anhaltenden politischen Spannungen gestalten die Thronübergabe schwierig.

Thailands „Teflon-Wirtschaft"

Was die Wirtschaft angeht, käme man niemals auf die Idee, dass Thailand politisch zerrissen wäre. Die Boom-Nation präsentierte sich im neuen Jahrtausend mit einer wahren „Teflon-Wirtschaft": Alles Negative perlte an ihr ab. Die Weltwirtschaftskrise und das Schwächeln des US-Dollars sind allerdings auch an Thailand nicht spurlos vorübergegangen: Von 2008 bis 2009 gingen Produktion und Exporte zurück (sie machen die Hälfte des BIP aus), doch bereits ein Jahr später zog die Wirtschaft wieder kräftig an, und die Wachstumsrate ließ an die erfolgreichen 1990er-Jahre denken. Egal ob mit oder ohne Demokratie, die Anleger investieren weiterhin ihr Geld, und die Tourismusbranche floriert trotz der blutigen Anschläge in Bangkok 2010. Auch für 2011 wird eine hohe Wachstumsrate erwartet, die Arbeitslosenquote ist relativ gering und die Thais kommen in den Genuss eines immer höheren Lebensstandards. Die Modernisierung schreitet voran.

Geschichte & Politik

Geschichte

Thailands Geschichte beginnt mit Einwanderern, die sich in einer Grenzregion niederließen, die Herrscher in fernen Reichen wegen der Aussicht auf lukrativen Handel, Sklaven und Landgewinn für sich beanspruchten. Im Lauf der Jahrhunderte bildeten sich in dem so besiedelten Land eigene Machtstrukturen heraus, indem sich die miteinander verfeindeten Gemeinschaften verbündeten und begannen, eine auf Sprache, Religion und Monarchie begründete nationale Identität zu entwickeln. Schafften es die thailändischen Könige noch, sich der Kolonialisierung durch die expansionistischen Mächte des Westens zu widersetzen, so lockerten sie ihre absolute Herrschaft über das Land erst, als der Widerstand von innen zu stark wurde. Seit Einführung der konstitutionellen Monarchie 1932 wird das Land in erster Linie vom Militär beherrscht, mit ein paar demokratischen Ausrutschern dazwischen.

Frühgeschichte

Über die Kulturen, die in Thailand vor dem 5. und 6. Jh. existierten, ist kaum etwas bekannt. Knochenreste des *Homo erectus*, die mindestens 500 000 Jahre alt sind, wurden in der Provinz Lampang im Norden Thailands gefunden. In Ban Chiang, der bedeutendsten archäologischen Fundstätte des Landes unweit von Udon Thani, entdeckten Forscher Hinweise auf eine der ältesten Agrargesellschaften der Welt. Und im Tal des Mekong sowie auf der Hochebene von Khorat lebten vermutlich schon vor 10 000 Jahren Menschen, die Bauern waren und Bronzewerkzeuge herstellten. Die Höhlenmalereien im Pha-Taem-Nationalpark bei Ubon Ratchathani sind gut 3000 Jahre alt.

ZEITLEISTE	4000–2500 v. Chr.	um 250 v. Chr.	6.–11. Jh.
	Prähistorische Siedler im Nordosten Thailands entwickeln die Töpferei, den Reisanbau und die Bronzeherstellung.	Mönche, die der indische Herrscher Ashoka der Große entsendet hat, verbreiten im Gebiet um das heutige Nakhon Pathom die Lehren des Buddhismus.	Die Stadtstaaten der Dvaravati-Kultur breiten sich über Zentralthailand aus.

Die ersten Königreiche

Im 1. Jt. n. Chr. wanderte das Volk der „Tai", die als die Vorfahren der heutigen Thais gelten, in mehreren Wellen aus dem Süden Chinas in das heutige Südostasien ein. Die Einwanderer sprachen Tai-Kadai, das wohl die bedeutendste ethnolinguistische Gruppe in Südostasien darstellt. Einige von ihnen ließen sich an den Flüssen auf dem Gebiet des heutigen Thailands nieder, andere siedelten in Teilen des heutigen Laos und in der Region des Shan-Staats in Myanmar.

Sie lebten als Bauern, Jäger und Händler in Dörfern, die sie zu Verwaltungseinheiten zusammenfassten. Diese *meu·ang,* die unter der Herrschaft eines Lehnsherrn standen, bildeten das Fundament des Tai-Reichs. Mit der Zeit breiteten sich die Tai von den Gebirgstälern im Norden in die zentrale Tiefebene und auf das Hochplateau im Nordosten aus. Dort gab es mehrere bedeutende Handelszentren, die von verschiedenen einheimischen und auswärtigen Machthabern wie den Mon-Dvaravati, den Khmer (aus Kambodscha) und den (malaiischen) Srivijaya beherrscht wurden.

Dvaravati

Das Volk der Mon beherrschte Teile von Birma sowie das westliche Thailand bis hinunter in die zentrale Tiefebene. Mit den Mon eng verbunden ist die buddhistische Kultur der Dvaravati, die ihre Blütezeit im 6.–9. Jh. erlebte. Allerdings ist über diese Zeit nur wenig bekannt. Das Zentrum dieser Kultur war vermutlich Nakhon Pathom, von wo aus Handelsrouten mit Außenposten in Richtung Westen bis nach Birma, nach Osten bis nach Kambodscha, in den Norden nach Chiang Mai und Laos sowie in den Nordosten führten. Dies belegen die dort existierenden Buddha-Darstellungen, Tempel und Steininschriften in der Sprache der Mon, die eindeutig der Dvaravati-Kultur zuzuordnen sind.

Die Dvaravati-Kultur war nur eine von vielen Kulturen, die von Indien beeinflusst waren, sich in Südostasien aber eigenständig weiterentwickelten. Für die Wissenschaftler ist sie allerdings einzigartig, hat sie doch einen großen Schatz an Kunstwerken und ein Netz von Handelsstraßen hinterlassen, das die zentrale Basis des modernen thailändischen Staates werden sollte.

Steinreliefs in Angkor Wat belegen, dass Tais als Söldner in den Truppen der Khmer dienten. Die Khmer bezeichneten diese Tais als „Syam", was 1592 von dem englischen Kaufmann James Lancaster in „Siam" abgewandelt wurde.

Khmer

Liegt die Dvaravati-Kultur weitgehend im Dunkel der Geschichte, so war das Königreich der Khmer das „Römische Reich" Südostasiens. Dieses Königreich, das für seine ausgefallene Architektur und Bildhauerei bekannt ist, hatte einen prägenden Einfluss auf die Kunst und Religion in dieser Region. Das im 9. Jh. begründete Khmer-Reich errichtete

9.–13. Jh.	um 1000	um 1240	1275–1298
Die Khmer dehnen ihre Herrschaft von Angkor nach Thailand aus.	Die ersten Thais gelangen von Südchina aus in das Gebiet des heutigen Thailands.	Die Herrscher von Sukhothai gründen das erste souveräne Königreich auf thailändischem Boden.	Regierungszeit von Ramkhamhaeng: Der bedeutendste König Sukhothais weitet des Einflussbereich seines Reiches über fast ganz Thailand aus.

seine Hauptstadt in Angkor (im heutigen Kambodscha), von wo es bis in das heutige Zentrum und den Nordosten Thailands vordrang. Rund um Tempel im Stil von Angkor errichteten sie Verwaltungszentren in Lopburi (damals Lavo), Sukhothai und Phimai (in der Nähe von Nakhon Ratchasima) und verbanden sie über Straßen mit ihrer Hauptstadt.

Die groß angelegten Bauprojekte der Khmer brachten ihre allumfassende Macht im Grenzgebiet zum Ausdruck und sind beeindruckende Zeugnisse der fortschrittlichsten Techniken in der damaligen Zeit. So ist diese Ära der thailändischen Geschichte stark von Elementen der Khmer-Kultur geprägt, z.B. dem Hinduismus, Brahmanismus, Theravada- und Mahayana-Buddhismus.

Srivijaya

Während das thailändische Festland von den Machtzentren im Norden und Westen beeinflusst wurde, war die malaiische Halbinsel wirtschaftlich und kulturell mit den Zivilisationen des Südens verbunden. Vom 8.–13. Jh. wurde die Halbinsel vom Staatenbund der Srivijaya beherrscht, die den Seehandel zwischen dem Südchinesischen Meer und dem Indischen Ozean kontrollierten. Die Hauptstadt der Srivijaya war vermutlich Palembang auf Sumatra.

Zu den Stadtstaaten von Srivijaya, die die gesamte malaiische Halbinsel beherrschten, gehörte auch Tambralinga, dessen Hauptstadt sich in der Nähe des heutigen Nakhon Si Thammarat befand. Im 13. Jh. wurde dieser Staat buddhistisch, während sich die anderen Staaten weiter im Süden dem Islam zuwandten und damit eine religiöse Grenze zogen, die bis heute besteht. Überreste der Srivijaya-Kultur sind noch rund um Chaiya und Nakhon Si Thammarat zu sehen. Auch viele Kunstformen der Srivijaya wie etwa das Schattenspiel *năng đà·lung* und das klassische Tanzdrama *lá·kon* werden bis zum heutigen Tag gepflegt.

Entstehung der Tai-Königreiche

Im 13. Jh. begann der Niedergang der Großreiche. An ihre Stelle traten wohlhabende Stadtstaaten der Tai, deren politische und militärische Herrschaft auf kleine Gebiete begrenzt war. Schließlich gingen die miteinander rivalisierenden Stadtstaaten in mehreren Königreichen auf, in denen sich allmählich eine thailändische Identität entwickelte. Die für die Einigung des Landes bedeutsamsten Königreiche dieser Zeit sind nach heutigem Stand der Forschung Lanna, Sukhothai und Ayutthaya.

Lanna

Das Königreich Lanna in Norden Thailands wurde Mitte des 13. Jhs. von König Mengrai in Chiang Saen am oberen Mekong gegründet. Da-

**Top-
Geschichts-
bücher**

» Volker Grabowsky: *Kleine Geschichte Thailands*, 2003

» David K. Wyatt: *Thailand: A Short History*, 2003.

» Chris Baker u. Pasuk Phongpaichit: *A History of Thailand*, 2009.

» William Warren: *Chronicle of Thailand. Headlines Since 1946*, 2010.

GESCHICHTE & POLITIK GESCHICHTE

1283
Ramkhamhaeng führt die erste Thai-Schrift ein.

1292
Chiang Mai wird zur Hauptstadt des Königreichs Lanna, das über weite Teile Nordthailands herrscht.

» Tempelruinen im Geschichtspark von Sukhothai

PAUL BEINSSEN/LONELY PLANET IMAGES ©

für eroberte er kurzerhand die benachbarten Städte, die miteinander im Konflikt standen. Anschließend zog er weiter nach Süden, wo er 1292 seine Hauptstadt Chiang Mai, „die neue Stadt", errichtete. Der König war ein geschickter Diplomat und schmiedete wichtige Bündnisse mit möglichen Rivalen wie König Muang von Phayao und König Ramkhamhaeng von Sukhothai. Das bronzene Denkmal zur Erinnerung an dieses Bündnis steht noch heute in Chiang Mai. Mengrai gelang es auch, Anfang des 14. Jhs. eine Invasion der Mongolen zu verhindern.

Die Könige von Lanna werden dafür verehrt, dass sie die im heutigen Thailand weit verbreitete, singhalesische Tradition des Theravada-Buddhismus übernommen und die unverwechselbare Kultur des Nordens bewahrt haben. Allerdings litt das Königreich unter Intrigen im Herrscherhaus und kriegerischen Auseinandersetzungen mit rivalisierenden Mächten, sodass es zu keiner größeren Ausdehnung kam.

Sukhothai

Im 13. Jh. schlossen sich mehrere Thai-Fürsten zusammen und entrissen dem dahinsiechenden Khmer-Reich die Herrschaft über die zentrale Tiefebene. Ihre neue Hauptstadt nannten sie Sukhothai (Morgenröte der Glückseligkeit). In den Augen der Thais war Sukhothai das erste, wirklich thailändische Königreich und die Epoche gilt als eine Zeit des künstlerischen und kulturellen Aufbruchs. Am meisten verehrt wird König Ramkhamhaeng, der aus den Schriften der Inder, Mon und Khmer die moderne Thai-Schrift entwickeln ließ und den Theravada-Buddhismus zur Staatsreligion bestimmte.

In seiner Blütezeit erstreckte sich das Königreich Sukhothai im Süden bis nach Nakhon Si Thammarat, im Norden bis ins obere Mekong-Tal im heutigen Laos und bis nach Bago (Pegu) im Süden Birmas. Von 1448 bis 1486 befand sich Sukhothais Hauptstadt in Phitsanulok, doch zu dieser Zeit ging auch bereits ein neuer Stern an Thailands Himmel auf, das Königreich von Ayutthaya.

Ayutthaya

Als Mitte des 14. Jhs. die Ära der Khmer zu Ende ging, begann das Königreich Ayutthaya, das Gebiet am Chao Phraya zu beherrschen. Es sollte 416 Jahre lang bestehen und sich selbst als bedeutendstes der ersten Königreiche von Siam bezeichnen. Nicht zuletzt durch die Einverleibung großer Teile des Khmer-Reiches konnte es seinen Einflussbereich stark ausdehnen und eine wichtige Rolle beim Aufbau des modernen thailändischen Staates und seines Gesellschaftssystems spielen.

Die strategisch günstige Lage auf einer Insel zwischen zwei Flussarmen begünstigte den internationalen Handel im Merkantilismus des

1351	1438	1441–1487	2. Hälfte des 15. Jhs.
Der charismatische Fürst Rama Thibodi (auch U Thong genannt) wird der erste König des neu gegründeten Reichs Ayutthaya.	Nach dem Tod des letzten Königs von Sukhothai gliedert Boromaracha II. von Ayutthaya es in sein Reich ein.	König Tilokarat von Lanna führt sein Reich zu höchster Blüte. Mit Ayutthayas Herrschern konkurriert er um die Macht in Nordthailand.	Ayutthaya scheitert bei dem Versuch, sich das Sultanat Malakka einzuverleiben. Die malaiischen Staaten südlich von Tambralinga bleiben muslimisch.

In den 1680er-Jahren lud König Narai viele ausländische Botschafter nach Ayutthaya ein, um sich mit fremden Kulturen, Produkten und Ideen vertraut zu machen. Der königliche Hof kaufte einfach alles: Fernrohre, Stundengläser, Papier, Walnussbäume, Käse, Wein und ganze Marmorbrunnen. Zusammen mit französischen Jesuiten beobachtete er eine Mondfinsternis in seinem Palast in Lopburi, von Ludwig XIV. erhielt er einen Globus als Geschenk.

Um 1680 nahm König Narai auch den griechischen Abenteurer Constantine Phaulkon in seine Dienste, der später der Verschwörung zum Sturz des kranken Königs beschuldigt wurde. Doch dann stürzten die Ankläger selbst den König vom Thron und richteten Phaulkon hin.

17. Jhs. und machte Ayutthaya reich. Zudem schützte sich das Königreich mit Söldnertruppen und hochwertigen Feuerwaffen aus Portugal. Die Flüsse gewährleisteten auch die Verbindung zum Golf von Thailand und ins Hinterland.

Zur gleichen Zeit „entdeckten" die europäischen Kaufleute Südostasien und in Ayutthaya entstanden viele ausländische Niederlassungen. Die Besucher aus dem Westen berichten von den weltoffenen Märkten und dem kosmopolitischen Königshof in Ayutthaya. So erklärte der Wahl-Londoner Engelbert Kaempfer 1690: „Von den Ländern Asiens ist das Königreich von Siam das großartigste."

Von den Khmer hatten die Herrscher von Ayutthaya die höfischen Sitten, eine ehrwürdige Sprache und die Ideen des Königtums übernommen. Der Monarch betrachtete sich selbst eher als der *devaraja* (Gottkönig) der Khmer denn als der gerechte König der Sukhothai (*dhammaraja*). Das Königreich bezahlte auch weiterhin Tribut an den Kaiser von China, der diese rituelle Unterwerfung mit großzügigen Geschenken und Handelsprivilegien belohnte.

Der Blütezeit Ayutthayas setzte die birmanische Expansion ein Ende. 1569 eroberte der große birmanische König Bayinnaung die Stadt, die unter König Naresuan nochmals ihre Unabhängigkeit zurückgewinnen konnte. Doch 1765 expandierte die ehrgeizige neue birmanische Dynastie der Kongbaung erneut nach Osten und beseitigte Ayutthaya endgültig als politischen und wirtschaftlichen Rivalen. Die birmanischen Truppen belagerten die Hauptstadt über ein Jahr lang, bevor sie sie 1767 in Schutt und Asche legten und die 1 Mio. Menschen zählende Bevölkerung nahezu vollständig auslöschten; auch die Umgebung wurde vielerorts entvölkert. Tatsächlich war die Eroberung und Zerstörung Ayutthayas so grauenhaft, dass viele Thais in den Birmanen noch heute erbarmungslose Feinde und Aggressoren sehen.

König Naresuan wird als Nationalheld verehrt. Als eine Art Kultfigur genießt er besonders bei der thailändischen Armee hohes Ansehen. Der kostspielige Dreiteiler *King Naresuan*, in dem Regisseur Chatrichalerm Yukol seine Lebensgeschichte erzählt, ist ein Kassenschlager und wurde von der thailändischen Regierung mitfinanziert.

1511	**1556**	**1569**	**1606**
Portugal gründet die erste ausländische Handelsniederlassung in Ayutthaya, andere europäische Staaten folgen.	Birmanen erobern die Lanna-Stadt Chiang Mai, die bis ins 18. Jh. unter ihrer Oberhoheit bleiben wird.	Auch Ayutthaya wird von den Birmanen erobert, aber nicht zerstört. 28 Jahre später erobert es König Naresuen wieder zurück.	Die Niederländische Ostindienkompanie errichtet einen Stützpunkt in Ayutthaya. Ab Mitte des 17. Jhs. versucht sie, Handelsinteressen mit militärischen Mitteln durchzusetzen.

Die Bangkok-Periode

Mit der Zerstörung Ayutthayas erlosch auch die Königsdynastie und das Reich versank im Chaos. Der ehemalige General Taksin übernahm die Herrschaft, indem er mögliche Rivalen einfach besiegte. Er verlegte die Hauptstadt nach Thonburi, einem kleinen Ort flussabwärts von Ayutthaya, das besser an Handelswege angebunden war. König Taksin, der Sohn eines Chinesen und einer Thai, festigte seine Macht, indem er den Handel mit China stark förderte.

Nach 15 Jahren auf dem Thron wurde er 1782 vom Militär abgesetzt. Einer der Putschisten, Chao Phraya Chakri, bestieg den Thron als König Yodfa (Rama I.) – die bis heute regierende Chakri-Dynastie war begründet. Und der neue König verlegte schon bald seine Hauptstadt auf die andere Seite des Chao Phraya, ins heutige Bangkok.

Im ersten Jahrhundert der Bangkok-Periode konzentrierten sich die Herrscher auf den Wiederaufbau des Reiches nach dem Vorbild des zerstörten Ayutthaya. Überliefertes Wissen und Brauchtum wurden bewahrt oder in neue Gesetze, Verwaltungsvorschriften, religiöse und historische Texte und Werke integriert. Gleichzeitig verlegten sich die neuen Herrscher von der Verteidigung auf die Angriffspolitik und dehnten mit militärischen Mitteln ihren Einfluss in alle Richtungen aus. Nach der Zerstörung der Hauptstädte von Laos und Kambodscha drängte Siam die birmanischen Aggressoren zurück und machte Chiang Mai zum Vasallen. Die besiegten Völker wurden umgesiedelt und trugen beträchtlich zur Steigerung der Reisernte Siams bei, die größtenteils nach China exportiert wurde.

Im Gegensatz zu den Herrschern von Ayutthaya, die sich mit dem Hindu-Gott Vishnu identifiziert hatten, verstanden sich die Chakri-Könige als Verteidiger des Buddhismus. Sie ließen Textsammlungen zusammenstellen, wichtige buddhistische Texte ins Thai übersetzen und eine Vielzahl königlicher Tempel errichten.

Etwa zur gleichen Zeit, Mitte des 19. Jhs., bildeten sich auch eine neue soziale Ordnung und ein marktwirtschaftliches System heraus. Siam öffnete sich dem Westen und übernahm von dort neue Ideen in Wissenschaft und Technik, reformierte sein Schulsystem, die Infrastruktur und die Gesetzgebung. Dabei sollte einer der größten Modernisierer, König Mongkut (Rama IV., reg. 1851–1868), eigentlich gar nicht König werden – 27 Jahre lang hatte er zuvor im Kloster gelebt und dort die Thammayut-Sekte gegründet, die die strenge Disziplin der Mon-Mönche übernommen hatte. Doch der gelehrte Mönch sprach nicht nur fließend Pali, Sanskrit, Latein und Englisch, sondern hatte auch europäische Wissenschaften studiert. Auf dem Thron gelangt, schloss er Verträge mit westlichen Staaten, die dem Königreich den Zugang

Wahrzeichen aus der Bangkok-Periode
» Wat Arun
» Wat Phra Kaew & Großer Palast
» Dusit-Palastpark

ab 1680	1688	1767	1768
Beraten von seinem Minister Constantine Phaulkon nimmt König Narai diplomatische Kontakte mit dem Hof von Frankreich auf, das den Rückzug der Niederländer erzwingt.	Adlige Oppositionelle nutzen die schwere Erkrankung Narais für eine Palastrevolution. Die Franzosen müssen das Land verlassen.	Ayutthaya wird von den Birmanen eingenommen. Nur wenige der mehr als 1 Mio. Einwohner überleben das folgende Massaker.	Taksin, ein ehemaliger Feldherr Ayutthayas, vertreibt die Birmanen aus dem Land, macht sich zum König und erklärt Thonburi zur neuen Hauptstadt.

zum Weltmarkt öffneten. Außerdem hob er königliche Monopole auf und verlieh den Briten extraterritoriale Rechte.

Mongkuts Sohn Chulalongkorn (Rama V.) unternahm noch wesentlich größere Anstrengungen, um die alte politische Ordnung durch einen modernen Nationalstaat zu ersetzen. Er schaffte die Sklaverei und den Frondienst ab, die es auch nach dem Untergang des Ayutthaya-Reiches immer noch gegeben hatte. König Chulalongkorn schuf zudem das Berufsbeamtentum, eine Polizei und ein stehendes Heer und ließ Reformen zur Vereinheitlichung der Gesetze, Gerichte und Steuerbehörden durchführen. Mithilfe von fortschrittlichen Bewässerungsanlagen und aufgrund des Wachstums der bäuerlichen Bevölkerung konnten die landwirtschaftlichen Erträge Siams deutlich gesteigert werden. Schulen nach europäischem Vorbild wurden eingerichtet, die allgemeine Wehrpflicht und eine Kopfsteuer für alle Männer eingeführt.

Bei der „Zivilisierung" seines Landes stützte sich Chulalongkorn auf ausländische und besonders britische Berater. So wurde am Königshof auch ein Großteil des jahrhundertealten Protokolls abgeschafft und durch westliche Gepflogenheiten ersetzt. Italienische Künstler gaben der Architektur des Landes ein neues Gesicht und entwarfen beispielsweise völlig neue Thronsäle.

Wie sein Vater galt auch Chulalongkorn als gewiefter Diplomat, dem es gelang, die europäischen Mächte perfekt gegeneinander auszuspielen und damit die Kolonialisierung seines Reiches zu verhindern. Als Preis für seine Unabhängigkeit musste Thailand jedoch Gebiete an Frankreich (Laos 1893, Kambodscha 1907) und an Großbritannien (drei malaiische Staaten in Birma 1909) abtreten. Auch das ehemalige Königreich Pattani fiel 1902 an Großbritannien, das zu dieser Zeit über das heutige Malaysia herrschte, das hinzugewonnene Territorium aber schon fünf Jahre später wieder an Thailand verlor. (Die Menschen im äußersten Süden Thailands betrachten die Bangkoker Zentralregierung immer noch als Besatzungsmacht ihres Landes; vgl. S. 773.)

Siam, das sich im 19. Jh. zu einem Staat im modernen Sinne mit klar definierten, geografischen Grenzen entwickelt hatte, legte schließlich 1939 offiziell den Namen „Siam" ab und nannte sich Prathet Thai (Land der Thai) oder Ratcha-anachak Thai (Königreich der Thai). Schon ab 1913 galten alle Menschen, die innerhalb seiner Grenzen lebten, als „Thai".

Das Militär und die Demokratie

1932 setzte eine Gruppe junger Offiziere und Beamter, die sich als Khana Ratsadon (Volkspartei) bezeichnete, der absoluten Monarchie ein unblutiges Ende und erwirkte die Einführung einer konstitutionellen Monarchie. Die Anführer der Gruppe hatten die demokratischen Prinzipien während ihres Studiums in Europa kennengelernt.

1868 erließ König Mongkut (Rama IV.) ein Gesetz, das Ehemännern verbot, ihre Frauen oder Kinder ohne deren Zustimmung zu verkaufen. Nach dem alten Recht, so hieß es, hatte eine Frau „den Wert eines Wasserbüffels".

GESCHICHTE & POLITIK GESCHICHTE

1782	1809–1824	1824–1851	1851–1868
Der größenwahnsinnige Taksin wird angeklagt und ermordet: Die Chakri-Dynastie wird begründet und Bangkok zur neuen Hauptstadt erklärt.	Unter Phra Phuttaloetla (Rama II.) nimmt Thailand im Jahr 1818 nach 130 Jahren wieder offizielle Beziehungen mit Europa auf.	Maha Chestabodin (Rama III.) nähert sich Großbritannien an, das einen Eroberungszug gegen Birma führt, und sichert so die Grenze gen Westen.	König Mongkut (Rama IV.) öffnet sein Land westlichen Einflüssen und modernisiert es nach europäischem Vorbild.

PRATHET
THAI

Als Phibul Song-
khram 1939 den
Namen des Lan-
des von „Siam"
in „Prathet Thai"
(dt.: „Thailand")
änderte, sah man
darin eine natio-
nalistische Geste
zur Einigung der
Tai sprechenden
Bevölkerung.

In den Jahren nach dem Umsturz versuchten verschiedene miteinander rivalisierende Gruppen – Royalisten, Militärs, Bürgerliche – die
Oberhand im neuen Machtgefüge zu gewinnen. Selbst die Volkspartei
hatte keine einheitliche Vorstellung von einem demokratischen Thailand. Kurz vor den Parlamentswahlen übernahm der militärische Flügel der Partei kurzerhand die Regierung. Sie zwang 1933 den Vorsitzen-
den des zivilen Flügels, den in Frankreich ausgebildeten Anwalt Pridi
Phanomyong, ins Exil, nachdem er zum Ärger der Generäle einen am
Sozialismus angelehnten Wirtschaftsplan eingeführt hatte. 1935 dank-
te König Prajathipok (Rama VII.) ab und ging nach Großbritannien. Bei
den ersten allgemeinen Wahlen Thailands im Jahr 1937 wurde nur über
die Hälfte der Sitze in der neu geschaffenen, gesetzgebenden Volksversammlung abgestimmt. General Phibul Songkhram, einer der Anführer
des militärischen Flügels der Volkspartei, wurde Premierminister. Dieses Amt bekleidete er von 1938–1944 und noch einmal von 1948–1957.

Phibuls Amtszeit während des Zweiten Weltkriegs war gekennzeichnet von starken nationalistischen Tendenzen, in deren Mittelpunkt
die „Nation" und das „Thai-Sein" standen. Er kollaborierte mit den Japanern und erlaubte ihnen, Thailand als Basislager für die Invasion
der Staaten in Südostasien zu nutzen. Durch die Anlehnung an Japan
hoffte die Regierung von Phibul, größeren internationalen Einfluss zu
erlangen. Phibul forderte die Gebiete zurück, die Thailand durch die
französische Expansion in Indochina verloren hatte, und wollte dafür
auch den USA und Großbritannien den Krieg erklären. Doch Seni Pramoj, der thailändische Botschafter in Washington und Mitglied von
Seri Thai, der Bewegung zur Befreiung Thailands, weigerte sich, die
offizielle Kriegserklärung zu übergeben. Damit bewahrte er sein Land
vor den harten Konsequenzen, die unterlegenen Nationen nach dem
Zweiten Weltkrieg auf sich nehmen mussten. General Phibul musste
1944 zurücktreten und wurde als Kriegsverbrecher vor Gericht gestellt.

Um die royalistischen Bestrebungen unter Kontrolle zu halten, wurde nach der Abdankung des Königs 1935 sein Neffe, der erst zehnjäh-
rige Ananda Mahidol, als Rama VIII. inthronisiert, obwohl dieser den
Großteil seines Lebens an Schulen im Ausland verbracht hatte. Als er
schließlich nach Thailand zurückgekehrt war, wurde er 1946 unter
mysteriösen Umständen in seinem Schlafzimmer erschossen. Im gleichen Jahr bestieg sein Bruder Bhumíbol Adulyadej (auch „Phuumíphon
Adunyádèt" geschrieben) als neunter König der Chakri-Dynastie den
Thron. Er sollte nicht nur der am längsten regierende König der thailändischen Geschichte werden, sondern ist aktuell auch der am längsten regierende, lebende Monarch der Welt.

Nach dem Krieg kam es in Thailand zu einer kurzen demokratischen
Blüte: In allgemeinen Wahlen wurde über die Verteilung aller Sitze in

1855	**1868–1910**	**1874**	**1890**
Der zwischen dem Königreich Siam und Großbritannien abgeschlossene Bowring-Vertrag för-dert die thailändische Wirtschaft und sichert den Briten in Siam Extraterriorialität zu.	Chulalongkorn (Rama V.): Der euro-päische Imperialismus gewinnt in Siams Nachbarländern zu-nehmend an Boden.	Rama V. leitet die Abschaffung der Skla-verei ein; 1905 wird sie endgültig verboten.	Die erste Eisen-bahnstrecke des Königreichs führt von Bangkok nach Nakhon Ratchasima.

der Volksversammlung abgestimmt, mithilfe der 1946 verabschiedeten Verfassung sollten die Militärs in Schranken gewiesen und mehr demokratische Rechte gewährleistet werden. Doch der Tod von König Ananda setzte all dem ein Ende und lieferte dem Militär den Vorwand, mit General Phibul an der Spitze wieder die Regierung zu übernehmen.

Militärdiktatur

1957 ergriff General Sarit Thanarat als Phibuls Nachfolger die Macht und errichtete eine Militärdiktatur: Er schaffte die Verfassung ab, löste das Parlament auf und verbot alle politischen Parteien. In den 1950er-Jahren begannen auch die USA, direkt in Südostasien zu intervenieren, um die Ausdehnung des Kommunismus in dieser Region zu verhindern. Vor dem Hintergrund des Kalten Krieges unterstützten die Amerikaner daher die Regierung unter General Sarit sowohl wirtschaftlich als auch militärisch. Diese Unterstützung gewährten die USA auch den nachfolgenden Militärdiktatoren Thanom Kittikachorn und Praphat Charusathien, die das Land von 1964 bis 1973 beherrschten. Als Gegenleistung dafür, dass sie den USA während des Vietnamkrieges erlaubten, Militärstützpunkte in Thailand einzurichten, schlossen sie umfangreiche Wirtschaftsverträge mit dem Land ab.

Bis 1973 hatten sich linke Aktivisten – vornehmlich Intellektuelle und Studenten – zusammen mit Bauern, Arbeitern und Angehörigen

DAS LIBERALE GEGENGEWICHT

Der Anwalt Pridi Phanomyong (1900–83), der in Frankreich studiert hatte, war einer der bürgerlichen Anführer der Revolution von 1932 und Mitbegründer der Volkspartei. Mit Hilfe einer Verfassung wollte er demokratische Reformen in Thailand einführen und das Eingreifen des Militärs in die Politik per Gesetz verhindern. Er trat für die Verstaatlichung von Land und Produktivkraft ein, wollte die Industrialisierung unter staatlicher Führung und mehr Schutz für Arbeiter. 1934 gründete er die Thammasat-Universität. Außerdem war er die Leitfigur von *Seri Thai*, der Widerstandsbewegung gegen die japanische Besetzung Thailands im Zweiten Weltkrieg. 1946 war er für kurze Zeit Premierminister.

Obwohl Pridi Phanomyong durchaus als erfahrener Staatsmann anerkannt wurde, war er doch recht umstritten und den Militärs unter Phibul ein ständiger Dorn im Auge. So wurde er von seinen Kritikern als Kommunist beschimpft und unter dem Verdacht des Mordes an König Ananda ins Exil verbannt. Mit dem Ende des Kalten Krieges erscheint sein Vermächtnis in neuem Licht. Man hat die Bedeutung des Gegengewichts erkannt, das seine demokratischen Bemühungen zu den militärischen Interessen bildeten. Im Jahre 2000 ernannte ihn die Unesco zu einer der großen Persönlichkeiten des 20. Jhs.

1893

Im Streit um Gebiete in Indochina blockiert Frankreich den Chao Phraya, die Angst vor der Kolonisierung steigt.

1902

Siam annektiert die Provinzen Yala, Pattani und Narathiwat des ehemaligen Sultanats von Pattani.

DIANA MAYFIELD/LONELY PLANET IMAGES ©

» Wat Arun am Chao Phraya in Bangkok

der Mittelschicht in einer Oppositionsbewegung zusammengefunden, die auf ihren politischen Kundgebungen von der Militärregierung schließlich die Verabschiedung einer Verfassung verlangten. Als das Militär am 14. Oktober eine große Demonstration in Bangkok brutal niederschlug, gab es 77 Tote und mehr als 800 Verletzte. Ein Denkmal in der Th Ratchadamnoen Klang in der Nähe des Demokratiedenkmals erinnert an dieses blutige Ereignis. König Bhumibol setzte dem Blutvergießen schließlich ein Ende und zwang Thanom und Praphat, das Land zu verlassen.

In den folgenden Jahren wurde die linksgerichtete Studentenbewegung zunehmend radikaler, weshalb unter Arbeitern und Angehörigen der Mittelschicht die Furcht vor einem hausgemachten Kommunismus um sich griff. Als Thanom 1976 nach Thailand zurückkehrte – angeblich um Mönch zu werden –, wurde er von der königlichen Familie herzlich empfangen. Prompt protestierten Demonstranten an der Thammasat-Universität gegen den in ihren Augen Verantwortlichen für das Massaker vom 14. Oktober 1973. Als rechtsgerichtete, antikommunistische Gruppen des bürgerlichen Lagers die Studenten angriffen, kam es zu einem erneuten Blutbad. Daraufhin gingen viele Studenten und Intellektuelle in den Untergrund und schlossen sich den bewaffneten kommunistischen Rebellen an, die als Nationale Befreiungsarmee (People's Liberation Army of Thailand, PLAT) im Dschungel von Nord- und Südthailand kämpften.

Das Land blieb derweil bis Ende der 1980er-Jahre unter der Herrschaft der Militärs, erlebte unter der Regierung des „politischen Soldaten" und Generals Prem Tinsulanonda aber eine Periode politischer und wirtschaftlicher Stabilität. Mit militärischen Aktionen und Amnestieprogrammen gelang es ihm, die kommunistische Guerillabewegung zu zerschlagen. Doch der wirtschaftliche Erfolg hatte auch seine Schattenseite: Führende Geschäftsleute kritisierten zunehmend die Rolle der Militärs in der Regierung und prangerten ihre Mentalität des Kalten Krieges als mittlerweile überholt an. Ihrer Meinung nach sollte man Kommunisten als Geschäftspartner und nicht als Feinde betrachten.

Alles nur Big Business

Bei den allgemeinen Parlamentswahlen 1988 unterlag Prem der Partei Chat Thai unter Chatichai Choonhavan. Dieser holte Geschäftsleute aus der Provinz, die über beste Verbindungen verfügten, in seine Regierung. Damit verlagerte er die Regierungsmacht weg von den Bürokraten und begann, Thailand in einen asiatischen Tigerstaat zu verwandeln. Doch die politischen Entscheidungen wurden oft wie eine Ware gekauft und verkauft, sodass Chatichai schließlich unter dem Vorwurf der Korruption vom Militär gestürzt wurde. Der Putsch bestätigte ei-

In Thailand wurden infolge von 18 Staatsstreichen insgesamt 17 Verfassungen verabschiedet (wobei die erstgenannte Zahl umstritten ist). Bei jeder Neuauflage wurde versucht, die Machtbefugnisse innerhalb der Regierung zugunsten der gerade herrschenden Partei (Militär, Royalisten, Bürgerliche) und zu Ungunsten der politischen Gegner zu verteilen.

1909	**1916**	**1917**	**1920**
Ein Vertrag zwischen Großbritannien und Siam legt dessen Grenzen fest. Zuvor hat Thailand einige Gebiete an Frankreich (Indochina) und Großbritannien (Birma) abgeben müssen.	Die Chulalongkorn-Universität wird als erste thailändische Universität gegründet.	Siam entsendet Truppen zur Unterstützung der Alliierten im Ersten Weltkrieg.	Unter König Vajiravudh (Rama VI.) müssen alle Staatsbürger einen Nachnamen annehmen.

nen neuen Trend in der thailändischen Politik: nämlich dass sich Geschäftsleute und Bildungsbürger aus Bangkok mit dem Militär gegen Chatichai und seinen geldgierigen Klüngel aus provinziellen Politikern und Unternehmern verbündeten.

Als sich nach den Parlamentswahlen von 1992 ein nicht gewählter Heereschef selber zum Ministerpräsidenten ernannte, stieß dies auf breiten Widerstand innerhalb der Bevölkerung. Die anschließenden Zusammenstöße zwischen Demonstranten und dem Militär gingen als „Schwarzer Mai" in die thailändische Geschichte ein: Unter der Führung des ehemaligen Bürgermeisters von Bangkok, Chamlong Srimuang, protestierten rund 200 000 Menschen, die aufgrund ihres zunehmenden Wohlstands als „Handymob" bezeichnet wurden, in den Straßen von Bangkok. Die Massendemonstration eskalierten zu drei Nächte dauernden, gewaltsamen Auseinandersetzungen mit schwer bewaffneten Soldaten, die erst durch den Appell von König Bhumibol in der Nacht zum 20. Mai beendet wurden.

Infolge des „Schwarzen Mais" forderten die Anhänger der Demokratie erneut eine Verfassungsreform. In den 1990er-Jahren dominierte im thailändischen Parlament zumeist die Demokratische Partei, die die Interessen der städtischen Mittelschicht und der Geschäftsleute vertrat. Die größte Unterstützung fand sie in den Ballungsgebieten im Süden, wo die ehemaligen Fischerdörfer längst vom Tourismus und dem Export von Gummi, Zinn und Fisch lebten. Auf der anderen Seite des politischen Spektrums standen die ehemals mit dem Militär verbündeten Politiker in Zentralthailand und die Bewohner der weniger Provinzzentren im landwirtschaftlich geprägten Nordosten, die vor allem an den Finanzspritzen für ihre Regionen interessiert waren. Diese politischen Konfliktlinien bestehen bis heute.

1997 war es mit dem Wirtschaftsboom vorbei und ganz Asien befand sich in der Krise. Thailands Wirtschaft ächzte unter hohen Auslandsschulden, einer Überschuldung des Immobiliensektors und der Abwertung des Baht. In den ersten Monaten der Krise mussten für einen US-Dollar statt 25 bereits 56 Baht bezahlt werden. Der Internationale Währungsfonds sprang ein und stützte die thailändische Währung mit mehr als 17 Mrd. US$, verlangte im Gegenzug aber finanzpolitische und juristische Reformen sowie eine Liberalisierung der Märkte.

Nach der Krise war es für die Demokraten ein Leichtes, wieder an die Macht zu gelangen, doch erwiesen sie sich schnell als unfähig, den weiteren wirtschaftlichen Niedergang aufzuhalten.

Thaksinokratie

Im Jahr 2000 besserte sich die Wirtschaftslage ganz allmählich wieder und anstelle des Militärs beherrschten die Interessen der Geschäftsleu-

Da König Bhumibol anders als seine Vorgänger keinen Job als absoluter Herrscher zu erledigen hatte, suchte er sich eine neue Aufgabe und fand sie in der Stiftung Royal Project Foundation, die seit 1969 notleidenden Bauern hilft. Als ihren größten Erfolg verzeichnet die Stiftung die Ausmerzung des Opiumanbaus durch die Bergvölker im Norden.

1932

Ein unblutiger Staatsstreich beendet die absolute Monarchie, König Prajadhipok (Rama VII.) darf auf dem Thron verbleiben und willigt in eine Konstitutionelle Monarchie ein.

1939

Der englische Name des Landes wird offiziell von Siam in Thailand geändert.

» Die Antwort der Militärs auf die Studentenproteste 1976

AFP/GETTY IMAGES ©

THAKSIN

te wieder die Politik. Der ehemalige Polizist Thaksin Shinawatra, der mit seinen Telekommunikationsunternehmen ein Milliardenvermögen verdient hatte, machte sich den aufkommenden Nationalismus zunutze und gewann mit seiner TRT-Partei (für *Thai Rak Thai*, „Thais lieben Thais") die Parlamentswahlen von 2001. Der selbst ernannte Politikunternehmer löste umgehend seine Wahlversprechen für die ländliche Entwicklung ein, erließ den Bauern ihre Schulden, schuf Kapitalfonds für Dörfer und sorgte für eine günstige medizinische Versorgung.

Dank der Verfassungsreform von 1997, bei der die Position des Ministerpräsidenten deutlich gestärkt worden war, erwies sich seine Regierung als eine der stabilsten in Thailands neuerer Geschichte. Die sich erholende Wirtschaft und sein zupackender, wenn auch autoritärer Führungsstil bescherten ihm 2005 einen überwältigenden Wahlsieg und Thailand de facto eine Einparteienregierung. Thaksins Beliebtheit bei den Arbeitern und der Landbevölkerung kannte keine Grenzen.

Doch nur ein Jahr später wurden Thaksin Machtmissbrauch und Interessenkonflikte vorgeworfen, besonders im Zusammenhang mit dem Verkauf seines Familienunternehmens Shin Corporation an die Regierung von Singapur. Den Deal im Wert von 1,88 Mrd. US$ musste er nicht versteuern – als Rechtsgrundlage diente ein neues Telekommunikationsgesetz, an dessen Ausarbeitung er maßgeblich beteiligt gewesen war. Nach Massendemonstrationen in Bangkok, bei denen seine Amtsenthebung gefordert wurde, setzte ihn das Militär am 19. September 2006 in einem unblutigen Staatsstreich ab. Thaksin ging ins Exil, seine TRT-Partei wurde per Gerichtsbeschluss aufgelöst und die führenden Mitglieder durften fünf Jahre lang politisch nicht in Erscheinung treten. Wie versprochen hielt die provisorische Regierung im Dezember Neuwahlen ab, um dem Land wieder eine bürgerliche Regierung zu geben. Der Wahlausgang enttäuschte jedoch sowohl das Militär als auch die Ober- und Mittelschicht in Bangkok: Die politischen Anhänger von Thaksin gewannen die Mehrheit der Stimmen und bildeten die neue Regierung unter Führung von Samak Sundaravej.

Erneut kam es zu Demonstrationen, diesmal gegen die Thaksin-treue Regierung unter der Führung von Chamlong Srimuang, einem Aktivisten des „Schwarzen Mai" und ehemaligen Gouverneur von Bangkok, und Sondhi Limthongkul, einem langjährigen politischen und wirtschaftlichen Gegner von Thaksin. Die Anhänger der Gegenbewegung, der People's Alliance for Democracy (PAD), wurden als „Gelbhemden" bezeichnet, da sie die Farbe Gelb als Ausdruck ihrer royalistischen Gesinnung trugen: Gelb ist die Farbe des Wochentages, an dem König Bhumibol geboren wurde. Sie behaupteten u. a., dass Thaksin Ambitionen auf den Thron gehegt habe oder zumindest die königliche Erbfolge habe unterbrechen wollen.

Thaksin war der erste Ministerpräsident Thailands, der eine volle Amtszeit von vier Jahren absolvierte.

Prem Tinsulanonda war bis zu seinem Tod der Chef des Geheimen Rats von König Bhumibol. Er gilt als Urheber des Putsches von 2006.

1941	**1945**	**1946**	**1957**
Im Zweiten Weltkrieg werden Bangkok und einige angrenzende Gebiete von japanischen Truppen besetzt.	Am Ende des Zweiten Weltkriegs verzichtet Thailand auf die zwischen 1941 und 1945 eroberten Gebiete in Laos, Kambodscha und Malaysia.	König Bhumibol Adulyadej (Rama IX.) besteigt den Thron, Thailand wird Mitglied der Vereinten Nationen.	Mit dem Staatsstreich von Sarit Thanarat beginnt die Herrschaft des Militärs, die bis 1973 andauern wird.

Im September 2008 enthob das Verfassungsgericht Samak Sundaravej wegen eines Formfehlers seines Amtes: Als Amtsträger moderierte er eine Kochsendung im Fernsehen, worin das Gericht einen Interessenkonflikt sah. Den Gelbhemden ging das aber nicht weit genug. Im November 2008 besetzten sie eine Woche lang die beiden größten Flughäfen Thailands, Suvarnabhumi und Don Muang. Schließlich inszenierte das Militär stillschweigend einen Staatsstreich und erwirkte noch einen Gerichtsbeschluss, der Thaksins Marionetten weiter schwächte. Mit der Bildung von Koalitionen in letzter Minute schaffte es der Demokrat Abhisit Vejjajiva schließlich, die Mehrheit der Parlamentsabgeordneten auf sich zu vereinen und sich zum 27. Ministerpräsidenten Thailands vereidigen zu lassen.

Freilich dauerte es nicht lange, bis sich Thaksins Anhänger ihrerseits organisierten und die *United Front for Democracy Against Dictatorship* bildeten, besser bekannt als die „Rothemden". In ihren Reihen fanden sich vor allem Thais aus dem Norden und Nordosten, aber auch Putsch-Gegner, Aktivisten für die Demokratie und eingefleischte Thaksin-Anhänger. Es herrschte eine Art Klassenkampf, denn einige Rothemden bekannten sich offen zu ihrer totalen Ablehnung der Aristokratie. Die heftigste Demonstration der Roten ereignete sich 2010, nachdem das höchste thailändische Gericht Thaksin des Machtmissbrauchs während seiner Regierungszeit für schuldig befunden und die Beschlagnahmung von 46 Mrd. US$ aus dessen Vermögen angeordnet hatte. Die Rothemden besetzten zwei Monate lang die zentralen Einkaufsstraßen in Bangkok. Sie forderten die Absetzung der Regierung und Neuwahlen. Da Opposition und Regierung keinen Kompromiss finden konnten, vertrieb das Militär die Demonstranten im Mai 2010 mit Gewalt. Bei den blutigen Zusammenstößen starben 91 Menschen, Teile der Innenstadt gingen in Flammen auf; der Schaden durch Brandstiftung wird auf 1,5 Mrd. US$ geschätzt.

Bei den Parlamentswahlen 2011 wendete sich das Blatt erneut (und wahrscheinlich nicht zum letzten Mal): Die Thaksin politisch nahestehende Partei Puea Thai gewann die Mehrheit der Mandate und Thaksins Schwester Yingluck Shinawatra wurde zur Premierministerin gewählt. Weitere Infos zu Yingluck gibt's auf S. 758.

Ärger im äußersten Süden

Seit 2001 führen muslimische Separatisten in den südlichsten Provinzen Pattani, Narathiwat und Yala einen wenig beachteten Kleinkrieg gegen die Zentralregierung. Diese drei Provinzen bildeten einst das historische Königreich Pattani, bis es von der Chakri-Dynastie erobert wurde. Unter König Chulalongkorn wurde die traditionelle Führungselite durch Beamte der Zentralregierung und Bürokraten aus Bangkok

1959	**1965**	**1968**	**1973**
Die erste thailändische Tourismusbehörde wird geschaffen.	Im Vietnamkrieg erlaubt Thailand den USA die Einrichtung von Militärstützpunkten.	Thailand ist Gründungsmitglied des Verbands Südostasiatischer Nationen (ASEAN).	Thailändische Studenten, Arbeiter und Bauern demonstrieren gemeinsam für die Wiedereinsetzung einer demokratischen Regierung.

ersetzt. Zur Politik, während des Zweiten Weltkriegs einen thailändischen Nationalstaat zu formen, gehörte es auch, den Vielvölkerstaat in eine einheitliche, homogene, thailändisch-buddhistische Gesellschaft zu verwandeln. Im äußersten Süden formierte sich dagegen Widerstand in Form einer separatistischen Bewegung, die für die Unabhängigkeit von Pattani kämpfte. Die Politik der Assimilierung wurde in den 1980er- und 1990er-Jahren schließlich aufgegeben und der damalige Ministerpräsident Prem sicherte den Muslimen seine Unterstützung im Kampf für ihre kulturellen Rechte und religiöse Freiheit zu. Außerdem bot er eine Amnestie für die bewaffneten Aufständischen an und erließ einen Plan für die wirtschaftliche Entwicklung der traditionell armen Region.

Die Thaksin-Regierung indes verfolgte einen anderen Ansatz für diese Region, die in puncto Wirtschaft und Bildungsniveau bis heute zu den rückständigsten des Landes zählt. Die nunmehr stärker ausgeübte Kontrolle durch die Zentralregierung wurde als der kaum verschleierte Versuch betrachtet, in diese traditionelle Hochburg der Demokratischen Partei einzubrechen. Tatsächlich gelang es, die Beziehungen zwischen der regionalen Elite, den Wählern im Süden und den Demokraten, die sie als ihre Vertreter ins Parlament entsandt hatten, zu lockern. Doch

ÄRGER AN DER TEMPELFRONT

Der ehemalige Khmer-Tempel Khao Phra Wihan (oder „Preah Vihear" auf Kambodschanisch, s. S. 472) wurde 2008 auf Antrag von Kambodscha in die Liste des Unseco-Weltkulturerbes aufgenommen. Über den abgelegenen, scheinbar unbedeutenden Tempel kommt es schon seit Jahren zu Streitigkeiten zwischen Thailand und Kambodscha. Der Internationale Gerichtshof entschied bereits 1969, dass der Tempel zu Kambodscha gehört, doch bis heute beanspruchen beide Länder das 4,6 km² große Gebiet rund um die Anlage für sich. Nachdem die Unesco ihre Entscheidung bekanntgegeben hatte, wurden immer wieder Truppen an die Grenze entsandt, die sich gelegentlich auch Feuergefechte lieferten.

Im Vorfeld der Parlamentswahlen in Thailand nahmen die Spannungen an der Grenze 2011 wieder zu, auch weil der Konflikt als Mittel zum Zweck diente: So wird dem kambodschanischen Ministerpräsident Hun Sen, der als politischer Freund Thaksins gilt, vorgeworfen, die territorialen Streitereien zu benutzen, um die Regierung unter Premier Abhisit zu schwächen. Die Gegner Thaksins wiederum wurden beschuldigt, den Streit als nationalistischen Keil zwischen die Anhänger des im Exil lebenden Expremiers. Mit dem Wahlsieg der Partei Puea Thai scheint der Zwist (vorerst?) an Schärfe verloren zu haben. Immerhin endete das Treffen eines thailändisch-kambodschanischen Grenzkomitees im Jahre 2011 mit einer offiziellen Erklärung über eine künftige Zusammenarbeit.

1976	**1979**	**1980**	**1984**
Das Militär schlägt die Studentenproteste gewaltsam nieder; in der Folge geht die kommunistische Nationale Befreiungsarmee in den Untergrund.	Nach drei Jahren Militärherrschaft werden wieder Parlamentswahlen durchgeführt.	Die Regierung von Prem Tinsulanonda schwächt die Bewegung der aufständischen Kommunisten und findet schließlich eine politische Lösung.	Rote Khmer fliehen nach Thailand. An der Nordostgrenze kommt es in der Folge zu schweren Auseinandersetzungen mit kambodschanischen Truppen, die von Vietnam unterstützt werden.

dabei ließ man die sensible und stark verwurzelte muslimische Kultur des äußersten Südens außer Acht. 2002 löste die Regierung die alte Inspektionsbehörde und die unter Leitung der Armee stehende Grenzsicherungsbehörde aus Bürgern, Polizei und Militär auf. Doch gerade diese Einheit war der viel gerühmte Garant für Frieden und Stabilität in der Region und sicherte zudem die Kommunikation zwischen der thailändischen Regierung und den Muslimen im Süden. An ihrer Stelle übernahm die thailändische Provinzpolizei die Verantwortung für die Sicherheit, doch fehlte ihr von Anfang an die moralische Autorität und die Unterstützung durch die einheimische Bevölkerung. So ging die Zentralregierung 2004 erbarmungslos gegen Demonstrationen vor, die schließlich zu den Massakern in der Moschee Krue Se und in Tak Bai führten, bei denen insgesamt mindestens 180 Muslime ums Leben kamen, die meisten von ihnen unbewaffnete Zivilisten. 2005 wurde das Kriegsrecht über das Gebiet verhängt.

Man war allgemein davon ausgegangen, dass der von einem muslimischen Thai-General verübte Putsch von 2006 der Gewalt im Süden ein Ende setzen könnte – doch dem war nicht so. Das Bomben und Morden fand kein Ende und noch heute ist die Gegend Sperrgebiet.

Weitere Infos über den Konflikt im äußersten Süden Thailands gibt's im Kasten auf S. 652.

GESCHICHTE & POLITIK POLITIK

Politik
Regierung

In dem politischen Drama, das sich seit dem Staatsstreich von 2006 in Thailand abspielt, geht es auch um die ewig aktuelle Frage, wie die Legislative zu gestalten ist und wer letztendlich den größeren Anteil an der Macht bekommt. Die Nationalversammlung, also das thailändische Parlament, besteht aus zwei Kammern, dem Repräsentantenhaus und dem Senat. Von den derzeit insgesamt 630 Abgeordneten wird ein Teil direkt gewählt, der andere Teil durch Verhältniswahl nach der Parteienzugehörigkeit entsandt. Der Anteil der direkt gewählten Abgeordneten ändert sich mit jeder neuen Verfassung. Die „Verfassung des Volkes" von 1997 sieht vor, dass alle Abgeordneten in beiden Kammern direkt vom Volk gewählt werden. Dies ebnete Thaksin und seiner populären Partei Thai Rak Thai den Weg zur fast vollständigen Machtübernahme. Das Militär und die Eliten haben diese Macht des Volkes wieder in die Schranken gewiesen, was oft damit begründet wird, dass echte demokratische Vertretung in Thailand nicht funktioniert.

Bei den Wahlen geben die Thais je eine Stimme für einen Kandidaten ihres Wahlkreises und für die von ihnen gewünschte Partei ab. Aus diesen Stimmen werden die direkt gewählten Abgeordneten und die über den Stimmenanteil der jeweiligen Partei gewählten Vertreter ermittelt. Das Repräsentantenhaus wählt dann den Ministerpräsidenten, in der

1988	1991/92	1997	2001
Chatichai Choonhavan wird der erste gewählte Premierminister seit 1976; Aufnahme von Handelsbeziehungen mit Staaten Indochinas.	General Suchinda versucht sich an die Macht zu putschen, König Bhumibol interveniert, um nach den Protesten im „Schwarzen Mai" einen Bürgerkrieg zu verhindern.	Die Wirtschaftskrise in den Tigerstaaten trifft auch Thailand. Die historische „Volksverfassung" wird verabschiedet.	Der in der Telekommunikations zum Millardär aufgestiegene Thaksin Shinawatra wird zum Ministerpräsidenten gewählt.

Die 1946 gegründete Demokratische Partei (Phak Prachathipat) ist die am längsten existierende politische Partei Thailands.

Regel ist dies der Vorsitzende der Mehrheitspartei. Nach der derzeitigen Verfassung kann nur ein ins Parlament gewählter Abgeordneter Regierungschef werden.

In Thailand besteht Wahlpflicht für alle Wahlberechtigten ab 18 Jahren; die Mitglieder der Geistlichkeit dürfen nicht wählen. Die Beteiligung an landesweiten Wahlen hat seit der Jahrtausendwende kontinuierlich zugenommen und betrug bei den Wahlen 2007 stolze 78 %. Bei jeder Wahl wird traditionell der Vorwurf des Stimmenkaufs erhoben. Gerüchten zufolge sollen Parteifunktionäre der unteren Ebenen tatsächlich in den Dörfern unterwegs sein und die Leute für das Versprechen bezahlen, sie zu wählen. Manchmal nehmen die Dorfbewohner das Geld von mehreren rivalisierenden Parteien und behaupten, sich bei der Stimmabgabe nicht beeinflussen zu lassen.

Auf den Stimmzetteln können die Wähler auch „Nein" ankreuzen, wenn sie keinen der Kandidaten wählen möchten. Es ist auch durchaus üblich, den Stimmzettel „ungültig" zu machen, indem man etwas darauf schreibt oder ihn unleserlich macht. Bei den Wahlen 2005 enthielten viele der ungültigen Stimmzettel Thaksin-feindliche Botschaften.

Medien

Die Regierungen Südostasiens halten normalerweise nicht viel von der Pressefreiheit, doch Thailand hat sich diesem Trend in den 1990er-Jahren oft widersetzt. In der Verfassung von 1997 wurde die Pressefreiheit sogar garantiert, wenn auch mit recht großen Schlupflöchern. Mit dem

ZEICHEN DER WAHL

Immer wenn Wahlen anstehen, pflastern die Kandidaten Straßenränder und Strommasten mit Wahlplakaten und Symbolen zu. Posiert der Kandidat auf traditionellen Plakaten noch mit ernster Miene in offizieller Uniform, so geht der Trend doch zu werbeähnlichen Auftritten mit griffigen Slogans und plastischer Bildersprache.

Als Trendsetter erwies sich einmal mehr der ehemalige Bordellbesitzer und politische Quereinsteiger Chuwit Kamolvisit, der 2011 die Wähler mit seiner Kampagne des „Wütenden Mannes" überzeugen konnte. In Werbeanzeigen brachte er mit Grimassen und wutverzerrtem Gesicht seinen Ärger und Frust über die Regierung zum Ausdruck. (Eine seiner ersten Amtshandlungen bestand übrigens darin, ein illegales Spielcasino in Bangkok auffliegen zu lassen, das von einem ranghohen Polizeibeamten geführt wurde.)

Während Anwohner sich beklagen, die Wahlplakate würden den Verkehr behindern, reiben sich die Macher angesichts gut gehender Geschäfte die Hände. Grundsätzlich sind alle Plakate anfällig für Vandalismus und Diebstahl; besonders beliebt sind jene aus Kunststoff, die gerne als Sonnenschutz oder Flicken für Dächer dienen.

2004	2006	2008	2008
Ein verheerender Tsunami fordert in Thailand mehr als 5000 Todesopfer und zerstört Tourismus- und Fischereiindustrie. Im äußersten Süden kommt es wieder zu Aufständen der Muslime.	König Bhumibol feiert sein 60-jähriges Thronjubiläum. Die Regierung von Ministerpräsident Thaksin wird gestürzt, er geht ins Exil.	Auf Antrag von Kambodscha wird der Phra Wihan ins Weltkulturerbe der Unesco aufgenommen, an der Grenze kommt es erneut zu Spannungen mit Thailand.	Die „gelben" royalistischen Aktivisten besetzen die internationalen Flughäfen von Bangkok, die eine Woche lang geschlossen bleiben.

Aufstieg des Telekommunikations-Milliardärs Thaksin Shinawatra zu Beginn des neuen Jahrtausends war es mit der Herrlichkeit aber schon wieder vorbei. Nachdem Thaksin Ministerpräsident geworden war und seine Partei die Mehrheit im Parlament errungen hatte, sah sich die Presse wieder der gleichen Zensur und Einschüchterung ausgesetzt wie zuletzt unter der Militärdiktatur in den 1970er-Jahren. Die Regierung strengte eine unendliche Zahl von Verleumdungsklagen gegen Privatpersonen, Medien und Verlage an, die es wagten, unangenehme Wahrheiten über die Thaksin-Regierung zu veröffentlichen.

Nachdem Thaksin 2006 aus dem Amt gejagt worden war, wurde die Pressefreiheit zwar wieder in der neuen Verfasung verankert, bestand jedoch nur auf dem Papier. Presse und Medien hatten weiterhin unter massiver Einschüchterung, einer Klagewelle und körperlichen Übergriffen zu leiden. Im Rahmen der Notstandsgesetze, die nach dem Putsch in Kraft traten, wurden zusätzliche Vollmachten zur Gewährleistung der nationalen Sicherheit erlassen, die auch oft gegen die Presse eingesetzt wurden.

Die Einschüchterung der Presse wird in Thailand durch den Straftatbestand der Majestätsbeleidigung begünstigt. Ein Angriff auf die Würde des Königs oder der Monarchie wird mit einer Gefängnisstrafe von drei bis 15 Jahren bestraft! Oft üben sich die Medien in Bezug auf die Monarchie deshalb in Selbstzensur, ob aus Respekt vor der Krone oder aber mehr noch aus Angst davor, dass der politische Gegner sie wegen Majestätsbeleidigung anzeigen könnte.

Die Zahl der Prozesse wegen Majestätsbeleidigung stieg seit 2006 deutlich an. Betroffen waren vor allem politische Gegner, aber auch Journalisten und einfache Zivilisten. So wurde ein thailändischer Facebook-Nutzer angeklagt, weil er einen negativen Kommentar über den König gepostet hatte. Ein im Ausland lebender Thai wurde angezeigt, weil er Übersetzungen eines verbotenen Buches über den König in seinem Blog veröffentlicht hatte. Publikationen, in denen nach Meinung der Regierung die Monarchie in wenig schmeichelhaftem Licht erscheint, werden oft verboten. Seit 2006 wurden selbst mehrere kritische Ausgaben des *Economist* verboten. Das Internet wird zensiert – Tendenz steigend – und die „roten" (d.h. Thaksin-freundlichen) Radiosender im Nordosten wurden von der Regierung abgeschaltet.

2010

Die „roten" Thaksin-freundlichen Aktivisten besetzen zwei Wochen lang die Innenstadt von Bangkok, bei der Niederschlagung durch das Militär kommen 91 Menschen ums Leben.

2011

Die Partei Puea Thai gewinnt die Parlamentswahlen, Thaksins Schwester Yingluck Shinawatra wird erste Premierministerin Thailands.

DREAMSTIME ©

» „Rote" Demonstranten in Bangkok

>

Bevölkerung & Kultur

Thailands nationale Identität legt sich wie ein Mantel, der alle vereint, über die ethnischen und regionalen Unterschiede, die durch eine lange Migrationsgeschichte und die geografische Nähe zu Nachbarn anderer ethnischer Gruppen entstanden sind.

Thailands Demografie

» Bevölkerung: 66,7 Mio.

» Geburtenrate: 1,6

» Bevölkerungsanteil der Menschen über 65 Jahre: 9,2 %

» Urbanisierungsrate: 34 %

» Lebenserwartung: 73 Jahre

Volksgruppen

Etwa 75 % der Bevölkerung Thailands gehören der Gruppe der Thais an. Bei oberflächlicher Betrachtung könnte man einen Eindruck ethnischer Homogenität gewinnen, es existieren jedoch subtile regionale Unterschiede. In den zentralen Ebenen (Chao-Phraya-Tal) haben die Siam-Thais das Land durch ihre historischen Königreiche vereint und so ihre Sprache und Kultur verbreitet. Heute gilt der Dialekt Zentralthailands als „Hochthailändisch", und die Einheitskultur wird von Bangkok aus durch die Medien und das Bildungssystem in alle Teile des Landes getragen.

Der Nordosten (Isan) hebt sich seit jeher vom Rest des Landes ab. Hier bestehen engere ethnische und kulturelle Verbindungen zu Laos und dem Volk der Thai Lao. Auch der Isan-Dialekt unterscheidet sich von dem in Zentralthailand, und die Menschen hier hängen einem anderen Volksglauben an. Selbst in den lokalen Zutaten für *sôm·đam* (scharfer Papayasalat) zeigen sich diese kulturellen Unterschiede: Der Lao-*sôm·đam* wird mit Reisfeldkrabben zubereitet, die Standardvari-

DER UNSICHTBARE BIRMANE

Aufgrund des nach wie vor dysfunktionalen Staates Myanmar fliehen immer mehr Birmanen ins benachbarte Thailand. Etwa 150 000 Menschen sind bisher als politische oder ethnische Flüchtlinge in das Königreich eingewandert, aber die große Mehrheit sind Wirtschaftsmigranten (geschätzte 2 bis 3 Mio., auch wenn nur knapp die Hälfte von ihnen erfasst ist). Sie verrichten die niederen Arbeiten – in der Fischverarbeitung, auf dem Bau oder als Dienstpersonal und Farmarbeiter –, die früher von ungelernten Thais aus dem Nordosten ausgeführt wurden. Teilweise sind die Thais der Überzeugung, dass das Land diese importierten Arbeitskräfte braucht, da die Bevölkerung schneller altert, als sie nachwächst.

Allerdings hat sich die Regierung dieser neuen Immigrantensituation längst nicht so schnell angenommen wie der private Sektor. Da viele birmanische Einwanderer illegal im Land leben und arbeiten, müssen sie sich in ausbeuterische Arbeitsverhältnisse ergeben, die viele Aktivisten als moderne Sklaverei bezeichnen. Die Birmanen können nicht zurück nach Hause, weil sie dort vom Militärregime verfolgt werden würden, und sie können sich in Fällen von Ausbeutung am Arbeitsplatz auch nicht an die thailändischen Behörden wenden, da sie dann mit einer Abschiebung rechnen müssen.

In der Regel gehört der Lebensstandard der Bergvölker zu den niedrigsten in Thailand. Auch wenn es verlockend wäre, ihren Lebensstandard mit ihrer traditionellen Lebensweise in Zusammenhang zu bringen, ist ihre Situation in den meisten Fällen jedoch darauf zurückzuführen, dass sie nicht im Besitz der thailändischen Staatsbürgerschaft sind. Ohne sie haben sie nicht das Recht, Land zu besitzen, ihre Kinder zur Schule zu schicken, einen Mindestlohn zu verdienen oder die Gesundheitsvorsorge in Anspruch zu nehmen. In den letzten Jahrzehnten wurden an einige Mitglieder der Bergvölker thailändische Ausweiskarten ausgegeben, die ihnen den Zugang zu nationalen Programmen ermöglichen (zumindest theoretisch, da öffentliche Schulen und eine Gesundheitsvorsorge für viele Familien aufgrund zusätzlicher Gebühren trotzdem unerschwinglich bleiben). Andere Bergvolkfamilien haben Aufenthaltsbescheinigungen erhalten, die ihnen das Reisen außerhalb eines bestimmten Bereichs verbieten und damit den Zugang zu Jobs in der mobilen, modernen Gesellschaft begrenzen.

Darüber hinaus hat die thailändische Regierung eine 30-Jahre-Politik zur Umsiedlung der Bergvölker beschlossen, durch die oft ganze Dörfer aus fruchtbaren Gegenden auf unfruchtbares Land umziehen müssen. Dadurch werden die Stämme von einem funktionierenden Selbstversorgungssystem abgetrennt, in dem ihre Stammessitten weiterleben konnten, und in ein Marktsystem verpflanzt, mit dem sie nicht mithalten können und das die Lebensweise ihres Volkes zerstört.

In den vergangenen Jahren hat sich auch die Ausweitung des Tourismus auf die Bergregionen im Norden zu einer immer größeren Bedrohung für die Unabhängigkeit der Bergvolkdörfer entwickelt. Spekulanten aus der Stadt kaufen den Bauern der Bergvölker Land zu meist eher nominellen Preisen ab, nur um es dann wieder zu verkaufen – normalerweise an Resorts und für sehr viel höhere Summen, sofern sie einen Eigentumsnachweis vorlegen können (in vielen Fällen ist der Bergbauer nicht im Besitz der Landrechte und hat eine äußerst schlechte Verhandlungsposition, wenn Interessanten auf ihn zukommen). Oft zieht der umgesiedelte Farmer mit seiner Familie anschließend in die Stadt, verliert die Verbindung zur ländlichen Lebensweise seines Stammes und hat für ein erfolgreiches Leben in der Gesellschaft des Tieflandes nicht die nötigen Ressourcen.

ante mit Erdnüssen. In den nordöstlichen Provinzen, die an Kambodscha grenzen, ist der Einfluss der Khmer offensichtlich – in historisch turbulenten Zeiten flohen zahlreiche Familien über die Grenze. Die Suay, ein Minderheitenstamm in der Nähe von Surin und Khorat (Nakhon Ratchasima), sind traditionell Elefantentreiber. Aufgrund der steten Ausweitung des Elefantentourismus haben sich viele Suay auf der Suche nach einem Job in anderen Teilen des Landes angesiedelt.

Das Volk der Thai Pak Tai übt den kulturell wichtigsten Einfluss im Süden aus. Ihr Dialekt ist ein wenig schneller als Hochthailändisch, die Currys sind entschieden schärfer, und dank der geografischen Nähe zu Malaysia und des – historisch bedingt – hohen muslimischen Bevölkerungsanteils ist hier auch der muslimische Volksglaube stärker in die regionale Kultur eingebettet.

Wenn man Thailands Grenzen anhand seiner ethnischen Gruppen und Kulturen neu ziehen müsste, würde sich Nordthailand mit Teilen Südchinas und des nördlichen Myanmars vereinen. Als ursprüngliche Heimat des Volkes der Tai gilt die Yunnan-Region in China. Es existieren außerdem zahlreiche Untergruppen, darunter auch die Shan (ethnisch gesehen Cousins der Thais, die sich im Hochland Burmas ansiedelten) und die Tai Lü (die in den Provinzen Nan und Chiang Rai und im vietnamesischen Hochland zu Hause sind).

Menschen chinesischer Abstammung – Hakka, Teochew, Han-Chinesen oder Kantonesen der zweiten oder dritten Generation – stellen

Viele NROs in Chiang Mai und Chiang Rai arbeiten mit Gemeinden der Bergstämme zusammen, um ihnen Bildung, eine Gesundheitsvorsorge und rechtlichen Beistand zu ermöglichen. Die Mirror Foundation (http://themirror foundation.org/cms) und die Association for Akha Education (www.akhathai.org) sind zwei langjährige NROs, die auch auf Freiwilligenarbeit setzen.

Das Tribal Research Institute in Chiang Mai hat zehn verschiedene Bergvölker identifiziert, aber möglicherweise existieren an die 20. Die Bergvölker integrieren sich immer weiter in die thailändische Bevölkerung, und viele der alten Sitten und Gebräuche gehen allmählich verloren.

14 % der Bevölkerung. In Bangkok und den nahen Küstenregionen leben viele Einwanderer aus China, die von Anfang bis Mitte des 20. Jhs. aufgrund der besseren beruflichen Aussichten ins Land kamen. In Nordthailand leben außerdem zahlreiche muslimische Hui-Chinesen, die Ende des 19. Jhs. aus Yunnan einwanderten.

China und Thailand sind seit Langem durch Handel, Migration und kulturelle Gemeinsamkeiten verbunden. Viele chinesische Familien haben in thailändische eingeheiratet und traditionelle chinesische Bräuche in die thailändische Leitkultur eingeflochten. Im Lauf der Geschichte wurden die Töchter wohlhabender Chinesen immer wieder mit Mitgliedern des thailändischen Hofes verheiratet, wodurch royale Verbindungen und eine chinesische Blutlinie entstanden, die bis zum heutigen König reicht. Die Handelszentren der meisten thailändischen Städte sind fest in den Händen thai-chinesischer Familien, und in vielen Orten des Landes werden chinesische Feste gefeiert, etwa das alljährliche Vegetarierfest.

Die zweitgrößte ethnische Minderheit sind die Malaien (4,6 %), die meist in den Provinzen im tiefen Süden leben. Zu den verbleibenden ethnischen Minderheiten, die nur einen sehr geringen Bevölkerungsanteil stellen, gehören auch die nicht thaisprachigen Gruppen der Vietnamesen, Khmer, Mon, Semang (Sakai), Moken (*chow lair*, auch *chao leh* geschrieben; „Menschen des Meeres" oder „Meereszigeuner"), Htin, Mabri und Khamu sowie verschiedene Bergstämme. In Bangkok und einigen weiteren Provinzen lebt außerdem eine kleine Anzahl europäischer und anderer nicht-asiatischer Ausländer.

Bergvölker

Die ethnischen Minderheiten in den Bergregionen Nordthailands werden oft als „Bergvölker" oder, in der thailändischen Umgangssprache, als *chow kŏw* („Bergmenschen") bezeichnet. Jeder Bergstamm hat eine eigene Sprache, eigene Bräuche und Trachten und einen eigenen Glauben.

Das Stammesmuseum in Chiang Mai bietet einen Einblick in den historischen und kulturellen Hintergrund der Bergvölker des Landes.

Die meisten von ihnen haben halbnomadische Wurzeln und sind im Laufe der letzten 200 Jahre aus Tibet, Myanmar, China und Laos eingewandert. Da sie weder den Industriemächten noch den Entwicklungsländern angehören, werden sie als Menschen der „Vierten Welt" bezeichnet. Sie ziehen seit jeher über die Landesgrenzen und müssen häufig vor der Unterdrückung durch andere Kulturen fliehen, und dabei spielt die jeweilige nationale Identität für sie keine Rolle.

Sprache und Kultur definieren die Grenzen ihrer Welt. Einige Gruppen stecken irgendwo zwischen dem 6. und dem 21. Jh. fest, während andere sich allmählich der modernen Lebensweise anpassen. Viele Stammesangehörige ziehen inzwischen in die Tiefebenen, da die Bergregionen immer weiter abgeholzt werden.

Akha (I-kaw)

Angehörige: 70 000
Herkunft: Tibet
Leben heute in: Thailand, Laos, Myanmar, Yunnan
Wirtschaft: Trockenreis, Mais, Bohnen, Paprika
Glaube: Animismus mit Schwerpunkt auf Ahnenkult; einige Gruppen sind Christen
Kulturelle Besonderheiten: Die Akha gehören zu den ärmsten ethnischen Minderheiten in Thailand. Die meisten Angehörigen dieser Gruppe leben in den Provinzen Chiang Mai und Chiang Rai, auf Bergkämmen oder an steilen Hängen in 1000 bis 1400 m Höhe. Sie gelten als geschickte Bauern, werden von der Regierung jedoch oft aus den landwirtschaftlich nutzbaren Gebieten umgesiedelt. Die berühmte Schaukel-

(Fortsetzung auf S. 789)

Feste & Events

Wer Thailands althergebrachte Traditionen näher kennenlernen will, muss unbedingt ein Fest besuchen, sei es eine Parade in der Provinz oder ein im ganzen Land begangenes Volksfest. Außerdem bieten Feste den Thais eine gute Ausrede, um ihren beiden Lieblingsbeschäftigungen zu frönen: sich zu treffen und zu essen (was sich ja gegenseitig nicht ausschließt).

Loi Krathong Festival (S. 418), Chiang Mai

FELIX HUG/LONELY PLANET IMAGES ©

Top-Feste

Thailands Feste sind lebhafte Angelegenheiten, bei denen Religion und Kultur auf die Straße getragen werden. Traditioneller Tanz und Musik sind immer dabei, und manche alten Bräuche erfahren auch moderne Anpassungen.

Loi Krathong

1 Bei dem tollen Fest wird die Nacht im ganzen Land durch Boote erleuchtet, die mit Blumen und brennenden Kerzen geschmückt sind. Die Gaben sind der Dank an die Flussgötter. Sukhothai (S. 418) ist berühmt für diese Tradition.

Vegetarian Festival

2 Die neuntägige Fleischabstinenz wurde von chinesischen Immigranten übernommen und wird besonders in Bangkok und anderen Städten mit vielen chinesischen Einwohnern begangen. An Verkaufsständen mit gelben Bannern gibt es Gerichte auf Sojabasis. In Phuket wird das Fest (S. 687) mit einer Parade der Selbstkasteiung verbunden.

Langbootrennen

3 In alten Zeiten ruderten bis zu 50 Männer ein Langboot bei den Rennen am Ende der Regenzeit (Ork Phansaa). Ein Überbleibsel dieser Ära ist das Internationale Schwanenbootrennen (S. 178) in Ayutthaya.

Hua Hin Jazz Festival

4 Um das Interesse des Königs am Jazz zu ehren, versammeln sich heimische und internationale Ensembles zu Jam-Sessions am Strand. Musikfans strecken sich auf einer Matte aus und lauschen (S. 567).

Kerzenfest in Ubon Ratchathani

5 Während Khao Phansa spenden die Gläubigen den Tempeln Dinge wie Kerzen. In Ubon Ratchathani wurden daraus riesige Wachsskulpturen, die in einer Parade durch die Stadt getragen werden (S. 475).

Von links oben im Uhrzeigersinn
1. Aufsteigende Himmelslaternen an Loi Krathong, Chiang Mai **2.** Selbstkasteiung während des Vegetarian Festivals, Phuket **3.** Langbootrennen an Ork Phansaa, Sakon. Nakhon **4.** Hua Hin Jazz Festival

PAUL KENNEDY/LONELY PLANET IMAGES ©

ANDREW WATSON/LONELY PLANET IMAGES ©

Songkran

Jede Menge Wasser kündigt Mitte April das traditionelle Neujahrsfest der Thais an. Es ist eine Zeit der Reinigung, der Erneuerung und der mit gefüllten Wassertonnen beladenen Lkws, von denen aus alle mit Wasser begossen werden.

Ursprünglich war das berühmteste Fest Thailands keine Wasserschlacht. Es war ein stilles Fest der Hausreinigung, der guten Vorsätze und der Tempelfeiern. Traditionell wurde der wichtigste Buddha des Tempels in einer Zeremonie gebadet, häufig fuhr man ihn zu diesem Zweck auch durch die Straßen, damit die Gläubigen ihn pflichtbewusst mit Wasser begießen konnten. Übrigens ist das Begießen mit Wasser (nicht als Wasserschlacht) in Südostasien und in Teilen Chinas ein häufiger Bestandteil der Neujahrsfeiern. Im Anschluss werden den älteren Familienmitglieder kleine Wassermengen über die Hände gegossen oder Freunde damit bespritzt, um ihnen Glück zu wünschen.

Man kann sich leicht vorstellen, wie der Brauch, sich mit Wasser zu begießen, im Lauf der Zeit zu einer feuchtfröhlichen, alles durchnässenden Party mutierte. Man sagt, das Glück bemisst sich daran, wie begossen (nicht betrunken!) man ist. All diese umherstreifenden, wasserschleudernden Banden möchten also für das kommende Jahr nur soviel Glück wie möglich wünschen.

BESTE ORTE ZUM MITFEIERN

» **Bangkok** (S. 109) Ernsthafte Wasserschlachten finden in der Th Khao San statt.

» **Chiang Mai** (S. 282) Entlang des Festungsgrabens wird man nass und kann andere nass machen.

» **Ayutthaya** (S. 178) und **Sukhothai** Friedliche und traditionelle Versionen für Songkran-Puristen.

Im Uhrzeigersinn von links oben

1. Spaß in Bangkok **2.** Mädchen eines Bergvolks bei einer Songkran-Zeremonie, Wat Phra That Doi Suthep, Chiang Mai **3.** Weihrauch- und Kerzengaben während der Songkran-Feiern in Sanam Luang, Bangkok

2

KYLIE MCLAUGHLIN/LONELY PLANET IMAGES ©

RICHARD I'ANSON/LONELY PLANET IMAGES ©

1

TOM COCKREM/LONELY PLANET IMAGES ©

4

AWPHOTO/ALAMY ©

CREDIT/LONELY PLANET IMAGES ©

ANDREW WATSON/LONELY PLANET IMAGES ©

Buddhistische Fastenzeit

Die Zeit von Juli bis Oktober ist eine der heiligsten Perioden im buddhistischen Kalender und fällt mit der Regenzeit zusammen. Sie gilt als Zeit der Besinnung, der Meditation und der religiösen Bräuche.

Khao Phansa (buddhistische Fastenzeit) beginnt am ersten Tag des abnehmenden Mondes im achten Monat des thailändischen Mondkalenders. Das ist traditionell die Zeit, in der junge Männer für eine Zeit ins Kloster gehen, um Verdienste für ihre Familie zu erwerben und Reife für sich selbst. Diese Zeit wird auch als Regenzeitklausur bezeichnet, während der die Mönche in ihre Klöster zurückkehren. Diese Praxis geht auf die Zeit des historischen Buddha zurück, als die Mönche Wanderprediger waren und das schlechte Wetter Reisen erschwerte. Außerdem begann mit dem Regen die Pflanzzeit und die Aussaat sollte nicht zertrampelt werden.

Auch für die Laien stehen dann religiöse Aktivitäten im Mittelpunkt. Buddhistische Gläubige beschenken die Mönche mit Gaben wie Kerzen und Lampenöl, die heute als Symbole der Erleuchtung gelten.

Das Ende der Fastenzeit ist Ork Phansaa. In den Tempeln werden Mönche mit neuen Roben eingekleidet, die Gläubige gespendet haben. Das Volk feiert das Ende der Regenzeit mit Langbootrennen.

RICHARD VAN KESTEREN/ALAMY ©

BESTE ORTE ZUM MITFEIERN

» **Kerzenfest in Ubon Ratchathani** (S. 475) Riesige Wachskerzen sind zu religiöser Kunst geworden.

» **Nong Khais Naga-Feuerbälle** (S. 509) Mysteriöse Feuerbälle steigen aus dem Mekong auf.

» **Nakhon Phanoms Prozession der erleuchteten Boote** (S. 529) Boote verwandeln den Mekong in eine Minidisko.

Im Uhrzeigersinn v. li. oben & nächste Seite
1. Gaben zu Loi Krathong **2.** Moo·ay·tai-Tänzer bei der Ork-Phansaa-Parade, Sakon Nakhon **3.** Kerzenfest während Khao Phansa, Ubon Ratchathani **4.** Langbootrennen bei Ork Phansaa, Sakon Nakhon **5.** Loi Krathong, Chiang Mai **6.** Vegetarian Festival, Phuket

5

6

(Fortsetzung von S. 780)

zeremonie der Akha findet zwischen Mitte August und Mitte September statt, also zwischen der Reispflanz- und der Erntezeit. Die Häuser der Ahka werden aus Holz und Bambus gebaut, stehen normalerweise auf kurzen Holzstelzen und sind mit dickem Gras gedeckt. Am Eingang jedes traditionellen Akha-Dorfes steht ein schlichtes Holztor, das aus zwei senkrechten Streben besteht, die mit einem Querbalken verbunden sind. Akha-Schamanen hängen Talismane aus Bambusstreifen an das Tor, um böse Geister fernzuhalten.

Neben jedem dieser Eingangstore stehen die eher plumpen Figuren eines Mannes und einer Frau, die beide übertrieben große Sexualorgane haben – die Akha glauben, die menschliche Sexualität wirke auf die Geisterwelt abstoßend.

Ihre Familiengeschichte ist für die Akha von großer Bedeutung, und wenn sie sich zum ersten Mal begegnen, folgt zuallererst ein Vortrag über ihre jeweilige persönliche Herkunft, um festzustellen, ob beide einen gemeinsamen Vorfahren haben.

Ihr traditionelles Kleidungsstück ist ein Kopfschmuck mit Perlen, Federn und baumelndem Silberschmuck.

Hmong (Mong oder Maew)

Angehörige: 151 000
Herkunft: Südchina
Leben heute in: Südchina, Thailand, Laos, Vietnam
Wirtschaft: Reis, Mais, Kohl, Erdbeeren
Glaube: Animismus
Kulturelle Besonderheiten: Die Hmong stellen die zweitgrößte Gruppe unter den thailändischen Bergvölkern dar und sind in der Provinz Chiang Mai sehr zahlreich, aber auch in anderen nördlichen Provinzen Thailands bestehen kleinere

Enklaven. Normalerweise leben sie auf Berggipfeln oder Plateaus über 1000 m Höhe. Das Verwandtschaftssystem ist patrilinear, Polygamie ist bei den Hmong erlaubt.

Die Hmong tragen einfache schwarze Jacken und indigoblaue oder schwarze weite Hosen mit gestreiften Borten (Weiße Hmong) bzw. indigoblaue Röcke (Blaue Hmong) und Silberschmuck. Manchmal werden auch Schärpen um die Taille gebunden und bestickte Schürzen über Bauch und Rücken getragen. Die meisten Frauen tragen ihr Haar zu einem Knoten zusammengebunden.

Hilltribe.org
(www.hilltribe.
org) ist eine gute
Informations-
quelle zur Kultur
und Geschichte
der Bergvölker.

Karen (Yang oder Kariang)

Angehörige: 420 000
Herkunft: Myanmar
Leben heute in: Thailand, Myanmar
Wirtschaft: Reis, Gemüse, Vieh
Glaube: je nach Gruppe Animismus oder Christentum
Kulturelle Besonderheiten: Die Karen sind die größte Bergvolkgrup-
pe in Thailand und stellen etwa 47% der gesamten Stammesbevölke-

rung. Sie leben meist in Tiefland-
tälern und betreiben eher Wech-
selwirtschaft als Brandwirtschaft.
Dank ihrer großen Zahl und ihrer
Nähe zur Mehrheitsgesellschaft
haben sie sich zum am besten inte-
grierten und wirtschaftlich erfolgreichsten Bergvolk entwickelt. Die
Häuser der Karen stehen auf niedrigen Stelzen, die Dächer reichen
oft sehr tief. Unter den Karen gibt
es vier Hauptgruppen: die Shaw-
(Weißen) Karen, die Pwo-Karen,
die Pa-O- (Schwarzen) Karen und
die Kayah- (Roten) Karen.

Ihre traditionelle Kleidung sind
dick gewebte Tuniken in verschiedenen Farben (unverheiratete
Frauen tragen allerdings weiß). Die
Verwandtschaftsstruktur ist mat-
rilinear und Ehen sind monogam.

Das Volk der
Lahu ist für seine
strikte Einhaltung
der Geschlech-
tergleichheit
bekannt.

Lahu (Musoe)

Angehörige: 103 000
Herkunft: Tibet
Leben heute in: Südchina, Thailand, Myanmar
Wirtschaft: Trockenreis, Mais
Glaube: theistischer Animismus; einige Gruppen sind Christen
Kulturelle Besonderheiten: Der thailändische Name des Volkes,
moo seu, geht auf ein birmanisches Wort für „Jäger" zurück und be-

zieht sich auf ihre Tradition als
Waldvolk. Die Lahu leben meist
in etwa 1000 m und sind in abgelegenen Gegenden in Chiang Mai,
Chiang Rai und Tak zu finden. Typischerweise leben sie in gemischt-
ethnischen Dörfern. Es gibt fünf
Hauptgruppen: die Roten Lahu
(die zahlenmäßig stärkste Lahu-
Gruppe in Thailand), Schwarzen
Lahu, Weißen Lahu, Gelben Lahu
und die Lahu-Sheleh. Ihre Häuser
bestehen aus Holz, Bambus und
Gras und stehen auf kurzen Pfählen. Das Essen wahrscheinlich das
schärfste aller Bergstammküchen.

Traditionelle Kleidung besteht
aus schwarz-roten Jacken und Rö-
cken bzw. grünen weiten Hosen.

Lisu (Lisaw)

Angehörige: 55 000
Herkunft: Tibet
Leben heute in: Thailand, Yunnan
Wirtschaft: Reis, Mais, Vieh
Glaube: Animismus mit Ahnenkult und Geistbesessenheit
Kulturelle Besonderheiten: Lisu-Dörfer liegen meist in den Bergen in einer Höhe von etwa 1000 m und sind in Thailand in acht Provinzen zu finden: in Chiang Mai, Chiang Rai, Mae Hong Son, Phayao, Tak, Kamphaeng Phet, Sukhothai und Lampang. Für die patrilinearen Clans gilt ein Rechtssystem, das die Lisu unter den Bergstämmen einzigartig macht (bei den meisten anderen liegt alle Macht entweder bei einem Schamanen oder dem Dorfvorsteher). Die Häuser werden am Boden errichtet und bestehen aus Bambus und Grasdächern.

Die Frauen tragen lange bunte Tuniken über ihren Hosen, manchmal auch schwarze Turbane mit Quasten, die Männer weite grüne oder blaue Hosen, die an den Knöcheln festgebunden werden.

Mien (Yao)

Angehörige: 35 500
Herkunft: Zentralchina
Leben heute in: Thailand, Südchina, Laos, Myanmar, Vietnam
Wirtschaft: Trockenreis, Mais
Glaube: Animismus mit Ahnenkult, Taoismus, Buddhismus, Christentum
Kulturelle Besonderheiten: Die Mien verstehen sich gut auf Kunsthandwerk, vor allem Stickereien und Silberarbeiten. Sie siedeln in der Nähe von Bergquellen, größtenteils in den Provinzen Nan, Phayao und Chiang Rai, aber auch in Chiang Mai, Lampang und Sukhothai. Während des Krieges arbeiteten die Mien mit der CIA im Kampf gegen die Pathet-Lao-Kräfte zusammen und flohen in größerer Zahl nach Thailand. Die Mien sind stark von chinesischen Traditionen beeinflusst. Die Verwandtschaftsstrukturen sind patrilinear, Ehen sind polygam. Die Häuser werden am Boden errichtet und bestehen aus Holz oder Bambus und Gras.

Frauen tragen Hosen und schwarze, aufwendig bestickte Jacken mit roten Kragen und dazu große dunkle Turbane. Männer tragen schwarze Tuniken und schwarze Hosen.

Thailändische Mentalität

Ein großer Teil des kulturellen Wertesystems Thailands gründet auf dem Respekt gegenüber Familie, Religion und Monarchie. In diesem System kennt jeder Einzelne seinen Platz, und thailändische Kinder werden streng zur Anpassung in eine Gruppe, zum Respekt vor Älteren und zur Unterdrückung „anstößiger" Ansichten erzogen. In den meisten sozialen Situationen steht das Schaffen einer harmonischen Atmosphäre an erster Stelle, und Thais sind sehr stolz darauf, wenn ihre Mitmenschen sich bei ihnen wohlfühlen.

Sà·nùk

Im Allgemeinen, legen die Thais viel Wert auf *sà·nùk*, was „Spaß" bedeutet, und alles, was getan werden muss, sollte auf Spaß basieren. Selbst Arbeit und Studium müssen etwas *sà·nùk* mit sich bringen, sonst werden sie automatisch zur Fronarbeit. Das bedeutet nicht, dass Thais nicht arbeiten wollen, sie arbeiten nur am besten in der Gruppe, um nicht zu vereinsamen und das Ganze ein wenig spielerisch anzugehen. Nichts ist für ein Vorhaben tödlicher, als *mâi sà·nùk* (keinen Spaß) zu machen. Die für den Rücken anstrengende Arbeit auf den Reisfeldern, die Eintönigkeit am Steuer bei langen Überlandbusfahrten, die Gefahren auf einer Baustelle: Thais mixen ihre Aufgaben oft mit einer gesunden Dosis Gemeinschaftlichkeit. Wenn man diesen Arbeitern zusieht, stellt man fest, dass sie miteinander flirten, sich Beleidigungen an den Kopf werfen oder Witze reißen. Das berühmte thailändische Lächeln rührt also zu einem Teil auch einfach vom Wunsch der Menschen her, sich zu amüsieren.

Das berühmte Lächeln der Thais geht teilweise auf ihren Wunsch zurück, sich selbst zu amüsieren und die Lasten des täglichen Lebens etwas leichter zu nehmen.

Das Gesicht wahren

Der Glaube an das Konzept, stets das Gesicht wahren zu müssen, ist bei Thais tief verankert. Konfrontationen gehen sie beispielsweise aus dem Weg und sie bemühen sich immer, sich und andere nicht zu blamieren (es sei denn, das wäre *sà·nùk*). Wer in dieser Kunst perfekt ist, bringt in Unterhaltungen keine negativen Themen zur Sprache, drückt seine Überzeugung oder Meinung nicht ungeniert aus und behauptet nicht, Experte auf einem bestimmten Gebiet zu sein. Zustimmung und Harmonie gelten als die wichtigsten sozialen Tugenden. Während Menschen aus dem Westen oft glauben, eine hitzige Diskussion sei o.k., vermeiden Thais solche Auseinandersetzungen und empfinden Personen, die laut werden, als unhöflich und launisch. Die Beherrschung zu verlieren, bedeutet für alle Anwesenden einen Gesichtsverlust, und Thais, die verärgert wurden, können sehr extrem reagieren.

Kleinere Peinlichkeiten wie ein Stolpern oder Hinfallen können eine Gruppe von Thais möglicherweise zum Kichern bringen. Das ist dann aber keine Schadenfreude über das Missgeschick, man will dem Betroffenen nur dabei helfen, sein Gesicht zu wahren, indem man den Zwischenfall einfach weglacht.

Soziale Stellung & Verpflichtungen

Alle Beziehungen in der traditionellen thailändischen Gesellschaft – und auch alle im modernen Thailand – richten sich nach der sozialen Stellung, die durch Alter, Vermögen, Status und die persönliche und politische Weltanschauung definiert ist. Der soziale Rang der Älteren wird *pôo yài* (wörtlich: „große Person") genannt und Eltern, Vorgesetzten, Dorfvorstehern oder Beamten zugeschrieben. Die Stellung der Jüngeren heißt *pôo nóy* („kleine Person"). Der Begriff beschreibt alle, die in der Rangfolge unterhalb einer *pôo yài* stehen. Diese Stufen sind bis zu einem gewissen Grad auch in vielen anderen Gesellschaften auf der

Der thailändische Kalender wird ab 543 v.Chr. errechnet, dem Beginn der buddhistischen Ära. Unser Jahr 2012 ist in der buddhistischen Zeitrechnung demnach 2555 BE (für „Buddhist Era") usw.

Welt erkennbar, doch das Besondere an der thailändischen Form sind die gegenseitigen Verpflichtungen, die „Ältere" und „Jüngere" haben.

Pôo nóy sind verpflichtet, den Älteren Gehorsam und Respekt zu erweisen (diese Konzepte fallen unter den thailändischen Begriff *greng jai*). Für Menschen mit einem niedrigeren Status geziemt es sich nicht, einen Älteren infrage zu stellen oder zu kritisieren, sei es im Büro, zu Hause oder innerhalb der Regierung. Für die Arbeitswelt bedeutet das, dass jüngere Mitarbeiter in Besprechungen nicht dazu ermutigt werden, etwas beizusteuern, und dass von ihnen erwartet wird, dass sie unkommentiert tun, was ihr Chef ihnen aufträgt.

Im Gegenzug verpflichten sich die *pôo yài*, sich um die *pôo nóy* zu kümmern und sie zu fördern. Es handelt sich also um eine patriarchale Beziehung, in der ein *pôo nóy* um einen Gefallen bitten kann in Bezug auf Geld oder eine Arbeitsstelle. *Pôo yài* bestätigen ihre Stellung, indem sie diese Bitten erfüllen, wenn es ihnen möglich ist; sie abzulehnen, würde einen Gesichts- und Statusverlust bedeuten.

Das Protokoll, das durch die soziale Hierarchie vorgegeben ist, regelt so gut wie jeden Aspekt des Verhaltens der Thais in ihren Familien, Wirtschaftsunternehmen, Schulen und in der Regierung. Gewählte oder ernannte Vertreter stehen auf einer der höchsten Stufen der gesellschaftlichen Leiter und betrachten sich oft als alleinverantwortlich für ihre Mitmenschen – ein starker Widerspruch zum demokratischen Ideal, in dem sie nur das Sprachrohr ihrer Mitmenschen sind. Die komplizierte personelle Hierarchie in Thailand steht einer Zusammenarbeit oft im Weg, besonders, wenn nicht alle Beteiligten denselben Status haben. Dies ist auch der Grund, warum es in Bangkok mehrere Museen mit moderner Kunst gibt, die jeweils über unvollständige Sammlungen verfügen, und nicht ein großes, wirklich herausragendes Haus.

Die meisten ausländischen Besucher werden in Form von *pêe* (ältere Geschwister) und *nórng* (jüngere Geschwister) mit einer vereinfachten Version dieser Beziehungsstruktur zu tun haben. Alle Thais sprechen voneinander, indem sie Verwandtschaftsgrade benutzen. Selbst bei Personen, mit denen man nicht blutsverwandt ist, legt man schnell fest, wer *pêe* und wer *nórng* ist. Das ist auch der Grund, weshalb Thais neue Bekannte gleich zu Beginn fragen: „Wie alt bist du?"

Die thailändische Entsprechung dafür, jemandem den Stinkefinger zu zeigen, ist es, ihm stattdessen die Fußsohle hinzustrecken.

Lebensart

Die individuelle Lebensart variiert je nach familiärem Hintergrund, Einkommen und geografischer Lage. In vielerlei Hinsicht ist Bangkok ein besonderes Phänomen: Hier leben Thais der Mittel- und Oberschicht in einer immer westlicheren Welt mit allen modernen Annehmlichkeiten wie Smartphones, Fastfood, K-Popmusik und Fashiontrends.

DAS SPITZNAMENSPIEL

Bei der Geburt bekommen thailändische Babys Glück verheißende Vornamen, die oft das männliche oder weibliche Familienoberhaupt auswählt. Diese poetischen Namen werden auch in alle offiziellen Formulare und Namenskarten eingetragen, während das Kind aller Welt mit einem einsilbigen Spitznamen vorgestellt wird. Thailändische Spitznamen sind normalerweise sehr verspielt und können auch anhand des Aussehens des Kindes (z. B. Moo, also „Schweinchen", falls er/sie eher pummelig ist) oder seiner Lieblingsbeschäftigung (z. B. Toon, kurz für „Cartoon" für Fernsehsüchtige) ausgewählt werden. Mädchen werden gerne Lek oder Noi genannt (beides bedeutet „klein"). Einige Eltern gehen sogar so weit, sich beim Namen ihres Kindes von ihren eigenen Interessen inspirieren zu lassen: Namen wie Golf (wie der Sport) und Benz (wie das Auto) sind die Folge.

SPIEL AB!

Dà·grôr wird in alten englischen Texten manchmal als „siamesischer Fußball" bezeichnet und ist ein thailändischer Volkssport, bei dem sich alles um elaborierte Fußarbeit und einen Ball aus gewebtem Rattan dreht. Normalerweise stehen die Spieler einfach im Kreis (die Größe hängt von der Anzahl der Spieler ab) und versuchen, den Ball so lange wie möglich in der Luft zu halten, indem sie ihn sich gegenseitig zuspielen. Dabei werden Punkte für den Stil, den Schwierigkeitsgrad und die Vielfalt der Ballmanöver vergeben. Diese Version des Spiels wird auch oft von Freunden gespielt, sobald sie irgendwo ein freies Plätzchen finden: einen leeren Parkplatz, den Spielplatz einer Schule oder einen Sandstrand.

Eine beliebte Variante des *dà·grôr* – die auch bei Wettkämpfen auf nationaler und internationaler Ebene gespielt wird – ähnelt einer Art Volleyball inklusive Netz, aber der Ball darf nur mit den Füßen und dem Kopf berührt werden. Es ist wirklich atemberaubend, zuzusehen, wie die Spieler Pirouetten in der Luft vollführen und den Ball mit ihren Füßen übers Netz befördern. Bei einer weiteren Variante kicken die Spieler den Ball in einen 4,5 m über dem Boden angebrachten Ring – Basketball mit den Füßen, aber ohne Rückbrett!

Dà·grôr wurde von Thailand auch bei den Südostasienspielen eingeführt, und die internationalen Titel wandern in der Regel zwischen Thais und Malaien hin und her.

Statistik zur Lebensart

» Durchschnittliches Heiratsalter thailändischer Männer/Frauen: 27/24 Jahre

» Täglicher Mindestlohn in Bangkok: 206 B

» Einstiegsgehalt für Regierungsangehörige: 9000 B/Monat

Das verfügbare Einkommen ist in Bangkok größer als irgendwo sonst in Thailand, und bis zu einem gewissen Grad ist dies eine stete Quelle des Missfallens im Rest des Landes, der die Hauptstadt für übermäßig materialistisch erachtet.

Der Wirtschaftsboom der ersten Jahre des 21. Jhs. hat der Arbeiterklasse zu einem Aufstieg verholfen, und viele Menschen sind in kommerziellere, touristischere Städte gezogen, wo sie genügend Geld verdienten, um ihre Schulden bezahlen zu können und ihren Kindern den Sprung vom gemeinen Arbeiter zur Fachkraft deutlich zu erleichtern. Viele von ihnen sind auch heute noch dem ehemaligen Premierminister Thaksin und seinen populistischen Maßnahmen für die wirtschaftliche Erleichterung dankbar, die er diesem belasteten Teil der Gesellschaft damit verschafft hat.

Junge Thais sind „Gelegenheitsmigranten", die ihre kleinen Dörfer und Städte verlassen und den besseren beruflichen Aussichten in der Dienstleistungsbranche oder in den Großstädten folgen. Sie bilden ihre eigenen urbanen Stämme in ihren neuen Heimatstädten und kehren nur in den Ferien nach Hause zurück. Doch ganz egal, welchem Beruf sie nachgehen, die meisten Thais schicken einen Teil ihres Gehalts zu ihren Eltern oder zur Unterstützung ihrer Kinder nach Hause, die sie zurücklassen mussten und die weiterhin in ihrem alten Dorf aufwachsen.

Traditionellere Familienverbände und Berufe sind in den Provinzhauptstädten überall im Land zu finden. Beamte – Lehrer und Regierungsangestellte – bilden das Rückgrat der thailändischen Mittelklasse und leben in Kernfamilien in Reihenhaussiedlungen außerhalb der Stadtzentren. Einige von ihnen wohnen auch in den älteren Vierteln in der Innenstadt, in denen Papayas, Mangos und andere Obstbäume in den Vorgärten wachsen. Geschäftsleute leben im Stadtzentrum, für gewöhnlich in Wohnungen über Ladenlokalen – dies erleichtert das Pendeln und ermöglicht einen recht urbanen Lebensstil. In den kühlen Stunden des Tages strömen Erwerbstätige und Studenten in die Parks, um zu joggen, Badminton zu spielen oder an einem der städtischen Aerobic-Kurse teilzunehmen.

Vielleicht die besten Orte, um die Lebensart der Thais kennenzulernen, sind die traditionellen Märkte. Tagesmärkte verkaufen Küchenzubehör sowie lokale Erzeugnisse und regionale Desserts. Auf den

Thais sind sehr penibel, was ihr Erscheinungsbild angeht, und baden oft zweimal am Tag – und sie sind äußerst verstört, wenn sie scheinbar wohlhabenden Fremden in verhältnismäßig schmuddeligem Zustand begegnen.

Nachtmärkten kann man sich ein Abendessen schmecken lassen und wunderbar das stets sehr rege Treiben beobachten, da sich nur wenige Thais die Mühe machen, selbst zu kochen.

Obwohl heute weniger Menschen auf den Reisfeldern schuften als früher, überleben nach wie vor auch die Dörfer außerhalb der urbanen Gebiete. Hier richtet sich das Leben nach den Jahreszeiten, Kleidung wird auf dem Markt gekauft, und wenn Wasserbüffel sprechen könnten, würden sie sämtlichen Dorfklatsch weitertratschen.

In demografischer Hinsicht wird Thailand, wie die meisten Teile Asiens, immer grauer. Frauen kümmern sich lieber um ihre Karriere als um ihre Ehemänner, und unverheiratete Frauen machen inzwischen 30 % der Gesamtbevölkerung aus (und allmählich sind sie den Männern in der Altersgruppe der 30er auch zahlenmäßig überlegen). Von der Regierung finanzierte Programme zur Verringerung der Geburtenrate und neue berufliche Möglichkeiten waren so erfolgreich – von noch sechs Kindern in den 1960ern fiel die Rate auf 1,6 Kinder heute –, dass Experten inzwischen vor einem zukünftigen Arbeitskräftemangel und überlasteten Rentenkassen warnen.

Religion

Die Religion erfreut sich in Thailand größter Beliebtheit, und die farbenprächtigen Beispiele des täglichen Gottesdienstes sind an beinahe jeder Ecke zu finden. Wer früh am Morgen durch die Straßen geht, kann die feierliche Prozession buddhistischer Mönche mit rasierten Köpfen und orangefarbenen Umhängen beobachten, die sich dem *bin·dá·bàht* widmen, der alltäglichen Sammlung milder Essensgaben, bei der die Mönche von Haus zu Haus ziehen.

Obwohl das Land vorwiegend buddhistisch ist, praktizieren die Anhänger der Minderheitenreligionen oft Seite an Seite. An den grünen Zwiebeltürmen der Moscheen erkennt man in Bangkok und in südlichen Städten die muslimischen Stadtteile. In urbanen Zentren zeigen große, abgerundete Tore mit chinesischen Schriftzeichen, die mit roten Papierlaternen geschmückt sind, dass hier ein *săhn jôw* steht, ein chinesischer Tempel, der buddhistischen, taoistischen und konfuzianischen Gottheiten gewidmet ist.

Buddhismus

Etwa 95 % der Thais sind Anhänger des Theravada-Buddhismus, ein Zweig, der während der Sukhothai-Zeit aus Sri Lanka nach Thailand gekommen ist.

Das große Ziel des Theravada-Buddhismus ist *nibbana* („Nirwana" in Sanskrit), was wörtlich eigentlich „Ausblasen" oder „Auslöschen" aller Begierden und damit allen Leidens (*dukkha*) bedeutet. *Nibbana* ist das Ende des Kreislaufs der Wiedergeburten (sowohl von Augenblick zu Augenblick als auch von Leben zu Leben), der die Existenz bestimmt.

In der Praxis streben die meisten Thai-Buddhisten allerdings eher nach einer Wiedergeburt in einer „besseren" Existenz als nach dem überirdischen Ziel des *nibbana*. Das Konzept der Wiedergeburt wird in Thailand beinahe universell anerkannt, sogar von Nicht-Buddhisten.

Die Vorstellung einer Wiedergeburt weckt bei den Thais auch einen ausgeprägten Sinn für Bescheidenheit und Zusammengehörigkeit. Wenn sie in einem Gebüsch irgendein Krabbeltier sehen, denken sie vielleicht daran, dass auch sie selbst einst ein solches Wesen waren oder dass ein verstorbener Verwandter in einem nicht-menschlichen Körper wiedergeboren wurde. Die Wiedergeburt spiegelt gewissermaßen Thailands gesellschaftliche Schichten wider – im Grunde genommen ist sie entweder eine Belohnung oder eine Bestrafung. Lebe ein gutes Leben, und du wirst auf einer höheren Gesellschaftsstufe wiedergeboren. Be-

Thailand wird oft als „Reisschüssel" der Welt bezeichnet. Das Land produziert 20 Mio. t Reis pro Jahr, und die Ernte wird je zur Hälfte für den nationalen Gebrauch und zum Export verwendet.

Reinkarnation ist ein beliebtes Thema in thailändischen Filmen und Büchern. Im Film „Citizen Dog" erhält die männliche Hauptfigur unerbetene Ratschläge von seiner verstorbenen Großmutter, die als Gecko wiedergeboren wurde.

nimmst du dich hingegen dein ganzes Leben über schlecht, kommst du als niedereres Lebewesen zurück, z. B. als Insekt.

Durch die wachsenden Aufstiegsmöglichkeiten der neuen Generation schwindet der umfassende Schicksalsglaube als einziger Weg zum Erfolg jedoch allmählich, aber selbst die kosmopolitischen Jungen glauben noch immer an die buddhistische Karma-Lehre, die auch im thailändischen Sprichwort *tam dee, dâi dee; tam chôoa, dâi chôoa* („Aus guten Taten folgt Gutes, aus schlechten Taten Schlechtes") zum Ausdruck kommt. Ein guter Mensch kann das Schicksal seines gegenwärtigen und seiner zukünftigen Leben verbessern, indem er Verdienste sammelt (*tam bun*), etwa Mönchen Lebensmittel und andere Spenden bringt und regelmäßig im örtlichen *wát* betet. Das Sammeln von Verdiensten kann auch zu Erfolg im Beruf, bei schulischen Tests, bei der Suche nach Liebe, in der Schwangerschaft und bei unzähligen weiteren Anlässen führen.

Die buddhistische Hierarchie in Thailand folgt dem Tiratana („Drei Juwelen") – dem Buddha, dem *dhamma* (den Lehren) und dem *sangha* (der buddhistischen Gemeinde). Buddha findet man in unzähligen bildhauerischen Darstellungsformen auf den Regalen der einfachsten Straßenrestaurants und der nobelsten Hotels in Bangkok gleichermaßen. Der *dhamma* wird jeden Morgen und jeden Abend in allen Tempeln gesungen, und jeder Thai lernt ihn bereits in der Grundschule. Den *sangha* bilden die Mönche in ihren orangefarbenen Roben, die die Alltagsgeschäfte der Religion ausüben. In der Tempelarchitektur stellen die dreistufigen Dächer die Drei Juwelen dar.

Historisch gesehen nimmt der thailändische König seit jeher eine hochverehrte Stellung im Thai-Buddhismus ein und wird oft als halbgöttlich angesehen. Thailändische königliche Zeremonien werden nach wie vor fast ausschließlich von brahmanischen Priestern abgehalten, die die Pflicht haben, die drei Säulen der thailändischen Nation zu erhalten: die Souveränität, die Religion und die Monarchie.

Im Thai-Buddhismus gibt es keinen bestimmten Sabbattag, aber es existieren heilige Tage (*wan prá*), die auf jeden siebten oder achten Tag fallen, je nach Mondphase. Außerdem gibt es religiöse Feiertage, die normalerweise wichtige Ereignisse im Leben Buddhas ehren. An diesen heiligen Tagen gehen die Thais in den Tempel, um die Lehren zu hören, Verdienste zu sammeln und dreimal das große Heiligtum zu umrunden.

Verdienste sammeln

Thais besuchen den Tempel nicht nur, um spirituelle Erleuchtung zu erlangen, oft verbinden sie den Besuch auch mit einem kulturellen Unterhaltungsprogramm. Der Besuch eines wichtigen Tempels wird oft zu einem großen Tagesausflug ausgedehnt, und auch unterwegs zu ihrem eigentlichen Ziel machen Gläubige gerne irgendwo einen Verdienste bringenden Zwischenstopp. Dabei ist das Sammeln von Verdiensten eher ein persönliches Ritual als eine Angelegenheit der gesamten Gemeinde. Gläubige kaufen symbolische Opfergaben, etwa Lotusknospen, Räucherstäbchen oder Kerzen, und bringen diese an der wichtigsten Buddha-Abbildung des Tempels dar. Die Blumen werden auf den Altar gelegt, und dann knien (oder stehen, im Falle eines Freiluft-Tempels) die Gläubigen mit drei entzündeten Räucherstäbchen, die sie in ihren zum Gebet gefalteten Händen halten, vor dem Buddha. Sie neigen ihren Kopf zum Boden und führen dann ihre Hände dreimal zu ihrem Herzen und an ihre Stirn, bevor sie auch die Räucherstäbchen auf dem Altar platzieren. Zuletzt kleben sie ein quadratisches Stück Blattgold auf die Buddha-Abbildung.

Zu den weiteren Verdienste bringenden Aktivitäten gehören auch Lebensmittelspenden für den Tempel-*sangha*, oder man kann meditieren (allein oder in Gruppen), den Mönchen beim Singen der *suttas* (buddhistischen Lehrreden) zuhören und einen *têht*- oder *dhamma*-Vortrag eines Abtes oder eines anderen angesehenen Lehrers besuchen.

Mönche & Nonnen

Die Gesellschaft erwartet von jedem thailändischen Mann, für eine kurze Zeit seines Lebens als Mönch (*bhikkhu* auf Pali; *prá* or *prá pík·sù* auf Thai) zu leben, idealerweise in der Zeit nach seinem Schulabschluss und bevor er eine berufliche Laufbahn einschlägt. Es bedeutet große Verdienste für eine Familie, wenn einer ihrer Söhne „Robe und Schale annimmt". Traditionell verbringen die Männer drei Monate während der *pan·săh* (Buddhistische Fastenzeit) im *wát*, die im Juli beginnt und mit der Regenzeit zusammenfällt. Heutzutage gehen die Männer allerdings oft nur noch eine Woche in den Tempel, um als Mönch Verdienste zu sammeln, und die meisten lassen sich heute vor ihrem 20. Lebensjahr vorübergehend zum Mönch weihen, da sie dann noch als Zehn-Gelübde-Novize (*nairn*) dem *sangha* beitreten können.

Als Zeichen dafür, dass sie allen weltlichen Dingen entsagen, müssen Mönche ihre Haare, Augenbrauen und sämtliche Gesichtsbehaarung abrasieren, solange sie im Kloster wohnen. Außerdem müssen sie ein asketisches Leben ohne Luxus führen und dürfen nur eine Mahlzeit am Tag essen (manchmal auch zwei, je nach den Traditionen des Tempels). Mönche, die in der Stadt leben, legen ihren Schwerpunkt für gewöhnlich eher auf die Meditation. Vollordinierte Mönche führen Beerdigungen und Hochzeitszeremonien durch, halten Predigten und unterrichten klösterliche Lehren.

In ländlichen Gegenden sind die Klöster auch soziale Einrichtungen, die den Kranken und Armen helfen. Männliche Kinder können ins Kloster kommen und erhalten dort eine kostenlose Ausbildung, eine Tradition, die vor der Einführung des öffentlichen Schulwesens noch weiter verbreitet war. Mönche engagieren sich auch in Fragen sozialer Gerechtigkeit oder im Umweltschutz: So haben etwa eine ganze Reihe angesehener Mönche gegen den Bau eines Damms protestiert oder Bäume in heilige Tücher gehüllt, um eine illegale Abholzung zu verhindern.

Im Thai-Buddhismus fällt Frauen, die sich ein klösterliches Leben wünschen, nur eine untergeordnete Rolle im Tempel zu, die mit dem vollen Mönchtum nicht gleichzusetzen ist. Eine buddhistische Nonne

GEISTERHÄUSER

Vielen Wohnhäusern oder Behausungen in Thailand ist ein „Geisterhaus" angeschlossen, in dem sich der *prá poom* (Schutzgeist) des Grundstücks aufhalten kann. Schutzgeister gehen auf den animistischen Glauben vor der Zeit des Buddhismus zurück – sie leben in Flüssen, Bäumen und anderen Orten in der Natur, und sie müssen geehrt (und besänftigt) werden. Der Schutzgeist eines bestimmten Grundstücks ist die übernatürliche Entsprechung einer Schwiegermutter: ein verehrtes, aber manchmal störendes Familienmitglied. Um die Geister fröhlich zu stimmen und sie abzulenken, bauen Thais auf ihrem Grundstück aufwendige Behausungen, die an Puppenhäuser erinnern und in denen die Geister komfortabel, aber abgetrennt von den Angelegenheiten der Menschen „leben" können. Um die guten Beziehungen und das persönliche Glück weiter zu fördern, werden täglich Opfergaben wie Reis, Obst, Blumen und Wasser am Geisterhaus dargebracht. Wenn das Haus der Menschen ausgebaut wird, muss auch das Geisterhaus vergrößert werden, um die Geister nicht zu beleidigen. Alle Geisterhäuser müssen von einem brahmanischen Priester geweiht werden.

wird *mâa chee* (Mutter Priesterin) genannt und lebt als *atthasila-* (Acht Gebote) Nonne – eine Stellung, die traditionell von Frauen bekleidet wird, die keinen anderen Platz in der Gesellschaft finden konnten. Thailändische Nonnen rasieren sich die Köpfe, tragen weiße Roben und kümmern sich um kleinere Alltagsarbeiten im Tempel. Allgemein gesagt genießen *mâa chee* nicht dasselbe Prestige wie Mönche, und sie spielen auch keine Rolle in den Verdienste bringenden Ritualen der Gläubigen.

Islam

Mit etwa 4% der Bevölkerung stellen die Muslime die größte religiöse Minderheit in Thailand dar, die Seite an Seite mit der buddhistischen Mehrheit lebt. In Thailand gibt es ungefähr 3000 Moscheen – allein in Bangkok sind es über 200. 99% dieser Moscheen gehören dem sunnitischen Zweig des Islam an (bei dem die islamische Führung in der Einigkeit der Ummah, der muslimischen Gemeinde, liegt), während 1% zum schiitischen Zweig gehört (in dem die religiöse und politische Autorität den Nachkommen Mohammeds zusteht).

Der Islam kam zwischen dem 13. und 16. Jh. durch den Einfluss der indischen und arabischen Händler und Lehrer nach Thailand. Bis heute leben die meisten thailändischen Muslime im Süden, meist in den Regionen Pattani, Narathiwat, Satun und Yala. Diese Bewohner des Südens können ihr Erbe bis zum ehemaligen Reich Pattani zurückverfolgen, einem islamischen Königreich, dessen Territorium im heutigen Grenzgebiet zwischen Thailand und Malaysia lag. Demzufolge teilt sich der Süden heute nicht nur eine Grenze mit seinen vorwiegend muslimischen Nachbarn in Malaysia, sondern auch einen großen Teil seines kulturellen Erbes. Tatsächlich sind die meisten Muslime im Süden Thailands ethnisch gesehen Malaien und sprechen neben thailändisch auch Malaiisch oder Yawi (einen malaiischen Dialekt, geschrieben mit arabischen Schriftzeichen). In einigen Teilen des muslimisch dominierten Südens haben diese kulturellen Unterschiede, gepaart mit einer tief empfundenen religiösen und sprachlichen Diskriminierung, zu einem Gefühl der Abgrenzung von der buddhistischen Mehrheit geführt.

Kunst & Kultur

Thailand verfügt über eine überaus sichtbare Kultur und eine große Wertschätzung für Schönheit, die sich auch in den kunstvollen Tempelbauten, den bescheidenen, altmodischen Häusern und den hohen Künsten offenbart, die für den Königshof entwickelt wurden.

Architektur

Das eindrucksvollste Erbe der thailändischen Architektur sind die buddhistischen Tempel, die mit ihren wilden Farben und hoch aufragenden Dächern in der tropischen Sonne glänzen. Klassischerweise verfügen die Tempel über mindestens einen *chedi* (Stupa), ein Denkmal in Form einer Bergspitze, das der dauerhaften Stabilität des Buddhismus gewidmet ist. In vielen von ihnen sind wichtige Reliquien der Könige oder des historischen Buddhas enthalten.

Thailändische Tempel sind stark von der hinduistisch-buddhistischen Lehre und Ikonografie geprägt, die sich auch in kunstvollen Verzierungen zeigt. Naga, das mythische Schlangenwesen, wachte über Buddha, während er meditierte, und ist oft an Geländern am Eingang und an äußeren Dachgiebeln abgebildet. Auf der Spitze des Dachs befindet sich der *chôr fáh*: eine goldene Silhouette in Form eines Vogels, der zu fliegen scheint.

Die Lotusknospe ist ein weiteres heiliges Motiv, das oft als Verzierung von Tempeltoren, Verandasäulen und den Türmen der *chedi* aus der Sukhothai-Ära dient. Buddha wird oft auch meditierend auf einem Podest in Form einer Lotusblüte dargestellt, die an die buddhistischen Lehren erinnern soll. Ein Lotus kann selbst in einem fauligen Teich erblühen – eine Metapher dafür, dass auch religiöse Vollkommenheit selbst aus den unwahrscheinlichsten Situationen erwachsen kann.

In Thailand wurde im späten 19. und frühen 20. Jh. damit begonnen, traditionelle Architektur mit europäischen Formen zu verbinden. In den Hafenstädten des Landes, auch in Bangkok und Phuket, sind so wunderbare Beispiele chinesisch-portugiesischer Architektur entstan-

THAILANDS KUNSTPERIODEN

PERIODE	TEMPEL- & CHEDI-STIL	BUDDHA-STIL	BEISPIELE
Dvaravati (7.–11. Jh.)	*chedi* mit rechteckigem Grundriss und treppenförmigen Stufen	indische Einflüsse; dicker Oberkörper, große Locken, gebogene Augenbrauen (wie fliegende Vögel), hervorstehende Augen, dicke Lippen und flache Nase	Phra Pathom Chedi, Nakhon Pathom; Lopburi Museum, Lopburi; Wat Chama Thewi, Lamphun
Srivijaya (7.–13. Jh.)	Tempel im Stil des Mahayana-Buddhismus; *chedi* im javanischen Stil mit kunstvollen Bögen	indische Einflüsse; reich verziert, menschenähnliche Züge und in der Taille leicht verdreht	Wat Phra Mahathat Woramahawihaan und Nationalmuseum, Nakhon Si Thammarat
Khmer (9.–11. Jh.)	hinduistisch-buddhistische Tempel; *prang* (*chedi* im Khmer-Stil) in Maiskolbenform	Buddha meditierend auf einem Lotuspodest unter einem Dach mit siebenköpfiger *naga*	Phimai Historical Park, Nakhon Ratchasima; Phanom Rung Historical Park, Surin
Chiang Saen-Lanna (11.–13. Jh.)	Teakholztempel; *chedi* mit quadratischem Grundriss, mit goldenem Schirm gekrönt; auch *chedi* mit achteckigem Grundriss	birmanische Einflüsse mit dicker Statur und rundem, lächelndem Gesicht; Fußsohlen zeigen in meditierender Pose nach oben	Wat Phra Singh, Chiang Mai; Nationalmuseum Chiang Saen, Chiang Saen
Sukhothai (13.–15. Jh.)	Khmer-inspirierte Tempel; *chedi* mit schmalen Türmen, von einer Lotusknospe gekrönt	anmutige Posen, oft „gehend" dargestellt, keine anatomisch korrekten menschlichen Details	Sukhothai Historical Park, Sukhothai
Ayutthaya (14.–18. Jh.)	Klassische Thai-Tempel mit dreistufigem Dach und Ziergiebeln; glockenförmiger *chedi* mit spitzem Turm	König der Ayutthaya-Ära mit juwelenbesetzter Krone und royalen Insignien	Ayutthaya Historical Park, Ayutthaya
Bangkok-Ratanakosin (19. Jh.)	Bunte, vergoldete Tempel in westlich-thailändischem Stil; mosaikbedeckte *chedi*	Wiederbelebter Ayutthaya-Stil	Wat Phra Kaew, Wat Pho und Wat Arun, Bangkok

den: Gebäude aus stuckierten Backsteinen mit aufwendig verzierter Fassade – ein Stil, der den Händlern während der Kolonialzeit über die Meere folgte. Dieser Stil wird auch oft als „Alt-Bangkok" oder „Ratanakosin" bezeichnet.

Bangkoks relativ moderne Wolkenkratzer sind Bilderbuchbeispiele für alle postmodernen Dos and Don'ts. In den 1960ern und 70ern wanderte der Trend in der modernen thailändischen Architektur, der von der europäischen Bauhaus-Bewegung inspiriert war, in Richtung Funktionalismus – das Durchschnittsgebäude sah damals aus wie ein gigantischer, auf der Seite stehender Eierkarton. Als thailändische Architekten begannen, während des Baubooms der 1980er mit „Form vor Funktion" zu experimentieren, waren High-Tech-Entwürfe wie etwa M.L. Sumet Jumsais berühmtes „Robotergebäude" in der Th Sathon Tai in Bangkok das Ergebnis. Rangsan Torsuwan, Absolvent des Massachusetts Institute of Technology (MIT), führte den neoklassischen (oder neothailändischen) Stil in Thailand ein.

Traditionelle Malerei & Bildhauerei

Thailands größte künstlerische Fundgruben sind nach wie vor hauptsächlich die Tempel, in denen sich die Religion mit den Buddha-Skulpturen und -Wandgemälden stark visuell präsentiert. Diese Buddha-Abbildungen verfolgen Thailands historische und künstlerische Entwicklung vom kleinen eroberten Land bis zur unabhängigen Nation. Erstmals zeigte das Land während der Sukhothai-Ära einen eigenen künstlerischen Stil, der für seine anmutigen, gelassenen Buddha-Figuren berühmt ist.

Die Wandmalereien in den Tempeln sind die Hauptform der alten thailändischen Kunst. Die Gemälde, die stets einen lehrenden Charakter haben, zeigen oft *jataka* (Geschichten aus Buddhas früherem Leben) und die thailändische Version des Hindu-Epos Ramayana. Da sie nicht dieselbe Haltbarkeit haben wie andere Kunstformen, haben nur wenige Beispiele religiöser Malerei aus der Zeit vor dem 20. Jh. bis heute überlebt. Die frühesten Werke sind im Wat Ratburana in Ayutthaya zu finden, aber einige der besten sind in Bangkok erhalten geblieben.

Die Entwicklung der thailändischen religiösen Kunst und Architektur teilt sich in verschiedene Perioden oder Schulen, die von der Herrschaft der jeweils regierenden Hauptstadt bestimmt wurden. Am besten sind die Besonderheiten einer Zeit in den unterschiedlichen *chedi*-Formen und den speziellen Merkmalen der Buddha-Statuen zu erkennen. Die Werke aus den einzelnen künstlerischen Perioden unterscheiden sich in der Darstellung der Gesichtszüge Buddhas sowie in den Verzierungen des Kopfes, in seinem Gewand und in der Stellung seiner Füße bei der Meditation.

Zeitgenössische Kunst

Die Übertragung traditioneller Themen auf die säkulare Leinwand begann um die Jahrhundertwende des 20. Jhs., als sich westliche Einflüsse in der Region ausbreiteten. Im Allgemeinen gibt die thailändische Malerei dem Abstrakten den Vorzug vor dem Realismus und behält auch die eindimensionale Perspektive der traditionellen Wandmalereien bei. In der thailändischen Kunst gibt es zwei Hauptrends: die Aktualisierung religiöser Themen und ironische Sozialkritik.

Der Italiener Corrado Feroci wird oft als Vater der modernen thailändischen Kunst bezeichnet. Er wurde 1923 von Rama VI. eingeladen und erbaute das Demokratiedenkmal und andere Denkmäler in Bangkok.

In den 1970ern nahmen sich thailändische Künstler mit ihrem abstrakten Expressionismus der Modernisierung buddhistischer Themen an. Zu den führenden Arbeiten dieses Genres gehören auch der bunte Surrealismus von Pichai Nirand und die mystischen Bleistift- und Tintenzeichnungen von Thawan Duchanee. Die Arbeiten von Montien Boonma, der Bestandteile des buddhistischen Verdienstesammelns wie Blattgold, Glocken und Kerzenwachs benutzt, um seine Kunstwerke zu kreieren, erregen in Übersee mehr Aufsehen als zu Hause.

Politisch motivierte Kunst stellt in Thailand eine Parallelbewegung dar. In der Zeit der rapiden Industrialisierung des Landes mussten viele Künstler beobachten, wie Reisfelder sich in Fabriken verwandelten oder Wälder in Asphalt und wie allein jene davon profitierten, die politisch gut vernetzt waren. Manit Sriwanichpoom ist vor allem für seine Serie „Pink Man on Tour" bekannt, in der er den Künstler Sompong Thawee in einem rosafarbenen Anzug mit rosafarbenem Einkaufswagen inmitten der bekanntesten Attraktionen Thailands zeigte. Vasan Sitthiket ist offen kontrovers und bedient sich Mixed-Media-Installationen, in denen er Akteure verurteilt, die er als korrupt darstellt. Seine Arbeiten sind in Thailand verboten und werden als antithailändisch kritisiert.

In den 1990ern setzte eine Bewegung ein, die die Kunst aus den Museen an öffentliche Orte bringen wollte. Navin Rawanchaikul, Künstler und Kunstveranstalter, begann in seiner Heimatstadt Chiang Mai mit seinen Kollaborationen unter dem Motto „Kunst auf den Straßen" und zog mit seinen Ideen dann weiter nach Bangkok, wo er Taxis mit Kunstinstallationen ausstattete und dieses Motto sehr wörtlich umsetzte. Einige seiner anderen Arbeiten spielen mit Worten, etwa das Mixed-Media-Werk *We Are the Children of Rice (Wine)* aus dem Jahr 2002, und seine Wut gegen die Kommerzialisierung der Museen drückt er in seinem epischen Gemälde *Super (M)art Bangkok Survivors* (2004) aus. Dieses Werk wurde vom Kampf der thailändischen Künstlergemeinde inspiriert, die dagegen protestierte, das Bangkok Art and Culture Centre in ein „Einkaufserlebnis" anstatt in ein Museum zu verwandeln.

Die thailändische Bildhauerei gilt vielen als stärkster Bereich der zeitgenössischen Künste. Khien Yimsiri schafft elegante menschliche und mythische Formen aus Bronze. Manop Suwanpinta gießt die menschliche Anatomie in fantastische Formen, die oft auch technologische Elemente enthalten, etwa aufklappbare Gesichter, die einen leblosen Inhalt enthüllen. Kamin Lertchaiprasert erforscht das Thema „Spiritualität im täglichen Leben" in seinen Skulpturen, die oft eine kleine Armee aus Pappmaschee-Figuren enthalten. Seine Installation *Ngern Nang* (Sitzendes Geld) zeigte eine Reihe von Figuren aus aussortierten Banknoten der Nationalbank, die mit poetischen Anweisungen über das Leben und die Liebe verschönert waren.

Kunstmuseen & Galerien

» Nationalmuseum, Bangkok

» Bangkok Art and Culture Centre

» 100 Tonson Gallery, Bangkok

» H. Gallery, Bangkok

» Kathmandu Photo Gallery, Bangkok

KUNSTHANDWERK

Thailand blickt auf eine lange Kunsthandwerkstradition zurück, die sich oft regional oder sogar von Dorf zu Dorf unterscheidet. Zu den Töpferarbeiten gehören u. a. die grünlichen Seladonprodukte, die Tontöpfe aus roter Erde von Dan Kwian und der *ben-jà-rong*- oder „Fünf Farben"-Stil aus Zentralthailand. *Ben-jà-rong* basiert auf chinesischen Mustern, Seladon ist hingegen thailändischen Ursprungs.

Aufgrund des Einflusses birmanischer Kunsthandwerker wird in Nordthailand schon seit langer Zeit Lackkunst gefertigt, die den verschiedenen Regionen eindeutig zugeordnet werden kann.

Jede Region Thailands hat ihren ganz eigenen Seidenwebstil. In alten Zeiten dürften gewebte Stoffe ungefähr denselben Zweck erfüllt haben wie unsere heutigen Visitenkarten: Daran ließen sich die Stammeszugehörigkeit und manchmal sogar der Familienstand ablesen. Die Webtraditionen in den Dörfern bestehen noch heute, aber sie sind geografisch nicht mehr so spezifisch.

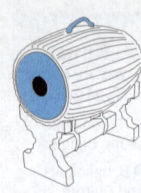

đà·pohn
(tohn)

rá·nâht èhk

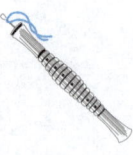

pèe

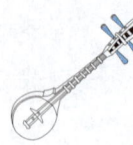

sor

klòo·i

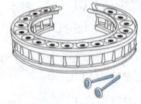

kórng wong
yài

Musik

Überall in Thailand findet man eine große Vielfalt musikalischer Genres und Stile – von ruhiger Hofmusik, die die klassischen Tanzdramen begleitet, bis zu dröhnenden House-Beats in den Nachtclubs.

Klassische Musik

Das klassische Orchester, das *pèe pâht,* wurde ursprünglich entwickelt, um klassische Tanzdramen und Schattentheater zu begleiten, ist heutzutage aber auch bei einfachen Darbietungen auf Tempelfesten und an Touristenattraktionen zu hören. Das Ensemble kann aus fünf bis 20 Musikern bestehen, die vor jedem Auftritt Räucherstäbchen und Blumen am *đà·pohn* darbringen.

Die thailändische Standardtonleiter unterteilt die Oktave in sieben Ganztonintervalle ohne Halbtöne. Thailändische Tonleitern wurden erstmals vom thailändisch-deutschen Komponisten Peter Feit (1883–1968) transkribiert, der auch unter seinem thailändischen Namen Phra Chen Duriyang bekannt ist und 1932 Thailands Nationalhymne komponierte.

Lôok Tûng & Mŏr Lam

Die erfolgreichste Richtung der modernen thailändischen Musik, *lôok tûng* (wörtlich: „Kinder der Felder"), stammt aus den 1940er-Jahren. Ähnlich wie die Country- und Westernmusik in den USA ist dieses Genre hauptsächlich bei den Thais der Arbeiterklasse beliebt. Die Lieder erzählen fast ausschließlich Geschichten von verlorener Liebe, von tragischen frühen Toden und von den harten Lebensbedingungen der Bauern, die Tag und Nacht arbeiten und trotzdem noch tief in den Schulden stecken. Der traurige Gesangsstil reicht von kitschig-sentimental bis gequält, und die Sänger werden oft von Showgirls im Las-Vegas-Stil unterstützt.

Mŏr lam ist der thailändische Blues: Diese folkloristische Tradition ist im Nordosten Thailands tief verwurzelt. Die Lieder werden auf dem *kaan* gespielt, einem Blasinstrument der Lao-Isan, das aus einer Doppelreihe bambusartiger Röhren besteht, die sich in einem Resonanzkörper aus Hartholz befinden. Der älteste Stil ist hauptsächlich noch bei Dorfversammlungen zu hören und zeichnet sich durch einen einfachen, aber durchdringenden Bassrhythmus aus; oft wird im Isan-Dialekt gesungen. Das Genre trägt traditionell den „Bauerntölpel"-Stempel, aber *mŏr lam* hat den Sprung über den Generationenzaun geschafft und zeigt sich heute in einer Elektro-Pop-Version auch von einer ernsthaft albernen Seite.

Als Wirtschaftsmigranten aus allen Teilen des Landes nach Bangkok zogen, begannen die beiden Genres zu verschmelzen. Zeitgenössische Sänger wechseln regelmäßig von einem Stil zum anderen, und ein paar ihrer Lieder liegen irgendwo dazwischen.

Thailands berühmteste *look-tûng*-Sängerin war Pumpuang Duangjan, die eine königlich finanzierte Einäscherung samt riesigem Schrein im Wat Thapkradan in Suphanburi erhielt, als sie 1992 starb. Mit ihrer rauen Stimme hat Siriporn Ampaipong die Tradition seither aufrechterhalten und ist noch immer sehr beliebt. Die neue Prinzessin des *lôok tûng* ist Tai Orathai, eine Hochschulabsolventin, die die dramatischen Töne in einem Strom der Gefühle wunderbar vibrieren lässt.

Jintara Poonlarp ist in dieser Konstellation der aufgehende Stern: Sie ist neu, hat einen trendigen Haarschnitt und trägt Mode aus Bangkok statt des typischen Bauernmädchenlooks. Mike Pirompon ist der große Meister der ach-so-traurigen Balladen, und Rock Salaeng bringt den Rock in den *lôok tûng.*

TRADITIONELLE MUSIKINSTRUMENTE

» *þèe* – hohes Holzblasinstrument, wird oft zum Thai-Boxen gespielt

» *rá·nâht èhk* – Schlaginstrument aus Bambus, das einem Xylophon ähnelt

» *kórng wong yài* – in einem Halbkreis angeordnete Klangstäbe

» *đà·pohn (tohn)* – eine doppelte Schlagtrommel

» *pĭn* – viersaitiges Instrument, das wie eine Gitarre gezupft wird

» *sor* – schlankes Streichinstrument mit einer Kokosnussschale als Klangkörper

» *klòo·i* – hölzerne Flöte

Thai-Rock & -Pop

In den 1970er-Jahren schwappte der politische Folkrock aus den USA und Europa ins Land, den die Thais *pleng pêu·a chee·wít* („Lieder fürs Leben") nannten. Dieser Stil, für den hauptsächlich die Thai-Band Caravan steht, brachte eine wichtige Veränderung der zeitgenössischen thailändischen Musik mit sich. Die Lieder dieses Genres haben politische oder ökologische Themen statt der üblichen Liebesgeschichten. Während der autoritären Diktatur in den 1970ern wurden zahlreiche Songs von Caravan offiziell verboten. Auch Carabao, ein weiteres langjähriges Erfolgsbeispiel dieser Musikrichtung, vermischt Rock mit Heavy Metal und hat bereits eine ganze Generation von Nachahmern gefunden.

In Thailand gibt's außerdem eine boomende Teenie-Pop-Industrie – die manchmal auch T-Pop genannt wird –, in der sich alles um Künstler dreht, die aufgrund ihres guten Aussehens ausgesucht wurden, was wiederum häufig bedeutet, dass sie Halbthailänder, halb-*fa·ràng* sind und englische Namen tragen. Thailands King of Pop ist Thongchai „Bird" Mcintyre (auch als Pi Bird bekannt). Sein erstes Album erschien 1986, und seither hat er beinahe jedes Jahr ein neues folgen lassen. Mit seiner Mischung aus Madonnas Durchhaltevermögen und einem „netter Typ von nebenan"-Image ist er vor allem bei 30- bis 40-jährigen Thais sehr beliebt.

Momentan imitieren die beliebtesten Popstars ihre koreanischen Kollegen (Japan-Pop, oder J-Pop, ist out). Girly Berry ist ein Kombo mit attraktiven, jungen Sängerinnen mit charakteristischen Dance-Moves (auf YouTube zu sehen) – absolut essenziell für Popbands.

Die 1990er waren die Geburtsstunde der Alternative-Pop-Szene – auch „Indie" genannt –, in der sich vor allem das unabhängige Label Bakery Music einen Namen machte. Während der Hochphase des Indie sorgten Modern Dog, eine Band aus vier Absolventen der Chulalongkorn University, für den musikalischen Reifeprozess einer ganzen Generation. Eine weitere erfolgreiche Indie-Band ist Loso (von „low society" im Gegensatz zur „hi-so" oder Schickeria), die Carabaos Vorliebe für thailändische Volksmelodien und -Rhythmen modernisierte. In den letzten zehn Jahren sind jedoch all diese Bands in die „Klassikrock"-Schublade gerutscht, und Bakery Music wurde von einem großen Konzern aufgekauft. Die alternative Szene lebt in Abuse the Youth, Class A Cigarettes, Slur, Tattoo Colour und Apartment Khunpa und einer Reihe anderer Bands weiter, die von Punk, Reggae und weiteren internationalen Genres beeinflusst wurden.

Der wiederbelebte Disco-Sound der Groove Riders hat jetzt zwar etwas weniger Tempo, dafür aber umso mehr Funk. Ihr Hit „Disco" hat sich zu einem der beliebtesten Hochzeitssongs entwickelt. Hugo Chakrabongse war ein beliebter thailändischer Fernsehschauspieler und wurde beinahe wie ein König verehrt, doch dann gab er all das für die

Musik-quellen

» E Thai Music (www.ethaimusic.com) ist ein Online-Musikladen mit transkribierten Texten

» 365 Jukebox (www.365jukebox.com) sucht nach beliebten Hits in thailändischen Radiosendern, darunter Fat FM 104.5 (alternative Rock), Seed FM 97.5 (T-Pop) und Luk Thung FM95.0 (*lôok tûng* und *mŏr lam*)

Musik auf. Inzwischen ist er in den USA als Songwriter für Beyoncé wieder aufgetaucht und wurde erst kürzlich von Jay-Zs Plattenlabel unter Vertrag genommen.

Tanz & Theater

Thailands hohe Künste sind im Niedergang begriffen, seit sich der Palast von einer klösterlichen Gemeinschaft entfernt hat. Einige der bedrohten Kunstformen wurden jedoch gerettet und wiederbelebt. Folkloristische Traditionen sind noch immer relativ weit verbreitet, aber die Zeit der großen Darbietungen in den Dörfern ist lange vorbei.

Kŏhn ist Thailands berühmtestes Tanzdrama, es zeigt Ramakian, die thailändische Version des indischen Ramayana. Die Tänzer tragen aufwendige Kostüme, und einige Figuren sind maskiert. Die zentrale Geschichte handelt von Prinz Ramas Suche nach seiner geliebten Prinzessin Sita, die vom bösen, zehnköpfigen Dämon Ravana entführt und auf die Insel Lanka verschleppt wurde.

Jede Region hat ihren eigenen traditionellen Tanzstil, der bei Tempelfesten und Paraden in der Provinz zu sehen ist. Schulkinder bekommen oft Unterricht in traditionellem thailändischem Tanz. Gelegentlich treten in Tempeln auch Schreintänzer auf, die von Verdienste sammelnden Gläubigen für eine Darbietung angeheuert werden.

Lí·gair ist eine grelle, laute Form des Theaters, die meist auf buddhistischen Festivals zu sehen ist. Sie soll auf dramatische Rituale zurückgehen, die mit den Arabern und malaiischen Händlern nach Südthailand kamen, und ist eine bunte Mischung aus folkloristischer und klassischer Musik, auffälligen Kostümen, Melodrama, Slapstick-Comedy, sexuellen Anspielungen und zeitkritischen Kommentaren.

Auch das Puppentheater war bei Königen und Untertanen beliebt. Beim *lá·kon lék* (kleinen Theater) kamen Marionetten unterschiedlicher Größe bei Darbietungen bei Hofe zum Einsatz, ganz ähnlich dem *kŏhn*. Es waren zwei oder drei Puppenspieler nötig, um die meterhohen Puppen zu bewegen, die mit Drähten an langen Stäben befestigt waren. Die erzählten Geschichten stammen aus thailändischen Volksmärchen, meist aus dem Phra Aphaimani, seltener auch aus dem Ramakian.

Das Schattentheater – bei dem während der nächtlichen Aufführungen zweidimensionale Figuren zwischen einer Leinwand aus Stoff und einer Lichtquelle bewegt werden – blickt in Südostasien bereits auf eine ungefähr 500 Jahre alte Tradition zurück und kam ursprünglich mit Händlern aus dem Nahen Osten auf die Malaiische Halbinsel. In Thailand ist es hauptsächlich im Süden zu finden. Genau wie in Malaysia und Indonesien werden die Schattenpuppen auch in Thailand aus getrockneter Büffel- oder Kuhhaut *(năng)* hergestellt.

Kino

Im thailändischen Filmgeschäft gibt es zwei parallele Strömungen: die Filme, die finanziell erfolgreich sind, und die Filme, die als filmisch wertvoll angesehen werden; Überschneidungen gibt's nur gelegentlich.

Thailand-Playlist

» *That Song* (Modern Dog)

» *The Sound of Siam: Leftfield Luk Thung, Jazz & Molam in Thailand 1964–1975* (Soundway Records Compilation)

» *Made in Thailand* (Carabao)

» *Best* (Pumpuang Duangjan)

» *Romantic Comedy* (Apartment Khunpa)

LUST AUF LIVEMUSIK?

Bangkok ist der richtige Ort für eine Dosis Livemusik. Hier sind zahlreiche Clubs auf Coverbands, Jazz- und Rock-Jamsessions oder Szene-DJs spezialisiert. Das Hua Hin Jazz Festival ist äußerst angesehen, und beim Pattaya International Music Festival treten nationale und internationale Talente auf. Pai wiederum ist Gastgeber eines Reggae-Festivals, das wunderbar zum Ruf der Stadt als Hippie-Hafen passt. In Chiang Mai warten ein paar kleine Veranstaltungsorte mit Livemusik, u. a. der gemütliche „Lieder fürs Leben"-Club, der einst der Mittelpunkt der örtlichen Musikszene war.

Populäres thailändisches Kino wurde in den 1960er- und 1970er-Jahren groß, vor allem als die Regierung eine Steuer auf Hollywood-Importe erhob und so eine einheimische Industrie hervorbrachte. Die Mehrheit der Filme waren billige Actionstreifen mit Titeln wie *nám nôw* („Stinkendes Wasser"); aber die unwahrscheinlichen, sogar unsinnigen Handlungen und prächtigen Farben hinterließen einen bleibenden Eindruck bei späteren thailändischen Filmemachern, die diese Elemente in moderne Kontexte eingefügt haben.

Ende der 1990er-Jahre, Anfang des 21. Jhs. hat das thailändische Kino endgültig den Sprung in internationale Filmkreise geschafft. Teilweise ist dies auch dem Regisseur Pen-Ek Ratanaruang und seinen mutigen, fesselnden Filmen zu verdanken, darunter *Ruang Rak Noi Nid Mahasan* (Leben nach dem Tod in Bangkok; 2003). Apichatpong Weerasethakul ist Thailands führender Regisseur des *Cinéma verite* und scheint ein Dauer-Abo für Auszeichnungen in Cannes zu haben, wo er zuletzt die Goldene Palme für *Uncle Boonmee erinnert sich an seine früheren Leben* (2010) gewann.

Das thailändische Kino serviert nach wie vor hauptsächlich eskapistische Kost, in der hin und wieder jedoch auch sozialkritische Kommentare stecken, wohingegen offen politische Botschaften eher selten sind. *Mundane History* (Jao Nok Krajok; 2009), ein Familiendrama des aufstrebenden Regisseurs Anocha Suwichakornpong, war ein Favorit auf vielen Filmfestivals und erzählt die Geschichte der Freundschaft zwischen einem gelähmten Mann und seinem Pfleger. Der Plot ist nichtlinear und kritisiert die ausgeprägte Klassengesellschaft Thailands. Ein weiterer Trend im thailändischen Kino ist die Auseinandersetzung mit dem Thema Homosexualität, mit dem sich u.a. das von Kritikern gefeierte Werk *The Love of Siam* (Rak Haeng Siam; 2009) des Regisseurs Chukiat Sakveerakul befasst, der in jenem Jahr auch für Thailand ins Oscar-Rennen ging.

Die großen Studios drehen am liebsten Geistergeschichten, Horrorstreifen, historische Epen, schnulzige Liebesfilme und schrille Komödien. Die aufwendigen historischen Filme sind ein doppelter Erfolg: Sie bringen Geld und fördern die nationale Identität. Das Epos *King Naresuan – Der Herrscher von Siam* wurde als Propagandawerkzeug kritisiert. Er besteht aus vier Teilen, konzentriert sich jedoch hauptsächlich auf den Ayutthaya-König, der eine versuchte Invasion der Birmanen abwehrte. Bisher war jeder Teil (bislang wurden drei veröffentlicht) ein Riesenerfolg an den Kinokassen.

Auch wenn inzwischen häufiger mutigere Geschichten erzählt werden – die thailändischen Zensoren nehmen ihren Job nach wie vor sehr ernst und verbieten oder schneiden oft Szenen mit vermeintlich anstößigem Inhalt. 2007 führte die Filmförderanstalt ein Bewertungssystem ein (fünf Stufen für das jeweils angemessene Alter der Zuschauer), durch das ein Teil des Rätselratens darüber wegfällt, was eigentlich erlaubt ist und was nicht.

Literatur

Das geschriebene Wort hat in Thailand eine lange Tradition, die bis ins 11. und 12. Jh. zurückzuverfolgen ist, als das erste thailändische Schriftstück aus dem älteren Mon-Alphabet erstellt wurde.

Das 30 000 Zeilen lange *Phra Aphaimani* wurde vom Dichter Sunthorn Phu im späten 18. Jh. geschrieben und ist das bekannteste Werk der klassischen thailändischen Literatur. Wie viele seiner epischen Vorgänger weltweit erzählt es die Geschichte eines verbannten Prinzen, der erst eine Odyssee mit Liebeshändel und Kampfhandlungen hinter sich bringen muss, bevor er siegreich in sein Königreich zurückkehren kann.

Thailändische Filme

» *Fun Bar Karaoke* (1997), Regie Pen-Ek Ratanaruang

» *Yam Yasothon* (2005), Regie Petchtai Wongkamlao

» *Fah Talai Jone* (Tears of the Black Tiger; 2000), Regie Wisit Sasanatieng

» *Mekhong Sipha Kham Deuan Sip-et* (Mekong Full Moon Party; 2002), Regie Jira Malikul

In der gesamten klassischen Thai-Literatur ist jedoch kein anderes Werk so präsent und so enorm einflussreich wie das *Ramakian*. Sein indischer Vorläufer, das *Ramayana,* kam mit den Khmer vor 900 Jahren nach Thailand und tauchte erstmals auf Steinreliefs am Prasat Hin Phimai und in anderen Angkor-Tempeln im Nordosten auf. Schließlich entwickelten die Thais eine eigene Version des Epos, die zum ersten Mal während der Regentschaft Rama I. niedergeschrieben wurde. Sie umfasst 60 000 Strophen und ist um ein Viertel länger als das Originalepos in Sanskrit.

Zwar blieben die Hauptthemen die gleichen, doch schmückten die Thais das *Ramayana* mit zahlreichen biografischen Details über den Erzbösewicht Ravana (im *Ramakian* Thotsakan oder „zehnhalsig" genannt) und seine Frau Montho aus. Hanuman, der Affengott, unterscheidet sich im thailändischen Epos durch seinen koketten Charakter (in der Hindu-Version folgt er strikt seinem Keuschheitsgelübde) erheblich von der indischen Vorlage. Eines der klassischen *Ramakian*-Reliefs im Bangkoker Wat Pho stellt Hanuman dar, wie er die entblößte Brust eines jungen Mädchens wie einen Apfel umfasst.

Essen in Thailand

Thailand-Besucher erwartet ein ganzes Universum erstaunlicher Gerichte, wenn sie erst einmal über „Pad Thai" und grünen Curry hinaus sind, und für viele ist das regionale Essen einer der Hauptgründe für eine Reise nach Thailand. Noch bemerkenswerter allerdings ist die Liebe der Einheimischen zu ihrer Küche: Die Thais sind genauso aufgeregt wie die Touristen, wenn sie vor einer Schüssel gut zubereiteter Nudeln sitzen oder am Stand eines berühmten Straßenhändlers Platz nehmen. Diese ungenierte Begeisterung fürs Essen, ganz zu schweigen von der Fülle faszinierender Zutaten und Einflüsse, hat eine Küche kreiert, deren Spaßfaktor und Facettenreichtum in der Welt ihresgleichen suchen.

Kinder gewöhnen sich eventuell nicht so leicht an das einheimische Essen; der Kasten auf S. 48 bietet hilfreiche Informationen dazu.

Die vier Geschmacksrichtungen

Einfach gesagt definieren sich thailändische Gerichte über die Parameter süß, sauer, salzig und würzig. Viele verbinden die Küche der Thais zwar mit „würzig", doch jede Mahlzeit ist ein Versuch, diese vier Geschmacksrichtungen in ein Gleichgewicht zu bringen. Diese Balance wird durch einen Spritzer Limettensaft und einen Schluck Fischsauce erreicht oder mit einem Esslöffel fermentierter Sojabohnen und einem strategischen Tropfen Essig. Auch ein bitterer Geschmack wird in viele Thai-Gerichte mit einbezogen, der oft durch zugefügte Gemüse oder Kräuter entsteht. Ungeachtet ihres Ursprungs haben alle diese Zutaten das gleiche Ziel: ein wohlschmeckendes Gleichgewicht von vier eindeutigen, kräftigen Aromen.

Typisches & Spezialitäten
Reis & Nudeln

Reis ist so grundlegend für die hiesige Esskultur, dass das gebräuchlichste Wort für „essen" *gin kôw* – wörtlich „Reis essen" – ist und man

Appon's Thai Food (www.khiew-chanta.com) bietet mehr als 800 authentische und gut beschriebene lokale Rezepte – viele mit hilfreichen Audioaufnahmen ihrer thailändischen Namen – von einem gebürtigen Thailänder.

ETWAS FISCHIG

Europäer mögen die Nase rümpfen, wenn sie den Namen dieser Würzsauce hören, aber für einen großen Teil der Thaiküche ist die Fischsauce mehr als nur eine weitere Zutat. Sie ist *die* Zutat schlechthin.

Im Wesentlichen ist Fischsauce die Flüssigkeit, die man aus fermentiertem Fisch erhält, aber je nach Region kommt sie in verschiedenen Formen daher. Im Nordosten Thailands bevorzugt der anspruchsvolle Gourmet einen dicken, pastenartigen Brei aus fermentiertem Süßwasserfisch und manchmal Reis. Wo die Menschen Zugang zum Meer haben, ist die Fischsauce eine dünne Flüssigkeit, die aus gesalzenen Anchovis gewonnen wird. In beiden Fällen ist das Ergebnis ziemlich streng, aber allgemein eher salzig als fischig im Geschmack. Und verwendet wird die Sauce genauso wie in Europa der Salzstreuer.

NUDELMIXOLOGIE

Ein Metallgestell mit vier verschlossenen Glasschüsseln oder -gefäßen auf dem Tisch bedeutet, dass das Restaurant *gŏo·ay đĕe·o* (Reisnudelsuppe) serviert. Normalerweise enthalten die Gefäße vier Zutaten für die Suppe: *nám sôm prík* (grüne Chilistückchen in Essig), *nám plah* (Fischsauce), *prík pòn* (getrocknete rote Chilis in kleinen Stückchen oder fast pulverförmig gemahlen) und *nám·dahn* (einfacher weißer Zucker).

In typischer Thai-Manier kann man seine Nudelsuppe damit schärfer machen – und zwar scharf und sauer, scharf und salzig oder einfach nur scharf – oder man kann sie süß verspeisen.

Der Profi peppt seine Suppe mit einem Teelöffel von jeder dieser Zutaten auf, mit Ausnahme des Zuckers: Davon wird in Bangkok – wo anscheinend viele Süßschnäbel leben – gewöhnlich ein ganzer Esslöffel verwendet. Wer nicht an diese starken Gewürze gewöhnt ist, sollte aber immer nur wenig auf einmal zugeben und die Suppe ständig probieren, damit es nicht zuviel wird.

Thailand exportierte 2010 9,03 Mio. t Reis und ist damit Weltmarktführer.

sich üblicherweise mit *Gin kôw rĕu yang?* („Haben Sie schon Reis gegessen?") grüßt. Essen *bedeutet* in Thailand Reis essen, und fast überall im Land ist eine Mahlzeit ohne Reis unvorstellbar.

Es gibt viele Reissorten in Thailand, und das Land ist seit den 1960er-Jahren einer der größten Reisexporteure weltweit. Die wertvollste Sorte ist *kôw hŏrm má·lí* (Jasminreis), ein duftender Langkornreis, der in den Nachbarländern so begehrt ist, dass das Hinausschmuggeln frischer Vorräte angeblich ein konstantes Schwarzmarktgeschäft ist. Die Menschen im Norden und Nordosten Thailands essen *kôw nĕe·o*, „klebrigen Reis", einen glutenhaltigen Rundkornreis, der gedämpft statt gekocht wird. Die übliche Kohlenhydratbeilage in Restaurants im chinesischen Stil ist *kôw dôm*, „gekochter Reis", ein wässriger Brei, für den manchmal brauner oder violetter Reis verwendet wird.

Thai Food von David Thompson gilt weithin als das maßgebliche englischsprachige Kochbuch zur Thaiküche. Thompsons neuestes Werk, Thai Street Food, beschäftigt sich mit der weniger formellen Straßenküche.

Reis wird gewöhnlich als Beilage zu Currys, Kurzgebratenem oder Suppen serviert, die unter dem Begriff *gàp kôw* (mit Reis) zusammengefasst werden. Wer im Restaurant nur Reis möchte, bestellt *kôw plòw*, „blanken Reis", oder *kôw sŏoay*, „schönen Reis".

In Thailand gibt es grundsätzlich vier Arten von Nudeln. Da die Einheimischen so auf Reis fixiert sind, überrascht es kaum, dass *sên gŏo·ay đĕe·o* so beliebt ist: Reismehl wird mit Wasser zu einem Teig vermischt, der dann zu breiten flachen Blättern gedämpft wird. Man faltet die Blätter und schneidet sie verschieden breit – zu Reisnudeln.

Ebenfalls aus Reis ist *kà·nŏm jeen*. Dafür wird Reismehlteig durch ein Sieb in kochendes Wasser gedrückt, ähnlich wie bei deutschen Nudeln. *Kà·nŏm jeen* wird gerne vormittags auf den Märkten gegessen. Dazu gibt es verschiedene würzige Currys sowie frisches und eingelegtes Gemüse nach Wahl und Kräuter obenauf.

Die dritte Nudelart, *bà·mèe*, besteht aus Weizenmehl und Eiern, ist gelblich und wird nur frisch hergestellt verkauft.

Und dann wäre da noch *wún·sên* (wörtlich „Geleefaden"). Die Glasnudeln aus Mungobohnenmehl und Wasser werden oft getrocknet verkauft und vor der Verwendung einige Minuten in heißem Wasser eingeweicht. Am häufigsten macht man *yam wún sên* daraus, einen scharfen, würzigen Salat mit Limettensaft, frisch geschnittenen *prík kêe nŏo* (kleine Chilischoten), Shrimps, Schweinehackfleisch und Gewürzen.

Currys & Suppen

Das thailändische *gaang* – gesprochen wie „Gang" (für „Bande") – wird oft mit „Curry" übersetzt, meint aber eigentlich jedes Gericht mit viel Flüssigkeit und kann deshalb sowohl Suppen (wie *gaang jèut*) als auch die klassischen Chili-Currys bezeichnen, für die die thailändische Küche berühmt ist. Die Zubereitung von Chili-Curry beginnt mit *krêu·ang gaang*, wobei ein Bündel frischer Zutaten mit Mörser und Stößel zerdrückt, zerrieben und zermalmt wird, um eine aromatische, außerordentlich scharf schmeckende und ziemlich dicke Paste zu erhalten. Zu den typischen Zutaten in einem *krêu·ang gaang* gehören getrocknete Chilischoten, Galgant, Zitronengras, Blätter der Kaffernlimette, Schalotten, Knoblauch, Garnelenpaste und Salz.

Eine weitere beliebte thailändische Speise in der Suppenkategorie ist *dôm yam*, die berühmte scharf-saure Suppe. Das Feuer unter ihrer oft samtigen Oberfläche ist frischen *prík kêe nŏo* (winzigen Chilis) zu verdanken, alternativ auch einem halben Teelöffel *nám prík pŏw* (gerösteter Chilipaste). Zitronengras, Kaffernlimettenblätter (nicht zum Verzehr gedacht!) und Limettensaft verleihen *dôm yam* ihren charakteristischen Geschmack.

Kurzgebratenes & Frittiertes

Die einfachsten Stücke im kulinarischen Repertoire Thailands sind die verschiedenen kurzgebratenen Speisen *(pàt)*. Die Chinesen – die weltweit berühmt dafür sind, ganze Festessen in einem einzigen Wok brutzeln zu können – brachten sie ins Land.

Die Liste der *pàt*-Gerichte scheint endlos. Viele zeigen sich ihren chinesischen Wurzeln verbunden, etwa das allgegenwärtige *pàt pàk bûng fai daang* (kurzgebratener Wasserspinat mit Knoblauch und Chili), manche sind thailändisch-chinesische Kreuzungen, z. B. *pàt pèt* (wörtlich „scharf kurzgebraten"). Hier werden die Hauptzutaten, meist Fleisch oder Fisch, mit roter Currypaste gebraten.

Tôrt (in Öl frittieren) ist die Art der Zubereitung von Snacks wie *glôo·ay tôrt* (frittierte Bananen) oder *pò·pée·a* (Frühlingsrollen). Fisch wird fast immer frittiert und heißt dann *plah tôrt*.

Salate scharf & würzig

Ebenso landestypisch wie Currys ist der allgegenwärtige *yam*, ein scharfer, würziger „Salat" aus Meeresfrüchten, Fleisch oder Gemüse.

Limettensaft verleiht die nötige Würze, die großzügige Verwendung frischer Chilischoten macht das Ganze scharf. Die meisten *yam* werden zimmerwarm serviert oder allenfalls von gekochten Zutaten erwärmt. Sie werden als Teil einer Mahlzeit verspeist oder auch alleine; dieser Snack heißt dann *gàp glâam* und ist beliebt auf nächtlichen Kneipentouren.

Die Krönung dieses Kochstils stellt sicherlich das *sôm·dam* aus dem Nordosten Thailands dar (s. Kasten S. 811).

Nám Prík

Auch wenn *nám prík,* die würzigen „Dips" auf Chilibasis, eher zu Hause als im Restaurant auf den Tisch kommen, sind sie zumindest für die Einheimischen ein Symbol der Thaiküche. Sie werden üblicherweise mit Reis und gedämpftem oder frischem Gemüse und Kräutern gegessen und gehören damit auch in die typische Regionalküche. Wahrscheinlich kann man genau bestimmen, in welcher Provinz man sich aufhält, indem man einfach nachschaut, welche *nám prík*-Version angeboten wird.

Obst

Als tropisches Land kann Thailand mit wunderbaren Früchten punkten: *Má·môo·ang* (Mangos) gibt es allein in dutzenden Varietäten, die in unterschiedlichen Reifestadien verzehrt werden. Außerdem sind *sàp·pà·rót* (Ananas), *má·lá·gor* (Papaya) und *daang moh* (Wassermelonen) im Angebot, und alle werden an den allgegenwärtigen Ständen

REZEPTE

Die Seite She Simmers (www. shesimmers.com) wird von einer gebürtigen Thailänderin betreut, die in den USA lebt. Hier findet man viele Rezepte für die Basics der Thaiküche.

verkauft, oft mit einer Mischung aus Salz, Zucker und gemahlenen Chilis bestreut.

Süßigkeiten

Auf englischsprachigen Speisekarten steht häufig eine Kategorie „Desserts", aber es gibt in Thailand eigentlich nur zwei leicht verschiedene Formen davon. *Kŏrng wăhn* („süße Sachen") sind kleine, reichhaltige Süßspeisen, die oft einen leicht salzigen Nachgeschmack haben. Für *kŏrng wăhn* werden hauptsächlich geriebene Kokosnuss, Kokosmilch, Reismehl (aus weißem oder Klebreis), gekochter Klebreis, Tapioka, Mungobohnenstärke, gekochter Taro und verschiedene Früchte verwendet. Auch Eigelb wird gerne für *kŏrng wăhn* genommen, etwa das allgegenwärtige *fŏy torng* (wörtlich „goldene Fäden"); dies ist wahrscheinlich den Desserts und dem Gebäck aus Portugal zu verdanken, die während der frühen Ayutthaya-Ära (s. Kasten S. 813) eingeführt wurden.

Thailändische Süßigkeiten, die dem europäischen Gebäck entsprechen, werden *kà·nŏm* genannt. Die wohl beliebteste *kà·nŏm*-Art sind mundgerechte, in Bananenblätter gewickelte Stückchen, vor allem *kôw dôm gà·tí* und *kôw dôm mát*. Beide bestehen aus in *gà·tí* (Kokosmilch) gedämpften Klebreiskörnern, die in ein Bananenblatt gewickelt sind und einem festen Toffee ähneln.

Ausländer können mit den meisten nationalen Süßspeisen nicht viel anfangen, aber zwei Gerichte mögen nur die wenigsten nicht: *roti*, aufeinandergelegte „Bananenpfannkuchen" mit Zucker und Kondensmilch, und *ai·dim gà·tí*, Kokoseis auf Thai-Art. In traditionelleren Geschäften wird es mit Chilibohnen oder Klebreis garniert – ein super Snack an schweißtreibenden Tagen!

Regionalküchen

Ein besonders einzigartiger Aspekt der Thaiküche sind ihre regionalen Unterschiede. Obwohl sie sich in einem relativ kleinen Gebiet entwickelt hat, ist die Thaiküche alles andere als einheitlich und verändert sich ganz schnell, sobald man eine Provinzgrenze überschreitet.

Wirklich allgegenwärtig und raffiniert ist die Thaiküche in Zentralthailand. Sie wurde stark beeinflusst von der Kochkunst am königlichen Hof und von ausländischen Kochstilen, von chinesisch bis malaiisch/muslimisch. Süße und schwere Aromen prägen die Gerichte

Wer mit der sich ständig wandelnden Gourmetszene Bangkoks mithalten will, findet Hilfe im Essen-Kapitel auf den Bangkok-Seiten von CNNGo (www.cnngo.com/bangkok/eat) und im Restaurant-Kapitel von BK (http://bk.asia-city.com/restaurants).

(KON)FUSIONS-KÜCHE

Ein landesweit beliebtes Gericht in den Restaurants ist *kôw pàt à·me·rí·gan*, „gebratener Reis auf amerikanische Art". Der Reis wird zusammen mit Ketchup, Rosinen, Erbsen, Schinkenscheiben und frittierten Hotdogs gebraten, und obenauf kommt ein Spiegelei – klingt, nun ja, abscheulich ... und genau so schmeckt es auch. Aber zumindest hat es eine interessante Geschichte: Gebratener Reis auf amerikanische Art stammt aus der Ära des Vietnamkriegs, als Tausende US-Truppen in Nordostthailand stationiert waren. Ein einheimischer Koch entschied offenbar, das allgegenwärtige „amerikanische Frühstück" (Spiegelei mit Schinken und/oder Hotdogs und Weißbrot, gewöhnlich mit Ketchup gegessen) auf thailändische Art zuzubereiten, und gab die Zutaten einfach mit Reis in die Pfanne.

Diese kulinarische Fremdbestäubung ist nur einer der zahlreichen jüngeren Beweise für die Tendenz thailändischer Köche, querbeet aus den ihnen zur Verfügung stehenden Küchen zu wählen. Weitere (deutlich besser genießbare) Beispiele sind *gaang mát·sà·màn*, „Mussaman (Moslem)-Curry", inzwischen ein Klassiker, das Kochstile der Thai und des Nahen Ostens mixt, und das berühmte *pàt tai*, im Wesentlichen eine Mischung aus chinesischen Garmethoden (kurz anbraten) und Zutaten (Reisnudeln) mit thailändischen Aromen (Fischsauce, Chilis, Tamarinden).

Der grüne Papayasalat *sôm·đam* kommt ursprünglich wohl aus Laos, ist heute aber eines der beliebtesten Thai-Gerichte. Man nimmt grüne, unreife Papayastücke und zerstößt sie zusammen mit Knoblauch, Palmzucker, grünen Bananen, Tomaten, Limettensaft, Fischsauce und einer schockierenden Menge frischer Chilis in einem Ton- oder Holzmörser. *Sôm·đam low,* die „Originalversion" des Gerichts, enthält reifere Papayastücke, Auberginenscheiben, gesalzene Flusskrabben und eine dicke, nicht pasteurisierte Fischsauce namens *plah ráh.* In Bangkok weitaus üblicher ist *đam tai,* das getrocknete Shrimps und Erdnüsse enthält und mit Fischsauce aus der Flasche gewürzt wird. In weiteren Abwandlungen des Gerichts kann die Papaya durch grüne Mango, Salatgurke oder Langbohnen ersetzt werden. Fast immer wird *sôm·đam* von Frauen zubereitet und auch überwiegend von diesen gegessen, oft eher als Snack denn als ganze Mahlzeit – die intensive Würze suggeriert dem Magen schneller, er sei voll.

in Zentralthailand, sie enthalten häufig Zutaten wie Kokosmilch, Süßwasserfisch und Fleisch.

Das Essen im Nordosten Thailands ist zweifellos das rustikalste aller Regionen und kommt sehr wahrscheinlich dem am nächsten, was die ethnischen Tai-Völker seit Hunderten, wenn nicht Tausenden von Jahren gegessen haben. Würzige, herbe Aromen und einfache Garmethoden (gebratene Speisen und Suppen) dominieren die Küche des Nordostens, mit Klebreis als vorherrschendem Kohlehydratlieferant. Viele Thailänder aus dem Nordosten verdingen sich als Wanderarbeiter in anderen Regionen, und ihre Küche ist in nahezu jeder Ecke des Landes an den einfachen Verkaufsständen zu haben.

Den obskursten Kochstil Thailands findet man unzweifelhaft im Norden. Auch hier ist die Grundlage Klebreis, daneben spielen Fleisch, vor allem vom Schwein, bitter-scharfe Aromen und Frittieren wichtige Rollen. Wegen der Höhenlage und des Klimas richtet sich die Küche im Norden mehr als andere Regionen Thailands nach den jahreszeitlich verfügbaren Lebensmitteln. Weitere Infos zur Küche im Norden stehen im Kasten auf S. 334.

Die würzigsten Gerichte aller Regionen Thailands gibt es wohl im Süden. Das Essen hier kann auch sehr salzig sein, und angesichts der Küstenlage ist das Übergewicht von Meeresfrüchten auf der Speisekarte kaum überraschend. Kurkuma verleiht vielen südthailändischen Gerichten einen Gelborangeton, und viele Mahlzeiten hier werden mit frischen Kräutern und Gemüse serviert, um ihre Schärfe zu mildern. Thailands Süden ist auch der richtige Ort für eine Begegnung mit der muslimisch-thailändischen Küche, die wahrscheinlich die süßeste von allen ist.

Auf www.austin bush photography. com/category/ foodblog, geschrieben und fotografiert vom Autor dieses Kapitels, erfährt man Einzelheiten zum Essen und zu Restaurantbesuchen in Bangkok und den thailändischen Provinzen.

Getränke
Kaffee, Tee & Fruchtsäfte
Die Thailänder sind große Kaffeetrinker. Die Qualitätssorten Arabica und Robusta werden in den hügeligen Regionen Nord- und Südthailands angebaut. Traditionell wird der Kaffee einfach nur durch einen feinporigen Stoffbeutel gefiltert, der an einem Stahlgriff befestigt ist. Dieser Kaffee wird normalerweise im Glas mit Zucker und Kondensmilch serviert – wer beides nicht möchte, sollte einen *gah·faa dam* (schwarzen Kaffee) bestellen und *mâi sài nám·đahn* (ohne Zucker) dazusagen.

Überall, wo es richtigen Kaffee gibt, ist auch heimischer oder importierter schwarzer Tee zu haben. *Chah tai* erhält seine orangerote Farbe durch den Zusatz von gemahlenen Tamarindensamen.

Fruchtsäfte gibt es überall im Land. Sie sind die beste Alternative, wenn das Wasser ungenießbar ist und man trotzdem nicht verdursten will. Die meisten *nám pŏn·lá·mái* (Fruchtsäfte) werden mit etwas Zucker und Salz und viel Eis serviert. Viele Ausländer mögen das Salz nicht, aber es hilft dem Körper, die Temperaturen auszuhalten.

Bier & Spirituosen

Es gibt verschiedene Biermarken in Thailand, einheimische (Singha, Chang, Leo) wie lizenzierte ausländische (Heineken, Asahi, San Miguel), die sich in Geschmack und Qualität jedoch kaum unterscheiden. Wie die Thailänder ihr Bier trinken, steht im Kasten unten.

Einheimischer Reiswhisky und Rum sind günstiger als Bier und daher bei Arbeitern, armen Studenten und Familienzusammenkünften beliebt. Wenn sich Thais etwas gönnen wollen, greifen sie zu importiertem Whisky. Er wird normalerweise mit sehr viel Eis, Soda und einem Spritzer Cola getrunken. Wer abends ausgeht, kauft für gewöhnlich eine ganze Flasche. Wird sie nicht geleert, kann man sie bis zum nächsten Besuch an der Bar deponieren.

Ist das Eis im Drink genießbar?

Viele Gäste, die Thailand das erste Mal besuchen, machen sich Sorgen über die Qualität der Eiswürfel. Sie sollten bedenken, dass der Körper hier ganz allgemein einer völlig anderen Küche und neuen, unvertrauten Bakterienstämmen ausgesetzt ist. Es ist daher nahezu unvermeidlich, dass es Anpassungsprobleme gibt.

Das Positive ist, dass man meist nur ein wenig Bauchgrummeln bekommt, das nach ein paar Stunden überstanden ist. Ernsthaftere Beschwerden lassen sich zumindest anfangs vermeiden, wenn man nur beliebte Restaurants oder Garküchen aufsucht, wo das Essen nach Vorschrift zubereitet und Wasser nur aus Flaschen getrunken wird.

Und das Eis? Wir persönlich trinken unsere Getränke in Thailand schon immer mit Eis und haben bislang noch keine spezielle Unannehmlichkeit damit in Verbindung bringen können.

Wohin zum Essen?

An jeder Ecke in Thailand bekommt man etwas zu essen, daher überrascht es nicht, dass die Einheimischen sehr häufig auswärts essen. In dieser Hinsicht fallen Besucher also überhaupt nicht auf.

THAILÄNDISCHES PILS – EIN LEITFADEN

Es ist immer wieder amüsant, den Ausdruck des Entsetzens in den Gesichtern von Thailand-Neulingen zu beobachten, wenn der Kellner wie nebenbei einige Eiswürfel in ihr Pilsglas fallen lässt. Bevor man die vermeintliche Blasphemie lautstark zurückweist, sollte man die Gründe kennen, warum die Thais ihr Bier *on the rocks* mögen.

Zunächst gilt es zu bedenken, dass thailändisches Bier trotz der vermeintlichen Auszeichnungen auf dem Etikett der meisten Flaschen nicht das anspruchsvollste Bouquet hat und am besten so kalt wie möglich getrunken werden sollte. Auch ist das Klima in Thailand bekanntermaßen oft ziemlich heiß – noch ein Grund, sein Bier maximal kühl zu halten. Und nicht zuletzt haben die heimischen Gebräue generell einen ziemlich hohen Alkoholgehalt, der durch das Eis etwas verwässert wird. Das verhindert, dass der Körper austrocknet und auch den berüchtigten Chang-Bier-Kater am nächsten Tag. Manche Orte in Thailand treiben diese Theorien soweit, dass sie *beea wún*, „Gelee-Bier" servieren, halbgefrorenes Bier von köstlich sulziger und erfrischender Konsistenz.

Dennoch zum Schluss eine kurze Warnung: Es ist schmerzhaft offensichtlich, dass jemand zu lange in Thailand war, wenn er zu Hause Eis in sein Pils gibt!

Thai-Curry ohne Chilischoten, *pàt tai* ohne Erdnüsse, Papaya-Salat ohne Papayas? Viele der Zutaten, die Thailänder heute tagtäglich verwenden, sind relativ neue Errungenschaften, die europäische Händler und Missionare ins Land brachten. Im frühen 16. Jh., als spanische und portugiesische Forscher erstmals die Küsten Südostasiens erreichten, gab es auch auf dem amerikanischen Kontinent immer neue Expansionen und Entdeckungen. Vor allem die Portugiesen waren geübt darin, die aufregenden neuen Produkte aus der Neuen Welt im Osten zu vermarkten, und so wurden Tomaten, Kartoffeln, Mais, Salat, Kohl, Chilischoten, Papayas, Guaven, Ananas, Kürbis, Süßkartoffeln, Erdnüsse und Tabak zu heute gängigen asiatischen Lebensmitteln.

Besonders die Chilischoten, die vermutlich mit den Portugiesen um 1550 erstmals in Ayutthaya ankamen, haben bei den Thais einen Nerv getroffen. Davor bezogen die Einheimischen ihre Schärfe aus bitterscharfen Kräutern und Wurzeln wie Ingwer und Pfeffer.

Aber die Portugiesen brachten nicht nur einige entscheidende Zutaten mit, sondern auch einige noch heute übliche Zubereitungsarten, besonders für Süßspeisen. Das leuchtend gelbe Entenei und Leckereien auf Sirupbasis, die auf vielen thailändischen Märkten zu finden sind, sind direkte Abkömmlinge von portugiesischen Desserts, bekannt als *fios de ovos* („Eifäden") und *ovos moles.* Und in der Gegend um die Kirche Santa Cruz in Bangkok, einer früheren portugiesischen Enklave, findet man immer noch das portugiesische *kà·nŏm fa·ràng,* einen brötchenartigen Snack, der über Kohlen gebacken wird.

Am liebsten essen die Thais auf ihren Märkten unter freiem Himmel oder in Garküchen. Am Vormittag säumen Stände, die Kaffee und die chinesische Donut-Variante verkaufen, die Wege der Berufspendler. Mittags schnappen sich Hungrige einen Plastikstuhl vor einer Garküche für eine schlichte kurzgebratene Mahlzeit oder nehmen eine dampfende Schachtel Nudeln mit, die im Büro hinuntergeschlungen werden. In den meisten kleineren Städten machen sich auf Nachtmärkten in der Stadtmitte Straßenhändler mit einem Haufen Garküchen, Metalltischen und Stühlen breit. Beim Verdauungsspaziergang kann man dann noch etwas einkaufen.

Natürlich gibt es in Thailand auch Restaurants *(ráhn ah·hăhn)* – von schlichter Nahrungsaufnahme bis zur hochformellen Dinnerveranstaltung ist alles geboten. Mittags ist die richtige Zeit für einen Stopp in einem *ráhn kôw gaang* („Reis-und-Curry"-Laden), der verschiedene Fertiggerichte verkauft. Die gewöhnlicheren *ráhn ah·hăhn đahm sàng* (Essen auf Bestellung) erkennt man häufig an der Auslage mit Basiszutaten – Chinakohl, Tomaten, Schweinehackfleisch, frischem oder getrocknetem Fisch, Nudeln, Auberginen, Frühlingszwiebeln – für das Standardrepertoire an thailändischen und chinesischen Gerichten. Wie der Name schon sagt, bereiten die Köche hier nahezu jedes Gericht zu, das man sich wünscht – ein etwas schwieriges Unterfangen, wenn man kein Thai spricht.

Thai Hawker Food von Kenny Yee und Catherine Gordon ist ein bebilderter Ratgeber, mit dessen Hilfe man thailändisches Essen an Straßenständen erkennen und bestellen kann.

Vegetarier & Veganer

Vegetarismus ist in Thailand nicht sehr verbreitet, aber viele der Touristenrestaurants sind auf Vegetarier eingerichtet. Das bedeutet nun nicht, dass alle Thailänder überzeugte Fleischesser sind; es gibt auch im eigenen Land entstandene vegetarische und vegane Ernährungsweisen, wurzeln in einer strengen Auslegung des Buddhismus, wie sie Bangkoks Ex-Gouverneur Chamlong Srimuang populär machte. Deshalb findet man in Bangkok (s. Kasten S. 129) und in einigen Provinzhauptstädten gemeinnützige *ráhn ah·hăhn mang·sà·wí·rát* (vegetarische Restaurants), die Essen am Buffet servieren und sehr günstig sind. Das Angebot ist fast immer 100 %ig vegan, d.h. ohne Fleisch, Geflügel, Fisch, Fischsauce, Milch- oder Eierprodukte.

Während des Vegetarian Festivals, das chinesische Buddhisten im Oktober feiern, wird in vielen Restaurants und an Straßenständen in Bangkok, Phuket und in den chinesischen Geschäftsvierteln der meisten thailändischen Städte einen Monat lang fleischfrei gekocht. Andere leicht zugängliche, wenn auch nicht so verbreitete Örtlichkeiten für vegetarische Mahlzeiten sind indische Restaurants, die meist entsprechende Angebote auf ihren Speisekarten haben.

Auch Bangkok's *Top 50 Street Food Stalls* von Chawadee Nualkhair ist super als allgemeine Einführung und Ratgeber zum Essen an den Straßenständen Thailands.

„Ich bin Vegetarier/in" heißt auf thailändisch *pŏm gin jair* (für Männer) bzw. *dì·chăn gin jair* (für Frauen). Frei übersetzt bedeutet das „Ich esse nur vegetarische Speisen", was in Thailand auch Eier- und Milchprodukte ausschließt – mit anderen Worten: Man ist hier automatisch Veganer.

Esskultur

Wie vieles innerhalb der thailändischen Kultur erscheinen auch die Konventionen beim Essen vordergründig entspannt und unkompliziert – doch eigentlich gibt es viele Regeln.

Ob zu Hause oder im Restaurant: Platten und Teller kommen immer in der Reihenfolge auf den Tisch, wie sie in der Küche fertig werden. Sich mehr als einen Löffel voll von der Platte zu nehmen, ist unhöflich. Wer seinen Teller mit allen Gerichten gleichzeitig überhäuft, kommt Thais, die mit westlichen Konventionen nicht vertraut sind, gefräßig vor. Ein anderer wichtiger Punkt beim thailändischen Essen ist die

---

GESCHMACKSREISEN

Die Küche Thailands ist regional sehr unterschiedlich, und in fast jeder Stadt gibt es ein spezielles Gericht, das außerhalb ihrer Grenzen nicht erhältlich (oder zumindest nicht so lecker) ist. Wer wie ein Einheimischer essen will, dem hilft diese Liste mit einigen köstlichen regionalen Spezialitäten:

» **Ayutthaya:** *gŏo·ay dĕe·o reu·a* („Bootsnudeln") – Reisnudeln in einer dunklen, stark gewürzten Brühe.

» **Chiang Mai:** *nám prík nùm* und *kâab mŏo* (geröstete Chilipaste und frittierter Schweinekrustenbraten) – Die beiden Gerichte passen wunderbar zusammen und sind auf wirklich jedem Markt der Stadt erhältlich; man isst meist kurz gegartes Gemüse und Klebreis dazu.

» **Hat Yai:** *gài tôrt hàht yài* – Dieses Hähnchen, ein Namensvetter der Stadt, wird in einer trockenen Gewürzmischung mariniert, die ihm einen markanten roten Farbton verleiht, und dann gebraten.

» **Khon Kaen:** *gài yâhng* – Mariniertes Freiland-Hähnchen *(gài bâhn)*, über heißen Kohlen gegrillt. Diese Spezialität aus dem Nordosten gilt als bestes lokales Gericht.

» **Lampang:** *kôw taan* – Frittierte Klebreiskuchen, die mit Palmzucker bestäubt werden, sind in dieser Stadt im Norden eine beliebte Leckerei.

» **Nong Khai:** *năam neu·ang* – Das vietnamesische Gericht aus Schweinefleischbällchen, die in Reispapier gehüllt und mit einem Korb voller Kräuter serviert werden, hat im Nordosten Thailands eine Heimat gefunden.

» **Phetchaburi:** *kôw châa* – Dieses seltsame, aber köstliche Gericht der Mon aus gekühltem Duftreis mit süß-sauren Beilagen soll hier in der Landesmitte das beste sein.

» **Trang:** *mŏo yâhng* – Geröstetes Schwein „mit Haut und Haar", das typischerweise im Rahmen eines Dim-Sum-Brunches gegessen wird, ist eine Spezialität dieser Stadt im Süden.

In jedem Zeitschriftenartikel über Essen in Thailand lassen sich überschwängliche Empfehlungen für die auf den Straßen angebotenen Mahlzeiten finden. Auch wenn das meiste, was von den Karren herunter oder in Garküchen verkauft wird, tatsächlich sehr gut schmeckt, kann sich auch das sonstige Speiseangebot durchaus sehen lassen. Tatsächlich sind die besten Orte zum Essen immer noch in alteingesessenen, familiengeführten Restaurants zu finden, die typischerweise in den betagten sino-portugiesischen Kaufhallen untergebracht sind. Die Köche dort servieren wahrscheinlich seit einigen Jahrzehnten das gleiche Gericht oder eine begrenzte Auswahl von Speisen und wissen wirklich, was sie tun. Das Essen kostet vielleicht etwas mehr als auf der Straße, aber die Umgebung ist dafür meist auch komfortabler und sauberer, ganz zu schweigen von dem historischen Hintergrund, der jeden Biss begleitet. Solche Restaurants haben zwar selten englischsprachige Speisekarten, aber auf ein Bild oder ein Gericht zu zeigen, hilft meist weiter. Falls nicht, stehen auf S. 859 die nötigen thailändischen Brocken.

Auch wenn also die Bekanntschaft mit den Garküchen ein lustiger Teil der Thailand-Erfahrung ist, sollte man am Ende unbedingt einige Restaurants der alten Schule ausprobiert haben.

Ausgewogenheit zwischen Geschmacksrichtungen und Konsistenz. Normalerweise bestellt eine Gruppe ein Curry, ein gegartes oder gebratenes Essen, ein Gemüsegericht aus dem Wok und eine Suppe, um so die Wahl zwischen Mildem und Scharfem, Saurem und Süßem, Salzigem und Ungewürztem zu haben.

Ursprünglich aßen die Einheimischen mit den Fingern, und in manchen Gegenden des Königreichs tun sie das noch immer. Anfang des 20. Jhs. begannen die Thais, ihre Tische mit Gabeln und Löffeln zu bestücken, um ein „königliches" Ambiente zu schaffen, und vor noch nicht allzu langer Zeit wurde das Essen mit Gabel und Löffel in Bangkok zur Norm und breitete sich von da über das ganze Königreich aus. Die Thais verwenden diese Werkzeuge, indem sie mit dem Servierlöffel oder ihrem eigenen Löffel einzelne Happen von dem Teller in der Mitte nehmen und diese über ihren Reis verteilen. Die Gabel wird verwendet, um den jetzt mit dem Essen getränkten Reis wieder auf den Löffel zu schieben, der das Ganze in den Mund befördert.

Wenn keine Stäbchen angeboten werden, sollte man auch nicht danach fragen: Thailändisches Essen isst man mit Gabel und Löffel, nicht mit Stäbchen, und *fa·ràng* (westliche Besucher), die nach Stäbchen fragen, verwirren nur die Restaurantbesitzer. Mit Stäbchen isst man in Thailand nur Gerichte nach chinesischer Art aus Schüsseln oder im China-Restaurant. In jedem Fall liegen die Stäbchen bereit, ohne dass man sie bestellen muss. Anders als ihre Kollegen in den meisten westlichen Ländern gehen die Gastronomen in Thailand automatisch davon aus, dass die Gäste sie benutzen können.

Die Seite Thai Food Master (www.thaifoodmaster.com), betrieben von einem seit vielen Jahren in Thailand lebenden Ausländer, bietet hilfreiche Schritt-für-Schritt-Fotos für die Zubereitung einer Vielzahl von Thai-Gerichten.

Thailands Sexindustrie

Thailand und die Prostitution verbindet eine lange, komplexe Geschichte – und ein Thema ist das auch heute noch. Etwa seit der Zeit des Vietnamkriegs ist das Land auch ein Ziel für Sextouristen aus aller Welt. Die an Ausländer gerichtete Industrie ist mit Rotlichtbezirken in Bangkok, Phuket und Pattaya sehr sichtbar, aber es existieren auch eine heimische Sexindustrie im Verborgenen und Myriaden informeller Kanäle für Bezahlsex.

Prostitution ist in Thailand eigentlich illegal, doch sind die Gesetze dagegen häufig eher vage formuliert und werden nicht angewandt. Zudem schaffen wirtschaftliche Zwänge einen steten Strom von weiblichen und männlichen Prostituierten. Manche Experten sind der Meinung, dass die große Nachfrage nach Diensten sexueller Natur eine stärkere Beschränkung der Industrie wenig wahrscheinlich macht. Aktivisten und Regierungsbehörden haben es sich dennoch zum Ziel gesetzt, Missbrauchspraktiken innerhalb der Industrie einen Riegel vorzuschieben.

Es ist schwierig, die Zahl der Prostituierten in Thailand oder die demografischen Strukturen und wirtschaftliche Stärke der Industrie zu ermitteln. Das liegt zum einen an den vielen indirekten Formen der Prostitution, aber auch an der Illegalität der Industrie, die Recherchen schwierig macht, und daran, dass die verschiedenen Organisationen unterschiedliche Ansätze für das Sammeln ihrer Daten haben. Im Jahr 2003 wurde im Rahmen von Maßnahmen zur Legalisierung der Prostitution der Wert der thailändischen Sexindustrie mit 4,3 Mrd. US$ angegeben, das sind etwa 3% des BIP. Die Zahl der Prostituierten wurde auf ungefähr 200 000 geschätzt. Eine Studie der thailändischen Chulalongkorn-Universität aus demselben Jahr kam auf geschätzte 2,8 Mio. Prostituierte, davon 1,98 Mio. erwachsene Frauen, 20 000 erwachsene Männer und 800 000 Kinder (alle Personen unter 18).

Geschichte & kulturelle Sichtweisen

Prostitution war in Thailand weit verbreitet, lange bevor das Land einen entsprechenden Ruf bei internationalen Sextouristen hatte. Zu allen Zeiten war die Praktik in vielen Teilen der Gesellschaft anerkannt und üblich, auch wenn sie von der Gesellschaft als Ganzes nicht immer gutgeheißen wurde.

Auf internationalen Druck der Vereinten Nationen hin wurde die Prostitution 1960 für illegal erklärt, doch galten für gewisse Etablissements (Go-Go-Bars, Bierkneipen, Massagesalons, Karaokebars und Badehäuser) seit 1966 eigene Gesetze. Diese Etablissements sind lizenziert und können legal Dienste nichtsexueller Art anbieten (wie tanzen, Massagen, als Saufkumpane …); Dienste sexueller Art kommen an diesen Orten vor, sind offiziell aber nicht ihr Hauptanliegen.

Das This is Us: EMPOWER Foundation National Museum (☎ 0 2526 8311; 57/60 Th Tiwanon, Nonthaburi; an Werktagen geöffnet) wurde von einer Interessenvertretung der Prostituierten ins Leben gerufen und erläutert die Geschichte und Arbeitsbedingungen von Prostituierten in Thailand.

Mit der Ankunft von US-Truppen in Südostasien während des Vietnamkrieges passten findige Geschäftsleute den bestehenden Rahmen an die Bedürfnisse der Fremden an und schufen so die internationale Sextourismusindustrie, wie man sie auch heute noch kennt.

Die Internationale Arbeitsorganisation ILO, eine Behörde der UN, riet 1998 den südostasiatischen Staaten – auch Thailand –, Prostitution als Wirtschaftssektor anzuerkennen, der Einkommen erzeugt. Man schätzt, dass ein Drittel der Unterhaltungsetablissements bei den Behörden registriert sind und die Mehrheit eine informelle Steuer in Form von Bestechungsgeldern an Polizisten zahlt. Die Geschäftsführerin einer Bar, mit der wir sprachen, sagte, sie zahle pro Monat 5000 B (etwa 100 €) an die Polizei.

Wirtschaftliche Anreize

Ungeachtet ihrer Herkunft arbeiten die meisten Frauen aus finanziellen Gründen in der Sexindustrie: Viele finden, die Arbeit als Prostituierte sei für ihren (geringen) Bildungsgrad einer der höchstbezahlten Jobs, und sie haben finanzielle Verpflichtungen (seien es Angehörige oder Schulden). Die umfassendsten Daten zu den wirtschaftlichen Verhältnissen von Prostituierten stammen aus einer Studie von Kritaya Archavanitkul aus dem Jahr 1993. Dort wird das durchschnittliche Einkommen der Frauen mit 17000 Baht pro Monat angegeben (etwa 14 € am Tag), dem Äquivalent eines Beamtenjobs im mittleren Dienst, einer Position, die nur durch gute Ausbildung und familiäre Beziehungen erreicht wird. Zum Zeitpunkt der Studie hatten die meisten Befragten keinen höheren Schulabschluss.

Die Internationale Arbeitsorganisation schätzt dagegen den Lohn einer thailändischen Prostituierten auf knapp 7 € am Tag, was dem durchschnittlichen Salär eines Arbeiters in der Dienstleistungsindustrie in Thailand entspricht.

Diese wirtschaftlichen Faktoren bilden für ungelernte Frauen vom Land (und in geringerem Umfang auch für Männer) einen starken Anreiz, in der Sexindustrie zu arbeiten.

Wie in großen Teilen der thailändischen Gesellschaft üblich geht ein großer Prozentsatz des Lohns der Prostituierten zurück in ihre Heimatdörfer, um ihre Familien zu unterstützen (Eltern, Geschwister, Kinder). Khun Kritayas Studie von 1993 belegte, dass zwischen 1800 und 6100 Baht pro Monat heim in die ländlichen Gemeinden geschickt wurden. Die Empfänger dort kauften damit typischerweise langlebige Wirtschaftsgüter (TV-Geräte und Waschmaschinen), größere Häuser und Motorräder oder Autos. Ihr Reichtum stand für den Erfolg ihrer Töchter in der Sexindustrie und diente als Ansporn für die nächste Generation Sexarbeiterinnen.

Es gibt Gerüchte, dass Familien auf dem Land ihre kleinen Töchter dazu drängen, Prostituierte zu werden, wenn der Schuldenberg wächst. Die von uns befragte Geschäftsführerin der Bar erzählte, sie hätte versucht, nach Hause zurückzukehren, nachdem sie eine Zeit lang als Prostituierte in Pattaya gearbeitet hatte, doch ihre Mutter hätte geschimpft und gesagt „Wenn jede das tun kann, kannst du das auch".

Arbeitsbedingungen

Unbeabsichtigte Konsequenz des Prostitutionsverbots ist die gesetzlose Arbeitsumgebung, die dadurch für Frauen geschaffen wird, die in der Sexindustrie anfangen. Sexarbeit wird zum Wirkungsbereich krimineller Netzwerke, die häufig auch in andere illegale Aktivitäten verwickelt sind und die Gesetze durch Bestechung und Gewalt umgehen.

Prostituierte haben nicht die gleichen Rechte wie andere Arbeiter: Es gibt keinen Mindestlohn, keinen Anspruch auf Urlaub, Krankheits-

Thailand erhielt viel Lob für seine schnelle und effektive Antwort auf die Aids-Epidemie in den 1990er-Jahren. Durch die aggressive Kampagne für die Verwendung von Kondomen sank die Infektionsrate der weiblichen Prostituierten bis 2007 auf 5 %, doch haben sich die Raten in letzter Zeit bei den inoffiziellen Sexarbeiterinnen (Straßenprostituierte und Freischaffende) verdoppelt. Experten warnen, dass die Epidemie im Land kurz davor steht, wieder aufzuflammen, weil die Anstrengungen nachgelassen hätten, die Öffentlichkeit aufzuklären und weil sich die kulturelle Einstellung zum Sex geändert habe. Drogensüchtige, die an der Spritze hängen, bilden die größte Gruppe der 610 000 Aids-Kranken des Landes (30–50 % im Jahr 2007).

tage oder Pausenzeiten, keine Beiträge für die Sozialversicherung oder für eine vom Arbeitgeber unterstützte Krankenversicherung und keine Ansprüche auf Entschädigung.

Die Bars können ihre eigenen Strafregeln aufstellen und der Frau Geldstrafen auferlegen, wenn sie nicht genug lächelt, zu spät kommt oder die Getränkequote nicht erfüllt. EMPOWER berichtete, dass viele Prostituierte der Bar am Ende des Monats durch diese Abzüge Geld schulden. Faktisch müssen diese Frauen dafür bezahlen, Prostituierte zu sein und die Geldstrafen verschleiern, dass sie für Zuhälter arbeiten.

Durch ihre Lobbyarbeit wollen Prostituierten-Unterstützergruppen wie EMPOWER erreichen, dass der Gesetzgeber alle Beschäftigten in Unterhaltungsbetrieben (auch Tellerwäscher und Köche und eben auch die „arbeitenden Mädchen") als Angestellte anerkennt, die Arbeitsschutz- und Sicherheitsmaßnahmen unterliegen.

Andere Beteiligte wie die Coalition Against Trafficking in Women (CATW; Koalition gegen Frauenhandel) argumentieren, dass eine Legalisierung der Prostitution keine Antwort sein könne, weil ein solcher Schritt eine Praxis legitimiere, die für die betroffenen Frauen immer gefährlich und ausbeuterisch sein wird. Diese Gruppierungen konzentrieren sich stattdessen darauf, wie die Frauen die Prostitution hinter sich lassen und andere Arbeitsmöglichkeiten finden können.

Zu den Organisationen, die grenzübergreifend gegen Kinderprostitution vorgehen, gehören ECPAT (End Child Prostitution & Trafficking; www.ecpat.net) und sein australischer Ableger Child Wise (www.childwise.net).

Kinderprostitution & Menschenhandel

Nach Angaben von ECPAT (End Child Prostitution & Trafficking) werden gegenwärtig 30 000 bis 40 000 Kinder zur Prostitution gezwungen; es gibt aber keine zuverlässigen Schätzungen. Die Universität Chulalongkorn geht sogar von bis zu 800 000 Kindern aus.

1996 verabschiedete Thailand ein reformiertes Gesetz, um das Problem der Kinderprostitution anzugehen (zweigeteilt für 15- bis 18-Jährige und für Kinder unter 15). Kunden, Besitzern der Etablissements und selbst Eltern, die mit Kinderprostitution zu tun haben, drohen Geld- und Gefängnisstrafen (nach dem alten Gesetz wurden nur die Prostituierten bestraft). In vielen Ländern gibt es Gesetze, die es gestatten, Personen, die sich im Ausland des Kindesmissbrauchs schuldig gemacht haben, im eigenen Land anzuklagen und zu bestrafen.

In Großstädten wie Bangkok, Chiang Mai und Pattaya und Grenzorten wie Mae Sai und Mae Sot leben viele Menschen, die vertrieben wurden oder zu Randgruppen gehören (birmanische Einwanderer, Angehörige von Bergvölkern sowie verarmte Thais vom Land). Die Kinder dieser zerbrochenen Familien betteln häufig auf den Straßen und geraten dann durch Gangs und Kleinkriminalität in den Sog der Prostitution.

Thailand ist außerdem eine Drehscheibe und ein Ziel des Menschenhandels (auch mit Kindern) aus Ländern wie Myanmar, Laos, Kambodscha und China. Laut den Vereinten Nationen ist Menschenhandel ein Verbrechen gegen die Menschlichkeit und schließt das Anwerben, Transportieren, zwangsweise Überführen, Beherbergen und Empfangen einer Person durch Gewalt, Arglist oder Zwang zu Zwecken der Ausbeutung ein. Das US-Außenministerium bezeichnete Thailand 2007 als Land, in dem die Mindeststandards zur Verhinderung des Menschenhandels nicht eingehalten werden.

Es ist schwierig, verlässliche Daten über den Handel mit Menschen einschließlich Minderjähriger zu erhalten, aber ein Bericht zur Kinderarbeit unter ausländischen Kindern von Kritaya Archwanitkul aus dem Jahr 1997 ergab die Zahl von 16 423 nichtthailändischen Prostituierten, die im Land arbeiteten. Davon waren 30 % Kinder unter 18, also 4900. Andere Studien schätzen, dass es unter den thailändischen Arbeitskräften 100 000 bis 200 000 im Ausland geborene Kinder gibt, aber aus diesen Zahlen lassen sich keine Rückschlüsse auf die Art der verrichteten Arbeit ziehen.

Verantwortungsbewusste Traveller können aktiv dazu beitragen, den Kindersextourismus zu stoppen, indem sie verdächtiges Verhalten über eine eigens eingerichtete Hotline (☎1300) melden. Wenn man die Nationalität des Straftäters kennt, sollte man die Botschaft dieses Landes informieren.

Die Coalition Against Trafficking in Women (CATW; www.catwinternational.org) ist eine international arbeitende Nichtregierungsorganisation zur Bekämpfung von Prostitution und Frauen- und Kinderhandel.

Natur & Umwelt

Thailand misst von seiner Nordspitze bis zum Südende 1650 km – eine Strecke, die 16 Breitengrade und eine Vielzahl von Ökozonen umfasst und das Land in ökologischer Hinsicht zu einem der vielfältigsten in ganz Südostasien macht.

Geografie

Thailands seltsame Form wird oft mit einem Elefantenkopf verglichen: Der Rüssel ist die Malaiische Halbinsel, den Rest des Kopfes bilden die Berge im Norden. Von oben angefangen, wird Nordthailand von der Dawna-Tenasserim-Gebirgskette dominiert, einem Südostausläufer des Himalajas. In der Region Zentralthailand wird die Topografie flacher und besteht hauptsächlich aus weiten Ebenen mit Reisfeldern, welche von Flüssen gespeist werden, die ebenso sehr verehrt werden wie die Könige des Landes. Thailands ehrwürdigster Fluss ist der Chao Phraya, den die nördlichen Zuflüsse des Ping, Wang, Yom und Nan bilden – eine Abstammungslinie, die es locker mit jedem Aristokraten aufnehmen kann. Die frühen Königreiche des Landes entstanden rund um das Gebiet des Chao Phraya, das auch heute noch der Sitz der Monarchie ist. Das Flussdelta wird die meiste Zeit des Jahres bewirtschaftet.

Ein weiterer hochverehrter Fluss folgt den Umrissen von Thailands nördlichen und nordöstlichen Grenzen: der Mekong. Der Fluss ist die Hauptschlagader Südostasiens und trennt Thailand einerseits physisch von seinen Nachbarn, verbindet es in kultureller Hinsicht aber auch mit ihnen. Er ist ein wahres Arbeitstier von einem Fluss und wurde zur Wasserkraftnutzung aufgestaut. Je nach saisonaler Niederschlagsmenge steigt oder sinkt sein Pegel. Während der Trockenzeit pflanzen die Bauern am Ufer Gemüse in den matschigen Flussauen an und holen ihre Ernte ein, bevor der Mekong sich sein Territorium zurückholt.

Die Landschaft an der Nordostgrenze Thailands wird vom trockenen Khorat-Plateau dominiert, das sich 300 m über die Zentralebenen erhebt. Es ist ein karger Landstrich, in dem es nur selten regnet, der Boden völlig „blutleer" ist und der rote Staub mit derselben Hartnäckigkeit, mit der die alten Großmütter ihre Betelnüsse kauen, an allem kleben bleibt.

Die Flüsse im Osten des Königreichs fließen in den Golf von Thailand, ein flaches Becken neben dem Südchinesischen Meer. Der warme, sanfte Golf ist der ideale Nährboden für Korallen. Auf der anderen Seite seines langen, schmalen „Rüssels" liegt die Andamanensee, eine wunderschöne Tropenlandschaft mit atemberaubend blauem Gewässer und dramatischen Kalksteininseln. An Land ist die Halbinsel von den letzten noch verbliebenen Regenwaldresten und den Kautschuk- und Palmölplantagen geprägt, die sich immer weiter ausbreiten.

Statistik Natur & Umwelt

» Thailand umfasst eine Fläche von 514 000 km² und ist damit genauso groß wie Frankreich.

» Bangkok liegt auf 14° nördlicher Breite, auf einer Höhe mit Madras, Manila, Guatemala-Stadt und Khartum.

Pflanzen & Tiere

Im nördlichen Teil von Thailand werden die meisten einheimischen Spezies zoologisch als indochinesisch klassifiziert, d.h. sie stammen ursprünglich vom asiatischen Festland. Die Arten aus dem Süden gehören dagegen zur sundaischen Klasse, die für die Malaiische Halbinsel, Sumatra, Borneo und Java typisch ist. In einem interessanten Überschneidungsbereich haben Pflanzen und Tiere beider Klassen ihre Heimat. Dieser Bereich beginnt in Uthai Thani und erstreckt sich bis in den Süden der Golfregion bei Prachuap Khiri.

In Thailand leben besonders viele Vögel. Mehr als tausend ziehende und nicht ziehende Arten wurden hier verzeichnet – das sind etwa 10 % aller Vogelarten weltweit! Die kühlen Berge im Norden beherbergen Berg- und Zugvögel wie Fliegenschnäpper und Drosselarten, die sonst nur im Himalaja vorkommen; die trockenen Wälder im Khao Yai National Park im Nordosten werden von Nashornvögeln bewohnt; Sumpfvögel bevorzugen die Feuchtgebiete der Zentralregion, und sundaische Arten wie die Pittas, die Gurney entdeckt hatte, lieben das nassere Klima im südlichen Landesteil.

Neben zahlreichen Vögeln werden Besucher der hiesigen Nationalparks am wahrscheinlichsten Affen zu Gesicht bekommen. Thailand beheimatet fünf Makakenarten, vier Spezies der kleineren Schlankaffen und drei Arten Gibbons. Auch wenn Affen genau wie andere einheimische Arten vom Verlust ihres Lebensraums bedroht sind, überleben diese Tiere manchmal, indem sie sich vom Menschen etwas domestizieren lassen. Die langarmigen Gibbons wurden früher in ländlichen Dörfern regelrecht aufgezogen, und Makaken trifft man in kleinen, bewaldeten Fleckchen oder unbenutzten Tempeln in menschlichen Siedlungen.

Zu den weiteren Bewohnern der Schutzgebiete Thailands gehören der Gaur und das Banteng (Rinderarten), die Seraue (eine asiatische Ziege), der Sambar-Hirsch, das Muntjak, das Hirschferkel und der Tapir.

Sechs Giftschlangenarten gibt es im Land: die Gemeine Kobra, die Königskobra, die Krait, die gewöhnliche Bambusotter, die Malaien-Mokassinotter und die Kettenviper. Die relativ seltene Königskobra kann zwar bis zu 6 m lang werden, die größte Schlange des Landes aber ist die Python, die Würgeschlange, die 10 m (!) Länge erreicht.

Unter den vielen Eidechsenarten findet man zwei Gattungen: den *đúk·gaa*, einen Gecko, der am frühen Abend seinen Namen „hustet", und den *jîng·jòk*, eine muntere Eidechse, die an Decken und Wänden Käfer jagt. In einigen Wäldern des Südens lebt auch der wie ein Mini-Dino aussehende Schwarze Raunackenwaran.

Die Meere sind Heimat für Hunderte Korallenarten. Die von diesen winzigen Kreaturen geschaffenen Riffe bieten wiederum Hunderten Arten von Fischen, Schalentieren und winzigen Wirbellosen ideale Lebensbedingungen. Hier leben z. B. der kleinste Fisch der Welt (die 10 mm lange Grundel) und der größte (der 18 m lange Walhai), zudem Riffbewohner wie der Clownfisch, der Papageifisch, Lippfische, Kaiserfische, Drücker- und Feuerfische; im tieferen Wasser sind Zackenbarsche, Barracudas, Haie, Mantarochen, Marline und Thunfische zu Hause. Auch auf Schildkröten, Wale und Delfine kann man treffen.

Die berühmtesten Tiere Thailands sind gleichzeitig die gefährdetsten: Der Indische Elefant, der kleinere Cousin des Afrikanischen Elefanten, zog einst in Herden durch die unberührten Wälder Indochinas. Der Verlust seines Lebensraums und die Wilderei führen dazu, dass der wildlebende Elefant vom Aussterben bedroht ist. Die Zahl von Wildelefanten in Thailand wird auf etwa 1000 geschätzt.

Scheue wildlebende Tiger stolzieren durch das Hinterland zwischen Thailand und Myanmar, aber es werden immer weniger. Eine genaue Zahl lässt sich nicht nennen, aber Experten schätzen, dass es noch ca. 200 bis 300 Exemplare gibt. Das Jagen von Tigern und das Stellen von Fallen ist illegal, aber Wilderer töten die Katzen weiterhin wegen des Wildtierhandels mit Übersee.

NATUR & UMWELT PFLANZEN & TIERE

Unberührte Nationalparks

» Kaeng Krachan, Provinz Phetchaburi

» Western Forest Complex, Provinz Kanchanaburi

» Kuiburi Nationalpark, Provinz Prachaup Khiri Khan

In Sachen biologische Vielfalt macht der Mekong dem Amazonas Konkurrenz: Er bietet bedrohten und neu entdeckten Arten Schutz, etwa dem Khorat-Großmaulfrosch, der Reißzähne benutzt, um seine Beute zu fangen.

MEKONG

BEGEGNUNGEN MIT ELEFANTEN

» Thailands tierisches Nationalsymbol hat schon einige Berufswechsel hinter sich – vom Lasttier über die Kriegsmaschine bis zur Touristenattraktion war alles dabei. Heute können Traveller Elefanten als Elefantentreiber-Azubis oder von der Aussichtsplattform aus eines Wildparks nahekommen.

» **Ban Ta Klang** In diesem traditionellen Elefantendorf im Nordosten Thailands kann man Zeit mit den Elefanten und ihren Elefantentreibern verbringen (S. 469).

» **Elephant Nature Park** In diesem einzigarten Schutzgebiet vor den Toren Chiang Mais kann man Dickhäuter beobachten, die ihren Ruhestand nach einem harten Arbeitsleben genießen (S. 276) und halbwild gehalten werden.

» **Kuiburi Nationalpark** Wildelefanten versammeln sich in diesem Nationalpark südwestlich von Hua Hin allabendlich an den Salzteichen (s. Kasten S. 577).

» **Elephantstay-Programm** In der einstigen königlichen Hauptstadt unterhält der Ayuthaya Elephant Palace ein Ausbildungsprogramm für Elefantentreiber, um diese uralte Tradition zu erhalten (s. Kasten S. 179).

» **Thai Elephant Conservation Center** Das offizielle Altersheim für die Elefanten des Landes bietet eine Auswahl lehrreicher Elefanten-Aktivitäten, von eintägigen Besuchen bis zur Elefantentreiber-Ausbildung (S. 336).

Die seltene Gabelschwanzseekuh galt in Thailand als ausgestorben, bis man in ein paar kleinen Ecken rund um Trang einige Vertreter entdeckt hat. Doch auch sie drohen ihren Lebensraum zu verlieren, und die Propeller der Touristenboote sind eine tödliche Gefahr für die Tiere.

Die verbliebenen Dschungel Thailands lassen sich in zwei Waldtypen gliedern: Monsunwald (mit einer ausgeprägten Trockenzeit von mindestens drei Monaten) und Regenwald (in dem in über neun Monaten pro Jahr Regen fällt). Die am dichtesten bewaldeten Provinzen sind Chiang Mai und Kanchanaburi.

Die Monsunwälder im nördlichen Teil des Landes bestehen aus Laubbäumen, die während der Regenzeit saftig grün sind, in der Trockenzeit jedoch staubig und kahl. Teakbäume gehören zu den wertvollsten Bäumen des Monsunwaldes, aber es gibt nur noch wenige.

In Südthailand, wo die Niederschläge reichlich und gleichmäßig über das ganze Jahr verteilt sind, werden die Wälder als Regenwald klassifiziert, aber vereinzelt sind auch Monsunwaldgebiete zu finden. Eine wirklich bemerkenswerte Pflanze in einigen südlichen Wäldern ist die *Rafflesia kerrii,* eine niedrig wachsende Pflanze mit riesiger Blüte, die einen Durchmesser von bis zu 80 cm haben kann; im Khao Sok National Park in der Nähe von Surat Thani kann man sie bestaunen.

Thailand ist das Zuhause von fast 75 Küstenmangrovenarten, kleinen salztoleranten Bäumen, die zahlreichen Fisch- und anderen Tierarten an der Küste als Brutkasten dienen. Wiederaufforstungsprogramme in den Mangrovengebieten haben dank der Tatsache, dass die Bäume während des Tsunamis in Asien im Jahr 2004 einen wichtigen Schutz darstellten, an Popularität gewonnen.

Orchideen sind die exquisitesten einheimischen Pflanzen Thailands. Es gibt über 1100 einheimische Arten, und ihre Lebensräume sind vielfältig: Einige sind Bodengewächse, während andere hoch oben in den Bäumen wachsen und wieder andere sich an Felsvorsprünge klammern.

Umweltprobleme
Abholzung

Thailand hat große Flächen Land in Städte und Farmen verwandelt und sein Ökosystem dadurch immens strapaziert. Natürlicher Wald macht heute nur noch etwa 28 % der gesamten Fläche des Königreiches aus – vor 50 Jahren waren es noch 70 %. Die rapide Zerstörung der Wälder des Landes stand in direktem Zusammenhang mit der Industrialisierung, der Urbanisierung und der kommerziellen Abholzung. Aber auch wenn diese Zahlen äußerst alarmierend sind, hat sich die Dezimierung des Waldes seit der Jahrtausendwende um etwa 0,4 % pro Jahr verlangsamt.

Als Antwort auf diese Umweltzerstörung hat die thailändische Regierung seit den 1970er-Jahren zahlreiche Schutzgebiete geschaffen und es sich zum Ziel gesetzt, die Waldfläche des Landes bis zur Mitte dieses Jahrhunderts auf 40 % zu erhöhen. 1989 wurde jegliche Art der Abholzung in Thailand nach verheerenden Erdrutschen in der Provinz Surat Thani, die ganze Dörfer unter sich begruben und über 100 Menschen das Leben kosteten, verboten. Heute ist es in ganz Thailand illegal, Bäume zu fällen, aber das Gesetz wird regelmäßig von Einwohnern missachtet, die in der Nähe einer großen Waldfläche leben und ausreichend vernetzt sind, um ihre Interessen zu schützen.

Der Queen Sirikit Botanic Garden außerhalb von Chiang Mai schützt lokale und einheimische Arten, darunter auch eine wunderschöne Orchideen- und Lotussammlung.

NATUR & UMWELT UMWELTPROBLEME

ILLEGALER WILDTIERHANDEL

Auch Thailand hat das UN-Artenschutzabkommen (Convention on International Trade in Endangered Species; Cites) unterschrieben, aber das Land ist nach wie vor eine wichtige Transportverbindung und ein zentraler Handelsplatz des weltweiten Wildtierhandels, des drittgrößten Schwarzmarktes nach dem Drogen- und Waffenhandel. Bedrohte Tiere oder Teile von Tieren werden in den örtlichen Wäldern gewildert oder aus Nachbarländern auf dem Weg zu den lukrativen Märkten in China oder den USA auch durch Thailand geschmuggelt. Trotz aller Bemühungen der Polizei gibt es auch auf dem Chatuchak-Markt in Bangkok noch immer eine Geheimabteilung mit exotischen Tieren.

Auch wenn das Land ernsthafter als seine Nachbarn versucht, diesen Handel zu stoppen, behindern Korruption und unzulängliche Gesetze die Strafverfolgung immer wieder. 2011 wurde ein Bürger der Vereinigten Arabischen Emirate am Flughafen Suvarnabhumi in Bangkok mit einem Koffer voller betäubter Wildtiere (Leoparden- und Bärenjunge und ein Babygibbon) verhaftet. Laut der Ermittler war der Schmuggler noch nicht im Besitz des Koffers gewesen, bevor er die Passkontrolle passiert hatte, sodass von einem am Flughafen beschäftigten Komplizen ausgegangen werden muss. Dank seiner politischen Beziehungen wurde der Schmuggler jedoch wieder aus dem Gefängnis entlassen und erhielt die Erlaubnis, das Land auszureisen, ohne eine Haftstrafe abzusitzen oder eine Geldstrafe zu bezahlen. Aber selbst wenn der Fall weiterverfolgt worden wäre, wäre auch die höchstmögliche Geldstrafe im Vergleich zur Gewinnspanne durch den Verkauf der Tiere minimal gewesen. Ein weiterer erschwerender Faktor ist, dass die thailändische Gesetzgebung den Handel mit in Gefangenschaft gezüchteten Wildtieren erlaubt, angeblich, um die wild lebenden Populationen zu entlasten. Allgemein ist man sich jedoch darüber einig, dass die eigentliche Lösung des Problems nicht härtere Strafen wären, sondern eine schwindende Nachfrage. Ohne Käufer kein Handel.

Verschiedene NROs versuchen, die herrschenden Probleme in kleinerem Rahmen zu lösen. **WARF** (Wild Animal Rescue Foundation of Thailand; www.warthai.org) wurde von einer Hausfrau aus Bangkok ins Leben gerufen, die ihren Hinterhof vor etwa 30 Jahren in ein provisorisches Asyl für unerwünschte wilde Haustiere umfunktionierte. Heute arbeitet die NRO mit der Forstschutzbehörde bei verdeckten Operationen, beruflichen Weiterbildungen und Info-Workshops in vielen staatlichen Schulen des Landes zusammen. Einige der Schüler, die an den WARF-Workshops teilnehmen, sind Kinder von Wilderern, und WARF hofft, die Artenschutzbotschaft (und vielleicht sogar ein wenig sozialen Druck in Sachen Umweltschutz) so in deren Zuhause zu tragen. WARF hegt außerdem die Hoffnung, potenzielle zukünftige Wilderer durch diese bessere Schul- und Berufsausbildung zu Umweltschützern zu machen.

Ein weiteres Problem, das mit der Abholzung einhergeht, ist der Verlust zahlreicher Lebensräume. Naturforscher sind sich darüber einig, dass die größte Bedrohung für die Flora und Fauna Thailands weder die Jagd noch der illegale Wildtierhandel ist, sondern der Verlust des Lebensraumes. Zu den in Thailand praktisch bereits ausgestorbenen Arten gehören Koupreys (eine Wildrindart), Schomburgk-Hirsche und Java-Nashörner, aber auch unzählige kleinere Spezies sind bereits ziemlich sang- und klanglos verschwunden.

Überflutung

Saisonale Überflutungen gehören in einigen Teilen Thailands aufgrund der Monsunregenfälle zur Normalität. In den letzten Jahren hat sich die Häufigkeit der Rekordwasserstände allerdings erhöht. 2010 kam die Regenzeit mehrere Monate zu spät und verwandelte Wasserreservoirs in der Provinz Nakhon Ratchasima von ausgetrockneten Gruben in überspülte Katastrophengebiete – das schlimmste Hochwasser seit 50 Jahren. Durch angeschwollene Flüsse und lange anhaltende Regenfälle dehnten sich die Überflutungen auch auf die zentralen Ebenen und Richtung Süden bis nach Hat Yai aus. 177 Menschen starben, und die anschließenden Katastrophenhilfemaßnahmen dauerten mehrere Monate an, bis das Wasser wieder zurückgegangen war. Weitere Rekordfluten ereigneten sich im Jahr 2006, als 46 Provinzen betroffen waren, sowie 2008 entlang des Mekongs.

Zwei Wochen mit heftigen Regenfällen im Jahr 2011 führten mehrere Monate vor Beginn der Regenzeit zu Überflutungen im Süden Thailands, auch in zahlreichen Strandresorts. Die Touristen saßen fest, bis Flüge wieder starten und der Schiffsverkehr wieder eingesetzt werden konnten. Noch schlimmer war jedoch, das weitere Monate mit starken Niederschlägen folgten, und die anschließenden verheerenden Überflutungen (auch sie so schlimm wie seit 50 Jahren nicht mehr), von denen mehrere Zehntausend Einwohner betroffen waren, überschwemmten weite Teile des Landes und kosteten Hunderte von Menschen das Leben. Ende Oktober kämpften die Einwohner Bangkoks verzweifelt darum, das Hochwasser so weit gut möglich aus der Stadt zu halten. Trotz ihrer Versuche wurden jedoch zahlreiche Wohn- und Industriegebiete überflutet. Viele Flüchtlingslager wurden errichtet, u.a. am Flughafen Don Muang, der in eine Zeltstadt verwandelt wurde.

Es gibt unzählige Theorien über die Ursache dieser extremen Wetterverhältnisse. Viele Naturforscher machen die von Menschen zerstörten natürlichen Flutbarrieren, veränderte Wasserläufe und die Abholzung dafür verantwortlich. Die zunehmenden Überschwemmungen am Mekong werden oft mit Bauprojekten stromaufwärts in Zusammenhang gebracht, wo Dämme errichtet und Stromschnellen beseitigt werden, um die Schifffahrt zu erleichtern. Andere Experten machen die wachsende menschliche Bevölkerung entlang des Flusses verantwortlich, die immer weiter in bewaldete Überschwemmungs- und Feuchtgebiete eindringt. Eine weitere, immer wichtigere Rolle bei den zunehmenden Regenfällen spielt natürlich auch der Klimawandel.

Küstenerosion & Überfischung

Die Bevölkerung und das Wirtschaftswachstum in Thailands Küstenregionen sind stärker gewachsen als der nationale Durchschnitt, und der Großteil der Fertigungsindustrie befindet sich an der östlichen Meeresküste und am oberen Golf von Thailand. Mit einer wachsenden Bevölkerung geht stets auch eine größere Umweltbelastung einher.

Bodenerosionen sind ein großes Problem entlang der Küsten. Laut Weltbank verliert Thailand jedes Jahr 2 km^2 seiner Küstenlinie. Dies ist auch teilweise auf die Küstenbebauung (Anlegestege, Hafendämme,

Bangkok sinkt alljährlich um 10 cm, und einige Forscher schätzen, dass die Stadt in 20 Jahren aufgrund steigender Meeresspiegel möglicherweise vollständig unter Wasser liegen wird.

Hotels und Straßen am Meeresufer), sinkende Landmassen (aufgrund von Grundwasserschwund) und steigende Meeresspiegel zurückzuführen. Genaue Daten zur Wasserqualität entlang der Küste fehlen zwar, aber Experten geben zu, dass die Kläranlagen mit der wachsenden Bevölkerungszahl in diesen Regionen nicht mehr mithalten können und industrielle Abwässer oft nicht ausreichend gereinigt werden.

Die Küstenerosion stellt eine große Belastung für Thailands Meeresökosystem und seine artenreichen Korallenriffe dar. Basierend auf einem Umweltbericht der Weltbank aus dem Jahr 2006 wird geschätzt, dass etwa 50 % der thailändischen Korallenriffe als hochgefährdet einzustufen sind, was das Vorhandensein eines überproportional hohen Anteils toter Korallen nahelegt. Das globale Phänomen der Korallenbleiche im Jahr 2010 – durch El Nino veränderten sich die Wetterbedingungen und sorgten für wärmere Meerestemperaturen – hat die ohnehin bereits geschädigten Korallenriffe Thailands weiter geschwächt. Die thailändische Regierung schloss 18 Gebiete in sieben Meeresparks, die besonders stark von der Korallenbleiche betroffen waren, für den Tourismus. Es ist noch immer unklar, ob sich diese zu 80 % zerstörten Riffe je wieder erholen werden. Darüber hinaus werden die Ozeane auch durch den umfangreichen Fischfang geschädigt, der eine wichtige Rolle in der thailändischen Wirtschaft spielt. Die Fänge schwinden zusehends, und die Industrie, die einst von kleinen Fischerfamilien dominiert wurde, hat sich nun in eine Branche von Großunternehmen verwandelt, die in tieferen Gewässern fischen und mehr Ressourcen für einen gewinnbringenden Fang freisetzen können.

Die Stadt Pranburi hat sich ihre blühende Fischereiindustrie erhalten. Trawler legen in der Flussmündung an, wo Arbeiter ihren Fang entladen und die Fische zum Trocknen auf Gestelle in der ganzen Stadt hängen. Thais finden diesen Geruch einfach himmlisch.

NATUR & UMWELT UMWELTPROBLEME

Praktische
› Informationen

Juli Asahna Bucha (buddhistischer Feiertag; wechselnde Termine)

12. August Geburtstag der Königin

23. Oktober Chulalongkorn-Tag

Oktober/November Ork Phansaa (Ende der buddhistischen Fastenzeit; wechselnde Termine)

5. Dezember Geburtstag des Königs

10. Dezember Verfassungstag

31. Dezember Silvester

Allgemeine Informationen

Botschaften & Konsulate

Zusätzlich zu ihren Botschaften in Bangkok unterhalten einige Länder auch Konsulate in Chiang Mai, Phuket oder Pattaya.

Deutschland (Karte S. 94; ☑0 2287 9000; www.bangkok.diplo.de; 9 Th Sathon Tai, Bangkok)

Indonesien (Karte S. 90; ☑0 2252 3135; www.kemlu.go.id/bangkok; 600-602 Th Phetchaburi, Bangkok)

Kambodscha (☑0 2957 5851-2; 518/4 Pracha Uthit/Soi Ramkamhaeng 39, Bangkok)

Laos (☑0 2539 6678; www.bkklaoembassy.com; 502/1–3 Soi Sahakarnpramoon, Pracha Uthit/Soi 39, Th Ramkamhaeng, Bangkok)

Malaysia (Karte S. 94; ☑0 2629 6800; 35 Th Sathon Tai, Bangkok) Mit Konsulat in Songkhla.

Myanmar (Birma; Karte S. 86; ☑0 2233 2237; www.mofa.gov.mm; 132 Th Sathon Neua, Bangkok)

Österreich (☑0 2303 6257; www.bmeia.gv.at/botschaft/bangkok.html; 14 Soi Nandha abseits Soi 1, Th Sathon Tai, Bangkok)

Schweiz (Karte S. 90; ☑0 2674 6900; www.eda.admin.ch/bangkok; 35 Th Withayu/Wireless Rd, Bangkok)

Singapur (Karte S. 86; ☑0 2286 2111; www.mfa.gov.sg/bangkok; 129 Th Sathon Tai, Bangkok)

Vietnam (Karte S. 90; ☑0 2251 5836-8; www.vietnamembassy-thailand.org; 83/1 Th Withayu/Wireless Rd, Bangkok)

Feiertage & Ferien

Banken und Behörden haben an folgenden Tagen geschlossen:

1. Januar Neujahr

Februar Makha Bucha (buddhistischer Feiertag; wechselnde Termine)

6. April Chakri-Tag zum Gedenken an Rama I., den Gründer der Chakri-Dynastie

13.–14. April Songkran (Thailands traditionelles Neujahrs- und Wasserfest)

1. Mai Tag der Arbeit

5. Mai Krönungstag von König und Königin

Mai/Juni Visakha Bucha (buddhistischer Feiertag; wechselnde Termine)

Fotos & Video

Als Fans aller erdenklicher technischer Spielereien schießen Thais gern Aufnahmen mit Digitalkameras oder Fotohandys. Die Elektroabteilungen der meisten Einkaufszentren bieten die gängigen Speicherkarten für Digitalkameras an. Viele Internetcafés in Touristengebieten brennen zudem Digitalfotos auf CD. Alternativ sind die dortigen Verbindungen meistens schnell genug, um Bilder ohne allzu lange Wartezeit auf einen Speicherplatz im Netz hochzuladen.

Bei Personenaufnahmen ist eine angemessene Zurückhaltung angebracht – also stets höflich auf Thai um Erlaubnis bitten (rechtzeitig und richtig lernen!), dann auf ein verlegenes Kopfnicken warten. In regelmäßig besuchten Bergregionen verlangen Stammesangehörige oft Geld als Gegenleistung für Fotos. Andere Bergstämme erlauben es dagegen grundsätzlich nicht, dass Kameras auf sie gerichtet werden.

Frauen unterwegs

Weibliche Reisende sehen sich in Thailand normalerweise nur mit wenigen Problemen konfrontiert. Dem gewaltigen Respekt,

PRAKTISCH & KONKRET

» *Bangkok Post* und *Nation* veröffentlichen täglich englischsprachige Nachrichten.

» Über 400 Radiostationen senden auf Mittel- und Kurzwelle; auf Kurzwelle sind folgende ausländische Sender zu empfangen: BBC, VOA, Radio Australia, Deutsche Welle und Radio France International.

» Im Fernsehen laufen sechs thailändische VHF-Programme und internationale TrueVision-Kabelkanäle.

» Das gängige Videoformat ist PAL.

» Thailand benutzt das metrische Maßsystem. Gold und Silber werden in *bàat* (15 g) gewogen.

der Frauen hier entgegengebracht wird, sollten diese in gleicher Weise begegnen.

Vor allem jüngere Thailänderinnen zeigen heute mehr Haut als noch vor Kurzem. So ist der „Bardamen-Look" inzwischen weit verbreitet und auch Touristinnen können nun Tops mit Spaghettiträgern oder bauchnabelfreie Shirts anziehen (eigentlich out?), ohne den thailändischen Sittsamkeitsanspruch herauszufordern. Weit draußen auf dem Land ist frau aber immer noch besser beraten, sich angemessen konservativ zu kleiden. Überall in Thailand gilt dies grundsätzlich auch bei Tempelbesuchen!

Übergriffe und Vergewaltigungen sind in Thailand zwar selten, kommen aber dennoch vor – besonders wenn die Täter „leichte Beute" wie alleinreisende und/oder betrunkene Frauen wittern. Wer von einer Bar allein zur Unterkunft zurückkehrt, sollte seine Sinne unbedingt noch beisammen haben. Weibliche Traveller tun auch sehr gut daran, einsame Gegenden nur in Begleitung zu erkunden und niemals nachts bei Fremden mitzufahren. Obwohl dies eigentlich der gesunde Menschenverstand gebietet, lullt einen die neue Umgebung voller gastfreundlicher Menschen eventuell ein.

Während Bangkok für manche Männer ein Paradies sein mag, finden Frauen ihre „Romeos" an Thailands Stränden. Je mehr Paare sich öffentlich zeigen, desto mehr einheimische Herren bieten ihre Dienste an. Damen ohne Interesse an solchen Techtelmechteln sollten keinesfalls denken, dass männliche Thais rein platonisch veranlagt sind. Wer leichtsinnig flirtet und sich dann jemand anderem zuwendet, kann in thailändischen Männern unbeabsichtigt das Gefühl des Gesichtsverlusts auslösen. Falls dann noch Alkohol im Spiel ist, wird der Verschmähte eventuell unangenehm oder sogar gewalttätig.

Freiwilligenarbeit

Viele tolle Freiwilligenorganisationen ermöglichen sinnvolle Arbeit und kulturelles Engagement vor Ort. **Volunteer Work Thailand** (www.volunteerworkthailand.org) unterhält eine Datenbank mit zahlreichen Optionen. Weitere Details stehen auf S. 39 und in den einzelnen Regionenkapiteln.

Gefahren & Ärgernisse

Obwohl Thailand kein sonderlich gefährliches Reiseziel ist, sollten Touristen stets angemessene Vorsicht walten lassen – vor allem, wenn sie Kontakt zu Fremden (Thais

und Ausländern) aufnehmen oder alleine unterwegs sind. Höchstwahrscheinlich wird man aber eher abgezockt oder heimlich bestohlen als Opfer eines körperlicher Übergriffs.

Abzocke

Thais können so freundlich und entspannt erscheinen, dass bei Travellern schnell ein falsches Sicherheitsgefühl entsteht. Dies öffnet jeglicher Abzocke Tür und Tor. Vor allem Bangkok ist bekannt für Betrugsmaschen, bei denen die Täter scheinbar die besten Freunde ihrer leichtgläubigen Opfer werden, nur um sie dann zum „vergünstigten" Kauf angeblich kostbarer Edelsteine zu bewegen (in Wirklichkeit bekommt man dann freilich hübsch glänzende Glasimitate).

Somit befolgt man am besten den wichtigsten Rat der Tourism Authority of Thailand (TAT): *Von Fremden angebotene Hilfe beim Einkaufen oder Sightseeing grundsätzlich ignorieren!* Andernfalls wird unweigerlich eine Provision fällig (für Details s. Kasten S. 153).

Diebstahl & Betrug

Auf persönliche Besitztümer sollte man besonders gut aufpassen. Daher unbedingt immer das Hotelzimmer gut abschließen und die wichtigsten Wertgegenstände (Reisepass, Bargeld, Kreditkarten) stets direkt am Körper tragen! Hotelsafes sind nicht unbedingt sicher.

Dieselben Vorsichtsmaßnahmen gelten auch unterwegs. Abgeschlossenes Gepäck schreckt Diebe in Fernreisebussen aber kaum ab.

Beim Bezahlen per Kreditkarte sollte der Verkäufer das Plastikgeld stets direkt vor den Augen des Kunden durch die Maschine ziehen: Skrupellose Geschäftsleute erschummeln sich bei einem einzigen Kauf eventuell drei oder vier Abbuchungen. Manchmal werden die Einzugsermächtigungen erst viel später im Abstand von mehreren Wochen oder sogar Monaten einzeln bei einer Bank eingelöst. So können Kunden vielleicht nicht mehr nachvollziehen, ob ein Betrag gleich mehrmals vom selben Händler eingezogen wurde.

Um nicht die ganze Reisekasse auf einen Schlag einzubüßen, sollten Kreditkartenzahlungen nie direkt aufs heimische Bankkonto zugreifen. So wird Betrügern der ungehinderte Zugriff auf vorhandene Geldmittel verwehrt.

Bei allen Problemen mit Betrügern ist es ratsam, die **Touristenpolizei** (☏1155) zu kontaktieren.

Drogenkonsum & -besitz

Kauf, Verkauf, Besitz und Konsum von Opium, Heroin, Kokain, Amphetaminen, halluzinogenen Pilzen oder Marihuana sind in Thailand strengstens verboten. Trotz scheinbar regelloser Atmosphäre vor Ort müssen auch Ausländer bei Drogenbesitz oder -handel mit sehr schweren, äußerst unangenehmen Strafen rechnen: Drogenbesitz kann zu mindestens einjährigen Gefängnisaufenthalten führen. Drogenschmuggel (Grenzübertritt mit illegalen Betäubungsmitteln) wird deutlich härter und in schweren Fällen sogar mit der Todesstrafe geahndet.

Grenz- & Krisengebiete

Da sich Thailands Beziehungen zu den Nachbarländern inzwischen deutlich verbessert haben, ist der Personen- und Warenverkehr an den meisten Grenzübergängen uneingeschränkt möglich. Aufgrund anhaltender Ausschreitungen im äußersten Süden (s. Kasten S. 652) ist der Grenzübergang zwischen Sungai Kolok und Malaysia aber komplett tabu. Gelegenheitsbesucher sollten zudem alle Provinzen mit muslimischer Bevölkerungsmehrheit (Yala, Pattani, Narathiwat) unbedingt meiden.

Obwohl sich das Nachbarschaftsverhältnis zwischen Thailand und Myanmar sehr stark entspannt hat, werden die Grenzübergänge mitunter ohne Ankündigung geschlossen – üblicherweise während schlagzeilenträchtiger Ereignisse (z.B. der Wahlen in Myanmar 2010). Somit sollte die aktuelle Lage vor dem Weg zur Grenze rechtzeitig beobachtet werden, um potenziellen Problemen aus dem Weg zu gehen.

Im lange umkämpften Gebiet Khao Phra Wihan (kambodschanisch „Preah Vihear") an der Grenze zu Kambodscha kommt es immer noch zu bewaffneten Auseinandersetzungen. Bis sich die Konfliktparteien nicht auf einen dauerhaften Frieden einigen konnten, sollte man sich daher tunlichst von der Region fernhalten.

Zudem ist es stets ratsam, auf aktuelle Reisewarnungen des Außenministeriums in der Heimat zu achten.

Körperliche Angriffe

Körperliche Angriffe auf Touristen sind in Thailand äußerst selten, kommen aber dennoch vor. „Gesichtsverlust" (z.B. durch öffentliche Bloßstellung oder Demütigung) kann Thais zu unerklärlich heftigen und gewalttätigen Reaktionen veranlassen. Oft ist dabei Alkohol im Spiel.

Vor allem alleinreisende Frauen sollten bei Kontakten zum anderen Geschlecht (egal ob Thai oder *fa·ràng*) stets vorsichtig und möglichst nüchtern sein: Wenn zu viele Drinks im Spiel sind, nutzen Täter oft die Gunst der Stunde. Das grundverschiedene „Balzverhalten" im westlichen und asiatischen Kulturkreis kann außerdem dazu führen, dass sich das Gegenüber bei harmlosen Flirts gleich größere Hoffnungen macht.

Schlepper & Provisionshaie

Schlepper und Provisionshaie haben in Asien eine lange Tradition. In Thailand sind sie zwar nicht so zahlreich wie beispielsweise in Indien, treiben aber dennoch ihr Unwesen. In Bangkok werden Neuankömmlinge oft von Túk-Túk-Fahrern, Hotelangestellten oder Bardamen zu Stadttouren überredet. Diese enden fast immer in Seiden-, Schmuck- oder Kunsthandwerksläden mit extrem aggressiver Verkaufspolitik.

Schlepper bringen Touristen auch zu bestimmten Unterkünften und kassieren dafür eine Provision. Reisebüros sind berüchtigt dafür, frisch eingetroffene Traveller so lange zu bequatschen, bis sie einer Übernachtung in überteuerten, ungünstig gelegenen Hotels zustimmen.

Manche Reiseagenturen tarnen sich als Vertretungen der staatlichen Tourismusbehörde TAT (Tourism Authority of Thailand). So versehen sie z.B. Angestellte mit gefälschten TAT-Abzeichen oder hängen große TAT-Schilder auf, um Traveller in ihre Büros zu locken. Dort werden ihnen dann Bus- und Zugtickets angedreht und saftige Provisionen einkassiert. Wichtig: Offizielle TAT-Vertretungen buchen keine Hotelzimmer oder Verkehrsmittel! Bei Anbietern solcher Dienstleistungen handelt es sich daher immer um kommerzielle Reisebüros und nicht um Büros der staatlichen Touristeninformation.

Wer seine Reiseverbindungen plant, sollte unbedingt die Preise mehrerer Agenturen vergleichen, da der Prozentsatz der Provision stark variiert. Vorsicht auch vor allen Reisebüros, die Kunden aggressiv zum Buchen von Komplettpaketen (Flugtickets, Hotelzimmer, geführte Touren usw.) nötigen! Thailands ehrlichste Geschäftsleute sind meistens sehr bescheiden und unaufdringlich.

Geld

Der Baht (B) ist Thailands allgemeine Währungseinheit. Ein Baht entspricht 100 Satang. Geldstücke gibt's zu 25 und 50 Satang sowie im Wert von 1, 2, 5 und 10 B. Ältere Münzen haben nur eine Prägung auf Thai, während auf neueren thailändische und arabische Zahlen stehen. Die goldfarbene 2-B-und die silberfarbene 1-B-Münze besitzen die gleiche Größe. Satang-Münzen sind meistens nur in Supermärkten gebräuchlich, die ihre Preise nicht auf den nächsten vollen Baht-Betrag aufrunden.

Geldscheine kursieren im Wert von 20 (grün), 50 (blau), 100 (rot), 500 (violett) und 1000 B (beige).

Devisen-bestimmungen

Seit 2008 haben Traveller bei der Ein- und Ausreise alle mitgeführten Barbeträge ab einem Gesamtwert von 20 000 US$ anzumelden. Zudem müssen Ausländer bei der Einreise eventuell bestimmte finanzielle Voraussetzungen erfüllen bzw. abhängig vom jeweiligen Visum ausreichende Geldmittel nachweisen. Dies überschreitet aber üblicherweise nicht die geschätzten Gesamtkosten für den Trip. Achtung: Obwohl so ein Nachweis in der Praxis kaum verlangt wird, existieren sehr wohl entsprechende Gesetze! Details hierzu liefert das **thailändische Außenministerium** (www.mfa.go.th).

Bei allen Geschäftsbanken Thailands können Konten für ausländische Währung legal eröffnet werden. Solange das Geld außerhalb des Landes eingezahlt wird, existieren keinerlei Beschränkungen bezüglich Abhebungen oder Mindestguthaben.

Geldautomaten & bargeldloses Bezahlen

Mit Kredit- und Lastschriftkarten (z. B. Visa, Maestro) kann man an Automaten im ganzen Land Beträge direkt vom eigenen Konto abheben (allerdings nur in Baht). Geldautomaten sind überall ausreichend vorhanden und eine verlässliche Quelle, um sich mit Bargeld einzudecken. Bei manchen Banken kann man auch direkt an den Wechselschaltern Geld abheben.

Pro internationale Transaktion wird an thailändischen Geldautomaten inzwischen eine Bearbeitungsgebühr von 150 B fällig. Hinzu kommen noch die Umtausch- und Fremdnetz-bzw. Auslandsgebühren der eigenen Bank. Insgesamt wird Geldabheben daher zu einem teuren Spaß. Es kann sich also durchaus lohnen, vor Abreise ein Bankkonto einzurichten, das die kostenfreie Nutzung ausländischer Automaten erlaubt (inkl. Rückerstattung von Gebühren, die an Fremdgeräten anfallen).

Zum Zeitpunkt der Recherchen verzichtete in Thailand nur die Aeon Bank auf die Auslandtransaktionsgebühr von 150 B. Ihre Automaten sind oft in Big-C-Läden zu finden, landesweit aber relativ rar.

Kredit- und Lastschriftkarten werden von manchen Geschäften, Hotels oder Restaurants akzeptiert. Dies gilt in erster Linie für Visa und MasterCard. Mit Amex-Karten können normalerweise nur Gäste von Nobelhotels und -restaurants bezahlen.

Verlust und Diebstahl von Kreditkarten lassen sich in Bangkok über folgende Hotlines melden:
American Express (☎0 2273 5544)
MasterCard (☎001 800 11887 0663)
Visa (☎001 800 441 3485)

Geld umtauschen

Banken und private Wechselstuben – Letztere sind seltener anzutreffen – gewähren die besten Kurse. Am leichtesten lassen sich US-Dollar in Baht umtauschen, gefolgt von Britischen Pfund und Euro. Fast alle Banken erheben beim Einlösen von Reiseschecks eine Provision und Bearbeitungsgebühr.

Die aktuellen Wechselkurse sind in den Tageszeitungen *Bangkok Post* und *Nation* abgedruckt. Ansonsten marschiert man einfach zu einer beliebigen Bank und lässt sich die aktuelle Kurstabelle zeigen.

Auf S. 18 stehen einige Informationen zu Kosten und Preisen bei Thailandreisen.

Trinkgelder

Allgemein erwarten Thais keine Trinkgelder. Ausnahmen sind kleinere Beträge bei teuren Restaurantrechnungen: Falls das Essen z. B. 488 B kostet und mit einem 500-B-Schein bezahlt wird, verzichten thailändische Restaurantgäste oft auf das Wechselgeld. Sie haben nicht etwa ihre Spendierhosen an, sondern möchten vielmehr zum Ausdruck bringen: „Ich bin nicht so geldgierig, dass es mir auf jeden einzelnen Baht ankommt."

Viele Hotelrestaurants und andere bessere Lokale erheben auf den Rechnungsbetrag eine Servicegebühr in Höhe von 10 %. In diesem Fall werden keine Trinkgelder erwartet. In Bangkok haben sich mittlerweile gewisse Standard-Trinkgelder eingebürgert (vor allem in Touristenrestaurants).

Internetzugang

So gut wie überall gibt's zahlreiche Internetcafés. Der lokale Konkurrenzkampf bestimmt den Stundenpreis (40–120 B). Die Computer sind normalerweise gut in Schuss und haben meist schnelle Verbindungen.

WLAN (drahtloses Internet) ist Standard in den meisten Hotels und Pensionen. Das dortige Personal ist aber meistens ratlos, wenn das WLAN zusammenbricht. In mehrstöckigen Gebäuden nimmt die WLAN-Signalstärke mit zunehmender Höhe oft ab. Wenn möglich, kann es also nicht schaden, ein Zimmer in der Nähe des Routers zu nehmen.

Karten & Stadtpläne

ThinkNet (www.thinknet.co.th) gibt qualitativ hochwertige, zweisprachige Regionalkarten und Stadtpläne heraus (auch digitale Varianten auf CD). In Thailand benutzen GPS-User meist Geräte und Software von Garmin, die jeweils präzise und in vollem Umfang funktionieren.

Klima

S. Klimadiagramme unten

Öffnungszeiten

In diesem Buch sind Öffnungs- und Geschäftszeiten dann genannt, wenn sie von den folgenden Standards abweichen. An allgemeinen Feiertagen (s. S.) haben alle Banken und Behörden geschlossen.

Banken Mo–Fr 9.30–15.30 Uhr, Geldautomaten rund um die Uhr zugänglich.

Bars Offiziell 18–24 Uhr; der Betriebsschluss hängt vom lokalen Durchsetzen der Sperrstunde ab. Während Wahlen und an bestimmten religiösen Nationalfeiertagen geschlossen.

Behörden Mo–Fr 8.30–16.30 Uhr; manchmal gibt's

eine Mittagspause (12–13 Uhr). Mancherorts wird auch samstags (9–15 Uhr) gearbeitet.

Diskos Offiziell 20–2 Uhr; der Betriebsschluss hängt vom Durchsetzen der Sperrstunde ab. Während Wahlen und an bestimmten religiösen Nationalfeiertagen geschlossen.

Geschäfte Kaufhäuser tgl. 10–20, Einzelhändler tgl. 10–18 Uhr; Letztere haben in manchen Kleinstädten sonntags geschlossen.

Livemusik-Clubs Offiziell 18–1 Uhr; der Betriebsschluss hängt vom Durchsetzen der Sperrstunde ab. Während Wahlen und an bestimmten religiösen Nationalfeiertagen geschlossen.

Restaurants 10–22 Uhr; spezielle Frühstückslokale schließen um 15 Uhr.

Post

Die thailändische Post arbeitet sehr effektiv und verlangt für Inlandssendungen nur wenig Porto. Die meisten Postfilialen auf dem Land sind wochentags von 8.30 bis 16.30 Uhr und samstags von 9 bis 12 Uhr geöffnet. Die größeren Hauptfilialen in den Provinzhauptstädten haben teilweise auch den halben Sonntag geöffnet.

Die meisten Postfilialen in den Provinzen verkaufen Versandkartons. Achtung: niemals Bargeld oder andere Wertsachen auf dem Postweg verschicken!

Der Service für postlagernde Sendungen funktioniert allgemein sehr zuverlässig, auch wenn nur wenige Traveller davon Gebrauch machen. Wer seine Post abholen möchte, muss seinen Reisepass vorlegen und etwas Papierkram erledigen.

Rechtsfragen

Thailands Polizei lässt Ausländer (vor allem Touristen) generell in Ruhe. Die Beam-

Bangkok

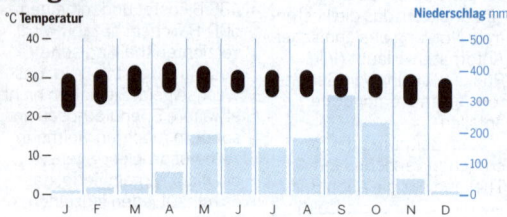

Chiang Mai

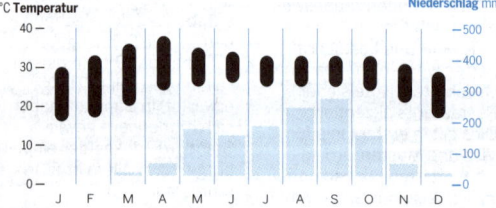

Phuket

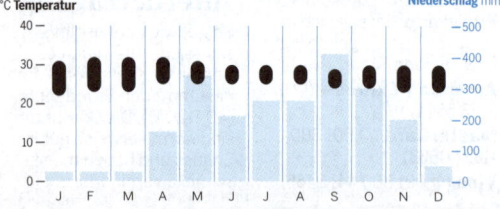

ten gehen einem meist aus dem Weg, um nicht Englisch mit Fremden sprechen zu müssen. Besonders bei Bagatellvergehen im Straßenverkehr drücken sie auch einmal ein Auge zu.

Drogendelikte bilden allerdings eine gewichtige Ausnahme. Sie werden von den meisten thailändischen Polizisten entweder als soziale Plage angesehen, gegen die zu Felde gezogen werden muss, oder als Möglichkeit, den eigenen Geldbeutel über Bestechungsgelder steuerfrei zu füllen.

Wer wegen irgendeines Delikts verhaftet wird, darf bei der eigenen Botschaft oder einem Konsulat in Thailand anrufen. Es gibt eine ganze Reihe von Gesetzen, die Dauer und Umstände der Inhaftierung regeln. Die Entscheidungsbefugnis liegt allerdings oft im Ermessen der Polizei. Im Falle von Ausländern fällt dies oft zugunsten des Inhaftierten aus. Trotzdem gilt, wie überall sonst auf der Welt: Wer Polizisten beleidigt oder ihnen anderweitig dumm kommt, macht die Sache nur noch schlimmer.

Das thailändische Gesetz kennt keine Unschuldsvermutung im engeren Sinn. Stattdessen werden Angeklagte als Verdächtige behandelt, über dessen Schuld oder Unschuld vor Gericht entschieden wird. Die Prozesse werden meistens schnell in Angriff genommen.

Bei Verhaftungen kann die **Touristenpolizei** (☏1155) äußerst hilfreich sein. Die Beamten haben allerdings keinerlei Entscheidungsgewalt bei Fällen, die in den Zuständigkeitsbereich der regulären Polizei fallen. Dennoch kann die Touristenpolizei bei Verständigungsproblemen helfen und den Kontakt zur eigenen Botschaft erleichtern. Rund um die Uhr nimmt die telefonische Hotline der Touristenpolizei alle möglichen Beschwerden und natürlich auch Notrufe entgegen.

Reisen mit Behinderung

Für Traveller mit körperlichem Handicap ist Thailand immer noch ein gigantischer Hindernisparcours. Das gilt vor allem für Bangkok mit seinen hohen Bordsteinen, holperigen Bürgersteigen und dem hektischen Verkehr. Viele Straßen können nur auf Fußgängerbrücken überquert werden, zu denen steile Treppen hinaufführen. Busse und Boote halten nur so kurz, dass selbst Menschen ohne Behinderung kaum ein- oder aussteigen können. Rampen oder andere Zugangsmöglichkeiten für Rollstuhlfahrer sind selten.

Einige teurere Spitzenklassehotels geben sich ernsthaft Mühe, den Zugang zu ihren Räumlichkeiten für Gäste mit Behinderungen zu erleichtern. Luxushotels, bei denen genügend Angestellte pro Gast tätig sind, empfehlen sich, weil hier das Personal helfen kann, Barrieren zu überwinden. Überall sonst ist man ziemlich auf sich allein gestellt.

Entgegen dem Trend hat **Worldwide Dive & Sail** (www.worldwidediveandsail. com) Tauchprogramme für Taube und Hörgeschädigte mit Übernachtung an Bord im Programm.

Nützliche Adressen für Allgemeininfos zum Reisen mit Behinderung:

Mobility International Schweiz (☏062-212-6740; www.mis-ch.ch; Amthausquai 21, 4600 Olten)

MyHandicap Deutschland (☏089-7677-6970; www. myhandicap.de; Steinheilstr. 6, 85737 München-Ismaning)

MyHandicap Schweiz (☏043-211-4949; www.myhan dicap.ch; Weinbergstr. 29, 8006 Zürich)

Nationale Koordinierungsstelle Tourismus für Alle e. V. (Natko; ☏0211-3368-001; www.natko. de; Fleher Str. 317a, 40223 Düsseldorf)

Schwule & Lesben

Die thailändische Kultur begegnet männlichen und weiblichen Homosexuellen relativ tolerant. Die Schwulen- und Lesbenszenen von Bangkok, Pattaya und Phuket sind ziemlich bekannt. In puncto Klamotten oder Verhalten werden Schwule und Lesben allgemein kommentarlos akzeptiert. Mit dem öffentlichen Austauschen von Zärtlichkeiten machen sich Heteros wie Homos allerdings keine Freunde. **Utopia** (www. utopia-asia.com) liefert jede Menge Thailand-Infos für Schwule und Lesben und gibt einen Reiseführer für Homosexuelle heraus.

Shoppen

Thailand ist ein Paradies für Schnäppchenjäger. Traveller sollten aber niemals zusammen mit Schleppern, Führern oder „freundlichen Fremden" auf Einkaufstour gehen. Diese Leute erhalten für jeden Kauf eine Provision und treiben die Preise in unvertretbare Höhen, worunter dann auch künftige Besucher zu leiden haben.

Antiquitäten

Authentische Thai-Antiquitäten werden immer rarer. Die meisten Händler verkaufen heutzutage echte Stücke oder Kopien aus Myanmar. Bangkok und Chiang Mai sind die Zentren des Antiquitäten- bzw. Replikenhandels.

Die Ausfuhr echter Antiquitäten ist genehmigungspflichtig. Zudem dürfen alte und neue Buddha-Darstellungen nur mit Erlaubnis der thailändischen Kunstbehörde (Department of Fine Arts; DFA) exportiert werden. Details hierzu gibt's auf S. 839.

Bekleidung

Kleidung ist in Thailand zwar in der Regel billig, die

Klamotten von der Stange sind allerdings meistens nicht so zugeschnitten, dass sie Europäern passen. In den Malls der Metropolen oder den Touristenzentren werden zunehmend auch größere Größen geführt. Auf den Märkten findet man billige Alltagsklamotten – praktisch, wenn die eigenen Sachen schmutzig sind und man gerade keine Gelegenheit zum Waschen hat. Führend in schicker Designermode sind Bangkok und Ko Samui. Auch mit Schuhen in größeren Größen kann es Schwierigkeiten geben. Umtauschen ist in Thailand größtenteils unüblich – man sollte sich also überzeugt haben, dass alles passt, ehe man den Laden verlässt.

Thailand hat eine lange Tradition in puncto Eleganz, die vor allem auf dem Wirken thailändisch-indischer Sikh-Familien beruht. Allerdings sind in diesem Gewerbe sehr viele Dumpinganbieter und Provisionshaie unterwegs. Um die rund um die Uhr geöffneten Schnellschneidereien sollte man einen Bogen machen: Hier bekommt man oft minderwertige Stoffe und schlechte handwerkliche Qualität angedreht. Am besten fragt man Einheimische oder schon lange ansässige Ausländer nach guten Schneidern und macht dann zwei oder drei Anproben.

Edelsteine & Juwelen

Thailand ist führender Exporteur von Edelsteinen und Schmuck – nur Indien und Sri Lanka können da noch einigermaßen mithalten. Da die Rohedelsteinvorkommen in Thailand zunehmend verebben, werden die Steine heute aus Myanmar, Sri Lanka und anderen Ländern importiert und dann in Thailand geschliffen, poliert und verkauft.

Zwar gibt es viele Edelstein- und Schmuckläden in Thailand, aber es ist dermaßen schwer, Betrügern aus dem Weg zu gehen, dass man vom Kauf derartiger Waren abraten muss. Es ist besser, sich mit einem Schaufensterbummel zu begnügen.

Gefälschte Produkte

In Bangkok, Chiang Mai und anderen Touristenzentren gibt es einen schwunghaften Schwarzmarkthandel mit gefakten Designerwaren. Niemand behauptet, dass die Sachen echt sind – selbst die Verkäufer nicht. Eigentlich ist es in Thailand verboten, derartige Produkte herzustellen und zu verkaufen. Von Seiten internationaler Copyright-Schutzorganisationen wird immer wieder Druck auf das Land ausgeübt, diesen Handel ganz zu unterbinden. Aber selten zeigt eine Polizeirazzia bleibende Wirkung – die Händler verkaufen ihre Sachen danach eben noch mehr im Verborgenen, was dem Kauf dann etwas Ruch- und Gesetzloses verleiht: Auf dem Patpong-Markt zeigt einem beispielsweise der Verkäufer ein Foto einer abgefahrenen Uhr. Man bezahlt und der Verkäufer verschwindet mit der Uhr in die Ecke, um die Uhr zu holen. In der Regel kommt er auch tatsächlich wieder, doch dauert es oft lange genug, dass einem Zweifel kommen können.

Keramik

Landesweit werden alle Arten von handgetöpferten Waren (antik und neu) verkauft. In Bangkok gibt's massenhaft moderne Keramik, während sich Chiang Mai an althergebrachte Designs hält. Ko Kret und Dan Kwian sind zwei traditionelle Töpferdörfer.

Lackarbeiten

Chiang Mai ist für seine goldenen Arbeiten auf schwarzem Untergrund bekannt. Möbel und dekorative Stücke wurden traditionell aus Bambus oder Teakholz angefertigt, heute dient jedoch oft Mangoholz als Untergrund. Bei Stücken höchster Qualität besteht nur der Rahmen aus Bambus, um das Pferde- oder Eselshaar gewickelt wird. Bei Stücken minderer Qualität besteht das gesamte Objekt aus Bambus. Der Lack wird auf den Rahmen aufgezogen und trocknet. Nach einigen Tagen wird das Ganze mit Reishülsenasche poliert, anschließend eine weitere Lackschicht aufgetragen. Eine hochwertige Arbeit kann aus bis zu sieben teils verschiedenfarbigen Lackschichten bestehen, in die Muster und Bilder graviert werden. Abschließend wird das Ganze dann nochmals auf Hochglanz poliert.

FEILSCHEN

Wenn ein Preisschild fehlt, kann der Kaufbetrag ausgehandelt werden. Auf Straßenmärkten und bei manchen kleinen Einzelhändlern ist es normal, um nicht essbare Artikel zu feilschen. Kaufhäuser, Mini-Supermärkte, 7-Elevens usw. haben Festpreise.

Thais respektieren gewiefte Feilscher. Interessenten sollten den Händler immer das erste Angebot machen lassen und dann nach einem Rabatt fragen. Dies bringt meist einen ersten Preisnachlass. Darauf folgt die eigene Gegenofferte – idealerweise möglichst niedrig. Wer nicht ernsthaft etwas kaufen möchte, sollte auch nicht feilschen.

Es hilft ungemein, Preisverhandlungen stets entspannt, freundlich und lächelnd zu führen. Auf keinen Fall laut werden oder gar die Beherrschung verlieren: Hysteriker kommen nicht weit.

Die Herstellung einer hochwertigen Lackarbeit mit bis zu fünf Farben dauert gut und gern fünf bis sechs Monate. Gute Stücke zeichnen sich durch Biegsamkeit aus: Bei einer hochwertigen Schüssel kann der Rand zusammengedrückt werden, bis sich die Seiten berühren, ohne dass sie dabei beschädigt wird. Ein weiteres wichtiges Qualitätsmerkmal ist die Schönheit und Präzision der Gravuren.

Möbel

Rattan- und Hartholzmöbel sind häufig günstig zu haben, auch maßgefertigt. Die meisten Möbel werden in Chiang Mai produziert, es gibt aber auch viele Filialen in Bangkok. Da das Fällen von Teakbäumen verboten ist und die Bestände an recyceltem Teakholz nahezu erschöpft sind, bestehen heute 70 % der in Thailand für den Export produzierten Möbel aus dem Holz alter Kautschukbäume, die gefällt werden, weil sie kein Latex mehr abgeben.

Stoffe

Nordostthailand ist für *mát·mèe*-Tuch berühmt – die dicken Baumwoll- oder Seidestoffe ähneln dem indonesischen *ikat* und werden mittels Knüpfbatiktechnik gefärbt. Die *mát·mèe*-Seide aus der Provinz Surin zeigt häufig Farben und geometrische Muster, die auf Khmer-Traditionen beruhen.

In Nordthailand zeigt sich an den Seiden der Einfluss der Lanna-Traditionen, die von diversen Thai-Stämmen nach Chiang Mai und in die umliegenden Berge gebracht wurden. Recht schöne *bah·dé* (Batik) gibt es dagegen in Südthailand. In den Mustern ähnelt sie mehr malaysischer als indonesischer Batik.

Alle Bergvölker haben ihre eigenen Stickereitraditionen, die heute bei Taschen und Schmuckstücken zum Einsatz kommen. Zwar sind viele der Artikel auf den Märkten maschinell hergestellt, es gibt aber auch etliche NGO-Kooperativen, die Dorfbewohnern dabei helfen, handgefertigte Waren zu vermarkten. In Chiang Mai und Chiang Rai gibt es viele Läden mit authentischem Kunsthandwerk im Sortiment.

Strom

Thailand verwendet 220 V Wechselstrom. In die meisten Steckdosen passen zweipolige Rund- oder Flachstecker.

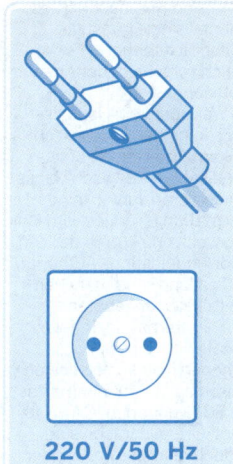

220 V/50 Hz

Telefon

Von Deutschland, Österreich und der Schweiz erreicht man Anschlüsse in Thailand mit der Landesvorwahl ✆ 0066. Die anfängliche „0" aller thailändischen Telefonnummern ist bei Inlandsgesprächen einzugeben, fällt bei Telefonaten aus dem Ausland aber weg. Die nächsten drei Ziffern nach der „0" stehen für die Ortsvorwahl der jeweiligen Provinz (heute fester Bestandteil der Anschlussnummer). Handynummern beginnen immer mit „08".

Handys

Am unkompliziertesten telefoniert man mit vor Ort gekauften Handys mit thailändischer SIM-Karte.

In Thailand ist der GSM-Standard in Verwendung. Zu den gängigen Mobilfunkanbietern zählen AIS, DTAC und True Move.

Touristen haben zwei Möglichkeiten: Zum einen können sie thailändische Handys bei städtischen Einkaufszentren oder in Telefonläden kaufen; in Provinzstädten sind diese nahe den Märkten zu finden. Zum anderen lassen sich auch mitgebrachte, GSM-kompatible Geräte ohne SIM-Lock verwenden. Zunächst erwirbt man am

220 V/50 Hz

besten eine SIM-Karte eines der diversen Anbieter (inkl. Telefonnummer); AIS und DTAC sind am beliebtesten. Nach der SIM-Aktivierung kann Gesprächsguthaben in Form von Prepaid-Karten (meist 300–500 B) gekauft werden. SIM- und Aufladekarten gibt's landesweit bei 7-Elevens.

In ganz Thailand kostet die Inlands-Handyminute durchschnittlich 1 bis 2 B (Auslandstelefonate 5–9 B/ Min.). Mit meistens 3 B pro

SMS sind Kurznachrichten ebenfalls eine günstige „Gesprächsoption". Ein Vergleich verschiedener Angebote lohnt sich.

Wer über kein Handy verfügt, kann per R-Gespräch unkompliziert und auf altmodische Weise nach Hause telefonieren. Ein Auslands-Vermittlungsservice wird landesweit von Zentren der CAT (Communications Authority of Thailand) und manchen Postfilialen angeboten.

Für internationale Telefonate vom Zimmer aus erheben Hotels meist einen Zuschlag, der manchmal bis zu 50 % über dem CAT-Satz liegt. Ortsgespräche sind jedoch teilweise gratis oder gibt's zum Standardtarif. Einige Pensionen stellen Gästen für Auslandsgespräche einen Handy- oder Festnetzanschluss zur Verfügung, bei dem im Minutentakt abgerechnet wird.

Außerdem gibt's verschiedene öffentliche Telefonzellen, die In- und Auslandsgespräche per Prepaid-Karte erlauben. Vergleichsweise seltener sind Münzfernsprecher für Ortsgespräche. Öffentliche Telefonzellen besitzen jedoch oft einen hohen Stressfaktor: Sie liegen normalerweise an stark befahrenen und entsprechend lauten Durchgangsstraßen.

Internationale Gespräche

Will man von einem Telefonanschluss in Thailand aus ein Auslandsgespräch führen, wählt man zuerst einen internationalen Zugangscode, plus der Landesvorwahl und der Rufnummer des gewünschten Teilnehmers.

In Thailand gibt es verschiedene Zugangscodes mit unterschiedlichen Minutentarifen. Der Standard-Direkt-Zugangscode ist die ☎001. Er wird von der CAT betrieben und bietet die beste Gesprächsqualität; Verbindungen sind in fast alle Länder der Welt möglich, wenn auch vergleichsweise

WILLKOMMEN 3G – VIELLEICHT

Thailands private und staatliche Telekommunikationsgesellschaften streiten sich schon so lange über die dritte Generation von Breitband-Mobilfunkstandards (3G), dass diese neue Technologie bereits vom 4G-System überholt worden ist. Trotz der zahllosen Smartphone-User ist Thailand das einzige Land im Asean-Raums (Verband Südostasiatischer Nationen), das das 3G-Netz noch nicht eingeführt hat. 2010 und 2011 wurden die Verträge zuerst gerichtlich genehmigt, dann wieder außer Kraft gesetzt. Auch Importtechnologie ist bislang noch nicht zugelassen. Momentan scheint 2012 zum 3G-Jahr zu werden – eventuell.

teuer. Etwas billiger ist die ☎007 der TOT; die Tonübertragung ist von verlässlicher Qualität. Noch preiswerter sind die ☎008 oder ☎009; hier werden die Gespräche via Voice over Internet Protocol (VoIP) geführt, die Tonqualität ist unterschiedlich, aber meist ausreichend.

Hier die wichtigsten Ländervorwahlen: ☎49 nach Deutschland, ☎43 nach Österreich und ☎41 in die Schweiz.

Viele in Thailand lebenden Ausländer nutzen **DeeDial** (www.deedial.com), einen internationalen Online-Prepaid-Service für Festnetz- und Mobilanschlüsse. Am günstigsten ist die „Ring back"-Option, bei der die Gegenseite die Gebühren bezahlen muss.

Es gibt eine Vielzahl von Telefonkarten für Auslandsgespräche, erhältlich bei der **CAT** (www.cthai.com) mit Sonderangeboten von weniger als 1 B pro Minute.

Für vermittelte Auslandsgespräche oder für R-Gespräch wählt man die ☎100. Alternativ ruft man kostenlos die Vermittlung des Telefondienstes an oder versucht es von einem CAT-Telefon aus mit der ☎001 9991 2001 bzw. von einem TOT-Telefon aus mit der ☎1 800 000 120.

Toiletten

Typisch asiatische Hocktoiletten werden in Thailand

zwar immer seltener, man findet sie jedoch immer noch in älteren Wohnhäusern, schlichten Restaurants, in ländlichen Gegenden oder Busbahnhöfen vor. Gleichzeitig nehmen westliche Sitztoiletten zahlenmäßig zu und sind überall dort vorhanden, wo sich ausländische Touristen tummeln.

Hocktoiletten werden folgendermaßen benutzt: Mit dem Gesicht zur Tür stellt man die Füße auf die Standflächen rechts und links und kauert sich dann über die Bodenöffnung. Zum Säubern des Allerwertesten liegt mancherorts etwas Toilettenpapier (5 B) am Toiletteneingang bereit. Andernfalls muss man selbst welches mitbringen oder sich traditionell mit Hand und Wasser säubern, das man mit der Plastikkelle oder einer Schüssel aus dem Becken neben der Toilette schöpfen muss. Zum Spülen dann einfach eine ausreichende Menge in den Abfluss nachgießen.

Selbst wenn es Sitztoiletten gibt, verkraften die Rohre eventuell kein Toilettenpapier. In diesem Fall ist ein extra Abfalleimer für benutztes Toilettenpapier und gebrauchte Damenhygieneartikel vorhanden. Mit kleinen Wasserschläuchen verfügen einige moderne Toiletten auch über die thailändische Version eines Bidets.

Touristen-information

Die staatliche Touristenbehörde und Werbeagentur ist die 1960 gegründete **Tourism Authority of Thailand** (TAT; www.tourismthailand.org). Sie gibt ausgezeichnete Broschüren zu Sehenswürdigkeiten, Unterkünften, Verkehrsnetz und Transportmitteln heraus. Die Zentrale der TAT befindet sich in Bangkok; darüber hinaus gibt es 22 regionale Stellen im ganzen Land. In den einzelnen Kapiteln ist nachzulesen, wo sich die TAT-Büros in den jeweiligen Städten befinden.

Auch im Ausland gibt es TAT-Büros; das für Deutschland, Österreich und die Schweiz zuständige sitzt in Frankfurt a. M.

Deutschland (☏069 138 1390; www.thailandtourismus.de; Bethmannstrasse 58, D-60311, Frankfurt/Main)

Malaysia (☏603 216 23480; www.thaitourism.com.my; Suite 22.01, Level 22, Menara Lion, 165 Jalan Ampang, Kuala Lumpur, 50450)

Singapur (☏65 6235 7901; c/o Royal Thai Embassy, 370 Orchard Rd, 238870)

Unterkunft

Thailand hat eine große Auswahl von Unterkünften: von billig und einfach bis teuer und luxuriös. Die genannten Preise gelten für die Hauptsaison. Entsprechende Symbole weisen auf Internetzugang, WLAN, Swimmingpools oder Klimaanlagen hin. Wenn kein Symbol für eine Klimaanlage dabeisteht, besitzt das Zimmern nur einen Ventilator.

Bei den Preiskategorien (Budget, Mittel- & Spitzenklasse) herrschen zwischen Großstädten und Strandorten einerseits und kleineren Ortschaften andererseits deutliche Unterschiede. In Großstädten und Strandorten fallen Übernachtungspreise unter 1000 B in den Budget-, bis 3000 B in den Mittelklasse- und über 3000 B in den Spitzenklassesektor. In den Kleinstädten werden Übernachtungspreise entsprechend bis 600 B, zwischen 600 und 1500 B und über 1500 B eingeteilt.

Versteht das Personal wenig oder gar kein Englisch, helfen folgende Ausdrücke: *hôrng pát lom* (Zimmer mit Ventilator) und *hôrng aa* (Zimmer mit Klimaanlage).

Hotels & Resorts

In den Provinzhauptstädten und kleineren Ortschaften gibt es häufig nur thailändisch-chinesische Hotels älteren Datums (wie sie früher in ganz Thailand Standard waren). Die meisten sind auf thailändische Gäste eingestellt; die Englischkenntnisse der Angestellten sind hier sehr eingeschränkt.

Diese Hotels sind mehrstöckige Gebäude. Die Zimmer gehören teils zur Mittelklasse (mit eigenem Bad, Klimaanlage & TV), teils sind es billigere mit Gemeinschaftsbad und Ventilator. In einigen der älteren Hotels gibt es nur Hocktoiletten und statt Duschen *klongs* (große Terrakottabehälter, aus denen man sich das Wasser herausschöpft). Zwar haben die thailändisch-chinesischen Hotels viel ungewollten, alten Charme, sind aber – sofern nicht kürzlich aufgepeppt – einfach zu alt und schäbig, um in puncto Preis-Leistungs-Verhältnis mit Pensionen konkurrieren zu können.

In den letzten Jahren gibt es einen Trend, die Budgetlücke für etwas in die Jahre gekommene Backpacker oder jüngere, aufstrebende Traveller – je nach Perspektive – zu schließen, die das Ambiente einer Pension verbunden mit dem Komfort eines Hotels wünschen: In den größeren Touristenorten haben sich manche Budgetunterkünfte zu „Flashpacker-Hotels" gemausert, die modisches Dekor mit mehr Bequemlichkeit kombinieren.

Internationale Hotelketten finden sich in Bangkok, Chiang Mai, Phuket und anderen Nobelstranorten. Viele dieser Luxusresorts kombinieren traditionelle thailändische Architektur mit modernem Minimalismus.

Die meisten Spitzenklasseoptionen und manche Mittelklassehotels erheben zusätzlich eine Umsatzsteuer in Höhe von 7 % und eine Servicegebühr in Höhe von 10 %. Die Zuschläge werden häufig als „plus plus" bezeichnet. Oft ist ein Frühstücksbuffet im Zimmerpreis enthalten. Falls das Hotel ein Frühstück im westlichen Stil serviert, handelt es sich dabei normalerweise um ein „ABF" (kurz für „American Breakfast").

Vor allem in bekannten Ferienorten nehmen Mittelklasse- und Kettenhotels Reservierungen im Voraus entgegen. Wer direkt über die Hotelwebsite oder ein Online-Reisebüro bucht, bekommt eventuell einen Rabatt. In den Unterkünften werden die meisten Kreditkarten akzeptiert, American-Express-Karten nehmen jedoch nur Luxushotels.

Pensionen

Pensionen sind in Thailand generell am günstigsten und entlang aller Backpackerrouten vorhanden. In schwächer besuchten Landesteilen, z. B. im Nordosten oder in bestimmten Ecken des Südwestens, findet man sie aber vergleichsweise seltener.

Die Preise variieren je nach Lage und vorhandenen Einrichtungen. In Kleinstädten sind die günstigsten Pensionen (ca. 150–200 B) meist mit Gemeinschaftsbädern und klapprigen Ventilatoren ausgestattet. Für 600 bis 800 B gibt's ein eigenes Bad, eine Klimaanlage und manchmal auch einen Fernseher. In Strandorten blättert man deutlich mehr hin:

UNTERKÜNFTE ONLINE BUCHEN

Weitere Unterkunftsbewertungen von Lonely Planet Autoren gibt's unter http://hotels.lonelyplanet.com/thailand. Dort findet man unabhängig recherchierte Infos und Empfehlungen zu den besten Adressen. Zudem kann online gebucht werden.

Einfache Quartiere mit Ventilator kosten dort mindestens 700 bis 800 B. Viele Pensionen machen ihren Hauptumsatz mit Hausrestaurants, die typische Backpacker-Kost (Bananenpfannkuchen und Fruchtshakes) servieren – sicher keine allgemeine Bewertungsgrundlage für Thailands Küche. Solche Lokale sind jedoch praktisch und obendrein prima Travellertreffs.

Mit freundlichem, kompetentem Personal und Büchertauschbörsen sorgen die meisten Pensionen gezielt für Backpacker-Atmosphäre. Gleichzeitig gibt's aber oft genug grantiges und schlecht gelauntes Personal, das Gäste spüren lässt, dass sie ihren Job hassen.

Immer mehr Pensionen nehmen Reservierungen entgegen. Das es aber große Unterschiede bezüglich Sauberkeit und Qualität gibt, ist es stets ratsam, ein Zimmer zu besichtigen, bevor man sich einquartiert. In Touristenhochburgen finden sich normalerweise nahe gelegene Alternativen, falls die gewünschte Option ausgebucht sein sollte. Achtung: Pensionen akzeptieren meistens nur Bargeld!

Unterkünfte in Nationalparks

Die meisten Nationalparks haben Bungalows (meist 800–2000 B, max. 10 Pers.), deren Preise je nach Park und Größe variieren. Darin quartieren sich gerne thailändische Großfamilien ein, deren mitgebrachte Vorräte zum Überleben der Apokalypse reichen. Mancherorts werden auch *reu·an tǎa·ou* (Langhäuser) vermietet.

Viele Nationalparks haben obendrein Stellplätze für Zelte (60–90 B/Übern.). Zusammen mit anderem Equipment kann man Zelte mitunter auch direkt vor Ort ausleihen. Doch Vorsicht: Die Ausrüstung ist eventuell in schlechtem Zustand – also vorher prüfen!

Alle Nationalparkunterkünfte sind vorab über das **zentrale Buchungssystem** (☎0 2561 0777; web2.dnp.go.th/parkreserve) zu reservieren. Auf der Website gibt's separate Bereiche für Stellplätze und Bungalows.

Versicherung

Wahrscheinlich ist es keine schlechte Investition, eine Reiseversicherung abzuschließen, um sich im Falle von Diebstahl, Verlust oder gesundheitlichen Problemen abzusichern. Die Versicherungen decken unterschiedlich umfangreiche medizinische Leistungen ab. Es gibt eine riesige Auswahl von Versicherungen, deshalb ist ein Blick ins Kleingedruckte empfehlenswert. Wichtig ist, dass die Versicherung im Notfall den Rücktransport in die Heimat bezahlt.

Einige Versicherungen schließen gefährliche Aktivitäten wie Gerätetauchen, Motorradfahren oder sogar Trekken aus. Einen vor Ort erworbenen Motorradführerschein erkennen manche Versicherungen nicht an.

Eine Versicherung, die die Arztkosten und den Krankenhausaufenthalt sofort bezahlt und nicht erst im Nachhinein, kann sich als sehr nützlich erweisen. Um Ansprüche später geltend machen zu können, müssen sämtliche Unterlagen eingereicht werden.

Weltweiter Reiseversicherungsschutz wird auch unter www.lonelyplanet.de/travel_services angeboten. Man kann online Versicherungen abschließen, den Schutz erweitern oder einen Schadensfall geltend machen – alles selbst wenn man bereits unterwegs ist. Was bei Krankenversiche-

SCHLEPPER & PROVISIONSHAIE

In Touristenhochburgen wird man oft von Schleppern oder Fahrern angesprochen, ja teils regelrecht von ihnen umzingelt, die von Unterkünften eine Provision kassieren, wenn sie Gäste „vermitteln". Dies ist zwar lästig für Traveller, aber ansonsten eine normale Werbungsmethode innerhalb des thailändischen Kleingewerbes. Wer sich ein wenig auskennt, kann potenziellem Ärger aus dem Weg gehen: Schlepper werden von Hotels oder Pensionen für das Herankarren von Touristen bezahlt (egal ob diese dann einchecken oder nicht). Manche Unterkünfte wollen die Provisionen aber nicht berappen. Dann rächen sich die Schlepper, indem sie Gäste vom betreffenden Quartier fernhalten – oft mit der Behauptung, es sei geschlossen oder abgebrannt. Skrupellosere Gestalten geben stattdessen ihre Partner fälschlich als die gewünschte Adresse aus. Wer auf Widerstand stößt, sollte bei seiner Unterkunft, wo die aggressiven Geschäftstaktiken oft bereits bekannt sind, telefonisch um Abholung bitten.

rungen zu beachten ist, erfährt man auf S. 851, nähere Infos zur Fahrzeugversicherung stehen auf S. 846.

Visa

Das **thailändische Außenministerium** (www.mfa. go.th) ist für alle Einwanderungs- und Visumsangelegenheiten zuständig. Seine Website oder die nächstgelegene Auslandsvertretung Thailands informieren über Formalitäten und Kosten.

Non-Immigrant-Visa

Sogenannte Non-Immigrant-Visa haben eine Gültigkeit von 90 Tagen und sind für Ausländer vorgesehen, die in Thailand Geschäfte tätigen, studieren, im Ruhestand einen längeren Urlaub machen oder einen ausgedehnten Besuch bei Familienangehörigen machen wollen. In dieser Visakategorie gibt es vielfältige Einreisevisa. Die Chance, ein Visum zu bekommen, das zur mehrmaligen Einreise berechtigt, stehen für Europäer ganz gut. Wer eine thailändische Arbeitsgenehmigung beantragen will, muss bereits ein Non-Immigrant-Visum besitzen.

Touristenvisa & Visumsfreiheit

Thailands Regierung gestattet den Bürgern von 41 verschiedenen Ländern (darunter auch Deutschland, Österreich und die Schweiz) die Einreise ohne vorab beantragtes Visum

Flugpassagiere erhalten ein Gratisvisum mit 30-tägiger Gültigkeit. Bei Einreise auf dem Landweg beträgt die Gültigkeitsdauer 15 Tage.

Ohne ein gültiges Anschluss- bzw. Rückflugticket und ohne den Nachweis ausreichender Geldmittel für die geplante Aufenthaltsdauer kann man theoretisch abgewiesen werden. In der Praxis finden aber kaum Überprüfungen statt.

EINWANDERUNGSBÜROS

Die folgenden Stellen kümmern sich um Visumverlängerungen und andere Formalitäten. Ganz wichtig: Bei Behördenbesuchen in Thailand immer die besten Sonntagsklamotten tragen! Alle Visumsangelegenheiten sollten zudem unbedingt persönlich und nicht von beauftragten Dritten geregelt werden. Für jegliche Visumsverlängerungen sind zwei Passfotos plus jeweils eine Fotokopie der Identifikations- und Visumsseite des Reisepasses mitzubringen.

» **Einwanderungsbüro Bangkok** (⊠0 2141 9889; Bldg B, Bangkok Government Center, Th Chaeng Wattana; ⏲Mo–Fr 9–12 & 13–16.30 Uhr)

» **Einwanderungsbüro Chiang Mai** (Karte S. 258; ⊠0 5320 1755-6; Th Mahidon; ⏲Mo–Fr 8.30–16.30 Uhr)

Wer plant, länger als 30 Tage (bzw. 15 Tage bei Einreise auf dem Landweg) in Thailand zu bleiben, sollte vor dem Start rechtzeitig ein Touristenvisum mit 60-tägiger Gültigkeit beantragen. Anlaufstellen hierfür sind thailändische Auslandsvertretungen in den Heimatländern, die auch über alle Formalitäten und Gebühren informieren.

Visum verlängern & erneuern

Wer über den genehmigten Zeitraum hinaus in Thailand bleiben möchte, kann bei allen örtlichen Einwanderungsbüros eine Visumsverlängerung beantragen. Dies kostet normalerweise 1900 B. Je nach Bearbeitungsstelle lassen sich die 15 bzw. 30 Standardtage um sieben bis zehn Tage aufstocken, wenn die Verlängerung vor Ablauf des Visums in Angriff genommen wird. Touristenvisa mit 60-tägiger Gültigkeit sind nach freiem Ermessen der Behörden um maximal 30 Tage verlängerbar.

Eine Möglichkeit der Visumserneuerung besteht darin, Thailand auf dem Landweg zu verlassen und kurz darauf wieder einzureisen; dabei erhält man ein neues 15-Tage-Visum. Manche Kurzzeitbesucher verbinden einen solchen „Visa Run" mit einem Tages-

ausflug. Die Regionenkapitel informieren über örtliche Grenzübergänge und -formalitäten.

Das übliche Bußgeld bei überschrittener Aufenthaltsdauer beträgt 500 B pro Tag (insgesamt max. 20 000 B). Es kann entweder am Flughafen oder im Voraus bei einem Einwanderungsbüro beglichen werden. Das Überziehen eines einzigen Tages kostet nichts. Kinder unter 14 Jahren, die in Begleitung eines Elternteils reisen, sind von der Bußgeldregelung ausgenommen.

In Thailand ansässige Ausländer verlängern ihr Visum am besten bei dem Einwanderungsbüro, das ihrer örtlichen Wohnadresse am nächsten liegt.

Zeit

Thailands Zeitzone liegt sechs Stunden vor der Mitteleuropäischen Zeit (während der europäischen Sommerzeit fünf Stunden).

Zoll

Die **thailändische Zollbehörde** (www.customsclinic. org) unterhält eine hilfreiche Website mit sehr genauen Angaben zu allen Zollbestimmungen. Thailand erlaubt folgende Freimengen:

» Persönliche Gebrauchsgegenstände (Bekleidung und Hygieneartikel) in angemessener Menge
» Professionelle Berufsausrüstung
» 200 Zigaretten
» 1 l Wein oder Spirituosen

Strikt verboten ist die Einfuhr von:

» Feuerwaffen und Munition (sofern nicht vorab bei der Polizeibehörde angemeldet)
» Illegalen Drogen
» Pornografischen Medien
Bei Ausreise ist eine Exportgenehmigung für alle Repliken und neu gegossenen Buddha-Figuren (Ausnahme: persönliche Amulette) erforderlich. Bei der Bean-

tragung der Lizenz muss man das bzw. die Objekt(e) zusammen mit jeweils zwei Frontalaufnahmen, Kaufquittung und einer Fotokopie des Reisepasses bei der **thailändischen Kunstbehörde** (Department of Fine Arts, DFA; ✆0 2628 5032) einreichen. Die Bearbeitung des Antrags kann bis zu vier Tage dauern.

pur oder Bali. Auch direkte Charterflüge ab Europa landen hier.

Chiang Mai International Airport (IATA-Code CNX; www.chiangmaiairportonline.com) Bedient asiatische Auslandsziele wie Kuala Lumpur, Taipeh und Singapur.

Fluglinien

Flüge nach und ab Bangkok bieten diese Fluglinien:

Air Asia (☏0 2515 9999; www.airasia.com)

Air Berlin (☏0 2236 9779; www.airberlin.com)

Air China (☏0 2634 8991; www.fly-airchina.com)

Air France (☏0 2610 0808; www.airfrance.fr)

Austrian Airlines (☏0 2267 0873; www.austrian.com)

Bangkok Airways (☏1771; www.bangkokair.com)

British Airways (☏0 2627 1701; www.britishairways.com)

Cathay Pacific Airways (☏0 2263 0606; www.cathaypacific.com)

China Airlines (☏0 2250 9898; www.china-airlines.com)

Eva Air (☏0 2269 6288; www.evaair.com)

Garuda Indonesia (☏0 2679 7371; www.garuda-indonesia.com)

Japan Airlines (☏0 2649 9520; www.jal.co.jp)

KLM-Royal Dutch Airlines (☏0 2610 0800; www.klm.com)

Korean Air (☏0 2620 6900; www.koreanair.com)

Lao Airlines (☏0 2236 9822; www.laoairlines.com)

Lufthansa (☏0 2264 2400; www.lufthansa.com)

Malaysia Airlines (☏0 2263 0565; www.mas.com.my)

Myanmar Airways International (☏0 2261 5060; www.maiair.com)

Nepal Airlines (☏0 2266 71 46; www.nepalairlines.com.np)

Orient Thai (☏1126; www.flyorientthai.com)

Philippine Airlines (☏0 2263 0565; www.philippineairlines.com)

Verkehrsmittel & -wege

AN- & WEITERREISE

Geführte Touren, Flug- und Zugtickets sind online unter www.lonelyplanet.com/bookings buchbar.

Einreise

Die Einreiseformalitäten für Thailand sind sowohl per Flugzeug als auch auf dem Landweg erfrischend unkompliziert. Der Reisepass und die ausgefüllten Ankunft- und Abreisekarten, die normalerweise auf dem Hinflug verteilt werden, reichen aus (auf S. 839 stehen Infos zu den Visabestimmungen). Wer auf dem Landweg einreist, erhält die Karten blanco direkt am Einreiseschalter.

Eine Zollerklärung ist bei der Einreise nicht auszufüllen, außer es werden deklarationspflichtige Waren eingeführt; für diese hat der thailändische Zoll ein passendes Formular.

Die Reisekasse muss bei der Einreise offiziell einen bestimmten Mindestbetrag aufweisen. Zu den thailändischen Zollbestimmungen s. S. 839.

Flugzeug

Flughäfen

Bangkok ist Thailands wichtigste Drehscheibe für In- und Auslandsflüge. Überall im Königreich wickeln zudem kleinere Flughäfen Inlandsverbindungen und teilweise auch interregionale Flüge ab.

Suvarnabhumi International Airport (IATA-Code BKK; ☏0 2132 1888) In Samut Prakan (30 km östlich von Bangkok, 110 km bis Pattaya) landen fast alle internationalen Flieger und die meisten Inlandsmaschinen. Der Flughafenname wird *sù·wan·ná·phuum* ausgesprochen.

Don Muang Airport (IATA-Code DMK; ☏0 2535 1111) Nok Air und Orient Thai (früher One-Two-Go) benutzen Bangkoks zweiten Flughafen immer noch für Inlandsverbindungen – gut zu wissen beim Buchen von Anschlussflügen mit diesen Gesellschaften!

Phuket International Airport (IATA-Code HKT; ☏0 7632 7230) Unter den Verbindungen ins asiatische Ausland sind z.B. Air-Asia-Trips nach Hongkong, Singa-

ÜBERS MEER NACH/AB THAILAND

Öffentliche Boote pendeln zwischen Thailands Andamanenküste und der malaysischen Insel Langkawi.

Nach Einfahrt in die Hoheitsgewässer des Königreichs müssen sich alle im Ausland registrierten Kähne (inkl. Kapitän und Crew) schnellstmöglich bei Thailands zuständigen Behörden anmelden. Obwohl Haupthäfen im ganzen Land jeweils Stationen fürs Einchecken haben, steuern touristische Freizeitskipper dazu meistens Phuket, Krabi, Ko Samui, Pranburi oder Pattaya an. Wer Thailand per Boot verlässt, muss bei der Einwanderungsbehörde, dem Zoll und dem Hafenmeister auschecken.

Scandinavian Airlines (☏0 2645 8200; www.flysas.com)

Singapore Airlines (☏0 23 53 6000; www.singaporeair.com)

Swiss International Air Lines Ltd. (☏0 2654 6868; www.swiss.com)

Thai Airways International (☏0 2288 7000; www.thaiair.com)

Vietnam Airlines (☏0 2655 4137; www.vietnamair.com.vn)

Flugtickets

Manchmal ist es bis heute praktisch, in Thailand ein Reisebüro zu nutzen – vor allem bei geplanten Inlandsreisen oder Trips in Nachbarländer. Aufgrund oft variierender Provisionssätze lohnt es sich, die Preise verschiedener Agenturen zu vergleichen. Bezahlen per Kreditkarte ist generell sicher: Die meisten Kartengesellschaften leisten Schadenersatz, wenn Kunden zweifelsfrei beweisen können, für ihr Geld keine angemessene Gegenleistung bekommen zu haben. Manche Reisebüros akzeptieren aber nur Bargeld. In diesem Fall sollte man die Tickets sofort verlangen und sich nicht auf den nächsten Tag vertrösten lassen. Nach der Buchung oder dem Hinterlegen einer Anzahlung ist es ratsam, umgehend bei der jeweiligen Fluglinie eine telefonische Bestätigung einzuholen.

In der Hauptsaison (Dez.–März) können Thailandflüge teuer sein.

Auf dem Landweg

Thailand hat gemeinsame Grenzen mit Laos, Malaysia, Kambodscha und Myanmar. Die Reise in alle Nachbarländer auf dem Landweg über offizielle Grenzübergänge ist möglich, und dank immer besser ausgebauten Fernstraßen werden auch Reisen zwischen Thailand und China über Land zusehends bequemer. Auf S. 843 findet man Details zu den einzelnen Grenzübergängen sowie Verkehrsmitteln und -wegen.

Bus, Auto & Motorrad

Es gibt Straßenverbindungen zu allen Nachbarstaaten

REISEN & KLIMAWANDEL

Der Klimawandel stellt eine ernste Bedrohung für unsere Ökosysteme dar. Zu diesem Problem tragen Flugreisen immer stärker bei. Lonely Planet sieht im Reisen grundsätzlich einen Gewinn, ist sich aber der Tatsache bewusst, dass jeder seinen Teil dazu beitragen muss, die globale Erwärmung zu verringern.

Fast jede Art der motorisierten Fortbewegung erzeugt CO_2 (die Hauptursache für die globale Erwärmung), doch Flugzeuge sind mit Abstand die schlimmsten Klimakiller – nicht nur wegen der großen Entfernungen und der entsprechend großen CO_2-Mengen, sondern auch, weil sie diese Treibhausgase direkt in hohen Schichten der Atmosphäre freisetzen. Die Zahlen sind erschreckend: Zwei Personen, die von Europa in die USA und wieder zurück fliegen, erhöhen den Treibhauseffekt in demselben Maße wie ein durchschnittlicher Haushalt in einem ganzen Jahr.

Die englische Website www.climatecare.org und die deutsche Internetseite www.atmosfair.de bieten sogenannte CO_2-Rechner. Damit kann jeder ermitteln, wie viele Treibhausgase seine Reise produziert. Das Programm errechnet den zum Ausgleich erforderlichen Betrag, mit dem der Reisende nachhaltige Projekte zur Reduzierung der globalen Erwärmung unterstützen kann, beispielsweise Projekte in Indien, Honduras, Kasachstan und Uganda.

Lonely Planet unterstützt gemeinsam mit Rough Guides und anderen Partnern aus der Reisebranche das CO_2-Ausgleichs-Programm von climatecare.org. Alle Reisen von Mitarbeitern und Autoren von Lonely Planet werden ausgeglichen. Weitere Informationen gibt's auf www.lonelyplanet.com.

Thailands, die man mit dem Bus, dem Sammeltaxi oder dem eigenen Auto nutzen kann. In einigen Fällen fährt man mit dem Bus zur Grenze, überquert die Einreisestelle zu Fuß und nimmt dann zur Weiterfahrt einen anderen Bus oder ein Sammeltaxi. Oder der Bus fährt über die Grenze hinaus zum Zielort, z. B. an der Grenze zu Malaysia; dann werden die Grenzformalitäten im Bus abgewickelt.

Zug
Thailands und Malaysias staatliche Bahnnetze treffen bei Butterworth aufeinander. Rund 93 km südlich der thailändischen Grenze kann man dort Boote nach Penang nehmen oder mit der Malaysian Railway nach Kuala Lumpur und Singapur weiterfahren.

Mehrere Grenzübergänge bieten die Möglichkeit, per Zug anzureisen und dann drüben im anderen Land direkt zu Kraftfahrzeugen umzusteigen. Beispiele hierfür sind die Übergänge Aranya Prathet–Poipet (Thailand–Kambodscha) und Nong Khai–Vientiane (Thailand–Laos).

Eine weitere Bahnlinie führt von Malaysias Ostküste zur Thai-Grenzstadt Sungai Kolok. Aufgrund der anhaltenden Gewalt in Thailands tiefem Süden raten wir von dieser Route aber dringend ab!

Grenzübergänge

China
Dank verbesserter Infrastruktur ist das Innere Südchinas nun mit Laos und Nordthailand verbunden. So gestalten sich Reisen zwischen Königreich und Reich der Mitte halbwegs zivil. Visa für China müssen vor Abreise beantragt bzw. erlangt werden (am besten in Bangkok oder Chiang Mai).

Früher war es auch noch möglich, ab der Thai-

Kleinstadt Mae Sai über Land durch Myanmar zu reisen und dessen Grenze bei Mong La in Richtung der chinesischen Ortschaft Daluo zu überqueren. Dieser Grenzübergang ist jedoch seit 2005 dicht.

Chiang Khong–Mengla
(S. 365) Die China-Thailand-Fernstraße (Rte 3) ist eine alte Opiumschmugglerroute, die zu einer wichtigen internationalen Transportader ausgebaut wurde. Den 1800 Asphaltkilometern zwischen Kunming (chinesische Provinz Yunnan) und Bangkok fehlt immer noch ein elementares Stück: Die vierte thailändisch-laotische Freundschaftsbrücke, die den Mekong am Grenzübergang Chiang Khong–Huay Xai ab 2014 überspannen soll. Bis dahin geht's noch per Boot über den Fluss. Im laotischen Ort Huay Xai starten Busse.

Chiang Saen–Jinghong
(S. 360) Ein lahmes Boot folgt dem Mekong von Nordthailand aus in die chinesische Provinz Yunnan.

Kambodscha
Direkt an der Grenze gibt's kambodschanische Touristenvisa für 20 US$. Bei manchen Übergängen beträgt die Gebühr jedoch 1200 B. Man muss ein Passfoto mitbringen und sollte möglichst den Kerlen aus dem Weg gehen, die Gesundheitszertifikate oder andere „medizinische" Dokumente gegen Zusatzgebühr ausfertigen wollen!

Aranya Prathet–Poipet
(S. 549) Direkteste Überlandroute zwischen Bangkok und Angkor Wat.

Hat Lek–Krong Koh Kong
(S. 236) Küstenübergang bei Trips nach/ab Ko Chang/Sihanoukville.

Pong Nam Ron–Pailin
(S. 230) Schleichweg ab Ko Chang, der über Chanthaburi nach Battambang und Angkor Wat führt.

Vergleichsweise abgeschiedener liegen z. B. die Grenz-

übergänge Chong Sa–Ngam Choam oder O Smach–Chong Chom (Achtung: wegen Kämpfen im Gebiet Khao Phra Wihan vorübergehend geschlossen!). Sie sind aber nicht sonderlich praktisch, da drüben in Kambodscha statt Sammeltaxis nur mietbare Privatfahrzeuge zur Verfügung stehen.

Laos
Vom Norden und vom Nordosten Thailands aus gelangt man recht stressfrei hinüber nach Laos. Visa für dieses Land (30–42 US$) gibt's direkt an der Grenze. Für einen Antrag braucht man ein Passfoto.

Nong Khai–Vientiane
(S. 512) Die erste thailändisch-laotische Freundschaftsbrücke über diesen Abschnitt des Mekong ist die wichtigste Verkehrsverbindung zwischen den beiden Ländern. Per Zug oder Bus kann man Nong Khai leicht ab Bangkok erreichen.

Chiang Khong–Huay Xai
(S. 365) Beliebte Bootsfahrt, die Nordthailand und Chiang Mai mit Luang Prabang verbindet.

Mukdahan–Savannakhet
(S. 542) Die zweite thailändisch-laotische Freundschaftsbrücke vernetzt Thailand, Laos und Vietnam.

Nakhon Phanom–Tha Khaek
(S. 531) Die dritte thailändisch-laotische Freundschaftsbrücke wurde 2011 eröffnet.

Chong Mek–Vangtao
(S. 484) Auf thailändischem Boden ist die Grenze am besten über Ubon Ratchathani zugänglich – eine gute Option für den Übergang nach Pakse in Laos.

Zu den entlegenen Übergängen zählen Bueng Kan–Paksan (S. 525; Visa für Laos sind im Voraus zu organisieren), Tha Li–Kaen Thao (S. 518; Mietverkehrsmittel erforderl.) und Ban Huay Kon–Muang Ngeun (S. 381).

Malaysia

Vor allem Malaysias West-
küste ist leicht per Bus, Zug
oder sogar Boot erreichbar.

Hat Yai–Butterworth

(S. 649) Das Westgleis der
Bahnstrecke ab Bangkok
endet in Butterworth, dem
Festlandstor Richtung
Penang. Aufgrund des Terro-
rismus in Thailands tiefem
Süden ist es inzwischen
weniger beliebt.

Hat Yai–Padang Besar

Auf dem Weg zu verschie-
denen Zielen in Malaysia
starten Busse im südthai-
ländischen Transitort Hat
Yai. Die Grenzformalitäten
werden in Padang Besar
erledigt. Aufgrund der
anhaltenden Gewalt in Thailands tiefem Süden raten
wir dringend von dieser
Route ab!

Sungai Kolok–Kota
Bahru (S. 654) Weitere

Möglichkeit, von der wir
aber wegen der anhaltenden
Terrorismusgefahr in Thailands tiefem Süden eben-
falls sehr abraten.

Ko Lipe–Langkawi

(S. 753) Praktische Haupt-
saisonsbootsverbindung
zwischen den beiden Anda-
maneninseln.

Satun–Langkawi/
Kuala Perlis (S. 754) Vom

Festlandshafen Satun aus
schippern Boote zur Insel
Langkawi und zur Festlands-
stadt Kuala Perlis.

Myanmar

An den meisten Landüber-
gängen nach Myanmar
behindern Beschränkungen
den vollen Zugang zum Land.
Mitunter werden Grenzübergänge ohne Ankündigung
geschlossen – nur für einen
Tag oder eventuell sogar für
Jahre.

Mae Sai–Tachileik

(S. 353) Einziger Über-
gang, an dem Ausländer
die Grenzstadt verlassen
dürfen; der Reiseverkehr ist
jedoch begrenzt und unter-
liegt umfangreichen Bestim-
mungen. Über die Brücke
zwischen den beiden Orten

schmuggelte Lo Hsing Han
früher interessanterweise
Opium und Heroin aus dem
„Goldenen Dreieck" heraus.
Wegen der praktischen
Nähe zu Chiang Mai und
Rai wählen viele Traveller
diesen Grenzübergang, um
ihre thailändischen Visa zu
erneuern.

Ranong–Kawthoung

(S. 657) Beliebt für „Visa
Runs" im Süden Thailands.

Mae Sot–Myawadi

(S. 410) Zum Recherche-
zeitpunkt geschlossen; falls
wieder geöffnet, sind nur
Tagestrips zu Myawadis
Markt möglich.

Drei-Pagoden-Pass

(S. 206) Seit 2006 für
Ausländer gesperrt; zuvor
waren nur Tagesausflüge
zum birmanischen Grenz-
markt erlaubt. Zudem
konnten Visa hier nicht
verlängert bzw. erneuert
werden.

UNTERWEGS
VOR ORT

Auto & Motorrad

Benzin & Ersatzteile

Moderne Tankstellen gibt's
zuhauf an allen befestigten
Straßen Thailands. In abgele-

generen ländlichen Regionen
abseits großer Straßen kann
man *ben·sin/nám·man rót
yon* (Benzin) in der Regel
an kleinen Ständen in den
Dörfern oder am Straßen-
rand bekommen. Treibstoff
ist in Thailand grundsätzlich
bleifrei, Lkws und auch einige Autos fahren mit Diesel.
2007 hat Thailand mehrere
alternative Treibstoffe eingeführt, darunter Gasohol (eine
Mischung aus Benzin und
Äthanol mit verschiedenen
Oktan-Stufen, 91 % oder
95 %) und komprimiertes
Erdgas; letzteres kommt bei
Taxis mit Hybridmotoren
zum Einsatz. Die Website von
BKK Auto (www.bkkautos.
com) liefert aktuelle Infos
zu Kraftstoffen und weitere
News zum Thema Auto.

Führerschein

Wer im Thailand-Urlaub
Auto (oder Motorrad) fahren
möchte, braucht einen internationalen Führerschein.

Mieten & Kaufen

In den meisten Großstädten
und Flughäfen kann man
neben normalen Autos auch
Jeeps und Vans ausleihen,
sowohl bei einheimischen als
auch bei bekannten internationalen Autovermietern. Die

RADFAHREN IN THAILAND

Außerhalb Bangkoks sind Fahrräder fast überall ideale
Nahverkehrsmittel – günstig, umweltfreundlich und
langsam genug für intensives Sightseeing. Schon für
50 B pro Tag kann man an vielen Orten Modelle von
mitunter minderer Qualität ausleihen (vor allem bei
Pensionen). Eine Kaution muss normalerweise nicht
hinterlegt werden.

Die meisten Straßen sind asphaltiert und haben
breite Seitenstreifen. Dies macht auch Landeser-
kundungen per Fahrrad populär. Vor Ort angebotene
Importbikes sind mit hohen Zollgebühren verbunden.
Statt eines zu kaufen, bringt man daher wohl besser
sein eigenes Gefährt mit – inklusive eines ausreichenden Werkzeug- und Ersatzteilvorrats. Obwohl die
Einfuhr keine spezielle Genehmigung erfordert, muss
das Rad eventuell beim Zoll angemeldet werden.
Wenn man dann ohne den Drahtesel ausreisen sollte,
wird eine Zollgebühr fällig.

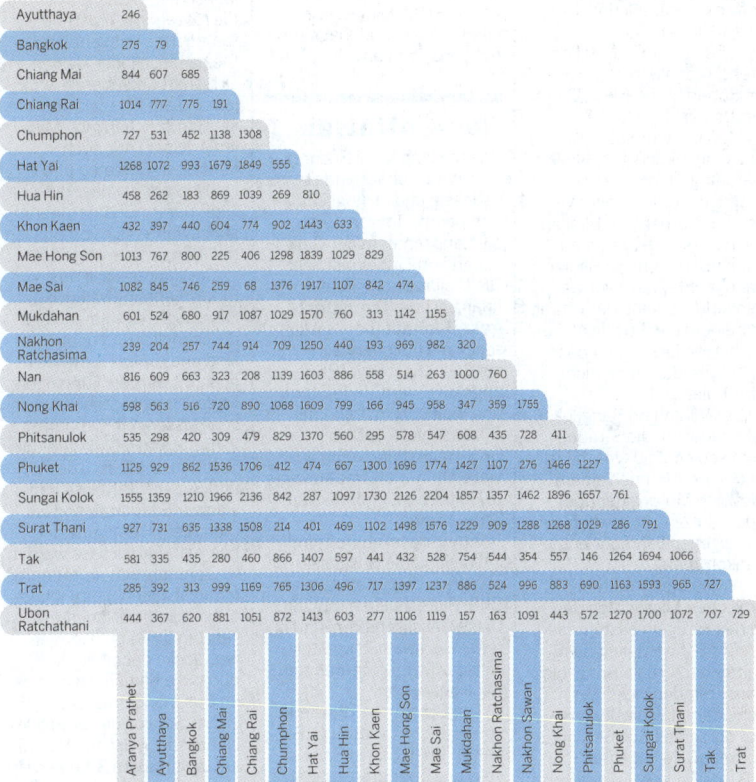

	Aranya Prathet	Ayutthaya	Bangkok	Chiang Mai	Chiang Rai	Chumphon	Hat Yai	Hua Hin	Khon Kaen	Mae Hong Son	Mae Sai	Mukdahan	Nakhon Ratchasima	Nakhon Sawan	Nong Khai	Phitsanulok	Phuket	Sungai Kolok	Surat Thani	Tak	Trat
Ayutthaya	246																				
Bangkok	275	79																			
Chiang Mai	844	607	685																		
Chiang Rai	1014	777	775	191																	
Chumphon	727	531	452	1138	1308																
Hat Yai	1268	1072	993	1679	1849	555															
Hua Hin	458	262	183	869	1039	269	810														
Khon Kaen	432	397	440	604	774	902	1443	633													
Mae Hong Son	1013	767	800	225	406	1298	1839	1029	829												
Mae Sai	1082	845	746	259	68	1376	1917	1107	842	474											
Mukdahan	601	524	680	917	1087	1029	1570	760	313	1142	1155										
Nakhon Ratchasima	239	204	257	744	914	709	1250	440	193	969	982	320									
Nan	816	609	663	323	208	1139	1603	886	558	514	263	1000	760								
Nong Khai	598	563	516	720	890	1068	1609	799	166	945	958	347	359	1755							
Phitsanulok	535	298	420	309	479	829	1370	560	295	578	547	608	435	728	411						
Phuket	1125	929	862	1536	1706	412	474	667	1300	1696	1774	1427	1107	276	1466	1227					
Sungai Kolok	1555	1359	1210	1966	2136	842	287	1097	1730	2126	2204	1857	1357	1462	1896	1657	761				
Surat Thani	927	731	635	1338	1508	214	401	469	1102	1498	1576	1229	909	1288	1268	1029	286	791			
Tak	581	335	435	280	460	866	1407	597	441	432	528	754	544	354	557	146	1264	1694	1066		
Trat	285	392	313	999	1169	765	1306	496	717	1397	1237	886	524	996	883	690	1163	1593	965	727	
Ubon Ratchathani	444	367	620	881	1051	872	1413	603	277	1106	1119	157	163	1091	443	572	1270	1700	1072	707	729

einheimischen sind meist etwas günstiger, allerdings sind ihre Fuhrparks häufig älteren Datums und schlechter in Schuss. Interessenten sollten auf jeden Fall das Reifenprofil kontrollieren und den Zustand des Fahrzeugs genauestens unter die Lupe nehmen.

In größeren Städten und vielen kleineren Touristenzentren verleihen Pensionen und kleine Familienbetriebe Motorräder. Es ist also kein Problem, ein Leihmotorrad zu bekommen, mit dem man die Umgebung super auf eigene Faust erkunden kann. Bei Tagesausleihen genügt meist der Reisepass als Pfand. Man sollte beim Verleiher grundsätzlich nach einem Helm fragen, da Helmpflicht besteht.

Viele unerfahrene Touristen verletzen sich bei Motorradunfällen in Thailand, weil sie die Fahrzeuge nicht richtig im Griff, Probleme mit den Verkehrsregeln haben oder den Straßenzustand falsch einschätzen. Eine vorausschauende, langsame Fahrweise ist daher quasi Pflicht – besonders bei rutschigen Straßen –, um Sach- und Personenschäden so weit wie möglich zu vermeiden, ebenso eine angemessene Krankenversicherung. Greenhorns nehmen am besten 100-ccm-Bikes mit Kickstarter und Automatikgetriebe. Für die bestmögliche Straßenlage sollte Gepäck so gleichmäßig wie möglich über den gesamten Rahmen verteilt werden.

Verkehrsregeln & Gefahren auf der Straße

In Thailand herrscht Linksverkehr – jedenfalls prinzipiell. Abgesehen davon werden Verkehrsschilder und Tempolimits in aller Regel nicht weiter beachtet.

Verkehrsregel Nummer eins: Das größere Fahrzeug hat stets Vorfahrt. So steht es zwar nicht in der thailändischen Straßenverkehrsordnung, aber im ungeschriebenen Gesetz der Straße. Die erlaubte Geschwindigkeit liegt innerorts bei 50 km/h und auf den meisten Fernstraßen bei 80 bis 100 km/h, doch überall auf den Schnellstraßen trifft man auch Schnecken mit 30 km/h und Raser mit 150 km/h. Radarfallen stehen vor allem am Hwy 4 im Süden und am Hwy 2 im Nordosten.

Man hupt, um das Überholen anzukündigen. Blinker werden gern benutzt, um vor entgegenkommendem Verkehr zu warnen: Ein Blinken nach links bedeutet, man kann überholen, ein Blinken nach rechts warnt vor Gegenverkehr. Wenn der Fahrer vor einem das Rücklicht aufblitzen lässt, heißt das ebenfalls, dass man nicht überholen soll.

Der Verkehr in Bangkok ist chaotisch. Die Straßen sind schlecht ausgeschildert, und überall kommen einem plötzlich Motorräder oder auch ganze Autolawinen auf der eigenen Fahrspur entgegenkommen.

Abgesehen vom thaitypischen Missachten der Verkehrsregeln besteht die größte Schwierigkeit beim Fahren außerhalb Bangkoks darin, mit den vielen verschiedenen Vehikeltypen auf derselben Straße klarzukommen. So begegnet man z. B. Lastwagen, Fahrrädern, Motorrädern und Túk-Túks (Aussprache *dúk dúk*; Auto- oder Motorradrikschas), deren Lichter obendrein oft nicht funktionieren. Im ländlichen Raum ist der Fahrzeugverkehr zwar geringer, die Gefahr durch freilaufende Hühner, Hunde und Wasserbüffel aber umso größer.

Versicherung

Alle registrierten Fahrzeuge, die auf Thailands Straßen unterwegs sind, müssen zumindest haftpflichtversichert sein. Die besseren Verleiher bieten Vollkaskoversicherungen für ihre Vehikel an. Bevor man den Mietvertrag unterschreibt, erkundigt man sich am besten genauestens nach der Haftpflichtversicherung und lässt sich die

Originaldokumente inklusive Ausstellungsdatum zeigen, denn wer mit einem nicht versicherten Fahrzeug in einen Unfall gerät, hat ein richtiges Problem.

Bus & Minivan

Das thailändische Busnetz ist gut ausgebaut und zuverlässig und ermöglicht entspannte Touren durch die Landschaft in der Gesellschaft von Einheimischen. Die thailändische Regierung finanziert die **Transportgesellschaft** (bò·rí·sàt kŏn sòng), die üblicherweise als Baw Khaw Saw (BKS) abgekürzt wird. Jede Stadt und jeder Ort im Land mit Busanschluss hat eine BKS-Haltestelle, wenn auch vielleicht nur als unbefestigte Haltebucht irgendwo am Straßenrand.

Am verlässlichsten sind in Thailand die Busgesellschaften, die die staatlichen BKS-Haltestellen benutzen. Diese Gesellschaften sind teilweise staatlich und teilweise private Unternehmen mit Konzession.

Um Busfirmen, die direkt von Touristenzentren (z. B. der Th Khao San in Bangkok) aus operieren, macht man besser einen großen Bogen: Bei solchen Fahrten kommt es immer wieder zu Diebstählen und Provisionspausen. Bitte unbedingt den Abschnitt „Gefahren & Ärgernisse" in den betreffenden Regionenkapiteln beachten, um Bus-Kundenfängern und anderen Problemen zu entgehen!

Dennoch sind Minivans als von Privatfirmen betriebene Mittelklasseoptionen immer weiter verbreitet. Aufgrund ihrer kleineren Dimensionen können sie statt an auswärtig gelegenen Busbahnhöfen gleich am Markt starten. Zudem bringen sie Passagiere direkt zum Hotel. Tipp: Wer die Tollkühnheit der Fahrer nicht unmittelbar miterleben möchte, nimmt besser hinten Platz!

Busklassen

Die billigsten, aber auch die langsamsten Busse sind die *rót tam·má·dah* (normale Busse mit Ventilator). Sie halten in jeder kleinen Ortschaft und überall, wo jemand am Straßenrand ein Handzeichen gibt. Mittlerweile sind nur noch in ländlichen Gebieten und im Nahverkehr ein paar dieser Oldtimer im Einsatz, überall sonst wurden sie von Bussen mit Klimaanlage abgelöst.

Die Hauptmasse des Busverkehrs bewältigen Fahrzeuge mit Klimaanlage, die schneller und bequemer sind und *rót aa* („Luftbus") genannt werden. Für längere Strecken gibt's zwei Klassen von Bussen mit Klimaanlage, 2. und 1. Klasse, letztere mit Toiletten. Die Busse der VIP- und Super-VIP-Klasse haben weniger Sitzplätze, sodass man mehr Bewegungsfreiheit hat. Diese Busse werden manchmal auch als *rót norn* („Schlafwagen") bezeichnet.

Vor allem bei längeren Fahrten sollte man immer eine Jacke dabeihaben – durch die Klimaanlage ist es im Bus manchmal kalt.

Der Service dieser Busse ist üblicherweise recht gut, auf bestimmten Strecken ist sogar eine uniformierte „Stewardess" dabei, die Getränke verteilt und Videos einlegt.

Bei Nachtfahrten wird unterwegs in der Regel irgendwo angehalten für eine mitternächtliche *kôw dôm*: Die Passagiere verlassen den Bus und erhalten kostenlos eine Reissuppe.

Reservierungen

An allen BKS-Busbahnhöfen kann man Fahrten mit klimatisierten BKS-Bussen reservieren, aber für die normalen, alten Busse mit Ventilator sind Vorabreservierungen nicht möglich. Über die meisten Hotels und alle Reisebüros können Plätze bei privaten Busunternehmen gebucht werden, aber Interessenten wenden sich besser an die Büros der

0 ▬▬▬▬ 150 km

MYANMAR (BIRMA)

Chiang Rai

Mae Hong Son • Pai • 1399

LAOS

VIETNAM

1590 1890

Chiang Mai • 990 • Nan 2500

Lampang

• Phrae

1470

1899 1951

VIENTIANE

• Nong Khai

1550

Loei • Udon Thani

Sakon Nakhon

Nakhon Phanom

Sukhothai • • Phitsanulok

Mai Sot •

3480

1500

1690

Khon Kaen

2450 1290 1700

1655 2790

Roi Et • 2600

Ubon Ratchathani

1890

Nakhon Ratchasima

2600 2600

Buriram

Nam Tok

• Lopburi

• Ayutthaya

2000

Kanchanaburi

1350

BANGKOK

Aranya Prathet

KAMBODSCHA

2090

Pattaya

• Sattahip

ANDAMANEN-SEE

2900

• Trat

2800 4160

1600

4400

PHNOM PENH

1480 3600

3000 • Chumphon

1500 1500 1800

Ranong 1750 1570

Ko Samui

VIETNAM

Surat Thani 3800 2800

GOLF VON THAILAND

2380

Nakhon Si Thammarat

Phuket • Krabi

Kantang • Trang

Hat Yai •

Preise für einfache Strecke, Economy Class, in Baht (Rabatte für die meisten Flüge möglich). Die Preise können sich ändern!

INDISCHER

OZEAN

• Padang Besar • Narathiwat

Sungai Kolok • ⊙ Kota Bharu

MALAYSIA

- - - - Flugstrecke
───── Bahnstrecke

einzelnen Gesellschaften. So geht man sicher, dass man auch das bekommt, wofür man bezahlt.

Flugzeug

Inlandsflüge sind weiterhin recht erschwinglich. Die meisten Maschinen starten in Bangkok, aber auch Chiang Mai, Ko Samui und Phuket bieten allesamt ein paar Verbindungen zu anderen thailändischen Zielen. Anhand der Karte auf S. 847 lassen sich die Flugpreise und -strecken vorab einschätzen. Die jeweiligen Stadt- bzw. Regionenkapitel liefern Kontaktinfos zu örtlichen Fluglinienfilialen.

Die Inlandsmaschinen von THAI pendeln oft zwischen Bangkok und verschiedenen Provinzhauptstädten. Bangkok Air ist eine weitere renommierte Inlandsgesellschaft, während Orient Thai und Nok Air das Königreich zu Billigpreisen abdecken.

Geführte Touren

Viele Anbieter in aller Welt organisieren geführte Thailand-Touren. Die meisten davon fungieren nur als Vermittler für ortsansässige Firmen. Bessere Veranstalter planen ihre Thailandreiserouten von Grund auf selbst und wählen lokale Partner aus, die jeweils dazu passen. Heutzutage wird oft „Freiwilligentourismus" angeboten: Teilnehmer dieser Sightseeing-Touren kaufen z. B. zusätzlich Mittagessen für ein Waisenhaus, besuchen ein Krankenhaus oder halten Englischunterricht. Der Abschnitt „Freiwilligenarbeit" (S. 829) erleichtert die Suche nach alternativen Reiseerlebnissen.

Asian Trails (www.asian trails.info) Führt Touren für Vermittlungsagenturen in Übersee durch; angeboten wird ein Mix aus Trips zu bekannten und weniger bekannten Zielen.

Hands Up Holidays (www. handsupholidays.com) Freiwilligentourismus und Dorfbesichtigungen.

Intrepid Travel (www. intrepidtravel.com) Dieser Anbieter hat sich auf Kleingruppenreisen für junge Leute spezialisiert.

Isan Explorer (www. isanexplorer.com) Maßgeschneiderte Touren durch den Nordosten.

I-to-I (www.i-to-i.com) Freiwilligentourismus und FSJ-Programme.

Mekong Cruises (www. cruisemekong.com) Elegante Flusskreuzfahrten auf dem mächtigen Mekong.

Orient Express (www. orient-express.com) Ultraluxuriöse Touren zu bekannten und unbekannten Orten in Thailand.

Spice Roads (www.spice roads.com) Diverse regionale Radtouren.

Tiger Trails (www.tiger trailthailand.com) Strapaziöse Natur- und Kulturwanderungen im Bereich von Chiang Mai bzw. Nordthailand.

Tour de Thailand (www. tourdethailand.com) Sammelt Spenden mit einer großen Gemeinschaftsradtour, die etappenweise durch ganz Thailand führt.

Tours with Kasma Loha-Unchit (www.thaifoodand travel.com) Die thailändische Kochbuchautorin lässt einen individuell in die Kultur ihrer Heimat „eintauchen".

Nahverkehr
Motorradtaxi

In vielen thailändischen Städten können *mor·đeu·sai ráp jâhng* inklusive Fahrer für Kurzstrecken gemietet werden. Wenn man kein Gepäck oder nur eine kleine Tasche dabei hat, sind diese Motorräder mit 100 bis 125 ccm Hubraum einfach unschlagbar für eilige Trips durch den Straßendschungel.

In den meisten Großstädten fahren Motorradtaxis zwecks Passagiersuche nicht herum, sondern versammeln sich in der Nähe von Straßenkreuzungen. Normalerweise tragen die Chauffeure nummerierte Trikots und verlangen streckenabhängig 10 bis 50 B pro Fahrt. Der Preis muss im Voraus ausgehandelt werden. Ausnahme: Bangkoks Soi-Motorradtaxis kosten standardmäßig 10 B.

SĂHM·LÓR & TÚK-TÚK

Săhm·lór (dreirädrige Fahrradrikschas) findet man meist in Kleinstädten mit schwachem Verkehr und bis heute altmodischer Lebensart.

Die moderne Version der mit Wadenkraft betriebenen *săhm·lór* ist der motorisierte Túk-Túk. Die laut knatternden Motoren dieser kleinen Nutzfahrzeuge werden meist mit Autogas betrieben und spucken jede Menge Funken.

Wie bei allen anderen Verkehrsmitteln muss der Preis vor dem Start ausgehandelt werden. In Touristenzentren verlangen Túk-Túk-Chauffeure oft übertrieben hohe Summen von Ausländern. Somit sollte man bereits vor Fahrtbeginn ein Gespür für angemessene Tarife entwickeln. Hotelangestellte helfen hierbei mit realistischen Angaben.

Wer mehr über Fahrradrikschas und deren Design erfahren möchte, wirft am besten einen Blick in den Lonely Planet Hardcover-Bildband *Chasing Rickshaws* von unserem Verlagsgründer Tony Wheeler.

Skytrain & Metro

Bangkok ist Thailands einzige Stadt, in der Nahverkehrszüge über und unter der Erde verkehren: Skytrain bzw. Metro haben das ständige Verkehrschaos in der Hauptstadt etwas verringert.

Stadtbusse & Sŏrng•tăa•ou

Bangkok besitzt Thailands größtes Stadtbusnetz. Auch in Udon Thani und ein paar anderen Provinzhauptstädten fahren Stadtbusse. Am besten macht man es wie die Einheimischen: Thais stoppen öffentliche Busse, indem sie an einer Haltestelle mit der Handfläche nach unten eine Winkbewegung vollführen. Dann suchen sie sich einen Platz und bezahlen den Fahrtpreis meist gleich oder teils später beim Aussteigen.

Anderswo wird der Nahverkehr von *sŏrng•tăa•ou* erledigt. Die kleinen Pick-ups tragen auf ihren Ladeflächen zwei gegenüberliegende Passagierbänke. Wie Busse sind sie manchmal auf festen Routen unterwegs. Gelegentlich dienen sie aber auch als Sammeltaxis für Fahrgäste mit derselben Fahrtrichtung. In Touristenzentren lassen sich *sŏrng•tăa•ou* wie normale Taxis mieten – dann aber unbedingt den Fahrtpreis im Voraus aushandeln! Normalerweise kann man *sŏrng•tăa•ou* überall entlang ihrer Routen heranwinken und später beim Aussteigen bezahlen.

Je nach Region folgen *sŏrng•tăa•ou* eventuell auch festen Routen ab dem Stadtzentrum, die auswärtige Gebiete oder sogar Ziele innerhalb der Provinz bedienen. Manchmal kommen dabei größere Fahrzeuge mit sechs Rädern zum Einsatz (z. T. *rót hòk lór* genannt).

Taxi

In Bangkok fahren die Taxis mit Taxameter zu festgelegten Preisen. Anderswo kann es sich bei Taxis auch um Privatfahrzeuge handeln, bei denen der Preis Verhandlungssache ist. Man kann mit einem Taxi auch von einer Stadt zur nächsten fahren, aber der Fahrpreis ist grundsätzlich vorab auszuhandeln, da die wenigsten Fahrer bei Überlandfahrten den Taxameter einschalten.

Schiff/Fähre

Auf Thailands Wasserwegen sind in erster Linie *reu·a hăhng yow* (Longtail-Boote) unterwegs. Diese Bezeichnung rührt von den langen, weit über das Heck hinausreichenden Antriebswellen her, an deren Enden die Schrauben montiert sind. Auf den Flüssen und Kanälen von Bangkok und den benachbarten Provinzen sind diese Kähne das wichtigste Verkehrsmittel.

Zwischen dem Festland und den Inseln im Golf von Thailand oder in der Andamanensee sind das Standardfortbewegungsmittel Holzboote von 8 bis 10 m Länge mit einem eingebauten Motor, einem Steuerhaus und einem einfachen Dach zum Schutz für Passagiere und Fracht. In Touristengegenden verkehren auch schnellere und teurere Luftkissen- oder Tragflügelboote.

Trampen

Trampen ist nirgendwo auf der Welt vollkommen sicher und deshalb grundsätzlich nicht zu empfehlen. Traveller, die trampen, sollten sich darüber im Klaren sein, dass sie ein kleines, aber ernst zu nehmendes Risiko eingehen. Heutzutage sieht man in Thailand nur selten Tramper, und die meisten Autofahrer werden nicht verstehen, was der Ausländer, der mit ausgestrecktem Daumen am Straßenrand steht, eigentlich will. Thais zeigen beim Trampen nämlich nicht den Daumen, sondern strecken den Arm etwas aus und winken; mit dieser Geste, winkt man auch Taxis oder Busse heran und so kann es passieren, dass jemand anhält und auf die Bushaltestelle hinweist, wenn eine in der Nähe ist.

In einigen Nationalparks, in denen es keine öffentlichen Verkehrsmittel gibt, sind aber viele Thais bereit, Leute mitzunehmen, die am Straßenrand stehen.

Zug

Thailands Schienennetz verbindet alle vier Ecken des Landes miteinander. Für die lange Reise nach Chiang Mai im Norden oder Surat Thani im Süden ist der Zug die bequemste Alternative zum Bus. Die Bahn eignet sich auch super, um vom verkehrsreichen Bangkok aus Kurztrips nach Ayutthaya und Lopburi zu unternehmen.

Die insgesamt 4500 Gleiskilometer werden von der **State Railway of Thailand** (SRT; ☎1690; www.railway.co.th) betrieben; sie umfassen vier Hauptstrecken in Richtung Norden, Süden, Nordosten und Osten. Alle Fernzüge starten am Bangkoker Bahnhof Hua Lamphong.

Bahnhofsservice

Alle thailändischen Bahnhöfe haben eine Gepäckaufbewahrung bzw. einen „Cloak Room". Meist gibt's auch einen Ticketschalter, der 15 bis 30 Minuten vor Einfahrt des jeweiligen Zuges öffnet. Hinzu kommen Zeitungshändler und Imbissstände. Richtige Restaurants sind jedoch nicht vorhanden.

In den meisten Bahnhöfen hängen Fahrplanausdrucke auf Englisch aus (gilt nicht unbedingt für kleinere Stationen). Am Bangkoker Bahnhof Hua Lamphong kann man sich prima mit Fahrplänen eindecken.

Klassen

Mit 1., 2. und 3. Klasse bietet die SRT drei verschiedene Wagenklassen an, bei denen aber je nach Zugtyp (Ordinary, Rapid oder Express) erhebliche Unterschiede bestehen.

1. Klasse – Wagen mit Privatabteilen; nur in Zügen der Kategorien Rapid, Express und Special Express.

2. Klasse – Die gepolsterten, meist ausklappbaren Sitze von 2.-Klasse-Großraumabteilen ohne Schlafmöglichkeiten sind ähnlich wie in Bussen allesamt paarweise in Fahrtrichtung montiert. Schlafwagen der 2. Klasse haben gegenüber voneinander angeordnete Sitzpaare. Wenn diese nach vorne gezogen werden, entstehen zwei übereinander liegende Kojen. Die untere der beiden bietet vergleichsweise mehr Kopffreiheit und ist darum teurer. Kinder bekommen immer diesen Schlafplatz. 2.-Klasse-Waggons (klimatisiert oder ventilatorgekühlt) hängen nur an Schnell- und Expresszügen.

3. Klasse – Normale 3.-Klasse-Wagen haben zwei Bankreihen mit gegenüberliegenden Sitzpaaren. Jede Einzelbank ist eigentlich für zwei bis drei Personen vorgesehen. In überfüllten Zügen draußen auf dem Land scheint das aber niemanden zu kümmern. Die 3. Klasse ist in Expresszügen nicht und in allen Pendlerbahnen des Großraums Bangkok ausschließlich vorhanden.

Preise
Die Zugpreise berechnen sich aus einem Grundtarif und diversen Zuschlägen. Letztere hängen von jeweiligem Zugtyp (Special Express, Express, Rapid oder Ordinary), Klasse und Entfernung ab. Klimaanlage und Schlafkojen (unten teurer) schlagen mit separaten Extrabeträgen zu Buche.

Reservierungen
Reservierungen sind frühestens 60 Tage und spätestens einen Tag vor dem geplanten Abfahrtstermin möglich. Sie lassen sich persönlich an allen Bahnhöfen vornehmen. Zugtickets kann man aber auch bei Reisebüros kaufen, die dafür normalerweise eine separate Servicegebühr verlangen. Wer sich außerhalb des Königreichs an die Planung einer Fernzugreise macht, sollte der **State Railway of Thailand** (passenger-ser@ railway.co.th) spätestens zwei Wochen vor dem Start eine Reservierungsmail schicken. Die staatliche Bahngesellschaft bestätigt die Buchung ebenfalls mittels elektronischer Post. Eine Stunde vor Abfahrt werden die Tickets dann am vorgesehenen Ausgangsbahnhof abgeholt und bezahlt.

Bei Schlafwagenzügen auf den Fernstrecken Bangkok–Chiang Mai oder Bangkok–Surat Thani ist es ratsam, Plätze rechtzeitig zu reservieren. Dies gilt vor allem vor und nach dem Songkran-Fest (April) sowie in der touristischen Hauptsaison (Dez.–Jan.).

Anders als Schlafkojen sollten Sitzplätze für Kurzstreckentrips mindestens einen Tag im Voraus gebucht werden.

Bei Reiserücktritt gibt's einen Teil des Ticketpreises zurück. Die Höhe der Erstattung berechnet sich nach den verbliebenen Tagen zwischen Stornierung und vorgesehenem Abfahrtstermin. Alle diesbezüglichen Einzelheiten lassen sich im Reisezentrum des Bahnhofs klären.

ßen – auch dann, wenn man gesund und fit ist, denn Unfälle passieren nun einmal. Eventuell muss man für risikoreichere Aktivitäten wie Klettern oder Tauchen eine Zusatzversicherung abschließen. Gleiches gilt, wenn man Roller oder Motorrad fahren möchte. In den meisten Krankenhäusern muss man noch vor der Aufnahme „beweisen" (z. B. mit einer Versicherungspolice), dass man die Behandlung bezahlen kann. Am besten erkundigt man sich vor der Reise, wie die Abrechnung abläuft, und bewahrt sämtliche Unterlagen (Arztberichte, Rechnungen etc.) gut auf.

Gesundheit

Die Gesundheitsrisiken und der Standard medizinischer Einrichtungen hängen vom Aufenthaltsort und natürlich von der Art ab, auf die man reist. Die meisten größeren Städte und die Haupttouristenziele verfügen über eine gute Infrastruktur und bieten sogar eine exzellente medizinische Versorgung. Je weiter man aber in abgeschiedene, ländliche Gegenden vordringt, desto größer sind die Gesundheitsrisiken und desto dünner gesät Krankenhäuser und Arztpraxen.

Viele Traveller befürchten, sich exotische Viruskrankheiten einzufangen, wenn sie in tropische Breitengrade reisen, dabei bereiten bereits bestehende Krankheiten (z. B. des Herzens) und Unfälle (z. B. im Straßenverkehr) viel häufiger Probleme.

Davon abgesehen sind Atemweginfektionen, Durchfall und Denguefieber die größten Gesundheitsrisiken für Thailandurlauber. Zum Glück können die meisten Krankheiten leicht vermieden oder behandelt werden.

Wichtig: Die folgenden allgemeinen Informationen können den Rat eines ausgebildeten Reisemediziners natürlich nicht ersetzen!

VOR DER REISE

Medikamente sollten in eindeutig beschrifteten Originalverpackungen mitgeführt werden. Der eigene Arzt sollte eventuelle Erkrankungen in einem unterschriebenen und mit Datum versehenen Brief genau beschreiben, ebenso wie notwendige Medikamente und Zubehör wie Spritzen etc. Herzkranke sollten eine Kopie des aktuellsten EKGs mitnehmen.

Wer regelmäßig Medikamente nehmen muss, packt besser einen Extravorrat ein für den Fall, dass ein Gepäckstück abhanden kommt oder gestohlen wird. In Thailand sind viele Medikamente nicht verschreibungspflichtig und können in der Apotheke gekauft werden, manchmal ist es aber schwierig, ein Medikament zu finden, das dieselben Inhaltsstoffe hat wie das Präparat, das man von daheim gewohnt ist.

Versicherung

Wenn die heimische Krankenversicherung die Kosten für Behandlungen im Ausland nicht übernimmt, sollte man eine spezielle Reiseversicherung abschlie-

Impfungen

Spezielle Kliniken für Reisemedizin, Tropeninstitute etc. sind die zuverlässigsten Informationsquellen, wenn es um die Frage geht, welche Impfungen notwendig sind. Idealerweise lässt man sich sechs bis acht Wochen vor der Abreise beraten, doch man kann auch später noch zum Arzt gehen und ihn um einen internationalen Impfausweis (das gelbe Büchlein) bitten, in das sämtliche Impfungen eingetragen werden. Die **Centers for Disease Control** (CDC; www.cdc.gov) bieten Infos zum Thema Gesundheit auf Reisen und empfehlen Impfungen. Die einzige Impfung, die verlangt wird, ist die gegen Gelbfieber. Der Impfstatus wird aber nur geprüft, wenn man sich sechs Tage vor der Einreise nach Thailand in einem Land aufgehalten hat, das zur Gelbfieberrisikozone gehört. Wer von Afrika oder Südamerika nach Thailand fliegt, sollte vorab klären, ob das ohne Nachweis für die Gelbfieberimpfung geht.

Reiseapotheke

Die persönliche Reiseapotheke sollte folgende Dinge beinhalten:

» Abführmittel (Lactulose)
» Abschwellmittel
» Antibakterielle Salbe, z. B. Betaisodona
» Antibiotika gegen Entzündungen der Haut, z. B. Amoxillin-Clavulanat oder Cephalexin
» Antibiotika gegen Reisedurchfall (etwa Norfloxacin oder Ciprofloxacin), gegen bakteriellen Durchfall (z. B. Azithromycin) und gegen Giardiasis oder Tropenruhr (z. B. Tinidazol)
» Antihistaminika – es gibt mehrere Alternativen, z. B. Cetrizin für tagsüber und Promethazin für nachts
» Antiseptika, z. B. Betadine
» Antispasmika gegen Magenkrämpfe, z. B. Buscopan
» bei Neigung zu Blasenentzündung entsprechende Antibiotika
» DEET-haltiges Insektenschutzmittel
» Durchfallmedikamente wie Rehydrationslösungen (z. B. Gastrolyt), „Stopper" (z. B. Loperamid) und Medikamente gegen Übelkeit
» Erste-Hilfe-Bedarf wie Schere, Pflaster, Verbände, Gaze, Thermometer (ohne Quecksilber!), sterile Nadeln und Spritzen (inkl. Arztbrief), Sicherheitsnadeln, Pinzette
» Fungizidsalbe, z. B. Clotrimazol
» Halstabletten
» Handwaschgel (mit Alkohol) oder alkoholhaltige Tücher für die Hände
» Ibuprofen oder andere Entzündungshemmer
» Mittel gegen Magenverstimmung, z. B. Maaloxan
» Migränemittel
» Paracetamol
» Permethrin zur Imprägnierung von Kleidung und Moskitonetzen, wenn nötig
» Medikamente gegen Pilzbefall oder Candidose (Vaginaler Pilzbefall), z. B. Clotrimazolpessare oder Diflucantabletten
» Steroidhaltige Salbe gegen allergische Ausschläge, z. B. 1- bis 2 %-iges Hydrocortison

» Sonnencreme, Sonnenbrille und Hut
» Verhütungsmittel

UNTERWEGS

Jetlag & Reiseübelkeit

Jetlag ist bei Überquerung von fünf oder mehr Zeitzonen ein häufiges Problem; er äußert sich in Schlafstörungen, Müdigkeit, Unwohlsein und Übelkeit. Um einen Jetlag zu vermeiden, sollte man viel trinken (alkoholfrei) und leicht essen. Bei der Ankunft setzt man sich am besten dem Sonnenlicht aus und passt sich seinen Tagesrhythmus der neuen Uhrzeit an; Melatonin kann dabei helfen, man bekommt es aber nicht in allen Ländern.

Beruhigende Antihistaminika wie Dimenhydrinat (z. B. in Vomex) sind in der Regel die erste Wahl bei Reisekrankheit. Ihre Hauptnebenwirkung ist Schläfrigkeit. Eine homöopathische Alternative ist Ingwer; Scopolamin-Pflaster können zur Vorbeugung ebenfalls angewendet werden.

Thrombose

Das „Touristenklasse-Syndrom" entsteht, wenn sich während langer Reisen im Flugzeug Blutgerinnsel in den Beinen bilden, vor allem durch das Stillsitzen. Je länger die Reise ist, desto größer ist das Risiko. Die meisten Blutgerinnsel lösen sich ohne Folgen wieder auf. Es ist aber möglich, dass einzelne Gerinnsel durch die Venen zur Lunge gelangen, wo sie gefährliche Komplikationen auslösen können.

Wenn der Fuß, der Knöchel oder die Wade anschwillt oder schmerzt (meist einseitig), könnte es sich um eine Thrombose handeln. Wandert das Blutgerinnsel in die Lunge, kann es Schmerzen in

---

LITERATUR ZUM WEITERLESEN

» **International Travel & Health** (www.who.int/ith) Gesundheitsleitfaden, herausgegeben von der Weltgesundheitsorganisation (WHO).

» **Centers for Disease Control & Prevention** (www.cdc.gov) Länderspezifische Informationen.

» **Auswärtiges Amt** Länderspezifische Informationen, Sicherheitshinweise und Merkblätter (http://www.auswaertiges-amt.de/DE/Laenderinformationen/01-Laender/Gesundheitsdienst/Uebersicht_node.html); **Außenministerium** (http://www.bmeia.gv.at/aussenministerium/buergerservice/reiseinformation/a-z-laender); **Eidgenössisches Departement für auswärtige Angelegenheiten** (http://www.eda.admin.ch/eda/de/home/travad/travel.html)

» *Healthy Travel – Asia & India* (von Lonely Planet) Tipps zur Urlaubsplanung, erste Hilfe bei Notfällen, Immunisierung und Infos zu Krankheiten.

» *Traveller's Health: How to Stay Healthy Abroad* (von Dr. Richard Dawood) Die internationale „Gesundheitsbibel".

» *Travelling Well* (von Dr. Deborah Mills) Gesundheitsleitfaden mit Website (www.travellingwell.com.au).

» *Healthy Living in Thailand* (herausgegeben vom Thailändischen Roten Kreuz) Sinnvolle Lektüre für Langzeitreisende.

der Brust oder Atemnot verursachen. Traveller mit einem dieser Symptome sollten umgehend um medizinische Hilfe bitten.

Um das Thromboserisiko zu minimieren, sollte man viel in der Kabine herumgehen, isometrische Übungen machen (die Beinmuskeln im Sitzen an- und entspannen), viel trinken und Alkohol meiden. Wer weiß, dass er ein höheres Risiko hat, Thrombosen zu entwickeln, sollte mit seinem Arzt sprechen.

IN THAILAND

Medizinische Versorgung & Kosten

Von vielen südostasiatischen Ländern aus ist Bangkok das nächste größere Zentrum mit erstklassiger medizinischer Versorgung. Privatkrankenhäuser sind teurer als andere Einrichtungen, bieten aber auch einen höheren Standard und das Personal spricht Englisch. Solche Anlaufstellen haben wir jeweils unter „Praktische Informationen" sowie in einigen anderen Abschnitten dieses Buches aufgeführt. Die Kosten sind im Vergleich zu denen in den meisten westlichen Ländern niedrig.

Weniger gravierende Erkrankungen (z. B. Durchfall) kann man mit den richtigen Medikamenten auch selbst kurieren, wenn keines der empfohlenen Krankenhäuser in Reichweite ist.

Medikamente sollte man besser nicht in Läden kaufen, da Fälschungen im Umlauf sind bzw. sie falsch gelagert werden oder das Verfallsdatum schon überschritten ist.

Infektionskrankheiten

Denguefieber
Diese durch Moskitos übertragene Krankheit breitet sich in ganz Südostasien verstärkt aus, vor allem in den Städten. Da es keinen Impfstoff gibt, kann man sich nur schützen, indem man Moskitostiche verhindert. Die Moskitoart, die das Fieber überträgt, ist tagsüber unterwegs – also zu jeder Tageszeit auf der Hut sein! Symptome sind hohes Fieber, starke Kopfschmerzen (vor allem hinter den Augen), Übelkeit und Gliederschmerzen (das Denguefieber hieß einst „Knochenbrecherfieber"), manche Patienten bekommen auch Ausschlag (der sehr stark jucken kann) und Durchfall. Auf den südlichen Inseln Thailands ist das Risiko besonders hoch. Es gibt keine Behandlungsmöglichkeiten außer Ruhe und Paracetamol. Kein Aspirin oder Ibuprofen nehmen – sie begünstigen etwaige Blutungen! Unbedingt einen Arzt aufsuchen, der die Diagnose stellen und einen beobachten kann! Das Denguefieber kann sich zu dem lebensbedrohlichen hämorrhagischen Denguefieber entwickeln, was bei Travellern aber sehr selten vorkommt. Das Risiko steigt, wenn man sich zunächst mit Denguefieber infiziert und dann ein weiterer Virus hinzukommt.

Geschlechtskrankheiten
Die in Thailand am häufigsten durch sexuelle Kontakte übertragenen Krankheiten sind Herpes, Warzen, Syphilis, Tripper und Chlamydien. Menschen, die diese Krankheiten in sich tragen, haben oft keine Symptome. Kondome können Tripper und Chlamydieninfektionen verhindern, nicht aber Warzen oder Herpes. Wer nach einem sexuellen Kontakt Ausschlag, Schwellungen, Ausfluss oder Schmerzen beim Wasserlassen feststellt, sollte zum Arzt gehen. Wenn man während der Reise sexuell aktiv war, sollte man sich zu Hause auf Geschlechtskrankheiten untersuchen lassen.

Hepatitis A
Das Risiko, sich mit Hepatitis A zu infizieren, ist in Bangkok mittlerweile nicht mehr so groß, im Rest des Landes aber unverändert hoch. Das Virus wird durch Lebensmittel oder Wasser übertragen und befällt die Leber. Zu den Symptomen zählen Gelbsucht (Gelbfärbung der Haut und der Augäpfel), Übelkeit und Teilnahmslosigkeit. Es gibt keine Therapie für Hepatitis A. In seltenen Fällen kann die Krankheit bei Infizierten über 40 Jahren tödlich verlaufen. Wer Thailand bereist, sollte gegen Hepatitis A geimpft sein.

Hepatitis B
Dies ist die einzige durch Geschlechtsverkehr übertragene Krankheit, die durch eine Impfung vermieden werden kann. Hepatitis B überträgt sich über Körperflüssigkeiten. In einigen Teilen Thailands sind bis zu 20 % der Bevölkerung mit Hepatitis B infiziert, ohne überhaupt davon zu wissen. Zu den Spätfolgen der Krankheit gehören Leberzirrhose, -krebs und Tod.

HIV
In Thailand ist HIV mittlerweile eine der häufigsten Todesursachen bei Menschen unter 50 Jahren. Niemals ungeschützten Sex haben, ausschließlich sterile Spritzen/Nadeln verwenden und sich besser kein Tattoo stechen lassen!

Influenza
Influenza (Grippe) ist in den Tropen das ganze Jahr über präsent. Die Symptome sind hohes Fieber, Muskelschmerzen, eine laufende Nase, Husten und Halsschmerzen. Grippe ist die am besten durch Impfung vermeidbare Krankheit, die sich Traveller zuziehen könnten, darum sollte jeder über eine Impfung nachdenken. Es gibt keine spezielle Behandlung außer Ruhe und Paracetamol. Komplikatio-

nen wie Bronchitis oder eine Mittelohrentzündung können Antibiotikagaben nötig machen.

Larva Migrans cutanea

Diese Krankheit, verursacht durch die Larve des Hakenwurms, tritt besonders häufig an Thailands Stränden auf. Der Ausschlag beginnt mit einer kleinen Schwellung und breitet sich linienförmig aus. Der damit verbundene Juckreiz ist besonders nachts sehr stark. Die Krankheit ist medikamentös einfach zu behandeln; der Ausschlag sollte nicht herausgeschnitten oder vereist werden!

Leptospirose

Mit Leptospirose kann man sich durch den Kontakt mit verseuchtem Süßwasser infizieren – häufig tritt die Krankheit nach Rafting- oder Kajaktouren auf. Erstsymptome wie Kopfschmerzen und Fieber sind denen einer Grippe sehr ähnlich. Der Krankheitsverlauf variiert von leichten Beschwerden bis zur lebensgefährlichen Erkrankung. Die Diagnose erfolgt durch einen Bluttest. Leptospirose kann mit Doxycyclin behandelt werden.

Malaria

Über diese Krankheit kursieren viele Fehlinformationen. Malaria wird durch den Parasiten ausgelöst, der durch den Stich einer infizierten Mücke übertragen wird. Fieber ist das Hauptsymptom, doch die Erkrankung kann auch mit Kopfschmerzen, Durchfall, Husten und Schüttelfrost einhergehen – also mit für viele Infektionskrankheiten typischen Symptomen. Eine verlässliche Diagnose ist nur durch einen Bluttest möglich.

In den meisten touristischen Gegenden Thailands, vor allem in Städten oder Badeorten, ist das Malaria-Risiko minimal bis nicht vorhanden – angesichts dessen sollte man sich überlegen, ob

man die eventuellen Nebenwirkungen der Malariaprophylaxe in Kauf nehmen will. Wer in ländliche Regionen mit hohem Malariarisiko reisen will (beim Durchschnittstraveller eher unüblich), sollte einen Arzt konsultieren und sich über das passende Medikament und die richtige Dosis informieren.

Wer folgende Ratschläge befolgt, wird nicht so schnell von Mücken gestochen:

» DEET-haltige Insektenschutzmittel auf nackte Haut auftragen; natürliche Mittel wie Citronella sind zwar effektiv, müssen aber immer wieder aufgetragen werden.

» Unter einem Moskitonetz schlafen, das mit Permethrin imprägniert ist.

» Unterkünfte mit Trennwänden und Ventilatoren aussuchen.

» In Gegenden mit hohem Malariarisiko die Kleidung mit Permethrin einsprühen.

» Langärmlige Oberteile und lange Hosen in hellen Farben tragen.

» Mückenspiralen benutzen.

» Insektenschutzmittel im Zimmer versprühen, bevor man abends zum Essen geht.

Masern

Diese hoch ansteckende Virusinfektion wird durch Tröpfcheninfektion oder direkten Kontakt übertragen. Die meisten vor 1966 geborenen Menschen sind immun, weil sie die Krankheit in ihrer Kindheit hatten. Masern beginnen mit hohem Fieber und Ausschlag. Sie können von Komplikationen wie Lungenentzündungen oder Hirnerkrankungen begleitet werden. Es gibt keine spezielle Behandlung. Unbedingt impfen lassen!

Tollwut

Diese unbehandelt immer tödlich verlaufende Krankheit wird durch den Biss oder den Speichel eines infizierten Tieres übertragen. Meist handelt es sich um Hunde oder Affen, aber man

sollte nach jedem Tierbiss unverzüglich einen Arzt aufsuchen, um mit der Behandlung zu beginnen. Wenn man sich vor der Reise gegen Tollwut hat impfen lassen, erleichtert das die Behandlung nach dem Biss erheblich.

Die Bisswunde sollte zunächst vorsichtig mit Wasser und Seife ausgewaschen und anschließend mit einem jodhaltigen Antiseptikum gereinigt werden. Wer keine Tollwutimpfung hat, muss sich so schnell wie möglich Tollwutimmunglobulin spritzen lassen, gefolgt von fünf Dosen Impfstoff in den folgenden 28 Tagen. Wer geimpft ist, benötigt nur zwei nachträgliche Dosen Impfstoff in einem Abstand von drei Tagen.

Typhus

Diese ernsthafte bakterielle Infektion verbreitet sich durch Essen und Wasser. Sie führt zu hohem und immer weiter steigendem Fieber und Kopfschmerzen. Sie kann von trockenem Husten und Magenschmerzen begleitet werden. Typhus wird durch Bluttests nachgewiesen und mit Antibiotika behandelt. Die Impfung wird für alle empfohlen, die länger als eine Woche in Thailand bleiben wollen. Achtung: Die Impfung gewährt keinen 100%igen Schutz, Vorsicht bei allem, was man isst und trinkt, ist weiterhin geboten!

Durchfallerkrankungen

Durchfall ist die am weitesten verbreitete Erkrankung bei Travellern. Bis zu 50% werden in den ersten zwei Wochen ihres Thailandaufenthalts Opfer von Montezumas Rache. In mehr als 80% der Fälle ist ein Bakterium der Auslöser (es gibt diverse Übeltäter), sodass ein Antibiotikum schnell Abhilfe schaffen kann.

Man spricht von akuter Diarrhö, wenn man innerhalb von 24 Stunden mehr als

SELTEN, ABER ERNST ZU NEHMEN

» Filariose – Moskitos übertragen die Fadenwurmkrankheit, von der viele Einheimische betroffen sind; besser alles tun, um Mückenstiche zu vermeiden!

» Hepatitis E – Wird durch verunreinigtes Essen oder Wasser übertragen und verursacht ähnliche Symptome wie die Hepatitis A; kann bei schwangeren Frauen einen ungünstigen Verlauf nehmen. Beim Essen und Trinken entsprechende Hygieneregeln beachten!

» Japanische Enzephalitis – Viruserkrankung; wird ebenfalls durch Mückenstiche übertragen. Sie kommt besonders oft in ländlichen Gegenden vor; eine Impfung ist sinnvoll, wenn man mehr als einen Monat außerhalb der Städte verbringen bzw. sich dauerhaft in Thailand niederlassen will.

» Melioidose – Wird beim Kontakt zwischen Haut und erregerhaltigem Boden übertragen. Bis zu 30 % der Bevölkerung im Nordosten Thailands sind infiziert. Die Symptome ähneln denen der Tuberkulose (TB). Es gibt keine Impfung, aber Medikamente.

» Strongyloidiasis – Beim Kontakt zwischen Haut und verunreinigtem Boden wird ein Parasit, der Zwergfadenwurm, übertragen; in der Lokalbevölkerung sieht man das Krankheitsbild häufig. Charakteristisch ist ein strichförmiger Ausschlag am Oberkörper, der kommt und geht. Daran kann sich eine starke Infektion anschließen. Die Krankheit wird medikamentös behandelt.

» Tuberkulose – Ärzte, Entwicklungshelfer und Langzeitreisende, die viel Kontakt mit Einheimischen haben, sollten Vorkehrungen gegen diese Krankheit treffen. Impfungen für Kinder werden empfohlen, wenn ein Aufenthalt von mehr als drei Monaten geplant ist. Die Hauptsymptome sind Fieber, Husten, Gewichtsverlust, starker Nachtschweiß sowie Müdigkeit. Die Behandlung ist langwierig und beinhaltet diverse Medikamente.

» Typhus – Das Flohfleckfieber wird, wie der Name sagt, durch einen Flohbiss übertragen, das Milbenfleckfieber entsprechend durch Milben. Die Symptome reichen von Fieber und Muskelkrämpfen bis hin zu Hautausschlägen. Maßnahmen zur Vermeidung von Insektenstichen ergreifen und Doxycyclin (ein Antibiotikum) einnehmen!

» Vogelgrippe – Viele Infizierte haben zuvor Kontakt mit erkrankten oder bereits toten Vögeln gehabt.

falls ein herkömmliches Antibiotikum nicht anschlägt.

Giardia lamblia ist ein Parasit, der bei Travellern relativ häufig vorkommt. Symptome sind Übelkeit, Aufgedunsenheit, starke Blähungen, Müdigkeit und zeitweise auftretender Durchfall. Der Parasit verlässt den Körper möglicherweise ohne Behandlung, aber das kann Monate dauern. Gut geeignet ist das Mittel Tinidazol; Metronidazol ist eine weitere Option.

Die Amöbenruhr kommt unter Travellern sehr selten vor, wird aber manchmal von weniger zuverlässigen Labors fälschlicherweise diagnostiziert. Die Symptome – Fieber, blutiger Stuhl und allgemeines Unwohlsein – ähneln denen des bakteriell verursachten Durchfalls. Bei Blut im Stuhl umgehend einen Arzt aufsuchen! Die Behandlung erfolgt mit zwei Medikamenten: Tinidazol oder Metronidazol töten die Parasiten im Darm und ein weiteres Medikament tötet die Zysten. Bleibt die Krankheit unbehandelt, können Leberabszesse entstehen.

Gesundheitsrisiken

Essen

Die meisten Durchfallerkrankungen entstehen durch das Essen im Restaurant. Um sie zu vermeiden, sollte man nur frisch zubereitetes Essen zu sich nehmen und generell Speisen meiden, die schon eine Weile auf dem Buffet liegen; Obst sollte geschält und Gemüse gekocht werden. Und am besten isst man in gut besuchten Restaurants.

Hautprobleme

Hitzepocken sieht man in tropischen Regionen häufig. Sie entstehen, wenn sich Schweiß unter der Hautoberfläche staut. Kalte Duschen und Körperpuder helfen.

Dann gibt es noch zwei Pilze, mit denen Reisende

dreimal wässerigen Stuhl hatte und noch mindestens ein weiteres Symptom hinzukommt, z. B. Erbrechen, Fieber, Krämpfe, Übelkeit oder allgemeines Unwohlsein.

Die Behandlung besteht darin, einer Dehydrierung entgegenzuwirken. Rehydrationsflüssigkeit sind dafür am besten geeignet. Antibiotika wie Norfloxacin, Cipro-

floxacin oder Azithromycin töten die Bakterien schnell.

Loperamid stoppt nur den Durchfall, beseitigt aber nicht die Ursache des Problems. Es kann trotzdem nützlich sein (z. B. wenn eine lange Busreise ansteht). Bei Fieber oder Blut im Stuhl sollte es nicht eingenommen werden. Medizinische Hilfe sollte beansprucht werden,

oft zu kämpfen haben. Einer befällt die Leistengegend, die Achselhöhlen und die Zehenzwischenräume. Zunächst sieht man nichts weiter als einen roten Fleck, dann kommen langsam immer mehr dazu. Normalerweise jucken diese Stellen. Man sollte sie trocken halten, zusehen, dass die Kleidung nicht an ihnen reibt, und ein Antimykotikum wie Clotrimazol oder Lamisil auftragen. Der Pilz *Tinea versicolor* verursacht kleine, helle Flecken, zumeist auf dem Rücken, der Brust und den Schultern (am besten einen Arzt aufsuchen!).

Wenn das Klima feucht ist, entzünden sich Schnitte und Kratzer leicht (passiert z. B. gern, wenn man sich an einer Koralle geschnitten hat). Man sollte Wunden sofort mit sauberem Wasser reinigen und ein Antiseptikum auftragen. Bei eindeutigen Anzeichen für eine Entzündung sofort einen Arzt aufsuchen!

Hitze

In vielen Teilen Thailands ist es das ganze Jahr über heiß und feucht. Die meisten Reisenden brauchen mindestens zwei Wochen, um sich an die Hitze zu gewöhnen. Am besten beugt man angeschwollenen Füßen und Fußgelenken sowie auf extremes Schwitzen zurückzuführenden Muskelkrämpfen vor, indem man schön viel trinkt und körperliche Anstrengungen um die Mittagszeit vermeidet.

Ein Hitzschlag ist eine ernst zu nehmende Angelegenheit und muss sofort durch einen Arzt behandelt werden. Die Symptome treten ganz plötzlich auf und umfassen Schwächeanfälle, Übelkeit, eine Körpertemperatur von mehr als 41 °C (ohne dass der Patient dabei schwitzt), Schwindel, Verwirrungszustände, den Verlust der Koordinationsfähigkeiten, Anfälle und eventuell sogar Zusammenbrüche und Bewusstlosigkeit.

Insektenstiche & -bisse

Wanzen leben in den Ritzen der Möbel oder Wände und kriechen nachts in die Betten, um sich an Travellern satt zu fressen. Bisse können mit Antihistaminika behandelt werden. Läuse nisten auf verschiedenen Körperteilen, meistens auf dem Kopf und im Schambereich des Menschen. Übertragen werden sie durch den nahen Kontakt zu einer befallenen Person. Mitunter sind sie recht hartnäckig und erst durch mehrfache Anwendung eines Läuseshampoos mit z. B. Permethrin richtig wegzubekommen. Läuse im Genitalbereich holt man sich normalerweise durch sexuellen Kontakt zu befallenen Personen.

Zecken bekommt man in ländlichen Gegenden schnell. Im Allgemeinen machen sie es sich hinter den Ohren, auf dem Bauch und in den Armbeugen gemütlich. Wer einen Zeckenbiss hat und Symptome wie Schwellungen an der Bissstelle, Fieber oder Muskelschmerzen beobachtet, sollte einen Arzt aufsuchen. Doxycyclin wirkt gegen durch Zecken übertragene Krankheiten.

Blutegel finden sich in feuchten Regenwaldgebieten. Sie übertragen keine Krankheiten, aber ihre Bisse jucken meist heftig und wochenlang und können sich leicht entzünden. Ein jodhaltiges Antiseptikum – auf den Blutegelbiss aufgetragen – hilft, Infektionen zu vermeiden.

Bienen- und Wespenstiche stellen eigentlich nur eine Gefahr für Menschen dar, die allergisch darauf reagieren. Wer eine ausgeprägte Allergie hat, sollte für den Notfall eine Adrenalinspritze mit sich führen (z. B. Epipen). Für alle anderen ist der Schmerz nach dem Stich das Hauptproblem – am besten kühlt man die Einstichstelle und nimmt ein Schmerzmittel ein.

Parasiten

Unter der einheimischen Bevölkerung sind zahlreiche Parasiten verbreitet, aber Traveller sind hiervon eher selten betroffen. Es gibt zwei Grundregeln, um Infektionen durch Parasiten zu vermeiden: immer Schuhe tragen und keine rohe Nahrung essen, vor allem keinen rohen Fisch, kein rohes Schweinefleisch und kein ungekochtes Gemüse. Einige Parasiten werden durch den Kontakt der Haut mit Erde oder Oberflächenwasser übertragen, z. B. die Strongyloiden, der Hakenwurm und die *larva migrans cutanea*.

Schlangen

Es passiert nur selten, dass Reisende von einer Schlange gebissen werden, aber es gibt immerhin mehr als 85 giftige Schlangenarten in Thailand. In Gegenden, in denen Schlangen vorkommen, sollte man deshalb immer geschlossene Schuhe und lange Hosen tragen. Zu den Erste-Hilfe-Maßnahmen nach einem Schlangenbiss gehört die in Australien entwickelte sogenannte Pressure/Immobilization Technique: Bei dieser wird ein Druckverband angelegt; man umwickelt zunächst das betroffene Glied, beginnend mit der Hand bzw. dem Fuß, und arbeitet sich dann in Richtung Brust vor, damit das Gift sich nicht so schnell ausbreitet. Der Verband darf nicht so fest anliegen, dass das Blut abgeschnürt wird. Finger bzw. Zehen sollten frei bleiben, damit man die Blutzirkulation kontrollieren kann. Die Wunde sollte nicht abgebunden werden und man sollte auch nicht versuchen, das Gift herauszusaugen. Stattdessen muss das Körperteil ruhig gestellt werden (das ist das A und O!), z. B. mit einer Schiene – und dann ab ins Krankenhaus!

Das thailändische Rote Kreuz hat diverse Gegengifte zur Behandlung von Schlangenbissen vorrätig.

QUALLEN

Wer mit einer Würfelqualle in Berührung kommt, kann mit einer kleinen Blessur davonkommen, schlimmstenfalls jedoch sterben. Deshalb ist stets Vorsicht geboten – mit Würfelquallen ist nicht zu spaßen!

Es gibt zwei Arten: Manche haben viele Tentakel, andere nur einen. In thailändischen Gewässern treibt sich die gefährlichere von beiden herum – die mit mehren Tentakeln ausgestattete –, und zwar zumeist während der warmen Monate an sandigen Stränden in der Nähe von Flussmündungen. Bei einer besonders starken Vergiftung kann ein Erwachsener binnen zwei Minuten sterben!

Es gibt verschiedene Würfelquallen mit nur einem Tentakel. Manche können schwerwiegende Symptome hervorrufen, die als Irukandji-Syndrom bekannt sind. Auch wenn die Wunde harmlos aussieht, können schon fünf bis 40 Minuten später Beschwerden wie Rückenschmerzen, Übelkeit, Erbrechen, Schweißausbrüche und Atemnot auftreten. Damit einhergehender Bluthochdruck hat mehrfach zu Schlaganfällen und Herzinfarkten geführt; einige Menschen starben.

Es gibt noch weitere Quallenarten in Thailand, deren Tentakel unangenehme Hautirritationen, aber keine schlimmeren Symptome hervorrufen. Schützen kann man sich eigentlich nur, indem man spezielle Kleidung trägt, z.B. Neoprenanzüge.

Erste Hilfe bei schweren Vergiftungen

Bei starken Vergiftungen muss jemand bei dem Verletzten bleiben, während ein anderer den Notarzt holt. Sollte das Opfer bewusstlos sein, muss man umgehend mit der Reanimation beginnen. Ist der Verletzte bei Bewusstsein, müssen die Stellen, an denen der bzw. die Tentakel die Haut berührt hat/haben, 30 Sekunden lang mit Essig übergossen werden (einfacher Haushaltsessig reicht aus). Stiche von Quallen mit nur einem Tentakel werden ebenfalls mit Essig behandelt; je schneller man ihn aufträgt, desto geringer die Auswirkungen. Am besten sofort einen Arzt aufsuchen für den Fall, dass innerhalb der nächsten 40 Minuten weitere Symptome auftreten.

Australien und Thailand arbeiten gemeinsam an einer besseren Klassifizierung der verschiedenen Quallenarten und ihrer Lebensräume. Man hofft, dass sie so zukünftig besser lokalisiert und Unfälle vermieden werden können.

Danke an Dr. Peter Fenner für die Informationen in diesem Kasten.

Sonnenbrand

Selbst an einem wolkenverhangenen Tag holt man sich unter Umständen rasch einen Sonnenbrand. Man sollte Sonnenmilch mit einem hohen Lichtschutzfaktor benutzen (mind. Schutzfaktor 30), nach dem Schwimmen nachcremen und stets einen Hut mit breiter Krempe sowie eine Sonnenbrille tragen. Zwischen 10 und 14 Uhr, wenn die Sonne am höchsten steht, sollte man sich nicht in die Sonne legen. Wer doch einen Sonnenbrand abgekriegt hat, sollte die Sonne meiden, bis sich die Haut vollständig erholt hat, kühlende Kompressen anlegen und gegebenenfalls Schmerztabletten einwerfen. Auch Cremes mit 1% Hydrokortison helfen (zweimal täglich auftragen).

Mit Kindern reisen

Was das Thema Gesundheit angeht, ist Thailand ein relativ unbedenkliches Reiseland für Kinder. Vor der Reise können Eltern sich mit einem Spezialisten für Reisemedizin kurzschließen, um abzuklären, ob der Nachwuchs bereit ist für einen Trip nach Thailand. In eine Reiseapotheke speziell für Kinder gehören Paracetamol gegen Fieber, Antihistamine, Mücken- und Wundsalbe, Erste-Hilfe-Utensilien, Sonnenmilch und Insektenschutzmittel. Sinnvoll ist auch ein Antibiotikum (nach Absprache mit einem Arzt verabreichen) – Azithromycin ist für Kinder gut verträglich und hilft bei bakteriell verursachtem Durchfall sowie Ohr-, Atemwegs- und Halsentzündungen.

Lesenswert sind *Travel with Children* von Lonely Planet und *Your Child's Health Abroad* von Jane Wilson-Howarth, besonders für diejenigen, die längere Zeit unterwegs sein werden.

Frauen & Gesundheit

Vor der Reise sollten sich Schwangere mit ihrem Arzt genau beraten lassen. Die beste Reisezeit ist allgemein während des zweiten Trimesters (16.–28. Woche), dann treten am seltensten Komplikationen auf. Von ländlichen

Gegenden mit schlechter Verkehrsanbindung und mangelnder medizinischer Versorgung sollte man sich aber auch dann fernhalten. Besonders wichtig ist, abzuklären, ob die Reiseversicherung die Kosten für Behandlungen in Zusammenhang mit der Schwangerschaft trägt (z. B. wenn frau vorzeitig Wehen bekommt).

Eine Malariainfektion stellt ein extremes Risiko für Schwangere dar. Die WHO empfiehlt, dass sich Schwangere von den Gegenden fernhalten, in denen die Malaria-Erreger immun gegen Chloroquin sind. Keines der stärkeren Antimalariapräparate kann während der Schwangerschaft bedenkenlos eingenommen werden.

Reisediarrhö führt rasch zu Dehydrierung und kann so die Durchblutung der Plazenta hemmen. Viele Medikamente gegen die Durchfallerreger sind für Schwangere nicht geeignet. Die Einnahme von Azithromycin gilt aber als unbedenklich.

In den Städten bekommt man problemlos Damenhygieneartikel. Die Pille & Co. sollte man allerdings besser von zu Hause mitbringen. Die Hitze, die Feuchtigkeit und Antibiotika begünstigen Candidosen. Diese Pilzerkrankungen können mit Salben oder Pessaren (z. B. mit Clotrimazol) behandelt werden. Eine praktische Alternative ist eine Tablette Fluconazol (Diflucan). Dehydrierung und lange Busreisen ohne Toilettenpausen können außerdem zu Blasenentzündungen führen; am besten entsprechende Antibiotika von daheim mitbringen!

Sprache

NOCH MEHR?

Wer noch mehr über die Sprache erfahren und ein paar praktische Wendungen lernen will, sollte sich Lonely Planets *Sprachführer Thai* zulegen (**http://shop.lonelyplanet.de**). Alternativ lässt sich im iTunes-Store das Audio-Phrasebook von Lonely Planet aufs iPhone laden (bislang nur Thai–Englisch).

Die offizielle Sprache Thailands ist eigentlich der Dialekt, der in Zentralthailand gesprochen und geschrieben wird. Er hat sich als Lingua franca aller thailändischen und nicht-thailändischen Bevölkerungsgruppen im Königreich etabliert.

Thai ist eine Tonsprache, d.h., dass die Bedeutung einer einzelnen Silbe durch unterschiedliche Aussprache verändert werden kann. Standard-Thai verfügt über fünf Töne: tief, mittel, fallend, hoch und steigend. Die Begriffe hoch, tief und mittel sind relativ; die Tonhöhe hängt immer vom Stimmumfang des Sprechers ab – die Töne sind also nicht festgelegt wie bei einer Notenpartitur.

» **tiefer Ton** – „Flach" wie der mittlere Ton. Er wird relativ tief ausgesprochen (bezogen auf den jeweiligen Stimmumfang), unbetont und gleichmäßig, z. B. bei bàht (Baht, die thailändische Währung).

» **mittlerer Ton** – Wird ebenfalls „flach" ausgesprochen, der Ton befindet sich in der Mitte des Stimmumfangs des Sprechers wie in di („gut"). Es wird kein Akzent auf den Buchstaben gesetzt.

» **fallender Ton** – Beginnt hoch und fällt schnell ab. Die Tonlage ähnelt der deutschen, wenn man jemanden von Weitem ruft, z. B. mâi („nein"/„nicht").

» **hoher Ton** – Fällt Ausländern meist am schwersten. Die Tonlage ist am oberen Ende des Stimmspektrums angesiedelt, der Ton wird so flach gesprochen wie möglich. Ein Beispiel ist máh (Pferd).

» **steigender Ton** – Beginnt tief und steigt dann gleichmäßig an. Erinnert an die Betonung im Fragesatz („Ja?"), z. B. in sǎhm („drei").

Die thailändische Regierung hat ein Transkriptionssystem eingeführt, das Royal Thai General Transcription System (RTGS), mit dem Thai mit den Buchstaben des römischen Alphabets geschrieben werden kann. Es wird für offizielle Dokumente, Straßenschilder und auf Karten verwendet. Dennoch wird man auf Schildern und Speisekarten auch lokale Varianten entdecken. Im Allgemeinen haben wir uns in diesem Band an den am weitesten verbreiteten Schreibweisen orientiert. Achtung: Das Transkriptionssystem orientiert sich am Englischen, weshalb insbesondere auf die unten erläuterte Aussprache der Vokale geachtet werden muss!

Bei den farbig unterlegten Aussprachehilfen trennen die Bindestriche Silben innerhalb eines Worts voneinander. Manche Silben werden mittels eines Punkts noch weiter unterteilt, um die Aussprache von Mehrfachvokalen zu erleichtern, z. B. mêu·a·rai („als").

Der Vokal a wird wie das erste „e" in „Wecker" gesprochen, das aa wie das „ä" in „mähen"; das ah erinnert an das „a" in „Vater", das ai wird wie „ei" ausgesprochen, air wie in „Flair" ohne „r", eu spricht man wie das „ö" in „Töpfe". Der Laut ew erinnert an ein „ü" und wird mit runden Lippen gesprochen, das oh klingt wie in „ou" (Vokale einzeln sprechen), or wie das „o" in „Horn" und ow wie „au".

Die meisten Konsonanten werden wie im Deutschen gesprochen. Ausnahmen sind das b (ein harter Plosiv, ausgesprochen wie eine Mischung aus „b" und „p"), das d (ein harter „t"-Laut wie in „Bett", das ng (wie in „Klinge"), das in Thai am Wortanfang stehen kann, und das r wie im englischen Wort „run". In der Alltagssprache klingt dieser gerollte Laut häufig wie ein „l".

GRUNDBEGRIFFE

Die thailändische Gesellschaftsstruktur gebietet, dass man sich verschiedener Register bedient, abhängig davon, mit wem man spricht. Wir haben hier die dem Kontext entsprechende Form verwendet.

Wer höflich sein will, beendet seinen Satz mit kráp (für Männer) oder kâ (für Frauen). Das bezieht sich auf das Geschlecht des Sprechers; üblicherweise bejaht man so auch Fragen oder drückt Zustimmung aus.

Die männliche bzw. weibliche Form haben wir an den relevanten Stellen mit den Abkürzungen „m./f." kenntlich gemacht.

Hallo.	สวัสดี	sà-wàt-di
Tschüs.	ลาก่อน	lah gòrn
Ja .	ใช่	tschâi
Nein.	ไม่	mâi
Bitte.	ขอ	kŏr
Danke.	ขอบคุณ	kòrp kun
Gern geschehen.	ยินต	yin di
Entschuldigen Sie.	ขออภัย	kŏr à-pai
Entschuldigung.	ขอโทษ	kŏr tôht

Wie geht es Ihnen?
สบายดีไหม — sà-bai di măi

Gut. Und Ihnen?
สบายดีครับ/ค่า — sà-bai di kráp/
แล้วคุณล่ะ — kâ láa·ou kun lâ (m./f.)

Wie ist Ihr Name?
คุณชื่ออะไร — kun tschêu à-rai

Mein Name ist ...
ผม/ดิฉันชื่อ... — pŏm/dì-tschăn tschêu ...
(m./f.)

Sprechen Sie Englisch?
คุณพูดภาษา — kun pôot pah-săh
อังกฤษได้ไหม — ang-grìt dâi măi

Ich verstehe nicht.
ผม/ดิฉันไม่ — pŏm/dì-tschăn mâi
เข้าใจ — kôw jai (m./f.)

ESSEN & TRINKEN

Ich hätte gern (die Speisekarte).
ขอ (รายการ — kŏr (rai gahn
อาหาร) หน่อย — ah-hăhn) nòy

Was würden Sie empfehlen?
คุณแนะนำอะไรบ้าง — kun náa-nam à-rai bâhng

Das war köstlich!
อร่อยมาก — à-ròy mâhk

Prost!
ไชโย — tschai-yoh

Die Rechnung, bitte.
ขอบิลหน่อย — kŏr bin nòy

Ich esse	ผม/ดิฉัน	pŏm/dì-tschăn
kein/e/n ...	ไม่กิน ...	mâi dschin ... (m./f.)
Eier	ไข่	kài
Fisch	ปลา	blah
Nüsse	ถั่ว	tòo·a
rotes Fleisch	เนื้อแดง	néu·a daang

Wichtige Begriffe

Abendessen	อาหารเย็น	ah-hăhn yen
Bar	บาร์	bah
Café	ร้านกาแฟ	ráhn gah-faa
Dessert	ของหวาน	kŏrng wăhn
Essstäbchen	ไม้ตะเกียบ	mái dà-dschèe·ap
Flasche	ขวด	kòo·at
Frühstück	อาหารเข้า	ah-hăhn tschów
Gabel	ส้อม	sôrm
Getränkekarte	รายการ	rai gahn
	เครื่องดื่ม	krêu·ang dèum
Glas	แก้ว	gâa·ou
heiß	ร้อน	rórn
kalt	เย็น	yen
Löffel	ช้อน	tschórn
Markt	ตลาด	dà-làht
Messer	มีด	mêet
mit	ม	mi

Fragewörter

Wann?	เมื่อไร	mêu·a-rai
Warum?	ทำไม	tam-mai
Was?	อะไร	à-rai
Wer?	ใคร	krai
Wo?	ที่ไหน	têe năi

Mittagessen	อาหาร	ah-hähn
	กลางวัน	glahng wan
ohne	ไม่มี	mâi mi
Restaurant	ร้านอาหาร	ráhn ah-hähn
scharf	เผ็ด	pèt
Schüssel	ชาม	tschahm
Speisekarte	รานการ	rai gahn
	อาหาร	ah-hähn
Tasse, Becher	ถ้วย	tôo·ay
Teller	จาน	jahn
Vegetarier	คนกินเจ	kon dschin jair

Fleisch & Fisch

Ente	เป็ด	bèt
Fisch	ปลา	blah
Fleisch	เนื้อ	néu·a
Huhn	ไก่	gài
Krebs	ปู	bu
Meeresfrüchte	อาหารทะเล	ah-hähn tá-lair
Rind	เนื้อ	néu·a
Schwein	หมู	mǒo
Tintenfisch	ปลาหมึก	blah mèuk

Obst & Gemüse

Aubergine	มะเขือ	má-kěu·a
Banane	กล้วย	glôo·ay
Bohnen	ถั่ว	tòo·a
Gemüse	ผัก	pàk
Guave	ฝรั่ง	fa-ràng
Kartoffeln	มันฝรั่ง	man fa-ràng
Kokosnuss	มะพร้าว	má-prów
Limette	มะนาว	má-now
Mango	มะม่วง	má-môo·ang
Mangostane	มังคุด	mang-kút
Nüsse	ถั่ว	tòo·a
Obst	ผลไม้	pǒn-lá-mái
Papaya	มะละกอ	má-lá-gor
Pilze	เห็ด	hèt
Rambutan	เงาะ	ngó
Tamarinde	มะขาม	má-kǎhm

| Tomaten | มะเขือเทศ | má-kěu·a têt |
| Wassermelone | แตงโม | đaang moh |

Sonstiges

Chili	พริก	prík
Ei	ไข่	kài
Eis	น้ำแข็ง	nám kǎang
Fischsauce	น้ำปลา	nám blah
Nudeln	เส้น	sên
Öl	น้ำมัน	nám man
Pfeffer	พริกไทย	prík tai
Reis	ข้าว	kôw
Salat	ผักสด	pàk sòt
Salz	เกลือ	gleu·a
Sojasauce	น้ำซีอิ๊ว	nám si-éw
Suppe	น้ำซุป	nám súp
Tofu	เต้าหู้	đôw hôo
Zucker	น้ำตาล	nám đahn

Getränke

Bier	เบียร์	bi·a
Kaffee	กาแฟ	gah-faa
Milch	นมจืด	nom jèut
Orangensaft	น้ำส้ม	nám sôm
Sojamilch	น้ำเต้าหู้	nám đôw hôo
Tee	ชา	tschah
Wasser	น้ำดื่ม	nám dèum
Zuckerrohr-saft	น้ำอ้อย	nám ôy

NOTFALL

Hilfe!	ช่วยด้วย	tschhôo·ay
		dôo·ay
Hauen Sie ab!	ไปให้พ้น	bai hâi pón

Rufen Sie einen Arzt!
เรียกหมอหน่อย   rêe·ak mŏr nòy
Rufen Sie die Polizei!
เรียกตำรวจหน่อย   rêe·ak đam-ròo·at nòy
Ich bin krank.
ผม/ดิฉันป่วย   pŏm/di-tschǎn bòo·ay (m./f.)

Schilder

ทางเข้า	Eingang
ทางออก	Ausgang
เปิด	Offen
ปิด	Geschlossen
ที่ติดต่อสอบถาม	Informationen
ห้าม	Verboten
ห้องสุขา	Toiletten
ชาย	Männer
หญิง	Frauen

Ich habe mich verlaufen.
ผม/ดิฉัน   pŏm/dì-tschăn
หลงทาง   lŏng tahng (m./f.)

Wo sind die Toiletten?
ห้องน้ำอยู่ที่ไหน   hôrng nám yòo têe năi

SHOPPEN & SERVICE

Ich hätte gern ...
อยากจะซื้อ ...   yàhk jà séu ...

Ich sehe mich nur um.
ดูเฉย ๆ   du tschěu·i tschěu·i

Kann ich mir das genauer ansehen?
ขอดูได้ไหม   kŏr du dâi măi

Wie viel kostet das?
เท่าไร   tôw-rai

Das ist zu teuer.
แพงไป   paang bai

Können Sie den Preis senken?
ลดราคาได้ไหม   lót rah-kah dâi măi

Da ist ein Fehler auf der Rechnung.
บิลใบนี้ผิด   bin bai née pìt ná
นะครับ/ค่ะ   kráp/kâ (m./f.)

TRANSPORT

Öffentliche Verkehrsmittel

Auto	รถเก๋ง	rót gěng
Boot	เรือ	reu·a
Bus	รถเมล์	rót mair
Fahrradrikscha	สามล้อ	săhm lór
Flugzeug	เครื่องบิน	krêu·ang bin
Motorrad	มอร์เตอร์ไซค์	mor-đeu-sai
Taxi	รับจ้าง	ráp jâhng

Túk-Túk	ตุ๊ก ๆ	đúk đúk
Zug	รถไฟ	rót fai

Wann fährt der รถเมล์คัน ...   rót mair kan ...
... Bus? มาเมื่อไร   mah mêu·a rai

erste	แรก	râak
letzte	สุดท้าย	sùt tái
nächste	ต่อไป	đòr bai

Eine ... Fahrkarte, ขอตั๋ว ...   kŏr đŏo·a ...
bitte.

| **einfache** | เที่ยวเดียว | têe·o di·o |
| **Hin- & Rück-** | ไปกลับ | bai glàp |

Ich hätte gern ต้องการ   đôrng gahn
einen ... Platz. ที่นั่ง ...   têe nâng ...

| **Gang-** | ติดทางเดิน | đìt tahng deun |
| **Fenster-** | ติดหน้าต่าง | đìt nâh đàhng |

Bahnsteig	ชานชาลา	tschan-tschah-lah
Ticketschalter	ช่องขายตั๋ว	tschôrng kăi đŏo·a
Fahrplan	ตารางเวลา	đah-rahng wair-lah

Wann ist die Ankunft in (Chiang Mai)?
ถึง (เชียงใหม่)   tĕung (tschi·ang mài)
กี่โมง   dschèe mohng

Hält er in (Saraburi)?
รถจอดที่ (สระบุรี)   rót jòrt têe (sà-rà-bù-ri)
ไหม   măi

Bitte sagen Sie mir Bescheid, wenn wir (Chiang Mai) erreichen.
เมื่อถึง   mêu·a tĕung
(เชียงใหม่)   (tschi·ang mài)
กรุณาบอกด้วย   gà-rú-nah bòrk dôo·ay

Ich möchte in (Saraburi) aussteigen.
ขอลงที่(สระบุรี)   kŏr long têe (sà-rà-bù-ri)

Auto- & Radfahren

Ich möchte อยากจะ   yàhk jà
ein/en ... mieten. เช่า ...   tschôw ...

| **Jeep** | รถโฟร์วีล | rót foh win |
| **Auto** | รถเก๋ง | rót gěng |

| Motorrad | รถ | rót |
| | มอร์เตอร์ไซค์ | mor-đeu-sai |

Ich möchte ...	ต้องการ ...	đôrng gahn ...
mein Rad reparieren lassen.	ซ่อมรถ จักรยาน	sôrm rót jàk-gà-yahn
ein Rad leihen.	เช่ารถ จักรยาน	tschôw rót dschàk-gà-yahn

Ist dies die Straße nach (Ban Bung Wai)?
ทางนี้ไป (บ้านบุ่งหวาย) ไหม   tahng née ʾbai (bâhn bùng wǎi) mǎi

Wo ist eine Tankstelle?
ปั้มน้ำมันอยู่ที่ไหน   ʾbâm nám man yòo têe nǎi

Kann ich hier parken?
จอดที่นี่ได้ไหม   jòrt têe née dâi mǎi

Wie lange kann ich hier parken?
จอดที่นี่ได้นานเท่าไร   jòrt têe née dâi nahn tôw-rai

Ich brauche einen Mechaniker.
ต้องการช่างรถ   đôrng gahn tschâhng rót

Ich habe einen Platten.
ยางแบน   yahng baan

Ich habe kein Benzin mehr.
หมดน้ำมัน   mòt nám man

Brauche ich einen Helm?
ต้องใช้หมวก กันน๊อกไหม   đôrng tschái mòo·ak gan nórk mǎi

UHRZEIT & DATUM
Wie viel Uhr ist es?
กี่โมงแล้ว   gèe mohng láa·ou

Morgen	เช้า	tschów
Nachmittag	บ่าย	bài
Abend	เย็น	yen
gestern	เมื่อวาน	mêu·a wahn
heute	วันนี้	wan née
morgen	พรุ่งนี้	prûng née

Montag	วันจันทร์	wan jan
Dienstag	วันอังคาร	wan ang-kahn
Mittwoch	วันพุธ	wan pút
Donnerstag	วันพฤหัสฯ	wan pá-réu-hàt
Freitag	วันศุกร	wan sùk
Samstag	วันเสาร์	wan sǒw
Sonntag	วันอาทิตย์	wan ah-tít

UNTERKUNFT

Wo ist ein/e ...?	... อยู่ที่ไหน	... yòo têe nǎi
Hotel	โรงแรม	rohng raam
Jugendher- berge	บ้าน เยาวชน	bâhn yow-wá-tschon
Pension	บ้านพัก	bâhn pák
Zeltplatz	ค่ายพักแรม	kâi pák raam

Zahlen		
1	หนึ่ง	nèung
2	สอง	sǒrng
3	สาม	sǎhm
4	สี่	sèe
5	ห้า	hâh
6	หก	hòk
7	เจ็ด	jèt
8	แปด	ʾbàat
9	เก้า	gôw
10	สิบ	sìp
20	ยี่สิบ	yêe-sìp
21	ยี่สิบเอ็ด	yêe-sìp-èt
30	สามสิบ	sǎhm-sìp
40	สี่สิบ	sèe-sìp
50	ห้าสิบ	hâh-sìp
60	หกสิบ	hòk-sìp
70	เจ็ดสิบ	jèt-sìp
80	แปดสิบ	ʾbàat-sìp
90	เก้าสิบ	gôw-sìp
100	หนึ่งร้อย	nèung róy
1000	หนึ่งพัน	nèung pan
10 000	หนึ่งหมื่น	nèung mèun
100 000	หนึ่งแสน	nèung sǎan
1 000 000	หนึ่งล้าน	nèung láhn

Haben Sie ein ... Zimmer?	มีห้อง ... ไหม	mi hôrng ... măi
Doppelzimmer	เตียงคู่	đi·ang kôo
Einzelzimmer	เดี่ยว	dèe·o
Zweierzimmer	สองเตียง	sŏrng đi·ang

Bad	ห้องน้ำ	hôrng nám
Fenster	หน้าต่าง	nâh đàhng
Klimaanlage	แอร์	aa
Moskitonetz	มุ้ง	múng
Wäscherei	ห้องซักผ้า	hôrng sák pâh

WEGBESCHREIBUNGEN

Wo ist ...?
... อยู่ที่ไหน   ... yòo têe năi

Wie lautet die Adresse?
ที่อยู่คืออะไร   têe yòo keu à-rai

Könnten Sie das bitte aufschreiben?
เขียนลงให้ได้ไหม   kĕe·an long hâi dâi măi

Können Sie mir (das auf der Karte) zeigen?
ให้ดู (ในแผนที่)   hâi du (nai păan têe)
ได้ไหม   dâi măi

Links/rechts abbiegen.
เลี้ยวซ้าย/ขวา   lée·o sái/kwăh

Es ist ...	อยู่ ...	yòo ...
geradeaus	ตรงไป	đrong bai
hinter	ที่หลัง	têe lăng
nahe	ใกล้ๆ	glâi glâi
neben	ข้างๆ	kâhng kâhng
vor	ตรงหน้า	đrong nâh

GLOSSAR

Das Glossar beinhaltet Thai-, Pali- (P) und Sanskrit- (S) -Begriffe, die in diesem Guide verwendet werden. Erklärungen zu Wörtern aus dem Bereich Essen & Trinken stehen auf S. 860.

ah·hăhn – Essen

ah·hăhn pàh – „Dschungelessen", bezeichnet gewöhnlich Gerichte mit Wild

ajahn – *(aajaan)* respektvolle Bezeichnung für einen Lehrer; von *acarya* (Sanskrit)

amphoe – *(amphur)* Distrikt, kleinere Gliederungseinheit als Provinz

amphoe meu·ang – Provinzhauptstadt

AUA – American University Alumni

bâhn – *(ban)* Haus; Dorf

Baht – *(bàat)* thailändische Währung

bàht – Gewichtseinheit (15 g); runde Schüssel, in der Mönche Lebensmittelspenden sammeln

bai sĕe – heiliger Faden, der bei manchen Zeremonien von Mönchen und Schamanen benutzt wird

ben·jà·rong – traditionelles fünffarbiges Thai-Porzellan

BKS – Baw Khaw Saw (thailändisches Akronym für den Verkehrsbetrieb)

BMA – Bangkok Metropolitan Authority; die Stadtverwaltung von Bangkok

bodhisattva (S) – im Theravada-Buddhismus Bezeichnung für die Leben Buddhas vor seiner Erleuchtung

bòht – zentrales Heiligtum in einem Tempel, das für offizielle Zeremonien der Mönche genutzt wird (z. B. Weihen); geht auf den Pali-Begriff *uposatha (ubohsòt)* zurück; s. auch *wí·hăhn*

bòr nám rórn – Thermalquellen

Brahman – gehört zum Brahmanismus, einer alten religiösen Tradition in Indien, dem Vorläufer des Hinduismus; nicht zu verwechseln mit „Brahmane" (Angehöriger der indischen Priesterkaste)

BTS – kurz für Bangkok Transit System (Skytrain), auf Thai: *rót fai fáh*

bah·dé – Batik

bàk dâi – Südthailand

bèe·pâht – klassisches thailändisches Orchester

bohng·lahng – Marimba (Holzschlaginstrument, ähnlich dem Xylophon) aus dem Nordosten

CAT – Staatliche Telefongesellschaft

chedi – s. *stupa*

chow – Volk

chow lair – *(chow nám)* halbnomadisches Fischervolk

chow nah – Bauern

CPT – Kommunistische Partei Thailands

doy – „Berg" im nordthailändischen Dialekt; in Eigennamen „Doi"

dà·làht – Markt

dà·làht nám – schwimmender Markt

đam·bon – *(tambol)* Bezirk; nächstkleinere Gliederungseinheit nach dem *amphoe*

đròrk – *(trok)* Gasse, enger als eine *soi*

fa·ràng – Ausländer aus dem Westen (europäische Wurzeln); auch: Guave

gà·teu·i – *(kàthoey)* das „dritte Geschlecht" in Thailand, gewöhnlich männliche Transvestiten oder Transsexuelle; auch *ladyboys*

gopura (S) – Eingangspavillon in der traditionellen Hindu-Tempelarchitektur, häufig bei Tempelanlagen aus der Angkor-Zeit

góo·ay hâang – Arbeitshemd im chinesischen Stil

grà·bèe grà·borng – traditionelle thailändische Kampfkunst, bei der Kurzschwerter und Stöcke zum Einsatz kommen

gù·đì – Mönchsunterkunft

hàht – Strand; in Eigennamen „Hat" geschrieben

hĭn – Stein

hŏr drai – eine Tripitaka-Halle (Saal mit buddhistischen Schriften)

hŏr glorng – Trommelturm

hŏr rá·kang – Glockenturm

hôrng – *(hong)* Raum; in Südthailand sind Inselhöhlen gemeint, die zur Hälfte unter Wasser liegen

hôrng tăa·ou – Reihenhaus oder *Ladenhaus*

Isaan – *(i·săhn)* bezeichnet den Nordosten Thailands

jataka (P) – *(chah·dòk)* Geschichte über Buddhas frühere Leben

jin – Chinese

jin hor – wörtlich „galoppierender Chinese", gemeint sind die berittenen yunannesischen Händler

jôw meu·ang – Anführer des Fürstentums; *jôw* bedeutet Herr, Prinz oder heiliges Wesen

kaan – Blasinstrument; im Nordosten häufig

kàthoey – s. *gà·teu·i*

klorng – Kanal; in Eigennamen „Khlong" geschrieben

kŏhn – Tanztheater mit Masken; basiert auf den Ramakian-Erzählungen

kon i·săhn – die Bewohner des nordöstlichen Thailands; *kon* heißt „Person"

kŏw – Hügel oder Berg; in Eigennamen „Khao"

KMT – Kuomintang (chinesische Nationalpartei)

KNU – Karen National Union, politischer Arm der Karen-Volksgruppe

kràbìi–kràbawng – s. *grà·bèe grà·borng*

ku – kleiner *chedi*, der teilweise hohl und offen ist

kúay hâeng – s. *góo·ay hâang*

kùtì – s. *gù·dì*

lăam – Kap; in Eigennamen „Laem"

Ladenhaus – meist zweistöckiges Gebäude: Im Erdgeschoss ist ein Geschäft, oben wird gewohnt; auch *shophouse*

làk meu·ang – Stadtsäule

lá·kon – klassisches thailändisches Tanztheater

lék – klein; s. auch *noi*

lí·gair – thailändisches Volkstanztheater

longyi – birmanischer Sarong

lôok tûng – thailändische Countrymusik

lôw kŏw – weißer Whisky, häufig ein selbst gebrannter Reisschnaps

lôw tèu·an – illegal (selbst) gebrannter Whisky

mâa chi – thailändische buddhistische Nonne

mâa nám – Fluss; in Eigennamen „Mae Nam"

Mahanikai – die größere der beiden Sekten des Theravada-Buddhismus

mahathat – (*má·hăh tâht*) Sammelbezeichnung für Tempel, in denen Buddha-Reliquien aufbewahrt werden; vom Sanskrit-Pali-Begriff *mahadhatu*

má·noh·rah – das beliebteste traditionelle Tanztheater aus dem Süden Thailands

masjid – (*mát·sà·yít*) Moschee

mát·mèe – Technik zum Batiken von Seiden- und Baumwollfäden und zum Weben komplexer Muster ähnlich dem indonesischen *ikat*; der Ausdruck bezeichnet auch die Muster selbst

metta (P) – (*mêt·đah*) buddhistische Praxis der liebenden Allgüte

meu·ang – Stadt oder Fürstentum

mon·dòp – kleiner Platz, Bauwerk mit Turm in einem *wát*; vom Sanskrit-Begriff *mandapa*

mu·ay tai – (*muay thai*) Thaiboxen

mŏr lam – eine Musiktradition aus dem Isaan, ähnlich dem *lôok tûng*

mŏrn kwăhn – keilförmiges Kissen, beliebt in Nord- und Nordostthailand

MRTA – Metropolitan Rapid Transit Authority, das U-Bahn-Netz von Bangkok; auf Thai: *rót fai fáh đâi din*

naga (P/S) – (*nâhk*) ein mythisches, schlangenähnliches Wesen mit magischen Kräften

ná·kon – Stadt; vom Sanskrit-Pali-Ausdruck *nagara*; in Eigennamen „Nakhon"

nám – Wasser

nám đòk – Wasserfall; in Eigennamen „Nam Tok" geschrieben

năng đà·lung – thailändisches Schattenspiel

neun – Hügel; in Eigennamen „Noen" geschrieben

ngahn têt·sà·gahn – Festival

nibbana (P/S) – Nirvana; in der buddhistischen Lehre der Zustand der Erleuchtung; die Flucht aus dem Wiedergeburtszyklus; auf Thai: *níp·pahn*

noi – (*nóy*) klein, gering (bei Mengen); s. auch *lék*

nôrk – draußen, außerhalb; in Eigennamen „Nok"

ow – Bucht oder Golf; in Eigennamen „Ao"

pâh ka·máh – Baumwollsarong für Männer

pâh mát·mèe – *mát·mèe* Stoff

pâh sîn – Baumwollsarong für Frauen

pâhk glahng – Zentralthailand

pâhk nĕua – Nordthailand

pâhk tâi – s, *þàk đâi*

pĕe – Geist

pin – kleine Laute mit drei Saiten; wird mit einem großen Plektron gespielt

pìi·phâat – s. *þèe·pâht*

pík·sù – ein buddhistischer Mönch; vom Sanskrit-Begriff *bhikshu* und vom Pali-Begriff *bhikkhu*

PLAT – People's Liberation Army of Thailand, thailändische Volksbefreiungsarmee

pleng koh·râht – Khorat-Volkslied

pleng pêu·a chi·wít – „Lieder fürs Leben", thailändischer Folk-Rock

ponglang – s. *bohng·lahng*

pu kŏw – Berg

pôo yài bâhn – Dorfchef

prá – ein ehrfurchtsvoller Terminus für Mönche, Adelige und Buddha-Statuen; „Phra" in Eigennamen

prá krêu·ang – Amulette von Mönchen, Buddhas oder Gottheiten, die zum Schutz durch die Geister um den Hals getragen werden; auch *prá pim* genannt

prá pum – Erdgeister oder Wächter

prang – (*brahng*) Tempeltürme im Khmer-Stil

prasada – gesegnetes Essen für die Besucher von Hindu- oder Sikh-Tempeln

prasat – (*brah·sàht*) kleines, reich verziertes Gebäude, das religiösen Zwecken dient – es befindet sich auf dem Tempelgelände, hat einen kreuzförmigen Grundriss und einen spitzen, dünnen Turm; jede Halle in einem Gebäudekomplex, die religiösen Zwecken dient bzw. von Bedeutung für die Monarchie ist

PULO – Pattani United Liberation Organization, Separatistengruppe in Südthailand

râi – ein Areal mit einer Fläche von 1600 m^2

reu·a hăhng yow – Langboot; Longtail-Boot

reu·an tăa·ou – Langhaus

reu·sĕe – ein Asket, Eremit oder Weiser (Hindi: *rishi*)

rót aa – blauweißer, klimatisierter Bus

rót ’bràp ah·gàht – klimatisierter Bus

rót fai fáh – Bangkoks Skytrain-Netz

rót fai tâi din – Bangkoks U-Bahn-Netz

rót norn – Schlafbus

rót tam·má·dah – einfacher (nicht klimatisierter) Bus oder Zug

rót tu·a – Reise- oder klimatisierter Bus

săh·lah – überdachter Saal, an den Seiten offen, für Zusammenkünfte oder als Ruhestätte; vom portugiesischen *sala*, wörtlich übersetzt „Zimmer"

săhm·lór – dreirädrige Fahrradriksha

săhn prá pum – Schrein

săm·nák sŏng – Klosterzentrum

săm·nák wí·pàt·sà·nah – Meditationszentrum

samsara (P) – in der buddhistischen Lehre das Reich der Wiedergeburt und Verwirrung

sangha – (P) die buddhistische Gemeinde

Satang – *(sà·dahng)* thailändische Währungseinheit; 100 Satang sind 1 Baht

sèe yâak – Kreuzung; häufig bei Wegbeschreibungen

sĕmaa – Steine zur Abgrenzung heiligen Bodens für Priesterweihen

serow – asiatische Bergziege

sêua môr hôrm – Bauernhemd aus blauer Baumwolle

soi – schmale Straße

Songkran – thailändisches Neujahr, findet Mitte April statt

sŏo·an ah·hăhn – Restaurant unter freiem Himmel mit ein wenig Grün; wörtliche Übersetzung: „Essensgarten"

sŏrng·tăa·ou – (wörtlich „zwei Reihen") Sammelbezeichnung für kleine Transporter mit zwei Sitzreihen hinten, die als Busse/Taxis eingesetzt werden; auch *săwngthăew* geschrieben

SRT – staatliche Eisenbahn Thailands

stupa – konisch geformtes buddhistisches Monument, in dem heilige buddhistische Gegenstände aufbewahrt werden

sù·săhn – Friedhof

tâh – Pier, Bootslandesteg; in Eigennamen „Tha" geschrieben

tâht – vierseitiges Buddhareliquium, kommt häufig im Nordosten vor; in Eigennamen „That" geschrieben

tâht grà·dòok – Knochenreliquium, ein kleiner *stupa*, in dem die sterblichen Überreste eines buddhistischen Gläubigen aufbewahrt werden

tàlàat náam – s. *dà·làht nám*

tâm – Höhle; in Eigennamen „Tham" geschrieben

tam bun – sich religiösen Verdienst erwerben

tambon – s. *đam·bon*

TAT – Tourism Authority of Thailand, thailändische Tourismusbehörde

têt·sà·bahn – Verwaltungsgliederung in Städten, ähnelt der Kommune

THAI – Thai Airways International, die nationale Fluggesellschaft

thammájàk – das buddhistische „Rad des Gesetzes"; vom Pali-Wort *dhammacakka*

Thammayut – eine der beiden Sekten des Theravada-Buddhismus in Thailand; gegründet von König Rama IV. während seiner Zeit als Mönch

thanŏn – *(tà·nŏn)* Straße; in Eigennamen „Thanon" geschrieben, abgekürzt „Th"

T-pop – Teenie-Popmusik

tràwk – s. *đròrk*

trimurti (S) – Dreieinigkeit der Hauptgottheiten des Hinduismus: Brahma, Shiva und Vishnu

Tripitaka (S) – Schriften des Theravada-Buddhismus (Pali: *Tipitaka*)

tú·dong – eine Serie von 13 asketischen Praktiken (z. B. eine Mahlzeit pro Tag essen, unter einem Baum leben), die von buddhistischen Mönchen ausgeübt wird; ein Mönch, der diese Praktiken ausübt; Pilgerwanderung der Mönche

túk–túk – *(dúk–dúk)* motorisiertes *săhm·lór*

ùt·sà·nít – wie eine Flamme geformter Kopfschmuck eines Buddha

vipassana (P) – *(wí·pàt·sà·nah)* bedeutet „Einsicht"; buddhistische Meditationstechnik

wâi – thailändische Begrüßungsgeste: Handflächen gegeneinander drücken

wan prá – im Buddhismus die heiligen Tage im Monatsverlauf; sie orientieren sich an den Hauptmondphasen (Vollmond, Neumond, Halbmond)

wang – Palast

wát – Tempel–Kloster; kommt vom Pali-Ausdruck *avasa* („Mönchsbehausung"); in Eigennamen „Wat" geschrieben

wá·tá·ná·tam – Kultur

wát păh – Waldkloster

wí·hăhn – *(wihan, viharn)* jede große Halle in einem thailändischen Tempel, häufig auch für Nichtbuddhisten zugänglich; kommt aus dem Sanskrit: *Vihara* heißt „Behausung, Wohnstatt".

Yawi – traditionelle Sprache in den malaiischen Gebieten auf Java, Sumatra und der malaiischen Halbinsel, weit verbreitet in den meisten südlichen Provinzen Thailands. Die Schrift basiert auf dem klassischen arabischen Alphabet (mit fünf zusätzlichen Buchstaben).

yài – groß

yâhm – Schultertasche

Hinter den Kulissen

WIR FREUEN UNS ÜBER EIN FEEDBACK

Post von Travellern zu bekommen, ist für uns ungemein hilfreich – Kritik und Anregungen halten uns auf dem Laufenden und helfen, unsere Bücher zu verbessern. Unser reiseerfahrenes Team liest alle Zuschriften ganz genau, um zu erfahren, was an unseren Reiseführern gut und was schlecht ist. Wir können solche Post zwar nicht individuell beantworten, aber jedes Feedback wird garantiert schnurstracks an die jeweiligen Autoren weitergeleitet, rechtzeitig vor der nächsten Nachauflage.

Wer uns schreiben will, erreicht uns über **www.lonelyplanet.de/kontakt**.

Hinweis: Da wir Beiträge möglicherweise in Lonely Planet Produkten (Reiseführer, Websites, digitale Medien) veröffentlichen, ggf. auch in gekürzter Form, bitten wir um Mitteilung, falls ein Kommentar nicht veröffentlicht oder ein Name nicht genannt werden soll. Wer Näheres über unsere Datenschutzpolitik wissen will, erfährt das unter www.lonelyplanet.com/privacy.

DANK VON LONELY PLANET

Vielen Dank an alle Reisenden, die mit der letzten Ausgabe unterwegs waren und uns sehr hilfreiche Hinweise, nützliche Tipps und interessante Anekdoten geschickt haben:

A Emily Abbey, Abi, Anglade, Nidhi Akkaravivat, Henk Allebosch, Birgit Allmendinger, Pascal Ancher, Niels Andeweg, Sandro Antoniol, Armando, Georgina Arrambide, David Arrizon, Anton Asche, Ramin Assemi, Vallee Audree, Silas Aumell, Jayne Azzopardi, **B** Hervé B., Reinier Bakels, Eric Bakker, Anne Balamuth, Kunigunde Baldauf, Colin Barrow, Koen Bart, Gavin Bartle, Antony Barton, Hannah Battersby, Malcolm Battle, Nick Baum, Gill Beaumont, R.V. Beck, Angelika Berger, Simon Bevan-Davies, Jenny Birch, Daphne Bloem, Jiraporn Boonnark, Paolo Borraccetti, Maaike Bosschart, Nic Boulton, Dawn Bragg, Rogier Brand, Brett, Catherine Brien, James Briggs, Christian Brinch, Mark Brown, Oli Brown, Linda Bruce, Werner Bruyninx, Arabella Buchanan, Lisa Bunnak, Nikki Buran, K.J. Busbroek, Jihi & Andrew Bustamante, **C** Dalila Calabrese, Daniel Cao, Jordan Carnwath, Michael Carroll, Kevin Carty, Casper, Nelson Chen, Rachel Clewlow, Isabel Clough, Constance Cluset, Pierre-Jean Cobut, Dawn Marie Cooper, Sofie Coucke, Terry Crossley, Philip Crosson, Ashley Crowther, **D** Carl Danzig, Neil Davies, Daniel Davis, Charlotte De Koning, Eva De Jonckheere, Serge Desforges, Jean-Nicolas Dewaide, Emma Dhesi, Claudio Digennaro, Fredrik Divall, Peter Domcek, Daniel Donatelli, Missy Downey, Sophie Dubus, Jean Duggelby, **E** Mark Eckenrode, Glenn Edwards, Thor Egil Tonnessen, Christof Engl, Matt und Eileen Erskine, **F** Michael Falvella, Betina Faurschou Jensen, Rob Ferrara, Yung Fierens, Christian Fischer, Andrea Fisher, Suz Flach, Marloes Fortuijn, Charles Froeschle, **G** Uschi Gaida, Pierre Gallant, Julien Gamba, Stefan Gerke, Jack Gilead, Steve Gillatt, Marcos González Cabanas, Henrike Gootjes, Dianna Graham, Geraldine Grant, Connie Green, Dave Green, Tom Green, Julie Groves, Mattiassg Grufberg, Tom Grundy, **H** Jesse Halperin, Joe Hammes, Pisit Hanvinyanan, Jamie Harling, Ronan Heeney, Cynthia Heiner, Max Henkle, Helen Henry, Hermann, Hubris18, Menard, Micahel, Michelle, Ramin, Sartorial, Christian Herwig, James Hodgson, Anne Hof, Mark Hoppe, Kevin Hunt, Ken Hyde, **I** Ambre Iris, Idoia Iturbe, Bjornar Ivarsen, **J** Esther Jackson, Kent Jakobsen, Dawon Jeong, Oswald & Rosalind Johnen, Tracy Johnston, **K** Roozbeh Kaboli, Marta Kaminska, Kan7, Karin, Gijs Kattenpoel Oude Heerink, Chad Keenan, Chris Kelly, Rob Kerr, Douwe Kiela, Ilse Kijlstra, Anouk Korfage, David

Kos, Suzanne Kuiper, Joep Kusters, Peter
Ole Kvint, **L** Anique Landre, Renate Lang,
Marius Laudan, Marije Laverman, Kristel
Leconte, Melissa Leo, Arnoud Levenga,
Alona Lisitsa, Jenny Little, Paul Lombart,
Maik Long, Matthew Losee, Jade Lynch,
M Lisa Machin, Ellen Macro, Andrew Ma-
iorano, Zowie March, Mark, Alex Marques,
Deborah Martell, Sebastien Maury, Thomas
A. Mayes, Philip McGarvey, Cath McGowan,
Larry McGrath, David Mehler, Tamar Meij-
ers, Carla Mensink, Lukas Messikommer,
Lynda Miller, Alex Moore, Andrew Morecroft,
Alan Morison, Jan Mulder, Karina Mullen,
Andy Murdock, **N** Kavindra Nethsingha,
Elisabeth Nielsen, Sarah-Jayne Nolan,
Alexander Nowikow, **O** Joanne Oakes, Sean
Offord, Colleen O'Flynn, Ben Ogden, Esther
Oliveros, Bjoern Olsson, Jose Olsthoorn,
Petra O'Neill, **P** Lyle Paul, Paul und Kumari
Pease, Annika Pedersen, Laura Perkins, Rein
Peter Vos, Guus Peters, Katrin Plichta, Jan
Polatschek, Jenny Popoff, Kathrine Pratt,
Erik Pravica, Steph Price, **R** Alan Ramsay,
Tim Rawson, Stefano Razio, Paul Reardon,
Jouni Remes, Richard Kendrick, Helen
Richardson, Adam Ridley, Adrian Robert,
Ivor Roberts, Philip und Helen Robinson,
Jeffrey Rogers, Patrick Roman, Roee und
Ofra Rotman, Robert Rozenberg, Samuele
Rudelli, Karin Ruetsche, **S** Claire Sadler
Penn, Napaporn Sai-Ngern, Brett Samuels,
Komson Sander Nijboer-Puthitanont, Bret
Sauels, Michelle Scaman, Johann Schmid,
Ninalaurent Schmiter, Florian Schneider,
Linda und Patrick Schneider und Sproll,
Dorle Schreiber, Stephen Scott, William
Seager, Alex Shields, Helen Shih, Reesa
Simmonds, Joshua Singh, Jay Slangen,
Kelly Sloane, Lisa Smieja, James Smith,
Kristina Solheim, Bianca Son, Natalie Spink,
Bart Steegmans, Leonard Storchevoy,
Matthea Stoter, Gabi Suchantke-Rackner,
Kathryn Sweeney, Steve Syder, **T** Norbert
Taatgen, Ginny Tang, Hans Henrik Ter-
Borch, Wieke Ter Weijde, Kris Terauds,
Jenelle Theodore, Andy Thomas, Allan
Thomson, Fred Tiedemann Croese, Claire
Toepfer, Rebecca Tofield, **U** Oliver Uhl, **V**
Adriaan Van Der Ploeg, Ankie Van Der Put,
Arie Van Oosterwijk, Dave Van Duren, Emma
Van Bergeijk, Guus Van Der Hoorn, Ilona
Van Breugel, Irene Van Baarsen, Josine Van
Der Wal, Kim Van Oudheusden, Raymond
Van Den Berg, Sonja Van Der Lely, Viola
Van Alphen, Diana Vancea, Peter Voelger,
Alexandra Von Muralt, **W** Timmy Waiyarat,
Sandra Walkert, Anthony Warren, Liu Way,
Gerard Weegerink, Erica Wijarnako, David
Wilcox, China Williams, Konstantin Will-
mann, Danielle Wolbers, Eddie Wooldridge,
Ed Wright, Heuionalani Wyeth, **Y** Scott Yelin,
Katy Young, Jennifer Yuill, **Z** Robert Zackow-
ski, Adrienne Zinn, Anke Zylmann

China Williams

Tausend Dank an Nong, die eine wunderbare Zweitmutter für Felix war und eine gute
„Ehefrau" für mich. Vielen Dank an Lisa auf
Ko Chang und Chris und Gae in Hua Hin fürs
Herumführen und an Ted und meinen Co-
Autor Mark dafür, dass sie Pattaya so heraus-
geputzt haben. Felix sendet liebe Grüße an
die Mädels im Seven Hotel (und auch an Kan,
Goong und Pa). Danke, Mason und Jane, für
die Gelegenheit zum Abschalten und das Will-
kommensmahl, danke, Joe und Kong, für den
Kaffeeklatsch. Ich danke auch Ruengsang für
ihr *savoir-faire*. Und Dank an meinen Mann,
der lange ohne uns überlebte; es ist schön,
wieder daheim zu sein. Mein letzter Dank gilt
den Mitautoren und der Lonely Planet Crew.

Mark Beales

Ein großes Dankeschön an Ilaria, die mich für
das Update des Zentral-Kapitels nochmals
eingeladen hat, und vielen Dank an China für
ihre ausgezeichnete Hilfe und ihre Ratschläge. Die wunderbare Kook von TAT in Lopburi
war die Größte, so wie alle ihre TAT-Kollegen.
In Kanchanaburi war Bill beim Hellfire Pass
unglaublich hilfreich. Ein Dank geht schließlich an meinen Vater Ted für seine anhaltende
Ermutigung und Unterstützung.

Tim Bewer

Ein herzliches *kòrp jai lǎi lǎi dêu* an die Menschen im Isan, die trotz meiner unaufhörli-
chen Fragen selten daran scheiterten, ihrem
Ruf, nett und gastfreundlich zu sein, gerecht
zu werden. Vor allem Chommanaad Booan-
ree, Julian Wright, June Niampan, Netwaroon
(Banjo) Khempila, Sujirat Janpan und Tana-
wan (Veena) Puntace waren eine große Hilfe
und gute Gesellschaft. Besonders möchte ich
Jookbang danken – für viele Dinge.

Celeste Brash

Ein riesiges Dankeschön geht an meinen
Mann Josh und meine Kinder, die ich auf
dieser langen Reise vermisst habe. Danke an
Celine Masson in Phuket, Lauren Ladky, Jade
in Surin und Aleksander Bochenek. Meinen
Mitautoren bei Lonely Planet, Adam Skolnick,
Brandon Presser, Lisa Dunford und Greg
Bloom, danke ich für kundige Unterstützung.
Danke, Bodhi Garrett, Meister der besten
Orte, und Starlight auf Phayam sowie Dick
auf Sukorn! Und Dank an China und Ilaria, die
dieses verrückte Buch zustande brachten!

Austin Bush

Dank an die talentierten Lonely Planet Ma-
cher Ilaria Walker, David Connolly und Bruce
Evans, an die engagierte Hauptautorin China
Williams und an die netten Leute vor Ort in
Thailand, vor allem an Joe Cummings, Greg

Glachant, Craig Harrington, Richard Hermes, Natchaphat Itthi-chaiwarakom, Maher Satter, David Thompson, Pailin Wedel und Patrick Winn.

Alan Murphy

Viele Menschen in Chiang Mai halfen mir bei diesem Projekt, darunter die Mitautoren Reiko Harima und Jackie Pollock, die einen tollen Job machten. Vielen Dank auch an meinen Freund Laddawan, der klasse Tipps zu örtlichen Restaurants hatte. Und schließlich möchte ich all die Leute vor Ort würdigen, die sich die Zeit nahmen, mit mir zu reden – ich weiß das sehr zu schätzen.

Brandon Presser

Wie immer großer Dank an die Bambridges für das beste Heim fern der Heimat auf diesem Planeten. Ein besonderer Dank auch an Matt Bolton, Dena DiOrio, Crystal und Joanne. Mein Respekt gilt Ilaria Walker, China Williams, Bruce Evans und meinen außergewöhnlichen Mitautoren bei Lonely Planet.

QUELLENNACHWEIS

Klimakartendaten nach Peel M.C., Finlayson B.L. & McMahon TA (2007) „Updated World Map of the Köppen-Geiger Climate Classification", *Hydrology and Earth System Sciences*, 11, 163344.

Die besten Thailandführer – Quelle: Nielsen BookScan, Australien, UK und USA, Januar 2011–Oktober 2011.

Titelfoto: „Marmortempel" – so die Bezeichnung der Touristen für den Wat Benchamabophit, Paul Chesley, Getty Images.

Viele Fotos in diesem Buch können bei Lonely Planet Images lizensiert werden: www.lonely planetimages.com.

ÜBER DIESES BUCH

Dies ist die 4. deutschsprachige Auflage von *Thailand*, basierend auf der mittlerweile 14. englischsprachigen Auflage von *Thailand*, die von Lonely Planet Veteranin und Thailand-Guru China Williams (Hauptautorin) recherchiert und geschrieben wurde. Sie schrieb die Kapitel „Reiseplanung" und „Thailand verstehen" (mit Ausnahme des Abschnitts „Essen & Trinken"), „Praktische Informationen". „Hua Hin & Nördliche Golfregion" und „Ko Chang & Ostküste". China wurde unterstützt von einer Gruppe Thailand-Begeisterter: Mark Beales („Zentralthailand"), Tim Bewer („Nordostthailand"), Celeste Brash („Phuket & Andamanenküste"), Austin Bush („Bangkok", „Nordthailand", „Süden" und „Essen in Thailand"), Alan Murphy („Chiang Mai") und Brandon Presser („Ko Samui & Südwestliche Golfregion" und einen Teil des Kapitels „Verantwortungsbewusst reisen"). Das Gesundheitskapitel basiert darauf, unterstützt von Trish Batchelor.

In der vorherigen Auflage bearbeitete Brandon Presser das Kapitel „Phuket & Andamanenküste", Catherine Bodry tat das für die Kapitel „Hua Hin & Nördliche Golfregion" und „Ko Chang & Ostküste" und China Williams aktualisierte das Kapitel „Chiang Mai".

Dieser Reiseführer wurde vom Lonely Planet Büro in Melbourne in Auftrag gegeben vom folgenden Team betreut:

Verantwortliche Redakteurin Ilaria Walker

Leitender Redakteur Evan Jones

Leitender Kartograf Peter Shields

Leitende Layoutdesignerin Wendy Wright

Redaktion Bruce Evans, Brigitte Ellemore

Kartografie David Connolly

Layoutdesignerin Jane Hart

Redaktionsassistenz Alice Barker, Jackey Coyle, Victoria Harrison, Anne Mulvaney, Charlotte Orr, Helen Yeates

Kartografieassistenz Andras Bogdanovits, Andrew Smith, Andy Rojas, Corey Hutchison, Hunor Csutoros, Jane Chapman, Jennifer Johnston, Ildiko Bogdanovits, Karen Grant, Mick Garrett

Layoutassistenz Adrian Blackburn, Nicholas Colicchia, Paul Iacono

Umschlagdesignerin Naomi Parker

Bildredaktion Rebecca Skinner

Illustratorin Wendy Wright

Language Content Annelies Mertens

Dank an Elin Berglund, Helen Christinis, Brendan Dempsey, Ryan Evans, Chris Girdler, Briohny Hooper, Corey Hutchison, Shawn Low, Alison Lyall, Wayne Murphy, Trent Paton, Averil Robertson, John Taufa, Juan Winata, Gerard Walker

Register

Verweise auf Karten **000**
Verweise auf Fotos **000**

Verweise auf Karten **000**
Verweise auf Fotos **000**

Auf einen Blick

Empfehlungen von Lonely Planet:

 Das empfiehlt unser Autor

 Hier bezahlt man nichts

 Nachhaltig und umweltverträglich

Unsere Autoren haben diese Einrichtungen gewählt, weil man dort großen Wert auf Nachhaltigkeit legt: etwa durch die Förderung einheimischer Gemeinschaften oder Hersteller, durch eine umweltverträgliche Bewirtschaftung oder durch ein Engagement im Naturschutz.

Mit diesen Symbolen sind wichtige Kategorien leicht zu finden:

👁 Sehenswertes	🎓 Kurse	🛏 Schlafen	⭐ Unterhaltung
🏊 Strände	☝ Touren	✗ Essen	🛍 Shoppen
🏃 Aktivitäten	🎊 Feste & Events	🍷 Ausgehen	ℹ Praktisches/Transport

Diese Symbole bieten wertvolle Zusatzinformationen:

☎ Telefonnummer	@ Internetzugang	👪 familienfreundlich	Ⓢ Subway/Skyway
⊙ Öffnungszeiten	📶 WLAN	🐾 tierfreundlich	🚋 Straßenbahn
Ⓟ Parkplatz	🏊 Schwimmbecken	🚌 Bus	🚆 Zug
⊖ Rauchen verboten	🥗 vegetarische Speisen	⛴ Fähre	
❄ Klimaanlage	📋 Speisekarte auf Englisch	Ⓜ Metro	

Diese Abkürzungen werden in den Kapiteln „Schlafen" verwendet:

B	Bett im Schlafraum	DZ	Doppelzimmer	4BZ	Vierbettzimmer
Zi.	Zimmer	2BZ	Zweibettzimmer	FZ	Familienzimmer
EZ	Einzelzimmer	3BZ	Dreibettzimmer	Apt.	Apartment

Die Reihenfolge spiegelt die Bewertung durch die Autoren wider.

Kartenlegende

Sehenswertes
- buddhistisch
- christlich
- Denkmal
- hinduistisch
- islamisch
- jüdisch
- Museum/Galerie
- Ruine
- Schloss
- Strand
- Weingut/Weinberg
- Zoo
- andere Sehenswürdigkeit

Aktivitäten, Kurse & Touren
- Kanu/Kajak fahren
- Schwimmbecken
- Ski fahren
- surfen
- tauchen/schnorcheln
- wandern
- windsurfen
- andere/r Aktivität/ Kurs/Tour

Schlafen
- Camping
- Unterkunft

Essen
- Lokal

Ausgehen
- Bar/Kneipe
- Café

Unterhaltung
- Unterhaltung

Shoppen
- Shoppen

Praktisches
- Bank
- Botschaft/ Konsulat
- Internetzugang
- Krankenhaus/Arzt
- Polizei
- Post
- Telefon
- Toilette
- Touristeninformation
- andere Einrichtung

Verkehrsmittel
- Bus
- Einschienenbahn
- Fähre
- Fahrrad
- Flughafen
- Grenzübergang
- Metro
- Parkplatz
- Seilbahn/ Gondelbahn
- Straßenbahn
- Taxi
- Tankstelle
- Zug
- anderes Verkehrsmittel

Verkehrswege
- Mautstraße
- Autobahn
- Hauptstraße
- Landstraße
- Verbindungsstraße
- sonstige Straße
- unbefestigte Straße
- Platz/Promenade
- Treppe
- Tunnel
- Fußgänger- überführung
- Stadtspaziergang
- Abstecher vom Stadtspaziergang
- Pfad

Geografisches
- Aussichtspunkt
- Berg/Vulkan
- Hütte/Unterstand
- Leuchtturm
- Oase
- Park
- Pass
- Picknickplatz
- Wasserfall

Städte
- Hauptstadt (Staat)
- Hauptstadt (Bundes- land/Provinz)
- Großstadt
- Kleinstadt/Ort

Grenzen
- Internationale Grenze
- Bundesstaat/Provinz
- umstrittene Grenze
- Region/Vorort
- Meerespark
- Klippen
- Mauer

Gewässer
- Fluss/Bach
- periodischer Fluss
- Sumpf/Mangrove
- Riff
- Kanal
- Wasser
- Trocken-/Salz-/ periodischer See
- Gletscher

Gebietsformen
- Friedhof
- Friedhof (christlich)
- Highlight (Gebäude)
- Park/Wald
- Sehenswürdigkeit (Gebäude)
- Sportgelände
- Strand/Wüste

DIE LONELY PLANET STORY

Ein ziemlich mitgenommenes, altes Auto, ein paar Dollar in der Tasche und eine Vorliebe für Abenteuer – 1972 war das alles, was Tony und Maureen Wheeler für die Reise ihres Lebens brauchten, die sie durch Europa und Asien bis nach Australien führte. Die Tour dauerte einige Monate, und am Ende saßen die beiden – erschöpft, aber voller Inspiration – an ihrem Küchentisch und schrieben ihren ersten Reiseführer *Across Asia on the Cheap*. Innerhalb einer Woche hatten sie 1500 Exemplare verkauft. Lonely Planet war geboren.

Heute hat der Verlag Büros in Melbourne, London und Oakland und mehr als 600 Mitarbeiter und Autoren. Und alle teilen Tonys Überzeugung: „Ein guter Reiseführer sollte drei Dinge tun: informieren, bilden und amüsieren." Und an diesem Grundsatz änderte sich auch nichts, als 2011 BBC Worldwide alleiniger Inhaber von Lonely Planet wurde.

DIE AUTOREN

China Williams

Hauptautorin, Hua Hin & die südliche Golfregion, Ko Chang & Ostküste Oh Thailand, wir werden zusammen alt! Das erste Mal war China 1997 in Thailand, kurz vor der Währungskrise, um in Surin Englisch zu unterrichten. Seither hat sie den Pazifik neun Jahre lang immer wieder überquert, um für verschiedene Thailand-Reiseführer zu recherchieren. Jetzt war sie zum dritten Mal mit ihrem inzwischen vierjährigen Sohn unterwegs. Die Strände am oberen Golf und an der Ostküste wurden von der Mutter sorgfältig auf Kindersicherheit geprüft, aber auch die netten Ecken der „Prostituiertenstadt" Pattaya. China lebt mit ihrem Mann Matt und Sohn Felix in Catonsville, Maryland (USA).

Mehr über China gibt's hier:
lonelyplanet.com/members/China

Mark Beales

Zentralthailand Mark erhielt ein Stipendium für ein Journalismusstudium und arbeitete 13 Jahre als Reporter. 2004 verließ er das kalte England und zog ins sonnige Thailand. Er ist freiberuflicher Autor, hat aber auch als Lehrer und TV-Moderator gearbeitet. Zu den Highlights seiner Reise gehören der Morgen, als ein riesiger Nashornvogel an die Tür seiner Baumhaushütte „klopfte", und die Begegnung mit einem zuckersüßen, einen Tag alten Elefantenbaby in Ayutthaya. Wenn Mark nicht reist, unterrichtet er Englisch an einer internationalen Schule in Rayong. Wer mehr wissen will, surft auf www.markbeales.com.

Mehr über Mark gibt's hier:
lonelyplanet.com/members/Mark

Tim Bewer

Nordostthailand Als Kind ist Tim wenig gereist, mal abgesehen von der obligatorischen Pilgerfahrt nach Disney World und alljährlich einer Woche Sommerurlaub am See. Als Erwachsener hat er das nachgeholt: Er hat inzwischen mehr als 70 Länder bereist, u. a. fast ganz Südostasien. Nach dem Studium arbeitete er als Rechtsreferent, bevor er sich entschloss, Westafrika mit dem Rucksack zu bereisen. Auf diesem Trip beschloss er, freiberuflicher Reisebuchautor und Fotograf zu werden. Tims Wahlheimat ist Khon Kaen, Thailand. Dort ist er einer der Verantwortlichen im Reisebüro Isan Explorer (www.isanexplorer.com).

Mehr über Tim gibt's hier:
lonelyplanet.com/members/Tim